全本全注全译

徐霞客遊記

（一）

〔明〕徐霞客 著
学谦 注译

團結出版社

图书在版编目（CIP）数据

徐霞客游记 /（明）徐霞客著 ； 学谦注译. -- 北京：团结出版社， 2021.11

ISBN 978-7-5126-7776-0

Ⅰ. ①徐… Ⅱ. ①徐… ②学… Ⅲ. ①游记—中国—明代②历史地理—中国—明代③《徐霞客游记》—译文④《徐霞客游记》—注释 Ⅳ. ①K928.9

中国版本图书馆CIP数据核字(2021)第196152号

出版：团结出版社

（北京市东城区东皇城根南街84号 邮编：100006）

电话：(010) 65228880 65244790 （传真）

网址：www.tjpress.com

Email：65244790@163.com

经销：全国新华书店

印刷：天宇万达印刷有限公司

开本：145×210 1/32

印张：86.25

字数：1512千字

版次：2021年11月 第1版

印次：2023年10月 第2次印刷

书号：978-7-5126-7776-0

定价：256.00元（全五册）

《谦德国学文库》出版说明

人类进入二十一世纪以来，经济与科技超速发展，人们在体验经济繁荣和科技成果的同时，欲望的膨胀和内心的焦虑也日益放大。如何在物质繁荣的时代，让我们获得内心的满足和安详，从经典中获取智慧和慰藉，或许是我们不二的选择。

之所以要读经典，根本在于，我们应当更好地认识我们自己从何而来，去往何处。一个人如此，一个民族亦如此。一个爱读经典的人，其内心世界必定是丰富深邃的。而一个被经典浸润的民族，必定是一个思想丰赡、文化深厚的民族。因为，文化是民族之灵魂，一个民族如果不能认识其民族发展的精神源泉，必定就会失去其未来的生机。而一个民族的精神源泉，就保藏在经典之中。

今日，我们提倡复兴中华优秀传统文化，当自提倡重读经典始。然而，读经典之目的，绝不仅在徒增知识而已，应是古人所说的“变化气质”，进一步，是要引领我们进德修业。《易》曰：“君子以多识前言往行，以畜其德。”实乃读经典之要旨所在。

基于此理念，我们决定出版此套《谦德国学文库》，“谦德”，即本《周易》谦卦之精神。正如谦卦初六爻所言：“谦谦君子，用涉大川”，我们期冀以谦虚恭敬之心，用今注今译的方式，让古圣先贤的教诲能够普及到每一个人。引导有心的读者，透过扫除古老经典的文字障碍，从而进入经典的智慧之海。

作为一套普及型的国学丛书，我们选择经典，不仅广泛选录以儒家文化为主的经、史、子、集，也将视野开拓到释、道的各种经典。一些大家所熟知的经典，基本全部收录。同时，有一些不太为人熟知，但有当代价值的经典，我们也选择性收录。整个丛书几乎囊括中国历史上哲学、史学、文学、宗教、科学、艺术等各领域的基本经典。

在注译工作方面，版本上我们主要以主流学界公认的权威版本为底本，在此基础上参考古今学者的研究成果，使整套丛书的注译既能博采众长而又独具一格。今文白话不求字字对应，只在保证文意准确的基础上进行了梳理，使译文更加通俗晓畅，更能贴合现代读者的阅读习惯。

古籍的注译，固然是现代读者进入经典的一条方便门径，然而这也仅仅是阅读经典的一个开端。要真正领悟经典的微言大义，我们提倡最好还是研读原本，因为再完美的白话语译，也不可能完全表达出文言经典的原有内涵，而这也正是中国经典的魅力所在吧。我们所做的工作，不过是打开阅读经典的一扇门而已。期望藉由此门，让更多读者能够领略经典的风采，走上领悟古人思想之路。进而在生活中体证，方能直趋圣贤之境，真得圣贤典籍之大用。

经典，是古圣先贤留给我们的恩泽与财富，是前辈先人的智慧精华。今日我们在享用这一份恩泽与财富时，更应对古人心存无尽的崇敬与感恩。我们虽恭敬从事，求备求全，然因学养所限、才力不及，舛误难免，恳请先贤原谅，读者海涵。期望这一套国学经典文库，能够为更多人打开博大精深之中华文化的大门。同时也期望得到各界人士的襄助和博雅君子的指正，让我们的工作能够做得更好！

团结出版社
2017年1月

出版说明

徐霞客（1587年—1641年），原名弘祖，字振之，号霞客，出生于江苏江阴市一个有名的富庶之家，明末地理学家、探险家、旅行家和文学家。与马可·波罗并称为“东西方游圣”。受耕读世家的文化熏陶，徐霞客幼年好学，博览群书，尤钟情于地经图志，少年即立下了“大丈夫当朝碧海而暮苍梧”的旅行大志。

徐霞客一生游历考察三十多年，期间先后四次进行长距离的跋涉，足迹遍及大半个中国。徐霞客的游历，不是单纯的“游山玩水”、寻奇访胜，而是为了探索山川奥秘、考察风土人情。他在水道、山脉、地质、地貌和人文等方面的考察和研究都取得了超越前人的成就，他还坚持边游边记，完成了《徐霞客游记》这一“千古奇书”。英国剑桥大学教授李约瑟曾高度评价此书，他说：“《徐霞客游记》读来并不像17世纪的学者所写的东西，倒像是一位20世纪的野外勘查家所写的考察记录。”

《徐霞客游记》是中国最早的一部详细记录所经地理环境的游记，是系统考察中国地质地貌的开山之作。它记载了徐霞客在1613年至1639年间旅行观察所得，其中写有天台山、雁荡山、黄山、庐山等名山游记和《滇游日记》《浙游日记》《江右游日记》《黔游日记》等著作，对地理、水文、地质、植物等现象，均作详细记录，充分展示了祖国大好河山的神奇与壮美。

此外《徐霞客游记》所涉内容极为广博，如"余按岷江经成都至叙今之宜宾，不及千里，金沙江经丽江、云南、乌蒙至叙，共二千余里,舍远而宗近，岂其源独与河异乎？"实地考究、精准测算，明确长江水系上源金沙江的地位，具有科学家的严谨缜密。如"女郎及男之长者，辫发两条垂左右耳旁。女仍用包髻，男仍用巾帽冠其上。"记录少数民族男女发型盘绕方式、衣帽围巾使用情况等，具有民俗学家的细致精微。如"其地米价颇贱，二十文可饱三四人。"记录云南蒲缥镇物价情况，具有经济学家的敏锐洞见……这些精细的记录无不令人惊叹。因此，《徐霞客游记》被后人誉为"世间真文字、大文字、奇文字"。

《徐霞客游记》中最为浓墨重彩的一笔则是徐霞客在"五十而知天命"的年纪，仍进行了毕生时间最长、行程最远的西南方"万里遐征"，历时四年，途径浙江、江西、湖南、广西、贵州等地最后到达云南。此次"遐征"对我国岩溶地貌有关特征及分布情况，作了详实的记载。是世界上做喀斯特地貌系统研究的第一人，记载的溶洞有二百八十多个，而徐霞客亲自考察过的溶洞就达二百五十多个。同时徐霞客十分重视水源的考证，写下了著名的《溯江纪源》，首次肯定了金沙江为长江的上源，纠正了前人"岷山导江"的错误认识。

由于徐霞客常年行旅，积劳成疾，云南丽江土司木增派人用滑竿护送徐霞客东归。一行人跋山涉水、日夜兼程，历时达156天，回到家乡。徐霞客与纳西族兄弟结下的这段生死情谊，也成为后世传颂的一段佳话。江阴的官员来探望时问道：何苦来哉。徐霞客回答道："张骞凿空，未睹昆仑；唐玄奘、元耶律楚材衔人主之命，乃得西游。吾以老布衣，孤筇双屦，穷河沙，上昆仑，历西域，题名绝国，与三人而为四，死不恨矣。"与少年壮志相呼应，闻之令人动容！

我们本次对《徐霞客游记》的整理出版，本着尊重原典的精神，进行全文全注全译，充分尊重并保留了乾隆初刻本的框架体系，但同时又结合季梦良整理本，弥补了前半部分的缺略，使全书体系更加完备，也便于读者全面了解《徐霞客游记》所描述的历史面貌及其变迁。本书"题解"紧扣章节，简明扼要，标题背景一目了然；"原文"完整收录，详实可靠；"注释"则对历史背景、地理名称、人物、制度、宗教、疑难字词等做了注音及详细释义；"译文"更是采取直译与意译相结合的方式，行文晓畅，便于读者深入研读与参照。由于编者水平所限，在编辑过程中，书中疏漏之处在所难免，请广大读者不吝赐教！

目 录

游天台山日记 浙江台州府

【题解】《游天台山日记》是徐霞客在明神宗万历四十一年（1613）到浙江旅游，初游天台山时所写的游记。本游记至《游九鲤湖日记》等篇都在乾隆刻本第一册上。

《游天台山日记》是徐霞客第一次游览天台山的游记，也是现存整部《徐霞客游记》的开篇之作。因开篇之日是“癸丑之三月晦”（万历四十一年三月三十日），即1613年5月19日，因此自2011年起，我国将每年的5月19日定为“中国旅游日”。

游天台山，天公也作美，徐霞客由此开启了“云散日朗，人意山光，俱有喜态”的天台之旅，也开始了他长达34年足迹遍布大半个中国的伟大游历。

天台山位于今浙江省天台县以北，是我国佛教天台宗和道教南宗的发祥地，也是活佛济公的故里。天台山素以“佛宗道源、山水神秀”享誉海内外。万历四十一年（1613），徐霞客在僧人莲舟等人的陪同下，来到浙江。在游览了普陀山（洛伽山）之后，一行人沿着海岸线一路向南，进入天台县境内，初次游览了天台山。

四月初一（5月20日），徐霞客等人率先来到国清寺，之后又途经弥陀庵、华顶庵、太白堂等，但在徐霞客看来，这些景致都没什么值得观看之处，反而是太白堂下的黄经洞，华美秀丽。游记大致介绍了沿途的风光美景，重点记叙了登华顶峰、观断桥、珠帘瀑布，日记中尤其是对断桥、珠帘之水进行了细致入微的描写，给人一种身临其境的真实体验感。

癸丑之三月晦[①]　自宁海出西门。云散日朗，人意山光，俱有喜态。三十里，至梁隍山。闻此於菟[②]夹道，月伤数十人，遂止宿。

【注释】①晦：农历每月最末一天。②於菟（tú）：春秋时楚人称虎为“於菟”。

【译文】癸丑年（万历四十一年，1613）三月三十日　我从宁海县城的西门出发。天空中的云雾已经散去，阳光明媚，我的心情也因山中美景而变得欢喜愉悦。走了三十里路后，到达了梁煌山。我听说这里曾有老虎夹道伤人，一个月内有数十位行人因此受伤，便只好停宿旅舍。

四月初一日　早雨。行十五里，路有歧，马首西向台山，天色渐霁[①]。又十里，抵松门岭，山峻路滑，舍骑步行。自奉化来，虽越岭数重，皆循山麓[②]；至此迂回临陟，俱在山脊。

【注释】①霁（jì）：雨后或雪后转晴。②山麓（lù）：山坡、山脚等较低处。

【译文】四月初一日（5月20日）　一清早就下雨。我前行十五里，走到岔道，选择骑马向西面的天台山进发，途中天色逐渐转晴了。又骑行十里路，抵达松门岭山脚。由于山高路滑，我只好舍弃骑马，步行上山。我从奉化一路以来，虽然翻越数重山岭，但都是顺着山麓前行的；而在这里，纡余高攀，都在山脊之上。

而雨后新霁，泉声山色，往复创变，翠丛中山鹃映发，令人攀历忘苦。又十五里，饭于筋竹庵。山顶随处种麦。从筋竹岭南行，则向国清大路。适有国清僧云峰同饭，言此抵石梁，山险路长，行李不便，不若以轻装往，而重担向国清相待。

【译文】雨后新晴，泉声与山景变化无穷、新景迭出，草丛中杜鹃互相辉映，令人忘却攀登之苦。我又前行十五里路，在筋竹庵用餐。山顶到处都种着麦子。筋竹岭向南，就是通往国清寺的大路。恰好有国清寺僧人云峰同我吃饭，他说："从这条路到石梁，山险岭峻，路途漫长，不方便带行李。不如轻装前往，让担夫将沉重的行李先担去国清寺等着。"

余然之，令担夫随云峰往国清，余与莲舟上人就石梁道。行五里，过筋竹岭。岭旁多短松，老干屈曲，根叶苍秀，俱吾阊门[①]盆中物也。又三十余里，抵弥陀庵。上下高岭，深山荒寂，恐藏虎，故草木俱焚去。泉轰风动，路绝旅人。

庵在万山坳中，路荒且长，适当其半，可饭可宿。

【注释】①阊门：苏州古西城门。

【译文】我遵照他的建议，让担夫挑行李随云峰先去清国寺，自己则与莲舟上人一起走石梁道。走了五里，经过筋竹岭。山岭旁有许多矮松树，老干盘绕弯曲，树根松叶苍绿秀美，都是苏州人家盆景中的尤物。又走三十多里，抵达弥陀庵。我在高岭上下攀登，深山里却很荒凉寂静，是因为当地人怕山上藏着老虎，所以把草木一并放火烧掉了。山路上泉水轰鸣、劲风鼓动，没有其他旅人。

弥陀庵在万山坳里，一路荒凉而漫长，恰巧这里正当中途，可便行人食宿。

初二日　饭后，雨始止。遂越潦[①]攀岭，溪石渐幽，二十里，暮抵天封寺。卧念晨上峰顶，以朗霁为缘，盖连日晚霁，并无晓晴。及五更梦中，闻明星满天，喜不成寐。

【注释】①潦（lǎo）：积水。

【译文】初二日　饭后，雨刚刚停，我越过积水、攀登山岭，溪流和山岩愈显清澈幽静。二十里后，我在傍晚抵达了天封寺。我睡在床上，计划着明天早上登攀峰顶的事，如果有缘的话，会雨驻天晴，因为近来都是晚后转晴，白天从来没晴朗过。五更时，我从梦中醒来，听仆人说星辰满天，我兴奋得无法再入睡。

初三日　晨起，果日光烨烨[①]，决策向顶。上数里，至华顶庵；又三里，将近顶，为太白堂，俱无可观。闻堂左下有黄经洞，乃从小径。二里，俯见一突石，颇觉秀蔚。至则一发僧结庵于前，恐风自洞来、以石甃塞其门，大为叹惋。复上至太白，循路登绝顶。荒草靡靡，山高风冽，草上结霜高寸许，而四山回映，琪花玉树，玲珑弥望[②]。岭角山花盛开，顶上反不吐色，盖为高寒所勒耳。

【注释】①烨烨：光辉灿烂貌。②弥望：满眼。

【译文】初三日　清晨起床，果然阳光灿烂，于是决意上山顶。向上攀登数里，到了华顶庵。再走三里，到了快接近顶峰的地方，有一座太白堂，但不太值得观赏。听说太白堂左下方有黄经洞，我就顺着小路进去。二里路后，俯身看见一块突兀的石块，感觉十分秀丽华美。临近一看，是黄经洞庵庙的发僧怕风从洞里吹出来，用以砌塞洞门的石头，我不由感叹惋惜。我又上到太白堂，沿山路登上最高峰。山峰峻高、寒风凛冽，荒草纷乱倒伏，草上的积霜约有一寸多厚。我回顾峰下山峦，满眼都是玲珑精致的鲜花和碧玉般的绿树。山脚花簇盛开，峰顶上反而不开花，大概是因为高处寒冷导致的吧。

仍下华顶庵，过池边小桥，越三岭。溪回山合，木石森丽，一转一奇，殊慊[①]所望。二十里，过上方广，至石梁，礼佛昙花亭，不暇细观飞瀑。下至下方广，仰视石梁飞瀑，忽在天际。闻断桥、珠帘尤胜，僧言饭后行犹及往返，遂由仙筏桥向山后。越一岭，沿涧八九里，水瀑从石门泻下，旋转三曲。上层为断桥，两石斜合，水碎迸石间，汇转入潭；中层两石对峙如门，水为门束，势甚怒；下层潭口颇阔，泻处如阈[②]，水从坳中斜下。三级俱高数丈，各极神奇，但循级而下，宛转处为曲所遮，不能一望尽收，又里许，为珠帘水，水倾下处甚平阔，其势散缓，滔滔汩汩[③]。余赤足跳草莽中，揉木缘崖[④]上高岩，莲舟不能从。暝色四下，始返。停足仙筏桥，观石梁卧虹，飞瀑喷雪，几不欲卧。

【注释】①慊（qiè）：满足。②阈（yù）：门槛。③滔滔汩（gǔ）汩：水流不绝貌。④揉木缘崖：爬树攀岩。

【译文】我沿旧路下山到华顶庵，经过池边小桥，翻越三座山岭。溪水迂回、山峦重叠、树木繁茂、岩石秀丽，身随路转、景随路奇，令人大饱眼福。二十里路后，我经过上方广，到达石梁，在昙花亭敬佛，但无暇细赏石梁飞瀑的奇景了。往下走到下方广，仰视石梁飞瀑，忽然觉得它仿佛在天边。我听说断桥、珠帘水尤为著名，僧人说饭后动身时间足够往返，我便过仙筏桥前往山后。翻过一座山岭，顺着溪涧走八九里，见到瀑布从石门飞泻而下，回旋流转，经过三道溪湾。最上层是断桥，由两块巨石倾斜结联而成，溪水迸流两石之间，浪花飞溅，汇合后流转入潭；中层，是像窄门对峙的两块巨石，溪水为窄门所束，流势十分汹涌；最下层，出口宽阔，倾泻处有如门槛，只能从低洼的地方斜涌而下。三级瀑布都高达数丈，各级的景观都很神奇，只是顺着台级下流，弯转的地方被溪湾遮掩，不能一览无余。又走过一里多路，就到了珠帘水，溪水泻处平坦宽阔，流势因此缓和下来，漫流不绝。我赤脚跳进草莽中，爬树攀岩，弄得莲舟上人不再能跟从我。夜降时分我才返程，在仙筏桥上驻足，观赏有如彩虹的石桥、有如喷雪的瀑布，景致绝伦，几乎不想睡觉。

初四日　天山一碧如黛。不暇晨餐，即循仙筏上昙花亭，石梁即在亭外。梁阔尺余，长三丈，架两山坳间。两飞瀑从亭左来，至桥乃合以下坠，雷轰河隤[①]，百丈不止。余从梁上行，下瞰深潭，毛骨俱悚。梁尽，即为大石所隔，不能达前山，乃还。过昙花，入上方广寺。循寺前溪，复至隔山大石上，坐观石梁。为下寺僧促饭，乃去。饭后，十五里，抵万年寺，登藏经阁。阁两重，有南北经两藏。寺前后多古杉，悉三人围，鹤巢于上，传声嘹呖[2]，亦山中一清响也。是日，余欲向桐柏宫，觅琼台、双阙，路多迷津，遂谋向国清。国清去万年四十里，中过龙王堂。每下一岭，余谓已在平地，及下数重，势犹未止，始悟华顶之高，去天非远！日暮，入国清，与云峰相见，如遇故知，与商探奇次第。云峰言："名胜无如两岩，虽远，可以骑行。先两岩而后步至桃源，抵桐柏，则翠城、赤城，可一览收矣。"

【注释】①隤（tuí）：原意毁坏，此指湍急。②嘹呖（liáo lì）：声音响亮凄清。

【译文】初四日　天空碧蓝，群山墨绿。我顾不上吃早餐，就沿仙筏桥登上昙花亭，石梁就在亭外。石桥宽一尺多，长达三丈，架在两处山坳之间。亭左两座百丈飞瀑，至桥边汇成急流，向下飞坠，响动有如雷声轰鸣、河堤崩塌，远远不止一百丈高。我从石桥上走过去，向下俯视深潭，不禁毛骨悚然。我走到石桥尽头，却被巨石阻隔，无法去往前山，只好打道回府。我经过昙花亭，进入上方广寺。顺着寺前溪水，又回到阻挡我去前山的巨石上。我坐下来观赏石桥，直到被下方广的寺僧催促吃饭，才起身离开。饭后，我又走十五里路，抵达万年寺，登上藏经阁。阁有两层，贮藏着南北佛经。寺后有许多古杉树，躯干都有三人围抱粗，仙鹤在树上筑巢，鸣声响亮清远，也是山中独有清雅之音。当天，我原想去桐柏宫，寻觅琼台、双阙胜景，却被途中的许多错道弄得迷失了方向，只好改变计划去国清寺。国清寺离万年寺有四十里路，途经龙王堂。我每走下一座山岭，都以为已经走到平原上了，但是接连走下好几重山岭，下坡路却还远未停止，我这才领教到华顶高峰，实在是离天不远啊！我傍晚时分才抵达国清寺，得以与云峰和尚相见，有似知己相遇，一见如故，便与他讨论游览奇景的顺序。云峰和尚说："寒岩和明岩是名胜中的佼佼者，没有能赶上它的，虽然路程遥远，但我们可以骑马前往。我们先游览两岩，再步行到桃源洞，游历桐柏宫，再把翠壁与赤城一同尽收眼底。岂不美哉！"

初五日　有雨色，不顾，取寒、明两岩道，由寺向西门觅骑。骑至，雨亦至。五十里至步头，雨止，骑去。二里，入山，峰萦水映，木秀石奇，意甚乐之。一溪从东阳来，势甚急，大若曹娥①。四顾无筏，负奴背而涉。深过于膝，移渡一涧，几一时。三里，至明岩。明岩为寒山、拾得隐身地，两山回曲，《志》②所谓八寸关也。入关，则四周峭壁如城。最后，洞深数丈，广容数百人。洞外，左有两岩，皆在半壁；右有石笋突耸，上齐石壁，相去一线，青松紫蕊，翁苁③于上，恰与左岩相对，可称奇绝。出八寸关，复上一岩，亦左向。来时仰望如一隙，及登其上，明敞容数百人。岩中一井，曰仙人井，浅而不可竭。岩外一特石，高数丈，上岐立如两人，僧指为寒山、拾得云。入寺。饭后云阴溃散，新月在天，人在回岩顶上，对之清光溢壁。

【注释】①曹娥：曹娥江，因曹娥投江救父得名。②《志》：即指《大明一统志》，明代官修地理总志。③翁苁（cōng）：草木茂盛。

【译文】初五日　尽管天要下雨，我却并不在意，照计划前往寒岩和明岩。我出国清寺去西门寻找坐骑，找到马匹后正好下雨了。我在雨中穿行五十里路，到达步头，雨也停了，我也不再乘马，改为步行。步行二里路后，进入山中，山峰倒映在流溪，秀丽的树木与奇异岩石，都令我的心情变得愉快舒畅。一条溪水从东阳流来，水势湍急，势头颇似曹娥江。我环顾四周没有竹筏渡水，只好让仆人背着涉水过溪。溪水深过膝盖，渡过一条溪涧就花去了将近一个时辰。又走三里路，到达明岩。明岩是寒山和拾得两位高僧的隐居之地，两座山迂回曲折，即是《大明一统志》记述的八寸关。进入八寸关，四周峭壁有如城墙。关后有一座数丈深的山洞，宽敞的地方能容纳数百人。洞外左边有两座石岩，都悬在半壁之间；右边则是高耸的石笋，笋尖与石壁齐高。石笋不远处，青松和紫蕊繁茂葳蕤，恰与左边的石岩相对，景致奇绝，令人赞叹。走出八寸关，再登上左边的一座石岩。初至时，我仰望隙间，感觉十分促狭窄小，等攀登到顶上，才发现它很宽敞，甚至可以容纳数百人。石岩中间有一口井，叫仙人井，尽管很浅，井水却不会枯竭。石岩外还有一块奇特的石岩，有数丈之高，上部分成两瓣，有如两个站立的人，当地和尚解释说是寒山和拾得的化身。回到寺里。晚饭后，阴云散尽，新月在空，我站立在回岩顶上，欣赏着连天月色和满壁清光。

初六日　凌晨出寺，六七里至寒岩。石壁直上如劈，仰视空中，洞穴甚多。岩半有一洞，阔八十步，深百余步，平展明朗。循岩石行，从石隘仰登。岩坳有两石对耸，下分上连，为鹊桥，亦可与方广石梁争奇，但少飞瀑直下耳。还饭僧舍，觅筏渡一溪。循溪行山下，一带峭壁巉崖[①]，草木盘垂其上，内多海棠紫荆，映荫溪色，香风来处，玉兰芳草，处处不绝。已至一山嘴，石壁直竖涧底，涧深流驶，旁无余地。壁上凿孔以行，孔中仅容半趾，逼身[②]而过，神魄为动，自寒岩十五里至步头，从小路向桃源。桃源在护国寺旁，寺已废，土人茫无知者。随云峰莽行曲路中，日已堕，竟无宿处，乃复问至坪头潭。潭去步头仅二十里，今从小路，返迂回三十余里宿。信桃源误人也。

【注释】①巉（chán）崖：陡峭危险的山崖。②逼身：近身。

【译文】初六日　凌晨，我从寺里出发，走六七里路到达寒岩。石壁笔直向上，像被刀劈一般，我仰视半空，有许多洞穴。岩壁半腰有一处洞穴，宽八十步，深一百多步，洞内平坦而明亮。我顺石岩右边行进，从岩石间狭窄的小道向上攀登。山岩的低洼处，有两块岩石相对耸立，下部分离而上部相连，这就是所谓的鹊桥，可以与上面的方广寺的石桥互争奇异，只是少了飞泻的瀑布罢了。我回僧舍用饭，然后找到竹筏渡过溪流，顺溪流走到山下。这一带都是峭壁险崖，草木盘结交错，内有许多海棠和紫荆花。浓荫倒映在溪中，香风散逸，玉兰香草，俯拾皆是，不能穷绝。不久，我走到一处山嘴，岩壁笔直插入涧底，涧水幽深湍急，四旁没有可以落足的地方。岩壁上凿有石孔用以通行，但仅能容下半只脚，身体还要贴着岩壁，令人惊心动魄。我从寒岩走出十五里路，到达步头，沿小路再前往桃源洞。桃源洞在护国寺旁，庙宇已成废墟，当地人都不知道怎么回事。我跟随云峰在草木丛生的弯路中前行，太阳已经落山，我们却还找不到住处，一路边问边走，竟然来到了坪头潭。从坪头潭到步头只有二十里路，现在从小路走，却要往回迂行三十多里。我们只好先在坪头潭住下，回想起来，实在是桃源误人啊！

初七日　自坪头潭行曲路中三十余里，渡溪入山。又四五里山口渐夹，有馆曰桃花坞。循深潭而行，潭水澄碧，飞泉自上来注，为鸣玉涧。涧随山转，人随涧行。两旁山皆石骨，攒峦夹翠，涉目成赏，大抵胜在寒、明两岩间。涧穷路绝，一瀑从山坳泻下，势甚纵横。出饭馆中，循坞山洼东南行，越两岭，寻所谓“琼台”“双阙”，竟无知者。去数里，访知在山顶。

【译文】初七日　我从坪头潭出发，在盘曲山路中前行三十多里路，渡过溪水进入五台山。又前行四五里，山口渐渐狭窄，有一处叫桃花坞的屋舍。我顺深潭岸边前行，潭水碧蓝清澈，鸣玉涧飞溅注入潭中。涧水顺着山脉流转，我则顺着涧水走。涧两旁的峰壁，都攒堆着瘦石、簇拥着山峦、夹峙着绿树，凡是眼睛看到的，都是值得反复玩赏的景致，这里景色的优美程度大抵在寒岩和明岩之间。涧水流到尽头，路也随之消失。一条瀑布从山坳倾泻而下，气势奔放。饭后，我出桃花坞，顺山洼向东南方走，翻越两座山岭，去寻觅传说中的“琼台”和“双阙”，但附近的居民竟然都不知道。我又寻访数里路，才获悉胜景就在山顶上。

与云峰循路攀援，始达其巅。下视峭削环转，一如桃源，而翠壁万丈过之。峰头中断，即为双阙；双阙所夹而环者，即为琼台。台三面绝壁，后转即连双阙。余在对阙，日暮不及复登，然胜已一目尽矣。遂下山，从赤城后还国清，凡三十里。

【译文】我与云峰和尚顺山路攀援而上，才到达山巅。我俯视着陡峭环转的山岩，风景与桃源洞无异，而这里翠绿万丈的岩壁显然更胜一筹。峰顶中间被断隔，就是所谓的“双阙”；夹在双阙正中间的环形石台，就是琼台。琼台的三面都是绝壁，其后与双阙相连。我站在对面的阙上面，发现夜色降临，已经来不及再爬上琼台了，然而所有美景也已经欣赏殆尽。我欣然下山，从赤城山后返回国清寺，总计旅程三十里。

初八日　离国清，从山后五里登赤城。赤城山顶圆壁特起，望之如城，而石色微赤。岩穴为僧舍凌杂，尽掩天趣。所谓玉京洞、金钱池、洗肠井，俱无甚奇。

【译文】初八日　我离开国清寺，从山后走五里路，登上赤城山。山顶上圆岩耸起，十分特别，看起来有如一座城，岩石的颜色微微发红。岩洞成了和尚的住处，被侵扰得非常杂乱，完全掩盖了天然的景趣。而所谓的玉京洞、金钱池、洗肠井，都没有什么很奇特的地方了。

游雁宕山日记 浙江温州府

【题解】《游雁宕山日记》是徐霞客在万历四十一年（1613）初游雁宕山时所写的游记。

雁宕山即今雁荡山，因山水奇秀而闻名遐迩，素有“海上名山、寰中绝胜”的美誉，被称为“东南第一山”。雁荡山主体位于今浙江省温州市东北部海滨，小部分位于台州市温岭南境。雁荡山有北雁荡山、中雁荡山、南雁荡山之分，徐霞客所记为北雁荡山。

万历四十一年（1613），徐霞客等人在游览完天台山后，直接从黄岩进入雁荡山。四月十一日（5月30日）登盘山岭、灵峰洞。四月十二日游灵岩寺，同时描写了屏霞嶂、展旗峰、天柱峰、独秀峰、玉女峰等灵岩外围的景观。四月十三日沿着板嶂岩、小剪刀峰、观音岩、连云峰一路走到尽头，就是大龙湫瀑布，徐霞客等人在三日之内尽游雁荡山三绝胜境。四月十四日，主仆三人涉险登高，寻找雁荡湖，结果太阳偏西也未找到，《游记》中关于登高的描写惊险、刺激，令人心有余悸，读来回味无穷。四月十五日，一行人离开雁荡山，前往乐清县城。

自初九日别台山，初十日抵黄岩。日已西，出南门三十里，宿于八岙①。

十一日　二十里，登盘山岭。望雁山诸峰，芙蓉插天，片片扑人眉宇。又二十里，饭大荆驿。南涉一溪，见西峰上缀圆石，奴辈指为两头陀，余疑即老僧岩，但不甚肖。五里，过章家楼，始见老僧真面目：袈衣秃顶，宛然兀立，高可百尺。侧又一小童伛偻于后，向为老僧所掩耳。自章楼二里，山半得石梁洞。洞门东向，门口一梁，自顶斜插于地，如飞虹下垂。由梁侧隙中层级而上，高敞空豁。坐顷之，下山。由右麓逾谢公岭，渡一涧，循涧西行，即灵峰道也。一转山腋，两壁峭立亘天，危峰乱叠，如削如攒，如骈笋，如挺芝，如笔之卓，如幞之欹②。洞有口如卷幕者，潭有碧如澄靛者。双鸾、五老，按翼联肩。如此里许，抵灵峰寺。循寺侧登灵峰洞。峰中空，特立寺后，侧有隙可入。由隙历磴数十级，直至窝顶洞。则窅然③平台圆敞，中有罗汉诸像。坐玩至暝色，返寺。

【注释】①八岙（ào）：山间平地。②幞（fú）之欹（qī）：倾斜的头巾。③窅（yǎo）然：幽深遥远的样子。

【译文】（四月）初九日，我离开天台山，初十抵达了黄岩。太阳已经西垂，我走出南门三十里，在山间平地的旅舍住下。

十一日　我前行二十里路，登上盘山岭。遥望雁宕诸峰，有如芙蓉直入云天，花瓣般映人眼帘。我又前行二十里路，在大荆驿吃饭。饭后，我向南渡过一条溪水，发现西边山峰上点缀着一块圆石，仆从们认为是两头陀岩，我却怀疑是老僧岩，但又觉得不太像。又走了五里路，经过章家楼，这才看清老僧岩的真实面目：它身穿袈裟，头上光秃，形态逼真，高约百尺。老僧岩侧边还有一块岩石，像孩童一样弯腰跟随在后，先前没发现，只是因为被老僧遮住了而已。我从章家楼走出二里路，在山半腰处找到石梁洞。洞门向东，门口有一石桥，自洞顶斜插至地面，有如飞虹下垂。我顺石桥侧面的缝隙拾级而上，上面高而宽敞。我坐下休息一阵，才继续下山。我由右处山麓越过谢公岭，渡过一条溪涧，顺溪岸向西走，便是前往灵峰的路了。刚一转过山峡，就看到两边岩壁陡峭笔立，直亘云天，险峰重叠，形态万千。有的如刀削，有的如锦簇，有的如笋群，有的如灵芝，有的如挺立的笔杆，有的如倾斜的头巾；山洞口有如卷帷，碧水潭有如蓝靛。双鸾峰和五老峰，羽翼相接，联肩并立。这段美丽幽奇的路，足有一里多长，一直延至灵峰寺。我沿着灵峰寺侧边的山道，登上灵峰洞。灵峰中空，在灵峰寺后孤独地耸立着，侧面还有石隙可以进入。我沿缝隙走了数十级石磴，直达上顶，幽深的平台方圆宽敞，中间安放着许多罗汉的塑像。我坐在平台上观赏景色，直到暮色降临，才返回灵峰寺。

十二日　饭后，从灵峰右趾觅碧霄洞。返旧路，抵谢公岭下。南过响岩，五里，至净名寺路口。入觅水帘谷，乃两崖相夹，水从崖顶飘下也。山谷五里，至灵岩寺。绝壁四合，摩天劈地，曲折而入，如另辟一寰界。寺居其中，南向，背为屏霞嶂。嶂顶齐而色紫，高数百丈，阔亦称之。嶂之最南，左为展旗峰，右为天柱峰。嶂之右胁介于天柱者，先为龙鼻水。龙鼻之穴从石罅[①]直上，似灵峰洞而小。穴内石色俱黄紫，独罅口石纹一缕，青绀[②]润泽，颇有鳞爪之状。自顶贯入洞底，垂下一端如鼻，鼻端孔可容指，水自内滴下注石盆。此嶂右第一奇也。

【注释】①罅（xià）：缝隙。②青绀（gàn）：青红色。

【译文】十二日　饭后，我从灵峰右侧山脚出发，去寻觅碧霄洞。我沿原路返回，到达谢公岭下。从南边经过响岩，走五里路，到净名寺路口。我走进去寻觅水帘岩，发现所谓的水帘岩，就是两崖相夹，水流自崖顶倾泻而下。走出水帘谷，行五里路，就到了灵岩寺。这里四面绝壁、拔地参天，我沿小道进去，仿佛来到另一个幽深广阔的世界。灵岩寺坐朝南，位居正中，背倚屏霞嶂。屏霞嶂顶部紫色的岩石平坦整齐，高宽都有数百丈长。它的最高处有两个，左面是展旗峰，右面则是天柱峰。龙鼻水介于屏霞嶂右腰与天柱峰之间。龙鼻水源是岩缝隙上方的一处洞穴，很像灵峰洞，但比它小一些。穴内岩石都是黄紫色的，唯独隙口有一缕青红湿润的石纹，有如龙鳞龙爪的样子。从顶部连贯到洞底，落下的一端像人鼻，鼻尖的石孔可以容纳手指，水从石孔下渗，注入石盆中。这就是屏霞嶂右边第一奇观的景色。

西南为独秀峰，小于天柱，而高锐不相下。独秀之下为卓笔峰，高半独秀，锐亦如之。两峰南坳，轰然下泻者，小龙湫[1]也。隔龙湫与独秀相对者，玉女峰也。顶有春花，宛然插髻，自此过双鸾，即极于天柱。双鸾止两峰并起，峰际有“僧拜石”，袈裟伛偻[2]，肖矣。由嶂之左胁，介于展旗者，先为安禅谷，谷即屏霞之下岩。东南为石屏风，形如屏霞，高阔各得其半，正插屏霞尽处。屏风顶有“蟾蜍石”，与嶂侧“玉龟”相向。屏风南去，展旗侧褶中，有径直上，磴级尽处，石阈限之。俯阈而窥，下临无地，上嵌崆峒[3]。外有二圆穴，侧有一长穴，光自穴中射入，别有一境，是为天聪洞，则嶂左第一奇也。锐峰叠嶂，左右环向，奇巧百出，真天下奇观！而小龙湫下流，经天柱、展旗，桥跨其上，山门临之。桥外含珠岩在天柱之麓，顶珠峰在展旗之上。此又灵岩之外观也。

【注释】①龙湫（qiū）：水潭。②袈裟伛偻（yǔ lǚ）：穿着袈裟，弯曲脊背。③崆峒（kōng tóng）：指石窟、山洞。

【译文】屏霞嶂西南面是独秀峰，虽比天柱峰低矮，高度和坡度却不相上下。独秀峰山脚是卓笔峰，高度是独秀峰的一半，坡度却与两峰一致。小龙湫位于南面的山坳间，瀑流飞泻，响动如雷。与独秀峰隔瀑相望的，便是玉女峰。玉女峰顶盛开着鲜艳的春花，有如玉女发髻上的缀饰。从这里经过双莺峰，尽头便是天柱峰。双莺峰仅有两座山峰，顶崖上有“僧拜石”，身穿袈裟，躯体佝偻，确实神似一位老僧。安禅谷位于屏霞嶂的左腰，也是展旗峰的中央，系屏霞嶂的下岩。它的东南面是石屏风，形似屏霞嶂，但比屏霞嶂低矮一半，正插到屏霞嶂的尽头。石屏风峰顶有“蟾蜍石”，与屏霞嶂侧面的“玉龟石”相对应。石屏风的南边，展旗峰侧的缝隙间，有条小径直通峰顶。石阶尽头被石坎阻隔，我透过石坎俯瞰下方，由于地势太高，甚至看不见地面，上方嵌镶着山洞。展旗峰外有两个圆洞，侧面还有一个长洞，亮光照入穴中，别有一番景致。这就是天聪洞，屏霞嶂左边第一奇观的景色。高山尖峰连绵重叠，左右回环相望，奇观巧景层出不穷，真不愧是享誉天下的奇观名胜！小龙湫下流流经天柱峰和展旗峰，灵岩寺的山门面对着水上的石桥。站在石桥上，能看到含珠岩位处天柱峰麓，而顶珠峰则在展旗峰之上。这便是灵岩寺的外景了。

十三日　出山门，循麓而右，一路崖壁参差，流霞映彩。高而展者，为板嶂岩。岩下危立而尖夹者，为小剪刀峰。更前，重岩之上，一峰亭亭插天，为观音岩。岩侧则马鞍岭横亘于前。鸟道[①]盘折，逾坳右转，溪流汤汤，涧底石平如砥[②]。沿涧深入，约去灵岩十余里，过常云峰，则大剪刀峰介立涧旁。剪刀之北，重岩陡起，是名连云峰。从此环绕回合，岩穷矣。龙湫之瀑，轰然下捣潭中，岩势开张峭削，水无所着，腾空飘荡，顿令心目眩怖。潭上有堂，相传为诺讵那[③]观泉之所。堂后层级直上，有亭翼然。面瀑踞坐久之，下饭庵中，雨廉纤[④]不止，然余已神飞雁湖山顶。遂冒雨至常云峰，由峰半道松洞外，攀绝磴三里，趋白云庵。人空庵圮[⑤]，一道人在草莽中，见客至，望望去。再入一里，有云静庵，乃投宿焉。道人清隐，卧床数十年，尚能与客谈笑。余见四山云雨凄凄，不能不为明晨忧也。

【注释】①鸟道：指小路险绝。②砥（dǐ）：磨刀石。③诺讵（jù）那：唐代高僧。④廉纤：下雨不止貌。⑤圮（pǐ）：毁坏坍塌。

【译文】十三日　我从灵岩寺的山门发，沿着山麓向右走，一路上山崖岩壁参差不齐，流霞山色互相辉映。高峻又平坦的是板嶂岩，岩下高高耸立着又像削尖的，是小剪刀峰。再往前走，坐落在叠岩之上，山峰秀拔，直入云天的，是观音岩。观音岩侧前方，横亘着马鞍岭。我沿行回环曲折的山间小道，越过山坳向右转，是浩荡的河流，涧底细石密布平坦如磨刀石一般。沿山涧一路深入，离开灵岩寺大概有十多里，经过常云峰，涧旁介立着大剪刀峰。大剪刀峰北面耸立着的重岩，是连云峰。从这里开始，山环水绕，峰回壁合，岩崖穷尽。大龙湫瀑布轰然下泻，直注潭中。山岩延展陡峭，水流没有河床凭依，腾空飘荡而下，望着令人目眩心慌。水潭上方有庙堂，相传是高僧诺讵那观赏流泉的地方。我顺着庙堂后的石级直上，岩壁上有座亭榭，外形犹如飞鸟展翅。我面对瀑布踞坐，观赏了许久，才依依不舍地回庵中吃饭。尽管细雨淅沥不止，我的心神却早已飞到雁湖山顶。我冒雨前往常云峰，从半腰的道松洞外，攀爬走过三里多陡险的石阶，才抵达白云庵。庵寺已经毁塌空荡，只有一个和尚在草莽之中，见有外客到来，竟望了望就离开了。我继续前行一里，抵达云静庵，便在此投宿。清隐和尚病卧在床数十年，还能与客人谈笑风生。我见四周诸峰乌云笼罩、细雨不止，天气又凄清寒冷，不禁开始担心明早的旅行。

十四日　天忽晴朗，乃强清隐徒为导。清隐谓湖中草满，已成芜田，徒复有他行，但可送至峰顶。余意至顶，湖可坐得，于是人捉一杖，跻攀①深草中，一步一喘，数里，始历高巅。四望白云，迷漫一色，平铺峰下。诸峰朵朵，仅露一顶，日光映之，如冰壶瑶界，不辨海陆。然海中玉环一抹，若可俯而拾也。北瞰山坳壁立，内石笋森森，参差不一。三面翠崖环绕，更胜灵岩。但谷幽境绝，惟闻水声潺潺，莫辨何地。望四面峰峦累累，下伏如丘垤②，惟东峰昂然独上，最东之常云，犹堪比肩。

【注释】①跻（jī）攀：攀登。②丘垤（dié）：小土丘。

【译文】十四日　天气忽然晴朗起来，便强行请清隐和尚的徒弟作向导。清隐说，雁湖中杂草丛生，已经变成荒芜野田，没什么好游历的了，但也可以把我送到峰顶。我觉得只要到达峰顶，便可得以游览雁湖，于是每人手握拐杖，在深草中攀登，一步一喘，如此数里，才抵达峰巅。我四处张望，白云弥漫，笼罩峰下。各座山峰如同鲜花含苞待放，阳光辉映在露出层云的峰顶上，景致犹如瑶台仙境一般，令人无法分辨云海和陆地。云海中的玉环山，犹如一抹飘带，似乎可以俯身拾起。我向北远望，山坳中岩壁削立，内中石笋参差。三面环绕着绿树繁茂的山崖，景致更比灵岩寺外优美。山谷幽深，环境陡险，只能听见潺潺的流水声，却无法辨别是从何处传来。我遥望四周，峰峦累累，在下面低伏如小丘，只有东峰足以媲美最东面的常云峰。

导者告退，指湖在西腋一峰，尚须越三尖。余从之，及越一尖，路已绝；再越一尖，而所登顶已在天半。自念《志》云：“宕在山顶，龙湫之水，即自宕来。”今山势渐下，而上湫之涧，却自东高峰发脉，去此已隔二谷。遂返辙而东，望东峰之高者趋之，莲舟疲不能从。由旧路下，余与二奴东越二岭，人迹绝矣。已而山愈高，脊愈狭，两边夹立，如行刀背。又石片棱棱怒起，每过一脊，即一峭峰，皆从刀剑隙中攀援而上。如是者三，但见境不容足，安能容湖？既而高峰尽处，一石如劈，向惧石锋撩人，至是且无锋置足矣！踌躇崖上，不敢复向故道。俯瞰南面石壁下有一级，遂脱奴足布四条，悬崖垂空，先下一奴，余次从之，意可得攀援之路。及下，仅容足，无余地。望岩下斗深百丈，欲谋复上，而上岩亦嵌空三丈余，不能飞陟。持布上试，布为突石所勒，忽中断。复续悬之，竭力腾挽，得复登上岩。出险，还云静庵，日已渐西。主仆衣履俱敝破，寻湖之兴衰矣。遂别而下，复至龙湫，则积雨之后，怒涛倾注，变幻极势，轰雷喷雪，大倍于昨。坐至暝[①]，日落始出，南行四里，宿能仁寺。

【注释】①暝（míng）：黄昏。

【译文】向导和尚离开之前，指点我说雁湖在西面中部的山峰上，还需要翻越三道山尖。我听从向导的话前行，翻过一座尖山，路便已经绝断了；又越过一座尖山后，发现将要登临的山顶，已经处于半空了。《大明一统志》说："雁宕在山顶，龙湫瀑布，就是自雁宕发源的。"现在山势逐渐下降，龙湫的山涧，却是自东面发源的，离此处已经隔了两道山谷。我改变路线向东走，前往东面诸峰。莲舟和尚已经累了，不能跟上我了。 沿原来的路向下走，我和两个奴仆又翻越了两座山岭，已经没有人烟了。前方的山越来越高，山脊越来越狭窄，两边岩壁夹立，像在刀背上走。石片锋芒突出，每越过一道山脊，便会遇到一座陡峭的山峰，必须要从刀剑般锋利的石片中攀援而上。像这样经过多次攀越，只看见在的地方尚且不能立足，怎能容下整个湖泊呢？一会儿，高峰的尽头，是一座如劈开又陡峭直削的石壁，先前锋利的石片虽然令人生畏，至少还能踩脚，但到这里几乎没有立脚的地方！我在山崖上踌躇再三，不敢再原路返回。我发现南面的岩壁上有一处石级，便叫奴仆们脱下四条裹脚布扎成布绳，悬空垂下，先让一奴仆顺着下崖，我则跟着他下去，以为能找到攀援的路。下到石级处，仅仅能容足，再没有多余的地方了。我遥望岩壁下，深有百丈，非常陡峭，这时想设法再爬上去，却发现上方的岩石都嵌在凌空三丈多高的地方，实在无法攀援了。我拉着布绳试着上攀，布绳却被锋利的岩石勒住，突然中间断裂。我重新把布绳续接好，竭力挽绳腾跃，才又登上石岩。脱离险境回到云静庵时，太阳已渐渐西垂。我和仆从们的衣服和鞋子，全都变得破敝不堪，寻觅雁湖的兴致，也因此大为减弱了。我告别清隐师徒下山，又回到龙湫瀑布。溪水蓄积雨水后，变得怒涛奔腾、倾泻而下，变幻非常，瀑布有如喷雪，巨声有如雷鸣，水势比昨天汹涌一倍。我一直坐到天黑才出山门，南行四里路，在能仁寺住下。

十五日　寺后觅方竹数握，细如枝；林中新条，大可径寸，柔不中杖，老柯[1]斩伐殆尽矣！遂从岐度四十九盘，一路遵海而南，逾窑岙岭，往乐清。

【注释】①老柯：老枝条。

【译文】十五日　我在能仁寺后找到好几把方竹，细如树枝。树林中新长的竹条，径围可达一寸，但比较柔软，不适合做手杖，而老的枝条早已被砍伐殆尽了。我只好沿着岔道度过四十九盘岭，一路顺着东海边向南行，翻越窑番岭，前往乐清县。

游白岳山日记 徽州府休宁县

【**题解**】《游白岳山日记》是徐霞客在万历四十四年（1616）游览安徽白岳山时所写的游记。

白岳山即今齐云山，远眺山顶，似与白云平齐，故而得名。白岳山位于安徽省黄山市休宁县齐云山镇，山上有奇峰36座，幽洞18个，碑铭石刻537处。万历四十四年正月二十六日（1616年3月13日），徐霞客等人来到徽州府休宁县，冒雪游览了白岳山，直到二月初二（3月19日）启程离开，共历时六天。白岳山美景在冰雪霰雾的映衬下，尤其显得生动，充满情趣。徐霞客等人先后游览了历天门、珠帘水、榔梅庵、太素宫、文昌阁、舍身崖等，后经西天门观桥飞虹、龙涎泉、登棋盘石、游观音岩等众多名胜，通过他的描写使几百年后的我们也能领略到当时不一样的冰雪奇观。

丙辰岁，余同浔阳叔翁，于正月二十六日，至徽之休宁。出西门。其溪自祁门县来，经白岳，循县而南，至梅口，会郡溪入浙。循溪而上，二十里，至南渡。过桥，依山麓行十里，至岩下已暮。登山五里，借庙中灯，冒雪蹑冰，二里，过天门，里许，入榔梅庵。路经天门、珠帘之胜，俱不暇辨，但闻树间冰响铮铮。入庵后，大霰[1]作，浔阳与奴子俱后。余独卧山房，夜听水声屋溜，竟不能寐。

【注释】①大霰（xiàn）：雪珠。

【译文】丙辰年（万历四十四年，1616）正月二十六日，我和浔阳叔翁一同前往徽州休宁。我们从县城西门出发，遇到一条源自祁门的小溪，经过白岳山，顺县城向南流，到梅口后汇入浙溪。沿溪上行，走二十里路，到达南渡。经过一座桥，循山麓走十里路，到达岩下已是傍晚了。我借用庙里灯笼，走了五里山路，冒着风雪、踩着积冰，又走了二里路，过了天门又走一里多，进入榔梅庵中。途中经过了天门和珠帘的景观，却没有闲暇驻足欣赏，而只能听到林中冰棱铮铮的响声。我抵达榔梅庵时，落下了一阵冰雹，浔阳叔翁与奴仆都还没到。我独自躺在房中，聆听着屋檐的滴水声，彻夜难眠。

二十七日　起视满山冰花玉树，迷漫一色。坐楼中，适浔阳并奴至，乃登太素宫。宫北向，玄帝像乃百鸟衔泥所成，色黧黑[1]。像成于宋，殿新于嘉靖三十七年，庭中碑文，世庙御制也。左右为王灵官、赵元帅殿，俱雄丽。背倚玉屏即齐云岩，前临香炉峰。峰突起数十丈，如覆钟，未游台、宕者或奇之。出庙左，至舍身崖，转而上为紫玉屏，再西为紫霄崖，俱危耸杰起。再西为三姑峰、五老峰，文昌阁据其前。五老比肩，不甚峭削，颇似笔架。

【注释】①黧（lí）黑：漆黑貌。

【译文】二十七日　清晨，我起床后发现窗外一片迷蒙，漫山遍野都是冰花玉树。我在楼中静坐，恰好浔阳叔翁和仆从都到了，便一同登临太素宫。太素宫朝北，宫内玄帝的塑像面呈黑色，传说是百鸟衔泥塑成的。塑像大约是宋代建成的，而大殿是嘉靖三十七年新修的，庭院里的碑文，是明世宗皇帝亲令雕刻的。左右两边是王灵官和赵元帅殿，都十分雄伟壮丽。太素宫背倚齐云岩，前临香炉峰。香炉峰足有有数十丈高，姿态有如倒覆的编钟，没游览过天台山和雁宕山的人，见到这座山难免会惊奇。我从庙左出发，走到舍身崖，回转而上，便是紫玉屏，再往西矗立着紫霄崖。更西边是三姑峰和五老峰，文昌阁则据立其前。五老峰有若五位老人，并肩垂立，不甚陡峭，宛若笔架。

返榔梅，循夜来路，下天梯。则石崖三面为围，上覆下嵌，绝似行廊。循崖而行，泉飞落其外，为珠帘水。嵌之深处，为罗汉洞，外开内伏，深且十五里，东南通南渡。崖尽处为天门。崖石中空，人出入其间，高爽飞突，正如阊阖[1]。门外乔楠中峙，蟠青丛翠。门内石崖一带，珠帘飞洒，奇为第一。返宿庵中，访五井、桥崖之胜，羽士汪伯化，约明晨同行。

【注释】①阊阖（chāng hé）：天庭宫门。

【译文】我顺着夜行的原路走下天梯，回到榔梅庵。这里三面被石崖包围，上下皆有石崖，极像走廊。我沿石崖继续前行，石崖外的飞泉，就是珠帘水。罗汉洞嵌在石崖深处，洞外开阔，洞内低矮，纵深却有十五里，东南方向可通南渡。石崖尽头就是天门。崖石中空，人在洞中出入，高阔气爽，飞檐突兀，就如真正的天门一般。天门外，楠树峙立，青松蟠曲，绿树丛丛。天门内有石崖，珠帘水飞洒而下，算是这里第一奇妙的景色了。我返回椰梅庵歇宿，并询问五井和桥崖，道士汪伯化约我次日清晨同行。

二十八日　梦中闻人言大雪，促奴起视，弥山漫谷矣。余强卧。巳刻，同伯化蹑屐二里，复抵文昌阁。览地天一色，虽阻游五井，更益奇观。

【译文】二十八日　我睡梦中听见有人说下大雪了，连忙催促仆从起床查看，才发现白雪漫山遍谷。我勉强躺在床上。上午巳时，我同汪伯化穿木头鞋上路，走二里路，又抵达文昌阁。天地白茫茫一片，虽然阻挡了我们游览五井胜景，却也更增添了仙奇的色彩。

二十九日　奴子报：“云开，日色浮林端矣。”急披衣起，青天一色，半月来所未睹，然寒威殊甚。方促伯化共饭。饭已，大雪复至，飞积盈尺。偶步楼前，则香炉峰正峙其前。楼后出一羽士曰程振华者，为余谈九井、桥岩、傅岩诸胜。

【译文】二十九日　仆从报告说：“云雾已经散去，太阳挂在树梢了。”我急忙披衣起床，只见天空一碧如洗，半个月以来都未见这么好的天气，只是特别寒冷。我催汪伯化快点吃饭。饭后，大雪又下起来，积雪足有一尺多厚。我们并行到楼前，只见香炉峰峙立于前方。楼后走出一位叫程振华的道士，自发为我讲述九井、桥岩和傅岩的胜状美景。

三十日　雪甚，兼雾浓，咫尺不辨。伯化携酒至舍身崖，饮睇元阁。阁在崖侧，冰柱垂垂，大者竟丈。峰峦灭影，近若香炉峰，亦不能见。

【译文】三十日　雪下得更大了，更兼浓雾弥漫，即使咫尺之内，也不能辨别方向。汪伯化带着酒到舍身崖，我们在睇元阁里一边赏雪一边饮酒。睇元阁在山崖侧，冰柱从山崖下垂，大的足有一丈。峰峦都已遁入雪雾，即使香炉峰离我们很近，也看不分明了。

二月初一日　东方一缕云开，已而大朗。浔阳以足裂留庵中。余急同伯化蹑西天门而下。十里，过双溪街，山势已开。五里，山复渐合，溪环石映，倍有佳趣。三里，由溪口循小路入，越一山。二里，至石桥岩。桥侧外岩，高亘如白岳之紫霄。岩下俱因岩为殿。山石皆紫，独有一青石龙蜿蜒于内，头垂空尺余，水下滴，曰龙涎泉，颇如雁宕龙鼻水。岩之右，一山横跨而中空，即石桥也。飞虹垂蝀①，下空恰如半月。坐其下，隔山一岫②特起，拱对其上，众峰环侍，较胜齐云天门。即天台石梁，止一石架两山间；此以一山高架，而中空其半，更灵幻矣！穿桥而入，里许，为内岩。上有飞泉飘洒，中有僧斋，颇胜。

【注释】①垂蝀（dōng）：彩虹。②岫（xiù）：此处指山峰。

【译文】二月初一日（3月18日）　东边云雾初开，不久天晴。浔阳叔翁因为脚被冻裂，在榔梅庵休息。我和汪伯化顺西天门下行。疾走十里路，经过双溪街，山势变得开阔起来。又走五里路，山势重又合拢，溪水环绕，山岩倒映在溪水中，使人游兴倍增。前行三里，从山溪口顺小路深入，越过一座山，又走了二里路，才到达石桥岩。石桥岩侧面的外岩高峻绵延，很像白岳山的紫霄岩。外岩下面，都就着岩石建立殿堂。山岩都呈紫色，唯独深处蜿蜒的石龙是青色的，龙头垂突有一尺多高，水自龙口下渗，叫作龙涎泉，很像雁宕山的龙鼻水。外岩右面，是一座中空的山脉，这就是石桥了。石桥有如彩虹飞架，下方中空处有如半月。我坐在石桥下，发现石桥上还有一座山峰拱立着，四周诸峰都环围着它，景致比齐云山的天门更加美丽。天台山的石梁，只是两山间架着巨石；而这里则是两边架着山峰，其间还有一半的中空留白，自然更加奇幻！我穿过石桥，走了一里多路，就是内岩。内岩上有飞泉飘洒，中间还有僧斋，也是不错的地方。

还饭于外岩，觅导循崖左下。灌莽中两山夹涧，路棘雪迷，行甚艰。导者劝余趋傅岩，不必向观音岩。余恐不能兼棋盘、龙井之胜，不许。行二里，得涧一泓，深碧无底，亦“龙井”也。又三里，崖绝涧穷，悬瀑忽自山坳挂下数丈，亦此中奇境。转而上跻，行山脊二里，则棋盘石高峙山巅，形如擎菌，大且数围。登之，积雪如玉。回望傅岩，屼嵲①云际。由彼抵棋盘亦近，悔不从导者。石旁有文殊庵，竹石清映。转东而南，二里，越岭二重，山半得观音岩。禅院清整，然无奇景，尤悔觌②面失傅岩也。仍越岭东下深坑，石涧四合，时有深潭，大为渊，小如臼③，皆云“龙井”，不能别其孰为“五”，孰为“九”。凡三里，石岩中石脉隐隐，导者指其一为青龙，一为白龙，余笑颔之。又乱崖间望见一石嵌空，有水下注，外有横石跨之，颇似天台石梁。伯化以天且晚，请速循涧觅大龙井。忽遇僧自黄山来，云：“出此即大溪，行将何观？”遂返。

【注释】①屼嵲(wù niè)：高耸貌。②覿(dí)：见到。③臼(jiù)：舂米器具。

【译文】我回外岩吃饭时，找到一位向导，顺山崖左侧下山。灌木草莽之中，两山夹着一条溪涧，道路崎岖，加上漫天大雪，走起来十分艰难。向导劝我去傅岩，不必去观音岩。我担心不能兼游棋盘和龙井，没有答应。我们走了二里路，发现溪涧中有一处绿潭，深不见底，也是“龙井”之貌。又走三里路，崖涧到了尽头，瀑布高悬山坳之间，飞挂数丈，令人称奇。我向山脊口攀登，走了二里路，找到了峙立在山顶的棋盘石，形状宛若一朵菌伞，有好几围粗。我登上棋盘石，积雪有如白玉。回头看向傅岩，高耸入云。从此处抵达棋盘石很近，我后悔没有听从向导的话。棋盘石旁有文殊庵，庵中的翠竹碧绿、山石清秀，相互辉映。我朝东南走二里路，翻越两座山岭，在半山腰处找到了观音岩。观音岩禅院清净整洁，却并没什么奇异的景观。我更加后悔了，明明看到了傅岩，却错过了玩赏的良机。我朝东翻越山岭，走下深坑，石涧四周围合着山崖，时常能遇到水潭，大的像深渊，小的像舂臼，都是“龙井”之貌，却不能分辨出哪处是“五龙井”，哪处是“九龙井”。我又前行三里路，岩中石脉隐隐约约，向导指着其中之一处说是“青龙”，另一处说是“白龙”，我笑着点头称许。我们又在乱崖中看见一块岩石，深嵌崖壁，悬垂空中，水流下注，横石穿亘，很像天台山的石梁。道士汪伯化认为天色近晚，让我快点顺山涧寻找大龙井。路上遇到从黄山回来的和尚说：“走出这里就是大溪，还有什么值得观赏的景致呢？”我们听后便返程了。

里余，从别径向漆树园。行巉石[①]乱流间，返照映深木，一往幽丽。三里，跻其巅，余以为高埒[②]齐云，及望之，则文昌阁犹巍然也。五老峰正对阁而起，五老之东为独耸寨，循其坳而出，曰西天门，五老之西为展旗峰，由其下而渡，曰芙蓉桥。余向出西天门，今自芙蓉桥入也。余望三姑之旁，犹殢[③]日色，遂先登，则落照正在五老间。归庵，已晚餐矣。相与追述所历，始知大龙井正在大溪口，足趾已及，而为僧所阻，亦数也！

【注释】①巉（chán）石：高险的岩石。②高埒（liè）：山中瀑流。③殢（tì）：滞留。

【译文】前行一里多路，从其他小路向漆树园前进。在丛石乱流间奔走，夕阳照着深林，幽静而瑰丽。我走完三里路，攀上漆树园的山顶，原以为可与齐云山相等，等到仔细一看，才发现文昌阁还是巍峨在上的。五老峰正对着文昌阁，东面是独耸寨，顺着山坳向出走，则是西天门；五老峰的西面是展旗峰，峰下溪水对岸，则是芙蓉桥。我先前从西天门出山，而现在从芙蓉桥入山。发现三姑岩旁，还滞留着余晖，于是登上岩顶，欣赏五老峰间冉冉西下的夕阳。我们回到榔梅庵时，已经是晚饭的时间了。互相回顾这天的经历，才明白大龙井就在大溪口，都已经走到了，却被和尚阻止而不能游历，这也是天命啊！

游黄山日记 徽州府

【题解】《游黄山日记》是徐霞客在万历四十四年（1616）游览黄山时所写的游记。

黄山，古称黟山，位于今安徽省黄山市北境，是我国著名的风景名胜区之一。以奇松、怪石、云海、温泉、冬雪五绝著称。万历四十四年二月初二（1616年3月19日），徐霞客等人离开白岳山，复行数十里，来到黄山群峰脚下。初三，一行人抵达汤口。在黄山逗留的九天时间里，徐霞客等人先在雪景中浴汤泉，而后又分别游历了祥符寺、慈光寺、天门等，后又浏览了平天矼、狮子峰等。游记中还向我们展现了拳曲盘结、蟠曲苍翠的扰龙松的奇特之处。不巧的是，初十清晨大雨如注，之后的行程受到了天气的阻碍。十一日，由于雨不停地下，不能畅意游赏文殊院、莲花洞，不得不下山返程，出了汤口。整篇游记文辞生动、有趣，详尽讲述了黄山的奇松异景，给人一种身临其境的感受。最后，徐霞客分析了黄山周围的水流之源流。

初二日　自白岳下山，十里，循麓而西，抵南溪桥。渡大溪，循别溪，依山北行。十里，两山峭逼如门，溪为之束。越而下，平畴颇广。二十里，为猪坑。由小路登虎岭，路甚峻。十里，至岭。五里，越其麓。北望黄山诸峰，片片可掇[①]。又三里，为古楼坳。溪甚阔，水涨无梁，木片弥布[②]一溪，涉之甚难。二里，宿高桥。

【注释】①掇（duō）：拾取。②弥（mǐ）布：充满；遍布。

【译文】二月初二日　我下白岳山，前行十里路，顺着山麓向西，抵达南溪桥。我渡过大溪，顺着别溪水，沿山北行。复行十里路，两边山脉陡削险峙，有如两扇门夹住溪水。我越过两山下行，眼前平田宽广。又走二十里路，抵达猪坑。我沿着险峻的小路攀登虎岭，十里，到达虎岭。又行五里路，越过虎岭山麓。向北看，黄山诸峰，小如片片山石，似乎可以拾取。又走三里路，就是古楼坳。溪流宽阔，水位高涨，没有桥梁，水中木片遍布，很难赤足蹚过去。二里后，在高桥歇宿。

初三日　随樵者行，久之，越岭二重。下而复上，又越一重。两岭俱峻，曰双岭。共十五里，过江村。二十里，抵汤口，香溪、温泉诸水所由出者。折而入山，沿溪渐上，雪且没趾。五里，抵祥符寺。汤泉在隔溪，遂俱解衣赴汤池。池前临溪，后倚壁，三面石甃，上环石如桥。汤深三尺，时凝寒未解，面汤气郁然，水泡池底汩汩起，气本香洌。黄贞父谓其不及盘山，以汤口、焦村孔道，浴者太杂遝[①]也。浴毕，返寺。僧挥印引登莲花庵，蹑雪循涧以上。涧水三转，下注而深泓者，曰白龙潭；再上而停涵石间者，曰丹井。井旁有石突起，曰“药臼”，曰“药铫”[②]。宛转随溪，群峰环耸，木石掩映。如此一里，得一庵，僧印我他出，不能登其堂。堂中香炉及钟鼓架，俱天然古木根所为。遂返寺宿。

初四日　兀坐听雪溜竟日[3]。

【注释】①杂遝（tà）：杂乱。②药铫（diào）：小铁锅。③兀（wù）坐：枯坐。雪溜（liù）：雪水下滑。竟日：终日。

【译文】初三日　我随樵夫同行很久，共翻越两座山岭，下山后又上山，一座又一座。这两座山岭都十分险峻，叫作双岭。我们行十五里，经过了江村。又走二十里路，抵达汤口，是香溪、温泉诸水的源头。我转入山中，沿溪水缓缓上山，山上积雪淹没脚趾。我前行五里，抵达祥符寺。温泉隔着小溪就能看到，大家便脱去衣服，一起到温泉里洗澡。温泉池前临溪水，后倚岩壁，三面砌石，上环桥梁一样的石条。温泉水深三尺，冬寒尚未散去，温泉的热气却很旺盛，带有清香的水泡从池底汩汩冒出。黄贞父说黄山的温泉不及盘山好，因为汤口和焦村是交通要道，洗浴者杂乱众多。我们洗完澡，回到祥符寺，挥印和尚引我们登山前往莲花庵，我们便顺涧踏雪上山。山涧蜿蜒盘曲，水流向下倾注，深不见底下方的，叫作白龙潭；上方位于涵洞之间地，叫作丹井。丹井旁有突起的石头，分别叫“药臼”和“药锅”。我们随溪水曲折前行，四周有群峰环绕，树林山石相互掩映。如此走了一里路，找到一座寺庵，印我和尚因事外出，故不能进入庵堂。只见庵堂中的香炉和钟鼓，都是用天然的古树根雕琢而成。我们只好回祥符寺住宿。

初四日　我枯坐了一整天，静静聆听雪滑落的声音。

初五日　云气甚恶，余强卧至午起。挥印言慈光寺颇近，令其徒引。过汤地，仰见一崖，中悬鸟道，两旁泉泻如练。余即从此攀跻上，泉光云气，撩绕衣裾。已转而右，则茅庵上下，磬韵香烟，穿石而出，即慈光寺也。寺旧名硃砂庵。比丘为余言：“山顶诸静室，径为雪封者两月。今早遣人送粮，山半雪没腰而返。”余兴大阻，由大路二里下山，遂引被卧。

【译文】初五日　阴云寒气甚是恶劣，我尽力躺着，到中午才起床。挥印和尚说慈光寺很近，并让他的徒弟带我们去游览。我们经过温泉池，仰面看到一处山崖，中悬凶险的小道，小道两旁，泉水倾泻而下，一如白色布绢。我们就顺着小道上攀登，泉光和云气在周身缭绕。我们转向右走，发现佛磬声和香火味，透过岩石散逸而来，这个茅草庵就是慈光寺。慈光寺旧名硃砂庵。和尚对我说：“通往山顶静室的路，被积雪阻塞了两个月。今早派人送去粮食，半山积雪足至人腰，无法通行，只能返回。”我听后兴致大减，只好沿大道走二里路下山，回到住所，盖被睡觉。

初六日　天色甚朗。觅导者各携筇[①]上山，过慈光寺。从左上，石峰环夹，其中石级为积雪所平，一望如玉。蔬木茸茸中，仰见群峰盘结，天都独巍然上挺。数里，级愈峻，雪愈深，其阴处冻雪成冰，坚滑不容着趾。余独前，持杖凿冰，得一孔置前趾，再凿一孔，以移后趾。从行者俱循此法得渡。上至平冈，则莲花、云门诸峰，争奇竞秀，若为天都拥卫者。由此而入，绝巘[②]危崖，尽皆怪松悬结。高者不盈丈，低仅数寸，平顶短鬣[③]，盘根虬干，愈短愈老，愈小愈奇，不意奇山中又有此奇品也！松石交映间，冉冉僧一群从天而下，俱合掌言："阻雪山中已三月，今以觅粮勉到此。公等何由得上也？"且言："我等前海诸庵，俱已下山，后海山路尚未通，惟莲花洞可行耳。"已而从天都峰侧攀而上，透峰罅而下，东转即莲花洞路也。余急于光明顶、石笋矼之胜，遂循莲花峰而北。上下数次，至天门。两壁夹立，中阔摩肩，高数十丈，仰面而度，阴森悚骨。其内积雪更深，凿冰上跻，过此得平顶，即所谓前海也。由此更上一峰，至平天矼。矼之兀突独耸者，为光明顶。由矼而下，即所谓后海也。盖平天矼阳为前海，阴为后海，乃极高处，四面皆峻坞，此独若平地。前海之前，天都莲花二峰最峻，其阳属徽之歙④，其阴属宁之太平。

【注释】①筇（qióng）：手杖。②绝巘（yǎn）：山峰上的小山。③短鬣（liè）：此指松针叶短。④歙（shè）：今安徽歙县。

【译文】初六日　天色很是晴朗。我寻到一位向导，手持竹杖上山，经过慈光寺，从左边上攀，石峰环绕相夹，石级为被积雪覆盖，望去就如白玉一般。树木稀疏，披满茸雪，我仰视黄山群峰，盘结连环，唯独天都峰巍然挺立。上行数里，石级愈加险峻，积雪愈加深厚。背阴处，雪已冻结成冰，坚硬溜滑，很难站稳。我独自前进，用竹杖凿冰，挖出洞以便放前脚，再凿一个洞以移动后脚。随我来的人纷纷效仿我，才得以通过。我们上行至平冈，看见莲花峰与云门峰等争奇竞秀，就像替天都峰作护卫一样。自进山以来，无论是陡峭的山脉，还是高峻的石崖，都悬空盘结着怪奇的松树，高的不过一丈，矮的仅有几寸，平顶上的松树，针叶很短，盘根错节、枝干弯曲，犹如龙须。松树愈短粗，则年寿愈老；愈矮小，则形态愈奇，真没想到这奇山中，又有如此奇异之物啊！在奇松怪石掩映之间，一群和尚慢慢走来有如天降，双手合十说：“我们被雪困在山中三个月，现在因为寻觅粮食勉强走到这里。诸公为什么还要上山来啊？”又说：“我们前海各庵的僧人，都已下山；后海的山路不能通行，只能走莲花洞。”我从天都峰侧面攀援而上，穿过山隙下山，向东转去莲花洞。我迫切地想游览光明顶和石笋矼，便顺着莲花峰向北走，几经上下，抵达天门。天门被两边的石壁围夹，仅能擦肩穿行，高数十丈，仰面上望，阴森恐怖，令人毛骨悚然。天门里积雪更深，我凿出冰洞，向上攀登，走过这里的平顶，就到人们所说的前海了。我又登上一峰，抵达平天矼。平天矼上的凸丘，是光明顶。从平天矼向下走，就是所谓的后海了。平天矼南面是前海，北面是后海，大概就是最高处了，四面都是险峻的凹地，唯独这里有如平地。前海之前，天都和莲花两山最为高峻，它南属徽州府的歙县，北属宁国府的太平县。

余至平天矼，欲望光明顶而上。路已三十里，腹甚枵①，遂入矼后一庵。庵僧俱踞石向阳。主僧曰智空，见客色饥，先以粥饷。且曰：“新日太皎，恐非老晴。”因指一僧谓余曰：“公有余力，可先登光明顶而后中食，则今日犹可抵石笋矼，宿是师处矣。”余如言登顶，则天都、莲花并肩其前，翠微、三海门环绕于后，下瞰绝壁峭岫②，罗列坞中，即丞相原也。顶前一石，伏而复起，势若中断，独悬坞中，上有怪松盘盖。余侧身攀踞其上，而浔阳踞大顶相对，各夸胜绝。

【注释】①枵（xiāo）：空虚。②峭岫（xiù）：险峻的山。

【译文】我到平天矼时，很想攀登上光明顶。但已经走了三十里山路，十分饥饿，于是走进平天矼后的庵寺里。庵里的和尚都南向坐在石头上。主持和尚名为智空，看到我饥饿的神色，便用稀饭款待，并说："初升的太阳过于明亮，恐怕天晴不会太长久。"又指着一位和尚对我说："徐公如果有余力，可以先登览光明顶，中饭后，还能抵达石笋矼，晚上就在这位禅师处歇宿。"我听他的建议，登上光明顶，只见天都和莲花在前方并肩而立，翠微和三海门在后面环绕，向下鸟瞰，陡峭的山崖和山岭，罗列于大山坞中，那就是丞相原。光明顶前的巨石，低伏一段后又重新峙立，就如中断一样，孤悬于山坞中，石上的怪松盘根错节。我侧身攀登到巨石上坐着，浔阳叔翁则坐在光明顶上与我相望，互相夸耀自己这边的景致。

下入庵，黄粱已熟。饭后，北向过一岭，踯躅菁莽中，入一庵，曰狮子林，即智空所指宿处。主僧霞光，已待我庵前矣。遂指庵北二峰曰："公可先了此胜。"从之。俯窥其阴，则乱峰列岫，争奇并起。循之西，崖忽中断，架木连之，上有松一株，可攀引而度，所谓接引崖也。度崖，空石罅而上，乱石危缀间，构木为石，其中亦可置足，然不如踞石下窥更雄胜耳。下崖，循而东，里许，为石笋矼。矼脊斜亘，两夹悬坞中，乱峰森罗，其西一面即接引崖所窥者。矼侧一峰突起，多奇石怪松。登之，俯瞰壑中，正与接引崖对瞰，峰回岫转，顿改前观。

【译文】我走下光明顶，进入庵里，黄粱饭已经熟了。饭后北行，经过一座山岭，在繁茂的林莽中徘徊，走进一座庵，名为狮子林，正是智空指点的歇宿处。狮子林的主持和尚霞光，已在庵前等我了。他指着庵北面的两座山峰说："徐公可以先去看了这处胜景。”我认同他的建议，便俯身窥视两山之北，只见峰峦连绵，山岭并列，竞相争奇。我顺着两峰往西走，山崖忽然中断，木桥连通两边，上面有一棵松树，可以攀引越过木桥，即是所谓的接引崖。我过了接引崖，穿过石岩缝隙向上攀登。乱石杂沓处，木头和石梁相架，可以在其中行走，但景致不如坐在岩石上俯瞰。我走下接引崖，顺小路东行一里多路，就是石笋矼。石笋矼山脊倾斜连绵，两面崖壁悬于山坞中，乱峰森罗万象，西边就是在接引崖看到的地方。侧面山峰突起，上有许多奇石怪松。我登上峰顶，俯瞰山谷，正与接引崖对视，峰回山转，先前所见之风景，如今全部改变了。

下峰，则落照拥树，谓明晴可卜，踊跃归庵。霞光设茶，引登前楼。西望碧痕一缕，余疑山影。僧谓：“山影夜望甚近，此当是云气。”余默然，知为雨兆也。

【译文】我走下山峰，斜晖映照着松林，我以为可以预卜明天日晴，不由得跳跃欢呼着赶回狮子林庵。霞光主持备好茶水，引导我登上前楼。我向西眺望，天边有一缕碧痕，我怀疑是山峰的阴影。霞光和尚说：“山影夜晚看起来很近，这应当是云气。”我一下子沉默无语，知道这是要下雨的预兆。

初七日　四山雾合。少顷，庵之东北已开，西南腻甚，若以庵为界者，即狮子峰亦在时出时没间。晨餐后，由接引崖践雪下。坞半一峰突起，上有一松裂石而出，巨干高不及二尺，而斜拖曲结，蟠翠三丈余，其根穿石上下，几与峰等，所谓“扰龙松”是也。

【译文】初七日　四周山雾融为一体。不久，庵的东北面的雾气已经散开，而西南方的雾气还很浓腻，如果以庵为分野，就连近处的狮子峰，也在雾中时现时没。早餐后，我从接引崖踏雪下山。山坞半腰有小丘，丘上有棵松树挣裂石头而出，粗干不到二尺高，可树冠斜面延伸，弯曲盘结，翠枝曲折环绕，足有三丈多长，树根贯穿石岩，几乎与山峰同高，这就是所谓的“扰龙松”了。

攀玩移时，望狮子峰已出，遂杖而西。是峰在庵西南，为案山。二里，蹑其巅，则三面拔立坞中，其下森峰列岫，自石笋、接引两坞迤逦[1]至此，环结又成一胜。登眺间，沉雾渐爽，急由石笋矼北转而下，正昨日峰头所望森阴径也。群峰或上或下，或巨或纤，或直或欹，与身穿绕而过。俯窥辗顾[2]，步步生奇，但壑深雪厚，一步一悚。

【注释】①迤逦（yǐ lǐ）：连绵曲折貌。逦，又写作“迤”。②辗（niǎn）顾：回顾。

【译文】我攀游一阵，发现狮子峰已经露出了，于是拄着手杖继续往西。狮子林庵的西南方，有座案山。我走二里路，登上案山之巅，此山三面拔地而起，峙立山坞之中，山下罗列着从石笋矼、接引崖绵延而来的峰峦群山，环绕盘结，又形成一处胜景。我登高远眺之间，浓雾渐渐散去，我急忙从石笋矼北转而下，这正是昨天在峰顶看见的阴森道路。群山有的很高有的很矮、有的巨大有的纤小、有的峭直有的歪斜，行进其中，往往要穿行绕路，才能通过。我俯仰窥视，辗转回顾，每走一步都能发现奇景；但是山谷深邃、积雪厚重，每走一步又都顿生恐惧。

行五里，左峰腋一窦透明，曰“天窗”。又前，峰旁一石突起，作面壁状，则“僧坐石”也。下五里，径稍夷，循涧而行。忽前涧乱石纵横，路为之塞。越石久之，一阙新崩，片片欲堕，始得路。仰视峰顶，黄痕一方，中间绿字宛然可辨，是谓“天牌”，亦谓“仙人榜”。又前，鲤鱼石；又前，白龙池。共十五里，一茅出涧边，为松谷庵旧基。再五里，循溪东西行，又过五水，则松谷庵矣。再循溪下，溪边香气袭人，则一梅亭亭正发，山寒稽雪，至是始芳。抵青龙潭，一泓深碧，更会两溪，比白龙潭势既雄壮，而大石磊落，奔流乱注，远近群峰环拱，亦佳境也。还餐松谷，往宿旧庵。余初至松谷，疑已平地，及是询之，须下岭二重，二十里方得平地，至太平县共三十五里云。

【译文】走了五里路，见左边山腰有一处洞穴透出光亮，这就是“天窗”。继续前行，山峰旁有一块石头突立，姿态如在面壁，正是“僧坐石”。往下走五里路，道路稍稍平坦，顺着山涧继续前行。忽然前方乱石纵横，道路被阻塞。我越过乱石走了很久，发现一处新崩开的缺口，片片石壁似乎就要坠落，这才重新找到行路。仰视峰顶，有一处黄色痕迹，中间的绿字仍可辨认，这就是“天牌”，也叫作“仙人榜”。又前行，到鲤鱼石；再往前行，是白龙池。又走了十五里路，一座茅庐出现在涧水边，这是松谷庵的旧址。再走五里路，顺着溪水东岸往西走，再渡过五条溪水，就到达松谷庵了。我顺着溪水往下走，溪边香气阵阵，原来是一棵梅树正在开花，山谷严寒到处积雪，到这里开始有花香芬芳了。青龙潭深邃碧绿，又汇合了两条溪水，气势比白龙潭更加雄壮，中有巨石突起，溪水奔流汇注，群峰远近环卫，也是一处优美的景观。我回到松谷庵吃晚饭，在旧址的茅庐里住宿。我初到松谷庵时，以为已是平地，等问到居民，才知道还得走下两重山岭，共二十里山路后，才能到达平地，而到太平县，则还有三十五里路呢。

初八日　拟寻石笋奥境，竟为天夺，浓雾迷漫。抵狮子林，风愈大，雾亦愈厚。余急欲趋炼丹台，遂转西南。三里，为雾所迷，偶得一庵，入焉。雨大至，遂宿此。

【译文】初八日　我准备去寻觅石笋矼的奥秘，不料竟被上天剥夺观看的机会，浓雾迷漫山野，抵达狮子林时，风势更大，雾也更加浓厚。我迫切想前往炼丹台，便转向西南前进。走三里路，被浓雾迷失了道路，偶然发现一处庵，就进入庵里。大雨下起来，只好在此住宿。

初九日　逾午少霁。庵僧慈明，甚夸西南一带峰岫不减石笋矼，有“秃颅朝天”“达摩面壁”诸名。余拉浔阳蹈乱流至壑中，北向即翠微诸峦，南向即丹台诸坞，大抵可与狮峰竞驾，未得比肩石笋也。雨踵至，急返庵。

【译文】初九日　过了中午，天气稍稍晴朗。庵里的和尚慈明，夸赞庵西南一带的山峰岩洞，认为那里与石笋矼相比毫不逊色，还有“秃颅朝天”“达摩面壁”诸多名胜。我拉着浔阳叔翁渡过乱流，来到山谷之中，向北走就是翠微诸峰，向南走就是炼丹诸台，景致与狮子峰并肩，却比不上石笋矼。大雨接踵而至，我们急忙返回庵中。

初十日　晨雨如注，午少停。策杖二里，过飞来峰，此平天矼之西北岭也。其阳坞中，峰壁森峭，正与丹台环绕。二里，抵台。一峰西垂，顶颇平伏。三面壁翠合沓，前一小峰起坞中，其外则翠微峰、三海门蹄股拱峙。登眺久之。东南一里，绕出平天矼下。雨复大至，急下天门。两崖隘肩，崖额飞泉，俱从人顶泼下。出天门，危崖悬叠，路缘崖半，比后海一带森峰峭壁，又转一境。“海螺石”即在崖旁，宛转酷肖，来时忽不及察，今行雨中，颇稔①其异，询之始知。已趋大悲庵，由其旁复趋一庵，宿悟空上人处。

【注释】①稔（rěn）：熟悉。

【译文】初十日　早晨，大雨如注，中午时稍停了一会。我拄手杖走二里路，经过平天矼西北的飞来峰。飞来峰南面的山坞中，山峰壁立陡峭，正好与炼丹台相互环围。二里路后，抵达炼丹台。一座山峰西倾，峰顶平坦，三面岩壁绿树覆盖，重重叠叠，前面的小峰峦挺立，山坞外则是翠微峰和三海门环卫峙立着。我登上峰顶四处眺望了很久。我朝东南走了一里，从天平矼下绕出来。大雨又下起来，便急忙走下天门。两旁狭隘，仅有肩宽，崖顶上的飞泉，都从头顶倾泻而下。我走出天门，山崖高耸，悬空重叠，道路沿着石崖中腰延伸，景象与岩壁森严的后海完全不同。“海螺石”就在岩崖旁边，宛转的形态酷肖海螺。初来时忽略了它，来不及仔细观察，现在雨中行路，对它的奇异之处眼熟，询问别人后才知晓。我后来又去了大悲庵，自庵旁又前往另一庵，在悟空上人处宿歇。

十一日　上百步云梯。梯磴插天，足趾及腮，而磴石倾侧崄岈[1]，兀兀欲动，前下时以雪掩其险，至此骨意俱悚。上云梯，即登莲花峰道。又下转，由峰侧而入，即文殊院、莲花洞道也。以雨不止，乃下山，入汤院，复浴。由汤口出，二十里抵芳村，十五里抵东潭，溪涨不能渡而止。黄山之流，如松谷、焦村，俱北出太平；即南流如汤口，亦北转太平入江；惟汤口西有流，至芳村而巨，南趋岩镇，至府西北与绩溪会。

【注释】①崄岈（hán xiā）：高低不平貌，中部空而深阔。

【译文】十一日　我登上百步云梯。百步云梯的石阶很陡，似乎一直插入了蓝天，面前放脚处几乎触到脸腮，石条倾斜、间隙很大，高凸突兀，微微颤动。先前下山时，积雪掩盖了它的险要处，现在看清后顿觉毛骨悚然。上完百步云梯，随即登上去莲花峰的路。又向下转，由莲花峰侧面前进，就是通向文殊院和莲花洞的路了。因为雨一直不停，只好下山，进温泉院里，再次沐浴。由汤口出来后，行二十里路抵达芳村，走十五里抵达东潭，溪水暴涨不能过渡，就停了下来。黄山的溪流，如松谷溪、焦村溪，都是向北流出太平县；即便向南流的汤口溪，也向北转，流到太平县后再流向长江；唯独汤口西边有条溪流，到芳村而成巨流，向南流去岩镇，到徽州府西北面与绩溪会合。

游武彝山日记 福建建宁府崇安县

【题解】《游武彝山日记》是徐霞客在万历四十四年(1616)游览武彝山时所写的游记。

武彝山亦作武夷山，位于今江西与福建西北部两省交界处，是我国著名的风景名胜区和避暑胜地，具有典型的丹霞地貌特征。武夷山是三教名山，从秦汉开始，羽流禅家就居住在此地。二月二十一日(4月7日)，徐霞客等人先抵达九曲，然而顺流逐一探访。抵达六曲后，上岸登大隐屏、天游峰，又向西游览了小桃源、鼓子岩、灵峰等名胜，后从狮子岩继续登船前行，抵达四曲再次上岸。徐霞客此次游览武夷山，虽然前后只用了三天时间，但本篇游记却对武夷山做了极尽详细的描述与介绍，徐霞客此行以乘船作为游览主线，又不时穿插上岸亲探体验的描写。整篇日记构思巧妙，水陆兼顾的游玩方式，给人耳目一新。

二月二十一日　出崇安南门，觅舟。西北一溪自分水关，东北一溪自温岭关，合注于县南，通郡、省而入海。顺流三十里，见溪边一峰横欹，一峰独耸。余咤而瞩目，则欹者幔亭峰，耸者大王峰也。峰南一溪，东向而入大溪者，即武彝溪也。冲祐宫傍峰临溪。余欲先抵九曲，然后顺流探历，遂舍宫不登，逆流而进。流甚驶，舟子跣行①溪间以挽舟。第一曲，右为幔亭峰、大王峰，左为狮子峰、观音岩。而溪右之濒水者曰水光石，上题刻殆遍。二曲之右为铁板嶂、翰墨岩，左为兜鍪②峰、玉女峰。而板嶂之旁，崖壁峭立，间有三孔，作“品”字状。三曲右为会仙岩，左为小藏峰、大藏峰。大藏壁立千仞，崖端穴数孔，乱插木板如机杼。一小舟斜架穴口木末，号曰“架壑舟”。四曲右为钓鱼台、希真岩，左为鸡栖岩、晏仙岩。鸡栖岩半有洞，外隘狭窄中宏，横插木板，宛然埘桀③。下一潭深碧，为卧龙潭。其右大隐屏、接笋峰，左更衣台、天柱峰者，五曲也。文公书院正在大隐屏下。抵六曲，右为仙掌岩、天游峰，左为晚对峰、响声岩。回望隐屏、天游之间，危梯飞阁悬其上，不胜神往。而舟亦以溜急不得进，还泊曹家石。

【注释】①跣（xiǎn）行：赤脚走路。②兜鍪（móu）：头盔。③埘桀（shí jié）：壁上挖洞而成的鸡巢和鸡栖的木桩。

【译文】二月二十一日（4月7日）　我从崇安南门出发，寻找舟船。西北的小溪来自分水关，而东北的小溪来自温岭关，在县城南边汇合，途径郡城和省城，最终流入大海。我顺着水流走了三十里，看到小溪边一座山峰横亘垂斜，另一座山峰独立高耸。我惊奇地注视了一阵，发现垂斜的是幔亭峰，而高耸的是大王峰。山峰南边向东注入大河的小溪，是武彝溪。冲祐宫倚靠着山峰，俯临着溪水。我想先抵达九曲水，再沿着水流探险游历，便放弃了登赏宫殿，逆着水流前行。水势大过了舟行的动力，船工不得不赤足在水中挽着小船。第一弯，右边是幔亭峰和大王峰，左边是狮子峰和观音岩。小溪右边临水的是水光石，上面满是题字刻痕。第二弯，右边是铁板嶂和翰墨岩，左边是兜鍪峰和玉女峰。山峰侧面峭壁森立，中间有三个小穴，构成“品”字的形状。第三弯，右边是会仙石岩，左边是小藏峰和大藏峰。大藏峭壁似有千仞高，悬崖顶端有数个孔洞，像机杼一样乱插着木板，有如鸡巢的小木桩。山下有一汪绿潭，是卧龙潭。右边大隐屏和接笋峰，左边更衣台和天柱峰，则是第五弯的景色了。文公书院就在大隐屏的下方。到了第六弯，右边是仙掌岩和天游峰，左边是晚对峰和响声岩。回头看隐屏和天游峰之间，上有高悬的阶梯、入云的楼阁，令我十分神往。这时，小船也因为水势湍急不能前进，只好返途停泊在曹家石。

登陆入云窝，排云穿石，俱从乱崖中宛转得路。窝后即接笋峰。峰骈附于大隐屏，其腰横两截痕，故曰“接笋”。循其侧石隘，跻磴数层，四山环翠，中留隙地如掌者，为茶洞。洞口由西入，口南为接笋峰，口北为仙掌岩。仙掌之东为天游，天游之南为大隐屏。诸峰上皆峭绝，而下复攒凑，外无磴道，独西通一罅，比天台之明岩更为奇矫也。从其中攀跻登隐屏，至绝壁处，悬大木为梯，贴壁直竖云间。梯凡三接，级共八十一。级尽，有铁索横系山腰，下凿坎受足。攀索转峰而西，夹壁中有冈介其间，若垂尾，凿磴以登，即隐屏顶也。有亭有竹，四面悬崖，凭空下眺，真仙凡敻[1]隔。仍悬梯下，至茶洞。仰视所登之处，崭然在云汉。

【注释】①敻（xiòng）隔：远隔。

【译文】我上岸进入云窝，拨开云雾、穿过石群，一直在乱崖中曲折地寻找道路。云窝后面就是接笋峰，与大隐屏并立相依，因山腰有两道截痕，所以叫“接笋峰”。我循着侧面石隘口，登上几层台阶，发现一处四面翠绿、中间只有手掌大小的地方，这就是茶洞。洞口从西方进入，南边就是接笋峰，北边是仙掌岩。仙掌的东边是天游山，天游山的南面是大隐屏。诸峰都十分陡峭，山脚又相互挨着，外面没有阶道，只有西面的一处小缝，比天台山的明岩更加奇绝。我从这里登上隐屏，走到悬崖绝壁，把悬空的巨木当做梯子，紧靠着山壁直入云霄。梯子一共接续了三段，有八十一级，走完后又有铁索系着山腰，在下面凿出坎洞来歇脚。攀登铁索转向西峰，夹崖中有小山冈，像下垂的尾巴，穿凿了用以攀登的石阶，上面就是隐屏顶。顶上有亭台有竹林，四周都是悬崖，站在高空下望，实在觉得忽入仙境，远离尘世。我又沿着悬梯下山，回到茶洞。仰视方才登上的地方，就像在云端一样。

隘口北崖即仙掌岩。岩壁屹立雄展，中有斑痕如人掌，长盈丈者数十行。循岩北上至岭，落照侵松，山光水曲，并加入览。南转，行夹谷中。谷尽，忽透出峰头，三面壁立，有亭踞其首，即天游峰矣。是峰处九曲之中，不临溪，而九曲之溪三面环之。东望为大王峰，而一曲至三曲之溪环之。南望为更衣台，南之近者，则大隐屏诸峰也，四曲至六曲之溪环之。西望为三教峰，西之近者，则天壶诸峰也，七曲至九曲之溪环之。惟北向无溪，而山从水帘诸山层叠而来，至此中悬。其前之俯而瞰者，即茶洞也。自茶洞仰眺，但见绝壁干霄[①]，泉从侧间泻下，初不知其上有峰可憩。其不临溪而能尽九溪之胜，此峰固应第一也。立台上，望落日半规，远近峰峦，青紫万状。台后为天游观。亟辞去，抵舟已入暝矣。

【注释】①干霄：冲上云霄。

【译文】隘口北边的山崖就是仙掌岩。岩壁屹立，雄壮延伸，上面有手掌一样的斑纹，满一丈的足有数十行。我循着岩石北上高岭，斜晖映照松林，山水秀丽，都是别致的景色。向南转，在夹谷中穿行。到了夹谷尽处，峰头忽然就显现出来了，三面都是山壁，顶上有亭台，这就是天游峰。这座山峰在九曲之中，虽不挨着溪水，九曲水却三面环绕着它。往东看是大王峰，一曲到三曲水环绕着它。往南看是更衣台，更近处的是大隐屏诸峰，四曲到六曲水环绕着它们。往西看是三教峰，更近处的是天壶诸峰，七曲到九曲水环绕着它们。只北边没有溪水，山脉从水帘诸峰层叠延展而来，到这里中断孤悬。之前俯身鸟瞰的就是茶洞，从茶洞仰视，只能看到绝壁直上云霄。泉水从侧面倾泻而下，一开始实在不知道这上面还有山峰可供休息。不临近溪水却能尽览九曲绝胜的景色的，这座山峰当属第一。我站在山台上，望着落日像半个圆规，远近的峰峦或青或紫，姿态万状。台后是天游观，虽然待一会就离开了，但回船上已经是夜晚了。

二十二日　登涯，辞仙掌而西。余所循者，乃溪之右涯，其隔溪则左涯也。第七曲右为三仰峰、天壶峰，左为城高岩。三仰之下为小桃源，崩崖堆错，外成石门。由门伛偻而入，有地一区，四山环绕，中有平畦曲涧，围以苍松翠竹，鸡声人语，俱在翠微中。出门而西，即为北廊岩，岩顶即为天壶峰。其对岸之城高岩矗然独上，四旁峭削如城。岩顶有庵，亦悬梯可登，以隔溪不及也。第八曲右为鼓楼岩、鼓子岩，左为大廪石、海蚱石。

余过鼓楼岩之西，折而北行坞中，攀援上峰顶，两石兀立如鼓，鼓子岩也。岩高亘亦如城，岩下深坳一带如廊，架屋横栏其内，曰鼓子庵。仰望岩上，乱穴中多木板横插。转岩之后，壁间一洞更深敞，曰吴公洞。洞下梯已毁，不能登。望三教峰而趋，缘山越磴，深木蓊苁其上。抵峰，有亭缀其旁，可东眺鼓楼、鼓子诸胜。山头三峰，石骨挺然并矗。从石罅间蹑磴而升，傍崖得一亭。穿亭入石门，两崖夹峙，壁立参天，中通一线、上下尺余，人行其间，毛骨阴悚。盖三峰攒立，此其两峰之罅；其侧尚有两罅，无此整削。

【译文】二十二日　我登上水岸，离开仙掌，向西进发。我沿循着溪水西岸，隔着小溪就是左岸。第七曲右边是三仰峰和天壶峰，左边是城高岩。三仰下面是小桃源，崩塌的石崖错杂地堆积着，在外面形成一道石门。弯着腰从门进入，有一处四面环山的地方，有平田涧水、苍松翠竹，鸡鸣人语，都隐没在半山翠色之中。出门向西，就是北廊岩，岩顶就是天壶峰。对岸的城高岩峻峭挺立，四边如城墙一般直削。岩顶有庵寺，悬着阶梯可以攀登，但隔着溪水不能过去。第八曲右边是鼓楼岩和鼓子岩，左边是大廪石和海蚱石。我经过鼓楼岩的西边，转向北边山谷中，攀上峰顶。有两块像鼓一样突立的巨石，就是鼓子岩。岩石的高宽也像城墙一般，下方深坳处有如回廊。横架其中的屋子，就是鼓子庵。我仰望石岩之上，孔洞中杂乱地插满了木板。转向岩石后面，石壁间有一个更加深邃宽敞的洞穴，是吴公洞。洞下的石梯已经毁塌，无法攀登了。我朝着三教峰行进，攀援山途、越过石阶，峰上深林茂密葱郁。抵达山峰后，旁边点缀着亭台，可以向东远眺鼓楼、鼓子岩等胜景。

山头有三座峰尖，坚石挺拔矗立。我在石缝间穿行攀爬，发现有亭子靠在悬崖旁，穿过亭子进入石门，两边石壁包夹对峙，与天齐高。壁间只有一线缝隙，人在里面行走，令人毛骨悚然。三座山峰紧紧挨着，这间隙就是两峰包夹形成的，侧面还有两处间隙，没有这里整齐平削。

已下山，转至山后，一峰与猫儿石相对峙，盘亘亦如鼓子，为灵峰之白云洞。至峰头，从石罅中累级而上，两壁夹立，颇似黄山之天门。级穷，迤逦至岩下，因崖架屋，亦如鼓子。登楼南望，九曲上游，一洲中峙，溪自西来，分而环之，至曲复合为一。洲外两山渐开，九曲已尽。是岩在九曲尽处，重岩回叠，地甚幽爽。岩北尽处，更有一岩尤奇：上下皆绝壁，壁间横坳仅一线，须伏身蛇行，盘壁而度，乃可入。余即从壁坳行；已而渐低，壁渐危，则就而伛偻；愈低愈狭，则膝行蛇伏，至坳转处，上下仅悬七寸，阔止尺五。坳外壁深万仞。余匍匐以进，胸背相摩，盘旋久之，得度其险。岩果轩敞层叠，有斧凿置于中，欲开道而未就也。半晌，返前岩。更至后岩，方构新室，亦幽敞可爱。出向九曲溪，则狮子岩在焉。

【译文】我不久下山，转向山后，有座山与猫儿石对峙，连环交错一如鼓子岩，这就是灵峰的白云洞了。我爬到峰头，从石缝中拾阶而上，两边山壁包夹峙立，很像黄山的天门。石阶到了尽头，我慢慢到岩下，这里有凭依山崖构建的房屋，这一点也很像鼓子岩。我登楼向南眺望，九曲上游有一处洲岛在水中峙立，将西来的溪水分开并环绕自己，到九曲才重新合流。洲岛外两山逐渐外开，九曲便也穷绝了。这处岩石在九曲的尽头，重叠回环，十分幽僻舒爽。岩北尽头，还有一处奇石：上下都是绝壁，石壁间只有一线坳地，必须屈膝如蛇一般匍匐前行，绕过石壁，才能进入。我这就从山坳进去，不久头顶愈发低窄、石壁愈发陡峭，只好顺着山势屈身弯腰；后来又更加狭窄，不得不屈膝爬行，到转弯处，上下只有七寸，宽度只有一尺五，而坳外石壁却足有数千仞高。我匍匐前进，前胸和背后都被石壁摩擦着，迂回了很久才度过这个险处。岩石果然宽敞层叠，有斧凿放在其中，是想要开辟一条道路却没能完成。过了半天，我回到了之前的岩石。又到了后方的岩石，有新盖的房屋，也很幽僻可爱。出去正对九曲溪，就是狮子岩所在。

循溪而返，隔溪观八曲之人面石、七曲之城高岩，蔚然奇丽种种神飞。复泊舟，由云窝入茶洞，穹窿窈窕[①]，再至矣，再不能去！已由云窝左转，入伏羲洞，洞颇阴森。左出大隐屏之阳，即紫阳书院，谒[②]先生庙像。顺流鼓棹，两岩苍翠纷飞，翻恨舟行之速。已过天柱峰、更衣台，泊舟四曲之南涯。自御茶园登岸，欲绕出金鸡岩之上，迷荆丛棘，不得路。乃从岩后大道东行，冀有旁路可登大藏、小藏诸峰，复不得。透出溪旁，已在玉女峰下。欲从此寻一线天，徬徨无可问，而舟泊金鸡洞下，迥不相闻。乃沿溪觅路，迤逦大藏、小藏之麓。一带峭壁高骞，砂碛[③]崩壅，土人多植茶其上。从茗柯[④]中行，下瞰深溪，上仰危崖，所谓“仙学堂”“藏仙窟”，俱不暇辨。

【注释】①穹窿（lóng）窈窕：长曲深远。②谒（yè）：拜见。③碛（qì）：浅水中的沙石。④茗柯：即茶树。

【译文】我沿着九曲溪返回，隔着溪水观赏八曲的人面石和七曲的城高岩，种种景色令人神往。于是再次停船，从云窝进入茶洞，沿途长曲深远，虽然是再次来这里，却又再次流连忘返！不久从云窝左转，进入伏羲洞，十分阴森，从左边出大隐屏南面，就是紫阳书院，顺便拜见了朱熹先生的庙像。我顺着水流划动船桨，看到两岸苍翠纷然流景，登时遗憾船速太快，不能长时观赏了！经过天柱峰和更衣台后，便在四曲南岸停泊。我从御茶园登岸，想要绕到金鸡岩顶，却迷失于荆棘丛，没有找到道路。只好从岩石后面的大路向东走，希望有边路可以通往大小藏诸峰，却还是没能找到。出到溪水边，就是玉女峰下了。我想从这里寻访一线天，徘徊了半天没有找到能问路的人，船夫又在金鸡洞下，隔太远不能互相听到。我只好沿着溪水寻路，在大小藏山路间慢行。一处峭壁高峻险阻，砂石崩塌壅堵，当地人在上面种了许多茶叶。我从茶树间穿行，往下俯瞰溪水，往上仰视高崖，所谓的“仙学堂”“藏仙窟”，都来不及细辨。

已至架壑舟，仰见虚舟宛然，较前溪中所见更悉。大藏之西，其路渐穷。向荆棘中扪壁面上，还瞰大藏西岩，亦架一舟，但两崖对峙，不能至其地也。忽一舟自二曲逆流而至，急下山招之。其人以舟来受，亦游客初至者，约余返更衣台，同览一线天、虎啸岩诸胜。过余泊舟处，并棹顺流而下，欲上幔亭，问大王峰。抵一曲之水光石，约舟待溪口，余复登涯，少入，至止止庵。望庵后有路可上，遂趋之，得一岩，僧诵经其中，乃禅岩也。登峰之路，尚在止止庵西。仍下庵前西转，登山二里许，抵峰下，从乱箐[①]中寻登仙石。石旁峰突起，作仰企状，鹤模石在峰壁罅间，霜翎朱顶，裂纹如绘。旁路穷，有梯悬绝壁间，蹑而上，摇摇欲堕。梯穷得一岩，则张仙遗蜕尸体也。岩在峰半，觅徐仙岩，皆石壁不可通；下梯寻别道，又不可得；蹑石则峭壁无阶，投莽则深密莫辨。佣夫在前，得断磴，大呼得路。余裂衣不顾，趋就之，复不能前。日已西薄，遂以手悬棘，乱坠而下，得道已在万年宫右。趋入宫，宫甚森敞。羽士迎言："大王峰顶久不能到，惟张岩梯在。峰顶六梯及徐岩梯俱已朽坏。徐仙蜕已移入会真庙矣。"出宫右转，过会真庙。庙前大枫扶疏，荫数亩，围数十抱。别羽士，归舟。

【注释】①乱箐（qìng）：杂乱的竹林。

【译文】不久，我抵达架壑舟，抬头即能看见虚舟，比之前在溪中更加真切清楚。大藏的西边，道路逐渐穷尽。我顺着荆棘丛摸壁上山，回头俯瞰大藏西岩，也像架着一条船似的，只能看到两个悬崖互相对峙，却不能到那里去。忽然有一条船从二曲逆流而来，我急忙下山招呼他。这人载船来迎，也是刚到的游客，约我回更衣台，共同游览一线天、虎啸岩等名胜。路过我停船的地方，我们一同划桨顺流而下，想要登上幔亭，寻访大王峰。抵达一曲的水光石后，我们相约在溪口等着，我再次登岸，稍微走了一会，到了止止庵。我望见庵后有路可以上山，便快步前往，发现一块岩石，僧人在那里念经，这就是禅岩。登山的路，还在止止庵西边。我沿着庵寺下西转，登山大约两里，抵达山峰下，在乱丛中寻找登仙石。巨石旁边山峰突起，呈现仰望企竦的姿态，鹤模石就在峰壁隙间，似有羽毛霜白、头顶朱红，裂纹有如图画。边路尽头，有石梯悬在山壁之间，我踩着上山，摇摇欲坠。梯子尽头有一块巨石，传闻是张仙人仙逝留下的躯壳。这块石头在半峰间，我还想寻找徐仙石，但四处都是石壁不能贯通，下石梯寻找其他路，也没能找到；想踩踏石头但峭壁没有台阶，想投身莽林但茂密得认不清路。佣人在前面发现断阶，大喊找到路了。我也顾不上衣服破裂，跪着上攀，但还是不能再往前了。太阳西垂，我就用手拽着荆棘，胡乱滑行下坠，找到了万年宫右边的路。我快步进入宫殿，十分宽敞，道士迎接我说："大王峰顶很久以前就不能去了，只有张仙岩梯还在。峰顶六梯和徐仙岩梯都已经腐朽毁坏了。徐仙遗蜕已经移进会真庙了。"我出宫右转，路过会真庙，庙前大枫树茂密繁盛，荫凉有数亩，腰围有数十抱。我告别道士，回到船上。

二十三日　登陆，觅换骨岩、水帘洞诸胜。命移舟十里，候于赤石街，余乃入会真观，谒武彝君及徐仙遗蜕。出庙，循幔亭东麓北行二里，见幔亭峰后三峰骈立，异而问之，三姑峰也。换骨岩即在其旁，望之趋。登山里许，飞流汩然下泻。俯瞰其下，亦有危壁，泉从壁半突出，疏竹掩映，殊有佳致。然业已上登，不及返顾，遂从三姑又上半里，抵换骨岩，岩即幔亭峰后崖也。岩前有庵。从岩后悬梯两层，更登一岩。岩不甚深，而环绕山巅如叠嶂。土人新以木板循岩为室，曲直高下，随岩宛转。循岩隙攀跻而上，几至幔亭之顶，以路塞而止。返至三姑峰麓，绕出其后，复从旧路下，至前所瞰突泉处。从此越岭，即水帘洞路；从此而下，即突泉壁也。余前从上瞰，未尽其妙，至是复造其下。仰望突泉又在半壁之上，旁引水为碓[1]，有梯架之，凿壁为沟以引泉。

余循梯攀壁，至突泉下。其坳仅二丈，上下俱危壁，泉从上壁堕坳中，复从坳中溢而下堕。坳之上下四旁，无处非水，而中有一石突起可坐。坐久之，下壁循竹间路，越岭三重，从山腰约行七里，乃下坞。穿石门而上，半里，即水帘洞。危崖千仞，上突下嵌，泉从岩顶堕下。岩既雄扩，泉亦高散，千条万缕，悬空倾泻，亦大观也！其岩高矗上突，故岩下构室数重，而飞泉犹落槛外。

【注释】①碓（duì）：一种舂米的工具。

【译文】二十三日　我上了岸，寻觅换骨岩、水帘洞等名胜。我让舟船航行十里，在赤石街等候，这才进入会真观，拜见武彝君和徐仙的遗蜕。出庙观，循着幔亭东边山路北行二里，发现幔亭峰后有三座山峰并排挺立，觉得很奇异，询问才得知是三姑峰。换骨岩就在不远处，我便动身前往。登山一里多，有瀑流倾泻而下。我俯瞰下方，也都是高壁悬崖，泉水从半壁流出，稀疏的竹林掩映相彰，非常有闲致雅趣。但我已然上攀，来不及回去看了。顺着三姑又上山半里，到达换骨岩，也是幔亭峰的后崖。岩石前面有庵寺。我顺着岩石后的两层悬梯，再登上一座岩石。岩石不很高，却像重叠的山峦一样，环绕着山巅。当地人最近才用木板沿着岩石修建屋子，弯曲竖直，都随着岩势因地制宜。我循着石缝登阶而上，几乎到了幔亭的顶部，却由于路途堵塞而停下。我回到三姑峰山路，绕出后山，仍顺旧路下山，回到之前俯瞰突泉的地方。从这里翻过山头，就是水帘洞路；从这里下山，就是突泉壁。我之前从上面俯瞰，没有能尽窥它的奇妙，到这里又造访下方。仰望突泉又在半壁上方，旁边的梯子架着水碓，在石壁上凿出沟渠作为引流。我顺着梯子攀上石壁，到突泉下方。坳处只有两丈，上下都是直壁，泉水就从上壁坠入坳中，又从坳中溢出再往下流。山坳四处全都是水流，只中间有一块凸石可供坐下。我坐了好一会儿，循着竹间的小路下石壁，越过三重山，顺山腰走了七里，才下山原。穿过石门上山半里，就是水帘洞。高崖数千仞，上方凸起下方深嵌，泉水就从岩顶飞流直下。岩石雄伟壮阔，泉水也高悬飞散，水流千条万缕，在空中倾泻而下，也是一处胜景了！这岩石挺拔上突，因此岩下虽然盖着许多屋子，飞泉却落在建筑的门外。

先在途闻睹阁寨颇奇，道流指余仍旧路，越山可至。余出石门，爱坞溪之胜，误走赤石街道。途人指从此度小桥而南，亦可往。从之，登山入一隘，两山夹之，内有岩有室，题额乃“杜辖岩”，土人讹误传为睹阁耳。再入，又得一岩，有曲槛悬楼，望赤石街甚近。遂从旧道，三里，渡一溪，又一里，则赤石街大溪也。下舟，挂帆二十里，返崇安。

【译文】之前在路上听说睹阁寨十分神奇，道士告诉我，沿着旧路，翻过山就能到。我从石门出山，却醉心于坞溪的胜景，误入赤石街的路。路人指点我说，从这里过小桥南行也能到。我听从了，登山进入一处隘口，两山包夹，里面有岩石有房屋，题额是“杜辖岩”，是当地人土人讹误传成“睹阁”的。再深入，又发现一块巨岩，有盘曲的栏杆和悬空的小楼，离赤石街很近。我就顺着旧道走了三里，渡过一条溪，又行一里，就到了赤石街大溪。我下到船上挂帆，航行二十里，回到崇安。

游庐山日记 江西九江府

【**题解**】《游庐山日记》是徐霞客在万历四十六年（1618）游览庐山时所写的游记。

庐山，位于今江西省九江市庐山市境内。它东倚鄱阳湖，南靠滕王阁，耸立于长江中下游平原和鄱阳湖畔，是典型的地垒式断块山，是我国著名的风景名胜区。八月十八日（10月6日），徐霞客来到九江，与族兄雷门（徐应震）、白夫等人乘船来到李裁缝堰，上岸游览。在游览庐山的五天时间里，徐霞客一行人遍游庐山各处胜景。在游览石门时，徐霞客在向导的带领下，亲身涉险只为探寻不一样的风景，从而有了“石门下边雪花喷溅，奔流如雷，翻腾在空中，震荡山谷，眼睛耳朵因为如此壮美的景象而狂喜”的生动体验，使读者仿佛也置身于绝险圣境之中。二十三日，徐霞客登上尖峰绝顶的文殊台，雄浑壮美的千尺瀑布尽收眼底，而后下山在寺中吃完饭，在鄱阳湖的波光掩映中，告辞离开。

戊午，余同兄雷门、白夫，以八月十八日至九江。易小舟，沿江南入龙开河，二十里，泊李裁缝堰。登陆，五里，过西林寺，至东林寺。寺当庐山之阴，南面庐山，北倚东林山。山不甚高，为庐之外廓。中有大溪，自东而西，驿路界其间，为九江之建昌孔道。寺前临溪，入门为虎溪桥，规模甚大，正殿夷毁，右为三笑堂。

【译文】戊午年（万历四十六年，1618）八月十八日　我同族兄雷门和白夫抵达九江。我们换乘小船后，沿长江向南航行，进入龙开河，行驶二十里水路，在李裁缝堰停泊。登陆后前行五里，经过西林寺，抵达东林寺。东林寺坐落于庐山北面，南方面对庐山，北边倚靠东林山。东林山不很高，是庐山的外脉。山中有条东西流向的大溪，中间有驿路作为分界，即是九江到建昌的要道。东林寺前门面临溪水，进门是虎溪桥，规模很大，正殿已被夷为平地，右边则是三笑堂。

十九日　出寺，循山麓西南行。五里，越广济桥，始舍官道，沿溪东向行。又二里，溪回山合，雾色霏霏如雨。一人立溪口，问之，由此东上为天池大道，南转登石门，为天池寺之侧径。余稔知石门之奇，路险莫能上，遂请其人为导，约二兄径至天池相待。遂南渡小溪二重，过报国寺，从碧条香蔼中攀陟。五里，仰见浓雾中双石屼立，即石门也。一路由石隙而入，复有二石峰对峙。路宛转峰罅[①]，下瞰绝涧诸峰，在铁船峰旁，俱从涧底矗耸直上，离立咫尺，争雄竞秀，而层烟叠翠，澄映四外。其下喷雪奔雷。腾空震荡，耳目为之狂喜。门内对峰倚壁，都结层楼危阙。徽人邹昌明、毕贯之新建精庐书斋，僧容成焚修其间。从庵后小径，复出石门一重，俱从石崖上，上攀下蹑，磴穷则挽藤，藤绝置木梯以上。如是二里，至狮子岩。岩下有静室。越岭，路颇平。再上里许，得大道，即自郡城南来者。历级而登，殿已当前，以雾故不辨。逼之，而朱楹彩栋，则天池寺也，盖毁而新建者。由右庑侧登聚仙亭，亭前一崖突出，下临无地，曰文殊台。出寺，由大道左登披霞亭。亭侧岐路东上山脊，行三里。由此再东二里，为大林寺；由此北折而西，曰白鹿升仙台；北折而东，曰佛手岩。升仙台三面壁立，四旁多乔松，高帝御制《周颠仙庙碑》在其顶，石亭覆之，制甚古。佛手岩穹然轩峙，深可五六丈，岩端石歧横出，故称“佛手”。循岩侧庵右行，崖石两层，突出深坞，上平下仄，访仙台遗址也。台后石上书“竹林寺”三字。竹林为匡庐幻境，可望不可即；台前风雨中，时时闻钟梵声，故以此当之，时方云雾迷漫，即坞中景亦如海上三山，何论竹林？还出佛手岩，由大路东抵大林寺。寺四面峰环，前抱一溪。溪上树大三人围，非桧[②]非杉，枝头着子累累，传为宝树，来自西域，向原来有二株，为风雨拔去其一矣。

【注释】①罅（xià）：缝隙。②桧（guì）：刺柏树。

【译文】十九日　我们走出东林寺，顺山麓向西南方前行。走五里路，度过广济桥，便舍弃官道，沿溪岸向东走。又走二里路，溪流迂回，山峦四合，雾色浓厚，有如细雨。我看到有人站立溪口边，便上前问路，得知东行上山，就是天池大路，而向南转登石门，则是天池寺侧面的小路。我素知石门风景奇异，而路途艰险，无法攀爬，便请那人做我的向导，而让二位兄长在天池寺等候。我向南渡过两条小溪，经过报国寺，沿着青绿石阶，在芬芳云气里攀登了五里路，仰见浓雾中一对高耸兀立的石峰，那就是石门了。有一条穿入岩隙的路，两边石峰相对屹立。石缝中的小路蜿蜒曲折，我俯瞰山峰涧水，都位于铁船峰旁边，山脉自涧底高耸屹立，直入云天，相互紧挨，争雄竞秀，层叠的翠峰间缭绕着云烟，映照在四下河流之中。山下涧水汹涌，浪如喷雪，声如奔雷，腾空起伏，震荡山谷，亲睹这些景色，我不禁狂喜过望。石门内的双峰倚靠岩壁，上筑高楼。徽州人邹昌明和毕贯之，在这里新建了精庐，僧人容成就在里面焚香修行。我沿庵后的小路，又走过一道石门，上下攀踏石崖，石台穷尽就拉着藤条攀援，没有藤条的地方就安置木梯登上去。这样走了二里路，到达狮子岩。狮子岩下建有静室。越过平坦的山岭，再往上走一里多路，找到了郡城南面的大道。我经过石阶向上走，眼前是一座大殿，由于雾浓，在远处辨认不清。我靠近观察，发现是红柱彩梁的天池寺，也许是是毁塌后新近修葺的。我从右边廊房侧登聚仙亭，亭前有一处外伸的山崖，无法俯瞰到地面，即是文殊台。我走出天池寺，从大路左面登上披霞亭。再由披霞亭侧面的岔路，向东爬上山脊，走三里路，再向东走二里路，就是大林寺；再向北转西，就是白鹿升仙台；向北面转东，则是佛手岩。白鹿升仙台三面岩壁，四旁有许多高大的松树，岩顶有高皇帝朱元璋御制的“周颠仙庙碑”，为石亭所遮，形制十分古朴。佛手岩高高矗立，足有五六丈，前端伸叉，因此得名“佛手岩”。我顺着佛手岩侧面的庵向右走，深坞中突出两层山岩，上层平坦，下层逼仄，即是访仙台遗址。台后岩石上写着“竹林寺”三个字，竹林寺是庐山中的幻境，可望而不可及；台前每值风雨之日，常能听见佛寺的撞钟诵经声，因此与访仙无异。当时正好云雾迷漫，虽是山景，也像海上蓬莱、方丈和流洲三座神山一般，又何必再谈及竹林寺呢？我走出佛手岩，从大路往东走，抵达大林寺。大林寺四面山峰环卫，前有溪水环抱。溪岸上有棵大树，粗有三人围，不像桧树也不像杉树，枝头结满了累累硕果，传说这是宝树，来自西域，原来有两棵，但另一棵被暴风雨拔毁了。

二十日　晨雾尽收。出天池，趋文殊台。四壁万仞，俯视铁船峰，正可飞舄①。山北诸山，伏如聚螘②。匡湖洋洋山麓，长江带之，远及天际。因再为石门游，三里，度昨所过险处，至则容成方持贝叶出迎，喜甚，导余历览诸峰。上至神龙宫右，折而下，入神龙宫。奔涧鸣雷，松竹荫映，山峡中奥寂境也。循旧路抵天池下，从歧径东南行十里，升降于层峰幽涧；无径不竹，无阴不松，则金竹坪也。诸峰隐护，幽倍天池，旷则逊之。复南三里，登莲花峰侧，雾复大作。是峰为天池案山，在金竹坪则左翼也。峰顶丛石嶙峋，雾隙中时作窥人态，以雾不及登。

【注释】①飞舄（xì）：仙人飞行。②螘（yǐ）：即蚂蚁。

【译文】二十日　清晨，雾气完全消散了。我走出天池寺，奔向文殊台。四面岩壁高达万仞，我俯看铁船峰，似乎可供神仙飞行。山北诸峰低矮，有如蚁群聚集。匡湖边洋洋数十里山麓，与长江仅一线之隔，江水却远流到天际。我第二次作石门之游，走三里路，越过昨天经过的险处，我到的时候，僧人容成拿着佛经，高兴地出来迎接，并引导我游览诸峰。我们登行到神龙宫右，向下进入神龙宫。山涧奔流有如雷鸣，松树竹林相互荫映，这是山峡中最奥秘寂静的地方。我们沿旧路抵达天池寺，顺岔路向东南行十里路，在层叠的山峰、幽深的山涧之间上下登爬；无处不有竹林，无坡不有松树，这就是金竹坪。各山峰隐隐相护，比天池寺幽深得多，却也略显狭窄。我又向南走三里路，登上莲花峰侧面，雾气再次大作。莲花峰是天池寺的界山，也是金竹坪的左翼，峰顶石丛嶙峋，在雾气中，不时地作出窥人的神态。由于大雾迷漫，我未能登上峰顶。

越岭东向二里，至仰天坪，因谋尽汉阳之胜。汉阳为庐山最高顶，此坪则为僧庐之最高者。坪之阴北，水俱北流从九江；其阳南，水俱南下属南康。余疑坪去汉阳当不远，僧言中隔桃花峰，尚有十里遥。出寺，雾渐解。从山坞西南行，循桃花峰东转，过晒谷石，越岭南下，复上则汉阳峰也。先是遇一僧，谓峰顶无可托宿，宜投慧灯僧舍，因指以路。未至峰顶二里，落照盈山，遂如僧言，东向越岭，转而西南，即汉阳峰之阳也。一径循山，重嶂幽寂，非复人世。里许，蓊然竹丛中得一龛，有僧短发覆额，破衲僧衣赤足者，即慧灯也，方挑水磨腐。竹内僧三四人，衣履揖客，皆慕灯远来者。复有赤脚短发僧从崖间下，问之，乃云南鸡足山僧。灯有徒，结茅于内，其僧历悬崖访之，方返耳。余即拉一僧为导，攀援半里，至其所。石壁峭削，悬梯以度，一茅如慧灯龛。僧本山下民家，亦以慕灯居此。至是而上仰汉阳，下俯绝壁，与世夐矣。暝色已合，归宿灯龛。灯煮腐相饷，前指路僧亦至。灯半月一腐，必自己出，必遍及其徒。徒亦自至，来僧其一也。

【译文】我越过山岭，向东走二里路，抵达仰天坪，并计划游尽汉阳峰所有名胜。汉阳峰是庐山的最高顶，仰天坪则是僧舍的最高处。仰天坪北，溪水北流，从属于九江府；仰天坪南，溪水南流，归属于南康府。我认为仰天坪离汉阳峰不很远，僧人却说中间还隔着桃花峰，尚有十里之遥。走出寺门，雾渐渐散开。我顺着山坞的西南边走，顺着桃花峰向东转，经过晒谷石，越过山岭南下，再上行就是汉阳峰。我先是遇到一位僧人，说是汉阳峰顶没有住处，最宜投宿的是慧灯和尚的僧舍，并指点了道路。未到峰顶二里路时，斜晖已经映照满山，我照僧人所说，向东越过山岭，转向西南，抵达汉阳峰南。一条小径顺山势延伸，层峦叠嶂，幽深寂静，仿佛远隔人世。走了一里多路，在竹林中找到一间供有佛像的小屋，有位前额留着短发的和尚，穿着破僧衣，打着赤脚，正在挑水磨豆腐，这就是慧灯和尚。竹丛中还有和尚三四人，身着整洁，揖礼待客，他们都是慕名慧灯，从远处来的。从山崖间走下来另一位赤脚短发的和尚，我上前询问，才知道是云南鸡足山的和尚。慧灯还有徒弟，在里山盖茅屋，那位和尚走过悬崖去拜访他，刚刚回来。我拉着一位和尚做向导，攀援了半里路，到慧灯徒弟的住所。石壁陡峭笔削，我们架悬梯度过去，找到了一间与慧灯和尚一样的茅屋。这位和尚本来是山下的百姓，也因仰慕慧灯，而住到这里。到了这里，仰望汉阳峰，俯瞰悬崖绝壁，顿觉与人世远隔。夜色降临，我返归慧灯小屋歇宿。慧灯和尚煮好豆腐招待我，先前指点道路的和尚也来了。慧灯和尚半个月磨一次豆腐，并且必定亲自下厨，款待他所有的徒弟。他的徒弟也会自行来吃，指路和尚便是其中一位。

二十一日　别灯，从龛后小径直跻汉阳峰。攀茅拉棘，二里，至峰顶。南瞰鄱湖，水天浩荡。东瞻湖口，西盼建昌，诸山历历，无不俯首失恃。惟北面之桃花峰，铮铮比肩，然昂霄逼汉，此其最矣。下山二里，循旧路，向五老峰。汉阳、五老，俱匡庐南面之山，如两角相向，而犁头尖界于中，退于后，故两峰相望甚近。而路必仍至金竹坪，绕犁头尖后，出其左胁，北转始达五老峰，自汉阳计之，且三十里。余始至岭角，望峰顶坦夷，莫详五老面目。及至峰顶，风高水绝，寂无居者。因遍历五老峰，始知是山之阴，一冈连属；阳则山从绝顶平剖，列为五枝，凭空下坠者万仞，外无重冈叠嶂之蔽，际目视野甚宽。然彼此相望，则五峰排列自掩，一览不能兼收；惟登一峰，则两旁无底。峰峰各奇不少稍让，真雄旷之极观也！

【译文】二十一日　我告别慧灯和尚，从屋后小路直攀汉阳峰。我手拉茅草荆棘，向上攀登二里路，到达汉阳峰顶。向南鸟瞰鄱阳湖，湖水浩荡，似与天连。向东远望湖口县，向西遥看建昌，历历在目的群山，无不像失去了倚仗，一致俯首称臣。只有北面的桃花峰铁骨铮铮，可与此峰并肩。然而昂首耸立，直逼霄汉，这座山峰是其中最高的。我下山两里，沿旧路向五老峰前进。汉阳峰和五老峰都是庐山南面山系，正如两角相对，犁头尖则介于两者中间，退居后方，所以两峰相望很近。我顺着金竹坪行路，绕过犁头尖后，从半山左侧出来，向北转才到达五老峰，从汉阳开始计算路程的话，已有三十里了。我刚到岭角，便能遥望到平坦峰顶，但还不能看清五老峰的面目。等到抵达峰顶，只觉疾风迅猛，既没有流水，也无人居住。我游遍五老峰，才知道山北还有一冈相互连属，山南则从绝顶平剖，分成五支，空坠万仞，极其高险。此外再无重冈叠嶂的遮蔽了，视野非常宽广。然而五座山峰一线排列，自相遮掩，一望不能兼收五峰之景；登上一峰后，山两旁看不见底渊，各座山峰皆有奇景险观，互不逊色，真是雄伟旷丽之极！

仍下二里，至岭角。北行山坞中，里许，入方广寺，为五老新刹。僧知觉甚稔[1]三叠之胜，言道路极艰，促余速行。北行一里，路穷，渡涧。随涧东西行，鸣流下注乱石，两山夹之，丛竹修枝，郁葱上下，时时仰见飞石，突缀其间，转入转佳。既而涧旁路亦穷，从涧中乱石行，圆者滑足，尖者刺履。如是三里，得绿水潭。一泓深碧，怒流倾泻之上，流者喷雪，停者毓黛[②]。又里许，为大绿水潭。水势至此将堕，大倍之，怒亦益甚。潭有峭壁乱耸，回互逼立，下瞰无底，但闻轰雷倒峡之声，心怖目眩，泉不知从何坠去也。于是涧中路亦穷，乃西向登峰。峰前石台鹊起，四瞰层壁，阴森逼侧。泉为所蔽，不得见，必至对面峭壁间，方能全收其胜。乃循山冈，从北东转。二里，出对崖，下瞰，则一级、二级、三级之泉，始依次悉见。其坞中一壁，有洞如门者二，僧辄指为竹林寺门云。顷之，北风自湖口吹上，寒生粟起，急返旧路，至绿水潭。详观之，上有洞翕然[③]下坠。僧引入其中，曰："此亦竹林寺三门之一。"然洞本石罅夹起，内横通如"十"字，南北通明，西入似无底止。出，溯溪而行，抵方广，已昏黑。

【注释】①稔（rěn）：熟知。②毓（yù）黛：生出黑色。③翕（xī）然：紧缩收束貌。

【译文】我顺路下山二里，到达岭角。向北走，在山坞中行进，约一里路后，进入方广寺，是五老峰新建的佛寺。知觉和尚很熟悉三叠泉瀑布周遭，说路很难走，催促我尽快上路。我们北行一里，道路已尽，渡过涧水，随涧水东岸向西走，流水下注乱石中，两边山脉夹峙，竹林长枝，郁郁葱葱；我时时仰见露出的岩石，有如绿林飞动，点缀在山间；越往里走，景色就越美丽。接着，涧岸旁的路也穷尽了，我们只好从在乱石中行进，圆石滑脚，尖石刺破鞋子。就这样走了三里，找到绿水潭。碧水深深，汹涌的涧流倾泻而下，银白有如喷雪，而潭中的积水，则是深青色的。又走过一里多路，就是大绿水潭。水势至此将要下坠，流量比之前大一倍，也更加汹涌澎湃。潭前峭壁纷乱地耸立着，相互回环峙立。往下鸟瞰，似乎没有底，只听到轰雷般的响声，似乎要震倒峡谷，我心生恐惧，眼光昏花，不知道泉水坠往何处。到这里，涧中的路也穷尽了，于是向西登山。峰前石台依势崛起，俯看四周层层崖壁，显得阴森而狭窄。泉水为崖石所掩蔽，无法尽睹景色，一定要到对面的峭壁，方能够看清全景。我便沿着山冈，从北向东转。二里路后，走到对面峭壁上，往下俯视，第一、二、三级的流泉，这才依次全部看清楚了。山坞中的一处崖壁上，有两个门大小的洞，知觉和尚指着告诉我说那是竹林寺的大门。过了一会儿，北风从湖口吹来，令人顿生寒冷战栗之感。我连忙返程，抵达绿水潭。细观绿水潭，看见上方有洞敛缩下坠。知觉和尚引我进洞，说："这也是竹林寺三门之一。"洞原来是石缝相夹，其内横通有如"十"字，南北通明透亮，往西行进却好像没有尽头。我出洞，沿溪岸而行，抵达方广寺时，天已昏黑。

二十二日　出寺，南渡溪，抵犁头尖之阳。东转下山，十里，至楞伽院侧。遥望山左胁，一瀑从空飞坠，环映青紫，夭矫滉漾[①]，亦一雄观。五里，过栖贤寺，山势至此始就平。以急于三峡涧，未之入。里许，至三峡涧。涧石夹立成峡，怒流冲激而来，为峡所束，回奔倒涌，轰振山谷。桥悬两岩石上，俯瞰深峡中，迸珠戛玉[②]。过桥，从歧路东向，越岭趋白鹿洞。路皆出五老峰之阳，山田高下，点错民居。横历坡陀，仰望排嶂者三里，直入峰下，为白鹤观。又东北行三里，抵白鹿洞，亦五老峰前一山坞也。环山带溪，乔松错落。出洞，由大道行，为开先道。盖庐山形势，犁头尖居中而少逊，栖贤寺实中处焉；五老左突，下即白鹿洞；右峙者，则鹤鸣峰也，开先寺当其前。于是西向循山，横过白鹿、栖贤之大道，十五里，经万松寺，陟一岭而下，山寺巍然南向者，则开先寺也。从殿后登楼眺瀑，一缕垂垂，尚在五里外，半为山树所翳，倾泻之势，不及楞伽道中所见。惟双剑崭崭众峰间，有芙蓉插天之态；香炉一峰，直山头圆阜耳。从楼侧西下壑，涧流铿然泻出峡石，即瀑布下流也。瀑布至此，反隐不复见，而峡水汇为龙潭，澄映心目。坐石久之，四山暝色，返宿于殿西之鹤峰堂。

【注释】①夭矫滉（huàng）瀁：盘曲浩大。②迸珠戛玉：迸溅水珠，声如玉鸣。

【译文】二十二日　我走出方广寺，从南面渡过溪水，抵达犁头尖南。向东转下山，走十里路，到达楞伽院侧面。遥望山左侧半腰，一条瀑布飞流直下，四周环映呈青紫色，盘曲荡漾，声势浩大，也是雄丽奇观。走五里路，经过栖贤寺，山势至此开始平缓。我急于游览三峡涧，没有进入栖贤寺。走了一里多，到达三峡涧。涧由石壁夹立形成峡口，汹涌的水流冲激而来，为峡口约束，奔腾回旋，汹涌激荡，轰鸣声震荡山谷。一桥悬架两边的岩石上，在桥上俯视深峡，流水有如珍珠溅射，声音有如玉鸣。过桥后，从岔路向东，翻越山岭奔向白鹿洞。道路都在五老峰的南面，山田民居错落分散、高下不一。横经的路很不平坦，仰望层峦叠嶂，足足还有三里。直入山峰之下，是白鹤观。又向东北方走三里，抵达白鹿洞，这里也是五老峰前的一处山坞。环山的溪流有如丝带，高大的松树错落山间。

走出白鹿洞，由大道上走，是通往开先寺的道路。庐山大概的地势，犁头尖处于中间稍偏一些，而栖贤寺则正处于中间，五老峰向左突出，其下即是白鹿洞；右边峙立的，则是鹤鸣峰，开先寺正当其前。我便沿山向西，横穿通往白鹿洞和栖贤寺的大道，走十五里，经过万松寺，登上一岭而后下山，巍然南向的山寺，就是开先寺了。从大殿后登楼远眺瀑布，一缕垂垂向下的水帘，还在五里路之外，一半被山树遮蔽，倾泻而下的态势，壮丽不及楞伽道。唯独双剑峰在众峰中间显得特别高峻，有芙蓉插天的态势；而香炉峰只是山头圆形的土丘。从楼侧向西面走下山沟，涧溪流水铿然地泻出峡石口，此即是瀑布的下流。到这里，瀑布反而隐蔽不能再看见，而峡石口的流水汇聚为龙潭，澄澈得能映照人的内心与眼目。我坐在石头上很久，四山都已沉入夜色，才回殿西的鹤峰堂歇宿。

二十三日　由寺后侧径登山。越涧盘岭，宛转山半。隔峰复见一瀑，并挂瀑布之东，即马尾泉也。五里，攀一尖峰，绝顶为文殊台。孤峰拔起，四望无倚，顶有文殊塔。对崖削立万仞，瀑布轰轰下坠，与台仅隔一涧，自巅至底，一目殆无不尽。不登此台，不悉此瀑之胜。下台，循山冈西北溯溪，即瀑布上流也。一径忽入，山回谷抱，则黄岩寺据双剑峰下。越涧再上，得黄石岩。岩石飞突，平覆如砥。岩侧茅阁方丈，幽雅出尘。阁外修竹数竿，拂群峰而上，与山花霜叶，映配峰际。鄱湖一点，正当窗牖。纵步溪石间，观断崖夹壁之胜。仍饭开先，遂别去。

【译文】二十三日　我顺着开先寺后的侧边小路上登山。越过溪涧，在山岭宛转前行。隔着山峰又看见另一瀑布，并挂在瀑布东面的，就是马尾泉。走过五里路，攀登上一座尖山峰，绝顶就是文殊台。一座孤峰拔地而起，四面无有倚靠，峰顶是文殊塔。对面的崖岩削立，高达万仞，瀑布轰轰下坠，与文殊台仅一涧之隔，从崖巅到崖底，一眼几乎看不尽。不登临这文殊台，就不能尽览这瀑布的胜景。走下文殊台，沿山冈西北逆着溪流走，即是瀑布的上流。一条小路忽然伸来，山回谷抱，黄岩寺正高踞在双剑峰下。越过溪涧再向上攀登，得以到达黄石岩。岩石有的奇异突兀，有的平覆如磨刀石。岩侧茅草阁的方丈，幽静淡雅，脱离尘世。阁外面有长竹数竿，在群峰之上轻轻摆动，与山花霜叶辉映相配。远眺鄱阳湖一片，正对着窗户。在溪洞岩石间放开步伐游览，观赏断崖夹壁的种种景致。我仍在开先寺用饭，饭后告别而去。

游黄山日记后

【**题解**】《游黄山后记》是徐霞客在万历四十六年（1618）再次重游黄山时所写的游记。

徐霞客曾于两年前，历时九天初游黄山，此次在游完庐山与白岳山之后，他于九月初四（10月21日），再次抵达汤口，重游黄山。所采用的路线与初游线路大致相同。不同的是，此次重游黄山，徐霞客终于如愿登顶上次因天气原因没能抵达的文殊院，以及无路攀登的天都峰和莲花峰。他在描述攀登天都峰时写道："至天都侧，从流石蛇行而上，攀草牵棘，……每至手足无可着处，澄源必先登垂接。"由此可知，攀天都峰的艰难程度。第二天，在登顶莲花峰后，徐霞客写下"是峰居黄山之中，独出诸峰上"，判断莲花峰是黄山的最高峰，这与现代勘测结果一致。初六，徐霞客辞别霞光和尚，从山间坑谷走向丞相原，游历牌楼石，沿着白沙岭的山脊来到罗汉石，遂行数里，到达九龙潭，结束了此次游览。

戊午九月初三日　出白岳榔梅庵，至桃源桥。从小桥右下，陡甚，即旧向黄山路也。七十里，宿江村。

【译文】戊午年（万历四十六年，1618）九月初三日　我从白岳山的榔梅庵出来，走到桃源桥。我沿小桥右侧下山，正是游黄山走的旧路，十分陡峭。又行七十里后，住在了江村。

初四日　十五里，至汤口。五里，至汤寺，浴于汤池。扶杖望硃砂庵而登。十里，上黄泥冈。向时云里诸峰，渐渐透出，亦渐渐落吾杖底。转入石门，越天都之胁而下，则天都、莲花二顶，俱秀出天半。路旁一岐东上，乃昔所未至者，遂前趋直上，几达天都侧。复北上，行石罅中。石峰片片夹起，路宛转石间，塞者凿之，陡者级之，断者架木通之，悬者植梯接之。下瞰峭壑阴森，枫松相间，五色纷披[①]，灿若图绣。因念黄山当生平奇览，而有奇若此，前未一探，兹游快且愧矣！

【注释】①纷披：纷乱繁盛。

【译文】初四日　我走十五里抵达汤口。又走五里，到达汤寺，在汤池沐浴。我拄着拐杖，朝着殊砂庵攀登。十里后，登上了黄泥冈。被云雾笼罩的群峰，渐渐显露出来，也渐渐落在我的拐杖之下了。我转入石门，穿过天都峰侧。天都和莲花两峰，直入半空，蔚为壮观。路边有条向东的岔路，之前没有走过，我便顺岔路直上，几乎翻过了天都峰。我又北上，在石缝中穿行。片片石峰夹着道路，路在石峰间纡余曲折，阻塞处有凿洞，陡峭处修有石阶，断裂处有搭木，悬空处有连梯。我向下俯瞰，壑谷峻峭阴森，枫松交织相间，五彩缤纷，绚烂如画。我先前觉得，游黄山应是有生以来最奇幻的旅行，却此处还有如此曼妙的景致，先前没能见识到，真是既痛快又惭愧啊！

时夫仆俱阻险行后，余亦停弗上；乃一路奇景，不觉引余独往。既登峰头，一庵翼然，为文殊院，亦余昔年欲登未登者。左天都，右莲花，背倚玉屏风，两峰秀色，俱可手擥[①]。四顾奇峰错列，众壑纵横，真黄山绝胜处！非再至，焉知其奇若此？遇游僧澄源至，兴甚勇。时已过午，奴辈适至。立庵前，指点两峰。庵僧谓："天都虽近而无路，莲花可登而路遥。只宜近盼天都，明日登莲顶。"余不从，决意游天都。挟澄源、奴子仍下峡路。至天都侧，从流石蛇行而上。攀草牵棘，石块丛起则历块，石崖侧削则援崖。每至手足无可着处，澄源必先登垂接。每念上既如此，下何以堪？终亦不顾。历险数次，遂达峰顶。惟一石顶壁起犹数十丈，澄源寻视其侧，得级，挟予以登。万峰无不下伏，独莲花与抗耳。时浓雾半作半止，第一阵至，则对面不见。眺莲花诸峰，多在雾中。独上天都，予至其前，则雾徙于后；予越其右，则雾出于左。其松犹有曲挺纵横者；柏虽大干如臂，无不平贴石上、如苔藓然。山高风巨，雾气去来无定。下盼诸峰，时出为碧峤[②]，时没为银海。再眺山下，则日光晶晶，别一区宇也。日渐暮，遂前其足，手向后据地，坐而下脱。至险绝处，澄源并肩手相接。度险，下至山坳，暝色已合。复从峡度栈以上，止文殊院。

【注释】①擥（lǎn）：同"揽"。②峤（qiáo）：尖而高的山岳。

【译文】此时，仆人因山路艰险，都落在了后面，我也停下了脚步；但一路的奇景，吸引着我不知不觉独自前往。登上峰头后，一座庙宇羽翼张开，名为文殊院，也是我前几年就想来访，但没能如愿攀登的地方。这里左边是天都峰，右边是莲花峰，背靠玉屏峰，莲花和天都两峰，秀美山色似乎可以伸手揽取。我环顾四周，奇峰高下错落，壑谷纵横交叉，真是黄山的绝妙胜景。如果不是第二次来，哪会知道竟还有如此奇妙的景色呢？我巧遇云游僧人澄源，游兴更为高涨。过了中午，仆人们才赶到。我站在文殊院前，对着天都和莲花两峰指指点点，庵中僧人说："天都峰虽然很近，却无路可通；莲花峰有路上去，路却很远。现在只能在近处观赏天都峰，明天再攀登莲花峰顶。"我没有听从，仍决心游览天都峰。我与澄源、仆人一同顺着原路，下至峡谷，到达天都峰侧面，又顺着流石逶迤而上。我扯着荆棘往上爬，穿越丛密的石块，扒上陡斜的石崖。每当遇到手脚没有着落的地方，必是澄源先爬上去，再伸手接我。我见上山已经如此艰难，那么下山应该更加困难，但最终什么也不顾了。经历了数次危险，终于登上了天都峰顶。峰顶上只有一块数十丈高的岩石，澄源在岩石旁找了一会，发现了石阶，便扶着我攀登。群山无不拜伏在脚下，唯有莲花峰能与之抗衡。此时浓雾忽浓忽散，每当浓雾降临，面对面都无法看清。我眺望莲花诸峰，大多笼罩在云雾之中。我独自登上天都峰，我走在前面，云雾便落在身后；我跳到右侧，云雾便腾在左侧。山顶还有横枝弯曲、主干挺拔的松树；柏树的枝干虽然有手臂粗，却全都平贴在岩石上，姿态有如苔藓。山高风大，雾气来去不定。我俯瞰群峰，时而露出碧绿色的山尖，时而又被银白色的云海淹没。又眺望山下，则像是阳光明媚的另一个世界了。夜色临近，我们把脚朝前伸出，手在后撑着地面，坐着往下滑。滑到最险处，澄源肩手并用地接住我。穿过惊险地段，下到山坳时，天已经完全黑了。我们又顺着峡谷越过栈道，在文殊院住宿。

初五日　平明，从天都峰坳中北下二里，石壁岈然[①]。其下莲花洞正与前坑石笋对峙，一坞幽然。别澄源，下山至前歧路侧，向莲花峰而趋。一路沿危壁西行，凡再降升，将下百步云梯，有路可直跻莲花峰。既陟而磴[②]绝，疑而复下。隔峰一僧高呼曰："此正莲花道也！"乃从石坡侧度石隙。径小而峻，峰顶皆巨石鼎峙，中空如室。从其中叠级直上，级穷洞转，屈曲奇诡，如下上楼阁中，忘其峻出天表也。一里得茅庐，倚石罅中。徘徊欲开，则前呼道之僧至矣，僧号凌虚，结茅于此者，遂与把臂陟顶。顶上一石，悬隔二丈，僧取梯以度。其巅廓然开阔舒朗，四望空碧，即天都亦俯首矣。盖是峰居黄山之中，独出诸峰上，四面岩壁环耸，遇朝阳霁色，鲜映层发，令人狂叫欲舞。

【注释】①岈（xiā）然：深邃貌。②磴（dēng）：石阶。

【译文】初五日　天刚亮，我便顺着天都峰山坳北下，走了二里路。石壁森峻，壁下莲花洞前石笋对峙，整个山坞十分幽雅。我告别澄源下山，来到昨天的岔道边，转往莲花峰。一路上沿陡壁西行，两次翻越，快要下到百步云梯，发现有路可以直登莲花峰。我沿路爬到一半，石阶却断绝了，我觉得走错路了，又想下山。这时，隔壁峰上一位僧人高呼："这正是上莲花峰的路！"从石坡旁边穿越石缝。山路狭窄陡峻，峰顶上鼎立着巨石，中间空荡像房间一样。我顺着层叠的石阶直上，石阶尽头处山洞转向，弯曲盘绕，奇异非常，就像在阁中上下楼，竟忘记了这里高出天外的地势。我走了一里，发现一座茅屋傍靠在石缝间，正想再往上登，先前高呼的僧人过来了。僧人法号凌虚，是茅屋的主人，我便和他拉着手同登顶峡。顶上有块二丈宽的巨石，僧人取来梯子才度过去。莲花峰顶十分开阔，我环顾澄碧的天空，即使是天都峰的景色，也要屈居第二了。莲花峰约位于黄山正中，高耸于群山之上，四面岩壁环抱。如果云雾散尽、朝阳当空，层层山峦映照，焕发着清丽的色彩，景致美得令人手舞足蹈。

久之，返茅庵，凌虚出粥相饷，啜一盂，乃下。至岐路侧，过大悲顶，上天门。三里，至炼丹台。循台嘴而下，观玉屏风、三海门诸峰，悉从深坞中壁立起。其丹台一冈中垂，颇无奇峻，惟瞰翠微之背，坞中峰峦错耸，上下周映，非此不尽瞻眺之奇耳。还过平天矼[1]，下后海，入智空庵，别焉。三里，下狮子林，趋石笋矼，至向年所登尖峰上。倚松而坐，瞰坞中峰石回攒，藻缋[2]满眼，始觉匡庐、石门，或具一体，或缺一面，不若此之闳博富丽[3]也！久之，上接引崖，下眺坞中，阴阴觉有异。复至冈上尖峰侧，践流石，援棘草，随坑而下，愈下愈深，诸峰自相掩蔽，不能一目尽也。日暮，返狮子林。

【注释】①矼（gāng）：石桥。②藻缋（huì）：如画的景色。③闳（hóng）博富丽：广阔丰富。

【译文】过了很久，我们返回茅屋，凌虚端出粥饭招待，我喝了一碗后下山。走到岔路边，经过大悲顶，登上天门。行三里，抵达炼丹台，沿着台嘴而下，看到玉屏峰、三海门等山峰从深谷中壁立而起。炼丹台山冈居中低垂，并不险峻，只是俯临青山之背。山谷中峰峦交错，相互映衬，不去山冈上的话，就不能尽情眺望这些奇景。我返途中经过平天桥，下到后海，进入智空僧人的庵中，与智空告别。行三里，抵达狮子林，前往石笋桥，来到前年登过的尖峰上。我傍靠松树坐下，俯瞰山谷中环绕簇拥的峰石，风景如画，尽收眼底。我这才觉得，庐山石门景致单调，欠缺韵味，不如这里宏伟壮丽！坐了一阵，我登上接引崖，朝坞中眺望，山坞阴森得不同寻常。我又来到冈上尖峰侧边，踩着流石，拽着荆棘，顺坑而下，愈下愈深，群峰互相掩蔽，不能一目了然。太阳落山时，我返回狮子林。

初六日　别霞光，从山坑向丞相原下七里，至白沙岭，霞光复至。因余欲观牌楼石，恐白沙庵无指者，追来为导。遂同上岭，指岭右隔坡，有石丛立，下分上并，即牌楼石也。余欲逾坑溯涧，直造其下。僧谓："棘迷路绝，必不能行。若从坑直下丞相原，不必复上此岭；若欲从仙灯而往，不若即由此岭东向。"余从之，循岭脊行。岭横亘天都、莲花之北，狭甚，旁不容足，南北皆崇峰夹映。岭尽北下，仰瞻右峰罗汉石，圆头秃顶，俨然二僧也。下至坑中，逾涧以上，共四里，登仙灯洞。洞南向，正对天都之阴。僧架阁连板于外，而内犹穹然，天趣未尽刊①也。复南下三里，过丞相原，山间一夹地耳。其庵颇整，四顾无奇，竟不入。复南向循山腰行，五里，渐下。涧中泉声沸然②，从石间九级下泻，每级一下有潭渊碧，所谓九龙潭也。黄山无悬流飞瀑，惟此耳。又下五里，过苦竹滩，转循太平县路，向东北行。

【注释】①刊：削除。②沸然：水声喧腾。

【译文】初六日　我和僧人霞光告别，顺山坑前往丞相原。下行七里，抵达白沙岭，又见到了霞光僧人。霞光担心去观览牌楼石时，白沙庵没人为我指路，便追来作向导。我们同登白沙岭，霞光指着右边的山坡，坡上丛石耸立，右部分离、上部并连，这就是牌楼石。我想越过坑谷，逆流而上，直接到牌楼石脚下。霞光说："荆棘遍布，无路可通，肯定不能这样走。如果顺着坑谷直去丞相原，就不必再登白沙岭；如果想经过仙灯洞走过去，不如沿白沙岭往东走。”我听从他的话，沿着岭脊走。白沙岭横贯在天都峰和莲花峰北面，狭窄得不容落脚，而南北都有高山夹峙映衬。我在山岭尽头北下，抬望右边的罗汉石峰，圆头秃顶，像两位僧人。我们下到坑谷中，越过沟涧而上，共行四里，登上仙灯洞。洞口朝南，正对天都峰北。僧人用木板在洞外架起阁道，与洞相连，而洞内仍然深穹，自然景趣没有被完全破坏。我们又南下三里，经过丞相原。所谓丞相原，只是一块山中的小平地。这里的庵院齐整，但周围没有奇特之处，就没有进去。我们又沿着山腰南行五里，逐渐下山。涧中泉声沸腾，岩泉下泻九级，每级飞泉下方都有碧潭，这就是所谓的九龙潭。黄山中没有飞瀑，唯独这里才有。我又下山五里，经过苦竹滩，转向去太平县的路，往东北行进。

游九鲤湖日记 福建兴化府仙游县

【题解】《游九鲤湖日记》是徐霞客在明光宗泰昌元年（1620）游览江郎山、九鲤湖、石竹山时所写的游记。

徐霞客因母亲年事已高不便远游，而他认为去较近的地方，没有比经由江郎山的三座石峰到九漈更合适的出游路线了，于是在五月初六（6月6日），他便与叔父徐芳若相约而行，此时恰逢枫亭荔枝成熟季节。此次出游，徐霞客等人途经浙江、福建两省，历时63天，共经过19个县，11个府，游览了三座名山。

他们于五月二十三日，经过浙江省江山县的青湖，游览江郎山。江郎山以其上摩云天的高耸之势，以及“横看成岭侧成峰”的无穷变幻，尽显其奇特姿态，令徐霞客等人叹为观止。六月初七（7月6日），徐霞客一行人抵达兴化府，初八、初九两日，游览了福建省仙游县的九鲤湖与九漈瀑布。在烈日炎炎、人迹罕至的山涧探寻，仿佛武陵人误入桃花源一般。继而游览九漈瀑布，徐霞客等人沉浸在神奇而美妙的九漈瀑布之中。六月十一日，徐霞客一行人抵达波黎铺，开始了石竹山的游览。当描述其美景时，徐霞客这样写道：“松树倒伏，藤枝蔓延，放眼望去，都是优美的景色。”本篇游记所描写的三个不同景点，各具特色，惟妙惟肖，其中关于九漈瀑布的描写还成为了描写瀑布的名篇，值得一读。

浙、闽之游旧矣。余志在蜀之峨眉、粤之桂林，至太华、恒岳诸山；若罗浮、衡岳，次也。至越之五泄，闽之九漈[1]，又次也。然蜀、广、关中，母老道远，未能卒游；衡湘可以假道，不必专游。计其近者，莫若由江郎三石抵九漈，遂以庚申午节后一日，期约芳若叔父启行，正枫亭荔枝新熟时也。

【注释】①漈（jì）：岸边，也指瀑布。

【译文】我游历浙江和福建，已经过去很久了。我一直想去四川峨眉和广西桂林，还想爬太华山、恒山等名山；而爬罗浮山和衡山，则在其次了。浙江五泄和福建九漈，就又在其次了。但由于母亲年迈、路程遥远，四川、广西和关中等地，不能想去就去；衡山、湘江等地，又可以顺道参观，不必专程前往。我考虑去近处，最好经过江郎山、三石，最终抵达九漈。于是我约在庚申年（明光宗泰昌元年，1620）端午节次日，与芳若叔父一同出游，正是枫亭荔枝刚成熟的季节。

二十三日　始过江山之青湖。山渐合，东支多危峰峭嶂，西伏不起。悬望东支尽处，其南一峰特耸，摩云插天，势欲飞动。问之，即江郎山也。望而趋，二十里，过石门街。渐趋渐近，忽裂而为二，转而为三；已复半岐其首，根直剖下；迫之，则又上锐下敛，若断而复连者，移步换形，与云同幻矣！夫雁宕灵峰，黄山石笋，森立峭拔，已为瑰观；穹然俱在深谷中，诸峰互相掩映，反失其奇。即缙云鼎湖，穹然独起，势更伟峻；但步虚山即峙于旁，各不相降，远望若与为一。不若此峰特出众山之上，自为变幻，而各尽其奇也。

六月初七日　抵兴化府。

【译文】二十三日　我经过江山县的青湖。山峦渐渐重合，东边大多是陡直峻峭的山峰，犹如屏障一般；西边的山不高，缓缓地低伏着。我远眺东边山脉尽头，南部有一座山峰特别突出，直入云天，仿佛要跃动起来似的，询问后得知这就是江郎山。我朝江郎山进发，走了二十里，经过石门街。越走越近，山峰忽然分为两座，再而变成三座；不一会，山头又一分为二，直直下剖。我靠近细看，发现山头尖锐、山脚收敛，似将断开，却又相连，山形与云彩，随着我的移动而变幻无穷。雁宕山有灵峰，黄山有石笋，虽然峻峭挺立、景致瑰丽，但都处于深山峡谷，山峰相掩，反而丢失各自的特点。缙云县的鼎湖峰，独立高耸，气势更加伟峻；步虚山峙立在旁，两山不相上下，远望好像是一座山。它们虽然比不上超脱群峰的江郎山，但也都姿态万千，变幻无穷，各自尽显奇景。

六月初七日　我抵达了兴化府。

六月初八日　出莆郡西门，西北行五里，登岭，四十里，至莒溪，降陟不啻[①]数岭矣。莒溪即九漈下流。过莒溪公馆，二里，由石步过溪。又二里，一侧径西向坳，北复有一磴。可转上山。时山深日酷，路绝人行，迷不知所往。余意鲤湖之水，历九漈而下，上跻必奇境，遂趋石磴道。芳叔与奴辈惮高陟，皆以为误，顷之，境渐塞，彼益以为误，而余行益励。既而愈上愈高，杳无所极，烈日铄铄[②]，余亦自苦倦矣。数里，跻岭头，以为绝顶也；转而西，山之上高峰复有倍此者。循山屈曲行，三里，平畴荡荡，正似武陵误入，不复知在万峰顶上也。中道有亭，西来为仙游道，东即余所行。南过通仙桥，越小岭而下，为公馆，为钟鼓楼之蓬莱石，则雷轰漈在焉。涧出蓬莱石旁，其底石平如砺，水漫流石面，匀如铺縠[3]。少下，而平者多洼，其间圆穴，为灶，为臼，为樽，为井，皆以丹名，九仙之遗也。平流至此，忽下堕湖中，如万马初发，诚有雷霆之势，则第一漈之奇也。九仙祠即峙其西，前临鲤湖。湖不甚浩荡，而澄碧一泓，于万山之上，围青漾翠，造物之酝灵亦异矣！祠右有石鼓、元珠、古梅洞诸胜。梅洞在祠侧，驾大石而成者，有罅成门。透而上，旧有九仙阁，祠前旧有水晶宫，今俱圮。当祠而隔湖下坠，则二漈至九漈之水也。余循湖右行，已至第三漈，急与芳叔返。曰："今夕当淡神休力，静晤九仙。劳心目以奇胜，且俟明日也。"返祠，往蓬莱石，跣足步涧中。石濑[4]平旷，清流轻浅，十洲三岛，竟褰[5]而涉也。晚坐祠前，新月正悬峰顶，俯挹平湖，神情俱朗，静中沨沨[6]，时触雷漈声。是夜祈梦祠中。

【注释】①不啻（chì）：不仅。②铄铄：明亮炎热。③縠（hú）：有皱纹的薄纱。④濑（lài）：石上迅疾的水流。⑤褰（qiān）：撩起衣服。⑥沨沨（fēng）：形容水声。

【译文】初八日　我从兴化府城西门出发，往西北行五里，攀登山岭，行四十里，抵达莒溪，途经数座山岭。莒溪是九漈的下游，我经过莒溪公馆，行二里，踩着石头渡过溪水。又走二里，山坳处有小路向西延伸，北边还有条石阶道，盘绕在山上。这时，深邃的山岭阳光酷热，路上没有一个行人，我忽然不知该往哪走。我猜想九鲤湖的水，是顺着九漈而下的，往上攀登一定有奇景，便顺着石阶道前行。芳叔和仆人害怕登高，都认为走错了。不久，四周渐渐狭窄，他们更以为走错了，我却越走越振奋。很快愈上愈高，路远得没有尽头，烈日炎炎，我自己也劳累疲倦了。又走了数里，登上岭头，我以为是最高峰了；折转到西山上，却发现更有高出一倍的山峰。我沿着山岭曲折前进，三里处发现了空旷的平田，我好像武陵人误入桃花源一般，不再觉得身处群山之上。途中有小亭，西边是去仙游县的路，东边则是我正在走的路。往南经过通仙桥，翻越小岭向下走，是一处公馆。上有钟鼓楼的蓬莱石，还有雷轰漈，也都在这里。涧水从蓬莱石旁边流出，水从有如打磨过的平滑石面漫流而过，像匀称地铺上了一层薄纱。我稍稍往下，平底出现了许多洼坑，洼坑中的圆洞，分别名为灶、臼、樽、井，都是炼丹相关的字，也是九仙的遗迹。涧水平缓地流到这里，突然下泻到湖中，有如万马初发，雷霆万钧，这就是九漈中第一级的瀑布。九仙祠就在瀑布西边，门口对着九鲤湖。湖水不很浩荡，但为群山点缀了一片清澈碧蓝的色彩，绿树围绕、清波荡漾，大自然实在是鬼斧神工！九仙祠右边有石鼓、元珠和古梅洞等景点。古梅洞在祠旁，由巨石架空而成，石上缝隙成门。我穿过石缝上行，岩上本来有九仙阁，和九仙祠前的水晶宫一样，如今都毁塌了。隔着九鲤湖的水流，正对着九仙祠倾泻而下，这就是第二级到第九级的瀑布。我顺着九鲤湖右边走，发现已经到第三级瀑布了，便急忙和芳叔一同返回。我说："今晚应当清静心神、休养体力，静候九仙托梦。游览奇观、烦劳心神的事，暂且等到明天吧。"于是回九仙祠，到蓬莱石，光着脚在涧中行走。涧底平旷清浅，撩起衣襟就可越过，水流轻轻流淌，遍布的沙洲有如仙境。晚上坐在祠前，初升的月亮正悬在峰顶，我俯视平湖，景情交融，万籁俱寂，只能听到流水，以及雷漈隐约的轰鸣。这一夜，我在祠中祈祷着九仙托梦。

初九日　辞九仙，下穷九漈。九漈去鲤湖且数里，三漈而下，久已道绝。数月前，莆田祭酒尧俞，令陆善开复鸟道，直通九漈，出莒溪。悔昨不由侧径溯漈而上，乃纡从大道，坐失此奇。遂束装改途，竟出九漈，瀑布为第二漈，在湖之南，正与九仙祠相对。湖穷而水由此飞堕深峡，峡石如劈，两崖壁立万仞。水初出湖，为石所扼，势不得出，怒从空坠，飞喷冲激，水石各极雄观。再下为第三漈之珠帘泉，景与瀑布同。右崖有亭，曰观澜。一石曰天然坐，亦有亭覆之。从此上下岭涧，盘折峡中。峡壁上覆下宽，珠帘之水，从正面坠下；玉管之水，从旁霨沸溢。两泉并悬，峡壁下削，铁障四围，上与天并，玉龙双舞，下极潭际。潭水深泓澄碧，虽小于鲤湖，而峻壁环锁，瀑流交映，集奇撮胜，惟此为最！所谓第四漈也。

【译文】初九日　我离开九仙祠，往下探寻九漈的尽头。九漈距九鲤湖大约数里，从第三级瀑布往下走，很快就没有路了。几个月前，国子监祭酒莆田尧俞，命令陆善修缮险峻的山路，直达九漈，贯通莒溪。我后悔昨天绕着大路走，没有沿侧路逆瀑而上，失掉了观览奇景的机会。于是整理行装改道而行，直接从九漈出去，正遇到第二漈，在九鲤湖南面，正与九仙祠相对。湖尽处流水倾泻而下，深谷如同被刀劈开，两边全是万丈高崖。湖水被岩石阻拦，水势不能畅通，汹涌澎湃，自天而降。浪花飞溅、水珠喷洒，水石都极其雄伟壮观。再下去是第三漈的珠帘泉，景致与瀑布类似。右边山崖有观澜亭，还有一块名叫天然坐的石头，被亭子遮挡着。我从这里上岭下涧，在峡谷中曲折前行。峡谷两边的山壁上斜下宽，珠帘泉从前方倾泻而下，玉著泉则从旁边的水雾中涌出。四周都是铁壁般的山崖，陡削高峻，两股瀑布并列悬挂，有若玉龙飞舞，往下注入潭中。潭水极深，碧绿清澄，虽然比九鲤湖小，但四周峭壁环绕，瀑布交相辉映，奇观荟萃，也是绝丽之景！这就是所谓的的第四漈。

初至涧底，芳叔急于出峡，坐待峡口，不复入。余独缘涧石而进，踞潭边石上，仰视双瀑从空夭矫，崖石上覆如瓮口。旭日正在崖端，与颓波突浪，掩晕流辉。俯仰应接，不能舍去。循涧复下，忽两峡削起，一水斜回，涧右之路已穷。左望有木板飞架危矶断磴间，乱流而渡，可以攀跻。遂涉涧从左，则五漈之石门矣。两崖至是，壁凑仅容一线，欲合不合，欲开不开，下涌奔泉，上碍云影。人缘陟其间，如猕猿然，阴风吹之，凛凛欲堕。盖自四漈来，山深路绝，幽峭已极，惟闻泉声鸟语耳。

【译文】刚到涧底，芳叔急着出谷，就在峡谷口坐着等我，没有再跟着我进去了。我独自沿着涧底的石道前进，坐在潭边石头上，抬望有如瓮口的崖石，两道雄壮的飞瀑倾覆而下。这时，旭日正好升到崖石顶端，与水波浪珠互相掩映，五光十色。我俯仰细观，应接不暇，顿时舍不得离开了。我顺山涧再往下走，峡谷两边突然陡峭起来，一股溪水弯斜流淌，右边的路随之断绝。我向左边看去，只见陡岩残阶之间架着木板，横渡溪流就可攀越。我便涉涧往左边走，到了第五漈的石门。两边山崖在这里靠拢，仅能看到一线天空，下方山泉腾涌，上面云遮雾盖。我像猿猴一样从中攀援，寒风吹来，冷得几乎要坠下山崖。从第四漈以来，山谷深邃，道路断绝，幽深陡峭，只听得到水声和鸟鸣。

出五漈，山势渐开。涧右危嶂屏列，左则飞凤峰回翔对之，乱流绕其下，或为澄潭，或为倒峡。若六漈之五星，七漈之飞凤，八漈之棋盘石，九漈之将军岩，皆次第得名矣。然一带云蒸霞蔚，得趣故在山水中，岂必刻迹而求乎？盖水乘峡展，既得自恣，其旁崩崖颓石，斜插为岩，横架为室，层叠成楼，屈曲成洞；悬则瀑，环则流，潴①则泉；皆可坐可卧，可倚可濯②，荫竹木而弄云烟。数里之间，目不能移，足不能前者竟日。每下一处，见有别穴，必穿岩通隙而入，曲达旁疏，不可一境穷也！若水之或悬或渟③，或翼飞叠注，即匡庐三叠、雁宕龙湫，各以一长擅胜，未若此山微体皆具也。

【注释】①潴（zhū）：积水处。②濯（zhuó）：洗。③渟（tíng）：积水。

【译文】走出第五漈，山势逐渐开阔。涧右高崖有如屏障，正对着左边的飞凤峰，水流在下方交错环绕，有的形成澄碧潭，有的泻进峡谷。第六漈的五星，第七漈的飞凤，第八漈的棋盘石，第九漈的将军岩，都是按顺序得名的。这一带云蒸霞蔚，山水之间满是情趣，又何必刻意追求形迹呢？水势借助峡谷漫延，洒脱自得，毫无约束，两旁巨石崩塌，岩岸斜插，石室横架，石楼层叠，石洞曲折；瀑布悬空，小溪环流，清泉汇聚；山石都可以坐卧休息，泉流都能靠近洗漱，竹林灌木遮蔽掩映、云霞山烟拨弄飘逸。数里之间的美景，令人整天都目不转睛，流连忘返。我每看到洞穴，总要穿进岩缝，洞穴曲折旁达，实在无法穷尽其妙。至于水流，有的挂在山崖上，有的汇聚在一起，有的如鸟翅腾飞，叠水喷注，即使是庐山的三叠泉、雁宕山的龙湫水，也只是有单方面地景色出众，都不像这座山不论细节还是整体都美得无懈可击。

出九漈。沿涧依山转，东向五里，始有耕云樵石之家，然见人至，未有不惊讶者。又五里，至莒溪之石步，出向道。

【译文】我从九漈出来，顺着山涧盘桓，往东走五里，白云飘荡的山上，才有人家在耕种砍柴。他们看到有人到来，都十分惊讶。我又走五里，到达莒溪的石步，沿着旧路出谷。

初十日　过蒜岭驿，至榆溪。闻横路驿西十里，有石竹山，岩石最胜，亦为九仙祈梦所。闽有“春游石竹，秋游鲤湖”语，虽未合其时，然不可失之交臂也。乘兴遂行。以横路去此尚十五里，乃宿榆溪。

【译文】初十日　我经过蒜岭驿，到达榆溪。听说横路驿西边十里，有石竹山，山上的岩石最为有名，也是九仙祈祷行梦的地方。福建流传着“春游石竹山，秋游九鲤湖”的谚语，现在游石竹山虽然与节令不合，但也不能错过这次机会，于是乘兴出游。横路驿距榆溪还有十五里，我只好在榆溪住宿。

十一日　至波黎铺，即从小路为石竹游。西向山五里，越一小岭。又五里，渡溪，即石竹南麓。循麓西转，仰见峰顶丛崖，如攒如劈。西北行久之，有楼傍山西向，乃登山道也。石磴颇峻，遂短衣历级而上。磴路曲折，木石阴翳，虬枝老藤，盘结危石，欹崖之上，啼猿上下，应答不绝。忽有亭突踞危石，拔迥凌虚，无与为对。亭当山之半。再折，石级巍然直上，级穷，则飞岩檐覆垂半空。再上两折，入石洞侧门，出即九仙阁，轩敞雅洁。左为僧庐，俱倚山凌空，可徙倚凭眺。阁后五六峭峰离立，高皆数十丈，每峰各去二三尺。峰罅石壁如削成，路屈曲罅中，可透漏各峰之顶。松偃藤延，纵目成胜。僧供茗芳逸，山所产也。侧径下，至垂岩，路左更有一径。余曰："此必有异，"果一石洞嵌空立。穿洞而下，即至半山亭。下山，出横路而返。

【译文】十一日　我到波黎铺后，沿小路去爬石竹山。朝着山西行五里，越过一座小岭。又走五里，横渡溪水，就是石竹山南麓了。我沿着山麓往西转，抬头看见峰顶崖石丛丛，攒聚陡削。我往西北走了很久，有座楼背山朝西，这就是登山道。石阶很陡，我换上短衣拾阶而上。石阶弯转曲折，树阴遮蔽，弯曲的藤干有如虬龙，盘绕在陡峭倾斜的岩石上，猿猴上蹿下跳，啼声不绝。忽见峭石山腰有座亭子，挺拔凌空，但没有其他景物与它作伴。我再转石阶上攀，尽头处的飞岩覆盖在半空，像屋脊一样。我又往上转了两道弯，从石洞侧门进去，一出洞就是九仙阁，阁子高大宽敞、雅致整洁。左边是僧舍，靠山凌空，可以倚着眺望远方。阁后还有五六座峻峰，高数十丈，各自耸立，间隙陡削，有二三尺，缝隙间的道路曲折，可以穿行到各座山峰顶上。松树卧伏，老藤蔓延，映入眼帘的皆是胜景。僧人送来香茶，是山中特产。我沿着旁边的小路下山，经过陡岩，发现路左边还有一条小路。我自言："这里必有奇景。"果然发现一处镶嵌在山腰的石洞。我从洞中穿下去，到了半山亭。下山，走到到横路驿后返回家乡。

是游也，为日六十有三，历省二，经县十九，府十一，游名山者三。

【译文】这次出游，一共六十三天，跨越两省，经过了十九个县、十一个府，游历了三座名山。

游嵩山日记 河南河南府登封县

【题解】明熹宗天启三年（1623），徐霞客北游祖国诸多名山，其中包括嵩山、华山、太和山，本篇《游嵩山日记》就是他在游览河南嵩山时所写的游记。该游记至《游恒山日记》等篇都在乾隆刻本第一册下。

徐霞客自幼就有遍游五岳的志向，而在五岳之中，他对中岳嵩山更是情有独钟。但考虑到母亲年老不便远游，于是他规划路线，采用陆路出发、水路返回的方式，以缩短行程来完成游览。二月初一（3月1日），徐霞客启程，途经汝州、邓州，先抵达河南省郑州的黄宗店，而后登上石坡，观看圣僧池，开始了他的嵩山之旅，全程共历时十九天。

中岳嵩山历史悠久，徐霞客终于如愿以偿，兴致勃勃地游历了岳庙、嵩阳宫、崇福宫、启母石、少林寺、初祖洞等名胜。因此本篇游记也成为他遍游名山游记中，对文物古迹记载最多的一篇。

余髫年[①]蓄五岳志，而玄岳出五岳上，慕尤切。久拟历襄、郧，扪太华，由剑阁连云栈，为峨眉先导；而母老志移，不得不先事太和，犹属有方之游。第沿江溯流，旷日持久，不若陆行舟返，为时较速。乃陆行汝、邓间，路与陕、汴略相当，可以兼尽嵩、华，朝宗太岳。遂以癸亥仲春朔[②]，决策从嵩岳道始。凡十九日，抵河南郑州之黄宗店。由店右登石坡，看圣僧池。清泉一涵，渟碧山半。山下深涧交叠，涸无滴水。下坡行涧底，随香炉山曲折南行。山形三尖如覆鼎，众山环之，秀色娟娟媚人。涧底乱石一壑，作紫玉色。两崖石壁宛转，色较缜润[③]；想清流汪注时，喷珠泄黛，当更何如也！十里，登石佛岭。又五里，入密县界，望嵩山尚在六十里外。从岐路东南二十五里，过密县，抵天仙院。院祀天仙，黄帝之三女也。白松在祠后中庭，相传三女蜕骨其下。松大四人抱，一本三干，鼎耸霄汉，肤如凝脂，洁逾傅粉，蟠枝虬曲，绿鬣舞风，昂然玉立半空，洵[④]奇观也！周以石栏。一轩临北，轩中题咏绝盛。徘徊久之，下观滴水。涧到此忽下跌，一崖上覆，水滴历历其下。还密，仍抵西门。三十五里，入登封界，曰耿店。南向石淙道，遂税驾[⑤]焉。

【注释】①髫（tiáo）年：幼年。②朔：农历每月第一天。③缜（zhěn）润：细密润泽。④洵（xún）：确实。⑤税（tuō）驾：即脱驾，解马休息。

【译文】我小时候就想爬五岳诸山，而玄岳嵩山的名气，更在五岳之上，我也愈加仰慕。我一直计划着经过襄阳府、郧阳府，亲临华山，再过剑阁关的连云栈，作为攀登峨眉山的前站；但因为由于母亲年事已高，不得不先游太和山，以尽孝道。沿长江溯流而上，费时颇长，不如从陆路前往、从水路返回，反而更快捷。从汝州、邓州之间的陆路走，与走陕州和开封府路程相同，却可以将嵩山、华山两处都游完，然后朝拜泰山。我决定在癸亥年（天启三年，1623）二月初一启程，先前往嵩山道。共走十九天，抵达河南郑州的黄宗店。我沿黄宗店右边登石坡，观赏圣僧池。清澈的泉水汇聚在半山腰，有如碧玉一般。山下深涧交错重叠，却已干涸，没有一滴水。我下坡后从涧底走，顺着香炉山曲折南行。香炉山的三座尖峰挨得很近，如同倒置的鼎，峰峦环绕，景色迷人。涧底乱石密布，呈紫玉色。两岸崖壁曲转，崖石细密润泽；要是清澄的流水倾泻而过，水珠喷溅、绿波翻涌，又该是何等的景致啊！走了十里，登上石佛岭。又走五里，进入密县境，遥望嵩山，还在六十里以外。从岔路往东南走二十五里，过密县，到达天仙院。天仙院祭祀着黄帝的三女儿。祠堂后庭院有棵白松，相传三女儿就是在这蜕变成仙的。松树有四人围抱粗，每条树干都分出许多杈桠，像鼎倒立，高耸入云，树皮柔滑，有如凝脂，比搽粉还要洁白，松枝弯绕盘曲，如同虬龙，绿色松针迎风飞舞，昂然端立在半空中，真是奇观啊！松树周围有石栏。一道长廊正对北方，廊中题有许多楹联。我在长廊中逗留了很长时间，才下去观看滴水。山涧至此突然下陷，一块崖石从上面覆盖，水从崖石上往下滴。返回密县，顺着到城西门。行三十五里，进入登封县境的耿店。往南是去石淙河的路，于是在耿店停宿。

二十日　从小径南行二十五里，皆土冈乱垄。久之，得一溪。渡溪，南行冈脊中，下瞰则石淙在望矣。余入自大梁，平衍广漠，古称“陆海”，地以得泉为难，泉以得石尤难。近嵩始睹蜿蜒众峰，于是北流有景须诸溪，南流有颍水，然皆盘伏土碛[①]中。独登封东南三十里为石淙，乃嵩山东谷之流，将下入于颍。一路陂陀[②]屈曲，水皆行地中，到此忽逢怒石。石立崇冈山峡间，有当关扼险之势。水沁入胁下，从此水石融和，绮变万端。绕水之两崖，则为鹄[3]立，为雁行：踞中央者，则为饮兕[4]，为卧虎。低则屿，高则台，愈高，则石之去水也愈远，乃又空其中而为窟，为洞。揆[5]崖之隔，以寻尺计，竟水之过，以数丈计，水行其中，石峙于上，为态为色，为肤为骨，备极妍丽。不意黄茅白苇中，顿令人一洗尘目也！

【注释】①碛（qì）：沙漠。②陂陀（pō tuó）：倾斜不平貌。③鹄（hú）：一种水鸟。④兕（sì）：雌犀牛。⑤揆（kuí）：揣测，估测。

【译文】二十日　我沿着小路往南走了二十五里，沿途都是土冈和乱坡。走了很久，才看到一条小溪。渡过溪水，往南沿着冈梁走，俯瞰便能看到石淙。自从进入开封府境内，地势便变得平坦、宽阔无边，古人称之为“陆海”。平地上难有泉水，有了泉水又难有岩石。走近嵩山，开始看到蜿蜒起伏的山脉，北边有景溪、须溪等河流，南边有颍水，但都盘绕隐伏在土堆之中。嵩山东面山谷中，只有石淙河在登封县东南三十里处，往下流入颍水。一路上地形高低不平、弯转曲折，水都在地下暗流，至此与峥嵘巨石相遇。巨石突立在高冈峡谷之间，有一夫当关、扼险制要的气势。水浸到巨石腰下，水石交融，形态峭丽，变化万端。流水环绕的两岸崖石，像天鹅延颈而立，又像大雁成行而飞；矗立在水中的岩石，则犹如犀牛饮水、猛虎卧伏。低矮的形成岛屿，高大的形成平台，岩石越高大，则距离水面越远，中空形成石窟和石洞。我估测每块岩石的间隔，可用寻尺来计算，水流最大处，水面足有数丈。山崖间的水流，岩石峙立其上，石态水色，如肤如骨，景致极妍。想不到茅草芦苇之中，竟有令人眼目一新的景色。

登陇，西行十里，为告成镇，古告成县地。测景台在其北。西北行二十五里，为岳庙。入东华门时，日已下舂，余心艳卢岩，即从庙东北循山行。越陂陀数重，十里，转而入山，得卢岩寺。寺外数武，即有流铿然，下坠石峡中。两旁峡色，氤氲[1]成霞。溯流造寺后，峡底矗崖，环如半规，上覆下削。飞泉随空而下，舞绡曳练，霏微散满一谷，可当武彝之水帘。盖此中以得水为奇，而水复得石，石复能助水，不尼水，又能令水飞行，则比武彝为尤胜也，徘徊其下，僧梵音以茶点饷，急返岳庙，已昏黑。

【注释】①氤氲（yīn yūn）：烟气、烟云弥漫的样子。

【译文】我登上田中高地，往西走十里，是告成镇，古告成县的遗址。测景台在小镇北。往西北走二十五里，到中岳庙。进入东华门时，太阳已经落山了。我心中想往着卢岩寺，就从中岳庙东北沿山行。越过数道高低不平的坡地，走十里，转进山，到达卢岩寺。寺外几步远之处，流水铿然作响，坠入石峡中。峡谷两边的山色，雾气弥漫，蕴积云霞。溯流到寺后，谷底陡崖矗立，如半圆环绕，上部倾覆，下部凹削。飞流从空中直泻而下，仿佛丝绸凌空飘舞，细雨般的水珠洒满山谷，与武彝山的水帘洞不相上下。此山以水为奇，而水又得岩石映衬，岩石又不阻滞水流，反而使得泉水飞涌，这便大大胜过武彝山了。我在瀑布下徘徊，僧人梵音用茶点款待我们。等到急忙返回中岳庙时，天已经昏黑。

二十一日　晨，谒岳帝。出殿，东向太室绝顶。按嵩当天地之中，祀秩[1]为五岳首，故称嵩高，与少室并峙，下多洞窟，故又名太室。两室相望如双眉，然少室嶙峋，而太室雄厉称尊，俨若负扆[2]。自翠微以上，连崖横亘，列者如屏，展者如旗，故更觉岩岩。崇封始自上古，汉武以嵩呼之异，特加祀邑。宋时逼近京畿，典礼大备。至今绝顶犹传铁梁桥、避暑寨之名。当时之盛，固想见矣。

【注释】①祀秩：祭祀次序。②负扆（yǐ）：屏风。

【译文】二十一日　早晨，我祭拜了嵩山神岳帝。走出大殿，向东登爬太室山顶。据考证，嵩山位于天地正中，祭祀的顺序为五岳之首，所以称为嵩高。嵩山和少室山并排峙立，山下洞窟很多，所以又名太室山。太室山与少室山，远看如双眉并列，但少室山贫瘠嶙峋，而太室山雄厉独尊，俨然像背靠屏风的帝王。从翠色弥漫的山脚而上，连绵的山崖横亘不断，排列的像屏风、伸展的像旗帜，因此更觉得高峻威严。祭祀嵩山从远古就开始了，汉武帝因为嵩山呼“万岁”的奇事，而特别增加了奉祀岳神的嵩高邑。宋朝因嵩山靠近京城，祭山的典礼更加完备。至今绝顶上还留下铁梁桥、避暑寨的名称。当时的盛况，完全可以想象得到。

太室东南一支，曰黄盖峰。峰下即岳庙，规制宏壮。庭中碑石矗立，皆宋、辽以来者。登岳正道，乃在万岁峰下，当太室正南。余昨趋卢岩时，先过东峰，道中见峰峦秀出，中裂如门，或指为金峰玉女沟，从此亦有路登顶，乃觅樵预期为导，今遂从此上。近秀出处，路渐折避之，险绝不能径越也。北就土山，一缕仅容攀跻，约二十里，遂越东峰，已转出裂门之上。西度狭脊。望绝顶行，是日浓云如泼墨，余不为止。至是岚气愈沉，稍开则下瞰绝壁重崖，如列绡削玉，合则如行大海中。五里，抵天门。上下皆石崖重叠，路多积雪。导者指峻绝处为大铁梁桥。折而西，又三里，绕峰南下，得登高岩。凡岩幽者多不畅，畅者又少回藏映带之致。此岩上倚层崖，下临绝壑，洞门重峦拥护，左右环倚台嶂。初入，有洞岈然，洞壁斜透；穿行数武，崖忽中断五尺，莫可着趾。导者故老樵，狷捷[①]如猿猴，侧身跃过对崖，取木二枝，横架为阁道。既度，则岩穹然上覆，中有乳泉、丹灶、石榻诸胜。从岩侧跻而上，更得一台，三面悬绝壑中。导者曰："下可瞰登封，远及箕、颍。"时浓雾四塞，都无所见。出岩，转北二里，得白鹤观址。址在山坪，去险就夷，孤松挺立有旷致。又北上三里，始跻绝顶，有真武庙三楹。侧一井，甚莹，曰御井，宋真宗避暑所浚也。

【注释】①狷（juàn）捷：敏捷。

【译文】太室山东南有座山，叫黄盖峰。峰脚就是中岳庙，庙宇宏伟壮观。庭院中碑刻林立，都是宋、辽以来的题刻。登山正道在万岁峰下，位于太室山正南方。我昨天到卢岩寺时，先经过东峰，途中看见峰峦秀丽突出，中部裂开如同门扇，有人指着说是金峰玉女沟，顺沟有登上绝顶的路，我便找了一位打柴人作向导，约好今天从此处登顶。我走近秀峰凸处，山路渐渐断绝，十分险要，不能直接越过。往北靠土山走，路窄如一线，只容向上攀爬。大约二十里路，才越过东峰，不久转到裂门上方。我往西翻越狭窄的山脊，望着绝壁前行。乌云有如墨染，但我没有因此停下。此时，雾气越发阴沉，我趁稍稍晴开时，俯视绝壁重崖，锦织罗列、玉石剖开；云雾聚合时，则如同在大海中航行。五里，到达天门峰。一路都是重岩叠嶂，积雪很多。向导指着最陡峻的地方，说是大铁梁桥。转向西走，又三里，绕山南下，到登高岩。幽深处的山岩大多不能通行，畅通处的岩石又缺少曲折隐蔽、互相映衬的景致。此岩上倚层叠山崖，下临陡峭深壑，洞门重山簇拥，左右环靠平台和屏障般的山壁。我刚爬上登高岩，就发现了深邃的洞穴，洞壁斜穿；在洞中穿行数步，山崖忽然中断五尺，没有落脚处。向导是老练樵夫，敏捷得好似猿猴，他侧身跳到断崖对面，取来两枝树干，横架在断崖上形成阁道。我们过了断崖，拱岩高覆在上方，当中有乳泉、丹灶、石榻等名胜。从岩侧边攀登而上，又遇到一处平台，三面悬空，临靠深壑。向导说："这里可以俯视登封县，远处看得到箕山、颍水。"但当时浓雾迷漫，什么都看不见。走出登高岩，转北行二里，到白鹤观遗址。遗址在山间平地上，远离险峻之处，还挺立着一棵松树，令人心气旷达。又往北上三里，才登上绝顶，顶上有真武庙，分为三列。旁边有一口井，井水十分清莹，名为御井，是宋真宗到顶上避暑时开掘的。

饭真武庙中，问下山道，导者曰："正道从万岁峰抵麓二十里。若从西沟悬溜而下，可省其半，然路极险峻。"余色喜，谓嵩无奇，以无险耳。亟从之，遂策杖前。始犹依岩凌石，披丛条以降。既而从两石峡溜中直下，仰望夹崖逼天。先是峰顶雾滴如雨，至此渐开，景亦渐奇。然皆垂沟脱磴，无论不能行，且不能止。愈下，崖势愈壮，一峡穷，复转一峡。吾目不使旁瞬，吾足不容求息也。如是十里，始出峡，抵平地，得正道。过无极洞。西越岭，趋草莽中，五里，得法皇寺。寺有金莲花，为特产，他处所无。山雨忽来，遂借榻僧寮[①]。其东石峰夹峙，每月初生，正从峡中出，所称"嵩门待月"也，计余所下之峡，即在其上，今坐对之，只觉云气出没，安知身自此中来也。

【注释】①僧寮（liáo）：僧舍。

【译文】我在真武庙中吃饭，并询问下山的路，向导说："顺万岁峰大路下至山脚，有二十里，如果顺西沟悬空滑下，可以省掉一半的路程，但是道路极其险峻。"我听后面露喜色，觉得嵩山并不怎么奇崛，没有什么险要的地方。于是赶忙跟着向导，拄着手杖前行。最初还能靠着岩石翻越，拨开丛木下行。接着就从两石峡中滑行直下，仰望夹在两旁的崖壁，几乎逼近天际。峰顶上的雾气，像雨一样下滴，到这里雾气渐渐散开，景色也渐渐奇异。但这里全是垂直的沟谷，没有石阶，不但不能行走，也没办法停下来。越往下滑，崖壁的气势就越壮观，下完一道峡谷，又转入另一道峡谷。我的眼睛不敢斜视，脚也不能止住。就这样走了十里，才走出峡谷，到达平地，上了正道。我经过无极洞，往西翻过山岭，在草丛中急行，走了五里，抵达法皇寺。寺里有金莲花，是本地特产，其它地方没有。山雨忽然而至，只好在僧舍留宿。寺东石峰对峙，每当月亮初升时，正好照在峡谷中间，这就是所谓的"嵩山待月"。想来我先前所下的峡谷，就在这道峡谷上方，现在面对而坐，只觉得上面云气出没，哪里能知道自己是从中下来的呢。

二十二日　出山，东行五里，抵嵩阳宫废址。惟三将军柏郁然如山，汉所封也；大者围七人，中者五，小者三。柏之北，有室三楹，祠二程先生。柏之西，有旧殿石柱一，大半没于土，上多宋人题名，可辨者为范阳祖无择、上谷寇武仲及苏才翁数人而已。柏之西南，雄碑杰然，四面刻蛟螭①甚精。右则为唐碑，裴迥撰文，徐浩八分书也。又东二里，过崇福宫故址，又名万寿宫，为宋宰相提点处。又东为启母石，大如数间屋，侧有一平石如砥。又东八里，还饭岳庙，看宋、元碑。

【注释】①蛟螭（chī）：蛟龙。

【译文】二十二日　我走出峡谷，东行五里，到达嵩阳宫遗址。遗址上只有三棵郁葱如山的将军柏，是汉朝时封名的。大的有七人围抱粗，中等的要五人围抱，小的则三人围抱。柏树北边有三排房屋，祭祀着程颐程颢两位先生。柏树西边，有一根旧殿石柱，大半截埋在土中，上面有很多宋代人的题名，可以分辨出来的有范阳人祖无择、上谷人寇武仲和苏才翁等数人。柏树西南，是一座雄伟巨大的石碑，四面的龙雕非常精致。右边是唐代的石碑，碑文系裴迥撰文、徐浩用八分书誊写。又往东走二里，经过崇福宫旧址，崇福宫又叫万寿宫，是宋朝宰相提点官处。再东边是启母石，有几间屋那么大，旁边有一块平石，平滑有如磨刀石。又往东走八里，回到中岳庙吃饭，观看宋代、元代的碑刻。

西八里，入登封县。西五里，从小径西北行。又五里，入会善寺，“茶榜”在其西小轩内，元刻也。后有一石碑仆墙下，为唐贞元《戒坛记》，汝州刺史陆长源撰，河南陆郢书。又西为戒坛废址，石上刻镂极精工，俱断委草砾。西南行五里，出大路，又十里，至郭店。折而西南，为少林道。五里，入寺，宿瑞光上人房。

【译文】往西走八里，进入登封县。再往西走五里，顺小路往西北行。又五里，到会善寺，“茶榜”碑刻在寺中西边小屋里，是元代刻的。背后有一块石碑倒在墙脚，是唐朝贞元年间刻的《戒坛记》，碑文为汝州刺史陆长源撰写，河南人陆郢誊抄。再西边是戒坛遗址，石上雕刻精致工整，但都已残缺不齐，扔在荒草碎石之中。往西南行五里，出到大路上，又走十里，到达郭店。转向西南走，是去少林寺的路。五里，进入少林寺，在僧人瑞光房中住宿。

二十三日　云气俱尽。入正殿，礼佛毕，登南寨。南寨者，少室绝顶，高与太室等，而峰峦峭拔，负“九鼎莲花”之名。俯环其后者为乳峰，蜿蜒东接太室，其阴则少林寺在焉。寺甚整丽，庭中新旧碑森列成行，俱完善。夹墀[①]二松，高伟而整，如有尺度。少室横峙于前，仰不能见顶，游者如面墙而立，辄谓少室以远胜。余昨暮入寺，即问少室道，俱谓雪深道绝，必无往。凡登山以晴朗为佳。余登太室，云气弥漫，或以为仙灵见拒，不知此山魁梧，正须止露半面。若少室工于掩映，虽微云岂宜点滓？今则霁甚，适逢其会，乌可阻也！乃从寺南渡涧登山，六七里，得二祖庵。山至此忽截然土尽而石，石崖下坠成坑。坑半有泉，突石飞下，亦以“珠帘”名之。余策杖独前，愈下愈不得路，久之乃达，其岩雄拓不如卢岩，而深峭过之。岩下深潭泓碧，僵雪四积。再上，至炼丹台。三面孤悬，斜倚翠壁，有亭曰小有天，探幽之屐，从未有抵此者。过此皆从石脊仰攀直跻，两旁危崖万仞，石脊悬其间，殆无寸土，手与足代匮而后得升。凡七里，始跻大峰。峰势宽衍，向之危石，又截然忽尽为土。从草棘中莽莽南上，约五里，遂凌南寨顶，屏翳之土始尽。南寨实少室北顶，自少林言之，为南寨云。盖其顶中裂，横界南北，北顶若展屏，南顶列戟峙，其前相去仅寻丈，中为深崖，直下如剖。两崖夹中，坑底特起一峰，高出诸峰上，所谓摘星台也，为少室中央。绝顶与北崖离倚，彼此斩绝不可度。俯瞩其下，一丝相属。余解衣从之，登其上，则南顶之九峰森立于前，北顶之半壁横障于后，东西皆深坑，俯不见底，罡风[②]乍至，几假翰飞去。

【注释】①墀（chí）：台阶。②罡（gāng）风：劲风。

【译文】二十三日　云雾完全散去。我走进正殿，拜佛后攀登南寨。南寨是少室山绝顶，与太室山齐高，但峰峦陡峭挺拔，享有“九鼎莲花”的盛名。少室山后低环着九乳峰，山峦向东蜿蜒而去，与太室山相连，少室山北就是少林寺。少林寺庄严华丽，庭院中新旧碑刻森列，保存完好。台阶两侧的两棵松树，雄壮整齐，如同用尺量裁过。少室山横障在寺前，抬头看不到山顶，游人如同面对着墙壁，便认为少室山的景致，还是远看比较好。我昨天傍晚进寺时，就打听登少室山的路，都说雪深路断，肯定去不了。一般情况下，还是晴朗时登山最好。我登太室山时，云烟雾气弥漫，有人认为是山神拒绝游客，却不知道太室山雄伟高大，只需要半遮其面。如果少室山的优美之处，在于山石云雾互相掩映的话，这薄薄的云彩，又怎能遮蔽迷蒙的山色呢？今天晴空万里，机会难得，没什么能阻止我登山的了！我从寺南渡过山涧登山，走六七里，到达二祖庵。到这里，山坡无土，全是石头，石崖下坠，形成深坑。半腰有泉，泉水越过岩石，飞流直下，也叫“珠帘”。我拄着拐杖独自往前走，愈下去愈没有路，很久才到崖底。岩石比不上卢岩雄伟开阔，幽深峻峭却超过卢岩。岩下有一潭碧泉，四周积雪板结。又往上走，是炼丹台。石台三面悬空，一面斜靠青翠的崖壁，台上有亭，名为小有天，几乎没有游人来到这里。经过这里，就要顺石脊仰面直攀了。两旁陡岩万仞，石脊悬在陡崖之中，几乎没有土块，手足交替，竭尽全力，才能登攀。共行七里，才登上大峰。大峰宽阔平坦，之前都是陡岩，现在忽然又全是土块。我从草丛荆棘中莽撞地向南上行，大约五里，抵达南寨顶，覆盖在岩石上的土壤，到这里完全不见了。南寨即是少室山北顶，少林寺才是南寨。少室山顶从中间裂开，横断为南北两部分，北顶像屏风伸展，南顶像利刃排列，两座山顶相距仅八尺到一丈，中间是深谷，陡直下陷，如同刀剖。两边山崖相夹，底部耸立着一座奇峰，高出众峰之上，就是所谓的摘星台，在少室山的正中央。绝顶和北部山崖若即若离，彼此间断绝，不能越过。我俯瞰绝顶之下，只有少部分与北崖相连。我脱衣服顺着走，登上绝顶，南顶九峰森林般峙立在前，北顶半壁屏障般横列在后，东西两面都是深坑，低头看不见底，狂风忽然刮来，几乎像鸿毛要乘风飞去了。

从南寨东北转，下土山，忽见虎迹大如升。草莽中行五六里，得茅庵，击石炊所携米为粥，啜三四碗，饥渴霍然去。倩庵僧为引龙潭道。下一峰，峰脊渐窄，土石间出，棘蔓翳之，悬枝以行，忽石削万丈，势不可度。转而上跻，望峰势蜿蜒处趋下，而石削复如前。往复不啻数里，乃迂过一坳，又五里而道出，则龙潭沟也。仰望前迷路处，危崖欹石俱在万仞峭壁上。流泉喷薄其中，崖石之阴森崭巀[1]者，俱散成霞绮。峡夹涧转，两崖静室如峰房燕垒。凡五里，一龙潭沉涵凝碧，深不可规以丈。又经二龙潭，遂出峡，宿少林寺。

【注释】①崭巀（jié）：山高貌。

【译文】我沿南寨往东北转，下土山，忽然看见一升大小的老虎脚印。在草丛穿行五六里，到茅庵，用打火石取火，把带来的米煮成粥，喝了三四碗，饥渴感顿时消失。请庵中的僧人指引去龙潭的路。下一座峰，峰脊渐渐狭窄，土石交互出现，荆棘藤蔓覆盖，抓着树枝荡着行走，岩石耸立万丈，不能穿行。转向上攀，从峰势蜿蜒处往下走，岩石又像之前陡然突立。来回数里，才绕过一道山坳，又走五里后才有路，是龙潭沟。仰望刚才迷路的地方，陡峭的崖壁、倾斜的岩石，都在万仞高的绝壁上。清流喷涌，崖石高峻阴森，都披上了云霞。峡谷夹着山涧转，两边崖上的静室，如同蜂房燕窝一样。共行五里，有一处幽静碧绿的龙潭，深不可测。又经过两处龙潭，便走出了峡谷，住宿在少林寺。

二十四日　从寺西北行，过甘露台，又过初祖庵。北四里，上五乳峰，探初祖洞。洞深二丈，阔杀之，达摩九年面壁处也。洞门下临寺，面对少室。地无泉，故无栖者。下至初祖庵，庵中供达摩影石。石高不及三尺，白质黑章，俨然胡僧立像。中殿六祖手植柏，大已三人围，碑言自广东置钵中携至者。夹墀二松亚少林。少林松柏俱修伟，不似岳庙偃仆①盘曲，此松亦然。下至甘露台，土阜②矗起，上有藏经殿。下台历殿三重，碑碣散布，目不暇接。后为千佛殿，雄丽罕匹。出饭瑞光上人舍。策骑趋登封道，过轘辕岭，宿大屯。

【注释】①偃（yǎn）仆：卧倒。②土阜（fù）：土丘。

【译文】二十四日　我从寺西边往北行，经过甘露台，又经过初祖庵。往北四里，登上五乳峰，探游初祖洞。洞有二丈深，宽不到二丈，是达摩面壁九年的地方。洞门下临少林寺，正对少室山。地下没有泉水，所以没人居住。往下到初祖庵，庵中供奉着达摩影石。影石不到三尺高，白色的石质、黑色的花纹，俨然一幅胡僧站立的图像。中殿是六祖慧能亲手种的柏树，已经有三人围抱粗了，碑文记载说是慧能放在钵里从广东带来的。台阶两侧的两棵松树不如少林寺的松树。少林寺的松柏都是挺拔雄伟，不像中岳庙的倒伏盘曲，这里的松柏也是直立的。下到甘露台，土山矗立，山上有藏经殿。从甘露台下去，经过三层殿宇，各种碑刻遍布，令人目不暇接。后面有千佛殿，雄壮华丽，很少有比得上的。我走出大殿，到僧人瑞光房中吃饭。策马至登封大路，经过轘辕岭，在大屯住宿。

二十五日　西南行五十里，山冈忽断，即伊阙也，伊水南来经其下，深可浮数石舟。伊阙连冈，东西横亘，水上编木桥之。渡而西，崖更危耸。一山皆劈为崖，满崖镌佛其上。大洞数十，高皆数十丈。大洞外峭崖直入山顶，顶俱刊小洞，洞俱刊佛其内。虽尺寸之肤，无不满者，望之不可数计。洞左，泉自山流下，汇为方池，余泻入伊川。山高不及百丈，而清流淙淙不绝，为此地所难。伊阙摩肩接毂[①]，为楚、豫大道，西北历关、陕。余由此取西岳道去。

【注释】①摩肩接毂（gǔ）：人来车往，络绎不绝貌。

【译文】二十五日　我往西南行五十里，山冈忽然断绝，这就是伊阙山。伊水南来经过山下，可通行数石的船。伊阙山相连的山冈，从东往西横贯，伊水上架有木桥。我渡水到西岸，崖壁更加陡削高耸。整座山劈成的崖壁上，几十个大洞全部雕刻有佛像，高达数十丈。大洞外峭壁直插山顶，顶上凿有小洞，洞中都雕刻有佛像。即使是尺寸大小的表层，也都雕满了，望过去数不胜数。山洞左边，泉水从山上流下来，汇聚成方池，其余的泻入伊水。伊阙山高不过百丈，却有源源不断的清流，这在当地非常难得。山前人来车往，是从湖北到河南、通往西北陕西关中的大路。我从这里取道去西岳华山。

游太华山日记 陕西西安府华阴县

【题解】《游太华山日记》是徐霞客在天启三年二月三十日（1623年3月30日）进入陕西境内游览太华山时所写的游记。

太华山，即今华山，五岳之一。位于今陕西省渭南市华阴县，自古以来就有“奇险天下第一山”的说法。对于生性酷爱冒险的徐霞客而言，这无疑是一次难得的涉险体验。

三月初一（3月31日），徐霞客率先进入西岳庙参拜西岳神，他登上万寿阁，进入云台观，后凭借向导的指引，在前路断绝的情况下，抓着铁链登上千尺幢、百尺峡。后因三面都是绝壁，从而放弃了登顶白云峰的念头。徐霞客用了四天时间，遍游华山五峰，并对华山的景观与路线做了详尽的描述与记录。本篇虽然名为《游太华山日记》，但是不局限于记录华山的一地一景。这是徐霞客首篇逐日完整记录一省行程的游记。文中不仅有游览名山的描写，还兼顾了自然、地理、水源、交通、关隘、植物花果等的记述，内容丰富，具有很强的参考与欣赏价值。

二月晦　入潼关，三十五里，乃税驾[①]西岳庙。黄河从朔漠南下，至潼关，折而东。关正当河、山隘口，北瞰河流，南连华岳，惟此一线，为东西大道，以百雉[②]锁之。舍此而北，必渡黄河，南必趋武关，而华岳以南，峭壁层崖，无可度者。未入关，百里外即见太华屼出云表；及入关，反为冈陇所蔽。行二十里，忽仰见芙蓉片片，已直造其下，不特三峰秀绝，而东西拥攒诸峰，俱片削层悬。惟北面时有土冈，至此尽脱山骨，竞发为极胜处。

【注释】①税驾：即“脱驾”，指停车休息。②百雉（zhì）：指比较绵长宽固的城墙。

【译文】二月三十日　我进入潼关，走了三十五里，在西岳庙停宿。黄河从北方沙漠往南奔流，到潼关后转向东流。潼关正好位于黄河和华山的隘口，北边俯瞰黄河水，南边与华山相接，潼关虽然狭窄，却是横贯东西的唯一通道，筑有绵长宽固的城墙。如果想不经过这里直接北上，就必须横渡黄河，往南则必须经过武关，华山以南，崖壁陡峭，无路可走。我还没进入潼关，便看见百里之外的华山，直入云天；进了潼关后，华山反倒被低丘矮山遮住了。我走了二十里，一抬头，忽然看到片片芙蓉样的山峰，原来已经到华山脚下了。不仅落雁、朝阳和莲花秀美无比，聚拥在东西两边的群峰，也都刀削层悬。北方多见的土丘，在这里岩石毕露，竞相争显极美的景色。

三月初一日　入谒西岳神，登万寿阁。向岳南趋十五里，入云台观。觅导于十方庵。由峪[1]口入，两崖壁立，一溪中出，玉泉院当其左。循溪随峪行十里，为莎萝宫，路始峻。又十里。为青柯坪，路少坦。五里，过寥阳桥，路遂绝。攀锁上千尺幢，再上百尺峡。从崖左转，上老君犁沟，过猢狲岭。去青柯五里，有峰北悬深崖中，三面绝壁，则白云峰也。舍之南，上苍龙岭，过日月岩。去犁沟又五里，始上三峰足。望东峰侧而上，谒玉女祠，入迎阳洞。道士李姓者，留余宿。乃以余晷[2]上东峰，昏返洞。

【注释】①峪（yù）：山谷口。②余晷（guǐ）：剩下的时间。

【译文】三月初一日（3月31日） 我想进庙拜西岳山神，便登上万寿阁。我朝华山南面走十五里，进入云台观。在十方庵找到了向导。我们自山谷口往里走，两边山崖壁立，谷中流着小溪，玉泉院位于溪水左岸。跟着溪流沿谷行十里，抵达莎萝宫，道路开始陡峻起来了。又走十里，到青柯坪，道路才稍显平坦。走五里，过寥阳桥后，道路中断了，我们拽着铁链登上千尺幢，又上到百尺峡。顺崖左转，登上老君犁沟，越过猢狲岭，距青柯坪五里处，北面深谷悬立着一座山峰，三面绝壁，这就是白云峰。我放弃白云峰而往南走，登上苍龙岭，经过日月岩。距离老君犁沟又五里，开始登三峰足。看着东峰侧边往上走，到玉女祠参拜，进入迎阳洞。一位姓李的道士，要留我住宿。我便用剩下的时间攀登东峰，天黑才回到迎阳洞。

初二日 从南峰北麓上峰顶，悬南崖而下，观避静处。复上，直跻峰绝顶。上有小孔，道士指为仰天池。旁有黑龙潭。从西下，复上西峰。峰上石耸起，有石片覆其上如荷叶。旁有玉井甚深，以阁掩其上，不知何故。还饭于迎阳。上东峰，悬南崖而下，一小台峙绝壑中，是为棋盘台。既上，别道士，从旧径下，观白云峰，圣母殿在焉。下到莎萝坪，暮色逼人，急出谷，黑行三里，宿十方庵。出青柯坪左上，有柸渡庵、毛女洞；出莎萝坪右上，有上方峰；皆华之支峰也。路俱峭削，以日暮不及登。

【译文】初二日　我沿着南峰的北麓爬上峰顶，顺南面山崖悬空坠下，观看避静处后，又直登南峰绝顶。道士指着（一处小洞）是仰天池。旁边还有黑龙潭。我从西面下山，又登上西峰。峰顶山岩耸立，覆盖着荷叶般的石片。侧面有深邃的玉井，井上盖有阁楼，但不知意图何在。我回到迎阳洞吃饭。饭后爬上东峰，自南崖悬空坠下，深谷中有一座小平台，这就是棋盘台。登上峰顶后，我同道士告别，沿原路下山，并观览白云峰的圣母殿。我向下走到莎萝坪时，天色已晚，便急忙走出山谷，摸黑走了三里，在十方庵住宿。走出青柯坪，左上方有柸渡庵和毛女洞；莎萝坪的右上方，有上方峰；它们全是华山的支脉。山路十分陡峻，天又黑了，所以没有攀游。

初三日　行十五里，入岳庙。西五里，出华阴西门，从小径西南二十里，出泓峪，即华山之西第三峪也。两崖参天而起，夹立甚隘，水奔流其间。循涧南行，倏而东折，倏而西转。盖山壁片削，俱犬牙错入，行从牙罅中，宛转如江行调舱然。二十里，宿于木柸。自岳庙来，四十五里矣。

【译文】初三日　我走了十五里，抵达岳庙。西行五里，从华阴县西门出城，顺小路往西南行二十里，进入泓峪，这是华山西边的第三座山谷。山谷两边，崖壁参天，夹谷而立，狭窄非常，谷中溪水奔流。我沿涧南行，时而向东，时而向西。岩壁有如石片，犬牙一般互相交错，道路在石缝中穿行，人如同在曲水行舟，需要不断调整航向。我又走了二十里，在木柸住宿。自岳庙以来，共计走了四十五里。

初四日　行十里，山峪既穷，遂上泓岭。十里，蹑其巅。北望太华，兀立天表。东瞻一峰，嵯峨特异，土人云赛华山。始悟西南三十里有少华，即此山矣。南下十里，有溪从东南注西北，是为华阳川。溯川东行十里，南登秦岭，为华阴、洛南界。上下共五里。又十里为黄螺铺。循溪东南下，三十里，抵杨氏城。

【译文】初四日　我走了十里，山谷到了尽头，便开始爬泓岭。十里，登上泓岭顶。我北望能看到高入天际的太华山，往东看到一座山峰高峻出群，当地人介绍说是赛华山。我顿时想到西南三十里有少华山，应该就是说这座山了。我南下十里，有条溪水从东南向西北流，是为华阳川。我溯流东行十里，往南爬秦岭，进入华阴县和洛南县境，上下山共计五里。我又走十里到黄螺铺，顺着溪水往东南下行，三十里，到达杨氏城。

初五日　行二十里，出石门，山始开。又七里，折而东南，入隔凡峪。西南二十里，即洛南县峪。东南三里，越岭，行峪中。十里、出山，则洛水自西而东，即河南所渡之上流也。渡洛复上岭，曰田家原。五里，下峪中，有水自南来入洛。溯之入，十五里，为景村。山复开，始见稻畦①。过此仍溯流入南峪，南行五里，至草树沟。山空日暮，借宿山家。

【注释】①稻畦（qí）：稻田。

【译文】初五日　我行二十里，出石门，山路逐渐开阔。又走七里，转向东南，进入隔凡峪。从这里往西南二十里，就是洛南县城所在的山谷。我往东南三里，越过山岭，在山谷中穿行。走十里出了山，遇到了东西流向的洛水，正是我在河南经过的河水上游。我渡过洛水，又上山岭，名为田家原。走五里，下到山谷中，有南边水流注入洛水。我溯流往里走，十五里，抵达景村。山势又开阔起来，能看得见稻田了。过景村后仍然溯流而行，进入南峪，往南行五里，到草树沟。山上空无一物，太阳西垂，我只好在山里人家借宿。

自岳庙至木柸，俱西南行，过华阳川则东南矣。华阳而南，溪渐大，山渐开，然对面之峰峥峥①也。下秦岭，至杨氏城。两崖忽开忽合，一时互见，又不比木柸峪中，两崖壁立，有回曲无开合也。

【注释】①峥峥：高峻貌。

【译文】我这一路，从岳庙到木柸，一直往西南走，过了华阳川转向东南。自华阳川往南，水势渐渐浩大，山路渐渐开阔，面临的山峰却十分高峻。秦岭至杨氏城。两旁的山崖忽而分离，忽而聚拢，时时交错互见，又与木柸的山谷不同了。那里两边的山崖壁立，虽然迂回曲折，却没有这样纵横捭阖的景观。

初六日　越岭两重，凡二十五里，饭坞底岔。其西行道，即向洛南者。又东南十里，入商州界，去洛南七十余里矣。又二十五里，上仓龙岭。蜿蜒行岭上，两溪屈曲夹之。五里，下岭，两溪适合。随溪行老君峪中，十里，暮雨忽至，投宿于峪口。

【译文】初六日　我翻越两座山岭，共行二十五里，到坞底岔吃饭。坞底岔西路，通向洛南县。我又向东南行十里，进入商州境，距离洛南县已有七十多里了。又走二十五里，登上仓龙岭。我行走在曲折蜿蜒的山岭上，两边是弯曲盘绕的溪流。走五里下山，两条溪水恰巧汇合。我顺着溪流在老君峪中行走，十里，天已傍晚，忽然下雨，便在老君峪口投宿。

初七日　行五里，出峪。大溪自西注于东，循之行十里，龙驹寨。寨东去武关九十里，西向商州，即陕省间道①，马骡商货，不让潼关道中。溪下板船，可胜五石舟。水自商州西至此，经武关之南，历胡村。至小江口入汉者也。遂趋觅舟。甫定，雨大注，终日不休，舟不行。

【注释】①间道：捷径。

【译文】初七日　我走五里出谷，有条大溪自西向东流。我沿溪行了十里，抵达龙驹寨。寨东距武关九十里，西边通往商州，是去陕西的小路，路上的骡马商货络绎不绝，不比潼关大路少。溪流中的板船，载重足有五石。溪水自商州西边流到这里，流过武关后往南经胡村，在小江口汇入汉水。我刚租定好船只，忽然下起大雨，整日不停，船也因此不能航行。

初八日　舟子以贩盐故，久乃行，雨后，怒溪如奔马，两山夹之，曲折萦回，轰雷入地之险，与建溪无异。已而雨复至。午抵影石滩，雨大作，遂泊于小影石滩。

【译文】初八日　船夫忙于贩盐，很晚才启航。大雨后，溪流水势很大，在山崖间曲折盘旋、声动雷鸣，犹如万马奔腾，与建溪的景色一模一样。不一会儿，天又下起了雨。午间抵达影石滩时，雨变大了，船只得停泊在小影石滩。

初九日　行四十里，过龙关。五十里，北一溪来注，则武关之流也。其地北去武关四十里，盖商州南境矣。时浮云已尽，丽日乘空，山岚重叠竞秀。怒流送舟，两岸秾桃艳李，泛光欲舞，出坐船头，不觉欲仙也。又八十里，日才下午，榜人[1]以所带盐化迁柴竹，屡止不进。夜宿于山涯之下。

【注释】①榜（bàng）人：摇船的人。

【译文】初九日　航行四十里，经过龙关。又五十里，武关的河流自北汇入。这里距离北边的武关有四十里，系商州南境。这时，云散天晴，雾气笼罩着层峦叠嶂，十分秀丽壮美。奔流推动着航船，两岸盛开着浓艳的桃李花，在阳光的沐浴下翩翩起舞，我走出船舱，在船头坐下，不觉飘飘欲仙。又航行八十里，才到下午，摇船的人用船载的盐交换柴竹，中途多次停船。当夜就住宿在山下水边。

初十日　五十里，下莲滩。大浪扑入舟中，倾囊倒箧[1]，无不沾濡[2]。二十里，过百姓滩，有峰突立溪右，崖为水所摧，岌岌欲堕。出蜀西楼，山峡少开，已入南阳淅川境，为秦、豫界。三十里，过胡村。四十里，抵石庙湾，登涯投店。东南去均州，上太和，盖一百三十里云。

【注释】①箧（qiè）：箱子。②沾濡（rú）：打湿。

【译文】初十日　航行五十里，抵达莲滩。大浪打进船舱，口袋箱柜尽数倾倒，全被水浪打湿了。航行二十里，经过百姓滩，河右岸突立着山峰，峰崖被水流冲击，摇摇欲坠。出了蜀西楼，山谷稍稍开阔，不久便驶入南阳府的淅川县境，即陕西和河南的分界处。船行三十里，经过胡村。又四十里，抵达石庙湾，我上岸找旅店投宿。这里距离东南的均州太和山，已经约一百三十里了。

游太和山日记 湖广襄阳府均州

【**题解**】太和山就是道家圣地武当山，武当山又称为“玄岳”。徐霞客对武当山一直倾慕不已，曾说：“余髫年蓄五岳志，而玄岳出五岳上，慕尤切。”天启三年（1623）三月，徐霞客游览完太华山（即华山）后，开始了太和山之旅。徐霞客在游记中生动地描绘了武当山的自然风景和田园风光，“桃李缤纷，山花夹道”“居庐相望，沿流稻畦”以及武当山主峰天柱峰的雄伟，“天柱中悬，独出众峰之表，四旁崭绝”。武当山的宫观建筑气势宏伟，徐霞客对武当山的众多人文景观，例如九宫之首的静乐宫、米芾题写的“第一山”碑，以及紫霄宫、南岩、陈抟修行处等也作了介绍。徐霞客尤其对武当山特有的榔梅树、榔梅花、榔梅果做了细致描述。文末，徐霞客对嵩山、华山和太和山的地理、气候、植被等情况进行了分析，指出了造成地域差异的原因，即“山谷川原，候同气异。”

十一日　登仙猿岭。十余里，有枯溪小桥，为郧县境，乃河南、湖广界。东五里，有池一泓，曰青泉，上源不见所自来，而下流淙淙，地又属淅川。盖二县界址相错，依山溪曲折，路经其间故也。五里，越一小岭，仍为郧县境。岭下有玉皇观、龙潭寺。一溪滔滔自西南走东北，盖自郧中来者。渡溪，南上九里冈，经其脊而下，为蟠桃岭，溯溪行坞中十里，为葛九沟。又十里，登土地岭，岭南则均州境。自此连逾山岭，桃李缤纷，山花夹道，幽艳异常。山坞之中，居庐相望，沿流稻畦，高下鳞次，不似山、陕间矣。但途中蹊径狭，行人稀，且闻虎暴，日方下舂①，竟止坞中曹家店。

【注释】①下舂（chōng）：指日落。

【译文】十一日　我爬上仙猿岭。走了十多里，发现一座枯溪的小桥，属于郧县境内，是河南和湖广的分界处。往东走五里，有一片澄澈的池水，名为青泉，找不到水源，只见下游缓缓流淌，地属淅川。因为郧县、淅川边界互相交错，依照山势、溪流曲折划分，所以道路在两县之间穿行。我走了五里，翻过一道小岭，仍属郧县境。岭下有玉皇观和龙潭寺。西南有一股溪水，往东北奔流，连绵不绝，大概是自郧县中部而来的。我渡过溪水，往南登九里冈，越过冈脊往下走，是蟠桃岭。溯溪沿山路再走十里，是葛九沟。又走十里，爬上土地岭，南边就是均州境。从这里开始，翻山越岭，沿途桃李缤纷，景色幽雅美丽。山坞之中，茅屋相望，溪流两岸的稻田高低如鳞，与山西、陕西一带不同。途路狭窄，行人稀少，又听说有老虎伤人，适逢太阳落山，我便在坞中的曹家店住下了。

十二日　行五里，上火龙岭。下岭随流出峡，四十里，下行头冈。十五里，抵红粉渡，汉水汪然西来，涯下苍壁悬空，清流绕面。循汉东行，抵均州。静乐宫当州之中，踞城之半，规制宏整。停行李于南城外，定计明晨登山。

【译文】十二日　我走了五里，登上火龙岭。下岭后顺着水流走出峡谷，四十里，下到行头冈。又走十五里，抵达红粉渡，浩荡的汉水自西流来，岸边苍壁悬空，清流环绕。我沿汉水往东走，抵达均州。静乐宫位于州城正中，足占了半个城，规模宏伟、建筑庄严。我把行李放在南城外，决定次日早晨登山。

十三日　骑而南趋，石道平敞。三十里，越一石梁，有溪自西东注，即太和下流入汉者。越桥为迎恩宫，西向。前有碑大书"第一山"三字，乃米襄阳笔，书法飞动，当亦第一。又十里，过草店，襄阳来道，亦至此合。路渐西向，过遇真宫，越两隘下，入坞中。从此西行数里，为趋玉虚道；南跻上岭，则走紫霄间道也。登岭。自草店至此，共十里，为回龙观。望岳顶青紫插天，然相去尚五十里。满山乔木夹道，密布上下，如行绿幕中。

【译文】十三日　我骑马往南急行，石路平坦宽敞。走三十里，越过一座石桥，桥下溪水东流，正是从太和山向下流入汉水的溪流。过桥后是迎恩宫，宫门西向。宫前有一块石碑，刻着"第一山"三个大字，是襄阳人米芾题写，笔法飞扬灵活，实属天下第一。又走十里，经过草店，襄阳路在这里交汇。道路渐渐朝西，经过遇真宫，越过两险下行，进入山坞。从这里西行数里，是去玉虚宫的路；往南登岭，则是去紫霄宫的小路。我爬上了山岭。从草店到这里，共计十里，到了回龙观。我遥望山顶，一片青紫，直入云天，但要去还需要五十里。满山路边都是高树茂林，密布左右，如同在绿幕间穿行。

从此沿山行，下而复上，共二十里，过太子坡。又下入坞中，有石梁跨溪，是为九渡涧下流。上为平台十八盘，即走紫霄登太和大道；左入溪，即溯九渡涧，向琼台观及八仙罗公院诸路也。峻登十里，则紫霄宫在焉。紫霄前临禹迹池，背倚展旗峰，层台杰殿，高敞特异。入殿瞻谒。由殿右上跻，直造展旗峰之西。峰畔有太子洞、七星岩，俱不暇问。共五里，过南岩之南天门。舍之西，度岭，谒榔仙祠。祠与南岩对峙，前有榔树特大，无寸肤，赤干耸立，纤芽未发。旁多榔梅树，亦高耸，花色深浅如桃杏，蒂垂丝作海棠状。梅与榔本山中两种，相传玄帝插梅寄榔，成此异种云。

【译文】从这里沿山下行，然后上行，共计二十里，过了太子坡。我下到坞中，有条横跨石桥的溪水，即九渡涧的下游。上行是平台十八盘，即通往紫霄宫和太和山的大路。我顺溪水往左深入，溯九渡涧，抵达前往琼台观和八仙罗公院的路。爬了十里山路，抵达紫霄宫。紫霄宫前面正对禹迹池，背后傍靠展旗峰，平台层叠，殿宇非凡，高大宽敞。我进殿观览祭拜，然后从殿右上行，直接爬到展旗峰的西侧。峰附近有太子洞和七星岩，但我无暇顾及。走了五里，经过南岩的南天门。我穿过南天门，转往西走，越过山岭，到榔仙祠拜谒。榔仙祠和南岩正对着，祠前耸立着一棵特别高大的榔树，表面光滑，没有树皮，也不发芽。旁边许多榔梅树，也都高耸着。榔梅花的颜色与桃花、杏花相仿，垂丝花蒂的形状，很接近海棠。梅树和榔树本是两种植物，相传真武帝君折梅花寄生在榔树上，便形成了榔梅这奇异的树种。

共五里，过虎头岩。又三里，抵斜桥。突峰悬崖，屡屡而是，径多循峰隙上。五里，至三天门，过朝天宫，皆石级曲折上跻，两旁以铁柱悬索。由三天门而二天门、一天门，率取径峰坳间，悬级直上。路虽陡峻，而石级既整，栏索钩连，不似华山悬空飞度也。太和宫在三天门内。日将晡[①]，竭力造金顶，所谓天柱峰也。山顶众峰，皆如覆钟峙鼎，离离攒立；天柱中悬，独出众峰之表，四旁崭绝。峰顶平处，纵横止及寻丈。金殿峙其上，中奉玄帝及四将，炉案俱具，悉以金为之。督以一千户、一提点，需索香金，不啻御夺。余入叩匆匆，而门已阖，遂下宿太和宫。

【注释】①晡（bū）：黄昏。

【译文】共走五里，经过虎头岩。又三里，抵达斜桥。陡峰悬崖，比比皆是，道路多位于峰崖的缝隙之间。我走了五里，来到三天门，经过朝天宫，有曲折上伸的石阶，两旁则是铁柱悬索。从三天门到二天门，再到一天门，大多取道陡峭的山间坳地。路虽陡峻，石阶却很整齐，还有栏索牵引，不像华山那样悬在半空。太和宫位于三天门内。接近黄昏时，我竭力爬上金顶，也正是所谓的天柱峰。峰顶群山如同倒置的钟鼎，成行成列地聚在一起；天柱峰悬立在正中，傲立于群山之上，四周险峻至极。峰顶有块平地，长宽只有八尺到一丈。金殿峙立在平地上，殿中供奉真武帝及四将，香炉几案都很齐备，全部都是金制的。朝廷设立了一个千户和一个提点在这里监督，并索取香金，这无异是以皇帝名义巧取豪夺。尽管我很想进殿叩拜，但殿门已关，只好下到太和宫住宿。

十四日　更衣上金顶。瞻叩毕，天宇澄朗，下瞰诸峰，近者鹄[①]峙，远者罗列，诚天真奥区也！遂从三天门之右小径下峡中。此径无级无索，乱峰离立，路穿其间，迥觉幽胜。三里余，抵蜡烛峰右，泉涓涓溢出路旁，下为蜡烛涧。循涧右行三里余，峰随山转，下见平丘中开，为上琼台观。其旁榔梅数株，大皆合抱，花色浮空映山，绚烂岩际。地既幽绝，景复殊异。余求榔梅实，观中道士噤不敢答。既而曰："此系禁物。前有人携出三四枚，道流株连破家者数人。"余不信，求之益力，出数枚畀[②]余，皆已黝烂，且订无令人知。及趋中琼台，余复求之，主观仍辞谢弗有。因念由下琼台而出，可往玉虚岩，便失南岩紫霄，奈何得一失二，不若仍由旧径上，至路旁泉溢处，左越蜡烛峰，去南岩应较近。忽后有追呼者，则中琼台小黄冠以师命促余返。观主握手曰："公渴求珍植，幸得两枚，少慰公怀。但一泄于人，罪立至矣。"出而视之，形侔[③]金橘，漉[④]以蜂液，金相玉质，非凡品也。珍谢别去。复上三里余，直造蜡烛峰坳中。峰参差廉利[⑤]，人影中度，兀兀欲动。既度，循崖宛转，连越数重。峰头土石，往往随地异色。既而闻梵颂声，则仰见峰顶遥遥上悬，已出朝天宫右矣。仍上八里，造南岩之南天门，趋谒正殿，右转入殿后，崇崖嵌空，如悬廊复道，蜿蜒山半，下临无际，是名南岩，亦名紫霄岩，为三十六岩之最，天柱峰正当其面。自岩还至殿左，历级坞中，数抱松杉，连阴挺秀。层台孤悬，高峰四眺，是名飞升台。暮返宫，贿其小徒，复得榔梅六枚。明日再索之，不可得矣。

【注释】①鹄（hú）峙：如天鹅般直立。②畀（bì）：给予。③侔

(móu)：相同。④漉(lù)：渗。⑤廉利：棱角锋利。

【译文】十四日　我换衣服爬上金顶。游览完毕时，正好天空澄碧晴朗。俯瞰群峰，近处的有似引颈伫立的天鹅，远处的则层层排列，足见大自然的幽深玄妙。我沿三天门右边的小路下到峡谷中。这条小路没有石阶，也没有拦索，山峰散乱无序、各自耸立，小路在山峰间穿行，幽雅至极。我走了三里多，来到蜡烛峰右侧，涓涓细流从小路旁溢出，下面就是蜡烛涧。沿涧右岸行三里多，峰随山转，再往下走，有块开阔地在平丘之中，即是上琼台观。台观附近的几株榔梅，都有一人围抱那么粗大，满树繁花竞相开放，花色映照山冈，使山岩绚丽灿烂。幽雅绝胜，非比寻常。我想要榔梅的果实，观中道士没敢应允，过了一会才说："这是禁物。从前有人带出去三四枚，有数名道士受到连累，家道破败。"我不相信，索求得更起劲，道士取出几枚送我，都已变黑腐坏，还叮嘱不要让人知道。等走到中琼台观时，我又索要榔梅果实，观主仍然辞谢说没有。我心想，从下琼台观走出去，虽然能去玉虚岩，却会错过南岩和紫霄宫，何必得一失二呢！不如仍顺原路上去，走到路旁的泉水处，往左翻越蜡烛峰，距离南岩比较近。这时，身后忽然有人呼叫追赶，原来是中琼台观的小道士奉命催我回去。观主握着我的手说："您渴求的珍贵树种，幸好有两枚，可以稍稍满足您的愿望。但是一旦泄露出去，罪祸马上就降临了。"我拿出来后仔细观察这个果实，形状与金橘相仿，渗出蜂蜜一样的液汁，有若金玉质地，可见不是寻常的品种。我真诚地道谢后离去，又上行三里多，直达蜡烛峰山坳中。山峰高低不齐，棱角锋利，我在峰间穿越，隐约感觉山峰在晃动。穿过蜡烛峰，沿着山崖折行，接连越过数重山崖。峰顶上的土石，随地势变换着颜色。不一会儿，听见教徒诵读经文的声音，我抬头一看，峰顶悬立在上空，已经身处朝天宫的右侧了。我继续上行，八里，抵达南岩的南天门，前往正殿祭拜。我右转到正殿背后，高峻的崖石镶嵌在空中，如同阁道，弯曲地延伸在山腰，下面则是无底的深壑，这就是南岩，也叫紫霄岩，是武当山三十六岩中最美之景，天柱峰正屹立在对面。我从南岩回到正殿左侧，顺着石阶在坞中穿行，有棵几人围抱粗的松杉，枝叶遮天敝日，挺拔秀丽。一座平台孤悬而立，可向四周眺望高峰，即是飞升台。傍晚，我回到朝天宫，用钱收买小道士，又得到六枚榔梅。第二天又去索要，但没能要到。

十五日　从南天门宫左趋雷公洞。洞在悬崖间。余欲返紫霄，由太子岩历不二庵，抵五龙。舆者谓迂曲不便，不若由南岩下竹笆桥，可览滴水岩、仙侣岩诸胜。乃从北天门下，一径阴森，滴水、仙侣二岩，俱在路左，飞崖上突，泉滴沥于中，中可容室，皆祠真武。至竹笆桥，始有流泉声，然不随涧行。乃依山越岭，一路多突石危岩，间错于乱蒨[1]丛翠中，时时放榔梅花，映耀远近。

【注释】①乱蒨（qiàn）：乱草。

【译文】十五日　我出南天门宫，向左前往雷公洞。洞在悬崖中间。我想回紫霄岩，自太子岩经过不二庵，抵达五龙宫。车夫说迂回绕路不方便，不如从南岩下竹笆桥，可以观赏滴水岩和仙侣岩等胜景。于是从北天门往下走，一条阴森的小路，滴水岩、仙侣岩两景，都在小路左侧，悬崖向上飞突，泉水滴沥崖中，悬崖中能容下静室，供奉的都是真武帝君。下到竹笆桥，开始听到泉水流淌的声音，但路不顺山涧行。于是靠着山走，翻越山岭，一路上的高峻的岩石，夹杂在草木丛中，点缀着的榔梅繁花，色彩绚丽，映照远近。

过白云、仙龟诸岩，共二十余里，循级直下涧底，则青羊桥也。涧即竹笆桥下流，两崖蓊葱蔽日，清流延回，桥跨其上，不知流之所云。仰视碧落，宛若瓮口。度桥，直上攒天岭。五里，抵五龙宫，规制与紫霄南岩相伯仲。殿后登山里许，转入坞中，得自然庵。已还至殿右，折下坞中，二里，得凌虚岩。岩倚重峦，临绝壑，面对桃源洞诸山，嘉木尤深密，紫翠之色互映如图画，为希夷习静处。前有传经台，孤瞰壑中，可与飞蓨作匹。还过殿左，登榔梅台，即下山至草店。

【译文】我经过白云岩、仙龟岩等处，共行二十多里，顺石阶一直下到涧底，就是青羊桥。涧水正是竹笆桥的下游，两岸山崖上草木繁盛、树荫蔽日，清流弯曲盘绕，不知流向何方，有座桥横跨其上。我仰望天空，状如同瓮口。过了桥，径直爬上攒天岭。走五里，抵达五龙宫，宫殿规模与紫霄宫、南岩相仿。我从宫殿后登山，走一里多，转进山坞，到自然庵。不久，返回五龙宫殿右，转下坞中，走两里，抵达凌虚岩。凌虚岩背靠重重山峦，面临深谷，正对着桃源洞群山，满山丛林茂密，紫色翠色互相辉映，犹如绘彩，这正是希夷先生修炼的地方。前方有传经台，独自俯视深壑，可与飞升台相媲美。返程时经过五龙宫殿左，登上榔梅台，便下山到草店。

华山四面皆石壁，故峰麓无乔枝异干；直至峰顶，则松柏多合三人围者；松悉五鬣，实大如莲，间有未堕者，采食之，鲜香殊绝。太和则四山环抱，百里内密树森罗，蔽日参天；至近山数十里内，则异杉老柏合三人抱者，连络山坞，盖国禁也。嵩、少之间，平麓上至绝顶，樵伐无遗，独三将军树巍然杰出耳。山谷川原，候同气异。余出嵩、少，始见麦畦青；至陕州，杏始花，柳色依依向人；入潼关，则驿路既平，垂杨夹道，梨李参差矣；及转入泓峪，而层冰积雪，犹满涧谷，真春风所不度也。过坞底岔，复见杏花；出龙驹寨，桃雨柳烟，所在都有。忽忆日已清明，不胜景物悴忧伤情。遂自草店，越二十四日，浴佛后一日抵家。以太和榔梅为老母寿。

【译文】华山四周都是石壁，因此山脚没什么高树奇木。我直登峰顶，松柏大多有三人围抱粗；松树全是五针松，松子和莲子一般大，时而遇到没有掉落的松果，采下品尝，鲜香美味。太和山被四面群山环抱，百里以内茂林密布，大树遮天蔽日、高耸入云；由于朝廷禁止砍伐，太和山的数十里内，三人围抱粗的奇杉老柏漫山遍野。嵩山、少室山之间，从山脚到绝顶，树木都被砍伐得所剩无遗，只有三棵将军树巍然耸立着。山峰、峡谷、河川、平原各种地势，季节相同，天气却不一样。我从嵩山、少室山出来时，看到田里麦苗青青；到了陕州，杏树刚刚开花，嫩绿的柳枝随风摇摆，十分动人；进入潼关，大路平坦，高大的杨树立在道路两旁，梨树、李树高低不齐；等到转到泓峪，却是满山谷的层层积雪，真是春风到不了的地方啊。我经过坞底岔时，又看到香花开放；从龙驹寨出去，桃红柳绿，一片春色。忽然想起已是清明时节，不由触景生情。于是从草店启程，经过二十四天，在浴佛节后次日到家。用太和山的榔梅为老母亲祝寿。

闽游日记前

【**题解**】福建号称“八山一水一分田”，境内山峰耸峙，丘陵纵横，气候温暖湿润，森林植被茂盛，山清水秀，风光旖旎。徐霞客对福建也是情有独钟，曾五次入闽，写下四篇游记，本文是徐霞客第三次入闽时所写的游记。崇祯元年（1628）三月，徐霞客坐船到达浙江江山县青湖镇，然后登陆，经丹枫岭入闽，沿着浦城—建宁府—延平府—顺昌—将乐—永安—漳平—漳州—南靖的路线，游览并考察了福建山水。尤其是对将乐县境内的玉华洞进行了细致考察，玉华洞属于石灰岩溶洞，洞内钟乳石众多，形态各异，色彩斑斓，“石色或白或黄，石骨或悬或竖”。徐霞客对洞内地貌做了详细考察，这是世界上较早对喀斯特地貌进行考察的记录。徐霞客还考察了宁洋溪与建溪的水量流速的差别，指出“程愈迫则流愈急”。

崇祯改元戊辰之仲春，发兴为闽、广游。二十日，始成行。三月十一日，抵江山之青湖，为入闽登陆道。十五里，出石门街，与江郎为面，如故人再晤。十五里，至峡口，已暮。又行十五里，宿于山坑。

【译文】崇祯元年戊辰(1628)二月,我萌发了游福建广东的兴致。二月二十日才动身启程。三月十一日,抵达江山县的青湖,这正是进入福建省的陆路。走十五里,自石门街出,与江郎山相遇,就像故友重逢一样。走十五里,来到峡口,已是傍晚。又走十五里,在山坑住宿。

十二日　二十里,登仙霞岭。三十五里,登丹枫岭,岭南即福建界。又七里,西有路越岭而来,乃江西永丰道,去永丰尚八十里。循溪折而东,八里至梨岭麓,四里登其巅,前六里,宿于九牧。

【译文】十二日　行二十里,登上仙霞岭。走三十五里,登上丹枫岭,岭南是福建境。又走七里,西边有条路越过山岭后延伸而来,即去江西省永丰县的路,距离永丰县还有八十里。我沿溪流转向东,走八里到达梨岭麓,又走四里登上岭顶,往前走六里,在九牧住宿。

十三日　三十五里,过岭,饭于仙阳。仙阳岭不甚高,而山鹃丽日,颇可爱。饭后得舆,三十里抵浦城,日未晡也。时道路俱传泉、兴海盗为梗,宜由延平上永安。余亦久蓄玉华之兴,遂觅延平舟。

【译文】十三日　走三十五里,越过山岭,在仙阳吃饭。仙阳岭不太高,但杜鹃花盛开,阳光明媚,令人欢喜。饭后乘车,行三十里到达浦城县,时间还早,没到黄昏。一路上都流传着泉州府、兴化府有海盗作祟，应该经延平府去永安县。我游玉华洞的兴致也很久了，就寻找去延平府的船。

十四日　舟发四十里，至观前。舟子省家早泊，余遂过浮桥，循溪左登金斗山。石磴修整，乔松艳草，幽袭人裾[①]。过三亭，入玄帝宫，由殿后登岭。兀兀中悬，四山环拱，重流带之，风烟欲暝，步步惜别！

【注释】①裾（jū）：衣服下摆。

【译文】十四日　我乘船行四十里，到达观前。船夫回家探望，早早停航了，我只好渡过浮桥，顺着溪流往左登金斗山。石阶道很整齐，松树高大，花草艳丽，幽香袭人。经过三亭，进入玄帝宫，从正殿背后登岭。山岭高高突起、悬立在正中，四周被山峰环抱簇拥，一道道溪水如玉带一般。山间雾霭迷蒙，天色将晚，我才依依不舍地离去。

十五日　辨色天即行。悬流鼓楫，一百二十里，泊水矶。风雨彻旦，溪喧如雷。

【译文】十五日　天微微亮就启航。水流汹涌，船桨摇动，航行一百二十里，在水边岩石下停泊。一夜风雨，河流喧腾，好似雷鸣。

十六日　六十里，至双溪口，与崇安水合。又五十五里，抵建宁郡。雨没停。

【译文】十六日　航行六十里，到达双溪口，溪水与崇安县的河流汇合。又航行五十五里，到达建宁郡。大雨还未停。

十七日　水涨数丈，同舟俱阁搁浅不行。上午得三板舟，附搭乘之行。四十里，太平驿，四十里，大横驿，过如飞鸟。三十里，黯淡滩，水势奔涌。余昔游鲤湖过此，但见穹石嵲山崖峙，舟穿其间，初不谓险；今则白波山立，石悉没形，险倍昔时。十里，至延平。

【译文】十七日　河水涨起数丈，同行的船只都无法启航。上午，来了一只三板舟，我搭乘三板舟启程。航行四十里，到太平驿，又四十里，到大横驿，一路上船有如飞鸟，滑翔而过。三十里，到黯淡滩，水势奔腾汹涌。我以前游九鲤湖时经过此地，只见巨岩对立，船从中穿过，并不觉得险峻；而现在波涛泛白如山峰矗立，岩石全被河水淹没，地势比从前险峻得多。航行十里，到达延平府。

十八日　余以轻装出西门，为玉年洞游。南渡溪，令奴携行囊由沙县上水，至永安相待。余陆行四十里，渡沙溪而西。将乐之水从西来，沙县之水从南来，至此合流，亦如延平之合建溪也。南折入山，六十里，宿三连铺，乃瓯宁、南平、顺昌三县之界。

【译文】十八日　我从府城西门轻装出发，游览玉华洞。我南渡小溪，让奴仆带着行李从沙县走水路，到永安县等待。我从陆路走，四十里，渡过沙溪西行。将乐县的河水从西边流来，沙县的河水从南边流来，在沙溪口合流后，也如建溪之水在延平汇合一样。往南转进山，走六十里，在三连铺住宿，三连铺是贩宁、南平、顺昌三县的分界处。

十九日　五里，越白沙岭，是为顺昌境。又二十五里，抵县。县临水际，邵武之水从西来，通光泽；归化之水从南来，俱会城之东南隅。隔水望城，如溪堤带流也。循水南行三十里，至杜源，忽雪片如掌。十五里至将乐境，乃杨龟山故里也。又十五里，为高滩铺。阴霾尽舒，碧空如濯，旭日耀芒，群峰积雪，有如环玉。闽中以雪为奇，得之春末为尤奇。村氓市媪①，俱曝日提炉；而余赤足腾踔，良大快也！二十五里，宿于山涧渡之村家。

【注释】①媪（ǎo）：老太太。

【译文】十九日　我走了五里，翻越白沙岭，已是顺昌县境内。又走二十五里，到达顺昌县城。县城靠近水边，邵武府的溪水从西边流来，流到光泽县；归化县的溪水从南边流来，都在县城东南边会合。我隔溪眺望县城，溪堤环绕水流，有如衣带。我跟随溪水南行三十里，到达杜源，忽然飘起手掌大的雪片。十五里进入将乐县境，即杨龟山先生的故乡。又走十五里，到高滩铺。云雾散尽，浅蓝色的天空清澈如洗，旭日闪耀光芒，群峰积雪皑皑，犹如环玉。福建很少下雪，以为奇事在春末下雪就更加令人惊异了。村里的百姓和市里的老妇人，都晒太阳或提着火炉烤火；而我却光着脚奔跑，真是太痛快了！走了二十五里，在山涧渡的农民家住宿。

二十日　渡山涧，溯大溪南行。两山成门曰莒峡。溪崖不受趾，循山腰行。十里，出莒峡铺，山始开。又十里，入将乐。出南关，渡溪而南，东折入山，登滕岭。南三里，为玉华洞道。先是过滕岭，即望东南两峰耸立，翠壁嶙峋，迥与诸峰分形异色。抵其麓，一尾横曳，回护洞门。门在山坳间，不甚轩豁，而森碧上交，清流出其下，不觉神骨俱冷。山半有明台庵，洞后门所经。余时未饭，复出道左登岭。石磴萦松，透石三里，青芙蓉顿开，庵当其中。饭于庵，仍下至洞前门，觅善导者。乃碎斫[①]松节置竹篓中，导者肩负之，手提铁络，置松燃火，烬辄益之。初入，历级而下者数尺，即流所从出也。溯流屈曲，度木板者数四，倏隘倏穹，倏上倏下，石色或白或黄，石骨或悬或竖，惟“荔枝柱”“风泪烛”“幔天帐”“达摩渡江”“仙人田”“葡萄伞”“仙钟”“仙鼓”最肖。

【注释】①斫（zhuò）：劈砍。

【译文】二十日　我渡过山涧，沿大溪溯流南行。两边山脉形成门户，名为莒峡。溪边崖壁不能落脚，只能沿山腰前行。十里，走出莒峡铺，山谷才开阔起来。又走十里，进入将乐县。我从南关出去，渡过溪水南行，往东转进山，登滕岭。往南三里，是玉华洞。此前刚过滕岭，就看到东南边耸立着两座山峰，岩壁苍翠、怪石嶙峋，形态和色彩，与众峰迥然不同。我抵达峰麓，山峰犹如尾巴横拖而去，袒护着洞门。洞门在山坳间，不很开阔，但山顶翠木交错，山底流水清澈，不由得令人生寒。山腰有明台庵，是去玉华洞后门的必经之处。此时我还没吃饭，于是离开大路往左爬山。石阶被松树萦绕，我穿行三里，芙蓉般的青山，顿时开阔起来，明台庵位于正中。在庵中吃饭后，顺路下到玉华洞前门。我找好向导，砍碎松节放到竹篓中，向导背着，手提铁丝网，把松节放在里面燃烧，烧完就再加。一进洞，顺阶梯下去好几尺，就到了水流出口。弯转溯流前进，从木板上渡过了四次，山洞时而狭窄、时而高敞，道路时而上行、时而下行，岩石色彩有白有黄，石柱或是悬空、或是竖立，而“荔枝柱”“风泪烛”“幔天帐”“达摩渡江”“仙人田”“葡萄伞”“仙钟”“仙鼓”等处最是美丽。

沿流既穷，悬级而上，是称“九重楼”。遥望空濛，忽曙色欲来，所谓“五更天”也。至此最奇，恰与张公洞由暗而明者一致。盖洞门斜启，玄朗映彻，犹未睹天碧也。从侧岭仰瞩，得洞门一隙，直受圆明。其洞口由高而坠，弘含奇瑰，亦与张公同。第张公森悬诡丽者，俱罗于受明之处；此洞眩巧争奇，遍布幽奥，而辟户更拓。两洞同异，正在伯仲间也。拾级上达洞顶，则穹崖削天，左右若青玉赪[①]肤，实出张公所未备。下山即为田塍[②]。四山环锁，水出无路，汩然[③]中坠，盖即洞间之流、此所从入也。复登山半，过明台庵。庵僧曰：“是山石骨棱厉，透露处层层有削玉裁云态，苦为草树所翳，故游者知洞而不知峰。”遂导余上拾鸟道，下披蒙茸，得星窟焉。三面削壁丛悬，下坠数丈。窟旁有野橘三株，垂实累累。从山腰右转一二里，忽两山交脊处，棘翳四塞，中有石磴齿齿，萦回于悬崖夹石间。仰望峰顶，一笋森森独秀。遂由洞后穹崖之上，再历石门，下浴庵中，宿焉。

【注释】①赪（chēng）：红色，浅红色。②塍（chéng）：田埂。③汩（gǔ）然：流水貌。

【译文】我跟水流走到尽头，上爬陡悬的石级，有景名叫“九重楼”。遥望洞中迷茫一片，忽然有种拂晓黎明的感觉，这就是“五更天”的景象了。玉华洞走到这里最为奇妙，恰和宜兴的张公洞一样，从黑暗转向光明。由于洞门斜开，黑暗中亮光从洞口映透进来，却看不到蓝色的天空。我顺洞壁边侧抬头看，看到一丝阳光直射洞口。洞口从高处下坠，宽敞瑰丽，也与张公洞相同。只是张公洞奇异瑰丽的景色，都在光亮处；而玉华洞眩妙精巧、争相献奇，景物遍布幽暗之中，并且洞门更加开阔。比较两洞景色的异同，实在不相上下。我沿石级上到洞顶，高大的山崖陡峭如削，直插云天，左右有如翡翠，青赤相间，是张公洞不具备的景色。下山就是田埂。四周群山环绕，水流无路，只能从中下坠，玉华洞中的水流，可能就是从这里流泻的。我又登到山腰，经过明台庵。庵中的僧人说：“这座山岩棱角分明，十分峻峭，凡岩石外露之处，犹如凿玉裁云，可惜被草丛树木遮蔽，所以游人只知道游玉华洞，却不知游览山峰。”于是带着我找到游山的小路，拨开茂密的草丛往下走，来到星窟。星窟三面削壁悬立，下坠陷数丈深。窟旁有三棵野橘树，垂挂着累累硕果。从山腰上往右转一二里，忽然看到两座山脊交合的地方，四周荆棘覆盖，中间有齿状石阶，在悬崖和狭岩间盘绕。抬头眺望峰顶，竹笋般的山峰一枝独秀。于是从洞后高大的山崖上，又经过石门，下至明台庵沐浴住宿。

二十一日　仍至将乐南门，取永安道。

【译文】二十一日　我又回到将乐县城南门，取道去永安县。

二十四日　始至永安，舟奴犹未至。

【译文】二十四日　我才抵达永安县，而乘船的仆从还没到。

二十五日　坐待奴于永安旅舍。乃市顺昌酒，浮白[①]楼下。忽呼声不绝，则延平奴也。遂定明日早行计。

【注释】①浮白：放开胸怀，畅快饮酒。

【译文】二十五日　我在永安县旅舍中闲坐等待仆从，顺便买来顺昌酒，在楼下啜饮。忽然呼叫声不绝，原来是从延平府分道而行的仆从到了。于是决定明天一早启程。

二十六日　循城溯溪，东南二十里，转而南二十五里，登大泄岭，岧峣[①]行云雾中。如是十五里，得平阪，曰林田。时方下午，雨大，竟止。林田有两溪自南来，东浑赤如血，西则一川含绿，至此合流。

【注释】①岧峣（tiáo yáo）：山高貌。

【译文】二十六日　沿县城溯溪而行，往东南走二十里，转向南走二十五里，登大泄岭，在高山的云雾中穿行。这样一直走了十五里，才到平缓的山坡，即是林田。正当下午，雨下得很大，完全不能赶路。林田有两条从南边流来的溪水，东边的溪水像血一样浑赤，西边的则是一股碧绿的清流，两条溪流在林田汇合。

二十七日　溯赤溪行。久之，舍赤溪，溯澄溪。共二十里，渡坑源上下桥，登马山岭。转上转高，雾亦转重，正如昨登大泄岭时也。五里，透穿过其巅，为宁洋界。下五里，饭于岭头。时旭日将中，万峰若引镜照面。回望上岭，已不可睹，而下方众岫骈列，无不献形履下。盖马山绝顶，峰峦自相亏蔽，至此始廓然为南标。询之土人，宁洋未设县时，此犹属永安；今则岭北水俱北者属延平，岭南水俱南者属漳州。随山奠川，固当如此建置也。其地南去宁洋三十里，西为本郡之龙岩，东为延平之大田云。下山十里，始从坑行。渡溪桥而南，大溪遂东去。逾岭，复随西来小溪南行，二十里，抵宁洋东郭。绕城北而西，则前大溪经城南来，恰与小溪会，始胜舟。

【译文】二十七日　溯赤溪而行。过了一会儿，我离开赤溪，溯澄溪而行。共行二十里，渡过坑源上下桥，登马山岭。山路越走越高，雾气也越来越浓，和昨天登大泄岭的情境一样。五里，穿过马山岭顶，是宁洋县边界。我下行五里，在岭头吃饭。此时日当正午，群峰沐浴在阳光下，如同面对着着镜子。我回头遥望上方的山岭，已经看不到了，而下方群峰并列、千姿百态，无不呈现在脚下。马山岭的绝顶上，峰峦互相掩蔽，这里才是南原的最高峰。我向当地人询问，他们说在还没有宁洋县的时候，这里属于永安县；如今，岭北水及以北隶属于延平府，岭南水及以南隶属漳州。山脉的位置确定河流的归属，规划本应如此。这里南边距离宁洋县三十里，西边为漳州府的龙岩县，东边是延平府的大田县。我下山十里，顺坑凹处前行。渡过溪桥南行，大溪则向东流去。翻过岭，又随着西溪南行，二十里，到达宁洋县的东外城。绕着城北往西走，就看到先前渡过的大溪经城南流来，恰好与小溪汇合，这里才开始通航。

二十八日　将南下，传盗警，舟不发者两日。

【译文】二十八日　我准备南下，传来有强盗的警报，于是船停航两天。

四月初一日　平明，舟始前，溪从山峡中悬流南下。十余里，一峰突而西，横绝溪间，水避而西，复从东折，势如建瓴，曰石嘴滩。乱石丛立，中开一门，仅容舟。舟从门坠，高下丈余，余势屈曲，复高下数丈，较之黯淡诸滩，大小虽殊悬，险更倍之也。众舟至此，俱鳞次以下。每下一舟，舟中人登岸，共以缆前后倒曳之，须时乃放。过此，山峡危逼，复嶂插天，曲折破壁而下，真如劈翠穿云也。三十里，过馆头，为漳平界。一峰又东突，流复环东西折，曰溜水滩。峰连嶂合，飞涛一缕，直舟从云汉，身挟龙湫矣。已而山势少开，二十余里，为石壁滩。其石自南而突，与流相扼，流不为却，捣击之势，险与石嘴、溜水而三也。下此，有溪自东北来合；再下，夹溪复至东北来合，溪流遂大，势亦平。又东二十里，则漳平县也。

【译文】四月初一日（5月4日）　天完全亮了，船才启航，溪流顺山谷倾泻南下。航行十多里，一座山峰向西突立，横断溪流，水避开山峰往西流，又朝东转去，水势急湍，犹如高处倾水，这里正是石嘴滩。乱石耸立，中开一道航线，仅能容一只轻舟通过。船顺门道坠去，落差高达一丈多，其余的河道水势曲折，更有数丈的落差，和黯淡滩等险滩相比较，虽然水势悬殊，却更加险峻。许多船只航行至此，像鱼鳞一样地排列起来，依次而下。每通过一只船，船上的人都下船上岸，一起用缆绳倒拉着船，必须完全通过后，才能松手。过此滩后，山谷高耸狭窄，叠嶂直插云天，溪流曲折，破壁而下，好似劈开青山、穿过云雾一样。航行三十里，过了馆头，进入漳平县境。又有一座山峰向东突起，溪流又绕东往西转，这里名为溜水滩。层峦叠嶂之中，波涛腾飞，载着船只倾泻而下，如同直落天河，旅客都置身于飞瀑之间。不一会，山势逐渐开阔，船行二十多里，到石壁滩。这里岩石向南面突起，被水流阻扼，水流却不因此退却，而形成冲击的气势，险象与石嘴滩、溜水滩如出一辙，是为第三处险滩。从石壁滩下去，东北汇入一股溪水；再往下，夹溪又自东北流汇合，溪流渐渐扩大，水势也慢慢平缓。又往东航行二十里，抵达漳平县。

宁洋之溪，悬溜迅急，十倍建溪。盖浦城至闽安入海，八百余里，宁洋至海澄入海，止三百余里，程愈迫则流愈急。况梨岭下至延平，不及五百里，而延平上至马岭，不及四百里而峻，是二岭之高伯仲也。其高既均，而入海则减，雷轰入地之险，宜咏于此。

【译文】宁洋县的溪流，河道陡悬，水流迅急，足有建溪的十倍。从浦城县流到闽安镇入海，有八百多里的流程；从宁洋县流到海澄入海，仅三百多里；流程愈短，则流速愈急。况且从梨岭下到延平府，不到五百里；而从延平府上到马山岭，不到四百里却很高，这样看来，两座山的高度其实相差不大。高度相差无几，入海的里程却很短，形成水声如雷、水势像要入地的险滩，原因就在此。

初二日　下华封舟。行数里，山势复合，重滩叠溜，若建溪之太平、黯淡者，不胜数也。六十里，抵华封，北溪至此皆从石脊悬泻，舟楫不能过，遂舍舟逾岭。凡水惟滥觞[①]之始，不能浮槎[②]，若既通，而下流反阻者，止黄河之三门集津，舟不能上下。然汉、唐挽漕水道，缆迹犹存；未若华封，自古及今，竟无问津之时。拟沿流穷其险处，而居人惟知逾岭，无能为导。

【注释】①滥觞（shāng）：形容水量非常浅小，而仅能浮起一个酒杯。②槎（chá）：竹筏。

【译文】初二日　我乘华封的船。航行数里后，山势又合拢起来，险滩重重、急流叠起，像建溪太平滩、黯淡滩一样的河道，多得不胜枚举。行六十里，到达华封县，北溪流至此沿着石脊，悬空倾泻，船只不能通行，只能下船翻越山岭。这里的河流，源头都很细小，不能浮起竹筏，如果通航，到下游反而受阻，会停在黄河的三门集津无法上下自如。汉朝、唐朝利用黄河水道转运粮食，缆绳的遗迹还保存着；不像华封县，从古至今，竟然从来没有通航过。我计划历经河道所有险处，但此地住民只知道翻山越岭，不能为我作向导。

初三日　登岭，十里至岭巅，则溪水复自西来，下循山麓，俯瞰只一衣带水耳。又五里，则隤然[①]直下，又二里，抵溪。舟行八十里，至西溪。西南陆行三十里，即漳郡；顺流东南二十里，为江东渡，乃兴、泉东来驿道也；又顺流六十里，则出海澄入海焉。

【注释】①隤（tuí）然：崩塌貌。

【译文】初三日　我登上山岭，走十里到岭巅，而溪水自西沿山麓流来。我低头俯视，水道窄如衣带。又走了五里，陡峭得直上直下，又走两里，来到溪水边。乘船行八十里，到达西溪。从陆地上往西南行三十里，就是漳州；顺溪流往东南行二十里，为江东渡，是从东边兴化府、泉州府过来的驿道；再顺溪流行六十里，就能出海澄县入海。

初四日　舆行二十里，入漳之北门。访叔司理，则署印南靖，去郡三十里。遂雨中出南门，下夜船往南靖。

【译文】初四日　我乘车行二十里，进入漳州府城的北门。我拜访这里的族叔，他在南靖县办公，担任推官，距离府城三十里。我冒雨从府城南门出发，乘夜船前往南靖县。

初五日　晓达南靖，以溯流迂曲也。溪自南平来，到南靖六十里，势于西溪同其浩荡，经漳郡南门，亦至海澄入海。不知漳之得名，两溪谁执牛耳也？

【译文】初五日　拂晓，我才到达南靖县，溯流而行，航道迂回曲折。溪水从南平县流来，到南靖县有六十里，水势和西溪一样浩荡，流经漳州府城南门，也流到海澄县入海。真不知道漳州得名，到底是以哪条溪为主呢？

闽游日记后

【题解】崇祯三年（1630年）七月，徐霞客第四次入闽，去漳州看望族叔。这次的考察路线基本与前《闽游日记》的路线一样，但是此次游览的重点是以前没有去过的地方。徐霞客考察了闽浙交界处的浮盖山，畅游了浮盖山的白花岩、龙洞、龙池、浮盖山绝顶等地方，惊叹其“怪石拿云，飞霞削翠。”在永安县，徐霞客对桃源涧的“一线天”做了细致的描述，“其隙仅分一线，上劈山巅，远透山北”，盛赞“‘一线天’数处，武彝、黄山、浮盖，曾未见若此之大而逼、远而整者”。对桃源涧的丹霞地貌留下了宝贵的考察记录。从华封开始，徐霞客徒步考察了九龙江。九龙江河道曲折，水急滩险，给徐霞客留下了深刻的印象。徐霞客对九龙江的考察记录也是重要的历史地理文献。

庚午春，漳州司理叔促赴署。余拟是年暂止游屐[①]，而漳南之使络绎于道，叔祖念莪翁，高年冒暑，坐促于家，遂以七月十七日启行。二十一日到武林。二十四日渡钱唐，波平不縠[②]，如履平地。二十八日至龙游，觅得青湖舟，去衢尚二十里，泊于樟树潭。

【注释】①游屐（jī）：出游的鞋子，代指游踪。②縠（hú）：褶皱；波纹。

【译文】庚午年（崇祯三年，1630）春天，漳州府的推官族叔，催我去他的官署。我原计划今年不出游，但漳州的使者反复盛请，叔祖念莪年岁已高，还冒着酷暑，来家中坐着催促，我只好在七月十七日启程。二十一日到达杭州。二十四日渡过钱唐江，水面平静无波，如履平地。二十八日到达龙游县，找到了去青湖的船，距离衢县还有二十里，船在樟树潭停泊。

三十日　过江山，抵青湖，乃舍舟登陆。循溪觅胜，得石崖于北渚。崖临回澜，澄潭漱其址，隙缀茂树，石色青碧，森森有芙蓉出水态。僧结槛依之，颇觉幽胜。余踞坐石上，有刘对予者，一见如故，因为余言："江山北二十里有左坑，岩石奇诡，探幽之屐，不可不一过。"余欣然返寓，已下午，不成行。

【译文】三十日　我经过江山县，抵达青湖，下船上岸。顺着溪流寻访名胜，北边的小洲有石崖。石崖边水波荡漾，澄澈的潭水冲刷着石崖底，石缝中点缀着茂盛的树木，石色青翠碧绿，高高耸立有如出水芙蓉。僧人傍靠石崖建盖房屋，环境十分幽美。我盘坐在石头上，遇到刘对予，一见如故，他对我说："江山县北二十里处有左坑，那里岩石非常奇幻，你此旅为探寻幽境而来，不能不去那里一次。"我高兴地回到住处，但由于已是下午，没能启程。

八月初一日　冒雨行三十里。一路望江郎片石，咫尺不可见。先拟登其下，比至路口，不果。越山坑岭，宿于宝安桥。

【译文】八月初一日（9月7日）　我冒雨前行三十里。一路眺望着江郎山的片岩，但即便隔很近，也不能看见。我打算先到江郎山下，走到路口处才发现不能通行。我只好翻越山坑岭，在宝安桥住下。

初二日　登仙霞，越小竿岭，近雾已收，惟远峰漫不可见。又十里，饭于二十八都。其地东南有浮盖山，跨浙、闽、江西三省，衢、处、信、宁四府之境，危峙仙霞、犁岭间，为诸峰冠。枫岭西垂，毕岭东障，梨岭则其南案也；怪石拿云，飞霞削翠。余每南过小竿，北逾梨岭，遥瞻丰采，辄为神往。既饭，兴不能遏止，遍询登山道。一牧人言："由丹枫岭而止，为大道而远；由二十八都溪桥之左越岭，经白花岩上，道小而近"。余闻白花岩益喜，即迂道且趋之，况其近也！遂越桥南行数十步，即由左小路登岭。三里下岭，折而南，渡一溪，又三里，转入南坞，即浮盖山北麓村也。分溪错岭，竹木清幽，里号金竹云。度木桥，由业纸者篱门入，取小级而登。初皆田畦高叠，渐渐直跻危崖。又五里，大石磊落，棋置星罗，松竹与石争隙。已入胜地，竹深石转，中峙一庵，即白花岩也。僧指其后山绝顶，峦石甚奇。庵之右冈环转而左，为里山庵。由里山越高冈两重，转下山之阳，则大寺也。右有梨尖顶，左有石龙洞，前瞰梨岭，可俯而挟矣。余乃从其右，二里，憩[1]里山庵。里山至大寺约七里，路小而峻。先跻一冈，约二里，冈势北垂。越其东，坞下水皆东流，即浦城界。又南上一里，越一冈，循其左而上，是谓狮峰。雾重路塞，舍之。逾冈西下，复转南上，二里，又越一冈，其左亦可上狮峰，右即可登龙洞顶。乃南向直下，约二里，抵大寺。石痕竹影，白花岩正得其具体，而峰峦环列，此真独胜。雨阻寺中者两日。

【注释】①憩（qì）：休息。

【译文】初二日　我登上仙霞岭，越过小竿岭，近处的云雾已经消散，只是远处的山峰还模糊不清。又走了十里，在二十八都吃饭。这里东南边的浮盖山，跨越浙江、福建、江西三省以及衢州、处州、广信、建宁四府的辖境，高高耸立在仙霞岭与犁岭之间，是当之无愧的群峰之首。枫岭向西边垂下，毕岭像屏障一样横在东边，犁岭则是浮盖山的南案；浮盖山乱石林立，直冲云霄，云霞飞舞，翠峰陡峭。我每次翻越小竿岭和犁岭时，遥望浮盖山的风采，总十分神往。饭后，我遏制不住爬浮盖山的兴致，四处询问登山的路。有一个牧人说："顺丹枫岭攀登是大路，但路程远；从二十八都的溪桥左边翻越山岭，经过白花岩上去，是小路，但路程近。"我听到要经过白花岩更加高兴，即使绕路也会前往，更何况离得很近呢！于是我过桥后往南走数十步，从左边的小路登岭。上三里后下岭，转向南走，渡过一条溪，又走三里，转进南坞，到了浮盖山北麓的村庄。，村庄叫金竹里，溪水分流、岭冈错落，竹木清幽。过木桥，从造纸人的篱笆门进去，沿小石阶攀登。一开始田畦层叠，渐渐变成陡崖。又攀登了五里，杂乱的巨石星罗棋布，与松树竹林争抢地盘。进入景区后，竹林幽深，山石回转，当中峙立着一座庵，就是白花岩。僧人指点白花岩后山绝顶，峰峦山石非常奇特。庵右边的山冈环绕到左边，有里山庵。沿里山越过两重高冈，再转下山南便是大寺。寺右边有梨尖顶，左边有石龙洞，在寺前俯视犁岭，仿佛弯下身就能用手夹住。我自寺右行二里，在里山庵休息。从里山到大寺约有七里，山路狭窄陡峭。我先登上一座冈，大约走了二里，冈势北垂。越过冈东，坞下的水都向东流，是蒲城县的分界。又往南上一里，越过另一座冈，沿左侧而上，就是狮峰。雾气重重，山路阻塞，没有路登上狮峰。越冈西下，又南上二里，从冈左边也可以登上狮峰，右边则可以登上龙洞顶。一直南下约二里，来到大寺。岩石上竹影掩映、群峰环绕、山峦排列，是白花岩独有的胜景。我被雨天困在寺中两日。

初四日　冒雨为龙洞游。同导僧砍木通道，攀乱碛而上，雾瀚滃钴[①]，芾石[②]笼崖，狞恶如奇鬼。穿簇透峡，窈窕者，益之诡而藏其险；屼嵲[③]者，益之险而敛其高。如是二里，树底睨[④]峭崿。攀踞其内，右有夹壁，离立仅尺，上下如一，似所谓“一线天”者，不知其即通顶所由也。乃爇火[⑤]篝灯，匍匐入一罅。罅夹立而高，亦如外之一线天，第外则顶开而明，此则上合而暗。初入，其合处犹通窍一二，深入则全黑矣。其下水流沙底，濡足而平。中道有片石，如舌上吐，直竖夹中，高仅三尺，两旁贴于洞壁。洞既束肩，石复当胸，无可攀践，逾之甚艰。再入，两壁愈夹，肩不能容。侧身而进，又有石片如前阻其隘口，高更倍之。余不能登，导僧援之。既登，僧复不能下，脱衣宛转久之，乃下。余犹侧伫石上，亦脱衣奋力，僧从石下掖之，遂得入。其内壁少舒可平肩，水较泓深，所称龙池也。仰睇其上，高不见顶，而石龙从夹壁尽处悬崖直下。洞中石色皆赭黄[⑥]，而此石独白，石理粗砺成鳞甲，遂以“龙”神之。挑灯遍瞩而出。石隘处上逼下碍，入时自上悬身而坠，其势犹顺，出则自下侧身以透，胸与背既贴切于两壁，而膝复不能屈伸，石质刺肤，前后莫可悬接，每度一人，急之愈固，几恐其与石为一也。既出，欢若更生，而岚气忽澄，登霄在望。由明峡前行，芟莽⑦开荆，不半里，又得一洞，洞皆大石层叠，如重楼复阁，其中燥爽明透。

【注释】①滃（wěng）：云气貌。铦（xiān）：锋利。②芾（fèi）石：小的岩石。③屼嵲（wù niè）：崎岖貌。④睨（nì）：斜眼看。⑤爇（ruò）火：点火。⑥赭（zhě）黄：棕黄。⑦芟（shān）莽：斩除杂草。

【译文】初四日　我冒雨去游龙洞。我和僧人向导一同砍树开路，在乱石堆中攀越而上。云雾四起，荆棘刺人，杂草石块遍布山崖，形态狰狞丑恶，犹如奇鬼。我穿行在堆满石块的峡谷中，岩石美妍秀丽，为峡谷增添奇异、掩藏险恶；形态陡峭高耸的，则增添险象、掩敛高峻。走过两里，在树荫底斜视峻峭的山崖。登坐上去，右边有狭窄的山谷，两边相离很近，上下同宽，很像所谓的“一线天”景观，不知道这就是去山顶的必经之路吧。于是点燃灯笼，匍匐进入一条石缝。石缝狭窄，两边岩石也像外边一样耸立，只是外面的一线天敞开而明亮，而这条石缝狭小而昏暗。刚进去时，上方合拢处还有一两个孔透着光，再往里深入就完全黑了。下方是流水的沙底，沾湿了脚，但道路还算平坦。途中有一片石块，有如舌头上伸，直立在狭窄的石洞正中，高度只有三尺，但两边紧贴洞壁。洞壁紧靠双肩，石片又挡在胸前，几乎不能攀行，费尽力气才越过去。再深入进去，两边洞壁更加狭窄，就容不下双肩平行了。我侧身前进，又有石片像先前那样阻塞在狭隘的洞口，高度却是先前的一倍。我登不上去，当向导的僧人拉着我上。登上去之后，僧人也下不去了，他脱掉外衣绕了很长时间，才找到下去的地方。我仍然侧着身子站在石上，也脱掉外衣，奋力而下，僧人在石下扶住我，我们才得以继续深入。里边洞壁稍微宽舒一点，可以平肩行走，水也比较深，被称为龙池。抬头眯眼向上看，高得看不见顶，只有石龙从狭窄的洞壁悬崖延伸下来。洞中的石头都是赭黄色的，唯独这块是白色的，石头纹理如同粗糙的磨刀石，形成鱼鳞状，于是大家就用“龙”来神化这岩石。提灯笼看遍景物之后，便寻路出去了。石洞上方逼仄，而下方又有石头阻碍，进来时从上悬空往下坠，还算比较顺利，出去时却是从下侧身强攀，胸背都紧贴在两边的洞壁上，膝盖也不能伸缩自如，石头直刺皮肤，前后都不能紧靠着，每过一人，就越着急，就贴得越牢固，很害怕和石头融为一体。出来后如同重获新生，十分高兴。山中的雾气忽然散尽，计划攀登的绝顶也遥遥在望。从明亮的峡谷中往前走，割去荒草，拨开荆棘，不到半里，又有一个洞。洞壁全是层叠的巨石，如楼阁重叠，洞中干燥爽朗、明亮剔透。

徘徊久之，复上跻重崖，二里，登绝顶，为浮盖最高处。踞石而坐，西北雾顿开，下视金竹里以东，崩坑坠谷，层层如碧玉轻绡，远近万状；惟顶以南，尚郁伏未出。循西岭而下，乃知此峰为浮盖最东。由此而西，蜿蜒数蜂，再伏再起，极于叠石庵在，乃为西隅，再下为白花岩矣。既连越二蜂，即里山趋寺之第三冈也。时余每过一峰，辄一峰开霁，西峰诸石，俱各为披露。西峰尽，又越两峰，峰俱有石层叠。又一峰南向居中，前耸二石，一斜而尖，是名“犁头尖石”。二石高数十丈，堪为江郎支庶，而下俱浮缀叠石数块，承以石盘，如坐嵌空处，俱可徙倚。此峰南下一支，石多嶙峋，所称“双笋石人”，攒列寺右者，皆其派也。峰后散为五峰，回环离立，中藏一坪可庐，亦高峰所罕得者。又西越两峰，为浮盖中顶，皆盘石累叠而成，下者为盘，上者为盖，或数石共肩一石，或一石复平列数石，上下俱成叠台双阙，“浮盖仙坛”，洵[①]不诬称矣。其石高削无级，不便攀跻。登其巅，群峰尽出。山顶之石，四旁有苔，如发下垂，嫩绿浮烟，娟然秀美可爱。西望叠石、石仙诸胜，尚隔三四峰，而日已过午，遂还饭寺中。别之南下，十里即大道，已在梨岭之麓。登岭，过九牧，宿渔梁下街。

【注释】①洵（xùn）：即“恂”，确实。

【译文】我在洞中逗留了很长时间，又往上攀登重叠的山崖，二里登上绝顶，是浮盖山的最高处。我盘坐在岩石上，待西北云雾消散，俯视金竹里以东，石坑崩塌、山谷深坠，层层碧玉堆砌、绸缎轻绕，远近姿态万千；只有绝顶以南，还隐蔽不见。沿西边的山岭往下走，才知道这座峰是浮盖山最东处。从这里往西，曲折连绵的群峰，两次低伏两次耸起，到叠石庵为止，是浮盖山的西部边缘，再下去就是白花岩了。我接连翻过两座山峰，就是从里山到大寺的第三道冈。我每翻越一座峰时，这座峰就晴空万里，西边峰上众多的岩石，都尽情地各自显露。走完西边的山峰，又翻过两座峰，峰上都有层叠的岩石。又有一座朝南位于正中的山峰，峰前耸立着两块岩石，一块斜而尖，名为“犁头尖石”。两块岩石高达数十丈，堪称是江郎山的支派，而且岩石下面都连缀有数块层叠的石头，有如石盘承托。坐在嵌空处，令人流连忘返。这座山峰往南延伸的一道支脉，岩石大多嶙峋，被称为“双笋石人”，聚集在大寺右边的峰峦，都是它的支派。山峰背后分散为五座峰，五座峰环围分立，中间藏有一块能建盖房屋的平地，也堪称高峰上罕见的地形。又往西越过两座峰，为浮盖山的中顶，全是巨石堆积而形成的，底部的像盘，顶部的像盖，有的是数块石头背负一块石头，有的又是一块石头上平横列着数块石头，上下都形成叠台双阙。它的名字“浮盖仙坛”，确实不虚啊。这些巨岩由于没有石阶，很难攀登。我登到顶上，群峰完全显现出来。山顶上的石头，四周布满青苔，如青丝下垂，嫩绿色有如青烟，秀美可爱。我往西遥望叠石、石仙等名胜，还隔着三四座山峰，但时间已经过了中午，只好回寺中吃饭了。告别大寺后南下，走十里就是大路，就到梨岭山麓了。登上山岭，经过九牧，在渔梁下街住宿。

初五日　下浦城舟，凡四日抵延平郡。

【译文】初五日　我从浦城县乘船，四天抵达延平府。

初十日　复逆流上永安溪，泊榕溪。其地为南平、沙县之中，各去六十里。先是浦城之溪水小，而永安之流暴涨，故顺逆皆迟。

【译文】初十日　又逆流沿永安溪而上，船在榕溪停泊。这里位于南平县和沙县之间，距离两县都有六十里。此前，浦城县的溪水小，而永安溪水暴涨，所以船只顺流逆流都很缓慢。

十一日　舟曲随山西南行，乱石峥嵘，奔流悬迅。二十里，舟为石触，榜人以竹丝绵纸包片木掩而钉之，止涌而已。又十里，溪右一山，瞰溪如伏狮，额有崖两重，阁临其上，崖下圆石高数丈，突立溪中。于是折而东，又十里，月下上一滩，泊于旧县。

【译文】十一日　船顺山脉往西南曲折航行，两岸乱石高峻险恶，溪水奔腾湍急。航行了二十里，船撞在石上，划船人用竹丝和绵纸包住木片钉在撞破的地方，也只能勉强止住溪水涌入船舱罢了。又航行十里，溪右岸有一座山，像卧伏的雄狮一样俯视溪流，山顶有两层崖石，崖上建有楼阁，崖下几丈高的圆石，突立在溪流中间。于是船转头向东航行，又十里，船在月下航行，上了一处河滩，在旧县停泊。

十二日　山稍开，西北二十里，抵沙县。城南临大溪，雉堞[①]及肩，即溪崖也。溪中多置大舟，两旁为轮，关水以舂[②]。西十里，南折入山间。右山石骨巉削[③]，而左山夹处，有泉落坳隙如玉箸[④]。又西南二十里，泊洋口。其地路通尤溪。东有山曰里丰，为一邑之望。昨舟过伏狮崖，即望而见之，今绕其西而南向。

【注释】①雉（zhì）堞（dié）：有锯尺状垛墙的城墙。②舂：去除米糠的机关。③巉（chán）削：险峻陡峭貌。④玉箸（zhù）：玉筷子。

【译文】十二日　山谷逐渐开阔，往西北航行二十里，到达沙县。沙县城南临大溪，齐肩的城墙是溪边的崖壁。溪中停泊着许多大船，两旁是水轮，引溪水以便舂捣。往西航行四十里，转南驶入山谷中。右边山岩突起，形状峻峭，而左边的峡谷中，有一条像玉筷般的泉水落入山坳。又往西南航行二十里，在洋口停泊。洋口有通往尤溪县的路。东边有里丰山，是这一带最有名的山。昨天船驶过伏狮崖时，就遥望到这座山了，今天则环绕山西部向南航行。

十三日　西南二十里，渐入山，又二十五里，至双口。遂折而西北行，五里，至横双口。溪右一水自北来，永安之溪自南来，至此合。其北来之溪，舟通岩前可七十里。又五里入永安界，曰新凌铺。

【译文】十三日　往西南航行二十里，渐渐进入山区，又航行二十五里，到双口。又转头往西北航行，五里，到横双口。溪流右边有一股水从北边流来，永安溪从南边流来，都流到横双口汇合。顺那条北边流来的溪水，船航行到岩前大约还有七十里。又航行五里，进入永安县境内，是新凌铺。

十四日　行永安境内，始闻猿声。南四十里为巩川。上大滩十里，东南行，忽望见溪右峰石突兀。既而直逼其下，则突兀者转为参差，为崩削，俱盘亘壁立，为峰为岩，为屏为柱，次第而见。中一峰壁削到底，或大书其上，曰“凌霄”。于是溪左之奇，亦若起而争胜者。已舟折西北，左溪之崖较诡异，而更有出左溪上者，则桃源涧也。其峰排突溪南，上逼层汉，而下瞰回溪，峰底深裂，流泉迸下，仰其上，曲槛飞栏，遥带不一，急停舟登焉。

【译文】十四日　在永安县境内航行，能听到猿声啼鸣。往南行四十里到巩川。驶上大滩航行十里，往东南航行，忽然发现溪流右岸石峰突兀。不一会，船驶到石峰下面，突兀的石峰变得高低错落，形成崩塌陡削的山崖和石壁，盘绕相连，有的形成山峰，有的形成岩石，有的像屏风，有的像柱子，一个接一个地显露出来。当中的一座山峰峰壁直削到底，有人在壁上题写了"凌霄"两个大字。从这里开始，溪流左岸的奇异风光，像和右岸争相比美似的接踵而至。不久船转向西北航行，溪流左岸的山崖比较奇异，更比溪左奇异的地方，就是桃源涧了。那里的山峰一排排地突立在溪流南边，往上直逼云天，往下则俯视着曲折的溪流，峰底裂开，泉水奔流而下，仰望峰上悬在空中的栏杆，盘曲围绕、高低不一，我急忙停船，攀登而上。

循涧而入，两崖仅裂一罅，竹影逼溪内。得桥渡涧再上，有门曰"长春圃"。亟趋之，则溪南之峰，前所仰眺者，已在其北。乃北上，路旁一石，方平如砥。时暮色满山，路纵横不可辨，乃入大士殿，得道人为导。随之北，即循崖经文昌阁，转越两亭，俱悬崖缀壁。从此折入峭夹间，其隙仅分一线，上劈山巅，远透山北，中不能容肩，凿之乃受，累级斜上，直贯其中。余所见"一线天"数处，武彝、黄山、浮盖，曾未见若此之大而逼、远而整者。既而得天一方、四峰攒列。透隙而上，一石方整，曰棋坪。中复得一台，一树当空，根盘于上。有飞桥架两崖间，上下壁削，悬空而度，峰攒石裂，岈然成洞，曰环玉。出洞，复由棋坪侧历西坞而上，得一井，水甚甘冽。跻峰北隅，有亭甚豁，第北溪下绕，反以逼仄不能俯瞰。由此左下，又有泉一泓汇为池，以暮不及往。乃南上绝顶，一八角亭冠其上。复从西路下山，出倚云关，则石磴垂绝，罅间一下百丈。盖是山四面斗削，惟一线为暗磴，百丈为明梯，游者以梯下而一线上，始尽奇概，舍此别无可阶也。

【译文】我沿山涧往里走，两边山崖之间仅裂出一条缝隙，竹影映在溪中。找到桥渡过山涧又往上走，有道山门，名叫“长春圃”。我急忙朝溪南山峰前行，正是我先前抬头眺望的地方，就在山门北边。我往北上，路旁有一块石头，方正平滑，有如刀石。此时暮色笼罩山峰，道路纵横交错、无法分辨，于是进入大士殿，找到道士作向导。我跟随道士往北走，沿着山崖经过文昌阁，绕过两座亭子，在连绵不绝的悬崖绝壁上行走。从这里进入高峻的夹缝之中，缝间窄如一线，往上直抵山顶，远处通向山北，缝中甚至不能平肩而过，只得凿开崖壁让人通过，石阶层叠斜伸上去，直通夹缝中。我见过数处“一线天”景观，如武彝山、黄山和浮盖山等，但从未见过像这样巨大而狭窄、深邃而齐整的“一线天”。不久看到一方天空，四周山峰汇集耸列。穿越缝隙而上，有一块整齐的方形石，名叫棋坪。途中又看到一座台和一棵树立在空中，树根盘绕在台上。有座桥飞架在两崖之间，上下都是陡峭的崖壁，从桥上悬空过去，群峰凑集、石壁裂开，形成很深很大的洞，名叫环玉。从洞中出来，又沿棋坪侧边穿西坞而上，有一口井，井水十分清甜。登上山峰北边，有座亭，非常宽敞，只是位于峰下的北溪，因紧靠山脚而不能俯身看到。从这里往左下，又有一片泉水汇聚成池塘，因为天晚，来不及去。于是往南登上绝顶，一座八角亭立在最高处。又顺西边的路下山，出到倚云关，笔直的石阶自石壁裂缝下垂百丈。这座山峰四周陡峭如同刀削，只有暗梯一线天和明梯百丈阶两条路，游人顺明梯下山而从一线天上山，才能游遍这非同寻常的奇观，此外再没有别的路了。

还至大士殿，昏黑不可出。道人命徒碎木燃火，送之溪旁，孤灯穿绿坞，几若阴房磷火。道人云："由长春圃二里，有不尘馆，旁又有一百丈岩，皆有胜可游。"余颔之。返舟，促舟子夜行，不可，乃与奴辈并力刺舟。幸滩无石，月渐朗，二鼓[①]，泊废石梁下。行二十里，去永安止二里。

【注释】①鼓：古代夜间击鼓以报时，一鼓即一更。

【译文】回到大士殿，天黑得不可再出游。道士让他的徒弟砍碎木头点起火，送我到溪旁，一盏孤灯穿过绿色山坞，有点像墓地的磷火。道士说："从长春圃走二里，有不尘馆，旁边还有一道百丈岩，都是值得游览的胜景。"我点头赞同。回到船上，催船夫夜航，船夫不同意，我和奴仆合力撑船。幸好滩中没有岩石，月色渐渐明朗，二更天时，在一座废石桥下停泊。航行了二十里，距离永安县城只有二里了。

十五日　抵城西桥下，桥已毁。而大溪自西来，桥下之溪自南来，依然余游玉华时也。绕城西而南，溯南来之溪以去，五十里，至长倩。溪出山右，路循山左，乃舍溪登岭。越岭两重，西南过溪桥，五里，南过溪鸣桥。又五里，直凌西南山角，以为已穷绝顶，其上乃更复穹然。不复上，循山半而南，纡折翠微间，俯瞰山底，溪回屈曲，惟闻吼怒声，而深不见水，盖峻峦削岫，错立如交牙，水漱其根，上皆丛树，行者惟见翠葆[①]浮空，非闻水声，几以为一山也。久之，偶于树隙稍露回湍，浑赤如血。又五里与赤溪遇，又五里止于林田。

【注释】①翠葆（bǎo）：指绿树丛。葆，盖。

【译文】十五日　我来到永安县城西的桥下，桥已经毁坏。而大溪从西边流来，桥下的溪从南边流来，与我游玉华洞时一样。绕着城西往南走，溯南溪而行，五十里，到长倩。溪水从右边流出来，而道路顺着山左边，于是离开溪水攀登山岭。越过两道岭，往西南过溪桥，走五里，往南过溪鸣桥。又走五里，直接登上西南山角，以为已经到了绝顶，上面却还有更高的山。我不再上行，顺山腰往南行，盘桓在青翠山间，俯瞰山底，溪涧曲折环绕山脚，只听到波涛怒吼，却看不到水流。由于山峦峻峭、肠峰陡削，像牙齿一样互相交错，溪水冲刷着峰峦底部，上方都是丛密的河木，游人只看见空中绿树丛丛，如果不是听到水声，几乎以为是一座山呢。走了很久，稍从树隙中露出一点曲折的溪流，水色通红。又走五里，和赤溪相遇，又走五里，在林田住宿。

十六日　沿山二里，有峰自南直下。峰东有小溪，西为大溪，俱北会林田，而注于大煞岭西者。渡小溪，循峰南上，共五里，到下桥。逶迤南跻，又八里，得上桥。一涧飞空，悬桥而度，两旁高峰插天。度桥，路愈峻，十里，从山夹中直跻两高峰之南，登岭巅。回视两高峰已在履下，计其崇峻，大煞、浮盖，当皆出其下。南下三十五里，抵宁洋县。

十七日　下舟达华封。

【译文】十六日　我沿山走二里，有座峰从南边蜿蜒而来。山峰东边有条小溪，西边则是大溪，都往北流到林田汇合，然后注入大煞岭西边。渡过小溪，顺着山峰往南上，一共五里，到下桥。盘旋曲折地往南攀登，又行八里，到上桥。一道涧水飞流，吊桥高架，两旁高峰直插云天。过桥后路更陡，走了十里，从山谷中直上两峰之南，登上岭巅。我回顾两座高峰已在脚下，这座山岭高峻，大煞岭和浮盖山都应当在它之下。往南下三十五里，到达宁洋县。

十七日　乘船到华封。

十八日　上午始抵陆。渐登山阪，溪从右去，以滩高石阻，舟不能前也。十里，过山麓，又五里，跨华封绝顶，溪从其下折而西去。遥望西数里外，滩石重叠，水势腾激，至有一滩纯石，中断而不见水者，此峡中最险处。自念前以雨阻不能达，今奈何交臂失之？乃北下三里，得村一坞，以为去溪不远。沿坞西行里许，欲临溪，不得路，始从蔗畦中下。蔗穷，又有蔓植者，花如荳，细荚未成，复践蔓行，上流沙削不受履，方藉蔓为级，未几蔓穷，皆荆棘藤刺，丛不能入。初侧身投足，不辨高下，时时陷石坎，挂树杪[①]。既忽得一横溪，大道沿之。西三里，瞰溪咫尺，滩声震耳，谓前所望中断之险，必当其处。时大道直西去，通吴镇、罗埠。觅下溪之路，久不得，见一小路伏丛棘中，乃匍匐就之。初犹有路影，未几，下皆积叶，高尺许，蜘网翳[②]之；上则棘莽蒙密，钩发悬股，百计难脱；比等到脱，则悬涧注溪，危石叠嵌而下。石皆累空间，登其上，始复见溪，而石不受足，转堕深莽。余计不得前，乃即从涧水中攀石践流，遂抵溪石上。其石大如百间屋，侧立溪南，溪北复有崩崖壅水。水既南避巨石，北激崩块，冲捣莫容，跃隙而下，下即升降悬绝，倒涌逆卷，崖为之倾，舟安得通也？踞大石坐，又攀渡溪中突石而坐，望前溪西去，一泻之势，险无逾此。久之，溯大溪，践乱石，山转处溪田层缀，从之，始得路。循而西转，过所踞溪石二里许，滩声复沸如前，则又一危矶也。西二里，得小路，随山脊直瞰溪而下，始见前不可下之滩，即在其上流，而岭头所望纯石中断之滩，即在其下流。此嘴中悬两滩间，非至此，则两滩几有遁形矣。逾岭下舟。明日，抵漳州司理署。

【注释】①树杪（miǎo）：树梢。②翳（yì）：遮蔽。

【译文】十八日　上午才抵达岸边。船缓缓上坡，溪水向右流去，由于滩高石阻，不能往前航行。走十里经过山麓，又走五里，越过华封的最高处，溪水从下方转向西去。遥望西边数里之外，河滩上岩石层层叠叠，水势奔腾激荡，流到一片石滩，便被隔断不见，这就是峡谷中最险要的地方。我想起以前因为下雨而没能去，今天正是良机，有什么理由失之交臂了呢？于是我北下三里，找到坞中的一处村庄，认为离溪水不远了。沿着山坞往西走了一里左右，想临近溪水，却找不到路，于是从甘蔗田中往下走。走完蔗田，眼前又是一片荆蔓，花如豆荚，细小的果荚还未长成。我踩着藤蔓走，土沙松软不能落脚，正好借助藤蔓作为台阶，不久藤蔓没了，到处都是荆棘刺藤，茂密得无法往里走。一开始我侧身走，分辨不出地势高低，时时陷进石坎，而被树枝树梢挂住。不久忽然看到一条溪横在前面，大路顺着溪流延伸。往西走三里，俯瞰眼前的溪流，滩边水浪声震耳欲聋，我因此认为先前遥望的险滩，一定就是这里。大路向西，通往吴镇、罗埠。我寻找下溪边的路，很久都没找到，难得发现一条小路藏在茂密荆棘之中，只好匍匐顺着小路走。一开始还有点路的样子，没多久，脚下便全是堆积的树叶，有一尺多高，蜘蛛网蒙在树叶上；上面则是密密麻麻的荆棘杂草，钩住头发、刺进大腿，想尽办法也没法逃脱；勉强脱离后，又有涧水悬空注入溪中，陡岩层叠镶嵌而下。岩石都堆积在空隙间，我登上岩石，才又看见溪流，但岩石上无处立足，转身便摔在茂密荒草中了。我觉得不能再前进了，便从涧水中攀越岩石，踩着流水走，来到溪中的岩石上。这块岩石有百间房屋那么大，侧立在溪流南边，溪流北边又被崩塌的山崖堵塞。溪水避开南边的巨石后，往北冲向崩塌的山崖，水不能冲开障碍，只好流入缝隙而下，而下方就是高低悬绝的地势，水流倒涌、波涛逆卷，山崖都因此倒塌，船又怎么可能通行呢？我盘坐在巨石上，又攀越到溪中的岩石上坐下，望着眼前的溪水往西流去，一泻千里之势，实在无与伦比。我坐了很久，又溯大溪而行，践踏着乱石，山弯处溪边田地层层连接，顺田地走，才走到正路上。沿路往西转，过了我坐过的溪中石二里左右，水滩声又像前面一样的沸腾，溪中又出现一块高高的矶石；往西走二里，有小路，顺山脊俯视溪流径直而下，才看见先前下不去的险滩，就在溪流的上游，而在岭头看到的中断溪流的岩滩，则在下游。这处山嘴正好悬立在两处险滩之间，如果不到这里，两处险滩几乎看不到真面目呢。越过岭后乘船出发。第二天，就到漳州府司理署了。

游天台山日记后

【**题解**】天台山，素以“佛宗道源、山水神秀”而闻名天下。万历四十一年（1613）四月，徐霞客曾第一次游览天台山，写下《游天台山日记》。十九年后，徐霞客分别于崇祯五年（1632）三月和四月，第二次和第三次游览了天台山，写下这篇《游天台山日记》。第二次游览天台山时间较短，属于故地重游，重点描述了石笋峰“始见一石矗立涧中，涧水下捣其根，悬而为瀑，亦水石奇胜处也”和螺蛳潭“上壁立而下渊深”。第三次重点则是“尽天台以西之胜”，游览了桐柏山、百丈龙潭、琼台、青山茁、龙须洞、明岩寺以及桃源等胜景。尤其对桃源一带的景色进行了细致描述，最后，徐霞客对天台山一带的水系作了全面的梳理，显示出徐霞客作为地理学家的独特视角。

壬申三月十四日　自宁海发骑，四十五里，宿岔路口。其东南十五里为桑洲驿，乃台郡道也；西南十里松门岭，为入天台道。

【**译文**】壬申年（崇祯五年，1632）三月十四日　我骑马从宁海县出发，走了四十五里，在岔路口住宿。岔路口东南十五里是桑州驿，即前往台州府的路；西南十里是松门岭，是前往天台山的路。

十五日　渡水母溪，登松门岭，过玉爱山，共三十里，饭于筋竹岭庵，其地为宁海、天台界。陟山冈三十余里，寂无人烟，昔弥陀庵亦废。下一岭，从山杳冥中，得村家，瀹茗[1]饮石上。又十余里，逾岭而入天封寺。寺在华顶峰下，为天台幽绝处。却骑下马，同僧无馀上华顶寺，宿净因房，月色明莹。其地去顶尚三里，余乘月独上，误登东峰之望海尖，西转，始得路至华顶。归寺已更余矣。

【注释】①瀹（yuè）茗：煮茶。

【译文】十五日　我渡过水母溪，登上松门岭，越过玉爱山，共行三十里，在筋竹岭庵吃饭，这里是宁海县和天台县的分界处。登山三十多里，一路空无人烟，昔日的弥陀庵也荒废了。我走下一道山岭，在深丛中找到一户农家，居民煮了茶水，让我们坐在石上饮用。又走了十多里，翻越山岭进入天封寺。天封寺在华顶峰下，是天台山最幽静的地方。我下马，同僧人无馀一同登上华顶寺，在净因和尚的房中住宿。这夜月光十分明亮晶莹。华顶寺距离峰顶还有三里，我趁着月光独自登山，却误登上东边的望海尖，往西转，才找到路登上华顶峰峰顶。返回到华顶寺时已经一更多了。

十六日　五鼓，乘月上华顶，观日出。衣履尽湿，还炙衣寺中。从寺右逾一岭，南下十里，至分水岭。岭西之水出石梁，岭东之水出天封。循溪北转，水石渐幽。又十里，过上方广寺，抵昙花亭，观石梁奇丽，若初识者。

【译文】十六日　五更时，我趁月光登上华顶峰，观看日出。衣服鞋子因此湿透了，我只好回寺中烤干。我顺着华顶寺右边翻越一座岭，南下十里，来到分水岭。分水岭西溪从石梁流出，东溪从天封寺流出。我沿溪北转，水位渐深，岩石渐陡。又走十里，经过上方广寺，到达昙花亭，我观赏奇丽的石梁，像初次来一样惊艳痴迷。

十七日　仍出分水岭，南十里，登察岭。岭甚高，与华顶分南北界。西下至龙王堂，其地为诸道交会处。南十里，至寒风阙。又南下十里，至银地岭，有智者塔已废。左转得大悲寺，寺旁有石，为智者拜经台。寺僧恒如为炊饭，乃分行囊从国清下至县，余与仲昭兄以轻装东下高明寺。寺为无量讲师复建，右有幽溪。溪侧诸胜曰圆通洞、松风阁、灵响岩。

【译文】十七日　我顺着分水岭出山，南行十里，登上察岭。察岭很高，与华顶峰分别是南北的界限。我西下至龙王堂，道路在此纵横交汇。南行十里，是寒风阙。又南下十里，是银地岭，智者塔已是一片荒芜。我往左转，进入大悲寺，寺旁有块岩石，传说是智者大师的拜经台。僧人恒如为我们做饭，我分出行李，让其他人从国清寺下至天台县，我和族兄徐仲昭得以轻装东访高明寺。高明寺是无量法师重建的，寺右有幽溪，幽溪两岸有圆通洞、松风阁、灵响岩等风景名胜。

十八日　仲昭坐圆通洞，寺僧导余探石笋之奇。循溪东下，抵螺溪。溯溪北上，两崖峭石夹立，树巅飞瀑纷纷。践石蹑流，七里，山回溪坠，已到石笋峰底，仰面峰莫辨，以右崖掩之也。从崖侧逾隙而下，反出石笋之上，始见一石矗立涧中，涧水下捣其根，悬而为瀑，亦水石奇胜处也。循溪北转，两崖愈峭，下汇为潭，是为螺蛳潭、上壁立而下渊深。攀崖侧悬藤，踞石遥睇[①]其内。潭上石壁，中劈为四，歧若交衢，然潭水下薄，不能窥其涯涘[②]。最内两崖之上，一石横嵌，俨若飞梁。梁内飞瀑自上坠潭中，高与石梁等。四旁重崖回映，可望而不可即，非石梁所能齐也。其上有"仙人鞋"，在寒风阙之左，可逾岭而至。雨骤，不成行，还憩松风阁。

【注释】①睇（dì）：看。②涘（sì）：水边。

【译文】十八日　徐仲昭在圆通洞坐着。寺里的僧人带我去探寻奇异的石笋峰。我们沿幽溪东下，来到螺溪。溯流北上，两岸悬崖峭石耸立，树梢崖顶上瀑布纷纷。我踩着崖石沿溪前进，七里，山峦曲折环绕、溪水顺山势下泻，已至石笋峰底，抬头却看不清石笋峰，是右崖壁挡住视线的缘故。我穿过崖壁缝隙下行，反而登上了石笋峰，发现山涧中矗立着一块岩石，涧水冲捣岩石根部，然后腾空而起，形成瀑布，也是一处水石胜境了。我沿溪北转，两岸崖壁越来越陡，崖壁下水汇积为潭，这就是螺蛳潭，上方崖石壁立，下方则深不可测。我拽着侧面悬挂的藤条登上山崖，盘坐在崖石上，远远能望见螺蛳潭。潭上石壁从中间分成四块，裂隙交叉，有如道路，潭水顺裂隙下流，几乎看不到边际。最里边的两块崖石上，横嵌着一块石头，很像悬空的桥梁。横石内的瀑布，自崖石坠入潭中，高度与石梁相同。四周山崖盘绕、叠嶂映衬，可望而不可及，不是石梁风景能比的。我听说上面还有景点“仙人鞋”，在寒风阙的左边，翻过岭就能到。这时突然下起了大雨，去不成了，我只好回松风阁休息。

二十日　抵天台县。

至四月十六日自雁宕返，乃尽天台以西之胜。北七里，至赤城麓，仰视丹霞层亘，浮屠佛塔标其巅，兀立于重岚攒翠间。上一里，至中岩，岩中佛庐新整，不复似昔时凋敝。时急于琼台、双阙，不暇再蹑上岩，遂西越一岭，由小路七里，出落马桥。又十五里，西北至瀑布山左登岭。五里，上桐柏山。越岭而北，得平畴一围，群峰环绕，若另辟一天。桐柏宫正当其中，惟中殿仅存，夷、齐即伯夷、叔齐二石像尚在右室，雕琢甚古，唐以前物也。黄冠久无住此者，群农见游客至，俱停耕来讯，遂挟一人为导。西三里，越二小岭，下层崖中，登琼台焉。一峰突瞰重坑，三而俱危崖回绕。崖右之溪，从西北万山中直捣峰下，是为百丈崖。崖根涧水至琼台脚下，一泓深碧如黛，是名百丈龙潭。峰前复起一峰，卓立如柱，高与四围之崖等，即琼台也。台后倚百丈崖，前即双阙对峙，层崖外绕，旁绝附丽。登台者从北峰悬坠而下，度坳脊处咫尺，复攀枝仰陟而上，俱在削石流沙间。趾无所着也。从台端再攀历南下，有石突起，窟其中为龛，如琢削而就者，曰仙人坐。琼台之奇，在中悬绝壑，积翠四绕。双阙亦其外绕中对峙之崖，非由涧底再上，不能登也。忆余二十年前，同云峰自桃源来，溯其外涧入，未深穷其窟奥。今始俯瞰于崖端，高深俱无遗胜矣。饭桐柏宫，仍下山麓，南从小径渡溪，十里，出天台、关岭之官道。复南入小径，隙行十里，路左一峰兀立若天柱，问知为青山茁。又溯南来之溪十里，宿于坪头潭之旅舍。

【译文】二十日　我抵达天台县。

直到四月十六日，我从雁宕山返程，才游遍天台西部的景点。我北行七里，抵达赤城山麓，抬头仰望，红崖层叠，山顶佛塔挺拔，突立在云霞茂林之中。上行一里，来到中岩，岩上佛寺重新修过，不再像从前那样破败。我急于前往琼台、双阙，来不及攀登上岩，于是西经一座岭，沿着小路七里，抵达落马桥。又走十五里，抵达西北的瀑布山。我从左边登岭，走五里，登上桐柏山。越岭北行，有一片平地，四周群峰环绕，仿佛是界外之地。桐柏宫位于平原正中，但只剩下中殿了，伯夷、叔齐两尊石像还放在右室，雕刻风格古朴，大概是唐朝以前的遗物。很久没有道士在此居住，农民看见有游客来，都放下农活前来讯问，我正好拜托其中一位当向导。西行三里，越过两座小岭，下到层山之中，顺势登上琼台。山峰俯瞰深坑，三面盘绕着陡崖。崖右的溪水，从西北群山直冲山峰之下，这是百丈崖。崖底的涧水流到琼台山脚，又深又绿，这就是百丈龙潭。百丈崖前还有一座山峰，耸立如柱，与四周山崖齐高，这就是琼台。琼台背靠百丈崖，前方则与双阙对峙，山崖层叠，向外环绕，四周没有攀索。登琼台的游客，要从北峰悬坠而下，越过看似咫尺的坳脊，再拽着树枝仰面上攀，在陡岩和流沙间行进，几乎没有落脚的地方。我顺着琼台边第二次南下，发现一块突岩，中间凹陷，如同雕琢过的神龛，即是仙人座。琼台的奇异之处，就在于陡峻的壑谷，四周悬空环绕着茂林。双阙也是琼台外围的山崖，与琼台对峙。除了从涧底走，没有其他上去的路。我回想起二十年前，和云峰和尚从桃源过来，溯双阙外涧而入，没能深探这里的神奇奥妙，这一次才得以在崖顶俯瞰，深处的景色都没有遗漏。桐柏宫饭后，我沿路下到山麓，顺小路南行，渡过溪流，走十里，出到天台县、关岭的大路上。又顺小路南行，在山缝中走了十里。路左有一座山峰，有如天柱，询问得知即是青山茁。又溯南边流来的溪水走了十里，在坪头潭的旅舍住宿。

十七日　由坪头潭西南八里，至江司陈氏。渡溪左行，又八里，南折入山。陟小岭二重，又六里，重溪回合中，忽石岩高峙，其南即寒岩，东即明岩也。令僮先驰，炊于明岩寺，余辈遂南向寒岩。路左俱悬崖盘列，中有一洞岈然。洞前石兔蹲伏，口耳俱备。路右即大溪萦回，中一石突出如擎盖，心颇异之。既入寺，向僧索龙须洞、灵芝石，即此也。寒岩在寺后，宏敞有余，玲珑未足。由洞右一上，视鹊桥而出。由旧路一里，右人龙须洞。路为莽棘所翳，上跻里许，如历九霄。其洞圆耸明豁，洞中斜倚一石，颇似雁宕之石梁，而梁顶有泉中洒，与宝冠之芭蕉洞如出一冶。下山，仍至旧路口，东溯小溪，南转入明岩寺。寺在岩中，石崖四面环之，止东面八寸关通路一线。寺后洞窈窕非一，洞右有石笋突起，虽不及灵芝之雄伟，亦具体而微矣。饭后，由故道骑而驰三十里，返坪头潭。又北二十五里，过大溪，即西从关岭来者，是为三茅。又北五里，越小涧二重，直抵北山下，入护国寺宿焉。

【译文】十七日　我从坪头潭往西南行八里，抵达江司陈家。

渡过溪水往左走，又八里，往南转进山。登了两座小岭，又走六里，在盘绕回环的溪水之间，忽见岩石高耸，南边就是寒岩，东边就是明岩。我让仆人快步前行，到明岩寺做饭。我们一行人则往南去寒岩。道路左边陡崖盘绕，崖中有个十分高大的洞。洞前蹲伏着石兔，嘴和耳朵都是完整的。道路右边是曲折环流的大溪，当中突起的一块岩石，形如伞盖，令我惊奇。进了寒岩寺，我向僧人询问龙须洞和灵芝石，正是刚才看到的洞和岩石。寒岩在寺后，岩上的洞宽伟有余，玲珑不足。我从洞右的穴口上行，观览鹊桥后出来，顺原路走一里，右入龙须洞。道路被荒草荆棘遮蔽，往上攀登一里左右，犹如登上了九重天。龙须洞顶圆耸，明亮空阔，洞口斜靠着一块岩石，很像雁宕山的石梁，只是石梁顶有泉水飞洒而下，倒与宝冠寺的芭蕉洞如出一辙。下山后走到原路路口，往东溯小溪上行，往南转进明岩寺。明岩寺在岩石正中，四面石崖环绕，只有东面八寸关有条狭窄山路。寺后山洞美景连连，洞右有石笋突起，虽然不比灵芝石雄伟，也很精致典雅。饭后，我顺原路骑马急行三十里，返回坪头潭。又往北走二十五里，渡过大溪，就是从西边关岭过来的路，名叫三茅。又往北走五里，越过两道小涧，直达北山下，到护国寺中住宿。

十八日　晨，急诣桃源。桃源在护国东二里，西去桐柏仅八里。昨游桐柏时，留为还登万年之道，故选寒、明。及抵护国，知其西有秀溪，由此入万年，更可收九里坑之胜，于是又特趋桃源。初由涧口入里许，得金桥潭。由此而上，两山愈束，翠壁穹崖，层累曲折，一溪介其中。溯之，三折而溪穷，瀑布数丈，由左崖泻溪中。余昔来瀑下，路穷莫可上，仰视穹崖北峙，溪左右双鬟诸峰娟娟攒立，岚翠交流，几不能去。今忽从右崖丛莽中，寻得石径层叠，遂不及呼仲昭，冒雨拨棘而上。磴级既尽，复叠石横栈，度崖之左，已出瀑上。更溯之入，直抵北岩下，蹊磴俱绝，两瀑自岩左右分道下。遥睇岩左犹有遗磴，从之，则向有累石为桥于左瀑上者，桥已中断，不能度。睇瀑之上流，从东北夹壁中来，止容一线，可践流而入。计其胜不若右岩之瀑，乃还，从大石间向西北上跻，抵峡窟下，得重潭甚厉，四面俱直薄峡底，无可缘陟。第从潭中西望，见石峡之内复有石峡，瀑布之上更悬瀑布，皆从西北杳冥①中来，至此缤纷乱坠于回崖削壁之上，岚光掩映，石色欲飞。久之，还出层瀑下。仲昭以觅路未得，方独坐观瀑，遂同返护国。闻桃源溪口，亦有路登慈云、通元二寺，入万年，路较近；特以秀溪胜，故饭后仍取秀溪道。西行四里，北折入溪，溯流三里，渐转而东向，是为九里坑。

【注释】①杳（yǎo）冥：幽远的样子。

【译文】十八日　早晨，我急着赶往桃源。桃源在护国寺东边二里处，距离西边的桐柏宫只有八里。昨天游览桐柏宫时，打算回万年寺时顺路游玩桃源，所以先前往寒岩和明岩。到了护国寺，才知道护国寺西边有秀溪，沿秀溪进万年寺，还可以观赏九里坑名胜，于是又专门奔赴桃源。刚从涧口往里走一里左右，就是金桥潭。从金桥潭往上走，两边的山脉挨得越来越近，苍翠的绝壁、弯隆的悬崖，层层叠叠，曲折盘绕，一条溪水从中穿过。我溯溪而上，经过三次转向，走到溪水尽头，左侧悬崖数丈高的瀑布，一路冲泻到溪中。我先前来到瀑布下面时，道路断绝，不能上去。我抬头仰望，北边峙立着悬崖，溪流两岸簇拥着双鬟诸峰，妩媚无比。山中云雾和翠木互相交融，令人流连忘返。我走在右崖的荒草石丛中，忽然找到一条石路，来不及招呼徐仲昭，拨开荒草荆棘，冒雨上山。走完石阶，又堆石块横接栈道，以便登到左崖上，来到瀑布上方。我溯瀑布水上行，直达北岩下，溪水石阶都断绝了，两股瀑布左右分流而下。我遥望岩石左边还残留有石阶，从石阶上走过去，是先前堆石块搭桥的左瀑布，桥已经断了，不能过去。遥望瀑布上游，水自东北狭崖流来，壁缝窄如一线，可以踩着水流而入。我估计里边的景物比不上右边岩石的瀑布，又往回走，沿着大石块往西北攀登，抵达峡窟下，找到到一个阴森的深潭，四周的崖壁直逼峡底，无路可攀。我只后透过潭中往西看，发现石峡里还套着石峡，瀑布上面还悬着瀑布，潭水自西北幽山流来，至此纷乱曲折地盘绕在悬崖峭壁上，在雾气和阳光的掩映之下，呈现出岩石欲飞的景色。过了很久，我往回走到瀑布下。徐仲昭由于没找到路，独自坐观瀑布，我们一同返回护国寺。听说桃源的溪口也有路通往慈云寺、通元寺，再去万年寺，路程较近。但是秀溪风光独特，饭后我仍然取道去秀溪。西行四里，往北转进溪水流域，溯溪流走三里，渐渐向东，就到了九里坑。

坑既穷，一瀑破东崖下坠，其上乱峰森立，路无可上。由西岭攀跻，绕出其北，回瞰瀑背，石门双插，内有龙潭在焉。又东北上数里，逾岭，山坪忽开，五峰围拱，中得万年寺，去护国三十里矣。万年为天台西境，正与天封相对，石梁当其中。地中古杉甚多。饭于寺。又西北三里，逾寺后高岭。又向西升陟岭角者十里，乃至腾空山。下牛牯岭，三里抵麓。又西逾小岭三重，共十五里，出会墅。大道自南来，望天姥山在内，已越而过之，以为会墅乃平地耳。复西北下三里，渐成溪，循之行五里，宿班竹旅舍。

【译文】九里坑尽头，一股瀑布劈开东崖，向下坠落，上方乱峰森立，无路可通。我沿西岭攀登，绕到瀑布北面，回头看瀑布背面，两块岩石耸立如门，里边便是龙潭。我又往东北攀登数里，越过山岭，忽然遇到一处平原，五座山峰围着拱立，中间是万年寺，这里距护国寺有三十里。万年寺在天台山的西境，正好和天封寺相对，石梁瀑布位于两寺之中。万年寺中古杉很多。我在寺中吃了饭，又往西北走三里，翻越寺后的高岭。又往西攀登岭角十里，抵达腾空山。下牛枯岭，三里到山脚，又往西越过三道小岭，共行十五里，抵达会墅。自大路南来，路过了天姥山群峰，便以为会墅就是平地。我又往西北下行三里，山水渐渐汇成溪流，沿溪岸行五里，在斑竹的旅舍住宿。

天台之溪，余所见者：正东为水母溪；察岭东北，华顶之南，有分水岭，不甚高；西流为石梁，东流过天封，绕摘星岭而东，出松门岭，由宁海而注于海。正南为寒风阙之溪，下至国清寺，会寺东佛陇之水，由城西而入大溪者也。国清之东为螺溪，发源于仙人鞋，下坠为螺蛳潭，出与幽溪会，由城东而入大溪者也；又东有楢溪诸水，余屐未经。国清之西，其大者为瀑布水，水从龙王堂西流，过桐柏为女梭溪，前经三潭，坠为瀑布，则清溪之源也；又西为琼台、双阙之水，其源当发于万年寺东南，东过罗汉岭，下深坑而汇为百丈崖之龙潭，绕琼台而出，会于青溪者也；又西为桃源之水，其上流有重瀑，东西交注，其源当出通元左右，未能穷也；又西为秀溪之水，其源出万年寺之岭，西下为龙潭瀑布，西流为九里坑，出秀溪东南而去。诸溪自青溪以西，俱东南流入大溪。又正西有关岭、王渡诸溪，余屐亦未经；从此再北有会墅岭诸流，亦正西之水，西北注于新昌；再北有福溪、罗木溪，皆出天台阴，而西为新昌大溪，亦余屐未经者矣。

【译文】天台山的溪流，我所看见的有：正东面的水母溪；察岭东北，华顶峰南边，有分水岭，不太高；水母溪往西流形成石梁瀑布，往东流过天封寺，绕着摘星岭往东流，流出松门岭，从宁海县注入大海。正南面是寒风阙的溪流，往下流到国清寺，和寺东佛陇的水汇合，从天台县城西流入大溪。国清寺东边是螺溪，溪水发源于仙人鞋，往下坠入螺蛳潭，再流出去与幽溪汇合，从县城东南流入大溪；东边还有槽溪等水，我没有去过。国清寺的西边，是大瀑布，水顺着龙王堂往西流，在桐柏山叫女梭溪，往前流经三个水潭，然后坠落下去形成瀑布，即清溪的上源。再往西还有琼台、双阙的溪水，应当源自万年寺东南，往东流过罗汉岭，注入深坑汇成百丈崖的龙潭，潭水环绕琼台流出，和青溪会合；再往西是桃源的溪水，溪水上游有双重瀑布，东西交汇而流，源头应当在通元寺左右，没能穷究；再往西边是秀溪水，秀溪水源自万年寺岭，往西流下去为龙潭瀑布，再往西流为九里坑，流到秀溪后往东南流去。各条溪水从青溪以西，都往东南注入大溪。另外，正西面的关岭、王渡等溪流，我也没去过；从这里再往北，有会墅岭诸水，也是正西面的河流，往西北流入新昌县；再往北有福溪、罗木溪，都源自天台山北面，然后往西流汇成新昌大溪，我也没有游历过。

游雁宕山日记后

【题解】雁宕山被称为“东南第一山”，山奇水秀。万历四十一年（1613）四月徐霞客曾第一次游览雁宕山，写下《游雁宕山日记》。崇祯五年（1632）三月，徐霞客第二次游览完天台山后，曾第二次游览雁宕山，但是没有留下文字记载。四月徐霞客第三次游览雁宕山后，写下这篇《游雁宕山日记》。徐霞客从天台县出发，经黄岩，到达雁宕山，游览了天聪洞、雁湖，探明了大龙湫的源头在“绝顶之南、常云之北，夹坞中即其源也”，纠正了《大明一统志》中“宕在山顶，龙湫之水，即自宕来”的错误说法。继而又游览了雁宕山北面的南阁溪、章恭毅（章纶）宅、石佛洞、散水岩、洞仙岩、王子晋（姬晋）仙桥等各处胜景。最后为了与同伴相会，赶赴大荆，结束了这次旅行。

余与仲昭兄游天台，为壬申三月。至四月二十八日，达黄岩，再访雁山。觅骑出南门，循方山十里，折而西南行，三十里，逾秀岭，饭于岩前铺。五里，为乐清界，五里，上盘山岭。西南云雾中，隐隐露芙蓉一簇，雁山也。十里，郑家岭，十里，大荆驿。渡石门涧，新雨溪涨，水及马腹。五里，宿于章家楼，是为雁山之东外谷。章氏盛时，建楼以憩山游之屐，今旅肆寥落，犹存其名。

【译文】我和族兄徐仲昭（名遵汤）游天台山时，是在壬申年（崇祯五年，1632）三月。四月二十八日，抵达黄岩县，第二次游雁宕山。找到马匹后，我从县城南门骑马出发，沿方山行十里，转行西南，三十里，翻越秀岭，在岩前铺吃饭。走五里，进入乐清县境内，又走五里，登上盘山岭。西南边的云雾之中，隐约地显现出一簇荷花似的山峰，那就是雁宕山。走十里，到郑家岭，又走十里，是大荆驿。渡过石门涧，因刚下过雨、溪水猛涨，水面淹到马腹。又走五里，在雁宕山的东外谷的章家楼住宿。章家兴盛时，在这里专门建楼给登山的游客休息，如今旅店衰落，只有章家楼的名字还保留着。

二十九日　西入山，望老僧岩而趋。二里，过其麓。又二里，北渡溪，上石梁洞。仍还至溪旁，西二里，逾谢公岭。岭以内是为东内谷。岭下有溪自北来，夹溪皆重岩怪峰，突兀无寸土，雕镂百态。渡溪，北折里许，入灵峰寺。峰峰奇峭，离立满前。寺后一峰独耸，中袭一璺[①]，上透其顶，是名灵峰洞。蹑千级而上，石台重整，洞中罗汉像俱更新。下饭寺中。同僧自照胆潭越溪左，观风洞。洞口仅半规，风蓬蓬出射数步外。遂从溪左历探崖间诸洞。还寺，雨大至，余乃赤足持伞溯溪北上。将抵真济寺，山深雾黑，茫无所睹，乃还过溪东，入碧霄洞。守愚上人精舍在焉。余觉其有异，令僮还招仲昭，亦践流而至，恨相见之晚，薄暮，返宿灵峰。

【注释】①璺（wèn）：裂缝。

【译文】二十九日　我西入雁宕山，朝着老僧岩前进。行二里，经过老僧岩山麓。又行二里，往北渡过溪水；登上石梁洞。从石梁洞又返回到溪旁，往西走二里，翻越谢公岭。谢公岭以内被称为东内谷。岭下有条北边流来的溪水，两岸全是叠岩和奇峰，峰岩光秃秃地高耸着，没有一点泥土，却像雕刻过一样千姿百态。渡过溪水往北转，走一里多，进入灵峰寺。一座座奇异陡峭的山峰，各自屹立寺前。寺后一座山峰独自耸立，正中央裂开一道缝隙，往上通到峰顶，这就是灵峰洞。我踏着千级石阶而上，石台十分整齐，洞中的罗汉塑像都翻新过了。从灵峰洞下到灵峰寺中吃饭。同僧人沿照胆潭越到溪水左岸，去观览风洞。风洞口呈半圆形，洞内的风吹出洞数步之外。我沿溪水左岸一一探寻崖上的各个洞穴。返回灵峰寺后，下起了大雨，我便光脚撑伞溯溪北上。快要到真济寺时，山谷深邃，云雾浓黑，什么也看不见，只好回到溪水东面，进入碧霄洞，高僧守愚的精舍就在这里。我认为守愚非同寻常，让仆人回去叫徐仲昭来，他也踩着水而来，亦与守愚有相见恨晚之感。将近傍晚时，回灵峰寺住宿。

三十日　冒雨循流，西折二里，一溪自西北来合，其势愈大。渡溪而西，溯而西北行，三里，入净名寺。雨益甚，云雾中仰见两崖，重岩夹立，层叠而上，莫辨层次。衣履沾透，益深穷西谷，中有水帘谷、维摩石室、说法台诸胜。二里，至响岩。岩右有二洞，飞瀑罩其外，余从榛莽①中履险以登。其洞一名龙王，一名三台。二洞之前，有岩突出，若露台然，可栈而通也。出洞，返眺响岩之上，一石侧耳附峰头，为“听诗叟”。又西二里，入灵岩。自灵峰西转，皆崇岩连幛，一开而为净名，一璺直入，所称一线天也；再开而为灵岩，叠嶂回环，寺当其中。

【注释】①榛（zhēn）莽：荆棘。

【译文】三十日　我冒雨沿溪流走，往西转二里，一条溪水从西北流过来汇合，水势越加大了。渡过溪流往西走，又溯溪流往西北行，三里，进了净名寺，雨更加大了，抬头看笼罩在云雾中的两边山崖，重重岩石相对而立，层层往上叠起，但分不清层次。衣服鞋子都湿透了，却更要往深处去穷究西谷，谷中有水帘谷、维摩石室、说法台等名胜。走了二里，来到响岩。响岩右边有二个洞，飞流的瀑布罩住了洞门，我从丛密的荆棘荒草中冒险攀登。两个洞一个叫龙王洞，另一个叫三台洞。在两洞的前面，有块突出的岩石，像露天的舞台一样，可以从栈道上过去。走出洞后，返回的路上眺望响岩上面，有一块石头像人侧着耳朵贴在峰头上，取名为“听诗叟”。又往西走二里，进入灵岩寺。从灵峰寺往西转，一路都是高大的岩石连成屏障，屏障裂开的第一处是净名寺，有一条缝隙径直深人进去，所以称为一线天；屏障裂开的第二处就是灵岩寺，层峦叠嶂回旋环绕，灵岩寺位于正中。

五月朔　仲昭与余同登天聪洞。洞中东望圆洞二，北望长洞一，皆透漏通明，第峭石直下，隔不可履。余乃复下至寺中，负梯破莽，率僮逾别坞，直抵圆洞之下，梯而登；不及，则斫木横嵌夹石间，践木以升；复不及，则以绳引梯悬石隙之树。梯穷济以木，木穷济以梯，梯木俱穷，则引绳揉树，遂入圆洞中，呼仲昭相望而语。复如法蹑长洞而下，已日中矣。西抵小龙湫之下，欲寻剑泉，不可得。踞石碛而坐，仰视回嶂逼天，峭峰倒插，飞流挂其中，真若九天曳帛者。西过小剪刀峰，又过铁板嶂。嶂方展如屏，高插层岩之上，下开一隙如门，惟云气出没，阻绝人迹。又过观音岩，路渐西，岩渐拓，为犁尖，复与常云并峙，常云南下，跌而复起，为戴辰峰。其跌处有坳，曰马鞍岭，内谷之东西分者，以是岭为界。从灵岩至马鞍岭凡四里，而崇峦屼嵲，应接不暇。逾岭，日色渐薄崦嵫[1]。二里，西过大龙湫溪口，又二里，西南入宿能仁寺。

【注释】①崦嵫（yān zī）：指太阳落山处。

【译文】五月初一日（6月18日）　徐仲昭和我同登天聪洞。在洞中往东望去有两个圆洞，往北望去有一个长洞，都是透亮通明的洞，只是洞壁陡峭地直立而下，道路隔绝，无法行走。我又下到灵岩寺，扛起梯子往草丛中穿行，带领仆人从另一道山坞越过去，直达圆洞下面，搭起梯子上登；梯子到不了洞口，便砍来树枝横插在岩石夹缝中，再踩着树枝上行；但还是没到洞口，就用绳索把梯子吊上来，悬挂在石缝中的树上。爬完梯子就踩着树枝而上，树枝踩完了又爬梯子，梯子和树枝都不能用，就把绳索拴挂到树上，拉着绳索攀登，终于进到洞中，我呼唤徐仲昭，两人相望而语。我又用同样的方法登入长洞后下山，已经到中午了。往西走到小龙湫下面，想寻找剑泉，却没有找到。我盘坐在沙石堆上，抬头仰望，回旋高峻的险峰逼近天际，陡峭的山峰往下倒插，飞流悬挂在峰峦上，真像九天飘曳而下的丝帛。往西走过小剪刀峰，又经过铁板嶂。铁板嶂呈方形，如同屏风伸展，高插在叠岩上，下方则裂开一道缝隙，有如弥漫着云气的山门，这里人迹罕至。我又经过观音岩，随着道路西行，岩壁渐渐拓开，是为犁尖峰，与常云峰并排峙立。从常云峰南下，地势下伏后又耸起，是为戴辰峰。下方有山坳，名叫马鞍岭，雁宕山东西内谷就是以此为界。从灵岩寺到马鞍岭共四里路程，高大的山峦却连绵不绝，让人应接不暇。越过马鞍岭，太阳渐渐西下。走二里，往西经过大龙湫溪口，又走二里，往西南进入能仁寺住宿。

初二日　从寺后坞觅方竹，无佳者。上有昙花庵，颇幽寂。出寺右，观燕尾泉，即溪流自龙湫来者，分二股落石间，故名。仍北溯流二里，西入龙湫溪口。更西二里，由连云嶂入，大剪刀峰矗然立涧中，两崖石壁回合，大龙湫之水从天下坠。坐看不足亭，前对龙滩，后揖剪刀，身在四山中也。出连云嶂，逾华岩岭，共二里，入罗汉寺。寺久废，卧云师近新之。卧云年八十余，其相与飞来石罗汉相似，开山巨手也。余邀师穷顶，师许同上常云，而雁湖反在其西，由石门寺为便。时已下午，以常云期之后日，遂与其徒西逾东岭，至西外谷，共四里，过石门寺废址。随溪西下一里，有溪自西来合，即凌云、宝冠诸水也，二水合而南入海。乃更溯西来之溪，宿于凌云寺。寺在含珠峰下，孤峰插天，忽裂而为二，自顶至踵，仅离咫尺，中含一圆石如珠，尤奇绝。循溪北入石夹，即梅雨潭也。飞瀑自绝壁下激，甚雄壮，不似空濛雨色而已。

【译文】初二日　我顺能仁寺后的山坞寻找方竹，没有找到上佳的竹子。往上有昙花庵，十分幽静。从寺右出观燕尾泉，燕尾泉就是大龙湫流来的溪水，分成二股落入石中，所以由此得名。又往北溯流走两里，往西进入大龙湫溪口。再往西走二里，进入连云嶂，大剪刀峰矗立在涧中，两边石壁环绕，龙湫水从天而降。我坐在不足亭中环顾周围，前方正对大龙湫，后方则是大剪刀峰，我赫然置身在群山的包围之中。走出连云嶂，翻越华岩岭，共走二里，进入罗汉寺。罗汉寺荒废了很久，卧云法师最近才使它焕然一新。卧云有八十多岁了，他的相貌很像飞来石罗汉，是开山巨手。我邀请法师一齐寻访山顶，法师答应同登常云峰。由于雁湖在罗汉寺西，从石门寺去更为方便。此时已是下午，我们便把登常云峰的日子定在后天，然后和法师的徒弟往西越过东岭，来到西外谷，共行四里，经过石门寺遗址。顺着溪水往西下一里，有一条溪自西流来，是凌云寺和宝冠寺的溪流，两股溪水汇合后往南流入海。我溯西溪前行，在凌云寺住宿。凌云寺建在含珠峰下，这座山直入云天，中裂成两峰，缝隙自头至尾，相隔仅咫尺宽，内中含着一块珍珠般圆润的石头，奇妙绝伦，鬼斧神工。我沿溪水往北走进石缝，就是梅雨潭。飞泻的瀑布自陡壁下冲，气势雄伟壮观，与雨色迷茫时候的景致并不相似。

初三日　仍东行三里，溯溪北入石门，停担于黄氏墓堂。历级北上雁湖顶，道不甚峻。直上二里，向山渐伏，海屿来前，愈上，海辄逼足下。又上四里，遂逾山脊。山自东北最高处迤逦而来，播为四支，皆易石而土。四支之脊，隐隐隆起，其夹处汇而成洼者三，每洼中复有脊，南北横贯，中分为两，总计之，不止六洼矣。洼中积水成芜，青青弥望，视野所及处，所称雁湖也。而水之分堕于南者，或自石门，或出凌云之梅雨，或为宝冠之飞瀑；其北堕者，则宕阴诸水也，皆与大龙湫风马牛无及云。既逾冈，南望大海，北瞰南閤之溪，皆远近无蔽，惟东峰尚高出云表。余欲从西北别下宝冠，重岩积莽，莫可寄足。复寻旧路下石门，西过凌云，从含珠峰外二里，依涧访宝冠寺。寺在西谷绝坞中，已久废，其最深处，石崖回合，磴道俱绝。一洞高悬崖足，斜石倚门。门分为二，轩豁透爽，飞泉中洒，内多芭蕉，颇似闽之美人蕉；外则新箨[①]高下，渐已成林。至洞，闻瀑声如雷，而崖石回掩，杳不可得见。乃下山涉溪，回望洞之右胁，崖卷成罅，瀑从罅中直坠，下捣于圆坳，复跃出坳成溪去。其高亚龙湫，较似壮胜，故非宕山第二流也。东出故道，宿罗汉寺。

【注释】①箨（tuò）：竹子皮。

【译文】初三日　我沿东方前行三里，溯溪流往北进入石门寺，把行李停放在黄氏墓堂。沿石阶北登雁湖顶，道路不算很陡。上行二里，对面的山脉渐渐低伏，海中岛屿浮现在前面。越往上走，海就离脚下越近。又往上走了四里，终于翻过了山脊。山从东北边最高处往西绵延，分为四道支脉，都由石山变成了土山。四道支脉的山梁隐约隆起，支脉之间形成三处洼地，每处洼地中又有南北横贯的山脊，把洼地从中间一分为二，总计算来，就远不止六处洼地了。洼中积水，丛草繁生，视野所到之处，一片青翠碧绿，这就是所谓的雁湖。雁湖水往南分流下坠，有的从石门寺流出，有的从凌云寺的梅雨潭流出，有的形成宝冠寺的飞瀑；往北分流下堕，形成了雁宕山北面的各条小溪，但都和大龙湫的水没什么关系。我翻过山冈，往南眺望大海，往北俯瞰南阁溪，远近都没有任何遮挡，唯有东峰高出天外。我想在西北另找一条路下宝冠寺，但岩石重叠、荒草茂密，完全没有落脚的地方。只好寻原路下到石门寺，往西经过凌云寺，沿含珠峰往外走二里，顺着山涧去探访宝冠寺。宝冠寺在西谷深坞中，已经荒废了很久，山坞最深处，崖石环绕，甚至没有石阶和道路。悬崖脚下有一座洞穴，倾斜的岩石紧靠洞门。门分成两边，宽阔敞亮，瀑布在其中飞洒而下。洞内有许多芭蕉，形状有如福建的美人蕉；外面则有刚刚长出的竹笋，高高低低地形成竹林。来到洞口，只听到瀑布声如雷贯耳，但洞中崖石曲折掩蔽，又很深邃，什么也看不见。于是下山，渡过溪水，回头眺望洞右凹处，崖石翻卷，形成裂缝，瀑布从裂缝中垂直坠落，往下冲向圆形的坳地，然后又从坳地中跃起，形成溪水流去。瀑布高度比不上大龙湫，但这里瀑布似乎更加壮观，所以不能说是雁宕山第二流的瀑布。我从原路往东去，在罗汉寺住宿。

初四日　早，望常云峰白云濛翳，然不为阻，促卧云同上。东逾华岩二里，由连云嶂之左，道松洞之右，跻级而上，共三里，俯瞰剪刀峰已在屐底。一里，山回溪出，龙湫上流也。渡溪，过白云、云外二庐，又北入云静庵。庵庐与登山径，修整俱异昔时，卧云令其徒采笋炊饭。既饭，诸峰云气倏尽，仲昭留坐庵中，余同卧云直跻东峰。又二里，渐闻水声，则大龙湫从卷崖中泻下。水出绝顶之南、常云之北，夹坞中即其源也。溯水而上，二里，水声渐微。又二里，逾山脊。此脊北倚绝顶，南出分为两支，东支为观音岩，西支为常云峰，此其过脉处也。正脊之东为吴家坑。其峰之回列者，近为铁板嶂，再绕为灵岩，又再绕为净名，又再绕为灵峰，外为谢公岭而尽。脊之西，其坑即龙湫背。其峰之回列者，近为龙湫之对崖，再绕为芙蓉峰，又再绕为凌云，又再绕为宝冠，上为李家山而止。此雁山之南面诸峰也。而观音、常云二峰，正当其中，已伏杖履下，惟北峰若负扆然，犹屏立于后。北上二里，一脊平峙，狭如垣墙，两端昂起、北颓然直下，即为南閤溪横流界，不若南面之环互矣。余从东巅跻西顶，倏踯躅[①]声大起，则骇鹿数十头也。其北一峰，中剖若斧劈，中则石笋参差，乱崖森立，深杳无底。鹿皆奔堕其中，想有陨堑[②]者。诸僧至，复以石片掷之，声如裂帛，半响始沉，鹿益啼号不止。从此再西，则石脊中断，峰亦渐下，西北眺雁湖，愈远愈下。余二十年前探雁湖，东觅高峰，为断崖所阻，悬绠[③]而下，即此处也。昔历其西，今东出其上，无有遗憾矣。返下云静庵，循溪至大龙湫上，下瞰湫底龙潭，圆转夹崖间，水从卷壁坠潭，跃而下喷，光怪不可迫视。遂逾溪西上，南出龙湫之对崖，历两峰而南，其岭即石门东，罗汉之西，南出为芙蓉峰，又南下为东岭者也。芙蓉峰圆亘特立，在罗汉寺西南隅。既至其下，始得路。东达于寺，日已西，仲昭亦先至矣。

【注释】①踯躅（zhì zhú）：慢行貌。②堑（qiàn）：深沟。③绠（gěng）：绳索。

【译文】初四日　清早，远看常云峰上白云茫茫，却不能因此止步不前。我催促卧云一同登山。往东越过华岩走了二里，顺着连云嶂左侧和道松洞右，踏着石阶往西上，共行三里，俯瞰剪刀峰，已经在脚底。走一里，山峦回旋，溪水流出，这是大龙湫的上游。

渡过溪水，经过白云庐和云外庐，又往北进入云静庵。云静庵、白云庐、云外庐以及山路都修整过，和从前大不相同。卧云叫他的徒弟采笋做饭。饭后，诸峰云气忽然散尽，徐仲昭留在静云庵中休息，我和卧云一同直上东峰。又上二里，渐渐听到水声，是大龙湫从卷崖中往下泻落，从雁宕山绝顶南面和常云峰的北面流出，两峰之间的山坞就是它的发源地。溯流往上走，二里，水声渐渐微弱。又走二里，越过山脊。这道山脊北靠雁宕山绝顶，南面分成两支，东边的一支是观音岩，西边是常云峰，这里正是两支山脉分展的地方。正中山脊的东部是吴家坑。山峰回环绕列，近处是铁板嶂，第二圈是灵岩寺，再外环是净名寺，更外又是灵峰寺，最外层尽头处是谢公岭。山脊西部凹处，就是大龙湫背后，山峰回环绕列，近处是与大龙湫相对的山崖，第二圈是芙蓉峰，再外环是凌云寺，更外是宝冠寺，最后到李家山为止。这些就是雁宕山南部群山的概貌。而观音岩和常云峰，正好位于群峰之中，都已经低伏在我的手杖和脚下了，只有北峰有如背倚屏风，屏立在后。北上二里，一座山脊平行峙立，窄得如同矮墙，两端高高昂起，北面像崩塌一样直落下去，就是南阁溪横流分界，不像南面那样回环交错。我从东顶往西顶攀登，突然响起一阵脚步声，原来是几十头受到惊吓的鹿。鹿群北边有一座山峰，像被斧头剖劈形成的，中间是参差不齐的石笋，乱石林立、崖壁阴森，深邃得看不到底。鹿群全向其中奔下去，想来有的鹿跌进了堑沟中。众僧人来到，又用石片扔下去，只听到响起一阵如同布帛撕裂的声昔，好一阵才沉静下去，鹿群更加不住的啼鸣。从这里再往西走，石脊就从中断开了，山峰也渐渐地低下去，往西北眺望雁湖，距离越远、位置就越低。我二十年前探寻雁湖，往东寻找高峰，被断绝的崖壁阻止，于是坠着绳索而下，坠下来的地方就是这里。从前游历了雁湖西部，这一次往东出到雁湖高处，再也没有遗憾了。往下返回静云庵，顺溪流走到大龙湫边，往下俯视湫底的龙潭、圆圆地环绕在山崖夹缝之间，水从卷壁上坠入潭中，腾跃、喷洒着水花而下，光怪陆离，不能近看。于是越过溪水往西走，往南出到大龙湫正对的山崖上，越过两座山峰往南走，那座岭就是石门寺东边，罗汉寺西边，往南伸出去形成芙蓉峰，再往南延伸为东岭的山岭。芙蓉峰圆圆地耸立在罗汉寺西南边。来到芙蓉峰下，才有正路。往东走到罗汉寺时，太阳已经偏西，徐仲昭也先回到寺中了。

初五日　别卧云出罗汉寺，循溪一里，至龙湫溪口。凡四里，逾马鞍而下。北望观音峰下，有石壘若门，层列非一。仲昭已前向灵岩。余挟一僮北抵峰下，循樵路西转二里，直抵观音、常云之麓，始知二峰上虽遥峙，其下石壁连亘成城。又循崖东跻里许，出石壘之上，丛木密荫，不能悬裂，皆可扪而通也。壘外一峰特起，薄齐片云，圆顶拱袖，高若老僧岩，俨若小儿拱立。出路隅，居多吴氏，有吴应岳者留余餐。余挟之溯溪入，即绝顶所望吴家坑溪也，在铁板、观音之间。欲上溪左黄崖层洞，崖在铁板嶂之西，洞在崖之左，若上下二层者。抵其下，不得上，出其上，洞又在悬崖间，无可下也。乃循崖东行，又得一石壘，望其上，层叠可入，计非构木悬梯不能登。从此下一小峰，曰莺嘴岩，与吴别。东过铁板嶂下，见其中石壘更大，下若有洞流而成溪者。亟溯流入，抵洞下，乱石窒塞，而崖左有路直上，凿坎悬崖间，垂藤可攀。遂奋勇上，衣碍则解衣，杖碍则弃杖，凡直上一崖，复横历一崖，如是者再，又栈木为桥者再，遂入石罍中。石对峙如门，中宽广，得累级以升。又入石门两重，仰睇其上，石壁环立，青天一围，中悬如井。壁穷，透入洞中。洞底日光透处有木梯，猱升[1]其上，若楼阁然。从阁左转，复得平墟，后即铁板嶂高列，东西危崖环绕，南面石罍下伏，轩敞回合，真仙灵所宅矣！内有茅屋一楹，虚无人居。隙地上多茶树，故坎石置梯，往来其间耳。下至溪旁，有居民。遂越小剪刀峰而东，二里，入灵岩，与仲昭会。

【注释】①猱（náo）升：像猿猴一样攀升。

【译文】初五日　我与卧云告别后，出了罗汉寺，沿着溪岸走一里，来到大龙湫溪口。共行四里，越过马鞍岭，然后下山。往北远望观音峰下，石壁上裂出山门似的石隙，层层排列，数量奇多。徐仲昭已经前去灵岩寺了。我带着一个仆人北到观音峰下，我沿砍柴小道往西二里，直达观音峰和常云峰的山脚，才知道这两座山峰虽然山顶遥遥对峙，山脚却是连着的，如同一道墙壁。我又顺着崖壁东攀一里多，走出石隙，林木丛生、树荫密蔽，不能往下看。崖壁顶有块伞盖一般的巨石，巨石上面和磨石一样平滑，而下面四周都是空的。在巨石上面坐了很久，又往下沿着石缝往里走，崖壁上层层裂开的石缝，都可以摸索着走通。石缝外面有一座山峰挺拔耸立，逼近云层，山峰圆顶，有老僧岩那么高，有如一个拱手而立的小儿。出到路边，这里有许多吴姓人家住在这里，其中吴应岳留我吃饭。我拉着他一齐溯溪前行，正是之前远望到的吴家坑溪，在铁板嶂和观音岩之间。我准备攀登溪水左岸的黄崖层洞，黄崖位于铁板嶂西，洞在黄崖左侧，像分成上下两层一样。来到崖下，不能上去，只好从崖上出去，洞在崖壁间，无路下行。于是顺崖东行，又找到一道石缝，仰望石缝层叠可入，但不搭木梯就上不去。从这里下到一座小峰，名莺嘴岩，和吴应岳告别。往东经过铁板嶂下，发现这里的石缝更加巨大，下面似乎有溪水从洞中流出来。我急忙溯流往里走，来到洞下，乱石堵塞，但左边的岩壁有路可以上去，扯着藤条可以攀登凿在崖壁间的石坎。我奋勇上攀，衣服碍事就脱掉衣服，手杖碍事就扔掉手杖，径直横穿每一道崖，这样翻越了两次，又两次穿过桥梁一样的栈道，这才进到石缝中。两旁的岩石如门相对，个中十分宽敞，能够顺着层叠的石阶攀登。往里穿过两道石门，抬头仰望，石壁环形耸立，围住青天，中间像深陷的井。走完石壁，穿入洞中。洞底阳光透亮的地方有木梯，我像猿猴似地顺木梯爬上去，就像登爬楼阁一般。从洞左边转过去，又到了平缓的大丘，后面是高高耸列的铁板嶂，东西两面陡崖环绕，南面石缝，遍布低伏的岩石，山丘宽大开阔，曲折盘旋，真是神仙居住的好地方啊！里面有一排空茅屋，没有人居住。平地有很多茶树，因此才有人凿石坎搭梯子，往来于石洞、山丘之间。下到溪旁，开始有居民了。我翻越小剪刀峰往东走，二里，进灵岩寺，与徐仲昭会合。

初六日　挟灵岩僧为屏霞嶂之游。由龙鼻洞右攀石罅上，半里，得一洞甚奇。又上半里，崖穹路绝，有梯倚崖端，盖烧炭者所遗。缘梯出其上，三巨石横叠两崖间，内覆石成室，跨其外者为仙桥。其室空明幽敞，蔽于重岩之侧，虽无铁板嶂、石门之奇瑰攒合，而幽邃自成一天。复透洞左上，攀藤历栈，遂出屏霞嶂之中层，盖龙鼻顶也。崖端亦宽垲可庐[①]，后嶂犹上倚霄汉，嶂右有岩外覆，飞泉落其前。由右复攀跻崖石，几造嶂顶，为削石所阻。其侧石隙一缕，草木缘附，可以着足，遂随之下。崖间多修藤垂蔓，各采而携之。当石削不受树，树尽不受履处，辄垂藤下。如是西越石冈者五重，降升不止数里，始下临绝涧，即小龙湫上游也。其涧发源雁顶之东南，右即铁板，左即屏霞，二嶂中坠为绝壑，重崖亏蔽，上下无径，非悬绠不能飞度也。入涧，践石随流，东行里许，大石横踞涧中，水不能越，穴石下捣，两旁峭壁皆斗立，行者路绝。乃缚木为梯升崖端，复缒[②]入前涧下流，则横石之下，穹然中空，可树十丈旗。水从石后建瓴[③]下注，汇潭漾碧，翛然[④]沁人。左右两崖，俱有洞高峙。由此而前，即龙湫下坠处也。余两次索剑泉，寺僧辄云："在龙湫上，人力鲜达。"今仍杳然，知沦没已久。欲从此横下两峰，遂可由仙桥达石室，乃斫木缚梯，盘绝巘者数四，俯视独秀、双鸾诸峰，近在屐底。既逼仙桥，隔崖中断，日已西，疲甚，乃返觅前辙，复经屏霞侧石室返寺，携囊过净名，投宿灵峰。

【注释】①宽垲（kǎi）可庐：宽敞高燥，可以建房。②缒（zhuì）：用绳下吊。③建瓴（líng）：倒水貌。④翛（xiāo）然：无拘束貌。

【译文】初六日　我邀约灵岩寺的僧人去游屏霞嶂。从龙鼻洞右边攀越石缝而上，半里，看到一个很奇妙的洞。又上半里，崖壁高耸，道路断绝，有梯子靠着崖边，大概是烧炭人留下来的。爬梯子走到崖上，三块巨石横叠在两崖之间，内部搭石成屋，外部的则是仙桥。石屋空旷明亮、幽静宽敞，隐蔽在叠岩侧边，虽不如铁板嶂和石门那样奇绝瑰丽，但也很幽静深邃，自成一片天地。我又穿洞往左上，攀援藤条，越过栈道，出到屏霞嶂的中层，大概是龙鼻洞顶。

崖端宽敞高燥，适宜建房居住，背后的屏霞嶂上接云天，右有岩石外覆，瀑布就落在岩石前面。从右边又攀登崖石，快到屏霞嶂顶时，被陡峭的岩石阻拦。岩石侧边有一缕石缝，草木顺着石缝生长，可以落脚，于是从石缝下去。崖壁间悬挂着很多长藤蔓草，都能用来抓采拉扯。行到岩石陡峭处，没有树木、无法落脚的地方时，就垂挂着藤蔓而下。像这样往西穿越了五重石冈，升降了数里，才下到最深的涧中，就是小龙湫的上游。涧水发源于雁宕山顶东南，右边是铁板嶂，左边是屏霞嶂，两嶂间是十分陡峻的壑谷，重叠的崖壁掩蔽了山谷，上下无路，如果不用绳索悬空而度，根本无法穿越。进入涧中，踩着岩石随水流走，往东走了一里左右，一块巨石横挡在涧中，水流不过去，直捣石下的洞穴，两旁的峭壁都陡直耸立，行人无路可走。于是捆扎树木作为梯子爬上崖端，又坠到巨石前面的涧水下游，而横挡沟涧的巨石下面，中间是十分高大的空洞，可以树立十丈高的旗帜。水从巨石背后居高临下地往下倾注，汇集成碧波荡漾的深潭，无拘无束、自由自在的气势给人以清新、爽朗的感觉。左右两边的崖壁上，都有洞高高对峙。从这往前走，就是小龙湫落下去的地方。我两次寻求剑泉，寺中的僧人总是说："在龙湫上面，人力很少能到达。"这次仍然杳无音信，知道已经消失了很久。我准备从这里横穿两座山峰而下，就可能经过仙桥到达石室，于是砍树木捆成梯子，四次盘旋陡峰，俯视独秀、双莺诸峰，近在脚下。这时我已经离仙桥很近了，却被隔着的山崖从中断开，太阳也已偏西，感到十分疲劳，只好寻找原路返回，又从屏霞嶂侧边经过石室返回灵岩寺，携带行李过了净名寺，到灵峰寺投宿。

初七日　溯寺前溪，观南碧霄冈，轩爽无他奇。又三里，西转，望真济寺在溪北坞中。是溪西由断崖破峡而来，峡南峰为“五马朝天”，峥嵘尤甚。两旁逼仄石蹊，内无居民，棘茅塞路。行里许，甚艰，不可穷历。北过真济寺，寺僻居北谷，游屐不到。寺右溯小溪三里，登马家山岭，路甚峻。登巅，望雁顶棱簇如莲花状，北瞰南閤，已在屐底。飞舄[1]而下，四里余，得新庵，弛担于中，溯南閤溪，探宕阴诸胜。南閤溪发源雁山西北之箬袅岭，去此三十余里，与永嘉分界。由岭而南，可通芙蓉，入乐清；由岭而西，走枫林，则入瓯郡道也。溪南即雁山之阴，山势崇拓，竹木蓊茸，不露南面巀嶭[2]态。溪北大山，自箬袅迤逦而来，皆层崖怪峰，变换阖辟[3]，与云雾争幻，至閤而止。又一山北之溪，自北閤来会，俱东下石门潭。门内平畴千亩，居人皆以石门为户牖，此閤所由名，而南北则分以溪也。南閤有章恭毅宅，西入有石佛洞、散水岩、洞仙岩诸胜。北閤有白岩寺旧址，更西有王子晋仙桥为尤奇。余冒雨穷南閤，先经恭毅宅，聚族甚盛。溯溪五里，过犁头庵，南即石佛洞，以路芜不能入。西十里至庄坞，夹溪居民皆叶姓。散水岩在北坞中，石崖横亘，飞瀑悬流，岩左登岭有小庵。时暮雨，土人留宿庄坞，具言洞仙院之胜。

【注释】①飞舄（xì）：飞奔。②巀嶭（jié niè）：高耸貌。③阖（hé）辟：闭合开启。

【译文】初七日　我溯灵峰寺前的溪流而上，观赏南碧霄冈。山冈高大开阔，没有奇特之处。又走三里，往西转，看到真济寺位于溪北的山坞中。这条溪从西边沿断崖破峡流来，峡谷南面的峰名“五马朝天”，山势显得特别高峻。峡谷两边的小路十分狭窄，谷中无人居住，荆棘茅草堵塞道路。前行一里左右，走得非常艰难，不能一一探寻峡谷风光。往北过真济寺，寺位于北面偏僻的山谷中，游人足迹罕至。从寺右溯小溪走了三里，攀登马家山岭，山路很陡。登上岭顶，遥望雁宕山顶峰，岩石棱角分明，簇拥成莲花形状，往北俯瞰南阁，已经落在脚下了。脚步飞快地下山，四里多，到一座新庵，把行李放在庵中，溯南阁溪而上，探访雁宕山北面的各处胜景。南阁溪发源于雁宕山西北的箬袅岭，距离这里三十多里，和永嘉县分界。沿岭往南去，可以通到芙蓉，进入乐清县境，沿岭往西去，从枫林走，则是去温州府的路。溪水南边就是雁宕山的北面，山势高耸开拓，竹林树木茂密，但不显露出山南面那种高峻的形态。溪水北边的叠石奇峰，从箬袅岭曲折连绵地延伸过来，山势分开聚合、变化莫测，与云雾竞相争奇，一直到南阁而止。雁宕山北面还有一条溪水，从北阁流来与南阁溪会合后，一齐往东流下石门潭。石门内有上千亩平整的良田，住在这里的都把石门作为门户，这就是“石门”名称的来由。南北以溪水划分。南阁有章恭毅宅，往西深入有石佛洞、散水岩和洞仙岩等名胜。北阁有白岩寺旧址，再往西有王子晋仙桥，尤为奇特。我冒雨寻访南阁，先过章恭毅宅，聚居这里的家族十分兴盛。溯溪走五里，经过犁头庵，往南就是石佛洞，因道路荒草丛生而不能进去。往西走十里到庄坞，住在溪流两岸的人都姓叶。散水岩在北边坞中，石崖横贯，瀑布悬空飞流，往岩左登上岭，有座小庵。此时天色已晚，又下雨，当地人留我住在庄坞，详细地谈论洞仙院的胜景。

初八日　雨未止。西溯溪行三里，山涧愈幽。随溪转而北，又二里，隔溪小径破云磴而入。东渡溪从之，忽峰回溪转，深入谷中，则烟峦历乱。峰从庄坞之后连亘至此，又开一隙，现此瑰异。执土人问之，曰："此小纂厝也，洞仙尚在其外大溪上流。"复出而渡溪，里许。有溪自东来入，即洞仙坞溪矣。渡大溪，溯小溪东上，其中峰峦茅舍，与前无异。洞仙即在其内崖，倚峰北向，层篁①翳之。乃破莽跻石隙而入，初甚隘，最上渐宽。仍南出庄坞，东还犁头庵，终不得石佛洞道。遂出过南閤，访子晋仙桥，在北閤底尚二十里。念仲昭在新庵甚近，还晤庵中。日已晡，竟不及为北閤游，东趋大荆而归。

【注释】①层篁（huáng）：层层的竹林。

【译文】初八日　雨没停。我往西溯溪走了三里，山涧越来越深。尾随溪流转向北走，又二里，溪对岸有条小路，穿过直通云霄的石阶深入进去。往东渡过溪从小路走，忽然山峰环绕、溪水倒流，流入山谷中，云烟笼罩，山峦凌散。庄坞背后的山峰，连绵不断地延伸到这里，又敞开一道空隙，显现出瑰丽奇异的景色。我拉住当地人询问，当地人说："这里名叫小纂厝，洞仙院还在这外面的大溪上游。"又走出去渡过溪流，走了一里左右，有条小溪从东边流来汇合，就是洞仙坞的溪流了。渡过大溪，溯小溪往东上，溪谷中峰峦茅屋掩映，和先前没有什么不同。洞仙院就在溪谷内崖壁上，背靠山峰、面向北方，被层层的竹林掩蔽着，于是穿越杂草，从石缝中攀登而上，石缝一开始很狭窄，上方渐渐宽阔。仍然往南出到庄坞，往东返回犁头庵，最终没有找到去石佛洞的路。于是从犁头庵出来，经过南阁，询问王子晋仙桥，得知在北阁底，还有二十里路程。想到这里离徐仲昭所在的新庵很近了，就回庵和他相会。天色已黄昏，最终没来得及去游北阁，向东赴大荆驿后返程。

游五台山日记 山西太原府五台县

【题解】五台山是我国“四大佛教名山”之一，位于今山西北部，传说是文殊菩萨的道场。崇祯六年（1633）七月，徐霞客从家乡出发北上，拟考察五岳之一的恒山，就顺道游览了五台山。徐霞客七月二十八日（9月1日）从北京出发，经河北省，翻阅龙泉上关后，进入五台县。徐霞客花了四天时间游览了南台、西台、中台和北台。在南台主要游览了金灯寺和文殊舍利塔，还有著名的清凉寺、歇龙石。在西台重点考察了八功德水西来寺的维摩阁与万佛阁，感叹其建造工艺高超，“当此万山艰阻，非神力不能运此”。在中台，描述了一种特殊的冰缘地貌——“龙翻石”，还有一种特殊的自然光学现象——五台山“圆光瑰景”。北台是五台山最高峰，在北台山顶，可以一览五台山全貌。八月初八（9月10日）徐霞客结束了五台山的游览，按照老僧的指点，向恒山进发。

癸酉七月二十八日　出都为五台游。越八月初四日，抵阜平南关。山自唐县来，至唐河始密，至黄葵渐开，势不甚穹窿[①]矣。从阜平西南过石梁，西北诸峰复崤嵷[②]起。循溪左北行八里，小溪自西来注，乃舍大溪，溯西溪北转，山峡渐束。又七里，饭于太子铺。北行十五里，溪声忽至。回顾右崖，石壁数十仞，中坳如削瓜直下。上亦有坳，乃瀑布所从溢者，今天旱无瀑，瀑痕犹在削坳间。离涧二三尺，泉从坳间细孔泛滥出，下遂成流。再上，逾鞍子岭。岭上四眺，北坞颇开，东北、西北，高峰对峙，俱如仙掌插天，惟直北一隙少杀③。复有远山横其外，即龙泉关也，去此尚四十里。岭下有水从西南来，初随之北行，已而溪从东峡中去。复逾一小岭，则大溪从西北来，其势甚壮，亦从东南峡中去，当即与西南之溪合流出阜平北者。

【注释】①穹窿（lóng）：宽阔貌。②嵱嵷（yǒng sǒng）：高低众多貌。③杀：收束。

【译文】癸酉年（崇祯六年，1633）七月二十八日 我从京城出发，游览五台山。八月初四后，抵达阜平县南关。自唐县延伸而来的山脉，至唐河开始密集起来，至黄葵又逐渐散开，不算宽阔。阜平县西南石桥外，西北群山连绵起伏。我沿着溪左岸北行八里，西边汇入一条小溪西，我便离开大溪，往北逆沿西溪，山谷随之渐窄。又行七里，在太子铺吃饭。北行十五里，忽然听到溪流声。我回望右边数十丈高的壁崖，其间山坳青绿，有如削皮的瓜果，直直垂下。崖上也有瀑布流经的山坳，虽然今年天旱没有流水，但冲泻的痕迹仍留在削坳之间。离涧底二三尺，泉水从坳间穴口喷涌而出，下汇成溪。我继续上行，越过鞍子岭，在岭上眺望四周，北面的山坞比较开阔，东西北有高山对峙，都像直插云天的巨人手掌，只有正北的山坞稍微低矮一些。远处有山脉横亘群峰之外，即是龙泉关，距这里还有四十里。岭下有条西南流溪，我便顺着溪水北行，不久溪水向东边峡谷流去。我又翻过一座小岭，遇到一条西北的大溪，水势壮观，也向东南峡谷流去，应该会与西南溪汇合，然后流出阜平县北。

余初过阜平，舍大溪而西，以为西溪即龙泉之水也，不谓西溪乃出鞍子岭坳壁，逾岭而复与大溪之上流遇，大溪则出自龙泉者。溪有石梁曰万年，过之，溯流望西北高峰而趋。十里，逼峰下，为小山所掩，反不睹嶙峋之势。转北行，向所望东北高峰，瞻之愈出，趋之愈近，峭削之姿，遥遥逐人，二十里之间，劳于应接。是峰名五岩寨，又名吴王寨，有老僧庐其上。

【译文】我当初经过阜平县时，离开大溪往西走，以为西溪源自龙泉关，没想到却出自鞍子岭的坳壁，我翻过岭找到大溪上游，发现大溪才是源自从龙泉关。小溪上的石桥叫万年桥，我过了桥，沿溪流前往西北高峰。行十里，靠近山脚，山峰被小山掩映，领略不到重叠的山石、起伏的气势。转朝北走，刚才所见东北边的高峰越发凸出，趋之越近，高峻陡峭的姿态追随而来。二十里间，我都忙于观赏奇景。这座峰名五岩寨，又名吴王寨，有个老僧人在峰上居住。

已而东北峰下，溪流溢出，与龙泉大溪会，土人构石梁于上，非龙关道所经。从桥左北行八里，时遇崩崖矗立溪上。又二里，重城当隘口，为龙泉关。

【译文】不久，我来到东北边的山脚，溪水外流，与龙泉关的大溪汇合，当地人在溪上搭有石桥，但不是通向龙泉关的路。我顺石桥左行八里，不时在溪水里遇到崩塌的山石。又走二里，隘口处有座重镇，这就是龙泉关。

初五日　进南关，出东关。北行十里，路渐上，山渐奇，泉声渐微。既而石路陡绝，两崖巍峰峭壁，合沓攒奇，山树与石竞丽错绮，不复知升陟[1]之烦也。如是五里，崖逼处复设石关二重。又直上五里，登长城岭绝顶。回望远峰，极高者亦伏足下，两旁近峰拥护，惟南来一线有山隙，彻目百里。岭之上，巍楼雄峙，即龙泉上关也。关内古松一株，枝耸叶茂，干云俊物。关之西，即为山西五台县界。下岭甚平，不及所上十之一。十三里，为旧路岭，已在平地。有溪自西南来，至此随山向西北去，行亦从之。十里，五台水自西北来会，合流注滹沱河。乃循西北溪数里，为天池庄。北向坞中二十里，过白头庵村，去南台止二十里，四顾山谷，犹不可得其仿佛。又西北二里，路左为白云寺。由其前南折，攀跻四里，折上三里，至千佛洞，乃登台间道。又折而西行，三里始至。

【注释】①陟（zhì）：登。

【译文】初五日　我南入龙泉关，往东出关。北行十里，道路渐渐上延，山色渐渐奇异，泉声渐渐消失。不久，陡路断绝，路两边峰高壁峭，重岩叠石，绮景荟萃。山中树木与岩石争奇斗艳，交错如锦，令人忘却登山之苦。在这样的美景中走了五里，遇到了窄崖处的两道石关。又径直上行五里，登上长城岭绝顶。回头眺望远处山峰，最高峰也低伏在脚下了，两旁山脉簇拥而来，只南山还有一线缝隙，隙中足可放眼百里。长城岭上高楼雄立，即龙泉上关。

关内有一棵古松，树干高耸，枝叶茂盛，上触云霄，秀美出众。龙泉上关西面，就是山西省五台县境。下岭的路很平，坡度不及上山时的十分之一。行十三里，抵达旧路岭，已经是平原。西南流来一条小溪，至此顺山流往西北，我也跟着走。十里，五台水从西北流来会合，合流之后注人滹沱河。于是沿溪流往西北走了几里，到天池庄。往北在坞中走二十里，经过白头庵村，距离南台便只有二十里了。我环视山谷四周，还不能看出天台山的形貌。又往西北走二里，路左是白云寺。从寺前往南转，上攀四里，绕路走了三里，来到千佛洞，这是登五台山的小路。又转向西行，走三里住宿。

初六日　风怒起，滴水皆冰。风止日出，如火珠涌吐翠叶中。循山半西南行，四里，逾岭，始望南台在前。再上为灯寺，由此路渐峻。十里，登南台绝顶，有文殊舍利塔。北面诸台环列，惟东南、西南少有隙地。正南，古南台在其下，远则盂县诸山屏峙，而东与龙泉峥嵘接势。从台右道而下，途甚夷，可骑。循西岭西北行十五里，为金阁岭。又循山左西北下，五里，抵清凉石。寺宇幽丽，高下如图画。有石为芝形，纵横各九步，上可立四百人，面平而下锐，属于下石者无几。从西北历栈拾级而上，十二里，抵马跑泉。泉在路隅山窝间，石隙仅容半蹄，水从中溢出，窝亦平敞可寺，而马跑寺反在泉侧一里外。又平下八里，宿于狮子窠[①]。

【注释】①窠（kē）：洞穴。

【译文】初六日　狂风怒号，滴水成冰。风停日出，太阳像火球一样，从青翠的山林中喷薄而出。我沿着山腰往西南行进四里，翻越山岭，才看到前方的南台。再上去是灯寺，从这里开始，山路渐渐陡峻起来了。走十里，登上南台绝顶，顶上有文殊菩萨的舍利塔。北面各冈台环抱耸列，只有东南西南稍有空隙。古南台位于正南面下侧，远处的盂县群山峙立，有如屏障一般，山脉东段与龙泉关峰峦山势相连。我顺着南台右侧的道路下去，地势平坦，可以行马。沿西岭往西北行十五里，是金阁岭。又沿着金阁岭左侧往西北下，行五里，来到清凉石。这里庙宇深幽，环境秀丽，高低错落，美如图画。有一块灵芝形的石头，长宽都是九步，上面可站四百人，上面平整但下面尖锐，和下方石头相连的部分不多。我从西北边穿越栈道，沿石阶往上走，十二里，到达跑马泉。跑马泉在路边的山窝中间，石缝只能容下半只马蹄，泉水从石缝中溢出，山窝则平坦宽敞，可以建盖寺庙，跑马寺反而建在泉水一里以外。又平缓地下了八里，在狮子窠住宿。

初七日　西北行十里，度化度桥。一峰从中台下，两旁流泉淙淙，幽靓迥绝。复度其右涧之桥，循山西向而上，路欹[①]甚。又十里，登西台之顶。日映诸峰，一一献态呈奇。其西面，近则闭魔岩，远则雁门关，历历可俯而挈[②]也。闭魔岩在四十里外，山皆陡崖盘亘，层累而上，为此中奇处。入叩佛龛，即从台北下，三里，为八功德水。寺北面，左为维摩阁，阁下二石耸起，阁架于上，阁柱长短，随石参差，有竟不用柱者。其中为万佛阁，佛俱金碧旃檀[③]，罗列辉映，不啻万尊。前有阁二重，俱三层，其周庐环阁亦三层，中架复道，往来空中。当此万山艰阻，非神力不能运此。从寺东北行，五里，至大道，又十里，至台中。望东台、南台，俱在五六十里外，而南台外之龙泉，反若更近，惟西台、北台，相与连属。时风清日丽，山开列如须眉。余先趋台之南，登龙翻石。其地乱石数万，涌起峰头，下临绝坞，中悬独耸，言是文殊放光摄影处。从台北直下者四里，阴崖悬冰数百丈，曰“万年冰”。其坞中亦有结庐者。初寒无几，台间冰雪，种种而是。闻雪下于七月二十七日，正余出都时也。行四里，北上澡浴池。又北上十里，宿于北台。北台比诸台较峻，余乘日色，周眺寺外。及入寺，日落而风大作。

【注释】①攲（qī）：倾斜不平貌。②挈（qiè）：拾取。③旃（zhān）檀：檀香。

【译文】初七日　我往西北行十里，过化度桥。自中台延伸而来的山脉，山峰两边缓缓地流着泉水，景色幽静到了极点。我又越过山峰右涧上的桥，沿着山峰往西而上，山路倾斜不平。又走十里，登上西台顶。阳光辉映下的群峰，一一呈现出奇异的风貌。西台西面，近处是闭魔岩，远处是雁门关，座座山峰历历在目，仿佛俯身就可拾取。闭魔岩在四十里外，山上陡崖横贯，堆砌层叠，是山中最为奇特之景。我进寺叩拜佛像后，顺着台北下行，三里，抵达八功德水。寺北面，左边是维摩阁，楼阁盖在两块岩石之上，阁柱长短，随石头高低而参差不齐，有的地方完全不用柱子。正中是万佛阁，佛像系檀香木制成，金碧辉煌，层层排列，千座万尊，互相映衬。万佛阁前的两排阁楼，以及周围环绕的房屋，都是三层楼高，各阁楼架有梯道，行人往来于半空之中。此山路途艰险，如果不借助神力，又怎能将楼阁建在这里呢！我顺山寺往东北行进，五里，走到大路，又行十里，抵达中台。我遥望东台、南台，都在五六十里以外，但南台之外的龙泉关，反而像离得更近，是西台、北台连接着龙泉关山脉的缘故。此时风清日丽，两边山脉有如双眉分列。我先到中台南面，登上龙翻石。这里乱石遍布，堆积成丘，下面是深邃的山坞，峰头悬空耸立，传说是文殊菩萨显圣之处。我从中台北下四里，阴森的崖壁上，悬挂着百丈冰棱，便是“万年冰”。坞中有人家居住。天寒还没几天，五台山中的冰雪竟已是如此景象。听说是七月二十七日下的雪，正是我从京城出发的日子。我行四里，往北登上澡浴池。又往北上十里，在北台住宿。北台比其它各台都陡峻，我趁着日光，到寺外眺望四周。进到寺中，太阳落山，刮起大风。

初八日　老僧石堂送余，历指诸山曰：“北台之下，东台西，中台中，南台北，有坞曰台湾，此诸台环列之概也。其正东稍北，有浮青特锐者，恒山也。正西稍南，有连岚一抹者，雁门也。直南诸山，南台之外，惟龙泉为独雄。直北俯内外二边，诸山如蓓蕾，惟兹山北护，峭削层叠，嵯峨之势，独露一班①。此北台历览之概也。此去东台四十里，华岩岭在其中。若探北岳，不若竟由岭北下，可省四十里登降。”余颔之。别而东，直下者八里，平下者十二里，抵华岩岭。由北坞下十里，始夷。一涧自北，一涧自西，两涧合而群峰凑，深壑中“一壶天”也。循涧东北行二十里，曰野子场。南自白头庵至此，数十里内，生天花菜，出此则绝种矣。由此，两崖屏列鼎峙，雄峭万状，如是者十里。石崖悬绝中，层阁杰起，则悬空寺也，石壁尤奇。此为北台外护山，不从此出，几不得台山神理云。

【注释】①一班：通“斑”，一点点。

【译文】初八日　老僧人石堂送我出来，他指着群山说：“这里众台环绕，北台之下，东台之西，中台正中，南台之北，有山坞名叫台湾。这里正东稍北，有座特别尖山，那就是恒山。正西稍南，山峰上接云雾，系雁门关山脉。山脉一直南亘，南台之外，只有龙泉关独自称雄。我向北俯视内外，群山如同花蕾，只有此山拥立北面，陡峭层叠，山势高峻，由此可以略见一斑。这就是北台景色的概貌了。此处距东台四十里，途中有华岩岭。如果探访北岳恒山，不如直接沿华岩岭往北下，可以省掉上下四十里的路程。”我点头同意，和石堂告别后往东行进，陡下八里，缓行十二里，来到华岩岭。我又沿北坞下行十里，才到平路上。北边和西边各流来一道涧沟，在群山聚拢处汇合，这便是高山深壑中的“一壶天”。我沿涧沟往东北行二十里，抵达野子场。自南边的白头庵，一直到这里，数十里以内，都长着天花菜，这里以外便没有了。从这里开始，两旁山崖排列鼎立，有如屏障，雄壮峻峭，千姿百态，在这样的景观中走了十里。石崖绝壁之中楼阁层叠，正是悬空寺，石壁特别奇异。这就是北台外围的护山，不从这条路出五台山，几乎体会不到五台山的神奇。

游恒山日记 山西大同府浑源州

【题解】恒山，明朝时就被确定为“五岳”之一的北岳，位于今山西省浑源县境内，号称“人天北柱”。徐霞客一直对未能游览恒山引以为憾，“予所憾者，浑源之北岳，桂林之千笋，未曾置足焉”。崇祯六年（1633）七月，徐霞客从家乡出发游览恒山。八月初九（9月10日），游览完五台山后，徐霞客从五台山取道龙山，直抵恒山，进行了为期两天的恒山考察。初丨，徐霞客登上箭箪岭，对岭北“峰连壁隤，翠蜚丹流”的景色流连不已。在金龙峡谷，徐霞客看到“两崖壁立，一涧中流，透罅而入”的壮观景色。徐霞客曾在五台山遥望过悬空寺，而在这里看到的则更为壮观，“西崖之半，层楼高悬，曲榭斜倚，望之如蜃”。十一日，徐霞客登上恒山，游览了望仙亭、虎风口、“朔方第一山”牌坊、寝宫、北岳殿、北岳山顶等地方。在北岳山顶，徐霞客详细地描述了恒山植被和坡向关系的情况，“是山土山无树，石山则有；北向俱石，故树皆在北。”徐霞客还特别记载了恒山煤炭资源的情况，看到“山皆煤炭，不深凿即可得”。

去北台七十里，山始豁然，曰东底山。台山北尽，即属繁峙界矣。

初九日　出南山。大溪从山中俱来者，别而西去。余北驰平陆中，望外界之山，高不及台山十之四，其长缭绕如垣，东带平邢，西接雁门，横而径者十五里。北抵山麓，渡沙河，即为沙河堡。依山瞰流，砖甃[1]高整。由堡西北七十里，出小石口，为大同西道；直北六十里，出北路口，为大同东道。余从堡后登山，东北数里，至峡口，有水自北而南，即下注沙河者也。循水入峡，与流屈曲，荒谷绝人。数里，义兴寨。数里，朱家坊。又数里，至葫芦嘴。舍涧登山，循嘴而上，地复成坞，溪流北行，为浑源界。又数里，为土岭，去州尚六十里，西南去沙河，共五十里矣，遂止居民同姓家。

【注释】①砖甃（zhòu）：砖瓦。

【译文】我离开北台七十里，东底山势才逐渐开阔起来。五台山北边尽头处，隶属繁峙县境。

八月初九日　我走出南山，与我一齐出山的溪流，分道往西流去。我一路北行，遥望边外山峦，其高不及五台山的十分之四，蜿蜒如城墙，东边与平邢相连，西边与雁门对接，足足横亘十五里。我北行抵达山麓，渡过沙河，便是沙河堡。沙河堡傍靠山麓，俯瞰河流，砖墙齐整。从沙河堡往西北走七十里，出小石口，就到了大同府的西大路；径直北行六十里，出北路口，就是大同府的东大路。我自堡后登山，往东北走了几里，来到峡口，有条南北流向的小溪，注入沙河。我沿小溪走进峡谷，路随着流水弯转曲折，峡谷一片荒凉，空无人烟。走数里，经过兴义寨。又走数里，是朱家坊。再走数里，是葫芦嘴。我离开沟涧，沿山嘴而上，地势与山坞无异。我随溪流北行，进入浑源州境。又走数里，是土岭，距离州城还有六十里，而距离西南的沙河，则已有五十里了。我借宿土岭的一户人家，户主恰好与我同姓。

初十日　循南来之涧北去三里，有涧自西来合，共东北折而去。余溯西涧入，又一涧自北来，遂从其西登岭，道甚峻。北向直上者六七里，西转，又北跻而上者五六里，登峰两重，造其巅，是名箭筸岭。自沙河登山涉涧，盘旋山谷，所值皆土魁荒阜；不意至此而忽跻穹窿，然岭南犹复阿蒙[1]也。一逾岭北，瞰东西峰连壁隤，翠蜚丹流。其盘空环映者，皆石也，而石又皆树；石之色一也、而神理又各分妍；树之色不一也，而错综又成合锦。石得树而嵯峨倾嵌者，幕以藻绘而愈奇；树得石而平铺倒蟠者，缘以突兀而尤古。

【注释】①阿蒙：吕蒙，三国时期吴国大将。鲁肃曾说："三日不见，非复吴下阿蒙。"此指依然故态。

【译文】初十日　我顺沟涧北行三里，遇到了另一条自西而来的沟涧，于是转向东北行进。我上循西侧的沟涧，又遇到一条自北而来的沟涧，于是从沟涧西边登岭，路很陡峭。往北径行六七里，转向西行，又往北攀登五六里，翻越两重山峰，直达峰顶，峰名箭筸岭。从沙河开始登 地势陡然升高、山岭变得高大，但岭南依然如故。我越至岭北，俯瞰东西两边，峰峦连绵、崖壁崩摧，红色绿色交相辉映。岩石映照到空中，岩上的树丛，与石色相得益彰，形态与纹理又各得其妙；树木颜色相异，互相交错，犹如彩锦。岩石因树丛，更显高峻倾斜，如覆着彩绘，更显奇妙；树木因岩石，或平直或盘曲，缘山势生长，更显古雅。

如此五十里，直下至阬[①]，则奔泉一壑，自南注北，遂与之俱出坞口，是名龙峪口，堡临之。村居颇盛，皆植梅杏，成林蔽麓。既出谷，复得平陆。其北又有外界山环之，长亦自东而西，东去浑源州三十里，西去应州七十里。龙峪之临外界，高卑远近，一如东底山之视沙河峡口诸山也。于是沿山东向，望峪之东，山愈嶙嶒斗峭，问知为龙山。龙山之名，旧著于山西，而不知与恒岳比肩；至是既西涉其阃域[②]，又北览其面目，从不意中得之，可当五台桑榆之收矣。东行十里，为龙山大云寺，寺南面向山。又东十里，有大道往西北，直抵恒山之麓，遂折而从之，去山麓尚十里。望其山两峰亘峙，车骑接轸[③]，破壁而出，乃大同入倒马、紫荆大道也。循之抵山下，两崖壁立，一涧中流，透罅而入，逼仄如无所向，曲折上下，俱成窈窕，伊阙双峙，武彝九曲，俱不足以拟之也。时清流未泛，行即溯涧。不知何年两崖俱凿石坎、大四、五尺，深及丈，上下排列，想水溢时插木为阁道者，今废已久，仅存二木悬架高处，犹栋梁之巨擘[④]。三转，峡愈隘，崖愈高。西崖之半，层楼高悬，曲榭斜倚，望之如蜃，悬空寺也。五台北壑亦有悬空寺，拟此未能具体。仰之神飞，鼓勇独登。入则楼阁高下，槛路屈曲。崖既矗削[⑤]，为天下巨观，而寺之点缀，兼能尽胜。依岩结构，而不为岩石累者，仅此。而僧寮位置适序，凡客坐禅龛，明窗暖榻，寻丈之间，肃然中雅。既下，又行峡中者三四转，则洞门豁然，峦壑掩映，若别有一天者。又一里，涧东有门榜三重，高列阜上，其下石级数百层承之，则北岳恒山庙之山门也。去庙尚十里，左右皆土山层叠，岳顶杳不可见。止门侧土人家，为明日登顶计。

【注释】①阬（kēng）：同“坑”，山底。②阃（kǔn）域：境地。③接轸（zhěn）：车辆衔接而行，形容车多。④巨擘（bò）：大拇指，此指梁柱。⑤矗（chù）削：高耸陡削。

【译文】如此穿行五十里，直至大土山底。沟壑涌出一股奔泉往北流，我便随着泉水出到坞口，即与土堡对垒的龙峪口。村庄比较大，家家都种植着梅树杏树，形成果林掩映的山麓。我走出山谷到了平地，北边还有群山环绕，自东向西延横。平地东边距浑源州三十里，西边距应州七十里。与龙峪口相接的外界，高下远近的景色，与东底山沙河、峡口的群山几乎一致。我沿山往东走，远看龙峪口东边，山势更加高峻陡峭，询问后得知是龙山。龙山的名称，以前被记录在山西省，却不知原来与恒山并肩相靠；走到这里，已越过龙山西境，又观览了龙山北部的风貌，无意间游历龙山，可算作游五台山的意外之喜了。我东行十里，抵达龙山大云寺，寺门南对山峰。又东行十里，有条通向西北的大路，直达恒山山麓，转沿大路行进，距山麓还有十里。我遥望恒山两边，峰峦横延对峙，车马络绎不绝、翻山越岭，原来这就是大同府到倒马关、紫荆关的大路。我沿大路来到恒山下，两旁崖壁耸立，一条涧水在峡谷流淌，窄得似乎无处可通，山涧崖壁盘曲高低，深远幽雅。即便是伊阙两山叠影对峙、武彝山回环九曲，都不能和这里的景色相比。这时清溪尚未涨潮，可以循着涓流在中行走。不知何时，两边崖壁凿出了石坎，约四五尺宽、一丈深，井然排列，想来是涨水时插木头修栈道用的，如今已废弃多年，只剩两根木头悬架在高处，犹如柱梁的椽木。转弯三次，峡谷越来越窄，崖壁越来越高。西边崖壁半腰，悬在高空的楼阁蜿蜒曲折，建在土谷的敞屋斜靠山崖，这就是犹如海市蜃楼的悬空寺。五台山北面的壑谷也有悬空寺，但和这里一比，便相形见绌了。我抬望山色，令人神往，便鼓足勇气独自攀登，进寺后楼阁高低错落，围栏山路弯转曲折，崖壁高峻陡峭，已经称得上天下奇景了，再加悬空寺点缀，使原来的胜景更完美无缺。傍靠岩壁建盖楼阁，却能不受岩石的限制，也只有悬空寺做到了呀。僧人屋舍，次序井然，客房佛室，窗户明净、卧榻温暖，寺庙虽小，却庄严肃穆、舒适幽雅。我从悬空寺下来后，又在峡谷中转了三四道弯，峡谷口便豁然开阔，峰峦壑谷互相掩映，仿佛是另外一个世界。又走了一里，东面有三道悬挂着匾额的大门，高高排布在大山上，门下有百级石阶与门相连，这是北岳恒山庙的山门。距离庙还有十里，左右两边都是层叠的土山，北岳顶还遥远得看不见。我便借住在山门旁的人家，为明天攀登北岳顶作准备。

十一日　风翳①净尽，澄碧如洗。策杖登岳，面东而上，土冈浅阜，无攀跻劳。盖山自龙泉来，凡三重。惟龙泉一重，峭削在内，而关以外，反土脊平旷；五台一重虽崇峻，而骨石耸拔，俱在东底山一带出峪之处；其第三重自峡口入山而北，西极龙山之顶，东至恒岳之阳，亦皆藏锋敛锷，一临北面，则峰峰陡削，悉现岩岩本色。一里转北，山皆煤炭，不深凿即可得。

【注释】①翳（yì）：遮蔽，此指雾气。

【译文】十一日　轻风吹散云雾。我拄着手杖攀登北岳，东上攀行，山坡低缓，不太累人。山脉从龙泉关延伸而来，共有三重，只有龙泉关这山势陡峭尖削，而关外山脊反而是宽阔平坦；五台山虽然高峻，但矗立挺拔的岩石，都在东底山的谷口一带；第三重顺峡谷口延伸，至山中转往北上，西至龙山顶，东至恒山南，有如剑鞘，不露锋芒。北面峰峰陡峭，显露出高峻的面目。我行一里后，往北转，山中都是煤炭，不用深挖就可采得。

又一里，则土石皆赤，有虬松离立道旁，亭曰望仙。又三里，则崖石渐起，松影筛阴，是名虎风口。于是石路萦回，始循崖乘峭而上。三里，有杰坊曰“朔方第一山”，内则官廨[①]，厨井俱备。坊右东向拾级上，崖半为寝宫，宫北为飞石窟，相传真定府恒山从此飞去。再上，则北岳殿也。上负绝壁，下临宫廨，殿下云级插天，庑门上下，穹碑森立。从殿右上，有石窟倚而室之，曰会仙台。台中像群仙，环列无隙。余时欲跻危崖，登绝顶。还过岳殿东，望两崖断处，中垂草莽者千尺，为登顶间道，遂解衣攀蹑而登。二里，出危崖上，仰眺绝顶，犹杰然天半，而满山短树蒙密，槎桠枝柯歧出枯竹，但能钩衣刺领，攀践辄断折，用力虽勤，若堕洪涛，汩汩不能出。余益鼓勇上，久之棘尽，始登其顶。

【注释】①官廨（xiè）：官署。

【译文】我又走一里，土石渐渐变红，松树盘曲在路旁，有如虬龙，这就是望仙亭。又走三里，崖石渐渐突起，松影透光，有如筛网，这就是虎风口。从这里开始，石路曲折盘旋，只能沿着山崖、迎着峭壁而行。三里处，有一块高大的牌坊，上题“朔方第一山”，坊内的官署里，设有厨房和水井。我沿着坊右的台阶东行，山半腰有寝宫，寝宫北是飞石窟，相传从这里飞出的山石，变成了真定府的恒山。继续上行，则是北岳殿。殿上倚绝壁，下临官署，殿前石阶直通云天，两侧房门石碑林立。我从殿右上去，有一处傍靠大殿的石窟屋，即是会仙台。屋中环列着群仙的塑像，室内没有一点闲处。此时，我正计划上陡崖、登绝顶。返途经过北岳殿东，远看两崖断裂处，下垂千尺，杂草丛生，便是登绝顶的小路，我脱掉外衣，攀扯践踏着杂草往上登。二里，出到陡崖上面，抬头眺望，绝顶仍然高耸在半空中，而满山矮树稠密，枝条枯竹歧出，钩住衣服、刺破脖颈，尽管一折就断，却也十分麻烦。我努力攀登，却像落入惊涛骇浪之中，面对无尽的浪潮，不能越开出去。我愈发鼓足勇气而上，很久才走完荆棘丛，随后登上了北岳绝顶。

时日色澄丽，俯瞰山北，崩崖乱坠，杂树密翳。是山土山无树，石山则有；北向俱石，故树皆在北。浑源州城一方，即在山麓，北瞰隔山一重，苍茫无际；南惟龙泉，西惟五台，青青与此作伍；近则龙山西亘，支峰东连，若比肩连袂，下扼沙漠者。既而下西峰，寻前入峡危崖，俯瞰茫茫，不敢下。忽回首东顾，有一人飘摇于上，因复上其处问之，指东南松柏间。望而趋，乃上时寝宫后危崖顶。未几，果得径，南经松柏林。先从顶上望，松柏葱青，如蒜叶草茎，至此则合抱参天，虎风口之松柏，不啻百倍之也。从崖隙直下，恰在寝官之右，即飞石窟也，视余前上隘，中止隔崖一片耳。下山五里，由悬空寺危崖出。又十五里，至浑源州西关外。

【译文】天色清朗明丽，我俯瞰恒山北边，崖壁崩塌，似将下坠，杂草茂密。这里的土山上没有树，石山上却树木丛生；北边都是石山，所以树木都长在北边。浑源州城一带的山麓，往北望去隔着重山，苍茫一片，看不到边际；南边是龙泉关，西边是五台山，与恒山相伴的是一片翠峰；近处是西横的龙山，支脉向东延伸，与东边的山峰接踵并肩，紧密相连，挡住了下方的沙漠。不久，我下至西峰，寻找先前进入峡谷时的陡崖，往下却只见茫茫一片，不敢下行。我回头东望，见到一个人轻步穿行，便上前问路。他指向东南的松柏林，我便往松柏进发，果然是上山时寝宫后的陡崖。不久，我果然找到小路，南经松柏林。之前，我在绝顶上眺望，青翠的松柏林有如蒜茎一样纤细，到这里才发现是一人合抱粗的参天大树，与虎风口的松柏相比，不知大了多少倍呢。我顺崖缝直下，寝宫右侧，恰好就是飞石窟，细观我先前登爬的险处，原来中间只相隔着一块崖石。我下山五里，从悬空寺的陡崖出山。又走十五里，到达浑源州西关外。

浙游日记

【题解】徐霞客一生曾先后七次游历浙江，饱览了浙江的大好山水，并留下五篇游记，即《游天台山日记》《游雁宕山日记》《游天台山后记》《游雁宕山后记》《浙游日记》。这篇《浙游日记》则是徐霞客于崇祯九年（1636）开始了他一生中最后一次“万里遐征”而写的游记。《浙游日记》和《江右游日记》都在乾隆刻本第二册上。季梦良抄本《徐霞客西游记》第一册包括这两篇游记，但没有分目。

徐霞客和一众好友从家乡江阴出发，走水路由锡邑、苏州、昆山、青浦、佘山至嘉善，进入浙江，再取道余杭、临安，过桐庐、兰溪，游金华，西行过衢州、常山，进入江西境内。在杭州，徐霞客游览了宝石山、飞来峰、灵隐寺、天竺寺等名胜。在新城，徐霞客游览了三九山、洞山，那一带景色奇异“石峰嶙峋，黑如点漆”，“黑崖白峡，处处如悬匹练”，给徐霞客留下很深印象。在金华，徐霞客游览了由“双龙”“冰壶”“朝真”三洞组成的金华三洞。徐霞客总结了三洞的特点：“朝真以一隙天光为奇；冰壶以万斛珠玑为异；而双龙则外有二门，中悬重幄，水陆兼奇，幽明凑异者矣。”在兰溪，徐霞客游览了六洞山，重点考察了白云洞、水源洞和紫霞洞。

丙子九月十九日　余久拟西游，迁延二载，老病将至，必难再迟。欲候黄石斋[①]先生一晤，而石翁杳无音至；欲与仲昭兄把袂而别，而仲兄又不南来。昨晚趋晤仲昭兄于土渎庄。今日为出门计，适杜若叔至，饮至子夜，乘醉放舟。同行者为静闻[②]师。

【注释】①黄石斋（1585—1646）：黄道周，号石斋，世人尊称石斋先生。为明末学者、书画家、文学家、民族英雄。②静闻：明末僧人。南京迎福寺莲舟大师法嗣。禅诵近20年，刺血写成《法华经》，愿供奉云南鸡足山。崇祯九年（1636），闻徐霞客有鸡足山之行，遂与其为伴，两人"晓共云关暮共龛"，相得甚欢。徐霞客得其帮助，克服了许多困难，颇不寂寞。次年春行至湘江，不幸遇盗，他遭创落舟，行李尽失，独擎经于顶，血书得存。后病逝于广西南宁崇善寺。徐霞客作诗痛悼，并遵遗嘱，携其遗骨及血书经文跋涉千里，历尽艰辛，终于抵达鸡足山，将血经安放悉檀寺，遂其礼迦叶道场之愿。

【译文】丙子年（崇祯九年，1636）九月十九日　我很久以前就计划去西部旅游，因故拖延了两年，眼看自己年岁渐老，恐怕将来疾病缠身，必定难以再作推迟了。本来想等黄石斋先生来见一面，但石斋翁了无音讯；想与仲昭兄握手话别，而仲昭兄又不南来这里。昨晚赶去土渎庄和族兄徐仲昭见面。今天正为出门做准备，恰好杜若叔到了，我和他一同饮酒到子夜时分，然后趁着醉意上船出发。一路同行的是静闻禅师。

二十日　天未明，抵锡邑[①]。比晓，先令人知会王孝先，自往看王受时，已他出。即过看王忠纫，忠纫留酌至午，而孝先至，已而受时亦归。余已醉，复同孝先酌于受时处。孝先以顾东曙家书附橐[②]中。时东曙为苍梧道，其乃郎伯昌所寄也。饮至深夜，乃入舟。

【注释】①锡邑（yì）：即无锡，今江苏无锡市。②橐（tuó）：口袋。

【译文】二十日　天还没有亮，就抵达无锡县城。等到拂晓后，先派人去通报王孝先，我自己前去看望王受时，但他已经外出了。随即去看望王忠纫。王忠纫留我喝酒酒喝到中午，这个时候王孝先来到，不久，王受时也回来了。我已经喝醉了，又与王孝先一起到王受时那里喝酒。王孝先把顾东曙的家信放在我的行李袋中。当时顾东曙在苍梧兵备道任职，这封家信是他的儿子顾伯昌寄给他的。饮酒直到深夜，这才返回船中。

二十一日　入看孝先，复小酌。上午发舟，暮过虎丘，泊于半塘。

【译文】二十一日　进苏州城去看望王孝先，又一起饮酒。上午开船出发，傍晚时分，经过虎丘，停泊在半塘。

二十二日　早为仲昭市竹椅于半塘。午过看文文老乃郎，并买物阊门。晚过葑门[①]看含晖兄。一见辄涕泪交颐，不觉为之恻然。盖含晖遁迹吴门且十五年，余与仲昭屡访之。虽播迁之余，继以家荡子死，犹能风骚自遣；而兹则大异于前，以其孙之剥削无已，而继之以逆也。因复同小酌余舟，为余作与诸楚玙书，诸为横州守。夜半乃别。

【注释】①葑（fēng）门：位于江苏苏州城东，相门之南。初名封门，以封禺山得名，因附近河中有鱄鲟鱼（江豚）出没，又名鱄门，鲟门。又以周围多水塘，盛产葑（茭白），遂改为葑门。

【译文】二十二日　早晨在半塘为仲昭兄购买了竹椅。中午去探望文文老的儿子，并到阊门购买物品。傍晚经过葑门进城去看望含晖兄。刚一见面他就泪流满面，我不自觉地生出怜悯之情。含晖兄在苏州隐居了将近十五年，我和仲昭兄曾多次拜访过他。虽然在到处迁移、奔波不定之后，随后又倾家荡产、儿子死亡，但他仍能吟诗作文、自我排遣。然而现在却与从前大不一样了，原因是他的孙子对他盘剥无度，加上又忤逆不孝。于是又同他一起到我的船中饮酒，他为我写了给诸楚玙的信，诸楚玙任广西横州知州。饮酒到半夜才分手。

二十三日　复至阊门取染紬[①]裱帖。上午发舟。七十里，晚至昆山。又十余里，出内村，下青洋江，绝江而渡，泊于江东之小桥渡侧。

【注释】①紬（chóu）：古同“绸”。

【译文】二十三日　又到阊门去取回所染色的绸缎和所裱装的字帖。上午开船。行七十里水路，晚上到达昆山县城。又行了十多里水路，从内村出来后，进入青洋江，横渡到江对岸，停泊在青洋江东岸的小桥渡旁边。

二十四日　五鼓行。二十里至绿葭浜，天始明。午过青浦。下午抵佘山北，因与静闻登陆，取道山中之塔凹而南。先过一坏圃，则八年前中秋歌舞之地，所谓施子野之别墅也。是年，子野绣圃征歌甫就，眉公同余过访，极其妖艳。不三年，余同长卿过，复寻其胜，则人亡琴在，已有易主之感。已售兵郎王念生。而今则断榭零垣，三顿而三改其观，沧桑之变如此。越塔凹，则寺已无门，惟大钟犹悬树间，而山南徐氏别墅亦已转属。因急趋眉公顽仙庐。眉公远望客至，先趋避；询知余，复出，挽手入林，饮至深夜。余欲别，眉公欲为余作一书寄鸡足二僧，一号弘辩，一号安仁。强为少留，遂不发舟。

【译文】二十四日　五更时分出发。走了二十里后，到达绿葭浜，天才蒙蒙亮。中午路过青浦县城。下午抵达佘山北面，和静闻登陆上岸，取道山中佛塔下的凹地往南行走。我们先经过一个荒芜破旧的园圃，记起这就是八年前中秋时节表演歌舞的地方，这也是大家所说的施子野的别墅。那年，施子野刚刚精心营造好华丽的园圃，征聘了歌舞者，眉公和我一同去拜访欣赏，美艳的景色令我们极其惊叹。不到三年，我和长卿经过这里，再次探寻那园圃昔日的胜景，却是人不在琴还在，已经有换主人的感觉。已卖给兵部侍郎王念生。而今天却是台榭断裂墙垣塌落。我在这里停顿三次，而园圃的面貌三次各不相同，沧桑的变化也就如此。越过佛塔下的凹地看去，却见佛寺已经没有了门，只有大钟仍然悬挂在树上，而且山南徐氏的别墅也早已变了归属。于是急忙赶往眉公的顽仙庐。眉公远远地望见有客人到来，先是急忙躲避；询问后知道是我，又走出来，挽着我的手走进他隐居的树林中，我们饮酒直到深夜。我要告别时，眉公想要为我写一封信寄给鸡足山的两位僧人，一位法号叫弘辩，一位法号叫安仁。强让我稍作停留，因此我没有开船启程。

二十五日　清晨，眉公已为余作二僧书，且修以仪。复留早膳，为书王忠纫乃堂[1]寿诗二纸，又以红香米写经大士馈余。上午始行。盖前犹东迂之道，而至是为西行之始也。三里，过仁山。又西北三里，过天马山。又西三里，过横山。又西二里，过小昆山。又西三里入泖湖，绝流而西，掠泖寺而过。寺在中流，重台杰阁，方浮屠五层，辉映层波，亦泽国之一胜也。西入庆安桥，十里为章练塘。其地为长洲南境，亦万家之市也。又西十里为蒋家湾，已属嘉善。贪晚行，为听蟹群舟所惊，亟入丁家宅而泊。在嘉善北三十六里，即尚书改亭公之故里。

【注释】①堂：即内堂，指母亲。

【译文】二十五日　清晨，眉公已经为我写好了给两位僧人的书信，还送给我路费。又挽留我吃早餐，他给王忠纫的母亲书写了两幅祝寿的诗帖，又把用红香米抄写的佛经和所画的观音像赠送给我。上午发船启航。在这之前的路程仍是向东绕道的路，而到了这里才是去西部行程的开始。船行三里，经过仁山。又向西北走了三里，路过天马山。又向西走三里，经过横山。又向西走二里，路过小昆山。又朝西行三里进入泖湖，船向西横渡江流，与泖寺擦肩而过。泖寺位于水流中央，高大的亭台楼阁，方形佛塔五层高，与层层波涛互相辉映，也是泽国的一胜景。向西驶入庆安桥，行十里后到章练塘。这里是长洲县的南部辖境，也是个有万户人家的集市。又向西行船十里到了蒋家湾，它已经属于嘉善境内。我贪图夜间航行，却被听蟹的众船只惊扰，便急忙划到丁家宅停泊下来。在嘉善县城以北三十六里处，这是尚书改亭公的故乡。

二十六日　过二荡，十五里为西塘，亦大镇也，天始明。西十里为下圩荡，又南过二荡，西五里为唐母村，始有桑。又西南十三里为王江泾，其市愈盛。直西二十余里，出澜溪之中。西南十里为前马头，又十里为师姑桥。又八里，日尚未薄崦嵫①，而计程去乌镇尚二十里，戒于萑苻②，泊于十八里桥北之吴店村浜。其地属吴江。

【注释】①崦嵫（yān zī）：指太阳落山的地方。②萑苻（huán pú）：位于河南省中牟县西北的沼泽。因苇密容易藏身，故盗匪常藏匿其中以杀人越货。后比喻盗匪藏聚的地方。

【译文】二十六日　接连驶过两个湖泊，行走十五里后是西塘，它也是一个大镇，这时天才蒙蒙亮。向西十里是下抒荡，又向南经过两个湖泊，再往西行五里是唐母村，这里才开始有桑树。又向西南行船十三里是王江径，这里的集市更为繁荣热闹。一直向西航行二十多里，进到澜溪中。从澜溪向西南行十里是前马头，又行十里是师姑桥。又行八里，太阳还没有落山，但计划去乌镇还有二十里远，为防备盗贼，我们就停泊在十八里桥北边的吴店村边的小河沟。这个地方隶属于吴江县。

二十七日　平明行，二十里抵乌镇，入叩程尚甫。尚甫方游虎埠，两郎出晤。捐橐中资，酬其昔年书价，遂行。西南十八里，连市。又十八里，寒山桥。又十八里，新市。又十五里，曹村，未晚而泊。

【译文】二十七日 黎明时才出发，行二十里后到达乌镇，下船进镇去拜望程尚甫。程尚甫恰好游览虎埠去了，他的两个儿子出来见我。我从衣袋中拿出钱，偿还前些年欠他家的书费，就走了。向西南航行十八里，到连市。又走十八里，到寒山桥。再行十八里，到新市。又行十五里，到曹村，天色虽不晚但也停船不走了。

二十八日 南行二十五里，至唐栖①，风甚利。五十里，入北新关。又七里，抵棕木场②，甫过午。令僮子入杭城③，往曹木上解元家，询黄石翁行旆，犹未北至。时木上亦往南雍④，无从讯。因作书舟中，投其家，为返舟，计此后行踪修阻，无便鸿也。晚过昭庆，复宿于舟。

【注释】①唐栖：今作“塘栖”，在余杭区北隅。②棕木场：今作“松木场”，在杭州城西北郊。③杭城：即今浙江杭州市。④南雍：明朝南京国子监，言其为南京的辟雍。

【译文】二十八日 从曹村往南行船二十五里，到达唐栖，风向十分利于航行。行船五十里，驶入北新关。又行船七里，到达棕木场，刚过中午。我叫仆人进入杭州城，前往曹木上解元家，询问黄石斋翁的行踪，还没有从北方回来。当时曹木上也前往南京国子监去了，没有办法打听黄石斋的消息。因而在船中写了封信，投递到他家中后，返回船中，这样做，是考虑到今后我行踪遥远，道路险阻，没有便利的通信条件了。晚上经过昭庆寺，又住宿在船中。

二十九日　复作寄仲昭兄与陈木叔全公书。静闻往游净慈、吴山净慈。是日复宿于舟。

【译文】二十九日　我又写了寄给仲昭兄和陈木叔的书信。静闻前去游览净慈寺、吴山。这日再次在船上住宿。

三十日　早入城，市参寄归。午下舟，省行李之重者付归。余同静闻渡湖入涌金门[①]，市铜炊、竹筒诸行具。晚从朝天门趋昭庆[②]，浴而宿焉。是日复借湛融师银十两，以益游资。

【注释】①涌金门：在西湖东岸，为古代杭州西城门之一。②昭庆：旧址在西湖东北岸，杭州旧寺庙，现今不存在。

【译文】三十日　早晨进城，买了些人参寄回家中。中午下到船中，把重的行李托人带回家。我和静闻渡过西湖进入涌金门，购买了铜炊锅、竹筒等出游的用品。晚上从朝天门出发前往昭庆寺，在寺里沐浴留宿。这天又向湛融法师借了十两银子，来补充出游的资金费用。

十月初一日　晴爽殊甚，而西北风颇厉。余同静闻登宝石山[①]巅。巨石堆架者为落星石。西峰突石尤屼嵲，南望湖光江影，北眺皋亭、德清[②]诸山，东瞰杭城万灶，靡不历历。下山五里，过岳王坟。十里至飞来峰[③]，饭于市，即入峰下诸洞。大约其峰自枫木岭东来，屏列灵隐之前，至此峰尽骨露；石皆嵌空玲珑，骈列三洞；洞俱透漏穿错，不作深杳之状。昔黥于杨髡[④]之刊凿，今苦于游丐之喧污；而是时独诸丐寂然，山间石爽，毫无声闻之溷[⑤]，若山洗其骨，而天洗其容者。余遍历其下，复各扪其巅。洞顶灵石攒空，怪树搏影，跨坐其上，不减群玉山头也。其峰昔属灵隐，今为张氏所有矣。下山涉涧，即为灵隐[⑥]。有一老僧，拥衲默坐中台，仰受日精，久不一瞬。已入法轮殿，殿东新构罗汉殿，止得五百之半，其半尚待西构也。是日，独此寺丽妇两三群，接踵而至，流香转艳，与老僧之坐日忘空，同一奇遇矣。为徘徊久之。下午，由包园西登枫树岭，下至上天竺，出中、下二天竺。复循下天竺后，西循后山，得"三生石"，不特骨态嶙峋，而肤色亦清润。度其处，正灵隐面屏之南麓也，自此东尽飞来，独擅灵秀矣。自下天竺五里，出毛家步[⑦]渡湖，日色已落西山，抵昭庆昏黑矣。

【注释】①宝石山：在西湖北岸，原称巨石山，山多奇峰怪石。②德清：今浙江德清县。③飞来峰：又名灵鹫峰，飞来峰山高168米，山体由石灰岩构成。飞来峰麓有三洞，即金光洞（又名青林洞、射旭洞）、龙泓洞（又名通天洞）、呼猿洞。飞来峰的东麓，有下天竺寺（法镜寺）、中天竺寺（法净寺）、上天竺寺（法喜寺），合称"三天竺"。④杨髡（kūn）：据呼猿洞造像题记，即元代人连琏真加。髡，对和尚的鄙称。⑤溷（hùn）：混乱。⑥灵隐：灵隐寺，又名云林寺，在飞来峰下。⑦毛家步：今茅家埠，在灵隐寺以东，西湖西岸。

【译文】十月初一日（10月29日）　天气十分晴朗，但西北风刮得很厉害。我与静闻一同登上宝石山山顶。巨石堆砌叠架在一起的地方是落星石。西面山峰上突起的岩石，特别高耸，向南远望湖光江影，往北远眺皋亭、德清县内的群山，朝东俯瞰杭州城内的万家烟火，无不历历在目。下了山走五里，途经岳王坟。十里后到达飞来峰，在街市中吃了饭，随即进入飞来峰下面的几个山洞游览。大约这座山峰从枫木岭向东延伸而来，如屏风样排列在灵隐寺的前面，到了此处峰脉终止，裸露出来骨头样的岩石；那山石都是中空玲珑的形状，有并排排列的三个石洞；各个石洞都通明透亮、交错贯通，没有作出幽深杳渺的样子。这地方以前被杨和尚刊刻雕凿像脸上刺了黑字，遭到破坏，如今又苦于遇到流浪乞丐们的喧噪污染；而唯独此时众乞丐声息全无，山间的石头清朗明秀，四周毫无一丝混杂的声音，宛若青山被水洗涤了它们的内部，蓝天擦洗了它的脸一样。我游遍了飞来峰下各处，又分别攀上山巅。洞顶上灵异的岩石钻天聚立，怪异的树木在风中摇曳着婆娑的倩影，跨上峰顶坐在上面，并不比西王母居住的群玉山头逊色。洞所在的山峰从前属于灵隐寺，现在属一个姓张的所有了。下山涉过涧水，就是灵隐寺。有个老和尚，裹着僧衣默默地坐在寺前的平台中央，仰面沐浴着日光，很久不眨一次眼睛。随后我进入法轮殿，殿的东边新建有罗汉殿，不过只有五百罗汉的一半，另一半还要等在西面建殿塑造。这一天，唯独这座寺院中有两三群美丽的妇人，接连来到，胭脂的香味四下飘飞，美艳的容色到处显现，这与老和尚默默坐在太阳底下忘记了时空，同样都是奇遇。为此，我在寺内徘徊了许久。下午，从包园的西边登上枫木岭，下山来到上天竺，转出中天竺和下天竺。我又顺着下天竺后面，向西沿着后山走，找到“三生石”，不仅石头的形态特异如石骨嶙峋一般，而且石头的颜色也清透柔润光泽。我猜想，这里正是灵隐寺对面屏风般横障着的山峰的南麓，由这里往东延伸到尽头的飞来峰，独揽了灵动秀美的景色。从下天竺出来前行五里，过了毛家步后，渡过西湖，这时太阳已落西山，回到昭庆寺时天色已经昏黑了。

初二日　上午，自棕木场五里出观音关。西十里，女儿桥[①]。又十里，老人铺。又五里，仓前[②]。又十里，宿于余杭之溪南。访何孝廉朴庵，先一日已入杭城矣。

【注释】①女儿桥：同今名，在余杭区南隅，余杭塘河北岸。②仓前：同今名，在余杭区西境。

【译文】初二日　上午，从棕木场出发前行五里后出了观音关。向西走十里，到达女儿桥。又行十里，到达老人铺。又行五里，到达仓前。又行十里，住宿在余杭县城的溪流南岸。我去拜访何朴庵孝廉，没想到他已在前一天到杭州府城去了。

初三日　自余杭南门桥得担夫，出西门，沿苕溪[①]北岸行。十里，丁桥铺。又十里，渡马桥，则余杭、临安之界也。其北可达径山[②]。又二里为青山[③]，居市甚盛。溪山渐合，又有二尖峰屏峙。一名紫薇，一名大山。十五里，山势复开。至十锦亭，一路从亭北西去者，于潜[④]、徽州道也；从亭南西去者，即临安[⑤]道也。从亭西南又一里，一石梁横跨溪上，曰长桥。越桥而南又一里，入临安东关。出西关，土城甚低，县廨颓隘。外为吕家巷，阛阓[⑥]反差盛于城。又二里为皇潭[⑦]，其阛阓与吕家巷同。其西路分南北，北者亦于潜之道，南者新城道也。已而复循山向西南行，又八里为高坎，始通排。又三里，南入枭柳坞，复入山隘。五里为下圩桥[⑧]。由桥南溯溪西上，二里为全张，一村皆张氏之房也。走分水者，以新岭为间道，以全张为迂道。余闻新岭路隘而无托宿，遂宿于全张之白玉庵。僧意余，杭人也。闻余好游，深夜篝灯瀹茗，为余谈其游日本事甚详。

【注释】①苕(tiáo)溪：浙江北部有东苕溪、西苕溪、南苕溪。因流域内沿河各地盛长芦苇，进入秋天，芦花飘散水上如飞雪，引人注目，当地居民称芦花为“苕”，故名苕溪。此处苕溪指今南苕溪。②径山：在今余杭区西隅。径山在佛教界享有盛名，创建于唐代的“径山寺”，与杭州的灵隐寺、净慈寺，宁波的天童寺、阿育王寺，并称为“禅院五山”。③青山：同今名，在临安市东隅，南苕溪南岸。④于潜：明朝时为县，隶杭州府，治今临安市中部的于潜镇。⑤临安：明朝时为县，隶属于杭州府，即今临安市。⑥阛阓(huán huì)：市肆，市门，也指街道。⑦皇潭：今作“横潭”，在临安市区西郊。⑧下圩桥：现作“夏禹桥”，在临安市南境。

【译文】初三日　我在余杭县城的南门桥雇到挑夫，走出城西门，沿着苕溪的北岸行走。走十里，到达丁桥铺。又行十里，到渡马桥，这是余杭、临安两县的分界处。这里的北边可以通到径山。又走二里为青山，居民集市很繁盛。到此处溪流与山峦逐渐合拢，前方又有两座尖峰如屏风一样对峙着。一座名叫紫薇峰，一座名叫大山。又行十五里，山势又开阔平坦了。到达十锦亭，有一条从十锦亭北边向西而去的路，是通往于潜县、徽州府的路；从十锦亭南边向西而去的，就是去临安县的路。从十锦亭往西南又行一里，有一条石梁横架在溪流上，叫做长桥。越过桥后往南又走一里，进入临安县城的东关。出了西关，土筑的城墙非常低矮，县衙门残破狭小。城外面是吕家巷，街市的繁华反而胜过城里。又行二里到皇潭，这里街市的情形与吕家巷一样。皇潭西边西去的道路分为南北两条，往北的一条也是通往于潜县的路，向南的一条是通往新城县的路。继而，我们又顺着山向西南走，行八里为高坎，水流从这里开始才可以航行竹木筏。又走三里，向南走我就进入了枭柳坞，于是重新进入山隘中。行五里到下圩桥。从桥南溯溪流西上，走二里是全张村，一个村子的人都是张氏的族人。去分水县的人，把从新岭走作为捷径，把从全张村走视为绕路走。我听说从新岭走的那条道路狭窄而且没有投宿的地方，便投宿在全张村的白玉庵中。庵中僧人名叫意余，是杭州人。他听说我喜爱旅游，就深夜挑灯煮茶，给我很详细地讲了他游历日本之事。

初四日　鸡鸣作饭，昧爽西行。二里，过桥，折而南又六里，上干坞岭[①]。其岭甚坦夷，盖于潜之山西来过脉，东西皆崇山峻岭，独此峡中凹。过脊处止丈余，南北叠塍而下，皆成稻畦。北流至下圩桥，由青山入苕；南流至沙宕，由新城入浙，不意平陀遂分两水。其山过东遂插天而起，曰五尖山。五尖之东北即新岭矣。循其西麓，又五里过唐家桥，则新城北界也。白石崖山障其南。遂循水西南行，五里为华龙桥[②]，有水自西坞来合。过桥，南越一小岭，二里至沙宕，前有一石梁跨涧，曰赵安桥，则入新城道也。由桥北西溯一涧，沿三九山北麓而入后叶坞[③]。“三九”之名，以东则从赵安桥南至朱村，北则从赵安桥西南至白粉墙，南则从白粉墙东南至朱村，三面皆九里也。由后叶坞九里至白粉墙，为三九山北来之脊。其脊亦甚坦夷，东流者由后叶出赵安桥，西流者由李王桥合朱村，此“三九”所以名山，亦以水绕无余也。白粉墙之西二里，为罗村桥，有水自北来，有路亦岐而北，则新城道也。循水南行里许，为钵盂桥，有水西自龙门龛来。龛有四仙传道岭，在桥西四里，乃于潜境。由桥北即转而东，里余复折而南。其地东为三九，西为洞山，环坞一区；东西皆石峰嶙峋，黑如点漆，丹枫黄杏，翠竹青松，间错如绣，水之透壁而下者，洗石如雪，今虽久旱无溜，而黑崖白峡，处处如悬匹练，心甚异之。二里，渡李王桥，遂至洞山之东麓。急置行李于吴氏先祠。令僮觅炊店，不得。有吴姓者二人至，一为余炊，一为赠烛游洞，余以鱼公书扇答之。洞山者，自龙门龛南迤逦东来，其石棱锐纹叠。东南山半开二洞，正瞰桥下。余遂同静闻西向蹑山。

【注释】①干坞岭：现作“甘坞岭”，在临安市南隅。②华龙桥：现作“化龙”，在临安市南隅的公路线上。③后叶坞：现作“后源坞”，在富阳市西北隅。

【译文】初四日　鸡叫时起来做饭，黎明时即向西出发。行二里，越过一座桥后，折向南又行六里，登上干坞岭。此岭非常平坦，是于潜县从西面延伸过来的山脉。东西两边都是崇山峻岭，唯独这中间的峡谷低凹。山脊延伸而过的地方只有一丈多宽，南北两面的梯田层层叠叠向下延展，全都开垦成稻田。北面的水流流到下圩桥，流经青山后汇入笤溪；南面的水流流到沙宕，流经新城县汇入浙江，我不曾想到这平缓的山冈竟然分隔开两边的水流。这条山脉延伸到东面就插入天空高高耸起，叫五尖山。五尖山的东北方就是新岭了。沿着干坞岭的西麓，又走五里经过唐家桥，则是新城县的北界了。白石崖山横障在唐家桥的南面。于是顺着水流向西南行，走五里后为华龙桥，有一条水从西面的山坞中流来交汇。跨过桥后，向南翻越一座小岭，再走二里来到沙宕村，村前面有一座石桥横跨在山涧上，叫赵安桥，这是到新城县的路。从桥的北边往西溯一条山涧，沿着三九山的北麓走，而后进入后叶坞。“三九”名字的得来，是因为东面从赵安桥往南到朱村，北面从赵安桥向西南到白粉墙，南面则从白粉墙往东南到朱村，三面都是九里路。从后叶坞前行九里到白粉墙，是三九山从北面延伸过来的山脊。那条山脊也很平坦，向东流的水流由后叶坞流出到赵安桥，往西流的水流流经李王桥与朱村的水流汇合，之所以用“三九”来称呼这座山，也是因为水流环绕着它四周没有余地的缘故。白粉墙西边的二里处，为罗村桥，有条水流从北边流来，有条路也是岔向北去，那是去新城县的路。顺着水流往南走一里左右，为钵盂桥，有一条水流从西面的龙门龛流来交汇。龙门龛有座四仙传道岭，位于钵盂桥西面四里处，属于于潜县境。由桥北边就转向东走，一里多以后又折向南。这里东边为三九山，西边为洞山，中间形成一片圆形山坞，东西两面都是嶙峋的石峰，岩石黑得像涂了漆，红枫黄杏与翠竹青松错落装点在其间，犹如锦绣一般；水流穿过石壁飞流直下，把石头冲洗得像雪一样白，现在长期干旱没有水流，但黑色的崖壁、白色的峡谷，处处如高悬的洁白绢帛，我心中感到很是惊异。走二里，跨过李王桥，便到了洞山的东麓。急忙将行李放在吴家的祖先祠堂中。叫僮仆去找做饭的地方和旅店，没有找到。后来有两个姓吴的人来到，一个给我们做饭，一个赠送蜡烛给我们，用以游览岩洞，我用鱼公题写字画的扇子酬谢了他们。洞山这地方，山脉从龙门龛南面曲折地往东延伸而来，山上的岩石棱角锋锐，纹理层叠。它东南边的半山腰有两个山洞，正好俯瞰临李王桥下一带。于是我和静闻继续向西登山。

沿小涧而上，石皆峡蹲壑透，清流漱之，淙淙有声。涧两旁石片涌出田畦中，侧者成塍，突者成台，竹树透石而出，枝耸石上而不见其根，干压石巅而不见其窦。再上，忽一大石当涧而立，端方无倚，而纹细如波縠之旋风，最为灵异。再上，修竹中有新建睢阳庙，雪峰之龛[①]在焉。一名灵隐庵。庵后危壁倚空，叠屏耸翠，屏之南即明洞也。如轩斯启，其外五柱穿列，正如四明之分窗，但四明石色劣下，不能若此列柱连卷也。中有一柱，上不至檐，檐下亦垂一石，下不至柱，上下相对，所不接者不盈咫。柱旁有树高撑，至檐端辄逊而外曲，翠色拂岩而上，黑石得之益章。再南即为幽洞。二洞并启，中间石壁，色轻红若桃花。洞口高悬，内若桥门之覆空，得呼声辄传响不绝，盖其内空峒无底也。廿丈之内，忽一转而北，一转而南。北者为干洞，拾级而上，如登橉[②]蹑阁。三十丈后，又转而南，辟一小阁，颇觉幽异。南者为水洞，一转即仙田成畦，塍界层层，水满其中，不流不涸。人从塍上曲折而入，约廿丈，忽闻水声潺潺。透一小门而入，见一小溪自南来，至此破壑下坠，宛转无底，但闻其声。循溪而南，又过一峡。仍透小门而入，须从水中行，乃短衣去袜，溯水蹑流。又三十丈，中有石，俱倒垂若莲花，下卷若象鼻者，平沙隘门，忽束忽敞。正如荆溪[③]白鹤洞，而白鹤潜伏山麓，得水为易，此洞高辟山巅，兼水尤奇耳。再入，则石洞既尽，汇水一方，水不甚深，又不知汇者何来，坠者何去也。及出洞，半日之间，已若隔世[④]。

【注释】①龛：供奉佛像或神位的石室或小阁子。②橉（lìn）：门槛。③荆溪：同今名，在江苏省南部，也作宜兴的别称。④洞山：在今富阳市西北隅万市镇与桐庐县接壤的偏僻山区。

【译文】沿着一条小山涧向上爬，岩石都像蹲在峡谷穿出沟壑一样，清澈的流水冲刷在岩石上面，发出淙淙的声响。山涧两旁石片从田畦中冒出来，斜立的成了田埂，凸起的形成平台，翠竹绿树穿破岩石向上生长出来，枝叶伸展在石头上边而见不到树根，树干压在岩石顶上而见不到岩石上有洞。再往上走，忽然见到一块大石头立在山涧中央，方方正正，周围没有支撑，上面纤细的石纹如旋风吹皱的水波纹，最灵妙奇异。再继续向上，修长的竹丛中有座新建的睢阳庙，雪峰和尚的墓塔就在这里。它又称灵隐庵。庵后高险的石壁背靠着天空，好似层叠的屏风，堆青耸翠，屏风的南边就是明洞。此洞如同轩阁一样敞开着，洞口外面五根石柱交错排列，正如四明山分列的窗口，但是四明山的石头颜色差，不像这里成列的石柱上下呈弧形相连。中间有一根石柱，上边没有抵到洞檐，而洞檐下也垂下一块岩石，岩石下边还没有触到石柱顶端，上下相对，间隔不到一尺。石柱旁边有棵树，高高张开树冠，到洞檐则退让而向洞外伸展，青翠的树色自下而上映染石壁，黑色的石崖被绿色映衬得更加显眼。再往南就是幽洞。两个洞并排敞开着，中间隔着石壁，石壁的颜色呈淡红色，若桃花一般。洞口高悬，里面如同桥洞一样下覆中空，一有呼喊声传到就不停地回响，这是因为洞内空阔无底的缘故。进洞后不超过二十丈，忽然一下子折往北，一下子折向南。北边的是干洞，拾级而上，就像踏着门槛登上楼阁。进去三十丈以后，又转向南边，那里建有一座小阁楼，让人感到特别幽静奇异。南边的是水洞，一拐进去便是畦田样的仙田，一层层的田埂，水浸满田畦中，不流动也不干涸。人从田埂上曲曲折折地绕进去，大约二十丈后，忽然听见潺潺的水声。穿过一个小石门进去，看见一条小溪从南边流来，到此处破开壑谷向下坠流，弯弯转转而见不到底，只能听到水声。顺小溪往南走，又穿过一个峡谷。仍旧钻过一个小石门往里走，因为必须从水中经过，所以便挽起衣裤脱掉袜子，逆流蹚水而行。又走三十丈，溪流中石头丛生，它们都似莲花一样倒垂着，下端如象鼻一般卷曲，平缓的流沙，狭窄的山门，忽而局促狭窄，忽而自然宽敞。这水洞正如荆溪的白鹤洞，但白鹤洞隐藏在山麓间，很容易获得水，此洞生在高高的山顶而同样有水，这是尤为奇特的。再深入，石洞已到尽头，那里汇积了一潭水，水不很深，又不知道这水从何处汇来，向下坠落到哪里去。等走出洞来，觉得半日之间，恍若隔世。

下山，饭于吴祠。乃溯南来之溪，二里至太平桥。桥西为高氏，桥东为吴氏，亦李王桥之吴氏之派也，亦有先祠甚宏畅[1]。时日色甚高，因担夫家近，欲归宿，托言马岭无宿店，遂止祠中。是日行仅三十五里，而所游二洞，以无意得之，岂不幸哉！是晚风吼云屯，达旦而止。

【注释】①宏畅：宽敞。

【译文】下了山后，在吴家祠堂吃了饭。然后便溯南面来的溪水，走二里后到太平桥。桥西居住的是姓高的人家，桥东居住的是姓吴的人家，他们也是李王桥吴姓家族的分支，这里也建有宽阔明亮的祖先祠堂。当时太阳仍高悬在天空，但因为挑夫家离此地近，想回家住宿，便借口说马岭没有住宿的旅店，于是就停在祠堂中。这天仅行了三十五里路，可是我所游览的两个山洞，都是在无意中发现的，难道不是一件幸事吗？这天晚上大风呼啸云层囤集，直到天亮才停止。

初五日　鸡再鸣，令僮起炊。炊熟而归宿之担夫至，长随夫王二已逃矣。饭后又转觅一夫，久之后行。南二里，上马岭，约里许达其巅。岭以北属新城，水亦出新城。岭南则属于潜，县在其西北五十里，水由应渚埠出分水县。下马岭，南二里为内楮[①]村坞，又一里为外楮村坞，从此而南，家家以楮为业。随山坞西南七里，过兑口桥，岐分南北，北达于潜可四十里，南抵应渚埠[②]十八里。兑口之水北自于潜，马岭之水东来，合而南去，路亦随之。八里，过板桥。桥下水自西坞来，与前水合，溯水西走，路可达于潜及昌化。又南五里为保安坪[③]。又一里为玉涧桥，桥甚新整，居市亦盛，又名排石。山始大开。又东二里，止于唐家拱。其地在应渚埠北二里，原无市肆，担夫以应埠之舟下桐庐者，必北曲而经此，遂止于溪畔。久之得桐庐舟。盖应渚埠为于潜南界，溪之南即隶分水，于潜之水北经玉涧桥，昌化[④]之水西自麻汊埠，俱会于应渚，而水势始大。顾五涧桥而上，已不胜舟，麻汊埠而上，小舟直抵昌化，于潜水固不敌昌化也。时日已中，无肆觅米，欲觅之应埠，而舟不能待，遂趁之行。下舟东南行十里，为分水县。县在溪之西。分水原止一水东南去，其西虽山势豁达，惟陆路八十里达于淳安。余初欲从之行，为王奴遁去，不便于陆，仍就水道，反向东南行矣。去分水东南二十里为头铺。又十里为焦山，居市颇盛。已暮，不能买米，借舟人余米而炊。舟子顺流夜桨，五十里，旧县，夜过半矣。

【注释】①楮（chǔ）：也叫穀，通称构树。叶似桑叶而粗糙，可作猪饲料。树皮是制造桑皮纸和宣纸的原料，所以古时纸亦称楮。②应渚埠（zhǔ bù）：今作“印渚”，在桐庐县北隅。③保安坪：今仍作“保安”，在桐庐县北隅。④昌化：今同名，在临安市西境。

【译文】初五日　鸡叫第二遍时，叫仆人起床烧火做饭。饭做熟时回家住宿的挑夫来到，但长期跟随我的挑夫王二已经逃走了。饭后又反复寻觅雇了一个挑夫，过了许久才出发上路。向南行二里，登上了马岭，大约一里左右到达马岭岭顶。马岭以北隶属新城县，水流也流往新城县。马岭以南则隶属于潜县，县城在马岭西北五十里，水流经应渚埠流到分水县。下了马岭，往南行二里为内楮村坞，又行一里为外楮村坞，从此处往南行，家家户户以用楮树皮造纸为业。沿山坞向西南行七里，越过兑口桥，道路便分为南北两条，北边那条到达于潜县城约有四十里，南边那条到达应诸埠约有十八里。兑口桥下的水从北面于潜县流来，马岭的水从东边流来，汇合后往南流去，道路也顺水流延伸。行八里，经过板桥。桥下的水从西面的山坞中流来，与前边所傍的水流汇合，溯水流往西走，道路能通到于潜县和昌化县。又向南行五里为保安坪。又走一里为玉涧桥，桥很新很整洁，房舍集市也很繁荣兴盛。此地又叫排石。山势到此才开始大为开阔。又向东行二里，停留在唐家拱。唐家拱在应渚埠北面二里的地方，原本没有集市店铺，因挑夫认为从应渚埠去桐庐县的船，一定会往北绕路经过这里，于是就停留在溪岸。过了很久，找到一只去桐庐县的船。原来应渚埠是于潜县的南界，溪南面就隶属分水县，于潜县的水流往北流经玉涧桥，昌化县的水流从西面麻汊埠流来，都在应渚埠合流，因此水势才开始大起来。只是玉涧桥以上，已不能行船，而麻汊埠以上，小船可直达昌化县城，于潜县流来的水流显然不如昌化县流来的大。当时已是中午，因为没有店铺买米，想去应埠找店铺买，但船不愿等待，于是只好随船走。上船向东南航行十里，到分水县城。县城位于溪流西岸。分水县原本只有一股水向东南流去，县城以西虽然山势开阔，但只有陆路，行八十里后到淳安县。我最初想从陆路走，因为姓王的奴仆逃走了，不方便从陆路走，所以仍然走水路，反而向东南方向行。离开分水县城向东南二十里为头铺。又走十里为焦山，房舍集市较为繁荣兴盛。此时已到傍晚，因为不能下船买米，便借了船夫多余的米做饭吃。夜色中船夫顺流荡桨，向前又走五十里，到达旧县，已经过了半夜了。

初六日　鸡再鸣，鼓舟，晓出浙江，已桐庐城下矣。令僮子起买米。仍附其舟，十五里至滩上。米舟百艘，皆泊而待剥，余舟遂停。亟索饭，饭毕得一舟，别附而去，时已上午。又二里，过清私口。又三里，入七里泷[①]。东北风甚利，偶假寐，已过严矶。四十里，乌石关。又十里，止于（严州府）东关之逆旅。

【注释】①七里泷：泷，湍急的河流称泷。富春江七里泷分为“一关三峡”即“乌石关、乌龙峡、子胥峡、葫芦峡”。亦以“山青、水清、史悠、境幽”为主要特色，享有“小三峡”之誉。又称七里滩。

【译文】初六日　鸡叫第二遍时开船，拂晓时船驶到浙江上，已经在桐庐县城下了。我叫僮仆起床下船去买些米。仍旧搭乘此船，船行十五里后到滩上。运米的上百艘船只都停泊在这里，等着分载转运，我们的船于是停泊下来。我急忙找饭吃，饭后另外找到一条船，便换乘此船而行，此时已是上午。又航行了二里，经过清私口。又行三里，进入七里泷。东北风十分利于航行，我偶尔打一会儿瞌睡，船就已经过了严矶。四十里后到乌石关。又行十里，停下来住宿在严州府东关的旅店中。

初七日　雾漫不辨咫尺，舟人饭而后行，上午复霁。七十里，至香头已暮。香头，山北之大村落也，张、叶诸姓，簪缨颇盛。月明风利，二十里，泊于兰溪[1]。

【注释】①兰溪：现为兰溪市。

【译文】初七日　大雾迷漫，近在咫尺也不能分辨，船夫吃了饭后开船，到上午雾气又散开。船行七十里，到达香头时天色已经接近傍晚。香头，是山北面的一个大村落，村内张、叶等姓人中，做官的很多。月色明朗风轻顺舟，我们又行了二十里，停泊在兰溪县城。

初八日　早登浮桥，桥内外诸舡[1]鳞次，以勤王师自衢将至，封桥聚舟，不听上下也。遂以行囊令顾仆守之南门旅肆中，余与静闻俱为金华三洞[2]游。盖金华之山，横峙东西，郡城在其阳，浦江[3]在其北，西垂尽处则为兰溪，东则义乌也。婺水东南从永康经郡之南门，而西北抵兰溪与衢江合。余初欲陆行，见溪中有舟溯流而东，遂附之。水流沙岸中，四山俱远，丹枫[4]疏密，斗锦裁霞，映叠尤异。然北山突兀天表，若负扆然，而背之东南行。问："三洞何在？"则曰："在北。"问："郡城何在？"则曰："在南。"始悟三洞不必至郡，若陆行半日，便可从中道而入，而时已从舟，无及矣。四十五里至小溪，已暮，月色如洗。又十五里登陆，投宿下马头之旅肆，以深夜闭门不纳。遇一王姓者，号敬川，高桥埠人。将乘月归，见客无投宿处，因引至金华西门外，同宿于逆旅。

【注释】①舡（chuán）：船。②金华三洞：由“双龙洞”“冰壶洞”“朝真洞”三洞组成，三洞位于金华的北山西北麓。③浦江：与下文的义乌、婺水、永康、衢江等，都隶属金华府。④丹枫：秋天经霜打过，泛红的枫叶。

【译文】初八日　早晨登上浮桥观览，见浮桥内外众多船只鳞次栉比，这是因为出兵援救朝廷的军队将要从衢州府来到这里，所以封锁了浮桥，堵拦船只，不允许它们自由上下通行。于是把行李交给顾仆看守，让他在县城南门旅店中等候，我和静闻一起去游览金华山的三洞。金华府的金华山，东西横向耸峙着，金华府城在山的南面，浦江县城在山的北面，向西下垂的尽头处就是兰溪县，东面则是义乌县。婺水从东南面的永康县流来，经过府城的南门，而后流向西北到兰溪县与衢江合流。我起初想走陆路，见溪流中有船逆流向东去，便搭乘了此船。溪水流淌在沙堤中间，四周山峰都离得远远的，丹红的枫叶疏密有致，像与锦缎比美，又像是用彩霞裁剪的，重叠辉映，十分奇异。然而北山高耸天外，犹如背靠一道倚天屏风，我们的船背对着山向东南方向行。向船夫询问：“三洞在哪里？”回答说：“在北面。”又问：“金华府城在哪里？”他却回答说：“在南面。”我这才明白去三洞不必到府城，如果从陆路走半日，便可从半路折进山去，可此时已经坐上船，来不及了。我们船行四十五里后到达小溪，已是傍晚，月色清新如洗。又行十五里后登陆，到下马头的旅店中投宿，但因为已经说深夜了，旅店闭门不接纳我们入住。后遇到一个姓王的人，号敬川，是高桥埠人。正要乘月色回家，看见客人无住宿的地方，他便带我们到金华府西门外，和我们一同在旅店中住宿。

初九日　早起，天色如洗，与王敬川同入兰溪西门，即过县前。县前如水，盖县君初物故[①]也。为歙人项人龙，辛未进士。五日之内，与父与子三人俱死于痢。又东上苏坊岭，岭颇平，阑阓夹之。东下为四牌坊，自苏坊至此，街肆颇盛，南去即郡治矣。与王敬川同入歙[②]人面肆，面甚佳，因一人兼两人馔。

【注释】①物故：亡故，死亡。物，即殁（mò）。②歙（shè）：即歙县，徽州府附郭县，现今安徽歙县。以产徽墨、歙砚著名。

【译文】初九日　清早起来，天色异常清新，像水洗过一样，与王敬川一起从兰溪西门进入，随后经过金华县衙门前。县衙前人头攒动，多如流水，原来是因为县官刚去世。县官为歙县人，叫项人龙，是辛未年（崇祯四年，1631）的进士。五天之内，他和他父亲以及儿子三人都死于痢疾。我们又向东走登上了苏坊岭，苏坊岭非常平缓，道路两边夹杂着街市。往东下去是四牌坊，从苏坊岭到这里，街道店铺都非常繁荣兴盛，再向南走就是府城了。我与王敬川一同进了一家歙县人开的面馆吃饭，面做的很美味，因此我们一人都吃了两人的量。

仍出西门，即循城西北行，王犹依依，久之乃别。遂有冈陇高下，十里至罗店[①]。问三洞何在，则曰西；见尖峰前倚，则在东。因执土人详询之，曰："北山之半为鹿田寺。其东下之脉，南峙为芙蓉峰，即尖峰也，为郡龙之所由；萃其西下之脉，南结为三洞，三洞之西即兰溪界矣。"时欲由三洞返兰溪，恐东有余胜，遂望芙蓉而趋。自罗店东北五里，得智者寺。寺在芙蓉峰之西，乃北山南麓之首刹也，今已凋落。而殿中犹有一碑，乃宋陆务观②为智者大师重建兹寺所撰，而字即其手书。碑阴又镌务观与智者手牍数篇。碑楷牍行，俱有风致，恨无拓工，不能得一通为快。寺东又有芙蓉庵，有路可登芙蓉峰。余以峰虽尖圆，高不及北山之半，遂舍之。仍由智者寺西北登岭，升陟峰坞，五里得清景庵。庵僧道修留饭，复引余由北坞登杨家山。山为北山南下之第二层，再下则芙蓉为第三层矣。绕其西，从两山夹中北透而上，东为杨家山，有居民数十家；西为白望山，为仙人望白鹿处。约共七里，则北山上倚于后，杨家山排列于前，中开平坞，巨石铺突，有因累级为台者，种竹列舍，为朱开府之山庄也。朱名大典。其东北石累累愈多，大者如狮象，小者如鹿豕，俱蹲伏平莽中，是为石浪，即初平③叱石成羊处，岂今复化为石耶？石上即为鹿田寺，寺以玉女驱鹿耕田得名。殿前有石形似者，名驯鹿石。此寺其来已久，后为诸宦所蚕食，而郡公张朝瑞海州人，创殿存羊，屠赤水④有《游纪》刻其间。余至已下午，问斗鸡岩在其东，即同静闻二里东过山桥。山桥东下一里，两峰横夹，涧出其中，峰石皆片片排空赴涧，形若鸡冠怒起，溪流奔跃其下，亦一胜矣。由岩东下数里，为赤松宫，乃郡城东门所入之道，盖芙蓉峰之东坑也。

【注释】①罗店：位于浙江省金华市区北郊，素有“婺城北大门”之称。②陆务观（1125—1210）：陆游，字务观，号放翁，汉族，越州山阴（今浙江绍兴）人，一生坚持抗金，南宋文学家、史学家、爱国诗人。

③初平：本姓黄，后世称为“黄大仙”。中国民间信仰之一，著名道教神仙。相传有黄初平见白石乃叱喊“羊起”，白石遂变成羊群的故事。④屠赤水（1543—1605）：屠隆，字长卿，一字纬真，号赤水、鸿苞居士，浙江鄞县人。明代文学家、戏曲家。书画造诣颇深，与胡应麟等并称“明末五子”。著有《安罗馆清室》《考盘余事》等。

【译文】我们仍然走出了西门，而后就沿城墙向西北走，王敬川仍然依依不舍的，过了很久我们才分别。一路上有高低不平的山冈丘垅，我走十里后来到罗店。打听三洞在何处，人们只是说在西面；见一座尖峰向前斜靠，却是在东面。我于是拉住一个当地人详细询问情况，他说：“北山的半山腰上为鹿田寺。北山向东延伸下去的山脉，耸峙在南面的是芙蓉峰，也就是那座尖峰，它是府城主山脉的起始处；北山向西延伸下去的山脉，聚拢在一起，转往南盘结而生成三洞，三洞的西面就是兰溪县界了。”我当时想从三洞返回兰溪县，又担心东面还有其它奇胜的美景，于是我便朝着芙蓉峰走去。从罗店往东北方向走五里，我就见到了智者寺。此寺院坐落在芙蓉峰的西面，是北山南麓的首座寺院，但现如今已破败零落。但大殿中仍存留有一块石碑，上面刻的是宋代陆游为智者大师重建此寺院撰写的碑记，并且碑上的字就是陆游亲手写的。石碑的背面还刻有陆游亲手写给智者大师的几篇书信。碑记的字体是楷书而书信的字体是行书，都有独特风骨和韵味，遗憾的是没有拓印的工匠，不能拓印到一份碑帖以满足心愿。智者寺东面又有一座芙蓉庵，并且有路可上登芙蓉峰。我认为芙蓉峰虽然又尖又圆，但高度不及北山的一半，于是不再攀爬而放弃了它。我仍然由智者寺往西北方向攀登山岭，一路上峰顶、下山坞，走五里后到达清景庵。庵中僧人道修留我们吃了饭，又带领我们从北面的山坞登上杨家山。杨家山是北山向南延伸下来的第二层山峰，再往下延伸就是芙蓉峰，为第三层了。我们绕到杨家山西面，从两山夹缝中往北穿越上去，东边为杨家山，山上有几十家居民；西边是白望山，是传说中仙人望白鹿的地方。我大约共行七里，看见北山高高向上斜靠在后面，杨家山排列在前方，中间形成平坦的山坞，山坞中巨石横铺竖凸，有人就着巨石砌成台阶开辟成平台，在平台上面种有竹子还有成排的房屋，这是朱开府的山庄。朱开府名叫朱大典。山庄的东北边巨石堆积得更多，大的似狮子、大象，小的像鹿或小猪，全都蹲伏在平地间、草丛中，这是石浪，即传说中魏晋时期黄初平大声呵叱石头从而使其变成羊的地方，难道如今它们又变回石头了吗？石浪的上面就是鹿田寺，这个寺院因传说有玉女驱赶着马鹿在这里耕田而得名。大殿前有一块形态似鹿的岩石，叫驯鹿石。此寺院由来已久，后被很多宦官吞噬侵占，知府张朝瑞是海州人，他创建殿宇，从而保存了石羊群，屠赤水有一篇《游纪》镌刻在大殿中。我到殿中时已是下午，打听后得知斗鸡岩在寺院东面，我立即同静闻往东行二里跨过山桥。从山桥往东下行一里，两座山峰横夹着，一条涧水从两山中流出，山峰上的石头一片片都凌空飞起，像是要奔赴沟涧中似的，形态就像因发怒而竖起的鸡冠，溪流在这些岩石的下面汹涌奔腾，也是一处优美的自然景观了。由斗鸡岩再往东向下走几里，为赤松宫，它是进入府城东门的道路，大概位于芙蓉峰东面的山谷中。

斗鸡岩上有樵者赵姓居之，指北山之巅有棋盘石，石后有西玉壶水从石下注，旱时取以为雩祝①，极著灵验。时日已下舂，与静闻亟从蓁莽②中攀援而上。上久之，忽闻呼声，盖赵樵见余误而西，复指东从积莽中行。约直蹑者二里，始至石畔。石前有平台，后耸叠块，中列室一楹，塑仙像于中，即此山之主。像后石室下有水一盆，盖即雩祝之水也。然其上尚有涧，泠泠从山顶而下。时日已欲堕，因溯流再跻，则石峡如门，水从中出，门上更得平壑，则所称西玉壶矣。闻其东尚有东玉壶，皆山头出水之壑。西玉壶之水，南下者由棋盘石而潜溢于三洞，北下者从里水源而出兰溪之北；东玉壶之水，南下者由赤松宫而出金华，东下者出义乌，北下者出浦江，盖亦一郡分流之脊云。玉壶昔又名盘泉，分耸于上者，今又称为三望尖，文之者为金星峰，总之所谓北山也。甫至峰头，适当落日沉渊，其下恰有水光一片承之，滉漾不定，想即衢江西来一曲，正当其处也。夕阳已坠，皓魄③继辉，万籁尽收，一碧如洗，真是濯骨玉壶，觉我两人形影俱异，回念下界碌碌，谁复知此清光！即有登楼舒啸④，酾⑤酒临江，其视余辈独蹑万山之颠，径穷路绝，迥然尘界之表，不啻霄壤矣。虽山精怪兽群而狎我，亦不足为惧，而况寂然不动，与太虚同游也耶！

【注释】①雩（yú）祝：古代为求雨而举行的祭祀。②蓁莽（zhēn mǎng）：杂乱丛生的草木。蓁，通“榛”荆棘。③皓魄：明月。④舒啸：大声吼叫。⑤酾（shī）斟。

【译文】斗鸡岩上有一个姓赵的打柴人在这里居住，他指点我说，在北山的山顶上有处棋盘石，棋盘石后有一股西玉壶水从岩石中流淌下来，人们在天旱时汲取此水祭祀求雨，极其灵验。这时太阳已傍西山，我和静闻赶忙从满是荆棘的乱草中攀爬上去。往上爬了很久，忽然听到呼叫声，原来是姓赵的打柴人见我们误朝西走，又指点我们往东从茂密的草丛中走。我们又大约一直攀登了二里路，才到达棋盘石旁边。棋盘石的前面有一个平台，后面有层叠的石块高耸着，中间有一间屋子，屋内塑着神仙像，它就是此山的山神。神仙像后边的石室下面有一盆水，那大概就是用来祭祀求雨的。然而石室上面还有条山涧，清澈有声地从山顶流淌下来。这时太阳已快落山，我们于是又追溯河流再往上登，看见石峡像门一样敞开，水从石峡中流出来，石峡门以上又见到一条平缓的沟谷，它就是所称的西玉壶了。听说它的东面还有个东玉壶，它们都是山头上出水的沟谷。西玉壶的水，向南边流下的是从棋盘石下渗到地里后在三洞中溢出来，向北边流下的是从里水源流出去，经兰溪县的北部流出；而东玉壶的水，向南边流下的是经赤松宫后流到金华府，向东边流下的是淌到义乌县，向北边流下的是淌到浦江县，大概此处也是全府的水流分流的山脊了。玉壶原来又叫盘泉，耸立在上面的分支山峰，如今又称为三望尖，雅称为金星峰，总起来就是所说的北山。刚攀到峰头时，正遇到落日沉入深潭，见峰下恰好有一片水光承接着落日余晖，波光荡漾不定，我猜想那就是衢江从西面流来的一个弯道，正好位于夕阳西照的地方。夕阳已落下山去，明月继续闪耀光辉照耀大地，天地间万籁俱寂，天空幽碧如洗，这玉壶水真是洗涤了人们的骨髓灵魂，我们两人觉得体态和身影都不同了，回想山下人世间忙忙碌碌，谁又知道有如此清朗的月光照耀呢！即便有人登上高楼大声吼叫，对临江水举杯畅饮，他们比起我们，独登万山绝顶，道路断绝，迥然超越于尘世之外的这些人，不只是天地之别！纵使山中会有精灵怪兽成群结队地来捉弄我，也不足值得我恐惧害怕，何况它们寂然不动。我们是与太空一同遨游啊！

徘徊久之，仍下二里，至盘石。又从莽棘中下二里，至斗鸡岩。赵樵闻声，启户而出，亦以为居山以来所未有也。复西上一里至山桥，又西二里至鹿田寺。僧瑞峰、从闻以余辈久不至，方分路遥呼，声震山谷。入寺，浴而就卧。

【译文】我徘徊了许久，仍然决定往下走二里，到了棋盘石。然后又从草丛荆棘中向下走二里，抵达斗鸡岩。之前那位姓赵的樵夫听见声音，便开门出来，他也以为像我俩这样是他住在山中以来所没有遇到过的。再向西朝上走一里到山桥，又朝西走二里到鹿田寺。僧人瑞峰、从闻因为我们很久不回来，正分头在路上远远地呼喊我们，呼喊声震动山谷。我们回去进了寺院，洗浴后就睡了。

初十日　鸡鸣起饭，天色已曙。瑞峰为余束炬数枚，与从闻分肩以从，从朱庄后西行一里，北而登岭。岭甚峻，约一里，有石耸突峰头。由石畔循北山而东，可达玉壶；由石畔逾峰而北，即朝真洞矣。洞门在高峰之上，西向穹然，下临深壑，壑中居舍环聚，恍疑避秦①，不知从何而入。询之，即双龙洞外居人也。

【注释】①恍疑避秦：意思是就如桃花源中的人为避秦祸一样与世隔绝。

【译文】初十日　鸡叫时我们起来做饭吃，此时天空已露出曙光。瑞峰替我们扎了几支火把，和从闻分别扛着跟随我们一起行走，从朱开府的山庄后往西走一里，向北登上山岭。那山岭很陡峭，大约走一里路，有一块岩石耸立突起在峰头上。从那岩石旁边顺北山往东走，可到达玉壶；从那岩石旁边翻越过山峰往北走，就是朝真洞了。洞门在高高的山峰上面，朝西边高高隆起，下临深谷，深谷中房舍环绕聚集，恍然间让人怀疑他们就是为躲避秦朝统治而居住到桃花源的人，不知他们是从哪里进到里边的。询问僧人后，得知他们就是双龙洞外面的居民。

盖北山自玉壶西来，中支至此而尽，后复生一支，西走兰溪。后支之层分而南者，一环而为龙洞坞，再环而为讲堂坞，三环而为玲珑岩坞，而金华之界，于是乎尽。玲珑岩之西，又环而为钮坑，则兰溪之东界矣；再环而为白坑，三环而为水源洞，而崇崖巨壑，亦于是乎尽。后支层绕中支，中支西尽，颓然下坠：一坠而朝真辟焉，其洞高峙而底燥；再坠而冰壶洼焉，其洞深奥而水中悬；三坠而双龙窍焉，其洞变幻而水平流。所谓三洞也，洞门俱西向，层累而下，各去里许，而山势崭绝①，俯瞰仰观，各不相见，而洞中之水，实层注焉。中支既尽，南下之脉复再起而为白望山，东与杨家山骈列于北山之前，而为鹿田门户者也。

【注释】①崭绝：险峻陡峭。

【译文】大体上北山从玉壶向西延伸而来，中间的支脉到此处结束，后面又生成一条支脉，向西绵延到兰溪县。后面的支脉分为数重向南曲伸，第一重环绕而形成双龙洞所在的山坞，第二重环绕而形成讲堂所在的山坞，第三重环绕而形成玲珑岩所在的山坞，而金华府的界限，也到这里为止。玲珑岩的西面，又环绕而形成钮坑，它是兰溪县东部的边界；第二重环绕而形成白坑，第三重环绕而形成水源洞，高崖巨壑，也到此结束。后支脉层层环绕着中支脉，中支脉到西面尽头处，坍塌一样向下坠陷：第一次下坠之处形成朝真洞，这个洞耸立在高处，因而洞底干燥；第二次下坠之处形成了冰壶洞所在的低洼地，此洞幽深隐秘，有水从洞顶流下来；第三次下坠之处形成了双龙洞，洞中景象变幻多端，而有水流平缓地流淌着。所说的三洞，洞门都朝西，各洞层叠向下，各洞相距一里左右，但山势险峻陡峭，不论俯瞰还是仰视，互相都看不见，而洞中的水，实际上是层层往下流淌的。中支脉到尽头后，向南延伸下去的山脉又再度隆起而成为白望山，它与东面的杨家山并列在北山的前面，成为鹿田寺的门户。

朝真洞门轩豁[①]，内洞稍洼而下。秉烛深入，左有一穴如夹室，宛转从之，夹穷而有水滴沥，然隙底仍燥，不知水从何去也。出夹室，直穷洞底，则巨石高下，仰眺愈穹，俯瞰愈深。从石隙攀跻下坠，复得巨夹，忽有光一缕自天而下。盖洞顶高盘千丈，石隙一规，下逗天光，宛如半月，幽暗中得之，不啻明珠宝炬矣。既出内洞，其左复有两洞，下洞所入无几，上洞宛转亦如夹室，右有悬窍，下窥无底，想即内洞之深坠处也。

【注释】①轩豁：宽敞，宽阔。

【译文】朝真洞洞口开敞宽阔，洞里面逐渐向下洼下去。举着烛火进到深处，左边有一个如同夹室的洞穴，顺着它曲折向前，夹缝尽头处有水往下滴，然而缝隙底部仍然是干燥的，不知水流到哪儿去了。走出了如同夹室的洞穴，直接探寻到洞底，洞底巨石高低错落，仰头眺望愈加穹隆，俯瞰愈加深邃。从石头缝隙间踩石阶下行，又到了一个巨大夹缝洞穴，忽然有一缕光线从天空中照射下来。原来洞顶高高盘踞在千百丈之处，圆形的一个小石孔，向下面引来天上的日光，宛若一弯新月，幽暗中见到这一片光亮，无异于明珠和宝贵的火炬了。走出内洞，洞左边又有两个洞，下洞延伸进去走不多远，上洞也如夹室一样曲折，右边有一个悬空的孔穴，从孔穴中向下窥视幽深无底，我猜想那里就是内洞坠陷的最深之处。

出洞，仍从突石峰头南下，里许，折而西北，又里许，得冰壶洞，盖朝真下坠之次重矣。洞门仰如张吻，先投杖垂炬而下，滚滚不见其底；乃攀隙倚空入其咽喉，忽闻水声轰轰。愈秉炬从之，则洞之中央，一瀑从空下坠，冰花玉屑，从黑暗处耀成洁采。水坠石中，复不知从何流去。复秉炬四穷，其深陷逾于朝真，而屈曲不及也。

【译文】出了朝真洞后，依旧从那岩石突立的峰头向南朝下走，走一里左右，折向西北行，又走一里左右，见到冰壶洞，它位于从朝真洞向下坠陷的第二层山间。洞口仰朝上就像张开的嘴巴，我们先向里面投进拐杖、扔下火把，只听到滚滚的声音而见不到底；于是攀着石头间的缝隙背靠空中进到洞口深处，突然听到水声轰轰作响。更加高举火把寻着水声再往里走，就是洞的中央，有条瀑布从空中中泻落下来，流水溅起的水滴宛如冰花玉屑，在黑暗中闪耀出洁白的光彩。水泻落在岩石间，又不知从何处流走。于是我们又举着火把把四周都游览尽了，发现洞深远远超过朝真洞，但弯转曲折程度却不如朝真洞。

出洞，直下里许，得双龙洞。洞辟两门，瑞峰曰：“此洞初止一门。其南向者，乃万历间水倾崖石而成者。”一南向，一西向，俱为外洞。轩旷宏爽，如广厦高穹，阊阖四启，非复曲房夹室之观。而石筋夭矫[①]，石乳下垂，作种种奇形异状，此“双龙”之名所由起。中有两碑最古，一立者，镌“双龙洞”三字，一仆者，镌“冰壶洞”三字，俱用燥笔作飞白[②]之形，而不著姓名，必非近代物也。流水自洞后穿内门西出，经外洞而去。俯视其所出处，低覆仅余尺五，正如洞庭左衽之墟，须帖地而入，第彼下以土，此下以水为异耳。瑞峰为余借浴盆于潘姥家，姥居洞口。姥饷以茶果。乃解衣置盆中，赤身伏水推盆而进隘。隘五六丈，辄穹然高广，一石板平庋[③]洞中，离地数尺，大数十丈，薄仅数寸。其左则石乳下垂，色润形幻，若琼柱宝幢，横列洞中。其下分门剖隙，宛转玲珑。溯水再进，水窦愈伏，无可容入矣。窦侧石畔一窍如注，孔大仅容指，水从中出，以口承之，甘冷殊异，约内洞之深广更甚于外洞也。要之，朝真以一隙天光为奇，冰壶以万斛珠玑为异，而双龙则外有二门，中悬重幄，水陆兼奇，幽明凑异者矣。

【注释】①夭矫：姿态伸展屈曲有气势。②燥笔：中国书画术语。指用笔含墨量甚少。飞白，即书法中的飞白体，中国一种特殊风格的书法，笔画中露出一丝丝的白地，像用枯笔写成的样子。相传为东汉蔡邕所作，汉魏宫阙多用此体。③庋（guǐ）：置放。

【译文】我们走出冰壶洞，一直向下走一里左右，到达双龙洞。双龙洞有两个洞口，瑞峰说：“此洞起初开始只有一个洞口。朝着南面的那个，是万历年间水流冲倒崖石而形成的。”它们一个朝南，一个朝西，都是外洞。这个洞高大空旷，开阔明朗，如同宽大的房屋高高隆起，四面开有天门，不再是之前隐秘曲折的房间和夹层石室的景象。洞内岩石弯曲而有气势，石钟乳一个个向下悬吊着，呈现出种种奇形怪状，“双龙”的名称由此而来。洞中有两块最为古老的石碑，一块竖立着，刻有“双龙洞”三字，一块倒卧着，刻有“冰壶洞”三字，全都是用燥笔写成的飞白大字，但没有落姓名，必定不是近代的遗物。流水从洞后穿过内门向西流出，经过外洞流出去。俯视水流出去的地方，岩石低低地覆盖在上面，仅余下一尺五寸左右的孔隙，正如洞庭东山的孔穴，身体必须贴着地面才能进去，不同的只是那里下面是土而这里下面是水。瑞峰替我们到姓潘的老妇人家借来了浴盆，潘老妇人居住在洞口外。她还用茶果招待我们。于是我脱了衣服放在盆中，赤身伏在水中推着盆进入隘口。隘口长五六丈，后面则穹然隆起，一块石板平架在空中，离地数尺，大有几十丈，薄薄的仅有几寸。石板的左面有石钟乳向下垂吊着，色泽光润形态多变，如同琼玉的柱子和珍宝装饰的经幢，横着排列在洞中。石钟乳的下面剖分成小门样的缝隙，缝隙内宛转曲折，玲珑可爱。我们溯着水流再进去，水洞更加低矮，无法容身体通过。水洞侧边岩石上一个小孔中有水流涌出来，孔洞大处仅能容下手指，水从孔洞中流出来，我用嘴接了些品尝，口感非常甘甜凉爽，这大概因为内洞比外洞更加深广。扼要地说，朝真洞以一个孔隙漏下天光为奇，冰壶洞以瀑布溅起万千珠玉为异，而双龙洞则外面有两个洞口，洞中间悬着重重石帐幕，不论水中还是陆地的景色都很奇特，暗处明处的奇异景色也凑聚在一起了。

出洞，日色已中，潘姥为炊煮黄粱以待。感其意而餐之，报之以杭伞一把。乃别二僧，西逾一岭。岭西复成一坞，由坞北入，仍转而东，去双龙约五里矣。又上山半里而得讲堂洞焉。其洞亦有二门，一西北向，一西南向，轩爽高洁[1]，亢出双龙洞之上，幽无双龙洞之黯，真可居可憩之地。昔为刘孝标挥麈[2]处，今则塑白衣大士于中。盖即北山后支南下第一岭，其阳回环三洞，而阴又辟成此洞也。岭下坞中，居民以烧石为业，其涧涸而无底流，居人俱登山汲水于讲堂之上。渡涧，复西逾第二岭，则北山后支南下之第二层也。下岭，其坞甚逼，然涧中有流淙淙北来。又渡而西，再循岭北上，磴辟流涌，则北山后支南下之第三层也。外隘而中转，是名玲珑岩，去讲堂又约六里矣。坞中居室鳞次，自成洞壑，晋人桃源不是过。转而西，逾其岭，则兰溪界也。下岭为钮坑，亦有居人数十家。又逾一岭曰思山祠，则北山后支南下之第四层也，去玲珑岩西又约六里矣。时日已将坠，问洞源寺路，或曰十里，或曰五里。亟下岭，循涧南趋五里，暮至白坑。居人颇多，亦俱烧石。又西逾石塔岭，则北山后支南下之第五层也。洞源寺即在岭后高峰之北，从此岭穿径而上仅里许，而其正路在山前洞之旁。盖此地亦有三洞，下为水源洞，一名涌雪。上为上洞，一名白云。中为紫云洞，而其地总以"水源"名，故一寺而或名水源，或名上洞。而寺与水源洞异地，由岭上径道抵寺，故前曰五里；由水源洞下岭复上，故前曰十数里。时昏黑不辨山路，无可询问，竟循大路下山。已见一径西岐而下，强静闻从之。久而不得寺，只见石窑满前，径路纷错。正徬徨间，望见一灯隐隐，亟投之，则水春也。其人曰："此地即水源，由此坞北过洪桥，循右岭而上，可三里即上洞寺矣"。以深夜难行，欲止宿其中。其人曰："月色如昼，至此山径亦无他岐，不妨行也。"始悟上洞寺在北山第五层之阴。乃溯溪西北至洪桥，自白坑来约四里矣。渡桥北，蹑岭而上里余，转而东又里余，始得寺，强投宿焉。始闻僧有言灵洞者，因忆赵相国有“六洞灵山”诸刻，岂即是耶？竟未悉而卧。

【注释】①轩爽：轩敞明朗。高洁：高大洁净。②麈（zhǔ）：兽名，也称驼鹿，就是今天所称的四不像。古时用麈尾做拂尘，故称拂尘为麈。晋代人清谈常挥麈尾为谈助，故“挥麈”就是闲居谈论。

【译文】我们走出双龙洞来，天色已接近中午，潘老妇人做好了黄小米饭等着款待我们。我们感谢她的好意，吃了饭，送一把杭州伞酬谢了她。这才告别两位僧人，向西翻越一座山岭。山岭西面又形成一个山坞，从山坞往北进去，仍折往东走，这时离开双龙洞约有五里远了。又上山半里找到讲堂洞。此洞也有两个洞口，一个朝向西北面，一个朝向西南面，轩敞明朗，高大洁净，位置高出双龙洞，幽深但没有双龙洞那么黑暗，真是可以居住又可以歇息的地方。这里以前曾是刘孝标闲居清谈的处所，如今塑了白衣观音像在洞中。洞所在的山岭是北山后支向南延伸而下的第一座岭，山岭的南面回绕着三个洞，而山岭的北面又辟成此洞。岭下山坞中的居民以烧制石灰为职业，山坞中的山涧干涸而没有水流，居民都登山到讲堂洞的上面取水。过了山涧，又向西翻越第二座山岭，它是北山后支向南延伸而下的第二层山脉。下了岭，岭下的山坞十分狭窄，然而山涧中有水从北面淙淙地流来。又渡过山涧往西走，再顺着山岭往北朝上爬，石阶一级级向上铺开，流水从两旁涌出，这是北山后支向南延伸而下的第三层山脉。山岭外面狭窄而里面曲折旋绕的地方，叫玲珑岩，它距离讲堂洞又约有六里。岩下山坞中房舍鳞次栉比，自成一块天地，晋代人桃花源的幽静奇美也不过如此。转向西，翻过这道山岭，就是兰溪县界了。下了岭是钮坑，也有几十家居民住着，又翻越一座山岭，叫思山祠岭，它是北山后支向南延伸而下的第四层山脉，距离玲珑岩西面又大约有六里路了。当时太阳已将落山，询问去洞源寺的路程，有人说十里，有人说五里。我们赶紧走下山岭，顺山涧往南急速走五里，傍晚时到达白坑。此村居民很多，也都是以烧制石灰为职业。又向西翻越石塔岭，它是北山后支向南延伸而下的第五层山脉。洞源寺就在石塔岭后边高峰的北面，顺山岭穿越小路上去仅有一里左右，而去那里的正路在山前下洞的旁边。原来此地也有三个洞，下边的为水源洞，又叫涌雪洞。上边的为上洞，又称白云洞。中间的为紫云洞，而这地方总的又以“水源”为名，所以同一个寺有时称水源寺，有时叫上洞寺。寺院与水源洞坐落在不同地方，由岭上的小路去寺院路程近，所以前面有人说五里远；从水源洞下了岭再上走到寺院路程远，因而前面也有人说是十几里远。此时天色昏暗近黑辨不清山路，又无处询问，我们竟然顺着大路下了山。随后见一条小路往西面岔下去，我硬逼着静闻跟我从这条小路走。走了许久却没有见到寺院，只见前面到处是石灰窑，山路杂乱交错。正在彷徨时，望见一灯隐约闪亮，赶忙奔过去，原来是一个水碓房。那主人说：“此地就是水源，从这个山坞向北越过洪桥，顺右边山岭上去，大约三里就是上洞寺了。”因为深夜中难以行走，我们本想停下来住在水碓房中。那人说：“月色很是明朗如同白昼一般，到这里后山路也不再有崎岖岔道，不妨继续走。”此时我们才明白上洞寺在北山第五层山脉的北面。于是我们溯溪流向西北行进到达洪桥，从白坑过来大约四里路了。渡到洪桥北面，往岭上登一里多，转向东又走一里多，才找到上洞寺，强行投宿到寺中。在寺中才听到有僧人谈到灵洞，因而回忆起赵相国有“六洞灵山”等碑刻，难道就是这里吗？我竟然未全弄明白就睡着了。

十一日　平明起，僧已出。余过前殿，读黄贞父碑，始知所称“六洞”者，以金华之“三洞”与此中之“三洞”，总而得六也。出殿，则赵相国之祠正当其前，有崇楼杰阁，集、记中所称灵洞山房者是也。余艳[①]之久矣，今竟以不意得之，山果灵于作合耶！乃不待晨餐，与静闻从寺后蹑磴北上，先寻白云洞。洞在寺北二里。

【注释】①艳：艳羡，心仪。

【译文】十一日　天明时起来，僧人已经外出了。我经过前殿，读了黄贞父撰写的碑文，才知道所说的“六洞”，是把金华山的“三洞”与这里的“三洞”合起来得到六个洞。我走出前殿，赵相国的祠堂正好在大殿前面，祠堂建有高大的楼阁，赵相国文集、杂记中所称的灵洞山房就是此处。我心仪它很久了，如今竟然意外地见到它，青山作美合人意，果真灵验啊！于是我没有等吃早餐，便和静闻从寺后踏着石阶往北上行进，先去寻觅白云洞。白云洞在寺北面二里处。

一里至岭头，逾岭而北，岭凹忽盘旋下洼如盂磐。披莽从之，一洞岈然，下坠深黑，意即所云白云而疑其隘。忽有樵者过顶上，仰而问之，曰：“白云尚在北。此洞窗也。”乃复上，北行。两山夹中，又回环而成一洼，大且百丈，深数十丈，螺旋而下，而中竟无水；倘置水其中，即仙游鲤湖矣。然即无水，余所见山顶四环而无隙泻者，仅此也。又下，从岐左西转山夹，则白云洞在焉。洞门北向，门顶一石横裂成梁，架于其前，从洞仰视，宛然鹊桥之横空也。入洞，转而左，渐下渐黑，有门穹然，内若甚深，外有石屏遥峙。从黑暗中以杖探地而入数十步，洞愈宽广，第无灯炬，四顾无所见，乃返步而出。出至穹门之内，初入黑甚者，至此光定，已历历可睹。乃复转屏出洞，逾岭而还。饭而出寺，仍旧路西下，二里至洪桥。未渡，复从桥左人居后半里上紫云洞。洞门西向，洞既高亢，上下平整。中有垂柱四五枚，分门列户，界为内外两重。琼窗翠幄，处处皆是，亦敞亦奥，肤色俱胜。洞之北隅复通一奥，宛转深入，以无炬而返。下渡洪桥，循涧而东，山石半削，髡[1]为危壁。其下石窑柴积，纵横塞路，即夜来无问津处也。渡石梁，水源洞即在其侧。洞门南向，正跨涧上。洞口垂石缤纷，中有一柱，自下属上，若擎之而起；其上嵌空纷纶，复辟一窦，幻作海蜃状。洞内上下分二层。下层即水涧所从出，涧水已涸，出洞数步，即有水溢于涧中，盖为水碓引出洞侧也。上层由洞门蹑蹬而上，渐入渐下，既下而空广愈觉无极，闻水声甚远，以无炬不及穷。

【注释】①髡（kūn）：古代一种把头发剃光的刑罚，此指剃削。

【译文】我们行进一里后到达岭头，翻过岭往北走，山岭上的凹地忽然盘旋着向下洼，如同钵盂或磬。披开草丛走下去，是一个深邃的石洞，它向下坠陷，黑不见底，我心想这就是所说的白云洞，但因为它狭窄而又有些怀疑。忽然，有一个樵夫路过山顶，仰面向他询问，他说："白云洞还在北边。这是白云洞的天窗。"于是又登到上面，继续往北走。两山夹峙之间，又曲折环绕而形成一片洼地，宽广处将近百丈，深几十丈，呈螺旋状向下陷落，但洼地中竟然无水；倘若灌水到里边，就成为仙游县的九鲤湖了。不过即使没有水，我所见过的山顶四周环绕而无缝隙泄水的洼地，仅这一处。又向下行，从岔路左边向西转往两山相夹处，白云洞就在这里。洞口向北，洞口顶部有一块岩石横向裂开，形成石桥，架在洞口前方，从洞口仰视，宛然是一座鹊桥横在空中。进了洞，转往左边走，渐往下渐黑暗，有个石门高高隆起，里面好像很深，外面有石屏风远远对峙着。黑暗中用拐杖试探着地面走进去几十步，洞更加宽广，只是没有灯火，四顾什么也看不见，这才往回走出来。出到隆起的石门内，原先进来时感到很黑暗的地方，由于光线稳定下来，已一一可见。于是又转过石屏风出了洞，翻过山岭回到寺中。饭后出了寺，沿着原路往西下山，走二里后到洪桥。没有过桥，又从桥左面住户后边走半里上到紫云洞。洞口朝西，洞既高广又上下平整。洞中间有四五根向下垂悬的石柱，像门户一样分别排列着，将山洞隔为内外两层。洞内奇石如琼玉翡翠，有的像窗户，有的像帐幔，到处都是，洞中有宽敞处亦有隐秘深邃的地方，岩石的外表及色彩都十分优美。洞内的北角又通向一个隐秘深邃的洞穴，曲折地深入进去，因无火把照路而返回。下山跨过洪桥，顺山涧往东走，山上的石头被挖削了一半，凿成危耸的石壁。山下石灰窑旁的柴火纵横堆积着，堵塞了道路，这便是昨夜来时无处问路的地方。越过石桥，水源洞就在桥侧面。洞口朝南，正好跨在山涧上。洞口交错杂乱地悬吊着些缤纷的石头，其中有一根石柱，从下连到顶上，像是被托举起来的一样；洞口上面缀着众多玲珑小巧的石头，又通着一个小洞，幻化出海市蜃楼般的景象。洞内分为上下两层。下层就是山涧水流出去的地方，山涧中水已经干涸，但出了洞几步，就有水在山涧中溢出来，这大概是因为水流被水碓引出到洞侧面的缘故。上层由洞口踩着石阶上去，渐往里走渐向下，下去后愈加觉得空阔无边，听到很远处有水声，但因无火把不能游览到穷尽。

出坐洞口擎柱内，观石态古幻。念两日之间，于金华得四洞，于兰溪又得四洞，昔以六洞凑灵，余且以八洞尽胜，安得不就此一为殿最[①]！双龙第一，水源第二，讲堂第三，紫霞第四，朝真第五，冰壶第六，白云第七，洞窗第八，此由金华八洞而等第之。若夫新城之墟，聿有洞山，两洞齐启，左明右暗，明览云霞，暗分水陆，其中仙田每每，塍叠波平，琼户重重，隘分窦转，以斯洞之有余，补洞窗之不足，法彼入此，当在双龙、水源之间，非他洞之所得侔也。品第久之，始与静闻别洞源而去。过夜来问津之舂，循西岭出坞，西南行十五里，而达于兰溪之南关。

【注释】①殿最：分高下排名次。

【译文】我们出洞来坐在洞口那仿佛是被托举起来的石柱内侧，观赏洞中岩石古朴奇幻的形态。想我在两天当中，在金华游览了四个洞，在兰溪又游览了四个洞。以前有人把六个洞凑合起来称为灵异，如今我更认为八个洞尽都奇美，那么怎能不就此评出个优劣呢？双龙洞第一，水源洞第二，讲堂洞第三，紫霞洞第四，朝真洞第五，冰壶洞第六，白云洞第七，洞窗第八，这就是把金华府八个洞划分的等级次序。至于新城县境内，有个洞山，山上两洞并排敞开，左洞明亮而右洞黑暗，明洞可以观赏云霞，暗洞又分水洞旱洞，洞中仙田片片，田埂层叠，波平水静，琼玉般的窗户一重重，隘口分列，孔洞曲折，用这个洞的长处补洞窗的不足，反过来也如此，那么它们应当排在双龙洞和水源洞之间，不是其它山洞所能相比的。品评了许久，才与静闻离开洞源而去。经过昨夜来时问路的水碓房，顺西面山岭走出山坞，向西南行十五里，抵达兰溪县城的南关。

入旅肆，顾仆犹未饭，亟饭而觅舟。时因援师之北，方籍[1]舟以待，而师久不至。忽有一舟自北来，亟附之，乃布舟也。其意犹未行，而籍舟者复至，乃刺舟。五里，泊于横山头。

【注释】①籍：此处指征调。

【译文】进到旅店，顾仆还没有吃饭，赶忙吃了饭去找船。当时因为救援朝廷的军队要北上，正征调船只等候着，然而军队许久没有到来。忽然有一只船从北面而来，便急忙去搭乘，这是一只运布匹的船。船夫本还不想走，但征调船只的人又来到，这才撑船而行。船航行了五里，停泊在横山头。

十二日　平明发舟。二十里，溪之南为青草坑。其地属汤溪[1]。时日已中，水涸舟重，咫尺不前。又十五里，至裘家堰，舟人觅剥舟[2]同泊焉。是夜微雨，东风颇厉。

【注释】①汤溪：明清为汤溪县，是原古婺州八县之一。②剥舟：卸货的船。

【译文】十二日　天亮时开船。航行二十里，溪流的南岸为青草坑。这里属汤溪县。当时已是中午，溪中水流干涸，船只显得沉重，前行咫尺都很困难。又航行十五里，到裘家堰，船夫找了艘卸货的船一同停泊在这里。这天夜里下起小雨，东风刮得十分猛烈。

十三日　天明，云气复开。舟人起布一舱付剥舟，风已转利。二十里至胡镇，又二十里于至龙游，日才下午。候换剥舟，遂泊。

【译文】十三日　天亮后，云雾又散开。船夫吊起一舱布匹交给卸货的船，此时风向已转得利于航行。行二十里后到胡镇，又行二十里到龙游县城，当时才下午。因为等着换卸货的船，就停泊下来不再航行。

十四日　天明，诸附舟者，以舟行迟滞，俱索舟价登陆去，舟轻且宽，虽迟不以为恨也。早雾既收，远山四辟，但风稍转逆，不能驱帆上碛①耳。四十五里，安仁②。为龙游、西安界。又十里，泊于杨村。去衢州尚二十五里。是日共行五十五里，追及先行舟同泊，始知迟者不独此舟也。江清月皎，水天一空，觉此时万虑俱净，一身与村树人烟俱熔，彻成水晶一块，直是肤里无间，渣滓不留，满前皆飞跃也。

【注释】①碛（qì）：浅水里的沙石。②安仁：和后文的西安，都是衢州府的县名。

【译文】十四日　天亮时，其他搭乘的旅客因为船航行缓慢，都纷纷要回船钱登陆上岸而去，这样船负荷减轻而且宽敞了，所以虽然船航行的缓慢但不感觉抱怨不满。早晨地雾气已经散尽，四周山峦渐渐变得清晰，只是风稍微变得逆向，不能扬帆驶上浅滩罢了。船走四十五里，到达安仁。为龙游、西安两县交界地。又航行十里，停泊在杨村。距离衢州府城还有二十五里。这天共行船五十五里，追上了先出发的船共同停泊在一起，这才知道迟缓的不单单是这条船。江水清透，月光皎洁，水天一色，同等开阔空旷，我觉得此时所有的忧虑、杂念都不复存在，全身心与周围的村庄、树丛、村民、炊烟融为一体，完全变成了一块水晶，直感到肌肤中没有间隙，不留有一丝残余废物，眼前的景物都有灵性一般地飞跃起来。

十五日　昧爽[①]，连上二滩。援师既撤，货舟涌下，而沙港涩隘，上下捱挤，前苦舟少，兹苦舟多。行路之难如此！十里，过漳树潭，至鸡鸣山。轻帆溯流，十五里至衢州，将及午矣。过浮桥，又南三里，遂西入常山溪口。风正帆悬，又二里，过花椒山，两岸橘绿枫丹，令人应接不暇。又十里，转而北行。又五里，为黄埠街。橘奴[②]千树，筐篚满家，市橘之舟鳞次河下。余甫登买橘，舟贪风利，复挂帆而西。五里，日没。乘月十里，泊于沟溪滩之上。其西即为常山界。

【注释】①昧爽：天将亮未亮的时候，即拂晓、黎明。②橘奴：橘树或橘子的别称。

【译文】十五日　黎明时分，我们接连上了两个沙滩。救援朝廷的军队已经撤走了，货船蜂拥而下，但沙港滞涩狭窄行船不畅，以至上下拥挤，先前船少苦恼，此时却船多也苦恼，行路竟是如此的艰难啊！船行十里，过了漳树潭，到达鸡鸣山。轻便的船扬帆溯流而行，十五里后到衢州府城，此时已近中午了。船经过浮桥，又向南行三里，便折向西进入常山溪口。风向很正，船帆高悬，又走二里，经过花椒山，两岸青绿的橘树，红彤彤的枫树，让人应接不暇。又航行十里，转向北行。又走五里，到黄埠街。这里有千万棵橘树，家家的箩筐都装满橘子，来购买橘子的船鳞次栉比地顺河而下。我刚登上岸去买回橘子，船夫贪图风顺利于前行，便又挂帆向西航行。又航行了五里，太阳落下山去。我们乘着月色又行十里，就停泊在沟溪滩的上边。停船处的西面就是常山县界。

十六日　旭日鲜朗，东风愈急。晨起，过焦堰[①]，山回溪转，已在常山境上。盖西安多橘，常山多山；西安草木明艳，常山则山树黯然矣。溯流四十五里，过午抵常山，风帆之力也。登岸觅夫于东门。径城里许，出西门。十里，辛家铺，山径萧条，无一民舍。又五里，得荒舍数家，日已西沉，恐前无宿处，遂止其间。地名十五里。

【注释】①焦堰：与本段中的常山、辛家铺、十五里等，都是衢州地名。

【译文】十六日　早晨初升的太阳亮丽明朗，东风越刮越急。清早起来，船经过焦堰，山峦回环，溪流曲绕，已航行在常山县境内。概括来说，西安县橘多，常山县山多；西安县草木明艳秀丽，常山县的山石树木就显得黯色无光。我们溯流航行四十五里，中午过后就抵达常山县城，全是凭借扬帆顺风的功劳。我离船登岸在城东门雇了挑夫。穿过城中一里左右，出了西门。走十里，到辛家铺，山间的小路非常萧条，没有一处居民房屋。又行五里，所到之处有很多间荒芜的茅舍，太阳已西沉，我担心往前走没有住宿的地方，便停留在这里，在茅屋中住下。此地名为十五里。

江右游日记

【题解】徐霞客曾四游江西：第一次是万历四十四年（1616）游览赣东。第二次是万历四十六年（1618），从九江登庐山，写下了《游庐山日记》。第三次是崇祯元年（1628），游览赣南的南安府和赣州府。第四次是崇祯九年（1636），从浙江常山入江西，历时两个半月，横贯江西，考察了江西各地的山川地貌、风十人情，写下了这篇《江右游日记》。徐霞客由浙江常山入江西，历经玉山、广信府、弋阳、贵溪、建昌府、新城、南丰，又折回建昌府，经乐安、永丰、吉水、永新等地，于崇祯十年正月初十（1637年2月4日）进入湖南。徐霞客游览了叫岩、龟峰，评价龟峰“盖龟峰峦嶂之奇，雁荡所无”。在贵溪探访了宋代理学家陆九渊的遗迹，然后游览了龙虎山、麻姑山。十一月初四（11月30日），徐霞客从建昌府出发，先后游览了天柱峰、狮山、象山、仙女排架山、嵩华山等胜地。徐霞客还游览了江西四大书院之一的白鹭书院。在永新，徐霞客游览了早已仰慕的梅田洞风景。最后，徐霞客游览了武功山胜景以及考察了武功山的地貌地形特点后，由界头岭进入湖南。

丙子十月十七日　鸡鸣起饭，再鸣而行。五里，蒋莲铺[1]，月色皎甚。转而南行，山势复簇，始有村居。又五里，白石湾，晓日甫升。又五里，白石铺。仍转西行，又七里，草萍公馆，为常山[2]、玉山两县界，昔有驿，今已革矣。又西三里，即南龙北度之脊也。其脉南自江山县二十七都之小筸岭，西转江西永丰东界，迤逦至此。南北俱圆峙一峰，而度处伏而不高，亦束而不阔。脊西即有一涧南流，下流已入鄱阳矣。涧西累石为门，南北俱属于山，是为东西分界。又十里为古城铺，转而南行，渐出山矣。又五里，为金鸡洞岭。仍转而西，又五里，山塘铺，山遂大豁。又十里，东津桥，石梁高跨溪上。其水自北南流，其山高耸若负扆，然在玉山县北三十里外。盖自草萍北度，即西峙此山，一名大岭，一名三清山。山之阴即为饶之德兴，东北即为徽之婺源，东即为衢之开化、常山，盖浙、直、豫章三面之水，俱于此分焉。余昔从堨埠出裘里，乃取道其东南谷中者也。渡桥西五里，由玉山东门入，里许，出西门。城中荒落殊甚，而西，城外市肆聚焉，以下水之埠在也。东津桥之水，绕城南而西，至此胜舟。时已下午，水涸无长舟可附，得小舟至府，遂倩之行。二十里而暮，舟人乘月鼓棹夜行。三十里，过沙溪。又五十里，泊于广信[3]之南门，甫三鼓也。沙溪市肆甚盛，小舟次河下者百余艇，夹岸水舂之声不绝，然闻其地多盗，月中见有揭而涉溪者，不能无戒心。广信西二十里有名桥濒溪，下流又有九股松，一本九分，参霄竞秀，俱不及登。

【注释】①蒋莲铺：与本段中的白石湾、白石铺、古城铺、山塘铺等都是村镇名。②常山：与本段中的玉山、江山、永丰、德兴、婺（wù）源、开化等都是县城。③广信：明代有广信府，即今上饶市。

【译文】丙子年（崇祯九年，1636）十月十七日　鸡刚叫时我们起床吃饭，鸡叫第二遍时我们就出发了。走了五里，到蒋莲铺，月色非常皎洁。折向南行，山峦重叠又聚拥，并开始有村庄。又走五里，到白石湾，朝阳才刚升起。又走五里，抵达白石铺。仍转向西行，又走了七里，到草萍公馆，这里是常山、玉山两县交界处，以前设有驿站，现今已取消设立。又往西三里，就是南面的主山脉往北延伸的山脊。这条山脉从南边江山县二十七都的小覃岭，转往西到江西永丰县东界，再曲折绵延到此处。山脊的南北部都耸峙着一座圆形的山峰，但山脊延伸而过之处，地势低伏而不高，并且也狭窄而不宽阔。山脊西面就有一条山涧向南流，下游一直流入鄱阳湖。山涧西面用石头垒砌成门，南北两边都属于玉山县，这是东西的分界线。又走十里为古城铺，然后折往南行，逐渐出了山。又走五里，为金鸡洞岭。仍旧转向西，又走五里，到山塘铺，山势便开阔起来。又走十里，到东津桥，一座石桥高高横架在溪流上。桥下的水自北流往南，北面的山高高耸立，像帝王背靠的屏风，然而那山远在玉山县北面三十里外。大约山脉从草萍往北越过后，便在西面耸起成为此山，它一名大岭，另一名三清山。山的北面就是饶州府的德兴县，东北方就是徽州府的婺源县，东面就是衢州府的开化县和常山县，大体上浙江省、南直隶、江西省三面的水流，都是从此山分流的。我以前从埸埠到裘里，就是取道此山的东南山谷中行走的。越过桥向西走五里，由东门进入玉山县城，一里左右，出了西门。城中荒凉衰败得很，而西城外的集市店铺聚集在一起，因为去下游的船舶码头在这里。东津桥下的水，绕过城南往西流，溪流到此处便能够行船。当时已下午，河水干枯没有长途的大船可搭乘，找到一只到府城去的小船，便请求船夫开船。行二十里后天黑下来，船夫乘月荡桨夜航。行三十里，经过沙溪。又行五十里，停泊在广信府城南门外，这时才三更天。沙溪的集市店铺非常繁荣兴盛，停泊在河中的小船有一百多艘，河两岸水碓的声响此起彼伏，然而听说这地方盗贼多，月色中见有人挽起衣裤渡过溪流，所以不能无防备之心。广信府城西二十里有座石桥濒临溪流，下游又有一棵九股松，一棵树干分出九条枝干，枝叶耸入云霄，争相竟秀，但都来不及登临了。

十八日　早起，仍觅其舟至铅山之河口。余初拟由广信北游灵山，且闻其地北山寺丛林甚盛，欲往一观。因骤发胝疮，行动俱妨，以其为河口舟，遂倩之行，两过广信俱不及停也。郡城横带溪北，雉堞[①]不甚雄峻，而城外居市遥控，亦山城之大聚落也。城东有灵溪[②]，则灵山之水所泄；城西有永丰溪[③]，则永丰之流所注。西南下三十里，有峰圆亘，色赭崖盘，名曰仙来山。初过其下，犹卧未起，及过二十里潭，至马鞍山之下，回望见之，已不及登矣。自仙来至雷打石，二十里之内，石山界溪左右，俱如覆釜伏牛，或断或续，不特形绝崆峒，并无波皱文，至纤土寸茎，亦不能受。至山断沙回处，霜痕枫色，映村庐而出，石隙若经一番点缀者。又二十里，过旁罗，南望鹅峰，峭削天际，此昔余假道分水关而趋幔亭之处，转盼已二十年矣。人寿几何，江山如昨，能不令人有秉烛之思耶！又二十里抵铅山河口，日已下舂，因流平风逆也。河口有水自东南分水关发源，经铅山县，至此入大溪，市肆甚众，在大溪之左，盖两溪合而始胜重舟也。

【注释】①雉堞（zhì dié）：古代城墙的内侧叫宇墙或是女墙，而外侧则叫垛墙或雉堞，守城的人可借以掩护自己。②灵溪：今绕北河。③永丰溪：今丰溪河。

【译文】十八日　早晨起来，我仍然找到昨天乘的那只船坐到铅山县的河口。我原打算从广信府城向北去游览灵山，并且听说灵山北山寺庙宇非常兴盛，想前往一观。因脓疮突然发作，一切行动都受到妨碍，而这船是到河口去的，于是请求船夫开船，这样就两次经过广信府城都没能停留。广信府城呈带状横向坐落在溪流北岸，城墙上排列如齿的矮墙不很雄伟高峻，城外的房舍集市远远地控制着要道，也算是山城中的一个大聚落。城东有条灵溪，是灵山的水泄流的河道；城西有条永丰溪，是永丰县的水流入其中。往西南下航三十里，有座山峰呈圆状横亘着，山色赤褐，崖壁盘曲，名叫仙来山。起初船经过山下时，我还躺着没有起床，等过了二十里潭，到马鞍山下，回头望见这座山，已经来不及去攀登了。从仙来山到雷打石，二十里内，石山分立在溪流左右两岸，一座座都像翻盖着的锅和卧伏的牛，有时断开有时相连，不仅山的形态独特空灵，并且没有水波样起伏的皱纹，以至于丝毫泥土和极短小的树草茎杆都没有。到了石山断开、沙岸回绕的地方，霜的痕印和枫叶的红色掩映村舍，呈现在眼前，石山上的缝隙间像是经过了一番点缀。又行二十里，经过旁罗，向南眺望鹅峰，尖峭陡直地耸入天际，这里就是以前我借道分水关赶往幔亭的出发地，转眼已经过去二十年了。人的寿命能有多少年，江山依旧像一样秀美，怎能不令人产生秉烛思旧的念头呢？又行二十里，到达铅山县河口，太阳已经下山，因为水流平缓又逆风行船，所以才这样慢。河口有条水从东南的分水关发源，流经铅山县城，到此处汇入大溪。集市店铺很多，排列在大溪的左岸，这是因为两溪汇合在此，才可以航行载重量大的船只的缘故。

十九日　晨餐后，觅贵溪舡[①]。甚隘，待附舟者，久而后行。是早密云四布，时有零雨。三十里，西至叫岩。濒溪石崖盘突，下插深潭，澄碧如靛，上开横窦，回亘峰腰，穿穴内彻，如行廊阁道，窗棂户牖都辨。崖上悬书“渔翁隐次”四大字，崖右即有石磴吸波。急呼舟子停舟而上。列石纵横，穿一隙而绕其后，见一径成蹊，遂溯源入壑。其后众峰环亘，积翠交加，心知已误，更欲穷源。壑转峰回，居人多截坞为池种鱼。绕麓一山家，庐云巢翠，恍有幽趣。亟投而问之，则其地已属兴安[②]。其前对之山圆亘而起者，曰团鸡石岭，是为铅山之西界。团鸡之西即叫岩寺也。叫岩前临大溪，渔隐崖突于左，又一崖对突于右。右崖之前，一圆峰兀立溪中，正如扬子之金、焦，浔阳[③]之小孤[④]，而此更圆整，所称印山也。寺后岩石中虚，两旁回突，庋以一轩，即为叫岩。岩为寺蔽，景之佳旷，在渔隐不在此也。叫岩西十里为弋阳[⑤]界，又有山方峙溪右，若列屏而整，上有梵宇，不知其名，以棹急不及登，盖亦奇境也。又三十里，日已下舂，西南渐霁，遥望一峰孤插天际，询之知为龟岩，在弋阳南十五里。余心艳之，而舟已觅贵溪者，不能中止。又十里至弋阳东关，遂以行李托静闻随舟去，余与顾仆留东关外逆旅，为明日龟岩之行。夜半风吼雨作。

【注释】①贵溪：今在江西省东北部。舡（chuán）同“船”。②兴安：明代时设兴安县，1914年兴安县改为横峰县，即今横峰县。③浔阳江：万里长江流经江西省九江市北的一段，因九江古称浔阳，所以又名浔阳江。④小孤山：在今江西彭泽北。⑤弋阳县：明代隶属广信府，即今弋阳县。

【译文】十九日　早餐后，我找到去贵溪县的船，船舱很狭小。因等候其他乘客，许久后才出发。这天早上天空布满浓云，时不时飘落零星小雨。行三十里，往西到达叫岩。濒临溪流的石崖弯曲盘绕高耸突立，下面插入深潭，潭水清澈碧绿如靛，崖间开有横向的洞穴，回绕横贯在山峰半腰，穿洞而入到里面，仿佛行在走廊阁道间，窗格子和门窗都清稀可辨。石崖上悬空写着“渔翁隐次”四个大字，石崖的右侧就有石阶映照出溪中流波。我急忙叫船夫停下船来，攀援而上。岩石纵横排列，穿过一条石缝绕到石崖后面，看到一条山路，于是沿山路往上进入深谷中。深谷后面众多山峰连绵环绕，树草丛密交错，我心里知道已经走错了路，却更加想探寻到山路尽头。沟壑曲折山峰盘绕，许多居民切断山坞砌起池塘养鱼。坐落在山脚有一户山村人家，房屋在山间云霞和树木翠色中，隐约间显出幽雅的情趣。赶忙过去问路，原来那里已属于兴安县。房屋前面对着的呈圆形横亘而高耸起的山，叫团鸡石岭，它是铅山县的西界。团鸡石岭的西面就是叫岩寺。叫岩前面濒临大溪，渔隐崖高耸在左侧，又有一座山崖与它相对着，高耸在右侧。右侧山崖的前面，有一座圆形山峰直立在溪中，正如扬子江中的金山、焦山和浔阳江中的小孤山，但此山峰更为浑圆齐整，它就是所称的印山。叫岩寺后面的岩石中间是空的，两旁回环突兀，岩间架着一座轩廊，这就是叫岩。叫岩被叫岩寺遮掩着，优美空阔的景致在渔隐崖而不在这里。叫岩往西十里为弋阳县界，那里又有座山正好屹立在溪流右岸，仿佛排列着一道齐整的屏风，山上有佛寺，但不知寺院的名称，因为船急于前行就没来得及攀登上去，这也是有奇特胜景的地方。又行三十里，太阳已落山，西南方云雾逐渐散尽，远远望去，一座孤峰高插天际，询问后知道是龟岩，它在弋阳县南边十五里。我心中心仪龟岩，但已找了到贵溪县去的船，不能中途停船不前。又行船十里到弋阳县城的东关，于是把行李交托给静闻随船先去，我和顾仆停留在东关外旅店中，为了明日去游览龟岩。半夜时狂风怒吼，下起了雨。

二十日　早起，雨不止。平明持盖[①]行，入弋阳东门。其城南临溪上，溪至此稍逊而南，濒城乃复浚支流为濠[②]，下流复与溪合。雨中过县前，又西至西南门，遇一龟岩人舒姓者欲归，遂随之出城。过濠梁，三里，渡大溪。溪南有塔，乃弋阳之水口也。自是俱从山冈行，陀石高下，俱成块而无纹，纤土不受也。时雨愈甚，淋漓雨中，望龟峰杳不可睹。忽睹路口一峰，具体而小，疑即夜来插天诱余者，询之知为羊角峤，其去龟峰尚五里也。比至，遥望一峰中剖如门。已而，门之南忽岐出片石如圭，即天柱峰也。及抵其处，路忽南去。转而东入，先过一堰，堰南汇水一池，即放生池也。池水两浸崖足。循崖左凿石成栈，即展旗峰也。上危壁而下澄潭，潭尽，竹树扶疏，掩映一壑，两崖飞瀑交注，如玉龙乱舞，皆雨师山灵合而竞幻者也。既入，忽见南崖最高处，一窍通明，若耳之附颅，疑为白云所凝，最近而知其为石隙。及抵方丈，则庭中人立而起者不一，为云气氤氲，隐现不定。时雨势弥甚，衣履沾透，贯心上人急解衣代更，爇火就炙，心知众峰之奇，不能拔云驱雾矣。是日竟日夜雨，为作《五缘诗》。晚卧于振衣台下之静室中。

【注释】①盖：草编雨具。②浚（jùn）：挖深，疏通（水道）。濠（háo）：护城河。

【译文】二十日　清早起来，雨不停地下着。天大亮时打着雨伞前行，进入弋阳县城的东门。弋阳县城南边面临溪流，溪流到这里稍微折向南，于是濒临城墙又开挖了一条支流作为护城濠，它的下游又与溪流汇合。雨中经过县衙门前，又向西来到西南门，遇到一个姓舒的龟岩人想回家去，便跟随他出了城。经过护城河上的桥，行三里，渡过大溪。大溪的南岸有座塔，此处是弋阳县的水口。从此处起都是在山冈间行走，石头高高低低，都是整块整块的岩石但没有石纹，没有丝毫的泥土。这时雨下得更大了，从淋漓的雨幕中，眺望龟峰，杳不可见。突然看见路口有一座山峰，形状就像龟峰，只是小一些，我怀疑它就是昨晚来时所见的那高插在天际诱我心动的山峰，询问姓舒的后知道它是羊角峤，此处距离龟峰还有五里远呢。等到了山峰前，远远望去，一座山峰从中间破裂开，就像一道门。随后见石门的南面忽然岔出一片如同圭玉的岩石来，那就是天柱峰。等到了此片岩石处，道路忽然折向南去。我转往东进去，先经过一座拦水坝，坝南面汇积了一池水，它就是放生池。池水浸没了两边的崖脚，沿着山崖的左边，有一条凿开石壁修成的栈道，此地就是展旗峰。上面是高险的崖壁，下面是清澈的水潭，潭的尽头，竹子树木枝叶茂盛，疏密有致，掩映着整个山谷，山谷两边崖壁上飞流的瀑布交相奔泻，如同玉龙乱舞，这些都是雨师山神相互配合竞相显示的奇幻景象。进入山谷，忽然看见南边山崖的最高处，有个透着光亮的洞穴，就像耳朵依附在头颅上的样子，我先怀疑它是一片白云凝聚而成的，走到最接近处才知道是一条石缝。等抵达寺中方丈处时，见庭院中有人站立，有人起身，不止是一个人，因为云气氤氲，人影忽隐忽现。此时雨势更大，我的衣服鞋子都湿透了，贯心上人急忙脱下他的衣服给我换上，点着火炉让我们烘烤。我深知这里众峰很奇异，然而不能拨开乌云驱散雾气看个究竟啊！这一天雨从早到晚一直下着，因此写了一首《五缘诗》。我们晚上就睡在振衣台下面的静室里了。

二十一日　早起，寒甚，雨气渐收，众峰俱出，惟寺东南绝顶尚有云气。与贯心晨餐毕，即出方丈[①]中庭，指点诸胜。

【注释】①方丈：据《维摩诘经》说，身为菩萨的维摩诘居士所住的卧室虽仅仅一丈见方，却能容纳二千师子之座，有不可思议之妙。后来把佛寺长老或住持的居处称为方丈，亦曰堂头、正堂。这是方丈一词的狭义。广义的方丈除指住持居处外，还包括其附属设施如寝室、茶堂、衣钵寮等。

【译文】二十一日　清早起来，天冷得很，雨和云气渐渐散开，众山峰都显露出来了，只有寺院东南方的最高顶处还有云气。我和贯心大师吃完早餐，便走出来到方丈庭院中，指点各处奇胜景色。

盖正南而独高者为寨顶，顶又有石如鹦嘴，又名鹦嘴峰[①]，今又名为老人峰。上特出一圆顶，从下望之，如老僧南向，袈裟宛然，名为“老人”者以此。上振衣台平视，则其峰渐分为二；

由双剑下窥，则顶若一叶缀起。其北下之脊，一起而为罗汉，再起而为鹦哥，三起而为净瓶，为北下最高脊，四起而为观音，亦峭。此为中支，北与展旗为对者也，楠木殿因之。从南顶而西，最峭削者为龟峰[②]、双剑峰。龟峰三石攒起，兀立峰头，与双剑并列，而高顶有叠石，如龟三叠，为一山之主名。峰下裂隙分南北者为一线天，东西者为摩尼洞，其后即为四声谷。从其侧一呼，则声传宛转凡四，盖以峰东水帘谷石崖回环其上故也。峰东最高者即寨顶，西之最近者为含龟峰，其下即寨顶、含龟分脊处，而龟峰、双剑峭插于上，为含龟所掩，故其隙或显或合；合则并成一障，时亦陡露空明，昨遂疑为白云耳。双剑亦与龟峰并立，龟峰三剖其下而上合，双剑两岐其顶而本连。其南有大书“壁立万仞”者，指寨顶而言也。款已剥落，云是朱晦庵。此二峰为西南过脊之中，东北与香盒峰为对者也，而旧寺之向因之。从西而北，联屏障于左者，一为含龟峰，其下即为振衣台，平石中悬屏下，乃道登摩尼、一线天者也。二为明星峰，北接双鳌，南联含龟，在正西峰为最高。其上有窍若星。三为双鳌峰，峰北下插澄潭，即入谷所经放生池南崖也。此三峰环峙于谷西，而寨顶之脉西北尽于此。从南顶而东，最回环者为城垛峰、围屏峰，此为东南层绕之后，西北与双鳌峰为对者也。从东而北，列磷峋于右者，覆者为轿顶峰，尖者为象牙峰，踞者为狮子峰。此联翩于谷东，而寨顶之脉东北转于此，又从北而骈立为案焉。平而突者为香盒峰也。幻而起者灵芝峰也，即方丈静室所向。斜而张者展旗峰也，东昂西下，南北壁立，南插澄潭，即入谷之凿栈于下者。此三峰排拱于谷北，而寨顶之脉西南尽于此。此俱谷之内者也。

【注释】①鹦嘴峰：今称老人峰，即今江西龟峰景区老人峰。②龟峰：地处信江中段弋江南岸，在弋阳县，因其“无山不龟，无石不龟”，且整座山体就像一只硕大无朋的昂首巨龟而得名。

【译文】正南面独自高出四周山峰的为寨顶，它顶部又有块岩石就像鹦鹉嘴，又叫鹦嘴峰，如今又被叫作老人峰。峰顶上单独冒出一个圆顶，从下面看上去，像一个面朝南的老和尚，袈裟好像真的，这也就是取名为“老人”的原因。登上振衣台平视，就见那山峰逐渐分成两个；从双剑峰向下窥视，则那圆顶宛若一片叶子连缀而起。寨顶向北延伸下去的山脊，第一个耸起的山峰为罗汉峰，再次耸起的山峰为鹦哥峰，第三个耸起的山峰为净瓶峰，它是往北延伸下去的最高山脊，第四个耸起的山峰为观音峰，它也很峻峭。这是中间的支脉，是和北面的展旗峰对峙的山脊，楠木殿就建造在这山脊上。从南面的寨顶往西，最峭拔陡直的山峰是龟峰、双剑峰。龟峰上三个紧相聚集的岩石高高耸起，直立在峰头，它与双剑峰并列着，而高高的峰顶上有重叠的巨石，像三只灵龟重叠在一起，因此龟峰成为整座山的主名。龟峰下呈南北向分开的裂缝形成一线天景观，而呈东西向的裂缝是摩尼洞，摩尼洞后边就是四声谷。从四声谷侧呼喊一声，声音就会辗转回响四次，大概是因为龟峰东面的水帘谷石崖曲折环绕在四声谷上面的缘故。龟峰东面最高的山峰就是寨顶，西面最近的山峰是含龟峰，含龟峰下面就是寨顶和含龟峰分开山脊的地方，而龟峰、双剑峰峭拔地插立在上面，因为被含龟峰所掩蔽，所以龟峰下那条裂缝看上去有时显露有时合在一起；合在一起就形成一道如屏障的山峰，有时突然分开露出空旷澄净的天空，昨天竟然怀疑是一片白云。双剑峰也和龟峰并立着，龟峰下部破裂成三部分而上部合并在一起，双剑峰顶上分为两部分而下面相连。这两峰南面有一处写着“壁立万仞”四个大字，那是指寨顶而言。落款已经剥落，据说是朱晦庵题写的。这两峰处在寨顶往西南延伸过去的山脊的中部，和东北面的香盒峰对峙着，以前的寺庙原来就建在此处。由西向北延伸，在左边接连不断联成一线像一道屏障，首先是含龟峰，含龟峰下面就是振衣台。振衣台是从屏风般的崖壁中部悬空伸出去的平坦的石头平台，是登摩尼洞、一线天的道路所经处。第二个是明星峰，明星峰北面接着双鳌峰，南面连着含龟峰，在正西面的山峰中是最高的。山峰上有个小孔与星星很像。第三个是双鳌峰，双鳌峰北面的石崖向下插入清澈的潭水中，它就是我昨天进入山谷后所经过的放生池南边的山崖。这三座山峰环绕耸立在四声谷西面，寨顶的山脉往西北延伸到这三座山峰尽头处结束。从南面的寨顶往东，最回旋环绕的山峰是城垛峰、围屏峰，它们就是东南面层层环绕的山峰之后，与西北面的双鳌峰对峙着的那两座山峰。从东向北延伸，排列在右边的嶙峋的山峰，顶上像有顶盖遮蔽的是轿顶峰，尖耸的是象牙峰，蹲伏的是狮子峰。它们连绵起伏横亘在四声谷的东面，寨顶的山脉东北面从这里转向，又在北面并排耸立起些山峰，成为案山。平缓而向上突起的是香盒峰。山峰变幻起伏的是灵芝峰，它就是方丈的静室所对着的山峰。倾斜而立舒展张开的是展旗峰，它东边高昂而西边低垂，南北面崖壁直立，南面的崖壁插入深邃的潭水，这就是我进山谷时，在下面经过的凿开石头修成栈道的崖壁。这三座山峰拱列成排在四声谷的北面，寨顶的山脉往西南延伸到此结束。这些都是在四声谷内的山峰。

若谷之外，展旗之北为天柱峰，即昨遥望开岐如圭者，旁又为狗儿峰。狮子之南为卓笔峰。围屏峰之南，深壑中有棋盘石。寨顶之南又有朝帽峰。峰独高，孤立寨顶后，余从弋阳东舟中遥见者即此，近为诸峰所掩。又寨顶、朝帽间，则为接引峰。寨顶之西有画笔峰，盖寨顶北下者，既为罗汉诸峰，其南回西绕，列成屏嶂，反出龟峰之后者，此是也。岩上有泉，是名水帘洞。此俱谷之外者也。

【译文】坐落在四声谷的外面，展旗峰的北面为天柱峰，它就是昨天远远看去岔开像圭玉一样的那山峰，它旁边又是狗儿峰。在狮子峰的南面为卓笔峰。在围屏峰的南面，深邃的壑谷中有块棋盘石。在寨顶的南面又有朝帽峰。这座山峰独自高耸，高出其它山峰，孤零零的耸立在寨顶后面，我在船行驶到弋阳县东面时远远看见的就是这座山峰，到近处一看它却被众山峰遮掩着。另外，又看见矗立在寨顶和朝帽峰之间的山峰，是接引峰。寨顶的西面有座画笔峰，大概是寨顶往北延伸下去的山脉，形成罗汉峰等山峰，山脉折往南迂回又向西环绕，排列成一道像屏风的山峰，而绕到龟峰后面耸出的，就是这座画笔峰。画笔峰岩石上有条泉，称为水帘洞。这些都是四声谷外围的山峰景象。

其谷四面峰攒，独成洞窟。惟西向一峡，两崖壁立，水从中出，路亦从之。其南从龟峰之下，西从狮子峰之侧，北从香盒、天柱之间，皆逾峰跻隙而后得度，真霄壤[①]间一灵胜矣。其中观音峰一枝，自寨顶北坠，分为二谷：西则方丈静室所托，最后为振衣台、摩尼洞之路；东则榛莽深翳[②]。

【注释】①霄壤：天和地，天地之间。比喻相去极远，差别很大。②翳（yì）：遮蔽，障蔽。

【译文】这个山谷四面山峰攒连丛聚在一起，独自形成洞穴。唯独朝着西面有一条峡谷，峡谷两边悬崖峭壁直立，溪水从峡谷之中流出，山路也沿峡谷走向。道路的南面从龟峰向下，向西面走要沿着狮子峰的侧面，向北面走就沿着香盒峰和天柱峰之间，途径这些地方都要穿越山峰攀着石缝才能进出山谷，真是天地间一处灵奇秀美的绝胜景致啊！其中观音峰那一条支脉，从寨顶往北向下延伸，分为两个山谷：西面的山谷就是方丈的静室坐落在其间的那个，最末端是上振衣台、摩尼洞的路；东面的山谷被杂乱丛生的草木深深地遮蔽着。

余曳杖披棘而入，直抵围屏峰、城垛峰之下，仰视“饿虎赶羊”诸石，何酷肖也。使芟夷深莽，叠级置梯，必有灵关再辟，奥胜莫殚[①]者。惜石乱棘深，无能再入。出，循狮子峰之北，逾岭南转，所谓轿顶、象牙诸峰，从其外西向视之，又俱夹叠而起。中悬一峰，恍若卓笔，有咄咄书空之状，名之曰卓笔峰，不虚也，不经此不见也。峰之下俱石冈高亘。其东又有石峰一枝，自寨顶环而北，西与轿顶、象牙诸峰，又环成一谷。余从石冈直南披其底，复以石乱棘深而出。因西逾象牙、狮子之间，其脊欹[②]削，几无容足，回瞰内谷，真别有天地矣。此东外谷之第一层也。

【注释】①殚（dān）：竭尽。②攲（qī）：倾斜不正。

【译文】我拄着拐杖拨开荆棘从东面山谷深入进去，直走到围屏峰、城垛峰的下面，仰视“饿虎赶羊”等众多岩石，是多么逼真相似啊！假若铲除掉长得很高的丛草，一级级铺上石阶，放上梯子，到达上面，一定有像灵关一样的地方再次得到开辟，深藏的僻静优美的景致定会层出不穷。可惜石块杂乱荆棘茂密，无法再深入进去。走出山谷，顺着狮子峰的北面，翻过山岭转往南，所说的轿顶峰、象牙峰等各山峰，在山谷外面向西远看它们，又都互相夹峙重叠而耸起。中间高悬着一座山峰，仿佛一支直立的笔，看上去有咄咄向空中书写的样子，把它称为卓笔峰，不是虚得此名，不经过此处就看不到它。卓笔峰下面都是些石头山冈高高耸立，绵延横陈着。它的东面又有一座石峰，从寨顶向北环绕，在西面与轿顶峰、象牙峰等众山峰又环绕而形成一个山谷。我从石头山冈间一直向南穿行到石峰的底下，再次因为石头杂乱荆棘浓深而退出来。于是向西前行翻越象牙峰、狮子峰之间的山脊，那山脊倾斜陡峭，几乎没有立脚的地方，在山脊上回首俯瞰里面的山谷，真是别有天地之风景。这就是东外谷的第一层。

复循外岭东行，南转二里，直披寨顶之后，是为棋盘石。一大石穹立谷中，上平如砥，镌其四旁，可踞可憩。想其地昔有考槃[1]，今成关莽，未必神仙之遗也。其西南为朝帽峰，西北为寨顶，盖即围屏峰之后也。其外峰一枝，自朝帽峰下复环而北，又成一谷，但其山俱参差环立，不复如内二枝俱石骨削成者矣。此东外谷之第二层也。

【注释】①考槃（pán）：亦作“考盘”“考磐”。成德乐道，后比喻隐居。

【译文】又沿四声谷外围的山岭往东走，折往南走二里，直穿到寨顶的后面，就是棋盘石。一块大石头高高地耸立在山谷中，上面平滑得就像磨刀石，岩石四周经过雕琢凿削，可盘坐可休息。我寻思此处以前曾有人隐居，现在成了与周围隔绝、闭塞荒芜杂草丛生的地方，未必是什么神仙遗留的仙迹。它的西南边为朝帽峰，西北边为寨顶，由此可知它的位置大概就在围屏峰的后面。它外围有一支山脉，从朝帽峰下面又环绕向北，形成另外一个山谷，只是那些山峰高低起伏参差不齐，环绕耸立在山谷外，不再像里面的两支山脉都是由裸露的石头、直立的崖壁构成。这就是东外谷的第二层。

寨顶、朝帽之间，峰脊度处，一石南向而立，高数十丈，孤悬峰头，俨若翁仲[①]，或称为接引峰，或称为石人峰。从棋盘石望之不觉神飞，疑从此可跻绝顶，遂披棘直穷岭下，则悬崖削石，无可攀跻也。仍从旧路至狮峰，过香盒峰，登灵芝峰，望天柱、狗儿二峰，直立北谷中。盖展旗与其北一峰又环成一谷，此北外谷也。

【注释】①翁仲：传说阮翁仲为秦代一丈三尺的巨人，秦始皇命他守边，匈奴人很怕他。他死后，秦始皇下令仿照其形状铸成铜人立于咸阳宫门外。后指铜像或石像，也专指墓前的石人。

【译文】在寨顶、朝帽峰之间，山脊穿越的地方，有块岩石向南矗立着，高有几十丈，孤零零地高悬在峰头上，俨然像一尊石像，有人把它叫作接引峰，也有人把它叫作石人峰。从棋盘石这个地方眺望那石峰，不觉神思飞扬，我怀疑从棋盘石这个地方可以攀登到最高处，便劈开荆棘一直探寻到岭下面，然而面前却是陡峭的悬崖，无处可攀登。所以我们依然得从原路返回到狮子峰，中途经过香盒峰，又登上灵芝峰，从灵芝峰上远远望去，天柱峰、狗儿峰两座山峰直立在北边的山谷中。展旗峰与它北面的一座山峰又环绕形成一处峡谷，这就是北外谷。

既而从展旗之西南，直东上其巅。东南眺朝帽峰之东，又分立一石，亦如接引，而接引则隐不可见；南眺叠龟、双剑，俱若一壁回环，无复寸隙也。下峰，从夹栈西出，循潭外南行，出双鳌、明星、含龟之后，东视三峰，其背俱垂土可上。舍而更南，东入即水帘之径，逾叠龟、双剑，即下振衣谷中之道也。更舍而南，见有道东上，知为寨顶无疑矣。贾勇而登，二里，西视叠龟、双剑已在足下，始知已出水帘上。下视谷中，三面回环如玦①，惟北面正对龟峰、双剑，其西有隙可通，然掩映不见所从。此南外谷之第一层也。

【注释】①玦（jué）：环形古玉器，一面有开口。

【译文】随后我们从展旗峰的西南面，一直往东登上朝帽峰顶。向东南眺望，朝帽峰的东面，又分立着一块岩石，也如同接引峰一样景象，而接引峰却被遮蔽着看不到；向南眺望叠龟峰、双剑峰两座山峰，都像是曲折环绕的一整块大石壁，不再露出一寸缝隙。走下展旗峰，从崖壁间的栈道向西出来，沿着那个水潭外侧向南行，到了双鳌峰、明星峰和含龟峰的后面，向东远观这三座山峰，它们的背面都是下垂的土坡，可以爬上去。我放弃爬山而再往南走，朝东边进去就是到水帘洞的小路，翻过叠龟峰、双剑峰两座山峰，就是向下到达振衣谷中的路。我再次放弃这里而继续往南走，看见有条路往东面上行，心想必定无疑是到寨顶的路了。我凭借勇气向上攀登，爬了二里，向西一看，叠龟峰和双剑峰已经在脚下，这才知道已经到了水帘洞的上面。向下俯视山谷中，东、西、南三面呈半环形，就像一块玉玦，只有北面正对着龟峰和双剑峰，山谷西面有个山峡通到外面，然而山峰草木掩映中看不见那山峡是通往哪里。这是南外谷的第一层。

循崖端再上，已而舍左从右，则见东南冈上，乱石涌起，有若双芝骈立，盘大茎小，下复并蒂，中有穿孔，其上飞舞成形，应接不暇。又上一里，既登一顶，复舍右从左，穿石隙而上，转而东南行，其顶更穹然也。其北复另起一顶，两顶夹而成峡，东南始于过脊，西北溢于水帘，山遂剖为两界，而过脊之度其东南者，一石如梁，横两顶之间，梁尽而轰崖削起，决无登理。踞脊上回瞰南谷，崩隤①直下，不见其底，但见东西对崖，悬岚倒翠，不知从何而入。此南外谷之第二层也。

【注释】①崩隤（tuí）：崩裂倒塌。

【译文】沿着山崖边缘再向上爬，随即舍弃左边从右边攀登，便看见东南方的山冈上，涌现出堆堆乱石，有的石头像两棵灵芝并排矗立，菌盘大、茎干小，下面似并蒂莲一样连在一起，中间有个孔。山冈上乱石飞舞，形成不同形态，让人看了有应接不暇的感觉。再往上攀一里，登上一座峰顶后，又舍弃右边从左边攀爬，穿过石缝往上走，折向东南边行，这座峰顶更加穹隆。此峰顶的北面又另外耸起一座峰顶，两顶夹峙，形成一个峡谷，这峡谷从东南面山脊越过去的地方开始，延伸到西北的水帘洞水流溢出去，于是山被剖成左右两崖，而延伸而过的山脊在这里东南方的地方，有块岩石如同桥梁，横架在两座峰顶之间，石梁延伸到尽头，崩裂的崖壁陡削地耸起，决无攀登的可能。盘腿坐在山脊上回首俯瞰南边的山谷，一直向下塌落坠陷，看不见底，只看得到东西两边山崖对峙，山崖上雾气悬空缭绕、绿树翠色倒垂，不知道从何处进入山谷中。这就是南外谷的第二层。

久之，觅路欲返，忽见峡北之顶，有石如凿级自峡中直上者，因详视峡南石上，亦复有级如之，始知其路不从脊而从峡也。盖其寨为昔人盘踞之处，故梯险凿空，今路为草没，而石迹未泐[1]。遂循级北下峡中，复自峡攀级北上，一里，复东登再高处，极其东南，则恍与接引比肩，朝帽觌[2]面矣。惟朝帽东离立之石，自隐不见，而朝帽则四面孤悬，必无可登。而接引之界于其中者，已立悬脊之上，两旁俱轰石错块，不特下不能上，即上亦不能下。其北下之谷即棋盘，其南下之谷即朝帽南来之脉所环而成者，亦不知其从何而入。此南外谷之第三层也。

【注释】①泐（lè）：裂开。②觌（dí）：相见。

【译文】过了很久，想寻找道路下山返回，突然看见峡谷北面的峰顶上，有岩石像被凿好的石阶样一直伸向峰顶，隐忍详细观察山峡南面的石壁上，也有像这样的石阶，这才知道登顶的道路不是从山脊上走而是从峡谷中走。原来这个山寨以前有人居住过，所以在山崖险峻地的地方凿空出石阶梯，现在可攀登的道路被荒草湮没，但石阶并没有被完全裂开消失。我于是沿石阶往北下走到峡谷中，又从峡谷中攀着石阶往北上去，行一里，又向东登上一个更高处，走到山峰的最东南边，便仿佛有与接引峰肩并着肩、和朝帽峰面对着面的感觉。只是朝帽峰东面那块分立的岩石，被自身遮隐着看不见，而朝帽峰四面孤悬，必定不可能登上去。而隔在两座山峰中间的接引峰，已经耸立在高而陡的山脊之上，两旁都是崩裂的大石头交错叠压，不仅是从下面不可能登上去，而且即便是在上面也不可能下来。接引峰北面下边的就是棋盘石山谷，接引峰南面下边的就是朝帽峰向南延伸过来的山脉环绕形成的山谷，也不知何处进入山谷。这就是南外谷的第三层。

独西无外谷。乃绝顶之北，东分为围屏、城垛，西分为鹦口；然其异，下仰则穹然见奇，上瞰反窅[1]绝难尽也。时日色已暮，从绝顶四里下山。东向入至双剑、叠龟之下，见有路可入水帘洞，第昏黑莫辨，亟逾岭入方丈焉。

【注释】①窅（yǎo）：眼睛眍进去，比喻深远。

【译文】唯独西面无外谷。而最高顶端的北面，东边分为围屏峰、城垛峰，西边分为鹦口峰；然而这些山峰的奇异之处在于，从下面仰望上去高高隆起显出奇幻的景象，从上面俯瞰下来反倒深远而绝难观览到它的全貌。此时天色已接近傍晚，我从最高顶上往下行四里下了山。朝东边进到双剑峰、叠龟峰的下面，我看到有路可以进入水帘洞，但天色昏黑，辨别不清行进道路，于是迅速翻过山岭回到方丈。

二十二日　晨起，为贯心书《五缘诗》及《龟峰》五言二首、《赠别》七言一首。晨餐后，复逾振衣台，上至叠龟峰之下，再穿一线而东，复北过四声谷。盖四声谷之壁，有一隙东南向，内皆大石叠架，若累级悬梯，便成楼阁，可通西北。而出其西北为摩尼洞，正下临方丈，平挹观音、净瓶、狮子诸峰。遂下岭，西南循外谷入水帘洞。其处三面环崖，回亘白天，而北与龟、剑二峰为对，泉从崖东飘坠，飞珠卷雪，为此中绝胜。盖龟峰峦嶂之奇，雁宕所无，但诎[①]水观耳。此谷独飞珠卷雪，在深谷尤异。但其洞虽与泉对，而洼伏崖末为恨。顾其危崖四合，已可名洞，不必以一窟标举也。时朔风舞泉，游漾乘空，声影俱异。霁色忽开，日采丽崖光水，徘徊不能去。久之，再饭于寺，别贯心行。

【注释】①诎（qū）：屈服。

【译文】二十二日　清早起来，为贯心书写《五缘诗》和《龟峰》两首五言诗以及一首《赠别》七言诗。早饭后，又翻过振衣台，上登到叠龟峰下面，再次穿过一线天向东走，又往北越过四声谷。四声谷的崖壁之间，有一条通向东南方的缝隙，夹缝内全是大石头叠压堆架在一起，假若累砌石阶悬空架起梯子，便成了楼阁，顺着它可以通往山谷西北方。而出了四声谷西北方为摩尼洞，那里正下临方丈，和观音峰、净瓶峰、狮子峰等众山峰处于同一水平线。于是走下岭，朝西南沿着外谷进入水帘洞。此处三面环绕着山崖，从高空回旋绵亘而下，北面对着龟峰和双剑峰两座山峰，泉水从山崖的东面飘落下坠，有如玉珠飞溅雪花翻卷，是这座山中风景最优美之处。大略龟峰的峰峦叠嶂的奇异景色，是雁宕山所看不到的，只是因为缺少水景。而唯独这个山谷中玉珠飞溅雪花翻卷，处在深山峡谷之间，尤为奇异。山洞虽然和泉水相对着，遗憾的是山洞只是低低地隐藏在崖壁脚下。环顾山谷之中，高耸的崖壁四面相连接，本身就已经可以称为洞，不一定要用一个真正的洞穴作为标志来告知大家。此时泉流随北风舞动，水流凌空飘飞喷洒，水声光影都非常奇异。忽然间，天空晴开，眼前是太阳的光辉、壮美的崖壁、明亮耀眼的水流，在山崖上形成绚丽的彩虹。我徘徊谷中许久舍不得离去。过了很久，再次到寺中吃了饭，然后辞别了贯心出发。

仍从崖栈西出，十里，排前。五里，过状元桥北之分路亭，其南路乃由桥而至黄源窑者，从其西行十五里至留口[①]，暮涉其溪。溪西即为贵溪界，其溪自黄源来，至此入大溪，而市肆俱在溪西，乃投宿焉。自排前至留口，回望龟峰，只见朝帽峰俨若一羊角插天，此西向之望也，与弋阳东面之望不殊纤毫，第此处转见一石人亭亭在旁更为异耳。

【注释】①留口：今“流口”，弋阳县西隅，信江东南岸。

【译文】依然从崖壁间的栈道往西出来，行十里，到达排前。又走五里，途径状元桥北面的分路亭，分路亭南面的路就是从状元桥到黄源窑去的路，我们从分路亭西面走十五里到达留口，天黑时涉水渡过村旁的溪水。溪水西面就是贵溪县地界，这条溪流从黄源窑流来，到此处汇入一条大溪中，而集市店铺都在溪流西面，于是投宿到集市中。从排前到留口的路中，回首遥望龟峰的各山峰，只见朝帽峰的山貌俨然仿佛是一只羊角插向天空，这是从西面望时所看到的形态，与从弋阳县东面望过去时所呈现出的形态分毫不差，但在此处反而看见一个亭亭玉立的石人立在朝帽峰旁边，更增加了景色的奇异秀美状。

二十三日 晨起，渡大溪之北，复西向行，八里，将至贵溪[①]城，忽见溪南一桥门架空，以为城门与卷梁皆无此高跨之理。执途人而问之，知为仙人桥，乃石架两山间，非砖砌所成也。大异之，即欲渡，无梁。亟趋二里，入贵溪东关，二里至玉井头，觅静闻于逆旅，犹未晨餐也。亟索饭，同出西南门，渡溪而南即建昌道矣。为定车一辆，期明晨早发，即东向欲赴仙桥，逆旅主人舒龙山曰："此中南山之胜非一。由正南门而过中坊渡一里，即为象山，又名挂榜山，乃陆象山之遗迹也，仰止亭在焉。其西南二里为五面峰，上有佛宇，峰下有一线天，亦此中之最胜也。其南一里为西华山，则环亘而上，俱仙庐之所托矣。其北二里为小隐岩，即旧名打虎岩者也。出小隐二里为仙桥，乃悬空架壑而成者。此溪南诸胜之概也。然五面峰之西，即有溪自南而北入大溪，此中无渡舟，必仍北渡而再渡中坊。"予时已勃勃，兴不可转，遂令龙山归，而问道于路隅。于是南经张真人墓。碑乃元时敕赵松雪撰而书者，刬[②]山为壁，环碑于中。又一里，越一小桥，由旁岐东向溪，溪流直逼五面峰下。盖此溪发源于江湖山，自花桥而下即通舟楫，六十里，西北至罗塘，又二十里至此，入溪为通闽间道，其所北转皆纸炭之类也。适有两舟舣[③]溪畔，而无舟人；旋有一人至，呼之渡，辄为刺舟。过溪而东一里，由峰西北入其隘中，始知其山皆石崖盘峙，中剖而开，并夹而起，远近不一，离立同形。随路抵穹岩之下，拾级而上，得一台，缀两崖如掌。其南下之级，直垂涧底；其西上之级，直绕山巅。余意南下者为一线天，西上者为五面峰也。先跻峰，攀磴里许而至绝顶，则南瞰西华，东瞰夹壁，西瞰南溪，北瞰城邑，皆在指顾。然山雨忽来，僧人留点，踉跄下山。复从前磴南下一线天，则两崖并夹而上，直南即从峰顶下剖者，是为直峡。路至夹中忽转而东，穿坠石之隙，复得横峡。俱上下壁立，曲直线分，抵东而复出一坞，若非复人世矣。由坞而南，望两崖穹岩盘窦，往往而是。最南抵西华，以已从五面峰瞰视，遂不复登。

【注释】①贵溪：今江西贵溪市。②刳（kū）：剖开。③舣（yǐ）：船停靠岸边。

【译文】二十三日　清晨起来，渡过大溪到达北岸，又继续向西走。行八里，将要到贵溪县城时，突然看见溪流南岸有座桥的桥洞横架在空中，我认为城门和桥拱都没有像这般高高横跨在空中的。于是拉住行人询问原因，才知这里是仙人桥，它是用岩石架在两山之间形成的，不是用砖块砌成的。我觉得十分奇异，便想立刻渡过溪流观览，但溪上没有桥梁。赶忙疾走二里，进入贵溪县城东关，又走二里，到玉井头后，我在旅店中找到了静闻，他还未吃早餐。于是和他急忙去找饭吃，和静闻一同出了西南门，渡过溪流向南走就是去建昌府了。我们在西南门预订了一辆车，约定明天早晨早早启程，随即往东行，想前往仙桥。旅店主人舒龙山说："这一带南面山中的美景不止一处。由正南门过去在中坊渡向前行进一里路，即为象山，又叫挂榜山，它是陆象山的遗留下来的，仰止亭就在这座山上。象山西南边二里为五面峰，山上有佛教寺庙，山峰下有一线天的景象，也是这一带景色中的风景最美胜景。五面峰南面一里为西华山，此山自下盘旋绵亘而上，都是修仙人的居室建筑在上面。五面峰北面二里为小隐岩，它就是从前称为打虎岩的地方。行出小隐岩前行二里为仙桥，它是悬空架在深谷上而形成的。这些是溪流南岸各处风景名胜的大致形态。然而五面峰的西面，就有一条溪水自南向北流入大溪，那里没有摆渡的船，必须再次回到北岸再从中坊渡渡河南去。”这时我已是兴趣勃发，没什么可以改变我的兴致，便让舒龙山回去，而我到路边去打听道路。随后向南经过张真人墓。墓碑是元朝时皇帝诏令赵松雪撰写的，剖开山石凿成环形壁而把墓碑围绕在中间。又走一里，越过一座小桥，从桥头岔路往东走向溪边，那溪流一直逼到五面峰下。原来这条溪流是从江湖山发源，从花桥以下就可航船，行六十里，向西北流到罗塘，又二十里流到这里，沿溪流航行，是通往福建的近路，沿溪往北转运的船里都是纸张木炭之类的物品。我们到溪边时恰好有两艘船停在岸边，但船上没有船夫在；随后有一人来到，呼喊他为我们摆渡，他立即把船划了过来。过了溪流向东行一里，从五面峰西北面进入山隘中，这才知道这座山都是石崖盘绕耸峙，中间剖开，并排耸立，间隔远近不一，分别耸立，形态相同。沿着路走到穹隆的石岩下面，顺石阶拾级而上，见到一个石台，石台上连缀着两边的石崖像手掌似的。从石台向南下行的石阶，一直下垂到山涧底部；从石台向西上行的石阶，一直绕到山顶。我心想，从南面下走就是一线天，从西面登上去就到了五面峰。我们先向上攀登五面峰，攀着石阶往上爬一里左右就到了最高处，于是向南俯瞰西华山，向东俯瞰夹立的石壁，向西俯瞰南边的溪流，向北俯瞰贵溪县城城池，都在一指手、一回头之间。然而山雨突然下起来了，僧人留我们吃了些点心后，我们便踉踉跄跄地下山了。我们又从前面走过的石阶向南下走到一线天，那里两边的石崖并排夹峙，向上矗立，直通南边的山峡就是从峰顶往下剖开的地方，这原来是一条挺直的峡谷。道路到了夹峰中忽然折向东，穿过向下悬坠着的石头间的缝隙，又来到一条横向的峡谷。横峡上下都是像墙壁一样直立的石壁，弯处直处两边都仅隔一条线，抵达横峡东面尽头后又出现一个山坞，让人觉得好像不再是人世间了！由山坞向南走，望见两边的山崖上，到处都是穹隆的岩石和曲折迂回的洞穴。山坞的最南端抵达西华山，因为已经从五面峰上俯瞰过它的景象，我们便不再登山去看。

仍转出一线天，北逾一岭，二里，转而东，入小隐岩。岩亦一山东西环转，南连北豁，皆上穹下逊，裂成平窍，可庐而憩。岩后有宋人洪驹父书云："宣和某年由徐岩而上，二里，复得射虎岩。"余忆徐岩之名，前由弋阳舟中已知其为余家物，而至此忽忘不及觉，壁间书若为提撕[①]者，亟出岩询之，无一能知其处。已而再闻有称峨嵋，在小隐东南三里者，余意其为徐岩之更名也，亟从之。遂由罗塘之大道，过一岭，始北转入山，竹树深蒨[②]，岩石高穹；但为释人[③]架屋叠墙，无复本来面目，且知其非徐岩也。甫欲下，雨复大至，时已过午，遂饭岩中。既饭，雨止。问仙桥之道，适有一知者曰："此有间道。循山而东，穿坞北去，四里可至。"从之。路甚荒僻，或隐或现，或岐而东西无定，几成迷津。久之逾一山，忽见砻[④]然高驾者，甚近也。及下谷而趋，复茫不可得，盖望之虽近，而隔崖分坞，转盼易向，倅不易遇矣。既而直抵其下，盖一石高跨峰凹，上环如卷，中辟成门，两端石盘下柱，梁面平整如台，正如砌造而成。梁之东，可循崖而登其上；梁之西，有一石相去三丈余，轰踞其旁，若人之坐守者然。余先至桥下，仰视其顶，高穹圆整不啻数十丈；及登步其上，修广平直，驾虹役鹊之巧，恐不迨此也。从其西二里，将抵象山，问所云徐岩，终不可得。后遇一老翁曰："余舍后南入即是。旧名徐岩，今为朝真宫，乃鬼谷⑤修道处，今荒没矣。非明晨不可觅，今已暮，姑过而问象山可也。"余以明晨将发，遂强静闻南望一山峡而入。始犹有路，渐入渐灭，两崖甚深。不顾莽刺，直穷其底，则石夹尽处，隘不容足。时渐昏黑，踯躅荆刺中，出谷已不辨路矣，盖此乃象山东之第三坞也。望其西又有一坞，入之不得路；时闻人声高呼，既久，知路在西，乃得入。则谷左高崖盘亘，一入即有深岩，外垂飞瀑。二僧俱新至托宿，问之，亦不知其为徐岩与否，当即所称朝真宫矣。此乃象山东之第二层也。从暗中出，复西而南寻象山，其地虽暗而路可循，两崖前突，中坞不深而峻，当其中有坊峙焉。其内有堂两重，祠位在前而室圮，后则未圮而中空。穿而入，闻崖间人语声，亟蹑级寻之，有户依岩窦间，一人持火出，乃守祠杨姓者，引余从崖右登仰止亭。亭高悬崖际，嵌空环映，仰高峰而俯幽壑，令人徙倚忘返。杨姓者以昏黑既久，街鼓已动，恐舟渡无人，暗中扶余二里，送至中坊渡头。为余言，其父年已八十有八，尚健啖而善饭，盖孝而有礼者云。呼隔溪渡舟，渡入南关，里余，抵舒肆而宿。

【注释】①提撕：提醒。②蒨（qiàn）：草盛的样子。③释人：佛教徒，僧尼。④砻：通"拱"。⑤鬼谷：即鬼谷子，传说为战国时期楚人，因为隐居在鬼谷，所以以此自号。

【译文】我们照旧转出一线天，向北翻越一座山岭，行二里，转往东，然后进入小隐岩。小隐岩也是一座山崖，东西向环绕围转，南面相连而北面开阔，像其他一样都是上面穹顶隆起而下面向内缩进去，分裂成平坦的石洞，可以在其中建房歇息。小隐岩后面有宋代人洪刍（字驹父）书写的碑文："宣和某一年我由徐岩向上走，二里后，又找到射虎岩。"我回想徐岩这个名称，前些日子在驶往弋阳县的船上已经得知是我们徐家的东西，而到了这地方忽然忘记没能及时察觉到，崖壁上的文字像是专门提醒我似的，于是赶忙走出小隐岩来询问，但没有一个人知道它在何处。旋即又听说有座称为峨嵋岩的山，在小隐岩东南方三里的地方，我猜那应该是徐岩的另一个名称，便急忙前往那里。顺着到罗塘去的大道，翻过一座山岭，这才向北转入山中，山上竹深树密，岩石高高隆起，但因僧人们在岩间建筑房屋累砌围墙，那岩已不再是本来面目，据此情况我已知晓这里不是徐岩。刚想下山，大雨又猛烈下起来，此时已过中午，就在峨眉岩中吃饭。吃过饭，雨停了。我就去打听到仙桥的路，恰好有个知晓路的人告诉说："从这里去有条便路。顺这山往东走，穿过山坞往北行，走四里就可到达。"我们按那人所说的而行。道路非常荒凉偏僻，时隐忽时，或者不时地岔向东西两边飘忽不定，几乎到处都是错误路线迷失方向。又走了很久，越过一座山，忽然看见一座高高拱架的天然石桥，离得十分近。等下到山谷中前往时，又茫然看不清它在哪里。这可能是因为远望时虽然感觉很近，但中间隔着石崖、山坞，兜兜转转都变换了方向，终于还是不容易看见。不久我就直达石桥下，这里一块大石头高高横跨在两边山峰的下凹处，上部环形如同桥拱，中间辟成门洞，两端的岩石弯曲而下形成桥柱，石桥顶部平整得就像平台，正如人工累砌建造而成的。石桥的东面，可以沿崖壁向上攀登到桥上；石桥的西面，有一块岩石与它相距约三丈多远，轰然庞大的占据在桥旁边，好像一个坐在那里守护石桥的人。我先走到桥下，仰视桥顶，高高隆起圆而齐整，高处距地面不下几十丈；等登上桥散步，就觉得桥又长又宽广、又平又直，架着彩虹在七夕日驱使喜鹊搭起的仙桥，恐怕都比不上这座石桥。从桥向西行二里，将要到象山时，打听所说的徐岩，终究不能找到。后来遇到一个老翁，他告诉我说："从我住的房子后面往南进去就是徐岩。以前叫徐岩，如今是朝真宫，它是鬼谷子修道的地方，现在已经荒废无踪迹了。不等到明天早晨不可能找到它，现在天色已晚，姑且先去探寻象山还可以。"我因为打算明天早晨再出发寻找，现便强逼静闻和我一道向南朝着一个山峡走进去。开始时还有路可以走，逐渐走进去路却渐渐消失了，两边的山崖都非常幽深。我们不顾荒草荆棘，一直走到峡底，就见两边石崖相夹的尽头处，狭窄得站不住脚。此时天色接近黄昏黑暗下来，我们步履艰难地从荆棘中往回走，辨不清走出山谷道路了，大概这就是象山东面的第三个山坞了。看到此地西面又有一个山坞，我们想进山坞却没找到路；这时听到有人高声呼喊，过了很久，才知道路在西面，于是就从此路进入山坞中。山谷的左边高悬的山崖盘绕连绵，一进去就有是个幽深的岩洞，岩洞外垂下飞流的瀑布。岩洞中的两个僧人都是新到这里寄宿的，向他们打听，他们也不知道此处是不是徐岩，我们认为这应该就是所说的朝真宫了。这是象山东面的第二层。从黑暗中走出山谷，又往西走而后折向南去探寻象山，这个地方虽然黑暗但有路可以沿着走，两面石崖向前伸突出来，中间的山坞不深但四周陡峭，山坞中间耸立着一座牌坊。牌坊以内有个分为前后两重的祠堂，祠堂中的灵位在前堂但房屋已坍塌，后堂未坍塌但屋里面是空的。穿过祠堂往里走，听到山崖上有人说话的声音，赶忙踏着石阶找上去，原来有户人家住在岩洞中。有一人拿着火把走出来，是一个姓杨的守护祠堂的人，他领我从崖壁右边登上仰止亭。此亭高悬在山崖边缘，嵌在高空，四面青山环映，在亭上仰头可以观览高峻的山峰，俯首可以窥视幽深的壑谷，令人流连忘返。姓杨的这人因为天黑已久，街市上的更鼓已经敲过，担心渡口无人摆渡，便搀扶着我在黑暗中走了二里路，送我们到达中坊渡渡口边。他告诉我，他父亲已经八十八岁，还很能吃饭，我想他大概是个孝顺而又有礼的人。我们呼喊溪流对岸的渡船，将我们摆渡到南关，又行一里多，抵达舒龙山的旅店住宿。

是游也，从壁间而得徐岩之名，从昏黑而遍三谷之迹，溪南诸胜一览无余，而仙桥、一线二奇，又可以冠生平者，不独为此中之最也。

【译文】此次出游，我们在崖壁之间见到徐岩这个名字，在昏暗的天色中行走，也踏遍了三个峡谷，把溪流南面的各处奇胜美景全都看便，而其中的仙桥、一线天两处的奇观，又可以说是我平生所游历胜景中最绝妙的地方，不止是这一带的最佳风景名胜。

二十四日　晨餐后，仍渡西南门大溪候车夫，久之发，已上午矣。南十里，新田铺[1]。其处山势渐开，正在西华山之南，回望诸岩突兀，俱并成一山，只有高下，无复剖裂之痕矣。又十里，饭于联桂铺。又二十里，过马鞍山为横石铺，于是复入山谷。又四里，逾一岭，下宿于申命地。其地南对应天山，为张真人上清宫入山始境，其曰“申命”者，正对“应天”而言也。

【注释】①新田铺：和下文中的联桂铺、横石铺、申命地等都是贵溪市的地名。

【译文】二十四日　吃过早饭后，我们渡过西南门外的大溪等候车夫，等了许久才出行，已经到了上午。往南行十里，到达新田铺。此地山势渐渐开阔，恰好处在西华山的南面，回头望见众多岩石突兀耸立，合并在一起成了一整座山峰，它们只有高低山势的差别，不再有剖裂分开的痕迹了。又走十里，在联桂铺吃了饭。又行二十里，过了马鞍山为横石铺，从横石铺后又进入山谷中。又行四里，翻越一座山岭，下了岭投宿在申命地。此地南面对着应天山，是进山到张真人上清宫去的起始处，它之所以叫"申命"，正是因为相对"应天"而得名。

是夜，逆旅主人乌姓为余言："此南去上清二十五里，而西去仙岩只二十里，若既至上清而去仙岩，亦二十里。不若即由此向仙岩而后上清也。"余善之，遂定计，明日分静闻同车一辆待我于上清，余以轻囊同顾仆西从间道向仙岩。主人复言："仙岩之西十五里有马祖岩。在安仁界。其岩甚胜，但先趋仙岩亦复稍迂，不若竟[①]赴马祖，转而东，由仙岩、龙虎以尽上清为最便。"余益善之。

【注释】①竟：直接。

【译文】这天夜里，迎接我们入住的姓乌的旅店主人对我说："从这向南走去上清宫二十五里，而向西走去仙岩只有二十里，如果先到了上清宫后再去仙岩，也是二十里。不如就从这里先前往仙岩然后再去上清宫。"我欣然接受，于是定下计划，明天让静闻坐载行李的一辆车到上清宫等我，我和顾仆轻装简囊从西面近路到仙岩。旅店主人又说："仙岩西面十五里处有个马祖岩。在安仁县界。那里的景色十分优美，只是先奔赴仙岩后又到马祖岩也同样略有些绕路，不如直接到马祖岩去，然后折向东行，经过仙岩、龙虎岩，最后把游览上清宫作为终点，这条路线最便利。"我更赞同他这个说法。

二十五日　平明，饭而发。雨丝丝下，不为止。遂别静闻，彼驱而南，余趋而西。四里，至章源[1]。四里，过一小岭，至桃源。又过一小岭，二里至石底。过水二重，俱有桥，三里，至连塘。过一小岭。二里，过一桥。又二里，铁垆坂。又三里，过香炉峰。其峰回亘三叠，南面直剖而下，中有一凹，结佛庐于上。时雨大作，竟不及登。香炉峰西即为安仁东界，于是又涉饶州境矣。三里，简堂源。过一里，雨狂甚，衣内外淋漓。三里，过新岩脚，而不知岩之在上也。从其东峡穿而北入，见其西崖下俱有横亘之岩，飞瀑交洒于上，心知已误，因避雨岩间，剖橘柚为午餐。已而令顾仆先探其北，不见影响。复还探其南，见南崖有户掩竹间，以为是无误矣，亟出而趋其上。岩虽高敞，盘亘山半，然石粗窍直，无宛转玲珑之致。时已知其为新岩，非旧岩也，且岩僧虽具餐，观其意惟恐客不去，余遂亟出，趋下山。又踯躅雨中，西一里，转而北入山峡。峡口巨石磊落，高下盘峙，深树古藤，笼罩其上，甚有雅致。由峡而入，其崖东西并峙，北连南豁，豁处即峡口，而连处其底也。马祖岩在左崖之半，即新岩背。其横裂一窍亦大约如新岩，而僧分两房，其狗窦猪栏，牛宫马栈，填塞更满。余由峡底登岩南上，时雨未已，由岩下行，玉溜交舞于外，玉帘环映于前，仰视重岩叠窦之上，栏栅连空，以为妙极。及登之，则秽臭不可向迩[②]，皆其畜埘[③]之所，而容身之地，面墙环堵，黑暗如狱矣。时余衣甚湿，日且就昏，其南房方聚众作法，拒客不纳，北房亦尤而效之，求一卧不可得。彷徨既久，寒洌殊甚，强索卧石龛之间。令僮以所赍[④]米具就炊，始辞无薪，既以细米易，而成粥竟不见粒米也。

【注释】①章源：和下文中的桃源、连塘、铁垆坂等都是贵溪地名。②向迩（ěr）：靠近，接近。③埘（shí）：古代称墙壁上挖洞做成的鸡窝。④赍（jī）：旅行的人携带衣食等物。

【译文】二十五日　天空放明，我们吃过早饭后就出发了。满天蒙蒙细雨，下个不停。于是告别了静闻，他赶着车往南行，我向西走。行四里，到章源。又行四里，翻过一座小山岭，到桃源。又翻过一座小山岭，行二里到石底。渡过两条水流，水流上都架有桥，行三里，到连塘。翻过一座小山岭，行二里，路过一座桥。又行二里，到铁垆坂。又行三里，经过香炉峰。这座山峰呈三层旋绕横亘，南面从上直往下剖裂开，中间有一块凹下去的地方，上面修建了佛寺。此时雨下得很大，竟然不能攀登。香炉峰的西面就是安仁县东界，从此处起又进入饶州府境内了。行三里，到简堂源。走过一里后，雨下得更猛烈了，我里外衣服都被淋透了。又走三里，经过新岩脚下，但却不知道新岩就在上面。从新岩东面的峡谷往北穿越进去，见这峡谷西面的崖壁下都是绵延横跨的岩石，飞流的瀑布交相洒落在这些岩石上，我心里知道已经走错了路，于是到岩石间去避雨，并剥开橘子、柚子当作午饭吃。随后叫顾仆先到峡谷北面探路，但既看不到他踪影又听不到消息。他返回来又往南面探路，见到南面山崖上在竹丛之中遮蔽着一户人家，我以为那就是马祖岩不会错了，赶忙走出避雨的地方登上那山崖。那岩洞虽然高大而宽敞，圆盘样横跨在半山腰，然而石质粗糙，洞穴平直，没有曲折玲珑的形态。此时已经明白这就是新岩，不是旧岩，并且居住在岩洞间的僧人虽然准备好了午餐，但看他的意思又担心客人吃后不离开，于是我急忙出了岩洞，疾速奔下山。又在雨中时走时停地向西行一里，转往北进入山峡中。山峡入口处众多巨石杂乱地堆叠着，从高处到低处盘结耸立，深树古藤笼罩在巨石上面，很有幽雅的情致。由峡口进去，峡谷中东西两边山崖并排对峙，山峡的北端连接而南端敞开，敞开的地方就是峡口，而山崖连接处就是峡底。马祖岩在左边山崖的半山腰，即新岩的背面。崖壁上横向裂开一个洞，也大约像新岩的那个洞一样，僧人分别住在两间房子中，岩洞中狗窝、猪栏、牛圈、马棚，填塞得满满的。我从峡底往南向上攀登此岩，当时雨还没有停止，从石岩下行走，白玉般的水流交相飞舞在岩外，白玉般的水帘环绕映照在眼前，仰视重重叠叠的岩洞上面，栅栏飞架在空中相连，以为奇妙至极。等登上岩洞后，却肮脏恶臭得不可接近，几乎都是些牛马猪鸡的栖息处所，而人能容身的地方，四周用墙围着，狭小简陋，黑暗得如同地狱。当时我衣服湿透了，而且天将要黄昏，岩洞南边房子中的和尚正聚集众人作法事，拒绝接纳客人，北边房子的和尚也效法南边的，请求给一个躺卧的地方都不可能。徘徊了很久，寒冷得要命，强行要了一个石龛躺卧在里面。叫童仆用随身带来的米和炊具去生火做饭，和尚先是推托说没有柴火，后又用碎米替换了我们的好米，而煮成粥后竟然见不到一颗完整的米粒！

二十六日　平明起，再以米炊，彼仍以细米易，姑餐而即行。仍从北连处下，令顾仆先出峡门之口，余独转上西崖。其岩亦横裂如马祖，而无其深，然亦无其填塞诸秽趣也。从岩畔直趋而南，路断处辄为开凿，既竭岩端，崖壁峻立，不可下瞰，忽有洞透峡而出。既越洞西，遂分两道，一道循崖而北，一道循崖而南，两崖并夹，遂成一线。线中东崖之下，复裂为岩，亦横如马祖，而清净幽渺，忽有霄壤之异。岩外之崖，与对崖俱下坠百仞，上插千尺，俱不合如咫，而中亦横裂，邃若重楼。惟极北则豁然，以为可通外境，而豁处天光既辟，地险弥悬，削崖穹壁，莫可下上，洵[1]自然之幽阻，非所称别有天地者耶？复还至洞门分道处，仰其上层，飞石平出，可以上登而又高无可攀。从其南道转峰侧而上，则飞阁高悬，莫可攀跻，另辟一境矣。时顾仆候余峡下已久，乃穿透腹之洞，仍东出崖端，欲觅道下峡口，不可得；循旧沿崖抵北连处下，则顾仆见余久不出，复疾呼而至矣。遂与同出峡口，东南四里，过南吉岭。遥望东面乱山横翠，骈耸其北者，为排衙石，最高；斜突其南者，为仙岩，最秀；而近瞰岭下，一石尖插平畴，四面削起者，为碣石，最峭。下岭，即见大溪自东而来，直逼岭脚，其溪发源泸溪[2]，由上清而下。乃从溪北溯溪，东南四里，至碣石下。则其石仰望穹然，虽渐展而阔，然削立愈甚，有孤柱撑天之状。其下有碣石村，是为安仁东南界；渡溪南为沥水，山溪上居民数十家，于是复属贵溪矣。又东五里，直抵排衙石之西，是为渔塘。渔塘居民以造粗纸为业，其地东临大溪。循溪西南行一里，为蔡坊渡[3]，遂止宿焉。

【注释】①洵：实在是。②泸溪：此大溪明代亦称泸溪，下游称白塔河。③蔡坊渡：在贵溪市西隅，白塔河西岸。

【译文】二十六日　天明时起来，再次拿米做饭，那僧人仍旧用碎米调换我们的好米，我们将就着吃了些立刻动身出发。仍然从山峡北端山崖相连接的地方下行，我让顾仆先走出像门一样的峡口，我独自一人转往西登上山崖。此处的岩洞也如马祖岩一样横向裂开，但没有马祖岩深，不过也没有像马祖岩那样各种污秽之物到处填塞的情景。我从岩洞旁边一直奔向南面，路断绝的地方崖壁被凿开，等走到石岩的边缘处，崖壁高峻陡直，不敢往下俯瞰，忽然有个洞穿透峡谷出去。越过那山洞的西面后，路便分成两条，一条路顺山崖向北去，一条路顺山崖向南去，两边的崖壁夹峙，中间便形成了一条线。那条线样的夹缝中的东边崖壁之下，又破裂开形成岩洞，它也如马祖岩一样呈横向裂开，然而清新洁净、深邃幽远，我突然觉得两者间有天壤之别。岩洞外面的崖壁与对面的崖壁，都下坠有百丈深，上插千尺高，都没有合拢好像仅有咫尺，而且中间都是横向裂开，像重重高楼一样深邃。只有最北面是敞开的，我以为可以通到外面的地方，但那敞开处虽然露出日光，地势却更加高峻险要，陡峭的山崖、穹隆的崖壁，无法下走和上攀，确实是大自然中一处非常幽静险要的地方，而这不就是所说的“别有洞天”的那种地方吗？又回到洞口道路分岔的地方，仰头观看山洞的上层，凌空飞突的岩石平平地伸出去，人可以上登站立到上面，但又因太高无法攀登上去。我从山洞南边的路转到山峰侧面往上爬，就见飞空的阁楼高悬，无法攀登，另外形成了一块天地。当时顾仆已经在峡谷下边等了我很久，于是穿过那个贯通山腹的山洞，仍然往东到了山崖边缘，想寻找道路下到峡口，然而没有找到路；顺来时的路沿山崖抵达北面山崖连接处再下走时，原来顾仆见我很久没有走出山峡，又迅速呼喊着找了过来。于是我和顾仆一同走出了峡口，往东南走四里，经过南吉岭。遥望岭东面，青山杂乱地排列着，那并排耸立在南吉岭北面的，是排衙石，最为高峻；那倾斜突立在南吉岭南面的，是仙岩，最为秀丽；而俯瞰近处的岭下，一块岩石尖尖地插立在平坦的田野中，四面陡削耸起的，是碣石，最为峭拔。走下南吉岭，就看见一条大溪从东面流来，一直流淌到南吉岭脚下。这条大溪发源于泸溪县，经过上清街往下流。于是从溪流北岸溯溪流，往东南行四里，到达碣石下面。就见这块石头仰望高大穹隆，虽然它向上逐渐伸展而变得宽阔，然而却更加陡峭直立，有孤柱撑天的样子。碣石下面有个碣石村，此村在安仁县的东南边界；渡到溪流南岸为沥水，这条山溪的岸上住着几十家居民，从这个村庄开始又属于贵溪县了。又往东走五里，直接抵达排衙石的西面，此处是渔塘村，村中的居民以造粗纸为业，村子的东面濒临一条大溪。顺大溪往西南走一里，为蔡坊渡，于是停下来在这里住宿。

二十七日　蔡坊渡溪东一里，龙虎观①。观后一里，水帘洞。南出山五里，兰车渡。三里，南镇宫。北行东转一里，渡溪即上清街②，其街甚长。东一里，真人府。南渡溪五里，越一岭，曰胡墅。西南七里，曰石冈山，金谿县东界也，是入抚州境。又三里曰淳塘，又五里曰孔坊，俱江姓，宿。

【**注释**】①龙虎观：在龙虎山，龙虎山在贵溪市西南部，以丹霞地貌著称，也是著名的道教名山。②上清街：今为镇，有上清宫和天师府两处景观。

【译文】二十七日　从蔡坊渡渡过溪水向东行一里，为龙虎观。从龙虎观后面行一里，为水帘洞。向南出了山走五里，为兰车渡。再行三里，为南镇宫。向北行后折向东走一里，渡过溪水便是上清街，此条街道特别悠长。向东行一里，为真人府。向南渡过溪水走五里，翻越一座山岭，那岭叫胡墅岭。向西南走七里，叫石冈山，它是金谿县的东界，从这里便进入了抚州府境内。又行三里到的地方叫淳塘，又走五里叫孔坊，村中居民都姓江，这天就住宿在这里。

二十八日　由孔坊三里，郑陀岭。七里，连洋铺。十里，葛坊。十里，青田铺。有石梁水，出邓埠。十里，茅田，即往抚州道。下一岭为五里桥，水始西向许湾，桥南有庵，旁有阁，为迎送之所。东南入金谿[①]城。城径二里，由东出西，其北门为抚州[②]道。城外东北为黄尖岭，即出金处，《志》所称金窟山。在城东五里。其西为茵陈岭，有冈西走，即五里北分水之冈矣。金窟山之东南，环绕城南者，曰朱干山。即翠云山，翠云寺在焉。今名朱干。自金窟、茵陈，北东南三面环城，所云"锦绣谷"也。惟西南少缺，小水沿朱干西去，而下许湾始胜舟云。朱干之南有山高耸，亦自东北绕而南，为刘阳寨、牟澜岭，其东为泸溪，西为金谿之大塘山，疑即《志》所称梅峰也。又南为七宝山。

【注释】①金谿：今金溪县。②抚州：今抚州市临川区。

【译文】二十八日　从孔坊出发行三里，为郑陀岭。行七里，为连洋铺。行十里，为葛坊。再行十里，为青田铺。有一条石梁水，流往邓埠。十里，为茅田，这里就是去往抚州府的道路。下了一座岭，为五里桥，从这里起溪水才开始向西流往许湾，在五里桥的南面有座寺庵，寺庵旁边有座楼阁，是人们迎来送往的地方。再向东南走，进入金谿县城。城中直径二里长，我们由城东往西走出城，城北门是通往抚州府城的道路。城外东北面为黄尖岭，就是出产黄金的地方，是《志》书上所称的金窟山。在城东面五里处。黄尖岭的西面为茵陈岭，有一条山冈往西延伸，是五里桥北面的分水山冈。位于金窟山的东南边，环绕在城南面的山，叫朱干山。即翠云山，翠云寺就在这座山上。如今叫朱干山。金窟山、茵陈岭从北、东、南三面环绕着县城，这形成地景象就是所说的“锦绣谷”了。只有县城西南面略微缺开些，一条小溪沿朱干山向西流去，流到许湾才能航行船只。朱干山的南面有山峰高高耸立，也是从东北绕往南面去，那是刘阳寨、牟瀰岭，它的东面为泸溪，西面是金谿县的大塘山，我猜测这就是《志》上所说的梅峰。再往南为七宝山。

二十九日　发自大塘。对大塘者，东为牟瀰顶大山也。南十里为南岳铺，又西南十里为贾源，又五里为清江源。沿江西南，五里为后车铺，饭。又南十里为界山岭。一名韩婆寨。下岭二里，为泸溪分道。又二里为大坪头，水始南流。又四里为横坂铺。五里，七星桥。又五里，潭树桥。十里，梧桐隘。揭阳无渡，到建昌东门宿。

【译文】二十九日　自大塘山出发。对着大塘山的，东面是牟瀰顶的大山。向南行十里为南岳铺，又向西南行十里为贾源，再走五里为清江源。沿江流往西南走，前行五里为后车铺，我们在那里停下来吃饭。又往南走十里为界山岭。它又名韩婆寨。下了岭走二里，是去泸溪县分道的地方。又走二里为大坪头，从此处水才开始流往南，又走四里为横坂铺。走五里，为七星桥。又走五里，为潭树桥。再走十里，为梧桐隘。在揭阳没有渡口可以停泊，我们就行到建昌府城东门住宿。

（十一月初一日缺）

十一月初二日　出建昌南门，西行二十里至麻姑山①足。上山二里，半山亭，有卧瀑。又一里半，喷雪亭，双瀑。麻姑以水胜，而诎于峰峦。半山亭之上，有水横骞，如卧龙蜿蜒。上至喷雪，则悬瀑落峰间，一若疋②练下垂，一若玉箸分泻。分泻者，交萦石隙，珠络纵横，亦不止于两，但远眺则成两瀑耳。既坠，仍合为一，复如卧龙斜骞出峡去。但上之悬坠止二百尺，不能与雁宕、匡庐争胜。又一里，连泄五级，上有二潭甚深，旧亭新盖，可名“五泄”。五泄各不相见，各自争奇。其中两潭甚深，螺转环连，雪英四出；此可一目而尽，为少逊耳。又半里，龙门峡，上有桥。两崖夹立，泉捣中壑，不敢下视；架桥俯瞰于上，又变容与为雄壮观。龙门而上，溪平山绕，自成洞天，不复知身在高山上也。又半里，麻姑坛、仙都观。左有大夫松，已死；右有通海井。西上岭十里，逾篾竹岭，为丹霞洞。又上一里，为王仙岭，最高。西下二里，张坊。西左坳中为华严庵，宿。

【注释】①麻姑山：位于江西省抚州市南城县。②疋（pǐ）：同“匹”。

【译文】（十一月初一日的日记缺）

十一月初二日（11月28日）　走出建昌府南门，向西走二十里，到达麻姑山的山脚。上山二里，到半山亭，亭旁边有一条横卧着的瀑布。又往上爬一里半，为喷雪亭，那里有两条瀑布。麻姑山以水的景观最为优美，而差在峰峦的峻秀方面。半山亭上边，有条水流横挂在山间，像一条卧龙蜿蜒。上到喷雪亭，却见高悬的瀑布泻落在山峰之间，一条好像洁白的绢帛往下垂挂着，另一条好像白玉筷子向下分泻。分泻下来的那条瀑布相互萦绕在石头缝隙间，像串珠一样缠绕，纵横交错。瀑布也不只两处，只是从远处眺望变成两条而已。瀑布坠落以后，仍然汇合为一股水流，又如卧龙一样斜挂着流出峡谷去。但是瀑布上下悬坠的高度只有两百尺，不能和雁宕山、庐山的瀑布媲美。又往上一里，瀑流连续向下坠落五层，瀑流上面有两个很深的水潭，潭边的旧亭子新翻修了，可以称为"五泄亭"。五层瀑布各不相见，各自争奇。峡谷中的两个水潭非常深，瀑布螺旋样连环相接，雪花四溅；在亭子上可以尽览五层瀑布的景象，因为这里略比瀑布顶端低一些。又往上半里，到龙门峡，峡上有桥。两边山崖夹立，泉流捣入中间的深谷中，人不敢往下看；架了桥在桥上俯瞰，悠闲的水势又变得雄伟壮观。沿龙门而上，溪流平缓，山峦环绕，自成一片幽静奇异的天地，让人不再感觉到置身在高山上面。又往上半里，到达麻姑坛和仙都观。左边有棵大夫松，已经枯死；右边有口通海井。往西上岭十里，翻过蔑竹岭，为丹霞洞。又往上一里，为王仙岭，它最高峻。往西朝下走二里，为张坊。张坊西面左边山坳中为华严庵，于是投宿在庵中。

初三日　王仙岭东下一岭为丹霞洞。又逾篾竹岭西坳中，南上越两山，东南共五里为飞炉峰，有小石炉方尺，自军峰山南飞至。其地南为军峰，北接麻姑，东瞰盱江[①]，西极芙蓉，盖在

五老峰之西，阳华峰之西北矣。（已下缺）

【注释】①盱（xū）江：发源于江西省广昌县，在南昌市滕王阁附近汇入赣江，总长约四百多公里。广昌段称盱江，南丰段称盱江及盱江，南城段称盱江。

【译文】初三日　从王仙岭向东面走下一座山岭为丹霞洞。又翻过蒰竹岭西面的山坳，往南向上越过两座山，再向东南共走五里为飞炉峰，飞炉峰上有个一尺见方的小石炉，传说它是从军峰山南面飞来到这里的。此山峰的南边为军峰山，北边接着麻姑山，向东可以俯瞰盱江，向西可以远眺到尽头的芙蓉峰，总体来说在五老峰的西面，阳华峰的西北面就是了。（以下有缺失文字）

初四日　出建昌东门，过太平桥南行，循溪五六界，折而西一里，出从姑之南，上天柱峰，见山顶两石并起如双髻者。北向登其岩，曰飞鳌峰。岩前曰长春阁。阁之东有堂曰“鳌峰深处”，为罗先生讲学之所。其后飞突而出，倒书曰“印空”。下有方池，名曰玉冷泉。从东上天际亭，亭后凿石悬梯而上，有洞。洞口隘如斗，蛇伏乃入，其中高穹而宽。此天柱之南隅也。出洞，仍下石级，沿崖从西登。天柱、鳌峰之间，有台一掌，上眺层崖，下临绝壁，竹拂石门，树悬崖隙，为云岩台。从其上西穿峰峡，架木崖间，曰双玉楼。再西，一石欲坠未坠，两峡并起，上下离立，若中剖而分者，曰一线天。此鳌峰之北隅也。一线既尽，峡转而北，有平石二片，一方一圆，横庋峡内，曰蹁跹[1]石。此二峰者，从天柱之西，鳌峰之北，又起二峰，高杀于鳌峰、天柱，而附丽成奇者也。其东一峰，即南与鳌峰夹成一线，又与西峰夹皮跏趺者。西峰之西，又有片石横架成台，其东西俱可跏趺云。从跏趺石东践一动石，梯东峰而上，其顶南架梁于一线，遂出鳌峰之巅，东凿级以跻，遂凌天柱之表。于是北瞰郡城，琉璃映日；西瞻麻峤，翡翠插天。时天霁，明爽殊甚。从此北下天柱之北，穹崖下临，片石夹立，上有古梅一株，曰“屏风石”。天柱北裂一隙，上有悬台可跻而坐，曰“滴水崖”。内有石窦，直上三丈，正与南隅悬崖之洞相对。此天柱之北隅也。从此东下，又得穹崖一层，曰读书台，今为竹影庵。从其南攀石而登，曰梅花岩，石隙东向，可卧可憩。此天柱东隅之下层也。飞鳌之西有斗姆阁，其侧有蟾窟石，下嵌为窝，上突为台，亦可趺可啸。此飞鳌西隅之下层也。（以下有缺）

【注释】①跏趺（jiā fū）：佛教中修禅者的坐法：两足交叉置于左右股上，称"全跏坐"。或单以左足押在右股上，或单以右足押在左股上，叫“半跏坐”。据佛经说，跏趺可以减少妄念，集中思想。

【译文】初四日　出了建昌府东门，越过太平桥往南行，顺溪流走五六里，又转向西走一里，出了从姑峰的南面，登上天柱峰，看见山顶两块岩石并排耸起如同双髻的样子。向北登上那山峰间的岩石，为飞鳌峰。岩石前面有个阁叫长春阁。长春阁的东面有个厅堂，匾额上写着“鳌峰深处”四个字，是罗先生讲学的场所。厅堂后面岩石飞突而出，岩上倒写着“印空”两个字。岩石下有一个方形池子，名叫玉冷泉。我从玉冷泉东面上到天际亭，亭后凿开石壁修筑了一悬空的石阶梯，顺石阶梯爬上去，有一个山洞。洞口狭窄如斗，我像蛇一样卧伏着才钻了进去，洞中高穹宽阔。此洞处于天柱峰的南隅。出了洞，仍然沿石阶下来，沿着山崖从西面攀登。天柱峰和鳌峰之间，有个手掌样的平台，向上可眺望层层悬崖，向下面临绝壁，翠竹轻拂着石门，绿树悬立在石崖缝隙间，这是云岩台。从云岩台上面往西穿越山峰间的峡谷，崖壁间架着一座木楼，叫双玉楼。再往西行，峡谷顶上有一块石头将坠未坠，两边的崖壁并排耸起，上下崖石分开矗立，如同从中间破裂而分开的一样，叫一线天。这里处鳌峰的北隅。一线天到头后，峡谷转往北，有两片平整的石块，一方一圆，横置在峡谷内，称为跏趺石。此二峰，即从天柱峰西面、鳌峰北面又耸起的两座山峰，高不如鳌峰和天柱峰，但由于它们的映衬，加之有一线天、跏趺石两处景观，也变得奇丽峻秀。其中东面的山峰，就是与南面的鳌峰夹峙而形成一线天、又与西面的山峰相夹而横卧着跏趺石的那座。西面那座山峰的西边，又有一块岩石横架成平台，平台东西两头都可以盘腿打坐。从跏趺石东面踩着一块摇动着的石头，向东面那座山峰攀上去，峰顶南端一线天之上架有桥梁，越过桥便到了鳌峰峰顶；峰顶东面凿有石阶梯，沿阶梯登上去，便到了天柱峰峰顶。从天柱峰顶上向北俯瞰建昌府城，琉璃瓦辉映着阳光；往西观看麻峤峰，翡翠色的峰峦直插云天。当时天空云气稀薄，异常明朗。从峰顶上往北下到天柱峰北面，穹隆的山崖下临深谷，一片岩石耸立在山崖对面，上面有一棵古老的梅树，这块大石头叫“屏风石”。天柱峰北面裂开一条夹缝，夹缝中有一个虚悬着的平台，可以攀到上面去坐着，它叫“滴水崖”。滴水崖内有个石洞，直通向上，有三丈深，正好与峰南隅悬在崖壁间的那个山洞对着。这是天柱峰的北隅。从这里往东下去，又见到一层穹隆的山崖，叫读书台，如今上面建有竹影庵。从读书台南面攀着石头登上去，叫梅花岩，岩间石缝朝东，石缝内可以睡卧可以休息。这是天柱峰东隅的下层。飞鳌峰的西面有个斗姆阁，它的侧面有个蟾窟石，这石的下面如蟾蜍张着口形成石窝，上面向外凸出形成平台，台上可以盘腿打坐也可以放声长啸。这是飞鳌峰西隅的下层。（以下有缺文）。

是日，建昌遇夏调御、丘士章。

【译文】这一日，我在建昌府城内遇到了夏调御、丘士章二人。

初五日　晨餐后，别丘、夏。二里，仍出大路南。十里，登一岭，曰杨源岭。下岭，东则大溪自南而北，渡溪二里，曰东界山铺，去府已二十里。于是循溪东行，五里，曰大洋，三里，曰界下。众舟鳞次溪中，以上流有石箭滩，重舟不能上下，俱泊此以待交兑者也。其北多益府王墓[①]。再上二里，即石箭滩，乱石填塞，溪流甚急。其西为凌霄峰，亭亭独上，有佛宇焉。自杨源来，山势回合，而凌霄独高，过此山渐开，亦渐伏矣。又三里，溪南一山逊于凌霄，而尖峭过之，曰八仙过腿。上有石耸起，颇异众山，以无渡不及登。又七里为硝石铺，去府已四十里矣。市肆甚长，南、东两溪至此合流，南来者为新城之溪，东北者为杉关之水。东溪舟抵五福尚四十里，至杉关尚陆行三十里，则江、闽分界。南溪则六十里而舟抵新城。新城之陆路，自硝石东渡东溪桥而南，为铁仙岩。其处山俱纯石，如钟堆釜覆，北半俱斩峭为崖，屏立平畴间。由崖隙而上，两崖之间潴[②]水成溪，崖插溪底。凿栈以入，又一水自东注，亦纯石插底，隘不容足。架梁南渡，又转一桥，西渡大溪，遂蹑山峡而上，则飞岩高穹东向而出，髡徒法宣依岩结阁，种竹于外，亦幽亦敞。时日已欲坠，拟假榻于中，而髡奴逐客甚急，形于声色。遂出，仍渡峡桥，见有石级西上，遂蹑之登。盘旋山顶，两度过脊，皆深坑断峡，回亘纵横，或水或涸，想霖雨时靡非深浸也。时日已落崦嵫③，下山二里，仍西，宿硝石东溪桥之南。

【注释】①益府王墓：即明代朱元璋后代益藩王的王族墓地，今南城县外源村北。②潴（zhū）：水积聚。③崦嵫（yān zī）：古代指太阳落山的地方。

【译文】初五日　早饭后，辞别了丘士章、夏调御两人。走二里，仍然到了大路往南行。十里，登上一座山岭，叫杨源岭。下了山岭，东面有条大溪自南往北流，渡过溪流走二里，为东界山铺，这里离开府城已经有二十里。从这里沿着溪水向东走，行五里，叫大洋，又行三里，叫界下。众多船只像鱼鳞一样密密排列在溪中，这是因为溪流上游有个石箭滩，载重量大的船只不能上航和下行，都停泊在这里等待互相兑换货物。在溪流北面坐落着许多益王府的陵墓。再往上游行二里，就是石箭滩，滩中乱石填塞，流水很急。石箭滩的西面是凌霄峰，亭亭玉立，独立于上方，有佛教寺庙建在山峰间。从杨源岭过来，山势曲折环绕相互交合，而唯独凌霄峰高高耸立，走过了这里，山势逐渐开阔起来，也逐渐低伏下去。又走三里，溪流南面有一座山，它比凌霄峰低矮，但比凌霄峰尖耸陡峭，叫八仙过腿。山上有岩石高高耸起，与众山很不相同，因为没有摆渡的船而未能攀登。又走七里为硝石铺，这里离开府城已经四十里了。硝石铺的集市店铺延伸得很长，南面、东面两条溪流在此汇合，南面的那条是从新城县流来的，东北面的那条是从杉关流来的。从东面的溪流中乘船抵达五福还有四十里，从五福到杉关走陆路还有三十里。杉关那里就是江西、福建两省的分界。从南面的溪中乘船走则六十里就到新城县。到新城县去的陆路，从硝石铺东面渡过东溪桥往南，是铁仙岩。那里满山都是清一色的岩石，就像铜钟堆叠着、大锅下覆着。北面半个山都是齐崭崭的峻峭的山崖，像屏风一样矗立在平坦的田野。我从山崖的缝隙往上爬，两边石崖之间积水汇聚形成一条溪流，崖壁直插溪底。沿着在崖壁上凿出的栈道走进去，又有一股溪水从东面流来，也是清一色的岩石插入水底，那栈道狭窄得放不下脚。往南越过架在那股水上的桥，又转过一座桥，向西渡过那条大的溪流，便顺着山峡往上爬，就见高大穹隆的岩石向东伸出，和尚法宣背靠岩石建了楼阁，在阁外种植了竹子，显得又幽静又宽敞。当时夕阳已快要落山，我打算借宿在楼阁中，然而那臭和尚非常急迫地驱赶着客人，并且显露在声色中。于是走出楼阁，仍然越过山峡中那座桥，看见有石阶梯向西延伸上去，便踏着石阶梯登上了山顶。我在山顶上徘徊流连，两次跨越延伸而过的山脊，下面都是深坑断峡，回绕绵亘，纵横交错，有的流水，有的干涸，我猜想多雨时节无不被深水淹没。此时太阳落山了，我朝山下走二里，仍旧转往西面行，住宿在硝石铺东溪桥的南边。

初六日　早起，闻有言觉海寺之胜者。平明，南趋二里，则南溪之左也。寺亦古，其前即铁仙以西之第二重也。盖硝石之南，其山皆块石堆簇，南则交互盘错，斩若截堵，峰峰皆然，以铁仙为中；而西则两突而尽于南溪之左；即觉海寺前。东则两突而至于止止岩之东，再东则山转而南矣。入觉海，见山在其前，即出而循崖以登崖之西，下瞰南溪涓涓北流，时有小舟自新城来。既南行，崖尽，有峡东下，盖南北两崖对峙其来峡，其度脊处反在西濒溪之上。余见其峡深沉，遂蹑山级，东向直登其巅。其巅有东西两台。自西而东，路尽莫前。下瞰乱壑纵横，峡形屈曲枝分，汇水成潭，分曹叠泻，疑即所云金龟湖也。而二峰东下无路，但见东峡有水有径，疑即铁仙。仍从旧路下，至溪东两崖对峡处，即从崖下东入峡中。渐下渐湿，遂东北三里至小港口。水自韩公桥来，渡之入山。东北三里，大石岩。五里，韩公桥。三里，双同槽。南二里，紫云岩。西一里，渡溪为夫子岩。返出紫云，一里至响石岩，又登岭一里至竺岫①。

【注释】①竺岫：即今竺油，在南城县东境。

【译文】初六日　清早起床，听闻有人谈论觉海寺的景致优美。天大亮后，快速地往南走二里，就到了南溪的左边。寺庙也很古老，它前面就是铁仙岩以西的第二重山峦。硝石铺的南面，各山上都是堆叠聚集的石块，南边的山峰却是盘绕交错，整齐的如断开的墙壁一样，每座山峰都如此，以铁仙岩为中心；而西边的山峰则两处突起，延伸到硝石铺南面溪流的左岸而终止；即觉海寺前面。东边的山峰两处突起而延伸到止止岩的东面结束，再往东山脉就折向南延伸了。走进觉海寺，见山在寺前面，就出了寺顺崖壁登上山崖的西面，往下俯瞰，南面溪水涓涓向北流去，当时正好有只小船从新城方向来。随后往南行，崖壁尽头，有个峡谷向东延伸下去，大概因为南北两侧山崖对峙在从东边过来的峡谷的两边，所以山脊延伸而过的地方反而在西边濒临溪流的上面。我见那峡谷深深地往下陷，便踩着山间石阶，向东直登到山顶上。山顶上有东西两个平台，我自西向东行，走到道路尽头处不能再向前。向下俯瞰，壑谷杂乱纵横，峡谷曲折像树枝一样分出枝杈，水流汇集成潭，潭水分成几股层层往下倾泻，我怀疑这就是所说的金龟湖。然而两个山峰的东面下行无路，只见到东面峡谷中有水有路，我怀疑那里就是铁仙岩。仍然从原路往下走，到了溪流东面两侧山崖隔峡对峙处，立即从山崖下向东进入峡谷中。渐往下走渐潮湿起来，便往东北走了三里到达小港口。溪水从韩公桥流来，我渡过溪水进入山中。往东北走三里，到大石岩。又走五里，到韩公桥。再走三里，到双同槽。折往南二里，到紫云岩。又折往西一里，渡过溪水到夫子岩。返出紫云岩，走一里到响石岩，又登上一座山岭，走一里到竺岫。

初七日　竺岫渡桥，东南三里，舒坑岭。又三里，缅湾。又六里，陈坊。陈坊有溪自北南流，盖自泸溪而下东溪者也。越桥而东上一岭，又下而复上，日铁湾岭。共三里，下岭为钱家湾。又随东溪二里至黄源桥。渡溪而南一里，过黄湾岭。南六里，长行岭。下岭为连家湾，是为新城西北界。连家湾出冈为周家隘，即新城入郡官道。又西十里，百顺铺。又三里上分水岭。先是自百顺西至周家隘，有小水西流，余以为入南溪者；及登分水，而后知犹北入东溪者也。又五里，过沙路岭。又五里过一桥，其水自高学坡来，五六里越桥而南，即与南大溪遇。又二里，东为观者崖，西为仙居院，两崖束溪如门，门以内澄潭甚深。又三里，入新城[①]北门，出西门。石门不甚壮，而阛阓颇盛。出门渡石梁，则日峰山当梁瞰溪。越桥即南随溪行。已折西南，登白石岭。十里，过文江桥，始复与大溪遇，溪流至此已不胜舟矣。于是多随溪，西南过竹山，山亦峭特自异，上有竹仙院。又十里，周舍。周舍之南，路折而东，有潭偃水，颇觉汪洋，即文江之上流也。

十五里，宿于石瓶冈，去城二十五里，去福山[2]十五里。

（八日缺）

【注释】①新城：今黎川县。②福山：今黎川县境内，原名覆船山，宋朝时改为福山。

【译文】初七日　从竺岫过桥，往东南走三里，到舒坑岭。又走三里，到缅湾。又走六里，到陈坊。陈坊有条溪水从北向南流去，它大概是从泸溪县流下来而汇入东溪的一条溪水。越过溪上的桥向东登上一座山岭，又下了此岭而登上另一座山岭，那岭叫铁湾岭。我们共计走了三里路，下了铁湾岭为钱家湾。又顺东溪走二里到黄源桥。渡过东溪往南行一里，经过黄湾岭。再往南六里，翻越长行岭。下了岭为连家湾，这里是新城县的西北界。从连家湾走出山冈为周家隘，这里是新城县到建昌府的官道。又往西行十里，到百顺铺。又走三里，登上分水岭。原先，从百顺铺往西到周家隘的路上，见到一条小水西流，我以为它是流入南溪的水流；等登上分水岭，才知道它仍是往北流入东溪的水流。又走五里，经过沙路岭。又走五里跨过一座桥，桥下的水从高学坡流来，五六里后过了一座桥继续往南走，就和南面的大溪相遇。又走二里，东面为观音崖，西面为仙居院，两边山崖紧夹着溪流，如同一道门，门以内澄澈的潭水很深。又走三里，进入新城县北门，从西门出了城。石砌的城门不很宏大，但街市较为繁盛。走出城西门跨越石桥，就见日峰山对着石桥俯瞰着溪流，过了桥就往南沿溪流前行。随后折向西南，攀登白石岭。走十里后，跨过文江桥，才又与大溪相遇，溪流到这里已不能行船了。从这里起多是沿溪流走，往西南经过竹山，此山也是峻峭独特自有特点，山上有个竹仙院。又走十里，到周舍。周舍的南边，道路折往东去，有个水潭储聚水流，让人觉得水势很浩大，它就是文江的上游水流。又走十五里，投宿在石瓶冈，此地距离新城县城二十五里，距离福山十五里远。

（初八日的日记缺）

初九日　写十二诗付崑石上人，已上午矣。即从草塘左循崖南下，路甚微削，伏深草中，或隐或现。直下三里，则溪自箫曲之后直从东南，与外层巨山夹而成者。盖此山即闽界，其东北度而为箫曲，西北度而为应感峰、会仙峰，两腋溪流夹而西去，犹属新城也。箫曲南溪之上，有居民数家，艺山种姜芋茶竹为业，地名坂铺。由此溪渡，东南上岭一里，则平转山腰。又南二里，复直上山顶。又二里，南下而东上，至应感岩。其岩西向，巨壑矗峭，环成一窝，置室于中，自下望之，真凭虚缀壁也。石崖之顶尚高一里，崖僧留饭后，即从崖侧蹑蹬而登，以为诸峰莫高于此；既登而后知会仙之更高于众也。应感二峰连起，东属于大山，其属处过脊甚峭。北流之水出于坂铺，南流之水即从会仙峰北向而去，自应感、会仙西流之水止此。余盖从应感南下三里，过此一水复南上，则会仙北属大山之脊也。脊东之水西出会仙之南，其南又有大山，东北而属于应感后之大山，夹此水西去，其中坞落为九坊，乃新城之五十一都地。对会仙之山名迷阳洞，南即为邵武之建宁[①]，其大山东南为泰宁，其西南为建昌之广昌，则会仙南之大山，乃南龙北来东转之处也。自过脊至会仙，望之甚近，而连逾四峰皆峭刻。其下乱壑纵横，汇水成潭，疑所云金龟湖即此水也。四下四上，又四里而登会仙绝顶，则东界大山俱出其下，无论箫曲、应感矣。自会仙西至南丰百里，东南抵建宁县亦百里。其界有侧家斜在迷阳洞南，为大山寥绝处。

【注释】①建宁：今福建建宁县。下文的泰宁，今福建泰宁县，广昌，今江西广昌县。

【译文】初九日　写了十二首诗交给崑石上人，便已经到上午了。于是从草塘左面顺山崖往南朝下走，路很细小而且陡直，隐没在深草丛中，忽隐忽现。一直往下走三里，有条溪流从箫曲峰后面一直自东南方流过来，这是箫曲峰与它外层的大山夹峙而形成的。大概这座大山就是福建省省界，它往东北延伸而形成箫曲峰，往西北延伸而形成应感峰、会仙峰，山峰两侧的溪水夹着山脉向西流淌，溪流仍属于新城县。箫曲峰南面的溪流岸上，有数家村民居住，他们以在山上种植姜、芋、茶、竹等为业，此地名为坂铺。从坂铺渡过溪流，往东南朝岭上走一里，就平缓地绕到山腰上。再往南行二里，又直往上爬到山顶。又走二里，往南面下行后而往东上登，到应感岩。这座应感岩朝向西边，下面是巨大的深谷，四周崖壁高耸峻峭，环绕成一个山窝，山窝中建有房屋，从下面望上去，真像悬空点缀在崖壁上似的。石崖的顶端还在高处一里以上，居住在崖间的僧人留我们吃饭后，我们便从崖侧踩着石阶往上登，当时以为周围其它山峰都没有高过此峰的；登上峰顶后才知道会仙峰更高于群峰。应感峰的两个山峰接连耸起，东面和福建省界的那座大山连着，连接处山脊延伸过来的地方很陡峭。往北流的水流往坂铺，向南流的水就从会仙峰向北流去，从应感、会仙两峰流往西面的水到山脊为止。我大约从应感峰往南下走了三里，渡过那一条溪水后又往南向上爬，就到了会仙峰北面和福建省界的那座大山相连的山脊处。山脊东面的水往西面绕流出会仙峰的南边，此水的南面又有一座大山，它往东北延伸而与应感峰后面的大山连接，又与会仙峰夹住此水向西流去。两山间的山坞中坐落着的村子为九坊，属于新城县的五十一都的属地。对着会仙峰的山叫迷阳洞山，山的南面就是邵武府的建宁县，大山东南面为泰宁县，大山西南面为建昌府的广昌县，会仙峰南面的这座大山，是南面的主山脉往北延伸过来而折往东去的地方。从作为福建省界的那座大山的山脊过渡之处到会仙峰之间，望过去很近的样子，实际却要接连翻越四座山峰，峰峰都峻峭陡直。山脊峰下面山壑杂乱交错，水流汇集成潭，我猜想所说的金龟湖就是这个深水潭。经过四次向下行四次向上攀，又走四里便登上会仙峰最高顶，东面的大山都低伏在它下面，更不用说箫曲峰、应感峰了。从会仙峰往西到南丰县有一百里，往东南抵达建宁县也是一百里。两省分界处有几户人家呈斜向坐落在迷阳洞南边，在大山中偏僻荒凉，与外界隔绝的地方。

初十日　由会仙峰西下，十里过溪，即应感西南来溪也。又五里为官公坳。又五里，下埔。应感溪自东而西，会仙南溪自南而北，俱会于下埔而北去。自下埔而上，悬崖瀑布，随处而是，亦俱会于下埔。路由下埔南而西，逾一岭，五里为黄舍。又西南逾二岭，五里至章村，山始大开，始有聚落阛阓。有水自南而北，源自建宁县邱家岭，去章村南十五里，又五十五里始抵建宁云。西五里至容田，又西三里过长江岭。又三里，乌石。有卷石桥。又二里，上坪。随溪西南四里，有大溪自西南向东北，复溯之。西三里，过木桥，溯北来小溪，渡小石桥，北上岭。三里，为茶坞坳。又西三里，为何木岭。越岭，西南二里，宿梅源。

【译文】初十日　从会仙峰往西朝下走，行十里后渡过一条溪水，它就是从应感峰西南面流来的那条溪流。又走五里，为官公坳。又走五里，到下埔。从应感峰西南面流来的溪水自东往西流，从会仙峰南面流来的溪水自南往北流，都汇合在下埔而往北流去。从下埔以上，悬崖间的瀑布随处可见，也都汇合在下埔。道路从下埔南面往西走，翻过一座岭，行五里为黄舍。又往西南翻越两座山岭，走五里到章村，山势开始大为开阔，才有村落街市。有条溪水从南向北流，它发源于建宁县邱家岭，距离章村南面十五里，又行五十五里才到达建宁县。往西走五里到容田，又往西三里经过长江岭。又走三里，到乌石。有座卷石桥。又走二里，到上坪。顺一条溪流往西南走四里，有条大溪自西南向东北流，又沿溪水溯流而行。往西三里，过一座木桥，溯从北面来的一条小溪走，跨过一座小石桥，往北上了岭。走三里，为茶坞坳。又往西行三里，为何木岭。越过何木岭，往西南走二里，投宿在梅源。

十一日　东方乍白，自梅源溯小流西上一岭。路应度谷梅源至黄婆三十里，黄婆至县三十里。而西，因歇店主人言，竟从北直上岭。三里，逾岭北，天渐明，问之途人，始知其误。乃从岭侧径道转而南，越岭两重，共四里得一村坞，询之，曰："此岭即南丰界也。岭北水下新城，岭南下永丰[1]但随小水南行一里，可得大道。"从之，至漈[2]上坞始与梅源大道合。其处平畴一环，四山绕錾，以为下土矣。已而流忽下坠，捣级而下，最下遂成一瀑，乃知五泄、麻姑之名，以幸而独著也。是名漈山灶，去梅源始五里，余迂作十里行矣。水上人家为“漈上”，水下人家为“漈下”。又五里，夏家桥，又五里，尼姑坳，途中有两小水自北来合。又五里，乾昌桥，已胜筏。又五里，沧浪桥。又五里，黄婆桥。有一溪自北来，桥梁北溪上，水自桥南出，与漈上之水合，共下南山去；而陆路由北岭入山，迂回岭上。北行五里，曰藏石岭。又三里，又过一小溪，亦自北而南。越而西，二里，为思久铺。铺有小桥，桥下细流始西向行，路复随之。五里，西至来陂桥。又一溪颇大，自北来会，同过桥下；而漈上大溪亦自南来会，遂同注而北。又一里，溪之东有狮山，西有象山，狮山石独突兀，而象山半为斧斤所凿。二山紧束水口，架石梁其中，曰石家桥，溪自桥下俱北去，路自桥上西向府。渡桥一里，又有小溪自南而北，亦有石梁跨其上。又三里，上艾家岭。又十里至南丰③，入城东门。三里，出西门，则盱江自西南抵西门，绕南门而北转，经东门而北下，想与漈上之水会于城北之下流也。西门外濒溪岸，则石突溪崖，凿道其间，架佛阁于上。濒江带城，甚可眺望，以行急不及登。又西五里，一溪自北来，渡其桥；军峰溪自西来，即溯之行。有数家在溪上，曰三江口，想即二溪与盱江合，故名也。

【注释】①永丰：今江西永丰县。此处“永丰”恐为“南丰”之误，因为永丰离此地甚远。②漈（jì）：指水边，闽方言称瀑布亦为漈。③南丰：今江西南丰县。

【译文】十一日　东边天色刚刚泛白，我就从梅源溯一条小水流往西登上一座岭。道路本应穿过山谷从梅源到黄婆有三十里，从黄婆到县城有三十里。继续往西走，由于听从客店主人的话，竟然从北面直往岭上走。三里后翻到岭北，天逐渐亮开，向过路的人打听，才知道走错路了。于是从岭侧的小路折往南，越过两重岭，共走四里见到有一个村子坐落在山坞中，向村人问路，回答说："这座岭就是南丰县界。岭北的水下流到新城县，岭南的水下流到南丰县，只须顺着小溪水往南行一里，就可以见到大路。"我们按那人所说的走，到漈上坞才与从梅源来的大路相会合。此地是一片圆形而平坦的田地，四周群山环绕成壑谷，我以为是地势低下的地方了。随后水流忽然向下坠落，从一层层石台坎上冲泻而下，最下面便形成一条瀑布，这才知道五泄、麻姑的名字，是因为幸运才独自著名。此地名叫漈山灶，距离梅源才五里路，我们却绕路走了十里路。水流上面居住的人家称为"漈上"，水流下面居住的人家称为"漈下"。顺水流又走五里，到夏家桥，又走五里，到尼姑坳，途中有两条小水流从北面来汇合。又走五里，到乾昌桥，溪中已能够行木筏。又走五里，到沧浪桥。又走五里，到黄婆桥。有条溪流从北面流来，北边溪上架有桥，溪水从桥下往南面流出来，便与漈上流来的水汇合，共同流下南山中去；而陆路由北面山岭进入山中，在岭上曲折盘绕。往北行五里，叫藏石岭。再走三里，又渡过一条小溪，它也是自北向南流。越过溪水后往西走，二里，为思久铺。思久铺有座小桥，桥下的细流才开始往西流，道路又傍溪而去。走五里，往西到了来阪桥。又有一条溪水非常大，从北面流来相汇，一同流过桥下；而漈上流来的大溪也从南面流来汇合，随后一同流往北去。又走一里，溪水的东面有座狮山，西面有座象山，狮山上的石头分立突兀，而象山的一半已被刀斧凿削过。两山紧夹着水口，一座石桥横架在两山间，它叫石家桥，溪水从桥下一起向北流，道路从桥上往西朝府城去。越过桥后一里，又有条小溪自南往北流，也有座石桥跨架在溪流上。又走三里，上了艾家岭。又走十里到南丰县，进入城东门。三里，走出城西门，便见盱江自西南面流到西门外，又绕流到南门外而后向北转，经东门外而往北流去，我猜想它与滁上流来的溪水在城北面的下游处汇合。西门外濒临溪流的岸边，就见石崖突立在溪畔，崖壁间凿出道路，上面建有佛阁。那山崖濒临江流，围绕着城池，可以在上面放眼远望，景色十分美好，但因为急于赶路而来不及攀登。又往西走五里，有条溪水从北面流来，我们越过溪上的桥；军峰溪从西面流来，马上溯军峰溪前行。有几户人家住在溪岸边，叫三江口，我猜想就是两条溪水与盱江在此汇合，才叫这个名字。

十二日　东方甫白，从三江西渡溪，循左路行，路渐微。六七里，日出，入山口，居舍一二家，去路颇遥。先是，有言三江再进十里，有山口可宿者，余既讶其近，又疑其居者之寡。连逾二岭，三里，遇来人询之，曰："错矣！正道在南，从三江渡溪已误也。"指余南循小路转。盖其岭西北为吴坑，东南为东坑，去三江已十里矣。乃从南转下一坑，得居民复指上岭，共五里，至后阿。从其西北小路直上二里，则一小庙当路岐。从庙西北平循山半阴崖而行，又二里而至一山过脊处，南北俱有路，而西向登岭一路独仄，遂蹑之行。既登一峰，即转入山峡。其峡有溪在下，自西而东，东口破壁而下；绾[①]口一峰，西南半壁，直倾至底，石骨如削铁；路在其对崖。循峡阴西入，自过脊登岭至此，共三里。一石飞突南崖，瞰溪撑日，日光溪影，俱为浮动。溪中大石矗立，其西两崖逼竖如门，水从崖中坠壁而下，潆回大石而出，盖军峰东溪源也。崖下新架一桥。渡而北，又登岭半里，山回水聚，得岐路入一庵，名龙塘庵。有道人曰："西有龙潭，路棘不可入。"得茗，食点数枚。出庵，从左渡小溪，遂复直上岭。二里，复循山北阴崖而行，屡有飞涧从山巅坠下，路横越涧上流者五、六次，下复成溪。又三里，得横木栈崖。又二里，直转军峰之北，仰望峰顶犹刺天也，有石涧自峰顶悬凹而下，盖北溪之源矣。

【注释】①绾（wǎn）：缠绕打结，此处指控制。

【译文】十二日　东方天空刚刚泛白，我们就从三江口向西渡过溪流，顺左边的道路前行，越走道路越小。走了六七里，太阳升起来了，进入一个山口，有一两户人家，住在离路较远的山上。这之前，有人说从三江口向前走十里，有个叫山口的地方可以投宿，我既因为这里离三江口路近而感到诧异，又怀疑此处居民太少。接连越过两座山岭，走三里路，遇到对面来的一个人，向他询问，他说："路走错了！正路在南面，从三江口渡溪就已经错了。"他指点我往南边顺小路转往正道。大概这座岭的西北面为吴坑，东南面为东坑，距离三江口已经有十里远了。于是从南面转下一个坑谷中，遇到当地居民，他又指点我们上岭的路，共走五里，到后阿。从后阿西北面的小路直往上走二里，有座小庙立在岔路边。从小庙往西北方平缓地顺着山崖北侧的半山腰前行，又走二里后到达一座山的山脊延伸而过的地方，山脊的南北边都有路，而往西攀登山岭的一条路特别狭窄，于是便沿着那条路前行。刚登上一座山峰，就转进山峡中。那山峡下面有一条溪水，自西向东流，到东面峡口处破壁而往下流；扼住峡口的一座山峰，它的西南面的半座崖壁，笔直向下斜插到底，崖壁上尖峭如骨的岩石如削铁一般；道路在这座山峰对面的山崖上。我们顺着峡谷北面往西进去，从山脊延伸而过的地方登上山岭来到这里，共三里路。有一块石头从山峡南面的崖壁上飞突出来，俯瞰着溪流，上撑天日，阳光溪影都同时飘浮晃动。溪水中有块大石头矗立着。石块的西面，两座山崖互相接近像一道门向上直立着，水流从山崖中间的石壁上坠落下去，潆洄那大石头周围而后流出去。这溪水大概是军峰山东面溪流的源头。山崖下新架了一座桥。渡过溪流后往北面走，又登上岭半里，山峦回环水流汇聚。见到一条岔路通到一座庵中，那庵叫龙塘庵。有个道人说："庵西面有个龙潭，但路上不满荆棘，没有办法进去。"我们得到庵中道人给的一些茶水，于是吃了些点心。出了庵，从左面渡过一条小溪，便又直往上攀登山岭。爬了二里，又顺山北面的背阴山崖而行，不时有飞泻的山涧水从山顶坠落下来，道路从山涧水上横越过五六次，到了下面涧水又汇流成溪。又走三里，见到一根横木架在山崖间。又走二里，直转到军峰山的北面，仰望峰顶犹如刺穿了青天一般，有一条山涧水从峰顶高悬的凹陷处流下来，它大概是军峰山北面的溪流的源头。

渡溪二百步，复上一岭，始与北来大路合，遂高南向峰顶，而上无重峰之隔矣。自东北路口西上一里，至北岭度脊处，有空屋三间，中有绳床土灶而无人居，其西下为宜黄之道，东即所从来大道也。自此南上，凿蹬叠级，次第间出，蹈空而上，道甚修广，则进贤[①]金父母所助而成者。金名廷璧。自此愈上愈高，风气寒厉，与会仙异矣。自分道处至绝顶，悉直上无曲坠，共四千三百步，抵军峰巅。登顶下望，五六尖峰自西南片片成队而来，乃闽中来脉也。至绝顶之南，圆亘为着棋峰，亭亭峭削，非他峰所及。盖自南丰来，从车盘岭南面上，不及北道之辟；然经着棋峰栈石转崖，度西峡中，蹑蹬攀隙，路甚奇险。余从北道望见之，恨不亲历。北起为绝顶，则石屋中浮丘、王、郭三仙[②]像共列焉。其北度之脉，则空室处。其北又起一峰，直走而为王仙峰，东下而为麻姑，东北下而为云盖，以结建昌者也。自着棋峰夹中望，下有洞穹然，攀箐挂石而下，日尚下午，至洞已渐落虞渊[③]，亟仍攀蹑而上，观落日焉。

【注释】①进贤：今江西省进贤县。②浮丘、王、郭三仙：浮丘指仙人浮丘公，王仙指仙人王子乔，郭仙或指葛洪。③虞渊：也称“虞泉”，传说日落栖止之处。

【译文】渡过溪水走二百步，又登上一座山岭，道路才与北面来的大路会合，于是往南向着高高的军峰山顶爬去，而上面不再有层层峰峦的阻隔了。从军峰山东北方的路口处往西朝上走一里，到达军峰山北面山岭的山脊延伸而过之处，有三间空屋子，屋中有绳床和土灶，但无人居住，从空屋西面走下去是到宜黄县的路，东面就是上来时所走的大道。从此处往南朝上走，人工修凿出的级级石阶，依次间隔出现，从半空中攀越而上，石阶路很长很宽，这路是进贤县一个姓金的父母官资助而修成的。那姓金的名叫金廷璧。从此处越往上走越高，风寒冷得厉害，气候与会仙峰全不一样。从道路分岔处到军峰山的最高顶端，都是一直往上登爬，没有弯曲和向下走的地方，共走四千三百步，抵达军峰山山顶。登上山顶向下俯瞰，五六座尖耸的山峰从西南方向连绵不断成队地奔涌过来，那是从福建省内延伸过来的山脉。它们到了军峰山最高顶端的南面，形成圆圆横贯的着棋峰，它亭亭玉立高峻陡峭，不是其他山峰所能比得上的。

原来从南丰县前来，自车盘岭南面上登军峰山，不如北面的道路那样开阔；然而经过着棋峰上山，则必须走石栈道、绕崖壁、穿越山峰西面的峡谷，踩着石阶攀着岩石间的缝隙而上，道路非常奇险。我从北面道路中望见着棋峰上那条路，遗憾没能亲自走过来。军峰山脉的北部耸起为最高峰，石屋中浮丘、王、郭三位仙人的塑像一起排列着。往北延伸而过的山脉，就是有三间空屋子的地方。那里往北又耸起一座山峰，它一直向北延伸而成为王仙峰，向东延伸下去而成为麻姑山，向东北延伸下去而成为云盖山，从而盘结成建昌府所在的地方。从着棋峰的夹谷中望过去，山下有个洞高高隆起，攀着竹木抓着石块往下行时，时间还是下午，到那山洞时天色已经黄昏，于是赶忙仍旧攀着草木踩着崖石上到山顶，观看落日景象。

十三日　（缺）白赤丸如轮，平升玉盘之上，遥望日下，白气平铺天末，上有翠尖数点，则会仙诸峰也。仍从顶北下，十里，至空屋歧路处，遂不从东而从西下，里许而得混元观，则军峰之北下观也。其地已属抚之宜黄。闻山南车盘来道亦有下观云。循水北下，两山排闼[①]，水泻其中，无甚悬突飞洄之态。又下五里，始至涧底，此军峰直北之水也。既下山，境始开。又山一层横列于外，则鱼牙山也。又有一水自西南来，此军峰西壑之水，至此与北涧会。循水东北又五里，过袈裟石。绾两涧之口，水出其间，百家之聚在其外，曰墟上。又有一水亦自西南来会，则鱼牙山之水也，与大溪合而北，西转下宜黄，为宜黄之源云。自墟上东北岐，路溯一小溪，十里至东源。东向上岭，三里而登其上，曰板岭。其水西流入宜，东南流入丰，东北流亦入宜，盖军峰北下之脊也。越岭而东，一里，复得坪焉。山溪潆洄，数家倚之，曰章岭。竟坞一里，水东出峡间，下坠深坑，有路随之，想走南丰道也。其水东南去，必出南丰，则章岭一隙其为南丰属明矣。水口坠坑处，北有一径亦渐下北坑，则走下村道矣。亦渐有溪北自下村出七里坑，达枫林而下宜黄，则下村以北又俱宜黄之属。是水口北行一径，即板岭东度之脊也，但其脊甚平而狭，过时不觉耳。下脊，北五里，至下村。又北二里，水入山夹中，两山逼束②甚隘，而长水倾底，路潆山半，山有凹凸，路亦随之，名曰十八排，即七里坑也。已而下坑渡涧，复得平坞，始有人居，已明月在中流矣。又北二里，水复破峡而出。又一里，出峡，是为枫林内村。又一里，山开水转，而西度小桥，是为枫林，一名陈坊。乃宿。

【注释】①排闼（tà）：撞开门。闼，门。②逼束：形容两山相距很近，挤紧收敛，使中间非常狭窄。

【译文】十三日　（有缺文）红白色的圆日如同车轮一般，平缓地升起在玉盘似的云海之上，远远望去在日光下，白色的云气平铺到天际，云层上面耸出几个青翠的峰尖，那应该就是会仙等山峰。我仍从军峰山绝顶北面下山，走十里，来到有空屋子和道路分岔的地方，便不从东边而从西边下去，又行走一里左右到达混元观，它就是军峰山北面的下观。这里已属于抚州府的宜黄县。我听闻在军峰山南面从车盘岭来的路上也有个下观。就顺水流往北下行，两山对耸如门，水从中间倾泻出来，然而没有多少山石悬空突立和水流飘坠回旋的景象。又往下走五里，才到达山涧底，这是军峰山正北面的水流。下了山，地势才开始开阔，外围又横列着一层山岭，那是鱼牙山。又有一条水从西南方流来，这是军峰山西面山谷中流来的，到这里便和北面流下来的山涧水汇合。顺水流往东北又走五里，经过袈裟石。袈裟石扼住两条山涧水交汇的出口处，水从岩石中间流出去，有个百来户人家的村子坐落在袈裟石外侧，叫墟上。又有一条水流也从西南边流来汇合，那是鱼牙山流来的水流，它与大溪合流后往北流，然后折往西下流到宜黄县，为宜黄水的源头。从墟上东北方的岔路，溯一条小溪而行，十里到东源。往东爬上山岭，行三里登上岭顶，那岭叫板岭。板岭的水，西面的流入宜黄县，东南面的流入南丰县，东北面的也流入宜黄县，大概它是军峰山往北延伸下来的山岭的山脊。越过板岭往东行，一里，又见到一块平地。山涧溪水回旋，有几户人家紧靠在山脚，地名叫章岭。从山坞中直走一里，溪水往东流出峡谷，向下坠入深谷中，有条路沿水流而去，我想那是到南丰县的路。那条溪水往东南流去，一定是流到南丰县，那么章岭这块狭长平地属于南丰县是很明显的了。水流坠入谷中的水口处，北面有条山路也是渐渐下到北面的山谷中，那就是到下村的道路了。也渐渐有溪流从北面的下村流出七里坑，再流到枫林而后流到宜黄县，这样下村以北又都是宜黄县的属地。这里从水口往北走的一条小路，就是板岭往东边延伸而过的山脊，只不过它很平缓而狭窄，经过时不觉察罢了。下了山脊，往北走五里，到下村。又往北走二里，溪水流入山峡中，两边的山紧夹，中间很狭窄，而长长的水流倾泻入峡底，道路盘绕在山半腰，山时而凹陷时而凸起，道路也随山势延伸，地名叫十八排，即七里坑。不久下到坑谷中渡过山涧，又见到一个平坦的山坞，这才开始有人家居住，已经是明月倒映在溪流中了。又往北二里，水流又冲破山峡流出来。又走一里，出了峡谷，这里是枫林内村。又走一里，山势开阔，水流曲绕，往西经过一座小桥，就是枫林，又叫陈坊。我们于是便投宿在村中。

十四日　平明饭，行，即从小桥循小溪北上。盖枫林大溪西下宜黄，而小溪则北自南源分水而来者也。溯北上五里，入南湾坳，上分水岭，南为宜黄，北为南城，西南境逾岭为南源。五里至八角庄，为洪氏山庄。有水东下，舍之。北上黄沙岭，二里逾岭，下巾儿漈，水亦东下，又舍之。北溯一小水，三里，上栏寨门，平行岭上，为李家岭。又一里，始下，下一里，则磁龟在焉。磁龟者，罗圭峰玘[①]之所居也，在南城西南九十里，据李文正《东阳记》，北阻芙蓉，西厄连珠峰，南望军峰，东则灵峰迤逦，有石在溪桥之下，而不甚肖；其溪亦不甚大；自西而东，夹溪而宅，甚富，皆罗氏也。问有花园坑，景亦没，无可观。遂东北逾岭而下，溪自东南下坑中，路不能从也。东下三里，山峡少开。又循一水，有桥跨之，曰云阳桥，水亦东南下，又舍之。东逾一岭，又二里，曰乘龙坳，水亦南下。复东上二里，曰鹅腰岭。平行岭上又二里，而下一里，曰鉏源，其水始东行。始至磁龟，以为平地，至此历级而降，共十里而至歪排，皆循东下，始知磁龟犹在众山之心，众山之顶也。歪排以上多坠峡奔崖之流，但为居民造粗纸，濯水如滓[②]，失飞练[③]悬珠之胜。然鉏源小水已如此，不知滋龟以东诸东南注壑者，其必有垂虹界瀑之奇，恨路不能从何。出歪排，其南山坞始开，水亦南去。又东逾黄土岭，共三里，则下岐东行平畴中。五里，一溪自西北东去，有桥架其上，曰游真观前桥。又东五里，则盱江[④]自东南而北。是时日才下午，不得舟，宿于溪西之路东，其溪之东即新丰大市也。

【注释】①罗玘：字景鸣，号圭峰，学者称圭峰先生。江西南城人。明中叶著名学者、文学家。②滓：因水被污染而混浊肮脏。③飞练：飘动的白绢。④盱江：此江经由建昌府流过，故建昌府也称"盱"。盱江因此又称建昌江。

【译文】十四日　天大亮时吃了饭，就出发了，我们从小桥处沿着小溪北上。因为枫林的大溪向西下流到宜黄县，而小溪却是从北面的南源分流而来的。我们沿着小溪往北走五里，便进入了南湾坳，登上分水岭，岭南面为宜黄县，岭北面为南城县，在岭的西南方再翻过一座山岭就是南源了。走五里到八角庄，这是一个洪姓人的山庄。有水流往东面流下，但我们没有顺水走。而是往北登上了黄沙岭，二里后翻过山岭，下到巾儿漈，那里的水也是往东流下，我们仍没有顺水走。而往北溯一条小溪水走，行三里，登上栏寨门，然后从岭上平缓地向前走，那岭为李家岭。又行一里，才往下走，下行一里，就见磁龟在那里了。磁龟这地方是罗玘（圭峰先生）居住过的地方，在南城县城西南九十里，据李文正《东阳记》记载，此地北面被芙蓉峰阻隔，西面被连珠峰扼住，向南望是军峰山，东面则是曲折连绵的灵峰。有块岩石在溪流的桥下边，但不很象龟；那溪流也不很大；自西向东流，夹溪两岸建有房屋，家家都很富裕，居民都是罗姓。找人问询得知这里有个花园坑，但也没什么景色了，没有可观赏的。于是往东北越岭而下，溪流从东南方流入深谷中，不能顺着有溪水的道路走了。往东下行三里，山峡稍微变得开阔些。又顺着一条溪水而行，水流上有座桥横架着，叫云阳桥，桥下溪水也流下东南方，我们又没有顺水走。往东越过一座山岭，又走二里，叫乘龙坳，水流也是流下南面去。又往东朝上走二里，叫鹅腰岭。从岭上平缓地又走二里，而后下行一里，叫鉏源，此处水才开始往东流。最初到磁龟时，以为是平地了，但到此处却逐级向下走，共行十里后到歪排，而且都是沿着山往东面下行，这才知道磁龟仍然处在众山之中心，在众山的顶上。歪排的上面多是从峡谷奔腾向下坠入山崖的溪流，但因为附近居民用水造粗纸，水被污染得污黑脏秽，失去了如飘动白绢悬垂珠帘的优美景象。鉏源来的小水流已是这样，却不知磁龟以东往东南流注沟谷中的那些水流情形如何，我想一定有彩虹垂挂、飞瀑相间倾泻那样的奇景，只怨不能沿着这些水流走。我们出了歪排，它南面的山坞才开阔起来，水流也往南流去。又往东翻越黄土岭，共走三里，下到岔路中，往东行走在平坦的田野中。五里，一条溪水从西北往东流去，有座桥架在溪水上，叫游真观前桥。又往东五里，盱江从东南流往北去。这时才下午，没有找到船只，于是投宿在溪水西岸的路东，溪水的东岸就是新丰这个大集市。

十五日　路东不得舟，遂仍从陆。右江左山，于是纯北行矣。六里，为大安桥。又三十里，则从姑在望，入郡南门矣。

【译文】十五日　在路东没有找到船，于是仍从陆路走。右面是江左山，从这里起都是直向北走。行六里，为大安桥。又行三十里，就可以望见从姑山，随后进了建昌府南门。

十六日　过东门大桥，即从桥端南下。随沙岸，丛竹夹道，乔松拂云，江流雉堞右映，深树密箐左护，是曰中洲。有道观，今改为佛宇。前二石将军古甚，刘文恭铉为之记，因程南云盱人，与刘同在翰苑故也。是日再醉于夏调御处。

【译文】十六日　跨过东门大桥，就从桥头向南下行。沿着沙岸走，丛密的竹子夹在路侧，高大的松树轻拂着云彩，城墙上排列如齿的矮墙倒映在右边江流中，幽深的树丛茂密的竹林围护在左面，这个地方名叫中洲。原来有座道观，如今改为佛寺。寺前的两尊石将军像非常古老，刘铉（谥号文恭）为石将军作了碑记，这是因为程南云是建昌府人，与刘铉共同在翰林院供职。这天再次喝醉在夏调御处。

十七日　静闻随二担从麻源大路先往宜黄，余作钱、陈、刘诸书。是晚榻于调御斋中。

【译文】十七日　静闻随同两位挑夫从麻源大路先行前往宜黄县，我给钱、陈、刘等人写了信。这晚住宿在夏调御的书房中。

十八日　别调御诸君。十五里，午至麻姑坛。又西二里，坞穷。循南山上，又二里转出五老西南，是为五老坳。于是循北山上，又二里为篾竹岭，越岭二里为丹霞洞，又西上一里为王仙岭，越岭又西一里为张村，皆前所历之道也。于是又西平行山半，四里，逾朱君岭，复沿山半行。深竹密树，弥山绘谷，红叶朱英，缀映沉绿中，曰鞋山。五里，石坪。山环一谷，随水峡而入，中甚圆整，万山之上，得此一龛，亦隐居之所，惜为行道踏破云帏[①]耳。居民数十家，以造纸为业。自石坪复登岭，岭峻而长，共五里始达岭头，即芙蓉东过之脊也。脊二重，俱狭若堵墙，东西连属。脊南为南城属，下有龙潭古刹，在深坑中，道小不及下。

脊北为临川[②]属。度脊而西即芙蓉山[③]，自南而北高亘于众山之上。其山之东则临川、南城之界。西则宜黄属矣。循山之东北又上里许，山开一箐东北向，是为芙蓉庵，昔祠三仙，其今僧西庵葺为佛宇，遂宿其中。

【注释】①云帏：云帐。②临川：今抚州市临川区。③芙蓉山：今江西省抚州市临川区，是境内最高峰，也是临川第一高峰，且神似芙蓉，素有“小庐山”美誉。

【译文】十八日　我辞别了夏调御等各位先生。走十五里，中午到达麻姑坛。又往西行二里，走到山坞尽头。顺南山往上登，又行二里转出五老峰的西南面，这里是五老坳。从五老坳顺北山往上爬，又走二里为蔑竹岭，越过蔑竹岭前行二里为丹霞洞，又往西上行一里为王仙岭，越过王仙岭又往西走一里为张村，这一段路都是前些日子走过的路。从张村又往西沿半山腰平缓地走，四里，翻过朱君岭，又沿着半山腰走。深竹密树，长满山间，将山谷装点得如一幅彩画，红色的树叶，朱红的山花，点缀掩映在深绿丛中，这山叫鞋山。走五里，到达石坪。这里群山环绕着一个山谷，沿峡谷中的水流进去，山谷中地形非常圆润而齐整，在万座山岭之上，能得到如此一块地方，也可作隐居的处所了，可惜被来往通行的道路踏破了这云帐遮蔽的好地方。谷中住着几十户人家，他们以造纸为生计。从石坪起又登山岭，那山岭险峻而且路很长，共走五里才到达岭头，它是芙蓉峰往东延伸而过的山脊。山脊有两层，都狭窄得如被一墙堵住，且东西相连。山脊南面为南城县属地，山脊下有座龙潭古寺，因为在深谷中，道路窄小，不足以下去。山脊北面为临川县属地。越过山脊向西就是芙蓉山，它自南向北高高地绵亘在群山上面。芙蓉山的东面就是临川县、南城县的交界处，西面则是宜黄县的属地。顺芙蓉山的东北面又往上走一里左右，山中敞开一个钳形的山弯，朝向东北面，这就是芙蓉庵，庵中原来供奉三个仙人，如今僧人西庵把它修葺为佛寺，于是住宿在寺内。

十九日　从庵侧左登，皆小径，直跻一里，出峰上。又平行峰顶，北最高处为三仙石。登其上，东眺黄仙峰，已不能比肩；南眺军峰，直欲竞峻；芙蓉之南，有陈峰山在十里内，高杀于芙蓉，而削峭形似，盖芙蓉之来脉也。凭眺久之，从峰北小径西下里许，与石坪西来之大道合。又下五里，忽路分南北。始欲从南，既念大路在北，宜从北行，遂转而北，始有高篁[1]丛木。又西下一里，始有壑居塍垅，名曰烂泥田。复逾岭西下一里，更循岭而登二里，直蹑峰头，名曰揭烛尖。又名避暑营。从尖西南下二里，是为南坑。有涧自东南来，四山环绕，中开一壑，水口紧束，湾环北去。有潘、吴二姓绾水口而居，独一高门背水朝尖，雄撮一坞之胜。随水出其后，数转而出，一里，有水自北而来，二水合而南，路随之。一里，转而西，共八里，西逼高峰，有水自南来会，合而北去，有桥跨之，曰港口桥。循左麓而北，又转西行，北渡溪，共五里，得大坞，曰上坪。过上坪，石梁水注而北，路西折登山，迤逦而上，五里至杉木岭。逾岭下二里，山坞紧逼，有故家宅，其中曰君山，皆黄氏也。饭而出隘，五岭上矮岭。逾岭共五里，出杨坊，南行为坑阴，乃宜邑钜[2]聚。西行七里，宿车上。

【注释】①篁（huáng）：竹子。②钜：同“巨”。

【译文】十九日　从芙蓉庵左侧往上攀登，都是小路，一直往上走一里，到达峰顶上。又从峰顶上平缓地行走，峰顶北面最高处为三仙石。登上三仙石，向东眺望黄仙峰，已不能和我所站的地方比高低；向南眺望军峰山，像是要与此山比险峻似的；芙蓉山的南面，有座陈峰山，相距在十里以内，它没有芙蓉山高，但陡峭险峻与芙蓉山相似，应该是向芙蓉山延伸过来的山脉。站在高处眺望了许久，从峰北面的小路往西朝下走一里左右，道路就与从石坪向西过来的大路汇合。又下行五里，道路忽然分为南北两条。开始想从南边走，随即想到大路在北边，应从北边走，于是折往北，山间这才开始有高竹丛林。又往西下行一里，山谷中开始有民户居住，有高低分布的田地，地名叫烂泥田。又翻越一座山岭往西下行一里，再顺山岭攀登二里，直接登上一个峰头，叫揭烛尖，又称避暑营。从揭烛尖往西南朝下走二里，这里为南坑。有条山涧水从东南方流来，四面群山环绕，中间有条壑谷，水口处山峰紧夹，水湾向北环绕而去。有姓潘和姓吴的两家人扼住水口居住，只有一座高大的门背靠水流朝着揭烛尖，这两户人家踞高处雄视整个山坞中的优美景观。沿水流走出那两户人家的后面，又转了几个弯出了山坞，一里后，有条溪水从北面流来，两水流汇合后而往南流，道路沿水流走。行一里，折往西，共走八里，往西逼近一座高峰，有条溪水从南面流来交汇，合流后流往北，有座桥横架在水流上，叫港口桥。沿山峰左麓往北走，又折往西行，往北渡过溪水，共五里，见到个大山坞，叫上坪。越过上坪的石桥，水往北流去，道路折向西面山上，曲折地向上爬，共五里到杉木岭。翻过杉木岭头向下走二里，山坞狭窄，中间有些官宦人家的住宅，村子中心的名叫君山，全村都是姓黄的人家。吃过饭走出山隘，行五里登上矮岭。越过矮岭后共走五里，出了杨坊，从杨坊往南行为杭阴，那是宜黄县的一个大村落。从杨坊往西行七里，投宿在车上。

二十日　鸡再鸣，自车上载月西行，即与大溪遇。想即墟上之溪，自南而北者，发源军峰，经杭阴至此。已而溪直南下，路西入山。又五里，登岭。又三里，逶迤至岭隘，有屋跨其间，曰黄岭。下岭二里，大溪复自南来。渡溪，天始明，山始大开。随溪西北行五里，有塔立溪口小山上，塔之西北即宜黄①城也。又有一大溪西南自东壁巡司来，直抵城东，有长木桥之；水遂北与东溪合，有大石桥架其上，曰贯虹；再北，则一小溪循城西北而东入大溪，亦有桥跨其上，曰丰乐。

【注释】①宜黄：今宜黄县。

【译文】二十日　鸡叫第二遍时，我们在车上伴着明月往西走，随即与一条大溪相遇。我想它就是墟上那条从南往北流的溪水，它发源于军峰山，经杭阴流到此处。后来溪水笔直往南流去，而使得道路向西进入山中。又走五里，登上一座山岭。又爬三里，蜿蜒曲折地到达岭上隘口，有间屋子跨在隘口中间，这岭叫黄岭。下了岭二里，一条大溪又从南面流来。渡过溪水，天才明，山势刚刚十分开阔。沿溪水往西北走五里，有座塔矗立在溪口的小山上，塔的西北面就是宜黄县城。又有一条大溪从东方的巡检司向西南方流来，一直流到县城东边，有根长木头横在溪上成为桥梁；溪水就流往北方与东溪汇合，有座大石桥架在东溪上，叫贯虹桥；再往北，就有一条小溪顺城西北往东流入大溪，也有座桥架在溪流上，叫丰乐桥。

是日抵宜黄东门贯虹桥之旅肆，觅得静闻，始出，亟呼饭饭，静闻与之北，过丰乐桥，上狮子岩。岩回盘两层，兀立三溪会合之北冲，大溪由此北下抚州者也。已而西经城北，至新城北门。北一里，过黄备桥。又西北一里，北入山，得仙岩。岩高峙若列锦层，上穹下逼，其西垂忽透壁为门，穿石而入，则众山内閟[1]，若另一世界。而是岩甚薄，不特南面壁立，而北面穹覆更奇，其穿透之隙，正如虔[2]之通天岩，亦景之最奇者也。三里，仍入城之北门。盖是城东濒溪为旧城，而西城新辟，一城附其外，缭绕诸峰，因之高下。经城三里，出南门。循东壁南来之溪西南行，五里，过四应山之东麓。又十五里，有小峰兀立溪上作狰狞之状，其内有谭襄敏[3]墓焉。又二里，过玉泉山下，山屏立路右若负扆，仰瞻峭拔，有小庐架崖半。欲从之，时膝以早行，忽肿痛不能升。又随大溪南行三里，有小溪自西来注，即石蛩之下流也，始舍大溪溯小溪，折而西入三里而得石蛩寺。寺新创，颇宏整。寺北有矗崖立溪上，半自山顶平剖而下，其南突兀之峰犹多，与之对峙为门，而石蛩之岭正中悬其间，而寺倚其东麓。仰望之，只见峰顶立石轰然，不知其中空也。是晚宿寺中，以足痛不及登蛩。

【注释】①閟（bì）：古同“闭”。②虔：今江西赣州市为古虔州。③谭襄敏：谭纶（1520—1577），字子理，江西宜黄县人。明朝抗倭名将，杰出的军事家、戏曲家，曾与戚继光大破倭寇，与戚继光并称“谭戚”，谥襄敏，故史称“谭襄敏”。

【译文】这一日我们抵达宜黄县城东门外贯虹桥边的旅店，找到静闻时，他刚好出门来，急忙喊住他吃了饭。静闻和我往北走，跨过丰乐桥，攀上狮子岩。狮子岩回旋盘绕成两层，突兀地耸立在三条溪流汇合处的北边冲要之处，大溪就是由这冲要处往北下流到抚州府去的。旋即往西经过城北，到新城北门。往北走一里，跨过黄备桥。又往西北走一里，向北进入山中，见到仙岩。仙岩高耸，排列状态如同锦绣屏风，上边隆起、下边狭窄，仙岩西垂的崖壁忽然贯通形成石门，穿过石门进去，群山闭塞，极其幽静，像是另外一个世界。这石岩很薄，不只南面耸立如壁，而且北面穹隆下覆，更加奇特，那贯穿崖壁的缝隙，正如赣州府的通天岩，也是自然景观中最奇妙的。从仙岩下来走三里，仍进入县城北门。大概这座城东面濒临溪流的是旧城，而西面的城是新营造的，一座新城依附在旧城外面，那外城墙环绕着众山峰，依靠地势高低起伏。经过城中走三里，出了城南门。沿东壁巡检司南面来的溪水往西南行，走五里后，经过四应山东麓。又走十五里，有座小山峰突兀直立在溪流上，显现出狰狞的形态，山中有谭襄敏的墓地。又走二里，经过玉泉山下，玉泉山屏风般矗立在道路右边，如同帝王背靠的屏风，仰望上去高峻陡直，有间小屋架在崖壁半中腰。本想从那里走，此时我的膝盖因为早行的缘故，忽然肿痛得不能抬高。又沿大溪往南行三里，有条小溪从西面流来注入大溪中，它就是石蛩那条溪水的下游，我们这才离开大溪溯小溪而行，折往西深入三里到了石蛩寺。寺院是新建的，很宏大整齐。寺院北边有座陡峭的山崖矗立在溪流岸上，它从山顶往下平平地剖裂为两半，它南面还有好多高耸的山峰，与这座山崖对峙着形成门，石蛩寺所在的山岭正好悬立在门中间，而院寺就背靠在山岭的东麓。仰望山崖，只见峰顶矗立着崩裂开的大石头，而不知道石头中间是空心的。这晚宿在寺中，因为脚痛未能攀登石蛰寺。

二十一日　晨餐后，亟登蛩。是峰东西横跨，若飞梁天半，较贵溪之仙桥，高与大俱倍之，而从此西眺，只得其端。从寺北转入峡中，是为万人缘。谭襄敏初得此寺，欲废为墓，感奇梦而止。今谭墓在玉泉山东北，宅基诸坊一时俱倒，后嗣亦不振。寺始为僧赎而兴复焉。僧以其地胜，故以为万人巨冢，甃石甚壮。地在寺北，左则崖，右则寺也。由万人缘南向而登，仰见竹影浮飏[1]，一峰中穿高迥。透石入，南瞰乱峰兀突，溪声山色，另作光响，非复人世。于是出桥南，还眺飞梁之上，石痕横叠，有缀庐嵌室，无路可登。徘徊久之，一山鹤冲飞而去，响传疏竹间，令人不能去。盖是桥之南，其内石原裂两层，自下而上，不离不合，隙俱尺许。由隙攀跻而上，可达其上层，而隙夹逼仄，转身不能伸曲，手足无可攀蹑，且以足痛未痊，怅怅还寺。问道寺僧，僧云："从桥内裂隙而登蹑甚难。必去衣脱履，止可及其上层，而从上垂绠，始可引入中层。"僧言如此，余实不能从也，乃于石碧饭而行。五里，由小路抵玉泉山下，遂历级直登。其山甚峻，屏立溪之西北，上半俱穹崖削壁，僧守原叠级凿崖，架庐峰侧一悬峰上。三面凭空，后复离大山石崖者丈许，下隔深崖峡。时庐新构，三面俱半壁，而寂不见人。余方赏其虚圆无碍，凭半壁而看后崖。久之，一人运土至，询之，曰："僧以后壁未全，将甃[2]而塞之也。"问僧何在，曰："业从山下跻级登矣！"因坐候其至，为之画[3]曰："汝虑北风吹神像，何不以木为龛坐，护置室中，而空其后壁，正可透引山色。造物之悬设此峰，与尔之缩架此屋，皆此意也。必甃而塞之，失此初心矣。"僧颔之，引余观所谓玉泉者。有停泓一穴，在庐侧石灶之畔，云三仙卓锡而出者，而不知仙之不杖锡也。下玉泉，三里，出襄敏墓前。又随溪一里，由小路从山北行，盖绕出玉泉山之东北也。最北又有马头山，突兀独甚，在路左。过白沙岭，望西峰尖亘特甚，折而东之，是为北华山。山顶佛宇被灾，有僧募饭至，索而食之。下山二里，入南门，北登凤凰山。其山兀立城之东北，城即因之，北而峭削，不烦雉堞也。下山，出北水关，抵逆旅已昏黑矣。

【注释】①浮飏（yáng）：飞扬，飘动。②甃（zhòu）：砌，垒。③画：通“划”，谋划、策划。

【译文】二十一日　早饭后，赶忙攀登石蛩这座山峰。这山峰东西横跨，如同飞架半空的桥梁，与贵溪县的仙桥相比，它的高度与宏大都是翻倍的，而从寺中向西眺望，只能看见石蛩的一头。从寺北面转进山峡中，为万人缘。襄敏公谭纶最初据有此寺院，想废弃寺改为墓地，因为有感于一个奇异的梦，才没有这样做。如今谭襄敏的墓在玉泉山的东北面，宅院墓碑和众多牌坊都已倒塌，他的后代也不兴旺。寺院这才被僧人赎回并加以重新修复。寺中僧人因为此处环境佳妙，所以就把它辟为巨大的万人墓地，累砌的石块十分壮观。墓地在寺院北面，左边是山崖，右边就是寺院。从万人缘沿着南边向上攀登，抬头看见竹影摇曳，整座山峰是中间穿通高远耸立的。穿过石桥进去，向南俯瞰，杂乱的山峰突兀耸立。溪水声和山间景色，显出另一种景象，仿佛不再是人世间。从此处走出石桥南面，回头眺望那飞架的石桥上面，石纹横向交叠，连缀镶嵌着小屋，没有路可以登上去。徘徊了许久，一只白鹤直往上疾飞而去，声响传遍稀疏的竹丛间，让人舍不得离去。原来这座石桥的南边，那里面的岩石原来是裂成两层的，从下层到上层之间，没有离开也没合在一起，中间的缝隙都有一尺左右。从缝隙中攀上去，可到达岩石上层，然而缝隙狭窄，身体不能转动伸屈，手脚没有可以攀援踩踏的地方，况且因为脚痛没有痊愈，所以就怅然若失地回到了寺中。向寺中僧人打听上去的路，僧人说："从桥内侧裂开的缝隙向上攀登非常难。一定得脱掉衣服鞋子，并且只可以到达岩石的上层，然后从上层垂下绳索，人才可以顺绳索攀到中层。"僧人这样说，我实在是不能听从他的建议，于是在石蛩寺吃了饭就走了。行五里，由小路抵达玉泉山下，便沿石阶直往上登。此山很险峻，屏风般耸立在溪流西北边，它的上半部都是穹隆的高崖陡直的石壁，僧人守原在崖壁间凿出层层石阶，在山顶侧面一座悬空的山峰上建了间茅屋。茅屋三面凌空，后面又距离大山的石崖一丈左右，下面隔着高崖深峡。当时小屋刚刚新建，三面都才砌起一半墙壁，而且静悄悄不见一人居住。我正好欣赏小屋的这种三面虚空浑然无碍的状态，靠着半截墙壁观看屋后的山崖。许久后，有个人运土上来，我问他何故，他说："僧人因为后壁还未全部砌成，打算将它砌满。"问他那僧在何处，回答说："已经从山下登石阶向上来呢。"于是我坐着等他上来，为他谋划道："你如果担心北风吹着神像，为什么不用木头制成佛龛，将神像放置在木龛中得以保护，还半空着小屋的后墙壁，正好可以透过墙壁映照进来山中景色。造物主建造了这座悬空山峰，和你盘结构筑此屋，都是这个意图。假使把它砌满而把后面堵塞起来，就不是原来的意愿了。"僧人点头赞同我的话，又领我观看所说的玉泉。玉泉有一潭不流动的深水，在小屋侧边的石灶旁，传说是三位仙人用锡杖杵地涌出来的，然而殊不知仙人是不用锡杖的。下了玉泉山，走三里，出了谭襄敏墓前。又顺溪走一里，由小路从玉泉山北面行，大概已绕出了玉泉山的东北面。玉泉山的最北边又有座马头山，独自耸立，特别突兀，位于道路左边。经过白沙岭，望见西面有座山峰特别尖峭地横亘着，折往东面延伸，这是北华山。山顶的佛寺遭了火灾，有僧人化缘饭食回来，我们索要了些吃了。下了山二里，进入宜黄县城南门，然后往北攀登凤凰山。这座山直立在城东北，城墙就是靠着这座山而修筑的，因为北面山势峻峭陡直，所以不再需要修筑城墙上的矮墙。下了山，走出北水关，回到旅店已经天黑了。

二十二日　由北城外历凤凰山北麓，经北门，二里，过黄备桥。桥架曹溪之上。西北行十里，溯溪至元口。又五里至官庄前，西南渡溪，又十里至陈坊。北渡小木桥，为曹山寺道。遂令顾仆同担夫西至乐安之流坑，余与静闻携被襆[①]，渡桥沿小溪入。五里，为狮子口。由回龙洞而入山隘，即曹山也。其内环峰凹辟，平畴一围，地圆整如砥，山环绕如城，水流其间。自回龙口而南下陈坊，又东下宜黄，交锁曲折，亦此中一洞天，为丹霞、麻姑之类也。初以何王二氏名何王山，后加“草”、加“点”，名荷玉山。唐本寂禅师礼曹溪回，始易名曹山。宋赐额宝积寺，毁于嘉靖丙戌，基田俱属缙绅。兹有名僧曰观心，将兴复焉。观心，宜黄人，向驻锡丰城，通儒释之渊微，兼诗文之玄著。余一至，即有针芥之合[②]，设供篝灯，谈至丙夜[③]，犹不肯就寝，曰：“恨相见之晚也。”先是，余午至，留饭后即谓余曰：“知君志在烟霞[④]，此中尚有异境，曹山旧迹，不足观也。”

【注释】①被襆（fú）：被褥。襆，行李、包袱。②针芥之合：磁石吸铁针，琥珀能黏芥子。比喻双方言语、性情、意见等相契合。③丙夜：即三更，也即通常说的半夜。古代计时，一夜五更，又称五夜，从一更到五更，也称甲夜、乙夜、丙夜、丁夜、戊夜。④烟霞：烟雾和云霞，也指“山水胜景”。

【译文】二十二日　从北城外途经凤凰山北面，过北门，走二里，越过黄备桥。此桥架在曹溪之上。往西北行十里，沿一条溪流到了元口。又走五里到官庄前，往西南渡过溪流，又走十里到陈坊。从陈坊往北越过小木桥，是去曹山寺的路。于是叫顾仆同挑夫往西先到乐安县的流坑等候，我和静闻携带着被子铺盖，越过桥沿小溪进去。走五里，为狮子口。由回龙洞进入山隘中，就是曹山。隘口里山峰环绕，中间凹陷，形成一块平地，地形圆圆的，平整的如同磨刀石，山峰环绕在周围好似一道城墙，溪水流淌在其间。从回龙洞口往南下流到陈坊，又向东下流到宜黄县城，交错闭锁，曲折蜿蜒，也是这里的一处洞天，如同丹霞山、麻姑山一样。最初因为何、王两姓居住在此地而得名何王山，后分别加了“草”字头和一个“点”，起名为荷玉山。唐代本寂禅师到曹溪礼佛回来后，才改名为曹山，宋朝赐给“宝积寺”的匾额，明神宗嘉靖五年（1526）被毁坏，寺基和田产都转而归属于地方官绅。如今有位著名僧人名叫观心，将要复兴寺庙。观心，是宜黄县人，向来住在丰城县，精通儒佛两家的高深义理，又懂得诗词文章的奥妙。我一到曹山，就与他性情契合，晚上他准备了夜点，挑灯与我长谈到三更，还不肯就寝，他说：“只怨是我俩相见太晚了。”在此之前，我中午到达时，他留我们吃饭后就对我说：“我知道您的志向在于游历烟云霞雨、名山胜水，这地方还有风景更奇异的境地，曹山是旧时遗迹，不值得观赏。”

二十三日　早闻雨声。饭而别观心，出曹山，而雨丝丝下。三里至陈坊木桥，仍西从大道。溯溪二里，过鹏风桥。溪南自山来，路西折逾小岭。又三里，复西渡溪之上流，曰接龙桥。盖溪自曹山后岭北山峡而来，南下而转至鹏风桥者，此流尚细，而宜黄、崇仁[1]之界，因逾接龙桥而西，即为崇之东南境。从此入山共三里，逾大霍岭，直逼龙骨山下。又二里，逾骨岭，水犹东注。又三里，下幞头岭，水始西流。又四里至纯乡，则一溪自南而北矣。渡溪桥是为纯乡村，有居民颇众。随水西二里，北下为崇仁道。南循小水一里，西登干冈岭，岭颇峻，逾岭而下，纯西南行矣。十里，至廖庄桥，有溪自南而北，其大与纯乡之溪并，东北流，当与纯溪同下崇仁者也。又西五里，过练树桥，桥跨巴溪之上。又西过坳上，盖南来之脉北过相山者也。其东水下练树桥为小巴溪，西水下双溪桥为大巴溪，俱合于罕浒，北即峙为相山，高峙朱碧街之北。再西即为芙蓉山。芙蓉尖峭而相山屏列，俱崇仁西南之巨擘也。自练树桥又五里而至朱碧街。其地在崇仁南百余里，南五十里为大华山，西南三十里为乐安县[2]。

【注释】①崇仁：今江西省崇仁县。②乐安县：今江西省乐安县。

【译文】二十三日　清晨听到雨声。饭后辞别观心，走出曹山，丝丝细雨不停地下着。走三里到陈坊木桥，仍旧往西顺大路行。溯溪水走二里，经过鹏风桥。溪水从南面山中流来，道路折往西翻越一座小山岭。又走三里，再往西渡过那条溪水的上游，溪上的桥叫接龙桥。此溪大概就是从曹山后岭北面的山峡中流出来，向南下流后转到鹏风桥的那条，此处水流还细小，但它是宜黄县和崇仁县的分界，于是跨过接龙桥往西行，就是崇仁县的东南境了。从这里进入山中共走三里，越过大霍岭，一直逼近龙骨山下。又走二里，翻过龙骨岭，溪水仍然流往东。又走三里，下了幞头岭，溪水才开始往西流。又走四里到纯乡，见一条溪水从南往北流来。越过溪上的桥就是纯乡村，村中居民很多。沿溪水西行二里，往北下行是到崇仁县城的路。向南顺一条小溪走一里，往西登上干冈岭，此岭很峻峭，越干冈岭而下，就都是向西南方向前行了。走十里，到廖庄桥，有条溪水自南往北流淌，溪水的大小和纯乡的那条一样，它往东北方流去，应当是和纯乡的溪水一样是流到崇仁县去的。又往西五里，跨过练树桥，桥横跨在巴溪之上。又往西经过坳上，它大概是南来的山脉往北延伸到相山之间的地方。山坳东面的水流到练树桥后为小巴溪，西面的水流到双溪桥后为大巴溪，它们汇合在罕浒，山坳北面就耸峙为相山，它高耸在朱碧街的北边。再往西就是芙蓉山。芙容山尖耸峭拔而相山如屏风样排列着，它们都是崇仁县西南境的高大山脉。从练树桥又走五里后为朱碧街。此地在崇仁县城南边一百多里的地方，它的南边五十里处为大华山，西南边三十里处为乐安县城。

二十四日　昧爽，从朱碧西南行，月正中天。二里为双溪桥。二小溪，一自东北，一自西北，俱会于桥北，透桥东南去。路从西南，又一里为玄坛庙桥。其水自西而东，乃芙蓉西南之流，当亦东会双溪而下罕浒入巴溪者也。过溪南一里，越雷公岭，有溪自南而西北去。下岭即东南溯溪，一里为雷公场，又南三里为深坑。又东南二里为石脑，上有桥曰崑阳桥。又南三里曰双湛桥，又二里曰赵桥，又五里曰横冈，又五里越一岭，曰赵公岭。自石脑来十五里，其岭坦而长，盖东自华盖山度脊，而西经乐安，而北转进贤，为江西省城之脉者也。岭北水绕雷公而西北下崇仁，岭南水由大陂而下永丰、吉水者也。下岭，山隘渐辟，其内坞曰白麻插，水虽西流乐安、永丰，而地犹属崇仁；其外冈曰崇仁仙观，则乐安之界也。由白麻插循左山东南行，三里至大坪墅，转而东向入山。又二里，东至一天门，有涧西注石桥下，从此遂蹑级上登。一里至旧一天门，有二小溪，一自东南，一自东北，合于石屋之上。从此俱峻坂悬级。又七里至二天门，逐两度过脊之坂，俱狭若堵墙。于是东北绕三峰之阴，共七里而登华盖之顶，谒三仙焉。盖华盖三峰并列，而中峰稍逊，西为着棋，东为华盖。路由西峰而登，其阳甚削，故取道于阴。华盖之上，诸道房如峰窝驾空，簇绕仙殿，旁无余地，无可眺舒。饭于道士陈云所房，亟登着棋，四眺形胜。其北正与相山对，而西南则中华山欲与颉颃[①]，东与南俱有崇嶂，而道士不能名，然皆不能与华盖抗也。其山在崇仁南百二十里，东去宜黄亦百二十里，西去乐安止三十里，西南一百里至永丰，东南至宁都[②]则二百余里焉。余自建昌，宜取道磁龟，则直西而至；自宜黄，宜取道石砦从云封寺，亦直西而至；今由朱碧，则迂而北，环而西，转而东向入山，然取道虽迂五十里，而得北游曹山洞石，亦不为恨也。下山十五里，至三天门，渡石桥而南，遂西南向落日趋。五里过崇仙观。又三里越韬岭，是为乐安界。又西南三里，渡一溪桥。又四里，溪西转出大陂，溪中乱石平铺，千横万叠，水碎飞活转，如冰花玉屑。时日已暮，遂宿大陂。

【注释】①颉颃（xié háng）：本指鸟上下飞翔。后来指双方比较，不相上下。②宁都：今江西省宁都县。

【译文】二十四日　黎明时，从朱碧街往西南行，明月当空。走二里后为双溪桥。有两条小溪，一条从东北而来，一条从西北而来，都汇合在桥北面，穿过桥下往东南流去。道路从桥西南走。又行一里为玄坛庙桥。桥下的水自西往东流，它是芙蓉山西南面的溪水，应当也是流往东汇合于双溪桥后而流下罕浒注入巴溪的水流。镀过溪水往南一里，翻越雷公岭，有条溪水从南往西北流去。下了岭便溯溪水往东南走，一里后为雷公场，又往南三里为深坑。又往东南走二里为石脑，溪水上面有座桥叫崑阳桥。又往南走三里叫双湛桥，又走二里叫赵桥，又走五里叫横冈，又走五里翻越一座山岭，那岭叫赵公岭。从石脑过来的十五里中，山岭平坦绵长，岭脊大概从东面的华盖山延伸过来，而后往西经过乐安县，又往北折入进贤县，成为江西省城主山脉。岭北的水绕过雷公岭后往西北流下到崇仁县，岭南的水从大陂流下到永丰、吉安两县。走下岭后，山隘逐渐开阔，山隘中的山坞叫白麻插，坞中的水虽往西流入乐安县、永丰县，但地仍隶属崇仁县；山隘外的山冈叫崇仁仙观，它是乐安县的县界。从白麻插顺左边的山往东南走，三里到大坪墅，然后折往东进入山中。又走二里，往东到达一天门，有条山涧向西流入一座石桥下，从此处起便踏着石阶往上登。爬一里到达旧时的一天门，有两条小溪，一条从东南流来，一条从东北流来，汇合在石屋子上边。从此处起都是陡峻的山坡、高悬的石阶。又攀七里到二天门，于是两次越过山脊延伸而过形成的山坡，那山坡都狭窄得如一堵墙。过山坡后往东北绕着三座山峰的北面而行，共七里登上华盖山的山顶，在山顶拜谒了三仙。华盖山三座山峰并排排列，中间那座山峰稍低，西面为着棋峰，东面为华盖峰。上山顶的路从西面那座山峰攀登，山峰的南面很陡，所以我们取道走山峰北面。华盖山顶之上，众多道士居住的小屋如同蜂窝架在空中，簇绕着仙殿，四周无空余之地，没办法舒心地远眺。我在道士陈云所的房中吃了饭，便赶忙登上着棋峰，四下眺望周围山川胜景。着棋峰北面正好与相山对着，西南面则像是要和中华山抗衡，东面与南面都有高峻的屏障似的山峰，但道士不能说出它们的名字，但它们都不能与华盖山比高低。此山在崇仁县城南一百二十里处，东面距宜黄县城也是一百二十里，西面离乐安县城只有三十里，往西南去一百里到永丰县城，往东南到宁都县城却有二百多里路。我从建昌府来，应该选取经由磁龟的道路，那就可以一直往西到达此处；从宜黄县城来，应该选取经由石蛩从云封寺的道路走，也是一直往西就可到达这里；现如今由朱碧街走，就绕路到北面，再绕到西面，才转往东进入山中，然而所走道路虽然绕了五十里，但能够往北游览曹山的洞穴峰石的景色，也不觉得悔恨。朝山下走十五里，到三天门，越过石桥往南行，便向西南朝着落日的方向急奔。行五里经过崇仙观。又走三里翻过韬岭，这里是乐安县界。又往西南走三里，越过溪上的一座桥。又走四里，溪流向西转流出大陂，溪水中乱石平铺，千万个乱石横卧堆叠着，溪水碎沫飞溅活泼宛转，如同结成的冰花、溅落的玉屑。此时已近黄昏，于是投宿在大陂。

二十五日　是日为冬至，早寒殊甚，日出始行。西南五里为药腊。又五里为曾田，其处村居甚盛，而曾氏为最，家庙祀宗圣公[①]。从此转而南，渡溪入山，乃中华山之西北麓支山也。中华在华盖[②]西南三十里，从药腊来循其阴西行，至是乃越而转其西北。又三里为馒头山，见溪边横石临流，因与静闻箕踞其上，不知溪流之即穿其下也。及起而行，回顾溪流正透石而出，始知其为架壑之石也。余之从乐安道，初览其《志》，知其城西四十里有天生石梁，其侧有石转运，故欣然欲往；至是路已南，不及西向，以为与石桥无缘；而不意复得此石，虽溪小石低，已见“天生”一斑。且其东北亦有石悬竖道旁，上如卓锥，下细若茎，恐亦石桥转运之类矣。又南一里为黄汉③。又南逾一小岭，一里是为简上，为中华之西南谷矣。从此婉转山坑，渐次而登，五里，上荷树岭，上有瞻云亭。盖岭之东北为中华，岭之西南为雪华，此其过脉之脊云。逾岭南下二里，至坑底，有小溪，一自东北，一自西北，会而南。三里，出源里桥。又三里则大溪自东而西，渡长木桥至溪南，是为流坑。其处阛阓纵横，是为万家之市，而董氏为巨姓，有五桂坊焉。大溪之水东五十里自郎岭而来，又东过大树岭，为宁都界，合太华、中华东南之水至此，西八里至乌江，又合黄漠之水南下永丰焉。是日午至流坑，水涸无舟，又西八里，宿于乌江溪南之茶园。

【注释】①宗圣公：即孔子的弟子曾参。②华盖：即大华山，道教名山胜地。③汉：应为“漠”字。

【译文】二十五日　这天是冬至，早晨天气十分寒冷，太阳出来后才出发。往西南走五里为药腊。又走五里为曾田，那里村庄中居民很多，而姓曾的最多，曾氏祖庙中祭祀宗圣公曾参。从曾田转往南行，渡过溪水进入山中，那山是中华山西北麓的一个分支。中华山在华盖山西南三十里处，从药腊过来顺着中华山的北面往西行，到这里才越过山转到中华山的西北面。又走三里为馒头山，见溪边横卧着的石头下临水流，于是和静闻伸开两腿坐到那石头上，但不知道溪流就是从岩石下面穿出去的。等起身出发时，回头见溪流正好穿过岩石流出来，才知这块岩石是横架在沟壑上的。我之所以从乐安县走，是因最初阅览乐安县《县志》时，得知县城西面四十里处有座天生石桥，石桥侧面有块石转运，所以非常兴奋地想前往观看；但是到这里路已在南面，来不及向西走，本以为我与石桥无缘了，而意想不到又见着此石，虽溪流细小石头低矮，但已见到“天生”桥的一斑。而且它东北面也有块岩石悬立在路旁，上部如直立的锥子，下部纤细若草茎杆，恐怕也是石桥旁边石转运一样的。又往南一里为黄漠。又往南越过一座小岭，走一里为简上，这里已是中华山的西南山谷。从此处起曲折地从山谷中绕行，逐渐往上攀登，五里上到荷树岭，岭上有个瞻云亭。大概此岭的东北为中华山，西南为雪华山，此处是两山的山脉延伸而过的山脊。越过荷树岭往南下行二里，到达谷底，有两条小溪，一条从东北来，一条从西北来，汇合后流往南。走三里，出了源里桥。又走三里，有条大溪自东往西流，跨过溪上长长的木桥到了南岸，为流坑。此处街道市集交错，是个有上万户居民的市镇，其中董姓是大姓，市镇中有个五桂坊。大溪的溪水从东面五十里外的郎岭流来，又流过东面的大树岭，为宁都县境内，然后汇合太华山、中华山东南面的水流到此，向西流八里到乌江，又汇合黄漠的水后向南流到永丰县。这天中午到流坑时，溪中水流干涸没有船只，又往西行八里，投宿在乌江溪南面的茶园。

二十六日　因候舟停逆旅。急索饭，即渡溪桥北上会仙峰。其峰在大溪之北，黄漠溪之西，盖两溪交会，而是山独峙其下流，与雪华山东西夹黄漠溪入大溪之口者也。峰高耸突兀倍于雪华，而阳多石骨嶙峋，于此中独为峻拔。其西南则豁然，溪流放注永丰之境也。由溪北从东小径西上，五里而至会仙峰。按《志》止有仙女峰，在乐安南六十里，而今土人讹为会仙云；然其为三仙之迹则无异矣。是峰孤悬，四眺无所不见。老僧董怀莪为余言："北四十里为乐安，西南六十里为永丰，直西为新淦[①]，直东为宁都。其东北最远者为太华山，其次为中华，又次为雪华，三华俱在东北。而乐安之北有西华，兀立云雾之间，为江省过脉，尖拔特甚，盖从太华西北渡赵公岭而特起者也。"由会仙而上，更西北一里，其石巉屼，上多鹃花红艳，但不甚高，亦冬时一异也。由会仙南面石磴而下，至山半甫有石泉一泓，由其山峭拔无水泉，故山下之溪亦多涸辙耳。下山五里，至溪旁，其南即为牛田、水南[②]，其北为乌江，其东为茶园，余所停屐处也。午返，舟犹不行，遂止宿焉。

【注释】①新淦（gàn）：今江西省新干县。②牛田、水南：在今江西省乐安县境内。

【译文】二十六日　因等候船只停留在旅店中。急忙找饭吃后，就越过溪上的桥往北攀上会仙峰。此峰在大溪的北面、黄漠溪的西面，两条溪流交汇，而这座山独自耸立在溪流的下游，与雪华山在东西两边夹峙在黄漠溪汇入大溪的水口处。会仙峰高耸突兀，超过雪华山一倍，山峰南面多石骨嶙峋的岩石，在这一带独自显得峻峭挺拔。山峰的西南面却很开阔，溪流通畅地奔流入永丰县境。由溪水北岸从峰东面的小路往西上去行，五里后便到会仙峰。按《志》书记载，只有座仙女峰，在乐安县南面六十里，可如今当地人误为会仙峰；然而山上有三仙遗迹却是一样的。此峰孤峰高悬，四处眺望无所不见。老僧董怀莪对我说:“北面四十里为乐安县,西南面六十里为永丰县,正西边为新淦县,正东边为宁都县。它东北面最远的是太华山,其次为中华山,再其次是雪华山,三座华山都在东北面。而乐安县北面有座西华山,兀立在云雾之间,为江西省主山脉经过的地方,特别尖峭挺拔,大概是从太华山往西北延伸到赵公岭后而独自耸起的一座山峰了。”从会仙峰往上行,再往西北走一里,山间石头高大尖峭,并生长着许多正开得红艳的杜鹃花,但不很高,这也是寒冬时节的一个奇异景观了。从会仙峰南面的石阶往下走,到半山腰岩石间才有一汪泉水,因这山高峻挺拔没有泉水,所以山下的溪流也多是干涸见底的。下山五里,到溪岸边,溪水南面就是牛田、水南,溪水北面为乌江,溪水东面是茶园,即我们停留住宿的地方。中午返回旅店,船仍不开,于是住下来。

余自常山来,所经县治无不通舟,惟金谿、乐安,通舟之流,俱在四、五十里外。

【译文】我从常山县来,所经县城没有不通船的,只有金谿、乐安两县,通船的水流,都在县城外四五十里的地方。

二十七日　舟发乌江,三十里,丰陂宿。

二十八日　十里,将军。二十里,永丰宿。

二十九日　自永丰西南五里放舟,又三十五里北郊。吉水界。二十五里,亦名乌江①。又十里,下黄宿。

【注释】①乌江:今江西省吉水县境内。与上一个“乌江”不同

【译文】二十七日　船从乌江出发，行三十里，到丰陂住宿。

二十八日　行十里，到将军村。又行二十里，到永丰县城住宿。

二十九日　从永丰县城西南五里处开船，又行三十五里到北郊。在吉水县界。又行二十五里，也叫乌江。再行十里，到下黄住宿。

三十日　早行。二十里，凤凰桥。溪右崖上有凤眼石，溪左为熊右御史概所居。又五里抵官材石，溪左一山崖石嶙峋，曰仙女排驾。遂绕吉水[1]东门，转南门、西门、北门，而与赣水合。盖三面绕吉水者为恩江，由永丰来。赣水止径北门。

【注释】①吉水：今江西省吉水县。

【译文】三十日　早早出发。行二十里，到凤凰桥。在溪水右岸山崖上有块凤眼石，溪水左岸为御史右丞熊概曾住。又行五里到官材石，溪水左岸一座山崖上山石头奇异陡峭，叫仙女排驾。我们绕过吉水县城东门，转到南门、西门和北门，一条水流与赣水汇合。环绕吉水县城三面的是恩江，它从永丰县流来。赣江只经过北门。

十二月初一日　先晚雨丝丝下，中夜愈甚，遂无意留吉水。入城问张侯[1]后裔。有张君重、伯起父子居南门内，隔晚托顾仆言，与张同宗，欲一晤，因冒雨造其家云。盖张乃世科而无登第者，故后附于侯族，而实非同派。君重之曾祖名峻，嘉靖间云亦别驾吾常，有遗墨在家云，曾附祀张侯之庙，为二张祠。此一时附托之言。按张侯无在郡之祠，其在吾邑者，嘉靖时被毁已久，何从而二之？更为余言：侯之后人居西团，在城西五六十里，亦文昌乡也；族虽众，无读书者，即子衿[2]亦无一人。余因慨然！时雨滂沱，以舟人待已久，遂冒雨下舟，盖此中已三月无雨矣。时舟已移北门赣江上。由北门入至南门之张氏，仍出北门。下舟已上午，遂西南溯赣江行。十里，挟天马山之西。十里，过小洲头，东有大、小洲二重，西则长冈逶迤，有塔与小洲夹江相对。至是雨止日出。又十里，转挟螺子山之东，而泊于梅林渡，去吉郡尚十里。既暮，零雨复至。螺子，吉郡水口之第一山也。

【注释】①张侯：即张宗琏（1374—1427），字重器，江西吉水人。明朝政治人物。②衿（jīn）：衣领。子衿即学子穿的青领的衣服，因此又以“子衿”或“青衿”称读书人。明清科举时代亦专指秀才。

【译文】十二月初一日（12月27日）　前一天晚上细雨不停地下着，到半夜雨势更大，于是打消了在吉水停留的念头。进城去探访张宗琏的后裔。有叫张君重、张伯起的两父子，居住在城南门内，昨晚托顾仆传话给我，说他家与张侯是同一宗族，想与我见一面，因而我冒雨造访他家。大概张君重家是几代参加科举考试而没有考中的，所以后来就附会说是张侯家族，而实际上不是同一族系。张君重的曾祖名叫张峻，说嘉靖年间也曾在我的家乡常州府任过通判，有遗作保存在他家中，张峻曾被附带祭祀于张侯的庙中，成为二张祠。这是一时攀附假托之言。据查考，张侯在吉安府无祠堂，而在我家乡江阴县城中的祠堂，嘉靖时已经被毁了许久，从何而来的二张祠？他们又对我说：张侯的后代居住在西团，在县城南边五六十里处，也是一个人文兴盛的地方；家族中虽人口众多，但没有读书的，即便是秀才也没有一个。我于是感慨不已。当时大雨滂沱，因船夫已等待许久，便冒雨回到船中，这地方大约已三个月没下雨了。当时船已经转移到北门外赣江上，我先是从北门进城到南门的张家，现仍由北门出城。回到船中已是上午，于是往西南溯赣江前行。十里，傍着天马山的西面前行。又行十里，经过小洲头，东面有大小两层沙洲，西面是长长的山冈蜿蜒绵亘，有座塔与小洲隔江相对。到此处雨停日出。又行十里，转向依着螺子山的东面前行，停泊在梅林渡，此处离吉安府城还有十里。傍晚后，又下起了零星小雨。螺子山是吉安府水口的第一座山。

吉水东大而高者，曰东山，即仁山也。太平山在其内，又近而附城，曰龙华寺。寺甚古，今方修葺，有邹南皋[①]先生祠。佛殿前东一碑，为韩熙载[②]撰，徐铉[③]八行书。盖即太平西下之垅，南北回环，琐成一坞，而寺在中央。吉水西为天马山，在恩、赣二江夹脊中。北为玉笥山[④]，即峡山之界，赣江下流所经也。南为巽峰，尖峭特立，乃南皋先生堆加而峻者，为本县之文笔峰。建昌人言军峰为吉水文笔，因此峰而误也，大小迥绝矣。

【注释】①邹南皋：邹元标（1551—1624），字尔瞻，号南皋。江西吉水县人，明代东林党首领之一，与赵南星、顾宪成号为“三君”。②韩熙载（902—970）：字叔言，祖籍南阳（今属河南），潍州北海（今山东潍坊）人。五代十国南唐时名臣、文学家。著有《宁史·南唐世家》。③徐铉（916—991）：字鼎臣。扬州广陵人。④玉笥（sì）山：峡江山名，汉武帝南巡时，路过此山，天降玉笥．遂称玉笥山。

【译文】吉水县城东面又大又高的山，叫东山，就是仁山。太平山在它的内侧，再往近处靠近县城的地方，叫龙华寺。龙华寺很古老，如今正在修缮，里面有邹南皋先生的祠堂。佛殿前面东侧有块碑，碑文是韩熙载撰文、徐铉用汉隶字体书写的，共八行。大概太平山向西延伸而下的低矮山冈，在南北曲折回环，闭锁成一个山坞，而龙华寺位于山坞的中央。吉水县城西面为天马山，它在恩江、赣江两江相夹的山脊中。北面为玉笥山，即与峡江县分界处的山，是赣江下流所经过的地方。南面为巽峰，它尖峭独耸，是邹南皋先生堆加后才变得高峻的，为本县的文笔峰。建昌人说军峰是吉水县的文笔峰，这是由此峰导致的讹误，两山峰的大小差别极大。

初二日　黎明甫挂帆，忽有顺水舟叱咤而至，掀篷逼舟，痛殴舟人而缚之，盖此间棍徒[①]托言解官银，而以拿舟吓诈舟人也。势如狼虎，舟中三十人，视舟子如搏羊，竟欲以余囊过其舟，以余舟下省。然彼所移入舟者，俱铺盖铃串之物，而竟不见银扛，即果解银，亦无中道之理。余谕其此间去吉郡甚近，何不同至郡，以舟畀汝。其人闻言，咆哮愈甚，竟欲顺流挟舟去。余乘其近涯，一跃登岸，亟觅地方王姓者，梅林保长也。呼而追之，始得放舟。余行李初已被移，见余登陆，乃仍畀还；而舟子所有，悉为抄洗，一舟荡然矣。又十里，饭毕，抵吉安郡。已过白鹭洲之西，而舟人欲泊南关；余久闻白鹭书院[②]之胜，仍返舟东泊其下，觅寓于书院中净土庵。是日雨丝丝不止，余入游城中，颇寥寂。出南门，见有大街濒江，直西属神冈山，十里阛阓，不减金阊[③]也。

【注释】①棍徒：恶棍，无赖。②白鹭书院：位于江西吉安市内赣江江心的白鹭洲之头，南宋吉州知军江万里创建于南宋理宗淳祐元年（1241），它和庐山的白鹿洞书院、铅山的鹅湖书院、南昌的豫章书院齐名，合称为古代江西四大书院。③金阊：苏州有金门、阊门两城门，故以“金阊”借指苏州。

【译文】初二日　黎明刚挂帆准备出发，忽然有只船顺水而来，船上的人大声吆喝着，掀开我们的船篷强行索要船只，并痛打了船夫，把他绑起来，他们大概是此地的一些无赖之徒，借口说要解送官府银两，需要征借船只，吓唬诈骗船夫。他们势头如虎狼般凶恶，船中有三十个人，把船夫当成在虎狼群中挣扎搏击的羊羔。他们竟然想将我的行李搬到他们船中，将我所乘的这只船驶到省城。然而那帮人搬到我们船中来的，都是些被褥铺盖铃串之类的东西，竟然不见贵重的银两，我想即便真的是解送银两，也没有中途上船的道理。我告诉那帮人，这里离吉安府很近，何不一同到府城，再将船给你们？他们听后，咆哮得更加厉害，竟然想顺流挟持船只而去。我趁船靠近岸边之机，一纵身登上岸，赶忙找到当地一个姓王的人，他是梅林的保长。我们呼喊着追上他们，那帮人才放行了船只。我的行李起初已被搬走，见我登陆，只好归还给我；但船夫的所有物件，都被抄掠抢劫去了，整只船被洗劫一空。又行十里，吃完饭后，抵达吉安府城。已经过了白鹭洲的西面，而船夫想停泊到南关去；我早就听说过白鹭书院的绝胜景色，所以仍叫船返回东边，停泊在书院下，我在书院中的净土庵找了个寓所。这天，丝丝细雨下个不停，我进城游览，城中十分空旷寂静。走出城南门，看见有条大街临赣江，一直往西延伸到神冈山那边，十里热闹长街，繁华景色不比苏州逊色。

初三日　中夜雨滂沱。晨餐后，即由南关外西向神冈。时雨细路泞，举步不前，半日且行且止，市物未得其半，因还至其寓。是日书院中为郡侯季考，余出时诸士毕集，及返而各已散矣。郡侯即家复生，是日季考不亲至，诸生颇失望。

【译文】初三日　半夜时雨势甚大。早餐后，便由南关外往西面向神冈山走去。当时天下着细雨，道路泥泞不堪，我很难迈步前行，半日中走走停停，集市上所要买的物品没买到一半，便也返回到住所。这天书院中由府长官主持季度末考试，我出书院时众多儒生全都聚集这里，等我返回时他们已经各自散去了，府长官就是我的本家徐复生，这天进行季度末考试他未亲自到场，众儒生很失望。

初四日　雨。入游城中，出止白鹭洲。

【译文】初四日　天下着雨。我进城游览，出城来停留在白鹭洲。

初五日　入城拜朱贞明、马继芳。下午，取药煮酒，由西门出，街市甚盛。已由南门大街欲上神冈，复行不及也。

【译文】初五日　我进城去拜访朱贞明、马继芳。下午，去取酒曲回来煮酒，由西门出城，西门外街市非常繁荣热闹。已经从南门大街上走过想登上神冈山，又来不及去。

初六日　卧雪鹭洲。

【译文】初六日　因下雪躺卧白鹭洲。

初七日　卧雪鹭洲。下午霁，入城。由东门出，至大觉庵，已在梅林对江，不及返螺子。

【译文】初七日　因下雪躺卧在白鹭洲。下午天气放晴，我进入城中。从东门走出城，到了大觉庵，那里已经是在梅林对面的江岸，来不及返回螺子山。

初八日　由鹭洲后渡梅林，五里。又东北十里，大洲。乃东十里入山，登洲岭，乃南山北度之脊，因西通大洲，故云。从岭直上五里，天狱山。下，直南十里，宿南山下坑中季道人家。

【译文】初八日　从白鹭洲后边渡江到梅林，共五里路。又往东北走十里，到大洲。再向东十里进了山，往洲岭上攀登，这岭是南山向北延伸的山脊，因它往西通大洲，所以得名。从岭间直往上爬五里，到达天狱山。下山，直路往南又走十里，投宿在南山下深谷中的姓季的道人家。

初九日　东十里，出山口曰五十都。东南十里，过施坊。大家甚盛。入山五里，直抵嵩华山[①]西麓，曰虎浮，拜萧氏。其外包山一重，即与施坊为界者也，东北从嵩华过脉，今凿而烧灰，西面有洞云庵向施坊焉。

【注释】①嵩华山：位于现在的江西省吉安市，山势峻险雄奇，史载嵩华山系我国中岳嵩山的余脉。

【译文】初九日　往东十里，走出山口到达的地方叫五十都。又往东南走十里，经过施坊。大家族，非常兴盛。进山五里，一直抵到嵩华山的西麓，叫虎浮的地方，拜访姓萧的人。虎浮外围环绕着一重山峦，它就是此处与施坊的界山，是从东北面的嵩华山延伸过来的山脉，如今山中的石头被凿来烧石灰用，它的西面有个洞云庵，朝向施坊。

初十日　登嵩华山，上下俱十里。

【译文】初十日　攀登嵩华山，上去和下来都是十里路程。

十一日　游洞云。由北脊来时，由南峡口大路入，往返俱六里。

【译文】十一日　游览洞云庵。从北面山脊上来的时候，是由南面峡口的大路进入庵中的，往返都是六里的路程。

十二日　晨餐于萧处，上午始行。循嵩华而南五里，镜坊澎。东为嵩华南走之支，北转而高峙者名香炉峰，其支盖于查埠止十里也。又南五里登分水岭，逾岭东下五里为带源，大魁[①]王艮所发处也。由带源随水东行五里，出水口之峡，南入山。三里为燕山，其处山低岭小，居民萧氏，俱筑山为塘以蓄水，水边盛放。复逾小岭而南，三里，过罗源桥，复与带溪水遇，盖其水出峡东行，循山南转至此。度桥而南，山始大开，又五里宿于水北。

【注释】①大魁（kuí）：科举制度中称殿试一甲第一名为大魁。大魁就是状元。

【译文】十二日　在萧家吃早餐，上午方出发。顺嵩华山往南走五里，到镜坊澎。此地东面是嵩华山向南延伸的支脉，折往北面而看见高高耸起的山峰叫香炉峰，它的支脉延伸到查埠只有十里。又往南五里登上分水岭，越过分水岭往东下行五里为带源，它是状元王艮的发迹的地方。从带源沿水流往东行五里，出了水口处的峡谷，往南走进山。走三里为燕山，此处山低岭小，所住民户姓萧，家家依山筑起池塘用来蓄水，很多水流从池塘边上漫溢出去。又越过一座小山岭往南，走三里，跨过罗源桥，又与带源流来的溪水相遇，大概这溪水出了峡谷往东流淌，然后顺山南麓流到此处。过了桥往南走，山势才刚刚变得开阔起来，又走五里投宿在水北。

十三日　由水北度桥，直南五里，渡泸溪桥，是为夏朗，即刘大魁名俨发迹处也。又南五里，为西团张氏，是日在其家。下午，淮河自罗坡来。

【译文】十三日　从水北越过桥，一直向南走五里，越过泸溪桥，这里为夏朗，是刘状元名叫刘俨发迹的地方。又往南走五里，为张家居住的西团，这天我住在张家。下午，张淮河从罗坡来到西团。

十四日　雨雪。淮河同乃郎携酒来。是晚二巫归。

十五日　霁，风寒甚。晚往西山。

十六日　张氏公祠宴。

十七日　五教祠宴。

【译文】十四日　雨雪交加。张淮河和他儿子携酒来到我住处一道畅饮。这晚张二巫回来。

十五日　天气晴开，但寒风刺骨。晚上前往西山。

十六日　赴宴张氏家族的公共祠堂。

十七日　赴宴五教祠。

十八日　饭于其远处。上午起身，由夏朗之西、西华山之东小径北迁，五里西转，循西华之北西行，十里，富源。其西有三狮锁水口。又西二里为泷头，彭大魁教①发迹处也，溪至此折而南入山。又五里为潇泷，溪束两山间，如冲崖破峡，两岸石骨壁立，有突出溪中者，为“瑞石飞霞”，峡中有八景焉。由泷溪三里，出百里贤关，谓杨救贫②云“百里有贤人出也”。又西北二里为第二关，亦有崖石危亘溪左。又西北三里，出罗潭，为第三关。过是山始开，其溪北去，是为查埠。又西北五里后与溪遇，渡而北，宿于罗家埠。

【注释】①彭教：江西吉水人，字敷五，号东泷。明英宗天顺八年（1464）甲申科状元。②杨救贫：杨筠松（834—900），俗名杨救贫，名益，字叔茂，号筠松，唐代窦州（今广东信宜）人，著名风水宗师。唐朝著名地理风水学家。因为其用地理风水术行于世，使贫者致富，所以世人称其为“救贫”先生，后人由此也称其为“杨救贫”。

【译文】十八日　在张其远处吃饭。上午起身赶路，从夏朗的西面、嵩华山东面的小路往北绕行，五里后折向西，顺西华山的北面往西行，走十里，到富源。富源西边有三尊石狮子盘踞在水口处。又往西二里为拢头，它是状元彭教的发迹处，溪流到此折往南流入山中。又走五里为潇泷，溪流被夹在两山之间，就像冲开山崖捣破峡谷向外流泻一般，两岸峭峻如骨的岩石像墙壁一样耸立着，有在溪水中突出的岩石，那是“瑞石飞霞”景点，山峡中共有八景。顺泷溪走三里，出了百里贤关，据说是因杨救贫说过的“百里之内有贤能人士出现”这句话而得名。又往西北走二里为第二关，也有崖石高高横亘在溪流左岸上。又往西北走三里，出了罗潭，为第三关。越过关后山势才开阔起来。泷溪往北流去，此处为查埠。又往西北走五里后与溪流相遇，渡过溪水往北走，投宿在罗家埠。

十九日　昧爽行。十里，复循西岩山之南而行，三里为值夏。西八里，逾孟堂坳，则赣江南来，为泷洋[①]入处。又二里，张家渡，乃趁小舟顺流北下。十里，有市在江左，曰永和，其北涯有道，可径往青原。乃令张氏送者一人，名其远，张侯之近支。随舟竟往白鹭；而余同张二巫及静闻，登北涯随山东北行。五里，入两山之间。又一里，有溪转峡而出。渡溪南转，石山当户，清涧抱壑，青原寺[②]西向而峙。主僧本寂留饭于其寮，亦甚幽静。盖寺为七祖[③]旧刹，而后沦于书院，本寂以立禅恢复，尽迁诸书院于山外，而中构杰阁，犹未毕工也。寺后为七祖塔，前有黄荆树甚古，乃七祖誓而为记者。初入山，不过东西两山之夹耳；至北坞转入而南，亦但觉水石清异，涧壑潆回；及登塔院，下瞰寺基，更觉中洋开整，四山凑合。其坞内外两重，内坞宽而密，外坞曲而长，外以移书院，内以供佛宇，若天造地设者。余以为从来已久，而本寂一晤，辄言其兴复之由，始自丙寅、丁卯之间。盖是寺久为书院，而邹南皋、郭青螺二老欲两存之，迎本寂主其事。本寂力言，禅刹与书院必不两立，持说甚坚，始得迁书院于外，而寺田之复遂如破竹矣。寺前有溪，由寺东南深壑中来，至寺前汇于翠屏之下。翠屏为水所蚀，山骨嶙峋，层叠耸出，老树悬缀其上，下映清流，景色万状。寺左循流而上，山夹甚峻，而坞曲甚长，曲折而入十里，抵黄鲇岭。坞中之田，皆寺僧所耕而有者。入口为寺之龙虎两砂，回锁隘甚，但知有寺，不复知寺后复有此坞也。余自翠屏下循流攀涧，宛转其间，进进不已，觉水舂菜圃，种种不复人间。久之，日渐西，乃登山逾岭，仍由五笑亭入寺。别立禅即本寂出山，渡溪桥，循外重案山之南五里，越而西，遂西北行十里，渡赣江，已暮烟横渚[4]，不辨江城灯火矣。又三里，同二张宿于白鹭洲。

【注释】①洋：水多而盛。南方一些省称江为洋。②青原寺：在青原山上，为禅宗七祖道场，元末毁，明初重建。③七祖：佛教称传法相承的七代。华严宗以马鸣、龙树、杜顺、智俨、法藏、澄观、宗密为七祖。禅宗南宗以达摩、慧可、僧璨、道信、弘忍、惠能、神会为七祖。禅宗北宗以弘忍的另一弟子神秀为六祖，普寂为七祖。④渚（zhǔ）：水中之小块陆地。

【译文】十九日　黎明时出发。走十里，又顺西岩山的南面而行，三里到值夏。往西走八里，翻越过孟堂坳，就见赣江从南面流来，这里是泷溪汇入赣江处。又走二里，到张家渡，便搭乘小船顺流北下。行十里，赣江左岸有个集市，叫永和，永和北面的江边有条道路，可直通青原。于是让送行的一个张家人，名叫张其远，是张侯的近支。随船直接去白鹭洲；而我同张二巫以及静闻，登上江北岸顺山往东北行。五里，进入两山之间。又走一里，有条溪水曲折地流出峡谷。渡过溪水折往南，见石山正对门户耸起，清澈的山涧环抱在壑谷中，青原寺朝向西面屹立着。寺中主持僧人本寂留我们在他的屋中吃了饭，那小屋也特别幽雅清静。此寺是七祖先前住住过的庙宇，后沦为书院，本寂因为立志兴复禅宗而将原来的地方恢复为寺宇，把各书院全迁到山外，在寺中建起高大的楼阁，但还未完工。寺后面是七祖塔，塔前有棵很古老的黄荆树，是七祖立誓后把誓言刻记在上面的那棵树。起初入山时，不过是东西两山之间的一个峡谷；到从北面山坞转向南进来的地方，也只是觉得流水山石清秀奇特，山涧深谷曲折回环；等登上塔院，向下俯瞰寺基，更觉得中间这片展开的平地开阔齐整，四面群山围合聚拢。那山坞分为内外两重，内坞宽阔而隐蔽，外坞曲折而绵长，外坞用来搬迁书院，内坞用来供奉佛宇，就像天造地设的一般。我原以为此种格局由来已久，但与本寂一见面，他就说起他兴复寺庙的经历缘由，是从丙寅（天启六年，1626）、丁卯（天启七年，1627）开始的。以前此寺长久作为书院之地，而邹南皋、郭青螺二老想让寺庙和书院并存，恭迎本寂主管内中事务。本寂极力陈说，禅寺和书院定然不能并存在同一地，因他很坚决地坚持他的主张，才得以将书院迁到外坞，而寺院田地的恢复由此便如破竹般顺利无阻了。寺前有条溪流，它从寺东南的深谷中流来，到寺前面汇合在翠屏崖下。翠屏崖被溪水侵蚀，山石峭峻如骨，层叠耸出，老树悬空缀在崖壁上，倒映在下面清澈的水流中，景色变幻万端。从寺院左边顺溪流而上，两边山峦夹峙，非常峻峭，而山坞曲折延伸得很长，蜿蜒地往里走十里，抵达黄鲇岭。山坞中的田地，都是青原寺的僧人耕种和所有的。山坞的入口处是青原寺墓地的龙虎两砂，它们回绕闭锁得很狭窄，原先我只知道有寺庙，不知道寺院后还有这个山坞。我从翠屏崖下顺着水流攀登山涧，曲折地行进在山涧间，不停地往里走进去，觉得水碓菜圃等，各种景色不再是人间的景物。过了许久，太阳渐渐西下，这才登上山翻过岭，仍然由五笑亭进入寺中。辞别了立禅即本寂走出青原山，跨过溪流上的桥，顺外层案山的南面走五里，越过山到了西面，便往西北行十里，横渡赣江，这时傍晚的烟霭已经笼罩了江中的小沙洲，分辨不清江流和城中灯火了。又行三里，同张二巫、张其远一道住宿在白鹭洲。

二十日　同张二巫、静闻过城西北二里，入白燕山。山本小垅，乃天华之余支，寺僧建竖，适有白燕来翔，故以为名。还由西门入，至北门，过黄御史园，门扃[①]不入。黄名宪卿[②]，魏珰事废。又北入田中丞[③]园。田名仰。园外旧坊巍然，即文襄周公[④]之所居也，鲁灵光尚复见此，令人有山斗[⑤]之想。日暮寒烟，凭吊久之，乃出昌富门，入白鹭宿。

【注释】①扃（jiōng）：关闭。②黄宪卿：字弘度，直隶常州府武进县人，明朝政治人物、进士出身。③田中丞：即田仰（1590—1647），字百源，思南府（今贵州思南县）人，万历四十二年（1614）进士，降清被杀。④文襄周公：周忱（1381—1453），字恂如，号双崖，江西吉水县人。永乐进士，明朝初年名臣，财税学家。卒谥文襄。⑤山斗：即泰山北斗，意指仰慕之人。

【译文】二十日　和张二巫、静闻穿过城中往西北走二里，进入白燕山中。此山本是一条小土冈，是天华山分出来的额外的支脉，寺中僧人在山上建盖屋阁时，正好有白燕来此盘旋飞舞，因而就用白燕为名。回来时由西门入城，到北门，经过黄御史的园子，园门关闭着没有进去。黄御史名叫黄宪卿，因为牵连魏忠贤的事被免官。又往北进入田中丞的园子。田中丞叫田仰。园外旧牌坊巍然竖立，这就是文襄公周忱的故居，像鲁国灵光殿一样的遗迹还能在此处见到，令人不禁产生出就像见到泰山北斗一样值得人们尊崇仰慕的想法。天色已晚，寒烟四起，在坊前凭吊了许久，便走出昌富门，回到白鹭洲住宿。

二十一日　张氏子有书办①于郡上，房者曰启文，沽酒邀酌。遂与二巫、静闻由西城外南过铁佛桥，八里，南登神冈山顶。其山在吉安城南十五里，安福、永新之江所由入大江处。山之南旧有刘府君庙，刘名竺，陈、梁时以曲江侯为吉安郡守，保良疾奸，绰有神政，没而为神，故尊其庙曰神冈，宋封为利惠王。下临安、永小江。遂由庙左转神冈东麓，北随赣江十五里，至吉安南城之螺川驿。又三里，暮，入白鹭。

【注释】①书办：各级官府管案牍文书者的通称。

【译文】二十一日　张家的儿子有一个在府衙中任书办，主管文案的人名叫启文，这天买了酒邀请我们去喝。我便与张二巫、静闻从西城外往南越过铁佛桥，走八里，向南登上神冈山山顶。此山在吉安府城南边十五里处，位于安福县、永新县来的江流汇入大江之处。山的南边原来有座刘府君的庙，刘府君名叫刘竺，陈朝、梁朝时以曲江侯的身份担任吉安郡太守，他保护贤良憎恶奸邪，为政宽缓，有许多神奇的政绩，去世后成为神，所以他的庙所在的地方被尊崇为神冈，宋代时他被追封为利惠王。下面近临安福县、永新县流来的小江。我们就由神庙左边转到神冈山东麓，往北顺赣江走十五里，到达吉安府南城外的螺川驿。又走三里，傍晚时，回到白鹭洲。

白鹭洲首自南关之西，尾径东关，横亘江中，首伏而尾高。书院创于高处，前铸大铁犀以压水，连建三坊，一曰名臣，二曰忠节，三曰理学。坊内两旁排列号馆，为诸生肄业之所。九县与郡学共十所，每所楼六楹。其内由桥门而进，正堂曰正学堂；中楼曰明德堂；后阁三层，下列诸贤神位，中曰“天开紫气”，上曰“云章阁”。楼回环而阁杰耸，较之白鹿，迥然大观也。是院创于宋，至世庙时郡守汪囗受始扩而大之。熹庙时为魏珰所毁[①]，惟楼阁未尽撤。至崇祯初，郡守林一囗仍鼎复旧观焉。

【注释】①熹庙：即明熹宗朱由校。魏珰（dāng）：即明代宦官魏忠贤。珰，原是汉代宦官充武职者帽子上用黄金做的饰物，后来即以珰借指宦官。

【译文】白鹭洲的洲头从府城南关的西面开始，尾部直达东关，横跨在赣江中，洲头低伏而洲尾高起。书院创办在洲中高处，前面以铁铸大犀牛用来镇服水流。书院中接连建有三座牌坊，第一座叫名臣坊，第二座叫忠节坊，第三座叫理学坊。牌坊以内两旁排列着有编号的书馆，是儒生修习学业的地方。九个县的县学和府学，共有十所，每所楼有六间房子。

号馆往里，从桥上的门进去，正堂叫正学堂，中间的楼叫明德堂；后面的阁为三层，下层排列着各位圣贤的牌位，中层的匾额上写着“天开紫气”，上层的匾额上写着“云章阁”。楼阁回环而高耸，比起白鹿书院来，要壮观得多。此书院创办于宋朝，到明朝世宗时知府汪口受才进行扩建，规模更大。熹宗时被宦官魏忠贤毁坏，只有楼阁未完全拆除。到崇祯初年，知府林一口仍旧尽可能地在原址恢复了书院的原貌。

二十三日　在复生署中自宴。

二十四日　复生婿吴基美设宴。基美即余甥。

二十五日　张侯后裔以二像入署。上午，别复生，以舆车送入永新舟，即往觅静闻，已往大觉寺。及至，已暮，遂泊螺川驿前。

【译文】二十三日　在徐复生的官署中独自喝酒吃饭。

二十四日　徐复生的女婿吴基美设宴款待。吴基美就是我的外甥。

二十五日　张侯的后人送两张画像入府衙门中。上午，辞别徐复生，徐复生雇轿子送我到了去永新县的船中，我便去找静闻，但他已去了大觉寺。等他回来时，天色已晚，于是停泊在螺川驿前面。

二十六日　舟人市买菜，晨餐始行。十里，至神冈山下，乃西入小江。风色颇顺，又西二十五里，三江口。一江自西北来者，为安福江①；一江自西南来者，为永新江②。舟溯永新江西南行，至是始有滩。又十五里，泊于横江渡。是日行五十里。

【注释】①安福江：今泸水。②永新江：今禾水。

【译文】二十六日　船夫去集市买菜，早餐后才出发。行十里，到达神冈山下，这才往西驶进小江中。风势很顺利于航行，又往西行二十五里，到三江口。一条从西北流来的江水，那是安福江；一条从西南流来的江水，那是永新江。船沿着永新江往西南行，到此处江中才有浅滩。又行十五里，船停泊在横江渡。这天共航行了五十里。

二十七日　昧爽发舟。二十里，廖仙岩。有石崖瞰江，南面已为泰和[1]界，其北俱庐陵[2]境也。自是舟时转北向行，盖山溪虽自西来，而屈曲南北也。十里，永阳，庐陵大市也，在江之北；然江之南岸，犹十里而始属泰和，以舟曲而北耳。又十五里，北过狼湖，乃山坞村居，非湖也。居民尹姓，有舡百艘，俱捕鱼湖襄间为业。又十五里，泊于止阳渡，有村在江之北岸。是日行六十里，两日共行百里，永新之中也。先是复生以山溪多曲，欲以二骑、二担夫送至茶陵界；余自入署，见天辄酿雪，意欲从舟，复生乃索舟，并以二夫为操舟助。至是朔风劲甚，二夫纤荷屡从水中，余甚悯其寒，辄犒以酒资。下午，浓云渐开，日色亦朗，风之力也。

【注释】①泰和：今江西省泰和县。②庐陵：今江西省吉安市。

【译文】二十七日　黎明时开船。行二十里，到廖仙岩。有座石崖俯瞰着江流，南面已经是泰和县的地界，而北面都是庐陵县境。从此处起船不时地折往北行，可能因为虽然是从西面流来的山溪，但呈南北向弯曲的原因。行十里，到永阳，这里是庐陵县的一个大集市，在江的北岸；然而江的南岸，还要过十里才属于泰和县，这是因船只顺江往北绕行的缘故。又行十五里，往北经过狼湖，是山坞中的一个村落，不是湖泊。居住的民户都姓尹，有上百艘船只，全都是以在湖襄间捕鱼为业。又行十五里，船停泊在止阳渡，有个村庄在江流北岸。这天行船六十里，两天共行了一百多里，已经到了吉安府至永新县的中间了。之前徐复生因为山溪弯道多，打算用两匹马、雇两个挑夫送我们到茶陵州境内；我自从进入府衙门，见天空一直在酝酿着风雪，便想乘船走，徐复生才找了船只，并请了两个男子帮助驾驭船只。到此处北风刮得很猛，那两人多次下到水中牵拉或扛抬船只，我很同情他们那寒冷的样子，每每犒赏给他们一些酒钱。下午，浓云渐渐散开，天空也逐渐亮开，这是风的功劳啊！

二十八日　昧爽，纤而行，寒甚。二十里，敖城[1]，始转而南。挂篷五里，上黄坝滩。复北折，遂入两山峡间。五里，枕头石。转而西，仍挂帆行，三里，上黄牛滩，十八滩从此始矣。滩之上为纷丝潭，潭水深碧，两崖突束如门，至此始有夹峙之崖，激湍之石。又七里，上二滩，为周原，山中洋壑少开，村落倚之，皆以货薪为业者也。又五里为画角滩，十八滩中之最长者。又五里为坪上，则庐陵、永新之界也。两县分界在坪上之东，舟泊于坪上之西。

【注释】①敖城：今江西省吉安县下辖的一个镇。

【译文】二十八日　黎明时，用纤索拉着船出发，特别寒冷。

行二十里，到敖城，才折往南。挂帆航行五里，上了黄坝滩。又折往北，便进入两山间的峡谷中。行五里，到枕头石。折向西面，仍挂帆航行，三里后，上了黄牛滩，十八滩就从此滩开始了。黄牛滩之上为纷丝潭，潭水深绿，两边山崖突立夹耸就像门一样，到此处江岸才有夹峙的山崖，江中也才有阻遏水流从而使水流变得湍急腾涌的礁石。又行七里，船上了两个浅滩，为周原，山间大一点的壑谷稍显开阔，有村庄倚山坐落在谷中，居民都以卖柴禾为业。又行五里为画角滩，它是十八滩中最长的河滩。又行五里为坪上，它就是庐陵、永新两县的交界处。两县的分界处在坪上的东边，我们的船停泊在坪上的西边。

二十九日　昧爽行。二十里，桥面，上旧有桥跨溪南北，今已圮，惟乱石堆截溪流。又五里为还古。望溪南大山横亘，下有二小峰拔地兀立，心觉其奇。问之，舟人曰："高山名义山，土人所谓上天梁也，虽大而无奇；小峰曰梅田洞①，洞即在山之麓。"余夙慕梅田之胜，亟索饭登涯，令舟子随舟候于永新。余同静闻由还古南行五里，至梅田山下，则峰皆丛石耸叠，无纤土蒙翳其间，真亭亭出水莲也。山麓有龙姓者居之。东向者三洞，北向者一洞，惟东北一角山石完好，而东南洞尽处与西北诸面，俱为烧灰者铁削火淬，玲珑之质，十去其七矣。

【注释】①梅田：今江西省永新县境内。"江南奇胜有梅田，放鹤来寻物外缘。峰拟三台临北斗，洞开列缺起中天。阴晴景象皆成画，古今游观岂只仙。醉里短吟留绝壁，并馀残兴在云烟。"这是明朝诗人徐丙所描绘出的梅田洞胜景。

【译文】二十九日　黎明时开船。行二十里，到桥面，溪上原来有座桥南北横跨，如今桥已毁坏，只有些乱石堆积着堵截了溪流。又走五里为还古。望见溪流南岸有座大山横亘着，下面有两座小山峰拔地直立，心中觉得这里很奇特。向旁人询问，船夫说："那高山名叫义山，就是当地人所称的上天梁，它虽然高大但没有奇异处；小的山峰叫梅田洞，山洞就在山麓。"我早就仰慕梅田洞的优美景观，于是赶忙吃了饭登上岸，叫船夫连同他的船到永新县城去等候。我和静闻从还古往南走五里，到达梅田洞山下，见山峰间到处岩石纵横，高耸重叠，没有毫粒泥土覆盖在山间，真像是亭亭出水的莲花。山麓有一家姓龙的人居住着。朝向东面有三个洞，朝向北面有一个洞，只有东北一角落山石完好，而东南面山洞的尽头处和西北等各面，都被烧石灰的用铁具凿削、用柴火熏烤，石质的玲珑程度失掉了十分之七。

东向第一洞在穹崖下，洞左一突石障其侧。由洞门入，穹然而高，十数丈后，洞顶忽盘空而起，四围俱削壁下垂，如悬帛万丈，牵绡回幄[①]，从天而下者。其上复嘘窦嵌空，结蜃成阁，中有一窍直透山顶，天光直落洞底，日影斜射上层，仰而望之，若有仙灵游戏其上者，恨无十丈梯，凌空置身其间也。由此北入，左右俱有旋螺之室，透瓣之门，伏兽垂幢，不可枚举。而正洞垂门五重，第三重有柱中擎，剖门为二：正门在左，直透洞光；旁门在右，暗中由别窦入，至第四门之内而合。再入至第五门，约已半里，而洞门穹直，光犹遥射。至此路忽转左，再入一门，黑暗一无所睹，但觉空洞之声，比明处更宏远耳。欲出索炬再入，既还步，所睹比入时更显，垂乳列柱，种种满前，应接不暇，不自觉其足之不前也。洞之南不十步，又得一洞，亦直北而入，最后亦转而左，即昏黑不可辨，较之第一洞，正具体而微[2]，然洞中瑰异宏丽之状，十不及一二也。既出，见洞之右壁，一隙岈然若门。侧身而入，其门高五六尺，而阔仅尺五，上下二旁，方正如从绳[3]挈矩，而槛桔之形，宛然斫削而成者。其内石色亦与外洞殊异，圆窦如月，侧隙如圭，玲珑曲折，止可蛇游猿倒而入。有风蓬蓬然从圆窦出，而忽昏黑一无所见，乃蛇退而返。出洞而南不十步，再得第三洞，则穹然两门，一东向，一南向，名合掌洞。中亦穹然明朗。初直北入，既而转右。转处有石柱洁白如削玉，上垂而为宝盖，绡围珠络，形甚瑰异。从此东折渐昏黑，两旁壁亦渐狭，而其上甚高，亦以无火故，不能烛其上层，而下则狭者复渐低，不能容身而出。自是而南，凌空蜚云之石，俱受大斧烈焰之剥肤矣。

【注释】①牵绡回幄：形容石壁像牵拉缠绕的布幔一般。②具体而微：事物的内容已大体具备，但规模较小。③从绳：依照绳墨取直。

【译文】朝向东面的第一洞在高高隆起的崖壁下面，洞左边有一块突立的石头挡在它的侧面。从洞门进去，穹隆而高深，走十几丈后，洞顶突然向高空盘旋而起，四周都是刀削般的石壁向下垂悬，如同悬挂着千万丈丝绢，围着薄纱帷幔，从天上飘降下来。石壁上面又有吐着云气的小洞，高悬在半空中，小洞中吐出的云气结成海市蜃楼，其中有个洞穴直通山顶，天上的亮光直泻到洞底，日影斜射入洞的上层，仰头望去，像是有仙人和神灵在上面游玩戏耍，遗憾的是没有一架十丈长的梯子，以便攀登上去凌空置身于其间。由此往北深入进去，左右两边都有如螺旋一样的石屋，呈透空花瓣样的石门，如卧伏的怪兽和垂悬的仪仗旗帜的石块石壁，更是不可枚举。正洞内下垂着五重门，第三重门中有根擎天石柱将门分成两道：正门在左边，洞中光线直射进来；侧门在右边，黑暗中我们从别的小洞进了第三重门，到第四重门内时与正洞合在一起。再往里进到第五重门时，大约已经进洞半里远了，然而因为洞门高穹，洞内平直，光线还能遥远地射进来。到此处道路忽然折往左边，再走进一个石门，里面黑暗得什么都看不见，只是觉得那空阔的洞中回荡着声响，比在明亮处更加宏大悠远而已。想出洞来寻找火把重新进洞游览，待往回走时，所看到的比进来时更加清晰，垂吊着的石钟乳、纵横排列的石柱等，各种奇异景象布满眼前，让人应接不暇，不知不觉脚步不再向前移动。此洞南面不足十步的地方，又有一洞，也是一直向北走进去，最后同样是折往左边，就黑暗得分辨不清景物，比起第一洞来，形态正好相同而只是小了些，然而洞中瑰丽奇异宏伟壮丽的景象，赶不上十分之一二。出洞后，见洞右边的崖壁间，有条幽深的石缝，如同一道门。侧身而入，那石门高有五六尺，而宽仅有一尺五，上下和左右两旁，方正得如同用墨线弹过、用曲尺量过似的，而石门槛的形状，宛若斧劈刀削而成的。石缝里面，石头的色泽也和外洞的大不一样，圆形的孔洞如同月亮，侧边的缝隙如同圭玉，玲珑曲折，只有像蛇游动或像猿猴倒挂在树枝崖壁间那样才能进到里边。有股风蓬蓬地从圆形的小洞中吹出来，而后里面忽然黑暗得什么都看不见，我这才如蛇一样倒退着，返了出来。出了此洞往南不到十步，又有第三洞，它有高高隆起的两个门，一个朝向东，一个朝向南，名叫合掌洞。洞中也是高穹而明朗。起初一直往北进去，随后折向右边。转弯处有根石柱洁白得如同磨削过的玉石，石柱顶部倒垂着，形成一个宝盖，周围是如同缀满串珠璎珞的薄纱样的细石条，形态非常瑰丽奇异。从此处折往东逐渐变得黑暗，两旁石壁间的间隙也逐渐变得狭窄，但山洞上边很高，也因为没有火把，不能照到洞的上层，而下面狭窄处又逐渐低陷下去，以至于不能容身而返出了洞。从这个洞往南行，凌空飞入云间的石头，都遭受了大斧头、烈焰的凿削烧灼。

仍从山下转而北，见其耸峭之胜，而四顾俱无径路。仍过东北龙氏居，折而西，遇一人引入后洞。是洞在山之北，甫入洞，亦有一洞窍上透山顶，其内直南入，亦高穹明敞。当洞之中，一石柱斜骞于内，作曲折之状，曰石树。其下有石棋盘，上有数圆子如未收者。俗谓“棋残子未收”。后更有平突如牛心、如马肺者，有下昂首而上、上垂乳而下者，欲接而又不接者。其内西转，云可通前洞而出，以黑暗无灯，且无导者，姑出洞外。

【译文】仍然从山下转往北行，虽看见了此处岩石高耸峻峭的优美景象，但四下里看都没有道路。我们仍旧经过此山东北方龙家的住所旁，折往西走，遇到一人领我进了后洞。此洞在山的北面，刚进洞时，也是有个洞穴向上去通到山顶，从洞内一直往南进去，也高高穹起而明亮宽敞。洞的中央，有根石柱斜矗着，呈现出曲折的状态，它叫作石树。石树下有个石棋盘，棋盘上有几颗像是没有收起来的圆圆的石棋子。俗话说的“棋局残子未收”。它们的后面更有许多平平地前突石块，有的如牛心、有的如马肺，有的从下昂首向上、有的从上垂乳而下，有的将要相连接而又没有连接着。再往里，洞折往西面，说是可以通到前洞出去，因黑暗无灯火，而且没有引路的，我们便姑且出了洞。

时连游四洞，日已下舂，既不及觅炬再入，而洞外石片嶙峋，又觉空中浮动，益无暇俯幽抉閟[①]矣。遂与静闻由石瓣中攀崖蹈隙而上，下瞰诸悬石，若削若缀，静闻心动[②]不能从，而山下居人亦群呼无路不可登；余犹宛转峰头，与静闻各踞一石，出所携胡饼啖之，度已日暮，不及觅炊所也。既而下山，则山之西北隅，其焚削之惨，与东南无异矣。乃西过一涧，五里，入西山。循水口而入，又二里登将军坳，又二里下至西岭角，遂从大道西南行。五里，则大溪自南而来，绕永新城东北而去，有浮桥横架其上，过桥即永新之东关矣。时余舟自还古转而北去，乃折而南，迂曲甚多，且溯流逆上，尚不能至，乃入游城中，抵暮乃出，舟已泊浮桥下矣。

【注释】①抉閟（bì）閟：同“闭”，此句意即无暇游览那些幽闭的景色。②心动：吃惊害怕。

【译文】当时接连游览了四个洞，太阳已经快落山，既来不及找寻火把重新入洞，而洞外石片嶙峋，又让人觉得空中仿佛有物浮动，这就更加无暇返身俯探幽深隐秘的石洞、穿进那些关闭着的石门石窗内了。于是我和静闻从如花瓣的石片中攀着崖壁踩着石缝爬到上面，往下俯瞰那些悬坠着的石片，像刀削般陡峭，像连缀在崖壁上的一样，静闻吃惊害怕不能跟随我继续攀爬，而山下居民也一齐呼喊说没有路，不可以攀登；我还是曲折地登上了峰头，和静闻各自踞守一块石头，拿出随身带的烧饼来吃，料想已经天晚，来不及找寻做饭的地方。随即下了山，山的西北角被烧灼凿削的惨状情景，与东南面没有差别。于是往西跨过一条山涧，走五里，进入西面山中。顺水口处进去，又走二里登上将军坳，再走二里下到西边岭角，便从大路往西南走。行五里，有条大溪从南面流来，绕过永新县城东北面而流去，有座浮桥横架在溪流上，跨过桥就是永新县城的东关了。这时我所乘的那只船从还古折往北去随后又折向南，绕折得路程太多，并且是溯流逆行，所以还未能到达县城，于是我进城游览，到天黑才出城来，这时船已经停泊在浮桥下了。

永新东二十里高山曰义山，横亘而南，为泰和、龙泉界。西四十里高山曰禾山，为茶陵州界。南岭最高者曰岭背，名七姬岭，去城五十里，乃通永宁、龙泉道也。永新之溪西自麻田来，至城下，绕城之南，转绕其东而北去。麻田去城二十里，一水自路江东向来，一水自永宁北向来，合于麻田。

【译文】距离永新县城东面二十里有座高山叫义山，它向南横跨，是泰和、龙泉两县的分界。西面四十里的高山叫禾山，是与茶陵州的分界。南面的山岭最高的叫岭背，正式的名称为七溪岭，它距离县城五十里，是通往永宁、龙泉两县的路。永新县的溪流从西面的麻田流来，到了城下，绕过城南，又绕折到城东而后往北流去。麻田离县城二十里，一条溪水从路江向东流来，一条溪水从永宁县向北流来，汇合在麻田。

三十日　永新令闵及申以遏籴[1]闭浮桥，且以封印[2]，谩许[3]开关而竟不至。上午，舟人代为觅轿不得，遂无志永宁，而谋径趋路江。乃以二夫、一舟人分担行李。入东门，出南门，溯溪而西。七里，有小溪南自七姬岭来入。又西三里，大溪自西南破壁而出，路自西北沿山而入。又三里，西上草墅岭。三里，越岭而下为枫树，复与大溪遇。路由枫树西北越合口岭，八里至黄杨。溯溪而西，山径始大开，又七里，李田。去路江尚二十里。日才下午，以除夕恐居停不便，即早觅托宿处，而旅店俱不能容。予方徬徨路口，有儒服者过而问曰："君且南都人耶？余亦将南往留都[4]，岂可使贤者露处于我土地！"揖其族人，主口其家。余问其姓，曰："刘。"且曰："吾兄亦在南都，故吾欲往。"盖指肩吾刘礼部也，名元震。始知刘为永新人，而兹其里闬[5]云。余以行李前往，遂同赴其族刘怀素家。其居甚宽整，乃村居之隐者，而非旅肆也。问肩吾所居，相去尚五里，遂不及与前所遇者晤。是日止行三十五里，因市酒肉犒所从三夫，而主人以村醪[6]饮余，竟忘逆旅之苦。但彻夜不闻一炮爆竹声，山乡之寥寂，真另一天地也。晚看落日，北望高山甚近，问之，即禾山也。

【注释】①遏籴（dí）：禁止购买谷米、粮食。籴，买进粮食。②封印：旧时官署于岁暮年初停止办公，称为"封印"。明朝时在除夕封印，至新正三日开印，为期四日。③谩（mán）许：欺骗，欺诳，蒙蔽。假装承诺。④留都：古代王朝迁都（幸驾）以后，旧都仍置官留守，故称留都。如唐玄宗开元末年返都长安，派官留守东都。又如明太祖建都南京，以开封为北京，以为留都；明成祖迁都北京，以南京为"留都"。⑤里闬（hàn）：代指乡里。闬，巷门。⑥村醪（láo）：农村制的汁滓混合的酒酿或浊酒。

【译文】三十日　永新县的闵县令闵及申为了阻止受灾的邻县来买粮食，就关闭了浮桥，并且因过年停止办公，哄骗百姓准许开关，可自己竟然不来。上午，船夫替我们去找轿子但没有找到，于是无意再去永宁县，而打算直接奔赴路江。我们便用两个挑夫、一个船夫分别挑着行李，进入城东门，走出城南门，沿着溪水往西行。走七里，有条小溪从南面的七溪岭流来汇入溪中。又往西走三里，只见一条大溪从西南方冲破谷壁倾泻流出，道路从西北方沿着山势延伸进去。又走三里，往西上了草墅岭。三里后，越过岭往下走为枫树，又与大溪相遇。道路从枫树西北翻越合口岭，走八里到黄场。从黄场溯溪往西行，山路才开始大为开阔，又走七里，到达李田。距离路江还有二十里。这时才下午，因为是除夕担心不便寻找住所，便早早地就寻觅住宿的地方，但旅店都不接纳入住。我正徘徊在路口，有个穿着儒生服装的人路过并问道："先生您是南京人吗？我也将要南去留都南京，怎可让贤士在我们的土地上露宿呢！"说完他便向同行的族人作揖致礼，然后让我住到他家。我问他的姓氏，他回答说："姓刘。"并且说："我哥哥也在南京，所以我想去一趟。"原来他指的就是礼部的刘肩吾，名叫刘元震。我这才知道刘肩吾是永新县人，此地是他的家乡。我让挑夫带着行李先朝前去了，我便同他一起前往他的族人刘怀素家。刘怀素家住房很宽敞整洁，是居住在乡村作为隐居者房舍的样子，而不是旅店。打听刘肩吾的故居，说相隔还有五里，这样就未能和前面遇到的他家族里边的那人会面。这天只行了三十五里，便就停下来买了些酒肉犒劳跟随我挑担的那三个挑夫，而姓刘的主人拿出自酿的酒让我品尝，以至竟然忘掉了客居他乡的忧苦。只是整夜未听到一声爆竹响，山乡的寂寥，真是另一片天地。傍晚观看落日时，往北望去，一座高山离得很近，一打听，它就是禾山。

丁丑正月初一日　晓起，晴丽殊甚。问其地，西去路江二十里，北由禾山[①]趋武功[②]百二十里，遂令静闻同三夫先以行李往路江，余同顾仆挈被直北入山。其山不甚高，而土色甚赤。升陟五里，越一小溪又五里，为山上刘家。北抵厚堂寺，越一小岭，始见平畴，水田漠漠。乃随流东北行五里，西北转，溯溪入山。此溪乃禾山东北之水，其流甚大，余自永城西行，未见有大水南向入溪者，当由山上刘家之东入永城下流者也。北过青堂岭西下，复得平畴一坞，是为十二都。西溯溪入龙门坑，溪水从两山峡中破石崖下捣，连泄三四潭。最下一潭深碧如黛，其上两崖石皆飞突相向。入其内，复得平畴，是为禾山寺。寺南对禾山之五老峰，而寺所倚者，乃禾山北支复起之山也，有双童石高峙寺后山上。盖禾山乃寺西主山，而五老其南起之峰，最为耸拔。余撮其大概云："双童后倚，五老前揖。"二山即禾山、五老。夹凹中有罗汉洞，闻不甚深，寺僧乐庵以积香出供，且留为罗汉、五老之游。余急于武功，恐明日穷日力不能至，请留为归途探历，遂别乐庵，北登十里坳。其岭升陟共十里而遥，登岭时，西望寺后山巅，双童骈立，峰若侧耳耦语然。越岭北下，山复成坞，水由东峡破山去，坞中居室鳞比，是名铁径。复从其北越一岭而下，五里，再得平畴，是名严堂，其水南从岭西下铁径者也。由严堂北五里，上鸡公坳，又名双顶。其岭甚高，岭南之水南自铁径东去，岭北之水则自陈山从北溪出南乡，鸡公之北即为安福[③]界。下岭五里至陈山，日已暮，得李翁及泉留宿焉。翁方七十，真深山高隐也。

【注释】①禾山：位于江西省永新县北麓，南北分割永新、安福两县，最高峰海拔1391米，为永新县境内第一高峰。即今江西永新县西北秋山。峰顶怪石嶙峋，瀑布流泉。徐霞客、欧阳修、梅尧臣、黄庭坚等人均上山游览过，并留下诗文。②武功：武功山位于江西省中西部，居罗霄山脉北支，山体呈东北——西南走向。自汉晋起，武功山被道佛两家择为修身养性之洞天福地。武功山历史上曾与衡山、庐山并称江南三大名山。③安福：今安福县。

【译文】丁丑年（崇祯十年）正月初一日（1637年1月26日）　黎明时起床，天空异常晴朗明丽。询问当地情况，得知西面距离路江二十里，从北面由禾山前往武功山一百二十里，于是让静闻同那三个脚夫先带着行李到路江，我和顾仆带着被子一直往北进入山中。那山不很高，但泥土的颜色很红。往上攀登五里，越过一条小溪又走五里，为山上刘家。再往北抵达厚堂寺，越过一座小山岭，才见到平旷的田野，田野中水田密布。于是顺溪水往东北行五里，折往西北，溯溪水走进山中。此溪是禾山东北面的溪流，水流很大，我从永城县城往西行，没见到有大的溪流向南注入流经永新县城的那条溪中，此溪应当是从山上刘家的东面往东流，到永城下游汇入大溪中。往北经过青堂岭，向西下行，又见到满是平旷田地的一个山坞，这是十二都。朝西面溯溪流进入龙门坑，溪水从两山间的峡谷中冲破石崖向下奔泻，连续泄落而形成三四个深潭。最下面的一个潭渊色泽深暗碧绿如黛一般，水潭上面两边的崖石都相互向对面飞空前突。进入龙门坑谷内，又见到一片平旷的田野，这便是禾山寺。禾山寺的南面对着禾山的五老峰，而寺院所背靠的，就是禾山北支再度耸起的一座山，有块双童石高高耸立在寺院后面的山上。大概禾山是寺院西面的主山，而五老峰是寺院南面耸起的山峰，最为高耸挺拔的一座。我摘取禾山寺地形的大概归纳为："双童石紧靠在后面，五老峰拱立在前方。"两座山即禾山和五老峰。山间相夹的凹陷处有个罗汉洞，听闻洞内不是很深，寺中僧人乐庵端出他的饭食给我们吃，并且挽留我去游览罗汉洞和五老峰。我急着要游武功山，担心明日全力走一整天都不能到达，就向他说明愿将这两个地方留作归途中探寻游历之处，然后便告别乐庵，往北攀登十里坳。那岭往上攀登起来有十里还多，登岭时，往西望见寺后面的山顶上，双童石并排耸立，两座石峰宛如两人侧耳相对私语。越过山岭往北下行，山中又形成山坞，泉水由山坞东面的峡谷中破山而去，山坞中住房鳞次栉比，这里名叫铁径。又从铁径北面越过一座山岭往下走，五里，再次见到平旷的田野，这里名叫严堂，严堂的水往南从山岭西面流下到铁径。从严堂往北行五里，上了鸡公坳，它又叫双顶。那山岭很高，岭南边的水往南从铁径向东流去，岭北边的水却是从陈山由北溪中流出到南乡。鸡公坳的北面就是安福县界。下了岭走五里到陈山，太阳已将落，遇到李及泉老翁便留宿在村中。李翁正好七十岁，真是深山中的一个志行高洁的隐居人士。

初二日　晨餐后，北向行。其南来之水，从东向破山去，又有北来之水，至此同入而东，路遂溯流北上。盖陈山东西俱崇山夹峙，而南北开洋成坞，四面之山俱搏空溃壑，上则亏蔽天日，下则奔坠峭削，非复人世所有矣。五里，宛转至岭上。转而东，复循山北度岭脊，名庙山坳，又名常冲岭。其西有峰名乔家山，石势嵯峨[1]，顶有若屏列、若人立者，诸山之中，此其翘楚[2]云。北下三里，有石崖兀突溪左，上有纯石横竖，作劈翅回翔之状，水从峰根坠空而下者数十丈。但路从右行，崖畔丛茅蒙茸，不能下窥，徒闻捣空振谷之响而已。下此始见山峡中田塍环壑，又二里始得居民三四家，是曰卢子泷。一溪自西南山峡中来，与南来常冲之溪合而北去，泷北一冈横障溪前，若为当关。溪转而西，环冈而北，遂西北去。路始舍涧，北过一冈。又五里，下至平畴，山始大开成南北两界，是曰台上塘前，而卢子泷之溪，复自西转而东，遂成大溪，东由洋溪与平田之溪合。乃渡溪北行，三里至妙山，复入山峡，三里至泥坡岭麓，得一夫肩挑行李。五里，北越岭而下，又得平畴一壑，是曰十八都。又三里，有大溪亦自西而东，乃源从钱山洞北至此者，平田桥跨之。度平田桥北上相公岭，从此迢遥直上，俱望翠微，循云崖。五里，有路从东来合，又直上十里，盘陟岭头，日炙如釜，渴不得水。久之，闻路下淙淙声，觅莽间一窦出泉，掬饮之。山坳得居落，为十九都门家坊。坊西一峰甚峻，即相公岭所望而欲登者，正东北与香炉峰对峙，为武功南案。日犹下午，恐前路崎岖，姑留余力而止宿焉。主人王姓，其母年九十矣。

【注释】①嵯峨（cuó é）：山势高峻的样子。②翘楚（qiáo chǔ）：原指高出杂树丛的荆树，后来用来比喻杰出的人才或事物。

【译文】初二日　吃过早餐后，我们往北行。陈山南面流来的水，从东面破山而去，又有从北面流来的水，到此处汇合一起而流向东去，道路便溯此水往北延伸。陈山的东西两面都是高山夹峙着，而南北两面却十分开阔形成山坞，四周的山都是上插云空而下坠深谷，向上遮蔽天日，向下塌陷陡峭，不再像是人世间所有的景象。走五里，曲折地爬到岭头上。折往东，又顺山往北延伸而过的岭脊走，那岭叫庙山坳，又叫常冲岭。它西面有座山峰叫乔家山，山间峰石嵯峨，山顶上有如屏风排列、像人站立等形态的岩石，在群山之中，它是最美的。我们再往北下行三里，有座石崖突兀地耸立在溪流的左岸，崖上有纯正的岩石横竖交错的叠落着，呈现出展翅盘旋的形态，水流从山峰底部向空中倾泻下去，落差达几十丈高。只是道路都是沿右岸走向，山崖侧畔白茅丛生杂乱覆地，不能窥见下面，只能听到水流向空中捣泻时所发出的震彻山谷的响声。走下此处才见到山峡中田地环绕着沟谷，又走二里才见到三四家居民，这地方叫卢子泷。一条溪水从西南的山峡中流来，与从南边常冲岭流来的溪水汇合后而往北流去，卢子泷北面有座山冈横挡在溪水前边，像是在为村庄守护关口。溪水流到山冈前折向西，环绕着山冈往北流，然后就朝西北淌去。道路这才与山涧分开，往北越过一座山冈。又走五里，下行到了平旷的田野，山势开始开阔起来，构成那片田野的南北两边界限，这里叫台上塘前，而卢子泷流来的溪水，到此处又自西折向东流，于是形成一条大溪流，它的东面又由洋溪与平田的溪流汇合。渡过溪水往北走，走三里到妙山，又进入山峡中，走三里到达泥坡岭的山麓，在那里雇得一个挑夫挑行李。走五里，往北越过山岭下行，又见到一条满是平旷田野的壑谷，这里叫十八都。又走三里，有条大溪也是自西向东流，它就是从钱山洞北面发源流到此地的溪水，平田桥横架在溪流上，越过平田桥往北上了相公岭，从此处起一直远远地上登，眼前满是青翠掩映，顺着耸入云霄的山崖而行。走五里，有条路从东面过来会合，又直往上走十里，旋绕着登上了岭头，太阳烤得人像在热锅里一般，我们干渴得要命却找不到水。许久后，听到道路下边传出淙淙的水声，到深邃的草木间去寻觅，见一个小洞中流出泉水，于是用双手捧来喝。而后在山坳间见到个村落，它是十九都的门家坊。坊西面有座山峰很险峻，它就是在相公岭上望见而当时想攀登的那山峰，它的东北方正与香炉峰对峙，是武功山南面的案山。此时还是下午，但担心前面的道路崎岖难行，便姑且保留剩余的力气而停下来住宿在门家坊。投宿那家的主人姓王，他母亲年纪已经有九十岁了。

初三日　晨餐后行，云气渐合，而四山无翳。三里，转而西，复循山向北，始东见大溪自香炉峰麓来，是为湘吉湾。又下岭一里，得三四家。又登岭一里，连过二脊，是为何家坊。有路从西坞下者，乃钱山[①]之道，水遂西下而东，则香炉峰之大溪也；有路从北坳上者，乃九龙之道；而正道则溯大溪东从夹中行。二里，渡溪循南崖行，又一里，茅庵一龛在溪北，是为三仙行宫。从此渐陟崇冈，三里，直造香炉峰。其崖坳时有细流悬挂，北下大溪去。仰见峰头云影渐朗，亟上跻，忽零雨飘扬。二里至集云岩，零雨沾衣，乃入集云观少憩焉。观为葛仙翁[②]栖真之所，道流以新岁方群嬉正殿上，殿止一楹，建犹未完也。其址高倚香炉，北向武功，前则大溪由东坞来，西向经湘吉湾而去，亦一玄都也。时雨少止，得一道流欲送至山顶，遂西至九龙，乃冒雨行半里，渡老水桥，复循武功南麓行，遂上牛心岭。五里，过棋盘石，有庵在岭上。雨渐大，道流还所畀送资，弃行囊去。盖棋盘有路直北而上，五里，经石柱风洞，又五里，径达山顶，此集云登山大道也；由小径循深壑而东，乃观音崖之道。余欲兼收之，竟从山顶小径趋九龙，而道流欲仍下集云，从何家坊大路，故不合而去。余遂从小径冒雨东行。从此山支悉从山顶隤壑而下，凸者为冈，凹者为峡，路循其腰，遇冈则跻而上，遇峡则俯而下。由棋盘经第二峡，有石高十余丈竖峰侧，殊觉娉婷。其内峡中突崖丛树，望之甚异，而曲霏草塞，无可着足。又循路东过三峡，其冈下由涧底横度而南，直接香炉之东。于是涧中之水遂分东西行，西即由集云而出平田，东即由观音崖而下江口，皆安福东北之溪也。于是又过两峡。北望峡内俱树木蒙茸，石崖突兀，时见崖上白幌如拖瀑布，怪无飞动之势，细玩之，俱僵冻成冰也。然后知其地高寒，已异下方，余躞蹀[③]雨中不觉耳。共五里，抵观音崖，盖第三冈过脊处正其中也。观音崖者，一名白法庵，为白云法师所建，而其徒隐之扩而大之。盖在武功之东南隅，其地幽僻深窈，初为山牛野兽之窝，名牛善堂；白云鼎建禅庐，有白鹦之异，故名白法佛殿。前有广池一方，亦高山所难觏者。其前有尖峰为案，曰箕山，乃香炉之东又起一尖也。其地有庵而无崖，崖即前山峡中亘石，无定名也。庵前后竹树甚盛，其前有大路直下江口，其后即登山顶之东路也。时余衣履沾透，亟换之，已不作行计。饭后雨忽止，遂别隐之，向庵东跻其后。直上二里，忽见西南云气浓勃奔驰而来，香炉、箕山倏忽被掩，益厉颠仆蹶蹶[④]上跻。又一里，已达庵后绝顶，而浓雾弥漫，下瞰白云及过脊诸冈峡，纤毫无可影响，幸霾而不雨。又二里，抵山顶茅庵中，有道者二人，止行囊于中。三石卷殿即在其上，咫尺不辨。道者引入叩礼，遂返宿茅庵。是夜风声屡吼，以为已转西北，可幸晴，及明而弥漫如故。

【注释】①钱山：今江西省安福县西隅。②葛仙翁：葛玄（164—244），字孝先，号仙翁，被尊称为“葛天师”。道教尊为葛仙翁，又称太极仙翁，与张道陵、许逊、萨守坚共为四大天师。葛洪的从祖父。③躞蹀（xiè dié）：小步走路的样子。④蹶蹶（jué）：指走路没有力气，跌跌撞撞的样子。

【译文】初三日　早餐后出发，天空中云气渐渐聚拢，但四周的山峦没有被遮蔽。走三里，折往西面，又顺山向北行，才看见东面有条大溪从香炉峰的山麓流来，这里是湘吉湾。又走下岭一里，见到岭下有三四户人家。又朝岭上攀登一里，接连越过两座山脊，这里是何家坊。有条路从村西边山坞中下行，那是到钱山的路，水流顺山坞向西流下去而后折向东，它就是香炉峰流来的大溪；有条路从北面的山坳朝上延伸，那是去九龙的路；而上武功山的正路是沿大溪往东从两山之间夹谷中走。二里后，渡过溪流顺南边的山崖而行，又走一里，有间用茅草建的寺庵立在溪水北岸，这是三仙行宫。从此处起渐渐向高峻的山冈上攀爬，三里后，直抵香炉峰。香炉峰的崖壁上、山坳间不时有细流悬挂着，向北下流入大溪。仰头看见峰头上云影逐渐疏朗，便急忙向上攀登，忽然间零星的小雨又飘飞起来。爬二里到达集云岩，零星的细雨打湿了衣服，于是进入集云观稍作休息。此观是葛仙翁修身养性进行修炼的场所，这一天因为是新年佳节道徒们正成群地在正殿上嬉闹，那殿只有一根前柱，还未营建完毕。集云观的基址高高地背靠着香炉峰，北面朝着武功山，前方则是大溪从东面山坞中流来，向西经湘吉湾而流去，这也是一个神仙居住的好地方。这时雨稍微停了些，此时遇到一个道徒想送我们到山顶，于是往西到了九龙，我们冒雨行半里后，跨过了老水桥，再顺武功山南麓而行，就上了牛心岭。五里后，经过棋盘石，有座寺庵在岭上。这时雨渐渐大概是大了起来，那道徒退还了我们给他的送路费，丢下行李离去。因为有条路从棋盘石直往北上行，五里后，经过石柱风洞，又过五里，便直达武功山山项，这是从集云观登山的大路；从棋盘石由小路顺深谷向东去，是从观音崖登山的路。我想兼顾两条路上的风光，竟然从山顶的小路直奔九龙，而那道徒仍然想下到集云观，从何家坊的大路走，所以他和我意见不合而离去。于是我冒雨从小路往东行。从此处起山的支脉全都是从山顶向深谷中倾坠而下，凸起处形成山冈，凹伏处形成峡谷，道路顺着山腰延伸，遇山冈就攀登而上，遇峡谷便俯身下行。从棋盘石向东经过第二个峡谷时，有块十几丈高的岩石竖立在山峰侧边，让人觉得形态优美。那岩石以内的峡谷中，石崖突兀树木丛生，看上去很奇异，但峡谷弯曲，大雨霏霏，草木塞路，无处可以落脚。又沿道路往东经过第三个峡谷，峡间的山冈下从山涧底部向南横越过去，径直到香炉峰的东面。从这条山冈起，山涧中的水便向东西两边分流，流往西的就是从集云观而流出平田的那条，流往东的就是从观音崖而流下江口的那条，它们都是安福县东北的溪流。从此处后又经过两条峡谷。向北瞭望过去，峡谷内都是树木蓬松杂乱，石崖突兀林立，不时地见到崖壁上拖着仿佛白色帷幔的瀑布，奇怪的是没有飞洒流动的态势，仔细观察欣赏，原来它们都已经结成硬硬的冰溜了。这才知道这地方地势高而寒冷，已经不同于下边的地方了，只是我小步慢行在雨中，不曾感觉到而已。共走五里，抵达观音崖，原来第三座山冈的山脊延伸而过的地方正好是山脊的中部。观音崖又叫白法庵，是白云法师创建的，他的徒弟隐之进行了扩建而使庵的规模更大。原来此庵位于武功山的东南角，地处深山之中，幽暗僻静，深邃曲折，最初是作为山牛野兽栖息的窝，故名叫牛善堂；白云法师鼎力创建佛寺时，出现了白色鹦鹉飞来此地的奇异景象，所以取名叫白法佛殿。殿前有个宽大的水池，这也是高山中难以遇见的。庵前方有座尖耸的山峰成为案山，叫箕山，是香炉峰的东面又耸起来的一座尖峰。那里实际上有庵无崖，崖就是前面经过的山峡中绵亘的石壁，没有固定的名称。庵的前后翠竹绿树非常茂盛，庵前面有条大路直下江口，庵后面就是登武功山山顶的东路。当时我衣服鞋子都湿透了，赶忙更换掉衣服和鞋子，已经不作再往前继续走的打算。饭后雨忽然停了，于是辞别隐之，从庵东边登上庵后的路。直往上二里，忽然看见西南方云雾翻滚奔涌而来，香炉峰、箕山倏忽间就被遮掩了，于是更加激励已经精疲力竭的顾仆跌跌绊绊地往上登。又登一里，已到达白法庵后面的最高顶端，然而浓雾弥漫，往下俯瞰白云法师所建的庙宇以及山脊延伸而过的众多山冈峡谷，见不到丝毫它们的影子，听不到丁点儿声响，幸好天空虽然阴霾但不下雨。又走二里，抵达武功山山顶的茅庵中，茅庵内有两个道人，我们将行李停放在庵中。三石卷殿就在那茅庵的上边，虽在咫尺间但却分辨不清晰。道人领我进到殿中叩拜行了礼，我便返回来住宿在茅庵中。这天夜里好多次狂风怒吼，我以为风向已转为西北，可以盼望天气变晴，等到天亮却发现浓雾弥漫如故。

武功山东西横若屏列。正南为香炉峰，香炉西即门家坊尖峰，东即箕峰。三峰俱峭削。而香炉高悬独耸，并列武功南，若棂门[①]然。其顶有路四达：由正南者，自风洞石柱，下至棋盘、集云，经相公岭出平田十八都为大道，余所从入山者也；由东南者，自观音崖下至江口，达安福；由东北者，二里出雷打石，又一里即为萍乡界，下至山口达萍乡；由西北者，自九龙抵攸县；由西南者，自九龙下钱山，抵茶陵州，为四境云。

【注释】①棂（líng）门：即棂星门，通常在学宫孔庙及一些道观前的大门都称棂星门。古代传说棂星为天上文星，以棂星命名孔庙大门，象征着孔子可与天上施行教化、广育英才的天镇星相比，又意味着天下文人学士汇集于此，统一于儒学的门下。

【译文】武功山像一道排列的屏风东西横跨。它的正南面为香炉峰，香炉峰的西面就是门家坊所处的那座尖峰，而香炉峰的东面就是箕山的尖峰。三座山峰都峭拔陡削，而唯独香炉峰高悬耸立，它们并列在武功山的南面，就像武功山的棂星门一样。在这山顶上有道路四通八达：由正南面下行的一条，从风洞石柱下到棋盘石、集云观，经过相公岭出平田、十八都，是一条大路，它就是我入山所走的那条路；由东南面下行的一条，从观音崖下到江口，通到安福县；由东北面下行的一条，走二里后出到雷打石，又往前一里就是萍乡县边界，然后下到山口通到萍乡县城；由西北面下行的一条，从九龙抵达攸县；由西南面下行的一条，从九龙下钱山，到达茶陵州。这就是武功山四周的边境。

初四日　闻夙霾未开，僵卧久之。晨餐后方起，雾影倏开倏合。因从正道下，欲觅风洞石柱。直下者三里，渐见两旁山俱茅脊，无崖岫之奇，远见香炉峰顶亦时出时没，而半山犹浓雾如故。意风洞石柱尚在二三里下，恐一时难觅，且疑道流装点之言，即觅得亦无奇，遂乘未雨仍返山顶，再饭茅庵，先往九龙。乃从山脊西行，初犹弥漫，已而渐开。三里稍下，度一脊，忽雾影中望见中峰之北矗崖崭柱，上刺层霄，下插九地，所谓千丈崖。百崖丛峙回环，高下不一，凹凸掩映。隤北而下，如门如阙，如幢如楼，直坠壑底，皆密树蒙茸，平铺其下。然雾犹时时笼罩，及身至其侧，雾复倏开，若先之笼，故为掩袖之避，而后之开，又巧为献笑之迎者。盖武功屏列，东、西、中共起三峰，而中峰最高，纯石，南面犹突兀而已，北则极悬崖回崿之奇。使不由此而由正道，即由此而雾不收，不几谓武功无奇胜哉！共三里，过中岭之西，连度二脊，其狭仅尺五。至是南北俱石崖，而北尤崭削无底，环突多奇，脊上双崖重剖如门，下隤至重壑。由此通道而下，可尽北崖诸胜，而惜乎山高路绝，无能至者。又西复下而上，是为西峰。其山与东峰无异，不若中峰之石骨棱嶒[1]矣。又五里，过野猪洼。西峰尽处，得石崖突出，下容四五人，曰二仙洞。闻其上尚有金鸡洞，未之入也。于是山分两支，路行其中。又西稍下四里，至九龙寺。寺当武功之西垂，崇山至此忽开坞成围，中有平壑，水带西出峡桥，坠崖而下，乃神庙[2]时宁州禅师所开，与白云之开观音崖，东西并建者。然观音崖开爽下临，九龙幽奥中敞，形势固不若九龙之端密也。若以地势论，九龙虽稍下于顶，其高反在观音崖之上多矣。寺中僧分东西两寮，昔年南昌王特进山至此，今其规模尚整。西寮僧留宿，余见雾已渐开，强别之。出寺，西越溪口桥，溪从南下。复西越一岭，又过一小溪，二溪合而南坠谷中。溪坠于东，路坠于西，俱垂南直下。五里为紫竹林，僧寮倚危湍修竹间，幽爽兼得，亦精蓝[3]之妙境也。从山上望此，犹在重雾中；渐下渐开，而破壁飞流，有倒峡悬湍之势。又十里而至卢台，或从溪右，或从溪左，循度不一，靡不在轰雷倒雪中。但涧崖危耸，竹树翳密，悬坠不能下窥，及至渡涧，又复平流处矣。出峡至卢台，始有平畴一壑，乱流交涌畦间，行履沾濡[4]。思先日过相公岭，求滴水不得；此处地高于彼，而石山潆绕，遂成沃泽。盖武功之东垂，其山乃一脊排支分派；武功之西垂，其山乃众峰耸石攒崖，土石之势既殊，故燥润之分亦异也。夹溪四五家，俱环堵离立，欲投托宿，各以新岁宴客辞。方徘徊路旁，有人一群从东村过西家，正所宴客也。中一少年见余无宿处，亲从各家为觅所栖，乃引至东村宴过者，唐姓家。得留止焉。是日行三十里。

【注释】①棱嶒（léng céng）：形容乱石突兀、重迭。②神庙：即明神宗朱翊钧。③精蓝：也作“净蓝”，即伽蓝。意为“众园”或“僧院”。为佛教寺院的通称。④沾濡（rú）：沾湿，浸湿。

【译文】初四日　听说早晨的雾霾还未散开，我便静静地躺了许久。早餐后才起来，雾气忽开忽合。于是从正路下山，想去探寻风洞石柱。直往下行三里，逐渐见到两旁的山都是长满茅草的山脊，没有崖壁峰峦的奇秀景色，远远看见香炉峰顶也时出时没，而它的半山腰仍然和先前一样浓雾弥漫。我想风洞石柱还在二三里以下的地方，担心一时难以寻找到，并且怀疑道徒所讲的是些装神弄鬼的话，即便寻着了也不会有什么奇异的景象，便趁着没有下雨，仍旧返回山顶，再次在那间茅庵中吃了饭，准备先去九龙。于是从山脊上往西行，最初山中仍然是雾气弥漫，不久就渐渐散开。三里后略微向下走，越过一条山脊，忽然从雾影中看见武功山中峰的北面矗立着、高峻的山崖石柱，它们向上刺入层层云霄，往下插进深深的九层地府，这就是所说的千丈崖。上百座山崖丛密地耸立着，交错盘绕，高低不一，凹陷的山洼和突凸的峰石相互掩映。往北坠落直向下走，到处有如大门，如宫阙，如幛子，如楼阁的，一直下坠到谷地，都是浓密的树木、纷乱的杂草平铺在深谷中。然而雾气还时时笼罩着山崖，等走到山崖的侧边时，雾气又忽然散开，好像先前雾气的笼罩，是女人故意用衣袖遮脸以回避生人，而后来雾气散开，又像是巧妙装出笑脸迎人。武功山像屏风排列着，东面、西面和中间共耸起三座山峰，而中峰最高，峰上都是纯正无杂的石头，南面只是山势突兀耸立，而北面却是极尽了山崖悬空直立、曲折盘绕的奇观。假使不走这里却走正路，或即使从这里走而雾气没有散开，不是就要说武功山没有奇异优美的景观了吗？共走三里，经过武功山中间一座山岭的西面，接连越过两座山脊，它们都狭窄得仅有一尺五宽。到此处南北两面都是石崖，而北边的石崖更是高耸陡峭，它们深不见底，盘绕突兀，有许多奇异的景观，山脊上有两座崖壁如同门一样重重剖开，向下倾坠到重重深谷中。从那两座崖壁处向下凿通道路下行，就可以览尽北面山崖的各处胜景，但可惜的是山高路绝，没有能到达那些山崖间游览的人。又往西，依然是先下后上，这里是武功山的西峰。西峰与东峰没有差异，不像中峰那样石崖高峻突兀、棱角分明。又走五里，经过野猪洼。在西峰尽头处，看到一座石崖突出来，下面可以容纳四五个人，它叫二仙洞。听说石崖上面还有个金鸡洞，我没有进去。从二仙洞起山脉分为两条支脉，路从两山之间前行。又往西逐渐下走四里，到九龙寺。此寺在武功山的西垂，高山到了此处忽然开阔围成山坞，中间有块平坦的壑谷，水流像带子样往西从峡谷中的桥下流出，从山崖上倾泻下去。寺院是神宗时宁州禅师创建的，与白云法师创建观音崖，是分别在山的东西两边同时进行的。然而观音崖地势开阔明朗居高临下，而九龙寺则是地势幽暗深邃中间宽阔的隐秘着，地形固然不如九龙寺那样端正。若以地势来论，九龙寺虽然稍低于山顶，但它的高度反而在观音崖之上许多。寺中的僧人分住在东西两间僧房中，前些年南昌王曾特意进山到此拜佛，如今寺庙僧房的规模依然齐整。西面僧房中的僧人留我们住宿这里，我见雾气已经逐渐散开，便坚决地和他们告别。走出寺，往西越过溪口桥，溪水从桥下往南下流。再往西越过一座山岭，又渡过一条小溪，两条溪水合流后而往南倾坠到山谷中。溪水从东面倾泻，道路从西面下行，都是垂直往南下行。走五里为紫竹林，有间僧人居住的僧房倚靠在危崖下湍急的溪流和修长的竹丛间，清幽和明亮兼得，也算是佛寺的一处绝妙所在。从山上远望此处，还是被掩蔽在重重云雾中；渐朝下走云雾渐散开，而冲破崖壁水流飞泻，有从峡谷中的悬崖壁上倾泻的湍急态势。又走十里到卢台，一路间有时从溪流右岸走，有时从溪流左岸行，沿着溪流不止一次渡过溪流，每到一处都犹如在如巨雷轰响的水声中和似雪花喷溅的白浪间行走。只是山涧中的山崖高耸，被翠竹绿树掩蔽，不能向下窥见到水流高悬下坠的形态和气势，等到渡过山涧时，又再是水流平缓的地方了。走出峡谷到达卢台，才有个满是平坦开旷田野的壑谷，纷乱的水流交错从田畦间涌出，我们的行装鞋子都被打湿。回想起前天过相公岭时，要寻一滴水都不能找到；此处地势高于那里，但石山环绕，流水竟然形成了沃野泽国。原来武功山的东垂，那山是一条主脊分出若干成排的支脉；而武功山的西垂，那山是众多的山峰岩石高耸攒聚。土山、石山的地势既然不同，所以干燥湿润的状况也就有差异了。溪流两崖住着四五户人家，房屋都有围墙围绕着分别居住，想投到其中的一家住宿，但各家都以新年要宴请宾客的理由推辞了。正徘徊在路旁时，有一群人从东村到村西的人家去，他们正是被宴请的客人。其中一个少年见我没有住宿的地方，亲自到各家各户为我找住宿的地方，最后把我带到东村已经宴请过客人的一家，是姓唐。这才得以我留宿下来。当天行了三十里。

初五日　晨餐后，雾犹翳山顶。乃东南越一岭，五里下至平畴，是为大陂[①]。居民数家，自成一壑。一小溪自东北来，乃何家坊之流也，卢台之溪自北来，又有沙盘头之溪自西北来，同会而出陈钱口。两山如门，路亦随之。出口即十八都平田，东向大洋也。大陂之水自北而出陈钱，上陂之水自西而至车江，二水合而东经钱山下平田者也。路由车江循西溪，五里至七陂，复入山。已渡溪南，复上门楼岭，五里越岭，复与溪会。过平坞又二里，有一峰当溪之中，其南北各有一溪，潆峰前而合，是为月溪上流。路从峰之南溪而入，其南有石兰冲，颇突兀。又三里登祝高岭，岭北之水下安福，岭南之水下永新。又平行岭上二里，下岭东南行二里，过石洞北，乃西南登一小山，山石色润而形巉。由石隙下瞰，一窟四环，有门当隙中，内有精蓝，后有深洞，洞名石城。洞外石崖四亘，崖有隙东向，庵即倚之。庵北向，洞在其左，门东北向，而门为僧闭无可入。从石上俯而呼，久之乃得人，因命僧炊饭，而余入洞，欲出为石门寺之行也。循级而下，颇似阳羡[②]张公洞门，而大过之。洞中高穹与张公并，而深广倍之。其中一冈横间，内外分两重，外重有巨石分列门口如台。当台之中，两石笋耸立而起。其左右列者，北崖有石柱矗立，大倍于笋，而色甚古穆，从石底高擎，上属洞顶。旁有隙，可环柱转。柱根涌起处，有石环捧，若植之盘中者。其旁有支洞。曲而北再进，又有一大柱，下若莲花，围叠成柱；上如宝幢，擎盖属顶；旁亦有隙可循转。柱之左另环一窍，支洞益穹。及出，饭后，见洞甚奇，索炬不能，复与顾仆再入细搜之。出已暮矣，遂宿庵中。

【注释】①大陂(dà bēi):在新丰县城东北11.5公里。属马头镇。明末清初黄氏迁此，在鲁古河上建一大石陂而得名。②阳羡:战国时代称“荆溪”，秦汉时置名为“阳羡”，今江苏宜兴市，此处用“阳羡”代称明代宜兴。

【译文】初五日　早餐后，雾气仍然遮蔽着山顶。于是往东南翻越一座山岭，走五里下行到一处平旷的田野中，这里是大陂。此处住着几家居民，自然形成一个和外界相对隔绝的幽深谷地。一条小溪从东北面流来，那是从何家坊流来的溪流，卢台的溪水从北面流来，又有条从沙盘头来的溪水自西北方流来，它们汇合后流出陈钱口。两边的山对耸如门，道路也沿溪流而去。出了陈钱口就是十八都平田，它东面对着一块宽阔的平地。大陂来的水自北而南流出陈钱口，上陂来的水自西而流到车江，两条溪水汇合后而往东经过钱山流下到平田。道路从车江沿西面的溪水走，五里后到上陂，又进入山中。随后，渡过溪水到南岸，又登上门楼岭，爬五里越过山岭，再次与溪水相遇。过了一个平坦的山坞又走二里，有座山峰立在溪流之中，山峰的南北两面各有一条溪流，它们绕流到山峰前面而合流，这是月溪的上游。道路沿山峰南面的那条溪流进入山中，溪的南岸有个石兰冲，山崖很是突兀。又走三里，登上祝高岭，岭北的水流下到安福县，岭南的水流下到永新县。又从岭头上平缓地前行二里，然后走下岭往东南行二里，过了石洞的北面，便朝西南攀上一座小山，山间的石头色泽温润但形态高险峻峭。从石缝中往下俯瞰，有个四面环绕的洞窟，在石缝有道大门，门里面有佛家庙宇，庙宇后有个深洞，那洞叫石城洞。洞外石崖环亘四周，石崖间有条缝隙朝向东面，寺庵就背靠着石崖。那寺庵朝向北面，石城洞在寺庵的左边，洞门向着东北方，但大门被僧人关闭着无法进去。从石崖上俯身呼喊，许久才得以进入洞窟内，于是叫僧人烧火做饭，而我进入石城洞中，想争取时间出来后去石门寺游览。进洞门后沿着石阶而下行，很类似阳羡张公洞的洞门，然而大的地方超过张公洞。洞中高大隆起的状态与张公洞相同，但深度宽度有张公洞的一倍。洞的中央有条石冈横隔着，将洞分为内外两重，外重有巨石分别排在洞门口，如同一个平台。平台的中央，耸立起两根石笋。左右排列着石笋，北面的石崖上有一根石柱矗立着，它有石笋两倍大，而颜色十分古朴凝重，它从洞底向上高高擎起，上面连接着洞顶。石柱旁有条缝隙，可环绕着石柱转动。石柱根部冒出的地方，有些石头在周围环绕承托着，它们像是栽种在盘子中似的。石柱旁边有个支洞。弯曲地往北再进去，又有一根大石柱，下面如莲花层层叠叠环绕堆叠形成石柱，石柱的上部如同缀满珍宝的经幢，顶盖连接着洞顶；这根石柱旁边也有缝隙，可绕着石柱旋转。石柱的左边另外环绕着一个小洞，那支洞更加高穹隆起。等走出洞，吃了饭，见山洞非常奇异，没找到火把，我就又和顾仆再次进入洞中细细探寻奇异的景色。我们出洞时已经傍晚了，于是住在庵中。

石城洞初名石廊；南陂刘元卿开建精蓝于洞口石窟中，改名书林；今又名石城，以洞外石崖四亘若城垣也。

【译文】石城洞起初的名字是石廊洞；南陂人刘元卿在洞口的石窟中创建佛寺后，将它改名为书林洞；如今又叫石城洞，因为洞外石崖四周连绵环绕就像城墙一般。

初六日　晨起，雾仍密翳。晨餐毕，别僧宝林出，而雨忽至；仍返庵中，坐久之，雨止乃行。由洞门南越一岭，五里，其处西为西云山，东为佛子岭之西垂，望见东面一山中剖若门，意路且南向，无由一近观。又二里至树林，忽渡桥，路转而东。又一里，正取道断山间，乃即东向洋溪大道也。盖自祝高岭而南，山分东西二界，中开大洋[1]，直南抵汤渡。其自断山之东，山又分南北二界，中开大洋，东抵洋溪。而武功南面与石门山之北，彼此相对，中又横架祝高至儿坡一层，遂分南北二大洋。北洋西自上陂合陈钱口之水，由钱山平田会于洋溪；南洋西自断山至路口，水始东下，合石门东麓卢子垅之水，由塘前而会于洋溪。二溪合流曰洋岔，始胜舟而入安福。初望断山甚逼削，及入之，平平无奇，是名错了坳，其南即路口西下之水所出。由坳入即东南行，三里为午口。南上岭，山峡片石森立，色黑质秀如英石[2]。又二里，一小峰尖圆特立，土人号为天子地。乃东逾一岭，共五里，为铜坑。浓雾复霾，坑之上，即路口南来初起之脊也。由此南向黑雾中五里，忽闻溪声如沸，已循危崖峭壁上行，始觉转入山峡中也。雾中下瞰，峭石屏立溪上，沉黑逼仄，然不能详也。已而竹影当前，犬声出户，遂得石门寺，乃入而炊。问石门之奇，尚在山顶五里而遥，时雾霾甚，四顾一无所见，念未即开雾，余欲餐后即行。见签板在案，因诀之大士。得七签[3]，其由云："赦恩天下遍行周，敕旨源源出罪尤，好向此中求善果，莫将心境别谋求。"余曰："大士知我且留我，晴必矣。"遂留寺中。已而雨大作，见一行冲泥而入寺者，衣履淋璃，盖即路口之刘，以是日赴馆于此，此庵乃其所护持开创者。初见余，甚落落[4]，既而同向火，语次大合。师名刘仲钰，号二玉；弟名刘古心，字若孩。迨暮，二玉以榻让余，余乃拉若孩同榻焉。若孩年甫冠，且婚未半月，辄入山从师，亦可嘉也。

【注释】①洋：广的意思，即平洋大坝子。湖南、江西一带称山间展开的宽阔平地为洋。②英石：广东省英德县山溪中所产的一种石头，有微青、灰黑、浅绿、灰白等数种颜色。其形如峰峦峻峭，岩穴宛转，千姿百态。大者可用来垒叠公园假山，小者可用来制作几案盆景，颇多奇观。③签：寺庙中求神占卜凶吉所用的竹片，其上写有凶吉祸福的词句（多以诗的形式），竹片上编列号数，按号以诗语回答卜者。④落落：孤独而不合，形容对人冷淡，与人合不来。

【译文】初六日　早晨起来，雾气仍然浓密地遮蔽着山野。吃完早餐，告别僧人宝林走出庵外，雨忽然到来；我再次返回庵中，坐了许久，雨停后才出发。从洞口往南翻越一座山岭，走了五里，那里西面为西云山，东面是佛子岭的西垂，在那里望见东面有座山从中间如同门一样剖开。心想道路将向南边走去，不可能顺路走到近处作一次观览了。又走二里到一片树林边，忽然跨过一座桥，道路便转往东面而去。又走一里，道路正好从那断裂开的两山之间经过，它就是向东通往洋溪的大路。原来从祝高岭往南，山分为东西两列，中间是非常宽阔的平地，一直往南到汤渡。从那座断裂开的山的东面起，山又分为南北两列，中间是非常宽阔的平地，往东抵达洋溪。而武功山南面与石门山的北面，彼此相对，中间又横架着祝高岭至儿坡的一层山脉，于是便被分隔成南北两块宽阔的大平地。北面那块大平地中的水流从它西面的上陂流来，汇合陈钱口来的溪水，经过钱山、平田在洋溪汇合；南面那块大平地中的水流从西面那座断裂开的山开始直到路口，水流才往东面流下去，然后汇合石门山东麓卢子垅的水流，经过塘前然后在洋溪汇合。两条溪水合流后叫洋岔溪，从此才能够航行船只，流入安福县城。最初远望见那断裂开的山时，觉得很狭窄，山崖很陡削，等进入断开的山中，却发现平平常常没有奇特之处，这里名叫错了坳，它南面就是路口往西流下去的溪水所流出的地方。从错了坳进去就往东南行，走三里为午口。往南走上山岭，见山峡中片状岩石丛密地耸立着，石色青黑石质优良，如同英德县特产的石头。又走二里，一座又尖又圆的小山峰，非常引人注目地独自耸立着，当地人称它为天子地。往东翻越一座山岭，共走五里，为铜坑。这时浓雾又四处弥漫，天空又布满阴霾。铜坑的上面，就是从路口往南延伸而来的山最初耸起的山脊。从此处往南，在浓黑的雾气中走了五里，忽然听到像沸腾一样的溪流声，已经是顺着悬崖峭壁往上行走，这才发觉转进了山峡中。从雾气中向下俯瞰，高而陡峭的石头屏风似地立在溪流上边，颜色深黑，十分狭窄，不能详细看清具体情形。随后，竹丛之影呈现在眼前，狗叫之声从大门中传出，于是我找到石门寺，便进到寺中烧火做饭。探问到石门的奇景，还在山顶五里多远的地方，当时雾气阴霾很浓密，四周环顾一无所见，心想浓雾未必马上散开转晴，我打算吃了饭后就出发。看见签板就放在案桌上，因而抽签祈求观音大士决断。抽签后得到第七签，签语说："赦臣民恩天下到处行救济，却原来皇赦圣旨源源出罪显过失，好生向我佛界求得那善果，切莫将心境把别物来谋取。"我看签后说道："观音大士了解我的心性并且挽留我，天气必将变晴。"于是我便停留在寺中。不久风雨大作，见一行人从泥地中冲入寺内，衣服鞋子上雨水直往下淌，他们就是路口的刘家人，在这天前来此处的书馆中，原来此庵就是他们家护助支持而创建的。他们刚见到我时，非常冷落，随后一同烤火，慢慢谈得很投机。老师名为刘仲汪，号二玉；弟子名为刘古心，字若孩。到晚上，刘二玉将他的床铺让给我，我就拉了刘若孩在同一个床睡下。刘若孩年龄才二十岁，并且新婚不足半月，就进山从师学习学业，真是可以嘉勉。

初七日　平明，闻言天色大霁者，余犹疑诸人故以此嘲余，及起果然。亟索饭，恐雾湿未晞①，候日高乃行。僧青香携火具，而刘二玉挈壶以行。迨下山，日色已过下午矣。予欲行，二玉曰："从此南逾岭，下白沙五里，又十五里而至梁上，始有就宿处。日色如此，万万不能及。"必欲拉余至其家。余从之，遂由旧路下，未及铜坑即北向去，共十里而抵其家，正在路口庙背过脊之中。入门已昏黑，呼酒痛饮，更余乃就寝。其父号舞雩，其兄弟四人。

【注释】①晞（xī）：干、干燥。

【译文】初七日　天大亮后，我听闻外面天气十分晴朗，我还猜疑大家故意用这话嘲弄我，等起床观看天气果真已经放晴。于是急忙吃饭，又担心有雾气道路潮湿未干，直等到太阳升起老高才出发。僧人青香携带着生火用具，而刘二玉提了把壶一同前行。等到走下山，已经是下午了。我想往前走，刘二玉说："从此处往南翻过山岭，下到白沙有五里，又走十五里到达梁上，才有投宿的地方。现在天色已晚，你是万万不可能赶到那地方。"说完，一定要拉我到他家去住。我跟随他，由原路往下走，还没到铜坑就折向北去，共走十里便到他家，他家正好在路口那庙背后的山脊延伸而过的中间。走进他家门时，天已经黑了，二玉叫他的家人拿了酒来痛饮，直到一更多时才去就寝。刘二玉他父亲号舞雩，二玉家有兄弟四人。

初八日　二玉父子割牲设醴[①]，必欲再留一日，俟其弟叔璿归，时往钱山岳家。以骑送余。余苦求别，迨午乃行。西南向石门北麓行，即向所入天子地处也。五里，有小流自铜坑北麓西北注山峡间，忽有乱石蜿蜒。得一石横卧涧上，流淙淙透其下，匪直跨流之石，抑其石玲珑若云片偃卧，但流微梁伏，若园亭中物，巧而不钜耳。过此，石错立山头，俱黝然其色，岈然其形，其地在天子地之旁，与向入山所经片峙之石连峰共脉也。又五里，逾冈而得大涧，即铜坑下流，是为南村。有一峰兀立涧北，是为洞仙岩。逾涧南循西麓行，其西为竺高南下之大洋，南村之南即为永新界。又五里遂与大路合。又五里，一大涧东自牢芳坳来，坳在禾山绝顶西，北与石门南来之峰连列者。渡之而南，即为梁上。复南五里，连逾东来二涧，过青塘墅。又二里暮，宿于西塘之王姓家。

【注释】①醴（lǐ）：甜酒。

【译文】初八日　刘二玉父子宰杀牲口摆下酒宴款待我，一定要留我再住一日，说等他弟弟刘叔璿回家后，当时刘叔璿去了钱山他岳丈家。用马送我走。我苦苦请求辞别离开，到中午时才出发。往西南朝石门山的北麓前行，那里就是我前两天进入天子地所经过的地方。走五里，有一条小水流从铜坑北麓往西北流入山峡中，忽见山峡中乱石蜿蜒。有一块岩石横卧在涧流中，流水淙淙地穿过岩石下边，不是直接横跨在水流上的石头，而是形态玲珑好像一片云彩仰卧着，只是水流微细桥梁低伏，像园林亭榭中的景物一样，小巧而不太巨大。过了这里，石头交错地耸立在山头，石色黝黑，如耸立的小山峰，这里位于天子地的旁边，和前两天进山时所经过的片状岩石对峙的山峰是同一山脉。又走五里，翻过一座山冈便见到一条大山涧，它就是铜坑水的下游，这里便是南村。有一座山峰突兀直立在涧流北岸，那是洞仙岩。越过山涧往南顺山的西麓而行，山的西面是从竺高往南延伸下来的宽阔的大平地，南村的南面就是永新县边界。又走五里便与大路汇合。又走五里，一条大山涧从东面的劳芳坳流来，这坳在禾山最高顶端的西面，就是北面和石门山往南延伸过来的山峰相连而并列着的那个。渡过山涧往南走，就是梁上。又往南走五里，接连跨过从东面流来的两条涧流，过了青塘墅。又走二里傍晚时分，便投宿在西塘一个姓王的人家。

初九日　晨餐后，南行。西逾一北来之涧，即前东来之涧转而南者。共六、七里，至汤家渡，始与大溪遇。此溪发源于祝高南，合南下所经诸涧，盘旋西山麓，至此东转始胜舟。渡溪南行，又五里为桥上。其处有元阳观、元阳洞，洞外列三门，内可深入，以不知竟去。前溪复自北而南。仍渡溪东，乃东向逾山，四里为太和，又四里逾一岭，已转行高石坳之南矣。小岭西为东阁坪，东为坑头冲，由坑南下二里，则大溪西自中坊东来。路随之东入山峡，又二里为龙山，数家倚溪上。循溪东去，崖石飞突，如蹲狮奋虎，高瞰溪上。路出其下，滩石涌激上危崖，而飞沫殊为壮观。三里，山峡渐开，溪路出峡，南北廓然。又二里，溪转而南，有大路逾冈而东者，由李田入邑之路也；随溪南下者，路江道也。于是北望豁然无碍，见禾山高穹其北，与李田之望禾山无异也。始知牢芳岭之东，又分一支起为禾山；从牢芳排列南至高石坳者，禾山西环之支，非即一山也。禾山西南有溪南下，至此与龙山大溪合而南去，路亦随之。五里至龙田，溪转东行，溪上居肆较多他处。渡溪，循溪南岸东向行。三里，溪环东北，路折东南，又三里，溪自北来复与路遇，是为路江①。先是与静闻约，居停于贺东溪家，至路江问之，则前一里外所过者是；乃复抵贺，则初一日静闻先至路江，遂止于刘心川处；于是复转路江。此里余之间，凡三往返而与静闻遇。

【注释】①路江：今永新县西境、禾水上游南岸两水汇合处的湖田。

【译文】初九日　吃过早餐后，往南走。往西跨过一条从北面流来的涧流，它就是先前所过的那条从东面流来后又折向南的涧流。共走了六七里，到汤家渡，才与一条大溪相遇。此溪发源于祝高岭南面，汇合了我往南走时所经过的众多涧流，环绕过西山的山麓，流到此处折往东转才能够航行船只。渡过溪流往南行，又走五里为桥上。那里有元阳观、元阳洞，元阳洞外排列着三个洞口，洞内可以走进去很深，我因不知道这情况而竟然走开了。前面折往东去的那条溪流到此处又自北向南流。仍然渡过溪水到了东岸，就往东翻越山峦，走四里为太和，又走四里越过一座山岭，这时已经绕行到高石坳的南边了。小山岭的西面为东阁坪，东面为坑头冲，由坑头冲南下走二里，一条大溪从西面的中坊向东流来。道路沿着大溪往东进入山峡中，又走二里为龙山，有几户人家坐落在溪岸上。顺溪流往东去，崖石飞突，如蹲卧的雄狮、奋起的猛虎，高高俯视着溪流。道路从崖石下边经过，河滩乱石交错，而汹涌的溪水冲激到高峻的崖石上，浪花飞溅，极为壮观。走三里，山峡渐渐开阔，溪流和道路出了峡谷，南北两面非常空阔。又走二里，溪流折往南行，有条大路越过山冈往东而去，那是由李田入县城的路；顺溪流南下的，是到路江的路。从那里向北望去，豁然开阔，一览无余，只见禾山高高隆起，耸立在北面，与在李田远望禾山没有差异。这才知道，劳芳岭的东面，又分出一支支脉耸起而成为禾山；从劳芳岭往南排列延伸到高石坳的，是禾山西面环绕的支脉，与禾山不是同一山。禾山西南面有溪水南流而下，到此处与龙山大溪汇合而向南流去，道路也沿大溪而去。走五里到龙田，溪水转往东流去，溪岸上居民店铺较多于别处。渡过溪流，顺溪南岸往东行。三里后，溪流绕往东北去，道路折向东南面，又走三里，溪流从北面流来重与路交合，这里就是路江。原先与静闻约定，我们要停住在贺东溪家，到路江打听贺东溪家，才知所过的前面一里外就是贺东溪家；于是又往回走到贺家，却得知静闻在初一那天就已到达路江，便住在刘心川处；于是我又从贺家转回路江。这一里多路，我们往返共三次才与静闻相会。

初十日　昧爽，由路江以二舆夫、二担夫西行。循西来小水，初觉山径凹豁，南有高峰曰石泥坳，永宁之界山也；北有高峰曰龙凤山，即昨所过龙山溪南之峰也，今又出其阳矣。共十里为文竺，居廛[①]颇盛，一水自南来，一水自西下，合于村南而东下路江者也。路又溯西溪而上，三里入岩壁口，南北两山甚隘，水出其间若门。二里渐扩，又五里为桥头，无桥而有市，永新之公馆在焉。分两道：一路直西向茶陵，一路渡溪西南向芳子树下。于是从西南道，溪流渐微，七里，过塘石，渐上陂陀。三里，登一冈，是为界头岭，湖广、江西分界处也。盖崇山南自崖子垅，东峙为午家山。东行者分永宁、永新之南北界，北转者至月岭下伏为唐舍，为茶陵、永新界。下冈，水即西流，闻黄雩仙在其南，遂命舆人迂道由皮唐南入皮南，去界头五里矣。于是入山，又五里，南越一溪，即黄雩下流也。遂南登仙宫岭，五里，逾岭而下。望南山高插天际者，亦谓之界山，即所称石牛峰，乃永宁、茶陵界也，北与仙宫夹而成坞。坞中一峰自西而来，至此卓立，下有庙宇，即黄雩也。至庙，见庙南有涧奔涌，而不见上流。往察之，则卓峰之下，一窍甚庳[2]，乱波由窍中流出，遂成滔滔之势。所称黄雩者，谓雩祝之所润济一方甚溥也。索饭于道士，复由旧路登仙宫岭。五里，逾岭北下，又北十里，与唐舍、界头之道合。下岭是为光前，又有溪自西而东者，发源崖子垅，在黄雩西北重山中。渡溪又北行三里，过崇冈。地名。又二里，复得一溪亦东向去，是名芝水，有石梁跨其上。渡梁即为艻子[3]树下，始见大溪自东南注西北，而小舟鳞次其下矣。自界岭之西，岭下一小溪为第一重，黄雩之溪为第二重，崖子垅溪为第三重，芝水桥之溪为第四重。惟黄雩之水最大，俱从东转西，合于小关洲之下，西至艻子树下而胜舟，至高陇而更大云。“艻子”，树名，昔有之，今无矣。

【注释】①廛（chán）：古代城市平民的房地。②庳（bì）：低矮。③艻（lè）子：原为一种树木名称，后转为地名。

【译文】初十日　黎明时，在路江雇了两个轿夫、两个挑夫后我们往西行。顺着西面流来的小溪走，起初觉得山路凹低空阔。南面有座高峰叫石泥坳，是永宁县分界的山；北面有座高耸的山峰叫龙凤山，就是昨天所经过的龙山溪流南岸的山峰，今天又到了山的南面。共走十里为文竺，村中房舍很多，一条溪水从南边流来，一条溪水从西边流来，在村南汇合后往东流下到路江。道路又溯西边来的溪流往上行，走三里进入岩壁口，南北两座山之间非常狭窄，溪水在两山之间流出去，如穿过一道门。走二里后山势逐渐向两边扩展，又走五里为桥头，这里没有桥而有集市，永新县的公馆就设在这地方。道路在桥头分成两条：一条直往西向茶陵州而去，一条渡过溪流往西南向芳子树下而去。从桥头起，我们从西南的那条道走，溪流渐渐地变得涓细，走七里，过了塘石，渐渐上到倾斜而凸凹不平的山坡间。三里后，我们又登上一座山冈，这是界头岭，是湖广、江西两省的分界处。原来高山从南面的崖子垅蜿蜒而来，到界头岭东面耸起为午家山。午家山向东延伸的一支山脉成为永宁县和永新县南北两面的边界，折往北去的一支山脉延伸到月岭低伏下来，低伏处为唐舍，它是茶陵州和永新县分界的地方。下了山冈，水就往西流，听说黄雩仙庙在山冈的南面，便叫轿夫绕道由皮唐往南进入皮南，这时离开界头岭已经有五里远了。从此处进入山中，又走五里，往南越过一条溪流，它就是黄雩仙庙的下游。于是往南攀登仙宫岭，五里，越过仙宫岭头往下走。望见南面群山中有座高插天际的山峰，它也称为界山，就是所说的石牛峰，是永宁县、茶陵州的分界处，在北面与仙宫岭相夹峙而形成山坞。山坞中有一座山峰从西面延伸过来，到此处高高直立起，山峰脚下有个庙宇，这就是黄雩仙庙。到了庙边，见庙南边有涧流奔涌，但却不见山涧的上游。走过去仔细观看，原来高耸的山峰之下，有一个很低矮的小洞，纷乱的水流从小洞中流出，便形成滔滔的水势。所称的黄雩仙，据说是干旱时祭祀他求雨，天就降下雨水滋润一方土地，范围很宽广。我们向道士索要了些饭吃，又从原路攀登仙宫岭。五里，越过仙宫岭头往北下行，又往北走十里，与唐舍、界头来的道路交合。下了岭为光前，又有条溪水自西向东流，它自崖子垅发源，那地方在黄雩仙庙西北的重山之中。过溪流又往北行三里，经过崇冈。是地名。又走二里，又见到一条溪水也是向东流去，它叫芝水，有座石桥横跨在溪流上。跨过石桥就是芳子树下，这才见到一条大溪自东南流往西北，小船鳞次栉比地停泊在溪流岸边。从界岭的西面起，岭下的一条小溪为第一重，黄雩仙庙的溪水为第二重，崖子垅的溪水为第三重，芝水桥下的溪水为第四重，只有黄雩仙庙的那条水势最大。它们都是从东折往西流，汇合在小关洲的下面，又往西流到芳子树下后才能够航行船只，到了高陇后水势更大。“芳子”是树名，此种树以前有，如今没有了。

楚游日记

【题解】《楚游日记》是徐霞客游湖南时所写的游记。《楚游日记》在乾隆刻本第二册下。季梦良抄本《徐霞客西游记》第二册，原题“楚”。

湖南又称为“楚”，境内山水秀美，民族众多，文化底蕴深厚。境内有五岳之一的“衡山”、中国四大名楼之一的“岳阳楼”、中国四大书院之一的“岳麓书院”、有三湘四水和八百里洞庭湖等名胜。崇祯十年正月初十一，徐霞客由江西界头岭进入湖南境内，经茶陵州、攸县、衡山县到达衡州府，沿长江西上，经祁阳县到达永州府，从永州府沿湘江，经道州、江华县、蓝山县、临武县到达宜章县，再转由耒水，经郴州、永兴县、耒阳县，重新回到衡州府，再沿长江西上，于闰四月初七（5月30日）进入广西。徐霞客游览了灵岩、云阳山、紫微峰等胜景，并不顾当地人劝阻，冒险游览了麻叶洞。徐霞客还游览了南岳衡山，遍游衡山寺庙、峰、桥、涧、崖、溪流、清泉、洞等各处胜景。在离衡阳不远地方，徐霞客遭遇强盗，财物损失殆尽，落得“身无寸丝，何以就岸”的尴尬境地。友人劝其返乡，但他不为所动，仍坚持游览。徐霞客还历经艰险探访了九嶷山，赞美其

“恍惚梦中曾从三岛经行，非复人世所遘也”。

丁丑正月十一日　是日立春，天色开霁。亟饭，托静闻随行李从舟顺流至衡州，期十七日会于衡之草桥塔下，命顾仆以轻装从陆探茶陵、攸县之山。及出门，雨霏霏下。渡溪南涯，随流西行。已而溪折西北，逾一冈，共三里，复与溪遇，是为高陇。于是仍逾溪北，再越两冈，共五里，至盘龙庵。有小溪北自龙头山来，越溪西去，是为巫江，乃茶陵大道；随山顺流转南去，是为小江口，乃云嵝山[①]道。二道分于盘龙庵前。小江口即蟠龙、巫江二溪北自龙头至此，南入黄雩大溪者。云嵝山者，在茶陵东五十里沙江之上，其山深峭。神庙初，孤舟大师开山建刹，遂成丛林。今孤舟物故，两年前虎从寺侧攫[②]一僧去，于是僧徒星散，豺虎昼行，山田尽芜，佛宇空寂，人无入者。每从人问津，俱戒莫入。且雨雾沉霾，莫为引导。余不为阻，从盘龙小路，南沿小溪二里，复与大溪遇。南渡小溪入山，雨沉沉益甚。从山夹小路西南二里，有大溪自北来，直逼山下，盘曲山峡，两旁石崖，水啮成矶。沿之二里，是为沙江，即云嵝溪入大溪处。途遇一人持伞将远出，见余问道，辄曰：“此路非多人不可入，余当返家为君前驱。”余感其意，因随至其家。其人为余觅三人，各持械赍火，冒雨入山。初随溪口东入一里，望一小溪自西峡透隙出，石崖层亘，外束如门。导者曰：“此虎窟山。从来烧采之夫俱不敢入。”时雨势渐盛，遂溯大溪入，宛转二里，溪底石峙如平台，中剖一道，水由石间下，甚为丽观。于是上山，转山嘴而下，得平畴一壑，名为和尚园。四面重峰环合。平畴尽，约一里，复逾一小山，循前溪上流宛转峡中，又一里而云嵝寺在焉。山深雾黑，寂无一人，殿上金仙云冷，厨中丹灶烟空。徘徊久之，雨愈催行，遂同导者出。出溪口，导者望见一舟，亟呼而附焉。顺流飞桨，舟行甚疾。余衣履沾湿、气寒砭肌，惟炙衣之不暇，无暇问两旁崖石也。山谿纡曲，下午登舟，约四十里而暮，舟人夜行三十里，泊于东江口。

【注释】①云嵝山：有人考证即今阳落山，是太阳归落的意思。后羿射日，真阳落此，故而得名。②攫（jué）：抓取。

【译文】丁丑年（崇祯十年，1637）正月十一日　这一日恰逢立春日，天气转晴朗。我赶紧吃了饭，拜托静闻随同行李一起乘船顺流到衡州府，约定本月十七日在衡州府的草桥塔下见面，叫顾仆携带着轻装跟随我从陆路探游茶陵州和枚县的山。等走出门，满天细雨纷飞。渡过溪流到南岸，顺溪流往西行。随后溪水折往西北，我们越过一座山冈，共走三里，又与溪流相遇，这地方是高陇。从高陇仍旧渡过溪流到了北岸，再越过两座山冈，共走五里，到盘龙庵。有条小溪从北面的龙头山流来，渡过溪流往西去，这是巫江，是到茶陵州城的大路；依山顺流转往南去，为小江口，这是到云嵝山的路。两条道路在盘龙庵前分岔。小江口就是蟠龙、巫江两溪从北面的龙头流到此处，然后往南汇入从黄雩仙庙流来的那条大溪的地方。云嵝山，在茶陵州东面五十里沙江的上边，那山深幽陡峭。神宗初年，孤舟大师开山建寺，于是这里便成了众僧聚居念佛修身的地方。现今孤舟大师已经离世，两年前老虎从寺侧叼衔了一个僧人去，于是众僧徒四处逃散，豺狼虎豹白天出没，山中的田地全部荒芜，佛寺变得空寂无僧人居住，也就没有人再去。每当向人问起到那寺院的路，都告诫我不要去。而且雨雾迷蒙、阴霾浓密，没有人肯给我们作向导。我不畏惧困难险阻，从盘龙庵的小路，往南沿小溪而行二里，又与大溪相遇。往南渡过小溪进入山中，雨下得更猛。从两山相夹间的小路往西南走二里，有条大溪自北面流来，直逼山下，曲折地绕流在山峡中，溪水两旁的石崖，被水流侵蚀而形成一个个横伸斜突的矶石。沿溪水走二里，为沙江，它就是云嵝山来的溪水汇入大溪的地方。路途中遇到一个人打着伞将要远出，见我问路，就说道："这条路若不是很多人一起就不可以进去，我应当返回家为先生您作向导。"我感谢他的好意，因而跟随他到了他家。那人为我又找了三个人，每人拿着些刀棍带着火把，冒雨进入山中。起初是从溪口往东进去，走一里，望见一条小溪从西南的山峡中穿过缝隙流出来，石崖一层层横亘着，外面紧束如门一样。向导说："此地是虎穴，烧炭打柴的人都不敢进去。"这时雨势渐大，于是溯大溪往里走，曲折地走二里，溪底岩石耸峙如同平台，石台中间剖开一条通道，溪水从岩石中间流泻下去，景象很优美壮观。从此处登上山，转过山嘴往下走，见到一片平整的谷地，名为和尚园。谷地四面一重重山峰环绕聚合。从那片平旷的田野尽头处，约走一里，又翻过一座小山，顺前面所沿的那条溪流的上游曲折地行进在山峡中，又走一里云嵝寺便到了。山峦幽深雾气浓黑，寺中静寂无一人，大雄宝殿上如来的金身久无香火祭供而透出冷气，厨房中的灶台早已是火灭烟空的样貌。我徘徊了许久，雨势更大，像是催我们快走，于是同向导出了寺院。走出溪口，向导望见一只船，于是赶忙呼叫住而搭乘上。船顺流而下船桨划的似飞起，航行得很快，我衣服鞋子全湿透了，水气寒冷，浸入肌肤，连烘烤衣服都来不及，更无暇再探问溪两旁崖石的情形。山溪迂回曲折，下午登船，约行了四十里，天就黑下来，船夫又在夜色中撑船航行三十里，船在东江口停泊。

十二日　晓寒甚。舟人由江口挽舟入酃[1]，遂循茶陵城过东城，泊于南关。入关，抵州前，将出大西门，寻紫云[2]、云阳[3]之胜。闻灵岩在南关外十五里，乃饮于市，复出南门，渡酃水。时微雨飘扬，朔风寒甚。东南行，陂陀高下五里，得平畴，是曰欧江。有溪自东南来，遂溯之行，雾中望见其东山石突兀，心觉其异。又五里，抵山嘴溪上，是曰沙陂，以溪中有陂也。溪源在东四十里百丈潭。陂之上，其山最高者，曰会仙寨，其内穹崖裂洞，曰学堂岩。再东，山峡盘亘，中曰石梁岩，即在沙陂之上，余不知也。又东一里，乃北入峡中。一里，得碧泉岩、对狮岩，俱南向。又东逾岭而下，转而北，则灵岩在焉。以东向，曾守名才汉。又名为月到岩云。

【注释】①酃（líng）水：因其流经茶陵，又称茶陵江。明代亦称洣水，今仍称泌水。②紫云山：今湖南省新宁县境东部，山体脊岭峰峦参差，顶面起伏略显缓和，1300米以下深谷山冲，有“十里青山，九条茅岗”之称。③云阳山：今湖南省茶陵县县城城西，它的雄姿秀色，仅次于南岳衡山，所以云阳山又有“小南岳”之称。云阳山是神农故封、道佛圣地、儒家灵山、人间仙境。

【译文】十二日　拂晓时分天气非常寒冷。船夫将船从江口牵入酃水中，于是顺茶陵州城驶过东城，停泊在南关。下船进了南关，到达州前，将要走出茶陵城大西门，去探寻紫云山、云阳山的美好风景。听闻灵岩在南关外十五里处，我们便在城中集市上喝了些酒，又走出南门，渡过酃水。当时细雨飘飞，北风寒冷异常。往东南方向行，在倾斜不平的山坡间忽上忽下走了五里，见到一片平旷的田野，这地方叫欧江。有条溪水从东南面流来，于是我们溯溪而行，从雾气中望见溪水东边的山上石头突兀耸立，心里觉得那山的景色很奇异。又走五里，抵达山嘴处的溪边，这里叫沙陂，因为溪流中有条斜坡。溪流的源头在东面四十里的百丈潭。沙陂之上，此处山最高的叫会仙寨，山中穹隆的崖壁破裂开，形成岩洞，叫学堂岩。再往东行，山峡盘曲绵亘，山峡的中部叫石梁岩，它就在沙陂的上边，但我不知道。又往东走一里，便往北进入山峡中。从山峡中走一里，见到碧泉岩、对狮岩，它们都朝南面。又往东翻过山岭向下走，转往北面，就到灵岩了。因为岩洞朝东面，曾知州名为曾才汉，又称其为月到岩。

自会仙岩而东，其山皆不甚高，俱石崖盘亘，堆环成壑，或三面回环如玦者，或两对叠如门者，或高峙成岩，或中空如洞者，每每而是。但石质粗而色赤，无透漏润泽之观，而石梁横跨，而下穹然，此中八景，当为第一。

【译文】从会仙岩往东，山都不很高，都是石崖盘曲绵延，堆叠环绕形成壑谷，有的三面回环如同玉玦，有的两边对峙重叠如同大门，有的高高耸立形成险峻的山崖，有的中间空空如同洞穴，如此等等到处都是。只是石质粗糙而颜色赤红，没有晶莹明亮、润泽光滑的景象。而山崖间石梁横跨，石梁下崖壁穹隆，此山的八景，这当属第一景了。

灵岩者，其洞东向，前有亘崖，南北回环，其深数十丈，高数丈余，中有金仙，外列门户而不至于顶，洞形固不为洞揜[1]也，为唐陈光问读书处。陈居严塘，在洞北二十里。其后裔犹有读书岩中者。

【注释】①揜（yǎn）：同“掩”，遮掩。

【译文】灵岩洞，面朝东，洞前面有座横跨的山崖，呈南北向曲折环绕。洞有几十丈深，几丈多高，洞里面有佛像。洞外排列着门窗，但那门窗没有抵到洞口顶部，所以洞的形状自然就不被洞遮掩。它是唐代时陈光问读书的地方。陈光问住在严塘，严塘在这岩洞北面二十里。他的后裔还有在这岩洞中读书的人。

观音现像，伏狮峰之东，回崖上有石迹成像，赭黄其色。

对狮岩者，一名小灵岩，在灵岩南岭之外。南对狮峰，上下两层，上层大而高穹，下层小而双峙。

碧泉岩者，在对狮之西，亦南向，洞深三丈，高一丈余。内有泉一缕，自洞壁半崖滴下，下有石盘承之，清冽异常，亦小洞间一名泉也。

伏虎岩，在清泉之后。

【译文】观音现像，坐落在伏狮峰的东面。回绕的崖壁上有石头雕刻痕迹形成的观音像，观音像的颜色为赭黄色。

对狮岩，又叫小灵岩，坐落在灵岩南面的山岭之外。它南面对着伏狮峰，分为上下两层，上层大而高高隆起，下层小而两个洞对着。

碧泉岩，在对狮岩的西面，也是面朝南，洞深三丈，高一丈多。洞内有一缕泉水，从洞壁的半中腰崖石往下滴，下面有一个石盘接着，那泉水清特别清澈，也可算是小洞中的一条名泉。

伏虎岩，在清泉的后面。

石梁岩，在沙陂会仙寨东谷。其谷乱崖分亘，攒列成坞，两转而东西横亘，下开一窦，中穹若梁，由梁下北望，别有天地，透梁而入，梁上复开崖一层，由东陂而上，直造梁中而止，登之如践层楼矣。

【译文】石梁岩，在沙阪会仙寨东面的山谷中。那山谷中，两边横亘着纷乱的山崖，聚集排列形成山坞，山坞折了两个弯后呈东西向横贯。山坞的崖壁下裂开个小洞，中间穹隆如同桥梁，从石梁下向北望去，别有一番景象，穿过石梁进去，石梁上面又裂开一层崖壁。我从东面的山坡向上爬，直攀到那石梁中间而停止，攀登起来如同登临层层高耸的楼阁一样。

会仙寨，下临沙溪，上亘圆顶，如叠磨然，独出众山，罗洪山罗名其纶，琼[①]司理结净蓝于下，即六空上人所栖也。其师号涵虔。

学堂岩，在会仙之北，高崖间迸开一窦，云仙人授学之处。

【注释】①琼：即明清时广东省琼州府。辖境扩大至整个海南岛。

【译文】会仙寨，下面濒临沙溪，上面横贯着一个圆顶，好似叠放的磨盘一般，它独自高出众山，罗洪山名为罗其纶，琼州府司理。在山下营建了寺庙，这就是如今六空上人栖身的地方。他师父的法号为涵虔。

学堂岩，在会仙寨的北面，在高峻的崖壁间迸裂开一个小石洞，传说是仙人传授学问的地方。

此灵岩八景也。余至灵岩，风雨不收。先过碧泉、对狮二岩，而后入灵岩，晓霞留饭，已下午矣。适有一僧至，询为前山净侣[1]六空也。时晓霞方理诸俗务，结苐、喂猪。饭罢，即托六空为导。回途至狮峰而睹观音现像，抵沙陂而入游石梁，入其庵，而乘暮登会仙，探学堂，八景惟伏虎未至。是日雨仍空濛，而竟不妨游，六空之力也。晚即宿其方丈。

【注释】①净侣：僧侣。

【译文】这就是灵岩八景。我到灵岩后，风雨一直不停。先经过碧泉、对狮两岩，而后进入灵岩，陈晓霞留我在岩中吃饭，这时已下午了。恰好有一个僧人来到岩中，询问后知道他是前面山中的僧人六空。当时陈晓霞正在处理一些日常的世俗事务，编绳索、喂猪。吃完饭，我便拜托六空作为向导。往回走的途中，到伏狮峰便亲睹了观音现像的景观，抵沙陂便进入石梁岩游览，进了六空所居的庙庵，便乘着暮色攀登会仙寨，探游学堂岩，八景中只有伏虎岩未曾到。这一天仍然细雨迷蒙，但竟然没有妨碍游览，这是因为得力于六空的帮忙。夜晚我就住宿在六空的方丈内。

十三日　晨餐后寒甚，阴翳如故。别六空，仍旧路西北行。三里至欧江，北入山，为茶陵向来道；南沿沙陂江西去，又一道也。过欧江，溪胜小舟，西北过二小岭，仍渡茶陵南关外，沿城溯江，经大西门，寻紫云、云阳诸胜。西行三里，过桥开陇，始见大江自东北来。于是越黄土坳，又三里，过新桥，雾中始露云阳半面。又三里，抵紫云山麓，是为沙江铺，大江至此直逼山下。由沙江铺西行，为攸县、安仁大道。南登山，是为紫云仙。上一里，至山半为真武殿，上有观音庵，俱东北瞰来水。观音庵松岩，老僧也。予询云阳道，松岩曰："云阳山者，在紫云西十里。其顶为老君岩；云阳仙在其东峰之胁，去顶三里；赤松坛又在云阳仙之麓，去云阳仙三里。盖紫云为云阳尽处，而赤松为云阳正东之麓。由紫云之下，北顺江岸西行三里，为洪山庙，乃登顶之北道；由紫云之下，南循山麓西行四里，为赤松坛，乃登顶之东道；去顶各十里而近。二道之中有罗汉洞，在紫云之西，即由观音庵侧小径横过一里，可达其庵。由庵登顶，亦有间道可达，不必下紫云也。"余从之。遂由真武殿侧，西北度两小坳，一涧从西北来，则紫云与肯莲庵即罗汉仙。后山夹而成者。水北入大江，紫云为所界断。渡涧即青莲庵，东向而出，地幽而庵净。僧号六涧，亦依依近人，坚留余饭，余亟于登岭，遂从庵后西问登山。其时浓雾犹翳山半，余不顾，攀跻直上三里，逾峰脊二重，足之所上，雾亦旋开。又上二里，则峰脊冰块满枝，寒气所结，大者如拳，小者如蛋，依枝而成，遇风而坠，俱堆积满地。其时本峰雾气全消，山之南东二面，历历可睹，而北西二面，犹半为霾掩，郦江自东南，黄雩江自西北，盘曲甚远。始知云阳之峰，俱自西南走东北，排叠数重：紫云，其北面第一重也；青莲庵之后，余所由跻者，第二重也；云阳仙，第三重也；老君岩在其上，是为绝顶，所谓七十一峰之主也。云峰在南，余所登峰在北，两峰横列，脉从云阳仙之下度坳而起，峙为余所登第二重之顶，东走而下，由青莲庵而东，结为茶陵州治。余现登第二重绝顶，径路迷绝，西南望云峰绝顶，中隔一坞，而绝顶尚霾夙雾中。俯瞰过脊处，在峰下里许。其上隔山竹树一壑，两乳回环掩映，若天开洞府，即云阳仙无疑也。虽无路，亟直坠而下，度脊而上，共二里，逾一小坳，入云阳仙。其庵北向，登顶之路由左，上五里而至老君岩；下山之路由右，三里而至赤松坛。庵后有大石飞累，驾空透隙，竹树悬缀，极为倩叠，石间有止水一泓，澄碧迥异，名曰五雷池，雩祝甚灵；层岩上突，无可攀跻，其上则黑雾密翳矣。盖第二重之顶，当风无树，故冰止随枝堆积。而庵中山环峰夹，竹树蒙茸，萦雾成冰，玲珑满树，如琼花瑶谷，朔风摇之，如步摇玉珮，声叶金石。偶振坠地，如玉山之颓，有积高二三尺者，途为之阻。闻其上登跻更难。时日过下午，闻赤松坛尚在下，而庵僧楚音，误为"石洞"。余意欲登顶右后。遂从顶北下山，恐失石洞之奇，且谓稍迟可冀希望晴朗也。索饭于庵僧镜然，遂东下山。路侧涧流泻石间，僧指为"子房炼丹池""捣药槽""仙人指迹"诸胜，乃从赤松[1]而附会留侯也。直下三里抵赤松坛，始知赤松之非石洞也。遂宿庵中。殿颇古，中为赤松，左黄石而右子房[2]。殿前有古树，松一株，无他胜也。僧葛民亦近人。

【注释】①赤松：赤松子又名赤诵子，古代中国神话传说中的上古仙人。相传为神农时雨师。能入火自焚，随风雨而上下。后为道教所信奉。②子房：张良，字子房，颍川城父（今河南禹州）人。秦末汉初杰出谋臣，西汉开国功臣，政治家，与韩信、萧何并称为"汉初三杰"。晚年，跟随赤松子云游四海，学仙修道。

【译文】十三日　早餐过后，天气很寒冷，天空阴云密布如故。告别了六空，仍沿原路往西北行，走三里到欧江。往北进入山中，是昨天从茶陵城州城来时所走的路；往南沿沙陂江西岸行，是到茶陵州城的另一条道路。过了欧江，溪流才能够航行船只，我往西北翻过两座小山岭，仍然从茶陵州城南关外渡过江流，沿城墙溯江而行，经过大西门，去探寻紫云山、云阳山的各处优美风景。往西走三里，越过一座桥后冈陇渐开，这才看见大江从东北方流来，于是越过黄土坳，又走三里，跨过新桥，云雾中才隐隐露出半边云阳山。又走三里，抵达紫云山的山麓，为沙江铺，大江到了这里直逼山下。从沙江铺往西走，是通往攸县、安仁县的大道。往南登山，山脚下是紫云仙。朝上走一里，到半山腰为真武殿，上面有座观音庵，它们都朝东北面，俯瞰着东北面流来的水流。观音庵中的松岩，是个年纪已大的僧人。我问他到云阳山的道路，松岩回答说："云阳山，在紫云山西面十里的地方。山顶为老君岩；云阳仙在紫云山东峰的半山间，离山顶有三里；赤松坛又在云阳仙的山麓，离云阳仙有三里。总结来说紫云山在云阳山尽头处，而赤松坛在云阳山正东方的山麓。从紫云山下，顺江北岸往西行三里，为洪山庙，那是攀登山顶北面的路；从紫云山下，顺山的南麓往西行四里，为赤松坛，那是攀登山顶东面的路。洪山庙和赤松坛离山顶各不足十里。两条道路的中间有个罗汉洞，在紫云山的西面，就是从观音庵侧面的小路横穿一里，可以到达寺庵。从寺庵攀登山顶，也有便路可以到达，这样就不必下紫云山了。"我按他所说的而行。于是从真武殿侧面，往西北越过两个小山坳，见一条山涧从西北方流来，它是紫云山与青莲庵即罗汉仙。的后山相夹形成的山涧。涧水流往北汇入大江，紫云山被这涧流分隔开。渡过涧流就是青莲庵，青莲庵朝向东面而突出出来，地方清幽而庵中洁净。庵中僧人法号叫六洞，很和蔼亲近，他坚决挽留我吃饭。我急着登岭，于是从庵后往西攀登。当时浓雾还笼罩着半山腰，我完全不顾及，直往上攀登三里，翻越了两重峰脊，脚步踏上的地方，雾气也旋即散开。又往上二里，峰脊上冰块缀满枝头，那寒气凝结成的冰块，大的如拳头，小的如鸡蛋，依树枝而结成块，遇来风而坠落，堆积的满地都是。当时我所在的山峰雾气已经全部消散，山的南、东两面，景物明晰可辨，然而北、西两面，仍有一半被雾霾遮掩，酃江从山东南方流来，黄雩江自西北方流来，环绕迂曲得很远。我这才知道云阳山的山峰，都是自西南走向东北，排列重叠为数重：紫云山是云阳山北面的第一重；青莲庵的后面，即我从那里登山的地方，是第二重；云阳仙，所在的山峰是第三重；老君岩在云阳仙上面，为山的最高顶端，它就是所说的七十一峰的主峰。云峰在南面，我所登上的山峰在北面，两峰横向排列，山脉从云阳仙的下面越山坳而耸起，耸峙为我所登山峰的第二重山的最高顶端，然后向东延伸下去，从青莲庵再往东，盘结成茶陵州的州城。我登上第二重的最高顶端后，道路迷失甚至断绝了，往西南眺望云峰的最高顶端，中间隔着一个山坞，而云峰的最高顶端还隐没在晨雾中。俯瞰山脊延伸而过的地方，在山峰下一里左右。山脊上面隔着一座山，有长满翠竹绿树的山谷，两侧的山峰如同双乳，曲折环绕而相互掩映，整个山谷就像天然洞府，无疑它就是云阳仙的所在。虽无路，也赶忙直坠而下，然后越过山脊往上走，共二里，翻过一个小山坳，进入云阳仙。那庵朝北，登顶的路从庵的左边走，往上五里便到老君岩；下山的路从庵的右边走，三里便到赤松坛。庵后面有大石头腾空累起，高架在空中而中间透出缝隙，竹子树木悬缀在石头上，景象极为优美。重叠的岩石中间有一潭不流动的深水，异常清澈碧绿，名为五雷池，天旱时在这里祭祀求雨很灵验。层层岩石向上突起，没办法攀登，岩石上面浓雾遮掩。大概因为第二重山的顶上，树木迎风起舞，所以冰块只是依附着树枝而堆积。而庵所在的山谷环绕夹峙，竹树茂密婆娑，雾气萦绕在其间结成冰，便是满树玲珑剔透，如同琼花和白玉般的山谷，北风一吹摇，便如妇女们佩带的步摇玉佩，声音悦耳，如同清越的钟磬奏鸣声。冰块冰条偶尔被震动而坠落地下，便如玉石山崩塌下来，有堆积到两三尺高的，道路都被阻塞。听说庵上面登攀起来更为艰难。这时已经过了下午，有闻赤松坛还在庵下边。因庵中僧人讲的是楚地方言，我将“赤松”误听成了“石洞”。我本意想登上云阳山山顶右后侧，便从山顶北面下山，但又恐怕错过石洞的奇景，并且有人说稍迟一会天气有望晴朗。我向庵中僧人镜然要了些食物，便往东面下山。路侧涧流奔泻在石缝间，僧人指点着说是“子房炼丹池”“捣药槽”“仙人指迹”等一些名胜，这是将赤松子的传说附会于留候张良身上了。直往下走三里抵达赤松坛，这才知道是“赤松”而不是“石洞”。于是住宿在庵中。庵中的大殿很古老，中间供奉赤松子，左边是黄石公，右边是张良。大殿前有古树，是一棵松树，没有其他优美的景物。庵中僧人葛民也易亲近。

十四日　晨起寒甚，而浓雾复合。先是，晚至赤松，即嘿[①]祷黄石、子房神位，求假半日晴霁，为登顶之胜。至是望顶浓霾，零雨四洒，遂无复登顶之望。饭后，遂别葛民下山。循山麓北行，逾小涧二重，共四里，过紫云之麓，江从东北来，从此入峡，路亦随之。绕出云阳北麓，又二里，为洪山庙。风雨交至，遂停庙中，市薪炙衣，煨榾柮[②]者竟日。庙后有大道南登绝顶。

时庙下江旁停舟数只，俱以石尤[3]横甚，不能顺流下，屡招予为明日行，余犹不能恝然[4]于云阳之顶也。

【注释】①嘿（mò）：即默。②煨（wēi）：盆中烧火。榾柮（gǔ duò）：木块。③石尤：石头太多。尤，甚。④恝（jiá）然：淡忘，不以为意。漠不关心貌，冷淡貌。。

【译文】十四日　早晨起来，天气很寒冷，而浓雾又密布山冈。这之前，昨天晚上到赤松坛后，我就默默祈祷过黄石公、张子房的神位，祈求借给半天的晴朗天气，能让我我登上山顶饱览那里的优美景致。可到现在望着山顶上浓雾漫散、零星的小雨四处飞洒的样子，便不再抱有攀登山顶的希望。饭后，便告别葛民下山。顺山麓往北行，越过两条小涧，共走四里，经过紫云山的山麓，江流从东北面流来，从此处流入山峡中，道路也顺流而去。绕出云阳山的北麓，又走二里，为洪山庙。因为风雨交加，便停留在庙中，买了些柴禾烧火烤衣服，围着火盆烧木块烤火一整天。庙后面有条大路，沿着它往南可以登到云阳山最高顶。当时庙下面江边停着几只船，都是因为江流中礁石太多，堵塞得厉害，不能顺流而下，船夫多次招呼我，叫我明天搭乘船走，我却仍不能放弃游览云阳山最高顶的念头。

十五日　晨起，泊舟将放，招余速下舟；予见四山雾霁，遂饭而决策登山。路由庙后南向而登，三里，复有高峰北峙，道分两岐：一岐从峰南，一岐从峰西南。余初由东南行，疑为前上罗汉峡中旧道，乃向云阳仙，非迳造老君岩者，乃复转从西南道。不一里，行高峰西峡，顾仆南望峡顶有石梁飞驾，余瞻眺不及。及西上岭侧，见大江已环其西，大路乃西北下，遂望岭头南跻而上。时岭头冰叶纷披，虽无径路，余意即使路讹，可得石梁胜，亦不以为恨，及至岭上遍觅，无有飞驾之石，第见是岭之脊，东南横属高顶，其为登顶之路无疑。遂东南度脊，仰首直上，又一里，再逾一脊，则下瞰脊南，云阳仙已在下方矣。盖是岭东西横亘，西为绝顶北尽处，东即属于前所登云阳东第二层之岭也。于是始得路，更南向登顶，其上冰雪层积，身若从玉树中行。又一里，连过两峰，始陟最高顶。是时虽旭日藏辉，而沉霾屏伏[①]，远近诸峰尽露真形，惟西北远峰尚存雾痕一抹。乃从峰脊南下，又一里，复过两峰，有微路“十”字界峰坳间：南上复登山顶，东由半山直上，西由山半横下。然脊北之顶虽高，而纯土无石；脊南之峰较下，而东面石崖高穹，峰笋离立。乃与顾仆置行李坳中，从南岭之东，攀崖隙而踞石笋，下瞰坞中，有茅一龛，意即老君岩之静室，所云老主庵者。窃计直坠将及一里，下而复上，其路既遥，况既踞石崖之顶，仰瞩俯瞰，胜亦无殊，不若逾脊从西路下，便则为秦人洞之游，不便即北去江浒觅舟，顺流亦易。乃遂从西路行。山阴冰雪拥塞，茅棘交萦，举步渐艰。二里，路绝，四顾皆茅茨为冰冻所胶结，上不能举首，下无从投足，兼茅中自时有偃宕[②]，疑为虎穴，而山中浓雾四起，瞰眺莫见，计难再下。乃复望山崩而上，冰滑草拥，随跻随坠。念岭峻草被，可脱虎口，益鼓勇直上。二里，复得登顶，北望前西下之脊，又隔二峰矣。其处岭东茅棘尽焚，岭西茅棘蔽山，皆以岭头路痕为限，若有分界者。是时岭西黑雾弥漫，岭东日影宣朗，雾欲腾冲而东，风辄驱逐而西，亦若以岭为界者。又南一里，再下二峰，岭忽乱石森列，片片若攒刃交戟，雾西攫其尖，风东捣其膊，人从其中溜足直下，强攀崖踞坐，益觉自豪。念前有路而忽无，既雾而复雾，欲下而转上，皆山灵未献此奇，故使浪游之踪，迂回其辙耳。既下石峰，坳中又得“十”字路，于是复西向下岭，俱从浓雾中行矣。始二里，冰霾而草中有路，又二里，路微而石树蒙翳；又二里，则石悬树密而路绝，盖前路之逾岭而西，皆茶陵人自东而来，烧山为炭，至此辄返。过此，崖穷树益深，上者不能下，下者不复上。余念所下既遥，再下三四里当及山麓，岂能复从前还跻？遂与顾仆挂石投崖，悬藤倒柯[③]，坠空者数层，渐闻水声遥遥，而终不知去人世远近。已而雾影忽闪，露出层峰峡谷，树色深沉。再一闪影，又见谷口两重外，有平坞可瞩。乃益揆丛历级，若邓艾[④]之下阴平，坠壑滚崖，技无不殚，然皆赤手，无从裹毡也。既而忽下一悬崖，忽得枯涧，遂得践石而行。盖前之攀枝悬坠者藉树，而兜衣挂履亦树，得涧而树梢为开。既而涧复生草，草复翳涧，靡草之下，不辨其孰为石，孰为水，既难着足。或草尽石出，又棘刺勾芒，兜衣挂履如故。如是三里，下一瀑崖，微见路影在草间，然时隐时现。又一里，涧从崖间破峡而出，两崖轰峙，而北尤危峭，始见路从南崖逾岭出。又一里，得北来大道，始有村居，询其处，为窑里，盖云阳之西坞也。其地东北转洪山庙五里而遥，南至东岭十里而遥，东岭而南更五里，即秦人洞矣。时雾影渐开，遂南循山峡行。逾一小岭，五里，上枣核岭，岭俱云阳西向度而北转成峡者。下一里，渡涧，涧乃南自龙头岭下，出上清洞。傍西麓溯涧南上半里，为络丝潭，深碧无底，两崖多叠石。又半里，复度涧，傍东麓登山。是处东为云阳之南峰，西为大岭之东嶂。大岭高并云阳，龙头岭其过脊也，其东南尽西岭，东北抵麻叶洞，西北峙五凤楼，西南为古爽冲。一溪自大岭之东北来者，乃洪碧山之水；一溪自龙头岭北下者，乃大岭、云阳过脊处之水。二水合而北出把七。铺名。龙头岭水分南北，其南下之水，由东岭坞合秦人洞水出大罗埠。共二里，越岭得平畴，是为东岭坞。坞内水田平衍，村居稠密，东为云阳，西为大岭，北即龙头岭过脊，南为东岭回环。余始至以为平地，即下东岭，而后知犹众山之上也。循坞东又一里，宿于新庵。

【注释】①屏伏：隐退，避匿。②偃宕（yǎn dàng）：低凹的石洞。③柯：树干、树枝。④邓艾：字士载，三国义阳棘阳（今河南新野）人。三国时期魏国杰出的军事家、将领。其人文武全才，深谙兵法。

【译文】十五日　早晨起来，停泊的船只即将挂帆航行，船夫招呼我赶快上船；我见四周山上的雾气已散开，吃了饭，便打定主意登山。道路从庙后向南往上走，登三里，又有座高峰耸立在北面，道路分成两条岔道：一条岔向那座高峰的南面，一条岔向它的西南面。我最开始是从东南面的路走，疑心它就是前天我上罗汉洞时所经过的峡谷中的那条旧道，而实际上它是到云阳仙的路，不是径直通到老君岩的，这才又折回来从西南面的那条路走。不到一里，走到那座高峰西面的峡谷中，顾仆往南望见峡谷顶上有一座石桥飞架在两端，我急忙眺望但未能望见。等往西上到山岭侧面，看见大江已经绕流到山岭西面，大路却往西北方下行，于是朝岭头往南向上攀登。当时岭头上叶片似的冰块纷乱杂沓，虽然没有路，但我想，即使路走错了，只要可以寻到石桥美景，也就不感到遗憾。等到达岭上四处寻觅，没有飞架的石桥，只是见到所在之岭的山脊，往东南横连着一个高高的山顶，那毫无疑问定是登山顶的路。于是往东南越过山脊，仰头直往上爬，又走一里，再越过一条山脊，往下俯瞰山脊南面，云阳仙已经在下方了。原来这座山岭东西横贯着，西面为云阳山最高顶端的北面尽头处，东面就是与前天所登云阳山东边第二层山相连接的山岭。从此处才开始找到路，再继续向南朝山顶攀登，山上冰雪层层堆积，身躯就像从玉树林中穿行。又走一里，接连翻过两座山峰，才登到最高顶。这时虽然旭日隐藏着它的光辉，但浓黑的阴霾消散了，远近的群峰都显露出真实形态，只有西北方远处的一座山峰还被淡淡的雾痕遮掩。于是从峰脊往南下行，又走一里，再翻过两座山峰，在山峰与山坳间有两条隐隐约约的小路，呈“十”字状交叉：往南上行又是登山顶的路，往东边的从半山腰直往上行，往西边的从半山腰横向下行。然而，山脊北面的山顶虽然很高，却纯是泥土没有石头；山脊南面的山峰较低一些，而它的东面却是石崖高大隆起，山峰石笋分别耸立。于是和顾仆将行李放在山坳中，从南边山岭的东面，攀着崖壁间的缝隙而上，盘腿坐在石笋间，向下俯瞰山坞中，那里有一间茅屋，我心想它应该就是老君岩的静室，就是所说的老主庵。我私下想，直下到茅屋处有将近一里的距离，下去后又上来，路程既遥远，况且已经坐在石崖的顶上，昂首远望、俯身下瞰，四周的景物也没有什么特殊的，不如越过山脊从西边的路下山，方便就去游览秦人洞，不方便就往北到江边去找船，顺流而下也很容易。于是便从西边的路走。山北面冰雪充塞，茅草荆棘交错缠绕，行进渐渐艰难。二里后道路断绝了，四顾都是茅草蒺藜，被冰凌粘结着，上不能抬头，下无从下脚，加之茅草丛中本来就不时有一些低凹的石洞，我怀疑这地方是虎穴，而山中又浓雾四起，俯瞰眺望一无所见，估计难以再往下走。于是又朝着山顶往上爬，因为冰滑草塞，所以一边往上登一边向下跌落。想着山岭峻峭深草遮覆，可以脱离虎口，就更加鼓足勇气直往上爬。二里，重新登上山顶，往北回望前面从西边下行的山脊，又隔着两座山峰了。那地方山岭的东面茅草荆棘全都被火烧光，山岭的西面却是茅草荆棘遮蔽着山野，都是以岭头上道路的痕迹为界限，像是有条分界线似的。这时岭西面黑雾弥漫，岭东面阳光普照晴朗，雾气想要翻腾冲滚到东面，风立刻将其向西面驱逐，也好像是以岭头为分界线似的。又往南一里，再走下两座山峰，忽然见到峰岭上乱石林立，一片片就像刀刃合聚、戈戟交叉，雾气从西面笼罩了山尖，风从东面冲击着山的胳膊，人从石丛中脚步一直下滑，又竭力登上石崖盘腿坐在上面，更加觉得自豪。回想起先前下山时先有路而忽然没有了路，雾散后又阴霾满天，想下山却又被迫转回山上的情景，都是因为山中神灵还没有呈献出此地奇景，所以故意使我漫游的行踪，迂回曲折地绕圈子罢了。下了石峰后，到山坳中又见到呈“十”字状交叉的路，从“十”字路口往西下岭，便都是在浓雾中穿行了。开头的二里，到处是冰凌雾霾，但草丛中有路；又走二里，路变得狭小而且石头树草遮掩了路径和视线；再走二里，却是岩石高悬树木茂密道路断绝。大概前面所经过的路是翻山越岭往西走的，都是茶陵州的人从东面过来，到山中砍柴禾烧木炭走出来的，到了此处就往回走。过了此处，崖石穹隆树木更幽深，上面的人不能下来，下面的人同样不能上去。我想，往下走的路程已经很远，再往下走三四里就应当到达山麓了，岂能又像前面那次一样往回登？于是与顾仆或吊在石头上或纵身跃向崖壁间，或悬在藤条上或倒钩着树枝，从虚空的崖石间坠落了几层山，渐渐听到水声从遥远处传来，然而终究不知道离人世是远还是近！旋即雾影忽然闪开，露出层层峰峦和峡谷，树林的颜色浓暗。雾影再一闪，又见峡谷口上的两重山崖外，有一个平坦的山坞可以看得见。于是更加揣度着草丛的深浅逐级踩踏着石阶往下走，就像当年邓艾的军队下阴平间道一样，坠入深谷中，滚下崖壁，什么技法都用尽了，然而我们却是赤裸着双手，无从让身上披上毡子。不久，忽然走下一座悬崖，突然见到一条干涸的山涧，于是得以踏着石头向前走。前面攀着枝条悬空下坠借助于树，而树也是会刺穿衣服钩挂住鞋子，到了山涧中树木才稍微稀疏些。随即山涧中又生长了些草，草又遮蔽了涧底，倒伏的草丛下边，不能分辨哪是石头哪是水，很难下脚。有时草没有了石头露出来，又是荆棘刺丛和钩子样的芒草，又像前面下山时一样钩衣挂鞋。如此这般走了三里，下了一座有瀑布悬挂的山崖，在草丛间隐约见到路的影子，然而时隐时现。又走一里，涧流从两边山崖间破峡而出，两边的山崖高高地对峙着，北边的尤其高险峻峭，这才见到路从南边山崖间越过山岭而出来。又走一里，见到从北面来的大路，这才开始有村庄居民，一打听，这地方为窑里，大略是云阳山西面的一个山坞。从窑里往东北折到洪山庙有五里多，南面到东岭有十里多，东岭往南再走五里，就是秦人洞了。当时迷雾渐渐散开，于是往南顺着山峡前行。越过一座小山岭，走五里，登上枣核岭，这两座山岭都是云阳山向西延伸而后转往北形成峡谷的山岭。朝下行一里，渡过一条山涧，那涧流从南面的龙头岭下流来，流出上清洞。依傍着枣核岭西麓溯山涧往南上行半里，为络丝潭，此潭深碧无底，两旁的山崖间堆叠着许多岩石。又走半里，再次渡过山涧，依傍着东麓往山上登。此处东面为云阳山的南面山峰，西面是大岭东面的一座高峻的山峰。大岭与云阳山一样高，龙头岭在大岭延伸而过的山脊上，山脊往东南延伸到西岭结束，东北面抵达麻叶洞，西北面耸立着五凤楼峰，西南面为古爽冲。从大岭的东北面流来的一条溪水，发源于洪碧山；从龙头岭往北朝下流的一条溪水，发源于大岭、云阳山延伸而过的山脊，两条溪水汇合而往北流出把七。铺的名称。龙头岭的水分流往南北两面，往南流下去的水，经东岭坞汇合秦人洞来的水流出大罗埠。共走二里，越过山岭到一片平旷的田野，这是东岭坞。山坞内水田平整广阔，村庄居民稠密，山坞的东面为云阳山，西面为大岭，北面就是龙头岭的山脊延伸而过之处，南面是东岭曲折环绕。我最初到时以为这个山坞是平地，待走下东岭，而后知道这山坞仍处在群山之上。顺山坞东面又走一里，投宿在新庵。

十六日　东岭坞内居人段姓，引南行一里，登东岭，即从岭上西行。岭头多漩窝成潭，如釜之仰，釜底俱有穴直下为井，或深或浅，或不见其底，是为九十九井。始知是山下皆石骨玲珑，上透一窍，辄水捣成井。窍之直者，故下坠无底；窍之曲者，故深浅随之。井虽枯而无水，然一山而随处皆是，亦一奇也。又西一里，望见西南谷中，四山环绕，漩成一大窝，亦如仰釜，釜之底有涧，涧之东西皆秦人洞也。由灌莽中直下二里，至其处。其涧由西洞出，由东洞入，涧横界窝之中，东西长半里，中流先捣入一穴，旋透穴中东出，即自石峡中行。其峡南北皆石崖壁立，夹成横槽；水由槽中抵东洞，南向捣入洞口。洞有两门，北向，水先分入小门，透峡下倾，人不能从。稍东而南入大门者，从众石中漫流。其势较平；第洞内水汇成潭，深浸洞之两崖，旁无余隙可入。循崖则路断，涉水则底深，惜无浮槎[①]可觅支矶片石。惟小门之水，入峡后亦旁通大洞，其流可揭厉[②]而入。其窍宛转而披透，窍中如轩楞别启，返瞩捣入之势，亦甚奇也。西洞洞门东穹，较东洞之高峻少杀；水由洞后东向出，水亦较浅可揭。入洞五六丈，上嵌围顶，四围飞石驾空，两重如庋悬阁，得二丈梯而度其上。其下再入，水亦成潭，深与东洞并，不能入矣。是日导者先至东洞，以水深难入而返，不知所谓西洞也。返五里，饭于导者家，日已午矣。其长询知洞水深，曰："误矣！此入水洞，非水所从出者。"复导予行，始抵西洞。余幸兼收之胜，岂惮往复之烦。既出西洞过东洞，共一里，逾岭东望，见东洞水所出处；复一里，南抵坞下，其水东向涌出山麓，亦如黄雩之出石下也。土人环石为陂，壅为巨潭以灌山塍。从其东，水南流出谷，路北上逾岭，共二里始达东岭之上，此由州入坞之大道也。登岭，循旧路一里，返宿导者家。

【注释】①浮槎（chá）：小木排、木筏。②揭（qì）：水浅处提起衣裤涉水。厉（lì）：水深处穿着衣裤而涉水。

【译文】十六日　东岭坞内一个姓段的居民，引领我往南走一里，登上东岭，然后便从岭上往西行。岭头上有许多水流回旋下落冲出的深水坑，如同大锅仰面放着，锅底都有洞穴直通向下成为井，它们有的深有的浅，有的见不到底，这地方是九十九井。这才知道这山的下面都是玲珑剔透的石头，上有一洞，就被水冲捣成深井。有的洞直下，所以下坠无底；有的洞曲折，所以深浅随地形的变化而不同。这些井虽然干枯无水，然而整座山到处都是，也是一个奇观。又往西一里，望见西南面山谷中，四面山峰环绕，水流回旋下落冲成一个大山窝，也如一口仰面放着的大锅，锅底有涧流，山涧的东西两边都是秦人洞。从茂密的草木中直往下行二里，到了那大山窝处。山窝中的涧流从秦人洞西洞流出，进入东洞中，山涧横隔在山窝的中间，东西长半里，流到中途先捣入一个洞穴中，旋即穿过洞穴往东面流出来，便从石山峡谷中流走。那峡谷南北两边都是耸立如壁的石崖，夹峙而形成一条横向的沟槽；水从沟槽中流到东洞，向南捣入洞口。山洞有两个洞口，朝向北面，有一股水先分流入小洞口，透过峡谷向下倾泻，人不能随水而入。稍往东而向南流入大洞口的水，从众多石头中间漫流，水势较为平缓；只是洞内水流汇聚成深潭，深深地淹没了洞内的两边崖壁，旁边没有别的缝隙可以让人沿着走进去。顺崖走则道路断绝，涉水过则水太深，可惜的是没有木筏乘着进去，以便可以觅取潭水边的支矶片石。只有小洞口的水，流入峡谷中后也向旁边通到大洞，那水流较浅，可以提起衣裤涉水而走进去。那通往大洞的孔穴曲折地穿透进去，孔穴中就像是另外开启的轩廊窗棂，从那里回身观看水流捣入的态势，也很奇异。西洞的洞门朝东高高隆起，比起东洞洞门的高峻来稍逊一些；水从洞后面向东流出去，而且水也较浅可以提起衣裤涉水走入其中。进入洞内五六丈后，上面镶嵌着圆顶，四周石头凌空飞突，洞壁的第二层上如同悬空架着楼阁，得到两丈高的梯子便可攀到上面。飞石下面再往下走，水流也汇聚成潭，潭的深度与东洞中的一样，不能再进去了。这天向导先带领我到东洞，因为洞中水深难以进去，便返回了，不知道所谓的西洞。往回走五里，在向导家吃过饭，已是中午了。那向导家的一个长者询问后得知我们所到的那个洞里面水深，便说："错了！这是进入了水洞，不是水从其中流出的那个洞。"于是又引领我前行，这才抵达西洞。我庆幸两个洞的优美景观都得以游览，怎怕路途往返的麻烦呢！出了西洞后经过东洞，共走一里，越过山岭往东望去，看到东洞的水流出山腹的那地方；又走一里，往南抵达山坞下面，见那水从山麓向东涌出，也如黄雩江从岩石下边涌出来的那样。

当地人用石块砌成一个圆形的池子，围堵成巨大深潭用以灌溉山中的田地。从池子的东面起，水往南流出山谷，道路往北越岭而去，共走二里才到达东岭的上部，这是从茶陵州城进入山坞的大路。登上岭头，顺原路走一里，便返回到向导家住宿。

十七日　晨餐后，仍由新庵北下龙头岭，共五里，由旧路至络丝潭下。先是，余按《志》有“秦人三洞，而上洞惟石门不可入”之文，余既以误导兼得两洞，无从觅所谓上洞者。土人曰：“络丝潭北有上清潭，其门甚隘，水由中出，人不能入，入即有奇胜。此洞与麻叶洞俱神龙蛰[①]处，非惟难入，亦不敢入也。”余闻之，益喜甚。既过络丝潭，不渡涧，即傍西麓下。盖渡涧为东麓，云阳之西也，枣核故道；不渡涧为西麓，大岭、洪碧之东也，出把七道。北半里，遇樵者，引至上清潭。其洞即在路之下、涧之上，门东向，夹如合掌。水由洞出，有二派[②]：自洞后者，汇而不流；由洞左者，乃洞南旁窦，其出甚急。既逾洞左急流，即当伏水而入。导者止供炬爇火，无肯为前驱者。余乃解衣伏水，蛇行以进。石隙既低而复隘，且水没其大半，必身伏水中，手擎火炬，平出水上，乃得入。西入二丈，隙始高裂丈余，南北横裂者亦三丈余，然俱无入处。惟直西一窦，阔尺五，高二尺，而水没其中者亦尺五，隙之余水面者，五寸而已。计匍匐水中，必口鼻俱濡水，且以炬探之，贴隙顶而入，犹半为水渍。时顾仆守衣外洞，若泅水入，谁为递炬者？身可由水，炬岂能由水耶？况秦人洞水，余亦曾没膝浸服，俱温然不觉其寒，而此洞水寒，与溪涧无异。而洞当风口，飕飕弥甚。风与水交逼，而火复为阻，遂舍之出。出洞，披衣犹觉周身起粟③，乃爇火洞门。久之，复循西麓随水北行，已在枣核岭之西矣。

【注释】①蛰（zhé）：动物在冬天潜伏起来，不食不动，伏藏。②派：通“脉”，支流。③粟：小疙瘩，因寒冷在皮肤上起的鸡皮疙瘩。

【译文】十七日　早餐后，我们仍从新庵往北走下了龙头岭，共走五里，由原路到达络丝潭下。起初，我查阅到志书上有“秦人洞分三个洞，然而上洞只有石洞口，不可以进入里边”的记载，后来我既因为被误导而得以游览两洞，就无法寻觅所谓的上洞。当地人说：“络丝潭北面有个上清潭，那里的洞口很狭窄，水由洞中流出，人不可能进去，若进去便能欣赏到奇胜美景。此洞与麻叶洞都是神怪龙蛇潜伏的地方，不只是难以进去，而且也不敢进去。”我听了这话，更加兴奋不已。过了络丝潭后，不渡山涧，就依傍着山西麓往下走。因为渡过山涧为山的东麓，是云阳山的西面，就是来时所走的、经过枣核岭的那条路；不渡山涧为山的西麓，在大岭、洪碧山的东面，是通往把七的路。往北半里，我们遇到个樵夫，他带领我到了上清潭。那洞就在道路下边、山涧上边，洞口朝东，两边相夹如同两掌相合。水从洞中出来，有两条支流：从洞后出来的，汇聚成潭而不流动；从洞的左边，即山洞南边的旁洞出来的，流得很急。随后我越过洞左边的急流，就将下入水中走进洞去。向导只为我们点燃火把，却不肯为我在前带路。我便脱了衣服匍匐在水中，像蛇一样爬着进去。石头间的缝隙既低矮又狭窄，而且被水淹没了大半，必须身体没入水中，手举着火把，平伸出水面上，才能进去。往西进去二丈，石头间的缝隙才向高处裂开一丈多，南北横向裂开的也有三丈多，然而都没有进入缝隙的通道。唯独正西面有个小洞，宽有一尺五，高二尺，然而水淹没着的部分也有一尺五，水面上剩余的缝隙，不过五寸宽。我估计若匍匐在水中爬进去，必然口鼻都浸泡在水中，并且我用火把探了一下，即使贴着缝隙的顶往里爬，火把仍有一半被水浸泡。当时顾仆在洞外守着衣服，若游着水进去，谁为我递火把？身体可以从水中过，火把难道能从水中过吗？况且秦人洞的水，也曾淹到我的膝盖、浸湿了衣服，都温暖不觉得寒冷，而此洞中的水寒冷，与溪涧中的水没有差别。又加之洞正对着风口，风嗖嗖地刮得很猛。风与水交相侵逼，而火把又成为阻止我往里进的一个因素，于是就放弃探险返身出来。出了洞，披上衣服还觉得全身颤抖起鸡皮疙瘩，于是在洞口边烧了堆火烘烤。过了好久，仍顺山西麓随水往北行，这时我们已经是在枣核岭的西面了。

去上清三里，得麻叶洞。洞在麻叶湾，西为大岭，南为洪碧，东为云阳、枣核之支，北则枣核西垂。大岭东转，束涧下流，夹峙如门，而当门一峰，耸石屼突，为将军岭；涧捣其西，而枣核之支，西至此尽。涧西有石崖南向，环如展翅，东瞰涧中，而大岭之支，亦东至此尽。回崖之下，亦开一隙，浅不能入。崖前有小溪，自西而东，经崖前入于大涧。循小溪至崖之西胁乱石间，水穷于下，窍启于上，即麻叶洞也。洞口南向，大仅如斗，在石隙中转折数级而下。初觅炬倩导，亦俱以炬应，而无敢导者。曰："此中有神龙。"或曰："此中有精怪。非有法术者，不能摄服。"最后以重资觅一人，将脱衣入，问余乃儒者，非羽士，复惊而出曰："予以为大师，故欲随入；若读书人，余岂能以身殉耶？"余乃过前村，寄行李于其家，与顾仆各持束炬入。时村民之随至洞口数十人，樵者腰镰，耕者荷锄，妇之炊者停爨[①]，织者投杼，童子之牧者，行人之负载者，接踵而至，皆莫能从。余两人乃以足先入，历级转窦，递炬而下，数转至洞底。洞稍宽，可以测身矫首，乃始以炬前向。其东西裂隙，俱无入处，直北有穴，低仅一尺，阔亦如之，然其下甚燥而平。乃先以炬入，后蛇伏以进，背磨腰贴，以身后耸，乃度此内洞之第一关。其内裂隙既高，东西亦横亘，然亦无入处。又度第二关，其隘与低与前一辙，进法亦如之。既入，内层亦横裂，其西南裂者不甚深。其东北裂者，上一石坳，忽又纵裂而起，上穹下狭，高不见顶，至此石幻异形，肤理顿换，片窍俱灵。其西北之峡，渐入渐束，内夹一缝，不能容炬。转从东南之峡，仍下一坳，其底砂石平铺，如涧底洁溜，第干燥无水，不特免揭厉，且免沾污也。峡之东南尽处，乱石轰驾，若楼台层叠，由其隙皆可攀跻而上。其上石窦一缕，直透洞顶，光由隙中下射，若明星钩月，可望而不可摘也。层石之下，涧底南通，覆石低压，高仅尺许；此必前通洞外，涧所从入者，第不知昔何以涌流，今何以枯洞也，不可解矣。由层石下北循涧底入，其隘甚低，与外二关相似。稍从其西攀上一石隙，北转而东，若度鞍历峤。两壁石质石色，光莹欲滴，垂柱倒莲，纹若镂雕，形欲飞舞。东下一级，复值涧底，已转入隘关之内矣。于是辟成一衖[②]，阔有二丈，高有丈五，覆石平如布幄，涧底坦若周行。北驰半里，下有一石，庋出如榻，楞边匀整；其上则莲花下垂，连络成帏，结成宝盖，四围垂幔，大与榻并，中圆透盘空，上穹为顶；其后西壁，玉柱圆竖，或大或小，不一其形，而色皆莹白，纹皆刻镂：此衖中第一奇也。又直北半里，洞分上下两层，涧底由东北去，上洞由西北登。时余所赍火炬已去其七，恐归途莫辨，乃由前道数转而穿二隘关，抵透光处，炬恰尽矣。穿窍而出，恍若脱胎易世。洞外守视者，又增数十人，见余辈皆顶额[3]称异，以为大法术人。且云："前久候以为必堕异吻，故余辈欲入不敢，欲去不能。兹安然无恙，非神灵摄服，安能得此！"余各谢之，曰："吾守吾常，吾探吾胜耳，烦诸君久伫，何以致之！"然其洞但入处多隘，其中洁净干燥，余所见洞，俱莫能及，不知土人何以畏入乃尔！乃取行囊于前村，从将军岭出，随涧北行十余里，抵大道。其处东向把七尚七里，西向还麻止三里，余初欲从把七附舟西行，至是反溯流逆上，既非所欲，又恐把七一时无舟，天色已霁，遂从陆路西向还麻。时日已下舂，尚未饭，索酒市中。又西十里，宿于黄石铺，去茶陵西已四十里矣。是晚碧天如洗，月白霜凄，亦旅中异境，竟以行倦而卧。

【注释】①爨（cuàn）：烧火做饭。②衖（xiàng）：通"弄"，即小巷。③顶额：以手加额作敬礼状。

【译文】离开上清潭三里，我们找到了麻叶洞。此洞在麻叶湾，西面是大岭，南面是洪碧山，东面是云阳山、枣核岭的支脉，北面则是枣核岭的西边。大岭折往东延伸，紧束在山涧的下游，峰岭相夹对峙如同门一样，对着山门有座山峰，峰上岩石高耸突兀，为将军岭；山涧冲捣将军岭的西面，而枣核岭的支脉，往西延伸到这里结束。山涧西面有座石崖朝南环绕，如同鸟雀展开的翅膀，向东俯瞰山涧中，而大岭的支脉，也往东延伸到此处而结束。回绕的石崖之下，也裂开一条缝隙，浅得不能进去太深。石崖前面有条小溪，自西向东流，经石崖前汇入大山涧中。我顺小溪到达石崖西侧的乱石之间，溪水在石崖下面流尽，一个洞穴在石崖上面张开，这就是麻叶洞。洞口朝南，仅仅像斗一样大，在石头缝隙中弯来转去了几层而通向下。起初找火把请向导时，当地人也都只答应提供火把，而没有敢引领我游洞的。他们说：“这洞中有神龙。”有的说：“这洞中有精怪。除非是有法术的人，否则不能使那精怪畏惧而镇服。”最后出重金找到一人，将要脱衣进洞时，问知我是读书人，不是道士，又惊骇地出洞来，说道：“我以为你是有降服神怪法术的大法师，所以想随你进洞去；若是读书人，我怎能用我的性命来陪葬？”我于是到前村，将行李寄放在那人家中，与顾仆各拿几束火把走进洞。当时村民跟随我们到洞口的有几十人，樵夫腰间插着镰刀，耕田的肩扛锄头，做饭的妇女们停止了灶上的活计，织布的将梭子抛掷在一边，放牧的儿童，背东西的行人等等，接踵而至，但都没有跟随我们进去的。我俩于是把脚先伸进洞，然后踩着石坎，从一些小洞中逐级转进去，互相传递着火把朝下走，折了几次后到达洞底。洞底稍微宽一些，可以侧身抬头，于是才将火把举向前。洞中东西两边崖壁上裂开的缝隙，都没有通道可以进去，正北有个洞穴，低矮得只有一尺，宽处也是一样，然而那洞穴的下面很干燥而且平坦。于是先将火把伸进去，而后像蛇一样往里爬，脊背紧贴磨擦着洞穴顶部，腰部贴着洞壁，用下身在后面向前耸，才通过了这内洞中的第一关。洞穴以内洞壁上的缝隙很高，又是东西横亘着，然而也没有进入的通道。又通过第二关，第二个洞穴的狭窄和低矮程度与前面一关完全相同，进入里边的方法也相同。进去后，内层同样横向裂开，西南边裂开的缝隙不很深。那东北边裂开的缝隙，上面有一处石头下凹处，忽然又纵向裂开，上面穹隆下面狭窄，高不见顶，到了此处，岩石变化出不同的奇异形态，表层纹理顿时改换，每一片石每一个孔都显得灵异。西北面的峡谷，渐往里渐狭窄，里面夹着一条缝，窄得不能容纳火把。折往东南面的峡谷走，依然走下一处下凹处，洞底砂石平铺，如同山涧底一般洁净光滑，只是干燥无水，这不仅省了提起衣裤涉水的麻烦，而且避免了水流弄湿弄脏身上。峡谷东南的尽头处，乱石崩裂堆架，就像楼台一样层层叠叠，由乱石的缝隙间都可以攀登着上去。那上面有一小条石缝，直通洞顶，光从缝隙中照射下来，宛若明亮的星星和如钩的月亮，可远望而不可摘。层层叠叠的乱石下面，涧底通向南面，覆盖的岩石低低地遮压在沟涧上面，高处仅有一尺左右高；这必定是以前通向洞外，涧流从那里淌进来的地方，只是不知从前为什么流水奔涌，如今又为什么成了干涸的洞穴，真是不可理解。从层层叠累的岩石下面往北顺涧底进去，那狭窄的通道很低矮，与外面所经过的两个关口相似。稍微从它西面一点攀上一条石头间的夹缝，先转往北而后转往东，就像翻过马鞍似的地形越过尖而高的山头一样。两壁的石质石色，光洁如玉，像是水珠要往下滴一样，那垂悬的石柱、倒挂的石莲花，花纹好像是镂空雕刻的，形态看起来也像是在飞舞。往东走下一层，又到了涧底，便已经转入狭窄关口以内了。在这里辟成一个小石巷，两丈宽，一丈五高，覆盖的岩石平滑得如同布做的帷幔，涧底平坦宽广就像大路。往北急行半里，下面有一块岩石，横伸出来，如同一张床，棱边匀称整齐；它顶上石莲花下垂，纵横的石条网织成帷帐，盘结成缀满珠宝的伞盖，四周垂悬着帷幔，与床一样大小，帷幔中间圆圆的而向空中回旋，上面穹隆形成洞顶；它后面西边的洞壁处，一根根圆形的像是用玉石做成的石柱直立着，有的大有的小，石柱形态各不相同，而颜色都晶莹洁白，花纹都像是雕刻的：这是小石巷中的第一奇景。又直往北半里，洞分为上下两层，涧底朝东北延伸而去，到洞上层从西北方攀登。这时我们带的火把已经用掉了十分之七，恐怕回去的路途分辨不清，于是从前面所走的道路转了几次弯，穿过两道狭窄的关口，抵达透光处时，火把刚好烧尽了。穿过洞穴走出来，仿佛投胎转世一般。洞外守候观看的人，此时又增加了几十个，见到我俩出来都将手举到额头行礼，吃惊的称赞真是奇异，把我俩视为有大法术的得道之人。并且说："先前我们守候很久，以为你们必落怪物的口中，所以我们这些人想进洞去看看却不敢，想离开又不能。现在你俩安然无恙，若不是神灵畏惧而顺服你们，怎能够这样！"我分别道谢了各位，对他们说："我遵守我的行为准则做事，我探游我所喜爱的风景名胜，烦劳各位久久站立守候，这叫我用什么来表达对大家的谢意呢！"然而那洞只是入口处多一些狭窄的地方，洞中却洁净干燥，这是我所见过的洞，都不能相比的，不知当地人为什么那样害怕进去！于是到前村取了行李，从将军岭出来，顺山涧往北行十多里，到达大路上。那里向东到把七还有七里路，向西到还麻只有三里，我最初想从把七搭乘船往西行，到现在去把七反而是溯流上行，既不是我所希望的，又恐怕把七一时间没船，而天色已经晴开，于是从陆路向西朝还麻走。当时太阳已落山，我们尚未吃饭，于是在集市中弄了些酒。又往西走十里，投宿在黄石铺，距离茶陵州城西边已经四十里了。这天晚上夜空碧色如洗，月光白皙霜寒清冷，这也是我们旅途中遇到的奇妙意境了，但因为走得太疲倦，倒下后就睡着了。

黄石铺之南，即大岭北峙之峰，其石嶙峋插空，西南一峰尤甚，名五凤楼，去十里而近，即安仁道。余以早卧不及询，明日登途，知之已无及矣。

【译文】黄石铺的南面，就是大岭北面耸起的山峰，这里怪石嶙峋，直插云空，西南面的一座山峰尤其高峻，名为五凤楼峰，距此峰不足十里，就是通往安仁县城的路。我因头天晚上早早睡下，未能打听到这些，第二天踏上路途，知道时已经来不及了。

黄石西北三十里为高暑山，又有小暑山，俱在攸县东，疑即司空山也。二山之西，高峰渐伏。茶陵江北曲，经高暑南麓而西，攸水在山北。是山界茶、攸两江云。

【译文】黄石铺西北面三十里为高暑山，又有座小暑山，它们都在攸县的东境，我怀疑就是司空山。两座山的西面，高峻的山峰渐渐低伏下去。茶陵江折往北弯曲，经高暑山南麓流向西去，而攸水在高暑山的北面流过。所以说此山是分隔了茶陵江、攸水两条江流的分界。

十八日　晨餐后，自黄石铺西行，霜花满地，旭日澄空。十里为丫塘铺，又十里，为珠玑铺，则攸县界矣。又西北十里，斑竹铺。又西北十里，长春铺。又十里，北度大江，即攸县之南关矣。县城濒江北岸，东西两门与南门并列于江侧。茶陵之江北曲西回，攸水自安福封侯山西流南转，俱夹高暑山而下，合于县城东，由城南西去。是日一路霁甚，至长春铺，阴云复合。抵城才过午，候舟不得，遂宿学门前。亦南门。

【译文】十八日　早餐后，从黄石铺往西行，霜花铺满大地，澄碧的天空中旭日缓缓升起。又行进十里为丫塘铺，又走十里为珠矶铺，这里便是攸县界了。又往西北走十里，到斑竹铺。又往西北走十里，到长春铺。又走十里，往北渡过大江，就是攸县县城的南关了。县城濒临江的北岸，东、西两个城门与南城门并列在江的侧边。茶陵江先折往北弯曲而后绕向西，攸水从安福县封侯山往西流而后转向南，都夹着高署山而向下流淌，汇合在县城东边，从城南向西流去。这天一路上天气都很晴朗，到长春铺时，阴云又笼罩了天空。抵达攸县县城时才过中午，因没有等到船只，便投宿在学门前。也就是南门。

十九日　晨餐后，阴霾不散。由攸县西门转北，遂西北登陟陂陀[①]。十里，水涧桥，有小水自北而南。越桥而西，连上二岭，其西岭名黄山。下岭共五里，为黄山桥，有水亦自北而南，其水较大于水涧，而平洋亦大开。西行平畴三里，上牛头山。又山上行二里，曰长冈冲，下岭为清江桥。桥东赤崖如回翅，涧从北来，大与黄山桥等。桥西开洋，大亦如黄山桥，但四围皆山，不若黄山洋南北一望无际也。洋中平畴，村落相望，名漠田。又五里，西入山峡，已为衡山县[②]界。界北诸山皆出煤，攸人用煤不用柴，乡人争输入市，不绝于路。入山，沿小溪西上，路分两岐：西北乃入山向衡小路，西南乃往太平等附舟路。于是遵西南，五里为荷叶塘。越盼儿岭，五里至龙王桥。桥下水北自小源岭来，南向而去，其居民萧姓，亦大族也。北望二十里外，小源岭之上，有高山屏列，名曰大岭山，乃北通湘潭[③]道。过桥，西南行三里，上长岭。又西下一坞，三里，上叶公坳。又四里，下太平寺岭，则大江在其下矣。隔江即为芒洲，其地自攸县东四十五里。是日上长岭，日少开，中夜雨声滴沥，达明而止。

【注释】①陂陀（pō tuó）：倾斜不平，不平坦。②衡山县：今湖南省衡山县。③湘潭：今湖南省湘潭市。

【译文】十九日　早餐后，天空中阴霾不散。我们从攸县西门转往北，便朝西北登上倾斜不平的山坡。走十里，到水涧桥，有条小溪自北往南流。越过桥往西走，接连登上了两座山岭，那西面的山岭叫黄山。下了岭共走五里，为黄山桥，有条溪水也是自北往南流，那溪水大于水涧桥下的那条，而平旷的田野也十分开阔。往西在平旷的田野走三里，上了牛头山。又从山上行二里，叫长冈冲，走下岭为清江桥。桥东边红色的崖壁如同回旋伸展的鸟翅，山涧水从北边流来，与黄山桥下的那条溪水一样大。桥西一片开阔的旷野，大小也如同黄山桥的田野，但四周都是山，不像黄山桥的旷野南北一望无际。旷野中是平旷的田野，村落相望，地名叫漠田。又走五里，往西进入山峡，已经是衡山县界。县界北面的群山中都出产煤碳，攸县人用煤不用柴，乡村中的人争相把煤运到集市卖出，运煤的人流络绎不绝。进了山，沿一条小溪往西向上走，道路分为两条：往西北的是进山向衡山县城去的小路，往西南的是到太平寺等处搭乘船只的路。我们从岔路处沿着往西南去的那条走，走五里为荷叶塘。越过盼儿岭，走五里到龙王桥。桥下的水从北面的小源岭流来，向南而去，村中的居民姓萧，也是一个大家族。向北望去，二十里外，小源岭上面，有座高山如一道屏风横列着，名为大岭山，它是北通湘潭县的路。跨过龙王桥，往西南行三里，登上长岭。又往西下到一个山坞中，走三里，上了叶公坳。又行四里，下了太平寺岭，大江就在岭下。江对岸就是芒洲，从攸县县城东面过来到芒洲有四十五里路程。这天登上长岭时，太阳隐隐露了下脸，半夜雨声淅淅沥沥，到天亮才停止。

二十日　先晚候舟太平寺涯上，即宿泊舟间。中夜见东西两山，火光荧荧，如悬灯百尺楼上，光焰映空，疑月之升、日之坠者。既而知为夜烧。既卧，闻雨声滴沥，达旦乃止。上午得舟，遂顺流西北向山峡行。二十五里，大鹅滩[①]。十五里，过下埠，下回乡滩[②]，险甚。过此山始开，江乃西向。行二十五里，北下横道滩，又十五里，暮宿于杨子坪[③]之民舍。

【注释】①大鹅滩：当地人称“大岳滩”。②回乡滩：当地人称“洄水滩”。③杨子坪：今作“杨梓坪”。

【译文】二十日　前一天晚上因在太平寺旁边的江岸上等候船只，便住宿在一只停泊的船中。半夜时见到东西两面的山上，火光闪烁，如同将灯悬挂在百尺高的楼上，火焰映射天空，开始时我怀疑是月亮升上天空、太阳坠下山去产生的景象。随后才知道是夜间的山火。睡下后，听到雨声滴答，直到天亮才停止。上午找到船只，于是乘船顺流往西北在山峡间前行。二十五里，到大鹅滩。又行十五里，过了下埠，驶下回乡滩，这滩很险。过此处后山势才开阔起来，江流便向西流去。行二十五里，船只往北驶下横道滩，又行十五里，傍晚时我们投宿在杨子坪的村民家中。

二十一日　四鼓，月明，舟人即促下舟。二十里，至雷家埠[①]，出湘江，鸡始鸣。又东北顺流十五里，抵衡山县。江流在县东城下。自南门入，过县前，出西门。三里，越桐木岭，始有大松立路侧。又二里，石陂桥，始夹路有松。又五里，过九龙泉，有头巾石。又五里师姑桥，山陇始开，始见祝融北峙，然夹路之松，至师姑桥而尽矣。桥下之水东南去。又五里入山，复得松。又五里，路北有“子抱母松”。大者二抱。小者分两岐。又二里，越佛子坳，又二里，上俯头岭，又一里则岳市②矣。过司马桥，入谒岳庙③，出饭于庙前。问水帘洞在山东北隅，非登山之道；时才下午，犹及登顶，密云无翳，恐明日阴晴未卜。踌躇久之，念既上岂能复迂道而转，遂东出岳市，即由路亭北依山转岐。初，路甚大，乃湘潭入岳之道也。东北三里，有小溪自岳东高峰来，遇樵者引入小径。三里，上山峡，望见水帘布石崖下。二里，造其处，乃瀑之泻于崖间者，可谓之“水帘”，不可谓之“洞”也。崖北石上大书“朱陵大沥洞天”，并“水帘洞”“高山流水”诸字，皆宋、元人所书，不辨其款。引者又言，其东九真洞，亦山峡间出峡之瀑也。下山又东北二里，登山循峡，逾一隘，中峰回水绕，引者以为九真矣。有焚山者至。曰：“此寿宁宫故址，乃九真下流。所云洞者，乃山环成坞，与此无异也，其地在紫盖峰之下。逾山而北尚有洞，亦山坞，渐近湘潭境。”予见日将暮，遂出山，十里，僧寮已近，还宿庙。

【注释】①雷家埠：今名“雷溪市”。②岳市：今南岳镇。③岳庙：此岳指南岳衡山，我国五岳名山之一。在今湖南省衡阳市南岳区。

【译文】二十一日　四更天时，月色皎洁，船夫便催促上船。行二十里，到雷家埠，驶入湘江中，鸡才叫。又往东北顺流航行十五里，抵达衡山县城，江流在县城东城下。我们从南门进城，经过县衙前，出了西门。走三里，翻越桐木岭，这才有高大的松树立在路边。又走二里，到石陂桥，路两边才有松树夹立。又走五里，过九龙泉，有块头巾石。又五里到师姑桥，山峦冈垄才开阔起来，这才见到祝融峰耸立在北面，然而夹立在道路两边的松树，到师姑桥后便没有了。桥下的水往东南流去。又走五里进入山中，才又有松树。又行五里，路北边有棵“子抱母松”。大的那棵有两抱粗，小的那棵分成两叉。又走二里，翻过佛子坳，又行二里，登上俯头岭，又走一里就是岳市了。越过司马桥，进入岳庙中拜谒，出来后在岳庙前吃饭。询问后得知水帘洞在衡山东北角，不是登山的道路；当时才到下午，还来得及登上山顶，见浓云没有完全遮蔽天空，唯恐明天天气阴晴不定。犹豫了好半天，心想既然上到了这里岂能又绕道回去，于是往东走出岳市，便从路旁凉亭北面靠山转入一条岔路中。起初，路很大，是从湘潭进衡山的道路。往东北走三里，有条小溪从衡山东面的高峰上流来，这时遇到个樵夫领我走上小路。三里，上到山峡中，望见一条水帘像布匹铺挂在石崖下。二里后，到达那地方，原来是一股瀑布倾泻在石崖间，可以称之为“水帘”，不可以称之为“洞”。崖壁北面的石头上大大地书写着“朱陵大沥洞天”以及“水帘洞”“高山流水”等字，都是宋、元时期的人书写的，但分辨不出他们的题名落款。领路的人又说，水帘洞东面的九真洞，也是从山峡间流泻出来的瀑布。下了山又往东北走二里，顺着山峡登上山，越过一个山隘，中间的山峰水流回绕，领路的人以为就是九真洞了。有个烧山垦荒的人走过来，说：“这里是寿宁宫故址，是九真洞的下游。所说的洞，是群山环绕围成山坞，与此处没有两样，那地方在紫盖峰的下面。越过山往北走还有洞，也是山坞，那里已逐渐接近湘潭县境。”我见太阳快要落山，便走出了山中，走十里，僧人的小屋已经近在眼前，于是回到岳庙中住下。

二十二日　力疾登山。由岳庙西度将军桥，岳庙东西皆涧。北入山一里，为紫云洞，亦无洞，山前一冈当户环成耳。由此上岭一里，大石后度一脊，由络丝潭北下一岭，又循络丝上流之涧一里，为宝善堂。其处涧从东西两壑来，堂前有大石如劈，西涧环石下，出玉板桥，与东涧合而南。宝善界两涧中，去岳庙已五里。堂后复蹑蹬一里，又循西涧岭东平行二里，为半云庵。庵后渡涧西，蹑级直上二里，上一峰，为茶庵。又直上三里，逾一峰，得半山庵①，路甚峻。里许，路南有铁佛寺。寺后跻级一里，路两旁俱细竹蒙茸。上岭，得丹霞寺。复从寺侧北上，由半山庵丹霞侧北上，竹树交映，青翠滴衣。竹中闻泉声淙淙。自半云逾涧，全不与水遇，以为山高无水，至是闻之殊快。时欲登顶，过诸寺俱不入。由丹霞上三里，为湘南寺，又二里，南天门。平行东向二里，分路。南一里，飞来船、讲经台。转至旧路，又东下半里，北度脊，西北上三里，上封寺。上封东有虎跑泉，西有卓锡泉。

【注释】①半山庵：今半山亭。

【译文】二十二日　奋力急速地朝山上攀登。从岳庙往西越过将军桥，岳庙的东、西两面都是山涧。往北进山一里，为紫云洞，但这也没有洞，不过是山前面的一条山冈正对着山口环绕成山坞罢了。由此上岭一里，从大石头后越过一条山脊。从络丝潭北面走下一岭，又顺着络丝潭上游的山涧走一里，为宝善堂。此地山涧水从东西两个山谷中流来，宝善堂前有块大石头如同刀劈的一样，西边那条山涧水环流石头下边，流出玉板桥，与东边那条山涧水汇合而往南流去。宝善堂隔在两条山涧中间，它距离岳庙已有五里。从宝善堂后面再踩着石阶朝上走一里，又顺西涧的山岭东面平行二里，就是半云庵了。从庵后渡到山涧西边，踏着石阶直往上走二里，攀上一座山峰，为茶庵。又一直上登三里，越过一座山峰，就到了半山庵，所经道路非常陡峻。走了一里多，道路南边有座铁佛寺。从寺后踏着石阶往上攀登一里，道路两旁都是些杂乱的细竹。上到岭上，到达丹霞寺。再从丹霞寺侧边往北上行，从半山庵、丹霞寺侧面往北朝上登，竹子树木交相映衬，青翠的颜色仿佛要滴落到衣服上，走在竹林中，听到泉声淙淙。从半云庵越过山涧后，从未与水流相遇，以为山高没有水了，到此处听到水声感到特别愉快。当时一心想登上山顶，经过几座寺庙都没有进去。从丹霞寺往上走三里，为湘南寺，又走二里，到南天门。向东平走二里，道路分岔。往南走一里，到飞来船、讲经台。转回到原路，又向东朝下走半里，往北越过山脊，再往西北朝上走三里，到达上封寺。上封寺东面有虎跑泉，西面有卓锡泉。

二十三日　上封。

二十四日　上封。

二十五日　上封。

【译文】二十三日　在上封寺。

二十四日　在上封寺。

二十五日　在上封寺。

二十六日　晴。至观音崖，再上祝融会仙桥，由不语崖西下。八里，分路。南茅坪。北二里，九龙坪，仍转路口。南一里，茅坪。东南由山半行，四里渡乱涧，至大坪分路。东南上南天门。西南小路直上四里，为老龙池，有水一池在岭坳，不甚澄，其净室多在岭外。西南侧刀之西，雷祖之东分路。东二里，上侧刀峰。平行顶上二里，下山顶，度脊甚狭。行赤帝峰北一里，绕其东，分路。乃南由坳中东行，一里，转出天柱东，遂南下。五里，过狮子山与大路合，遂由岐路西入福严寺①，殿已倾，僧佛鼎谋新之。宿明道山房。

【注释】①福严寺：始建于南朝陈废帝光大二年（568），初名般若寺，宋太宗太平兴国年间改称福严寺。清穆宗同治九年（1870）重修。是佛教十大丛林之一。

【译文】二十六日　天晴。到了观音崖，再次登上祝融峰的会仙桥，从不语崖往西朝下走。八里后，道路分岔开来。南边为茅坪。往北走二里，到九龙坪。仍然转回路口。往南走一里，到茅坪。往东南从半山腰中走，四里后渡过乱流的山涧，来到大坪道路分岔的地方。往东南去的是上南天门的路。从西南面的小路直往上走四里，为老龙池，有一池水在岭上的山坳间，不很清澈。僧人的静室大多在山岭外边。西南方侧刀峰的西面、雷祖峰的东面道路岔开。往东走二里，登上侧刀峰。从侧刀峰顶上平行二里，走下山顶，所越过的山脊很狭窄。从赤帝峰北面走一里，绕到峰东面，道路岔开。于是往南从山坳中向东行，一里，转出天柱峰东面，便往南朝下走。走五里，过了狮子山后与大路会合，于是从岔路往西进入福严寺，寺中的佛殿已经倒塌，僧人佛鼎打算新建佛殿。住在明道山房。

二十七日　早闻雨，餐后行少止。由寺西循天柱南一里，又西上二里，越南分之脊，转而北，循天柱西一里，上西来之脊，遂由脊上西南行，于是循华盖之东矣。一里，转华盖南，西行三里，循华盖西而北下。风雨大至，自是持盖行。北过一小坪，复上岭，共一里，转而西行岭脊上。连度三脊，或循岭北，或循岭南，共三里而复上岭。于是直上二里，是为观音峰矣。由峰北树中行三里，雨始止，而沉霾殊甚。又西南下一里，得观音庵，始知路不迷。又下一里，为罗汉台。有路自北坞至者，即南沟来道。于是复南上二里，连度二脊，丛木亦尽，峰皆茅矣。既逾高顶，南下一里，得丛木一丘，是为云雾堂。中有老僧，号东窗，年九十八，犹能与客同拜起。时雾稍开，又南下一里半，得东来大路，遂转西下，又一里半至涧，渡桥而西，即方广寺。寺正殿崇祯初被灾，三佛俱雨中。盖大岭之南，石廪峰分支西下，为莲花诸峰；大岭之北，云雾顶分支西下，为泉室、天台诸峰。夹而成坞，寺在其中，寺始于梁天监[①]中。水口西去，环锁甚隘，亦胜地也。宋晦庵、南轩[②]诸迹，俱没于火。寺西有洗衲池，补衣石在涧旁。渡水口桥，即北上山，西北登一里半，又平行一里半，得天台寺。寺有僧全撰，名僧也。适他出，其徒中立以芽茶馈。盖泉室峰又西起高顶，突为天台峰。西垂一支，环转而南，若大尾之掉，几东接其南下之支。南面水仅成峡，内环一坞如玦，在高原之上，与方广可称上下二奇。返宿方广庆禅、宁禅房。

【注释】①天监：南朝梁武帝年号，共18年（502—519）。②晦庵：朱熹（1130—1200），字元晦，又字仲晦，号晦庵，晚称晦翁，谥文，世称朱文公。祖籍徽州府婺源县（今江西婺源），出生于南剑州尤溪（今福建尤溪）。宋朝著名理学家、思想家、哲学家、教育家、诗人，闽学派的代表人物，儒学集大成者，世尊称为朱子。南轩：张栻（1133—1180）字敬夫，后避讳改字钦夫，又字乐斋，号南轩，学者称南轩先生，谥曰宣，后世又称张宣公。南宋汉州绵竹（今四川绵竹）人，右相张浚之子。南宋初期学者、教育家。

【译文】二十七日　早晨听闻下雨，饭后出发时雨稍微停了些。从寺西面顺着天柱峰南边走一里，又往西朝上走二里，越过天柱峰分支朝南面的山脊，转往北，顺天柱峰西面走一里，登上从西边延伸过来的山脊，便从山脊上往西南行，从这里起就是顺着华盖峰的东面走了。一里，转到华盖峰南面，往西走三里，顺华盖峰西面往北朝下走。这时急风骤雨来临，我开始撑伞而行。往北越过一小块山间平地，又上了岭，共走一里，转往西从岭脊上前行。接连越过三座山脊，有时顺岭北走，有时顺岭南走，共走三里后又上了岭。从那岭直往上走二里，就是观音峰了。从观音峰北面的树林中行三里，雨才停下来，然而天空中阴霾仍十分浓厚。又往西南朝下走一里，见到观音庵，这才知道没迷路。又朝下走一里，为罗汉台。有条路从北面山坞中过来，它就是从南沟来的路。从罗汉台又往南朝上走二里，接连越过两座山脊，丛密的树木也没有了，山峰间都是些茅草。随后越过高高的山顶，往南朝下走一里，到达一座满是丛林的小土丘，这就是云雾堂。云雾堂中有个老僧人，法号叫东窗，年纪九十八岁，还能和客人同样地起身互行打拱作揖的礼仪。这时雾气稍微散开了些，又往南朝下走一里半，见到从东面过来的大路，于是折往西下行，又走一里半到达山涧边，越过山涧上的桥到西面，就是方广寺。方广寺的正殿在崇祯初年遭火灾被毁，三尊佛像现都裸露在雨中。在大岭的南面，石廪峰分出支脉往西延伸下去，成为莲花峰等山峰；大岭的北面，云雾堂所在山峰的峰顶分出支脉往西延伸下去，成为泉室、天台等山峰。它们夹峙而形成山坞，方广寺就位于山坞中，寺庙始建于南朝梁代天监年间。山坞的水口往西过去的地方，峰峦回环闭锁，很是险要狭窄，也是一处名胜之地。宋代朱晦庵、张南轩留在寺中的各种遗迹，都毁灭于火灾中。寺西面有个洗衲池，补衣石则在山涧旁边。跨过水口上的桥，就往北上了山，向西北攀登一里半，又平走一里半，见到天台寺。寺中有个僧人叫全撰，是个有名的僧人。当时恰巧他外出了，他的徒弟中立馈赠了我一些最嫩的茶叶。原来泉室峰西面又耸起高高的山顶，突起而成为天台峰。天台峰西面垂下一条支脉，它环绕而折向南面，就像一条摆动的大尾巴，几乎往东连接着天台峰向南延伸下去的那条支脉。天台峰南面两山间的水流细小仅仅形成一条峡谷，山峡内环绕着一个山坞如同玉玦，这山坞位于高原之上，与方广寺所在的那山坞可称为上下两处奇景。返回方广寺，住宿在庆禅、宁禅的僧房中。

先是，余欲由南沟趋罗汉台至方广；比登古龙池，乃东上侧刀峰，误出天柱东；及宿福严，适佛鼎师通道取木，遂复辟罗汉台路。余乃得循之西行，且自天柱、华盖、观音、云雾至大坳，皆衡山来脉之脊，得一览无遗，实意中之事也。由南沟趋罗（汉）台亦迂，不若径登天台，然后南岳之胜乃尽。

【译文】原先，我想从南沟前往罗汉台再到方广寺；等登上古龙池，却往东上了侧刀峰，错从天柱峰东面出；住在福严寺时，正好佛鼎法师凿通道路取木材修佛殿，便又开辟了到罗汉台的路。我这才得以顺着那条新开辟的路往西行，而且从天柱峰、华盖峰、观音峰、云雾堂所在的山峰到大坳，都是衡山山脉延伸而来的山脊，全部美景都看到，无一遗漏，实在是心中快意的事。从南沟前往罗汉台，道路也绕，不如径直登上天台峰，这样南岳衡山的优美景致便可以全部看便。

二十八日　早起，风雨不收。宁禅、庆禅二僧固留，余强别之。庆禅送至补衲台而别。遂沿涧西行，南北两界，山俱茅秃。五里，始有石树萦溪，崖影溪声，上下交映。又二里，隔溪前山，有峡自东南来，与方广水合流西去。北向登崖，崖下石树愈密，涧在深壑，其中有黑、白、黄三龙潭，两崖峭削，故路折而上，闻声而已，不能见也。已而平行山半，共三里，过鹅公嘴，得龙潭寺。寺在天台西峰之下，南为双髻峰。盖天台、双髻夹而西来，以成龙潭之流；潭北上即为寺，寺西为狮子峰，尖削特立，天台以西之峰，至此而尽；其南隔溪即双髻西峰，而莲花以西之峰，亦至此而尽。过九龙，犹平行山半，五里，自狮子峰南绕其西，下山又五里，为马迹桥，而衡山西面之山始尽。桥东去龙潭十里，西去湘乡界四十里，西北去白高三十里，南至衡阳界孟公坳五里。自马迹桥南渡一涧，涧即方广九龙水去白高者。即东南行，四里至田心。又越一小桥，一里，上一低坳，不知其为界头[①]也。过坳又五里，有水自东北山间悬崖而下，其高数十仞，是为小响水塘，盖亦衡山之余波也。又二里，有水自北山悬崖而下，是为大响水塘。阔大过前崖，而水分两级，转下峡间，初见上级，后见下级，故觉其不及前崖飞流直下也。前即宁水桥，问水从何处，始知其南由唐夫沙河而下衡州草桥。盖自马迹南五里孟公坳分衡阳、衡山界处，其水北下者，即由白高下一殯江，南下者，即由沙河下草桥，是孟公坳不特两县分界，而实衡山西来过脉也。第其坳甚平，其西来山即不甚高，故不之觉耳。始悟衡山来脉非自南来，乃由此坳东峙双髻，又东为莲花峰后山，又东起为石廪峰，始分南北二支，南为岣嵝[2]、白石诸峰，北为云雾、观音以峙天柱。使不由西路，必谓岣嵝、白石乃其来脉矣。

【注释】①界头：即今界牌。②岣嵝（gǒu lǒu）：衡水诸峰之一，过去曾被认为衡山的主峰，因此衡山又叫岣嵝山，在湖南。

【译文】二十八日　早晨起来，风雨未停。宁禅、庆禅两位僧人坚决挽留我，我强行辞别了他们。庆禅送我到补衲台才与我分别。于是沿山涧往西行，南北两边，山都是光秃秃的，长满茅草。走五里，才有山石树木萦绕在溪畔，山崖倒影、溪流淙淙，上下交相辉映。又走二里，溪水对岸的前山间，有个峡谷自东南方延伸过来，峡谷中的水与方广寺流来的水会合而流往西去。我们向北朝山崖上攀登，山崖下面山石树木更加茂密，山涧处在深谷之中，那深谷中有黑、白、黄三个龙潭，因为谷两边崖壁峻峭陡削，所以道路曲折地往上走，这样便只是听到水声而已，不能见到龙潭。随后在半山腰平缓前行，共三里，过鹅公嘴，到龙潭寺。此寺在天台峰的西峰下，寺南面为双髻峰。天台峰、双髻峰夹峙而往西延伸过来，从而形成了龙潭那条水流；龙潭北面山上就是龙潭寺，寺院西面为狮子峰，尖削陡峭，孤峰耸立，天台峰以西的山峰，到此处结束；狮子峰南面溪流对岸就是双髻峰的西峰，莲花峰以西的山峰，也到此处结束。过了九龙坪，依然从半山腰朝前平缓前行，五里后，从狮子峰南面绕到峰西面，下了山又走五里，为马迹桥，衡山西面的山这才到了尽头。马迹桥东距离龙潭十里，西边距湘乡县界四十里，西北方距白高三十里，南边到衡阳县界孟公坳五里。从马迹桥往南渡过一条山涧，这山涧就是从方广寺、九龙坪流往白高去的那条水流。然后便往东南行，四里到田心。又越过一座小桥，走一里，登上一个低矮的山坳，我当时不知道它是界头。越过山坳又走五里，有条水流从东北方山间的悬崖上倾泻下来，瀑布高有几十丈，这里是小响水塘，原来这水也是衡山水流的余波。又走二里，有条水流从北面山上悬崖间倾泻下来，这里是大响水塘。水面的宽处超过前面那崖壁上的，但水分成两级，转下峡谷中，先看见上面一级，后才见到下面一级，所以觉得它不如前面崖壁上的那样飞流直下壮观。大响水塘前面就是宁水桥，我向旁人询问桥下的水从何处流来，才知道它是往南从唐夫沙河而流下衡州城草桥。原来从马迹桥南面五里衡阳、衡山两县分界处的孟公坳起，水往北下流的，是从白高流下到一殒江，往南下流的，是从沙河流下到草桥，因此孟公坳不只是两县的分界，而实际上是衡山往西延伸而来的山脉经过的地方。只是这山坳很平坦，衡山往西延伸而来的山岭不很高，所以没有觉察到罢了。我这才悟出衡山延伸过来的山脉不是从南面来的，而是从此坳往东延伸耸峙为双髻峰，又往东成为莲花峰后面的山，又往东耸起为石廪峰，这才分成南北两条支脉，南支为岣嵝峰、白石峰等山峰，北支为云雾堂所在的云雾峰、观音峰，而后耸峙为天柱峰。假若不从衡山西面的路走，必定会认为岣嵝峰、白石峰就是从衡山直接延伸过来的山脉了。

由宁水桥饭而南，五里，过国清亭，逾一小岭，为穆家洞。其洞回环圆整，水自东南绕至东北，乃石廪峰[1]西南峡中水；山亦如之，而东附于衡山之西。径洞二里，复南逾一岭，一里，是为陶朱下洞，其洞甚狭，水直西去。路又南入峡，二里，复逾一岭，为陶朱中洞，其水亦西去。又南二里，上一岭，其坳甚隘，为陶朱三洞，其洞较宽于前二洞，而不及穆洞之回环也。二里，又逾一岭，为界江，其水由东南向西北去。界江之西为大海岭。溯水南行一里，上一坳，亦甚平，乃衡之脉又西度为大海岭者。其坳北之水，即西北下唐夫；其坳南之水，即东南下横口者也。逾坳共一里，为傍塘，即随水东南行。五里，为黑山，又五里，水口，两山逼凑，水由其内破壁而入，路逾其上。一里，水始出峡，路亦就夷。又一里，是为横口。傍塘、黑山之水南下，岣嵝之水西南来，至此而合。其地北望岣嵝、白石诸峰甚近，南去衡州尚五十里，遂止宿旅店。是日共行六十里。

【注释】①石廪峰：石廪是衡山五峰之一，俗称雷钵底。因形似仓廪而得名。

【译文】在宁水桥吃了饭后往南走，五里，经过国清亭，然后越过一座小山岭，为穆家洞。那洞曲折环绕，又圆又齐整，水流从洞的东南面绕到东北面，它就是石廪峰西南方峡谷中的水流；周围的山也是环绕盘曲，往东连接衡山的西面。穿过洞走二里，又往南翻越一座山岭，走一里，为陶朱下洞，那洞很狭窄，水从洞中直往西流去。道路又向南进入山峡中，走二里，又翻越一座山岭，为陶朱中洞，洞中的水也往西流去。又往南走二里，登上一座山岭，岭上的山坳很狭窄，那地方为陶朱三洞，此洞较宽于前面的两个洞，但不如穆洞那样回旋环绕。走二里，又越过一座山岭，为界江，江水从东南向西北流去。界江的西面为大海岭。溯江水往南行一里，登上一个山坳，它也很平坦，是衡山的山脉又往西延伸为大海岭的那个山坳。山坳北边的水，就是往西北流下唐夫沙河的那条水流；山坳南边的水，就是往东南流下到横口的那条水流。穿过山坳共走一里，为傍塘，便沿水流往东南行。走五里，为黑山，又走五里，为水口，两边的山紧逼凑在一起，水流从两山之间破壁流入，道路则要翻越到水流上面的山崖上。一里后，水才流出峡谷，道路也走上了平地。又走一里，就是横口。傍塘、黑山的水往南流下来，岣嵝峰的水从西南流来，到此地便合流了。从此地向北眺望岣嵝峰、白石峰等众山峰很近，它南距衡州城还有五十里，于是我们便停下来在旅店中住下。这一天共行了六十里路。

二十九日　早起，雨如注，乃踯躅泥途中。沿溪南行，逾一小岭，是为上梨坪。又逾一小岭，五里，是为下梨坪，复与溪遇。又循溪东南下，十里，为杨梅滩，有石梁南北跨溪上，溪由梁下东去，路越梁东南行。五里入排冲，又行排中五里，南逾青山坳，排冲者，冈自谭碧岭东南至青山，分为两支，俱西北转，两冈排闼，夹成长坞，缭绕为田，路由之入，至青山而坞穷。乃逾坳而南，陂陀高下，滑泞几不留足，而衣絮沾透，亦疲而不觉其寒。十里，下望日坳，为黄沙湾，则蒸江自西南沿山而来，路遂随江东南下，又五里为草桥，即衡州府矣。觅静闻，暮得之绿竹庵天母殿瑞光师处。亟投之，就火炙衣，而衡山古太坪僧融止已在焉。先是，予过古太坪，上古龙池，于山半问路静室，而融止及其师兄应庵双瞽[1]。苦留余。余急辞去，至是已先会静闻，知余踪迹。盖融止扶应庵将南返桂林七星岩，故道出于此，而复与之遇，亦一缘也。

【注释】①双瞽（gǔ）：双目失明。瞽：盲人，瞎子。

【译文】二十九日　早晨起来，大雨如注，我们于是只能在泥泞的道路中艰难地行走，边往前走边向后滑。沿溪水往南行，越过一座小山岭，为上梨坪。又越过一座小山岭，走五里，为下梨坪，到这里再次遇见溪流。又沿溪水往东南朝下走，十里，为杨梅滩，有座石桥南北向横架在溪水上，溪水从石桥下往东流去，道路越过石桥往东南行。走五里进入排冲，又从排冲走五里，向南翻越青山坳。所谓排冲，是一条山冈从谭碧岭往东南延伸到青山坳，分为两条支脉，都转向西北，两座山冈如同门一样排列，它们相夹而形成长长的山坞，山坞中田地环绕，道路顺山坞进去，到青山坳后山坞便到头了。于是穿过山坳往南走，山坡高低不平，泥泞湿滑几乎不能立足，衣服里层的棉絮湿透了，也因为疲惫而不觉得寒冷。走十里，下了望日坳，为黄沙湾，蒸江从西南面沿山而来，道路于是顺江往东南朝下走。又走五里为草桥，就到达衡州府城了。我们便去找寻静闻，傍晚在绿竹庵天母殿瑞光禅师处见到了他。赶忙奔到瑞光禅师房中，凑近火烘烤衣服，而衡山古太坪的僧人融止这时已经在瑞光禅师的房中了。这之前，我经过古太坪，上登古龙池，在半山腰曾到过融止的静室问路，融止和他双目失明的师兄应庵。都苦苦挽留我，我急着告辞而去，此时已经先见着静闻了，所以静闻知道了我的踪迹。原来融止搀扶着应庵即将南下返回桂林七星岩，刚好途径这地方，而我又与他们相遇，也是一次机缘。

绿竹庵在衡北门外华严、松萝诸庵之间。八庵连络，俱幽静明洁，呗诵[1]之声相闻，乃藩府焚修之地。盖桂王以亲藩乐善，故孜孜于禅教云。

【注释】①呗（bài）诵：即诵呗，僧人诵唱经偈。呗，梵语“呗匿”的略称，意为佛教所唱的赞偈。

【译文】绿竹庵坐落在衡州府城北门外华严、松萝等众寺庵之间。八个寺庵连接着，各寺庵都幽谧宁静、明亮清洁，僧人诵经的声音相互听得到，它们是桂王府焚香修道的地方。大概桂王因为是宗亲藩王而乐于行善，所以对于佛教孜孜不倦而不懈怠。

三十日　游城外河街，泞甚。暮，返宿天母殿。

【译文】三十日　游览城外的河街，街道上泥泞不堪。傍晚时，返回天母殿住宿。

二月初一日　早饭于绿竹庵，以城市泥泞，不若山行。遂东南逾一小岭，至湘江之上。共一里，溯江至蒸水入湘处。隔江即石鼓合江亭。渡江登东岸，东南行，其地陂陀高下，四里，过把膝庵，又二里，逾把膝岭。岭南平畴扩然，望耒水[1]自东南来，直抵湖东寺门，转而北去。湖东寺者，在把膝岭东南三里平畴中，门对耒水，万历末无怀禅师所建，后憨山亦来同栖，有静室在其间。余至，适桂府供斋，为二内官强斋而去。乃西行五里，过木子、石子二小岭，从丁家渡渡江，已在衡城南门外。登崖上回雁峰[2]，峰不甚高，东临湘水，北瞰衡城，俱在足下，雁峰寺笼罩峰上无余隙焉，然多就圮者。又饭于僧之千手观音殿。乃北下街衢，淖泥没胫，一里，入南门，经四牌坊，城中阛阓与城东河市并盛。又一里，经桂府王城东，又一里，至郡衙西，又一里，出北门，遂北登石鼓山[3]。山在临蒸驿之后，武侯庙之东，湘江在其南，蒸江在其北，山由其间度脉，东突成峰，前为禹碑亭，大禹《七十二字碑》在焉。其刻较前所摹望日亭碑差古，而漶漫[4]殊甚，字形与译文亦颇有异者。其后为崇业堂，再上，宣圣殿中峙焉。殿后高阁甚畅，下名回澜堂，上名大观楼。西瞰度脊，平临衡城，与回雁南北相对，蒸、湘夹其左右，近出窗槛之下，惟东面合流处则在其后，不能全括。然三面所凭擥[5]，近而万家烟市，三水帆樯，湘江自南，蒸江自西，耒江自东南。远而岳云岭树，披映层叠，虽书院之宏伟，不及吉安白鹭大观，地则名贤乐育之区，而兼滕王、黄鹤[6]之胜，韩文公、朱晦庵、张南轩[7]讲学之所。非白鹭之所得侔矣。楼后为七贤祠，祠后为生生阁。阁东向，下瞰二江蒸、湘。合流于前，耒水北入于二里外，与大观楼东西易向。盖大观踞山顶，收南北西三面之奇，而此则东尽二水同流之胜者也。又东为合江亭，其址较下而临流愈近。亭南崖侧，一隙高五尺，如合掌东向，侧肩入，中容二人，是为朱陵洞后门。求所谓"六尺鼓"不可得，亭下濒水有二石如竖婢碑，岂即遇乱辄鸣者耶？自登大观楼，正对落照，见黑云衔日，复有雨兆。下楼，践泥泞冒黑过青草桥，东北二里入绿竹庵。晚餐既毕，飓风怒号，达旦甫止，雨复潇潇下矣。

【注释】①耒水：古江河名，衡阳地区第2大河流和湘江最大最长的支流，总长453公里。春秋战国时期称雷水，汉朝之后称耒水。②回雁峰：在衡阳古城南门外，为八百里南岳衡山七十二峰之首，又称南岳第一峰。③石鼓山：在衡阳古城北门外，又名石鼓嘴。④漶漫（huàn）：模糊不可辨识。亦作“漫漶”。⑤掔：同“牵”。⑥滕王、黄鹤：即滕王阁、黄鹤楼。⑦韩文公、朱晦庵、张南轩：即韩愈、朱熹、张栻。

【译文】二月初一日（2月25日）　在绿竹庵吃了早饭，因为城中街道泥泞，不如从山上行。于是往东南翻越一座小山岭，到达湘江边上。共走一里，溯江到了蒸水汇入湘江处。隔着江流就是石鼓合江亭。渡过江登上东岸，往东南行，那地方山坡高低不平，走四里，经过把膝庵，又走二里，翻过把膝岭。把膝岭南面田野平坦宽广，举目望去，耒水从东南方流来，直抵湖东寺门前，折往北流去。湖东寺，在把膝岭东南面三里平坦的田野中，寺门对着耒水，它是万历末年无怀禅师建造的，后来憨山也到寺中来与无怀一同住留，他有间静室在寺中。我到达寺中时，正遇上桂王府施舍斋饭给僧人，被两个宦官强行拉着去吃斋饭。往西行五里，翻过木子岭、石子岭两座小山岭，从丁家渡渡过江，这里已经在衡州府城南门外。攀着山崖上了回雁峰，这山峰不很高，向东临眺湘江，往北俯瞰衡州府城，都在脚下，雁峰寺笼罩在山峰上没有空余的缝隙，然而寺中的殿宇多处即将坍塌。又在僧人住的千手观音殿吃了饭。这才往北向下朝街道走去，路上污泥淹没到小腿，一里后，进入城南门，经过四牌坊，城中的街道店铺与城东河边上的集市同样繁荣兴盛。又走一里，经过桂府王城东面，又走一里，到府衙门西面，又走一里，出了城北门，便往北登上石鼓山。这山在临蒸驿后面、武侯庙东边，湘江在山南面，蒸江在山北面，山脉从两江之间穿越而过，到东面耸成山峰，峰前为禹碑亭，大禹的《七十二字碑》就立在亭中。碑上的刻字比起前面临摹到的望日亭中碑上的字略显古朴一些，但字迹磨损非常模糊，不可辨识，字形和解释的文字也很有一些不相同的。禹碑亭后身为崇业堂，再往上走，宣圣殿矗立在中间。宣圣殿后面高耸的楼阁非常宽敞舒适，下层名为回澜堂，上层名为大观楼。往西俯瞰延伸而过的山脊，正好平平地面对着衡州府城，与回雁峰南北相对峙，蒸江、湘江两江夹在楼的左右两边，江流近得从窗户栏杆下流过，只有东面两江合流处在楼的后面，不能全部观览到。然而楼的三面所凭临观览的景色，近处是万家烟火的街市，以及三条江流中来往行驶的船只，湘江从南面流来，蒸江从西面流来，耒江从东南面流来。远处却是高山、白云、峰岭、树木，它们相互遮蔽映衬，层层叠叠，虽然书院的宏伟程度，不如吉安府白鹭书院那样壮观，但却是名士贤达们乐意讲学育才的一个地方，而且兼有滕王阁、黄鹤楼的优美景色，是韩文公、朱晦庵、张南轩讲授学业的场所。不是白鹭书院能够比得上的。这座楼的后面为七贤祠，祠后面为生生阁。阁朝向东，往下俯瞰着两条江流蒸江、湘江。汇合在阁前，耒水在两江合流处北面二里外汇入湘江，此阁与大观楼东西的朝向相反，大观楼朝西，此阁朝东。大略地说，大观楼雄踞山顶，囊括了南北西三面的奇观，而此阁却尽收东面两条江水同流的美景。又往东为合江亭，亭址所在处较为低下而更加临近江流。亭南面石崖边，有条五尺高的缝隙，如同两掌相合而朝向东面，侧着肩膀进去，里面可以容纳两个人，这是朱陵洞的后门。我寻觅所谓的“六尺鼓”，但没有找到。合江亭下方靠近江水边有两块岩石如竖立着的两块石碑，它们难道就是所说的遇到时世危乱便自动鸣响的那石头吗？从登上大观楼，正对着落日残辉，见黑云含着太阳，又出现要下雨的征兆。下了楼，踩着污泥趁着夜色越过青草桥，往东北走二里进入绿竹庵。吃过晚餐后，飓风怒号，直到天亮才停止，而雨又潇潇地下了起来。

衡州城东面濒湘，通四门[1]，余北西南三面鼎峙，而北为蒸水所夹。其城甚狭，盖南舒而北削云。北城外，则青草桥跨蒸水上，此桥又谓之韩桥，谓昌黎公过而始建者。然文献无征，今人但有草桥之称而已。而石鼓山界其间焉。盖城之南，回雁当其上泻；城之北，石鼓砥其下流，而潇湘循其东面，自城南抵城北，于是一合蒸，始东转西南来，再合耒焉。

【注释】①衡州城东面濒湘，通四门：衡州府古城共7座城门。东临湘江，从北往南顺序为潇湘门、宾日门（柴埠门）、阅江门（铁楼门）。西北为望湖门（小西门），西南为安西门（大西门）。南对回雁峰，称回雁门，又称南门。北对南岳衡山，称瞻岳门，又称北门。

【译文】衡州城东面濒临湘江，通有四个城门，余下北、西、南三面如鼎一样对峙，而北面被蒸水夹着。城很狭小，大体呈现南部较舒展而北部窄削的形态。北城之外，青草桥横架在蒸水上，此桥又称为韩桥，说是韩昌黎先生经过此处才建立的桥。然而文献中没有证据，今人只有草桥的称呼而已。而石鼓山隔在北城与青草桥之间。城南面，回雁峰挡在江流上游，城北面，石鼓山砥柱样屹立在江流的下游，而潇水、湘水顺城东面，从城南流到城北，到城北后首先汇合蒸水，才从东面折向西南来，再汇合耒水。

蒸水[1]者，由湘之西岸入，其发源于邵阳县耶姜山[2]，东北流经衡阳北界，会唐夫、衡西三洞诸水，又东流抵望日坳为黄沙湾，出青草桥而合于石鼓东。一名草江，以青草桥故。一名沙江，以黄沙湾故。谓之蒸者，以水气如蒸也。舟由青草桥入，百里而达水福，又八十里而抵长乐。

【注释】①蒸水：湘江一条较大的支流，俗称草河。古称承水、丞水。②邵阳县：今湖南省邵阳市。耶姜山：即今大云山，俗名大牛山，别名耶姜山，又名白云峰，海拔998.4米。

【译文】蒸水，从湘江西岸汇入湘江。它发源于邵阳县耶姜山，往东北流经衡阳县北界，汇合唐夫、衡山西面的三个洞等处来的水，又往东流到望日坳，形成黄沙湾，然后流出青草桥而与湘江汇合在石鼓山东面。它一个名称叫草江，因流经青草桥的缘故。又有一个名称叫沙江，因流经黄沙湾的缘故。而称之为蒸江的原因，是因为水流中的水气如蒸气般缭绕上升。船从青草桥进入江中，航行一百里便到达水福，又航行八十里而抵达长乐。

耒水者，由湘之东岸入，其源发于郴州之耒山，西北流经永兴、耒阳界。又有郴江发源于郴之黄岑山，白豹水发源于永兴之白豹山，资兴水发源于钴鉧泉，俱与耒水会。又西抵湖东寺，至耒口而合于回雁塔之南。舟向郴州、宜章者，俱由此入，过岭，下武水[1]，入广之浈江[2]。

【注释】①武水：有称武溪，今仍称武水。②浈（zhēn）江：指珠江水系北江干流的上游段，北江明代称浈江。

【译文】耒水，从湘江的东岸汇入湘江。它发源于郴州的耒山，往西北流经永兴、耒阳两县界。又有条郴江发源于郴州的黄岑山，一条白豹水发源于永兴县的白豹山，一条资兴水发源于钴鉧泉，它们都与耒水汇合。又折往西流抵湖东寺，到耒口与湘江汇合在回雁塔的南面。到郴州、宜章县去的船，都从汇流处入水。越过山岭，下到武水中，顺武水进入广东的浈江。

来雁塔者，衡州下流第二重水口山也。石鼓从州城东北特起垂江，为第一重；雁塔又峙于蒸水之东、耒水之北，为第二重。其来脉自岣嵝转大海岭，度青山坳，下望日坳，东南为桃花冲，即绿竹、华严诸庵所附丽高下者。又南濒江，即为雁塔，与石鼓夹峙蒸江之左右焉。

【译文】来雁塔，是衡州府城的下游第二重水口处的山。石鼓山从衡州州城东北方独特耸起，垂立在江边，为第一重；雁塔山又耸立在蒸水的东面、耒水的北面，为第二重。延伸而来的山脉从岣嵝峰折向大海岭，越过青山坳，下延到望日坳，往东南延伸为桃花冲，即绿竹、华严等各寺庵依地势高低列置在其间的那个山冲。又往南濒临江水，便是雁塔山，它与石鼓山在蒸江两岸左右耸峙。

衡州之脉，南自回雁峰而北尽于石鼓，盖邵阳、常宁之间迤逦而来，东南界于湘，西北界于蒸，南岳岣嵝诸峰，乃其下流回环之脉，非同条共贯者。徐灵期[①]谓南岳周回八百里，回雁为首，岳麓[②]为足，遂以回雁为七十二峰之一，是盖未经孟公坳，不知衡山之起于双髻也。若岳麓诸峰磅礴处，其支委固远矣。

【注释】①徐灵期：南朝刘宋时吴郡（今江苏宜兴）人。历时15年编著《衡山记》，是记述南岳山川最早的一本专著。他第一个提出了南岳衡山有七十二峰之说，所谓“衡山周回八百里，上如车盖及横轭之形，山有七十二峰，回雁为首，岳麓为足”。②岳麓：古人把岳麓山列为南岳七十二峰的最后一峰，称为灵麓峰，被认为衡山之足，故称岳麓。

【译文】衡州府城的山脉，南边从回雁峰开始，北边到石鼓山结束，它大概从邵阳县、常宁县之间曲折连绵而来，东南以湘江为界，西北以蒸江为界，南岳衡山的岣嵝等山峰，是主脉下段曲折环绕的山脉，不是共同贯通的一条山脉。徐灵期说南岳周围八百里，回雁峰为首，岳麓山为尾，这样便将回雁峰视为南岳七十二峰之一，这大概是因为没有从孟公坳走过，不知道衡山起自于双髻峰的缘故。至于岳麓山群峰气势浩大蜿蜒无边的样貌，是因为它是衡山支脉的末尾，本来就延伸得很远了。

初二日　早起，欲入城，并游城南花药山。雨势不止，遂返天母庵。庵在修竹中，有乔松一株当户，其外层冈回绕，竹树森郁，俱在窗槛之下，前池浸绿，仰色垂痕，后坂帏红，桃花吐艳。原名桃花冲。风雨中春光忽逗，而泥屐未周，不能无开云之望。下午，滂沱弥甚，乃拥炉瀹茗，兀坐竟日。

【译文】初二日　早早起来，想进城去，并游览城南的花药山。因为雨势不停，便返回天母庵。此庵在修长的竹丛中，挡在庵门前有一棵高大的松树，庵外层层山冈曲折环绕，翠竹绿树丛生繁茂，这一切都近在窗户栏杆之下。庵前的池塘中浸润着绿色，仰看是青翠的山色，俯视是枝叶花草倒映在水波中的痕印；庵后山坡上像帷幔样一片缨红，桃花争相吐艳。这地方原名桃花冲。风雨中春光忽然来逗引人，而我沾带泥浆的足迹还未能遍游周围地方，这就令我不能没有云开雾散天气放晴的期望。下午，大雨滂沱雨势更大，于是围着火炉煮茶喝，一整天静坐着不动。

初三日　寒甚，而地泞天阴，顾仆病作，仍拥炉庵中，作《上封寺募文》。中夜风声复作，达旦仍（未）止雨。

【译文】初三日　天气很寒冷，地上泥泞并且天阴，顾仆又生病，于是仍旧围着火炉坐在庵中，写作《上封寺募文》。半夜时风声又起，到天亮雨仍未停止。

初四日　雨，拥炉庵中，作完初上人《白石山精舍引》。

【译文】初四日　天下着雨，围着火炉坐在庵中，为完初上人写作《白石山精舍引》。

初五日　峭寒，酿雨。令顾仆往河街城东濒湘之街，市肆所集。觅永州船，余拥炉书《上封疏》《精舍引》，作《书怀诗》呈瑞光。

【译文】初五日　天气严寒，天空中酝酿着一场雨。叫顾仆到河街城东濒临湘江的一条街道，是店铺集中的地方。寻找去永州府的船只，我围坐在火炉旁书写《上封疏》《精舍引》，并作了《书怀诗》呈送给瑞光禅师。

初六日　雨止，泞甚。入城拜乡人金祥甫，因出河街。抵暮返，雨复霏霏。金乃江城[1]金斗垣子，随桂府分封至此。其弟以荆溪壶[2]开肆东华门府墙下。

【注释】①江城：江阴的别称。②荆溪壶：江苏宜兴县所产的陶制茶壶。相传始于明神宗万历年间，以制作精美著称，其中紫砂陶最为名贵。据传，紫砂陶壶盛茶，盛暑不变味。

【译文】初六日　雨停了，但地上泥泞得很，进城去拜会家乡人金祥甫，顺便出城到了河街。傍晚返回庵中，雨又盛密纷飞地下了起来。金祥甫是江阴人金斗垣的儿子，随同桂府被分封到此地。他弟弟开了个专门卖荆溪壶的店铺，在东华门王府围墙下。

初七日　上午开霁。静闻同顾仆复往河街更定永州舡。余先循庵东入桂花园。乃桂府新构庆桂堂地，为赏桂之所。前列丹桂三株，皆耸干参天，接荫蔽日。其北宝珠茶五株，虽不及桂之高大，亦郁森殊匹。又东为桃花源。西自华严、天母二庵来，南北俱高岗夹峙，中层叠为池，池两旁依冈分坞，皆梵宫绀宇[1]，诸藩阉[2]亭榭，错出其间。桃花源之上即桃花冲，乃岭坳也。其南之最高处新结两亭，一曰停云，又曰望江，一曰望湖，在无忧庵后修竹间。时登眺已久，乃还饭绿竹庵。复与完初再上停云，从其北逾桃花冲坳，其东冈夹成池，越池而上，即来雁塔矣。塔前为双练堂，西对石鼓，返眺蒸、湘交会，亦甚胜也。塔之南，下临湘江，有巨楼可凭眺，惜已倾圮。楼之东即为耒江北入之口，时日光已晶朗，岳云江树，尽献真形。乃趣完初觅守塔僧，开扃[③]而登塔，历五层。四眺诸峰，北惟衡岳最高，其次则西之雨母山，又次则西北之大海岭，其余皆冈陇高下，无甚峥嵘[④]，而东南二方，固豁然无际矣。湘水自回雁北注城东，至石鼓合蒸，遂东转，经塔下。东合耒水北去，三水曲折，不及长江一望无尽，而纡回殊足恋也。眺望久之，恐静闻觅舟已还，遂归询之，则舟之行尚在二日后也。是日颇见日影山光，入更复雨。

【注释】①梵（fàn）官：原指梵天的宫殿，后多指佛寺。绀（gàn）宇：佛寺的别称。②藩：封建王朝分封在各地的藩王。阉：宦官。③开扃（jiōng）：开门。扃：从外面关闭门户用的门闩、门环等。借指门扇。④峥嵘：山势高峻。

【译文】初七日　上午云开雾散天气转晴。静闻和顾仆又到河街再次预定去永州府的船。我先顺着天母庵往东进入桂花园。这园在桂王府新近营建的庆桂堂的地面上，为赏桂花的场所。园中前面排列着三棵丹桂，棵棵都是枝干高耸入云空，树荫连接在一起，遮天蔽日。北面有五棵宝珠茶，它们虽不如桂树那样高大，但也葱郁繁茂，极少有比得上的。又往东为桃花源。西面从华严、天母庵过来，南北两边都是高高的山冈夹峙，中间层层叠叠高低错落的形成池塘，池塘两旁依山冈之势分别形成一条条山坞，山坞中都是佛寺庙宇，藩王以及众宦官们的亭阁台榭，错落点布在其间。桃花源上面就是桃花冲，它是一个岭坳。它南面的最高处新建有两个亭子，一个叫停云亭，又叫望江亭；另一个叫望湖亭，位于无忧庵后面的修竹丛中。当时登上亭子眺望很久，便返回绿竹庵中吃饭。饭后又与完初上人再次登上停云亭，从亭北面越过桃花冲的山坳，山坳东面山冈夹峙形成池塘，越过池塘往上走，就是来雁塔了。塔前面为双练堂，西面对着石鼓山，从此处回首眺望蒸江、湘江交汇的情景，也非常优美。来雁塔的南边，下临湘江，那里有座巨大的楼阁，可以登上去居高远眺，可惜那楼已经倒塌。楼的东面就是耒江往北汇入湘江的江口，当时日光已经很明朗，山岳、白云、江流、树木，全都显现出了真实形态。于是催促完初上人寻找到守塔的僧人，打开了塔门，我们朝塔上攀登，共爬了五层。从塔上向四处眺望众山峰，只有北面的衡山最高，其次是西面的雨母山，再次是西北面的大海岭，其余都是些高低起伏的山冈山坡，没有什么高峻的峰峦，因而东、南两方，自然就广阔无边了。湘水从回雁峰下往北流到城东，到石鼓山汇合蒸水，便折向东，流经塔下，往东汇合耒水而向北流去，这三条水流蜿蜒曲折，不如长江那样直泻而去一望无际，然而迂回曲折的情景很值得留恋。眺望了许久，担心静闻他们去找船已经回来，便返回庵中，向他们询问，得知开船的日期还在两天后。这天见到了不少太阳的影子和许多山间的景致，但进入庵中后又下起了雨。

按雨母山[①]在府城西一百里，乃回雁与衡城来脉，兹望之若四五十里外者，岂非雨母，乃伊山耶？恐伊山又无此峻耳。《志》曰：“伊山在府西三十五里，乃桓伊[②]读书处。”而雨母则大舜巡狩所经，亦云云阜。余苦久雨，望之不胜曲水之想[③]。

【注释】①雨母山：雨母山位于湖南省衡阳市中心西南15公里处雨母镇，自古以来，雨母山因为求雨特别灵验而得名。②桓伊：字叔夏，小字子野，一作野王。东晋谯国铚县（今安徽濉溪县临涣镇）人。东晋时期将领、名士、音乐家，丹阳尹桓景之子。平生善于吹笛，宿有“笛圣”之称，笛谱改编成琴曲《梅花三弄》，桓伊唱的挽歌与羊昙唱的乐歌、袁山松唱的《行路难》辞，时人称为“三绝”。③曲水之想：古代民俗，每年农历三月上旬的巳日在弯曲的水流上游设酒杯，任其飘流而下，当酒杯停在那个人附近，便由他取来饮酒。可以祓除不吉利。“曲水流觞”主要有两大作用，一是欢庆和娱乐，二是祈福免灾。

【译文】按文献记载，雨母山在衡州府城西面一百里处，是回雁峰与衡州府城山脉的来脉，现望过去像是在四五十里以外的那山，难道不是雨母山，而是伊山吗？恐怕伊山又没有这样峻峭。《志》记载道：“伊山在府城西面三十五里处，是桓伊读书的地方”。而雨母山则是大舜巡视天下时经过的山，也叫云阜山。我苦于下了很长时间的雨，望着雨母山，不再有曲水流觞的希望。

初八日　晨起雨歇，抵午有日光，遂入城，经桂府前。府在城之中，圆亘城半，朱垣碧瓦，新丽殊甚。前坊标曰“夹辅亲潢”，正门曰“端礼”。前峙二狮，其色纯白，云来自耒河内百里。其地初无此石，建府时忽开得二石笋，俱高丈五，莹白如一，遂以为狮云。仍出南门，一里，由回雁之麓又西一里，入花药山。山不甚高，即回雁之西转回环而下府城者。诸峰如展翅舒翼，四拱成坞，寺当其中，若在围城之内，弘敞[1]为一方之冠。盖城北之桃花冲，俱静室星联，而城南之花药山，则丛林独峙者也。寺名报恩光孝禅寺。寺后悬级直上，山顶为紫云宫，则道院也。其地高耸，可以四眺。还寺，遇锡僧觉空，兴道人。其来后余，而先至此。因少憩方丈，观宋徽宗弟表文。其弟法名琼俊，弃玉牒而游云水。时知府卢景魁之子移酌入寺，为琼俊所辱，卢收之狱中，潜书此表，令狱卒王祐入奏，徽宗为之斩景魁而官王祐。其表文与徽宗之御札如此，寺僧以为宗门一盛事。然表中称衡州为邢州，御札斩景魁，即改邢为衡，且以王祐为衡守。其说甚俚[2]，恐寺中捏造而成，非当时之实迹也。出寺，由城西过大西门、小西门，城外俱巨塘环绕，阛阓连络。共七里，东北过草桥，又二里，入绿竹庵，已薄暮矣。是日雨已霁，迨中夜，雨声复作，潺潺达旦而不止。

【注释】①弘敞：高大宽敞。②俚：鄙俗。

【译文】初八日　早晨起来，雨停了，到中午有了阳光，于是进入城中，从桂王府前面经过。桂王府在衡州府城的中央，呈圆形横贯半座府城，红墙碧瓦，极其崭新艳丽。前面的牌坊上标着“夹辅亲潢”，正门叫“端礼”门。府门前屹立着一对石狮子，石狮子颜色纯白，据说原石料来自百里外的耒河中。那地方原先没有此种石头，建王府时忽然开挖到两根石笋，都是一丈五尺高，晶莹洁白完全一样，于是便用来雕刻成石狮。仍旧出了城南门，走一里，然后从回雁峰山麓又往西一里，进入花药山中。这山不是很高，它就是回雁峰折向西又曲折环绕而向府城延伸下去的那山。众峰就像舒展开的翅膀，四面环拱围成山坞，寺院坐落在山坞中，若如处在四周有防守的城内，寺院的弘大宽敞是这一带的第一。城北的桃花冲中，都是静室，如繁星样连在一起；而城南的花药山中，却是一座寺院独自耸立。寺名叫报恩光孝禅寺。寺后面，悬空的石阶路直通向上，山顶为紫云宫，是个道院。那里地势高耸，可以眺望四方。回到寺内，遇到无锡县僧人觉空，他是兴道人。他比我后来，却先到达此地。于是在方丈中稍事休息，观看宋徽宗弟弟的一个奏表。宋徽宗的弟弟法名为琼俊，他抛弃皇族的身份而云游山水。他在此寺时，知府卢景魁的儿子将酒席搬到寺中来吃，被琼俊侮辱，于是卢景魁把他逮进狱中，他暗中写了这个奏表，叫狱卒王祐进京上奏朝廷，徽宗为此斩了卢景魁而给王祐加官。琼俊的奏表与徽宗的御笔公文反映的就是这么件事，寺中僧人将它视为佛教禅宗的一件盛事。然而奏表中称衡州为邢州，徽宗斩卢景魁的批文中，就把"邢"改为"衡"，而且任命王祐为衡州知州。这个说法很鄙俗，恐怕是寺中僧人捏造编成的，不是当时的实际事实。出了寺，从城西走，路过大西门、小西门，城外到处都是巨大的池塘环绕，街市相连。共走七里，往东北跨过草桥，又走二里，回到绿竹庵中，已经傍晚了。这一日白天雨已经停了，到半夜，雨又下了起来，雨声潺潺到天明也未停止。

初九日　雨势不止，促静闻与顾仆移行李舟中，而余坐待庵中。将午，雨中别瑞光，过草桥，循城东过瞻岳、潇湘、柴埠三门，入舟。候同舟者，因复入城，市鱼肉笋米诸物。大鱼每二三月水至衡山县放子，土人俱于城东江岸以布兜围其沫，养为雨苗，以大艑[①]贩至各省，皆其地所产也。过午出城，则舟以下客移他所矣。与顾仆携物匍匐雨中，循江而上，过铁楼及回雁峰下，泊舟已尽而竟不得舟。乃觅小舟，顺流复觅而下，得之于铁楼外，盖静闻先守视于舟，舟移既不为阻，舟泊复不为觇[2]，听我辈之呼棹而过，杂众舟中竟不一应，遂致往返也。是日雨不止，舟亦泊不行。

【注释】①艑（biàn）：扁舟，形扁而浅的船。②觇（chān）：观测。

【译文】初九日　雨势不停，我催促静闻与顾仆将行李搬到船中，而我坐在庵中等待。天接近中午，在雨中辞别了瑞光，越过草桥，顺城东经过瞻岳、潇湘、柴埠三座城门，进入船中。因等候同船的其他乘客，于是重新入城，购买了鱼肉、竹笋、大米等各种物品。大鱼每年二三月顺水游到衡山县境内产卵，当地人都到城东江岸用布兜围起水泡样鱼卵，养成鱼苗，人们用形扁而浅的大船贩到各省去卖的，都是这地方产的。过了中午出城来到江边，却发现船因为要下乘客移往别处去了。我便与顾仆携带着买来的物品，在雨中近乎爬行的艰难行进，竭力寻找船只，我们顺江而上，经过铁楼以及回雁峰下，已经到达所有停泊船只的尽头，然而竟然没有找到我们所搭乘的那船。于是找了只小船坐着，顺流而下又找回来，最后在铁楼外找到。静闻事先在船中看守，船移动地方他既不阻止，停泊后又不看看外面的动静，听凭我俩在小船上呼喊而过，混杂在众多船只中竟没有一声应答，这便使得我俩来回找寻。这天雨未停，船也停泊着不起航。

初十日　夜雨达旦。初涉潇湘[1]，遂得身历此景，亦不以为恶。上午，雨渐止。迨暮，客至，雨散始解维[2]。五里，泊于水府庙之下。

【注释】①潇湘：指今湖南境内。②维：即船缆。

【译文】初十日　雨通宵达旦下个不停。初次进入潇湘地区，我们便亲身经历此景，也不见得是坏事。上午，雨渐渐停下来。到傍晚，所等的同船乘客来到，雨雾散去，这才解开船缆开船。行五里，在水府庙的下边停泊。

十一日　五更复闻雨声，天明渐霁。二十五里，南上钩栏滩，衡南首滩也，江深流缩，势不甚汹涌。转而西，又五里为东阳渡[①]，其北岸为琉璃厂，乃桂府烧造之窑也。又西二十里为车江[②]，或作汉江。其北数里外即云母山。乃折而东南行，十里为云集潭，有小山在东岸。已复南转，十里为新塘站[③]，旧有驿，今废。又六里，泊于新塘站上流之对涯。同舟者为衡郡艾行可、石瑶庭，艾为桂府礼生[④]，而石本苏人，居此已三代矣。其时日有余照，而其处止有谷舟二只，遂依之泊。已而，同上水者又五六舟，亦随泊焉。其涯上本无村落，余念石与前舱所搭徽人俱惯游江湖，而艾又本郡人，其行止余可无参与，乃听其泊。迨暮，月色颇明。余念入春以来尚未见月，及入舟前晚，则潇湘夜雨，此夕则湘浦月明，两夕之间，各擅一胜，为之跃然。已而忽闻岸上涯边有啼号声，若幼童，又若妇女，更余不止。众舟寂然，皆不敢问。余闻之不能寐，枕上方作诗怜之，有“箫管孤舟悲赤壁，琵琶两袖湿青衫”之句，又有“滩惊回雁天方一，月叫杜鹃更已三”等句。然亦止虑有诈局，俟怜而纳之，即有尾其后以挟诈者，不虞其为盗也。迨二鼓，静闻心不能忍，因小解涉水登岸，静闻戒律甚严，一吐一解，必俟登涯，不入于水。呼而诘之，则童子也，年十四五，尚未受全发，诡言出王阉之门，年甫十二，王善酗酒，操大杖，故欲走避。静闻劝其归，且厚抚之，彼竟卧涯侧。比静闻登舟未久，则群盗喊杀入舟，火炬刀剑交丛而下。余时未寐，急从卧板下取匣中游资移之。越艾舱，欲从舟尾赴水，而舟尾贼方挥剑斫尾门，不得出。乃力掀篷隙，莽投之江中，复走卧处，觅衣披之。静闻、顾仆与艾、石主仆，或赤身，或拥被，俱逼聚一处。贼前从中舱，后破后门，前后刀戟乱戳，无不以赤体受之者。余念必为盗执，所持紬[5]衣不便，乃并弃之。各跪而请命，贼戳不已，遂一涌掀篷入水。入水余最后，足为竹纤所绊，竟同篷倒翻而下，首先及江底，耳鼻灌水一口，急踊而起。幸水浅止及腰，乃逆流行江中，得邻舟间避而至，遂跃入其中。时水浸寒甚，邻客以舟人被盖余，而卧其舟，溯流而上三四里，泊于香炉山，盖已隔江矣。还望所劫舟，火光赫然，群盗齐喊一声为号而去。已而同泊诸舟俱移泊而来，有言南京相公身被四创者，余闻之暗笑其言之妄。且幸乱刃交戟之下，赤身其间，独一创不及，此实天幸。惟静闻、顾奴不知其处，然亦以为一滚入水，得免虎口，资囊可无计矣。但张侯宗琏所著《南程续记》一帙[6]，乃其手笔，其家珍藏二百余年，而一入余手，遂罹此厄，能不抚膺！其时舟人父子亦俱被戳，哀号于邻舟。他舟又有石瑶庭及艾仆与顾仆，俱为盗戳，赤身而来，与余同被卧，始知所谓被四创者，乃余仆也。前舱五徽人俱木客，亦有二人在邻舟，其三人不知何处。而余舱尚不见静闻，后舱则艾行可与其友曾姓者，亦无问处。余时卧稠人中，顾仆呻吟甚，余念行囊虽焚劫无遗，而所投匣资或在江底可觅。但恐天明为见者取去，欲昧爽即行，而身无寸丝，何以就岸。是晚初月甚明，及盗至，已阴云四布，迨晓，雨复霏霏。

【注释】①东阳渡：同今名，在衡阳市珠晖区，湘江东岸。②车江：同今名，在衡南县中部，湘江西岸。③新塘站：今名同，在衡南县中部，湘江东岸，属于向阳镇。④礼生：祭祀时赞礼司仪的执事。⑤紬：同“绸”。紬为大丝抽缯，粗茧织成，而绸织得细密。⑥帙（zhì）：用布帛制成的包书的套子，故称书一套为一帙。

【译文】十一日　五更时又听到外面下雨声，天亮后渐渐晴开。行二十五里，向南上了钩栏滩，它是衡州府城南面湘江上的第一个险滩，到这里江流变深，水面变窄，水势不很汹涌。转往西，又行五里为东阳渡，它的北岸为琉璃厂，是桂王府烧制各种器皿的瓷窑。又向西行二十里为车江，或叫做汊江。车江北面几里以外就是云母山。而后就转往东南行船，行十里为云集潭，有座小山在潭东岸上。随后又转往南，行十里为新塘站。旧时有驿站，如今已废弃。又行六里，停泊在新塘站的上游对岸。同船的人为衡州府的艾行可、石瑶庭，艾行可是桂王府主管祭祀司礼的先生，而石瑶庭本就是苏州府人，移民到此地居住已经有三代了。当时太阳还有余辉，而那地方只有两只载谷子的船，于是靠拢上去跟他们停泊在一起。不久后，同是向上游航行的船又来了五六条，也跟着在这里停泊下来。停泊处的岸上本无村落，但我想石瑶庭与前舱中搭乘的徽州府人都是惯常游走江湖的人，而艾行可又是本府人，他们或走或停我可以不过问干预，于是听任他们停泊下来。等到太阳落山后，天空中月色很明亮。我回想起入春以来还未见到过月亮，自从前天晚上登船，潇湘江就下了一夜的雨，今夜却是湘江岸边明月照耀，两夜之间，各自有一种江上的优美夜景，于是心中不禁为此感到愉悦。旋即忽然听到江岸边有啼哭声，像是幼童，又像是妇女，哭了一更多时间还未停止。众船中静悄悄的，大家都不敢随便打听。我听着哭声不能安睡，便在枕头上作了一首诗表达怜悯之情，诗中有“箫管孤舟悲赤壁，琵琶两袖湿青衫”这样的句子，又有“滩惊回雁天方一，月叫杜鹃更已三”等句子。然而我也只是考虑怕会有骗人的圈套，待船上的人可怜他而收纳、理会他时，马上便有尾随其后挟持诈骗的人到来，没有料想到他是盗贼。到二更时，静闻心中不能抑制住怜悯的心情，于是趁涉水登岸小解的机会，静闻对教中的戒律遵守得很严格，吐痰及解大、小便等，一定等到上岸，不让污物进入水中。招呼询问那啼哭的人，发现是个童子，年龄十四五岁，还没有留全发，欺诈说他是王宦官门下的人，年纪才十二岁，因为王宦官常常酗酒，常拿重棍责罚他，因此想逃跑躲避。静闻劝他回去，并且用好言抚慰他，而他竟然躺卧在岸边不动。等静闻登上船不久，就见一群盗贼叫喊着冲杀到船中，火把刀剑交错密集地落下。我当时还未睡，急忙从铺板下取出匣子中装着的旅费，转移到其他地方。我越过艾行可所在的那船舱，想从船尾投入水中，而船尾盗贼正挥剑砍着船尾的门，不能出去，我于是用力掀起船篷，露出缝隙，匆忙冒失地将匣子投到江中，又跑回睡睡觉的船舱，找了衣服披在身上。静闻、顾仆和艾行可、石瑶庭以及他俩的仆人，有的光着身，有的裹着被子，都被威胁逼迫聚集到一起。船头的盗贼从中舱向后走过来，船后的盗贼砍开船的后门往前，前后刀戟乱刺，船上的人无不是赤身露体地承受着这一切。我想我必定要被盗贼抓住，所拿着的绸子衣服不便于行动，于是通通丢弃。大家个个跪在盗贼前请求保全性命，盗贼却砍刺个不停，于是大家一拥而起，掀起船篷跳入水中。我是最后一个跳入水中，脚被竹蒿纤绳绊住了，竟然同船篷一起倒翻下去，头先触着江底，耳鼻都灌了水，呛了一口，才迅急向上跃起。幸好水深较浅只到腰部，于是我们逆流从江中走，见到一只邻船为避开盗贼趁空隙划了过来，便跃入那船中。当时水浸得我全身异常寒冷，那船上的一个乘客将船夫的被子盖在我身上，我便躺在船中。船逆流而上行了三四里，停泊在香炉山下，大概已经是湘江的另一岸了。回身远望那只被抢劫的船，火光大起，众盗贼齐声喊叫一声作为信号，就离去了。随即，先前一同停泊的各船都移到香炉山下来停泊，船中有人说南京的读书人身上被刺伤四处，我听了暗笑那人所说之话的太虚假。庆幸的是我赤身暴露在乱刀棍剑之下，竟没有一处被伤，这实在是天大的幸运！只是不知道静闻、顾仆在何处，但也认为他们一起滚入水中，能幸免逃脱虎口，至于钱财行囊可不必计较了。只是张侯宗琏所著的一套《南程续记》，是他的手迹，他家珍藏了两百多年，而一到我手中，便遭此等厄运，怎能不痛惜！当时船夫父子俩也都被刺伤，在邻船上哀号着。另一只船上又有石瑶庭、艾行可的仆人与顾仆，他们都被盗贼刺伤，光着身体来到我的船上，与我同盖一床被子躺卧，我这才知道所说的被刺伤四处的人，是我的仆人。原所乘那只船前舱中的五个徽州府人都是做木活的，他们中也有两人在邻船上，其余三人不知在哪里。而我那个舱中的人还不见静闻，后舱中则是艾行可与他的姓曾的朋友，也无处打听。我当时躺在拥挤的众人中，顾仆受伤呻吟得很厉害，我心想行囊虽然被焚烧抢劫得什么都不剩了，而投到江中装着的旅游费用的匣子或许可以在江底找到。我只担心天亮后被见到的人拿了去，便想黎明就前往寻找，但身上无一丝衣物蔽体，穿什么上岸。这天晚上，起初月亮很明，等盗贼来时，已经阴云四布，到拂晓时，雨又霏霏地下了起来。

十二日　邻舟客戴姓者，甚怜余，从身分里衣、单裤各一以畀余。余周身无一物，摸髻中犹存银耳挖一事，余素不用髻簪，此行至吴门，念二十年前从闽返钱塘江浒，腰缠已尽，得髻中簪一枝，夹其半酬饭，以其半觅舆，乃达昭庆金心月房。此行因换耳挖一事，一以绾发，一以备不时之需。及此堕江，幸有此物，发得不散。艾行可披发而行，遂至不救。一物虽微，亦天也。遂以酬之，匆匆问其姓名而别。时顾仆赤身无蔽，余乃以所畀裤与之，而自著其里衣，然仅及腰而止。旁舟子又以衲[①]一幅畀予，用蔽其前，乃登涯。涯犹在湘之北东岸，乃循岸北行。时同登者余及顾仆，石与艾仆并二徽客，共六人一行，俱若囚鬼。晓风砭骨，砂砾[②]裂足，行不能前，止不能已。四里，天渐明，望所焚劫舟在隔江，上下诸舟，见诸人形状，俱不肯渡，哀号再三，无有信者。艾仆隔江呼其主，余隔江呼静闻，徽人亦呼其侣，各各相呼，无一能应。已而闻有呼予者，予知为静闻也，心窃喜曰："吾三人俱生矣。"亟欲与静闻遇。隔江土人以舟来渡余，及焚舟，望见静闻，益喜甚。于是入水而行，先觅所投竹匣。静闻望而问其故，遥谓余曰："匣在此，匣中之资已乌有矣。手摹《禹碑》及《衡州统志》犹未沾濡也。"及登岸，见静闻焚舟中衣被竹芨犹救数件，守之沙岸之侧，怜予寒，急脱身衣以衣予。复救得余一裤一袜，俱火伤水湿，乃益取焚余炽火以炙之。其时徽客五人俱在，艾氏四人，二友一仆虽伤亦在，独艾行可竟无踪迹。其友、仆乞土人分舟沿流捱觅，余辈炙衣沙上，以候其音。时饥甚，锅具焚没无余，静闻没水取得一铁铫[③]，复没水取湿米，先取干米数斗，俱为艾仆取去。煮粥遍食诸难者，而后自食。迨下午，不得艾消息，徽人先附舟返衡，余同石、曾、艾仆亦得土人舟同还衡州。余意犹妄意艾先归也。土舟颇大，而操者一人，虽顺流行，不能达二十余里，至汉江已薄暮。二十里至东阳渡，已深夜。时月色再明，乘月行三十里，抵铁楼门，已五鼓矣。艾使先返，问艾竟杳然也。

【注释】①衲：补缀，缝补。②砂砾（shā lì）：砂和碎石块。③铫（diào）：煮开水熬东西用的一种带柄有嘴的小锅。

【译文】十二日　邻船一个姓戴的船客，很同情我，从他身上分出内衣、单层裤子各一件给了我。我全身没有一件物品，摸摸发髻中还存有一个银耳挖，我向来不用束发髻的簪子，此次旅行到达苏州时，想起二十年前从福建返回到钱塘江边，随身携带的财物已经用完，从发髻中摸到一枝簪子，剪下一半付了饭钱，用另一半雇了一乘轿子，才到达昭庆寺金心月的房中。此次旅行换了一个耳挖，一是用来盘束头发，一是用以防备不时之需。到此次落入江中，幸亏有这耳挖，头发得以不散开。艾行可披着头发逃跑，以至于无法挽救。一件物品虽然微小，也会成为性命赖以保全的东西啊！便用它来酬谢了他，然后匆匆问了他的姓名就告别了。当时顾仆光着身没有一点衣物遮蔽，我便把姓戴的送我的裤子给了他，而自己穿着那件内衣，然而那内衣仅到腰间。旁边一只船的船夫又将一块补过补丁的布给了我，我用它遮着身体前面，这才登上岸去。所登之处仍然在湘江的东北岸上，于是沿江岸往北行。当时一同登岸的有我和顾仆、石瑶庭和艾行可的仆人以及两个徽州府人，一行共六人，个个都像是囚犯鬼怪。拂晓的风寒冷刺骨，砂和碎石子划破了脚板，往前不能走，想停下又不能。走了四里，天渐渐亮了，望见那只被焚烧抢劫的船在江对面，上下游的众多船只，看到我们这一行人的形状，都不肯为我们摆渡，再三哀求哭喊，都没有相信我们的。艾行可的仆人隔着江呼叫他的主人，我隔着江呼喊静闻，徽州府人也呼喊着他们的同伴，众人各各相呼，没人应答一声。旋即听到有喊我的人，我知道是静闻，心中暗喜道："我三人都还活着。"急着想与静闻相会。江对面的一个当地人将船划过来接我，到被焚毁的船边，看见了静闻，更加欢喜得不得了。我从那只船的残骸处入水而行，先寻找投入江中的竹匣子。静闻望见后问我为何如此，然后远远地对我说："匣子在这里，但匣中的钱物已经没有了。你亲手临摹的《禹碑》以及《衡州统志》还没有被沾湿。"等登上岸，见到静闻从被烧的船中还救得衣服、被子、竹书箱等几件物品，守在沙岸的侧边，他怜惜我寒冷，急忙脱下身上的衣服给我穿上。又救出我的一条裤子一双袜子，都被火烧坏被水浸湿了，于是再取了些那船上仍燃烧得残火来烘烤衣被。到这时，徽州府的五个乘客都在了，艾行可一行四人中，他的两个友人和一个仆人虽受伤也在，唯独艾行可竟然没有踪迹。他的友人和仆人乞求当地人分别乘船沿江去一处一处挨着找寻，而我们在沙岸上烘烤衣服，等候他的音讯。当时非常饥饿，但铁锅炊具或被烧毁或没入江中一样也不剩，静闻潜入水中捞到一个小铁锅，然后再次潜入水中捞起些湿米，先是弄到几斗干米，但都被艾行可的仆人拿了去。我们煮了粥都分给各个遭难的人吃，而后才自己吃。直等到下午，没有得到艾行可的消息，徽州府的几个人先搭乘船只返回衡州府城，随后我们三人同石瑶庭、姓曾的以及艾行可的仆人也找到一只当地人的船，返回衡州府城。我心中还妄想艾行可说不定先回城了。我们所乘的那本地船很大，而驾船的只有一人，虽然是顺流下行，但不到二十几里路，到汉江就已经是傍晚了。又行二十里到东阳渡，已是深夜。当时月色更加明亮，乘月色驶行三十里，抵达铁楼门，已经五更了。艾行可的仆人先返回桂王府打探情况，结果艾行可竟然全无影踪。

先是，静闻见余辈赤身下水，彼念经笈在篷侧，遂留，舍命乞哀，贼为之置经。及破余竹撞，见撞中俱书，悉倾弃舟底。静闻复哀求拾取，仍置破撞中，盗亦不禁。撞中乃《一统志》诸书，及文湛持、黄石斋、钱牧斋与余诸手柬，并余自著日记诸游稿。惟与刘愚公书稿失去。继开余皮厢[①]，见中有尺头，即阖[②]置袋中携去。此厢中有眉公与丽江木公叙稿，及弘辨、安仁诸书，与苍悟道顾东曙辈家书共数十通，又有张公宗琏[③]所著《南程续记》，乃宣德初张侯特使广东时手书，其族人珍藏二百余年，予苦求得之。外以庄定山、陈白沙字裹之，亦置书中。静闻不及知，亦不暇乞，俱为携去，不知弃置何所，真可惜也。又取余皮挂厢，中有家藏《晴山帖》六本，铁针、锡瓶、陈用卿壶，俱重物，盗入手不开，亟取袋中。破予大笥[④]，取果饼俱投舡底，而曹能始《名胜志》三本、《云南志》四本及《游记》合刻十本，俱焚讫。其艾舱诸物，亦多焚弃。独石瑶庭一竹笈竟未开。贼濒行，辄放火后舱。时静闻正留其侧，俟其去，即为扑灭，而余舱口亦火起，静闻复入江取水浇之。贼闻水声，以为有人也，及见静闻，戳两创而去，而火已不可救。时诸舟俱遥避，而两谷舟犹在，呼之，彼反移远。静闻乃入江取所堕篷作筏，亟携经笈并余烬余诸物，渡至谷舟；冒火再入取艾衣、被、书、米及石瑶庭竹笈，又置篷上，再渡谷舟；及第三次，则舟已沉矣。静闻从水底取得湿衣三四件，仍渡谷舟，而谷（舟）乘黑暗匿绌衣等物，止存布衣布被而已。静闻乃重移置沙上，谷舟亦开去。及守余辈渡江，石与艾仆见所救物，悉各认去。静闻因谓石曰："悉是君物乎？"石遂大诟静闻，谓："众人疑尔登涯引盗。谓讯哭童也。汝真不良，欲掩我之箧。"不知静闻为彼冒刃、冒寒、冒火、冒水，夺护此箧，以待主者，彼不为德，而后诟之。盗犹怜僧，彼更胜盗哉矣，人之无良如此！

【注释】①厢：同"箱"。②阖：合上、关闭。③张宗琏（1374—1427）：字重器，江西吉水人。明朝政治人物、进士。永乐二年（1403），其中进士二甲第五十五名，后累任至南京大理寺丞。后贬为常州同知。当时明廷派遣李立治理江南军籍，后擅自逮捕平民，张宗琏与之相争，使大量平民幸免。后因背部生疮而死，葬时有上千名常州百姓衣著白衣送葬。④笥（sì）：装饭食或衣物的竹器，方的称笥，圆的称箪。

【译文】先前，静闻见我等赤身跳入水中，他因想着佛经、书箱在船篷侧边，便留在了船上，他舍命乞求，盗贼为了他才丢下经书。等破开我的竹箱，盗贼见箱中都是书籍，就全部倾倒丢弃在船底。静闻又向盗贼哀求捡回来，仍旧放在破箱中，盗贼也不禁止。竹箱中是《大明一统志》等书籍，以及文湛持、黄石斋、钱牧斋给我的诸多亲笔信，还有我自己写的日记和许多游记手稿。只有写给刘愚公的书稿丢失了。接着盗贼又打开我的皮箱，见其中有块绸缎布料，便全部装在袋中抢走了。此箱中有陈眉公（陈继儒）与丽江府木公叙谈各事的信稿，以及他给弘辨、安仁的几封信件，还有苍梧道顾东曙等人的家信几十封。另外又有张公宗琏所著的《南程续记》，它是宣德初年张侯担负特别使命出使广东时亲自撰写的，他家族中的人将它珍藏了二百多年，我苦苦乞求才得到它。书的外面用庄定山、陈白沙写的字幅裹着，也放在书信中间。静闻不知道这些，也来不及求讨回来，都被盗贼带了去，不知丢在何处，真可惜啊！盗贼又取了我的皮挂箱，箱中有我家私藏的《晴山帖》六本，以及铁针、锡瓶、陈用卿制的壶等，都是些笨重的物件，盗贼拿到后没打开，赶忙装进袋子中。破开我的大竹箱，拿出果饼都抛到船底，而曹能始的《名胜志》三本、《云南志》四本以及《游记》的合刻本十本，都被火烧掉。艾行可舱中的各种物品，也大多被烧毁。唯独石瑶庭的一个竹书箱，盗贼竟然未打开。盗贼临走时，就在后舱放了火。当时静闻正好留在旁边，等盗贼一离开，他就将火扑灭，但我所在那舱的舱口也起了火，静闻便又跳入江里取水来浇火。盗贼听到水中响动的声音，以为还有人在船上，等见到是静闻，就刺了他两下后离去，而火势已经不可救。当时众船都驶到远处躲避了，但两艘运谷子的船还在，静闻向他们呼救，他们反而驶离移向远处。于是静闻跳入江中捞取落入水中的船篷作为筏子，赶紧将佛经、书箱以及我的被火烧后残留的各样物品放入筏中，渡到谷船处；又冒火再到船上取了艾行可的衣服、被子、书箱、米以及石瑶庭的竹书箱，又放在船篷上，再次渡到谷船处；等第三次返回时，船却已沉了。静闻从水底捞起三四件湿衣服，仍渡回谷船处，而那谷船的人乘天色黑暗就藏起了我的绸子衣服等物品，只剩些布衣布被而已。于是静闻重新将它们移到岸边沙石上，谷船也随之开走。等守到我们渡过江到达静闻那里时，石瑶庭和艾行可的仆人见到他抢救下的物品，都各自认领了去。静闻于是对石瑶庭说："全是您的东西吗？"石瑶庭便大骂静闻，说："大家怀疑是你登岸引来盗贼。指询问啼哭的童子那件事。你实在是品性不良，想偷取我的箱子。"他不知道静闻为了他冒着刀剑、冒着寒凉、冒着火、冒着水，并守护这箱子，以等待箱子主人来领取，他不感谢静闻的恩德，反倒辱骂静闻。盗贼都还同情僧人，这家伙比盗贼更狠毒啊，没有良心的人就是如此！

十三日　昧爽登涯，计无所之。思金祥甫为他乡故知，投之或可强留。候铁楼门开，乃入。急趋祥甫寓，告以遇盗始末，祥甫怆然。初欲假数十金于藩府，托祥甫担当，随托祥甫归家收还，而余辈仍了西方大愿。祥甫谓藩府无银可借，询余若归故乡，为别措以备衣装。余念遇难辄返，(缺)觅资重来，妻孥[1]必无放行之理，不欲变余去志，仍求祥甫曲济。祥甫唯唯[2]。

【注释】①妻孥(nú)：妻子和儿女。②唯唯：恭敬的应答声。

【译文】十三日　黎明登岸，担心无处可投奔。想到金祥甫是我在他乡异地中相识并有交往的朋友，投奔他或许可以勉强收留我。等到铁楼门一开，我们就走进城去，急忙奔到金祥甫的寓所，将遇强盗的前后情形告诉了他，金祥甫显出很悲伤的神态。我起初想向桂王府借几十两银子，托付金祥甫为担保，同时拜托金祥甫回老家时到我家中取了来还给桂王府，而我则用借得的费用仍可了却游历西部地区的宏大心愿。然而金祥甫说桂王府没有银两可借，他征求我的意见，说若回故乡，他替我另外筹集资金用来置办衣服行装。我考虑到若遇灾难就返回家，(有缺文)找了费用重新再来，妻子儿女一定不会让我走，于是不愿改变我继续游历西部的志向，依然恳求祥甫曲意接济我们，祥甫恭敬的应允了。

十四、五日　俱在金寓。

十六日　金为投揭内司，约二十二始会众议助。初，祥甫谓已不能贷，欲遍求众内司共济，余颇难之。静闻谓彼久欲置四十八愿斋僧田于常住，今得众济，即贷余为西游资。俟余归，照所济之数为彼置田于寺，仍以所施诸人名立石，极为两便。余不得已，听之。

【译文】十四、十五日　两天都在金祥甫的寓所中。

十六日　金祥甫为我们的事写了份说明情况的揭帖送到内司。约好二十二日才会集众人商议如何救助。起初，金祥甫说他自己不能借贷，想四处去向众内司请求共同接济，我感到很为难。静闻说他早想给常住的寺院购置四十八亩还愿的斋僧田，如今若得到众人救济，就将所得钱物借给我作为游历西部地区的费用，等我回到家，按照所救济钱财的数目在寺庙中为他购置田地，仍旧立一块碑，将各位施舍钱财者的名字刻在石碑上，这样就两件事都解决了。我不得已，听从了他的意见。

十七、八日　俱在金寓。时余自顶至踵，无非金物，而顾仆犹蓬首跣足[①]，衣不蔽体，只得株守[②]金寓。自返衡以来，亦无晴霁之日，或雨或阴，泥泞异常，不敢动移一步。

【注释】①跣（xiǎn）足：赤脚，光着脚。②株守：死守。

【译文】十七、十八日　两天都在金祥甫的寓所中。当时我从头到脚，穿戴的没有不是金祥甫给的衣物，而顾仆仍然蓬头赤脚，衣不蔽体，所以只得呆守在金祥甫的寓所里。从返回衡州府城以来，也没有晴朗的一天，有时下雨有时天阴，道路非常泥泞，不敢移动一步。

十九日　往看刘明宇，坐其楼头竟日。刘为衡故尚书刘尧诲养子，少有膂力[①]，慷慨好义，尚书翁故倚重，今年已五十六，奉斋而不禁酒，闻余被难，即叩金寓余，欲为余缉盗。余谢物已去矣，即得之，亦无可为西方资。所惜者唯张侯《南程》一纪，乃其家藏二百余年物，而眉公辈所寄丽江诸书，在彼无用，在我难再遘[②]耳。刘乃立矢[③]神前，曰："金不可复，必为公复此。"余不得已，亦姑听之。

【注释】①膂（lǚ）力：体力。②遘（gòu）：遇。③矢：通"誓"。

【译文】十九日　去看望刘明宇，在他楼上坐了一整天。刘明宇为衡州府籍原尚书刘尧诲的养子，少年时就有很强的体力，慷慨好义，尚书老先生因此很偏爱器重他，如今他年纪已经五十六岁，吃素膳但不禁酒。他听说我遭了难，就到金祥甫的寓所拜访了我，想为我缉拿盗贼。我感谢他的好意，说物品已经丢了，即便重新得到，也不能作为游历西部地区的费用。可惜的只是张侯《南程续记》那套书，那是他家中珍藏了二百多年的一件宝物；而陈眉公等人要我带到丽江去的各封信件，对那些盗贼没有用，对于我却难以再拥有了。刘明宇听后便在神位前立誓说："就算金银不能找回来，也一定为您找回这些书和信件。"我不得已，也只好姑且听从他的。

二十日　晴霁，出步柴埠门外，由铁楼门入。途中见折宝珠茶，花大瓣密，其红映日；又见折千叶绯桃，含苞甚大，皆桃花冲物也，拟往观之。而前晚下午，忽七门早闭，盖因东安有大盗临城，祁阳亦有盗杀掠也。余恐闭于城外，遂复入城，订明日同静闻往游焉。

【译文】二十日　天气晴朗，走出金祥甫的寓所，漫步到柴埠门外，从铁楼门进了城。途中见有被折下的宝珠茶，花大瓣密，它的红艳映射天空；又见到被折下的叶子众多的绯红色桃花，含苞欲放，花蕾很大，它们都是桃花冲里的物产，我打算前去观赏花景。然而前天下午，忽然早早地就关闭了七个城门，大概是因为东安县有盗匪攻临县城，祁阳县境内也有盗匪烧杀抢掠的缘故。我担心被关在城外，便又回了城，约定第二天同静闻前往桃花冲游览。

二十一日　阴云复布，当午雨复霏霏，竟不能出游。是日南门获盗七人，招党及百，刘为余投揭捕厅。下午，刘以蕨芽①为供饷余，并前在天母殿所尝葵菜②，为素供二绝。余忆王摩诘“松下清斋折露葵”，及东坡“蕨芽初长小儿拳”，尝念此二物，可与蓴丝③共成三绝，而余乡俱无。及至衡，尝葵于天母殿，尝蕨于此，风味殊胜。盖葵松而脆，蕨滑而柔，各擅一胜也，是日午后，忽发风，寒甚，中夜风吼，雨不止。

【注释】①蕨芽：通称蕨苔、蕨菜，即山间野生蕨类植物的嫩芽，西南山区甚多。②葵菜：即冬葵，为我国古代重要蔬菜之一。③蓴（pò）丝：即苴蓴，又称蘘荷，多年生草本，叶如初生的甘蔗，根如姜芽，花为淡黄色，花穗和嫩芽可供食用。

【译文】二十一日　阴云又布满天空，正午时雨再次霏霏地下起来，我们竟不能出城到桃花冲去游览。这天城南门抓到七个盗贼，招供出他们的同伙上百人，刘明宇为我的事投了封说明情况的揭帖到捕厅。下午，刘明宇用蕨菜嫩芽款待我，这蕨菜连同前些日子在天母殿品尝的葵菜，都是素菜中的两种极品。我回忆起王摩诘“松下清斋折露葵”，以及苏东坡“蕨芽初长小儿拳”的诗句，曾惦念这两样东西，可以和蓴丝合在一起成为素菜中的三绝，然而我家乡一样都没有。到衡州府城后，在天母殿品尝了葵菜，在这里品尝了蕨菜，风味特别鲜美。葵菜松软脆嫩，蕨菜光滑绵柔，各有优点。这天午后，忽然起了大风，寒冷得很，到半夜狂风吼叫，雨一直下不停歇。

二十二日　晨起，风止雨霁。上午，同静闻出瞻岳门，越草桥，过绿竹园。桃花历乱，柳色依然，不觉有去住之感。入看瑞光不值，与其徒入桂花园，则宝珠盛开，花大如盘，殷红密瓣，万朵浮团翠之上，真一大观。徜徉久之，不复知身在患难中也。望隔溪坞内，桃花竹色，相为映带，其中有阁临流，其巅有亭新构，阁乃前游所未入，亭乃昔时所未有缀。急循级而入，感花事之芳菲，叹沧桑之倏忽。登山踞巅亭，南瞰湘流，西瞻落日，为之怃然。乃返过草桥，再登石鼓，由合江亭东下，濒江观二竖石。乃二石柱，旁支以石，上镌对联，一曰：“临流欲下任公钓。”一曰：“观水长吟孺子歌。”非石鼓也。两过此地，皆当落日，风景不殊，人事多错，能不兴怀！

【译文】二十二日　早晨起来，风止雨歇，天气转晴。上午，同静闻走出瞻岳门，越过草桥，经过绿竹园。桃花烂漫，柳色依依，心中不觉涌起离开世间去隐居的感想。我们进入绿竹庵中去看望瑞光，但未遇到他，便与他的徒弟一道进了桂花园，园中宝珠茶花盛开，花朵大如盘碟，殷红色，花瓣密集，千万朵浮在青绿色的圆状的树冠上，真是一个绚丽的景观。在园中忘怀地漫游了许久，不再感觉到身在患难中。举目望去，溪流对面的山坞内，鲜艳的桃花与青翠的竹子互相映衬，桃竹丛中有座楼阁，濒临溪流，山顶新建有一个亭子，楼阁是前些日子游览时没有进去过的，亭子那时候还没有修建。急忙沿着石阶进入山坞内，感慨芳菲的花朵，感叹人间世事有如花开花落，瞬息万变。登上山顶盘腿坐在亭子中，往南俯瞰滔滔的湘江水流，往西远望西沉的落日，顿觉怅然若失。于是往回越过草桥，再次登上石鼓山，从合江亭向东往下走，到江边观看两块竖立的岩石。它其实是两根石柱，旁边用石头支撑着；石柱上刻有一副对联，一联是："临流欲下任公钓。"另一联是："观水常吟孺子歌。"不是石鼓。两次经过此地，都是正当日落的时候，风景没有变化，人事却多有更迭，怎能不触发我的情怀心生感叹！

二十三日　碧空晴朗，欲出南郊，先出铁楼门。过艾行可家，登堂见其母，则行可尸已觅得两日矣，盖在遇难之地下流十里之云集潭也。其母言："昨亲至其地，抚尸一呼，忽眼中血迸而溅我。"呜呼，死者犹若此，生何以堪！询其所伤，云"面有两枪"。盖实为阳侯[①]助虐，所云支解为四，皆讹传也。时其棺停于城南洪君鉴山房之侧。洪乃其友，并其亲。毕君甫适挟青乌[②]至，盖将营葬也，遂与偕行。循回雁西麓，南越冈坞，四里而至其地。其处乱冈缭绕，间有掩关习梵之室，亦如桃花冲然，不能如其连扉接趾，而阒寂过之。洪君之室，绿竹当前。危冈环后，内有三楹，中置佛像，左为读书之所，右为僧爨之处，而前后俱有轩可憩，庭中盆花纷列，亦幽栖净界也。艾棺停于岭侧，亟同静闻披荆拜之。余诵"同是天涯遇难人，一生何堪对一死"之句，洪、毕皆为拭泪。返抵回雁之南，有宫翼然于湘江之上，乃水府殿也。先是艾行可之弟为予言，始求兄尸不得，依其签而获之云集潭，闻之心动。至是乃入谒之，以从荆、从粤两道请决于神，而从粤大吉。时余欲从粤西入滇，被劫后，措资无所，或劝从荆州，求资于奎之叔者。时奎之为荆州别驾，从此至荆州，亦须半月程，而时事不可知，故决之神。以两处贷金请决于神，而皆不能全。两处谓金与刘。余益钦服神鉴。盖此殿亦藩府新构，其神极灵也。乃觅道者，俱录其词以藏之。复北登回雁峰，饭于千手观音阁东寮，即从阁西小径下，复西入花药寺，再同觉空饭于方丈。薄暮，由南门入。是日风和日丽，为入春第一日云。

【注释】①阳侯：古代传说中的波涛之神。②青乌：指青乌子。传说中的古代风水家。

【译文】二十三日　晴朗，碧空如洗，我想出城到南郊。先出了铁楼门。路过艾行可家，进到堂屋拜见了他母亲，得知艾行可的尸体已经找到两天了，是在遇难处下游十里的云集潭打捞到的。他母亲说："昨天我亲自到那地方，抱着尸体一呼喊，他眼眶中忽然喷迸出血来溅到我身上。"可悲啊，死了的人还如此，活着的人如何能忍受悲伤！打听他所受的伤，说是"脸上有两处枪伤。"实际上是水神助纣为虐伤害了他，传说他的肢体被分解成四大块，都是谣传。当时他的棺材停放在城南洪鉴先生的山房侧边。洪鉴是他的朋友，并且是他的亲戚。毕君甫正巧带了个风水先生来到，大概将准备下葬之事，于是便与他们一同去。沿着回雁峰西麓行，向南越过山冈山坞，四里就到了那地方。那里乱冈盘绕，间或有几座僧人闭门念佛的屋子，也像桃花冲一样，虽然未能像桃花冲那样僧房众多互相连接，但幽静超过桃花冲。洪鉴先生的山房，前面是翠绿的竹丛，后面是环绕高险的山冈，里面有三间房，中间一间放着佛像，左边一间是读书的场所，右边一间是僧人烧火做饭的地方，前后都有轩廊可供休息，庭院中依次排列着许多盆花草，也是个清幽洁净的隐居之地。艾行可的棺材停放在山岭的侧面，我赶忙同静闻拨开荆棘走到棺材前跪拜他。我吟诵了“同是天涯遇难人，一生何堪对一死”的悼念诗句，洪鉴、毕君甫两人听了都禁不住抹泪水。返回到回雁峰的南面，有一座道观的屋檐像翅膀一样位于湘江之上，这是水府殿。这之前艾行可的弟弟对我说，起初他哥哥的尸体找不到，后来依道观中神签所示而在云集潭找到，我听了心被触动。到这里我便进道观拜谒神像，把从荆州府走和从广西走两条道路交给神灵祈请裁决，结果从广西走大为吉利。当时我想从广西进入云南，被抢劫后，无处筹措资金，有人劝我从荆州府走，向奎之的叔叔求助资金。当时奎之为荆州府通判，从此地到荆州府城，也需走半个月，而世事变化不可预知，所以让神明替我裁决。我将两处借贷银两的事交给神明裁决，而结果都不能圆满。两处指的是金祥甫处和刘明宇处。由此我更加敬服神明的裁决。原来此水府殿也是桂王府新建的，殿中的神明极其灵验。于是我找了个道人，将签牌上的词语全部抄录下来收藏着。又往北登上回雁峰，在千手观音阁东面的僧房中吃了饭，就从阁西边的小路往下走，重新往西进入花药寺中，并再次同觉空在方丈一起吃了饭。傍晚，我们从南门入城。这天风和日丽，为入春以来气候最好的一天。

二十四日　在金寓，觉空来顾。下午独出柴埠门，市蒸酥，由铁楼入。是夜二鼓，闻城上遥呐声，明晨知盗穴西城，几被逾入，得巡者喊救集众，始散去。

【译文】二十四日　待在金祥甫的寓所，觉空前来拜访。下午独自走出柴埠门，买了些蒸酥饼，从铁楼门进到城中。这天夜里二更时，远远地听到城墙上有呐喊声，第二天早晨得知夜间有盗贼挖掘西面城墙，盗贼几乎越墙而入，幸好赶上巡逻的人发现后呼喊众人救助，盗贼才逃离开。

二十五日　出小西门，观西城被穴处。盖衡城甚卑，而西尤敝甚，其东城则河街市房俱就城架柱，可攀而入，不待穴也。乃绕西华门，循王墙后门后宰门外肆，有白石三块欲售。其一三峰尖削如指，长二尺，洁白可爱；其一方竟尺，中有沟池田塍可畜水，但少假人工，次之；其一亦峰乳也，又次之。返金寓。

【译文】二十五日　走出小西门，观看西城墙上被挖洞的地方。原来衡州府城的城墙很低矮，而西城墙尤其破败，东城那一段却是河街的店铺房屋都就着城墙架立柱子，可以攀着它们就进入城内，没必要在城墙挖洞。而后我便绕到西华门，顺桂王府城墙后门后宰门外一家店铺中，有三块白色的石头想出售。其中一块上有三根峰棱，尖削得如手指，长二尺，洁白可爱；另有一块约一尺见方，中间图像如河渠、池塘、水田、土埂，可以蓄水，但稍经人工雕凿过，次一点；还有一块也是峰乳石，又更差一些。返回金祥甫的寓所。

是时衡郡有倡为神农之言者，谓神农、黄帝当出世，小民翕然信之，初犹以法轮寺为窟，后遂家传而户奉之。以是日下界，察民善恶，民皆市纸焚献，一时腾哄，市为之空。愚民之易惑如此。

【译文】这段时期衡州府有人带头传播关于神农的流言，妄言神农、黄帝即将降临人世，老百姓一致相信他说的话，开始还只是以法轮寺为流言传布的巢穴，后来便家家相传户户信奉。因为流言说神农、黄帝在二十五日这天下到凡间，察看民间的善恶，所以老百姓都买纸焚烧祭供，一时间纸价被哄抬而飞涨，市场上的烧纸买卖一空。愚昧的民众就是如此容易被迷惑欺骗！

二十六日　金祥甫初为予措资，展转不就。是日忽阄一会[①]，得百余金，予在寓知之，金难再辞，许假二十金，予以田租二十亩立券付之。

【注释】①忽阄（jiū）一会：过去民间一种互济的办法，每人每月出定额的钱，轮流归一人集中使用，称上会。以拈阄的形式决定得钱者的先后。

【译文】二十六日　金祥甫最初为我筹措银两，反反复复都未能成。这天他在上会拈阄，忽然拈中，得到百余两银子，我在寓所中知道了这消息，金祥甫难以再推辞，答应借给我二十两，我用二十亩田租立了契据交付给他。

二十七、二十八、二十九日　俱在金寓候银，不出。

【译文】二十七日、二十八日、二十九日　都在金祥甫的寓所等候银两，没有出门。

三月初一日　桂王临朝，命承奉刘及王承奉之侄设斋桃花冲施僧。静闻往投斋，晤王承奉之侄，始知前投揭议助之意，内司不爽。盖此助非余本意，今既得金物，更少贷于刘，便可西去。静闻见王意如此，不能无望。余乃议先往道州，游九疑，留静闻候助于此，余仍还后与同去，庶彼得坐俟，余得行游，为两便云。

【译文】三月初一日（3月26日）　桂王上朝处理王府事务，命令刘承奉和王承奉的侄子在桃花冲设斋饭施舍僧人。静闻前去吃斋饭，见到王承奉的侄子，才知道这之前金祥甫投递揭帖送到内司商议救助我们的那个建议，内司没能回应。这个救助方式不是我的本意，如今既然得到金祥甫借给的银两，再向刘明宇稍微借一些，便可往西游历。静闻见王承奉的意思如此，不能不抱有希望。于是我和静闻商议决定，我先前往道州，游历九疑山，留下静闻在此等候救助，我重新回到衡州府城后与他一同走，这样他得以坐等救助金，我得以出游，符合双方各自的心愿。

初二日　乃促得金祥甫银，仍封置金寓，以少资随身。刘许为转借，期以今日，复不能得。予往别，且坐候之，遂不及下舟。

【译文】初二日　这天才催要到金祥甫借给的银两，我将它仍然封起来放在金家寓所，只随身带少量钱财。刘明宇答应为我转借资金，约定今天就借到交给我，结果又不能拿到。我去与他道别，并坐在他家中等候他，于是未来得及登船。

初三日　早出柴埠门登舟。刘明宇先以钱二千并绢布付静闻，更以糕果追予于南关外。时余舟尚泊柴埠未解维，刘沿流还觅，始与余遇，复订期而别。是日风雨复作，舟子迁延，晚移南门埠而泊。

【译文】初三日　早早地出了柴埠门登上船。刘明宇先将两千文铜钱连同一些绢布交给静闻，再带着糕点果品追赶我到南关外。当时我乘的船还停泊在柴埠门外，没有开船，刘明宇沿江流找回来，才与我相遇，我俩又约定了见面的日期才告别。这天天空风雨又起，船夫拖延，晚间将船划到南门的码头停泊。

初四日　平明行，风暂止，夙雨霏霏。下午过汉江，抵云集潭，去予昔日被难处不远，而云集则艾行可沉汨之所也。风雨凄其，光景顿别，欲为《楚辞》招之，黯不成声。是晚泊于云集潭之西岸，共行六十余里。

【译文】初四日　天明时出发，风暂时停了，昨日以来的霏霏细雨仍飞飞扬扬下着。下午路过汉江，到达云集潭，这里离我前些天遇难的地方不远，而云集谭就是艾行可沉江的地方。风雨夹杂更增添凄凉，风光景物顿时不在了，我想吟诵《楚辞》为艾行可招魂，但心神沮丧说不出话。这天晚上停泊在云集潭西岸，这天共行了六十多里。

初五日　雷雨大至。平明发舟，而风颇利。十里，过前日畏途，沉舟犹在也。四里，过香炉山，其上有滩颇高。又二十五里，午过桂阳河口，桂阳河自南岸入湘。舂水出道州舂陵山，岿水出宁远九疑山，经桂阳[1]西境，合流至此入湘，为常宁县[2]界。由河口入，抵桂阳尚三百里。又七里，北岸有聚落村落名松北。又四里，泊于瓦洲夹。共行五十里。

【注释】①桂阳：即今湖南桂阳县。桂阳河即舂陵水，今仍称舂陵水。舂水当指其北源，发源今新田县北部；岿水当指其南源，发源今蓝山县南部。②常宁县：今湖南省常宁市。

【译文】初五日　雷雨猛烈来临。天亮时我们就开船了，风很利于航行。行十里，经过了前些天遭抢劫的那段凶险可怕的地方，那只沉船的残骸还在。再行四里，经过香炉山，江岸有个沙滩很高。又行二十五里，中午经过桂阳河口，桂阳河从湘江南岸汇入湘江。舂水源自道州的舂陵山流出，岿水源自宁远县的九疑山流出，流经桂阳州西境，合流后流到此处汇入湘江，成为常宁县县界。从河口进入桂阳河航行，到达桂阳州城还有三百里。又行七里，江北岸有个村落名叫松北。又行四里，停泊在瓦洲夹。这天共行了五十里。

初六日　昧爽行，雨止风息。二十里，过白坊驿[1]，聚落在江之西岸，至此已入常宁县界矣。又西南三十里，为常宁水口，其水从东岸入湘，亦如桂阳之口，而其水较小，盖常宁县治犹在江之东南也。又西十五里，泊于粮船埠[2]，有数家在东岸，不成村落。是日共行六十五里。

【注释】①白坊驿：今湖南省常宁市北18公里处柏坊镇。②粮船埠：今湖南省祁东县东南粮市镇。

【译文】初六日　黎明出发，雨停了，风也不刮了。航行二十里，路过白坊驿，在江的西岸上有个村落，到这里已进入常宁县界了。又向西南行三十里，为常宁县流来的水汇入湘江的水口，那水流从东岸汇入湘江，也如同桂阳河汇入湘江的水口处一样，但它的水势比桂阳河小。大概常宁县城还在江的东南方。又向西行十五里，停泊在粮船埠，有几户人家住在江的东岸，未组成村落，这天共行了六十五里。

初七日　西南行十五里，河洲驿[①]。日色影现，山冈开伏。盖自衡阳来，湘江两岸虽冈陀缭绕，而云母之外，尚无崇山杰嶂。至此地，湘之东岸为常宁界，湘江西岸为永之祁阳界，皆平陵扩然，冈阜远叠也。又三十里，过大铺，于是两岸俱祁阳属矣。上九州滩，又三十里，泊归阳驿[②]。

【注释】①河洲驿：今湖南省祁东县河洲镇。②归阳驿：今湖南省祁东县归阳镇。

【译文】初七日　向西南行十五里，到达河洲驿。日光隐隐闪现，山冈开阔起伏。大概从衡阳县过来，湘江两岸虽然山冈坡垄盘绕绵延，但云母山之外，还没见到其它高峻陡险的山。到此地，湘江的东岸为常宁县地界，湘江的西岸为永州府的祁阳县地界，两边都是平缓广阔的大土山，远处山冈土阜重叠错落。又行三十里，路过大铺，从大铺以后江两岸就都是祁阳县的辖地了。上了九州滩，又行三十里，船只停泊在归阳驿。

初八日　饭后余骤疾，呻吟不已。六十里，至白水驿[①]。初拟登访戴宇完，谢其遇劫时解衣救冻之惠，至是竟不能登。是晚，舟人乘风顺，又暮行十五里，泊于石坝里，盖白水之上流也。是日共行七十五里。按《志》：白水山在祁阳东南二百余里，山下有泉如白练。（缺）去祁阳九十余里，又在东北。是耶，非耶？

【注释】①白水驿：今仍称白水，在祁阳县南境。

【译文】初八日　饭后我突然得了病，不停地呻吟。行六十里，到白水驿。最初本打算登岸去拜访戴宇完，感谢他在我遭到抢劫时解衣救冻的恩惠。可现到了这里竟然不能登岸。这天晚上，船夫乘着风顺，趁夜色又行十五里，停泊在石坝里，大概这是白水驿的上游。这天共行了七十五里。按照《志》书记载：白水山在祁阳县城东南二百多里的地方，山下有泉流，如同白色的丝绢。（有缺文）距离祁阳县城有九十多里，又在县城的东北方。这记载是对，还是错？

初九日　昧爽，舟人放舟，余病犹甚。五十余里，下午抵祁阳[①]，遂泊焉，而余不能登。先隔晚将至白水驿，余力疾起望，西天横山如列屏；至是舟溯流而西，又转而北，已出是山之阳矣，盖即祁山也。山在湘江北，县在湘江西、祁水南，相距十五里。其上流则湘自南来，循城东，抵山南转，县治实在山阳、水西。而县东临江之市颇盛，南北连峙，而西向入城尚一里。其城北则祁水西自邵阳来，东入于湘，遂同曲而东南去。

【注释】①祁阳：今湖南省祁阳县。

【译文】初九日　黎明时，船夫开船，我仍病得很厉害。行了五十多里，下午到达祁阳县城，船便停泊下来，而我竟然不能登岸。这之前，昨晚船将到白水驿时，我竭力支撑着病体起来眺望外面景色，西边天空一山横贯如同排列的屏风；到此时船溯流向西行，后又转往北，到祁阳县城便已经绕到那山的南面了，那山大概就是祁山。祁山在湘江的北边，县城在湘江的西边、祁水的南边，山与县城相距十五里。这里的上游是湘江从南边流来，顺城东流去，流到祁山下而转向南，县城实际上在祁山南边、湘江西边。县城东边临江的集市很兴盛，南北贯连的矗立着，从集市上向西进入城中还有一里地。祁阳城的北面，祁水从西面的邵阳县流来，绕到城东流入湘江，合流后便一起弯曲向东南流去。

初十日　余念浯溪之胜，不可不一登，病亦稍差[1]，而舟人以候客未发，乃力疾起。沿江市而南，五里，渡江而东，已在浯溪下矣。第所谓狮子袱者，在县南滨江二里，乃所经行地，而问之，已不可得。岂沙积流移，石亦不免沧桑耶？浯溪由东而西入于湘，其流甚细。溪北三崖骈峙，西临湘江，而中崖最高，颜鲁公[2]所书《中兴颂》高镌崖壁，其侧则石镜嵌焉。石长二尺，阔尺五，一面光黑如漆，以水喷之，近而崖边亭石，远而隔江村树，历历俱照彻其间。不知从何处来，从何时置，此岂亦元次山[3]所遗，遂与颜书媲胜耶！宋陈衍云："元氏始命之意，因水以为浯溪，因山以为峿山，作室以为庴亭，三吾之称，我所自也。制字从水、从山、从广，我所命也。三者之目，皆自吾焉，我所擅而有也。"崖前有亭，下临湘水，崖巅石巉簇，如芙蓉丛萼。其北亦有亭焉，今置伏魔大帝像。崖之东麓为元颜祠，祠空而隘。

前有室三楹，为驻游之所，而无守者。越浯溪而东，有寺北向，是为中宫寺，即漫宅旧址也，倾颓已甚，不胜吊古之感。时余病怯行，卧崖边石上，待舟久之，恨磨崖碑拓架未彻而无拓者，为之怅怅！既午舟至，又行二十里，过媳妇娘塘，江北岸有石娉婷立岩端，矫首作西望状。其下有鱼曰竹鱼，小而甚肥，八九月重一二斤，他处所无也。时余卧病舱中，与媳妇觌[4]面而过。又十里，泊舟滴水崖而后知之，矫首东望，已隔江云几曲矣。滴水崖在江南岸，危岩亘空，江流寂然，荒村无几，不知舟人何以泊此？是日共行三十五里。

【注释】①差（chài）：同“瘥”，病愈。②颜鲁公：颜真卿（709—784），字清臣，小名羡门子，别号应方，京兆万年（今陕西西安）人，祖籍琅玡临沂（今山东临沂）。唐朝名臣、书法家。创“颜体”楷书，对后世影响很大。与赵孟頫、柳公权、欧阳询并称为“楷书四大家”。又与柳公权并称“颜柳”，被称为“颜筋柳骨”。③元次山：元结（719—772），字次山，河南鲁县人。唐代文学家。④觌（dí）：当面。

【译文】初十日　我惦记浯溪的胜迹美景，不能不登陆一游，病情也稍转好了些，而且船夫因为等候其他乘客没有开船，于是我竭力支撑着病体起身登上岸。顺江边的集市向南行，行五里，渡过江流向东走，便已在浯溪的下面了。所说的狮子袱，在县城南边离江两里远的地方，就是我已经走过的地方，但四处打听，却已找不到。难道是因为泥沙淤积水流迁徙，使得石头也发生了沧海桑田般的变迁吗？浯溪从东向西流入到湘江，水流非常细小。溪北面三座山崖并排耸立，西临湘江，中间的山崖最高，颜鲁公书写的《中兴颂》高高地镌刻在崖壁上，它的侧边镶嵌着一块石镜，那石镜长二尺，宽一尺五，有一面光滑像漆一样黑，用水喷上去，近处崖边的亭子岩石，远处江对面的村庄树木，都清晰地映照到石镜上。不知这石镜是从何处来的，何时嵌到崖壁上的，难道也是元次山遗留下来，从而与颜鲁公写的《中兴颂》书法相媲美的吗？宋代人陈衍说："元氏起初命名的意思是：依据水而命名为浯溪，依据山而命名为峿山，建造房屋而命名为㾈亭，三'吾'的名称，是我自个取的。所造的三个字分别以'水'、以'山'、以'广'作为偏旁部首，是我发明的。三处景物的名称，都是我命名的，都是我专有的。"山崖前有座亭子，下临湘江，山崖顶部岩石高峻簇立，就像芙蓉花上丛密的萼片。山崖北边也有座亭子，现在亭中置放着伏魔大帝的塑像。山崖的东麓为元颜祠，祠中空荡荡的而且狭小。祠前有三间屋子，是供人们驻留而游览此地的场所，却没有看守的人。越过浯溪向东行，有座寺院朝向北面，这是中宫寺，它就是漫宅的旧址，已经倒塌得很严重，不禁让人产生凭吊往古事迹的感慨。当时我因病怕走路，躺在山崖边的石头上，等船等了好长时间，遗憾的是拓印摩崖碑的架子还没有撤除但没有拓工，为此感到怅然若失。已经是中午船才来到，又行二十里，经过媳妇娘塘，江北岸有块岩石姿态娉婷地站立在陡岩顶端，昂头做出向西眺望的样子。陡岩下面的水塘中有一种鱼叫竹鱼，个头小但肥美，到八九月间可以长到一二斤重，其它地方没有这种鱼。当时我卧病船舱中，仅仅与媳妇岩打了个照面就过去了。又行船十里，船停在滴水崖后才知道那石的特别，举首向东望去，已经隔着几道江流几重云雾了。滴水崖在江南岸，高险的岩石耸贯云空，江流静静地流淌，周围没有几个荒僻的小村子，不知船夫为什么停泊在此？这天共行了三十五里。

十一日　平明行，二十五里，过黄杨铺，其地有巡司。又四十里，泊于七里滩。是日共行六十五里。自入舟来，连日半雨半晴，曾未见皓日当空，与余病体同也。

【译文】十一日　天亮时出发，行二十五里，路过黄杨铺，那地方设有巡检司。又走四十里，在七里滩停船。这天共行了六十五里。自从从衡州上船以来，天气连日时雨时晴，未曾见着过明日当空的天气，这也跟我身体生病相似。

十二日　平明发舟。二十里，过冷水滩①。聚落在江西岸，舟循东岸行。是日天清日丽，前所未有。一舟人俱泊舟东岸，以渡舟过江之西岸，市鱼肉诸物。余是时体亦稍苏，起坐舟尾，望隔江聚落俱在石崖之上。盖濒江石骨嶙峋，直插水底，阛阓之址，以石不以土，人从崖级隙拾级以登，真山水中窟宅也。涯上人言二月间为流贼杀掠之惨，闻之骨竦。久之，市物者渡江还，舟人泊而待饭，已上午矣。忽南风大作，竟不能前，泊至下午，余病复作。薄暮风稍杀，舟乃行，五里而暮。又乘月五里，泊于区河。是晚再得大汗，寒热忽去，而心腹间终不快然。夜半忽转北风，吼震弥甚，已而挟雨益骄。是日共行三十里。

【注释】①冷水滩：今湖南省永州市辖区，即冷水滩区。

【译文】十二日　天亮时开船。航行二十里，路过冷水滩。在江西岸有个村落，船顺着东岸前行。这天天气晴朗、日光明丽，是前些日子所没有过的。一船的乘客都在江东岸下了船，坐渡船到西岸去购买鱼肉等各种物品。这时，我的身体也稍稍康复了些，起来坐在船尾，向江对面远望过去，村落都在石崖的上面。江边的石崖嶙峋尖峭，向下直插到水底，店铺房屋的基址，在岩石上而不在泥土上，人们从石崖上一层层的缝隙间拾级向上登，真是个山水环抱中众民聚居的特殊地方。岸上的人说，二月间这地方被流窜的盗贼杀掠得很惨，我听了毛骨悚然。很久，去买物品的人渡江回到船上，而船夫仍停泊着等候吃饭，这时已是上午了。忽然南风猛烈地刮了起来，船竟然不能往前航行，一直停泊到下午，我的病重新发作。傍晚风稍小了些，船才起航，行五里天便黑了。又乘月色行五里，停泊在区河。这天晚上我再次出了身大汗，寒热顿时消失了，但胸腹中始终不觉得畅快。半夜时忽然转刮北风，大风吼叫震动得更加厉害，不久风夹杂着大雨越来越猛烈。这天共行了三十里。

十三日　平明，风稍杀，乃行。四十里，为湘口关。人家在江东岸，湘江自西南，潇江自东南，合于其前而共北。余舟自潇入，又十里为永之西门浮桥，适午耳，雨犹未全止。诸附舟者俱登涯去，余亦欲登陆遍览诸名胜，而病体不堪，遂停舟中。已而一舟从后来，遂移附其中，盖以明日向道州者。下午，舟过浮桥，泊于小西门。隔江望江西岸，石甚森幻，中有一溪自西来注，石梁跨其上，心异之。急索粥为餐，循城而北，乃西越浮桥，则浮桥西岸，异石嘘吸灵幻。执土人问愚溪桥，即浮桥南畔溪上跨石者是；钴鉧潭，则直西半里，路旁嵌溪者是。始知潭即愚溪之上流，潭路从西，桥路从南也。乃遵通衢直西去，路左人家隙中，时见山溪流石间。半里，过柳子祠，祠南向临溪。再西将抵茶庵，则溪自南来，抵石东转，转处其石势尤森特，但亦溪湾一曲耳，无所谓潭也。石上刻“钴鉧潭”三大字，古甚，旁有诗，俱已泐不可读。从其上流求所谓小丘、小石潭，俱无能识者。按是水发源于永州南百里之鸦山，有“冉”“染”二名。一以姓，一以色。而柳子厚①易之以“愚”。按文求小丘，当即今之茶庵者是。在钴鉧西数十步丛丘之上，为僧无会所建，为此中鼎刹。求西山亦无知者。后读《芝山碑》，谓芝山即西山，亦非也，芝山在北远矣，当即柳子祠后圆峰高顶，今之护珠庵者是。又闻护珠、茶庵之间，有柳子崖，旧刻诗篇甚多，则是山之为西山无疑。余觅道其间，西北登山，而其崖已荒，竟不得道。乃西南绕茶庵前，复东转经钴鉧潭，至柳子祠前石步渡溪，而南越一冈，遂东转出愚溪桥上，两端架潇江之上，皆前所望异石也。因探窟踞萼，穿云肺而剖莲房，上瞰既奇，下穿尤幻，但行人至此以为溷围②，污秽灵异，莫此为甚，安得司世道者一厉禁之。桥内一庵曰圆通，北向俯溪，有竹木胜。时舟在隔江城下，将仍从浮桥返，有僧圆面而长须，见余盘桓久，辄来相讯。余还问其号，曰：“顽石。”问其住山，曰：“衡之九龙。”且曰：“僧即寓愚溪南圆通庵。今已暮，何不暂止庵中。”余以舟人久待，谢而辞之，乃返。

【注释】①柳子厚：柳宗元（773—819），字子厚，汉族，河东（今山西运城）人，唐宋八大家之一，唐代文学家、哲学家、散文家和思想家世称“柳河东”“河东先生”。②溷（hùn）围：厕所。

【译文】十三日　天亮后，风势稍微减弱，于是出发。船行四十里，为湘口关。这里人家分布在江东岸，湘江从西南方流来，潇江从东南方流来，汇合在湘口关前一起往北流去。我乘的船从合流处进入潇江，又行十里到永州府城的西门浮桥下，恰好是中午，雨还没有完全停止。其他乘客都登上岸离去了，我也想登陆游览各处名胜，然而病体使得我不能行动，便留在船中。继而有只船从后面跟着来到，我便换乘到那船里，因为这是明天能前往道州的船。下午，船过了浮桥，停泊在小西门。隔江往西岸望去，见岩石非常森然而且形态奇幻，石丛间有条溪水从西面流过来注入潇江，有座石桥横跨在溪流上，我心中感到奇怪。于是急忙要了些粥吃了，顺城墙向北走，再转往西越过浮桥，浮桥西岸，怪异的石头呼吸着云气，仿佛瞬间都发生灵奇的变幻。拉了个当地人打听愚溪桥的所在，原来浮桥南岸溪水上横跨的石桥就是；钴鉧潭则在正西半里处，路边嵌在溪水中的深谭就是。我这才知道钴鉧潭就是愚溪的上游，到钴鉧潭的路向西行，去愚溪桥的路从南边走。于是我沿着大道一直往西行，路左边居民家的院落之间，不时地见到有山溪奔流在石丛中。走半里，经过柳子祠，祠堂朝南，濒临溪流。再向西快要到达茶庵的地方，则溪水从南面流来，流达岩石处便转向东，转折处岩石姿态尤其密集、特异，但也不过是个溪水的一个水湾而已，没有所谓的深潭。岩石上刻着“钴鉧潭”三个大字，很是古老，旁边刻有诗，然而刻诗处都顺石纹裂开，磨蚀得不能再辨读。沿溪水往潭的上游找寻所谓的小丘、小石潭，都没有知道的人。据查考，此溪水发源于永州府城南面百里处的鸦山，有“冉溪”和“染溪”两个名称。一个因为姓氏得名，另一个因为水的颜色得名。而柳子厚（柳宗元）将它的名称改为“愚溪”。根据文献记载去寻找小丘，它应当就是如今茶庵所在的地方。茶庵在钴鉧潭西面几十步远的丛丘上，是僧人元会创建的，是此地香火鼎盛的一个大寺庙。又找寻西山，也没有知道的人。后来读《芝山碑》，碑文说芝山就是西山，这也是错误的，芝山在北边好远的地方，应当就是柳子祠后面圆峰高顶，是现在的护珠庵所在的那座山。又听说护珠庵、茶庵之间，有座柳子崖，旧时崖上刻着许多诗篇，据此这座山就是西山无疑。我从两庵之间找寻道路，往西北朝山上登，然而那山崖十分荒僻，竟然没有找到路。于是向西南绕回茶庵前边，又转往东经过钴鉧潭，到柳子祠前踩着溪中的石阶渡过溪流，又向南越过一个山冈，转往东到愚溪桥上，桥两端飞架到潇江之上的，都是先前所曾望见的那些奇异的岩石。于是我探寻洞窟，坐在花萼似的岩石上，穿过入云的肺叶状的石丛间，漫游在莲蓬一样的岩石中，从上面俯瞰已经很奇异，穿行在下面景象更是变幻多端，只是行人到此地便将其当成厕所，将灵异之地弄得污浊肮脏，没有比这更厉害的，如何才能使管理社会风气的人对此加以严厉禁止呢？愚溪桥内有个寺庵叫圆通庵，庵朝北俯瞰着溪流，周围有幽静的竹丛树木，风景优美。当时我搭乘的那只船在江对面城墙下，我正打算仍然从浮桥上返回船中时，有个圆脸长胡须的僧人见我徘徊了许久，就过来询问我。我反过来询问他的法号，他回答说叫“顽石”。问他住在哪座山，回答说“在衡山九龙坪”。而且对我说：“我就寄住在愚溪南面的圆通庵。现在天已经快黑了，你何不暂且留在庵中。”我因为考虑到船夫等了许久，谢过他便与他辞别，然后往回走。

十四日　余早索晨餐，仍过浮桥西，见一长者，余叩问此中最胜，曰：“溯江而南二里，濒江为朝阳岩。随江而北，转入山冈二里，为芝山岩。无得而三也。”余从之，先北趋芝山。循江西岸半里，至刘侍御山房。讳兴秀，为余郡司李者也。由其侧北入山，越一岭，西望有亭，舍之不上。由径道北逾山冈，登其上，即见山之西北，湘水在其北而稍远，又一小水从其西来，而逼近山之东南，潇水在其东，而远近从之。潇江东岸，又有塔临江，与此山夹潇而为永之水口者也。盖北即西山北走之脉，更北尽于潇、湘合流处，至此其中已三起三伏，当即《志》所称万石山，而郡人作记或称为陶家冲，土名。或称为芝山，似形似名。或又镌崖历亭，《序》谓此山即柳子厚西山，后因产芝，故易名为芝，未必然也。越岭而北，从岭上东转，前望树色掩映，石崖巑岏，知有异境。亟下崖足，仰而望之，崖巅即山巅，崖足即山足半也。其下有庵倚之，见路绕其北而上，乃不入庵而先披路。遥望巅崖耸透固奇，而两旁乱石攒绕，或上或下，或起或伏，如莲萼芝房，中空外簇，随地而是。小径由其间上至崖顶，穿一石关而入。有室南向，门闭不得入，绕其南至西，复穿石峡而入焉，盖其侧有东西二门云。室止一楹，在山顶众石间。仍从其西峡下至崖足，一路竹木扶疏，玉兰铺雪，满地余香犹在。入崖下庵中，有白衣大士甚庄严，北有一小阁可憩，南有一净侣结精庐依之。门在其左，初无从知，问而得之，犹无从进，僧忽从内启扉门揖入，从之。小庭侧窦，穿卧隙而上，则崖石穹然，有亭缀石端，四窗空明，花竹掩映，极其幽奥。僧号觉空，坚留瀹茗，余不能待而出。

【译文】十四日　我早早地要了早饭吃，仍旧走到浮桥西边，见到一位老人，我向他打听这一带最好的风景名胜地，他说：“沿江向南行二里，濒临江边的地方是朝阳岩。再沿着江向北走，转进山冈中走二里，是芝山岩。此外就没有第三处了。”我按照他说的，先向北赶往芝山。顺着江西岸走半里，到达刘侍御山房。刘侍御的名字是刘兴秀，他是我家乡常州府的司理。从刘侍御山房侧面向北进入山中，翻越一座山岭，往西望去有座亭子，我放弃没有上那亭子。从小路向北翻越过山冈，登到山顶上，就见到山的西北方，湘水在山的北边而离得稍远，又有条小水流从山的西边流来，逼近山的东南，潇水在山的东边，由远而近沿着山流过来。潇江的东岸，又有座塔临江矗立，与这座山夹峙在潇江的两边便成了永州府城的水口。原来此岭的北边就是永州府西山向北延伸的山脉，它再向北结束于潇、湘两江合流处，到这里，其间已经三起三伏，所以这岭应当就是志书上所称的万石山，然而本府中的人作游记，有的称它为陶家冲，本地民间的称呼。有的称它为芝山，好像是对它的形状的描述，又似乎是它的名称。有人又在历亭旁的山崖上刻了题记，《序言》说此山就是柳子厚所指的西山，后来因为出产灵芝，所以改名为芝山，我以为未必如此。越过山岭向北走，从岭上转往东行，向前望去，树丛山色掩映，石崖高大峻峭，心里知道将有景致奇异的地方呈现在眼前。迅急下到崖脚，仰首而望，崖顶便是山顶，而崖根处是山脚的半中腰。崖下有座寺庵倚山而立，我见有条路从庵北面盘绕而上，便不进寺庵而先拨开草木找到那条路。远远望去，山顶的石崖高耸透亮，确实很奇特，而道路两旁乱石攒聚环绕，有的上有的下，有的耸起有的低伏，宛如莲花的花瓣、灵芝的菌盖，中间空而外围簇拥，到处都是。小路从乱石中直上崖顶，穿过一个石头关口上去，有间屋子朝南，屋门关着不能进去，我从它的南边绕到它的西边，又穿过一个石峡便进到屋中，原来屋子的侧面有东、西两道门。那屋子只有一间，在山顶众石之间。我仍从那屋子西边的山峡中下到崖脚，一路上竹木扶疏，玉兰花凋零，地上像铺了一层雪，满地的余香仍然飘着。进入崖下寺庵中，庵内有座白衣观音大士塑像，非常庄严，庵北面有座小阁子可供休息，南边有个和尚靠着阁子建造了僧房。门在僧房左边，起初我不知道，打听后才找到门，然而仍然无法进去。徘徊间僧人忽然从里边打开门拱手行礼请我进去，我接受了他的邀请。从小小的庭院侧面的洞穴，穿过横裂的孔隙上去，则崖石穹隆，有座亭子点缀在崖石顶端，四面窗户通明透亮，周围鲜花翠竹掩映，极其幽静隐蔽。僧人法号叫觉空，他坚决要留我煮茶品尝，我因不能等待便出来了。

仍从旧路，南至浮桥。闻直西四十里有寺曰石门山，最胜，以渴登朝阳岩，不及往。令顾奴从桥东溯潇放舟南上；余从桥西，仍过愚溪桥，溯潇西崖南行。一里，大道折而西南，道州道也。由岐径东南一里，则一山怒而竖石奔与江斗。逾其上，俯而东入石关，其内飞石浮空，下瞰潇水，即朝阳岩矣。其岩后通前豁，上覆重崖，下临绝壑，中可憩可倚，云帆远近，纵送其前。惜甫伫足而舟人已放舟其下，连声呼促，余不顾。崖北有石蹬直下缘江，亟从之。蹬西倚危崖，东逼澄江，尽处忽有洞岈然，高二丈，阔亦如之，亦东面临江，溪流自中喷玉而出，盖水洞也。洞口少入即转而南，平整轩洁，大江当其门，泉流界其内，亦可憩可濯，乃与上岩高下擅奇，水石共韵者也。入洞五六丈，即汇流满洞。洞亦西转而黑，计可揭而进，但无火炬，而舟人遥呼不已，乃出洞门。其北更有一岩，覆结奇云，下插渊黛，土人横杙[①]架板如阁道。然第略为施栏设几，即可以坐括水石，恐缀瓦备扁，便伤雅趣耳。徙倚久之，仍从石磴透出岩后，遂凌绝顶。其上有佛庐官阁，石间镌刻甚多，多宋、唐名迹，而急不暇读，以舟人促不已也。

【注释】①杙（yì）：小木桩。

【译文】仍然从原路继续行进，向南到了浮桥边。听说正西方四十里处有座寺庙叫石门山寺，景致最优美，但因渴望攀登朝阳岩，来不及前往这里。我让顾仆从浮桥东随船溯潇水向南往上行，我从浮桥西边，仍跨过愚溪桥，溯潇水西岸的山崖向南走。一里后，大路转往西南而去，那是去道州的路。我从岔开的小路向东南行一里，便见一座山猛然雄峙，山中石峰高耸倒竖像要奔入江中与滔滔的江水争斗一番。攀到山上，俯身向东进入一个石头关口，关口内石头飞突而起，仿佛飘浮在空中，向下俯瞰潇水，这就是朝阳岩了，这座岩后面贯通前面开阔，上面覆盖着层层岩石，下临直落千丈的深谷，中间可休息可倚靠，远处近处白云似的船帆，所有景象毫不拘束尽送眼前。可惜才驻足岩上，船夫就开船到了岩下，连声呼喊，催促我下山，我不理会他的呼喊。崖北面有石阶一直往下行顺江边走，我赶忙沿石阶往下走。那石阶西面紧挨高险的崖壁，东面迫近清澈的江流，尽头处忽然露出一个深邃的洞穴，洞口高两丈、宽两丈，同样是朝东对着江，有溪流如白玉般从洞穴中喷涌而出，原来是个水洞。从洞口稍进去一点就拐往南，里面平整开阔洁净，大江阻挡在洞门外，泉水流淌在洞内，可以休息也可以洗浴，与山上的朝阳岩构成了一个高下各擅奇景、水石共具独韵的整体景观。进洞去五六丈，水流就积满了洞中。山洞也折往西而变得黑暗起来，预估可以卷起衣裤向里走，但没有火把，而船夫远远地喊叫个不停，只好走出洞口。山洞的北边又有一座石岩，覆盖盘结着奇丽的云气，下面插入青黑色的深潭中，当地人在岩间横架些小木桩，铺上些木板，就像栈道一样。然而只需略微架些栏杆、放些小桌凳，就可以坐在上边尽览水石风光，恐怕建亭营阁铺上瓦挂上匾，会损伤观览时幽雅的情趣。我徘徊留恋了许久，仍从石阶钻出石岩后面，登到最高顶。绝顶上有佛寺、官阁，岩石间镌刻的诗文字句很多，多数是宋、唐时期的名人的墨迹，而我急着赶路没来得及读，因为船夫催个不停。

下舟溯江，渐折而东，七里至香炉山。山小若髻，独峙于西岸，山江中，乃石骨攒簇而成者。其上佳木扶摇，其下水窍透漏。最可异者，不在江之心，三面皆沙碛环之，均至山足则决而成潭，北西南俱若界沟，然沙逊于外，而水绕其内，其东则大江之奔流矣。盖下流之沙不能从水而上，而上流之沙何以不逐流而下，岂日夜有排剔之者耶？亦理之不可解也。下午过金牛滩，其上有金牛岭，一峰尖峭而分耸，三峰斜突而横骞，江流直捣其胁。至是舟始转而南，得风帆之力矣。是晚宿于庙下，舟行共五十里，陆路止二十里也。

【译文】下到船里溯江而行，渐渐地转往东，行七里到香炉山。那山小的像发髻，在西岸边孤零零地耸立着，山突出到江中，是江中尖峭嶙峋的岩石堆聚而成的。山上优美的树木枝条四布、随风摇曳，山脚下水中的石窍玲珑剔透。最可称为奇异的是，山不在江中心，三面都是沙石浅滩环绕着山，到山脚下却都冲汇成深潭，北、西、南三面都像有分界的沟谷一样，沙被水冲到沟外堆积起来，而水绕流在深沟内，山的东边则是大江奔流翻腾。下游的沙固然不能逆水而上，但上游的沙何以不随水而下？难道日夜都有排除积沙疏通河道的人吗？这其中的道理也是不可理解的。下午，路过金牛滩，滩岸上有座金牛岭，一座山峰尖峭而独自耸起，另有三座山峰斜向突起横向飞起，江流直捣山峰之侧。到此处船才转往南行，从而可以得到风帆的推助了。这晚我们住宿在庙下，从下船处到庙下，船共行了五十里，而陆路只有二十里。

先是，余闻永州南二十五里有澹岩之胜，欲一游焉。不意舟行五十里而问之，犹在前也。计当明晨过其下，而舟人莽不肯待。余念陆近而水远，不若听其去，而从陆蹑之，舟人乃首肯。

【译文】在这之前，我听说永州府城南边二十五里处有座景致优美的澹岩，想前往一游。没想到船行了五十里后而打听那澹岩，却还在前方。估计船应该是明日清晨经过澹岩下，但船夫鲁莽地不会停下船来等我去游澹岩。我考虑，陆路近而水路远，不如听任他先走，我下船登澹岩游览后再从陆路去追船，船夫才点头同意。

十五日　五更闻雨声泠泠，达旦雷雨大作。不为阻，亟炊饭。五里至岩北，力疾登涯，与舟人期会于双牌。双牌者，永州南五十里之铺也。永州南二十五里为岩背，陆路至此与江会。陆路从此南入山，又二十五里而至双牌；水路从此东迂溯江，又六十里而至双牌。度舟行竟日，止可及此，余不难以病体追蹑也。岩背东北临江，从其南二里西向入山，山石忽怒涌作攫人状。已而望见两峰前突，中有云庐高敞，而西峰耸石尤异，知胜在是矣。及登之，而官舍半颓。先是望见西峰之阳，洞门高张，至是路从其侧而出，其上更见石崖攒舞，环玦东向，其下则中空成岩，容数百人，下平上穹，明奥幽爽，无逼仄昏暗之状病。其北洞底亦有垂石环转，覆楞分内外者，巨石磊砢界道[①]，石上多宋、元人题镌。黄山谷[②]最爱此岩，谓为此中第一，非以其幽而不閟，爽而不露耶？岩东穿腋窍而上，有门上透丛石之间，东瞰官舍后回谷，顿若仙凡分界。岩西南又辟一门，逾门而出其右，石壁穹然，有僧寮倚之，西眺山下平畴，另成一境，桑麻其中。有进贤江发源自西南龙洞，洞去永城西南七十里。江东来直逼山麓，而北入于潇。进贤江侧又有水洞，去此二里，秉炬可深入，昔人谓此洞水陆济胜，然不在一处也。按澹岩之名，昔为澹姓者所居。而旧经又云，有正实者，秦时人，遁世于此，始皇三召不赴，复尸解焉，则又何以不名周也。从僧寮循岩南东行，过前所望洞门高张处，其门虽峻，而中夹而不广，其内亦不能上通后岩也。仍冒雨东出临江，望潇江迢迢在数里外，自东而来。盖缘澹山之南，即多崇山排亘，有支分东走者，故江道东曲而避之。乃舍江南行，西遵西岭，七里至木排铺，市酒于肆，而雨渐停。又南逾一小岭，三里为阳江。其江不能胜舟，西南自大叶江、小叶江来，至此二十余里，东注于潇。其北则所谓西岭者横亘于右，其南则曹祖山、张家冲诸峰骈立于前。又南七里，直抵张家冲之东麓，是为陈皮铺。又南三里，逾一小岭，望西山层坠而下，时现石骨，逗奇标异；已而一区凑灵，万窍逆幻。亟西披之，则石片层层，尽若鸡距龙爪，下蹲于地，又如丝瓜之囊，筋缕外络，而中悉透空；但上为蔓草所缚，无可攀跻，下为棘箐所塞，无从披入。乃南随之，见旁有隙土新薙[③]地者，辄为扪入，然每至纯石，辄复不薙。路旁一人，见余披跋久，荷笠倚锄而坐待于下，余因下问其名，曰："是为和尚岭，皆石山也。其西大山，是为七十二雷。”因指余前有庵在路隅，其石更胜。从之，则大道直出石壁下，其石屏插而起，上多透明之窦，飞舞之形；其下则清泉一泓，透云根而出。有庵在其南，时僧问其名，曰：“出水崖。”问他胜，曰：“更无矣。”然仰见崖后石势骈丛，崖侧有路若丝，皆其薙地境也。贾勇从之，其上石皆如卧龙翥[4]凤，出水青莲，萼丛瓣裂。转至山水崖后，觉茹[5]吐一区，包裹丛沓，而窈窕无竟。盖其处西亘七十二雷大山，丛岭南列，惟东北下临官道，又出水崖障其东，北复屏和尚岭，四面外同错绮，其中怪石层朋，采艳夺眺。予乃透数峡进，东北屏崖之巅，有石高砻，若天门上开，不可慰即。砻石西南，即出水崖内壑，一潭澄石隙中，三面削壁下嵌，不见其底，若爬梳沙蔓，令石与水接，武陵渔[6]当为移棹。予历选山栖佳胜，此为第一，而九疑尤溪村口稍次云。

【注释】①磊砢（lěi luǒ）：众多石头杂乱堆积的样子。界道：划为一道疆界。②黄山谷：黄庭坚（1045—1105），字鲁直，号山谷道人，洪州分宁（今江西九江）人，北宋著名文学家、书法家、江西诗派开山之祖。③薙（tì）：除去野草。④翥（zhù）：飞举。⑤茹（rú）：相连的根。⑥武陵渔：指陶渊明《桃花源记》里发现桃花源的武陵渔人。

【译文】十五日　五更天时听到雨声滴答作响，到天亮雷雨大作。我们不为风雨所阻，赶忙烧火做饭吃。船行五里来到岩北，我竭力支撑着病体登上岸，与船夫约定在双牌相见。双牌，是永州府城南边五十里的一个驿铺。永州府城南边二十五里的地方为岩背，陆路到这里与江流合在一处。陆路从这里向南进入山中，又走二十五里便到双牌；水路从这里起往东迂回，溯江而上，又行六十里来到双牌。我估计船航行一整天，只可能到达此地，我拖着病体也不难追赶上。岩背的东北方濒临潇江，我从岩背南边二里处往西进入山中，忽然看见山间石头狂怒地涌起林立挺拔，作出像要抓人的形态。随即看到两个山峰向前突出，山中云雾间有高敞的房屋，而西面那山峰怪石耸立尤为奇异，于是知道名胜佳迹在这地方。等登到山上，见到一所倒塌了一半的官房。先前看到西峰的南面，有个洞口高高地张开着，到这里道路从官房侧边绕出，到了官房上面更是见到石崖攒聚起舞，如玉玦一样环绕，缺口朝向东边；石崖下面则中空形成岩洞，可以容纳数百人，下边平整上边隆起，明亮隐秘幽静清爽，没有狭窄昏暗那类的病态。岩洞北面洞底也有些盘曲环绕的石头垂立着，下覆的石棱条将洞穴分成内外两部分，很多巨石杂乱地堆放着阻断了道路，巨石上有不少宋、元时期的人的题字刻文。黄庭坚最爱这个岩洞，以为它是这一带的第一，难道是因为这里幽静却不闭塞，明亮却不外露吗？从岩洞东面穿过石崖侧面的石孔向上走，有洞口向上通到丛密的乱石之间，从那里向东俯瞰官房后面迂回曲绕的山谷，顿时好像一条仙境和凡世的分界线。岩洞西南面又有一个洞口，越过洞口转到洞右边，石壁高高隆起，有间僧人的小屋背靠石壁而立，往西眺望山下平坦的田野，另成一种境界，田野间种植着桑麻。有条叫进贤江的水流发源于西南方的龙洞，龙洞距离永州城西南方七十里。进贤江往东流来一直逼近山麓，然后向北流入潇江。进贤江侧面又有个水洞，离这里二里，举着火把可以进到洞深处，从前的人认为这个洞水陆景观互相映衬弥补，十分奇美，然而水洞和岩洞不在同一个地方。据查考澹岩的得名，是因为此地从前是姓澹的人所居住。然而旧典籍上又说，有个名为正实的，是秦朝时人，避世隐居在这里，秦始皇三次召见他都不去，后又仙逝在这里，但为何岩洞又不叫周岩呢？我从僧人的小屋旁沿着澹岩的南边向东走，路过前面所望见的高敞的洞口处，那洞口虽然高大，但洞里边狭窄不宽，而且洞内也不能往上通到后面的岩洞中去。于是仍旧冒雨往东面临着江流出来，望见潇江远远地浮现在几里之外，从东方流过来。大概是因沿着澹山的南边，有好多高山排列横贯，其中有的分出支脉往东延伸，因此潇江的河道转往东弯曲以避开山峦。我没有朝着江走，而是转往南行，然后往西顺西岭走，七里到木排铺，在店铺中买了些酒，这时雨逐渐停止不下。又向南越过一座小岭，行三里是阳江。这条江不能航船，它从西南方大叶江、小叶江的合流处流来，自汇合处到这里有二十多里，它往东流入潇江。阳江北边就是所谓的西岭，横亘在右边，阳江的南边则是曹祖山、张家冲等众山峰并排耸立在前方。又往南七里，一直到张家冲的东麓，这里是陈皮铺。又往南三里，越过一座小岭，望见西面的山层层向下坠陷，时不时显露出有如骨头样子的石块，逗引表现出它与众不同之美；随即，胜景集聚在一片地方，千万个石窍迎着人变幻。我赶忙拨开草木往西走去，只见层层石片，全都像鸡爪和龙爪，下蹲地上的石片，又如丝瓜的囊，瓜筋瓜丝缠结在外面，中间完全是空心的。但石上面被蔓草所缠绕，无法攀登；石下被荆棘竹丛堵塞着，也无处钻爬。于是往南顺着石头外边走，见旁边有人在石缝间的土地上翻土除草，总是摸着石头进去，但除草的人每遇到清一色的石头，就不除掉上面的草。路旁有一人，见我在乱石杂草间行走了很久，便戴着斗笠斜靠锄把坐在下面等我。我于是下去向他打听这山的名称，他说："这是和尚岭，整座山都是石头。它西面的大山是七十二雷山。"并指点我，前面有个寺庵在路的拐角处，那里的石头更为奇美。我按他说的走过去，大路一直通到石壁下，石崖就像屏风拔地而起，石壁上面有许多通着光亮的孔洞，呈现出飞舞的形态；石壁下有一潭碧水，透过云雾缭绕的石壁根部流出来。在石壁南边有座寺庵，等向僧人询问石崖的名称，他说：“叫出水崖。”问他还有没有别的胜景，回答说：“再没有了。”然而我仰头看见出水崖的后面岩石排列聚集，崖侧有条路细若丝线，这片地方都是那些人除草所及的范围。我鼓足勇气从小路登上去，上面的岩石都如卧龙飞凤，宛如露出水面的青色莲花，又如丛密环列的花萼、向外分开的花瓣。转到出水崖的后面，发觉眼前的地方，树根相连，鲜花绽放，有成丛杂沓的岩石包裹着，景致美好无比。这地方西边横亘着七十二雷大山，南边耸列着众多山岭，只有东北边下临官道，另外，出水崖阻隔在东面，北面又横着屏风样的和尚岭，四面外围如同交错的锦缎，而中间怪石重叠堆砌，处处光彩夺目。于是我穿过几个峡谷走进去，东北方屏风般的山崖顶上，有高高拱起的大石头，仿佛天门开在上边，但不能靠近观赏抚慰胸怀。那拱起的大石头的西南方，就是出水崖里面的深谷，石缝中有一池清澈的深潭，它三面陡削的崖壁向下深插，见不到谭底，如果对潭边的积沙蔓草进行清理，让岩石与潭水相连接，那么绝妙的风景将会使桃花源中的武陵渔人把他的小船摇到这里来。我将可供游览居息的绝妙优美境地作一番筛选比较，认为这里是第一，而九疑山的尤溪村口稍次些。

搜剔久之，乃下。由庵侧南行二里，有溪自西南山凹来，大与阳溪似。过溪一里，东南转出山嘴，复与潇江遇。于是西南溯江三里，则双牌在焉。适舟至，下舟，已下舂矣。双牌聚落亦不甚大，其西南豁然，若可远达，而舟反向南山泷中入。盖潇水南自青口与沲水合，即入山峡中，是曰泷口。北行七十里，皆连山骈峡，亏蔽天日，且水倾泻直中下，一所云“泷”[①]也。泷中有麻潭驿，属零陵。驿南四十里属道州，驿北三十里属零陵。按其地即丹霞翁宅也，《志》云：在府南百里零陵泷下，唐永泰[2]中有泷水令唐节，去官即家于此泷，自称为丹霞翁。元结自道州过之，为作宅刻铭。然则此泷北属零陵，故谓之零陵泷。而所谓泷水县者，其即此非耶？又按《志》：永州南六十里有雷石镇，当泷水口，唐置。则唐时泷水之为县，非此而谁耶？时风色甚利，薄暮，乘风驱舟上滩，卷浪如雷。五里入泷，又五里泊于横口，江之东岸也，官道在西岸，为雷石镇小墅耳。

【注释】①泷：湍急的河流。南方地名常称"泷"，形象地概括了这些地方水流急险的特点。②永泰：唐代宗李豫的第三个年号，共2年（765—766）。

【译文】搜寻观赏了许久，才往下走。从寺庵侧边向南行二里，有条溪水从西南方的山凹中流出来，宽大处与阳溪差不多。过了溪水行一里，向东南转出山嘴，重新与潇江相遇。从此地向西南溯江前走三里，双牌便到了。正好船来了，上了船，太阳已快落山了。双牌的村落也不很大，它西南方非常开阔，像是可以通到很远的地方，但船反而向南边山间的泷中行驶。原来潇水从南边的青口与淹水汇合后，就流入山峡中，山峡口处叫泷口。往北走七十里，两边都是连绵的群山、夹峙的峡谷，遮天蔽日，而且水流在峡谷中一直倾泻而下，这是之所以称为"泷"的一个原因。泷中有个麻潭驿，隶属于零陵县。麻潭驿南边四十里隶属于道州，麻潭驿北边三十里隶属于零陵县。据考察，这一湍急的河段就是丹霞翁居住的地方。《志》书记载：丹霞翁的居住处在永州府城南边一百里零陵拢下，唐代永泰年间泷水县令唐节，辞官后就在此泷中安家，自称为丹霞翁。元结从道州来，经过他的住处，为他的住宅作了篇铭文并刻在碑上。然而此泷的北段属于零陵县，所以称之为零陵泷。但所说的泷水县，是否就是在这地方呢？另外，按《志》书记载：永州府南边六十里有个雷石镇，位于泷水县河口处，是唐朝时设置的。依此，则唐代时设的泷水县，不是此处又是哪里呢？当时风势很便于航行，傍晚，船夫乘风势撑船驶上浅滩，翻卷的浪涛如雷声轰鸣。行五里便进入泷中，又行了五里停泊在横口，它位于江的东岸，官道在西岸，它是雷石镇的一座小别墅。

自永州至双牌，陆五十里，水倍之。双牌至道州，水陆俱由泷中行，无他道。故泷中七十里，止有顺逆分，无水陆异。出泷至道州，又陆径水曲矣。

【译文】从永州府城到双牌，陆路是五十里，水路的路程是陆路的翻倍。从双牌到道州城，水陆两路都是从泷中走，没有其他道路。所以泷中七十里的路程，只有顺流溯流之分，没有水路陆路远近的差别。出了此拢后到道州城的路，又是陆路直而水路曲折了。

十六日　平明行，二十里，为麻潭驿，其地犹属零陵，而南即道州界矣。自入泷来，山势逼束，石滩悬亘，而北风利甚，卷翠激玉，宛转凌波，不觉其难，咏旧句“舡梭织峰翠，山轴卷溪绡”，《下宁洋溪中诗》。若为此地设也。其处山鹃盛开，皆在水涯岸侧，不作蔓山布谷之观，而映碧流丹，尤觉有异。二十里，吴垒铺，其西南山稍逊，舟反转而东。又五里，复南转，其东北岸有石，方形叠砌，围亘山腰，东下西起，若甃而成者，岂垒之遗者耶？又十里，山势愈逼束，是为泷口。又五里，泊于将军滩。滩有峰立泷之口，若当关者然。溯流出泷，划然[1]若另辟区宇。是夜月明达旦，入春来所未有。

【注释】①划然：豁然，开朗。

【译文】十六日　天亮时开船，行二十里，是麻潭驿，此地仍然属于零陵县，但它的南边就是道州地界了。自从进入泷中以来，两边山势紧逼束拢，石滩高悬横亘，然而北风很便于航行，奔腾的江水翻卷激荡着碧玉般的波澜，船曲折地行进在浪尖上，不觉得船航行的艰难，我吟诵出旧时写的两句诗："舡梭织峰翠，山轴卷溪绡"。这是《下宁洋溪中诗》中的诗句。这诗仿佛是为此地而写的。这地方杜鹃花盛开在水边岸侧，虽没有呈现出漫山遍野的景观，但映碧流丹的景色，老是觉得非同一般。走二十里，来到吴垒铺，铺的西南方山势稍向后退缩，而船反而转往东行。又行五里，重新转往南，江的东北方岸上有些石头，呈方形堆叠着，环绕横亘在山腰，东边下倾西边耸起，仿佛是人工砌成的，难道是堡垒的残留部分吗？又行十里，山势更加紧逼束拢，这里便是拢口。又行五里，在将军滩停船。滩边有座山峰屹立在泷的出口处，有如守关将士的样子。溯流出了此泷口，景象迥异，豁然如开辟了另一个天地。这个夜晚，月光明亮，直到天明，是入春以来从未有过的。

十七日　平明行，水径迂曲，五里至青口。一水东自山峡中出者，宁远道也，此水最大，即潇水也；一水南自平旷中来者，道州[1]道也，此水次之，即沲水[2]也，水小弱。乃舍潇而南溯沲。

又五里为泥江口。按《志》有三江口，为潇、沲、营合处，问之舟人，皆不能知，岂即青口耶？但营水之合在上流耳。水西通营阳，舟上罗坪三日程，当即营水矣。又三十里，抵道州东门，绕城南，泊于南门。下午入城，自南门入，过大寺，名报恩寺。由州前抵西门。登南城回眺，乃知道州城南临江水，东南西三门俱南濒于江，惟北门在内。盖沲水自江华，掩、遨二水自永明，俱合于城西南十五里外，东北来，抵城西南隅，绕南门至东门，复东南去，若弯弓然，而城临其背。西门有濂溪水，西自月岩，翼云桥跨其上。东门亦水自北来注，流更微矣。迨暮，仍出南门，宿舟中。夜复雨。

【注释】①道州：今湖南省永州市道县。②沲（duò）水：今沱水，又称东河。

【译文】十七日　天亮时出发，水路迂回曲折，航行五里到青口。一条江水从东边的山峡中流泻出来，这是去宁远县的水路，这条江水最大，它就是潇水；一条江水从南面平坦的旷野中流来，这是去道州的水路，此江水比潇水小，它就是沲水，水势又小又弱。于是我们不走潇水而往南溯沲水前行。又走五里是泥江口。根据《志》书记载，有个三江口，是潇水、沲水、营水三条水流汇合在一起的地方，我向船上的人询问这个地方，却都不知道，难道这就是青口吗？只是营水汇入沲水处是在上游罢了。水向西通到营阳，船溯此水上行到罗坪有三天的路程，它应该就是营水了。又走三十里，到达道州城的东门，然后绕到城南，在南门外停船。下午我到城里去，从南门入城，经过一座大寺庙，名为报恩寺。从州衙署前到达西门。登上南边的城墙往回眺望，才知道道州城南面濒临江水，东、南、西三座城门都朝南濒临江流，只有北门在里面。沲水从江华县流来，掩水、遨水两条江水朝永明县流来，它们都汇合在城西南十五里以外，往东北方流来，流到城西南角，绕过南门流到东门边，又向东南方流去，仿佛一张弯弓一样，而城面临弓背。城西门外有条濂溪水，源自西面的月岩，翼云桥横跨在溪流上。城东门外也有条溪水从北面流来汇入江水中，但那条水流就更加涓细了。到傍晚，我们仍然出了南门，住宿在船中。夜里又下起了雨。

道州附郭有四景：东有响石，即五如石。西有濂溪，北有九井，南有一木。南门外一大木卧江底。

【译文】道州城城外附近有四景：东面有响石，即五如石。西面有镰溪，北面有九井，南面有一木。南门外有一棵大树横卧在江底。

十八日　天光莹彻，早饭登涯。由南门外循城半里，过东门，又东半里有小桥，即涍泉[①]入江处也。桥侧江滨有石突立，状如永州愚溪桥，透漏耸削过之，分岐空腹，其隙可分瓣而入，其窦可穿瓠[②]而透，所谓五如石也。中有一石，击之声韵幽亮，是为响石。按元次山《道州诗题》，石则有五如、窊樽[③]，泉则有漶、漫等七名，皆在州东，而泉经一涍而可概其余，石得五如而窊樽莫觅。屡询，一儒生云："在报恩大寺。"然元序云，在州东左湖中石山巅。石窊可樽，其上可亭，岂可移置寺中者，抑寺即昔之左湖耶？质之其人，曰："入寺自知。"乃入东门，经南门内，西过报恩寺，欲入问窊樽石，见日色丽甚，姑留为归途探质。亟出西门，南折过翼云桥，有二岐。从西二十五里为濂溪祠，又十里为月岩；从南为十里铺，又六十里为永明县；十里铺侧有华岩，由岩下间道可出濂溪祠。余欲兼收之，遂从南行。大道两傍俱分植乔松，如南岳道中，而此更绵密。有松自下分柯五六枝，丛挺竞秀，此中特见之，他所无也。自州至永明，松之夹道者七十里，栽者之功，亦不啻甘棠矣。州西南冈陀高下，置道因之。而四顾崇山开远，惟西北一山最高而较近，则月岩后所倚之大山也。至十里铺东，从小径北向半里，为华岩。洞门向北，有小水自洞下出。由洞入，止闻水声，而不见水。转东三丈余，复南下，则穹然深暗，不复辨光矣。时洞北有僧寮，行急不及入觅火炬，闻其内止一炬可尽，亦不必觅也。遂从寮右北向小径行。此处山小而峭，或孤峙，或两或三，连珠骈笋，皆石骨嶙峋，草木摇飏[4]，升降宛转，如在乱云叠浪中，令人茫然，方向(莫)辨。然无大山表识，惟西北崇峰，时从山隙瞻其一面，以为依归焉。五里，横过山蹊四，五里，渡一小石桥，又逾岭，得大道西去。随之二里，又北入小径，沿石山之嘴，共四里而转出平畴，则道州西来大道也，又一里而濂溪祠在焉。祠北向，左为龙山，右为象山，皆后山，象形，从祠后小山分支而环突于前者也。其龙山即前转嘴而出者，象山则月岩之道所由渡濂溪者也。祠环于山间而不临水，其前扩然，可容万马，乃元公所生之地，今止一二后人守其间，而旁无人焉。无从索炊，乃西行。一里，过象山，沿其北，又一里，渡濂溪。溪自月岩来，至此为象山东障，乃北走，又东至州西入沲水。从溪北溯流西行，五里而抵达村，为洪氏聚族。乃卧而候饭，肆中无酒，转沽久之，下午始行。遂西南入山。

路傍先有一峰圆锐若标，从此而乱峰渐多，若卓锥，若骈指，若列屏，俱环映于大山之东，分行逐队，牵引如蔓，皆石骨也。又五里，南转入乱山之腋。又三里，西越一岭，望见正西一山，若有白烟一脉抹横其腰者，即月岩上层所透之空明也。盖正西高山屏立，若齐天之不可阶，东下第三层而得此山，中空上砦，下辟重门，翠微中剜，光映前山，故遥睇若白云不动。又二里，直抵月岩山下，从其东麓拾级而上，先入下岩。其岩东向，中空上连，高砦若桥，从下望之，若虎之张吻，目光牙状，俨然可畏。复从岩上遍历诸异境，是晚宿于月岩。

【注释】①涍（xiào）泉：泉名。在今湖南省道县境内。②瓠（hù）：瓠瓜，也叫瓠子。一年生攀缘草本植物。葫芦的变种。茎蔓生，果实长圆形，绿白色，嫩时可食。③窊（wā）樽：指中间凹下状如酒器的岩石。窊即凹。④飏（yáng）：飘舞。

【译文】十八日　天空明亮清澈，早饭后我登上岸。从南门外顺城墙走半里，经过东门，又向东行半里有座小桥，这里就是涍泉流入江中之处。桥侧面江滨有突立的岩石，形状就像永州城外愚溪桥边的那些岩石，但比永州的更玲珑剔透高耸陡峭，那些岩石如枝干分向四处，腹中是空心的，可以分开花瓣样的石片进入缝隙中，可以穿过瓠子状的洞穴钻进去，这就是所说的五如石。其中有块石头，一敲击就会发出清幽洪亮的声音，这是响石。据考察，元次山（元结）题咏道州景物诗中所写到的，石头有五如石、窊樽石，泉水则有穗泉、漫泉等七处泉名，都在州城东边。泉水我游览了一个涍泉，便可以大概推知其余各泉的情形，至于岩石，我找到了五如石，但窊樽石没能找到。多次向旁人询问，一儒生说：“在报恩大寺内。”

然而元次山（元结）的诗序中说，在州城东面左湖中的石山顶上。既然那石窊可以当酒樽，石窊上面可以建亭子，怎么可以移置到寺中？抑或寺院就是先前的左湖呢？我质询那人，他说："到了寺中自然知道。"于是进入城东门，经过南门里，向西到报恩寺，想入寺打听窊樽石，看到日光很艳丽，姑且留着等到回来的途中再探寻质询。赶忙出了西门，折往南走过翼云桥，有两条岔路。从西边的那条走二十五里是濂溪祠，又行十里是月岩；从南边的那条走是十里铺，然后又行六十里是永明县；十里铺旁边有座华岩，从华岩下的便路可以到濂溪祠。我想两处都游览，便向南边的那条走。大道两旁都分别栽种着高大的松树，如同去南岳衡山的路一样，而此处更加繁密延绵不断。有的松树从下面的树干分出五六根枝杈，枝干密集挺拔，争翠竞秀，是这一带所仅见而其他地方没有的树种。从道州城到永明县，松树夹道的路程有七十里，栽种者的功劳，也不比古时种植甘棠树的人小。州城西南方，山冈山坡高低起伏不平，修筑道路时便顺着地势走。四顾望去，高山远离，只西北方的一座山最高而且离得较近，它是月岩后面背靠的大山。来到十里铺东面，从小路往北走半里，便为华岩。岩洞口朝北，有小股水从洞下方流出来。从洞口进去，只听到水声，却看不见水。转往东前行三丈多，又转往南朝下走，洞便变得高穹隆起、幽深黑暗，不再见到光亮了。当时洞口北边有间僧人住的小屋，因为急着走，来不及到那小屋中寻找火把，听说洞内只需一支火把便可以游完，因而也不必再找火把了。于是我从那小屋右边往北朝小路走。这里的山小而陡峭，有的孤峰耸立，有的三三两两的，仿佛串起来的珠子和并立生长的竹笋，座座山上岩石尖峭嶙峋，草木摇曳飘舞，在山间曲折地上登或下行，如同置身在纷乱的云层和重叠的波浪中，令人茫然，辨不清方向。然而没有大山作为标志辨识方向，只有西北方有个高峰，我不时地从山间缝隙中远望它一面，把它作为辨别距离、方位的座标。行五里，横着走过四条山间小路，又五里，越过一座小石桥，又翻过一座山岭，看到大路向西而去。沿大路走二里，又向北进入小路中，沿着石山的山嘴，共行四里而转出到平坦的田野间，便是道州往西来的大路了，又走一里，濂溪祠就在眼前了。濂溪祠朝北，左边为龙山，右边为象山，都是祠堂后面的山，形态如龙似象，从祠堂后的小山分支出来而环拱突兀在祠堂前方。龙山就是前面我从山嘴转出到田野间的那山，象山则是到月岩经过濂溪的那座山。祠堂被山峦环抱但不临水，祠堂前方宽阔，可以容纳万马奔腾，是元公出生之地，如今只有他的一两个后人守护在祠堂中，而四周再无其他人居住。没有地方找饭吃，便向西走。一里，路过象山，顺着它的北面又走一里，渡过濂溪。濂溪从月岩流来，到这里被象山挡在东边，便向北流，然后又转向东流到州城西面汇入沲水。从濂溪北岸溯流向西行，五里到了达村，它是洪姓人家聚居的一个村子。于是到一家店铺中躺下来等着吃饭，店铺中没有酒，辗转很久才买到酒，下午才出发。出村后便向西南进入山中。路旁先是有一座山峰圆而尖峭像一支标枪，从此地起，杂乱的山峰渐渐多了，有的像直立的锥子，有的像并排的手指，有的似排列的屏风，都绕环掩映在一座大山的东边，它们分成一行行排成一队队追逐着，仿佛藤蔓一样互相牵引，都是骨状的岩石。又走五里，向南转入乱山的内侧。又走三里，向西翻越一座山岭，望见正西边的一座山，好像有一缕白烟似经脉样横浮在山腰上，它就是月岩上层的山间穿洞露出来的天空。正西面高山屏风般直立，仿佛和天一样高而难以攀登，向东延伸下来，第三层便是这座山，山中间空而上面成拱形，下面开辟有重重石门，青翠的山冈像从中间被剜去一块，光线映照到前面的山上，所以远远看去如静止不动的白云。又走二里，一直到月岩山下，我从山的东麓拾级而上，先进入下岩中。那岩洞朝向东边，中间空而上面相连，高高拱起来像桥梁，从下面望上去，像是猛虎张开大口，目光以及牙齿的形状，形象极了让人心生畏惧。我又在月岩上游遍了各处景观奇异的地方，这晚住宿在月岩中。

十九日　自月岩行二里，仍过所望岩如白烟处。分岐东南行，穿小石山之腋，宛转群队中。八里出山，渡大溪而东，是为洪家宅，亦洪氏之聚族也。又东南入小土山，南向山脊行，三里而下。一里出山，有巨平岩横宕，而东一里，复南向行山坡，又二里，南上一岭。名银鸡岭。越岭而下，有村两三家。从其东又三里为武田，自月岩至武田二十里。其中聚落颇盛。再东半里，即永明之大道也。横大道而过，南沿一小平溪行一里，渡桥而东又半里，则大溪汤汤介于前矣。是为永明掩、遨二水，是为六渡。渡江复东南行，陂陀高下，三里为小暑洞。又东逾山冈，三里得板路甚大，乃南随板路，又十里而止于板寮，盖在上都之东北矣，问所谓杨子宅、南龙，俱过矣。

【译文】十九日　从月岩出发前走二里，仍然经过所望见的如有白烟横浮的那座岩石。它分出岔路，我便向东南行，穿过小石山的侧旁，曲折地从成群结队的石山间穿行。八里后出了山，渡过大溪向东走，这地方是洪家宅，也是洪姓人家聚族而居的村庄。又向东南进入小土山中，往南从山脊上走，三里后朝山下走。行一里出了山，那地方有块巨大而平滑的岩石横亘着，向东走一里，又往南在山坡上行。又走二里，向南登上一座岭。名为银鸡岭。越过岭朝下行，有个两三户人家的村子。从村东又走三里是武田，从月岩到武田有二十里。那地方村落很兴盛。再向东半里，就是前往永明县的大道。横穿大道，向南顺着一条小而水流平缓的溪水行一里，越过桥往东又走半里，便见一条浩浩荡荡的大溪横隔在眼前。这是从永明县流来的掩水、遨水两条溪水，此为六渡。渡过江又向东南走，山坡高低起伏倾斜不平，走三里是小暑洞。又向东翻越山冈，走三里见到一条非常大的石板路，顺着石板路往南行，又行十里停在板寮，这里大概在上都的东北方，向旁人打听所说的杨子宅、南龙，回答说都已经走过了。

二十日　从寮中东南小径，一里，出江华[①]大道，遂南遵大道行，已为火烧铺矣。铺在道州南三十里而遥，江华北四十里而近。又行五里为营上，则江华、道州之中，而设营兵以守者也。其后有小尖峰倚之。东数里外有峰突屼，为杨柳塘，由此遂屏亘而南，九疑当在其东矣。西南数里外，有高峰圆耸，为斜溜。其南又起一峰，为大佛岭，则石浪以后云山也。自营上而南，两旁多小峰巑岏。又五里，为高桥铺。又三里，有溪自西而东，石骨嶙峋，横卧涧中，济流漱之，宛然包园石壑也。溪上有石梁跨之，当即所谓高桥矣。又南七里，为水塘铺。自高桥来，途中村妇多觅笋箐中，余以一钱买一束，携至水塘村家煮之，与顾奴各啜二碗，鲜味殊胜，以筒藏其半而去。水塘之西，直逼斜溜，又南，斜溜、大佛岭之间，有小峰东起，若纱帽然。又五里为加佑铺，则去江华十里矣。由铺南直下，从径可通浪石寺。转而东南从岭上行，共六七里而抵江华城西。盖自高桥铺南，名三十里，而实二十五里也。循城下抵南门，饭于肆。又东南一里，为麻拐岩。一名回龙庵。由回龙庵沿江岸南行半里，水分二道来：一自山谷中出者，其水较大，乃沲水也；一自南来者，亦通小舟，发源自上武堡。盖西界则大佛岭、班田、嚣云诸山迤逦而南去，东界则东岭、苦马云诸峰环转而南接，独西南一坞遥开，即所谓上武堡也，其西南即为广西富川、贺县界。大小二江合于麻拐岩之南。大江东源锦田所，溯流二百余里，舟行三、四日可至；小江南自上武堡，舟溯流仅到白马营，可五十里。然入江之口，即积石为方堰，置中流，横遏江舟，不得上下，堰内另置小舟，外有桥，横板以渡。白马营东大山曰吴望山，有秦洞甚奇，惜未至；又南始至上武堡，堡东大山曰冬冷山。二山之水合出白马营，为小江上流云。乃沿南小江岸又西行三里，是为浪石寺。小江中石浪如涌，此寺之所由得名也。寺有蒋姓者成道，今肉身犹在，即所称"一刀屠"也。浪石有"一刀屠"肉身，其面肉如生。碑言姓蒋，即寺西村人。宋初，本屠者，卖肉，轻重俱一刀而就，不爽锱铢②。既而弃妻学道，入大佛岭洞中，坐玉柱下。久之，其母入洞，寻得。拜之遂出洞，坐化于寺。后有盗欲劫江华库，过寺，以占取决，不吉。盗劫库还，遂剖其腹，取心脏而去。此亦"一刀屠"之报也。其身已髹③，而面尚肉，头戴香巾，身袭红褶，为儒者服，以子孙有青其衿者耳。是日止于浪石寺，但其山僧甚粗野。

【注释】①江华：今湖南省江华瑶族自治县。②不爽锱铢（zī zhū）：不会差失一小点。爽，差失。锱、铢，旧制锱为一两的四分之一，铢为一两的二十四分之一。比喻极其微小的数量。③髹（xiū）：用漆涂在器物上。

【译文】二十日　从板寮村东南的小路上走，行一里，到达通往江华县的大道，向南顺大道前行，这里已经是火烧铺了。火烧铺在道州城南边三十里之外，江华县城北边不足四十里的地方。又走五里是营上，它是江华县至道州的中点，设置了营房驻兵把守着。兵营后面，有座小尖峰紧靠着兵营。东面数里外有座山峰高峻突兀，这是杨柳塘，从此地起山脉便似屏风一样向南绵亘，九疑山应当就在此高峰的东面了。西南方数里外，有座圆状的高峰耸起，为斜溜。斜溜南面又耸起一座山峰，为大佛岭，它便是石浪后面那座云雾缭绕的高山。从营上向南走，两旁矗立高耸尖峭的小山峰。又走五里，为高桥铺。又走三里，有条溪水自西往东流，尖峭嶙峋的岩石，横卧在涧流中，大而急的水流从岩石冲刷而过，就像包园中的石头壑谷。溪上有座石桥横跨着，它应当就是所说的高桥了。又向南七里，是水塘铺。从高桥一路过来，沿途中有许多乡村妇在竹林中采摘竹笋，我花一文钱买了一束，带到水塘铺村民家煮熟了，和顾仆各吃掉两碗，味道异常鲜美，然后用竹筒装了剩下的一半带上离开了那里。水塘铺的西边，一直逼近斜溜，再往南，在斜溜、大佛岭之间，有座小山峰耸起在东边，像纱帽一样。又走五里是加佑铺，它距离江华县城有十里远。从加佑铺往南一直向下走，从小路可通到浪石寺。我们转往东南从岭上走，共行六七里就道达江华县城西边。原来从高桥铺向南行，名义上说是三十里，而实际上仅二十五里。沿城墙下走到南门边，在店铺中吃了饭。又向东南走一里，是麻拐岩。又叫回龙庵。从回龙庵顺江岸往南行半里，江水分成两条流过来：一条从山谷中流出来，水势较大，便是沲水；一条从南面流来，也可通小船，它发源于上武堡。大略地说，西面一列山是大佛岭、班田、罽云等众山峰往南曲折绵延而去，东面一列山则是东岭、苦马云等山峰迂回环绕转往南，与南面的山峰相接，唯独在遥远的西南方形成一个山坞，这就是所说的上武堡，它的西南方便是广西富川县、贺县两县地界了。大小两条江汇合在麻拐岩的南边。大江发源于东边的锦田所，逆流二百多里，船航行三四天就可以到达；小江发源于南边的上武堡，船只逆流航行，仅能到达白马营，大约有五十里的路程。然而在进入江口的地方，有用石头累砌成的方形拦水坝，设置在水流的中间，横阻江中的船只，使船只不能上下，堤坝内另外放有小船，外面有桥，桥上横铺着木板，供来往的人们渡过江流。白马营东面的大山叫吴望山，山上有个秦洞，非常奇异，可惜未能前去；从白马营又向南走，才来到上武堡，堡东的大山叫冬冷山。吴望、冬冷两山的水汇合而流出白马营，为小江的上游。于是我们顺着南面小江的江岸又向西行三里，这里是浪石寺。小江中石头密密麻麻，像起伏奔涌的波浪，寺院就是由此而得名。此寺中先前有个姓蒋的人修炼成佛，如今肉身还在，他就是所称的“一刀屠”。浪石寺中有“一刀屠”的肉身，他面部的肌肉如同活着的人一样。碑文中说，他姓蒋，就是寺西面村中的人。他生活在宋代初期，本是个屠夫，卖肉时，不论轻重都是一刀割下，不差丝毫。后来抛弃妻子去学道，进入大佛岭的山洞中，坐在玉柱下修炼。过了许久，他母亲进洞中找到他。他拜过母亲，便出了洞，就坐化在寺中。后有盗贼想去抢劫江华县的府库，经过此寺时，用向佛卜问的方式作出决定，结果不吉利。盗贼抢劫府库回来，便剖开他的肚子，取了他的心脏而去。这也算是“一刀屠”的报应。他的身体已被漆过，然而面部还是肉身，头戴香巾，身穿红夹衣，一副儒士的装束，这是因为他的子孙中有读书人而已。这一天停留在浪石寺中，但寺中的山僧十分粗野。

二十一日　饭于浪石寺。欲往莲花洞，而僧方聚徒耕田，候行路者，久之得一人，遂由寺西遵大路行。南去山尽为上武堡，贺县[①]界。西逾大佛坳为富川[②]道。坳去江华西十里。闻逾坳西二十里，为崇柏，即永明[③]界；又西二十五里，过枇杷所，在永明东南三十里，为广西富川界；更西南三十里，即富川县治云。七里，直抵大佛岭下。先是，路左有一岩，若云楞嵌垂，余疑以为即是矣，而莲花岩尚在路右大岭之麓。乃从北岐小径入，不半里，至洞下。导者取枯竹一大捆，缚为六大炬分肩以出，由路左洞披转以入。还饭于浪石，已过午矣。乃循旧路，抵麻拐岩之西合江口，有板架江坝外为桥，乃渡而南。东南二里，至重元观，寺南一里，入狮子岩洞。出洞四里，渡小江桥，经麻拐岩，北登岭，直北行，已过东门外矣。又北逾一岭，六里，渡淹水而北，宿于江渡。

【注释】①贺县：今贺州市。②富川：今富川瑶族自治县。③永明：今湖南省永州市江永县。

【译文】二十一日　在浪石寺吃过饭后。我想前往莲花洞，但寺中僧人正集合众徒弟耕田，无人能带路，我们就等候过路的人，等了许久才等到一个人，于是从寺院西边沿大路前行。向南而去，山峦尽头处是上武堡，那里是贺县境内。往西翻越大佛岭的山坳是到富川县的路。山坳距离江华县城西面有十里。听说越过山坳往西走二十里，为崇柏，就是永明县地界；又往西二十五里，经过枇杷所，它在永明县城东南面三十里，为广西省富川县的地界；再往西南行三十里，便是富川县城。行七里，一直到达大佛岭下。这之前，道路左边有一座石岩，就像入云的楞条一样深嵌下垂，我怀疑这里就是莲花岩了，然而莲花岩还在路右边大山岭的山麓。于是我们从北边岔开的小路进去，行不足半里，到达洞下。领路的人拾了一大捆枯竹，捆扎成六大支火把，我们分别扛在肩上走出竹林，由路左边的洞口分开障碍物曲折地进入洞中。回到浪石寺吃饭时，已过了中午。这才沿着原路，到达麻拐崖西面的合江口，有木板架在江中堤坝外成为桥，于是跨过桥到了江南岸。向东南走二里，到重元观寺，从寺向南走一里，进入狮子岩洞。出了洞走四里，越过小江上的桥，路过麻拐岩，往北登上山岭，一直向北行，到这里已经过了江华县城东门外了。又向北翻越一座山岭，走六里，渡过沲水向北行，投宿在江渡。

二十二日　昧爽，由江渡循东山东北行。十里为蜡树营。由此渐循山东转，五里，过鳌头源北麓。二里，至界牌，又三里，过石源，又五里，过马冈源。自鳌头源突于西北，至东北马冈源，皆循山北东向行，其山南皆瑶人所居也。马冈之北，犹见沲水东曲而来，马冈之南，始见溪流自南而北。又东七里，逾虎版石。自界牌而来，连过小岭，惟虎版最高。逾岭又三里，为分村，乃饭。村南大山，内有分岭。谓之“分”者，岂瑶与民分界耶？东三里，渡大溪，南自九彩源来者。溪东又有山横列于南，与西来之山似。复循其北麓行七里，至四眼桥，有溪更大，自顾村来者，与分村之水，皆发于瑶境也。渡木桥，颇长，于是东登岭。其先只南面崇山，北皆支冈条下；至是北亦有山横列，路遂东行两山之间。升陟冈坳十里，抵盂桥西之彭家村，乃宿。是日共行五十里，而山路荒僻，或云六十里云。

【译文】二十二日　黎明，从江渡顺着东面的山向东北走。行十里是蜡树营。从这里起渐渐顺山势转向东，走五里，路过鳌头源的北麓。又行二里，来到界牌，又走三里，经过石源，又行五里，路过马冈源。从突起在西北方的鳌头源，到东北方的马冈源，都是顺着山的北面往东走，山的南面都是瑶族人居住的地方。在马冈源的北边，还看到淹水从东面弯曲地流来，在马冈源的南边，才见到溪流自南往北流淌。又向东走七里，翻越虎版石。自界牌以来，接连越过众多小山岭，只有虎版石最高。越过山岭又行三里，是分村，于是在村中吃饭。村南的大山内有座分岭。称之为“分”的原因，难道是因为那座岭是瑶族人与汉民居住地的分界吗？从分村向东行三里，渡过一条大溪，它是从南面的九彩源流来的溪流。溪水东边又有山横向排列在南面，与西边延伸过来的山相似。又沿着此山的北麓走七里，到四眼桥，桥下有条溪流更大，它是从顾村流来的，与分村的溪水一样，都是发源于瑶族人居住的地区。越过溪上很长的木桥，从此地向东登上山岭。原先只是南边有高大的山，北边都是从高山分出来的一条条山冈向下绵延；到这里北边也有大山横向排列着，道路便往东从两山之间通过。在山冈山坳间翻越攀爬了十里，到达孟桥西边的彭家村，才住宿下来。这天共走了五十里，然而山路荒凉偏僻，有人说有六十里。

二十三日　五鼓，雨大作。自永州来，山田苦旱，适当播种之时，至此嗷嗷已甚，乃得甘霖，达旦不休。余僵卧[①]待之，晨餐后始行，持盖草履，不以为苦也。东一里，望见孟桥，即由岐路南行。盖至是南列之山已尽，遂循之南转。五里，抵唐村坳。坳北有小洞东向，外石嶙峋，俯而入，下有水潺潺，由南窦出，北流而去。乃停盖，坐久之。逾岭而南，有土横两山，中剖为门以适行，想为道州、宁远之分隘耶。于是连陟两三岭，俱不甚高，盖至是前南列之山转而西列，此皆其东行之支垅，而其东又有卓锥列戟之峰，攒列成队，亦自南而北，与西面之山若排闼门者。然第西界则崇山屏列，而东界则乱阜森罗，截级不紊耳，直南遥望两界尽处，中竖一峰，如当门之标，望之神动，惟恐路之不出其下也。过唐村坳，又五里而至大洋。道州来道亦出此。其处山势忽开，中多村落。又南二里，东渡一桥，小溪甚急。逾桥则大溪洋洋，南自九疑，北出青口，即潇水之上流矣。北望小溪入江之口，有众舟舣②其侧。小舟上至鲁观，去九疑四五里，潇江与母江合处。渡大溪，是为车头。又东南逾岭，共六里，为红洞。市米而饭，零雨犹未止。又东南行六里，直逼东界乱峰下，始过一小峰，巉石岩岩，东裂一窍，若云气氤氲。攀坐其间，久之雨止，遂南从小路行。四里，过一村。曰大盖。又南二里至掩口营，始与宁远南来之路合，北去宁远三十里。掩口之南，东之排岫，西之横嶂，至此凑合成门，向所望当门之标，已列为东岫之首，而西嶂东垂，亦竖一峰，北望如插屏，逼近如攒指，南转如亘垣，若与东岫分建旗鼓而出奇斗胜者。二里，出凑门之下，水亦从其中南出，其下平畴旷然，东西成壑。于是路从西峰之南，转西向行。又三里而至路亭。路亭者，王氏所建，名应丰亭，其处旧名周家峒，王氏之居在焉。王氏，世家也，因建亭憩行者，会发乡科，故遂以“路亭”为名。是日止行三十五里，计时尚早，因雨湿衣透，遂止而向薪焉。

【注释】①僵卧：形容（人）身体处于僵挺平直的一种姿态。面朝下卧着或躺着不动。②舣（yǐ）：使船靠岸停泊。

【译文】二十三日　五更时分，猛然下起了大雨。从永州府以来，山间田地苦于干旱，而又正当播种时节，到此时百姓的哀怨声已经很厉害了。这才盼到甘霖，到天亮雨仍未停。我僵卧在床等候雨停，早饭后才上路出发，虽然撑着伞穿着草鞋，但我不以为苦。向东行一里，望见孟桥，立刻从岔路向南走。大概来到这里南面排列的山已经到了尽头，便顺着山转向南。走五里，到达唐村坳。山坳北边有个小洞朝向东面，洞外岩石嶙峋，俯身进入洞内，脚下有潺潺的流水，从南边的孔洞流出，往北流去。我们这才停下收起伞，坐了很久。越过山岭向南走，有个土墙横在两山间，中间剖开作成门以便于通行，我猜想它是道州、宁远县分界的隘口。从此地起连续翻过两三座山岭，都不很高，这大概是因为到了这里前面排列在南边的山都转向西边排列的缘故，这些小山岭都是山往东延伸而分出的支脉土拢。山的东边，又有些像直立的锥、排列的戟一样的山峰，聚集而排列成队，也是自南而北延伸，与西面的山相夹峙，像排列的门。然而只是西边的高山像屏风般排列，而东边的却是杂乱的土山森然地罗列着，两边截然分明而不乱。一直往南远远望去，两列山尽头处，中间直立着一座山峰，宛如正对着门树起的一支标枪，望见它便使人神魂一动，惟恐道路不从这座山下边经过。路过唐村坳，又走五里来到大洋，从道州来的道路也是通到这里。这里山势忽然变得开阔起来，中间分布着许多村落。又向南行二里，往东跨过一座桥，桥下的小溪水流很急。过了桥便有一条浩浩荡荡的大溪，它从南面的九疑山流来，向北从青口流出，它就是潇水的上游了。往北望去，小溪流入潇江的江口处，有好多船停靠在江口侧边。小船可以溯流上行到鲁观，那里离九疑山有四五里，是潇江与母江的会合处。渡过大溪，这是车头。又向东南翻越山岭，共行六里，是红洞。在红洞买米做饭吃，零星的小雨仍未停止。又向东南走六里，一直逼近东边杂乱山峰下面，最初经过的一座小山峰，岩石高峻险峭，东边裂开一个石洞，好像有氤氲的云气在那里涌动。攀登上去坐在洞中，过了很久雨停了，于是往南从小路走。行四里，经过一个村子，叫大盖。又向南走二里到掩口营，这才与从宁远县往南来的道路会合。掩口营北边距离宁远县城有三十里。掩口营的南面，东边排列的峰峦，西边横亘的高山，到这里凑拢聚合成门，原先所望见的当门而立的标枪状的山峰，已列为东边的第一峰峦，而西边高山的东垂，也直立着一座山峰，从北边望去就像高高插立的屏风，走近峰下看去则像并拢的手指，转到南边看又像横亘的墙垣，仿佛是与东边的峰峦分别建立旗鼓而各自出奇斗胜。二里后走到东西山凑拢的山门下，溪水也从门中向南流出，那门下面平坦的田野空旷开阔，呈东西向展开形成壑谷。从这里起路从西边山峰的南面转往西行，又走三里到达路亭。路亭，是个姓王的人修建的，名为应丰亭，这地方旧时叫周家峒，王姓人家的住处就在这里。王家，是世代为官的世家大族，因为建了这座亭子供行人歇脚休息，他家的人参加乡试考中举人，所以便以“路亭”为名。这天只行了三十五里，我估算时辰还早，但因为雨水浸湿了衣服，便停下来围着火炉烘烤衣服。

二十四日　雨止而云气蒙密。平明，由路亭西行，五里为太平营，而九疑司亦在焉。由此西北入山，多乱峰环岫，盖掩口之东峰，如排衙列戟，而此处之诸岫，如攒队合围，俱石峰森罗。中环成洞，穿一隙入，如另辟城垣。山不甚高，而窈窕回合，真所谓别有天地也。途中宛转之洞，卓立之峰，玲珑之石，喷雪惊涛之初涨，濛烟沐雨之新绿，如是十里而至圣殿。圣殿者，即舜陵也。余初从路岐望之，见颓垣一二楹，而路复荒没，以为非是，遂从其东逾岭而北。二里，遇耕者而问之，已过圣殿而抵斜岩矣。遂西面登山，则穹岩东向高张，势甚宏敞。洞门有石峰中峙，界门为两，飞泉倾坠其上，若水帘然。岩之右，垂石纵横，岩底有泉悬空而下，有从垂石之端直注者，有从石窦斜喷者，众隙交乱，流亦纵横交射于一处，更一奇也。其下复开一岩，深下亦复宏峻，然不能远入也。岩后上层复开一岩，圆整高朗，若楼阁然，正对洞门中峙之峰，两瀑悬帘其前，为外岩最丽处。其下有池，潴水一方，不见所出之处，而水不盈。池之左复开一门，即岩后之下层也。由其内坠级而下，即深入之道矣。余既至外岩，即炊米为饭，为深入计。僧明宗也，曰："此间胜迹，近则有书字岩、飞龙岩，远则有三分石。三分石不可到，二岩君当先了之，还以余晷[1]入洞，为秉烛游，不妨深夜也。"余颔之。而按《志》求所谓紫虚洞，则兹洞有碑称为紫霞，俗又称为斜岩，斜岩则唐薛伯高已名之，其即紫虚无疑矣。求所谓碧虚洞、玉琯岩、高士岩、天湖诸胜，俱云无之。乃随明宗为导，先探二岩。

【注释】①余晷（guǐ）：剩余的时间。

【译文】二十四日　雨停了但云气阴暗浓密。天刚亮时，从路亭向西走，行五里是太平营，而九疑巡检司也在这里。从这里往西北进山，许多杂乱的山峰和回绕的峰峦，大概掩口营东边的山峰，像衙门前排列的剑戟；而此地的众多山峦，如集合的队伍合围，都是森然罗列的石峰。山中间环绕形成山洞，穿过一条石头缝隙进到里边，宛如另外开辟出一道城墙。山不很高，但幽深而迂回环绕，真所谓别有天地。途中有弯转曲折的洞穴，直立的山峰，玲珑剔透的岩石，惊涛喷雪般刚涨起来的溪水，萦绕着的云烟、沐浴着雨露新长出的嫩绿，就这样走了十里，到了圣殿。圣殿就是舜陵。最初我从岔路处望去，见有一两间墙壁倒塌的房屋，而路又被荒草淹没，以为不是这里，便从它东边翻岭向北走。行二里，遇到个耕田的人我便向他打听，才知已过了圣殿到了斜岩。于是向西往山上登，穹隆的岩洞朝东高高张开，气势非常恢宏宽敞。洞口有座石峰耸立在中间，将洞口隔成两半，飞洒的泉水倾坠在洞口上面，宛若水帘一样。岩洞右侧，垂挂的岩石纵横交错，岩洞底部有泉水悬空泻下，水流有的从垂挂着的岩石前端直流向下，有的从石孔中斜喷出来，众多孔隙交错杂乱，水流也纵横喷射到一个地方，这更是一种奇观。这个岩洞下边又形成个岩洞，深深向下凹陷，也同样宏大高峻，然而不能深入走进去。此岩洞后面的上层同样形成个岩洞，圆整高大而明亮，像楼阁一样，它正对着洞口中间耸起的石峰，两股瀑布就像悬挂的帘子喷泻在岩洞前方，这是外岩景致最优美的地方。它下面有个水池，积了一池水，看不见水流出的地方，可水也不会向外溢出。水池的左侧又张开个洞门，这里便是岩洞后方的下层。从门内踏着石阶逐级下走，就是深入进去的路了。我到达外岩后，立刻先煮米做饭吃，作进洞游览的准备。僧人叫明宗，他说："这地方的名胜古迹，近处的有书字岩、飞龙岩，远处的有三分石。三分石今天不可能到达，其余两岩先生应先游览了却心愿，回来后用日落前的剩余时间再进这洞，点着烛火游览，这样就算深夜也无妨碍。"我点头赞同他的建议。然而我根据《志》书的记载去寻找所谓的紫虚洞，却发现这个洞中有石碑，说此洞为紫霞洞，民间又称为斜岩，斜岩则是唐朝时薛伯高就已起过名的，那么此洞毫无疑问便是紫虚洞了。我们又寻找所谓的碧虚洞、玉琯岩、高士岩、天湖等名胜，明宗都说没有这些地方。于是在明宗的引领下，先去探游书字岩、飞龙岩二岩。

出斜岩北行，下马蹄石，其阴两旁山巉石嵯峨，叠云耸翠，其内乱峰复环回成峒。盖圣殿之后，即峙为萧韶峰，萧韶之西即起为斜岩。山有岭界其间。岭北之水，西北流经宁远城，而下入于潇江，即舜源水也。岭南之水，西北流经车头，下会舜源水而出青口，即潇水也。萧韶、斜岩之南北，俱乱峰环峒，独此二峰之间，则峡而不峒，盖有岭过脊于中，北为宁远县治之脉也。马蹄石南，其峒宽整，问其名，为九疑洞。余疑圣殿、舜陵俱在岭北，而峒在岭南，益疑之。已过永福寺故址，础石犹伟，已犁为田。又南过一溪，即潇水之上流也。转而西共三里，入书字岩。岩不甚深，后有垂石夭矫[①]，如龙翔凤翥。岩外镌“玉琯岩”三隶字，为宋人李挺祖笔。岩右镌“九疑山”[②]三大字，为宋嘉定六年知道州军事莆田方信孺笔。其侧又隶刻汉蔡中郎《九疑山铭》，为宋淳祐六年郡守潼川李袭之属郡人李挺祖书。盖袭之既新其宫，因镌其铭于侧，以存古迹。后人以崖有巨书，遂以“书字”名，而竟失其实。始知书字岩之即为玉琯，而此为九疑山之中也。始知在箫韶南者为舜陵，在玉琯岩之北者，为古舜祠。后人合祠于陵，亦如九疑司之退于太平营，沧桑之变如此。土人云：永福（寺）昔时甚盛，中有千余僧，常住田数千亩，是云永福即舜陵，称小陵云。义以玉琯、舜祠相迫，钦癸绎扰，疏请合祠于陵。今舜陵左碑，俱从永福移出。后玉琯古祠既废，意寺中得以专享，不久，寺竟芜没，可为废古之鉴。

【注释】①夭矫：屈曲而有气势。②九疑山：一般指九嶷山，又名苍梧山。境内有舜源、娥皇、女英、杞林、石城、石楼、朱明、箫韶、桂林九座峰峦，九峰相似，行者疑惑，故名九疑。

【译文】走出斜岩往北走，下了马蹄石。它的北边两侧都是突兀陡峻的巉石，翠绿色的石峰层叠高耸直入云，高峻的巉石以内杂乱的石峰又环绕回抱形成峒。原来圣殿的后边，便耸峙成为箫韶峰，箫韶峰的西边便耸起成为斜岩。山上有座岭隔在它们之间。岭北边的水，向西北流经宁远城，下游流入潇江，它就是舜源水。岭南边的水，向西北流经车头，下游汇合舜源水而流出青口，这便是潇水。箫韶峰、斜岩的南北两面，都是杂乱山峰环绕形成峒，唯独这两座山峰之间，却形成峡谷而不是峒，大概是因为有座岭的岭脊从这两峰之间延伸而过，向北延伸而成为宁远县城主山之脉。马蹄石南边，那峒宽敞平整，打听它的名称，说叫九疑洞。我原就怀疑圣殿、舜陵都在岭北，而今见峒在岭南，就更加怀疑了。旋即路过永福寺的旧址，柱脚下的石墩子仍然雄伟，而寺基的地方已经被犁为耕田。又往南渡过一条溪流，它就是潇水的上游。转向西共行三里，进到书字岩。岩洞不很深，后面有岩石垂悬着，屈曲而有气势，宛如龙凤飞腾一般。岩洞外面用隶书刻着“玉琯岩”三个字，是宋代人李挺祖的笔迹。岩洞右边刻有“九疑山”三个大字，是宋代嘉定六年主持道州军事的莆田人方信孺书写的。它的侧边又用隶书刻着汉代蔡中郎撰写的《九疑山铭》，这是宋理宗淳祐六年（1246）知州潼川人李袭之嘱托本州人李挺祖书写的。大概李袭之翻修了蔡中郎的祠庙，因而就将他作的这篇铭文刻在侧面，用来保存古迹。后人因为崖壁上有巨大的字，便用“书字”这个名称呼此岩，因而竟然失去了它的真实名称。我才知道书字岩就是玉琯岩，而这里正是九疑山的中心地段。这才知道在箫韶峰南边的是舜陵，在玉琯岩北边的是古舜祠。后人把舜祠合并到舜陵处，这也正如九疑巡检司北迁到太平营一样，世间事物的变迁竟然如此之大。当地人说：永福寺原先很兴盛，寺内有一千多僧人，寺院的田产有数千亩。如此说永福寺就是舜陵，永福寺被称为小陵，意思是因为玉馆岩和舜祠相距较近，皇帝派人考察后认为舜祠受玉馆岩所扰，于是上疏请求将舜祠合并到舜陵。如今舜陵左边的碑刻，都是从永福寺移出来的。后来玉馆岩的古舜祠荒废后，原料想寺中能够专享祭供，然而不久，寺竟然就荒芜衰废了，这可以作为毁弃古迹的一个借鉴。

余坐玉琯中久之，因求土人导往三分石者。土人言：“去此甚远，俱瑶窟中，须得瑶人为导。然中无宿处，须携火露宿乃可。”已而重购得一人，乃平地瑶刘姓者，期以明日晴爽乃行。不然，姑须之斜岩中。乃自玉琯还，过马蹄石之东，入飞龙岩。岩从山半陷下，内亦宽广，如斜岩外层之南岩，有石坡中悬，而无宛转之纹。岩外镌“飞龙岩”三字，岩内镌“仙楼岩”三字，俱宋人笔。

【译文】我坐在玉琯岩中好久，于是想找个当地人作向导引领我到三分石去。当地人对我说：“三分石离这里很远，都是瑶族人居住的地方，必须找瑶族人做向导才行。然而中途没有住宿的地方，必须携带着火把露宿才可以前往。”继而出重金雇到一个人，是个平地瑶族人姓刘，我们约定明天天气晴朗就出发。如天气不好，就姑且在斜岩中等候。于是从玉琯岩往回走，路过马蹄石东边，进入飞龙岩。飞龙岩从半山腰凹陷下去，里边也很宽广，像斜岩外层的南岩，有个石坡悬在中间，但没有曲折纵横的石纹。岩外刻有“飞龙岩”三个字，岩内刻着“仙楼岩”三个字，都是宋代人的笔迹。

出洞，复逾马蹄石，复共三里而返斜岩。明宗乃出火炬七枚，与顾仆分携之，仍爇炬前导。始由岩左之下层捱隙历蹬而下，水从岩左飞出，注与人争级，级尽路竟，水亦无有。东向而入，洞忽平广。既而石田鳞次，水满其中，遂塍上行，下遂坠成深壑。石田之右，上有石池，由池涉水，乃杨梅洞道也。舍之，仍东下洞底。既而涉一溪，其水自西而东，向洞内流。截流之后，循洞右行，路复平旷，洞愈宏阔。有大柱端立中央，直近洞顶，若人端拱者，名曰“石先生”。其东复有一小石竖立其侧，名曰“石学生”，是为教学堂。又东为吊空石，一柱自顶下垂，半空而止，其端反卷而大。又东有石莲花、擎天柱，皆不甚雄壮。于是过烂泥河，即前所涉之下流也。其处河底泥泞，深陷及膝，少缓，足陷不能拔。于是循洞左行，左壁崖片楞楞下垂，有上飞而为盖者，有下庋而为台者，有中凹而为床、为龛者，种种各有名称，然俚不足纪也。南眺中央有一方柱，自洞底屏立而上，若巨笏[①]然。其东有一柱，亦自洞底上穹，与之并起，更高而巨。其端有一石旁坐石莲上，是为观音座。由此西下，可北绕观音座后。前烂泥河水亦绕观音座下西来，至此南折而去。洞亦转而南，愈宏崇，游者至此辄止，以水深难渡也。余强明宗渡水，水深逾膝，然无烂泥河泞甚。既渡，南向行，水流于东，路循其西，四顾石柱参差高下，白如羊脂，是为雪洞。以其色名也。又前为风洞，以其洞转风多也。既而又当南下渡河，明宗以从来导游，每岁不下百次，曾无至此者。故前遇观音座，辄抽炬竹插路为志，以便归途。时余草履已坏，跣一足行，先令顾仆携一緉[2]备坏者，以渡河水深，竟私置大士座下，不能前而返。约所入已三里余矣。闻其水潜出广东连州[3]，恐亦臆论，大抵入潇之流，然所进周通，正无底也。还过教学堂，渡一重河，上石田，遂北入杨梅洞。先由石田涉石池，池两崖石峡如门，池水满浸其中，涉者水亦逾膝，然其下皆石底平整，四旁俱无寸土。入峡门，有大石横其隘。透隘入，复得平洞，宽平广博。其北有飞石平铺，若楼阁然，有隙下窥，则石薄如板，其下复穹然成洞，水从下层奔注而入，即前烂泥诸河之上流也。洞中产石，圆如弹丸，而凹面有猬纹，“杨梅”之名以此。然其色本黄白，说者谓自洞中水底视皆殷紫，此附会也。此洞所入水，即岩外四山洼洼地中者。此坞东为箫韶峰，西即斜岩，南为圣殿西岭，北为马蹄石，皆廓高里降，有同釜底，四面水俱潜注，第不见所入隙耳。出洞，已薄暮，烧枝炙衣，炊粥而食，遂卧岩中。终夜瀑声、雨声，杂不能辨，诘朝起视，则阴雨霏霏也。

【注释】①笏（hù）：即朝笏，古代君臣在朝廷上相见时，大臣手中所拿的狭长板子，用玉、象牙或竹片制成，上面可以记事。②緉（liǎng）：古代计算鞋的单位，相当于“双”。③连州：今广东省连州市。

【译文】出了岩洞，又越过马蹄石，又一共行三里便返回斜岩。明宗于是拿出准备好的七支火把，和顾仆分别带着，他点燃了火把仍然走在前面领路。开始时从岩洞左边的下层紧挨缝隙沿着石阶往下走，水流从岩洞左边飞泻出来，向下倾注而与人争抢石阶，石阶走完了路也到了尽头，水也不再有。往东向里走，洞忽然变得又平又宽广。继而一块块石田像鱼鳞一样排列着，水流灌满石田中，只能从田埂上行走，石田下面便是崖壁坠陷形成深深的壑谷。石田的右侧，上方有个石头水池，我们从水池中涉水行走，这是去杨梅洞的路。我们放弃了此路，仍旧向东朝洞底往下走。随后渡过一条溪水，那溪水自西往东向洞内流。横渡溪水之后，顺着洞的右边走，路变得又平又宽广，洞更加宏大空阔。有一根大石柱端正的矗立在洞中央，一直向上耸靠近洞顶，宛如拱手端坐着的人，名叫“石先生”；石柱东边又有块小石柱直立在它侧面，名叫“石学生”，这里是教学堂。又向东为吊空石，一根石柱从洞顶垂下来，垂到半空中便停住了，石柱末端反卷上去而粗大。又向东有石莲花、擎天柱，都不很雄伟壮观。从此处渡过烂泥河，它就是前边所涉那条溪水的下游。这里的河底泥泞，深陷到膝盖，走得稍微缓慢一些，脚便陷入泥中而不能拔出来。过了烂泥河沿着洞左侧走，左侧崖壁上的石片一愣愣地向下垂着，有的往上飞举成为伞盖，有的下面高架成为平台，有的中间凹陷成为卧床、神龛，种种姿态，各有名称，然而很粗俗，不值得记录。往南眺望，洞中央有根方形石柱，像屏风从洞底向上矗立着，好像一片巨大的朝笏。它东边有根石柱，也是从洞底向上高高隆立，与它并排耸起，并且更高更大。石柱的顶端有一块岩石像人一样斜坐在石莲花上，这就是观音座。从这里向西下行，可以从北边绕到观音座后面。前边涉过的烂泥河水也绕过观音座下边从西面流来，到这里转往南去。洞也转往南，更加宏大高敞，游人通常到这里便止步不前了，因为水深难以渡过去。我强逼明宗渡水，水深淹过膝盖，但不像烂泥河那样泥泞难走。渡过溪水后，往南行，溪水在东面流，道路顺着洞的西边延伸，四下环顾，石柱参差错落、高高低低，颜色白的像羊脂，这是雪洞，因为洞内石柱的颜色而得名。又往前行是风洞，因为洞内旋风很大而得名。继而又该往南下行渡河，但明宗因为一直作向导，每年不下一百次，从来没有人深入到这里。所以前面到观音座后，他就从火把上抽了根竹片插在路边作为标志，以便回程时容易认路。此时我的草鞋已经穿坏了，光着一只脚走路。事先我曾叫顾仆给我随身带了一双鞋，以备鞋坏了替换，顾仆则因渡河时水深，竟然私下自作主张地把鞋子放在观音座下面，这样便不能再继续往前走，只能返回。到此处进入洞中大约已有三里多了。听说洞中的水暗中流到广东连州府后就流出地面，这恐怕是主观推测的说法，大抵上它是流入潇水的水流，然而进洞来四通八达，这正是所说的此洞无底。返回时经过教学堂，渡过一条河，上行到石田，便向北进入杨梅洞。先由石田涉水过了石头水池，水池两边崖壁对峙形成门一样的石峡，水浸满池中，渡水的人水也没过膝盖，然而下边都是平整的石头底，四周都没有一寸土。进入石峡门中，有大石头横在最狭窄的隘口。穿过隘口往里进去，又见到个平直的山洞，宽广平整宏大。洞北有块平铺着的飞石，仿佛楼阁一般，石上有缝隙，从缝隙中向下窥视，石板薄如木板，石板下面又高高隆起形成洞，水从下层奔流而入，就是前面所经过的烂泥河等各河流的上游。这洞中产的石头，都呈圆圆弹丸的样子，凹陷下去的那面有像刺猬身上的刺一样的石纹，“杨梅”的名字就是由此而得来的。然而石头的颜色本来是黄白色，传说从洞中的水底看都是暗紫色的，这是附会的说法。此洞中渗流进来的水，就是岩洞外面四周的山洼中流入地下的。这个山坞东边是箫韶峰，西边就是斜岩，南边是圣殿西面的山岭，北边是马蹄石，都是外围高里边低，就像锅底，四面的水都潜流到地下，只是不见流入的孔隙而已。出洞时，已是傍晚，烧着树枝烘烤衣服，又煮些粥吃，便在岩洞中睡下。一整夜瀑布声、雨声交织在一起，混杂而不能分辨，早晨起来一看，原来是阴雨纷飞。

此岩之瀑，非若他处悬崖泻峡而下，俱从覆石之底悬，穿窦下注，若漏卮[1]然。其悬于北岩上洞之前者，二瀑皆然而最大；其悬于右岩洼洞之上者，一瀑而有数窍，较之左瀑虽小，内有出自悬石之端者一，出于石底之窦而斜喷者二，此又最奇也。

【注释】①漏卮（zhī）：渗漏用的酒器。

【译文】这个岩洞中流出的瀑布，不像其他地方那样从悬崖上向深峡倾泻而下，而都是从下覆的岩石底悬空而下，穿过孔洞向下流泻，就像有漏洞的酒器一样。悬垂在北岩上洞前方的，两条瀑布都是这样而且最大；悬垂在右崖洼洞之上的，一条瀑布却经几个孔洞泻下来，比起左边的瀑布虽然小些，但瀑布从悬吊着的岩石顶端流泻出一股，从石头底下的孔洞中斜喷出两股，这又是最奇特的。

二十五日　静坐岩中，寒甚。闲则观瀑，寒则煨枝，饥则炊粥，以是为竟日程。

【译文】二十五日　我静坐在岩洞中，天气非常寒冷。闲来无事我就观赏瀑布，冷了就烧树枝烤火，肚饿就煮粥吃，就这样度过这日。

二十六日　雨仍不止。下午，持盖往圣殿，仍由来路北逾岭，稍东，转出箫韶峰之北。盖箫韶自南而北，屏峙于斜岩之前，上分两岐，北尽即为舜陵[①]矣。陵前数峰环绕，正中者上岐而为三，稍左者顶有石独耸。庙中僧指上岐者娥皇峰，独耸者为女英峰，恐未必然。盖此中古祠今殿，峰岫不一，不止于九，而九峰之名，土人亦莫能辨之矣。陵有二大树夹道，若为双阙然，其大俱四人围，庙僧呼为“珠树”，而不识其字云。结子大如指，去壳可食，谓其既枯而复荣，未必然也。两旁杪木甚巨，中亦有大四围者，寻丈而上，即分岐高耸。由二珠树中入，有屋三楹，再上一楹。上楹额云“舞干遗化”，有虞帝牌位。下三楹额云“虞帝寝殿”，列五六碑，俱世庙、神庙二朝之间者，无古迹也。二室俱敝而隘，殊为不称。问窆宫[②]何在？帝原与何侯飞升而去，向无其处也。因遍观其碑，乃诗与祝词，惟慈溪颜鲸嘉靖间学道。一碑已断，言此地即古三苗地，帝之南巡苍梧，此心即“舞干羽”之心。若谓地在四岳之外，帝以髦期之年，不当有此远游，是不知大圣至公无间之心者也。盖中国诸侯，悉就四岳朝见，而南蛮荒远，故不惮以身过化。其说似为可取。李中谿元阳[③]引《山海经》，谓帝舜炼丹于紫霞洞，白日上升。《三洞录》谓帝舜禅位后，炼丹于此。后儒者不欲有其事，谓帝崩于苍梧之野；而道者谓其在九疑中峰。夫圣人之初，原无三教之名，圣而至于神，上天下地，乃其余事。及执儒者，三见而辨其事，不亦固哉。后其侄李恒颜宰宁远，跋其后，引《艺文志》载蔡邕谓舜在九疑解体而升。《书》曰：“陟方乃死。”韩愈曰：“陟，升也，谓升天也。”《零陵郡忠》载道家书，谓帝厌治天下，修道九疑，后遂仙云。宁远野史《何侯记》载，负元君家九疑，修炼丹药功成，帝舜狩止其家。帝既升遐，负元君亦于七月七日升去。是兹地乃舜鼎湖，非陵寝也。且言苍梧在九疑南二百里，即崩苍梧，葬九疑亦无可疑者。唐元次山之说似未必然，其说种种姑存之。惟寝殿前除露立一碑甚钜，余意此必古碑，冒雨趋视之，乃此山昔为瑶人所据，当道剿而招抚之者。其右即为官廨，亦颓敝将倾，内有一碑已碎，而用木匡其四旁。亟读之，乃道州九疑山《永福禅寺记》，淳熙七年庚子[4]道州司法参军长乐郑舜卿撰，知湖、梧州军州事河内向子廓书。书乃八分体，遒逸殊甚。即圣殿古碑，从永福移出者，然与陵殿无与，不过好事者惜其字画之妙，而移存之耳。然此廨将圮，不几为永福之续耶？舜卿碑中有云："余去年秋从山间谒虞帝祠，求何侯之丹井、郑安期之铁臼，访成武丁于石楼，张正礼于娥皇，与萼绿华之妙想之故迹，乃了无所寄目，留永福寺齐云阁二日，桂林、万岁诸峰四顾如指，主僧意超方大兴工作，余命其堂曰御堂。"廨后有室三楹，中置西方圣人，两头各一僧栖焉，亦荒落之甚。乃冒雨返斜岩，濯足炙衣，晚餐而卧。

【注释】①舜陵：即舜帝陵，位于九嶷圣地、德孝之源，国家历史文化名城——湖南省宁远县城南三十公里处的九嶷山，是中华民族始祖"五帝"之一——舜帝的陵庙。②窆（biǎn）宫：落葬的地方。窆，落葬。③李元阳（1497—1580）字仁甫，号中溪，别号逸民，明代大理府太和县人，白族。明代云南著名文学家、理学家。嘉靖五年中进士。④淳熙七年庚子：即1180年。淳熙，南宋孝宗的第三个和最后一个年号，共16年（1174—1789）。

【译文】二十六日　雨依然下个不停。下午，打着伞前去圣殿，仍旧从来路向北翻过山岭，稍稍向东行进，转出箫韶峰的北面。箫韶峰自南往北延伸，屏风般耸立在斜岩前方，峰上面分为两岔，它的北边尽头处就是舜陵。舜陵前环绕着几座山峰，正中间山峰的上部分成三岔，稍靠左边的一座山峰顶上有块岩石独自耸起。庙中僧人指着上部的分岔说是娥皇峰，顶上有石头独自耸起的是女英峰，恐怕未必是这样。大概这地方古代的舜祠和今天的舜殿，分别在不同的峰峦，山峰不止九座，而九峰的名称，当地人也没有能分辨清的。舜陵前边两棵大树夹道而立，就像双阙一般，树大的地方都有四人合抱那么粗，庙中僧人称之为"珠树"，但他不认识这两字的写法。此树结的果实大的像指头，剥掉壳可以吃，传说树本来已经枯死了，后来又重新发芽开花，我想未必是这样。两旁生长着非常巨大的杉木树，其中也有四人合抱那么大的，在八尺到一丈以上，就分出枝杈高高耸起。从两棵珠树中间进去，有一层三间屋子的大殿，再往上走又有一间。上面那间的匾额上写着"舞干遗化"，屋中立有虞帝的牌位。下面三间的匾额上写着"虞帝寝殿"，屋中排列着五六块石碑，都是世宗、神宗两朝之间立的碑，没有古迹。两间房屋都破旧狭窄，与虞帝的身份地位极不相称。询问虞帝下葬的地宫在哪里，才知虞帝原来是与何侯一道成仙升天的，向来没有安葬之处。于是遍观各个石碑，碑上刻的都是些诗和祭祀时祷告的词语，只有慈溪县人颜鲸撰的一篇碑文对虞帝的事迹叙说得较多颜鲸是嘉靖年间的学道。这块碑已经断了，碑文中说，这里就是古代的三苗居住的地方，虞帝南巡来到苍梧，这样做的心意就是为了和平、摒弃战争而"舞干羽"的心意。至于说这地方在四岳管辖之外，虞帝以八九十岁的高龄，不应当有这样远距离的巡游，这是他们不知伟大的圣人有至公无私之心的原因啊。中原的诸侯，全都到四岳管辖的区域内朝见虞帝，而南方各少数民族地区荒凉僻远，所以虞帝便不怕劳苦，亲自巡视，从而感化这里的民众。这种说法似乎可取。李中谿（李元阳）摘引《山海经》，说舜帝在紫霞洞炼丹，白天升天而去。《三洞录》中说舜帝禅位后，在此地炼丹。后来儒家人士不希望有这样的事，说舜帝在苍梧的山野中去世；而道教的人说他飞升的地方在九疑山的中峰。圣人初始之时，原本没有儒、道、释三教的名称，至于圣人圣明而被尊奉成神，产生上天下地说法的争议，是圣人去世后发生的事。至于坚持儒家见解的人，三次见面都辩解舜帝去世的事，这不也太固执了吗？后来他的侄子李恒颜主政宁远县，为他的文章写了跋，跋文摘引《艺文志》的记载，说蔡邕认为舜帝在九疑山去世后升了天。《尚书》中说："舜帝陟后才死。"韩愈解释道："陟，就是升，意思是升天"。《零陵郡志》记载道家著作中，说舜帝厌倦统治天下，到九疑山修道，后来便修炼成仙。宁远县野史《何侯记》记载：负元君的家在九疑山，修炼丹药获得了成功，舜帝巡守天下，停留在他家。舜帝升天之后，负元君也在七月七日升天而去。所以此地是舜鼎湖，不是舜帝的陵墓。并且说，苍梧在九疑山南面二百里，即便舜帝在苍梧去世，葬在九疑山也是无可怀疑的。唐代元次山（元结）的说法似乎未必是这样。这种种说法姑且存留。只有陵墓正殿前的台阶旁露天立着一块非常巨大的石碑，我想此必定是古碑，于是冒雨疾奔过去细看，碑文说，这座山从前被瑶族人占据，当权者征剿而招抚了他们。石碑的右边就是官署，也是破败不堪即将倒塌，里面有块石碑已经破碎，有人用木架子框在它的四周。我急忙阅读碑文，原来是道州九疑山《永福禅寺记》，它是南宋孝宗淳熙七年（庚子年，1180）道州司法参军长乐县人郑舜卿撰文，知湖州、梧州军州事河内县人向子廓书写的。字是汉代的隶书体，特别道劲飘逸。这就是圣殿中的古碑，是从永福寺中移出来的，然而与陵墓寝殿不相干，不过是爱多事的人爱惜碑上字画的美妙，而移出来保存在这里罢了。但这官署快要倒塌，不是将要步永福寺的后尘吗？郑舜卿撰写的碑文中有这样一段话：“我去年秋天翻山越岭来拜谒虞帝祠，探求何侯的丹井、郑安期的铁臼，到石楼寻访成武丁的遗迹，到娥皇峰寻访张正礼的遗迹，以及萼绿华生发妙想处的故迹，但全无一点踪迹，什么也没见到。后来在永福寺齐云阁停留了两天，从阁上四下看望，桂林峰、万岁峰等各山峰近在眼前，寺中主持意超正在大兴土木，我将他建的那堂命名为彻堂。”官署后有三间房屋，屋中置放着如来的佛像，两头各有一个僧人住着，也是荒凉冷落得很。于是冒雨返回斜岩，洗脚烤衣，吃了晚饭就睡下。

二十七日　雨色已止，而浓云稍开。亟饭，逾马蹄石岭，三里，抵玉琯岩之南，觅所期刘姓瑶人，欲为三分石之行。而其人以云雾未尽，未可远行，已往他所矣。复期以明日。其人虽不在，而同居一人于山中甚熟，惜患疮不能为导，为余言：玉琯乃何侯故居，古舜祠所在，其东南山上为炼丹观故址。《志》言在舜庙北箫韶、杞林之间，中有石臼，松穿臼而生，枝柯拳曲如龙。余遍询莫知其处，想郑舜卿所云访郑安期之铁臼，岂即此耶？然宋时已不可征矣。《志》又引《太平广记》，鲁妙典为九疑女冠，麓林道士授《大洞黄庭经》，入山十年，白日升天，而山中亦无知者。九疑洞之西，地名有鲁观，亦无余迹。舜卿碑所云玉妙，想岂即其人耶？舜卿《永福碑》又云：“访成武丁于名楼。”楼亦无征矣。飞龙洞又名仙楼岩，岂即石楼之谓耶？不然，何以又有此镌也？由此东行五十里，有三石参天，水分三处，俗呼为舜公石，即三分石也。路已湮。由此南行三十里，有孤崖如髻，盘突山顶，欲呼为舜婆石。有径可达。其下有蒲江，过岭为麻江，由麻江口搭筒橹舡可达锦田。其人以所摘新茗为献。乃仍返斜岩。中道过永福故址，见其南溪流甚急，虽西下潇江，而东北南三而皆予所经，未睹来处，乃溯流寻之。则故址之左，石崖倒悬，水由下出，崖不及水者三尺，而其下甚深，不能入也。过马蹄石，见岭北水北流，忆昨过圣殿西岭，见岭南水南流，疑其水俱会而东去，因东趋箫韶北麓，见其水又西注者，始知此坞四面之水俱无从出，而杨梅下洞之流为烂泥河者，即此众水之沁地而入者也。两岭之间，中有釜底，凹向，名山潭，有石穴在桑坞中，僚人耕者以大石塞其穴，水终不蓄。桑园叶树千株，蚕者各赴采，乃天生而无禁者。是日仍观瀑炙薪于岩中，而云气渐开，神为之爽。因念余于此洞有缘，一停数日，而此中所历诸洞，亦不可无殿最，因按列书之为永南洞目。月岩第一，道州；紫霞洞第二，九疑；莲花洞第三，江华；狮岩第四，江华；朝阳岩第五，永州；澹岩第六，永州，大佛岭侧岩第七，江华；玉琯岩第八，九疑；华岩第九，道州；月岩南岭水洞第十，道州；飞龙岩第十一，九疑；麻拐岩第十二，江华。又闻道州长田有中朗洞胜，不及到。此外尚有经而不胜书，胜而不及到者，不罄附于此。

【译文】二十七日　雨已经停止不下，而且浓云稍微散开了些。我们赶紧吃了饭，翻过马蹄石岭，行三里，到达玉琯岩的南边，寻找所约好的姓刘的瑶族人，想去三分石游览。但那人因为云雾没有散尽，认为不能远行，已经到其他地方去了。这样，又约好明天再去。当向导的那人虽然不在，但和他住在一起的一个人对山中的情况非常熟悉，可惜他患病生疮不能作向导，他对我讲：“玉琯岩就是何侯的故居，是古代舜祠的所在地，玉琯岩东南方的山上为炼丹观旧址。”《志》书上说炼丹观旧址在舜庙北边箫韶、杞林两峰之间，观中有个石臼，松树穿过石臼生长出来，枝干拳曲如龙。我到处打听，没有人知道这个地方，我想郑舜卿所说的他要寻访的郑安期的铁臼，难道就是炼丹观旧址的这个石臼吗？然而宋代时就已不可考证了。《志》书又摘引《太平广记》，说鲁妙典为九疑山道观中的女道士，麓林道士给她传授《大洞黄庭经》，她进山十年后，在某一白日升了天，而山中也没有知道这件事的人。九疑洞的西边，有个地方叫鲁观，也没有其他的遗迹。郑舜卿撰的碑文中所说的玉妙，猜想难道就是这人吗？郑舜卿撰写的《永福寺碑》又说：“到石楼寻访成武丁的遗迹。”这石楼也无从考证了。飞龙洞又叫仙楼岩，难道就是所称的石楼吗？不然，何以又有这块碑刻呢？由玉琯岩向东行五十里，有三座石崖高高耸入云霄，水从那里分流三处，俗称为舜公石，它就是三分石。到三分石的道路已经毁坏湮没。由玉琯岩向南行三十里，有座像发髻一样孤立的石崖，盘绕突立在山顶，称为舜婆石。有条小路可以通到那里。舜婆石下边有条蒲江，翻过山岭为麻江，由麻江口搭乘筒橹船可达锦田。那人把他所摘来的新茶奉送给我，于是我仍返回斜岩。中途路过永福寺旧址，见寺院南边有条溪水流得很急，这条溪水虽然是向西流入潇江的，但它的东北南三面都是我经过的地方，但却未见到溪水流来的地方，于是溯流去探寻这水流的源头。永福寺旧址的左边，石崖倒置悬空，水从石崖下流出来，石崖离水面三尺，但石崖下面的水很深，不能深入进去。路过马蹄石时，看见岭北的水向北流，回想起昨天经过圣殿西边的山岭时，看见岭南的水向南流，我怀疑它们都合流在一起后而向东流去，于是往东疾行到箫韶峰的北麓，但却见到此地的水又向西流淌，这才明白此山坞中四面流来的水都没有出口，而杨梅洞下洞中称为烂泥河的水流，就是这众多水流渗入地下后而流入洞中去的。两座岭之间，中间有一处宛如锅底，向下凹陷，名叫山潭。有个石洞在满是桑树的山坞中，在山坞中耕种的僚人用大石头堵塞了石洞，但水始终不能蓄积起来。桑园中有上千棵桑树，养蚕的人各自前往采摘，桑树是天然生长的，没有人禁止采摘。这天仍在斜岩中一边观赏瀑布一边烧柴烘烤，而云中雾气渐渐散开，我的精神也随之清爽舒畅。因而想到我与这个岩洞有缘，一停留就是几天，而这一带我所游历过的各个山洞，也不能不评出个先后顺序，于是按次序书写出永州府南境各洞的名称。月岩第一，在道州；紫霞洞第二，在九疑山；莲花洞第三，在江华县；狮岩第四，在江华县；朝阳岩第五，在永州府；澹岩第六，在永州府；大佛岭侧面的岩洞第七，在江华县；玉琯岩第八，在九疑山；华岩第九，在道州；月岩南面山岭中的水洞第十，在道州；飞龙岩第十一，在九疑山；麻拐岩第十二，在江华县。又听说道州的长田有处中朗洞的胜景，没来得及去。此外，还有些虽然经过但不能完全记录或景致优美而来不及游历到的，不能完全附录在此。

二十八日　五鼓，饭而候明。仍过玉琯南觅导者。其人始起炊饭，已乃肩火具前行。即从东上杨子岭，二里登岭，上即有石，人立而起，兽蹲而龙蝘[①]，其上皆盘突。从岭上东南行坳中，地名茅窝。三里，皆奇石也。下深窝，有石崖嵌削，青玉千丈，四面交流，捣入岩洞，坠巨石而下，深不可测，是名九龟进岩，以窝中九山如龟，其水皆向岩而趋也。其岩西向，疑永福旁透崖而出者，即此水也。又东南二里，越一岭，为蟠龙峒水口。峒进东尚深，内俱高山瑶[②]。又登岭一里，为清水潭。岭侧有潭，水甚澄澈。其东下岭，韭菜原道也。又东南二里，渡牛头江。江水东自紫金原来，江两崖路俱峭削，上下攀援甚艰。时以流贼出没，必假道于此，土人伐巨枝横截崖道，上下俱从树枝，或伏而穿其胯，或骑而逾其脊。渡江即东南上半边山，其东北高山为紫金原，山外即蓝山县治矣。其西南高山为空寮原，再南为香炉山。空寮原山上有白石痕一幅，上自山巅，下至山麓，若悬帛然，土人谓之“白绵䌷”。香炉山在玉琯岩南三十里，三分石西北二十里，高亚于三分石，顶有澄潭，广二三亩，其中石笋两枝，亭亭出水面三丈余，疑即《志》所称天湖也。第《志》谓在九疑麓，而此在山顶为异，若山麓则无之。由半边山上行五里，稍下为狗矢窝。于是复上，屡度山脊，狭若板筑，屡跻山顶，下少上多，共东南五里而出鳌头山。先是积雾不开，即半边、鳌头诸山，近望不及，而身至辄现。至是南眺三分石，不知所在。顷之而浓云忽开，瞥然闪影于高峰之顶，与江山县江郎山相似。一为浙源，一为潇源，但江郎高矗山半，此悬万峰绝顶为异耳。半边、鳌头二山，其东北与紫金夹而为牛头江，西南与空寮、香炉夹而为潇源江，即三分石水。此乃两水中之脊也。二水合于玉琯东南，西下鲁观与蒲江合，始胜如叶之舟而出大洋焉。由鳌头东沿岭半行，二里始下。三里下至烂泥河，始得水而炊，已下午矣。由烂泥河东五里逾岭，岭侧小路为冷水坳，盗之内薮也。下岭三里为高梁原，乃蓝山西境，亦盗之内薮也。此岭乃蓝山、宁远分界，在三分石之东，水亦随之。余往三分石，下烂泥河，于是与高梁原分道。折而西南行，又上一岭，山花红紫斗色，自鳌头山始见山鹃蓝花。至是又有紫花二种，一种大，花如山茶；一种小，花如山鹃，而艳色可爱。又枯树间蕈黄白色，厚大如盘。余摘袖中，夜至三分石，以箐穿而烘之，香正如香蕈。山木干霄。此中山木甚大，有独木最贵，而楠木次之。又有寿木，叶扁如侧柏，亦柏之类也。巨者围四、五人，高数十丈。潇源水侧渡河处倒横一楠，大齐人眉，长三十步不止。闻二十年前，有采木之命，此岂其遗材耶！上下共五里而抵潇源水。其水东南从三分石来，至此西去，而经香炉山之东北以出鲁观者。乃绝流南渡，即上三分岭麓。其岭峻削不容足，细径伏深箐中，俯首穿箐而上，即两手挽之以移足。其时箐因夙雾淋漓，既不能矫首其上，又不能平行其下，惟资之为垂空之繘练③，则甚有功焉。如是八里，始渐平。又南行岭上二里。时夙雾仍翳，望顶莫辨，而晚色渐合，遂除箐依松，得地如掌。山高无水，有火难炊。命导者砍大木积而焚之，因箐为茵，为火为帏，为度宵计。既暝，吼风大作，卷火星飞舞空中，火焰游移，倏而奔突数丈，始以为奇观。既而雾随风阵，忽仰明星，忽成零雨，拥伞不能，拥被渐湿，幸火威猛烈，足以敌之。五鼓雨甚，亦不免淋漓焉。

【注释】①蝘（yǎn）：同"偃"，即仰面而卧。②高山瑶：和前面说的平地瑶，都是瑶族支系。③繘（jú）练：汲水的竹绳。

【译文】二十八日　五更时，吃了饭等着天亮，我仍然到玉瑄岩南边去找向导。那人刚起来做饭，随后他便扛了火具在前边领路。我们立即就从东边登上了杨子岭，二里后登上岭头，岭头上有许多岩石，有的像人站立一样耸起，有的如蹲踞的野兽、似趴伏的长龙，岭头上到处是盘曲突兀的岩石。从岭上往东南朝山坳中走，地名叫茅窝。行三里，路上都是些形态奇异的岩石。下到深陷的山窝中，有座深嵌陡削的石崖，青玉般的瀑布高悬千丈，四面交相流淌，捣入岩洞中，从巨石上倾泻而下，深不可测，这里叫九龟进岩，因为山窝中九座山都像乌龟，山上的水都向岩洞中流淌。这个岩洞朝向西面，我怀疑永福寺旧址旁边穿过山崖流出的，就是这些水。又向东南走二里，越过一座山岭，就是蟠龙峒的水口。蟠龙峒往东边进去还很深，里面居住的都是高山瑶。又往岭上登一里，是清水潭。山岭侧边有个深潭，潭水特别清澈。从潭东边下岭，是到韭菜原的路。又向东南行二里，渡过牛头江。江水从东边的紫金原流来，江两岸山崖上的路都很峭拔陡削，上下攀爬特别艰难。当时因为有流窜的盗贼出没，必须从此地借道走，当地人砍伐了些大树枝横阻在山崖上的路中间，上和下都得从树枝间经过，或趴伏着从树枝下穿过，或骑坐着从树干背上翻过。渡过牛头江立刻向东南爬上半边山，半边山东北翻的高山是紫金原，山外就是蓝山县县城了。半边山西南方的高山为空寮原，再向南是香炉山。空寮原山上有一幅白色的石纹，上自山顶，下至山麓，像悬挂着的一幅布帛，当地人称它为“白绵䌷”。香炉山在玉琯岩南面三十里，三分石西北二十里，高度低于三分石，顶上有个清澈的水潭，宽二三亩，潭中有两条石笋，亭亭玉立，露出水面三丈多，我怀疑这潭就是《志》书上所称的天湖。只是《志》书上说天湖在九疑山的山麓，而此潭在山顶，这是不同的，至于山麓则没有水潭。从半边山往上行五里，稍向下走为狗矢窝。从此处又往上走，多次越过山脊，但山脊都狭窄得像用木板垒筑的土墙，又屡屡从山顶上越过，一路下少上多，向东南共走五里便出了鳌头山。这之前积聚的浓雾没有散开，即便是半边山、鳌头山等各山峰，到了近处都看不见，而人到面前才显现出来。到了这里，向南眺望三分石，不知在哪里。顷刻间，浓云忽然散开，高高的峰顶上很迅速地闪现了一下三分石的影子，与江山县的江郎山相似。一个是浙江的发源地，一个是潇江的发源地，但江郎山高高矗立在半山腰，三分石却悬在众多山峰的最高顶端，这是不同之处。半边、鳌头两座山，它们的东北方与紫金原夹峙成为牛头江，西南方与空寮原、香炉山夹峙，成为潇源江，即发源于三分石的水。我们所在的地方是两条水中间的山脊。这两条江水在玉琯岩东南汇合，向西下流到鲁观与蒲江合流，才能航行像树叶一样大的小船，而后流向大洋中去。我们从鳌头山东边顺着半山腰走，走二里才往下行。三里后下到烂泥河，才找到水喝，已经是下午了。从烂泥河往东行五里翻越山岭，岭侧的小路通向冷水坳，是盗贼聚集的地方。下了岭行三里为高梁原，它是蓝山县的西境，也是盗贼会聚之地。这座岭是蓝山、宁远两县的分界处，在三分石的东边，水也沿着这座岭而流淌。我前往三分石，下到烂泥河中，便与去高梁原的路分道。转往西南走，又登上一座岭，岭间各种红的、紫的野花争奇斗艳，从到鳌头山后才开始见到蓝色的杜鹃花。到这里又有两种紫色的花，一种大，花朵像山茶花；另一种小，花朵像杜鹃花，而艳丽的颜色非常可爱。另外，枯树间长着黄白色的蕈，又厚又大像盘碟。我摘了些装在袖管中，夜里到三分石，用细竹穿起来烤熟吃，香味正如香蕈。山中树木高大林立直入云霄。此地山中的树非常大，有一种叫独木的最贵重，而楠木差一点。又有一种叫寿木，叶子呈扁形，宛如侧柏，也属于柏树之类。树木中大的够四五人合抱，高几十丈。潇源水侧边渡河的地方倒横着一棵楠木，直径高到人的眉毛处，长有三十步还不止。听说二十年前，有过采伐木材的命令，这棵楠木难道是那次砍伐中遗留下来的吗？忽上忽下共走五里而到达潇源水边。这条水从东南方的三分石流来，流到这里往西流去，经过香炉山的东北方而流出鲁观。于是我们往南横渡过水流，立刻上到三分岭的山麓。那山岭高峻陡峭，不易放脚，细小的道路隐伏在深深的竹丛中，我们低着头从竹丛中穿行而上爬，用两手拉着竹子用来移动脚步。这时竹林里因为晨雾未散湿漉漉的，所以既不能抬头向上走，又不能平平地在竹林行走，只能借助这些深竹作为悬空攀越的绳索，不过这样倒很有功效。像这样走了八里，道路才渐渐平坦。又向南在岭上走了二里。这时晨雾仍然浓密地笼罩着，远望山顶什么都分辨不清，而夜色渐渐来临，于是清除掉靠松树的细竹，得到一片巴掌大的空地。山高无水，有火也难以做饭。我叫向导砍了些大树枝堆起来烧着，就把细竹当作褥子，把火堆作为帐子，作过夜的打算。天黑后，狂风吼叫，火星被卷起而在空中飞舞，火焰摇曳不定，倏忽间火焰窜起几丈高，起初我把这当作奇观。旋即雾气随风阵阵涌来，忽儿仰头是满天的明星，忽儿空中飘下零星小雨，撑着伞遮挡不住风雨，裹着被则被子渐被雨水打湿，幸亏火势猛烈，足以抵挡风雨的袭击。五更时雨势大起来，也免不了全身被淋了个透。

二十九日　天渐明，雨亦渐霁。仰见三分石，露影在指顾间，辄忍饥冲湿箐而南。又下山二里，始知尚隔一峰也。度坳中小脊，复南上三里，始有巨石盘崖；昨升降处皆峻土，无块石，为导者误。出其南，又一里，东眺矗顶，已可扪而摩之，但为雾霾，不见真形，道穷磴绝。忽山雨大注，顶踵无不沾濡，乃返。过巨石崖，见其侧有线路伏深箐中，雨巨不可上，上亦不得有所见。遂从故道下，至夜来依火处，拟从直北旧路下，就溪炊米。而火为雨灭，止存余星，急觅干烬引之，荷而下山。乃误从其西，竟不得路。久之得微涧，遂炊涧中，已当午矣。踯躅莽箐中，久之，乃得抵涧，则五涧纵横，交会一处，盖皆三分石西南北三面之水，而向所渡东来一溪在其最北。乃舍其一，渡其三，而留最北者未渡。循其南涯滩流而东，一里，至来时所渡处，始涉而北。从旧道至烂泥，至鳌头偶坐。闻兰香甚，览之即在坐隅，乃携之行。至半边山，下至牛头河，暝色已合，幸已过险，命导者从间道趋韭菜原。盖以此处有高山瑶居之。自此而南，绝无一寮[1]，直抵高梁原而后有瑶居也。初升犹土山，既入而东下，但闻水声潺潺在深壑中。暗扪危级而下，又一里，过两独木桥，则见火光荧荧。亟就之，见其伏畦旁，亦不敢问。已而有茅寮一二重，呼之，一人辄秉炬出，迎归托宿焉。问其畦间诸火，则取乖者，盖瑶人以蛙为乖也。问其姓为邓，其人年及二十，谈山中事甚熟。余感其深夜迎宿，始知瑶犹存古人之厚也。亟烧枝炙衣，炊粥就枕焉。

【注释】①寮（liáo）：小屋。

【译文】二十九日　天色渐亮，雨也渐渐停了。仰头看见三分石，它露出的影子在在指手回头的瞬间一闪而过，于是就忍着饥饿从潮湿的竹林中往南行。又向山下走二里，才知道到三分石还隔着一座山峰。越过山坳中的小山脊，又向南朝上爬三里，才开始有巨石环绕在山崖上；昨天爬上爬下所经之处都是陡峻的土山，没有一块石头，被向导带错了路。到了巨石盘绕的山崖南边，又行一里，朝东眺望高高矗立的山顶，仿佛已经可以摸到它了，但被雾气掩没，看不到它的真实面目，道路到尽头石阶就没有了。忽然，山中大雨倾盆，我们从头到脚没有不被淋透的，只好往回走。经过巨石盘绕的山崖时，见山崖侧面有条像线一样的细路隐没在深深的竹丛中，但雨太大不能上去，就算上去也不能见到什么景物。于是从原路往下走，到达昨天入夜后靠着火堆躺卧的地方，打算从正北方来时的原路下山，到溪边就着溪水煮米做饭。然而火被大雨浇灭了，只残留一些火星，我们急忙找了些烧剩的干柴引燃火种，扛着火种下山。但却错误得朝西面走，始终没找到路。很久，看到一条细小的山涧，便在山涧中烧火做饭吃，这时已经正午了。饭后徘徊地行进在密草深竹丛中，很久才到达一条涧流处，此地五条涧流纵横流淌，交汇到一处，它们大概都是从三分石西、南、北三面流来的水，我们来时所渡过的从东面流来的一条溪水在五条涧流最北面。只得放弃其中的一条溪水，选择渡过其中的三条，而留下最北边的那条没有渡。顺着涧流南边的浅滩向东走，行一里，到了来时渡过溪流之处，这才涉水到了北面。从原路到了烂泥河，到鳌头山时稍微小坐了一会儿。坐下后闻到兰花香极了，一寻找，那花就在我坐的旁边的一个角落里，于是摘了它带着这颗兰花上路。到了半边山，下到牛头河边，夜色已经降临，幸好已经过了危险的地方，我叫向导领我们从近道直奔韭菜原。原来这地方有高山瑶居住，而从这里向南，毫无一间小屋，一直要到高梁原才有瑶族人家居住。最初往上爬时还是土山，进了山向东朝下走，只听见幽深的壑谷中水声潺潺。黑暗中摸着高而险的石阶向下走，又行一里，跨过两座独木桥，就见到微亮的火光闪烁摇曳。急忙赶到光亮处，见火光隐伏在田畦旁边，也不敢打听。继而见到一两间茅草屋，呼喊叫门后，就有一人举着火把出来，迎我们进了他家住下。问他田畦间那些举火把的人是怎么回事，他说那些人是到田畦间捉“乖”的，原来瑶族人称青蛙为“乖”。询问后得知他姓邓，年纪二十，他谈论起山中的事来非常熟悉。我感激他深夜留我们住宿，由此我才知道瑶族人中仍保留着古人淳厚的风气。进屋后，忙着烧树枝烘烤衣服，并煮了粥，吃后就睡下。

三十日　以隔宿不寐，平明乃呼童起炊。晨餐后行，始见所谓韭菜原，在高山之底，亦若釜焉。第不知夜来所闻水声潺潺，果入洞，抑出峡也。洼中有澄潭一，甚深碧，为龙潭云。西越一山，共二里过清水潭，又一里半，过蟠龙溪口。又一里半，逾一岭，过九龟进岩。遂上岭，过茅窝，下杨子岭，共五里，抵导者家。又三里，还饭于斜洞。乃少憩洞中，以所携兰花九头花，共七枝，但叶不长耸，不如建耳。栽洞中当门小峰间石台上以供佛。下午始行，北过圣殿西岭，乃西出娥皇、女英二峰间，已转而东北行，共十里，过太平营。又北五里，宿于路亭。是夕始睹落照。

【译文】三十日　因为前一天夜里没有睡着，天亮才叫仆人起来做饭。早饭后出发，才见到所说的韭菜原，它在高山的底下，也像一口大锅。只是不知道昨夜所听到的那潺潺作响的流水，究竟是流进了洞中呢，还是流出了峡谷。山洼中有一个清澈的水潭，非常深非常绿，称为龙潭。向西越过一座山，共走二里路过清水潭，又行一里半，经过蟠龙溪口。又走一里半，翻过一座山岭，路过九龟进岩。于是往岭上爬，经过茅窝，走下杨子岭，共行五里，到达向导家。又走三里，返回斜洞中吃饭。在洞中稍事休息，便将途中带来的兰花有九头花，一共七个分枝，但叶片不长不挺拔耸，不如建兰。栽在洞中对着洞口的小石峰间的石台上，用来供佛。下午才上路出发，向北越过圣殿西边的山岭，就向西到了娥皇、女英两峰之间，继而转往东北方向走，共行十里，经过太平营。又行北走五里，在路亭投宿。这天傍晚才刚见到落日的光芒。

九疑洞东南为玉琯岩，乃重四围中起小石峰，岩在其下，西向。有卦山在其西，正当洞门。形如葵也，又似儒巾，亦群山中特起者。其中平央，南北通达，是为古祠基，所称何侯上升处也。由此南三十里为香炉山，东南五十余里为三分石，西三十里为舜母石，又西十里为界头分九，则江华之东界矣。

【译文】九疑洞的东南方为玉琯岩，是重山四周环绕的层层山峦中耸起的一座小石峰，岩洞在小石峰下面，朝向西面。有座卦山在玉琯岩的西边，正对着洞门。卦山形状像茭白，又好似古时儒生戴的头巾，它也是群山中耸起的一座特别的山峰。其中平坦宽阔，南北通达，这是古舜祠的基址，所说的何侯升天之处。由这里向南三十里为香炉山，向东南五十多里为三分石，向西三十里为舜母石，从舜母石又向西十里为界头分九，那里就是江华县的东界了。

三分石，俱称其下水一出广东，一出广西，一下九疑为潇水，出湖广。至其下，乃知为石分三岐耳。其下水东北者为潇源，合北、西诸水即五涧交会者。出大洋，为潇水之源。直东者自高梁原为白田江，东十五里经临江所，又东二十里至蓝山县治，为岿水之源。东南者自高梁原东南十五里之大桥下锦田，西至江华县，为沲水之源。其不出两广者，以南有锦田水横流为楚、粤界也。锦田东有石鱼岭，为广东连州界，其水始东南流，入东粤耳。若广西，则上武堡之南为贺县界也。

【译文】三分石，都说它下面的水一条流向广东，一条流向广西，一条流下九疑山成为潇水，流到湖广省。到了三分石下面，才知道所谓三分石是石崖分成三岔而已。三分石下边的水往东北方流的是潇源水，它汇合北边、西边各条水流后就是五条涧流交汇在一起的水流。流到大海中，是潇水的源头。朝正东面流的从高梁原起称为白田江，它向东流十五里经过临江所，又向东二十里流到蓝山县城，是岿水的源头。朝东南面流的从高梁原东南十五里的大桥处流下到锦田所，再向西流到江华县城，为淹水的源头。这条水之所以不流到两广去的原因，是因为南边有条锦田水横向流淌成为湖广省和两广的分界线。锦田所东边有座石鱼岭，为广东省连州的地界，岭上的水才向东南流入广东省。至于广西，则上武堡的南边就是贺县的地界。

高梁原，为宁远南界、蓝山西界，而地属于蓝，亦高山瑶也，为盗贼渊薮[①]。二月间，出永州杀东安县捕官，及杀掠冷水湾、博野桥诸处，皆此辈也。出入皆由牛头江，必假宿于韭菜原、蟠龙洞，而经九疑峒焉。其党约七八十人，有马二三十匹，创锐罗帜甚备，内有才蓄发者数人，僧两三人，即冷水坳岭上庙中僧。又有做木方客亦在焉。韭菜原中人人能言之，而余导者亦云然。

【注释】①渊薮（yuān sǒu）：聚集之地。

【译文】高梁原，是宁远县的南部边界、蓝山县的西部边界，而地域隶属于蓝山县，也是高山瑶聚居的地方，为盗贼聚集的场所。二月间，盗贼窜到永州府杀掉东安县负责缉捕的官员，以及掠夺屠杀冷水湾、博野桥各地方的，都是这批盗贼。他们出入都从牛头江走，必定借宿在韭菜原、蟠龙洞，而后经过九疑峒。这伙人大约七八十人，有二三十匹马，各种尖利的器械收集的非常齐备。他们中间有才蓄发的几人，僧人有两三个，就是冷水坳岭上庙中的僧人。又有些云游四方做木活的外地人也加入其中。韭菜原的居民个个能讲述他们的事，我的向导也是这样说的。

四月初一日　五鼓，雨大作，平明冒雨行。即从路亭岐而东北，随萧韶溪西岸行。三里，西望掩口东两山峡，已出其下平畴矣。于是东山渐豁，溪转而东，路亦随之。又五里，溪两旁石盘错如門，水奔束其中，隘处如门，即架木其上以渡。既渡，循溪南岸行，又二里而抵下观。巨室鳞次，大聚落也。大姓李氏居之。自路亭来，名五里，实十里而遥，雨深泥泞，俱行田畦小径间，乃市酒于肆而行。下观之西，有溪自南绕下观而东，有石梁锁其下流，水由桥下出，东与箫韶水合。其西一溪，又自应龙桥来会，三水合而胜舟，北可二十里至宁远。过下观，始与萧韶水别，路转东南向。南望下观之后，千峰耸翠，亭亭若竹竿玉立，其中有最高而锐者，名吴尖山。山下有岩，窈窕如斜岩云，其内有尤村洞，其外有东角潭，皆此中绝胜处。盖峰尽干羽[①]之遗，石俱率舞之兽，游九疑而不经此，几失其真形矣。恨未滞杖履[②]其中，搜剔奇閟也。东南二里，有大溪南自尤村洞来，桥亭横跨其上，是为应龙桥，又名通济桥。过桥，遂南入乱峰中。即吴尖山东来余派也。二里上地宝坪坳，于是四旁皆奇峰宛转，穿瑶房而披锦幛，转一隙复攒一峒，透一窍更露一奇，至狮象龙蛇夹路而起，与人争道，恍惚梦中曾从三岛[③]经行，非复人世所遘[④]

也。共六里，饭于山口峒。由山口南逾一岭，共三里，有两峰夹道，争奇竞怪。峰下有小溪南向，架桥亭于其上。贪奇久憩，遇一儒冠者，家尤村之内，欲挽余还其处，为吴尖主人，余期以异日，问其姓名，为曰王璇峰云。过峡而南，始有容土负块之山。又五里，逾一岭，为大吉墅，石峰复夹道起。路东一峰，嵌空玲珑，逆悬欹裂，蜃云不足喻其巧，余望之神往，亟披荆入，皆窦隙透漏，或盘空而上，或穿腋而转，莫可穷诘，惜不能诛茅引级，以极幽玄之妙也。其西峰悬削亦然。路出其间，透隘而南，始豁然天开地旷，是为露园下。于是石峰戢影⑤，西俱崇峦峻岭，东皆回冈盘坂。南二里，遂出大路，在藕塘、界头二铺之间。又南五里，宿于界头铺，是为宁远、蓝山之界。其西之大山曰满云山，当是紫金原之背，其支东北行，界遂因之，再南为天柱山，即《志》所称石柱岩洞之奇者。余既幸身经山口一带奇峰，又近瞻吴尖、尤村众岫，而所慕石柱，又不出二里之外，神为跃然。但足为草履所蚀，即以鞋行犹艰，而是地向来多雨，畦水溢道，鞋复不便。自永州至此，无处不苦旱，即近而路亭、下观，亦复嗷嗷；而山口以南，遂充畦浸壑，岂"满云"之验耶！

【注释】①干羽：干盾和羽翳，皆供乐舞时用。古代舞者所执的舞具。文舞执羽，武舞执干。②杖履：手杖和鞋子。意思是停留、游览。③三岛：即传说中海上三仙山，据《史记》等典籍记载，东海之上有三座仙山，名曰"蓬莱、方丈、瀛洲"，山上有仙人居住，楼阁宫阙均为黄金白银建造，还有灵丹妙药，人食之可长生不老，因而引出秦皇汉武东海访仙求药的故事，并流传至今。④遘（gòu）：相遇。⑤戢（jí）影：匿迹。

【译文】四月初一日（4月25日）　五更时分，大雨猛烈来临，天亮后冒雨前行。从路亭岔往东北，沿着箫韶溪的西岸前走。行三里，往西望看见掩口营东面两山之间的峡谷，已经走到山下平旷的田野之中。从此地起东边的山渐渐开阔，溪水转往东流，路也沿着溪流而行。又走五里，溪水两旁岩石盘曲交错宛如在互相比斗，溪水被束缚奔流在紧相夹立的岩石之中，狭窄处就像门一样，人们便在上面架起木头以便来往。渡过溪水，顺着溪流南岸走，又行二里就到达下观。此地高房大屋鳞次排列，是个大村落。村中居住的大姓是李氏。从路亭到此地以来，名义是五里，实际上十里还多，路上水深泥泞，我们都是在田畦间的小路上行走，到下观后在店铺中买了些酒喝才走。下观的西边，有条溪流从南边流来，绕过下观而向东流去，有座石桥锁在溪水下游，溪水从桥下流出去，流往东边和箫韶水汇合。溪流西面有一条溪水，又从应龙桥下流来汇合，三条溪水合流后便能行船，向北航行大约二十里到达宁远县城。过了下观，才开始离开箫韶水，道路转向东南。往南望去，下观后面，千峰耸翠，一座座宛若竹笋一般亭亭玉立，其中有座最高最尖峭的山峰，叫吴尖山。山下有个岩洞，就像斜岩一样窈窕，岩洞里有个尤村洞，岩洞外面有个东角潭，都是这一带景致最优美的。山峰仿佛都是古时遗留下来的舞蹈者手中所持的干盾、羽扇，岩石都类似领队翩翩起舞的野兽，游览九疑山却不经过这里，几乎就错失认识九疑山真实形态的机会了。遗憾的是，我的脚步没能滞留山中，去探寻欣赏那些奇异的景观和幽秘的境地。向东南行二里，有条大溪从南面的尤村洞流来，有座桥横跨在溪流上，桥上建有亭子，这是应龙桥，又叫通济桥。跨过桥，便向南进入乱峰之中。就是吴尖山向东延伸而来的余脉。二里后上到地宝坪坳，从这里起四周都是奇峰曲折环绕，犹如穿过瑶家的民房、分开锦绣样的嶂子往前走，转过一条夹缝，山峦又攒聚成一个峒，穿过一个石窍，就露出一处奇景，至于狮、象、龙、蛇似的岩石夹住道路耸起，像是要与人争路，恍若是在梦中曾经从东海中的三座仙岛经过，不再是人世间所能遇到的。共行六里，在山口峒吃饭。从山口峒向南越过一座岭，共三里，有两座山峰夹道耸立，争奇竞异。山峰下有条小溪往南流，小溪上架着桥和亭子。我贪恋奇景，休息观赏了很久，后遇到一个戴着儒生帽的人，家住在尤村洞内，想挽留我到他家，他是吴尖山的主人，我和他约好改天再去，向他打听姓名，他说叫王璇峰。穿过峡谷向南行，才开始有覆盖着土块的山。又走五里，越过一座岭，来到大吉墅，石峰又夹道耸起。道路东面的一座山峰，玲珑剔透，呈倒悬的形状而斜向裂开，海市蜃楼的幻景也不足以比喻它的巧妙。我望见此山便心向神往，赶忙披荆斩棘进去，到处是通贯透光的石孔石缝，有的向上盘绕到空中，有的穿过山峰侧面转出去，不能探寻到尽头，只可惜不能铲除茅草，攀着石阶爬上去，览尽其中幽深玄奥的妙趣。它西面的山峰也同样高悬陡削。道路从山峰间穿过，经过隘口向南，才一下子变得天开地阔，这里是露园下。从露园下起石峰匿迹，西边都是崇山峻岭，东边都是迂回盘绕的山冈山坡。向南行二里，便到了大路上，此地在藕塘铺、界头铺两铺之间。又往南五里，在界头铺住宿，此铺是宁远、蓝山两县的分界处。界头铺西边的大山叫满云山，它应当是在紫金原的背面，紫金原的支脉向东北延伸，县界就沿着山脉划分。再向南为天柱山，它就是志书上所说的有岩洞奇景的石柱山。我很庆幸既亲身经历了奇峰林立的山口峒一带，又在近处观赏了吴尖山、尤村峒等众多峰峦，而心中仰慕的石柱山，又不出二里之外，精神不由得为之大振。但脚被草鞋磨破，即便换上布鞋，走起路来还是很艰难，而此地向来多雨，田畦中的水漫溢到路上，穿布鞋更不方便。从永州府到这里，无处不苦于干旱，即使是离这里不远的路亭、下观，也听得到处于干旱困境中百姓嗷嗷的哀号声；然而山口峒以南，便是雨水浸满田畦淹没壑谷，这难道是"满云"的验证吗？

初二日　余欲为石柱游。平明，雨复连绵，且足痛不胜履，遂少停逆旅。上午雨止，乃东南行。途中问所谓石柱山岩之胜，而所遇皆行道之人，莫知所在。已而雨止路滑，四顾土人不可得，乃徘徊其间，庶几一遇。久之，遇樵者，又遇耕者，问石柱、天柱，皆以无有对。共五里，过一岭，山势大豁，是为总管庙。亟投庙中问道者，终不能知。又东南行，遥望正东有耸尖卓立，不辨其为树为石。又五里，抵颜家桥，始辨其为石峰，而非树影也。颜家桥下小水东北流去。过桥，又东南逾一小岭，遂从间道折而东向临武道。蓝山大道南行十五里至城。共四里过宝林寺，读寺前《护龙桥碑》，始知宝林山脉由北柱来，乃悟向所望若树之峰正在寺北，亦在县北，寺去县十五里，此峰在寺后恰二十里，《志》所称石柱，即碑所称北柱无疑矣。又东过护龙桥，桥下水南流汹涌，即颜家桥之曲而至者。随溪东行，于是北瞻石柱，其峰倩削如碧玉簪，而旁有石崖，亦兀突露奇，然较之尤村山口之峰，直得其一体，不啻微矣。又二里至下湾田，有大树峙路隅，上枝分耸，而其下盘曲堆突，大六七围，其旋窝错节之间，俱受水若洗头盆，亦树妖也。又东，路出卧石间，溪始折而南向蓝山路。乃东入冈陇二里，有路自西南横贯东北，想即蓝山趋桂阳之道矣。又东沿白帝岭行。盖界头铺山脉自满云山东北环转，峙而东起为白帝岭。故界头之南，其水俱南转蓝山，而山自界头西峙巨峰，即九疑东隔，屏立南绕，东起高岭即白帝，北列夹坞成坪，中环平央，西即蓝山县[1]治。而路循白帝山南行，屡截支岭，五里，路转南向，又五里为雷家岭，则白帝之东南尽处也。饭于雷家岭。日未下午，而前途路沓无人，行旅俱宿，遂偕止焉。既止行，乃大霁。是日止行三十里，以足裂而早雨，前无宿处也。

【注释】①蓝山县：今湖南省蓝山县。

【译文】初二日　我想去游览石柱山。天亮后，雨又连绵不断的下了起来，并且脚痛得不能穿鞋，于是在旅店中稍作停留。上午雨停了，才向东南走。在途中打听所说的石柱山岩洞的胜景，但遇到的都是过路的人，没有谁知道在哪里。继而雨停了，道路湿滑，四下张望，见不到一个当地人，只好在路上徘徊，心想或许可以遇到一个人。过了很久，遇到个樵夫，又遇到个耕田的人，向他们打听石柱山、天柱山，都回答说没有。共行五里，翻过一座岭，山势变得非常开阔，此地是总管庙。赶紧奔入庙中询问道士，但终究不能得知。又向东南走，远远望见正东方有高耸直立的尖状物，分辨不出是那树还是石头。又行五里，到达颜家桥，才开始辨清是石峰而不是树的影子。颜家桥下有条细流往东北流去。越过桥，又向东南翻过一座小岭，就从便道转往东，朝临武县的路走。沿通往蓝山县城的大路向南走十五里，就到蓝山县城。共行四里路过宝林寺，阅读寺前的《护龙桥碑》，才知道宝林寺所在的山脉从北柱山延伸而来，才醒悟先前望见的那像树一样的石峰正在寺院的北边，也在县城的北边。宝林寺距离县城十五里，这座山峰恰好在寺后面二十里，志书上所说的石柱山，就是碑文中所称的北柱山没错了。又向东跨过护龙桥，桥下的水往南流，水势汹涌，就是从颜家桥下曲折地流到这里的。沿着溪水向东走，从这里往北远望石柱山，那石峰倩美陡峭，就像碧玉簪，它旁边有座石崖，也是高高耸起，显露出奇景美态，然而和尤村峒、山口峒的山峰比起来，仅仅具备了它们形态的一部分，不仅仅是小一些。又走二里来到下湾田，在路边有棵大树峙立着，上部枝干分别高耸，而树干下部盘绕卷曲，堆结成树瘤，大的地方有六七人合抱那么粗，回旋状的树窝和枝干交错之处，都承接了些水在里边，就像洗头盆，也是树妖了。又往东行，道路通过倒卧的石头间，溪流这才开始转向南朝着到蓝山县城的路流去。于是向东走进山冈土垄间，前行二里，有条路自西南横贯向东北，我猜想它就是蓝山县前往桂阳州的路了。又向东顺着白帝岭前走。大概界头铺那里的山脉从满云山往东北方环绕，在东边高高耸起成为白帝岭。所以界头铺以南，水都往南流转往蓝山县，而山脉从界头铺西边耸起的巨大山峰，就是九疑山的东隅，就像屏风似地屹立着往南环绕，它东面耸起的高大山岭便是白帝岭，和北面排列的山岭夹成山坞，形成一块平地，群峰环绕，中间平坦宽阔，西边就是蓝山县城。道路顺着白帝山向南面走，途中屡屡横越分支的小山岭，行五里，路转往南，又行五里是雷家岭，它是白帝岭的东南尽头处。在雷家岭吃了饭。当时还未到下午，但前面道路中空无一人，行人都投宿在雷家岭，于是和他们一同停留在这里。停下来后，天气竟然大晴。这天只行了三十里，是因为我的脚被磨破，早晨又下着雨，前方没有住宿之处等缘故。

初三日　中夜起，明星皎然，以为此后久晴可知。比晓，饭未毕，雨仍下矣。躞蹀泥淖中，大溪亦自蓝山曲而东至，遂循溪东行。已而溪折而南，路折而东。逾一岭，共五里，大溪复自南来，是为许家渡。渡溪东行一里，溪北向入峡，路南向入山。五里为杨梅原，一二家倚山椒，为盗焚破，零落可怜。至是雨止。

又南十里，为田心铺。田心之南，径道开辟，有小溪北向去，盖自朱禾铺来者。自此路西大山，自蓝山之南南向排列，而澄溪带之；路东石峰耸秀，亦南向排列，而乔松荫之。取道于中，三里一亭，可卧可憩，不知行役之苦也。共二十里，饭于朱禾铺，是为蓝山、临武分界。更一里，过永济桥，其水东流，过东山之麓，折而北以入岿水者。又南四里为江山岭，则南大龙之脊，而水分楚、粤矣。岭西十五里曰水头，《志》谓武水出西山下鸬鹚石，当即其处。过脊即循水东南，四里为东村。水由峡中南去，路东南逾岭，直上一里而遥，始及岭头，盖江山岭平而为分水之脊，此岭高而无关过脉也。下岭，路益开整，路旁乔松合抱夹立。三里，始行坞中。其坞开洋成峒，而四围山不甚高，东北惟东山最巍峻，西南则西山之分支南下，直抵苍梧，分粤之东西者也。三里，径坞出两石山之口，又复开洋成峒。又三里，复出两山口。又一里，乃达垫江铺而止宿焉。南去临武尚十里。是日行六十里，既止而余体小恙。

【译文】初三日　半夜起来，明亮星光的皎洁无瑕，我以为此后会晴好久是可以预知的了。到黎明，饭未吃完，雨依旧下起来了。我们在泥泞的洼地中步伐艰难地前行。一条大溪也从蓝山县城弯往东流来，于是顺着溪水向东走。随后溪水转往南流去，道路转往东而去。越过一座山岭，共行五里，大溪又从南面流来，这里是许家渡。渡过溪水向东行一里，溪水往北流入峡谷，道路往南进入山中。走五里到达杨梅原，有一两户人家背靠山顶居住，房屋被盗贼纵火烧坏，显得衰败可怜。走到这里雨停了。又向南十里，是田心铺。田心铺的南边，道路开阔，有条小溪往北流去，它大概是从朱禾铺流过来的。从此地起，道路西边的大山，从蓝山县城南面向南排列，清澈的溪水像带子环绕在山下；道路东面的石峰高耸秀丽，也是往南排列，高大的松树遮蔽了峰岭。我们取道于两面山岭之间，行三里有座亭子，可以躺卧可以休息，进入亭子，顿时再感觉不到旅途的辛苦。共走了二十里，在朱禾铺吃饭，这里是蓝山、临武两县的分界处。再行一里，跨过永济桥，桥下的水向东流，流过东山的山麓，转往北流入岿水。又往南行四里是江山岭，这岭是南边大山脉的山脊，岭上的水分流往楚、粤两省。岭西十五里的地方叫水头，《志》书上说武水发源于西山下的鸬鹚石，应当就是那个地方。越过岭脊便沿着水流向东南走，行四里是东村。水由山峡中往南流去，道路向东南翻越山岭。一直向上爬了一里还多，才到达岭头上，江山岭虽然山势平缓但它成为分水的岭脊，此岭高峻却与延伸而过的山脊无关。下岭后，道路更加开阔平直，道路两边夹立着合抱粗的高大松树。行三里，才开始在山坞中行走。那山坞开阔，形成一个峒，但四周的山不很高，东北方只有东山最巍峨险峻，西南方则是西山的分支往南延伸而下，一直到苍梧，把粤地划分为广东、广西两省的山脉。三里后，一直从山坞走出两座石山的山口，山口外又形成宽阔的峒。又行三里，再次走出两山间的山口。又行一里，便到达垫江铺而停下来住宿在这里。此铺往南距离临武县城还有十里。这天共行了六十里，停下来后我的身体略有些不舒服。

初四日　予以夜卧发热，平明乃起。问知由垫江而东北十里，有龙洞甚奇，余所慕而至者，而不意即在此也。乃寄行囊于旅店，遂由小径东北行。四里，出大道，则临武北向桂阳州路也。遵行一里，有溪自北而南，益发于东山之下者。名斜江。渡桥，即上捱冈岭。越岭，路转纯北，复从小径西北入山，共五里而抵石门蒋氏。有山兀立，蒋氏居后洞，在山半翠微[1]间。洞门东南向，一入即见百柱千门，悬列其中，俯洼而下，则洞之外层也。从其左而上，穿列柱而入，众柱分列，复回环成洞，玲珑宛转，如曲房邃阁，列户分窗，无不透明聚隙，八窗掩映。从来所历诸洞，有此屈折者，无此明爽，有此宏丽者，无此玲珑，即此已足压倒众奇矣。时蒋氏导者还取火炬，余独探奇先至，意炬而入处，当在下洞外层之后，故不趋彼而先趋此。及炬至，导者从左洞之后穿隙而入。连入石门数重，已转在外洞之后，下层之上矣，乃北逾石限[2]穿隘而入，即下石池中。其水澄澈不流，两崖俱穹壁列柱，而石脚汇水不漏，池中水深三四尺。中有石埂中卧水底，水浮其上仅尺许，践埂而行，褰裳可涉。十步之外，卧埂又横若限，限外池益大，水益深，水底白石龙一条，首顶横脊而尾拖池之中，鳞甲宛然。挨崖侧又前两三步，有圆石大如斗，萼插水中，不出水者亦尺许，是为宝珠，紧傍龙侧，真睡龙颔下物也。珠之旁，又有一圆石大倍于珠，而中凹如臼，面与水平，色与珠共，是为珠盘。然与珠并列，未尝盛珠也。由此而前，水深五六尺，无埂，不可涉矣。西望水洞宏广，若五亩之池，四旁石崖巑岏参错，而下不泄水，真异境也。其西北似有隙更深，恨无仙槎一叶航之耳！还从旧路出，经左洞下，至洞回望洼洞外层，氤氲窈窕。乃令顾仆先随导者下山觅酒，而独下洞底，环洞四旁，转出列柱之后。其洞果不深邃，而芝田莲幄，琼窝宝柱，上下层列，崆峒杳渺，即无内二洞之奇，亦自成一天也。此洞品第，固当在月岩上。探索久之，下山，而仆竟无觅酒处。遂遵旧路十里，还至垫江，炊饭而行，日已下舂。五里，过五里排，已望见临武③矣。又五里，入北门，其城上四围俱列屋如楼。入门即循城西行，过西门，门外有溪自北来，即江山岭之流与水头合而下注者也。又循城南转而东过县前，又东入徐公生祠而宿。徐名开禧，昆山人。祠尚未完，守祠二上人曰大愿、善岩。是晚，予病寒未痊，乃减晚餐，市酒磨锭药饮之。

【注释】①翠微：青翠隐约的山色，也泛指青翠的山。②石限：门槛。③临武：今湖南省临武县。

【译文】初四日　我因夜间睡觉时发烧，天明才起来。打听后知道从垫江铺向东北行十里，有个龙洞特别奇异，它正是我仰慕而要去游览的地方，但没想到就在此地。于是把行李寄放在旅店中，便从小路向东北走。行四里，到了大路上，那条大路就是临武县往北前去桂阳州的路。顺着大路前行一里，有条溪水自北往南流来，它大概是发源于东山脚下的水流。名叫斜江。越过桥，立刻上登捱冈岭。翻过捱冈岭，大路转往正北方，我们又从小路向西北进入山中，共行五里，到达蒋家居住的石门。兀立着一座山，蒋家居住在山后的山洞中，那山洞在青翠掩映的半山腰间。洞口朝向东南方，刚进去就看见成百上千的石柱石门，悬吊排列在洞中，俯身朝洼地走下去，就是山洞的外层。从洼地的左边向上走，穿过排列的石柱进去，众多石柱分别排列着，又环绕形成一个洞，此洞玲珑剔透曲曲折折，宛若密室深阁，门窗分别排列着，无处不是缝隙透明通光，八面的窗户相互掩映。我从过去到现在游历过众多山洞，有像此洞一样曲折的，而又没有此洞明朗清晰；有像此洞一样宏大奇丽的，但却没有此洞玲珑剔透，就这些已经足以压倒众多奇异的山洞了。当时姓蒋的向导回家取火把，我独自探寻奇景先到了这里，心想他取了火把走进来的地方，应该在下洞外层的后边，所以我没有前往那里而是先到这里。等他拿了火把回来，却是从左洞的后面穿过石缝进来。接连进了几重石门，便已经转到外洞的后面、下层的上面来了。于是往北越过石门槛穿过隘口进去，立刻下到石池中。池中的水清澈不流动，两边山崖上都是高穹的崖壁、排列的石柱，水汇聚在石壁根脚而不渗漏，池中的水深有三四尺。在池中间水底下有条石梗横卧着，石梗上面的水深仅有一尺左右，踩着石梗前走，撩起衣服就可以涉水了。十步以外，那卧在水底的石梗又像横着的门槛，门槛以外水池更大，水更深，水底有条白色的石龙，头顶着横在池外面的冈脊而尾巴拖在池中，鳞甲就像真的一样。挨着崖壁侧面又往前行两三步，有个圆状的石头大如斗，花萼似的石棱片插入水中，未露出水面的石片也有一尺左右，这是宝珠，它紧靠石龙侧边，真可说是睡龙下巴底下的宝物。宝珠的旁边，又有个圆状的石头，大过宝珠一倍，中间凹下去就像柞臼，上部与水面一样齐平，颜色与宝珠相同，这是珠盘。然而它与宝珠并列着，未曾盛着宝珠。由此地向前行，水深达五六尺，没有石梗，不可以涉水进去了。向西望去，水洞宏大宽广，好像方圆五亩大的一个水池，四旁的石崖高峻尖峭，参差交错，而石崖脚下不漏泄水，真是一个神异的地方。水洞的西北方似乎有一条更幽深的裂缝，遗憾的是没有一条传说中仙人乘坐的小船航行过去！回来时从原路出来，经过左洞往下行，到洞口回头遥望洼洞的外层，云气氤氲，景色美好迷人。于是让顾仆先随向导下山去找酒，而我独自下到洞底，绕过洞的四旁，转到排列的石柱后面。这个洞果然不够幽深隐蔽，但芝田莲帐，琼窝宝柱，上下层层叠叠排列着，空阔深远，即使没有里面两个洞的奇异景象，也自成一块天地。评判此洞的优劣位次，固然当属在月岩景色之上。我探寻了很久，才走下山，而顾仆竟然没有找到买酒的地方。于是沿原路前走十里，回到垫江铺，做饭吃了就走，太阳已经落山。行五里，路过五里排，已经望得见临武县城了。又行五里，进了县城北门，城墙上四周都排列着如同城楼的房屋。进了城门便沿着城墙往西走，路过西门，门外有条溪水从北边流来，它就是江山岭的溪水与水头来的水流汇合后向下流到这里的。又沿着城墙转往南而后向东经过县衙署前，再向东进入徐公生祠住下来。徐公名为徐开禧，是昆山县人。祠堂还未修建完毕，守祠堂的两个和尚叫大愿、善岩。这天晚上，我的伤寒病没有痊愈，于是晚餐减了些量，买了点酒磨碎了些锭药和着喝掉。

初五日　早，令顾仆炊姜汤一大碗，重被袭衣覆之，汗大注，久之乃起，觉开爽矣。乃晨餐，出南门，渡石桥，桥下溪即从西门环至者。城外居民颇盛。南一里，过邝氏居，又南二里，过迎榜桥。桥下水自西山来，北与南门溪合，过桥即为挂榜山，余初过之不觉也。从其南东上岭，逶迤而上者二里，下过一亭，又五里过深井坪，始见人家。又南二里，从路右下，是为凤头岩，即宋王淮锡称秀岩者。洞门东北向，渡桥以入。出洞，下抵石溪，溪流自桥即伏石间，复透隙潆崖，破洞东入。此洞即王记所云“下渡溪水，其入无穷”处也。第王从上洞而下，此则水更由外崖入。余抵水洞口，深不能渡。闻随水入洞二丈，即见天光，五丈，即透壁出山之东。是山如天生桥，水达其下仅三五丈，往连州大道正度其上，但高广，度者不觉耳。予登巅东瞰，深壑下环，峡流东注。近俱峭石森立，灌莽翳之，不特不能下，亦不能窥，所云“其入无穷”，殆臆说[①]耳。还十里，下挂榜山南岭，仰见岭侧，洞口岈然，问樵者，曰：“洞入可通隔山。”急披襟东上，洞门圆亘，高五尺，直透而入者五丈，无曲折黑暗之苦，其底南伏而下，则卑而下洼，不能入矣。仍出，渡迎榜桥，回瞻挂榜处，石壁一帏，其色黄白杂而成章，若剖峰而平列者，但不方整，不似榜文耳。此山一枝俱石，自东北横亘西南，两头各起一峰，东北为挂榜，西南为岭头，而洞门介其中，为临武南案。西山支流经其下，北与南门水合，而绕挂榜北麓，东向而去。返过南门，见肆有戌肉[②]，乃沽而餐焉。晚宿生祠。

【注释】①臆说：主观论断。②戌肉：即狗肉。古人以十二种兽名与十二地支相配，成为十二消属。戌属狗，故名。

【译文】初五日　清早，叫顾仆给我煮了一大碗姜汤喝掉，盖上两床被子，穿上几层衣服，满身大汗淋漓，过了好久才起来，觉得精神舒爽多了。于是吃了早饭，走出南门，跨过石桥，桥下的溪水就是从西门外环流到这里的。城外居民很多。往南行一里，经过邝家宅院，又往南二里，跨过迎榜桥。桥下的溪水从西山流来，往北流与南门边的溪水合流，过了桥就是挂榜山，我最初过桥时没发觉。从桥南边向东登上岭，曲折地向上爬二里，下行时经过一座亭子，又走五里路过深井坪，这才开始见到有人家了。又往南行二里，从道路右侧下去，是凤头岩，就是宋朝人王淮锡称为秀岩的地方。岩洞口朝东北方，我们跨过桥进入洞中。出了洞，下行到石溪边，溪流在桥下就潜流入石头间，又穿过石缝萦绕着石崖，冲开山洞往东流入洞中。这个洞就是王淮锡游记中所说的“下渡溪水，其入无穷”的地方。只是王淮锡从洞上层往下走，此地却是溪水从外面石崖下流进来。我到了水洞口，水太深而不能渡过。听说随溪水入洞二丈，就能见到天空中的亮光，进去五丈，就可以穿过石壁出去到山的东面。这座山宛如天生桥，溪水流到下边仅有三五丈远，到连州的大路正好从山上通过，只是山高而宽广，人经过时没有觉察到像一座桥罢了。我登上山顶向东俯瞰，深谷在山下环绕着，峡谷中的溪水往东流去。近处都是峭石森然耸立，浓密的灌木草丛遮蔽着石峰，不仅不能下去，而且也不能窥视到，所说的“洞中深入进去没有尽头”，大概只是想当然的说法而已。往回走十里，走下挂榜山南面的山岭，仰头看见山岭侧面，有个洞口显出深邃的样子，向樵夫打听，他说：“此洞进去后可以通到对面的山”。急忙撩开衣襟向东朝上爬，那洞口呈圆形环绕，高五尺，直穿洞深入进去有五丈深，没有曲折黑暗的苦恼，洞底往南低伏下去，低矮而往下凹陷，不能深入到里边。仍旧出了山洞，跨过迎榜桥，回头观看所谓挂榜处，有一块帷幔样的石壁，石头的颜色黄白相间形成花纹，条纹清晰，宛若剖开而平直排列着的石峰，只是不方整，不像榜文罢了。这山整座山都是石头，自东北横亘往西南，两头分别耸起一座山峰，东北方的是挂榜山，西南方的是岭头峰，而洞口介于两山峰之间，是临武县城南边的案山。西山来的一条支流经过岭头峰下，往北流与南门外的水汇合，继而绕过挂榜山的北麓，往东流去。返回时经过南门，见店铺中有卖狗肉的，便买了些吃。晚上仍住在徐公生祠。

初六日　饭而行。出东门，五里，一山突于路北，武水亦北向至，路由山南。水北转山嘴，复东南去。路折而东北，一里，一路直北，乃桂阳间道；一岐东北，乃宜章道也。三里至阿皮洞，武溪复北折而来，经其东北去。水西有居民数家，从此渡桥东上牛庙岭，俱寂无村落矣。逾岭下四里，为川州水凉亭。又五里，升降山谷，为桐木郎桥。桥下去水，自南而北，其发源当自秀岩穿穴之水也。桥东有古碑，大书飞白，为广福桥。其书甚遒劲，为宋桂阳军知临武县事曾晞颜所书。从此南而东上一岭，又东向循山半行五里，路忽四岐，乃不东而从北。下岭，又东从山坞行五里，为牛行。牛行人烟不多，散处山谷。盖大路从四岐直东，俱高岭无人，而此为小路，便于中火耳。由牛行又东，从小径登岭。逾而下，三里，为小源，亦有村民数家。从此又东北逾二岭而下，共五里，为水下。遇一人，言："水下至凤集铺止三里，而岭荒多盗，必得送者乃可行。"余乃饭于水下村家，其人为我觅送者不得，遂东南一里，复南上小径，连逾二岭，则铺在山头矣。其铺正在岭侧脊，是为临武、宜章东西界，而铺亭颓落，寂无一家。乃东下岭，转而东北行。二里，始有村落，在小溪西。渡溪桥，而东北循水下二里，至锁石，村落甚盛。北望有大山高穹，是为麻田大岭。由锁石北上岭，三里过社山，两峰圆削峙，一尖圆而一斜突，为锁石水口。由其东下岭二里，则武溪复自北而南，路与之遇。乃循溪南东行，溪复转而北，溪北环成一坪，是为孙车坪，涯际有小舟舶焉。即从溪南转入山峡，一里，南上一岭，曰车带岭。其岭嶕[1]而荒，行者俱为危言。余不顾，直上一里半，登其巅，东望隐隐有斑黄之色，不辨其为云为山，而麻田大岭已在其北矣。下岭里半，有溪流淙淙，其侧石穴中，有泉一池，自穴顶下注，清冷百倍溪中，乃掬而饮之，以溪水盥焉。更下而东，共七里，至梅田白沙巡司。武溪复北自麻田南向而下，经司东而去。是日午后大霁，共行六十里，止于司侧肆中。先是，途人屡以途有不测戒余速行，余见日色尚早，何至乃尔，抵逆旅，始知上午有盗，百四十人自上乡来，由司东至龙村，取径道向广东，谓土人无恐，尔不足扰也。

【注释】①嶕（jiāo）：高巅。

【译文】初六日　吃饭后出发。走出城东门，五里，在道路北边有一座山突立着，武水也往北流来，道路从山的南边延伸。武水往北边转过山嘴，又向东南流去，道路转往东北。行一里，有一条一直往北通的路，这是通往桂阳州的近道；一条岔路通向东北方，它是去宜章县城的路。走三里到阿皮洞，武水又转往北流来，经过阿皮洞的东北方流去，武水西岸有几户居民，从这里跨过桥向东攀上牛庙岭，就都是一片荒寂，没有村落了。越岭而下走四里，是川州水凉亭。又走五里，我们在山谷中上爬下降，到达桐木郎桥。桥下流淌的水，自南往北流，它的源头应当是从秀岩穿过石穴流出来的水。桥东侧有块古碑，用飞白体的大字，写着“广福桥”三字。碑上的书法非常苍劲有力，是宋代桂阳军临武县知县曾晞颜书写的。从这座的南侧向东登上一座岭，又往东顺着半山腰前行五里，道路忽然分为四个岔道，于是我们不往东走而从北面的路走。下了岭，又向东在山坞中前走五里，是牛行。牛行人烟不多，住户散居在山谷中。原来大路从四条岔路中的东边那条直走，一路都是高大的山岭没有人烟，我们所走的是条小路，便在中途烧火做饭。从牛行又向东走，从小路登上岭。越过岭往下行，走三里，是小源，也有几户村民住着。从这里又往东北翻过两座山岭而往下走，共行五里，来到水下。遇到一个人，他对我们说：“水下到凤集铺只有三里，但山岭荒凉偏僻、多有盗贼出没，一定要找到护送的人才可以过去。”于是我在水下村民家吃了饭，那人为我寻找护送的人却未找到，我们便向东南走一里，又往南走上一条小路，接连翻过两座山岭，看见凤集铺就在山头上。此铺正好在岭侧的山脊上，铺所就在临武县东境、宜章县西境的交界处，但铺亭倾塌衰败，荒寂而没有一户人家居住。于是向东走下山岭，转往东北行。走二里，才开始有村落，在小溪的西边。跨过溪上的桥，向东北顺着溪水往下行二里，来到锁石，这里村落很繁荣兴盛。朝北望去，有座大山高高隆起，这是麻田大岭。从锁石向北登上岭，向三里路过社山，有两座圆而陡削的山峰耸立着，一座又尖又圆而另一座倾斜前突，两峰相夹处成为锁石的水口。从社山东边往岭下走二里，武水又自北往南流来，道路与溪水遇到一起。这才顺着溪水南岸向东走，溪水又转往北流，溪水北岸环抱形成一块平地，这是孙车坪，溪岸有小船停泊着。继而我们便从溪流南边转入山峡中，行一里，向南登上了一座岭，叫车带岭。此岭高又荒凉，行人都说这里是如何危险的话。我不顾这些，一直朝上爬一里半，登上山岭的顶端，朝东望去，远处隐隐地有黄色的斑点，分辨不出是云还是山，而麻田大岭已经在此地的北面了。朝岭下走一里半，有条溪流淙淙地流淌着，溪水侧面的石穴中，有一池泉水，从石穴顶上流下来，清爽寒凉胜过溪水百倍，于是我捧了些池中的水饮用，用溪水洗手洗脸。再向下朝东走，共行七里，到了梅田白沙巡检司。武水又从北面的麻田往南边流下来，经巡检司东边而流去。这天午后天气大晴，共行了六十里，在巡检司侧边的旅店中停下。之前，路上遇着的人屡屡说途中恐有不测的危险，告诫我要快走，我见天色还早，心想何至于像他们说的那样，到达旅店里，才知道上午有盗贼一百四十人从上乡来，从巡检司东边到龙村，走小路前往广东去了，他们告诉当地人说不要害怕，你们这些老百姓不值得骚扰。

初七日　晨餐后乃行，以夜来体不安也。由司东渡武溪，遂东上渡头岭。东北行，直逼麻田大岭下，共三里，乃转东南，再上岭，二里而下，始就坞中行。又五里，有数十家散处山麓间，是为龙村。其北有石峰突兀路左。又东北二里，乃南向登岭，从岭上平行三里，始南下峡中，有细流自南而北，渡溪即东上岭，里半为高明铺。又下岭，又三里，为焦溪桥。焦溪在高明南，有数十（家）夹桥而居，其水自北而南。由此东南三里，逾一岭，为芹菜坪。其南有峰分突，下有层崖承之，其色斑赭杂黑，极似武彝之一体。此处四山俱青萼巉屼，独此有异。又三里，逾岭，颇高。其先行岭北，可平瞻麻田、将军寨、黄岑岭诸峰；已行岭南，则南向旷然开拓，想武江直下之境矣。下岭，又北二里，有楼横路口，是为隘口。其东南山上，有塔五层，修而未竟。过隘口，循塔山之北垂，觅小径转入山坳，是为艮岩。寺向西南，岩向西北，岩口有池一方。僧凤岩为我煮金刚笋，以醋油炒之以供粥，遂卧寺中，得一觉。下午入宜章南镇关，至三星桥。过桥，则市肆夹道，行李杂遝[1]，盖南下广东之大道云。桥即在城南，而南门在西，大道循城而东。已乃北过东门，又直北过演武场。其西萼石巉巉，横卧道侧。共北十里，过牛筋洞，居民将及百家，在青岑山下。盖大山西南，初峙为麻田大岭，犹临武地。其东北再峙为将军寨。已属宜章。此最高之顶，乃东北度为高云山，有寺焉。乃北转最深处，于是始东列为黄岑。其山南北横列，其南垂即为曲折岭，又东更列一层，则青岑也，牛筋洞在其东北麓。更北行一里，为野石铺。其北石峰嵌空，蹲踞路左，即为野石岩，而始不知。问其下居人，曰："由其北小径入即是。"乃随其北垂，转出山背，乃寺场，非岩洞也。亟出，欲投宿于岩下人家，有一人当门拒客，不入纳。余见其岩石奇，以为此必岩也，苦恳之，屋侧一小户中容留焉。欲从其舍后上岩，而其家俱编篱绝，须自其中舍后门出，而拒客人犹不肯容入。乃从南畔乱石中攀崖逾石而入。先登一岩，其门岈然，而内有透顶之隙，而不甚深。仰观门左，有磴埋草间，亟披荆上。西南行石径间，复得石门如合掌，其内狭而稍深，右裂旁窍，其上亦透天光，而右壁之半，一圆窍透明如镜。出峡门，更西北随磴上，则穹崖削立，上有叠石耸霄，下若展幛内敛。时渐就晚，四向觅路不得，念此即野石岩无疑。《志》原云"临官道旁"，非山后可知，但恨无补叠为径以穷其胜者。乃下，就坐其庑下，而当门人已他去。已而闻中室牖内有呼客声，乃主人卧息在内也。谓："客探岩曾见仙诗否？"余以所经对。曰："未也，穹崖之右，峡门之上，尚有路可上，明日当再穷之。"时侧户主人意虽爱客，而室甚卑隘，猪圈客铺共在一处，见余意不便，叩室中妇借下余榻，而妇不应，余因就牖下求中室主人，主人许之，乃移卧具于中。中室主人起向客言："客爱游名山，此间有高云山，乃众山之顶，路由黄岑岭而上，宜章八景[2]有'黄岑滴翠''白水流虹'二胜在其下，不可失也。"余颔之。

【注释】①杂遝（tà）：纷乱，杂乱。②宜章八景：八景源自宋代，经元、明两代后其余诸景逐渐形成，选取有特色的八处命名为"宜章八景"。分别是：黄岑叠翠、白水垂虹、玉溪春涨、蒙洞泉香、艮岩龙隐、榜山晴旭、普化晚钟。

【译文】初七日　早饭后才出发，因为昨天夜里我身体不舒服。从巡检司东边渡过武溪，便向东登上了渡头岭。朝东北走，一直来到麻田大岭下，共行三里，才转往东南走，再次登上岭，行二里后下了岭，才开始在山坞中行走。又走了五里，在山麓间散处有几十户人家，这是龙村。村北在道路左边有座突兀的石峰。又向东北走二里，便向南登上一座岭，在岭上平缓地走三里，才开始往南下到峡谷中，自南往北有条细流流淌着，渡过溪水立即朝东边上了岭，一里半后是高明铺。又下了岭，再走三里，为焦溪桥。焦溪桥在高明铺南面，有几十户人家夹桥两册居住，桥下溪水自北往南流淌。由这里往东南走三里，翻过一座岭，是芹菜坪。芹菜坪南面有山峰分支突出来，下面有层层石崖支撑着山峰，石崖的颜色赤褐而杂有黑色，极像武彝山的一部分。此地四周的山都是萼片般高峻尖峭的青山，唯独此山显得奇异。又走三里，翻越一座岭，那岭很高。最先行走在岭北，可以平平地观赏麻田大岭、将军寨、黄岑岭等众山峰；随后行走在岭南，则岭南空旷开阔，我想它是武江一直往下流经的地方。下了岭，又往北走二里，有座楼横在路口，这里是隘口。隘口东南方的山上，有座五层高的塔，正在修建而没有竣工。走过隘口后，顺着塔山的北垂，寻找到小路转入山坳里，这里为艮岩。寺院朝着西南，岩朝着西北，岩口有一个水池。僧人凤岩为我煮了些金刚笋，用醋和油炒了就着粥吃，随后便在寺中躺下，睡了一觉。下午进入宜章南镇关，来到三星桥。跨过桥，就见集市店铺夹住道路，行李杂乱，原来此地是南下广东的大道。桥就在临武县城的南边，而城南门在桥西边，大道顺城墙外往东而去。随后往北经过东门，又一直往北经过演武场。演武场西边萼片般巉石高峻尖削，横卧在路旁。共向北走十里，路过牛筋洞，居民将近有一百家，在青岑山下居住。大山的西南方，最先耸起的是麻田大岭，此岭仍为临武县属地。麻田大岭东北方再度耸起的是将军寨。它已经属于宜章县。这座最高的山顶，向东北延伸成为高云山，山上有座寺庙。山脉往北转到最深处，才开始往东排列成为黄岑山。这座山南北横向排列，山的南垂就是曲折岭，又往东再横列一层山，这就是青岑山，牛筋洞在青岑山的东北麓。再向北走一里，为野石铺。野石铺北边的石峰玲珑错落，蹲坐在道路左边，这就是野石岩，但开始时我不知道。向岩下居民打探情况，回答说："从山峰北边的小路进去就是岩洞。"于是沿着山峰的北垂，转到山背后，那地方是寺场，不是岩洞。赶快出来，想投宿在岩下的居民家中，有个人挡在门口拒绝了客人，不让进去。我见这里的岩石奇特，以为此地一定是岩洞，苦苦恳求他，他家侧边的一个小户人家才允许留住在他家。我想从他家房屋后面上登石岩，而他家的屋后到处编了篱笆阻断了路，必须从那家中间的屋子后门出去，但那个拒留客人的人仍不肯让我们进去。于是我就从南边的乱石中攀着石崖翻越岩石进去。先登上一个岩洞，洞口显出深邃的样子，洞里有条通到顶端的石缝，但不很深。仰视洞口的左边，有石阶隐没在草丛间，便急忙拔开荆棘往上爬。向西南走在石头小路上，又见到一个就像双掌相合般的洞口，洞内狭窄而稍深一点，右边裂开个旁洞，洞顶上也露出天光，而右边洞壁的半中腰，有个圆状的孔穴透明如镜。走出峡口，再沿石阶往西北向上爬，便是穹隆的崖壁如刀削般直立着，崖壁上面有重叠的岩石耸入云霄，下面像展开的帷帐向内收缩。当时渐渐临近傍晚，四下里找路但没有找到，心想此地就是野石岩无疑了。志书上原来记载说野石岩"临近官修的大道旁"，由此可知不是在山后，但遗憾的是没有人用石头一层层修砌成道路以便人们能穷尽此岩的优美景观。于是走下山，就坐在他家的廊庑下，而那挡门的人已经到别处去了。继而听到中间那家房间的窗户内有呼喊客人的声音，原来是主人躺在房内休息。他问我："客人探寻岩洞曾见到仙诗没有？"我把所经过的地方对他说了一遍。他听后说："你没有去到有仙诗的地方。穹隆石崖的右边，峡口的上面，还有路可以上去，明日应当再继续探寻到尽头。"当时侧边那户的主人虽然有好客之意，但他家的屋子很低矮狭窄，猪圈和客人的床铺共同挤在一处，见我有不方便的意思，他便询问屋中主妇是否可在里边借我个住宿的地方，而妇人不答应，我于是走到窗子下求中间那家屋子的主人，结果他答应了，这才把卧具搬到他家中。中间那家屋子的主人起床来向我说："客人喜好游览名山，此地有座高云山，是众山的最顶端，到高云山的路由黄岑岭往上走。宜章县八景中有'黄岑滴翠''白水流虹'两处胜景在黄岑岭下，不可错失。"我点头接受他的建议。

初八日　晨，觅导游高云者，其人欲余少待，上午乃得同行。余饭后复登岩上，由穹崖之东，丛郁之下，果又得路。上数步，乱石纵横，路复莫辨。乃攀逾石萼，上俱嵌空决裂，有大石高耸于外，夹成石坪，掩映愈胜，然终不得洞中诗也。徘徊久之，还至失路处，见一石穴，即在所逾石下。乃匍伏入，其内崄岈起裂，列穴旁通，宛转透石坪下，皆明朗可穿。盖前越其上，兹透其底，求所谓仙诗，竟无有也。下岩，导者未至，方拽囊就道，忽北路言，大盗二百余人自北来。主人俱奔，襁负奔避后山，余与顾仆复携囊藏适所游穴中，以此处路幽莫觉，且有后穴可他走也。余伏穴中，令顾仆从穴旁窥之。初奔走纷纷，已而路寂无人。久之，复有自北而南者，乃下问之，曰："贼从章桥之上，过外岭西向黄茅矣。"乃下岩南行，则自北南来者甚众，而北去者犹蹜蹜[1]不前也。途人相告，即梅前司渡河百四十名之夥，南至天都石坪行劫。乃东从间道，北出章桥，转而西还，盖绕宜章之四郊，而犹不敢竟度国门也。南从旧路一里半，抵牛筋洞北，遂从小径，西南循大山行。里半，出牛筋洞之后，乃西越山峡，共五里，出峡，乃循青岑南麓行。有路差大，乃西南向县者，而黄岑之道则若断若续，惟以意拟耳。共西三里，转一冈，始与南来大道合，遂北向曲折岭。二里，直跻岭坳，其西即"白水流虹"。章水之上源，自高云山南径黄岑峒，由此出峡，布流悬石而下者也。土人即称此岭曰黄岑，然黄岑山[2]尚北峙，此其南下支。逾岭，西北半里，即溯涧行，黄岑山高峙东北，其阳环成一峒，大溪横贯之。竟峒里半，有小径北去，云可通章桥。仍溯溪西行三里，为兵马堂路口。仍溯溪北转一里，乃舍溪登岭。北上一里，西下坞中，是为藏经楼。高山四绕，小涧潆门，寺甚整洁。昔为贮藏之所，近为贼劫，寺僧散去，经移高云，独一二僧闭户守焉。因炊粥其中，坐卧其中久之。下午，乃由寺左登岭，岧峣直上者二里，是为坪头岭。逾岭稍下，得坞甚幽，山帏翠叠，众壑争流，有修篁一丘，丛木交映中，静室出焉。其室修洁，而空寂无人，高山流水，窈然而已。半里，逾坞，复溯涧北上岭一里，岭穷而水不绝。此坪头而上第二岭也。水复自上坞透峡下，路透峡入，又平行坞中半里，渡涧，东北上岭。涧东自黄岑山后来，平流坞中，石坪殷红，清泉素润，色侔[3]濯锦；出峡下泻，珠鸣玉韵，重木翳之，杳不可窥；于是绕静室西南下注，出藏经岭南，为大章之源也。岭不甚高，不过半里，渐盘出黄岑北。其处山鹃鲜丽，光彩射目，树虽不繁，而花色绝胜，非他处可比。此坪头上第三岭也。稍过坪，又东北上一里，逾岭脊。此坪头上第四岭矣。其西石峰突如踞狮，为将军山南来东转之脉，其东则南度为黄岑山者也。逾岭北下一里，折而西北下，行深树中又一里，得高云寺。寺虽稍倚翠微，犹踞万峰绝顶。寺肇于隆庆五年，今渐就敝，而山门方丈，犹未全备，洵峻极之构造非易也。寺向有五十僧，为流寇所扰，止存六七僧，以耕种为业，而晨昏之梵课不废，亦此中之仅见者。主僧宝幢，颇能安客。至寺，日犹未衔山，以惫极，急浴而卧。

【注释】①蹜蹜（sù sù）：举步促狭。②黄岑山：即骑田岭。又名上岭山、客岭山、黄箱山。在今湖南郴县南六十里，接宜章县界。③侔（móu）：相当于。

【译文】初八日　清晨，找到个带我游览高云山的向导，他要我稍等一会儿，上午才得以一同前往。饭后我又攀到野石岩上，从穹隆的石崖东边、郁郁葱葱的树丛之下，果然又找到路。往上登几步，到处是纵横的乱石，又分辨不出道路来了。于是攀越䓖片状的石头，上面都是玲珑剔透而破裂开的石头，有块大石头高高耸立在外面，与里面的石头夹峙而形成石头平地，它们相互掩映，愈加显得优美，然而终究找不到洞中的诗。徘徊了许久，回到迷失道路的地方，看见一个石穴，就在我所越过的石头之下。于是匍匐着身体爬进去，石穴内深邃幽长，直竖着裂开，众多孔穴通往旁边，这些孔穴曲折延伸到石头平地下边，都很明朗而可以穿过。总的说，之前是翻越过它上面，现在是穿行在它底下，寻找所谓的仙诗，竟然没有。下了野石岩，向导还未到，正要拽起行囊上路，忽然北面的路上传言，有二百多个大盗正从北面过来。岩下人家的主人都逃走了，用襁褓背着孩童逃到后山躲起来。我和顾仆又带着行囊藏到刚刚游览的石穴中，因为这里道路僻静不易被发觉，而且有后洞可以逃到其他地方。我隐藏在石穴中，叫顾仆从石穴旁边窥探外面的情况。起初众人乱纷纷地奔走，继而路上静悄悄的没有了人声。过了很久，又有从北往南来的人，于是下去打探情况，回答说："盗贼从章桥之上，经过桥外的山岭往西到黄茅去了。"这才下了野石岩向南走，就见从北往南来的人很多，而向北去的仍畏畏缩缩不敢大胆举步前行。路人相互转告，这些盗贼就是从梅前巡检司渡河有一百四十人的那伙，他们向南到天都石坪抢劫。他们从东面的便道，往北出了章桥，再转到西边回来，差不多绕过了宜章县城的四郊，但仍不敢公然通过城门。我们往南从原路前走了一里半，到达牛筋洞北面，便从小路向西南顺大山走。行一里半，转到了牛筋洞的后面，就往西穿越山峡，共行五里，走出峡谷，便顺着青岑山的南麓往前走。有一条路较大些，是向西南方到县城去的路，而到黄岑岭的路却时断时续，只能凭主观猜测着走。往西共走三里，转过一座山冈，才与南面来的大路会合，于是向北往曲折岭上走。行二里，一直登到岭上的山坳中，岭坳西边就是"白水流虹"处。章水的上游，从高云山向南流经黄岑峒，由这里流出山峡，瀑布样的激流从石崖上悬空泻下形成此景。当地人就称这座岭为黄岑岭，然而黄岑山还耸立在北边，此地是黄岑山向南延伸下来的支脉。越过岭头，往西北行半里，就溯涧流前走，黄岑山高高耸峙在东北方，山的南面环绕形成一个峒，一条大溪横贯峒的中间。走完这峒有一里半，有条小路往北去，据说可以通到章桥。仍旧溯溪水往西走三里，为兵马堂路口。而后仍然溯溪水转往北一里，才离开溪水登上岭。往北朝上登一里，再往西下到山坞中，此地为藏经楼。高山环绕在四周，细小的山涧潆绕在门前，寺庙特别整洁。从前是贮藏佛经等物品的地方，近来被盗贼抢劫，寺内僧人多数逃散到别处去了，佛经移到高云山，只剩下一两个僧人闭门守护在寺里。于是我们在寺内煮粥吃，在寺中坐卧了许久。下午，才从寺左侧登岭，在高峻的山岭上一直上爬二里，为坪头岭。越过岭头稍微向下走，见到一个山坞非常幽静，帷幔样的山峦堆青叠翠，众多壑谷中溪水争流，有一座修长竹丛的土丘，林木交相掩映在山坞中，出现一间静室。那静室修饰的非常整洁，但里边空寂无人，周围是高山流水，一副幽远的样子而已。行半里，穿过山坞，又溯山涧往北朝岭上走一里，岭到了尽头而水流不绝。这是从坪头岭上行的第二座山岭。水又从上面的山坞中穿过山峡流下来，道路穿过山峡进去，又平缓地在山坞中走半里，渡过山涧，向东北上了岭。山涧从东边的黄岑山后面流来，在山坞中平缓地流淌着，石质的平地是殷红色的，清泉素雅润泽，色彩与在水中洗过的锦缎一样；水流出山峡向下奔泻，发出珠鸣玉韵般的响声，重重林木遮蔽了水流，幽暗得不能窥视；再往下绕过静室朝西南向下倾注，流到藏经岭南边，成为大章水的源头。这座岭不算很高，没超过半里路，我们渐渐绕到黄岑山的北面。这里山中的杜鹃花鲜艳美丽，光彩耀目，树木虽然不很繁茂，花的颜色绝顶优美，不是其他地方可以比得上的。此地是从坪头岭上来的第三座岭。稍微路过一小段平地，又向东北朝上攀一里，便翻越岭脊。这是从坪头岭上来的第四座岭。它西面石峰突兀仿佛蹲坐着的雄狮，这是将军山往南延伸而来再转往东的山脉，东面则是往南延伸而成为黄岑山的山脉。越过岭头向北下行一里，转往西北朝下走，在深树丛中又走一里，见到高云寺。这寺院虽然稍微靠在青翠掩映的林木幽深之处，但仍旧高高雄踞在千万座山峰的绝顶。寺院创建于隆庆五年（1571），现在已渐渐破败，但是寺院的大门和方丈，还没有完全齐备，实在是极为险峻之处的房屋建造确实不容易。寺中先前有五十个僧人，因为被流寇骚扰，现在只剩下有六七个僧人，他们以耕种为业，而清晨和天黑时诵读佛经的功课并未废弃，这也是这一带少见到的。主持僧人宝幢，很会安顿客人。到寺中时，太阳还未落山，因为疲惫至极，急忙洗浴后便睡下。

初九日　晨起，浓雾翳山，咫尺莫辨，问山亦无他奇，遂决策下山，东北向丛木中下。初，余意为萝棘所翳，即不能入，而身所过处，或瞻企不辜。及五里至山麓，村落数家散处坞中，问所谓坦山，皆云即此，而问所谓万华岩，皆云无之。徘徊四顾，竟无异处。但其水东下章桥，大路从之，甚迂；由此北逾虎头岭出良田，为间道，甚便。遂从村侧北上岭，岭东坳中，涧水泻大石崖而下，悬帘泄布，亦此中所仅见。一里，逾坳上，一里半，复溯流北行坞中，一里半，又逾岭而下，有溪自西而东，问之，犹东出章桥者也。渡溪，又有一溪自北来入。溯溪北行峡中，二里为大竹峒，居民数家，水自西来，想亦黄茅岭下之余波也。由大竹峒东逾大竹岭，岭为大竹山南下之脊，是为分水，东由吴溪出郴，西由章桥入宜。上少下多。东向直下二里，是为吴溪。居民数家，散处甚敞，前章桥流贼所从而西者也。村东一里，有桥跨溪上，度桥北，上小分岭，亦上少下多。二里，下至仙人场，有水颇大，北自山峒透峡而东，一峰当关扼之，水激石奋。水折而南，峰剖其西，若平削而下者，以为下必有洞壑可憩；及抵崖下，乃绝流而渡，则寂无人烟。乃北逾一冈，二里为歪里。先为廖氏，居人颇盛，有小水自北南去。乃从其村东上平岭，北行一里，其西坞中为王氏，室庐甚整。询之土人，昨流贼自章桥北小径，止于村西大山丛木中，经宿而去，想必有所阚[1]而不敢动也。从此东北出山坳，石道修整，十二里而抵良田。自歪里雨作，至此愈甚，乃炊饭索饮于肆中。良田居市甚众，乃中道一大聚落，二月间，流寇三四百人亦群而过焉。饭后，雨不尽，止北十里，宿于万岁桥。按《志》，郴南有灵寿山，山有灵寿木，昔名万岁，故山下水名千秋。今有小万岁、大万岁二溪，俱有桥架其上，水俱自西而东。余以灵寿山必有胜可寻，及遍询土人，俱无可征，惟二流之易“千秋”存“万岁”耳。

【注释】①阚（kàn）：望。

【译文】初九日　清晨起来，浓雾遮掩了山野，咫尺间什么都不能看清。打听后得知山间也没有其他奇异的景物，便决计下山，往东北朝丛密的林木中向下走。起初，我想山间被藤萝荆棘遮蔽着，即便有些地方不能进去，但亲生游览过的地方，或许能看到一些不辜负我期望的景物。等走五里到达山麓，有几户人家散处在山坞中，打听所谓的坦山，都说就是这里，而询问所谓的万华岩，都说没有这个地方。徘徊四顾，竟然没有奇异的地方。但山坞中的水往东流下到章桥，大路顺水而去，很曲折；由此处向北翻越虎头岭到良田，是条便道，很近便。于是便从村子侧面向北上了岭，岭东边的山坳中，涧水从大石崖上泻流而下，像挂着的布帘高悬下泄，也是此山所仅见的景致。一里，攀越到山坳上，又走一里半，重新溯溪流向北走到山坞中，再走一里半，又越过岭向下行，有条溪水自西向东流，一打听，它仍是往东流出章桥的溪水。渡过此溪，又有条溪水从北面流来汇入溪中。溯溪水往北前行在山峡中，行二里为大竹峒，这里有几家居民，溪水从峒西面流来，我想它也是黄茅岭下面溪水的末流。由大竹峒向东翻越大竹岭，大竹岭为大竹山向南延伸下来的山脊，这是分水岭，岭东边的水由吴溪流到郴州，西边的水由章桥流入宜章县。一路上上的少下的多。往东一直下行二里，为吴溪。有几家居民，分散居住的地方很宽阔，昨天经过章桥的流贼就是从这里往西去的。村东面一里，有座桥横架在溪水上，越过桥向北走，登上小分岭，也是上的少下的多。行二里，下到仙人场，有条相当大的水流，从北面山峒中穿过峡谷向东流去，一座山峰挡在关口扼住溪水，水流激荡在岩石上飞溅而起。水转往南流，山峰的西面破裂开，宛若平直切削下去的样子，我认为下面必定有山洞壑谷可供休息；等到达石崖下面，便横渡过水流，却是荒芜静寂而无人烟。于是往北翻越一座山冈，行二里为歪里。此地原先是姓廖的人家居住，居民特别多，有条小溪从北向南流去。于是从这个村子东面登上平缓的山岭，向北走一里，山岭西面山坞中是姓王的人家居住，房屋很整洁。打听当地居民得知，昨天流贼从章桥北面的小路过来，在村西大山的丛林中停下，过了一夜才离去，想必也是观察到了什么情况而不敢行动。从此地向东北走出山坳，石头铺筑的道路修得很齐整，行十二里到达良田。从歪里就下起了雨，到这里雨势更大，于是在店中煮饭，要酒来饮下。良田的住户和集市很多，是半道上的一个大村落，二月间，三四百个流寇也曾结队经过这里。饭后，雨没有停，只往北行了十里，投宿在万岁桥。按《志》书记载，郴州南面有座灵寿山，山上出产灵寿木，原先称万岁木，所以山下的水名叫千秋水。如今有小万岁、大万岁两条溪水，都有桥架在溪水上，溪水都是自西往东流。我以为灵寿山必定有名胜风景可以探寻，等问遍当地人，才知都无可征询，只是两条溪水由“千秋”的名改为“万岁”流传下来而已。

初十日　雨虽止而泞甚。自万岁桥北行十里，为新桥铺，有路自东南来合。想桂阳县[1]之支道也。又北十里为郴州[2]之南关。郴水东自山峡，曲至城东南隅，折而北径城之东关外，则苏仙桥横亘其上。九洞，甚宏整。至是雨复大作，余不暇入城，姑饭于溪上肆中，乃持盖为苏仙[3]之游。随郴溪西岸行，一里，度苏仙桥，随郴溪东岸行，东北二里，溪折西北去，乃由水经东上山。入山即有穹碑，书“天下第十八福地”。由此半里，即为乳仙宫。丛桂荫门，清流界道，有僧乘宗出迎客。余以足袜淋漓，恐污宫内，欲乘势先登山顶，与僧为明日期。僧以茶笋出饷，且曰：“白鹿洞即在宫后，可先一探。”余急从之。由宫左至宫后，则新室三楹，掩门未启，即排以入。石洞正当楹后，崖高数丈为楹掩，俱不可见，洞门高丈六，止从楹上透光入洞耳。洞东向，皆青石迸裂，二丈之内，即成峡而入，已转东向，渐洼伏黑隘，无容匍伏矣。成峡处其西石崖倒垂，不及地者尺五，有嵌裂透漏之状。正德五年，锡邑秦太保金，时以巡抚征龚福全，勒石于上。又西有一隙，侧身而进，已转南下，穿穴匍伏出岩前，则明窦也。复从楹内进洞少憩，仍至前宫别乘宗，由宫内右登岭，冒雨北上一里，即为中观。观门甚雅，中有书室，花竹翛然，乃王氏者，亦以足污未入。由观右登岭，冒雨东北一里半，遂造其顶。有大路由东向迓入者，乃前门正道；有小路北上沉香石、飞升亭，为殿后路。余从小径上，带湿谒苏仙，僧俗谒仙者数十人，喧处于中，余向火炙衣，自适其适，不暇他问也。郴州为九仙二佛之地，若成武丁之骡冈在西城外，刘瞖之刘仙岭在东城外，佛则无量，智俨廖师也，俱不及苏仙，故不暇及之。

【注释】①桂阳县：今湖南省桂阳县。②郴州：今湖南省郴州市。③苏仙：即苏仙岭，在湖南省郴州市苏仙区。

【译文】初十日　雨虽然停了但道路非常泥泞。从万岁桥向北走十里，为新桥铺，有条路自东南方来会合，我猜想它是前往桂阳县的岔道。又往北行十里，为郴州城的南关。郴水自东面的山峡中，曲曲折折地流到城东南角，转往北流经城的东关外，那里则有苏仙桥横亘在水流上。苏仙桥有九个桥孔，非常宏伟齐整。到了这里雨又大下起来，我来不及进城，姑且在溪岸上的店铺中吃了饭，便撑着雨伞前去游览苏仙殿。顺着郴溪西岸前行，行一里，跨过苏仙桥，然后沿着郴溪东岸前走，朝东北行二里，溪水转往西北方而去，于是从水边经东面上了山。一进入山中，就见屹立着一块高大的石碑，碑上写着"天下第十八福地"几个字。从这里走半里，就是乳仙宫。茂密的桂树遮蔽了门户，在路边流淌着清清的溪水。有个叫乘宗的僧人出来迎接客人。我因为腿脚鞋袜都打湿了在滴水，担心弄脏宫内，便想乘势先登山顶，与那僧人相约明天见面。僧人端出了茶水和竹笋款待我们，并且说："白鹿洞就在宫后面，可以先去一探。"我急忙按他所说的起身前往。我从乳仙宫左边绕到了宫后边，就见有三间新屋子，都闭门未开，于是我立刻推开门进去。石洞正好在屋子后面，石崖有几丈高，被屋子遮掩着，全都见不到，洞门高一丈六尺，仅从屋子上方透些光亮射进洞中。洞朝向东面，里面到处是迸裂开的青石，两丈以内，便形成一个峡谷朝里延伸，随后转往东边，洞渐渐向下凹陷而且又黑暗又狭窄，匍匐着身体都不可能进去了。形成峡谷的地方，那里西边石崖倒垂，末端距地面不到一尺五，有深嵌迸裂透光的形态，正德五年(1510)，无锡县人太保秦金，以巡抚身份征剿龚福全，曾刻碑文在石壁上。又往西有一条石缝，我侧身走进去，随后折往南面朝下走，穿过孔穴匍匐着身体爬出岩洞前边，这是个明洞。我又从屋内进到洞中休息了一小会，仍旧回到前宫辞别了乘宗禅师，从宫内右边攀登山岭，冒雨往北朝上走一里，就是中观。道观的大门十分雅致，观中有书房，书房外花草翠竹悠然自在地生长着，这书房是个姓王的人的，我也因为脚脏而未进去。从中观右边攀登山岭，冒雨往东北朝上走一里半，便到达山顶。有一条从东边迎面进山的大路，那是从前门来的正路；有条小路往北上通到沉香石、飞升亭，那是苏仙殿后面的路。我从小路上去，一身湿淋淋地拜谒了苏仙像，僧侣和普通人拜谒苏仙像的有几十人，喧喧嚷嚷会集在大殿中，我烤火烘衣，自得其乐，无暇打听什么。郴州是九仙二佛的所在地，如成武丁的骡冈在西城外，刘瞖的刘仙岭在东城外，佛家便是无量寿佛、智俨廖大师的遗迹，它们都比不上苏仙殿，所以顾不上去探寻。

十一日　与众旅饭后，乃独游殿外虚堂。堂三楹，上有诗扁环列，中有额，名不雅驯，不暇记也。其堂址高，前列楼环之，正与之等。楼亦轩敞，但未施丹垩[①]，已就攲裂，其外即为前门，殿后有寝宫玉皇阁，其下即飞升亭矣。是早微雨，至是微雨犹零，仍持盖下山。过中观，入谒仙，觅僧遍如，不在。入王氏书室，折蔷薇一枝，下至乳源宫，供仙案间。乘宗仍留茶点，且以仙桃石馈余，余无以酬，惟劝其为吴游，冀他日备云水一供耳。宫中有天启初邑人袁子训雷州[②]二守。碑，言苏仙事甚详。言仙之母便县人，便即今永兴。有浣于溪，有苔成团绕足者再四，感而成孕，生仙于汉惠帝五年[③]五月十五。母弃之后洞中，即白鹿洞。

明日往视，则白鹤覆之，白鹿乳之，异而收归。长就学，师欲命名而不知其姓，令出观所遇，遇担禾者以草贯鱼而过，遂以苏为姓，而名之曰耽。尝同诸儿牧牛羊，不突不扰，因各群界之，无乱群者，诸儿又称为牛师。事母至孝，母病思鱼脍④，仙往觅脍，不宿而至。母食之喜，问所从得，曰："便。"便去所居远，非两日不能返，母以为欺。曰："市脍时舅氏在旁，且询知母恙，不日且至，可验。"舅至，母始异之。后白日奉上帝命，随仙宫上升于文帝三年七月十五日。母言："儿去，吾何以养？"乃留一柜，封识甚固，曰："凡所需，扣柜可得。第必不可开。"指庭间橘及井曰："此中将大疫，以橘叶及井水愈之。"后果大验。郡人益灵异之，欲开柜一视，母从之，有只鹤冲去，此后扣柜不灵矣。母逾百岁，既卒，乡人仿佛见仙在岭哀号不已。郡守张邈往送葬，求一见仙容，为示半面，光彩射人。又垂空出只手，绿毛巨掌，见者大异。自后灵异甚多，俱不暇览。第所谓"沉香石"者，一石突山头，予初疑其无谓，而镌字甚古，字外有履迹痕，则仙人上升遗迹也。所谓"仙桃石"者，石小如桃形，在浅土中，可锄而得之，峰顶及乳仙洞俱有，磨而服之，可已心疾，亦橘井之遗意也。《传》文甚长，略识一二，以征本末云。还过苏仙桥，从溪上觅便舟，舟过午始发，乃过南关，入州前，复西过行台⑤前，仍出南关。盖南关外有十字口，市肆颇盛，而城中甚寥寂。城不大，而墙亦不甚高。郴之水自东南北绕，其山则折岭横其南而不高，而高者皆非过龙之脊。

【注释】①垩（è）：白色土，可用来粉饰墙壁。②雷州：今广东省雷州市。③汉惠帝五年：即前190年。惠帝为刘邦的儿子刘盈。④脍（kuài）：把鱼、肉切成薄片。⑤行台：即行御史台，分掌监察权。

【译文】十一日　和众人一起吃过饭后，我便独自一人游览苏仙大殿外的虚堂。虚堂有三间，上边有诗匾环绕排列，中间有块匾额，名字不典雅，没时间记录下来。虚堂的基址很高，前方排列着的楼阁环绕着它，恰好与它同样高。楼阁也很宽敞明亮，但未粉刷彩绘，已经渐渐倾斜破裂。楼外就是前门，大殿后面有寝宫玉皇阁，玉皇阁下边就是飞升亭了。这天清早就下起了蒙蒙细雨，到现在小雨还在零星飘落，因而仍旧撑着雨伞下山。路过中观，我进去拜谒了仙人的像，寻找僧人遍如禅师，他不在。又进入王氏书房，折了一枝蔷薇，带着下到乳源宫，供在仙案上。乘宗禅师仍然留我们喝茶吃点心，并且把仙桃石赠送给我，我没有什么酬谢的，只有劝他去一次吴地的游览，希望日后他云游时能备斋饭款待他。乳源宫中有块天启初年郴州人袁子训雷州府的同知。立的石碑，碑文叙述苏仙的事迹很详尽。碑文说苏仙的母亲是便县人，便县就是今天的永兴县。有一天在溪中洗涤东西，有成团的青苔在她脚上缠绕了三四圈，有所感应而怀孕，在汉惠帝五年五月十五日生下苏仙，她母亲将他丢弃在乳仙宫后面的石洞中，即白鹿洞。第二天前去探视时，却见有白鹤用翅膀遮盖着他，白鹿给他哺乳，心中觉得奇异，便把他抱回家。长大后去上学，老师想替他取个名字但不知道他的姓，叫他到屋外看看能碰到什么，结果遇到一个挑着禾苗的人用草穿了一条鱼走过去，于是用苏作为姓，而起名为耽。他曾和众多孩童一起放牧牛羊，他放的牛羊不会胡乱冲撞也不混杂，因而其他各孩童将他们的牛羊都交给他看管，而同样没有乱群的，所以众孩童又称他为牛师。他侍奉母亲极为孝敬，母亲生病想吃生鱼片，苏仙去找寻生鱼片，不到一夜就返回来。母亲吃了生鱼片很欢喜，问他从哪里找到的，他说："便县城中。"便县城离他们居住的地方很远，没有两天时间不可能返回来，因而他母亲以为是欺哄她的。他说道："买这些鱼片时，我舅舅在旁边，并且他在问知母亲您身体不适后，说不久将会来看望您，到时候就可验证。"他舅舅来后证实了他所说的，他母亲这才觉得他不同寻常。后来白天奉上帝的命令，在汉文帝三年七月十五日随仙宫一道升了天。他母亲说："儿去了，我如何养活自己呢？"他便留下一个柜子，封闭得特别牢固，在上面作了标记，对他母亲说："凡是所需要东西，敲敲柜子就可以得到。只是一定不要打开它。"并指着庭院中的橘树和水井说："这地方将会发生大瘟疫，到时用橘树叶和井水可以治愈这种病。"后来果然大为灵验。郡中的人更加以为灵异，想打开柜子看一下，他母亲依从了，等打开柜子，有只仙鹤直往上飞去，这以后敲柜子就不灵了。他母亲活过了百岁，死后，乡里的人仿佛看见苏仙在岭上悲伤地哭个不停。郡太守张邈前去送葬，祈求见一面苏仙的容貌，苏仙显现了一半面容给他看，光彩照人。又悬空伸出一只手，是长满绿毛的巨掌，见到的人大为惊异。碑文中说自此以后灵异的事很多，我都无暇浏览阅读。只是所说的"沉香石"，是突立在山头上的一块岩石，最初我怀疑它没什么特别的，然而它上面刻有很古老的文字，文字外有鞋子踩踏过的印迹，原来是仙人升天时的遗迹。所谓的"仙桃石"，石头小的像桃子的形状，埋在浅土中，可以用锄头挖刨到，峰顶和乳仙洞中都有，磨细后服下石粉，可以治愈心痛的病，这也是那橘树叶和井水一类的遗迹。碑上的传文很长，我仅是略记下一二，以便证验事实的来龙去脉。返回跨过苏仙桥，从溪岸找到一只轻便的小船，那船要过了午后才出发，于是经过城南关，进城到了州衙前，又在西经过行台衙门前，仍然出城到了南关。南关外有个十字路口，集市店铺很热闹繁荣，而城中却非常寂静冷清。这座城不大，城墙也不很高。郴水自东南向北绕流，山则有折岭横在城南，但不高，高的都不是大山主脉延伸而过的山脊。

午后，下小舟，东北由苏仙桥下，顺流西北去，六十里达郴口。时暮色已上，而雨复至，恐此北晚无便舟，而所附舟连夜往程口，遂随之行。郴口则郴江自东南，耒水自正东，二水合而势始大。耒水出桂阳县[①]南五里耒山下，西北至兴宁县，胜小舟；又三十里至东江市，胜大舟；又五十里乃至此。江口诸峰，俱石崖盘立，寸土无丽[②]。《志》称有曹王寨，山极险峻，暮不及登，亦无路登也。舟人夜鼓棹，三十里，抵黄泥铺，雨至而泊。余从篷底窥之，外若桥门，心异，因起视，则一大石室下也。宽若数间屋，下汇为潭，外覆若环桥，四舟俱泊其内。岩外雨声潺潺，四鼓乃止。雨止而行，昧爽达程口矣。乃登涯。

【注释】①桂阳县：今湖南省桂阳县。②丽：即附着。

【译文】午后，回到小船中，船往东北由苏仙桥下驶过，顺流往西北而去，航行六十里到郴口。这时暮色已经降临，而雨又下了起来，担心从这里向北去晚上没有顺便的船只，而我所搭乘的小船要连夜赶去程口，于是随船前行。郴口则是郴江自东南方流来，耒水从正东方流来，两条江水合流后水势才开始变大。耒水源自桂阳县城南面五里处的耒山下，往西北流到兴宁县，便能航行小船；又流三十里到达东江市，便能航行大船；再流五十里才到这里。江口处的众多山峰上，都是盘绕耸立的石崖，山上没有沾附一寸土。《志》书上说有座曹王寨山，山势极其险峻，因天将黑来不及去攀登，而且也无路可登。船夫连夜摇浆划船，三十里后，到达黄泥铺，因为大雨来临而停船不行。我从船篷底下向外窥视，外边宛若是桥洞，心中觉得奇怪，于是爬起来看，却原来是在一间大石室下边。宽的地方像几间屋子那样大，下边水汇积成水潭。外面下覆就像环拱形的桥，有四只船都停泊在石室里边。岩洞外面雨声潺潺，到四更时雨才停止。雨停后就开船出发，黎明抵达程口。于是登上岸。

十二日　晨炊于程口肆中。程口者，《志》所称程乡水也，其地属兴宁，其水发源茶陵、酃县[①]界。舟溯流入，皆兴宁西境。十五里为郴江，又进有中远山，又名钟源。为无量佛现生地，土人夸为名山。又进，则小舟尚可溯流三日程，逾高脚岭则茶陵道矣。若兴宁县治，则自东江市而上三十里乃至也。程乡水西入郴江，其处煤炭大舟鳞次，以水浅尚不能发。上午，得小煤船，遂附之行。程口西北，重岩若剖，夹立江之两涯，俱纯石盘亘，倏左倏右，色间赭黑，环转一如武夷。所附舟敝甚而无炊具，余揽山水之胜，过午不觉其馁。又二十里，过永兴县。县在江北，南临江岸，以岸为城，舟过速不及停。已而得一小舟，遂易之，就炊其间。饭毕，已十五里，为观音岩。岩在江北岸，西南下瞰江中，有石崖腾空，上覆下裂，直滨江流。初倚其足，叠阁两层，阁前有洞临流，中容数人。由阁右悬梯直上，臬空挂蝀[②]，上接崖顶，透隙而上，覆顶之下，中嵌一龛，观世音像在焉。岩下江心，又有石狮横卧中流，昂首向岩，种种绝异。下舟又五里，有大溪自南来注，是为森口。乃桂阳州龙渡以东诸水，东合白豹水，至此入耒江。又北五里，泊于柳州滩，借邻舟拖楼以宿。是晚素魄[3]独莹，为三月所无，而江流山色，树影墟灯，远近映合，苏东坡承天寺夜景不是过也。永兴以北，山始无回崖突石之观，第夹江逶迤耳。

【注释】①酃（líng）县：春秋战国时为庞邑，为楚南重镇、中国最古老的郡县之一，在今炎陵县。②蝀（dōng）：即虹。③素魄：指月亮。

【译文】十二日　早晨在程口的一家旅舍中做饭吃。程口的水流，就是《志》书上所说的程乡水了，此地属于兴宁县，此水流发源于茶陵州和酃县交界的地方。船逆流而入，都属于兴宁县西境。船行十五里为郴江，又逆流进去有座中远山，又叫钟源山。是无量寿佛现身的地方，当地人夸耀它为名山。再进去，小船还能逆流航行三日，然后翻过高脚岭就是通往茶陵州的路了。至于兴宁县城，则是从东江市向上游航行三十里就到。程乡水往西流入郴江，汇流处运煤的大船如鱼鳞般紧密排列，是因为水浅还不能开船。上午，我们找到一只运煤的小船，于是便搭乘此船前行。程口的西北方，重叠的岩石宛若剖开似的，夹立在江水的两岸，上面都是纯粹的石头盘绕绵亘，忽儿在江左，忽儿在江右，颜色间杂有黑红色，环绕回旋的形态完全就像武夷山的岩石。我们所搭乘的船破旧不堪而且没有炊具，我只顾观赏山水美景，过了中午都不觉得肚饿。又前行二十里，路过永兴县城。县城在江的北面，南临江岸，把江岸作为城墙，船经过时速度太快来不及停留。我随后另外找到一只小船，就换乘过去，在那只小船上烧火做饭吃。吃完饭，已经航行了十五里，到了观音岩。此岩在江北岸，面朝西南俯瞰江中，有座石崖腾空飞突，上边下覆而下边裂开，一直逼近江流。最初是背靠石岩脚下，叠架了一座两层高的楼阁，楼阁前面有个山洞临近江流．洞内可容纳好几人。我从楼阁右边悬吊着的梯子直向上爬，那情形仿佛云烟缭绕的空中挂着的彩虹，往上连接崖顶，穿过缝隙爬上去，看见下覆崖顶下边，中间镶嵌着一个佛龛，观世音的像就供在佛龛中。岩下江中心，又有石狮横卧在激流中间，昂首朝着岩上，种种景致都极为奇异。回到船上又航行五里，有条大溪从南面流来汇入江中，此地是森口。这条大溪是桂阳州龙渡以东的各条水流，往东汇合白豹水而形成的，到这里流入耒江。又往北行船五里，在柳州滩停下，我借用邻船拖着我们这个楼住宿。这晚月光异常明亮，是三个月来所没有过的，江流山色，树影村灯，远近辉映交融，苏东坡笔下的承天寺夜景也不过如此优美罢了。永兴县城以北，山就开始没有崖壁回绕、石头飞突的景象了，只是夹住江水曲折延伸而已。

十三日　平明过舟，行六十五里，过上堡市[1]。有山在江之南，岭上多翻砂转石，是为出锡之所。山下有市，煎炼成块，以发客焉。其地已属耒阳，盖永兴、耒阳两邑之中道也。已过江之北，登直钓岩。岩前有真武殿、观音阁，东向迎江。而洞门瞰江南向，当门石柱中垂，界为二门，若连环然。其内空阔平整。其右隅裂一窍，历磴而上，别为邃室。其左隅由大洞深入，石窍忽盘空而起，东进一隙，斜透天光；其内又盘空而起，若万石之钟，透顶直上，天光一围，圆若明镜，下堕其中，仰而望之，直是井底观天也。是日风水俱利，下午又九十里，抵耒阳县南关。耒水经耒阳城东直北而去，群山至此尽开，绕江者惟残冈断陇而已。耒阳虽有城，而居市荒寂，衙廨颓陋。由南门入，经县前，至东门登城，落日荒城，无堪极目。下城，出小东门，循城外江流，南至南关入舟。是夜，色尤皎，假火贾舡中舱宿焉。

【注释】①上堡市：今耒阳市南境，人们习惯称为上堡街。

【译文】十三日　天明时分回到所乘船内，航行六十五里，经过上堡市。在江流的南边有座山，山岭上有很多翻刨出来的矿砂和石头，这是一个出产锡矿的地方。山下有个市镇，在那里将矿砂煎炼成锡块，出售给来此购买的客商。此地已经属于耒阳县，大约处在永兴、耒阳两县县城的半道上。随后来到到江流的北岸，登上直钓岩。岩前面有真武殿和观音阁，它们迎着江流朝往东面。而岩洞洞口俯瞰江流，朝往南面，洞口当中悬垂着一根石柱，将洞口分隔成两个，宛若连环一样。洞内空阔平整。岩洞右侧的角落裂开一个孔穴，登石阶攀上去，另外形成一个深邃的密室。岩洞左侧的角落由大洞深入进去，石窍忽然朝空中盘绕而起，东边裂开一条石缝，从其中斜斜地透进天空中的光亮来；它里边又向空中旋绕而起，仿佛可以装万石粮食的大钟，那孔穴穿过洞顶直通向上，天空中的一圈光亮，圆圆的形状如同明镜，往下泻落在石窍中，仰头望去，简直就是在井底观天。这天风向、水流都利于行船，下午又航行九十里，到达耒阳县城的南关。耒水经过耒阳城东边一直往北流去，群山到这里都向周围散开，盘绕在江边的只是些残缺的山冈、断开的土陇而已。耒阳虽然有城池，但居民集市荒凉冷落，衙门官署倒塌简陋。我从南门进入城中，路过县衙前，到东门边登上城墙，落日下是一座荒城，不堪极目远望。下了城墙，走出小东门，顺着城外的江流，向南来到南关返回到船中。这天夜里，月色尤其皎洁，借用有火炉的商船的中舱住宿。

十四日　五鼓起，乘月过小舟，顺流而北，晨餐时已至排前，行六十里矣。小舟再前即止于新城市[①]，新城去衡州陆路尚百里，水路尚二百余里，适有煤舟从后至，遂移入其中而炊焉。又六十里，午至新城市，在江之北，阛堵甚盛，亦此中大市也，为耒阳、衡阳分界。时南风甚利，舟过新城不泊，余私喜冣[②]日之力尚可兼程百五十里。已而众舟俱止涯间，问之，则前湾风逆，恐有巨浪，欲候风止耳。时余蔬米俱尽，而囊无一文，每更一舟，辄欲速反迟，为之闷闷。以刘君所惠细一方，就村妇易米四筒。日下舂，舟始发。乘月随流六十里，泊于相公滩，已中夜矣，盖随流而不棹也。按，耒阳县四十里有相公山，为诸葛武侯驻兵地，今已在县西北，入衡阳境矣，滩亦以相公名，其亦武侯之遗否耶？新城之西，江忽折而南流，十五六里而始西转，故水路迂曲再倍于陆云。

【注释】①新城市：今湖南省耒阳市新市镇。②冣（jù）：同"聚"，积聚。

【译文】十四日　五更时起床，乘月色回到所乘的小船上，顺流往北航去，早饭时已经到了排前，航行了六十里。小船再往前就将停在新城市，新城市距衡州城陆路还有一百里，水路还有二百多里，当时恰好有只煤船从后面来到，于是我们移到那只煤船中做饭吃。又航行六十里，中午时到了新城市，它位于江流的北岸，街市十分繁荣，也是这一带的一个大市镇，是耒阳、衡阳两县的分界之处。这时刮着南风特别利于航行，船经过新城市时没有停下，我暗自欢喜，以为这天尽全力航行还可以兼程赶一百五十里的路。不久，众船只都停在了江边，一打听，原来前面江湾中是逆风，害怕会起巨浪，想等风停了再往前航行。这时我的蔬菜粮食都已经吃完，而衣袋中一文钱没有，每更换一次船，总是想加快速度前行却反倒延迟，为此心里闷闷不乐。我用刘君惠赠我的一块绸布，到村中与一位妇女换了四筒米。太阳下山时，船才重新出发。乘月色顺流航行六十里，在相公滩停下，已经半夜了，这是因为顺流而船夫没有划桨的原因。据文献记载，距耒阳县城四十里的地方有个相公山，是武侯诸葛亮曾经驻兵之地，如今我已经在县城的西北方，进入衡阳县境内了，这里的浅滩也以相公为名，它是否也是武侯的遗迹呢？新城市的西边，江水忽然转向南流，十五六里以后才转往西去，所以水路迂回曲折，比陆路多走了两倍路程。

十五日　昧爽行，西风转逆，云亦油然。上午甫六十里，雷雨大至，舟泊不行。既午，带雨行六十里，为前吉渡，舟人之家在焉，复止不行。时雨止，见日影尚高，问陆路抵府止三十里，而水倍之，遂度西岸登陆而行。陂陀高下，沙土不泞。十里至陡林辅，则泥淖不能行矣，遂止宿。

【译文】十五日　黎明开船出发，这时转为逆向的西风，浓云也翻涌。上午刚航行了六十里，雷雨猛烈下起来，船停下来不再向前航行。午后，冒雨航行六十里，来到前吉渡，船夫的家就在这里，因而又停下来不再前行。此时雨停了，我见日头还很高，打听后得知从陆路到衡州府城只有三十里，而水路却多一倍路远，就跨上西岸登陆而行。山坡山冈高低起伏，但因是沙土路不泥泞。行十里到了陡林铺，却满是泥泞不能行走了，于是停下来住宿。

郴东门外江滨有石攒耸，宋张舜民铭为窊樽[①]。至窊樽之迹不见于道，而得之于此，聊以代渴。城东山下有泉，方圆十余里，其旁石壁峭立，泉深莫测，是为钴鉧泉。永州之钴鉧潭不称大观，遂并此废食，然钴鉧实在于此，而柳州[②]姑借名永州；窊樽实在于道，而舜民姑拟象于此耳。全州亦有钴鉧潭，亦子厚所命。

【注释】①窊樽（wā zūn）：指中间凹下状如酒器的岩石。②柳州：此指柳宗元，柳宗元因被贬官至柳州，故人又称“柳柳州”。

【译文】郴州城东门外江边有岩石攒聚高耸，宋代张舜民的碑铭称之为窊樽。至于窊樽的遗迹，我在道州没有见着，却在这里见到，姑且可以替代我渴求寻到窊樽遗迹的心情。城东边的山下有一眼泉，方圆有十多里，泉水旁边石壁峭立，泉水深不可测，这是钴鉧泉。永州府的钴鉧潭称不上壮观，于是连同此泉一起被人们废弃，然而钴鉧潭实际上在这里，而柳宗元是暂且借这个名称命名永州府的那个水潭；窊樽实际上在道州区域，而张舜民是因此地的岩石与道州的窊樽石形态相似，姑且用窊樽来命名罢了。全州也有钴鉧潭，也是柳子厚（柳宗元）命名的。

永州三溪：浯溪为元次山所居，在祁阳。愚溪为柳子厚所谪，在永。濂溪为周元公[①]所生，在道州。而浯溪最胜。鲁公[②]之磨崖，千古不朽；石镜之悬照，一丝莫遁。有此二奇，谁能鼎足！

【注释】①周元公：周敦颐（1017—1073），又名周元皓，原名周敦实，字茂叔，谥号元公，道州营道楼田保（今湖南道县）人，世称濂溪先生。是北宋五子之一，宋朝儒家理学思想的开山鼻祖，文学家、哲学家。

【译文】永州府有三条名溪：浯溪是元次山（元结）居住的地方，在祁阳县。愚溪是柳子厚被贬谪的地方，在永州府城。镰溪是周元公出生的地方，在道州。而浯溪的景致最优美。颜鲁公（颜真卿）在崖壁上的题刻，千古不朽，永远流传。石镜高悬而映照远近景物，万物丝毫无法隐藏，有这两处奇观，谁还能与它们鼎足而立呢！

郴之兴宁有醽醁[①]泉、程乡水，皆以酒名，一邑而有此二水擅名千古。晋武帝荐醽酒于太庙。《吴都赋》："飞轻觞而酌醽醁"。程水甘美出美酒，刘香云："程乡有千日酒，饮之至家而醉，昔尝置官酝于山下，名曰程酒，同醽醁酒献焉。"今酒品殊劣，而二泉之水，亦莫尚焉。

【注释】①醽醁（líng lù）：原为泉水名，用此水酿制的醽酒特好，后因以醽醁指美酒。

【译文】郴州的兴宁县有醽醁泉、程乡水，它们都是用酒来命名的，一县之中有这样两条水便能美名流传千古。晋武帝将醽醁酒献到太庙中祭供祖先。《吴都赋》中说："频频举起轻巧的酒杯，品酌那香醇的醽醁酒。"程乡水甘甜味美而生产美酒，刘香说："程乡有一种千日酒，饮后回到家才醉倒，从前曾在山下设有官方的酿酒坊，所酿的酒叫程酒，与醽醁酒一起献供到朝廷。"如今的酒品质特别低劣，两条泉中的水，也不再被人们崇尚了。

浯溪之“吾”有三，愚溪之“愚”有八，濂溪之“濂”有二。有三与八者，皆本地之山川亭岛也。“濂”则一其所生在道州，一其所寓在九江，相去二千里矣。

【译文】浯溪的“吾”字有三个地方用到它，愚溪的“愚”字有八个地方用到它，濂溪的“濂”字有两个地方用到它。有三处和八处使用的“吾”“愚”两字，都是本地的山脉、河川、亭子、岛屿。用“濂”字的，却一处是他的出生地，在道州；一处是他为官时居住的地方，在九江府，两处相距二千里远。

元次山题朝阳岩诗：“朝阳岩下湘水深，朝阳洞口寒泉清。”其岩在永州南潇水上，其时尚未合于湘。次山身履其上，岂不知之，而一时趁笔①，千古遂无正之者，不几令潇、湘易位耶?

【注释】①趁笔：随意下笔。

【译文】元次山（元结）在朝阳岩题写的诗中说：“朝阳岩下湘水深，朝阳洞口寒泉清。”朝阳岩在永州府城南边的潇水岸上，那时潇水尚未合流到湘水中。元次山亲自到过岩上游历，怎会不知道这一点呢?但他一时乘兴挥笔写下这样的诗句，千年以来竟没有纠正这错误的人，这不是几乎叫潇、湘两水改变位置了吗?

十六日　见明而炊，既饭犹久候而后明，盖以月光为晓也。十里至路口铺，泥泞异常，过此路复平燥可行。十里，渡湘江，已在衡郡南关之外。入柴埠门，抵金寓，则主人已出，而静闻宿花药未归。乃濯足偃息，旁问静闻所候内府助金，并刘明宇物，俱一无可望，盖内府以病，而刘以静闻懈弛也。既暮，静闻乃归，欣欣以听经为得意，而竟忘留日之久。且知刘与俱在讲堂，暮且他往，与静闻期明午当至讲所，不遑[①]归也。乃怅怅卧。

【注释】①不遑（huáng）：没有闲暇。

【译文】十六日　看见天上有光亮就起来做饭，但饭后还等了很久天才大亮，我们大概是误把月光当成了拂晓时的天色。行十里到达路口铺，路上异常泥泞。过了这段路又平坦又干燥而好走。又走十里，渡过湘江，便已经来到衡州府城南关之外。进入柴埠门，到达金祥甫的寓所，却是主人已经外出，而静闻住在花药寺中没有回来。于是洗了脚躺下休息，向旁人打听到静闻等侯的内府救助资金，以及刘明宇答应代借的钱物，都没有指望，大概内府主管是用生病来当理由推托，而刘明宇处是因为静闻懈怠敦促不力。傍晚以后，静闻才回来，他一副欣喜快乐的神态，把听人讲解佛经当作得意的事情，而竟然忘记滞留在这里的时日已经很长了。我还了解到刘明宇与他都在讲堂听人讲经，刘明宇傍晚就要到别的地方去，他和静闻约好明天中午到讲经的地方相见，今晚来不及回来。于是我闷闷不乐地躺下睡了。

十七日　托金祥甫再恳内司，为静闻请命而已。与静闻同出安西门，欲候刘也。入委巷[①]中，南转二里，至千佛庵。庵在花药之后，倚冈临池，小而颇幽，有云南法师自如，升高座讲《法华》。时雨花缤纷，余随众听讲。遂饭于庵，而刘明宇竟复不至。因从庵后晤西域僧，并衡山毗卢洞大师普观，亦以听讲至者。下午返金寓，时余已定广右[2]舟，期十八行。是晚，祥甫兄弟与史休明、陆端甫饯余于西关肆中。入更返寓，以静闻久留而不亟于从事，不免征色[3]发声焉。

【注释】①委巷：偏僻小巷。②广右：即广西。③征色：怒形于色，高声嚷叫。

【译文】十七日　拜托金祥甫再次前往内司恳求给予救助，这不过是替静闻请命而已。和静闻一起走出安西门，想等候刘明宇。进入到偏僻小巷里，折向南行二里，到了千佛庵。千佛庵在花药寺的后边，背靠山冈，前临水池，虽然小但很幽静，有个云南来的自如法师，登上高高的讲坛讲解《法华经》。当时雨花纷纷，我跟随众人一起听法师讲经。听完后便在千佛庵中吃饭，而刘明宇竟然又没来。于是在庵后去会晤西域的一个僧人以及衡山毗卢洞的普观大法师，他们也是因为听讲佛经而来到此处的。下午返回金祥甫的寓所，当时我已经定好到广西的船，约定在十八日走。这天晚上，金祥甫兄弟两人和史休明、陆端甫在城西关一家店中为我饯行。初更时返回寓所，因静闻久留此地而不急于办正事，我不免对他翻脸高声嚷叫起来。

十八日　舟人以同伴未至，改期二十早发。余亦以未晤刘明宇，姑为迟迟。及晤刘，其意犹欲余再待如前也。迨下午，适祥甫僮驰至寓，呼余曰："王内府已括诸助，数共十二金，已期一顿应付，不烦零支也。”余直以故事往事视之，姑令静闻明晨往促而已。

【译文】十八日　船夫因为同伴未到，改期到二十日清早出发。我也因为没有见着刘明宇的面，决定姑且推迟出发。等见到刘明宇，他的意思还是想让我再像以前一样继续等待。到下午，恰好金祥甫的仆人急匆匆奔到寓所，大声对我说：“王内府已经收集好众人的救助银两，数额共十二两，已经说好一次交付，不用再麻烦零散地支出了。”我只是将这事情看作与以前的事情一样，姑且叫静闻明天早晨前去催促而已。

十九日　早过刘明宇，彼心虽急，而物仍莫措，惟以再待恳予，予不听也。急索所留借券，彼犹欲望下午焉。促静闻往候王，而静闻泄泄。王已出游海会、梅田等庵，因促静闻往就见之，而余与祥甫赴花药竺震上人之招。先是，竺震与静闻游，候余至，以香秫[①]、程资馈，余受秫而返资。竺震匍匐再三，期一往顾。初余以十八发，固辞之。至是改期，乃往。先过千佛庵听讲毕，随竺震至花药，饭于小阁，以待静闻，憩啖甚久，薄暮入城。竺震以相送至寓，以昨所返资果固掷而去。既昏，则静闻同祥甫赍王所助游资来，共十四金。王承奉为内司之首，向以赍奉入都，而其侄王桐以仪卫典仗，代任叔事。虽施者二十四人，皆其门下，而物皆王代应以给。先是，余过索刘借券，彼以措物出，竟不归焉。

【注释】①秫（shú）：粘高粱。

【译文】十九日　早晨去拜访刘明宇，他的心情虽然很急，但钱物仍没有筹措到，只是恳求我再等待，我却不愿听。急忙要回我留下的借据，而他还想指望我等到下午。催促静闻前往王内府处等候他的救助银两，但静闻懈怠而磨磨蹭蹭。王内府已经外出到海会、梅田等寺庵游玩去了，于是催促静闻前去那里见他，而我和金祥甫去赴花药寺竺震上人的邀约。这之前，竺震与静闻交游，等我返回衡州府城时，他赠给我一些香秫和旅途费用，我接受了香秫而把钱退还给他。竺震伏在地上恳求再三，希望我到他住地去一次。当初我因为十八日这天出发，所以坚决推辞了。现在改了出发日期，于是便前往他那里。我们先经过千佛庵听完讲经，才随竺震来到花药寺，在一个小阁楼上吃饭，借以等待静闻，边休息边吃饭，时间过了许久，到傍晚时才进入城中。竺震陪同送我回寓所，把昨天我退还给他的旅费果断坚决地扔下后离去。黄昏后，就见静闻和金祥甫带着王内府资助的旅游费用来了，一共十四两银子。王承奉是内司的首领，以前曾因为他带着贡品进京，他侄子王桐便以仪卫典仗的身份，代理叔叔的政事。虽然施舍钱财的有二十四个人，都是他的手下，但钱物都是王承奉代为接受才给的。之前我曾前去刘明宇处讨要借据，他因为外出筹办物品，竟然没有回家。

二十日　黎明，舟人促下舟甚急。时静闻、祥甫往谢王并各施者，而余再往刘明宇处，刘竟未还。竺震仍入城来送，且以冻米[①]馈余，见余昨所嗜也。余乃冒雨登舟。久之，静闻同祥甫追至南关外，遂与祥甫挥手别，舟即解维。三十里，泊于东阳渡，犹下午也。是日阴雨霏霏，江涨浑浊，湘流又作一观。而夹岸鱼厢鳞次，盖上至白坊，下过衡山，其厢以数千计，皆承流取子，以鱼苗贷四方者。每厢攉银一两，为桂藩供用焉。

【注释】①冻米：糯米蒸熟后再晾干称冻米，油炸即泡涨、香酥，为佐食上菜。

【译文】二十日　黎明时，船夫便很急切地催我们上船。当时静闻和金祥甫前去拜谢王承奉以及各位施舍者去了，而我再次前往刘明宇家，刘明宇竟然还没有回来。竺震仍旧进城来给我送行，并且拿了一些冻米馈赠我，是因为昨天他见我喜欢吃这东西。我这才冒雨登上船，许久之后，静闻和金祥甫追到南关外，于是与金祥甫挥手告别，船便立即解开缆绳出发了。航行三十里，在东阳渡停下船，此时才下午。这天阴雨霏霏，江水上涨并且特别浑浊，湘江水流又呈现出另外一种景象。江两岸的鱼箱如鱼鳞般密密排列，大概上游到白坊，下游过了衡山县城，这种排列在江岸捕鱼的鱼箱数以千计，它们都是用来迎着水流捞取鱼子，然后养成鱼苗卖给四方买主的。每个鱼箱征收一两银子的税费，作为供养藩王桂王府的费用。

二十一日　三十里，过新塘站。又二十里，将抵松柏，忽有人亟呼岸上，而咽不成声，则明宇所使追余者也。言明宇初肩舆来追，以身重舆迟，乃跣[①]而驰，而令舆夫之捷足者前驱要余，刘即后至矣。欲听其匍匐来晤于松柏，心觉不安，乃与静闻登涯逆之，冀一握手别，便可仍至松柏登舟也。既登涯，追者言来时刘与期从江东岸行，乃渡而滨江行，十里至香炉山，天色已暮，而刘不至。已遇一人，知其已暂憩新塘站，而香炉山下虎声咆哮，未暮而去来屏迹，居者一两家，俱以木支扉矣。乃登山顶，宿于茅庵，卧无具，栉[2]无梳，乃和衣而卧。

【注释】①跣（xiǎn）：光着脚，不穿鞋袜。②栉（zhì）：梳子、篦子等梳头发的用具。此指梳头。

【译文】二十一日　走三十里，路过新塘站。又行二十里，快要抵达松柏时，忽然听到有人在岸上急急地呼喊着，嗓音喑哑而不成声，原来是刘明宇派来追赶我的人。他说刘明宇最初乘着轿子来追我，因为身体太重轿子走得慢，便光着脚跑着追我，而又叫轿夫中走得快的人跑到前面来拦截住我，刘明宇随后就赶到。本想听任他连滚带爬地到松柏来与我相见，但心中觉得不安，于是和静闻离船登上岸去迎接他，希望见一面后握手告别，便可仍然回到松柏登船前行。登岸后，追来的人说他来时和刘明宇约好从江东岸走，于是我们渡过江到东岸顺江边走，行十里到达香炉山，天色已晚，但刘明宇没有来到。随后遇到一人，得知他已经在新塘站暂时停下休息了。香炉山下虎声咆哮，天未黑就见不到往来行人的踪迹，居住在此处的有一两户人家，都用木头支顶着门。于是登到山顶，在茅庵中住宿，要睡觉而没有床铺，想梳头而无梳子，于是和衣躺下休息了。

二十二日　夜半雨声大作，达旦不休，乃谋饭于庵妪而行。始五里，由山陇中行，虽枝雨之沾衣，无泥泞之妨足。后五里，行田塍间，时方插秧，加岸壅水，泞滑殊甚。共十里至新塘站，烟雨满江来，问刘明宇，已渡江溯流去矣。遂亦问津西渡，始溯江岸行四里，至昔时遇难处，焚舟已不见，从涯上人家问刘踪迹，皆云无之。又西一里，出大路口，得居人一家，再三询之，仍无前过者。时刘无盖，而雨甚大，意刘必未能前。余与静闻乃暂憩其家，且谋饭于妪，而令人从大道，仍还觅于渡头。既而其妪以饭出，冷甚。时衣湿体寒，见其家有酒，冀得热飞大白①以敌之。及以酒至，仍不热，乃火酒②也。余为浮两瓯③，俱留以待追者。久之，追者至，知刘既渡，即附舟上松柏，且拟更蹑予白坊驿，非速行不及。乃持盖匍匐，路俱滑塍，屡仆屡起，因令追者先趋松柏要留刘，而余同静闻更相跌，更相诟也。十五里过新桥，桥下乃湘江之支流，从松柏之北分流内地，至香炉对峰仍入于江者。过桥五里，西逾一岭，又五里，出山坞，则追者同随刘之夫携茶迎余，知刘已相待松柏肆中矣。既见，悲喜交并，亟治餐命酒。刘意犹欲挽予，候所贷物，予固辞之。时予所附广右舟今晨从此地开去，计穷日之力，当止于常宁河口，明日当止于归阳。从松柏至归阳，陆路止水路之半，竟日可达，而路泞难行，欲从白坊觅骑，非清晨不可得；乃遍觅渔舟，为夜抵白坊计。明宇转从肆中借钱百文，厚酬舟人，且欲同至白坊，而舟小不能容，及分手已昏黑矣。二鼓，雨止月出，已抵白坊，有驿。余念再夜行三十里可及舟，更许厚酬，令其即行，而舟人欲返守鱼厢，强之不前，余乃坚卧其中。舟人言："适有二舟泊下流，颇似昨所过松柏官舫。"其舟乃广右送李道尊至湘潭者，一为送官兴收典史徐姓者所乘，一即余所附者。第予舟人不敢呼问，余令其刺舟往视之，曰："中夜何敢近官舫！"予心以为妄，姑漫呼顾行，三呼而得应声，始知犹待余于此也。乃刺舟过舫，而喜可知矣。

【注释】①大白：一种酒杯。②火酒：即烧酒。③瓯：杯子。

【译文】二十二日　半夜下起大雨来，到天亮仍未停止，于是向茅草庵中的妇人谋食一顿后就走了。开始的五里，在山陇中行走，虽然树枝上的雨水打湿了衣服，但路上没有泥泞阻碍步伐。后面的五里，在田埂上行走，当时正是插秧时节，人们都加高了田埂用来堵塞水流，所以路上特别泥泞粘滑。共走十里来到新塘站，这时满江而来烟雾般的蒙蒙细雨，向人打听刘明宇，他却已经渡过江溯流离开了。于是也打听到渡口，往西渡过江。才开始溯江岸前走四里，到了以前遇难之处，那只被焚毁的船早已经不见，到岸边人家中打听刘明宇的踪迹，都说没见过这人。又往西行一里，到了大路口，见到一户人家，再三向他询问，仍然说在我们前面没有过去的人。当时刘明宇没有带雨伞，而雨下得很大，我猜想他肯定没有走到前面。于是我和静闻暂且在这户人家中歇息，并向这家主妇谋食，而另外叫人从大路仍旧回到渡口去寻找。随后那妇人端出饭，但冰冷得很。当时我衣服湿透身体寒冷，见到她家有酒，希望得到一小杯温热的酒借以抵御寒气。等把酒拿来，仍然不热，是火酒。我为此多留了两杯放着，都是留着等去追刘明宇的人回来喝的。许久之后，去追赶的人回来了，得知刘明宇渡过江后，就搭乘船只上松柏去了，并且打算再追我追到白坊驿，不快走就来不及在松柏赶上刘明宇了。于是我打着雨伞，跌跌撞撞往前赶，道路都是粘滑的田埂路，屡次跌倒又屡次爬起，因而让追赶的人先疾行到松柏截留住刘明宇，而我和静闻一路上交替跌倒，互相责骂。行十五里跨过新桥，桥下的水是湘江的支流，它从松柏的北边分流到内地，到香炉山对面的山峰下仍旧流入湘江中。过了桥行五里，往西越过一座山岭，又走五里，出了山坞，便看到去追赶刘明宇的人和跟随刘明宇的轿夫携带着茶水来迎接我们，得知刘明宇已经在松柏的一家店中等候着我们了。我们相见后，悲喜交加，赶忙备了餐叫了酒一同饮用。刘明宇的意思仍想挽留我，等候他为我借的物品，我坚决辞谢了他。当时我搭乘的那只到广西的船今天早晨从这里开走了，估计尽力全天航行，应当停泊在常宁县的河口，明天则应当停在归阳。从松柏到归阳，陆路只有水路的一半远，走一整天可以到达，但是路途泥泞难走；想从白坊驿找一匹马骑着走，而不是清晨不可能找到马匹；于是四处寻找打渔的船只，打算连夜赶到白坊驿。刘明宇从店中转借了一百文钱，重重酬谢了船夫，并且想同我一起到白坊驿，但船太小容纳不下，到分手时天已经昏黑了。二更时分，雨停了，月亮挂上天空，这时已经抵达白坊驿，那里有个驿站。我心想再连夜走三十里就可以赶上所乘的船，便又向船夫许诺重重酬谢他，叫他立即往前航行，而那船夫想返回去看守鱼箱，虽强求而不愿再前行，我便坚决地躺在船中不下船。船夫说："刚才有两条船停泊在下游，很像昨天从松柏开过去的官船。"那两条官船是从广西送李道尊到湘潭县来的，一条为姓徐的送行官员兴收典史所乘，另一条就是我所搭乘的。只是我所在渔船的船夫不敢呼喊打听，我叫他撑船过去看看，他说："半夜中怎敢靠近官船！"我心中以为他说的这些是太荒诞，姑且胡乱呼叫了几声顾行，没想到叫道第三声便听到答应的声音，这才知道船还停在这里等候我。于是叫船夫把渔船撑过去，我们过到所乘的官船上，心中的喜悦可想而知了。

二十三日　昧爽，浓雾迷江，舟曲北行。二十里，过大鱼塘，见两舟之被劫者，哭声甚哀，舟中杀一人，伤一人垂死。于是，余同行两舫人反谢予曰："昨不候君而前，亦当至此。至此祸其能免耶！"始舟子以候予故，为众所诟，至是亦德色焉。上午雾收日丽，下午蒸汗如雨。行共六十里，泊于河洲驿。

【译文】二十三日　黎明，江上浓雾弥漫，船曲曲折折往北航行。二十里后，路过大鱼塘，看见两只船被抢劫，被抢劫者的哭声非常悲哀，船中被杀一人，受伤的一人濒临死亡。于是，和我同行的两名船上的人反过来向我道谢，说："如果昨天不等候先生您而往前走，也应当是到达这里。到了此地灾祸怎能避免呢！"最初，船夫因为等我的缘故，被众人斥骂，到这时也显现出自以为有恩德于大家的神色来。上午雾气散尽，阳光灿烂，下午太阳烤得人汗如雨下。这天行船共六十里，停泊在河洲驿。

二十四日　昧爽行，已去衡入永矣。三十里过大铺，稍折而西行；又十里，折而北行；午热如炙，五里，复转西向焉。自大铺来，江左右复有山，如连冈接阜。江曲而左，直抵左山，而右为旋坡；江曲而右，且直抵右山，而左为回陇，若更相交代者然。又二十五里，泊于归阳驿之下河口。是日共行六十里，竟日皓日如烁，亦不多见也。

【译文】二十四日　黎明开船，这时已经离开衡州府进入永州府境了。三十里后经过大铺，稍微折往西走；又航行十里，折往北行；中午热得如同火烤，走五里，又折往西行了。自大铺以来，江水左右又都有山出现，如连冈接阜。江流往左边弯曲，直抵左面的山，那么右边就是盘旋的山坡；江流向右边弯曲，直抵右面的山，那么左边就是回绕的山陇，就像相互交替着的一样。又行二十五里，停泊在归阳驿的下河口。这天共航行了六十里。一整天烈日将大地烘烤得如同火炉一般，这也是不多见的。

二十五日　晓日莹然[1]，放舟五里，雨忽至。又南三十五里，为河背塘，又西十里，过两山隘口。又十里，是为白水，有巡司。复远峰四辟，一市中横，为一邑之大聚落云。是日共行六十里，晚而后霁，泊于小河口。小河南自山峒来，北入于湘江，小舟溯流入，可两日程，皆祁阳属也。山峒不一，所出靛、锡、杪木最广，白水市肆，俱倚此为命，不依湘江也。既泊，上觅戴明凡家，谢其解衣救难之患，而明凡往永不值。

【注释】①莹然：形容光洁明亮的样子。

【译文】二十五日　拂晓的红日光洁明丽，船行了五里，雨忽然下起来。又往南航行三十五里，为河背塘，再往西航行十里，路过两山间的隘口。又行十里，为白水，设有巡检司。远处的山峰又向四周扩展开来，中间横着个集市，为县中的一个大村落。这天共行船六十里，傍晚后天又晴开，我们的船停泊在小河口。小河从南面山峒中流来，行北流入湘江，小船溯流而入，大约有两天的路程，所经过的都是祁阳县的辖境。山峒不只一个，出产的物品以蓝靛、锡矿、杪木为最丰富，白水的集市店铺，都是依赖这些作为生活来源，而不依靠湘江中的出产。停船后，我上岸找到戴明凡家，感谢他在我遇难时解衣相助的恩德，但戴明凡到永州府城去了，没有见到。

二十六日　舟人登市神福[1]，早餐后行。连过山隘，共三十里，上观音滩。风雨大至，舟人泊而享馂[2]，遂止不行。深夜雨止风息，潇潇江上，殊可怀也。

【注释】①神福：祀神祝福。②享馂（jùn）：吃祭神所剩的食物。

【译文】二十六日　船夫登岸到集市上去祭神祈福，早饭后开船出发。接连经过几个山隘，共行三十里，上了观音滩。这时风雨猛烈降临，船夫停下船享用祭神剩下的食物，于是不再前行。到深夜雨停了，风也不再刮，那风雨潇潇的江上景象，尤其令人怀恋。

二十七日　平明行，舟多北向。二十里，抵祁阳东市，舟人复泊而市米，过午始行。不半里，江涨流横，众舟不前，遂泊于杨家坝，东市南尽处也。下午舟既泊，余乃同静闻渡杨家桥，共一里，入祁阳西门。北经四牌坊，东出东门外，又东北一里，为甘泉寺。泉一方，当寺前坡下，池方丈余，水溢其中，深仅尺许，味极淡冽，极似惠泉[①]水。城东山陇缭绕，自北而南，两层成峡，泉出其中。寺东向，倚城外第一冈。殿前楹有吾郡宋邹忠公[②]名浩，贬此地与蒋湋[③]游。《甘泉铭碑》，张南轩名栻。从郡中蒋氏得之，跋而镌此。邹大书，而张小楷，笔势遒劲，可称二绝。其前山第二层之中，盘成一窝，则九莲庵也。旧为多宝寺，邑人陈尚书重建而复之，中有法雨堂、藏经阁、三教堂。而藏经阁中供高皇帝像，唐包巾，丹窄衣，眉如卧蚕而中不断，疏须开张而不志文，乃陈氏得之内府[④]而供此者。今尚书虽故，而子孙犹修饰未已，视为本家香火矣。寺前环堵左绕，其中已芜，而闭户之上，有砖镌“延陵道意”四字，岂亦邹忠公之遗迹耶？而土人已莫知之，那得此字之长为糖羊也。九莲庵之山，南垂即为学宫。学在城外而又倚山，倚山而又当其南尽处，前有大池，甘泉之流，南下东绕，而注于湘。其入湘处为潇湘桥。桥之北奇石灵幻，一峰突起，为城外第二层之山。一盘而为九莲，再峙而为学宫，又从学宫之东度脉突此，为学宫青龙之沙。其前湘江从南至此，东折而去；祁江从北至此，南向入湘；而甘泉活水，又绕学前，透出南胁，而东向入湘。乃三水交会之中，故桥曰潇湘桥，亭曰潇湘亭，今改建玄华阁，庙曰潇湘庙，谓似潇、湘之合流也。庙后萼裂瓣簇，石态多奇。庙祀大舜像，谓巡守由此，然隘陋不称。峰之东北，有石梁五拱跨祁水上，曰新桥，乃东向白水道，而衡州道则不由桥而北溯祁流矣。时余欲觅工往浯溪拓《中兴摩崖颂》，工以日暮不及往，故探历诸寺。大抵甘泉古朴，九莲新整，一以存旧，一以征今焉。日暮，由江市而南，经三吾驿，即次山吾水、吾山、吾亭境也，去“山”、去“水”而独以“吾”甚是。自新桥三里，南至杨家桥，下舟已昏黑矣。是两日共行五十里，先阻雨，后阻水也。是夜水声汹汹，其势愈急。

【注释】①惠泉：今江苏无锡市西隅的锡惠公园内。②邹忠公：邹浩（1060—1111），字志完，常州晋陵人（今江苏常州）。高宗时，赐谥忠，故称邹忠公。③蒋湋：字彦回。宋永州零陵人，少入太学，既而归隐。④内府：内即皇宫，也称大内。

【译文】二十七日　天亮开船出发，船多是往北行。走二十里，到达祁阳县城东边的市镇，船夫又停泊下来上岸去买米，过了中午才重新开船。航行不到半里地，江面上涨，江水横流，众多船只不再向前航行，于是都在杨家坝停泊下来，此地是县城东边市镇南面的尽头处。下午，船既然已经停泊，我便和静闻跨过杨家桥，共行一里，进了祁阳县城的西门。向北路过四牌坊，往东走出东门外，又向东北走一里，为甘泉寺。有一眼泉，在寺院前面的山坡下，水池方方的有一丈多，泉水溢出池外，水深仅有一尺左右，水味极淡而清冽，极像惠泉的水。城东面山陇缭绕，自北向南延伸，两层山陇间形成峡谷，泉水就从山峡中流出来。寺院朝向东面，背靠城外的第一座山冈。大殿前的廊庑中有我家乡常州府宋代人邹忠公名为邹浩，被贬到这里后与蒋湋交游。书写的《甘泉铭碑》。张南轩名为张栻。从本府姓蒋的人家得到这篇铭文，为它书写了跋文并且刻在此处。邹浩用大字书写，而张南轩用小楷书写，笔势苍劲有力，可以称为双绝。寺前的第二层山中，盘绕形成一个山窝，那里是九莲庵。原先是多宝寺，本县人陈尚书重建后恢复了原貌，里面有法雨堂、藏经阁、三教堂。而藏经阁中供着明朝高皇帝朱元璋的画像，头戴唐代时的包巾，身穿朱红色的窄衣，眉毛如卧蚕而中间没断开，稀疏的胡须张开而不加修饰，是一个姓陈的人从皇宫里得到此画像而拿来供奉在这个阁中的。如今尚书虽然已经去世，但他的子孙仍对寺庙常加修整，将其看作自家的香火。寺前的围墙向左边绕去，围墙内已经荒芜杂草丛生，而关闭着的大门上，有块砖上刻着“延陵道意”四个字，这难道也是邹忠公的遗迹吗？但当地人已没有人知道邹忠公的事了，怎可能使这些字长久地保存就像糖做的羊一样？九莲庵所在的山，南垂就是县学学堂。学堂在城外而又背靠着山，背靠着山而又位于山南边的尽头处，前面有个大水池，甘泉的流水，向南流下而后绕向东边，流入湘江。泉水流入湘江的地方为潇湘桥。桥的北边奇石灵幻，一座山峰突起，成为城外的第二层山。一路盘绕而成为九莲庵所在的山，再度耸起就形成学堂所背靠的山，然后山脉又从学堂的东面延伸过来，突立在此地，成为学堂左边的青龙沙。山前，湘江从南边流到这个地方，折往东去；祁江从北流到这个地方，往南流入湘江；而甘泉的常流水，又绕过学堂前，从山的南侧穿流而出，往东流入湘江。此处是三条水流交汇的中心，所以桥叫潇湘桥，亭名潇湘亭，现今亭子改建为玄华阁，寺庙称潇湘庙，是说这里类似是潇、湘两水的合流处。潇湘庙后面的岩石如裂开的花萼、似紧簇的花瓣，岩石形态奇异。庙中祭祀着大舜的神像，传说大舜巡狩时经过这里，然而庙内狭窄简陋，与大舜的身份极不相称。山峰的东北方，有座五孔的石桥横跨在祁水上，叫新桥，它是往东通向白水市的道路，而到衡州府的路却不由新桥而是向北溯祁江水流而去。当时我想找一个拓工前往浯溪为我拓《中兴摩崖颂》，拓工因为天晚来不及去，所以我便去探寻游历各个寺庙。大抵说来甘泉寺古朴，九莲庵新整，一个保存旧迹，一个可以考证今事。日落时，我从江边集市往南走，途经三吾驿，这里便是元次山（元结）“吾水”“吾山”“吾亭”的地方，如今原来的字分别去掉“山”字旁和“水”字旁，只写作“吾”，这非常正确。从新桥行三里，往南到达杨家桥，回到船中天已经昏黑了。这两天一共行船五十里，先是被雨所阻，后是被江水所阻。这天夜里江中水声汹汹，水势更加湍急了。

二十八日　水涨舟泊，竟不成行。亟枵[1]腹趋甘泉，觅拓碑者，其人已出。又从大街趋东门，从门外朱紫衙觅范姓，八角坊觅陈姓裱工，皆言水大难渡，以浯溪、阳江也。为余遍觅拓本，俱不得。复趋甘泉，则王姓拓工已归，索余重价，终不敢行，止就甘泉摹铭二纸。余先返舟中，留静闻候拓焉。

【注释】①枵（xiāo）：即空虚。

【译文】二十八日　江水上涨船只停泊，竟然不能出发。我赶忙空腹赶到甘泉寺，寻找拓碑文的人，但那人已经外出了。我又从大街上赶到城东门，在东门外朱紫衙找到位姓范的装裱工，在八角坊找到姓陈的装裱工，他们都说水势太大难于渡过江去，指浯溪、阳江两条水。替我到处去寻拓本，都没找到。我又赶回甘泉寺，则姓王的拓工已经回家，他虽然向我索要了重金，但终究不敢前去拓印，仅就甘泉寺中的铭文临摹了两页。后我先返回船中，留下静闻等候拓印。

祁阳东门外大街与濒江之市，阛阓连络，市肆充牣[①]，且多高门大第，可与衡郡比隆。第城中寥寂，若只就东城外观，可称岩邑。

【注释】①牣（rèn）：满。

【译文】祁阳县城东门外的大街与临江的集市，街道纵横相连，市集街道布满店铺，而且有许多高门大户，可以和衡州府城的繁盛相比。只是城中冷清寂静，若只从东城外观看，可称得上是座险要的城池。

二十九日　昧爽放舟。晓色蒸霞，层岚开藻，既而火轮涌起，腾焰飞芒，直从舟尾射予枕隙，泰岳[①]日观，不谓得之卧游也。五里过浯溪，摩崖在西。东溯流从西，又二十里，过媳妇塘，娉婷傍北，沿洄自南，俱从隔江矫首。所称“媳妇石”者，江边一崖，从山半削出，下插江底，其上一石特立而起，昂首西瞻，岂其良人[②]犹玉门[③]未返耶？又二十里，过二十四矶，矶数相次。又五里泊于黄杨铺。

【注释】①泰岳：即泰山，又名岱山、岱宗、岱岳、东岳、泰岳，为五岳之一，在山东泰安城北，主峰玉皇顶海拔1532.7米。泰山被古人视为

“直通帝座”的天堂，成为百姓崇拜，帝王告祭的神山，有“泰山安，四海皆安”的说法。②良人：即丈夫。③玉门：古关名，汉武帝时设置，因西域输入玉石取道于此而得名。

【译文】二十九日　拂晓开船。晨色中朝霞满天，山林间层层雾气五彩斑斓，随即火轮般的红日腾空涌起，如腾空的火焰，飞射的光芒，一直从船尾缝隙照到我枕头间，泰山日出的景象，没想到躺在船上游览时能见到。船行五里，路过浯溪，摩崖在江流的西边。往东面溯流从西边行船，又走二十里，路过媳妇塘，媳妇石娉婷依傍在江北，人们无论顺水还是逆流从它南面经过，都隔江翘首观赏。所称的“媳妇石”，是江边的一座山崖，从半山腰中陡削突出来，下插入江底，山崖上有块岩石独立上耸，昂首向西远望，难道是她丈夫还未从遥远的玉门关返回家吗？又航行二十里，路过二十四矶，一个个石矶次第排列在江岸边。再行五里，在黄杨铺停船。

黄杨铺已属零陵。其东即为祁阳界，其西遥望大山，名驷马山，此山已属东安，则西去东安界约三十里。西北有大路通武冈州[①]，共二百四十里。黄杨有小水自西而来，石梁跨其上，名大桥。桥下通舟，入止三五里而已，不能上也。

【注释】①武冈州：今湖南省武冈市。

【译文】黄杨铺已经隶属零陵县。黄杨铺的东面就是祁阳县界。黄杨铺的西面远远望见的大山，叫驷马山，这座山已经属于东安县，那么西边距东安县界约有三十里。它西北方有条大路通往武冈州城，路程共二百四十里。黄杨铺有条小水从西边流来，一座石桥横跨在水流上，名为大桥。桥下通行船只，逆流进去仅三五里而已，不能再往上航行。

闰四月初一日　昧爽，从黄杨铺放舟，至是始转南行。其先自祁阳来，多西向行。十五里大护滩，有涡成漩，诸流皆奔入漩中，其声如雷，盖漏卮①也。又上为小护滩。又十五里为高栗市②，即方溆驿也。又二十里过青龙矶，矶石巑岏。横啮江流。又十里，昏黑而后抵冷水湾。下午，余病鱼腹，为减晚餐。泊西岸石涯下，水涨石没，不若前望中峥嵘也。

【注释】①漏卮（zhī）：漏斗。②高栗市：今称高溪市。

【译文】闰四月初一日（5月24日）　黎明，从黄杨铺开船出发，到此地后才始转往南走。这以前从祁阳县城过来，多是往西行。船行十五里来到大护滩，此处有水流形成漩涡，众多水流都奔入漩涡中，声如雷鸣，大体上像一个漏斗。又向上走为小护滩。又走十五里为高栗市，它就是方溆驿。又行二十里路过青龙矶，这里矶石高峻耸立，横向成啃咬着江流状。又走十里，天昏黑以后到达冷水湾。下午，我生病了，肚腹鼓胀，为此晚餐减了量。船停泊在江西岸的石崖边，江水上涨淹没石崖，因而江边的石崖不如前次在这里所望见的那样高峻突兀了。

初二日　舟人登涯市薪菜，晨餐时乃行。雷雨大作，距午乃晴。共四十里，泊于湘口关，日尚高舂①也。自冷水湾来，山开天旷，目界大豁，而江两岸，啖水之石时出时没，但有所遇，无不赏心悦目。盖入祁阳界，石质即奇，石色即润；过祁阳，突兀之势，以次渐露，至此而随地涌出矣；及入湘口，则耸突盘亘者，变为峭竖回翔矣。

【注释】①高舂（chōng）：日过午后，农村正忙于舂碓，此时称高舂。

【译文】初二日　船夫登上岸去买柴禾蔬菜，早饭时才出发。雷雨大作，到中午才转晴。船共航行了四十里，在湘口关停船，这时太阳还高挂在天空。从冷水湾以来，山势开阔、天空空旷，视野大为开阔，而江水两岸，吞衔水流的岩石时出时没，只要有遇见的，全都赏心悦目。待到进入祁阳县地界内，石头的质地就变得奇特，石头的颜色就变得润泽；过了祁阳县城，石头突兀的态势，依次渐渐显露出来，到这个地方便随地势向上涌出来了；到进入湘口关，就见那些高耸突兀而盘绕绵延的石崖，变为峭拔直立就像盘旋飞翔的了。

初三日　平明，放舟入湘口，于是去潇而专向湘矣。潇即余前入永之道，与湘交会于此。二水一东南，潇。一西南，湘。会同北去，为洞庭众流之主，界其中者即芝山之脉，直走而北尽。尽处两流夹之，尖若龙尾下垂，因其脊无石中砥，故两流挫也必锐而后已。潇之东岸即湘口驿。有古潇湘祠，祀舜帝之二妃。由祠前截潇水而西，盘龙尾而入湘。湘口之中，有砂碛[①]中悬，丛木如山，湘流分两派潆之，若龙口之含珠，上下之舟，俱从其西逼山崖而上。时因流涨，即从珠东夹港沿龙尾以进。一里，绕出珠后，即分口处也。于是西北溯全湘，若入咽喉然，其南有小水北向入湘，即芝山西麓之水，余向登岭所望而见之者也。是时潇水已清，湘水尚浊。入湘口时，有舟泊而待附，共五人焉，即前日鲤鱼塘被劫之人也。由湘口而上，多有西北之曲，滩声愈多，石崖愈奇。二十里，有斜突于右者，上层峭而下嵌空。又二十里，有平削于左者，黄斑白溜，相间成行；又有骈立于右者，与江左平剖之崖，夹江对峙，如五老比肩，愈见奇峭。转而西行五里，过军家埠。又转而南，又一山中剖卑平插江右，其下云根倒浸重波。询之，无知其名者。时落日正衔山外，舟过江东，忽峰间片穴通明，若钩月与日并悬，旋即隐蔽。由山下转而东，泊于军家埠、台盘子之间，去军家埠又五里矣。

【注释】①砂碛（shā qì）：浅滩。

【译文】初三日　天亮时，驶船进入湘口关，从此地起便离开潇水而专一往湘江中航行了。潇水就是我前些时候进入永州府所走的水路，它与湘水在此处合流。两条江水一条从东南方流来，即潇水。一条从西南方流来，即湘水。合流后而一起向北流去，成为洞庭湖众多水流中的主流，在中间分隔开两条水流的就是芝山的山脉，它一直向北延伸到尽头。山脉尽头处两条水流夹着它，尖得宛若龙尾下垂，因为山脊上没有中流砥柱般的石头，所以两条江流从两侧冲刷侵蚀，必然是使山体变得尖细而后才停止。潇水的东岸即湘口驿。有个古老的潇湘祠，祭祀舜帝的两个妃子。我们的船从祠堂前横截潇水向西航行，盘绕过龙尾似的山尾部而进入湘江。湘江口的中央，有个沙滩悬在中央，上面树木丛生就像一座山，湘江的流水分成两股萦绕着它，宛若龙嘴里含着宝珠，上下来往的船只，都从它西面逼近山崖航行。当我们的船向上行时，因为江水上涨，就从那宝珠东面的夹港之处沿龙尾似的山尾部进去。航行一里，绕出宝珠后面，这里就是分水口所在的地方。从此处往西北全是溯湘江而行，宛若进入咽喉中似的，湘江南边有条小水往北流入湘江，它就是芝山西麓的水流，是我以前登岭远望时见到的那条水流。这时节潇水已经变清，但湘水还很浑浊。我们的船进入湘江口时，有只船停泊着等待搭乘别的船，他们一共五人，就是前些天在鲤鱼塘被抢劫的那些人。船湘江口向上行，江流中有很多曲向西北的水弯，滩声更多，石崖更奇。船行二十里，在江右边有一座斜突的石崖，上边重叠陡峭而下边玲珑空阔。又航行二十里，在江左边有座平直陡削的山崖，黄色的斑纹和光溜溜的白色石头相间成行；又有一座并立在江右边的山崖，与江左边平直剖开的山崖夹江对峙，就像庐山五老峰一样并肩耸立，更加显得奇特峻峭。转往西行五里，经过军家埠。再转往南行，又有一座从中间剖开的山，又低又平地插立在江水右边，它下边的山脚吐着云气倒浸在重重水波之中。向身边人打听，没有人知道它的名字。这时落日正衔挂在山外，当船经过江的东侧时，忽然看见山峰间有一片洞穴通透明亮，那景象就像是弯弯的新月与落日一起高悬在空中，但随即就被遮蔽了。我们的船从山下转往东行，停泊在军家埠、台盘子之间，这里距离军家埠又有五里路了。

初四日　昧爽发舟，东过挂榜崖。崖平削江左，下至水面，嵌入成潭，其上石若磨崖，色间黄白，远逾临武，外方整而中界三分，北之前所见江左成行者，无其高广。由挂榜下舟转南，行二十里，上西流滩。又十里，石溪驿[1]，已属东安矣。驿在江南岸，今已革。有东江自南而北，注于湘，市廛[2]夹东江之两岸，有大石梁跨其口，名曰复成桥。其水发源于零陵南界，舡由桥下南入，十五里为零陵界。又二十五里为东江桥，其上有小河三支，通筏而已。按《志》：“永水出永山，在永州西南九十里，北入湘。”

即此水无疑也。石溪驿为零陵、东安分界。石溪，考本地碑文曰石期；东江，土人又谓之洪江，皆音相溷也。石期之左，有山突兀，崖下插江中，有隙北向，如重门悬峡。山之后顶为狮子洞，洞门东南向，不甚高敞。穿石窟而下一里，可透出临江门峡，惜时方水溢，其临江处既没浸中，而洞须秉炬入。先，余乘舟人泊饭市肉，一里攀山椒而上，徘徊洞门，恐舟人不余待，余亦不能待炬入洞，急返舟中。适顾仆亦市鱼鸭入舟，遂带雨行。又五里，泊于白沙洲。其对崖有石壁临江，黄白灿然满壁，崖北山巅又起一崖，西北向有庵倚之，正与余泊舟对，雨中望之神飞，恨隔江不能往也。是日共行四十里，天雨滩高，停泊不时耳。

【注释】①石溪驿：今湖南省石期市。②市廛（chán）：商店集中的地方。

【译文】初四日　拂晓开船出发，向东经过挂榜崖。挂榜崖平直陡峭的矗立在江流左边，下边直到水面，并嵌入江中形成清澈的深潭。它上面的岩石宛若摩崖，颜色黄白相间，远远超过临武县的那座挂榜崖，外形方整而中间被分隔成三部分，北面之前所见到的江左岸成行的石崖，没有比它高峻宽广的了。船从挂榜崖下边转往南，航行二十里，驶上西流滩。又走十里，来到石溪驿，此地已经属于东安县了。驿站在江流南岸，现今已经革除了。有条叫东江的溪流自南向北流，流入湘江，许多商店夹立在东江的两岸，有座大石桥横跨在东江的江口处，名为复成桥。东江的水发源于零陵县的南部边境，船从桥下向南溯流进去，航行十五里为零陵县界。又行二十五里为东江桥，桥的上游有三条小河，仅能竹筏通行而已。按《志》书上记载："永水源出自永山，那地方在永州府城西南九十里，它往北流入湘江。”永水就是这条水流无疑。石溪驿为零陵、东安两县的分界处。石溪，查考本地的碑刻和文献记载叫石期；东江，当地人又称之为洪江，这都是读音相混淆而造成的。石期的左边，有座突兀的山，石崖下插入江中，崖间有条缝隙朝向北面，宛如重叠的石门、高悬的山峡。山后面的山顶上为狮子洞，洞口朝着东南方，不很高大宽敞。穿过石窟中向下行一里，可以钻出临江的门一样的峡谷，可惜这时正好江水满溢，山的临江处已经被淹没浸泡在水中，而山洞又必须点着火把进去。起先，我趁船夫停泊下来吃饭买肉，向上攀一里到达山顶，在洞口徘徊，因担心船夫不等我，而我也不能等到火把进洞，便急忙返回船中。这时正好顾仆也买了鱼鸭回到船中，于是船冒雨前行。又行五里，在白沙洲停船。白沙洲对面山崖上有座石壁面临江流，黄白两色灿然满壁，此石崖北边的山顶上又耸起一座石崖，它的西北方向有一个寺庵背靠石崖而立，那石崖正好和我乘坐的停着的船相对，雨中看着它令我神魂飞扬，只可惜隔着江水而不能前往。这天共航行了四十里，这是因为天空下着雨，而江涌滩高，船不时停下来的缘故。

初五日　雨彻夜达旦，晨餐乃行。十里，江南岸石崖飞突，北岸有水自北来注，曰右江口。或曰幼江。又五里，上磨盘滩、白滩埠，两岸山始峻而削。峭崖之突于右者，有飞瀑挂其腋间，虽雨壮其观，然亦不断之流也。又五里，崖之突于左，为兵书峡。崖裂成峃[①]，有石嵌缀其端，形方而色黄白，故效瞿三峡[②]之称。其西坳亦有瀑如练，而对岸江滨有圆石如盒，为果盒塘。果盒、兵书，一方一圆，一上一下，皆对而拟之者也。又西五里，为沉香崖。崖斜叠成纹，崖端高迴处叠纹忽裂，中吐两枝，一曲一直，望之木形黝色，名曰沉香，不知是木是石也。其上有大树一株，正当崖顶。更有上崖一重内峙，有庵嵌其间，望之层岚耸翠，下挈遥江，真异境也。土人言："有县令欲取沉香，以巨索悬崖端大树垂人下取，忽雷雨大作，迷不可见。令惧而止。"亦漫语③也。过崖，舟转而南，泊于罗埠头之东岸。是日止行二十五里，滩高水涨，淋雨不止也。罗埠头在江西岸，倚山临流，聚落颇盛，其地西北走东安大道也。

【注释】①峃（xué）：山多大石。②三峡：长江三峡西起重庆市奉节县白帝城，东至湖北宜昌市南津关，全长193千米，沿途两岸奇峰陡立、峭壁对峙，自西向东依次为瞿塘峡、巫峡、西陵峡。③漫语：不着边际的话。

【译文】初五日　雨整夜下着直到天亮，吃过早饭才出发上路。行十里，江水南岸石崖飞突，北岸有条水从北边流来汇入江内，此地叫右江口。或者叫纷江。又走五里，到了磨盘滩、白滩埠，江流两岸的山开始变得高峻陡峭。陡峭的石崖突立在江流的右岸上，有条飞瀑悬挂在石崖侧面的半山腰间，虽然雨水使得瀑布的景象更加雄伟壮观，然而它本身也是常流不断的瀑流。又走五里，石崖突立在江流左岸的，为兵书峡。崖壁崩裂，形成大石堆叠的一座山，有一块岩石镶嵌连缀在山的前端，形状方正而颜色黄白，所以便东施效颦样地使用了长江三峡中兵书峡的名称。它西面的山坳中也有一条瀑布，就像白绢一样，而对岸江边有一块圆圆的石头宛若盒子，为果盒塘。果盒石、兵书石，一方一圆，一上一下，都是对照、比照着果盒和兵书而起的名子。又往西前行五里，为沉香崖。崖石倾斜累叠形成条条纹路，高远的石崖顶端之处，堆叠的纹路忽然裂开，中间吐出两根枝条似的东西，一条弯曲一条笔直，望上去就像树木的形状，呈微青黑色，名为沉香，不知是树还是岩石。沉香的上面有一棵大树，正好位于崖顶。上面还有一重石崖耸峙在里面，有座寺庵镶嵌在山崖间，望上去山林中的层层雾气里耸翠叠青，往下远远拽带着江流，真是一片奇异的境地。当地人说："有个县令想要取沉香，用大绳索系在石崖前端的大树上吊着人下去取，忽然雷声隆隆，大雨倾盆，天空昏暗而见不到沉香，县令惧怕而停止了取沉香的行动。"我想这也是不着边际的话。经过石崖，船转往南行，停泊在罗埠头的东岸。这天只航行了二十五里，因为滩高水涨，大雨不停地往下倾泻。罗埠头在江流西岸，背靠山岭前临江流，村落聚集很热闹兴盛，从这里向西北走是前去东安县城的大路。

初六日　夜雨虽止，而江涨有声，遂止不行。西望罗埠，一水盈盈，舟渡甚艰。舟中薪尽，东岸无市处，令顾仆拾坠枝以供朝夕焉。下午，流杀风顺，乃挂帆东南行。五里，东泊于石冲湾。是夕月明山旷，烟波渺然，有西湖、南浦[①]之思。前一夕，江涨六七尺；停一日，落痕亦如之。

【注释】①南浦：即南浦亭，在江西南昌滕王阁南面，原是桥步门外往来舣舟之所，建亭之初为迎送客人、接待官员的馆驿。

【译文】初六日　夜里虽然雨停了，但是江水上涨，湍急有声，于是船便停下来不再走。往西远望罗埠头，满满一江水，船摆渡十分艰难。船中柴禾烧完了，东岸没有买柴的地方，我叫顾仆拾了些坠落的树枝以供早晚烧火用。下午，湍流消退而风向也顺了，这才挂上帆往东南航行。航行五里，向东停泊在石冲湾。这晚月光明晰，山野空旷，远处江面上水波浩渺，仿佛有烟雾笼罩着，我心中不禁又思念起西湖、南浦。前一天晚上，江水上涨了六七尺；雨停了一天，江水的落痕也有六七尺。

初七日　昧爽行，西转四里为下厂。又西一里，江南山一支自南奔而北向；又西一里，江北山一支自北奔而南来，两山夹江凑而门立，遂分楚、粤之界。两山之东，属湖广永州府东安县；两山之西，属广西桂林府全州。全州旧属永，洪武二十八年改隶广西。其界始不从水而从山。又五里为上厂。于是转而南行，共十五里，迤逦而西，为柳浦驿①。又南十里，为金华滩。滩左有石崖当冲，轰流崭壁，高下两绝，险胜一时。西转八里，为夷襄河口，有水自北岸入湘。舟入二里，为夷襄②，大聚落也。又西二里，泊于庙头。

【注释】①柳浦驿：今广西全州柳铺。②夷襄：今广西桂林全州县宜湘河。

【译文】初七日　拂晓开船出发，往西转四里为下厂。又往西走一里，江流南边有一条山脉自南面奔往北面；再往西走一里，江流北边有一条山脉从北面奔往南面，两条山脉夹着江流凑聚在一起，宛如耸立起一道门，于是便划分了湖广、广西两省的界限。两列山的东边，属于湖广省永州府东安县；两列山的西边，属于广西省桂林府全州。全州从前隶属永州府，洪武二十八年（1395）改为隶属广西省，于是两省的界限才不顺水流而是变为顺山脉来划分。又走五里为上厂。于是从此地起船转往南走，共行十五里，曲折连绵地驶向西面，为柳浦驿。然后又往南走十里，为金华滩。滩的左边有座石崖立在冲要处，轰鸣作响的激流和高峻的崖壁，形成高低两处绝境，险峻奇美的景致胜过一时。过了滩后转往西走八里，为夷襄河口，有一条水流从北岸汇入湘江之中。船从那条水流中溯流进去二里，为夷襄，这是一个大村落。又往西航行二里，在庙头停船。

全本全注全译

徐霞客遊記

（二）

〔明〕徐霞客 著

学谦 注译

團结出版社

图书在版编目（CIP）数据

徐霞客游记 /（明）徐霞客著； 学谦注译. -- 北京：团结出版社， 2021.11

ISBN 978-7-5126-7776-0

Ⅰ.①徐… Ⅱ.①徐… ②学… Ⅲ.①游记—中国—明代②历史地理—中国—明代③《徐霞客游记》—译文④《徐霞客游记》—注释 Ⅳ.①K928.9

中国版本图书馆CIP数据核字(2021)第196152号

出版：团结出版社

（北京市东城区东皇城根南街84号 邮编：100006）

电话：(010) 65228880　　65244790　　（传真）

网址：www.tjpress.com

Email：65244790@163.com

经销：全国新华书店

印刷：天宇万达印刷有限公司

开本：145×210　1/32

印张：86.25

字数：1512千字

版次：2021年11月　第1版

印次：2023年10月　第2次印刷

书号：978-7-5126-7776-0

定价：256.00元（全五册）

目录

粤西游日记一

【题解】《粤西游日记一》是徐霞客于崇祯十年（1637）闰四月初八（5月31日）到六月十一日（8月1日）游览广西东北部山水和风土人情所写的游记。《粤西游日记一》在乾隆刻本第三册上。而从闰四月初八至七月十七日，在季梦良抄本《徐霞客西游记》第三册上，原题“粤西”。

徐霞客于崇祯十年（1637）闰四月初七越过楚粤边界进入广西东北部，在黄沙山角驿，禁不住感叹：“大松夹道！”继而经过全州、兴安、灵川抵达桂林。沿途游览了柳山和湘山寺，登金宝鼎，探湘江源，考察灵渠运河和严关。二十二日进入桂林府境内。二十八日抵达桂林市。徐霞客对“甲天下”的桂林山水，几乎没有放过任何一个景点。他在桂林一共待了42天，游遍了周围的虞山、叠彩山、七星岩、隐山、雉岩、南溪山、象鼻山、龙隐岩、屏风岩等山。又向东北游览了桂林的最高峰尧山，经过靖江王墓群，向东南畅游“青罗带”似的漓江山水。五月二十一日（7月12日）到二十八日乘船往返阳朔，考察了阳朔附近的龙洞岩、来仙洞、读书岩、白鹤山，登富教山，对“碧莲玉笋世界”倍加赞美。徐霞客曾两次深入考察七星岩，对洞穴的分布、方位、形状、结构都做了详细的记录。只因独秀峰位于王城禁地，多次请求攀登而不被允许，遂成终身遗憾。徐霞客对桂林附近60多个山峰和岩洞都作了的全面考察，进行了生动的描述，被国内外学术界叹为观止。他详细地描述了桂林府城、王城、衙署、街市的布局，以及大量碑刻文物的位置、作者及内容，还记录了当地居民礼忏、演剧、端阳、饮食、水灾等生活场景，展现出一幅明末桂林生活的生动画面。六月初十，徐霞客离开桂林去往柳州，沿途游览了琴潭岩、荔枝岩、牛洞、上岩等山峰。途径平塘街夜宿，所记“晚餐后，出坐当街明月下，而清风徐来，洒然众峰间，听诸村妇蛮歌謔浪，亦是群玉峰头一异境也”，寥寥数语，让人心驰神往。十一日又一路游览来到永福县境内的苏桥，便离开桂林府境内。

丁丑闰四月初八日　夜雨霏霏，四山叆叇①，昧爽放舟。西行三十里，午后，分顾仆舟抵桂林，予同静闻从湘江南岸登涯，舟从北来，反曲而南，故岸在北。是为山角驿，地名黄沙。西南行，大松夹道，五里，黄沙铺。东面大岭曰紫云岩，西面大岭曰白云岩。湘江在路东紫云岩西。又南三里，双桥。有水自西大岭注于湘。又七里，石月铺，其西岭曰黄花大岭。又西南五里，出山陇行平畴间。又五里，深溪铺。过铺一里，有溪自西大山东注，小石梁跨之，当即深溪也。又一里，上小岭，舍官道，深溪一十里官道至太平铺，又十里至全。右入山。西向大山行，二里，直抵山下，又二里，宿于牛头冈蒋姓家。夜大雨。

【注释】①叆叇（ài dài）：形容云彩厚而密的样子。

【译文】丁丑年（崇祯十年，1637）闰四月初八日　夜里细雨霏霏，四周群山浓云笼罩，黎明开船。向西行船三十里，午后，顾仆分道乘船去往桂林，我和静闻从湘江的南岸登陆上岸，船从北边而来，反向转弯朝南，所以江岸在北面。这是山角驿，地名叫黄沙。向西南前行，交道两边高大的松树林立，行五里，来到黄沙铺。东面的大山岭叫紫云岩，西面的大山岭叫白云岩。湘江在道路的东边、紫云岩的西边。又往南走三里，到达双桥。有水流自西面的大山岭注入湘江。又前走七里，来到石月铺，它西面的山岭叫黄花大岭。又往西南前行五里，我出了山陇在平坦的田野间行走。又走五里，到了深溪铺。走过深溪铺后一里，有条溪水从西面的大山向东流淌，溪水上小石桥横跨，这应该就是深溪了。又行一里，攀上一座小岭，舍弃了官道，从深溪铺走官道十里来到太平铺，再行十里到全州。我们从右侧进入山中。往西朝着大山走，行二里，一直抵达山下，又走二里，在牛头冈姓蒋的人家住宿。夜里下起大雨。

初九日　冒雨西行五里，至砻岩普润寺。寺有宋守赵彦晖诗碑，宋李时亮记。岩洞前门东向如桥，出水约三十丈；后门北向，入水约十五丈。泉自山后破石窟三级下，故曰“砻”。西入甚奥，中有立笋垂柱。出岩，西三里，有小石山兀立路旁。又西三里，张家村，村后大山曰回龙岩。南五里，冈岭高下，出平坞中西行一里，上大冲，西行半里，为福寿庵，饭于庵。又西半里，西北上柳山，有阁，曹学佺额，为柳仲涂书院。又上为寸月亭，亦曹书。亭前为清湘书院。有魏了翁碑。此山为郡守柳开讲道处。院为林岊所建，与睢、岳、嵩、庐四书院共著。其南有泉一方，中有石，题曰“虎踞石”。由此蹑岭，逾而西，一里，为慈慧庵。转北一里，为狮子岩，岩僧见性。宿狮子岩南清泉庵。

【译文】初九日　我们冒着雨向西走五里，到达砻岩普润寺。寺内有宋代州官赵彦晖题诗的石碑，宋代李时亮的记文。岩洞的前洞口朝东，宛如桥一样，高出水面约三十丈；后洞口朝北，浸入水中约十五丈。泉水自山后冲出石窟分三级下流，因此称为“砻”。往西进去非常深邃，洞内有竖立的石笋和下垂的石柱。走出岩洞，西行三里，有座小石山突兀地矗立在路旁。又往西三里，来到张家村，村后的大山叫回龙岩。往南五里，冈峦山岭高高低低，走到平坦的山坞向西走一里，登上大冲，西行半里，为福寿庵，在庵中吃了饭。又往西半里，朝向西北攀登到了柳山，有座楼阁，匾额是曹学佺题写的，这是柳仲涂书院。又向上攀登为寸月亭，也是曹学佺题写的。亭子前面是清湘书院。有块魏了翁碑。这座山是州官柳开讲学的地方。书院是林虮建立的，与睢阳、岳麓、嵩山、庐山四大书院一样著名。书院的南面有一池泉水，泉中有块岩石，题名为“虎踞石”。从这个地方登岭，越岭往西，行一里，是慈慧庵。转往北一里，是狮子岩，岩洞中的僧人叫见性。在狮子岩南面的清泉庵中住宿。

初十日　由狮子岩南下，二里，至湘山寺[①]。由寺东侧入，登大殿，寄行李。东半里，入全州[②]西门。过州前，出大南门，罗江在前。东至小南门，三江合处。约舟待于兴安。复入城，出西门至寺，登大殿，拜无量寿佛塔。无量寿佛成果于唐咸通间，《传灯录》未载，号全真，故州以全名。肉身自万历初毁，丙戌又毁，后又毁。塔后有飞来石。从塔东上长廊，西有观音阁。下寺，由寺西溯罗江一里，上卷云阁，绝壁临江。阁西为盘石，半嵌江中。绝壁有莲花一瓣，凹入壁间，白瓣黑崖，有无量指甲印石，作细点字六个。又西，一洞临江，泉由洞东裂石出，名玉龙泉。又西，有一石峰高竖如当关者，上大书“无量寿佛”四大字。共五里，又西为断桥。又西十里，度石蚬冈。石蚬，《志》作石燕。南为龙隐洞，小山独立江上，洞门西向。出洞而西，即为桫木渡桥，宿。桥度水东自龙水出口，山耸秀夹立。

【注释】①湘山寺：位于广西桂林市全州县湘山，素有“兴唐显宋”之美誉，“楚南第一名刹”之雅称，为756年唐代高僧无量寿佛创建。②全州：今广西全州县。

【译文】初十日　从狮子岩向南下行，二里后，来到湘山寺。在寺东侧进入，登上大殿，存放了行李。往东行半里，进入全州城西门。路过州衙前，走出大南门，罗江在城门前。往东到达小南门，是三江合流之处。约定好船等待在兴安县城。再次进城，出西门来到寺内，登上大殿，拜了无量寿佛塔。无量寿佛在唐宣宗咸通年间修成正果，《传灯录》未记载，法号叫全真，因而此州用“全”来起名。肉身在万历初年毁坏，丙戌年（万历十四年，1586）又被毁，后来又一次被毁。在佛塔后边有块飞来石。从塔的东边走上长廊，西边有座观音阁。下到寺中，从寺的西边沿着罗江前行一里，登上卷云阁，绝壁下临江流。卷云阁西边是一块盘石，它的一半嵌入江中。在绝壁上有莲花一朵，凹陷石壁间，白色的花瓣黑色的石崖，有块岩石，上面留有无量寿佛指甲印，刻有六个细点组成的字。又向西，一个山洞濒临江水，泉水从山洞东侧裂石中流出来，名叫玉龙泉。再往西，有一座石峰高耸矗立，仿佛把守关口的人，上面写有“无量寿佛”四个大字。共行五里，又向西行是断桥。又往西十里，越过石蚬冈。石蚬，《志》书写成石燕。南面是龙隐洞，在江上独立着一座小山，洞口朝西。出洞后向西走，就是杪木渡桥，住宿在这里。桥横跨的水流向东从龙水流出河口，山峰高耸秀丽，夹江相对而立。

十一日　由渡桥西北行，五里为石鼓村，又三里为白沃村，过七里冈为寨墟。有大溪自四川岭出。北入峡为山川口，十里为阎家村。又五里为白竹江①，饭于李念嵩家。云开日丽，望见西北有山甚屼突，问之为钩挂山，其上又有金宝顶，甚奇异。始问一僧，曰："去金宝有六十里。"复问一人，曰："由四川岭只三十里。"时已西南向宝顶，遂还白竹桥边，溯西北江而上。五里，进峡口，两山壁立夹溪，甚峭。路沿溪西北崖上行，缘崖高下屈曲，十里出峡，为南峒。闻南峒北五里洞尽，可由四川岭达宝顶。有一僧同行，曰："四川路已没，须从打狗岭上，至大竹坪而登，始有路。"遂随之行。由溪桥度而西上岭，有瀑布在其左腋，其上峻极。共三十里至打狗凹，已暮，宿于兴龙庵，庵北高岭即金宝顶也。

【注释】①白竹江：在今广西全州县西北。

【译文】十一日　从渡桥向西北走，行五里是石鼓村，又走三里是白沃村，越过七里冈是寨墟。有条大溪从四川岭中流出。向北进入峡谷中是山川口，行十里是阎家村。又走五里是白竹江，在李念嵩家吃了饭。浮云散开日光明丽，望见西北方有座山非常突兀，询问后知道是钩挂山，山上面又有个金宝顶，十分奇异。起初问一位僧人，他说："距离金宝顶有六十里。"再问一个人，却说："从四川岭走只有三十里。”这时已往西南方朝着金宝顶走去，于是返回白竹桥边，沿着西北流来的江水而上行。走五里，进了峡口，两旁的崖壁夹着溪流耸立着，陡峭得很。道路顺着溪流往西北在山崖上前行，缘于山崖的高低起伏曲折蜿蜒，走了十里后才出峡谷，就是南峒了。听说南峒往北走五里洞就到了尽头，可经由四川岭到达金宝顶。有一个僧人和我同行，说：“四川岭的道路已经湮没，必须从打狗岭上走，到大竹坪后登山，才有路。”我便跟随他走。从溪上的桥过去向西登上山岭，有条瀑布在山岭左侧，岭上的路极其陡峻。共行三十里来到打狗凹，已经天黑，在兴龙庵住宿，庵北边高高的山岭就是金宝顶了。

十二日　由兴龙庵西上，始沿涯北转，钩挂山在其北，为本山隐而不见。三下三上，三度坳曲，共三里，逾土地坳，西望新宁江[①]已在山麓。下山五里，为大竹坪。由坪右觅导登金宝者，一人方插秧，送余二里，逾一岭，又下一里，至大鼻山。余因寄行李于山下刘秦川家。兄弟二人俱望八[②]，妻寿同。其家惟老者在，少者已出。余置行李，由村后渡溪，溯而上二里，当逾岭西登大道，误随溪直东上，二里路穷。还至中道，觅岐草中，西二里，逾岭上，得南来大道，乃从之。北二里，又登岭，又北上一里，为旧角庵基。由基后丛木中上六七里，不得道，还宿刘家。刘后有涧，其上一里，悬峡飞瀑，宛转而下，修竹回岩，更相掩映。归途采笋竹中，闻声寻壑，踏月乃返。

【**注释**】①新宁江：从广西境北流经湖南新宁，故称新宁江。②望八：年纪将近八十岁。

【译文】十二日　从兴龙庵向西上登，开始时顺着溪岸往北转，钩挂山在此处的北面，被自己所在的这座山遮住了看不见。三次向下走三次向上登，三次越过山坳中的山弯，共三里，穿过土地坳，向西远望新宁江已在山麓。下山五里，是大竹坪。在大竹坪右边寻找能当向导带我攀登金宝顶的人，一个人正在插秧，送了我二里地，越过一道岭，又下行一里，到达大鼻山。我于是把行李寄放在山下刘秦川的家里。兄弟二人都年近八十，妻子的年岁相同。他家只有老年人在家，年轻人都已出门。我安放好行李，从村后渡过溪水，沿着溪水而上行二里，本应越岭往西登上大道，却误随溪流一直向东上行，走二里后路中断了。只得返回到半路上，在草丛中找到岔道，往西二里，翻越到岭上，找到从南边来的大道，便随着大道前走。往北行二里，又登上山岭，又向北上行一里，是旧角庵的庵基。从庵基后的丛林中上行六七里，未找到路，回来住在刘秦川家。刘家屋后有条山涧，这里的上面一里处，山峡高悬瀑布飞流，蜿蜒而下，翠竹修长，岩石回绕，相互掩映。回去途中在竹林中采摘竹笋，循着水声找到壑谷，便踏着月光返回来。

十三日　早饭于刘，倩刘孙为导，乃腰镰[①]裹餐，仍从村后夹涧上。一里，中道至飞瀑处，即西攀岭，路比前上更小。一里，至南来大道，乃从南大源上此者。三里，逾岭隘，一里，至角庵基。复从庵后丛中伏身蛇行入，约四里，穿丛棘如故，已乃从右崖丛中蛇行上。盖前乃从东峡直上，故不得道，然路虽异，丛棘相同。由岐又二里，从观音竹丛中行。其竹即余乡盆景中竹，但此处大如管，金宝顶上更大，而笋甚肥美。一路采笋，盈握则置路隅，以识来径。已而又见竹上多竹实，大如莲肉，小如大豆。初连枝折袖中，及返，俱脱落矣。从观音竹中上，又二里，至宝顶殿基，则石墙如环，半圮半立，而栋梁颓腐横地，止有大圣像首存石垆中。时日色甫中，四山俱出。南峰之近者为钩挂山，石崖峭立，东北向若削。再南即打狗岭，再南为大帽，再南宝顶，而宝顶最高，与北相颉颃，仰望基后绝顶更高。复从丛竹中东北上，其观音竹更大而笋多，又采而携之。前采置路侧者较细，不能尽肩，弃之。又上一里至绝顶。丛密中无由四望，登树践枝，终不畅目。已而望竹浪中出一大石如台，乃梯跻其上，则群山历历。遂取饭，与静闻就裹巾中以丛竹枝拨而餐之。既而导者益从林中采笋，而静闻采得竹菰[②]数枚，玉菌一颗，黄白俱可爱，余亦采菌数枚。从旧路下山，抵刘已昏黑，乃瀹菌煨笋而餐之。

【注释】①镳（biāo）：同“镖”，是形如矛头的兵器，可以遥掷击人，作保卫行旅之用。②竹菰（gū）：亦称竹肉、竹蓐，为生在朽竹根节上的菌类，状如木耳，红色。

【译文】十三日　在刘家吃了早饭，请刘秦川的孙子当向导，于是在腰间插上飞镖裹上饭食，仍然从村后狭窄的山涧上行。行一里，中途到了飞流的瀑布之处，立即往西登岭，道路比前边的更狭小。一里后，到了从南面来的大道，就是从南面的大源上通到这里的路。行三里，穿过岭上的隘口，走一里，来到角庵废址。再次从角庵后边的丛林中伏下身体像蛇一样爬行进去，约四里，与上次一样穿越丛林荆棘，继而就从右侧山崖上的丛林中蛇行而上。原来前次是从东面的峡谷中一直上来，所以找不到路，然而路线虽然不同，丛林荆棘却相同。从岔道又前行二里，在观音竹丛中行走。这种竹子就是我家乡栽在盆景中的竹子，但此处的大如箫管，金宝顶上的更大，而且竹笋非常肥美。一路上采摘竹笋，采满一把后便放在路旁，以便识别来时的道路。不久又看到竹上多有竹实，大的像莲子，小的像大豆。起初连着枝条折下装在袖中，等到返回时，全都脱落了。从观音竹丛中上山，又行二里，来到宝顶殿的废址，却见它的石墙如同玉环，半塌半立，而栋梁颓然腐朽横卧在地上，只有佛像的头部存留在石头香炉中。这时天色刚到中午，四面的山全部显现出来。南面山峰近处的是钩挂山，石崖峭立，朝向东北的一面宛若刀削出来的一般。再往南就是打狗岭，再往南是大帽山，再南面是金宝顶，而金宝顶最高，与北面的山峰不分伯仲，抬头远望殿基后的绝顶更高。再从竹丛中向东北上行，那里的观音竹更大而且竹笋更多，又采摘了些带在身上。先前采了放在路边的较细，不能全部扛着走，把它们扔了。又上行一里来到绝顶。在浓密的树林中无法四处眺望，我就爬到树上踩着树枝远看，始终不能畅快地观赏。随即望见竹浪中现出一块似平台般的大石，便登到岩石上，只见周围群山历历在目。于是取出饭，和静闻就着裹饭的方巾用竹丛中的细竹枝拨着吃饭。随后向导又到竹林中去采摘竹笋，静闻采到了几个竹菰，一朵玉菌，笋黄菌白全都很可爱，我也采到几朵菌。顺原路下山，来到刘家时天已经昏黑，便煮菌烤笋吃了晚饭。

十四日　别刘而行。随溪西下一里，得大竹坪来道。又三里为大源，则大鼻西峡水与村后东峡水会，置桥其上，有亭随桥数楹，桥曰潮桥。由桥以西为大源村。予往南顶，则从桥东随涧南行。里许，渡木桥，涧忽东折入山，路南出山隘。涧复坠路东破峡出，连捣三潭：上方，瀑长如布；中凹，瀑转如倾，下圆整，瀑匀成帘。下二潭俱有圆石中立承水，水坠潭作势潆回尤异。又三里，度桥为桐初[①]，有水南自打狗岭来会，亦桥其上。二水合而西南，则又观音桥跨之。大道从观音桥西逾岭出，予从桥下随溪南。一里，水从西峡出。逾一岭出西堰，又西四里为陈墓源[②]，有瀑自东山峡中涌跃而出，与东岭溪合，有桥跨其会处，大道与水俱南。余渡桥，东跻岭而上，即涌瀑南岭也。二里，平行岭脊，北望北宝顶岿然，峡中水近自打狗南崖直逼其下。南望新宁江流，远从巾子岭横界南宝顶之西。其西南有峰尖突，正当陈墓水口，已而路渐出其下。二里，南下岭从坳中行。又二里，逾一小岭，一里至苏家大坪，聚居甚盛，皆苏姓也。饭于苏怀江家。下午大雨，怀江坚留，遂止其处。

【注释】①桐初：今铜座。②陈墓源：今陈木源。

【译文】十四日　辞别刘秦川后出发。顺着溪流向西下行一里，遇上从大竹坪来的路。又行三里是大源，只见大鼻山西边峡谷的水与村后东边峡谷的水汇合在一起，溪流上建了桥，随着桥身有座几开间的亭子，桥叫潮桥。在桥以西是大源村。我前去南宝顶，就从桥东沿着山涧南行。走一里左右，越过木桥，山涧忽然往东折入山中而去，道路向南走出山隘。山涧再次下坠到路东冲破山峡流出来，一连下捣三个深潭：上面的呈方形，瀑布绵长像布；中间的呈凹形，瀑布旋转流出宛如倾倒；下边的又圆又平整，瀑布均匀流下串连如门帘。下面的两个水潭中都有圆石竖立在中央承接水流，流水坠入深潭中作出的姿态呈萦回旋转状尤为奇异。又走三里，过了桥是桐初，有水流自南边的打狗岭流来汇合在一起，溪水上也架起了桥。两条溪水合流后流往西南方，则又有座观音桥跨在水流上。大道从观音桥西越岭而出，我在桥下沿溪流向南走。行一里，溪水从西面的山峡中流出去。越过一道岭来到西堰，又往西走四里是陈墓源，有瀑布从东面的山峡中涌跃而出，与东岭流来的溪水合流，有座桥跨在两溪汇合之处，大道与溪流都向南去。我走过桥，往东登岭而上，这就是奔涌的瀑布南边的山岭了。二里，平缓地行走在岭脊上，往北望，北宝顶岿然耸立，近处峡谷中的水流从打狗岭南面的山崖一直逼到山下。往南望，新宁江的江流，远远地从巾子岭横隔在南宝顶的西方。岭脊西南方有座山峰尖突挺立，正位于陈墓源的河口，继而路渐渐通到山峰下边。行二里，向南下岭在山坳中前行。又走二里，越过一座小岭，一里后来到苏家大坪，村落居民非常兴盛，都是姓苏的人家。在苏怀江家吃饭。下午下大雨，怀江坚决挽留，便住在他家了。

十五日　过山路。坪侧大瀑破山西向出，势甚雄伟。下为大溪，西北合陈墓源出口。下午，东南上一岭，误东往大帽岭道。乃西南转六里，出南宝顶，道桃子坪。问上梁宿处，四里而是。逾岭东至新开田所，有路南下伏草中。复误出其东，历险陂三里，不辨所向。已忽得一龛，地名挂幡，去上梁五里矣。其处五里至快乐庵，又十里乃至南顶。以暮雨，遂歇龛。

【译文】十五日　走过山路。苏家大坪侧边有大瀑布冲破山体往西流出，气势十分雄伟。冲到下边形成大溪，流往西北在陈墓源的出口处合流。下午，往东南登上一座山岭，错向东走上了前往大帽岭的道路。于是往西南方转了六里，出了南宝顶，取道桃子坪。打听到上梁可以住宿的地方，行四里路后便是。越过山岭向东来到一处新开垦的田地，有往南下行的道路隐藏潜伏在草丛中。又一次误走到道路的东面，经过三里险峻的山坡，不能分辨朝向。继而忽然遇到一个佛龛，地名叫挂幡，距离上梁有五里路远。这个地方走五里路到快乐庵，再行十里才到南宝顶。因为傍晚下雨，就歇息在佛龛中。

十六日　雨不止，滞龛中。仅五里，快乐庵。

十七日　从定心桥下过脊处，觅莲瓣隙痕，削崖密附，旁无余径。乃从脊东隔峡望之，痕虽岈然，然上垂下削，非托庐架道处也。乃上定心石，过圣水涯，再由舍身崖登飞锡绝顶，返白云庵。宿白云庵，晤相宗师。

【译文】十六日　雨下个不停，我们滞留在佛龛中。仅行五里，去到快乐庵。

十七日　从定心桥下走到延伸而过的山脊之处，寻找莲花瓣裂隙的痕迹，陡削的山崖紧靠在一起，四旁没有其他的小路。只能从山脊东边隔着峡谷远望它，裂痕虽呈隆起的态势，然而上边下垂下面陡削，不是能够投宿开路的去处。于是登上定心石，经过圣水的水边，再由舍身崖登上飞锡峰的绝顶，返回到白云庵。在白云庵住下，会见了相宗禅师。

十八日　晨餐后，别相宗，由东路下山。一里余，则路旁峭石分列，置悬级出其间，是为天门。门外有耸石立路右，名金刚石，上大书“白云洞天”。从此历磴而下，危峭逾于西路。西庵之名“快乐”，岂亦以路之坦耶！又四里，过显龙庵，庵北向。先是，从观音静室遥见两人入箐棘中，问云知为掘青薯者，而不辨其为何。过显龙庵，又见两人以线络负四枚，形如小猪而肥甚，当即竹鼺[①]也。笋根稚子，今姑见之矣。大者斤许，小者半斤，索价每头二分，但活而有声，不便筐负，乃听而去。盖山中三小珍：黄鼠、柿狐、竹豚，惟竹豚未尝，而无奈其活不能携，况此时笋过而肥，且地有观音美笋，其味未必他处所能及。东下里许，南望那叉山飞瀑悬空而坠。先从宝顶即窥见，至此始睹崇隆若九天也。又东下五里，左渡小溪，深竹中有寺寂然，则苦炼庵。庵南向，左右各一溪自后来绕，而右溪较大，桥横其上，水从西南山腋透壁下。从庵前东南渡桥南上岭，其地竹甚大，路始分东西岐。从西岐下，始见那叉瀑北挂层崖，苦炼溪亦透空悬壑，与那叉大小高下势相颉颃。然苦炼近在对山，路沿之同下，朗朗见其捣壑势；其下山环成城，瀑垂其中，出西壁，与那叉东大溪合而东南去。见西峡中又一瀑如线，透山而下，连泄九层，虽细而甚长。路乃转东，共三里，又一溪自西北来。渡而随之，始觉甚微，渐下渐大，遂成轰雷涌雪观。路应从溪右下，而误从溪右。又二里，是为大坪。渡溪而右，入一村家问之，则在莲塘庵之下矣，竹色丛郁。村妪出所炊粥羹饷，余以炙笋酬之，余自大鼻山刘家炙得观音笋，即觅一山篮背负之。路拾蕨芽、萱菌可食之物，辄投其中，抵逆旅，即煮以供焉。于是西南渡那叉大溪，溪东北出白沙江。又西上岭，三里，饭于村家，其处乃大坪之极南也。又西南逾岭而上，二里，是为半山岭。屡渡溪，逾岭而上，八里，入望江岭。逾岭溯溪，又十里，为桐源山。南下山二里，为韭菜园。东过坳下山三里，又循一水，为小车江。随江南下四里，有桐源大溪自西来，即桐源韭菜溪，有大路亦自西来，南与小车江合而南去。路渡小车江口桥，从水右上山一里，随江而东南，路行夹江山上，极险峻。有小石山，北面平剖，纹如哥窑，而薄若片板。江绕其南，路绕其北。东北又有小溪，破峡成瀑。又东南二里始下，又一里下至江涯。稍上为木皮口，有溪自东北来入。其北峰曰不住岭。乃宿。

【注释】①鼦（liú）：竹鼠，生活在竹林中，专吃竹根及嫩茎的鼠。

【译文】十八日　早饭后，辞别了相宗禅师，由东边的路下山。一里多，就见陡峭的石崖分列道路两旁，修有高悬的石阶通过其间，这是天门。天门外在道路右边立有高耸的岩石，名叫金刚石，上面镌刻着“白云洞天”几个大字。从此地沿石阶而下行，危险陡峭超过西面的道路。西边的寺庵名叫“快乐”，难道也是因为道路平坦而起的名吗？又行四里，经过显龙庵，庵门朝北。先前，从观音静室远远望见两个人进入竹丛荆棘中，询问之后知道是去挖掘青薯的人，却弄不清楚那是什么东西。经过显龙庵时，又见两个人用线织成的网背着四只，形状就像小猪而且十分肥壮，应该就是竹鼦了。吃笋根的小子，今天总算见到你了。大的有一斤左右，小的有半斤，要价每头二分银子，但是活的而且有叫声，不方便用筐子背着走，便听任他们离开了。大体上山中有三种小型山珍：黄鼠、柿狐、竹豚，唯有竹豚未尝过，可无奈那东西是活的不能携带，何况这个时节竹笋发过竹豚长肥了，且此地有美味的观音竹笋，它的滋味未必是别的地方所能赶得上的。往东下行一里左右，向南望去那叉山飞流而出的瀑布悬空坠下。先前从金宝顶就窥见到了此瀑布，到了此处才看清它高高的宛若在九天之上。又向东往下走五里，从左边渡过小溪，深深的竹林中有座寺院寂静无声的坐落着，就是苦炼庵了。庵门朝南，左右各有一条溪流自庵后绕过来，而右边的溪流较大，桥横架在溪水上，溪水从西南方的山侧透过石壁流下去。从苦炼庵前向东南过桥往南上岭，这个地方的竹子很大，路开始分为东西两条岔道。从西边的岔道下行，这才看见那叉山的瀑布挂在北面的层层山崖上，苦炼庵的溪水也穿过高空悬在壑谷上，与那叉山的瀑布大小高矮的气势不分伯仲。不过苦炼庵的溪水近在对面的山上，道路沿着溪流一同下山，清清楚楚看见它捣击壑谷的威力；瀑布下的山环绕成城墙一样，瀑布下垂到其中，流出西边的崖壁，与那叉山东面的大溪合流后向东南流去。望见西面峡谷中又有一条瀑布像线一样，穿山而下，一连下泄九层，水流虽细小但却很长。道路于是转往东，共走三里，又有一条溪水从西北流来。渡过溪水后顺流而行，起初觉得溪流很小，慢慢下行溪流渐渐大起来，终于变成雷响轰鸣雪花腾涌的景观。道路本应该从溪水右边下行，可我错从溪水左边走。又走二里，这是大坪。渡溪水后向右走，走进一农户人家问路，则已在莲塘庵的下边了，竹子成丛，翠色葱郁。村妇拿出她烧制的稀粥和菜汤款待我，我用烤竹笋酬谢她。我自从在大鼻山刘家烤了观音竹笋，马上找来一个山里人用的竹篮背着它。路上拾到蕨菜芽、萱菌一类可以食用的东西，就投入竹篮中，抵达旅舍后，立即煮来供餐。于是往西南渡过那叉大溪，溪水往东北方流进白沙江。又往西上岭，走三里，在农户家吃饭，此地是大坪最南面的地方了。又向西南越岭而上，行二里，这是半山岭。多次渡过溪水，越岭而上，行八里，走入望江岭。翻过山岭后继续溯溪前行，又走十里，是桐源山。向南下山行二里，是韭菜园。往东经过山坳下山三里，又顺着一条河走，是小车江。沿着江流南下四里，有条桐源大溪从西边奔流而来，就是从桐源山、韭菜园流来的溪流，有条大路也是从西边来，溪水往南与小车江合流后向南流去。道路越过小车江江口的桥，从江水右边上山一里，沿江向东南走，道路通行在夹江的山上，极其险峻。有座小石山，北面平直剖开，纹路就像哥窑烧制出来的瓷器，而且薄得像成片的木板。江水绕到小石山的南边，道路绕过它的北面。东北面又有条小溪，冲破山峡形成瀑布。又往东南行二里开始下山，又行一里下到江边。稍向上走一点是木皮口，有条溪流自东北方流来汇入江中。它北面的山峰叫不住岭。便住下。

十九日　晨餐后，东南上岭。随江左行四里，下涉跳石江。又上岭，过车湾台。盘石共三里，出两山峡口，有坝堰水甚巨，曰上官坝。坝外一望平畴，直南抵里山隈。出峡，水东南入湘，路随峡右西南下。行平畴中又一里，抵赵塘[1]。其聚族俱赵，巨姓也。村后一石山特立，曰西钟山，下俱青石峭削，上有平窝，土人方斥石叠路，建五谷大仙殿。其东峭崖上有洞可深入。时以开道伐木，反隘其路，不得攀缘而渡。又西南渡一溪桥，共四里，过弃鸡岭。又四里，出咸水，而山枣驿在焉，则官道也。咸水之南，大山横亘，曰里山隈；咸水之北，崇岭重叠，曰三清界，此咸水南北之界也。咸水溪自三清界发源，流为焦川，自南宅出山，至此透桥东南罗江口入湘。渡桥西南行，长松合道，夹径蔽天，极似道州永明道。十里，板山铺。又十里，石子铺。从小路折而东南，五里抵界首[2]，乃千家之市，南半属兴安，东半属全州。至界首才下午，大雨忽至，遂止不前。是日共行五十里。

【注释】①赵塘：今广西全州县白塘。②界首：今广西兴安县东北。

【译文】十九日　早饭后，往东南上攀岭。沿着江左岸走四里，下水渡过跳石江。又上岭，经过车湾台，绕着石山共行三里，走出两山之间的峡口，有堤坝积水量非常大，叫做上官坝。堤坝外一眼望去尽是广阔平野，一直往南到达里山隈。走出峡口，水流往东南流入湘江，道路沿峡谷右边向西南下行。在平旷的田野中又走一里，到达赵塘。这里聚族而居的全姓赵，是大姓。村后有一座石山独立，叫西钟山，下部全是青石峭拔陡削，上面有个平缓的山窝，当地人正在开采石块修筑道路，修建五谷大仙殿。山窝东面陡峭的山崖上有山洞可以深入进去。这时由于开路伐树，反而阻碍了去那里的道路，不能攀爬过去。又向西南走过一座溪流上的桥，共行四里，经过弃鸡岭。又走四里，到了咸水，而山枣驿就在这里，这就是官道了。咸水的南面，大山横亘着，叫里山隈；咸水的北面，崇山峻岭重重叠叠，叫三清界，这是即咸水南北两境的情况了。咸水溪从三清界发源，流下去叫焦川，自南宅流出山，到这里穿过桥下流往东南，在罗江口流入湘江。过了桥向西南行，沿路是高大的松树，夹在路旁遮蔽天日，极像道州到永明的道路。行十里，到板山铺。又走十里，到石子铺。从小路折往东南，行五里抵达界首，这里原来是个有千户人家的市镇，南半边属于兴安县，东半边属于全州。我们到界首时才是下午，大雨忽然降临，就停下不再前行。这一天共走五十里。

二十日　平明饭。溯湘江而西，五里，北向入塔儿铺，始离湘岸，已入桂林界矣。有古塔，倾圮垂尽，有光华馆，则兴安之传舍[①]也。入兴安[②]界，古松时断时续，不若全州之连云接嶂矣。十里，东桥铺。五里，小宅，复与湘江遇。又五里，瓦子铺，又十里，至兴安万里桥[③]。桥下水绕北城西去，两岸甃石，中流平而不广，即灵渠[④]也，已为漓江，其分水处尚在东三里。过桥入北门，城墙环堵，县治寂若空门，市蔬市米，唯万里桥边数家。炊饭于塔寺。饭后，由桥北溯灵渠北岸东行，已折而稍北渡大溪，则湘水之本流也，上流已堰不通舟。既渡，又东有小溪，疏流若带，舟道从之。盖堰湘分水，既西注为漓，又东浚湘支以通舟楫，稍下复与江身合矣。支流之上，石桥曰接龙桥，桥南水湾为观音阁，已离城二里矣。又东南五里，则湘水自南来，直逼石崖下。其崖突立南向，曰狮子寨。路循寨脚东溯溪入，已东北入山七里，逾羊牯岭，抵状元峰下，内有邓家村，俱邓丞相之遗也。村南有静室名回龙庵，遂托宿于其中。僧之号曰悟禅。

【注释】①传舍：供来往行人休息住宿的旅舍。②兴安：今广西桂林市兴安县。③万里桥：位于兴安县城东门外灵渠上，桥为虹式单拱石桥，是兴安最古老的一座石桥，也是广西现存最古老的石拱桥。历史上被称为“楚越要津”。据记载，此桥是桂管观察使李渤于唐敬宗宝历年间维修灵渠时创建。明董传策有《渡万里桥去京师万里》诗。据说此桥距唐朝京师长安万里，故名万里桥。④灵渠，古称秦凿渠、零渠、陡河、兴安运河、湘桂运河，是古代中国劳动人民创造的一项伟大工程。位于广西壮族自治区兴安县境内，于前214年凿成通航。灵渠流向由东向西，将兴安县东面的海洋河（湘江源头，流向由南向北）和兴安县西面的大溶江（漓江源头，流向由北向南）相连，是世界上最古老的运河之一，有着“世界古代水利建筑明珠”的美誉。

【译文】二十日　天亮吃过早饭。沿着湘江向西走，行五里，往北进入塔儿铺，才开始离开湘江沿岸，已进入桂林府境内了。有座古塔，快要全部倒塌了，有个光华馆，就是兴安县的旅舍了。进入兴安县境内，古松有时出现有时没有，不像全州的那样山山相连，接入云空。行十里，到东桥铺。又行五里，到小宅，再次遇到湘江。

又走五里，到瓦子铺，又行十里，到了兴安县城的万里桥。桥下的流水绕到县城北面往西流去，两岸砌着石块，河内水流平缓而不宽，这就是灵渠了，已经是漓江，湘江与漓江的分水之处还在距离城东面三里的地方。过了桥进入兴安县城北门，城墙四面环绕，县衙门寂静得如同佛寺，卖菜卖米的，只是在万里桥边有几家店铺。在塔寺中烧火做饭。饭后，从桥北沿着灵渠北岸向东走，继而稍折往北渡过一条大溪，就是湘江本来的水流了，上游已筑起堤坝不能通船。渡过大溪后，又在东面有条小溪，稀疏的水流宛若衣带，船道顺着这条小溪走。原来是筑起堤坝使湘江分流，既让分流的水向西流成为漓江，又在东边疏通湘江的支流以便使船只通行，稍往下走又与湘江主流合在一起了。支流之上，有一座石桥叫接龙桥，桥南的水湾处是观音阁，已经离县城有二里路远了。又往东南走五里，就看见湘江自南边流来，一直逼到石崖下。这石崖朝南突兀而立，叫狮子寨。道路顺着狮子寨脚下往东沿着溪水延伸，接着往东北方进山走七里，越过羊牯岭，到达状元峰下，里面有个邓家村，居民全是邓丞相的后人。村南有处静室叫回龙庵，便投宿在庵中。僧人的法号叫悟禅。

二十一日　从庵右逾小山南一里，至长冲，东逼状元峰之麓。又一里，至一尼庵，有尼焉。其夫方出耕，问登山道。先是，路人俱言，上茅塞，决不可登，独此有盲僧，反询客欲登大金峰、小金峰？盖此处山之杰出者，俱以“金峰”名之。而状元峰之左，有一峰片插，曰小金峰，亚于状元，而峭削过之。盖状元高而尖圆，此峰薄而嶙峋，故有大、小之称。二峰各有路，而草翳之。余从庵后登溪垅，直东而上，二里抵状元、翠微之间，山削草合，蛇路伏深莽中。渐转东北三里，直上逾其东北岭坳，望见其东大山层叠，其下溪盘谷閟，即为麻川；其南层山，当是海阳东渡之脊；其北大山即里山隈[①]矣；其西即县治，而西南海阳坪，其处山反藏伏也。坳北峰之下，即入九龙殿之峡。地名峡口，又曰锦霄。从坳南直跻峰顶，其峰甚狭而峭，凡七起伏，共南一里而至状元峰，则亭亭独上矣。自其上西瞰湘源，东瞰麻川，俱在足底；南俯小金峰，北俯锦霄坳岭，俱为儿孙行。但北面九峰相连，而南与小金尚隔二峰，俱峭若中断，不能飞渡，故路由其麓另上耳。闻此山为邓丞相升云处。其人不知何处，想是马殷[②]等僭窃之佐。土人言，其去朝数百里，夜归家而早入朝，皆在此顶。登云山下即其家，至今犹俱邓姓后。一疑其神异，遂诛而及其孥焉。顶北第三峰，有方石台如舡首，飞突凌空。旧传有竹自崖端下垂拂拭，此旁箐亦有之，未见有独长而异者。坐峰顶久之，以携饭就筐分啖。已闻东南有雷声，乃下，返回龙庵。

【注释】①隈（wēi）：角落。②马殷（852—930）：唐末许州鄢陵人，少为木匠，应募当兵，升为裨将，随军到湖南。896年自立，907年被后梁封为楚王，成为五代十国时期南方割据政权之一，主要地域在今湖南省。僭（jiàn），超越本分。

【译文】二十一日　从回龙庵右面越过小山往南行一里，到达长冲，向东逼近状元峰的山麓。又走一里，来到一座尼姑庵，在庵中有个尼姑。她丈夫正好外出耕种，向她打听登山的道路。这以前，行路的人都说，山上茅草阻塞道路，是坚决不能登上去的，唯独此处有个盲人和尚，反而问客人想要攀登大金峰还是小金峰？原来这里的山但凡出众奇特的，全都用“金峰”来命名。而状元峰的左边，有一座山峰呈片状高插着，叫小金峰，比状元峰小，可峭拔陡峻程度胜过状元峰。大体上看，状元峰高些而且又尖又圆，此座山峰单薄却怪石嶙峋，所以有大、小的不同称呼。两座山峰各自有道路可通顶，不过野草把道路遮住了。我从庵的后面登上溪畔的土垄，一直往东而上行，行二里抵达状元峰、翠微峰之间，山势陡削荒草密蔽，蛇形小路隐伏在深草丛中。逐渐转往东北行三里，一直往上越过状元峰东北方山岭的山坳，远远望见它东面的大山层层叠叠，山下的溪流盘绕在幽深的山谷中，这就是麻川；它南面的层层山峦，应该是从海阳山往东延伸的山脊；它北面的大山便是里山隈了；它的西边就是县城，而西南方是海阳坪，那地方的山反而低伏隐藏着。山坳北边的山峰下，就是进入九龙殿的峡谷。地名叫峡口，又叫锦霄。从山坳南边一直登上峰顶，这座山峰特别狭窄又陡峭，上下起伏七次，共向南行一里就到了状元峰，它便独自亭亭屹立在上了。从峰顶上往西俯瞰湘江的源头，往东俯瞰麻川，全在脚底下；往南俯视小金峰，往北俯视锦霄坳岭，都是些儿孙辈的小山峰。但北面的九座山峰相连，而南边与小金峰还隔着两座山峰，全都很陡峭，仿佛从中间断开，不能飞渡过去，所以路要另外从小金峰山麓登上去。听说这座山是邓丞相升天的地方。这个人不知是什么地方的，推想是马殷等人窃踞帝位时的辅佐官员。当地人说，他家离朝廷有数百里路，夜里归家而早晨入朝，都是在这个山顶。登云山下就是他的家，至今仍全是姓邓的后人。一说有人怀疑他的神异，便遭诛杀并殃及他的妻儿。峰顶北面的第三座山峰，有处就像船头的方形石台，凌空飞架。旧时传说有从山崖顶端垂下来的竹子拂拭着石台，这里四旁的山箐中也有此种竹子，未见有这样特别修长而奇异的。坐在峰顶很久，拿出携带着的饭放在一个筐子上分了吃。继而听见东南方有打雷的声音，这才下山，返回回龙庵。

二十二日　东行二里，过九宫桥，逾小岭，共二里至锦霄，是为峡口。麻川江自南来，北出界首，截江以渡，江深没股。麻川至此破山出，名七里峡；下又破山出，名五里峡。锦霄在其中，为陆行口。过江，溯东夹之溪入。三里，登山脊，至九龙庙，南北东皆崇山逼夹，南麓即所溯溪之北麓，溪声甚厉。遂下山，过观音阁，支流分环阁四面，惟南面石堰仅通水，东西北则舟上下俱绕之，惜阁小不称。阁东度石桥，循分支西岸，溯流一里，至分水塘。塘以巨石横绝中流，南北连亘以断江身，只以小穴泄余波，由塘南分湘入漓，塘之北，即濬湘为支，以通湘舟于观音阁前者也。遂刺舟南渡分漓口，入分水庙。西二里，抵兴安南门。出城，西三里，抵三里桥。桥跨灵渠，渠至此细流成涓，石底嶙峋。时巨舫鳞次，以箔①阻水，俟水稍厚，则去箔放舟焉。宿隐山寺。

【注释】①箔（bó）：用芦苇或秫秸编成的帘子。

【译文】二十二日　向东走二里，经过九宫桥，越过一座小岭，共走二里路来到锦霄，这是峡口。麻川江自南边流来，向北流出界首，横着渡过江水，江水深处可淹没大腿。麻川江流到这里冲破山峡流出去，名叫七里峡；下游又冲破山峡流出去，名叫五里峡。锦霄在两段峡谷之间，是走陆路的通道口。过了江，便沿着东面夹谷的溪水深入进去。爬三里，登上山脊，来到九龙庙，南、北、东三面都是高山紧逼相夹，南麓就是我所溯溪流北面的山麓，溪流的声音十分震耳。于是下山，经过观音阁，湘江的支流分别环绕在观音阁的四面，只有南面的石坝仅能通过流水，观音阁的东、西、北三面都有上下来往的船只绕着阁走，可惜观音阁太小不相称。从观音阁东边过了石桥，顺着分出的支流的西岸，沿着流水前走一里，到了分水塘。分水塘是用巨石块横堵在江流中间，南北绵亘相连用来截断江流，只用一个小洞来泄出多余的塘水，在水塘南边把湘江分流引入漓江；水塘的北面，疏挖湘江成为支流，以便能让湘江的船只通到观音阁前的河道里。于是撑船往南渡过分漓口，进入分水庙。往西走二里，抵达兴安县城南门。走出城后，西行三里，到达三里桥。桥跨在灵渠上，渠水到这里成为细水缓流的样子，渠底岩石嶙峋。这时大船鱼鳞般紧密排列，用竹箔拦水，等待水稍深一些，就撤去竹箔放船通行。住宿在隐山寺。

二十三日　晨起大雨，饭后少歇。桥西有金鼎山。山为老龙脊，由此至兴安，南转海阳，虽为史禄凿山分漓水，而桥下有石底，水不满尺，终不能损其大脊也。上一里至顶，顶大止丈许。惟南面群峦纷丛岚雾中，若聚米，若流火，俯瞰其出没甚近。下至三里桥西，随灵渠西南去。已而渠渐直南，路益西，路右石山丛立。雨中回眺，共十里，已透金鼎所望乱山堆叠中，穿根盘壑，多回曲，无升降。又三里为苏一坪，东有岐可达乳洞。予先西趋严关[①]，共二里而出隘口。东西两石山骈峙，路出其下，若门中辟，傍裂穴如圭，梯崖入其中，不甚敞，空合如莲瓣。坐观行旅，纷纷沓沓。返由苏一坪东南行一里，溯灵渠东北上，一溪东自乳洞夹注，为清水，乃东渡灵渠。四里，过大岩堰。渡堰东石桥，转入山南，小石山分岐立路口，洞岈然南向。遂西向随溪入，二里至董田，巨村。洞即在其北一里，日暮不及登，乃趋东山入隐山寺。出步寺后，见南向有洞，其门高悬，水由下出，西与乳洞北流之水合，从西北山腋破壁而出大岩堰焉。时日色尚高，亟缚炬从寺右入洞。攀石崖而上，其石峭削，圮侧下垂，渊壁若裂，水不甚涌而浑，探其暗处，水石粗混，无可着足。出而返寺，濯足于崖外合流处，晚餐而卧。

【注释】①严关：广西桂林市兴安县严关镇的狭谷关隘，是“湘桂走廊”的咽喉，相关遗址还有灵渠和秦城遗址，附近是五岭的西部起点。

【译文】二十三日　早晨起来下起了大雨，早饭后稍微休息了一下。桥西有座金鼎山。这座山是老主脉的山脊，由此地延伸到兴安县城，往南转到海阳山，虽然被史禄凿山导致分流到漓江，但因桥下有石头在渠底，渠水不满一尺，终归不能损伤这座山的主脊。向上走一里到达山顶，山顶宽大处也只有一丈多。唯有南面成群的山峦和纷杂的丛林隐现在山间的雾气之中，就像堆积在一起的米粒，又如流动的火花，俯瞰它们出没的地方很近。下行到三里桥西，沿着灵渠往西南走去。不久灵渠渐渐转向正南，道路越来越向西，道路右侧的石山丛杂矗立。雨中回头眺望，共行了十里，已穿过在金鼎山望见的杂乱堆叠的群山，穿过山脚，盘绕在壑谷中，大多曲曲折折，没有上下。又走三里是苏一坪，东边有岔道可到达乳洞。我先要往西赶到严关，共行二里走出隘口。东西两座石山并排对峙，道路从山下经过，仿佛中间辟开一道门，两旁裂开的洞穴形就像玉圭，踩着山崖走入洞中，洞中不怎么宽敞，在空中合拢仿佛莲花的花瓣。坐在洞中观看路上过往的旅客，纷至沓来。返回苏一坪向东南走一里，沿着灵渠向东北上行，一条溪水在东边自乳洞流来与灵渠相夹，这是清水溪。于是往东渡过灵渠，行四里，经过大岩堰。过了大岩堰东的石桥，转入山的南麓，有座小石山矗立在分岔的路口，山洞十分深邃地朝南。于是往西随着溪流进去，行二里到董田，是个巨大村子。山洞就在村北一里的地方，因天晚来不及上登，只好赶到东山进了隐山寺。出来在寺后散步，见到朝南的地方有个山洞，洞口高悬，水从下边流出，往西与乳洞向北流的水合流在一起，从西北方的山腰中冲破崖壁流到大岩堰。这时天色还早，急忙绑了火把从寺庙右边进入洞中。攀着石崖而上行，那崖石峭拔陡削，倒斜下垂，深渊的石壁好像一道裂缝，水势不怎么汹涌却很浑浊，探寻了下水中昏暗之处，水中石块粗大混杂，没地方可落脚。从洞中出来后返回寺中，在山崖外溪水合流之处洗了脚，吃过晚饭就睡下了。

二十四日　晨起雨不止，饭后以火炬数枚，僧负而导之。一里至董田，又北一里，至乳岩[①]下洞、中洞、上洞。雨中返寺午饭。雨愈大，遂止不行。

【注释】①乳岩：今广西桂林兴安县西南茅坪村，共三洞，下洞称喷雷洞，中洞称驻云洞，上洞称飞霞洞。

【译文】二十四日　早晨起来雨仍未停，早饭后拿了几个火把，僧人背着火把为我领路。走一里路到了董田，又往北行一里，到了乳岩的下洞、中洞、上洞。雨中返回寺中吃午饭。雨势更大了，就住下来不再出行。

二十五日　天色霁甚，晨餐后仍向东行。一里，出山口，支峰兀立处，其上有庵，草翳无人，非观音岩也。从庵左先循其上崖而东，崖危草没，静闻不能从，令守行囊于石畔。余攀隙披窾[1]而入，转崖之东，则两壁裂而成门，内裁一线剖，宛转嵌漏。其内上夹参九天，或合或离，俱不过咫尺；下夹坠九渊，或干或水，俱凭临[2]数丈。夹半两崖俱有痕，践足而入，肩倚隔崖，足践线痕，手攀石窍，无陨坠之虑。直进五六丈，夹转而东，由支峰坳脊北望，见观音岩在对崖，亦幽峭可喜。昨来时从其前盘山而转，惜未一入。今不能愈北也。下山，东南行田塍间，水漫没岸。三里，有南而北小水，急脱下衣，涉其东，溯之南。又二里，为秀塘，转而西南行，复涉溪而北，循山麓行。二里，又一涧自北山夹中出，涉其南，又循一溪西来入，即西岭之溪也。三里，越溪南登，下西岭，入口甚隘，而内有平畴，西村落焉。西南上岭，又二里而逾上西岭，岭东复得坪焉。有数家在深竹中，饭于村妪。又西南平上二里，乃东逾一坳，始东下二里，为开洲，则湘之西岸也。溯湘南行五里，复入冈陀，为东刘村。又五里为西刘村，有水自西谷东入湘。又西南三里为土桥，又二里大丰桥，俱有水东注于湘。又逾岭二里，宿于唐汇田。东有大山岿然[3]出东界上者，曰赤耳山。

【注释】①窾（kuǎn）：空处。②凭临：据高俯瞰。③岿（kuī）然：高大独立的样子。

【译文】二十五日　天色非常晴朗，早饭后仍往东走。行一里，出了山口，一座支峰突兀而立的地方，有座寺庵，草深密蔽，无人居住，不是观音岩。从寺庵左边先沿寺庵上方的山崖往东走，山崖高险，草深隐没了道路，静闻不能跟随，就叫他在石崖旁看守行李。我攀着石缝钻空进去，转到石崖的东面，只见两块石壁破裂成门，里面剖开一线宽，曲折通透。石门里的夹谷上参九重天，有的闭合有的分开，都不超过咫尺；夹谷下坠九重深渊，有的干澡有的湿润，全都凭临数丈高的深谷。夹谷半腰两侧的崖壁上都有裂痕，把脚踩进裂痕去，两肩紧靠分开的崖壁，脚踏着线一样的裂痕，手扳着石孔，没有坠落下去的担忧。一直前行五六丈，夹谷转向东，从支峰山坳的背脊往北望去，见到观音崖在对面的山崖上，也是幽深陡峭令人喜爱。昨天来时从它前面绕着山转，可惜未能进去游览一番。今天不能再往北走了。下山，向东南行走在田野间，溪水溢出来淹没了堤岸。行三里，有条由南往北流的小溪，赶忙脱了裤子，渡水到小溪东岸，沿着溪流往南走。又走二里，是秀塘，转往西南行，再次涉溪水往北行，沿着山麓走。行二里，又有一条山涧从北山的夹谷中流出来，涉水到山涧南边，又顺一条西边流来的溪水进去，这就是源于西岭的溪流了。行三里，越过溪水往南上登，下西岭，入口的地方十分狭窄，可里面有平旷的田野，西边有村落。往西南上岭，又行二里便越过上西岭，岭东边又见到一块平地。有几户人家掩映在幽深的竹丛中，在村妇家中吃了饭。又向西南平缓地上行二里，于是往东越过一个山坳，这才往东下走二里，是开洲，就是湘江的西岸了。沿着湘江往南走五里，再次走入起伏的山冈山坡之间，是东刘村。又行五里是西刘村，有水流自西边的山谷中往东流入湘江。又往西南走三里是土桥，又行二里是大丰桥，两处都有水流往东注入湘江，又越岭走了二里，在唐汇田住宿。东面有座大山岿然出现在东境上的，叫赤耳山。

二十六日　晨餐后，日色霁甚。南溯湘流二里，渡一溪为太平堡，有堡、有营兵焉。东西山至是开而成巨坞，小石峰一带，骈立湘水东。又南二里，曰刘田。又南二里，曰白龙桥。又三里，逾一小岭，曰牛栏。二里，张村。又一里至庙角[①]，饭于双泉寺，其南即灵川界。又南二里，东南岐路入山，其东高峰片耸，曰白面山。又南二里，渡一桥，湘水之有桥自此。循左山行，南二里，为田心寺。又南一里，古龙王庙。又南一里，有一石峰特立东西两界之中，曰海阳山。有海龙庵，在峰南石崖之半。海龙庵已为临桂界。海龙堡在西南一里，东入山五里为季陵，西十五里，过西岭背为龙口桥，东北五里读书岩、白面山，西北十五里庙角，南五里江汇[②]。先是，望白面山南诸峭峰甚奇，问知其下有读书岩，而急于海阳，遂南入古殿，以瓦磨墨录其碑。抵海龙庵，日已薄崦嵫，急卸行李于中。乃下山，自东麓二洞门绕北至西，入龙母庙，已圮。即从流水中行，转南，水遂成汇，深者没股。庵下石崖壁立，下临深塘。由塘南水中行，转东登山。入庵，衣裈[③]俱湿，急晚餐而卧以亵衣[④]。是庵始有佛灯。

【注释】①庙角：和上文中的刘田、白龙桥、牛栏等，都在兴安县境内。②江汇：和上文中的灵川、海龙堡、季陵、白面山等，都在灵川县境内。③裈（kūn）：有裤裆的裤子。④亵（xiè）衣：内衣，贴身的衣服。

【译文】二十六日　早饭后，天色非常晴朗。往南沿着湘江的江流行二里，渡过一条溪水，来到太平堡，有城堡、有营兵驻扎在这里。东西两面的山至此开阔起来，成为巨大的山坞，一列小石峰仿佛带子一样，并排矗立在湘江的东岸。又往南行二里，叫做刘田。又往南行二里，叫白龙桥。又走三里，越过一道小岭，叫牛栏。走二里，到张村。又行一里到庙角，在双泉寺内吃了午饭，寺南就是灵川县的县界。又往南行二里，顺着东南方的岔路进山，此地东面的高峰呈片状高耸，叫做白面山。又往南行二里，经过一座桥，湘江上从这里开始有桥。顺着左面的山走，往南行二里，是田心寺。又往南行一里，到古龙王庙。又往南走一里，有一座石峰独立在东西两列山之中，叫做海阳山。有座海龙庵，在山峰南面石崖的半腰上。海龙庵已在临桂县境内。海龙堡在西南方一里的地方，往东进入山中五里是季陵，往西行十五里，越过西岭的山背是龙口桥，往东北行五里是读书岩、白面山，往西北行十五里是庙角，往南边行五里是江汇。先前，看见白面山南面陡峭的群峰十分奇特，询问后知道山峰下有个读书岩，但是着急去海阳山，便往南进入古殿中，用瓦片磨墨抄录殿中的碑文。到达海龙庵时，日落西山，急忙卸下行李放在庵中。于是下山，从东麓的两个洞口绕过北麓来到西麓，进入龙母庙，庙已经倒塌了。马上从流水中前行，转向南，水就汇成一股，深的地方淹没了大腿。寺庵下方的石崖像墙壁样矗立，下临深塘。在水塘南边的水中行走，转向东登山。回到庵中，衣服裤子都湿透了，赶忙吃了晚餐穿着内衣睡下。此庵才开始有佛灯。

海阳山俱崆峒贮水。水门二：南平，西出甚急。东旱门二，下一二尺，即水汇其中，深者五六尺。山南水塘有细流，东源季陵亦下此。则此山尚在过脊北，水俱北流，惟为湘源也，漓源尚在海阳西西岭角。

【译文】海阳山都是山体高峻，空洞贮满了水。有两个水洞口：南面的水势平缓，西边的水流出来非常湍急。东面有两个旱洞口，探下去一二尺深，就有水汇积在洞中，深的地方有五六尺。山南面的水塘有条细流，东面发源的季陵也向下流到这个地方。那么此山还在主脉延伸而过的山脊的北面，水都往北流去，成为湘江的源头。漓江的源头还在海阳山西面的西岭角。

二十七日　晓起，天色仍霁，亟饭。从东北二里，田心寺，又一里，东入山，又一里，渡双溪桥。又东一里，望一尖峰而登。其峰在白面之西，高不及白面，而耸立如建标累塔，途人俱指读书岩在其半，竟望之而趋。及登岭北坳，望山下水反自北而南，其北皆山冈缭绕，疑无容留处，意水必出洞间。时锐[①]于登山，第望高而趋，已而路断，攀崖挽棘而上。一里，透石崖之巅，心知已误，而贪于陟巅，反自快也。振衣出棘刺中，又扪崖直上，遂出其巅。东望白面，可与平揖；南揽巾子，如为对谈。久之，仍下北岭之坳，由棘中循崖南转，扪隙践块而上，得峰腰一洞，南向岈然，其内又西裂天窟，吐纳日月，荡漾云霞，以为读书之岩必此无疑。但其内平入三四丈，辄渐隘渐不容身，而其下路复蔽塞，心以为疑。出洞门，望洞左削崖万丈，插霄临渊，上有一石飞突垂空，极似一巨鼠飞空下腾，首背宛然，然无路可扪。遂下南麓。回眺巨鼠之下，其崖悬亘，古溜间驳，疑读书岩尚当在彼，复强静闻缘旧路再登。至洞门，觅路无从，乃裂棘攀条，梯悬石而登，直至巨鼠崖之下。仰望崖下，又有二小鼠下垂，其巨鼠自下望之，睁目张牙，变成狞面，又如猫之腾空逐前二小鼠者。崖腰有一线微痕可以着足，而下仍峭壁。又东有巨擘[②]一双作接引状，手背拇指，分合都辨。至其处，山腰痕绝不可前。乃从旧路下至南麓，夸耕者已得读书岩之胜。耕者云："岩尚在岭坳之西，当从岭西下，不当从岭东上也。”乃从麓西溯涧而北，则前所涉溪果从洞中出，而非从涧来者。望读书岩在水洞上，急登之。其洞西向，高而不广，其内垂柱擎盖，骈笋悬莲，分门列户，颇幻而巧。三丈之内，即转而北下，坠深墨黑，不可俯视，岂与下水洞通耶？洞内左壁，有宋人马姓为秦景光大书“读书岩”三隶字。其下又有一洞，门张而中浅，又非出水者。水从读书岩下石穴涌出，水与口平，第见急流涌溪，不见洞门也。时已薄午，欲登白面，望之已得其梗概，恐日暮途穷，不遑升堂入室，遂遵白面西麓而南。二里，过白源山，又二里过季陵路口，始转而西。一里，随山脉登海阳庵，饭而后行，已下午矣。

【注释】①锐：急切。②巨擘（bò）：大手。

【译文】二十七日　拂晓起来，天色仍然晴朗，赶忙吃了早饭。从东北方行二里，到达田心寺，又行一里，往东进了山，又走一里，越过双溪桥。又向东一里，远远望着一座尖尖的山峰往上攀登。此座山峰在白面山的西面，高的地方赶不上白面山，可耸立着如同竖起的标杆和层层垒起的高塔，路上的行人都指点告诉我，读书岩在此山峰的半山腰间，于是望着它快步赶过去。等到登到岭北的山坳时，看见山下的水流反而是自北往南流，水流北面都是缭绕的山冈，我猜测没有存留水的地方，料想水流必定是从洞中流出来的。当时急于登山，只管望着高处赶过去，不久道路中断，我就攀着山崖抓着荆棘向上爬。走一里，钻到石崖的顶端，心中已知走错了路，但贪于爬上峰顶，反而感到十分痛快。从荆棘丛中走出抖抖衣服上的落叶和灰尘，又抓着石崖一直上登，便到了峰顶。向东望着白面山，可以和它平对着作揖；向南观赏巾子岭，仿佛是在相对交谈。

许久之后，仍下行到北岭的山坳，在荆棘丛中顺着山崖向南转，攀着石缝踏着石块而上登，在山峰半腰找到一个山洞，洞口朝南，非常深邃，洞内又在西侧裂开露天的窟窿，看似可吞吐日月，荡漾云霞，我以为此地必定是读书岩无疑了。但洞内平缓进去三四丈，就逐渐狭窄起来，逐渐容不下身子，而且那下边的路又被遮蔽堵塞了，心生怀疑。走出洞口，看见洞左侧陡削的悬崖有万丈高，上插云霄，下临深渊，上方有一块岩石飞突而出，垂在空中，极似一只巨鼠飞向空中腾跃而下，头和背部都很逼真，然而没有路可以摸到那里。于是下到山的南麓，在像巨鼠的岩石下回头眺望，那里的山崖悬空横亘，石壁间陈旧的水迹斑斑驳驳，怀疑读书岩还是应该在那里，于是又强逼静闻沿原路再次上登。到了洞口，到处寻找道路无法找到，于是分开荆棘抓着枝条，踩着悬空的岩石向上登，一直来到巨鼠状的悬崖之下。仰头看见悬崖的下方，又有两块像小老鼠的岩石下垂着，那只巨鼠岩从下面望着它们，双眼大睁，张开獠牙，变成狰狞的面孔，又像是猫腾空飞起追逐前边两只小老鼠的样子。山崖半腰中间有一条线样细微的裂痕可以落脚，而下方仍然是峭壁。在东边又有块像一双巨手的岩石作出指路的姿式，手背和拇指，分开合拢的样子都能辨认的出来。来到那地方，山腰上的裂痕断了不能再往前走。于是从原路下到南麓，向耕种的人夸耀已找到读书岩的优美景致了。耕种的人说："读书岩还在山岭的山坳西边，应当从岭向西边下去，不应该从岭的东边上去。"于是我就从山麓西边沿着山涧向北走，只见前面渡过的溪流果然是从洞中流出的，而不是从山涧里流来的。望见读书岩在水洞上方，赶忙登上洞。这个山洞朝西，高大却不广阔，洞内石柱下垂就像高举的伞盖，并列的石笋、悬垂的石莲，分门列户，相当的奇幻巧妙。行进三丈之内，立即向北转而下行，深坠下去，墨黑一片，不可俯视，难道是与下边的水洞相通吗？洞内左侧的洞壁上，有个姓马的宋代人为秦景光写了“读书岩”三个隶书大字。字下边又有个山洞，洞口大张可洞内十分浅，又不是个出水的洞。水从读书岩下边的石穴涌出来，水与洞口齐平，只能看见湍急涌现的溪流，却看不见洞口。这时已接近中午，我本想去登白面山，但远望它就已了解它的大致样貌，担心天黑找不到路，来不及登堂入室上山了，便沿着白面山的西麓向南走。行二里，经过白源山，又走二里经过季陵的路口，才开始转向西走。行一里，顺山脉登上海阳庵，吃过午饭之后出发，已是下午了。

由海阳山东南过季陵东下，入堂溪桥，遂由塘南循过脊西行，一里，为海阳堡。由堡西南行，则堡前又分山一支南下，与西山夹而成两界，水俱淙淙南下矣。随下一里，则西谷中裂，水破峡而出，又罗姑[1]与西岭夹而成流者，皆为漓水源矣。越之，循水西南下三里，为江汇。于是水注而南，路转而西，遂西逾一岭，一里，登岭坳。三里，西循岭上行，忽有水自东南下捣成涧，路随之下。又一里，直坠涧底。越桥南，其水自桥下复捣峡中，路不能随。复逾岭一里，乃出山口，又西南行平畴中，二里，抵涧上。西有银烛山，尖削特耸，东南则石崖正扼水口也。乃止宿于黄姓家。

【注释】①罗姑：即今罗鼓山，在兴安、灵川两县界上。

【译文】从海阳山往东南经过季陵向东下行，走到堂溪桥，于是从水塘南边顺着延伸过去的山脊向西行，走一里，是海阳堡。从海阳堡往西南行，就见海阳堡前方的山又分出一支山脉向南延伸下来，与西面的山相夹而立成为两边的分界，水流全经由这里往南淙淙流去。随着水流向下一里，就见西面山谷中间裂开，溪水冲破山峡流出，又有罗姑山与西岭相夹形成的水流，这些都是漓江的水源源头。越过溪流，沿着溪流往西南下行三里，到达江汇。到了这里溪流向南流淌，路转向西走，于是往西越过一道岭，行一里，登上岭坳。走三里，向西顺着岭上行走，忽见有流水从东南下冲形成山涧，路随着山涧下行。又走一里，一直坠入到山涧底部。过到桥南，那条水流从桥下又一次下冲到峡中，不能再随着山涧走路了。又翻过山岭走一里，才走出山口，又往西南行走在平坦田野中，走二里，抵达涧上。西边有座银烛山，尖而陡削的独自耸立，东南方则有石崖正好扼住水口。于是停歇住宿在姓黄的家中。

二十八日　平明，饭而行。二里，西南出涧口，渡水，逾一小岭，又三里得平畴，则白爽村也。由白爽村之西复上岭，是为长冲。五里，转北坳，望西北五峰高突，顶若平台，可夺五台之名。又西五里，直抵五峰之南，乱尖叠出，十百为群，横见侧出，不可指屈。其阳即为熔村，墟上聚落甚盛，不特山谷所无，亦南中所少见者。市多鬻[①]面、打胡麻为油者，因市面为餐，以代午饭焉。东南三十里，有灵襟洞；南二里，有阳流岩云。又西五里为上桥，有水自东北从尖山之南，西过桥下，即分为二。一南去，一西去。又西南穿石山腋，共三里，过廖村[②]。其西北有山危峙，又有尖丛亭亭，更觉层叠。问之，谓危峙者为金山，而其东尖丛者不能名焉。又二里，有水自金山东腋出，堰为大塘。历堰而西，又三里，复穿石山峡而西，则诸危峰分峙叠出于前，愈离立[③]献奇，联翩角胜矣。石峰之下，俱水汇不流，深者尺许，浅仅半尺。诸峰倒插于中，如出水青莲，亭亭直上。初二大峰夹道，后又二尖峰夹道，道俱叠水中，取径峰隙，令人应接不暇。但石俱廉厉凿足，不免目有余而足不及耳。其峰曰雷劈山。以其全半也；曰万岁山，以尖圆特耸也。其间不可名者甚多。共五里，始舍水磴而就坦坡。又五里，始得平畴，为河塘村，乃就村家瀹茗避日，下舂而后行。河塘西筑塘为道，南为平畴，秧绿云铺，北为汇水，直浸北界丛山之麓，蜚晶漾碧，令人尘胃一洗。过塘，循山南麓而西，五里，渡一石梁，遂登冈陀行。又五里，直抵两山峡中，其山南北对峙如门。北山之东垂，有石峰分岐而起，尖峭如削，其岐峰尤亭亭作搔首态，土人呼为妇女娘峰。崖半有裂隙透明，惟从正南眺之，有光一孅[4]，少转步即不可窥矣。南山之首，又有石突缀，人行其下，左右交盼，亦复应接不暇。时日色已暮，且不知顾仆下落，亟问浮桥而趋。西过大石梁，再西即浮桥矣。漓水至是已极汪洋，北自皇泽湾即虞山下。转而南，桂林省城东临其上。城东北隅为驿，在皇泽湾转南之冲，其南即城也。城之临水者，东北为东镇门，南过木龙洞为就日门，再南出伏波山[5]下为桂水门，又南为行春门，又南为浮桥门。此东面临流者，自北隅南至浮桥共五门。北门在宝积、华景二山。浮桥贯江而渡，觅顾仆寓不得，遂入城，循城南去，宿于逆旅。

【注释】①鬻（yù）：卖。②廖村：和上文的熔村、上桥等，都是灵川县的地名。③离立：并立。④孅（sǎn）：通“闪”，今云贵方言仍有称孅者，形容光线一闪而过。⑤伏波山：位于广西桂林漓江之滨，是一座依水傍水的孤峰，汉代时伏波将军马援南征曾经过此地，故得名。伏波山景致优美，岩洞奇特，登高眺望，可看到桂林清秀如画的水光山色。

【译文】二十八日　天大亮，早饭后出发。行二里，往西南走出涧口，渡过涧水，越过一座小岭，又行三里来到平坦的田野，就是白爽村了。从白爽村的西边又登上岭，这是长冲。走五里，转入北边的山坳，远远望见西北方有五座山峰高高突起，峰顶有如平台一般，这山貌可以夺走五台山的名字。又往西走五里，一直来到五座山峰的南面，错乱的尖峰层叠而出，几十几百座聚成群，横着侧着凸显出来，屈指数不完。山的南面就是熔村，平原上聚集了居民非常热闹，这景象不仅在山谷中所没有的，也在南方地区少见。市场上有很多卖面、榨芝麻油的人，因此买了面作餐食，用来代替午饭。东南方三十里的地方，有个灵襟洞；南边二里的地方，有座阳流岩。又往西行五里是上桥，有水流源自东北方成群的尖山南麓，往西流过桥下，马上分为两条。一条往南流去，一条往西流去。又向西南穿过石山的侧面，共行三里，经过廖村。村西北有高险的山耸立，又有成群的尖峰亭亭玉立，更觉得层层叠叠。询问此地的地名，说是高险耸立的山是金山，可金山东面尖状的山群却不能叫出名字。又走二里，有条水流从金山的东侧流出来，筑了围堰成为一个大水塘。经过围堰向西，又走三里，再穿过石山山峡往西行，就有重叠高险的山峰分别耸峙在前方，并排矗立，更加显出奇观，险峰连绵不断，共同争奇斗胜。石峰下面，都是水汇积着不能流动，深的约一尺，浅的仅有半尺。群峰倒插在水中，就像露出水面的青莲，亭亭玉立，笔直向上。起初有两座大石峰夹住道路耸立，后面又有两座尖峰夹住道路，道路都是在水中垒砌而成，山峰之间的空隙也取成小路，令人目不暇接。但铺路的石头全都棱角锋利直刺脚底，不免眼睛看见能放脚可脚下却来不及躲避。那些山峰中叫雷劈山的，因为它全然是半座山；叫万岁山的，因为它又尖又圆独自耸立着。这中间很多不能叫出名字的山峰。共行五里，这才离开水中的石阶而走上了平坦的山坡。又行五里，才开始在平坦的田野中行走，是河塘村，于是到庄户人家去躲避烈日煮茶喝，太阳落山之后才动身出发。河塘村西边修筑堤岸作为道路，南面是平旷的田野，稻秧油绿像云彩一样铺开，北边是汇积的水塘，一直浸泡到北面群山的山麓，飞闪着晶莹的亮光，荡漾着碧绿的水波，令人尘心一洗。过了水塘，顺着山的南麓向西走，行五里，经过一座石桥，便登上山冈而行。又行五里，一直抵达两山之间的峡谷中，那两座山就像大门一样南北对峙着。北山的东垂之处，有座石峰分岔而起，就像刀削一般又尖又陡，那座分岔的支峰尤其亭亭玉立，呈现搔首弄姿的样子，当地人称为妇女娘峰。山崖半腰处有条裂缝透出亮光，只有从正南方眺望它，才有光线一闪的景象，略微挪动几步马上就不可见了。南山头部，又有岩石突起点缀着，人走在山下，左右交互看，美景又再一次目不暇接了。这时天色已晚，并且不知顾仆的下落，急忙询问去浮桥的路后赶过去。往西走过大石桥，再往西行就是浮桥了。漓江流到这里水势已极其浩大，从北边自皇泽湾就是虞山下。转向南，省城桂林在东面临着江上。省城东北角是驿站，在皇泽湾转往南去的交通要道口，驿站南面就是省城了。城面临江水的地方，东北是东镇门，往南过了木龙洞是就日门，再往南到伏波山下是桂水门，又往南边的是行春门，再往南边是浮桥门。这些是在东边面临江流的城门，从城北角往南到浮桥共有五道城门。北门在宝积、华景二山之间。浮桥横跨江水而过，找不到顾仆居住的寓所，便进了城，顺城墙往南走去，住宿在旅店中。

二十九日　从逆旅不待餐而行。遂西过都司署[1]前，又西，则靖江王府之前甬[2]也。又西，则大街自北而南，乃饭于市肆。此处肉馒以韭为和，不用盐而用糖，晨粥俱以鸡肉和食，亦一奇也。又南登一楼。其楼三层，前有石梁，梁东西大水汇成大沼。自楼上俯眺，朱门粉堞，参差绿树中，湖水中涵，群峰外绕，尽括一城之胜。中层供真武像。时亟于觅顾仆，遂转遵大街北行，东过按察司[3]前，遂东出就日门。计顾仆舟自北来，当先从城北濒江觅，而南从城下北行。已而城上一山当面而起，石脚下插江中，路之在城外者，忽穿山而透其跨下，南北岈然，真天辟关津也。西则因山为城，城以内即叠彩东隅。穿洞出，下临江潭，上盘山壁，又透腋而入，是为木龙洞。其洞亦自南穿北，高二丈，南北透门约十余里。其东开窗剖隙，屡逗天光，其外濒江有路，行者或内自洞行，或外由江岸，俱可北达。出洞，有片石夹峙，上架一穹石，其形屈曲，其色青红间错，宛具鳞腮，似非本山之石，不知何处移架于此。洞北辟而成崖，缀以飞廊，前临大江，后倚悬壁，憩眺之胜，无以逾此。廊上以木雕二龙插崖间，北压江水。廊北有庵、有院。又循城溯江北一里，过东镇门。又北过城东北隅，为东江驿。驿东向，当皇泽湾南下冲。入驿，问顾仆所附江舟，知舟泊浮桥北。出驿，北望皇泽湾，有二江舟泊山下，疑顾仆或在此舟，因令静闻往视，余暂憩路口。见城北隅，俱因山为城，因从环堵之隙，逼视其下，有一大洞北向穹然，内深邃而外旁穿。有童子方以梯探历其上，盖其附近诸户积薪贮器，俱于是托也。恐静闻返，急出待路口。久之不至，乃濒江北行觅之，直抵泊舟之山，则静闻从松阴中呼曰："山下有洞，其前有亭，其上有庵，可急往游。”余从之。先沿江登山，是为薰风亭。曹学佺[④]附书。亭四旁多镌石留题，拂而读之，始知是为虞山，乃帝舜南游之地。其下大殿为舜祠，祠后即韶音洞，其东临江即薰风亭。亭临皇湾之上，后倚虞山之崖。刻诗甚多，惟正统藩臬[⑤]王骥与同僚九日登虞山一律颇可观。诗曰：“帝德重华亘古今，虞山好景乐登临。峰连大岭芙蓉秀，水接三湘苦竹深。雨过殊方沾圣泽，风来古洞想韶音。同游正值清秋节，更把茱萸[⑥]酒满斟。”由亭下，西抵祠后，入韶音洞。其洞西向，高二丈，东透而出约十丈。洞东高崖崭绝，有小水汇其前，幽泽嵌壁，恍非尘世。其水自北坞南来，石梁当洞架其上，曰接龙桥。坐桥上，还眺洞门崖壁，更尽峥嵘之势。洞门左崖张西铭栻刻《韶音洞记》，字尚可摹。仍从洞内西出，乃缘磴东上，有磨崖碑，刻朱紫阳所撰《舜祠记》，为张栻建祠作。乃吕好问所书，亦尚可摹，第崖高不便耳。从此上跻，有新叠石为级者，宛转石隙间，将至山顶，置静室焉，亦新构，而其僧已去。窗楞西向，户榻洒然，室不大而洁。乃与静闻解衣凭几，啖胡饼而指点西山，甚适也。久之，舜殿僧见客久上不下，乃登顶招下山待茶。余急于觅顾仆，下山竟南，循旧路，二里入就日门。从门内循城南行半里，由伏波山下出桂水门，门以内为伏波祠，门以外为玩珠洞。由城外南行又半里，为行春门，又南半里，为浮桥门，始遇顾仆于门外肆中。时已过午，还炊饭于城内所宿逆旅。下午，大雨大至，既霁，乃迁寓于都司前赵姓家，以其处颇宽洁也。

【注释】①都司署：即都司衙门。明代各省都设有都指挥使司，简称都司，管理一省的军事。②靖江王：明代封在桂林的藩王作“靖江王”，靖江王是中国历史上传袭时间最久的藩王。甬（yǒng）：即甬道，官府衙门前面居中的大道。③按察司：明代各省设有提巡按察使司，简称按察司，管理一省的司法刑狱。④曹学佺（1574—1646），字能始，一字尊生，号雁泽，又号石仓居士、西峰居士，福建福州府侯官县洪塘乡人，明代官员、学者、诗人、藏书家。⑤藩（fān）：即藩台，明清时布政使的别称。臬（niè）：即臬台，明清时按察使的别称。⑥茱萸（zhū yú）：一种植物，可作酿酒料，其味特异，秋季喝此酒，有思亲之意。旧时风俗于农历九月九日折茱萸插头，可以辟邪。

【译文】二十九日　在旅店中等不及吃早饭就出发了。于是向西经过都司衙门前，又往西行，则是靖江王府门前的甬道了。又向西走，便有条大街自北而通向南，于是就在市场的店铺中吃了早饭。这里的肉包子用韭菜拌和，不用盐而用糖，早晨的粥全用鸡肉拌着吃，也是一种奇特的习俗。又向南走登上一座楼。此座楼有三层，前方有石桥，桥东西两面有大河汇积成大水池。从楼上俯瞰远眺，朱红的大门粉白的城墙，参差不齐的隐现于绿树丛中，城中蓄着湖水，城外群峰环绕，尽情观望着城中的胜景。楼的中层供奉着真武大帝的塑像。当时我急于寻找顾仆，于是转向沿着大街向北走，往东经过按察使司衙门门前，然后往东走出了就日门。料想顾仆所乘的船从北边来，应该先从城北的临江处找起，于是我就自南从城墙下向北走。继而见城墙上一座山峰迎面而起，石峰的山脚下插入江中，在城墙外的道路，突然穿过横跨的山脚下，呈南北向，非常深邃，真是天然开辟出来的渡口呀！西边则是借助山势修筑城墙，城墙以内就是叠彩山的东角。穿过山洞走出来，下方面临江水深潭，上面是盘山峭壁，又穿过山侧进去，这就是木龙洞。这个山洞也是自南穿到北，约二丈高，穿过南北两个洞口之间约有十多里的距离。洞壁东侧剖开一些窗口和裂缝，屡屡透入天光，洞外临江处有条道路，行路的人可从洞中走，可从江岸上走，都能到达北边。走出洞后，有片状的岩石夹峙在道路两旁，上面架着一块隆起的岩石，石头的形状弯弯曲曲，石头的颜色青红相间，就像具有鳞甲和腮，仿佛不是这座山原有的石头，不知是从哪里挪来架在这里的。山洞的北边开山成崖壁，凭借飞空的长廊连接，前边面临大江，后边背靠高悬的绝壁，歇息和凭眺美景，没有能超越这里的。长廊上方用木头雕成两条龙插在崖壁上，伸向北边压在江水上。长廊北面有寺庵，有禅院。又顺城墙沿江往北行一里，经过东镇门。又往北经过城东北角，是东江驿。驿站面向东，正好位于皇泽湾南下的要冲上。进入驿站，询问顾仆所搭乘的江船，得知船停泊在浮桥的北边。走出驿站，向北远望皇泽湾，有两艘江船停泊在山下，猜想顾仆或许就在这两条船上，因而让静闻前往察看，我暂时在路口歇息。看见城墙的北角，都是依山势修建的城墙，因而从环绕的城墙空隙中，逼视城下，有一个大山洞朝北高高拱起，洞内深邃而外旁穿通。有个小孩正用梯子爬到洞上方去探查，附近的住户堆放柴火贮藏器物，全都寄放在洞里了。担心静闻返回来，赶忙回到路口等他。等了好长时间静闻也没有来，于是顺江向北走寻找他，一直来到停船的山下，就听见静闻在松树荫中呼喊我："山下有个洞，洞前有亭子，亭子上方有座寺庵，我们可以赶快前去游览。"我听从了他的话。首先顺着江岸登山，这是薰风亭。曹学佺附带题写的。亭子四周有很多石刻题记，拂去尘土后一读，才知道这是虞山，是大舜帝南游的地方。山下的大殿是舜祠，舜祠后面就是韶音洞，洞东边靠近江的地方就是薰风亭。亭子前边面临皇泽湾之上，后边紧靠虞山的山崖。刻写的诗词很多，只有明英宗正统年间藩台、臬台王骥的一首七律诗《与同僚九日登虞山》很值得欣赏。诗中这样写道："舜帝的道德重放光华纵贯古今，虞山上美好的风景很乐意登临。山峰连着五岭芙蓉秀丽，江水接着湘江苦竹幽深。春雨洒过异域浸润着圣上的恩泽，清风吹到古洞回想起《韶》乐的声音。同游正值清秋节，更插茱萸斟满酒。”从亭子上下来，往西来到舜祠后面，进入韶音洞。这个山洞朝西，有二丈高，向东穿出去约有十丈。洞东高高的悬崖极其险峻，在山崖前边汇积着一条小溪，幽深的溪水、下嵌的石壁，恍如不再置身尘世。那条溪水从北面的山坞中向南流来，石桥正对着洞口架在溪水上，叫做接龙桥。坐在桥上，回头眺望洞口的崖壁，更是尽显崖壁的高峻空旷气势。洞口左边的崖壁上刻有张西铭张栻的《韶音洞记》，字还值得摹拓。仍然从洞内往西出来，便顺着石阶向东上山，有块摩崖碑，碑上刻有朱熹撰写的《舜祠记》，是为张栻修建舜祠而作的。是吕好问书写的，也还值得摹拓，只是崖壁太高不方便摹拓罢了。从这里上登，有用垒石新砌成的石阶，石缝之间曲折延伸，接近到山顶的地方，建有一处静室，也是新建的，然而静室里的僧人已经离开。窗户朝西，门户卧床都自然脱俗，屋子不大但很整洁。于是与静闻脱去外衣靠着茶几，吃着烧饼指点着西面的山川景色，非常惬意！许久之后，舜殿的僧人见客人上去很久不见下来，就登上山顶招呼我们下山茶水款待。我着急去寻找顾仆，下山后就向南走，顺着原路，走二里后进了就日门。从城门内顺着城墙向南走半里，朝伏波山下出了桂水门，桂水门以内是伏波祠，门以外是玩珠洞。从城外又向南行半里，是行春门，又往南半里，是浮桥门，这才在城门外的店铺中遇见了顾仆。当时已过了正午，返回到城内住宿的旅店烧饭吃。下午，暴降大雨，转晴之后，就搬到都司衙门前一家姓赵的人家去住，是因为那个地方非常宽敞整洁。

五月初一日　晨餐后，留顾仆浣衣涤被于寓。余与静闻乃北一里，抵靖江王府东华门外。其东为伏波山[①]，其西为独秀峰。峰在藩府内，不易入也。循王城北行，又一里，登叠彩山[②]。山踞省城东北隅，山门当两峰间，乱石层叠错立，如浪痕腾涌，花萼攒簇，令人目眩，所谓“叠彩”也。门额书“北牖洞天”，亦为曹能始书。按北牖为隐山六洞之名，今借以颜此，以此山在城北，且两洞俱透空成牖也。其上为佛殿，殿后一洞屈曲穿山之背，其门南向，高二丈，深五丈。北透小门，忽转而东辟。前架华轩，后叠层台，上塑大士像。洞前下瞰城东，江水下绕，直漱其足。洞内石门转透处，风从前洞扇入，至此愈觉凉飔[③]逼人，土人称为风洞。石门北向，当东转之上，有一石刻卧像横置窦间，迦风曲肱，偃石鼓腹，其容若笑，使人见之亦欲笑。因见其上有石板平庋，又有圆窦上透，若楼阁之层架，若窗楞之裂。急与静闻择道分趋，余从卧像上转攀石脊，静闻从观音座左伏穿旁窍，俱会于层楼之上。其处东忽开隙，远引天光，西多垂乳，近穿地肺。余复与静闻披乳房而穿肺叶，北出而瞰观音之座，已在足下。以衣置层楼隙畔，乃复还其处，从圆窦中坠下。于是东出前轩，由洞左跻蹬，循垣而上，则拱极亭旧址也。由址南越洞顶，攀石磴，半里，遂登绝顶，则越王坛也，是为桂山，又名北山。其上石萼骈发，顶侧有平板二方，岂即所谓“石坛”耶？《志》云五代时马殷所筑，有岩桂生其巅，今已无。其前一石峰支起，或谓之四望山，当即叠彩岩。其西一石峰高与此峰并，峰半有洞高悬，望之岈然中空。亟下，仍从风洞出，寺左有轩三楹，为官府燕之所。前临四望，后倚绝顶，余时倦甚，遂憩卧一觉，去羲皇[④]真不远。由寺中右坳复登西峰，一名于越山。上登峰半，其洞穹然东向，透峰腰而西，径十余丈，高四丈余。由其中望之，东西洞然，洞西坠壑而下，甚险而峻。其环砖为门，上若门限，下若关隘，瞰之似非通人行者。

【注释】①伏波山位于广西桂林漓江之滨，是一座依水傍水的孤峰，汉代时伏波将军马援南征曾经过此地，故得名。伏波山景致优美，岩洞奇特，登高眺望，可看到桂林清秀如画的水光山色。②叠彩山：又称桂山、北山、风洞山，位于桂林市区东北部、漓江之畔，包括四望山、于越山和明月、仙鹤两座山峰，按照《图经》“山以石文横布，彩翠相间，若叠彩然”而将其命名为“叠彩山”。叠彩山滨临漓江，与城中的独秀峰、漓江畔的伏波山鼎足而立，主要景观有叠彩亭的美石、风洞的摩崖石刻造像、望江亭看两江四湖风光以及明月峰顶鸟瞰桂林全景。③飔（sī）：凉风。④羲皇：即伏羲氏。

【译文】五月初一日（6月22日）　早饭后，留下顾仆在寓所里浣洗衣服被褥。我和静闻于是往北走一里，来到靖江王府的东华门外。城门东面是伏波山，城门西边是独秀峰。独秀峰在王府内，不容易进去。顺着王城向北走，又行一里，登上叠彩山。叠彩山雄踞在省城的东北角，山门正处于两座山峰之间，乱石层层叠叠，错杂矗立，像浪涛般腾涌，似花萼样成簇攒聚，令人眼花缭乱，这就是所谓的“叠彩”了。山门上的匾额写着“北墉洞天”，这也是曹能始题写的。据考证，“北牖”是隐山六洞的名字，现在借用来题写此处的匾额，这是因为此山在城北边，而且两个山洞都透空好像窗户一样。山门上边是佛殿，佛殿后边一个山洞弯弯曲曲地穿到山背面，洞口朝南，约二丈高，五丈深。往北穿过一道小门，忽然转方向东面开阔。前面架着华美的轩廊，后面叠着层层的高台，上边塑着观音大士的像。洞前俯瞰城东，江水环绕城下，直直冲刷到山脚。洞内石门转弯通透的地方，风从前洞吹入，到这里更觉凉风逼人，本地人称它为风洞。石门朝北，正位于往东转的上面，有一尊石刻卧像横放在石洞中，卧像袈裟飘逸，曲着手臂、鼓起肚子仰卧于石头上，那容貌仿佛在笑，使人见到他也想笑。随即看见卧像上有块平架着的石板，又有个圆圆的石洞通到上面，好像架着的层层楼阁，又像窗户一样裂开。急忙和静闻寻找道路分头赶过去，我从卧像上方转过去攀登石脊，静闻从观音坐像左侧趴着穿过旁洞，我们在层楼上面相见。这里东边忽然裂开缝隙，远远透进天光，西面有很多下垂的钟乳石，靠近钻出地面肺叶样的石笋。我又和静闻分开乳房样的钟乳石、穿过肺叶状的石笋，往北出来，俯瞰观音坐像，已经在脚下。因为衣服放在了层楼上的裂缝旁，就再返回到那里，从圆洞中滑坠下去。向东走到前边的轩廊处，由洞的左侧上登石阶，沿着城墙向上走，就是拱极亭的旧址。由亭址向南越过洞的顶端，攀登石阶，走半里，就登上了绝顶，就是越王坛了，这就是桂山，又叫北山。山顶上岩石像花萼一样绽放，山顶侧面有两块平整的石板，难道就是所谓的“石坛”吗？《志》上说是五代时马殷修筑的，有岩桂树生在山顶，今天已没有了。山前有一座石峰独立，有人称它为四望山，应当就是叠彩岩了。它西面有一座石峰高处与此峰平齐，山峰半腰有个高悬的山洞，望过去外部隆起中间空阔。赶忙下山，仍然从风洞出来，寺左侧有三间轩廊，是官府宴饮的地方。前方面对着四望山，后方紧靠绝顶，我这时非常疲倦，就躺下睡了一觉，觉得离伏羲皇帝时代真的不远。从寺中经过右侧的山坳再攀登西峰，又叫于越山。上登到山峰半腰上，那山洞非常穹隆朝向东方，穿透山峰腰部往西去，宽十多丈，高四丈多。从洞中向两头望去，东西两边都空荡荡的，山洞往西下坠到壑谷中，十分险峻。洞口用砖砌成环形作为门，从上方看好像门槛，从下方看如同关隘，俯瞰那里似乎不是人行走的地方。

乃仍东下至寺右，有大路北透两峰之间。下至其麓，出一关门，其东可趋东镇，其北径达北门。乃循山西行，一里，仰见一洞倚山向北，遂拾级而登。其下先有一洞，高可丈五，而高广盘曲，亦多垂柱，界窍分岐，而土人以为马房，数马散卧于其中，令人气阻。由其左跻级更上，透洞门而入，其洞北向，以峰顶平贯为奇。而是山之洞，西又以山腰叠透为胜，外裂重门，内驾层洞，各标一异，直无穷之幻矣。既下，又西行，始见峰顶洞门西坠处，第觉危峡空悬，仰眺不得端倪①，其下有遥墙②环之，则藩府之别圃也。又西出大街，有大碑在侧，大书“桂岭”二字。转北行一里，则两山耸峡，其中雉堞③为关，而通启闭焉，是为北门。门在两山耸夹中，门外两旁，山俱峭拔，即为华景、宝积众胜云。出门有路，静闻前觅素食焉。

【注释】①端倪（ní）：边际。②遥墙：很长的墙。③雉堞（zhì dié）：古代城墙上掩护守城人用的矮墙，也泛指城墙。

【译文】于是仍然向东下行到佛寺右边，有条大路往北穿过两座山峰之间。下行到山麓，走出一道关门，它东面可以通向东镇，它北面的小路通向北门。于是我们沿山向西行，走一里，仰头望见一个山洞背靠山面朝北，就顺石阶逐级上登，洞下边先有一个洞，高可达一丈五尺，可高处宽处都弯弯曲曲，也有很多下垂的石柱，隔在洞内分出许多岔洞，但当地人用来把它当做马厩，几匹马散卧在洞中，腥臊恶臭令人喘不上气来。从洞的左侧踩着石阶再向上走，穿过洞口进去，这个洞朝北，以平直地横贯峰顶算是它的奇特之处。

而这座山的洞穴，西面以山腰重叠通透为美景，外边裂开重重洞口，洞里面架起层层洞穴，各自显现出一种奇异之处，简直是无穷变幻。下山后，又往西走，这才看见峰顶洞口向西下坠之处，只觉得高险的峡谷悬在空中，仰头眺望看不出所以然，山下有遥远的墙垣围绕着它，原来是王府的别墅。又往西走上大街，有块大碑立在街边，大大的写着“桂岭”二字。转往北走一里，就见两旁山峰耸峙成峡谷，在峡谷中间修筑了城墙作为关口，而供过往出入的门关闭着，这是北门。城门在两山的高耸夹峙之间，城门外两旁的山全都陡峭挺拔，就是华景山、宝积山诸处的胜景了。出城门有路可走。静闻走在前去寻找素食。

既而又南一里，过按察司，觅静闻不得。乃东从分巡司经靖藩后宰门，又东共一里，至王城东北隅，转而西向后宰门内。靖藩方结坛礼《梁皇忏》[1]，置栏演《木兰传奇》，市酒传餐者，夹道云集，静闻果在焉。余拉之东半里，出癸水门，仍抵庆真观下，觅小舟一叶，北渡入玩珠岩。岩即伏波之东麓，石壁下临重江，裂隙两层，一横者下卧波上，一竖者上穹山巅。卧波上者，下石浮敞为台，上石斜骞覆之。一石柱下垂覆崖外，直抵下石，如莲萼倒挂，不属于下者，仅寸有余焉。是名“伏波试剑石”，盖其剑非竖劈，向横披者也。后壁上双纹若缕，红白灿然，蜿蜒相向。有圆岩三晕，恰当其首，如二龙戏珠，故旧名“玩珠”，宋张维易曰“还珠”。双纹之后，有隙内裂，直抵竖峡下岩。嵌梯悬级，可直蹑竖峡而上垂柱之西。石台中坼，横石以渡，更北穿小窦，下瞰重江，渊碧无底，所云伏波[2]沉薏苡[3]处也。更南入山腹，穹然中虚，有光西转，北透前门，是其奥矣。但石色波光，俱不若外岩玲珑映彻也。徘徊久之，渡子候归再三，乃舍之登舟。鼓枻[④]回樯，濯空明而凌返照，不意身世之间有此异境也。登涯，由浮桥门入城，共里余，返赵寓。静闻取伞往观《木兰》之剧。余憩寓中，取《图》《志》以披桂林诸可游者。

【注释】①《梁皇忏》：佛教书名。相传梁武帝初为雍州刺史时，夫人郗氏性嫉妒，后病死，化为巨蟒，托梦给武帝，武帝特集录佛经语句，作成忏法十卷，为她忏悔罪孽，称《慈悲道场忏法》，世称《梁皇忏》。②伏波：马援（前14—49），字文渊，陕西扶风郡茂陵县人，被封为伏波将军。西汉末年至东汉初年著名军事家，东汉开国功臣之一。征交趾，常煮薏苡以避瘴气。③薏苡（yì yǐ）：俗称“药玉米”“回回米”“六谷米”等，一年生或多年生草本植物。颖果椭圆形，淡褐色，有光泽。果仁叫“薏米”，可以煮着吃，也可酿酒。入药称“苡仁”，有健脾、去湿、利尿等作用。④枻（yì）：短桨。

【译文】随后又往南行一里，经过按察使司，寻找静闻又找不到。就往东从分巡道衙门经过靖江王府的后宰门，又往东共行一里，到达王府城墙的东北角，转向西走进后宰门里。靖江王府正搭起高台礼佛念诵《梁皇忏》经文，设置了围栏上演《木兰传奇》，卖酒传递饮食的人，布满夹道，静闻果然在人群中。我拉着他向东行半里，走出癸水门，仍然来到庆真观之下，找到一艘小船，往北渡江进入玩珠岩。玩珠岩就在伏波山的东麓，石壁下临重重江流，有两层裂隙，在山下横着的一层裂隙卧在水波之上，竖着的一层裂隙向上隆起到山顶。横卧在水波上的那条裂隙，下面的岩石从水面浮出成为宽敞的平台，上面的岩石斜举着覆盖着下方的平台。在下覆石崖的外边有一根石柱下垂着，直垂到下面的石台，就像倒挂着的莲花，与下面不相连接之处的距离，只有一寸多点。这个地方名叫“伏波试剑石”，原来那砍下的一剑不是竖着劈，而是横向劈开的。岩洞后面的石壁上有两条像丝带的纹路，红白耀眼，曲折相向。岩石上有三个模模糊糊的圆圈，恰好位于它们的头顶，像二龙戏珠，所以它原来的名字叫“玩珠洞”，宋代的张维给它改名叫“还珠洞”。两条石纹的后边，有缝隙向内裂，直到竖峡下面的岩石。峡壁上嵌入了台阶悬架了梯子，可以踩着竖直的峡谷上登到垂柱的西边。石台中间裂开，横放了石板渡过去，再往北穿过一个小洞，向下俯瞰重重江流，渊深碧绿不见底，就是传说的伏波将军马援沉薏苡的地方了。再向南进入山腹之中，穹隆中空，有光线从西边转射进来，往北穿到前洞口，这是洞中的幽深之处了。但此处石头的颜色和水上的风光，都不如外边的岩洞那样玲珑剔透、光映透彻。我们徘徊了许久，渡船的船夫等着回去再三催促，这才离洞登船。摇桨回帆，天空江水都洗濯着明澈，余晖返照，意想不到人世之间有此等奇异的胜境呀！登岸后，由浮桥门进城，共行一里多，返回赵家寓所。静闻取了伞前去观看《木兰传奇》的戏。我在寓所中休息，取来《图》《志》书翻阅桂林府各地值得游览的地方。

初二日　晨餐后，与静闻、顾仆裹蔬粮，携卧具，东出浮桥门。渡浮桥，又东渡花桥[1]，从桥东即北转循山。花桥东涯有小石突临桥端，修溪缀村，东往殊逗人心目。山峙花桥东北，其嵯峨之势，反不若东南夹道之峰，而七星岩[2]即峙焉，其去浮桥共里余耳。岩西向，其下有寿佛寺，即从寺左登山。先有亭翼然迎客，名曰摘星，则曹能始所构而书之。其上有崖横骞，仅可置足，然俯瞰城堞西山，则甚畅也。其左即为佛庐，当岩之口，入其内不知其为岩也。询寺僧岩所何在，僧推后扉导余入。历级而上约三丈，洞口为庐掩黑暗，忽转而西北，豁然中开，上穹下平，中多列笋悬柱，爽朗通漏，此上洞也，是为七星岩。从其右历级下，又入下洞，是为栖霞洞。其洞宏朗雄拓，门亦西北向，仰眺崇赫。洞顶横裂一隙，有石鲤鱼从隙悬跃下向，首尾鳞腮，使琢石为之，不能酷肖乃尔。其旁盘结蟠盖，五色灿烂。西北层台高叠，缘级而上，是为老君台。由台北向，洞若两界，西行高台之上，东循深壑之中。由台上行，入一门，直北至黑暗处，上穹无际，下陷成潭，澒洞[③]峭裂，忽变夷为险。时余先觅导者，燃松明于洞底以入洞，不由台上，故不及从，而不知其处之亦不可明也。乃下台，仍至洞底。导者携灯前趋，循台东壑中行，始见台壁攒裂绣错，备诸灵幻，更记身之自上来也。直北入一天门，石楹垂立，仅度单人。既入，则复穹然高远，其左有石栏横列，下陷深黑，杳不见底，是为獭子潭。导者言其渊深通海，未必然也。盖即老君台北向下坠处，至此则高深易位，丛辟交关，又成一境矣。其内又连进两天门，路渐转而东北，内有"花瓶插竹""撒网""弈棋""八仙""馒头"诸石，两旁善才童子，中有观音诸像。导者行急，强留谛视，顾此失彼。然余所欲观者，不在此也。又逾崖而上，其右有潭，渊黑一如獭子潭，而宏广更过之，是名龙江，其盖与獭子相通焉。又北行东转，过红毡、白毡，委裘垂毯，纹缕若织。又东过凤凰戏水，始穿一门，阴风飕飗，卷灯冽肌，盖风自洞外入，至此则逼聚而势愈大也。叠彩风洞亦然。然叠彩昔无"风洞"之名，而今人称之。此中昔有风洞，今无知者。出此，忽见白光一圆，内映深壑，空濛若天之欲曙。遂东出后洞，有水自洞北环流，南入洞中，想下为龙江者，小石梁跨其上，则宋相曾公布[④]所为也。度桥，拂洞口右崖，则曾公之记在焉。始知是洞昔名冷水岩，曾公帅桂，搜奇置桥，始易名曾公岩，与栖霞盖一洞潜通，两门各擅耳。

【注释】①花桥：跨小东江上，水洞四孔，西端连接旱桥七孔。水桥四孔与倒影，通圆如四轮明月，有“花桥虹影”美誉。②七星岩：位于广西桂林市，隋唐称栖霞洞，宋代称仙李岩、碧虚岩，位于桂林七星公园内普陀山腹，东西贯通，入口在天玑峰的西南半山腰，出口在东麓。③澒（hòng）洞：弥漫无际。④曾公布（1036—1107）：字子宣，江西南丰人。宋神宗元丰初年，以龙图阁待制知桂州（今广西桂林）。

【译文】初二日　早饭后，和静闻、顾仆包好蔬菜粮食，带上铺盖，向东走出浮桥门。经过浮桥，又向东过了花桥，从桥东立刻转往北顺着山走。花桥东岸有座小石峰突起下临桥头，悠长的溪流点缀着村庄，往东流去非常逗惹人的心目。山耸峙在花桥的东北方，它那巍峨的气势，反而不如东南方夹道而立的山峰，然而七星岩就耸立在那里，它距浮桥共一里多路而已。岩洞朝西，洞下有座寿佛寺，随即从佛寺左边登山。首先有座亭子飞檐凌空，就像翅膀一样张开手臂迎接客人，名叫摘星亭，是曹能始建造的并题写了亭名。亭子上方有石崖横向高举，仅能放下脚，然而俯瞰城池和西山，却视野开阔心情非常舒畅。摘星亭左边就是佛寺，正位于岩洞的入口处，进入寺内不知寺中已经是岩洞了。打听寺里的僧人七星岩在何处，僧人推开后门领我进去。沿着石阶上登大约有三丈，洞口被佛寺的房屋遮住又黑又暗，忽然转向西北，洞中豁然开阔起来，顶上穹隆下面平坦，洞中排列着很多石笋和悬垂的石柱，明朗通透，这是上洞，这就是七星岩。从洞右侧顺石阶下行，又进入下洞，这是栖霞洞。这个洞宏大明朗，雄伟阔达，洞也是朝向西北，仰头眺望高峨显赫。洞顶横裂一条缝，有条石鲤鱼从裂缝中向下悬空飞跃，头尾和鳞甲鱼腮都像，即使是用石头雕琢成的，也不会这样极其相像。石鲤鱼旁边盘结着蟠龙样的伞盖，五光十色灿烂无比。西北面层层平台高叠，顺石阶上去，这是老君台。从老君台往北去，洞仿佛被分成两半，往西边是行走在高台之上，往东边是顺着幽深的壑谷之中走去。从高台上走，进入一个石门，一直往北走到黑暗的地方，上面穹隆无边，下面深陷成潭，弥漫无际，陡峭深裂，忽然平坦变为险阻。当时我事先找了个向导，在洞底点燃松明以便进洞，向导没从高台上走，所以来不及跟随他，却不知这里也是不能用松明照亮的。于是走下高台，仍然来到洞底。向导带着灯走在前面，顺着高台东面的壑谷中走，这才看见高台的石壁裂缝聚集成锦绣似的花纹交错复杂，具备了各种灵妙的变幻，更使人记住自己是从那上面来的。一直向北进入一道天门，石柱垂立两旁，仅可一人通过。进去之后，又见山洞更穹隆高远，洞的左边有横向排列的石栏，向下陷入深黑，幽深不见底，这是獭子潭。向导说这里的水极渊深，通着大海，我看未必是这样的。大概就是老君台往北下坠之处，到了这里就高深变换位置，开阔又相互交错，又自成一种优美的景致。从里面接连进入两道天门，道路渐渐转向东北，里面有“花瓶插竹”“撒网”“弈棋”“八仙”“馒头”各种名称的石头，两旁有善财童子，中间有观音菩萨等佛之像。向导走得很快，强行留住他仔细观看，不能同时兼顾到。然而我所想要观看的，不在这里。于是又越过石崖往上登，石崖的右边有个深潭，渊深漆黑全像獭子潭一样，但大处宽处更超过它，这里名叫龙江，它大概与獭子潭是相通的。又北走后转向东，经过“红毡”“白毡”，就像悬挂的裘衣、下垂的毛毯，纹缕好像是织出来的。又向东路过“凤凰戏水”，才穿过一道石门，阴风飕飕，吹卷灯火，冷刺肌肤，大概风是从洞外刮进来的，到了这狭窄地方聚在一起风势就更大了。叠彩山的风洞也是这样，不过叠彩山过去没有风洞的名称，而是现在的人这样称呼。此洞之中从前有风洞的名称，今天没有知道的人了。走出这里，忽然看见有圆圆的一股白光，映照在洞内幽深的壑谷中，迷迷茫茫仿佛天上将要露出的曙光。于是向东走出后洞，有水流在洞北环流，往南流入洞中，料想下游就是龙江了，有座小石桥跨在水流上，是宋朝丞相曾公布所修造的。越过桥，拂拭洞口右侧的石崖上的灰尘，就见有曾公布作的碑记刻在石壁上。这才得知此洞从前名叫冷水岩，曾公任桂林知府时，搜寻奇景建了这座桥，才改名叫曾公岩。与栖霞洞大概是一个山洞暗流相通，两个洞口各有特色罢了。

余伫立桥上，见涧中有浣而汲者，余询：“此水从东北来，可溯之以入否？”其人言：“由水穴之上可深入数里，其中名胜，较之外洞，路倍而奇亦倍之。若水穴则深浅莫测，惟冬月可涉，此非其时也。”余即觅其人为导。其人乃归取松明，余随之出洞而右，得庆林观焉。以所负囊裹寄之，且托其炊黄粱以待。遂同导者入，仍由隘口东门，过凤凰戏水，抵红、白二毡，始由岐北向行。其中有弄球之狮，卷鼻之象，长颈盎背之骆驼；有土冢之祭，则猪鬣[①]鹅掌罗列于前；有罗汉之燕，则金盏银台排列于下。其高处有山神，长尺许，飞坐悬崖；其深处有佛像，仅七寸，端居半壁；菩萨之侧，禅榻一龛，正可趺跏[②]而坐；观音座之前，法藏一轮，若欲圆转而行。深处复有渊黑，当桥涧上流。至此导者亦不敢入，曰："挑灯引炬，即数日不能竟，但此从无入者，况当水涨之后，其可尝不测乎？"乃返，循红白二毡、凤凰戏水而出。计前自栖霞达曾公岩，约径过者共二里，后自曾公岩入而出，约盘旋者共三里，然二洞之胜，几一网无遗矣。

【注释】①鬣（liè）：颈上的长毛。②趺跏（fū jiā）：双足交叠而坐。

【译文】我伫立在桥上，看见山涧中有个洗衣打水的人，我询问他："此条涧水从东北方流来，可不可以沿着水流进洞去？"那人说："从水洞的上面可以深入进去几里，洞中的优美的风景，与洞外相比，路程翻倍但奇异的景致更是翻倍的。至于水洞，则是深浅未知，只有冬季才可以涉水进去，现在不是适当的季节。"我立即找那人做向导。那人于是回家去取松明，我跟随他出洞后向右走，来到庆林观。把背着的包裹寄放在道观中，并且拜托道观里的人做好饭等着我。于是跟随向导进入洞中，我们仍从隘口东面的石门进入，经过凤凰戏水，到达红、白二毡，这才由岔道往北走。其中岩石样貌有舞球的狮子，卷鼻的大象，长颈凸背的骆驼；有土坟前的祭坛，而猪鬃鹅掌罗列在前面；有罗汉的宴饮，金杯银座排列在下面。那高处有山神，身高大约一尺，飞坐在悬崖上；那深处有个佛像，仅七寸高，端坐在石壁半腰；菩萨的侧边，有禅床在一个石龛中，正好可以盘腿而坐；在观音宝座前面，藏一法轮，仿佛要圆圆转动前行的样子。洞深处又是漆黑的深渊，位于那条有桥的山涧的上游。来到这里向导也不敢再深入，他说："挑着灯笼火把引路，即使是几天也走不完，但是此处从来没有人进去过，何况现在正是水涨之后，怎么能去尝试这意想不到的危险呢？"只得返回来，顺着红白二毡、凤凰戏水走出洞来。估计了一下，先前从栖霞洞到曾公岩，大约直线走过的路共二里，后来从曾公岩进去又出来，大约绕来绕去的路共三里，然而两个山洞中的优美景致，几乎全都看遍没有遗漏了。

出洞，饭于庆林观。望来时所见娘媳妇峰即在其东，从间道趋其下，则峰下西开一窍，种圃灌园者而聚庐焉。种金系草，为吃烟药者。其北复有岩洞种种，盖曾公岩之上下左右，不一而足也。于是循七星山之南麓，北向草莽中，连入三洞。计省春当在其北，可逾岭而达，遂北望岭坳行。始有微路，里半至山顶，石骨峻嶒[①]，不容着足，而石隙少开处，则棘刺丛翳愈难跻。然石片之奇，峰瓣之异，远望则掩映，而愈披愈出，令人心目俱眩。又里半，逾岭而下，复得凿石之级，下级而省春岩在矣。

【注释】①峻嶒（céng）：高峻突兀。

【译文】走出洞后，我们到庆林观吃饭。望见来时看到的娘媳妇峰就在庆林观的东边，由便道赶到山峰下面，就见峰下朝西裂开一个洞，种苗圃浇灌园子的人家在那里聚集居住。种植金系草，是吃烟人的药。此处北边又有各种形态岩洞，布满曾公岩的上下左右，不一一列举了。于是顺着七星山的南麓，往北走入草莽之中，一连进入三个岩洞。料想省春岩应当在山的北面，可以翻过山岭到达，于是向北望着岭上的山坳走。开始时有条小路，走一里半上到山顶，石骨嶙峋、高峻突兀，很难落脚，而石缝中稍微分开的地方，却是荆棘刺丛密蔽，更难攀登。然而石片的奇貌、花瓣状石峰的迥异，远远望过去则互相掩映，而且越往前行越是层出不穷，令人心目眩晕。又行一里半，越岭而下行，又找到开凿出来的石阶，走下石阶便到省春岩了。

其岩三洞排列，俱东北向。最西者骞云上飞，内深入，有石如垂肺中悬。西入南转，其洞渐黑，惜无居人，不能索炬以入，然闻内亦无奇，不必入也。洞右旁通一窍，以达中洞。居中者外深而中不能远入，洞前亦有垂槎倒龙之石。洞右又透一门以达东洞。最东者垂石愈繁，洞亦旁裂，中有清泉下注成潭，寒碧[①]可鉴。余令顾仆守已行囊于中洞，与静闻由洞前循崖东行。洞上耸石如人，蹲石如兽。洞东则危石亘空，仰望如劈。其下清流潆之，曰拖剑江，即癸水也。源发尧山[②]，自东北而抵山之北麓，乃西出葛老桥而西入漓水焉。时余转至山之东隅，仰见崖半裂窍层叠，若云嘘绡幕，连过三窍，意谓若窍内旁通，连三为一，正如叠蕊阁于中天，透琼楞于云表，此一奇也。然而未必可达，乃徘徊其下，披莽隙，梯悬崖，层累而上。既达一窍，则窍内果通中窍。第中窍卑伏，不能昂首，须从窍外横度，若台榭然，不由中奥也。既达第三窍，穿隙而入，从后有一龛，前辟一窗，窗中有玉柱中悬，柱左又有龛一圆，上有圆顶，下有平座，结跏而坐，四体恰适，即刮琢不能若此之妙。其前正对玉柱，有小乳下垂，珠泉时时一滴。余与静闻分踞柱前窗隙，下临危崖。行道者望之，无不回旋其下，有再三不能去者。已而有二村樵，仰眺久之，亦攀跻而登，谓余："此处结庐甚便，余村近此，可以不时瞻仰也。"余谓："此空中楼阁，第恨略浅而隘，若少宏深，便可停栖耳。"其人曰："中窍之上尚有一洞甚宏。"欲为余攀跻而上，久之不能达。余乃下倚松阴，从二樵仰眺处，反眺二樵在上，攀枝觅级，终阻悬崖，无从上跻也。久之，仍西行入省春东洞内，穿入中洞，又从其西腋穿入西洞。洞多今人磨崖[③]之刻。

【注释】①寒碧：给人以清冷感觉的碧色。指代清冷的湖水。②尧山：位于桂林市东郊，主峰海拔909.3米，是桂林市最高的山，因秦朝时在山上建有尧帝庙而得名。③磨崖：在山崖上刻的文字、佛像等。

【译文】省春岩三个岩洞排列，都是东北朝向。最西边的一个洞腾云上飞，洞内深入进去，有块就像下垂肺叶的岩石高悬在洞中央。向西进去转向南，洞内渐渐变黑，可惜的是附近没有居民，不能索要火把进入洞中，然而听说洞中也没有奇异景色，就不必进去了。岩洞右侧通着一个旁洞，可直达中洞。位于中间的岩洞从外面看很深，而洞中不能进入过远，洞前也有些像下垂的木筏、倒卷的神龙一样的岩石。洞右侧又透出一门可以直达东洞。最东边的一个岩洞下垂的石柱更加繁多，洞内也有裂开的旁洞，洞中有清泉下流成渊潭，寒冷清碧可照人。我让顾仆在中洞看守我们的行李，自己与静闻从洞前顺着山崖向东走。洞上方耸立的岩石像人一样，蹲着的岩石就像野兽。洞的东边就有高险的石崖横亘在高空，仰望就像刀劈一般。石崖下面清流潆绕着的叫拖剑江，就是癸水了。发源于尧山，从东北方一直流到七星山的北麓，于是往西流出葛老桥下而后向西流入漓江。这时我转到山的东隅，仰头望见崖壁半中腰上裂开的洞穴层叠，仿佛喷吐出的云雾和薄纱做成的帷幕，一连走过三个洞穴，心中认为如果洞内四通八达，三个洞连为一体，正像仙人住的楼阁叠架在半空中，玉圭刺穿云天之外，这算是一个奇异景观了。然而未必可以到达，就在石洞下边徘徊，拔开草丛中的缝隙，蹬悬崖为梯，逐层累积上爬。到达一个洞穴后，就见此洞果然通到中洞。只是中间的洞低伏，不能抬起头，必须从洞外横着走过去，仿佛台榭一样，不经由洞中的深处走。来到第三个石洞后，穿过缝隙进去，在后面有一个石龛，前边开了一道石窗，窗洞中有根玉一般的石柱悬吊在中间。石柱左边又有一个圆形的石龛，上边有圆顶，下边有平平的座位，盘腿而坐，四肢恰好合适，既使是刀刮斧凿出来的也不能如此巧妙。石龛前方正对着玉柱，有个小钟乳石倒垂下来，珍珠般的泉水时不时滴下一滴。我与静闻分别坐在玉柱前的窗缝间，下临险要的山崖。走路的人看见我们，无不在山崖下绕来绕去地看的，有徘徊再三不离去的人。不久有两个村中的樵夫，仰头眺望了许久，也攀登上来，对我说："这里盖房屋非常方便，我们村子离这里很近，可以不时前来仰视参观。"我告诉他们："这里是空中楼阁，只是遗憾略微浅窄，若是再稍稍宽深一些，便可停下来栖身了。"那两人说："中间洞的上方，还有一个洞十分宽敞。"想要帮我攀登上去，很久也不能到达。我于是下山靠在松荫下，从之前两个樵夫仰头眺望的地方，反过来眺望两个樵夫高高在上，抓着枝条寻找台阶，始终被悬崖阻挡住，无法攀登上去。许久，仍然向西走进省春岩的东洞内，钻入中洞，又从它的西侧钻入西洞。洞内有许多当代人的打磨崖壁而成的石刻。

出洞而西，又得一洞，洞门北向，约高五丈，内稍下，西转虽渐昏黑，而崇宏之势愈甚，以无炬莫入，此古洞也。左崖大书"五美四恶"章[①]，乃张南轩笔，遒劲完美，惜无知者，并洞亦莫辨其名，或以为会仙岩，或以为弹丸岩。拂岩壁，宋莆田陈黼[②]题，则渚岩洞也，岂以洞在癸水之渚耶？洞西拖剑水自东北直逼崖下，崖愈穹削，高插霄而深嵌渊，甚雄壮也。石梁跨水西度，于是崖与水俱在路南矣。盖七星山之东北隅也，是名弹丸山，自省春来共一里矣。

【注释】①“五美四恶”章：即《论语》子张问政一章：“子张问于孔子曰：‘何如斯可以从政矣？’子曰：‘尊五美，屏四恶，斯可以从政矣。’”②陈黼（fǔ）：字斯士，宋代浙江东阳人，陈胜十四孙。

【译文】走出洞后往西走，又看见一个山洞，洞口朝北，大约有五丈高，洞内稍稍下洼，往西转虽然渐渐昏黑下来，可更显出高峻宏大的气势，因无火把没法深入洞中，这是个古老的岩洞。左边崖壁上用大字刻着“五美四恶”的一段文章，是张南轩的手笔，书法苍劲有力堪称完美，可惜无人知道，就连这山洞也没有人能辨清它的名字，有人认为是会仙岩，有人认为是弹丸岩。拂去洞壁上的灰尘，读宋代莆田人陈黼的题记，却得知叫渚岩洞，难道是因为岩洞在癸水江边而起的这个名吗？岩洞西面的拖剑水从东北流来一直逼近到山崖下，山崖更加显得穹隆陡削，高插云霄并深嵌进深渊之中，十分雄壮。从石桥跨过江水向西走，于是山崖与江水都在道路南边了。大概这是七星山的东北隅，起名弹丸山，从省春岩走来共计一里路。

由其西南渡各老桥，以各乡之老所建，故以为名。望崖巅有洞高悬穹，上下俱极峭削，以为即栖霞洞口也。而细谛其左，又有一崖展云架庐，与七星洞后门有异，亟东向登山。山下先有一刹，盖与寿佛寺、七星观南北鼎峙山前者也。南为七星观，东上即七星洞；中为寿佛寺，东上即栖霞洞；北为此刹，东上即朝云岩也。仰面局膝攀蹬，直上者数百级，遂入朝云岩，其岩西向，在栖霞之北，从各老桥又一里矣。洞口高悬，其内北转，高穹愈甚，徽僧太虚叠磴驾阁于洞口，飞临绝壁，下瞰江城，远挹[①]

西山，甚畅。第时当返照入壁，竭蹶而登，喘汗交迫。甫投体叩佛，忽一僧前呼，则融止也。先是，与融止一遇于衡山太古坪，再遇于衡州绿竹庵，融止先归桂林，相期会于七星。比余至，逢人辄问，并无识者。过七星，谓已无从物色。至此忽外遇之，遂停宿其岩。因问其北上高岩之道，融止曰："此岩虽高耸，虽近崖右，曾无可登之级。约其洞之南壁，与此洞之北底，相隔只丈许，若从洞内可凿窦以通，洞以外更无悬杙②梯之处也。"凭栏北眺，洞为石掩，反不能近瞩，惟洒发③向西山，历数其诸峰耳。西山自北而南：极北为虞山，再南为东镇门山，再南为木龙风洞山，即桂山也，再南为伏波山，此城东一支也。虞山之西，极北为华景山，再南为马留山，再南为隐山，再南为侯山、广福王山，此城西一支也。伏波、隐山之中为独秀，其南对而踞于水口者，为漓山、穿山。皆漓江以西，故曰西山云。

【注释】①挹（yì）：通"揖"，即拱手作揖。②杙（yì）：小木桩。③洒发：抬头远望，头发散落的样子。

【译文】从弹丸山西南走过各老桥，因为是各乡的父老修建的桥，所以以此作为桥名。望见山崖顶端有个山洞高悬隆起，上下都非常峭拔陡削，以为就是栖霞洞的洞口。然而仔细观察它的左方，又有一座上面建有茅屋如展开云层般的山崖，，和七星洞的后洞有不同之处，赶忙往东登山。山下先见一座寺庙，大概是和寿佛寺、七星观呈南北之势鼎立在山前的寺庙。南边是七星观，东面上山就是七星洞；中间的是寿佛寺，向东上山就是栖霞洞；北面的就是这座寺庙，再东上就是朝云岩了。仰头曲膝攀登石阶，一直往上攀登几百级，就进入了朝云岩，这个岩洞朝西，在栖霞洞的北边，从各老桥到此又是一里了。洞口高悬，洞内向北转，更显出高大穹隆之势，徽州僧人太虚禅师叠砌了石阶并在洞口修建了佛阁，飞悬般面临绝壁，下瞰江流和城池，远远地朝着西山作揖，视野很宽阔。只是这个时候正当落日余辉射入绝壁，竭尽全力跌跌撞撞地登上来，喘息汗水交织在一起。刚刚倒身拜佛，忽然一个僧人前来叫我，原来是融止禅师。这之前，在衡山的太古坪与融止禅师第一次相遇，再次相遇是在衡州府的绿竹庵，融止禅师先一步返回桂林，互相约定在七星岩会面。等我到了七星岩时，逢人就打听，并没有见过他的人。等我过了七星岩，以为已经无法找到他了。来到此地忽然意外遇到了他，就停下来住在他的岩洞中。于是向融止禅师询问往北上登高处岩洞的道路，融止禅师说："此岩洞虽然高耸，又近在山崖右侧，未曾有可以上登的台阶。大约那个岩洞南面的洞壁，与这个洞北边的洞底，相隔只有一丈左右，如果从洞内凿个孔洞可以通过去，洞以外再没有可以悬挂木梯的地方了。"靠着栏杆向北远眺，岩洞被石崖挡住了，反而不能从近处观看，只有抬头向西山远望，历数西山群峰而已。西山自北往南延伸：最北边是虞山，再往南是东镇门所在的山，再往南是木龙洞、风洞所在的山，即桂山，再往南是伏波山，这是在城东的一支山脉。虞山的西面，最北边是华景山，再往南是马留山，再往南是隐山，再往南是侯山、广福王山，这是在城西的一支山脉。伏波山、隐山的中间是独秀峰，独秀峰南边雄踞在江口相对峙的山，是漓山、穿山。这些山都在漓江以西，所以称为西山。

初三日　留朝云岩阁上，对西追录数日游记。薄暮乃别融止下山，南过寿佛寺、七星观，共一里，西渡花桥，又西一里，渡浮桥，入东江门，南半里，至赵寓宿焉。

【译文】初三日　停留在朝云岩的佛阁中，对着西面补记几天的游记。傍晚时才告别融止禅师下山，向南经过寿佛寺、七星观，共一里，往西走过花桥，又往西走一里，过了浮桥，进入东江门，向南半里，到赵家寓所住下来。

初四日　晨餐后，北一里，过靖江府东门，从东北角又一里，绕至北门。礼忏[①]坛僧灵室，乃永州茶庵会源徒孙也，引余辈入藩城北门。门内即池水一湾，南绕独秀山之北麓，是为月牙池。由池西南经独秀西麓，有碑夹道。西为《太平岩记》，东为《大悲尊胜》两咒。又南，独秀之西，有洞曰西岩，即太平洞。对岩有重门东向，乃佛庐也。方扃[②]诸优于内，出入甚严，盖落场时恐其不净耳。寺内为灵室师绀谷所主。有须，即永州茶庵会源之徒，藩府之礼忏扃优皆俾主之。灵室敲门引客入，即出赴忏坛。绀谷瀹茗献客，为余言："君欲登独秀，须先启王，幸俟忏完，王撤宫后启之。"时王登峰时看忏坛戏台，诸官人随之，故不便登。盖静闻先求之灵室，而灵室转言师者。期以十一日启，十二日登。乃复启重门，送客出。出门即独秀岩，乃西入岩焉。其岩南向，不甚高，岩内刻诗镂画甚多。其西裂一隙，下坠有圆洼，亦不甚深，分两重而已。岩左崖镌《西岩记》，乃元至顺间记顺帝潜邸于此。手刻佛像，镂石布崖，俱极精巧，时字为苔掩，不能认也。洞上篆方石，大书"太平岩"三字。夹道西碑言：西岩自元顺帝刻像，其内官镌记，后即为本朝藩封。其洞久塞，重垣闭之。嘉靖间，王见兽入其隙，逐而开之，始抉其闭而表扬焉，命曰太平岩。岩右有路，可盘崖而登，时无导者，姑听之异日。

【注释】①礼忏：念诵经文。②扃（jiōng）：关锁。

【译文】初四日　吃完早饭后，向北行一里，经过靖江王府的东门，从王府的东北角又走一里，绕到北门。礼佛坛的和尚灵室禅师，是永州府茶庵会源禅师的徒孙，引领我们几个人进入王府的北门。门内就是一片池水，南面绕到独秀山的北麓，是月牙池。从水池西南岸经过独秀峰的西麓，有石碑夹住道路。西面的是《太平岩记》，东面的是《大悲尊胜》的两段经咒。又往南，独秀峰的西面，有个岩洞叫西岩，就是太平洞。面对岩洞有重重大门朝东向的，是佛寺。正把几位演戏的艺人锁在寺内，出入非常严格，大概是收场时担心他们手脚不干净罢了。寺内由灵室的师傅绀谷禅师主持。留有胡须，就是永州府茶庵会源禅师的徒弟，王府的礼佛、关锁艺人都让他主管。灵室敲开门领客人进去后，立即出门赶赴礼佛坛。绀谷禅师沏了茶水献给客人，对我说："您想要攀登独秀峰，必须事先启奏王爷，希望能等到忏礼完毕，王爷返回王宫后再禀告他。"当时靖江王不时登上独秀峰观看礼佛坛和戏台，众宫女跟随着他，所以我们不便登峰。大概是静闻先向灵室央求登峰的事，而后灵室又转告了他师傅。约定在十一日启奏，十二日登峰。于是重新打开重重大门，送客人出寺。出门就是独秀岩，就从西边进入岩洞中。这个岩洞朝南，不那么高，岩洞内的刻诗雕画非常多。岩洞西面裂开一条缝，下坠之处圆形洼坑，也不很深，分为两层而已。岩洞左边的洞壁上刻有《西岩记》，是记载元朝至顺年间顺帝秘密居住于此的事。顺帝亲手雕刻的佛像，缕缕石纹布满崖壁，都极为精巧，此时字被苔鲜掩盖了，不能辨认。岩洞上方雕出一块方石，写着“太平岩”三个大字。夹在路旁西边的石碑说：西岩自从元顺帝刻了佛像，他的宦官刻写了碑记，后来就成为本朝藩王的封地。这个岩洞很久以前就堵塞起来了，用层层墙垣封闭了洞口。嘉靖年间，靖江王见有野兽进入墙缝中，为追逐野兽才打开了墙壁，这才挖开了洞口的堵塞物并宣扬它，命名为太平岩。岩洞右边有条路，可以绕着山崖攀登，此时没有向导，姑且听从绀谷的话改日再登。

乃仍从月池西而北，出藩城。于是又西半里，过分巡。其西有宗藩，收罗诸巧石，环置户内外。余入观之，择其小者以定五枚，俟后日来取。乃从后按察司前南行大街一里，至樵楼[①]。从楼北西向行半里，穿榕树门[②]。其门北向，大树正跨其巅，巨本盘耸而上，虬根分跨而下，昔为唐、宋南门，元时拓城于外，其门久塞，嘉靖乙卯，总阃[③]周于德抉壅闭而通焉。由门南出，前即有水汇为大池。后即门顶，以巨石叠级分东西上，亦有两大榕南向，东西夹之。上建关帝殿，南面临池，甚为雄畅。殿西下，总阃建牙。路从总阃西循城而南，一里，西出武胜门，乃北溯西江行，一里而达隐山。

【注释】①樵楼：亦称钟鼓楼或称为更铺。是古代用以报时之楼，早晨撞钟，晚间击鼓，谓之晨钟暮鼓。②榕树门：在榕湖北岸，过去因有古榕树盘生，故此门称榕树门，桂林也因此被称为榕城。③总阃（kǔn）：负责带兵守门的官员。

【译文】于是仍然从月牙池西岸向北行，走出了王城。从此处又向西走半里，经过分巡道衙门。衙门西侧有家王府的族人，搜集了很多各种各样精巧的石头，环绕放置在门内外。我走进去观赏石头，选择其中小点的预定了五块石头，约定等后天来取。便从他家后门走到按察使司衙门前，从大街往南走一里，来到樵楼。从樵楼北面往西走半里，穿过榕树门。城门朝北，有一棵大榕树正好跨越城门顶，巨大的树干盘绕着耸向上，拳曲的树根分别跨向下方，以前是唐、宋时期的南门，元朝时向外扩建城池，这座城门便长期被堵塞起来了，嘉靖乙卯（嘉靖三十四年，1555），总兵周于德挖开堵塞的封墙才开始通行。从榕树门往南出来，门前就有水汇积成大水池。后面就是城门顶，用巨石分别在东西两边砌成台阶通到城门顶，也有两棵大榕树朝向南方，分别在东西两边夹住城门。城门顶上建有关帝殿，朝南面下临池水，非常雄壮舒展。关帝殿西侧的城墙下，总兵修建了衙门。道路从总兵府向西沿城墙往南走，行一里，往西走出了武胜门，便往北沿着西江前行，走一里路就到达隐山。

其山北倚马留诸岫，西接侯山诸峰，东带城垣，南临西江，独峙坞中，不高而中空，故曰隐山[①]。山四面有六洞环列：东为朝阳洞，寺在其下。洞口东向，下层通水，上层北辟一门，就石刻老君像，今称老君洞。山北麓下为北牖洞。洞东石池一方，水溢麓下，汇而不流，外窦卑伏，而内甚宏深。前有庵，由庵后披隙入，洞圆整危朗，后复上盘一龛，左有一窗西辟，石柱旁列，不通水窦。其北崖之上为白雀洞，在朝阳后洞西。门北向，入甚隘，前有线隙横列，上彻天光，渐南渐下，直通水。又西为嘉莲洞，亦北向，与白雀并列。洞分东西两隙，俱南向下坠，洞内时开小穴，彼此相望，数丈辄合，内坠渊黑，亦抵水。又西过一石隙，西北有石，平庋错萼中，绝胜琼台。乃南转为夕阳。洞西向，洞口飞石，中门为两。门左一侧壑汇水，由水窦东通于内，右有曲穴北转，内甚凄暗，下坠深潭，盖南北皆与水会焉。又南转西南山麓，为南华洞。洞南向，势渐下，汇水当门，可厉入。深入则六洞同流。五洞之底，皆交连中络，惟北牖则另辟一水窦，初不由洞中通云。闻昔唐宋时，西江之水东潆榕树门，其山汇于巨浸中，是名西湖。其诸纪游者，俱云“乘舟载酒而入”。今则西江南下，湖变成田，沧桑之感有余，荡漾之观不足矣。

【注释】①隐山：即桂林隐山，有六洞，即朝阳、夕阳、南华、白雀、嘉莲、北牖六洞。

【译文】隐山的北边紧靠马留山等诸山，西边连接侯山等诸峰，东边围绕着衣带样的城墙，南边面临西江，独自耸峙在山坞中，山不高但中间却是空的，所以叫隐山。隐山的四面环绕排列着六个山洞：东面的是朝阳洞，朝阳寺在山洞下方。洞口朝东，下层通着水，上层北面开有一个洞口，就着石壁雕刻了老君像，如今称为老君洞。隐山北麓下的是北墉洞。山洞东边有一方形石头水池，池水溢出流到山麓下，汇积着却不流动，外洞低伏，可内洞却十分宏大深远。山洞前面有座寺庵，从庵后钻过缝隙进入，山洞圆整、高险明朗，洞后方上部又盘置着一个石龛，左边有向西边开的一道窗户，石柱在四旁排列，不通到水洞。它的北面山崖上的是白雀洞，在朝阳洞后洞的西边。洞门朝北，进入后十分狭窄，前边有条线一样的缝隙横向裂开，顶上透下天光，渐渐往南走渐渐下斜，一直通到水。再向西行是嘉莲洞，也是面朝北，与白雀洞并排而立。山洞分为东西两道裂隙，都朝南下坠，洞内不时开有小石穴，彼此相望，几丈之后就合在一起，里边坠入漆黑的深渊之中，也通到水边。又向西经过一条石缝，西北面有块岩石，平置在交错的花萼状岩石中，绝对胜过琼玉般的楼台。向南转是夕阳洞。山洞面朝西，洞口有块飞石，从中把洞口分为两半。洞口左边一侧的壑谷汇积水流，由水洞往东通到里面，右边有个弯曲的洞穴往北转去，里边十分凄冷昏暗，下坠至深潭，大概南北两面都与水相会。又往南转到西南方的山麓，是南华洞。洞口面朝南，地势渐渐低下去，积水挡在洞口，可涉水进去。深入进去则六个山洞同流入成一条水流。五个山洞的底部，都有网络状的水流互相连接着，只有北牖洞却另外辟出一个水洞，开始时并不与洞中相通。听说过去唐宋时期，西江的水在东边缭绕着榕树门，这座隐山浸泡在巨大的湖泽之中，这里名叫西湖，那些诸多写游记的人都说“乘船载酒进去”。今天却是西江向南下移，湖泊变成了农田，沧海桑田的感慨有余，而碧波荡漾的景观不足了。

余初至朝阳寺，为东洞僧月印导，由殿后入洞，穿老君之侧上，出山北，乃西过白雀、嘉莲，皆北隅之洞也。西南转平石台，是日甫照不能停，乃南过夕阳，此西隅之洞也。又南转而东，过南华，则南隅之洞云。余欲从此涉水而入，月印言：“秋冬水涸虫蛰，方可内涉。今水大，深处莫测，而蛇龙居焉，老僧不能导。请北游北牖，可炊焉。兹已逾午矣。”余从之，乃东过西湖神庙，又北转过朝阳，别月印，逾隐山东北隅。其处石片分裂，薄若裂绡，耸若伸掌，石质之异，不可名言。有一石峰，即石池一方，下浸北麓，其内水时滴沥，声如宏钟。西入北牖庵，令顾仆就炊于庵内，余与静闻分踞北牖洞西窗上，外揽群峰，内阚洞府。久之出，饭庵前松荫下。复由老君洞入，仍次第探焉。

【译文】我最初到朝阳寺时，是东洞的僧人月印禅师作为向导，从殿后进入山洞，穿过老君洞的侧边登上去，来到隐山北边，于是向西经过白雀洞、嘉莲洞，都是隐山北隅的岩洞。向西南转到平坦的石台上，当时正是烈日照射不能停步，就往南经过夕阳洞，这是隐山西隅的岩洞。又从南转到东，经过南华洞，便是隐山南隅的岩洞了。我想从这里涉水进入岩洞，月印禅师说："秋冬时节水干涸虫子冬眠时，才可涉水进入。如今水大，水深处深不可测，而蛇龙居住在这里，老僧我不能领路了。请到北边去游览北墉洞，可在那里做饭吃。现在已经过了中午了。"我听从了月印禅师的话，于是向东经过西湖神庙，又往北转路过朝阳洞，辞别了月印禅师，越过隐山的东北隅。这里的石片分裂，薄的就像裂开的薄纱，高耸如伸开的手掌，石质的奇特，无法说出名字来。有一座石峰，靠近一个方形的石头水池，下边浸泡着石峰的北麓，池内的水滴时不时滴落下来，声音就像宏亮的钟声。往西进入北牖庵，让顾仆在庵内做饭，我与静闻分别坐在北牖洞西边的窗口上，朝外观赏群峰，朝内探视洞府景致。很久之后才走出洞，在庵前的松荫下吃了饭。再次从老君洞进入，仍然依次探历各个岩洞。

南抵南华，遇一老叟曰："此内水窦旁通，虽浅深不测，而余独熟经其内。君欲入，明当引炬以佐前驱。"余欲强其即入，曰："此时不及，且未松明。"及以诘旦[①]为期。余乃南随西江之东涯，仍一里，过武胜门，西门。又南循城西一里，过宁远门。南门。由正街南渡桥，行半里，复东入岐。路循西江南分之派，行一里，抵漓山。山之东即漓江也，南有千手观音庵。从山之西麓转其北，则漓水自北，西江自西，俱直捣山下，山怒崖鹏骞，上腾下裂，以厄其冲，置磴上盘山腰，得雉岩[②]寺。时已薄暮，遂停囊岩寺。遇庠友杨子正，方读书其间，遂从其后跻石峡，同蹑青萝阁，谒玉皇像。余与子正倚阁暮谈至昏黑，乃饭岩寺而就枕焉。

【注释】①诘旦（jié）：亦作“诘朝”，明早。②雉岩：雉山在今桂林城南郊、漓江西侧，宁远河河畔，其北边是象鼻山、南边是南溪山和塔山，有洞称雉岩。

【译文】往南抵达南华洞，遇到一个老翁说：“这个山洞里边的水洞四面旁通，虽然深浅不可推测，而唯独我熟悉经由洞内的路线的。您如果想进入山洞，明天我当举着火把帮您在前边领路。”我想强求他立即进入山洞，他说：“现在来不及了，况且又没有松明火把。”马上以明早进洞为约定。我于是向南沿着西江的东岸前行，走了一里，过了武胜门，就是西门。又向南沿城墙西侧前行一里，经过宁远门。就是南门。经由正街往南越过桥，前行半里，再往东走上岔路。道路沿着西江往南分出的支流走，走一里抵达漓山。漓山的东面即是漓江，漓山的南麓有个千手观音庵。从漓山的西麓转到漓山的北面，就见漓江来自北边，西江来自西边，都是径直奔泻到山下，山峰现出怒容，崖壁就像大鹏鸟飞举而起，上面腾空、下面崩裂，扼守住两条江的要冲处，设有石阶向上盘绕到山腰，见到雉岩寺。这时已是傍晚，就歇息在雉岩寺中。遇见了学友杨子正，他正在寺中读书，于是我们从寺后上登石峡，一同攀登青萝阁，拜谒了玉皇大帝像。我与杨子正倚靠在楼阁上凭借暮色交谈到天色昏黑，才到雉岩寺吃了饭，然后就上床歇息了。

初五日　是为端阳节。晨起，雨大注，念令节[1]名山，何不暂憩，乃令顾仆入城市蔬酒。余方凭槛看山，忽杨君之窗友郑君子英、朱君兄弟超凡、涤凡俱至，盖俱读书青萝阁。上午雨止，下雉岩寺，略纪连日游辙。而携饮者至，余让之，出坐雉岩寺亭，杨、郑四君复以柬来订。当午，余就亭中，以蒲酒、雄黄自酬节意。下午，四君携酒至，复就青萝饮之。朱君有家乐，效吴腔，以为此中盛事，不知余之厌闻也。时方禁龙舟，舟人各以小艇私棹于山下，鼍鼓[2]雷殷，回波雪涌，殊方同俗，聊资凭吊，不觉再热。既暮，复下山，西入一洞。洞在山足，门西向，高穹而中平，上镌"乐盛洞"三字，古甚，不知何人题。前有道宫，亦就荒圮。出洞，复东循雉岩崖麓，沿江而东。其东隅有石，上自山巅，下插江中，中剜而透明，深二丈，高三丈，若辟而成户，江流自北汇其中。涉其南透崖以上，即为千手大士庵。余因濯足弄水，抵暮乃上宿雉岩。

【注释】①令节：佳节。②鼍（tuó）鼓：用鼍皮制成的鼓。鼍，也称扬子鳄，皮可张鼓。

【译文】初五日　今天是端午节。早晨起来，大雨倾盆，心想当此佳节名山，为何不暂时休息，便让顾仆进入城中去买酒菜。我正靠着栏杆观赏山色，忽然杨子正的同窗好友郑子英先生和朱家兄弟朱超凡、朱涤凡二人都一起来到，原来他们全都在青萝阁读书。上午雨停了，下到雉岩寺，我简略记下连续这几天来的游踪。但是来了些带着酒食来吃的人，我把这个地方让给他们，出来坐在雉岩寺的亭子中，杨、郑四位先生又送请柬来预先约定。当天中午，我在亭子中，用菖蒲酒、雄黄独自抚慰过节的心情。下午，四位先生带着酒来到，再转移到青萝阁饮酒。朱君有自己家里的乐师，模仿着吴地的唱腔，自以为是件有趣事，却不知我讨厌听到这个腔调。当时正禁止赛龙舟，赛舟的人各自用小艇私自到山下划，鼍皮鼓敲得像雷鸣般咚咚响，江水的波涛回旋就像雪花一样飞涌，不同的地方相同的习俗，姑且来抚慰我的思乡之情，不觉心头再次激动起来。黄昏以后，再次下山，往西走入一个山洞。山洞在山脚，洞口朝西，高大隆起而洞中平坦，上面刻有“乐盛洞”三个字，十分古朴，不知是何人所题。山洞前面有座道观，也近乎荒废倒塌。出了山洞，又往东沿着雉岩的山麓，沿江水往东行走。雉岩东隅有块岩石，上边起自山顶，下面插入江中，中部有个挖洞透出光亮，二丈深，三丈高，仿佛是开辟而成的门户，江流从北边流来在岩石中部汇合。涉水到它南面透过石崖上攀，即是千手观音庵。我于是洗脚拨弄水，到天黑才上岸到雉岩寺住下。

雉岩，《一统志》以为即漓山，在城南三里。阳水南支经其北，漓水南下经其东。东有石门嵌江，西有穹洞深入，南有千手大士庵，俱列其足。雉岩寺高悬山半，北迎两江颓浪，飞槛缀崖，倒影澄碧。寺西为雉山亭，南为雉山洞。洞外即飞崖斗发，裂隙迸峡，直自巅下彻，旁有悬龙矫变，石色都异。前大石平涌为莲台。台右根与后峡相接处，下透小穴入，西向台隙，摩崖登台，则悬龙架峡，正出其上。昔有阁曰青萝，今移置台端，登之不知其为台也。然胜概矗集①，不以阁掩。是山正对城南，为城外第二重案山。北一里曰象鼻山水月洞，南三里曰崖头净瓶山荷叶洞，俱东逼漓江，而是山在中较高，《志》遂以此为漓山。范成大又以象鼻山水月洞为漓山，后人漫无适从。然二山形象颇相似。但雉岩石门，不若水月扩然巨观，故游者舍彼趋此。然以予权之，濒江午向②三山，不特此二山相匹，崖头西北山脚，石亦剜空嵌水，跨成小门，其离立江水冲合中，三山俱可名漓也。

【注释】①麕（jūn）集：聚集。②午向：南向。

【译文】雉岩，《一统志》认为它就是漓山，在城南三里的地方。阳江南面的支流流经雉岩的北边，漓江向南下流经雉岩的东边。东面有石门嵌入江中，西边有穹隆的山洞深入进去，南面有千手观音庵，都排列在山脚。雉岩寺高悬在山的半腰，向北迎着两条江流向下奔流的浪涛，飞空的栏杆点缀在崖壁上，倒影清澈透明碧绿。寺的西面是雉山亭，南面是雉山洞。洞外则是飞崖耸立，裂隙迸裂成峡谷，一直从山顶下插到谷底，旁边有崖石呈悬龙状弯曲变化，石头的颜色都很奇异。前方巨石平地涌起成为莲台。在莲台右侧根部与后面峡谷相连的地方，向下穿过一个小洞进去，向西经过莲台旁的裂缝，手攀山崖登上平台，就见高悬的石龙架在峡谷上，恰好在莲台上方。从前有座楼阁叫青萝阁，如今移建到石台的前端，登上这里还不知道它就是高台。然而优美景致聚集在一起，不会因为有楼阁而被遮挡住。此山正对着城南，是城外的第二重案山。北边一里的地方名叫象鼻山水月洞，南面三里的地方名叫崖头净瓶山荷叶洞，全都面朝东临近漓江，而这座山在中间较高，《志》书便把这座山当作漓山。范成大又把象鼻山水月洞当作漓山，使得后代人茫然不知所以，不知道谁说的对。然而这两座山的外形山貌非常相似。但是雉岩的石门，不如水月洞那样开阔壮观，所以来此游玩的人都放弃那里而趋向选择这座山。不过让我来权衡两者，临江向南的三座山，不仅与这两座山互相匹敌，而且崖头西北面的山脚，石山也挖空嵌入水中，跨在江中成为小石门，它们独自并立于江水冲激的波涛中，三座山都可起名叫漓山。

初六日　晨餐后，作二诗别郑、杨诸君。郑君复强少留，以一诗酬赠焉。遂下山，西南一里入大道，东南一里过南溪桥。南溪之山高峙桥东，有水自西南直上逼西麓，绕山东北入漓去，石梁跨其上，即所谓南溪也。白龙洞在山椒。累级而上，洞门高张，西向临溪，两石倒悬洞口，岂即所谓白龙者耶？洞下广列崇殿，仰望不知为洞。由殿左透级上，得璇室[①]如层楼，内有自然之龛，置千手观音。前临殿室之上，环瞻洞顶，为此洞最胜处。从此北向东转，遂成昏黑。先是，买炬山僧，僧言由洞内竟可达刘仙岩，不必仍由此洞出。及征钱篝火入，中颇宽宏多歧。先极其东隅，上跻一隙，余以为刘仙道也，竟途穷莫进。又南下一洼，则支窦傍午，上下交错，余又以为刘仙道也。山僧言："此乃护珠岩道，崄巇[②]莫逾。与其踯躅于杳黑，不若出洞平行为便。"时所赍茅炬已浪爇垂尽，乃随僧仍出白龙。下山至桥，望白龙之右复有洞盘空，而急于刘岩，遂从桥东循山南东转，则南面一崖，层突弥耸，下亦有窍旁错，时交臂而过。忽山雨复来，乃奔憩崖下，跻隙坐飞石上，出胡饼啖之。雨帘外窥，内映乳幕，仙仙乎有凌云餐霞之想。久之雨止，下岩，转岩之东，则刘仙岩在是矣。岩与白龙洞东西分向，由山南盘麓而行，相去不过一里，而避雨之岩正界其中，有观在岩下。先入觅道士炊饭，而道枕未醒，有童子师导从观右登级。先穿门西入，旋转逾门上，复透门出，又得一岩，东南向，中置三仙焉，则刘仙与其师张平叔辈也。又左由透门之上，再度而北，又开一岩，中置仙妃。岩前悬石甚巨，当洞门，若树屏，若垂帘。刘仙篆雷符于上岩右壁，又有寇忠愍准大书，俱余所欲得者。予至岩，即周览各窦。询与白龙潜通处，竟不可得。乃知白龙所通，即避雨岩下窦，导僧所云护珠岩是也。时雨复连绵不止，余仍令顾仆随童子师③下观，觅米自炊。余出匣中手摹雷符及寇书，而石崖欹侧，石雨淋漓，抵暮而所摹无几。又令静闻抄录张、刘二仙《金丹歌》，亦未竟。又崖间镌刘仙《养气汤方》及唐少卿《遇仙记》，未录，遂宿观。道士出粥以饷。中夜大雨，势若倒峡。

【注释】①璇（xuán）室：雕饰华丽的楼宇如高楼般玉饰的殿堂。②崄巇（xiǎn xī）：险峻崎岖。③童子师：略通法事的道童。

【译文】初六日　早餐后，我写了两首诗辞别郑、杨诸位先生，郑先生硬让我多停留一会儿，还作了一首诗回赠我。这才往山下走，往西南一里进入大道，向东南一里经过南溪桥。南溪的山高耸于桥东，有溪水从西南方一直向上流去直逼山的西麓，绕到山的东北方汇入漓江，水面上横跨着石桥，即所谓的南溪了。白龙洞位于山顶。沿着层层台阶向上，洞口高高张开，洞口朝西下临溪流，洞口倒挂着两块岩石，难道这就是所谓的白龙吗？洞下方排列着很大一片高大的殿宇，仰面望去看不出是山洞。由殿宇左边穿过石阶向上走去，见到一处如高楼般玉饰的殿堂，内有自然形成的石龛，千手观音端坐其中。站在殿堂之上，环顾洞顶，是欣赏这个山洞的最佳之地。从此地北边向东转去，就开始昏黑下来。此前，向山中和尚买火把之时，和尚说从洞内可以到达刘仙岩，不用仍从此洞出来。等到筹够钱买来火把，点燃进入洞中，洞中宽大岔口很多。先走完了洞中的东边，向上登上一条裂隙，我以为是去刘仙岩的路，没想到是条死路。又向南下到一个水洼中，只见支洞纵横交织，上下交错，我又以为是去刘仙岩的路了。山中和尚说："这是去护珠岩的路，险峻崎岖无法通过。与其在幽深黑暗中徘徊，不如出洞在平地上走更为方便。"此时我们携带的茅草火把已经将要烧尽，只好跟着山中和尚仍从白龙洞出来了。下山走到桥边，望见白龙洞右侧的高空中又盘有一个山洞，但我们急于去刘仙岩，便从桥东沿着山的南麓向东转去，见到南面有一石崖，层层突起更显高耸，下面也有石窍纵横交错，时不时擦肩而过。忽然又来山雨，便跑到石崖下避雨，从石缝中登上飞突的石岩坐下，拿出烧饼来吃。向外看去是一层雨帘，里面如同映照着一层乳白色的帷幕，仙仙然让人有乘云驾雾服露餐霞之感。过了很久雨才停，走下石岩，转到石岩的东边，则刘仙岩出现在眼前。刘仙岩与白龙洞分别位于东西两个方向，从山的南面绕着山脚走，相距不过一里，而我躲雨的石岩正好在它们正中间，岩洞下面有个道观。先进去寻觅道士做饭，可道士还在睡觉，有个道童来给我们带路，从道观右侧的台阶登山。先穿过洞口向西而进，随即转来转去绕到洞口上方，从洞口穿出来，又见到一个岩洞，洞口朝东南方，洞中放置着三位神仙的雕像，便是刘仙人和他的师傅张平叔等人了。又从左边通过钻出来的那个洞口的上方，再绕到北边，又凿开一个岩洞，洞中放置着仙妃像。岩洞前方悬挂着的岩石特别巨大，挡在洞口，好像竖着一扇屏风，又像垂挂的门帘。刘仙人在上洞右侧的石壁上用篆体书写着雷符，又有寇忠愍公寇准写的大字，都是我此次游览想要看到的东西。我一来到刘仙岩，就游遍各个洞穴。打听与白龙洞相通的洞穴，却没有找到。这才知道与白龙洞相通的，就是我躲雨的石岩下面的洞穴，即指路僧人所说的护珠岩。这时雨又下起来连绵不断，我于是让顾仆跟着道童下到道观之中，找出米来自己做饭。我从匣中拿出纸笔亲自临摹雷符和寇准的字，但石崖倾斜，石壁上雨水淋漓，到天黑时也没临摹多少。又让静闻抄录张、刘二位仙人的《金丹歌》，也没有抄完。还有崖壁上刻着刘仙人的《养气汤方》以及唐少卿的《遇仙记》也没有抄录，只好住在道观之中。道士拿出粥来招待我们。半夜下大雨，雨势犹如山崩峡倒。

刘仙名景，字仲远，乃平叔弟子，各有《金丹秘歌》镌崖内，又有《佘真人歌》[1]在洞门崖上，半已剥落，而《养气汤方》甚妙，唐少卿书奇，俱附镌焉。

【注释】①《佘真人歌》："佘"原作"俞"，据摩崖校改。

【译文】刘仙人名为刘景，字仲远，是张平叔的弟子，每人都有《金丹秘歌》刻于崖壁之上，又有《佘真人歌》刻在洞口崖壁之上，一半文字都已剥落，而《养气汤方》非常奇妙，唐少卿的字书写很奇绝，都另外刻在崖壁之上。

初七日　雨滂沱不止。令顾仆炊饭观中。余与静闻冒雨登岩，各完未完之摹录。遂由玉皇祠后，寻草中伏级，向东北登山。草深雨湿，里衣沾透，而瞻顾岩石，层层犹不能已。而童子师追寻至岩中，顾不见客，高声招餐，余乃还饭寺中。饭后，道士童师导由观左登穿云岩。其岩在上岩东南绝壁下，洞口亦东南向。其洞高穹爽朗，后与左右分穿三窍，左窍旁透洞前，后与右其窍小而暗，不暗行也。洞内镌《桂林十二岩十二洞歌》，乃宋人笔。余喜其名，欲录之，而高不可及。道士取二梯倚崖间，缘缘分录，录完出洞。洞右有文昌祠，由其前东过仙人足迹。迹在石上，比余足更长其半，而阔亦如之，深及五寸，指印分明，乃左足也。其侧石上书“仙迹”二字，“迹”字乃手指所画，而“仙”字乃凿镌成之者。由迹北上，即为仙迹岩。岩在穿云东北崖之上，在上岩东隅，洞口亦东南向，外亦高朗，置老君像焉。其内乳柱倒垂，界为两重，若堂皇之后，屏列窗棂，分内外室者。洞岩穿窦两岐，俱不深，而玲珑有余。

【译文】初七日　大雨滂沱不止。我让顾仆在道观中做饭。我与静闻冒雨登上岩壁，各自去完成没有摹抄完的碑刻。于是在玉皇祠后面，找到草丛中隐藏着的石阶，向东北方攀登。草深雨湿，我们的内衣都湿透了，然而环顾岩石四周，一层层的还是看不到尽头。而道童为了找我们追到岩洞中，到处不见人影，高声召唤我们回去吃饭，于是我们返回寺中吃饭。饭后，道士与道童带着我们经由道观左边登上穿云岩。穿云岩在上岩东南方的绝壁下，洞口也是朝向东南方。岩洞高大隆起，清朗通达，岩洞后面与左右两边各有一个石窍，共三个，左边的石窍从旁边直通岩洞的前边，后面与右边的石窍又小又暗，无法在暗中行走。洞内刻有《桂林十二岩十二洞歌》，是宋代人的手笔。我喜欢这个名字，想要抄录下来，可是字迹太高够不到。道士取来两把梯子斜靠在崖壁上，我们分头爬上梯子逐一抄录，抄完出洞。岩洞右边有座文昌祠，从祠庙前边往东经过仙人足迹。足迹印在岩石上，比我的脚还长一半，而且宽处也多出一半，深达五寸，脚指印根根分明，是左脚的脚印。仙人足迹侧面的石头上写着“仙迹”二字，“迹”字是用手指写出来的，而“仙”字是凿刻而成。沿着脚印往北上走，就是仙迹岩。岩洞在穿云岩东北方的山崖之上，在上岩的东面，洞口也是朝向东南方，洞外也是高大明朗，洞中放置了老君像。洞内倒挂着钟乳石柱，把山洞分为两层，犹如衙门后堂，立着窗格状的屏风，分隔成内、外室的样子。洞中岩石上有两个岔洞，洞都不深，却非常小巧玲珑。

徘徊久之，雨霏不止，仍从仙迹石一里，抵观前。别道士童师，遂南行二里，出十里铺。铺在斗鸡西，郡往平乐大道[①]。由铺南进灵懿石坊，东向岐路，入一里，北望穿山，隔江高悬目窦，昔从北顾，今转作南瞻，空漾雨色中，得此圆明，疑是中秋半晴半雨也。再前，望崖头北隅梳妆台下[②]，飞石嵌江，剜成门阙，远望之，较水月似小，而与雉山石门，其势相似。然急流涌其中，荡漾尤异，倏忽之间，上见圆明达云，下睹方渚嵌水，瞻顾之间，奇绝未有。共一里，东至崖头庙。其山在雉山之南，乃城南第三重当午之案也。漓江西合阳江于雉山，又东会拖剑水及漓江支水于穿山[③]，奔流南下，此山当其冲。山不甚高，而屹立扼流，有当熊之势。西向祀嘉应妃，甚灵，即灵懿庙。宋嘉定间加封嘉应善利妃。其北崖有亭，为梳妆台，下即飞崖悬嵌，中剜成门处，而崖突波倾，不能下瞰，但见回浪跃澜，漩石而出，时澄[④]然有声耳。坐久之，返庙中。由其后入一洞，其门西向。穿门历级下，其后岈然通望，有石肺垂洞中，其色正绿，叠覆田田[⑤]，是为荷叶洞。穿叶底透山东北，即通明之口也，漓江复潆其下。由叶前左下，东转深黑中，其势穹然，不及索炬而入。初，余自雉山僧闻荷叶洞之名，问之不得其处，至是拭崖题知之，得于意外，洞亦灵幻，不负雨中跳躅。庙中无居人，赛神⑥携火就崖而炊，前后不绝。其东北隅石崖插江，山名“净瓶”以此，须泛舟沿流观之，其上莫窥也。

【注释】①平乐：明设平乐府，即今平乐县。②崖头：即净瓶山，位于桂林漓江右岸，像半边古式瓷瓶，倒卧江中。③又东会拖剑水及漓江支水于穿山：原作为“又东会湘水于穿山”，据乾隆本、“四库”本改。④跫（qióng）：脚步声。⑤田田：荷叶相连的样子。⑥赛神：设祭迎神。

【译文】徘徊了很久，细雨纷纷下不停，仍旧沿着仙迹石前行一里，抵达道观前。辞别了道士和道童，于是往南走了二里，来到十里铺。十里铺位于斗鸡山的西面，在府城通往平乐府的大道上。从十里铺向南走进灵懿石坊，向东走上岔路，走了一里，遥望北边的穿山，隔着江流高悬着一个洞穴，像眼睛一样，过去我是从北面看，如今转到南边观看，在这空濛飘荡的雨色中，看见这明亮的圆洞，都怀疑到了中秋半晴半雨的时节了。再往前走，望见崖头北边的梳妆台下，飞石嵌入江中，中间剜空形成门阙，远远望去，似乎比水月洞小，但与雉山石门相比，外表气势相似。然而急流涌入石洞，水波荡漾，甚是奇异，倏忽之间，抬头向上看见明亮的圆洞直达云霄，向下看见小块沙洲嵌入水中，环顾四周，景致奇绝从未见过。共行进一里，往东来到崖头庙。此山位于雉山南面，是城南第三重位于正南方的案山。漓江流向西方与阳江在雉山汇合，又向东流，在穿山与拖剑水和漓江的支流汇合之后，向南奔流而下，此山正好在江流的流经之地。山不算高，可屹立在此扼制江流，有迎面挡熊的气势。西面有座祠庙，庙中祭祀的嘉应妃，十分灵验，这就是灵懿庙。宋宁宗嘉定年间加封为嘉应善利妃。灵懿庙北的山崖上有座亭子，叫梳妆台，下面悬空下嵌的就是飞崖，中间剜空形成石门的样子，然而悬崖前突波涛倾泻，不能向下俯瞰，只见波浪回旋翻腾，盘旋的激流从石门中流出，只是不时发出脚步声一样的声音。坐了很久，才返回庙中。从庙后进入一个山洞，洞口朝西。穿过洞口沿石阶逐级下降，洞后十分幽远，通透明亮，洞中垂着肺叶状的岩石，岩石的颜色是正绿色的，覆盖着的岩石层层叠叠好似荷叶，这就是荷叶洞。穿过荷叶洞地底钻到山的东北面，就是透入亮光的洞口了，漓江绕过洞口下方。从荷叶洞前向左下行走，向东转入幽深的黑暗之中，洞顶高高隆起，来不及找来火把就进去了。当初，我从雉山僧人那里听到荷叶洞的名字，询问他，也没有得到荷叶洞的位置，来到这里擦拭崖壁上的题记才知道在这里，于意料之外得之，山洞也有灵性，不辜负我在雨中徘徊不前。庙中无人居住，参加赛神的人带着火种就着石崖烧火做饭，来往之人络绎不绝。祠庙东北角的石崖插入江中，山名为“净瓶山”，就是因为这个原因，必须乘船沿江观览，在山上面是无法窥视其全貌的。

仍二里出大道，傍十里铺，经白龙洞，北随溪探前所望白龙左洞，则玄岩[①]也。岩东向，洞门高耸。下峡，由南腋东入上洞，东登必由北奥，俱崇深幽邃，无炬不能遐历[②]。洞前乳柱缤纷，不减白龙。上镌“玄岩”，字甚古。出洞，饭而雨霁。五里入宁远门，南门。返寓，易衣浣污焉。

【注释】①玄岩：也称观音岩、元岩。南溪山的白龙洞位于山腰处不在山顶。白龙洞与玄岩、龙脊洞是相通的，但与刘仙岩不通。②遐(xiá)历：游历。

【译文】又走了二里出到大道上，从十里铺旁走过，经过白龙洞，向北沿着南溪去探索之前看到的白龙洞左边的岩洞，也就是玄岩。岩洞口朝东，洞口高耸。下到峡谷中，从南麓的侧边往东进入上洞，从东面登山必须经过北边的深谷，全都陡峻幽深，没有火把无法游览。洞前的钟乳石柱繁复错落，不比白龙洞差。上面刻有“玄岩”二字，字迹甚是古朴。出洞后，吃过饭后雨就停了。往前行进五里后进入宁远门，南门。接着返回寓所，换了衣服洗去污垢。

初八日　晨餐后，市石于按察司东初旸王孙家，令顾仆先携三小者返寓，以三大者留为包夹焉。余遂同静闻里半出北门，转而东半里，北入支径，过一塘，遂登刘岩山。先有庵在山麓，洞当其后，为刘岩洞。洞门西向，东下渊黑，外置门为藏萎[①]之所。此岩以刘姓者名[②]，与城南刘仙同名实异也。由洞右跻危级而上，是为明月洞。其洞高缀危崖之半，上削千尺，下临重壑，洞门亦西向。僧白云架佛阁于洞门之上，层叠倚岩，有飞云缀空之势。洞在阁下，东入岈然，然昏黑莫辨，无甚奇。出洞，觅所谓望夫山。山在其北，犹掩不可睹。乃饭而下，崖半见北有支径，遂循崖少北，复见一洞西向，其门高悬，为僧伐木倒架，纵横洞前，无由上跻。方徘徊间，而白云自上望之，亟趋而下，怂恿引登。梯叠门而上，一石当门树屏，由其左透隙，则宛转玲珑，逾石脊东下，穹然直透山腹，辟门东出，外临层崖，内列堂奥，凭空下瞰，如置身云端也。洞门乳柱纵横，径窦逆裂，北有一径高穹下坠，东转昏黑，亦有门东出，暗不复下。复与白云分踞石脊之中，谈此洞灵异。昔其徒有不逞者，入洞迷昧，不知所往。白云遍觅无可得，哀求佛前。五日，复自洞侧出，言为神所缚，将置之海，以师乞免贳之[3]。然先是觅洞中数遍，不知从何出也。此间东西透豁，而有脊有门中界之。不若穿山、叠彩、中隐、南峰诸洞，扩然平通，下望明皎，内无余奥也。

【注释】①蒌（lóu）：蒌蒿，又称“白蒿”。多年生草本植物，多生于水滨，高四五尺。②“此岩”句：即刘岩山，俗称看牛山。其上有刘岩洞，俗称牛洞。③贳（shì）：宽纵，赦免。

【译文】初八日　吃过早餐，到按察使司衙门东侧的王孙朱初旸家买石头，让顾仆先带着两块小的返回寓所，把三块大的留下我用夹板包装好。我于是同静闻前行一里半出了北门，转向东走了半里，向北走上岔开的小路，路过一个水塘，就登上了刘岩山。首先在山麓有座庵庙，位于庵后有个岩洞，就是刘岩洞了。洞口朝西，东面往下是漆黑的深渊，外边装有门是用来收藏蒌蒿的。这个岩洞是因姓刘的人而得名，与城南的刘仙岩虽同名但实际上是不同的。从岩洞右边踩着高险的石阶上去，就是明月洞。这个洞高悬在危崖的半中腰，上面陡削有千尺高，下临重重深壑，洞口也是朝向西面。白云僧人在洞口上方架设了佛阁，层层叠叠紧靠着岩石，有飞在云上点缀天空的气势。洞在佛阁之下，向东进去十分深邃，但是昏黑一片无法辨清东西，并无奇特之处。从洞中出来，去找所说的望夫山。望夫山在洞的北边，仍然被挡住看不见。于是吃过饭后下山，走到山崖半腰看见北边有条岔开的小路，便沿着石崖稍往北走，又看见一个山洞口向西，洞口高悬，被僧人砍伐的树木，纵横交错地倒架在洞前，无法攀登上去。正在徘徊之间，白云和尚从上边看见了，急忙赶下来，鼓励并带着我们向上登。用梯子一层层上到洞口，洞口挡着一块岩石，就像竖直的屏风，从岩石左边穿过石缝，则弯弯曲曲小巧玲珑，翻过石脊向东往下走，高大隆起，直通到山腹之中，从张开的洞口向东走出，外边下临层层山崖，洞内排列着幽深的洞堂，凌空下瞰，如置身于云端。洞口石钟乳柱纵横交错，裂开的缝隙径穿洞穴，北边有一条小道，从高大隆起的崖上深坠下去，转向东就昏黑下来，也有洞口往东出去，因为太黑不再下走。又与白云各自坐在石脊的中间，讨论此洞的灵异之处。从前他的徒弟中有个不得志的，进洞后神志迷惑，不知到什么地方去了。白云到处寻找也没有找到，在佛前哀求。五天后，那人又从石洞的侧面出来了，说是被神捆了起来，即将被投入苦海，因为师傅求佛免罪才赦免了他。然而之前在洞中已经找了好几遍，也没找到，不知他是从哪里出来的。这个石洞东西透亮开阔，有条石脊有个石门隔在中间。不像穿山、叠彩山、中隐山、南峰各山的岩洞，开阔平坦通达，从下面望过去，明亮皎洁，洞内一览无余。

下洞，别白云。仍一里，西过北门，门西峰当面起，削山为城。循其北麓转西北城角，下盘层石，上削危城。其西正马留山东度之脉；其南濒城为池，南汇与凉水洞桥新西门外。而南入阳江；其北则洼汇山塘，而东浅于虞山接龙桥下者。《志》所称始安峤当在其处也。《志》又有冷水洞，在城东，而曾公岩亦名冷水，而此又有冷水焉。凉水洞桥北，满堂皆莲花，香艳远暨，亦胜地。凉水洞在新西门外。北门在两山夹中，东西二峰峭竖而起，东峰俗称为马鞍，西峰俗呼为真武。东峰疑即镇南峰，《志》言有唐人勒石，尚未觅得。西峰南麓，王阳明祠。因之为城，锁钥[①]甚壮。然北城随山南转，故北隅甚狭，渐迤而南，则东西开扩矣。

【注释】①锁钥：喻指在军事上相当重要、险要的地方。

【译文】从岩洞下来，辞别了白云和尚。仍旧走了一里，往西经过北门，城门西边的山峰迎面耸起，削山筑城。沿着山峰的北麓转到城墙的西北角，下面盘曲着层层岩石，上面矗立着高险的城墙。山峰的西面正是马留山往东延伸的山脉；山峰的南面临近城墙处是护城河，往南与凉水洞桥在新西门外。下的水汇合后向南流入阳江；山峰的北面则是一片积水的洼地，形成群山环绕的水塘，而东边比虞山接龙桥下的水塘浅。《志》书上称为始安峤的应当就在那个地方了。《志》书上记载的还有个冷水洞，在城东，而曾公岩又名"冷水洞"，而此处又有个冷水洞。凉水洞桥北边，池塘内开满了莲花，香艳远播，也是一处胜地。凉水洞在新西门外。北门位于两山相夹之间，东西两座山峰陡峭直立而起，东峰俗称为马鞍山，西峰俗称为真武岩。我怀疑东峰就是镇南峰，《志》书上说山上有唐朝人刻的石碑，但我还没有找到。西峰的南麓，有王阳明祠。依着山势建城，军事要塞极为壮观。不过北面的城墙顺着山势南转，所以城墙的北角十分狭窄，渐渐延伸向南，而东西方向就开阔宽广起来了。

余少憩城外西北角盘崖之上，旋入北门，西谒阳明祠。复东由大街南行，则望洞西岩之穴正当明处，若皎月高悬焉。又南，共一里，至《桂岭碑》侧[①]，西向濒城，复得一山，则华景洞在焉[②]。洞门东向，前有大池，后倚山，则亦因为西城者。洞前岩平朗，上覆外敞，其南昔有楼阁，今俱倾圮莫支，僧移就岩栖焉。岩后穿穴为门，其内嶱岈，分而为三：南入者，洼暗而邃；西透者，昔穿城外，因为城门，后甃石塞而断焉；北转者，上出岩前，下覆飞石，东临岩上。崖有旧镌一，为开庆元年手敕，乃畀其镇将者。开庆不知是何年号，其词翰俱为可观。而下有谢表并跋，则泐不能读矣。已复出至前岩，僧言由洞左攀城而上，山之绝顶有《诸葛碑》。余从闻异之，亟西登城陴[③]，乃循而南登，已从石萼丛错中攀跻山顶。此顶当是宝积山[④]。《志》言宝积与华景相连，上多危石怪木，当今又为卧龙山，想一山而南北异名耳。顶南荒草中有两碑，一为成化间开府孔镛撰文，一为嘉靖间阃帅俞大猷[⑤]修记。皆言此山昔名卧龙，故因而祀公，以公德业在天下，非以地拘也。今顶祠已废，更创山麓。从其上东俯宫衢，晚烟历历，西瞰濛渚，荷叶田田，近则马留山倒影，远则侯山诸峰列翠，虽无诸葛遗踪，亦为八桂[⑥]胜地。其侧崖棘中，有百合花一枝，五萼，甚钜，因连根折之，肩而下山，即为按察司后矣。薄暮，共二里，抵寓。

【注释】①《桂岭碑》：原作“桂林碑”，据乾隆本、“四库”本改。②华景洞：在宝积山北，洞前有铁佛寺。③陴（pí）：城上的矮墙。亦称“女墙”“城垛子”。④宝积山：桂林八景之一。位于桂林市翊武路北端东侧，中山北路西侧，北为木龙湖，西为西清湖，唐代以前因山势呈盘行状，称作盘龙岗。宋代因山坳奇石堆积如宝，故称宝积山。明代耿良在山南建有诸葛武侯祠，故又名卧龙山。⑤俞大猷（1503—1579）：字志辅，号虚江，福建晋江（今福建泉州）人。明代抗倭名将，军事家、武术家、诗人。嘉靖二十八年（1549），平定安南范子义叛乱，安定了海南的形势。嘉靖三十一年（1552），开始与倭寇作战，人称“俞家军”，与戚继光并称为“俞龙戚虎”，扫平了为患多年的倭寇。⑥八桂：原指桂林市，后代指广西。《山海经·海内南经》：“桂林八树，在番隅东。”宋代以后，八桂所指范围逐步扩大到广西，成为桂林府的别称，称广西为八桂。

【译文】我在城外西北角盘曲的石崖上稍作休息，随即进入北门，向西去拜谒了王阳明祠。再向东经过大街往南走，就望见洞西岩的洞穴正好在透出亮光的地方，就如皎洁的明月高悬。又向南走，共一里，来到《桂岭碑》旁边，向西走近城墙，又看到一座山，华景洞就在此。洞口朝东，前面有个大水池，后面靠着山，也是依着山势筑起了西面的城墙。华景洞前部的岩洞平坦明亮，上面覆盖着岩石，外边宽敞，岩洞南边从前有个楼阁，如今全已坍塌了，没有任何支撑物，僧人们搬到岩洞中来居住。岩洞后面穿过石穴就是洞口，洞内十分幽深，又分为三个洞：向南进去的岩洞低洼昏黑却很深邃，向西穿过的岩洞从前能通到城外，因为修筑了城门，后来用石块堵住阻断了；向北转进的岩洞，从上走出到岩洞前边，下踩着飞突的岩石，向东俯视岩洞上方。崖壁上有一块旧时的石刻，是开庆元年皇帝的亲笔敕令，是赐给当时镇守边疆的将领的。开庆不知是谁的年号，敕令的语句文采都值得观赏。而下面有受赐将领谢恩的奏表和跋文，却剥落得不能认出来了。不久又出来走到前边的岩洞，和尚说从洞左边沿着城墙攀登上去，山顶最高峰上有块《诸葛碑》。我听到他的话很惊异，急忙向西登上城墙上的女墙，接着沿着城墙向南攀登，不久就从花萼般成丛错杂的的岩石中攀登到山顶。此处山顶应该就是宝积山了。《志》书上说，宝积山与华景山相连，山上有很多高峻的石崖和奇怪的树木，现今又称为卧龙山。我认为应该是同一座山，只是南北两面的名称不同而已。山顶上南边的荒草中有两块石碑，一块是明宪宗成化年间开府孔镛撰写的碑文，一块是明世宗嘉靖年间总兵俞大猷撰修的碑记。大家都说这座山以前叫卧龙山，所以就在此地祭祀诸葛孔明先生，因为先生的功德勋业遍及天下，不拘泥于一地。如今山顶上的祠堂已经废弃了，在山麓重建了。从山顶上向东俯瞰宫室街道，傍晚的炊烟历历在目，往西鸟瞰空濛中的小洲，荷叶片片相连，近处是马留山的倒影，远处则是铺满青翠的侯山各峰，虽然没有诸葛亮的遗迹，也算是桂林府的一处名胜了。山顶侧面山崖上的荆棘丛中，有一枝百合花，花萼有五瓣，很大，因而连根折了下来，扛在肩上下了山，很快就走到按察使司衙门的背面了。直到傍晚，共走了二里，回到寓所。

初九日　余少憩寓中。上午，南自大街一里过樵楼，市扇欲书《登秀诗》赠绀谷、灵室二僧，扇无佳者。乃从县后街西入宗室廉泉园。廉泉丰仪修整，礼度谦厚，令童导游内园甚遍。园在居右，后临大塘，远山近水，映带颇盛，果树峰石，杂植其中，而亭榭则雕镂缋饰，板而无纹也。停憩久之。东南一里，过五岳观。又一里，出文昌门，乃东南门也，南溪山正对其前。转若一指，直上南过石粱，梁下即阳江北分派[①]。即东转而行，半里，过桂林会馆，又半里，抵石山南麓[②]，则三教庵在焉。庵后为右军崖[③]，即方信孺结轩处[④]。方诗刻庵后石崖上，犹完好可拓。其山亦为漓山，今人呼为象鼻山，与雉山之漓，或彼或此，未知袒当谁左。山东南隅，亦有洞南向，即在庵旁而置栅锁，则因土人藏萎其中也[⑤]。洞不甚宽广，昔直透东北隅，今其后窍已叠石掩塞。循石崖东北，遂抵漓江。乃盘山溯行，从石崖危嵌中又得一洞，北向，名南极洞。其中不甚深。出其前，直盘至西北隅，是为象鼻岩，而水月洞现焉。盖一山而皆以形象异名也。飞崖自山顶飞跨，北插中流，东西俱高剜成门，阳江从城南来，流贯而合于漓。上既空明如月，下复内外潆波，“水月”之称以此。而插江之涯，下跨于水，上属于山，中垂外掀，有卷鼻之势，“象鼻”之称又以此。水洞之南，崖半又辟陆洞。其崖亦自山顶东跨江畔，中剜圆窍，长若行廊，直透水洞之上，北踞窍口，下瞰水洞，东西交穿互映之景，真为胜绝。宋范石湖作铭勒窍壁以存⑥。字大小不一，半已湮沕，此断文蚀柬，真可与范铭同珍，当觅工拓之，不可失也。时有渔舟泊洞口崖石间，因令棹余绕出洞外，复穿入洞中，兼尽水陆之观。

【注释】①“梁下”句：明初将桂林府城往南扩展，同时引阳江水从象鼻山下出口，开通南门桥至象鼻山脚一段水道，作为城壕。自此阳江始有南北两派，且北派成为阳江主流。②抵石山南麓：“南”后衍“行”字，据乾隆本、“四库”本删。③右军崖：乾隆本、“四库”本作“古云崖”。④方信孺（1177—1222）：字孚若，福建莆田人。有隽才，未冠能文。周必大、杨万里颇赞善之。曾被遣三次使金，“以口舌折强敌，金人计屈情见”，信孺坚持不屈。嘉定间任广西转运使，在桂数年。著有《南海百咏》《桂林丙》。⑤“则因”句：“则因”，原误为“因则”。⑥范石湖：即范成大（1126—1193），字致能，晚号石湖居士，平江府吴县（今江苏苏州）人，南宋名臣、文学家，谥“文穆”。乾道七年（1171），以集英殿修撰出知静江府兼广南西路安抚使，在广西有德政。工于诗文，与杨万里、陆游、尤袤合称南宋“中兴四大诗人”，主要著作有《石湖集》《揽辔录》《桂海虞衡志》等。

【译文】初九日　我在寓所中稍作休息。上午，向南自大街前行一里经过樵楼，去买扇面打算题写《登秀诗》赠送绀谷、灵室两位僧人，但没有中意的扇面。于是从临桂县衙的后街向西进入宗室廉泉的花园。廉泉仪态俱佳，外表整洁，彬彬有礼谦逊宽厚，让书童带着我们非常全面地游览了一遍内园。园子在住房的右边，后面有一个大池塘，远山近水互相掩映，非常美丽，果树峰石，杂堆种植在园中，然而亭台楼榭却雕刻镂绘装饰，显得很呆板而文饰也没有亮点。停下休息了很久。往东南走了一里，路过五岳观。又走了一里，走出文昌门，就是东南方的城门了，南溪山正对着城门前方。转过好像一指宽的地方，一直往上向南走过石桥，桥下就是阳江北段分出的支流。然后转向东行，走了半里，经过桂林会馆，又过了半里，抵达石山的南麓，只见三教庵出现在眼前。三教庵后面是右军崖，即方信孺建盖书轩的地方。庵后的石崖上刻着方信孺的诗，仍然保存完好可以摹拓。这座山也是漓山，现在的人称为象鼻山，与雉山的漓山，一座在那边一座在这边，不知哪座更胜一筹。山的东南角，也有个山洞洞口朝南，就在三教庵旁边，但设置了栅栏门锁，则是因为当地人把萎蒿储藏在洞中了。山洞不怎么宽广，从前一直能通到山的东北角，如今山洞后面的洞口已经堆满石块堵住了。沿着石崖走向东北方，便到达了漓江边。于是盘山沿着江流前行，在高高嵌入江中的石崖上又见到一个石洞，洞口向北，名叫南极洞。洞内不怎么深。出到洞前，一直绕到山的西北角，就是象鼻岩，而水月洞就在这里。本来是一座山只是因为形状不同才起了不同的名字。飞崖从山顶飞跨而下，向北插入江流中间，东西两面都从高处剜空作为石门，阳江从城南而来，从石门中穿过后又与漓江汇合。上边空明如月亮，下面又内外萦绕水波，“水月”的名称就由此而来。而插入江中的山崖，下边跨于水中，上面连着山，中间下垂向外卷起，姿势就像卷起的鼻子，“象鼻”的名称又是因此而来的。水洞的南边，石崖半腰处又开了一个陆洞。这里的石崖也是从山顶向东跨于江边，中间挖成圆洞，园洞修长好像走廊，一直通到水洞之上，面朝北坐落于圆洞口，下瞰水洞，东西两边交穿相互掩映形成的景色，真是非常绝妙。宋代范石湖作铭文刻在洞壁上保存至今。字体大小不一，一半已经磨灭脱落了，这一处断缺磨蚀的残简，当真可与范石湖的铭文同样珍贵，应当找来工匠把它拓印下来，不可以错过。正在这时有条渔船停在洞口的崖石间，就叫他载着我绕到洞外，再穿进洞中，连带把水陆景色都观赏完了。

乃南行一里，渡漓江东岸，又二里抵穿山下。其山西与斗鸡山相对。斗鸡在刘仙岩南，崖头山北，漓江西岸濒江之山也。东西夹漓，怒冠鼓距，两山当合名斗鸡，特东山透明如圆镜，故更以穿山名之。山之西又有一峰危立，初望之为一，抵其下，始见竖石下剖，直抵山之根，若岐若合，亭亭夹立。盖山以脆薄飞扬见奇也，土人名为荷叶山①，殊得之也。穿山北麓，嘉熙拖剑之水直漱崖根，循山而南，遂与漓合。余始至其北，隔溪不得渡。望崖壁危悬，洞门或明或暗，纷纷错列，即渡亦不得上。乃随溪南行，隔水东眺，则穿岩已转，不睹空明，而山侧成峰，尖若竖指矣。又以小舟东渡，出穿山南麓，北面而登。拨草寻磴，登一岩，高而倚山半，其门南向，疑即穿岩矣。而其内乳柱中悬，琼楞层叠，殊有曲折之致。由其左深入，则渐洼而黑，水汇于中。知非穿岩，乃出。由其右复攀跻而上，则崇岩旷然，平透山腹，径山十余丈，高阔俱五六丈，上若卷桥，下如甬道②，中无悬列之石，故一望通明，洞北崖右有镌为“空明”者。由其外攀崖东转，又开一洞，北向与穿岩并列，而后不中通，内分层窦，若以穿岩为皇堂，则此为奥室矣。其东尚有三洞门，下可望见，至此则峭削绝径。穿岩之南，其上复悬一洞，南向与穿岩叠起，而后不北透，内列重帏，若以穿岩为平台，则此为架阁矣。凭眺久之，仍由旧路东下汇水岩。将南抵山麓，复见一洞，门亦南向，而列于汇水之东。其内亦有支窍，西入而隘黑无奇。时将薄暮，遂仍西渡荷叶山下。北二里，过河舶所，溯漓江东岸，又东北行三里，渡浮桥而返寓。

【注释】①荷叶山：山上建有七级六角实心塔，今名塔山。远看就如一艘溯江而上的军舰，又称军舰山。②甬道：两边有墙的通道。“甬”原作为“周”，从沪本改。

【译文】于是往南乘船航行一里，渡江来到漓江东岸，又步行二里抵达穿山脚下。穿山西面与斗鸡山相对。斗鸡山位于刘仙岩的南面，崖头山的北边，是漓江西岸濒江处的山。两座山从东西两边夹住漓江，鸡冠怒张，鸡爪凸起，两座山应当合起来起名为斗鸡山，只不过东边的山中空透明如圆圆的镜子，所以另外用穿山来给它命名。穿山的西边又有一座危峰耸立着，乍一看以为是一座山，到达山脚下，才看见直立的石峰向下剖开，直达石山脚下，似分似合，高高地相对夹立。这座山是以山石脆薄、态势飞扬见奇的，当地人起名叫荷叶山，特别符合。穿山的北麓，嘉熙桥下流来的拖剑水的江流直接冲刷着石崖的底部，顺着山向南流，于是与漓江汇合。我最初来到江北，隔着溪流不能渡过去。望见崖壁高悬着，洞口或明或暗，纷纷交错排列，即便渡过去也不能上去。只好顺着溪流向南行，隔着溪水向东眺望，就见穿岩已经变换了方位，见不到中空明亮之处，而山侧面形成的山峰，尖尖的如同竖起来的手指。又乘小船划到东岸，从穿山南麓出来，面对北方登山。拨开草丛找到石阶，登上一个岩洞，岩洞高倚在山半腰上，洞口向南，我猜测这就是穿岩了。而钟乳石柱悬垂于洞中，一条条琼玉般的石棱层层叠叠，颇有一种弯曲回转的景致。从岩洞左侧进入其中，便渐渐下到低洼之处并黑暗下来，有水流汇积在洞中。便知这不是穿岩，于是出来。由洞右侧再次攀登而上，就见到一个岩洞广大开阔，直直地穿透山腹，穿过山腹之处的路径有十多丈，高处宽处都是五六丈，上方好像卷起的桥拱，下面像甬道，中间没有悬垂排列的石头，所以一眼望去通透明亮，洞北边右侧的崖壁上雕刻着“空明”二字。由洞外攀着石崖转向东边，又开着一个岩洞，洞口朝北，与穿岩并列，然而洞后没有通到山腹中，洞内分成层层洞穴，如果穿岩是宽敞的殿堂，那么这个洞穴就是幽暗的内室了。它的东边还有三个洞口，在山下就能望见，上到这里却是陡峭如削无路可走。穿岩的南边，山上又高悬着一个石洞，洞口向南，与穿岩重叠在一起，可后面没有通到北边，洞内罗列着重重石幔，如果把穿岩看作平台，那么这个洞就是架起的楼阁了。凭高远眺了很久，仍然从原路往东下到积水的岩洞。即将向南抵达山麓时，又看见一个岩洞，洞口也是向南，但位于积水岩洞的东面。洞内也有岔洞，向西进去后又窄又黑，没有什么奇特之处。此时将近傍晚，于是我们仍然向西通过荷叶山下。向北行走二里，路过河船所，沿着漓江东岸行走，又往东北行三里，渡过浮桥后回到寓所。

初十日　余憩寓中。上午，令取前留初旸所裹石，内一黑峰，多斧接痕。下午，复亲携往换，而初旸观戏王城后门，姑以石留其家。遂同静闻以所书诗扇及岳茗赍送绀谷。比抵王城后门，时方演剧，观者拥列门阑，不得入。静闻袖扇、茗登忏坛。适绀谷在坛，更为订期十三日。余时暴日中暑甚，不欲观戏，急托阑内僧促静闻返，乃憩寓中。

【译文】初十日　我在寓所中休息。上午，派顾仆去取前天留在朱初旸那里包裹好的石头，其中有一块黑峰石，上面布满斧凿粘接的痕迹。下午，又亲自带着这块石头前去调换，可朱初旸到王城后门看戏去了，姑且把这块石头留在他家。接着同静闻拿着题好诗的扇子以及岳麓山的茶叶去送给绀谷。等来到王城后门，此时正在演戏，看戏的人拥堵在门栏处，不得进去。静闻把扇子、茶叶装在袖子中登上礼佛坛。正好绀谷在坛上，更改约定于十三日去登独秀峰。我当时在暴热的烈日下中暑十分严重，不想看戏，急忙嘱托栅栏里面的僧人去催促静闻回来，便回到寓所中歇息了。

十一日　饭后出东江门，渡浮桥，共一里，过嘉熙桥[①]，问龙隐路。龙隐岩即在桥东之南崖，乃来时所过。夹路两山，北为七星，南为龙隐，其岩洞俱西向临江。七星之后穿山而东者，为曾公岩[②]，其前有峰分岐，植立路北。龙隐之后逾岭而南者，为隐真岩，其北有石端拱，俯瞰路南。此来时初入之隘，至是始得其详也。从桥上南眺，龙隐与月牙并列东崖，第月牙稍北，度桥循山，有路可通。而龙隐稍南，须从桥下涉江而上，其大道则自端拱之石南逾岭坳，循隐真而西，又从怡云北转始达，其间又迂回里余矣。余欲并眺端拱石人，遂由桥东直趋岭下，乃南上平瞻石人。又南下，即得一大塘。由塘北循山西转，其崖石俱盘削飞突。崖有隐真岩，建阁祠。共里余，抵山之西南隅。其峰益嵯峨层叠，中空外耸，上若鹊桥悬空，心异之，知龙隐在下，始攀隙而登，上有台址，拂崖读记，则怡云亭之废迹也。由其上转罅梯空，穿石锷上跻，其石片片悬缀，侧者透峡，平者架桥，无不嵌空玲珑。既而踞坐桥下，则上覆为龛，攀历桥上，则下悬成阁，此真龙角之宫，蟾口之窟也。下至怡云，其右即龙隐在焉。洞门西向，高穹广衍，无奥隔之窍，而顶石平覆，若施幔布幄，有纹二缕，蜿蜒若龙，萃而为头，则悬石下垂，水滴其端，若骊珠[3]焉。此龙隐之所由其名也。其洞昔为释迦寺，僧庐甚盛，宋人之刻多萃[4]其间，后有《元祐党人碑》[5]，则其尤著者也。今已废弃，寂无人居。岂释教之盛衰，抑世变之沧桑也！洞右近口，复绾台垂柱，环为层龛，内瞩重洞，外瞰深流，此为最胜。出岩，已过午矣。

【注释】①嘉熙桥：《嘉庆重修一统志》桂林府津梁载："天柱桥'旧名花桥，又名嘉熙'。"桥东侧有石笋耸立如柱，故又名"天柱桥"。②"七星"二句："七星"原作"七里"，有误，此不从。③骊（lí）珠：一种珍贵的珠，传说出自骊龙颔下，故名。④萃（cuì）：聚集。⑤《元祐党籍碑》：北宋徽宗时蔡京专权，把元祐年间司马光、苏轼、黄庭坚等三百零九人列奸党，并将姓名刻石颁布天下。

【译文】十一日　饭后从东江门出来，走过浮桥，共一里，过了嘉熙桥，询问去龙隐岩的路。龙隐岩就在桥东的南崖上，是来桂林时路过的地方。夹住道路的两座山，北边的是七星山，南边的是龙隐山，山上的岩洞都是洞口向西下临江水。七星岩的后面穿过山往东而去的是曾公岩，岩洞前方有座分岔的山峰，矗立在道路北边。龙隐岩的后面翻过山岭往南去的是隐真岩，岩洞北边有个正身拱手的石人，俯瞰着道路以南。这是来桂林时最开始走的隘口，到此时才终于了解了它的详情。从桥上向南眺望，龙隐岩与月牙岩并列于东面的山崖之上，只是月牙岩稍偏向北，过桥后顺着山走，有路可以通行，而龙隐岩稍偏向南，必须从桥下涉水渡江攀登上去，通往那里的大道则是从正身拱手的石人旁往南越过山岭上的山坳，沿着隐真岩向西走，再从怡云亭转向北方才能到达，期间又迂回了一里多。我想要一并眺望正身拱手的石人，便从桥东直接去到岭下，于是向南上岭平视石人。又向南而下，很快就看到一个大水塘。从水塘北岸沿着山向西转，这里的崖石全都盘旋陡峭，飞突而起。石崖上有隐真岩，建有楼阁祠庙。共一里多路，到达山的西南隅。此处的山峰更加巍峨，层层叠叠，山腹中空，向外高耸，上面好像是鹊桥高悬空中，我心中奇怪，心知龙隐岩就在下面，开始攀着石缝向上爬，上面有高台的遗址，拂去崖壁灰尘阅读碑记，原来这里是怡云亭的废址。从亭址上方转到裂缝处，踏着高空，穿过刀刃般的岩石上攀，这些岩石一片片地悬缀着，侧立着的形成峡谷，平躺着的架为桥梁，无不下嵌中空，玲珑剔透。既而盘腿坐于桥下，则上面下覆着成为石龛，攀援跋涉来到桥上，则下边悬空成为楼阁，这真是龙角星君的宫殿，月宫玉蟾的窟穴啊！向下来到怡云亭废址，废址右侧便是龙隐岩所在。洞口向西，高大穹隆，宽广平坦，没有幽深隔绝的洞穴，但洞顶的岩石平坦覆盖，像平铺展开的布做成的帷幔，有两条石纹，形状蜿蜒游动就如游龙，聚在一起成为龙头，而高悬的石钟乳下垂着，水滴从石钟乳顶端滴下，犹如骊珠。这就是龙隐岩名称的由来了。这个洞从前是释迦寺，僧人和寺舍十分兴盛，宋代人的石刻大多聚集在此洞之中，后有《元祐党人碑》，则是其中特别著名的碑刻了。如今寺院已经废弃，寂静无人居住。真是佛教的盛衰，也和人世一样要历经沧桑巨变啊！洞右边靠近洞口之处，又盘结为石台，垂挂着石柱，环绕成层层石龛，向洞内看去是一重重洞穴，向外俯瞰是深深的江流，此处景致最是优美。走出岩洞，已经过了中午。

仍从怡云南麓，东北逾岭，过“端拱石人”处。乃西转循街共里余，将至花桥，令顾仆北炊于朝云岩。即融止所栖处。共里余，余与静闻南沿西麓，随流历磴半里，入月牙岩[①]。其岩西向，与龙岩比肩而立，第此则叠石通磴，彼则断壁削崖，路分通塞耳。其岩上环如玦[②]而西缺其口，内不甚深而半圆半豁，形如上弦[③]之状，钩帘垂幌，下映清泠[④]，亦幽境也。既而仍由街北过七星，入寿佛寺。寺在七星观北，其后即栖霞大洞。僧空生颇雅饬，因留客。时余急于朝云之餐，遂辞。乃从其北而东蹑磴，则朝云之餐已熟，亟餐之，下午矣。

【注释】①月牙岩：位于桂林城东郊，前临小东江。近年建造了月牙楼，月牙岩内外又修建了小广寒与襟江阁，颇便眺览。拱手石人在月牙山北，一石端直峭立，高数丈，形似剑柄，今称剑柄石。②玦（jué）：古代的一种半环形的玉器。③上弦：农历每月初七或初八，月亮呈弓形，故称上弦。④清泠（líng）：清澈凉爽之意。

【译文】仍然从怡云亭废址南边的山麓，向东北方翻越山岭，经过“端拱石人”处。于是转向西沿着街道共走了一里多，将到花桥之时，派顾仆北去往朝云岩做饭。就是融止栖身的地方。共一里多，我与静闻向南顺着山的西麓走，沿着江流经过的石阶走了半里，进入月牙岩。这个岩洞洞口向西，与龙隐岩并肩而立，只是这里修砌了石阶山路，那里却是断壁峭崖，道路通顺与不通顺罢了。岩洞上方呈环形如同一块玉玦，西边缺了一个口子，洞内不怎么深，且半面圆半面豁口，形状如同上弦月的样子，好似钩子挂着的布帘和下垂的帷幔，下边映衬着清澈冰冷的水，也是一处清幽的境地。不久仍然由街道向北经过七星观，进入寿佛寺。寿佛寺在七星观的北面，寺后就是栖霞大洞。僧人空生言行十分遵礼，因此再三挽留我们。当时我急于到朝云岩去吃饭，便辞谢了。于是从寿佛寺北面往东登上台阶来到朝云岩，而饭已经熟了，连忙吃了饭，已到下午了。

下山，北过葛老桥，东入一王孙之苑，中多果木，方建亭饬庑焉。地幽而制板，非余所欲观也。时余欲觅屏风，而遍询莫识，或有以黄金岩告者，谓去城东北五里，其道路吻合，疑即此山。及询黄金，又多指朝云下佛庐当之，谓内阉王公所建，此乃王公，非黄金也。求屏风而不得，并黄金而莫从，乃贸贸[1]焉望东北而趋。约三里，遇负担而询之，其指村北山曰："此即是矣。"此中土人鲜知其名，乃从村右北趋，问之村人，仍不知也。中犹疑信参半，及抵山东麓，则削崖平展，列嶂危悬，所云屏风，庶几[2]不远。已转北麓，则洞门如峡，自下高穹，山顶两崖，阔五丈，高十余丈。初向南平入，十丈之内，忽少转东南向，忽明穴天开，自下望之，层楼结蜃，高镜悬空，即非屏风岩，亦异境也。从此遂高跻也，又十余丈而出明穴之口。先，余一入洞，即采嫩松拭两崖，开藓剔翳，而古刻露焉。字尽得松膏[3]之润，如摹拓者然，虽蚀亦渐可辨。右崖镌"程公岩"三大字。西有记文一通，则是岩为鄱阳程公崇宁[4]帅桂时所开，而程子邻嗣为桂帅，大观四年[5]。属侯彭老为记，梵仙赵岍书之者也。《志》言屏风岩一名程公，至此乃憬然[6]无疑，而转讶负担指点之人所遇之奇也。乃更拭，其西又镌《壶天观铭序》，有"石湖居士名之曰空明之洞"之文[7]，而后不著撰名，第复草书二行于后曰："淳熙乙未廿八日，酌别碧虚七人复过壶天观。”姓字在栖霞，必即范公无疑，又不可无栖霞一番详证矣。左崖镌张安国诗题，其字甚放逸。其西又镌《大宋磨崖碑》，为李彦弼大书深刻者。其书甚大而高，不及尽拭而读之。遂西向登级，上登穴口，其内岩顶之石，层层下垂，若云翼劈空⑧，极其雄峻。将至穴口，其处少平。北奥有大石幢，盘叠至顶，圆若转轮，累若覆莲，色碧形幻，何造物之设奇若此也！是处当壶天观故址，劫尘荡尽，灵穴当悬，更觉空明不夹。出穴而西，其外山回崖转，石骨森森，下即盘峰成窝。窝底有洞北向，心颇异之。遂不及返观前洞，竟从明穴之后觅径西南下，及抵窝入洞，洞不甚深。乃即逾窝而西，有石峰骈枝并起，一为石工锤凿垂尽，一犹亭亭独立。从其东更南三里，已出葛老桥之西，于是循朝云、七星西麓，西度花桥。时方日落，市人纷言流贼薄永城，省城戒严，城门已闭。亟驰一里，过浮桥，而门犹半启，得返寓焉。

【注释】①贸贸：茫然，懵懂。②庶几：大概。③松膏：指松脂。④崇宁：北宋徽宗年号，共5年（1102—1106）。⑤大观：北宋徽宗年号，共4年（1107—1110）。⑥憬（jǐng）然：醒悟的样子。⑦有“石湖居士名之曰空明之洞”之文：原作“有石湖居士命曰空之文”，据《广西通志》载《壶天观铭序》改。⑧云翼势空：下一日记有“云翼劈空”，疑此处“势”应作“劈”。

【译文】下山后，向北走过葛老桥，向东进入一家王孙的花园，园中有很多果树，正在建造亭子修整走廊。环境幽静可样式呆板，不是我喜欢的景观。此时我打算去观赏屏风岩，可各处打听也无人知道，有人告诉我是黄金岩，说是在离城东北五里处，他说的路线与之吻合，我怀疑就是这座山。等打听黄金岩时，又有很多人指认为朝云岩下的佛寺，说是宦官王公修建的。这是王公岩，却不是黄金岩。寻找屏风岩没找到，连黄金岩也无从寻找了，只好茫然地向东北方赶过去。大约走了三里，遇到一个挑担子的人便向他打听，他指着村北的山说："这就是了。"这里的当地人极少有人知道它的名字，于是从村子右边向北赶去，向村里人打听屏风岩，仍旧无人知道。途中还半信半疑，等来到山的东麓时，就见陡削的石崖平坦展开，排列着的山峰就像屏风一样，高险悬绝，所谓的屏风岩，大概不远了。随即转到山的北麓，就见洞口像峡谷一样，从下面高高隆起，山顶两侧的崖壁，宽五丈，高十多丈。最初向南平缓地进入，不过十丈，忽然稍稍转向东南方，一个明亮的洞穴在上才张开，从下面望去，层层高楼结成海市蜃楼，如明镜高悬于空中，即便不是屏风岩，也算是一处奇异的胜景了。从此处便开始向高处攀登，又走十多丈后便从明穴的洞口出来。起初，我一人进洞，随即采来嫩松枝擦拭两侧的崖壁，剥开苔藓剔除掉蒙在上面的污物，而古代的碑刻便露了出来。字迹都被松膏浸润，就像摹拓过一样，虽然腐蚀了但渐渐也可以辨认出来。右边的崖壁上刻着"程公岩"三个大字。西边有一块记文，原来这个岩洞是鄱阳人程公在崇宁年间出任桂林地方长官时开凿的，而后程子邻继任桂林长官，大观四年。属官侯彭老作了记文，僧人赵岍书写成碑文。《志》书上说屏风岩也叫程公岩，此时我才恍然大悟，转而惊讶于遇见的挑担子指点的人，真是神奇。于是再擦拭崖壁，这块记文的西边又刻有《壶天观铭序》，有"石湖居士给它起名为空明之洞"的碑文，可后面没有署上撰写人的名字，只是用草书在后面写了两行字，说："淳熙乙未年（淳熙二年，1175）二十八日，设宴辞别碧虚等七人再次路过壶天观。"姓名写在栖霞洞，想必一定是范成大先生无疑了，这就不能不到栖霞洞去详细地考证一番了。左边的崖壁上刻有张安国的题诗，他的字迹特别奔放飘逸。题诗的西边又刻有《大宋磨崖碑》，是李彦弼用大字书写并深深地刻在崖壁上的。他的字非常大而且位置很高，够不到全部擦拭出来阅读。于是向西登上石阶，上到洞口，洞内顶端的岩石，层层下垂，犹如云中的飞鸟展翅劈空，极其雄壮险峻。即将到达洞口，地势稍微平缓。北边幽暗之处有个大石幢，盘绕重叠直至洞顶，呈圆形好像转动的车轮，累叠起来好像下覆的莲花，颜色碧绿，外形幻变，造物主是怎么创造出如此奇妙的东西来的呀！此处应当是壶天观的旧址，尘世的劫难把它涤荡干净，灵穴当空高悬，更觉得空旷明亮而不狭小。出洞后向西行，洞外山回崖转，坚硬的岩石茂密林立，下面就是山峰盘绕成山窝。山窝底部有个山洞洞口向北，我心中感到很是奇异。便来不及返回去观看前洞，径直从明亮的洞穴后面找到小路从西南方下去，等抵达山窝进洞后，洞不算深。于是立即穿过山窝向西行，有座石峰像骈枝一样并排耸立，一座已经被采石工用锤子凿子开采完了，一座仍然亭亭而立。从石峰的东边再往南走三里，已经出到葛老桥的西面，于是沿着朝云岩、七星岩的西麓，向西走过花桥。此时刚刚日落，街市上的人纷纷传言流寇逼近永州府城，省城戒严，城门已经关闭。我们急忙快跑了一里，走过浮桥，幸而城门还半开着，才得以返回寓所中。

十二日　复二里，过初旸宗室，换得一石，令顾仆肩之，欲寄于都府街东裱工胡姓家。适大雨如注，共里余抵胡。胡亟来接，入手而石尖硂[1]然中断，余无如之奈何，姑置其家。候雨少止，遂西过都府前，又西径学宫，乃南行，共二里而出丽泽门。门外有巨塘汇水，水自西北城角马留过脊处，南抵振武门北，入阳江，自北而南，有石梁跨之，曰凉水洞桥。其梁北塘中，莲花盛开，幽香艳色，坐梁端树下眺之，令人不能去。又西南行一里，已出隐山之外。从其西度西湖桥，溯阳江北岸而西，通侯山背，而大道犹在西南，当自振武门西度定西桥。时余欲觅中隐山，久询不得，《志》言在城西南十里，乃转而南向行。又一里抵振武门，于是越桥西行，一里，忽见路右有山森然，有洞岈然，即北趋其下。前有古寺，拭碑读之，则西山也。

【注释】①砼（kēng）：敲打石头的声音。

【译文】十二日　又行二里路，去拜访朱初旸，换了一块石头，让顾仆用肩膀扛着，打算寄放在都府街东姓胡的裱工家中。适逢大雨如注，共走一里多来到胡家。姓胡的裱工急忙来接石头，刚接到手中石尖就“砰”地一声断了，我不知该拿它怎么办了，只好暂且放在他家。等雨稍停下后，就往西从都指挥使司府衙前经过，又向西途经学宫，于是向南行，共二里后出了丽泽门。城门外有个巨大的水塘聚积着水，塘中的水从城西北角的马留山的山脊处流过，向南流到振武门的北边，流入阳江，从北往南流，有座石桥横跨水流之上，叫做凉水洞桥。桥北的池塘中，莲花盛开，香味幽远色彩艳丽，坐在桥头的树下眺望此处美景，令人不忍离去。又向西南走了一里，已经出到隐山的外面。从这里向西走过西湖桥，沿着阳江北岸往西行，直通侯山的背面，而大道还在西南方，应该从振武门向西越过定西桥。这时候我想去找中隐山，打听了很久都没找到，《志》书上说在府城西南十里处，于是转向南走。又走了一里到达振武门，从这里过桥往西走，一里后，忽然看见道路右边有座山森然耸立，山上有个山洞十分深邃，立即向北赶到山下。山前有座古寺，擦拭石碑读来，原来这就是西山了。

西山之胜，余以为与隐山、西湖相近，先是数询之不获，然亦不知有洞也。亟舍寺趋洞，洞门南向。其东又有裂石，自峰顶下跨成门。复舍洞趋之，则其门南北豁然，亦如雉山、象鼻之中空外跨，但彼则急流中贯，此则澄潭外绕耳。然其外跨之石，其上欹叠交错，尤露奇炫异放。亦未遽入门中，先绕其东，遂抵山北，则北向亦有洞岈然。穿洞而南，横透山腹，竟与南洞南北贯彻，第中有夹门，有垂柱，不若穿山中洞、风洞西岩一望皎然耳。然其内平整曲折，以小巧见奇，固居然一胜也。出南洞，望洞左有磴叠嵯峨中。循之北跻峰顶，则怪异之石，锷簇锋攒，中旋为平凹，长若沟洫，光滑特异。既下至南洞前，始东入石门。其门乃片石下攒，垂石上覆，中门高辟，众窍旁通，内穹一室，外启八窗，亦以小巧见奇，又一胜也。停憩久之，望其西峰，石亦耸列。从寺后西历其上，由峰崿中历级南下，出庆元伯祠。乃弘治时孝穆皇太后祠其父者。

【译文】西山的胜景，我原以为与隐山、西湖相似，在此之前几次打听它都没有找到，这样也就不知道山上有岩洞了。急忙离开古寺赶到山洞，洞口向南。山洞东边又有迸裂的岩石，从峰顶下跨形成石门。急忙离开山洞向石门赶去，就见这座石门南北豁然裂开，就如雉山、象鼻山一样中间是空的从外面跨出去，但那两处有急流从石门中贯通而流，这里却是澄碧的水潭环绕在外面而已。然而石门向外跨的岩石，它的上方横叠交错，特显露出奇异的光芒，放出异彩。我也没有马上进入石门之中，先绕到石门的东边，即来到山的北面，就见北面也有个山洞十分深邃。穿过山洞往南走，横穿山腹，竟然与南面的山洞是南北相通的，只是中间有道狭窄的石门，有下垂的石柱，不像穿山的中洞、风洞西面的岩洞那样一眼望去明亮而已。然而洞内平整曲折，以小巧为奇处，固然可算是一处胜景了。出了南洞，望见洞左有台阶垒砌在巍峨的山间。顺着台阶向北登上峰顶，只见怪异的岩石，像刀刃剑锋一样成簇攒聚在一起，中间下旋的成为平滑的凹地，长长的好像田间水道，光滑异常。已经下到南洞前，这才向东进入石门。这座石门是石片在下面聚集而成，下垂的岩石覆盖在上面，中间门洞高高敞开，旁边通着众多的石洞，里面穹隆形成一个石室，外边开着八个石窗，也是以小巧见奇，又是一处胜景了。停下休息了很久，望见这里的西峰，也是岩石高耸排列。从寺庙后面向西爬上峰顶，由峰峦石崖中沿着台阶向南下山，出到庆元伯祠。这是弘治时期孝穆皇太后为祭祀其父建的祠庙。

西循大道行，又三里，由岐径北趋木陵村[①]。先是，求中隐不得，至此有居人朱姓者，告余曰："中隐、吕公，余俱未之闻，惟木陵村有佛子岩，其洞三层，道里相同，或即此岩未可知。"余颔之，遂从此岐入。西北二里，望见石峰在侯山东麓，洞门高悬。乃令顾仆就炊村氓家，余同静闻北抵岩下。其岩之东，先有二洞南向，余先入最东者，则洞敞而不深。稍西，则洞门侧裂，外垂列乳，中横一屏。屏后深峡下坠，屏东西俱有门可瞰而下，由峡中北入，其窍旁裂，渐隘而黑。乃复出，又西上入大洞。其洞南下北上。穹然高透，颇如程公岩。瞻右崖有题，亟以松枝磨拭之，则宋绍兴甲戌七月望吕愿中题中隐山《吕公洞诗》也[②]，后署云："假守洛阳吕叔恭游中隐山无名洞，客有言：'此洞自君题，当以吕公名之。'余未敢。披襟在坐者皆曰：'当甚。'因书五十六字镌于壁[③]。"余见之，更憬然喜，始知佛子岩之即吕公，吕公岩之即中隐也。于是北跻后穴，其内云翼劈空，叠层倒骞，与洞俱上，不作逼隘之观。而穴口高朗，更大于程公岩之后穴也。出口而北，有石磴二道，一东北下山麓，一西北跻山顶。余先从其下者，则北向之麓，皆崆峒如云嘘幔覆，外有倒石，界而为门，列而为窗，而内蜿蜒旁通，绕若行廊复道[④]，此下洞之最幽奇者也。既而复上中洞后穴，从其左西北跻级而上，忽复得一洞。其洞北入南穹，扩然平朗，南向之中一石耸立如台，上有石佛，不知其自来，洞右有记，言此洞从前路塞莫上，一日有樵者入憩，忽睹此像，异而建之，此宋初也。佛子洞之名所由也。其前有巨石柱，如屏中峙，东西界为两门：西窍大而正，自下远眺，从窍直透北山，而东则隐焉；东窍狭而偏，其窍内东旋一龛，中圆覆而外夹如门，门上龙虎交两旁，有因而雕缋之者，反失天真，则真之宫也[⑤]。窍外循崖东转，又辟一门，下临中洞之上，则关帝之座也。余得一佛子，而中隐、吕公岩诸迹种种毕现，诚意外之奇遇也。仍由洞北东下，穿中洞南出，再读吕公五十六字题[⑥]，识之以待归录。出中洞，复循山西行。又开一洞，南向与中洞并列，中存佛座、柱础，则昔时梵宇也，而内不甚宏。

【注释】①木陵村：六月五日记又作"穆陵村"，徐霞客此时尚在桂林周边，案睦邻村远在梧州，明误。②绍兴甲戌：即绍兴二十四年

（1154）。绍兴，南宋高宗年号，共32年（1131—1162）。③“后署云”数句：此段乾隆本有删节，文字最少。季抄本亦非全文。兹录原文于后：“假守吕叔恭游中隐岩无名洞，坐客鄱阳朱国辅云：‘此洞未有名，因公而显’，欲名曰吕公岩。予未敢。披襟而刘子思、陈朝彦皆曰：‘甚当。’戏书五十六字镵于石壁间。”④复道：楼阁中上下重叠的通行道路。⑤则真之宫也：“宫”即宫刑。或疑“宫”为“害”，因形近而误。⑥再读吕公五十六字题：原作“二十六字”，有误，据前文改。

【译文】往西沿着大道前行，又走了三里，从岔路向北趋往木陵村。在此之前，寻找中隐山却没有找到，来到这里有个姓朱的居民，跟我说：“中隐山、吕公岩，我都没有听说过，只是木陵村有个佛子岩，那个岩洞有三层，路线和距离跟你说的地方相同，或许就是这个岩洞。”我点头同意。于是从这条岔路进去。往西北走了二里，望见石峰在侯山的东麓，洞口高悬。于是让顾仆到村民家中去做饭，我同静闻向北抵达岩洞之下。岩洞的东边，先有两个岩洞洞口向南，我先进入了最东边的岩洞，然则洞内宽敞却不深。稍向西走，就见侧边裂开一个洞口，外面垂着许多钟乳石，中间横着一座石屏。石屏后面向下坠落形成深谷，石屏东西两头都有石门能够向下俯瞰。从峡谷中向北进入，石洞从两边裂开，渐渐变得又窄又黑。只得再次出来，又向西攀登进入大洞。这个洞南低北高，向上隆起，高大通达，很像程公岩。往右边的崖壁看去上有题记，急忙用松枝擦拭石壁，原来是宋高宗绍兴甲戌年（绍兴二十四年，1154）七月吕愿中为中隐山题写的《吕公洞诗》。后面题写道：“代理知府洛阳吕叔恭游览中隐山的无名洞，宾客中有人说：‘这个洞既然得到大人的题诗，就该以吕公来为它命名。’我不敢同意。在座者都袒露胸怀、兴高采烈地说：‘十分恰当。’因此写下五十六个字刻在洞壁上。”我看见这段话，明白过来，更加高兴，这才明白佛子岩就是吕公岩，而吕公岩就是中隐山了。于是向北登上后洞，洞内的岩石像云中的飞鸟划破长空，层层叠叠，倒悬高举，与山洞一同向上，景象也不会显得逼仄。而且洞口高大明朗，比程公岩的后洞更大。出了洞口往北走，有两条石阶，一条是往东北方下山的路，一条是向西北方上山的路。我先沿着那条下山的石阶路走，原来通往北边山麓的全是空洞，就像云气氤氲帷幔下覆，外边有倒立的岩石，隔开形成石门，排列形成石窗，而其内弯弯曲曲四通八达，绕行而走好像走在长廊和复道之中，这是下洞中最幽妙奇特的地方了。接着再上到中洞的后穴，从洞的左侧向西北沿着石阶往上走，忽然又看到一个洞。这个洞北边深入进去，南边高高隆起，开阔平坦明朗，向南中间之处有一块岩石耸立如高台，上面有尊石佛，不知其来历，洞右边有碑记，说这个洞从前道路堵塞无法上去，有天一个樵夫进洞来歇息，忽然间看到这洞里的景象，十分惊异便造了这尊佛像，这是宋朝初年的事了。佛子洞的名字便是由此而来。石佛前方有根巨大的石柱，如屏风般耸立在中央，把东西两边分隔成两道石门：西边的石洞又大又正，从下边远眺，从石洞一直通到北山，可东边的却隐匿不见；东边的石洞又窄又歪，石洞内部向东旋转形成一个石龛，中间圆圆地覆盖下来而外边相夹如门，门上两旁龙虎交错，有人因此给它们施以雕凿彩绘，反而失去了天然的美，损害了其自然朴实之感。从石洞外沿着崖壁转向东，又开着一道石门，下临中洞的上方，则是关帝的神座。我本来只找到一个佛子岩，在这中间中隐山、吕公岩等古迹的种种奇景全都出现了，确实是意料之外的奇遇呀！仍从洞北向东向下走，穿过中洞从南边出来，再次读了吕公五十六个字的题记，把它背下来以便回去后记录下来。出了中洞，再沿着山向西行。又开有一个岩洞，洞口向南与中洞并列，洞中留存着佛座、柱础，本来是昔日的佛寺庙宇，然而洞内不那么宽敞开阔。

由其西攀磴而上，又有南向之洞，余时腹已枵然，急下山，饭于木陵氓家。氓言："西向侯山之下，尚有铜钱岩，可透出前山；北向赵家山，亦有洞可深入；南向茶庵之西，又有陈抟岩，颇奇。"余思诸岩不能遍历，而侯山为众峰之冠，其岩不可交臂而过。遂由中隐旧路越小桥西，共一里，登侯山东麓。抵侯山庙，庙后山麓漫衍，蹈水披丛，茫不得洞。但见有级上跻，几欲贾勇一登绝顶，而山前行者，高呼日暮不可登。第西南遥望大道之南，削峰东转，有洞东北穹焉。不知为铜钱、为陈抟，姑望之而趋。交大道南去，共一里抵其下。洞门东北向，高倚山半，而前有潴水，汇而成潭。从潭上拾级攀棘，遂入洞中。其洞乱石堆门，外高内深，历石级西南下，直坠洞底，则水涯渊然。内望有一石横突而出，若龙首腾空，下有仄崖嵌水，内有裂隙旁通。余抵龙首之下，畏仄崖峭滑，逡巡[①]未前，而从者高呼："日暮，路险。此可莫入！"乃从之出，下山。循麓转出东南，则此山之背，似复有门，前复汇水，岂所云铜钱岩可透前山者，乃即此耶？其处西峰骈耸，无侯山之高，而峭拔过之。日暮急驰，姑留以为后日之游。共二里，南出大道，回顾其西路南夹道之山，上有一窍东西透空，亦与佛子穿岩无异，俱留为后游，不暇入。执途人而问："前所入北向洞何名？"则架梯岩，一名石鼓洞也。时途中又纷言城门已闭，竭蹶东趋三里，过茶庵，又二里，过前木陵分岐处，已昏黑矣。度已不及入城，又三里抵振武门，犹未全掩也。侧身而入，从容抵寓。

【注释】①逡（qūn）巡：因为有所顾虑而徘徊不前。

【译文】由岩洞向西攀着石阶往上走，又有一个洞口向南的岩洞，我此时已经腹空饥饿，急忙向下走出山，在木陵村的村民家中吃饭。村民说："向西走到侯山之下，还有个铜钱岩，可以通往前山；向北到赵家山，也有个洞可以深入进去；向南走到茶庵的西边，又有个陈抟岩，甚为奇异。"我考虑到众多的岩洞不可能都去游览，而侯山是群峰之首，侯山的岩洞不可错过。于是从中隐山的原路去到小桥西边，共一里，登上侯山的东麓，抵达侯山庙。庙后的山麓上水流漫溢，踏着水流劈开草丛，茫然找不到岩洞。只见有向上的石阶，几乎想要鼓足勇气一鼓作气登上绝顶，但在山前行路的人大声对我说天晚了不可登山。只是向西南方遥望大道的南边，陡削的山峰转向东边，有个岩洞洞口向东北高高隆起。不知是铜钱岩还是陈抟岩，姑且向着山洞赶去。与大道相交后向南走，共一里到达岩洞的下方。洞口朝向东北，高高斜靠在半山腰上，而山前有积水，汇合后形成深潭。从水潭边沿着台阶抓着荆棘逐级上登，便进入洞中。这个山洞洞口乱石堆积，外边高里边深，顺着石阶往西南向下走，一直下沉到洞底，就到了水边，潭水十分幽深。向内望去里面有一块岩石横突出来，像龙头腾空，下面有倾斜的崖壁嵌入水中，里面有条裂隙通到旁边。我来到龙头的下面，害怕倾斜的石崖太陡太滑，徘徊不前，而跟随来的人高呼："天黑了，道路危险。此处千万不能进去！"只好跟着他出来，下了山。沿着山麓转到东南方，就是这座山的背面，似乎还有个洞口，洞前也有积水，莫非所说的铜钱岩可以通到前山的地方，便就是这里吗？此处西面的山峰并列耸立着，此处没有侯山那么高，但山峰峭拔远超侯山。天晚了我们急着赶路，暂且留着作为日后游览的地方。共走了二里，往南来到大道上，回头看大道西面和道路南边夹住道路的山，上面有一个石洞东西两头穿空，也与两头穿通的佛子岩没有不同，都留作以后游览的地方，这次来不及进去。拉着路上的人问："之前我进去的洞口向北的岩洞叫什么名字？"他说是架梯岩，又叫石鼓洞。这时候路上的人又纷纷传言城门已经关闭了，我们竭尽全力跌跌撞撞地向东赶了三里路，路过茶庵，又赶了二里路，经过先前到木陵村道路分岔的地方，天色已经昏黑了，估计已经来不及进城了。又走了三里到达振武门，城门还没有完全关上。我们侧着身子进了城，从容不迫地回到寓所。

十三日　早促饭，即入靖藩城北门[①]，过独秀西庵，叩绀谷，已入内宫礼忏矣。登峰之约，复欲移之他日。余召与其徒灵室期，姑先阳朔，而后来此。乃出就日门，过木龙南洞，由其下渡江。还望木龙洞下层，复有洞滨江穿麓，潆流可爱。上江东涯，即溯江流北行，不半里，入千佛阁，乃平殿也。前有大榕一株。问所谓辰山者，自庵至渡头东街，僧俗少及长俱无一知。乃东向苍莽行，冀近山处或得一识者，如屏风岩故事。随大路东北五里，眺尧山在东，屏风岩在南，独辰山茫然无辨。一负刍者[②]，执而问之，其人曰："余生长于此，未闻所谓辰山。无已，则东南数里有寨山角，其岩前后相通，或即此也。"余欲从之，将东南行，忽北望一山，去路不一里，而其山穹然有洞，洞口有石当门，赭色斑烂，彪炳[③]有异。亟问何名，负刍者曰："老虎山也。"余谓静闻："何不先了此，而后觅辰山。"遂北由岐行一里，抵山下。有耕者，再问之，语如初。乃望高贾勇，遂先登洞口斑烂石畔，穿入跨下，其内天光自顶四射。由下北透其腹，再入重门，支峡后裂，层皮上悬，俱莫可度。返南向重门内，攀崖上跻，遂履层楼，徘徊未下。忽一人来候洞前，乃下问之，曰："是山名老虎山，是洞名狮子口，以形也。又名黄鹂岩，以色也。山前有三洞：下曰平地，中曰道士，上曰黄鹂。"似欲为余前驱者。余出洞，见山顶石丛参错，不暇与其人语，遂循路上跻。其石片片，皆冰棱铁色。久之下岭，石棱就夷，棘道转没。方踯躅间，前候者自山下释耒趋上，引余左入道士岩。岩亦南向，在黄鹏之东而稍下，所谓中洞也。洞之前壁，右镌李彦弼，左镌胡槻诗，皆赠刘升之者。升之家山下，读书洞间，故当道皆重之。拂读诗叙，始知是山之即为辰山④。又得辰山之不待外索，更奇甚。前得屏风岩于近山之指示，又得中隐山于时登之摹拟，若此山近人皆以为非，既登莫知其是，而数百年之遗迹，独耿然示我也，又孰提醒而孰嘿导⑤之耶？

【注释】①即入靖藩城北门："入"原作"出"。此句乾隆本、"四库"本皆作"十三日，入靖藩城，过独秀西庵"。据改。②负刍：背柴草。③彪炳：照耀。④辰山：即虎山，俗称猫儿山，在桂林城东北郊。霞客所住的王庆宇家，应即今猫儿山北面的王家碑。⑤嘿（mò）导：暗中引导。嘿，同"默"。

【译文】十三日　早晨急忙吃完饭，立即进入靖江王王城的北门，访问独秀峰西面的小庙，拜见绀谷，但他已经进内宫礼佛去了。原登峰的约定时间，又想把它移到其他日子。我找来他的徒弟灵室与他约好：我暂且先去阳朔，然后再回此地。之后从就日门出来，经过木龙洞的南洞，从南洞下面渡江。回头望见木龙洞的下层，又有个洞靠近江流穿透山麓，江流萦绕讨人喜爱。登上漓江东岸，就沿江往北走去，不到半里路，进入千佛阁，是一间平层的佛殿。前方有一棵大榕树。打听被称为辰山的地方，从小庙到渡口东街，僧侣、民众、少年和老人竟没有一个人知道。只好向着东边在苍茫的原野中前行，希望在靠近山的地方或许能碰到一个知道的人，就跟原来在屏风岩发生的事一样。沿着大路往东北走了五里，远眺尧山在东面，屏风岩在南面，唯独辰山茫然无法分辨出来。有一个背柴草的人，拉住他打听辰山，那人说："我生长于此，从没有听过叫辰山的地方。如果有的话，那么东南方几里处有个寨山角，那里的岩洞前后相通，你说的可能就是那里了。"我想按着他的话去看看，刚要向东南方走去，忽然望见北面的一座山，距离不到一里，而且那座山上有个高高隆起的山洞，洞口有岩石挡住入口，红褐色驳杂相交，多彩灿烂，异常夺目。连忙打听那座山的名字，背柴草的人说："叫老虎山。"我对静闻说："何不先去游览这座山，然后再去找辰山。"于是我们向北经由岔路前行一里，抵达山下。山下有个农夫，再次向他打听，和先前那个人说的一模一样。于是望着高山鼓足勇气开始上山，便先上到洞口色彩斑斓的岩石旁，从横跨的岩石下面穿过，洞内阳光从洞顶四面照射进来。从下边往北钻到山腹中，再次进入两道石门中，后面开裂分支的峡谷，上面悬着层层石板，都没有地方可以通过。向南返回到两重石门之间，攀着石崖上爬，终于踩在了层层高楼之上，正在徘徊还没下去。忽然来了一个人等候在洞口前，于是下去问他，他说："这座山叫老虎山，这个洞叫狮子口，是因为岩洞形状而起的名。又叫黄鹂岩，是根据颜色起的名。山前有三个洞：下边的叫平地岩，中间的叫道士岩，上面的叫黄鹂岩。"看起来想要为我在前边引路的样子。我从洞中出来，看见山顶成丛的岩石参差交错，顾不上与那人说话，就顺着山路上登。山上岩石一片片的，就像冰棱一样，有着铁一般的颜色。过了很久才从山岭下来，石棱已经磨平了，荆棘丛生的小道转过去就没了。正徘徊之间，先前等在洞口的那个人从山下放下农具赶上来，领着我从左边进入道士岩。岩洞也是洞口向南，在黄鹂岩的东边稍微低一点，就是所谓的中洞了。洞的前壁上，右边刻着李彦弼的诗，左边刻着胡榥的诗，都是赠给刘升之的。刘升之的家住山下，在洞中读书，故而当官的人都很敬重他。擦拭洞壁读了诗前的序文，才知道这座山就是辰山。又一次遇到辰山不必再四处去寻找，更是奇异。之前找到屏风岩是在靠近山的地方有人指点，再一次找到中隐山是在登山时的揣摩思考，至于这座山，附近的人都认为不是，登山后也无法确认它就是，然而几百年前的遗迹，唯独清楚地显示在我面前，难道是有人在暗中引导着我吗？

余就岩录诗，因令顾仆随导者往其家就炊，其人欣然同去。录未竟，其人复来，候往就餐，余乃随之穿东侧门而出。其门内剖重龛，外耸峡壁。东向下山，以为其家不远，瞻眺无近村，始知尚在东北一里外也。其人姓王名世荣，号庆宇，山四旁惟兹姓最近，为山之主。抵王氏，主人备餐加豆，且留宿焉。余见尧山渐近，拟为明日游，因俞其请，而以余晷索近胜。庆宇乃肩梯束炬前导，为青珠洞游。不约而随者数十人，皆王姓。遂复趋辰山北麓。

【译文】我就着这崖壁抄诗，因而让顾仆跟随着带路的人前往他家去做饭，那人愉快的同意一同前往。还没有抄完，那人就回来了，等我前去用餐，我于是跟着他穿过东侧的石门出来。这道石门内里剖开重重石龛，外面耸立着峡壁。往东向山下走，我以为他家不远，眺望附近并无村庄，这才知道还在东北方一里之外。此人姓王，名叫世荣，号庆宇，这座山的四周只有此姓人家离得最近，是这座山的主人。来到王家，主人准备好了午饭加了豆，并且挽留我们住在他家。我看尧山已经越来越近了，打算明天去游览，因而答应了他的邀请，而利用剩余的时间去寻找近处的美景。王庆宇于是肩扛梯子捆好火把在前面引路，去游览青珠洞。不约而同地跟着来的有几十人，都姓王。于是我们又前往辰山北麓。

其洞北向，裂峡上并山顶，内界两层。始向南，入十余丈，乃攀崖而上，其中穹窿而暗。稍转而西，乃竖梯向北崖上跻。既登，遂北入峡中五丈余，透出横峡。其峡东西横亘，上高俱不见顶。由东行四五丈，渐辟生光，有大石柱中悬。绕出柱西，其峡又南北竖裂：南入而临洞底，即穹窿暗顶之上也；北出而临洞门，即裂峡分层之巅也。洞门中列二柱，剖为一门二窗，延影内射，正当圆柱。余诧以为奇，而导者曰："未也。"转从横峡口，又由西行四五丈，有窍南入，甚隘。悉去衣赤体，伏地蛇伸以进。其穴长三丈，大仅如筒，又曲折而有中悬之柱，若范人之身[①]而为之窍者。时从游两人以火炬先入，余继之。半晌而度，即西坠度板，然后后入者得顶踵而入，几几乎度一人须磨捱一时矣。过隘，洞复穹然，上崇下陷，乃俯南降，垂乳纷列，迥与外异。导者曰："未也！"又西逾一梁，梁横南北若阈，下可由穴以坠，上可截梁而度。越梁西下，石乳愈奇。西洼既穷，复转北上，靡丽盈眸，弥转弥胜。盖此洞与山南之黄鹂正南北相当，而南则层叠轩朗，涤虑怡神，可以久托；北则重閟[②]崄巇，骇心恫目，所宜暂游。洵一山皆空，其环峙分门者虽多，无逾此二妙矣。北向开洞门者三，此为中，东西二门俱浅。

【注释】①范人之身：以人的身体做模子。范，模子。②閟（bì）：古同“闭”。

【译文】青珠洞洞口向北，裂开的峡谷向上直到山顶，洞内分为两层。开始时向南进去十多丈，便攀着崖石往上爬，洞中高大隆起但很黑暗。稍转向西，于是竖起梯子靠在北边的崖壁上向上攀爬。爬上去后，便向北走进峡谷中五丈多远，钻到横着的峡谷中。这条峡谷东西横贯，上面很高都看不见顶。在峡谷中往东走四五丈远，渐渐开阔起来透出亮光，有根大石柱悬在中央。绕到石柱的西侧，这里的峡谷南北竖向裂开：向南进去就来到洞底，也就是穹隆黑暗洞顶的上方了；向北出去就来到洞口，也就是裂开的峡谷分层的顶端了。洞口中间排列着两根石柱，把洞口破开分为一道石门和两个石窗，光线从此照入洞中，正好照射到圆柱上。我诧异地认为这很是奇异，可向导说：“这不够奇异。”转到横向的峡谷口，又经由峡谷往西走了四五丈，有个石洞向南进去，非常狭窄。于是把全部衣服脱掉赤身裸体，趴在地上像蛇一样一伸一缩地爬进去。这个洞穴长三丈，大的地方仅像个竹筒，又曲曲折折的，而且有悬在中间的石柱，好像是用人的身子当模子做成的石洞一样。此时跟着我游览的两个人拿着火把先进去，我紧跟在他们后面。半晌才过去，就立即向西下坠越过石板，然后后面的人才得以头顶着脚跟进来，几乎是每过一个人必须磨蹭一个时辰。通过隘道，山洞又高大隆起，上面高突起下边陷下去，于是俯身向南下降，下垂的钟乳石纷纷排列着，与外边迥然不同。向导说：“这不够奇异！”又向西越过一座石桥，桥横架在南北方好像一道门槛，下边可以从洞穴中坠落下去，上边可以横着走过桥梁。越过桥后往西向下走，钟乳石愈加奇异。西边的洼地走到头后，又转向北往上走，绮丽的景致充满双眼，越转过去就越美丽。原来这个洞与山南面的黄鹂岩正好南北相反，而南边的洞是层层叠叠，高大明亮，消除烦恼怡悦心神，可作为长期居所；北边的洞则是重重密闭，艰险崎岖，触目惊心，只适合短暂的游览。确实一整座山都是空的，其中环绕耸峙着的岩洞虽然很多，却没有比这两个洞更加奇妙的了。向北开的洞口有三个，这个洞是中间的，东西两个洞都很浅。

出，复东循北麓，过洞门一，不甚深。转南向而循东麓，先过高穹之洞一，又过内削三曲[①]一，又过狗头岩一，皆以高悬不入。又南过道士后峡门，又南得和合岩。其岩亦东向，内辄南裂成峡，而峡东壁上镌和、合二仙像，衣褶妙若天然，必非尘笔可就。南向者三，即平地、道士、黄鹂也。《志》称辰山有洞三级，第指其南耳。惟西面予未之穷。出青珠洞，过北洞一，东麓洞五，转西向而循南麓，遂入平地岩。其门南向，初入欹侧，不堪平行，侧身挨北缘东隙而上，内境既穹，外光渐閟。时火炬俱弃北隅，庆宇复欲出取，而暮色亦上，不堪栖迟，乃谢之出。亦以此洞既通中洞，已穷两端，无复中撷[②]矣。乃从山东北一里，复抵王氏。庆宇之母，已具餐相待。是夜月色甚皎，而蚊聚成雷，庆宇撤己帐供客，主仆俱得安寝。

【注释】①三曲：原作“三门”，据乾隆本、“四库”本改。②撷

(xié):摘下,取下。

【译文】从洞中出来,再向东沿着北麓走,经过一个洞口,不怎么深。转到南方沿着东麓走,最先经过一个高大穹隆的山洞,又经过洞内三个陡削的和一个曲曲折折的,又路过一处狗头岩,都因为悬在高处没有进去。又向南经过道士岩后面的峡口,又向南找到和合岩。这个岩洞也是洞口向东,洞内则是向南裂成峡谷,而峡谷东面的石壁上刻有和、合二仙的像,衣服的褶皱巧妙得如自然形成的,必定不是人间的画笔能够画成的。洞口向南的岩洞有三个,即平地岩、道士岩、黄鹂岩。《志》书上说辰山的岩洞有三层,仅仅是指山南面的岩洞而已。唯有西面我没去探查。从青珠洞出来后,经过北麓的一个洞,东麓的五个洞,转向西后沿着南麓走,便进入平地岩。洞口向南,刚进去就倾斜向下,不能平走,侧着身子挨着北边向东边的裂隙往上走,里面向上高高隆起,外面的光亮又渐渐幽暗下来。当时火把全部丢在北边的角落里,王庆宇想再出去取火把,可暮色也降临了,不能停留得太晚,便谢过他从洞中出来。这也是因为这个洞既然是通到中洞,我已经探查了洞的两头,就不必再摘取中间的了。于是从辰山往东北行走一里,再次来到王家。王庆宇的母亲,已经准备好晚饭等着我们了。这天夜里月光十分皎洁,可蚊虫聚集响声如雷,王庆宇撤下自己的蚊帐让给客人,我们主仆便都得以安稳入睡。

十四日　早餐于庆宇处,遂东行。过一聚落,又东北共三里,过矮山。其山在尧山之西,漓水之东,其北复耸一枝,如拇指之附,乃石山最北之首峰也。山南崖削立,下有白岩洞。洞门南向,三窦旁通。其内垂石,如莲叶卷覆,下多透漏,列为支门。其后少削,而下辄复平旷。转而西入数丈,仍南透天光。出洞而东,有庵两重，庵后又有洞甚爽，僧置牛栏猪笠于中，此中之点缀名胜者如此！北小山之顶，一小石尖立，特起如人。山之名“矮”，以矮于众山。余见其嶙峋，欲以雅名易之，未能也。

【译文】十四日　在王庆宇家吃过早餐，就往东行走。路过一个聚落，又向东北方共走三里，经过矮山。这座山在尧山的西边，漓江的东面，山北又耸立一座支峰，如手掌上附着的大拇指，是石山最北边的第一座石峰。山南面的石崖陡削壁立，下面有个白岩洞。洞口向南，旁边开有三个岩洞。洞内垂着的岩石，如荷叶般翻卷下覆，下面有很多透空处，排列成支洞口。岩石后面略微陡峻，可下去后便又平敞空旷起来。转向西面深入数丈，仍然从南面透出阳光。出洞后往东走，有两重寺庵，庵后又有个洞十分明亮，僧人安设了牛圈和养猪的篱笆在洞中，此洞中点缀美景的竟然是这些东西！北面小山的顶上，一块小石头尖头向上竖立着，独特耸起形似一人。这座山名叫“矮”，是因为矮于群山。我见它山石嶙峋，想要给它换个好听的名字，没能命名出来。

于是东向溯小溪行，共二里，抵尧山西麓。由王坟[①]之左渡一小石桥，乃上山，入古石山坊，共二里，抵玉虚殿。其处小回成坞，西向开洋，水自山后转峡而来，可润可耕，名天赐田，而土人讹为天子田。由殿右转入山后，则两山夹而成涧。乃南向溯涧半里，又逾涧东上半里，始登岭角，于是从岭上望东北最高峰而登。适得樵者，询帝尧庙所在。其人指最高峰曰：“庙在此顶，今已移麓，惟存二石为识，无他可睹也。”乃益东北上，三过狭脊，三登三降。又二里，始登第一高峰，然庙址无影响，并二石亦莫辨焉。盖此中皆石峰森立，得土山反以为异，故群而称之，犹吾地皆土山而偶得一石峰也。大舜虞山已属附影，犹有《史记》苍梧之文，而放勋[2]何与于此哉！若谓声教南暨[3]，则又不独此山也。或者曰："山势春峣。"又或曰："昔为瑶人所穴。"以声音之同，遂讹为过化所及，如卧龙之诸葛，此岂三国版图哉！其山之东，石峰攒丛，有溪盘绕其间，当即大坝之上流，出于廖家村西者也。

【注释】①王坟：即明代靖江王墓群，有王墓十一座，王室墓百余座，占地近万亩。②放勋（xūn）：指帝尧。③暨（jì）：至，到。

【译文】在这里向东沿着小溪前行，共二里，抵达尧山的东麓。从靖江王王室墓地的左边走过一座小石桥，于是上山，进入古石山坊，共二里，来到玉虚殿。此处小山回绕形成山坞，西面十分开阔，溪水自山后绕过山峡流出来，可以滋润万物，可以灌溉耕地，名为天赐田，但当地人误读成天子田。由玉虚殿右边转入山后，则是两座山相夹形成的一条山涧。于是向南逆着山涧前行半里，又越过山涧往东往上走了半里，才登上岭角，于是从岭角上望着东北方的最高峰往上爬。恰好遇见一位打柴人，向他打听帝尧庙在什么地方。那人指着最高峰说："庙在这座山顶上，如今已经迁到山麓，只留下了两块石头作为标记，没有什么值得观赏的了。"于是我更快向着东北方上登，三次越过狭窄的山脊，三次往上爬三次往下走。又走了二里，这才登上第一高峰，然而庙址了无踪迹，就连那两块石头也无法辨认出来。大概这里都是森然耸立的石峰，见到土山反而认为很奇异，所以大家都来称颂，就好像我的家乡都是土山而偶尔见到一座石峰是一样的吧。大舜登虞山已经属于望影附会，况且《史记》上还有了大舜巡游苍梧的记载，但帝尧是何时来过这里的呢！如果说是声威教化远播南方，那么又不仅仅只有这座山了。有人说："是山峰险要高峻。"又有人说："从前是瑶人的居住的洞穴。"由于读音相同，便误认为是帝尧来过教化所到之地，例如卧龙山的诸葛武侯祠，此地难道属于三国的范围吗！这座山的东面，石峰攒聚成丛，有溪流盘绕在石峰之间，这应当就是大坝的上游，源自廖家村西边的溪流了。

凭眺久之，仍五里下，饭于玉虚殿。又二里，抵山麓小桥。闻其北有尧庙，乃县中移以便伏腊[1]故事者，其东南有寨山角、铁峰山，其名颇著。乃又南渡一桥，于是东南循尧山南麓而趋，将先探铁峰，遂可西南转及寨山、黄金而返也。五里，已出尧山东南坞。其南石峰森森，而东南一峰，尤铮铮屼突。余疑其为铁峰山，得两人自东来，问之，曰："铁峰在西，已逾而东矣！"余不信，曰："宁失铁峰，此铮铮者不可失也！"益东南驰松篁间，复得一小沙弥，询铁峰，曰："前即是矣！"出林，夹右转石山而南，将抵铮铮突峰之西，忽一老者曳杖至。再询之，则夹右而转者即铁峰，其东南铮铮者乃天童观后峰，铮铮者可望而不可登，铁峰山则可登而不可入。盖铁峰颇似独秀，其下有岩洞，昔有仙留记，曰："有人开得铁峰山，真珠金宝满担担。"故先后多凿崖通窍者，及将得其门，辄坠石闭塞焉。老者指余循南麓遍探，仍返勘东麓，俱无深入容身之窍。

【注释】①伏腊：古代伏、腊日皆举行祭祀。"伏"在夏季伏日；"腊"在农历十二月。

【译文】居高远望了很久，依旧走了五里才从山上下来，在玉虚殿吃了饭。又走了二里，抵达山麓的小桥。听说小桥北边有座尧庙，是从县里迁来以便在伏腊举行祭祀的地方，尧庙的东南方有寨山角、铁峰山，这两座山都很有盛名。于是又向南走过一座桥，从这里往东南沿着尧山的南麓急忙赶去，想要先去探寻铁峰山，顺路可以向西南转到寨山角、黄金岩后再返回城中。五里后，已经来到尧山东南的山坞中。山坞南面的石峰森森耸立，而东南方的一座山峰，尤为刚毅突兀。我怀疑那就是铁峰山，遇到两个从东边来的人，向他们打听，他们说："铁峰山在西面，你们已经走过头来到东边了！"我不相信，说："宁愿错失了铁峰山，也不能错过了这座峥嵘的高山！"益发向着东南方在松林竹丛中疾行，又遇到一个小和尚，向他打听铁峰山，小和尚说："前边的就是了！"从树林中出来，从夹谷的右边转过石山往南走，将要到达刚毅突兀山峰的西麓，突然看到一位老人拄着拐杖走来。再次向他询问，原来从夹谷右边转过去的石山就是铁峰山，那座位于东南方山势刚毅的山峰是天童观的后峰，山势刚毅的山峰可以远望却无法攀登，铁峰山则是可以登上去却不能深入。原来铁峰山颇有些像独秀峰，山下有个岩洞，从前有位仙人留下了碑记，碑文是："有人开得铁峰山，真珠金宝满担担。"所以先后有许多想凿崖壁开通洞穴进去的人，到将要找到石门时，就有岩石坠落下来堵塞了通道。老人指引我沿着南麓去四处探寻，依旧返回来勘测东麓，都没有可以深入容身的洞穴。

乃西驰一里，转入南岐，又一里抵冷水塘[①]。小桥跨流，急涌西南而去，一村依山逐涧，亦幽栖之胜，而其人不之觉也。村南石峰如屏，东西横亘，从西嘴望之，只薄若立指。从其腋东转南山之坳，则遂出山南大道。始驰而西，共三里过万洞寺，则寨山在其西矣。其地石山始开，平畴如砥，而寨山兀立其中。望其东崖，穹然壁立，悬崖之上，有室飞嵌，而不见其径。转循山南，抵山西麓，乃历级北上。当寨山西北隅，崖开一罅，上架横梁，乃逾梁入洞，贯腹而东，透出东崖，已在嵌室之内矣。余时急于东出，西洞真形俱不及细按。及透东洞，始解衣憩息，竟图托宿其间，不暇更问他胜矣。

【注释】①冷水塘：今名同，位于桂林城东郊。

【译文】于是向西疾驰一里，转入向南去的岔路，又走一里抵达冷水塘。小桥跨过溪流，溪流向着西南迅速奔涌而去，一个村庄背靠山紧挨着山涧，也是一处幽静隐居的胜地，而当地人没有觉察到这一点。村南的石峰像屏风一样，东西绵延横陈，从西面的山嘴看它，薄得就像直立的手指。从石峰腋处向东转过南山的山坳，最终来到了山南的大道上。开始向西疾驰，共三里后经过万洞寺，就见寨山角在万洞寺的西边。此处的石山开始开阔起来，平旷的田野如磨刀石，而寨山角笔直挺立在田野中。远望寨山角东面的山崖，高高隆起的石壁矗立着，悬崖之上，有石室飞嵌于上，却看不见通到那里的小路。转向沿着山的南麓走，到达山的西麓，于是沿着石阶往北上爬。位于寨山角的西北角，山崖裂开一条缝隙，上面横架着桥梁，于是过桥后进入洞中，横贯山腹向东走去，穿过东面的悬崖，已经身处飞嵌的石室内了。我当时急着从东边出来，西边山洞的具体情况都来不及仔细观察。等通过东面的山洞，才脱下外衣休息，竟然想要在洞中住宿，来不及再去探问其他胜景了。

十五日　寨山洞中多蚊，无帐睡不能熟。晨起，晓日即射洞而入，余不候盥栉，辄遍观洞中。盖其洞西北东南，前后两辟，而中则通隘，仅容一人。由西麓上山腰，透入飞石下，旋转蹑其上，卷石为桥，以达洞门。门西北向，门内洞界为两，南北并列，俱平整可居。北洞之后，即通隘透腹处也，隘长三丈。既入，即宽辟为岩，悬乳垂莲，氤氲左右，而僧结屋掩其门。东岩上下，俱极崇削，惟屋左角余飞台一掌，不为屋掩。余先是中夜为蚊所驱，时出坐其上。月色当空，见平畴绕麓，稻畦溢水，致甚幽旷。东岩之下，亦有深洞，第不透明。路当山麓，南转始得东上。余既晨餐，西北望黄金岩颇近，亟趋焉，不复东寻下洞也。

【译文】十五日　寨山洞中蚊子太多，没有蚊帐无法熟睡。清晨起来，朝阳立即射入洞中，我来不及梳洗整容，就遍览了洞中景色。这个洞大体上呈西北到东南走向，前后两头宽广，而中间只有一个狭窄的通道，仅容一人通过。从西麓上到山腰，穿过飞石的下面，随即转而踩到飞石之上，翻卷的岩石形成石桥，一直通到洞口。洞口朝向西北，洞口内的岩洞被分隔成两半，南北两个岩洞并列，全都整齐平坦可以居住。北洞的后边，就是连通狭窄的通道穿透山腹之处了，狭窄的通道长三丈。进去以后，立即变宽形成岩洞，高悬着莲花状的钟乳石，左右两边云气氤氲，但僧侣建了间屋子关着屋门。东面岩洞的上下，都极为高峻陡削，只有屋子左边的角落空了一块手掌大的飞台，没被屋子遮住。我先是前半夜被蚊子骚扰，时不时出来坐在石台上。月色当空，远远望去平旷的田野绕着山麓，稻田溢满水，景致特别幽静空旷。东面岩洞的下面，也有个深洞，只是透不进亮光。道路对着山麓，转向南才能从东面上山。我吃过早餐后，西北方向望去黄金岩很近，急忙赶去那里，不再向东去寻找下洞了。

下山西麓，过竹桥，由村北西北行[1]，三里，抵岩之阳。其山骨立路北，上有竖石如观音，有伏石如虾蟆，土人呼为“蟆拐拜观音”。拐即蛙之土名也。自九疑瑶峒，俱以取拐为务。其下即裂为洞，洞不深而高，南北交透，前低后峻。后门之半，复有石横飞，若驾虹空中，门界为二。既内外分启，亦上下层分，映彻之景，莫此为甚，土人俱指此为黄金岩。余既得之黄公之外，又觉此洞之奇，虽中无镌刻，而心有余幸。由洞内上跻，北出驾虹之下，俯瞰北麓，掩剑江直啮其下而西去焉。踞坐久之，仍南下出洞。其右复有一洞，门亦南向高裂，其内则深入而不透，若重峡而已。已从西麓北转，山之西北，亦有一洞西向，则中穹而不深，亦不透。其对山有东向之洞，与此相向，若门庑对列。其洞则内分四支如“十”字。东北二门则外透而明，然东其所入，北乃悬崖也；西南二峡则内入而黑，然西其上奥，南乃深潭也。掩剑之水在东峰之北，抵此洞前，转北循山。当洞有桥跨之，桥内汇而为池，亦山丛水曲之奥矣。出洞，不知其名，心诧其异，见汲水池中者，姑问之。其人曰：“此洞无名。其上更有一洞，可跻而寻也。”亟从之。适雨至不为阻，披箐透崖而上。南北两石屏并立而起，微路当其中，甚峻。洞峙南屏后，门亦东向，而不甚宏。门左刻石一方，则宋人遗迹也，言此洞山回水绕，洞名黄金，为东坡居士香火院[2]。岩中东坡题额可拓，予急觅之。洞右有旧镌，上有“黄金岩”三字可辨。其下方所书，则泐剥无余矣。始知是洞为黄金，而前乃其东峰之洞。一黄金洞而既能得土人之所不知，又能知土人之所误指，且又知其为名贤所遗，第东坡不闻至桂为可疑耳。洞内无他奇，而北转上透天光，断崖崩溜，无级可攀。乃出门左，见北屏内峡，有路上跻，第为积莽所翳，雨深蔓湿，不堪置足，余贾勇直前，静闻不能从焉。既登，转而南，则上洞也。洞门北向。门外棘蔓交络，余缕分而节断之，乃得入门。门内旁窦外通，重楼三叠，下俯甚深，上眺亦异，然其上俱无级罅可攀。谛视久之，见中洞之内，有旁窦玲珑，悬隙宛转，可穿而上，第隘而层折，四体难舒。于是脱衣赤体，蛇伸蠖曲③，遂出上层平皮阁上，踞洞口飞石驾梁之上，高呼静闻，久而后至，亦以前法教猱而升，乃共下焉。

【注释】①“由村北”句：此村应为今竹桥村，位于桂林城东郊，乌山里稍北。②东坡居士：苏轼（1037—1101），字子瞻，号东坡居士，四川眉山人。曾通判杭州，知密州、徐州、湖州、永州。后为黄州团练副使，北宋著名文学家，有《东坡集》四十卷。香火院：私人营建供诵经祈福的庵堂寺院。③蠖（huò）曲：亦写作“蠖屈”。像尺蠖一样的屈曲之形。尺蠖，是一种昆虫。生长在树上，颜色像树皮色，它必须先弯曲身体，再向前伸，故北方称它叫步曲，南方叫造桥虫。

【译文】下到山的西麓，过了竹桥，从村北向西北行走，三里后，抵达黄金岩的南面。这座山像骨头一样矗立在道路北边，上面有块竖立的岩石很像观音，有块趴伏着的岩石像蛤蟆，当地人称之为“蟆拐拜观音”。拐就是青蛙的土名。从九疑瑶峒起的地方，都把抓青蛙作为一件要务。那下边就开裂形成岩洞，洞不深但很高，南北相通，前低后高。后洞口的中间，又有块岩石横着飞突出来，好像彩虹飞架于空中，把洞口隔为两半。既分为内外，也分为上下层，阳光照进来显现出的景致，没有比这里更美的了，当地人都指认这里就是黄金岩。我既在黄公岩之外找到这个洞，又觉得这个洞很奇特，虽然洞中没有碑刻，可内心有种出乎意料的幸运感。从洞中上登，向北从洞中出来到飞架的彩虹之下，俯瞰山的北麓，拖剑江直接咬着山下而后向西流去。盘腿坐了很久，依旧往南向下走出了洞口。洞右边又出现一个洞，洞口也是向南高高裂开，洞内则是深入进去但不通透，好像深峡而已。不久从山的西麓向北转，山的西北麓也有一个洞，洞口向西，洞中高隆却不深，也不通透。对面的山上有个洞口向东的洞，与这个洞相对，就像大门两旁的廊庑相对排列。这个山洞内分出四个岔洞，像个“十”字。东、北两面的洞口直通到外而且很明亮，东面就是山洞的入口，北面的是悬崖；西、南两面是两条峡谷，一进到里面就暗下来，然而西面的是这个洞上层的隐秘之地，南面是深潭。拖剑江的江水在东峰的北麓，流到这个洞的前方，转向北岩着山流去。正对着洞口有座桥跨过江流，桥内侧水流汇聚形成水潭，也算一处山重水曲的隐蔽之地了。从洞中出来，不知道洞的名字，心中还是诧异它的奇异，看见一个在水潭中汲水的人，姑且向他询问，那人说：“这个洞没有名字。它上面还有一个洞，可以登上去看看。”我立刻按着他的话，恰好下开了雨，也无法阻止我，拨开深箐穿过山崖往上爬。南北两面的石屏风并立耸起，一条小径位于中间，非常险峻。洞位于南面的石屏风之后，洞口也是向东，然而不怎么宽敞。洞口左边刻有一块石碑，是宋朝人留下的遗迹，石碑上说这个洞山回水绕，洞名叫黄金岩，是苏东坡供奉的香火院。岩洞中苏东坡题写的匾额值得拓下来，我急忙到处寻找。洞右边有古时的刻文，刻文上“黄金岩”三个字可以辨认出来。这三个字下面的文字，却开裂剥蚀看不到了。这才知道这个洞就是黄金岩，而先前那个洞是东峰上的洞。找到这个黄金洞就既能知道当地人都不知道的东西，又能发现当地人误指的地方，而且还知道了这个洞是著名文豪遗留下来的，只是没有听说过苏东坡到过桂林，这一点很值得怀疑罢了。洞内没有其他特别的，而向北转进去山顶上透进天上的亮光来，断崖崩塌下滑，没有石阶可以攀登。于是从洞口的左边出来，看见北面石屏风内的峡谷中，有路可以上登，只是被聚集的草丛遮住了，大雨滂沱，草蔓浸湿，无地落脚，我鼓起勇气一往直前，静闻不能跟随我上去。登上去后，转向南走，就到上洞了。洞口朝北。洞口外面荆棘藤蔓缠绕在一起，我把它们一条条分开一节节折断，这才得以进入洞中。洞口内的旁洞通到外面，三层重楼，向下俯瞰非常深，向上眺望也很奇异，然而那上面都没有石阶裂缝可以攀援。仔细查看了很久，看见中洞之内，有个旁洞玲珑小巧，高悬的裂缝弯弯转转，可以穿上去，只是太过狭窄又一层层曲折的，四肢难舒展开。于是脱掉衣服赤身裸体，像蛇和尺蠖那样一伸一缩地往前爬，最后来到上层平架着的楼阁上，盘腿坐在洞口飞石架成的桥上，高声呼叫静闻，很久以后他才赶来，也用前面的方法教他像猿猴一样爬上来，这才一同下山了。

时顾仆待下洞桥端甚久，既下，越桥将西趋屏风山，欲更录《程公岩记》并《壶天观铭序》。回望黄金岩下，其西北麓诸洞尤多，乃复越桥而西，随拖剑绕山北麓。其处又得北向洞二，西向洞三，或旁透多门，或内夹深峡，一山之麓，靡不嵌空，若垂云覆冀焉。极西一洞门，亦自西北穿透东南，亦北低南峻与东峰[①]缺。午，令顾仆先炊王庆宇处，余与静闻西望屏风山而趋。将度拖剑水，望屏风、黄金两山之中，又南界一山，其下有洞北向，复迁道从之。则其洞亦旁分两门，一北一东，此山之东北隅洞也。其西有级上跻，再上而级崩路削，又有洞北向。其前有垣，其后有座，乃昔时梵宇所托，虽后左深窍可入，然暗不能穷。乃下抵西北隅，则旁透之洞，中空之峡，又连辟焉，颇与黄金岩之西北同。而正西一洞，高穹层列，纷拏杰张，此又以雄厉见奇，非寻常窈窕窟也。土人见予久入，诧而来视，余还问其名，知为飞石洞。从此遂西度石堰，共一里入程公岩，录东崖记、铭二纸。铭乃范成大，记乃侯彭老。崖高石侧，无从缘拭，抄录甚久，有数字终不能辨。时已过午，腹中枵然，乃出岩北趋王氏。不半里，过一村，以衣质梯，复肩至岩中，缘拭数字，尽录无遗。复缘拭西崖《张安国碑》，以其草书多剥，有数字不辨焉。

【注释】①与东峰：此句有阙文。

【译文】这时顾仆已在下洞的桥头等了很久，我们下来之后，过了桥即将向西赶到屏风山去，想再去抄录《程公岩记》及《壶天观铭序》。回头望见黄金岩的下面，山的西北麓还有很多各种各样的洞穴，就又过桥来往东走，顺着拖剑江绕到山的北麓。此处又找到两个向北的洞，三个向西的洞，有的旁边开着多个洞口，有的洞内相夹形成深峡，一座山的山麓，无处不嵌着空洞，好像下垂的云层下覆的羽翼一样。最西边的一个洞口，也是从西北贯穿到东南，也是北边低洼南面险峻，与东峰（有缺文）。已经中午了，让顾仆先到王庆宇家去煮饭，我与静闻向西望着屏风山赶过去。即将横渡拖剑江时，望见屏风山、黄金岩两座山的中间，又在南面隔着一座山，山下有个洞洞口向北，又绕道赶到那里去。就见这个洞也是在两旁分为两个洞口，一个在北一个在东，这是山东北角的洞了。洞的西边有石阶可以上登，再上去后石阶崩塌陡削，又有一个洞洞口向北。洞前有墙，洞后方有个佛座，是往昔佛寺的遗址，虽然左后方有个深洞可以进入，但洞内黑暗不能走到头。于是下到山的西北角，只见旁通的山洞，中空的峡谷，又接连展现了出来，与黄金岩的西北麓颇有些相同。而正西方有一个岩洞，高大隆起，层层排列，混乱错杂，高大开阔，这又以雄伟壮丽见奇，不是寻常深远的洞窟。当地人见我进洞的时间太长，觉得诧异前来探视，我反过来向他打听洞的名字，了解到是飞石洞。从此地于是向西越过石头堤坝，共一里进入程公岩，抄录东面崖壁上的记文和铭文，抄了两张纸。铭文是范成大作的，记文是侯彭老写的。崖壁又高又斜，无法攀援擦拭，抄录了很久，有几个字始终无法辨认。此时已经过了中午，肚子饿极了，于是出了岩洞往北赶回王家。走不到半里，路过一个村庄，用衣服作抵押借了一把梯子，又扛着回到岩洞中，爬上去擦拭了那几个字，全部抄了下来确保没有遗漏。又爬到西面的崖壁上擦拭《张安国碑》，由于碑文是用草书写的又多有剥落，有数个字不能辨认出来。

时已下午，于是出洞还梯，北二里，饭于王氏。王氏杀鸡为黍，待客愈隆。其母再留止宿，余急于入城，第以胡榥诗下刘居显跋未录，居显，升之乃郎。攀凳拂拭，而庆宇复负而前趋。西一里，入道士岩东峡门，穿入洞中，拭左崖，再读跋，终以剥多置。又校得胡诗三四字，乃入洞右隅之后腋，即与下洞平地岩通者。其隙始入甚隘，少进而西，则高下穹然，暗不可辨。庆宇欲取火为导，余曰：“不若以余晷探外未悉之洞也。”遂仍出东峡，循东麓而北，过狗头洞。洞虽奇而名不雅，竟舍之。其北麓又有一洞，北门亦东向，外若裂罅。攀隙而上，历转三曲，遂透三窗，真窈窕之鹫①宫，玲珑之鹭②宇也。出洞再北，即为高穹之洞。其门南向，上盘山顶，与北之青珠并。入其内，即东转而上跻，已而北转，渐上渐黑，虽崇峻自异，而透朗独慳[③]，非余之所心艳也。出洞，日已薄暮，遂别庆宇南趋二里，过屏风山西麓，至是已周其四面矣。又三里，过七星岩，又一里，入浮桥门，浮桥[④]共三十六舟云。则离寓已三日矣。

【注释】①鹫（jiù）：一种猛禽，毛色深褐，体大雄壮，嘴呈钩状，视力很强，腿部有羽毛，捕食野兔，小羊等。亦称“雕”。②鷟（zhuó）：古书上指一种小鸟。③慳（qiān）：缺欠。④浮桥：横跨漓江之上，位于桂林城东郊，其址即今解放桥。《嘉庆重修一统志》桂林府津梁载：“永济浮桥，在临桂县东江门外，明正德四年（1509），抚臣陈金造舟五十，两岸植铁柱四，中贯以铁缆二，各长百余丈，后废。本朝顺治十七年（1660）重建，雍正六年（1728）修。”

【译文】此时已是下午，于是从岩洞出来还了梯子，向北二里，回到王家吃饭。王家人杀鸡做饭，待客更加隆重。他母亲再次挽留我留宿，我急着要进城，只是因为胡榥的诗下边刘居显的跋文还没有抄录，刘居显，是刘升之的公子。爬上凳子拂拭，而王庆宇又扛着凳子在前面奔走。向西一里，进入道士岩东面的峡口，进到洞中，擦拭左边的崖壁，再次阅读跋文，最终因为剥落的太多而放弃了。又校对胡榥的诗校出三四个字，随后进入洞右边角落的后侧，就是与下洞平地岩相通的地方。这条裂缝开头时非常狭窄，稍微进去后往西走，上面高隆下面空阔，黑暗得不能分辨东西。王庆宇想要取来火种在前边领路，我说：“不如用剩余的时间去看看外边那些不熟悉的岩洞。”于是仍旧出了东面的峡谷，沿着东麓往北走，经过狗头洞。洞虽然奇特但名字不雅，最后放弃游览这个洞。山的北麓又有一个洞，北边的洞口也是朝向东，外边看好像一条裂缝。攀着裂缝往上爬，一路转过三个弯，就开着三个石窗，真是如鹫宫般窈窕，鹫宇般玲珑。从洞中出来以后再往北走，马上就是高大穹隆的山洞了。洞口向南，盘踞在山顶之上，与北边的青珠洞并排。走入洞中，立即转到东面上登，随即向北转，一边上去光线也渐渐暗了下来，虽然高大险峻自有特点，可唯独缺少了通透明朗，不是我心中喜欢的那种地方。出洞时，天色已近傍晚，便辞别了王庆宇向南赶了二里路，经过屏风山的西麓，来到这里已经游遍山的四面了。又走了三里，经过七星岩，再行一里，进入浮桥门，浮桥共由三十六条船组成。我离开寓所已有三天了。

十六日　余暂憩赵寓，作寄衡州金祥甫书，补纪游之未尽者。

【译文】十六日　我暂住于赵家寓所，写了一封寄给衡州金祥甫的信，补记游记未写完的内容。

十七日　雨。余再憩赵寓，作家报并祥甫书，简点[①]所市石。是日下午，辄闭诸城门，以靖藩燔灵也。先是，数日前先礼忏、演剧于藩城后，又架三木台于府门前。有父、母及妃三灵，故三台。至是夜二鼓，遍悬白莲灯于台之四旁，置火炮花霰[②]于台上，奉灵主于中，是名“升天台”。司道官吉服奠觞[③]，王麻冕[④]拜，复易吉服再拜，后乃传火引线发炮，花焰交作，声震城谷。时合城士女喧观，诧为不数见之盛举。促余往寓目，余僵卧不起，而得之静闻者如此。

【注释】①简点：检查。②花霰（xiàn）：烟花。③奠（diàn）：向死者供献祭品致敬。觞（shāng）：进酒。④麻冕（miǎn）：古代帝王、诸侯等的丧服。

【译文】十七日　下雨。我仍旧住在赵家寓所，写了封家书以及给金祥甫的信，检查买来的石头。这天下午，各道城门总是关着，因为靖江王府在祭祀亡灵。这之前，几天前就先在王城后面诵念经文、演戏，又在王府门前架起三座木台。有靖江王的父亲、母亲和王妃三个灵位，所以架了三座木台。到这天夜里的二更时分，在木台的四周挂满了白色的莲灯，在台上放置了爆竹烟花，在台子中间供奉灵牌，名叫“升天台”。司、道一级的官员身穿吉服敬酒祭奠，靖江王穿着麻制丧服跪拜，又换成吉服再次跪拜，然后才拿着火种引燃花炮，礼花焰火交相辉映，响声在城垣谷间震荡。此时全城的男女都喧闹着在观看，惊诧这不多见的盛大活动。催促我前去观看，我僵卧于床不想起来，从静闻那里听到的情况大概就是如此。

十八日　托静闻从朝云岩觅融止上人入寓。饭后，以所寄金祥甫书及家报、石帐付之，托转致于衡，嘱祥甫再寄家中。

【译文】十八日　托静闻到朝云岩去找融止上人，请他到寓所来。饭后，把要寄给金祥甫的信、家书以及买石头的账单交给融止，请他转送到衡州，嘱托金祥甫再寄到家中。

十九日　以行囊简付赵主人时雨。余雨中出浮桥，将附舟往阳朔。时即开之舟，挨挤不堪。姑入空舟避雨，又不即去，乃托静闻守行李于舟，余复入城。登城楼，欲觅逍遥楼旧迹，已为守城百户[①]置家于中。遂由城上南行，二里，抵文昌门[②]。门外为五胜桥[③]，漓之支流与阳江之分派交通于下。复循城外西过宁远门，乃南越南门桥，觅摹碑者，已他出。余初期摹匠同往水月，拓陆务观、范石湖遗刻。至是失期，乃赴雉山别郑、杨诸君，以先两日二君托人来招也。比至，又晤白益之，名弘谦，真谦谦君子也。时杨君未至，余少待之，雨大至，遂坐雉岩亭，方伸纸欲书补纪游，而杨君、朱君继至，已而郑君书小序见投，而朱君之弟涤凡亦以诗贶[④]，余交作诗答之。暮，抵水月岩西舟中，宿。

【注释】①百户：官名。元设百户为“百夫之长”，隶属于千户，为世袭军职。明清为低级军官。②文昌门：在如今文明路南端。③五胜桥：明朝时叫‘五胜桥’，跨在阳江上，今称文昌桥。④贶（kuàng）：赠，赐。

【译文】十九日　把行李点清交给寓所的主人赵时雨。我冒雨出了浮桥门，打算坐船前往阳朔。此时有条船马上就要走了，拥挤不堪，暂且进入空船中躲雨，这条船又不马上离开了，于是嘱托静闻在船上守着行李，我再次进城。登上城楼，想去寻找逍遥楼的旧址，已经被守城的百户占据了并在其中安了家。于是从城墙上往南行，二里后，抵达文昌门。城门外是五胜桥，漓江的支流与阳江的支流在城下交汇。再沿着城墙外延向西经过宁远门，便向南越过南门桥，去找拓碑的人，人已出门了，去其他地方了。我当初与拓碑的工匠约好一同前往水月洞，去拓陆务观、范石湖留存下来的碑刻。到此时失约，只好赶到雉山去向郑子英、杨子正诸位先生辞别，因为前两天二位先生托人来邀请我。等到了那里时，又见到了白益之，名叫白弘谦，真是一位谦谦君子。此时杨子正先生还没来，我稍等了他一会儿，大雨已经来了，便坐到雉岩亭中。刚铺开纸想要补记游记，而杨子正先生、朱超凡先生已相继到来，继而郑子英先生写了一篇小序赠送给我，而且朱超凡先生的弟弟朱涤凡也以诗赠予我，我先后作了诗答谢他们。傍晚，抵达水月岩西边的船中，睡在船上。

二十日　舟犹欲待附者，因令顾仆再往觅拓工。遂同抵水月观洞，示所欲拓，并以纸价付之，期以阳朔游还索取所拓。是日补纪游程于舟中。舟泊五胜桥下，晚仍北移浮桥，以就众附也。是日晴丽殊甚，而暑气逼人。当午有王孙五人入舟强丐[1]焉，与之升米而去。

【注释】①丐：乞讨。

【译文】二十日　船夫还想等乘船的人来，我因而让顾仆再去找拓碑的工匠。接着与工匠一同来到水月洞观察岩洞，指给他看我想拓印的碑刻，并且把纸和钱交给他，约好从阳朔游览回来后来取他拓的拓本。这天在船中补记游览的行程。船停泊在五胜桥下，晚上向北去到浮桥，是为了让附近的群众搭船。这一天天气特别晴朗美好，但暑气逼人。当天中午有五个青年人进船来强行乞讨，给了他们一升米便离开了。

二十一日　候附舟者，日中乃行。南过水月洞东，又南，雉山、穿山、斗鸡、刘仙、崖头诸山，皆从陆遍游者，惟斗鸡未到，今舟出斗鸡山东麓。崖头有石门净瓶胜，舟隔洲以行，不能近悉。去省已十里。又东南二十里，过龙门塘[1]，江流浩然，南有山嵯峨骈立，其中峰最高处，透明如月挂峰头，南北相透。又东五里，则横山岩屼突江右。渐转渐东北行，五里，则大墟[②]在江右，后有山自东北迤逦来，中有水口，疑即大涧榕村之流南下至此者。于是南转又五里，江右复有削崖屏立。共隔江为逗日井，亦数百家之市也。又南五里，为碧崖，崖立江左，亦西向临江，下有庵。横山、碧崖，二岩夹江右左立，其势相等，俱不若削崖之崇扩也。碧崖之南，隔江石峰排列而起，横障南天，上分危岫，几埒巫山，下突轰崖，数逾匡老。于是扼江而东之，江流啮其北麓，怒涛翻壁，层岚倒影，赤壁、采矶[③]，失其壮丽矣。崖间一石纹，黑缕[④]白章，俨若泛海大士，名曰沉香堂。其处南虽崇渊极致，而北岸犹夷豁，是为卖柴埠。共东五里，下寸金滩，转而南入山峡，江左右自是皆石峰巑屼[⑤]，争奇炫诡，靡不出人意表矣。入峡，又下斗米滩，共南五里，为南田站。百家之聚，在江东岸，当临桂、阳朔界。山至是转峡为坞，四面层围，仅受此村。过南田，山色已暮，舟人夜棹不休。江为山所托，俺东俺南[⑥]，盘峡透崖，二十五里，至画山，月犹未起，而山色空濛，若隐若现。又南五里，为兴平[⑦]。群峰至是东开一隙，数家缀江左，真山水中窟色也。月亦从东隙中出，舟乃泊而候曙，以有客欲早起赴恭城[⑧]耳。由此东行，有陆路通恭城。

【注释】①龙门塘：今仍作“龙门”，在漓江北岸，位于桂林市区东隅。②大墟：又作“大圩”。即今广西贵港市东北、灵川县东南大圩镇。在漓江转折处，明时为广西四大墟市之一。③赤壁：传为中国古代著名的赤壁之战遗址，习惯上认为在今湖北赤壁市西北赤壁山，近人考证应在今湖北江夏区西的赤矶山。采矶：即采石矶，地名。在安徽省马鞍山市长江东岸。江面较狭，地势险要，为江防重地和古战场。④缕：原作“镂”，乾隆本、“四库”本、丁本作“缕”，据改。⑤“江左右自是皆石峰巑岏”句：“江”原作“山”，据乾隆本、“四库”本改。⑥佹（guǐ）：时而。⑦兴平：今作“兴坪”，在阳朔县东北部，漓江东岸。熙平河从此汇入漓江。⑧恭城：明为县，隶平乐府，即今恭城瑶族自治县。

【译文】二十一日　等搭船的人到了，日中才开船。往南经过水月洞的东边，又向南航行，途经雉山、穿山、斗鸡山、刘仙岩、崖头等山，都是在陆地上已经游览过的地方，只有斗鸡山没去过，今天船经过斗鸡山的东麓。崖头有石门净瓶的胜景，船隔着沙洲航行，不能到近处看清楚。离开省城已过了十里。又往东南航行了二十里，经过龙门塘，江流浩浩荡荡，南岸高山巍峨并排着矗立，在中峰的最高处有亮光透出来，犹如明月挂在峰头，南北相通。又向东航行了五里，就见横山岩突兀地耸立在江水右岸。慢慢转向东北航行，五里后，看见大墟在江水右岸，后面有山从东北方曲折连绵而来，中间有个河口，怀疑就是大涧榕村的水流往南下流到这里。从这里转向南又航行了五里，江水右岸又有削崖像屏风那样耸立着。那隔着江流之处的是逗日井，也是个有几百户人家的市镇。又向南航行五里，是碧崖，石崖矗立在江水左岸，也是向西下临江流，山下有个小庙。横山岩、碧崖两座石崖夹江流矗立在左右两岸，两座山气势相当，都不如削崖那么高大。碧崖的南面，隔江之处石峰并列而起，横挡住南面的天空，上面分立着险峰，几乎与巫山平齐，下面前突迸裂的石崖，屡屡超过庐山。石峰在此处扼住江流向东延伸而去，江流紧咬着石峰的北麓，怒涛席卷石壁，叠岭雾气蔼蔼，崇山倒影重重，赤壁和采石矶与之相比，都失去了它们的壮丽。崖壁上有一条石纹，黑色的线条白色的花纹，俨然渡海而来的观音菩萨，名叫沉香堂。此处南面虽然极为高峻深远，但北岸仍是平坦而开阔的，那是卖柴的码头。共向东航行了五里，下了寸金滩，转向南进入山峡中，从这里起江流左右两岸都是突兀的石峰，争放奇炫异彩，无不出人意料。进入峡谷后，又下了斗米滩，共向南五里，就是南田站。是个百户人家左右的村落，在江东岸，位于临桂县、阳朔县的交界处。山到了这里峡谷变成了山坞，四面层层被围，仅能容下这个村子。过了南田站，山间已经暮色沉沉，船夫在夜里不停地划船。江流依托着山势，时而向东时而向南，绕过峡谷穿过山崖，二十五里后，到达画山，月亮还没有升起，但山色空濛，时隐时现。又向南五里，就是兴平了。群峰延伸到这里在东面张开了一处裂缝，几户人家点缀在江流的左岸，真是山水景色的聚集之地。月亮也从东面的缝隙中显露出来，船于是停泊下来等待天明，因为有乘客想要早早就起身赶去恭城县。从这里往东走，有陆路能通到恭城县。

漓江自桂林南来，两崖森壁回峰，中多洲渚分合，无翻流之石，直泻之湍，故舟行屈曲石穴间，无妨夜棹。第月起稽缓，暗行明止，未免怅怅。

【译文】漓江自桂林向南流去，两岸显现森密的石壁、回绕的山峰，江中有许多沙洲分分合合，没有翻卷江流的礁石，也没有笔直下泻的湍急水流，所以船虽然在曲折的山石洞穴之间航行，但似无障碍的夜间行船。只是月亮升起得太迟延，在黑暗中前行，有亮光却停了下来，不免让人怅然失意。

二十二日　鸡鸣，恭城客登陆去，即棹舟南行。晓月漾波，奇峰环棹，觉夜来幽奇之景，又翻出一段空明色相矣。南三里，为螺蛳岩。一峰盘旋上，转峙江右，盖兴平水口山也。又七里，东南出水绿村[1]，山乃敛峰。天犹未晓，乃掩篷就寐。二十里，古祚驿[2]。又南十里，则龙头山铮铮露骨，县之四围，攒作碧莲玉笋世界矣。

【注释】①水绿村：今作"水洛"，在阳朔县北境，漓江东岸。②古祚驿：应即今高州，明置，在广西阳朔县北，漓江西岸。《方舆纪要》卷107阳朔县：古祚驿"在城北龙头山下。旧在县北十五里，正统二年移于此"。

【译文】二十二日　鸡鸣时分，去恭城县的乘客全部登岸离开，我们立即撑船南行。拂晓时月光在碧波中荡漾，奇峰环绕着小船，已觉夜景幽静奇妙，又现出一片空阔明晰的景象来。向南行三里，就是螺蛳岩。一座山峰盘旋而上，转而屹立在江水右岸，大概这就是兴平的水口山了。又航行七里，从东南方经过水绿村，山势这才收敛起锋芒。天还没亮，我就遮住船篷上床睡觉。二十里后，来到古祚驿。又向南十里，就见龙头山露出峥峥石骨，县城的四周围，石峰紧密的聚集在一起，形成一个碧莲玉笋的世界。

阳朔县北自龙头山，南抵鉴山，二峰巍峙，当漓江上下流，中有掌平之地，乃东面濒江，以岸为城，而南北属于两山，西面叠垣为雉，而南北之属亦如之。西城之外，最近者为来仙洞山，而石人、牛洞、龙洞诸山森绕焉，通省大路从之，盖陆从西而水从东也。其东南门鉴山之下，则南趋平乐，水陆之路，俱统于此。正南门路亦西北转通省道。直南则为南斗山延寿殿，今从其旁建文昌阁焉，无径他达。正北即阳朔山，层峰屏峙，东接龙头。东西城俱属于南隅，北则以山为障，竟无城，亦无门焉。而东北一门在北极宫下，仅东通江水，北抵仪安祠与读书岩而已，然俱草塞，无人行也。惟东临漓江，开三门以取水。从东南门外渡江而东，濒江之聚有白沙湾、佛力司诸处，颇有人烟云。

【译文】阳朔县北起龙头山，南到鉴山，两座山峰高耸而立，立于漓江的上、下游，中间有块像手掌一样平坦的地方，却在东面临近江水，以江岸为城墙，而南北两面连接着两山，西面修筑高墙作为城墙，而且南北两面连接着山的地方也筑有城墙。西面城墙之外，最近的地方是来仙洞山，而石人、牛洞、龙洞等山像森林一样环绕周围，通往省城的大路从那里走，原来陆路是从西面走而水路从东面走。阳朔县城东南门外的鉴山之下，则向南通往平乐府城的道路，水路陆路都在这里交会。正南门的路也是转向西北通往省城的路。直面南方的则是南斗山延寿殿，如今在延寿殿旁建起了文昌阁，没有道路通到其他地方。正北方就是阳朔山，层峰屏峙，东边接着龙头山。东西两面的城墙都连接到城南隅，北面就以山为屏障，竟然没有城墙，也没有城门。而东北方的一座城门位于北极宫下，仅能往东通到江水，向北通到仪安祠与读书岩而已，然而全都被荒草淹没了，无法让人走过。唯有东面濒临漓江的地方，开有三道城门便于取水。从东南门外渡江向东，临近江水的聚落有白沙湾、佛力司等处，有很多人居住在哪里。

上午抵城，入正东门，即文庙前，从其西入县治，荒寂甚。县南半里，有桥曰“市桥双月”，八景之一也。桥下水西自龙洞入城，桥之东，飞流注壑。壑大四五丈，四面丛石盘突，是为龙潭，入而不溢。桥之南有峰巍然独耸，询之土人，名曰易山，盖即南借以为城者。其东麓为鉴山寺，亦八景之一。“鉴寺钟声。”寺南倚山临江，通道置门，是为东南门。山之西麓，为正南门。其南崖之侧，间有罅如合掌，即土人所号为雌山者也。从东南门外小磴，可至罅傍。余初登北麓，即觅道上跻，盖其山南东二面即就崖为城，惟北面在城内，有微路级，久为莽棘所蔽。乃攀条扪隙，久之，直造峭壁之下，莽径遂绝。复从其旁蹑巉石，缘飞磴①，盘旋半空，终不能达。乃下，已过午矣。时顾仆守囊于舟，期候于东南门外渡埠旁。于是南经鉴山寺②，出东南门，觅舟不得，得便粥就餐于市。询知渡江而东十里，有状元山，出西门二里，有龙洞岩，为此中名胜，此外更无古迹新奇著人耳目者矣。急于觅舟，遂复入城，登鉴山寺，寺倚山俯江，在翠微中，城郭得此。沈彬诗云“碧莲峰里住人家”，诚不虚矣。时午日铄金③，遂解衣当窗，遇一儒生以八景授。市桥双月，鉴寺钟声，龙洞仙泉，白沙渔火，碧莲波影，东岭朝霞，状元骑马，马山岚气。复北由二门觅舟，至文庙门，终不得舟。于是仍出东南门，渡江而东，一里至白沙湾，则舟人之家在焉。而舟泊其南，乃入舟解衣避暑，濯足沽醪，竟不复搜奇而就宿焉。

【注释】①飞磴：高山上的石台阶。②鉴山：即通常所称碧莲峰，在阳朔县西南，漓江西岸。山麓的鉴山寺，抗日战争时被毁。近年重建为鉴山楼，并有迎江阁。通过阁四周的画窗，能眺览如画的阳朔胜景。③午日铄金：中午的太阳能熔化金属，形容天气酷热。铄，熔化。

【译文】上午到达县城，从正东门进入，就到了文庙前，从文庙西边进入县衙，十分荒凉寂静。县衙往南半里处，有座桥叫做“市桥双月”，是八景之一。桥下的河水从西面的龙洞岩流入县城，桥的东边，飞流泻入壑谷。壑谷大约四五丈，四面成丛的岩石盘曲飞突，这就是龙潭，流进去的水不见外溢。桥的南边有座石峰巍然独立，向当地人询问它的名字，说名叫易山，大概就是城南借以筑城的山。这座山的东麓是鉴山寺，也是八景之一。叫“鉴寺钟声”。鉴山寺南面倚山临江，开通了道路，设置了城门，这就是东南门。易山的西麓，是正南门。易山南面山崖的侧面，石壁上有条裂缝如合起来的手掌，就是当地人叫做雌山的地方了。从东南门外的石阶小路，可以走到裂缝旁边。我最开始从山的北麓登山，很快就找路上登，原来这座山的南、东两面是依着山崖筑城，只有北面在城内，有石阶小路，但长期以来被莽草荆棘遮蔽了。我只能抓着枝条摸着石缝上攀，过了很久，直接来到峭壁之下，杂草丛生的小径便断了。再从峭壁旁踩着险峻的山石，沿着山上的石阶，盘旋在半空，最终也无法到达。只得从山上下来，已经过了中午了。此时顾仆在船上看守行李，约好在东南门外渡口的码头旁等我。于是向南经过鉴山寺，出了东南门，却找不到船，在集市上吃了些简单的稀粥当饭了。询问后得知渡江后往东走十里，有座状元山，出了西门走二里，有个龙洞岩，是这一带的胜景，此外再没有古迹和新奇的景致能吸引人去游览了。我急于去找船，便再次进城来，登上鉴山寺。寺院背靠鉴山，俯瞰江水，在一片青山之中，城郭中能有这样的景色，沈彬的诗中所说的“碧莲峰里住人家”，确实不假。正值中午天气酷热难耐，便解开衣服对着窗口，偶遇一位儒生给我讲了阳朔八景。阳朔八景为市桥双月、鉴寺钟声、龙洞仙泉、白沙渔火、碧莲波影、东岭朝霞、状元骑马、马山岚气。又向北经过两道城门去找船，直到文庙前的城门，也没有找到船。于是依旧东南门出来，渡江后往东走，一里后来到白沙湾，原来船夫的家就在这里。而船停在他家以南，于是进入船中脱下衣服避暑，洗脚打酒，最终也不再去寻找奇景就上床睡下了。

白沙湾①在城东南二里，民居颇盛，有河泊所在焉。其南有三峰并列，最东一峰曰白鹤山。江流南抵其下，曲而东北行，抱此一湾，沙土俱白，故以白沙名。其东南一溪，南自二龙桥来，北入江。溪在南三峰之东，逼白鹤西址出。溪东又有数峰，自南趋北，界溪入江口。最北者，书童山也，江以此乃东北逆转。

【注释】①白沙湾：在阳朔城东南，漓江转一大湾。河湾岸上，遍地白沙，称白沙湾。岸上的村子也叫白沙湾村。

【译文】白沙湾在县城东南二里处，当地居民非常多，设置了河泊所。白沙湾的南面有三座并列的山峰，最东边的一座山峰叫白鹤山。江水向南流到山下，弯曲转向东北流去，环抱着这一处水湾，河沙全是白色的，所以以白沙来命名。白沙湾东南方有一条溪流，从南面的二龙桥而来，向北汇入漓江。溪流在南面三座山峰的东边，迫近白鹤山西面的山脚流出。溪水东面又有几座山峰，从南向北延伸，隔在溪流汇入漓江的入口。最北边的，就是书童山了，江水由于这座山便向东北相反的方向而去。

二十三日　早索晨餐，从白沙随江东北行。一里，渡江而南，出东界书童山之东。由渡口东望，江之东北岸有高峰耸立，四尖并起，障江南趋。其北一峰，又岐分支石，缀立峰头作人形，而西北拱邑，此亦东人山之一也。既渡，南抵东界东麓。陂塘高下，林木翛然[①]，有澄心亭峙焉，可憩。又东一里，过穆山村，复渡江而东，循四尖之南麓趋出其东，山开目旷，奇致愈出。前望东北又起一峰，上分二岐，东岐矮而欹斜，若僧帽垂空，西岐高而独耸，此一山之二奇也。四尖东枝最秀，二岐西岫最雄，此两山之一致也。而回眺西南隔江，下则尖崖并削，上则双岫齐悬，此又即书童之南，群峰所幻而出者也。时循山东向，又五里已出二岐，东南逾一岭而下，是为佛力司[②]。司当江南转处，北去县十里。置行李于旅肆，问状元峰而上，犹欲东趋，居人指而西，始知即二岐之峰是也。西峰最高，故以状元名之。乃仍逾后岭，即从岭上北去，越岭北下，西一里，抵红旗峒。竟峒，西北一里抵山下，路为草没，无从得上，乃攀援踯躅，渐高渐得磴道[③]，旋复失之，盖或翳或现，俱草之疏密为致也。西北上一里，逾山西下坳。乃东北上二里，逾山东上坳，此坳乃两峰分岐处也。从坳西北度，乱石重蔓，直抵高峰，崖畔则有洞东向焉。洞门虽高，而中不深广，内置仙妃像甚众，土人刻石于旁，言其求雨灵验，又名富教山焉。洞上悬窍两重，檐覆而出，无由得上。洞前有峰东向，即似僧帽者。其峰亦有一洞西与兹山对，悬崖隔莽，不能兼收。坐洞内久之，东眺恭城，东南瞻平乐，西南睨荔浦[④]，皆重山横亘。时欲一登高峰之顶，洞外南北俱壁立无磴，从洞南攀危崖，缘峭石，梯险踔虚[⑤]，猿垂豹跃，转从峭壁之南，直抵崖半，则穹然无片隙，非复手足之力所及矣。时南山西市，雨势沛然，计上既无隙，下多灌莽，雨湿枝缪，益难着足。亟投崖而下，三里，至山足，又二里，逾岭，饭于佛力肆中。居人苏氏，世以耕读起家，以明经[⑥]贡者三四人。见客至，俱来聚观，言此峰悬削，曾无登路。数年前，峰侧有古木一株，其仆三人祷而后登，梯转絙级[⑦]，备极其险，然止达木所，亦未登巅，此后从无问津者。下午，雨中从佛力返，共十里，仍两渡而抵白沙湾，遂憩舟中。

【注释】①翛（xiāo）然：形容林木疏散的景象。②佛力司：今作"福利"，在阳朔县东境，漓江南转处，是阳朔主要圩市之一。③磴道：登山的石径。④荔浦：即今荔浦县，明为县，隶平乐府。⑤踔（chuō）虚：在空中腾跃。⑥明经：唐时科举制度的科目之一，与进士科并列，主要考经义。明清时用作贡生的别称。⑦絙（gēng）级：绳梯。

【译文】二十三日　清晨去吃了早餐，从白沙湾顺着江水往东北走去。一里后，渡江往南走，山的东麓与书童山相连。由渡口向东望去，江的东北岸有高峰耸立着，四座尖峰并列耸立，挡住江水转向南去。山北的一座山峰，又分岔出一支山石，点缀矗立在峰头，形成人形，面向西北方的县城拱手作揖，这也属于东人山之一。渡江后，向南抵达山东面边界的东麓。池塘有高有低，林木疏散，有座澄心亭立在这里，供人歇息。又向东一里，路过穆山村，再渡过江往东走，沿着四座尖峰的南麓快步从山峰的东麓出来，山势开阔眼前开阔，新奇的景致越来越多的呈现在眼前。望见前面东北方又突起一座山峰，上部分为两座支峰，东边的支峰低矮而倾斜，好像和尚的帽子垂在空中，西边的支峰高大而独立，这是一座山的两种奇观了。四座尖峰中东面的支峰最秀美，两座支峰中西面的山峰最雄奇，这是两座山一致的地方了。回头眺望西南方隔着江水之处，下面是尖尖的山崖都很徒峭，上面却是双峰一起高悬着，这便又是书童山的南面，群峰变化而出现的景观了。此时我沿着山向东走，又走了五里已经过了有两座支峰的山，往东南越过一座山岭后往下走，这里是佛力司。佛力司位于江流南转之处，北面距离县城有十里路。把行李放在旅店中，询问了去状元峰的路就要去上山，还想向东边赶过去，居民指向西，才知道这就是那座分出两岔的山峰了。西峰最高，所以以“状元”来给它命名。于是依然翻过后面的山岭，随即从山岭上向北走去，越过岭脊从北边下山，向西一里，到达红旗峒。游完整个山洞，往西北一里来到山下，路被野草淹没了，没有上山的路，只好曲折的攀援而上，慢慢爬到高处渐渐找到一条石阶路，走没一会路又不见了，可能是有时被野草遮住有时又显现出来，都是草丛的疏密导致的。往西北上山一里，翻越到山的西面下到山坳中。于是往东北上山二里，翻越到山的东面登上山坳，这个山坳就是两座支峰的分岔处。从山坳往西北穿过去，乱石重叠，直达高峰，山崖侧旁有个山洞洞口朝东。洞口虽然高，可洞中不深也不宽，里面放置了很多仙妃像，当地人在旁边刻有石碑，碑文上说向她们求雨就能灵验，山名又叫富教山。洞上方高悬着两重石洞，像屋檐一样翻出来，没有办法可以上去。洞前方有座山峰朝向东，就是那座像和尚帽子的山峰了。这座山峰上也有一个洞，朝向西与这座山相对，隔着悬崖丛莽，不能兼顾了。在洞内坐了很久，向东眺望恭城县，往东南远望平乐府，向西南斜视荔浦县，都是重重深山绵延横亘。此时我想一口气登上高峰的峰顶，洞外南北两面都是绝壁直立没有台阶，从洞的南边攀着高峻的悬崖，沿着陡峭的山石，把高险的山石作为梯子，在从空中腾跃，像猿猴一样抓住垂枝前行，如豹子一般跳跃而过，转而从峭壁的南边，直到悬崖的半中腰，悬崖高高隆起没有丝毫缝隙，不再是仅靠手脚的力量所能达到的了。此时南山和西面集市的上空，暴雨倾盆，考虑到上面既没有缝隙，脚下还有很多灌木草丛，雨水打湿草丛，枝叶纠缠，越发难以落脚。急忙跳下悬崖往下走，三里后，来到山脚，又走了二里，越过山岭，来到佛力司的旅店中吃饭。这里的居民都姓苏，世代以耕种读书起家，通过考明经科成为贡生的有三四个人。他们见有客人到来，都来围观，说这座山峰高耸徒削，从来也没有爬山的路。几年前，山峰侧边有一棵古树，他家的三个仆人祷告后去登山，用绳梯一层层地转上去，遇到了各种危险，然而最终止步于古树所在，也没能登上峰顶，此后再没有尝试探索的人了。下午，冒雨从佛力司返回，共走了十里，依旧两次渡江后抵达白沙湾，便在船中休息了。

佛力司之南，山益开拓，内虽尚余石峰离立，而外俱绵山亘岭，碧簪玉笋之森罗，北自桂林，南尽于此。闻平乐[1]以下，四顾皆土山，而巉厉之石，不挺于陆而藏于水矣。盖山至此而顽，水至此而险也。

【注释】①平乐：明代为平乐府，领州一、县七（平乐县、恭城县、富川县、荔浦县、贺县、修仁县、昭平县、永安州）。

【译文】佛力司的南面，山进一步扩大，旷野内虽然还有残余的石峰并立，而外围全是绵亘的山岭，像碧簪玉笋纷然罗列，北起于桂林，南到此地而尽。听说平乐府以下，四面环顾都是土山，高峻峭拔的岩石，不是在陆地上挺拔而起而是深藏于水中。可能山势到了此地便浑圆起来，水势到了此地却危险起来了。

二十四日　早饭白沙，即截江渡南峰下，登岸问田家洞[①]道。乃循麓东南，又转一峰，有岩高张，外有门垣。亟入之，其岩东向，轩朗平豁，上多垂乳，左后有窍，亦幽亦爽。岩中置仙像，甚潇洒，下有石碑，则县尹[②]王之臣重开兹岩记也。读记始知兹岩即土人所称田家洞，即古时所志为白鹤山者。三日求白鹤而不得，片时游一洞而两遂之，其快何如！余至阳朔即求白鹤山，人无知者，于入田家岩，知其即白鹤也。其山东对书童山，排闼而南，内成长坞，二龙桥之水北注焉。坞中舟行六十里，可抵二龙桥。

【注释】①田家洞：今称为田家河，位于阳朔县东南郊，金宝河与玉龙河汇合流入漓江处。②县尹：职官名。治理一县的行政长官，明清时则称知县。

【译文】二十四日　在白沙湾吃过早饭，立即直渡江水来到南面的山峰下，上岸打听去田家洞的路。于是沿着山麓往东南走去，又转过一座山峰，有个岩洞洞口高高张着，外边有墙有门。急忙进洞，这个岩洞洞口向东，轩敞明亮，平坦宽阔，洞顶有很多下垂的钟乳石，左后方有个石洞，又幽静又宽阔。岩洞内放置了神仙像，十分潇洒，下边有石碑，是知县王之臣重新开辟这个岩洞的碑记。读过碑文才知道这个岩洞就是当地人说的田家洞，也就是古时志书上记载为白鹤山的地方。找了白鹤山三天都没有找到，这会儿游览了一个洞这两个地方都找到了，真是痛快！我一到阳朔就在找白鹤山，没有人知道，在这里进入田家岩，才知道这里就是白鹤山了。这座山东边正对着书童山，山门向南打开，山内形成长长的山坳，二龙桥下的水流向北而去。在山坳中乘船前行六十里，就可到达二龙桥。

既出白鹤，遂循北麓溯江而西，三里，入东南门。复由正南门出，置行囊于旅肆，乃携火肩炬，西北循大道向龙洞岩[1]。先一里，望见路右一山，崄岈嵱嵷，裂窍重重，以为即龙洞矣。途人指云："犹在北山。"乃出一石圈卷门，共一里，越小桥而东，有两洞门俱西向，一南列，一北列。其南列者为龙跃岩，地稍下，门极危朗；北洞地稍高，草塞门径。先入南洞，洞内东五丈，层陟一台，台右有窍深入洞前。左有石台、石座、石龛，可以憩思；右有乡人莫孝廉[2]之先《开洞记》，谓："北乃潜龙幽蛰之宫，此乃神龙腾跃之所，因命之曰龙跃岩。"出，由洞北登龙洞岩。

【注释】①龙洞岩：阳朔城西钟灵山有八洞，龙跃岩、龙洞岩、珠明洞皆为其中之一，八洞形态各异，彼此通透，洞口刻有"洞分八门，勾连曲畅"。②莫孝廉：原作"莫孝塵"，据本日记后文改。

【译文】从白鹤山出来之后，便沿着山的北麓溯江西行，三里后，进入东南门。再通过正南门出城，把行李放在旅店中，随后带上火折子肩扛着火把，往西北沿着大路走向龙洞岩。开始先走了一里路，望见道路右边有一座山，幽深高峻，山上全是空洞，裂开的石洞一重重的，我以为这就是龙洞岩了。路人指着说："还在北边的山上。"于是从一道石圈圆拱门出来，共一里，越过小桥往东走，有两个洞口都是朝向西，一个位于南面，一个位于北面。位于南边的是龙跃岩，地势稍低，洞口特别高峻开朗；北洞的地势稍高，野草堵住了洞口的门径。先进南洞，洞内向东进去五丈，一层层登上一个高台，高台右边有个石洞可深入到洞前。左边有石台、石座和石龛，可以坐下休息遐想；右边有本乡人孝廉莫之先的《开洞记》，记载道："北边是神龙幽居蛰伏的龙宫，这是神龙活动的场所，因而把它命名为龙跃岩。”出洞后，从洞北又登上龙洞岩。

爇炬[①]而入，洞阔丈五，高一丈，其南崖半壁，平亘如行廊。入数丈，洞乃南辟，洞顶始高。其后壁有龙影龙床，俱白石萎蕤[②]，上覆下裂，为取石锤凿半去，所存影响而已。其下有方池一、圆池一，深五六寸，内有泉澄澈如镜，久注不泄，屡斟辄满。幽閟之宫有此灵泉，宜为八景第一也。池前又有丹灶一圆，四围环起，下剜一窍如门，宛如砌造成者。池上连叠小龛，如峰房燕窝，而俱无通道处。由左壁洼陷处伏地而入，渐入渐小，穴仅如巨管，蛇游南透五六丈后，始可屈伸。已乃得一旁裂之龛，得宛转焉。于是南明、小酉，各启洞天，遂达龙跃后腋。

【注释】①爇（ruò）炬：点燃火把。爇，烧。②萎蕤（wěi ruí）：草名，即玉竹。

【译文】点燃火把入洞，洞宽一丈五，高一丈，南面崖壁的半中腰，平缓绵亘如同走廊。进去几丈，洞向南开阔起来，洞顶开始变高。洞后面的石壁上有龙影龙床，全是像玉竹一般的白色岩石，上面遮住，下边裂开，被取石头的人用锤子凿去了一半，保存下来的仅剩一点影子而已。它的下面有一个方形水池、一个圆形水池，水五六寸深，水池内的泉水澄澈如同镜子，泉水长期流入却不会外泄，屡次舀去总是立即就注满。幽深隐秘的龙宫中有此等灵妙的泉水，真该列为八景的第一位。水池前又有一个圆形的炼丹灶，四周呈环状突起，下面剜空一个孔洞像门一样，宛如人工垒砌的灶。水池上方接连重叠着几个小石龛，像蜂房燕窝，然而全然没有什么地方有通道。由左边洞壁洼陷处趴在地上进去，渐入渐窄，洞穴就像一根大一些的竹管，像蛇一样向南前行了五六丈后，才可以伸展身体。不久见到一个在旁边裂开的石龛，才能在其中转动身子。从这里起，南明、小酉各自开启为洞天，我们终于到达龙跃岩的后侧方。

出洞，仍半里，由圈门入，东望龙洞南列之峰，阊阖重重，不胜登龙之企。遂由圈内渡溪东行，从棘莽沮如[①]中，又半里，抵山下。初入西向第一门，高穹如峡，内皆牛马践秽，不可容足。东入数丈，转北者愈昏黑莫穷，转南者旋明穴西透。随明蹑峡，仍西出洞门之上，盖初入洞，南上西向第二门也。由其外更南上西向第三门。其洞东入，成峡如初洞，第峡下逼仄如胡同，峡上层叠如楼阁。五丈之内，下峡既尽，上悬重门，圆整如剜琢而成者。第峡壁峭削，俱无从上。与静闻百计攀跻，得上峡一层，而上层复悬亘莫达。乃出洞前，仰望洞上又连启二门，此又南上西向第四、第五门也。冀其内下与峡内重门通。静闻欲从洞外攀枝蹑缝直上，余欲从洞外觅窦寻崖另入，于是又过南上西向第六门，仰望愈高，悬崖愈削，弥望而弥不可即。又过南上西向第七门，见其石纹层层，有突而出者，可以置足，有窍而入者，可以攀指。遂覆身上蹑，凌数十级而抵洞门。洞北又夹坳竖起，高五六丈。始入上层，其夹光腻无级，无计可上。乃令顾仆下山觅树，意欲嵌夹以登，而时无佩刀，虽有竖条，难以断取，姑漫往觅之。时静闻犹攀蹑于第五门外，度必难飞陟，因令促来并力于此。顾仆下，余独审视，其夹虽无隙级，而夹壁宛转，可以手撑足支，不虞[②]悬坠。遂耸身从之，如透井者然，皆横绷竖耸，不缘梯级也。既升夹脊，其北复隤而成峡，而穿映明透，知与前所望洞必有一通，而未审所通果属何门。因骑墙而坐，上睇洞顶，四达如穹庐；下瞰峡底，两分如璇室。因高声促静闻，久之，静闻与顾仆后先至。顾仆所取弱枝细不堪用，而余已升脊，亦不必用，教静闻如余法登，真所谓教猱也。静闻既登，余乃从脊西南上，静闻乃从脊东北上，各搜目之所未及者，俱不能远达。于是乃从脊北下峡中北进。西上高悬一门，则第六重门也，不及上。循峡更进，转而西出，则第五门也。门有石龙，下垂三四丈，头分两岐，击之铿然。旁有一坐平皮，下临重崖，上瞩垂乳，悬龙在旁，可卧而扰也。由龙侧循崖端而北，又得一门，则第四门也。穿门东入，稍下次层，其中廓然四辟。右向东转，深黑无穷，左向西出，即前第三门之上层也。知重门若剜处即在其内，因循崖穷之，复隔一柱。转柱隙而入，门内复另环一幽，不远亦不透也。自第三门而上，连历四门，初俱跻攀无路，一入第七门，如连环贯珠，络绎层分，宛转俱透，升陟于层楼复阁之间，浅深随意，叠层凭空，此真群玉山头、蕊珠宫里也。有莫公臣者，遍题“珠明洞”三字于四、五二洞之上，此亦有心表章兹洞者。时当下午，令顾仆先趋南门逆旅，炊黄粱以待。余与静闻高憩悬龙右畔，飘然欲仙，嗒然[③]丧我，此亦人世之极遇矣。久之，仍从第六门峡内，西向攀崖以上。其门虽高张，内外俱无余地，不若四、五二门，外悬台榭，内叠楼楹也。既乃逾脊，仍南下第七门，由门外循崖复南，又得南下东向第八门[④]。其洞亦成峡，东上虽高峙，而不能旁达。洞右有大理寺[⑤]丞题识，然不辨其为何时何姓名也。此山西向八洞，惟南北之洞不交通，而中央四洞最高而可旁达，较之他处一二门之贯彻，一二洞之勾连，辄揽奇誉，真霄壤矣。

【注释】①沮如（jù rù）：低湿之地。如，同"洳"。②虞：忧虑。③嗒（tà）然：形容懊丧的神情。④"又得南下东向第八门"句："东"，乾隆本、"四库"本作"西"。⑤大理寺：官署名。中央司法机构。北齐定制，历代沿置，掌司狱定刑，其长官称卿，以下按级别顺序为少卿、丞等。

【译文】出洞后，依旧走了半里，从石拱门进去，向东远望龙洞岩南面排列着的山峰，天门重重，禁不住有登龙门的奢望。于是从石拱门内渡过溪流往东走，从长满荆棘草丛的泥沼中，又走了半里，抵达山下。最初进入向西的第一个洞口，高大隆起好像峡谷，洞内都是牛马践踏的污秽，无法落脚。向东进去几丈，转向北的地方愈加昏黑无法走到头，转向南的地方随即就是明亮的洞穴穿透西面。顺着明亮的洞穴登上峡谷，仍然向西出到洞口之上，原来就是最初进洞时，南面上方向西的第二个洞口了。从洞口外边再往南登上向西的第三个洞口。此洞向东进去后，形成峡谷和最初进去的那个洞一样，只是峡谷下面狭窄得如同一条胡同，峡谷上方层层叠叠的好似楼阁。五丈之内，下面的峡谷到头后，上面悬着两重洞口，圆滑平整有如人工挖凿而成。只是峡壁峻峭陡削，都无法上去。我与静闻千方百计地设法攀登，得以登上一层峡壁，可上层又高悬横亘，无法通过。于是出到洞前，向上仰望，洞上方又接连开有两个洞口，这又是南上去向西的第四个、第五个洞口了。希望洞内下边与峡谷内两重洞口相通。静闻想要从洞外攀着树枝踩着石缝直接上去，我打算从洞外寻找孔洞和山崖从其他的途径进去，于是又经过南面上方向西的第六个洞口，抬头望去更高了，悬崖更加陡削，越望越不可到达。又经过南面上方向西的第七个洞口，见那里的石纹一层层的，有突出来的地方，可以落脚，有孔洞凹进去的地方，可以用手抓住。于是俯下身去攀登，凌空几十层后才到达洞口。洞北又有相夹的山坳竖起，高五六丈。开始进入上层时，那夹壁光滑细腻没有台阶，无法上登。于是让顾仆下山去找树枝，打算把树枝嵌在夹壁上以便上登，可当时没有带佩刀，虽有竖直的枝条，难以弄断取来，只好漫无边际地去找树枝。此时静闻仍在第五个洞口的外面攀登，估计他必定难以飞登过去，因而强行催促他过来这里一起合力上攀。顾仆下去后，我独自审视，那处夹壁虽然没有缝隙和台阶，可夹壁弯弯曲曲的，可以用手脚支撑着上登，这才没了坠落的忧患。于是挺身采用这个方法上攀，就像钻出水井那样，都是手脚横向绷紧身子竖直向上耸动，不必依靠梯子台阶。登上夹壁上的石脊，石脊北边又陷落下去形成峡谷，而且穿透进去有亮光照进来，心知与先前望见的洞必定有一处相通，但不清楚所通之处究竟是哪个洞口。于是骑在石墙上坐下，向上斜视洞顶，四通八达好似帐篷；下瞰峡底，两侧分开犹如美玉装饰的内室。于是高声催促静闻，很久之后，静闻与顾仆先后到了。顾仆取来的小树枝太细不能用，而我已经爬上了石脊，也用不着了，教静闻按照我的方法上攀，真是所谓的教猴子爬树了。静闻攀上来后，我便从石脊向西南上走，静闻就从石脊上向东北上走，各自去搜寻眼睛所不能看见的地方，但都不能通到远处。于是只好从石脊北边下到峡谷中向北前进。西边上方高悬的一个洞口，那是第六个洞两重的洞口了，来不及上去。沿着峡谷再往前走，转向西出来，就是第五个洞口了。洞口有条石龙，下垂之处有三四丈，头部分为两岔，敲击它发出铿锵之声。旁边有一个石座平架着，下临重重山崖，向上注视着下垂的钟乳石，悬垂的石龙在旁边，可躺下去驯服它。从石龙侧沿着石崖前端往北走，又找到一个洞口，这是第四个洞口了。穿过洞口往东进去，渐渐下到第二层，洞中十分空旷，四面开扩。从右边向东转，漆黑无底，从左边向西出来，就是先前第三个洞口的上层了。心知那双重洞口像刀剑的地方就在那里边，于是沿着崖壁想去穷究它，可又隔着一根石柱。从石柱旁的缝隙转进去，洞口内另外又环绕成一处幽境，不远也不通。从第三个洞口往上登，一连经过四个洞口，起初全然无路可以攀登，一进入第七个洞口，如同串起来的珠子，络绎不绝，层层分开，弯弯转转地全部相通，攀爬到层楼重阁之间，深浅之处随意，层层叠叠，登临虚空，这真是身在群玉山头、蕊珠宫里了。有个叫莫公臣的人，在第四、第五两个洞的上方到处题写了“珠明洞”三个字，这也是个有心表扬此洞的人。此时正值下午，让顾仆先赶回南门的旅店中，煮好饭等着我们。我与静闻在悬垂石龙右侧的高处歇息，飘然欲仙，怅然若失，物我皆空，这也是一种人世间极致的境遇了。许久，依然从第六个洞口的峡谷内，向西攀着山崖而上。这个洞口虽然高张着，内外都没有空余的地方，不如第四、第五两个洞口，外边高悬如台榭，里面叠架如楼阁。随即越过石脊，仍旧往南下到第七个洞口，由洞口外沿着山崖再往南走，又找到南面下方向东的第八个洞口。此洞也形成峡谷，东面上方虽然高高耸峙，但不能旁通。洞右边有大理寺丞的题记，然而不能辨认出他是哪个时代的人以及他的姓名。此山向西的八个洞，只有南北两面的洞不相通，而中央的四个洞地势最高，而且可以通往四面八方，与其他地方一两个洞口贯通、一两个山洞相连相比，这里独揽奇观、独享美誉，真是天地之别了。

南崖复北转至第一洞，乃下山循麓南行半里，有峰巍然拔地屏峙于左，有峰峭然分岐拱立于右。东者不辨为何名，西者心拟为石人，而《志》言石人峰在县西七里，不应若是之近，然使更有一峰，则此峰可不谓之“人”耶？既而石人之南，复突一石，若伛偻而听命者，是一是二，是人是石，其幻若此，吾又焉得而辨之！又南半里，将抵南门逆旅，见路南山半，梵宇高悬，一复新构，贾余勇登之。新构者文昌阁，再上为南斗延寿堂，以此山当邑正南，故“南斗”之也。时当午，暑极，解衣北窗，稍凉而下。饭肆中，遂入南门，抵北山，过城隍庙、报恩寺，俱东向。觅所谓“大石岩”者，乃大乘庵也，废然而下。乃东过察院，东向临城上。北上北宸宫，以为即龙头山慈光寺也。比至，乃知为北宸。问：“龙头山何在？”云：“北门外。”问：“慈光寺何似？”云：“已久废。”问“读书岩何托？”云：“有名而无岩，有室而无路，可无烦往也。”余不顾，亟出北门，沿江循麓，忽得殿三楹，则仪安庙也，为土人所虔事者。又北，路为草蚀，荆蔓没顶，已得颓坊敝室，则读书岩矣。亦莫孝廉之先所重建，中有曹能始学佺碑记，而旁有一碑，则嘉靖重建，引解学士缙诗曰：“阳朔县中城北寺，云是唐贤旧隐居。山空寺废无僧住，惟有石岩名读书。”观此，则寺之废不自今日矣。时殷雷催雨，急入北门，过市桥，入龙潭庵，观所谓龙潭。石崖四丛，中洼成潭，水自市桥东注，陨坠潭中，有纳无泄，潜通城外大江也。

【译文】从南面的山崖再向北转到第一个洞，就下山沿着山麓往南走了半里，有座山峰巍然拔地而起，如屏风一样耸立在左边，有座山峰峭拔地分为两岔，拱手矗立在右边。东面的山峰辨不出叫什么名字，西面的山峰我心中猜测是石人峰，但《志》书上说石人峰在距离县城西边七里地方，不应该像这座山峰这么近，然而即使另外还有一座石人峰，那这座山峰能不把它称为“人”吗？紧挨着石人的南边，又突起一座岩石，如弯腰曲背俯首听命的样子，是一座山峰还是两座山峰，是人还是石头，它的变幻竟然如此，我又怎能分辨得清呢！又向南半里，即将抵达南门的旅店，看见路南的半山腰，佛宇高悬，有一处是重新建构的，我们鼓起剩余的勇气登上去。新建的是文昌阁，再上去是南斗延寿堂，因为这座山在县城的正南方，所以用“南斗”来给它命名。此时正当中午，天气极为炎热，解开衣襟对着北边的窗口，稍微凉爽一点便下山了。在旅店中吃了饭，就进了南门，到达北山，路过城隍庙、报恩寺，都是面向东。寻找所说的“大石岩”，原来就是大乘庵，故颓然无兴致的下来。于是往东经过按察院，按察院东向临近县城之上。往北登上了北宸宫，我以为这就是龙头山的慈光寺了。等抵达后，才知道这是北宸宫。我问：“龙头山在哪里？”答道：“在北门外。”问：“慈光寺样貌如何？”答道：“已经荒废了很久。”问：“读书岩位于什么地方？”答道：“有名字却没有岩洞，有房屋却没有路，可以不必去了。”我不理会，急忙从北门出来，沿着江岸顺着山麓往前走，忽然见到一处三开间的佛殿，原来是仪安庙，是当地人虔诚供奉的庙宇。又向北走，路被野草埋没了，荆棘藤蔓没过头顶，不久找到倒塌的牌坊和崩坏的房子，这就是读书岩了。也是孝廉莫之先重建的，洞中有曹能始（曹学佺）题写的碑记，而且旁边有一块石碑，是嘉靖年间重立的，碑文引用大学士解缙的诗说：“阳朔县中城北寺，云是唐贤旧隐居。山空寺废无僧住，惟有石岩名读书。”看了这首诗，知道了这座寺院的荒废不是从近日才开始的。此时雷声隆隆即将下雨，急忙从北门进入，过了市桥，进入龙潭庵，察看所谓的龙潭。石崖四面成丛，中间下洼形成水潭，水流从市桥下向东流来，向下坠到水潭中，只有进的没有出的，从地下通到城外的大江中。

甫入庵，有莫姓者随余至，问："游岩乐否？"余以珠明岩夸之。曰："牛洞也。数洞相连，然不若李相公岩更胜。此间岩洞，山山有之，但少芟荆剔蔓为之表见者耳。惟李岩胜而且近，即在西门外，不可失也。"余仰见日色尚高，急别莫，曳杖出西门，觅火携具，即从岐北行，遇一小石梁，从梁边岐而西行，已绕此山东北两面矣。始知即前拔地屏峙之峰，即西与石人为对者也。既乃绕至西麓，其洞正西向石人峰，洞门之右，有镌记焉。急读之，始知其洞有来仙之名，李公为闽人李杜。更知其外列之山，有天马、石人诸名，则石人之不在七里，而即在此益征矣。李杜《来仙洞记》曰："隆庆四年长至，闽云台山人李杜至阳朔，出郭选胜，得兹山倚天而中立，其南面一窍，可逾而入也。内有巨石当门，募工凿之，如掘泥折瓦然。其中有八音、五采，千怪万奇，其外则屏风、蟠桃、石人、天马、陈抟、钟离诸峰，环列而拱向，敞朗宏深，夏凉冬燠，真足娱也。其明年大水，有巨蛟长数丈乘水而去，洞中故有专车[①]之骨，亦忽不见。邑之人异之，以余为仙人来也，名之曰来仙洞。夫余本遵伦谨业，恬泊为愉，非有缪巧仙理也，安足以驱蛟而化骨！然此山之幽奇，涵毓于开辟之初，而閟伏于亿万年之久。去邑不能一里，邑之人不知有斯洞也。一旦而见表于余，夫不言而无为，莫过于山川，而含章以贞终，以时发，是以君子贵夫需也。于稽其义，有足以觉世者矣。故为之记。门人靖藩云岳朱经弇书。"《记》谓其洞南面，余时占日影，指石人似为西面，大抵西向而少兼夫南者也。入洞东行，不甚高爽，转而南，遂昏黑。秉炬南入，有岐窍焉。由正南者，数丈辄穷；由东南者，乳窦初隘，渐入渐宏，琼葩云叶，缤纷上下。转而东北，遂成穹峡，高不见顶，其垂突蹲裂，种种开胜。深入，忽峡复下坠渊黑，不可以丈数计。以炬火星散投之，荧荧直下，久而不得其底。其左削崖不能受趾，其右乳柱分楞，窗户历历，以火炬隔崖探之，内若行廊，玲珑似可远达，惟峡上难于横度，而火炬有尽，恐深入难出，乃由旧道出洞前，录《来仙洞记》。从南麓东入西门，出东南门渡口，则舟人已舣舟待，遂入舟宿。

【注释】①专车：满车。

【译文】刚进龙潭庵时，有个姓莫的人跟着我来了，问我："游岩洞愉不愉快？"我把珠明岩向他夸赞了一番。他说："那是牛洞。几个洞相连，但不如李相公岩更胜美。这一带的岩洞，每座山都有，只是缺少铲去荆棘除掉蔓草为它们宣传的人罢了。只有李相公岩景致优美而且距离不远，就在西门外，不可错过。"我抬头见天色还早，急忙告别了姓莫的，拄着手杖从西门出来，找来火把带上用具，立即从岔道往北行，遇见一座小石桥，从桥边的岔路往西走，很快就绕过这座山的东、北两面了。这才知道就是先前拔地而起好似屏风一样屹立着的山峰，也就是西与石人峰相对的山峰了。接着绕到山的西麓，那个岩洞正向西对着石人峰，洞口的右边，刻有碑记。急忙读了碑文，才知道这个洞有来仙洞的叫法，李公指的是福建人李杜。另外了解到洞外排着山，有天马、石人各种名字，那么石人峰不在县城西面七里就在这里，更加得到了证实。李杜的《来仙洞记》

说："隆庆四年（1570）夏至日，福建云台山人李杜来到阳朔，出城览胜，见到此山背靠苍天矗立在中央，山南有一个洞穴，可以攀登进去。洞内有巨石挡在洞口，招募工匠凿开巨石，如同挖掘泥土折断瓦片一样。洞内有金、石、丝、竹、匏、土、草、木八种器乐和青、黄、赤、白、黑五彩颜色的景致，千奇百怪，洞外则有屏风、蟠桃、石人、天马、陈抟、钟离诸峰，环绕排列，拱形相向，宽敞明朗，宏大幽深，夏凉冬暖，真值得高兴呀！那年的第二年发大水，有条长数丈的巨大的蛟龙乘着水势离开了洞穴，洞中原有一车的白骨，也忽然不见了。县里的人认为此事很奇怪，把我当做是仙人来了，给岩洞命名为来仙洞。我本来遵守人伦，谨慎行事，把清静淡泊视为快乐，并不相信荒谬巧诈的神仙的道理，哪里能够驱逐蛟龙并化除白骨！然而这座山幽雅奇特，于开天辟地之初孕育而成，而后隐秘潜藏了亿万年之久。离县城不到一里路，县里的人却不知道有这个洞。一旦被我这样宣扬，不用说什么也不必做什么，不用大讲山川美景，而洞内隐含的秀美始终不变，只是等待时机显露出来，所以正人君子贵在等待。至于稽考它的意义，有这一点就足以警觉世人了。故而为这个洞作了这篇记文。弟子靖江王府云岳朱经弁记载。《记》文中说这个洞洞口向南，我此时观察太阳的影子，指向石人峰，似乎是洞口向西，大概是个洞口向西却稍微兼向南的山洞。进洞后往东行走，不怎么高大明亮，转向南，便黑暗下来。举着火把向南进去，有岔洞。向正南的路，走几丈远就到了头；从东南去的，满是钟乳石的洞穴起初很狭窄，越进去越宽敞起来，琼玉般的花朵，云朵状的叶片，上下缤纷。转向东北走，便成了穹隆的峡谷，高得不见顶，那些岩石悬垂前突蹲踞迸裂，种种姿态展现出绝美景色。深入进去，忽然间峡谷又向下坠入一片深渊漆黑之中，不能用丈来计数。把火把分散投进去，荧荧火光直下深渊，很久都到不了渊底。峡谷左边陡削的崖壁不能承受脚掌，峡谷右边的钟乳石柱分为格子状，像门窗一样看得清清楚楚。举着火把隔着悬崖探视，里面像一条走廊，玲珑小巧似乎可以通到远方，只是峡谷上方难以横渡，而且火把快用完了，担心深入进去难以出来，于是经由原路出到洞前，抄录了《来仙洞记》。从山的南麓向东进了西门，出了东南门来到渡口，就见船夫已经把船停在岸边等候了，于是进船睡下。

二十五日　自阳朔东南渡头发舟，溯流碧莲峰下。由城东而北，过龙头山，自是石峰渐隐。十里，古祚驿。又十五里，始有四尖山在江左，其右亦起群尖夹江，是为水绿村。又北七里，有岩在江之西岸，门甚高敞，东向临江。由右腋深入，渐高而黑，久乃空濛，复东辟门焉。由岩左腋上登，其上前亘为台，后结一窦，有尼栖焉。不环堵，不覆屋，因台置垣，悬梯为道，甚觉轩爽。窦后复深陷成峡，昏黑。东下欲索炬深入，尼言无奇多险，固止之。而雷声复殷殷促人，时舟已先移兴平，遂出洞。由洞左循麓溯江，草深齐项，半里，达螺蛳峰下。其峰数盘而上，层累若螺蛳之形，而卓耸压于群峰，乃兴平东南水口山也。以前岩在其下，土人即指为螺蛳岩。余觉岩在螺峰之南，双岐低峰之麓，及入岩读碑，而后知其为蛟头，非螺蛳也。螺蛳以峰胜，蛟头以岩胜，螺蛳穹而上盘，蛟头垂而下络，不一山，亦不一名也。绕螺蛳又二里，及舟，入半里，少舣兴平。其地有溪自东北来，石山隙中，遥见巨岭亘列于内，即所趋恭城道也。崖上有室三楹，下临江渚，轩栏横缀，为此中所仅见，额曰“月到风来”，字亦飞逸，为熊氏书馆[1]。余闯入其中，竟不见读书人也。下舟已暮，又北二里而泊。

【注释】①书馆：古代进行启蒙教育的私塾。

【译文】二十五日　从阳朔县城东南门外的渡口码头开船，溯江来到碧莲峰下。经城东往北行，经过龙头山，从这里起石峰渐渐隐去。十里后，到古祚驿。再行十五里，这才有四座尖山出现在江左，江右也突起成群的尖峰夹住江流，这是水绿村。又向北走了七里，有个岩洞在江的西岸，洞口十分高大宽敞，洞口向东，下临江流。从右侧深入进去，逐渐变高并暗下来，很久才变得一片空濛，又在东边开了一个洞口。从岩洞左侧上登，那上边前面绵延横陈形成平台，后面盘结成一个洞穴，有尼姑住在里面。没有围墙，不盖屋顶，就着平台建了矮墙，悬垂着梯子作为通道，感觉非常轩敞明亮。洞穴后面又深陷成峡谷，昏暗一片。往东下去想去找火把来再深入，尼姑说洞中无奇特之处，又多是险阻，坚决阻止我进去。而且雷声又隆隆响起催人赶路，此时船已经先一步驶往兴平，便出了洞。由洞左边沿着山麓溯江前行，荒草深深有脖子那么高，半里，来到螺蛳峰下。这座山峰分为几层盘绕而上，层层堆叠好似螺蛳的形状，而且高高耸起压过群峰，是兴平东南的水口山。由于之前那个岩洞在螺蛳峰的下游，当地人便把它认为螺蛳岩。我觉得岩洞在螺蛳峰的南面，位于分为两岔的矮峰的山麓，到进入岩洞读了碑文后，然后才知道这是蛟头岩，不是螺蛳岩。螺蛳峰以山峰取胜，蛟头岩以岩洞取胜，螺蛳峰向上隆起盘绕，蛟头岩向下低垂缠绕，不是一座山，也不是同一个名字。绕过螺蛳峰又走了二里，赶上船，航行半里，暂时停靠在兴平。这个地方有自东北方而来的溪水，在石山缝隙中，远远望见有巨大的山岭横亘着排列在里面，那就是通往恭城县的路了。

山崖上有三间屋子，下临江中的沙洲，长廊的栏杆横着点缀，这景象是这里仅可见的，匾额上写着“月到风来”，字体也飞舞飘逸，是熊家的私塾。我闯入私塾中，竟然没看见读书的人。下到船中已是傍晚，又向北行船二里后才停泊下来。

二十六日　昧爽发舟，西北三里，为横埠堡，又北二里为画山。其山横列江南岸，江自北来，至是西折，山受啮，半剖为削崖，有纹层络，绿树沿映，石质黄红青白，杂彩交错成章，上有九头，山之名“画”，以色非以形也。土语：“尧山十八面，画山九筒头，有人能葬得，代代出封侯。”后地师指画山北面隔江尖峰下水绕成坪处为吉壤，土愚人辄戕其母欲葬之。是夕峰坠，石压其穴，竟不得葬，因号其处为忤逆地。余所恨者，石坠时不并毙此逆也。舟人泊舟画山下晨餐。余遂登其麓，与静闻选石踞胜，上罨①彩壁，下蘸绿波，直是置身图画中也。崖壁之半，有洞北向，望之甚深，上下俱无所着足。若缘梯缀级于石纹之间，非直空中楼阁，亦画里岩栖矣。

【注释】①罨（yǎn）：覆盖，掩盖。

【译文】二十六日　黎明开船，往西北航行三里，是横埠堡，又向北二里是画山。这座山横向排列在漓江的南岸，江水自北边流来，流经此地向西转去，山受到江水的冲刷，一半被剖为陡削的悬壁，石纹一层层地纵横交错，沿岸的绿树掩映着，石质呈黄、红、青、白各色，各种颜色的石纹交错成图画，上面有九个头，这座山之所以起名为“画”，就是根据颜色而不是根据形状。当地谚语说：“尧山十八面，画山九个头，有人能葬得，代代出封侯。”后来风水先生指出，画山北面隔着江流的尖峰下江水环绕成的平地是块吉地，当地的一个蠢人便残杀了自己的母亲想要葬在那里。当天黄昏时山峰崩塌，岩石压住了那个墓穴，竟然不能葬下去，因此把那个地方称为忤逆地。我遗憾的是，岩石坠落时没有把这个忤逆子一并砸死了。船夫把船停泊在画山下我们吃了早餐。我于是登上画山山脚，与静闻选了块石头盘腿坐在这景色优美的地方，上方覆盖着彩色的石壁，下边蘸着翠绿的水波，简直就是置身于画中。崖壁的半腰，有个山洞面向北，望进去非常深，上下都无落脚的地方。如果沿着石纹之间架设的梯子或是石阶，那就不仅是空中楼阁，也如置身于画中隐居在岩洞中了。

返而登舟，又北一里，上小散滩。又北二里，上大散滩。又北七里为锣鼓滩，滩有二石象形，在东岸。其处江之西涯，有圆峰端丽；江之东涯，多危岩突兀。其山南岩窍，有水中出，缘突石飞下坠江，势同悬瀑。粤中皆石峰拔起，水随四注，无待破壑腾空。此瀑出崇窍，尤奇绝。

【译文】返回来登上船，又向北航行一里，上了小散滩。又向北行二里，上了大散滩。又向北七里是锣鼓滩，河滩上有两块岩石很像大象的形状，在东岸。此处江的西岸，有座圆形的山峰，端庄美丽；江的东岸，有很多高险突兀的岩石。这座山南面的岩洞中，有溪流从洞中流出，贴近突出的岩石飞泻直下坠入江中，水势如同悬空的瀑布。粤中都是石峰拔地而起，水流顺势四处流淌，没来得及冲破壑谷就腾空而下。这条瀑布从高处的洞穴中流出来，尤为奇特绝妙。

又北八里，过拦州[①]。西北岸一峰纯透，初望之，疑即龙门穿穴，以道里计之，始知另穿一峰，前以夜棹失之耳。舟转西北向，又三里，为冠岩[②]。先是江东岸崭崖，丹碧焕映，采艳画山。冠岩即在其北，山上突崖层出，俨若朝冠。北面山麓，则穹洞西向临江，水自中出，外与江通。棹舟而入，洞门甚高，而内更宏朗，悉悬乳柱，惜通流之窦下伏，无从远溯。壁间有临海王宗沭题诗，号敬所，嘉靖癸丑学宪。诗不甚佳，时属而和者数十人，吉人刘天授等，俱镌于壁。觇玩久之，棹舟出洞，望隔江群峰丛合，忆前拦州所见穿山当正对其面，惜溪回山转，并其峰亦莫能辨识。顷之，矫首北见皎然一穴，另悬江东峰半，即近在冠岩之北。急呼舟人舣舟登岸，而令其以舟候于南田站。余乃望东北峰而趋，一里，抵山腋。先践蔓凌巉，既乃伏莽穿棘，半里逾岭坳。度明穴在东，而南面之崖绝不可攀，反循崖北稍下悬级，见有叠石阻隘者，知去洞不远矣。益北下，则洞果南透。其山甚薄，上穹如合掌，中罅。北下俱巨石磊落，南则峭崖悬亘，故登洞之道不由南，而由北云。洞右复有旁门复室，外列疏楞，中悬团柱，分帏裂隙，东北弥深，似昔有居者。而洞北复时闻笑语声，谓去人境不远，以为从北取道，可近达南田。时轰雷催雨，亟出明洞，北隅则巨石之隙，多累块丛棘，宛转数处，北望一茅甚迩，而绝不可通。不得已，仍逾四坳，循前莽南下，幸雷殷而雨不至。一里，转至西北隅，又得一洞。南北横贯。其北峰之麓，自冠岩来，此为北峰。北端亦透，而不甚轩豁。仍出南门，遂西北行平畴中。禾已将秀[③]，而槁[④]无滴水，时风雨忽至，余甚为幸之。其西隔江屏立者，皆穹崖削壁，陆路望之，更觉峥嵘；东则石峰离立，后托崇峦。共四里抵南田驿[⑤]，觅舟不得，遂濒江而北，又一里，乃入舟。舟人带雨夜行，又五里，泊于斗米、寸金二滩之间。中夜仰视，萤阵烛山，远近交映。以至微而成极异，合众小而现大观，余不意山之能自绘，更无物不能绘也。

【注释】①拦州：今“浪洲”，位于阳朔县北隅，漓江东岸。②冠岩：又称光岩，在桂林以南的漓江东岸，是地下河的一个出口，洞内有清流注入漓江。岩分四洞，洞洞相连，循序深入。船上看到的是第一洞，第二、三、四洞洞口较低，必须枯水期才能进入。③秀：指禾类植物开花。④槁：枯干。⑤南田驿：今“南亭”，在灵川县西南隅，漓江东岸。

【译文】又向北行八里，路过拦州。西北方岸上有座全部穿洞通透的山峰，最初望见它，怀疑它是龙门山的穿洞，按里程来计算，才知道是另外一座穿洞的山峰，之前因为是夜间行船错过了它而已。船转向西北行，又行了三里，是冠岩。这之前江的东岸有高峻的山崖，红绿相间，鲜明映衬，色彩艳丽如同画山。冠岩就位于这座山的北面，山上突出层层石崖，宛若朝冠。北面山麓，有个穹隆的山洞面向西，前临江流，水从洞中流出来，外边与江流相通。划着船进去，洞口非常高，而洞内更加高大明亮，全是悬垂的钟乳石柱，可惜水流通过的洞穴下伏着，无法溯流走到远处。洞壁上有临海人王宗沭题的诗，王宗沭号敬所，是嘉靖癸丑（嘉靖三十二年，1553）广西的学政。诗不是很好，当时跟着应和的有几十个人，有吉人刘天授等人。都刻在洞壁上。观览欣赏了很久，划着船从洞中出来，望见隔江处群峰聚合，回忆起之前在拦州见到的有穿洞的山，应当正对着这些山峰的正面，可惜山回水转，连它是哪些山峰也无法辨认出来。顷刻间，抬头看见北边有一个明亮的山洞，另外高悬在江东岸山峰的半山腰，就近在冠岩的北边。急忙叫船夫停船登上岸，并叫他把船停在南田站等候。我于是望着东北方的山峰赶过去，一里后，抵达山侧。先踏着藤蔓登上陡峭的山岩，随即便伏低身子穿过草丛荆棘，半里后翻过山岭坳地。预估那个明朗的洞穴在东边，但南面的山崖断绝无法攀登，反向沿着山崖往北缓缓走下高悬的石阶，看见有一处石块垒叠堵住隘口的地方，心知离洞不远了。再往北下去，果然看见山洞通到南面。这座山非常薄，上面隆起像合起来的手掌，中间裂开形成缝隙。北面下方全是累累巨石，南面则是陡峭的悬崖高悬横亘着，所以登上岩洞的路不从南边走，而是从北边走。洞右边又有旁洞和重叠的石室，外边排列着稀疏的楞坎，中间悬垂着圆柱，裂隙像分开的帷幔，向东北进去更深，似乎从前有人居住。而且洞的北边又不时听到欢声笑语，感觉离有人的地方不远了，以为从北面取道，可以就近到达南田站。此时轰鸣的雷声催雨将下，急忙从透亮的山洞出来。在山的北隅巨石的缝隙间，有许多垒叠着的石块和丛生的荆棘，辗转走过数处，望见北边的一间茅屋很近，然而绝对不可通行。不得已，仍然翻过西面的山坳，沿着之前走过的丛莽往南下走，幸好虽然雷声隆隆却没有下雨。一里后，转到山的西北隅，又见到一个洞，南北横向贯通。这里北峰的山麓，从冠岩过来，这座山是北峰。北面一头也是通的，但不那么宽敞高阔。仍然从南面的洞口出来，便向西北前行走在平旷的田野中。稻禾已经开花，但土地却干得没有一滴水，此时风雨忽至，我为此感到非常开心。那坐落于西面隔江处像屏风一样矗立着的山，都是高隆的石崖陡削的绝壁，从陆路上望过去，更觉山势高峻耸立；东面则是石峰并立，后面承托着高高的山峦。共走了四里后抵达南田驿，没有找到船，便沿着江边往北走，又走了一里，这才进入船中。船夫冒雨在夜间行船，又行了五里，停泊在斗米滩、寸金滩两个河滩之间。半夜抬头仰望，萤火虫组成的阵列照亮了山谷，远近交辉。以卑微的身体而汇合形成极为奇异的景象，众多微小的东西集合起来却显现出壮丽的景观，我没想到山都能自我描绘，那就没有什么东西是不能描绘的了。

二十七日　昧爽出峡口，上寸金滩，二里至卖柴埠①。西面峰崖骈立，沉香堂在焉。又西北三里，其北麓有洞嵌江，舟转而东，不及入。东三里，至碧岩。其岩北向，石嘴啖江。其上削崖高悬，洞嵌其中，虽不甚深，而一楹当门，倚云迎水，帆樯拂其下，帏幄环其上，亦凭空掣远之异胜地也。于是北转五里，过豆豉井。又西北五里，至大墟，市聚颇盛，登市蔬面。又西北五里，至横山岩。其岩东向，瞰流缀室，颇与碧岩似。右腋有窦，旁穿而南，南复辟一洞，甚宏，有门有奥。奥西上则深入昏冥，奥之南坠，皆嵌空透漏。门在坠奥东，廓然凭流，与前门比肩立。又北五里，为龙门塘。南望横山岩西透顶峰，虽似穿石，无从上跻。又西五里，为新江口，又夜行十里而泊。

【注释】①卖柴埠：在灵川县西南隅，漓江西岸。

【译文】二十七日　黎明时从峡口出来，驶上寸金滩，二里后到达卖柴埠。西面山峰石崖并立即是沉香堂所在之处。又向西北行三里，山的北麓有个洞嵌入江中，船转向东走，来不及进入游览。向东三里，到达碧岩。这个岩洞面向北，石嘴饮着江水。洞上方陡削的崖壁高悬，洞嵌在崖壁中间，虽然不特别深，可一根石柱正对着洞口，伴随着云雾迎着江水，船帆擦过洞的下方，帷幔般的岩石环绕在洞的上方，也是一处凌空观览远景的奇异胜地了。从这里转向北行了五里，路过豆豉井。又向西北五里，到大墟，集市村落十分兴盛，登岸到集市上买蔬菜面粉。又向西北航行五里，到达横山岩。这个岩洞面向东，俯瞰着江流，点缀着石室，与碧岩十分相似。右侧有个洞穴，向旁边通到南面，南面又开有一个洞口，非常宽大，有洞口有内室。从内室向西上去就深入到昏黑幽暗之中，内室的南边向下坠落，都嵌满空洞，通明透亮。洞口在下坠的内室的东边，十分空阔，紧靠江流，与前洞口并肩而立。又向北行五里，是龙门塘。向南远望横山岩，向西穿过了顶峰，虽然似乎是穿通的石洞，却无法上登。又向西五里，是新江口，又在夜间航行了十里后才停泊下来。

二十八日　昧爽刺舟，亟推篷，已过崖头山。十余里，抵水月洞北城下，令顾仆随舟往浮桥，余同静闻过文昌门外，又西抵宁远门南，过南关桥。觅拓碑者，所拓犹无几，急促之。遂由宁远门入，经靖藩城后门，欲入晤绀谷，询独秀游期，而后门闭，不得入。乃循其东出东江门，命顾仆以行囊入趋赵时雨寓，而其女出痘，遂携寓对门唐葵吾处。闻融止已欲行，而石犹未取。饭后令静闻往觅之，至则已行，止留字云："待八月间来取。"殊可笑也。

【译文】二十八日　黎明有划船声，急忙推开船篷，已经过了崖头山。过了十多里，抵达水月洞北边的城墙下，让顾仆随船去到浮桥，我同静闻一起穿过文昌门外，又向西抵达宁远门南，走过南关桥。找到拓碑的人，所拓的碑帖还没有几张，急忙催促他。于是从宁远门进城，经过靖江王城的后门，想要进去与绀谷见面，向他咨询游览独秀峰的日期，可后门关闭着，无法进去。于是顺着王城往东出了东江门，让顾仆带上行李进城赶到赵时雨的寓所，但他的女儿正在出水痘，我们便带上行李住到他对门的唐葵吾处。听说融止已经打算走了，可石头还没有取回来。饭后让静闻去找他，静闻去到时他却已经走了，只留下字条说："到八月间来取。"真是可笑！

二十九日　令静闻由靖藩正门入晤绀谷。余同顾仆再出宁远门促拓碑者。至是拓工始市纸携具为往拓计，余仍还寓。午暑不堪他行，惟偃憩而已。下午，静闻来述，绀谷之言甚不着意。余初拟再至省，一登独秀，即往柳州，不意登期既缓，碑拓尚迟，甚怅怅也。

【译文】二十九日　让静闻由靖江王府的正门进去与绀谷见面。我同顾仆再次出宁远门去催促拓碑的人。到这时拓碑的工匠才买了纸带上工具做去往拓碑的准备，我仍然返回寓所。中午太炎热不能去别的地方，只好躺下来休息。下午，静闻回来转述，绀谷的话很是不合我的心意。我当初打算再次回到省城时，登一次独秀峰后，立即前往柳州府，没想到登独秀峰的日期已经拖延了，拓碑也还要推迟，心中特别不开心。

三十日　余在唐寓。因连日炎威午烁，雨阵时沛，既倦山跻，复厌市行。止令静闻一往水月洞观拓碑者，下午反命，明日当移拓龙隐云。

【译文】三十日　我在唐家寓所。因为连日来中午烈日炎炎简直能熔化金属，阵雨不时暴降，我既厌倦了去爬山，也厌倦了游览街市。只是让静闻一人前往水月洞去看看拓碑的工匠，下午他回来复命，明天应当会转移到龙隐岩去拓了。

六月初一日　在唐寓。是日暑甚，余姑憩不出。闻绀谷以焚灵事与藩王有不惬，故欲久待。而是时讹传衡、永为流寇所围①，藩城亦愈戒严，余遂无意候独秀之登。而拓者迁延索物，余亦不能待，惟陆务观碑二副先拓者，尾张少二字，令彼再拓，而彼复拓一付，反并去此张，及促再补，彼愈因循，遂迟吾行。

【注释】①流寇：到处流窜的盗匪。

【译文】六月初一日（7月22日）　在唐家寓所。这一天特别炎热，我暂时休息没有出门。听说绀谷因为焚香祭灵与靖江王发生了不愉快的事，所以要我多等等。而这时谣传衡州府城、永州府城已被流寇包围了，王城也更加戒严，我就不想再等着去登独秀峰。而且拓碑的人故意拖延想索取财物，我也不能再等了，只是先拓好的两副陆务观的碑帖，末尾那张少了两个字，让他再去补拓，然而他重新拓了一副，反而连同这一张也掉了，等催他再去补拓时，他越发拖拖拉拉，最终拖延了我的行期。

独秀山北面临池，西南二麓，余俱绕其下，西岩亦已再探，惟东麓与绝顶未登。其异于他峰者，只亭阁耳。

【译文】独秀山的北面对着水池，西南两面的山麓，我都绕着从下面走过，西面的岩洞也再探察过，唯有东麓和绝顶没有攀登。这座山不同于其他山峰的地方，只有亭台楼阁罢了。

初二日　令顾仆促拓工，而余同静闻再为七星、栖霞之游。由七星观左入岩洞“争奇门”，乃曹能始所书者，即登级为碧虚阁。是阁在摘星亭之左，与七星洞前一片云同向，“一片云”三字乃巡抚都御史许如兰[①]所书，字甚古拙。而稍在其南，下登者先经焉。余昔游时急于七星，以为此轩阁不必烦屐齿，后屡经其下，见上有岩石倒垂，心艳之，至是先入焉。则其额为歙人吴国仕所题。“碧虚”之名，昔在栖霞，而今此复踵之，岂彼以亭，而此以阁耶？余啜茗其间，仰视阁为瓦掩，不见岩顶，既而转入玄武座后，以为石窟止此，而不意亦豁然透空，顶上仅高跨如梁。若去其中轩阁，则前后通映，亦穿山月岩之类，而铺瓦叠户，令人坐其内不及知，可谓削方竹而淹断纹者矣。阁后透明之下，复垒石为垣，高与阁齐，以断出入。余讯其僧：“岩中何必叠瓦？”曰：“恐风雨斜侵，石髓下滴。”“阁后何必堵墙？”曰：“恐外多山歧，内难幽栖。”又讯：“何不移阁于岩后，前虚岩为门，以通出入。后倚阁为垣，以便居守，岂不名山面目，去室襟喉，两为得之！”曰：“无钱粮。”然则岩中之结构，岩后之窒塞，又枵腹画空而就者耶？又讯：“垣外后山，从何取道？”曰：“须南自大岩庵。”此庵即花桥北第一庵，庵僧自称为七星老庵，余向所入，见后有李彦弼碑者[②]。余颔之，遂出，仍登摘星，由一片云入七星前洞。由阁后东上数十级，得小坪，石盘其中。遂北出后洞。洞右壁外崖之上，裂窍悬葩，云楞历乱。余急解衣攀缘而上，连上重龛二层，俱有列户疏楞、莲垂幄飐之势，其北下则栖霞洞穹然西向盘空矣。洞外右壁古刻多有存者，则范文穆成大《碧虚亭铭》，并《将赴成都酌别七人题名》在焉。七人即《壶天观铭》所题名字，在栖霞者，其岁月俱为乙未二十八日。碧虚亭以唐郑冠卿入栖霞遇日华、月华二君赠诗，有“不因过去行方便，那得今朝会碧虚”之句，遂取以名亭，石湖铭中所云“名翁所命而我铭之”者也。今亭已废，而新安吴公借以名南岩之阁，不若撤南阁以亭此，则南岩不掩其胜，而此名亦宾其实，岂不快哉！盖此处岩洞骈峙者三：栖霞在北，而下透山之东西；七星在中，而曲透山之西北；南岩在南，而上透山之东西。故栖霞最远而幽暗，七星内转而不彻，南岩飞架而虚明。三窍同悬，六门各异，可谓异曲同工，其奈南岩之碧虚阁，反以人掩何！栖霞再北，又有朝云、高峙二岩，俱西向。此七星西面之洞也，其数共五。

【注释】①许如兰：字湘畹，号芳谷，明末官员，南直隶庐州府合肥县（今安徽合肥）人。万历四十四年（1616）丙辰科殿试第十五名。曾任广西巡抚、副都御史。②李彦弼：字端臣，庐陵（今江西吉安）人。宋哲宗元祐六年（1091）进士，宋徽宗政和五年（1115）通判桂州。

【译文】初二日　让顾仆去催促拓碑的工匠，而我同静闻去再次游览七星岩、栖霞洞。由七星观左侧进入岩洞的“争奇门”，字是曹能始写的，接着登上台阶就是碧虚阁。楼阁在摘星亭的左边，与七星洞前边的一片云位于相同方向，“一片云”三个字是由巡抚都御史许如兰书写，字体十分古拙。而在一片云稍稍往南边一点，下山上登的人都要先经过这里。我过去游览时急着去七星洞，认为这个有长廊的楼阁不必游览，后来屡次从它下面经过，看见上面有岩石倒垂着，心里十分喜欢，这次先进去了。就见楼阁的匾额是歙县人吴国仕题的。“碧虚”这个名字，以前在栖霞洞，而现在这里又用了这个名字，难道那里是用于亭子，而这里是用于楼阁吗？我在楼阁中喝茶，仰望楼阁被瓦片掩盖了，看不见岩洞的洞顶。接着转入玄武座后，认为石窟到此为止了，却想不到也是豁然通透，头顶上仅有如梁一样高跨的洞顶。如果去掉石洞中的轩阁，那么前后就通透，也是穿山、水月岩这类景了，但铺上瓦装上窗，让坐在其间的人无法知道是在岩洞中，可说是把竹子削方来掩饰竹子上断开的裂纹了。楼阁后面透光的下方，又用岩石垒成墙垣，高与楼阁齐平，用以阻止行人出入。我向这里的僧人询问："岩洞中为何要铺瓦？"回答："担心风雨斜侵，钟乳石上的水落下来。""楼阁后何必堵墙？"回答："担心外山上岔路多，洞内难以隐居。"又问："为什么不把楼阁建到岩洞后，把前面的洞作为大门，以便通过出入。后面紧靠楼阁筑墙，便于居住防守。难道不是还名山的本来面目，去掉堵在要害的房屋，两者各得其所！"回答："没有钱粮。"如此岩洞中的建筑，岩洞后的堵塞物，又是饿着肚子在空中画成的吗？又问："墙外的后山，从哪里取道？"回答："必须往南从大岩庵走。"这座寺庵就是花桥北的第一座庵庙，庵里的僧人自称这座寺庵是七星老庵，我以前进去过，见后面有李彦弼题的石碑。我点头同意，于是出来，仍登上摘星亭，经由一片云进入七星岩的前洞。从后往东登上几十个台阶，来到一小块平地，平地中间垒叠着岩石。于是向北从后洞出来。岩洞右石壁外的石崖上，石洞裂开，悬垂着花一样的钟乳石，像云那样的石棱凌乱不堪。我急忙脱下外衣攀爬而上，一连上了两层重叠的石龛。全都是门户罗列棱角稀疏、莲花下垂帷幔飞扬的样子，石龛北边下方便是栖霞洞高高隆起向西盘空而起。洞外右壁上有很多古代碑刻保存了下来，有范文穆成大的《碧虚亭铭》以及《将赴成都酌别七人题名》。这七个人就是《壶天观铭》中所题的名字，在栖霞洞中的碑刻，时间都是乙未（宋孝宗淳熙二年，1175）二十八日。碧虚亭由于唐朝人郑冠卿进入栖霞洞遇见日华、月华二君获得赠诗，诗中有“不因过去行方便，那得今朝会碧虚”的诗句，碧虚亭也是因此而命名的，这就是范石湖铭文中所说的“是老先生为它命名而我为它写了铭文”的地方了。如今亭子已经荒废了，而新安县吴公借用来命名南岩的楼阁，不如拆掉南岩的楼阁在这里建亭子，那么南岩的美景就不会被遮住，而这个名字也算名副其实了，难道不高兴吗！大概这里并列的岩洞有三个：栖霞洞在北面，而向下穿透了山的东西两面；七星岩在中间，而弯曲地通到山的西北两面；南岩在南面，而向上穿透了山的东西两面。所以栖霞洞最远而又幽暗，七星岩内部盘旋却不贯通，南岩飞架在高空而且清晰明亮。三个洞穴都高悬着，六个洞口各有不同，可说是异曲同工，无奈南岩的碧虚阁，反而被人为地遮住了！栖霞洞再往北，又有朝云岩、高峙岩两个岩洞，都是洞口朝西。这是七星岩西面的洞了，洞口一共有五个。

下栖霞，少憩寿佛寺，乃过七星观，遂南入大岩庵。望南岩之后，山石丛薄，若可由庵外东北而登者。时已过午，余曰：“何不了此而后中食。”余遂从庵门右草坪中上，静闻就荫山门，不能从焉。既抵山坳，草中复有石级，而右崖石上镌张孝祥[1]《登七星山诗》，张维依韵和之。共一里，再上，得坪一区，小石峰环列而拱之，薄若绡帷，秀分萼瓣。其北壁棘莽中，亦有记，磨崖为凿穴者戕[2]损不可读。盖其处西即南岩透明之窦，为僧人窒垣断之者；北即七星之顶，与余峰攒而斗列者。昔人上登七星，此其正道，而今则无问津者矣。觅道草中，有小径出东南坳中。从之，共一里，东南下山，得一岩，列众神焉，而不知其名。下山而西，则曾公岩在望矣。忽凉飙[3]袭人，赤日减烈，则阴气自洞中出也。此有玄风洞，余夙求之不得，前由栖霞入，将抵曾公，先过一隘口，忽寒风拂灯，至此又阴气薄日，信乎玄风当不外此，后来为曾公所掩耳，非二洞也。入洞，更采叶拂崖，观刘谊《曾公岩记》及陈倩等诗已，乃濯足涧水中。久之出，仰见岩右又有一洞在峰半，与列神之岩东西并峙。执入洞汲水者问之，曰："此亦有洞，已不可登。"余再问其故，其人不答去。余亟攀崖历莽而上，则洞口亦东南向如曾公岩。初由石峡入，得平展处，稍转而北，其外复有龛东列，分楞叠牖，外透多明，内环重幄，若堂之有室焉。其后则穿门西入，门圆若圈，入其内，渐转渐深，而杳不可睹。乃转而出，甫抵洞外，则一人亦攀隙历险而至，乃庆林观道士也。见余独入，疑而踪迹之，至则曰："庆林古观，而今移门易向，遂多伤损，公必精青乌家言[4]，乞为我指示。"余谢不敏，且问其岩何名，道者不告，强邀入观。甫下山，则静闻见余久不返，亦踵至焉。时已下舂，亟辞道者。道者送余出观前新易门，余再索其岩名，道者曰："岩实无名。昔有僧居此，皆以为不利于观，故去之而湮其路，公岂亦有意于此乎？第恐非观中所宜耳。"余始悟其踪迹之意，盖在此不在彼也。一笑与别，已出花桥东街矣。盖此处岩洞骈峙者亦二：曾公在中，而下透于西；列神之岩在东上，而浅不旁通；庆林后岩在西上，而幽不能悉。然曾公与栖霞，前后虽分门，而中通实一洞。其北下与之同列者，又有二岩，予昔游省舂，先经此，亦俱东南向。此七星山东南面之洞也，其数亦共五焉。若北麓省舂三岩、会仙一洞，旁又浅洞一，乃余昔日所游者，亦俱北向。此七星山北面之洞也，其数亦共五焉。一山凡得十五洞云。既度花桥，与静闻就面肆中，以补午餐。过浮桥返唐寓，则晚餐熟矣。

【注释】①张孝祥（1132—1169）：字安国，号于湖居士，历阳乌江（今安徽和县）人，乾道元年（1165）出知静江府兼广南西路经略安抚使。南宋著名词人，在桂林题刻甚多。②戕（qiāng）：毁坏。③飙（biāo）：暴风。④青乌家言：即青乌术，指堪舆术。

【译文】从栖霞洞下来，在寿佛寺稍作休息，于是经过七星观，便向南进入大岩庵。远望南岩后方，山石草木丛生，好像是可以从庵外往东北登上去的样子。此时已过中午，我说："为何不游览完此地再去吃午饭。"我于是从庵门右草坪中上去，静闻在山门的阴凉处休息，不能跟我去了。已经抵达山坳，草丛中又有石阶，而右崖石上刻有张孝祥的《登七星山诗》，又有张维的和诗。共一里，再往上走，见到一块平地，周围环列拱卫着小石峰，石峰薄如纱帐，秀美如分瓣的花萼。平地北壁的荆棘丛中，也有碑记，崖壁上镌刻的文字被凿洞的人损坏得不能读了。大概此处的西面就是南岩透出亮光的洞穴，被僧人砌墙阻断的地方；北面就是七星岩的顶部，与其他山峰攒聚在一起争斗并列着。从前的人上登七星岩，正是从这里登山的，而现在却无人问津了。在草丛中找路，有条小径直通东南方的山坳中。顺着这条小径，共一里，从东南方下山，来到一个岩洞，其中排列着众多神像，但不知道他们的名字。下山后往西走，然后就能望见曾公岩了。忽然间凉风袭人，烈日减威，原来是阴气从洞中吹来。此地有个玄风洞，我过去一直在找它却找不到，前一次从栖霞洞进去，即将抵达曾公岩时，先经过一个隘口，忽然寒风吹拂灯火，到这里又阴气逼日，相信玄风洞就是这了，不过后来被曾公岩挡住罢了，这本来并不是两个洞。进入洞中，又采来树叶擦拭崖壁，观看完刘谊的《曾公岩记》以及陈倩等人的诗，便到洞中洗脚。很久以后出来，仰面看见岩洞右侧又有一个洞在半山腰，与陈列着神像的岩洞东西并峙。拉住进洞取水的人向他打听，那人说："这里也有洞，已经不能攀登了。"我再问他是什么原因，那人不回答便离开了。我急忙攀着石崖经由草莽上去，那洞口也是朝向东南方，和曾公岩一样。最初由石峡进入，遇到一处平坦舒展的地方，稍向北转去，此外还有石龛排列在东，分出窗楞，重叠石窗，外边多处透进亮光，内部环绕着重重帷帐，就像堂屋的内室一样。洞后便可穿过石门从西进入，石门像一个圆圈，进入洞内，逐渐转入逐渐幽深，而且暗得什么也看不见。于是转出来，刚到洞外，有一个人也攀着石缝历经险阻而来，是庆林观的道士。他见我独自一人进洞，心里疑惑便跟着我过来，来到就说："庆林观是个古道观，而如今移动了道观的大门改变了方向，于是多有损毁，您必定精通堪舆之术，请为我指点。"我谢绝说学识浅薄，并向他打听这个岩洞的名字，道士不告诉我，强行邀请我进入道观。刚下山，就见静闻见我许久不回，也尾随而来了。当时已是夕阳西下，急忙辞别了道士。道士送我出道观前新换的大门时，我再次追问那个岩洞的名字，道士说："这个岩洞其实没有名字。从前有个和尚住在这里，道士们认为不利于道观，所以赶走了和尚并堵住了去那里的路，您莫非也是有意于此吧？只是恐怕对道观不利吧。"我这才明白了他跟着我的意思，原来是这个原因。便笑了笑与他告别了，不久就出到花桥以东的街上了。因为这里并列的岩洞也有两个：曾公岩在中间，而向下穿过山的西面；陈列着神像的岩洞在东面上，但很浅不旁通；庆林观后面的岩洞在西上，却幽深不能全部游览。然而曾公岩与栖霞洞前后虽然分别有洞，可中间相通实际上是一个洞。岩洞北下与它一同并列的，又有两个岩洞，我以前游览省春岩时，先经过此地，也都是朝向东南方。这是七星山东南面的洞了，它们的个数也一共是五个。至于北麓省春岩的三个洞、会仙岩的一个洞，旁边又有一个浅洞，都是我过去游览过的地方，也都是朝向北。这是七星山北面的洞了，它们的个数也共是五个。一座山共找到十五个洞。已经过了花桥，与静闻到面馆中补吃了午餐。走过浮桥返回唐家寓所，而晚餐已经做好了。

初三日　简[①]顾仆所促拓工《水月洞碑》，始见陆碑尾张上每行失拓二字，乃同静闻亲携此尾往令重拓。二里，出南门，一里，抵拓工家，坐候其饭。上午乃同往水月，手指笔画之。余与静闻乃少憩山南三教庵，录张鸣凤羽王父所撰方、范二公《漓山祠记》。遂二里，南过雉山岩，再登青萝阁，别郑、杨诸君。欲仍过水月观所拓，而酷暑酿雨，雷声殷殷。静闻谓拓工必返午餐，不若趋其家便，遂西一里，至拓工家，则工犹未返也。于是北一里，入南门，就面肆为午餐，已下午矣。雨势垂至[②]，余闻郑子英言，十字街东口肆中，有《桂故》《桂胜》[③]俱张鸣凤羽王辑及《西事珥》[④]学宪魏濬辑。《百粤风土记》[⑤]司道谢肇淛辑。诸书，强静闻往市焉。还由靖藩正门而南，甫抵寓而雨至。

【注释】①简：检查，检验。②垂：接近，将要。③《桂故》：八卷，分郡国、官名、先政、先献、游寓、杂志等六门，分别考察桂林地名沿革、官员设置、历代政绩及本土人才等情况。《桂胜》：十六卷，以桂林山水为纲，收录前人诗文，并附有作者考述。二书皆明代桂林人张鸣凤所著，成书于万历年间，所记内容止于南宋。④《西事珥》：明代魏濬所著，内容是其在广西为官期间的随事记录，成书于万历年间。共八卷，一卷讲山川地理，二卷讲风土，三卷讲时政，四卷、五卷讲故事及人物，六卷讲物产，七卷讲仙释神怪，八卷讲制驭苗蛮之始末。⑤《百粤风土记》：明代谢肇淛（zhè）所著，广西风土志，成书于明天启二年（1622）九月。一卷，内容记广西山川、物产、民族、社会、历史等，所记明代广西土司制度颇详，是研究广西壮族土司制度史的珍贵文献。

【译文】初三日　检查顾仆催促拓工拓好的《水月洞碑》，才发现陆务观尾张上每行都漏拓了二字，于是同静闻亲自带着这尾张去叫他重拓。二里，从南门出来，一里后，来到拓工家，坐着等他完吃饭。上午才一同前往水月洞，用手指指出字的笔画。我与静闻就到山南的三教庵稍作休息，抄录张鸣凤（字羽王）的父亲撰写的方、范二位先生的《漓山祠记》。走了二里，往南经过雉山岩，再次登上青萝阁，辞别了郑、杨诸位先生。想要仍去水月洞观察拓工的进展，而酷暑酝雨，雷声隆隆。静闻说拓碑的工匠会回去吃午饭，不如直接去他家方便，于是往西一里，来到拓工家，而拓工还没有回来。于是往北走了一里，进入南门，在面馆中吃了午餐，已经是下午了。雨势将到，我听郑子英说过，十字街东口的书店中，有《桂故》《桂胜》都是张鸣凤（字羽王）所著和《西事珥》学官魏濬所著。《百粤风土记》司道谢肇淛所著。这些书，我强迫静闻前去买了。返回时经过靖江王城正门往南走，刚到寓所雨就下起来了。

初四日　令顾仆再往拓工家索碑。及至，则所拓者止务观前书碑三张，而此尾独无，不特前番所拓者不补，而此番所拓并失之，其人可笑如此。再令静闻往，曰："当须之明日。"是日，余换钱市点，为起程计。

【译文】初四日　让顾仆再去拓工家索取碑帖。等回来的时候，就见所拓的碑帖只有陆务观写的碑文的前三张，但唯独没有尾张，不只是前次所拓的没补，而这次所拓的都漏掉了，这人如此可笑。再让静闻前去，拓工说："等明天才行。"这一天，我换钱买了点心，为起程做好准备。

初五日　晨餐后即携具出南门，冀得所补碑，即往隐山探六洞之深奥处。及至，而碑犹未拓也。订余："今日必往，毋烦亲待。"余乃仍入南门，竟城而北，由华景之左出西清门。门在西北隅，再北则为北城门，西之山即王文成守仁祠在其南者，与之属焉。城外削崖之半，有洞西向，甚迥。时读《清秀岩记》，欲觅清秀岩，出城即渡濠坝而趋西。濠中荷叶田田，花红白交映，香风艳质，遥带于青峰粉堞①间，甚胜也。有二岐，一乃循山北西行，一南从山南入峡。其循北麓者，即北门西来之大道。更有石峰突峙其北，片片若削，而下开大洞，西南向焉。与城崖西向之洞一高一下，俱岭岈诱人欲往，但知非清秀。姑取道岐南峡中，西行一里，则峡北峡南，其山俱中断若辟门，南北向，其门径路遂四交焉，径之西北，有洞南向。急觅道而登，其洞北入，愈入愈深，无他旁窦，而夹高底平，湾环以进，幽莫能测。

【注释】①粉堞（dié）：用白垩涂刷的女墙。

【译文】初五日　早餐后立即带着工具从南门出来，希望拿到拓工补全的碑拓，就立即前往隐山去探查六个洞的深邃幽秘处。等到了，而拓工还没有拓好。和我约好："今天一定会去，不必麻烦您亲自等待了。"我就仍旧从南门进去，从北穿城而过，由华景山的左边从西清门出来。城门在城墙的西北角，再往北就是北城门，西面的山它的南面就是王文成（王守仁）祠庙。与城门相连。城外陡峭山崖的半山腰，有个洞洞口朝西，特别深远。当时读了《清秀岩记》，想去找清秀岩，出了城就渡过护城河向西疾行。护城河中荷叶田田，荷花红白交相辉映，香风艳质，远远环绕在青峰粉堞之间，非常优美。有两条岔道，一条是沿着山北往西行，一条向南从山南通入峡谷。那条沿着北麓走的，即北门西来的大道。又有座石峰突起耸峙在它的北边，片片如刀削，而山下张开了大洞，洞口朝向西南。与城墙所在山崖上向西的洞一高一低，全都深邃幽暗诱人前往，但我知道那不是清秀岩。姑且取道岔入南边的峡谷，往西走一里，就是峡谷北和峡谷南，峡谷两面的山峰都从中断开好像大开的门，南北相向，洞口的小径和大路就在这里四面相交了，小径的西北，有个洞朝向南。急忙找路上登，洞向北通入，越走越深，没有别的岩洞，夹壁高而底部平，弯弯曲曲地进去，幽暗深邃无法探测。

仍出洞，候行者问之，曰："此黑洞也。"问："清秀何在？"曰："不知。"问："旁近尚有洞几何？"曰："正西有山屏立峡中者，其下洞名牛角。西南出峡为隐山，其洞名老君。由北出峡，有塘曰清塘，东界山岩曰横洞，西南濒塘，洞名下庄。近洞惟此，无所谓清秀者。"余得清塘之名，知清秀在此，遂北转从大道出峡门。其峡门东西崖俱有小洞，无径路可登。北出临塘，则潴水一泓，浸山西北麓大道。余循大道而西，沿清塘而绕其右，疑清秀在其上，急遵之。其路南嵌崖端，北俯渊碧，既而一岐南上，余以为必清秀无疑。攀跻渐高，其磴忽没，仰望山坳并无悬窍，知非岩洞所在。乃下，随路出塘之西，其南山回坞转，别成一壑，而洞门杳然无可觅也。其地去黑洞已一里矣。

【译文】于是从洞中出来，等到有路过的人向他询问，说："这是黑洞。"又问："清秀洞在哪里？"他说："不知道。"再问："附近还有多少个洞？"他说："正西有座山像屏风一样矗立在峡谷中，山下的洞叫牛角洞。从西南方从峡谷出来就是隐山，山洞叫老君洞。由北边从峡谷中出来，有个水塘叫清塘，东面山上的岩洞叫横洞，西南濒临水塘的岩洞，名叫下庄岩。附近的洞只有这些，没有叫清秀岩的。"我听到清塘的名字，就知道清秀洞在这了，于是转向北顺着大道走出峡口。这个峡口东西两面的山崖上都有小洞，没有路可以登上去。向北出来就来到水塘，只见清水一片，浸入山西北麓的大道上。我沿着大道往西走，沿着清塘绕着水塘的右边，怀疑清秀洞就在其上，急忙沿着路走。路向南嵌入山崖顶端，向北俯视深深的碧塘，随后，有一条岔路往南上去，我认为一定是清秀塘无疑。慢慢攀到高处，那石道突然就没了，仰望山坳并没有高悬的洞穴，知道这里不是岩洞所在之处。于是下来，顺着路从清塘西出来，其中南山环绕山坳旋转，另外形成一个山谷，而洞口无迹可寻。此地离黑洞已经一里远了。

于是仍从崖端东返，复由峡门南下，竟不得登岩之径。再过黑洞前，乃西趋屏立峡中山。一里，抵屏之东北，即有洞斜骞，门东北向，其内南下，渐入渐暗，盖与黑洞虽南北异向，高下异位，而湾环而入，无异轨焉。出洞，绕屏北而西，闻伐木声丁丁，知有樵不远，四望之，即在屏崖之半。问此洞名，亦云："牛角。”问：“清秀何在？”其人谬指曰：“随屏南东转，出南峡乃是。”余初闻之喜，绕西麓转南麓，则其屏南崖峭削，色俱赭黄，下有洼潴水，从山麓石崖出。崖不甚高，而中若崆峒，盖即牛角南通之穴，至此则坠成水洼也。

【译文】于是仍从山崖顶端往东返回，再由峡口南下，竟没有找到登岩洞的小径。再经过黑洞前面，于是向西朝着像屏风一样立在峡谷中的山赶去。一里后，抵达屏风一样的山的东北，有个岩洞斜斜飞起，洞口朝向东北，洞内向南下去，渐入渐暗，大概与黑洞虽然分别属于南北两个方向，高低的位置不同，而曲水围绕而入，没有不同之处。出了洞，绕过屏风一样的山的北麓往西走，听到伐木声丁丁作响，知道在不远处就有樵夫，四处望去，就在屏风一样的山崖的半山腰。向他询问这个洞的名字，他也说：“牛角洞。”问他：“清秀洞在哪里？”那人指着错误的地方说：“沿着屏风一样的山的南边向东转，从南边的峡谷出来就是。”我刚刚听到时很高兴，绕到西麓转到南麓，就见屏风一样的山的南面的山崖陡峭险峻，山石都是赭黄色，下面有洼地积水，水从山麓石崖流出来。山崖不是很高，而中间好像崆峒，大概就是牛角洞通向南边的洞穴，到了这里就下坠形成水洼。

又东一里，抵南峡门，入北来大道。复遇一人，询之，其人曰：“此南去即老君洞，不闻所谓清秀。惟北峡有清塘，其上有洞，南与黑洞通，此外无他洞，此是君来道。”余始悟屏端所指，乃误认隐山，而清秀所托，必不离北峡。时已当午，遂不暇北转，而罔南炊隐山。又一里，则隐山在望矣。仰见路西径道交加，多西北登崖者，因令顾仆先往朝阳，就庵而炊，余呼静闻遵径西北入。已而登崖躡峤，丛石云軿[1]，透架石而入，上书“灵威感应”四大字，知为神宇。入其洞，则隙裂成龛，香烟纸雾，氤氲其间，而中无神像，外竖竿标旗，而不辨其为何洞何神也。下山，见有以鸡酒来者，问之，知为都箓岩[2]。言其神甚灵异，而好食犬，时有犬骨满洞中。

【注释】①軿（píng）：拼合，聚合。②箓（lù）：道教记载上天神名的书。

【译文】又向东一里，抵达南峡门，进入北来的大道。又遇见一个人，向他询问，他说：“从这里往南过去就是老君洞，没听过你说的清秀洞。只有北面的峡谷有清塘，山上有个洞，向南与黑洞相通，此外没有别的洞，这是您来的路。”我这才明白在屏风一样的山端遇到的人指的路，误认为是隐山，而清秀洞所在之处，一定没有离开北面的峡谷。此时已经中午，也没有时间往北转，只好怅然若失的往南到隐山去做饭了。又走了一里，则隐山在望。抬头看见路西道路相交，多数是往西北登上山崖的路，于是让顾仆先去朝阳洞，到庵中做饭，我叫上静闻顺着小路从西北进入。然后攀山崖踏，一丛丛的岩石像云一样聚集在一起，钻过架空的岩石进去，上面写着“灵威感应”四个大字，知道是个神庙。进了洞，则缝隙裂开形成石龛，香烟纸雾，在洞中弥漫开，而洞中没有神像，外面竖竿标旗，分辨不出是什么洞什么神。下了山，看见有人带着鸡和酒来了，向他询问，才知道这是都箓岩。据说这里的神很灵验，且喜欢吃狗肉，洞中经常堆满狗骨头。

遂南半里，抵隐山，候炊于朝阳庵。复由庵后入洞谒老君，穿上下二岩，乃出，饭庵中。僧月印力言[1]：“六洞之下，水深路閟，必不可入。”余言：“邓老曾许为导。”僧曰：“此亦谩言[2]，不可信而以身试也。”既饭，又半里，南过邓老所居，邓老方运斤斫木[3]，余告以来求导游之意。邓老曰：“既欲游洞，何不携松明来。余无觅处，君明晨携至，当为前驱也。”余始怅怅，问：“松明从何得？”曰：“须往东江门。此处多导游七星者，故市者积者俱在焉。”余复与之期，乃西过西湖桥，一里，抵小石峰下。

【注释】①力言：极力申说。②谩言：谎话，假话。③运斤：挥动斧头砍削。斫木：伐木。

【译文】于是往南半里，抵达隐山，在朝阳庵中等着做饭。再由庵后进洞拜见老君，穿过上、下两岩，才出来，在庵中吃完饭。僧人月印极力劝我：“六个洞的下面，水深路塞，千万不可进入。”我说：“邓老曾答应给我作向导。”和尚说：“这也是假话，不可信以为真而以身试险啊。“吃过饭，又走了半里，往南经过邓老住的地方，邓老正在挥斧砍树，我把求他作为向导的意思说了。邓老说：“既然想游洞，为什么不带着松明来。我这里没有，您明天早晨带来，我愿意为您带路。”我开始时很失望，问他：“从哪里能找到松明？”他说：“需要去东江门。那里有许多去七星岩的向导，所以市场上的卖松明的人都聚集在那里。”我又和他约好了时间，于是往西经过西湖桥，一里后，到达小石峰下。

其峰片裂如削，中立于众峰之间，东北西之三面，俱有垣环之，而南则濒阳江，接南岭，四面俱不通。出入大路至此折而循其北麓，乃西还阳江之涯。窥其垣中，不知是何橐钥[1]。遍绕垣外，见西北隅有逾垣之隙，从而逾之。其中荆莽四塞，止有一家在深翳中。披其东北，指小峰南麓，则磴级依然，基砌叠缀。其峰虽小，如莲瓣之间，瓣瓣有房，第云构[②]已湮，而形迹如画。其半崖坪中有石如犀角，独耸无依，四旁多磨剔成碑，但无字如泰山，令人无从摸索耳。其后又盘空而上，片削枝攒，尤为奇幻。从其东下，崖半又裂石成岩，上镌三字，只辨其一为“东”字，而后二字，则磨拭再三，终莫得其似焉。桂林城之四隅，各有小峰特立。东有曾公岩，东有媳妇娘焉，其峰双岐而中剖；北则明月洞，西有望夫山焉，其峰片立而端拱；南则穿山岩，西有荷叶山焉，其峰窈窕中剖，而若合若分；西则西峰顶，南有兹山焉，其峰层叠中函，而若披若簇。四峰各去城一二里，以小见奇，若合筒节焉。搜剔久之，知其奇而不知其名，仍西蹈莽棘，逾垣以出。候途人问之，曰：“秋儿庄。”云昔宗室有秋英之号者，结构此山为菟裘[③]，后展转他售，丰姓者得之，逐营为地[④]，父子连掇乡科，后为盗发，幸天明见棺而止，故窒垣断道云。秋儿者，即秋英之误也。其西即阳江西来，有叠堰可渡，而南赵家山、穆陵村、中隐诸洞，隐隐在望。

【注释】①橐（tuó）钥：喻指大自然的造化。②云构：高楼。③菟裘（tù qiú）：地名，春秋时鲁国邑，在今山东省泗水县北。《左传·隐公十一年》：“羽父请杀桓公，以求大宰。公曰：‘为其少故也，吾将授之矣。’使营菟裘，吾将老焉。”后因以称告老退隐的居处。④地：指坟地。至今仍有一些地方习惯称坟地为“地”。

【译文】此峰片片裂开如同刀削，耸立在群峰中间，东、北、西三面，都有墙环绕在周围，而南面则濒临阳江，与南岭相接，四面都不通。出到大路上到这里转向沿着山的北麓行走，于是向西回到阳江边。看向那围墙之中，不知是什么造化之处。绕着围墙外面走了一圈，发现西北角有可以翻进去的缺口，从缺口翻进去。荆棘充塞其中，在荆棘遮蔽之中只有一个坟丘。分开草荆棘走向坟丘的东北面，向着小峰的南麓，石道一级级的依旧可见，铺砌的石基层层连接。这座石峰虽然很小，如同身处莲花的花瓣之间，每一瓣都有莲房，尽管高楼已经湮没了，然而其形迹如画一般美丽。在山崖半中腰的平地上有块岩石就像犀牛角，独自耸立着没有依靠，四周多是被凿磨好的石碑，但石碑就像泰山的无字碑一样没有字，让人无处探索。这块岩石的后部又凌空而上，石片陡峭像树枝一样攒聚在一起，十分神奇。从岩石的东边向下走，山崖半中腰又裂开形成岩洞，上方刻着三个字，只能辨认出其中的一个字是“东”，而后边的两个字，就算多次摩擦拂拭，也无法认出它们像什么字。桂林城的四隅，各有小石峰独立着。东面有曾公岩，再往东有媳妇娘峰，山峰从中间剖开分为两座；北面则有明月洞，明月洞西有望夫山，望夫山呈片状矗立且作出正身拱手的样子；南面则是穿山岩，西边有座荷叶山，山峰从中间剖开窈窕秀丽，若合若离；西面则是西峰顶，南边有兹山，兹山山峰层层叠叠，中间下凹，像裂开又像聚集。四座山峰各离城一二里路，以小见奇，就像合在一起的竹筒的竹节。搜寻了很久，了解了它的神奇之处却不知道它的名字，仍旧向西踏着荆棘走去，从围墙翻出来。等到过路的人向他询问，那人说：“秋儿庄。”他说从前皇族中有个号秋英的人，在此山大兴土木想作为告老归隐之处，后来辗转卖给了他人，被一个姓丰的人得到了，便建成了墓地，父子连中乡试，后来被盗墓贼发现了，幸好盗墓贼天亮时看见棺材便停下了，所以便砌了围墙阻断了道路。秋儿，就是秋英的误读了。这西面就是从西流来的阳江，有叠砌筑好的堤坝可以渡江，而南面是赵家山、穆陵村、中隐山各洞，隐约可以看到。

循江北岸入，西一里，为狮子岩。西峰顶之西，峰尽而南突，若狮之回踞而昂首者，则狮岩山也。其西又峙一峰，高耸特立，与狮岩相夹，下有村落，是为狮岩村，其西耸之峰，有岩东向者，凭临峭石之上，中垂一柱，旁裂双楞，正东瞰狮岩之首。其岩不深，而轩夹有致，可以驾风凌烟。北转有洞北向，其门高穹，其内深坠。土人以为中通山南，而不知其道。以为旧有观址，而不知其名。拭碑读之，知为天庆岩。由级南下，中亘一壁，洞界为两，入数丈，两峡复合。其北峡之上，重门复窍，悬缀甚高，可望而不可攀焉，想登此则南通不远矣。

【译文】沿着阳江北岸走进去，向西一里，就是狮子岩。西峰顶的西面，山峰尽头却向南突出，好像狮子回身蹲坐昂头的样子，这就是狮岩山了。狮岩山的西边有一座山峰与它对峙，高耸独立，与狮岩山相夹，山下有个村落，就是狮岩村。村子西面高耸的山峰，有个岩洞洞口向东，居高紧靠在峭石之上，中间垂着一根石柱，旁边裂开双棱，正东俯瞰着狮子岩的山顶。这个岩洞并不深，但轩夹有致，可以驾风凌云。向北转去有个洞洞口向北，洞口高大穹隆，洞内深陷。当地人认为洞中直通到山南，却不知道洞中的通道。认为过去有道观遗址，但不知道道观的名字。擦拭石碑阅读碑文，知道这就是天庆岩。从石阶往南下走，中间横亘着一道石壁，洞被隔成两部分，进入几丈，两条峡谷又合在一起。北边那条峡谷的上面，石门洞穴重重叠叠的，上下牵连到极高之处，可以望见却不可攀登，心想登上这里就离通到山南不远了。

出洞北下，由西北行石山丛薄间，山俱林立圆耸，人行其间，松阴石影，参差掩映。又北一里，经石山西麓，见两洞比肩俱西向。辄扪棘披崖入，由南洞进五六丈，转从北洞出。其中宛转森寒，虽骄阳西射，而不觉其暑。出洞再北，仰望洞上飞崖，片片欲舞，余不觉神飞。适有过者，问之，以为王知府山①。其西有林木回丛在平畴间，阳江西环之，指为王知府园②。而沧桑已更，山峦是而村社非，竟不悉王知府为何代何名也。余一步一转眺，将转西北隅，思其西南有坳可逾，仍还南向，从双洞之左东北而登。忽得石磴，共一里，逾其坳间，磴断径绝，乃西攀石锷而上③，静闻与顾仆俱不能从。所攀之石，利若剑锋，簇若林笋，石断崖隔，中俱棘刺，穿棘则身如蜂蝶，缘崖则影共猿鼯④。盘岭腰而西，遂出舞空石上，而为丛棘所翳，反不若仰望之明彻焉。久之，仍下东坳，瞰其北麓陡绝难下，遂寻旧登之磴，共一里，下西麓，而绕出其北。又北过一峰，其南有支峰叠石，亦冕云异。抵其东麓，有洞东向，亟贾勇而登，中皆列神所栖，形貌狞恶。从其右内转，复得明窍，则支窦南通者也。

【注释】①王知府山：乾隆本、“四库”本作“虾笆山”。②王知府园：乾隆本、“四库”本作“王太守园”。③锷：刀剑的刃。④鼯（wú）：鼯鼠，哺乳动物，形似松鼠，能从树上飞降下来。

【译文】出了洞向北下行，往西北方行走在石山草丛之间，山都林立圆顶高耸，人行走于其间，松荫石影参差不齐，若隐若现。又向北一里，经过石山的西麓，看见并肩而立的两洞，都是洞口向西。于是攀着荆棘推开崖石进去，从南洞进去五六丈，转而从北洞出来。

洞内曲曲折折，幽深寒冷，虽然骄阳西射，却不觉得其中炎热。出洞后再往北走，仰望洞口上方的飞崖，片片欲舞，我不禁心驰神往。恰好碰到过路人，就向他打听，他认为这是王知府山。山的西面有树木成丛围绕在平原田野间，阳江从西边环绕着那里，过路人说是王知府园。然而沧海桑田，山峦依旧而村落已非，竟无人知道王知府是什么朝代的人以及他名字了。我一步一转身远眺，即将转到山的西北隅时，心想山的西南方有个山坳可以翻过去，仍然回身往南走，从双洞的左边往东北上登。忽然见到石阶，共一里，越到山坳中，石阶路断了，于是向西攀着刀刃状的岩石往上爬，静闻与顾仆都不能跟随我上爬。我所攀爬的岩石，锋利得像剑锋，聚集在一起就像树林和竹笋，岩石断裂山崖阻隔，中间都是棘刺，穿过荆棘时的身形像蜂蝶一样，沿着石崖攀爬的身影就像猿猴鼯鼠。绕着山腰向西走，终于来到飞舞在空中的石崖之上，却被成丛的荆棘遮住，反而不如抬头眺望那么清楚。过了很久，依然下到东面的山坳中，俯瞰山的北麓，山势陡绝难以下行，便找到原来上登的石阶，共一里，下到西麓。然后绕出来到了山北麓。又向北经过一座山峰，山峰南面有座支峰岩石垒叠，就像冠冕的云朵那么奇异。抵达山峰的东麓，有个洞朝向东，急忙鼓起勇气往上攀登，洞中都是众神居住的地方，形貌狰狞凶恶。从神像右边向内转去，又见到一个明亮的洞穴，是通到南边的岔洞。

仍出洞，东望有一村在丛林中，时下午渴甚，望之东趋，共一里，得宋家庄焉。村居一簇，当南北两山坞间，而西则列神洞山为屏其后，东则牛角洞山为屏其前，其前皆潴水成塘，有小石梁横其上。求浆[①]村妪，得凉水一瓢共啜之。随见其汲者东自小石崖边来，趋而视之，则石崖亦当两山之中，其西潴泉一方，自西崖出，盖即牛角洞西来之流也。其泉清泠，可漱可咽，甘沁尘胃。又东一里，即屏风中立牛角洞之山。从其南麓东趋，又一里，过北峡门，北眺西峡之半，有洞岈然，其为清秀无疑。而暮色已上，竭蹶趋城，又一里，入西清门。回顾静闻、顾仆，俱久不至，仍趁[2]至门，始知二人为阍者[3]所屏。自闻衡、永有警，即议省城止开四门，而余俱闭塞。居人以汲水不便，苦求当道，止容樵汲，而行李俱屏之四门。乃与俱出，循城而北。半里，过城外西悬之洞，其下有级可攀而登，日暮不及。遂东转，又半里入北门焉，已昏黑矣。又二里，抵唐寓。

【注释】①浆：古代一种微酸的饮料。②趁（chèn）：追赶。③阍（hūn）：守门，守门人。

【译文】仍旧从洞里出来，向东望去有一个村庄在丛林中，当时已是下午，口渴极了，望着村庄向东赶去，共一里，就走到宋家庄了。村子聚居在一起，位于南北两山的山坞间，而西面众神所在山洞的山峰像屏风一样矗立在村后，东面的牛角洞山像屏风一样挡在村子前方，村前都积水成塘，有座小石桥横跨水塘。向村妪讨要浆水，得到一瓢水大家一起喝了。随后看见有些汲水的人从东边的小石崖旁走来，赶去察看，就见石崖也在两山之间，石崖西边积着一方泉水，从西面的山崖上流出来，这大概是牛角洞往西流来的。此泉清澈凉爽，可漱口也可吞咽，甘甜的滋味沁入尘胃。又向东一里，就到了屏风那样矗立在中央的牛角洞山。从山的南麓向东疾行，又行一里，过了北面峡谷的峡口，向北眺望西面峡谷的半山腰，有个岩洞十分险峻，即清秀洞无疑了。然而暮色已至，用尽全力向城中赶去，又一里，进入西清门。回过头来找静闻和顾仆，等了很久也不见人，于是赶到城门，才知道两个人被守城门的人拦住了。自从传闻衡州府、永州府有流匪，即要求省城只开四道城门，而其余的城门全都关闭。居民因为汲水不便，苦求主政官员，只容许打柴汲水的人通行，而行人都被挡住只能走那四道城门。只好与他们一同出城，沿着城墙往北走。半里后，经过城外高悬在西面的岩洞，岩洞下方有石阶可以攀登上去，因为天晚了来不及上登。于是转向东，又行了半里进入北门，天已经黑了。又走了二里，抵达唐家寓所。

初六日　晨起，大雨如注。晨餐后，急冒雨赴南门，行街衢如涉溪涧。抵拓工家，则昨日所期仍未往拓，以墨沈[①]翻澄支吾。再促同往，又以雨湿石润，不能着纸为解。窥其意，不过迁延需索耳。及征色发声，始再期明日往取，余乃返寓。是日雨阵连绵，下午少止，迨暮而倾倒不绝，遂彻夜云。

【注释】①墨沈：墨汁。

【译文】初六日　早晨起床，大雨如注。早餐后，急忙冒雨赶赴南门，在街道上行走如同在溪流山涧跋涉。抵达拓工家，可昨天约好的仍然没去拓，而用墨汁打翻了来搪塞我。再次催促他一同前去，他又以下雨岩石湿润不能附纸的话来辩解。我暗中猜测他的意思，不过是故意拖延来索取财物罢了。等到我神色转厉发声时，这才再次与我约好明天来取，我就返回寓所。这天阴雨绵绵连续不断，下午才稍停一会，到傍晚时又是大雨倾盆下个不停，竟然下了一整夜。

初七日　夜雨达旦，市间水涌如决堤，令人临衢而叹河无舟也。令静闻、顾仆涉水而去索碑拓工家。余停屐寓中，览《西事珥》《百粤风土记》。薄暮，顾仆、静闻返命。问："何以迟迟？"曰："候同往拓。"问："碑何在？"曰："仍指索钱。"此中人之狡而贪，一至于此！付之一笑而已。是日以仆去，不及午餐，迨其归执爨，已并作晚供矣。

【译文】初七日　夜雨直到天明，街市上雨水汹涌如决堤，令人对着街道感叹它成河而无船。让静闻、顾仆涉水前去拓工家索要碑帖。我留在寓所中，阅读《西事珥》《百粤风土记》。傍晚时分，顾仆、静闻回来复命。我问："为什么这么晚才回来？"回答："等着拓工一起去拓碑。"又问："碑帖呢？"回答："他仍想要钱。"这里的人狡猾贪婪，竟然到了这种境地！不过一笑了之。这天因为顾仆离开了，来不及吃午饭，等他回来才烧火做饭，已并在一起都作为晚餐吃了。

初八日　夜雨仍达旦，不及晨餐，令静闻、顾仆再以钱索碑。余独坐寓中，雨霏霏不止。上午，静闻及仆以碑至，拓法甚滥恶①，然无如之何也。始就炊，晨与午不复并餐。下午整束行李②，为明日早行计，而静闻、顾仆俱病。

【注释】①滥恶：质量低劣。②整束：整理，收拾。

【译文】初八日　夜雨仍然下到天明，还没有吃早餐，就让静闻、顾仆再次拿着钱去索要碑帖。我独自一人坐在寓所中，雨水霏霏不停地下。上午，静闻和顾仆拿着碑帖回来了，拓法极其粗糙低劣，然而拿它也没有办法。开始动手做饭，早餐与午饭不再合在一起吃了。下午整理行李，为明早出行做好准备，但静闻、顾仆都病倒了。

初九日　晨起，天色暗爽，而二病俱僵卧不行，余无如之何，始躬操爨具，市犬肉，极肥白，从来所无者。以饮啖自遣而已。桂林荔枝极小而核大，仅与龙眼同形，而核大过之，五月间熟，六月即无之，余自阳朔回省已无矣。壳色纯绿而肉甚薄，然一种甘香之气竟不减枫亭风味，龙眼则绝少矣。六月间又有所谓“黄皮”者，大亦与龙眼等，乃金柑[1]之属，味甘酸之，其性热，不堪多食。不识然否？

【注释】①金柑：即金橘。

【译文】初九日　早晨起床，天色昏暗，而两个病人都卧病在床无法行动，我对此没有任何办法，开始亲自做饭，买了狗肉，极为肥美白嫩，从来都没有见过这么好的。只好以吃喝来自我消遣。桂林的荔枝极小而核又大，仅与龙眼的大小相同，但核比龙眼的大多了，五月间成熟，六月份就没了，我从阳朔回到省城时已经没有了。外壳的颜色是纯绿色而且果肉很薄，然而有一种甘甜芳香的味道不比枫亭荔枝的味道差，龙眼则很少见到。六月间又有一种被叫做“黄皮”的东西，大小也与龙眼相同，属于金柑这一类的东西，味道甘甜带酸，性热，不能多吃。不知道对不对？

初十日　早觅担夫，晨餐即行。出振武门，取柳州道。五里，西过茶庵，令顾仆同行李先趋苏桥，余拉静闻由茶庵南小径经演武场，西南二里，至琴潭岩。岩东有村，土人俱讹为陈抟。其西北大道，又有平塘街。余前游中隐山，即询而趋之，以晚不及，然第知为陈抟，不知即琴潭也。后得《桂胜》，知方信孺[1]孚若记云：“最后得清秀、玉乳、琴潭、荔枝四岩。”故初四西出，即首索清秀，几及而复失之。以下三洞，更无知者。然余已心疑陈抟之即琴潭，姑俟西行时并及之。及今抵其村，觅导者，皆以为水深不可入。已得一人，许余为导，而复欲入市，订余下午方得前驱。余颔之，闻其东南又有七宝岩，姑先趋焉。乃东南行，度一岭，共三里，又度一桥，桥下水自西而东。又南为李家村，村之南有石峰西向巉突，有庵三楹缀其下，前有轩，已圮，而中无居者。其岩不深而峭，其地盖在南溪山白龙洞之正西，即向游白龙洞时西望群山回曲处也。时静闻病甚，憩不能行，强之还陈抟村，一步一息，三里之程逾于数里。及抵村，其人已归，余强老妪煮茶啖饵为入岩计，而令静闻卧其家待之。已而导者负松明并梯至，遂西趋小山之南，曰："请先观一水洞，然不可入也。"余从之。其门南向，水汇其内，上浸洞口，而下甚满黑，深洞中宽衍，四旁皆为水际。其左深入，嵌空岭岈，洞前左崖濒水之趾，有刻书焉，即方孚若笔也。因出洞前遍征之，又得"琴潭"二大字，始信"陈抟"之果为音讹，而琴潭之终不以俗没矣。洞左复开一旁门，后与洞通，其不甚异[2]。余既得琴潭之征，意所谓荔枝者当不远。导者篝火执炬，请游幽洞。余征幽洞何名，则荔枝岩也。问："有水否？"则曰："无之。"然后知土人以为水深不可入者，指琴潭言；导者以为梯楼可深入者，指荔枝言。此中岩洞繁多，随人意所指，迹其语似多矛盾，循其实各有条理也。

【注释】①方信孺："孺"原作"儒"，据"方信孺"条注改。②其不甚异：乾隆本、"四库"本作"中多列柱垂葩，嵌空虚庋"。

【译文】初十日　早晨找了一个挑夫，吃过早餐立即上路。出了振武门，取道前往柳州府。五里后，向西经过茶庵，让顾仆随同行李先赶去苏桥，我拉着静闻从茶庵南边的小路途经演武场，向西南二里，来到琴潭岩。琴潭岩东边有个村子，当地人都讹传为“陈抟岩”。村子西北的大道上，又有个平塘街。我前几天游览中隐山时，就打听到此地想赶过去，但由于天色已晚来不及去了，然而只知道叫陈抟岩，却不知道这就是琴潭岩。后来得到了《桂胜》，了解到方信孺（字孚若）的题记说：“最后去了清秀岩、玉乳岩、琴潭岩、荔枝岩四个岩洞。”所以初四那天从城西出游时，便先去找清秀岩，即将找到时却又错过了。后面的三个洞，更无人知道。不过我心中已怀疑陈抟岩就是琴潭岩，姑且等到西行时顺路去游览。到今天来到这个村子，找当地人做向导，大家都认为洞中水深不能进去。随后找到一人，答应给我做向导，而他又打算进城去，所以与我约好下午才能给我带路。我点头同意了，听说村子东南方又有个七宝岩，暂且先赶去那里。于是往东南走去，越过一道山岭，共三里，又跨过一座桥，桥下的水从西往东流。又往南就是李家村，村子南边有座石峰朝向西，山势高峻突兀，有座三开间的寺庵点缀其下，前边的轩廊已经坍塌了，而且庵中无人居住。这个岩洞虽不深但很陡，此地大概在南溪山白龙洞的正西方，就是之前游白龙洞时西望的群山回绕弯曲之处。此时静闻病得很严重，只得休息无法前行，我硬要他返回陈抟村，一步一歇，三里的路程好像比走几里路还多。等回到村子，那人已经回来了，我强催着一个老妇人煮茶送点心，为进洞做好准备，并让静闻躺在她家中休息等我。不久向导肩扛着火把和梯子来了，于是向西赶到小山南麓，说：“请先去观览这一水洞，但不要进去。”我听从了他的话。水洞洞口向南，水流在其中汇积，向上淹没到洞口，而下边很满很漆黑，深洞中宽敞低平，四周都是水边。从洞内左边深入进去，空阔深邃，洞前左崖紧靠水的底部，有镌刻的题字，是方信孺的笔迹。因而出到洞前四处查看，又找到“琴潭”两个大字，这才确定“陈抟”果然是讹传，而琴潭岩到底没有被世人埋没。洞的左边又开了一个洞口，后面与琴潭岩相通，洞中很多石柱垂悬，虚架在空中如同楼阁。我找到这就是琴潭岩的证据后，猜想所谓的荔枝岩应该就在不远的地方。向导举着火把，请我去游览幽洞。我追问这个幽洞的名字，原来就是荔枝岩。我问：“洞中有水吗？”他却答：“没有。”这才明白当地人认为水深不能进去的洞，说的就是琴潭岩；向导认为用梯子可以深入的洞，说的是荔枝岩。这一带的岩洞众多，人们随意所指，细究他们的话似乎有很多矛盾之处，探寻实际的岩洞情况却是各有各的理。

出琴潭岩，沿山左潴塘而行。绕塘北转而西，洞门东向琴潭西麓者，荔枝岩也。门不甚高，既入稍下，西向进数丈，循洞底右窍入其下穴。其内不高而宽平，有方池，长丈余，阔五六尺，而深及丈，四旁甚峻，潴水甚洌。再东南转，平入数十丈，两转度低隘，右崖之半有窍，阔二尺，高一尺，内有洞，上穹下平，潴水平窍。以首入窍东望，其水广邃，中有石蜿蜒，若龙之浮游水中。穴内南崖，有石盆一方，长二尺，阔一尺，高六七寸，平度水面，若引绳度矩，而弗之爽者。不能以身入也。仍出至洞底，少西进，又循一右窍入其上峡。其内忽庋为两层：下穴如队，少西转，辄止；上穴如楼，以梯上跻，内复列柱分楞。穿楞少西，遂下南峡中。平入数十丈，又南旋成龛，龛外洞顶有石痕二缕，分络夭矫[①]，而交其端。仍出，度梯下至洞底，又循一左窍入其上峡，则层壁累垂。悬莲嵌柱，纷缀壁间，可披痕蹈瓣而登也。大抵此洞以幽閟见奇而深入。在右水窍之侧，有小石块如弹丸，而痕多磊落，其色玄黄，形如荔枝，洞名以此，正似九疑之杨梅，不足异也。

【注释】①夭矫：形容姿态伸展屈曲而有气势。

【译文】出了琴潭岩，沿着山左边的蓄水塘前行。绕过水塘北面转向西，洞口朝东对着琴潭岩西麓的岩洞，就是荔枝岩。洞口不怎么高，进入后稍向下，向西进去数丈，沿着洞底右洞进入洞下面的洞穴。洞内不高却又宽又平，有个方形水池，长一丈多，宽五六尺，而深有一丈，四周非常陡峭，积水十分清冽。再转向东南，平坦地深入几十丈，两次转过低矮的隘口，右边崖壁的半腰上有个石洞，宽二尺，高一尺，里边有个洞，上边隆起下面平坦，积水与洞口平齐。把头伸进洞里向东望去，洞内积水宽广深邃，其内岩石曲折延伸，好像神龙在水面上浮游。洞内南边的石崖上，有一方石盆，长二尺，宽一尺，高约六七寸，平架于水面上，好像是用墨绳尺子测量而成的，毫厘不差。身子不能进去。仍旧出到洞底，稍向西进入，又沿着右边的石洞进到石洞上边的峡谷中。峡谷内好像分成了两层：下面的洞穴如队列，稍转向西，便到了头；上边的洞穴如楼阁，用梯子登上去，里面还排列着石柱分划分为石楞。穿过石楞稍向西行，便下到南面的峡谷中。平坦地深入几十丈，又向南旋绕形成石龛，石龛外的洞顶上有两条石痕，石痕的脉络伸展屈曲，在顶端相交。仍旧出来，通过梯子下到洞底，又沿着左边的一个石洞进入岩洞上层的峡谷中，只见层层石壁重叠下垂，倒悬的莲花和下嵌的石柱，纷纷点缀在石壁上，可以抓着石痕踩着莲瓣向上攀登。大概此洞以幽深隐秘见奇而深入进去。在右边水洞的一侧，有小石块如弹丸，而且石痕繁多错杂，石头颜色是玄黄色，形状如同荔枝，洞的名字就由此而来，就像九疑山的杨梅洞一样，不足为异了。

出洞，由琴潭之北共一里，仍至其村，已下午矣。携静闻西北由间道共二里，抵平塘街。其西石峰峭甚，夹立如门，南峰山顶忽有窍透腹，明若展镜。余向从中隐寻铜钱岩不得，晚趋西门，曾过而神飞，兹再经其下，不胜跃跃。问之，皆云无路可登。会静闻病不能前，有卖浆者在路旁，亦向从中隐来，曾与之询穿岩之胜者。其人曰："有岐路在道旁打油坊后，可扪而入，东南转至一古庙，可登山而上也。"余乃以行李挂其桁[①]间，并令静闻卧茅下以待，曳杖遂行。过打油者家问之，则仍云岩无可登，其居旁亦无径可入。余回眺其后，有蛇道伏草间，遂披篱穿隙，随山麓东行。转而南向，将抵古庙，见有路西上，遂从之。始扪级，既乃梯崖，崖之削者，有石纹锋利，履足不脱，拈指不滑；崖之觉者[②]，有枝虬倒垂，足可蹑藤，指可攀杪。惟崖穷踄[③]峡，棘蔓填拥，没顶牵足，钩距纷纷，如蹈弱水，如陷重围，淬[④]不能出。乃置伞插杖于石穴，而纯用力于指足，久之，抵丛石崖下。其上回狮舞象，翥凤腾龙，分形萃怪，排列缤纷。计透明之穴已与比肩，乃横涉而北逾，转逾出峰头，俯瞰嵌崖削窟，反在其下，而下亦有高呼路误，指余下践之级者。余感其意，随之下，竟不得所置伞杖处。呼者乃二牧翁，疑余不得下而怜之者，余下谢之。其人指登崖之道尚在古庙南，盖其岩当从崖后转入，不能从崖东入也。余言伞置崖间，复循上时道觅之。未几，闻平塘街小儿呼噪声，已而有数十人呼山下者，声甚急，余初不知其为余，迨获伞下后知之。下至古庙侧，则其人俱执枪挟矢，疑余为伏莽⑤而询之者。余告以游岩之故，皆不之信。乃解衣示之，且曰："余有囊寄路口卖浆者茅中，汝可往而简也。"众乃渐散。余仍从古庙南历磴披棘上。遂西南转出山后坳间，眺其南，一峰枝起，顶竖一石，高数丈。予所见石峰缀立，雁岩翔鸾，龟峰灵芝，及此地笋石骈发，未有灵怪至此者。度已出岩后，而遥瞻石壁之下，犹未见洞门。忽下有童子，复高声呼误，言不及登者。时日已坠西峰，而棘蔓当前，度不可及，且静闻在茅店，其主人将去，恐无投宿，乃亟随之下，则此童已飏而去，不知其为怜为疑，将何属者。乃仍转北麓，出打油坊后，则卖浆主人将负所铺张为返家计。余取桁间挂物，随其人东趋平塘街求托宿处。其人言："家隘不能容。"为余转觅邻居以下榻，而躬为执爨，且觅其宗人，令明晨导游焉。是暮，蕴⑥隆出极，而静闻病甚，顾仆乍分。迨晚餐后，出坐当衢明月下，而清风徐来，洒然众峰间，听诸村妇蛮歌谑浪，亦是群玉峰头一异境也。

【注释】①桁（héng）：梁上或门框、窗框等上的横木。②崖之觉者："觉"疑为"璺（wèn）"，意即裂痕。③踄（bù）：同"步"。④淬：同"卒"，最终。⑤伏莽：指潜藏的寇盗。⑥蕴：同"煴"，闷热。

【译文】从洞中出来，从琴潭岩往北共走了一里，依旧回到陈抟村，已是下午了。带着静闻向西北经由山间小道共走了二里，抵达平塘街。平塘街西面的石峰非常陡峭，像门一样夹立而起，在南峰山顶上忽然见到一个洞穴穿过山腹，明亮得如同平展的镜子。我之前在中隐山找铜钱岩没找到，晚上赶去西门，曾经路过而心驰神往，如今再次经过它的下边，不禁跃跃欲试。向路人打听，都说无路可登。恰好静闻病得不能前行，在路旁有个卖浆水的人，也是之前从中隐山来的，我曾经向他打听过穿岩的胜景。那人说：“有条岔路在大道旁的打油坊后面，可以摸索攀登上去，转向东南来到一座古庙，便可以登山而上了。”我便把行李挂在他茅草店的横梁上，并叫静闻躺在茅草店下等着，我拄着手杖便走。路过打油坊进去问路，却仍说岩洞无路可登，他家旁边也没有小径可以进山。我回头眺望屋子后面，有条蛇形小道隐藏在草丛间，就拨开篱笆钻过缝隙，顺着山麓往东走。转而向南走，即将抵达古庙时，看见有条路向西而上，便顺着这条路上山。开始时摸着石阶爬，随后踏着石崖上登，石崖陡峭之处，有锋利的石痕，脚踩上去不会脱落，手指抓着不会打滑；石崖裂缝之处，有屈曲的树枝倒垂着，脚可以踩着藤蔓，手可以攀住树梢。在石崖的尽头走到峡谷时，荆棘藤蔓堆积堵塞，没过头顶挡在脚下，像钩距一样纷繁杂乱，如同踩在弱水之上，好像陷入重围之中，始终不能出来。只得放下雨伞把手杖插进石孔中，而后集中全部力气在手脚上，很久之后，抵达成丛的石崖下。石崖上面的岩石，有的如狮子翻滚，大象起舞，有的如凤凰飞旋，神龙腾越，形态各异，怪石荟萃，排列缤纷。估计透明的洞穴已经与我齐高了，便横着向北跋涉翻越，转而翻过峰顶，俯瞰深嵌于石崖间的陡削洞窟，反而在我脚下，而且山下也有人高呼走错路了，给我指出下山的石阶。我感激他们的好意，顺着他们指点的路下来，却找不到原来放置雨伞手杖的地方了。高呼的人是两个放牧的老翁，怀疑我下不了山而很同情我，我下来后谢过了他们。那两人告诉我攀登石崖的路还在古庙南边，原来那个岩洞应当从石崖的后面转进去，不能从石崖东面进去。我说雨伞放在了石崖上，又沿着上登时的路去找伞。不多时，听见平塘街上有孩子的呼叫声，不一会儿就有数十人在山下呼叫，声音十分急切，我起初不知道他们在叫我，等拿到伞下山后才知道是在叫我。下到古庙一侧，就见那些人都手拿标枪携带弓箭，怀疑我是潜藏的盗寇而来讯问我。我告诉他们是为了前来游览岩洞的，他们都不相信我的话。只好解衣以示清白，并说："我有行李寄放在路口卖浆人的茅草店中，你们可以前去检查。"众人这才渐渐散去。我仍然从古庙南边经由石阶披荆斩棘上登。终于在转向西南山后的山坳中，远远望间在山坳的南边，一座石峰像树枝一样耸立，山顶竖着一块岩石，高数丈。我所见过独立的石峰，雁宕山的翔鸾峰，龟峰上的灵芝峰，以及此地竹笋一样并立而起的石峰，从未有过像这样灵怪的。料想已到了岩洞后方，可远望石壁之下，仍不见洞口。忽然山下有个童子，又高声呼叫走错路了，说来不及上山去了。此时夕阳已从西峰落下，而荆棘藤蔓挡在前方，料想不可能去了，况且静闻还在那茅草店中，店主人即将离去，我担心无处住宿，只好急忙沿着原路下山，却见这个童子已经扬长而去，不知他是同情我还是怀疑我，究竟属于哪一种。于是仍然转到山北麓，出到打油坊的后面，只见卖浆店的主人即将挑着他摆设的东西准备回家了。我取下横梁上挂着的行李，跟着这个人向东赶到平塘街去找投宿的地方。这个人说："家太小不能请您住下。"替我转而找到他的邻居家住下，而且亲自为我做了饭，并且找来他的族人，让族人明早带我去游览。这天傍晚，特别闷热，雷声隆隆，而静闻病得更厉害了，突然跟顾仆分开，吃过晚餐，出门坐在街中的明月之下，清风徐徐吹来，身在群峰之中十分惬意，听着众位村姑嬉笑对山歌的声音，也是群玉峰头的一种异境了。

十一日　晨起，静闻犹卧，余令主宿者炊饭，即先过卖浆者家，同其宗人南抵古庙南登山。导者扬镳斩棘，共一里，抵山西南坳。从石隙再登一二步，即望见洞门西南向。又攀石崖数十步，即入洞焉。盖其门前向东北，后向西南，中则直透，无屈曲崚嶒之掩隔①。导者谓兹洞曰榜岩洞，兹山曰枫木山。下山，仍过古庙，遂南由田塍中渡西来小涧，水自两路口西塘迤逦东穿山麓，即南溪发源也。共东南一里，入石岩洞。其门西北向，后门东北向，其中幽朗曲折，后门右崖，有架虚之台，盘空之盖，皆窗楞旁透，可憩可读。由后洞出，北一里，仍抵平塘街。街北有石峰巑岏若屏，东隅有岩东向，是为社岩。外浅而不深，土人奉社神于中。导者又指其西北，有石峰中立，山下南北俱有汇塘，北塘之上，岩口高列，南塘之侧，穴门下伏，其内洞腹潜通，水道中贯，是名架梯岩，又名石鼓洞，盖即予前觅铜钱岩不得而南入之者。导者言之，而不知余之已游，余昔游之，而不知洞之何名。今得闻所未闻，更胜见所未见矣。

【注释】①崚嶒（léng céng）：高耸突兀。

【译文】十一日　清晨起床，静闻还躺着，我让借宿的这家主人做饭，便先去卖浆人的家中拜访，同他的族人向南抵达古庙南登山。向导挥舞着标枪斩断荆棘，共一里，抵达山西南的山坳中。从石缝间又上登了一两步，即望见洞口朝向西南。又攀着石崖上登了几十步，就进入了洞中。原来这个岩洞的前洞口朝向东北，后洞口朝向西南，中间则是直通的，没有弯曲突兀遮挡阻隔。向导说此洞叫榜岩洞，此山叫枫木山。下山后，仍就从古庙走过，接着向南经由田埂中间渡过西面流来的小涧，水流自两路口西边的水塘，曲折蜿蜒向东穿过山麓，即南溪的发源地了。共向东南行走了一里，进入石岩洞。洞口朝向西北，后洞口朝向东北，洞中幽朗曲折。后洞口右崖上，有个架空的平台，上有盘绕在空中的顶盖，两边都通有窗棂，可以休息可以看书。从后洞口出来，向北一里，仍旧回到平塘街。平塘街北有座突兀的石峰就像屏风，东隅有个岩洞洞口向东，就是社岩。外边浅而不深，当地人在洞中供奉着土地神。向导又指着社岩的西北方，有座石峰立在中央，山下南北两面都有水流汇聚形成的水塘，北边水塘之上，岩洞口高高排列，南面水塘的之侧，穴口向下，穴内山洞内部暗通，水道中间贯通，名叫架梯岩，又叫石鼓洞，大概就是我前几天找铜钱岩没找到而向南进去的那个洞。向导介绍着，却不知道我已经游览过了，我之前游览山洞时，却不知道山洞的名字。如今听到从未曾听过的事，更胜过见到了从未见过的事物了。

于是还饭于宿处，强静闻力疾[1]行。西二里，经两山之峡。峡北山则巍然负扆，下为广福王庙；峡南山则森然北拱，其东有岩焉。门东向，当门有石塔，甚整而虚其中，塔后不甚崇宏。由其右穴入，渐入渐隘而黑，有狼兵[2]数人调守于此，就岩爨寝焉。岩门外，右有旧镌磨崖，泐不可读。乃下，西出峡门，是为两路口[3]，市肆夹路。西北循山，为义宁[4]道，西南循山，为永福道。余就西南行，不一里，静闻从而后，俟之不至。望路东有岩西向，拨棘探之，岩不深而门异。下瞰静闻，犹然不见其过，欲返觅，又恐前行。姑急追之，又迟待之，执前后至者询焉，俱茫然无指，实为欲前欲却。久之，又西行四里，路右有小峰，如佛掌高擎，下合而上岐，下束而上展，于众峰中尤示灵怪。其南又骈峙两山，束而成峡，路由其中。峡南之峰，其东层裂两岩，转盼间，觉上岩透明。亟南向趋之，只下岩可入，而上岩悬叠莫登，乃入下岩。岩中列柱牵帷，界而为峡，剖而为窗，曲折明朗，转透其后，则亦横贯山腹者也。以为由后窍西出，可反跻上岩透处，而后窍上下俱削，旁无可攀。乃仍东出洞前，见东北隅石颇坎坷，姑攀隙而登，遂达上层。则前后二门，俱与下岩并列，门内乳幄莲柱，左右环转以达后门，数丈之内，纡折无竟。前门一台，正对东北佛掌峰。凭后门窥牖，遥瞰近视，岩外之收揽既奇，岩内之绾结亦异，诚胜境也。予所见粤中重楼之胜，此为第一。

【注释】①力疾：勉强支撑病体。②狼兵：又叫“俍兵”。专指壮族土司组建的军队。③两路口：今称路口，在桂林市区西隅。④义宁：古旧县名。明属桂林府，隆庆五年（1571）改属永宁州，治今临桂县西北五通。

【译文】于是回到住宿的地方吃饭，硬逼着静闻尽力支撑病体上路。向西二里，经过两山间的峡谷。峡谷北的山像屏风那样巍然而立，山下是广福王庙；峡谷南面的山向北高耸拱立，山东有个岩洞。洞口向东，洞口正前方有座石塔，外表整齐而塔内虚空，塔后不怎么高大宽敞。由塔右边的洞穴进去，越进入越窄且黑，有几个狼兵被调守在此地，就在岩洞中吃住。岩洞口外，右边有古时镌刻的碑刻，已剥落得无法辨认了。于是从洞中下来，向西走出峡口，就到了两路口，道路两旁都是店铺。往西北沿着山走，是通往义宁县的道路，往西南沿着山走，是通往永福县的道路。我向着通往西南的这条道路走去，不到一里，静闻落在了后面，等了一会儿也不见他来。望见道路东有个面向西的岩洞，拨开荆棘去探查此洞，岩洞不深但洞口很特别。向下俯瞰静闻，仍然没见他走来，想返回去找他，又怕他走到了前边。只好急忙去追赶他，又等了他很长时间，拉住前后经过的人询问，都茫然不知，想前行又想停下实在是为难。很久之后，又向西走了四里，道路右边有座小石峰，像佛掌那样高高举起，下面合在一起而上面分岔，下面紧靠而上面展开，在群峰中尤为显得神奇诡怪。其南面又并排耸峙着两座山，聚集形成峡谷，道路从峡谷中穿过。峡谷南面的山峰，东面分层开裂成两个岩洞，目光流转间，察觉到上面那个岩洞透出亮光。急忙向南赶去，只有下洞可以进去，而上洞高悬层叠无法上登，只好从下洞进入。岩洞中排列着石柱，挂着帷幔状的岩石，分隔成峡谷，破开为石窗，曲折明朗，转而钻到洞后，原来也是一个横贯山腹的岩洞。我以为从后穴向西出去，可以反过来登上岩洞穿通之处，可后穴上下都很陡削，周围无处可攀。于是仍向东出到洞前，只见东北隅的岩石坑坑洼洼的，姑且攀着石缝上登，竟然到了上层。只见前后两个洞口，都与下洞并列，洞口内有帷幔状的钟乳石和莲花状的石柱，左右环绕直到后洞口，数丈之内，曲曲折折没有尽头。前洞口有一个平台，正对着东北方佛掌样的小石峰。我靠在后洞口的石窗，俯瞰远处，细视近处，岩洞外的景色尽收眼底，非常奇特，岩洞内盘结着的钟乳石也很特别，真是一处胜地。我在粤地所见的重楼胜景，此为第一。

既而下山，不知静闻之或前或后，姑西向行。又见大路之左，复有岩北向，登之亦浅而不深，此亦峡南之山也。其在峡北者，西向亦有二洞层列，洞门上下，所悬亦无几，而俱石色赭黄，若独为之标异者。一出峡门，则汇水直浸两峡之西，中叠石为堤，以亘水面，旁皆巨浸，无从渡水一登赭岩。既又闻有八字岩，亦不能至。遂由石道西向行汇水中。又望其西峰之东崖壁高亘，上悬三洞，相去各二十余丈，俱东向骈列，分南、北、中焉。其山在汇水西南，与东峡南峰东西夹塘成汇。遥睇崖端，俱有微痕，自南而北，可以上跻，惟北洞则崭然悬绝，若不可阶焉。途中行人见余趋岩，皆伫呼莫前，姑缓行堤间，俟前后行人少间，视堤西草径，循水遵南麓而行，虽静闻之前后，俱不暇计。已而抵南洞之下，仰睇无级。仍以攀崖梯隙之法，猿升猱跃而上，遂入南洞，则洞门甚崇，其内崆峒宏峻，规模迥异。稍下，一岐由右入，转而西南，渐觉昏黑，莫究厥底；一岐由左入，不五丈，忽一门西透山后，返照炳焉；一门北通中洞，曲景穿焉。于是先西向披后岩，洞门高与东埒，上下俱悬崖陟绝，可瞰而不可下。遥望西南对山，有洞亦若覆梁，而门广中遂，曰牛洞，东向暗黑而不知其涯。仍入内，旋北向上中洞，洞内北转而东透。先探其北，转至洞门，有石内度，架为两层，上叠为阁，倒向洞内，下裂为门，直嵌壁间，盖即所望之北洞矣。至此则兹洞之旁通曲达，既极崇宏，复多曲折，既饶旷达，复备幽奇，余所观旁穿之胜，此为最矣。仍入中洞之内，东临洞门，门愈高穹，下则其外路绝崖轰，遂仍返其中，循南洞而出焉。始知是三洞者，外则分门，内俱连窍，南洞其门户也，北洞其奥窟也，中洞则左右逢原，内外共贯，何岩洞之灵异，出人意表如此！

【译文】继而从山上下来，不知静闻在前面还是在后面，暂且向西行走。又见大路左边，又有一个洞口向北的岩洞，登上岩洞也很浅且不深，此处也在峡谷南的山上。那在峡谷北山上的，朝向西面也有两个洞分层排列，洞口一上一下，距离也不远，而岩石全是赭黄色的，好像独为自己标新立异。刚刚走出峡口，就有汇聚的积水一直浸过两侧峡谷之西，水中垒石为堤，横贯水面，周围都是巨大的水泽，无法渡水去登那赭黄色的岩洞。随后又听说有个八字岩，也无法去。于是经过石道向西行走在积水之中。又望见堤坝西峰东面的崖壁高高横亘，上面高悬着三个洞，相距各二十多丈，都是洞口向东并列着，分为南洞、北洞、中洞。此山在积水的西南方，与东面峡谷的南峰东西相夹水流汇聚形成水塘。远望崖端，都有微小的石痕，自南而北，可以上登，唯有北洞则是高峻峭绝，似乎不能上登。途中的行人看见我向岩洞赶去，都停下脚步高声叫我不要前去，只好在堤坝上慢慢行走，等到前后行人少一些的时候，看着堤坝西边草丛中的小径，沿着水边顺着南麓前行，就连静闻是在前还是在后，都顾不得了。不久抵达南洞之下，抬头不见台阶。仍用把裂隙作为梯子的方法攀登石崖，像猿猴攀爬跳跃般往上爬，于是进入南洞，只见洞口十分高大，洞内宽阔高峻，格局迥然不同。稍稍往下，一个岔洞由右边进去，转向西南，渐渐发觉黑暗下来，无法走到洞底；一个岔洞由左边进去，不到五丈，忽然有一洞口向西通到山后，阳光反射进来，十分明亮；一洞口向北通到中洞，反射的光影射到洞内。于是先向西钻入后洞，洞口的高度与东边的洞口相等，上下都是悬崖，上登的道路断了，可以俯瞰却无法下走。遥望西南方对着的山，有个洞也像是下覆桥梁，而洞口宽阔洞中深邃，叫牛洞，洞口向东，黑暗得不知道其尽头。仍入洞内，攀旋向北上到中洞，洞内向北转去一直通到东面。先探察洞的北边，转到洞口，在里面平架着的岩石分成两层，上面叠架成楼阁，倒向洞内，下边裂成石门，一直深嵌入洞壁，大概就是之前望见的北洞了。来到此地就见此洞的岔洞弯弯曲曲四通八达，既极为高大，又多有曲折，既丰富通达，又幽深奇绝，我所游览过的开有岔洞的胜景，此处第一。仍就进入中洞之中，东临洞口，洞口愈加高大隆起，洞口下方外面则崖壁崩裂道路断绝，于是依旧返回洞中，沿着南洞出来。这才知道这三个岩洞，外面虽分成几个洞口，洞内却都相连，南洞是岩洞的出入口，北洞是最幽深的洞窟，中洞则是左右逢源，内外贯通，多么灵异的岩洞啊，竟如此出人意表！

于是仍由旧级下，共一里，北出大道，亟西行。循南山北麓而西，三里，越一平坡，其南北岩洞甚多，不暇详步。歧而南为通城墟，墟房累累，小若鸽户，列若蜂房，虚而无人，以俟趁墟者。从墟又南一里，是为上岩后洞。余循西路登岩，门北向，前临深塘。入其内，扩然崇宏，峡分左右。右峡下坠，已浚为渊，水潴其底，石壁东西夹之，峻不可下。其底南眺沉沉，壁西之崖，回覆渊上，予所驻足下瞰者；壁东则绝壁之下，骈通二穴，若环桥连亘，水通其中，不知所往；北则石壁自洞顶下插渊底，壁半裂柱成隙，泉淙淙隙端下注。出右峡，由左峡上入，蹲石当门，中耸为台，台上一顶柱直挂洞顶。路从两旁入，其西复有石崖，由洞北突而南，若塞门焉，与洞之南壁夹而成罅。路循崖西出，转绕崖后，外穹为门，门下横阈，而上多垂檐。踞门阈而坐，门外峡复峭峙，两旁多倒悬下攫之石，若龙爪猿臂，纷拏其门，俯仰双绝。出洞，循其东麓，复开一门，东向内洼，下滴水空声，转南渐黑，当即通后洞环桥水穴者。而下洞门之南，则上岩村村居萃焉。村后叠石开径，曲折而上，是为上岩前洞。其门东向，高齐后洞肩，深折不及。前有神庐，侧有台址，有村学究聚群蒙[1]

于台上。由台直跻洞后，迸窦成龛，垂石如距：有垂至地下离一线者，有中悬四旁忽卷者，有柱立轮囷[②]其中者，有爪攫分出其岐者。其东南对山有泉源，曰龙泉云。

【注释】①蒙（méng）：指蒙童，开始读书识字的儿童。②轮囷（qūn）：硕大的样子。

【译文】于是仍从原路一阶阶地下走，共一里，向北出到大道上，急忙赶向西。沿着南山北麓往西走，三里后，越过一个缓坡，山坡南北两面岩洞甚多，来不及去详细察看。沿岔路往南走是通城墟，墟房排列成串，小得像鸽子笼，像蜂房一样，屋空无人，供赶集的人用来交易。从通城墟又向南一里，就是上岩后洞。我沿着西路登上岩洞，洞口向北，洞前下临深塘。进入洞内，空旷高大，峡谷分为左右。右峡下坠深陷，已疏浚为深潭，水积在峡底，东西两面的石壁夹住水潭，险峻无法下去。向南眺望，峡底黑沉沉的，石壁西面的石崖，盘旋下覆在深渊之上，就是我驻足向下俯瞰的地方；石壁东面却在绝壁之下，都通有两个洞穴，好像连环桥洞相连横亘，水从洞中流过，不知流去哪里；北面则是石壁从洞顶下插入渊底，石壁中间有石柱裂成缝隙，泉水淙淙从缝隙下端注入深渊。从右边的峡谷出来，沿着左边的峡谷往上走，坐落着一块岩石挡住洞口，中间高耸形成高台，高台上方一根顶柱直挂在洞顶。路从两边进入，岩石西侧又有石崖，由洞北向洞南突出，好像堵住了洞口，与洞南的岩壁相夹成一条缝隙。路沿着崖西出去，转而绕到崖后，外边隆起形成洞口，洞口下方横放着门槛，而上方下垂着很多的岩石就像屋檐。坐在石门槛上，洞口外面的峡谷陡峭耸立，两旁有许多倒悬下垂的岩石，好像龙爪猿臂，杂乱地挡住洞口，俯仰之间都是妙景。从洞中出来，沿着山的东麓，又开着一个洞口，洞口向东洞内下洼，滴下的水发出空荡荡的声音，转向南光线渐暗，应该就是通往后洞连环桥水洞的地方。而下洞洞口之南，就是上岩村的房屋聚集之地了。村庄后面垒石辟开一条小径，曲折向上，就是上岩的前洞。洞口向东，高度与后洞口肩齐，但不如后洞口幽深曲折。洞前有座神庙，侧边有座台址，有个老夫子在台上教授蒙童。从平台一直上登到洞后，洞穴迸裂形成石龛，垂石像鸡爪：有下垂到距离地面一线的，有悬垂在中央四周忽然上卷的，有柱子一样硕大地矗立在洞中的，有爪子一样伸开分出脚爪的。此地东南方对面的山上有泉水，叫龙泉。

下台端，仍出后洞塘北，西北行一里，入东来大道。又二里，为高桥，石梁颇整。越桥西南，石山渐开，北眺遥山连接，自西而东，则古田[①]、义宁西来老龙矣。又七里为山蚤铺，其四旁虽间出土阜，而石峰尤屼突焉。又西南八里，为马岭墟。其日当市，余至已下午，墟既散，而纷然俱就饮啜浆矣。始于墟间及静闻，复与之饭。又西南二里，至缭江桥，越桥为缭江铺，于是山俱连阜回冈，无复石峰峥峥矣。又南八里为焉石铺，乃西入山坞。二里转而西南，又十里为苏桥[②]，为洛青江上流，水始舍桂入柳去，予遂与桂山别。桥西是为苏桥之堡，入东门，抵南门，时顾仆已先抵此一日。卧南门内逆旅中，是晚蕴隆之极，与二病人俱殊益闷闷。幸已得舟，无妨明日行计也。

【注释】①古田：在今桂林永福县北。②苏桥：今名同，在永福县东北苏桥镇，洛清江东岸。

【译文】从平台前头下走，仍旧出到后洞水塘北，往西北走一里，来到东面过来的大道上。又行二里，是高桥，石桥颇为平整。过桥往西南行，石山渐渐退去，向北眺望，远山绵延相接，从西往东延伸，便是从古田千户所、义宁县往西延伸过来的山脉的主脉了。又行了七里是山蚤铺，山蚤铺四周虽然间有土山现出，然而石峰愈加突兀了。又向西南行八里，就是马岭墟。这天正是赶集日，我到的时候已是下午了，集市已经散去，而人们都聚集在店铺中喝浆水。这才在集市上赶上静闻，又与他一起吃了饭。再向西南走了二里，抵达缭江桥，过桥后就是缭江铺，此处的山都是连绵的土山和回旋的山冈，不再有山势峥嵘的石峰了。又向南走了八里就是焉石铺，于是向西进入山坞中。二里后转向西南，又走了十里就是苏桥，是洛清江的上游，江水开始离开桂林府流入了柳州府，我于是辞别了桂林山水。桥西是苏桥的土堡，从东门进入，抵达南门，这时顾仆已经提前一天到达此地了。我躺在南门内的旅店中，这天晚上闷热极了，我与两个病人都觉得特别憋闷。幸好已经找到船了，不影响明日的出行计划。

粤西游日记二

【题解】《粤西游日记二》是徐霞游览广西北部及东南部山水及风土人情所写的游记。本游记在乾隆刻本第三册下。从七月十八日至九月初九，在季梦良抄本《徐霞客西游记》第四册，原题“粤西”。

崇祯十年六月十二日（1637年8月2日）徐霞客乘船，经永福县、洛容县（今鹿寨县）去往柳州府。六月十四日抵达柳州，在柳州游立鱼山，谒柳侯庙，凭吊柳宗元遗迹。六月二十日到七月初十（8月29日）又向北经过柳城县乘船往返融县（今融水苗族自治县）游览，在融县乘桴入真仙岩，身陷一个高约三丈宽仅尺五而且毫无抓手笔直下坠的岩筒，还从巨蛇身上跨过，坐在木盆中浮水钻洞，为了在巨石间搜览碑刻，爬梯子时因为石头滑，人和梯子一同跌落，眉头膝盖都受了伤。七月十八日离开柳州，乘船经过象州及武宣县，继续南下。七月二十日穿过大藤峡抵达浔州府（今桂平），过大藤峡时探查大藤峡起义发生的地形因素。然后从陆路环游白石山、郁林州（今玉林）、陆川北境、北流勾漏、容县都峤，游勾漏、白石、都峤三山，对葛洪的行踪进行考据。八月初九（9月26日）返回浔州府。接着溯郁江水行，经贵县（今贵港）、横州（今横县）、永淳县西进。八月十五日游宝华山，访建文皇帝遗迹。八月二十三日抵达南宁府。此后一月都在南宁府游览，可惜这一个月的日记都已残缺散佚，整理者季梦良在乱帙中仅找到九月初九（10月26日）登罗秀山一则。这一段旅程是徐霞客“万里遐征”中的又一段艰难时期。静闻和顾仆在离开桂林时都病倒了，徐霞客既要照顾病人，又得坚持地理考察和游览。沿途重视考察水道，系统地考察研究广西的喀斯特地貌。通过细致的观察分析，他对岩洞、石钟乳、伏流、落水洞、漏斗洼地等的成因都做了科学的解释，对广西的地貌特征则作出了准确的概括。这对于我们研究广西地貌，具有重大的参考价值。

丁丑六月十二日　晨餐后登舟，顺流而南，曲折西转，二十里，小江口，为永福界①。又二十里，过永福县。县城在北岸，舟人小泊而市蔬。又西南三十五里，下兰麻滩。其滩悬涌殊甚，上有兰麻岭，行者亦甚逼仄焉。又二十里，下陟滩为理定②，其城在江北岸。又十五里而暮。又十五里，泊于新安铺③。

【注释】①永福：即今永福县。位于广西东北部，桂林西南。②理定：即今“里定”。位于鹿寨县北隅。③新安铺：即今“西岸”。位于鹿寨县北，洛清江西岸。

【译文】丁丑年（崇祯十年，1637）六月十二日　早餐后登船，顺流南下，又曲折地转向西，走了大约二十里，到达小江口，隶属永福县地界。又行二十里，途经永福县城。县城在北岸，船夫临时停船去买菜。后又向西南行船三十五里，驶入兰麻滩。此滩浪头高悬，翻涌得厉害，河岸上是兰麻岭，行人也感觉这里很狭窄。又行二十里，下了陟滩是理定，理定城位于江北岸。又行十五里后天色渐晚。

又行十五里，在新安铺靠岸。

十三日　昧爽行四十里，上午过旧街[①]，已入柳州之洛容[②]界矣，街在江北岸。又四十里，午过牛排。又四十里，下午抵洛容县南门。县虽有城，而市肆荒落，城中草房数十家，县门惟有老妪居焉。旧洛容县在今城北八十里，其地抵柳州府一百三十里。今为新县，西南抵柳州五十里，水须三日溯柳江乃至。是晚宿于舟中，预定马为静闻行计。

【注释】①旧街：与今同名。位于鹿寨县北，洛江与洛清江交汇处。②洛容：位于柳州市鱼峰区东北部，为桂中经济重镇。

【译文】十三日　黎明行船四十里，上午经过旧街，已进入柳州府的洛容县境内，旧街在江北岸。又行四十里，中午经过牛排。又行四十里，下午抵达洛容县南门。虽说县城有城墙，但街上店铺荒芜衰落，城中有草房数十间，县城门口只住着一位老妇人。洛容县旧址在今天新城往北八十里处，那里距离柳州府有一百三十里路。如今的新城，向西南到柳州府有五十里，走水路须溯柳江三日才到。当晚睡在船中，预定了马匹为静闻上路做准备。

十四日　昧爽起饭，觅担夫肩筐囊，倩马驼静闻，由南门外绕城而西。静闻甫登骑，辄滚而下。顾仆随静闻、担夫先去，余携骑返换，再易而再不能行。计欲以车行，众谓车之屼嵲[①]甚于马，且升降坡岭，必须下车扶挽，益为不便。乃以重价觅肩舆三人，餍[②]其欲而后行，已上午矣。余先独行，拟前铺待之，虑轿速余不能踵其后也。共一里，过西门，西越一桥而西，即升陟坡坂。四顾皆回冈复岭，荒草连绵，惟路南隔冈有山尖耸，露石骨焉。踄荒莽共十八里，逾高岭，回望静闻轿犹不至。下岭又西南二里，为高岭铺，始有茅舍数家，名孟村。时静闻犹未至，姑憩铺肆待之。久之乃来，则其惫弥甚。于是复西一里，乃南折而登岭，迤逦南上，共四里，抵南寨[③]山之西，则柳江逼其西崖矣。乃西向下，舟人舣舟以渡。有小溪自南寨破壑，西注柳江，曰山门冲。江之东为洛容界，江之西为马平[④]界。登西岸，循山濒江南向行，是为马鹿堡[⑤]。东望隔江，石崖横亘其上，南寨山分枝耸干，亭亭露奇。共五里，乃西向逾坳入，则石峰森立，夹道如双阙[⑥]。其南峰曰罗山，山顶北向有洞，斜骞侧裂，旁开两门，而仰眺无跻攀路，西麓又有洞骈峙焉。其北峰曰李冯山，而南面峭削尤甚[⑦]。又二里，双阙之西，有小峰当央而立，曰独秀峰。

【注释】①屼嵲（wù niè）：颠簸。②餍（yàn）：吃饱。③南寨：与今同名。位于鹿寨县西南，柳江东岸。④马平：即马平县，隶属于柳州市。⑤马鹿堡：位于柳州市区东部。⑥双阙（quē）：古代宫殿、祠庙、陵墓前两边高台上的楼观。⑦南面峭削尤甚句：南字原作“来”，根据乾隆本、“四库”本改。

【译文】十四日　黎明起床吃饭，找来挑夫挑着行李包袱，马匹驮着静闻，由南门外绕城墙向西行。谁知静闻刚一上马，立刻滚落而下。顾仆跟随静闻、挑夫先走，我牵着马折返调换，换了两匹马，两次都不能走。打算坐车走，大家都说车子比马颠簸得厉害，而且上下坡岭时，必须下车挽扶着走，更不方便。于是只得重金找来三人抬轿，让他们吃饱后出发，此时已经是上午了。我独自先行，打算在前边的驿站等他们，是担心轿子走得快，我跟不住他们。走出一里，路过西门，向西越过一座桥后再向西走，很快就开始爬坡。环顾四周，都是环绕的山冈和重叠的山岭，荒草连绵，只有路南隔着山冈，有座山尖尖地耸立着，露出白骨状的岩石。在荒草丛中跋涉十八里，翻过一座高岭，回望静闻坐的轿子还没到。下岭后又向西南走了二里，是高岭铺，这才有几间茅草房，名叫孟村。此时静闻仍然没到，我暂且在店中休息等他。过了很久静闻才到，而且疲惫不堪。于是再向西走一里，拐向南面登岭，蜿蜒向南爬坡，共四里，到达南寨山的西侧，只见柳江直逼山崖。于是向西下行，船夫停船靠岸，渡我们过江。有条小溪从南寨山冲出山谷，向西注入柳江，叫山门冲。柳江的东岸隶属洛容县辖界，柳江的西岸则隶属马平县辖界。登西岸，顺着山势沿江边向南行，便是马鹿堡。隔着江向东望，石崖横亘于江上，南寨山分出支脉，耸立的主峰，亭亭玉立，显露出奇异的姿态。共走了五里，就向西越过山坳进山，只见石峰森立，夹住道路犹如双阙。南面的石峰叫罗山，山顶北面有个倾斜的洞，侧面开了两个洞口，然而抬头眺望，却并没有可攀登而上的路，西麓还有个洞并列在那里。北面的石峰叫李冯山，南面的石峰尤其的陡峭。又行二里，在双阙的西边，有座小山峰当中而立，叫做独秀峰。

行者共憩树下，候静闻舆不至。问后至者，言途中并无肩舆，心甚惶惑。然回眺罗山西麓之洞，心异之。同憩者言："从其南麓转山之东，有罗洞岩焉，东面有坊，可望而趋也。"余闻之益心异，仰视日色尚未令昃[①]，遂从岐东南披宿草行[②]。一里，抵罗山西南角，山头丛石叠架，侧窦如圭，横穴如梁。从此转而南，东循其南麓，北望山半亦有洞南向，高少逊于北巅，而面背正相值也。东南望一小山濒江，山之南隅，石剖成罅，上至峰顶，复连而为门。其时山雨忽来，草深没肩，不虞上之倾注，而转苦旁之淋漓矣。转山之东，共约一里，遂逾坳北入，一坪中开，自成函盖。右峰之北，有巨石斜叠而起，高数十丈，俨若一人北向端拱，衣褶古甚。左崖之北，有双门坠峡而下，内洞北向，深削成渊，底有伏流澄澈，两旁俱峭壁数十丈，南进窅然不知其宗。北抵洞口，壁立斩绝，上有横石高二尺，栏洞口如阈，可坐瞰其底，无能逾险下坠，亦无虞失足陨越也。阈之左壁，有悬绠数十丈，圈而系之壁间，余疑好事者引端悬崖以游洞底者。惜余独行无偶，不能以身为辘轳，汲此幽閟[③]也。既北出峡门上，复西眺西峰，有道直上，果有石坊焉。亟趋之，石坊之后，有洞东向，正遥临端拱石人，坊上书“第一仙区”，而不署洞名。洞内则列门设锁，门之上复横栅为栏，从门隙内窥，洞甚崆峒，而路无由入。乃攀栅践壁逾门端入，则洞高而平，宽而朗，中无佛像，有匡床、木几，遗管城[④]、墨池焉。探其左，则北转渐黑而隘；穷其右，则西上愈邃而昏。余冀后有透明处，摸索久之不得。出，仍逾门上栅，至洞前。见洞右有路西上，拨草攀隙而登，上蹑石崖数重，则径穷莫前，乃洞中剪薪道也。山雨复大至，乃据危石倚穹崖而坐待之。忽下见洞北坪间翠碧茸茸，心讶此间草色独异，岂新禾沐雨而然耶？未几，则圆绕如规，五色交映，平铺四壑，自上望之，如步帐回合，倏忽影灭。雨止乃下，仍从石坊逾南坳，共二里，转是山西麓。先入一洞，其门西向，竖若合掌，内洼以下，左转而西进，黑不可扪；右转而东下，水不可穷，乃峻逼之崖，非窈窕之宫也。出洞又北，即向时大道所望之洞。

洞门亦西向，连叠两重。洞外有大石，横卧当门，若置阈焉，峻不可逾。北有隘，侧身以入，即为下洞。洞中有石中悬，复间为两门，南北并列。先从南门入，稍洼而下，其南壁峻裂斜骞，非攀跻可及；其北崖有隙，穿悬石之后，通北门之内焉。其内亦下坠，而东入洞底，水声汩汩，与南洞右转之底，下穴潜通。由北门出，仰视上层，石如荷叶下覆，虚悬无从上跻。复从南门之侧，左穿外窍，得一旁龛。龛外有峡对峙，相距尺五，其上南即龛顶尽处，北即覆叶之端。从峡中手攀足撑，遂从虚而凌其上。则上层之洞，东入不深，而返照逼之，不可向迩。惟洞北裂崖成窦，环柱通门，石质忽灵，乳然转异。攀隙西透，崖转南向，连开二楹，下跨重楼，上悬飞乳，内不深而宛转有余，上不属而飞凌无碍。岩之以凭虚驾空为奇者，阳朔珠明之外，此其最矣。

【注释】①昃（zè）：太阳西斜。②宿草：隔年的草或存留过夜的草料。③幽閟（bì）：幽深。④管城：即管城子，毛笔的代称。

【译文】我和同行的人一起在树下休息，等静闻的轿子却等不到。问后来的人，都说途中没看见轿子，我心中十分惶惑。然而回望罗山西麓的山洞，觉得它很奇异。一起休息的人说："从南麓转到山的东侧，那里有个罗洞岩，东面立着牌坊，可以看着它前往。"我听后越发觉得奇异，抬头看天色，太阳还未西斜，于是辟开积年的深草，从岔路向东南方前行。走了一里，就到了罗山的西南角，山头丛石叠架，侧面的洞穴犹如玉圭的形状，横卧的洞穴好像桥梁一样。从这里转向南，沿着山的南麓向东走，可见北边半山腰上有个朝南的山洞，最高处稍低于北山的山顶，可前后恰好互相面对着。向东南方可见临江有一座小山，山的南隅，岩石剖开一条裂隙，上至峰顶又连成门洞。这时忽降山雨，草深得没过肩头，不必担忧头上雨水倾注，却反而为身旁淋漓的雨水苦恼了。转到山的东侧，大约一里路，便越过山坳从北边进入，中间有一块平地，天然形成盒盖样的地形。右侧山峰的北边，由巨石斜叠而成，高达数十丈，俨然像一人朝北方正身拱手，衣服上的褶皱十分古朴。左侧山崖的北边，有两个洞口向下坠入峡谷中，峡谷内的洞口面朝北，深削成渊，洞底有澄澈的伏流，两旁都是数十丈的峭壁，从南边进去深远得看不到尽头。向北来到洞口，石壁悬绝矗立，上边横卧着一块岩石，高二尺，像门槛一样拦在洞口，可以坐下来俯瞰深渊，既不会越险坠落，也不必担心失足翻坠下去。门槛左边的石壁上，悬挂着一根数十丈长的粗绳，绕成圈系在石壁上，我估计是好事者为游览洞底，从悬崖顶端引的绳子。可惜我独自一人没有同伴，不能用身体当辘轳，到那幽深隐秘的地方去汲水。从北边出了峡口，再眺望西峰，果然有条路一直通到上面，有座石牌坊立在那里。我急忙前往，石牌坊的后面，有个洞朝东，恰好远远地下临着正身拱手的石人，石牌坊上写着“第一仙区”，却没写洞名。洞内装了门并上着锁，门的上方又横着栅栏作为护栏，从门缝向里窥视，洞中非常空阔，但没有路进去。只好攀着栅栏，踩着石壁，翻过栅栏门进去，只见山洞高大平坦，宽敞明亮，洞中没有佛像，有一张床、木桌，还留有毛笔、砚台。探究洞的左边，旋即向北且逐渐变得又黑又窄；穷究洞的右边，向西越往上越深邃黑暗。我希望后面有透亮处，摸了很久也没找到。出来，仍然得翻越栅栏门，来到洞前。只见洞右侧有条西上之路，我拨开草丛攀着石缝往上登，登上数重石崖，小径却到了头无法前进，原来这是洞中人砍柴所走的小道。山雨又猛烈降临，我只得背靠高险穹隆的石崖坐等雨停。忽见下面洞北边的平地上有一片翠色绿茸茸的，心里惊讶这草色为何如此独特，莫非是新栽种的秧苗淋过雨后才这样的吗？不久，则绕成一个像圆规般的圈，五色交相辉映，平铺在周围的沟谷之上，从上面俯瞰，犹如帷幕缭绕，转瞬即逝。我等雨停后才下去，仍然从石牌坊越过南面的山坳，走了二里，转到山的西侧。先进入一个洞，洞口朝西，竖立着好像合起来的手掌，洞内地面下洼，左转后从西边进去，黑得摸不到东西；右转后从东边往下走，有不见源头的水源，这是一处险峻逼仄的山崖，而非幽深的宫室。出洞后又朝北走，就到了之前在大道上望见的那个山洞。洞口也朝西，重叠了两层。洞外有块巨石横卧着挡住洞口，好像安装的门槛一样，险峻得不可翻越。北边有个隘口，侧身才能进去，这便是下洞。洞中有岩石悬在中央，将山洞一分为二，形成两个洞口，南北并列。先从南边的洞口进去，地势稍稍下洼，南边的石壁陡峻迸裂倾斜着，攀不上去；北边的石崖上有条裂缝，穿过裂缝，绕到悬垂的岩石后边，直通往北洞里面。北洞内也是向下坠，向东深入洞底，水声汩汩，与南洞向右转的洞底，下面有暗洞相通。由北洞口出来，仰视上层，岩石像荷叶般下覆，虚悬在空中，无从攀援。再从南洞口的侧边，向左穿过外边的石窍，旁边有一个石龛。石龛外正对着一条峡谷，峡壁相距一尺五，峡谷上方的南边就是石龛顶的尽头，北边就是下覆荷叶的顶端。从峡谷中手攀脚撑地攀爬，终于从虚空中登上峡顶。只见上面的洞向东进去不深，但反射的光线逼人，无法接近。只有洞北边的石崖裂成洞穴，石柱环列直通到洞口，岩石的质地忽然变得美妙灵幻，犹如钟乳石般不同寻常。攀着裂缝向西钻进去，转到石崖南边，一连开出两间石室，下跨重楼，上悬飞空的钟乳石，室内不深却曲折有余，上不相连而飞凌高空无遮无挡。岩洞以凌驾虚空称奇，除阳朔的珠明洞之外，这里算是最为奇妙的了。

坐憩久之，仍以前法下。出洞前横阈，复西北入大道，一里抵独秀峰下。又西向而驰五六里，遇来者，问无乘肩舆僧，止有一卧牛车僧。始知舆人之故迟其行，窥静闻可愚，欲私以牛车代易也。其处北望有两尖峰亭亭夹立，南望则群峰森绕，中有石缀出峰头，纤幻殊甚，而不辨其名。又西五六里，则柳江自南而北，即郡城东绕之滨矣。江东之南山，有楼阁高悬翠微，为黄氏书馆。即壬戌会魁黄启元。时急于追静闻，遂西渡江，登涯即阛阓连络，从委巷二里入柳州城①，东门以内，反寥寂焉。西过郡治，得顾仆所止寓，而静闻莫可踪迹。即出南门，随途人辄问之，有见有不见者。仍过东门，绕城而北，由唐二贤祠蹑之开元寺。知由寺而出，不知何往，寺僧言："此惟千佛楼、三官堂为接众之所，须从此觅。"乃出寺，由其东即北趋，里余而得千佛楼，已暮矣。问之僧，无有也。又西趋三官堂，入门，众言有僧内入，余以为是矣，抵僧栖，则仍乌有。急出，复南抵开元东，再询之途人，止一汲者言，曾遇之江边。问："江边有何庵？"曰："有天妃庙。"暗中东北行，又一里，则庙在焉，入庙与静闻遇。盖舆人以牛车代舆，而车不渡江，止以一人随携行李，而又欲重索静闻之资，惟恐与余遇，故迂历城外荒庙中，竟以囊被诒②僧抵钱付去。静闻虽病，何愚至此！时庙僧以饭饷，余、舆同卧庙北野室中，四壁俱竹篱零落，月明达旦。

【**注释**】①柳州城：即今柳州市。②诒（yí）：传给。

【**译文**】坐下休息了很久，仍然用之前的方法下来。迈出洞前的石门槛，再向西北上大道，走一里就到了独秀峰下。又向西快走约五六里，遇到过路人，打听得知路上没有坐轿子的和尚，只有一个躺在牛车上的僧人。我这才明白轿夫故意慢行的原因，是发现静闻好愚弄，打算私下用牛车代替轿子。从这里向北望，有两座尖峰亭亭夹立，向南望，群峰森然环绕，其中有奇石点缀于峰头，极其纤美奇幻，但是却叫不出名字。又西行五六里，便可见柳江自南向北流淌，已绕到府城东面的江边了。江东岸的南山上，有楼阁高悬于翠微的山色之中，那便是黄氏书馆。即天启二年（1622）壬戌科会试第一名的黄启元。当时我急着追赶静闻，便西渡柳江，上岸后是接连不断的街市，在曲折的小巷里穿行二里，进入柳州府，东门以内，反而清静了。向西经过府衙，寻得顾仆寄宿的寓所，却没有静闻的踪迹。立刻出了南门，沿途逢人便问，有的人说见过有的说没有。仍然穿过东门，绕城墙往北走，从唐二贤祠一直追踪到开元寺。听说静闻从这寺院离开了，只是不知去了哪里，寺内僧人说：“此地只有千佛楼、三官堂是接待香众的场所，应当去那里找。”于是出寺，由寺东立即向北赶，走了一里多，来到千佛楼时，已近黄昏。向僧人打听，都说没有。我又向西赶往三官堂，进门后，众人说有位僧人进去了，我以为是静闻，到了僧房仍然没有。于是急忙出门，又向南走到开元寺东边，再次向路人打听，只有个打水的人说，曾在江边看见过静闻。我问：“江边有什么寺庵？”答：“有座天妃庙。”我在黑暗中朝东北方又走了一里，便看见那座寺庙，进庙后终与静闻相遇。原来是轿夫用牛车顶替轿子，然而牛车不能渡江，只得由一人带着行李随行，并且又想重重地勒索静闻的钱财，怕与我相遇，于是故意绕道至城外的荒庙中，竟把包袱铺盖留给庙中的僧人抵押成钱拿走了。静闻虽然患病，怎会愚蠢到如此地步！这时庙中的僧人端来餐饭，我和仆从一同躺在庙北边的村舍中，四壁都是零落不堪的竹篱笆，月光明亮直到天明。

十五日　昧爽起，无梳具，乃亟趋入城寓，而静闻犹卧庙中。初拟令顾仆出候，并携囊同入，而顾仆亦卧不能起，余竟日坐楼头俟之，顾仆复卧竟日，不及出游焉。是日暑甚，余因两病人僵卧两处，忧心忡忡，进退未知所适从，聊追忆两三日桂西程纪，迨晚而卧。

【译文】十五日　黎明起床，没有梳洗用具，于是我急忙回到城中的寓所，而静闻还卧病在庙中。起初，我本想让顾仆出城去伺候静闻，并带着行李一起进城来，可顾仆也卧病在床，我终日坐在楼上守着他，顾仆又躺了一整天，顾不上出游了。那天特别热，我因为两个病人僵卧在两个地方而忧心忡忡，不知道该怎么办，无所适从，姑且回忆最近两三天桂林以西的旅游纪要，到了晚上才躺下。

十六日　顾仆未起，余欲自往迎静闻。顾仆强起行，余并付钱赎静闻囊被。迨上午归，静闻不至而庙僧至焉。言昨日静闻病少瘥[①]，至夜愈甚，今奄奄垂毙，亟须以舆迎之。余谓病既甚，益不可移，劝僧少留，余当出视，并携医就治也，僧怏怏去。余不待午餐，出东门，过唐二贤祠，由其内西转，为柳侯庙，《柳侯碑》在其前，乃苏子瞻书，韩文公诗。其后则柳墓也。余按《一统志》，柳州止有刘蕡墓，而不及子厚，何也？容考之。急趋天妃视静闻，则形变语谵[②]，尽失常度。始问之，不能言，继而详讯，始知昨果少瘥，晚觅菖蒲、雄黄服之，遂大委顿[③]，盖蕴热之极而又服此温热之药，其性悍烈，宜其及此。余数日前阅《西事珥》，载此中人有食饮端午菖蒲酒，一家俱毙者，方以为戒，而静闻病中服此，其不即毙亦天幸也。余欲以益元散解之，恐其不信。乃二里入北门，觅医董姓者出诊之。医言无伤，服药即愈。乃复随之抵医寓，见所治剂俱旁杂无要。余携至城寓，另觅益元散，并药剂令顾仆传致之，谕以医意，先服益元，随煎剂以服。迨暮，顾仆返，知服益元后病势少杀矣。

【注释】①瘥（chài）：病愈。②谵（zhān）：说胡话，特指病中说胡话。③委顿：疲乏，憔悴。

【译文】十六日　顾仆还没起床，我打算亲自前去接静闻。顾仆勉强起身出行，我一并付给他赎取静闻包袱铺盖的钱。到上午回来时，静闻没回来而庙里的僧人却来了。说是昨日静闻的病情稍见好转，到了半夜却病得更重了，现在已经奄奄一息，急需用车去接他。我认为病情加重，更不适合移动，就劝僧人多容留他些时日，我这就出城去探望他，并请医生去为他治病，僧人快快不乐地走了。我没到午饭时间就出了东门，穿过唐二贤祠，在祠堂里面向西转，是柳侯庙，《柳侯碑》在庙前，是苏东坡写的，韩愈的诗。庙后就是柳宗元的墓。我查对《一统志》，柳州府只有刘蕡的墓，并没有提及柳子厚墓，为什么呢？容我再考证一下。我急忙赶往天妃庙探望静闻，只见他体态更变，说着胡话，完全失去常态。刚开始问他，还不能说话，继续详细询问，才知道昨日果然病情稍见好转，晚上找来菖蒲、雄黄服用后，便感觉极度憔悴，大概是体内郁积的极度燥热加之又服用了温热的药物，因药性猛烈，就成了这个样子。我前几天读《西事珥》，记载有人饮了端午节的菖蒲酒，一家人全毙命了，正以此为戒，而静闻病中服用这种东西，他没有马上丧命也算是天大的幸运了。我本打算用益元散为他化解药性，又怕他不相信。于是走了二里进入北门，找到一位姓董的医生出诊。医生说并无大碍，服药即可痊愈。于是我又跟随医生回到医馆，看见所用的药剂都很庞杂，并无重要的。于是我把药带回寓所，另外寻得益元散，连同医生的药剂派顾仆转交给静闻，并把医嘱告诉他，先服益元散，随后煎汤药服下。到傍晚时，顾仆回来，得知服用益元散后病情稍微减轻了。

十七日　中夜雷声殷殷，迨晓而雨。晨餐后，令顾仆出探静闻病，已渐解。既午雨止，湿蒸未已。匡坐寓中，倦于出焉。

【译文】十七日　半夜雷声隆隆作响，拂晓时分才下起雨来。早餐后，我派顾仆出城探望静闻的病情，静闻的病情渐缓。中午雨停了，蒸笼般的湿热仍未散去。我直挺挺地坐在寓所中，懒得出游了。

柳郡三面距江，故曰壶城。江自北来，复折而北去，南环而宽，北夹而束，有壶之形焉，子厚所谓“江流曲似九回肠”也。其城颇峻，而东郭之聚庐反密于城中，黄翰简、龙天卿之第俱在焉。龙名文光。黄翰简名启元。壬戌进士，父名化。由乡科任广东平远令，平盗有功，进佥宪[①]。母夫人许氏，以贞烈死平远[②]，有敭[③]祠。余昔闻之文相公湛持，言其夫人死于平远城围之上，而近阅《西事珥》，则言其死于会昌[④]，其地既异，则事亦有分。此其所居，有祠在罗池东。（缺）当俟考之。翰简二子俱乡科。

【注释】①佥（qiān）宪：佥都御史的美称。明代都察院置左、右佥都御史。②平远：即今广东省平远县，隶属于潮州。③颛（zhuān）：同“专”。④会昌：即今江西省会昌县，隶属于赣州。

【译文】柳州城三面临江，所以称为壶城。柳江从北面而来，又折向北流去，南边环绕城墙的江面很宽，北边江面相夹而紧束，犹如茶壶的形状，正如柳宗元所说的“江流曲似九回肠”。柳州城的城墙相当高峻，东城外聚居的房舍反而比城中密集，黄翰简、龙天卿的宅第都在那里。龙天卿名叫文光。黄翰简名叫黄启元，是天启二年（1622）壬戌科进士，其父名叫黄化。由于考中乡试出任广东平远县县令，因平定盗贼有功，升任为佥宪。母亲许夫人，因为贞烈死在平远县，设有专门的祠堂。我曾经从文湛持相公那里听闻此事，说他夫人死于平远县的城围之上，但最近读《西事珥》，则说他夫人死在了会昌县，既然她死的地点不同，那么事迹也有所区别。这里是她的居住地，祠堂在罗池东边。（有缺文）这事我应当再加以考证。黄翰简的两个儿子都中了乡试。

十八日　因顾仆病不能炊，余就粥肆中，即出东门观静闻。一里，北过二贤祠，东过开元寺，又共一里，抵天妃庙，则静闻病虽少痊，而形神犹非故吾也。余初意欲畀钱庙僧，令买绿豆杂米作糜[1]，以芽菜鲜姜为供。问前所畀，竟不买米，俱市粉饼食。余恐蹈前辙，遂弗与，拟自买畀之，而静闻与庙僧交以言侵余。此方病者不信药而信鬼，僧不斋食而肉食，故僧以大餔惑静闻，而静闻信之。僧谓彼所恃不在药而在食，静闻谓予不惜其命而惜钱，盖犹惑病狂之言也。余乃还，过开元寺入瞻焉。

【注释】①糜（mí）：粥。

【译文】十八日　因顾仆生病不能煮饭，我在店里喝了粥，便出东门去探望静闻。走了一里，向北经过二贤祠，向东经过开元寺，又走了一里，到了天妃庙，静闻的病虽稍微痊愈，但精神状态仍未完全恢复。我本打算给庙僧一些钱，让他买些绿豆杂米煮粥喝，并做点豆芽菜、鲜姜给静闻吃。问起之前给他的钱，竟没有买米，都买了面饼给他吃。我担心会重蹈覆辙，于是便没有留钱，准备自己买来给他，可静闻竟与庙僧交相用难听的话来伤害我。这里人生病不信医药而信鬼神，僧人不吃斋却吃肉，所以僧人大吃油荤来蛊惑静闻，静闻就信了他的话。僧人说他的病靠的不是药物而是食物，静闻就说我不在乎他的性命只在乎钱财，大概这仍是病中说的胡话吧。我只得回来，路过开元寺进去观瞻。

寺为唐古刹，虽大而无他胜。又西过唐二贤祠觅拓碑者家，市所拓苏子瞻书韩辞二纸。更觅他拓，见有柳书《罗池题石》一方，笔劲而刻古，虽后已剥落，而先型宛然。余嘱再索几纸，其人欣然曰：“此易耳。即为公发硎[①]出一石拓，乃新摹而才镌之者。”问：“旧碑何在？”曰：“已碎裂。今番不似前之剥而不全矣。”余甚惋惜，谢其新拓，只携旧者一纸并韩辞二大纸去。询罗池所在，曰：“从祠右大街北行，从委巷东入即是。然已在人家环堵中，未易觅也。”余从之。北向大街行半里，不得，东入巷再询之，土人初俱云不知。最后有悟者，曰：“岂谓‘罗池夜月’耶？此景已久湮灭，不可见矣。”余问何故，曰：“大江东南有灯台山，魄悬台上而影浸池中，为此中绝景。土人苦官府游宴之烦，抛石聚垢，池为半塞，影遂不耀，觅之无可观也。”余求一见，其人引余穿屋角垣隙，进一侧门，则有池一湾，水甚污浊，其南有废址两重，尚余峻垣半角，想即昔时亭馆所托也。东岸龙眼二株，极高大，郁倩垂实，正累累焉。度其地当即柳祠之后，祠即昔之罗池庙，柳侯之所神栖焉者。今池已不能为神有，况欲其以景存耶？

【注释】①发硎（xíng）：指刀新从磨刀石上磨出来,十分锋利。发：制作。硎，磨刀石。

【译文】寺院是唐代的古刹，虽大却没有其他优美景色。又向西经过唐二贤祠，寻到一户拓碑人的家，买了两张他所拓的苏东坡写的韩愈的碑文。再找其他拓片，见有一张柳宗元写的《罗池题石》，笔力苍劲刻工古朴，虽然后面的已剥落，但原先的形制还看得真切。我嘱托他再找出几张来，那人欣然说道：“这容易。马上为先生磨制出一块石碑来拓，这是新摹拓并刚刚雕刻好的碑。”我问道：“旧碑何在？”答：“已碎裂了。今天不会像之前那张剥落不全了。”我非常惋惜，辞谢他的新拓片，只带走一张旧拓片和两张韩愈的碑文。向他打听罗池所处的位置，他说：“从祠堂右边的大街往北走，穿过曲折的小巷向东进去就是。不过现在已在人家的围墙中了，不太好找。”我听从他的话，沿着大街向北走了半里，没找到，向东进入小巷再打听，当地人开始都说不知道。最后有醒悟者说：“你说的莫非是‘罗池夜月’吗？此景已消失很久，不可能再现了。”我问是什么缘故，答说：“江东南有座灯台山，月亮悬于台上而倒影映于池中，是此景的绝妙之处。可当地人因为苦于官府游玩宴饮的烦扰，便往池中扔石块和垃圾，水池被填了一半，月影便不再照耀，即便找到，也没什么可看的了。”我想去看看，那人便带着我穿过屋角矮墙的缝隙，进入一道侧门，只见一湾水池，池水十分污浊，池南边有两排废弃的房屋，还残留着高墙的半个角落，想必这便是旧时亭台楼馆所在之处了。东岸有两棵龙眼树，极其高大，枝叶茂盛秀美，正垂挂着累累果实。估计这个地方正在柳侯祠的后面，柳侯祠就是过去的罗池庙，后成为柳侯的神位居住地。如今这水池已不再被神灵所庇佑，何况是想通过景色保存下来呢？

凭吊久之，还饭于寓。乃出小南门，问融县舟，欲为明日行计。始知府城北门明日为墟期，墟散舟归，沙弓便舟鳞次而待焉，乃循江东向大南门渡江。江之南，稍西为马鞍山，最高而两端并耸，为府之案山[①]；稍东为屏风山，形伏而端方；其东北为灯台山，则又高而扼江北转者也。马鞍之西，尖峰峭耸，为立鱼山[②]。其山特起如鱼之立，然南复有山映之，非近出其下不能辨。既渡，余即询仙奕岩，居人无知者。西南一里至立鱼山，而后知其东之相对者，即仙奕岩也。岩在马鞍之西麓，居人止知为马鞍，不知为仙奕，实无二山也。立鱼当宾州大道，在城之西南隅。由东北蹑级盘崖而登，岩门东向，踞山之半。门外右上复旁裂一龛，若悬窝缀阁，内置山神；门外左下拾级数层，又另裂一窍，若双崖夹壁，高穹直入，内供大士。入岩之门，如张巨吻，其中宽平整朗，顶石倒书“南来兹穴”四大字，西蜀杨芳笔也。门外又有诗碑。内列神位甚多，后通两窍，一南一北，穿腹西入，皆小若剜窦。先由南窍进，内忽穹然，高盘竖裂。西复有门透山之西，其中崇彻窈窕，内列三清巨像。后门逾阈而出，西临绝壑，遥瞻西南群峰开绕，延揽甚扩。由门侧右穿峡窍以下，复有洞，门西向。其内不高而宽，有一石柱中悬，杂置神像环倚之，柱后有穴，即前洞所通之北窍也。乃知是山透腹环转，中空外达，八面玲珑，即桂林诸洞所不多见也。由门内左循岩壁而上，洞横南北，势愈高盘。洞顶五穴剜空，仰而望之，恍若明星共曜③。其下东开一峡，前达僧栖，置门下键④，不通行焉。稍南，西转下峡，复西透一门，前亦下临西壑。由门左转而入，其内下坠成峡，直进东底，深峻不可下。由其上扪崖透腋，又南出一门。其门南向，前有一小峰枝起，与大峰骈立成坳。由其间攀崖梯石，直蹑立鱼之颠焉。盖是洞透漏山腹，东开二门，西开三门，南开一门，其顶悬而侧裂者，复十有余穴，开夹而趣括无穷，曲折而境深莫閟，真异界矣！复由诸洞宛转出前洞，从门右历级南上，少憩僧庐。东瞰山下，有塘汇水一方，中洼而内沁，不知何出。其东北所对者，即马鞍山之西北麓，仙奕岩在焉；其东南所对者，乃马鞍山西南枝峰，又有寿星岩焉。遥望其后重岩回复，当马鞍之奥境，非一览可尽。时日已下舂，雨复连绵，余欲再候静闻，并仙奕岩俱留为后游。下山一里，复渡南门，又东北三里，携豆蔬抵天妃殿，而静闻与僧相侵弥甚，欲以钱赎被，而主僧复避不即至。余乃不顾而返，亟入城，已门将下键矣。昏黑抵寓，不得晚餐而卧。

【注释】①案山：堪舆用语。指穴地近前的山。有助于蓄聚穴山之气，对人的命运有重要作用。②立鱼山：位于柳州市鱼峰区。③曜

（yào）：照耀，明亮。④键：插在门上关锁门户的金属棍子。

【译文】凭吊了很久，回寓所吃饭。于是出了小南门，打听去融县的船，想为明天的行程做准备。这才听说府城北门明天是赶集日，集市散后船都回来，到沙弓的船便紧密地排列着等客，于是我循江向东走到大南门渡江。江的南岸，稍偏西一点是马鞍山，最高处且两端并排耸立着的是府城的案山；稍往东是屏风山，形状低伏且端正；东北方是灯台山，山势很高而且扼住了大江向北流转。马鞍山西面陡峭高耸的尖峰是立鱼山。这座山单独耸起像直立的鱼一样，且南面还有山映衬着它，不近到跟前很难分辨出来。渡过江，我立刻打听仙奕岩，竟没人知道。我朝西南走一里到了立鱼山，才知道立鱼山东面与它相对的正是仙奕岩。仙奕岩在马鞍山的西侧，人们竟然只知道马鞍山，不知道仙奕岩，实际上这并不是两座山。立鱼山面对着宾州大道，在府城的西南角。从东北侧绕山崖的石阶往上登，岩洞口朝东开，盘踞在半山腰。洞口外的右上方，在旁边又裂开一个石龛，犹如高悬的鸟窝或是点缀在半空的楼阁，里面供奉着山神；洞口外的左下方，沿着石阶走几层，又另外裂开一个石窟，好像被两面崖壁夹着，高大穹隆地深入进去，里面供奉着观音大士。进入岩洞的洞口，犹如张开的大嘴，中间宽敞、平整、明亮，洞顶的岩石上倒写着“南来兹穴”四个大字，是四川人杨芳的手笔。洞外有块题诗的石碑。洞内排列着很多神位，后边通着两个石窟，一南一北，直穿山腹由西进入，都小得像刀刻出的空洞。先从南边的石窟进去，里面豁然隆起一个大拱形，向高处盘旋且竖直裂开。西边还有个洞口直通到山的西面，洞内通透而深远，里面陈列着三清巨像。从后面的洞口越过石槛而出，西边是深不见底的山谷，向西南方眺望，群山绵延环绕，非常开阔。由洞口的右边穿过峡洞向下，又是一个洞，洞口向西。洞不高但很宽，一根石柱垂悬于洞的中央，杂乱地摆放着一些神像，环绕着背靠石柱，石柱后面有个洞穴，正是之前通向北边的那个石窟。我才知道这座山的山腹，兜兜转转地贯通着，山体是中空的而外边却四方通达，八面玲珑，这在桂林的众多洞穴中也是不多见的。洞内向左沿着岩壁往上，洞体横成南北向，地势愈加升高环绕。洞顶有五个掏空的洞穴，仰望仿佛明星闪耀。它的下面靠东边裂开一条峡谷，前通僧人的住所，装有门闩，不能通行。稍往南一点，转向西边下峡谷，又从西边的一个洞口钻出，前方也是正对着西边的山谷。从洞口向左转进去，里面下坠成峡谷，一直迸裂到东边的洞底，幽深险峻，根本下不去。从峡谷的上方摸索着崖壁钻到侧面，又从南边的一个洞口出来。这个洞口面朝南，前面耸立着一座小石峰，与大山峰并立形成山坳。从两山间攀着崖壁踩着岩石，一直登上立鱼山的山顶。原来这个洞穿透了山腹，在东面开有两洞，西面开有三洞，南面开有一洞，在山顶高悬侧裂的地方，还有十多个洞穴，宽窄各异，充满无穷的乐趣，曲折幽深却并不闭塞，真是奇特的境地啊！我又穿过几个洞辗转出了前洞，从洞右边沿石阶向南攀登，在僧房中休息片刻。从东边俯瞰山下，有个积水的水塘，中间洼下去渗入地下，不知从哪流出去。立鱼山东北方所对着的，正是马鞍山的西北侧，仙奕岩所在之处；立鱼山东南方所对着的，是马鞍山西南侧的支脉，那里有个寿星岩。遥望它的后面，重峦叠嶂，应该就是马鞍山的腹地了，那可不是一眼就可以观览完的。这时日已偏西，又下起了连绵细雨，我打算再去探望一下静闻，于是连同仙奕岩都留着日后再游览。下山走了一里，再次渡江到南门，又向东北走了三里，带着豆蔬来到天妃殿，可静闻与僧人更加严重地恶语中伤我，我本想赎回他的铺盖，但主事的僧人又避而不见。我只好不理会他而返回，急忙进城，城门已经将要上锁了。天黑我才回到寓所，没吃晚餐就睡了。

十九日　凌晨而起，雨势甚沛，早出北门观墟市，而街衢[①]雨溢成渠，墟不全集。上午还饭于寓，计留钱、米、绿豆，令顾仆往送静闻，而静闻已至。其病犹未全脱，而被襆[②]之属俱弃之天妃庙，只身而来。余阴嘱寓主人，同顾仆留栖焉。余乃挈囊出西南门，得沙弓小舟一舱，遂附之，而同舟者俱明晨行，竟宿沙际。

【注释】①衢（qú）：四通八达的道路。②被襆（fú）：即行李卷，被服包。

【译文】十九日　凌晨起床，雨势很大，我早早出了北门观看集市，可街道中雨水溢成了渠，集市也没完全聚集起来。上午返回寓所吃饭，计划留下一些钱、米、绿豆，让顾仆给静闻送去，然而静闻已经来了。他的病还没完全康复，行李铺盖之类的东西都丢弃在天妃庙，只身前来。我暗中嘱咐寓所的主人，留他和顾仆住在这里。我便拎着包袱出了西南门，找到一艘去沙弓的船，便上了船，但同船的人都是明早才出发，我于是睡在沙滩边。

二十日　候诸行者，上午始发舟。循城西而北溯柳江，过西门，城稍逊而内，遂不滨江云。江之西，鹅山亭亭，独立旷野中，若为标焉。再北，江东岸犹多编茅瞰水之家，其下水涯，稻舟鳞次，俱带梗而束者，诸妇就水次称而市焉，俱从柳城、融县顺流而下者也。又北二十里，晚泊古陵堡[①]，在江西岸。

【注释】①古陵堡：即今“古林”，位于柳江县东北隅，柳江西岸。是闻名中外的草席之乡，也是鄞州历史上四大重镇之一。

【译文】二十日　等齐众多出行的人，上午才开船。沿西城墙北溯柳江，过了西门，城墙稍向内凹进去，竟然不濒临江流。柳江西岸，鹅山亭亭玉立，孤零零地耸立在旷野中，犹如标杆一样。再往北，柳江东岸有许多用茅草编成屋舍、居高俯瞰柳江的人家，茅屋下的水边，运稻谷的船只鱼鳞般密布排列，都带着稻梗捆成束，许多妇女在水边称着卖，来往的全是从柳城县、融县顺流而下的船只。船又向北走了二十里，夜晚停泊在古陵堡，在江的西岸。

自柳州府西北，两岸山土石间出，土山迤逦间，忽石峰数十，挺立成队，峭削森罗，或隐或现。所异于阳朔、桂林者，彼则四顾皆石峰，无一土山相杂；此则如锥处囊中，犹觉有脱颖之异耳。

【译文】从柳州府城向西北方向走，两岸的土山、石山间隔出现，土山绵延之间，忽然有数十座石峰如队列般挺立，陡峭茂密，或隐或现。不同于阳朔、桂林的石峰，那里四周都是石峰，不掺杂一座土山；这里的石峰则如同锥子装在囊中，尚且有如脱颖而出般奇异的感觉。

柳江西北上，两涯多森削之石，虽石不当关，滩不倒壑，而芙蓉倩水之态，不若阳朔江中俱回崖突壑壁，亦不若洛容江中俱悬滩荒碛也。

【译文】沿柳江往西北方向走，两岸多是茂密陡峭的岩石，虽然岩石并未挡在关口上，河滩也没有倒悬成沟壑，然而这里出水芙蓉般的秀美姿态，既不像阳朔江中，全是回绕的石崖和突兀的深壑绝壁，也不像洛容江中，全是高悬的河滩和荒寂的砂堆。

此处余所历者，其江有三，俱不若建溪之险。阳朔之漓水，虽流有多滩，而中无一石，两旁时时轰崖缀壁，扼掣江流，而群峰透迤夹之，此江行之最胜者；洛容之洛青，滩悬波涌，岸无凌波之石，山皆连茅之坡，此江行之最下者；柳城之柳江，滩既平流，涯多森石，危峦倒岫，时与土山相为出没，此界于阳朔、洛容之间，而为江行之中者也。

【译文】我在这个地方所经历的江流有三条，都不如建溪险要。阳朔的漓江，虽然江流中有许多浅滩，但没有一处是石滩，两岸时常有崩塌的岩石点缀崖壁，阻遏江流，而被群峰透迤夹制江流的河段，则是江中行船风景最优美的地方；洛容的洛青江，险滩高悬，波涛汹涌，两岸没有凌波的岩石，山体全是茅草连片的缓坡，这是江中行船景色最差的地方；柳城县的柳江，不仅浅滩处江流平缓，而且岸上罗列着众多岩石，危耸的山峦与倒顿的山峰，不时与土山交替出没，这里是介于阳朔与洛容之间，在江中行船景色中等的地方。

二十一日　昧爽行。行二十里，上午过杉岭，江右尖峰叠出。又三十里，下午抵柳城县[①]。自城北溯怀远江而入，又十里，泊于古旧县[②]。此古县治也，在江北岸。是日暑甚，舟中如炙。

【注释】①柳城县：隶属于广西壮族自治区柳州市，位于广西壮族自治区中部偏北。②旧县：旧县是广西阳朔白沙镇的一个村，位于阳朔县城西部621年至627年为阳朔县县衙所在地，故名“旧县”，有一千四百多年了。

【译文】二十一日　黎明出发。行船二十里，上午经过杉岭，江右岸的尖峰峰峦叠嶂。又行三十里，下午抵达柳城县。从城北沿着怀远江进入，又行十里，停泊在古旧县。这是古时候的县城，在江北岸。这天酷暑难耐，在船里如同被火烤一样。

柳城县在江东岸，孤城寥寂，有石崖在城南，西突瞰江，此地濒流峭壁，所见惟此。城西江道分而为二，自西来者，庆远江也，其源一出天河县为龙江，一出贵州都匀司为乌泥江，经忻城北入龙江，合流至此；自北来者，怀远江也，其源一出贵州平越府，一出黎平府，流经怀远、融县至此。二江合而为柳江，所谓黔江也。下流经柳州府，历象州，而与郁江合于浔。

【译文】柳城县在江的东岸，一座孤城显得冷清寂寞，城墙南边有座石崖，向西突出，俯瞰江流，此地紧挨着江流的峭壁，我只见过这一处。城西江流的河道分为两条，自西而来的，是庆远江，它的源头一是出自天河县，称龙江，一是出自贵州省都匀司，称乌泥江，流经忻城北境汇入龙江，合流到这里；自北而来的，是怀远江，它的源头一是出自贵州省平越府，一是出自黎平府，流经怀远县、融县后至此。两江合流后称为柳江，也就是所称的黔江。下游流经柳州府，经过象州，而后与郁江合流，汇入浔江。

今分浔州、南宁、太平三府为左江道，以郁江为左也；分柳州、庆远、思恩为右江道，以黔江为右也。然郁江上流又有左、右二江，则以富州之南盘为右，广源之丽江为左也，二江合于南宁西之合江镇，古之左右二江指此，而今则以黔、郁分耳。

【译文】如今划分浔州、南宁、太平三府为左江道，郁江被视为左江道了；划分柳州府、庆远府、思恩府为右江道，则黔江被视为右江道了。然而郁江的上游又有左、右两条江，那是以富州的南盘江为右江道，以广源的丽江为左江道，两条江汇合于南宁西边的合江镇，其实古代的左、右二江指的是这两条江，可如今却是以黔江、郁江来划分。

南盘自富州径田州，至南宁合江镇合丽江，是为右江。北盘自普安经忻城，至庆远合龙江，是为乌泥江[①]。下为黔江，经柳、象至浔州合郁，亦为右江。是南、北二盘在广右俱为右江，但合非一处耳。《云南志》以为二盘分流千里，至合江镇合焉，则误以南宁之左、右二江俱为盘江，而不知南盘之无关于丽江水，北盘之不出于合江镇也。

【注释】①“北盘自……”三句：此为徐霞客最初对于两盘江的认识。此观点后已被校正，不足为据。南盘与富州无涉，北盘亦不至庆远合龙江。

【译文】南盘江从富州流向田州，流至南宁的合江镇与丽江汇合，这就是右江。北盘江从普安州流经忻城县，流至庆远府与龙江汇合，这就是乌泥江。下游是黔江，流经柳州府、象州流至浔州与郁江合流，也称为右江。这样，南、北两条盘江在广西都是右江，不过不在同一个地方合流罢了。《云南志》认为两条盘江分流于千里之外，流至合江镇汇合，那是错把南宁府的左、右二江都看作是盘江，却不知道南盘江与丽江无关，北盘江不流经合江镇啊。

二十二日　平明发舟。西北二十里，午过大堡[①]，在江东岸。是日暑雨时作，蒸燠[②]殊甚，舟人鼓棹，时行时止，故竟日之力，所行无几。下午又十五里，大雨倾盆，舟中水可掬，依野岸泊。既暮雨止，复行五里而歇。

【注释】①大堡：即今“大埔”，为柳城县治。②燠（ào）：热。

【译文】二十二日　天明开船。向西北行船二十里，中午经过大堡，在江的东岸。这天时不时就下起暑雨，热气蒸腾得厉害，船夫划着船桨，走走停停，所以用尽了一天的气力，也没行进多少路程。下午又行船十五里，大雨倾盆，船舱里的雨水已经能用手捧了，只得把船停靠在野外的岸边。已经到傍晚时分雨才停，又前行了五里才停歇。

二十三日　昧爽，西北行十五里，过草墟，有山突立江右，上盘危岩，下亘峭壁。其地鱼甚贱。十里，马头[①]，江左山崖危亘，其内遥峰森列，攒簇[②]天半。于是舟转东行，十里复北，五里，下午抵沙弓③，融县南界也，江之西南即为罗城县④东界。沙弓，水滨聚落，北至融五十里，西至罗城亦然，西望隔江群峰攒处，皆罗城道中所由也。是晚即宿舟中。

【注释】①马头：即码头。②攒簇：聚集。③沙弓：即今“沙巩”，位于融江东岸转折处，是广西柳州市融水县和睦镇下辖的行政村。④罗城县：隶属柳州府，位于广西北部，即今罗城仫佬族自治县。

【译文】二十三日　黎明，向西北方行船十五里，经过草墟，有座山峰突兀地耸立在江右，上面盘结着高峭的岩石，下面是绵延不断的峭壁。此地的鱼价特别便宜。船行十里，到达码头，江左岸的山崖高峭绵延，远峰森然罗列，簇拥着遮住了半边天。船在这里转向东行，前行十里又转向北，行五里，下午抵达沙弓，这是融县的南境，江的西南方就是罗城县的东境。沙弓，是一个近水的村落，北到融县五十里，西至罗城县也是五十里，隔江西望，群峰攒聚之处，都是到罗城县的必经之地。当天晚上就睡在船上。

二十四日　昧爽，仍附原舟向和睦墟。先是沙弓人言：“明日为和睦墟期，墟散有融县归舟，附之甚便。”而原舟亦欲往墟买米，故仍附之行。和睦去沙弓十里，水陆所共由也。舟自沙弓西即转而东北行，一里，有江自西北来，舞阳江①也，内滩石甚险。又直东四里，始转而北，又五里为和睦墟②。荒墟无茅舍，就高藉草③，日初而聚，未午而散，问舟不得。久之，得一荷盐归者，乃附行囊与之偕行。始东北行一里，有小溪自西而东。越溪而北，上下陂陀，皆荒草靡靡，远山四绕。又四里过黄花岭，始有随坞之田。直北行五里，过古营④，其田皆营中所屯也。又北五里，越一小溪为高桥⑤，有秦姓者之居在峒中。北下一里为大溪，有水自西而东，有堰堰之，其深及膝，此中水之大者，第不通舟耳。又北五里，大道直北向县，而荷行李者陆姓，家于东梁西北，遂由此岐而西北行。二里，上鸡笼岭，其坳甚峻，西有大山突兀，曰古东山。山北东隅为东梁，县中大道所径也。西北隅为东阳⑥，亦山中聚落也，而陆姓者聚居于其北坞对山之下，越鸡笼共西北三里，而抵其家。去真仙岩尚十里，去县十五里。时甫逾午，而溽暑⑦疲极，遂止其处。

【注释】①舞阳江：即今“武阳江”，发源于罗城县境北部九万大山之黄峰山山脉，上游称四堡河，干流下游牛鼻附近群众叫牛鼻河，自北及西北流向东南，汇人融江。②和睦墟：即今广西融水苗族自治县西南四十五里和睦镇。③蓷（tuī）草：一种中药草，即“益母草”。④古营：即今“古型”。位于融水县南境。⑤高桥：今名同。位于融水县南境。⑥东阳：今名同。位于融水县南境，其中，东阳最北，高桥稍北，古营最南。⑦溽（rù）暑：夏季潮湿闷热的气候。

【译文】二十四日　黎明，仍搭原来的船前往和睦墟。之前沙弓的人说：“明天是和睦墟的集日，集市散后有回融县的船，搭乘很方便。”而我原来乘坐的船也想到集市去买米，所以仍然乘这条船走。和睦墟距离沙弓大约十里，走水路和陆路都可到达。船到了沙弓西便转向东北方向行驶，前行一里，从西北方流过一条江，即舞阳江，江中的礁石浅滩极其危险。一直向东又前行四里才转向北，又行五里便是和睦墟。荒野中没有屋舍，集市靠近高高的茅草，日出时便已聚在一起，还不到中午就散了，此时我已找不到船了。过了很久，遇到一个挑着盐回家的人，于是请他稍带行李与我同行。才朝东北方走了一里，就见一条小溪自西向东流。越过小溪往北走，地势起伏不平，尽是绵延不绝的荒草，远山环绕四周。又走了四里经过黄花岭，才有了顺着山坞的水田。一直向北走五里，路过古营，那里的田地都是兵营中屯垦的。又向北走五里，越过一条小溪就是高桥，有户姓秦的人家居住在山洞里。北下一里是大溪，有溪流自西向东，有堤坝拦截，水深及膝，算是这一带比较大的水源，只是不通船而已。又向北走了五里，大道一路向北通往县城，挑行李的人姓陆，家住在东梁的西北边，所以从这个岔口往西北走。走了二里，登上鸡笼岭，这里的山坳十分险峻，西边是突兀的大山，叫古东山。山的东北角就是东梁，是通往县城大道的必经之地。西北角是东阳，也是一个深山中的村落，而姓陆的人家则聚居在东阳北坞相对的山脚下，越过鸡笼岭共向西北走了三里，便到了他家。距离真仙岩十里，距离县城还有十五里。此时刚过正午，湿热的暑气令人精疲力尽，于是便留下住在他家。

二十五日　平明起饭，陆氏子仍为肩囊送行。先隔晚，望其北山，有岩洞剨[①]然上下层叠。余晚浴后欲独往一探，而稻畦水溢，不便于行，及是导者欲取径道行，路出于其下，余乃从田间水道越畦而登之。岩有二门，俱南向，东西并列，相去数丈，土人名为读学岩。外幛骈崖，中通横穴，若复道行空，蜃楼内朗，垂莲倒柱，钩连旁映，轩爽玲珑，可庐可憩，不以隘迫为病也。其西又有小石峰特起田间，旁无延附，亦有门东向，遂并越水畦入之。初入觉峡逼无奇，穿门西进，罅进“十”字，西既透明，南北俱裂窍，土人架木窍间，若欲为悬阁以居者，但宛转轩迥，不若前岩之远可舒眺而近可退藏也。甫出洞，导者言：“西去一二里，有赤龙岩奇甚，胜当与老君洞等，惜无知者，君好奇，何不迂道观之？”余昨从和睦墟即屡问融中奇胜，自老君洞外更有何景，导者与诸土人俱云无有，盖彼皆以庵栖为胜，而不复知有山石之异也。至是，其人见余所好在此，始以其说进。余奖劳之，令即趋赤龙。于是不北向山坳，而西循溪塍[②]，里余遂抵岩下。其岩北向，高穹山半，所倚之山，即陆氏所居之后岭，自西横列至此，而东下陆村者也。洞前北突两峰，若龙虎然，而洞当其中，高旷宏远，底平而上穹，门之中有石台两重界其间，洞后列柱分楞，别成圭门璇室。洞中直入数丈，脊稍隆起，遂成仙田每每，中贮水焉。更入则渐洼渐黑，导者云：“其内门束如窦，只平身入，既入乃复廓然透别窍焉。”恨不从家携炬，得一穷其奥也。山前有溪自西来，分两派，而东萦陆氏之居，又东抵东梁，而北汇安灵潭，为灵寿溪之上流云。下山，越溪而北向，望北山有洞剨然骈列。涉水畦而攀其上，其洞门南向，虽高穹侧裂，而中乃下旋如坠螺。由门外右跻，复飞嵌悬崖，凭踞则有余，深栖则不足，乃下。盖此山正与赤龙岩南北相向，其与读学岩则东西肩列者也。北趋间道，正由此山、读学两峰中。此山之东隅，复开两岩，其门皆东向，名钟洞岩：在北者，其岩不深峻，若竖钟而剖其半，中列神像；在南者，峡门甚高，层窦叠见，而内入不深，上透无级。所入下层之洞，当门即巨柱中悬，环转而出，无余地矣。乃下，直北趋，共二里，越一脊。脊之北为百步塘，四面尖峰环列，中开平壑一围，广漠低洼，下有溺水。塘之西北为古鼎，东北为羊膈山，东南为东梁，西南为此脊。越脊，循岩转又一里，其山分突三峰，北向百步而列。西一峰，山半洞门西向，有牧者憩歌于中，余不及登。中与东二峰前抱中环，有陆氏冢焉，北向古鼎以为案者也。中峰有洞东向，洞门层倚若重楼；东峰有洞西向，岩石下插如象鼻。余先登东峰西向之洞，其洞北迸横峡，南骞斜窦，而有石上自山巅，下嵌峡底，四面可绕而出，所云象鼻者也。但其内浅而不深，不堪为栖托之所。次登中峰东向之洞，其洞北窍下裂，南牖[3]上悬，有石飞架其间，外若垂楞，中可透扃，上牖有石台前突，憩卧甚适，唯峻不如象鼻，而夹曲过之，所恨者亦不深广耳。既下，乃直北径百步塘。二里越塘之北，先有一小溪自西而北，自古鼎来，横涉而过；又有一大溪自南而北，即赤龙岩前水，东过东梁至此。二水合而北行，有石梁横渡，于是东西俱骈峰成峡，溪流其中，是为灵寿溪。又北一里，溪汇为潭，是为安灵潭，神龙之所窟也。又北一里，当面有山横列，峰半剨然开张洞门，余以为真仙岩矣。至则路转西麓，遂东行环绕其北，则此山之后复有洞焉，不知与南向开张者中通否也？时望真仙岩之山尚在其北，北即安灵溪水流入真仙后洞处。遂竭蹶东循其麓，姑留此洞以俟后探焉。东出山，又北转一里，则与东梁之大道会。峰转溪回，始见真仙洞门，穹然东北高悬，溪流从中北出，前有大石梁二道骈圈溪上。越梁而西，乃南向入洞焉。洞门圆迥，如半月高穹，中剜一山之半。其内水陆平分，北半高崖平敞，南半回流中贯。由北畔陆崖入数丈，崖叠而起，中壁横拓，复分二道。壁之西有窍南入，而僧栖倚之；壁之东南，溯溪岸入其奥扃，则巨柱中悬，上缀珠旒[4]宝络，下环白象、青牛，稍后则老君危然，须眉皓洁，晏坐而对之，皆玉乳之所融结，而洞之所以得名也。其后则堂皇忽閟，曲户旋分，千门万牖，乳态愈极缤纷，以无炬未及入。其下则溪汇为渊，前趋峡壁，激石轰雷。其隔溪东崖，南与老君对者，溪上平耸为台，后倚危壁，为下层。北与僧栖对者，层阁高悬，外复疏明，为上层，但非鹊桥不能度。后覆重崖，穿云逗日，疑其内别有天地。

【注释】①割（huò）：裂开。②塍（chéng）：稻田间的路界。③牖（yǒu）：窗户。④旒（liú）：古代帝王礼帽前后悬垂的玉串。

【译文】二十五日　天明起床吃饭，陆家的儿子依旧扛着行李为我送行。前一天晚上，我眺望北山，见上面有个岩洞开裂，上下两层重叠着。我晚上洗完澡本想独自前去一探究竟，可稻田中的水溢出来，不便于行走，此时，向导想选小路走，道路正好经过岩洞下方，我便从田间的水道穿过稻田登上岩洞。岩洞有两个洞口，都朝南开，东西并列，相距几丈远，当地人叫它读学岩。洞外以并立的山崖作为屏障，洞中有相通的横向洞穴，仿佛双层通道腾悬于空中，犹如海市蜃楼，内部通透明亮，低垂的莲花和倒立的石柱钩挂牵连，向四周反射，通透而明亮，可久居也可小憩，不会因为狭窄而成为它的瑕疵。岩洞的西面有一座小石峰孤零零地耸立在田间，周围再无延伸与依附，有个洞口朝东，于是一并越过田中水道进入洞中。刚进去觉得洞内很狭窄，也没什么奇特景色，穿过洞口由西进入，石缝迸裂成“十”字形，西边则透进光亮，南北都裂成石窍，当地人把木头架在石窍中，仿佛想搭建悬空的楼阁来居住，洞内曲折高深，不像之前那个岩洞，既可以放眼远眺，靠近后还可以退隐藏身。一出洞，向导便说：“向西走一二里路，有个赤龙岩十分奇特，绝妙之处不亚于老君洞，只可惜无人知晓，先生好奇，何不绕道去观赏一下！”我昨天从和睦墟开始就再三打听融县境内的奇特胜景，除了老君洞之外还有什么胜景，向导和许多当地人都说没有，大概是他们认为有寺庵的地方才算是名胜，便再不清楚具有奇异山石的胜景了。来到这里，那人见我喜爱山水，这才提出他的建议。我慰劳了他一下，让他立即带我赶往赤龙岩。于是我们不再朝北边的山坳走，而是向西沿着小溪的土埂走，走了一里多便到达岩洞下边。这个岩洞面朝北，高高隆起在半山腰，岩洞所倚靠的山，正是陆家人居所背后的山岭，从西边横亘排列至此，而后向东下延至陆村。洞前，北边有两座突起的山峰，犹如龙虎一般，岩洞正好位于两座山的中间，旷达深远，洞底平坦而洞顶拱成圆形，洞中有个双层石台隔在正当中，洞后分列着石柱和石楞，另外形成玉圭样的门洞和美玉装饰的石室。洞中纵深数丈，石脊稍微隆起，往往便形成了仙田，仙田中贮存着水。继续深入则越来越下洼且黑暗了，向导说："里边的洞口紧束得像一个孔，只能平躺着进去，进去后就又开阔起来，通到别的石洞中了。"我后悔没从家里带着火把来，可以一口气探明洞内的幽深。山前有溪水从西边经过，分为两条支流，往东流的萦绕在陆家居所附近，又向东流抵东梁，最后向北汇入安灵潭，成为了灵寿溪的上游。下山后，穿越溪流向北走，只见北山有洞豁然迸裂。涉过水田爬到山上，这个洞口朝南，虽然高大穹隆斜着裂开，然而洞中却向下旋绕，犹如螺蛳一样。从洞外向右上方攀登，又是横空深嵌的悬崖，面积只够依靠蹲坐着，若想彻底栖身则不行，于是下来。原来这座山正好与赤龙岩南北相对，它与读学岩则是东西并列。向北抄近路时，正好能经过此山和读学岩的山坳。这座山的东边，还有两个岩洞，洞口都朝东，名叫钟洞岩：北边那个，岩洞不高深险峻，像竖立的铜钟被削掉了一半，洞中陈列着神像；南边那个，洞口像峡谷似的特别高，现出层层叠叠的石洞，但内部并不深，顶上通有洞口，却没有台阶上去。我所进入的下层洞穴，挡在洞口正中央的就是一根垂悬的巨大石柱，绕着石柱转出来，再无多余的空间。于是下山，一直向北走，走了二里，越过一道山脊。山脊的北面是百步塘，周围尖峰环绕排列，把中心围成一个开阔平坦的低谷，开阔空旷地势低洼，下边被水淹没。百步塘的西北方向是古鼎山，东北方向是羊膈山，东南方向为东梁，西南方向便是这条山脊。越过山脊，沿着石崖又转了一里，这座山分裂成三座突兀的山峰，朝向北边，与百步塘并列。西边的一座山峰，半山腰有个洞，洞口朝西，有牧人在洞中休息唱歌，我来不及攀登。中间与东边的两座山峰向前方环抱，中间呈环形，陆家的祖坟就在那里，朝北把古鼎山作为案山。中峰上有岩洞，口朝东，洞口层层相依，宛若重叠的高楼；东峰上有个洞，洞口朝西，岩石下插犹如大象的鼻子。我先登上东峰朝西的岩洞，这个洞的北边迸裂成横向的峡谷，南面高悬着倾斜的洞穴，而且有岩石从山顶深嵌到峡底，四面都可以绕出去，这就是所说的好像大象鼻子的地方了。但是洞内浅而不深，不能作为栖身之处。我接着登上中峰朝东的岩洞，这个洞北边有石窟下裂，南边的石窗上悬，有岩石南北飞架其上，外边好像下垂的石楞，中间可像门洞一样穿行，上面的石窗处有石台向前突出，躺卧都十分舒适，只是不如象鼻那样陡峻，可狭窄曲折的程度却超过象鼻，所遗憾的也是不够深广。下山后，便径直向北，途经百步塘。走二里，来到水塘的北边，先是一条小溪自西向北流，从古鼎山流来，横着涉水过去；又有一条大溪从南向北流，这就是赤龙岩前边的溪水，往东流经东梁来到此地。两条溪水合流后向北流去，有座石桥横跨其上，于是东西两侧并列的山峰，夹成峡谷，溪水流淌在峡谷中，这便是灵寿溪了。又向北走一里，溪水汇积成潭，这是安灵潭，是神龙居住的洞穴。又向北走一里，有一列山迎面横列着，半山腰豁然张开一个洞口，我以为到了真仙岩。结果走到最后却转向西侧，于是从东边绕行到山的北侧，这座山的后面也有个洞，不知是否与朝南开口的那个山洞相通呢？这时眺望真仙岩所在的山，还在我们的北边，北边就是安灵潭的溪水流入真仙岩后洞的地方。于是尽力跌跌撞撞地向东沿着山麓走，暂且保留这个洞等以后再来探察。向东出山，又转向北走一里，便与东梁的大道会合。峰回溪转，这才看到真仙岩的洞口，隆起高悬于东北方，溪流从洞中向北流出，前边有座双拱大石桥横跨于溪流之上。走到桥西，向南就进入洞中了。洞口浑圆，犹如夜空中的半个月亮，从中间剜去整座山的一半。洞内平均分为水陆两半，北半边是平坦宽敞的石崖，南半边是回旋入洞的流水。经由北半边陆路的石崖深入数丈远，石崖累叠而起，中央的石壁横向延伸，又分为两条路。石壁的西侧有个石窟向南深入，紧靠着僧房；石壁的东南方，沿着溪岸进入洞中幽深密闭之处，只见巨大的石柱悬在当中，上面点缀着玉珠串和宝石璎珞，下面环绕着白象、青牛，稍往后一点便是老君端坐，洁白的胡须眉毛，面对石柱安然地坐着，这些都是由白玉般的钟乳石溶结而成的，岩洞也因此得名。岩洞后部雄伟的殿堂突然幽闭起来，曲折旋绕地分成许多门户，千门万窗，钟乳石更是极尽纷繁错落的形态，因为没带火把而未能深入。岩洞的下面是溪水汇积成的深渊，向前奔流至峡谷的石壁，冲激岩石发出雷鸣般的响声。隔着溪流东边的石崖上，南面与老君相对的地方，溪流之上高耸着一个平台，后面紧靠着高峭的石壁，此为下层；北面与僧房相对的地方，层层楼阁高悬，外边又透进点点亮光，此为上层，但除非是鹊桥，否则是无法逾越的。后面下边覆着重重石崖，穿云破日，我怀疑那里面别有洞天。

方徘徊延伫，而僧栖中有二客见余独入而久不出，同僧参慧入而问焉。遂出憩其栖，将已过午，参慧以饭饷余及陆。既而二客与陆俱别去，参慧亦欲入市，余乃随之。北一里，过下廓[①]，少憩广化寺，寺古而半圮。又北，则大江在东，自北而南，即潭江，北自怀远[②]、大融南来者；小江在西，自西而东，即菜邕江，西自丹江桥绕老人岩，至此东入江。二水交流下廓两旁，道当其中。又一里，渡菜邕桥，又北半里，入融[③]之南关焉。南关之外，与下廓犹居市相望，而城以内则寥落转甚。大江北来，绕城东而南，至下廓遂东南去。其水不回拱，所以萧条日甚耶？既问老人岩道，复从下廓之北，循小江西南行。既西抵一峰，见其石势叠耸，遂披棘登之。至石崖下，乃回削千仞，无池旁窦[④]，乃下。路当北溯溪岸，余误而南入山峡，其峡乃老人岩之南枝，又与南山夹而成者。南山北麓，有石磴盘山而上。其下有石窦一圆，潴水泓然，有僧方汲。急趋而问之，始知其上为独胜岩，而非老人岩也，去下廓西南一里矣，余始上探独胜。其岩北向，高缀峰头，僧庐塞其门，入其下，不知为岩也。时暑气如灼，有三士人避暑其间，留余少憩。觇其庐后有小穴焉，因穿穴入。其内复开窍一龛，稍洼而下，外列垂幛，亦有裂隙成楞者，但为僧庐掩映，不得明光耳。独胜北有鲤鱼岩，即古弹子岩。闻乳柱甚丰，不及往。下山，日色犹未薄崦嵫[⑤]，乃复东北一里，出下廓，又西北溯小溪一里，抵老人岩山下。其下有洞东向，余急于上跻，姑置之。遂西向拾级上，两崖对束，磴悬其间，取道甚胜。已透入一隘门，上镌“寿星岩”三字，甚古。门之上，转而北上，则岩之前门也，盖其岩一洞两门，前门东南向，下瞰下廓，后门东北向[⑥]，下瞰融城，乃石崖高跨而东突，洞透其下，前后相去不遥，亦穿岩之类，而前后俱置佛龛障之，遂令空明顿失。时前岩僧方剖瓜，遂以相饷。急从庐侧转入后岩，始仰见盘空之顶，而后岩僧方樵而未返，门闭无由入。时日暮雷殷，姑与前岩僧期为后游，遂下山，则后岩僧亦归，余不能复上矣。指小径，仍从独胜东峰披蔓草行，二里乃幕，抵真仙。夜雨适来，参慧为炊粥以供。宿岩中，蚊聚如雷，与溪声同彻夜焉。

【注释】①下廓：今名同，位于融水县南郊，是广西柳州市融水县融水镇下辖的行政村。②怀远：隶属柳州府，今三江侗族自治县南境的老堡。③融：即融县，春秋战国时期为百越之地，清朝沿袭不变，属柳州府。1952年9月，融县改为融安县。④无池旁寏：原文“池”，译意不通，据上下文应为“他”。⑤崦嵫（yān zī）：指日落。⑥后门东北向：“东北”原作“东南”，根据乾隆本、“四库”本改。

【译文】正在我徘徊观望，犹豫不决时，僧房中有两位客人见我独自进洞久久不出来，便同僧人参慧一起进来探问。于是出了洞来在僧房小憩，已经差不多过了正午，参慧准备了斋饭招待我和陆氏。不久两位客人和陆氏都走了，参慧也打算去赶集，我便随他一起。向北一里，路过下廓，在广化寺小憩片刻，寺院古老且残旧。继续向北，只见东侧有大江，从北往南流，这就是潭江，是从北边的怀远县、大融县向南而来的江流；西面有条小江，从西往东流，这是菜邕江，从西边的丹江桥绕过老人岩，在这里向东流入潭江。这两条江交相从下廓的两旁流过，中间是大道。又走了一里，走过菜邕桥，再向北半里，便进入融县南关。南关之外的房舍街道还可与下廓相望，但城内却反而十分冷清。大江自北而来，绕过城东往南流，流到下廓便向东南流去。莫非是因为没有江水环绕，所以县城才日渐萧条的吗？打听到去老人岩的路后，又从下廓的北边，沿那条小江往西南走。向西抵达一座山峰，只见这座山峰的岩石层叠高耸，我披开荆棘向上爬。石崖的下面，是环绕陡削，千仞之高的崖壁，旁边再无别的洞穴，只好下来。本来应该溯溪向北走，我却错误地向南进入山峡，这条峡谷是老人岩南延的支脉，与南山相夹而成。南山的北麓，有盘山而上的石阶。山下有一个圆圆的石穴，积水深邃，有僧人正在打水。我急忙上前打听，才知道山上是独胜岩，并非老人岩，距离下廓西南一里远，我这才上山去探访独胜岩。独胜岩的洞口朝北，高高点缀在峰顶，僧房堵住了洞口，进入岩洞的下面，就不知自己身处岩洞了。此时暑气像火烤的一样，有三个读书人在洞内避暑，挽留我小憩片刻。我偷偷观察到僧房后面有个小洞穴，于是便穿穴而入。那里面又开了一个石龛状的石窟，稍微低洼下去，外边垂列着帷幔，也有裂成石楞样的裂隙，只是被僧房挡着，照不到光亮而已。独胜岩北面有个鲤鱼岩，也就是古代的弹子岩。听说那里的钟乳石柱非常多，只是来不及前往。下山后，还没有完全日薄西山，于是又往东北走了一里，出了下廓，又向西北溯小溪前行一里，抵达老人岩下。岩下有个面朝东的洞，我因急于上山，暂且搁置。于是向西拾阶而上，路两边的山崖相对紧束，石阶悬在两崖之间，途中景色甚美。不久进入一道隘口，上面刻着“寿星岩”三个字，十分古老。隘口之上，转向北上，就到了岩洞的前门。原来这个岩洞有两个洞口，前边的洞口面朝东南方，向下可俯瞰下廓，后边的洞口面朝东北方，向下可俯瞰整个融县县城，石崖高跨，并向东面突出，洞穿下方的石崖，前后相距不远，也属于穿岩之类，但前后都摆放佛龛挡住了洞口，致使空明玄妙的景色顿时消失了。这时前洞的僧人正在切瓜，便拿来招待我。

我急切地从僧房侧面转入后洞，这才仰望到盘绕于空中的洞顶，但后洞的僧人正好出去打柴还没回来，门关着无法进去。这时暮色降临，雷声隆隆，我姑且与前洞的僧人约好日后再来游览，于是下山，只见后洞的僧人也回来了，我却不能再上去。僧人指点我走小路，仍然从独胜岩的东峰拨开蔓生的草丛前行，走了二里路天就全黑了，我到达真仙岩。恰好夜雨来袭，参慧端来特意为我煮的粥。住在岩洞中，成群的蚊子，声大如雷，与溪水声一起作响，彻夜不休。

二十六日　憩息真仙洞中者竟日。参慧出市中。余拂岩中题识读之，为录其一二可备考者。

【译文】二十六日　我整天待在真仙岩的洞中休息。参慧去赶集。我擦拭岩壁，阅读洞中的题记，而且还抄录了其中的一二段，为研究碑文作参考。

> 《真仙岩记游》　嘉熙戊戌正月二十有三日，零陵唐容约延平黄宜卿、建安田传震等数人，早自平寨门出行。群山杳蔼间，夹道梅花盛开，清香袭人。二里许，至玉华岩。岩纵可十丈，横半之，无他奇瑰，而明洁可爱。东南诸峰当其前，间见层出，不移席而可以远眺望，乃具饭。饭已，循旧径过香山，历老人岩下。稍折而西，渡舟江桥，顷之至弹子岩。洞口平夷，坐百客不啻。少憩，酒三行，始秉炬以进，过若堂殿者三四。火所照耀，上下四方，皆滴乳流注，千奇万怪，恫心骇目，不可正视。有如人立，如兽蹲，

如蛟蛇结蟠，如波涛汹涌，又有如仙佛之端严，鬼神之狞恶，如柱，如剑，如棋局，如钟鼓铃铎，考击之有声。布地皆小石，正圆如弹丸，此岩之所以得名也。其间玲珑穿穴，大率全山皆空，不可穷极，相与惊叹，得未曾有。遂出至西峰岩，所见比弹子同，尤加奇而岩稍窄。盘薄久之，乃转而东南，驰至真仙岩而休焉。仰瞻苍崖，上与云气接，划然天开，高朗轩豁，溪流贯其间，潺潺有声，东西石壁峭拔，广袤数十亩，弹子、西峰所见，往往皆具。老君晏坐其奥，须眉皓洁，如塑如画，迨造物者之所设施，岂偶然也耶！回视先所夸诩①者，恍然自失矣。正如初入富商巨贾之家，珠玑宝贝，充栋盈室，把玩恋嫪②，殆不能去。而忽登王公大人之居，宫室广大，位置森然，而珍台异馆，洞房曲户，百好备足，而富商巨贾之所有，固亦在其间也。人之言曰："观于海者难为水。"予亦曰："游于真仙者难为岩。"于是书于岩口，以识兹游之盛。

【注释】①诩（xǔ）：夸耀，说大话。②恋嫪（lào）：留恋不舍。

【译文】《真仙岩记游》　宋理宗嘉熙二年（1238）正月二十三日，零陵人唐容邀请延平人黄宜卿、建安人田传震等数人，一大早从平寨门出发。在群山杳渺烟霭之间，路两旁梅花盛开，清香袭人。走了大约二里，到达玉华岩。岩洞深约十丈，宽约五丈，再无其他奇异美妙之处，然而明亮洁净，令人喜爱。东南方群峰位于岩洞的正前方，渐次层出，原地不动就能极目远眺，于是准备餐饭。饭后，顺着原路走过香山，途经老人岩下。稍往西拐，越过舟江桥，顷刻就来到弹子岩。洞口平坦，不只容纳上百人。休息片刻，小酌三杯，这才举着火把进入，经过三四处好像殿堂的地方。火光所照之处，上下四方，都是下滴而成的石钟乳柱，千奇百怪，惊心骇目，不可正视。有的像人一样站立着，有的像野兽般蹲坐着，有的如蛟蛇盘结，有的如波涛汹涌，又有的如仙佛般端庄威严，如鬼神般狰狞凶恶，如柱，如剑，如棋盘，如钟鼓铃铎，敲击有声。遍地都是小石子，浑圆犹如弹丸一般，这就是岩洞得名的原因。洞中玲珑通透，四处通有洞穴，基本上整座山都是空的，不能穷尽，我们彼此惊叹，从未见过如此胜景。出了洞来到西峰岩，见到与弹子岩相同，只是该岩洞稍窄，而且景色更加奇丽。盘坐了很久，我们这才转向东南，疾行至真仙岩休息。仰望苍翠的山崖，仿佛与云气相接，突然云开雾散，豁然开朗，溪流贯穿于洞中，潺潺有声，东西两侧峭拔的石壁，面积达数十亩，在弹子岩、西峰岩所见到的景致，这里都有。老君安然坐在洞的深处，洁白的胡须眉毛，犹如雕塑画像一般，鬼斧神工，岂是偶然能形成的！回顾先前所说的大话，恍然大悟是自己失言了。就好像初入富商巨贾的家中，珠玑宝贝，随处可见，把玩欣赏，留恋不舍，简直无法离开。然而忽然登上王公大人的居室，宫室广大，地位森严显赫，而且珍宝楼台加之奇异馆舍，幽深曲折的房屋建筑，一切美好之物齐备充足，自然也包括富商巨贾所拥有的那些美物。俗话说："观于海者难为水。"我也说："观于真仙岩者难为岩。"于是写在岩洞口，以此记录这次游览的盛况。

洞间勒记甚多，而此文纪诸胜为详，录之。

【译文】洞中的碑记非常多，只是这篇文章记载各处的胜景较为详细，于是便把它抄录下来。

宋绍兴丁巳融守胡邦用《真仙岩诗叙》。

【译文】宋高宗绍兴七年（1137），融州知府胡邦用所作《真仙岩诗叙》。

融州真仙岩，耆旧相传，老君[1]南游至融岭，语人曰："此洞天之绝胜也。山石巑岏，溪流清邃，不复西度流沙，我当隐焉。"一夕身化为石，匪雕匪镌，太质具焉。匪垩匪雘[2]，太素[3]著焉。丹灶履迹，炳然[4]在焉。霓旌[5]云幢，交相映焉。有泉湍激，空山（缺）尝以金丹投于其中，使饮之者咸得延寿，故号寿溪。东流十余里，入一村曰灵寿，其民皆享高年，间有三见甲子者。余被命出守，穷文考古，询访土俗，遂得仙迹之详，皆非图经所载，故作诗以纪之，书其始末，勒石以示来者。诗曰：岭南地势富山川，不似应改"谁似"。仙岩胜概全，石璞浑成尘外像，寿溪直彻洞中天。醮坛[6]风细迎秋月，丹灶云轻压瘴烟。散步使人名利泯，欲求微妙养三田[7]。

【注释】①老君：中国道教对老子的神化称呼，又称"太上老君"。②匪垩（è）匪雘（huò）：不刷泥土，不施彩饰。匪，表示否定，相当于“无”。垩，用白土涂饰。雘，红色或青色可作颜料的矿物，泛指好的彩色。③太素：物质的起始。④炳（bǐng）然：显著。⑤霓旌：一种仪仗。以五采羽毛装饰的旗帜，因像虹霓，故称霓旌。云幢：旧时用为仪仗的一种饰有云形图案的旗帜。⑥醮（jiào）坛：道教祭祀山川神明时，所设置的做法场所。⑦三田：道家谓两眉间为上丹田，心为中丹田，脐下为下丹田，合称三丹田或三田。

【译文】融州的真仙岩，老辈人们相传，老君南游来到融岭，对人们说：“这是洞天中景色最为绝美的地方。山高石锐，溪流清澈深邃，我不必再西渡流沙，就隐居在这里吧。”一天夜里老君化身为石头，不用雕不用凿，基本要素都已具备。不用粉饰不必彩绘，老君的仙迹显露无疑。炼丹炉和脚印，十分显著地留在洞中。霓旌和云幢两种旗帜交相辉映。湍急的泉水，中空的山腹（缺）曾把金丹投入泉中，使饮水的人都能延年益寿，所以命名为寿溪。向东流十多里，流入一个叫灵寿村的村庄，村民都高寿，偶尔有经历三轮甲子的人。我由京官被任命为太守，探究文物考察古迹，询访当地民俗，终于打听到仙迹的详情，与图书经典上所记载的内容都不相同，所以作诗来纪录它，写下它的始末，刻在石碑上以供后人观瞻。诗云：岭南的地势富山川，不似应改“谁似”。仙岩胜概全。石璞浑成尘外像，寿溪直彻洞中天。醮坛风细迎秋月，丹灶云轻压瘴烟。散步使人名利泯，欲求微妙养三田。

荆南龚大器[①]《春题真仙洞八景》

天柱石星　嵯峨盘地轴，错落布琼玖[②]；风吹紫霞散，荧荧灿星斗。

龙泉珠月　冰轮碾碧天，流光下丹井[③]；惊起骊龙眠，腾骧弄塞影。

鹤岩旭日　仙人跨白鹤，飘飖下九垓；矫羽扶桑上，万里日边来。

牛渚暝烟　朝发函关道，暮入湘水边；一声铁笛起，吹落万峰烟。

寒淙飞玉　悬崖三千尺，寒泉漱玉飞；奔流下沧海，群山断翠微。

碧洞流虹　丹洞连海门，流水数千里；石梁卧波心，隐隐䗖蝀[④]起。

群峰来秀　青山望不极，白云渺何处；郁郁秀色来，遥看峰头树。

万象朝真　真象两无言，物情如影响；回看大始前，无真亦无象。

【注释】①龚大器（1513—1596）：字容卿，号春所，明代公安谷升里人。42岁考中举人。授官刑部主事，后佐广西、江西、浙江、直隶藩臬，升河南布政使。他为政尚勤，平易近人，提倡废苛行、从素俭，时分俸禄予族人，人称“龚佛”。②琼玖（qióng jiǔ）：泛指美玉。③丹井：炼丹取水的井。④䗖蝀（dì dōng）：彩虹。

【译文】荆南龚大器《春题真仙洞八景》

天柱石星　嵯峨盘地轴，错落布琼玖；风吹紫霞散，荧荧灿星斗。

龙泉珠月　冰轮碾碧天，流光下丹井；惊起骊龙眠，腾骧弄塞影。

鹤岩旭日　仙人跨白鹤，飘飖下九垓；矫羽扶桑上，万里日边来。

牛渚暝烟　朝发函关道，暮入湘水边；一声铁笛起，吹落万峰烟。

寒淙飞玉　悬崖三千尺，寒泉漱玉飞；奔流下沧海，群山断翠微。

碧洞流虹　丹洞连海门，流水数千里；石梁卧波心，隐隐蝃蝀起。

群峰来秀　青山望不极，白云渺何处；郁郁秀色来，遥看峰头树。

万象朝真　真象两无言，物情如影响；回看大始前，无真亦无象。

二十七日　憩息真仙洞中。有拓碑者，以司道命来拓《党籍碑》[①]。午有邑佐同其乡人来宴。余摩拭诸碑久[②]，辄得韩忠献王[③]所书《画鹘行》，并黄山谷书二方，皆其后人宦此而勒之者。

【注释】①《党籍碑》：即《元祐党籍碑》。②久：原文因形近而误作“不”字，故改。③韩忠献王：即赵普（922—992），字则平。幽州蓟县人，后徙居河南洛阳。五代至北宋初年著名政治家，北宋开国功臣。淳化三年（992），赵普病逝，年七十一。宋太宗亲撰八分字神道碑赐之。累赠尚书令、韩王，谥号“忠献”，并配飨宋太祖庙庭。

【译文】二十七日　我在真仙洞中休息。来了一位拓碑的人，说是奉司道的命令来拓《元祐党籍碑》的。中午县里的下属官吏和他的同乡前来宴饮。我擦拭那些碑文看了很久，找到韩忠献王所作的《画鹘行》以及黄庭坚写的两方碑文，都是其后人来此地作官把它们刻在这里的。

二十八日　参慧束炬导游真仙后暗洞，始由天柱老君像后入，皆溪西崖之陆洞也。洞至此千柱层列，百窦纷披，前之崇宏，忽为窈窕，前之雄旷，忽为玲珑，宛转奥隙，靡不穷搜。石下有巨蛇横卧，以火烛之，不见首尾，然伏而不动。逾而入，复逾而出，竟如故也。然此奥虽幽邃，犹溪西一隅，时时由其隙东瞰溪流，冀得一当，而终未能下涉。既出，回顾溪窦，内透天光，对崖旁通明穴，益觉神飞不能已。遂托参慧入市觅筏倩舟，以为入洞计。参慧复爇炬引予，由岩前左石下，北入深穴。穴虽幽深，无乳柱幻空，然下多龙脊，盘错交伏，鳞爪宛然，亦一奇也。出洞，参慧即往觅舟。既而念参慧虽去，恐不能遽得，不若躬往图之，且以了老人、香山诸胜。乃复出洞，北遵大道行。已而西望山峡间，峰峦耸异。适有老农至，询知其内有刘公岩，以草深无导者，乃从下廓南先趋老人岩。共二里至其下，遂先入下岩。岩门东向，其内广而不甚崇。时近午郁蒸，入之即清凉心骨。其西北有窍，深入渐暗，不能竟。闻秉炬以进，其径甚远，然幽伏不必穷也。从门左仍跻石峡，上抵前岩，转透后岩。其内结阁架庐，尽踞洞口，惟阁西则留余地以为焚爨之所，前有台一方，上就石笋镌象焉。由此再西入，石窦渐隘而暗，爇炬探之，侧身而入，悬级而坠，皆甚逼仄，无他奇也。出就阁前凭眺，则上下悬崖峭绝，菜邕江西来潆其北麓，自分自合，抵岩下而北转临城，大江当其前，环城聚其下，渺然如天表飞仙。其直北即为香山，为八景之一。就窗中令道人指示所从道，遂下山。绝流渡菜邕江，水浅不及膝。遂溯江北行，望其西江所从来处，峰峦瑰异，内有鸡场洞。几随路而西，一里，遇一僧荷薪来，问之，始知香山尚在东北也。乃转从草径循北山之东麓，一里抵香山。于是西向登级，有庙在两山坳间，其神为梁、吴二侯。径寂而殿森，赤暑中萧萧令人毛悚。闻其神甚灵异，然庙无碑刻，不知其肇于何代，显以何功也。始余欲就饭香山，既至而后知庙虚无人。遂东北逾一桥，过演武场，南共一里，即入西门，寥寂殊甚，东抵县前饭焉。出南门，欲觅药市纸，俱不能得。遇医者询之，曰："此中猪腰子、山豆根俱出罗城。所云不死草者，乃挂兰，悬空不槁，乃草不死，非能不死人也。"为之一笑。又南过下廓，遇樵者，令其觅舟入真仙，二人慨然许之。先是，余屡觅之居人，俱云："此地无筏，而舟为陂阻，无由入洞，须数人负之以趋。"不意此二人独漫许之，余心不以为然。然窃计岩中有遗构，可以结桴①浮水，但木巨不能自移，还将与参慧图之。既抵岩，则参慧已归，亦云觅舟不得，惟觅人结桴为便。意与余合，余更幸入洞有机，欣然就卧。

【注释】①桴（fú）：小竹筏或小木筏。

【译文】二十八日　参慧扎了个火把带我去真仙岩后面的暗洞游览。从天柱老君像后面进去，到处是溪西石崖上的陆洞。从洞口到这里，千根石柱层层排列，上百个洞穴纷纷开裂，前边的高大宏伟，忽然就变得窈窕秀丽，前边的雄奇空旷，到这里忽然就变得小巧玲珑，在幽深的缝隙间兜兜转转，极力搜寻，没有遗漏。岩石下横卧着一条巨蟒，拿火把照它，看不见头尾，而且趴着一动不动。跨过它进去，又跨过它出来，竟纹丝不动。不过这个隐幽的去处虽然深邃，却只是溪西的一角，我时不时从石缝中向东俯瞰溪流，希望找到一个合适的地方下去，但始终没能下涉溪流。出来后，回望溪流流经的洞穴，里面天光透亮，对面的石崖上通着明亮的洞穴，越发觉得神采飞扬，情不自禁。于是拜托参慧到集市去找木筏小舟，为进洞做准备。参慧又点燃火把带领我，从洞前左侧的岩石下行，向北进入深穴中。深穴虽然幽深，空中却没有变幻的钟乳石柱，而是地下有很多山脊隆起，错落盘绕着，像龙的鳞爪一样，也是一奇。出洞后，参慧便去找船。不久，我估计参慧虽然去了，但恐怕不会马上找到船，不如我亲自去找，并且可以了却游览老人岩、香山诸胜景的心愿。于是再次出洞，沿着大道向北走。不久向西望见山峡间，峰峦奇异地耸立着。这时正好来了位老农，打听得知，那里有个刘公岩，因草深没有向导，只好从下廊往南先去老人岩。走了二里来到老人岩下，先进了下边的洞。洞口朝东，洞内很宽但不太高。时近正午，天气像蒸笼一样闷热，但洞内的清凉之感却沁人心脾。洞的西北方有个石窟，深入则渐渐变暗，走不到头。听说举着火把进去，路很远，而且幽暗低伏，不必走到头。从洞口左侧沿着石峡向上，到达前洞，转身钻入后洞。后洞内架设着楼阁房舍，都盘踞在洞口，只有楼阁的西侧留出一块空地为了烧火煮饭，前面有一方平台，就着上面的石笋形状，雕刻成佛像。从这里再向西，石窟渐渐变窄变暗，点燃火把向里探看，侧着身子进去，从高悬的石阶上向下，都非常狭窄，没什么奇异之处。出来在楼阁前凭眺，只见上下悬崖峭绝，菜邕江从西而来萦绕在山的北麓，自然分合，流到岩洞下便北转至县城，大江位于山前，环城聚居在山下，飘渺如天外飞仙一般。它的正北方就是香山，为八景之一。凑近窗口请道士指点去香山的路，于是下山。从绝流处横渡菜邕江，水浅得还不及膝盖。于是沿着江流北行，望见路西江水流来的地方，峰峦瑰丽奇异，山中有个鸡场洞。几次沿路向西转，走一里，遇见一个和尚背着柴走来，一打听，才知道香山还在东北方。便转向草丛中的小路，沿着北山的东麓走，走一里后到达香山。向西登阶而上，在两山间的山坳中有座庙，庙中供奉的是梁、吴二侯。小路荒寂，殿堂阴森，赤暑中飕飕的阴风令人毛骨悚然。听说这两位神灵非常灵验，可是庙内没有碑刻，不知他们源于何代，因何显赫。起初我打算在香山吃饭，到了才知道庙中空无一人。只好往东北越过一座桥，经过演武场，向南走一里，就进了西门，特别的冷清寂静，向东在县衙前吃饭。出了南门，我想买一些药和纸，结果都没找到。遇见一个医生向他打听，他说："这一带的猪腰子、山豆根都产自罗城县。传说中的不死草，其实就是挂兰，悬在空中不会枯萎，是草不死，不是能让人不死。"我为之一笑。又向南路过下廓，遇上两个樵夫，让他们找船载我进真仙岩。二人慨然应允。之前，我多次向居民借船，都说："此地没有木筏，而船又被山坡所阻挡，无法入洞，必须几个人抬着船走进去。"不料唯独此二人漫不经心地就答应了，我心里不以为然。但是我私下盘算，岩洞中有遗弃的建筑物料，可以用来造一只小木筏浮水进去，只因木料巨大，我自己移不动，还得回去与参慧谋划此事。抵达岩洞后，参慧已经归来，也说找不到船，只得找人来造只小木筏方便些。我俩不谋而合，我更庆幸有了进洞的机会，便欣然入睡。

二十九日　晨起，余促参慧觅结桴者，未行而昨所期樵者群呼而至，谓予曰："已入洞否？"余应以待舟。樵者曰："舟不能至，若联木为桴，余辈从水中挟之以入，便与舟同。"余令参慧即以觅人钱畀之。其人群而负木入溪，伐竹为筏。顷间联桴已就，复以岩中大梯架其上，上更置木盆。余乃踞坐盆中，架足梯上。诸人前者纤引，旁者篙挟，后者肩耸，遇深渊辄浮水引之，遥不能引，辄浮水挟之。始由洞口溯流，仰瞩洞顶，益觉穹峻，两崖石壁劈翠夹琼，渐进渐异，前望洞内天光遥遥，层门复窦，交映左右。从澄澜回涌中破空濛而入，诵谪仙[①]“流水杳然”“别有天地”句，若为余此日而亲道之也。既入重门，崆峒上涵，渊黛下潴[②]，两旁俱有层窦盘空上嵌，荡映幌漾，回睇[③]身之所入，与前之所向，明光皎然，彼此照耀，人耶仙耶？何以至此耶？俱不自知之矣！挟桴者欲从其中爇炬登崖，以穷旁窍，余令先溯流出后洞，以穷明窦。乃复浮水引桴，遂抵洞门。其门西南向，吸川饮壑。溪破石而下，桴抵石为所格，不能入溪，乃舍桴践石而出洞，又豁然一天也。溪石坎坷，不能置踵，望左崖有悬级在伏莽中，乃援莽蹠[④]空而上。不数十步，辄得蹊径。四望平畴中围，众峰环簇，即余昔来横道北岩之东北隅也，第来时大道尚在南耳。乃随山左东过一小坳，计转其前，即双梁以东大道，从小径北跻山椒，即老君座对崖旁透之穴，俱可按方而求。而挟桴者俱候余仍游洞内，乃返而登桴，顺流入洞，仍抵中扃。视东西两旁俱有穴可登，而西崖穴高难登，且前游暗洞，已仿佛近之，而东崖则穴竞门纷，曾未一历，遂爇炬东入。其上垂乳成幄，环柱分门，与老君座后暗洞之胜丝毫无异。从其内穿隙透窍，多有旁穴，上引天光，外逗云影，知其东透山肤甚薄，第穴小窦悬，不容人迹，漫为出入耳。从其侧宛转而北出，已在老君对崖之下层，其处有金星石、龙田诸迹，因崖为台，下临溪流。上有石阈圊⑤池，岂昔亦有结榭以居，架飞梁以渡者耶？其后壁大镌“寿山福地”四大字，法甚古异，不辨其为何人笔。再出即为对崖之上层，其上亦列柱纵横，明窍外透，但石崖峻隔，与此层既不相通。仍引桴下浮，欲从溪中再上，而溪崖亦悬嵌，无由上跻。计其取道，当从洞前南转，抵小坳之东北，跻山椒而后可入。洞中非架飞梁，不能上也。乃从桴更入洞，其下水口旁洞俱浅隘，无他异。始绝流引桴，还登东崖，诸人解桴撤木，运归旧处。余急呼其中一黠者，携余炬，令导为刘公洞游。

【注释】①谪（zhé）仙：此谪仙指李太白，太白“山中回答”一诗有“桃花流水杳然去，别有天地非人间”句。②渊黛：深碧幽深貌。借指山谷。潴（zhū）：水积聚的地方。③睇（dì）：看、注视。④蹠（zhí）：践踏。⑤圊（qīng）：厕所。

【译文】二十九日　早晨起床，我催促参慧去找造木筏的人，还没动身昨天相约的樵夫成群呼喊着来了，对我说：“你进洞没有？”我回答说在等船。樵夫说：“船到不了这里。如果用木头连成木筏，我们这些人在水中推着木筏进去，和船一样。”我让参慧立刻将准备雇佣他人的钱交给樵夫。这些人成群地扛着木头跳入溪中，砍来竹子编为竹筏。顷刻间连接的竹筏已做好，再用岩洞中的大梯子架在竹筏上，又在上面放了一个木盆。我就坐在木盆中，把双脚架在梯子上。众人前边的用绳拉，两旁的用竹篙夹，后面的用肩头推，遇到深渊就游泳拉着竹筏走，太远不能拉的，就夹住竹筏浮水进去。开始时由洞口溯流进去，仰望洞顶，更觉得穹隆高峻，两侧崖壁如劈开的翡翠和夹立的美玉，逐渐进入，景象也逐渐奇异，前望洞内远远地有天光照进来，层层的石门，重重叠叠的洞穴，在两侧交相辉映。冲破澄澈回涌的波澜，烟雨迷茫地进入，朗诵谪仙李白“流水杳然”“别有天地”的诗句，好像是特意为我今日之行创作的一样。进入重重石门，头上是高峻的涵洞，下面是幽碧的深渊，两旁都是层层的洞穴，盘结镶嵌在洞壁上，水波荡漾映照，回望来路，与前方的路相比，光明皎洁，彼此照耀，是人还是仙呢？为何来此地呢？全都不知道了！扶着木筏的人想从洞中点火把登上石崖，去探究旁洞，我让他们先溯流出了后洞，再探看明洞。于是又浮水拖着竹筏，终于到达后洞口。洞口朝西南方，正对着壑谷河川。溪水冲破石崖向下，竹筏到达石崖下被挡住，不能进入溪流中，于是我舍弃竹筏踩着石崖出了洞，豁然又是一个天地了。溪石坎坷不平，无法落脚，我看见左边的山崖上有石阶高悬在伏草中，就抓住伏草腾空而上。没几步，就找到小路。环顾四周，平坦的田野被围在中间，群峰环绕，这就是我先前来时，横在道路北边那个岩洞的东北角了，只不过，来的时候大道还在南边而已。于是顺着山左侧向东过了一个小山坳，估计转到山前了，就是双梁以东的大道，从小路向北登顶，就是老君座对面石崖上那个旁通的洞穴，全能根据方位找到。然而扶竹筏的人都等着我仍去游览洞内，只得回来乘竹筏，顺流进洞，仍然来到中间的石门。看东西两侧都有洞穴可登，但西崖上的洞穴高且很难爬，况且之前游暗洞时，好像来过这里，而东崖上则是洞穴石门争相纷呈，从未游历过，便点燃火把进入东边。洞顶上下垂的钟乳石形成帷幔，石柱环绕分隔成石门，与老君座后面暗洞的美景丝毫无异。从石缝钻过石洞，旁边有很多洞穴，上与天光相接，外与云影相联，我知道东侧山体表层非常薄，只是高悬的洞穴太小，容不得行走，只好漫无目的地出入而已。从洞穴的侧边辗转向北出来，已经在老君对面石崖的下层，此处有金星石、龙田等胜景，就势将石崖建成平台，下临溪流。上面有石门槛和粪池，难道从前有人在这里建房居住，架着飞桥横渡过来的吗？平台后面的石壁上大大地刻着“寿山福地”四个大字，书法十分古朴奇特，看不出是何人的笔迹。再出去便是对面石崖的上层，那上面也是纵横排列着石柱，明亮的石窟与外界相通，只是被陡峭的石崖隔断，与此层完全不相通。继续挟着木筏向下游，打算从溪流中再上去，可溪边的石崖悬空嵌入水中，无法攀登。估量着到那里的路，应当从洞前向南转，到达小山坳的东北方，登上山顶后才可进入，洞中若没架有飞渡的桥梁，是上不去的。于是我随着竹筏再次进洞，下游出水口旁的洞穴都是又浅又窄，没有奇特之处。这才拉着竹筏横渡溪流，返回登上东面的石崖，众人解开木筏拆散木头，运回原处。我急忙叫住其中一个较聪慧的，带上剩余的火把，让他带我去刘公洞游览。

北遵大道半里，即西南转入小岐，向山峡中，依前老农所指示行，导者虽屡樵其处，不识谁为刘公岩也。又二里，抵山下。望一洞在南山，东向而卑伏；一洞在南山，北向而高骞；一洞在北山中突之峰，东向而浅列。方莫知适从，忽闻牧者咳嗽声，遥呼而询之，则北向高骞者是。亟披莽从之，其人见余所携炬一束，哂[①]曰：“入此洞须得炬数枚乃可竟。此一炬何济？”余始信此洞之深邃，而恨所携之炬少也。伏莽中石磴隐隐，随之而跻，洞门巨石前横。从石隙入，崖石上大镌“西峰之岩”四字，为宝祐三年李桂高书。其前又有碑记二方，其一不可读，其一为绍定元年太守刘继祖重开此岩，而桂林司理参军饶某记而并书者也。其记人约云：桂西灵异之气多钟于山川，故真仙为天下第一，而曰老人者次之，曰玉华、弹子者又次之，而西峰岩则与真仙相颉颃，而近始开之。余始知此洞之名为刘公者以此，而更信此洞之始，其开道建阁，极一时之丽。而今乃荒塞至此，益慨融之昔何以盛，今何以衰耶！入洞，内甚宽敞，先爇炬由其后右畔入，则乳柱交络，户窦环转，不数丈而出。又从其后左畔入，则乳柱宏壮，门窦峻峡，数丈之后，愈转愈廓，宝幢玉笋，左右森罗，升降曲折，杳不可穷，亦不可记。其时恐火炬易尽，竭蹶前趋，尝脔[2]而出，不知蔗境[3]更当何如也。唐容《真仙镌记》谓："西峰岩比弹子同于加奇而稍窄。"所云"窄"者，岂以洞门巨石亏蔽目前，未悉其宫墙之宏邃耶？下山，西望北山中突东向之洞，其外虽浅而石态氤氲，门若双列，中必相通。亟趋其下，则崖悬无路。时导者已先归，见余徘徊仰眺，复还至，引入南麓小洞。其门南向而浅，与上岩不通。盖上岩危瞰峰半，遥望甚异，而近眺无奇，且路绝莫援，不得不为却步。既东行，回首再顾，则氤氲之状，复脉脉系人。仍强导者还图攀跻，导者乃芟翳级石，猿攀以登。余亦仿而随之，遂历其上。则削壁层悬，虽两崖并列，而中不相通，外复浅甚，盖徒有玲珑之质，而未通窈窕之关，始兴尽而返。仍东南二里，抵真仙岩。时适当午，遂憩岩中，搜览诸碑于巨石间，而梯为石滑，与之俱坠，眉膝皆损焉。

【注释】①哂（shěn）：嘲笑，讥笑。②脔（luán）：切成小块的肉。③蔗境：指佳境。晋顾恺之吃甘蔗常自末端吃至根部，人问其因，顾恺之答以渐入佳境。

【译文】沿着北边的大道走半里，便向西南转入小岔路，进入山峡，按照之前老农指示的路线走，向导虽经常在这里打柴，却不认识哪个是刘公岩。又走了二里，抵达山下。望见南山上有个洞，朝东低伏着；有个洞，朝北高举着；还有个洞在北山中央突起的山峰上，朝东浅浅地排列着。正在我不知何去何从时，忽然听到牧人的咳嗽声，远远喊着向他打听，原来那个朝北高举着的便是刘公岩。我急忙拨开草丛朝那里走。那人见我只带了一束火把，讥笑我说："进此洞必须得有几束火把才能走到头。这一束火把管什么用？"我这才相信这个洞很深邃，后悔带的火把太少了。伏草丛中石阶隐隐，随阶而上，洞口横着一块巨石。从石缝中钻进去，石崖上刻着"西峰之岩"四个大字，是宋理宗宝祐三年（1255）李桂高所写。它的前边还有两块碑记，其中一块已不可辨认拜读，另一块是绍定元年知府刘继祖重新开辟这个岩洞时，桂林府司理参军饶某人作记并书写的碑文。这篇记文大意是说：桂林以西灵异之气大多集中于山水，所以真仙岩是天下第一，而叫做老人岩的次于真仙岩，叫做玉华岩、弹子岩的又次一等，然而西峰岩则与真仙岩不相上下，而且是近年来才开辟的岩洞。我这才知道这里称为"刘公岩"的原因，而且更加相信在开辟这个洞时，开路建楼，极尽一时壮丽。然而如今竟荒凉闭塞到如此地步，越发让我感慨，从前的融县是什么原因得以兴盛，如今又是什么原因衰败的呢！进入洞中，里面十分宽敞，先点燃火把从洞后右侧进去，只见钟乳石柱交错缠绕在一起，门户样的洞窟环绕曲折，不到几丈远便出来了。又从洞后左侧进去，只见钟乳石柱宏伟壮丽，门洞样的洞窟形成高峻的峡谷，几丈之后，越辗转越开阔，宝幢玉笋，在道路两旁森然罗列，升降曲折，深远得无穷无尽，也无法一一记录。这时最担心火把燃尽，于是便尽量往前赶，浅尝辄止，只观赏一小部分，不知深处的佳境是什么样子。唐容的《真仙镌记》说："西峰岩比弹子岩更加奇异的是，景象相同而空间稍窄。”他所说的“窄”，难道是因为洞口有巨石遮挡了视线，而没有详尽了解岩洞内部的宏大深邃吗？下山来，向西望，北山中央突起的山峰上朝东的岩洞，洞外虽浅，但岩石的姿态如云气弥漫，洞口好像两个并列的门，洞中必定相通。急忙赶到岩洞下面，却见石崖高悬，没有路。这时向导已经先回去了，看见我在山下徘徊仰望，他又返回来，带我进入南麓的小洞中。这个洞口朝南，而且很浅，与上面的岩洞不相通。原来在上面的岩洞俯瞰半山腰，远看十分奇特，可近看却没什么奇特之处，而且没路可走也无处攀援，不得不止步。往东走，回头再看，只见云气弥漫的样子，含情脉脉地扣人心弦。再次强烈要求向导返回去设法攀登，于是他割去密布的草丛，踏着岩石像猿猴一样攀登上去。我也仿效他的样子跟随其后，终于爬到上面。只见陡削的石壁层叠高悬着，虽是两个岩洞并列，但洞中并不相通，外边又非常浅，原来是徒有小巧玲珑的资质，却没有幽深相联的通道，我这才尽兴而返。仍然向东南走二里，抵达真仙岩。这时正值中午，我便在岩洞中休息，在巨石间搜寻碑刻，登梯子时因为石头光滑，人与梯子一同跌落，眉头膝盖都受了伤。

真仙岩中明夹可栖，寂静无尘，惟泉声轰轰不绝，幽处有蛇，不为害，而蚊蚋甚多，令人不能寐。廿八中夜，闻有声甚宏，若老人謦咳[1]然，久而不绝。早起询之，乃大虫鸣也。头大于身，夜潜穴中，然惟此夕作声，余寂然。

【注释】①謦咳（qǐng hāi）：咳嗽。

【译文】真仙岩内部明亮紧凑可以居住，寂静无尘，只有轰轰的流水声响个不停，幽深之处有蛇，但不伤人，蚊虫非常多，令人无法安睡。二十八日半夜，听到特别宏亮的声音，好像老人咳嗽一样，久久不停。早晨起床打听是什么声音，原来是一种大虫在鸣叫。这种大虫头比身子大，夜里潜入洞穴，不过仅在这天夜里发声，其他时间都很安静。

七月初一日　早起，以跌伤故，姑暂憩岩中。而昨晚所捶山谷碑犹在石间，未上墨沈，恐为日烁，强攀崖拓之。甫竟而参慧呼赴晨餐，余乃去而留碑候燥，亟餐而下，已为人揭去。先是，余拓左崖上《老君像碑》，越宿候干，亦遂乌有。至是两番失之，不胜怅怅。盖此中无纸，前因司道檄县属僧道携纸来岩拓《元祐党籍》，余转市其连四陆张。拓者为吏所监督，欲候《党籍碑》完，方能为余拓韩忠献大碑，故栖迟以待。余先以余闲取一纸分拓此碑，而屡成虚费。然碑可再拓，而纸不可再得，惟坐候拓者，完忠献大碑而已。是日僧道期明日完道碑，初三日乃得为余拓，而韩碑大，两侧不能着脚，余先运木横架焉。

【译文】七月初一日（8月20日）　早晨起床，因为摔伤的缘故，我暂且在洞中歇息。然而昨晚所捶的黄山谷（黄庭坚）的碑帖还在石壁上，还未上墨汁，怕被太阳炙烤，勉强攀上崖壁去拓碑文。刚拓完参慧就来叫我吃早餐，于是留下碑帖等它干燥，赶紧吃了饭下来，结果碑帖已被人揭走了。在此之前，我拓左崖的《老君像碑》，过了一宿等它干燥，也竟然没了。算此番已两次丢失拓好的碑帖，不禁闷闷不乐。原来是因这一带缺纸，之前因司道发公文，命县里下属的和尚道士带纸张来岩洞中拓《元祐党籍》，我辗转买到六张连四纸。拓碑的人在官吏的监督下，得等《党籍碑》拓完，才能为我拓韩忠献的大碑，所以滞留下来等着。我先利用空闲时间将纸张分开来拓此碑，却屡次白白浪费。然而碑帖可以再拓，但是纸却不可再得，只能坐等拓碑的人拓完韩忠献的大碑了。这天我与拓碑的和尚道士约定，明天拓完司道要的碑帖，初三才能来为我拓，可是韩忠献的碑很大，两边不能落脚，我便事先搬来木头横架在石碑前。

初二日　是日为县城墟期，余以候拓淹留，欲姑入市观墟，出洞而后知天雨，洞中溪声相溷，晴雨不辨。乃还洞，再拓黄碑。下午仍憩岩中。

【译文】初二日　这天是县城的赶集日，我因为等着拓碑帖而留下，本想进城去看看集市，出洞后才知道下雨了，洞内因有溪水声混杂，很难分辨晴雨。于是返回洞中，再去拓黄山谷的碑。下午依旧在洞中休息。

初三日　早雾，上午乃霁。坐洞中候拓碑者，久之至，则县仍续发纸命拓，复既期初四焉。余乃出洞，往觅对崖明窍之径。东越洞前石梁，遂循山南转而西，径伏草中，时不能见。及抵后山过脊，竟不得西向登崖之径，乃践棘攀石，莽然跻山半觅之，皆石崖嵯峨，无窍可入。度其处似过，而南乃悬崖，复下。忽有二农过其前，亟趋询之，则果尚在北也。依所指西北上，则莽棘中果有一窍，止容一身，然下坠甚深，俯而瞰之，下深三丈余，即北崖僧栖所对望处也。已闻拓碑僧道笑语声，但崖峻而下悬，不能投虚而坠。眺视久之，见左壁有竖隙，虽直上无容足攀指处，而隙两旁相去尺五，可以臂绷而足撑。乃稍下，左转向隙，而转处石皆下垂，无上岐，圆滑不受攀践，磨腹而过，若鸟之摩空，猿之踔虚[①]，似非手足之灵所能及也。既至隙中，撑支其内，无指痕安能移足，无足衔安能悬身。两臂两足，如胶钉者然，一动将溜而下。然即欲不动，而撑久力竭，势必自溜。不若乘其势而蹲股以就之，迨溜将及地，辄猛力一撑，遂免颠顿。此法亦势穷而后得之，非可尝试者也！既下，则岩宽四五丈，中平而下临深溪，前列柱缀楞如勾栏然，恐人之失足深崖，而设以护之者。岩内四围环壁，有卷舒活泼之意，似雕镂而非雕镂所能及者。前既与西崖罨映[②]，后复得洞顶双明，从其中遥顾溪之两端，其出入处俱一望皎然，收一洞之大全，为众妙之独擅，真仙为天下第一，宋张孝祥题："天下第一真仙之岩。"而此又真仙之第一也。岩右崖前一石平突溪上，若跏趺[③]之座，上有垂乳滴溜，正当其端，而端为溜滴，白莹如玉，少洼而承之，何啻仙掌之露盘也！由其侧攀崖而北，又连门两龛，内俱明洁无纤污，而右壁回嵌，色态交异，皆如初坠者。其前崖上，亦有一柱旁溪而起，中复纤圆若指，上抵洞顶，复结为幢络[④]，散为蛟龙，绕纤指下垂，环而夭矫者数缕，皆有水滴其端。其内近龛处，复有一石圆起三尺，光莹如瓶卣[⑤]，以手拍之，声若宏钟，其旁倒悬之石，声韵皆然，而此则以突竖而异耳。此三洞者，内不相通而外成联壁，既有溪以间道，复有窍以疏明，既无散漫之滴乱洒洞中，又有垂空之乳恰当户外，卧云壑而枕溪流，无以逾此！此溪东上层之崖也。其南与下层并峙之崖相隔无几，而中有石壁下插溪根，无能外渡。稍内有隙南入，门曲折而内宛转，倒垂之龙，交缪纵横。冀其中通南崖，而尚有片石之隔，若凿而通之，取道于此，从下层台畔结浮桥以渡老君座后，既可以兼上下两崖之胜，而宛转中通，无假道于外，以免投空之险，真济胜之妙术也。时余虽随下溜其中，计上跻无援，隔溪呼僧栖中拓碑者，乞其授索垂崖，庶可挽之而上。而拓者不识外转之道，漫欲以长梯涉溪。而溪既难越，梯长不及崖之半，即越溪亦不能下。彷徨久之，拟候岩僧参慧归，觅道授索，予过午犹未饭，反覆环眺，其下见竖隙，虽无可攀援，而其侧覆崖反有凹孔，但上瞰不得见，而下跻或可因。遂耸身从之，若鸟斯翼，不觉已出阱而透井，其喜可知也。仍从莽中下山，一里，由石梁转入岩而饭焉。下午，以衣裈⑥积垢，就溪浣濯，遂抵暮。

【注释】①踔虚（chuō xū）：在空中腾跃。②罨（yǎn）映：掩映。③跏趺（jiā fū）：盘腿而坐。④幢络：古代车上的帷饰，由油幢、丝绳络网、绣锦络带等组成。⑤卣（yǒu）：古代一种盛酒的器具，口小腹大，有盖和提梁。⑥衣裈（kūn）：衣裤。裈，古代称裤子。

【译文】初三日　晨雾，上午才放晴。我坐在洞中等拓碑的人，过了很久才来，县里又发纸命他们拓碑，再次与他们约定在初四。于是我出了洞，去找对面石崖上透亮的石窍的小路。向东越过洞前的石桥，便沿着山南麓转到西麓，小路隐没在草丛中，时而隐没。等到了后山绵延的山脊时，竟找不到向西登上石崖的小路，于是踩着荆棘攀着岩石，茫然地爬到半山腰去找石窍，到处是高峻的石崖，没有石窍能进去。我估计那地方似乎走过头了，可南边是悬崖，只好又下山来。忽有两个农民从山前路过，我赶紧过去打听，果然在北边。按他们指示的方向从西北方攀爬，只见草莽荆棘中果然有一石窍，只容得下一人的身子，而且下陷很深，俯身下瞰石窍，有三丈多深，这便是与北崖僧房相对望之处了。我已能听到拓碑和尚道士的说笑声，但石崖陡峻而且下面悬空，不能踩空坠落下去。眺望观察了很久，我看见左边石壁上有条竖直的裂隙，虽然垂直上爬没有落脚手抓的地方，但裂隙两旁相距一尺五寸，可以用双臂绷紧用双脚支撑住。于是稍向下走，从左边转入裂隙，可转身之处都是下垂的岩石，没有向上分岔的地方，圆滑得无法踩踏，要磨着肚子过去，像飞鸟擦过天空，猿猴腾空跳越，这似乎不是手脚灵巧所能做到的。转入裂隙中后，支撑在裂隙内，没有裂痕作抓手怎能移动脚步，没有脚踩之处又怎能悬吊身子。双臂双脚，如同粘胶、钉子一般，一动就会滑下去。然而即便不想动，支撑的时间长了力气耗尽，势必自己也会滑下去。不如乘势靠大腿下蹲发力来接近地面，就在马上滑到地面时，我奋力一撑，最终免于跌倒。这方法也只是穷途末路时才想出来的，尽量不要尝试啊！下来后，只见岩洞宽四五丈，洞中平坦，下面是幽深的溪流，前方排列着的石柱与石棱条相连，像栏杆一样，仿佛是担心游人失足跌落深崖而专门设置的护栏。岩洞内，四周石壁环绕，充满卷舒活泼意趣，犹如雕凿而成却又不是人工雕凿所能达到的。前洞与西崖互相掩映，后洞顶又有一对明洞，从洞中遥望溪水两端，出口和入口处一眼望去都很皎洁明亮，包罗了洞内的全部景观，并独揽众景之妙，真仙岩被誉为天下第一，宋代张孝祥题写道：“天下第一真仙之岩。”而这里又是真仙岩中的第一了。岩洞右崖前有块岩石平坦地前突于溪流之上，犹如盘腿打坐的座位，上面有垂悬的钟乳石滴水，正位于岩石的顶端，也正因为滴水的缘故，岩石顶端洁白晶莹，宛如美玉，稍微下洼承接着水滴，岂止是仙人手掌托起露盘般美妙呢！从石侧攀着石崖往北走，有石门相连的两个石龛，龛内明亮清洁，纤尘不染，右侧石壁回旋深嵌，颜色与形态交相变异，都和最初坠落下来的地方一样。石龛的前崖上，也有一根石柱耸立在溪旁，中间纤细圆滑得犹如手指，上方直抵洞顶，盘结如幢络，散开如蛟龙一般，围绕着纤细的手指下垂，还有几缕回绕屈曲，前端都有水滴下滴。洞内靠近石龛的地方，有一块浑圆的岩石凸起三尺高，光滑晶莹犹如酒壶一般，用手拍打，声音好像洪钟一样，旁边倒悬的岩石，声音也都如此，只是这块岩石因突兀直立而显得奇特而已。这三个洞，内部不通而外部却形成连环，既有溪水从中贯通，又有疏朗的亮光穿透石窍，既无散漫的水滴飞溅洞中，又有垂空的钟乳石恰好悬于石门外，卧于云气遮覆的山谷，头枕着溪流，无与伦比！这是溪流东侧上层的石崖。南侧与下层并排耸立的石崖相隔不远，中间有石壁直插入溪流底部，不能渡水到外面。稍往里一点有条裂隙向南深入，裂口曲折而里面宛转，如倒垂的石龙，交错缠绕在一起。我希望这里能通向南崖，但还是有一片岩石隔着，如果凿通这片岩石，取道于此，从下层的石台旁架座浮桥以便渡到老君座的后边，就可以兼收上下两层的胜景了，而且中间曲折相通，不必外面借道，还能避免身临高空的危险，真是便于游览胜景的好方法。此时我本是顺势下滑到洞中，估计上登无攀援之处，便隔着溪流呼喊僧房中拓碑的人，请他们顺着崖壁给我垂根绳子，也许我能拉着绳子上去。可拓碑的人不认识外转的路，徒劳无益地想用长梯涉溪。可是溪水难以跨越，且梯子的长度还不到崖壁的一半，即使是越过溪流也下不去。彷徨了很久，打算等洞中僧人参慧回来，找条路扔绳子给我。我过了中午还未吃饭，反复环顾眺望，向下看那条竖直的裂隙，虽无处攀援，但裂隙侧面的石崖上反而覆有凹孔，只是从上面看不见，若从下面上登也许可利用这些凹孔。于是我从裂隙中耸动身体，像鸟展翅一般，不知不觉已穿越并钻出深阱，喜悦之情可想而知。我仍然从草莽中下山，走一里，经由石桥转入洞中吃饭。下午，因为衣裤积满污垢，于是就在溪水边洗衣服，直到傍晚。

初四日　拓碑者晨至，以余碑未了，及午乃竟，即往呈县，复约厥明焉。余待之甚闷，闻西南十里古鼎山，有龙岩高悬，铁旗新辟，且可从真仙后溯灵寿上流。欲以下午探古鼎铁旗岩，新开者。而拓者既去，参慧未归，姑守囊岩中，遂不得行。

【译文】初四日　拓碑的人早晨来了，因为剩余的碑文还没拓完，到中午才完工，立即呈送到县里，我再次与他们约定在明天。我等待他们时十分烦闷，听说西南十里处有座古鼎山，山上有座高悬的龙岩和新开辟的铁旗岩，而且可以从真仙岩后面溯溪到灵寿溪的上游。我打算下午去探访古鼎山铁旗岩，新开辟的岩洞。然而拓碑的人已经走了，参慧还没回来，姑且在洞中看守行李，所以不得出行。

初五日　吴道与镜禅之徒始至，为拓韩碑。其碑甚大，而石斜列，余先列木横架，然犹分三层拓，以横架中碍，必拓一层解架，而后可再拓也。然所拓甚草率，而字大镌浅，半为漫漶[①]，余为之剜污补空，竟日润色之，而终有数字不全。会拓者以余纸拓《元祐党籍》，此碑为宋知军沈晦所刻。以其祖亦与名籍中也，故以家本刊此，与桂龙隐岩所刊同。但龙隐镌崖而大，此镌碑而整。《老君洞图》与像。下午，僧道乃去，余润色韩碑抵暮。

【注释】①漫漶（màn huàn）：木石上所刻的文字，长时间受风雨侵蚀，变得模糊不可辨认。引申作东西敝坏不能分辨。

【译文】初五日　吴道士与镜禅的徒弟才来，为我拓韩忠献的碑。这块碑太大了，而且石碑歪斜着，虽然我事先搭好木头横架，但仍然要分三层拓，因为有横架在中间妨碍，必须拓完一层后解开架子，而后才能再拓。然而他们拓得非常草率，石碑上的字大，刻得又浅，有一半被腐蚀模糊不清了，我为他们挖去污泥填补空缺，整天润饰拓片，最终还是有几个字不全。将拓碑的人集中起来，用剩余的纸张拓《元祐党籍碑》，这块碑是宋代知军沈晞刻的。因为他的祖先也被列入名册之中，故而用家传的本子刻在这里，与桂林龙隐岩中所刻的相同。只是龙隐岩是刻在崖壁上而且字大，这里是刻在碑上，所以字迹工整。《老君洞图》和老君像。下午，拓碑的和尚道士走了，我为韩忠献碑的拓片润色直到傍晚。

初六日　洞中事完，余欲一探铁旗岩，遂为行计。而是日雨复沛然，余不顾，晨餐即行。一里，过来时横列之北洞，又半里，抵横列之南洞，雨势弥大。余犹欲一登南洞，乃攀丛披茅，冒雨而上。连抵二崖下，竟不得洞。雨倾盆下注，乃倚崖避之。益不止，顶踵淋漓，崖不能久倚，遂去盖拄伞为杖，攀茅为絙[①]，复冒雨下。盖其洞尚东，余所跻者在西，下望则了然，而近觅则茫不得见耳。又冒雨一里，南过安灵潭。又半里，西渡溪，乃从岐西向山坳。半里，逾坳而西，路渐大，雨渐杀。透山峡而出，共一里，南逾小桥，即来时横涉小溪上源也，则仰望桥南山半，有洞北向，有路可登，亟从之。洞入颇深，而无他岐，土人制纸于中，纸质甚粗，而池灶烘具皆依岩而备。中虽无人，知去古鼎不远。乃就其中绞衣去水，下山，循麓再西，则村居鳞次，称山中聚落之盛焉。问所谓铁旗岩者，居人指在西北峰半。又半里，抵其峰之东南，见峰腰岩罅层出，余以为是矣。左右觅路不得，为往返者数四。既乃又西，始见山半洞悬于上，阁倚于前，而左右终不得路。复往返久之，得垂钓童子为之前导。盖其径即在山下，入处为水淹草覆，故茫无可辨。稍上即得层级，有大木横偃级旁，上丛木耳，下结灵芝，时急于入岩，不及细简。及抵岩，则岩门双掩，以绳绾扣，知僧人不在，而雨犹沛，为之推扉以入。其岩南向，正与百步塘南之陆垅山相对。盖岩前古鼎村之山峙于左，沸水岩之山峙于右，岩悬山半，洞口圆通，而阁衙于内。其内不甚宽广，丛列神像，右转宏扩而暗然，数丈之内，亦回环无他岐入矣。洞内之观虽乏奇瑰，而洞之胜，颇饶罨映。铁旗之名，其以峰著，非以洞著耶！环视僧之爨具，在右转洞中，而卧帐设于前阁。因登其上，脱衣绞水而悬之窗间，取僧所留衣掩体以俟之。过午，望见山下一僧，戴笠拨茅而登，既久不至，则采耳盈筐，故迟迟耳。初至，以余擅启其闭，辞色甚倨。余告以远来遇雨，不得不入以待餔。初辞以无米且无薪，余先窥其盎有夙储，不直折之而穿，强其必炊。既炊，余就与语，语遂合，不特炊米供饭，且瀹耳为蔬，更觅薪炙衣焉。其僧好作禅语。楚人。既饭，酬以钱，复不纳。时雨渐止，余因问龙岩所在。僧初住山，误以沸水岩为龙岩，指余西南入。余初不知，从之。半里至其下，山下有水穴东北向，潴水甚满，而内声崆峒，其东复然，盖其下皆中空，而水满潴之。然余所闻龙岩在山半，因望高而跻。其山上岐两峰，中削千仞，西有浅穴在削崖之下，东有夹罅在侧峰之侧，践棘披搜，终无危岩贮水。乃下，然犹不知其岩之为沸水不为龙岩也。东半里，趋古鼎村。望村后山南向洞开，一高峡上穹，一圆窍并峙。私念此奇不可失，即从岐东上。上穹者，如楼梯内升，而前有一垂石当门，东透为台，下从台前南入并峙之窍；圆窍者，如圜室内剜，而内有一突石中踞。此时亦犹以沸水为龙岩，不复知此地可别觅龙岩也。既下，仍由村北旧路过小桥，则溪水暴涨，桥没水底者二尺余，以伞拄测以渡。念此小溪如此，若灵寿石堰，涨高势涌，必难东渡。适有土人取笋归古鼎，问之，曰："大溪诚难涉，然亦不必涉。逾岭抵溪，即随溪北下，所涉者止一小溪，即可绕出老君洞左。"余闻之喜甚。盖不特可以避涉，而且可以得安灵以北入洞源流，正余意中事，遂从之。逾坳，抵来所涉安灵西堰，则水势汹涌，洵非揭厉[②]所及。乃即随溪左北行，里半，近隔溪横列之南洞，溪遂西转。又环西面一独峰，从其西麓转北，东向以趋老君后洞焉。路至是俱覆深茅间，莫测影响，惟望峰按向而趋。共二里，见灵寿大溪已东去，不能为余阻，而西山夹中，又有一小溪西来注之，其上有堰可涉。然挟涨势骄，以投鞭可渡之区，不免有望洋濡足之叹。踌躇半晌，既济而日已西沉，遂循溪而东。盖此处有径，乃北经刘公岩出下廓大道者，按方计里，迂曲甚多。时暮色已上，谓已在洞后，从其左越坳而下，即可达洞前，即无路，攀茅践棘，不过里许，乃竭蹶趋之，其坳皆悬石层嵌，藤刺交络，陷身没顶，手足莫施，如倾荡洪涛中，汩汩终无出理。计欲反辄刘公岩，已暝莫能及，此时无论虎狼蛇虺[③]，凡飞走之簇，一能胜予。幸棘刺中翳，反似鸿蒙未凿，或伏穿其跨下，或蹂踔其翳端，久之竟出坳脊。俯而攀棘滚崖，益觉昏暗中下坠无恐。既乃出洞左蔬畦中，始得达洞，则参慧已下楗支扉矣。呼而启扉，再以入洞，反若更生焉。

【注释】①絙（gēng）：大绳索。②揭厉：提起衣裤强行过河。③虺（huǐ）：古书上说的一种毒蛇。

【译文】初六日　洞中的事处理完，我打算去探探铁旗岩，便计划出行。但这天又是倾盆大雨，我也不在乎，早餐后立即出发。走了一里，路过来时横列的北洞，又走了半里，抵达横列的南洞，雨势更大了。我还想再登一次南洞，于是抓着树丛拨开茅草，冒雨而上。一连到达两座山崖的下边，竟找不到洞。雨倾盆下注，我只好背靠崖壁躲雨。雨越发不停，从头顶到脚跟都被雨水浇透了，崖壁支撑不了多久，我便除去伞盖拄着雨伞当手杖用，把茅草当作绳子抓着，冒雨下山。原来那洞还得往东，我刚爬上去的地方在它的西面，从下边观望则一目了然，可到近前去找却茫然不可见。又冒雨走了一里，向南经过安灵潭。又走了半里，向西渡过溪流，于是从岔道的西边走进山坳。大约半里，越过山坳往西走，路渐渐变宽，雨也渐渐小了。穿过山峡出来，共一里，向南越过一座小桥，这便是来时横渡的小溪的上游了。仰望桥南的半山腰上，有个洞朝北，有路可以上登，急忙顺路上去。洞的里面很深，却没有其他岔洞，当地人在洞内造纸，纸质非常粗糙，但水池灶具烘具全都齐备地靠崖壁放置。虽然洞中无人，但我也清楚距离古鼎山不远了。于是在洞中绞去衣服上的雨水，下山，沿着山麓再往西走，只见村庄房屋依次排列，称得上是山中村落的盛况了。打听所谓的铁旗岩，居民指点在西北峰的半山腰上。又走半里，抵达此峰的东南麓，看见山峰的半山腰上，岩石呈现层层裂隙，我以为就是这里。左右找不到路，为此往返了四次。既而又向西走，这才看见山洞悬于半山腰上，楼阁紧贴在洞前，但周围始终找不到路。再次往返了很久，遇到一个钓鱼的孩童为我引路。原来登山的小路就在山下，因入口处被水淹没被草遮盖，所以茫然不可辨。稍往上走就找到层阶，有大树横倒在石阶旁，上面丛生着木耳，下边结着灵芝，此时我急于进洞，来不及仔细观看。抵达岩洞时，只见岩洞大门双双掩闭，用绳子绾着门扣，我知道僧人不在，可雨依然很大，因此我推门而入。这个岩洞朝南，正好与百步塘南边的陆垅山相对。站在岩洞前，大致而言古鼎村所在的山耸立在左边，沸水岩所在的山屹立在右边，岩洞悬于半山腰，洞口圆通，而楼阁在洞内排列着。洞内不怎么宽敞，聚集摆放着很多神像，向右转空间宏大却很昏暗，数丈之内，也就回环地没有其他岔洞可入了。洞内景观虽没有奇异瑰丽的气势，但其胜景也颇为相映成趣。铁旗的名字，是因山峰而著称，不是因岩洞著称的！环视僧人的炊具，在右转的洞中，有卧床蚊帐设置在前边的阁楼中。于是我登上阁楼，脱下衣服绞干水后挂在窗口，取来僧人留下的衣服遮蔽身体等他回来。过了中午，我望见山下有一僧人，头戴斗笠拨开茅草上登，却很久不见到来，原来是采了满筐的木耳，所以迟迟未归。僧人刚回来时，因我擅自打开他关闭的门，语言脸色都十分的不敬。我告诉他，因远道而来遇上雨，不得不进洞等他施舍餐饭。起初他以没米没柴为由推辞，我事先窥探到他的瓦瓮中有存粮，也没直接顶撞折穿他，只是强逼他必须煮饭给我吃。他煮饭时，我凑过去和他聊天，结果一拍即合，不但煮米给我吃，而且还煮了木耳做菜，又找来柴火为我烤衣服。这位僧人爱说一些充满禅理的话。是楚人。饭后，我拿钱酬谢他，他一再推辞不肯接受。这时雨渐渐停了，我便向他打听龙岩所在之处。这僧人刚住进山中，错把沸水岩当成了龙岩，指示我往西南方进山。起初我不知道，就按照他说的走。走了半里来到山下，山下有个水洞朝东北方，积水很满，洞内水声空洞，山的东边也是这样，大概这座山的下面都是中空的，而且山腹中积满了水。然而我听说龙岩在半山腰，因而望着高处往上登。这座山分岔为两座支峰，中部陡削，千仞之高，西边有个浅穴位于陡削的山崖之下，东边有条夹缝位于侧峰的侧面，我踩着荆棘拨开茅草搜寻，始终未见危耸贮水的岩洞。于是下山，却依然不知道这个岩洞是沸水岩而不是龙岩。向东走半里，赶往古鼎村。望见村后山上有个朝南的洞，一座高峡向上拱起，一个圆形的石窍并排耸立。我暗自琢磨，这样的奇观不可错失，便立即从岔路往东边爬。向上拱起的岩洞，洞内像楼梯一样上升，洞前挡着一块下垂的岩石，从东边钻进去是个平台，从平台前向南下行，便进入并排耸立的石窍；圆形的石窍，里面像挖空的圆形屋子，洞内有块突起的岩石盘踞在正中间。这时我仍然把沸水岩当做龙岩，便不再了解更多关于此地的信息，想着还可以到别的地方去找龙岩了。下山后，仍然从村北按原路过小桥，却见溪水暴涨，桥身被水淹没了二尺多，我拄着伞柄测着深浅渡桥。心想这条小溪暴涨成这样，若是灵寿溪的石坝，溪水高涨水势汹涌，必定难以东渡。恰好当地人采笋返回古鼎村，向他打听，他说："大溪的确难以涉水，不过也不必涉水。翻过山岭到了溪边，便顺着溪流往北下行，只需要涉过一条小溪，就能绕到老君洞的左边。"我听后大喜。因为这样不但可以避免涉水，而且还能找到安灵潭从北入洞的溪流源头，正合我心意，便按他指示的走。越过山坳，到了来时涉过的安灵潭西坝，只见水势汹涌，实在不是撩起衣裤就能过去的。于是就沿着溪流左岸往北走，走了一里半，靠近隔溪横列的南洞，溪流便向西转去。绕过西边一座孤峰，又从它的西边转到北边，向东就到了老君岩的后洞。路走到这里全被深深的茅草所覆盖，深浅莫测，只能望着山峰根据方位赶路。共走了二里，就见灵寿大溪向东流去，不再阻挡我了，但西山的峡谷中，又有一条小溪从西流入灵寿溪中，溪上有堤坝可走过去。然而水流借着涨势变得猛烈，在抽鞭即可断流渡水的地方，竟打湿了鞋子，发出望洋兴叹的感慨。踌躇半晌，渡溪后已是夕阳西下，便顺着溪流往东走。原来这里有条小路，与北经刘公岩前往下廓的大道相通，只能按方位计算里程，但迂回曲折太多。这时暮色降临，我以为已在洞后，从小路的左边穿过山坳往下走，就能到达洞前，即使没路，攀着茅草踩着荆棘，也不过一里左右，于是尽力赶路。那个山坳到处是悬石层层深嵌，藤刺缠绕，身子陷进去且没过头顶，手脚无法施展，犹如在洪涛中漂荡，始终无法出去。估计要返回刘公岩，天黑前无法赶到，这时无论是虎狼虫蛇，但凡能飞会走的，一率能胜过我。所幸荆棘刺丛把我遮蔽在中间，反而像还未开辟的天地，或趴伏着从胯下穿过，或如猿猴般跃过荆棘密蔽的顶端，过了很久竟走出了坳中的山脊。我俯身抓住荆棘沿山崖滚落，越发觉得在昏暗中下坠没有恐惧感。不久就到了岩洞左边的菜地里，这才回到了岩洞，参慧却已闩好了门。喊他来开门，再次回到洞中，仿佛像重生了一样。

初七日　参慧早赴斋坛，余以衣濡未干，自炊自炙于岩中。而是日雨淋漓不止，将午稍间，乃趋城南讯舟，更入城补衣焉。是早有三舟已发，计须就其处俟之，盖舟从怀远来，非可预拟，而本地之舟则不时发也。薄暮乃返洞取囊，以就城南逆旅，而参慧犹未返岩，不及与别，为留钱畀其徒而去。是日七夕，此方人即以当中元，益不知乞巧，只知报先，亦一方之厚道也。其时雨阵时作，江水暴涨，余为沽酒漫酌，迨夜拥蒭[1]而卧，雨透茅滴沥，卧具俱湿。

【注释】①蒭（chú）：同“刍”，喂牲畜的草。

【译文】初七日　参慧一早赶赴诵经礼佛，因为被打湿的衣服还没干，我便独自在洞中煮饭烤火。而这天雨淋淋地下个不停，临近正午雨稍停了一会，我便赶到城南去打听船，再进城去补衣服。这天早上已有三条船开走，估计得在这里等船，因为船是从怀远县驶来，无法预知行程，而本地的船也不定时发船。傍晚我回洞取行李，以便住在城南的旅店中，可参慧还没回来，来不及和他道别，就留了些钱交给他徒弟便离开了。这天是七夕，当地人却把它当做中元节，更不知道关于乞巧的风俗，只知道祭祖，也算是这地方厚道淳朴的民俗了。这时阵雨不时发作，江水暴涨，我因此买了酒漫不经心地喝着，到夜里抱着干草躺下，谁知雨水透过茅屋滴下来，铺盖全湿了。

初八日　雨势愈急，江涨弥甚。早得一舟，亟携囊下待。久之，其主者至，舟甚隘，势难并处，余乃复负囊还旅肆。是午水势垂垂，逾涯拍岸，市人见其略长刻增，多移栖高原以避之。余坐对江流滔滔，大木连株蔽江而下，分阵漩涡，若战舰之争先。土人多以小舟截其零枝，顷刻满载，又以长索系其巨干，随其势下至漩湾处，始掣入洄溜，泄之涯间。涯人谓：“庐且不保，何有于薪？”舟人谓：“余因水为利，不若汝之胥[1]溺。”交相笑也。

【注释】①胥（xū）：通“须”，等待。

【译文】初八日　雨势愈发急骤，江水猛涨。早上找到一条船，连忙带着行李上船等候。良久，船主人来了，船身非常窄，势必难以一并共处，我只得又背着行李返回旅店。这天中午，水势浩浩荡荡，越过岸边拍打着江岸，街上的人见水位上涨，刻度增高，多半移居到地势较高的地方躲避洪水。我坐着面对滔滔的江水，大树连根带叶布满江面被冲下来，分成阵列打着漩涡，好像战舰一样争先恐后。当地人大多用小船拦截零散枝叶，顷刻间就装满一船，又用长绳系住粗壮的树干，顺势下漂至漩流湾处，这才把大树拖入回旋的水流中，拉到岸边。岸上的人说："房子都保不住了，要柴火有什么用？"船上的人说："我利用洪水取利，不像你们等着被淹。"彼此都笑了。

初九日　夜雨复间作，达旦少止，而水弥涨。余仍得一小舟，坐其间，泊城南吊桥下。其桥高二丈，桥下水西北自演武场来，初涸不成流，至是倏而凌岸，倏而逾梁，人人有产蛙沉灶之虑。过午，主舟者至，则都司促表差也。又有本邑差以独木舟四，缀其两旁，以赴郡焉，乃郡徼①取以载卤②者。其舟虽小，得此四舟，若添两翼。下午发舟，东南行，已转西南，二十里，有山突立江石，乃西自古东山逾鸡笼坳而东抵于此者，又二十里为高街，有百家之聚在江右。又五里，为芙蓉山亘其东南，有百家之聚在江左。又西南五里为和睦墟。又西十里过舞阳江口。晚泊于沙弓，水且及街衢，尽失来时之砂碛悬崖矣。

【注释】①徼（yāo）：遮拦，截击。②卤（lǔ）：制盐时剩下的黑色汁液，味苦有毒，亦称"盐卤""苦汁"。

【译文】初九日　夜雨又断断续续下起来，到黎明时渐渐停了，可江水涨得更猛。我仍然找到一条小船，坐在船上，停泊在城南的吊桥下。这座吊桥高二丈，桥下的水自西北方的演武场流来，起初干涸得不成流，这时忽然就越过江岸，忽然就漫过了桥梁，人人都担心水患严重，酿成巨灾。过了中午，主管船只的官吏来了，他原是都司催促奏表的差役。又有本县的差役用四条独木舟，连缀在小船两侧，赶赴府城，这是府城发公文调来装载盐卤的船。船虽小些，但有了这四条独木舟，犹如添了两支翅膀。下午开船，向东南行船，不久转向西南方，行二十里，江右突兀地耸立着一座山，这是从西边的古东山穿越鸡笼坳向东延伸至此的山脉。又行船二十里是高街，江右的村落差不多有百户人家。又行五里，是芙蓉山横亘于江流的东南方，江左的村落也差不多有百户人家。又向西南行船五里是和睦墟。又向西十里经过舞阳江口。晚上泊于沙弓，江水即将漫过街道，来时的砂石浅滩和悬崖全然不见了。

初十日　昧爽放舟。一十五里，马头。五里，杨城，舟泊而待承差[①]取供给于驿。其江之西北有崖濒江，盖东与马头对者也。抵午始放舟。五里，草墟，十五里，罗岩[②]。村在江左，岩在江右。其岩层突沓斑驳，五色灿然。南崖稍低，有石芝偃峰顶，有洞皰[③]剜崖半，当亦有胜可寻，而来时以暑雨掩篷，去复仅隔江遥睇，崖间猿鹤，能不笑人耶！又五里杨柳[④]，又五里大堡，又十五里旧县，又五里古城[⑤]，又五里白沙湾[⑥]。江北有尖峰，两角分东西起，峭拔特甚，其南丛山即县治所倚也。江至白沙又曲而南，又十里，下午抵柳城县西门。龙江西至庆远来会。按《志》，县治西有穿山，而治西平临江渚，地且无山，安得有“穿”？又按，城北有笔架、文笔峰，而不得其据。遍询土人，有识者指城西南隔江峭峰丛立者为笔架、文笔，又言其巅有洞中透，穿山当亦即此。然方隅与《志》不合，而《志》既各标，兹何以并萃耶？承差复往驿中，余坐待甚久，泊多行少，不意顺流之疾，淹留乃尔！既暮，差至，促舟人夜行，遂得补日之不足焉。南二里，江之左为峦拦山，削崖截江，为县城南障；江之右即峭峰丛立，土人所指为笔架、穿山者，而透明之穴终无从瞩。棹月顺流，瞬息十五里，转而东北行。又五里，有山兀耸江东岸，排列而南，江亦随之南折，滩声轰轰，如殷雷不绝，是为倒催滩。岂山反插而水逆流，故谓之“倒”，而交并逼促，故谓之“催”耶？其时波光山影，月色滩声，为之掩映，所云挟飞仙者非欤！又南十五里为古陵，又二十里为皇泽墟，西与鹅山隔山相向矣。又南三里抵柳州府，泊其南门，城鼓犹初下也。

【注释】①承差：官府中听候差遣，转承文书的差役。②罗岩：即今洛崖。位于柳城县西部。③匏（páo）：种草本植物。果实比葫芦大，对半剖开可做水瓢。④杨柳：今名同。位于柳城县北郊，融江东岸。⑤古城：今名同。位于柳城县南境，浦河汇入融江处。⑥白沙湾：即今“白沙”，广西壮族自治区北海市合浦县下辖镇，位于合浦县城东面，融江东岸。

【译文】初十日　黎明发船。行十五里，到达码头。行五里，到杨城，停船等差役到驿站去取给养。此处江的西北方有山崖濒临江边，大致是与东面的码头相对的山。直到中午才又开船。行五里，到草墟，行十五里，到罗岩。江左是村落，江右是石岩。石岩层层突起，纷乱斑驳，五颜六色。南崖略低，峰顶上覆盖着一朵石灵芝，有个葫芦形状的山洞掏空了山峰的半山腰，应当也有胜景可探寻，但来时因天气炎热又下着雨掩着船篷，走时又只能隔江远望，崖上的猿猴白鹤，能不讥笑人吗！又行五里到杨柳，又行五里到大堡，又行十五里是旧县，又行五里到古城，又行五里到白沙湾。有座尖峰位于江北，两个尖角分别在东西两侧耸起，峭拔得很，它南边成丛的山峦便是县城所倚靠的地方。江水流至白沙湾便弯曲向南，又行十里，下午到达柳城县西门。龙江从西边流至庆远府前来汇合。按《志》记载，县城西边有座穿山，但县城西边地势平坦且濒临江中小洲，地表无山，何谈“穿”呢？又据《志》记载，城北有笔架峰、文笔峰，却找不到依据。问遍当地人，有认识的人指出，城西南隔着江峭拔丛立的山峰就是笔架峰、文笔峰，又说，峰顶有洞贯穿山体，穿山应该指的就是这座山。然而方位与《志》记载的不相符，而且《志》既然分别标示，这里缘何聚集在一起呢？承差再次前往驿站，我坐等了很久，停泊的时间多，行船的时间少，没想到顺流的速度，反而被滞留拖沓成如此！夜暮降临，承差回来，催促船夫夜行，才得以填补白天行程的不足。向南二里，江左岸峰峦拦山，削崖截流，这是县城南边的屏障；江右岸山峰峭拔矗立，应该就是当地人所指的笔架峰和穿山，然而始终没看到透亮的洞穴。月夜顺流行船，转眼就是十五里，转向东北前行。又行五里，江东岸耸立着一座突兀的山峰，向南排列，江流也顺势向南转，浅滩里发出轰轰的水声，如响雷不绝于耳，这就是倒催滩。难道是山体倒插，江水逆流，才称之为“倒”，二者相互逼迫催促，才称之为“催”吗？这时波光山影，月色滩声，相互衬托，所说的挟飞仙遨游的事也不过如此吧！又南行十五里是古陵，又行二十里是皇泽墟。西与鹅山隔山相望。又向南三里到达柳州府，船泊在府城南门，城中更鼓才刚刚敲响。

十一日　早入西南门，抵朱寓，则静闻与顾仆病犹未瘥也。往返二十日，冀俱有起色，而顾仆削弱尤其，为之怅然。

【译文】十一日　早上从西南门进城，到朱家寓所，就见静闻与顾仆的病仍未痊愈。我往返二十天，希望他们的病都有起色，然而顾仆却尤其瘦削虚弱得厉害，为此我失望心里不痛快。

十二日　出东门，投刺[①]谒王翰简之子罗源公，名唐国，以乡荐任罗源令。其弟上春官[②]下第，犹未归。以疾辞，还从北门入。下午出南门，沿江询往浔州舡[③]，以中元节无有行者。

【注释】①刺：名帖。②春官：礼部的别名。③舡（chuán）：同"船"。

【译文】十二日　出东城门，我投递名帖拜见王翰简的公子罗源县县令，名叫王唐国，因考中乡试出任罗源县县令。他弟弟参加会试落第，还未归来。以生病推辞。我从北门返城。下午出南城门，沿江岸打听前往浔州府的船，因为是中元节，所以没人上路。

十三日　早，从南门渡江，循马鞍山北麓西行，折而南，循其西麓，由西南坞中登山。石级草没，湿滑不能投足。附郭名岩，其荒芜乃尔，何怪深崖绝谷耶！仙奕岩在山半削崖下，其门西向，正与立鱼山对，只隔山下平壑中一潭。其岩内逼如合掌，深止丈余，中坐仙像，两崖镌题满壁。岩外右有石端耸，其上迸裂成纹，参差不齐，虽可登憩，而以为黑肌赤脉，分十八道可弈，似未为确；左有崖上削，大篆"钓台"二字，江遥潭隘，何堪羡鱼？盖博不及卫叔卿之台[①]，钓不及严子陵之矶[②]，惟登憩崖右石端，平揖立鱼，岩中梵音磬[③]响，飘然天钧，振溢山谷也。

崖左有级东南上，又裂一岩，形与仙弈同，西南向。中砌石为座，后有穴下坠，颇深而隘。右有两圆穴，大仅如筒，而中外透漏，第隘不能入其下。东南抵坳中，又迸一岩，亦浅隘不足观。盖仙弈三岩，齐列山半，俱相伯仲而已。既西下山麓还望，复得一岩，亦西向，正在中岩之下。其岩亦浅隘，中昔有碑，今止存其趺。岩上覆有三圆岩，若梅花之瓣，惜飘零其二，不成五。出岩前，有石平砥如枰，而赤纹纵横，亦未之有。岩右有石窟如峡，北透通明，其中开朗可憩。而有病夫卧其前，已蠕蠕不能屈伸。荒谷断崖，樵牧不至，而斯人托命于此，可哀亦可敬也！出岩，西盘一山嘴，转其东南，山半有洞西南向。乃践棘而登，洞门岈然，其中高穹而上，深坠而下，纵横成峡，层叠为楼，不甚宽宏，而以危峻逼裂见奇者也。入门，有石突门右，蹲踞若牛而青其色，其背复高突一石，圆若老人之首。先是，立鱼僧指其处有寿星岩，必即此矣。但所指尚在东南黄崖悬削处，盖黄崖西面与立鱼对，而此则侧隐于北，当时未见耳。由突石之左悬级下坠，西出突石之下，则下坠渊削，而上级虚悬，皆峭裂不通行。东入峡道中，湾环而进，忽得天光上映，仰睇若层楼空架，而两崖上覆下嵌，无由跖虚上跻。第遥见光映处，内门规列，高悬夹崖之端，外户楞分，另透前山之上，其顶平若覆帷，恨不能牵绡一登，怅怅而出。

【注释】①卫叔卿之台：即指华山朝阳峰下的“下棋亭”，也叫“博台”，因卫叔卿和七位仙人在峰下石台上做博棋游戏而得名。卫叔卿：中山郡（今河北定县）人，传说因服用云母，而成为仙人。②严子陵之矶：

即指严子陵钓台，位于浙江省桐庐县距城南15公里的富春山麓，是富春江上的主要风景区。严子陵：名光，字子陵，会稽余姚人，东汉初年隐士。因不愿出仕，遂更名隐居，后老死于家，年八十。③梵（fàn）音：诵唱佛经的声音。磬（qìng）：佛寺中使用的一种钵状物，用铜铁铸成，既可作念经时的打击乐器，亦可敲响集合寺众。

【译文】十三日　早，从南门渡江，沿着马鞍山北麓向西行，又折向南，沿着它的西麓，从西南方的山坳中央登山。草丛隐没石阶，湿滑得无从落脚。城郭附近的著名岩洞，都荒芜成这样，更何况深山绝谷中的岩洞啊！仙奕岩位于半山腰陡峭的石崖下，洞口朝西，恰好与立鱼山相对，只隔着山下平谷中的一个水潭。这个岩洞内狭窄得犹如合起的手掌，也就一丈多深，正中坐落着神仙雕像，两侧崖壁上刻满了题记。洞外右侧端端正正地耸立着一块岩石，上面迸裂的花纹参差不齐，虽可登上去休息，但我觉得石头是黑色的肌肤红色的脉络，分为十八条线，可作为棋盘，因此并不确定；左边石崖上部陡峭，用大篆写着“钓台”二字，江流遥远，水塘狭窄，怎能钓鱼？这里下棋赶不上卫叔卿的博台，钓鱼比不上严子陵的钓台，只有登上石崖右侧的岩顶休息，平对立鱼山，岩洞中的诵经声和钟磬声飘然而至，宛若天宫仙乐，在山谷中回荡。石崖左边有向东南上登的石阶，又裂开一个岩洞，形状与仙奕岩相同，面朝西南。中间砌着石块作为基座，后面有个下坠的洞穴，很深而且很窄。右边有两个圆形的洞穴，大的仅和竹筒一样大，里外透风，只是太狭窄无法进入下边。向东南方走到山坳中，又迸开一个岩洞，也是又浅又窄不值得观赏。大体上仙奕岩的三个岩洞，整齐地排列在半山腰上，都不相上下。从西麓下山后回头望，又看见一个岩洞，也朝西，正好在中洞的下方。这个岩洞也是又浅又窄，洞中曾有石碑，今天只剩下碑座。

岩洞上方覆有三块圆形的岩石，犹如梅花的花瓣，可惜飘落了两瓣，不够五瓣了。出到岩洞前，有块像磨刀石般平坦的石头，犹如一个棋盘，而且红色的纹路纵横交错，前所未见。岩洞右边有个峡谷状的石窟，其北侧通透明亮，中间开阔明朗可以歇息。却有个病人躺在石窟前，只能蠕动而不能屈伸了。在荒凉的山谷断崖间，樵夫牧人都不来的地方，而这人的性命寄托在这里，真是既同情又敬畏啊！出了岩洞，往西绕过一个山嘴，转到山的东南麓，半山腰有个洞朝向西南方。于是踩着荆棘攀登，洞口隆起，洞顶向上高拱，向下深坠，纵横交错形成峡谷，层层叠叠形成楼阁，不太宽大，而是以巍峨险峻，逼仄迸裂见奇的岩洞。进入洞口，洞右侧突立着一块岩石，形状犹如蹲卧的牛一样，而且颜色也是青色，它背上又高突起一块岩石，圆得像老人的头。这之前，立鱼山的僧人指点此处有个寿星岩，一定就是这里了。但他所指之处还在东南方黄崖的高悬陡绝之处，大概是黄崖西面与立鱼山相对，而此地却隐藏在北面，只是当时没看见罢了。从突立的岩石左侧沿高悬的石阶往下走，走到这块岩石的下边，只见下方是陡削的深渊，而上面的石阶虚悬着，峭壁迸裂无法通行。向东步入峡谷山路，曲折环绕地前行，忽然从头顶射来一束亮光，仰望犹如层层高楼悬架空中，两侧石崖，上面的被遮盖，下面的深嵌地下，无法悬空上登。只是遥见亮光照射之处，洞口规矩地排列着，高悬于相夹石崖的顶端，外边分出门窗，另一端穿透到前山顶上。洞顶平滑得犹如下覆的帷幔，我恨不能拉着绳子登上去一次，闷闷不乐地出来了。

更下山而东，仰见北山之半，复有一门南向，计其处当即前洞光映所通也。见其下俱回崖层亘，乃稍东，循崖端西北而上，逾下崖，抵中崖，而上崖悬绝不得上。复从前道下，更东循崖角西北登上崖。沿崖西陟，则洞前三面皆危壁倚空，惟此一线盘崖可通。前有平石如露台，内旋室方丈，四壁俱环柱骈枝，细若镂丝垂络，联布密嵌，而顶平如幕，下平如砥。西北内通一门，下临深峡，果即前所仰望透空处也。若断塞所登一线盘崖，从峡中设梯以上，此岩高朗如阁，正巢栖穴处之妙境矣。坐憩久之，仍循崖端东南下，其南复有山鹊起。从两山夹中取道而东，可出马鞍之东隅，而中塞无路；循南山西麓取道而南，可抵上龙潭，乃往来大道也。从西麓仰眺山半，悬崖穹拓，黄斑赭影，轰然西向，欲一登无路。循山南行，有微径从草中东上，顷即翳没。竭蹶上登，得一门，外虽穹然，而内仅如合掌，无可深入。望黄赭轰削处，已在其北，而崖嘴间隔，不可盘陟。复下至山麓，再从莽中望崖而登，久之抵轰崖下。其崖危削数千尺，上覆下嵌，若垂空之云，亘接天半。每当平削处，时裂孔一方，中多纷纶奇诡，第琐碎不能深入[①]。循崖下北行，上有飞突之崖，下有累架之石，升降石罅中，虽无窈窕之门，如度凌虚之榭，亦足奇也。

【注释】①第琐碎不能深入："琐碎"，乾隆本、四库本作"琐隘"。

【译文】再下山往东走，抬头看见北山的半山腰，又有一个朝南的洞口，估计那里应该就是前洞亮光照射相通之处。只见岩洞下方都是层层回绕横亘的山崖，稍向东走，沿着山崖外端向西北攀登，翻越下方的山崖，到达中间一层山崖，上层山崖高悬绝壁上不去。又从先前的路线下来，再往东沿崖角向西北登上层崖。顺着山崖向西上登，就见洞前三面都是危峭的石壁斜倚在空中，只有此处有一线绕着山崖可以通行。前边有个平台犹如露天戏台，洞内有个一丈见方的饰有璇玉的石室，四壁都环绕着石柱和并列的枝条，细得犹如雕刻出来的蚕丝和下垂的缨络，缀连在一起，镶嵌致密，洞顶平得犹如幕布，下面平坦得如同磨刀石。洞内西北方通有一洞，下临深峡，果然是之前我仰望透出天空的地方。若阻断那一线环绕山崖上登的通道，而是从峡谷中架梯子上来，那么此岩洞高悬明朗宛如楼阁，正是避世隐居的绝妙之处。休息了很久，仍沿着崖顶从东南方下山，此山的南面还有一座山顺势而起。从两山的夹谷中取道向东，可以从马鞍山的东隅出来，夹谷中阻塞无路；沿着南山的西麓取道向南，可到达上龙潭，是行人往来的大路。从西麓仰望半山腰，悬崖穹拱开阔，布满黄色和赭红色的斑影，朝西巍峨屹立，想一登为快却无路可上。顺山势南行，草丛中隐约有条小路向东攀升，顷刻便被淹没了。我竭力踉跄地攀登，找到一个洞口，洞外虽隆起穹拱，但洞内却仅如合掌，无法深入。远望黄红色巍峨陡峭之处，已在它的北边了，因有崖嘴间隔着，不能盘绕上登。只好再次下到山麓，再从草丛中望着山崖攀登，很久后到达巍峨的石崖下方。这座石崖高峻陡峭，高约数千尺，上面被遮盖，下面深嵌，犹如垂悬于空中的云彩，在半空中绵延相接。每到平滑陡削之处，时常裂开一个孔洞，其中多是纷乱诡异，繁杂狭隘无法深入。沿着悬崖向北下行，上方是飞突的石崖，下方有堆累叠架的岩石，在石缝中爬上爬下，虽无幽深曲折的洞口，却也如同穿越凌空台榭一般，也算是很奇妙了。

时日已过午，下山欲南寻上龙潭，计无从得饭，而东向峡中，循马鞍东麓，即傍郭循江，即易得食，而又可窥屏风、登台，兼尽王氏山房诸胜，且取道两山间，更惬所愿也。乃披莽而东，见两崖石皆巉嵌，丛翠翳之，神愈飞动。既而得艺蔬之畦。又东一里，得北来大道。截大道横过，东去一里得聚落，则郡东门之对江渡也。于是濒江南岸倚屏风山北麓东行，其处村居连络。一里，抵登台山，居聚愈稠。江为山扼，土人谓登台山巅有三虎，夜辄下山啖猪犬。民居环山麓而崖峻，虎得负嵎，莫敢撄[①]焉。转而北去，路从山南绕其东麓而北。闻其处有杨文广[②]洞，甚深杳，从江底潜通府堂，今其洞已塞，土人莫能指导，仅人人言之而已。登台之北又一里，有山横列三峰，其阴即王氏山房所倚，余昔从洛容来，从其北麓渡江者也。兹从南至，望见南麓有洞骈列，路当出其东隅，而遥闻洞前人声沸然，乃迂而西北至其下，则村氓之群社于野庙者也。洞在庙北半里，南向岈然。其山倒石虚悬，内裂三峡，外通三门，宛转回合而不甚深扩，然石青润而穴旁通，亦不意中所难得者。出洞，望西峰之阳，复有一岩南向，乃涉洼从之。适有妇负刍自北坳来，问东西二洞何名，曰："东洞名蛮王，西洞浅而无名，然中有蛇穴之。"问："北坳可达王氏山房？"曰："北坳乃樵径，无岐可通，大路从东麓而遥，小径缘西坡而近，然晚辄有虎，须急行。"余乃上西洞。洞门亦南向，而中果浅，皆赭赤之石，下无旁通之窍，何以穴蛇？内高五六尺，复有石板平庋，虚悬不能上。而石板中央有孔一圆，如井栏中剜，下适有突石，践石透孔，颈项恰出孔上，如罪人之囊三木[③]者，然耸肩束臂，可自此上跃也。但其上亦不宽奥，不堪舒憩，遂下，从西坡小径下山，循西麓而北逾一冈，竹坞蓊丛。里余而得一茅舍，东倚山麓，西临江坡。坡上密箐蔽空，连麓交荫，道出其下，如行空翠穴中，不复知有西烁之日也。一里，北抵姚埠[④]，即东门渡也。其上村居数十家。由村后南向登，上即王氏山房。

时日已昃，余先每入一岩，辄以所携龙眼、饼饵箕踞啖之，故至此而后索餐，得粥四瓯，饭与茶兼利之矣，遂南入竹坞中，筤筜[⑤]万个，森森俱碧玉翔烟，觉尘嚣之气俱尽。已而上山，石磴甚峻，西缘南折，穿榕树根中，透其跨下。其树小于桂林之榕树门，而一横跨街衢，一侧倚崖半，穿根透隙则同也。已又东上，过一庋石片下，石去地五六尺，崖旁平庋出，薄齐架板，则山房在焉。小楼三楹横列洞前，北临绝壑，西瞻市堞纵横，北眺江流奔衍，东指马鹿、罗洞诸山，分行突翠，一览无遁形。楼后即洞，洞高不为楼掩，中置西方诸像，而僧则托栖楼中，若为洞门锁钥者。盖王氏昔读书于此，今则以为僧庐，而名东林洞焉。洞后西、东分两窍：西窍从南入，稍转而东，渐黑隘，不堪深入；东窍从南入，转而东忽透明焉。逾东阈而出，巨石迸裂成两罅：一罅北透则石丛，而平台中悬，可以远眺；一罅东下则崖削，而茅阁虚嵌，可以潜栖。四旁皆耸石云嘘，飞翠鸾舞，幽幻险烁，壶中之透别有天，世外之栖杳无地，非若他山透腹而出，一览即尽也。既而还至前洞，望渡舟甫去西岸。乃从洞东南跻岭上，石磴危峻，所望愈扩，遂南瞰登台焉。久之下山，则渡舟适至，遂由东门，共二里返寓。

【注释】①撄（yīng）：冒犯，触犯。②杨文广：字仲容，麟州新秦县（今陕西神木）人，北宋名将，杨延昭之子。③囊三木：又称“三木囊头”。古代用来枷锁犯人颈项及手足的刑具。④姚埠：即今“窑埠”。柳州十大重点工程，百里柳江点睛之作，位于东堤南路，蟠龙山下，为“百里柳江”璀璨明珠，坐拥一线江景。⑤筤筜（láng dāng）：筤，初生的嫩竹。筜，即筼筜(yún dāng)，生长在水边的大竹子。

【译文】时过正午，我下山后打算朝南去找上龙潭，估计没地方吃饭，于是向东经过山峡，沿着马鞍山的东麓，离城很近，顺着江走，既容易找到食物，又可观看屏风山、登台山，顺便游览王氏山房等处胜景，况且取道两山之间，正合我意。于是拨开丛莽往东行，只见两侧的石崖险峻深嵌，被苍翠的丛林遮盖着，神魂飞舞。不久便看到了菜地。又往东一里，是一条北来的大道。横截大道而过，往东一里有个村落，是东城门对面的江渡。从这里起濒临江南岸沿着屏风山的北麓往东行，这里村庄与村庄相连。行一里，抵达登台山，聚居的百姓更加稠密。江流被山扼阻，当地人声称登台山山顶有三只老虎，夜间下山来吞食猪狗。居民环山居住，山崖险峻，老虎凭借险要的山势，没人敢冒犯它们。转向北去，路从山南绕到山的东侧然后向北延伸。听说此处有个杨文广洞，很深，从江底暗通府衙大堂，如今这个洞已被填塞，当地人无人能带路，只是大家都这么说而已。往登台山的北边再走一里，有座山横列着三座山峰，山北面是王氏山房依傍之处，我之前从洛容县来时，就是从山的北麓渡的江。此次从南边来，望见南麓有并列的山洞，路应该是通往山的东隅，但远远听到洞前人声鼎沸，便绕道西北来到山下，原来是村民们集体在野外神庙中祭祀。山洞在神庙北边半里处，向南隆起。这座山仿佛一块倒立的岩石虚悬于空中，洞内裂成三条峡谷，洞外通有三个洞口，宛转环绕却不怎么深广，但石色青润且四面通达，也是意料之外难得的地方了。出了洞，望见西峰的阳面，还有一个洞朝南，于是涉过洼地去那里。恰好有位背着草料的妇人从北边山坳里走来，向她打听东、西这两个洞的名字，她说："东洞名叫蛮王洞，西洞很浅没名字，但洞中有蛇作为巢穴。"我问她："北边的山坳能否到达王氏山房？”妇人答：“北边山坳是打柴的小路，没有岔路可通，大路从东边走要远一些，小路沿西坡走会近一些，不过晚上常有虎，须走得快点。”于是我登上西洞。洞口也朝南，洞中果然很浅，全是赭红色的岩石，下边再无旁通的石窍，怎能成为蛇的巢穴？洞高五六尺，平架着一块石板，悬在半空人无法上去。石板中央有个圆孔，犹如井栏一样中央是剜空的，下边恰好突出一块石头，踩着石头钻入圆孔，脖子恰好从圆孔钻到上边，好像犯人戴着刑具的样子，不过耸肩束手，可从此处一跃而上。但那上面也不宽深，无法容纳人舒展休息，于是下来，从西坡小路下山，沿着西侧往北越过一座山冈，山坞中竹林郁郁葱葱。走一里多看见一间茅屋，东边靠着山，西临江边的坡地。坡地上茂密的竹林遮蔽天日，成片的林荫与山麓相连，在林中穿行，仿佛走在碧绿色洞穴之中，再不知道还有西晒的烈日了。走一里，往北到达姚埠，即东门的渡口。渡口上有几十户人家。从村后向南攀登，上面就是王氏山房。这时日已偏西，我之前每进一洞，总是随意坐下，吃一些随身带的龙眼、糕饼之类，所以到此地后才寻找餐饭，得到四小盅粥，饭与茶的优点都兼具了。于是向南进入竹坞中，上万棵大大小小的竹子，繁密茂盛得犹如碧玉飞烟，感觉一切凡尘喧嚣都消失殆尽了。随即上山，石阶很陡峭，沿着石阶往西，然后向南拐，在榕树的根系中穿行，从它的胯下钻过。这棵榕树比桂林榕树门的小，然而一侧横跨在街市中，一侧斜靠在山崖的半山腰，根部穿通是一样的。随后又向东上走，从一块平架的石片下经过，石片离地五六尺高，平架在石崖旁，薄得就像架上的隔板，王氏山房就在这里。小楼三间横列在洞前，北临绝深的山谷，西瞻纵横的街市城墙，北眺江流奔涌，东侧指点马鹿、罗洞等山，苍翠的群山成行成列地突起，一览无余。小楼后面就是岩洞，洞很高因此不会被小楼所遮挡，洞中摆放着许多西方佛像，僧人就寄居于楼中，仿佛成为守护山门的关键所在。原来王氏曾在这里读书，今天却成了僧房，并起名叫东林洞。洞后分东、西两个石窍：西窍从南入，稍转向东，逐渐变得又黑又窄，不容深入；东窍从南入，稍转向东，忽然透进光亮。越过东边的石槛出来，巨石迸裂成两条缝隙：一条裂隙裂至北边则岩石成丛，而平台悬于空中，可以远眺；一条裂隙朝东下裂则石崖陡削，茅草屋嵌在虚空中，可以隐居。周围高耸的巨石皆吞吐云气，鲜艳生动的翠色似鸾凤起舞，幽静奇幻，高峻晶莹，钻入壶中便别有洞天，世外仙境已渺茫沉寂无处可寻，这里并不像别处的山，穿过山腹就能将景色一览无余。不久返回前洞，望见渡船刚离开西岸。于是我从洞东南登上山岭，石阶又高又陡，视野更加开阔，终于可以向南俯瞰登台山了。过了很久才下山，渡船恰好来了，于是从东城门，共走了二里返回寓所。

十四日　在柳寓。

十五日　在柳寓。

【译文】十四日　在柳州寓所。

十五日　在柳州寓所。

十六日　作一书与王翰简之子罗源公。促静闻往天妃庙赎所当被，竟不得。

【译文】十六日　写信给王翰简的儿子罗源县知县。催促静闻去天妃庙赎回抵押在那儿的铺盖，竟然要不回来。

十七日　以书投王罗源，不俟其回书，即携行李下舟。过午，雨如注。既而复从南门入抵北门，市土药于朱医士，得山豆根、猪腰子、天竺黄、水萝葡、兔金藤诸药各少许，下舟已昏黑矣。

【译文】十七日　把信投递给罗源县知县，还不等他回信，我便带着行李登船了。过了午后，大雨如注。不久又从南门进城抵达北门，我向朱医士买了些草药，山豆根、猪腰子、天竺黄、水萝葡、兔金藤等药物各买了一些，下船时天色已昏黑。

十八日　晨餐后放舟。十里，石狗湾。有小山在江左，江稍曲而东北。小山之东为龙船山，又西南为夹道双山，此北门陆路所出也。由石狗湾五里，为油闸[①]，江始转而东。又东北十里为罗沟。向正东行者五里，始转而南，十里为山门冲[②]，即昔日洛容来渡江处也。江东为南寨山西麓，石崖回返，下嵌江流；江西岸为马鹿堡。又南十里为罗峒，前有山突兀，坪中有罅南裂，上连下透如石门。其巅又有一圆石突缀于上，若一僧倚崖南向，肩与崖齐，而上露其头颅，下透其腰背。余昔在罗山南已东望而见之，今复西眺，盖水陆兼收之矣。又南五里，诸峰森丛江右，石崖回亘，亦犹山门之列于江左者，而其上复有石森列，若立而伛偻，若坐而箕踞者。舟人谓此处有“八仙对奕”，岂即此耶？至此江稍转西南，其东岸有聚落曰鸡腊[③]，乃柳州东南陆路大道也。道侧有溪自西来入，于是舟转东行。五里，转而南，有崖悬突江左，层累叠嵌，光采离奇。眺其东，有尖峰弯竖，形若牛角。既而东转五里，江北聚落出焉，名曰犁冲[④]。盖山脉北自牛角尖直下，江流环其东、南、西三面，中成盘涯，若犁之尖，故名。忽转而北，又五里，直抵牛角山下，复转东去。北山松桧森然，名曰罗坟。遥闻滩声如雷，久之始至，则悬流回瀑，一泻数里，是曰横旋滩[⑤]。自犁冲北转至此，破壁而出，建瓴而下，又共五里矣。东南下滩五里，山渐开伏，又十里，稍折而东北，又东十里，三江口[⑥]。洛青江自东北来注，有聚落在柳江北、洛青西，昔有巡司并驿，今移賈江[⑦]矣。时日已西衔山半，遂泊。

【注释】①油闸：即今“油榨”，位于柳江市北境，柳江南岸。②山门冲：即今“三门江”，属柳江的一个流域，江面上隐约可见有三处间隔的大礁石，使河面形成了三个大缺口，活像水面上的三个大门，于是，历来百姓称此地为“三门江”。③鸡腊：即今“鸡喇”，位于柳州市鱼峰区东南郊。④犁冲：即今“立冲”，处于柳州市柳江县，里雍镇。柳江东岸转折处。⑤横旋滩：原作“横拉滩”，据乾隆本、“四库”本改。⑥三江口：即今“江口镇”，位于广西桂平市东北部，与平南县相邻，珠江中游。⑦賈江(yǔn)：即今“运江”。位于象州北隅，运江汇入柳江处。

【译文】十八日　早餐后开船。行船十里，到达石狗湾。江左有座小山，江水稍稍弯曲然后流向东北。小山的东边是龙船山，再往西南是夹着道路的两山，这是出北门走陆路的必经之地。由石狗湾行船五里，是油闸，江水开始转向东流。再往东北十里是罗沟。向正东行船五里，再转向南，行十里就到了山门冲，就是前几天从洛容县来时的渡江之处。江东是南寨山的西麓，石崖反转，下嵌于江中；江西是马鹿堡。又向南十里是罗峒，前方的平地上突兀耸立着一座山，山体向南裂开一条缝隙，上部相连下方通透，犹如一座石门。山顶有块突出的圆石点缀在上面，宛若一个和尚面朝南方背靠着石崖，肩头与山崖齐平，上边露出头颅，下边显露出腰背。我之前在罗山南麓东望时已见过它，今天又从西眺，大概它不同风格的水陆景观都兼顾了。再向南五里，江右诸峰繁盛丛立，石崖绵延环绕，犹如江左山上排列的石门一般，而且山上又有岩石森然排列，像站着却佝偻着腰背，像坐着却两腿弯曲的样子。船夫说这里有个“八仙对弈”，莫非就是这里吗？至此，江流稍转向西南，江东岸有个村落叫鸡腊，是柳州府东南方向通陆路的大道。大道旁边有溪水自西汇入江中，从这里船转向东行。行五里，转向南，有悬崖突立在江左，层叠深嵌，光彩夺目离奇古怪。眺望悬崖东边，有座尖峰弯曲地竖立着，形状如牛角一般。不久转向东行五里，江北出现个村落，名叫犁冲。大概是山脉从北边牛角尖峰绵延直下，江流环绕在它的东、南、西三面，中间形成盘状江岸，犹如犁头的尖端，因此而得名。忽然向北转，又行了五里，直抵牛角山下，又转向东，北山上松柏森然茂密，名叫罗坟。远远就听见浅滩的水流声像雷鸣一般，很久后才到达，只见高悬的江流形成瀑布，一泻数里，这里名叫横旋滩。从犁冲向北至此，冲破崖壁，居高临下顺势倾泻，又一共前行了五里。朝东南驶下浅滩后前行五里，山势渐渐开阔而低伏，又行十里，稍微拐向东北，再向东行十里，到达三江口。洛青江自东北而来汇入柳江，有个村落在柳江北岸、洛青江西岸，从前这里有巡检司和驿站，如今搬迁到賔江去了。这时将日落西山了，于是我们也停了船。

十九日　舟人因蚊蚋甚多，乘月放舟中流，听其随波去。五鼓抵賔江[①]，市聚在东岸，其上连室颇盛，其下复有滩。下滩，舟稍泊，既曙乃行。二十里，象州[2]，在江东岸。自犁冲来，石山渐隐，土山渐开，唯賓江之下有崖特立江左，江转而西，山形下削上突，岂即《志》所谓“象台”耶？象州城在江东岸，濒江岸颇高，西门城垣因之，州即在其内。州廨内外，多茅舍萧条，其东即洼而下，居民之庐托焉。西门外隔江即为象山。山土而不高，土人曰：“春月有云气，望若象形，纷走其上，即之则散，故名。”其北岸有石蹲伏山头，谓“猫儿石”也，颇觉宛然。舟泊，市蔬米，濒午乃发。十里，转而西，有崖峙江左。又西十里，过大容堡[3]，转而西南行，两岸始扩然无山。又五里，转而东南行。又十里，都泥江自西南来会，其水浑浊如黄河之流，既入而澄波为之改色。江东北岸有小山，北面分耸两岐，西突兀而东尖峭，正与都泥入江之口相对，若为建标以识者。又东南十五里，折而西北，旋转西南。又十里，乃东下大滩，一泻五里，曰菱角滩。下滩五里，日薄崦嵫，又十五里，泊于泷村[4]。在江北岸。

【注释】①賓江：乾隆本、“四库”本作“宾江”，不从，故改。②象州：即今“象州县”，隶属于广西壮族自治区来宾市，地处广西中部、大瑶山西麓，西接兴宾区，南靠武宣县，东邻金秀瑶族自治县，北连柳州市鹿寨县、柳江区。③大容堡：即今“大仁”，位于武宣县北隅，柳江南岸。④泷村：即今“陇村”，位于武宣县北境，黔江北岸。

【译文】十九日　船夫因蚊虫太多，趁着月色在水中行船，任由船只随波逐流。五更时抵达賓江，街市村落在东岸，岸上房屋一户连一户，非常繁盛，下边是河滩。下了河滩，船稍作停泊，等日出后再出发。行船二十里，到达象州城，在江的东岸。自犁冲以来，石山渐渐隐退，土山逐渐开阔，唯有賓江下游有座石崖单独耸立在江左，江水转向西流，山体下部陡峭，上部突出，难道这就是《志》中所记载的“象台”吗？象州城位于江东岸，濒临江岸颇高，西门城墙沿江而建，州衙就设在城内。州衙内外，有很多荒凉的茅屋，州衙东边低洼下去的地方，村民房屋基本安置在那里。西门外隔江便是象山。山是土山而且不高，当地人说：“春季有云气，远望犹如象形，纷纷爬到山上，靠近就消失了，因此得名。”江北岸有岩石蹲伏在山头，称为“猫儿石”，我觉得十分形象。船停下来，买菜买米，临近中午才发船。行十里，向西转，有山崖耸立在江左。又向西行十里，路过大容堡，船转向西南行驶，两岸随之变得开阔无山。又行了五里，船转向东南行驶。又行十里，都泥江从西南方流来汇合，江水浑浊得犹如黄河水，汇入柳江后清澈的江水也变了颜色。江东北岸有座小山，北面分别耸立着两座支峰，西峰突兀而东峰尖峭，恰好与都泥江入江口相对，好像是为了定位而竖起的标杆。再向东南行船十五里，转向西北，不久又转向西南。又行了十里，便向东驶下一个大河滩，一泻就是五里，名叫菱角滩。下滩后五里，日薄西山，又行十五里，停泊在泷村。在江北岸。

都泥江者，乃北盘之水，发源曲靖东山之北[①]，经七星关[②]抵普安之盘山，由泗城而下迁江[③]，历宾州、来宾[④]而出于此。溯流之舟，抵迁江而止。盖上流即土司蛮峒，人不敢入，而水多悬流穿穴，不由地中，故人鲜谙其源流者。又按庆远忻城有乌泥江，由县西六里北合龙江。询之土人，咸谓忻城无与龙江北合水口，疑即都泥南下迁江者。盖迁江、忻城南北接壤，“乌泥”“都泥”声音相合，恐非二水。若乌泥果北出龙江，必亦贵州之流，惜未至忻城一勘其迹耳。若此江，则的为北盘之委，《西事珥》指为乌泥，似以二水为混，未详核之也。

【注释】①发源曲靖东山之北：陈本、乾隆本皆为“发源杨林海子”，应为整理者窜入。北盘发源杨林海子，系徐霞客到交水后误信龚起潜之说。《粤西游日记四》戊寅二月十五日记还提到北盘江“自曲靖东山发源”，此处陈本、乾隆本有误。②七星关：今同名。位于贵州西北部，西接云南，北毗四川。历史悠久，文化多姿多彩，钟灵毓秀，人杰地灵，气候宜人。③迁江：即今“迁江镇”。地处桂中腹地，位于来宾市兴宾区西南部。④来宾：隶属广西壮族自治区，位居广西壮族自治区中部，故有“桂中腹地”之称。

【译文】都泥江，属于北盘江水系，发源于曲靖府东山的北面，流经七星关，最终抵达普安州的盘山，由泗城州往下流至迁江县，流经宾州、来宾县后流到此地。逆流而上的船，抵达迁江县便停止了。大概因为上游就是土司管辖的蛮族聚居区，汉人不敢进去，而且江水有很多悬河和地下河，不流经地表，所以很少有人熟悉它的源头。又据记载，庆远府忻城县有条乌泥江，由县城西边六里处向北与龙江汇合。向当地人打听，都说忻城县北边没有与龙江汇合的江口，我怀疑所记载的是都泥江向南下游迁江县的这一段。大概是迁江县、忻城县南北接壤，“乌泥”“都泥”发音相近，恐怕不是两条水流。假如乌泥江果然是向北汇入龙江，那它也必定会是贵州境内的江流，可惜我未去忻城县考察一下它的源头。假如这条江的确是北盘江的下游，那么《西事珥》把它认定为乌泥江，似乎是将两条江混淆了，并未详细核实过。

二十日　昧爽放舟，五里下一滩，曰大鹭滩，江右石峰复骈列而出。又南五里，为武宣县[①]西门。县城在江之左，亦犹象州之西临江渚也。但隔江西岸之山，卓立歧分，引队而南，岩皆奇诡，若垂首引项，伛偻比肩，种种怪异。《志》谓“县西有仙人山，南有仙岩山”，当即所望诸异峰也，不似象州西山以云气得名也。其附舟去五人，复更四人，舟人泊而待之，上午乃发。南五里，江折而东，又五里，乃东南折而去，两岸复扩然。又十五里，有溪自西来注。又东南十里，为勒马堡[②]，堡江左，过此即为浔州之桂平界矣。又南十里，两岸山渐合，又五里为横石矶。有石自江右山麓横突江中，急流倒涌，遂极澒洞[③]之势。盖两崖皆连山逼束，至此为入峡之始。又南五里，转而东南二十里，江左涯辟一坪，是为碧滩[④]，设堡置戍，为峡中之界，名镇峡堡焉。又东南十里，两岸山势高耸，独冠诸峰，时有石峰悬峙。江至是转而东，其南回东转处，江左瞰流之石，有大书镌石者，土人指为韩都宪留题，然舟疾不能辨也。又东北二十里，有小溪自北破壁而出，其内深峻屈曲，如夹堵墙。又东为大藤峡，大江南北两崖，俱有石突江中。云昔有巨藤横驾江上，故南北两山之贼，此追彼窜，彼得藉为津梁，而我不能施其威武。自韩公雍[⑤]破贼而断之，易名断藤峡。过断藤五里，下弩滩[⑥]，遂南出峡口。有水自东来注，曰小江口。其水由武靖州[⑦]来，至此，合并西南下，势甚涌急，盖出峡而恣其放逸也。北自横石矶入峡，南至弩滩而出，其中山势回逼，正如道州之泷江，严陵之七里泷。但此峡相去六七十里，始入为东西峡，中转为南北峡，中无居庐，丛木亏蔽，两旁为瑶、僮窟宅，故易于为暴。使伐木开道，因泉置屯，则亦丹崖、钓台，胜概所丽矣。今碧滩之上置镇峡堡，声势甚孤，恐怠玩之后，不足以震慑戎心也。出峡，又西南循山下，十五里抵浔州府[8]。已暮，泊于大北门。

【注释】①武宣县：属象州，在今广西武宣县，位于广西壮族自治区中部、黔江流域。②勒马堡：今同名。位于武宣县南隅，黔江东岸。③澒洞（hòng tóng）：迷蒙无间，弥漫无际的样子。④碧滩：今同名。位于广西桂平县西北，黔江北岸，碧滩村。⑤韩公雍（1422—1478）：即韩雍。字永熙。南直隶苏州府（今江苏苏州）人。明朝中期名臣、诗人。明宪宗成化元年（1465），以右佥都御史之职前往讨平大藤峡起义，俘杀首领侯大苟，截断江上大藤，改地名为断藤峡。平乱后以左副都御史之职提督两广军务。后请分设广东、广西两巡抚，获朝廷准许，专理军事。⑥弩滩：位于广西桂平市西北。当大藤峡口，水势如发弩，故得名。⑦武靖州：明成化三年（1467）置，属浔州府。位于今广西桂平县东北三十里武靖村。⑧浔州府：明洪武元年（1368）改浔州路置，即今广西桂平。

【译文】二十日　黎明开船，行五里驶下一处河滩，名叫做大鹭滩，江右的石峰并排排列着。再南行五里，是武宣县的西城门。县城位于江左岸，也和象州城一样，是西面临江的沙洲。但隔着江西岸的山，高矗且分成支脉，如列队般向南延伸，这些石头都很诡异，好像伸长脖颈垂着头，佝偻着身体并肩而立，各种怪异的形态。《志》中记载“县城西边有座仙人山，南边有座仙岩山”，应该就是现在所望见的这些怪异的山峰，不像象州的西山，以云气得名。搭船的人有五个下了船，又换了四个人，船夫停船等他们，上午才出发。南行五里，江流折向东去，又行五里，折向东南流去，两岸再度开阔起来。又行十五里，有条溪流自西而来汇入江中。又向东南方行十里，是勒马堡，它位于江左，过了这里就进入浔州府桂平县境内了。又南行十里，两岸的山渐渐合拢，再行五里是横石矶。有岩石从江右边的山崖横突至江中，激起江水倒涌，于是极尽展现弥漫无际的气势。原来，两岸的山崖都是由连贯的山脉紧凑聚拢而成，这里正是进入峡谷的开端。再向南行五里，转向东南方行二十里，江左岸，辟出一块平地，就是碧滩，设置有城堡和驻军，是峡谷中部的分界处，名叫镇峡堡。再往东南行十里，两岸山势高耸，超越了群峰，不时有悬绝的石峰危耸。江流至此转向东去，在由南向东回转之处，江左岸有刻着俯瞰江流的岩石，大字，当地人认为是韩都宪留下的题词，然而船行得太快无法辨认。又向东北行船二十里，有条小溪自北边穿透崖壁而出，溪谷内深峻曲折，犹如夹于两堵墙之间。再往东就是大藤峡，大江南北两侧的山崖，都有岩石横突至江中。据说从前有座巨大的藤桥横架于江上，因此南北两山上的盗贼，这边追剿就逃到那边，借此桥逃窜，致使我军无法施展威力。自从韩雍公剿灭盗贼并砍断藤桥后，便改名叫断藤峡。驶过断藤峡五里后，驶下弩滩，便是峡谷的南出口。有水源从东而来汇入江中，叫做小江口。这水源从武靖州来，流至此地，合并后朝西南方流去，水势非常汹涌湍急，大概是江水出峡便纵情奔流的缘故。北从横石矶进入峡谷，南至弩滩出峡，其间山势环绕逼仄，如道州的泷江，严陵的七里泷。但这条峡谷长达六七十里，入峡时是东西走向，中部转为南北走向，其中没有民宅，林木遮天蔽日，两岸都是瑶人、僮人的聚居地，所以易引发暴乱。即使伐木开道，在泉眼附近驻兵屯守，也会和丹崖、钓台一样，成为景色秀美之地。如今在碧滩之上设置镇峡堡，声势非常单薄，恐怕其玩忽职守，不足以震慑戎贼。出峡后，再往西南顺山势下行，十五里后抵达浔州府城。这时已天黑，便停泊在大北门。

大藤峡东抵府约三百余里，乃漓、柳二江之夹中也。两江瑶贼昔甚猖獗，屡征之后，今两江晏然。当其猖獗时，贼东西相结，盖其中有力山焉。东助府江[1]，西援藤峡，互相窜伏，所谓狡兔之三窟也。王新建讨定之后，当有布置，俟考之。

【注释】①府江：漓江位于梧州附近河段称“桂江”，亦称“府江”。

【译文】从大藤峡向东，抵达府城大约要三百多里，是漓江、柳江相交的中间地带。过去，两江流域瑶贼十分猖獗，屡次征讨之后，如今安定了。当盗贼猖獗之时，盗贼东西两派相互勾结，大概是得利于山势地形吧。往东可借助府江之势，往西凭借大藤峡的援助，来回逃窜潜伏，正所谓狡兔三窟。王新建讨伐平定后，应有所部署，待日后考证。

二十一日　隔晚泊浔州大北门税厂下。夜半风雨大作，五更雨止，而风势震撼不休，晨餐后乃杀。乃登涯入大北门。南行半里，转而东一里，过府前，又半里，抵四牌坊。折而南半里，出大南门，则郁江自西南来，绕城而东北，至小北门与黔江合而东北去，下平南[1]达梧州者。下定寓南门驿前，乃登小北门城埤[2]，望二江交合处，有洲当其中，其江虽北去，旋转而东南下苍梧[3]也。循埤西行，望西山屼嵲出云表，下瞰城隅，上有石纵横，土人指其处有寺，当即《志》所称三清岩也。其后山即大藤峡。时以舍馆未定，不遑命屐，姑下舟觅夫，担行囊置南门外逆旅。静闻从而后，遍觅不得，下午乃至。薄暮仍雨。

【注释】①平南：唐贞观七年置，即今广西平南县，为龚州治。②城埤（pí）：即城堞，城上的矮墙。③苍梧：隋开皇十年，改广信县置，属静州，即今广西梧州市。

【译文】二十一日　隔天晚上停泊在浔州府大北门外的税厂下。深夜风雨大作，到五更天雨才停，然而狂风仍大作不止，直到早餐后才有所减弱。于是我上岸进了大北门。往南走半里，转向东走一里，从府衙前经过，又走了半里，到达四牌坊。折向南走了半里，出大南门，就见郁江从西南方而来，绕过府城流向东北方，直流到小北门，与黔江合流后才往东北流去，流经平南县到达梧州府。我在南门附近预订一家寓所，于是登上小北门的城堞，远眺两江交汇处，有沙洲位于江中，那江水虽流向北方，但很快便转向东南方，向下游的苍梧县流去了。沿着城墙往西走，只见西山高耸入云，俯瞰着府城一角，西山上岩石纵横，当地人指点说那地方有座寺院，应当就是《志》上记载的三清岩。西山后面的山就是大藤峡。这时由于寓所仍未定下，来不及前往，暂且下船找个挑夫，担着行李安置在南门外的寓所中。静闻随后便来，可他四处找也找不到，下午才到达寓所。傍晚时分仍然下着雨。

二十二日　早，雨复淋漓不休。留静闻、顾仆寓浔之南门，觅担夫为勾漏、白石、都峤三山游。晨餐后雨止，乃发，即从驿前南渡郁江。五里，滩头村[①]。又三里为车路江，下有石梁，梁外水发，小水自东南西北入郁，舟得而至焉。南二里为石桥村。人家至此，惟滩头及石桥二村，余俱苍莽矣。从此南望，白石山与独秀挺峙，若在三十里外，而土人云："尚六十里而遥，竟日之力犹不能到。"盖山路迂隔也。由石桥村而南，苍莽中四高中洼，平地多伏莽突土之石，多分裂区汇之波。二里，得回石一壑，四面环丛，中潴清流，有渊坠成潭，有迸裂成隙，水石容与[2]，亦荒野中异景也。按《志》浔城南十五里有泿水[3]，旷野中天然怪石甃[4]其旁，水泉深碧清澄，中有巨鱼，人不敢捕，即此无疑。更南，则汇潭更多。疑即《志》所称南湖[5]。上有冈为横南墟，或湖南之讹。有一妇人结茅贳[6]酒其上，去郡盖十五里矣。其东有山，自南而北垂抵此，从其西渐升而南，迸穴愈多，皆平地下陷，或长如峡，或圆如井，中皆丛石，玲珑攒嵌，下则渊水澄澈。盖其地中二三丈之下，皆伏流潜通，其上皆石骨嘘结，偶骨裂土迸，则石出而穴陷焉。于是升涉沟垅，又三里，乃入山坞，则山皆纯土，无复嶙峋之石，而坞中皆禾田曲蟠四麓矣。又二里，上湖塘岭，坡陀相间，岭壑重叠。十里，抵容塘村，有潭汇水，数十家聚居山半。又南陟一岭，共二里，渡一溪桥，上岭为官坂墟。墟有一妇结茅贳酒，与横南同。郡中至此三十里，为白石山行之中道，乃餐粥茅店中。从岐东南逾岭，十里，为姚村[7]。村亦百家之聚，依山汇水，真山中之乐墅也。渡一小溪，又南逾岭，五里，为木角村。村在白石山之北麓，去山尚十里，日有余照而山雨复来，谋止宿其处而村人无纳者。村杨姓，俱闭门避客。徘徊抵暮，坐舂[8]舍问拟度其夜。既而一舂傍主人启扉纳焉，为之晚炊而宿。

【注释】①滩头村：今同名。位于桂平市南郊，郁江东岸。②容与：悠闲自得的样子。③溺(niào)水:即今“密石坡”。溺,同“尿”。④甃(zhòu):以砖瓦砌的井壁。⑤南湖:位于桂平县南,亦称“结塘湖”,今分为“上结塘”和“下结塘”。⑥贳(shì):出售。⑦姚村:即今“耀村”,位于桂平市东境。⑧舂(chōng):把东西放在石臼或乳钵里捣掉皮壳或捣碎。

【译文】二十二日　早晨,雨依然下个不停。我把静闻、顾仆留在浔州府南门的寓所,找了位挑夫同我游览勾漏、白石、都峤三座山。早餐后雨停了,于是出发,就从驿站前边南渡过郁江。行五里,到达滩头村。又行三里是车路江,下游有座石桥,离桥略远之处水面开阔,一条小河从东南流向西北方,最终注入郁江,船才能行驶至此。向南二里是石桥村。在这里居住的,只有滩头村和石桥村两个村子,其余都是苍茫的原野。从这里往南望去,白石山与独秀峰挺拔屹立,好像在三十里之外,可当地人说:“其实有六十多里远,花一整天的功夫也到不了。”大概是由于山路迂回曲折吧。从石桥村往南走,苍茫的原野,四周高而中间低,地表大多是倒伏在草丛中突起的岩石,分布着众多积水的裂隙。走二里,见到一个被岩石环绕的山谷,四周草木丛生,中间是一股清流,有的下陷成渊形成深潭,有的迸裂成隙,水石相容,惬意悠闲,也算是荒野中的异景了。据《志》记载,浔州府城南十五里处有个叫溺水的地方,旷野中天然怪石砌于四周,泉水碧绿清澈,水中有大鱼,人不敢捕捞,无疑就是这里。再往南,积水的深潭更多。我怀疑这便是《志》中记载的南湖。上面有座山冈叫横南墟,或许是“湖南”的误读。有位妇女在山冈上盖了茅屋卖酒,距离府城大约十五里左右。它的东面有座山,从南往北低垂至此,山的西面逐渐向南爬升,迸裂的洞穴众多,都是平地下陷的那种,有的长如峡谷,有的圆若水井,中间都是成丛的岩石,玲珑而簇拥深嵌,下方的渊潭澄澈见底。大概这里地下两三丈深处,都是暗通的潜流,地表都是骨状的岩石吞吐云气，偶尔有骨状岩石开裂迸出泥土，就会形成突起的岩石和深陷的洞穴了。从这开始在沟陇间跋涉，再走三里，才进入山坞，这里的山都是纯粹的泥土，不再有嶙峋的山石，山坞中到处是稻田，蜿蜒曲折地盘绕至周围的山麓下。又走二里，登上湖塘岭，坡冈相间，峰谷层叠。走十里，到达容塘村，那里有个积满水的深潭，数十家人聚居在半山腰。再往南登上一座岭，共二里，越过一座横跨溪上的小桥，登上岭就是官坂墟。街市上有位妇女盖了茅屋卖酒，和横南墟一样。从府城到这里有三十里，是去白石山的中途，于是我在茅屋酒店中吃了粥饭。从岔道往东南越过山岭，走十里，是姚村。姚村也是个有近百户人家的村落，依山傍水，真乃山中的安乐之处啊。渡过一条小溪，又向南越过山岭，走五里，是木角村。村子位于白石山的北麓，距离白石山还有十里路，落日余晖尚存，却下起山雨，我本想停下在此处投宿，可村里却无人肯接纳。村民都姓杨，全都闭门谢客。徘徊至傍晚，我准备在舂米的棚子前坐一夜。不久，舂米棚子旁边有户人家，主人开门接纳了我，为我煮了晚饭而后睡下。

二十三日　早饭，别木角主人，授火钱，固辞不纳。何前倨而后恭耶？由其东南越一岭，由岐径望白石[①]而趋。其山峰攒崖绝，东北特耸一峰为独秀，峭拔孤悬，直上与白石齐顶，而下则若傍若离，直剖其根。崖石多赭赤之色，谓之“白石”，岂不以色起耶？五里，路渐没草间。渡一溪，岭半得一山家，傍舍植芭蕉甚盛。亟投问路，始知大道尚在西南，而此乃岐中之岐也。由其左登山，东向而上，望周塘村[②]在路右坞中，相隔坑阪已两三重也。由土山之脊转而南，五里，度一山坳。稍东而南折，直抵山之北麓，则独秀已不可见，惟轰崖盘削，下多平突之石，石质虽不玲珑，而盘亘叠出，又作一态也。直上一里，抵崖石下。转而南，一里，为三清岩。其岩西向，横开大穴，阔十余丈，高不过二丈，深不过五丈，石俱平燥，惟左后深入而东，然低庳③不逾尺，所云南通勾漏者即指此。余谓山脉自此与勾漏南接，若此洞高峙山半，而其山四面孤悬，谓穴道潜通，夫谁入而谁试之耶？右壁尽处有穴大如管，泉自中滴下，悬四五尺，僧布竹承之，清冷异常。下丈余，汇为一潭，不甚深澈，指为“龙潭”云。岩内有一石如舡，卧可为榻，坐可为几。岩列三清像，故以“三清”为名，即白石之下洞矣。又南半里，为大寺，甚古，后倚崖壁，有观音堂甚敞。其左峭壁下有圆珠池，亦水自半崖滴下者，下甃圆潭承之，无他异也。按《志》，山北有漱玉泉，而《西事珥》与《百粤风土记》俱谓其泉暮闻钟鼓则沸溢而起，止则寂然，诧以为异。余谓泉之沸寂，自有常度，乃僧之候泉而鸣钟鼓，非泉之闻声而为沸寂也。及抵白石，先询之三清观，再征之白石寺并漱玉之名，不知何指，而闻钟泉沸之说，山僧茫然，洵皆好事之言也。寺僧为瀹茗，余急于会仙之胜，即以行囊置僧舍，不候茗，由后寺南循崖壁行。已东转而上，入石峡中。其峡两峰中剖，上摩层霄，中裂骈隙，相距不及丈，而悬亘千余尺，俱不即不离，若引绳墨而裁削之者，即俗所夸为“一线天”，无以过也。磴悬其中，时有巨石当关，辄置梯以度，连跻六梯，始逾峡登坳。坳之南北，俱犹重崖摩夹。乃稍北转，循坳左行，则虬木盘云，丛篁荫日，身度霄汉之上，而不知午日之中，真异境也。至是东嶂稍开，始见独秀峰在东北，而东南坞中又起一峰，正与独秀对峙，而高杀其三之一，宛然莲蕊中擎，但四面为诸峰所掩，惟此得睹全体耳。又北攀悬崖而上，木根交络石间，为梯为絙，足蹑手缘，无非此矣。已转一壑，有磵[4]自顶西向坠峡，累潭捣穴。由峡右复悬梯上登，宛转三梯，遂行平冈间。其外乃万丈下削之崖，其内即绝顶漱根之峡，内外皆乔松丛木，一道深碧，间有日影下坠，如筛金飏[5]翠，闪映无定。出林则凿石成磴，又植竹回关，跻磴转关，而会仙之岩岈然南向矣。其岩皆黄赤之石，上下开窟，而内渐凑合，旁无氤氲之窍，上无滴沥之乳，与下岩同，而地位高迥，境路幽去。五里之云梯杳蔼，自大寺来，约有五里。千秋之鹤影纵横，非有栖霞餐液之缘，谁得而至哉！时已过午，中有云寮[6]，绾钥已久，灶无宿火，囊乏黄粱，无从扫叶煮泉，惟是倚筇卧石，随枕上之自寐自醒，看下界之云来云去。日既下舂，炎威少退，乃起，从岩右蹑削崖，凌绝顶。崖虽危峭而层遥，盘隔处中有子石，圆如鹅卵，嵌突齿齿，上露其半，藉为丽趾之级，援手之阶。不觉一里，已腾踊峰头，东向与独秀对揖矣。盖此峰正从浔州来，所望独秀峰西白石绝顶，而独秀四面耸削如天柱，非羽轮不能翔其上。粤西三独秀，而桂城最著，柳州无闻，然皆巑岏可登，此独最高耸，最孤峭。而此峰三面亦皆危崖突立，惟南面一罅，梯峡上跻，颇如太华三峰，上分仙掌，下悬尺峡，透险跖危。此真青柯嫡冢，他未见其比也。何者？桂、朔、柳、融诸峰非不亭亭如碧簪班笋，然石质青幻，片片如芙蓉攒合，窍受蹑，痕受攀，无难直跻。而此则赤肤赭影，一劈万仞，纵覆钟列柱，连轰骈峙，非披隙导窾[7]，随其腠理，不能排空插翅也。独秀、莲蕊二峰，为此峰门户，其内环壑深堑，亏蔽日月，重冈间之，人无至者。坐眺久之，乃仍下会仙。别岩而下，历三梯，三里至峡坳上，见峡左一石，倚崖而起，上并崖端倚云，下有线罅透日。急贾勇穿其中，则其隙不即不离，仅容侧身而进，其上或连或缺。既而渐下，南转出罅，则飞石上下悬嵌，危不可跻矣。返出峡坳，见倚石之侧，复有一道上出石端，危悬殊甚，乃流沙滚溜而成者。心益不能已，复攀根引蔓而登。跻其端，透入石阙中，则倚石西尽处也，与前崖夹而成阙。穿阙而南，则飞石南悬之上也，瞰前罅正在其下。遂攀登倚石之顶，则一台中悬，四崖环峙，见上又或连或缺，参错不齐。正凭眺间，闻雷声殷殷，仍下峡坳，历六梯，一里西出峡，又一里，北返大寺。亟问餐于僧，濯足于泉，而雷雨适至。先是，余下至上梯，遇寺中肄业诸生，见余登岩久不下，亦乘兴共登，至是未返，困于雨。而平南有乡贡梁凌霄者，开绛帷⑧寺中，见余辄有倾盖之雅，为之挑灯夜谈。中夜雷雨大奋，卧室淋漓。

【注释】①白石：即白石山，位于广西桂平市东南。②周塘村：今亦作“周唐”，位于桂平市东境，白石山西麓。③庳（bì）：低洼。④磵（jiàn）：古同“涧”，山间的水沟。⑤飏（yáng）：飞扬，飘扬。⑥寮（liáo）：小屋。⑦窾（kuǎn）：空隙。⑧绛帷：对师门、讲席的敬称。

【译文】二十三日　早饭时，与木角村的房主人告别，付他柴火钱，他坚决不肯接受。为何之前倨傲后来又恭敬呢？由村子东南越过一座山岭，从岔路望着白石山快走。这座山峰攒聚起悬绝的山崖，东北方独耸着一座山峰叫独秀峰，峭拔孤悬，笔直上耸，与白石山的山顶齐平，可下部却若合若离，一直剖开至山脚。崖石多为赭红色，称它为“白石”，难道不是因为石头的颜色命名吗？走了五里，路逐渐隐没于草丛间。渡过一条小溪，在山岭的半山腰看见一户山野人家，屋子四周种着茂盛的芭蕉。急忙过去问路，才知道大道还在西南方，这里只是岔路中的岔路。从他家的左边登山，往东攀登，望见周塘村在路右边的山坞中，相隔的坡谷已有两三重了。从土山的山脊转向南，走五里，越过一个山坳。稍向东而后向南，直达山的北麓，独秀峰已看不见了，只见崩裂的石崖盘结陡削，山脚下多是从地面突起的岩石，质地虽不玲珑精致，但交错绵延，层叠显露，也是另一番姿态。向上攀登一里，到达石崖下。转而朝南，走一里，是三清岩。这个岩洞朝西，横向开辟一个大洞，宽十多丈，高不过二丈，深不过五丈，岩石都很平整干燥，唯有左后方可向东深入，但低矮得不超过一尺，所说的向南通到勾漏山的地方，指的就是这里。我认为，山脉从这开始与勾漏山南接，至于说此洞高峙于半山腰，且此山四周孤悬，说是有暗道相通，是有谁进去过或者尝试走过呢？右边石壁的尽头有个大如管的洞穴，泉水从洞中滴下，高悬四五尺，僧人装置了竹片接水，异常清凉。下去一丈多，积水汇聚成潭，不是很幽深清澈，这潭被叫作“龙潭”。岩洞内有块岩石像船一样，躺下可做床，坐下可做几案。岩洞内陈列着三清神像，所以用“三清”命名，这就是白石山的下洞了。再向南半里，是大寺，非常古老，后面紧靠崖壁，有座观音堂十分敞亮。他左边的峭壁下有个圆珠池，也有水从峭壁的中段滴下，下面砌着圆形的水池接水，没什么奇特之处。据《志》记载，山北有个漱玉泉，且《西事珥》和《百粤风土记》都说该泉水在傍晚时听见钟鼓声就会沸腾溢流而出，钟鼓声停止便沉静无声了，奇异得令人惊讶。我认为，泉水的沸腾与沉寂，自然有它的规律，是僧人等泉水沸腾才去敲响钟鼓，而非泉水听到钟鼓声而沸腾、沉寂。到达白石山，首先打听三清观，再考证白石寺和漱玉泉的名字，人们不知所指何处，并且听到钟鼓声泉水就会沸腾的说法，山中和尚也是茫然不知，看来这都是好事者编造的谣言。寺里的僧人为我沏茶，我因急着寻找会仙岩的胜景，就把行李放在僧房，没等茶沧好，就从寺后向南沿着崖壁动身了。不久朝东转上去，进入石峡中。这条石峡将两峰从中间剖开，向上直抵层层云霄，中间裂开两条缝隙，相距不到一丈，但悬空绵延千余尺，都是不即不离，犹如根据墨线裁剪、砍削出来的一样，这里被誉为“一线天”，不算过分。石阶悬于裂缝中，偶尔有巨石挡在险要之处，就设置了梯子越过去，一连上了六架梯子，才穿越峡谷登上山坳。山坳的南北两侧，还是重重石崖紧逼相夹。稍转向北，沿着山坳朝左走，只见蜷曲的林木盘绕于云雾之中，成丛的竹林遮蔽了阳光，仿佛身体穿越于云霄之上，而不知正午红日当空了，真是奇异胜境。至此东侧如屏障般的高峰稍微开阔了一些，才看见独秀峰在东北方，而东南方的山坞中又耸起一座山峰，正好与独秀峰对峙，但最高处只有独秀峰的三分之一，宛如莲花的花蕊擎于空中，四周都被群峰遮住，只在此处能看到它的全貌。又向北攀着悬崖上登，树根在石缝间盘根错节，是梯子也是绳子，脚踩手抓的，无非就是这些根系。不久转入一个山谷中，有山涧从山顶向西坠入峡谷，或汇集成潭或直击石穴。从峡谷的右侧再顺着悬梯上登，辗转登上三架梯子，终于行走在平缓的山冈间。山冈外侧是陡削的万丈悬崖，内侧是被从山顶奔流至山脚的山涧所贯穿的峡谷，内外都是高大的松树丛林，一片碧色，间或有日光下射，如同筛金扬翠一般，闪烁不定。出了树林是石头凿就的台阶，险要之处种植着环护的竹子，拾阶而上转过险要之处，只见会仙岩向南隆起。这个岩洞全是黄红色的岩石，上下都开凿了洞窟，然而洞内渐渐局促，旁边没有烟气弥漫的石窍，洞顶也没有滴水的钟乳石，与下洞相同，但地位高远，幽深而道路遥远。五里路的云梯幽深渺茫，从大寺来，大约有五里路。千秋鹤影纵横，若不是有超凡脱俗的缘分，谁能来此地呢！时过正午，岩洞中有道士居住的小屋，已经闭关很久了，灶台中没有余火，口袋中没有粮食，无法扫落叶来煮水，只能倚着竹丛躺在石上，任由自睡自醒，看着下面的云来云去。落日余晖，暑热威力渐退，这才起身，从岩洞的右边踩着陡削的石崖，登上绝顶。石崖虽高险峭拔且层叠阻遥，盘绕隔绝处的崖壁中有石子，圆如鹅卵，形成齿状突嵌，上边露出一半，当作脚踩的石级，攀援的抓手，不知不觉走了一里，已纵身跃上峰头，朝东与独秀峰相对作揖。原来这座山峰正是我从浔州府城来时，望见的独秀峰西边的白石山顶峰，然而独秀峰四面高耸陡削，像擎天柱一样，若不是神仙的车乘是无法到达山顶的。粤西有三座独秀峰，而桂林府的最著名，柳州府的默默无闻，然而都是尖耸高峻可以攀登的，只有此地的最为高耸，最为孤立峭拔。而这座山峰的三面也都是危耸突立的石崖，只有南面有个缺口，峡中设置了梯子可供攀登，很像太华山的三座山峰，顶峰分岔如仙人掌，下悬一尺宽的峡谷，穿越险途踏着高险的岩石上登。这真是风水先生认为的正宗的风水宝地，从没见过能与它媲美的。为什么呢？桂林、阳朔、柳州、融县诸峰，也是亭亭玉立如碧玉簪，如斑竹笋，然而石质青苍奇幻，如片片芙蓉簇拥聚合在一起，石窍可以踩，石痕可攀援，徒手攀登也没什么难度。但这里的岩石表面呈赭红色斑影，像被刀劈开似的，有万仞之高，纵观如向下倾倒的铜钟或排列的柱子，迸裂的悬崖相互连接彼此对峙，若不是取道于空隙处，顺着山石迸裂的纹理走，则插翅也难飞。独秀、莲蕊二峰，是此峰的门户，其内部是回旋的沟谷和深陷的堑坑，遮蔽日月，重重的山冈阻隔其中，人迹罕至。坐着眺望良久，才仍旧下到会仙岩。离开岩洞往下走，经过三架梯子，走三里来到峡谷上方的一块平地，只见峡谷左边有块岩石，倚靠着崖壁而立，上方与崖并入云端，下方的一线缝隙透进阳光。我勇气十足地迅速钻入缝隙中，这条缝隙不宽不窄，只能侧着身进入，顶上有的相连有的断开。不久后，我慢慢往下走，向南转出缝隙，只见飞石上下虚悬相嵌，很危险无法攀登。从峡谷上方的平地返回，看见倚靠崖壁的那块岩石的侧边，有条小道直通岩石顶端，特别的高险悬绝，是流沙滑落形成的路。我情不自禁，便攀援着树根和藤蔓往上登。登顶后，钻入岩石的豁口中，这里正是那块岩石西边的尽头，与前边的崖壁相夹形成一个豁口。穿过豁口往南走，正是南边那块虚悬飞石的顶端，俯瞰之前钻入的缝隙正在脚下。于是我爬到那块倚靠崖壁的岩石顶端，看见一个石台悬在空中，四周崖壁环绕，上面貌似是相连的，又好像断开的，参差不齐。正当我随意眺望时，听到隆隆的雷声，便下到峡谷上方的平地，经过六架梯子，向西走一里出了峡谷，又走一里，向北返回大寺。急切地请僧人施舍一些餐饭，在泉水中洗了脚，雷雨就恰好降临。在此之前，我下到第一架梯子时，遇见在寺中修习功课的几位儒生，他们见我攀岩久久未归，也乘兴一同前去，到现在也没回来，肯定是被雨困住了。只有平南县乡试的贡生名叫梁凌霄的，在寺中开讲堂，遇见我便有一见如故的亲切感，为此我俩挑灯夜谈。半夜雷雨大作，卧室漏雨淋漓。

二十四日　作诗与梁君别，各殷勤执手，订后期焉。西向下山，望罗丛岩在三十里外，初欲从此而南趋郁林。及一里，抵山下，渡小磵。又西二里，过周塘，则山谷回互，罗丛已不可见。问其道，多未谙者，云须南至麻洞墟[①]，始有路西行。又南三里，路分为二，大道由东南上山，岐径由西南涉坞。余强从西南者，一里，逾一岭，渐不得道。二里，南行山莽间。又一里南下山，始有路自西北来，随之东南去，由坞塍[2]出山夹中。二里抵干冲，始值北来大道，山始开。有小溪自东而西，又有自南向入之者。涉涧，随南水而上，村落依焉。于是山分东西两界，中则平畴南衍，深溪北流。西南二里，过一独木桥。又南三里，山坡突处，麻洞墟在焉。是日墟期，时已过午，乃就垆[3]而餐。其西有岐，西向逾山为高塘路，觅高塘[4]趁墟者问之，言："由此至罗丛岩尚五十里，高塘未得其中火，欲西北渡郁江乃至。"余闻之怅然，姑留为后游，遂南随散墟者循西界山而趋。五里，有村连聚于东界大山之下，犹麻洞之聚落也。又南，山坞稍转而西，仍南共五里，为石马村[5]。村倚西麓，有石倚东麓，若马之突焉。西麓之后，其上石峰突兀，是为穿石寨。土人言其石中穿，可透出山后，余望而未之见也。又南五里为大冲[6]，聚落环倚西麓。于是坞穷畴转，截山为池，回坡为田，遂复向山坳矣。由大冲上行，又五里，路出马头岭之南，过山脊。其水北流者，经干冲[7]由车路江入浔；南流者，经都合[8]入秀江，北转高塘、罗行而入郁。出坳，复东南得平畴，山仍两开。五里，宿于中都峡。

【注释】①麻洞墟：原文作"麻墟洞"，据下文及乾隆本、"四库"本改。麻洞墟，即今"麻洞"，位于桂平市南。②塍（chéng）：田间的土埂子，小堤。③垆（lú）：旧时酒店里安放酒瓮的土台子，亦指酒庄。④高塘：今同名。位于桂平市西境。⑤石马村：即今"石马"。位于桂平市南境。⑥大冲：位于桂平市南境。⑦干冲：即今"官冲"，位于麻洞墟北。⑧都合：今同名。与石马村，大冲皆位于桂平市南境，其中都合最南。

【译文】二十四日　作诗与梁君告别，彼此殷勤地握手，约定后会之期。从西边下山，望见罗丛岩在三十里开外，本打算从这往南前往郁林州。走了一里，到山下时，越过一条小山涧。又往西走了二里，路过周塘，山谷交错回环，罗丛岩已看不见了。找人问路，大多都不熟悉，说是必须往南走到麻洞墟后，才有路向西拐。再往南走三里，道路岔开两条，大道由东南方上山，岔路由西南方越过山坞。我坚持选择了西南方的岔路，走一里，翻越一座山岭，渐渐找不到路了。走二里，向南行走在山间的草丛中。又走一里从南边下山，才有路从西北方延伸过来，顺着这条路向东南走，沿着山坞的土埂走出两山间的夹谷。二里后到达干冲，才踏上北来的大道，山势变得开阔起来。有条小溪从东往西流，还有一条小溪从南面汇入。涉过山涧，顺着南来的溪水上行，旁边紧挨着一个村落。从这里山便分为东西两列，中间是向南延展的田地，深处的溪水向北流去。往西南走二里，越过一座独木桥。又向南走三里，在山坡突出之处，就是麻洞墟所在。这天正是赶集日，这时已过正午，我便找了家酒馆用餐。麻洞墟西边有条岔路，向西翻过山去，便是通往高塘的路，找到前来赶集的高塘人问路，说："从这到罗丛岩还要走五十里，高塘还不到半路吃饭的距离，要从西北渡过郁江才能到。"我听后心中怅然，姑且保留到日后再游览，便向南随着散集的人沿西侧峰赶路。走五里，有村落连接不断地聚居在东侧峰之下，与麻洞墟的村落相仿。再向南走，山坞逐渐转向西，我继续往南共走了五里，是石马村。村子紧挨着西麓，有块岩石背靠东麓，仿佛骏马奔腾一样。西麓的后面，山上石峰突兀，就是穿石寨。当地人讲，那石峰中间被穿通，可以钻到山后，我却没看见这样的地方。又向南五里为大冲，村落环绕着紧挨西麓。至此山坞便到了头，田地也调转了方向，横截山坞形成水池，回环的山坡被开垦成田地，于是我再次进入山坳之中。由大冲上行，又走五里，道路从马头岭的南面伸出，越过山脊。这里的水流向北方的，流经干冲经由车路江汇入浔江；流向南方的，流经都合流入秀江，向北转经高塘、罗行后汇入郁江。我走出山坳，再向东南走，所见都是田地，山仍在两侧展开。走了五里，宿于中都峡。

二十五日　由都峡南行，二里，渡一桥，有岐从东南随水登坡，一里为回龙墟，墟犹未全集也。坡南水复西南去，渡板桥，更南三里，则坞穷而上岭。逾岭南下，一里出山，则山坞复开。南行三里，为罗播村[①]。东渡一溪，逾小岭，又涉一溪，共一里，南向登山甚峻，曰大山坪，又曰六合岭[②]。从其上北眺浔州西山，远在百里外，而东有大山屏列，西南亦有高峰，惟白石反为东北近山所掩不得见。平行其上二里，出南坳，岭头丛木蓊[③]密。从其右行，又一里下山。又一里，山鏊四交，中成奥谷，有小水自东而西。越其南，从中道复登岭，一里，逾而东，入山峡。峡北麓堰水满坞，潆[④]浸山谷。乃循峡沿水东入南转，一里渐升，水亦渐涸。复逾山坳，路循岭右升分岭界。二里，复下渡山脊，路循岭左一里，下核桃岭，则有大溪自南而来，至此西折去。即浔郡西绣江[⑤]上流也，发源自平山墟，乃大容山西北水。大容东西有两绣江：一南自广东高州[⑥]，北至北流县，合大容东南水，经容县注于郁，此容县绣江[⑦]也；一即此水，为浔上流之绣江。路循溪向东南逾二岭，共三里，涉流渡江。其水及腹，所谓横塘渡也，浔州南界止此，江南即郁林州属，为梧西北境焉。由江南岸复溯流逾岭，四里始有聚落，时已过午，遂就炊村庐。炊饭毕，山雨大作，坐待久之。逾小岭而南，村聚益连络，所谓白堤者是，亦深山之奥区也。过墟舍，取中道渡小桥，溯溪右南行八里，误从路旁小岐西入，得大寨村，遂投宿主人李翁家。翁具酒烹蛋，山家风味，与市邸迥别。

【注释】①罗播村：今同名。位于桂平市南境。②六合岭：今有村落称“六鹤”，位于桂平市南隅。③蓊（wěng）：草木茂盛。④潆（yíng）：水流环绕回旋的样子。⑤绣江：即今“大洋河”。⑥高州：即今广东省高州市。⑦容县绣江：又称“容江”，即今北流江。珠江流域西江干流浔江段的支流。在北流市境内称圭江，在容县境内称为绣江，发源自北流市平政镇上梯村云开大山双子峰。

【译文】二十五日　从都峡往南行，走二里，越过一座桥，有条岔路从东南方沿着河水向山坡延伸，走一里是回龙墟，集市还未全部聚集。山坡南面的水流再次向西南流去，越过板桥，再往南走三里，山坞便到了头，而后上岭。越过山岭从南边下山，走一里出山，只见山坞再度开阔。往南行三里，是罗播村。向东渡过一条小溪，越过一座山岭，又涉过一条小溪，共一里，从南面登山十分险峻，这地方叫大山坪，又叫六合岭。从这里朝北眺望浔州府城的西山，远在百里之外，而东边有大山像屏风一样排列着，西南方向也有高峰，唯有白石山反而被东北方向较近的山峦遮挡得看不见。在岭上平缓地走二里，从南面的山坳出来，岭上丛林浓密茂盛。往右走一里下山。再走一里，有四条山谷相交，中央形成幽深的沟谷，有小溪自东往西流。越过小溪南边，从中间的路再次登岭，走一里，越过山岭往东走，进入峡谷。峡谷的北侧筑堤蓄水积满整个山坞，潆洄浸润着山谷。于是顺着峡谷沿着水流的方向从东面进去再向南转，走一里后逐渐爬升，水也就逐渐干涸了。再越过山坳，道路沿着山岭右侧，爬升至分界岭。走二里，又向下越过山脊，道路沿着山岭的左侧走了一里，下了核桃岭，只见有条大溪自南面流来，流到这里向西拐去。这就是浔州府西绣江的上游，发源于平山墟，是大容山西北的水源。大容山东西两侧有两条绣江：一条源自南边的高州府，向北流至北流县，汇合大容山东南方的水源，流经容县汇入郁江，这是容县绣江；另一条就是这条大溪，是浔江上游的绣江。道路顺着溪流向东南越过两座山岭，共走三里，涉水渡江。江水高达腹部，这就是所谓的横塘渡，浔州府南部的边界到此为止，江南是郁林州的属地，是梧州府的西北境。由江的南岸再次溯江越岭，四里左右才有村落，这时已过正午，便就近到村中茅舍做饭吃。饭后，山雨大作，我坐等了很久。然后越过小岭往南走，村居房屋更加接连不断，这个地方就是白堤了，也是深山中一片隐秘之地。穿过集市和房舍，选择一条正路走过小桥，沿着溪流的右岸往南走八里，误入了大路旁向西岔开的小道，来到大寨村，于是投宿在房主李翁家。李翁备酒煮蛋，完全是山野风味，与市镇的客店迥然不同。

大寨诸村，山回谷转，夹坞成塘，溪木连云，堤篁夹翠，鸡犬声皆碧映室庐，杳出人间①，分墟隔陇，宛然避秦处也。

【注释】①“堤篁”三句：此句疑误倒，应为“堤篁夹翠，碧映室庐，鸡犬声皆杳出人间”。

【译文】大寨诸村，山回谷转，山坞相夹成塘，溪边的林木高耸入云，堤岸上夹杂着翠绿的竹丛，满眼碧绿映衬着农舍，鸡犬相闻，俨然一副脱离人间的景象，分散的村落被田亩所隔，宛如躲避暴秦的世外桃源一般。

二十六日　主人以鲜鲫饷客，山中珍味，从新涨中所得也。及出山，复误而西。二里，复得倚云绕翠，修竹回塘之舍。问道于村妇，知误，东出。作《误入山村诗》及《村妇留别》二绝句。二里，抵大板桥，始循大溪西岸南行。三里，过马禄山，越通明桥，遂西南折入山峡。两山逼束，中惟一溪，无夹水之畦，俱蒙路之草。五里，有巨木桥横架溪上，乃通东南山路之道。余从桥右过，不从桥渡。其桥巨木两接，江右有大树，自崖底斜偃江中，巨木两端俱横架其杪[①]，为梁柱焉，是名横江桥。又西南五里，过箬[②]帽山，山峡稍开，南见大容焉。又西南三里，涉溪而右，又涉溪而左，共二里，逾冈而上，是为平山村[③]。由白堤至平山三十里，路隘草荒，隔绝人境，将出平山，则纷纷言前途多盗矣。由平山南行，路已开辟。过墟舍，越岭畔行，东望大容在三十里外，犹有层峰间之。五里，下入山峡，过黄草塘。西南二里，抵都长庙。其处两山开坞西去，而路横坞而南越岭，所上无几，南下甚遥。共三里，转峡西出，是为勒菜口[④]。于是山分两界，大容峙东北，寒山峙西南，排闼而东南去，中夹成大坞，溪流南注，则罗望江之源矣。于是循寒山北麓东南行，又三里，巨树下有卖浆者，以过午将撤去，乃留之就炊而饭。又五里，渡溪桥，是名崩江桥。桥南有庙，卖浆炊饭者群托焉。又东南二里，过冯罗庙。庙为冯、罗二姓所建。庙之南，山峡愈开，盖寒山南尽，大容东转，于是平畴扩然矣。其南有岐，东涉罗望，循大容南麓而东，四十里抵北流。土人以群盗方据南麓陆马庙为巢，俱劝余由州而往。予取郁林道。由畦塍中南行七里，复涉冈而南，见有鼓吹东去者，执途人问之，乃捕尉勒部过此也。又见有二骑甲胄而驰者，则州中探报之骑也。又三里，抵松城墟⑤。墟舍旁有逆旅一家，时日色尚高，而道多虞儆，遂停宿焉。二鼓，闻骑声骤而南，逆旅主人出视之，则麻兵已夜薄贼巢，斩一级，贼已连夜遁去。夜半，复有探者扣扉，入与主人宿，言麻兵者，即土司汛守之兵，夙皆与贼相熟，今奉调而至，辄先以二骑往探，私语之曰："今大兵已至，汝早为计。"故群贼縻⑥遵者一人斩之，以首级畀麻兵为功，而贼俱夜走入山，遂以"荡平"入报。恐转眼之后，将（以下缺）

【注释】①杪（miǎo）：树枝的末梢。②箬（ruò）：一种竹子，叶大而宽，可编竹笠，又可用来包粽子。③平山村：即今"小平山"，位于兴业县东。④勒菜口：即今"乐泰"，位于兴业县东，小平山稍南。⑤松城墟：即今塘塍圩，位于玉林市区北。⑥縻（mí）：束缚，拘束。

【译文】二十六日　主人用鲜卿鱼款待客人，山中的珍味，是从新涨水的河流得到的。到了出山时，又错往西走。走了二里，又来到一处倚着云雾、翠色缭绕，修竹绕塘的房子。向村姑问路，才知道走错了路，向东走出来。作《误入山村诗》和《村妇留别》二绝句。走二里，抵达大板桥，开始沿大溪的西岸往南行。三里，过了马禄山，越过通明桥，于是向西南折入山峡中。两山狭窄，山间只有一条小溪，没有夹在溪流两边的稻田，都是缠绕在路上的草。走五里，有座木桥横架在溪上，是通往东南山路的道路。我从桥右侧走过，没从桥上过。这座桥是用巨木从两端相连接的，江右侧有大树，从崖底斜卧在江中，巨木两端都横架在树梢上，作为桥的梁柱，这桥名叫横江桥。又往西南走五里，经过箬帽山，山峡稍开阔些，向南能看见大容山了。再往西南走三里，涉水到小溪的右岸，又涉水到小溪的左岸，共二里，翻越山冈而上，这是平山村。由白堤到平山三十里，路窄草荒，渺无人烟，即将走出平山村时，人们纷纷说前面路上强盗很多。从平山村往南走，道路已变得开阔。经过集市、房屋，越过山岭在其旁边行走，向东望大容山在三十里之外，仍相隔着层层山峰。五里，步入峡谷，路过黄草塘。西南二里，到达都长庙。这里两山夹着开阔的山坞往西延伸，道路横断山坞后向南越岭，往上走的路几乎没有，朝南下要走很远。共三里，转过峡谷从西边出来，就是勒菜口了。在此山分为两列，大容山矗立在东北方，寒山屹立在西南方，犹如门户般往东南去，中间形成一个大山坞，小溪向南流淌，这便是罗望江的源头。从这里沿着寒山北麓往东南走，又走了三里，大树下有卖水者，因正午已过即将收摊离开，我便将他留住为我做饭。再走五里，越过溪上小桥，这桥名叫崩江桥。桥南有座庙，众多卖水卖饭的人在庙里安身。又往东南走二里，路过冯罗庙。寺庙是冯、罗两姓人家修建的。庙南边，山峡更加开阔，大概是寒山到了尽头，大容山向东转去，于是田野便得以扩展。寺庙南边有条岔道，向东涉过罗望江，顺着大容山的南麓往东走，四十里到达北流县。当地人因为成群的强盗占据着大容山南麓的陆马庙作为巢穴，都劝我从州城前往。我选择前往郁林州的路。从田埂间往南走七里，又越过山冈往南走，见有吹鼓手朝东去，便拦着路人打听，原来是捕尉率领部下经过此地。只见两个身披铠甲骑马飞奔的人，那是州内刺探情报的骑兵。又走三里，抵达松城墟。集市房舍旁有一家旅店，这时太阳还高，但路上有很多执行警戒的人，我便停下住宿。二更天，我听见骑兵的声音骤然往南去了，旅店的主人出来察看，原来是麻兵已连夜逼近贼窝，杀了一人，盗贼已连夜逃走。半夜，又有探子敲门，进门后和店家同宿在一起，聊起麻兵的事，麻兵其实是土司驻防哨所的兵，平时都和盗贼很熟识，如今奉命被调遣至此，便事先派两个骑兵前去刺探，私下告知强盗说："如今兵临城下，你们早作打算。"因此群贼捆了个归顺的人斩首，把这人的首级给麻兵回去请功，盗贼们则全部连夜逃入山中，于是麻兵以"荡平"回城复命。恐怕转眼之后，将（以下缺）

平山乃大容西来之脉，盖澜沧以东之山，南径交趾北境，东转过钦、廉、灵山①，又东北至兴业②，由平山东度，始突为大容，于是南北之流分焉。

【注释】①钦：即指钦州，今广西壮族自治区钦州市。廉：即指廉州，属广东都司，今广西合浦县。灵：即指灵山县，以境内有灵山得名，今广西灵山县西旧州。②兴业：今广西玉林市西北旧县。历属郁林州、梧州府。

【译文】平山是由大容山向西延伸而来的山脉，大致为澜沧江以东的山脉，往南延经交趾北部，往东转过钦州、廉州、灵山县，再往东北延伸至兴业县，由平山绵延向东，从而突起形成大容山，水流在这里南北分流了。

寒山者，郁林西北之望也。诸山俱环伏于大容，而此独与之抗。盖其脉分自兴业，在罗望、定川二江之间。其脊至勒菜口而尽，故铮铮特起。《九域志》：越王陀遣人入山采橘，十日方回，问其故，曰："山中大寒，不得归。"因名。

【译文】寒山，为郁林州西北部的名山。其他诸山皆低伏环绕着大容山，只有寒山与之抗衡。大概它的山脉是从兴业县分出来的，位于罗望江、定川江之间。它的山脊延伸到勒菜口便到头了，所以山势铮铮独自耸起。《九域志》记载：越王佗派人进山采橘子，十天才回来，问他是什么缘故，答说："山中太寒冷，回不来。"因而得名。

陆马庙者，在大容南麓，乃土人以祀陆绩、马援者。流贼七八十人，夙往来劫掠村落，近与官兵遇，被杀者六人。旋南入陆川[1]境，掠平乐墟[2]，又杀数十人。还过北流，巢此庙中，縻诸妇女富人，刻期索赎，不至者辄杀之。

【注释】①陆川：古县名。即今广西壮族自治区陆川县。②平乐墟：即今平乐镇。位于陆川县北。

【译文】陆马庙，位于大容山南麓，是当地人祭祀陆绩、马援的庙宇。有七八十个流寇，平时经常来抢劫村落，最近遇上官兵，被杀死六人。不久又向南流窜至陆川县境内，抢劫了平乐墟，又杀了数十人。返回时经过北流县，把陆马庙作为贼窝，拘押了许多妇女富人，限期向其家人勒索赎金，不送赎金的就杀人质。

二十七日　早自松城墟，不待饭而行。四里，过谷山村[1]，复行田塍中。又五里，望见一石梁甚高整，跨罗望江上，所谓"北桥"也。三洞连穹，下叠石为堰。水漫堰而下，转西向行，由郁林城北转而西南，与定川、南流合而南去，经廉州入海者也。石梁之西，又有架木为桥以渡下流者，行者就近不趋石梁而趋木桥焉。过桥，又南逾一岭，共一里，入郁林北门。北门外人居俱倚冈汇池，如村落然，既无街衢，不似城郭，然城垣高罄[2]，粤西所仅见也，城中亦荒落。过郁林道而西，即为州治。乃炊饭旅肆，问此中兵道，已久驻苍梧矣。先是苍梧道顾东曙，名应旸。余锡邑人也，其乃郎以家讯寄来，过衡阳，为盗劫去，余独行至此，即令其仍驻此地，亦将不及与通，况其远在苍梧耶！

【注释】①谷山村：今同名，位于广西玉林城北郊。②罄：严整的样子。

【译文】二十七日　早上从松城墟，没吃早饭就出发了。走了四里，路过谷山村，再次从田埂上穿过。又走五里，看见一座石桥非常高大整齐，横跨罗望江，这就是所谓的"北桥"。三个拱形桥洞相连，下面垒砌石块筑成堤坝。江水漫过堤坝下泻，转而流向西面，从郁林州北转再向西南，与定川江、南流江合流后向南流去，流经廉州府后汇入大海。石桥的西边，还有一座木桥以便下游的人渡江，步行的人就近不走石桥而是走木桥了。过桥后，再向南翻过一座山岭，共行一里，进入郁林州城的北门。北门外的民居全都背靠山冈前边的水池，像村落一般，既无街道，又不像城郭，然而城墙高大严整，是广西境内所少见的，城中也很荒凉冷落。过了郁林取道向西走，就是州衙。于是在旅店中吃饭，打听这里的兵备道，据说已移驻苍梧县很久了。之前先是苍梧道的道员顾东曙，名叫顾应旸。是我们无锡县人，他的儿子寄来家信，说是经过衡阳时，被强盗抢去，我独自走到此地，即便他仍然驻扎在此，我也来不及和他打交道，何况他远在苍梧县呢！

饭后出南门，陂[1]池益广。西南一里，则南流江自东而西，其流较罗望为大。涯下泊舟鳞次，涯上有堤，内环为塘，堤上石碑骈立，堤下卧石片片，横列涯间。余视之有异，亟就碑读之，则紫泉也。泉隙在涯堤之半石片中，石南北夹成横罅，横三尺，阔二尺，东回环而西，缺其南，水从底上溢潴其中，停泓者三尺，上从南缺处流泻去，时见珠泡浮出水面。堤内塘水高丈余，涯下江流低亦丈余，水澄碧异常，其曰变“紫”者，乃宋淳熙间异兆，非泉之常也。泉上旧有濯缨[2]亭，今已成乌有。泉之西有石梁曰南桥，亦三砻水边大石，高跨南流江上。桥北有文昌阁，当江流环转之中，高架三层，虚敞可眺，为此中胜览。桥南为廉州大道，桥南由岐溯江岸东行，则水月岩道也。溯江半里，江自东北来，路向东南去，乃舍江从路，始由田塍行，其路犹大，乃陆川、平乐墟道也。八里，陟冈，有村焉。由村左岐东北行，又二里，从岐而北，路益没。又二里，北过一塘堤，始得西来路。循之东二里，经一村，复上一岭，路仍没。乃逾山而东，从莽中踯躅东向，一里抵东山下，得南来之路。遂循之而北，二里，仍东转入山坞。一里，渡一小石桥，又循东山而北，过一村，复东转入山坞。其坞甚深，东入二里，路渐芜没。又望坳东登，一里至岭，始得西来大道，则亦南向平乐墟路也。越岭而东，仍舍南行大道，岐而东下山，径坞中共一里，逾山峡东下，则峡东石峰森森，自北而南，如列旗整队，别成一界矣。出峡，循西山东麓而北，一村倚山东向，前有大塘，余以为龙塘村矣，问之，则龙塘犹在北也。又北一里余，转而东，得龙塘村。村踞冈脊之中，其南水南流东去，其北水北入水月洞。由其东又北一里余，直东抵石山中峰。渡石桥而北，则上岩西向，高穹峰半矣。

【注释】①陂（bēi）：池塘。②濯缨（zhuó yīng）：比喻超凡脱俗，志节坚贞。

【译文】饭后出了南门，池塘更加广阔。往西南行一里，只见南流江自东往西流，流量比罗望江大。江边停泊的船只排列密布，岸上筑有堤坝，堤内环绕形成水塘，堤坝上石碑林立，堤坝下一片片的岩石，横列在岸边。我觉察这里的异样，急忙走近去读石碑上的碑文，原来这里是紫泉。泉水的裂缝在江边堤坝半中腰的石片中，石片把南北两面夹成横向的缝隙，横三尺，宽二尺，从东面环绕至西面，南边有个缺口，泉水从底下溢出积聚在缝隙中，停积的泉水有三尺深，向上从南边的缺口流泻出去，不时可见珍珠样的泡沫浮出水面。堤坝内的水位高一丈多，岸下江流低处也是一丈多，水质异常澄澈碧绿，变“紫”的说法，是宋代淳熙年间的异象，非泉水的常态。旧时泉边有个濯缨亭，如今已化为乌有。泉水的西边有座石桥叫南桥，也是三个桥拱，高高跨在南流江上。桥北有个文昌阁，位于江流环绕之中，高高架起三层，空阔宽敞可以远眺，是这一带的胜景。桥南是通往廉州府的大道，桥南由岔路溯江岸往东行，就是通往水月岩的路了。溯江行半里，江水自东北方流来，道路伸向东南方，于是舍弃江流，沿着道路走，刚开始经过田野前行，这路还算宽阔，是去陆川县、平乐墟的路。走八里，登上山冈，那里有个村庄。由村左边的岔道往东北行，又走二里，从岔路往北走，路渐渐没了。又走二里，向北走过一个塘边的堤坝，才找到西面来的路。沿着这条路往东走二里，经过一个村子，再翻过一座岭，仍然没有路。只好翻过山往东走，在草丛中深一脚浅一脚地向东走，一里后到达东山下，才找到南来的那条路。于是沿着这条路往北行，走了二里，仍然向东转进山坞中。走一里，越过一座小石桥，又沿着东山向北走，经过一个村子，再东转入山坞。这个山坞非常深，向东深入二里，路渐渐被荒草隐没。望着山坳往东攀登，一里来到岭上，这才找到西来的大道，却也是向南通往平乐墟的路。越过岭头往东行，仍舍弃南行的大道，从岔道向东下山。穿过山坞共走一里，穿过山峡往东下走，只见峡谷东面石峰森森，自北往南延伸，如举着旗帜排列整齐的队列，另成一种境界。出峡后，沿着西山东麓往北走，有个背靠山峰面朝东方的村庄，村前有个大水塘，我以为这是龙塘村，向人打听，原来龙塘村还在北边。又朝北走一里多，转向东，找到龙塘村。村子盘踞在冈脊之上，村南的溪水向南流后转而向东，村北的溪水向北流入水月洞中。从村子东边再向北走一里多，直接到达石山的中峰。越过石桥往北走，只见上岩朝西，高高穹隆在山峰半山腰。

上岩者，水月洞南倚山凭虚之窍也。石山自东北来，南引而下，支分队耸，而一支中出者。西瞰平芜，削崖悬窦，层级皆不甚深，而此层最下，亦最扩。环峰石皆青润，独裂岩处色变赭赤，然其质犹极灵幻，寻丈之间，层庋[①]缕挂，窦穿盖偃，无所不备，亦无所不奇。岩前架庐当门，而敞其上，庐可以栖，而上不掩胜，结构亦自不恶。由岩右腋穿窍而上，窍仅如管，历级宛转，复透一层，若偏阁焉。云牖[②]腾空，星楞透影，坐憩其内，又别一"小西天"矣。由岩左腋环柱而出，柱如龙旗下垂，从其侧缘崖上跻，转出岩端，复得一层。其岩亦西向，自分左右两重，左重在下，垂柱裂窍，仰睇上即右重也，然历磴无阶。由外北跻，始入右重。阁缀绝壁，与左层翼对增妍，皆岩之中层也。其上削崖之顶，尚有一层虚悬，而跻之无级，惟供矫首耳。水月洞尚在其北而稍下。龙塘之水，经山前石桥而北，过上岩之前，乃东向捣入洞中。洞门亦西向，路由其南，水由其北，相沿而入，透北而出。前后两门，一望通明，是为明洞。水贯其中，石蹲其旁，夹流突兀，俱作狮象形。洞顶垂石夭矫，交龙舞螭，缤纷不一。其水平流洞中，无融州真仙岩之大，而两岩亦无其深峭，可褰[3]裳而涉溪。崖之右，又有一小水，南自支洞出，是为阴洞。左则沿溪笋乳回夹，上亦裂门缀穴。层阁之上，又汇水一池为奇，此明洞以内胜也。后门崖口，列大柱数条，自门顶合并倒悬，洞内望之，蜿蜒浮动，此明洞以外胜也。阴洞乃明洞旁穴，其中又分水陆，流不甚大，东南自牛陇又开一门，穿山腹至此合明洞。溯流南入半里，洞渐沉黑，崖益陡，水益深，结筏积炬，曲屈约二里，出牛陇，此阴洞水中胜也。从阴洞溯流，始崖左嵌石下，窦甚隘，匍匐下穿，引炬而前，忽岿然上穹，上下垂耸盘柱，诡状百出，升降其中，恫心骇目，邃曲莫尽，此阴洞陆中胜也。

【注释】①庋（guǐ）：放器物的架子。②牖（yǒu）：窗户。③褰（qiān）：揭起。

【译文】上岩，是水月洞南侧倚山的空洞之穴。石山自东北方绵延而来，从南面向下延伸，支脉分裂如队列般高耸，只有中间突出一支。向西看着平坦荒芜的原野，陡峭的崖壁上是高悬的洞穴，一层一级的都不是很深，而这层最低，也最开阔。四周环绕的山峰，它的石质都很青润，只有岩洞开裂之处呈现出赭红色的变化，但石质仍然很灵动奇幻，丈尺之间，层层平架，缕缕垂挂，石窟穿通，伞盖倒伏，无所不备，也无所不奇。岩前建了屋舍挡着门，而屋顶是敞开的，屋舍可以居住，且上面不会遮挡美景，这样的建筑风格自然也不错。从岩洞右侧穿过石窍往上走，石窍仅如竹筒粗细，随着石阶曲折婉转，又钻进一层洞穴，仿佛偏居一方的楼阁。入云的石窗在空中腾跃，星辰般的窗棂透进光影来，坐在洞内休息，又别成一个“小西天”了。由岩洞左侧绕着石柱出来，石柱仿佛下垂的龙旗，从石柱侧边沿着石崖上攀，转出到岩洞顶端，又是一层岩洞。这层岩洞也朝西，自然的分成左右两层，左边一层在下面，石柱下垂，石窍迸裂，仰面向上的是右边一层，然而却没有通往那里的石阶。由洞外向北上方攀，这才进入右边的一层。如楼阁点缀于绝壁之上，与左边的一层如羽翼般对称，增添了亮色，这都是岩洞的中层。它上边悬崖的顶端，还有一层虚悬于空中，然而并无石阶可攀，仅供人抬头观览。水月洞还在它的北边偏下一些的地方。龙塘之水，流经山前的石桥后流向北方，它从上岩之前经过，然后向东冲入岩洞中。洞口也是朝西的，道路从洞的南侧，溪水从洞的北侧，顺流而下进入洞中，穿过北面出去。前后有两个洞口，一眼望去通透明亮，这便是明洞。溪水贯穿于洞中，岩石蹲踞于溪旁，夹着溪流突兀而立，呈现出狮子大象般的造型。洞顶垂下的岩石屈曲盘绕，犹如蛟龙飞舞，缤纷交错。溪水平缓地流入洞中，没有融州真仙岩的水量大，而且两岸的岩石也不如那里的深峻陡峭，可以撩起衣裤涉水过溪。石崖的右边，还有一条小溪，从南边的侧洞流出，这便是暗洞。左边顺溪流是石笋和钟乳石环绕相夹，上边是裂开的洞窟装点洞穴。层层楼阁之上，有一潭积水，相当奇特，这是明洞内的胜景。后洞口的石崖上，排列着数根大石柱，自洞口顶端合并而倒悬下来，从洞里观望，蜿蜒浮动，这是明洞外的胜景。暗洞是明洞的侧洞，又分为水陆两种，水流不是很大，从牛陇东南又开了一个洞，穿过山腹流到这里与明洞汇合。溯流向南深入半里，洞内逐渐黑沉沉的，石崖越发陡峻，水也更深了，扎个木筏聚积火把，曲折前行了约二里，从牛陇出洞，这便是暗洞中的山水胜景了。沿着暗洞溯流前行，起初，左侧石崖岩石下嵌，孔洞十分狭窄，趴着身子钻进去，举着火把前行，忽然山洞向上隆起豁然开朗，上下都悬垂耸立着石柱，千姿百态，错落有致，惊心骇目，深邃曲折，无穷无尽，这便是暗洞中陆路的胜景。

余欲为水月[①]游，时已过午，尚未饭，抵上岩，道者方扃户而出余坐崖下荔阴间。久之，道者罢钓归，启扉具炊，余促其束炬游水月。既入明洞，篝火入阴洞，道人不随支流入，由其侧伏洼穿隙，遍观阴洞陆崖之胜，其中崇宏幽奥，森罗诸诡，五易炬而后出。欲溯流穷水崖，道者以水深辞："请别由侧道以探其后崖，不必从中出也。"乃复出明洞，涉水穷左崖之胜，遂出后洞，仰睇垂虬舞龙之石。还饭于上岩，已日衔西山矣。

【注释】①水月：即水月岩。位于今广西玉林市东南。

【译文】我想去游览水月洞，但正午已过，我还没吃饭，来到上岩，道士刚刚锁门外出，我坐在崖下荔枝树的树荫底下。过了很久，道士才钓鱼归来，开门做饭，我催他扎好火把同游水月洞。进入明洞，点燃火把进入暗洞，道士不按支流的方向进洞，而是从支流侧边低伏的洼地中钻过缝隙进去，遍览了暗洞中陆路石崖的优美景色，洞内高大幽深，异景纷然罗列，换了五次火把才出来。本想溯流至水崖的尽头，道士以水太深为由推辞："请从另外的侧道探究洞后崖，不要从洞中出去前往。"我只得再次出到明洞，涉水去观赏左边石崖的美景，最终出了后洞，仰面斜视垂悬的犹如虬龙飞舞的石崖。回上岩吃饭时，已是日落西山了。

二十八日　早坐上岩中，道者出龙塘为予买米。余曳杖穷其最上层，已下，憩右窍偏阁中[1]。盖是岩西向，下午则返照逼人，余故以上午，憩而拟以下午搜近山诸洞。既午，道人以米至，午炊甫毕，遂循山而南，至昨来所渡石桥，由桥侧东折入环峡中。是山石峰三支，俱锋棱巉削，由东北走西南。中支为水月岩所托，是峡则中支、南支相夹者。南支多削崖裂窍，予来时循其西麓，以为水月在其下。询之土人，皆曰："中不甚深，下无蹊径。"从峡转北，得中央平洼一围，牛千百为群，散处其内，名为牛陇。穷其西北，水汇成潭，遂入阴洞后门，即东南临潭上，四旁皆陡石，无路入，必涉潭乃登。洞甚虚敞，分之则二，合之则一。随水西入，渐北转，石崖成峡，水亦渐深昧，与水月阴洞所见等。虽未出其中，两端源流悉见，可无烦暗中摸索也。洞门右崖，石痕丛沓，俱作马蹄形，《西事珥》所谓"天马"，意即此矣。出洞，益遵峡而北，仰瞩东西两界，峰翔石耸，队合层分。二支北尽处，北支又兀突起，与中支北麓对峙成峡。遥望其下，有三洞南向，其上轰霞流电，闪烁有异，亟历莽趋之。其左畔二门骈列，崖下虽悬乳缤纷，而内俱不深。其右畔一门，孤悬峰半，虽洞门嵌空，而中忽渊坠，其深数十丈，宛转内透，极杳邈之势。而两崖峭削，无级下跻。踞崖端望之，其中飞鼠千百成群，见人蓬蓬内窜，其声甚遥，闻此中有蝙蝠洞，岂即此耶？出洞下山，望西北山嘴颇近，以为由此穿水月后洞而入，抵上岩甚便。竭蹶一里趋之，其下既洼，乃攀陟山冈，则巨石飞耸，中俱蔓络，下嵌澄渊，路断径绝。遥探洞外诸奇石，杳不可见，即溪流破壑出者，亦尽没其迹。乃循北麓，仍东趋一里，南向前来之峡。又经牛陇而南，共三里，返上岩之前。见日有余照，仍入水月，徜徉明洞之内。复随流出洞后，睇望所涉路断处，犹隔一峰嘴，始知此中山形横侧倏变，不可以意拟如此。是夕仍宿上岩。

【注释】①憩右窍偏阁中：原文“右”作“石”，根据乾隆本、“四库”本改。

【译文】二十八日　早上坐在上岩洞中，道士去龙塘为我买米。我拄着拐杖游遍了上岩的最上层，游览完下来，在右侧石窍形成的偏阁中休息。大概是这个岩洞朝西，下午的烈日返照逼人，所以我特意在上午游览，打算午休一下，下午去探寻附近山上的洞穴。午后，道士带米回来，刚吃完午饭，我便顺着山往南走，来到昨天经过的石桥，从桥的侧边往东拐入环绕的峡谷中。这座山分为三支石峰，全都棱角锋利，高险陡削，从东北向西南延伸。中间的支峰就是水月岩的依托之处，昨天所走的峡谷则是中间的支峰和南面的支峰相夹形成的。南面的支峰大多是陡削的石崖和开裂的石窍，我来时沿着它的西麓走，以为水月岩就在这下边。向当地人打听，都说：“洞中不是很深，下边也没路。”从峡谷向北转，来到一处中央平坦的洼地，千百头牛成群结队，散布于洼地中，此地名叫牛陇。洼地西北边的尽头处，水积成潭，最终流入暗洞后边的洞口，靠近东南方的水潭之上，四周都是陡峭的岩石，无路可入，必须涉水越潭才能攀登。洞内很是宽敞开阔，分开看是两个洞，合起来则是一个洞。沿水流方向从西边进去，逐渐转向北，石崖形成峡谷，溪水也渐渐幽深，和在水月洞暗洞中所见差不多。虽未出洞，但两端的源流全都能看见，可以避免再去黑暗中摸索。洞口右边的石崖上，石痕错落重叠，均呈马蹄形，《西事珥》所说的“天马”，估计说的就是这里。出洞后，再沿着峡谷往北走，仰望东西两侧，山峰舒展，山石高耸，聚合成队，层次分明。两座支峰位于北边的尽头处，北面的支峰又突兀而起，与中间的支峰北麓对峙形成峡谷。遥望山下，有三个朝南的岩洞，岩洞上方云霞翻滚电光流动，闪烁着奇异的光泽，我急忙穿过丛莽去到那里。左侧并列着两个洞口，崖下虽然悬垂着缤纷的钟乳石，但洞内都不深。右侧的洞口，孤零零地悬于半山腰，虽然洞口嵌于半空，但是洞中却忽然下坠成渊，深及数十丈，曲折通透，杳渺深远至极。而两侧的崖壁峭拔陡削，没有下去的台阶。在崖顶远望，洞中成群的蝙蝠，见人就蓬蓬地在洞内飞窜，声音听起来很遥远，听闻这一带有个蝙蝠洞，难道就是这里吗？出洞后下山，望见西北方的山嘴很近，以为从这里穿过水月洞从后洞进去，到上岩更加方便。尽全力跌跌撞撞地朝那边赶了一里路，山嘴下是一块洼地，于是爬上山冈，只见巨石飞耸，其中全是缠绕在一起的藤蔓，下边深嵌着澄澈的深渊，完全无路可走了。我远远看到洞外有很多奇石，杳然不可见，即便是溪流冲破山谷流出的地方，也全然不见踪迹。只好沿着北麓，继续向东赶一里路，向南走进之前来时经过的峡谷中。又经过牛陇往南，共三里，返回上岩的前边。我看落日还有余晖，便又进入水月洞中，在明洞之内徜徉。再次随流出后洞，侧面远望我所走过的断绝之路，仍然隔着一个山嘴，我这才明白，这一带山中地形的横竖变化倏忽不定，不能单凭主观臆断。这天晚上仍然住在上岩。

二十九日　由上岩转入东北峡，过牛陇，共三里出峡，有岐焉。一直北循北支东麓者，为北流[①]大道，一转东向逾岭者，为北流间道。乃东过田塍，更逾土岭而东。又二里，过一村，又东抵小石峰下，是为塘岸墟[②]。时山雨自东北来，弥漫山谷，墟无集者。墟为陆川北境，从此转而北，冒雨循山，荒冈漫衍，已为北流境矣。十里为果子山，有数家倚冈而居。过坳，雨渐止。又十里为横林，有聚落在路右坞，数日前盗劫平乐墟，还宿于此，去北流只十里也。其北有石山一支，自北而南，丛尖簇翠。余初望之，以为勾漏在是，渐近而路出其东南，西望而行，秀色飞映。盖此山在北流西十里，而勾漏尚在北流东十里也[③]。由横林东北五里，逾一土岭，下行田塍中，有石桥跨小溪，溪流西北去。又东行平冈上，五里，抵北流西门。西门闭不启，以西当贼冲，故戒严也。循城由南门入，经县前，出东门，则街市颇盛。一街循城而北者，为街墟；一街随江而东者，为沙街。街墟由城北隅东转，有溪自城北来，石桥跨之，曰登龙桥。其溪为大容东流之水，由桥下而南注绣江者也。沙街由城南转东，绣江南自粤东高州来，至此已胜巨舟，故阛阓依之，宋人名驿为朝宗者，指此江而言也。今驿名宝圭。沙街东北过广济桥，则北溪之水至此入绣。渡桥而与登龙之路合，路乃北出隘门，江乃东流而去，余于是饭于沙街。出隘门，抵北山下，循其南麓东行，五里，渡一小溪桥，遂入石峡中。南为望夫石，即黄婆岩西垂山也。北则石峰逶迤，愈东石骨益瘦，疑即独秀岩所托，今已失其迹。峰东崖大书“勾漏洞”三字。此南北二石峰，俱东拱宝圭洞。又东五里，石山回合处，中复突一峰，则宝圭洞在其西隅，而勾漏庵在其南麓。时殷雷轰轰，先投庵中。庵颇整洁，乃万历间有司重构者。

内堂三楹，中列金仙，东则关圣，西则葛令④。而葛令之像，纶巾朱履，飘然如生。后轩则准堤大士在其中，西置炊而东设坐焉。前庭佛桑盛开，红粉簇映；后庭粉墙中护，篁桂森绕，其中寂然无人。有老道之妻掩关于后，询“游洞何自？”对以“俟道者晚归。”乃停囊轩中，令从去，就炊于中。既而雨止，时已暮，道人始归。乃县令摄以当道，欲索洞中遗丹及仙人米，故勾摄而去。然葛令欲就丹砂，乃其一时乘兴之言，其后蝉脱罗浮，实未至此，此中久已无丹砂，安得有遗丹仙粒耶？道者忧形于色，余姑畀钱，令多觅竹束炬，为明晨游具。道者领命，愿前驱焉。

【注释】①北流：南朝梁改北流郡置，属阴石郡。即今广西北流市。②塘岸墟：位于今广西北流市西南四十里塘岸镇。③而勾漏尚在北流东十里也：“尚”原作“出”，根据乾隆本、“四库”本改。“十里”，“四库”本作“十五里”。④葛令：即指葛洪（283—363），字稚川，自号抱朴子，丹阳郡句容（今江苏句容县）人，东晋道教理论家、著名炼丹家和医药学家，世称小仙翁。

【译文】二十九日　从上岩拐进东北方的峡谷，经过牛陇，共三里走出峡谷，有个岔路口。一直往北沿着北边支峰的东麓走，就是前往北流县的大道。一条向东转翻越山岭的，是去北流县的小道。于是向东穿过田埂，再越过土岭往东。又行二里，经过一个村子，继续向东到达小石峰下，这里就是塘岸墟。这时山雨正从东北边袭来，弥漫山谷，集市上空无一人。塘岸墟位于陆川县北境，从这里向北转，冒雨顺着山走，荒凉的山冈绵延不断，已经进入北流县境内了。走十里是果子山，有几家人背靠山冈而居。过了山坳，雨渐渐停了。又走十里是横林，道路右边的山坞中有个村子，几天前强盗抢劫平乐墟，返回来就住在这里，距离北流县城只有十里路。村子北边是石山的一条支脉，从北向南延伸，成丛的翠绿簇拥着尖峰。我最初看见它，以为这就是勾漏山了，逐渐靠近后，道路通向山的东南麓，望着西方前行，秀色飞舞掩映。原来这座山位于北流县城西十里处，而勾漏山还在北流县城东十里处。从横林往东北走五里，越过土岭，下岭后穿过田埂，有座石桥横跨于小溪之上，溪流向西北流去。继续向东在平缓的山冈上行走，五里，抵达北流县城的西门。西门关闭着不开，因为西门正对着盗贼前来的要道，所以戒严了。沿着城墙从南门进城，从县衙前经过，出东门，只见街市很繁荣。一条街沿着城墙往北去，是街墟；一条街沿着江边往东去，是沙街。街墟由城北隅向东转，有条溪流从城北流来，上面跨着石桥，名叫登龙桥。这溪流是大容山往东的水流，流经登龙桥下然后向南注入绣江。沙街从城南转向东去，绣江从广东省南面的高州府流来，流经此地已能承载大型船只，所以街市依江而建，宋代人小水流注大水的地方称为驿，就是指这条江而言。今天的驿站名叫宝圭驿。从沙街往东北走过广济桥，城北流来的溪水在这里汇入绣江。过桥后与登龙桥方向来的路重合，道路便向北通往关隘门，江水也向东流去，我便在沙街吃了饭。出了关隘门，到达北山下，沿着山的南麓往东走，五里，过一小溪桥，就进入石山峡谷。南边是望夫石，就是黄婆岩向西垂延的山了。北面是逶迤的石峰，越往东，骨状的岩石越发瘦削，我怀疑这就是独秀岩所在之处，如今已失去了踪迹。石峰东面的石崖上大大地写着“勾漏洞”三个字。这里南北面的两座石峰，都朝东环绕着宝圭洞。再向东五里，石山回旋汇合之处，中央突起一座山峰，宝圭洞就在这座山峰的西隅，而勾漏庵在它的南麓。这时雷声轰隆隆作响，我于是先跑到庵中。勾漏庵很整洁，是万历年间官府重建的。庵内有三间佛堂，中间陈列着佛陀，东边是关帝，西边是葛洪。而葛洪像，头戴纶巾，脚踏朱红色鞋子，神采飘逸，栩栩如生。后面的轩廊内则是准提菩萨位列其中，西边放置了炊具，东边设有座位。前庭扶桑花盛开，红的、粉的簇拥掩映；后面的庭院有粉饰的墙围护着，竹丛桂花森然回绕，院中寂静无声。有位老道的妻子掩门把自己关在后院，问她："游洞从哪里走？"她回答"等道士晚上回来"。我只好把行李暂放于轩廊中，让她跟我到庵中做饭。不久雨停了，傍晚时分，道士才回来。原来是县令奉当权者之命，打算索取洞中葛洪遗下的丹砂和仙人米，所以把他拘捕去。然而葛洪想炼成丹砂，不过是他一时兴起说的话，他后来在罗浮山解脱升天，实际上并未到过此地，这里久已没有丹砂，怎会有他遗下的丹砂和仙人米呢？道士的脸上写满了忧虑，我姑且给他一些钱，让他多找些竹子扎成火把，为明早游洞做准备。道士受命，表示愿意带路。

北流县当大容南面之中，其脉由大容南下，曰绿蓝山。水分东西流：东流者即北溪，循城东，下登龙桥而入绣江者也；西流者为南流江之源，西南合水月洞之水，经郁林南门而西合罗望、定川诸水，南下廉州入海。是北流县实南流之源，其曰"北流"者，以绣江南来，至此始大，东过容县界，合洛桑渡水，经容邑南门，下藤县[①]，北入郁江去，非北流源此也。

【注释】①藤县：属梧州府，即今广西藤县。

【译文】北流县位于大容山南麓中段，其山脉是由大容山向南延伸，叫做绿蓝山。水流分东西向：往东流的就是北溪，沿城东下流至登龙桥后汇入绣江；往西流的是南流江的源头，向西南汇合水月洞的溪水，流经郁林州城南门，往西汇合罗望江、定川江等水流，南下廉州府注入大海。北流县实际上是南流江的发源地，之所以被称为“北流”，是因为绣江从南而来，到这里水势开始变大，往东流过容县境内，汇合罗桑渡的河水，流经容县的南城门，下流至藤县，向北汇入郁江而去，并非北流发源于此地。

旧有北流、南流二县，南流即今之郁林州，皆当南北二水胜舟之会，东西相距四十里焉。

【译文】过去有北流、南流两个县，南流县就是今天的郁林州，都担当着南北两江所能承载船只的会聚之地，东西相距四十里。

北流山脉中脊，由县而西南趋水月，南抵高州，散为诸山。而北流之东十里，为勾漏洞；北流之西十里，为鬼门关。二石山分支耸秀，东西对列，虽一为洞天，一为鬼窟①，然而若排衙拥戟以卫县城者，二山实相伯仲也。

【注释】①一为鬼窟：“鬼”原文作“思”，根据上下文意改。

【译文】北流县山脉的中脊，由县城向西南延伸至水月洞，向南延伸至高州府，散布为群山。而北流县城往东十里处，是勾漏洞；北流县城往西十里处，是鬼门关。两座石峰分别秀丽高耸，东西对列，虽然一处为神仙居住的洞天，一处为鬼魅幽闭的宅窟，然而却仿佛列队在两旁持戟保卫县城的衙役，两座山实际上不相伯仲。

鬼门关在北流西十里，颠崖邃谷，两峰相对，路经其中，谚所谓："鬼门关，十人去，九不还。"言多瘴也。《舆地纪胜》以为桂门关之讹，宣德中改为天门关，粤西关隘所首称者。

【译文】鬼门关位于北流县城西十里处，山崖倒斜，山谷深邃，两峰相对，道路穿过山谷，谚语说："鬼门关，十人去，九不还。"是说山中多有瘴气。《舆地纪胜》认为是"桂门关"的误读，宣德年间改为天门关，是粤西众多关隘中，被誉为第一的地方。

八月初一日　晨餐毕，余先作宝圭行，约道者肩矩篝火后至。洞在庵北半里，庵后先有一岩南向，一岩西向，望之俱浅，而宝圭更在其北。先有漫流自西北来，东向直漱山麓，涉其北登山，则洞门在矣。其门西向，左开岩而右深入。开岩处甃以列碑轩敞，平临西峰，右洼嵌而下，有石柱当门，其端有石斜飞。磴道由其侧下至洞底，交辟为四岐：一由东入，一由南进，二岐俱深黑；一向西豁，一向北透，二岐俱虚明。东岐之南，顶侧忽倒垂一叶，平庋半空，外与当门之柱相对，上下凭虚，各数十丈，卷舒悬缀，薄齐蝉翅，叶间复有圆窍曲窦，透漏异常。由左崖攀级而上，抵平庋处，盘旋其间，踞叶而坐，真云軿[①]霞驭，不复人间也。坐久之，复盘叶而下，向北透之岐。岐中倒垂一乳，长数丈，其端空悬，水由端涓涓下。更北入峡中，其右则洼而北出，为下门，其左则高而北渡，为上叠，叠成上阁，阁前平临西北，亦有乳柱界其中，此明洞之西北二岐也。探历久之，道者负炬至，又携伴持筐。余询其故，道者曰："县以司道命，取砂米二丹，适有庠[②]士已为我觅仙米，而砂从洞穴中可探而得，将携筐就炬以觅之。"始知所为砂者，非丹砂，乃砂粒如丹，其色以白为上，而黄次之，故其北洞以白砂命名；所谓米者，乃山洼中菰米，土人加以"仙人"之名耳。洞外芜莽中又有黄果如弹丸，土人渭之"颠茄"，云采以为末，置酒中，液能令人发枉迷闷[③]，《峤南琐记》所载闷陀罗者是。乃爇炬先入南穴，两旁壁起如峡，高而不广。入半里，左壁有痕横亘，曰仙床，悬地丈许。其侧垂柱裂窍，皆短而隘。窍腹宕如臼，以手探之，中有磊磊之粒，方圆不计，姑扫置筐中。连探三四穴，不及升许，计出而淘濯其污，简取其圆洁成粒者，又不及十之一也。然此亦砂粒之常，岂真九转之余哉？又少进，峡忽下坠成渊，由洞抵水，其深二丈，而水之深，更不知其几也。两崖俱危峭无可着足，南眺其内，窅[④]黑无尽。始促道者涉渊，言："水深，从无能徒涉者。"再促道者觅筏，言："隘逼，曾无以筏进者。""然则何如可入？"曰："冬月水涸，始可坠崖而涉。""入当何如？"曰："其内甚深，能见明而不能升也。"余闻之，为之怅怅。扪石投水中，渊渊不遽及底。旁瞩久之，仰见左壁之上，有隙旁通，亟入焉。隙柱透漏，渐入渐束，亦无余窍。乃下，返而仍出四达之中，更爇炬而入东穴。初，两旁亦成峡壁，而其下渐高，既而中辟如堂皇，旁折如圭窦，皆暗窟也。稍北而东，其径遂穷，比之南窍，虽有穴宛转[⑤]，而深不及其半。

彼有穴而水阻，此无水而穴阻，转觉东穴之无涯涘矣。

【注释】①軿（píng）：古代一种有帷幔的车，多供妇女乘坐。②庠（xiáng）：古代称学校。③腋能令人发枉迷闷：据文意，“腋”疑作“液”。④窅（yǎo）：深远，幽暗的样子。⑤“比之”二句：原文为“北之东穴虽有窍宛转”，根据乾隆本、“四库”本改。

【译文】八月初一日（9月18日）　吃完早餐，我先去宝圭洞，与道士约定让他扛着火把随后跟来。宝圭洞在勾漏庵北边半里处，庵后先有一个岩洞朝南，一个岩洞朝西，看上去都很浅，而宝圭洞还在这两个洞的北边。先有随意流淌的水流自西北而来，向东直接冲击山麓，涉水到它的北边登山，就看见洞口了。洞口朝西，左边是开阔的岩洞而右边深入进去。岩洞开敞处高大宽敞，砌着很多石碑，与西峰水平相对，右边低嵌下去，有石柱挡在洞口，顶端有倾斜飞空的岩石。石阶从石柱侧面直下到洞底，交叉分为四条岔洞：一个岔洞由东进入，一个岔洞由南进入，这两个岔洞都是又深又黑；一个岔洞朝西开阔，一个岔洞朝北通透，这两个岔洞都是又开阔又明亮。东岔洞的南边，洞顶侧面倒垂着一片叶状岩石，平架于半空中，与挡在洞口外的石柱相对，上下凌空，各有数十丈，或卷曲或舒展地悬缀着，薄如蝉翼，叶面上还有圆形屈曲的石窍和孔洞，非常漏风透亮。从左侧石崖拾阶而上，到达石片平架之处，徘徊其中，盘腿坐在叶面上，仿佛在云霞间乘着华丽的辇车，已不是人间了。坐了很久，从圆盘叶片上下来，向北钻进一个岔洞。岔洞中倒垂着一根钟乳石，长达数丈，顶端悬空，水从尖端涓涓下滴。再向北进入峡中，峡谷右侧向北下洼，是下洞口，峡谷左侧向北高耸飞度而去，成为上层，在上方重叠成楼阁，楼阁前面水平的正对着西北方，也有钟乳石柱隔在洞中，这是明洞西、北两个岔洞的情况。探察了很久，道士扛着火把来了，还领着同伴拿着竹筐。我问他所为何故，道士说：“县里奉司道之命，索取丹砂和仙人米两种仙丹，恰好有个县学的儒生已为我找到仙人米，而丹砂可以从洞穴中找到，所以带着竹筐和火把去找砂。”我这才明白所谓的砂，不是丹砂，而是像丹砂一样的沙粒，颜色以白色为上等，黄色的次之，所以岩洞的北洞以“白砂”命名；所谓仙人米，是产于山间洼地中的菰米，不过是当地人冠以“仙人”之名罢了。洞外荒芜的原野中又有一种好像弹丸的黄色果实，当地人称它为“颠茄”，说是采来研成粉末，放在酒中，汁液能让人迷乱发狂，《峤南琐记》记载的闷陀罗就是这种东西。于是点燃火把先进入南洞，洞两旁的石壁像峡谷状耸起，高但不宽。深入半里，洞壁左侧有横亘的石痕，叫做仙床，悬离地面一丈左右。仙床侧边下垂的石柱开裂成窍，都是又短又窄。石窍内平滑得犹如研臼，伸手去摸，里面有很多砂粒，不论方圆，姑且先扫入竹筐中。一连探了三四个洞穴，收集的砂粒还不足一升，估计出去淘洗掉其中的杂质，挑选其中光滑整洁成粒的，又不足十分之一了。然而这也就是平常的砂粒，哪能真是仙人留下的九转金丹呢？再稍往里，峡谷忽然下坠成渊，由洞直抵水面，有二丈深，而水的深度，更不知有多深了。两侧石崖都高峻峭拔，无处落脚，向南朝洞内眺望，深远黑暗，没有尽头。起初我催促道士涉过深渊，道士说：“水太深，从来没人能徒步涉水过去的。”又催促道士找个木筏，道士说：“太狭窄，从来没有木筏能进去。”“那该如何进去？”道士答：“冬月水干涸后，才能顺悬崖而下涉水进去。”“进去是什么样呢？”道士答：“里面很深，能看见亮光却爬不上去。”我听后闷闷不乐。摸块石头扔进水里，深邃得没有立刻沉底。向四周注视了很久，抬头看见左壁上有条裂隙通到旁边，我急忙钻进去。裂隙中有透空的石柱，越往里越收束，再无别的石窍。于是下来，仍然回到四个岔洞相通的洞中，再次点燃火把进入东边的洞穴。起初，两旁也是峡谷状的夹壁，然而脚下渐渐升高，不久中间变得开阔，犹如气势宏大的殿堂，旁边婉转曲折的洞窟，形如玉圭，都是暗洞。稍向北再转向东，这条路便到头了，拿它和南洞比，虽然有婉转曲折的洞穴，但深度不及南洞的一半。那里有洞却被水阻挡，这里没水却被洞阻挡了，反而觉得东边的洞穴没有边际了。

复出至四达处，谋为白砂洞游。按《志》，白砂在勾漏北，勾漏甲天下，而此洞复甲勾漏。如玉虚、玉田诸洞，普照、独秀诸岩，道者俱不言，而独津津言此洞。余急趣其前，道者复肩炬束火携筐帚以导。从北透偏门之下层出，乃循其西北麓而行，始见其山前后两峰，骈立而中连，峰之西南突者，为宝圭所倚，峰之东北峙者，为白砂所伏。白砂前后亦有两门：前门北向而高敞，分为三门，两旁悬峻，而中可俯级而入；按《志》云，玉田洞，洞前三门，中门明广可通，似与此门合。遍询土人，无知玉田洞者，岂即以后洞为白砂，以此门为玉田洞耶？后门南向而高隘，仅通一孔，前对宝圭之背，其左即中连之脊也。先过后门山坳，草没无路，道者不入而北去。共一里，转而东，绕山北麓而南跻前门。入门即洼下，数十级及底。仰视门左右，各有隙高悬旁启，即所谓左、右门也。倒光流影，余照四达，然虚嵌莫攀焉。从洞中右转，颇崇宏，而渐暗渐穷。余先遍探而四觅之，无深入路。出，促炬命导，仍由之入抵其中，以火四烛，旁无路也。道者忽从右壁下，投炬蛇伏而入，窦高不逾尺，而广亦如之。既入，忽廓然盘空，众象罗列，如阊阖下启，天地复通。方瞻顾不遑，而崇宏四际，复旁无余隙。忽得窦如前，透而东，转而南，倏开倏合，凡经四窦，皆隘若束管，薄仅透屏，故极隘忘窘，屡经不厌其烦也。既而见左崖之上，大书“丹砂”二字。其下有一龛，道者曰：“此丹穴也。”复伏而扫砂盈掬焉。其南稍有一岐，入之不深。出向西转，再折南行，则天光炯然，若明星内射，后洞门在望矣。是洞内洼而中甚平，惟壁窦閤[①]辟，无沟陀升降，前后两门，俱高悬于上。道者欲仍从前门返，余欲逾后窦出。道者曰：“后门隘不可跻，而外复草深莫从。”余曰：“前暗中之隘，尚不惮其烦，况此空明，正可宛转，草之深浅，余所不顾也。”遂穿窦出，则午日方中，始见宝圭后峰，若树塞门焉。乃披茅践棘，西南出山拗，仍过宝圭透北偏门，共二里，将及庵后，命夫同道者还炊于庵，余挟寄宿庵中者东探清泉焉，即前所经南向岩也。洞不深而明洁可栖，洞前有宋碑，大书“清泉岩”三字。洞左右无泉，而独得此名，无从征其故实，还饭于庵。

【注释】①閤（gé）：同“阁”。旁门，小门。

【译文】再次来到四个岔洞相通之处，计划去白砂洞游览。据《志》记载，白砂洞位于勾漏洞北，勾漏洞天下第一，而此洞更胜一筹。如玉虚洞、玉田洞等山洞，普照岩、独秀岩等岩洞，道士都不提，唯独津津乐道地谈论此洞。我急忙前往白砂洞，道士再次捆扎好火把，带着竹筐扫把在前边领路。从北边钻过偏洞的下层出来，就顺着勾漏山的西北麓前行，这才看见勾漏山前后有两峰，并排而立，中间相连，西南方突耸的山峰，是宝圭洞所在之处，屹立于东北方的山峰，白砂洞就隐伏在那里。白砂洞前后也有两个洞口：前洞口朝北，高大宽敞，分为三个洞口，两旁的洞口悬绝高峻，而中间的洞口可以俯身拾阶而入；据《志》记载，玉田洞，洞前有三个洞口，中间的洞口明亮宽敞，可通行，似乎和这个洞口很相符。问遍了当地人，没人知道玉田洞，难道是把后洞称为白砂洞，把此洞称为玉田洞吗？后洞口朝南，高大却狭窄，仅通有一孔，前面正对着宝圭洞的背影，它的左边是中间相连的山脊。先经过后洞门前的山坳，草很深看不到路，道士不进洞而是往北走。共走了一里，转向东，绕过北麓往南登上前洞口。一进洞则地势下洼，下了数十级台阶到达洞底。抬头看洞口的两侧，各有缝隙在旁边高悬开裂，即所谓的左、右两个洞口。流动的光影折射进来，余辉掩映到四周，洞口却嵌于虚空中无法攀登。洞中右转，相当高大宏伟，但渐渐暗淡到了尽头。我率先四处遍探，没有深入的路。出来，催促道士点亮火把，让他带路，仍按原路进入洞中，用火点亮四周，周围也没路了。道士忽然将火把扔进右侧石壁下，然后像蛇一样趴伏着进入，洞高不超一尺，宽也差不多。进去后，忽然凌空而起，远大空阔，包罗万象，如天门打开，天地联通。我正目不暇接，然而空阔的四周，又是没了别的缝隙。忽然找到一个像前边那样的洞穴，向东钻进去，转向南，忽开忽合，共经过四个洞穴，都狭窄得犹如紧束的竹筒，薄得仿佛透明的屏风，因此虽极其狭窄，却使人忘记了局限的处境，不厌其烦地多次经过。不久见左边崖壁上，写着“丹砂”二个大字。字下面有个石龛，道士说：“这就是丹穴。”再次趴下扫满一捧砂粒。石龛稍往南有个岔洞，洞不是很深。出来向西转，再朝南拐，只见天光璀璨，犹如明星射入洞中，后洞口就在眼前了。这个洞洞内下洼而中间平坦，只是洞壁下方开有石窍，没有沟壑高冈的起伏，前后两个洞口，都高悬在上。道士打算还从前洞返回，我却想穿越后洞口出去。道士说：“后洞口太窄，无法攀登，而且洞外草深得无法行走。”我说：“之前那些黑暗的隘口，都不嫌麻烦，何况眼前这个空阔明亮，只要能婉转地出去，我也就顾不上草的深浅了。”于是穿过后洞而出，正当午时，这才看见宝圭洞后面的山峰，像树一样遮挡了洞口。于是拨开茅草踩着荆棘，从西南方出山坳，仍然经过宝圭洞通往北边的洞口，共走了二里，即将到达勾漏庵，我让脚夫和道士回庵中做饭，我带着寄宿在庵中的人去东边探寻清泉岩，就是之前所经过的朝南的岩洞。洞不深且明亮整洁可以休息，洞前有块宋代的石碑，写着“清泉岩”三个大字。洞周围没有泉水，却惟独取了这个名字，无处考证它的缘故。回到庵中吃饭。

下午，挟夫与寄宿庵中人此人不知何处人，先停庵中，身无半文，随余游诸洞，余与之饭，两日后不知所往。探近山诸岩，乃西南入黄婆岩焉。黄婆岩者，宝圭西南诸峰所裂之岩也。其山西自望夫石攒沓而东，岩当其东北隅，与宝圭东西相对，而兹稍南逊。岩门甚高，中有黄崖叠缀。岩外石峰之顶，分岐耸异，有欹若妇人之首，鬟髻盘空，作回睇顾影之态。其北面亦有石峰丛突，南与此山并夹，东与宝圭对峙。东南石壁上，大书“勾漏山”三字，大与山齐，土人指为仙迹。此其下必昔时宫观所托，而今不可征矣。按《志》，勾漏有灵宝、韬真二观，今皆不知其处。灵宝疑即庵基所因，韬真岂其在此耶？当时必多碑碣，而沧桑之后，断础[①]无存矣。徘徊其下，又西抵望夫山西麓，眺望山崖，别无岩洞。惟见东南一面，峦岫攒簇，疑即所云巫山寨者，巫山寨一名石寨。山峰如楼橹[②]雉堞，周回环绕，其数十二，故有巫山之名。而渺漠无征，惟与山灵互相盼睐[③]而已。已乃循黄婆岩东麓，且盼且行，南抵东南隅，石崿[4]悬峭，片片飞云缀空。自外崖攀峭石上，历竖隙，屡出层空，达峰顶，遂尽发其危嵌态。下山，转循南麓，见峭崖穹然，石色雄赭。下虽有门，内入不深，无从穿扉透室。乃东由营房在勾漏庵前东南坪上。草房数十间，营兵居之，为居停卖浆之所。横过勾漏庵，抵后峰东南角。盖宝圭所托之峰，南面骈立而中连，西立一峰，即庵后清泉岩所倚，东立者与之比肩南向。循峰东麓北行，路左得一东向岩，内颇深，渐缩如牛角。出洞又北，有清流一方，淙淙自乱石中流出，其上则草石蒙茸，其下则西南成小溪去，行道者俱从此渡崖，庵与营俱从此取汲，而无问其所从来者。余正欲求其源委，忽一少年至，见之，语从夫曰："汝辈欲寻洞乎？此其上有二洞，相距数十丈，路为草翳，可探而入也。"又一人曰："昨未晚，有二人携犬自东来者，虎自崖上跃下攫犬去。虎穴其上，不可往。"余不顾，亟挟夫与寄宿者攀棘践刺上跻，觅之深蔓中，则洞门果穹然东向，但外为蔓拥石蔽，无从即见耳。人洞门，即隤[5]然下坠。俯瞰之，则有溪自北而南贯其底，水声潺湲[6]，崖势峻削，非攀缘可下。四瞩其上，南崖有坠而未尽者，片石悬空，若栈道架壁，阔不盈咫，而长竟坠处直达西崖，但栈中有二柱骈立，若树栅断路者。而外一柱已为人截去，止下存尺余，可跨而过。但其处益狭，以双手握内柱，而盘越外柱，临深越险，莫此为甚。过栈达西崖，已与洞门隔溪相向。乃明炬四烛：崖之下，深坠与外崖同。崖之上，内入则垂乳列柱，回错开阖，疏棂窈窕，忽环而为璇室，忽透而为曲榭，中藏之秘，难以言罄。乃出崖临溪，从深坠处溜险投空而下，遂抵溪中。仰视洞顶高穹，延照内映，侧栈凌虚，尤增飘渺。水深不及膝，南从崖下涌来，北从崖下坠去。即由此东出，为乱石泉源也。余于是从南崖下溯流入，其穴甚低，垂覆水面，相距止尺。从夫暨寄宿者恐炬为水湿，内深莫辨，共阻莫入。余贾勇溯流，冲沫过额[7]。南入数丈，望前有流光熠熠，余喜，更透一洞，益高声呼二从人，虽伏水碍石，匍匐垂首，而瞻前顾后，火光与天光交通旁映，益前入不停。又南数丈，有洞穹然东西横贯，其上东辟而为外门，其内西入而成巨壑，门高耸与前所入门等势。时二人已至，乃令其以炬更前。于是西向溯流，洞愈崇宏，流愈深阔。又数丈，有石砥中流。登石内望，洞辟如广厦，渊水四际其下，以杖测水，不竟其底，以炬烛洞，洞甚深黑，不知更几转，得抵宝圭南穴前所望深坠处也。乃自砥石返步随流，仍抵东辟外门之下。二从者将垂首横炬，匍匐向低穴北入。余止之曰："此门虽峻，与先所入者无异。若伛偻下涉而就所入之门，不若攀空跻危，竟登此门为便。"二从者曰："门外不通，奈何？"余曰："门以外总不出此山，即所入之门，其外岂坦途哉？"遂攀崖先登，二人亦弃炬从之，乃出洞口。门亦东向，与所入门比肩，特翳于突石连蔓，遂相顾不见。循左崖平行，还眺门上，又上辟一层，若悬阁当空，然无级以登。盖北洞奥室内罗，此洞外缀层楼，所异者此耳。于是北转一曲，至前汲泉之穴，从容濯足，候从者至，遂一以北洞上登法而下。崖半石隙蔓影中，仿佛并北洞见之，迨极下仰眺，仍茫然失所睹矣。亟自东南山角转过营房，共一里，入勾漏庵，大雨如注。是日，先西觅玉虚、玉田诸洞而不得，既而东得此二洞，尤为奇绝。然此洞非异人忽指，则跬步之间，亦交臂而过，安知西峰大字岩之侧无棘霾蔓锁者？安得峰峰手摩足抉如黄婆岩东南诸峭石也耶！

【注释】①础：垫在柱下的石礅。②楼橹：供守兵瞭望敌军动静的无顶盖高台。③盼睐：观看，顾盼。④崿（è）：山崖。⑤隤（tuí）：崩坠、坠落。⑥湲（yuán）：水流声。⑦颡（sǎng）：额头，脑门儿。

【译文】下午，带着脚夫和在庵中寄宿的人，此人不知是哪儿的人，之前就住在庵中，身无分文，跟着我游览众多岩洞，我给他饭吃，两天后不知去向。去探寻附近山中的诸多岩洞，便向西南进入黄婆岩中。黄婆岩是宝圭洞西南群峰开裂的岩洞。这里的山是从西面的望夫石纷乱簇拥着向东延伸，岩洞位于山的东北角，与宝圭洞东西相对，而这里略偏南一些。岩洞口特别高，洞中有重叠连缀的黄色石崖。岩洞外石峰的顶端，耸立着奇异的支峰，有的倾斜着宛如女人的头像，发髻在空中盘绕，作出顾盼流连的姿态。它北面也有成丛的石峰突兀耸立，南边与此山并列相夹，东边与宝圭洞对峙。东南石壁上写着“勾漏山”三个大字，大到与山同高，当地人认为这是仙迹。此大字的下边，从前必定是道观所在之地，然而如今无法考证了。据《志》记载，勾漏山有灵宝观、韬真观两座道观，如今都不知它们的位置。我怀疑灵宝观就是勾漏庵的原址，而韬真观莫非就在此地？当时必定有很多碑碣，然而沧桑巨变之后，残缺无存了。徘徊在石壁下，再次往西到达望夫山的西麓，眺望山崖，再无岩洞。只见东南方，峰峦攒聚簇拥，我怀疑这就是所说的巫山寨，巫山寨也称石寨。山峰像烽火台和城墙一样，回旋环绕于四周，共有十二座山峰，所以有巫山之名。然而广漠无际无从考证，只有与灵秀的群峰顾盼神飞了。不久，顺着黄婆岩的东麓，边走边看，向南到达东南隅，石崖悬绝高峭，犹如片片飞云悬缀于高空。从外崖攀着陡峭的岩石上登，碰到竖直的裂隙，多次通过层层悬空的岩石，到达峰顶，终于看清这些岩石高险深嵌的姿态。下山后，转身沿着南麓走，只见峭拔的悬崖穹然隆起，石色深红。下边虽有洞口，可洞并不深，无法穿过门扉进入内室。于是向东从营房，营房在勾漏庵前面东南方平地上。有数十间草房，营兵住在那里，为居住停留之人卖茶水的地方。横穿勾漏庵，到达宝圭洞后峰的东南角。大概就是宝圭洞所处之峰，南边并列耸立两峰而中间相连，西边矗立着的一座山峰，就是庵后清泉岩的所在之处，东边矗立着的山峰与它并肩朝南。顺着山峰的东麓往北走，路左找到一个朝东的岩洞，洞内很深，里头渐渐紧缩犹如牛角。出洞再往北走，有一方清流，从乱石堆中潺潺流出，清流之上是蓬松的青草和杂乱的山石，下边则形成小溪朝西南方流去，路人都从这里涉水过崖，勾漏庵和营房都来这里取水，却无人探讨清流的出处。我正打算去追根溯源，忽然来了一个少年，见了我们，对随行的脚夫说："你们是想去寻洞吗？这山上有两个洞，相距数十丈，路被草丛遮住了，可以试探着进去。"又有一人说："昨天未到晚上，有两个人牵着狗从东边来，老虎从石崖跃下把狗叼走了。虎穴就在山上，不可前往。"我不理会，急忙带着脚夫和寄宿的人披荆斩棘往上爬，在深草丛中找到岩洞，只见洞口果然穹然朝东，只不过外面被深草和岩石遮挡了，无法直视到而已。一进洞便轰然下坠。俯瞰洞底，只见有溪水从北往南贯通洞底，水声潺湲，石崖峻峭陡削，不是徒手攀援可以下去的。环顾它的上方，南崖有未完全坠落的地方，片石悬在空中，犹如栈道般架在石壁上，宽不足一尺，而长度与下坠之处一样长，直达西边的石崖，但栈道中间有两根并立的石柱，好像栅栏阻断道路一样。靠外边的石柱已被人截去一段，下边只留了一尺多，可以跨过去。但那地方愈发的狭窄，用双手握住里面的石柱，而越过外边的石柱，临渊越险，没有比这更危险的了。过了栈道到达西崖，已与洞口隔溪相向。于是点亮火把照亮四周：石崖下，深深下坠的样子与外边的石崖相同。石崖上，洞内钟乳石下垂，石柱排列着，环绕交错，疏朗的窗棂窈窕可爱，忽而环绕成美玉石室，忽而穿透成为曲折的长廊，洞中所藏玄机，无以言表。出崖临溪，从深坠之处涉险下溜，虚空滑下，最终到达溪流中。仰视洞顶的高大穹隆，散射的阳光映射于洞内，侧壁凌空的栈道，尤其增添了飘渺的感觉。水深不到膝盖，从南崖下涌来，又从北边的石崖坠落而去，随即由此向东流去，成为乱石间的泉源。我于是从南崖溯流进去，这个洞穴非常低矮，洞底覆盖于水面上，相距只有一尺。随行的脚夫和寄宿的人担心火把被水浸湿，洞内深不可测，共同劝我不要进去。我壮着胆子逆流前行，水沫飞溅过额头。向南深入数丈，望见前方有闪闪流动的亮光，我甚为欢喜，又钻进一洞，更加大声招呼两个随从，虽伏在水中被石头阻碍，且匍匐着身体低着头，但前后观望，火光与天光交相辉映，越发前进不肯停下。再向南数丈，有个穹然拱起的洞横贯东西，这个洞的上边，东侧开裂形成外洞口，洞内西入形成巨大的沟壑，洞口高耸，与之前进出的洞口气势相当。这时那二人已来到，于是让他们拿着火把再往前走。从这里向西溯流前行，洞越来越宽敞宏大，流水越来越深广。又进去数丈，有块岩石如砥柱般矗立于水中。登上岩石向洞内张望，洞内开阔得犹如高楼大厦，深潭的水向四周倾泻，用手杖测量水深，竟探不到底，用火把照亮洞内，洞里特别深黑，不知还要转几个弯，才能到达之前所看见的宝圭南洞的深坠之处。于是从砥柱状岩石处返身顺水而行，依旧来到向东张开的外洞之下。两个随从正准备低头横拿火把，匍匐着从低矮的洞穴往北钻。我拦住他们说："这个洞虽然高峻，与之前进去的地方没什么不同。若要伛偻着身体将就洞口，不如爬上高险的石崖，毕竟爬上这个洞口更方便一些。"两个随从问："如果洞外路不通畅，怎么办？"我说："洞外的地方终归不超出这座山，靠近洞口的路，难道会是坦途吗？"于是我率先攀崖上登，二人也扔了火把跟着我，出了洞。洞口也是朝东，与我们进来的洞口并列，只不过被突兀的岩石和成片的蔓草遮挡住了，竟然看不见彼此。沿着左崖平缓前行，回头眺望洞的上方，上面还开着一层洞，仿佛楼阁空悬于空中，却没有攀登的台阶。大体上北洞内罗列着幽深的石室，这个洞外边连缀着层层高楼，仅此不同而已。于是向北转了一个弯，来到之前取水的泉眼旁，从容地洗了脚，等着随从来到，然后一口气采用爬北洞的方法下来。在半崖的石缝草影中，仿佛还能看见北洞，等到了下边仰望时，就茫然消失看不见了。我急忙从东南方的山角转过营房，共走了一里，进入勾漏庵，这时大雨如注。这天，先是向西去找玉虚洞、玉田诸洞，却没找到，随后往东找到这两个洞，非常奇幻绝伦。然而这两洞若不是奇人现身指引，即使是方寸之间，也会失之交臂，怎能知道西峰大字岩侧有无荆棘隐没、蔓草遮闭的岩洞？哪能座座山峰都亲自丈量就象在黄婆岩东南方众多峭拔的石崖中那样呢！

初二日　晨餐后，令从夫随道者西向北流市蔬米于城，余独憩庵中。先是，寄宿者夜避蚊不知何往，至是至，曰："已询得独胜岩在县北。"余知在县北者或新开他岩，必非独胜，而庵中无人，不能与即去，姑辞明日，而此人遂去不复来。既午，从夫以蔬米返，余急令其具餐，将携砚载笔往录宝圭洞中遗诗。忽道者驰至，曰："兵[①]道将至，恐治餐庵中。"欲携余囊暂入所栖处。余不顾，竟趋宝圭。甫出庵，而使者旗旄至矣，非所辖郁林道，乃廉州海北道也。乃漳浦张国径印梁，余昔在甘棠驿同黄石斋曾会之。兹驻廉州，时军门熊文灿代荆溪卢象叔总督中州，追捕流寇，张往送之，回辕过此，故欲为勾漏游。余隐墙西，俟其入庵，即趋录洞诗。录未半而彼已至洞，余趋避于北岐叠阁之上。回忆《梧志》所纪西小室，洞朗外瞩，自然石榻，平铺叠架，可眠可踞，与东洞对，正如两掖，其景宛然。彼入南穴，亦抵水而返。余石卧片时，听洞中人倏寂倏喧，亦一异趣。张出南穴，亦北趋偏门下，终不能攀上层而登，与县官啧啧称奇指盼，而不知有人卧其中也。俟其去，仍出录诸诗。诗俱近代，只有一宋碑而不佳，盖为兵燹②荡净也。录甫毕，日衔西山，乃返于庵。

【注释】①兵道：即兵备道，官名。明制于各省重要地方设整饬兵备的道员。②燹（xiǎn）：战争所引起的焚烧破坏。

【译文】初二日　早餐后，我让随行的脚夫跟着道士往西到北流县城去买米买菜，我独自在庵中休息。这之前，寄宿的那人夜里躲避蚊子不知去了哪里，这个时候来了，说："已经打听到独胜岩在县城北边。"我清楚县城北边的或许是新开辟的其他岩洞，必定不是独胜岩，且庵中无人，不能立刻就和他前去，姑且推辞到明日，然而此人竟一去不复返了。午后，脚夫拿着米和菜回来，我让他赶紧做饭，我好带着笔墨纸砚去抄录宝圭洞中的遗诗。忽然道士快步走来说："兵备道要来，恐怕要在庵中置办酒度。"想暂时把我的行李放到他住的地方。我没理他，径自赶往宝圭洞。刚出了庵门，使者的旌旗就到了，不是管辖郁林的兵备道，而是廉州府的海北兵备道。是漳浦人张国径字印梁，我曾经在甘棠驿同黄石斋会见过他。如今驻防廉州府，此时军门熊文灿代替荆溪人卢象叔出任中州总督，追捕流寇，张国径前去护送他，回程中路过这里，因此想去勾漏洞游览。我藏在围墙西边，等他进入庵中，立即前去抄录洞中诗文。还没抄完一半他就已来到洞中，我赶快回避到北边岔洞层叠的楼阁之上。回想起《梧志》中记载的西侧小石室，洞内明朗可向外远眺，天然的石床，铺得很平整，层层叠架而成，可卧可坐，与东洞相对，就像两个胳肢窝，景致和这里一样。他进入南洞，也是到了水边就折返回来。我在石床上躺了片刻，听洞中的人声忽静忽闹，也是一番异趣。张国径出了南洞，也是朝北赶往侧洞口下，最终无法攀登到上层，他与县官啧啧称奇指点顾盼，却不知岩洞里躺着个人。等他们走后，我依旧出来抄录诸多诗文。诗都是近代的，只有一块宋代的石碑但却保存得不好，大概是被兵荒马乱扫荡殆尽了。刚录完，日落西山，于是返回庵中。

初三日　饭勾漏，即东北行。由营房转山之东南角，过透石东出之泉，径草坡而行。五里，越一坡，有塘衍水环浸山谷。渡桥，又二里，堰塘愈大，石峰至此东尽，其北有尖峰兀立若独秀焉。山北隙中露大容，蜿蜒若列屏。又东十里，有水自西北容山来，东南入绣江，为容、郁分界，名洛桑渡。其水颇急，以藤跨水横系两涯之上，而系舟于藤，令渡者缘藤引舟，不用篙楫。桃叶渡江，不若藤枝更妙矣。又东五里为西山墟[①]，有公馆，客之所庭也。东南由岭上行，已下渡小桥，共五里矣。又东出山十里，有荒铺，有板桥。又东五里为清景新桥[②]，则大容东峰，巍然北临若负扆。又东五里，入容县[③]西外门。又一里，入城西门，经县治前，即南转出城南门。门外江水自西而东，即绣江。自高州北经北流，又东合洛桑、渭龙二水[④]，绕城南而东北，由藤县入大江者也。渭龙源出天塘山[⑤]，北向石寨村[⑥]，始入绣江。渡江而南，炊于肆。又南二里，逾冈坂，误入东麓。二里，仍转西向，又二里而得大道。西南行，又五里，宿于古楼村[7]，一村皆李姓。

【注释】①西山墟：今同名，位于广西贵港市西南，北流江稍北。②清景新桥：原作“景清新桥”，乾隆本误。因清景寺而得名，故称“清景桥”。③容县：属梧州府。即今广西容县，位于广西壮族自治区东南部。④洛桑、渭龙二水：洛桑水今称民乐河。渭龙水今称杨梅河，源于广东宜信县。⑤天塘山：即今广西容县、北流两县东南之天堂山。⑥石寨村：今名“石寨”，位于容县偏南。⑦古楼村：即今古柳村，又名“合柳村”。

【译文】初三日　我在勾漏庵吃过饭，立即前往东北方向。从营房转过山的东南隅，再从岩间向东流淌的泉水旁路过，踏着满是野草的山坡前行，走了五里，越过一道山坡，一塘池水环绕浸润着山谷。过了桥，又走二里，筑有堤坝的水塘更大，石峰至此便到了东边的尽头，水塘北边有座尖峰突兀耸立，像独秀峰。山北边的豁口显露出大容山，蜿蜒如排列的屏风。又向东十里，有水从西北的大容山流来，往东南汇入绣江，是容县、郁林州的分界处，名为洛桑渡。这条水系水流湍急，以藤条横跨水面与两岸相联，然后把船系在藤条上，渡江的人牵引藤条拉船，不用竹篙和船桨。用桃叶舟渡江，不如用藤条牵引更妙。再往东五里是西山墟，那里有公馆，是旅客休整的场所。朝东南方从岭上走，不久下岭渡小桥，共五里。又向东出山走十里，有废弃的商铺和木板桥。再向东五里是清景新桥，只见大容山东峰，巍然耸立于北方仿佛帝王临朝听政一般。再往东五里，进入容县县城西外门。再走一里，进入县城西门，经过县衙前，马上向南转出南城门。南门外江水自西向东流，这便是绣江。是从高州府以北，流经北流县，又往东汇合洛桑、渭龙两条河流，绕过城南往东北流去，经藤县汇入大江的河流。渭龙河的源头出自天塘山，向北流经石寨村，才汇入绣江。渡江后往南，在饭店吃了饭。又往南二里，越过山冈坡地，误入了东麓。走二里依旧向西拐，再走二里才踏上大道。往西南方向，又走五里，住在古楼村。整个村子的人都姓李。

初四日　饭于古楼村，仍西南随大路盘都峤[1]而过。先是，余按《志》言："都峤在城南二十里。"自城问之，皆曰："南山去城七八里。"故余喜其近，出南门渡江，即望山而趋，而不意其误也。盖都峤即南山，其北俱削崖悬亘，无级可阶，必绕出其南，始可北向而登。其曰七八里，乃北面抵山之数，而二十里者，并从南陟山而言也。共五里，过石寨村。又一里，抵石嘴铺，铺东南八里有黄土岩，不及登。东渡一桥，始从岐北向上山。登山东转，遂由山峡北向五里，抵南山寺，古所称灵景寺也。大岩倚东崖，其门西向，中无覆架，而外有高垣，设莲座于中，明敞平豁，虽云"寺"，实岩也。盖都峤之形，其峰北穹高顶，南分两腋，如垂臂直下，下兜成坞，而清塘一方当其中焉。两腋石崖，皆重叠回亘，上飞下嵌，若张吻裂唇。一岩甫断，复开一岩，层穴之巅，复环层穴，外有多门，中无旁窦，求如白石下岩所云"潜通勾漏"者，无可托矣。总而披之，灵景为东腋之首，岩最高而大，高三丈五尺，深五丈，横阔十余丈，两端稍低，中穹如半月。其北有三岩，皆西向而差小，亦有环堵为门者，皆读书者所托，而今无人焉。三清当分腋之兜，岩最正而洁，高深横阔同灵景。其东有二室，皆南向，亦有环堵倚之，与西向三岩易隅而齐列。其西有飞崖，则南转东向，为西腋之户。高穹虚敞，第内不甚深，然迤逦而南，与灵景分门对峙，若两庑焉，此下层也。三清之上，又列重门为中层，无缘陟道。其上又启一岩为上层，是名宝盖。高十五尺，深二丈，阔五六丈，后倚峰顶，地愈高上，独当中干，平临两腋巅。再上，即中盘顶。盖是岩不以灵巧见奇，而以回叠取胜，故舍其北峭，就其南崐②，信列仙望衡对宇之区矣。上午，先抵灵景，门外竹光旁映，岩中霞幄高张，心乐其幽旷。时日已中，灵景僧留饭。见佛座下有唐碑一通、宋幢③一柱，刻镌甚古，就僧觅纸，僧仅以黄色者应。遂磨墨沈于石，取拓月于柚④，以钟敲为锤，以裹足为毡，洗碑而敲拓之。各完两通，而日色已暮。问三清观，道者他出，空寂无人，竟止岩中。

【注释】①都峤：位于今广西容县南二十里，由紫色砂岩、砾岩构成，为丹霞山。②崐（wěi）：山势高低盘曲的样子。③幢（chuáng）：刻着佛号或经咒的石柱。④取拓月于抽："抽"因形近而误，应为"柚"。柚子皮甚厚，打碑者卷皮蘸墨，以代毡刷，宜墨而不损纸，极便于用。因此"抽"似应为"柚"，即柚子，可代毡刷。

【译文】初四日　我在古楼村吃过饭，依旧往西南沿着大路盘绕着都峤山过去。这之前，我查《志》书所记载的："都峤山位于城南二十里处。"在城中问路，都说："南山距离县城七八里路。"我因它距离近而高兴，出南门渡江，马上望着山前往，没想到搞错了。原来都峤山就是南山，它的北面全是陡削悬亘的悬崖，没有石阶可攀，必须绕到它的南面，才可以向北而登。人们说的七八里路，是指北面到山下的路程，而之前所说的二十里，是算上从南面登山的总里程而言的。共走五里，经过石寨村。又一里，到达石嘴铺，石嘴铺东南八里处有个黄土岩，来不及登了。向东越过一座桥，这才从岔道朝北上山。登山后向东转，接着从山峡往北走五里，到达南山寺，这就是古代所称的灵景寺。大岩洞倚靠着东边的山崖，洞口朝西，洞中没有搭建梁架，而洞外却有高墙，洞中设置有莲座，明亮宽敞，平整开阔，虽说是“寺”，实际上是个岩洞。都峤山大致的山形是，山峰的北面隆起高高的峰顶，南边分成两座侧峰，如双臂笔直下垂，下面围成山坞，一塘清澈的池水位于其中。两侧石崖全部重叠环亘，上面的凌空飞举，下面的陡然深嵌，好像张开的嘴唇。一个岩洞才断绝，紧接着又裂开一洞，层层洞穴的顶端，仍然环绕着层层洞穴，外边有很多洞口，洞中却再无旁洞，要找到在白石山下洞所说的“暗中通到勾漏洞”的地方，是没有根据的。总而言之，灵景寺是东侧山峰之首，岩洞最高最大，高三丈五尺，深五丈，横宽十多丈，两端略低，中间隆起如半个月亮。它的北面有三个岩洞，都是朝西稍小一些的，也有环堵的围墙作门户，都是读书人的藏身之所，如今已没人居住了。三清岩位于两侧峰环抱之中，岩洞方位最正且整洁，高低宽窄和灵景寺相同。它东边有两个石室，都朝南，也有围墙环绕，与朝西的三个岩洞改变方位却平齐并列。它的西边有凌空的飞崖，便由南转向东，成为西侧峰的门户。高大穹隆，空旷宽敞，只是洞内不太深，然而逶迤向南，与灵景寺分为两个洞口对峙，犹如两侧的厢房，这是下层。三清岩的上面，排列着重重洞口的是中层，没有顺势上登的路。它的上面又开了一个岩洞是上层，名叫宝盖岩。高十五尺，深二丈，宽五六丈，后面倚靠着峰顶，地势更加高上，单独位于中峰主干，与两座侧峰的峰顶持平。再往上，就是中盘顶。原来这里的岩洞并不是以灵巧见奇，而是以环绕重叠取胜，所以放弃陡峭的山峰北麓，赶到高低盘曲的山峰南面，真是个仙宇相望、殿阁相对之地。上午，先到达灵景寺，门外的竹林内阳光旁映，岩洞中高悬着云霞般的帷幄，这里的幽静空旷令人心生喜乐。这时已到正午，灵景寺的僧人挽留我吃了饭。我看见佛座下有块唐代的石碑，一柱宋代的经幢，雕刻得十分古朴，就向僧人要纸，僧人只拿出黄裱纸给我。于是我在石头上磨墨汁，以柚子皮来蘸墨，用钟锤作为锤子，拿裹脚布当做毡刷，洗过石碑后就敲打着拓碑帖。各拓完两张，天色已晚。去三清观拜访，道士外出，道观内空寂无人，我就住在岩洞中。

初五日　早饭于灵景。由岩右北行，历西向三岩，又盘磴而上，入南向二岩，共里许，然后抵三清岩。岩空境寂，树拂空明，甚堪憩足。又西历东向虚岩，乃仍从来路一里，返三岩之间，取道北上，又里余，沿崖蹑端，遂抵玉帝殿，即宝盖岩也。盖已历重崖之上，下视中岩嵌入足底，而下岩三清，树杪衔翠铺云，若浮空而载之者。由岩左循崖跻石，其上层石回亘，如盘髻上突，而俱不中空，虽峭削无容足之级，而崖端子石嵌突，与白石之顶同一升法。约一里，遂凌峰顶。其间横突之崖，旁插之峰，与夫环涧之田，傍溪之室，遐览近观，俱无非异境。乃知是山东西骈列，惟三峰最高，皆北耸南俯，此其最西者也。回睇最东，层叠更多，但不及此峻耳。北又横突一峰，为此峰北护，即县南望之趋者。其北面峭削特甚，西则旁插一峰，颇尖锐，为此峰附。西北两附间，下开一门，内环为峡，乃北护山与西高峰夹而成者。峡中又突嶂中盘，为当门屏。由屏东进峡南转，则东西二高峰交夹隙也，回合甚深曲。久之，乃从旧道下，三里，至灵景岩取行囊。又五里，南下至山麓，西渡一桥，饭于石嘴铺。转而北一里，过石寨村。东望峡门深窈，冀一入探，而从夫阻梗不前。眺峡右有岩岈然，强其姑往探，此夫倔强如故。有土人见而问之，余以情告。土人曰：“此岩甚浅，不足入。其内山半有竹筒岩，山北之岩，惟此可入而游也。”夫乃俯首从命。遂东向峡门入，过峡北，岩果浅而中北[①]，不堪置足。一里，西抵一高峰东麓，见危崖独展，内环成峡。当门屏下，其南面裂垂罅，削为三崖。西则下属北护峰，与之并起；东面危崖独展，与西高峰麓相对成峡。峡南堰水成塘，环汇南罅三崖下，西附小峰，即椎立于南。塘上一家结茅而居，环户以竹，甚有幽致。由此渡峡，转上西峰北麓。又一里，越岭稍下，其处又成峡焉。细流南向，直坠椎立小峰腋。余乃溯流北入，涧壁阴森，藤竹交荫，涧石磊落，菖蒲茸之，嵌水践绿，足之所履，知菖蒲不知其为石也。缘涧东上，复东南跻岭，共一里，有飞石二丈当道，缘梯而上，则竹筒岩在其左夹。两岩并列，门俱西北向，虽不甚深，高爽殊甚，南有飞泉外坠，北则燥洁中虚，有僧新结庐其间，故其道开辟，岩下崖直达涧底。计岩后即西高峰绝顶，当与三清岩胸背值，若由此置磴，可先登峰顶，次第下诸岩也。既而下二里，仍至环塘结茅处，探南面裂罅。罅相距五尺，两罅并起，界崖为三，俱危悬绝峭。见东麓有径北倚危崖，款[②]茅而问之，其人方牧，指曰：“此石背村路也。”先是，偕从夫循危崖北行，夹径藤树密荫，深绿空濛，径东涧声唧唧，如寒蛩私语；径西飞崖千尺，轰影流空，隔绝天地。若不有此行，只谓都峤南魁北峭，一览可尽，而谁觉其幽悄至此哉！时已下午，从夫顿捐[③]倔强之色，并忘跋履之劳。二里，危崖北穷，与坞西转，即当门屏北麓也，较南麓三裂崖稍逊其峻，亦环亘成坞焉。路乃东向，截坞登岭，岭乃西高东北支，北走属北护峰者。逾岭，其坞自北而南，坞东乃中高盘亘，上亦有岩悬缀，下与西高夹为此坞，北更有重崖间之，南则湾环以出，不知所极。既而南见两三家倚西峰北麓而居，亟趋而问之，即石背村也。余既得石背，因忆宝盖道者所云："山北有岩与之相近。"更详询其所在。村人曰："此处东有婆婆岩，岩高路绝，可望而不可到；西有新岩，其岩新辟，有径可别下石寨。"乃引余从屋右小径，指而望之，即竹简岩也。盖北山之洞即为竹简，此中岩名、村界，询之则彼此多错，陟之则脉络递现，山灵与杖屦辐辏[④]，其无幽不抉如此！时日已下迫，问抵县城尚二十里，亟逾岭，循危崖而行。三里，未至石寨，见有路北去，遂随之。盘一岭，路渐微，问之樵者，曰："误矣！"指从苍莽中横去，曰："从此西南，可得大道。"从之，路益荒棘。久之，得微径向西南，约共误三四里，仍出石寨傍南来大道，日已逼虞渊矣。始北转向大道行，五里，过古楼村西，已昏黑。念前所投宿处，酬钱不受，难再入，入他家又昏暮不便，从暗中历大道北向而驰。四里，越一隘，入二里，转一岣，复下一坡，渡一涧，共二里而抵绣江，则街鼓既动，宿肆俱寂。乃叩南涯之肆，入炊而宿焉。即昨来炊饭家，故闻声而即启也。

【注释】①北：此处指"相背"。②款：敲，叩。③捐：舍弃，抛弃。④屦（jù）：古代用麻葛制成的一种鞋。辐辏（fú còu）：形容人或物聚集像车辐集中于车毂一样。

【译文】初五日　我在灵景寺吃了早饭。从岩洞右边往北走，经过三个朝西的岩洞，又绕着石阶而上，进入朝南的两个岩洞，共走了一里左右，然后到达三清岩。岩洞空寂，树枝在空中轻拂，值得驻足小憩。又向西经过朝东的虚岩，于是依旧沿着来路走一里，返回那三个岩洞，再取道向北走。又走一里多，沿着石崖边缘攀上顶端，就到了玉帝殿，也就是宝盖岩。我竟然已爬到重重山崖之上，俯视中层的岩洞嵌入脚下，而下层的三清岩，树梢碧玉般舒展于云端，仿佛飘浮在半空，被云层承载着。从宝盖岩左边顺着石崖攀崖，上面的石崖环绕绵延，如盘绕的发髻高高耸起，却都不是中空的，虽峭壁陡崖没有落脚之处，但嵌入崖顶的石子突起，可采用登顶白石山的方法上登。大约走一里，终于登顶。山间横突的山崖，旁插的山峰，还有那环抱着山涧的田地，小溪旁的房屋，远眺近观，皆若奇异之境。我这才知道，这里的山都是东西并列，只有三座山峰最高，都是北边高南边低，是群山中位列最西端的。回头往最东边张望，层叠的山峰更多，但都不如它险峻。北边又横着突起一峰，是此峰北边的屏障，我就是望着它从县城西南赶过来的。它的北边陡峭得很，西侧则旁插着一座山峰，很尖锐，附庸着这座山峰。西北这两座附峰之间，下面开了个石门，门内环绕形成峡谷，由北边的屏障山和西边的最高峰相夹而成。峡谷中又突起一座山峰，就像门前的屏风。从屏风东侧进入峡谷向南转，就到东西两峰相夹的缝隙中，山路特别深远曲折。很久，才从原路下山，走三里，到灵景寺岩洞取行李。又走五里，南下至山麓，向西越过一桥，在石嘴铺吃饭。转向北走一里，过石寨村。向东观望，峡口深远幽静，想进去一探究竟，但随行的脚夫阻挠着不愿进去。眺望峡谷右侧有岩洞隆起，便逼迫着他姑且前去打探，这脚夫还和之前一样倔强。有当地人看见了便询问缘故，我如实相告。当地人说："这个岩洞很浅，不值得进去。峡谷内半山腰上有个竹简岩，山北边的岩洞只有这个洞值得一游。"脚夫这才俯首听命。于是向东进入峡口，经过峡谷北侧，岩洞果然很浅，且洞内狭窄，无处落脚。走一里，向西到达一座高峰的东麓，只见高险的山崖独自展开，内部环绕形成峡谷。那座像屏风的山峰下，南面裂开垂直的裂隙，将山体削成三座悬崖；西面则下连着北边那座屏障般的山峰，和它并排耸立；东边危崖独秀，与西高峰相对夹成峡谷。峡谷南段筑有堤坝积水成塘，回旋汇积在南面分裂成的三座悬崖之下，西边附庸的小山峰，像锥子般耸立在南边。水塘上有户人家，住在茅屋里，屋外竹丛环绕，十分幽静雅致。由这里渡过峡谷，转上西峰的北麓。又一里，翻过山岭稍下行，那里又形成峡谷。小溪向南流，一直下泻到锥形峰的侧峰。于是我溯流向北深入，山涧中的石壁阴森森的，藤蔓竹林交织成荫，涧石众多错杂，菖蒲绿茸茸的，陷入水中踏着青草，脚下所踩之处，只知有菖蒲感觉不到岩石。沿着山涧往东攀升，再向东南登岭，共一里，有块二丈高的飞石挡在路上，扶着石梯上去，左边的夹缝里是竹简岩。两个岩洞并立，洞口都朝向西北，虽不怎么深，但特别宏大敞亮，南洞外是下坠的飞泉，北洞却干燥整洁且内部开阔，有僧人在洞中新建了房屋，所以到这来有开通好的路。岩洞下面的山崖直达涧底，估计岩洞后面就是西高峰的峰顶了，与三清岩应该是腹背相对，若从这里铺设石阶，可先登上峰顶，再依次下到各个岩洞。不久，下行二里，又回到水塘环绕建有茅屋的地方，探察南面的裂隙。裂隙的间距大约五尺，两条裂隙并排竖起，把山崖一分为三，都是高悬的绝壁。我见东麓有条小路紧贴着北边的危崖，就敲开茅屋问路，主人刚放牧回来，指点说：“这路通往石背村。”这之前，我和随行的脚夫是顺着危崖往北行，夹道的藤枝树蔓浓荫密布，到处弥漫着碧绿色，小路东边的山涧水声唧唧，犹如深秋的蟋蟀在私语；小路西边是千尺的飞崖，迸裂的山影显露于空中，隔绝天地。若没有此行，只以为都峤山南边高大而北边陡峭，可一眼览尽，而谁又能领略到都峤山的幽深寂静呢！此时已到下午，脚夫倔强的神色立刻消失了，并忘却了跋涉的辛劳。走二里，到了危崖北边的尽头，顺着山坞向西转，就是屏风状山峰的北麓，与南麓三座裂崖相比，陡峻的程度稍微逊色一些，也是环绕绵延形成山坞。道路向东延伸，截断山坞后向山岭攀升。这座岭是西高峰往东北方延伸出的支脉，向北延伸至北边如屏障的山峰。越过岭头，山坞自北向南绵延，山坞东边是中央高峰盘绕横亘，上边也有岩洞悬缀，下部与西高峰夹成这个山坞，北边另外有重重山崖隔断了山坞，南边则是曲折婉转而出，看不到尽头。不久看见南边有两三户人家紧挨着西峰北麓而居，急忙跑过去问路，说这就是石背村了。我找到石背村，因此忆起宝盖岩道士的话："山北有个岩洞离石背村很近。"再次详询岩洞的具体位置。村里人说："这里东有婆婆岩，岩洞高悬，道路绝险，可望而不可即；西有新岩洞，那岩洞是新开辟的，有条小路可从其他地方下到石寨村。"于是带我从屋右侧的小路走，顺所指方向望去，就是竹筒岩了。原来北山的洞就是竹筒岩，问起这一带的岩洞和村庄地界，大多也是错乱的，走近后只见脉络次第显现，山水灵气加上我的拐杖和鞋底，照这样，没有什么幽深不可挖掘！这时太阳已西沉，问知到县城还需二十里，急忙翻过山岭，顺着危崖前行。三里，还没到石寨村，看见有条路向北去，就顺着这条路走。绕过一道岭，路渐渐变窄，向樵夫打听，说："走错了！"指引我从苍茫的原野中横穿过去，说："从这儿往西南走，可上大道。"按他说的走，路上荒草荆棘更多。过了很久，隐约找到一条向西南方的小路，大约共走错了三四里路，仍出到石寨村旁边南面来的大道上，太阳已落山。这才转向北沿着大道走，五里，经过古楼村西边，天已昏黑。考虑到先前我投宿的地方，用钱酬谢他不肯接受，不便再次前去，进别家天又昏黑不方便，从黑暗中经过大道向北快走。四里，越过一个隘口，进入走二里，转过一座山，又下了一道坡，渡过一条山涧，共二里后抵达绣江边，就听见街市上更鼓已敲响，住宿的旅店全都打烊了。我只好敲开南岸的旅店门，进去煮饭吃而后休息。这就是我昨天来时煮饭吃的那家，所以店主听出我的声音立即开了门。

初六日　早，北渡江入南门，出西门，饭于肆，即从外垣内北向行。经演武场，有大塘潴水甚富，堤行其间。堤北出古城门，此古州北城遗址也。有碑言："天顺间郑果、嘉靖间吴显宗二寇为乱，皆因改州为县，城失其险。故崇祯初复门旧基为外护"云。余疑改州为县，因人散城缩，非改县而后失险也。出容县北门即西行，已而北转，循大容东麓十里，有水自西北来，东入绣。乃连渡其右，复渡其左，三渡遂循溪溯流而上，行夹谷间五里，为石头铺。于是复乱流涉水，水势愈缩，山势愈夹。西折入山峡行，透峡共五里，山势复开，是为李村。已渡一桥，复渐入幽阻，盘旋山峡间，见溪流壑底，树蔓空中，藤箐沉翳，举首不见天日。五里，跻岭，复盘旋其上峡。又五里，忽山回谷转，潴水满陂，环浸山麓，开处如湖，夹处如涧，皆平溢不流，左右回错，上下幌漾，真深山中异境也。已而路向南山，水连东坞，乃筑堤界其间，以通行者。再南山峡，水遂西流，是为水源，盖大容北下之脉所盘夹而成者。于是水分东西，夹路随水西北出山。二里为同山墟[①]，山乃大开，原田每每，村落高下。转而西行，仍南见大容西峰巍然颖出也。五里，有大溪自南，小溪自西，二溪会而东来之溪相并北去。乃涉南溪，溯西溪，北循岭过鸡黍山，有村落在路左。越溪而北，日有余照，途中人言，从此将北入深峡中，无居人，遂止于秦窑。秦窑者，鸡黍山[2]北坞中悬小阜也。左右俱有峡，通狭径，两三家当阜而居，径分其前，溪合其下。主人方裂竹为构屋具，取大竹椎扁裂之，片大尺许，而长竟其节，以覆屋兼椽瓦之用。迎客有山家风味，不若他方避客如虎也。

【注释】①同山墟：即今广西容县西北松山乡。②鸡黍山：即今“鸡屎山”，在容县西北境，松山稍西。

【译文】初六日　早上，北渡江而后进入南门，出了西门，在店里吃了饭，就从外城墙内朝北走。途经演武场，有个蓄了很多水的大水塘，堤坝穿行其间。堤坝往北出了古城门，这就是古州北城的遗址。有块石碑刻着：“天顺年间郑果、嘉靖年间吴显宗两股盗贼作乱，都是因为把州改为县，城失去了它本来的险要地位。因此崇祯初年在老城遗址上恢复城门，作为外护的屏障”等等。我估计改州为县，是人口疏散，城池萎缩，而非改县后才失去重要地位的。出了县城北门就往西走。不久转向北，沿着大容山的东麓走十里，有溪水从西北流来，向东汇入绣江。便接连渡到溪右，再渡到溪左，渡过三次后便顺着水流溯流而上，在夹谷间走了五里，是石头铺。从这里再次横渡涉水，水势缩小，山势更加狭窄。往西拐进山峡中前行，穿过山峡共走了五里，山势再度开阔，这是李村。随即越过一桥，又渐渐深入至幽深险阻之境，在山峡间盘旋，只见溪水在谷底流淌，树枝在空中蔓延，藤蔓竹林深沉密蔽，抬头不见天日。走五里，登上山岭，再在岭上的峡谷中盘旋。又走了五里，忽然山回谷转，积水满塘，环绕浸润着山麓，开阔处犹如湖泊，狭窄处犹如山涧，都水涨满川不流动，左右交错，上下荡漾，真乃深山奇异之境呀。不久道路向南山延伸，水连接到东山坞，于是在山坞筑了堤坝来间隔，以便通行。再往南出了峡谷，水向西流，这里是源头，大概是大容山往北下延的山脉盘绕相夹形成的水流。从此水流分为东西两条，夹在道路两边，顺着水流向西北出山。走二里是同山墟，山势于是开阔起来，郊外农田肥沃，村落高低交错。转向西行，向南仍能看见大容山西峰巍然脱颖而出。走五里，有条大溪从南面来，一条小溪从西面来，两条溪流汇合后与东面而来的溪流一并向北流去。我涉过南来的溪水，溯西来之溪前行，向北沿着山岭越过鸡黍山，有个村落在道路左边。越过溪流往北行，落日还有余晖，路上的人说，从此地起向北将进入深山峡谷中，没有居民，便停在了秦窑。秦窑这地方，是鸡黍山北面山坞中一座高悬的小土山。左右两侧都有峡谷，通着狭窄的小径，两三家人在土山上居住，小径在山前分岔，溪流在山下合流。主人正在剖竹子为建房做准备，选取粗大的竹子捶扁裂开，竹片大一尺左右，而长度有整节竹节长，用来覆盖屋顶兼做椽子和瓦片用。这家人迎接客人有山村人家的风味，不像其他地方躲避客人如躲避猛虎一样。

初七日　晨餐毕，从秦窑北行。透峡二里，山复环而成坞，有聚落焉，是为卢绿塘。从此循壑西北行，山谷愈幽，径路愈塞，山俱丛茅荒棘，求如水源一带高树深林，无复可得。况草茅高者没顶，不辨其上之或东或西，短者翳胸，不见其下之为平为坎。如是者三里。过大虫塘，又二里逾长岭顶，始北望白石山在重峰之外。于是西北从岭头下二里，又从坑中下一里，为石潭村。村北逾小桥，从东岐行五里，山坞大开，有江自南而东北注，是为西罗江，乃发源大容西北，至此始胜舟，而东至头家寨入绣江者。其流颇大，绝流而渡，没股焉。北岸为平地墟，有舟下达绣江。由其埠西上岭，二里，入一坞，为板洞，聚落亦盛。由洞后西上岭，平行岭半二里，转而北，复平行岭半二里，乃下。旋东北上跻，遂逾岭头，南望大容东西诸峰无不毕献，惟北瞻白石，为北峰所掩。复平行岭上，一里而下岭北，其水犹东行。度峡西，稍逾一坳，水始分东西焉：东水俱入西罗江，属梧；西水俱入大水河，属浔，是为分界。一里出坞，为上周冲，山始开。五里抵罗秀，山乃大开。饭于肆。由罗秀北行三里，为卢塘。四山开绕，千室鳞次，倚山为塘，堤分陂叠，亦山居之再盛者也。罗秀、卢塘之中，道旁有空树一圆，出地尺五，围大五尺，中贮水一泓，水面上不盈树围者五六寸，下浮出地面者几及尺焉。深碧澄莹，以杖底之，深不可测，而珠炮亹亹[1]上溢。空树虽高于地，若树中之水，止可与地相平，乃地之左右俱有溪流就下，而水贮树中者较地独高，不溢不减，此孰为之斟酌其间耶？树若井栏，或人之剜空而植之地中者。但水之浮地为可异耳。卢塘北五里，过卢忘村，登一岭夹。下而复上，又二里，循山半行，始望白石双尖如觌面。其岭东西两界夹持，而北下成深坑，布禾满底坑。一里，辄有过脊横断两崖间，凡渡三脊，约循崖上者共六里焉。俯瞰坑中，或旁通，或中岐，所谓“十二岔塘”者是矣。渡脊后，遂西北逾岭，一里稍下，复东度一脊，乃北向大路，直望白石山麓。北下一里，又随夹西转一里，下至坑底，即逾小岭。一里西下，则大水河从南北注。随之北下，又一里，水转东折，又有一小水北自白石来，合并东向。乃既渡其大，复渡其小，上东北涯，已暮色逼人，投宿于岭上之陈村。大水河者，自同冲、罗秀北流过此，下流至武林入浔江。

【注释】①亹（wěi）亹：行进貌。

【译文】初七日　吃完早饭，从秦窑向北行。穿越山峡二里，山再次环绕成山坞，山坞中有个村落，就是卢绿塘。从这里沿着沟谷往西北行，山谷越来越幽深，道路越来越不畅，山上到处是荒芜的茅草和荆棘，想找到水源一带的高树深林，是不可能的。何况茅草没过头顶，辨不清头顶是东还是西；短一些的茅草都遮到胸口，看不见脚下是平坦还是坎坷。这样的路走了三里。过了大虫塘，又走二里越过长岭顶，这才向北望见重重山峰之外的白石山。从此地向西北越过岭头下行二里，又从坑谷中下行一里，就是石潭村。村北过小桥，从东边的岔道前行五里，山坞瞬间开阔，有条江从南往东北流淌，这便是西罗江，发源于大容山西北，流至此地才能载船，往东流到头家寨汇入绣江。江流很大，横截水流渡江，江水没过大腿。北岸是平地墟，有到绣江的船。从江边码头向西上岭，走二里，进入一个山坞，是板洞，村落也兴盛。从板洞后面向西上岭，在山岭平缓的半山腰前行二里，转向北，再在平缓的半山腰走二里，就下了岭。旋即往东北方爬升，终于越过岭头，南望大容山东西两侧群峰无不尽收眼底，只有向北远望白石山，被北峰遮挡。又在岭上平缓前行，一里后下到岭北，这里的水流仍向东流淌。度过峡谷西边，稍穿过一个山坳，水流便分为东西两条：东边的全部汇入西罗江，属梧州府；西边的全部汇入大水河，属浔州府，这里便是分界线。走一里出了山坞，是上周冲，山势才开阔起来。五里抵达罗秀，山势大开。在市肆吃饭。从罗秀往北走三里，是卢塘。四周群山开阔环绕，千家万户排列而居，靠山建有水塘，堤坝分布，池塘错落，也是山野村居的又一个兴盛之地。罗秀、卢塘之间，路旁有一棵圆形的空心树，离地一尺五高，树干直径五尺，树洞中贮有一泓清水，水面距离树洞顶端约五六寸，下面浮出地面的距离将近一尺。水深幽碧澄澈，我用拐杖探测洞底，深不可测，珠泡汩汩地向上溢。空心树虽高于地面，但如果树干中有水，只能与地面持平，如果不是周围都有溪流下注，那么树干中贮水的水面怎会比地面高，不盈溢也不减损，这是谁舀水灌进树干中的吗？树干就像井栏，也许是人为挖空后植入地下的。但水浮出地面也算是奇异之事了。从卢塘向北五里，路过卢忘村，登上一个山岭的夹谷。下岭后再上山，又走了二里，沿着半山腰前行，才看见白石山的一对山尖犹如脸对脸的模样。此岭被东西两侧山峰夹持，而北下却形成深坑，坑底部布满了稻禾。一里，总有绵延而过的山脊横断两崖，一共越过三条山脊，大约沿着山崖攀登的路共有六里。俯瞰坑谷，有的通向别处，有的从中岔开，所谓的“十二岔塘”说的就是这里了。越过山脊后，便越过西北的山岭，稍下行一里，再向东越过一条山脊，才向北归入大路，可直接望到白石山的山麓。往北下行一里，又顺着夹谷向西转一里，下至坑底，很快越过一座小岭。向西下行一里，只见大水河从南向北流淌。沿着大水河北下，又一里，河水向东折转，又有一条小河从北边的白石山流来，合流后向东流去。于是渡过大河，再渡过小河，在东北方上岸，这时已是暮色逼人，我投宿在岭上陈村。大水河，源自同冲、罗秀，向北流经此地，向下流到武林汇入浔江。

初八日　自大水河登后山入浔，路当从山左循小水北行，余误从山右大水北去。一里，大水折而东，余乃西逾岭。三里出罗捷，或作“插”，有村落在山半。仍与北来小水遇，溯之行，始得大道。又二里，复逾水上岭，从岭上行二里，西瞻独秀而行。下山二里，为陈冲，已出独秀东北，复见白石矣。自陈冲循坞中小水东北行，至是又以潘观山为西瞻矣。潘观山与东界山排闼而北。十里，复西北陟冈，盘西界中垂之嘴，于是复循冈陇行。共十里，逾一岭而下，是为油麻墟。时值墟期，饭而后行。十里，连渡二桥，桥北为周村，水北绕而去，路陟西岭。五里，过上合村。又谓之麻合，居民二三家在岭内。又十里，抵陈坊，陈坊之南，自周村来，山不甚高，水不成溪，然犹冈岭间叠，陂陀盘绕；陈坊之北，则平野旷然，西山在望，聚落成市，始不作空山寂寞观矣。

【译文】初八日　从大水河登后山进入浔州府境，道路本应从山左沿小河往北走，我误从山右沿大河向北走去。一里，大水河向东折转，我于是向西越岭。走三里从罗捷出来，或者叫“插”，有个村落在山腰上。仍然与北边流来的小河相遇，逆流而行，才归入大道。又走二里，再次渡河登岭，在岭上走二里，向西远望着独秀峰前行。下山二里，便是陈冲，已到了独秀峰的东北方，又一次看到白石山。自陈冲顺着山坞中的小河向东北走，至此又把潘观山作为西望的目标。潘观山与东界山排列着向北延伸。十里，再向西北登上山冈，绕过西界山中下垂的山嘴，从这里开始又沿着山冈土陇前行。共走了十里，越过一座山岭下来，这里是油麻墟。这时正是赶集日，我吃完饭才启程。走十里，连着越过两座桥，桥北是周村，河水北绕而去，道路向上通往西岭。走五里，经过上合村。也称为麻合，有两三户人家住在岭内。又走十里，到达陈坊。陈坊的南边，从周村开始，山就不是很高，水也不成溪流，然而仍然是冈岭交叠，坡陀盘绕；陈坊的北边，则是平坦空旷的原野，西山在望，村落形成街市，才打破了空山寂寞的景观。

初九日　自陈坊墟西行荒野之中，中洼如岩，岩中突石，盘错蹲踞，但下无深坠之隙，中无渊涵之水，与前所过石桥村南洼陂突石无以异也。西行十里，直逼思灵山下，则郁江自西南环城东北，而隔江山光雉堞，恍然在望矣。渡江，抵城东南隅，往南门，至驿前，返浔郡寓中，则二病者比前少有起色。询横州渡舡，以明晨早发，遂携囊下舟以俟焉。

【译文】初九日　从陈坊的集市上西行走入荒野之中，中央下洼如岩洞，里面有岩石突立，盘结交错地蹲踞着，下边并没有深陷的裂隙，中间也没有深涵的积水，与我之前经过的石桥村南边洼地池塘中突立的岩石没什么不同。往西走十里，直逼思灵山下，只见郁江从西南环城向东北方流淌，隔江的山光城池，恍惚在望了。渡过郁江，到达府城的东南角，我前往南门，来到驿站前，返回浔州府的寓所，只见两个病人比之前稍有起色。打听到去横州的渡船，因为明天一大早要出发，便带上行李上船等待。

是行也，为日十有六，所历四县桂平、陆川、北流、容。一州郁林。之境，得名岩四，而三为洞天：白石名秀乐长真第二十一洞天，勾漏名玉阙宝圭第二十二洞天，都峤名大上宝玄第二十洞天。惟水月洞不在洞天之列，而实容山之正脉。盖余所历，俱四面环容山之麓。盖大脊西南自钦州、灵山，东北经兴业，由平山墟度脉而东，即高峙为大容。其北出之支，发为白石，而山脉尽焉；其南出之支，经北流县东分为勾漏，而山脉亦尽。南行正脉，自鬼门关又南为水月洞，又南经高州、西宁之境，散为粤东南界之脉，而北转者始自罗偭而北，结为都峤。是白石、勾漏、水月皆容山嫡冢，而都峤则云礽之后矣。世谓容州三洞天俱潜穴相通，非也。白石之通于勾漏者，直指其山脉联属，而何必窍穴之相彻；都峤之通于勾漏者，第泥其地界之接轸，而岂知脉络之已分。故余于都峤而知迹之易混，于水月而知近之易遗也。

【译文】这次出行，为期十六天，所历四县、桂平县、陆川县、北流县、容县。一州郁林州。之境，找到四个著名岩洞，而其中三个为引人入胜的洞天之境：白石山名为秀乐长真第二十一洞天，勾漏山名为玉阙宝圭第二十二洞天，都峤山名为大上宝玄第二十洞天。只有水月洞不在洞天之列，但实际上它是大容山的主脉。大体上我所游历的地方，周围都环绕着大容山的山麓。大致说来，主脉的山脊发起于西南方的钦州、灵山县，往东北经过兴业县，又经由平山墟山脉向东延伸，即形成高耸的大容山。向北分出的支脉，突起成为白石山，而山脉在此也到了尽头；往南分出的支脉，经北流县向东分为勾漏山，而山脉也到了尽头；往南延伸的主脉，从鬼门关往南形成水月洞，再往南延经高州府、西宁县境内，散布成为广东南部的山脉，而向北转出的山脉从罗偭起向北延伸，盘结为都峤山。这样算来，白石山、勾漏山、水月洞都是大容山的正宗嫡系，而都峤山则可算是排在子孙八辈以后了。世人认为大容山各州县的三个洞天都有暗洞相通，并非如此。说白石山通到勾漏山，只是说它们山脉相连，而何必要洞穴相通；说都峤山与勾漏山相通，仅仅是拘泥于它们的地界相接，岂知它们的地理脉络已经分开。所以我在都峤山便明白，表面的迹象容易混淆，在水月洞便明白近似的东西容易遗漏了。

鬼门关在北流西十里，当横林之北，望之石峰排列，东与勾漏并矣。北流而县中峙，乃东者名仙区，西者称鬼域，何耶？余初是横林北望，心异山境，及抵北流而后知其为“鬼门”，悔不能行其中，一破仙、鬼之关也。

【译文】鬼门关位于北流县城西十里处，横林之北，远望石峰排列，东面与勾漏山并立。北流县城位于中间，但东边的山却以仙境命名，而西边的山却以鬼域命名，为何如此呢？我最初是在横林向北望，感受到奇异的山景，等到达北流县城后才知道它是“鬼门”，后悔没能在山中走走，一举攻破这神仙、鬼蜮之关。

初十日　未明发舟，晓霞映江，从篷底窥之，如行紫丝步帐中，彩色缤纷，又是江行一异景也。随西山南向溯流十里，外转而东北行，迂曲者又十里，始转而南又十里，望白石山亭峙东南，甚近。于是转而西北，是为大湾。又西十里过牛栏村①。转而南，复转而西，又十五里而暮。又乘月行五里，宿于镇门。是夕月明如昼，共行六十里。

【注释】①牛栏村：即今“流兰”，位于桂平中部，郁江北岸。

【译文】初十日　天还没亮就开船，朝霞映照在江上，我从船篷下窥视江水，如同在紫色的丝绸帷帐中穿行，色彩缤纷，这又是一道江行的异景。沿着西山向南逆流十里，向外转朝东北方迂回曲折地又行了十里，才转向南又行十里，望见东南方是亭亭玉立的白石山，很近。从这里向西北转，就是大湾。再向西十里经过牛栏村。朝南转，再朝西转，又行船十五里便天黑了。又伴着月光前行五里，泊于镇门住宿。这天晚上的月亮明亮得犹如白昼一般，共行船六十里。

十一日　未曙而行。二十里，白沙，又五里登涯。由小路北行，一里得大路，稍折而东，渡雷冲桥。从桥东小岐北望石峰而行，涉一溪，行苍莽中。四里抵小石峰下，复透一峰峡，又三里抵罗丛岩，岩门南向。邦人黎霄鸾，乡贡进士，有记曰：东南望白石洞天，西北接狮子、凤巢之秀，艮案峙其前，太平拥其后。既至，日犹未午，一面索炬同道者游，一面令具餐焉。盖兹岩前有东西两门，内有东西两洞。西洞之内，倏夹倏开，倏穹而高盘，倏垂而下覆，顶平若幕，裂隙成纹。至石形之异，有叠莲盘空，挺笋森立者，亦随处点缀，不颛以乳柱见奇也。西洞既穷，道者复携炬游东洞。计里许，北过一隘，西转有峡，北透天光。其内夹而不宽，高而无岐，石纹水涌，流石形如劈翅，而莲柱乳笋，亦复不汎。时数炬更尽，不复能由内洞返。北跻后洞出，穴北向，仅中匍匐出洞。已下北麓，循麓东行，过东北隅，道者指其上列窦曰："此东洞后穴也。"予即欲从之人。道者曰："无炬，须仍由前洞携炬出。"从之，环其东麓。麓东一峰圆峙，高逾此山，窍穴离披。道者谓都无深入窦，然其北有石一枝离立起，不由此不得睹也。复入东前洞，缚炬内游。乳石奇变，与西内洞等，而深止得半，不若西屡转愈扩也。东崖上穴骈进，亟跻上，则有门三穴，联翩北向，而下无阶级。道者谓："从其内西向跻暗夹中，有道可出，然愈上愈隘，不若仍出前洞也。"游毕，下洞底，循故道出。

【译文】十一日　未见曙光便开了船。二十里，到达白沙，又行五里上岸。从小路往北走，一里后就是大道，稍偏东一点，越过雷冲桥。从桥东的小岔路北望石峰前行，过一小溪，走在苍茫的旷野中。四里后到达小石峰下，再穿越峰下一条峡谷，又走了三里到达罗丛岩，岩洞口朝南。当地人黎霄鸾，乡贡进士，有碑记记载："东南远望白石山的洞天，西北与狮子山、凤巢山的秀色相接，艮案山耸立于洞前，太平山环拥于洞后。"到达后，还没到中午，一边找火把和向导游洞，一边让人准备午饭。这个岩洞前边有东西两个洞口，里边又有东西两个洞。西洞之内，时而狭窄时而开阔，时而高高盘旋隆起，时而低低垂下遮覆，洞顶平滑得犹如帷幕，裂隙形成花纹；岩石的形状很是奇异，有的像层叠的莲花高盘于空中，有的像挺拔的石笋森然挺立，也是随处点缀，并不专以钟乳石柱见奇。游完西洞，向导又带着火把游东洞。大约走了一里，朝北经过一个隘口，向西转有条峡谷，北面透射进天光来。洞内狭窄不宽，高大也没有岔洞，石纹呈现出水波纹一般的线条，流石的形状犹如张开的双翼，而莲花状的石柱和钟乳石笋，也很不寻常。这时更换的几支火把都燃尽了，不能再从内洞折返了。便向北爬上后洞出去，洞穴朝北，仅能匍匐着从中穿出洞来。不久便下到北麓，沿着山麓东行，过了东北角，向导指着山上裂开的洞穴说："这就是东洞的后洞。"我想马上进洞去。向导说："没有火把。仍需从前洞带着火把出来。"我按他所说，绕到山的东麓。山麓东边耸立着一座圆形的山峰，高度超过此山，窍洞纷繁杂乱。向导说这些洞穴都不深。然而它的北边有一座并列的石峰，不站在这里是看不见的。再次进入东前洞，绑好火把在洞内游览。钟乳石变化多端，和西洞内差不多，而深度只有西洞的一半，不像西洞宛转几次后就越来越开阔。东边的石崖上有洞穴并排迸裂，连忙爬上去，只见有三个洞口，连在一起面朝北，可是下方并无台阶。向导说："从洞内向西登上黑暗的夹道，有路能出去，但是越往上越窄，不如还从前洞出去。"游览完，下到洞底，原路返回。

饭于道者，复束炬为水洞、龙洞游。水洞在山西南隅，其门南向，中宽数亩，潭水四际，潴而不流，其深不测，而渊碧如黛，其外浅处，紫碧浮映，想为日光所烁也。洞左右俱有重崖回环潭上，可循行以入。及抵潭际，则崖插底而路旁绝，上无岐穴，不识水洞何所止。出洞，循西麓北转而东，又得龙洞。洞在山西北隅，其门北向，中有水夹，其上片石东西交叠，成天生桥焉。五丈以内，又度一梁，篝火入，西穿石柱，夹渐大。南入约半里，路穷下黑，乃多燃火炬照耀之。亦有深潭一泓，潴水莫测，大更逾于水洞，投石沉沉，亦止而不流，洵神龙之渊宅也。已而熄炬消焰，南望隔深，深处杳杳，光浮水面，道人神以为怪光使然，予谓穴影旁透，道人曰："昔村人结筏穷之，至其处，辄不得穴，安所得倒影？"予曰："此地深伏，虽去洞顶甚遥，然由门南出，计去水洞不远，或水洞之光，由水中深映，浮筏者但从上瞩，不及悟光从水出耳。若系灵怪，岂有自古不一息者哉？"乃复明炬出龙洞。

【译文】在向导的道士家吃过饭，又捆好火把去游览水洞、龙洞。水洞位于山的西南角，洞口朝南，洞内宽数亩，潭水四溢，积存不流，深不可测，潭水幽深犹如青黑色的颜料；潭水外略浅的地方，水面上折射出紫绿色，想来是被阳光照射所致。洞左右都有重重石崖环绕于深潭之上，可以顺着进去。来到潭边，有石崖插入水底，而两旁的路断绝了，上面没有岔洞，也不知水洞到何处是尽头。出洞后，沿着西麓向北走然后向东转，就是龙洞。洞在山的西北角，洞口朝北，洞中的夹谷里有积水，上方的片石由东西两边交叠在一起，形成天生桥。五丈之内，又越过一座桥，燃起火把进入，向西穿过石柱，夹谷渐大。向南深入约半里，没路了，下面漆黑一片，只能多点几束火把把洞照亮。还是一泓深潭，积水深不可测，开阔处更是超过水洞，投入一块石头，水声沉闷，也是积存不流，确实是神龙所居之渊啊。不久火把就熄灭了，隔着潭水向南望，深处浩渺无际，水面上浮动着光影，向导神秘地认为是鬼怪发光造成的。我认为是侧洞的光影折射形成的。向导说："过去村里人扎木筏去一探究竟，到了那里，总是找不到洞穴，怎会有折射的光影？"我说："这地方潜伏得深，虽然离洞顶也很远，但是从洞口向南出去，估计离水洞不远，或许是水洞里的光线，从水深处折射而来，乘木筏的人只顾往上看，没反应过来光线会从水下折射出来罢了。如果确实是山灵水怪，哪有自古以来无休无止的呢？"于是重新点燃火把出了龙洞。

别道人，即西逾石梁，西南望山坳行。皆土山漫衍，三里，辄不得路。乃漫向西南升陟垄坂，五里始得路。乃随向西南一里，度一石梁，又一里得村聚，是为厚禄[①]，有公馆焉。厚禄西南，乃往贵县大道；厚禄之北为安禄营，乃浔州所从来者，余从间道出厚禄后山，已过安禄而南，欲趋平碣，尚三十里，中无人烟可以托宿。土人劝余返安禄宿铺中，时日才下舂，余不能违也。安禄营有营兵数十家，以宿客为业。

【注释】①厚禄：今同名，又作“厚六”，位于桂平市西。

【译文】告别了向导，便向西越过石桥，朝西南望着山坳走。到处是绵延的土山，走三里，还是找不到路。于是漫无目的地朝西南方爬上土陇山坡，走了五里才找到路。便顺着路向西南走一里，越过一座石桥，再走一里有个村落，便是厚禄，村里设有旅馆。厚禄的西南方，是通往贵县的大路；厚禄的北边是安禄营，是与浔州府城往来的路。我从便道出来，到了厚禄的后山，已过了安禄营的南边，想尽快赶到平碣去，还有三十里，中途人烟稀少，无处投宿。当地人劝我返回安禄营在旅馆中住宿，这时日已偏西，我不敢违拗了。安禄营有数十家营兵，以宿客为业。

罗丛岩西北有崇山横亘，东北自浔之西山，西南自贵之北山，二山两角高张，东西相距百四十里，中间峰峦横亘，翠环云绕，颇似大容。盖大容为郁江南条之山，界于绣、郁两江之间；而此山为郁江北条之山，界于黔、郁两江之间。其脉自东南曲靖东山至泗城州界，经思恩、宾州之境，而东尽于浔。贵县之倚北山，犹郁林之于大容西岭；浔州之倚西山，犹容县之于大容东峰，皆东西突耸两角，而中则横亘焉。第大容东西八十里，较近，而中有北流县界其间；兹山较远，而别无县治，惟安禄营为中界。安禄东有土山，脉由大山东北分支南下。第大山自西南趋东北，土山自东北转西南，南抵浔、贵滨江诸山而止。其中夹成大坞，映带甚遥，平畴广溪，迤逦西南矣。

【译文】罗丛岩的西北方横亘着崇山峻岭，东北发起于浔州府西山，西南发起于贵县北山，两座山犹如两只高高张开的角，东西相距一百四十里，中间峰峦绵延横亘，翠色回环，云雾缭绕，很像大容山。大体上大容山是郁江之南的带状山脉，隔于绣江、郁江两江之间；而此山是郁江之北的带状山脉，隔于黔江和郁江两江之间。这条山脉发起于东南方曲靖府的东山，延伸至泗城州境内，绵延经过思恩府、宾州境内，而后东延至浔州府为止。贵县背靠北山，就像郁林州背靠着大容山的西岭；浔州府城背靠西山，就像容县背靠大容山东峰一样：都是东西突耸两角，中间绵延横亘着山脉。只不过大容山东西相距八十里，较近一些，且中间有北流县隔在中间；此山较远，且没有别的县城，只有安禄营介于两山之间。安禄营东面有一脉土山，从大山东北方分支南下延伸。只是大山从西南向东北延伸，土山从东北转向西南，向南抵达浔州府、贵县滨江地带的群山便终止了。两列山相夹形成大山坞，相隔遥远彼此映衬，平坦开阔的田野和溪流，逶迤流向西南方。

十二日　平明，自安禄西南行田塍间。四里，南越山冈，西下二里为飘村，聚落不及厚禄三之一，而西望大山之下，则村落累累焉。又西南四里，过一小桥，于是皆沮洳之境，两旁茅草弥望，不复黍苗芃芃[①]矣。又一里，过临征桥，乃南逾冈陇。又西南三里，有碑大书为“贵县东界”。又西南渐向冈陇，而草薵[②]一望如故。又八里，直抵石山下，是为平碣营。先是，由飘村南望，右大山，左土岭，两界夹持，遥遥西南去，大山长后西突而起，土山短渐南杀焉。而两界之中，有石山点点，青若缀螺，至是而道出其间。平碣亦在冈阜上，有营兵数家，墟舍一环。就饭于卖浆者，恐前路无人烟也。平碣之东，石峰峭方，曰大岩山，有岩甚巨，中容数千人。其南又突小山，低而长，上有横架之石，若平桥高悬，其下透明。小山之西，平碣之南，为马鞍山，亦峭耸而起，此皆平碣之近山也。南望有骈若笔架、锐若卓锥者，在数里之外。望之而趋，三里，度石梁，为石弄桥。又南十余里，直抵南望诸峰之麓，有一第舍在路右突阜上，曰劈竹铺。眺路左诸峰，分岐竞异，执途人而问之，始知即贵县之东山也。其西北大山尽处高峙而起者，即贵县之北山也。按《志》，贵县有东、西、南、北四山，而东山在县东二十里，为二何隐处，《一统志》曰：唐时有何特进、履光二人隐此。《风土记》谓特进乃官衔，分履、光为二人，曰何履、何光[③]。《西事珥》载，开元中，何履光以兵定南诏，取安宁，立铜柱。按此，则履光乃一人，其一名特进，非衔也。明秀挺拔。盖四山惟北为崇峦峻脊，而东、西、南三山俱石峰森立。东山亚于南而轶[④]于西。西北一峰如妇人搭帔[⑤]簪花，俗呼为新妇岩。中峰石顶分裂，如仙掌舒空，又如二人并立，今人即指为二何化名。然兹山耸拔自奇，何必摹形新妇，托迹化人也！其南支渐石化为土，峰化为冈，逶迤西南。循其右行，共九里，为黄岭[⑥]。其南面土冈尽处，始见村聚倚冈，室庐高列。其北隅平洼中，复立一小石峰，东望如屋脊横列，两端独耸；西眺则擎芝偃盖，怪状纷错。又西南一里。路右复突一石峰，高耸当关，如欲俯瞰行人者。从此东北，石峰遂尽，遥望南山数点，又青青前列矣。又二里，度一石梁，其水势石状与劈竹同。又五里，则路两旁皆巨塘潴水，漾山潆郭。又一里，过接龙桥，叠石塘中，以通南北，乃堤而非桥也。于是居聚连络。又西一里，由贵县⑦东门抵南门，则大江在其下矣。静闻与顾仆所附舟，已先泊南门久。下午下舡，蒲暮放舟，乘月西行，十五里而泊。

【注释】①芃（péng）芃：草茂盛的样子。②蘽（léi）：一种像葛的蔓生植物。③"《一统志》曰"三句：明代诸书多本唐人记录。书中详细记载了有关何履光进兵南诏之事。何履光，唐珠崖郡（即唐崖州，治所在舍城县，今琼山县旧州镇）人。唐玄宗、唐肃宗朝先后历任都督（地方高级武政长官）、特进（唐代文散官之第二阶，为正二品）、左武卫大将军（禁军的高级军官）和岭南节度使等职。玄宗天宝年间，曾率十道兵平定南诏，取安宁城（今云南省安宁县）及盐井，复立东汉马援铜柱。时人称之"有谋赞之能，明恤之量"。何履光乃惟一见于经传的海南岛籍唐朝高级官员。④轶：超过。⑤帔（pèi）：古代披在肩背上的服饰。⑥黄岭：即今"旺岭"，位于贵港市城区偏东北。⑦贵县：属浔州府，即今广西贵港市。

【译文】十二日　天刚亮时，从安禄营往西南走在田野间。走四里，向南越过山冈，西下二里就是飘村，这里的村落大小还不到厚禄的三分之一，然而西望大山之下，却有村落重叠排列。再向西南走四里，越过一座小桥，从这里起都是低湿之地，两旁是漫无边际的茅草，再没有茂盛的禾苗了。又走一里，过了临征桥，向南翻过山冈土坡。再向西南走三里，有块石碑刻着"贵县东界"四个大字。再往西南逐渐步入山冈土陇之间，仍然是荒蛮的藤葛。又走了八里，直接到了石山下，这里就是平碣营。在此之前，从飘村南望，右边是大山，左边是土岭，两侧山岭相互夹持，向西南方远远地延伸而去，大山绵长后半段向西突起，土山略短向南渐渐低矮。而两列山之间，有石山点点，青郁的山色，犹如点缀的螺蛳壳一般，走到这，道路贯穿于石山间。平碣营也位于山冈上，有几家营兵，用于赶集的房舍环成一圈。我怕前路荒无人烟，便在茶肆吃了饭。平碣营的东边，石峰峭拔耸立，叫做大岩山，有个特别巨大的岩洞，洞中可容纳上千人。它的南边又突起一座小山，低矮绵延，山上架着一块横石，像一座高悬的平桥，岩石下边透出光亮。小山的西边，也就是平碣营的南边，是马鞍山，也是峭拔高耸，这就是平碣营周围的山。南望有山并立，犹如笔架、尖锐得好像直立的锥子，就在几里之外。看着它前往，三里，越过一座叫石弄桥的石桥。再向南十多里，直达南望诸峰的山脚下，右边的土山上突出一座宅院，叫劈竹铺。眺望路左边群峰，其支峰争奇斗异，我拦住路人打听，才知道这就是贵县的东山了。西北方大山的尽头，高耸而起，就是贵县的北山。据《志》记载，贵县有东、西、南、北四座山，而东山位于县城东面二十里处，是两个何姓人士的隐居之处，《一统志》说：唐代有何特进、何履光二人在此地隐居。《风土记》认为“特进”是官衔，把“履”“光”分为两个人，叫何履、何光。据《西事珥》记载，开元年间，何履光兵定南诏，夺取安宁，立有铜柱。按照这个说法，则何履光是一个人，另一个名叫特进，不是官衔。明秀挺拔。大致这四座山只有北山是重峦叠嶂山脊高峻，而东、西、南三座山都是石峰森立。东山比南山矮却比西山高。西北边的一座山峰犹如妇人搭着披肩头上簪着花，俗称为新妇岩。中峰峰顶分裂，好像仙掌凌空伸展，又像二人并肩而立，今人认为是两位何姓人士变化成的，并以此命名。然而此山高耸挺拔自成奇观，何需用新妇来比拟它，或假托为人所变呢！山南的支脉渐次由石头变为泥土，峰峦变成山冈，逶迤延伸至西南。沿着山脉右侧走，共九里，是黄岭。黄岭南边的土冈尽头，才看见村落背靠着山冈，屋舍高列。村子北隅平坦的洼地中，还耸立着一座小石峰，东望犹如横向排列的屋脊，唯独两端耸起；向西眺望则如同擎天的灵芝倒覆伞盖，形态怪异，纷繁交错。再向西南一里，路右边又突起一座石峰，高耸着挡住关口，好像想要俯瞰行人似的。从这里往东北走，石峰终于到头了，遥望点点南山，又青翠地排列在前方了。再走二里，越过一座石桥，桥下的水顺石势流淌，如同劈竹一般。再走五里，只见路两旁都是巨大的蓄水塘，在山间荡漾，萦绕着城郭。又走一里，过了接龙桥。水塘里堆叠的石块，可以南北通行，是堤而不是桥。从这里起村落接连不断。再往西一里，从贵县东城门走到南门，大江就在城下了。静闻和顾仆搭乘的船，已经先停泊在南门等了很久。下午我下到船中，傍晚时开船，乘着月色西行，十五里后停泊下来。

十三日　未明而发。十里，西抵西山之南，转向南行。五里，转向东行，十里，是为宋村[①]。由贵县南至南山十里，由南山至宋村十里，而舟行屈曲，水路倍之。先，余拟一至贵县，即往宿南山，留顾仆待舟，令其俟明晨发。及余至，而舟且泊南门久矣。余别欲觅舟南渡。舟人云："舟且连夜发。"阻余毋往。余谓："舟行屈曲，当由南山间道相待于前，不知何地为便？"舟人复辞不知，盖恐迟速难期，先后有误耳。及发舟，不过十余里而泊。今过宋村，时犹上午，何不往宿南山，至此登舟也？至是，舟转西南，挂帆十里，转东南，仍纤十五里，复南挂帆行，五里，西转，是为瓦亭堡。其北涯有石突江若蹲虎，其南涯之内，有山横列焉。又十五里，则夹江两山并起，舟溯之入。又五里而暮，乘月行十里，泊于香江驿。

【注释】①宋村：即今“上宋”，位于贵港市港南区西北隅，郁江东岸。

【译文】十三日　天没亮就出发。十里，西抵西山南麓，转向南行，五里，转向东行，十里，便是宋村。从贵县城南至南山有十里，从南山到宋村有十里，但行船曲折，水路距离翻了一倍。原先，我打算一到贵县，马上前往南山住宿，留顾仆在船上等着，让他到第二天早上再出发。谁知等我到贵县时，船却已经在南门停泊很久了。我想另外找船南渡，船夫说：“船将连夜出发。”阻拦我不要再去找船。我说：“船行曲折，我打算从南山的便道到前边等船，不知什么地方方便？”船夫又推辞说不知道，大概是担心快慢难以估计，先后到达时间有误吧。等到开船后，不过前行了十里便停泊下来。今天路过宋村时，才不过是上午，为何不前往南山住宿，到此地再登船呢？到了这里，船转向西南，扬帆十里，转向东南，仍然用纤绳拉船行十五里，再扬帆南行，五里，向西转，便是瓦亭堡。江北岸有块岩石突于江中，好像蹲着的猛虎，江南岸之内，有山横向排列。再行船十五里，只见两岸的山峦并排耸起夹住江流，船逆流而入。又行船五里天黑了，乘着月色前行十里，停泊在香江驿。

十四日　五鼓挂帆行，晨过乌司堡，已一十里矣，是为横州界。东风甚利，午过龙山滩，又四十里矣。滩上即乌蛮滩，有马伏波庙。滩高溜急，石坝横截，其上甚艰。既上，舟人献神庙下，少泊后行。西北五里，为乌蛮驿。又南十里，则石山峥嵘立江右，为凤凰山。自过贵县西山，山俱变土，至是石峰复突而出。其双崖壁立、南嵌江中者，即凤凰岩也。又南二里为麻埠，日已西昃。余欲留宿其处为凤凰游，而村氓皆不肯停客，徘徊久之而去。又西十里，其处有山高突江左，其上有洞曰道君岩，下有村曰谢村[①]。日色已暮，而其山去江尚远，亦不及停。又南五里，曰白沙堡，又乘月行五里而泊，是夜月明如昼。

【注释】①谢村：即今“谢圩”，位于横县东，郁江北岸。

【译文】十四日　五更天便扬帆前行，清晨经过乌司堡，已行船十里，这里是横州界。东风很顺利，中午便过了龙山滩，又是四十里。龙山滩上就是乌蛮滩，有座马伏波庙。滩高水急，有石坝横截江水，船上行十分艰难。上去之后，船夫到神庙献祭，停泊片刻后开船。向西北行五里，是乌蛮驿。再向南十里，只见江右的石山山势峥嵘，是凤凰山。自从过了贵县西山，便全是土山，至此石峰再度突兀而出。双崖石壁耸立、南边嵌入江中的，就是凤凰岩了。又南行二里便是麻埠，日已西斜。我打算留宿在此去游览凤凰岩，但村民都不肯留客，徘徊了很久才离开。又向西行船十里，江左有座山高高地突立着，山上有个洞名叫道君岩，山下的村子叫谢村。天色已晚，但那山距离江边还很远，也来不及停船。继续南行五里，这地方叫白沙堡，又乘月色行船五里才停泊下来。这晚的月光明亮得如同白昼。

乌蛮滩在横州东六十里，上有乌蛮山、马伏波庙。《志》谓：“昔有乌蛮人居此，故名。”余按：乌浒蛮在贵县北，与此不相及。而庙前有碑，乃嘉靖二十九年知南宁郡王贞吉所立。谓：“乌蛮非可以渎前古名贤之祠，易名起敬滩。”大碑深刻，禁人旧称，而呼者如故。余遍观庙中碑甚多，皆近时诸宦其地者，即王文成《上滩诗》亦不在。而庙外露立一碑，为宋庆历丙戌知横州任粹所撰，张居正所书。碑古字遒。碑言：“粹初授官时，奉常二卿刘公以诗见送，有‘乌岩积翠贯州图’之句。抵任即觅之，不得也。遍询之父老，知者曰：‘今乌蛮山即乌岩山也，昔伪刘擅广①，以讳易其称，至今不改。’夫蛮乃一方丑夷，讳亦一时僭窃，遂令名贤千古庙貌，讹袭此名，亟宜改仍其旧。闻者皆曰：‘诺。’遂为之修庙建碑，以正其讹。”其意与王南宁同。而王之易为起敬，不若仍其旧更妙。

【注释】①伪刘擅广：指五代十国时，刘隐在今广州建立南汉政权，即今两广地区，历五主，共67年。

【译文】乌蛮滩位于横州东六十里处，上有乌蛮山、马伏波庙。据《志》记载：“过去有乌蛮人居住在此地，故得名。”但据我所知，乌浒蛮在贵县北部，与此地不相干。然而庙前有块石碑，是嘉靖二十九年南宁府知府王贞吉所立。碑文上说：“不该以乌蛮之名亵渎古代名贤之祠，改名起敬滩。”碑文深刻，禁止人们用过去的名字，但人们称呼起来依然如故。我看遍庙中，碑刻很多，都是近代诸多到此地为官之人所立，即便是王文成的《上滩诗》也不在其中。而庙外露天立有一碑，是宋代庆历丙戌年横州知州任粹撰写，张居正所书的碑文。石碑形制古朴，字迹遒劲。碑文上说：“任粹最初领授官职时，太常寺少卿刘公以诗相赠，有‘乌岩积翠贯州图’的诗句。到任后立即去找这个地方，没找到。遍询父老乡亲，知道的人说：‘如今的乌蛮山就是乌岩山了，从前刘隐伪政权窃据两广时，因为避讳改了名，至今没再改名。’乌蛮是一方蛮夷，避讳伪政权窃位之事也不过一时，却让名贤千古的庙祠，错误地沿袭此名，应当赶快改回旧时的名字。听到这话的人都说：‘对。’于是为此修庙立碑，以此纠正这个错误。”他的心意与南宁王知府的一样。但王贞吉把它改为起敬滩，不如仍然沿用旧称更好。

十五日　五鼓挂帆，十五里，清江。有江自江左入大江。又二十里，抵横州①南门，犹上午也。横州城在大江东北岸，大江自西来，抵城而东南去，横城临其左。其濒江二门，虽南面瞰之，而实西南向也。近城有南、北两界山：北七里为古钵，在城西北隅；俗名娘娘山，以唐贞观中，有妇陈氏买鱼将烹，忽白衣人谓曰："鱼不可食，急掷水中，上山顶避之。"陈如其言。回望所居，已陷为池矣。其池今名龙池，山顶庙曰圣婆庙。南十五里曰宝华，在城东南隅。宝华山有寿佛诗，乃建文君遁迹之地。二山皆土山逶迤，而宝华最高，所谓"秀出城南"是也。宋守徐安国诗。时州守为吾郡诸楚馀，名士翘。有寄书者，与郁林道顾东曙家书俱置箧中，过衡州时为盗劫去。故前在郁，今过横，俱得掉头而去。若造物者故借手此盗，以全余始终不见之义，非敢窃效殷洪乔也。

【注释】①横州：即今横县，明置横州，隶南宁府。

【译文】十五日　五更天挂帆起航。船行了十五里，到达清江。有条江水从江左汇入大江之中。又行船二十里，抵达横州州城的南门，时间还是上午。横州城位于大江东北岸，大江自西而来，流到城下便向东南方向流去，横州城紧挨着大江左岸。横州城紧挨着江流的两座城门，虽然是位于南面俯瞰江流，但实际上却是面向西南方向。城附近有南、北两列山：城北七里的地方是古钵山，位于横州城的西北隅；俗名娘娘山，据说是唐代贞观年间，有位妇人陈氏买鱼回来即将烹煮，忽然间有个白衣人对她说："这条鱼不能吃，赶快把它扔回水里，到山顶上去躲避洪水。"陈氏按照白衣人的话做了。回头望她居住的地方，已然被水淹没。这个水池如今名为龙池，山顶上的神庙叫圣婆庙。城南十五里处的山名为宝华山，位于州城东南隅。宝华山上有座寿佛寺，是建文帝隐居之地。两座山都是逶迤的土山，而宝华山海拔最高，所谓的"秀出城南"指的就是这座山了。出自宋代知府徐安国的诗句。此时的州官是我们常州府的人诸楚馀，名叫诸士翘。有一封寄给他的信，和郁林兵备道顾东曙的家信放在同一个竹箱中，不料在路过衡州府时被强盗抢了。因此前几天在郁林州，今天路过横州，我也只能掉头而去。好像是造物主借强盗之手，以保全我始终不见当官人的节义，不敢偷偷仿效殷洪乔。

是日为中秋节。余以行李及二病人入南宁舟。余入城，饭于市，乃循城傍江而东，二里，抵下渡。横州有三渡：极西者在州门外，为上渡；极东者在下流东转处北极庙前，为下渡；而中渡在其中。渡南岸，为宝华山道，遂登山坡而入。其道甚大，共二里，透入岭半，其内山环成峒。由峒东北行，有小径，二十里可抵凤凰山。已而复随峡南行，共五里，乃由右岐南复登岭。一里南下，又一里过蒙氏山庄，又一里，乃东向入山。又二里，过山下村居，予以为即宝华寺也。披丛入之，而后知寺尚在山半。渡涧拾级，又半里，得寺。日才下午，而寺僧闭门，扣久之，乃得入。其寺西向，寺门颇整，题额曰"万山第一"。字甚古劲，初望之，余忆为建文君旧题，及趋视之，乃万历末年里人施怡所立。盖施怡建门而新其额，第书己名而并设建文之迹；后询之僧，而知果建文手迹也。余谓："宜表章之。"僧："唯唯。"寺中无他遗迹，惟一僧守户，而钟磬无声。问所谓山后瀑布，僧云："坠自后岭，其高百丈。而峡为丛木所翳，行之无蹊，望之不见，惟从岭而上，可闻其声耳。"余乃令僧炊于寺，而独曳杖上岭，直造其顶。而风声瀑声，交吼不止，瀑终不见。岭南下五十里，即灵山县[①]矣。乃下返寺。寺后冈上，见积砖累累。还问之，僧曰："此里人杨姓者，将建建文帝庙，故庀[②]备具材以待耳。"吁！施怡最新而掩其迹，此人追远而创其祠，里阈之间，知[③]愚之相去何霄壤哉！既而日落西陲，风吼不息，浮云开合无定。顷之而云痕忽破，皓魄当空。参一出所储酝醉客，佐以黄蕉丹柚。空山寂静，玉宇无尘，一客一僧，漫然相对，洵可称群玉山头，无负我一筇秋色矣。

【注释】①灵山县：属广东省廉州府，即今广西灵山县。设置于明朝。②庀（pǐ）：具备。③知：通"智"。

【译文】这天是中秋节。我把行李和二个病人送上去往南宁府的船。然而我进到城里，在街市中吃过饭，便顺着城墙沿江向东走，走了二里，抵达下渡。横州有三个渡口：最西边的渡口位于州门外，为上渡；最东边的位于下游向东转弯处的北极庙前，为下渡；而中渡则位于这两个渡口之间。渡到江的南岸，是通往宝华山的道路，于是我登山坡而入。道路很开阔，共走了二里，便穿入山岭的半山腰，其中的山环绕成巷道形。从这个巷道向东北方向走，有条小路，走二十里便可抵达凤凰山。随即我又沿着峡谷向南走，共走了五里，便从右侧的岔道向南再次登岭。登了一里之后向南下行，又走一里经过蒙氏山庄，又走一里，便朝东进了山。又走二里，经过山下的村居，我以为这就是宝华寺了。拨开草丛进了村，才得知宝华寺还在半山腰处。我渡过山涧，拾阶而上，又走了半里，才来到宝华寺。这时才下午，然而寺僧紧闭大门，我扣了很久的门，才得以进去。这座寺庙面朝西向，寺门相当规整，题额上写着“万山第一”的字样。字体苍劲有力，最初看到这块牌匾，让我回忆起这是建文帝时期的题字，于是我赶忙过去查看，才发现原来是万历末年本乡人施怡所立。大概是施怡在修建寺门时重新更换的匾额，匾额上只写上了自己的名字，同时加著了建文帝的手迹；后来我向寺僧打听，才知道果然是建文帝的手迹。我说：“这种事应该大肆宣扬才对。”僧人应声说：“是的是的。”寺中再没有其他遗迹，只有一个僧人看守寺庙，而且钟磬也悄然无声。我向僧人打听山后的瀑布，僧人说：“瀑布从山后的岭上坠落，有百丈之高。然而峡谷被丛林灌木所遮挡，无路可以通行，看又看不见，只有走在岭上时，可以听到瀑布的声音。”于是我让僧人留在寺中做饭，而我独自拄着竹杖上了山岭，一直登到山顶。然而风声与瀑布声，交相呼应，无休无止，却始终看不见瀑布的影子。从山岭的南侧向下行五十里，就是灵山县了。于是我返回寺庙。只见寺庙背后的山冈上，累累地堆积着砖头。我回来问僧人，僧人说：“这是当地一个杨姓的善人，准备修缮建文帝庙，因此预备了材料准备开工。”哎！施怡翻新寺庙却没有保留建文帝的遗迹，这个姓杨的人追忆先人而创建其祠庙，同是一个乡里的人，智愚相距竟会有天壤之别啊！不久，太阳落山，狂风不停地怒吼，浮云开合不定。顷刻间，云层忽然破裂，皓月当空。参一和尚拿出他所珍藏的款待客人的美酒，佐以黄蕉、丹柚下酒。空山寂静，宇宙间清净无尘，一客一僧，漫无边际地相对闲谈，真可称得上群玉山头，果然没有辜负我的一根竹杖和这满眼的秋色了。

十六日　早饭于宝华。下山五里，出大路，又五里，出峒前岭。望东北凤凰诸石峰在三十里外，令人神飞。而屡询路远，不及往返，南宁舟定于明日早发，遂下山。西五里抵州门，由上渡渡江入舟。

【译文】十六日　我在宝华寺用过早饭。下山走了五里，归于大路，又走了五里，走出巷道形的前岭。远望东北方向的凤凰山等众多石峰，就在三十里外，真是令人神魂颠倒。然而我多次询问，都说路途遥远，不够往返一趟的时间，前往南宁府的船定于明早发船，于是我只得下山。向西走了五里抵达州城城门，并经由上渡渡江，随后回到船上。

十七日　平明发舟，雨色凄凄，风时顺时逆。舟西南行三十里，江口有小水自江南岸入江，名南江。舟转北行，又十里抵陈步江①，在江南岸，通小舟。内有陈步江寺，亦建文君所栖。钦州②盐俱从此出。泊于北岸。是日共行四十里。静闻以病后成痢，坚守夙戒，恐污秽江流，任其积垢遍体，遗臭满舱。不一烷濯，一舟交垢而不之顾。

【注释】①陈步江：即今江口，位于横县西境。其水陈步江，即今沙坪河，南向北流，于江口处汇入郁江。②钦州：属广东廉州府，即今广西钦州市。

【译文】十七日　黎明船出发，雨色凄凄，风向时顺时逆。船向西南行驶了三十里，只见江口有条小支流从江南岸汇入江中，名为南江。船转向北行，又行驶了十里抵达陈步江，它位于江南岸，有小船通行。内有陈步江寺，也曾经是建文帝的居所。钦州盐都是从这里运输出去的。船停在江北岸。这一天共行驶了四十里。静闻因为久病染上了痢疾，他坚守平日的戒律，怕污染了江水，任由污垢弄得满身都是，整个船舱里都弥漫着臭气，他也不去清洗，导致整条船上到处都是污垢。

十八日　晨餐始发舟。初犹雨色霏霏，上午乃霁。舟至是多西北行，而风亦转逆。山至是皆土山缭绕，无复石峰嶙峋矣。盖自入郁江，惟凤凰山石崖骈立瞰江，余皆壤阜耳。二十里，飞龙堡，又十里，东陇堡，又五里，泊于江之左岸。其处在火烟驿下流五里，土山之上有盘石，平亘若悬台，中天擎是向空，亦一奇也。是日行三十五里。

【译文】十八日　早餐后才发船。最初是烟雨蒙蒙，到了上午才放晴。船行这里大多是向西北方向行驶，而风向也变为逆风。这一带的山都是缭绕的土山，不再有怪石嶙峋的山峰。大体上从进入郁江河段后，只有凤凰山是石崖骈立地俯瞰着江水，其余的山都是土阜罢了。船行驶了二十里，到达飞龙堡，又行驶了十里，到达东陇堡，又行驶了五里，停泊在郁江左岸。位于火烟驿下游五里的地方，土山之上有块圆盘形的巨石，平坦地横亘着，仿佛高的悬平台，中天之上冲着天空高举着这块巨石，也算是一处奇异的景观。这一天船行驶了三十五里。

十九日　平明行。五里过火烟驿[1]，是为永淳县界。于是舟转北行，历十二矶焉。矶在江右涯，盘石斜叠，横突江畔。盖自横以来，山石色皆赭黯，形俱盘突，无复玲珑透削之状矣。共十五里，绿村[②]。舟转东北，又十里，三洲头。又五里，高村[③]，转而东南，乃挂帆焉。三里，复转东北，又五里，转而东。又二里，抵永淳[④]之南门而泊。是日行四十五里。

【注释】①火烟驿：即今“火烟”，位于横县西境，郁江南岸。②绿村：今作“陆村”，位于横县西隅，郁江东岸。③高村：今名同。位于横县西隅，郁江西岸，陆村以北。④永淳：隶属南宁府，位于今横县西隅，郁江西岸的峦城。

【译文】十九日　黎明发船。船行驶了五里后经过火烟驿，这里是永淳县辖界。从这里船转向北行驶，经过十二矶。石矶位于右侧的江畔，盘结的岩石歪斜地堆叠着，横突向江畔。大体上从横州开始，山石的颜色都是这种黯淡的赭红色，岩石都是盘结突立，不再有玲珑剔透，峻削的形状。船共行驶十五里，到达绿村。船又转向东北方向行驶，又行驶了十里，到达三洲头。又行驶五里，到达高村，转而向东南方向行驶，这才扬起船帆。行驶三里，又转向东北方向行驶，又行驶五里，转向东方。又行驶二里，抵达永淳县城的南门停泊。这一天共行船四十五里。

永淳踞挂榜山而城。郁江自西北来，直抵山下，始东折而南，仍环南门西去。当城之西，只一脊过脉，脊北则来江，脊环则去江，相距甚近。脊之东北，石崖圆亘，峙为挂榜山，而城冒覆盖其上，江流四面环之，旁无余地。

【译文】永淳县城高踞于挂榜山之上建城。郁江自西北方向流来，直抵山下，才向东折转，而后向南流尚，始终环绕着县城南门向西流去。位于县城以西，只有一条山脉绵延而过的山脊，北面便是流过来的江水，环绕着山脊向南流去，相距很近。山脊的东北方向，有圆圆的石崖横亘屹立着形成挂榜山，而县城覆盖在挂榜山上，江流四面环绕县城，四周再没有空余的地方。

二十日　舟泊而候人，上午始行。乃北绕永淳之东，旋西绕其北，几环城之四隅，始西北行。十五里，鹿颈堡①，已过午，始转而西，乃挂帆焉。于是两岸土山复出，江中有当流之石。五里，西南行。又十五里，伶俐水②，有埠在江北岸，舟人泊而市薪。风雨骤至，迨暮而止。复行五里而泊。是日行四十里。

【注释】①鹿颈堡：即今“六景”，位于横县西北隅，郁江北岸转折处。②伶俐水：即今“伶俐”，位于邕宁区东隅，郁江北岸。

【译文】二十日　船停在岸边等人，直到上午才发船。从那里向北绕行至永淳县以东，随即向西绕至城北，差不多环绕了县城的四隅，才向西北方向行驶。行驶了十五里，到达鹿颈堡，这时已经过了中午，才转向西方行驶，也才扬起船帆。从这里开始两岸的土山再次出现，江中有迎着水流的岩石。船行驶了五里，向西南方向行驶。又行驶了十五里，到达伶俐水，江北岸有码头，船夫停船到集市去买柴。突然风雨骤降，直到天黑才停。船又行驶了五里才停泊下来。这一天共行驶了四十里。

二十一日　鸡再鸣即行，五里而曙。西南二十里，过大虫港，有港口在江北岸。转而南五里，又西五里，午过留人峒，有石耸立江右，宛若妇人招手留房者。石当山回水曲处，故曰峒。又北曲而西，五里，过蓑衣滩，又十里，转而北行，则八尺[1]江自西来入。江发源自钦州，通舟可抵上思州。八尺之北，大江之西，巡司名八尺，驿又名黄花[2]。宿于左峰。

【注释】①八尺：又称“八尺寨”，即今邕宁区北郊，八尺江北岸的新德。②黄花：原作“黄范”。据乾隆本、四库本中作“黄花驿”，故改。

【译文】二十一日　鸡叫两遍后立即发船，行驶了五里才看到曙光。向西南行驶二十里，经过大虫港，有个港口位于江北岸。转而向南行驶五里，又向西行驶五里，中午时分经过留人峒，有石崖耸立于江右，宛若一位妇人招手留人住宿的样子。石崖正好在山回水曲之处，因此称为峒。船又向北转弯而后向西行驶五里，经过蓑衣滩，又行驶十里，转而向北行驶，便看到八尺江从西流来汇入江中。八尺江发源于钦州，船可通行至上思州。八尺江以北，大江以西，有座巡检司名叫八尺巡检司，驿站又名黄花驿。当晚我们住宿在山峰下面的江左岸。

二十二日　平明，由黄花北行五里，上乌涎[1]滩。江流至滩分一支西出八尺。舟上滩，始转而西，渐复西南。二十里，有土山兀出北岸，是为清秀山[2]，上有浮屠五级出青松间，乃南宁东南水口也。又西五里，为私盐渡。又西五里，上一滩，颇长，有石突江西岸小山之上，下有尖座，上戴一顶如帽，是为豹子石。舟至是转而北，又十里过白湾[3]，山开天阔，夹江多聚落，始不似遐荒矣。转而南三里，为坪南，江南岸村聚甚盛。又西三里，泊于亭子渡[4]。

【注释】①湴（bàn）：烂泥。②清秀山：今名同。位于南宁城东南郊、邕江北岸，为风景名胜区。③白湾：即今白沙。邕江在此转湾，江流绕行的范围称为白沙。④亭子渡：即今“亭子”，位于南宁城南郊，邕江南岸，邕江在此处折转向北。

【译文】二十二日　黎明，从黄花驿发船，向北行驶了五里，驶上乌湴滩。江流在乌湴滩分出一条支流向西流入八尺江。船驶上乌湴滩，开始折转向西行驶，后渐渐又向西南行驶。行驶了二十里，江北岸出现了一座突兀的土山，这就是清秀山，山上有座五层佛塔在青松间隐约可见，这便是南宁府东南方的水口。船又向西行驶五里，是私盐渡。又向西行驶五里，上了一处浅滩，浅滩很长，有块岩石突立于江水西岸的小山之上，小山下边有个尖尖的基座，上面戴着一帽子形状的顶盖，这就是豹子石。船行驶到这里折转向北，又行驶了十里经过白湾，山开天阔，江流两侧有众多村落，这才终于不像荒芜人烟的样子了。折转向南行驶三里，是坪南，江南岸的村落一派繁荣景象。船又向西行驶了三里，停泊在亭子渡。

二十三日　昧爽行，五里，抵南宁之西南城下。

（自此至九月初八日纪俱缺。霞客自标简端云：“庄杂剡包根内。”遍搜遗帙，并无杂剡。计其时俱在南宁。嗟嗟！南宁一郡之名胜，霞客匝月之游踪，悉随断简销沉。缮写至此，安得起九原而问之！梦良记。）

【译文】二十三日　黎明发船，行驶了五里，抵达南宁府西南边的城墙下。

（从这里到九月初八的日记全部缺失。徐霞客自己在这一页的顶端标注说：“日记原稿在杂文函的封底内。”但找遍了他的遗著，并没发现有杂文。遗著内容估计都是关于在南宁府游览的。可惜啊！南宁府的各处名胜，徐霞客历时一个月的游踪，都随断简残篇遗失了。抄写到这里，该怎样将他从九泉下唤醒询问啊！季梦良记。）

九月初九日　西过镇北桥关帝庙，西行三里，抵横塘，东望望仙坡东西相距。于是西折行五里，望罗秀已在东北，路渐微。稍前始得一溪，溪水小于武江，而急流过之。渡溪始北行，二里，西去为申墟[①]道，北去为罗赖村[②]，已直逼西山东麓矣。返转东北又二里，过赤土村之西，有小水自西而东潆山麓，绕赤土下中墟。越涧登山，越小山一重，内成田峒。又越峒过小桥而上，其路复大。路左有寺，殿阁两重甚整，望之无人，遂贾余勇先直北跻岭。岭西有涧，重山自西高峰来，即马退山夹而成者。一里，登越山坳。盖大山西北自思恩来，东西环绕如城，迤逦自西南走东北，而西南最高者为马退。又东，骈峰杂突，皆无与为并。而罗秀在其东，联络若一山，而峰岫错落，路亦因之。路抵中峰，忽分为二：左向西北者，为武缘道；右走直北者，为下山间道。二道界一峰于中，则罗秀绝顶也。时余未识二道所从，坐松阴待行人，过下午而无一至者。以右道幽地，从之北出坳，而见其下岭，乃谋返辕。念峰顶不可不一登，即从其处南向上。其顶西接马退，东由黄花北走宾州。盖其脉自曲靖东山而来，经永宁、泗城、思恩至此，东至于宾，乃南峙为贵县北山，又东峙为浔州西山，而始尽焉，南宁之脉，自罗秀东分支南下，冈陀蜿蜒数里，结为望仙坡，郡城倚之。又东分支南下，结为青山，为一郡水口。青山与马退东西对峙，后环为大围，中得平壤，相距三十里，边境开洋，曾无此空阔者。从顶四望，惟北面重峰丛突，万瓣并簇，直连武缘，然皆土山杂沓，无一石峰界其间，故青山豹子遂为此巨擘。从顶西下武缘道，坳间北望，寥寂皆无可停宿处。乃还从岐约一里下，从路旁入罗秀寺，空无人，为之登眺徘徊。又一里，下至前田峒，由其左循大道，共二里，抵赤土村，宿于陆氏。

（是纪一则，于乱帙中偶得之，胡涂之甚，不知其纪何日，观《独登罗秀诗》，知为重阳日记。录之以志此日之游踪。不与前后俱没。若云登高作赋，不负芳辰，则霞客无日非重九矣。梦良又记。）

（以下九月初十日至二十一日游南宁日记缺。）

【注释】①申墟：即今“心圩”。②罗赖村：即今“那赖”。

【译文】九月初九日　向西过了镇北桥边上的关帝庙，向西走了三里，抵达横塘，向东望去，只见望仙坡东西相隔。从这里向西折转走了五里，远望到罗秀已经位于东北方向，路逐渐变窄。向前走了不远，看到一条小溪，溪水的水流比武江细小，然而流速却超过武江。渡过小溪开始向北，走了二里，向西是去往申墟的路，向北是去往罗赖村的路，已直逼西山东麓。返转向东北方向又走二里，经过赤土村以西，有条小溪自西向东萦绕着山麓流淌，最后绕过赤土村向下流到中墟。越过山涧开始登山，翻越了一座小山，山内形成田峒。又越过田峒跨过小桥向上走，道路再次宽阔起来。道路左侧有座寺庙，二层的殿阁楼宇十分规整，远望寺中无人，于是我一鼓作气，径直向北登岭。山岭的西侧有条山涧，重峦叠嶂的山峰从西面的高峰绵延而来，这就是马退山相夹而成的地域。走一里，登越山坳。大山基本上是从西北方向的思恩绵延而来，东西两列山峰环绕，犹如城墙一般，从西南向东北方向迤逦不绝，而西南方最高的山峰是马退山。又向东走，并列的山峰杂乱突起，都无法与马退山相提并论。然而罗秀山位于马退山以东，两山相连犹如一座山峰，且峰峦错落，道路也随之起伏。道路直抵中峰脚下，忽然分为二条路：左边的道路通向西北方向，这是前往武缘的道路；右边通往正北方向的是下山的路。二条道路中间隔着一座高峰，这便是罗秀山的绝顶了。当时，我并不知道这两条道路通向哪里，于是就坐在松树树荫下等待路过的行人，直到过了下午，也没来一人。因为右边这条路清幽僻静，于是我便沿着这条路向北走出山坳，而发现这条路是下岭去的，于是考虑回去。可转念一想，不能不登一次峰顶，旋即我从这里向南攀登。峰顶的西面与马退山相连，东面从黄花驿一路向北延伸至宾州。这里的山脉基本上都是来自于曲靖府的东山，延经永宁州、泗城州、思恩府，最终到达这里，向东延伸至宾州，于是向南耸立为贵县北山，又向东耸立为浔州府的西山，而后才到达尽头，南宁府的山脉，从罗秀山东麓分支南下，山冈与峰峦蜿蜒数里，相互盘结，形成望仙坡，府城紧挨着山坡。又向东分支南下，盘结为青山，这是整个郡府的水口。青山与马退山东西对峙，后面环绕成一个大大的环形，中部是平旷的土地，直径三十里，边界开阔，未曾有过如此空阔的地方。从峰顶四下张望，只有北面的重重峰岭呈丛林状突起，万瓣并簇，一直通到武缘县，然而却都是杂沓的土山，没有一座石峰位列其中，因此青山的豹子石便成为了当地的第一峰。从峰顶向西下到武缘县的道路，从山坳间朝北方远望，空旷荒寥，完全没有可以停宿的地方。于是返回从岔道下行大约一里，从路旁进入罗秀寺，寺内空无一人，因此我登楼远眺徘徊。又走了一里，下至之前经过的田峒，由田峒左侧沿着大道行走，共二里，抵达赤土村，投宿在一户姓陆的人家。

（这是一则游记，是在散乱的卷帙中偶然得到的，原稿字迹非常潦草，也不清楚记录的是哪一天的行程。观《独登罗秀诗》可知，这是在重阳节这天所做的游记。将它抄录在这里以便记载徐霞客这一天的游踪。避免它与前后的日记一起遗失。若说重九日需登高作赋，不辜负良辰，那么徐霞客没有一天不是重九日的。季梦良又记。）

（以下从九月初十日至二十一日游览南宁府的游记遗失。）

粤西游日记三

【题解】《粤西游日记三》是徐霞客游览广西西南部山水及风土人情所写的游记。《粤西游日记三》和《粤西游日记四》都在乾隆刻本第四册上。

崇祯十年九月二十三日（1637年11月9日），徐霞客从南宁乘舟赴左、右江流域考察，途经新宁州（今扶绥县）到达太平府（今崇左），在滕氏父子的帮助下，辗转多日，才拿到边关通行证“马符”，进入靖西，自此开始骑行或乘肩舆，又增添了换夫等新的麻烦。但是当时高平的安南莫朝正与前来讨伐的黎朝激战，战火殃及靖西。徐霞客不得已从靖西折回，往西北返回太平府，经过安平、恩城、下雷等州（都属今大新县），转东北经龙英、向武、镇远、结伦等州（皆在今天等县境），又经过都结州（在今隆安县西境）、隆安县，沿右江西岸，于十二月初十（1638年1月24日）返抵南宁。广西西南部温差极大，气候恶劣，外地人很难适应：徐霞客有时常感觉腹痛，有时还会因疮病呻吟；静闻离开南宁时已病危；顾仆中了瘴气。在这种条件下，他游览考察的兴致仍不减，沿途游览了碧云洞、白云岩、观音岩，考察了龙井、壶关、瓢岩。不仅对这一带的山川地貌做了详细记录，还记述了当地的名胜古迹、民情风俗、地方物产等。探究犀牛洞时，“三误三返”而不悔。后至向武，州官黄绍伦盛情款待，畅游百感岩诸洞，赞道“西来第一，无以易此”！在隆安县，他见到了广西土著民族的屋居干栏及其他生活设施、服饰等；在都结州，当地人用鱼生招待他，但他不敢尝试。左右江流域在明朝时是土司统治区，他经过这里时正值交彝侵扰边境，耳闻目睹交彝的种种暴行，对外敌侵扰广西边境，而土司争权夺利，竟引狼入室，深感忧虑，认为龙英州的百姓仅靠躲进高山险洞是不行的，应该以“并力创御为上着”。后来得知静闻去世的消息，悲伤至极，关于诀别的事写得情真意切，感人至深。

丁丑九月二十二日　余往崇善寺[①]别静闻，遂下太平舟。余守行李，复令顾仆往候。是晚泊于建武驿前天妃宫下。

【注释】①崇善寺：寺址位于南宁市云亭街，为南宁四大佛教名寺之一。

【译文】丁丑年（崇祯十年，1637）九月二十二日　我前去崇善寺向静闻告别，而后来到了去太平府的船上。我守着行李，又让顾仆再前去崇善寺照料静闻。当天晚上，船停泊在建武驿前的天妃宫下面。

二十三日　舟不早发。余念静闻在崇善畏窗前风裂，云白屡许重整，而犹不即备。余乘舟未发，乃往梁寓携钱少许付静闻，令其觅人代整。时寺僧宝檀已归，能不避垢秽，而客僧慧禅、满宗又为整簟[①]蔽风，迥异云白。静闻复欲索余所买布履、衡茶，意甚恳。余语静闻：“汝可起行，余当还候。此何必索之今日乎!”慧禅亦开谕再三,而彼意不释。时舟已将行,且闻宝檀在天宁僧舍,余欲并取梁钱悉畀之,遂别之出。同梁主人觅得宝檀,宝檀慨然以扶危自任。余下舟,遂西南行。四里,转西北,又四里,泊于窑头。

【注释】①簟(diàn):供坐卧用的竹席。

【译文】二十三日　早上船没有开。我惦记静闻在崇化寺会因窗裂而受风吹,云白和尚屡次答应过会重新修理,还是没有及时去做。今天我要坐的船没有开,便前去梁姓人家的客店将携带的少量钱交给静闻,让他去找人帮忙修理。恰好这时候寺里面的和尚宝檀已经回来了,他能不避讳静闻的污秽而去照料静闻,还有客居在寺里的僧人慧禅、满宗也帮忙整理了竹席遮风避雨,他们与白云和尚的态度真是大相庭径。静闻又向我索要之前买好的布鞋和在衡阳买的茶叶,态度十分诚恳。我告诉静闻:“等你能起床走动时,我还会回来看望你。这些东西为什么非要今天得到呢!”慧禅和尚也一直开导他,但他还是没有放下这个想法。这时候船马上就要开了,我听说宝檀还在天宁寺的僧房中居住,便计划从梁家寓将钱都取出来交给他,随即我告别静闻后出来。同梁家客店的房主一同找到宝檀,宝檀十分慷慨地将帮助重病之人的责任看做是自己的事情。我下了船之后,又出发向西南行。行四里,转向西北方,又行了四里,然后船在窑头停泊。

时日色尚高,余展转念静闻索鞋、茶不已,盖其意犹望更生,便复向鸡足,不欲待予来也。若与其来而不遇,既非余心;若预期其必死,而来携其骨,又非静闻心。不若以二物付之,遂与永别，不作转念，可并酬峨眉之愿也。乃复登涯东行，出窑头村，二里，有小溪自西北来，至此东注，遂渡其北，复随之东。又二里，其水南去入江。又东行一里，渡白衣庵西大桥，入崇善寺，已日薄崦嵫。入别静闻，与之永诀。亟出，仍西越白衣庵桥，共五里过窑头，入舟已暮，不辨色矣。

【译文】这时候天色尚早，我翻来覆去想着静闻索要布鞋和茶叶的事情，一直无法释怀，他的意思大概是还想活下去，这样就可以重新走向鸡足山，并不想等我回来。如果下次我回来不能遇到他，这完全不是我的心中所想；如果预想他会死去，再回来将他的骨灰带走，这又不是静闻的意思。不如现在就将这两样东西交给他，便可与他永远分别，那我便不必考虑再次回来了，也可以一起实现我去峨眉山的心愿了。于是重新上岸往东边行进，出窖头村，又行了二里，看到有条小溪从西北方流过来，到这里后又向东流去，渡到小溪的北边，再顺着溪流往东北走去。又二里，看到溪水向南流去最终汇入江中。又往东行一里，越过白衣庵西边的桥，进入崇善寺中，这时候已经是傍晚时分，日薄西山。我进去后向静闻辞行，向他表示永别之意。急忙走出崇善寺，依然向西行走越过白衣庵西边的桥，一共走了五里过窖头村，等上船的时候天已经黑了，无法辨认颜色。

二十四日　鸡三鸣即放舟。西南十五里，过石埠墟，有石嘴突江右，有小溪注江左。江至是渐与山遇，遂折而南行。八里过岔九，岸下有石横砥水际，其色并质与土无辨，盖土底石骨为江流洗濯而出者。于是复西向行五里，向西北十里，更向北又十里，转而西又五里，为右江口。右江自北，左江自西，至此交会。

左江自交趾广源州东来，经龙州，又东六十里，合明江南来之水，又东径崇善县，合通利江及逻、陇、教北来之水，绕太平府城东、南、西三面，是名丽江，又东流至此。右江自云南富州东来，经上林峒，又东合利州南下之水，又东经田州南、奉议州北，又东南历上林、果化、隆安诸州县至此。又按《一统志》："右江出峨利州。"查"峨利"，皆无其地，惟贵州黎峨里在平越府[①]，有峨峛山，乃牂牁所经，下为下大融、柳州之右江者，与此无涉。至利州有阪丽水，其流虽下田州，然无"峨峛"之名，不识《统志》所指，的于何地。又按《路志》曰："丽江为左，盘江为右。"此指南盘之发临安者。若北盘之经普安州，下都泥，亦出于来宾，合柳州之右江，与此无涉，此古左、右二江之分也。二水合至横州，又名郁江。而庆远之龙江，自贵州都匀、独山来；融县之潭江，自平越、黎平来；迁江之都泥，自普安七星关来。三水经武宣，是名黔江。二江俱会于浔，于是又以郁江为左，黔江为右者。而今已左、右二江道因之，彼此互称，不免因而纰缪[②]矣。又按《一统志》于云南曲靖府盘江下注云："盘江有二源，在沾益州，北流曰北盘江，南流曰南盘江，各分流千余里，至平伐横山寨合焉。"今考平伐属贵州龙里、新添二卫，横山寨在南宁。闻横山寨与平伐相去已千余里，二水何由得合？况龙里、新添之水，由都匀而下龙江，非北盘所经。横山寨别无合水，合者，此左、右二江耳。左江之源出于交趾，与盘江何涉，而谓两盘之合在此耶？余昔有辨，详著于《复刘愚公书》中，其稿在衡阳遇盗失去，俟身经其上流，再与愚公质之。余闻右江之流，溯田州而上，舟至白隘而止。白隘本其邻境，为田州夺而有之。又考利州有白丽山，乃阪丽水所出，又有"阪"作"泓濛"，二水皆南下田州者。白隘岂即白丽山之隘，而右江之出于峨利者，岂即此水？其富州之流，又西来合之者耶？自岔九来，两岸土山逶迤，俱不甚高。由右江口北望，其内俱高涯平陇，无崇山之间；而左江南岸，则众峰之内，突兀一圆阜，颇与众山异矣。又西一里，江亦转北，又南一里，是为大果湾。前临左江，后倚右江[3]，乃两江中夹脊尽处也。其北有小峰三，石圆亘如骈覆钟，山至是始露石形。其东有村曰宋村，聚落颇盛，而无市肆。余夙考有合江镇，以为江夹中大市，至是觅之，乌有也。征之土人，亦无知其名者。是日行五十里，泊于湾下。

【注释】①平越府：平越府即平越军民府，与平越卫同城，治今贵州福泉市。②纰缪（pī miù）：错误。③前临左江，后倚右江：原作“前临右江，后倚右江”，有误，从沪本改。

【译文】二十四日　鸡叫了三遍后开船。往西南方向行十五里，经过石埠墟，有石头山的山嘴突出的立在江的右边，有溪流从江的左边汇入江中。江流到这里与山逐渐相遇，于是转向南行。八里路过岔九，江岸下面有平平的岩石横在水边，石头的颜色质地与土地相似，无法分辨，大概是被江流冲刷出来的泥土底下的石头。于是从这里又向西行五里，接着向西北行进十里，又向北行进十里，转向西边又行进五里，便看到右江江口。从北边流进的是右江，从西边流进的是左江，两条江在这个地方汇合。左江自交趾的广源州方向向东流来，流经龙州，又向东流六十里，汇合明江南来的水流，又往东流经崇善县，汇合通利江以及逻水、陇水、教水北来的水流，绕过太平府城的东、南、西三面，这一段叫丽江，然后又向东流到此地。右江自云南的富州向东流来，流经上林峒，又往东汇合利州南下的水流，又向东流经田州南部、奉议州北部，又往东南经过上林县、果化州、隆安县各个州县最后流到这个地方。又根据《一统志》里面的记载："右江源出于峨利州。"查考"峨利"地名，完全没有这个地方，只有贵州有个黎峨里在平越府，那边有个峨岿山，是牂牁江流经的地方，再往下游是下流到大融县、柳州府的右江的江流，不过与此无关。至于利州有条阪丽水，阪丽水虽然下流到田州，但也没有"峨利"的叫法，不知《一统志》里面所指的，到底在什么地方。又根据《路志》里面所记载："丽江是左江，盘江是右江。"这是指南盘江发源于临安府的水流。至于北盘江流过普安州，下游是都泥江，也流到了来宾县，汇合柳州府的右江，也都与此无关，这些都是左、右二江在古时候的划分法。两条江水合流后直到横州，又称郁江。而庆远府的龙江，自贵州的都匀府、独山州流来；融县的潭江，自平越卫、黎平府流来；迁江县的都泥江，自普安州的七星关流来。三条江流经武宣县，这一段叫做黔江。两条江都汇合在浔州府，从这里起就把郁江当做左江，黔江当做右江了。不过现在已经被左江道、右江道沿用了两个名称，彼此互称，这样就不可避免的出现了错误的叫法。又考据《一统志》在云南省曲靖府盘江条下注释所说的："盘江有两个源头，都在沾益州，往北流的叫北盘江，向南流的叫南盘江，各自分流千里有余，流到平伐司的横山寨合流。"今天考察发现，平伐司隶属于贵州龙里卫、新添卫二卫，横山寨在南宁府。听闻横山寨与平伐司相距千里，这样两条江水怎么能够合流在一起呢？更何况龙里卫、新添卫的水流，都是经由都匀府下流到龙江，不是北盘江流经的地方。横山寨没有别的前来汇合的水流，能在这里汇合的，也就只有左、右二江了。左江源头出自于交趾，与盘江并没有关系，为何会被认为两条盘江的汇合之处在这里呢？我之前有过分析，详细写在《复刘愚公书》中，只是信稿在衡州遇盗时丢失不见，等我亲身到了盘江的上游后，到时再与刘愚公去对质这个问题。我之前听说，右江的江流，溯流往上走到田州，船到白隘便不动了。白隘本来是田州的近邻，是被田州强行夺过来占据的。又考据，利州有座白丽山，是阪丽水源出之地，又有将“阪”写作“泓濛”的，这两条水流都往南下流到田州的水流中。白隘莫非就是白丽山的隘口，而关于右江源出于峨利州的说法，指的就是这条水流？那富州的水流，又是从西面流来汇合到这条水流里面的吗？自岔九以来，两岸的土山绵延不绝，看起来都不怎么高。从右江江口向北望，江内都是高高的江岸和平缓的土陇，并没有间隔之间的高山。而左江南岸就不相同，南岸处在群峰之中，其中突兀地立着一座圆形的土山，与群山形状十分不同。又西行一里，江流转向北边，又南行一里，到了叫大果湾的地方。这里前面靠近左江，后面背靠着右江，是两江中间相夹地带的山脊尽头之地。大果湾的北面有小峰三座，石峰圆圆的横着，像极了并排在下面遮盖的铜钟，石山到这里才显露出真正的形状。石峰东边有个叫宋村的村庄，村庄十分兴盛繁华，但里面没有集市和店铺。我之前考证时说此地有个叫合江镇的地方，以为是这两江相夹中的大集市，来此地寻找合江镇，然而并没有。向本地人打听，也没有人知道这个名字。这一日共行船五十里，停靠在大果湾河湾下。

二十五日　鸡再鸣，发舟西向行。曲折转西南十五里，复见有突涯之石，已而舟转南向，遂转而东。二里，上长滩，有突崖飞石，娉立江北岸。崖前沙亘中流，江分左右环之，舟俱可溯流上。又三里，为杨美，亦名大湾，盖江流之曲，南自杨美，北至宋村，为两大转云。自杨美西向行十五里，为鱼英滩。滩东南有山如玦[①]，中起一圆阜，西向迎江，有沙中流对之。其地甚奇，询之舟人，云：“昔有营葬于上者，俗名太子地。乡人恶而凿其两旁，其脉遂伤。”今山巅松石犹存，凿痕如新也。上滩又五里而暮，泊于金竹洲之上流野岸也。

【注释】①玦（jué）：指环形有缺口的玉器。

【译文】二十五日　鸡叫第二遍，开船向西行进，沿着曲折的江水转向西南行进十五里，又看到有突兀立在岸边的岩石，不久船转向南行进，随后转向东。二里，到了一个很长的河滩，有突出的悬空石崖，姿态美好地直立在江的北岸。石崖前面的沙滩横亘在江的中间，江水分左右围绕着河滩，船都可以逆着水流上去。又行三里，到了叫杨美的地方，也被称为大湾，基本上江流的弯曲，南边起始于杨美，北边到达宋村，由此形成两个大回转水流。从杨美向西行十五里，到了叫鱼英滩的地方。鱼英滩东南方向有座山像玉块一样，中间耸立起一个圆圆的山阜，向西面方向迎着江流，有沙洲在江中流的位置对着它。这个地方十分奇异，我询问船夫，答道："以前有人在山上埋葬死人，这里的俗名叫太子地。乡亲们都很讨厌痛恨它，便挖断了山两侧，致使地脉受到了损害。"如今山顶上的青松石基依旧保留着，挖凿痕迹如同新的一样。驶上河滩后前行了五里天就黑了下来，在金竹湾上游野外的岸边停泊。

二十六日　鸡初鸣，发舟。十里，西南过萧村，天色犹熹微[①]也。至是已入新宁境，至是石山复出，若屏列，若角挺，两岸濒江之石，亦时时竞异。又五里，折而东，江南岸穹石成洞，外裂多门，如狮象骈立，而空其跨下；江北岸断崖成峡，上架飞梁，如虹霓高映，而缀其两端。又五里，转而西南，与石山时向时背。两崖突石愈奇，其上嵲[②]如翅云斜劈，下覆如肺叶倒垂，幻态时时变换。但洞不甚深，崖不甚扩，未成楼阁耳。又北转五里，为新庄，转西南三里，为旧庄。又西二里，转而南五里，转而北三里，复转西南，更有石山当前矣。又三里，西透两山之腋，挟江北石峰北转，而循其西麓。于是东岸则峰排崖拓，穹洞连门；西岸则波激岸回，矶空窍应。其东岸之山，南连两峰，北峰洞列三门，门虽外分，皆崆峒内扩。北骈两崖，南崖壁悬两叠，叠俱有洞，复高下中通。此即狮岩。北行三里，直抵骈崖下，乃转南行。顺风挂帆二里，又西行一里，逼一尖峰下，仍转向南。西岸复有骈崖平剖，巍临江潭，即笔架山也。而东岸石根愈耸愈透。共三里，过象石下，即新宁之西门也。风帆方驶，舟人先有乡人泊此，遂泊而互酌。余乃入城，登州廨，读《州记》于仪间[3]，询狮岩诸胜于土著。还登象石，日已薄暮，遂不成行，依象石而泊。

【注释】①熹微（xī）：天色微明。②嵲（niè）：形容山的高耸。③仪间：古时称官署大门之内的门为仪门，仪门内的莅事堂则称仪间。

【译文】二十六日　鸡叫第一遍，开船。行进十里，往西南方向过了萧村，天色仍然是泛着微微的白。这里已经进到新宁州境内了，这里又重新出现了石山，就像屏风一样整齐的排列，像挺立的兽角，两岸临着江流的岩石，也不时的互相争奇。又行五里，转折向东，江南岸隆起的岩石形成山洞，外面多处洞口裂开，好似并立的狮象，而横跨的岩石之下是空的；江北岸山崖断开形成峡谷，上面架着飞桥，像彩虹在高空映照一样，而飞桥两端和石崖连缀在一起。又行五里，转向西南，与石山的方向时而相对时而相反。江两岸山崖上突出的岩石也越来越奇异，有的向上高耸好似入云后斜着劈开的翅膀，有的下覆好似肺叶倒垂，奇特的形状不时变换着。不过山洞并不深，山崖也不甚广阔，并未形成规模稍大的楼阁。又转向北行五里，到了新庄，转向西南行进三里，到了旧庄。又向西二里，转向南五里，再转北向三里，转向西南方向，又有石山挡在了面前。又行三里，往西方穿过两座山旁边，紧靠江北岸的石峰向北转去，而后沿着石峰西麓行进。这里的东岸有石峰成排在山崖展开，隆起的洞口连接在一起；西岸却是波涛汹涌的江水环绕着江岸，石矶悬空洞穴相互呼应。这边东岸的山峰，南边有两座相连的山峰，北峰有三个洞口排列着，虽然外边分为不同的几个洞口，但里面却是向内扩展进去的空洞。北面有两座石崖并列着，靠南方向的崖壁空悬成两层，每层都有洞，上下之间的洞是相互连通的。这就是狮岩。向北行三里，到达两座并列的山崖下，于是转向南行。顺风情况下挂帆行进了二里，又向西行进了一里，逼近在一座尖峰下，仍旧转向南行进。西岸出现了山崖并列平直地剖开，巍然地下临江边，这就是笔架山。而东岸的山崖岩石耸立的更高山洞也更加的透亮。共行进三里，路过象石下面，就到了新宁州西门。趁着顺风挂帆迅速的前进，船夫有个同乡先将船停在此处，船夫便停下船来对酌。我于是进城，登上新宁州的官署，在仪门里面的堂内读《新宁州记》，向当地人咨询狮岩等多处名胜的情况。回来时登上象石，天色已经是傍晚时分，于是不能够上路了，只能挨着象石停泊于此。

新宁之地，昔为沙水、吴从等三峒。国初为土县[①]，后以思明土府有功，分吴从等村界之，遂渐次蚕食。后忠州从而效尤，与思明互相争夺，其地遂朝秦暮楚，人民涂炭无已，当道始收其地，以武弁守之。土酋黄贤相又构乱倡逆，隆庆末，罪人既得，乃尽收思明、忠州未吐地，并三峒为四，创立州治。其东南五里即宣化如何乡名。一、二、四三围，并割以附之。即萧村以上是也。其西北为思同、陀陵界；西南为江、忠二州界。江水自西南那勒来，绕城西北，转而东南去。万历己丑，州守江右张思中有记在州门，乃建州之初任者。

【注释】①土县：明代在部分少数民族地区分封各族首领世袭官职，以统治当地人民，称为土司制度。"土县""土府"即属吏部的土官。

【译文】新宁州所属的地方，之前是沙水、吴从等三峒，国家建立初年改成了土官治理的县区，后来因为思明府土知府立有功劳，便把吴从等村庄划分给他，便开始了逐渐吞并的过程。后来忠州府也跟着模仿他，开始与思明府互相争斗，这个地方便朝秦暮楚般归属不定，人民生灵涂炭没有尽头，当权者才收回这个地方，指派了武官在此镇守。这时土人的酋长黄贤相又借机作乱，隆庆末年，罪人黄贤相被逮捕后，才把思明府和忠州府没有吐出来的地区收回，把三峒正式合并为四个峒，创建了州城治理。新宁州东南五里就是宣化县如何乡乡的名称。其中的一、二、四三个围，都划分给了新宁州成为附属地。指的是萧村以上的地区。新宁州西北方向是思同州和陀陵县的交界之处；西南方向是江州府和忠州府二州的交界之处。江水从西南方向的那勒流过来，从州城的西北方向绕过，转向东南流去。万历己丑年（万历十七年，1589），州官江右人张思中在州城城门留有碑文记载，他是建州的第一任州官。

州北四里，隔江为狮岩山；州西二里，隔江为笔架山；州南一里为犀牛岩，更南三里为穿山大岩。皆石峰耸拔，石洞崆峒，奇境也。州西远峰排列更奇，象石、狮石俱在含晖门江岸。江流自南冲涌而来，狮石首扼其锐，迎流剜骨，遂成狰狞之状。下流荡为象石，巍准下倩，空颊内含，截水一湾，可泊可憩，而西门之埠因之。狮石之上曰冲口，下流有石梁高架两崖间，下辟成门。余先闻之邑父老云："近冲口有仙源洞府。"记忆不真，无可问者，不识即此否？

【译文】州城北边四里，隔江的地方是狮岩山；州城西边二里，隔江的地方是笔架山；州城南边一里的地方是犀牛岩，再往南三里是穿山大岩。这里的石峰都是挺拔耸立，石洞十分空旷，是十分奇异的环境。州城西边远处的山峰排列更加的稀奇古怪，象石和狮石都排列在含晖门外面的江岸上。江流从南边汹涌的冲击而来，狮石首当其冲的扼住了江水的锐气，迎着的岩石被急流的江水挖削成骨状，最终形成面目狰狞的形状。江水下流是激荡的象石，象石高耸的鼻子下嵌入江中，面颊是空的并且里面有水，截取下一湾江水，里面可以歇息停船，西门的码头就依靠着它。狮石上游的地方叫做冲口，下游两岸的石崖之间架有一座石桥，下边开辟成门。我之前听县里的父老乡亲说过："靠近冲口附近有个仙源洞府。"关于这点记得不是很清楚，也没人可以去请教，不知道是这个地方吗？

自南宁来至石埠墟，岸始有山，江始有石；过右江口，岸山始露石；至杨美，江石始露奇；过萧村入新宁境，江左始有纯石之山；过新庄抵新宁北郭，江右始有对峙之岫[①]。于是舟行石峰中，或曲而左，或曲而右，旋背一崖，复潆一嶂，既环乎此，转鹜乎彼，虽不成连云之峡，而如梭之度纬，如蝶之穿丛，应接不暇，无过乎此。且江抵新宁，不特石山最胜，而石岸尤奇。盖江流击山，山削成壁，流回沙转，云根迸出，或错立波心，或飞嵌水面，皆洞壑层开，肤痕縠绉[②]。江既善折，岸石与山辅之恐后，益使江山两擅其奇。余谓阳朔山峭濒江，无此岸之石；建溪水激多石，无此石之奇。虽连峰夹嶂，远不类三峡；凑泊一处，促不及武彝；而疏密宛转，在伯仲间。至其一派玲珑通漏，别出一番鲜巧，足夺二山之席矣。

【注释】①岫（xiù）：山穴、山洞。②縠绉（hú zhòu）：绉纱似的皱纹。

【译文】从南宁府来到石埠墟，两岸这才有山，江中才开始有了岩石；过了右江口，岸上的山才开始有岩石露出来；到了杨美这里，沿江的石山便露出了奇特的姿势；过了萧村进到新宁州的境内，江的左边开始有了岩石形成的山；过了新庄到新宁州城的北郭，江的右边才开始有了相对而立的山峰。从这里行船便在石峰之间穿行，有时转弯向左边，有时转弯向右边，转过后又会背对着一座山峰，然后绕过山峰后，又会在此地环绕，还会像鸭子一样转过这个地方，虽然还没有形成浮云一样连接在一起的峡谷，可是这如同梭子穿过纬线般的情景，好似蝴蝶穿梭在花丛中，应接不暇，没有可以超过这个地方的了。

而且沿着江行进到新宁州府，不仅石山十分优美，连江岸的石头都尤为奇异。这大概是江流冲击山石，山北冲削成了陡峭的山壁，江流回旋而沙洲回转，岩石迸出，或错乱的直立在江心，或飞嵌于江水上，全是层层裂开的洞穴壑谷，岩石的表面石痕好似薄纱的纹路。江流既然已经有很多的曲折之处，岸上的岩石和山峰更是争先恐后的重叠曲折，这样便使得江流和山峰两者都拥有了各自的奇异之处。我觉得，阳朔的山势陡峭濒临江流，但没有这个地方岸上的岩石；建溪水流湍急的岩石也有很多，但没有这个地方的岩石奇特。虽然此地峰峦连接相互夹让，远不像三峡那般；聚集凑在一起的状态，紧凑感比不上武彝山那般；然而两者的疏密婉转之处，却是不相上下。至于此地一派玲珑通透的风景，更是别有一番新鲜奇妙的趣味，这点便足以夺取前面两座山的地位了。

二十七日　鸡初鸣，自新宁西南行。已转西北，直逼西峰之下，乃南转，共八里，江东岸石根突兀，上覆中空，已为幻矣。忽一转而双崖前突，砻[①]石高连，下辟如阊阖中通，上架如桥梁飞亘，更巧幻中雄观也。但恨舟过其前而不得一登其上，且无知者质之，所谓“狮石”“洞府”，皆以意测，是耶？非耶？又一里，有水自东南来会，所谓冲江[②]也。其源发自忠州。又南三里，则江东岸一峰甚峭，其北垂环腋转截处，有洞西向者累累，然皆悬而无路。又西曲南转，共八里，过那勒，风帆甚利，舟人以乡人泊此，复泊而饮。余乃登陆为穿山、犀牛二岩之游，舟竟泊此。

【注释】①砻（gǒng）：水边的石头。②冲江：今称渠荣河，在扶绥县南境。

【译文】二十七日　鸡鸣后，从新宁州府出发往西南行进。不久转向西北，直逼西峰下面，于是向南转，行进八里，看到江东岸岩石十分突兀，腾空的覆盖在高处，这已经是幻景了。忽然一转看见一对山崖在前面突起，江边高大的巨石相连，下边如天门般裂开，中间连通，上面桥梁横亘高架空中，此情景更是奇特幻境中的雄伟壮观。只可惜乘船只是经过它前边不能登到上面看一下，而且也没有了解情况的人可以询问。因此所谓的“狮石”“洞府”，只能凭空猜测推想，是这里呢？还是不是这里？又前行一里，有江水从东南方向前来汇合，就是所谓的冲江了。冲江的源头来自于忠州府。又向南行三里，看到江东岸有一座异常陡峭的山峰，山峰北边下垂向旁边环绕转折的地方，有向西的洞穴接连不断的重叠，但都高高悬起没有道路。又由西转弯向南，共八里，经过那勒，船顺风行驶十分顺当，船夫因为有同乡停船在此，又将船停下饮酒。我于是登陆到穿山岩和犀牛岩两个岩洞游览，船一直停在这个地方。

那勒在江东岸，居民颇盛。问犀牛岩，土人皆莫知，误指南向穆窑。乃透两峰之下，西南三里，有溪自东南来入大江。流小而悍，淙淙有声，新甃石梁跨其上，甚整。其源发自江州，土人谓之横江。越梁而南，即为穆窑村，有市肆西临江浒。问犀牛岩不得，得大岩。岩在其南一里，群峰排列，岩在峰半，其门西向。攀崖石而上，抵门，始西见江流横其前，山腹透其后。又见隔山回环于后门之外，翠壁掩映。乃由洞上跻，踞其中扃，则东西对辟，两门交透。其上垂石骈乳，凝结两旁。其内西下东上，故东透之门，高出西门之顶，自外望之，不知中之贯彻，必入门而后见焉。两门外俱削壁千丈，轰列云表，而东门地势既崇，上壁尤峭，下趾弥峻，环对诸岩。自门北迤逦转东，又南抱围成深谷，若另辟一翠微世界。其下旋转西去，谷口石崖交错，不得而窥也。

【译文】那勒在江流东岸，百姓聚居十分繁荣。打听犀牛岩的事情，当地人并不知情，将南面的穆窑错指给我。于是我在两座山峰之中穿越而过，向西南方向行进三里，有溪水从东南方向流入江水中。水流小但是很汹涌，发出淙淙水声，新砌的石桥横跨在溪流之上，整然有序。溪流的源头来自江州，本地人将其称为横江。穿过桥后继续往南行进，很久就到了穆窑村，这里有店铺西临着江水。没有打听到犀牛岩的情况，但找到了大岩。大岩在穆窑村向南一里处，群峰排列有序，岩洞在山峰半腰处，洞口朝西。攀着岩石上去，到达洞口，望见西边有江流横在山的前面，岩洞从山腹穿过直通山后。又看到后山洞口外面隔着山的环绕之处，有翠绿的崖壁掩盖其中。随即从岩洞内往上攀，坐在洞中间的门洞里面，看见东、西两头相对敞开洞口，两个洞口相互连通。洞的顶上垂下来两排钟乳石，在两边凝结。洞里面是西边低东边高，所以通过去东边的洞口，高于西边洞口顶部，从外面看过去，洞中相通是看不出来的，必须进入岩洞后才能看见。东西两边洞口外面都是千丈高的悬崖峭壁，崩裂开来伫立在云外之地，而东边洞口的地势已经比西边的高，上边的石壁就更加陡峭，下边的峭壁底部也更加的险峻，以环形的姿态面对着诸多山洞。峭壁一直从洞口向北曲折转到东边，又在南边合抱成深谷样子，就像是另外开辟出了一个翠绿的世界。这个下面旋转着向西而去，山谷口的石崖相互交错不明，再往下就窥探不到了。

复自前洞下山，循山北行。一里，过穆窑，问知犀牛洞在麒麟村，乃过石梁东北行。三里，至麒麟。盖其村在那勒东二里，三村鼎足，而穆窑稍南。使那勒人即指此，何由向彼得穿岩耶？麒麟村人指犀牛洞在北山东峰之上，相去只里许耳。至其下，不得路，闻岩下伐木声，披荆攀棘，呼之不应，觅之不见得，遂复出大路旁。时已过午，虽与舟人期抵午返舟，即舟去腹樗，亦俱不顾，冀一得岩。而询之途人，竟无知者，以为尚在山北，乃盘山东北隅，循大道行，道西北皆石峰。二里，见有岐北转，且有烧痕焉。初，麒麟村人云："抵山下烧痕处，即登岩道。"余以为此必是矣，竭蹶前趋，遂北入山夹。其夹两旁峰攒崖叠，中道平直，有车路焉。循之里余，见路旁有停车四五辆，有数牛散牧于麓，有数人分樵于崖。遍叩之，俱不知有岩者。盖其皆远村，且牧且樵，以车为载者。过此，车路渐堙[①]。又入一里，夹转而东，四眺重崖，皆悬绝无径，而西崖尤为峻峭。方徘徊间，有负竹而出深丛者，遥呼问之，彼摇手曰："误矣！"问："岩何在？"曰："可随我出。"从之出，至前停车处，细叩之，其人亦茫然不知，第以为此中路绝，故呼余出耳。余乃舍而复入，抵其北，复抵其东，共二里，夹环为坞，中平如砥，而四面崖回嶂截，深丛密翳，径道遂穷。然其中又有停车散牛而樵者，其不知与前无异也。余从莽棘中出没搜径，终不可得，始怅然出夹。余观此夹，外入既深，中蟠亦邃，上有飞岩，旁无余径，亦一胜境。其东向逾脊而过，度即舟行所过。东岸有洞累累者，第崖悬路塞，无从着足。然其肺腑未穷，而枝干已抉，亦无负一番跋履也。共五里，仍西南至麒麟村北大路旁，前望隔垅有烧痕一围，亟趋，见痕间有微径，直趋前所觅伐木声处，第石环丛隔，一时莫得耳，余以为此必无疑矣。其时已下午，虽腹中馁甚，念此岩必不可失，益贾勇直前，攀危崖，历丛茅。然崖之悬处，俱有支石为梯；茅之深处，俱有践痕覆地，并无疑左道矣。乃愈上愈远，西望南垂横脊，攒石森森，已出其上；东望南突回峰，孤崖兀兀，将并其巅；独一径北跻。二里，越高峰之顶，以为此岩当从顶上行，不意路复逾顶北下，更下瞰北坞，即前误入夹中所云"重崖悬处"也。既深入其奥，又高越其巅，余之寻岩亦不遗余力矣。然径路愈微，西下岭坳，遂成茅洼棘峡，翳不可行。犹攀坠久之，仍不得路。复一里，仍旧路南逾高顶。又二里，下至烧痕间，见石隙间复有一路望东峡上，其径正造孤崖兀兀之下，始与麒麟人所指若合符节[②]。乃知径当咫尺，而迂历自迷，三误三返而终得之，不谓与山灵无缘也。但日色渐下，亟望崖上跻，悬磴甚峻。逾半里，即抵孤崖之北。始知是崖回耸于高峰之间，从东转西向，若独角中突，"犀牛"之名以此。崖北一脊，北属高峰，与东崖转处对。脊上巨石巍峙，若当关之兽，与独角并而支其腋。巨石中裂竖穴，内嵌一石圭[③]，高丈余，两旁俱巨石谨夹，而上复覆之，若剜空而置其间者。圭石赭赤，与一山之石迥别，颇似禹陵窆石[④]，而此则外有巨石为冒，觉更有异耳。脊东下坠成洼，深若回渊，其上削崖四合，环转无隙，高墉大纛[⑤]，上与天齐，中圆若规。既逾脊上，即俯下渊底。南崖之下，有洞北向，其门高张，其内崆峒，深不知所止；四崖树蔓蒙密，渊底愈甚；崖旁俱有径可循，每至渊底，俱则翳不可前。使芟除净尽，则环崖高拱，平底如掌，复有深洞岭岈其内，洞天福地，舍此其谁？余披循深密，静若太古，杳然忘世。第腹枵足疲，日色将坠，乃逾脊西下，从麒麟村北西行。二里，抵那勒下舟，舟犹未发，日已沉渊矣。

【注释】①堙（yīn）：埋没。②符节：中国古代朝廷传达命令、征调兵将以及用于各项事务的一种凭证。③圭（guī）：古代帝王或诸侯在举行典礼时拿的一种玉器。④禹陵：传说中夏禹的陵墓。窆石（biǎn shí）：圹旁石碑。⑤墉（yōng）：城墙。纛（dào）：古代军队里的大旗。

【译文】又从前面洞口下山，沿着山的北边前行。行进一里，经过穆窑村，询问得知犀牛洞在麒麟村方向，于是继续走过石桥往东北方向前进。行进三里，到达麒麟村。原先麒麟村是在那勒东边二里的地方，三个村庄好似三足鼎立，其中穆窑村的位置更偏南。如果之前那勒村的人能及时将我指引到这里，那穿岩的地方哪里能找到呢？麒麟村的人告知犀牛洞是在北山东峰的上面，距离只有一里左右罢了。来到山下，没有找到路，听到岩洞下面有伐木的声音，拨开荆棘找过去，呼喊后无人应答，找又看不到人，只好又走出来大路旁。这会中午时间已过，虽然与船夫约好的返船时间是中午时分，但这时已经顾不上舟船以及午饭了，只希望可以立马找到岩洞位置。可是问过路人后，竟然没有人知道，以为还在山北边，便绕着山的东北角方向，继续沿着大路走，大路西北方向都是石峰。行进二里，看到有条转向北边的岔路，而且这里有烧火的痕迹。最开始，麒麟村村民说："走到山下有烧火痕迹的地方，就到上登岩洞的路了。"我觉得肯定是这里了，跌跌撞撞的尽力往前走，于是向北走入了山间的峡谷。峡谷两边山峰簇拥着的山崖层层叠叠，中间是十分平直的山沟，有马车行走的路。顺着路走一里多，看到路旁停着四五辆马车，山麓上有几头牛散着放养，还有几个分散在山崖上打柴的人，这几人被我问遍，都没有人知道岩洞。大概他们住的村子离这里都比较远，放牧的同时打柴，用车将打下来的柴装回去。过了这个地方，马车路逐渐被隐没。又往前一里，峡谷转向东边，四面远远看去都是重叠的山崖，悬在空中没有道路，而且西边的山崖更加陡峭。我正在犹豫徘徊的时候，看到有个背着竹子的人从深树丛中走出来，便远远的呼喊询问他，他摆了摆手说："错了！"我问："那岩洞在什么地方？"他说："可以跟我出来。"我跟着他走出去，来到之前停车的地方，详细的问他，他也茫然不知道，只是觉得里面的路断了，便把我叫了出来。于是我离开他又走了回去，走到山北麓位置，又走到山东麓方向，一共走了二里，峡谷像山坞一样围绕着，中间像磨刀石一样平坦，不过四面有山崖回绕，深树丛茂密的遮蔽，道路终于断开了。但是山坞里面又有放牛打柴的人停着车子，他们应该也和之前的人一样不知岩洞在哪里。我在密集的荆棘丛中游走，找寻有无小路，但始终没有找到，这才非常失望的走出峡谷。我在外面观察这个峡谷，从外面走进去会很深，中间曲曲折折的也非常深邃，上面有悬空的岩石，四周没有其他的小路，也算是一个风景秀丽的地方了。从这里越过山脊向东走，应该就是之前坐船经过的地方。江东岸有个山洞重叠的地方，只是山崖不仅很高路还被堵着，根本没有落脚的地方。虽然关于这个地方的核心没有考究出来，但它大致的景色已经领略了，也不算枉费我长途跋涉这一回。一共走了五里，依然向西南来到麒麟村北边的路旁，看到前面隔着土陇的地方有一圈火烧痕迹，赶紧走过去，看到火烧痕迹中间有条小路，一直往前走到我之前找寻伐木声的地方，不过看到石崖环绕树丛阻挡，一时间没办法找到，我觉得肯定是这个地方不用怀疑了。此刻已经是下午时分，虽然肚子很饿，心里想着这个岩洞肯定不能错过，更加的勇气十足一往直前，攀登险峻山崖，经过茂密的茅草中。但是山崖的悬空之处，均有石头作为梯子支撑起来；深处的茅草，也有覆盖在地上的脚踩痕迹，我并不怀疑自己走错路。于是越上越远，远远看到西边南垂横亘的山脊，有森森而立聚在一起的石峰，已经高出众多山峰之上；看向东边有南向突出的回绕山峰，孤独的悬崖突兀立着，快要与山峰顶上平齐，只有一条通向北边的小路。行进二里，越过山峰的高顶，我以为这个岩洞应该从山峰顶部走过去，没想到路却又越过顶部开始往北下方走，再往下俯视北边山坞，就是之前走错的峡谷里面说的“重重山崖悬绝之处”。既然已经深入到了幽隐之地，又高高越过山的顶峰，我寻觅岩洞也算是竭尽全力了。但是路越走越小，往西边下到山岭的较低处，地势变成了全是茅草荆棘且地势凹陷的峡谷，密密的茅草遮蔽不能行进。继续攀岩着茅草往下走了很久，依然没有找到路。再行进一里，还是沿着原路向南越过高高的山顶。又行进二里，下到之前烧火痕迹的地方，看到石缝中间又有一条路通往东边的峡谷之上，这条小路刚好是通向孤绝突兀直立的悬崖下面，这样才和麒麟村村民指的路像符节一样吻合。我便明白这条小路近在眼前，是我自己绕弯子迷了路，走错三次返回三次终于还是找到了这条路，这也不算与山中灵秀无缘错过了。不过这时候已经日落西山，我匆忙往悬崖上面攀登，高高悬着的石蹬异常陡峭。翻过半里，很快就到了之前孤绝的山崖北边。这才发现这座悬崖环绕耸立在高峰之中，从东边转向西边，就像孤独的角突起立在中间，“犀牛”的名字大概是因为这个。悬崖北边有一条山脊，北边连着高高的山峰，与东边山崖转折处相对而立。山脊上有一块巨大的石头巍然高耸，就像猛兽镇守着关口，和刚才的独角并立一起支撑在侧边。巨石从中间裂开形成一个竖立的洞穴，里面嵌着石圭，约高一丈多，两边都是巨大的石头紧紧地夹着它，上方也有巨石覆盖着，仿佛是被人挖空放在中间的样子。石圭的颜色是红褐色，与整座山的石头颜色都不相同，很像禹陵用的圹旁石碑，但这个地方的外部有着巨石覆盖，我觉得这点挺奇怪的。山脊东边下坠成洼地，深的就像深渊回绕，洼地上面是四面合拢的悬崖，绕成没有空缺的环形，就像竖着大旗的高高城墙，上面看起来与天一样高，中间就像圆规一样圆。翻越到山脊后，立马俯身下到底部的深渊。南边悬崖下面，有个朝向北方的洞口，洞口高高开着，洞内十分空阔，深处不知尽头在哪里；四面悬崖上的树丛有密密的藤蔓，底部深渊藤蔓更加浓密；悬崖旁边有小路可以顺着走过去，小路通向深渊底部，但是都被浓密的草丛遮盖着不能往前。如果把草丛全部清除干净，这样环绕的山崖就会高高耸起，底部就像手掌一样平坦，又有这种深邃的深洞包含其中，如此风景优美的地方，除了这里哪儿还有呢？我将密密的草丛分开后顺着路走去，好像远古混沌时代一样寂静无声，幽深的像是不在世间。不过现在肚子很饿脚也很累，太阳也快要落山，我便越过山脊向西下山，从麒麟村北边向西行走。行进二里，到了那勒下船的地方，船还在没开走，太阳已经西沉了。

二十八日　晨餐后，自那勒放舟南行。旋转西北三里，直逼双峰石壁下，再折东南五里，有小水自东南来入，即穆窑也。又西南一里，过穿山之西。从舟遥望，只见洞门，不见透穴。又一里，西入两山隙，于是回旋多西北行矣。又五里，江北岸山崖陡绝，有小峰如浮屠插其前，又有洞南向缀其半。又六里，又有山蜿蜒而北，是曰界牌山，西即太平境矣。盖江之北岸，新宁、太平以此山分界，而南岸则俱新宁也。又二里，舟转北向，江西岸列岫嵯峨，一峰前突，俗名“五虎出洞”。舟人指昔有远客过而葬此，其家旋掇巍科[①]，然终不敢至此治冢也。由此舟遂东转，已复西北抵北山下，循之西向行，又共六里矣。过安定堡，北山既尽，南山复出，又西循之。三里，随山北转，过花梨村[②]。又西北转，随江北山二里，转而西，随江南山三里，又暮行三里，泊于晚梦村[③]。属新宁。是日共行四十里。

【注释】①巍科：高第，古代称科举考试名次在前者。②花梨村：今称“花黎”，壮语“花”为河湾，“梨”为长，花梨意思是长长的河湾。现在崇左市江州区东隅，左江北岸。③晚梦村：原作“晓梦村”，据乾隆本、“四库”本改。今称“湾望村”，在崇左市江州区东隅，左江南岸。

【译文】二十八日　早上吃过饭后，从那勒向南行船。随即转向西北方向行进三里，直接逼近两座山峰的石壁之下，再向东南折转五里，有条小溪从东南方向流入江中，这里就是穆窑村了。又向西南方向行进一里，经过穿山西面。从船上远远看去，只能看到洞口，不能看到穿透的洞穴。又行进一里，从西边进入到两座山的缺口缝隙中，从这里起像旗帜一样环绕的群山大部分是往西北方向延伸的。又行进五里，江北岸的山崖陡峭决绝，有座像佛塔一样的小山峰插在群山前方，还有个山洞面向南边点缀在半山腰。又行进六里，看到有山蜿蜒曲折延伸向北，这叫界牌山，西边就是太平府的辖区了。大致来看江的北岸，新宁州府和太平府就是以这座山作为分界之处，而江的南岸便全都是新宁州府所属地。又行进二里，行船转向北边前进，江西岸群山高俊巍峨，其中一座山峰在前方突出，这种俗名叫做“五虎出洞”。船夫指着说这里之前有个远道而来的客人路过，死后葬在了这里，不久他家人就有人在科举考试中高中，但是始终不敢到这里来修建坟墓。从这里行船转向东去，没多久又向西北方向行进到达北山之下，循着北山又向西行进，又行驶了六里。过了安定堡之后，就到了北山尽头，这时南山突然出现，又沿着南山向西前行。行进三里，跟着山势往北转向，经过花梨村。又向西北方向转去，随着江北岸的山前进二里，转向西方，顺着江南岸的山前行三里，又在傍晚的夜色中行进三里，船停泊在晚梦村。晚梦村属于新宁州。这天总共行船四十里路。

二十九日　循南岸山行二里，转北又一里，为驮塘。又二里转而西，山势渐开，又五里，西南过驮卢，山开水绕，百家之市，倚江北岸。旧为崇善地，国初迁太平府治于此，旋还丽江，今则迁驮朴驿于此，名曰驮柴。盖此地虽宽衍，而隔江即新宁属，控制上流，自当以壶关为胜也。江北岸太平之地，濒江虽多属崇善县①，内石山之后，即为诸土州地，而左州则横界焉。是日止行十里，舟人遂泊而不行。

【注释】①崇善县："县"原作"寺"，根据乾隆本改。

【译文】二十九日　顺着江南岸的山行进二里，转向北方又行进一里，到了驮塘。又行进二里转向西边，山势逐渐变的开阔，又行进五里，往西南方向经过驮卢，山势开阔水流围绕，紧靠江北岸是个有百户人家的城镇集市。这里之前属于崇山县管辖，开国初年将太平府治所迁到此处，不久后又迁回丽江，现在是把驮朴驿迁到这里方便治理，名字叫驮柴。大体上这个地方虽然地势辽阔，但隔着江岸的地方管辖权属于新宁州府，上流水被此地支配，这个壶关自然就被当做胜地了。江北岸属于太平府的辖区，濒江地带虽然很大一部分归属于崇善县，但江内石山后方部分，则是其他土州的辖区，然而左州却横隔在中间。今天只行船十里，船夫便停靠在这里不行进了。

十月初一日　昧爽，循驮卢西北五里，北岸为左州界，稍转而南，南岸石峰复突。又二里，复转西北，北岸亦有石山。三里，西南入峰夹间，于是挂帆而行。五里，渐转南向，有村在江东山坞间，曰驮木，犹新宁属也。又西南五里，江西岸回崖雄削，骈障江流。南崖最高，有三洞东启。又南一峰稍低，其上洞辟尤巨。洞右崖石外跨，自峰顶下插江潭。崖右洞复透门而出，其中崆峒，其外交透。自舟望之已奇，若置身其内，不知胜更何若矣！又南二里，东岸石壁亦然。此地峰壁交映，江潆其间，更为胜绝。又一里，转向西行，又五里，渐转南行。已而东折，则北岸双崖高穹，崖半各有洞南向；南岸矶盘嘴叠，飞石凌空，无不穿嵌透漏。行二里，转向西南，上银瓮滩。滩始有巨石，中横如坝。滩东，尖崖耸削绝壁，有形如瓮。《九域志》谓："昔有仙丹成，遗瓮成银，人往取之，辄不得，而下望又复俨然。"《一统志》谓："在南宁府境。"盖江东岸犹新宁也。转西五里，复转西北，盘东岸危崖二里，抵北山下。仍西向去，五里，又南转。既而转东一里，乃西向行，山开江旷，一望廓然。又五里而暮。又二里泊于捺利[1]。在江西岸，属新宁。江空岸寂，孤泊无邻，终夜悄然。是日行五十里。计明日抵驮朴，望登陆行，惟虑路险，而顾奴旧病未痊。不意中夜腹痛顿发，至晨遂胀满如鼓，此岚瘴所中无疑。于是转侧俱难，长途之望，又一阻矣。

【注释】①捺利：今称“濑滤”，扶绥县西隅，左江南岸转折处。

【译文】十月初一日（11月16日） 黎明时分，顺着驮卢往西北方向行进五里，江北岸属于左州管辖地界，稍转向南行进，江南岸又看到石峰突出。又行二里，再转向西北，江北岸也有石山。行进三里，向西南方向进到山峰之间的峡谷，于是船只挂帆前行。行进五里，逐渐向南，江东岸的山坞中有个村庄，叫驮木，依然属于新宁州府辖区。又向西南方向行进五里，江西岸环绕的山崖雄伟峻峭，并排直立挡着江流。南面的山崖最高，朝东敞开着三个不同的洞口。江南岸又有稍微矮一点的山峰，山上有巨大的洞口张开。洞口右边的石崖向外跨，从峰顶一直下插到江里面。石崖右边又有一个穿过洞口的岩洞，洞内空旷，与洞外连接互通。从船上看过去十分奇特，如果本人身处洞中，那不知里面的景色又是怎样的美丽！又向南行进二里，江东岸的岩壁同样如此。这里的山峰崖壁互相交错辉映，水流在山间环绕回旋，更加优美无比了。又行进一里，转向西行，再行进五里，逐渐转向南方行进。没多久转向东行，看见江北岸两座高高隆起的山崖，山崖半山腰处各有山洞面向南方；江南岸石矶突出，大山顶端层层叠叠，飞石凌空，各处穿透深嵌相通。行进二里，转向西南，行驶到叫银瓮滩的地方。此处河滩开始出现巨石，就像水坝横亘在水流中。河滩的东边，有高耸的石崖形成绝壁，形状很像瓦瓮。《九域志》里面说：“以前有人在此炼成仙丹，剩下的瓦瓮变成了银子，有人去找银子在哪，一直没找到，但是从山下看过去又非常像。”《一统志》里面说：“这个在南宁府辖区内。”原来江东岸依旧属于新宁州府。转向西行进五里，再向西北方向行进，绕着江东岸危险的石崖前进二里，到达北山下面。依然向西方行进，行五里，又转向南方。然后转向东行进一里，又向西行驶，山势开阔江面旷远，一望无垠。又行进五里天逐渐变黑。又前进二里后船停靠在捺利。捺利在江的西岸，属于新宁州府。这里江面空阔岸上孤寂，船孤零零的停靠在岸边，一夜都寂静无声。这天一共行船五十里。预计抵达驮朴的时间在明天，但愿可以下船上岸走陆路，不过想着路途艰难险阻，而且顾仆之前的病还没有完全痊愈。没想到半夜我的肚子频繁疼痛，到早上肚子就像鼓一样满满胀胀的，这肯定是中了山里的瘴气。我连转身侧睡都十分艰难，看来想要走长途陆路，又多了一重障碍。

初二日　昧爽，西北行。碧空如洗，晴朗弥甚。三里，抵江北危崖下。转而南二里，过下果湾，有村倚崖临江，在江西岸。又五里，有水自南来注，其声如雷，名响源，发于江州。水之西岸即为江州属，而新宁、江州以此水分界焉。水入江处，有天然石坝横绝水口如堵墙，其高逾丈，东西长十余丈，面平如砥，如甃筑而成者。水逾其面，下坠江中，虽不甚高，而雪涛横披，殊瀑平泻，势阔而悍，正如钱塘八月潮，齐驱下坂，又一奇观也。过响水，其南岸忠州境虽辖于南宁[1]，而濒江土司实始于此；北岸则为上果湾，有岩西向临江，上亦有村落焉。于是转北行一里，抵北山下。转西北挂帆行，两岸山复叠出。二里为宋村，在江南岸，忠州属。有八仙岩，为村中胜地。又三里，转东北，又二里，转西北，又三里，更转东北，两岸石崖叠出递换，靡非异境。转西北五里，又北转，而西岸一崖障天，崖半有洞东向。始见洞门双穴如连联，北穴大，南穴小，垂石外间而通其内，既而小者旁大者愈穹，忽划然中剜，光透其后。舟中仰眺，碧若连云驾空，明如皎月透影，洞前上下，皆危崖叠翠，倒影江潭，洵神仙之境！首于土界得之，转觉神州凡俗矣。南有驮朴村，转登山后，闻可攀跻。又北一里，东岸临江，焕然障空者为银山，劈崖截山之半，青黄赤白，斑烂缀色，与天光水影，互相飞动，阳朔画山犹为类犬者耳[②]。崖下有上下二洞，门俱西向。上洞尤空邃，中悬石作大士形，上嵌层壁，下濒回潭，无从中跻。其北纷窍甚多，裂纹错缀树间，吐纳云物，独含英润焉。一里，转而西，遂为驮朴，百家之市，尚在涯北一里。东南即银山，西北又起层峦夹之，迤逦北去，中成蹊焉，而市倚之。陆路由此而北，则左州、养利诸道；江路由此而西，则太平、思明诸境也。午抵驮朴，先登涯问道，或云："通"，或云："塞。"盖归顺为高平残破，路道不测，大意须候归顺人至，随之而前，则人众而行始便。归顺又候富州人至，其法亦如之。二处人犹可待，惟顾奴病中加病，更令人惴惴耳。是日，即携行李寄宿逆旅主人家。

【注释】①其南岸忠州境虽辖于南宁：忠州隶属于南宁，原误倒为"宁南"，不从的意思。②犹为类大者耳：乾隆本、"四库"本作"竟逊一筹"。"大"疑为"犬"字。取"画虎不成反类犬"的意思。

【译文】初二日　黎明时分，向西北方向行进。天空明净得像洗过一样，晴朗没有云雾。行进三里，到达江北岸高峻的石崖之下。转南向行进二里，路过下果湾，有个背靠着山崖的村庄面对江流，在江西岸。又前行五里，有从南边流来的河水汇入其中，水声如雷，河水的名字叫响源河，发源地是江州府。河的西岸属于江州府辖区，而且新宁州府和江州府以这条河为分界线。河水流入大江的地方，有天然石坝横堵在河口如同墙一样，石坝最高处超过一丈，东西总长超过十多丈，石面如磨刀石一样平滑，就像专门砖砌而成一般。河水越过石面，直直坠到江中，虽然并没有很高，可河里的波涛像雪花般飞溅，较少见的瀑布平铺着泻下来，水势广阔且猛烈，就像钱塘江八月里的潮水，并架着不分高下地奔流着下斜坡，这又是一处奇特的景观了。过了响水滩，江南岸忠州府的境界虽然是属于南宁府管辖，但濒江地带土司真正的辖区从这里才开始；江北岸就是上果湾，有个朝向西面的岩洞临江而立，岸边也有村庄。从这里转向北面前进一里，到了北山下面。挂上船帆转向西北方向航行，两岸的山层层叠叠再次出现。行进二里到了宋村，宋村在江南岸，属于忠州府辖区。这里有个八仙岩，是宋村景色最好看的地方。又行进三里，转向东北方向，行进二里，转向西北方向，行进三里，再次转向东北方向，看到两岸的山崖重叠交错，每个地方都是奇异的景观。转向西北方向行进五里，又转向北，看到江西岸有一处遮蔽天空的山崖，山崖半山腰的位置有个岩洞面向东边。起初看到时洞口有两个好像连着的洞穴，北面洞穴偏大，南面洞穴偏小，岩石垂在外面但洞穴里面是相通的；随后看到北面洞穴旁边的大洞变的十分高大，忽然猛地从中间剜空，亮光从北边洞穴的后面穿透过来。从船上仰面望去，拱起来的岩石就像空中连绵的云彩，洞穴就像皎洁的月光照射出来的光影一样明亮，洞前方的上边和下边，高峻的山崖上都是层层叠叠的翠色，倒影在江水中，这才是真正的神仙居住的地方！现在在土司辖区内见到这种景色，反倒是觉得中原大地的景色都十分平凡普通了。江南边有个驮朴村，转个弯登上山后，听说有可以攀登上去的地方。又向北行进一里，江东岸的临江处，鲜明耀目遮盖天空的山是银山，半座山被劈开的悬崖切断，青黄赤白，五彩斑斓的颜色点缀着，与天光水影，互相飘荡流动，阳朔的画山跟它相似但又不如它。悬崖下面有上下两个洞，洞口都是面向西边。上面的洞更加广阔深邃，洞穴中间悬着好似观音菩萨形状的岩石，上面嵌入层层叠叠的石壁之中，下面濒临回旋的深水，没办法从这里攀登到洞内。岩洞北面有很多纷乱的石窍，裂纹错落的点缀在树丛间，吞吐着山间的云雾，就像口中独含着细腻光滑的美玉。行进一里，转向西，就到了驮朴村，这是个有百户人家的集市，在江北岸旁边的一里处。东南方向就是银山，西北方向高高耸起的山峦夹着村子，曲折延绵向北而去，中间变成山路，集市就紧靠着山路。陆路从这里向北走，是通往左州和养利州各地的道路；水路从这里向西走，是通往太平府和思明府各地的道路。我们中午时分到达驮朴，先登上岸询问去路，有人说："可以走。"有人说："不能走。"原来是因为归顺州被高平人摧毁破坏，路上会有很多意料之外的危险，大概意思是要等有归顺州本地人到这里来，跟着他们一起走，人多的时候出行才会比较安全。归顺州的人又要等富州的人来才能走，行路只能这样。这两个地方的人还可以等时间出发，只是顾仆的病情已十分严重，更叫人心里惶恐不安。这天，带上行李在客店主人家中寄宿。

驮朴去驮卢五十里。自驮卢西至此，皆为左州南境，北去龙州四十里。西仍为崇善地，抵太平亦四十里，水路倍之。

【译文】驮朴村距离驮卢村共五十里。从驮卢村往西来到这里，都属于左州南部管辖地区，北边距离龙州有四十里。西边仍然是崇善县的辖区，到太平府同样是四十里，水路是陆路的一倍。

高平为安南地，由龙州换小舟，溯流四日可至，太平人呼之为高夷。龙州山崖更奇，崖间有龙蜿蜒如生。

【译文】高平属于安南的管辖地，从龙州乘坐小船，逆着水流的方向行进四天就能到，太平府的人将他们称呼为高夷。龙州的山崖更加奇特，山崖上有条龙的形状蜿蜒爬行，好似活的一样。

思明东换小舟，溯流四日至天龙峒①，过山半日即抵上思州。上思昔属思明，今改流官，属南宁，有十万山②。其水西流为明江，出龙州，东流出八尺江。

高平为莫夷，乃莫登庸之后；安南③为黎夷，乃黎利之后。

【注释】①天龙峒：应为“迁隆峒”。明朝时期设土巡检。现宁明县东隅，明江北岸。②十万山：现仍称“十万大山”，位于上思县与防城区间。③安南：又称交南、交趾，皆为明时对越南的称呼。

【译文】在思明府东边换乘小船，逆着水流的方向前行四天可以到天龙峒，翻越山后走半天就能到上思州。上思州以前是思明府的辖区，现在改设了地方官，划分成了南宁府辖区，有座山叫十万山。山中的水向西边流去是明江，流到龙州，向东流出就是八尺江。

高平就是莫夷，属于莫登庸的后裔；安南就是黎夷，属于黎利的后裔。

自入新宁至此，石山皆出土巴豆树、苏木二种，二树俱不大。巴豆树叶色丹映，或队聚重峦，或孤悬绝壁，丹翠交错，恍疑霜痕黔柴。苏木山坳平地俱生，叶如决明，荚[1]如扁豆，而子长倍之，绕干结瘿，点点盘结如乳，乳端列刺如钩，不可向迩。土人以子种成林，收贾不至，辄刈为薪，又择其多年细干者，光削之，乳纹旋结，朵朵作胡桃痕，色尤苍润。余昔自天台觅万年藤，一远僧携此，云出粤西蛮洞，余疑为古树奇根，不知即苏木丛条也。

【注释】①荚：原作“英”，后根据“四库”本改。

【译文】从进入新宁州府来到这里，石山上都有当地出产的巴豆树和苏木两种树，这两种树长的都不大。巴豆树的树叶是红色，红光映射，有的成堆在重重山峦中生长，有的在绝壁上孤立悬挂，红色和绿色交相呼应，恍然间以为这些都是白霜和黑炭。苏木在山坳和平地上都可以生长，叶子形状很像决明子，果实如扁豆，但籽粒长的是扁豆的一倍，绕着枝干结出瘤状球体，一点一点的像乳头一样盘结着，乳头顶端像钩子一样的刺并排列着，不允许接近。本地人用它们的籽种种成树林，没有收购的商人过来，就自己砍下来当做柴火，又找到里面生长了很多年的细小枝条，将树皮剥光，有乳白色的纹路旋绕在一起，一朵朵就像胡桃的纹理一样旋绕着，色泽十分苍劲光滑。我之前在天台山找万年藤的时候，一个僧人从远方带来这个东西，说是广西蛮族聚集地洞中出产的，我当时怀疑是古树形状奇特的树根，不知就是苏木丛生的枝条。

初四日　自驮朴取道至太平。西南行一里，有石垣东起江岸，西属于山，是为左州、崇善分界。由垣出，循山溯江南行，三里，越一涸涧，又四里为新铺，数家之聚。江流从正南来，陆路遂西南转。四里，复过一涸涧，涧底多石，上有崩桥，曰冲登桥。其内有堡。从此南上，盘陟冈阜三里，复与江遇。其上有营房数家，曰崩勘。又南五里，转一山嘴，其后山中有村曰驮竺。盘其东垂，乃循山南西向行，于是回崖联蹁，上壁甚峻拔，下石甚玲珑。二里，路南复突一危峰，遂入山夹。盘之而西又一里，转南二里，登媚娘山。其处峰峦四合，中悬一土阜为脊。越之而南下，东南三里，路侧有窞[①]一圆，名龙井。下坠五六丈，四围大径三丈，俱纯石环壁。坠空缀磴而下，下底甚平，东北裂一门，透门以入，其内水声潺潺，路遂昏黑。践崖扪隙，其下忽深不可测。久之，光渐启，回见所入处，一石柱细若碧笋，中悬其间，上下连属，旁有石板平庋，薄若片云，声若戛金[②]树。至其洞，虽不甚宏而奇妙，得之路旁，亦异也。其上有一亭，将就圮。自驮朴陆行至太平，辄见冈陀盘旋，四环中坠，深者为井，浅者为田，上下异穴，彼此共窞。盖他处水皆转峡出，必有一泄水门，惟此地明泄涧甚少，水皆从地中透去。窍之直坠者，下陷无底，旁通者，则底平可植五稼，路旁大抵皆是。惟龙井下陷犹有底，故得坠玩焉。由此西南出山，又四里，而江自壶关东垂北向而至。溯之复南二里，升陟冈阜又二里，抵壶关。关内旧惟守关第舍四五间，今有菜斋老和尚建映霞庵于左，又盖茶亭于后。余以下午抵庵，遂留憩于中。菜斋，北人，年六十一岁，参访已遍海内。所食惟淡菜二盂，不用粒米，见此地荒落，特建庵接众，憩食于庵者数十人，虽久而不靳[③]焉。菜斋法名如喜，徒名海润。

【注释】①窞（dàn）：深坑。②戛金（jiá jīn）：用戛玉敲金，形容声音铿锵悦耳。③靳（jìn）：吝惜，不肯给予。

【译文】初四日　从驮朴村取道到达太平府。往西南方向行进一里，有石墙自江岸东面起，向西边连着山，这是左州府和崇善县的分界之处。从石墙出去，顺着山逆流往南边行进，行三里，越过一条已经枯竭的山涧，继续行进四里到达新铺，是一个只有几户人家的村庄。江流从正南方流过来，陆路由此往西南转向。行进四里，再次越过一条枯竭的山涧，山涧底部石头很多，上面有座已经倒塌的桥梁叫做冲登桥。桥里面有城堡。从这里向南往上走，在冈峦土阜间盘旋攀爬三里，与江流再次相遇。江岸上有几家营房，叫作崩勘。又向南前行五里，转过一个山嘴处，山嘴后面的山里有个叫驮竺的村子。绕过山嘴东垂，顺着山的南边向西边行进，这里有接连不断的山崖回绕，上面的山崖石壁异常陡峭险峻，下面的岩石非常玲珑巧妙。行进二里，大路南边突起一座险峻的山峰，从这里走进山间峡谷。在峡谷中回绕向西走一里，转向南行进二里，登上媚娘山。这里的山峰四面合拢，中间悬着一座土山形成的山脊。越过山脊往南下走，向东南方向行进三里，路边有个圆形深坑，名叫龙井。向下坠五六丈，四周直径大三丈，都是由纯色的岩石环绕而成的坑壁。顺着悬缀高空的石头台阶往下坠，下面底部异常平坦，东北方向有个洞口裂开，从洞口穿过去，洞里面有潺潺的水声，路也变的昏暗下来。踏着山崖摸着石头缝隙走，脚下突然变的深不可测。走了许久，逐渐有了亮光，回头看我进来时的路，一根细小的像碧绿竹笋的石柱，耸立在洞中间，上下相连，旁边平架着石板，石板薄的就像云片一样，声音好似敲击铜柱。至于这个洞，虽然不甚宽广却十分奇特，能在路边遇到，也是一件奇异的事情了。深坑上面有个亭子，看起来快要倒塌了。（从驮朴村走陆路到太平府，经常见到有冈峦山坡回旋盘绕，四周环绕中央下陷，深的形成井坑，浅处被开垦成田地，上下之处都有不同的洞穴，彼此相连形成深坑。可能其他地方的水都是绕着峡谷流出去的，这里肯定有一个水口用来泄水，只是这里地表用来泄水的山涧比较少，水都是由地下渗透出去的。洞穴竖直往下坠，下陷的没有底部。通向四周的，都是底部十分平坦可以用来种植五谷杂粮的，道路旁边也大多是这样。只有龙井陷下去还有底，所以可以下去观赏游玩。）从这里向西南方向走出去，又行进四里，江流从壶关的东面垂向北边流到此处。逆着水流的方向又向南边行进二里，攀爬在山冈土阜间又是二里，到达壶关。以前关内只有用来守关的四五间宅院，今天有位菜斋老和尚在左边盖了映霞庵，又在后边盖了间施舍茶水的亭子。我下午时分抵达映霞庵，于是留下来在庵中休息。菜斋，北方人，年纪有六十一岁，参观访问的地方已经走遍了海内。所吃的东西只有两钵盂淡菜，不吃一粒米，看见此地荒凉冷落，特意建了寺庵接待众人，停在庵中吃饭歇息的人有几十个，虽然这些人在这里呆了很久，但菜斋和尚毫不吝惜。菜斋的法名叫如喜，海润是他徒弟的名字。

壶关在太平郡城北一里余。丽江西自龙州来，抵关之西，折而南，绕城南，东转而北，复抵关之东，乃东北流去。关之东西，正当水之束处，若壶之项，相距不及一里。属而垣之，设关于中，为北门锁钥。其南江流回曲间，若壶之腹，则郡城倚焉。城中纵横相距亦各一里，东西南三面俱濒于江。城中居舍荒落，千户所门俱以茅盖。城外惟东北有民居阛阓，余俱一望荒茅舍而已。

【译文】壶关在距离太平府一里多的城北方向。丽江从西边的龙州方向流来，抵达壶关的西边，转折向南，从城南绕过，到了壶关的东边转向北，最后又流到壶关的东边，转向东北方向流去。壶关的东西两边，刚好是江水的收束之处，好似茶壶的脖颈处，相距不到一里。两头用筑起的城墙连接起来，在中间位置设立了关卡，成为北门重要的军事地点。关隘南边江流曲折回转的地方，就像是茶壶的肚子，城市就依靠这里。城中纵横相距各有一里路程，东、西、南三个方向都临着江流。城里面的房子看起来十分荒凉，衙门的千户所都是用茅草盖起来的。城北的民居集市只有东北角方向有，其他地方一眼看过去都是十分荒凉的茅草屋罢了。

青莲山在郡城北二十余里，重峦北障天半。其支南向，东下者即媚娘岭，西下为碧云洞。洞在壶关正西二里，青莲山南下之支也。石峰突兀，洞穿峰半，门东向。先从北麓上三折坂，东向透石隙曰天门，得平台焉。洞门峙其上。门狭而高，内南转，空阔深暗，上透山顶，引光一线空濛下。光下有大士龛，北向，中坐像，后有窞深陷，炬烛之沉黑。又一穴南去，不知其底，此下层也。其上层隔窞之南，复辟为门，门前列双柱，上平庋两盆曰“宝盆”。先由大士像右壁，穿小穴南下窞侧，由双柱中抵宝盆下。透门入，始颇隘，连进门两重，渐转东上，则穹然高张，天光下迸，一门南向出为通天窍。历级上，出洞门外，亦有台甚平，下瞰平壑，与东向门无异。由大士像左壁西穿小穴曲折入，两壁狭转，下伏为隘门。透门进，忽上盘如覆钟，凡进四门，连盘而上者，亦四五处，乃出。于大士像左壁稍北，又西穿小穴，渐北转，则岈然中通，山影平透，裂一门北向，号曰盘龙窟。此洞中胜也。北门外，崖石横带山腰，东达天门，西抵一飞崖下，上覆下嵌。崖不甚高，上下俱绝壁，中虚而横带者，若平廊复榭，无愧"群峰献翠"名。北瞰深坞，重峦前拱，较东南二台，又作一观。由崖东攀石萼西望，峰顶莲瓣错落，中有一石，东剜空明，为蔓深石削，不得攀接。仍从盘龙窟入，出东台，仰眺洞南，峰裂岐崖，回环一峡。乃攀枝援隙上，直历峡峰攒合中，复有东向洞，内皆耸石攒空，隙裂渊坠，削不受趾，俯瞰莫窥其底，石块投之，声历历不休，下即大士龛中承受坠光处也。至此洞外胜始尽。此洞向无其名，万历癸丑参戎顾凤翔开道叠磴，名之曰碧云，为丽江胜第一。顾乃华亭①人。

【注释】①华亭：为松江府附郭县，现上海市松江区。

【译文】青莲山在郡城北边二十多里的地方，层层叠叠的山峦遮住了北面的半边天。它的支脉向南边伸展，往东边下延到了媚娘岭，往西边下延到碧云洞。碧云洞的位置在壶关正西方向二里处，属于青莲山往南延展的支脉。山峰突兀高耸，山洞穿透整个石峰的半山腰，洞口朝向东边。我先从山峰北麓爬上三折坂，向东边钻过石头缝隙，这里叫天门，看到一处平台。洞口在平台上方伫立。看起来高高窄窄，洞内转向南边，空旷阔大深暗，上面通向山顶，有一丝细细的的光线直接照射下来。光线照射的下方有个观音菩萨的神龛，面向北方，观音像在神龛的正中间，后面有个深坑陷了下去，用火把照射深坑底部，看起来幽深昏暗。还有一个洞口是朝向南边，不知道底部有多深，这里属于下层。洞内上层隔着深坑南边，裂成洞口形状，洞口前面有两根石柱并列着，上边有两个石盆平放着，叫做“宝盆”。可以先从观音像石壁的右边下去，穿过一个小洞下到南边深坑旁边，通过双石柱中间来到宝盆下方。从洞口石门进去，起初很窄，接连走进两个洞口的石门，逐渐向东往上走，可以看见山洞里面高高隆起张开，上面的光线照射下来，一个洞口向南出去好像通天的窟窿。顺着石阶往上走，走出洞口外面，也有个石台看起来十分平滑，往下可以看到平坦的壑谷，与朝向东的洞口是一样的。从观音像左边石壁向下往西穿过曲折的小洞走进去，两边的洞壁十分狭窄，兜兜转转，低伏下去成为险要的洞口；从洞口钻过去，上方忽然就像下覆的铜钟一样盘旋弯曲；一共进了四个隘口，连续弯曲向上的地方也有四五个，这才走出来。在观音像左边石壁稍微往北一点的地方，又穿过一个向西的小洞，慢慢朝北转，看见中间相通地方十分深邃，山影平行地照射进来，向北裂开一个洞口，称为盘龙窟。这是洞内美丽的景色。北洞口外面，石崖横亘山腰就像腰带一样，东边抵达天门，西边抵达一个悬空的悬崖之下，上方下覆，下方深嵌。悬崖没有很高，上下都是陡峭山壁，中间连接像腰带一样的地方，就像平坦的长廊和重重的水榭，并未愧对“群峰献翠”的佳名。向北俯瞰幽深的山坞，重重叠叠的山峦高耸隆起在前方，与东边和南边的平台相对比，又显现出另外一番景色。从山崖东边攀附着花萼的岩石向西边望去，峰顶有莲花瓣形状的岩石错落其中，里面有一块岩石，东面挖削剜空透亮，因为草丛茂密石崖陡峭，并不能随意接近攀爬。仍然需要从盘龙窟进入，出去东边的平台，平台上可以仰面眺望山洞南边，山峰迸发裂开成悬崖，环绕成一个峡谷。随后我攀着树枝抓着石缝往上爬，一直到峡谷山峰中间汇合之处，又有个洞口面向东边，洞里面都是岩石高高耸立聚集在空中，岩石缝隙裂开形成深渊，十分陡峭不能下脚，往下看并不能完全窥探到峡谷底部，扔块石头下去，声音十分清晰且不停地响，下边就是刚才洞内观音像神龛承受阳关照射的地方了。直到这里洞外的美景才算看完。这个洞之前没有名字，万历癸丑年（万历四十一年，1613）参将顾凤翔开通了道路并垒砌了石阶，将它命名为碧云洞，这是丽江最美丽的地方。顾凤翔是华亭县人。

白云岩在壶关正东四里，路由郡城东渡江，是为归龙村峒[①]。在江东岸，太平隔江即江州属。是村昔有怪出没江潭，为害江州、太平。人俱莫能制，而思明独来时而杀之，其害乃息。故江州以此一峒畀思明，为思明属。今此峒东南北三面俱属江州，而西抵于江，为太平府，近太平城者惟此一村，而又远属思明，亦可异也。

【注释】①归龙村峒：今作“归陇”，现在崇左城东北郊，左江东岸。

【译文】白云岩在壶关正东方向四里，从府城向东渡江才能有去那边的路，属于归龙村峒。归龙村峒在江东岸，太平府隔着江的地方都是江州的辖区。这个村庄以前有怪物在江边出没，在江州和太平府危害人。没有人可以降服，不过思明府的土司独自一人前来时将它杀了，这个祸患才算真正平息。所以江州把这一峒送给了思明府，归龙村峒便成了思明府的辖区。现在这个峒的东边、南边、北边三面都属于江州管辖，但西边直达江边的地方，属于太平府辖区，靠近太平府城的只有这个村子，但是又属于很远的思明府管辖，这也是件奇怪的事情了。

石门塘在壶关外东北半里。老虎岩在壶关内西南半里。铜鼓在郡城内城隍庙，为马伏波遗物，声如吼虎，而状甚异。闻制府各道亦有一二，皆得之地中者。土人甚重之，间有掘得，价易百牛。

【译文】石门塘在壶关外面东北方向半里处。老虎岩在壶关内部西南方向半里处。铜鼓在府城内的城隍庙里面，属于伏波将军马援时期的遗物，鼓声就像老虎吼叫一样，且形状异常奇特。听闻总督府下属的各地方也有一两个，都是从地下获得的。本地人觉得铜鼓十分重要，偶尔有人发掘出来，拥有换取一百头牛的价值。

初五日　晨餐后，即独渡归龙，共四里，西循白云岩[①]。荒坡草塞，没顶蒙面，上既不堪眺望，下复有芒草攒入袜裤间，举足针刺，顷刻不可忍，数步除袜解裤，搜刷净尽，甫再举足，复仍前矣。已有一小水自东南峡中出，北潆岩前，上覆藤蔓，下踔江泥，揭涉甚难。过溪，抵岩下。穹崖高展，下削如屏，色莹洁逾玉。崖南峭壁半列洞四五，大小不一，皆西向。南面一洞较大，下复叠一洞，不甚深昧，而上洞中空外削，望之窈窕，竟不得攀憩。再南半里，有洞甚大，亦西向，前俱大石交支。从石隙透门入，洼敞可容三百人，内无旁通窦。洞北有小径，东上山夹，两旁削石并耸。攀级而登，逾山坳南，亦有洼下陷，木翳不能窥其涘。其北更耸层峰，西瞰江流域堞，俱在足底。再北直出白云岩顶，其坳中洼窞虽多，然棘藤蒙密，既不得路，复无可询，往返徘徊，日遂过午，终不能下通岩半洞也。此处岩洞特苦道路芜阻，若能岩外悬梯，或叠磴中窦，其委曲奇胜，当更居碧云上。仍西二里，出归龙，南溯江岸三里，抵金柜、将军两山之间。金柜瞰江峙，崖洞中空，大容数百人。茅棘湮阨，竟金柜山岩洞不得，三周其北东南三面，又两越其巅，对瞩江城，若晰须眉于镜中。东即将军山，片崖立峰头迎江，有干②城赳赳势。环郡四眺，峰之特耸者此为最。下候东关渡舟，已暮不复来，腹馁甚。已望见北有一舟东渡，乃随江蹑石一里，抵其处，其舟亦西还。迁延久之，得一渔舟，渡江而西。见有卖蕉者，不及觅饭，即买蕉十余枚啖之。亟趋壶关，山雨忽来，暮色亦至。

【注释】①西循白云岩：乾隆本和“四库”本皆作“乃由郡城东渡江，经归龙村峒，东抵石崖下”，疑“西”为“东”。②干（gān）：盾牌。

【译文】初五日　吃过早餐后，随即单独渡江来到归龙村，共行四里，顺着白云岩向西行进。荒废的山坡被茅草堵住了道路，茅草没过头顶遮盖住脸，眼睛不能看到远处，脚底下又有钻进鞋袜裤子的草丛尖刺，走路就像被针扎，完全不能忍耐，走几步就需要脱下袜子解开裤子，清理干净才又前进，但没过一会又像之前一样了。没多久有条从东南方向流过来的小溪，向北环绕回旋在白云岩前方，上面有藤蔓覆盖，脚下踩着小溪的稀泥，将衣裤提起涉水十分困难。越过小溪，抵达白云岩下方。高高隆起的山崖向四周展开，下边如屏风般峻峭，石头的颜色比白玉还要晶莹剔透。山崖南边的峭壁中部有四五个洞并排立着，大小不同，都是面向西边。南边有个大些的洞，下边有一个洞重叠着，并不十分昏暗，不过上面洞的中间空阔而外面陡峭，看过去幽深昏暗，终究不能攀爬上去休息片刻。再往南行走半里，有个很大的洞，同样面向西边，洞口前边全是交叉支撑的石头。从石缝中间穿过洞口，地势深陷十分宽敞，可以容纳三百个人，洞里面不能通向旁边的洞穴。洞的北边有条小路，向东上到山间峡谷中，两边石崖陡峭并排高耸。顺着石阶往上攀登，翻越到山坳南边，也有深陷的洼地，树木茂密遮盖不能看到它的边界。洼地北边高高耸起层层叠叠的山峰，向西往下俯瞰江流府城，都在脚底下。继续往北抵达白云岩顶峰，山坳中间虽然有很多洼地深坑，但荆棘藤蔓更加茂密，不光找不到路，还没有人能问路，来来回回的走，时间已经过了正午，还是没有下到半山腰的岩洞里面。这里的岩洞只是苦于道路荒凉闭塞，如果可以在山洞外悬挂梯子，或者垒起石阶直达洞内，那洞里面曲折其妙的美好景色，肯定比碧云洞更胜一筹了。继续向西行进二里，来到归龙村，往南顺着江南逆流走三里，到达金柜山和将军山之间。金柜山高高耸立，俯瞰江流，山崖上有十分空阔的山洞，大的可以容纳好几百人。茅草荆棘遍生，挡住了道路，四处寻遍也没有找到金柜山的岩洞，在金柜山的北边、东边、南边三个方向绕了三圈，又越过山顶两次，看着江流对面的城池，就像看镜子里面的胡须眉毛一样清晰。将军山在东边，连成片的石崖立在峰头迎着江流，大有将士手持盾牌保卫城池雄赳赳的魄力。环绕四周眺望府城，众多山峰中单独耸立的这座山是最高的。下山等东关的渡船来接，因为天黑不再来了，此时肚子十分饥饿。不久看到江北边有一条向东驶来的船，便顺着岸边踩着石头走了一里，到了地方，刚才的船也要返回西岸。延误了很长时间，找到了一条渔船，乘船渡江到西岸。看到路边有卖香蕉的人，没时间找饭吃，当即买了十多条香蕉食用。又匆匆赶到壶关，山间突然下雨，天色已经暗了下来。

初六日　余以归顺、南丹二道未决，余欲走归顺至富州，众劝须由南丹至贵州，盖贵州远而富州近，贵州可行而归顺为高平夷所阻也。趋班氏神庙求签决之。庙在大西门外，临江。其神在郡极著灵异。家尸而户祝之[①]，有司之莅其境者，靡不严事焉。求签毕，有儒生数人赛[②]庙中，余为询归顺道。一年长者辄欲为余作书，畀土司之相识者。余问其姓字，乃滕肯堂也。名祚昌。其中最年少者，为其子滕宾王。名佐。居城中千户所前。余乃期造其家，遂还饭于映霞庵。携火炬出壶关，西溯江岸，一里抵演武场北，又西一里，探碧云洞，出入回环者数四，还抵映霞。见日色甫下午，度滕已归，仍入城叩其堂。滕君一见倾盖，即为留酌。其酒颇佳，略似京口，其茶则松萝之下者，皆此中所无也。坐中滕君为言："欲从归顺行，须得参戎一马符方妙。明晨何不同小儿一叩之乎？"余谢不敏。滕曰："无已，作一书可乎？"余颔之。期明日以书往，乃别而返壶关。

【注释】①家尸而户祝：尸，古代代表死者受祭的活人，后世则以画像代替。全句意为家家户户都崇拜。②赛：祭拜神灵。

【译文】初六日　我因为没有决定去归顺州和南丹州的路怎么走，我想走归顺州到富州，其他人劝我必须从南丹州到贵州，原本因为贵州远而富州路比较近，贵州现在可以走而归顺州却被高平夷挡住了去路。赶往班氏神庙求签决定走归顺州还是南丹州。班氏神庙在大西门外面，临着江水。这里的神灵在城府中极其灵验，每家每户都尊敬崇拜且祭祀他，官府中有人到这里做官的，无一例外都十分尊重的供奉他。求签结束，有几个读书人在庙中祭拜神灵，我向他们打听去归顺州的路能否行走。一个年长的立马想替我写封信，送去给他认识的土司。我询问他的名字和表字，表字叫滕肯堂。名字叫滕祚昌。里面年纪最小的，是他的儿子滕宾王。名字叫滕佐。他们住在城中衙门千户所前面。我便相约去他家中拜访，随后返回映霞庵吃饭。吃完饭带上火把出了壶关，向西边逆流而上，走了一里到达演武场北面，又向西行进一里，探索了碧云洞，来回绕着走了四次，才回到映霞庵。这时天色已是下午时分，滕肯堂应该已经回到城里，于是进城在他家厅堂叩拜了他。滕肯堂初见我便一见如故，马上留我对酌饮酒。他的酒味道很好，与京口酒有点相似，他的茶则是松萝茶中的下品，酒和茶都是这里没有见过的东西。交谈中滕肯堂告诉我：“想从归顺州通行，必须要有当地参将的调马兵符才可以。为何不明天早上和我儿子一起去拜见他一面呢？”我推辞表示不能接受。滕肯堂说：“那没有办法，我写封信给你总行吧？”我点头同意。相约明日把信送给我，便与滕肯堂分别返回壶关。

初七日　雨色霏霏，酿寒殊甚。菜斋师见余衣单，为解夹衣衣我，始可出而见风。晨餐后，滕君来。既别，余作畀参戎书。饭而抵其家，则滕自壶关别后，即下舟与乃郎他棹，将暮未返，雨色复来，余不能待而返壶关。雨少止，西觅老虎岩，坠洼穿莽，终不可得。

【译文】初七日　雨丝纷飞，寒气逼人。菜斋师傅见我穿的衣服单薄，于是脱下自己的夹衣给我穿，这才能出门抵挡风雨。吃过早饭后，滕肯堂到达。分别以后，我写了封将要给参将的信。吃过饭来到滕肯堂家中，滕肯堂从壶关告别后并没有回家，而是下船与他儿子划船去了其他地方，天快黑的时候还没回来，这时又下起雨，我不能继续等下去便返回壶关。雨慢慢停下来，我向西去寻找老虎岩，下到洼地深处穿过丛林密密的草，还是没有找到。

初八日　余再抵滕，以参戎书畀之。参戎姓章，名易，为会稽人。其有名正宸者，合在户科，为辛未年家。滕复留饭，网鱼于池，池在门前。鱼有大小二种，大者乃白鲢，小者为鲶鱼。鲶鱼味淡而不腥。问所谓"香鱼"，无有也。剖柑于树，其柑如香橼，瓤白而皮不厚，片剖而共食之，瓤与皮俱甘香，异众柑。因为罄其生平。滕君少年廪[①]于学宫。其人昂藏有侠骨，夙与中表谢孝廉有隙。谢死，其家以毒诬滕，滕求检以白其诬，谢遂大窘。时孝廉之弟为南宁司李掾[②]，而孝廉之房考[③]赵，为闽漳州人，方当道，竟罗织于宪访，且中以讪府道、殴卫所诸莫须有事，遂被黜戍钦州。未几归，复为有司龄龁[④]不已，雄心竟大耗，而须鬓俱皤然矣。其乃郎亦青年游泮，为此中铮铮出颖者，此中亦共以白眉推之。且谓余何不暂馆于此，则学宫诸友俱有束脩之奉，可为道路资，余复谢不敏。透出壶关，已薄暮矣。有僧自南宁崇善寺来，言静闻以前月廿八子时回首，是僧亲为下火而来。其死离余别时才五日，云白竟不为置棺，不知所留银钱并衣箧俱何人干没也？为之哀悼，终夜不寐。

【注释】①廪：廪生，指古代将参加科举的读书人。②司李：同"司理"，即推官。掾（yuàn）：古代属官的通称。③房考：科举考试中的房考官，他们每人占一房。应试考卷誊录后，先要分房，交房考官阅后，再推荐给主考官决定弃取。④齮龁（yǐ kě）：侧齿咬噬，引申为毁伤、龃龉、倾轧。

【译文】初八日　我又来到滕肯堂家中，交给他要给参将的信件。参将姓章，名字叫易，是会稽县人。他是通过正科殿试考中的，合在户科，同我家人一同在辛未年（崇祯四年，1631）考中的。滕肯堂第二次留我用饭，用网在池塘中捕鱼吃，池塘在门前。鱼有两种大小，大的是白鲢鱼，小一点的是鲮鱼。鲮鱼味道淡但没有腥味。我向他打听"香鱼"是什么，他表示并没有这种鱼。又从树上摘了柑子剖开吃，这种柑子很像香橼，皮不厚里面瓤肉是白色，掰成片可以一起吃，瓤肉和果皮都是香香甜甜的，和别的柑子都不一样。接着将他的人生经历全部向我吐露。滕肯堂少年时期是在府县领取口粮的童生。他为人十分豪爽，仪表堂堂，有侠义之风，以前和族中表亲谢孝廉有过恩怨。谢孝廉死后，谢家人诬陷滕肯堂投毒杀人，滕肯堂请求验尸以此来洗刷自己的冤屈，谢家人因此十分窘迫。当时谢孝廉的弟弟是南宁府司理管事的下属官，而且谢孝廉的房考官赵某人，是福建漳州人，彼时正当权，竟然向前来查访的上级官员编造罪状，并且拿讽刺官府官员、殴打衙门官兵等等无中生有的事情诬蔑他，于是腾君被贬官到了钦州镇守。没过多久回到家乡，再次被当地官吏不停地诋毁侮辱，壮志雄心终于大受打击，且两鬓和胡须都变得花白。他的儿子也是年少有为考中童生，在这府城四周都是十分出众的佼佼者，这一带也共同推举他儿子是优秀杰出的人才。而且他问我为什么不暂时在这里开办学校教书育人，这样学校里面的很多朋友都会有相应的薪资奉赠，可以用来当做路上的费用，我再次辞谢表示自己并无才能。通过壶关，已经是傍晚时分。看到有位僧人是从南宁府崇善寺来的，说静闻在上个月二十八日晚上子时离世，这位僧人亲自为他举行了火葬仪式才离开。静闻离世距离我们分别才五天，云白和尚居然没有为他置办棺木，不知道我留下的钱财和衣服箱子都被什么人私自侵吞了？我为静闻之事哀悼，整夜无法入睡。

初九日　午饭后，再入城候所进参戎书。而滕氏父子犹欲集众留余馆此，故不为即进。其书立为一初贡方姓者折，书初录，展转携去，久索而后得之。乃复缄之，嘱其速进，必不能留此也。

【译文】初九日　吃过午饭后，再次进城里等待参将的回音。但是藤家父子依然打算邀请其他人挽留我在这里开办学堂，所以并没有即使帮我将信交上去。那封信又被一个刚成为贡生的方姓人拆开，信刚被抄写完，又被其他人辗转拿了去，要了很久才重新到我手上。随即将信重新封好，叮嘱腾君赶紧交上去，我肯定不会留在这里的。

初十日　晨餐后出游石门。上午抵滕君处，坐甫定，滕宾王持参戎招余柬来，余谢之。已参府中军唐玉屏名尚珠，全州人。以马牌相畀。余为造门投刺，还饭于滕。雨竟不止，是夕遂宿于滕馆。

【译文】初十日　吃过早餐后出门游玩石门。上午到滕肯堂家里，刚刚坐下，滕宾王就拿着参将招请我的请柬来了，我向他道谢。没多久参将府的中军将唐玉屏唐玉屏名尚珠，全州人士。将马牌交给我。我为此特意投递了名帖登门道谢，回来在腾君家吃了饭。雨一直没有停歇，这天夜里便在腾君家客房留宿。

十一日　雨，食息于滕。

十二日　雨，食息于滕。迨暮，雨少止，乃别，抵壶关映霞庵。是夜，夜雨弥甚。

十三日　阻雨壶关。

十四日　仍为雨阻。余欲往驮朴招顾行，路泞草湿，故栖迟不前。

【译文】十一日　下雨，在腾君家吃饭休息。

十二日　下雨，还是在腾君家中吃饭休息。到了旁晚时分，雨慢慢停了，便向腾君告别，回到壶关的映霞庵。当天晚上，风雨声很大。

十三日　被雨拦在了壶关。

十四日　仍然被雨拦住。我想去驮朴村召唤顾仆出发，道路泥泞荒草湿滑，因此又留在这里不能前行。

十五日　雨如故。有远僧三人自壶关往驮朴，始得寄字顾行，命其倩夫以行李至郡。

【译文】十五日　雨还是一直在下。有三个僧人远道而来准备从壶关前往驮朴村，这才有机会托人传去字条给顾仆，命令他找脚夫带上行装到府城。

十六日　夜雨弥甚，达旦不休。余引被蒙首而睡，庵僧呼饭乃起。饭后天色倏开，日中逗影，余乃散步关前，而顾行至矣。异方两地，又已十余日，见之跃然。即促站骑觅挑夫，期以十八日行。

【译文】十六日　晚上雨很大，一晚上都没停。我拉上被子蒙头大睡，庵中僧人叫吃饭的时候才起床。吃过饭后天气突然晴朗，太阳在天光中逗人，我便到壶关前散步，这时顾仆到了。在不同地方分开已经有十几天，此时见到他十分欣喜。马上催促驿站派马寻找挑夫，约好十八日动身出行。

十七日　早寒甚，起看天光欲曙未曙，而焕赤腾丹，朦胧隐耀，疑为朝华，复恐雨征，以寒甚，仍引被卧。既而碧天如洗，旭日皎洁，乃起而饭。入别滕君，父子俱出，复归饭映霞。抵晚入候，适滕君归，留余少酌，且为作各土州书，计中夜乃完。余别之，返宿庵中。

【译文】十七日　早上非常冷，起床去看天色说亮又没亮，但又有光彩明亮鲜红的红日悬挂空中，朦朦胧胧不甚明显的照射，我怀疑是早晨的光晕，又担心是下雨的前奏，因为异常寒冷，还是拉上被子睡下来。没多久碧空如洗，天气晴朗，旭日明亮洁白，便起床吃饭。进城向腾君辞行，父子二人都出了门，又返回映霞庵吃饭。到晚上进城等待，刚好遇到腾君回家，他留我小酌一番，还准备为我写给各州土司的信，应该半夜才能结束。我向他告别，回到映霞庵休息。

十八日　昧爽入城，取滕所作书。抵北关，站骑已至。余令顾仆与骑俱返候壶关。滕君亦令人送所作书至。余仍入城谢别，返饭于庵，菜斋又以金赠。遂自壶关北行，关外有三岐：东北向驮朴，走左州，乃向时所从来者；西北向盘麻，走龙州，乃碧云洞游所经者；而兹则取道其中焉，太平州道也。五里，渐入山夹。又五里，过一空谷，甚平广而荒漠，无耕为田者。又三里，谷尽，有数家在路左。乃折而西二里，登楼沓岬，两傍山崖陡绝，夹隘颇逼，虽不甚高，而石骨嶙峋，觉险阻焉。逾隘门少西下，辄有塘一方，汇水当关，数十家倚之。西从峡中三里，逾二岬[①]，高倍于楼沓。西下，辄崖石崭削，夹坞更深。北一里，上大岬，陡绝更倍之。逾坳北下，夹壁俱截云蔽日。一里，坞穷西转，其北四山中坠，下洼为不测之渊。又西一里，逾隘门西下，则悬磴旋转重崖间，直下山脚[②]，不啻千级也。按郡北有荡平隘，乃青莲山中裂成峡者。东南自楼沓岬，西北出此，中为岬者凡四重，两崖重亘，水俱穴壑底坠，并无通流隙，真阨塞绝隘也。既下，循麓北行，有深窞悬平畴中，下陷如阱，上开线峡，南北横裂，中跨一石如桥，界而为两，其南有磴，可循而下，泉流瀌瀌[③]，仰睇天光，如蹈瓮牖也。北行畦塍间，五里，坞尽山回，复西登一岭，下蹈重峡。五里出山，山始离立，又多突兀之峰夹。又五里为陵球[④]，有结茅二所，为贳酒炊粥之肆，是为此站之中道。又西北七里，过土地屯，有村一坞在路左山坡之北。又二里，有小水东自土地屯北岭峡中来，西南流去。绝流西渡，登陇行，闻水声冲冲，遥应山谷，以为即所渡之上流也。忽见大溪汹涌于路右，阔比龙江之半，自西北注东南，下流与小溪合并而去，上流则悬坝石而下，若涌雪轰雷焉。共二里，抵四把村，即石坝堰流处也。盖其江自归顺发源，至安平界，又合养利、恩城之水，盘旋山谷，至此凡径堰四重，以把截之，故曰“把”，今俗呼为“水坝”云。下抵崇善水口绵埠村，入龙江，水口在太平郡西七十里。又西转二里，水之南有层峰秀耸，攒青拥碧，濒水有小峰孤突，下斜骞而上分岐，怒流横啮其趾。水之北，则巨峰巍踞，若当关而扼之者。路抵巍峰之东，转而北循其北麓，共五里，出其西，有村临江，曰那畔村[⑤]，为崇善北界。又五里，为叩山村，则太平州属矣。又西北七里，暮抵太平站。孤依山麓，止环堵三楹，土颓茅落，不蔽风日，食无案，卧无榻，可哂也。先是，挑夫至土地屯即入村换夫，顾奴随之行。余骑先抵站，暮久而顾奴行李待之不至，心其悬悬。及更，乃以三人送来，始释云霓之望。是夜明月如洗，卧破站中如濯冰壶。五更，风峭寒不可耐，竟以被蒙首而卧。

【注释】①峺（gěng）：山岭险阻处。②直下山脚：“山脚”，原作“山椒”，根据乾隆本、“四库”本改正。③漷（guó）漷：形容水声。④陵球：今崇左市江州区西境有村名“楞球”，应即“陵球”。⑤那畔村：今作“那范”，在崇左市江州区西隅，黑水河北岸。

【译文】十八日　黎明时分进城，去取腾君写好的信。到达北关，驿站的坐骑已经到了。于是命令顾仆和坐骑都回去壶关等待。腾君也派人把写好的信送来。我依然进城向他致谢告别，再返回映霞庵吃饭，菜斋僧人拿出钱财赠与我。于是我从壶关出发往北前行，关外有三条岔路：往东北方向通往驮朴，要走左州，是之前来时走过的路；往西北方向通往盘麻，要走龙州，是之前游玩碧云洞走过的路；不过今天要走的是中间的道路，这条路通往太平州。行进五里，逐渐进入山间峡谷中。又行进五里，路过一个空阔的山谷，十分平整宽广又荒凉，没有田地可以耕种。又行进三里，山谷消失了，道路左边有几户人家。于是转折向西边行进二里，登上山岭的楼梯，两旁的山崖十分陡峭，峡谷中的隘口异常狭窄，虽然不怎么高，但是石骨嶙峋，感觉山势格外险峻。穿过隘口稍微往西边下走，看到一处水塘，关口被积水挡住，依傍着水塘的有十几户人家。从峡谷向西前进三里，越过二处山岭险阻的地方，高处比楼沓还要高一倍。往西下走，看到石崖高耸陡峭，相夹之处的山坞更幽深。向北一里，登上一岖，这岖陡峭的程度是前面的一倍。穿过山坳往北边走，峡谷的石壁全都遮天蔽日。行进一里，山坞走到尽头向西转，山坞北边四周的山往中间下坠，形成洼地感觉深不见底。又向西前行一里，穿过隘口向西下去，看到有高悬的石阶路在重重山崖之间旋转，一直延续到山脚，台阶看起来超过一千级了。根据考察，城府北边有个叫荡平隘的地方，是青莲山中间开裂形成的峡谷。东南方向从楼沓岖开始，向西北方向延伸至此，在中间形成四重有岖的地方，两侧层层叠叠的山崖绵延不绝，水流全部流到峡谷深处的洞穴中，没有可以通过的地方，确实是一处闭塞险峻的隘口。下来之后，顺着山的北麓往北行进，有个深坑高悬在平阔的田地中，往下陷像阱一样，上面的峡谷像线一样裂开，南北方向纵横开裂，中间横跨一块岩石如同桥梁，隔开两段，深坑的南段有石阶，顺着石阶可以下去，泉水声潺潺溶溶，仰望天上的光线，就像走进用瓦瓮口做的窗户中一样。往北走到田地里，行进五里，山坞尽头峰回路转，又往西登上一座山岭，下山走进重重叠叠的峡谷之中。前行五里后出山，山峰开始分开耸立着，同样有许多突兀的山峰在路边夹着。继续行进五里到达陵球，看到两间茅屋，是卖酒煮粥的街铺，这是这站路的半路上。继续向西北行进七里，经过土地屯，在山坡北边的山坞中有个村庄在路边。又向北行进二里，有小溪从东边土地屯北岭的峡谷中流来，往西南方向流去。向西从溪流横渡过去，登上土陇过去，听到水声轰隆隆地响，远远回响在峡谷中，我以为这里就是横渡的小溪上游。忽然看到有条大溪流在道路右侧汹涌澎湃，宽度约是龙江的一半，从西北方向往东南注入，下游和小溪汇合后流去。上游是从石坝上方悬空而下，好像喷涌的雪花轰隆隆雷声作响。行走二里，到达四把村，这里是拦截水流的石坝所在地了。原来这条江从归顺州起始，途径安平洲辖区，又汇合养利州和恩城州的水流，在山谷间盘旋，流到这里一共经过了四道堤坝，用“把”将江流截住，所以称之为“把”，现在俗称为“水坝”。往下流抵达崇善县河口绵埠村，最终汇入龙江，河口位于太平府城西边七十里的地方。又转向西走二里，江南岸有美丽的山峰重叠高耸，绿水环绕着青山，濒江处有座小峰孤零零突起，下边斜举而上边分岔，江流像咬着它的脚趾。江水北面，便是巨大的山峰巍巍然盘踞，好似在扼守关前口岸的样子。沿路走到巍然山峰的东边，转向北顺着山峰北边行进五里，到了山的西边，有个临着江流的村庄，叫那畔村，属于崇善县北境。又行进五里，到达叩山村，叩山村属于太平州境内。又向西北行进七里，到达太平站时已经天黑。太平站驿站孤零零的挨着山麓，只有三间围墙绕成的房子，土墙倒塌茅草零落，不能遮挡太阳和风雨，吃饭也没有桌案，睡觉也没有床，可笑之极！路上的时候，挑夫到了土地屯就去村里换人，顾仆跟着一起去了。我骑马先到的驿站，天黑了很久都没等到顾仆和行李，心中悬着念头。到了一更时，才用三个人送过来，这才放下心中的焦躁。这天晚上天空干净的像水洗过一样，躺在破旧的驿站就像在冰壶中洗澡。五更天时，山中峭寒的风无法忍耐，只能用被子蒙着头睡觉。

十九日　晓日明丽，四面碧峤濯濯，如芙蓉映色。西十里，渡江即为太平州，数千家鳞次倚江西岸。西南有峰，俱峭拔攒立。西北一峰特立州后，下有洞南向，门有巨石中突，骑过其前，不及入探为怅。州中居舍悉茅盖土墙，惟衙署有瓦而不甚雄。客至，馆于管钥者，传刺入，即以刺答而馈程焉。是日传餐馆中，遂不及行。

【译文】十九日　天亮的时候太阳鲜艳明亮，四周绿水映照青山，如同芙蓉出水。向西行进十里，渡过江就是太平州所在，江西岸有几千户人家鳞次栉比的依靠着。西南方向有山峰，全都陡峭高耸，集聚在一起。西北方有一座山峰孤零零的立着，山下有个洞朝向南方，洞口有块在中间突立耸起的巨石，我骑马经过洞口，没时间进去探索，感觉十分惆怅。城中的房屋全都是茅草顶和土墙，只有衙门的屋顶是瓦盖的但并不雄伟。客人到了以后，找到管钥匙的人住进客栈，将名帖传进去，随后会有名帖答礼并附有馈赠的路费。今天在客栈中吃了餐馆送来的饭，便来不及出发上路。

二十日　晨粥于馆，复炊饭而后行，已上午矣。西北出土墙隘门，行南北两山间。其中平畴西达，亩塍鳞鳞，不复似荒茅充塞景象。过特峰洞门之南，三里，过一小石梁，村居相望，与江、浙山乡无异。又三里，一梁甫过，复过一梁。西冈有铜钟一覆路左，其质甚巨，相传重三千余斤，自交南飞至者。土人不知其年，而形色若新出于型，略无风日剥蚀之痕，可异也，但其纽[1]为四川人凿去。土人云："尚有一钟在梁下水涧中，然乱石磊落，窥之不辨也。"又西北一里，辄见江流自西而东向去。又二里，复有水北流入江，两石梁跨其上。其水比前较大，皆西南山峰间所涌而出者。又西北五里，复过两梁，有三水自南来，会而北入于江。此处田禾丰美，皆南山诸流之溥[2]其利也。又二里，则平畴西尽，有两石峰界南北两山间，若当关者。穿其中而西，又一里，有小沟南属于山，是为太平州西界。越此入安平境，复有村在路右冈陂间。又西二里，即为安平州。江水在州之东北，斜骞其前，而东南赴太平州去。又有小水自西而来，环贯州右，北转而入于江，当即《志》所称陇水也。其西南有山壁立，仙洞穹其下[3]，其门北向，高敞明洁，顶平如绷幔，而四旁窦壁玲珑，楞栈高下。洞后悬壁上坐观音大士一尊，恍若乘云揽雾。其下一石中悬，下开两门，上跨重阁，内复横拓为洞。从其右入，夹隙东转，甚狭而深，以暗逼而出。悬石之外，右裂一门，直透东麓，左拾级而上，从东转，则跨梁飞栈，遂出悬石之巅。其上有石盆一圆，径尺余，深四寸，皆石髓所凝，雕镂不逮。傍有石局、石床，乃少加斧削者。从西入，则深窦邃峡，已而南转，则遂昏黑莫辨。然其底颇平，其峡颇逼，摸索而行。久之，忽见其南有光隐隐，益望而前趋，则一门东南透壁而出，门内稍舒直，南复成幽峡。入之渐隘，仍出至少舒处。东南出洞门，门甚隘，门以外则穹壁高悬，南眺平壑，与前洞顿异矣。久之，复从暗中转出前洞，壁间杂镌和州帅李侯诗数首，内惟《邹泗洙》一首可诵。余亦和二首。既乃出洞游州前。其宅较太平州者加整，而民居不及。馆乃瓦盖，颇蔽风雨。然州乃一巨村，并隘门土墙而无之也。太平州帅李恩祀有程仪之馈。安平州帅为李明峦，止有名柬，乃太平侄行。

【注释】①纽：器物上可以提起或系挂的部分。②溥：通“敷”，施给。③仙洞穹其下：“仙洞”，陈本、乾隆本、“四库”本作“观音岩”。

【译文】二十日　早上在客栈吃的粥，又重新做了饭吃过后动身出发，时间已经是上午。向西北方向出了土墙建造的隘口，在南北两座山之间行走。平阔的原野直直抵达西边，田地像鱼鳞一片片，不再是之前荒芜闭塞的景色了。经过孤零零山峰洞口南面，行进三里，通过一座小石桥，村庄房屋相互对望，这里的乡村与江苏和浙江一带的没有区别。又行走三里，刚过一座桥，又经过一座桥。西边山岗下面有一口铜钟在道路左边向下倾覆，铜钟体积十分庞大，相传约三千多斤重，是从南边交趾飞过来的。本地人也不知道铜钟具体年代，不过形状和颜色看起来像是新造出来的，一点都没有风吹日晒的痕迹，十分稀奇，不过铜钟的钟钮被四川人凿走了。本地人说：“还有一口钟在桥下的山涧水中，不过乱石太多，分辨不出位置。”又向西北方行进一里，看到江流从西边向东边流去。又行进二里，又有溪水向北汇入河中，河上横跨着两座石桥。这条河比前面的大，都是从山峰西南方向流出来的。又向西北方向行进五里，同样过了两座桥，有三条水流从南边来，汇合后向北流入江中。这里田间禾苗长势旺盛，都是南山各条河流给这里带来的优势。又行进二里，看到平坦的田野尽头在西边，有两座石峰将南北两山之间隔开，就像把守关口的感觉。穿过石峰中间往西行走，一里，有条小沟向南连接到山，这里属于太平州的西界。穿过这条山沟进到安平洲境内，山坡冈峦之间又有村庄出现在道路右边。又向西二里，很快就到安平州城。江水在安平州的东北方，斜流到州城前方，然后向东南方向奔流到太平州了。又有条小河从西边流来，在州城右边环绕流通，流向北汇入江中，这大概就是《志》书中记载的陇水了。州城西南方向有座像石壁一样高耸的山，有个观音岩在山下隆起，洞口向北，高大明亮，洞顶像绷紧的帷幔一样平整，西周的石壁上满是玲珑的孔洞，有高低错落的石棱栈道。洞后一尊观音菩萨坐在高悬的石壁上，犹如在腾云驾雾。观音像下面一块悬在中间的岩石，下边开着两个洞口，上面有重重楼阁跨越，洞口里面横向拓展成洞。从右边的洞口进去，在夹缝中朝东转去，十分狭窄而且很幽暗，因为里面又窄又暗就没进去。高悬岩石外面，右边裂开一个洞口，直接通到山东麓。从左边沿着石阶往上走，从东边转弯，看到横跨成桥梁的飞空栈道，便走到高悬岩石的顶部。岩石顶部有一个石盆是圆形，一尺多的直径，约四寸深，是石髓凝结而成的，普通的人工雕刻技术没办法和它相比。石盆旁边有石棋盘和石床，是刀斧稍微加工雕刻而成的。从西边走出来，是深邃的峡谷和幽暗的洞穴，没多久转向南边，终于昏暗的不能辨别道路方向。然而洞的底部十分平坦，峡谷很狭窄，只能摸索着往前走。走了很久，突然看到峡谷南边隐隐约约有亮光，更加着急的往亮光方向赶，看到一个洞口从东南方向穿过石壁，洞里面稍微平整顺直，南边又是幽深昏暗的峡谷。走进峡谷内部逐渐狭窄，于是这回到外面的宽敞处。往东南方向走出洞口，洞口异常窄小，洞口外面是高悬的石壁，远远望去南边平整的壑谷，与之前的洞口所见并不相同。很久之后，再次从黑暗的环境中走出洞口，洞口石壁上刻着应和州官李侯的几首诗，里面的诗只有《邹泗洙》这一首值得一读。我也跟着应和了两首诗。然后出了洞口在州府衙门前游览。州府衙门的宅院比太平州府看起来更加平整干净，但周围百姓的居所比不上太平州府。这里的客栈是瓦片盖的，看起来很能遮风挡雨。但是这个城府就是个大些的村子，城府连隘门和土墙都没有。之前太平州州官李恩祀馈赠了路费。安平州的州官是李明峦，只给了名帖，他是太平州州官的侄儿辈。

二十一日　晨餐后，上午始得夫，乃往恩城者。始易骑而轮。盖恩城在安平东北，由安平西北向下雷，南宁属。日半可达，而东北向恩城，走龙英，其路须四日抵下雷焉。但安平之西达下雷界，与交夷即高平。接壤，所谓十九峺也。今虑其窃掠，用木横塞道路，故必迂而龙英。由安平东一里，即与江遇。其水自西而东，乃发源归顺、下雷者，即《志》所称逻水也。其势减太平之半。盖又有养利、恩城之水，与此水势同，二水合于下流而至太平州，出旧崇善焉。渡江，即有山横嶂江北岸，乃循山麓东行。五里，路北一峰枝起，如指之峭，其东北崖嶂间，忽高裂而中透，如门之上悬，然峻莫可登也。穿嶂之东峡，遂东北转，其峡之东复起层峰，与穿嶂对夹而东北去。有小水界其内，南流入逻江。当峡有村界其中，此村疑为太平州境，非复安平属矣。

村后一里，垒石横亘山峡间，逾门而北，则峡中平畴叠塍，皆恩城境矣。渡小水，溯之东北行五里，折而东，东峰少断处，有尖岫中悬，如人坐而东向者。忽见一江自东而西，有石梁甚长而整，下开五碧，横跨北上，江水透梁即东南捣尖岫峡中。此水即《志》所称通利江[1]，由养利而来者，其下流则与逻水合而下太平云。过梁即聚落一坞，是为恩城。州宅门北向，亦颇整，而村无外垣，与安平同。是日止行十五里。日甫午，而州帅赵芳声病卧，卒不得夫，竟坐待焉。其馆甚陋，蔬饭亦不堪举箸[2]也。按《一统志》，在田州者曰恩城，在太平者曰思城。今田州之恩城已废，而此州又名恩城，不曰思城，与《统志》异，不知何故。

【注释】①通利江：今称桃城河。

【译文】二十一日　吃过早餐后，上午才找到挑夫，赶往恩城州。从这里开始把坐骑换成乘车。恩城州大致在安平州的东北方向，由安平州想西北到下雷州，下雷州属于南宁府。需要一天半到达从东北方向到恩城州，走龙应州，走四天才能从这条路到达下雷州。不过从安平州的西边到达下雷州辖区，与交夷交夷就是高平夷。接壤，就是称之为十九峺的地方了。当地人担心交夷人过来抢劫，便将树木横放挡住道路，所以只能从龙英州绕道过去。从安平州向东前进一里，很快与江流相遇。这条江水从西边流向东，发源地是归顺州和下雷州的江流，这就是志书里面说的逻水。逻水水势比太平州境内少了一半。又有原来养利州和恩城州的江水，水势和这条江差不多，两条江在下游汇合后共同流向太平州，流到往日的崇善县。渡过江后，很快有横挡在江北岸的山峰，随即沿着山麓向东行。行进五里，北边道路有座耸起的山峰，如同翘起的手指，山的东北边有屏障形状的山崖，忽然高高裂开中间穿通，像悬在上方的门，但是十分陡峭无法攀登。穿过屏障一样山峰东边的峡谷，接着向东转，峡谷的东面有层层山峰突起，与之前屏障模样的山峰相对的立着延伸至东北方向。有小河在峡谷内相隔，往南流到逻江。峡谷中间有个村子，我怀疑这是太平州境内的村子，并不属于安平州的管辖地。往村后走一里路，峡谷间有石头垒成的墙横亘着，穿过石墙往北行走，看到峡谷中有重重叠叠的田地广袤无垠，这里都是属于恩城州辖区。从小河渡过，逆流而上向东北方向行进五里，转折向东，东边的山峰有微微断开之处，中间有尖峰耸立，就像人面向东方坐着的样子。忽然看见一条由西向东的江水，上面有座石桥十分长而且平整，桥下面开着五个桥拱，在北边的江面上横跨，江水穿过桥很快向东南方向冲进尖峰的峡谷中。这条江是志书里面说的通利江，水流是从养利州流过来的，水的下游和逻水汇合后流向太平州。穿过桥后有一个聚集着居民人家的山坞，这里到了恩城州。州府衙门的大门朝向北面，也十分整齐，但村子外面没有外墙，这个和安平州不一样。这天一共只走了十五里路。天色刚正午时分，但是姓赵的州官名叫赵芳声。生病卧床，始终没有找到差夫，居然只能坐着等候。这里的客栈异常简陋，饭菜口味也没有让人想吃的欲望。根据《一统志》记载，在田州府境内叫做恩城，在太平府境内又叫做思城。现在田州的恩城已经被废除，这个州的名字又叫做恩城，并不叫思城，这个与《一统志》的记载不一样，也不知是因为什么。

二十二日　晨餐后，夫至乃行。仍从州前西越五砻桥，乃折而循江东向行。五里，山夹愈束，江亦渐小，有石堰阻水，水声如雷。盖山峡东尽处，有峰中峙，南北俱有大溪合于中峰之西，其水始大而成江云。又东五里，直抵东峰之北[①]，而北夹之山始尽。乃循北夹东崖，渡一小溪，溯中峰北畔大溪，北向行夹峡中。二里，复东转越小水向东峡，溯北大溪北崖行，渐陟山上跻。一里，始舍溪，北跻岭坳。其岭甚峻，石骨嶙峋，利者割趾，光者滑足。共北二里，始逾其巅，是名鼎促，为养利、恩城之界。北下二里，峻益甚，而危崖蔽日，风露不收，石滑土泞，更险于上。既下，有谷一围，四山密护，中有平畴，惟东面少豁。向之行，余以为水从此出。一里，涉溪而北，则其水乃自东而西者，不识西峰逼簇，从何峡而去也。溪之南有村数家。又东一里，循北山之东崖北向行，又一里，溪从东来，路乃北去。又一里，有石垣横两山夹间，不知是何界址。于是东北行山丛间，峦岫历乱，分合倏忽。二里，出峡，始有大坞，东西横豁，南北开夹。然中巨流，故禾田与荒陇相半。北向三里，横度此坞，直抵北崖下，若无路可达者，至则东北开一隙，穿入之，峡峰峭合，愈觉宛转难竟。二里，北山既尽，其东山复大开，有村在平畴间，为东通养利大道。乃从小径北行一里，折而西北行三里，南北两夹之山，引锥标笋，靡非异境。又北行一里，复开大坞，东西亘，南北两界山如南坞，但南坞东西俱有丛岫遥叠，此则前后豁然，不知西去直达何地也。乃东北斜径坞中，共五里，至北山东尽处，东山益大开，有村在其南，已为龙英属，其东隔江即养利矣。盖养利之地，西北至江而止，不及五里也。又循山北行一里，有小石峰骈立大峰之东，路透其间，渐转而西，至是北条始见土山，与南条石山夹成坞。又三里，有村北向，曰耸峒[②]，有耸峒站，乃龙英所开，馆舍虽陋而管站者颇驯。去龙英尚四十余里。抵站虽下午，犹未午餐，遂停站中。自登程来，已五日矣，虽行路迂曲，过养利止数里，而所阅山川甚奇，且连日晴爽明丽，即秋春不及也。

【注释】①直抵东峰之北："东"，乾隆本、"四库"本作"中"。②耸峒：今称"松峒"，位于大新县治稍西北。

【译文】二十二日　吃过早餐后，差夫到了便动身出发。依旧从衙门前面向西越过五拱的石桥，然后顺着江岸向东行进。行进五里，山中峡谷越来越紧凑，江流也逐渐变小，石坝拦着水流，声音如雷。在山间峡谷东边的尽头，有座矗立在中央的山峰，南北两边都有大的溪流在这座山峰的西面汇合，水流汇合起来才开始像大的江流。又向东行进五里，抵达东山峰的北麓，此时已经走出了北边相夹的山。然后沿着北边峡谷里面东侧的山崖前进，从小溪渡过，逆着中间山峰北边的溪流行进，向北在两座山之间的峡谷前行。行进二里，再次转向东边越过小溪前往东面的峡谷，逆着北边的大溪流靠北崖前进，慢慢往山上爬。行进一里，才得以离开溪流，向北登上山岭的山坳。这座山岭十分峻峭，石骨嶙峋，石头锋利的割着脚趾，又光滑的使脚底打滑。往北共行进二里，这才翻过山岭，这里名叫鼎促，是养利州和恩城州的分界之处。向北往岭下行进二里，道路更加陡峭，还有危险的山崖遮天蔽日，风雨不停，石头湿滑，道路泥泞，感觉比上山还要峻峭。下山后，有一个圆形的山谷，密密层层的被四周的山环绕着，中间有平坦的田地，只有东边稍微有个缺口打开。向着缺口前进，我以为水流是从这里出去的。行进一里，越过溪流往北走，看到这条溪流是从东往西流的，不知西边山峰如此狭窄的簇拥在一起，它是从哪条峡谷流出去的。溪流南边有个村子住着几户人家。又向东行进一里，沿着北边山崖东侧往北走，又行进一里，看到溪水从东边流来，于是道路向北延申。又行一里，看到两山之间的峡谷有石墙横亘中间，不知道是哪个地方的分界线。从这里开始往东北方向行走在密密的山峰中，峰峦杂乱，分分合合。行进二里，走出峡谷，有一个大山坞，横向东西豁开，南北形成开阔的峡谷。然而有巨大的水流在山坞中，所以山坞中田地和荒凉的土陇各占一半。向北三里，横向越过山坞，抵达北边山崖之下，看起来无路可走的感觉，到了后发现有一个缺口在东北方向，从缺口穿进去，峡谷中的山峰陡峭聚集，更加觉得弯弯曲曲没法走到尽头。行进二里，北山到头后，东边的山势突然变得十分开阔，平坦的田野间有村庄，是向东边通往养利州的大路。于是从小路往北行进一里，转折向西北方向前进三里，南北两边都是相夹的山，就像长长的锥子和冒出头的竹笋，到处都是奇异的环境。又往北行进一里，有一个延展开阔的大山坞，东西横亘绵延，南北两边的山就像刚才南边的山坞，不过南边山坞东西两头都是成丛的峰峦重叠交错着，这里前后却是十分宽敞，不知道一直往西去会走到哪里。随即向东北方向斜着穿过山坞，共行进五里，抵达北山东边的尽头，东边的山更加开阔，山坞南边有村庄，这里属于龙英州辖区，村子东边隔江之处就是养利州所在。原来养利州的辖区，在江岸的西北方向就到了尽头，距此不到五里路。又沿着山往北行进一里，有座立在大山峰东边的小山峰，道路从两座山峰中间穿过，逐渐转向西边，到了这里可以看到北边的一列土山，和南边的一列山相夹形成山坞。又行进三里，有面向北方的村庄，叫耸峒。这里有个耸峒驿站，是龙英州开设的驿站，驿站的房间虽然简陋但是管理驿站的人十分温顺。这里距离龙英州还有四十多里。抵达驿站的时候虽然刚下午，我还没有吃午饭，便在驿站停留。从上路到现在，已经有五天时间，虽然道路遥远曲折，路过养利州境内只有几里路，但经历过的山川十分秀丽，并且这几日天气十分晴朗，就算是春秋季节也比不上的。

二十三日　饭而候夫，上午始至。即横涉一坞，北向三里，缘土山而登。西北一里，凌其巅。巅坳中皆夹而为田，是名甾[①]盘岭。平行其上，又西北半里，始下土山东去[②]。其北坞皆石峰特立，北下颇平，约里许至坞底。于是东北绕石峰东麓而北，二里，复有一土冈横于前，西抵遥峰隙，东则南属于土山。陟冈不甚高，逾其北，即有水淋漓泻道间，丛木纠藤，上覆下湿，愈下愈深，见前山峰回壑转，田塍盘旋其下，始知横冈之南，犹在山半也。又北二里，下渡一桥，有水自西南东北去，横巨木架桥其上。过桥，水东去，路北抵石壁下。一里，忽壁右渐裂一隙，攀隙而登，石骨崚嶒，是曰大岖。半里，跻其坳，南北石崖骈夹甚峻。西穿其间，又半里始下，乃西坠半里至坞底。其处山丛壁合，草木蓊[③]密，州人采木者，皆取给大岖云。西半里，转而东北一里，又西北二里，北望石峰间有洞并峙，一敞一狭，俱南向。路出其西，复透峡而北，皆巨石夹径，上突兀而下廉利。于是西北共二里，两涉石坳，俱不甚高，而石俱峭丛，是名翠村岭。逾岭北下，山乃南北成界，东西大开，路向东北横截其间。二里，有石梁跨溪上。其溪自西而东，两岸石崖深夹，水潆其间，有声淙淙，而渡桥有石碑，已磨灭无文，拭而读之，惟见"翠江桥"三字。此处往来者，皆就桥前取水，爇木为炊，为耸峒至龙英中道。过桥，日已昃，而顾奴与担夫未至，且囊无米，不及为炊。俟顾仆至，令与舆夫同餐所携冷饭，余出菜斋师所贻腐干啖之，腹遂果然。又东北行一里，北透山隙而入，循峡逾冈，共北三里，出田坞间，复见北有土山横于前。乃渡一小溪，共三里，抵土山下。循其南麓东北上，一里，逾岭东而北，遂西北从岭上行。又三里稍下，既下而复上，共一里，又逾岭一重，遂亘下一里，抵山之阴，则复成东西大坞，而日已西沉矣。于是循坞西行三里，北入山隙中，始有村落。一里，乃北渡一石桥。其水亦自西而东，水势与横木溪相似。桥东北有石峰悬削而起，即《志》所称牛角山也，极似缙云鼎湖峰。其西北又特立一峰，共为龙英水口山。又西一里，过西北特峰④，抵龙英，宿于草馆。州官名赵继宗，甚幼。

【注释】①鲎（hòu）：一种生活在海中的动物，尾坚硬，形状像宝剑。②始下土山东去：乾隆本、“四库”本作：“土山自西南石峰攒合处旋亘东去。”③蓊（wèn）：形容草木茂盛。④过西北特峰：“西北”原倒误为“北西”，据本书上文改为“西北”。

【译文】二十三日　吃过饭后等待差夫，差夫上午才到。随即出发横着涉过一个山坞，向北三里，沿着土山往上攀登。向西北方向行进一里，登上土山的的山顶。山顶上的山坳中间两旁都被开垦为田地，这里叫做鲎盘岭。缓缓在山头行走，又向西北方向行进半里，土山从西南石峰攒合的地才往东曲折延伸，土山北边的山坞中间都是独立的山峰，向北下山的路十分平坦，行进了一里左右到达山坞底部。随即向东北方向绕着石峰东麓往北边行走，行二里，又有横亘在前方的土冈，西边到达远处山峰的缺口处，东边则是与南边的土山相互连接。登上土冈发现并不高，翻越到土冈北边，马上就有水流淋漓的流淌在道路上，这里树木成丛藤蔓交错，头顶覆盖着树木藤蔓脚下又湿乎乎的，越往下走水越深，看到前面回转的山峰壑谷，田地盘绕在山底，这才发现土山南面横亘的山峰，还是只处于半山位置。又向北行进二里，下山越过一座桥，有溪水从西南方向向东北方向流去，溪流上有大树做成的桥。穿过桥，溪水向东流去，道路向北一直抵达到石壁下。行进一里，石壁右边忽然逐渐裂开一道缝隙，沿着裂缝往上攀登，石骨嶙峋，这里是叫做大崾的地方。行进半里，登上山坳，南北石崖并排相夹十分峻峭。向西穿过山坳中，又行进半里开始往下走，于是向西下坠半里到达山坳底部。这里山峰成丛石壁环绕回转，草木郁郁葱葱，州城里伐木的人，都是从大崾过来采伐。向西行进半里，转向东北方向一里，又向西北方向行进二里，看见北边山峰有两个并排高耸的山洞，一个宽一个窄，都是朝向南边。道路直通到山峰的西麓，穿过峡谷往北行进，小路被巨石相夹，巨石上面十分突兀而下面锋利。从这里向西北方向行进二里，两次从山坳跋涉过去，都不怎么高，但这的岩石都陡峭成丛，名叫翠村岭。穿过山岭向北方往下走，山分为南北两列，东西方向十分开阔，道路向东北方向横亘在中间。行进二里，有座跨越在溪流上面的石桥。这条溪流从西流向东，两岸的山崖深暗狭窄，水流萦绕在峡谷中，发出淙淙水声，过桥后有块石碑，已经被磨损的看不清文字，擦拭后重新读碑文，只能看清三个字“翠江桥”。这时有过来的人，都在桥前面取水，点燃木柴烧饭吃，这些人是从耸峒赶往龙英州的。穿过桥后，太阳已经偏西，可是顾仆和挑夫还没过来，并且口袋中没有米粮，也没时间做饭。等顾仆到了后，让他和车夫一起吃带来的冷饭，我吃下菜斋禅师送的豆腐干，肚子感觉饱饱的。又向东北方向行进一里，往北从山间缺口穿过去，沿着峡谷越过山冈，一共向北走了三里，走出田地和山坞，又看到北边有横在前面的土山。于是越过一条溪流，共行进三里，到达土山脚下。沿着土山的南麓向东北方向攀登，一里，翻越到山岭东边往北行进，顺着山岭往西北行进。又走了三里慢慢下山，然后又上山，行进一里，又翻过一个山岭，便连续不断的往下走一里，到达山峰北面，又看见一个东西方向的大山坞，这时候已经日落西山。便沿着山坞往西行进三里，向北进入山间缝隙中，开始看到村庄。行一里，向北走过一座石桥。桥下也是从西向东流的水流，水势与横架的木桥相似。石桥东北方向有悬空而起的陡峭石峰，这里是志书所记载的牛角山，很像缙云县的鼎湖峰。这里的西北方向有一座孤零零的山峰，共同成为龙英州扼守江口的山峰。又向西行进一里，路过西北方向独立的山峰，到达龙英州，晚上住在茅草盖的客栈里面。龙英州州官名叫赵继宗，年纪很小。

龙英在郡城北一百八十里。太平府至太平站七十里，太平站至耸峒七十里，耸洞至州四十里。其西为下雷，东为茗盈、全茗，二州相去止一里。北为都康、向武，南为恩城、养利，其境颇大。三年前为高平莫夷所破，人民离散，仅存空廨垣址而已。外城垣与宅后垣俱厚五尺，高二丈，仆多于立。土官州廨北向，其门楼甚壮丽，二门与厅事亦雄整，不特南、太诸官廨所无，即制府[①]亦无此宏壮。其楼为隆庆丁卯年所建，厅事堂匾为天启四年布按三司所给。今残毁之余，外垣内壁止存遗址，厅后有棺停其中，想即前土官赵政立者。今土官年十八岁，居于厅宅之左，俟殡棺后乃居中云。

【注释】①制府：宋代的安抚使、制置使，明清两代的总督，均尊称为“制府”。

【译文】龙英州在府城北边一百八十里的位置。太平府到太平站七十里路，太平站到耸峒七十里，耸峒到州城四十里。龙英州西面是下雷州，东面是茗盈州和全茗州，这两个州之间只相距一里路。北边是都康州和向武州，南面是恩城州和养利州，龙英州的辖区很大。三年前被高平的莫夷攻占，居民流离失所，只剩下空荡荡的衙门和城墙罢了。外面城墙与宅第后墙都是五尺厚，二丈高，倒塌的墙比立着的多。土司的州衙朝向北，衙门前的门楼十分雄伟壮丽，二门和厅堂也很雄伟壮丽，这不光是南宁府和太平府等其他各地衙门没有的，就连总督府衙门也没有这样的雄伟壮丽。这个门楼是隆庆丁卯年（隆庆元年，1567）修建的，厅堂上面的牌匾是天启四年（1624）承宣布政使司、提刑按察使司、都指挥使司三司赠送的。现在除了残败破落之外，外墙和内壁只保留下来遗址，厅堂后面的中间停放了棺材，推测应该是前任土司赵政立的灵柩。现任土司只有十八岁，住在厅堂院落的左厢房里面，要等棺材出殡下葬后才能搬到主屋来住。

初，赵邦定有七子。既没，长子政立无子，即抚次弟政举之子继宗为嗣。而赵政谨者，其大弟也，尝统狼兵援辽归，遂萌夺嫡心，争之不得。政立死，其妻为下雷之妹，政谨私通之，欲以为内援，而诸土州俱不服。政谨乃料[①]莫夷三入其州，下雷亦阴助之，其妹遂挈州印并资蓄走下雷，而莫夷结营州宅，州中无孑遗焉。后莫夷去，政谨遂颛州境。当道移文索印下雷，因诒[②]政谨出领州事。政谨乃抵南宁，遂执而正其辟，以印予前政立所抚子继宗，即今十八岁者，故疮痍未复云。

【注释】①料：通"撩"，撩拨，逗引。②诒（dài）：欺诈。

【译文】最开始的时候，赵邦定一共有七个儿子。他死后，长子赵政立没有儿子，就将二弟赵政举的儿子赵继宗作为继承人。可还有个赵政谨，是他的大弟弟，赵政谨曾经率领土司兵救援辽东归来，便滋生了篡夺长兄位置的心思，但始终没有成功。赵政立死后，他的夫人是下雷州土司的妹妹，赵政谨与她私通，想要将她当做内部的援助，但其他各州的土司都不服气。赵政谨便将莫夷三次招进龙英州境内，下雷州的人也私下援助他，下雷州土司的妹妹竟然带着州印和财产积蓄逃到了下雷州，而莫夷的人在州衙宅院里安营扎寨，州内没有人残存下来。后来莫夷的人离开，赵政谨便在龙英州内特立独行。朝中人下发公文向下雷州索要龙英州的官印，因此骗赵政谨可以出任代理州官并处理政事。赵政谨随即抵达南宁府，官府便将他逮捕并依法处理，把州印交给了赵政立抚育的继子赵继宗，也就是现在十八岁的在位土司，所以龙英州之前遭受的创伤现在都没有恢复。

莫夷之破龙英，在三年前，甲戌年。其破归顺，则数年前事也。今又因归顺与田州争镇安，复有所袒而来，数日前自下雷北入镇安，结巢其地。余至龙英，道路方汹汹然，不闻其抄掠也。抄掠者乃莫夷各村零寇，而莫酋则不乱有所犯。

【译文】莫夷攻占龙英州，是在三年前，也就是甲戌年（崇祯七年，1634)。莫夷攻破归顺州，却是数年前的事情。现在又因为归顺州和田州夺取镇安府，莫夷又再次为了偏袒归顺州而来，几天前从下雷州北边进入镇安府，在镇安府境内安营扎寨。我抵达龙英州的时候，路上十分混乱，并没有听到关于他们抢劫掠夺的事情。抢劫掠夺的是莫夷其他村庄的零散强盗，莫夷的首领是不会随便侵犯他人的。

初，莫夷为黎夷所促，以千金投归顺，归顺受而庇之，因通其妻焉。后莫酋归，含怨于中，镇安因而纠之，遂攻破归顺，尽掳其官印、族属而去。后当道[1]知事出镇安，坐责其取印取官于莫。镇安不得已，以千金往赎土官之弟并印还当道。既以塞当道之责，且可以取偿其弟，而土官之存亡则不可知矣。后其弟署州事，其地犹半踞于莫夷，岁入征利不休。州有土目黄达者，忠勇直前，聚众拒莫，莫亦畏避，今得生聚焉。

【注释】①当道：执掌政权的人。

【译文】刚开始的时候，莫夷被黎夷的人威胁，带着千两黄金投奔归顺州，归顺州接受莫夷并庇护他，然后与莫夷的妻子相互通奸。后来莫夷的首领离开，心里怨恨不已，镇安府因此与他勾结，竟然将归顺州攻破，把归顺州的官印和族中亲人全部掳走。后来归顺州当权者知道是镇安府的问题，坐着要求他向莫夷索取官印。镇安府没办法，只能用千两黄金去赎回土司的弟弟和官印奉还给当权者。这样不仅可以向当局者逃避责任，又可以向归顺州土司的弟弟索要补偿，但土司的生死就是没人知道的事了。后来归顺州土司的弟弟暂代州官处理政事，州内辖区有一半还被莫夷的人占据，莫夷每年不断向土司来索要好处。州城有个土司头目叫做黄达，此人赤胆忠心十分勇敢，他聚集人马抵御莫夷，莫夷也害怕并躲着他，因为他归顺州才能有今天的勃勃生机。

镇安与归顺，近族也，而世仇。前既纠莫夷破归顺，虏其主以去，及为当道烛其奸，复赎其弟以塞责，可谓得计矣。未几，身死无后，应归顺继嗣，而田州以同姓争之。归顺度力不及田，故又乞援于莫。莫向踞归顺地未吐，今且以此为功，遂驱大兵象阵有万余人，象止三只。入营镇安。是归顺时以己地献莫，而取偿镇安也。莫夷过下雷在月之中，闻十八日过胡润寨。今其事未定，不知当道作何处置也。

【译文】镇安府与归顺州原本是近亲族人，但如今却世世代代成了仇人。上次镇安府召集莫夷人攻占归顺，还把归顺的州官抢掠了去，当归顺的当权者发现他的阴谋时，又把归顺州的弟弟赎回来推脱责任，可以说计谋得以实现了。没过多长时间，死了以后又没有直系子孙，归顺州理应成为合法继承人，但田州却以自己姓氏相同来抢夺继承权。估计归顺州武力没有田州的强，因此又向莫夷人乞求援手。莫夷人一直在归顺州的土地上盘踞着，根本就没有退出来，而今还以此作为自己的战绩，于是便指挥着大军象队一万多人的军队，大象才三只。到镇安府安营扎寨。这就是归顺州把自己的领土割让给莫夷，就为了让镇安府给予补偿。莫夷在本月月中时路过下雷州。听说十八日路过的胡润寨。至今这个事都没有被平定，不知道当权者到时候会如何处置。

莫夷惟鸟铳[1]甚利，每人挟一枚，发无不中，而器械则无几焉。初，莫夷为黎夷所蹙，朝廷为封黎存莫之说。黎犹未服，当道谕之曰："昔莫遵朝命，以一马江栖黎，黎独不可以高平栖莫乎？"黎乃语塞，莫得以存，今乃横行。中国诸土司不畏国宪，而取重外夷，渐其可长乎？当道亦有时差官往语莫酋者，彼则厚赂之，回报云："彼以仇哄，无关中国事。"岂踞地不吐，狎主齐盟，尚云与中国无与乎？

【注释】①鸟铳：一种火枪。

【译文】莫夷人就鸟铳特别厉害，每人都有一支，子弹射出去几乎是百发百中，但其他武器却不多。当初，黎夷人逼迫莫夷人时，朝廷主张对黎夷进行封赏而保下莫夷。当时黎夷人表示很大的不服，掌大权的人下召告说："以前莫夷人听从朝廷的命令，也让黎人居住在马江这一带，黎人难道不可以让莫夷人居住在高平吗？"黎夷人这才没再出来说什么了，如此莫夷人才得以存留下来，而今他们竟变得这般蛮不讲理，仗势作恶。中国那些土司对国家法度没有任何畏惧之意，还借境外夷族之手来巩固自己的力量，这种逐渐发展的动向难道可以放任不管吗？掌大权的人也经常派官员去对莫夷人首领提出警示的，但莫夷人却给了这些官员大量的钱财，让官员回去复命就说："都是因为夷人之间有私仇发生的内部矛盾，和我们中原政府没关系。可是领土被侵占，侮辱轻慢州官还私下达成同盟，这难道还与中原与政府没有关系吗？

二十四日　候夫龙英。

纠夷有辟，土司世绝，皆有当宪。今龙英、镇安正当乘此机会，如昔时太平立郡故事，疆理其地。乃当事者惧开边衅，且利仍袭之例，第曰："此土司交争，与中国无与。"不知莫夷助归顺得镇安，即近取归顺之地。是莫夷与归顺俱有所取，而朝廷之边陲则阴有所失。其失镇安而不取，犹曰仍归土司，其失归顺赂莫之地，则南折于夷而不觉者也。此边陲一大利害，而上人乌从知之！

【译文】二十四日　在龙英州等待脚夫。

对夷族人的管理是一定律法遵从的，土司们世代相随的关系断了，都有相关的律法条文。而现在龙英州、镇安府就应趁这个时机，像以前太平府建府时的旧制一样，对他们的辖地进行整理划分。可管事的人却怕惹发边境争端，我们暂且相信遵守旧制是有利的，只说："这是土司们之间相互争权夺利罢了，与我们中国没有关系。"却想不清楚莫夷在帮归顺州夺取了镇安府以后，立即就会对归顺州邻近的土地进行夺取。这样一来，莫夷人和归顺州是双赢，而朝廷的彊土却在无形中慢慢的消失。他们在丢了镇安府后还不去派兵收回，还依然说那是归土司的，他们丢了归顺州后用钱财买通莫夷来占领土地，被南边夷族损害了却还不自知。这在边彊地区就是一大祸害，可朝廷的当权者又如何知道这些情况呢！

二十五日　候夫龙英，因往游飘岩。州治北向前数里外，有土山环绕，内有一小石峰如笔架，乃州之案山也。土人名曰"飘峭”[①]，所云“峭”者，即山之称也。其前即平畴一坞，自西而东，中有大溪横于前，为州之带水。即东入养利州，为通利江源，下太平州合逻水者也。水之东有山当坞而立，即飘岩山也。为州之水口山，特耸州东，甚峭拔，即前牛角山西北特立峰也。其东崩崖之上，有岩东南向，高倚层云，下临绝壁，望之岈然。余闻此州被寇时，州人俱避悬崖，交人环守其下，终不能上，心知即为此岩。但仰望路绝，非得百丈梯不可，乃怏怏去。循东南大路，有数家在焉。询之，曰：“此飘岩也，又谓之山岩。几番交寇，赖此得存。”问：“其中大几何？”曰：“此州遗黎，皆其所容。”问：“无水奈何？”曰：“中有小穴，蛇透而入，有水可供数十人。”问：“今有路可登乎？”或曰：“可；”或曰：“难之。”因拉一人导至其下，攀登崖间，辄有竹梯层层悬缀，或空倚飞崖，或斜插石隙，宛转而上，长短不一，凡十四层而抵岩口。

其两旁俱危壁下嵌，惟岩口之下，崩崖缀痕，故梯得宛转依之。岩口上覆甚出，多有横木架板，庋虚分窦，以为蜂房燕垒者。由中窦入，其门甚隘，已而渐高，其中悬石拱把，翠碧如玉柱树之，其声铿然。旁又有两柱，上垂下挺，中断不接，而相对如天平之针焉。柱边亦有分藩界榻，盖皆土人为趋避计者也。由柱左北入，其穴渐暗，既得透光一缕，土人复编竹断其隘处。披而窥之，其光亦自东入，下亦有编竹架木，知有别窦可入。复出，而由柱右东透低窍，其门亦隘，与中窦并列为两。西入暗隘，其中复穹然，暗中摸索，亦不甚深。仍由中窦出外岩，其左悬石中有架木庋板，若飞阁中悬者，其中笥[②]篚之属尚遍置焉。又北杙[③]一木，透石隙间，复开一洞西入，其门亦东向，中有石片竖起如碑状。其高三尺，阔尺五，厚二寸，两面平削，如磨砺而成者，岂亦泰山无字之遗碑？但大小异制。

平其内，复逾隘而稍宽。尽处乳柱悬楞，细若柯节。其右有窦潜通中窦之后，即土人编竹断隘处也。其左稍下，有穴空悬，土人以芭覆之。窥其下，亦有竹编木架之属，第不知入自何所。仍度架木飞阁，历梯以下。下三梯，梯左悬崖间，复见一梯，亟援之上，遂循崖端横度而北，其狭径尺，而长三丈余，土人横木为栏，就柯为援，始得无恐。崖穷又开一洞，其门亦东向。前有一石，自门左下垂数丈，真若垂天之翼。其端复悬一小石，长三尺，圆径尺，极似雁宕之龙鼻水，但时当冬涸，端无滴沥耳。其中高敞，不似中窦之低其口而暗其腹。

后壁有石中悬，复环一隙，更觉宛转，土人架木横芭于其内，即上层悬穴所窥之处也。

徘徊各洞既久，乃复历十一梯而下，则岩下仰而伺者数十人，皆慰劳登岩劳苦，且曰："余辈遗黎，皆藉此岩再免交人之难。但止能存身，而室庐不能免焉。"

余观此洞洵悬绝，而以此为长城，似非保土者万全之策。况所云水穴，当兹冬月，必无余滴，余遍觅之不得，使坐困日久，能无涸辙之虑乎？余谓土人："守险出奇，当以并力创御为上着，若仅仅避此，乃计之下也。"其人"唯、唯"谢去。

是洞高张路旁，远近见之，惟州治相背，反不得见。余西游所登岩，险峻当以此岩冠。贵溪仙岩，虽悬空瞰溪，然其上窄甚，不及此岩崆峒，而得水则仙岩为胜。余返饭于馆，馆人才取牌聚夫，复不成行。

【注释】①飘峭：是尖山的意思。飘，本书在下月初二日中有释义："土人呼尖山为飘。"②笱（gǒu）：用来捕鱼的竹笼子。③杙（yì）：系在桩子上。

【译文】二十五日　在龙英州等派夫，趁这个时间去游览飘岩。从州城往北前行几里以外，有土山围绕，其中有一座像笔架的小石峰，是州城的案山。当地人叫"飘峭"，所谓的"峭"，就是对山的称呼了。一个有广平田野的山坞就在山前，自西往东延伸，有条大溪横在山坞前方，是像衣带一样环在州城附近的水流，向东流进养利州，为通利江的源头，到太平州与逻水汇合的水流。溪水东面有座正对着山坞高高耸立的大山，就是飘岩山了。这是州境内一座能掐住水口的山，在州城东边独自耸立，山势非常高耸陡峭，也是之前看到位于牛角山西北方那座独自耸立的山峰了。山峰东面崩裂的山崖上，有个岩洞朝东南方，依傍在高高的云层中，下临绝壁，一眼望去十分深远。听说这个州被外敌入侵时，州里的人全都跑到悬崖上躲避，交趾人围困在悬崖下，始终都没有办法上去，我想就是这个岩洞了。但抬头看去没了路，若是没有百丈高的梯子那是上不去的，只能是闷闷不乐地离开了。沿大路往东南走，在路旁有几户人家。向他们打探，告诉我说："这座是飘岩，我们又叫他山岩。好几次交趾人入侵，就是靠这个岩洞才得以保命。"我问："洞中有多大？"回答："整个州内劫后活下来的百姓，这岩洞都能容下。"我问："没有水喝怎么办？"回答："洞中有个小石穴，像蛇一样钻进去，水源可以供几十个人喝。"我问："有路可以上去吗？"有人说："可以上去。"有人说："但是路很难走。"于是找了其中一人到山下帮我领路，在山崖间攀登，就有一层层地竹梯悬挂着，有的在飞空的悬崖上斜靠着，有的在石缝中斜插，兜兜转转地上去，长短不一，共攀了十四层梯子才到洞口。

洞口两边全是往下嵌的陡峭山崖，仅洞口下方，崩裂开的崖石上有石痕联结着，也因此梯子才能兜兜绕绕地靠着崖壁上来。洞口上方下覆的部分很是突出，有很多木板横架着，各自架成中空的洞穴，有点像蜂房燕窝的样子。从中间洞穴进去，洞口非常狭窄，往前走不远逐渐变高，洞中的石柱有双手合围那般粗，如碧绿的玉柱树立在那，石柱的声音响亮有力度。旁边还有两根石柱，上边的下垂下边的挺拔，中间不相连接，且相对而立如天平上的指针一样。石柱旁边有分隔开的床，应该是当地人准备避难用的。由石柱左边向北进去，那边洞穴内逐渐暗下来，走到有一缕亮光能照进来的地方，当地人又用竹篱笆把洞中的狭窄的地方隔断。拨开篱笆往里面看，里面的光线也是从东面照进来的，下面也设了篱笆架了木板，可以知道还可以从别的洞穴进去。出来后，从石柱右边向东钻过低矮的石窍，洞同样很狭窄，与中洞成为两个并列的洞穴。向西进去又暗又窄，洞中又大又深，比其他地方要高，在黑暗中摸索前行，里面也不是十分深。还是从中洞出到外面的岩洞中，岩洞左边高悬的岩石中间木板平架着，好像楼阁飞悬在其中，四周还放置了一些鱼笼竹筐类的东西。北边插进一个小木桩，钻进石缝中，又有一个洞口往西进去，洞口也是朝东。洞中有竖起的石片像石碑一样。石片高三尺，宽一尺五，厚二寸，双面平削，就像被打磨过了一样，难道说这是如泰山无字碑一样是古时候留下来的遗物？但大小形制有所不一样。

在洞中平缓行走，再次越过隘口后才觉得稍微宽了一些。尽头处的钟乳石柱和悬垂的石棱条，像斧柄和竹节一样细。右侧有个洞与中洞后面暗中相通，也就是当地人编了竹篱笆隔断的狭窄地方了。从左边稍下走，有个洞穴悬在空中，当地人用篱笆把洞口遮盖住。暗中观察下边的洞穴，也有用竹编的篱笆和木架之类的东西，只是不知从哪个地方进去。还是越过用木板架成的悬空楼阁，经竹梯下走。下了三架梯子，梯子左边的悬崖上，又有一架梯子，于是赶紧攀着梯子上去，沿悬崖前端向北横越过去，狭窄的地方只有一尺宽，但有三丈多长，当地人把树干横放着当作栏杆，树枝作为拉手，这才让人没那么害怕。悬崖完了后还有一个洞口，洞口也是朝东。有一块岩石在洞前，从洞口左边下垂几丈，就像是翅膀从天上垂下来一般。岩石下端还有一块小石头挂着，长三尺，圆周的直径有一尺，和雁宕山的龙鼻水极为相似，只是现在因为现在是冬季，属于枯水期，上面没有水往下滴而已。洞中高大宽敞，不像中洞的洞口那般低矮且洞腹内不够明亮。

洞壁后面有块岩石在中央悬挂着，又围绕着形成一条裂隙，更让人觉得弯弯绕绕，当地人用木板、篱笆在里面横隔开来，这就是上层空着的洞穴中看到的地方了。

在各个洞中来来回回的走了很久，才又经十一架梯子下来，却见有几十个人守在岩洞下面，都围过来向我慰问登上岩洞的劳辛苦，还告诉我说："我们这些百姓能够残存下来，全靠这个岩洞了，让我们免受了交趾人两次入侵的灾难。但也只是保住了性命，房屋居室还是没能幸免。"

据我观察，这个洞的确属于险峻峭绝，把这个洞作为屏障，好像不是保卫疆土的上上之策。更别说他们告诉我的出水的石穴，在现在这样的冬月，肯定是没有一滴水的。我寻找这个石穴找了个遍也没有找到，若是被困在山中时间长了，难道不会有走投无路担心吗？我和当地人说："守卫险绝的地方，出奇制胜，应该以团结一致抗击敌人为上策；若是只知道在这里躲避，那就是下策了。"那些人连声称“是、是”后告辞而去。

这个洞在路旁高高地张开，远近都可以看到，唯有州城是背对着的，因此那个方向看不见。我西游以来所攀登过的岩洞中，论危险高峻这个岩洞可以居于第一。虽然贵溪的仙岩，是悬在高空从上往下看着溪流，但洞中太过狭窄，不及这个岩洞的空阔宽大，可说到水，则仙岩更为秀美。我回到客馆吃了饭，客馆里的人才取出马牌去召集差夫，这一天又无法上路了。

二十六日　晨餐后，得两肩舆，十夫。由州治前西行。半里，有小水自州后山腋出，北注大溪，涉之。又西半里，大溪亦自西南山谷来，复涉之。遂溯溪西南行一里，于是石山复攒绕成峡，又一小水自南来入。仍溯大溪，屡左右涉，七里，逾一冈。冈南阻溪，北傍峭崖，叠石为垒，设隘门焉。过此则溪南始见土山，与西北石山夹持而西。四里，乃涉溪南登土岭，一里，跻其上。又西南下一里，旋转而东南一里，复转西南，仍入石山攒合中。一里，山回坞辟，畦塍弥望，数十家倚南山，是曰东村。乃西南行田塍间，三里，遂西过石峡。所跻不多，但石骨嶙峋，两崖骈合，共一里，连陟二石脊，始下。上少下多，共一里，仍穿石山坞中，至是有小水皆南流矣。东村之水已向南流，似犹仍北转入州西大溪者。

自二石脊西，其水俱南入安平西江，所云逻水矣。山脉自此脊南去，攒峰突崿，纠丛甚固，东南尽于安平东北通利、逻水二江合处。由安平西北抵下雷，止二日程；由安平东北自龙英抵下雷，且四日程。凡迂数百里，皆以此支山巇[1]丛沓，故迂曲至此也。安平西北抵下雷，俱由交夷界上行。时恐窃发，方倒树塞路，故由其迂者。又西南四里，饭于骚村。四山回合，中有茅巢三架。登巢而炊，食毕已下午矣。西行一里，复登山峡，陟石磴半里，平行峡中半里，始直坠峡而下。上少下多，共一（缺）磴道与涧水争石。下抵坞中，又西南一里，复与土山值。遂西向循土山而上，已转西南，共二里，逾山之冈。其东南隔坞皆石峰攒合，如翠浪万叠；其西北则土山高拥，有石峰踞其顶焉。循石顶之西崖北向稍下，复上土山之后重，共一里，随土山之南平行岭半。又西南一里，遂逾岭上而越其北。于是西北行土山峡中，其东北皆土山高盘纡合，而西南隙中复见石峰耸削焉。一里，复转西南，下至峡底，其水皆自北山流向西南去，此逻水之上流也。

过水，有岐北上山冈，其内为三家村。时日色已暮，村人自冈头望见，俱来助舆夫而代之。又西南一里，直抵所望石峰下。涉一小溪上岭，得郎头②之巢，是为安村，为炊饭煮蛋以供焉。是日行三十余里，山路长而艰也。

【注释】①巘（yǎn）：山峰，山顶。②郎头：壮族的首领。

【译文】二十六日　吃完早饭后，招来了两乘轿子，十个轿夫。由州衙往西行。半里，有条小溪从州城后面山侧流出，向北汇入大溪，趟过小溪。又向西半里，大溪也从西南方山谷中流来，又渡过大溪。溯溪流往西南前行一里，石山在这里又一次积聚环绕成峡谷的形状，自南面又有一条小溪汇入大溪。还是溯大溪前行，多次涉到左右岸，行七里，越过一座小山。小山南面把溪流阻断了，北面紧邻着又陡又直的山崖，用石块垒砌成的营垒，并设置了隘门。过了隘门在溪流南面就能看见土山，与西北方的石山相向对立着向西方延伸。行四里，涉过溪水向南往上走土岭，行一里，登到山顶。往西南下行一里，接着转向东南一里，还是进入了积聚环绕的山中。行一里，连绵不断的群山回绕，山坳地势开阔，田野一望无际，几十户人家在南山下依山而居，这里是东村。在田间的土埂间往西南前行，行三里，便向西穿越石山山峡。往上走的路段不多，但石头奇形怪状的，里面的石崖向这里并排围拢，共行一里，接着登上两条石头山脊，这才朝下走。上坡路段少下坡路段多，共行一里，还是在石山山坞中穿行，到了这里，小溪都是朝南流了。东村的水已是向南流了，但貌似是向北转后流进了州城西面大溪中。

从两条石头山脊西面，那里的水流全是往南流入安平州西江，就是人们说的逻水了。山脊从这开始往南去，山峰聚积，山崖高高突起，成丛缠绕得十分紧密而牢固，往东南延伸，直到安平州东北境通利江、逻水两条江流的汇合处。从安平州往西北到下雷州，只用两天的路程；由安平州往东北经由龙英州到下雷州，差不多要用四天的路程，绕了将近几百里路，全因这条山脉的山峰纷杂多变，才不得迂回绕道来这里。从安平州往西北到下雷州，全都要走和交夷交界的边境线。因害怕有盗贼出没，刚把大树砍了堵住了路，因此才从这里绕道走。又向西南四里，在骚村吃饭。四周群山环绕，首尾相连，有三间高架的茅草屋在中间。登上茅屋喝酒，吃完饭已到了下午。往西行一里，再上登山峡，上登石阶半里，在平缓的峡谷中行走半里，才沿着峡谷往下走。一路上坡少下坡多，共一里，石阶与涧水争夺山石。下到山坞，又向西南一里，与土山再次相逢。向西沿土山往上走，不久转向西南，共行二里，越过小山。小山东南方隔断山坞的地方全是积聚的石峰，像是千千万万层翠绿起伏的波浪；小山的西北方则是高耸的土山，有石峰占据了土山的山顶。沿石峰山顶西面的山崖向北稍往下走，又上登土山后面的另一座土山，共行一里，顺着土山南面在山岭半中腰平缓行走。又向西南一里，于是翻越到岭上，而后到山岭的北面。从这里到西北都是在土山峡谷中前行，峡谷东北面都是曲折环绕的高大土山，而西南方缺口处又见到了高耸陡直的石峰。行一里，又转向西南，下到峡底，这里水流都是自北山往西南流，这里属逻水上游。

涉过水流，向北上登山冈有条岔路，山内是三家村。这时天色已不早了，村里人在山头上看到我们，都来帮着替换轿夫。又向西南一里，直到从远处可以看到的石峰下。涉过一条小溪登上岭头，找到了郎头住的茅屋，这里是安村，给我煮鸡蛋、做饭吃。这天共走了三十多里路，这条山路又长又难走。

连日晴朗殊甚，日中可夹衫，而五更寒威彻骨，不减吾地，始知冬、夏寒暑之候，南北不分，而两广之燠，皆以近日故也。试观一雨即寒，深夜即寒，岂非以无日耶？其非关地气可知。

【译文】近些日子全都是晴天，中午穿夹衣就行了，但五更时天气还是特别寒冷，和我老家的天气不相上下，这才领悟到四季气温的变化，没什么南方北方之分，两广地区之所以常年闷热，是因为地理位置离太阳近。我仔细回想了一下，只要一下雨气温就低，半夜气温就低，这不就是没有阳光的原因吗？由此看来，天气冷不冷与地气没有半点关系。

余乡食冬瓜，每不解其命名之意，谓瓜皆夏熟而独以“冬”称，何也？至此地而食者、收者，皆以为时物，始知余地之种，当从此去，故仍其名耳。

【译文】以前在我老家吃冬瓜时，对冬瓜这个名字很是不能理解，瓜明明是在夏天成熟的，却偏偏只有这个瓜用“冬”来称呼，到底是什么缘由呢？来到这里后吃的瓜、采收的瓜，便发现原来它们都是符合季节的物产，才明白我老家种的冬瓜，大概是从这里传过去的，只不过名字没有改罢了。

二十七日　昧爽，饭而行。仍东下岭，由溪西循岭北坞西行。其处旧塍盘旋山谷，甚富，而村落散倚崖坞间，为龙英西界沃壤。一里，路北皆土岭，坞南多石峰。循土岭南麓渐上一里，逾土岭之西隅，岭旁即有石峰三四夹岭而起，路出其间。转北半里，复西下半里，于是四顾俱土山盘绕矣。

西涉小涧一里，又西登一冈，有数茅龛在冈头，想汛守时所栖者。又盘旋西南下一里，涉一涧，其水自北而南。逾涧西行，渐循路北土山西上，二里，逾岭而北，循路西土山西北行山半，一里，逾支岭北下过，逾涧，即前所涉之上流，西自土山涯半来，夹坞田塍高下皆藉之。登涧北冈，见三四家西倚土山，已为下雷属矣。一里，西北登岭，半里，攀其巅。又西向平行半里，逾其北，始遥见东北千峰万岫，攒簇无余隙，而土峰近夹，水始西向流矣。于是稍下，循路南土峰西向连逾二岭，共一里，望见西南石峰甚薄，北向横插如屏，而路则平行土山之上。又西二里，有路自东北来合者，为英村之道。亦下雷属。其道甚辟，合之遂循路西土山南向行。一里，又逾一土岭，直转横插石峰之西。复循路西土山之南，折而西，始西向直下一里，又迤逦坦下者一里，始及西坞，则复穿石山间矣。又西北平行一里，始有村落。又西北一里，则大溪自北而南，架桥其上，溪之西即下雷矣。入东隘门，出北隘门，抵行馆而解装焉。是日行约十八里。州官许光祖。

【译文】二十七日　黎明时分，吃完饭后就出发。还是向东下岭，由溪流西岸沿着岭北的山坞往西行。这里有多年耕种的田地在山谷中盘绕，物产丰富，人口众多，村落背靠山崖在山坞间散布着，是龙英州西境一片肥沃的土地。行一里，路北面全是土岭，山坞南面有很多石峰。沿土岭南山脚下往上走一里，翻到土岭的西隅，岭旁可以看到三四座石峰将土岭夹住高高耸立，道路从石峰间经过。转向北半里，又向西下走半里，在这里朝四周看全都是土山环绕着的。

向西涉过水涧一里，又向西登上一座小山，在山尖有几间茅屋，猜测可能是营兵防守时就住在这里。又盘旋着往西南下走一里，涉过一条水涧，涧水自北往南流。越过水涧往西行，慢慢沿路北土山向西上走，行二里，翻到岭北，沿着路西的土山往西北在山腰上行走，行一里，越过分支的土岭向北下走过去，越过山涧，这就到了之前涉过的水涧的上游了，水从西面土山半山腰上流下来，山坞两边所有田地都是这条山涧灌溉的。登上山涧北面的小山，看见在西北背靠土山有三四户人家，这里已是下雷州的属地了。行一里，向西北登岭，行半里，攀登到岭头。又向西平缓前行半里，翻越到岭北，这才远远看到东北方千万座山峰，聚集拥簇着不留一丝缝隙，土峰在近处相夹，水流向西流去。从这里稍往下走，沿路南的土峰向西接连越过两道岭，共行一里，望见西南方有座非常薄的石峰，面向北，横插着像屏风一样，而路却是在土山之上平缓地前行。又向西二里，有条路从东北方会合，这是去往英村的路。也是下雷州的属地。这条路很宽，两条路会合后便沿路西边的土山向南行。行一里，又越过一座土岭，直接转到横插石峰的西边。又沿着路西土山的南山脚下，折向西，一直向西下走一里，又弯弯曲曲的在平坦的路上走一里，这才到达西面的山坞，不一会又在石山间穿行了。又向西北平缓前行一里，出现了村落。又向西北一里，就看到大溪自北往南流，在溪流上架了桥，大溪西岸就是下雷州了。进入东隘门，走出北隘门，抵达客馆后马上卸下行李。这天走了大约十八里路。州官叫许光祖。

下雷州治在大溪西岸，即安平西江之上流，所云逻水也。其源发于归顺西北，自胡润寨而来，经州治南流而下。

【译文】下雷州治所在大溪的西岸，也就是安平州西江的上游，人们说的逻水了。这条水流源头在归顺州西北境，从胡润寨流来，流经州城后往南下流去。

州南三十里，州北三十里，皆与高平接界。州治西大山外，向亦本州地，为莫夷所踞已十余年。西之为界者，今止一山，州衙即倚之，其外皆莫境矣。

【译文】州城南面三十里，州城北面三十里，都与高平接壤。州城西面的大山之外，以前也是本州的属地，莫夷已经占据十多年了。西面接壤处，如今只有一座山，州衙就紧靠着这座山而设，州衙外就是莫夷境内了。

州宅东向，后倚大山即与莫夷为界者。垒乱石为州垣，甚低，州治前民居被焚，今方结庐，内间有以瓦覆者。

【译文】州衙宅邸朝东，紧靠的大山就是和莫夷为边界的山。州城的城墙用乱石堆砌，特别的低矮，州衙前的民房让火烧毁了，现正在建房，（缺）其中有些屋顶是用瓦片盖的。

其地南连安平，北抵胡润寨，东为龙英，西界交趾。

【译文】下雷州的辖地南面与安平州相连，北面到胡润寨，东面是龙英州，西面与交趾交界。

时交趾以十八日过胡润寨，抵镇安，结营其间。据州人言："乃田州纠来以胁镇安者，非归顺也。"盖镇安人欲以归顺第三弟为嗣，而田州争之，故纠莫夷以胁之。

【译文】交趾人在十八日路经胡润寨，到达镇安府，并在那一带扎营。据下雷州的人说："是田州联合外敌给镇安府施压的，目标不是归顺州。"可能是镇安府的人想让归顺州的第三个弟弟成为继位人，而田州为争夺继承权，因此勾结莫夷来威胁镇安府。

归顺第二弟即镇安赎以任本州者。其第三弟初亦欲争立，本州有土目李园助之，后不得立。李园为州人所捕，窜栖高平界，出入胡润、鹅槽隘抄掠，行道苦之。

【译文】出任本州州官的人就是归顺州第二个弟弟，是镇安府赎回来的。他的三弟一开始也想夺位，有一个本州的土司头目叫李园的对他相助，因后来夺位没成功。州里人对李园进行追捕，李园只能逃至高平境内，在胡润寨、鹅槽隘一带抢劫掠夺，在这一带出入的人可被他害苦了。

二十八日　阴霾四塞。中夜余梦墙倾覆身，心恶之。且闻归顺以南有莫夷之入寇，归顺以北有归朝之中阻，意欲返辕，惶惑未定焉。归朝[①]在富州、归顺之间，与二州为难，时掠行人，道路为梗，考之《一统志》无其名。或曰："乃富州之旧主，富州本其头目，后得沾朝命，归朝无由得达，反受辖焉，故互相龋龁。"未知然否？下雷北隘门第二重上，有耸石一圆，高五丈，无所附丽，孤悬江湄。

叠石累级而上，顶大丈五，平整如台，结一亭奉观音大士像于中，下瞰澄流，旁揽攒翠，有南海张运题诗，莆田吴文光作记，字翰俱佳。余以前途艰阻，求大士决签为行止，而无从得签诗。

叨筊[②]箬先与约，若通达无难，三筊俱阳、圣而无阴；有小阻而无性命之忧，三筊中以一阴为兆；在大害不可前，以二阴为兆。初得一阴并圣、阳各一。又请决，得一圣二阳焉。归馆，使顾仆再以前约往恳，初得圣、阳、阴，又徼得圣一，阳与先所祈者大约相同，似有中阻，不识可免大难否？

【注释】①归朝：曾作“皈朝”，位于云南富宁县东境的公路旁。②筊（jiào）：通“珓”，也称杯珓、杯筊，占卜用的工具。

【译文】二十八日　到处都是雾霾。半夜我做了个梦，梦见墙倒了把我埋在下面，觉得这个梦不是个好兆头。又听人说有莫夷入侵归顺州南部，归顺州北部有归朝在从中阻隔，心里有些想返回去，一时内心充满了疑惑惶恐，无法决定。归朝在富州、归顺州之间，与这两个州为敌，经常对行人进行抢劫，因此道路被阻断。查《一统志》上面并没有归朝这个名。有人说：“就是富州以前的州主，现在富州州主原本是旧州主的下属，受了恩惠被朝廷任用，归朝没办法将事情原委向上反映，反过来受到他的管制，因此双方互相排挤打击。”不知这是不是事实？下雷州城北隘门第二层的上面，有块圆形的岩石，五丈高，也没有可以依附的东西，在江边孤独的耸立着。

有石阶垒砌好供人登上去，顶上有一丈五尺大，好像平台一样平整，有一座亭子中供奉着观音菩萨佛像，从上往下看着清澈透明的江水，四周招致着积聚在一起的鲜绿颜色，有南海县张运题的诗，莆田县吴文光作的记文，字和文章都是上好佳作。我因前途受阻不顺，于是抽签求观音菩萨给我明示走和不走，但没有求到写着诗句的竹签。

于是只能用竹扫帚作为杯筊进行占卜，与观音菩萨事先约定：若是能一路顺畅没有灾难的通行，三卦都为阳卦、圣卦而没有阴卦；途中若有险阻却不会危及性命，三卦中用一个阴卦作为预兆；若前路有危及性命的大灾难，用两个阴卦作为预兆。起初求到一个阴卦以及圣卦、阳卦各一个。请菩萨再次明示，得到一个圣卦两个阳卦。回到客馆后，派顾仆按照之前说好的前去再次恳请菩萨，最先求得圣卦、阳卦、阴卦各一个，又求到圣卦一个，阳卦的卦象与先前我求到的差不多，意思是前行中途中会有险阻，不知能不能逢凶化吉呢？

上午，雾开日霁，候夫与饭俱不得。久之得饭，散步州前，登门楼，有钟焉，乃万历十九年辛卯土官许应珪所铸者。

考其文曰："下雷乃宋、元古州，国初为妒府指镇安也。匿印不缴，未蒙钦赐，沦于土峒者二百年。应珪之父宗荫奉檄征讨，屡建厥勋，应珪乃上疏复请立为州治。"始知此州开于万历间，宜《统志》不载也。州南城外即崇峰攒立，一路西南转山峡，即三十里接高平界者。东南转山峡，即随水下安平者，为十九峺故道。今安平虑通交夷，俱倒树塞断。此州隶南宁，其道必东出龙英抵驮朴焉。若东北走田州，则迂而艰矣。是日为州墟期，始见有被发之民。讯交夷往镇安消息，犹无动静。盖其为田州争镇安，以子女马币赂而至者，其言是的。

先是，镇安与归顺王达合而拒田州，田州伤者数十人，故赂交夷至。而夷亦狡甚，止结营镇安，索饷受馈，坐观两家成败，以收渔人之利，故不即动云。

【译文】上午，雾气散去后天气转晴，等候差夫和午饭都没有结果。过了很久才有饭吃，在州衙前随意走走，登上门楼，楼上有铜钟，是万历十九年（辛卯，1591）土司许应珪命人铸造的。

观察铜钟上的铭文，上面记载："下雷州是宋元时代的古州城，国朝初年被妒忌无能的府官指镇安府。把官印藏匿起来，所以最终没能得到皇帝的钦赐，有长达二百年沦为土峒。应珪的父亲宗荫受朝廷的檄文对这一代进行征讨，多次建立功勋，于是应珪向皇帝呈上奏章恳请恢复并设立为州级政区。”这个州才在万历年间开创，怪不得《统志》上没有记载了。州城南边的城外就是密集高耸的山峰，一条路向西南转入山峡，就是走三十里后连接到高平边界的路；向东南转入山峡，是沿江水下行到安平州的路，是通往十九嵊的旧路。现在安平州担心这条路与交夷相通，于是把树木砍倒后把路全部阻断了。这个州隶属于南宁府，去南宁府的路一定要向东走出龙英州后到达驮朴。若是向东北方往田州方向，那是又绕远道又不好走了。这天是州城赶集的日子，这才看到了些披散着头发的百姓。向他们打听交夷攻打镇安府的战况，却依然没有消息。原来这些交夷虽然帮田州争夺镇安府，但也是用女子、马匹、金钱贿赂才来的，这话也是说出了实情。

在此之前，镇安府与归顺州的王达联合抵御田州，伤了田州几十人，于是田州才贿赂交夷来相助。然而交夷人十分狡猾，只在镇安府扎营，索取粮饷接受礼品的赠送，坐观双方各自的胜败，然后坐收渔翁之利，因此他们并没有立即开始行动。

夫至起行，已近午矣。出北隘门，循石山东麓溯溪西北行。四里，路左石山忽断，与北面土山亦相对成峡，西去甚深。有小水自峡中出，横堤峡口，内汇为塘，浸两崖间，余波（缺）出注于大溪。逾堤西转，路始舍大溪。已复北转，逾北面土山之西腋，复见溪自西北来，路亦西北溯之。已北径大峡，共四里，有木桥横跨大溪上，遂渡溪北，复溯大溪左岸，依北界石山行。回望溪之西南始有土山，与溪北石山相对成大峡焉。

东北石山中，屡有水从山峡流出，西注大溪，路屡涉之。共西北五里，东北界石山下，亦有土山盘突而西，与西南界土山相凑合，大峡遂穷。大溪亦曲而西南来，路始舍溪西北逾土山峡，于是升陟俱土山间矣。又三里，西下土山，复望见大溪从西北来。循土山西麓渐转西行，二里，直抵大溪上。北岸土山中，复有一小水南注于溪。涉溪升阜，复溯大溪西北行，三里，抵胡润寨①。

其地西南有大峡与交趾通界，抵高平府②可三日程；西北有长峡，入十五里，两峰凑合处为鹅槽隘；正西大山之阴即归顺地，日半至其州；直北鹅槽岭之北为镇安地，至其府亦两日半程，而鹅槽隘则归顺之东境也；东北重山之内，为上英峒③，又东北为向武地。是日下午抵胡润，闻交夷犹陆续行道上，馆人戒弗行。余恐妖梦是践，遂决意返辕，东北取向武州道。

【注释】①胡润寨：又作"湖润寨"，在靖西县东南隅，逻水的发源地。②高平府：今越南高平。③上英峒：又作"上映洞"。位于今天等县境内。

【译文】差夫到了才出发，时间已经快到中午了。走出北隘门，沿石山东山脚下溯溪流往西北行。行四里，道路左边的石山是断开的，与北面土山相对而形成峡谷，向西进去十分深远。峡谷中有条小溪流出来，峡口将堤坝横挡，堤坝内水流聚集成为水塘，在两面的山崖之间浸泡着，从塘里溢出的水流出后汇入大溪。越过堤坝向西转，道路才与大溪分开。不久路又向北转，越过北面土山的西侧，溪水又自西北流来，路也向西北方溯流前行。然后往北经一条大峡谷，共四里，在大溪上有座木桥横跨，于是渡到溪流北岸，又溯大溪左岸走，紧靠北面一排石山前行。回头再看，大溪西南方出现了土山，与溪流北岸的石山相对形成大峡谷。

东北方的石山中，有多处溪水从山峡中流出，向西汇入大溪，路多次涉过溪流。共向西北前行五里，东北一列石山下，也有土山围绕着突向西去，与西南一列土山相聚合，于是走出了大峡谷。大溪向西南弯曲而来，道路与溪流渐渐分开往西北穿越土山山峡，从这里开始全是在土山之间上行跋涉了。又行三里，向西走下土山，又看到大溪从西北方流来。沿着土山西山脚逐渐转向西行，行二里，直达大溪边上。北岸的土山中，又有一条小溪往南汇入大溪。涉过溪流爬上土山，再次溯大溪往西北行，行三里，到了胡润寨。

湖润寨西南方有条大峡谷与交趾边界相通，到高平府大约要三天的路程；西北方有条很长的峡谷，往里走十五里，两列山峰相汇的地方就是鹅槽隘；正西方大山北面就是归顺州的辖地，一天半能到归顺州城；鹅槽岭的北面是镇安府的属地，到镇安府城也需要走两天半的路程，可鹅槽隘又属于归顺州的东了；东北方一层一层的山峦之中，是上英峒，再往东北是向武州的属地。这天下午我们到了胡润寨，听说还有交夷人断断续续地在路上走，客馆里的人劝我先不要出发。我也害怕做的梦会成真，于是决定返回去，选择了东北方通往向武州的路。

二十九日　早雾颇重，旋明，霁愈甚。候夫不至，余散步寨宅前后，始见大溪之水，一西北自鹅槽隘来者，发源归顺南境，经寨前南下下雷；一北自寨后土山峡中来者，发源镇安南境，抵寨后汇而分二口：一由寨宅北泻石堰，西坠前溪；一由寨宅东环绕其后，南流与前溪合。盖寨宅乃溪中一碛，前横归顺之溪，后则镇安之水分夹其左右，于是合而其流始大，即《志》所谓逻水，为左江西北之源，与龙州、高平之水合于旧崇善县之驮绵埠者也。

【译文】二十九日　早晨雾很浓，没过多久便明亮了起来，雾气散开后阳光更为充足耀眼。等差夫却没有来，我在寨子宅第前后随便闲逛，便看到大溪的溪水流向，一条是从西北鹅槽隘流来的，起源地在归顺州南境，经胡润寨前边向南下流到下雷州；一条从北边寨子后面的土山峡谷中流来，起源地在镇安府南境，流到胡润寨后汇积成水塘，而后分成两个出水口：一个出水口的水由寨子宅第的北边倾注入石坝，向西坠入寨前溪流中；一个出水口的水由寨子宅第东边绕到寨子后面，往南流去与寨前的溪流合流。原来寨子的宅第就是溪流的一片沙石浅滩地而已，发源于归顺州的溪流在前方横着，镇安府流来的溪水就在宅第的后面，分别在寨子的左右两边，是在这里合流后溪流才慢慢变大，也就是《志》书上记载的逻水，是左江在西北方的水源，与龙州、高平府流来的水流在旧崇善县的驮绵埠汇流。

胡润寨有巡检[①]，其魁岑姓，亦曰土官，与下雷俱隶南宁府，为左江属。过鹅槽隘为（缺）即右江属。而右江诸土司如田州、归顺、镇安又俱隶思恩府。是下雷、胡润虽属南宁，而东隔太平府龙英、养利之地，北隔思恩府镇安、田州之境，其界迥不相接者也。

【注释】①胡润寨有巡检：原著上只有“润寨有巡”四字，据《明史·地理志》补录，唯《明史·地理志》胡润寨巡检司属镇安府。《明史·广西土司二》亦载：“镇安所属有上映洞、湖润寨。巡检皆土人，世官。”

【译文】胡润寨设有巡检司，巡检司的首领姓岑，也是土官，与下雷州一同隶属于南宁府，是左江道的属地。过了鹅槽隘便是右江道的属地。而右江道的许多土司像田州、归顺州、镇安府这些又全都隶属于思恩府。这样一来，下雷州、胡润寨虽然隶属于南宁府，可东面被太平府的龙英州、养利州的辖地隔开，北面被思恩府的镇安府、田州的辖境隔开，与它的地界有很长一段距离是不相连的。

左、右二江之分，以鹅槽岭为界，其水始分为南北流。盖山脊西北自富州来，径归顺、镇安而东过都康。过龙英之天灯墟，分支南下者为青莲山，而南结为壶关太平府；由龙英之天灯墟直东而去者，尽于合江镇，则左、右二江合处矣。

【译文】左江、右江的划分，是以鹅槽岭为界线，从这里开始水流便分为南北两个流域。整体上山脊自西北富州延伸过来，经归顺州、镇安府然后往东延过都康州。延伸到龙英州的天灯墟，分出支脉向南下延伸的是青莲山，而后在南面盘结为太平府城的壶关；由龙英州的天灯墟一直往东延伸的山，在合江镇就是山的尽头了，那也是左、右两江的汇聚之地了。

田州与归顺争镇安，既借交夷为重，而云南之归朝与富州争，复来纠助之。是诸土司只知有莫夷，而不知为有中国矣。或曰："镇安有叛目黄怀立往纠之。"

【译文】田州和归顺州为了争夺镇安府，既然已经向交夷求助来增强自己的武装力量，而云南的归朝与富州相互间争夺，也纠集交夷帮他。这也是大多数土司只知道有莫夷，却不知道还有中国了。有人说："镇安府有个头目叫黄怀立的叛徒，是他把莫夷人纠集过来的。"

三十日　早寒甚。初雾旋霁，而夫终不来。盖此处铺司奸甚，惟恐余往归顺，以归顺远也。屡以安南夷人满道恐吓余。其土官岑姓，乃寨主也，以切近交夷，亦惟知有夷，不知有中国。夷人过，辄厚款之，视中国漠如也。交夷亦厚庇此寨，不与为难云。余为馆人所惑，且恐妖梦是践，是早为三阄[①]请于天：一从归顺，一返下雷，一趋向武。虔告于天而拈决之，得向武者。馆人亦利余往向武。盖归顺须长夫，而向武可沿村起换也。

【注释】①阄（jiū）：即拈阄。用小纸片写上字或作记号，揉成团，由相关的人抓取，根据纸上的内容决定下一步怎么做。

【译文】三十日　早晨的天气特别冷。一开始有雾，然后放晴，却始终没有来应差的差夫。大概是这里的铺司很奸猾，生怕我会去归顺州，因为到归顺州路程远。用一路上全是安南夷人这样的话来吓唬我。土司姓岑，也是这里的寨主，由于与交夷相临，只知道有夷人，却不知道除了夷人还有中国。夷人路过这里，都会对夷人热情款待，而对从中原来的人却态度漠然，爱搭不理。交夷人也对这个寨子很是关照，从不为难这个寨子。客馆中那些人的行为让我很迷茫，还害怕做的噩梦会成真，于是这天早上我拈了三个阄请求上天给我明示：一个是从归顺州走，一个是返回下雷州，一个是取道向武州。向上天虔诚的祷告一翻后，捡起阄得到了去向武州的阄。之前客馆里的人也劝我去向武州。因为去归顺州要派长途差夫，去往向武州可以在途经的村子里征用调换脚夫。

下午夫至，止八名。少二名。及各夫又不赍蔬米，心知其为短夫，然无可再待理，姑就之行。从寨宅溯北来溪而上，半里，渡溪中土冈而行，于是溪分为两而复合。取道于中又半里，渡其西夹冈者，回顾溪身自土山东峡来，而路出土山西峡上。二里，其峡穷，遂逾山陟坳。一里，复东下而与大溪遇，乃溯溪北岸东北行。二里，有石山突溪北岸，其上藤树蒙密，其下路濴江潭，仰顾南北，俱土山高爽，而北山之巅，时露峭骨，而复突此石山当道，崚嶒欹侧，行路甚难。然两旁俱芟树披茅，开道颇阔，始知此即胡润走镇安之道，正交夷经此所开也。余欲避交夷不往归顺，而反趋其所由之道，始恨为馆人所卖云。循石山而东北一里，见一老人采薪路旁，舆人与之语，遂同行而前。半里，有树斜偃溪两岸，架桥因其杪，而渡溪之南，是为南陇村。有数家在溪南，舆夫舆入老人家，遂辞出。余欲强留之，老人曰："余村自当前送，但今日晚，请少憩以俟明晨，彼夫不必留也。"余无可奈何，听其去。时日色尚可行数里，而余从老人言，遂登其巢。老人煮蛋献浆，余问其年，已九十矣。问其子几人，曰："共七子，前四者俱已没，惟存后三者。”其七子之母，即炊火热浆之妪，与老人齐眉者也。

荒徼绝域，有此人瑞[1]，奇矣，奇矣！一村人语俱不能辨，惟此老能作汉语，亦不披发跣足，自下雷至胡润，其人半披发不束。并不食烟与槟榔，且不知太平、南宁诸流官地也。老人言：“十六日交夷从此过，自罗洞往镇安，余走避山上，彼亦一无所动而去。”

【注释】①人瑞：年寿高的人。

【译文】差夫下午到，只有八名，少了两名。而差夫们没有一个是带着米菜的，看出他们都只是短途脚夫，但也没有再等下去的道理，只好跟着他们出发。从寨子宅第溯北边的溪流上行，行半里，渡到溪流中土冈前行，溪流在这里先是分为两条然后又重新汇合。走两条溪流中间的路又是半里，渡过那条在西面夹住山冈的溪流，回头再看，溪流从土山东面的峡谷中流来，而路是到土山西面的峡谷往上走。行二里，走完了这条峡谷，便翻山登上山坳。行一里，又向东下走与大溪相遇，于是溯大溪的北岸往东北行。行二里，有座石山在溪流北岸突出，山上藤枝树丛厚实茂密，山下道路萦绕在江边，仰望南北，全是高大清朗的土山，而北山的山顶上，不时有陡峭的骨状岩石露出，又突起这座石山把道路给挡住，高峻倾斜，这段路十分不好走。但路边的树丛茅草倒被铲除得干干净净，路被开得很宽，原来这条路是从胡润寨通向镇安府的路，正是交夷人在路经这里时开的路。原本我还想避开交夷才不走顺州的，此刻却在他们经过的路上行走，不由得悔恨听了那些客馆中的人的话，把我给出卖了。沿石山往东北行一里，见一位老者正在路边砍柴，轿夫和老人聊了几句，老人便与我们一同往前走。行半里，有棵树斜倒在溪流两岸，用树梢架成桥，渡到溪南岸，这是南陇村。在南岸有几家人住，轿夫把轿子抬进了老人家中，便告辞而去。我想把他们强留下，老人说："送你是我们这个村子应尽的事，只是今天天色已晚，还是稍作休整等明天早上再出发吧，那些轿夫没必要留下。"我也没有更好的办法，但由他们去了。其实天色还早，往前行几里路没有问题的，但我还是听从了老人的建议，于是登上他的茅屋。老人煮了鸡蛋倒了酒给我，我问他高寿，他说已经九十岁了。问他有几个子女，他说："一共生了七个儿子，四个大的都死了，还有三个小的还活着。"他那七个儿子的母亲，也就是在旁烧火热水的老妇人，是一位与老人相互敬爱的贤妻。

在这荒凉而闭塞的边塞，还有这样高寿健康的人，真是奇迹，奇迹！这个村里人讲话我都听不懂，只有老人会说汉话，也不披发赤脚，从雷州到胡润寨，一路上有一半披着不束发。而且老人不抽烟草、不嚼槟榔，但老人不知道有太平府、南宁府这些流官管辖的地方。老人说："十六日交夷人从这里经过，从罗洞去往镇安府，我逃到山上躲了起来，然交夷人并没有动我们的东西就走了。"

十一月初一日　早雾，而日出丽甚。自南陇东北行，一里，渡溪北岸。溯溪上二里，见其溪自东南山峡轰坠而下。盖两峡口有巨石横亘如堰，高数十丈，阔十余丈，轰雷倾雪之势，极其伟壮，西南来从未之见也。水由此下坠成溪西南去，路复由峡北山坞溯小水东北上。一里，坞穷，遂逾岭而上。一里，抵岭头，遇交夷十余人，半执线枪[1]，俱朱红柄。半肩鸟铳，身带藤帽而不戴，披发跣足，而肩无余物。见余与相顾而过，舆人与之语，云已打镇安而归，似亦诳语。又行岭上半里，复遇交夷六七人，所执如前，不知大队尚在何所也。从此下岭半里，复与溪遇，溯之而东又半里，溪自南来，路出东坳下，见一畴一坞，随之东北行。一里，有桥跨大溪上。其溪北自石山腋中来，西南经此坞中，乃南转循山而北，出东坳之西。由桥之北溯溪北入，即镇安道，交夷所由也；渡桥南，循溪东北，渡东来小溪北，为罗峒村；由小溪南循山东入，为向武道；又从东南山隙去，为上英、都康州道。渡桥共半里，换夫于罗峒村②，村倚坞北石山下。

石峰之西，即镇安道所入；石峰之东，即向武道所逾，始得与交夷异道云。待夫久之，村氓献蛋醴。仍南渡东来小溪，循石山嘴转其南峡东向上，一里半，登陇上，于是复见四面石山攒合，而山脊中复见有下坠之洼。又一里半，盘陇而入，得数家焉，曰涌村。复换夫东行坞中，逾一小水，即罗峒小溪东来之上流。二里，乃东北上岭。其岭颇峻，一里抵其坳，一里逾其巅。左右石崖刺天，峭削之极，而岭道亦崎岖蒙翳，不似向来一带宽辟矣。逾岭，从岭上循东南石崖，平行其阴，又沿崖升陟者三里，渡一脊。脊东复起一崖，仍循之半里，乃东南下壑中，一里，抵其麓。于是东北行田陇间，又里许，环壑中村聚颇盛，是曰下峺③，其水似从东南山峡去。乃饭而换夫，日将晡矣。又东北上土山夹中，已渐北转，共二里，宿于上峺，而胡润之境抵是始尽。

【注释】①线枪：鸟枪类火器的一种，周围成八棱形，木床只及身管的一半，没有通条。②罗峒村：今作“乐屯”，在靖西县东南隅，胡润东北。③下峺：今作“下更”，在靖西县东南隅，乐屯东北。

【译文】十一月初一日（12月16日）　早晨起了雾，但太阳出来后整个景色很是艳丽。从南面的土陇往东北行，行一里，渡到溪流北岸。溯溪上行二里，看见这条溪从东南方山峡轰然坠下。原来峡口两边有块巨石如堤坝般横栏着，高几十丈，宽十多丈，溪水聚集落差又大，所以才会有这样轰雷倾雪的景象，场面特别的魁伟壮丽，是到了西南地区以来第一次见。水流从上下坠形成溪流向西南流去，道路再由山峡北边的山坞中溯小溪往东北上走。行一里，到了山坞尽头，翻越山岭上走。行一里，到达岭头，竟与十多个交夷人相遇，一半人手里握着线枪，枪柄全是朱红色的。一半人肩上扛着鸟铳，藤篾帽在身上带着却没有戴在头上，披着发光着脚，肩上没有其他东西。看见我，互相看着擦身而过。轿夫与他们搭了话，他们说是攻打下镇安府后回来的，但好像不是真话。又在岭上走了半里，又与六七个交夷人遇上了，他们手上拿着的武器与前面那队是一样的，不知他们的大部队在什么地方。从这里下岭半里，与溪流重逢，溯溪往东又走半里，溪流自南面在而来，道路到东面的山坳下，见到一片田畴一个山坞，顺山坞往东北。行一里，有座桥跨在大溪上。这条大溪从北面石山旁边流来，往西南流经山坞，向南转后沿山往北流，从东面山坞西边流出。由桥北边溯溪流向北进去，就是去镇安府的路了，是交夷经过的路；过了桥到南边，沿溪流往东北去，渡过东面流来的小溪往北走，是罗峒村；由小溪南面沿山向东进去，是去向武州的路；又从东南方的山间走，是去上英峒、都康州的路。过桥后共半里，在罗峒村换轿夫，村子紧邻山坞北面石山下。

石峰西面，就是去镇安府的入口；石峰东面，就是去向武州的的地方，这才终于与交夷不走在同一条路上。等换夫等了很长时间，村民们带来了鸡蛋还有甜酒。还是向南渡过东面来的小溪，沿着石山的山嘴转到山嘴南边的峡谷向东上走，行一里半，登到土陇上，这里又可以看到四周的石山攒聚回合，山脊上又出现了下陷的洼地。又行一里半，绕土陇进去，有个住着几乎人家的村子，叫涌村。又换了轿夫向东在山坞中行走，趟过一条小溪，就到了罗峒村东面流出的小溪上游。行二里，于是向东北上岭。这座岭相当陡峭，行一里到达岭上的山坳，行一里翻越到岭头。左右的石崖刺向高空，陡峭到了极至，而岭上的路更是高低不平，荒草茂盛且隐蔽，与之前宽敞开阔的路很是不同。越过岭头，从岭上沿东南方的石崖，在石崖的北面平缓前行，又沿石崖上登了三里，越过一条山脊。山脊东面又耸起一座石崖，仍然沿着石崖走半里，于是往东南下到壑谷中，行一里，抵达山麓。从这里往东北前行在田野和土陇间，又是一里左右，壑谷环绕中的村落十分繁盛，这里叫做下峺，这里的水流似乎是从东南方的山峡中流去。吃饭后换夫，时间也快到下午三五点钟了。又向东北上到土山的夹谷中，不久慢慢向北转，共行二里，在上峺住宿，而出了这里便不再是胡润寨的辖境了。

初二日　早无雾，而日丽甚。晨餐甚早，村氓以鸡为黍。

由上峺村北入山夹中，一里，登岭而上，其右多石峰，其左乃土脊。半里，逾脊北下，即多流蹊水塍，路旁有流汩汩，反自外塍奔注山麓穴中。平下半里，又北行田陇间者一里，有村在路右峰下，是为南麓村。换夫北行二里，路右石峰之夹，路左土垅之上，俱有村落。一小水溪界其间，有水如发，反逆流而南。盖自度脊，东石、西土，山俱不断，此流反自外入，想潜坠地中者。候夫流畔久之，然腹痛如割。夫至，舆之行，顷刻难忍，不辨天高地下也。北行三里，有村在路左山下，复换夫行。于是石山复离立环绕，夹中陂陀高下，俱草茅充塞，无复旧塍。东北八里，腹痛稍瘥，有村在路左石崖之内，呼而换夫。其处山夹向东北下，而路乃西北逾石坳。始上甚崚嶒，半里，逾石山而上，其内皆土山。又上半里，即西北行土山夹中一里，又平下者一里，循北坞而去一里，见小溪自西坞中来。路涉溪左又北半里，舍溪，又西向折入土山峡半里，是为坪濑村。时顾仆以候夫后，余乃候炊村巢。顾仆至，适饭熟，余腹痛已止，村氓以溪鲫为饷，为强啖饭一盂。饭后夫至，少二名，以妇人代担。复从村后西逾一坳，共一里，转出后坞，乃东向行。止坞，转而北，共一里，则前溪自南而来，复与之遇。循溪左北行十里，又转而西向入山峡半里，有村曰六月。候夫甚久，以二妇人代舆。

仍从北山之半东向出峡，半里，乃逾岭北下，共一里，复从田塍东北行。已复与南来溪遇，仍溯其西北一里，有石峰峭甚，兀立溪东，数十家倚峰临溪。溪之西，田畦环绕，辟而成坞，是曰飘峒，以石峰飘渺而言耶？土人呼尖山为"飘"。

换夫，北陟岭半里，转而西入山峡，一里而下。又西北一里半，有草茅数楹在西坞，寂无居人，是曰上控。前冬为镇安叛寇王歪劫掠，一村俱空，无敢居者。于是又北半里，折而东南入石山之夹，又半里，有上控居人移栖于此。复换之行，已暮矣。透峡东南向石山下，共一里，是曰陈峒。峒甚辟，居民甚众，暗中闻声，争出而负舆。又东一里，路北石山甚峭，其下有村，复闻声出换。又东一里，峭峰夹而成门，路出其中，是曰那哽，嵚崎①殊甚。出峡，宿于那哽村。是日共行三十五里，以屡停候夫也。

【注释】①嵚崎（qīn qí）：山高峻的样子。

【译文】初二日　清早起来，没有起雾，太阳很是明艳。早饭用得很早，村民们把鸡肉当主食吃。

由上岬村西北进入山间夹谷中，行一里，往上登岭，道路右边石峰很多，路左边是土山山脊。行半里，越过山脊往北下走，出现了多条有流水的田埂小路，路边的流水发出轻柔的声音，水流却从田埂外流向山麓下的洞穴。平坦的路上往下走半里，又往北在田野、土陇间行走一里，在路右边的山峰下有个村子，叫南麓村。换夫后往北行二里，在路右边石峰的夹谷中，路左边的土陇之上，这一带都有村落。在两个村子中间有条小溪隔着，有像头发丝那般细小的水流，逆向往南流。整体来说就是从越过山脊，东面的石峰、西面的土山，山峰都是相互连接，从不中断。然而这条溪流却是从山外流往里流的，猜测这里可能是浸入地下的水。在溪流边等了很久更换的脚夫，可突然间肚子如刀割般的痛。脚夫来了后，用轿子抬我前行，肚子痛得我一分一秒都无法忍受，痛得我连天地都分不出了。往北行三里，在路左边的山下有个村子，又换了脚夫继续前行。从这里起石山又分散着围绕耸立，夹谷中的山坡起起伏伏，四周全都被茅草填塞着，不再像前边那样有田地了。向东北行八里，肚子没有那么痛了，在路左边的石崖之内有个村子，大声喊叫着换了脚夫。这里的山间夹谷向东北下延，而路向西北翻越石山山坳。起初上走时山势又高又陡，行半里，越过石山往上走，那以内全是土山。又上走半里，接着往西北方在土山夹谷中一里，又在平坦的路上往下走一里，顺着北面山坞行一里，看见一条小溪自西面的山坞中流出来。路到溪左岸又向北半里，和溪流分开，又向西折进土山峡谷中半里，就到了一个叫坪濑村的村子。顾仆因为等脚夫落在了我后面，于是我便到村中的茅屋中边休息边等着煮饭。顾仆到时，饭正好熟了，我肚子不再痛了，村民用溪里捞上来的鲫鱼做菜，因此将就着吃了一碗。吃完饭脚夫来了，少了两名，只好找妇女来代替。从村后出发向西翻越一个山坳，共行一里，转出到后面的山坞中，于是向东行。走完山坞，转向北，共行一里，就看到之前的那条溪流自南面流来，与这条溪流重逢。沿溪左岸往北行十里，又向西进入山峡中半里，这里有个叫六月的村子。在这里用很长的时间等着换夫，轿夫用两个妇女来替代。

依旧从北山的半山腰向东走出峡谷，行半里，越过岭头往北下走，共行一里，又从田间的土埂上往东北行。没一会儿便再次与从南流来的溪流相遇，路还是溯溪流往西北前行一里，有座石峰山势又陡又直，巍然直立在溪流东边，有几十户人家背倚石峰面朝溪流而居。溪流西面，田埂环绕，辟开形成山坞，这里叫飘峒，不知道是不是因为这里的石峰缥缈才取了这个名字？本地人把高高的山峰称为"飘"。

换夫后，向北登岭半里，转向西进入山峡中，行一里后下走。又向西北行一里半，在西面的山坞中有几间茅屋，山坞安静，也没有人在茅屋内居住，这里叫上控。镇安府叛贼王歪前年冬天将这个村子打劫了，将整个村子抢了个精光，因此村里人再也不敢在这里住了。从这里又向北半里，折向东南进入石山的夹谷中，又行半里，有些原来上控村的村民搬来了这里。再次换夫后继续赶路，天色已经全黑了。穿过山峡向东南走到石山下，共行一里，这里叫陈峒。陈峒村地势十分开阔，住在这里的人也多，夜色中听到有人大声呼喊，都争着出来抬轿子。又向东一里，路北边的石峰十分陡直，有个村庄在石峰下，又是听到喊换夫便出来替换的。又向东一里，高而挺拔的石峰夹成门一样，路穿插在其中，这里叫那岬，山都特别高而陡。走出峡谷，便在那岬村住下了。这一天共往前走了三十五里路，就是好多次停下来等换夫把时间给耽误了。

初三日　天有阴云而无雨。村夫昧爽即候行，而村小夫少，半以童子代舆，不及饭，遂行，以为去州近也。东行半里，当前有石山巍耸。大溪自南峡中透出，经巍峰西麓，抵其北，折而捣巍峰北峡中东向去。路自西来，亦抵巍峰西麓，渡溪堰，循麓沿流，亦北折随峰东入北峡中。盖巍峰与溪北之峰峭逼成峡，溪捣其中，势甚险阻。

巍峰东瞰溪西，壁立倒插，其西北隅倚崖阻水，止容一人攀隘东入，因而置栅为关，即北岸寨也。若山海[1]之东扼，潼关之西悬，皆水冲山截，但大小异观耳，而深峭则尤甚焉。去冬，交夷攻之不能克而去。王歪纠来，掠上控而去。入隘门，其山中凹而南，再东复突而临水。中凹处可容数百人，因结为寨，有大头目守云。

过寨东，又南向循崖，再出隘门南下。自渡溪入隘来，至此又半里矣。于是东向行山坞间，南北石山排闼成坞，中有平畴，东向宛转而去，大溪亦贯其中，曲折东行，南北两山麓时时有村落倚之。而那峺夫又不同前屡换，村小而路长，岂此处皆因附郭守险，不与乡村同例，一贵之十里之铺者耶？东北行平畴间，两涉大溪，随溪之西共东北五里，循路右山崖南转，始与溪别。一里，乃换夫于路右村中，已望向武[2]矣，税驾于向武铺司。此州直隶于省，而辖于右江，供应不给，刁顽殊甚。投滕书，竟置不理。向武州官黄绍伦，加衔参将。其宅北向，后倚重峰，大溪在其北山峡中，《志》谓“枯榕[3]在州南”，非也。夜半，雨作。

【注释】①山海：即山海关，又有“榆关”“渝关”之称，在明代长城的东端，今河北秦皇岛市。②向武：明为州，直隶广西布政司，治所在今天等县西北境的向都。③枯榕：今称“城江”，从西南往东北流，在田东境内入右江。

【译文】初三日　天上阴云笼罩却没有雨。村里的脚夫天还没亮就等着出发，由于是个小村子，村里成年男子少，脚夫中一半还是儿童来代替轿夫，来不及吃饭便出发了，我还以为从这里到州城很近的。往东行半里，前方有座石山高高的耸立着挡在前方。大溪自南面峡谷穿流而过，流经高大石峰的西山脚，流到石峰北边，转进高大石峰北面峡谷中往东流去。路从西面过来，也是到达高大石峰的西山脚，渡过溪流中的堤坝，顺着山脚沿溪流，折向北顺着石峰东山脚进入北面的峡谷。原来那座高大的石峰与溪流北面峭直挺拔的山峰组成了一个狭窄的峡谷，溪流冲进峡谷中，地势十分崎岖不容易通过。

从高大石峰的东面俯视溪流的西边，像一面墙壁一样直立着倒插下来，石峰西北角与悬崖相邻把水流阻挡住了，只能容一人攀着隘口向东进去，因此设了道栅栏在这里，也当成关隘，北岸寨就是这里了。就如同东方的山海关扼守险要，西方的潼关高悬，同样都是位于因水流冲激而山体隔断的位置，只是景观的大小有些不一样罢了，但这处更为幽深陡峭。去年冬天，交夷攻打这个隘口没有攻下然后便离去了。是王歪纠集来的交夷人，把上控村洗劫一空后离开了。进入隘门，山里中间部分朝南边凹陷，再向东凸起且下边临水。中间下凹的地方能容纳几百人之多，于是建了寨子，有头领在这里驻守。

经寨子东面，又往南沿石崖走，走出隘门往南朝下走。自渡过溪流过隘门，来这里又是半里路了。于是在山坞中向东行走，南北两面的石山排列成山坞像门扇一样，中间有平旷的原野，向东蜿蜒而去，大溪在山坞中流贯，向东弯曲着走去，南北两面的山脚下不时会看到有村落依山而居。而那岽村的脚夫不像其他村那样经常换夫，是因为村子小而路途远，而不是因为这里地势险要，所以不与乡村规定相同，向来只看重十里驿站那种地方。往东北前行在平旷的田野间，两次涉过大溪，顺着溪流的西岸共向东北前行五里，沿路右边的山崖向南转，这才与大溪分开。行一里，在路右边的村子中换夫，这里可以看见向武州城了，在向武州的驿站中住下。这个州直属广西，但管辖属于右江道，他们不供奉不应差，特别刁钻顽固。把滕肯堂的信递了去，竟然还是没有人理睬。黄绍伦是向武州的州官，他是被授予参将的头衔，他的宅邸朝北，宅后紧依一层又一层的山峰，大溪在州城北面的山峡中，《志》书上记载“枯榕江位于州城南边”，其实是错误的。半夜，下起了雨。

初四日　候夫司中，雨霏霏竟日。赋投黄诗，往叩中军胡、谢。二人皆贵池人，亦漫留之，为余通黄。

【译文】初四日　在驿站中等州府给我派脚夫，毛毛细雨连绵不断的下了一天。写了一首诗命人递给黄绍伦，又去拜见中军胡、谢二人。胡、谢二人都是贵池县人，都是爱理不理地把诗留下，回应说会帮我向黄绍伦通报的。

初五日　寒甚，上午少霁。夫至，止六名。有周兵全者，土人之用事者也，见余诗辄携入，且谕夫去，止余少留。下午，黄以启[1]送蔬米酒肉。抵暮，又和余诗，以启来授。

【注释】①启：书札。

【译文】初五日　天气极为寒冷，上午天气晴朗了些。到了六名脚夫。有个叫周兵全的本地人，是他们当中管事的，看到我写的诗作后马上拿去了衙门，而且让那些脚夫先走了，拦着我让我先不要走。下午，黄绍伦写了信函给我，并且派人送来了蔬菜、大米还有酒肉。到傍晚时，黄绍伦又作了一首和我相应和的诗，用信函的方式给我送了过来。

初六日　凌晨起，天色已霁。饭后周名尚武，字文韬。复以翰[1]至，留少停，余辞以夫至即行。既而夫亦不至，乃北向半里，觅大溪。即枯榕江。随其支流而东，一峰圆起如独秀，有洞三层，西向而峙。下洞深五丈，而无支窍，然轩爽殊甚。而内外俱不能上通，仰睇中上二层飘渺，非置危梯，无由而达。已出洞，环其北东二麓，复半里矣。共二里，还抵寓。适夫至，欲行。周文韬来坐留，复促其幕宾梁文焕往携程仪至。乃作柬谢黄，装行李，呼夫速去。及饭毕，而夫哄然散，无一人矣。盖余呼其去，乃促其起程，而彼误以为姑散去也。饭后，令顾仆往催其家，俱已入山采薪，更订期明早焉。余乃散步四山，薄暮返铺司，忽一人至，执礼甚恭，则黄君令来留驾者，其意甚笃挚。余辞以名山念切，必不能留，托其婉辞。已而谢、胡各造谒，俱以主人来留，而前使又往返再三。已而周文韬复同大头目韦守老者来谒，"守老"，土音作"苏老"，当道以守备假之。传谕谆谆，余俱力辞云。既暮，黄君复以酒米蔬肉至，又以手书恳留，俟疾起一晤，辞礼甚恭，余不能决而卧。

【注释】①翰：书信。

【译文】初六日　清早起来，天色都晴开了。饭后周兵全名尚武，字文韬。又拿了书信前来，挽留我在这里多停几天，我以等脚夫到了就即刻动身的借口推辞。然而却不见有脚夫来。只好往北前行半里，去找大溪。即枯榕江。沿枯溶江支流往东行，看到一座像独秀峰的圆形山峰耸立着，有三层洞，朝西高耸着。下洞有五丈深，没有其他的洞，洞内非常宽敞明亮，但是洞内还是洞外都通不到上层，抬头斜看，中、上两层若隐若现的，如果不放置高高的梯子，没有办法能到达。不一会儿从洞内出来，围着山的北、东两面山脚下，又走了半里路。共行二里，回到驿站。脚夫们刚好都到了，于是准备出发。周文韬又坐在那里留我，又催着他的同事梁某人梁文焕快去把送我的路费拿来。我写了封信向黄绍伦表示感谢，收拾好行李，叫脚夫快快离开，准备出发。等我吃完饭，脚夫们全都走了，一个人也没有。我叫他们离开，是要他们起程的意思，可他们却听成了散伙的意思。饭后，让顾仆去脚夫们家里崔促，然而他们全都进山砍柴去了，只好再次约好明天早晨出发。于是我到四边的山上散步，黄昏时回到驿站，却突然来了一个人，对我的态度是毕恭毕敬，原来这是黄绍伦派来留我的人，这个人态度恳切。我以想念那些名山大川为由拒绝了，说什么也不能留下来的，也恳请他代我委婉的向黄绍伦辞谢。没多久谢某、胡某又各自登门拜访，都以当地主人的身份对我予以挽留，然而之前的那个使者又再次返回。随后周文韬与首领韦守老人一起来拜见，“守老”，当地话读作“苏老”，就是在位者把守备职务给他代理。诚恳的向我转达了黄绍伦本人的意思，我全尽力辞谢了。天黑后，黄绍轮又派人给我送来酒菜米肉，又写了封亲笔信给我，对我再三挽留，信中说等他病好能起床后再见面一叙，信中用词和礼节都非常恭敬。我一时拿不定主意便躺下了。

初七日　早寒彻骨，即余地禁寒不是过也。甫晓，黄君又致鸡肉酒米。余乃起作柬答之，许为暂留数日。是日明霁尤甚，而州前复墟，余乃以所致生鸡畀僧代养，买蕉煮肉，酌酒而醉。

【译文】初七日　清早刺骨般的冷，就算是在我老家寒食节时也就和这差不多的冷。天快亮的时候，黄绍伦又让人给我送来了鸡肉酒米。于是我起床写信对他表示感谢，并同意在这里多留几天。这天天空非常明净清朗，而又正逢州衙前赶集的日子，我把黄绍伦给我送的活鸡交给僧人帮忙喂养，买了些香蕉，煮了些肉，喝酒而醉。

初八日　上午，周文韬复以黄君手柬至，馈青蚨为寓中资，且请下午候见。盖土司俱以夜代日，下午始起栉沐耳。下午，文韬复来引见于后堂，执礼颇恭，恨相见晚。其年长余三岁，为五十五矣。初致留悃[1]，余以参礼名山苦辞之。既曰："余知君高尚，即君相不能牢笼，岂枳棘敢栖鸾凤？惟是路多艰阻，虑难即前。适有归顺使人来，余当以书前导，且移书归朝，庶或可达。"而胡润乃其婿，亦许为发书。遂订迟一日与归顺使同行。乃布局手谈[2]，各一胜负。余因以囊中所存石斋翁石刻并湛持翁手书示之，彼引余瞻钦锡[3]奖额。上书"钦命嘉奖"四字，乃崇祯八年十月十五日为加参将向武知州黄绍伦立。时额新装，悬于高楣，以重席袭护，悉命除去，然后得见。久之返寓，日将晡矣，文韬又以黄柬来谢顾。

【注释】①留悃：真心诚意相留。②手谈：下围棋。③钦锡：皇帝所赐。锡，通"赐。"

【译文】初八日　上午，周文韬拿着黄绍伦的亲笔信又来了，送了铜钱给我当做路费，请我在下午的时候见面。原来土司都是把晚上当成白天，到下午才起床梳洗的。下午，周文韬把我带到后堂，对我礼节十分诚恳恭敬，真有几分相见恨晚。黄绍伦年长我三岁，今年五十五岁了。一开始他对我表出真心相留的诚意，而我却用参拜名山的理由对他表示婉拒。然后他说："我深知先生品格崇高，先生不愿委屈的呆在束缚人的地方，哪里有让凤凰在荆棘丛中栖息的道理？只是此去路途艰阻，忧心难以立既出发。而正好有归顺州的使者到这里来，我将写信请他在前边为你带路，并将文书转给归朝，或许这样能到达。"而胡润寨还是他的女婿，也同意给我发放文书。最后商量好迟一天同归顺州的使者一起出发。于是摆棋盘下棋，我们输赢各一次。我拿出行李中的黄石斋翁的石刻和文湛持翁的亲笔书法给他鉴赏，而他又带我瞻仰了皇帝恩赐的匾额。匾额上写着"钦命嘉奖"四个字，是崇祯八年（1635）十月十五日因给向武州知州黄绍伦加授参将而立的。匾额刚被重新粉刷过，在高高的门楣上挂着，用席子一层层的套上保护着，他下令将这些全都取下来，才见到这块匾额的真容。很久后回到驿站，太阳快要落山了，周文韬又带着黄君的信来对我表示对今天拜访的谢意。

初九日　待使向武。是日阴云四布，欲往百感岩，以僧出不果。此地有三岩：当前者曰飘琅岩，即北面圆峰，累洞三层；中上二层不能上，时州官亦将缚梯缠架穷之。在上流者曰白岩寨，土音曰“不汗”，一作“北岸”。在治西数里，即来时临流置隘门处；在下流者曰百感岩，在治东北数里，枯榕江从此入。此三岩黄将欲穷之，订余同行，余不能待也。

【译文】初九日　留在向武州等归顺州使者的到来。这天四周都是阴云密布，想去百感岩走走，因为僧人外出而没能去成。这里有三个岩洞：州城前方的叫飘琅岩，就是那座州城北边圆形的山峰上，三层岩洞重叠着；中、上两层上不去，而州官也有捆梯子缠架子上去对这两个洞一探究竟的想法。在上游的叫白岩寨，当地方言叫“不汗”，又读作“北岸”。位于城西面几里处，就在我来时经过溪流且设了隘门的地方；在下游的叫百感岩，州城东北几里处，枯榕江水流进的就是这个岩洞。这三个岩洞黄绍伦都准备对他们一探究竟，约我一起去，而我却没有时间再等了。

间晤胡中军□尚并归顺使者刘光汉，为余言：“昔镇安壤地甚广，共十三峒。今归顺、下雷各开立州治，而胡润亦立寨隶南宁。胡润之东有上英峒，尚属镇安，而旧镇安之属归顺者，今已为交夷所踞，其地遂四分五裂。然所存犹不小。昔年土官岑继祥没，有子岑日寿存宾州，当道不即迎入，遂客死，嗣绝。其由镇安而分者，惟归顺为近，而胡润次之。田州、泗城同姓不同宗，各恃强垂涎，甚至假胁交夷，则田州其甚者也。”又言：“自归顺抵广南，南经富州，北经归朝。归朝土官姓沈名明通，与叔构兵，既多扰攘，又富州乃其头目。今富州土官李宝之先所辖皆僇僇，居高山峻岭之上，李能辑抚，得其欢心，其力遂强，齮龁其主，国初竟得窃受州印，而主沈反受辖焉。故至今两家交攻不已，各借交夷泄愤，道路为阻云。”余观周文韬所藏归顺宗图，岑濬之子再传无嗣，遂以镇安次子嗣之，继祥之与大伦，犹同曾祖者也。

【译文】空闲时见了胡中军□尚及归顺州的使者刘光汉，他们和我说：“以前的镇安府地域非常宽广，共辖有十三个峒。而现在的归顺、下雷都分别设了州治，把胡润也设立成寨隶属于南宁府。胡润寨以东有上英峒，依然属镇安府，但是以前镇安府划属归顺州的地方，现在都被交夷占领了，镇安府的属地也是四分五裂。既使这样，留下来的面积还是不小的。土官岑继祥在前些年死了以后，有个儿子岑日寿在宾州，朝廷没有即时把他迎进州里，最后客死在他乡，没有了继位人。而那些从镇安府分出去的地方，血缘最近的就归顺州，而胡润寨当是第二。田州、泗城州虽然同姓却不是同一个先祖，都是依仗武力而特别想得到镇安府的继承权，甚至借交夷人之手威胁对方，那田州属其中最过分的了。”又说：“从归顺州到广南府，南面要经过富州，北面要经过归朝。归朝的土官姓岑名叫明通，和他的叔父交战，引发了很多次的混乱不安，富州又是他手下的。现在富州土官李宝的祖先管辖的就是一群小僇僇，住在高大陡峻的山岭之上，李氏能安顿抚慰住他们，让他们的顺心，因此李氏的力量越来越强大了，排挤打击他的主人，竟然在明朝初年窃取了州印，州主岑沈反过来被他管辖了。因此这两家至今不间断地互相攻打，两家都借助交夷来之手发泄自己的私愤，路也由于这样被阻断了。”我看过周文韬收藏的归顺州宗族图谱，岑濬的儿子下面没有子孙，是镇安府的二儿子继承的职位，岑继祥与岑大伦，都是同一个曾祖父的族人。

周文韬名尚武，本归顺人，为余言：“初，高平莫敬宽为黎氏所攻，挈妻子走归顺，州官岑大伦纳之。后黎兵逼归顺，敬宽复走归朝，而妻子留归顺，为黎逼索不已，竟畀黎去，故敬宽恨之。或言奸其妻，亦或有之。及返高平，渐获生聚，而镇安复从中为构[①]，遂以兵围归顺。

自丙寅十二月临城围，丁卯三月城破，竟掳大伦以去。镇安复取归杀之。”初，围城急，州人以文韬读书好义，敛金千两，马四十匹，段五十端，令随数人驰献交夷，说其退师。交人狡甚，少退，受金，辄乘不备，复合围焉，城几为破。既抵城下，尽杀随行者，每晨以周悬竿上试铳恐之，逼之令降。悬数日，其老母自城上望之，乃缒[②]城出。母抱竿而哭于下，子抱竿而哭于上，交人义之，为解悬索赎。母曰：“儿去或可得银，余老妪何从办之？”初释周行，不数步复留之。曰：“此老妪，宁足为质者！必留子释母以取金。”既而有识者曰：“观其母子至情，必非忍其母者。”乃仍释周入城，以百二十金赎母归。

及城破，复一家悉缚去，编为奴者数月，母遂死其境。后防者懈，得挈家而遁。昼伏夜行，经月走荒山中，得还归顺，妻子不失一人。即与归顺遗目一二人同走当道，乞复其主。又遍乞邻邦共为援助，乃得立大伦子继纲延其嗣。而向武爱其义勇，留为头目，乃家向武。

【注释】①构：勾结陷害。②缒（zhuì）：系在绳子上放下城去。

【译文】周文韬名尚武，原为归顺州人，和我说："那时，高平府莫敬宽被黎氏攻打，带着他的妻儿逃到归顺州，州官岑大伦接纳收留了他。后来黎氏军队逼近归顺州，莫敬宽又逃往归朝，却留下妻儿在归顺州，于是黎氏不断的施压归顺州并进行索要，而归顺州竟把她们交给黎氏的人带走了，因此莫敬宽对归顺州是恨之入骨。有些人说是他的妻子被人奸污了，也许真的有这种事发生。等他回到高平府后，慢慢得以休养生息，积累下了大量财富，然而镇安府又从中勾结诬陷，于是率军围攻归顺州。

丙寅年（天启六年，1626）十二月大军城被围困，丁卯年（天启七年，1627）三月城被攻破，岑大伦竟然被俘虏带走。镇安府却把他要回来，然后杀了。"当时，州城被围的危急关头，由于周文韬读过书，又讲义气、平时爱帮助别人，州里人为他凑集了千两黄金，四十匹马，绸缎五十匹，令几个人随他骑马去献给交夷，劝交夷人退兵。

交夷人非常狡诈，后退了一点点，收下了黄金，紧接着趁城中没有防备，将州城再次围住，州城几乎就要被收下了。到城下后，那些随同一起去的人全部被杀了。周文韬每天早晨都被悬挂在高杆上，交夷人试射鸟铳用来吓唬他，逼着他下达投降的命令。悬挂了几天，他的老母亲在城墙上看到了这幅情景，系着绳子从城墙上下来。母亲抱着绑了儿子的杆子在下边哭，儿子挂在杆子在上面哭，交夷人被母子俩的节义感动了，为他免去了悬吊在杆上的痛苦，向他索要赎金。他母亲说：“我儿子回去或许能借到一些银子，我一个老妇哪里知道怎么筹办到赎金？”先是把周文韬放了让他走，没走几步又让他留下来。说：“这么个老妇，哪里有什么做为人质的价值，肯定是要把儿子留下让母亲去才能有赎金。”有个有些见识的人说：“以他们母子二人至深情义来看，肯定不会是那种不管母亲死活的人。”于是还是放了周文韬回城，用一百二十两黄金为代价把母亲赎了回来。

等城被攻下时，全家人又被绑了去，长达几个月被编为奴隶，母亲最后客死于高平境内。等防守的人看得没那么紧了，才带着家人逃了出来。白天躲起来晚上出来行路，在荒山中躲躲藏藏了一个月，最终得以回到归顺州，所幸妻儿都在。然后和归顺州幸存的一两个头目一起投奔了当局，希望恢复原来的州主。又向邻境各土司求助，这才把岑大伦的儿子岑继纲继承州官的职位。而向武州对他的节义英勇很是欣赏，便把他留下来作为头目，他也因此在向武州定居。

镇安岑继祥，乃归顺岑大伦之叔，前构交夷破归顺，又取归杀之。未几，身死无嗣。应归顺第二子继常立，本州头目皆向之。而田州、泗城交从旁争夺，遂构借外夷，两州百姓肝脑涂地。虽争势未定，而天道好还如此。初，归顺无主，交夷先纵次子继常归，遂嗣州印。后复纵继纲，盖重叠索贿也。后当道以州印畀继纲，而继常返初服。

【译文】镇安府的岑继祥，是归顺州岑大伦的叔父，之前与交夷人勾结攻破了归顺州，还把岑大伦要回来杀了。不久后，岑继祥死了没有子孙。按理是归顺州的第二个儿子岑继常为州官，而且本州的头目都听他的。但田州、泗城州不断以旁系的身份进行争抢，竟不耻与境外的夷人相勾结，两州的百姓因此多有惨死。虽到底谁输谁赢还不明确，可天道轮回。当初，归顺州没有州主，交夷把二儿子岑继常放了回来，于是二儿子继承了州印。后来又放回大儿子岑继纲，应该是想要一再的索取财物。后来朝中又把州印交给岑继纲，而岑继常恢复了他原来的身份。

初十日　天色明丽。未日则寒甚，日出则回和。先晚晤归顺使，刘光汉。言归朝、富州路俱艰阻，而交夷尤不可测，劝余无从此道。余惑之，复阄于佛前，仍得南丹、独山为吉。既午，周文韬传黄君命，言："不从归顺、归朝，可另作田州、泗城书，觅道而去。"余素不顺田州，文韬亦言此二州俱非可假道者，遂决意从东。是日此地复墟，以黄君所赐宋钱，选各朝者俱存其一，以其余市布为裹足，市鱼肉为蔬，又得何首乌之大者一枚。抵暮，黄君以绵衣、唐巾①、细裙为赐。

【注释】①唐巾：唐代帝王所戴的一种便帽，后来也为士人所服用。

【译文】初十日　阳光充足、明亮艳丽。太阳没出来时特别的冷，太阳一出就气温上升变暖和了。昨晚见了归顺州的使者，刘光汉。他说去归朝、富州的路都困难危险，特别不好走。而且交夷人的情况难以事先推测，劝我不要走这条路。我对此心存疑虑和困惑，到佛像前又抓阄，得到的还是走南丹卫、独山州代表祥瑞的阄。午后，周文韬转达了黄绍伦的意思，说："不往归顺州、归朝走，另外给田州、泗城州写信，找别的路去。"我从来不觉得从田州走会顺利些，周文韬也说从这两个州借道是很难的，于是我还是决定往东面走。这天又是这里赶集的日子，把黄绍轮赠给我的宋代铜钱，各朝的挑选一枚保存好，其他的用来买布做成裹脚，买来鱼肉做菜吃，又买了一个大的何首乌。到天黑时，黄绍轮又拿来丝绵衣、唐巾、绸裙作为赠赏的礼物。

十一日　天色明丽，晓寒午暖。觅帖作启谢黄君，而帖不可得。当户居民有被焚者，远近俱升屋驱飞焰，携囊远置旷野中。盖向武无土城，而官民俱茅舍，惟州宅厅事及后堂用瓦，故火易延爇云。下午，以短折复黄。

【译文】十一日　天气晴好，阳光明媚，天刚亮时很是寒冷，中午就变暖和了。想找信笺给黄君写封信以示答谢，却没有找到信笺。火烧了对门居民的房屋，附近的邻居都爬上屋顶帮着扑灭那窜得很高的火焰，我把行李远远地放在旷野中。原来向武州没有土城墙，且官民都住茅草层，只有州衙议事厅和后堂中是用瓦片盖的顶，因此火势特别容易向周围扩散。下午，用短折子给黄君回了信。

十二日　天色明丽，晓寒午暖。独再往琅山寻岩，西面仰望，不得上而还。向武东至旧州五十里，又三十里为刁村，为土上林境，枯榕江由此入右江。又三十里为土上林县。向武西南三十里上英峒界有吉祥洞，前后通明，溪流其间，为韦守所居地。又东南二十里有定稔村①，有洞甚奇奥，俱有石丸、荔盆。

【注释】①定稔村：今作“廷稔”，在天等县西北境，向都稍东。

【译文】十二日　天气晴好，阳光明媚，天刚亮时很是寒冷，中午就变暖和了。再次一人去琅山寻找岩洞，从西面仰望，没办法登上去于是便回来了。向武州往东到旧州有五十里，再走三十里是刁村，是土官治理的上林县的辖境，枯榕江从这里汇入右江。再往前三十里是上林土县的县城。向武州西南三十里上英峒境内有个吉祥洞，前后通透明亮，溪水流过洞中，是韦守居住的地方。又往东南二十里处有个定稔村，有个岩洞里面很是奇特幽深，有石丸和荔枝盆。

十三日　同韦守老联骑往百感岩。先径琅山东，回望见东面悬梯，乃新缚以升岩者。出百感岩，度横栈，未下梯，有岐东循崖。有岩在百感东，晚不及上。

【译文】十三日　与韦守老人一起骑马去了百感岩。先是经琅山的东边，回头看到东面有高高悬挂的梯子，是最近才绑了要用来爬岩洞的。出了百感岩，越过横架的栈道，没有下来的梯子，有条向东沿山崖走的岔道，在百感岩的东面有个岩洞，因天色不早了不能攀上去。

十四日　韦守老再约游琅岩。余早饭，即先行，出州城北半里，觅大溪，溪即枯榕江。随其支流而东游琅岩。游毕，韦未至，余再往百感，游东上岩。复从百感大岩内，暗中穿洞北，下百感村①。矮僧净虚以酒来迎，遂溯水观水岩。外水深不得入，约明日缚筏以进。遂一里，东北渡桥，由百感外村东南逾岭，二里，南出东来大路。西一里，入隘门，过红石崖下，其北石山有洞南向，甚崆峒。西向行月下，共五里，还铺舍。

【注释】①百感村：今仍作“百感”，在天等县西北境，向都稍东北。系壮语地名，“感”为口，意即村有百口，因村里多落水洞得名。

【译文】十四日　韦守老人再约我去琅岩游玩。我很早就吃了饭，于是先行，出了州城向北走半里，找到大溪，也就是枯榕江。沿大溪的支流往东去观看琅岩。游完后，韦守老人还没来，我再次去了百感岩，从容的观看了东边的上洞。又从百感岩的大洞内，在黑暗中向北穿过洞中，下到百感村。矮个子僧人净虚端了酒给我，于是我逆流而上去了水洞。外边的水太深进不去，约好明天绑个木筏进洞里去。于是前行一里，往东北过桥，由百感外村向东南越岭，行二里，往南出到东面来的大路上。向西一里，进入隘门，经过红石崖的脚下，红石崖北面石山上有个朝南的岩洞，十分宽广开阔。向西在月光下前行，共行五里，回到驿站的客馆中。

十五日　早起，晓寒午暖，晴丽尤甚，饭后仍往百感。过琅岩不上，东渡南曲小溪，循东流，有岩在路北，其下则东分中流所入穴。闻矮僧来言：“村氓未得州命，不敢缚筏。”阻余转。乃仍至琅岩东北，观枯榕水、三分水，北为龙行村。由其西南渡溪北，越村东，随所分北溪东入山隘。东北共五里，其水东向捣入山穴。穴崖上有洞，门俱西向，中甚暖，有白丹丸。还铺，复入见黄君手谈。入夜，出小荔盆、石丸四，俱天成。

【译文】十五日　早晨起床，天刚亮时很是寒冷，中午就变暖和天气非常晴朗，中饭后还是去了百感岩。途经琅岩没有上去，往东渡过向南弯曲的小溪，沿向东的溪流走，在路北边有个岩洞，岩洞下边就是江水向东分出的中间支流进去的洞。听矮个子僧人对我说："村民们没接到州里下达的命令，不能捆绑木筏。"劝我先转回去。于是我还是去了飘琅岩的东北山脚下，观看枯榕江的三分水，北面是龙行村。由村子的西南方渡到溪流北岸，穿到村子东头，顺着分流出来北面的溪流向东进入山隘。一共往东北方前行五里，溪水向东捣入山下的洞穴中。洞穴上面的山崖上有个洞，洞口都是朝西，洞中气温很暖，有白色的石丸。然后返回驿站，又到州衙与黄君下棋。到了晚上，拿出四个小荔枝盆、石丸，都是浑然天成的。

十六日　黄君命人送游水岩。

十七日　黄君以银镯送。

【译文】十六日　黄君派人送我去游览水洞。

十七日　黄君拿来银手镯相送与我。

十八日　天色明丽，待夫，上午始行。周文韬、梁心谷与茂林师远送，订后期而别。东过红石崖下，其北石山有洞南向，甚崆峒，惜不及登。直东即出东隘，可五十里至旧州，又三十里为刁村，又三十里为土上林县。余从镇远道，乃从此南入山，土石相间而出。五里，南逾一石山脊，亦置隘门，是名岬脓。下岭东南行，山夹间始有田畴。又五里，得一聚落曰邓村，换夫。又东入山峡，过一脊，换夫于路。其处村在山北，呼之而出。又二里，饭于嗦村。村人以虫为"嗦"，形如长身蟋蟀，而首有二眼，光如蜻蜓，亦一异也。

又东南行山峡间，三里，换夫于北麓。又东南半里，渡小溪。半里，复上土山，其岭甚峻，半里登其巅，日已暮矣。东南下山一里，抵其坞。又暗行半里，抵一村。时顾奴候夫，后久而始至。得夫，又秉炬行。又东南下，渡一小溪，复南循水上山峡间，时闻水声潺潺，不可睹也。共五里而宿于下宁峒之峒槽村。问上宁峒，已在其西上流。是日约行三十里。

【译文】十八日　天色明丽，等着派的脚夫前来，上午才出发。周文韬、梁心谷与茂林禅师前来送我，说好了相逢之日后便告别出发了。向东经过红石崖下，红石崖北面的石山上有个朝南的岩洞，看上去里面很是开旷，可惜来不及登上去一览洞内景观。我们一直向东走，很快就出了东隘门，从这里到旧州大约五十里路，再走三十里就到了刁村，再往前走三十里就是上林县，那里属土官管辖。我从去往镇远州的路走，于是在这里向南进山，土山石山相互间隔着出现。前行五里，向南越过一条石山山脊，还设有隘门，叫岬腋。下岭后往东南行，两山相夹间开始有田地。又行五里，到了一个叫邓村的村落，在这里换脚夫。又向东进入山峡中，越过一条山脊，在路上换夫。这个村子位于山北面，脚夫随叫随到。又行二里，在嗦村吃饭。村里人把一种形状像长身子的蟋蟀，头上有两只眼睛，颜色像蜻蜓的一种奇怪的虫子称为“嗦”。

又往东南方的山峡间前行，行三里，在北山脚下换夫。又向东南半里，渡过小溪。行半里，又上登土山，这座岭十分陡峭，行半里登上岭头，天已黑。往东南朝山下走一里，到达山坞。又摸黑往前走了半里，到了一个村子。顾奴等候脚夫，过了很久脚夫才来。等脚夫到了后，又点了火把继续赶路。又向东南下走，渡过一条小溪，再向南在山峡间沿溪上行，偶尔能听到溪水流动的声音，但看不到溪流。总共前行五里后在下宁峒的峒槽村住宿。问村民上宁峒在哪个位置，说位于这里西面的上游。这天往前走了约三十里路。

自十一月初三至向武，十八日起行，共十六日。向武石峰，其洞甚多，余所游者七：为百感洞，又东洞，又下洞，又后岩水洞；为琅山洞，又下洞；为龙巷东北江流所入之上洞。其过而未登者三：为琅山东北二里，中江坠穴之上，高岸南向洞；又为琅山东南二里，南江所绕独峰之上西南向洞；又为州东北巨峰南向洞，洞在红崖峰北。其闻而未至者二：为吉祥，在西南四十里，韦守老所居。洞前岳通明，溪流其间。为定稔，土音丰辇[①]，在东南三十里。二洞又最以奇著者也。共十二洞云。所游之最奇者，百感雄邃宏丽，琅山层叠透漏，百感东洞曲折窈窕，百感水洞杳渺幽闭。各擅其胜，而百感为巨擘矣。

【注释】①丰辇："丰"，原作"豊"，应是"豐"字的错字。乾隆本、"四库"本皆作"风辇洞"，"风""丰"同音，可证。

【译文】我十一月初三到达向武州，十八日起程出发，一路上共花了十六天时间。而向武州石峰上有非常多的岩洞，其中我进去游览过的岩洞就有七个：一是百感洞，还有东洞，还有下洞，还有后洞、后洞里的水洞；一是琅山洞，又有下洞；一是龙巷村东北方江流入口处的上洞。那些经过但没时间进入的洞有三个：一是琅山东北二里处，在中江江流落入的洞的上面，是一个位于高高的山崖上朝南的洞；又一个是在琅山东南二里处，在南江江流绕过的一座独峰之上，这个洞朝西南方；还有一个是在州城东北方一座磊山的山峰上面朝南，洞在红石崖山山峰的北面。还有些听人说起但没有去的洞有两个：一个是吉祥洞，位于州城西南四十里处，韦守老人就居住在那里，洞内前后互通明亮，溪水在洞中流淌。一个是定稔洞，当地话叫丰辇洞，位于州城东南三十里处。听说这两个洞洞内景象很是新奇秀丽，在当地很出名。一共有十二个洞。是我游览过的印象最为深刻的洞，百感岩雄伟深远，博大而壮丽；琅山岩层层叠叠，洞内通透明亮；百感岩的东洞蜿蜒曲折，静谧幽深；百感岩的水洞深远幽闭。每个洞都拥有自己的独特之处，而其中百感岩理所当然排在第一位了。

枯榕江即州北大溪，自向武西南境东流，自北岸寨抵向武北龙巷村之前。其东有石峰一枝，东西如屏横列。江当其西垂，分而为三：北枝东循峰北入峡，为正派；中枝东循峰南，停而大，为中江；南枝东南流田塍间，小而急，为南江。入峡者东北转五里，山势四逼，遂东捣石崖穴中，势若奔马齐驱。下坂，入山而东，经百感岩，北透其下，为水洞者也。循山南者，东行二里，忽下坠土穴，此派经流独短。亦北注石山而一，想亦潜通百感者也。南行塍间者，东绕平畴中两独峰之南，又东抵隘门岭西麓，折而北，直趋百感东洞之下，稍东入峡，亦下坠土穴，而北入百感。三流分于横列石峰之西，隔山岐壑，而均倾地穴，又均复合于百感一岩之中，而北出为大溪，始东北流峡去，经土上林之刁村而入右江。百感岩北，有村曰百感村。村东南向，庐舍之下有小流三派，从石穴溢而成渠，大溪自百感岩出，即与之合流。始知此山其中皆空，水无不出入旁通也。

【译文】枯榕江是一条位于州城北面的大溪，它从向武州西南境内往东流，从北岸寨流到向武州城以北的龙巷村。村东有一支石峰，东西排列如同屏风一般。江流位于石峰的西边，在这里分为三条支流：北面的往东沿石峰北山脚下流入山峡；中间的向东沿石峰南山脚下流淌，这条支流水势不急，但水域面积宽广，是中江；南面的往东南方向流入田间小路之中，水流量小但速度急，是南江。流入峡中向东北转五里，山势从四面紧逼而来，于是往东撞入石崖下的洞中，水势就像是一群正全力奔跑的马儿。水流下山坡，入山中往东，流经百感岩，向北穿过山下，水洞因此产生了。沿石山南脚下而流的那条中江，向东流二里，忽然下坠到土穴中，三条支流中只有这条径流最短。也是向北流到同一座石山下，应该也是通到百感岩的暗流。往南在田野间的南江，往东绕过平旷的田野间两座不相连山峰的南边，又向东流到隘门岭的西麓，折向北，一直流到百感岩东洞之下，稍向东流入山峡中，也是下泻到土穴中，而后向北流入百感岩。三条支流在横向排列的石峰西山脚下分流，相互之间隔着山，又被两山之间的洼地岔开，都是倾泻到地下的洞中，又全部都在百感岩的同一个岩洞中汇合，然后流向北形成大溪，这才往东北流经峡谷而去，流经上林土县的刁村后汇入右江。百感岩北边，有个村子叫百感村。村子朝东南方，村舍下有三条溪流，是从石洞中溢出来的水形成的水渠，从百感岩中流出来的大溪，与这条渠汇合。原来这座山内部都是空的，水流在这座山内交错相通。

百感岩在向武州东北七里。其西南即分水横列之山，中江之水所由入者；其东南即隘门岭之山，北迴而屏于东，南江之水所由折而北入者；其西北即此山之背，环为龙巷东入之内坞，北江之水所由捣而下者；其东北即此山后门，绕而为百感村，众江既潜合于中，所由北出者。此山外之四面也，而其岩则中辟于山之半，南通二门皆隘：一为前门，一为偏穴。北通一门甚拓，而北面层峦阻闭，不通人间。自州来，必从南门入，故巨者反居后，而隘者为前。前门在重崖之上，其门南向。

初抵山下，东北攀级以上，仰见削崖，高数百仞，其上杙木横栈，缘崖架空，如带围腰，东与云气同其蜿蜒。既而西上危梯三十级，达崖之半，有坪一掌，石窍氤氲，然裂而深。

由其东缘崖端石级而左，为东洞；由其西践栈而右，为正洞之前门。栈阔二尺，长六七丈，石崖上下削立，外无纤窦片痕，而虬枝古干，间有斜骞于外，倒悬于上者，辄就之横木为杙。外者藉树杪，内者凿石壁，复以长木架其上为梁，而削短枝横铺之，又就垂藤以络于外。人践其上，内削壁而外悬枝，上倒崖而下绝壑，飞百尺之浮桴，俯千仞而无底，亦极奇极险矣。栈西尽，又北上悬梯十余级，入洞前门。门南向，其穴高三尺五寸，阔二尺，仅容伛偻入。下丈许，中平，而石柱四环如一室，旁多纤穴，容光外烁，宿火种于中。爇炬由西北隙下，则窅然深陷，此乃洞之由明而暗处也。下处悬梯三十级，其底开夹而北，仰眺高峻。梯之下，有小穴伏壁根。土人云："透而南出，亦有明室一围，南向。"则前门之下层，当悬栈之下者也。由夹北入，路西有穴平坠如井，其深不测。又入其西壁下，有洼穴斜倾西坠。土人云："深入下通水穴，可以取水。"然流沙圮泻，不能着足也。西壁上有奥室围环中拓，若悬琉璃灯一盏，乃禅室之最闭者。出由其东，又北过一隘，下悬梯三十级，其底甚平旷，石纹粼粼，俱作荔枝盆。其西悬乳葳蕤[①]，攀隙而入，如穿云叶。稍北转而西上，望见微光前透甚遥，蹑沙坂从之，透隘门西出，则赫然大观，如龙宫鹅阙[②]，又南北高穹，光景陆离，耳目闪烁矣，此乃洞之由暗而明处也。其洞内抵西南通偏门，外抵东北通后门，长四十丈，阔十余丈，高二十余丈。其上倒垂之柱，千条万缕，纷纭莫有纪极；其两旁飞驾之悬台，剜空之卷室，列柱穿崖之榭，排云透夹之门，上下层叠，割其一脔，即可当他山之全鼎。其内多因其高下架竹为栏，大者十余丈，小者二、三丈，俱可憩可眺。由东崖跻隘入西南洞底之上层，其内有编竹架菌[③]而为廪者，可置谷千钟[④]焉。

其上又有龛一围，置金仙于中，而旁小龛曰慈云莲座，乃黄君之母夫人像也。黄母数年前修西方之业[⑤]于此，此其退藏之所；而外所编竹栏，则选佛之场；而廪则黄君储以备不虞者。龛西则偏门之光，自顶射下。此处去后门已遥，而又得斯光相续，遂为不夜之城。攀峻峡西上，透其门颇隘，即偏门也。其门西南向，下临不测，惟见树杪丛丛出叠石间，岨悬嶂绝，不辨其处为前山、后山也。龛既穷，仍由故道下，东北趋后门。其门东北向，高二十丈，门以外则两旁石崖直坠山麓，而为水洞之门；门以内，则洞底中陷，亦直坠山底而通水洞之内。陷处径尺五⑥，周围如井。昔人置辘轳于上，引百丈绠下汲，深不啻十倍虎阜。恐人失足，亦编竹护其上，止留二孔以引轴轳，人不敢涉而窥也。井外即门，巨石东西横峙，高于洞内者五尺，若门之阈。由井东践阈，踞门之中，内观洞顶，垂龙舞蛟，神物出没，目眩精摇；外俯洞前，绝壁拷云，重渊破壑，骨仙神耸。此阈内井外峡，下透水门，亦架空之梁，第势极崇峻，无从对瞩耳。阈东透石隘东北下，磴倚绝壁，壁石皆崆峒，木根穿隙缘窍，磴断处，亦横木飞渡，下里半而为百感村。徐子曰：此洞外险中闭，既穿历窅渺，忽仰透崇宏，兼一山之前后以通奇，汇众流于壑底而不觉，幽明两涵，水陆济美，通之则翻出烟云，塞之则别成天地。西来第一，无以易此。

【注释】①萎蕤（ruí）：原意为草木茂盛枝叶下垂的样子，此处形容石钟乳密集。②如龙宫鹅阙："鹅"，沪本作"峨"。③菌：通"箘"。一种竹的名称。④钟：古代计量单位。有大小差异，一般是十釜为一钟，合六斛四斗。⑤修西方之业：拜佛，求往升西方净土。⑥陷处径尺五："尺五"，乾隆本、"四库"本作"一丈五尺"。

【译文】百感岩在向武州城东北七里处。百感岩的西南方就是横向排列让江水分流的山，是中江的江水流进去的地方；百感岩的东南方就是隘门岭的那座山，向北弯曲绵延而去，像屏风一样排列在东方，是南江水折向北流进去的地方；百感岩的西北方就在这座山的后面，环绕成龙巷村向东深入到里面的山坞，就在这里北江的江水从这里捣入地下；百感岩的东北方就是这座山后面的山口，绕过去就是百感村，多条江流暗中在岩洞中合流后，由北面流出去的地方。山外四周的情况就是这样了，而岩洞是在半山腰上从中间裂开，南边有两个洞口，都很狭窄：一个是前洞口，一个是偏洞口。北边只有一个洞口，很宽阔，但被一座座连绵起伏的山隔开，因此不为人所知。从州城方向来，就要从南面的洞口进去，因此后面的反而才是大洞，那狭窄的洞口就成了前洞口。前洞口在连接不断而层次繁多的悬崖之上，洞口朝南。

刚到山脚时，从东北方攀着石阶向上，仰头看到陡直的悬崖，有数百仞之高，木桩横插进悬崖上，沿悬崖在高空中架成栈道，如同一根腰带一样围在山腰，与山上的雾气蜿蜒向东而去。随后向西登三十级高险的石梯，到达悬崖的半中腰，有一块平地有手掌般大，石窍烟云浓郁，然而裂得很深。由平地的东面沿悬崖前端的石阶往左走，是东洞；由平地西边随栈道往右走，是正洞的前洞口。栈道有二尺宽，六七丈长，石崖上下坡度很大，直上直下，在外面看不到任何孔洞和石痕，那些拳曲的树枝树干，其中那些向外斜长的，倒挂在上方的，便顺势利用它们当成横架木板的木桩。外面借力于树梢，里面就要凿穿石壁，再把长木头架在石壁上当成横梁，然后砍一些短树枝横铺在木架上，又把从山上垂下来的藤条编织起来垂在外面。

人在栈道上走，里面是陡峭而笔直的石壁而外面则是悬挂着的垂直藤枝，上面是倒挂的悬崖而下面又是无底的山谷，人就像在天上漂浮着的木筏，往下则深不见底，这段路也算得上是又奇特又惊险了。栈道西边的尽头，又往北上登十多级梯子，就进入了前洞口。洞口朝南，洞高三尺五寸，宽二尺，只能弯着腰进去。往下走一丈左右，洞内平坦，而石柱四周回绕成一个石室的形状，四周有很多小小的孔洞，外面闪着光，原来之前的人在洞中留有火种。点燃火把由西北方的裂缝往下走，缝隙地势变得往下陷，也是在这个地方洞内便由明转暗了。下走的地方有三十级高挂着的梯子，洞底另有一条通到北边的峡谷，抬头看去，是又高又陡。梯子下面，有个小洞隐藏在在洞壁底部那儿。当地人和我说："从南面钻出去，还有一个圆形明亮的石室朝南。"那里也就是前洞口的下层，就是高悬在栈道下面的洞了。由峡谷向北进去，路西有个像井一样在平地上陷下去的洞，深不可测。进入洞西边的石壁下，有个下洼的石穴倾斜往下陷。当地人说："继续进去下面与水洞相通，可以取水。"但是沙石流动下泻，无法落脚。洞壁西面有一个隐秘的石室，四周环绕，中间很宽敞，如一盏琉璃灯般高悬，是禅室中最隐蔽不外露的地方。从东边往外，又往北经过一个隘口，下了三十级梯子，底下十分平坦空旷，石纹如水波粼粼，全是荔枝盆。西边悬垂着的石钟乳众多且各不相同，攀着石缝进去，如在天上的云层和树上的叶片间穿行。稍向北转后往西向上，看到有微弱的亮光从前方很远的地方透入洞内，踩着沙石走过去，穿过隘口向西往外，便有一片壮丽的景观赫然映入眼帘，像龙宫一样高大雄伟的宫阙，南北向又高高隆起，景色奇特，耳目为之闪烁，这里由暗转明了。从这里洞内到西南方通往偏洞口，外边抵达东北方通到后洞口，长四十丈，宽十多丈，高二十多丈。洞顶上倒垂的石柱，千条万缕，错综纷纭，实在是无法算出他们到底有多少；洞两旁的石台飞架高悬，剜空卷曲的石室，石柱排列穿过崖壁的台榭，拔开云层穿透峡谷的石门，上上下下，层层叠叠的，随便取其中的一部分，就能抵得上其他普通山上的全部景致了。凭借洞内地势的高低变化，用竹子架成围栏，大的长十多丈，小的也有两三丈，都能供人休息或凭眺。由东边的山崖上登上隘口进入西南洞底的上层，里面有座谷仓是用竹子编架而成的，可以存放上千钟稻谷。

谷仓上面有一个小阁子，中间放着佛像，旁边的小石龛叫做慈云莲座，供奉的是黄君母亲的塑像。黄君的母亲在几年前来这里修道拜佛，这是她隐退栖身的地方；而那些用竹子编成围栏的地方，是供她诵经念佛的；而粮仓则是黄君用来储存粮食，以防不测的。石龛西边可以看见亮光从偏洞透进来，阳光从洞顶射下来。这里离后洞口很远了，但还能续接上这里的光线，竟成为不夜城了。攀着陡峭而险峻的峡谷向西上登，穿过相当狭窄的洞口，这就是偏洞口了。这个洞口面向西南方，下面是深不可测的深渊，只见层层叠叠的树梢出现在石山间，石壁高悬山峰断绝，根本看不出这里是前山还是后山了。看完石龛后，依然从原路往下，往东北走去后洞口。这个洞口面向东北方，高二十丈，洞口外就可以看到两边的石崖笔直下坠到山麓，于是成了水洞的洞口；洞内，洞底向中央下陷，也是垂直下坠到山底而与水洞相通。下陷处直径一尺五，围成一圈如水井一般。很久以前，有人在上面装了辘轳，用上百丈长的粗绳牵引到下面去汲水，最深处比虎阜的十倍还要深。因怕人不小心从上面掉下去，于是在井口编了竹围栏护上，只留了两个孔来牵引辘轳用的，人走过去从上面看着都害怕。井外就是洞口，巨大的石头呈东西方横向耸立，高的地方比洞内还高五尺，就像是一个大门的门槛。由深井的东侧登上门槛，坐在门洞中，从洞内看洞顶，如垂龙舞蛟，神物出没，眼花瞭乱，心神荡漾；向外从高处往下看洞前方，绝壁上云雾缭绕，深渊重重破开成了深深的山谷，身处险境之中，真有些精神恍惚，魂不守舍。这条位于石门槛内深井外的峡谷，下通到水洞口，也有架在空中的桥梁，只是地势太过高峻，从正面没办法看到。从石门槛东边钻过石头隘口往东北下走，石阶斜靠在绝壁上，石壁上全是孔洞，树根沿着石窍穿过缝隙，有的地方石阶断了，把木头横架着渡过去，下走一里半就到了百感村。徐子说：这个洞外边险峻里头深幽，穿过幽邃之境后，突然迎面扑来宏伟壮丽的景致，兼有一座山前后的所有奇观异景，深谷底下汇积了太多的水流没能有所察觉，即蕴含了幽静深远、明亮通透两种不同的景致，又兼容了水陆之美，把它打通便能超越于烟云之上，阻断了又是另一翻景致。这里是我西游以来遇到过的最为奇特的景致，没有其他的地方能替代的了。

百感东岩在百感前门之东。由栈东危崖之端，东缘石痕一缕，数十步而得洞。其门亦南向，门以内不甚深，而高爽窈窕，石有五色氤氲之状，诡裂成形。由峡中东入三四丈，转而北，有石中峙。逾隘以进，遂昏黑。其中又南北成峡，深十余丈，底平而上峻。北尽处有巨柱回环，其外遂通明。跻级北上，有窍东透而欹侧，只纳天光，不堪出入也。由窍内转而北，又连辟为二室：一室中通而外障，乃由内北达者；一室北尽而东向，乃临深而揽胜者。先由中通之室入，其西隙旁环，俱可为房为榻。其东之外障，亦多零星之穴，悬光引照焉。北透一峡，达于北室，其前遂虚敞高门。门乃东临绝壁，中有纤笋尖峙于前，北有悬崖倒垂于外，极氤氲之致。其下闻水声潺潺，则南江之水北转而抵其下入穴者也，然止闻声而不见形焉。其内西壁，亦有群乳环为小龛，下皆编竹架栏，亦昔人栖隐者。此洞小而巧，幽爽兼备，为隐真妙境。第中无滴沥，非由前栈入百感后轴轳取之，则由前梯转觅涧山前，取道其遥矣。

【译文】百感岩东洞在前洞口以东。从栈道东面危崖的开头，往东沿着石痕，向前走几十步便可以看到岩洞了。洞口也是朝南，洞内进去不深，但光线充足、高大清幽，岩石有浓郁的五色烟云，裂成诡异的各种形状。从峡谷中向东往里进去三四丈，转向北，有岩石在中央高耸而稳固的立着。穿过隘口进去，光线便暗了下来。其中又有南北相向的峡谷，深有十多丈，底下平整上面高峻。北边的尽头有巨大的石柱环绕，石柱外就到了光亮的地方了。踩石阶往北上，有个石窍向东斜通往侧面，只能有自然的光线进入，人无法通行。由石窍内转向北，又一连开启成两个石室：一个石室中间相通而外边被阻断，由洞内通到北边的地方；一个石室北边尽头朝东方，是观看下边深渊胜景的最佳地点。从中间相通的石室进去，西面有裂缝在旁环绕，可以当房间或当卧床。石室东面隔断外边的屏障，上面有很多零星散落的洞穴，阳光由高处照进来。向北穿过一条峡谷，到达北边的石室，石室前方高大的洞口微微的敞开。洞口东面下方临近绝壁，洞中细小的石笋在前方尖尖的耸立着，北边有倒垂于洞外的悬崖，是极为云烟浓郁的好景色。洞口下方有溪水流动的声音，那是南江的江水向北转后流到山下进入了洞中，但只听得见水声却找不到它的形迹。洞内西面的洞壁上，成群的钟乳石环绕成小石龛，下面有用竹篱笆架起的围栏，也是前人隐居的地方。这个洞小巧，幽静明亮二者兼有，算得上隐居修真的极佳胜地了。但美中不足的是，洞中没有一处水源，必须要经前面的栈道进到百感岩后用辘轳汲水，要不就由前面的梯子转到山前的山洞中去找水，只是这样的话就太远了些。

百感下水岩，在百感洞后门之下，百感村之南。百感有内、外两村，山从百感洞分两界，北向回环，下成深坞，而岩下水透山成江，奔腾曲折而北去。从土上林刁村下右江。村界于其中，源长而土沃，中皆腴产。洞在内村之南二百步，其门东北向，高耸而上，即后门也。水自洞出，前汇为广潭，中溢两崖，石壁倒插水底。从潭中浮筏以入，仰洞顶飘缈若云，孰意乃向之凌跨而下者耶！洞内两壁排空，南向而入，潴水甚深。西壁有木梯悬嵌石间，土人指曰："此即上层轴轳之处。昔侬智高[①]时，有据洞保聚者，兹从下汲，此其遗构也。"东壁石隙中拓，有架庐绝顶，飞缀凭空，而石壁危削虚悬二十丈，无可攀跻。土人曰："此戊午荒歉，土人藏粟储粮以避寇者。须缚梯缀壁以上，兹时平，久不为也。”入十余丈，下壑既穷，上峡悬透，遥眺西南峡窦深入处，高影下射，光采烨烨，而石峻无级可跻，不知所通为山之前、山之右也。下壑石根插入水间，水面无内入之隙，水之所从，由下泛滥而出，则其中众水交合处，犹崆峒内扃，无从问津焉。乃返筏出洞，从门外潭西蹑崖登门左之壁。透峡窍而上，辟岩一围，其门东向，下临前潭，右瞰洞水，前眺对崖之上，旁窦氤氲，可横木跨洞门而渡也。辟岩中广下平，可栖可憩，第门虽展拓，而对崖高屏，曾无日光之及，不免阴森。若跨木以通对崖，则灏[②]灵爽气无不收之矣。此洞阻水通源，缥缈掩映，为神仙奥宫。若夫重峦外阻，日月中扃，即内村已轶桃源，而况窈窕幽闭，若斯之擅极者乎！

【注释】①侬智高（1025—1055）：北宋中期广源州少数民族首领，傥犹知州侬全福的儿子。庆历元年（1041），不堪忍受交趾国的欺压盘剥，归附宋朝得不到收纳，自行建立“南天国”，号称仁惠皇帝，年号“景瑞”。皇祐四年（1052）四月，攻破邕州，建立“大南国”，年号“启历”。皇祐五年（1053），受到名将狄青讨伐，兵败于昆仑山之战，流亡大理。至和二年四月，去世，享年三十一岁。②灏（hào）：水势大的样子。

【译文】百感岩下面的水洞，位于百感岩后洞的下面，百感村南面。百感村分为内村、和外村两个村子。山脉将百感岩划分为两列，向北回绕，在山下形成深坞，而岩洞的水穿过山腹汇成大江，曲折的朝北流去。即从上林土县的刁村往下流进右江。村子就隔在山坞中，水源悠长且土地肥沃，山坞中物产丰盛。洞位于内村以南二百步左右，洞口朝东北方，高高矗立在上的，就是后洞口了。水流从洞里流出，在洞前汇积成又宽又深的水潭，在中间溢出到石涯的两侧，石壁就像被倒插进了水底。我们从水潭乘木筏进洞里，抬头看洞顶如云雾般飘渺，何曾想到这里是我之前凌空跨过的下面呢！洞内两面的石壁凌空而起，往南进去，水很深。西边石壁上的岩石中有木梯悬嵌着，当地人指着那些嵌入的木梯说："这里就是上面装辘轳的地方。以前侬智高时，一些人为自保聚众占据在洞中，从下面汲水，这些都是那时遗留下来的。"东面石壁上有石缝从中间往两边展开，他们把房屋建在了绝顶上，在高空飞缀凭临，石壁陡峭险绝，悬挂在二十多丈的高空，没有可以供人攀爬的地方。当地人说："这里是因为戊午年（万历四十六年，1618）闹饥荒，当地人储藏粮食而且在这里躲避盗贼的。必须把绑好的梯子悬挂在石壁上才上得去，如今天下太平了，这些东西倒是很久没用过了。"往里进去有十多丈后，下面的壑谷就走完了，上边高悬的峡谷穿进去，从远方望去西南方峡谷的洞穴深处，有光影从高处照进来，光彩眩乱，石崖十分陡峻，并没有可以往上的台阶，也不知另一边是山前还是山右。下面壑谷中石壁插入水中，表面没有进到水里面的缝隙，是从水面下泛滥而出，那么多洞中的水流交汇，犹如封闭的山洞让人无法探知。于是返回木筏出洞，从洞口深潭西边踩着石崖上登洞口左边的石壁。穿过峡谷石窍往上走，有一个圆而宽敞的岩洞，洞口朝东，下临前方的深潭，右边从上往下看洞中的水，往前能眺望对面的山崖，旁洞云气浓郁，用木桥能横跨飞渡过去。岩洞的中间宽敞底下平整，可以用来栖身也可以用来休息，虽然洞口宽敞，但被对面高高地山崖给拦住视野，没有光亮能透进来，不免阴森了些。若是能跨过木桥到对面的山崖去，那水势浩渺的灵境与明朗开阔的景致就全都收揽其中了。水把洞隔开，但水源相通，缥缈间相互掩印衬托，简直就是天上神仙住的宫殿了。至于阻隔在外的一座座连绵不断的山，深锁于洞中的日月，仅一个百感内村就比世外桃源还要好，更不用说这窈窕幽深，独自占有所有美景的地方呢！

百感前下岩，在百感洞前门之下，路西坑腋间。其门亦南向，高拓如堂皇，中多巨石磊落，其后渐下。盖水涨时，山前之水亦自洞外捣入者，而今无滴沥也。洞东北隅有峡北入，其上透容光，其下嵌重石。累数石而下窥，其底渊然，水涵深窦，而石皆浮缀两崖间，既不能披隙而下，亦不能架空而入，惟倚石内望。西北峡穷处，亦有光内射，其隙长而狭，反照倒影，烨烨浮动，亦不知所通为山之后、山之右也。

【译文】百感岩前的下洞，位于百感岩前洞口的下方，路西深坑的旁边。洞口还是朝南，高高拓开如宽大的厅堂，洞中堆积了很多杂乱的巨石，洞尾逐渐下洼，应该是涨水时，山前的水冲入洞中形成的，然而这里现在却一滴水都没有。东北角有条峡谷往北延伸，从顶上透进来明亮的光线，峡谷下面是重重叠叠的岩石。垒起几块石头往下看，峡底非常深，水涵在深洞中，而浮出水面的岩石点缀在两边的石崖间，既穿过裂缝下不去，架在空中也进不去，只好靠着石头朝里看。西北方峡谷的尽头，有光线照进洞内，那条裂缝又长又窄，倒影反照，闪烁浮动，也不知是通到山后还是山右。

龙巷东北坞上洞，在向武州东北七里，即百感之西崖，第路由龙巷村东入，山北转盘旋成坞，枯榕北枝大江分捣其中，崖回坞绝。坠穴东入，而洞临其上，其门西向，左右皆危崖，而下临激湍。原无入路，由其北攀线纹践悬壁以入，上幕云卷，下披芝叠。东进六丈后，忽烘然内暖，若有界其中者。盖其后无旁窦，而气盎[1]不泄也。又三丈，转而北，渐上而隘，又三丈而止。其中悬柱亦多，不及百感之林林总总。而下有丸石如珠，洁白圆整，散布满坡坂间。坡坂之上，其纹皆粼粼如绉簇，如鳞次，纤细匀密，边绕中洼，圆珠多堆嵌纹中，不可计量。余选其晶圆者得数握，为薏苡，为明珠，不能顾人疑也。玉砂，洞中甚难得，亦无此洁白。

【注释】①盎（àng）：充盈。

【译文】位于龙巷村东北山坞的上洞，向武州城东北七里处，在百感岩西面的山崖上，经龙巷村向东，山崖向北转盘旋成山坞，枯榕江在北面分支，分流冲捣在山坞中，山崖回绕山坞断绝。江水向东落入洞穴中，而岩洞正临于这个洞的上方，洞口朝西，左右都是危崖，而下方正临着十分湍急的水流。原本进洞是没有路的，是从岩洞的北边攀着像条线一样的石纹，踩着悬空的石壁才能进去，石纹在上才如同卷云，在下才如同层叠的灵芝。往东进去六丈远，洞内一下变得暖和了，就像洞中有道界线隔着一样。可能是洞后没有其他的洞，而洞中暖气充沛而没泄到外面去。再进里三丈，转向北，往上走就逐渐变窄了，还再走三丈就走完了。洞中有很多的石柱悬挂，但比不上百感岩里的奇特繁多。地下有石丸子像珠子一样的，圆润、洁白又平整，洞内的坡地上都被散布着。坡地上，石纹像成簇的皱纹粼粼，像依次排列的鱼鳞，均匀地密布着，边沿围绕中间下洼，圆形的珠子多数嵌在石纹中，都不知道有多少。我挑了几把晶莹圆润的，像薏仁米，像明珠，不管别人怎么想了。玉砂，在洞中难找，不如这里的洁白。

琅山岩在州北半里，其形正如独秀。始见西向有门三叠，而不知登处反在东峰之半也。

余至后，黄君始命缚梯通栈，盖亦欲择其尤者为静修之地耳。由东麓攀危梯数百级，入其东门，其门豁然高敞，门以内遂分三径。由北窍者，平开一曲，即透北门，直瞰龙巷后北山，大溪西来界其中，抵横裂峰西而三分之，北面峦岚溪翠，远近悉揽。由南窍者，反从洞内折而东出，外复豁然，即东门之侧窍也。第一石屏横断其径，故假内峡中曲出，其内下有深洼，渊坠而底平。由其上循崖又南入峡中，渐上渐隘，有石横跨其上，若飞梁焉。透梁下再上，峡始南尽，东壁旋穴庋空，透窗倒影，西窍高穹曲嵌，复透而南，是为南门。其前正与州东北巨峰为对，若屏之当前，西南不能眺一州烟火，东南不能挹三曲塍流，而不知其下乃通行之峡也。由西直入者，高穹旁拓，十丈以内，侧堰曲房，中辟明扉，若隘门之中堑者。然其上穹盘如庐，当隘处亦上裂成峡，高剧弥甚。透隘门而西，则西辟为堂，光明四溢，以西门最高而敞也。堂左南旋成龛，有片石平庋为榻，有悬石下卷为拓托，皆天成器具也。堂右北嵌成楼，圆转无隙，比及前门，则石阈高栏。透窍以出，始俯门下层崖叠穴，危若累棋，浮如飞鹢[①]。盖已出西望第三门之上，而中门在其下矣。坐其上，倒树外垂，环流下涌，平畴乱岫，延纳重重，断壑斜晖，凭临无限，三门中较为最畅矣。夫此一山，圆如卓锥，而其上则中空外透，四面成门，堂皇曲室，夹榭飞甍，靡所不备。徙倚即殊方，宛转频易向，和风四交，蒸郁不到，洵中天之一柱，兼凌虚[②]之八窗，栖真之最为缥缈，而最近人间者也。惟汲泉须盘梯而上，不便负戴耳[③]。

【注释】①鹢(yì)：古书中经常说的一种水鸟，像鹭鸶，飞得高。②凌虚：高入天空。③不便负戴耳："便"原作"使"，依文意改。

【译文】琅山岩在州城北边半里处，山形与独秀峰有些相似。起初看见朝西的有三层洞口，登上去后才知道原来是位于山峰东面的半山腰。

等我到州城后，黄君才命人绑梯子修栈道，应该也是想选一处最好的地方做他的静修场吧。由东山脚下攀登了几百级危梯，进到岩洞的东洞口，洞口通达高敞，洞内有三条小道。从北边石窍进去的，有一条平坦的弯道，通往北洞口，能俯瞰龙巷村后面的北山，从西面流来的大溪隔在山中，到达横向排列山峰西面，便被分成三条支流，北面群山连绵雾气缭绕，溪水翠绿，远景近景都能一览无余。由南边石窍进去的那条路，却是由洞内折往东出来，外面豁然开阔，是洞口旁边的石窍。这条小径被第一道石屏风横向阻断了，因此需从洞内的峡谷中绕道出来，洞内有深深的洼地，深陷然而底部平坦。由洼地沿石崖向南进入峡谷，往上走慢慢变得狭窄起来，在峡谷上方有块岩石横跨，如一座桥梁架在空中一样。钻过桥往上走，峡谷这才在南边到了尽头，东面石壁上旋绕的洞穴架在高空，透过石窗倒射进光影，西边的石窍高大穹隆，曲折深嵌，再钻到南边，就是南洞口。洞口前方与州城东北方的巨大山峰正好相对，像一架屏风般挡在了前方，西南方眺望不到一州的烟火，东南方无法对着三条曲折流淌的江流作揖了，然而山下就是能通行的峡谷。从西边一直往里进的路，高大且中间突起，向四周拓展，十丈以内，侧卧着曲折的石室，石室中有明亮的门扉，像隘门深陷在中间一样。洞顶拱起形成盘状，就如同房屋，狭窄处也是向上裂成峡谷，比之前的还要高峻许多。钻过隘门往西走，看到西面辟为大堂，四周光亮通透，而西洞口最高且最宽敞。大堂左边旋绕成石龛，由一片石头平架成床，有岩石悬垂而下翻卷成拓碑用的托子，都是不经加工天然而成的。大堂右边往北深嵌成楼阁，圆圆地，转进去没有缝，到前洞口时，被高高地石门槛拦住了。只有钻过石窍才能出来，于是俯身看到洞口下方石崖洞穴层层叠叠，就像垒起来的棋子般危险，像飞翔的鹍鸟一般浮在高空。这已经到了能望着西方的第三层洞口了，而中层洞口就在这个洞口的下面。坐在洞口上，外面的树枝倒垂，环绕的江水就在下面奔涌，杂乱的石峰点缀着平旷的原野，连绵起伏的群山美景尽收眼底，夕阳的余晖斜照着断绝的深谷，凭临无限的空间，三个洞口相比较这个是视线最为畅达的。这一座山，像锥子一样圆，然山中间是空心的，又外边相通，四面是洞口，宽敞的殿堂和深幽的内室，夹层的台榭，飞卷的屋脊，无所不备。在这往返徘徊，方位马上不同，弯弯绕绕的不停改变方向，风从四面吹来，感觉不出天气的炎热，确实就像一根通天的柱子，兼有凌空八面的窗子，真是隐居修真中最为缥缈又最接近人间的好地方。唯一美中不足的是取水要绕梯子向上，不能肩挑也不能背扛。

下洞即在琅山西麓，其门西向，东入三丈余而止。仰其上，则悬岩层穴，又连叠门两重。余初至此，望之不能上达。明日又至，亦不知其上层之中通于东，并不知东之可登也。既而闻黄君命缚梯，既而由其南峡，同韦守老往百感出山之东，回望见梯已蜿蜒垂空，始知上洞须东上，下洞独西入，而中洞则无由陟焉。

【译文】下洞在琅山西麓，洞口朝西，下洞向东进去三丈多就到了尽头。抬头看洞顶，悬着岩石和层层洞穴，两层洞口重叠着。我第一次到这里时，看洞口不能通到上面。第二天又来了，也不知道原来洞上层中间通到东面，还不清楚东面的洞口是可以往上的。然后听人说黄君命人绑了梯子，不久由山南峡谷，与韦守老人一起去百感岩出到东山脚下，转身看见梯子已经在高空蜿蜒垂着了，这才明白到上洞一定要从东面上去，只有下洞是从西面进去，而中洞没有可以上去的路。

十九日　晓起，有云。晨餐后，半里过宁墟。

从南峡去，抵天灯墟，闻有营怀洞，乃龙英分界，为左、右二江脊。东折入山坞一里，北入峡一里，逾小脊北下。随山东转，又二里，南那村换夫。东北行二里，东逾一岭，曰石房岭。下岭而东，又二里，至石房村换夫。又东二里，复上山半里，过一岭脊。脊不高，其北水从东北坠，其南水从南流，是为向武、镇远分界，而左、右江亦以此分焉。随流南下一里，大路自西来合，遂东转循老山之南，东逾平峡一里，大道直东去，又从岐随水东南下一里半，四山环坞一围，曰龙那村[①]，已镇远属矣。

初至村，遥见屋角黄花灿烂，以为菊，疑无此盛，逼视之，乃细花丛丛，不知其名。又见白梅一树，折之，固李也。黄英白李，错红霜叶中，亦仲冬一奇景。饭而行，北逾岭而下，共一里，又行峡中半里，与西来大道合。于是随水形东行山峡间，五里，水形东北去，路东南上山。半里，又从岐南逾一岭，共一里而下，得南峒村。村人顽甚，候夫不即至，薄暮始发。其峒四山连脊，中洼为池，池上有穴，东面溢水穿山腹东出，池西乃居人聚庐所托也。东逾岭而下，共一里，东向行山坞间。八里，过一村，又东与石山遇。循其南崖，崖上石窦历乱，俱可入，崖下累石属南山，傍崖设隘门以入，于是南北两石山复峥峥屏立矣。又东一里为镇远州[②]，宿于州东之铺舍。州官名赵人伟。

【注释】①龙那村：乾隆本、“四库”本作“龙濑村”。②镇远州：隶太平府，治所在今天等县北境的镇远。

【译文】十九日　天还没亮就起床，有云。用完早饭，行半里经过宁墟。

从南面峡中出发，到天灯墟，听说这里有个营怀洞，在与龙英州的分界，与左、右二江分流的山脊处。向东折进山坞前行一里，往北进入峡中一里，越过小山脊往北下走。顺着山势向东转，又行二里，在南那村换夫。往东北行二里，向东翻越一座岭，叫做石房岭。下岭后往东走，又是二里，到石房村换夫。又向东二里，再上山半里，越过一条岭脊。岭脊不高，岭脊北面的水流从东北方向往下流，岭脊南面的水流往南流，这里是向武州、镇远州的分界处，而且左江、右江都是从这条岭脊分流而出的。顺着水流向南下行一里，大路自西面过来会合，于是向东转沿着老山的南山脚，向东穿越平缓的山峡一里，大道一直向东去，又从岔路顺着流水往东南下走一里半，四周的山环绕成一个圆形山坞，叫龙那村，这里已经是镇远州的属地了。

到村里时，远远望去，看到村民屋角有灿烂的黄花，我还以为是菊花，又觉得菊花没有这么繁盛的，走近了细细一看，原来是一丛丛小小的花朵，也不知道叫什么名字。又看到一树白梅，走近了折下来看，却是李花。黄花白李，在红霜叶中错夹杂着，在这仲冬季节也算是一种奇景。饭后上路，向北越岭后往下走，共行一里，又在峡谷中走了半里，与西面来的大路汇合。于是沿水势往东在山峡间行走，行五里，水往东北方流去，道路从东南方上山。行半里，又走岔路向南翻越一座岭，共行一里后下走，到南峒村。这个村里的人很是刁顽，派夫了却不立即报到，拖到黄昏时才出发。这个峒四面山脊相连，中间下洼成水池，水池上有洞穴，水池东面溢出来的水穿过山腹从东流出，百姓房屋聚集依托在水池西面。往东越过岭头往下走，共行一里，向东前行在山坞间。行八里，路过一个村子，又向东走与石山相遇。沿石山南面的山崖前行，石山上有很多杂乱的石洞，这些洞都可以进去，山崖下垒砌石墙连接南山，紧靠山崖设了隘门以方便出入，南北两面的石山山势在这里又像屏风一样高峻突兀的矗立着。又向东一里是镇远州城，在州城东面的客馆中落脚。州官叫赵人伟。

州宅西南向，其地属太平府，在太平府东北二百里。西南一日至全茗，又经养利而达府。西北为向武界，十八里。东北为结伦界，十六里。东为结安[1]界，西南为全茗界。州前流甚细，南入山峡，据土人言，乃东北至结伦，北入右江者。由此言之，则两江界脊西自镇安、都康，经天灯墟，龙英之北，向武之南，二州分界。东径全茗、永康、罗阳诸地而抵合江镇[2]。昨所过石房村东南之脊，乃北走分支，其南下之水，尚非入左江者也。

【注释】①结安：明为州，隶太平府，治所在今天等县东北境、进结稍南的结安。②永康：明为县，治所在今扶绥县北境的旧县。万历二十八年（1600）升为州，仍隶太平府，治所南迁至今扶绥县北境的中东。罗阳：明为县，隶太平府，治所在今扶绥县北、中东稍南的南哨附近。

【译文】州衙的宅第面朝西南方，这里属于太平府，在太平府城东北二百里。西南方到全茗州需要一天的路程，途经养利州然后到府城。西北方是向武州的边界，有十八里。东北方是结伦州的边界，有十六里。东面是结安州的边界，西南方是全茗州的边界。州城前的水流不大，往南流进山峡，据当地人说，是从东北方流到结伦州，向北汇入右江的水流。这样一来的话，左、右两江分界的山脊西面起自镇安府、都康州，延经天灯墟，在龙英州的北面，向武州的南面，是两州的分界处。往东经过全茗州、永康州、罗阳县等地后抵达合江镇。昨天越过的石房村东南方的岭脊，是主脉往北延伸的分支，岭脊南面下流的水流，并不是进入左江的水。

二十日　晨起，小雨霏霏。待夫，而饭后至。乃雨止，而云不开。于是东向转入山峡，半里，循南崖之嘴转而北，循北崖之□共半里，出一隘门，循西山之麓北行二里，山撞而成峒。乃转而东一里，又东出一隘门，即循北山之麓。又东一里上一岭，共一里，逾而下，复东行一里，随小水转而北。其处山峡长开东西两界，中行平畴，山俱深木密藤，不辨土石。共北二里半，渡小水，傍西麓北行。又二里，稍东北，经平畴半里，已复北入峡中。其中水草沮洳①，路循西麓，崎嵚而隘。二里，渡峡而东上东岭，一里跻其巅，东下一里，抵其麓。其岭峻甚，西则下土而上石，东则上土而下石，皆极峭削，是为镇远、结伦分界。又东行坞中一里，复稍上而下，共一里，逾小石脊。又东北平行半里，乃直下石崖中，半里，已望见结伦村聚矣。既下，又东行平畴一里，有小水自西南山夹来，又一大溪自南来，二水合而北注，北望土山开拓。乃涉溪而东，是为结伦，止于铺舍。适暮，微雨旋止。州乃大村落，州官冯姓。是日共行二十里。

【注释】①沮洳（jù rù）：原意为低湿之地，此处为腐败植物埋地下形成的沼泽。

【译文】二十日　早晨起来，细雨蒙蒙。等派夫，直到吃完饭才来。那时雨停了，但依旧还是阴云笼罩。从此地出发往东转入山谷之中，行半里，沿着山崖南面的山嘴转向北，沿北面山崖洞口往前行半里，走出一道狭窄的门，沿西山的山麓往北行二里，由于山体撞击而形成的一个洞。转向东一里，又向东穿过一道山隘门，于是沿着北山的山脚走。接着往东一里登上一座岭，行一里，越过岭头朝下走，继续往东前行一里，沿溪流转向北。这里的山峡东西向的横列着，在中部平缓而空旷的原野间行走，山上的树木和藤蔓长得浓密而茂盛，将山石全都遮盖住了，无法分辨这座山到底是土山还是石山。一路向北行了二里半，渡过小溪，沿西山脚往北行。又行二里，稍偏向东北，在平寂而空旷的原野走了半里，不一会儿又往北进到峡谷中。这里到处都是水草泥泞，道路顺着西山脚走，特别崎岖、狭窄。行二里，越过峡谷向东上登东岭，行一里登上岭头，向东朝下走一里，抵达山脚下。这座山整体上都十分的陡峻，山的西面下方是土上面是石头组成的，东面则是上面是土下面是石头，东西两面都特别挺拔陡俏，这里就是镇远州、结伦州的分界处。又往东行在山中了一里，先往稍上走后便下走，共一里，越过一座小石山的山脊。又往东北平缓前行半里，便一直往下到石崖中，行半里，就可以望见结伦州内聚集的村庄了。下山后，又往东在平坦空旷的原野中走了一里，自西南方的山间夹谷中有条小溪流出，南面一条大溪流来，两条溪水在这里汇合然后往北流去，向北望去，土山山势开阔。于是涉过溪流往东走。就到了结伦州，我们在驿站的客馆中休整。因时间已是黄昏，又下了点小雨，只是没下多久很快便停了。结伦州是村落比较大，州官姓冯。一天下来我们赶了二十里路。

都康在镇安东南，龙英北，胡润、下雷东，向武西南，乃两江老龙所经，再东即为镇远、结伦。土人时缚行道者转卖交夷，如壮者可卖三十金，老弱者亦不下十金。如结伦诸土州隔远，则展转自近州递卖而去。告当道，仍展转追赎归，亦十不得二三。其例：每掠卖一人，即追讨七人，然不可得。土州争杀，每每以此。

【译文】都康州在镇安府的东南部，龙英州的北面，胡润寨、下雷州的东面，向武州的西南，是左、右二江流经的地方，再往东就是镇远州、结伦州。这里的人经常把过路的外地人绑了然后卖给交夷，其中青壮年可以卖到三十两黄金的高价，老弱者卖出去也至少有十两黄金。像结伦州这种距离隔得太远的，也会经一翻辗转先卖给邻州，再从邻州转卖出去。如果向当地官府上报，想要官府追查后找回或赎回来，然而那些被卖的人里面十个人最多也只能找回来两三个人。当地的规定：就是每掠走卖掉一个人，马上追究相关七个人的责任，但是效果不佳，仍是很少能追回来。所以土州与土州之间发生争斗，大都是因为掠人卖人这种事引起的。

结伦在向武东南，都结西南，土上林在其北，结安在其南。其水自西南龙英山穴中流出，北流经结安，又北至结伦，绕州宅前，复东北入山穴，出土上林而入右江。疑即《志》所称泓渰江。从结伦东北入石穴，出向武境、土上林，与枯榕俱入右江者。

【译文】结伦州位于向武州的东南，都结州的西南，上林土县位于结伦州的北面，结安州又位于结伦州的南面。水流自西南方龙英州大山的洞穴中流出，往北经过结安州，再往北就到了结伦州，水流从州府衙门前经过，再向东北方向流进大山的密林洞穴之中，经上林土县然后汇入右江。我个人主张这就是史书《志》中所记载的泓渰江。史书《志》中的泓渰江就是从结伦州的东北境流入大山之中，然后从向武州境内流出，经上林土县，与枯榕江水一起汇合后再流入右江的一股溪流。

二十一日　浓云密布而无雾。候夫未至，饭后散步东阜，得古梅一株，花蕊明密，幽香袭人。徘徊其下不能去，折奇枝二，皆虬干珠葩[①]。南望竹崖间一岩岈然，披荆入之，其门北向。由隘窦入，中分二岐，一南向入，一东南下，皆不甚深。还铺舍，觅火炙梅枝。微雨飘扬，拈村醪对之，忘其为天涯岁暮也。

【注释】①葩：花。

【译文】二十一日　天上乌云笼罩，但没有起雾。等派夫却久久没有来，只好在吃完饭后闲逛到东面的土山上，竟发现了一棵古梅树，花蕊艳丽明亮而不妖，清幽淡雅、暗香袭人。我在树下逗留了很久都舍不得离开，最后从树上折下两枝比较奇特的梅枝，两枝梅花的枝干蜷曲有形，花朵如同珍珠般明艳。从梅树下发现南边竹林的石崖上有个十分深邃的岩洞，拔开带刺的灌木丛进到洞里去，洞口朝北。从狭窄的洞口进去，洞内又生出两个岔洞，一个向南直进，一个往东南朝下，里面都不是很深。等我回到驿站客馆中，找了些火用来烘烤梅树枝。天空中飘着毛毛细雨，品着这乡野中自己酿的浊酒，赏着采来的梅树枝，一时间竟忘了年关将至而我又身处异乡。

既午雨止，日色熹微，夫始至，复少一名，久之乃得行。

从东南盘崖间小岩一里，路循坞而南，度小溪，有岐东向入土山。从坞南行又一里，有岐西南溯大溪，结安、养利大道，为此中入郡者。又正南行一里，折而东入土山之峡。其处西为镇远来所逾，石峰峭聚如林；东为土山，自结伦北南绕而西，遥裹西面石峰；中开大坞，亦自西南转北去。从土峡中东行一里，遂跻土山而上。又一里，逾山之巅，即依岭南行。一里，出南岭之巅，东望盘谷东复有石山遥列，自东北环峙西南矣。东向循岭半行，又一里，转南半里，又东下半里，抵山之麓。遂从坞东南行二里，越一南来小水，又北越一西北来小水，得一村倚东山下，众夫遂哄然去。余执一人絷之，始知其地为旧州，乃结伦旧治，而今已移于西北大溪之上。两处止隔一土山，相去十里，而州、站乃互相推委。从新州至都结，直东逾山去，今则曲而东南，欲委之旧州也。始，当站者避去，见余絷其夫，一老人乃出而言曰："铺司姓廖，今已他出，余当代为催夫。但都结须一日程，必明日乃可。"候余上架餐饭，余不得已，从之。检行李，失二鸡，乃镇远所送者。仍絷前夫不释。久之，二村人召鸡，释夫去。是日止行十里，遂止旧州[1]。

【注释】①旧州：今作"高州"，在天等县东北境。

【译文】午时过后，雨停了，天色也渐渐明亮起来，这才有脚夫来，然而还差了一个，又过了好久，才继续赶路。

从东南绕山崖上的小岩洞前行一里，路沿着山坞往南走，渡过小溪，有条岔路向东进入土山中。从山坞又向南前行一里，有条岔路向西南溯大溪走，是去结安州、养利州的大道，这是一条通往府城的大路。又向正南前行一里，折向东进入土山的峡谷中。西面是我来镇远州时经过的地方，石峰聚集像树林一样又直又陡；东面是土山，自结伦州的北面往南绕向东去，远远看着西面的石峰如同被裹住；中间是开阔的大山坞，也是自西南转向北去。在土山峡谷中往东行一里，再走上坡攀登土山。又行一里，翻越到山顶，即紧挨着岭南边前行。行一里，到达南岭的最高处，往东望去，远远地又有石山在山谷东面排列着，山势从东北环绕到西南高耸矗立。向东顺着山岭半山腰前行，又是一里，转向南半里，又向东下走半里，抵达土山的山脚下。从山坞中往东南行二里，趟过一条从南边来的小溪，又向北越过一条西北方流出的小溪，紧靠在东山下有一个村庄，到了这里后，脚夫们便一轰而散了。我立即抓了一个人并将他扣押，一打听才知道这里是个旧州，是原来结伦州的治所，只是如今的治所被搬造到西北方的大溪之上了。与此地只隔了一座土山，两地相距差不多十里，因此州里和驿站之间互相推卸派夫的差事。如果我走新州城去往都结州，就会一直往东到山那边去，如今却因为绕了路到了东南方，于是他们便想把派夫的差事推给旧州了。起初，驿站的主管躲了起来，见我扣押了一位他的脚夫，这里的一位长者才出来说话，说：“这个驿站管事的人姓廖，今天外出不在，我便代他为你催派差夫。可是去都结州至少一天的脚程，要明天才可以为你派夫了。”于是陪同我到高架的茅屋去吃饭，我没有办法，只得听候他的安排。检查行李，发现有两只鸡弄丢了，鸡是在镇远州时人家送我的。先前那个脚夫还是被我扣押着，没有放走。过了好久，直到村里来了两个人帮我找鸡，才将那被扣押的脚夫给放了。这一天只往前走了十里路，便留宿在了旧州。

二十二日　早起，天无雾而云密布。饭后，村人以二鸡至，比前差小。既而夫至，乃行。一里，东北复登土山，四里，俱从土山脊上行。已下一坞，水乃东北行，遂西北复上土山，一里逾脊。又东北行岭上二里，转而西北二里，始与结伦西来路合。乃下山，得一村曰陆廖村[1]，数家之聚在山半。其夫哄然去，余执一人絷之，盖其夫复欲委之村人也。度其地止去结伦东十余里，因其委旧州，旧州欲委此村，故展转迂曲。始村人不肯承，所絷夫遍号呼之，其逃者亦走山巅遍呼村人。久之，一人至，邀余登架，以鸡黍饷而聚夫，余乃释所絷者。日午乃得夫，遂东上。岭头有岐，直北者为果化[2]道，余从东岐循岭南而东向行。半里，遂东北下山，一里而及山坞，有小水自北坞中来，折而东去。渡之复北上岭，一里逾岭北，循之东向行。半里，有岐直东从岭畔去。即都结大道。

以就村故，余从东北岐下山。复一里抵山坞，有小水自北来，折而东南去。渡之，复东北逾一小岭，共一里半，前所渡水穿西南山夹来，又一小水从西北山夹下，共会而东，路遂因之。屡左右渡，凡四渡，共东行三里，又一小水从南坞来合之北去。又东渡之，复上岭，一里，逾岭东下，其水复从北而南。又东渡之，复上山，随之东行一里半，水直东去，路折入东北峡。一里，得数家之聚，曰那印村。

夫复委之，其郎头他出，予执一夫縶而候之。时甫下午，天复明霁，所行共二十余里。问去都结尚一日程，而中途无村可歇，须明日早行，即郎头在亦不及去矣。余为怏怏，登架坐而待之。久之郎头返，已薄暮矣。其饷以鲫为供。

【注释】①陆廖村：今作"陆连"，在隆安县西北隅。②果化：明为州，隶南宁府，治所在今平果县西隅，右江西岸的果化。

【译文】二十二日　早晨起床，没有雾却乌云密布。饭后，村里人提了两只鸡来，比之前镇远州人送的要稍稍小些。不一会儿脚夫也来了，于是出发。行一里，向东北又上登土山，行四里，都是在土山的山冈上行走。没过多久便到了一个山坳，水流开始转往东北流，于是我们向西北方又上登土山，行一里越过山脊。又往东北行走在岭上二里，转向西北二里，这里才与从结伦州西面延伸的道路会合。于是下山，走到一个叫陆廖村的村子，这是一个只有几户人家在半山腰聚集中而住的村子。那些送我来的脚夫们又是一哄而散，幸而我将他们其中的一个人拉住扣押了下来，原来这些脚夫们是打算把我推给这个村里的人。应该是这里离东面的结伦州只有十多里路，而之前那些人把我推给旧州，旧州的脚夫又想把我推给这个村子，于是就在这里来来回回的绕圈子。一开始村里人也不同意，但那个被我扣押的脚夫在村里四处叫人，他那些逃走的同伴也在山头上奔走呼叫，将整个村子都叫了个遍了。过了很久，才来了一个人，邀我到高架茅屋中，请我用了鸡肉做的饭，然后便去帮忙找脚夫了，我这把先前扣押的那个人放了回去。等中午的时候才有了脚夫，于是向东上方走。岭头有条岔路，一直往北的是去果化州的路，我从东边的岔路沿着岭南向东前进。行半里，便向东北下山，走一里后到山坳，有条小溪从北面的山坞中流来，折向东流去。渡过小溪又向北上岭，行一里后翻越到岭北，沿着山岭向东前行。行半里，有条岔路一直向东从山岭的侧旁走去。这里就是了到都结州的官道。

因要去近边村子的缘故，我从东北方的岔路下山。又走一里抵达山坞，自北边有条小溪流来，折向东南流去。渡过小溪，又向东北翻越一座小岭，共行一里半，前边渡过的溪水穿过西南方的山峡流来，又有一条小溪从西北方的山峡中流下来，汇流后一同往东流去，于是道路顺着溪流走。途中好几次遇溪渡到左岸或右岸，共渡了四次，再向东前行三里，又有一条小溪从南面的山坞中流来，合流后向北流去。又向东渡过溪流，再上岭，行一里，越过岭头向东下山，这里的水流又是从北往南流。又向东渡过溪流，再次上山，顺着溪流往东行一里半，溪水一直向东流去，道路折进东北方的山峡中。行一里，走到一个只有几户人家的小村落，叫做那印村。

脚夫们又把我推给那印村的人，这个村庄的郎头出门去了，不在村里，我只好又将之前的一个脚夫给扣押下来随我一起等郎头。时间还早，刚到下午，天气转晴，已经走了二十多里路了。向村里人打听，说这里离都结州还有一天的路程，并且沿途再没有村子和人家可以供人歇脚的，要明天早早动身，就算是郎头没有外出，今天出发也没有时间了。为此我有些郁闷，只好登上高架茅屋在那里等郎头回来。过了好久郎头才回村，这时已经是黄昏了。郎头做了鲫鱼和饭菜招待我。

二十三日　早雾四塞，既饭而日已东出。促夫至，仍欲从东北坞行。余先问都结道，当东逾岭，窥其意，以都结道远，复将委之有村处也。盖其地先往果化，则有村可代，而东南往都结，无可委之村，故那印夫必不肯东南。久之，一人来劝余，此地东往龙村，名囤龙，亦结伦。（缺）即都结属，但稍迂，多一番换夫耳。余不得已，从之。

乃东北入坞中，半里，复与前西南来之水遇，遂循之东向行。二里，下坞中，忽望见北坞石山回耸。又半里，路右东行之水，又与一东南来水会而北去。东向涉之，复上岭，东北一里，逾岭上。又北行岭脊半里，望西北石山与所登土山分条而东，下隔绝壑，有土脊一枝横属其间，前所渡北流之水，竟透脊而入其坞穴中，不从山涧行矣。路既逾岭，循岭上东行三里，过一脊，又平行一里，始东南下。一里半，及坞底，忽见溪水一泓深碧盈涧，随之东下，渐闻潺潺声，想即入脊之水至此而出也。东行半里，又有小水自东峡而出，溯之行一里，溪四壑转，始见溪田如掌。复随之东南行一里，水穷峡尽，遂东上一里，登岭。平行岭北半里，又东南坦下者半里，过一脊，又东北逾岭半里而上，逾其阴，望东北坞中，开洋成塍。又东北半里，始东向下山，半里，午抵囤龙村[①]。土人承东往果化，不肯北向都结，亦以都结无村代也。饭于郎头家。

下午夫至，郎头马姓者告余曰："此地亦属结伦，若往送都结，其径已迂，恐都结村人不承，故本村不敢往。往果化则其村为顺，不敢违耳。"盖其地往都结，尚有一村曰捺村，仍须从所来高岭之脊南向而去。余不得已，仍从之。及升舆，尚少三人，遍入山追之。比至，日已西入山，余有戒心，闻结伦、都结土人不良。竟止不行。是午，土人以鼠肉供，麾却之[②]。易以小鸟如鹌鹑，乃薰干者，炒以供饭。各家所供酒，或烧酒或白浆，皆可食。又有黄酒，色浊味甜，墟中有沽者，各村罕有。是日上午行二十里而已。

【注释】①囤龙村：又作“龙村”，今作“亭龙”，在平果县西南隅。②麾（huī）却之：挥手斥退。麾，同“挥”。

【译文】二十三日　早晨起来四周起了雾，吃完饭太阳已经从东方升起。经几翻催促后脚夫们终于来了，我还是想从东北方向的山坳中走。因为我之前打听过了，向东越岭就是去都结州的路，但听脚夫们话里的意思，去都结州的路程太远，又计划把我向有村庄的地方推了。从这里可以先去果化州，那里有村子可以替换他们，如果往东南方向去往都结州，途中就没有村子可供停歇也没办法把我推卸到其他村子了，因此那印村的脚夫们无论如何也不肯往东南方走。相持了很久后，其中的一个人过来劝我，说是从这里出发向东到龙村，也叫囤龙，是属于结伦州。（缺字）就是都结州地界，只是稍稍绕了些路，途中再换一次脚夫而已。我不得已，只得听了他的劝。

于是向东北进入山坞中，行半里，与昨天从西南方流来的溪水相遇，沿溪水向东走。行二里，下到山坞中，突然抬头望见北边的山坞中石山环绕，高高耸立。又行半里，路右边向东流淌的溪水，又与一条东南方流来的溪水汇合然后往北流去。向东涉过溪水，再上岭，向东北一里，翻越到岭上。又向北行走在岭脊上半里，看到西北方的石山与我脚下的土山呈条状往东延伸，下面隔着深不见底的壑谷，在两山之间有一条土山山脊横向连接，之前渡过的往北流的溪水，在穿过山脊后流入山坞的洞穴之中，不再从山涧中流淌了。路在越过了山岭后，沿着岭上往东行三里，越过一条山脊，又平缓前行一里，这才往东南下山。行一里半，到达山坞底下，眼前见到一片深绿的溪水在山涧充盈，正顺着山坞向东下走，不一会儿又听到了水流的声音，应该就是之前流进山脊的溪水从这里流出来了。往东行半里，又有一条小溪自东面的峡谷中流出来，沿着这条小溪前行一里，溪水随着深谷回绕流转，就看到溪流两旁出现了些如同手掌大的田地。再沿着溪水往东南行一里，等走到溪水的尽头，走出峡谷后，便向东上走一里，登上岭头。在岭北平缓前行半里，又往东南平地上走半里，越过一条山脊，又向东北越岭半里后登上去，翻越到岭北，望见东北方的山坞，这里地势非常开阔，被开垦成田地。又往东北方向行半里，开始向东下山，行半里，中午时到了囤龙村。囤龙村的人同意派差役往东去果化州，却拒绝向北去都结州，理由也是因为去都结州路程远，而且没有村子替换。在郎头家中吃饭。

下午脚夫来时，村里姓马的郎头告诉我说："这里也是属于结伦州，如果送你到都结，那就绕去好远了，又害怕那些都结村子里的人拒绝差役，因此他们村的人不敢去。如果去果化州，那一带的人比较温驯，不会拒绝差役。"原来从这里到都结州，还有一个叫捺村的村子，还是要从来时那些高高的山岭上向南走。没有办法，只能接受这个办法。在我登轿子准备出发的时候，发现竟然还缺三个脚夫，进山到处去追赶。等人全都到齐了，已经是夕阳西下，我起了戒备之心，之前有听说结伦州、都结州的当地人不是善良之辈。于是决定今天先不走了。这天中午，当地人拿来老鼠肉给我当午饭，被我挥手退却了。后来换成了一种像鹌鹑的小鸟，是熏干的鸟肉，炒好后用来下饭吃。各家提供的酒，有的是烧酒，有的是白浆，都是可以用来饮用的。其中有一种黄酒，颜色浑浊，味道甘甜，在集市上有卖的，别的村很少见到。这天就上午走了二十里路而已。

二十四日　早起，霁色如洗。及饭，反有雾蒙四山，日出而净如故。及起行，土人复欲走果化，不肯走都结，即迁往其村，亦不肯送。盖与都结有仇杀，恐其执之也。余强之不能，遂复送向那印。盖其正道在旧州，此皆迂曲之程也。遂西南行田陇间，半里，穿石隙登土山西向平上，半里及其巅。又半里，越岭而南，稍下度一脊。又平上半里，复逾巅西下。一里，及坞中，遂循水痕西北行。一里，有小水自北坞来，与东来小水合而西去。又随之西一里，复有小水自北坞来，与东来之水合而南去。路西上山，直上者一里半，平行岭上者二里，又西向下者一里半，下及坞底。忽有水自南峡来，涵碧深沉，西向去。过坞半里，从北山西上一里，登岭上又一里，稍下，过一脊复上，始依岭北，旋依岭南，俱西向平行岭上，南望高岭，即旧州走都结者。共三里始西南下，一里半而及其坞，则前所过南峡之水，与那印之水东西齐去，而北入石山之穴。截流而西，溯东来之水三里，饭于那印。候夫至下午，不肯由小径向都结，仍返结伦。初由村左西北上山，转西南共一里，登岭上行。西南五里，稍下，度一脊复上，西南行岭上六里，转出南坳。又西南行六里，稍东转，仍向西南，始东见旧州在东南山谷，结伦尖山在西南山谷。又西二里，始下，南渡坞塍，始见塍水出北矣。又南逾山半里，又渡塍逾小山一里，得一村颇大，日已暮。从其南渡一支流，复与南来大溪遇。南越一垅，溯大溪西南行塍间，又一里半至结伦州。州宅无围墙，州官冯姓尚幼。又南渡大溪，宿于权州者[1]家。是日约行四十余里，皆迂路也。

【注释】①权州者：暂代州官行使职权的人。唐以来的称试官或暂时代理官职为“权”。

【译文】二十四日　清早起来，天气晴了，天空碧蓝如洗。等吃过早饭，在四周的群山之上却起了雾。等太阳升起，天空明净如故。等要出发的时候，村子里的人还是要去果化州，不肯去都结州，就算是绕道送我去本州的其他村子，也不愿意。原来他们与都结州之间互相仇杀，害怕一去就被都结州的人把他们都给抓住。我怎了强迫也无济于事，于是最后又把我送去那印村。去都结州的正道就在旧州，这都是属于绕路的路程了。于是向西南行走在田野间，行半里，穿过石缝上登土山，向西平缓上行，半里到达山顶。又行半里，越过岭头往南走，稍下走越过一条山脊。又平缓上走半里，再越过山头往西下走。行一里，到达山坞中，于是顺着溪流往西北行。行一里，自北面的山坞中有条小溪流来，与东面流来的小溪合流后往西流去。又沿着小溪往西走一里，又有小溪从北面的山坞中流来，与东面流来的小溪合流后往南流去。道路向西上山，一直上走一里半，平缓行走在岭上二里，又向西下走一里半，下到山坞底部。忽然有溪水自南面的峡谷中流来，碧绿深沉，向西流去。穿过山坞半里，从北山向西上登一里，登到岭上又是一里，稍下走，越过一条山脊又上走，开始时靠着岭北走，旋即靠着岭南走，都是在岭上向西平缓前行，远望南边高高的山岭，那就是从旧州去都结州要走的地方。共三里才向西南下山，行一里半后到达山下的山坞，只见前边路过的南面峡谷中流来的溪水，与那印村的溪水分在东西一齐流去，而后向北流入石山的洞穴中。横渡溪流往西行，沿着东面流来的溪水前行三里，在那印村吃饭。在那印村等脚夫等到下午才出发，脚夫们不同意走小路去都结州，又回去结伦州。最初由村子左边向西北上山，转向西南共行一里，登岭上行。向西南五里，稍下走，越过一条山脊又上走，往西南行走在岭上六里，转出南面的山坳。又往西南行六里，稍向东转，仍然走向西南，这才向东看见旧州在东南方的山谷中，结伦州地界内的高山在西南方的山谷中。又向西二里，开始下山，向南越过山坞中的田野，这才看见田间的水向北流出去了。又向南翻山半里，又穿过田野翻越小山一里，看到一个非常大的村子，这时天色已近黄昏。从村南渡过一条支流，再一次与从南面流来的大溪相遇。向南越过一条土陇，溯大溪往西南行走在田野间，又走一里半来到结伦州。州衙宅没有设围墙，州官姓冯，年纪还小。又向南渡过大溪，在代理州务的人家留宿。当日行了四十多里路，但都是些绕弯子的路。

二十五日　凌晨，权州者复送二里，至北村，坐而促夫者竟日，下午始行。即从村东南上山一里，始东北逾岭，旋转东南，绕州后山脊行。六里，少庭脊，复上行岭畔者三里，又稍下。其处深茅没顶，舆人又妄指前山径中多贼阵，余辈遥望不见也。又前下一里，渡脊，始与前往陆廖时所登山径遇，遂东瞰山谷，得旧州村落。又东南下者半里，时及麓，舆夫遂哄然遁去。时日已薄暮，行李俱弃草莽中。余急趋旧州，又半里下山，又行田塍间一里，抵前发站老人家[①]，已昏黑，各家男子俱遁入山谷，老妇人卧暗处作呻吟声。余恐行李为人所攫，遍呼人不得。久之，搜得两妇执之出，谕以无恐，为觅老人父子归，令取行李。既而顾仆先携二囊至，而舆担犹弃暗中。已而前舍有一客户[②]来询，谕令往取，其人复遁去。余追之执于前舍架上，强之下，同顾仆往取。久之，前所遣妇归，云："老人旋至矣。"余令其速炊，而老人犹不至。盖不敢即来见余，亦随顾行后，往负行李也。半晌，乃得俱来。老人惧余鞭其子若孙，余谕以不责意。已晚餐，其子跛立，予叱令速觅夫，遂卧。

【注释】①抵前发站老人家：从结伦州到都结州原本只需一天路程。但村夫互相递送，抬着徐霞客在今天等、隆安、平果三县交界的大山中兜了一圈，走了五天却又抬回了原地。这是徐霞客在旅途中再一次遭遇困境。②客户：从外地到当地客居的人。

【译文】二十五日　凌晨，代理州务的人又送了我二里路，来到北村，在那里催派夫用了一上午时间，直到下午才出发。从村子向东南上山一里，开始时向东北越岭，旋即转向东南，绕到州城后面的山脊上前行。行六里，在山脊上稍作休息，又从岭旁上行三里，又稍稍朝下走。这里茅草茂密厚实，都没过头顶，那些轿夫又胡说前面的这些山路上藏了很多强盗，只是我们隔得远，看不见罢了。又向前下走一里，越过山脊，与几天前到陆廖村时登山的小路重遇，向东俯瞰山谷，可以看到山谷中旧州的村落。又往东南下行半里，到山麓时，轿夫们哄然一声竟然全都跑了。此时天色已近黄昏，我的行李全都被丢弃在草丛中。我只好匆匆赶去旧州，又下山半里，又在田野间行了一里，就到了几天前出发的驿站的老人家中，天色已经昏黑了，村里各户男丁全都躲进了山中，老女人躺在黑暗中呻吟着。我因害怕行李被偷，满村找人都没有找到人。找了好久，才找出来两个女人，并对她们说不必害怕，帮我把这家的老人和老人的儿子找回来，让他们父子去取行李。不久，顾仆带着两包行李先回来了，可是轿子、担子还被丢弃在黑暗的荒草之中。不一会儿，有一个客居在在这个村子的外地人，从住在前边高架茅屋中过来问情况，我命他帮忙去取丢弃在山中的东西，那人马上跑了。我立即追了上去，在前边茅屋的高架上把他抓住，强行让他下去，与顾仆两人一同去。过了很久后，之前派出去的两个女人回来了，说："老人马上就到。"我让她们马上做饭，但老人还是没有回来。应该是怕我责怪，不敢马上来见我，是想跟在顾行后面，一起去挑行李了。过了半晌，才看到他们一同回来。原来老人是怕我对他的儿子或孙子进行惩罚，我告诉他说，我并不会责怪他们的。等吃完晚饭，老人的儿子跛着脚站在那儿，我命令他马上去找明天要用的脚夫，便去睡了。

二十六日　凌晨饭。久之，始有夫两人、马一匹。余叱令往齐各夫。既久，复不至。前客户来告余："此路长，须竟日，早行，兹已不及。明晨早发，今且贳跛者，责令其举夫可也。"余不得已，从之。是日，早有密云，午多日影。既饭，遂东向随溪入石山峡，一里，两石山对束，水与路俱从其中。东入又半里，路分两岐，一东北逾坳，一西南入峡。水随西南转，轰然下坠，然深茅密翳，第闻其声耳。已西南逾坳，则对东西山之后脊也，溪已从中麓坠穴，不复见其形矣。乃转至分岐处，披茅觅溪，欲观所坠处，而溪深茅丛，层转不能得。又出至两峰对束处，渡水陟西峰，又溯之南，茅丛路塞，旋复如溪之北也。乃复从来处度旧路，望见东峰崖下有洞南向，已得小路在莽中，亟披之。其洞门南向，有石中悬，内不甚扩，有穴分两岐，水入则黑而隘矣。出洞，见其东复有一洞颇宽邃，其门西南向，前有圆石界为二门，右门为大。其内从右入，深十余丈，高约三丈，阔如之，后壁北转渐隘而黑，然中觉穹然甚远，无炬不能从也。其外从左南扩，复分两岐，一东北，一东南，所入皆不深，而明爽剔透，有上下旁穿者。况其两门之内，下俱甚平，上则青石穹覆，盘旋竟尺，圆宕密布无余地。又有黄石倒垂其间，舞蛟悬萼，纹色俱异，有石可击，皆中商吕①，此中一奇境也。出洞，仍一里，返站架。日色甚暖，不胜重衣，夜不胜覆絮。是日手疮大发，盖前结伦两次具餐，俱杂母猪肉于中也。

【注释】①皆中商吕：指全部都可以发出优美和谐的声音。商，中国古代通行五声音阶，即宫、商、角、徵、羽，商为五音之一。吕，中国古代音乐有十二律制，用三分损益法将一个八度分为十二个不完全相等的半音，其中奇数各律称“律”，偶数各律称“吕”，统称为“六律”“六吕”。

【译文】二十六日　凌晨就起来吃饭。过了好久，才来了两个脚夫、一匹马。我于是命令马上调齐所有脚夫。又过了好久，还是没有人来。昨晚那位客居在此的人告诉我说：“这段路程很长的，要走一整天才行，一定要早上很早就出发才能到，今天这个时候动身已经是晚了。不如你明天一大早就动身，今天先放过那瘸子，让他帮你把明天要用的脚夫调齐就好。”我也是无计可施，只得听了他的劝告。这天，早上阴云笼罩，中午的时候阳光普照。吃过午饭，便独自一人向东顺着溪水进入到山谷中闲逛，行一里，两面的石山相对往中间聚拢，溪流与道路都从峡谷中经过。向东又进去半里，有两条岔道，一条往东北越过山坳，一条向西南进入峡谷。溪水沿西南方的峡谷转去，听到水声往下流的声音，却被又高又密的茅草给遮了个严严实实，只能在外面听见水流声而已。不一会儿往西南越过山坳，便向东对着西山后面的山脊了，溪水已经从中间的山麓往下坠落在洞中，溪流的痕迹已没了踪影。于是我又回走到刚刚分岔的路口，拨开那厚密的茅草去找那条溪流，想要看看溪水往下坠的地方，但溪水很深、茅草一丛丛的，一层又一层的转进去还是没能找到。又出来走到两边石峰相对束拢的地方，渡过溪水登上西峰，又逆着溪水的南岸走，茅草厚密成丛，路被堵住了，于是我又走到溪水的北岸。于是再原路返回到来时的路，看到东峰的石崖下有个朝南的洞，于是在厚密的草丛中找到一条小路，赶紧的拔开茅草沿着路进去。这个洞洞口朝南，有石柱在洞中悬挂，洞内面积不大，有个洞里面有两个岔洞，趟着水进去里面马上又黑又窄了。走回到洞口，发现这个洞东边还有一个洞，里面又大又深，洞口朝西南方，有一块圆石又将这个洞分成了两个洞，右边的洞比较起来稍微大一些。从洞口右边进去，有十多丈深，洞里最高的地方大约有三丈高，最宽的地方也差不多有三丈，从后面的洞壁往北转就又窄又黑了，然而洞中宽敞幽深，因没有带火把不敢再往前走了。洞外从左边向南扩开，又是两个岔洞，一个向东北，一个向东南，进去里面都不深，却光线充足明亮，还有洞穴是上下旁通的。而且这两个洞内，地上都平缓，上面则是穹隆下覆的青石，盘旋的地方有整整一尺，布满了圆形小坑。还黄色岩石在洞中倒垂，如蛟龙飞舞似的在空中翻滚，又如同花萼般高高挂起，石上的纹路、颜色都与众不同，有的岩石敲击后，能发出优美动听的声音传出，这个洞也称得上是这里的一处奇境了。出洞后，走一里，回到驿站中的高架茅屋中休息。气温上升变得十分暖和，穿两层衣服已然有些热了，夜里也不用再盖棉被了。这天，我手上的疮突然间复发了，应该是之前在结伦州为我准备的饭菜中，夹杂了母猪肉在里面的原因。

二十七日　早起雾甚。既散，夫骑至乃行。仍从东北一里，上土山，与前往陆廖道相去不远。一里登岭，雾收而云不开，间有日色。从岭上北转一里，仍东北二里，又下一里，渡一水，复东北上二里，岭畔遂多丛木。从木中行岭上者三里，从林木少断处，下瞰左右旋谷中，木密树丛，飞鸟不能入也。

又半里乃下，甚峻。一里半乃及坞底，则木山既尽，一望黄茅弥山谷间矣。从坞中披茅行，始有小水东流峡谷。随之涉水而东，从南麓行，复渡水从北麓上，又东下坞渡水，复东上岭，一里登其巅。行其上者三里，又直下坞中者一里，则前水复自南北注向峡中去。又东逾一小岭，有水自东坞来，自南向北绕，与西来水合。既涉东来水，复东上山登其巅，盘旋三里，出岭。二里，得一平脊，乃路之中，赍饭者俱就此餐焉。既饭，复东从岭北行，已渐入丛木。出山南，又度一脊，于是南望皆石峰排列，而东南一峰独峻出诸峰之上。北望则土山层叠，丛木密翳。过脊稍下而北，转而东上，直造前所望东南峻石峰之北，始东南下。一里半而及坞底，有细流在草中行，路随之。半里入峡，两崖壁立，丛木密覆，水穿峡底，路行其间。半里，峡流南汇成陂，直漱峻峰之足。复溯流入，行水中者一里，东南出峡，遂复仰见天光，下睹田塍，于是山分两界，中有平坞，若别一天地也。东行坞中，坞尽复攀石隘登峺，峺石峻耸如狼牙虎齿，前此无其巉峭者也。逾岭从坞中行二里，循岭平上一里，平下一里，平行坞一里，穿平峡一里，穿峡又行坞中一里，逾岭上下又一里，始得长峡。行四里，又东行坞与西同。三里，逾北山之嘴，南山之麓始有茅三四架，于是山坞渐开。

南山之东有尖峰复起，始望之而趋，过其东，则都结州治矣。州室与聚落俱倚南山向北，有小水经其前东注，宅无垣墙，廨亦隤圮。铺司狞甚，竟不承应，无夫无供，盖宛然一夜郎[1]矣。州官农姓。是日为余生辰，乃所遇旧州夫既恶劣，而晚抵铺司复然，何触处皆穷也。

【注释】①夜郎：夜郎是中国在西南地区由少数民族的先民建立的第一个国家。西汉以前，夜郎国名无文献可考。范围包有今贵州西部、北部，云南东部及四川南部、广西北部的部分地区，西汉时于其地置牂牁郡。夜郎王不知汉的广大，竟问汉使："汉孰与我大？"后来，人们即以"夜郎自大"形象地比喻狂妄无知，自负自大。

【译文】二十七日　早上起床后发现大雾四作。等到雾散了些，脚夫和马匹都到了就动身了。还是从东北方走一里，登上土山，与之前去陆廖村的路相隔很近。行一里登上岭头，雾已散去但还是有厚重的阴云遮盖，其间或有些阳光。从岭上向北转一里，仍然往东北行二里，又下走一里，渡过一条小溪，再向东北上走二里，岭旁长有茂盛的树木。在林木成丛的岭上行走了三里，从林木稍断开的地方，俯身朝下看两边盘旋蜿蜒的山谷，树木厚重深密得鸟都飞不进去。

又走半里才往下走，路十分险峻。走一里半才到达山下，走完那段被树林遮天蔽日的山路后，放眼望去黄色的茅草充满了整个山谷。拔开茅草艰难前行，有小溪向东流入峡谷中。顺着小溪涉水往东行，从南麓走，又渡过溪水从北麓上走，又向东下到山坞中渡过溪水，再往东上岭，走一里登上岭头，行走在岭上三里，又一直下到山坞中一里，就可以看到前边那条溪水又一次自南向北流淌到峡谷中去了。又向东越过一座小岭，有溪水自东面的山坞中流来，自南向北回绕，与西面流来的溪水合流。涉过东面流来的溪水后，又向东上山登上山顶，盘旋走了三里，走出山岭。走二里，走到一条平缓的山脊，这里已经是路程的一半了，很多人就在此地用餐。饭后，又向东从岭北前行，不多久又慢慢走到了丛林中。出到山南，又越过一条山脊，从这里向南望去看到的都是一座座排列而立的石峰，而东南方向的一座石峰险峻程度又比那些排列的群峰险峻程度超出太多。向北望去则是土山连绵起伏，丛林密布。越过山脊稍往北下走，转向东上走，直达前边望见的东南方险峻石峰的北面，开始向东南下行。行一里半后到达山坞底部，有细细的水流在草丛中流出，路顺着水流走。行半里进峡，两面的山崖笔直矗立，丛林密布，水穿流过峡底，在峡谷中行走。走半里，之前峡谷中的流水在南边汇积成塘，冲刷着那座险峻石峰的山脚。再逆流走进去，在水中走了一里，向东南走出峡谷，终于能仰面看见天光了，看到山下的田野，这里山被分为两列，中间是一片平坦的山坞，就如同造物主另外开辟出来的一方天地。向东在山坞中行走，山坞尽头又攀着石头隘口登岖，岖石险峻高耸，如同虎狼的牙齿般锋利，一路走来都不曾见过这样又高又险的山峰。越岭后从山坞中前行二里，沿着山岭平缓上行一里，平缓下行一里，平缓前行在山坞中一里，穿过平缓的峡谷一里，穿过峡谷又行走在山坞中一里，翻越山岭上下又是一里，这才进入长长的峡谷中。前行四里，又向东行走在山坞中与在西面是相同。行三里，越过北山的山嘴，南山的山脚下开始有三四间高架的茅屋，到了这里山坞的地势逐渐开阔起来。

南山的东面又有尖峰耸起，开始望着尖峰赶过去，过了尖峰的东山脚，就到都结州州治了。州治的房屋与聚落都是背靠南山面向北而建的，有条小溪流经州治前方往东流淌，宅第连围墙都没有，衙门也是一幅即将倒塌的颓败景象。驿站里当差役吏凶神恶煞的，竟然拒绝应差，没有脚夫也没有饭吃，简直是到了一个蛮不讲理的夜郎国。州官姓农。这天正好是我的生辰，在旧州时遇到的那些脚夫态度已经很不友好了，而当我晚上到达驿站时役吏们又是如此这般，天啊，为什么会这般让我无路可走啊！

二十八日　早起，寒甚而霁。铺司不为传餐，上午始得粝[1]饭二盂，无蔬可下。以一刺令投，亦不肯去。午后，忽以马牌掷还云："既为相公，请以文字示。"余拒无文，以一诗畀之，乃持刺去。久之，以复刺来，中书一题曰："有德者必有言，有言者亦不必有德。"无聊甚。倚筐磨墨，即于其刺后漫书一文畀之。既去，薄暮始以刺饶[2]鸡酒米肉，复书一题曰："子路拱而立，止子路宿。"余复索灯书刺尾畀之，遂饭而卧。馆人是晚供牛肉为案。既卧，复有人至，订明日联骑行郊，并令馆人早具餐焉。

【注释】①粝饭：糙米饭。②饶：另外增添。

【译文】二十八日　早晨起床，气温较低，而后转晴。驿站的差役还是没有给我送来饭，直到上午才有两钵盂糙米饭，却没有送来下饭菜。我拿出名帖令他投递给州官，也被拒绝了。午后，又把马牌掷还给我，说："既然被封为相公，那就把你的文章拿出来让我瞧瞧呗。"我没有答应，说没有文章，拿了首诗给他，这个人才拿着名帖走了。过了很久，那人拿了个回给帖我，上面还写有一个题目，说："有德行的人一定有善言，有善言的人不一定有德行。"真是太无聊了。坐靠着竹筐磨好墨，随即在州官送来的名帖后随便写了一篇文章交给他。那人离开，直到傍晚才拿着名帖来，还带来了些鸡、酒、米饭、肉类，又写了一个题目，说："子路拱着手恭敬的站着，于是便留子路到家中住宿。"于是我点上油灯在名帖末尾处再写了篇文章交给他，等吃完饭后便躺到床上睡觉去了。这天晚上的饭菜是驿站中做的牛肉。我睡下后，又有人来通报，说明天约我骑马去郊游，并命驿站中的人明天早些准备好早饭。

二十九日　早寒，日出丽甚。晨起，餐甫毕，二骑至矣。一候余，一候太平府贡生何洞玄。同行者乃骑而东，又有三骑自南来，其当先者，即州主农姓也。各于马上拱手揖而东行。三里，渡一溪，又东二里，随溪入山峡，又东五里，东北逾一岭。其岭颇峻，农君曰："可骑而度，不必下。"其骑腾跃峻石间，有游龙之势。共逾岭二里，山峒颇开，有村名那吝，数十家在其中央，皆分茅各架，不相连属。过而东，又二里，复东逾一岭。其峻弥甚，共二里，越之。又东一里，行平坞间，有水一泓，亦自西而东者，至是稍北折，而南汇涧二丈余，乃禁以为鱼塘，其处名相村。比至，已架茅于其上，席地。临诸峒丁各举缯西流而渔，得数头，大止尺五，而止有锦鲤，有绿鳜。辄驱牛数十蹂践其中，已复匝而缯[1]焉，复得数头，其余皆细如指者。乃取巨鱼细切为脍[2]，置大碗中，以葱及姜丝与盐醋拌而食之，以为至味。余不能从，第啖肉饮酒而已。既饭，日已西，乃五里还至那吝村。登一茅架，其家宰猪割鸡献神而后食，切鱼脍复如前。薄暮，十余里抵州，别农马上，还宿于铺。

【注释】①缯：通"罾"。一种用木棍或竹竿做支架的渔网。②脍：细切用来生吃的鱼片或肉片。

【译文】二十九日　早晨天气寒冷，等太阳出来后很是艳丽。

早晨起床，刚吃完早饭，就有人牵了两匹马来。一匹马是等我的，另一匹马是等从太平府来的贡生叫何洞玄的。与同行的人一起骑马往东走，又从南边过来三匹马，其中最前边的，就是这里那位姓农的州主了。大家在马背上拱手作揖行礼后往东行。行三里，渡过一条溪流，又向东二里，顺着溪流进入山峡中，又向东五里，往东北越过一座岭。这座岭很是陡峭，州主农君说："骑马可以越过去的，用不着下马。"这些马儿在陡峻的山石间灵活的奔腾跳跃，气势如同神龙在天空中游走。越岭共走二里，山峒很是开阔，有个叫那吝的村子，有几十户人家聚居在山峒的中央，每家每户又都建了茅屋，相互间散开而建并不相连。过了这个村子往东走，又行二里，再向东翻越一座岭。这座岭比之前的那座陡峻，共行二里，越过这座岭。又向东一里，前行在平缓的山坞中，有一池水，也是自西往东流的，流到这里稍折向北去，而南边积水形成二丈多宽的山涧，被堵起来做了鱼塘，这里叫相村。等我们到时，鱼塘边上已经架好茅屋，一行人席地而坐。在上面看着峒丁们在西面的流水中举着罾捕鱼，只捕到了几条，大的也只有一尺五那么长，而且还都是锦鲤，或绿鳜鱼。于是又赶了几十头牛在水中踩踏，后来又让牛围成一圈用罾捕鱼，又捕到了几条大一些的，其余的都只是些小鱼，只有手指般大小。于是选了几条大鱼，切成薄薄地生鱼片，放在大碗中，用葱、姜丝、盐、醋制成蘸料搅拌后吃，在他们看来，这简直就是人间美味。我没有吃，只是在一旁陪着一起吃肉饮酒而已。饭后，已是夕阳西下，于是我们又往前走了五里回到那吝村。上了一座茅屋高架，这户人家今天宰猪杀鸡，等祭完神后把这些拿来吃，又和中午一样切了生鱼片吃。傍晚，走了十多里后回到州治，我在马背上与姓农的州官辞别，然后回来驿站中住下。

三十日　日丽而寒少杀。作《骑游诗》二首畀农。时有南宁生诸姓者来，袖文一篇，即昨题也。盖昨从相村遇此生来谒，晚抵州官以昨题命作也。观其文毫无伦次，而何生漫以为佳。及入农，果能辨之，亟令人候余曰："适南宁生文，不成文理，以尊作示之，当骇而走耳。"乃布局手谈。抵暮，盛馔，且以其族国瑚讦告事求余为作一申文[①]白诸当道，固留再迟一日焉。

【注释】①申文：旧时下级对上级呈文的名称。

【译文】三十日　艳阳高照气温回暖了些。于是写了两首《骑游诗》赠给那位姓农的州官。这时有位儒生来到驿站，这位儒生姓诸，是从南宁府来的，袖子中装着一篇文章，就是昨天我写的题目。原来昨天从相村回来时遇见了一位儒生正好来拜见州官，晚上州官又用昨天出给我的题目让他做文章。看了一眼他的文章，条理不清晰，表述不明确，可那位姓何的儒生却自鸣得意认为这是一篇上乘之作。送去给农君看，一眼就能分辨出作品是好是不好，赶紧让人过来对我说："南宁府来的那位儒生的文章，文理不通，要是把您的作品拿去给他看，他应该会羞愧而走吧。"于是摆了棋盘下棋。等到黄昏将近，又设盛宴招待我，而且求我把他的族人农国瑚对他进行攻击诬告事为他写一篇申辩的公文，向上级进行辩白，一定要我多留一天，晚一天上路。

十二月初一日　在都结铺舍。早起阴云四布，欲行，复为州官农国琦强留，作院道申文稿。盖国琦时为堂兄国瑚以承袭事相讼也。抵暮，阴云不开。既晚餐，农始以程仪来馈。

【译文】十二月初一日（1638年1月15日）　在都结州驿站客馆里。早晨起来，四周阴云密布，本来打算动身的，州官农国琦又一定要我留下来，帮他写了封呈给按察院和分巡道的申诉文书。原来这农国琦因为承袭职位的事被堂兄农国瑚控告了。直到傍晚时分，密布的阴去也没能散去。等到吃完晚饭，州官农国琦才送来路费。

初二日　早起，阴云如故。饭久之，夫至乃行。东向三里，即前往观鱼道也。既乃渡溪而北，随溪北岸东行，又二里，有石峰东峙峡中。盖南北两界山，自州西八里即排闼而来，中开一坞，水经其间，至此则东石峰中峙而坞始尽，溪水由石峰之南而东趋峡中，即昨所随而入者。今路由石峰之北而东趋北坞，又三里，得一村在坞中，曰那贤。又东二里，坞乃大开，田畴层络，有路通南坞，即那伦[①]道也。又东五里，山坞复穷，乃北折而东逾山坳。一里，越坳之东，行坞间又一里，复东穿山峡。其峡甚逼而中平，但石骨棱棱，如万刀攒侧，不堪着足。出峡，路忽降而下，已复南转石壑中，乱石高下共三里，山渐开。

忽见路左石穴曲折，坠成两潭，清流潴其中，映人心目。潭之南坞有茅舍二架，潭之东坞有茅舍一架，皆寂无一人。询之舆夫，曰："此湘村也。向为万承[②]所破，故居民弃庐而去。"由湘村而东，复有溪在路北，即从两潭中溢出者。东行平坞二里，过昨打鱼塘之南。又东三里，遂北渡西来之溪，溪水穿石壑中，路复随之，水石交乱。一里，从溪北行，转入北壑。一里，水复自南来，又渡之而东。又一里，水复自北而南，又渡之，乃东向出峡。忽坠峡直下者一里，始见峡东平畴，自北而南，开洋甚大，乃知都结之地，直在西山之顶也。下山是为隆安界，亦遂为太平、南宁之分，其高下顿殊矣。随西峰东麓北行一里，溪流淙淙，溯之得一村，是为岩村，居民始有瓦房、高凳，复见汉官仪矣。至是天色亦开霁，时已过午，换夫至，遂行。于是俱南向行平畴间，二里，饭于前村之邓姓者家。既饭，又渡溪西岸，南行一里半，其西山峡中开，峰层坞叠，有村在西坞甚大，曰杨村③。又南一里半，杨村有溪亦自西坞而南，与北溪合，其溪乃大。并渡其西，又南一里，水东注东界土山腋中。路西南一里，抵西界石山下，得一村曰黑区村。

换夫，循西界石山南行，其峰有尖若卓锥，其岩有劈若飞翅而中空者。行其下嵌石中，又南四里，得巨村在西峰丛夹处，曰龙村④。又换夫而南，乃随东界土山行矣。始知自黑区至此，皆山夹中平坞而无涧，以杨村所合之流，先已东入土山也。至是复有水西自龙村西坞来，又南成小涧。行其东三里，盘土山东南垂而转，得一村曰伐雷⑤，换夫。又暮向东南行三里，宿于巴潭黄姓者家。

【注释】①那伦：今作“那隆”，在崇左市江州区东北境。②万承：明为州，隶属太平府，治所在今大新县东北境的龙门。③杨村：今作“杨湾”，在隆安县西境。④龙村：应为“隆屯”，在隆安县西境。草茂林密的大村庄的意思。⑤伐雷：今作“发雷”，在隆安县治稍西南。

【译文】初二日　清早起床，又是和昨天一样阴云密布。吃了饭又过了很久，等脚夫到了就动身了。往东走三里，就是前两天看捕鱼的那条路了。然后渡船到溪流北岸，沿北岸往东再走二里，有座石峰高耸在峡谷中。山大致上是南一列北一列，从州城的西方八里处就变成了像门扇一样排列而来，中间敞开着像是一个山坞的样子，溪水流过山坞中，到这里东面的石峰还高耸在中央而山坞却到了头，溪水由石峰南山脚下往东奔入峡谷之中，也就是昨天和州官农君一行人进去的地方。今天是经由石峰北山脚下往东通向北面的山坞，再走了三里，在山坞中有一个村子，叫那贤。又往东走了二里，山坞变得开阔了起来，田地一层一层环绕着，有一条路是通到南面山坞中的，也是通往那伦的路。又往东五里，山坞就到了头。于是折至北面后往东越过山坳。行一里，到山坳东面，在山坞间又走了一里，再向东穿过山峡。这段山峡四周狭窄而中部平坦，但山石尖锐，如同上万把尖刀侧立着聚在一起，完全没有可以下脚的地方。走出了这段峡谷后，路忽然下沉，又向南转入石山壑谷之中，在高高低低的乱石中走了三里，山势才慢慢变得开阔起来。

忽然间看到左边路上有个石穴，曲曲折折的样子，坠成两个深潭，水流蓄于潭中，很是清澈照人。深潭南面山坞有两间茅屋，东面山坞有一间茅屋，茅屋内都没有人居住的痕迹。向路过的轿夫一打听，轿夫说：“这里是湘村。已被万承州攻占了，原本在这里的百姓们都逃难去了。”从湘村往东，在路的北面有条溪流，是从那两个深潭中漫出来的水形成的。往东在平缓的山坞中行二里，经过昨天南边的打鱼水塘。往东走三里，向北渡过西面而来的溪水，溪水穿流在石山壑谷中，路沿着溪水前行，一时间水石交积。走了一里，溪水流向北，转入北面的山谷中。走了一里，溪水又从南面汇入，又渡溪往东。又走了一里，溪水从北向南流，又渡溪，向东走出峡谷。峡谷急转直下，走了有一里，峡谷东面自北向南一片平缓的原野才印入眼帘，视野非常开阔，才知道已经到了结州的地界，一直到西山的山顶。下了山就属于隆安县的地界了，属于太平府、南宁府的分界处，地势的高低一下就明显了起来。顺着西峰的东麓向北行走一里，溪流淌淌，我们高溪逆流而上找到一处村庄，叫岩村，百姓居住的房屋中出现了瓦房、高凳，再次看到了汉族官员显现出的威仪。到这里后，天色也转晴了，已经过了午时，前来轮换的脚夫到了，又立刻出发。从这里一直向南，都是走在平旷的田野之中，走了有二里，在前村一户邓姓人家中用饭。用完饭，又渡溪到西岸，向南走了有一里多路，西面山峡从中豁开，山峰山坞层层重叠，在西面的山坞中有个特别大的村子，叫杨村。杨村往南一里半，有条溪流也是自西往南流，正好与北面的溪水汇成一股，于是溪水变大。渡到两条合流而成的溪水西岸，又往南一里，溪水流注到东面一列土山侧畔。沿路向西南方向走一里，到西面一座石山下，有一处村庄叫黑区村。

在这里换了一批脚夫后，接着沿西面一排石山向南走，一路上有的石峰像卓立的锥子，有的岩石被劈开像在空中飞翔的大鸟的翅膀。走在这条下嵌的石路上，又往南四里，在西面的山峰成群的一个夹角处有一个大村子，叫龙村。再次换了脚夫后往南走，沿东面一列土山往前走。才知晓从黑区村到龙村，一路上都是由平坦的山间峡谷组成，没有山涧，之前在杨村合流的溪流，已经向东流入到了土山中。这里有溪水从龙村西面的山坞中流入，向南又汇成了小小山涧。在山涧东面往前走了三里，绕着土山的东南边转弯，就走到了一个叫伐雷的村子，再次换夫。在昏暗的天色中向东南方向走了三里，借宿在巴潭村一户黄姓村民家中。

初三日　巴潭黄老五鼓起，割鸡取池鱼为饷。

晨餐后，东南二里，换夫于伐连村。待夫久之，乃东南逾土山峡，一里，则溪流自西北石山下折而东来，始潨成声。随之南行，盖西界石山至此南尽，转而西去，复东突一石峰峙于南峡之中，若当户之枢，故其流东曲而抵土山之麓，又南绕出中峙石峰，始南流平畦，由龙场入右江焉。随溪一里，南山既转，西南平壑大开，而石峰之南，山尽而石不尽。于是平畴曲塍间，怪石森森，佹离佹合，高下不一，流泉时漱之，环以畦塍，使置一椽其中，石林精舍，胜无敌此者。行石间一里，水正南去，路东上，山麓得一村，聚落甚大，曰把定村。村人刁甚，候夫至日昃，始以一骑二担夫来。

遂东北逾土岭，一里半，北渡一小水，乃北上岭。又一里逾其巅，又北行岭上者一里，则下见隆安城郭在东麓矣。乃随岭东北下者里，又东行者一里，入西门，抵北门，由门内转而南，税驾于县前肆中。是日云气浓郁，不见日光。时已下午，索饭，令顾仆往驿中索骑，期以明旦，而挑夫则须索之县中。时县君何为库役所讼往府，摄尉事者为巡检李姓，将觅刺往索夫，而先从北关外抵巩阁，则右江从西北来，经其下而东去，以江崖深削，故遥望不见耳。从崖下得一南宁舟，期以明日发。余时疮大发，乐于舟行，且可以不烦县夫，遂定之。

令顾仆折骑银于驿，以为舟资，乃还宿于肆。

【译文】初三日　我们借宿的那位黄老伯五更天就起了床，又是杀鸡又是捕鱼的为我们做早饭。

早饭后，向东南方向走了有二里路，又在伐连村换夫。等换夫用了较长时间，然后向东南穿越土山山峡，走了一里，就看到溪流从西北面的石山下折向东流来，开始听到淙淙的流水声。沿着溪流往南行，自西往南延伸的石山在这到了尽头，转向西边延伸去了，在东面又有一座石峰突起，就屹立在南面峡谷，和门上的门枢有几分相似，所以溪流向东弯曲后流入土山的山麓，又往南绕到中央的石峰下，这才往南流入平缓开阔的原野，经由龙场汇入右江。沿溪走一里，南山转向后，西南方向平坦的壑谷就变得特别开阔了，石峰的南面，山到了头但岩石没还在向外延申。在这平旷的原野和弯曲的的土埂间，怪石森森而立，奇异的形状突然分开又突然合上，高低大小不同，那些湍流不息的泉水时时冲刷着这些岩石，然后又环绕着田地而流，若在这怪石中建一座房舍，肯定是一座精美绝伦的房舍，这优美的景致其他地方可比不。在怪石间走了一里，水流向正南方向去了，向东上方走，看到一个很大的村庄，叫把定村。这个村里的人十分狡滑，我们等挑夫直到日头偏西，才来了一匹马两个挑夫。

然后往东北翻越土岭，走了一里半，向北渡过一条小河，于是向北上岭。又走一里越到岭头，又往北在岭上走了一里，就可以看到隆安县的城郭在东边山脚下了。再沿着山岭往东北下走几里，又往东行一里，由西门而入，来到北门，由城门内转向南，在县衙前的旅馆中留宿。这天阴天，没有太阳。而这时已经是下午了，向旅馆伙计要了饭菜吃，又让顾仆去驿站要马匹，说好明天天亮就出发，挑夫就非得到县里去要不可。然而原来管事的那位何县官被管库房的差役告了，被调去了府城，而代处理事的是一位李巡检，又要找名帖恳请派夫，可我先从北关外走到巩阁，只见右江从西北流来，经城下再向东流去，由于江岸的石崖又深峻又陡削，从远处看不到。在石崖下找到一条去南宁的船，约好第二天出发。因为我突然发了毒疮，乘船走更合呼我此时的情况，还不必要县里派夫，因此定下了这条船。

又让顾仆去旅馆把马匹卖了换做银子，作为船费，再住回到驿站中。

初四日　晨起，饭而下舟，则其舟忽改期，初八始行。盖是时巡方使者抵南宁，先晚出囚于狱，同六房之听考察者，以此舟往。中夜忽逸一囚，吏役遂更期云。余时已折骑价，遂淹留舟中。疮病呻吟，阴云黯淡，岁寒荒邑外，日暮瘴江边，情绪可知也。

【译文】初四日　清早起来，吃完饭后就上了船，但突然告诉我说这条船改期了，要到初八才出发。因为巡察地方的官员到了南宁府，昨晚从狱中押出犯人，与县里六部需要听审的官员，乘这条船去南宁府。却有一名囚犯在半夜逃走，于是官员和差役们不得不推迟出发。可我已经把马匹折成了银子，不得不留在船上。正逢毒疮发作，折磨得我不停呻吟，一时间阴云惨淡，想想在这寒冬腊月的时节，我还困在这荒芜的小县城，加上傍晚时江边的水气弥漫，我低落的心情由此可见。

初五日　坐卧舟中。下午，顾仆曰："岁云暮矣，奈何久坐此！请索担夫于县，为明日步行计。"余然之。

【译文】初五日　在船中半躺着。下午，顾仆说："都快过年了，怎么可以一直在这里死等！不如到县里去要挑夫，为明天走陆路做计划。"我同意了。

左、右江之分，以杨村、把定以西石山为界。故石山之内，其地忽高，是为土州，都结、万承。属太平；石山之下，其坞忽坠，是为隆安，乃嘉靖间王新建所开设者，属南宁。此治界所分也。若西来之龙脊，则自归顺、镇安、都康，龙英北界之天灯墟，又东经全茗、万承，而石山渐尽，又东抵合江镇，则宣化属矣。其在脊之北者，曰镇远、结伦、结安、都结，万承之东北鄙。其水或潜坠地穴，或曲折山峡，或由土上林，或由隆安入右江。然则，此四土州水入右江而地辖于左江，则以山脊迂深莫辨也。

【译文】左、右江的划定，是以杨村、把定村以西的一座石山为界。因此石山以内，地势一下子变高起来，是隶属于土司管辖的州，之前提到的都结州、万承州一带。属于太平府；石山之下，山坞忽然下坠，这一带属于隆安县，是嘉靖年间一位叫王新建的开创设立的县，隶属于南宁府。以上这些都是属于官府的划分。由西面延伸出的山脊，起自归顺州、镇安府、都康州，龙英州北境的天灯墟，却向东延经全茗州、万承州，之后石山才渐渐到了头，再向东延伸到合江镇，就到了宣化县的属地了。山脉主脊以北是镇远州、结伦州、结安州、都结州，万承州东北部的偏远地带。这一带的水流，有的潜入地下的洞穴中，有的在山峡间曲折流淌，有的经由上林土县，有的经由隆安县汇入右江。虽然这四州的水全都进了右江但行政划分还是归属于左江，因为这条山脉实在太过于曲折弯延了，没办法划分的太过明细。

隆安东北临右江，其地北去武缘界一百四十里，南去万承土州界四十里，东去宣化界一百二十里，有大滩驿。西去归德[①]土州界八十里。其村民始有瓦屋，有台凳，邑中始为平居，始以灶爨，与土州截然若分也。

【注释】①归德：明为州，隶南宁府。今仍作“归德”，在平果县东境的公路边。

【译文】隆安县东北方与右江相临，而北面到达武缘县一百四十里，南面到万承土州只要四十里，东面到宣化县境内一百二十里，有个大滩驿。西面到归德土州八十里。生活在这里的百姓有了瓦房，桌子凳子，百姓中有人在平地上建房居住，会用灶烧火做饭，与土州完全不同的生活方式。

土人俱架竹为栏，下畜牛豕，上爨与卧处之所托焉。架高五六尺，以巨竹捶开，径尺余，架与壁落俱用之。爨以方板三四尺铺竹架之中，置灰爇火，以块石支锅而炊。锅之上三四尺悬一竹筐，日炙稻而舂。舂用巨木刳为小舟形，空其中，以双杵捣之。

妇人担竹筒四枚，汲于溪。其筒长者四五尺。亦有纺与织者。织亦有扣[①]有综[②]，第不高而平，妇人趺坐而织。纺亦然，男子着木屐，木片为底，端绊皮二条，交于巨趾间。岂交趾之称以此耶？妇人则无不跣者。

首用白布五六尺盘之，以巨结缀额端为美观，亦间有用青布、花布者。妇人亦间戴竹丝笠，胸前垂红丝带二条者，则酋目之妇也。裙用百骈细裥[③]，间有紧束以便行走，则为大结以负于臀后。土酋、土官多戴毡帽，惟外州人寓彼者，束发以网，而酋与官俱无焉。惟向武王振吾戴巾。交人则披发垂后，并无布束。间有笼毡帽于发外者，发仍下垂，反多穿长裙，而足则俱跣。

【注释】①扣：同“筘”。织布机的附件，作梳齿状，经纱从筘片间穿过，可控制织物经密，并把纬纱推向织口。②综：织布机上使经线上下交错以受纬线的一种装置。③裥（jiǎn）：裙幅的折叠。

【译文】之前土人的房屋全都是用竹子架成栏干式的竹楼，楼下用来养牛和猪，楼上用来烧火、做饭、睡觉。竹架子有五六尺那么高，把直径大的竹子捶裂成一尺多宽竹片，竹子用来做屋架、墙壁、屋檐滴水。铺一些三四尺长的方木板到竹楼屋架的中间，在方木板上放上木炭灰就可以点火了，铁锅放在用石头搭起来的灶上就可以煮东西。有一个竹筐悬挂在铁锅的上方，每天都是将稻子拿去舂米。把大树中间掏空挖成小船的形状，用两个木杵捣谷子，就是舂米。

女人们挑四个竹筒在肩上，到溪边打水。那种竹筒有四五尺长。也有些女人们纺纱织布。织布机也有筘有综这些配件，只是织布机要比我们用的矮一些而且是平放的，女人们需要盘腿坐着织布。纺纱也是的。男人们穿的木板鞋，鞋底是木片做成的，在鞋的前部分绊上两条皮，在大脚趾之间交叉。交趾的说法可能就是由此而来的吗？女人们都是没有穿鞋的。

女人们流行把五六尺长的白布缠在头上，头结大大的缀在额头上，也有些人是用青布、花布缠头，认为这样特别美。也有的女人头上戴着竹丝编织成的斗笠，两条红丝带垂挂在胸前，那是酋长夫人才有的打扮了。裙子是百褶裙式样，或者是偶尔有些人束紧裙子以方便走路做事，那就会将裙子打一个大结背在臀部。大多土人酋长、土司头上喜欢戴毡帽。用发网束发的，就是外州来客居在此地的，而酋长和土司头上并没有戴发网。向武州的王振吾戴的是头巾。交趾人披头散发的垂在身后，也不用布带束发。也有些是把毡帽罩在头发外面的，却也还是披着发没有束起来，这里大多数人穿着长褶裙，却都是光着脚没有穿鞋的。

交绢轻细如吾地兼①丝，而色黄如睦州②之黄生绢，但比之密而且匀，每二丈五尺一端，价银四钱，可制为帐。

【注释】①兼：通“缣”。双丝的细绢。②睦州：在今浙江淳安县稍西南。

【译文】交趾产的绢和我家乡产的细丝绢一样轻薄细腻，但颜色却和睦州的黄生绢一样，和睦州的黄生绢相比又细密而均匀一些，二丈五尺就是一匹，值四钱白银，可以用来做帐篷。

向武多何首乌，出石山穴中，大有至四五斤者。余于州墟以十二钱得三枚，重约十五斤。余按《一统土物志》，粤西有马槟榔，不知为何物，至是见州人俱切为片，和蒌叶以敬客，代槟榔焉，呼为马槟榔，不知为何首乌也。

隆安县城在右江西南岸。余前至南宁，入郡堂观屏间所绘郡图，则此县绘于右江之北。故余自都结来，过把定，以为必渡江而后抵邑。及至，乃先邑而后江焉。非躬至，则郡图犹不足凭也。

【译文】向武州盛产何首乌，长在石山洞穴中，大的有四五斤重。我用十二文铜钱在州城的集市上买了三个，大约有十五斤。之前我翻阅《一统土物志》，上面记载说粤西有种东西叫马槟榔，具体长什么样也不清楚，来到这里看到这里的人都把它切成片，和蒌叶搅拌后用来招待客人，代替槟榔，叫做马槟榔，竟不知道这就是何首乌。

隆安县县城位于右江的西南岸。之前去南宁府，在府衙的大堂观看绘制在屏风上的南宁府地图，地图上隆安县县城是在右江的北岸。当我从都结州来这里时，过了把定村后，还以为到县城必须先渡江。等我真正到了那里，才知道是先到县城再到江边的。要不是自己亲自来了一趟，还真不知道南宁府地图原来不足以让人信服。

初六日　早雾四塞。饭后，适县中所命村夫至，遂行。

初自南门新街之南南向行，三里，复入山。逾冈而下半里，两过细流之东注者，抵第三流，其水较大，有桥跨其上，曰广嗣度桥。又南上山一里半，出一夹脊，始望见山南大坞自西北开洋南去。遂南下土山，一里，土山南尽，复有石山如锥当央。由其西南向行六里，又抵一石山下，其山自北遥望若屏斯列，近循其西麓，愈平展如屏。已绕其南，转东向行三里，其山忽东西两壁环列而前，中央则后逊而北，皆削崖轰空，三面围合而缺其南。其前后有土冈横接东西两峰尽处，若当门之阈。其后石壁高张，则环霄之玦也。先是，按《百粤志》记隆安有金榜山，合沓如城。余至邑问之，无有知者。又环观近邑皆土山，而余方患疮，无暇远索。至是心异其山，问之村夫，皆曰：“不知所谓金榜者。”问：“此山何名?”曰：“第称为石岩，以山有岩可避寇也。”余闻之，遂令顾仆同夫候于前村，余乃北向入山。半里，逾土冈而下，其内土反洼坠，其东西两崖俱劈空前抱，土冈横亘而接其两端。既直抵北崖下，望东崖之上，两裂透壁之光，若明月之高悬镜台也；又望西崖之上，有裂罅如门，层悬叠缀，若云扉之嵌空天半也。余俱不暇穷，先从北崖之麓入一窍。窍门南向，嵌壁为室，裂隙为门，层累而上，内不甚宽，而外皆叠透。连跻二重，若楼阁高倚，飞轩下临，爽朗可憩。

其左忽转劈一隙，西裂甚深，直自崖巅，下极麓底，攀夹缝而上，止可胁肩，不堪寄傲。乃复层累下，出悬隙两重，遂望西崖悬扉而趋。其门东向，仰眺皆崇崖莫跻，惟北崖有线痕可攀，乃反攀倒跻，两盘断峡，下而复上，始凌洞门。门以内，隙向西北穹起；门以外，隙从崖麓坠下。下峡深数丈，前有巨石立而掩之[1]，故自下望，只知为崖石之悬，而不知其内之有峡也。然峡壁峻削，从上望之，亦不能下，欲攀门内之隙，内隙亦倾侧难攀。窥其内渐暗，于是复从旧法攀悬下。乃南出大道，则所送夫亦自前村回，候余出而后去。乃东行五里，有村在路左，曰鱼奥[2]。将入而觅夫，则村人遥呼曰：“已同押担者向前村矣。”村人劳余曰：“游金榜大洞乐乎？”余始知金榜即此山。亟问：“大洞云何？”曰：“是山三面环列，惟西面如屏。大洞在前崖后高峰半，中辟四门，宏朗灵透。”余乃悟所游者为前崖小洞，尚非大洞也。又东五里，追及之于百浪村[3]，乃饭于村氓家。于是换夫，东南行二里，复见右江自北来，随之南，遂下抵江畔，则有水西自石峡中来注。其水亦甚深广，似可胜舟，但峡中多石，不能入耳。其下有渡舟，名龙场渡[④]，盖即把定、龙村之水，其源自都结南境，与万承为界者也。渡溪口，复南上陇，江流折而北去，路乃东南行。又六里，换夫于邓炎村。又东南八里，逾一小山之脊，又南二里，抵那纵村[⑤]。从村中行，又二里，换夫于甲长[⑥]家，日已暮矣。复得肩舆，行月夜者二里，见路右有巨塘汪洋，一望其盘汇甚长。又四里，渡一石桥，有大溪自西南来，透桥东北去。越桥又东二里，宿于那同村[⑦]。夜二鼓，风雨大作。

【注释】①前有巨石立而掩之："掩"原作"撩"，据乾隆本、"四库"本改。②鱼奥：应即今"儒浩"。③百浪村：今作"博浪"。④龙场渡：十二月三日记作"龙场"，今作"龙床渡"。⑤那纵村：今作"那重"。此村与上文所说鱼奥、百浪村、龙场渡、邓炎村各村都在今隆安县东南境，沿右江南岸，从西北往东南排列。⑥甲长：明代实行里甲制度，作为户口编制的系统。每110户为一里，选丁多粮多的十户为里长。其余百户分为十甲，每甲十户，设甲长进行管理。⑦那同村：今作"那桐"，在隆安县东南境，右江南岸。

【译文】初六日　早晨雾气迷漫在村庄的四周。吃完早饭，县里派来的脚夫也到了，然后马上出发。一开始从南边的南门新街往南走，走了三里，就进了山。翻过山后往下走了半里，途中经过两条向东的小小溪流，第三条溪流的水流较大，溪流上建了座桥，叫广嗣度桥。再向南的山上走了一里半，直到出了一片相交的山脊，就看到南面山坞自西北方广袤地向南伸展而去。向南走下土山，走一里，土山就到了尽头，又有个像锥子一样的石山拦在中间。再由石山西山脚下往南走六里，又出现了一座石山，这座山从北面远远看去像一架屏风排列，走近了从西山脚下看去，就与屏风更像了。等绕到了石山的南山脚下，转东往前走三里，这座山东西两面崖壁突然转向前环绕，中间部分却从后面退移到北边，陡削的悬崖从高空迸裂，形成三面合围而南面空缺的样子。土冈横向连接着这座山东西方向另外两座山峰的尽头，就像是挡门的门槛。山后的石壁扩展开，像是环绕云霄的玉珏。根据《百粤志》上面记载说隆安县有座金榜山，如城墙一样围绕。当时我到隆安县城时就有打听过这座山，却都说不知道有这样的一座山。而县城四周都是土山，而当时我正在生疮，根本没有时间四处寻找。等到了这，认为这座山形状奇特，于是便向村里人询问，都回答说："没有听说过金榜山。"我又问："这是什么山呢？"回答说："就叫石岩山，山上有岩洞可以用来躲避强盗。"听了这翻话，叫顾仆和脚夫到前面的村子里等我，我独自一人往北进了山。走了半里，翻过土山往下，内部的地势反而洼陷下去，土山东西两面的石崖都是劈向空中向前围抱，土山横亘着连接到两端的石崖。一直抵达北边的石崖下，看到东面石崖之上，亮光从两边裂开的石壁透进来，就如一轮明月高悬在明镜台；又看到西面的石崖上，有条像门一样的裂缝，层层高悬，错综复杂的连接着，就像门扉嵌在半空中的云里。我都来不及去细细品味，先是从北面石崖的山麓进入一个石窍。石窍洞朝南，石壁深嵌成为石室，缝隙裂成石门，层层叠垒上去，里面不是很宽阔，外面全都层次繁多且错综相通。一连登上两层，好像楼阁背靠着高空，飞空的轩廊凭临下方，光线明亮可以供人在此歇息。

从左边急转过去劈开一条缝隙，西边的裂缝很是深远，一直从石崖顶端，下到山脚，顺着夹缝往上爬，只能将双肩缩紧小心而过，不能彰显我的豪迈情怀。又一层层地叠垒而下，从两层高悬的裂缝中钻出，往西面石崖上高悬的门扉赶过去。这座石门面向东，抬头从远处看，都是高峻的无法爬上去的石崖，只有北面的石崖上有条线一样的石痕可以攀登，于是反向倒着攀登，两次绕过断开的峡谷，下了又上，这才登上洞口。洞口以内，裂隙向西北穹隆而起；洞口以外，裂隙从石崖上坠到山脚下。下方的峡谷有几丈深，前方有巨石矗立着挡住了峡谷，因此从下往上看，只能看到崖石高悬，却看不到巨石内有峡谷。只是峡壁高峻陡削，从上边望得见，也下不去，想沿着洞口内的裂缝走，里面的裂缝是斜得无法攀爬。窥见峡谷内逐渐暗下来，于是还是用老办法攀着悬崖下来。往南才走出到大道上，正好遇见送行的脚夫刚从前边的村子回来，等我出山后就离开。于是往东走五里，在路左边有个叫鱼奥的村庄。要到村里去找脚夫，只见村里人看见我老远就喊："已经同押担子的人到前边的村子去了。"村里人问我："去逛了金榜山的大洞高兴吗？"我恍然大悟道，原来这就是金榜山。忙问道："什么大洞？"回答说："金榜山三面环绕，只有西面像屏风。大洞在前面那个悬崖后很高山峰的半中腰，洞里有四个洞口，里面很是宽敞大气，灵气充沛。"我这才知道，原来我刚才去逛的是前面悬崖上的小洞，不是大洞。又向东五里，在百浪村赶上了先行的顾仆和脚夫，在村民家中吃了饭。在这里换夫，往东南行二里，又见右江自北而来，沿着江流往南走，一直走到江边，看到一条水流自西面峡谷中汇入右江。这条水流非常大，几乎可以在上行船，只因这峡谷中太多礁石，船无法进去罢了。岸下有渡船的地方，叫龙场渡，这可能就是把定村、龙村那边来的水流，它的源头在都结州南境，与万承州交界的地方。渡过溪口，再向南上登土陇，江流折向北流去，又向东南前行。又行六里，在邓炎村换夫。又向东南八里，越过一座小山的山脊，又向南二里，抵达那纵村。从村子中走，又是二里，在甲长家中换夫，天色已经黑了。又有了轿子，在夜色中前行二里，看到路右边有个特别大的水塘，汪洋一片，一眼望去水塘弯弯曲曲的，积水很长。又行四里，跨过一座石桥，自西南方流来一条大溪，穿过石桥向东北流去。过桥后又向东走二里，住宿在那同村。夜里二更时，风雨大作。

初七日　早起颇寒，雨止而云甚浓郁。饭后夫至，始以竹椅缚舆，遂东行。一里，路左大江自北来，前所过桥下大溪西南入之，遂曲而东，路亦随之。半里，江曲东北去，路向东南。又半里，换夫于那炎村。又待夫缚舆，乃东南行。二里，路左复与江遇，既而江复东北去。又东南四里，渐陟土山，共一里，逾而下，得深峡焉，有水自西南透峡底，东北入大江。绝流而渡，复上山冈，半里逾岭侧，复见大江自北来，折而东去，路亦随之。循南山之半东行一里，南山东尽，盘壑成塘，外筑堤临江，内潴水浸麓。越堤而东，江乃东北去，路仍南转，共一里，有公馆北向大江，有聚落南倚回阜，是曰梅圭①。又东从岐行三里，饭于振楼村②。仍候夫缚舆久之。南行十里，始与梅圭西北来大道合。又东南十二里，抵平陆村。已为宣化属矣。村人不肯缚舆，欲以牛车代，相持久之，雨丝丝下，既而草草缚木于梯架，乃行，已昏黑矣。共四里，宿于那吉，土人呼为屯吉云。

【注释】①梅圭：今称“玫瑰”。②振楼村：今称“镇流”。与上文中提到的那炎村、梅圭各村都在今隆安县东南隅，从西往东排列在右江南岸。

【译文】初七日　早晨起来天气很是寒冷，雨已经停了，但还是有着很厚的云层覆盖着。饭后脚夫来了，用竹椅捆成轿子后向东出发。行一里，路左边的大江自北而来，昨天路过的桥下的那条大溪汇入西南方向的大江中去了，于是向东弯曲，路也顺着江流走。行半里，江流曲折的向东北流去，路是往东南方去。又行半里，在那炎村换夫。又等脚夫捆好轿子出发，往东南行。行二里，道路左边再次与江流相遇，没走多久，江流再一次向东北方向流去。又往东南方走了四里，慢慢登上一座土山，共一里，越过土山往下走，下到深深的峡谷中，看到有水流自西南方从峡底穿流而过，往东北方向流入大江中。横流而渡，又翻山越岭，半里，到山岭的另一边，再次看到大江从北而来，折向东流去，路也顺着江流走。沿南山半山腰往东行一里，南山到了东面的尽头，水塘盘绕在壑谷中，水塘外面筑有堤坝，面朝江流，堤坝内蓄满了水把山脚浸泡着。越过堤坝往东走，江流向东北流去，路还是往南，共一里，在北边面向大江有座客馆，还有个紧靠回绕的土阜聚落在南面，这里叫梅圭。又往东从岔路前行三里，在振楼村吃饭。于是等着脚夫捆轿子，等了很久。往南行十里，这才与梅圭来的大道会合。又向东南十二里，抵达平陆村。这里属于宣化县的属地了。这个村子的人不想捆轿子，想用牛车来代替，双方僵持了很长一段时间，直到天空下起了丝丝细雨，才草草地将一些木头绑在梯子架上，天黑了才上路。一共行四里，在那吉住宿，本地人又称作为屯吉。

初八日　晨起，雨不止。饭而缚舆，久之雨反甚，遂持伞登舆。东南五里，雨止，换夫于麟村，缚舆就乃行。东南三里，路分二歧，转从东南者行，渐复逾土山。三里，越山而东，则右江自北折而来，至此转东南向去，行随之。又二里而至大滩[①]，有数家之聚在江西岸，始降栏宅土，有平居矣。即旧之大滩驿也，万历初已移于宋村。江中有石横截下流，滩声轰轰，闻二三里，大滩之名以此，右江至此始闻声也。换夫缚舆，遂从村东东南逾岭，三里，逾岭南，则左江自杨美下流东北曲而下，至此折而东南去。遂从江北岸随流东行，二里，复入山脊，雨复纷纷。上下冈陀间又二里，换夫于平凤村。又东行二里半，至宋村，即来时左、右二江夹而合处，其南面临江，即所谓大果湾也。其村在两江夹中，实即古之合江镇，而土人莫知其名矣。万历初移大滩驿于此，然无邮亭、驿铺，第民间供马而已。故余前过此，求大滩驿而不知何在，至是始知之也。候饭，候夫，久之乃行，雨不止。其地南即大果湾，渡左江为杨美通太平府道，正东一里即左、右二江交会之嘴。今路从东北行一里余，渡右江，南望二江之会在半里外，亦犹前日从舟过其口而内望其地也。渡右江东岸，反溯江东北行。已遂东向逾山，三里而下，雨竟淋漓大至。又一里至王宫村[②]，遂止息焉。雨淙淙，抵暮不能复行。王宫在大江[③]北岸里余矣。

【注释】①大滩：在今南宁市区西境，左右二江之间。②王宫村：在今南宁市区西境，邕江北岸。③大江：即郁江，今南宁一段又称邕江。

【译文】初八日　早晨起床，雨还没有停。吃过饭后脚夫们捆好了轿子，等过了很长时间雨不仅没有停反而下得更大了，不得不撑伞上了轿子。往东南走了五里，雨停了，在麟村换夫，捆好轿子就上路。向东南行三里，这里有两条岔道，走的是往东南方的岔路，又翻越山岭。行三里，翻过土山往东走，右江又从北边弯沿而来，在此地转向东南方流去，沿江前行。又走了二里，到达了大滩，一个位于江流西岸上只有几户人家的村落，房屋开始由栏干式的竹楼变成土屋的样式，有的人已经开始在平地上居住了。这里是之前的大滩驿，在万历初年驿站从这里搬迁到宋村。礁石横截在下游的江中，这里水声轰鸣，在二三里外就可以听见，大滩也由此得名，右江到了这里才听见水声。换夫捆轿子，从村东头往东南方翻山越岭，行三里，翻越到岭南，可以看到左江从杨美下游向东北方向弯沿而下，流到这里后折向东南。从左江北岸顺流往东行，行二里，又走在山脊上，又下起了雨来。在山与山之间上上下下的又走了二里，在平凤村换夫。又往东行二里半，到宋村，这里就是我之前来的时候路过的左江、右江两江相夹汇合的地方了，宋村南边临江，就是大果湾了。这个村子处于左江、右江的中心地段，也就是古时候的合江镇，只是本地人中已无人知晓这个名字了。大滩驿在万历初年搬迁到这里，却没有设立邮亭、驿站，马匹都是由民间供给。之前我经过此地时，没有找到大滩驿，如今才知道就是这里。等吃饭、换夫，过了很久才得以重新出发，雨一直不停的下。大果湾就在这个地方南面，渡过左江是杨美通往太平府城的路，正东一里处就是左、右二江交汇的尖嘴。现在的路从东北方前行一里多，渡右江，往南望去在半里之外就是两条江流交汇处了，也和之前乘船经过江口往江内远眺那个地方相似。渡船到右江东岸，溯江流往东北前行。没多久往东翻山，三里后下山，雨竟然哗啦啦的越下越大。又走一里到了王宫村，便停下来在此休息。雨声哗哗，直到天黑也无法再次动身。王宫村在大江北岸一里多处了。

初九日　中夜数闻雨声甚厉，天明，云油然四翳。迟迟而起，饭而后行，近上午矣。王宫村之左，有路北入山夹，乃旧大滩间道。由村前东南行二里，逾一岭而下，有小水自北夹来，西南入大江。越之而东又一里，稍北转循北山行，有大道自东而西，始随之东去。其直西逾小坳者，亦旧大滩道，盖南宁抵隆安，此其正道，以驿在宋村两江夹间，故迂而就之也。又东行三里，转上北冈，换夫于颜村。又东南逾一岭而下，转而西，共五里，换夫于登科村。又东南二里，换夫于狼科村。山雨大至，候夫不来，趋避竹间，顶踵淋漓，乃趋避一山庄庑下。久之夫至，雨亦渐止，又东南逾一平坳，共四里，饭于石步村。既饭，已下午矣，雨犹不全止，夫至乃行。东南有墟在冈头，逾冈而下共半里，越小石梁，下有涧深而甚细，盖南宁北面之山，至石步而西截江流者也。又东南行，雨势大作，遍体沾透。二里，复下一深涧，越木桥而上冈，又东南行雨中二里，止于罗岷村。候夫不至，雨不止，煨湿木以爇衣，未几乃卧。

【译文】初九日　半夜醒来好几次都听见十分猛烈的雨声，天亮后，四周被厚厚的阴云笼罩着。很晚才起床，等吃过早饭出发时，已经是将近中午了。王宫村的左边，有条路往北进入山谷中，是以前去大滩驿的近路。由村前往东南行二里，越过一座岭后下走，自北面的夹谷中一条小溪流来，向西南流入大江中。越过小溪向东又是一里，稍微向北转沿着北山前行，自东走向西有条大道，沿着这条大道往东去。那里有条路一直向西翻越小山坳，也是以前去大滩驿的路，本来从南宁府到隆安县，是官道，因为驿站搬到宋村，处于两江相夹的地带，只好绕道去将就驿站了。又往东行三里，转上北面的山岭，在颜村换夫。又向东南翻过一座岭后下走，转向西，共行五里，在登科村换夫。又向东南二里，在狼科村换夫，山雨来得很猛烈，等了好久没有看到脚夫前来，只好跑到竹丛中躲雨，整个人从头到脚都是湿淋淋的，赶紧到一座山庄的屋檐下去躲雨。等了很久脚夫才来，雨也逐渐转停，又向东南穿过一个地势平缓的山坳，共行四里，在石步村吃饭。吃完饭，已经是下午了，雨没有完全停下来，等脚夫到了就继续赶路。东南方有个集市在冈头，越过小山头后往下走半里路，过小石桥，石桥下有条山涧很深，水流很细小，源头可能是来自南宁府北面的山中，流到石步村后向西横截江流。又往东南行，雨势突然间变大，全身湿透了。行二里，又走到一条深深的山涧中，穿过木桥后上登山冈，又向东南在雨中走了二里，在罗岷村停下。在这里等换夫，却没有人前来，雨一直不停，只好将湿木柴点燃烘烤衣服，不一会儿便躺下睡了。

初十日　云势油然连连，乃饭。村人以马代舆，而另一人持舆随行。雨复霏霏，于是多东南随江岸行矣。五里，稍北折，内坞有溪自东北来入江，乃南逾之。复上冈，二里，抵秦村[①]，其村甚长。先两三家互推委，既乃下一村人家，骑与送夫去。候夫久之，有奸民三四人索马牌看，以牌有马，不肯应夫。盖近郭之民，刁悍无比，真不如来境之恭也。久之，止以二夫肩行李，舆与马俱一无，余以步而行。一舆来，已数村，反为其人有矣。幸雨止，冈渐燥。一里，平逾冈东北，有溪自东北来入江，较前三溪颇大，横竹凳数十渡涧底，盖即申墟之下流，发于罗秀山者也。复东南上冈一里余，过窑头村之北，顾奴同二担入村换夫，余即从村北大道东行。二里，北渡一石梁，其梁颇长，架两冈间，而下流亦细，向从舟登陆，自窑头村东渡小桥，即其下流也。又东四里，有长木梁驾两冈上，渡而东即白衣庵，再东即崇善寺。乃入寺询静闻永诀事。其殁在九月二十四日酉时，止隔余行一日也。僧引至瘗骨之所，乃在木梁东岸溪之半，余拜而哭之。南顾桥上，则顾奴与二担适从梁上过矣。乃与僧期，而趋梁店税驾焉。时才午，雨纷纷不止。饭后蹑履问云、贵客于熊石湖家，云、贵经纪。则贵竹有客才去，兹尚无来者。余以疮痛市药于肆，并履袜而还。一别南宁已七十五日矣。

【注释】①秦村：今作“陈村”，在南宁城西郊，邕江北岸。

【译文】初十日　乌云密布，于是吃饭。村里人牵来了马用以代替轿子，他们一人牵着马一人扛着轿子同行。雨又绵绵不断的下起来，从这里开始大部分都是向东南方向沿江岸前行了。行五里，稍折向北，山坞中有条溪水自东北汇入江中，于是向南越过溪流。又上登山冈，行二里，抵达秦村，这个村子很长。村头的两三户人家互相推卸，只好下马到村中找了一户人家，坐骑和送行的脚夫都离开了。等村里派夫等了很长时间，有几个比较奸猾的村民要了马牌去查看，因马牌上只标明了马，于是不肯应差派夫。这些挨着城郭的村民，真的是无比刁悍，根本没有来时那些地方的恭敬，又过了好久，只派来两个肩扛行李的脚夫，轿子和马匹都没有了，我只好跟着徒步前行。自坐上轿子后，已经坐着轿子过了好几个村子，却被这里的人把轿子占为己有。还好雨停了，山路也变得干爽起来。行一里，翻越到山冈的东北面，有条溪流从东北方向而来汇入江中，与之前的三条溪流相比这条溪的水势算是相当的大了，几十个竹凳横放着渡过山涧底部，应该是申墟下游，申墟就是那条发源于罗秀山的溪流。再往东南方向的一个山冈走了一里多，经过窑头村的北边，顾仆同两个挑夫进村去换夫，我则从村北的大路往东行。行二里，向北过一座石桥，这座桥很长，两边的山冈由这座桥连接，桥下的水流却不大，之前我从船上登陆，从窑头村向东走过小桥，就是属于这条溪流的下游了。又向东四里，有座长长的木桥架在两面的山冈上，过桥后往东走就是白衣庵，再向东走就是崇善寺。我进寺去打听静闻离逝的事。静闻就在九月二十四日五至七时与世永绝，离我上路就隔了一天时间而已。僧人把我带到安葬他的墓地，他的墓地就在木桥边东岸的半山上，我泪流满面的拜祭了静闻。一回头就看到南边的桥上，顾仆与两个挑夫正从桥上走过。我与僧人商量后定下了日期，然后赶到梁家寓所住下。这时才到中午，雨依然断断续续的下个不停。吃完饭闲逛到熊石湖姓人家打听那些前往云南、贵州的客商，云南、贵州的经纪人。他们告诉我说，刚有个贵州客商离开没多久，暂时还没有客商来。我去药店买疮痛药，又买了鞋袜，这才回到住处。这已经是我离开南宁的第七十五天了。

全本全注全译

徐霞客遊記

（三）

〔明〕徐霞客 著
学谦 注译

团结出版社

图书在版编目(CIP)数据

徐霞客游记 / (明) 徐霞客著 ; 学谦注译. -- 北京: 团结出版社, 2021.11

ISBN 978-7-5126-7776-0

Ⅰ. ①徐… Ⅱ. ①徐… ②学… Ⅲ. ①游记—中国—明代②历史地理—中国—明代③《徐霞客游记》—译文④《徐霞客游记》—注释 Ⅳ. ①K928.9

中国版本图书馆CIP数据核字(2021)第196152号

出版：团结出版社

(北京市东城区东皇城根南街84号 邮编：100006)

电话：(010) 65228880 65244790 (传真)

网址：www.tjpress.com

Email：65244790@163.com

经销：全国新华书店

印刷：天宇万达印刷有限公司

开本：145×210 1/32

印张：86.25

字数：1512千字

版次：2021年11月 第1版

印次：2023年10月 第2次印刷

书号：978-7-5126-7776-0

定价：256.00元 (全五册)

目录

粤西游日记四

【题解】《粤西游日记四》是徐霞客游览广西西北部山水及风土人情所写的游记。

崇祯十年十二月十一日（1638年1月25日）至十八日，徐霞客在南宁府带病为静闻办理后事，十九日带着静闻的骨灰离开南宁北上，二十一日过邕宾交界的昆仑关，二十二日经过南丹卫治三里城（在今上林县境），抵达庆远府（今宜州）。崇祯十一年二月十三日（1638年3月28日）离开三里城北上，十五日从罗木渡渡过红河水，穿过忻城西部北上，十七日抵达庆远府（今宜州），停留二十三天，游会仙山诸洞、龙隐岩、九龙洞、三门岩、观岩，登多灵山。三月初十（4月23日）开始西行，十七日抵达河池州，游览了狮子洞、北山，二十日抵达南丹州，二十七日出广西境。

徐霞客沿途经过了很多壮族或瑶族聚居地，当时广西西北盗匪横行，幸得友人帮助，拿着官府的“马符”可以骑行或乘竹肩舆上路。途中，发病卧床数日，后来脚又被草鞋磨破，但他仍不改初心。在三里城，得到镇守当地参将陆万里的热情款待，从土人到官府，对他都很热情，这是他在别的地方没有遇见过的，再加上正值春节期间，自己也病痛缠身，他在这里停留了五十天，遍游三里、洋渡、乔贤一带风景胜地，探洞观幽，足迹遍布韦龟岩、独山岩、小独山、青狮岩、白崖堡岩洞、琴水岩、佛子岭诸岩。此外他还考据了昆仑关和古漏关，对古籍中的错误进行了校订；记载了沿途的土司和卫所情况、特产名物和南丹锡矿。经过八寨一带时，多次提到"皆贼踞为巢""俱为八寨余孽所踞""俱贼村矣"。游记中对一些社会情况的具体记述，对研究广西的地理和历史具有重要的资料价值。

丁丑十二月十一日　夜雨达旦。余苦疮，久而后起。然疮寒体惫，殊无并州之安也。时行道莫决，闻静闻诀音，必窆骨鸡足山，且问带骸多阻，余心忡忡，乃为二阄请于天宁寺佛前，得带去者。余乃冒雨趋崇善，以银畀僧宝檀，令备蔬为明日起窆之具。晚抵梁店，雨竟不止。

【译文】丁丑年（崇祯十年，1638）十二月十一日　晚上下了一整夜的雨。我苦于疮病，睡到很晚才起床。然而因为疮痛与寒冷，我的身体很疲惫，完全没有在并州时的那种安适。这时还没有决定好走哪条路，想起了静闻辞世时的遗言，一定要把骨头埋葬在鸡足山，并且打听到带着骸骨前去会有很多阻碍。为此我心中忧虑不安，于是做了两个阄到天宁寺的佛像前请求神灵帮助决断，得到了带着骸骨前去的阄。我于是冒雨赶往崇善寺，将银子交给僧人宝檀，让他帮忙备一些菜肴，为明天起葬做好准备。晚上我到达了梁姓人家的客店，雨一直下未停。

十二日　雨不休，午后小止。余市香烛诸物趋崇善，而宝檀、云白二僧欲瓜分静闻所遗经衣，私商于梁店，为互相推委计，谓余必得梁来乃可。而梁故坚不肯来，余再三苦求之，往返数四，而三恶互推互委，此不肯来，彼不肯去。及余坐促，彼复私会不休。余不识其展转作奸，是何意故？然无可奈何。惟日夜恳之，而彼反以诟言交詈[1]焉。

【注释】①詈（lì）：恶语相骂。

【译文】十二日　雨一直下个不停，中午后稍稍停了一会。我买了香烛等物品赶到了崇善寺，而宝檀、云白这两个和尚因为想要瓜分静闻遗留的佛经和衣服，便私下与梁姓店主商量，准备好了相互推卸的计策，对我说一定要梁姓店主到场才行。但是梁姓店主故意坚决不来，我只得再三苦苦哀求他们，来回往返了几次，但这三个恶人却互相推来推去，这个不肯来，那个不肯去。当我坐下来催促时，他们又不停地私下会面。我不知道他们这样反复地做这奸诈的事情是什么意思，有什么原因。但是我却无可奈何。只有日夜恳求他们，但是他们却反以难听的话语骂人。

十三日　晨起，求梁一往崇善，梁决意不行。余乃书一领[1]，求梁作见领者，梁终不一押。余复令顾仆求二僧，二僧意如故。乃不得已，思鸣之于官，先为移寓计。遂入城，得邓贡士家旧房一间。乃出城，以三日房钱畀梁，移囊入城。天色渐霁。然此寓无锅，市罐为晚餐，则月色皎然，以为晴霁可望矣。

【注释】①领：领条。一种领取东西时留下的字据。

【译文】十三日　早上起来，我便求梁姓店家去一次崇善寺，梁姓店家怎么都不肯走。我于是写了一张领条，求梁姓店家作为认领静闻骸骨的见证人，梁姓店家始终不愿意画押。我又让顾仆前去求宝檀、云白两个和尚，但两个和尚的意思仍旧与原来一样。于是不得已，我思想着前往官府去鸣冤，先为更换住所做打算。随后我进了城，找到了邓姓贡生家的一间旧房。于是我出了城，将三天的房钱给了梁姓店家，将行李搬到了城里。天色渐渐地转晴了。然而邓姓贡生家的旧房中没有锅，我只得另买了瓦罐做了晚饭。此时月色变得皎洁，我以为可以等到天气转晴了。

十四日　早闻衙行躧屐声，起视之，雨霏霏如故。令顾仆炊而起，书一揭[①]，令投之郡太守吴公。而是日巡方使者自武缘来，吴已往候于郊，顾仆留侦其还，余坐雨寓中。午余，余散步察院[②]前，观左江道所备下程[③]及宣化县所备下马饭[④]，亦俱丰腆[⑤]。还寓，顾仆以郡尊未还，请再从崇善求之。余复书，顾畀之去，仍不理焉。

【注释】①揭：揭帖。古时监察部门长官揭发不法官吏的一种文书。也指旧时张帖的启事、文告（多指私人的）。②察院：明朝将御史台改为都察院，简称察院。③下程：送别时赠的盘缠或礼物（多见于早期白话）。也指官场馈赠。④下马饭：指接风酒。⑤丰腆：指饮馔丰盛。

【译文】十四日　早上听见衙门中有穿着木板鞋走路的声音，起床来查看，发现外面依旧淫雨霏霏。我在让顾仆做好饭后便起床了，写了一个揭帖让顾仆前往郡府将它递送给郡太守吴公。但是这一天正好碰上地方巡察使从武缘县来，太守吴公已经前往郊外迎候去了，顾仆只好留下暗中侦察等他回府。我坐在漏雨的住所里，午后，我在都察院衙门前散步，观察到左江道准备的礼物与宣化县准备好的下马饭，也都很丰盛。返回寓所后，顾仆因为太守吴大人没有回来，请求再次前往崇善寺去求那两个和尚。我再次给写了封信，让顾仆给他们送去，但他们仍然没有理会。

太平、南宁俱有柑，而不见橘。余在向武反食橘数枚。橘与柑其形颇相似。

【译文】太平府、南宁府都有柑，但是没见有橘子。我在向武州时反而吃到了几个橘子。橘子和柑的外形很相似。

边鱼①南宁颇大而多，他处绝无之。巨者四五觔②，小者亦二三觔，佳品也。鲫鱼颇小而少，至大无出三寸者。

【注释】①边鱼：即鳊鱼。②觔（jīn）：同“斤”。

【译文】南宁府的边鱼很大而且多，这在别的地方是绝对没有的。其中大的有四五斤重，小的也有二三斤重，是很好的美味。这里的鲫鱼很小而且少，最大的也没有超过三寸长的。

十五日　五更峭寒，天明开霁。自初一早阴至此，恰半月而后晴朗。是日巡方使者驻南宁，接见各属吏。余上午往观，既午，吴郡侯还自左江道，令顾仆以揭往诉静闻事，吴亦不为理。下午出城觅车夫，复俱不得，忡忡而已。

【译文】十五日　五更天时天气微寒，天亮后便放晴了。自从初一早上阴到现在，刚好半个月，而后才变晴朗。这一天地方巡察使停驻在南宁府，接见各位下属官员。我上午时前往观看。午后，太守吴大人从左江道衙门回来了，我让顾仆拿着揭帖前去控诉静闻的事，知府吴大人也没有帮我处理。下午时我出城去找车子和脚夫，又都没有找到，心中不禁有点忧虑不安起来。

十六日　明爽殊甚。五鼓，巡方使者即趋太平府。其来自思恩，亦急迫如此，不知何意。想亦为交夷压境而然耶！然不闻其调度若何，此间上下俱置之若罔闻也。仍令顾仆遍觅车夫，终不可得。

【译文】十六日　天色变得很是明丽爽朗。五更时，地方巡察使便急着赶往太平府。他从思恩府来时，也是这样急迫，不知道是什么意思。想来可能是因为交夷大军压境才让他变得这样的吧！然而既没有听地方巡察使说这事应当如何调度处置，而这一带上上下下的官员也都把这事放在一边不闻不问。今天我仍然让顾仆外出四处去寻找车子和脚夫，但始终没能找到。

南宁城北狭西阔。北乃望仙坡来龙，西乃濒江处也。北、东、南各一门，皆偏于角上，惟西面临江，有三门。

【译文】南宁府城北面狭长而西面宽阔，北面是从望仙坡延伸过来的主山脉，西面是濒临江流之处。北面、东面、南面各有一座城门，都偏建于城角上，只有西面濒临江流，建有三座城门。

十七日　再备香烛素蔬往崇善，求云白熟而奠之。止索戒衣、册叶[①]、竹撞[②]，其他可易价者悉不问，云白犹委候宝檀回。乃先起窆白骨，一瓶几满。中杂炭土，余以竹箸逐一拣取，遂竟日之力。仍以灰炭存入瓶中，埋之旧处，以纸数重裹骨，携置崇善寺外。不容带入。则宝檀归矣。见余索册、撞，辄作盗贼面孔向余曰："僧死已安窆，如何辄发掘？"以索自锁，且以锁余。余笑而度之，盖其意欲余书一领，虚收所留诸物也。时日色已暮，余先闻其自语云："汝谓我谋死僧，我恨不谋汝耳！"余忆其言，恐甚，遂从其意，以虚领畀之，只得戒衣、册叶，乃得抱骸归。昏暮入邓寓，觅烛，重裹以拜，俱即戒衣内者包而缝之，置大竹撞间，恰下层一撞也。是日幸晴霁，故得拣骨涯滨[③]竟日。还从黑暗中，见沙堤有车，以为明日行可必矣。

【注释】①册叶：即"册页"，原为书的册数、页数，此指经卷。②竹撞：用篾条做的小竹匣子，竹箱。③涯滨：指水边。

【译文】十七日　再次准备了香烛、素菜等前往崇善寺，求云白和尚帮忙煮熟后祭奠静闻。我只向他们讨要袈裟、经卷、竹箱，其他可变现成钱的东西都没有再追问，但云白还是推托要等候宝檀回来再说。于是我先将静闻的白骨起葬，几乎装满了一个瓶子。白骨间夹杂了一些木炭和泥土，我用竹筷将其一一拣了出来，竟然花了一整天的时间。我仍旧将灰炭放进了瓶中，将瓶子又埋在原处。我又用几层纸将白骨裹好，带回存放在崇善寺外边。不允许带入寺中。这时正好见到宝檀也回来了。他见我讨要静闻的经卷、竹箱，便马上作出一副强盗的嘴脸对我说："静闻死后已经安葬了，你为什么还要擅自挖掘其尸骨？"随后他用绳索将自己锁住，并且把我也锁上了。我笑着猜测他的意思，大概他是想要我写一个领条，假意说我收到了静闻留下的所有物品。这时天色已晚，我早先就曾听见过他自言自语地说："你说我谋夺这个死和尚的财产，我恨不得连你的也谋夺了！"我回忆起他说的话，很是恐慌，于是就顺从了他的意思，将假领条给了他，只拿到了袈裟、经卷，这才得以抱着静闻的骸骨回来。傍晚时我回到了邓家住所，找来火烛，将静闻的骸骨重新裹好祭拜，将他所有的就是袈裟内的东西东西都包好缝了起来，放在大竹箱中，刚好装满了整个竹箱的下层。这天幸好天气转晴了，所以我才得以一整天在水岸边拣拾骸骨。夜晚摸黑返回时，见到沙堤上有车子，因此我想明天一定能够出发了。

十八日　早起则阴雨霏霏，街衢湿透。余持伞觅夫，夫之前约者，已不肯行。出沙堤觅车，车又不复得。乃还寓，更令顾仆遍索之城外，终无有也。

【译文】十八日　早晨起床后便见阴雨霏霏，街道上都湿透了。我打着雨伞外出寻找脚夫，之前约好的脚夫已经不肯走了。我又出城到沙堤上来找车，车也没有找到。于是只好返回住所，又再让顾仆到城外去到处寻找，最终还是没能找到。

十九日　晨得一夫，价甚贵，不得已满其欲，犹推索再三，上午乃行。雨色已开，阴云未豁。出朝京门，由五公祠即望仙坡东麓东北行。五里，过接官亭，有小水自西北注东南。又五里，越一冈，连涉南行小水。又五里，有一溪较大，亦自西北向东南注，此即向往清秀所过香象桥之上流也。盖郡北之山东西屏峙，西抚于石步墟，东极于司叛之尖山，皆崇峰联属如负扆。其中南走一支，数起数伏，而尽于望仙坡，结为南宁郡治。又东再南走一支，南尽于清秀山而为南宁之下砂。此水其腋中之界也，有木梁架溪上，渡梁，遂登冈阜。又五里，越一最高冈脊，东下有泉一窞在脊畔，是曰高井。由是三下三上，屡渡小水，皆自东南注西北，始知其过脊尚在东，此皆其回环转折之阜，流之西北注者，即西转而东南下木梁大溪者也。共四里，又越一冈脊而下，其脊高不及高井之半，而实为西北来过脊以趋清秀者也。下脊又二里，再渡一溪，其流亦自西北注东南。过溪上冈又二里，为归仁铺，三四家在冈头而已。又东北望尖山而行，七里为河丹公馆，亦有三四家在冈头，乃就饭焉。又东北行，屡涉南流小水，五里，一溪颇大，有木梁架之，至长于前二溪。其溪盖自北崇山中来，有聚落倚其上流坞中，颇盛。越梁东上冈，是为桥村墟，数十家之聚。时方趁墟，人声沸然。于是北望尖山行，又屡涉东南流小水，十二里，北渡一木梁颇大，又三里而至施湴①驿，日将晡②矣，歇于店。

【注释】①施湴（bàn）：地名，在宣化县内。②晡（bū）：指申时，也就是下午三点钟到五点钟的时候。

【译文】十九日　早晨起来后找到了一个脚夫，但他的要价很贵，不得已我满足了他的要求，他还再三推辞要价，直到上午时才出发。这时雨已停了，只是阴云还没有散开。我们一行出了朝京门，沿着五公祠即望仙坡东边的山脚往东北方向行走。走了五里，经过接官亭，有条小溪自西北流向了东南方向。又走五里，越过一座山冈，接连涉过了几条流向南边的小溪。又走了五里，遇到了一条较大的溪流，也是由西北方向流向东南方向，这就是我过去前往清秀山时所经过的香象桥的上游。大概是因为南宁郡北面的山脉都像屏障一样呈东西向耸立，西边与石步墟相连，东边的尽头是司叛的尖山，看到的都是连绵不断的像皇宫中的大屏风一样的大山脉：其中有条支脉向南延伸，几次起伏后，一直绵延到了望仙坡，盘结成了南宁郡城；再往东边又有一条支脉向南蜿蜒，一直到达南边的清秀山而成为了南宁府城的下砂，而这条溪水便是这两条支脉中间的分界线。溪水上架有一座木桥，过了木桥后，爬过了一座山丘。再次行进五里，翻过一座最高的山脊，山脊东边的下面有一坑深深的泉水，这坑泉水名叫高井。从这里三次下山又三次上山，需渡过几条小溪水，都是从东南方向流向西北的，这才明白南宁郡北面山脉延伸的山脊还在东面，这些都是山脉回环转折形成的山峰；流向西北的溪水，就是自西流转向东南下到木桥下的大溪。共走了四里路，再次越过一座山脊后向下走，这条山脊的高度不到高井那座山脊的一半，但实际上是一座从西北方向延伸过来又转向清秀山的山脊。下了山脊后又走了二里路，再次渡过了一条溪水，这条溪水也是从西北方向流向东南的。渡过溪水登上一座山冈又走二里后，便是归仁铺，只有三四户人家住在这冈头上。又向着东北的尖山方向前行，行走七里后便是河丹公馆，这里也有三四户人家住在冈头上，我们便在这里用餐。再次往东北方向行进，多次淌过流向南边的小溪，五里地后，有一条相当大的溪水，上面架有木桥，至少比之前那两条溪水上的木桥要长。这条溪水大概是发自北面的高山峻岭，有村落紧靠在溪水上游的山坞中，很是繁盛。走过桥后向东翻过一座山冈，这便是桥村墟，是个几十户人家的小村落。我们到达时正好碰上是赶集的日子，人声鼎沸。从这里向着北面的尖山前行，又多次渡过了几条流向东南的小溪，十二里路后，向北跨过了一座很大的木桥，再行进了三里后便到达了施溢驿。这时太阳已是快下山了，我们便停歇在了一家客店中。

二十日　五更起，饭而行，犹昧爽也。由施溢东北行二里，为站墟。又一里，降而下，渡一溪，木梁亦长。越溪东上，共一里，逾一冈，已越尖山东北矣。途中屡越小水，皆北而南。又十二里，横径平畴中。其处北近崇山，南下平坞，西即所逾之冈，东则崇山东尽，转而南行，缭绕如堵墙环立。又东二里，复得大溪自北山南注其内，溪北大山之下，聚落甚盛，曰韦村。大山负扆立村后，曰朝著山。渡溪桥，东上崇冈，即南下之脊，为清秀之东郡城第二重下砂也。按《郡志》[①]，东八十里有横山高险，横截江河[②]，盖即此山南走截江而耸起者也。宋置横山寨，为市马之所。

【注释】①《郡志》："志"原作"城"，据乾隆本、"四库"本改。②江河：此指郁江，是西江的最大支流，广西境内大河。由右江和左江在南宁以西汇合而成。

【译文】二十日　五更时便起床了，吃过饭动身时，天还是黎明时分。从施溢驿往东北方向走二里路，是站墟。再行进一里，笔直往山下走，便要渡过一条溪流，溪流上的木桥也很长。走过溪流后向东往上走，共一里，翻过一座山冈，便已经穿越到尖山的东北方了。途中多次经过小溪流，都是由北向南流的。我们又前行了十二里，横向穿过了一片平坦的田野。这里北面靠近高山峻岭，往南走是平敞的山坞，西边便是刚刚翻越的山冈，东面则是大山东边的尽头，而后向南蜿蜒，就像一堵墙一样环绕耸立在四周。再向东二里，再次见到一条大溪流从北山的南麓流入到了山坞中。溪流北面的大山之下，有个聚集的村落很繁荣，其村名叫韦村。一座大山就像屏风般耸立在村落后面，这山叫朝著山。穿过溪流上的木桥，向东登上高高的山冈，这便是蜿蜒南下的山脊，是清秀山东边郡城的第二重下砂。据《郡志》记载，郡城东面八十里的地方有座横山，高而险峻，横截郁江，大概这座横山便是因为向南延伸横截郁江后才高耸形成的吧。宋朝时曾在这里设置了横山寨，作为马匹交易的场所。

又东北二里，有三四家在山冈，曰火甲铺。于是北下行山坞间，四面皆山，水从东南透夹去。屡涉细流，五里，遂北折入山夹。两山东西骈立，从其中溯流北上，共十里，山夹束处汇塘堰[①]水，有三四家踞山脊中度处，两崖山甚逼，乃名曰关山，土人又名曰山心。按《志》，昆仑山在郡城东九十余里，必此地无疑。然询之土人，皆曰昆仑关在宾州南，即谢在杭[②]《百粤志》亦云然。按宾州南者乃古漏关，非昆仑也。世因狄武襄[③]驻宾州，以上元飨士，夜二鼓被昆仑，遂以宾州古漏当之。至今在南宁者，止知为关山，而不知昆仑；在宾州者，皆以为昆仑，而不知为古漏。若昆仑果在宾州南十里，则两军已对垒矣。武襄十日之驻，二鼓之起，及曙之破，反不足为神奇矣。

【注释】①塸（ōu）：聚集。②谢在杭：谢肇淛（1567—1624），字在杭，福建福州长乐人，出生在钱塘，号武林、小草斋主人，晚号山水劳人，明代博物学家、诗人。其诗清朗圆润，为当时闽派作家代表。③狄武襄：狄青（1008—1057），字汉臣，汾州西河人，善骑射。侬智高陷两广，狄青上表请行。据《宋史·狄青传》，驻兵宾州，“一昼夜绝昆仑关，出归仁铺为阵”，“青执白旗麾骑兵，纵左右翼，出贼不意，大败之，追奔五十里，斩首数千级，其党黄师宓、侬建中、智中及伪官属死者五十七人，生擒贼五百余人，智高夜纵火烧城遁去。迟明，青按兵入城，获金帛巨万，杂畜数千，招复老壮七千二百尝为贼所俘胁者，慰遣之”。死后赠中书令，谥武襄，故又称狄武襄。

【译文】又向东北行进二里，有个住着三四户人家的山冈，叫火甲铺。从火甲铺北面下到山坞中行走，四面都是山林，水流从东南方向穿过夹谷远去。在多次越过细小的溪水，五里后，便向北折进了山间的峡谷中。夹谷两面的山峰东西并立，从峡谷中沿溪流一路北上，共走了十里，在峡谷的紧束处水流汇集成塘，有三四户人家居住在中央山脊的延伸之处，两边的山崖相距非常狭窄，于是起名叫关山，当地人又叫它山心。根据志书记载，昆仑山在郡城东面的九十多里外，指的肯定就是这个地方。然而我向当地人打听，都说昆仑关在宾州的南部，谢在杭在《百粤志》中也是这样说的。据考察，在宾州南部的乃是古漏关，而不是昆仑关。世人因为狄青曾率军驻扎宾州，在上元节时宴请将士，当天晚上二更时到达了昆仑关，于是便将宾州的古漏关当做了昆仑关。现在居住在南宁的人，都只知道这是关山，却不知道昆仑关；居住在宾州的人，都认为这是昆仑关，却不知道是古漏关。如果昆仑关真的是在宾州南面十里处的地方，那么两军早就已经对垒上了，那么狄青在宾州驻兵十日，二更时出兵，到黎明时打败敌军，反而算不上有什么神奇的了。

饭于氓[1]舍，遂东北下山。一里，有大溪自北而南，其流汤汤，入自南宁境，尚无比也。盖关山南北水虽分流，犹南下郁江。于是溯其流北行山夹间，其山屡开屡合，又十四里，得百家之聚，曰长山驿。聚落在溪之西。其北有两溪来会，一自西北，一自东北。二水会合，其北夹而成冈，有墟舍在其上，甚盛。乃渡其西北来之溪，陟桥登墟，循东北来溪之右溯之行。又十里，溪水自东北盘坞中来，路由北麓而上，得数家之聚，曰里段墟，乃邕、柳界牌岭之南麓也。其去界牌尚十里，此地犹属宣化。盖邕、柳之水以界牌岭而分，北下者由思笼西转武缘高峰岭西入右江，南下者入郁江。此界牌岭南流之水，经长山而南，余以为即伶俐水之上流也。然土人云："伶俐水尚东隔一山，此水出大中港，其港在伶俐之西"云。是日至里段，约行六十里，日才过午，夫以担重难行，且其地至思笼四十里，皆重山，无村可歇，遂税驾不前。

【注释】①氓（méng）：古代称百姓（多指外来的）。也作萌。

【译文】我们在村民家中吃的饭，然后从关山的东北面下山。走了一里，有一条自北向南流的大溪，溪水浩浩荡荡，自从我们进入南宁郡境内以来，还没有遇到过比它大的。原来关山南北两面的水流虽然分成了很多支流，但最终还是南下汇入了郁江。从这里沿溪流逆向北行进于山间峡谷中，沿途的山脉开开合合。又走了十四里，到达了一个有百户人家的村落，叫做长山驿。村落位于溪流的西面，其北面有两条溪流前来交汇，一条来自西北方向，一条来自东北方向。两条溪水汇合的地方，北边两条溪水的夹角形成了山冈，山冈上建有赶集用的棚舍，非常繁荣。我们渡过那条来自西北方向的溪流，走过木桥登上山冈上的集市，沿着自东北方向流来的溪流右岸溯流前行。又走了十里，溪水从东北方盘绕到了山坞中，从北麓的道路往上走，遇到了一个有几户人家组成的村落，叫做里段墟，属于邕州、柳州两地界牌岭的南麓。这里距离界牌岭还有十里，还是属于宣化县。邕州、柳州两地的水流大体上是在界牌岭分流的，向北的水流经由思笼县后向西转经武缘县高峰岭的西麓，而后流入右江；向南的水流直接汇入郁江。由这座界牌岭向南流的水流，流经长山后南下而流，我以为这就是伶俐水的上游。然而当地的人却说："伶俐水还在东面隔着一座山，而这条水流是从大中港流过来的，大中港在伶俐水的西面。"等等。这一天到达里段墟时，大约已行进了六十里，太阳才刚过中午。挑夫因为担子太重难以行走，况且这里到思笼县城还有四十里地，途中都是崇山峻岭，没有村子可以歇息，于是决定今天住下不走了。

二十一日　平明，自里段北行，复下山，仍与北来水遇。溯之入五里，水左右各有支流自山腋来注，遂渡一小桥，乃西北来支流也。又四里，又渡小桥，越溪之东，东北山夹又有支流下注。又北一里，始北上登岭，西瞰其流自西夹中来，则里段、长山大溪之发源处矣。北上半里，东入一隘门，其东有公馆焉，是为邕、柳分界处。门以内属宾州。公馆惟中屋为瓦，其门庑[①]俱茅所盖。馆门东向，其前后环壑为田，而南北更峙土山。其水犹西坠馆右峡中，盖即前西麓登山时所见，东北夹支流下注之上流也。其隘土人名为界牌岭，又指为昆仑关。按：昆仑为南宁地，去郡东九十五里。兹与宾分界，去南宁一百二十里，其非昆仑可知。今经行者见其处有隘，遂以昆仑当之。故《西事珥》云："昆仑关不甚雄险，其上多支径，故曰：'欲守昆仑，须防间道。'"亦误谓此也。

【注释】①门庑（wǔ）：指与门屋相连接的廊屋。

【译文】二十一日　天刚亮，我们便从里段墟向北前行，再下山，仍然遇到有从北边流来的溪水。沿着溪流逆行了五里，溪水的左右两边分别有支流从山侧汇入，接着经过一座小桥，桥下溪水是从西北方流过来的支流。又走了四里，再次跨过一座小桥，越过溪流的东岸，在东北方的山谷中又有水流汇入。又北行了一里，开始北上攀爬山岭，俯瞰西面溪流从西边的峡谷中流来，这便是流经里段墟、长山大溪流的发源地。向北上登半里，向东进入一道隘门，隘门的东边有家客馆，这里是邕州、柳州的分界处。隘门以内属于宾州。客馆只有正堂屋是瓦房，大门两侧的厢房都是用茅草盖的。客门向东，客馆前后环绕的沟壑被开垦成了田地，而南北两面又是土山耸峙。这里的溪水仍然是向西流入了馆右的峡谷中，大概就是前边在西麓登山见到的，从东北峡谷中下流汇入大溪的支流的上游吧。这个隘口被当地人称为界牌岭，又被指认为是昆仑关。据考察，昆仑关是南宁府的辖地，距离郡城东面有九十五里；这里与宾州分界，距离南宁府城有一百二十里，由此可知这并不是昆仑关。如今途经此地的过路人看见此处有隘门，便把它当做昆仑关。所以《西事珥》中记载："昆仑关不怎么雄伟险峻，关上有多条岔路小径，因而说：'要想守住昆仑关，必须防好小路。'"也是将此地误认为昆仑关了。

又平行岭夹，则田塍[①]之东潴而为塘。三塘连汇，共半里，塘尽，复环为田。田之南巨山横峙，田之北列阜斜骞，而田塍贯其间，即过脉处也，其东，水北流矣。余初以小脉自北南过，及随水东北下，抵思笼而问之，始知其水犹西北转武缘南之高峰，而入右江，则此脉乃自南而北渡，北起为陆蒙山。迤逦西行，过施湓尖峰，又西走而分支南结为南宁，其直西又西为罗秀。又西为石步，又西尽于王宫，则右江入郁之东岸也。自过脉处又东半里，乃下，又半里，下抵坞中。随水东北行，望前山一峰尖而甚高，云气郁勃，时漫时露。五里，渐抵尖峰之南，渡溪而北又二里，始见路左西山下有村倚焉。又东渡溪，于是循溪东而北向行。三里，已出尖峰之西麓，溪流东啮麓趾，路乃盘崖北上。转出崖北，二里，东北下，已绕尖峰之北矣。

【注释】①田塍（tián chéng）：也作“田畻”，即田埂的意思。

【译文】再次在平缓的山岭峡谷间行进，能见到田埂东面有的地方积水成了水塘。三个水塘连成了一片，共计达半里长，水塘尽头又有田地环绕。田地之南有大山横立，田地北面斜向突起着一列列的小土山，而田地则纵贯其间，这是山脉的延伸之处，它的东面，水流流向了北方。我最初以为这座小山脉是自北延伸向南的，等我们顺着水流往东北方走，到达思笼县询问之后，才知道这条水流仍然是经过西北转向武缘县南面的高峰，而后流进了右江。那么这条山脉应当是从南向北延伸的，在北面耸起成为陆蒙山。逶迤向西行进，经过施湓驿的尖峰，再向西延伸后分出支脉往南盘结为南宁府城所在的山脉，主脉则一直向西又在西边形成罗秀山。又往西是石步墟，再往西边的尽头是王宫村，这便是右江流入郁江东岸途中的情况。我们从山脉的延伸处又向东走了半里，于是下山，又走了半里，下到了坞中。沿着溪水往东北方向走，便见到前方的群山中一座山峰的峰顶又尖又高，峰顶上云雾浓郁且灵动，时而弥漫时而飘散。再前行五里，慢慢走到了尖峰的南面，渡过一条溪水向北再走二里，才见道路左边的西山下有村庄依山而居。我们又向东渡过了一条溪流，从这沿着溪流的东岸向北而行。前行了三里，便已经走出了尖峰的西麓，这里溪流向东冲刷着山麓的下部，道路则沿山崖盘绕北上。转到山崖的北面，前行二里，再往东北方向下行，我们绕到了尖峰的北麓。

又行坞中二里，有小水南自尖山北夹来，北与界牌之水合，有小桥，渡之，是为上林县界。自界牌岭来至此皆为宾州境，而是水之东又为上林境，以上林之思笼[①]一驿孤悬独界其中也。过桥，复东北升陟冈陀，四里抵思笼，村落一区在冈头，是为思笼驿。按《志》，思笼废县，昔为南宁属，不知何时割属上林。其地东西南皆宾州境，惟西北五十里至上林县。驿南面曰高尖山，北面崇山并障，东曰北斗山，西曰晒麵岭。遥山层叠正西者，曰陆蒙山。溪自界牌岭东北至此，扼于北山，遂转西南去。惟陆蒙隔于溪西也。

【注释】①思笼：此处指思笼驿，今作思陇驿，明朝在上林设立的驿站。原属上林县，今属宾阳县。

【译文】又在山坞中前行了二里，有条小溪从南面尖山的北部峡谷中流出来，向北与界牌岭流过来的溪流会合，溪水上有座小桥，渡过溪流，便是属于上林县的地界了。从界牌岭一直到这都是属于宾州的地境，但这条小溪的东面却又属于上林县的管辖，这是因为上林县的思笼驿这个驿站被单独阻隔在了其中。我们过了桥，又从东北方向的山冈斜坡间攀爬而上，四里路后便抵达了思笼镇，其村落有一片在冈头上，就是思笼驿。根据志书记载，思笼原是个被废除了的县，过去属南宁府管辖，不知从什么时候起被划归了上林县。思笼东边、西边、南边三面都是宾州的地界，只有从西北才走五十里便到了上林县城。驿站南面的山叫高尖山，北面是像屏障一般并立的崇山峻岭，东面的叫北斗山，西面的山叫晒粬岭。正西方远处层层叠叠的山，叫陆蒙山。溪水从界牌岭的东北方流到此地，被北面的山扼住，于是折转流向了西南。只有陆蒙山被阻隔在溪水的西边。

先是，雨色濛濛，初拟至思笼而止。及饭，而日色尚早，夫恐明晨雨滑，遂鼓勇而前。由思笼遂东下坞中，溯细流东行，一里，田夹既尽，复潴水为池。其池长亘一里，池尽复环塍为田，其南北皆崇山壁夹，南为高尖之东北垂，北为北斗之东南垂，其中夹而成田。共半里，即二山度脉之脊，水至是遂分东北与西南二派，东北者入都泥江，西南者入右江，为黔、郁两江脊，水之派至是始分。过脊，随水东北行峡中，其峡甚束。又半里始降而下，有坊焉，复为宾州界。盖宾州之地，东西夹思笼一驿于中，为上林南界者，横过仅七里云。既下，山愈逼束，路益东转，已越高尖山之东麓矣。按《志》："宾州南四十五里有古漏山，古漏之水出焉。其关曰古漏关。"即此矣，然土人无复知者。

【译文】在这之前，细雨蒙蒙，我们最初打算到达思笼后就停下来休息。等到吃完饭，天色却还早，脚夫担心明天早晨下雨路滑，于是我们鼓起勇气接着前进。我们从思笼东向下到山坞中，溯小溪向东而行。前行一里，走完被田地所夹的道路后，前面又是积水形成的水池。这个水池绵亘了有一里地，水池的尽头又是田埂环绕的水田，南北两面都是高山石壁相夹，南面是高尖山的东北垂，北面是北斗山的东南垂，夹谷中都是田地。共半里，就是这两座山脉相连的山脊，水流到了这里便分成了东北与西南两条支流。流向东北的汇入都泥江，流往西南的汇入右江，是黔江、郁江两条江流的分流的山脊，江水的支系到这里后开始划分。越过山脊，然后随着溪水向东北从峡谷中行进，这条峡谷很狭窄。又前行半里后开始往下走，路边有座牌坊，这里又属于宾州的地界了。原来宾州的地境，东西两面中间夹着的思笼这个驿站，是上林县南面的地界，听说横向通过仅有七里路。下来后，道路两边的地势更加狭窄，道路更加偏向于东，已经越过高尖山的东麓了。据《志》书记载："宾州南面的四十五里处有座古漏山，古漏水便出自于这里。山上的关隘叫古漏关。"其指的就是这里了，然而当地人却没人知道。

随水东下又三里，山峡渐辟，又六里，渐出峡，始东望遥峰甚高，双尖骈起者，为百花山。水折而北，路亦随之，山乃大辟。六里，为双峰洞，阳有庙东向，曰陈崇仪庙，乃祀宋守陈曙者。侬智高之乱，曙为宾守，以兵八千战于昆仑，兵溃，经略狄青以军法斩之，土人哀而祀焉。后韩都督征蛮，见有白马朱衣而导者，知为曙显灵，故拓而新之。其地乱山回伏，无双峰特耸，若百花骈拥，虽望而见之，然相距甚遥，不知何以"双峰"名峒。《碑》曰："在宾州三十里。"又北二里，有小水自西坞出，东注于大溪。即古漏水。又三里，乃渡大溪之东，溪乃东转，路亦从溪南随之。共东十里，溪北之山东尽，溪南之山亦渐东转而南，是为山口。其东平畴一望，天豁岚空，不意万山之中，复有此旷荡之区也！东望五里，为丁桥村，又东十里为宾州，皆在平楚中。谢肇淛云：“昆仑在宾州南十里。”此何据也？

【译文】顺着水流往东又下行了三里，山峡渐渐开阔起来，又走了六里，渐渐出了峡谷，这才发现东面远处的山峰非常高，两座山峰并排耸起的，是百花山。水流从这折向北而去，道路也顺着水流向北而去，山势也变得非常开阔。前行六里后，便是双峰洞，山南有座朝东的庙宇，叫做陈崇仪庙，乃是祭祀宋代太守陈曙的庙。侬智高叛乱时，陈曙为宾州太守，他率领八千士兵与侬智高在昆仑关大战，但失败了，被经略使狄青依照军法处斩，当地人为哀悼祭祀他而建了这座庙宇。后来韩都督征讨南蛮时，看到有个骑着白马穿着朱红衣的人在前方为他领路，他知道这是陈曙显灵，因而扩建并翻新了庙宇。这里乱山环绕起伏，没有像双峰那样特别高耸的山。像百花山那样双峰并排簇拥，虽然一看就能看得见，但是却相距很远，不知为什么用“双峰”来给山洞命名。《碑》文说：“在宾州三十里。”又向北走了二里，有条小溪从西边的山坞中流出来，向东汇入了大溪。这就是古漏水。又走了三里，于是便到了大溪的东岸，溪水在这折转向东，道路也沿着溪流的南岸而行。向东共走十里，溪水北边的山林到了东边的尽头，溪水南面的山也渐渐由东折转向南，于是形成了山口。山口的东面是一望无际的田野，天空开阔，雾气空濛，没有想到在这万山丛中，还有这么空旷平坦的地方！东望五里外，是丁桥村，再向东十里便是宾州府城，都在一片平野上。谢肇淛说：“昆仑关位于宾州城南面十里处。”这样说的根据是什么呢?

少憩山口,征三里[①]路于途人。知者云:“当从此东北行,由北小岭入,是为口村。其道为径,可无宾州之迂。”时甫下午,日色大霁,遂由山口北渡大溪,从平畴中行。十里,抵北界小山下。其山颇低,自山口之北回环东北行,至此有村落依之。由村东又东北行五里,越山之北,复有坞自西而东,路横涉之。二里,有水亦自西而东注,架小桥于上渡之。又北一里,直抵北山下,其山乃北第二重东行小支。又有水直逼山麓,自西而东,架桥亦与前溪同。度桥即北向登山,山巅有堡一围,名竹马堡,乃二年前太平节推吴鼎元,高州人。署宾州所筑,招狼兵[②]五十名以扼要地者。上山半里,又从山上北行半里,山北有水一塘,横浸山麓,四面皆山峡环之。下山又半里,北望公村[③]尚在坞北二里外,担夫以力不能前,乃从山北麓东行半里,投宿小村。村不当大道,村人初不纳客,已而一妇留之,乃南都[④]人李姓者之女,闻余乡音而款留焉。其夫姓邓,随驿骑至南宁。

【注释】①三里:指三里城,即今广西上林县东北六十里三里镇。明万历三年(1575)建。设思恩参将驻守,万历八年(1580)又移宾州之南丹卫于此。清改设三里营。②狼兵:是明朝中期时土司组建的地方武装。又称为“俍兵”“狼师”。③公村:今作“公车”,在宾阳县西北隅。④南都:明朝时设有两京,即北京和南京,北京顺天府称京师,南京应天府又称南都。

【译文】在山口稍作休息,我们向路人打听去三里城的路。知道的人对我们说:“应当从这往东北方向走,从北边的小山岭进去,那里是口村。这是一条小路，走这条小路可以不用绕道宾州城。”这时刚到下午，天色非常晴朗，于是我们从山口向北渡过大溪，从开旷的田野中穿行。走了十里，到达了北边的小山下。这里的山很是低矮，从山口北面回环着向东北延伸，到了这里后有村庄坐落在山脚。从村子东面再往东北走五里，翻越到山的北面，又有一个山坞自西向东延展，道路横向穿过了山坞。前进二里，有水流也是从西向东流淌，水流上架有一座过渡的小桥。又向北走了一里，直接到达了北山山脚，此山是北面第二重向东延伸的小支脉。这里又有水流直逼山麓，自西向东流淌，也像前边的溪流一样架有小桥。过桥后我们便登山北上，山顶有座土墙围起来的土堡，名叫竹马堡，是两年前太平府一吴姓节推官吴鼎元，高州人。代理宾州州官时所修筑，他招募了五十名狼兵来扼守这处要地。我们往山上走了半里，又从山上向北方走半里，山北有一处积水塘，横向浸漫着山麓，其四周都有山峡环绕着。下山又走了半里，向北望去，公村还在山坞北面二里地之外。挑夫因为已经没有了前行的体力，于是从山的北麓往东走了半里，投宿在这里的小村庄中。村庄没有在大道旁，村里的人最初不肯接纳我们，不久后一个妇人收留了我们，她是南京一李姓人家的女儿，听见我的家乡口音便收留并款待了我们。她的丈夫姓邓，跟随驿站送信的人到南宁府城去了。

二十二日　是为立春日。晨起，阴云四合。饭而北行田坞间。二里，抵北山下，是为公村。由村东越山而北，三里下及北麓，始见北向扩然，渐有石峰透突。盖自隆安西岭入，土山崇卑不一，皆纯土而不见石，至此始复见峥嵘面目矣。于是复行平畴中，一里，北过一板桥，有小水亦自西而东。又北行四里，抵北小山下，有水从山下漱南麓而东。架桥渡之，遂穿山腋而北，于是北行陂陀[1]间，西望双峰峻极，氤氲云表者，大明山也。其山在北斗山西北，为上林、武缘分界。按《志》，上林、武缘俱有镆铘、思邻二山，为二县界，曰镆铘而不及大明，岂大明即镆铘耶？

【注释】①陂陀：山坡。

【译文】二十二日　今天是立春日。早晨起来后，阴云笼罩四野。吃过饭后我们向着北方行进，行走于山坞中的田野间。前行二里，抵达了北山山脚，这里是公村。从公村东面越过山岭继续往北，前行三里路后下到了山的北麓，这才见到往北的地方变得开阔起来，渐渐有石峰突起耸立。大概是从进入隆安县的西岭以来，一路上土山高低不一，都是只见土山而不见石山，到这后才开始再次见到了石山的峥嵘面目。从这里开始又再次进入了平坦的田野中，前行一里，向北经过一座木板桥，桥下有条小溪流也是从西流向东。往北走了四里，到达北边的一座小山下，这有条溪水从山脚下冲刷着南麓往东而去。搭桥渡过溪流，接着从山侧穿过向北而行，从这里往北走一路都是倾斜不平的山坡。向西远眺，有两座山峰极其险峻，云雾氤氲，比云层还高，那就是大明山。大明山位于北斗山的西北方，是上林县、武缘县的分界处。根据《志》书记载，上林县、武缘县都有镆铘山、思邻山，是两县的分界线，书中说到了镆铘山却没有提及大明山，难道说大明山就是镆铘山吗？

又北五里，有大溪[1]西自大明山东流而去，是又为宾州、上林之界，其水较古漏诸溪为大，故不能梁而涉焉。由溪北又三里，登一冈，是为思洛墟，宾州北来大道至墟而合。遂西北行，共十二里过白墟，又三里为牧民堡，有卖饭于冈头者，是为宾州往上林、三里中道也。又西北行十里至开笼山，一名鸡笼，已直逼北界石山下。由歧北入石山夹中，其山千百为群，或离或合，山虽小而变态特甚。有分三岐者，东岐大而高，中次之，西岐特锐，细若竹枝，诡态尤甚；有耸立众峰间，卓如簪笔者。由其西转而北，入石山峒中。五里，北至杨渡，一大溪西由上林崇山中东流至此，直逼北面石山下，又有一溪北由三里山峡中南向入之，二流合而其溪愈大，循石山而东，抵迁江[②]入都泥焉。

【注释】①大溪：即今蛳螺江，今上林、宾阳两县仍基本以此水为界。②迁江：迁江县。地处桂中腹地，位于来宾市兴宾区西南部。

【译文】又向北走了五里，有条大溪流从西边的大明山向东奔流而去，这也是宾州、上林县两地的分界线，这条溪流比古漏水等众多溪流都要大，所以无法架桥过河了。沿溪流的北岸又走了三里，爬上一座山冈，这里叫做思洛墟，宾州北面过来的大道到了思洛墟便都会合了。接着朝西北方向行进，共十二里后经过白墟，再走三里便到了牧民堡。在冈头有卖饭的人，这里是宾州前往上林县、三里城的一半路程。再往西北方向前行十里便到了开笼山，又叫鸡笼山，这里已经很接近北界的石山下了。由岔路向北进入石山的夹谷中，这里的石山成百上千为一群，或离或合，山头虽小，但形态却各种各样。有的山峰分出了三座支峰，东面的支峰又大又高，中间的稍次一点，西面的支峰特别尖，就如竹枝一样纤细，形态尤其诡异；有的山峰耸立群峰之中，就像发簪笔一样卓然独立。从石山西麓折转向北而行，便进入了石山峒中。前行五里，向北到达杨渡，一条大溪从西边上林县的崇山峻岭中向东奔流到了这里，直接到达了北面的石山下，又有一条溪水从北面三里城的山峡中向南流入了大溪，两条溪水会合后其水流更大，沿着石山向东奔流而去，在抵达迁江县后汇入都泥江。

方舟渡北山下，有卖饭者当道，渡者屡屡不绝，遂由其东溯南来溪西岸入峡。其峡或束或开，高盘曲峙，左右俱有村落。十里，峡复大开，四山围绕，中成大坞。有一峰当坞起平畴中，四旁无倚，极似桂林之独秀、向武之瑞岩，更小而峭。路过其西，忽树影倒垂，天光中透，亟东入之，则其中南北中迸。南窍复有巨石自洞顶当门外倚，界洞门为二，门内裂窍高数丈，阔丈五，直透峰北者五六丈。出北窍，其上飞崖倒覆，骞腾而东，若复道回空，悬树倩影。复入其内，又西通一窍，西北转而出，其中宛转，屡有飞桥上悬，负窦层透，又透西门焉。一峰甚小，下透四门，中通二道，亦琅岩之具体而微者，但琅岩高迥，而兹平狭耳。由岩北又北三里，为桂水桥，溪水自西北漱崖，而南崖瞰溪临桥。昔有叠石为台，构亭于上者，曰来远亭，今止存荒址矣。越桥东，又北二里，为三里城。城建于万历八年，始建参府，移南丹卫①于此，以镇压八寨②云。时已过午，税驾于南城外陈队长家。其人乃浙之上虞陈氏也，居此二十年矣。晚日甚丽，余乃入城谒关帝庙，换钱于市而出。及就寝，雨复大作。

【注释】①南丹卫：明洪武二十八年（1395）置，属广西都司。治所即今广西南丹县，因此得名。正统七年（1512）徙卫治宾州东（今宾阳县东北）。万历八年（1580）迁治今上林县东北三里镇，后废。②八寨：

明朝初叶，思吉、周安、古蓬、古卯、古钵、都者、罗墨、剥丁等八个村寨合称八寨。其民众因不满封建统治者的压迫，于景泰五年（1454），以蓝伽、韦万山为首发动了起义，并在上林、武鸣等地活动。直至万历八年（1580）八月，武装斗争失败。

【译文】刚刚乘渡船来到北山下，就碰上了有卖饭的人拦在路上，坐船涉水而来的人络绎不绝，接着我们从渡口东边沿着向南流来的溪流西岸进入到峡谷中。这条峡谷时而束拢时而开阔，两面山峰高耸盘绕，曲折对峙，左右两边都有村落。前行十里后，峡谷再次变得非常开阔，四面群山环绕，中间形成了一个大山坞。有一座山峰耸立在山坞前平坦的田野中，四周没有任何倚靠，像极了桂林的独秀峰、向武州的瑞岩，只是比之要更小更陡峭。从它的西面经过，树影忽然倒垂而下，天光从中透出，快速向东进入山林，就见山峰呈南北向从中迸裂而开。南边的石洞又有巨石顶着洞顶挡在洞口外斜靠着，将洞口分成了两个，洞口内裂开的石窍高达几丈，宽一丈五，一直通到山峰北面五六丈处。出了北边的石洞，洞口上方飞崖倒覆，朝东飞腾而上，有如双层通道回旋在空中，悬垂的树枝间透出日影。再次进入洞内，又往西通过一个石洞，从西北方折转而出，石洞内蜿蜒曲折，上方有多处飞桥悬挂，背靠着洞壁一层层钻进去，又钻出到了西边的洞口。整座山峰非常小，下面通有四个洞口，中间通有两条通道，也是像琅岩那样清晰而微小的山洞，只是琅岩很高很大，而这座山则是又平又窄罢了。由岩洞北边又往北前行三里，便到了桂水桥，桥下溪水从西北方向流来，不停冲刷着山崖，而南边的山崖俯瞰着溪流，下边临近桂水桥。过去有人在这用石头垒砌了一个台子，在台上建了个亭子，取名叫来远亭，现在只留下荒废的基址了。越过桥东，又向北前行二里，便是三里城。三里城建造于万历八年

（1580），听说一开始只建立了参将府，将南丹卫迁到此地，以便镇压八寨农民起义。这时已经过了中午，我们在南城外陈队长家中休息。陈队长本是浙江上虞县陈氏家的人，来这里已有二十年了。傍晚的落日非常艳丽，我进城去拜谒关帝庙，在市场上换了钱后出城而回。到晚上就寝时，又下起了大雨。

二十三日　晨起雨止。既而日色皎然，遂令顾仆浣衣濯被，余乃作与陆参戎[①]书，并录《哭静闻》诸诗缄之，以待明晨投入。迨暮，日复坠黑云中。

【注释】①参戎：即明清武官参将。

【译文】二十三日　早晨起床后雨就停了。没过多久便阳光明媚，我便让顾仆将衣服被子洗了，我于是写了一封给陆参将的书信，并且抄录了《哭静闻》等诗一起封在信封中，以便等明天早晨时投递过去。等到傍晚时，太阳又坠入了黑云中。

二十四日　晨起，雨复作。上午以书投陆君。陆，镇江人也，镇此六年矣。名万里。得书即令一把总以名帖[①]候余，余乃入谒，为道乡曲，久之乃别。陆君曰："本当即留款，以今日有冗，诘朝耑[②]候耳。"盖是日乃其孙伯恒初冠，诸卫官有贺燕也。余返寓，雨纷纷不休。陈主人以酒饮余，遂醉而卧。

【注释】①名帖：也简称"帖"，用红纸片书写姓名、官衔，为官场拜谒时交给对方的东西，就像现在的名片。②诘朝：同"诘旦"，即清晨，也指明日。耑，同专。③耑：同"专"。

【译文】二十四日　早上起来，又下起了雨。上午时将信送给了陆参将。陆参将，是镇江人，镇守此地已经六年了。名叫陆万里。陆参将接到信后，便马上让一个把总带着名帖前来问候我，我于是前往衙门拜见他，互道乡情，很久后才告别。告别时陆参将说："本来应当要留您款待，但今天有事在身，只能明天再专门招待您了。"原来这天是他的孙子陆伯恒举行初冠礼的日子，卫里的众多官吏为庆贺他而设了宴会。我返回住所后，雨仍旧纷纷扬扬下个不停。陈家主人拿了酒来给我喝，最后喝醉躺下睡了。

二十五日　晨起渐霁，余作程纪于寓中。上午，陆君以手书订余小叙，尽返所馈仪。余再作书强之，为受《金谷秋香》卷。下午，入宴于内署，晤陆君令弟玄芝，昆仲[1]俱长厚纯笃，极其眷爱焉。

【注释】①昆仲：对他人兄弟的敬称。

【译文】二十五日　早晨起床后天气渐渐转晴，我在住所记录出游行程。上午时，陆参将让人送来亲笔信约我前去小叙，将我赠送的礼品全部送还给了我。我再次写信强逼着他收下，因此他受下了《金谷秋香》的画卷。下午时，我前往内衙去赴宴，会晤了陆参将及他的弟弟陆玄芝，兄弟二人都是恭谨宽厚、纯朴笃实之人，极其关照爱护我。

二十六日　晨起，入谢陆君，遂为下榻东阁。阁在署东隅，乔松浮空，幽爽兼致，而陆君供具丰腆，惠衣袜裤履，谆谆款曲，谊逾骨肉焉。是日，陆君出新旧诸报[1]见示，始知石斋先生已入都，又上二疏，奉旨责其执拗，复令回话，吏部主政熊文举以疏救之。又知郑峚阳[②]之狱拟成，复奉旨欲加重刑，刑部尚书任为镌[③]三级焉。至六月，锦衣卫以病闻。又知钱牧斋[④]为宵人上疏，以媚乌程，遂蒙逮入都，并瞿式耜[⑤]俱下狱。抚宁侯朱国弼等疏攻乌程，六月间，乌程始归，郑、钱狱俱未结。

【注释】①报：即邸（dǐ）报。为了传达政令，通报消息，封建中央主办的报纸，只在封建政府内各级机构传阅。内容主要是皇帝的命令文告，臣下给皇帝的奏章，以及官吏的任免消息。②郑峚（mì）阳：即郑鄤（1594—1639），字谦止，号峚阳，明代常州横林人。黄石斋之友，经石斋介绍，徐霞客曾从福建徒步到广东罗浮访郑，后又曾访郑于常州。因批评内阁首辅温体仁，后遭温体仁诬陷被捕入狱。崇祯十二年（1639）被凌迟处死。著有《峚阳草堂文集》和《峚阳草堂诗集》。③镌：此指降职。④钱牧斋：即钱谦益，字受之，号牧斋，晚年号蒙叟，又号东涧老人，常熟人。万历进士，曾属东林党，官至礼部侍郎，后被革职。南明时为福王政权礼部尚书。清初以礼部侍郎管秘书院事。工诗文。钱氏对徐霞客有较深的了解，曾作《徐霞客传》。⑤瞿式耜（1590—1650）：字起田，又字稼轩，常熟人。曾任江西永丰知县、户科给事中等职。明亡，瞿参加弘光政权，任广西巡抚。后拥永历，为文渊阁大学士兼吏、兵二部尚书，留守桂林。1650年，被清军捕杀。

【译文】二十六日　早晨起床后，我来到衙门向陆参将道谢，陆君便将我留在东阁住下。东阁在衙门内东边的一个角落，高大的松树悬浮在空中，整个楼阁显得既幽静又爽朗，而且陆参将给我的用具也非常丰厚，惠赠了衣服裤子与鞋袜，态度诚恳，招待殷勤，情谊比亲骨肉兄弟还深厚。这一天，陆参将拿出新、旧邸报给我看，这才知到黄石斋（黄道周）先生已经调往京城任职了，且再次上了两道奏疏，圣旨责备他执拗，还让他回话，吏部主政熊文举上疏才救下了他。又了解到郑峚阳（郑鄤）的案件，准备将他发配去戍边，又接到圣旨要求判处重刑，刑部任尚书为此被连降三级。到六月份时，锦衣卫将郑峚阳生病的事汇报给了皇上。我又了解到钱牧斋（钱谦益）被小人上疏诬告，以讨好乌程，竟然蒙冤被逮捕押解进京，与瞿式耜一起被关进了监狱。抚宁侯朱国弼等人上疏攻击乌程，六月间，乌程才回京，郑峚阳、钱牧斋的案件都没有结案。

二十七日　雨。

【译文】二十七日　下雨。

二十八日　稍霁。陆公特同余游韦龟岩。岩在三里西十里。

【译文】二十八日　天气稍微放晴。陆参将特意陪同我游览了韦龟岩。韦龟岩在三里城西边十里外的地方。

二十九日　复雨。

【译文】二十九日　今天又下雨。

三十日　复雨。

【译文】三十日　又是下雨。

戊寅正月初一日　阴雨复绵连，至初六稍止。陆君往宾州，十一日归。

【译文】戊寅年（崇祯十一年）正月初一日（1638年2月14日）又是阴雨连绵不断，到正月初六才稍稍停了一下。陆参将前往宾州，十一日时回来了。

十三日　游独山岩，又小独山。

【译文】十三日　游览了独山岩，又游览了小独山。

十五日　雨中往游周泊隘。隘在三里东二十五里。晚酌南楼，观龙灯，甚盛。

【译文】十五日　冒雨游览了周泊隘。周泊隘位于三里城东边二十五里外之地。晚上时我们在南楼饮酒，观赏龙灯，很是热闹。

二十七日　同陆伯恒游白崖堡岩洞。洞在杨渡西，北向高洞三层，又东南向深洞，内分二支。入宿白崖哨官①秦余家。

【注释】①哨官：即哨的军官。哨，古代军队的编制单位。明世宗嘉靖以后，哨为军队中较小的编制单位，以3120人为一枝，每枝分中、左、右哨。清代哨的编制更小，咸丰以后，陆军每百人或80人为一哨，水师每80人或20人为一哨。

【译文】二十七日　我们与陆伯恒一起游览了白崖堡的岩洞。岩洞位于杨渡的西面，有个面朝北方的三层高洞，又有个面朝东南方向的深洞，洞内分成了两个支洞。晚上住在白崖堡哨官秦余的家中。

二十八日　陆公昆仲至，同游青狮岩。岩在杨渡东南，过渡四里乃至。其岩东西直透，东门平，西门高，洞内下甚宽平，上两层中空透顶。西门内可望而高不可上，须由山北小窦攀崖而入，下临西门之顶。又东入深奥，又北透重门，俱在绝壁之上。是日酌于洞中，有孙、张、王三指挥使同饮。既乃观打鱼于江畔，抵暮归，乃病。

【译文】二十八日　陆参将兄弟也来了，我们一同游览了青狮岩。青狮岩位于杨渡东南方，过了渡口后四里路便到了。这个岩洞东西两头是贯通的，东边的洞口平缓，西边的洞口高，洞内下层非常宽敞平整，上面的两层洞中空阔一直通到了山顶。西边的洞口可以看得到但因太高而无法上去，必须从山北的小洞攀着石崖上去才能进入，下来便到了西洞口的顶上。我们又从东边洞口进入到了洞内幽深隐秘的地方，还向北穿过了两道洞口，都是在绝壁之上。这天我们在洞中饮酒，有孙姓、张姓、王姓三个指挥使同饮。随后我们在江边观看了渔民打鱼，到了傍晚时回来，我便生病了。

二十九、三十两日　余卧疴[1]东阁。天雨复不止。

【注释】①疴（kē）：生病。

【译文】二十九日、三十日两天　我生病躺在东阁床上。天空中雨又开始下个不停。

二月初一日　稍霁。

【译文】二月初一日（3月16日）　天气稍稍放晴。

初二日　复雨。是日余病少愈，乃起。

【译文】初二日　又下雨了。这一天我的病情稍稍有了好转，于是便起床了。

初三日　雨中复往青狮潭观打鱼。先是张挥使言，青狮岩之南有鸡笼山，亦有大岩，故陆公以骑送余至此，命张往同游。张言雨中不可入，且久无游者，固阻余，仍冒雨归。自后余欲辞陆公行，陆公择十三日为期。连日多雨，至初九稍霁。陆公命内侄刘玉池、嘉生昆仲并玄芝、伯恒各分日为宴饯余。因出演武场，伯恒、二刘为走马命射。演武场周围有土城，即凤化县①址也，在城东。

【注释】①凤化县：存在的时间很短。正德七年（1512）在思恩府增设了凤化县，嘉靖六年（1527）时王守仁平了八寨叛乱，将上林三里城给思恩府，而后将凤化县的治所迁移到了这。巡抚林富认为三里城设有了南丹卫，所以随后便裁撤了凤化县。

【译文】初三日　我们冒雨再次前往青狮潭观看打鱼。在这之前张指挥使曾说，青狮岩南面有座鸡笼山，山中也有个大岩洞，所以陆参将用马将送我到了这里，让张指挥使前来陪我一起游览。张指挥使说下雨时不可进入洞中，而且洞内很久没有人进去过了，坚决阻止我进入，所以我们依旧冒着雨回来了。自这之后我打算向陆参将辞行上路，陆参将挑选了十三日作为我动身的日期。随后接连几天大多是雨天，到初九这天才稍稍有所放晴。陆参将让他的内侄刘玉池、刘嘉生兄弟以及陆玄芝、陆伯恒等人分日轮流设宴为我饯行。因此来到演武场，陆伯恒、刘氏两兄弟为我跑马射箭。演武场的四周有土城墙，这便是凤化县城的旧址，位于城东面。

十一日　早闻雨声，余甚恐为行路之阻。及起，则霁色渐开。至晚，饯余于署后山亭。月色皎然，松影零乱，如濯冰壶，为之醉饮。

【译文】十一日　清晨便听见了下雨声，我非常担心这会成为我们出行的障碍。等到起床后，天色已渐渐放晴。到了晚上，他们在官署后山的亭子为我饯行。空中月色皎洁，月光下松影零乱，如同沐浴在盛冰的玉壶中，为此我们喝醉了。

十二日　日色甚丽。自至三里，始见此竟日之晴朗。是日陆公自饯余，且以厚赆①为馈，并马牌、荐书相畀，极缱绻②之意，且订久要焉。何意天末得此知己，岂非虞仲翔③之所为开颐者乎？

【注释】①赆（jìn）：送行者赠送的路费或礼物。②缱绻（qiǎn quǎn）：情意深厚缠绵之意。③虞仲翔：即虞翻（164—233），字仲翔，会稽余姚人，三国时吴国的经学家。可日行三百，善使长矛，精通《易经》，兼通医术，可谓文武全才。孙权称赞其可与东方朔为比。孔融曾看过他研究《易》的著作《易注》，看后很感慨，说："生无可与语，死以青蝇为吊客，使天下有一人知己，足以无恨。"

【译文】十二日　阳光非常艳丽。自从来到三里城，第一次见到这样整天都是晴朗的天气。这一天陆参将设宴亲自为我饯行，并且拿出厚重的礼物作为馈赠，同时以马牌、推荐信相送，极尽难分难舍，且我们相互约定日后要长期往来。没曾想在这天涯末路能得到这样的知己，这不就如虞仲翔让孔融为之开颜而笑一样吗？

十三日　五鼓，雨声复作。既起，雨止，雷声殷殷。陆公亲为治装毕，既饭，送至辕门，命数骑送余。遂东出东门，过演武场，抵琴水桥，伯恒与苏友陈仲容别去。又一哨官王姓者以骑来，与刘玉池同送渡琴水桥。又东一里，北向入山，升陟坂垅，东北十四里，抵一最高石峰之麓，有一土阜西缀石峰之下，是为左营。其石山东即罗洪洞贼。营北一里有墟场，趁墟者多贼人。然墟无他物，肉米而已。又北行，皆东石西土。共七里，有石崖夹道，竖峰当门，乃金鸡山也。透山腋二里，北复开间峡北去。又十里，为后营。营在西土山之上，东支则石峰参差，西支则土山盘错。营于山巅，土山形如船。其石山东乃那良贼寨。哨官杨迎款甚勤。杨号耀先，闽漳州人。欲往游东岩，以雨色复来，恐暮，乃止。

【译文】十三日　五更时，又响起了下雨声。起床后，雨便停了，但依旧雷声隆隆。陆参将亲自为我整理好了行装，吃过饭后，又亲自将我送到辕门外，并让几名骑兵送我。于是我们向东出了东门，穿过演武场，抵达了琴水桥，陆伯恒与苏州朋友陈仲容告别离去。又有一位王姓哨官带了马骑过来，与刘玉池一起送我们过了琴水桥。又向东走了一里后，我们向北进了山，一路攀登于山坡土陇间，向东北方向走了十四里，到达了最高的一座石峰的山麓，石峰的西面下边连缀着一座土山，这里便是左营。这座石山的东面就是罗洪洞的盗贼所在地。左营北面一里外的地方有个集市，赶集的人大多是贼人。然而集市上没有别的东西，只有肉米而已。又往北行进，一路上都是东面石山西面土山。约走了七里，有石崖夹在道路两旁，一座山峰迎面竖立，这便是金鸡山。穿过山侧前行二里，北面又分开出一条峡谷向北而去。再前行十里，便到了后营。后营位于西边的土山之上，东面的支脉石峰参差延伸，西边的支脉则是土山盘绕交错。营房建在土山顶上，土山的形状就像一条船。石山的东面便是那良盗贼所在的山寨。后营的杨哨官迎接款待非常殷勤周到。杨哨官号耀先，福建省漳州人。我想去东岩游览，但因又要下雨了，担心天晚，便没有出行了。

自旧年十二月廿三日入三里，至今二月十三日由三里起程，共五十日。

【译文】自从去年十二月二十三日进入三里城，到今年二月十三日从三里城起程出发，共计五十天。

三里砖城，周回大三里。东西皆石山排列，自后营分枝南下，中有土山一支，至此而尽，又起一圆泡，以城环之。参府即倚泡建牙[①]。府周围乔松百余，高刺云霄，干大皆三人合抱。余以为数百年物。按碑，乃隆庆初年建府时所植，栽逾六十年，地气涌盛如此。城久颓，且无楼橹[②]，陆公特增缉[③]

雉堞，创三门楼。东、西、南三门。惟直北当府后无门。南门之外，又建南楼，以壮一方之形势。余有《南宣楼记》。又前，则东西二溪交于汇水桥，二溪，西大而东小，俱发源后营之东、西谷，合而下洋渡。而独山岩又中峙为下流之钥，前又有独山村之山为第二重钥。

【注释】①牙：通“衙”，即官府衙门。②楼橹：即望楼，古时用以防御、侦察或攻城的高台。③缉：即缉理，整治。

【译文】三里城是砖城，四周砖墙环绕形成了大三里。城东、西两面都是成排成列的石山，自后营南下的分支，其中有一座土山，延伸到这里后便到了尽头，在这又突起形成了一座圆泡状的土山，四周砌有城墙围着。参将府便是背靠圆泡建的衙门。参将府周围有参天松树一百多棵，高高耸入云端，树干大得都要三个人合抱。我以为是几百年前的东西。根据碑文，是隆庆初年建立参将府时种植的，栽种后已超过六十年，地下的湿气如此腾涌旺盛。城墙已坍塌了很久，并且没有哨楼，陆参将特意整治增修了战墙，在城上创建了三道门楼。东、西、南三道城门。只有正北方参将府衙的后面没有建城门。在南门的外面又建了南楼，用来增强这一方向的地理形势。我写有《南宣楼记》。再往前，便是东西两条溪水交会的汇水桥，这两条溪流，西边的水势大而东边的水势小，都是发源于后营东、西两面的山谷，合流后流向了洋渡。而独山岩又耸立在两条溪流中间，从而成为了下游的门户，前方又有独山村的山形成了第二重门户。

三里之界，南逾杨渡或作洋渡。抵鸡笼山，共二十里。

北过后营抵分脊岭，共五十里。昔时脊北那历[1]、玄岸[2]二村，北并蓝涧俱顺业里属，今已沦为贼窟。东抵周泊隘，共二十五里。西抵苏坑，五十五里。纵横皆七十里。名“三里”者，以昔为贼踞，王文成[3]平八寨，始清出之，编户三里：一曰上无虞，二曰下无虞，三曰顺业里。今顺业北境与八寨接壤者十余里，那历、玄岸并蓝涧皆贼踞为巢。曾置凤化县，即今演武场周围土城，遗址尚存。随废，后以南丹卫迁此，而设参府镇之。田粮初输卫收，后归上林县，而民以不便，复纷纷议归卫矣。

【注释】①那历：本月十四日记作“那力”，现在称为“老黎”。②玄岸：即现在的“贤按”。③王文成：即王守仁（1472—1528），字伯安，号阳明，浙江余姚人。明代著名理学家，但他一生也主持了不少镇压农民起义的军事行动。嘉靖六年（1527），以原官兼左都御史、总督两广兼巡抚。平了田州土官的叛乱，接着，又出兵镇压了大藤峡瑶族人民起义，下令布政使林富率田州、思恩土兵直抵八寨，破石门，副将沈希仪邀斩起义军，“尽平八寨”。后被诏赠新建侯，谥文成。

【译文】三里城的地界，南面超过杨渡或者写作洋渡。到达了鸡笼山，共二十里。北面越过后营到达了分脊岭，共五十里。过去山脊北面的那历、玄岸两个村子，连同北边的蓝涧都是顺业里的地界，如今已经沦为贼窝了。东面到达了周泊隘，共二十五里。西面抵达了苏坑，五十五里。纵横都为七十里。起名为“三里”，是因为过去被盗贼占据着，王文成平定八寨叛乱后，才把这个地方清理出来，按照户籍编为了三个里：一里叫上无虞，二里叫下无虞，三里叫顺业里。现在顺业里的北境与八寨接壤的地方长达十多里，那历、玄岸连同蓝涧都被盗贼占据为巢。这里曾设置过凤化县，就是现在演武场周围的土城墙，遗址还存留了下来。随后废除了，后来将南丹卫迁到了这里，并且设立了参将府来镇守。最初田地应缴的税粮归南丹卫收取，后来划归给了上林县，但老百姓认为这样不方便，又纷纷商议由南丹卫征收。

三里以洋渡为前门，有李依江西自上林县大明山发源，东流至此，横为杨渡。渡之南则石峰离立，若建标列戟；渡之北则石峰回合，中开一峡，外凑如门，有小江自北而南，注于洋渡下流，即汇水桥下合流水也。溯小江西岸入峡，宛转俱从两界石山中，北行数里，两界山渐开渐拓，中环平畴，有独山村界其中，一石山中立溪西为外案，又有独山岩为内案。于是东西两溪之水前合而南去，北面石山愈开，土山自北而来，结为城治焉。城北土山中悬，直自后营西北夭矫[1]而下，至此而尽。其东西两界石山回合如抱，愈远愈密，若天成石郭，另辟一函盖于中者。盖西来之脊高峙为大明山，分支东走，环绕于苏坑南北者，遂为西界之障。又北转而东抵后营之后，乃中分土山一枝，直南四十里而结三里，若萼中之房。其分枝东度者，又南转环绕为东界之障。故周泊[2]、苏坑两处，为三里东西之腋，正中与城治相对。其处东西最拓，若萼之中拆处焉。由周泊而南，渐转渐合，至洋渡而西向临溪，则青狮庙之后崖也。由苏坑而南，渐转渐合，至洋渡而东向临溪，则白崖堡之东崖也。二崖凑合于洋渡，即所入之前门，若萼之合尖处焉。

【注释】①夭矫：形容姿态的伸展屈曲而有气势。②周泊：今作“刁泊”。

【译文】三里城以洋渡为前门，有条李依江从西边的上林县大明山发源，往东流到了境内，横流成为了杨渡。渡口的南面则石峰分散耸立，有如竖起的标杆、陈列的剑戟；渡口的北面则石峰环绕闭合，中间裂开一条峡谷，外边凑在一起就像一道门，有条小江自北向南而流，注入了洋渡的下游，这便是汇水桥下合流的水流。沿小江西岸逆流而上进入峡谷，一路弯弯转转地在两列石山中曲折前行，往北走了几里，两边的山峰渐渐开阔起来，环绕中间一片平坦的田野着，独山村便在中间将田分隔开来，一座石山耸立在村中溪水的西岸，成了外围的案山，又有独山岩则是内层的案山。在这里，东、西两条溪水在前方合流后流向南方，北面的石山更加开阔，有座土山从北面蜿蜒而来，盘结成了三里城的治所所在。城北有土山悬在空中，一直从后营的西北方夭矫而下，到这之后便到了尽头。城东、西两面的石山就像手臂围抱一样回绕闭合，越远的地方越密集，好像天然形成的石头城郭，另外开辟出了一个盒盖盖在中央似的。总体上，从西面延伸而来的山脊高耸形成了大明山，分支则向东延伸，环绕在苏坑南、北两面的山，便成了西面边界的屏障。又向北折转后向东到达了后营的后方，在这又从中分出了一座土山支脉，一直向南延伸四十里后盘结成了三里城，其城就有如花萼中的花房。向东延伸的分支山脉，又向南折转环绕成了东面的屏障。所以周泊隘、苏坑两个地方，就成了三里城东、西两面的肘腋，与正中的三里城治所相对。这里东、西两面地势最为开阔，就像花萼中间绽开的地方一样。由周泊隘往南延伸的山脉，延伸的过程中山势渐渐合拢，到达洋渡后便折向西边逼临溪水，这便是青狮庙后面的山崖。由苏坑往南延伸的山脉，延伸的过程中山势渐渐合拢，到达洋渡后向东逼临溪水，这便是白崖堡东面的山崖。这两面的山崖在洋渡聚合，这便是进入城池的前门，就好像花萼合拢后的花尖一样。

东西两溪，俱在两界石山之内，土山北自后营盘伏而来，两源遂夹而与俱。西界者，南至罗墟[①]北，又合一西来之水，曲折绕城西，又西抵石村，合汛塘之水，乃东南出汇水桥下，合东溪。东界者，南至琴水岩东，又南出琴水桥，又合一东来之水，曲折抵东南石峰下，又穿流山峡中，乃西出而合西溪。二水合而南，经两独山，潆之，又南注于洋渡之东[②]。大江西下，此水北下，合并东去。其西北之夹，即洋渡；东北之夹，为青狮庙后崖。

【注释】①罗墟：即现在的“罗圩”，在上林县东北境，三里城稍西。②又南注于洋渡之东：原缺“南”字，空有一格，据乾隆本、“四库”本补。

【译文】东、西两条溪流，都在两边的石山之中，土山从北面的后营盘伏而来，两条水流便夹着土山一起南流。西边的溪流，南流到了罗墟的北边，又汇合了一条从西边流过来的溪水，弯弯曲曲绕过城西，再向西流到了石村，汇合汛塘的水后，流经东南方的汇水桥下，与东面的溪流汇合。东面的溪流，南流到了琴水岩的东边，再向南流经琴水桥下，又与一条从东边流来的溪水汇合，弯弯曲曲流到了东南方的石峰下，再从山峡中穿流而过，最后流向西边与西面的溪流汇合。两条溪水合流后向南而行，流经两座独山，并回旋绕过了两座独山，再向南流入了洋渡的东面。大江从西边流来，这条水流从北流来，汇合后向东流去。这两条水流西北方的夹角地带，便是洋渡；东北方的夹角地带，便是青狮庙的后崖。

韦龟洞，在城西十里韦龟村[①]。西由汛塘[②]逾佛子岭而北，其路近；北由罗墟转石山嘴而南，其路远。其中群峰环绕，内拓平畴，有小水自北而南，分流石穴而去。惟北面石山少开，亦有独峰中峙若标。韦龟之山自东南中悬，北向而对之，函盖独成，山水皆逆，真世外丹丘也。数十家倚山北麓，以造纸为业，栖舍累累，或高或下，层嵌石隙，望之已飘然欲仙。其西即洞门，门亦北向。初入甚隘而黑，西南下数步，透出石隙，忽穹然高盘，划然[③]内朗。其四际甚拓，而顶有悬空之穴，天光倒映，正坠其中。北向跻石而上，乳柱前排，内环平台，可布几席；南向拾级而下，碧黛中汇，源泉不竭，村人之取汲者，咸取给焉。平台之前，右多森列之柱，幢盖骈错，纹理明莹；左多层叠之块，狮象交踞，形影磊落。其内左右又可深入焉。秉炬由右西向入，渐下渐岐，而南可半里，又开一壑而出。秉炬由左东向入，渐跻渐逾而北，可半里，又转一窦而还。闻由右壑梯险而上，其入甚深，然觅导不得，惟能言之，不能前也。是岩外密中宽，上有通天之影可以内照，下有逢源之窍不待外求，一丸塞口，千古长春。三里虽岩谷绝盛，固当以是岩冠。况其外村居，又擅桃源、谷口之胜乎？

【注释】①韦龟村：现在的韦归。②汛塘：今作“信桃”。与韦龟村皆在上林县东北境，三里城稍西。③划然：忽然，突然。

【译文】韦龟洞，位于城西十里外的韦龟村。从西边的汛塘穿过佛子岭向北走，其路程近一些；由北面的罗墟转过石山的山嘴向南走，其路程远一些。途中群峰环绕，中间有开阔平坦的田野，有条小溪自北南流，途中分成了很多小流流经石洞。唯有北面的石山稍稍有个缺口，也有些独立的山峰像标杆一样耸峙在中央。韦龟洞所在山脉在东南方悬浮于中央，面北与它相对，独自形成了一个盒盖似的地形，山水都是逆向的，真是个神仙居住的世外丹丘。几十户人家背靠山的北麓而居，以造纸为业，房屋层层叠叠的，有的高有的低，一层一层的镶嵌在石缝中，光看着这样的景象就飘飘然想要成仙了。村子的西面就是洞口，洞口也是北向的。刚刚进去时里面很狭窄而且很黑暗，向西南方下走几步，穿过石缝，洞便忽然变得又大又深高盘而上，洞内突然明朗起来。洞内四面都非常宽广，而洞顶有悬空的洞穴，天光倒映而下，正好射入了洞中。踏着石阶向北而上，前边有一排排的钟乳石柱，里面环绕成了平台，可以摆上几桌酒席；向南沿着石阶向下走，洞中有个积着墨绿色水的水潭，其水源旺盛不断不会枯竭，村里人所取用的水，都是这供给的。平台的前方，右边有很多森然罗列的石柱，石幢伞盖并列交错，纹理鲜明晶莹；左边大多是层层叠叠的石块，就如狮、象般交错盘踞着，石形光影众多错杂。洞内的左右两侧又可以深入进去。举着火把从右边西向进入，渐渐下走便渐渐出现了很多岔洞，可往南大约走半里，又往外裂开了一个壑谷。举着火把从左边东向而入，一路渐渐上爬便渐渐穿越到了北边，大约走半里，再转过一个石洞穴便返回来了。听说从沿着右边壑口的险梯攀爬而上，可以进入洞内很深的地方，然而找不到向导，只能听人说说，而不能前往。这个岩洞外面隐秘而洞内宽敞，洞顶有天空的光线可以射入洞内，下边有水源充足的洞穴不需到外面去找水，如一颗丹丸塞在口中，便可千古长春。三里城虽然岩洞山谷极多，但当属这个岩洞为第一。何况洞外的村居房屋，又独占了桃源、谷口的美景呢？

琴水岩，在城东六里琴水桥之北，中支土山东南尽处也。东溪自北环山之东。土山既尽，独露石山一拳，其石参差层沓。山南亦有数家之村。洞在村西山半，其门南向。初入洼而下，甚欹侧[①]。北进数丈，秉炬逾一隘，转而西，始穹然中高，西透明穴，北有暗窍。当明处有平石阔三丈，卧洞底如坠，可攀而憩焉。秉炬穷暗窍，数丈而隘，跻其上，亦不能深入。乃仍出至平石，跻西穴而出，则山之西面也。下山，仍转山前，骑而周玩之。洞前稍下，其东亦开一岩，门亦南向，外高而中浅，村人积薪于中焉。其北又开两岩，一上一下：上者在重崖，无路；下者多潴水，然亦不能与前通也。

【注释】①攲（qī）侧：倾斜，歪斜之意。

【译文】琴水岩洞，在城东外六里处琴水桥的北边，中间有座土山立在东南方的尽头处。东面的溪流从北面环山绕到了山的东面。土山的尽头，唯独露出了一拳头似的石山，其上山石参差，层叠杂沓。山的南面也有个几户人家的村子。岩洞在村子西边半山腰处，洞口朝南。刚刚进入时地面低凹下陷，十分倾斜。向北前进几丈，举着火把穿过一处隘口，折转向西，洞内这才变得又大又深而高高隆起，西边有个透光的小洞，北边则有个阴暗的小洞。在明亮处有块宽约三丈的平滑岩石，躺在洞底就像是坠落下来的，可以爬到上面去休息。举着火把去探究暗洞，几丈后就变得狭窄了，攀爬到上面，也没有办法深入。于是仍然退出到平滑的岩石处，从西边透光的洞穴爬出来，便到了山的西边了。下山后，仍然折转到山前，骑马周游赏玩山景。在洞前稍稍往下走，其东面也有一个岩洞，洞口也是朝南的，外面洞口高而洞内低浅，村民们将薪柴堆积在洞内。这个洞的北面还有两个岩洞，一上一下：上面的洞处在重重的悬崖之上，没有路；下面的洞里面有很多积水，但是也无法与前洞口相通。

佛子岭北岩，在城西七里汛塘村之西。佛子岭者，石山自西分支而东，东为汛塘、仙庙诸峰，而岭界其间，石骨嶙嶙。逾岭而北下，则韦龟村西坞之水，南流而抵其麓，倾入洞焉。洞门北向甚豁，中回环成潭，潭中潴水渊澄，深不可测，潭四周皆石壁无隙。闻其南有隙在水下，大潦从北捣下，洞满不能容，则跃而出于山南之崖。盖南崖较高，水涸则潴于北而不泄，中满则内激而反射于外，其交关之隙，则中伏云。门右穿旁窦，南抵潭东涯上。其上有石高碧潭旁，上与洞顶不即不离，各悬尺许，如鹊桥然。坐桥下而瞰深潭，更悠然也。

【译文】佛子岭北岩，在城西外七里汎塘村的西面。整座佛子岭，石山从西边的分支一直向东延伸，在东边形成了汎塘村、仙庙等峰峦，而佛子岭隔在中间，石骨嶙峋。穿过佛子岭往北下走，便可见韦龟村西边山坞中的溪水，向南流到了山麓下，倾泻进了洞中。洞口朝北，很是宽阔，洞内溪水回旋，形成了深潭，潭中的积水澄澈，深不可测，潭水的四周都是石壁，没有缝隙。听说岩洞的南边有条缝隙在水下面，大水从北边冲捣而下，洞内的水满得无法再容纳，因此跃过山南的石崖流出了洞外。大概是南面的石崖较高，水干涸时便蓄积在北边而没有外流，洞内的水满了后便在洞内激荡，然后反冲到洞外，两面连接的缝隙，就隐伏在洞中的水下了。从穿过洞口右边的小洞，向南便到达了潭水东面的洞崖上。洞崖上边有块岩石高高拱立在水潭的旁边，上边与洞顶不近不远，各自悬在空中一尺左右，就像鹊桥一样。坐在桥下俯瞰深潭，让人心中更觉悠然自得了。

佛子岭南岩，在佛子岭之南。其门南向，前有石涧天成若槽，有桥横其上。时涧中无水，即由涧入洞。洞外高岩层穹侧裂，不能宏拓。北入洞，止容一人，渐入渐黑，而光滑如琢磨者。其入颇深，即北洞泄水之道也。盖水大时北洞中满，水从下反溢而出此，激涌势壮，故洞与涧皆若磨砺以成云。

【译文】佛子岭南岩，在佛子岭的南面。洞口面朝南方，洞前有条天然形成的石涧有如水槽，一座桥横向架在石涧上。这时山涧中没有水，我们便从山涧中进入洞内。洞外高大的岩洞层层隆起向两侧裂开，无法再拓宽扩大。从北面进洞，只容得下一人通行，越往里走光线越暗，但洞壁却光滑得像是琢磨过的一样。洞里进去很深，这里便是北洞泄水的通道了。大概是涨水大时北洞中装满了水，水从下面反向溢出到了山涧，形成了水势壮观的激流，所以山洞与山涧都好像是被磨砺成的一样。

佛子岭西北岩，在佛子岭西北一里，其门东向。韦龟村西坞之水自北来，又分流一涧，西抵此洞前，忽穴地下坠。洞临其上，外门高朗，西入三四丈即止。洞南有一隙，亦倾侧而下，渐下渐黑，转向西南，无炬而出。闻下与水遇，循水西南行，即透出后山。乃知此村水坠穴，山透腹，亦与向武百感①一辙也。

【注释】①向武百感：向武，即向武州，北宋皇祐中置，治今广西壮族自治区天等县西北向都东。百感，即百感岩，位于向都城东四里的百感山。

【译文】佛子岭西北岩，在佛子岭西北方一里外的地方，洞口朝东向。韦龟村西面山坞中的溪水从北边流来，又分流形成了一条山涧，往西流到这个岩洞前后，便忽然坠入到了地下的洞穴中。岩洞在地下洞穴的上方，外边的洞口高大明亮，向西深入三四丈后便无法再前进。洞的南面有条裂隙，也是倾斜着从侧边往下的，越往下走便越黑暗，而后转向西南方，因为没有火把，所以我们便出来了。听说下面与水流相通，沿着水流往西南方前行，就能穿过山洞到达后山。我这才知道这个村子的水流下坠流入地洞后，穿透了山腹，与向武州的百感岩洞一样的。

独山岩，今名砥柱岩，在城南四里。此地有三独山，皆以旁无附丽[1]得名：一在溪东岸，与东界石山近，其山小而更峭；一在此山南五里，障溪而东环之，其山突而无奇，独此山既高而正当其中，与向武之琅山岩相似，省中之独秀无此峭拔，亦无此透漏也。其岩当山之腹，南北直透。南门高迸如裂阙，其前有巨石，自岩顶分跨而下，界为两门，正门在东，偏门在西南，皆有古木虬藤倒挂其上，轻风飘曳，漾翠飞香，甚异也。岩中如合掌而起，高数丈，阔一丈五尺，平通山后者五六丈。上有飞崖外覆，下有涌石如栏，南北遥望，众山排闼，无不罗列献于前。岩之中分窍西透，亦转而北，又通一门，其内架阁两重，皆上穿圆窍，人下窍行，又若透桥而出者。此一洞四门相通，山甚小而中甚幻也，惟东向不通。其崖外又有一门东向，而西入深亦数丈，是又各分门立户者。

【注释】①附丽：依附。

【译文】独山岩，现在名叫砥柱岩，在城南四里外的地方。

这里有三座独山，都是因为它们四周没有依附而得名。一座在溪水的东岸，与东边的石山接近，这座山的山体小却更险峭。一座在这座山南面五里外的地方，挡住了溪流使其东向绕山而流，这座山突兀而起却没有奇特之处。只有独山岩洞这座山既高又正好处在正中间，与向武州的琅山岩相似，省城中的独秀峰没有这样陡峭挺拔，也没有这样玲珑剔透。这个岩洞正好位于山腹中间，南北直线贯通。南边的洞口高高迸裂如同缺口，洞的前方有块巨石，从洞顶分跨而下，隔成了两个洞门，正洞口在东边，偏洞口在西南边，上面都有古树曲藤倒挂着，随着微风飘曳，翠波荡漾，花香四溢，很是奇异。岩洞中就像合拢的手掌一样拱起，达几丈高，一丈五尺宽，水平通向山后五六丈的地方。头上有飞崖向外遮盖着，脚下有岩石突起就像围栏一样，南北远眺，只见群山就像推开的门一样，无不罗列呈献在眼前。岩洞的中段分出了一个石洞通向了西边，也是折转向北了，又通有一个洞口，洞内架了幢两层的楼阁，都是上面穿过了一个圆形的石窍，人在下面的石窍中穿行，又好像是钻过桥洞一样。这个岩洞与四个洞口相通，山体很小但洞内却很是奇幻，只有东边一面不通。洞外的山崖上又有一个洞门是向东的，而从西边进入也有几丈深，这又是其他各自分门立户的岩洞了。

小独山岩，在城东南五里，与砥柱东西相向，夹小江而立。自砥柱东望，似此山偏与东界近；自此山西望，又似砥柱偏与西界近；自其中望之，其实两山之去东西两界各悬绝等也。山小于砥柱，而尖锐亦甚，极似一浮屠中立者。下亦通一门，有石跨其外而不甚高。西透小隙而上，悬崖之侧，有石平峙为台。其上悬绝处，有洞南向甚深，若能梯阶而升，亦异境也。游砥柱日独随一骑导而浮江，并尽此胜。

【译文】小独山岩，在城东南方五里外的地方，与砥柱岩东西相向，夹着一条小江对立。从砥柱岩向东远望，似乎这座山更加靠近东边；从这座山向西远望，又似乎砥柱岩更加靠近西边；从两山中间望去，其实两座山距离东、西两列山各自悬隔之处相等。山比砥柱岩要小，但也很挺拔峻峭，像极了一座矗立在中央的佛塔。山下也有一个洞口，洞口外有块不是很高的岩石横跨在上方。朝西穿过一条小缝隙上去，在悬崖的侧边，有块平滑的岩石高高耸立成了一个平台。在平台上方的险峻之处，有个南向的岩洞非常深邃，如果能有梯子或台阶上去，也是一处异境了。游览砥柱岩那天只跟随着一个骑马的向导，而后漂浮过江，一起游遍了这一胜景。

白崖堡南岩，在城南十六里。由洋渡北岸溯江西行，转入山坞，则堡在其中。盖其山南北回合，又成一洞天矣。洞在南山之上，重门北向，高缀万仞之壁，自堡中望之，即在举首间，而无从着足。岩下石脚外插，亦开裂成纹。初开捱数隙，如升层楼，而不知去洞犹甚远。复出望之，而后觉枪[①]榆枋[②]者，无及于垂天之翼也。既而土人秦余至，为秉炬前导，仍从山口出，循南山之东而转其南，始拾级上，得一门东南向，是为后洞，正对卓笔、青狮岩诸峰。由洞中东北上跻，乃暗而需炬；更转而北，其上甚峻，遥望天光中透矣。益攀跃以升，得一隙仅如掌，瞰其外辟巨门焉，则上洞之下层也。隙隘不容侧身向外，只可俯眺而已。从其内更上跻，透隘而出，则洞门岈然，北临无地，向之仰眺而莫可及者，今忽身跻其上矣。此洞甚高，呼吸可通帝座，其前夹崖下陷，以木横架而补其阙，即堪憩托，然止可凭揽诸峰，非久栖地也。仍从内隘下，再窥其外第二层洞，亦以为不可到矣。姑以杖从隙中投之，再由故道俯级直坠，抵前遥望天光处，明炬遍烛，于洞北崖下得一穴焉。其口甚隘，亟引炬蛇行而入，其中渐高而成峡，其底甚平，数丈后宛转东折，又数丈而北透，则其门北向高裂，有巨树盘根洞中，偃出洞外，是为第三层洞。洞前平石如掌，上下皆危崖峭壁，轰悬无级。回首上眺，则层门重叠，出数十仞之巅者，即上洞与第二层洞也。稍缘平石而东，峡壁间有藤树虬络，乃猱升猿引以登。半晌，遂历第二层外洞，前所投杖俨然在也。其洞深三丈，高五丈，嵌上下两洞之间，而独不中通，反由外跻。因为吟句曰："洞门千古无人到，古干虬藤独为谁？投杖此中还得杖，三生长与莒坡随。"乃仍挂枝下，循平石篝火穿第三层洞入，再抵前遥望天光处，则仍还后洞腹中矣。盖是洞如蹲虎，中空如腹，而上洞则其口也。第二层洞在其喉管之外，向从隙外窥处则喉管也。人从喉管上透，出其口，由喉管下坠，抵腹中。第三层洞为其脐之所通，故在腹之前。后洞乃其尾闾[③]，故在腹之下云。

【注释】①枪：冲，突。②榆枋：榆树与枋树，比喻狭小的天地。③尾闾：古代传说中海水所归的地方。此指穴位，位置位于尾骨端与肛门之间。

【译文】白崖堡南岩，在城南面十六里外的地方。从洋渡北岸沿江逆流西行，转入山坞，白崖堡便在这山坞中了。原来这里的山南北回绕合拢，又形成了一处洞天。洞在南面的山上，双层的洞口朝北，高高点缀在万仞高的石壁上，从白崖堡中望去，好像就在抬头之间，然而却无处落脚。岩洞下方的石山脚向外插，也裂开形成了纹路。一开始慢慢爬过几条裂隙，就像攀爬层层高楼，却不知距离洞口还有很远。再次出来观望地形，然后才发觉在这狭小的丛林中左冲右突，无论怎么样也赶不上能在天空中飞翔的翅膀。不久后本地人秦余来了，举着火把为我在前方领路，仍旧从山口出来，沿着南山东麓折转到了山的南麓，开始沿着石阶往上爬，遇到有一个朝东南方的洞口，这便是后洞口，正对着卓笔峰、青狮岩等山脉。从洞内往东北方向上爬，光线变得黑暗而需要点上火把了。再折转向北，上面的路很是陡峭险峻，远远望去天光已照射在洞中了。我们越发踊跃地向上攀登，见到了一条仅如手掌大小的缝隙，从缝隙向外俯瞰，有个像是被劈开的巨大洞口，这便是上洞的下层。裂隙太窄连侧身向外走也不容许，只能俯身远眺。从洞内再次向上攀登，穿过狭窄处出来，就见洞口高高隆起，朝北边看去见不到大地，这里就是先前抬头眺望却无法到达的地方，现在却忽然间自己攀爬到上面来了。这个岩洞很高，仿佛呼吸的气都能通达天庭，岩洞前方悬崖相夹下陷，将木头横架在了上面以填补下陷的缺口，以便让人能安身歇息，但也只能让人借此远眺观览群峰，而非久居之地。我们仍旧从洞内的狭窄处下来，再前往窥探外边的第二层洞，我以为那也是无法到达的地方。暂且将拐杖从缝隙中扔了进去，再经由原路低头沿着石阶一直往下，抵达先前远远望见天光的地方，点亮火把四处照射，在岩洞北边的石崖下找到了一处洞穴。洞口非常狭窄，急忙点燃火把像蛇一样爬行进入，洞内渐渐变高进而变成了峡谷，洞底很平坦，几丈后便弯弯曲曲地向东折转，又走了几丈后从北边钻了出来，就见洞口朝北高高裂开，有大树的树根盘绕在洞中，倒卧着伸出了洞外，这便是第三层洞。洞前平滑的岩石就像手掌一样，上下都是危崖峭壁，迸裂高悬着没有台阶。回头往上眺望，只见一层一层的洞口重叠在一起，出现在几十仞高的山顶上，那便是上洞和第二层洞了。稍稍沿着平滑的岩石往东走，峡壁上有藤条、树枝蜷曲着缠在一起，于是我们就像猿猴一样拉着树枝藤条攀爬而上。半天后，终于历险到达了第二层的外洞，就是先前我扔拐杖进来的地方。这个洞深三丈，高五丈，嵌在上下两个洞之间，但惟独中间没有连通，反而得从洞外爬进来。我为此吟诵了几句诗："洞口千古无人到，古树曲藤独为谁？投杖其中还得杖，三生长与逍遥随。"于是仍旧拉着藤枝树干下来，顺着平石点着火把穿入第三层洞，再次到达了先前远远望见天光的地方，接着仍旧返回到了后洞腹中。这个洞就像一头蹲坐的老虎，中间空空的就像老虎肚子，而上洞就像是老虎的嘴巴。第二层洞就在老虎的喉咙外面，先前从缝隙中向外窥视的地方就是老虎的喉咙。人从老虎的喉咙上方钻过去，出来就到了虎口，从喉咙中往下走，便到达了虎肚中。第三层洞是老虎肚脐眼所在相通的地方，所以在老虎腹部前方。后洞是老虎的尾部，所以位于老虎腹部的下方。

白崖堡南山下洞，在后洞之西三百步。洞门亦东南向，洞外高崖层亘，洞内即横分二道，一向西南，一向东北，皆稍下从洼中入，须用炬矣。从西南者，数丈后辄分两层，下层一穴如井。由井下坠，即得平峡，西行三丈，又悬峡下坠，复得平洼，其中峡窍盘错，交互层叠，乳柱花萼，倒垂团簇，不啻千万。随行胡生金陵人。折得石乳数十条，俱长六七寸，中空如管，外白如晶，天成白玉搔头[①]也。又有白乳莲花一簇，径大三尺，细瓣攒合，倒垂洞底，其根平贴上石，俱悬一线，而实粘连处，蒂仅如拳，铲而下之甚易。第出窦多隘，且下无所承，恐坠下时伤损其瓣，不忍轻掷也。盘旋久之，忽见明光一缕，透窍而出，井口亦如前，又在前井之南矣。又从上层西南入，其中石脊高下，屡见下陷之坑，窅黑[②]无底，疑即前所探下层也。深入亦盘错交互，多乳柱攒丛，细若骈枝[③]，团聚每千百枝，与下层竞远。惟后营东洞，乳柱多而大，悉作垂龙舞虬状，比列皆数十丈云。从东北者，不五丈，有北嵌之窍两重，皆不甚深。东向攀崖而上，渐进渐曲，其盘错亦如西洞，而深奥少杀之。

【注释】①搔头：首饰，簪的别名。②窅（yǎo）黑：幽暗深远。③骈枝：骈拇和枝指。骈拇，指脚的大拇指跟二拇指相连；枝指，指手的大拇指或小拇指旁边多长出的一个手指。比喻多余的或不必要的事物。

【译文】白崖堡南山下洞，在后洞西边约三百步的地方。洞口也是朝东南向，洞外高高的山崖一层层横亘着，洞内便横向分出了两条通道，一条通往西南方向，一条通往东北方向，都是稍稍下走从洼地中进入，必须使用火炬。从西南方前行，入洞几丈后便分为了两层，下层的一个洞穴就像一口井。从井中直下，马上便到了一处平缓的峡谷中，向西前行三丈，再从高高的峡谷中下坠，再次到了一处平坦的洼地中，其中峡谷盘绕石窍交错，相互层叠，钟乳石柱有如花萼，成团成簇地倒垂着，不下千万。随行的胡姓儒生金陵人。折下了几十条石钟乳，每条都长达六七寸，里面像管子一样都是空心的，外面白如水晶，是天然形成的白玉簪。又有石钟乳像一簇乳白色的莲花，直径宽三尺，细细的花瓣攒合在一起，倒垂到了洞底，其根部平贴在洞顶的岩石上，全都只悬挂着一条线，而实际粘连的地方，花蒂仅有拳头大小，非常容易就能把它铲下来。只是出去的洞口大多很狭窄，而且下面没有什么东西接着，担心掉落时损伤到它的花瓣，所以不忍心轻易抛掷它。盘旋前行了很久，忽然见到有一缕明亮的光辉，穿过石窍射了进来，石窍口也与前面的那个井口一样，又到了先前那个井的南面了。又从上层洞中往西南方前进，洞内石脊高高低低的，屡屡见到有下陷的深坑，幽暗无光，深不见底，我怀疑就是先前所探究过的下层。深入里面也是相互盘绕交错，有很多钟乳石柱攒聚，一丛丛的，像骈拇与枝指一般细小，每千百枝聚成一团，与下层比高低长短。只有后营的东洞，钟乳石柱多而且大，都呈现出蛇龙垂舞的样子，并排排列着，都有几十丈长。从东北方进去的洞，不到五丈，就有嵌在北边的两层石洞，都不是很深。朝东边攀崖而上，往里逐渐变得弯曲起来，洞内也像西洞一样盘绕交错，但幽深隐秘的地方要比西洞稍差一些。

青狮南洞，在城南二十里，西南与上林分界处，路由杨渡过江，东南四里乃至。其山石峰卓立，洞在山之下，开东西二门。东门坦下，门高数丈，阔亦数丈，直透山西者约三十丈，平拓修整，下辟如砥，上覆如幔，间有石柱倒垂幔下。洞之西垂，又有石柱一队，外自洞口排列，抵洞后西界，别成长榭。从榭中瞩外洞，疏楞绮牖，牵幕披云，又恍然分境也。西门崇峻，下有巨石盘叠为台，上忽中盘高穹。从台内眺，已不见前洞之顶，只见高盘之上，四面层回叠绕，如云气融结，皆有窍穴钩连，窗楞罗列，而空悬无上处。从台外眺，则西面三岐之峰，卓笔之岫，近当洞门中央，若设之供者。由台北下，奥窟中复开平洞一围，外峙巨石为障，下透中虚，若桥之度空。从此秉炬北入东转，其穴大而易穷；东从腋隘直入，其窍狭而甚远。计其止处，当不下十五丈，已逾外洞之半。此下洞之最奥处也。出小穴，复酌于西门之台，仰视上层云气叠绕处，冀一登，不可得。忽见其北有光逗影，知其外通，陆公令健而捷者从山外攀崖索之。久之，其人已穿入其上，从下眺，真若乘云朵而卷雾叶也。既而其人呼曰："速携炬至，尚可深入。"余从之。乃从西门下，循山麓转其北，复南向攀崖跻。山之半，有门北向。穿石窦入，则其内下陷通明，俯见诸君群酌台上，又若登月窟、扪天门而俯瞩尘界矣。其上有石砥平庋，石端悬空处，复有石柱外列，分窗界户，故自下望之，不一其窦，而内实旁通也。于是秉炬东入，愈入愈深，窅然中辟，亦几二十丈焉。东入既穷，复转西北，得一窦。攀而北上，忽倒影遥透，有峡纵横，高深骈沓。攀其东北，有穴高悬，内峡既峻，外壁弥削，只纳光晖，无从升降。更从奥窟披其西北，穿腋上透，又得一门，平整明拓。其门北向，其处愈高，吐纳风云，驾驭日月，非复凡境。其北腋尚有余奥，然所入已不甚遥。由其门出，欲缘石觅磴而下，其下皆削立之壁，悬突之崖，无从着足。乃复从洞中故道，降出至悬台下瞰处。诸君自下呼噪，人人以为仙，即余亦自以为仙也。倏明倏暗，倏隔倏通，倏上倏下，倏凡倏仙，此洞之灵，抑人之灵也？非陆公之力，何以得此！

【译文】青狮南洞，在城南二十里外的地方，其西南方是与上林县交界处，前往需要由杨渡过江，往东南走四里路便到了。这里的山石峰林立，洞在山的下面，开有东、西两个洞口。东边洞口平坦低下，洞口高达数丈，宽也有几丈，一直向西深入到达山腹大约三十丈的地方，地势平展地拓开，变得高而整齐，下面像磨刀石一样展开，洞顶则像帷幔一样下覆，间或有石柱倒垂在帷幔下面。洞内西边，又有一队石柱，从外边的洞口一直排列进来，抵达了洞后西面，另外形成了一条长长的榭廊。从榭廊中看外洞，有如稀疏绮丽的窗棂，分开云幕又恍然分出一处秘境来了。西边的洞口高而险峻，下边有巨石盘叠成了平台，上方忽然朝中间弯曲并高高隆起。从平台向洞内眺望，已经看不见前洞的洞顶，只见高高盘旋的上才，四面一层层的环绕，有如云气融化凝结，都有窍穴相连，像窗格一样四处分布，但悬在高空无处可上。从平台向洞外眺望，只见西面分出三岔的山峰，高耸笔直的山峦，近在洞口的中央，就像设立的供桌一样。从平台北面往下走，幽深的洞窟里又开出一围平坦的山洞，外边矗立的巨石成了屏障，下面穿透而中间空虚，有如越过高空的桥梁。从这里举着火把由北边进入折转向东，洞穴变大了且容易走到尽头；向东从侧旁的狭窄处一直进去，洞穴狭窄但十分深远，估计到其尽头处，应当不下十五丈远，已经超过了外洞的一半，这是下洞最隐秘的地方了。出了小洞，我们再次在西边洞口的平台上饮酒，仰望上层岩洞云气重叠缭绕的地方，真想再上去一次，但是没能实现。忽然我看到它的北边有光影逗人，因此知道了它与山外是相通的。陆公让一个身体健壮且敏捷的人从山外的崖壁攀爬而上，前往寻找这个洞口。很久后，那人已经穿入到了那上边，从下边眺望，真像是乘坐在卷在云雾中的树叶一样。不一会儿那人便大声叫道："赶快带着火把上来，还可以进去。"我听从了他的话。于是从西边洞口下来，循着山麓转到了山的北面，再向南攀登山崖而上。半山腰上，有个朝北的洞口。穿过石洞进去，便见洞内下陷，通明透亮，俯身便见众多人成群在平台上饮酒，又像是登上了月宫、摸着天门而俯视人间一样。上面有岩石像磨刀石一样平放着，岩石的顶端悬在空中，外面又有石柱排列着，分隔成了门窗，所以从下面仰望这，其不止一个洞穴，而洞内实际上是四通八达的。从这里举着火把从东边进入，越往前走越深，通道中间也从深远变得开阔起来，几乎有二十丈宽了。向东走到尽头后，再折转向西北，在这发现了一个洞穴。从北边攀爬而上，忽然有倒影远远地透入进来，有峡谷纵横交错，高高低低重叠杂沓。攀爬到它的东北，有个洞穴高悬空中，里面的峡谷已经很险峻了，外面的崖壁就更加陡削了，只容纳的了光辉进入，人却没有办法上下。又从深窟中往它的西北方探索，从旁边穿过往上钻出去，再次找到了一个洞口，平滑整齐且明亮宽敞。其洞口朝北，所处的位置更加高，吞吐风云，驾驭日月，感觉已不是在人间凡境了。它的北侧还有其他幽深的地方，但是能进入的地方已不是很深了。从这个洞口出来后，我想沿着石壁寻找石阶下去，但是下边全是削立的石壁、悬空高突的山崖，没有落脚的地方。于是只好又从洞中原路返回，下降到了高悬的石台下瞰之处。众人在下面狂呼鼓噪，人人以为是神仙下凡了，哪怕是我也自以为是仙人了。一会明亮又一会黑暗，忽地隔断又忽地连通，时而上又时而下，一会是凡人一会又成了仙人，这是洞的灵气，还是人的灵气呢？要不是陆公的帮助，我又如何能到达如此胜地！

青狮北洞，在青狮潭北岸。青狮潭者，即洋渡之下流也，江潭深汇，为群鱼之宫，乃参府之禁沼，罟网所不敢入者。其北崖亦多穹门，与南洞隔江相对。余雨中过此，不及旁搜。又西为青狮庙。危峰西南来，抵水而尽。洋渡之水从西，三里之水从北，至此合流而东，峰截其湾，愈为屼嵲，庙倚其下，遂极幽閟[1]焉。

【注释】①幽閟（bì）：犹幽深；深闭。

【译文】青狮北洞，在青狮潭的北岸。青狮潭，就是洋渡的下游，江水汇积成的深潭，是众多鱼群的宫殿，是参将府封禁的水域，是鱼网不敢放进去的地方。它北面的山崖上也有很多高高隆起的洞口，与南洞隔江相对。我是下雨天经过的此地，所以来不及四处探寻。再往西便是青狮庙。一座险峻的山峰从西南方延伸而来，其尽头一直到达水边。洋渡的水从西面流来，三里城的水从北面流来，流到这里汇合后向东流去，山峰横截在水湾处，更加显得突兀，青狮庙紧靠在山下，就显得很是幽静隐秘了。

堡北岩，在城南十二里巨堡之北[1]。堡南去洋渡仅三里。其门东向，中深五六丈，后洼而下，不能深入。

【注释】①在城南十二里巨堡之北：原缺“巨”字，据乾隆本、“四库”本补。

【译文】堡北岩，在城南十二里外巨堡的北面。巨堡南边距离洋渡仅三里远。堡北岩洞口朝东，洞内深约五六丈，后面洼下去了，不能深入。

独山村西北水岩，在城南八里大路之西。洞门东向，前有石路，中跨为桥，盖水发时自洞溢出也。洞倚西山下，洞口危石磊落，欹嵌而下，其中窅然深黑，不能悬入也。

【译文】独山村西北的水岩，在城南八里外大路的西面。洞口朝东，洞前有条石子路，路中跨有一座桥梁，大概是发大水时有水从洞内溢出来才架的。岩洞紧靠在西山下，洞口高石众多而杂乱，向下倾斜深嵌，洞内深远幽暗，无法悬空进去。

砥柱岩西峰水岩，在城南四里。有峰屼突于砥柱之西，高不及砥柱，而回列倍之，上冒下削，其淋漓痕，俨若黄熟香片侧立。其南多空裂成门，而北麓有门北向，两崖如合掌上并。其内深窅，有光南透，若甚崆峒，第门有潴水溢于两涯，不能入。几番欲以马渡，而水下多乱石，骑亦不前。

【译文】砥柱岩西峰的水岩，在城南外四里处的地方。有座山峰突兀在砥柱岩的西面，其高度比不上砥柱，但是回绕排列却是砥柱的一倍多，上边下覆而下边陡削，山崖上有水流的痕迹，俨然像是黄熟香片侧立着。山峰南面有很多空裂成的洞口，而北麓有个洞口朝北，两边的山崖就像合拢的手掌一样并排上耸。洞内深远，有光线从南边透射进来，好像十分宽敞空阔，只是洞口有积水溢到了两边的山崖上，不能进去。我几次想要骑马渡水进去，但因水下乱石太多，马也无法前进。

后营东山洞，在城北四十里，即后营东界石山之西麓也，去后营四里。中又有小山一重为界，山坳中断处，有尖峰在前，亦曰独山，则其西护也。直抵东山下，有石笋一圆云。备记五月十四日。

【译文】后营东山洞，在城北外四十里的地方，也就是后营东边一座石山的西麓，距离后营四里路。中间又有一重小山将两地分隔开来，山坳中断的地方，前方有一座尖峰，也叫独山，便是后营西面的护卫了。直接来到东山下面，有一根圆形的石笋等。准备记录到五月十四日的日记中。

仙庙山，在城西四里，西面石峰之最近城者也。石峰中悬，三面陡绝，惟从西南坳中攀崖上，则三里四境尽在目中。昔有村氓[①]登山而樵，遇仙得道，故土人祀之。

【注释】①村氓：亦作“村甿”。泛指乡民，农人。

【译文】仙庙山，在城西外四里处，是西面石峰中最靠近三里城的一座山。石峰高耸在中央，三面陡绝，只有从西南方山坳中的山崖攀援上去，三里城的四面形貌便尽在眼中。过去有个村民登上此山砍柴，遇上了仙人，因而得道成仙，所以当地人都祭祀他。

汛塘浮石，在城西五里汛塘中。汛塘者，即仙庙山南之坞也，自仙庙山前西接狮子坳[①]。坞中有塘长数里，水涨时洪流漫衍，巨鱼逆流而上，土人利之，故不疏为田，而障为塘。有石壑一区当塘之中，上浮如败荷覆叶，支撑旁偃，中空外漏，水一潭绕之，石箕踞其上，又如数梁攒凑，去水不及三尺，而虹卧云嘘，若分若合，极氤氲蜿蜒之势。其西北里余即汛塘村，倚北山之下。

【注释】①狮子坳：乾隆本、“四库”本作“佛子坳”。

【译文】汛塘浮石，在城西五里外的汛塘中。汛塘，便是仙庙山南面的山坞，从仙庙山前面往西连接着狮子坳。山坞中有个长几里的水塘，因涨大水时山坞中洪流四处泛滥，有大鱼逆流而上，当地人因此获益，所以没有将山坞疏通开垦为田，而是拦水建成了水塘。有一片石坑正好在水塘的中间，其浮出水面的部分就像凋谢下覆的荷叶，支撑着向四周倒下，中间是空的，外边透光，一潭水环绕着它，岩石盘踞在水面上，又像是几座桥梁攒聚会拢在一起，距离水面不到三尺，而彩虹横卧，吞云吐雾，若分若合，极尽氤氲蜿蜒的气势。其西北方一里多的地方便是汛塘村，倚靠在北山之下。

周泊隘，在城东二十五里，东界石山之脊也。隘当脊中，南北崇崖高压，云气出没其中。逾隘而东，即为迁江境。其东北石山内，为八寨之罗洪洞。按《一统志》：“罗洪洞在上林县东北四十五里。”则昔时亦上林境，而后沦于贼，遂不能恢复，至今为贼所踞。东南石山内，为马场洞。犹三里属。第地无居民，皆巨木。

【译文】周泊隘，位于城东二十五里外的地方，在东面一座石山的山脊上。隘口正处山脊中央，南北的高山险崖从高处往下压，云气出没其中。越过隘口向东，便是迁江县的辖境。其东北方的石山内，是八寨中的的罗洪洞。据《一统志》记载：“罗洪洞在上林县城东北四十五里处的地方。”那么过去也属上林县的辖地，而后沦落到了贼人手中，始终没能收复，至今还被盗贼盘踞着。东南面的石山内，是马场洞。仍然是三里城的属地。只是这里没有居民，到处都是大树。

汛塘后坞石洞，在城西七里。西山东来，过佛子岭分为两支，一支直东为汛塘村后峰，一支北转为韦龟山。二山之东北又环成一坞，东以仙庙山为前障，中有支峰对。其麓有洞，门东向，前有水隔之，内望甚深。土人云：“中可容千人。昔其西有村，今已鞠[①]为草莽。”所向东峰之上，亦有洞，门西向，高悬欹侧，亦翳于草莽，俱未及登。

【注释】①鞠（jū）：穷，尽。

【译文】汛塘村后坞的石洞，位于城西七里处。西面的山脉向东蜿蜒而来，经过佛子岭后分成了两条支脉，一支一直向东成了汛塘村的后峰，一支向北折转成为了韦龟山。两座山的东北面又环绕形成了一处山坞，东边以仙庙山作为前方的屏障，中间有座分支山峰相对。山脚下有个洞，洞口朝东，洞前方有水流隔开，观望洞内非常深。据当地人说："洞中可以容纳一千多人。过去洞的西边有个村子，现在已经全部成了杂草丛生的荒芜之地。"洞口对面的东峰之上，也有洞，洞口朝西，高悬着倾向一侧，也被杂草遮住了，都没有来得及攀登。

三层阁，在参府厅事东，陆公所新构也。长松环荫，群峰四合，翛然有遗世之想。松风亭在署后土山之巅，松荫山色，遥连埤堄[①]，月色尤佳。余下榻于三层阁，几至忘行。陆公饯余于松风亭，沉醉月夜，故以终记。

三里：一曰上无虞里，一曰下无虞里，一曰顺业里。

【注释】①埤堄（pì nì）：城墙上的小墙。

【译文】三层阁，位于参将府厅堂的东面，是陆公新建造的。周围有高大的松树遮掩环绕，群峰四面合拢，无拘无束有脱离凡尘的遐想。松风亭建在衙门后边的土山顶上，松树遮蔽了整个山峰，远远与城墙相连，月光下的景色尤其美丽。我入住在三层阁，几乎忘了上路前行。陆公在松风亭为我饯行，我沉醉于月夜中，所以始终记得。

三里：一个叫上无虞里，一个叫下无虞里，一个叫顺业里。

八寨：西界者曰寨垒、东与后营对。都者、东与周安对。剥丁，东与苏吉对。东界者曰罗洪、西与左营对。那良、西与后营对。古卯、古钵、何罗。

【译文】八寨：西面的叫寨垒、东面与后营相对。都者、东面与周安相对。剥丁，东面与苏吉相对。东面的叫罗洪、西面与左营相对。那良、西面与后营相对。古卯、古钵、何罗。

三镇：中曰周安，北曰苏吉，西南曰古鹏。

【译文】三镇：中间的叫周安，北方的叫苏吉，西南的叫古鹏。

贯八寨之中者，南自后营，北抵周安，极于罗木渡。其中有那历、玄岸、蓝涧、桥蓝诸村，南北十余里。昔乃顺业里及周安之属，今为八寨余党所踞。渠魁蓝海潮。八寨交通，而三里之后门不通矣。

【译文】贯穿八寨中间的路，南面起自后营，北边抵达周安，尽头在罗木渡。其中有那历、玄岸、蓝涧、桥蓝等村，南北约有十多里。过去乃是顺业里以及周安镇的属地，现在被八寨盗贼的余党占踞着。首领是蓝海潮。八寨相互连通，但三里城的后门不通。

三里周围石峰，中当土山尽处，风气含和，独盛于此；土膏腴懿，生物茁茂，非他处可及。所艺禾穑特大，恒种一郭，长倍之，性柔嘉，亦异庶土[1]所植。畜物无所不有。鸡豚俱食米饭，其肥异常。鸭大者重四斤而方。此邦鲫鱼甚艰，长仅逾寸，而此地独有长四五寸者。三里出孔雀。风俗：正月初五起，十五止，男妇答歌曰“打跋”，或曰“打卜”。举国若狂，亦淫俗也[2]。果品南种无丹荔，北种无核桃，其余皆有之。春初，枸杞芽大如箸云，采于树，高二三丈而不结实，瀹其芽实之入口，微似有苦而带凉，旋有异味，非吾土所能望。木棉树甚高而巨，粤西随处有之，而此中尤多。春时花大如木笔[3]，而红色灿然，如云锦浮空，有白鸟成群，四面翔绕之，想食啄其丛也。结苞如鸭蛋，老裂而吐花，则攀枝花也，如鹅翎、羊绒，白而有光。云泗城人亦有练[4]之为布者，细密难成，而其色微黄，想杂丝以成之也。相思豆树高三四丈，有荚如皂荚而细，每枝四五荚，如攒一处，长一寸而大仅如指。子三四粒缀荚中，冬间荚老裂为两片，盘缩如花朵，子犹不落。其子如豆之细者而扁，色如点朱，珊瑚不能比其彩也。余索得合许。竹有中实外多巨刺者，丛生而最大；有长节枝弱不繁者，潇洒而颇细。如吾地之筜节虚中，则间有之而无巨者。又一种节细而平，仅若缀一缕而色白，可为杖，土人亦曰粽竹，出三镇之苏吉。其地亦有方竹，止在下数节而不甚端。

【注释】①庶土：平常的土地。②“三里出孔雀”以下几句：原系眉批，今移至所对应的正文内。③木笔：即辛夷，多用作木兰的别称。因其未开花时，苞上有毛，尖长如笔，故称木笔。④练：此处指将丝、麻、布帛煮得柔软洁白。

【译文】三里城四周都是石峰，中间正处在土山的尽头处，风和日暖，气候宜人，只有这里最好；土地肥沃，农作物茁壮茂盛，不是其他地方能比得上的。所种植的水稻谷物颗粒特别大，城郭附近常年都种满了，产量比别的地方高一倍，做出的食物柔软味美，也不同于其他平常的土地种植的谷物。养殖的牲畜无所不有。鸡、猪都吃的是米饭，异常肥壮。鸭子大的重达四斤，长得方头方脑。这个地域的鲫鱼很难生长，长的仅仅超过一寸，但唯独这里生长有长四五寸的。三里盛产孔雀。这里有个风俗，从正月初五开始，到十五停止，男子妇女互相对歌，叫做“打跛”，有人叫“打卜”。全国上下好像都疯了一样，也是个淫荡的习俗。水果的品种，南方的没有荔枝，北方的没有核桃，其余的品种都有。初春时，枸杞芽大的就像筷子，得从树上采摘下来。树身高达二三丈却不结果实，将其嫩芽煮熟放入嘴里，似乎稍稍有点味苦而带凉，随即便有股怪味，不是我们本土所有的那种。木棉树非常高大，在粤西随处都有，而在这一带尤其多。春季时花朵大得有如木兰，而颜色红得灿烂，就像彩云一样浮在空中，有成群的白鸟，围着它四面飞翔，想啄食它的花朵。结出的花苞像鸭蛋，成熟后裂开并吐出花朵的，那便是攀枝花了，其花如鹅毛，像羊绒，白而有光。据说泗城人也有的将它们练后编织成了布，这种布又细又密难以织成，其颜色微微带点黄，想来是搀杂了蚕丝编织成的吧。红豆树高三四丈，长有像皂荚一样的细细豆荚，每条枝上长有四五个豆荚，就像攒聚在一起，长约一寸而大的地方仅如手指。豆荚中连缀有三四粒种子，冬天豆荚长老后裂开为两片，像花朵一样卷缩起来，种子还是没有掉落。它的种子就像豆子一样细小但要扁一些，颜色有如点朱砂，就是珊瑚也不能与它的色彩相比。我向人要到了大约一捧。这里的竹子有的中间实心而外边长有很多巨刺，一丛丛的而且很大；有的竹节长而枝条柔弱不繁，显得潇洒飘逸而非常细小。像我家乡的竹子竹节高而中间空，但这里只是偶尔有一些却没有大的；又有一种竹节长得又细又平，就像仅仅只有一缕纹路连缀着而颜色发白，可以做手杖，当地人也叫它粽竹，出产自三镇中的苏吉镇。这里也长有方竹，只有下边几节是方的，而且不是很端正。

十四日　晨起，阴云四布，即索骑游东岩。岩在东石峰之麓，由独山入隘，度土山一重，共三里抵其下。有石笋一圆，傍石峰西麓，岩在石笋之上。遥见当峰半，一门西向高悬，则西洞后穿别窍。由南麓上跻，有两门并列，暗洞在东，明岩在西，二门俱南向。先入明岩，中高敞平豁，后一石蕊中悬。穿蕊而入，下坠小穴，上则垂乳窈窕，围成龛，极玲珑纤幻。龛中圆且峻，贮水一池，沉映崖壁，光影上照，绀碧[①]夺目。转门而西，又开一门，西向，亦明豁高爽，下临绝壁，即前从坞中遥见高悬者。其内与南门转接处，石柱或耸而为台，或垂而成龛，攒合透映，真神仙窟宅，雕镂所不能就者也。仍出南门，从其东北向，伛偻入暗洞。门外隘中洼，少下，洞遂穹然，篝火北入数丈，则玉乳倒垂骈耸，夭矫缤纷，底甚平。由其腋透隙而入，岐而西，峡东隙皆不数丈尽，惟直北逾乳隙进，内复宽。少东转，垂柱益多。平底中有堆石一方，土人号为“棺材石”，以形似也。更入，从石东北转，石坡高下，乳笋参差立。披窍北入，复辟一最巨室，乳柱回环，阖辟莫测。从此西北穿隘而下，其入甚遥，闻深处有溪成潭，下跨石为梁，上则空明透影。时误从东转，竟从别窦仍下堆石旁。欲复入觅西北隘，而易炬已多，恐一时不继，乃从故道出。闻此洞东通迁江，虽未必然，而透山而东，即为那良贼寨之地，未知果有从出处耳？余所入止得三四转，度不及其十之一二，然所睹乳柱之瑰丽，无过此者。此洞既以深诡见奇，而西畔明岩复以明透表异，合之真成二美矣。

【注释】①绀（gàn）碧：深蓝色。

【译文】十四日　早晨起床后，阴云四布，便马上要来马前往东岩游玩。岩洞位于东面石峰的山脚下，从独山进入山隘，穿过一座土山，走了共约三里路便到了岩洞下。有一根圆形的石笋，依傍在石峰的西麓，岩洞便在石笋的上方。远远望见正当山峰的山腰上，有一个朝西的洞口高悬着，这便是西洞穿到后面的别的洞穴。从山的南麓上登，有两个洞口并列，暗洞在东边，明洞在西边，两个洞口都朝向南。我先进的明洞，洞内高大宽敞，平整开阔，后方有一朵石花悬在中央。穿过石花而入，下面有凹陷的小洞，上面则悬挂着窈窕秀丽的石钟乳，合围成了一个石龛，很是玲珑剔透，纤巧奇幻。石龛的中间又圆又高峻，贮积了一池子的水，沉映在水中的崖壁，光影上照，青碧夺目。转过洞口向西前行，又有一个洞，洞口朝西，洞内也很明亮高敞，洞口下临绝壁，就是先前从山坞中远远望见的那个高悬的洞口。洞内与南边洞口转接的地方，石柱有的耸立形成了高台，有的下垂形成了石龛，簇拥透映，真是神仙住的洞府，而非雕凿镂刻所能形成的。仍旧出到南边洞口，从其东北方弯腰进入到了暗洞。洞口外边狭窄而中间下洼，往下稍稍走一点，洞中便穹然隆起，举着火把向北往里前行数丈，就见耸立着许多倒垂的白玉状钟乳石，屈曲而有气势，缤纷争呈，其底部很平坦。从钟乳石旁侧的缝隙钻进去，由岔道向西走，峡谷东面的缝隙都只有不到几丈便到头了，只有笔直从正北方穿过钟乳石中的缝隙进去，里面又变得宽敞起来。稍稍向东转一点，垂下的石柱更多。平整的洞底中有一堆方形的岩石，被当地人称为“棺材石”，因为它的外形很相似。再往里走，从棺材石向东北方折转，石坡高低不一，其上石乳、石笋参差而立。穿过石洞向北深入，又辟开一处最大的洞室，里面钟乳石柱四面环绕，开开合合，无法探测。从这向西北穿过隘口往下走，能进去到很深的地方，听说最里面有溪水汇成的深潭，下边有跨石形成的桥梁，顶上则有从空中透进来的明亮光影。当时我误从东边转弯，竟然从别的洞穴仍旧下到了那堆岩石旁。我想再次进去找西北方的隘口，但所换的火把已经很多，担心会一时接继不上，于是只得从原路出来了。听说此洞向东通到了迁江县，虽然未必是事实，但是穿过山往东，便是那良盗贼所居的山寨，不知道是不是真的有从那里出去的地方。我所进入之处只是转了三四个地方，估计还不到山洞的十分之一二，然而所见钟乳石柱的瑰丽，没有超过这里的了。这个洞既以幽深诡异见奇，而西侧的明洞又以明亮通透而显出异彩，二者合在一起真就成了两处美景了。

出洞，仍下山西北行，一里半抵独山。从其北而西，又一里半，饭于后营。杨君统营兵骑而送余，遂下山北行。东西两山，一石一土，相持南下，有小水南流于其中，经后营而南，金鸡隘之北，乃西南坠壑而去，即琴水桥之上流也。从此北望，直北甚遥，南望则金鸡石峰若当门之标。后营土山头南尾北，中悬两界之中，西南走而尽于三里，遂结为土脉之尽局云。北行八里，有土脊自西而东，横属于两界之中，则南北分水之脊也，南入于杨渡，而北遂入罗木渡焉。逾脊北二里，为那力村，又三里为玄岸村。二村俱在东石峰之下，昔皆民居，今为八寨贼所踞矣。又北三里，水从直北去，路西穿土山之腋。一里西下，则土山复东西夹而成坞。又北十里，是为蓝涧，俱贼村矣。贼首蓝海潮者，家西山下。有涧从其前北流，溯之行，北一里半，有石山突于坞东，由其西麓逾小坡，即为周安界矣。又二里，一村在东山麓，曰朝蓝[1]。前涧中有潭，深汇澄澈，自是而北，遂成拖碧漾翠之流，所云“蓝涧”者，岂以此耶？蓝涧本三里之顺业里属。今南抵那力过脊之地，俱为八寨余孽所踞，而蓝海潮则其魁也。由蓝涧而北抵罗木渡，南抵左营，中开天成直夹，皆土山也。其两石山：西为寨垒、都者、剥丁，东为罗洪、那良。东西皆贼薮。朝蓝昔本周安属，今北抵周安亦俱为诸蘁[2]所踞，并周安亦岌岌矣。

【注释】①朝蓝：有本作“桥蓝村”。②蘁（wù）：原作“萼”，从沪本改。蘁，指违逆不从，此指叛逆的人。

【译文】出洞后，仍旧下山往西北方前行，一里半后便抵达了独山。从独山北面往西，又走了一里半，到了后营吃饭。杨君带着营兵骑马前来送我，于是我下山继续往北行进。东西两边的山，一座是石山一座为土山，两山相对向南下延，其中有条小溪向南流淌，经过后营后向南，到达金鸡隘的北面，接着坠入西南的壑谷流淌而去，这就是琴水桥的上游。从这里向北眺望，正北可以看得很远；向南观望，则金鸡隘的石峰就像耸立在洞口的标杆。后营的土山起于南面而止于北面，中间悬隔在两列山之间，向西南延伸，一直到三里城，最后盘结成的土山，便是山脉的尽头处。向北行进八里，有座土山的山脊自西向东延伸，横向连接在两列山的中间，这是南北水流的分界线，南面的水流汇入洋渡，而北面的水流最后汇入罗木渡。越过山脊向北行进二里，是那力村所在，又前行三里是玄岸村。两村都在东边的石峰之下，过去这里都有百姓居住，现在却都被八寨的盗贼占据了。再次向北行进三里，水流向着正北流去，道路从西边土山的侧旁穿过。向西下行一里，便见土山又在东、西两面相夹形成了山坞。再向北前行十里，便到了蓝涧，这里都是盗贼盘踞的村庄。盗贼的首领蓝海潮，他的家就在西山下。有山涧从村子前向北流淌，逆山涧而行，向北行进一里半，便见有一座石山突立在山坞的东边，从石山的西麓穿过小坡，就是周安镇的辖地了。再前行二里，在东边的山麓下有个村庄，叫朝蓝。村前的溪涧中有个水潭，潭水幽深澄澈，从这向北，溪涧便成了碧绿的水流，所说的“蓝涧”，难道就是因为这个而得名的吗？蓝涧本来属于三里县顺业里的辖地。现在其南边一直到达那力村的过脊之地，全都被八寨叛乱分子的余党霸占了，而蓝海潮就是他们的首领。从蓝涧北边一直到罗木渡，南边一直到左营，中间拓开有一条天然形成的直峡谷，都是土山。它两面的石山：西边是寨垒、都者、剥丁，东面是罗洪、那良。东、西两边都是盗贼的聚集之地。朝蓝本来属于周安镇管辖，现在向北一直到周安镇外也都被众多叛贼霸占了，连周安镇也岌岌可危了。

由朝蓝随涧东岸又北五里，转而东逾土山，北下一里，复行坞中。三里，出坞。又西行一里，始见前溪从土山西畔北注，与石山西峡之涧合而东来，遂有汤汤之势。涉溪北上，溪亦折而北，不半里，是为周安镇，数家之聚，颓垣败址，在溪西岸，而溪东膏腴俱为贼踞，不可为镇矣。所云镇者，是为周安，其西南为古鹏，其北曰苏吉，总名三镇，盖界于八寨之中者也。今周安仅存，古鹏全废，惟苏吉犹故。昔有土镇官吴姓者，以青衫[①]居宾州，未袭其职，其子甫袭而死。后委哨官及古零司九司之一。兼摄之，而古零鞭长不及。前年，八寨贼由此劫上林库银，为上林县官所申，当道复觅吴氏之遗孤仍袭。其孤名承祚，才十二岁，父即前甫袭而死者。其外祖伍姓者号娱心，乃宾州著姓，游大人以成名者。甫自宾州同承祚到镇，见周安凋敝，以承祚随师卒业于苏吉。而伍适返周安，见余至，辄割牲以饷。土司以宰猪一味献客为敬。盖杨君昔曾委署此镇，见其送余，非直重新客，犹恋旧主也。

【注释】①青衫：古时官位低下者所穿的服装。

【译文】从朝蓝沿山涧的东岸又向北走五里，转而向东穿过土山，往北下行一里，再次从坞中行进。走了三里地后，便出了山坞。再向西前行一里，才见先前的那条溪水从土山的西侧向北流注，与石山西峡的山涧合流后向东流来，于是有了浩浩荡荡的气势。涉过溪水北上，溪流也折转流向北方，不到半里地，便是周安镇了。只有几家人聚集在这，倒塌的墙垣、残破的房基在溪水的西岸，而溪东肥沃的地方都被盗贼占据，已不能叫做镇了。所说的镇，是指周安镇，它的西南面是古鹏镇，位于它北面的叫做苏吉镇，合称三镇，间隔在八寨之间。如今周安已只有城镇还在，古鹏已全部废除了，只有苏吉镇还完整如故。过去有个姓吴的土镇官，以底层官员的身份居住在宾州，没有履行他的官职，他的儿子刚刚继承了其职便死了。后来委托哨官以及古零司为九司之一。兼职代理其职，但古零司却鞭长莫及。前年，八寨的盗贼从这里出发抢劫了上林县的库银，被上林县县官申告，于是上级找来吴家的遗孤仍旧让他继承了土镇官之职。那个孤儿名叫承祚，才十二岁，父亲就是先前那个刚刚袭职就过世的人。他的外祖父姓伍，号娱心，是宾州的大姓人家，也是个以与大人物交游而出名的人。刚从宾州陪同吴承祚来到镇上，见周安镇凋敝残破，便让吴承祚跟随老师前往苏吉镇去完成学业。而姓伍的正好返回周安，见我来了，就宰杀了牲口来款待。土司以杀猪献给客人视为敬客之道。原来杨君以前曾被委任代管过这个镇，姓伍的曾见杨君送我，因此杀猪款待我不仅是敬重新客人，也还有怀恋旧主人的缘故。

是晚复同杨、伍二君北二里游罗隐岩。岩在镇之西北隅，乃石峰西断处。盖大溪南经周安之前而北至此，有土垣一周，为旧宾州、南丹卫遗址，乃万历八年征八寨移而镇此者。后卫移三里，州移故处，而此地遂为丘墟，今且为贼薮，可恨也。按《一统志》，罗洪洞在上林县东北四十五里，为韦旻[①]隐居之地，则罗洪昔亦上林属，而后沦于贼者也。由土垣北直去为苏吉[②]、罗木渡大道，由土垣西向入石峰隘，有数家倚隘侧，为罗寨村。村前石峰特起[③]，岩穴颇多，但浅而不深。其西麓为罗隐岩，岩横裂如榻。昔有儒生过此，无托宿处，寄栖此中，题诗崖上，后人遂指为罗隐。其题句鄙俚，而诸绕戎[④]过之，多有继题其下者，岂以其为崔浩[⑤]耶？是晚还宿周安，作谢陆君书畀杨。

【注释】①韦旻：宋朝上林县人，科举考试落榜后隐居罗洪洞，号称白云先生，善于养生，活到一百多岁。②苏吉：此处原作“苏吾”，从前记改。③特起：崛起，挺出。④绕戎：出巡的军官。⑤崔浩：字伯渊，小名桃简，北魏清河郡东武城县（今河北故城县）人。官至司徒。后因以修史暴露“国恶”的罪名被灭族。后世称赞他以直笔存国史的可贵精神。

【译文】这天晚上又与杨、伍二君前往北边二里地外的罗隐岩游玩。罗隐岩在镇子的西北角，是石峰西边的断裂之处。大溪向南流经周安镇的前边而后往北流到了这里，这有一圈土墙，是原来宾州、南丹卫的遗址，乃万历八年（1580）征讨八寨叛乱时迁来镇守此地的。后来南丹卫迁往三里城，宾州府则迁回了原处，而此地便成了废墟，如今成为了盗贼的聚集地，真是可恨呀！据《一统志》记载，罗洪洞在上林县东北方四十五里外的地方，是韦旻的隐居之地，可见罗洪洞过去也是上林县的属地，只是后来沦落到了盗贼手中。从土墙一直往北是前往苏吉镇、罗木渡的大道，由土墙向西进入石峰隘口，有几户人家倚着隘口一侧而居，叫做罗寨村。村前有石峰突起，石峰上有很多洞穴，只是浅而不深。石峰的西麓便是罗隐岩，有岩石横裂成了床榻一般的形状。过去曾有个儒生路经此地，没有投宿的地方，便寄息在这里面，还在石崖上题了诗，后人便将此指认为罗隐岩。他题的诗句很粗俗，而众多出巡的军官经过这里时，有很多在它下面接着题诗的，难道是把他当作崔浩了吗？这晚我们返回了周安镇住宿，我写了感谢陆君的信交给了杨君。

十五日　早雨霏霏，既饭少霁，遂别杨君，伍君骑而送余，俱随大溪西岸北行。石峰西突路左，峰四面多开穴窍，中空，第高莫能上。北又有荔枝岩，深黑，须炬入，闻中有荔枝盆。于是东西两界俱石峰，无复土山中间矣。先北涉一小水，又北涉一涧，水皆东向入大溪。共四里，小峰当坞立，嵌空多穴，乃下流镇山，亦如三里之独山，但南北易位耳。北六里，山峡中拓，聚落倚西峰下，是为苏吉镇。伍君留余入头目栏，令承祚及其师出见，欲强饭。余急辞之出，乃以多人送余行。又北三里，又有土山突两界石山中，于是升陟高下，俱随两石山之麓，而流溪渐薄东界，相去差远矣。又北十五里，则一江西自万峰石峡中破隘而出，横流东去，复破万峰入峡，则都泥江也。有刳木小舟二以渡人，而马浮江以渡。江阔与太平之左江、隆安之右江相似，而两岸甚峻，江嵌深崖间，渊碧深沉，盖当水涸时无复浊流滃[①]漫上色也。其江自曲靖东山发源，径沾益而北，普安而南，所谓北盘江是也。土人云自利州、那地至此，第不知南盘之在阿迷、弥勒者，亦合此否？渡江而北，饭于罗木堡，乃万历八年征八寨时所置者。堡兵五十余家，其头目为王姓，泣而诉予，为土贼黄天台、王平原所侵，近伤其人，掳其赀，求余入府乞示。余以其送人少，不之许。其地已属忻城，而是堡则隶于庆远，以忻城土司也。宾庆之分南北，以江为界。堡北，东西两界石山复遥列，而土山则盘错于中。北复有小江，北自山寨而来，山寨者，即永定土司也。循东山而南入都泥。路循西畔石山北上二十里，有村倚西山之麓，曰龙头村。村后石山之西，皆瑶人地。盖自都泥江北，罗木堡西已然矣。龙头村之东有水，一自北来者，永定之水也；一自东来者，忻城之水也。二水合于村前，即南流而合罗木下流者也。又北二里为古勒村，村在平坞中。村北三里，复逼小山西岸行，又五里，有小村倚西峰之麓，又有小水西自石峰下涌穴而出，东流而注于小江。截流渡小水北，又东上土坡，是为高阳站。是站在小江之西，渡江东逾峰隘而入，共十五里而抵忻城。溯小江北五十里抵永定，又六十里而至庆远，亦征八寨时所置。站乃忻城头目所管者。其地石峰之后即为瑶窟。其西有夷江，想即罗木渡之上流。其内有路，自东兰、那地走南宁者从之。东石峰之后即忻城，其东界接柳州。其站始用竹肩舆②，盖土俗然也。自三里马至周安，周安马至高阳，高阳换舆直送至府。此地无虞，可行矣。是日共行五十余里，以渡罗木难也。

【注释】①渰（yān）：同“淹”。②竹肩舆：与轿子不同，即现今通称的滑竿，用两根大竹缚成，形如躺椅。

【译文】十五日　早上淫雨霏霏，吃过饭后稍微转晴，于是告别了杨君，伍君骑马送我，一起沿着大溪的西岸向北而行。路的左边有石峰向西突起，石峰四面裂开有很多洞穴，中间是空的，只是太高了无法上去。北面还有个荔枝岩，洞内又深又黑，要点了火把才能进去，听说洞中有荔枝盆。这里东、西两面都是石峰，中间不再夹有土山。我们先向北经过了一条小溪，又向北涉水过了一处溪涧，水流都向东流入了大溪。共计走了四里，便有一座小山峰当坞而立，中间嵌空且洞穴很多，乃是下游的镇山，与三里的独山也很像，只是变换了南北方位而已。往北行进六里，山峡中间变得开阔起来，有个村落紧靠着西峰下方而建，这便是苏吉镇。伍君留我进到了头目的竹楼中，让吴承祚及他的老师出来见我，想强留我吃饭。我急忙辞别了他们出来，于是他们派了很多人来为我送行。又向北走了三里，两边的石山中又有一座土山突起，从这里一会上一会下地攀爬，一直是沿着两面石山的山麓前行，而溪流渐渐逼近了东面的山，相距渐渐变远了。又向北走了十五里，便见一条江水从西边的万峰石峡中冲开隘口而出，向东横流而去，再次冲破万峰流入石峡中，这就是都泥江了。江边有两条树木挖空做成的小舟用来渡人，而马匹则浮在江水中渡过去。江面宽的地方与太平府的左江、隆安县的右江相似，而两岸非常险峻，江流如嵌在深崖间一般，江水澄碧深沉，大概是此时正好是江水干涸时节，不再有浊流淹漫上色了。这条江水发源于曲靖东山，流经沾益州后流向北边，经过普安州流向南，就是所谓的北盘江了。当地人说是从利州、那地州流到这里的，但不知南盘江流经阿迷州、弥勒州的水流，是否也汇入了这条江里？渡过江后向北行进，在罗木堡吃的饭。罗木堡是万历八年征讨八寨叛乱时设置的。堡内的驻军有五十多家，他们的头目姓王，哭着告诉我，他们被当地的盗贼黄天台、王平原侵扰，近来伤了他们的人，抢了他们的财物，求我进官府请求帮助。我因他送行的人少，没有答应他。这里的地境已属忻城县，而罗木堡却隶属于庆远府，因为忻城县是土司的缘故。宾州府、庆远府南北的分界线，是以都泥江作为界线的。罗木堡北面，东、西两边的石山再次远远排列开，而土山便盘错在中间。北面又有一条小江，从北面的山寨流来，这处山寨，就是永定土司了。沿着东面的山峰向南流入了都泥江。道路沿着西侧的石山一直向北延伸二十里，有个村庄靠着西山的山麓，叫做龙头村。村后石山的西面，都是瑶人居住的地方。大概从都泥江以北，罗木堡以西便已是这样了。龙头村的东边有水流，从北面流来的那条，是发源于永定司的水流；自东面流来的那条，则是源自忻城县的水流。两条水流在村前会合，便立即向南流去，而后与罗木渡下游的水流会合。再向北行进二里便是古勒村了，村子在平旷的山坞中。向村子北边行进三里，再次逼近小山沿着小江西岸前行，再走五里，有个小村庄背靠西峰山麓而建，又有条小溪从西边石峰下的洞穴中喷涌出来，向东流入小江。横渡小溪到了北岸，再向东爬上土坡，便是高阳站。高阳站位于小江的西面，渡过小江向东穿过山峰的隘口而入，共计十五里便到了忻城。溯小江往北前行五十里便到达了永定司，再走六十里便到了庆远府，这也是征讨八寨叛乱时设置的。驿站是由忻城的头目管理的。此地石峰的后面便是瑶人居住的地方。驿站西边有条夷江，猜想就是罗木渡的上游。驿站里面有路，从东兰州、那地州去南宁府的人都走这条路。驿站东边的石峰后面就是忻城，其东面与柳州府搭界。这个驿站开始出现了竹肩舆，大概当地的习俗是这样的吧。从三里骑马到周安，从周安骑马到高阳站，在高阳站换成了竹肩舆，一直送到了府城。到这里后不会出现意外，可以走了。这天才走了五十多里路，是因为在罗木渡渡水很困难。

十六日　晨起，阴如故。夫自龙头村来，始缚竹为舆，既而北行。十里，东西两界石山中土山渐无，有石山突路左，小江由其东，路出其西。又北十里，西界石山突而东出，是为横山，乃忻城、永定分界处也。缘山嘴盘崖北转，巉石嵚崎，中独淋漓滑淖，间有行潦停隙中，崖路颇高而独若此者，以上有重崖高峙，故水沥其下耳。然磊石与密树蒙蔽，上下俱莫可窥眺。间从隙间俯见路石之下，石裂成潭，碧波渊澄，涵影深，又或仰见上有削云排空之嶂，透丛而出，或现或隐，倏高倏下，令人恍惚。

既北，两界石山犹拓而北。又八里，有石峰一枝中悬，坞分而为二，其一通西北，其一通东北。余循西北坞溯流入，又五里，复有峰中突，小江缘其东出，路逾其西入。又二里，有数十家倚中峰之北，是为头盔村①，以中突峰形若兜胄也。饭于头目何姓者家。自横山之北，皆为山寨地。弘治间，都御史邓廷瓒奏置永定长官司，长官韦姓，隶府。其西又有永顺司，土官名邓宗胜。嘉靖间调二土司兵至吾乡剿倭者，所云狼兵是也。既饭，日色忽霁。北向坞中行，始循东界石山矣。五里，抵永定司，即所谓山寨也。土官所居村在西界石山下，欲留余止宿，余以日才过午，不入而行。渐闻雷声隐隐。又北二里，西截坞而过。坞中有石潭，或断或续，涵水于中，即小江之脉也，水大时则成溪，而涸则伏流于下耳。于是复循西界石山而北，又五里，有峰当坞立，穿其腋而北，坞遂西向而转，于是山又成南北二界矣。其时黑云自西北涌起，势如泼墨，亟西驰七里，雨大至，避之石壁堡之草蓬下。石壁堡在北山之麓，堡适被火，欲止其间，无宿处。半晌雨止，乃西二里，逾岭坳，此乃东西分水之脊也。南北俱石山如门，逾门西出，始扩然大开，中皆土阜高下，则永顺司接境；南即石峰丛合，皆瑶窟。循石峰之西麓，北向升陟土阜，其上多回环中洼，大者如塘，小者如井，而皆无水，俯瞰不见其底。水由地行，此其中坠处，一如太平府所见。北行五里，始下土山坞中。其水东北去，路复北透石峰之隘，此处又石峰一枝自西而东。一里出隘，又一里，于东峰之麓得一村，曰草塘，乃冯挥使之家丁也。头目曰东光，言其主在青塘，今且往南乡。余以陆君书令其速传去。冯名润，二年前往泗城，而泗城土官岑云汉加衔副总兵，欲冯以属礼见。此地明官至土俱以宾主论，冯不从。岑拘其从者送狱中，冯亦淹留不听行，复不给粮，从者半毙。陆君以出巡至，始带出之。陆君之第三郎并两仆亦死其中。故陆君不听余从泗城行，而送余由此，托冯与南丹导余焉。是晚宿东光栏上。

【注释】①头奎村：现在作头盔，在都安瑶族自治县东隅。

【译文】十六日　早晨起来，天气依旧阴沉。脚夫从龙头村过来，开始用竹竿绑成轿子，不久便向北出发了。行进了十里，东、西两边石山中的土山渐渐消失，路的左边有座石山突起，一条小江从它的东面流过，道路则从它的西边穿过。又向北走了十里，西边的石山向东突出，这便是横山，是忻城县、永定司两地的分界线。沿着山嘴绕山崖折转向北，一路山石陡峭险峻，中间只有湿淋滑溜的泥淖，偶尔有流水停积在石缝中，山崖上的路比较高，而像这种情况只有这里有，是因为上面有重重山崖高高耸立，所以雨水滴落到了下面。然而重重山石与密集的丛木遮挡，上下都无法窥望。偶尔从缝隙间俯身可见到路边山石之下，岩石裂开形成了深潭，碧波渊深澄澈，沉影幽闭，又间或抬头可见到上边有山峰削云排空，透过丛林突现而出，或现或隐，时高时低，令人神情恍惚。到了北边，只见道路两边的石山仍旧向北伸展。又走了八里，有一座石峰悬浮在中央，山坞分为了两条，其中一条通向了西北，另一条通向了东北方。我沿着通向西北方的山坞逆江前行，再行进了五里，又有山峰在山坞中突起，小江沿着山峰东边流向远方，道路穿过了山峰的西面进去。又走了二里，有数十户人家依靠着中间山峰的北麓而居，这便是头奎村，因为山坞中间突起的山峰形状像头盔而得名。我们在何姓头目家中吃的饭。从横山的北面开始，都是山寨的管辖地盘。弘治年间，都御史邓廷瓒上奏请求设置永定长官司，长官姓韦，隶属于庆远府。它西面又有个永顺司，土司名叫邓宗胜。嘉靖年间调了两土司的兵到我的家乡清剿倭寇，也就是所说的狼兵。吃过饭后，天色忽然放晴。我们从山坞中向北行进，开始循着东边的石山前行。行进五里后，抵达了永定司，也就是所谓的山寨。土司所住的村子在西边的石山下面，他想留我在这住宿，我因为时间才刚过中午，所以没有进村便走了。渐渐听到有隐隐约约的雷声。又向北走了二里，向西横向穿过山坞。山坞中有个石潭，时断时续，有水聚集在潭中，这是小江的支流，当水大时就成了溪流，干涸时便潜流到了地下。从这里再沿西边的石山向北，又走了五里，有山峰正立在山坞中间，从它的侧边穿过继续向北，山坞最后也转向了西边，在这里山又分成了南北两列。这时有黑云从西北方涌起，势如泼墨。我急忙向西疾行了七里后，便下起了大暴雨，我前往石壁堡的草棚下避雨。石壁堡在北山的山脚下，堡内刚好被火烧过，我打算在这里停宿，但没有住处。半晌后雨停了，于是向西前行了二里，越过岭坳，这里是东西两面水流的分脊岭。南北两边都有像门一样的石山，穿过门洞从西边出来，地势才豁然开阔起来，中间都是高低起伏的土丘，是与永顺司接界的地方；南面则石峰成丛，都是瑶人居住的地方。沿石峰的西麓，向北从土丘上登，土丘上有许多圆形的中央下洼的地方，大的像水塘，小的像水井，但是都没有水，俯瞰见不到它的底。水在地下流淌，这些坑洼就是水下泄到地下的地方，全都如在太平府见到的一样。向北行进了五里，才下到土山的山坞中。这里的水流向东北，道路再次穿过了石峰隘口，此处还有一座石山从西边向东延伸。一里后走出了隘口，又前行了一里，在东边山峰的山脚下见到了一个村庄，名叫草塘，这里的人都是冯指挥使的家丁。他们的头目叫东光，说他们的主人在青塘，今天暂且去了南乡。我拿出陆君的书信让他赶紧送过去。冯指挥使名叫润，两年前去了泗城州，而泗城州的土司岑云汉加授了副总兵的官衔，要冯润以下属的礼仪相见。在这里，朝廷的官员到了土司境内都按宾主相待，冯润没有听从。岑云汉拘捕了他的随从关进了监狱，冯润也被扣留下来，又不给他食物吃，一半的随从死掉了。陆君因为出巡到了这，才把他带了出去。陆君的三儿子及两个仆人也死在狱中。所以陆君不让我从泗城州走，而是送我从这里走，托付冯润与南丹州为我引路。这天晚上我住在东光的饮楼上。

十七日　天甚晴霁。从草塘北行，其地东西两界复土山排闼[①]。先从东麓横过西麓，坞中有水成塘，而断续不成溪，亦犹山寨之北也。塘之北始成溪北流，路从其西。从西峰北行五里，有山中坞突，水由其东，路由其西。入峡二里，东逾一隘又一里，复北行七里，又一小水横亘两山北口，若门阈然。由其西隘出，于是东西两界山俱北尽，其外扩然，又成东西大坞矣。西界北尽处，有石突起峰头，北龛独有红色一方内嵌，岂所谓"赤心北向"者耶？又北竟土坂五里，乃下坠土夹中，一里抵夹底。又从夹中行一里，得五碧桥[②]，有水自西而东出桥下，其势颇大，乃土山中之巨流也。逾桥北又三里，复有石山一枝自西而东，穿隘北出，其东即为南山寺，龙隐洞在焉。有水自其东谷来，即五碧桥东流之水，至黄冈而分为二流，一东径油罗村入龙江下流，一西北经龙隐之前，而北过庆远东门入龙江。出隘北又皆土山矣。又五里，抵庆远府之南门。于是开东西大夹，其南界为龙隐、九龙诸山，北界即龙江北会仙、青鸟诸山，而江流直逼北山下，江南即郡城倚之，其城东西长而南北狭。从城南西抵西城外，税驾于香山寺。日才午，候饭，乃入城。复出南门，抵南山，游龙隐。先是，余过后营，将抵蓝涧，回顾后有五人者追而至。问之，乃欲往庆远而阻于蓝涧不敢入，闻余从此道，故随而往者。杨君令偕行队伍中。及杨君别去，一路相倚而行，送至香山寺乃谢去。及余独游至此，忽见数人下山迎，即此辈也，亦非庆远人，俱借宿于此。余藉之束炬携火，先游龙隐，出，又随游双门洞。既出，见此洞奥而多不能卒尽，而不忍舍去。乃令顾仆留宿香山，令一人同往取卧具，为宿此计。余遂留此，更令两人束炬秉火，尽探双门二洞之奇。出已暮，复入龙隐，令两人秉炬引索，悬下洞底深阱。是夜宿龙隐。

【注释】①排闼（tà）：排列。②五碧桥：又作“五拱桥”。1957年修六坡水库时，五拱桥及五拱桥村被水淹没，今已不存。

【译文】十七日　天气十分晴朗。我从草塘向北出发，这里又有土山排列在东、西两边。我先从东麓横穿到了西麓，土山山坞中有积水形成的塘，但是断断续续的没有形成溪流，也如山寨北面的水潭一般。水塘的水到了北面才开始形成溪流向北流去，道路在它的西边。顺着西边的山峰向北走了五里，山坞中有座山峰突起，水流从它的东面经过，道路位于山峰西面。进入峡谷后走了二里，从东边穿过一个隘口又走了一里，再往北前行了七里，再次遇到一条小溪横亘在两座山北面的山口，就像门槛一样。从它西边的隘口出去，到这里后东、西两边的山都到了北边的尽头，尽头外十分广扩，又变成了东西走向的大山坞。西边山脉北边的尽头处，山峰顶上有岩石突起，北边的石龛里面单独嵌了一红色石块，难道就是所谓“赤心向北”的地方吗？又向北走完了五里路的土坡，才往下进入到土山峡谷中，一里后到达了峡谷谷底。又从峡谷中前行了一里，便到了五碧桥，桥下有水流自西向东而流，水势相当大，乃是土山中的大溪流。走过桥向北又走了三里，又有一座石山从西往东延伸，穿过隘口从北边出来，它的东面便是南山寺，龙隐洞就在这里。它东边的山谷中有水流流出来，这就是五碧桥下往东流的水，到了黄冈后便分为了两条支流，一条往东经油罗村流入龙江的下游，一条往西北方流经龙隐洞的前方，而后向北经过庆远府的东门流入龙江。到了隘口北边后又都是土山了。又走了五里，到达了庆远府的南门。到这后地形拓开成了东西走向的大峡谷，峡谷南面是龙隐洞、九龙洞等山，北面则是龙江北面的会仙山、青鸟山等山，而江流直逼北山下，江的南面就是府城依傍的地方，庆远府城东西长而南北窄。我们从城南向西行进到了西城外面，休息于香山寺。时间才刚到中午，等候开饭，于是我进了城。又从南门出来，到达了南山，游玩了龙隐洞。在这之前，我经过后营，快到达蓝涧时，回头看见有五个人追了上来。一问他们，原来是想去庆远府却被阻拦在蓝涧外不敢进去，听说我要从这条路走，所以跟了上来想一起走。杨君让他们一起走在队伍中。到杨君辞别离开后，我们一路互相跟随而行，送到香山寺后他们才告辞离去。今天当我独自一人游玩到这时，忽然见到有几个人下山来迎接，就是他们几人了，他们也不是庆远府人，都是寄宿在这里。我借助他们绑了火把带了火种，先游玩了龙隐洞，出来，又跟着一起游玩了双门洞。出洞后，见这里的洞又深又多，一时无法全部游完，但又不忍就这样离去。于是让顾仆留宿在香山寺，让另外一个人一起去取铺盖，为住宿在这做好准备。我于是就留在了这里，另外让两个人举着火把，探完了双门洞两个洞中的奇境。出洞时已经傍晚了，我又进了龙隐洞，让两个人举着火把牵住绳子，下坠到了洞底的深阱。这天夜里住在龙隐洞。

十八日　天色晴霁甚。早饭龙隐。僧净庵引，由山北登蚺蛇洞，借宿二人偕行。既下，再饭龙隐，偕二人循南山北西行二里，穿山腋南出，又循山南西行一里余，过龙潭。又西一里，渡北流小溪，南入张丹霞墓洞。遂东北五里，还饭于香山寺。复令一人肩卧具，随由西门入，北门出，渡龙江，北循会仙山西麓行一里，东上山又一里，游雪花洞。又里余，登山顶。是晚宿雪花寺。其人辞去，约明日来。

【译文】十八日　天气特别晴朗。早饭是在龙隐洞吃的。僧人净庵为我领路，从山的北面上登蚺蛇洞，有借宿的两个人一起。下山后，又在龙隐洞吃的饭，随后与借宿的那两人一起沿南山北麓向西走了二里，穿过山侧从南边出来，又沿着山的南边往西走了一里多路，路过了龙潭。又向西走了一里，渡过流向北边的小溪，向南进入了张丹霞墓洞。最后向东北方行进了五里，返回到香山寺吃饭。我又找了一人肩扛着铺盖，跟随着从西门进了城，再从北门出了城，渡过龙江，向北沿着会仙山西麓前行了一里，往东上山又走了一里，游玩了雪花洞。又走了一里多，登上了山顶。这天晚上住在雪花寺。那人告辞离开了，约好了明天再来。

十九日　五更闻雨声，迨晓而止。候肩行李者不至，又独行探深井岩，又从书生鲍心赤从雪花东坳下，游百子岩。仍上雪花寺饭。有山下卧云阁僧至，因乞其导游中观、东阁诸胜，并肩卧具下二里置阁中。遂携火游中观、东观、丹流阁、白云洞，午餐阁中。下午，还香山寺。

【译文】十九日　五更时听见了下雨声，到拂晓时便停了。等候那个扛行李的人却久不见来，我便又独自前往探察了深井岩，又跟随书生鲍心赤从雪花洞的东面山坳下行，游玩了百子岩。仍旧上到雪花寺吃的饭。有个山下卧云阁的僧人来了，因此请求他带领我游玩中观、东阁等美景，将铺盖扛在肩上一起往下走了二里放到了卧云阁中。随后带着火把游了中观、东观、丹流阁、白云洞，在卧云阁吃了午餐。下午，返回了香山寺。

二十日　入候冯[①]，犹未归。仍出游西竺寺、黄山谷祠。

【注释】①冯：指冯润。

【译文】二十日　进城等候冯润，还没有回来。仍旧出城游览了西竺寺、黄山谷祠。

二十一、二十二日　皆有雨，余坐香山寺中。抵暮，雨大作，彻夜不休。是日前所随行五人，俱止南山龙隐庵，犹时时以一人来侍余。抵暮，忽有言其一人在洞诱牧牛童，将扼其吭[①]而挟之去者。村人来诉余，余固疑，其余行亦行，余止亦止，似非端人。然时时随游扶险，其意殷勤，以似非谋余者，心惴惴不能测。

【注释】①吭（háng）：喉咙。

【译文】二十一日、二十二日　都有雨，我坐在香山寺中。到傍晚时，风雨大作，彻夜不休。这一天先前一起出游的五个人，都住在南山的龙隐庵，他们还时不时让一个人来侍候我。傍晚时，忽然有人说他们中有个人在洞中诱拐了一个放牛的儿童，扼住儿童的喉咙准备要挟持走。村里人来告诉我，我本来就怀疑，他们在我走时他们也走，我停下时他们也停下，好像并不是正派人。然而经常跟着一起游玩，险途相扶，他们的心意很殷勤，因此似乎不像是要谋害我的人。我心中惴惴不安，无法测知结果。

二十三日　雨犹时作时止。是日为清明节，行魂欲断，而沽酒杏花将何处耶？是处桃、杏俱腊中开落。下午，冯挥使之母以酒蔬饷，知其子归尚无期，怅怅，闷酌而卧。

【译文】二十三日　雨还在时下时停。这天是清明节，路上的行人神魂欲断，但那可以买酒的杏花村将在哪里呢？这里的桃、杏都在腊月中开花谢落。下午，冯指挥使的母亲以酒菜款待我，得知她儿子回来的日期还无法确定，我因此怅怅不乐，喝完闷酒便睡了。

二十四日　五鼓，雨声犹潺潺，既而闻雷，及起渐霁，然浓云或开或合，终无日影焉。既而香山僧慧庵沽酒市鱼，酌余而醉。及寝，雷雨复作，达旦而后止。

【译文】二十四日　五更时，雨声还在哗哗地响，接着便听见有雷声响起，等到起床时天气渐渐放晴，然而浓云时开时合，始终没有见到太阳的影子。既而香山寺的僧人慧庵买来了鱼和酒，与我酌饮，我喝醉了。到了睡觉的时候，雷雨再次大作，直到天亮后才停歇。

二十五日　上午犹未霁。既饭，丽日晶然。先是，余疑随行五人不良，至是卜之得吉。彼欲以两人从余，先畀定银与之市烟焉。又慧庵以缘簿求施，余苦辞之。既而念其意不可却，虽橐中无余资，展转不能已，乃作书贷之陆君，令转付焉。

【译文】二十五日　上午时天还没有放晴。吃过饭后，阳光便已十分明亮了。在这之前，我怀疑随行的那五个人不是好人，但现在就此事卜封时得到了吉卦。他们想让两个人跟随我，先给了他们定金让他们去买烟。另外慧庵拿了化缘簿来求我布施，我苦苦地推辞。随后又想到他的心意不可推却，虽然口袋里没有多余的钱财，但脑海里犹豫不决，于是写了封书信向陆君借钱，令人转付给慧庵。

二十六日　日晴霁。候冯挥使润犹不归，投谒守备吴，不见而还香山寺，再饭。同僧慧庵往九龙，西南穿塍中，蜿蜒排石而过。五里，越北流溪[①]，至丹霞遗蜕洞，即前日所入者。仍下，绕其东麓而南，回眺遗蜕峰头，有岩东向高穹，其上灵幻将甚，心欲一登而阻于无路。又东南约半里，抵东峰之北麓，见路两旁皆水坑流贯，路行其上，若桥梁而不知也。其西有巨枫树一株，下有九龙神之碑，即昔之九龙祠遗址。度其北，是昔从龙隐来所经平冈中之潭，而九龙潭则在祠南石崖之下，水从其中北向经路旁水坑而出为平冈潭者也。

【注释】①越北流溪：原误为“北越流溪”，据乾隆本、“四库”本改。

【译文】二十六日　天气晴朗。等候指挥使冯润，但他仍旧没有归来。我投递了名帖前去拜见吴守备，不得见便返回了香山寺，再吃了饭。与僧人慧庵一起前往九龙洞，穿行于西南方的田埂中，一排排岩石蜿蜒而过。行进了五里，越过一条流往北边的溪水，到了张丹霞遗蜕的洞府，也就是前几天进去过的地方。仍旧下山，绕过山的东麓向南而行，回头眺望张丹霞遗蜕洞府的峰顶，只见一个岩洞向东高高隆起，那上面非常灵幻，心中很想上去一看，但因无路可走而受阻。又向东南大约走了半里，到达了东边山峰的北麓，只见道路两旁都是连贯的水坑，道路沿着水坑延伸，好似桥梁却没能自我感知。道路西边有棵巨大的枫树，树下立有九龙神的石碑，就是过去九龙祠的遗址。来到它的北面，便是过去从龙隐洞过来时所经平缓山冈中的水潭，而九龙潭便在九龙祠南边的石崖下面，潭水从其中向北经过路边的水坑流出，而成了平缓山冈中的潭水。

九龙洞山在郡城西南五里，丹霞遗蜕洞东南。其山从遗蜕山后绕而东，其北崖有洞，下有深潭嵌石壁中若巨井。潭中下横一石，东西界为二，东小而西巨，东水低，西水高，东水清，西水浑。想当雨后，西水通源从后山溢来，而东则常潴者也。西潭之南，石壁高数丈，下插潭底，潭多巨鱼。上镌“九龙洞”三大字，不知镌者当时横架杙木费几许精力？西潭之深莫能竟，曰垂丝一络，亦未可知，然水际无洞，其深入之窍当潜伏水底耳。洞高悬潭上三丈余，当井崖之端，其门北向，东与“九龙洞”三字并列，固知此镌为洞，不为潭也。门颇隘，既入乃高穹。峡南进，秉炬从之，其下甚平。直进十余丈，转而东，下虽平，而石纹涌起，屈曲分环，中有停潦[①]，遂成仙田[②]。东二丈，忽下陷为深坑。由坑上南崖伛偻而出坑之东，其下亦平，而仙田每每与西同。但其上覆石悬乳，压坠甚下，令人不能举首。披隙透其内，稍南北分岐，遂逼仄逾甚，不得入矣。仍西出至坑崖上，投火坑中谛视之，下深三丈余，中复有洞东西通透：西洞直入，与上峡同；东洞则横拓空阔，其上水淙淙下滴，下似有潦停焉。坑之南崖平覆如栈，惟北则自上直插坑底。坑之裂窍，南北阔二丈，东西长三丈，洞顶有悬柱倒莲，恰下贯坑中，色洁白莹映，更异众乳。俯窥其上久之，恨不携梯悬索，若南山一穷奥底也。东三百步，又有岩北向，深十余丈，在东峰崖过脊处。

【注释】①停潦：指岩洞洞底平地上的积水。②仙田：由于积水浅，边缘的水蒸发快，边缘逐渐形成了结晶，像有纹理的蛇曲状沉淀物，比水池的水面稍高，犹如纵横阡陌，即是"仙田"，现在一般称为"石田坝"。

【译文】九龙洞山在郡城西南外五里处，张丹霞遗蜕洞府的东南方。其山从张丹霞遗蜕洞府所处山脉后绕向东，它北面的山崖上有个洞，下边有深潭镶嵌在石壁中，就像一口巨大的水井。潭水下边横亘着一块岩石，将水潭分成了东西两半，东边的小而西边的大，东边的水浅，西边的水深，东边的水清澈，西边的水浑浊。想来应当是雨后，西边水潭连通的水源是从后山溢出来的，而东边的潭水则是常年的积水吧。西水潭的南面，石壁高达好几丈，往下直接插到了潭底，潭中有很多大鱼。石壁上刻有"九龙洞"三个大字，不知刻字的人当时搭建木架时花费了多少精力？西水潭的深处没人能看到底，说它像一缕垂丝，也没人能知道，然而水边没有洞，那些深入的洞穴应当是潜藏在水底了。九龙洞高悬在水潭上方三丈多高的地方，正好处在水潭石壁的顶部，洞口朝北，东边与“九龙洞”三个字并排，因此可知这里所刻的字是因为洞，而不是因为水潭。洞口比较窄，进洞后洞便高高隆起。有峡谷向南延伸，举着火把沿峡谷前行，洞底十分平坦。一直向前走了十多丈，折转向东，洞底虽然平坦，但有石纹像泉水涌起般，弯弯曲曲，分成了一环一环的，环内有积水，便成了仙田。向东前行二丈，地面忽然下陷成了深坑。从深坑上方南侧的石崖上弯腰前行出到深坑的东面，这的地面也很平坦，而且仙田经常与西边的一样。但仙田的顶上有岩石下覆石钟乳悬垂，下垂得很低，让人无法抬头。扒开缝隙钻进里面，稍稍进去一点便分成了南北两条岔道，于是变得更加狭窄，无法再深入了。仍旧从西边出到深坑边的石壁上，将火把丢入坑中细看坑底，下边深达三丈多，其中又有洞穴东西通透：西边的洞一直深入，与上面的峡谷一样；东边的洞则横向拓展，很空阔，洞顶有水淙淙下滴，下边好像有积水。深坑南边的石崖平滑得如同栈道，只有北边的石崖则从上面直插坑底。深坑内的裂窍，南北宽二丈，东西长三丈，洞顶有石柱悬挂莲花倒垂，正好下贯到坑中，色彩洁白晶莹，与众多的钟乳石更是不一样。在深坑上方俯视了很久，恨不得带来梯子放下绳索，像探究南山一样探索一下深坑。向东走三百步，又有个朝北的岩洞，深十多丈，在东峰山崖的过脊处。

九龙西峰高悬洞，在丹霞遗蜕之东顶，其门东向而无路。重崖缀石，飞突屼嵲，倒攀虽险，而石锷[1]嵯峨，指可援而足可耸也。先是，一道者持刀芟棘前引，一夫赍火种后随，而余居其中。已而见其险甚，夫不能从，道者不能引，俱强余莫前。余凌空直跃，连者数层，频呼道者，鼓其速登，而道者乃至。先从其北得一岩，其门东向，前峡甚峻，中通一线，不即不离，相距尺许；曲折而入者三丈，其内忽穹而开；转而西南四五丈，中遂黑暗，恨从夫不以火种相随。幸其下平，暗中摸索又转入一小室，觉无余隙，乃出。此洞外险而中平，外隘而中扃，亦可栖托，然非高悬之洞也。高悬处尚在南畔绝崖之上，亏蔽不能仰见。稍下，转崖根攀隙以升，所攀者皆兜衣钩发之刺棘也。既上，其岩亦东向，而无门环回前列，高数丈，覆空若垂天之云。而内壁之后，层削而起，上有赭石一区嵌其中，连开二门，层累其上，猿猱之所不能升也，安得十丈梯飞度之。时老僧慧庵及随夫在山麓频频号呼，乃仍旧路下。崖突不能下睇，无可点足。展转悬眺，觉南上有痕一缕，攀棘侧肩循之。久之，乃石尽而得土，悬攀虽峻，无虞陨坠矣。下山五里，还香山。返照甚朗，余以为晴兆。既卧而雷雨复大作，达旦不休。

【注释】①石铓（máng）：石头的尖锋。

【译文】九龙洞西峰高悬的岩洞，在张丹霞遗蜕洞府东面的山顶，洞口朝东却无路可上。石崖重重，山石连缀，飞突高耸，倒着攀爬虽然危险，但众多高峻的刀刃状的山石，皆可手攀脚蹬而上。在这之前，有个道士手拿石刀在前面砍除荆棘引路，一个脚夫带着火种在后跟随，而我处在他们中间。不久见山势太危险，脚夫不能跟随，道士也不愿领路了，都逼迫我不要再向前。我凌空向上直跃，接连跳上了几层，并不停叫唤道士，鼓励他赶快上来，而后道士这才上来。先从山崖北面上行并找到了一个岩洞，洞口朝东，洞前的峡谷非常险峻，中间一线宽的地方相通，不即不离，相距一尺左右；曲曲折折向前走了三丈，洞内忽然高高隆起并扩开；随后转向西南方四五丈深，洞中便黑暗下来，因此心里怨恨随从的脚夫不带着火种跟来。幸好洞底地面平坦，在黑暗中摸索转进了一个小洞室，感觉到里面没有别的缝隙可走，于是出来了。此洞外边危险而里面平坦，外面狭窄而里面深闭，可以寄身居住，但并不是那个高悬的洞。那个高悬的洞还在南边山崖的绝壁之上，被林木遮蔽着无法望见。稍稍下走，转到了悬崖底部攀着缝隙上爬，攀登的地方都是一些挂衣服钩头发的刺丛荆棘。到了上面，这个岩洞也是朝东的，只是前面没有回环的洞口，其高达数丈，覆盖在空中就像垂在天边的云彩。而内壁的后方，层层陡削而起，石壁上有一块地方镶嵌着赭石，连续开有两个洞口，分层叠在上方，就算是猿猴也无法上去，哪里能找到十丈高的梯子飞度上去呢。这时老和尚慧庵以及我随行的脚夫在山脚下不停地呼叫，于是仍旧从原路下山。突出的山崖使人无法下看，找不到立脚的地方。辗转在高悬之处眺望，发觉到南边上方有一丝石缝，因此我攀着荆棘侧肩顺着它下行。许久后，岩石走完了而到了土山上，悬空攀爬虽然险峻，但没有跌落下去的忧虑。下山后走了五里，返回到了香山寺。夕阳返照还很明朗，我认为是天晴的征兆，但睡下后雷雨却再次大作，整晚都没有停止。

二十七日　雨止而起。余令人索骑欲行，而冯挥使之母令人再留，曰已三往促其子矣，姑允其留。既而天色大霁，欲往多灵，以晚不及。亟饭而渡北门大江，登北岸上观音阁，前为澄碧庵，皆江崖危石飞突洪流之上，就而结构成之者。又北一里，过雪花洞下，乃渡溪，遂西向入石山峡中。转而南，登岭坳，遇樵者问之，此上有牛障洞，非三门也，三门尚在北山。仍出，由南来大路北行二里，过一古庙。又北，有水自西山麓透石而出，其声淙淙，东泻即前所渡自北而南小溪也。又西半里，循西山转入西坞，则北界石峰崔嵬，南界之山又转而为土矣，中有土冈南北横属。又半里，逾冈西下，则三门岩在北崖之中矣。乃由岐北向抵山下，望其岩上下俱危崖，中辟横窍，一带垂柱，分楞齐列于外。拾级而上，先抵岩东，则石瓣骈沓[①]，石隙纵横，皆可深入。而前则有路，循崖端而西，其岩中辟，高二丈余，深亦如之，而横拓四丈余，上下俱平整，而外列三石，界成四门，俱南向，惟中门最大，而左腋一门卑伏。言“三门”者，举其大也。西门岩壁抵此而莫前，其上石态更奇；东门穿隙而出，即与东偏纵横之隙并；而中门之内，设神像于中，上镌“灵岩”二字。由神像后穿隙北入，宛转三四丈，逾庋攀而上，中有一龛，乃岩中之奥室也。出岩而东，披纵横之隙，亦宛转三四丈，始辟而大。东逾石阈而上，其内上下平整，前穴通明，另成一界，乃岩外之奥室也：透其前穴出，有石高擎穴前，上平如台。其东又有小隙宛转，如簏瓣莲萼，披之无不通也。由台前小隙下，即前循崖端而西路。复从崖端转石嘴而东，稍入，有洞门内辟。其门亦南向，中深数丈，弥备幽深之致。乃仍旧路下，即沿山麓东还，北望山坳间，有岩高悬绝峡之上，心异之。乃北向望岰上，攀石跻崖以升。数十步，逾坳间，乃炭夫樵斫者所由，而悬岩尚在其东，崖壁间之藤棘蒙密，侧身难度。乃令随夫缘枝践级，横过崖间，不百步而入岩，余亦从之。岩前悬峡，皆棕竹密翳，其色白，大者可为杖，细者可为箸。而洞当转峡之侧，上下悬峭，其门西南向，顶崇底坦。入五六丈，当洞之中，遥望西南锐竖尖峰正列其前，洞两旁裂峡分瓣，皆廉利沓合。洞后透石门而入，其内三辟三合，中连下透，皆若浮桥驾空，飞梁骈影，思各跻其上，不知何处着脚。及透入三桥之内，其中转宽而黑。从左壁摸索而上攀东崖，南出三四丈，遂凌内梁之东。其梁背刀削而起，不堪着足。而梁之西亦峻石拄顶，另隔成界，不容西渡。又南缘东崖，凌中梁之东，其不可度与内梁同。又南缘东崖凌前梁之东，则梁背平整，横架于两崖之间，下空内豁，天设徒杠②。其背平架之端，又有圆石尺许耸立其上，俨若坐墩。余以为人琢而置此者，扪其根，则天然石柱也。渡梁之西，又北转入峡门，即中内二梁西端之石所界而成者。其内又有东豁而下通梁后，又西刓③而透穴中。入穴中，又拓而为龛，环而为门，逾而为峡，下皆细砂铺底，平洁如玉，但其中已暗而渐束，不能深入。仍出至前梁之西，缘西崖之半，攀石笋南下，穿石窟以出，复至洞中央矣。前眺尖峰，后瞩飞梁，此洞之胜，内外两绝。

【注释】①骈沓：重叠。②徒杠：泛指桥。③刓（wán）：同“挖”。

【译文】二十七日　雨停后便起床了。我让人去找马准备出发，但是冯指挥使的母亲派人来再三挽留，说她已经让人三次前去催促儿子回来了，所以暂且答应了她留下。不久后天色大晴，想前去多灵山，但因太晚来不及了。匆忙吃过饭后便渡过北门前的大江，登北岸上了观音阁，位于前边的是澄碧庵，都是位于江边悬崖危石飞突于洪流之上的地方，顺着山势建造而成的。又向北行进了一里，经过雪花洞下方后，便渡过一条溪水，然后向西进入了一条石山峡谷中。折转向南，登上一处岭坳，询问遇上的樵夫，才知此处上面有个牛陴洞，而不是三门岩，三门岩还在北边山上。仍旧出来，从南边来的大路向北行进了二里，路过了一座古庙。继续向北前进，有水流从西边的山脚下透过石缝流出，其水声淙淙，向东流进了就是前边渡过的那条自北向南而流的小溪。又向西走了半里，沿着西山转进了西边的山坞，就见北面有座高大的石峰，而南边的山又变成了土山，中间有土冈横向连接南北。又走了半里，越过土冈向西下走，便见三门岩处在北面的山崖中间了。于是从岔道向北到达山下，由远处观望，岩洞的上、下方都是危崖，中间有个横向的洞穴，垂着像衣带一样的石柱，分成了一个个窗户似的整齐排列在洞外。沿着石阶往上，先到达了岩洞东边，只见一片片石瓣重叠杂沓，石缝上下纵横，都可以深入。而前边就有路，沿石崖边上向西行进，这个岩洞中间变得开阔起来，高二丈多，深处也与这差不多，而横向宽约四丈多，上下都很平整，而外边排列着三根石柱，将洞分隔成了四个门洞，都朝南向，只有中间的门洞最大，而左侧的一个门洞则卑伏在地。人们说“三门”，是因只拿其大的来说而已。西门的洞壁到这就无法向前了，其上方岩石的形态更是奇特；东门穿过缝隙而出，便与偏东边一点纵横的石缝并排；而中间门洞内，正中间安放了神像，上面镌刻着“灵岩”二字。从神像后面穿过石缝向北前进，曲折向前三四丈，穿过石架攀登而上，中间有一个石龛，这是岩洞中的内室。出了岩洞向东，越过纵横交错的石缝，也是弯弯转转前行三四丈后，才开始变得宽大。向东穿过石门向上，里面上、下都比较平整，前面的洞穴有亮光透进来，另外形成了一界，这便是岩洞外的深室。从它前边的洞穴穿越而出，有岩石高耸在洞穴前，其上平滑得就像一个平台。岩石的东边又有一些弯弯曲曲的小裂缝，如成簇的花瓣、莲花的花萼，钻进去无处不通。从平台前面的小裂缝往下，便是先前沿石崖外侧向西的路。再从石崖的边缘转过石山嘴向东行进，稍稍往里，里面张开有个洞口。这个洞口也是朝南的，洞内深达数丈，显得更有幽深的情趣。于是仍旧从原路下山，又马上沿着山脚东边返回，看见北面的山坳间，有个岩洞高高悬在山峡绝壁之上，心里觉得它有点奇特。于是向北望着山坳上行，攀着石崖往上爬。几十步后，穿行于山坳中，这乃是烧炭人樵夫所走的路，而高悬的岩洞还在它的东面，崖壁间的藤条荆棘茂密丛生，侧着身子也难以过去。于是我让随行的脚夫抓住枝条踩着台阶，横向攀爬于崖壁之间，不到一百步便进入了洞中，我也跟着走。岩洞前高悬的石壁上，都是浓阴密蔽的棕竹，其颜色发白，大的可以做手杖，细的可以做筷子。而岩洞正处在山峡转弯处的侧面，上下高悬陡峭，洞口朝着西南方，顶部很高洞底平坦。往里五六丈，站在洞内正中，远望西南方尖尖竖起的尖峰正立于前方，洞内两旁裂开形成的峡谷分为了两瓣，都棱角锋利重叠杂沓。从洞后穿过石门而入，里面三次分开又三次合拢，中间相连下边通透，都如浮桥架在空中一般，凌空飞架的桥影并列，心想着如能分别登到上面，不知该在哪里落脚。当进入到三座桥内，其中变得宽敞却黑暗。从左侧洞壁摸索着向上爬到东面的石崖，向南走三四丈，于是上到了里边一座桥的东头。这座桥的桥背就如刀削过一般竖起，无法立脚。而桥梁的西头也有险峻的岩石撑住了洞顶，将洞另外隔成一界，不容许人向西飞渡。又向南沿着东面的石崖前行，便凌驾于中间一座桥的东头之上了，这里就像里边的桥一样不可飞越。又向南沿东面石崖来到前面那座桥东面之上，就能见到桥背平整，横架在两座石崖之间，下面空旷，向内豁开，就如天然架设的小石桥。桥背平架石板桥的顶端，又有一块一尺左右的圆石耸立在上面，就好像是个用来坐的石墩一样。我以为这是人为凿好放在这的，摸了摸它的根部，却发现这是个天然形成的石柱。走到桥的西头，又向北转进入峡谷口，也就是中间与里边两座桥西头的岩石隔离而成的地方。里面又有向东的豁口往下与桥后边相通，又朝西挖空进到了洞内。进入洞中后，里边又拓宽了像个石龛，形成了圆形的洞口，向里穿透成了峡谷，底下全是细砂铺的地面，平滑光洁得像玉石，但里面光线随即暗了下来而且峡谷口渐渐收拢，无法再深入。仍旧出来回到了前面那座石桥的西头，爬到石崖的半腰处，抓住石笋朝南往下，穿过石窟出来，便又到了岩洞中央。往前眺望尖峰，朝后观望飞桥，是这个洞的美妙所在，真是内外双绝。

出洞，取棕竹数枝，仍横度坳脊，历悬石，下危峡而抵麓。循麓东行又百步，有洞裂削崖间如“丁”字，上横下竖，甚峻，其门南向。复北向抵崖下巨峡前，大石如室，累数石而上，皆倒攀悬跻升之。其上一石则高削数丈，无级可攀，而下有穴大如斗，蛇穿以入。中遂穹然，上高数十丈，外透而起，则“丁”字之竖裂也，而横裂则仰之莫及矣。洞内夹壁而入，倾底而下，北进七八丈，折而东，始黑暗不可穷诘。乃出斗穴，下累石，又循崖而东数十步，复入巨峡。其门亦南向，前有石界之。连跻石隙二重，其内夹下倾，亦如“丁”字岩。北进五六丈，亦折而东，则平而拓矣。暗中摸索，忽有光在足下，恍惚不定，余疑为蛇珠虎睛，及近索之，复不见。盖石板之下，复有下层窟穴通于前崖，而上下交通处，穴小于斗，远则斜引下光，近则直坠莫睹。且其穴小而曲，不能蛇伏以下。遥瞩其东二三丈，石板尽处，复有微光烨烨。匍匐就之，则其外界石如屏，中有细孔径寸，屈曲相攒，透漏不一，可以外窥，而其下有孔独巨，亦如斗大。乃以足先坠，然后悬手而下，遂及下层。其外亦有门南向，而内入不深。岩门内距屏石仅二丈，屏下又开扃窍，内入即前所望石板下窟穴也，然外视昏黑，不知其内通矣。由门外又循崖而东数丈，复得一岩。其门亦南向，内不甚深，而后壁石窍玲珑，细穴旁披，亦可捱身转隙，然无能破其扃也。岩前崖悬磴绝，遂不能东，乃仍西历前所入洞口，下及山麓。又东百步，有洞当北麓，其门亦南向。穿而入，则转东，透峡四五丈而出，其门又东豁者也。闻古城洞在青鸟山[1]前，东门渡江，三里可至，石壁对夹，中多种蔬者。时日将晡，恐渡舟晚不及济，亟从旧路还，五里余而抵龙江，渡舟适至，遂受之南济，又穿城一里，抵香山已薄暮矣。

【注释】①青鸟山：有本也作“青乌山”。

【译文】出洞后，折了几根棕竹，仍旧横向越过山坳脊，经过悬石，走下危峡而后到了山脚下。沿着山脚向东又走了百步，陡削的山崖上裂开有一个像“丁”字一样的洞隙，上横下竖，很是险峻，其洞口朝南。再次向北来到山崖下的大峡谷前，有巨大的岩石阻塞似乎不通，从层层垒叠的岩石往上，一路都是倒攀悬挂而上。其上有一块岩石陡削高耸有几丈，没有台阶可攀爬，而下边有个洞穴像斗一样大，可像蛇一样钻进里面。洞穴内缍高高隆起了，洞顶高达数十丈，竖起而穿透到了外边的地方，就是“丁”字的竖裂缝，而横向的裂缝却只能仰望而无法到达。从洞内的夹壁进入，沿倾斜的洞底往下走，向北前进七八丈，折转向东，光线开始变得黑暗而无法寻根究源。于是出了斗一样的洞穴，走下垒叠的石头，又循着山崖向东前行几十步，再次进入了大峡谷。这个洞口也是朝南的，前边有岩石隔开。接连向上跨过两条石缝，洞内的夹口往下倾斜，也像“丁”字岩一样。向北前进五六丈，也折转向东，便又变得平坦宽敞起来。在黑暗中摸索，忽然光亮出现在脚下，恍惚不定，我怀疑是蛇珠虎睛，等走近搜索时，又不见了。大概在石板之下，又有下层洞穴通到了前面的山崖，但是上下连通的地方，洞穴比斗还小，远处则将下层的光线斜引了进来，走近却笔直往下而无法看清。而且这个洞穴又小又弯曲，无法像蛇爬行一样往下钻。远观其东边二三丈外石板的尽头处，又有微光闪闪。匍匐着靠近它，便见其外面的岩石有如屏风，中间有直径寸许的小孔洞，曲曲折折地攒聚在一起，透漏不一，可以向外边窥视，而它下面有个孔洞独独大一些，也像斗一样大。于是我先把脚往下放，然后把手县吊着下来，于是到了下层。这外边也有个朝南的洞口，但往里不深。洞口向内距离屏风石仅二丈远，屏风下面又有一个闭着的石窍，进到里面才知就是先前所见石板下的洞穴。然而从外边看里面很昏暗，不知道里面是通透的。从洞口外又顺着山崖往东走了几丈，再次找到一个洞。洞口也是朝南的，洞内不是很深，但后壁上的石孔玲珑小巧，旁边有细小的洞穴，也可以弯身转过缝隙，但是无法穿过深锁的地方。洞前石崖高悬石径断绝，因此无法向东前行了，于是仍旧高西经过先前所入的洞口，下到山脚下。又向东前行一百步，有洞正位于北山脚下，洞口也是朝南的。穿过洞口进入洞中，便转向东，穿过峡谷四五丈后出来，这个洞口又向东裂开了。听说古城洞在青鸟山前，从东门渡江，走三里路就可以到达，两边石壁对夹，其内大多种的是蔬菜。这时太阳快到下午了，我担心渡船太晚了会来不及渡江，因此急忙从原路返回，行进了五里多路后便到达了龙江。渡船正好到了，便坐船到了南岸，再穿过城中一里，到达香山寺时已经是傍晚了。

二十八日　天色甚霁。晨起索饭，即同慧庵僧为多灵山之行。西南过雁山村，又过龙项村之北，共八里过彭岭桥，其水即九龙北去之流也。又二里登彭岭，其南陇有村，是为彭村。又西下岭，西南转入山坞，峡中堰而成塘，水满浸焉。共五里，逾土岭而下，于是遂与石山遇。又三里，南穿其峡，逾脊而西，其南乃扩然。循石峰南麓西行，二里，为黄窑村。其村之西，石峰前突，是为黄窑山。转山嘴而西一里，有水自南冈土峡中泻下，分为二派：一循山嘴东行，引环村之前；一捣山麓北入石峰而出其后。渡水溯流陟冈而上，则上流亦一巨塘也。山至是南北两界，石峰遥列而中横土脊，东望甚豁，直抵草塘，觉其势渐下，而冈坡环合，反堰成此水。由塘上西行，又二里，则其水渐西流。又西南二里，下土洼，中则汇水一塘，自西北石峰下成涧而去。又西四里上土冈，见南山有村三四家，投之炊，其家闭户避不出。久之，排户入，与之烟少许，辄以村醪、山笋为供。饭而西行，四里，有石峰自西北中悬而来，至此危突，曰高狮山。又二里，逾山前土脊而下，又西南四里，过一荒址，则下迁村之遗也。又西上岭，望见一水自南，一水自东，至此合流而西去，是为下迁江。其江西北流去。截流南渡，水涨流深，上及于胸。既渡，南上陇行三里，有村在南峰东麓，龙门之流潆之而北，是为鹿桥村，大路在其岭西。乃下岭循南峰东麓西行，过一浑水塘，共二里越脊而下，又二里出土山之隘，于是坞遂南北遥豁，东西两界皆石山矣。又有溪当石山之中，自南而北流去，路乃溯流南入。二里，过一石桥，由溪西南向行。又一里，有墟在路左，又有村在西山下，是曰黄村，则宜山西南之鄙矣。有全州道人惺一者，新结茅于此，遂投宿其中。是日尚有余照，余足为草履所损，且老僧慧庵闻郡尊时以朔日行香寺中，欲明日先回，故不复前。

【译文】二十八日　天气很晴朗。早上起床吃了饭，便与慧庵和尚一起动身前往多灵山。从西南方路过雁山村，又从龙项村的北边经过，共计走了八里过了彭岭桥，桥下的水就是九龙潭流向北边的水流。再次前行二里登上了彭岭，其南边的土陇上有个村落，这是彭村。又从彭岭西边下了岭，向西南折转进入了一处山坞，山坞峡谷中修有堤坝形成了水塘，塘水满满的浸了出来。共五里，越过土岭往下，在这终于遇到了石山。又走了三里，向南穿过石山中的峡谷，越过山脊向西行进，山脊的南面是片开阔的地方。沿着石峰的南麓向西而行，走了二里，便到了黄窑村。村子的西边，石峰前突，这便是黄窑山。转过山嘴向西行进一里，有条水流从南面山冈的土峡谷中奔流而下，然后分成了两条支流，一条沿着山嘴向东流淌，像绳索一样从村前环绕而过；一条直接冲向山麓向北流进了石峰，而后从石峰后面流出。渡过水流后向着山冈逆流而上，便见上游也是一个巨大的水塘。山脉到这后分成了南北两列，石峰远远地排列着而中间则横卧着一条土脊，朝东望去很是开阔，直达草塘，发觉地势渐渐低了下来，但四面山冈土坡环绕合拢，反而围堵形成了这个大水塘。从水塘上方向西前行，又走了二里，便见这里的水渐渐流向了西边。又向西南走了二里，下到土洼，土洼中间积了一塘水，在西北的石峰下形成山涧奔流而去。又向西走了四里登上一座土冈，便见南山有个三四户人家的村子。我们进到村里一户村民家中去做饭，但这户人家却关上门避而不出。很久后，我们推开门进去，给了他少许烟草，他便马上将村中自酿的浊酒、山上的竹笋拿出来招待我们。吃过饭后继续西行，走了四里，有座石峰从西北悬中延伸而来，到这后高高突起，叫做高狮山。又走了二里，越过山前的土脊往下，再向西南走了四里，路过了一处荒凉的废址，这是下迁村的遗址。又向西登上一山岭，便看见有一条水从南流来，一条水流从东边流来，到这里合流后流向了西边，这便是下迁江。下迁江流向了西北。截流渡到南岸，水涨流深，上边没到了胸部。渡江后，向南登上土陇走了三里，有个村庄坐落在南边山峰的东麓，龙门的水流潆绕过村庄向北流去，这便是鹿桥村，大路在这个山岭的西面。于是我们下岭沿着南边山峰的东麓向西而行，经过一个浑水塘，共二里后越过了山脊下行，又走了二里便出了土山隘口，到这后山坞便呈南北向远远伸展而去，其东西两面都是石山。又有溪流正处在石山之中，自南向北流去，道路于是溯流向南而入。前行二里，经过一座石桥，从溪水边往西南方向前行。又走了一里，道路左边有个集市，还有个村庄在西边山下，叫做黄村，是宜山县西南的偏僻山乡。有个叫惺一的全州道人，新近在这里建了茅屋，于是我们便投宿到了他家里。这时还有落日的余辉，我的脚被草鞋磨破了，况且老和尚慧庵这时听说知府大人准备在初一那天去寺庙里烧香拜佛，因此准备明天先返回，所以不再陪同往前了。

二十九日　复从黄村墟觅一导者，别慧庵南向行。一里，有村在西麓，曰牛牢村。有一小水在其南，自西山峡中出，东入南来之溪，行者渡小水，从二水之中南向循山行。又一里余，有岩突西峰之麓，其门东向，披棘入之，中平而不深。其南峰回坞夹，石窍纵横，藤萝拥蔽，则山穷水尽处也。蒙密中不知水从何出，但闻潺潺有声，来自足底耳。从此半里，蹑级西上，石脊崚嶒。逾坳而西，共一里而抵其下，是曰都田隘，东为宜山县，西为永顺司分界。见有溪自西南来，亦抵坳窟之下，穿其穴而东出，即为黄村上流者也。又南半里，乃渡其水西南行，山复开，环而成坞。二里，有村在西麓，是为都田村，一曰秦村，乃永顺司之叔邓德本所分辖者。又南二里，复渡其水之上流，其水乃西北山腋中发源者，即流入都田隘西穴，又东出而为黄村之水者也。又东南一里，陟土山之冈，于是转出岭坳，西向升降土冈之上，二里，为大歇岭。石山又开南北两界，中复土脊盘错，始见多灵三峰如笔架，高悬西南二十里外。下岭，又西南行夹坞中三里，乃西向升土山。其山较高，是为永顺与其叔分界，下山是为永顺境。

【译文】二十九日　我重新在黄村找了一个向导，告别慧庵后向南出发。走了一里，有村子在西山脚下，叫牛牢村。有一条小溪在村子南边，从西边的山峡中流出，向东流入了南边来的溪流，我们渡过小溪，从两条溪水中间向南沿着山走。又是走了一里多，有个岩洞在西峰的山麓突起，其洞口朝东，拨开荆棘进入洞中，洞内平坦而不深。它南边的山峰回绕着山坞相夹，石窍纵横，藤蔓簇拥密蔽，真是个山穷水尽的地方。浓密的山林中不知水是从哪里流出来的，只听到潺潺的水声从脚底下传出。从这向前走半里，踏着石阶西上，一路石脊高峻。越过山坳向西，共走一里后便到达了山下，这里叫都田隘，东边是宜山县，西边是永顺司的边界处。可见到一条溪水从西南边流来，也流到了山坳的洞窟之下，随后穿过洞窟流向了东边，就是黄村水流的上游了。又向南走了半里，便渡过这条溪水向西南行进，在这山又分开，环绕形成了山坞。二里后，有个村庄座落在西麓，这是都田村，又叫秦村，是永顺司土司的叔父邓德本所分管的地境。又向南走了二里，再次渡过这条溪流的上游，这条溪水就是从西北边的山侧中发源，随即流入了都田隘西边的洞穴，又从东边流出成为了黄村的溪流。又向东南方行进了一里，登上土山的山梁，从这转出岭坳，在西边高高低低行进在土冈上，走了二里，到了大歇岭。石山又分开成了南北两列，中间又有土山盘错，开始能见到多灵山的三座山峰像笔架一般，高悬在西南二十里外的地方。下了山岭，又向西南方在两山相夹的山坞中走了三里，便向西攀登土山。这山较高，这是永顺司与他叔父所辖地界的分界处，下山后就属永顺司的地境了。

西由坞中入石山峡，渐转西北行。其地寂无人居，而石峰离立[①]，色青白成纹，态郁纡[②]若缕刻，色态俱奇。行五里，路右有二岩骈启，其门皆南向：东者在麓，可穿窍东出，而惜其卑；西者在崖，可攀石以上，而中甚幻。由门后透腋北入，狭窦渐暗，凌窦隙而上，转而南出，已履洞门之上矣。其下石板平如砥，薄若叶，践之声逄逄如行鼓上，中可容两三榻。南有穴，下俯洞门，若层楼之窗，但自外望之，不觉其上之中虚耳。其结构绝似会仙山之百子岩，但百子粗拙而此幻巧，百子藉人力，而此出天上，胜当十倍之也。

【注释】①离立：分离的矗立着。②郁纡（yū）：盘曲迂回的样子。

【译文】从西边由山坞中进入石山山峡，渐渐折转往西北行进。这里地境荒寂，无人居住，但石峰分离的矗立着，石色青白相间成纹，形态盘曲迂回就像精雕细刻的一样，色彩、形态都非常奇特。前行五里，道路右边有两个岩洞成双张开，洞口都朝向南。东边的在山脚下，可穿过洞穴从东边出来，但可惜的是洞太低矮了。西边的在山崖上，可以攀爬岩石上去，而且洞内很奇幻。从洞口后侧方钻进去向北前行，狭窄的洞渐渐变得昏暗，从缝隙一般的洞穴向上攀登，转而从南面出来，脚便已踩在洞口上方了。脚下的石板平得就如同磨刀石一般，薄如树叶，脚踏在上面有"嘭嘭"的声音如同踩在大鼓上，洞内可以摆下两三张床。南边有个洞穴，往下俯视洞口，就像层层高楼的窗户，只是从外边观望，不会觉得它的上面是中空的罢了。它的构造完全像是会仙山的百子岩，只是百子岩粗劣一些而这个岩洞奇幻精巧一些，百子岩借助的是人力，而这里却是天然形成的，优美之处应当是百子岩的十倍以上了。

坐久之，乃南下山，复西北行。一里，路渐降，北望石峰之顶，有岩砻然，其门东南向，外有朱痕，内透明穴，乃石梁之飞架峰头者。下壑半里，转而南，始与溪遇。其水西南自八洞来，至此折而西向石山峡中。乃绝流渡，又南二里，西望有村在山坞中，是为八洞村。都田村之东有八仙洞，乃往龙门道。又南一里，复南渡溪。过溪复南上，循山一里，转而东南行一里半，直抵多灵北麓。路左有土山，自多灵夭矫下坠。其后过腋处，有村数家，是为坟墓村，不知墓在何处也。从其前又转而西南行，一里下山，绝流渡溪，其溪自南来，抵石山村之左，山环壑尽，遂捣入石穴，想即八洞溪之上流矣。过溪又半里，北抵山麓，是为石山村。乃叩一老人家，登其栏而饭。望多灵正当其南，问其上，有庐而无居者。乃借锅于老人，携火于村。老人曳杖前导，仍渡溪，东南上土山，共二里，越冈得坞，已在坟墓村之南，与多灵无隔阪矣。老人乃指余登山道，曰：“此上已（无）歧，不妨竟陟也。”老人始去。

【译文】坐了很久，于是从南边下山，再向西北行进。走了一里后，道路渐渐往下降，向北观望石峰峰顶，便见上面有个拱形岩洞，洞口朝向东南方，外面有红色的痕迹，里面与通向外边的明亮洞穴相连，就像是飞架在峰头的石桥。从壑谷中往下走半里，折转向南，开始遇到了溪流。溪水来自西南边的八洞村，到这后折转向西流入了石山的峡谷中。于是截流横渡，又向南走了二里，便见有个村庄坐落在西边的山坞中，这叫八洞村。都田村的东边有个八仙洞，是前往龙门的路。又向南走了一里，再次向南横渡溪流。过溪后再次南上，沿着山前行一里，转而向东南方前行一里半，直接到达了多灵山的北麓。道路的左边有座土山，从多灵山上夭矫而下。土山后半腰的旁侧，有个数户人家的村庄，这是坟墓村，不知其坟墓在什么地方。从村子前又转而向西南方行进，走一里后下山，横向渡过一条溪水，这条溪水来自南边，流经石山村的左边，这里山峰环绕，壑谷到了尽头，于是水流冲入了石洞，想来这就是八洞溪的上游了。淌过溪水后又走了半里，向北到达山脚下，这里是石山村。于是敲开一位老人家的家门，登上他家的竹楼吃饭。看见多灵山正好在村子南边，询问山上的情况，老人家说山上有房屋但没人居住。便向老人家借了锅，从村子里带了火种。老人家拖着拐杖在前引路，仍旧渡过溪水，从东南方登上土山，走了共二里，越过山冈到了一处山坞，已经到了坟墓村的南面，与多灵山已没有相隔的山坡了。老人于是指着我登山的路说：“这上面已经没有岔路了，不妨直接上去。”老人这才离开。

余践土麓东南上，路渐茅塞。披茅转东北行二里，茅尽而土峡甚峻。攀之上，抵石崖下，则丛木阴森，石崖峭削，得石磴焉。忽闻犬声，以为有人，久之不见。见竹捆骈置路傍，盖他村之人乘上无人而窃其笋竹，见人至，辄弃竹而避之巉岨[1]间耳。此间人行必带犬。于是攀磴上，磴为覆叶满积，几不得级。又一里，有巨木横仆，穿其下而上，则老枋之巨，有三人抱者。乃复得坪焉，而茅庵倚之。其庵北向，颇高整，竹匡[2]、木几与夫趺跏[3]洒扫之具俱备。有二桶尚存斗米，惜乎人已久去，草没双扉，苔封古灶，令人恨不知何事忆人间也！令一人爇火灶中，令一人觅水庵侧[4]。断薪积竹，炊具甚富，而水不可得。其人反命曰：“庵两旁俱无，亦无路。惟东北行，有路在草树间，循崖甚远，不知何之。”予从之，果半里而得泉。盖山顶悬崖缀石，独此腋万木攒翳。水从崖石滴坠不绝，昔人凿痕接竹，引之成流，以供筒酌。其前削崖断岖，无可前矣。乃以两筒携水返庵，令随夫淅米而炊。令导余西南入竹林中，觅登顶之道。

【注释】①巉岨（chán qū）：险峻。亦指险峻的山岩。②匡：即匡床，方正而安适的床。③趺跏：指双足交迭而坐。即打坐。④令一人觅水庵侧："水"原作"火"，据上下文意改。

【译文】我从土山脚下往东南方向上步行，道路渐渐被茅草堵塞了。扒开茅草转而向东北方走了二里，茅草没有了但土山峡谷却非常险峻。攀爬到峡谷上，到达了石崖下面，这里林木阴森，石崖险峻陡峭，其间有石阶。忽然听见有狗叫声，我以为有人居住在这，却很久也不见人影。见有成捆的竹子并排放在路边，大概是其他村子的人乘山上没有人而来偷取竹笋竹子吧，他们见到有人来了，便扔下竹子躲到险峻的山石间去了。这一带的人走路必定会带着狗。我们从石阶攀爬而上，石阶被成堆的落叶覆盖，几乎看不见石阶了。又走了一里，有棵大树横卧在路上，从树下穿过往上走，便有棵巨大的老枋树，有三个人合抱那么粗。在这又有一块平地，有座茅草庵庙倚建在平地边。庵庙北向，比较高大整齐，竹床、木几案与那些打坐、洒扫的器具都齐备。有两只桶中还存有一斗米，可惜的是主人已经离开很久了，荒草掩盖了两扇门，苔鲜长满了古旧的炉灶，让人遗憾不知是什么事情使主人想起了人间！让一人点燃了灶火，让一人去庵旁找水。砍断的薪柴、堆积的竹子、炊具都很多，但是水却没找到。找水的人回来复命说："庙庵两边什么都没有，也没有路。只有往东北方向走，有条路在荒草树丛间，顺着山崖延伸向了很远的地方，不知通往哪里。"我听从了他的话，果然走了半里路后便找到了泉水。原来山顶上悬崖危石连缀，唯独这里侧旁万木成荫。水从崖石上不停滴落，过去有人凿了石痕接上竹子，将水引来形成了小流，以供人用竹筒舀来饮用。泉水前方就是悬崖断壁，无法再往前。于是用两个竹筒装了水返回庵中，让随行的脚夫淘米煮饭。让向导带我从西南方向进入竹林，寻找登上山顶的道路。

初有路影，乃取竹觅笋者所践。竹尽而上，皆巨茅覆顶，披之不得其隙。一里，始逾一西走之脊。其脊之西，又旁起一峰以拱巨峰者，下不能见，至是始陟之也。又从脊东上，皆短茅没腰，践之每惊。其路又一里，而始逾一南走之脊。其脊之南，亦旁起一峰以拱巨峰者，北不能瞩，至是又陟之也。此两峰即大歇岭所望合中峰为笔架者。于是从脊北上，短茅亦尽，石崖峻垂，攀石隙以升，虽峻极，而手援足践，反不似丛茅之易于颠覆也。直北上一里，遂凌绝顶。其顶孤悬特耸[①]于众石山之上，南北逾一丈，东西及五丈，惟南面可跻，而东西北三面皆嵌空悬崖，不受趾焉。顶之北，自顶平分直坠至庵前石磴下，皆巨木丛列，翳不可窥，惟遥望四面，丛山千重万簇，其脉似从西南来者。遥山外列，极北一抹乃五开、黎平之脊；极南丛亘，为思恩九司之岭；惟东北稍豁，则黄窑、里渚所从来者也。南壑之下，重坑隔阪间，时见有水汪汪，盖都泥之一曲也。山高江逼，逆而来则见，随而转又相掩矣。此即石堰诸村之境也。山之东南垂，亦有小水潺潺，似从南向去，此必入都泥者，其在分脊岭之南乎？土人言："登此山者，必清斋数日，故昔有僧王姓者不能守戒，遂弃山而下。若登者不洁，必迷不得道。"以余视之，山无别岐，何以有迷也？又云："山间四时皆春，名花异果不绝于树。然第可采食，怀之而下，辄复得迷。"若余所见者，引泉覆石之上，有叶如秋海棠而甚巨，有花如秋海棠而色白，嗅之萼，极清香，不知何种。而山顶巨木之巅，皆蔷薇缘枝缀花，殷红鲜耀，而不甚繁密。又有酸草，茎大如指，而赤如珊瑚，去皮食之，酸脆殊甚。亦有遗畦剩菜，已结子离离。而竹下龙孙[②]，则悉为窃取者掘索已尽。此人亦当在迷路之列，岂向之惊余而窜避者，亦迷之一耶？

【**注释**】①特耸：突兀耸立。②龙孙：竹笋的别称。

【译文】最开始有路的踪迹，是那些砍竹子找竹笋的人踩出来的。从竹林尽头往上，一路都是覆盖了头顶的巨大茅草，拨开茅草都找不到缝隙。走了一里后，这才穿过了一条向西延伸的山脊。山脊的西面，旁边又耸起一座山峰拱卫着巨大的主峰，在下边时没能看见，到这里后才能登到它上面。又从山脊东边向上攀登，路上都是没过了腰部的茅草，踩着走经常受到惊吓。这样的路又前行了一里，才越过了一条向南延伸的山脊。这条山脊的南边，也在主峰旁边耸起一座山峰拱卫着巨大主峰，从北面没法望见，到这后又能攀登上去了。这两座山峰便是在大歇岭看见的与中间主峰合在一起像笔架的山峰。从这沿着山脊北上，路上短茅草也没有了，石崖险峻下垂，抓着石缝往上攀爬，虽然很陡峻，但手抓脚踩的，反而不像走在茅草丛中那样容易摔倒了。一直北上一里，终于登上了峰顶。峰顶单独突兀耸立在众多石山之上，南北宽度超过了一丈，东西长达五丈，唯有南面可以往上，而东、西、北三面都像是嵌在空中的悬崖，没有地方落脚。峰顶的北面，从峰顶的平分裂开处笔直往下到达庵前的石阶下方，都是巨树林列，翳不可窥，只能遥望四周，群山千重万簇，山脉好像是从西南方延伸过来的。远山排列在外层，最北边的一线是五开卫、黎平府所在的山脊；最南边延绵不断的丛山，是思恩府九司所在的山岭；只有东北方稍微开阔一些，是从黄窑、里渚方向延伸过来的山脉。南边壑谷的下方，重重深坑隔着山坡，不时能见到一汪汪的水，大概是都泥江的一个转弯处吧。山高江窄，迎面流来便能望见，顺流而去便又被掩遮了，这就是石堰诸村的地境了。山峰的东南垂，也有条小河潺潺流淌，似从南边流去，这必定是流入都泥江的水流，它在分水岭的南面吗？据当地人说："攀登此山的人，必定要清心斋戒几天，所以过去有个姓王的僧人因不能守戒，最终放弃在山上居住而下山了。如果登山的人不干净，必定会迷失方向而找不到路。”以我看来，山上没有别的岔道，为什么会有人迷路呢？当地人又说：“山中四季如春，树上的名花异果不会断绝。但是只能采摘来吃，万不能怀揣着下山，否则又会迷路。”如我所见的那样，引泉水下覆的石崖上方，有像秋海棠一样的树叶但很大，有像秋海棠一样的花朵但颜色白，闻它的花萼，很是清香，不知是什么品种。而山顶巨树遮蔽，到处都是攀爬的蔷薇枝条连缀着花朵，颜色殷红鲜艳，只是不怎么繁密。还有一种酸草，草茎如手指般大小，而颜色红得像珊瑚，采来去皮后吃，特别酸脆。还有遗弃的菜园里有剩下的菜，已经结子，十分繁密。但竹下的竹笋，则都已经被偷窃的人挖光了。这人也应当属迷路的一类，先前被我惊吓而逃窜躲避的人，应当也是迷路人之一吧？

眺望峰头久之，仍从故道下。返茅庵，暝色已合，急餐所炊粥，觉枯肠甚适。积薪佛座前作长明灯，以驱积阴之气，乃架匡展簟而卧。

【译文】在峰头眺望了很久，仍旧从原路下山。返回茅草庵时，已经夜幕降临，急忙吃了煮好的粥后，觉得饥肠很是舒服。在佛座前堆了薪柴点着作为长明灯，以驱散积聚的阴气，于是架好床铺好竹席睡下了。

三月初一日　昧爽起，整衣冠叩佛座前。随夫请下山而炊，余从也，但沸汤漱之而下。仍至石山村导路老人栏，淅米以炊。余挟导者觅胜后山，仰见石崖最高处，有洞门穹悬，随小径抵其西峡，以为将攀崖而上，乃穿腋而下者也。其隘甚逼，逾而北下，东峰皆峭壁，西峰皆悬窍，然其中石块丛沓，萝蔓蒙密，无可攀跻处也。其北随峡而出，又通别坞，不能穷焉。转出村前，乃由其东觅溪水所从入，则洞穴穹然在山坳之下，其门南向，溪流捣入于中，其底平衍而不潭。洞高二丈，阔亦二丈，深三四丈，水至后壁，旁分二门以入，其内遂昏黑莫可进。洞之前，有石柱当其右崖，穿柱而入，下有石坡尺许，傍流渡入，不烦涉水。由石柱内又西登一隙，上复有一龛焉。底平而上穹，亦有石柱前列，与水洞并向，第水洞下而此上，水洞宽而此隘耳。洞中之水，当即透山之背，东北而注于八洞之前者也。出洞，还饭老人家。仍东北循土山而下，渡水过八洞，又北渡水，东南转入石山之峡，过前所憩洞前。又东入重坞，逾分脊之岭，乃下岭东北行坞，复陟冈转陂逾大歇岭，乃北下渡溪，沽酒饮于秦村。又北向渡溪而逾都田之岭，又从岭东随穴中出水北行而抵黄村庵，则惺一瀹茶煮笋以待。余以足伤，姑憩而不行。乃取随夫所摘多灵山顶芽茶，洁釜而焙之，以当吾乡阳羡茶中之茗，香色无异也。此地茶俱以柴火烘黑，烟气太重。而瀹时又捉入凉水煨之，既滚又杂以他味焉。

【译文】三月初一日（4月14日）　黎明时起床，整理好衣帽在佛座前跪拜行礼。随行的脚夫请求下山后煮饭，我同意了，只喝了点煮沸的热水冲洗肌肠便下山了。仍旧来到石山村带路老人的竹楼，淘米煮饭。我带着向导到后山寻找美景，抬头看见石崖的最高处，有个洞口高高隆起悬在崖上，顺着小路来到它西面的峡谷，以为将可以攀着山崖往上了，没想到却是条穿过石崖侧旁往下的路。这里的隘口很窄，越过隘口从北往下，东峰都是峭壁，西峰则都是高悬的石窍，然而两峰中石块丛聚杂沓，萝蔓浓密，没有可以攀爬的地方。其北边顺着峡谷而出，又通向了别处的山坞，无法全部探完。转而出到村前，便从村子东面前往找溪水流入的地方，因此发现了在山坳之下有个洞穴高高隆起，洞口朝南，溪水直接流进了洞内，在洞底平缓展开而没有形成水潭。洞高二丈，宽也是二丈，深三四丈，溪水流到了后洞壁，从旁边分出的两个洞口流进去，其内变得黑暗而没法进入了。洞的前方，有石柱正处在洞右的石崖上，钻过石柱往里，下边有个一尺多高的石坡，傍着水流往里，没有涉水的麻烦。从石柱内再向西爬上一条裂隙，上面又有一个石龛。石龛底部平坦而顶上穹隆，前边也有石柱排列，与水洞是同一方向，只是水洞在下而石龛在上，水洞宽而石龛窄。洞中的水，应当就是透到山背，向东北流入到八洞村前的水流了。出洞后，我返回到老人家中吃饭。仍旧从东北方顺着土山往下，渡水后经过八洞村，再从北边渡水，往东南转入石山的山峡，从先前休息过的洞前经过。又向东进入了重重山坞，越过分脊岭，便下岭在山坞中向着东北方向行进，再登上山冈而后转向山坡越过大歇岭，又往北下岭渡过溪水，到达秦村买了酒喝。又向北渡过溪水后再越过都田村的山岭，又从山岭东边顺着洞穴中流出的水往北前行到达了黄村庵，就见惺一泡了茶煮了笋在等待我们。我因为脚受了伤，暂且停下来休息不走了。于是我取出随行脚夫在多灵山顶采摘的芽茶，把锅洗净了烘焙茶叶，拿来当作我家乡阳羡茶中的芽茶，茶香味与色泽都没有什么不同。这里的茶叶都是用柴火来烘黑的，烟气味太重。要是煮茶时又放入凉水中用微火慢煮，水开后又杂有其他的味道了。

初二日　别惺一，惺一送余以笋脯。以丝曝干者。乃北行渡溪桥，又北，乃东转入山峡，逾平脊，东过浑水塘上岭，东望鹿桥而北行。已而北下，渡大溪之水，其水昔高涌于胸，今乃不及脐矣。但北上而崖土淖滑，无可濯处，跣而行。逾坡而下，抵下阱村旧址，有渟涝[1]焉，乃濯足纳履。又东北逾一涧，乃东上高四山之南阪。逾脊又东，升踄陂陀，路两旁皆坠井悬窞，或深或浅，皆土山，石孔累累不尽。既而少憩土冈上，其南即截路村。又东逾一冈下坞，有塘一方，潴水甚清，西北从石峰下破涧而去，丛木翳之，甚遥。又东逾冈，水从路侧西流。又东则巨塘汇陂间，乃北坠而下，分为两流，一北入山穴，一东循山嘴，环于黄窑村前，诸塍悉取润焉。乃饭于村栏，询观岩之路。其人曰："即在山后，但路须东径草峡，北出峡口，西转循山之阴，而后可得。"从之，遂东。甫出村，北望崖壁之半，有洞高穹，其门东向，甚峻迥，不可攀。草峡之南，有双峰中悬，又有土山倚其下，是为里诸村，聚落最盛。共二里半，北入草峡。又东北行一里，逾石脊而过，有岐西行，遂从之，即黄窑诸峰石山之阴也。其山排列西北去，北尽于孤山，所谓观岩者正在其中。乃循山东麓行，又三里折而西南，半里而抵其下，则危崖上覆，下有深潭，水潴其中，不知所出，惟从岩北隅泻入巨门，其中窅黑，水声甚沸。盖水从山南来，泛底而出，潴为此潭，当即黄窑之西巨塘分流而捣入山穴者，又透底而溢于此也，乃一出而复北入于穴，水与山和，其妙如此。

【注释】①渟涝(tíng lào):水塘。

【译文】初二日　辞别惺一,惺一拿了笋干送我。晒干的笋丝。于是向北路过一条溪桥,继续向北,便向东折转进了山峡,越过平缓的山脊,向东经过浑水塘上了山岭,东面望见鹿桥后往北行。不久后从北边往下,渡过大溪之水,前几天溪水还高高涌起到了胸口,现在却已不到肚脐了。但上到北岸后山崖上泥淖湿滑,无处可洗脚,只得光着脚走。越过山坡往下,到达了下阱村的旧址,这有个积水塘,这才得以洗了脚穿了鞋。又向东北方越过一条山涧,便向东上到了高四山的南坡。越过山脊再次向东,步行在高低不平的山坡间,道路两旁都是陷井悬坑,或深或浅,都是土山,到处都是石孔,层出不穷。不久在土冈上稍作休息,土冈南边就是截路村。再次向东越过一座山冈下到山坞,山坞中有一方水塘,积水非常清澈,向着西北从石峰下流入山涧而去,丛林遮掩着,直到很远的地方。又向东翻过山冈,有水流从路边向西而去。再向东便见一巨大的水塘积聚在山坡间,随后往北下泻,分成了两条水流,一条向北流入山洞,一条向东沿着山嘴,环绕于黄窑村前,众多的田地都因其水得到灌溉。于是在村里的竹楼上吃了饭,向人询问去观岩的路。那人说:"观岩就在山后,但是前去的路必须向东经过草峡,向北出了峡口,再向西顺着山北走,而后便能到达了。"我听从了他的话,于是向东行进。刚刚出村,向北望见崖壁的半山腰,有个洞高高隆起,洞口朝东,非常险峻深远,无法攀登。草峡的南面,有两座山峰悬在中间,又有座土山倚靠在双峰下,这里是里诸村,是最为繁荣的村落。共走了二里半,向北进入了草峡。又向东北行进了一里,翻过石山脊,有条向西的岔路,于是沿着这条路前行,便到了黄窑村诸峰石山的北面。这里的山排列着延伸向西北,北面在孤山便到了尽头,所谓的观岩正在这些石山之中。于是顺着山的东麓前行，走了三里后又转向西南，半里后到达了岩洞下方，只见上边危崖下覆，下边有个深潭，水积聚在潭中，却不知是从哪里流出的，只知从岩洞北边的角落流入了那巨大的洞口，洞中光线幽暗，水声极为沸腾。大概水是从山南流来，从山底部涌出，积聚成了这个水潭，也就是从黄窑村西边那口巨大水塘中分流出来后泻入山洞的水流，又透过山底后从这溢了出来，溢出后便又向北流进了洞里，水与山的和谐，竟然如此美妙！

覆岩之上，垂柱悬旌，纷纭历乱，后壁石脚倒插潭中。其上旋龛回窦，亦嵌漏不一，俱隔潭不能至。潭东南亦有一岩北向，内不甚深；潭东北崖间有神祠焉，中有碑，按之，始知为小观岩。神祠之后，即潭中之水捣入石门处，其门南向，甚高，望其中崆峒，莫须浮筏以进，不能竟入也。久之，仍从神祠东北出平畴，见有北趋路，从之，意可得大道入郡。既乃愈北，始知为独山、怀远道。欲转步，忽见西山下有潭，渊然直逼石崖，崖南有穴，则前北向入门之流，又透此而出也。计所穿山腹中，亦不甚遥，若溯流入，当可抵水声甚沸处。余欲溯流而入，时日已西昃，而足甚艰，遂从潭上东向觅畦而行。半里，将抵一村，忽坠坑而下，则前潭中之水北流南转，遂散为平溪，潆村南而东去。其水甚阔，而深不及尺，导者负而渡。渡溪，遇妇人，询去郡路几许，知犹二十里也。东北上崇涯，遂东出村前，有小路当从东南，导者循大路趋东北，盖西北有大村，乃郡中趋怀远大道。知其非是，乃下坡走乱畦中，既渐失路，畦水纵横，踯躅者五六里。遇二人从南来，询之，曰："大道尚在北。"复莽行二里，乃得大道，直东向行。询之途人，曰："去城尚十里。"返顾日色尚高，乃缓步而东。其道甚坦，五里，渐陟陂陀，路两旁又多眢井[①]坠穴，与太平一辙。于是闻水声淙淙，则石壑或断或连，水走其底，人越其上，或架石为桥，俯瞰底水，所坠不一道，而皆不甚巨。盖小观之水出洞为溪，散衍诸畦洫[②]中，此其余沥[③]，穿地峡而北泄于龙江者也。又东二里，逾冈而下，复得石壑，或断或连，水散溜其下，与前桥同。此乃彭岭桥之水，自九龙来，亦散衍畦洫，故余沥穿峡而北，泄者亦无几也。又东一里半，有庵峙路北，为西道。堂前有塘甚深衍，龙溪细流从东来注，而西北不见其所泄。又东一里，为西门街口，乃南越龙溪，循溪南东行，过山谷祠之后，又半里而抵香山寺，已昏黑矣。问冯使，犹未归也。暑甚，亟浴于盆而卧。

【注释】①眢（yuān）井：指干枯的井。②洫：田间的水道。③余沥：剩余的酒，此指余水。

【译文】下覆的岩石上，下垂的石柱像旌旗一样悬挂空中，纷纭杂乱，后面石壁的石脚倒插入深潭中。石壁上回旋的石龛、孔洞，有的深嵌，有的透空，不一而足，全都隔着深潭无法到达。水潭东南方也有个洞口朝北的岩洞，往里不是很深；水潭东北的山崖上有座祭神的祠堂，祠堂内立有石碑，依照碑文，才知这是小观岩。祠堂后面，便是潭中的水流入石洞的地方，其洞口朝南，非常高，望向洞中，里边空荡荡的，如果不乘坐木筏，是无法直接进去的。很久后，仍旧从神祠向东北前行，来到了一片平坦的旷野中，见有通向北边的路，顺着这条路，应该可以走到进入府城的大道上吧。随后来到了更北的地方，才知这是去往独山、怀远的路。我准备掉转方向，忽然见西山下有个水潭，看样子很深，一直逼近到了石崖下。石崖南面有个洞穴，只见先前向北流入洞口的水流，又穿透到这流了出来。估计水流在山腹中穿行的距离，也不是很远吧，如果逆流进去，应当能够到达水声极为沸腾的地方。我准备逆流进去，此时太阳已经西斜，而且脚下走路很艰难，于是从水潭上方往东寻着田地中的路前行。半里后，快要到达一个村子的地方，地面忽然有个深坑下陷，只见先前潭中的水流向北边后在这转向了南方，最终散开成了平缓流淌的溪流，绕过村子南边向东流去。溪水比较宽阔，但深不到一尺，向导背着我过去了。渡过溪水后，遇上了一个妇人，向她询问前往府城的路程远近，才知道还有二十里。从东北方上到高崖，接着向东出到村前，有条小道应当从东南方走，向导却顺着大路往东北方走，原来西北有个大村庄，乃是从府城中通向怀远的大道所在。知道不应走这条路，于是下坡在杂乱的田地中穿行，不久便渐渐迷路了，田间水流纵横，来来回回走了五六里。遇见了两个从南边来的人，向他们询问，告诉我说："大道还在北边。"又在草丛中行进了二里，才找到了大路，顺着大路一直向东行进。途中向路人问路，路人说："距离府城还有十里。"转身回头看太阳还正，于是缓步向东。这条路很平坦，五里后，渐渐上了个山坡，道路两边又有很多枯井坑洞，与太平府如出一辙。在这里听见有淙淙水声，只见石沟或断或连，水从石沟底流过，人在石沟上方穿行，有的地方架了石板为桥，俯瞰谷底的水流，发现下坠的水流不止一条，只是水流都不怎么大。大概是小观岩的水流出洞后便成了溪水，散开漫流到了田间的沟渠之中，这只是其残留的余水，穿过地峡往北流入了龙江。又向东走了二里，越过山冈往下，再次遇到有石壑，时断时续，水散流于石壑谷底，与前边桥下的水流一样。这便是彭岭桥下的水流，从九龙洞流出来，也是散流在田间的沟渠中，所以剩余的水流穿过峡谷流向北边，泄入地下的水也不多了。又向东走一里半，有座寺庵坐落于道路北边，这是西道庵。庵堂前有很深的水塘，龙溪的细流从东而来汇入了这里，可西北方不见有塘水外泄的地方。又向东走了一里，到了城西门外的街口，于是向南越过龙溪，顺着溪流南岸往东行进，经过黄山谷祠堂的后方，又前行半里便到达了香山寺，这时天已经昏黑了。打听冯指挥使的情况，还没有回来。天气很热，急忙在盆中洗了个澡后便睡了。

初三日　余憩足寺中。郡人祉[①]会寺前，郡守始出行香。余倚北檐作达陆参戎书，有一人伺其旁，求观焉，乃冯使之妻弟陈君仲也。名瑛，庠彦[②]。言："此书达陆君，冯当获罪，求缓之，余当作书往促。"并携余书去，曰："明日当来代请。"已而又二人至，一曰谢还拙，一曰陈斗南。谢以贡作教将乐而归，陈以廪而被黜，复从事武科者也。二君见余箧中有文、项诸公手书，欲求归一录，余漫付之去。既暮，有河池所诸生[③]杜、曾二君来宿寺中，为余言："谢乃腐儒，而陈即君仲之叔，俗号'水晶'，言其外好看而内无实也。"

【注释】①祉：祈福。古代风俗，每年有春社、秋社，为祀社神的节日。社即土地神。此时为三月初，此次祉会应当为春社日。②庠彦：过去府州、县学的生员。庠，古代的学校，府学称郡庠，县学称邑庠。彦，古代对有才华的读书人的美称。③诸生：明清时，凡是经过本省各级考试进入府、州、县学的通称生员，亦称诸生。

【译文】初三日　我在香山寺中歇脚。郡府的人在寺前举行庙会，郡守出行前来烧香拜佛。我倚着北边的廊檐在给陆参将写信，有一个人守在身旁伺候，请求看看信，他是冯指挥使的妻弟陈君仲。名叫瑛，是个庠生。他说："这封信如果送给陆参将，冯指挥使将会获罪，请您暂缓寄信，我写信去催促。"并带着我的信离开了，并说："明天我将过来代为请安。"一会儿又有两个人来了，一个叫谢还拙，一个叫陈斗南。谢还拙凭借贡生的身份做了教官而即将高兴地返乡，陈斗南是因廪生的身份而被贬黜，再次从事武科考试的生员。两人见到我的竹箱中有文、项诸公的亲笔信，想拿回去抄录一遍，我毫不在意地交给他们拿去了。天黑后，有河池所的杜姓、曾姓两位生员来寺里住宿，他们对我说："谢还拙是个迂腐的儒生，而陈斗南是陈君仲的叔父，俗号叫'水晶'，说他是个外表好看但肚子里却没有真才实学的人。"

初四日　余晨起欲往觅陈、谢，比出寺东而陈、谢至，余同返寺中，坐谈久之。又求观黄石斋诗帖。久之去，余随其后往拜，陈乃返诸公手书。观其堂额，始知其祖名陈学夔，乃嘉靖末年进士，曾任常镇兵使者，莅吾邑，有爱女卒于任，葬西门外，为之题碑其上曰："此兵使者陈学夔爱女之墓。吾去之后，不知将夷而去之乎？抑将怜而存之乎？是在常之人已。"过谢君之堂，谢君方留酌，而随行者觅至，请还，曰："有陈相公移酒在寺，相候甚久。"余以谢意不可却，少留饮而后行。比还寺，复领陈君仲之酌。陈出文请正，在此中亦铮铮者。为余言：其邻有杨君者，名姿胜。亦庠生，乃独山烂土司之族，将往其地，君可一拜之，俟之同行，不惟此路无虞，而前出黔境亦有导夫，此为最便。余颔之。

【译文】初四日　我早上起来后想去找陈斗南、谢还拙，我刚出到寺庙东边时陈、谢二人便来了，我与他们一起返回寺中，坐谈了很久。他们又请求观看黄石斋的诗帖。很久后他们离开了，我跟在他们后面前去回拜，陈斗南于是送还了文、项诸公的亲笔信。观看他堂屋上的匾额，才知道他的祖父名叫陈学夔，乃是嘉靖末年的进士，曾出任常州的府兵使者，到我家乡时，有爱女去世了，葬在城西门外，他在墓碑上为她题词说："这是兵使者陈学夔的爱女之墓。我离开之后，不知是会被人将它铲平挖掉呢，还是会因为同情她而被保存下来？这在于常州府的人了。"到谢还拙的府上拜访，谢还拙刚留我一起饮酒，可随行的人便找来了，请求我返回寺里，说："有个陈相公把酒席设在了寺里，等候很久了。"我因为谢君的情意无法推辞，留下稍微喝了一会便动身了。等回到寺里时，又领受了陈君仲敬的酒。陈君仲拿出文章请求指正，他在这一带也是佼佼者。他对我说：他有个邻居叫杨君，名叫姿胜。也是庠生，乃是独山烂土司的族人，你即将前往他的家乡，您可前去拜访他一次，等他一起上路，不仅这一路上将不会出意外，而且到了贵州境内也有了向导，这是最为方便的。我点头同意了。

初五日　晨起，余往叩陈君。有韦老者，廪将贡矣，向以四等停，兹补试郡中，郡守以其文不堪，复再三令改作，因强余为捉刀。余辞再三，不能已，乃为之作二文。一曰《吾何执》，一曰《禄足以代其耕也》。既饭，以稿畀韦，而往叩于陈，陈已他出矣，乃返宿于寺。

【译文】初五日　早上起来，我前往拜访陈君。有个韦姓老者，将由廪生升为贡生了，过去因成绩为四等而被停考，现在来府城补考，吴知府认为他的文章不堪入目，让他再三改写，因此强行让我为他代笔。我推辞再三，无法推掉，便为他写了两篇文章。一篇叫《吾何执》，一篇叫《禄足以代其耕也》。吃过饭后，将文稿给了韦姓老者，而后前往拜访陈君，陈君已出门到别的地方去了，于是我只得返回寺里住下。

初六日　以一书畀吴守备，得其马票。韦亦为余索夫票于戚挥使，以为马与夫可必得，及索之，仍无应者。是日斋戒而占，惟思恩可行，而南丹不吉。其杨生之同行，亦似虚而不实。

【译文】初六日　给吴守备送了一封信，得到了他给的马票。姓韦的老者也为我向戚指挥使索要了脚夫票，以为马和脚夫一定能得到，但当前去要马要脚夫时，仍然没有应差的人。这天沐浴斋戒后占卜，卜得结果只有思恩府可以走，而走南丹州不吉利。与那个姓杨的庠生同行的事，也好像变得不确定起来。

初七日　索夫马仍不得。杨姿胜来顾，乃阿迷州杨绳武之族也。言其往黔尚迟，而此中站骑甚难，须买马可行。余占之，颇吉。已而冯使以一金来贶[①]，侑[②]以蔬酒，受之。既午，大雨倾盆，欲往杨处看骑，不果行。下午雨止，余作一柬托陈君仲代观杨骑。是日为谷雨，占验者以甘霖[③]为上兆，不识吾乡亦有之否也？

【注释】①赆：送别时赠给的财物。②侑（yòu）：劝人（吃、喝）。③甘霖：适时而有益于农事的大雨。

【译文】初七日　前去索要脚夫、马匹仍然没有要到。杨姿胜来看望我，原来他乃是阿迷州杨绳武的族人。他说他前往贵州还得要推迟，而这里驿站的马很难要到，必须要买马才能上路。我占卜了这事，得到的卦像很吉利。不久冯指挥使赠送给了我一两黄金，送来酒菜劝我进餐，我接受了这些礼物。中午后，大雨倾盆而下，本想去杨姿胜那看看坐骑，没能成行。下午时雨停了，我写了一封柬帖托陈君仲代我前去看杨姿胜的马。这天是谷雨节，占卜的人认为这大雨是上好的征兆，不知我的家乡有没有下这场雨？

初九日　零雨浓云，犹未全霁。营中以折马钱至，不及雇骑者十之二。此间人之刁顽，实粤西所独见也。欲行，陈君仲未至，姑待之。抵午不至，竟不成行。下午，自往其家，复他出。余作书其案头作别，遂返寓，决为明日步行计。

【译文】初九日　下着零星的雨，云雾很大，天气还没有完全放晴。军营中将马匹折成钱送了过来，数额不到雇马所需的十分之二。这里人的刁顽，实在是粤西所独见的了。我打算上路，陈君仲没有来，暂且等等他。到中午时还没来，最后没能成行。下午时，我亲自去他家，他又出门到其他地方去了。我写了封信放在他的书案上以作告别，便返回了住所，决定为明天做好步行的准备。

自二月十七日至庆远，三月初十起程，共二十三日。

【译文】自从二月十七日到了庆远府城，到三月初十起程，共计二十三天。

庆远郡城在龙江之南。龙江西自怀远镇，北凭空山，透石穴而出，其源从贵州都匀而下。循北界石山而东，其流少杀于罗木渡，而两岸森石嶙峋过之。江北石峰耸立，中为会仙，东为青鸟，西为宜山，会仙高耸，宜山卑小。又西为天门拜相山，即冯京祖墓。皆凭临江北，中复开坞，北趋天河县名。者也。江南即城。城南五里有石山一枝，自西而东，若屏之立，中为龙隐洞山，东为屏山，西为大号山，又西为九龙山，皆蜿蜒郡南，为来脉者也。

【译文】庆远府城在龙江的南岸。龙江从西边的怀远镇流来，北边紧靠着空山，穿过石洞而出，它的源头是从贵州都匀府流来的。顺着北边的石山流向了东边，其水流稍稍比罗木渡小，但两岸森然罗列的嶙峋怪石超过了罗木渡。江北岸石峰耸立，中间为会仙山，东边为青鸟山，西边为宜山，会仙山高耸，宜山矮小。再往西边是天门拜相山，也就是冯京的祖坟。都据高俯瞰着江北，中间又展开形成了一个山坞，是向北通往天河县名。的地方。龙江南岸就是府城。城南五里外的地方有座石山，自西向东延伸，就像屏风一样立着，中间的是龙隐洞山，东边的是屏山，西边的是大号山，再往西的是九龙山，都蜿蜒在府城南边，都是从远处延伸而来的山脉。

郡城之脉西南自多灵山发轫[①]。多灵西南为都泥，东北为龙江，二江中夹之脊也。东北走六十里，分枝而尽于郡城。将抵城五里处，先列为九龙山，又东北为大号山，又北结为土山曰料高山，则郡之案也。又北遂为郡城，而龙江截其北焉。

【注释】①发轫：拿掉支住车轮的木头，使车前进。借指出发，起程。比喻事物的开端。

【译文】府城西南方的山脉从多灵山开始延伸。多灵山的西南边是都泥江，东北方是龙江，多灵山则是两江中间相夹的山脊。其往东北方向延伸六十里，支脉在府城便到了尽头。在距离快到府城五里外的地方，先排列成了九龙山，再往东北形成了大号山，又向北盘结成了叫做料高山的土山，这是府城的案山。又往北便是府城，而龙江横向经过了它的北边。

多灵山脉，直东走为草塘堡南之土脊，东起为石壁山，又东而直走为柳州江南岸诸山，又东南而尽于武宣之下柳江、都泥交会处。

【译文】多灵山山脉，笔直向东延伸成了草塘堡南面的土山脊，在东面突起成为了石壁山，再往东笔直延伸又形成了柳州府柳江南岸的群山，再往东南便在武宣县柳江下游与都泥江的交会处到了尽头。

龙江，郡之经流也。其东北有小江南入于龙，其源发于天河县北界；其东南则五砦桥诸流北入于龙，其源发于多灵山东境，皆郡城下流也。郡城西南又有小水南自料高山北来，抵墨池西流，是为龙溪。又西则九龙潭之水自九龙山北流，与之合而西北入龙江。此郡城之上流也。

【译文】龙江，是流经庆远府的主要河流。庆远府的东北部有条小江往南流入了龙江，它的源头发自天河县的北境；庆远府东南边则有五碧桥下的众多水流向北流入龙江，它们的源头大多在多灵山的东边区域，这都是府城水流的下游。府城的西南边又有条小河从南边的料高山向北而来，流到墨池后往西流去，这就是龙溪。再往西便有九龙潭的水从九龙山流向北边，与龙溪会合后向西北流入龙江。这是府城水流的上游。

西竺寺在城西门外，殿甚宏壮，为粤西所仅见，然寥落亦甚。其南为香山寺，寺前平地涌石环立，为门为峡，为峰为嶂，甚微而幻，若位置于英石盘中者。且小峰之上，每有巨树箕踞，其根笼络，与石为一，干盘曲下覆，极似苏阊盆累中雕扎而成者。寺西有池，中亦有石。池北郡守岳和声[①]建香林书院，以存宋赵清献公故迹。又西北为黄文节[②]祠，后有卧龙石，前有龙溪西流。宋署守张自明因文节遗风，捐数十万钱建祠及龙溪书院，今规模已废而碑图犹存祠中。其东北即西竺寺也。

【注释】①岳和声：字尔律，一作之律，号石梁，一号梁父，又号餐微子。南宋著名军事家、诗人岳飞十八世孙。②黄文节：即黄庭坚，崇宁三年（1104）被贬宜州羁管，第二年九月三十日病逝于宜州南楼。“文节”为追赠的褒号。黄文节祠即黄山谷祠，与龙溪书院同在今广西轴承厂处，现已不存。

【译文】西竺寺在庆远府城的西门外，寺中殿宇非常宏伟壮丽，为粤西所仅见，然而也十分冷寂。西竺寺的南面是香山寺，寺前的平地上石峰涌起环立四周，像大门又像峡谷，像山峰又像屏障，很是微妙奇幻，就好像是被安置在了英石盘中一样。而且小峰之上经常有巨树箕踞，树根四处缠绕盘结，与岩石融为了一体；树干盘旋曲折下覆，像极了苏州盆累中雕凿捆扎而成的盆景。香山寺的西边有个水池，池中也有岩石。水池的北边有郡守岳和声建造的香林书院，用来保存宋代赵清献公的故迹。再往西北是黄文节祠，后有卧龙石，前有龙溪往西流。宋时代理知府张自明承袭了黄文节的遗风，捐献了数十万钱修建祠堂以及龙溪书院，现在建筑已经荒废但其石碑地形图还保存在祠堂中。它的东北面便是西竺寺。

城内外俱茅舍，居民亦凋敝之甚，乃粤西府郡之最疲者。或思恩亦然。闻昔盛时，江北居民濒江瞰流亦不下数千家，自戊午饥荒，蛮贼交出，遂鞠[1]为草莽，二十年未得生聚，真可哀也。

【注释】①鞠（jū）：同“鞫”。贫穷。

【译文】庆远城内外都是茅草房，居民生活得也非常困苦，是粤西各府城中最凋敝的地方。或许思恩府也是如此。听说过去繁荣的时候，龙江北岸濒江瞰流的居民也不下几千家，自从戊午年（万历四十六年，1618）闹饥荒以来，蛮人、盗贼交替出现，终因贫穷而变成了荒芜之地，二十年来没能繁衍人口真是可悲呀！

绕城之胜有三：曰北山，则会仙也；曰南山，则龙隐也；曰西山，则九龙也。

【译文】围绕府城的胜景有三处：一处是北山，也就是会仙山；一处是南山，也就是龙隐山；一处是西山，也就是九龙山。

龙隐岩在郡城南五里，石峰东隅回环北转处也。前有三门，俱西向；后通山背亦有三门，俱东南向。其中上下层叠，纵横连络，无不贯通。今将中道交加处，以巨石窒其穴，洞遂分而为二。盖北偏一门最高敞，前有佛宇，僧净庵栖之；南偏二门在山腋间，最南者前多宋刻，张丹霞诸诗俱在焉；其中门已无路。余先从南门入，北透暗穴，反从上层下瞰得之，而无从下。仍出南门，攀搜到其处，再携炬入，遂尽其奥里。

【译文】龙隐岩在府城南边五里外的地方，是石峰东边角落回环转折向北的地方。龙隐岩前面有三个洞口，都朝西向；向后通到山背也有三个洞口，都朝向东南方。洞中洞穴上下层叠，纵横交错，没有不连通的。现在将洞中通道交接的地方，用巨石将洞穴堵住，洞便被分成了两半。大体上偏北边的一个洞口最高敞，前边建有佛庙，僧人净庵住在这里；偏南边的两个洞口在山腰处，最南的那个洞口前面有很多的宋代碑刻，张丹霞的众多诗词都在这；中间的那个洞口已无路。我先从南边洞口进入，向北穿过暗穴，反而从上层往下俯瞰找到了它，但是无从下去。仍卓从南边洞口出来，攀爬寻找到了那里，再带上火把进入洞中，终于看到了里边幽深隐秘之处。

北门西向高穹，前列佛宇三楹，洞高不碍其朗。内置金仙像，两旁镌刻皆近代笔，无宋人者。数丈后稍隘，而偏于南畔遂暗黑矣。秉炬直东入，又数丈，有岐在南崖之上。攀木梯而登，南向入穴，有一洼下陷如井，横木板于上以渡。又南，则西壁下有纹一缕，缘崖根而卧，鳞脊蜿蜒，与崖根不即不离，此即所称龙之“隐”者。外碑有记，谓其龙有昂首奋爪之形，则未之睹矣。又南数丈，逾一隘，遂俯石级下坠，则下层穴道亦南北成隙。南透则与中门内穴通，不知何人以巨石窒而塞之。北透过二隘，仰其上，则横板上渡处也。再北，窦隘而穷，遂从横板之窍攀空而上。盖上瞰则空悬无底，而下跻则攀跃可升也。仍北下木梯，复东向直入，又逾一隘，有岐复南去。从之，渐见前窍有光烨烨，则已透山而得后门矣。又数丈，抵后门。其门东南向，下瞰平畴，山麓有溪一枝，环而北透其腋，即五砦之东流之分而北者。其前复有石山一枝环绕为坞，成洞天焉。仍北返分岐处，复东向直入，又数丈，则巨石中踞。由其北隙侧身挨入，有眢井凭空下陷，大三四丈，深亦如之。乃悬梯投炬，令一人垂索而下，两人从上援索以絷[1]梯。其人既下，余亦随之。又东南入一窍，中复有穴，下坠甚隘而深，一飞鼠惊窜上。从其西南攀崖而上，崖内复有眢井空陷，烛之不见其底。循其上西南入穴，遂无可通处。乃仍下，从悬梯攀索而上，依故道直西而出前门。

【注释】①絷（zhí）：用绳子拴捆。

【译文】北边洞口朝西高高隆起，前边排列有三间庙宇，洞虽高大却没有妨碍洞内光线明朗。洞内放着一尊金色佛像，两旁的碑文镌刻都是近代人的笔迹，没有宋人镌刻的。往里几丈后稍稍变窄，而偏向南边一侧后便慢慢暗了下来。举着火把一直向东深入，又走了几丈，在南边石崖之上有个岔洞。爬着木梯登到上面，从南边进入洞穴，有一个像井一样下陷的洼洞，将木板横放在上面以便穿越。再往南，只见西面石壁下有一缕石纹，顺着石崖底部卧着，像满是鳞片的龙脊似的蜿蜒向前，与石崖底部不即不离，这就是所谓“隐藏”的龙了。外面的石碑上刻有碑记，说是这条龙有昂首奋爪的形态，只是我没有看到。又向南行进几丈，越过一处隘口，于是俯身沿石阶往下，只见下层洞穴的通道也是成缝隙形状南北走向。一直向南穿行便与中间岩洞内的通道相连在一起了，不知是什么人用巨石把它堵死了。向北穿行经过两处隘口，仰望上方，就是刚才横放木板渡过去的地方。再向北，洞内变窄且到了尽头，便从横放木板的那个石洞攀空而上。原来从上面下瞰，这个洼洞似乎空悬无底，但从下面往上却可攀爬而上。仍旧从北边木梯往下，再向东径直往里，又穿过一处隘口，又有岔洞向南而去。沿着岔洞前行，渐渐看到前方洞中有亮光一闪一闪的，原来是已经穿透山腹快到后面的洞口了。又走了数丈，到了后面洞口。洞口朝向东南，往下看是一片平整的田野，山脚下有条溪流，环绕着向北流过山侧，这便是五碧桥东边水流分出向北的支流。山前又有一座石山环绕成了山坞，形成了一处洞天。仍旧从北边回到通道分岔的地方，再向东笔直深入，又走了几丈，便见一巨石盘踞在洞中央。从巨石北边的缝隙侧身挤过，有口枯井凌空下陷，井口直径约三四丈，深度也一样。于是挂了悬梯扔下火把，让一个人垂在绳子上下去，两个人从上面拉着绳子拴住梯子。那人下去后，我也跟着下去了。又从东南边进了一处石窍，里面又有洞穴，往下非常狭窄而且很深，一只蝙蝠受惊窜了上去。从西南边攀崖而上，石崖内又有内陷的枯井，用火照也见不到底。沿着枯井向西南上行进入洞穴，终于无处可通了。于是仍旧下来，从悬梯上抓着绳子上爬，按原路一直向西出了前洞口。

南门在北洞南二百余步山腋间，俗谓之双门洞。洞前宋刻颇多，而方信孺所题“一洞中分路口三”者，亦在焉，其诗载《一统志》。其上又有张自明《丹霞绝句》曰：“玉玲珑外玉崔嵬，似与三生识面来。自有此山才“才”字余谓作“谁”字妙。有此，游人到此合徘徊。”此《志》所未载也。其左右又有平蛮诸碑，皆宋人年月。由门东向入，辄横裂而分南北，若“丁”字形。南向忽明透山腹，数丈而出后门，此亦后门之最南者也；北向内分两岐，直北遥望有光，若明若暗；东北悬崖而上，累碎石垣横截之。乃先从直北透腋平入，其下有深窞，循其上若践栈道焉。数丈，北抵透明处，则有门西辟在五丈之下，而此则北门之上层也。其前列柱垂楞，飞崖下悬，与下洞若隔。从隙间俯窥下洞，洞底平直；从履下深入，洞前明敞，恍然一堂皇[1]焉。上层逾隘北转，昏黑不能入。乃从故道南还，复出南门，索炬于北岩，复入。北至分岐处，乃东北逾石垣而下，其内宽宏窈窕，上高下平。数转约二十丈而透出东门，则后门之中也。其前犹垒石为门，置灶积薪，乃土人之樵而食息者。崖旁有遗粟，则戊午避盗者之所藏。门内五丈，有岐东南去，转而西南，共十余丈而穷。

【注释】①堂皇：特指官吏治事的厅堂。

【译文】南洞口在北洞往南二百多步的半山腰，俗称为双门洞。洞前有很多宋代的碑刻，而方信孺所题"一洞中分路口三"的碑文，也刻在这。他的诗收录在《一统志》中。碑文上面还有张自明的《丹霞绝句》，诗句为："玉玲珑外玉崔嵬，似与三生识面来。自有此山才"才"字我认为改作"谁"更好。有此，游人到此合徘徊。"这是《一统志》书中没有收录的。张自明诗句碑文的左右两边还有平定蛮族的众多碑记，落款都是宋朝时的年月。从洞口向东往里，内洞马上就横向分成南北两岔延伸，就像个"丁"字一样。朝南的洞忽然有亮光透入山腹，几丈后便出了后洞口，这也是最靠南边的后洞口了；北面的洞又分出了两个岔洞，笔直向北的远远望去便能看到亮光，若明若暗；通向东北的沿悬崖向上，有人用碎石垒起了墙横堵在洞中。于是我先从正北方的洞内穿过其侧旁平缓的地方往里，洞底下边有深井，沿着它上面走就好像踩在栈道上似的。走了几丈，向北到达了亮光透入的地方，只见在西边五丈下的地方开有一个洞口，而这里便是北边洞口的上层。洞口前边有石柱排列，窗杈悬垂，飞崖下悬，与下洞就像隔开了一样。从缝隙中俯身窥视下面的洞，洞底又平又直；从脚下深入进去，洞前明亮宽敞，恍然就像一个处理政事的厅堂。从上层穿过隘口向北转，洞内变得昏黑，无法再深入。于是只得从原路向南返回，再出了南洞口，在北洞中找来火把，再次进入。向北到达分岔的地方后，便从东北翻过石墙向下，里面宽敞宏大且幽深，洞顶高而洞底平坦。转了几个弯约有二十丈后穿过东边洞口而出，这就是后边洞口中间的那个。它的前边还有石块垒起的门，里边放置了灶堆着柴火，乃是当地的樵夫吃饭休息的地方。山崖旁有遗下的粮食，是戊午年躲避盗贼的人贮藏的。洞口内五丈处，有个岔洞朝向东南方，然后又转向了西南方，共有十多丈深便到尽头了。

中门在南门北数十步，与南门只隔一崖，上下悬绝，丛箐[1]密翳，须下而复上。搜剔久之，乃得其门。亟觅炬索火于北岩，由门东入，其后壁之上，即南来之上层也。从其下入峡，峡穷，攀而上，其南即上层北转处，向所瞰昏黑不能下者也，而援侧坂可通焉。其东直进又五六丈，有穴穿而下，以大石窒而塞之，即北洞交通之会，而为人所中断者也。大抵北洞后通之门一，南洞后通之门二，而中洞则南通南洞之上层，北通北洞之奥窟。是山东西南三面无不贯彻，惟北山不通，而顶有蚺蛇洞另辟一境云。

【注释】①丛箐（qìng）：茂密的竹林。

【译文】中洞口在南洞口往北几十步的地方，与南洞口只隔着一座山崖，上下都悬崖绝壁，茂盛的竹林浓荫密蔽，必须先下山后再往上。搜寻了很久，才找到了洞口。急忙从北洞中找来火把，从洞口向东行进，后面的洞壁之上，便是从南面洞口进来的上层。从洞内往下进入峡谷，峡谷完后攀爬而上，南边就是上层向北的转弯处，也是先前从上俯瞰昏黑而无法下走的地方，但是攀着旁边的斜坡可以进入其中。从它东面又直走五六丈，有个洞穴穿往下方，被人用大石头堵死了，这就是与北洞交会互通而被人阻断了的地方。大体上北洞与后面洞口连通的有一个，南洞与后面洞口连通的有两个，而中洞则向南通到了南洞的上层，向北通到了北洞的深处。这座山东、西、南三面无不贯通相连，只有北面的山不通，但北山顶上有个蚺蛇洞另外辟出了一处景观。

蚺蛇洞在龙隐山北绝顶。由山麓遂其东北一里，溪水从两山峡中破壁西北来，水石交和，漱空倒影，曳翠成声，自成一壑，幽趣窈然。渡水，共一里，南向攀崖而上，两崖如削瓜倒垂，中凹若剞，突石累累。缘之上跻，两旁佳木丛藤，蒙密摇飏，时度馨飔。上一里，则洞门穹然北向，正与郡城相对。前有土山当其中，障溪西北去，而环麓成坞者也。门之中，石柱玲珑缀叠，前浮为台，其东辟洞空朗，多外透之窦。东崖既穷，转窍南入，始昏黑，须炬入，数丈无复旁窍，乃出。仰眺东崖之上，复有重龛。攀崖上跻，则外龛甚大，内龛又重缀其上。坐内龛，前对外龛之北，有窦一圆恰当其中，若明镜之照焉。此洞极幽极爽，可憩可栖，惜无滴沥，奈艰于远汲何！

【译文】蚺蛇洞在龙隐山北面的峰顶上。由山脚下向东北行进一里，有条溪水从西北方两座山间的峡谷中破壁而来，水石交相应和，清水倒映着天空，拖曳着翠色一路潺潺成声，自成一壑，幽雅的情趣飘渺深远。渡过溪水，共一里，从南边攀崖而上，两侧的山崖如剖开的瓜果倒垂着，中间下凹就像被挖空了一样，突起的岩石重叠交错。沿着山崖向上爬，两旁的树木藤蔓，蒙蒙密密，摇曳飘扬，不时有馨香吹来。上登一里，便见洞口朝北高高隆起，正好与府城相对。洞前有座土山正处中央，挡住了溪水使之流向西北，正是环绕山麓成为山坞的地方。洞口内，石柱精巧细致，堆叠连缀，向前浮起成为平台，东面辟有洞穴空阔明朗，有很多通到外边的孔洞。探索完东边的石崖，转入石窍从南边进去，光线开始变得昏暗，必须点了火把进去，深入数丈后不再有别的洞，于是出来了。抬头仰望东面的石崖之上，又有两重石龛。攀崖而上，便发现外边的石龛很大，里边的石龛又连缀在它的上方。坐在里面的石龛中，前边正对着外边石龛的北面，有一个圆形的孔洞正好在它的中间，就像明镜里的影子一样。这个洞极为幽静干爽，可以歇息可以居住，可惜没有一滴水，怎么受得了到远处汲水的艰辛呢！

卢僧洞在龙隐北洞之旁，去北数十步即是。其门亦西向而甚隘，今有葬穴于中者，可笑也。既入，中辟一室，从东北攀隙上，又得一小室，其东北奥上悬垂盖，下耸圆笋，若人之首，即指以为卢僧者也。昔盱江张自明[①]候选都门[②]，遇一僧曰："君当得宜州，至时幸毋相忘。"问："何以知之？"曰："以数测之。"问："居何处？"曰："南山。"因以香一枝畀之，曰："依此香觅找，即知所在。"后果得宜，抵南山访之，皆曰："僧已久去，不知所向矣。"张乃出香爇之，其烟直入此洞，随之入，遂与卢遇。余以为所遇者，即此石之似僧者耳。或又谓："卢僧自洞出迎，饮以茶，茶中有鼻注[3]，张不能饮，侍者饮之，辄飞腾去，张遂愤而死。忽有风吹其棺，葬九龙洞石间。其棺数十年前犹露一角，今则石合而周之矣。"其说甚怪，不足信也。按张自明以辟曹[4]摄宜州事，号丹霞，曾建黄文节祠、龙溪书院，兴学右文[5]，惠政于民甚厚。今书院图碑刻犹存，而《统志》不载，可谓失人。至土人盛称其怪诞，又不免诬贤矣。

【注释】①张自明：南宋时建昌人，嘉定时以宜州教授摄州事，用州中余钱二十万建龙溪书院，后授知宜州。②都门：原为都中里门，后通称首都为都门。③鼻注：岭南一些民族有鼻饮的习惯，即饮吸东西不用口而用鼻子，方法是用一根管子接到鼻子里吸进去，该管即称鼻注。④辟曹：即户曹，为各州郡主管民户的属官。⑤右文：崇尚文治。

【译文】卢僧洞在龙隐岩北洞的旁边，距离北洞几十步的地方便是。洞口也是朝西而且非常狭窄，如今有人将里头作为墓穴，真是可笑呀！进洞后，中间拓开有个石室，从东北边攀着缝隙上去，又发现了一个小石室，石室东北深处顶上有石伞盖悬垂，下边有圆形石笋耸起，就像人的脑袋，也就是被人指认为是卢僧的地方。从前盱江人张自明在京城等候选官，遇到了一个僧人对他说："您将得到宜州的官职，到时还希望不要忘了才好。"张自明问："您凭什么知道？"僧人答道："根据定数预测到的。"张自明又问："请问您住在什么地方？"僧人回答说："南山。"因此拿了一炷香交给张自明，说："依靠这炷香找来，便知道我住在什么地方了。"后来张自明果然得到了宜州之职，来到南山寻访僧人，大家都说："僧人已经离开很久了，不知道往哪里去了。"张自明于是拿出香来点燃了，香烟径直飘入了这个洞。张自明跟随香烟进了洞，便与卢僧相遇了。我认为他所遇到的僧人，就是这块形似和尚的岩石。有的人又说："卢僧从洞中出来相迎，倒了茶给他喝。茶杯中有鼻注，张自明无法饮用，侍奉的人喝了茶，马上便飞升而去，张自明最终愤恨而死。忽然有阵风吹来，将他的棺材吹走了，葬到了九龙洞的岩石间。他的棺材数十年前还露出来一点，现在则岩石合拢将棺材全部遮住了。"他的说法很怪异，不值得相信。据考察，张自明以户曹的身份摄理宜州的政事，号丹霞，曾修建了黄文节祠、龙溪书院，兴办学校，崇尚文治，给百姓的惠民政策非常优厚。如今书院的地图碑刻还保存着，但是《一统志》没有记载，可以说是对人物失察了。至于当地人喜欢称道他的那些怪诞之事，不免又是诬蔑圣贤了。

九龙潭在郡城西南五里平冈之上，有潭一泓，深窅无底，而汇水常溢，北流成溪。九龙洞石山在其南，张自明祷雨有应，请封典焉。石山之北，有岩北向，前有石屏其中，若树塞门[①]。由西隙入，其内辟为巨室，而不甚高。后复有石柱一围，当洞之中。前立穹碑，曰"郡守张自明墓"。此嘉靖间郡守所立。此实石也，何以墓为？从墓东隙秉炬南入，又南则狭隘止容一人，愈下愈卑，不容入矣。仍出洞门，有一碑卧其前，中篆“紫华丹台”四大字，甚古。两旁题诗一绝，左行曰：“百尺长兮手独提，金乌玉兔两东西。”右行止存一句曰：“成言一了闲游戏”，及下句一“赤”字，以下则碑碎无可觅矣。其字乃行草，而极其遒活之妙，必宋人笔。惜其碑已碎，并失题者姓名，为可恨！岩之西下又有一峡门，南入甚深而隘，秉炬入，十余丈而止。底多丸石如丹，第其色黄，不若向武者莹白耳。东下又有一覆壁，横拓甚广而平。倚杖北眺，当与羲皇不远。去岩东北四里，石阵排列，自西而东如插屏，直止于香山寺前，俗称为“铁索系孤舟”云。余览罢，即从北行，东渡龙潭北流之涧，东北三里而抵香山寺。寺僧言：“九龙洞甚深，须易数炬。此洞犹丹霞墓，非九龙岩也。”

【注释】①塞门：在大门口筑的一道短墙，用以区别内外，相当于屏风、照壁等。

【译文】九龙潭在府城西南五里外的平冈之上，有一泓潭水，幽深无底，而潭中积水常常溢出，向北流淌成了溪水。九龙洞石山正位于它的南边，张自明在这祷告求雨得到了应验，因而向朝廷请求封典。石山之北，有个朝北的岩洞，洞前有块岩石挡在中间，就像树立在洞口的一堵墙。从西边的缝隙进去，洞内拓开成了一个巨大的石室，只是不是很高。后面又有一根一围粗的石柱，位于洞中央。石柱前边立有一块很高的碑，上面写着“郡守张自明墓”。此碑为嘉靖年间的知府所立。这只是块石头，又怎么会是墓呢？从墓地东边缝隙举着火把向南行进，再往南便狭窄得只能容下一人通过，越往下走通道越窄，最后无法再深入了。仍旧出到洞口，有块石碑倒卧在洞前，碑上用篆文刻着“紫华丹台”四个大字，非常古朴。两旁题有一首绝句，左边一行写着：“百尺长兮手独提，金乌玉兔两东西。”右边一行只存下了一句，写着：“成言一了闲游戏”，以及下句的一个“赤”字，以下的因为碑碎而无处可找了。诗句是用行草写的，极尽这种字体遒劲、活泼的妙处，必定是宋朝人的笔迹。可惜这碑已碎了，并且没有了题诗人的姓名，实在是遗憾！岩洞西边的下方又有一个峡口，深入后很是狭窄，举着火把往里，十多丈后便到了头。洞底有很多丸石像丹药一样，只是颜色发黄，不像向武州的丸石那样晶莹洁白。向东往下又有一处下覆的石壁，横向拓展，非常宽广而且平整。手拄拐杖向北眺望，这感觉应当与羲皇时代不远了吧。距离岩洞东北四里处的地方，岩石像军阵一样自西向东排列着，就如下插的屏风，一直到了香山寺前才到尽头，俗称为“铁索系孤舟”。我观览完后，便立即向北行进，向东渡过九龙潭北流的涧溪，向东北走了三里抵达了香山寺。寺中的僧人说：“九龙洞很深，需要更换几次火把。这个洞还是属于张丹霞的墓洞，而不是九龙岩洞。”

会仙山在龙江之北，南面正临郡城，渡江半里，即抵其麓。其山盘崖峻叠，东西南三面俱无可上，惟北面山腋间可拾级而登。路从西麓北向行，抵山西北隅，乃东向上跻。第一层，岐而南为百子岩；第二层，岐而南为雪花洞，岐而北为百丈深井岩；直东上岭脊，转而南为绝顶，此皆西北面之胜也。从东麓北向上，直抵绝壁之下，最东北隅者，为丹流阁，又循崖而西为东观，又西为白龙洞，又西为中观，又西为西观，此皆东南面之胜也。东南之胜在绝壁下，而中观当正南之中；西北之胜在绝顶上，而玄帝殿踞正南之极；而直北之深井，则上自山巅，下彻山底，中辟奥穴，独当一面焉。

【译文】会仙山在龙江的北岸，南面正靠近府城，渡江后走半里，就到了山脚下。其山山崖盘旋，峻岭层叠，东、西、南三面都无处可上，只有从北面山腰处可沿阶级上登。沿道路从西麓向北而行，到达了山的西北角，从这向东往上。第一层，岔向南边的是百子岩；第二层，岔向南边的是雪花洞，岔向北边的是百丈深井岩；一直向东上到岭脊，转而向南的是绝顶，这些都是会仙山西北面的胜境。从东边山脚下向北往上，直接到达了绝壁之下，位于最东北角落的，是丹流阁，又沿着山崖向西的是东观，再往西是白龙洞，又往西是中观，再往西是西观，这些都是东南面的胜境。东南边的美景在绝壁下，而中观位于正南方的中间；西北边的美景在绝顶上，而玄帝殿盘踞于正南方的最高处；而正北方的深井，则上起山顶，下达山底，中间有幽深的洞穴，已独当一面了。

百子崖在会仙山西崖之半，其门西向。由下门入三丈余，梯空而上，上复叠为洞，若楼阁然，前门复出下门之上。洞虽不深崇，而辟为两重，自觉灵幻。内置送子大士，故名。是山石色皆青黝，而洞石独赭。南又一洞与上层并列，已青石矣。

【译文】百子崖在会仙山西面山崖的半山腰，洞口朝西。由下层洞口往里三丈多，踏着石梯凌空而上，上边又层叠成洞，就像楼阁一样，前边的洞口出来后便又到了下层洞口的上方。洞虽然不是很高深，却分成了两层，自然让人觉得灵幻。洞内安放着送子观音，所以取了百子崖这个名。这座山外面的岩石都呈青黑色，而唯独洞内的岩石为红褐色。南边还有一个洞与上层洞并列，已是青石了。

雪花洞在会仙山西崖，乃百子之上，而绝顶之侧也。其洞西北向，前有庵奉观音大士。侧叠石为台，置室其上，则释子所栖也。由大士龛后秉炬入，门颇不宏；渐入渐崇拓，有石柱石门；宛转数曲，复渐狭；其下石始崎嵚，非复平底矣。越一小潭，其内南转而路遂穷。洞在最高处，而能窈窕深入，石柱之端，垂水滴沥不绝，僧以器承之，足以供众，不烦远仍，故此处独有僧栖。余酌水饮之，甘冽不减惠泉也。夜宿洞侧台上，三面陡临绝壑，觉灏气①上通帝座。

【注释】①灏（hào）气：是指弥漫在天地间的气。

【译文】雪花洞在会仙山的西面山崖上，就在百子崖上方，绝顶的旁边。这个洞为西北朝向，洞前有座供奉着观音菩萨的庵堂。旁边用石头垒砌成了平台，台上建了房子，是佛子居住的地方。从观音菩萨佛龛后举着火把往里，洞口不是很大；越往里走逐渐变得高大宽敞，有石柱石门；转过几个弯，洞又逐渐变得狭窄；洞底开始变得崎岖不平，不再平坦。越过一个小水潭，里边岩洞转向了南而通道便到了尽头。洞在最高处，却可以一路窈窕前行，石柱的顶端，有水滴不停下滴，僧人用容器接着，足够供给众人饮用，不必麻烦到远处频繁取水，所以只有这里有僧人居住。我舀了点水饮用，甘甜清凉，不比惠泉的水差。夜里住在洞旁平台上，三面下临陡峭的深谷，让人觉得弥漫在这天地间的气体都能上通天庭了。

绝顶中悬霄汉，江流如带横于下，郡城如棋局布其前，东界则青鸟山，西界则天门拜相山，俱自北而南，分拥左右，若张两翼。而宜山则近在西腋，以其卑小宜众，则此山之岩岩压众可知矣。峰顶有玄帝殿，颇巨而无居者。殿后有片石凌空，若鼓翼张喙者然。按张自明《龙溪书院图》，绝顶有齐云亭，即此。

【译文】绝顶高悬在云天之中，江流如同衣带一般横在山下，府城如同棋盘一般布置在它前方，东边是青鸟山，西边则是天门拜相山，都呈自北朝南向，分别拥围在左右两边，就好像两只鸟儿张开的翅膀。而宜山就在西侧附近，因它矮小而适宜于一般人攀登，那么这座山压倒其他群山的高耸之状便可想而知了。峰顶有座玄帝殿，相当宏大但无人居住。殿后有片状的岩石凌空而起，就像扇动翅膀张开嘴巴的鸟儿。根据张自明的《龙溪书院图》，绝顶有个齐云亭，就是这。

深井在绝顶之北，与雪花洞平列。路由二天门东北行，忽从山顶中陷而下，周回大数十丈，深且百丈。四面俱崭削下嵌，密树拥垂，古藤虬结，下瞰不见其底，独南面石崖自山巅直剖而下。下有洞，其门北向，高穹上及崖半，其内下平中远，反可斜瞩，盖洞上崖削无片隙，树莫能缘也。崖之西北峰头，有石横突窞中，踞其上，正与洞门对。傍又有平石一方如砥，是曰棋枰石，言仙自洞下出，升峰头而弈也。余晚停杖雪花洞，有书生鲍姓者引至横突石上，俯瞰旁瞩，心目俱动。忽幽风度隙，兰气袭人，奚啻两翅欲飞，更觅通体换骨矣，安得百丈青丝悬辘轳而垂之下也！僧言其洞直通山南，穿江底而出南山。通山南之说有之，若云穿江别度，则臆说也。

【译文】深井在绝顶的北边，与雪花洞平列。道路由二天门往东北方延伸，忽然从山顶中间往下陷，下陷处周围大几十丈，深近百丈。四面都非常险峻陡削，向下深嵌，密集的树林拥围下垂，古老的藤蔓盘根错结，俯瞰深不见底，仅有南面的石崖从山顶直剖而下。下边有洞，洞口朝北，高高向上隆起到了石崖的半腰处，洞内底下平坦而洞中深远，反而能够斜斜的看到，原来是洞上的石崖如刀削般平滑没有丝毫缝隙，树木无法附着生长的缘故。石崖西北方的峰头，有块岩石横向从深井中突起，盘踞在深井上方，正好与洞口相对。旁边又有一块磨刀石一般平滑的岩石，叫做棋枰石，说是有曾仙人从洞下边出来，飞升到峰头下棋。我晚上留宿在雪花洞，有个姓鲍的书生领我到了横突的岩石上，俯瞰四周，心神震动。忽然有幽静的山风穿过缝隙吹来，兰花香气袭人，何止是想插上两翅飞翔，更想寻觅让人全身脱胎换骨的成仙之法，哪里能找到长达百丈的绳索悬挂在辘护上而垂掉到下面去呢！僧人说这个洞直通山的南面，穿过江底而后通到南山。通往山南面的说法是有的，如果说穿过江底而通往别的地方，那就是凭主观臆断了。

中观在会仙山南崖之下。缘石坡而上，至此则轰崖削立。前有三清殿，已圮。上有玄帝像，倚崖缀石而奉之。像后即洞门，南向。篝灯[①]而入，历一室，辄后崖前起。攀而上，复得龛一圆，可以趺坐，不甚深。其东崖上大书有“四遇亭”三字。循崖而东三百步，得白龙岩。

【注释】①篝灯：指将灯放进笼中。

【译文】中观在会仙山的南面山崖下。沿着石坡向上，到这后便见崩裂的山崖笔直耸立。前边有三清殿，已经坍塌。上边有玄帝像，靠着山崖连缀的石壁围护着。玄帝像后方就是洞口，南向。点着灯往里，经过了一个石室，随即后边的石崖便向前突起。攀援而上，又发现了一个圆形的石龛，可以盘腿打坐，不是很深。在它东边的石崖上写有“四遇亭”三个大大的字。沿着石崖向东走三百步，便到了白龙岩。

白龙洞在中观之东危崖下，洞南向。入门即西行，秉炬渐转西北，其底平坦，愈入愈崇宏。二十丈之内，有石柱中悬，长撑洞顶，极为伟丽。其内有岐东上，而西北仍平，入已愈开拓。中有白石一圆，高三尺，尖圆平整，极似罗筑而成者，其为仙冢无疑。冢后有巨石中亘，四旁愈扩。穿隙而入，其内石柱更多。北入数丈，过一隘，又数丈，石壁忽涌起，如莲下垂，而下无旁窦可入。望其上复窅然深黑，然离地三四丈，无级以登。乃从故道出，仍过白石冢至东上之岐，攀跻而上。其石高下成级，入数丈，石柱夹而成门。逾门脊东下，其处深而扩，底平而多碎石漫其中。渐转而北，恐火炬不给，乃返步由故道出。余游是洞，以卧云阁[①]僧为导，取刍洞口，未及束炬，故初入至白石冢而出；再取刍入，至石壁高悬，无级以登而出；三取刍入，从东岐逾隘下深底，将北转而出。三出皆以散草易爇，不能持久也。洞口有刘棐诗一绝，甚佳，上刻“白龙洞”三大字。

【注释】①云卧阁：应该就是下文中的“卧云阁”，《徐霞客西游记》原文如此，此处当为误倒。

【译文】白龙洞在中观东边的高崖下，洞口向南。进洞后便往西行，举着火把慢慢转向西北方，洞底平坦，越往里走越高大。二十丈之内，有石柱悬在中央，长度直撑洞顶，极为雄伟壮丽。洞内有个向东的岔洞往上，但往西北方的洞依然平坦，往里已变得更加开阔了。洞中有块圆形的白色石头，高三尺，尖圆平整，很像是逐一排列修筑而成的，这必定是仙人的坟墓无疑。坟墓后有块巨石横亘在中间，四周更加宽敞。穿过缝隙往里，里面石柱更多。向北深入几丈，穿过一个隘口，又行进几丈，洞壁忽地从地上涌起，如莲花般下垂，而下边没有别的洞可以深入。仰望洞壁上方又变得杳渺深黑，但距离地面有三四丈，没有台阶可以上登。于是又从原路出来，仍旧穿过白石坟墓到达东边向上的岔洞，而后攀登而上。这里的岩石时高时低像台阶一样，往里几丈，两边石柱相夹成门。越过石门上石脊向东往下，这里变得又深又宽，底部平坦但有许多碎石遍布其中。渐渐向北前行，因担心火把不够，只好转身由原路出来。我游玩这个洞时，请了卧云阁的僧人作向导，在洞口取了干草，没来得及捆绑火把，所以第一次进洞到了白石坟墓处便出来了；第二次取了干草进去，到达洞壁高悬的地方，因没有台阶可上便又出来了；第三次取了干草进去，从东边岔洞穿过隘口下到深洞底部，即将北转时便出来了。三次出洞都是因为散草容易燃尽，不能持久的缘故。洞口有一首刘棐的绝句诗，写得很好，洞口上边刻着“白龙洞”三个大字。

东观在白龙洞东北二百余步，前有三茅真人殿，殿后穹岩覆空，其门南向，中如堂皇，亦置金仙像。东西俱有奥室，东奥下而窅黑，西奥上而通明。岩前大书“云深”二字，国初彭挥使笔也。殿西有洞高穹，其门东向。门之南偏，有石笋高二丈余，镌为立佛，东向洞外；门之北偏，有石屏高三丈余，镌为坐佛，西向洞中。其洞崇峻崆峒，西入数丈，忽下坠深坑，上嵌危石，洞转北入，益深益宏。盖下陷之坑，透石北转于下，上穹之洞，凌石北转于上，中皆嵚嵚之石，横跨侧偃，架则为梁，空则为渊，彼此间阻，不能逾涉，故无深入之路，第一望杳黑而已。是洞有题崖者，亦曰“白龙”，又曰“白龙双洞”，乃知洞原有二，前之所入乃西洞，此乃东洞也。西洞路平可行，此洞石嵌，无容着足，其深远皆不可测。洞门题刻颇多，然无宋人笔，最多者皆永乐间题，有永乐四年庐陵郭子卢佥宪小记云："此乃陆仙翁休服修炼处，石床、丹灶、仙桃、玉井犹存。"按《百粤风土志》，仙翁又名禹臣，唐时人，岂名与字之不同耶？洞两旁龛窦甚多，皆昔人趺坐之所。殿东有小室，亦俱就圮。

【译文】东观在白龙洞东北二百多步外的地方，观前有三茅真人殿，殿后有岩洞高高隆起覆盖在空中，洞口朝南，洞内像是气势宏大的厅堂，也安放有金仙神像。东西两边都有幽深的石洞，东边的深洞处在下方且幽深昏黑，西边的深洞处于上方却通明透亮。洞前写着"云深"两个大字，是明朝建国初年彭指挥使的笔迹。大殿西边有个高高隆起的洞，洞口朝东。洞口偏南的地方，有根石笋高达二丈多，被雕刻成了站立的佛像，面朝洞外的东边；洞口偏北的地方，有座石屏高达三丈多，被雕凿成了坐着的佛像，面朝洞内西方。这个洞高大险峻且空阔，向西进去几丈，地面忽然下陷成了深坑，上边嵌着危石，岩洞转向了北边，变得更深更大。原来下陷的深坑，穿过危石从下面转向北边，上面隆起的山洞，凌驾危石之上转向北方，中间全是高峻的岩石，有的横跨有的侧卧，高高架起的便成为了桥梁，悬空的便成为了深渊，彼此间隔阻挡，无法穿越，所以没有深入的路，有的只是一眼望去的深黑而已。这个岩洞崖壁上有人题了字，也叫"白龙"，又叫"白龙双洞"，才知白龙洞原来有两个洞，前面所入的乃是西洞，这一处是东洞。去往西洞的路平坦易走，这个洞岩石深嵌，无处可以落脚，其深远处都无法测知。洞口处题辞碑刻很多，然而没有宋人的笔迹，最多的是永乐年间所题，有处永乐四年庐陵人郭子卢金都御史的小记写道："这里是陆休服仙翁的修炼之处，石床、丹灶、仙桃、玉井都还保存着。"据《百粤风土志》记载，陆仙翁又名禹臣，唐朝时代的人，难道是他的名与字不同吗？岩洞两旁的石龛、洞穴很多，都是过去修练之人盘腿打坐的场所。大殿东边有间小房子，也都快倒塌了。

丹流阁在东观东北二百余步，其上危崖至此又一折矣。崖前有小阁两重，皆就圮。后阁中置文昌司命像。阁西有洞西入，其门东向，甚高。门之内，有石夹耸成关，架小庐其上，亦甚幽爽，皆昔人栖真之处也。由洞内西入数十丈，渐隘而北转，路亦渐黑，似无深入处，遂不及篝灯。阁北上崖裂折，下岭倒坠，北路遂尽，此中观东北之胜也。此处庐阁处处可栖，今俱凋敝，无一人居，以艰于水也。诸洞惟雪花有滴沥。

【译文】丹流阁位于东观东北边二百多步外的地方，其上方危崖到这后又是一转折处了。石崖前边有两重小楼阁，都已快倒塌。后面的楼阁中安放有文昌司命君的雕像。楼阁西边有个向西深入的岩洞，洞口朝东，比较高。洞内有岩石相夹向上耸起成了关隘，在它的上边建了小屋，也非常幽静干爽，都是前人修真养性的地方。由洞内向西深入几十丈，渐渐转向北方而变得狭窄，道路也渐渐黑了下来，好像没有可以深入的地方了，于是没有及时点灯。阁楼北面上方的山崖断裂开了，下面的山岭倒坠，北面的路便结束了，这是中观东北面的胜景。这里的房屋、楼阁处处都可以居住，现在都已经衰败了，没有一人居住，因为取水艰难的缘故。诸洞之中只有雪花洞有滴水可取。

西观在中观西三百余步危崖之上，上下皆石壁悬亘。后有洞，亦南向。余至中观，仰眺不见，遂折而东行；既下山麓，始回睇见之，不及复往矣。闻会仙山西南层崖上，又有仙姑岩，由西南山麓攀跻上，当在西观上层，雪花、百子岩南崖，无正道也。此中观西崖之胜也。

【译文】西观在中观西边三百多步外的危崖之上，上、下都是高悬绵亘的石壁。后面有个岩洞，也是南向。我到中观时，抬头仰望没有见到洞，于是折转向东行进；下到山脚后，才回头见到了洞，但来不及再去了。听说在会仙山西南边的层层山崖上，又有个仙姑岩，从西南边的山脚下攀登而上，应当到了西观的上层，雪花洞、百子岩南面的山崖上，没有正道前往这。这是中观西边山崖上的胜景。

宜山在会仙山之西，龙江之北。其东又有小石一支并起，曰小宜山。二山孤悬众峰之间，按《志》以其小而卑，宜于众，故名。旧宜山县在江南岸、西竺寺西，正与此山相对。或又称古宜山县在江北，岂即在此山下耶？县今为附郭矣。

【译文】宜山在会仙山的西边，龙江的北岸。它的东边又有一座小石山并排耸立，叫做小宜山。两座山孤悬在众山之间，据《一统志》记载是因为山又小又矮，适宜大众攀登，所以得名。旧宜山县城在龙江的南岸、西竺寺的西边，正好与宜山相对。又有人说古宜山县在龙江的北岸，那不就是在这座山之下吗？宜山县现已成为附郭县了。

多灵山最高耸。其上四时皆春，瑶花仙果，不绝于树。登其巅，四望无与障者。其山在郡城西南九十里，永顺司邓宗胜之境，乃龙江西南、都泥江东北，二江中分之脊也。其来脉当自南丹分枝南下，结为此山。东行至青塘之南，过脊为石壁堡山；又东走而环于柳江之南，为穿山驿诸山；而东尽于武宣之西南境，柳、都二江交会之间。

【译文】多灵山最为高耸。山上四季如春，琼花仙果，不断出现在树上。登上山顶，四面望去没有任何遮挡的山。多灵山在府城西南九十里外，永顺司土司邓宗胜的管辖境内，是龙江西南方、都泥江的东北方，两条江中分的山脊。多灵山的来脉应当来自南丹州分出的支脉，南下后盘结成了多灵山；又向东延伸到青塘的南面，过脊成为了石壁堡山；又向东延伸环绕于柳江的南面，形成了穿山驿等处的众多山脉；而向东到了武宣县的西南境后便到了尽头，处于柳江、都泥江两江的相会处之间。

卧云阁在龙江北半里，周氏之别墅也。周氏兄弟五人，俱发隽，有五桂坊匾。营园于此，名金谷。今已残落，寂无一人。惟阁三楹犹整洁，前后以树掩映可爱。主人已舍为玉皇阁，而中未有像，适一老僧自雪花分来守此，余同徜徉于中。其西南临江，又有观音阁，颇胜而有主者，余不及登。

【译文】卧云阁在龙江北面半里外的地方，是周家的别墅。周家兄弟五人，都是发奋不凡之人，有五桂坊的匾额为证。他们在这里营建了一座园林，名叫金谷园。如今已经残破衰落，荒寂无人。只有三处楼阁还齐整干净，前后因为有树掩映而显得可爱。主人已将其施舍作了玉皇阁，但阁中没有神像，正好有个老和尚从雪花寺分出来守在了这里，我与他一起在园中闲游。卧云阁西南边紧临龙江，还有个观音阁，相当优美而且有人管理，我来不及前往了。

初十日　晨起饭于香山寺，云气勃勃未已，遂别慧庵行，西取南丹道去。随龙溪半里，逾其北，即西门外街之尽处也。又半里，见又一溪反自西来，乃九龙之流散诸田壑，北经西道堂之前东折而来。龙溪又西流而合，两水合于西街尽处，即从路下北入石穴而注于江。又半里，过西道堂，又西五里，过前小观还所过石桥架于石壑间者，其水乃小观所出之支也。过桥，西南有岐，即前小观所来大路，从桥西直行，乃怀远大道也。直西行又三里，望见西北江流从北山下一曲，盖自郡西来，皆循江南岸行，而江深不可见，至是一曲，始得而见之。江北岸之山，自宜山之西连峰至此，突而西尽，曰鸡鸣山。其西之连峰，又从鸡鸣后环而去者也。忆前从小观来，误涉水畦，既得大道后，即涉一石壑，有石架壑上，其下流水潺潺，深不可晰。又东二里，复过一石壑，其架石亦如之。今所过止东壑石桥一所，其西壑者，路已出其北，桥应在其南，但桥下北注之水，不知竟从何出，岂亦入穴而不可睹耶？向疑二桥之水，一为小观，一为九龙，以今观之，当俱为小观，非九龙也。于是两界石山俱渐转西北。从中坞行，又十里，有山中峙于两界之间，曰独山，峭削孤耸，亦独秀之流也。独山南有村数十家，在南山下，曰中火铺。又西北一里逾土冈，复望见西北大江一曲，自西而东。又西北一里，直逼南界石山而行。路北则土阜高下，江北复石峰蜿蜒，路濒南峰，江濒北峰，而土山盘界其间，复不见江焉。是时山雨大至，如倾盆倒峡，溪流之北入江者，声不绝也。又五里，两界之中，又起石峰一枝，路遂界其北，江遂界其南[①]。雨虽渐止，而泥滑不堪着足，行甚蹇也。又三里，转南界石嘴，有泉一泓，独止石窞间，甚澄碧。其西有岩北向，前有大石屏门而峙，洞深五丈，中高外闭，后壁如莲花，叶蕊层层，相叠而缀，隙扁狭，可窥而不可入焉。又西北二里，南山后逊，外攒中开，一宕北向，数家倚之，曰大洞堡。入而炊于栏，问："洞何在？"曰："在南山之背。从堡后南入峡，尚三四里而至，一曰大洞，一曰天门洞，有楚氓开垦其内焉。"盖自堡北望之，则南峰回环如玦，入至堡后，又如莲瓣自裂，可披而入也。过大洞堡，升降陂陀，又十里，逾土山而下，则江流自南而北横，天堑焉。其西岸即为怀远镇。时随夫挑担不胜重，匍匐不前，待久之而后渡。江阔半于庆远，乃怀远镇之南江也。其江自荔波来，至河池州东境为金城江，又南至东江合思恩县西来水，南抵永顺北境入山穴中，暗伏屈曲数里，而东出于永泰里[②]，又东北至中里，经屏风而东，黄村、都田之水入焉。又东北过此，又北而东五里，则北江自西北来合，为龙江焉。前谓自屏风山入穴者，讹也。屏风未尝流穴中，入穴处在永顺司永泰里之间，土人亦放巨板浮穴中下。由是观之，永顺司有三大流焉，此为北支。而司北五里者，又为都泥北支。司南与思恩府九司隔界者，为都泥南支。八峒、石壁之水，入金城下流可知。怀远镇在江之西岸，其北尚有北江自思恩县北总州来，与南江合于怀远之下流，舟溯南江至怀远而止。其上则滩高水浅，不能上矣。北江通小舟，三四日至总州。是晚宿怀远镇之保正家，而送夫之取于堡中者，尚在其西土山上。盖是处民供府县，而军送武差。

【注释】①路遂界其北，江遂界其南：原作“路遂界其北，江遂界其南”，有衍文，现依文意删正。②永泰里：乾隆本、“四库”本作“泰顺里”。

【译文】初十日　早晨，起床后在香山寺吃饭，云气不停地上升，于是告别慧庵上路，往西方走到南丹州去。沿着龙溪走了半里路后，跨过溪来到到溪北面，便是西门外街的尽头处。又走半里路后，看见又有一溪水反向从西南流来，这是九龙潭水散流在田间的各条水沟中，然后向北流过西道堂前面后再向东折流过来的。龙溪又向西流去会合，两条溪水在西街的尽头处合流，立即从路下边向北流进石洞中后流入了江中。再走半里路，经过西道堂后，又向西走了五里路，走过从前去小观时返回来经过的架在石壑间的石桥，桥下的水是小观流出来的支流。走过桥后，在西南方有条岔路，就是之前从小观过来时的大路，自桥的西头一直走，便是去怀远镇的大路。一直向西又再走三里路，看见西北方江水在北山下转了一下弯，可能是从城西边流过来，我都是沿者江的南岸行走，而江水深不见底，到了这个拐弯处，开始能够看见它。江北岸的山峰，从宜山的西面开始，山峰连绵不断到这里，耸立起来后向西边到了头，被叫做鸡鸣山。西面与它相接的山峰，又从鸡鸣山的后面环绕而去。想起之前从小观来时，误入水田，随后发现大路，立即又涉过一个山石沟，沟上架了座石桥，桥下有潺潺的流水，流水深不见底。再向东面走二里路，又经过一个山石沟，石沟上面所架石桥也和之前的一样。今天经过的只有东面石沟上的一座石桥，那座西边山石沟的桥，路已经在它的北面，桥应该在它南面，但桥下向北流去的水，究竟从哪里流出去是不得而知的，难道也是流进洞穴中而不能被看见吗？之前怀疑两座桥下水的源头，一处是源自于小观，一处是源自九龙潭，根据今天的观察看来，该全是源于小观，而不是九龙潭。从这里开始，两面的石山的走向都渐渐转向西北。沿着中间的山坞行走，再走十里后，有座屹立在两列山之间的山峰，叫独山，险峻陡峭，独自耸立，就像独秀峰那样。在独山的南面有一个村庄，有几十户人家，位于南山下，叫做中火铺。又向西北走一里越过山冈，又看见西北方的大江转了一个弯，自西流向东。再向西北一里，直面南面一排石山而行。路的北边土阜起起伏伏，而江的北面有石峰绵延不断，路挨着南面山峰，江临着北峰，然而土山在它们中间盘绕，又不能看见江水了。此时山雨大作，像倒盆里水一样倒入山峡，溪流向北流入江中，流水声不断。再走五里路，两排山之中，又矗立起一座山峰，路被隔在山的北面，江被隔在山的南面。大雨虽然渐渐停了，但泥地湿滑不便行走，使得行走变得特别艰难。又走了三里路，绕过南面石山嘴，有一处泉水，蓄积在石坑间，非常的清澈碧绿。有个朝北的岩洞在它西边，前边有一块大石头像屏障一样立在洞口，洞深有五丈，中间高外部闭塞，后洞壁像莲花一般，叶片花蕊一层一层的，交叠连缀，有扁而窄的缝隙，能够窥视但却不能进入。再向西北方走二里路，南山就往后退，外边聚到一起，中间部分开阔，一处面朝北的空地，有几户人家依傍着它，叫大洞堡。入村后在竹楼中烧饭，问道：“洞在哪里？”回答道：“在南山的山脊上。从大洞堡后面往南走入山峡，还有三四里路就到了，一个名叫大洞，一个名叫天门洞，有楚地的老百姓在峡内开垦荒地。”从大洞堡向北看过去，就看见南峰回绕像玉块一样，进入到堡内，又像莲花瓣自然裂开，能够钻进去。过了大洞堡，升降在山坡间，再走十里后，翻过土山向下走，就看见江水自南往北横流，是天堑了。江的西岸就是怀远镇。这时随行的脚夫不能承受挑的重担，趴在地上不往能前走，等待了他很久后再渡江。江面的宽度有庆远府的一半，是怀远镇的南江。这条江从荔波县流来，到了河池州东境内叫做金城江，再向南流到东江镇和思恩县向西流来的江水会合，向南抵达永顺司北境流到山间洞穴中，潜伏的暗流曲曲折折几里，然后从东边的永泰里流出，再向东北流到中里，流经屏风山向东流去，黄村、都田村的水流汇入其中。又向东北流经此地，又向北流后转向东五里，就有自西北的北江流来会合，就是龙江了。之前认为是从屏风山流入洞穴，那是错的。水在屏风山没有流入洞穴中，流入洞穴的地方在永顺司永泰里之间，当地人也把大木板漂浮在洞穴中随水流而下。这样看来，永顺司有三大水流，这是北面的支流。而司城北面五里的水流，又是都泥江北面的支流。司城南面和思恩府九司交界处相隔的，是都泥江南面的支流。八桐、石壁村的水流，流进金城江下游可想而知。怀远镇在江的西岸，江北还有自思恩县北面的总州流来的北江，与南江在怀远镇的下游合并，船从南江逆流而上到达怀远镇便停下来。它的上游河滩高而河水浅，不能再向上航行了。北江通行小船，三四天可以到达总州。这晚住宿在怀远镇的保正家里，但是送行的脚夫要从军营中差遣，还在西边的土山上。原来这里民间负责府县的差役，而军人负责武差。

十一日　晨起，保正以二夫送至安远堡换兵夫，久之后行。于是石山遥列，或断或续，中俱土山盘错矣。西北五里，上土山，转而北，已乃复西北升降坡陇，每有小水，皆北流。共二十里，过中火铺，又西北三里，为谢表堡。其堡当土山夹中，一阜孤悬，惟前面可上，后乃汇水山谷，浸麓为塘，东西两腋，亦水环之。堡在山上，数家而已。候夫久而行，又北逾一岭，五里，有数十家在东山下，曰旧军。时已过午，贳酒一壶，酌于路隅石上。石间有小水乱流。其南一穴伏石窞下，喷流而出，独清冽殊甚。又西北，坞中皆成平畴，望见西北石山横列于前，共八里，循南界石峰之麓，于是与西北石山又夹而成东西坞。路由其中，转向西行，逾一横亘土脊，由此小水之分界也。由此西望，则羊角山湾竖于两界之中，此叱石之最大者也。又西二里，抵德胜镇之东营。时尚下午，候营目不至，遂自炊而食。既饭，欲往河池所，问相去尚五里。问韦家山、街南金刚山。袁家山、街北狮子洞。莲花塘，诸俱在德胜。遂散步镇间，还宿于东营。是日下午已霁，余以为久晴兆，及中夜，雨复作。

【译文】十一日　早晨起床，保正派遣了两名脚夫到安远堡换兵夫，很久之后才上路。这里的石山远远的排列，断断续续，土山在其中盘绕错杂。向西北走五里路，登上土山，向北转，不久就又转向西北，在山坡土陇之间上下，常有小溪水，都是向北流。总共二十里，经过中火铺，再向西北走三里，就是谢表堡。这座土堡相夹在土山之中，有一座土山孤悬着，只有前面可以走上去，后面是水蓄积在山谷里，浸着山麓成为水塘，东西两边，也被水环绕着。土堡在山上，只有几户人家而已。等了很久派夫才上路，又向北翻过一道山岭，走五里路之后，有几十户人家住在东山下，叫旧军。这时已经过中午，买了一壶酒，在路旁的石头上喝酒。有小溪乱流在岩石间。溪南面有一个洞穴隐藏在石坑下，水流喷涌出来，非常清冽。再往西北走，坞中全部都是平坦的田野，看见西北方的石山横列在前方，总共八里，沿着南面的一列石峰的山麓行走，在这里和西北方的石山又夹成东西方向的山坞。路经其中，转而向西行，翻过一条横亘的土山山脊，就是此处小溪的分界处了。从这里向西望去，就能看见竖立在两面群山之中的羊角山湾，这是羊状岩石中最大的。再向西走二里，到达德胜镇的东营。这时候还是下午，等营中的头目，不见其来到，便自己煮饭吃了。吃完饭后，想要去河池所，询问得知距河池所还有五里。询问得知韦家山、街南是金刚山。袁家山、街北是狮子洞。莲花塘，这几处都在德胜镇。便在镇上散步，返回来在东营住宿。这天下午天气已经转晴，我以为这是长期天晴的征兆，等到半夜的时候，又下起雨来。

十二日　晨起，饭毕而雨不止。令顾奴押营夫担行李，先往德胜西营。余入德胜东巷门，一里，折而北，半里，抵北山下。袁家山。过观音庵，不入，由庵左自庵登山。有洞在山椒，其门南向，高约五丈，后有巨柱中屏，穿东西隙，俱可入，则稍下而暗。余先读观音庵碑，云庵后为狮子洞，故知此洞为狮子。又闻之土人云："袁家山有洞，深透山后。"窥此洞深杳，亦必此山。时洞外雨潺潺，山顶有玉皇阁，欲上索炬入洞，而阁僧适下山，其中无人。乃令随夫王贵。下观音庵索炬，余持伞登山。石磴曲缀石崖间，甚峻，数曲而上，则阁上为僧所扃，阁下置薪可为炬。余亟取之，投崖下。历崖两层，见两僧在洞口，余疑为上玉皇阁僧也，及至，则随夫亦在焉。僧乃观音庵者，一曰禅一，一曰映玉，乃奉主僧满室命以茶来迎，且导余入洞者。遂同之，更取前投崖下薪，多束炬入。遂由屏柱东隙，又北进数丈，则洞遂高拓，中有"擎天柱""犀牛望月""莺嘴""石船"诸名状。更东折数丈，则北面有光熠熠自上倒影，以为此出洞之所也。然东去尚有道杳黑，乃益张炬东觅之，又约五丈而止。乃仍出北去，向明而投。抵其下，则悬石巉岨，光透其上，如数月并引。余疑，将攀石以登，忽有平峡绕其左而转，遂北透出，其门北向，又在前所望透明之下也。出洞，南向攀丛崖而上，则石萼攒沓，如从莲花簇瓣上行，缘透明穴外过，又如垂帘隔幕也。南向上山顶，遂从玉皇阁后入，则阁僧已归。登阁凭眺，则德胜千家鳞次，众峰排簇，尽在目中也。仍从二导僧下山，折磴石崖间，凡数曲下，出过狮子洞前，下入观音庵，谢满室而别。

【译文】十二日　早晨起床，吃完饭的时候雨还没有停。命令顾仆押着营中挑行李的兵夫，先去德胜镇的西营。我进入德胜镇东巷门，走了一里后，向北转，走了半里后，到达北山下。即袁家山。路过观音庵的时候，没有进去，由庵的左边开始登山。在山顶有山洞，洞口向南，高大概有五丈，后面有巨大屏风样的石柱立在中央，穿过东西两边的缝隙，都可以进到里面，只是稍微走进就暗了下来。我之前读了观音庵的碑文，说庵后面是狮子洞，所以知道这个洞便是狮子洞。又从当地人那里知道："袁家山有山洞，深深透入山的背后。"看见这个洞很是深远，也肯定是这座山。这个时候洞的外面雨声潺潺，山顶上有一座玉皇阁，想要上去索得火把进入洞中，但是阁里的僧人刚好下山了，阁里没有人。便命令随行叫王贵的脚夫，下山去观音阁索要火把，我撑着伞登山。石磴曲曲折折点缀在石崖中间，十分险峻，拐了几个弯上去后，就看见阁上被僧人锁了起来，阁下放了可以做成火把的柴火。我急忙取了柴火，扔下了山崖。经过两层山崖，看见两个和尚在洞口，我猜想是上面玉皇阁的僧人，等到走到时，就看见随行的脚夫也在。僧人是观音庵的，一个名叫禅一，一个叫名映玉，是奉了住持和尚满室的命令拿着茶来迎接，而且带领我进洞的和尚。于是和他们一起，再取得先前扔下山崖的柴火，多捆了些火把进入洞中。于是从屏风样石柱东边的缝隙进入，再向北走进去几丈，就看见高高拓展开的洞，里面有擎天柱、犀牛望月、莺嘴、石船各种名称与形状。再向东转走进去几丈，就看见北面有从上方倒射进来的光影闪闪发亮，以为这里便是能出洞的地方。然而向东去还有特别暗黑的通道，于是把火把举得更高向东找过去，又大概走了五丈路便断了。于是仍出来向北走，向着明亮的地方跑过去。到达那里下边，就看见悬石高险阻隔，光线从那上边射入，就像几个月亮并排着引进亮光。我有疑惑，打算攀岩石上登，忽然见有平坦的峡谷绕过它左边转出去，便向北钻出来，这里的洞口向北，又在之前看见的透进亮光那个地方的下面了。出洞之后，向南在成丛的石崖上攀登，就见石片攒聚杂沓，就像从成簇的莲花花瓣上行走，沿着透光的洞穴外走过，又像是布帘下垂幕相隔了。向南方走到山顶，马上再从玉皇阁后面进去，阁里的僧人却已回来了。登上楼阁凭栏远眺，德胜镇千家万户鳞次栉比、群峰排列的景象就全在眼中了。还是跟随两位领路的僧人下山，来回走在石磴山崖间，一共下走了几个弯，从狮子洞前出来，下山后走进观音庵，谢过满室的人便告别离开了。

遂出，南半里，过德胜街，其街东西二里余。街方墟集为市。雨中截街而南，又半里抵韦家山。从山之西麓攀级而登，崖悬峡转，有树倒垂其上，如虬龙舞空。上有别柯，从岩门横架巨树之杪，合而为一，同为纠连翔坠之势。其横架处，独枝体穿漏，刓空剔窍，似雕镂成之者。岩门在上下削崖间，其门西向，前瞰树杪，就隘为门。前有小台，石横卧崖端，若栏之护险。再上，有观音阁当洞门。由其右入洞，洞分两支：一从阁后东向入，转而南，遂暗，秉炬穷之，五丈而止，无他窦也；一从阁西东向入，下一级，转而北，亦暗，秉炬穷之，十丈而止，亦无他窦也。大抵此洞虽嵌空，而实无深入处，不若狮子洞之直透山后。然狮子胜在中通，而此洞胜在外嵌，凭虚临深，上下削崖，离披掩映，此为胜绝矣。观音阁之左为僧卧龛，上下皆峭岩，僧以竹扉外障。而南尽处余隙丈余，亦若台榭空悬，僧亦将并障。余劝其横木于前，栏而不障以临眺，僧从之。此僧本停锡未几，传闻此洞亦深透于后，正欲一穷，余以钱畀之，令多置火炬以从，其僧欣然。时有广东客二人闻之，亦追随入。及入而遍索，竟无深透之穴，乃止。洞门下悬级之端，亦有一门，入之深不过四丈，而又甚狭，遂下山，山下雨犹潺潺也。仍半里，出德胜街之中，随街西向行，过分司前。向有二府，今裁革，以河池州同摄镇事。又一里，出德胜西街门，又西一里，有营在路北，是为德胜营。往问行李，又挑而送至河池所矣。仍出至大路，稍西，遂从岐南过一小溪。半里，平原中乱石丛簇，分裂不一，中有潴水一泓，澄无片草，石尖之上，亦有跨树盘络，如香山寺前状。石片更稠合，间以潭渚，尤奇。潭西又有一石峡，内亦潴水，想下与潭通。其上则石分峡转，不一其胜也。其南有石独高而巨，僧结茅于上，是为莲花庵，亦如香山寺前之梵室。门就石隙，东西北俱小流环之，地较香山幽丽特绝。但僧就峡壁间畜猪聚秽，不免唐突灵区①耳。峡水之西，又有古庙三楹，扃而无人。前有庵已半圮，有木几、巨凳满其内，而竟无栖守。石虚云冷，为之怃然，乃返。

【注释】①灵区：原作“灵匽”，从沪本改。

【译文】走出庵后，向南走半里，过了德胜街，此街东西长二里多。街上正在赶集。在雨中横穿过街后向南走，再走半里路就抵达韦家山。从山的西面山脚拾阶而上，可见高悬的山崖，回转的山峡，有树倒垂在山崖上，如飞舞在空中的屈曲神龙。上方有其他的树枝，从洞口横架到大树的树梢上，合二为一，一同作出一副缠连翔空下坠的姿势。树枝横架的地方，只有树干穿通，如挖出空洞，剔出窟窿，像是雕凿而成的样子。洞口在上下悬崖中间，洞口朝西，从前方俯看树梢，靠近险要的地方做为洞口。洞前边有个小石台，横卧在石崖的前端，护着险要的地方，像栏杆一样。再往上走，有观音阁挡在洞门口。从它右边进入洞中，山洞分为两个支洞：一个从阁后东面进去，向南转，随即暗了下来，举着火把深入它的尽头，走五丈后到了头，没有其他洞穴；一个支洞从阁西面向东进去，走下一个台阶，向北转，也马上暗下来，举着火把深入它的尽头，十丈后到了头，也没有其他洞穴。大概这个山洞虽然空阔，但实际没有能深入的地方，不像狮子洞一直穿透到山后面。只是狮子洞优美的地方在中间相通，但这个洞却胜在外边镶嵌，凭靠虚空，其下临着深渊，上下都是是悬崖峭壁，离乱的相互掩映着，这是它最优美的地方了。观音阁的左边是供僧人睡觉的石屋，上下都是险峭的岩石，僧人用竹制的门在外边挡着。而在南边的尽头有一丈多的空地，同样也是像悬在空中的台榭一样，僧人也将它一起遮挡起来。我建议他在边缘横架起木头，搭建成栏杆而不是将它堵起来，这样就可以凭栏远眺，僧人接受了我的意见。原来这个僧人也是在这住没多久，传闻这个洞也是钻的很深直到后山，正想要去探究他的尽头，我拿了钱给他，命令他多买一些火把并跟着我进洞，这个僧人开心的答应了。这时有两个广东的客商听说这件事，也跟着我们进了洞。到进洞后四处搜寻，竟然没有发现通往更深处的洞穴，就停了下来。洞口下面高悬的石阶顶部，也有一个洞口，进洞后进深不超过四丈，并且又特别狭窄。于是就下山了，山下雨依然不停的下着。还是走了半里，出来后到德胜街的中段，沿着街道向西走，经过分司衙门的前面。之前设有两个府，现在撤销了，由河池州来一起代理镇上的政事。再走一里后，走出了胜镇的西街门，再向西走一里，在路的北面有营房，就是德胜营。过去询问行李，又被挑了送去河池所去了。依然出来回到大路上，向西稍微走一段，即从一个岔道向南涉过一条小溪。半里后，可见乱石成丛成簇散落在平原中，分离的、裂开的各不一样，其中有一处积水，水体很清澈，没有一根草，石尖的上面，也有横跨其上，盘绕着的树枝，就像香山寺前的情形一样。石块更加的稠密合拢，中间夹杂以水潭、小洲，非常奇特。水潭的西边还有一个石峡，里边也蓄积了水，我推断这下边是和水潭连通的。它上面山石分立，峡谷开始转向，它优美的地方就不止一处了。它南边有高大独立的岩石，僧人建了茅屋在上面，这就是莲花庵，也如同香山寺前面的佛殿。庵门就着石缝修建，东、西、北三面都有环绕着它的小水流，与香山寺比较，这里的环境特别的幽静美丽。但是和尚挨着峡谷的石壁养猪积满了污物，免不了冒犯了这灵秀的地方。在山峡中积水的西面，还有三处锁了起来没有人的古庙。前边的寺庵已经坍塌了一半，庵中堆满了木桌、大木凳，然而却没有人住。空空荡荡、一片清冷，因此感到怅然失意，于是就回来了。

北出大路，又西过一石梁，其下水颇小，自北而南，又东环莲花庵之东，又西绕其前而南去，此乃南入南江之流也。又西经一古台门，则路俱砖甃，而旁舍寥落，不若德胜矣。又西一里，入河池所东门。所有砖城，中开四门，而所署倾尽，居舍无几，则戊午岁凶，为寇所焚劫，荡为草莽也。德胜镇皆客民，雇东兰、那地土兵守御，得保无虞。而此城军士，反不能御而受燹。担停于所西军舍，秽陋不堪。乃易衣履至东街叩杜实徵，不在舍。返寓，之东门，实徵引至其书室，则所土阜上福山庵后楹也。庵僧穷甚，无薪以炊，仍炊于军家，移食于庵，并行李移入。下午，令顾仆及随夫以书及军符白管所挥使刘君，适他出，抵暮归曰："当即奉叩，以晚，须凌晨至也。"所城与所后福山寺，皆永乐中中使雷春所创，乃往孟英山开矿者。

【译文】向北走出到大路上，再朝西走过一座石桥，桥下有很小的流水，从北向南流，又向东在莲花庵的东边环绕，又向西绕到庵前，随即往流向南去，这溪流是向南流入南江的。再向西走过一处古台门，此地道路都是砖砌而成，但路边建的房屋很稀疏，比不上德胜镇了。再向西走一里，就进入河池所的东门。四周有砖建的城墙，中间开设有四道城门，但是所衙全部倒塌了，百姓的房子也不多，是因为戊午年年成不好，遭到盗贼焚烧打劫，沦为荒地了。德胜镇的居民都是客居的百姓，他们雇东兰州、那地州的土司士兵把守，从而保证没有出现意外。但本城的士兵，却不能守卫城池。停放担子在所西面的军队营房中，营房特别的污秽简陋。于是换了衣服鞋子走到东街去拜见杜实微，他不在家中。便回寓所，走到东门，实微领我来到他的书房，就是位于所衙土山上的福山庵的后殿。庵中僧人特别的穷困潦倒，煮饭的柴火都没有，还是在军家煮好饭后，拿到庵中食用，行李也一起搬进了庵中。下午，命令顾仆和随行的脚夫拿了信和兵符去告知管理这个所的指挥使刘君。刚好刘君出门去了，直到傍晚时才回来，说："应该立即来看望，因为天色已晚，必须明天凌晨再过来了。"所城和位于所后面的福山寺，全是永乐年间宦官雷春创建的，他是去孟英山开矿的人。

十三日　晨起欲谒刘君，方往市觅柬，而刘已先至。名弘勋，号梦予。馈程甚腆，余止收其米肉二种。已而柬至，乃答拜其署，乃新覆茅成之者。商所适道，刘君曰："南丹路大而远，第土官家乱，九年冬，土官莫伋[①]因母诞，其弟妇入贺，奸之，乃第三弟妻也。于是与第四弟皆不平，同作乱。伋遁于那地。后下司即独山之烂土司，向为南丹所苦，十年九月间，亦乘机报愤，其地大乱。两弟藉下司万人围南丹，伋以那地兵来援，其三弟走思恩县，四弟走上司，伋乃返州治。十二月，收本州兵，执三弟于思恩而囚之。今年春，郡遣戚指挥往其州，与之调解，三弟得不死，而四弟之在上司者，犹各眈眈也。下司路不通，由荔波行，路近而山险，瑶僮[②]时出没。思恩西界有河背岭，极高峻，为畏途，竟日无人，西抵茅滥[3]而后入荔波境，始可起夫去。但此路须众人乃行。”先是，戚指挥以护送牌惠余，曰：“如由荔波，令目军房玉洁送。”盖荔波诸土蛮素慑服于戚，而房乃其影，尝包送客货往来。刘君命房至，亲谕之送，房唯唯，而实无行意，将以索重贿也。从署中望北山岩，如屏端嵌一粟。既出欲游北山，有王君以柬来拜，名冕，号宪周。且为刘君致留款意。已刘君以柬来招，余乃不游北岩而酌于刘署。同酌者为王宪周、杜实徵及实徵之兄杜体乾，皆河池所学生也。曾生独后至。席间实徵言其岳陈梦熊将往南丹，曰：“此地独耳夫难，若同之行，当无宵人之儆。”刘君命童子往招之，不至。余持两端[4]，心惑焉。

【注释】①莫伋：为南丹土官。原作“莫极”，据乾隆本《黔游日记》三月二十八日及嘉庆《广西通志·土司志》改。下同。②僮（zhuàng）：即今壮族。③茅滥：即毛南，指毛南族聚居区，在今广西环江县西部的上南、中南、下南一带。④持两端：犹豫不决。

【译文】十三日　早晨起来后想要去拜谒刘君，刚要去集市上寻觅柬帖，而刘君已经先到这儿来了。刘君名叫弘勋，号梦予。他赠给我的路费非常多，我只是收了他的米肉两种东西。过了一会儿柬帖到了，就去他的官署答谢拜见，官署是最近用茅草盖成的。商议要走哪条道路，刘君说：“到南丹州的道路大并且远，但是土司家里正遭逢变乱，（崇祯）九年（1636）冬天，土司莫伋因为母亲诞辰，他的弟媳来祝贺，莫伋奸污了她，是三弟的妻子。因为这个，三弟和四弟都愤愤不平，一起犯上作乱。莫伋逃奔到那地州。此后，下司就是独山州的烂土司，以往苦于南丹州的迫害，在崇祯十年（1637）九月间，也趁此机会报仇泄愤。这个地方非常混乱。两个弟弟借了下司一万人围攻南丹州，莫仮用那地州的军队来支援，他的三弟逃到了思恩县，四弟逃往上司，莫仮才返回南丹州的治所。十二月，汇聚了本州的军队，在思恩县逮捕三弟并把他囚禁了。今年春天，郡守派戚指挥到这儿进行调解，三弟才没有死，而四弟在上司，仍是虎视眈眈。到下司的路不通，从荔波县走，路程很近但山路险要，瑶人壮人经常出现。有个河背岭在思恩县西边界线上，非常高大险峻，是险恶可怕的路径，整天都没有人，向西到达毛南之后到荔波县境内，才可以雇佣脚夫前往。但是这条路必须在人多的情况下才可以行走。”在这以前，戚指挥使送给我护送牌，说：“假使经过荔波，让目军房玉洁送你。”原来是荔波县本地的各个民族一向服从姓戚的，而姓房的是他的下属，以前是承包接送客人和货物来往的。刘君让房玉洁前来，亲自告知他要送行。房玉洁连连称是，但却没有前去送行的行动，想要凭借这个索要很重的贿赂。在官署中眺望北山的岩石，像屏风顶端镶嵌着的一粒谷子。从官署里出来后想要游览北山，王君拿来了拜见的帖子，名叫冕，号宪周。而且替刘君表述了要留下款待我的意思。过了一会儿刘君送来柬帖让我去，于是我就在刘君的官署中饮酒而不去游览北岩了。一块喝酒的是王宪周、杜实徵及杜实徵的兄长杜体乾，这些全是河池所的学生。后到的是姓曾的儒生。酒席上实徵讲到他的岳父陈梦熊即将前往南丹州，说：“这个地方只有蠢笨的脚夫最难找到，假如和陈梦熊一起走，将不用防备坏人。”刘君派遣一个孩童让他前来，他没有来。我徘徊不觉，心中迷惑。

十四日　以月忌，姑缓陈君行。余卜之，则南丹吉而荔波有阻。及再占，又取荔波。余惑终不解。乃出北门，为北山之游。

北山者，在城北一里余。拾级而上者，亦几一里。削崖三层，而置佛宇于二层之上、上层之下。出北门，先由平壑行，不半里，有乱石耸立路隅，为门为标，为屏为梁，为笋为芝，奇秀不一，更巧于莲花塘、香山寺者。又北几一里，北向陟山，危磴倚云崖而上，曲折亦几一里。进隘门，有殿宇三楹，僧以索食先下掩其扉，自下望之，以为不得入矣，及排之，则掩而不扃也。入其中，上扁为"云深阁"，右扁有记一篇，乃春元①董其英者，即所中人。言尝读书此中，觅阁东音石，为置茅亭。今从庵来，觅亭址，不可得。而庵之西，凌削崖而去，上下皆绝壁，而丝路若痕。已从绝壁下，汇水一坎，乃凿堰而壅者，有滴沥从倒崖垂下，汇之以供晨夕而已。庵无他奇异，惟临深凭远，眺揽甚遥。南望多灵山在第二重石峰之外，正当庵前。西之羊角山，东之韦家山，则庵下东西两标也。

【注释】①春元：明代科举制度，会试每三年一次，在北京举行，由礼部主持。考期在春季二月，故称"春闱"。会试考取者称为贡士，第一名亦称"春元"。

【译文】十四日　因为是月忌日，暂且推迟陈君上路的时间。我对这件事占卜，结果显示途径南丹州顺利但去荔波县有阻拦。再次占卜时，又变成取道荔波县为吉利。我的疑惑始终没有解开。于是从北门出去，到北山游览。北山，在城北一里多的地方。顺着石阶攀登，也差不多有一里。有三层悬崖，把佛寺建造在第二层的上面、上层的下面。走出北门，先走在平坦的壑谷里，半里路还没有走到，在路旁有乱石高耸，有的好似门面、标杆，有的好似屏风、桥梁，有的好似竹笋、灵芝，奇特秀美，各式各样，比莲花塘、香山寺的更加奇巧。再往北将近一里路，往北登上山，高险的石阶随着高耸入云的山崖向上，弯弯曲曲接近一里。走进关隘的大门，有三个大殿，因为去找食物的僧人先下山去而掩上了寺庙的大门，从下面往上看去，以为进不去了，等到推开门的时候，发现并没有锁上，只是虚掩着。进到寺里，上面有一个“云深阁”的匾额，有一篇记文写在右面的匾额上，是状元董其英写的，就是所城中的人。说他以前在这儿读书，在楼阁的东面找到音石，因为这个建造了茅草亭。现在从庵里出来，寻觅亭子的地址，没有找到。但在庵的西面，在悬崖上凌空而去，上下全是极陡峭的山崖，那丝线一般的路像是划痕。从山崖下来不久，积了一坑水，这是凿大坝造成的拥堵，从倒挂的悬崖上有滴下水滴来，把它们汇聚起来用来提供早晚的用水罢了。庵里没有其他奇异的地方，只有面向深渊，极目远眺，看得很远。向南方看去，在第二重石峰之外的多灵山，正在庵的前面;西面的羊角山，东面的韦家山，就像是庵下面东西两面的座标了。

徙倚久之，仍下山至所城北门外，东循大路行。已岐而东北，共一里，入寿山寺。乱石一区，水纵横汇其中，从石巅构室三四处，以奉神佛，高下不一。先从石端得室一楹，中置金仙。其西则石隙南北横坠，澄流潴焉，若鸿沟之界者。以石板为桥，渡而西，有侧石一队，亦南北屏列，其上下有穴如门。又穿而西，有庵北向，前汇为塘，亦石所拥而成者。庵后耸石独高，上有室三楹，中置一像，衣冠伟然，一老人指为张总爷，而所中诸生皆谓之文昌像。余于福山寺阅《河阳八景诗》，有征蛮将军张澡跋，谓得之寿山薛石间，乃万历戊子阅师过此，则此像为张君无疑。以无文记，后生莫识，遂以文昌事之，而不知为张也。凭吊既久，西南一里，入所城东门，返福山寓。令奴子买盐觅夫于德胜，为明日行计。余作记寓中。已而杜实徵同其岳陈生至，为余觅夫，决明日同为南丹行。是日午后霁，至晚而碧空如洗，冰轮[①]东上，神思跃然。

【注释】①冰轮：月亮。

【译文】徘徊了很长时间，还是走下山来到所城的北门外，顺着大路往东走。不久转向东北的岔路，总共一里路，进到寿山寺。一片乱石，水纵横流淌汇聚到这里，构筑了三四处房屋在岩石顶上，用来供奉神佛，高低不一。先在岩石顶端找到小屋一间，中间放着佛像。它的西边有南北横向下陷的石缝，汇聚着清澈的流水，好像中间隔了巨大的沟壑。用石板作为桥，越到西岸，有侧向立着的一队岩石，也像南北向的屏风排列着，它上下有像门一样的洞穴。再穿过它到西边，有座寺庵坐南朝北，它的前面水汇聚成池塘，也是岩石围成。庵后有独自高耸的岩石，有三间屋子在上边，中间放着一尊塑像，衣饰卓异超群，一位老人说这是张总爷，可所城里的各位儒生都说它是文昌帝君像。我在福山寺读过《河阳八景诗》，有个征战蛮夷的将军张澡给它写有跋文，说是在长满苔藓的寿山岩石间找到此像，是在万历戊子年（万历十六年，1588）阅兵时经过这个地方，这个雕像无疑就是张君。因为没有记载的文字，后代没有人认识，就把它作为文昌帝君来供奉，却不知道这是张君。对着它感慨良久，往西南行进一里，从所城的东门进入，回到在福山寺的住所。命令奴仆去德胜镇购买食盐，寻找脚夫，为明天上路做准备。我在住所中写日记。过了一会，杜实徵和他姓陈的岳父过来，给我寻找脚夫，决定明天和我一道去南丹州。这天中午之后天气变晴，到了晚间就碧空如洗，一轮明月从东方升起，思维敏捷跃然纸上。

十五日　晨起，天色如洗，亟饭而行。刘君来送，复往谢之，遂同杜实徵同至其岳陈处候之。出北门，即西向行。涉一涧，七里，过羊角山之北，候换夫于西村，竟不至。久之遂南逾土冈，望西峰环转处，有洞在山巅，东南向，其门甚巨，疑即所谓新岩者。土冈之南，山又分东西二界。由其坞中南向行，五里，渐见路左小水唧唧行，已而有小水从西北石山下来合，涉北来水循之，又南二里，为都街村，有数家在西山之麓。至此皆为僮贼之窟，所称“西巢”也，始不得夫。又南二里，循溪入土山峡中，其峡甚逼。又一里半，转而东，又一里半，溪乃南去，路西逾土坳，始出险，所谓都街陇也。陇之中，草木丐蔽，为盗贼薮。数日前犹御人其间，余得掉臂[①]而过，甚幸也。下坳西行三里，有茅舍一楹在山北，为税司。乃署德胜者，委本处头目掌之。其西一里即为落索村，都街之流又西转至此，由村南入峡去，路从村北陟山。都街、落索皆盗贼薮。西北二里半，过石下，有巨石蹲路北，上有榕缘络之。又西一里，有巨洞在路右山之半，其门东南向，而高悬殊甚，望之神飞。适担夫停担于下，余急贾勇北向攀崖，茅塞无路。诸人呼于下，余益奋而上，遂凌藤棘，抵其下。前亦多棕竹，颇巨。洞门甚高，内甚爽豁，深十丈而止。右有小窦，甚隘而中空，不识可蛇伏而入否？洞前有石，分两岐倒垂其顶。余方独憩，以陈君候余于下，遂返。又西二里，宿于马草塘之北村。其村在北峰之麓，村西有江自北峡来，穿西峡而去，即东江之上流也。村氓茅栏甚巨，而下俱板铺，前架竹为台，主人出茅滤酒劝客。陈君曰："此皆贼子也。"是夜，月从东山出，明洁如洗。自入春来，晓旭宵轮，竟晨夕无纤翳，惟此日见之。

【注释】①掉臂：自在行游貌。唐代吕岩《七言》诗："闲来掉臂入天门，拂袂徐徐撮彩云。"

【译文】十五日　早晨起床，天空晴朗如洗，匆匆吃过饭后便上路了。刘君前来送我，我又前去感谢他，于是和杜实徵一同去他的岳父陈梦熊家等他。出了北门，立刻往西走。越过一个山涧，七里之后，经过羊角山的北边，在西村等待换夫，竟然没有来。过了很久于是向南越过土冈，看见西峰环绕转折的地方，在山顶有个洞，面向东南，洞口特别大，我猜这就是所说的新岩了。土冈的南面，山又被分成东西两列。从两座山中间的山坞往南走，走了五里，逐渐看见路的左边有哗哗流淌的小溪，不久便有从西北方的石山下面流来的小溪会合，越过从北面流来的溪水沿着它向前走，又向南走二里，这是都街村，有几户人家在西山的山脚下。这里到处都是僮人盗贼的巢穴，也就是所说的"西巢"，开始找不到脚夫。再向南走二里，顺着溪流走进土山峡谷中，这个峡谷非常逼仄。再前进一里半，转而向东，再往前一里半，小溪往南方流去，往西走翻过土山坳，开始出现险情，这就是所说的都街陇了。土陇之间，草木掩映遮盖，是盗贼汇聚的地方。前几日这里还抢过人，我能够自在游行，是很幸运了！下了山坳向西走三里，在山北有一间茅屋，是税司。是掌管德胜镇的机构，委托当地的头目管理它。在它西面一里的地方就是落索村，都街村的溪流向西转又流到这个地方，从村子的南边向峡谷中流去，道路由村子的北面登山。都街村、落索村都是盗贼汇聚的地方。往西北走二里半路，过了岩石向下，有块巨大的石头坐落在路的北面，边缘上缠绕着榕树的树根。再往西走一里路，在路右边的半山腰上有个巨大的山洞，它的洞口朝向东南，很是高耸，远望它神思飞扬。刚好挑夫在山下停下担子，我赶紧鼓起勇气向北攀爬山崖，但被茅草堵塞无法前行。大家在山下呼叫，我却更加奋勇往上攀爬，最终越过藤蔓荆棘，到达洞口下方，洞口的前面也有很多棕竹，非常大。洞口很高，洞里特别清爽开阔，往里延伸十丈就到了尽头。右边有个小洞，非常狭窄，不过中间是空的，不知道能不能像蛇一般爬进去？洞的前面有岩石，在洞顶分为两岔倒垂着。我刚独自休息一下，但因为陈君在山下等着我，于是就回去了。再往西走二里路，在马章塘的北村住下。这个村子在北峰的山脚下，村子的西边有从北边峡谷流来的江水，穿过西面的峡谷向前流去，这就是东江的上游了。村民的茅草楼非常大，下边全是木板铺成的，用竹子在前面架成高台。主人拿出茅滤酒来劝客人品尝。陈君说："这些全是盗贼。"这天夜里，月亮从东山升起，皎洁得像清洗过一样。自打入春以来，太阳月亮，从早到晚没有一点浮云遮挡，只有今天才是这样。

十六日　晨起，微云薄翳，已不如昨宵之明彻矣。饭后，南逾土阜而下，是为马草塘。东西俱有峰夹之，塘独低而洼，真萑苻之薮也。二里，越而南，又西三里，有江自北而南，深嵌危崖间，所谓东江也。其南有数家在冈坞间，泊舟于下，呼之不为渡，乃自取其舟渡而西。其江大数丈，而深不测，再南下数里，即与金城江合而入石穴中，透出永泰里，而下怀远镇为南江者也。由江西岸北行半里，转而西下又四里半，为界牌村，是为宜山县、河池州界。村之东南有山中悬，即东江西北岸之山也。山之南，有坞豁然东南去，则金城之江已在南山之北，向此隙东注而下，与东江合者，第此处犹未之见耳。又西二里，有山在路北，峭崖屏削，上多纹理，虬干缘之，掩映间有若兜胄，有若戈矛，土人指为南丹莫氏之祖挂盔甲所成者，乃附会形似而言也。又西一里，路北有石耸出峰头，薄若片云擎空，上有歧角之物，土人指为犀牛，而不知犀乃独角也。又西一里为大湾村，村在北山之麓。村东有洼岩，有水自北山石穴南出，流宕底三丈余，复南入地穴而注于江。又西则路出临江北岸，溯之西行一里，其江自西南来，北流至此，折而东去。路从折处直西行，一里，过一小石梁，其下乱石嵯峨，而涸无滴水。其南有村在南山之麓，为桥步村。又西三里，有江自北而南，其阔十丈余，其深与东江并，乃自荔波来者，其源当亦出于黔南，是为金城渡。渡北之西岸，有水悬崖，平泻一二丈，声轰如雷，东注大江，则官村南来之水也。大江南去，转而东过大湾，与东江合，又南抵南巢，贼窟也，在永顺北。而捣入石穴数里，而出于永泰里以下怀远者也。时渡舟在江西岸，候久之，乃至。登西岸，复西向行，则山回壑转，始为峒而不为峡。三里，有小溪自南而北，溯溪南行半里，有石梁跨其上，甚高整，是为南桥。越桥西半里，其坞乃西南转，有村在路右，是为垒街。又西南三里，山帏转拓，有村在西南山麓，曰官村。路折而南，溯溪西一里，过官村前。又南一里，循西山南嘴转入西峡，半里，有巨石峙北山之麓，老榕偃盖其上，为行者憩息之所。又西一里，北山复起石岩，其色黄白焕然，与前所过诸山异。石山自三里来，所见皆青白为章。其赭黄一种，自柳州仙奕南见后，久未之睹矣。又西半里，有村在北山麓，是为鬼岩村，入登其栏而憩焉，于是村始见瓦栏。盖德胜间用瓦而非栏，河池所无栏而皆茅覆，河池以西则诸栏无非茅覆者，独此村用瓦。主人韦姓，其老者已醉，而少者颇贤，出醇醪醉客，以糟芹为案。山家清供，不意诸蛮中得之，亦一奇也。是日昼阴，而夜月甚皎。

【译文】十六日　早晨起床，轻薄的云微微遮蔽了太阳，已经比不得昨天夜里那般空明澄澈了。吃过饭以后，往南越过土山下来，这是马草塘。东西两面都有山峰把它夹住，只有马草塘是低洼的，真是盗贼汇集的地方呀！再前进二里路，往南翻越，然后再向西三里路，有条从北向南流的江，深深地镶嵌在高峻的悬崖之间，这就是所说的东江了。它的南面有好几户人家在冈峦山坞的中间，在它的下面停船，呼唤村里的人却不替我们乘船渡江，于是自己取过他们的船向西渡去。这条江宽好几丈，而且深不可测，再向南流几里，就和金城江汇合后流到石山洞穴里，在永泰里钻出地面，此后向下流到怀远镇成为南江。从江的西岸往北走半里路，转而再往西走四里半，是界牌村，这是宜山县、河池州分界的地方。村子的东南方有座山悬在中间，这就是东江西北岸上的山了。山的南边，有个山坞突然往东南延伸，那么金城江就已经在南山的北边，流到这个缺口再向东流去，和东江汇合，只是在这个地方还没有看见它而已。再向西二里，在路北有座山，像屏风一样陡峭的山崖，有很多纹路在上面，蜷曲的树干顺着山崖攀援，遮掩映照之间有的如同盔甲，有的宛若戈矛，本地人说这是南丹州莫家的祖先所挂的盔甲变成的，这是因为形状相似而牵强附会的话语。再往西一里路，路的北面有岩石耸立在峰头，纤薄得好像高擎在空中一片云彩，上边岔出的东西像角一样，本地人说这是犀牛，却不知道犀牛是独角。再向西走一里就是大湾村，村子在北山的山脚下。村子的东面有低洼的岩石，北山的石洞中有水向南流出，流过坑底三丈多，再往南流经洞穴然后注入江中。再往西走就看见通向临江北岸的路，逆着江水往上向西走一里路，江水从西南方向流来，往北流向这里，再向东折去。从江流转折的地方一直向西走，一里之后，走过一座小石桥，桥下岩石纷乱坎坷不平，干涸得没有一点水。它的南面有个村庄在南山的脚下，是桥步村。再往西三里路，有江水自北向南流，江水有十几丈宽，它的深度和东江一样，是来自荔波的，它的源头应当也是来自于贵州南部，这里是金城渡。渡口北边的西岸上，在山崖上有水流悬挂，平铺直泻一二丈，水声像雷声一样轰鸣，向东流进大江，这是从官村向南流来的水。大江往南流去，转而向东流经大湾村，和东江汇合，再往南流到南巢，这是盗贼的巢穴，在永顺司北境。在这以后转入石洞中潜流好几里，在永泰里流出地表，再往下流到怀远镇。这时渡船在江的西边，等了很长时间，才到这儿。登上西岸，再往西走，就见山峰壑谷迂回曲折，开始成为峒而不是峡了。再往前走三里，有一条小溪从南向北流，逆流而上向南走半里路，在溪上有一座石桥横跨，特别高大整齐，这是南桥。越过桥再向西走半里路，这里山坞向西南转去，在路的右边有个村子，这是垒街。再向西南走三里路，帷幔一样的山峦变得开阔起来，在西南山脚有个村庄，叫官村。道路转而向南，逆着溪流往上向西走一里路，走过官村的前面。再往南一里，顺着西山南面的山嘴转进西边峡谷中，再走半里，在北山的山脚矗立着一块巨石，老榕树枝叶横垂覆盖在它的上面，是过路的人休息的地方。再向西走一里路，北山中又有岩石重新突起，它的颜色黄白相间焕发着光彩，和前面经过的各个山都不一样。从三里城以来，所看见的石山都是青白两种颜色交织形成的花纹。其中赤黄这种颜色，自从在柳州府仙奕岩南面看到后，很长时间没有见到了。再往西走半里路，在北山山脚有一个村庄，这是鬼岩村，进入村子登上村里的竹楼休息，在这里才看见村里有瓦盖顶的竹楼。大约德胜镇周围用瓦盖顶但不是竹楼，河池所没有竹楼但都是用茅草盖顶，河池的西边各个竹楼无非都是茅草盖的顶，只有这个村子用瓦。它的主人姓韦，他家的老人已经喝醉，而年轻的人比较贤德，拿出醇酒使客人喝醉，用腌芹菜佐餐。这种山间农村清淡的食物，想不到在荒野群蛮间获得，也是一件奇事。这天白天天阴，夜间月光却很皎洁。

十七日　及明而饭，南向行。半里，得东来大路，有坞直南而去，墟当其中，是为鬼岩墟。复西向循南山北麓行，又西里余，有岩在南山之半，其门西北向，即鬼岩矣。洞中遥望杳黑，土人祀神像于其间，故谓之“鬼”。从其下西登坳，石级颇整。共一里，逾坳西下，自是石土二山交错，而石亦有土矣。两界山又南北成坞[①]，有细流瀌瀌流坞中，南向而去，即东回北转而绕于官村之前者也。既下，溯细流北行坞中一里，则两界山又转为东西坞。仍溯细流西向行三里，有石堰细流之上，疑即所谓丁阑堰。上潴流一方，泻堰隙东下，是为滥觞之始，而源实出于都明岭之东麓。渡堰而南，循南山麓西行，又二里，过卢塘村。盖南北两界山夹持成坞，坞底平洼，旱则涸，涨则成塘，有村在北山下，路循塘南行。又一里，复有堰当上流，又越之西二里，乃复上土岭半里，逾岭坳而西下又半里，有泉一泓出路左石穴，西向汩汩，无涨涸，亦无停息，勺而饮之，甘冽殊甚，出穴即坠石穴而下，瀌瀌有声。其处山犹东西成坞。循北界山随流东下三里，有村在南山下，曰都明村。村后南山既尽，有峡南去，则那地州道也。而河池之道，则西北行土陇间。又二里，渡石梁而西，桥下水北流，当亦东北入金城上流者。其源则一东自都明岭之石穴，一南自下河岭北来，二流合而成涧者也。又西北四里，陟一土冈。由冈上又西北二里，有两三家在北阜下，为乾照村，炊汤饭于其栏。遂从村侧北上土岭，由岭畔北行共三里，下至西麓，有大溪自南而北，即所谓河池江也。江底颇巨，皆碎石平铺，而无滴沥。横渡登西岸，北望则石峰回合，即有流亦无出处，不知此流涨时从何而出？盖北卓立之峰，其下有洞，门南向，当即江水透入之处也。其处南北两界又俱石山排列，江形西自河池州之南，东向至此，折而北捣入山。又西循枯江北岸行一里，则江底砂石间有细流淙淙矣。又西七里，入河池州之东门。州城乃土墙，上覆以茅，城中居民凋蔽，俱草茅而无瓦舍。其山南北对峙，中成东西坞，而大溪横其中，东至乾照后土山，亘截为前门溪，转而北，入石穴；西至大山岭石脊，为后钥水之所从发者也。抵州才过午，穿州出西门，寓茅舍中。以陆柬马符索骑于州尊萧。来凤，东粤人。萧公即为发票，取夫骑各二，不少羁焉。

【注释】①两界山又南北成坞："两"原作"西"，据本书下文改。

【译文】十七日　天明后才吃饭，吃完往南走。走了半里，走上从东面来的大路，有个山坞一直向南伸展，有个街市在它中间，这是鬼岩墟。又往西顺着南山北边的山脚行走，再往西走一里多路，在南山的半山腰有个岩洞，它的洞口朝向西北，就是鬼岩了。远远望去洞里一片漆黑，本地人在洞里祭祀神像，所以叫它"鬼"。从它的下方往西攀登登山坳，石阶非常整齐。总共一里的路程，越过山坳往西走，从此处开始石山土山相互错杂，并且石山中也有土了。两侧的山又形成南北走向的山坞，在坞中有细水流淌的声音，流向南边，就是往东回旋折到北边之后绕过官村前面的水流。下山后，逆着细流方向往北在坞中走一里路，看见两侧中间又变为东西走向的山坞。还是逆着细流向上往西走三里路，在细流的上方有石坝挡住，猜测这就是所说的丁阑堰。里面积聚着一池的水，从坝上的缝隙向东流泻，这是流水发端的地方，但实际上的源头来自于都明岭的东边的山脚。渡过堤坝向南行走，顺着南山的山脚向西走，再往前二里，经过卢塘村。大约是南北两侧山夹峙形成山坞，山坞的底部是平坦的洼地，天气干旱就干涸，水涨就变成池塘，在北山下有个村庄，道路沿着水塘向南。再向前走一里，在上游又有堤坝挡着，再次越过堤坝向西走二里，之后往上攀半里土岭，过岭坳之后往西再向下走半里路，在路左边的石穴有一汪清泉流出来，涓涓往西流淌，不上涨，不干涸，也不停歇，用勺子舀过来喝下去，觉得非常甘甜清冽，在流出洞穴后马上落在石穴之中，有水流的声响。这个地方的山依旧是形成东西走向的山坞。顺着北侧的山流向东往下走三里，在南山下有个村庄，叫都明村。在村后面南山已经到了尽头，有峡谷向南延展，这是到那地州的道路。但是到河池州的道路，却是西北向行走在土陇之间的。再往前走二里，越过石桥往西，桥下的水向北流，应该也是流进金城江上游东北向的水流。它的源头一是东面来自于都明岭的石穴，一是南面从河岭往北流下来的，两条水流汇聚成山涧。再往西北走四里，攀上一座土冈。从土冈向上再往西北走二里，在北面土阜下有两三户人家，这是乾照村，在村里竹楼上烧水煮饭。于是从村子的一侧往北登上土岭，从岭畔往北总共走三里路，向下到山岭西边的山脚，有条从南向北流的大溪，就是所说的河池江了。河池江的底部特别宽阔，都是碎石平铺成的，不过没有水。横渡江河池江越过西岸，向北看有回绕闭合的石峰，即便有流水也没有地方出去，不知道这条江水上涨的时候从什么地方流出去？原来是矗立在北面的山峰，山下有洞，洞口朝南，这应当就是江水穿流进去的地方了。这个地方南北两侧又都排列着石山，在西面江的流向源自河池州的南边，往东流向这个地方，转而向北进入山中。顺着干涸的江北岸向西走一里路，就看见有细流徐徐流淌在江底的砂石间了。再往西走七里，进到河池州的东门。州城是土墙，墙上用茅草覆盖，城中的百姓生活困苦，没有瓦房，全是茅草房。这里的山南北相对，中间形成东西向的山坞，大溪横亘其中，向东达到乾照村后面的土山，横截为前门溪，转而向北，流进石穴；向西达到大山岭的石脊，这是后钔水从此发源的地方了。到达州城才刚过中午，穿过州城走出西门，在茅屋中住下。凭借陆君的信函和调集马的兵符去找州官萧公名叫来凤，广东人。要马。萧公立刻给他发了马票，分别要来两名脚夫马夫，没有滞留片刻。

十八日　晨餐后得二骑差役，即以马夫二名作挑夫影射。既而萧公复以腆仪来贶[①]，余受其笋脯，而尽璧[②]其余。入城买帖作谢柬，久乃得之，行已上午矣。西向山坞行三里，有溪自北山南流，合于西来大溪。乃渡北溪溯大溪北岸行，又七里，有村在南山之坞，有瓦室焉，名杨村。杨姓者有巨力，能保护此村。循北山麓行，又二里，有飞石覆空而出，平压行人之上。已而上危级，见级外倚深坑，内有悬穴，中空下陷，洪流溢其底焉。既上，从山半行，遂循崖北转，又成南北之峡，山凑而为东西两界矣。

循东崖溯流上，升陟三里，渡溪而北，逾一坡而下，见东峡石壁危削，上有穹岩，下有骈峡，但闻水声喧甚，以为自堕峡而下也，而旁眺不见影。稍前，则溪水犹自北来，复渡之。循溪东行峡中，三里，水穷峡尽。北上岭一里，又从岭头行一里，出两山坳间，有石垣两重，属两峰之左右，是为大山岭，河池、南丹之界也。逾岭北下，遂为丹州境。转而西二里，渡小水，其水南去。复西南逾一岭，复与水遇，随之西北行，共三里，复渡水，水汇于石壁下，遂就之而饭。又随水出峡，西二里，山势渐开，近山皆变石为土，南山下有茅一二楹矣。随小水西行三里，渐转而北，土山坞尽，西山陇间有数十家倚之，是为土寨关，则南丹土税之钥也。路在东山之麓，遂北上土岭。其东来之水，似无北流之隙，惟西北有巨山悬削，想亦从其下入穴以注大江，而下金城、东江者，未亲晰也。北下土岭，其坞中小水亦自东而注西南，似亦逼悬削巨山而去。于是复西北上岭，升陟共五里，转出岭头，始有巨坞西北去，路从其西山岭半行，又五里曰百步村。茅舍数家在西山陇上，皆江右人，为行李居停者。时锡贾担夫三百余人，占室已满，无可托足，遂北向下陇前西北坞中。水至是转而西南去，有木梁架其上，覆以亭，亦此中所仅见者。度梁而上陇，其坞遂转东西。于是西向行五里，有四五家在南山陇间，曰岩田村。中有瓦栏三楹颇巨，亟投之，则老妪幼孩，室如悬磬[③]，而上瓦下板，俱多破孔裂痕。盖此乃巨目家，前州乱时，为贼所攻掠而破，遗此老稚，久避他乡，而始归故土者。久之觅得一锅，仅炊粥为餐，遂席板而卧。

【注释】①贶（kuàng）：赠送。②壁：通“避”，避而不受。③悬磬：空无所有。

【译文】十八日　早晨吃饭后获得两个骑马的差役，立即将他们作为挑夫来驱使。随后萧公又赐予了丰厚的礼物，我接受了他的笋干，余下的全都归还给他了。进城去买用作写答谢的柬帖，很长时间才买到，再次往前行进已经是上午了。在山坞中往西走三里路，有条从北山向南流的溪水，汇聚进从西方流过来的大溪里。于是渡过北来的溪水逆着大溪的方向沿北岸前行，再走七里，在南山下的山坞里有个村庄，村里有瓦房，名字叫杨村。杨姓人家有庞大的势力，能够保护这个村子。顺着北山山脚前进，又走了二里，在空中有飞石覆盖着突出来，在过路人的头上平平地压着。接着登上高险的石阶，看见深坑斜靠着石阶外侧，有高悬的洞穴在里面，中间空阔向下深陷，从洞底溢出洪流来。上去以后，在半山腰行进，于是顺着山崖往北转，又形成南北走向的山峡，聚拢来的山变成东西两列了。顺着东面的山崖逆着流水的方向向上走，攀爬了三里路，越过溪流向北，翻过一道山坡向下走，见东面峡谷的石壁陡峭高峻，有弯隆的岩洞在上面，有并列的峡谷在下面，只听到特别喧哗的水声，认为是从山峡中坠下来的，往四面眺望却看不见它的影儿。往前面稍稍走一点，就看见溪水依然是从北边流过来，再次渡过溪水。顺着溪流东岸在峡谷中前进，走了三里。溪流和峡谷都到了尽头。从北边攀上山岭走一里，再从岭头走一里，来到两座山间的山坳，有两层石墙，缀连着左右两座山峰，这是大山岭，是河池州、南丹州的界线。越过山岭往北下走，就是南丹州的属地。转而往西前进二里路，渡过小溪，它的水向南流去。又往西南翻过一座山岭，又和溪水相遇，沿着溪流向西北走，一共三里，又一次渡水，水聚积在石壁下，于是就倚着它吃饭。再沿着水流走出峡谷，往西走二里，山势慢慢开阔起来，离得近的山都从石山变成了土山，有一两间茅屋在南山下。沿着小溪向西走三里，慢慢转成向北，土山山坞到了尽头，西边山陇之间有几十户人家依山而建，这是土寨关，是南丹州土司征税的关口。路在东山的山脚，于是往北登上土岭。此处自东边流来的水流，好像没有向北流去的缝隙，只有西北方有一座巨大的悬绝陡削的山峰，我猜水同样是从山下流进洞穴之后注入大江，但是向下流进金城江、东江的，还没有亲自弄清楚。往北走下土岭，此处山坞里的小溪也是从东往西南流注，好像也是直逼巨大的悬绝陡削的山峰。于是再向西北登上山岭，一共攀爬了五里路，转而到山顶，才有往西北延伸出去的巨大的山坞，从山坞西边的半山腰上走，再走五里后叫百步村。在西边山陇上有好几家茅屋，都是江西人，这里是旅人休息的地方。当时锡商挑夫共三百多人，已经把房间占满了，没有可以容身的地方，于是往北向下走到山陇前西北方的坞中。水流到此处转而往西南方流去，在水上有木桥横架，覆盖着亭子，也是仅仅在这一带才能看见的。越过桥后登上土陇，此处山坞呈东西走向。于是往西走五里路，在南面山陇间有四五户人家，叫岩田村。村子里有三间瓦盖的大竹楼，急忙到那里投宿去，看见老妇幼童，房子里一无所有，而且屋上的瓦屋下的地板，全都有很多孔洞和裂痕。原来这里是大头目的家，去年州里动荡的时候，被盗贼攻破，留下这些老人幼儿，长期在他乡避难，这时候才回归故乡。许久才找到一口锅，只是煮了稀粥当饭，于是在地板上睡下。

十九日　平明起，炊饭而行，细雨霏霏。西向行土山间，三上三下共十里。有水自东北注西南，深不及膝，阔约五六丈，是为大江。其源发于西北丛山壑中，南流东转而至永顺界，合东江下流者也渡江，又西逾一岭，共五里，转下一坞。其坞中有一水东南去，溯之行，其水曲折坞中，屡涉之，俄顷数十次。共三里，有水一支自西北来，一支自正西来，遂转而向西溯之。又半里，有村在北山之麓，其名曰金村，乃是站之当钥者。其地西往锡坑止十五里，西北去南丹州五十里。入其栏，头目方往百步墟，乃坐而待之。雨时洒时止。陈梦熊从此入锡坑，遂别去。余候头目，抵晚始归。

【译文】十九日　天还没怎亮就起床，煮饭吃了后出发，绵绵细雨。向西在土山间行走，上山三次下山三次一共走十里。有水流从东北流向西南，水还没有漆盖深，约五六丈宽，这就是大江。它的发源地在西北的重重群山深谷之中，往南流然后向东转到永顺司境内，最后在东江下流与东江汇合。渡过江，又向西越过一座岭，共五里，转下一个山坞。山坞中有水流向东南方流去，逆流而行，这条水流在山坞中曲折蜿蜒流淌，好多次涉过它，很短的时间内涉过了几十次。共走三里、有一条支流自西北流来，一条支流自正西流来，于是转而向西溯流前行。又走半里，在北山的山脚有个村庄，叫金村，是这一站路的交通要道。从这里去往西到锡矿只有十五里，西北与南丹州有五十里的距离。进到这个村中竹楼里，村里的头目正好到百步墟去了，只好坐在竹楼中等他。雨下一会儿停一会儿。陈梦熊要从这里去锡矿，于是与我就此告别。我等村里的头目，直到晚上他才回来。

二十日　晨起，雨霏霏。饭而候夫，久之乃扎竹为舆，止得其一，而少其一，上午始行。雨中遂东北逾土山，一里余，越其脊，乃西北下，深茅没径。又里许，穿翳而降至坞底，则有小水自南而北，大路亦自南随之，则锡坑道也。从之北一里，又有一水自西南来，二水合而东北去，水东有村在东山下，是曰雷家村，山峡稍开。又一里，遂转而为东西坞，有大溪自西而来，合南来小溪，东去即南转而为大江者也。于是溯溪南土山北麓行，西向升陟共十里，有茅数楹在南山之半，曰灰罗厂[1]，皆出锡之所也。由其下又西一里，其坞西尽，有土山横其中，一小水自西北，一大水自西南，二水合于横岭之下。于是涉小水西上横岭，岭东路旁有眢井种种，深数丈，而圆仅如井大，似凿掘而成者，即锡穴也。逾岭西下共四里，又与前西南来大溪遇。其溪方北曲而南，遂绝流而西，其峡复东西开。溯溪行其中，屡左右涉之，四里为西楞村，又一水自西北来入，路从大溪南岸行。又一里，路左有岐逾岭而南，想往锡坑道也。又西，有溪自南峡来合，其溪亦巨，与西来之溪等，于是又横涉南溪口，仍溯西来溪南岸行。又五里，有村在南山，曰大徐村。村之西，其峡复开，田始连塍，水盘折其中。又屡涉之，四里，直抵西山下。溯流转而北，一里，乃涉水上西山。初上甚峻，望北坞山环壑尽，瀑流从山腋悬空直喷，界群碧间，如玉龙百丈。粤西皆石山森幻，故悬水最艰，惟此景独见。忆前自全之打狗岭亦北望见之，至此已迂回数千里，涉历经年，忽于此得睹，亦汗漫[2]中一奇遇也。西向援土级而上，瞻顾一里而不能释，已而渐逾岭南，始不复见。又迤逦循北峰而西上者二里，逾一脊，脊北路隅是为打锡关[3]，乃锡贾自锡坑而来者，昔于此征税，有居舍，自去年乱后被毁，遂无居人。由此西下半里，即有壑当峡之西，遂转而北，山夹成峡。又下半里，水始成涧北去，随之又半里，渡涧西，缘崖北行一里半，出峡。前峡又自东北向西南，乃循崖转而西南行，雨大至。既而复屡涉此涧，涧乃南去，路乃西逾山坳。共二里，复行坞间，半里，循北山之崖，前涧复自南来，涉之。西北行又半里，又一溪自南峡来，其水颇大，与前涧合而北，横堰而潴之。从堰西向北行，又一里而渡南丹之南桥，暮雨如注，雷电交作，急觅逆旅而税驾焉。

【注释】①灰罗厂：今“灰罗”，在南丹县东南隅，刁江东岸。②汗漫：此处指远游。③打锡关：今称“打锡”，在南丹县治稍东南。

【译文】二十日　清早起床，细雨霏霏。吃了饭等着派夫，过了好长时间才把竹子扎成轿子，却少了一乘，只给了我其中的一乘轿子，直到上午才开始赶路。于是在细雨中行走，向东北翻越土山，一里多，越过山脊，就往西北下走，盛密的茅草把小路完全掩盖住了。又走了一里左右，穿过被茅草遮蔽的道路下到山坞底，就看到小溪自南流向北，大路也顺着溪流从南面来，这是通向锡矿的路。沿大路向北一里，又有一条自西南方向流来的小溪，两条溪流在这里汇合后往东北方向流去，有个村庄在东山下，溪流的东边，叫雷家村，山峡比之前略微开阔了些。又走一里，山坞转变为东西向，自西面流来了一条大溪，与南边来的小溪在这里汇合，往东流然后又往南转去流入大江。从这里开始溯流在溪南土山的北山脚前行，向西往上走了共十里，在南山的半山腰有好几间茅屋，这里叫灰罗厂，都是产锡矿的地方。由这里往下又向西一里，这里山坞到了西面就没有了，在坞中有座土山横着，自西北来有一条小溪，自西南来有一条大溪，在横卧的山岭下面这两条溪水合流。于是趟过小溪向西上登横卧的山岭，山岭东面的路边有各种奇形怪状的枯井，数丈之深，圆圆的只有井一样大，好像是经挖掘之后形成的，这就是锡矿坑了。越岭往西共下行四里，又与之前从西南方向流来的大溪重逢。这条溪水由北曲折向南，于是渡过溪流向西走，这里的山峡再一次呈东西方向伸展。沿着溪流在峡中行走，多次向左或向右地涉过溪流，四里后看到了西楞村，自西北又有一条溪水流进来，路往大溪南岸走。又走一里，有条岔道在路左边，翻过山岭朝南走，应该是往锡矿去的路。又向西，有溪水自南面的峡中流来会合，这条溪的水流也很大，与西来的溪流差不多大，于是又横趟过南面的溪口，依然还是沿从西边来的溪流南岸行。又走五里，在南山有个村庄，叫大徐村。村子西面，山峡开阔起来，这里开始有连成片的田地，水流在其中盘绕曲折。又多次涉过溪流，四里，直达西山下。溪流转向北，一里，涉过溪水登西山。一开始往上走时地势十分陡峻，朝北面看去，山坞被群山环绕，而深谷到此处也没有了，从山侧悬空直泻的瀑布，在一片翠绿的群山之间，就和一条长达数百丈的玉龙一般。粤西地区以奇异而虚幻耸立的石山为常见，因此水流悬空很少有，这样的景致是第一次见到的。记得之前从全州的打狗岭上也从北面看到过它，而时至今日迂回了数千里，历经为时一年的跋山涉水，突然间竟在这里遇到了，也算得上是我远游四方的一场奇遇。往西攀援土台阶朝上走，屡次回头的走了一里也舍不得这样的景致，不久后越到岭南，便再也看不到了。又沿北峰向西往上二里，越过一条山脊，打锡关就在这座山山脊北面的路旁，是锡矿商人从锡坑来时要经过的地方，以前在这里征收税赋，还有供人居住的房屋，自从去年战乱后遭到了破坏，于是居民们便不再住这了。从这里往西下行半里，能看到在山峡的西头有深谷遮挡，于是转向北，山与山相夹成峡。又下走半里，开始有水形成山涧向北流去，顺山涧又走半里，渡到山涧西边，沿着山崖往北行一里半，走出山峡。前方山峡又从东北向西南延伸，沿山崖转向西南行，突降大雨。之后又多次趟过这条山涧，再后来山涧往南流去，路就向西越过山坳。共二里，又在山坞间行走，半里，沿北山的山崖往前，之前遇到的那条山涧从南边流来，趟过它。又往西北方向走半里，自南面峡中又有一条溪流流来，溪水很大，与前面的山涧汇合后朝北流去，堤坝横栏用以蓄水。从堤坝西边向北行，又走一里后走过南丹州的南桥，傍晚时大雨倾盆而下，又雷电交加，只好立马找了家旅店住下来休息。

南丹之水北流经州治东。其山东西分界，州治在西山下。其东有街，南北依溪而列。中有一街西入，大石坊跨其前，曰“摅[①]忠报国，崇整精微”，粤省所未见者。由坊下进街西行，街尽，又入一石卷门。门内有关帝庙，西向，前亦有坊。其西即巨塘汇水，南北各有峰，自西山环臂而前，塘水直浸其麓。塘中有堤，东西长亘数丈，两端各架木为桥，而亭其上。越西桥，又西过一废苑，则州治在西南小石峰下。其门北向，前亦有石坊，而四围土墙不甚崇整，此下署也。州官所居，则在囤上。囤上者，即署后小石峰之巅，路由署中登，乃莫公因家难后移此以避不测者。盖西界群峰蜿蜒，其南北两支东突者，既若左右臂，又有一枝中下特起为石峰，而下署倚之，囤结于上，三面峭削，惟南面有坳可登。囤之后复起小峰，与囤中连若马鞍，其后与崇山并夹为深坑，其下有小水东南出而注于大溪，此署左第一层界水也。

【注释】①摅（shū）：舒展。

【译文】南丹州的水流往北流经州治东面。这里的山分为东西两列，州治在西山下。它的东面有街道，呈南北向紧依着溪流排列。其中有一条街从西进去，在街前有座大石牌坊，上面写着："摅忠报国，崇整精徽。"八个大字。这是广西省内从未有出现过的。从牌坊下进入到街后往西走，走完街道，又走进一道石拱门，门内有关帝庙，面朝西方，庙前也立了座牌坊。庙的西面就是那座巨大的积着水的水塘，南面北面都有山峰，如一条手臂般从西面环绕到前方，塘中的水一直浸到山脚。有堤坝在塘中，横贯东西有数丈长，各自用木头在开端架了桥，而且还建了亭子在桥上。越过西边的桥，又向西路过一个被荒置的花园，在西南的小石峰下就是州治了。官署的大门朝北，也有石牌坊在前边，然而四周的土墙既不高大也不整齐，这是下属们的官署。州官住在囤上。官署后面小石峰的峰顶就是囤上，从官署中往上走，是莫公因家里发生意外然后搬到这里躲避用的。西面一列群峰蜿蜒曲折，而南北两面向东突出的分支，就好像是人的左右臂膀，而其中有一条支脉下延独自耸起的石峰，下面的官署就是紧依着它的，囤子建在上面，三面陡直而峻峭，仅有南面有山坳能让人登上去。又一座小峰在囤子的后面突起，像马鞍一般与囤子中间相连，小峰后面与高山并列相夹形成深坑，山下的一条小溪从东南流出去汇入大溪，这是官署左边第一层分界的水流。

囤山之北，其山西断，有洞裂山下。其门东南向，正与囤山对。门顶甚平，亦有圆柱倒垂。门之中即有二巨石危踞，中开一峡仅尺许，北入三四丈，折而西，稍下，则西巨石之后也。与洞后壁北距丈余，西深二丈余，窅黑无可见，不识有旁窦否？西巨石之上，其面高下不一，皆若台榭可栖，第四壁悬绝，俱无级可登。东石亦然，第后即联缀于洞壁，无后绕之隙，而石台之前，有石柱上耸接于洞顶，为异西石耳。西石之西，又有小隙穹石，而北峡中架梯一两层，即可登石上，由西石跨石二尺，即可达东石之端，惜此中人不知点缀耳。由岩前北向行半里，其山又开东西坞，循西山嘴转而西行，又有水自西峡来，东北向而入大溪，即清水塘之下流也。溯之西行，又半里，渡一桥亭。桥南有石崖障流，内汇水一池，昔水从桥下出，今捣崖根而东，不北由桥下矣。渡桥稍西，逾一冈，即清水塘。塘南北两山成夹，中开东西坞，西则大山屏其后，东即石崖所障水口也。寺在其中，东向而立。入门即为方塘，四周石砌，汇水于中，不深而甚澈。前层架阁塘中，阁后越塘又中亘一亭，亭南北塘中，复供石于水，两旁各架阁于塘为左右厢。亭西则玉皇阁也，亦从塘中甃石为基，而中通水道者。阁下位真武，上位玉皇，而真武之后，又从塘中架阁一层，下跨水上，为栖憩之所，上与玉皇阁联架为一，置三世佛焉。佛后有窗，可平眺西峰，下瞰塘水亹亹从地中溢起。塘之外，皆有垣周之，层楼叠阁，俱架于水中，而佛像皆整丽，亦粤西所未见。惜乎中无一僧，水空云冷，惟闻唧唧溪声而已。寺为天启七年莫公伋所建，前年以谮[①]，鞭杀僧，遂无居者。寺南有溪自西南腋中来，即由寺前东去者。寺北有大道西向逾岭去，是通巴鹅而达平洲者。寺前水东去，经石崖水口，又东出而注大溪，此署左第二重界水也。

【注释】①谮（zèn）：诬陷。

【译文】囤山北面，山在西边断开，在山下有个洞裂开。洞口朝东南方，与囤山恰好相对。洞口顶上平整，有倒垂的圆形石柱。有两块巨石高高盘踞在洞口的中间，从中间分开，有一条仅有一尺左右宽的峡谷，从北进去三四丈，折向西，稍往下走，就到了西边巨石的后面了。和北面山洞后壁有一丈多的距离，往西进去二丈多远，就昏黑的看不见东西了，也不知还有没有旁洞？西边巨石的上面，岩石表面凹凸不平，但都像台榭一般能供人居住，只是四周的石壁相差很远，没有任何可以登上去的台阶。东边的巨石也是一样的，只是后面与洞壁上连接着，没有能绕到后面去的缝隙，而且石台前面，有石柱向上耸立连接洞顶，与西边的巨石这里有些不一样罢了。西边大石以西，在大石上又有条小缝隙，架一两层梯子在北面的峡谷中，就能登到石上，从西面岩石上跨过两尺宽的石桥，立即能到达东面岩石的前面，只是这里的人不知道在上面点缀些景色有些可惜了。由洞前向北行半里，这里的山又变成了东西方向的山坞，沿西面的山嘴转向西行，自西边峡中又有水流流来，流向东北汇入大溪，就到了清水塘的下游了。逆流往西，又走半里，走过一座桥亭。桥南有石崖挡住水流，里面积了一池水，以前水是从桥下流走的，而今却冲捣石崖底部往东流，不再从北边的桥下经过了。过桥后稍向西走，越过一座山冈，就到了清水塘。水塘南北两面的山相夹形成山谷，中间展开成东西向的山坞，西面就是大山屏风样矗立在它后面，东面就是石崖挡住的河口。寺庙就在大山和河口之间，朝东而建。进门就是个方形水塘，四周用石块砌成，塘中有积水，水不深但十分清亮透澈。前边一层在塘中架了楼阁，阁后经过水塘又在中间建了一座亭子，亭子在南北的水塘中，在水面上还摆了石头做修饰，在水塘两旁各建有阁子作为左右厢房。亭子西边就是玉皇阁，也是从塘中用石块砌成地基，而中间通水的地方。阁中真武大帝在下位，玉皇大帝在上位，真武大帝的后面，又从塘中架起一层阁子，下面跨在水上，是作休息用的，上边与玉皇阁架空联结为一体，把三世佛佛像放置其中。佛像后面有窗户，可以从窗户向远处看到西峰，从上往下看塘中的水源源不断地从地下冒出来。水塘以外，都四周围着墙，楼阁错落有致的架在水中，而殿中的佛像都很整齐精致，也是在粤西第一次见到的。遗憾的是没有一个僧人在寺中，水空云冷，唯有潺潺流动的溪水声。这座寺庙是莫伋公修建于天启七年（1627），前年因被人诬陷，僧人被用鞭子给打死了，自后便没有僧人在此住下了。有溪水从寺南的西南山旁边流出，也就是从寺庙前向东流的溪流。寺北有向西越岭而去的大道，是先通往巴鹅然后到平洲的路。寺前的溪水往东流去，流经石崖的河口，又向东流去汇入大溪，这是官署左边第二层分界的水流。

署右第一重界水，即前来所涉堰上南峡之流，第二重即打锡关东来之涧，二水合为大溪而经州前。

【译文】官署右边第一层分界的水流，就是我之前来时南面峡中涉过堤坝上的那条水流，官署左边第二层分界的水流，就是从打锡关东来的山涧，两条水流汇合为大溪然后流经州治前。

二十一日　平明起，天已大霁，以陆公书投莫。莫在囤，不及往叩，以名柬去，余乃候饭于寓中。既午，散步东街，渡塘堤，经州治前，而西循囤山北壁下行，共一里，入北山南向石洞。又从洞前西北行半里，转而西南又半里，渡桥亭，入清水塘，返寓已下午。莫公馈米肉与酒，熟而酌之。迨晚霁甚。

【译文】二十一日　天刚亮就起床，天气晴朗，派人把陆公给我写的信投递给莫公。莫公住在囤子上，没来得及前去叩拜，拿了名贴，我在寓所中等吃饭。中午过后，在东街闲逛，走过横跨在塘中的堤坝，经过州治前，然后往西沿囤子所在的山北面石壁下前行，共一里，进入北山向南的石洞。又从洞前往西北行半里，转向西南又走半里，越过桥亭，步入清水塘，返回寓所时已到了下午。莫公向我馈赠了米肉与酒，将米肉煮熟后配酒吃。晚上天气特别晴朗。

二十二日　五更颇寒，迨起而云气复翳。站人言夫将至，可亟炊饭。既饭而夫仍不齐。先是，余无以为贽[①]，以晶章二枚并入馈，此晶乃漳中署中所得，莹澈殊甚。岂一并收入后，竟无回音。余索帖再三，诸人俱互相推委，若冀余行即已者。余不得已，往叩[②]掌案刘，为言其故。刘曰：“昨误以为银殊薄物，竟漫置之，不意其为垂物[③]也，当即入言。但斯时未起，须缓一日程可耳。”

余不得已，从之。昨诸人竟私置于外，故不得回柬，至是然后入白也。候至更余，刘犹在囿未归，乃闷闷卧。

【注释】①贽（zhì）：古时候第一次求见人送的礼物。②叩：询问。③垂物：流传永久的贵重物品。

【译文】二十二日　五更时天气特别的冷，起床后云层很厚把太阳都遮蔽住了。驿站的人告诉我说脚夫快来了，要抓紧时间做饭吃。等吃完饭脚夫却没来齐。在此之前，我没拿出东西作为见面礼，于是拿了两枚水晶印章给莫公送去，这两枚水晶是漳州府衙门中得来的，质地晶莹而清澈。然而送了出去后，却没有给我任何回信。我一再向他们要回贴，这些人却相互推拖，有些希望我快点离开好让他们早些交差的样子。没有办法，前去叩拜一个掌管案牍文书姓刘的人，告诉了他这其中的缘由。姓刘的说："昨天误以为是银子朱砂之类无足轻重的物品，于是随意的把它放到了一旁了，没想到这竟然是可以传世的宝物，理当立刻进去进行说明。只是这个时间莫公还没起床，需要推迟一天上路才行了。"我无计可施，听了他的话。昨天那些人竟把水晶章善自放到衙门外，因此没有得到回贴，到现在才进去禀告。等到一更多了，那位姓刘的还没有从囿子上回来，因此心中有些郁闷地躺下睡了。

银锡二厂，在南丹州东南四十里，在金村西十五里，其南去那地州亦四十里。其地厂有三：曰新州，属南丹；曰高峰，属河池州；曰中坑，属那地。皆产银、锡。三地相间仅一二里，皆客省客贾所集。按《志》有高峰砦，即此高峰之厂，独属河池，而其地实错于南丹、那地之间，达州必由南丹境。想以矿穴所在，故三分其地也。银锡俱掘井取砂，如米粒，水淘火炼而后得之。银砂三十斤可得银二钱，锡砂所得则易。又有灰罗厂，止产锡。在南丹东南三十又五里，即余昨所经。有孟英山，在南丹西五十里芒场相近。止产银。永乐中遣中使雷春开矿于此，今所出甚微，不及新州矣。雷春至孟英时，河池所城是其所筑。

【译文】银锡两类矿厂，在南丹州东南四十里，在金村西面十五里，它的南边与那地州相距有四十里。这里矿厂分三个地方：一叫新州，属南丹州；一叫高峰，属河池州；一叫中坑，属那地州。三个地方都出产银、锡。且三地之间相隔仅一二里的距离，都是属于其他省份客商聚集地。据《志》书上记载，有个地方叫高峰碧，也就是这里的高峰厂，就它隶属于河池，而高峰厂实际上是在南丹州和那地州之间交错的地方，南丹州是去州里的必经之路。猜测是因为这是矿坑所在地，才把这里划分成三部分。银、锡都要挖矿井取出矿砂，如米粒一般大小，经过水淘洗、火烧炼后才可以提炼出来。三十斤银矿砂可以卖到二钱银子，锡矿砂看情况定价。又有个灰罗厂，只产锡。位于南丹州东南三十五里处，就是昨天我经过的地方。有座孟英山，在南丹州西面五十里的芒场附近。只产银。永乐年间中使雷春被派遣到这里开矿，现在这里出产的银矿并不多，不如上新州了。雷春到孟英山后，他主导修筑了河池所的城墙。

二十三日　候夫不至，总站徐曰：“以昨礼未酬，尚须待一日。”余求去不得，惟闷闷偃坐而已。至午后，始以两晶章还余，而损其一，余五色[1]，则为诸人干没[2]矣。是日午间雷雨，晚大霁。

【注释】①色：种类。②干没（gān mò）：意思为暗中吞没他人的财物。

【译文】二十三日　等脚夫却没有人来，统管驿站姓徐的人说："因为你昨天送的礼还没有给予答谢，还要再等上一天。"我想着离开却不能如愿，只得在驿站中郁闷的躺躺坐坐打发时间。到了午后，才还给我那两枚水晶印章，但其中的一枚被损坏了，另外的五种其他东西，却被那些人给侵吞了。这天中午时下起了雷雨，晚上雨停天气放晴。

由银锡厂而南，两日程至涯洞，有大江自西而东[1]，为那地、东兰二州界。其渡处名河水渡，即都泥江也。其上流来自泗城界，其下流东历永顺土司北五里，即下石堰，为罗木渡者也。

【注释】①"有大江自西而东"以下几句：这里把都泥江与刁江相混了。

【译文】从银锡厂朝南走，到达涯洞需要两天的路程，有大江从西往东流，是那地州和东兰两州的分界，江边的渡口叫河水渡，也就是都泥江了。都泥江的上游来自于泗城州境内，它的下游向东流经永顺土司北面五里，随后往下流到石坝，成为罗木渡境内的江流。

南丹东八十余里抵大山岭，为河池州界；东南四十里过新州，为那地州界；西三日程约一百五十里抵巴鹅，北为平洲四寨界，西为泗城州界；西北二日程约一百里过六寨，为独山下司界；东北日半程约七十里抵东界，为荔波县界。

【译文】从南丹州往东八十多里到达大山岭，是河池州的州界；东南四十里过新州，是那地州的州界；往西约一百五十里三天的路程抵达巴鹅，北面是平洲四寨的边界，西边是泗城州的州界；往西北约一百里两天的路程路过六寨，是独山州下司的边界；向东北约七十里一天半的路程抵达东部边界，是荔波县的县边界。

南丹米肉诸物价俱两倍于他处。米俱自独山、德胜诸处来。惟银贱而甚低，所用者止对冲七成。其等[①]甚大，中国银不堪使也。

【注释】①等：一种小型的秤，用来称金、银、药品等小量东西的衡器。后作“戥”。

【译文】南丹州米肉各类货物的价格都是其他地方的两倍。米都是从独山州、德胜镇等地外地运来的。只有银子低价而且成色不好，在市面上使用的银子只能冲抵为七成。此地的戥子非常大，中原的银子在这里承受不住。

龙眼树至此无。德胜甚多。

【译文】到了这里便没有了龙眼树。德胜镇一带有很多。

二十四日　晨起，阴云四合，是日为立夏。饭而待夫，久不至，上午止得四名，二名犹未至。余不能待，以二名担行李，以二名肩舆行。出街北，直北行山坞间，一里半，大溪向东北去，路折而西北，逾土岭。二里半，逾岭西下，有水自东南来，北向而去，渡之南行，于是石峰复出，或回合，或逼仄，高树密枝，蒙翳深倩，时午日渐霁，如行绿幄中。已溯峡西入，惟闻水声潺潺，而翳密不辨其从出，想亦必东向之流，然石路甚大，不若州东皆从草莽中行也。共三里，有石峰中立于两山峡间，高锐逾于众，而两旁夹壁反隘，益觉峥嵘。由其南夹西透，又陟岭一里，西南逾脊，其南即深坑下坠，亦如岭北者之密翳沉碧也。由岭上西循北峰，又逾脊西下，共里余，由两山夹中西出，曰夹山关[①]。夹西即有数家倚北峰下，其后削崖如屏，前则新篁密箐，路从其下行。忽北山之麓，石崖飞架，有小水自西来，漱石崖之脚，北入石洞中。洞门南向，在浮崖之东村后危崖之下，水自南捣入，当亦透北山而泄于南丹下流者也。由浮崖下溯细流西行，其内复回田一壑，南麓又有村数十家。又西三里，逾土山下，西北又一里，有水自西南土峡中来，东抵石崖下，转而北去，路亦渡水而北。二里，水由东北坞中去，由小岐西北升陟，冈阜高下，共四里，乃下岭。又西南转入山坞，为夷州村，日已下午矣。炊而易骑，由坞中随细流东北行。一里，涉溪，又一里，逾坳乃转西北，细流在山峡中，亦西北转。已北渡一峡，复北上山，缘西山之半行，共二里，峰头石路甚崎嵚，其下峡中水亦自南而北，又有一东来小水凑合于其下而北去。又北行逾岭而下，则峡中汇水甚深，想即前水之转而西也。渡之，循涧北行，有堰截涧中，故其东水及马腹耳。共一里，又有小水自西土峡来，合而东去。从其合处仍渡而北，则东来大路复至是会，乃循之西北上岭。一里，逾土山隘，则北面石山屏立而东，路循南界土山西北行。两界之中复有田塍，东西开坞，有小水界其中，亦东向去。又西二里余，坞南北山下俱有村，多瓦舍，曰栏路村②。大路直西向山隙去，从岐北向渡溪，一里，逾北界石山北下，转西行半里，宿于蜡北村。

【注释】①夹山关：今南丹县北境。②栏路村：今称为“拉六”，在南丹县北境，铁路线稍东。

【译文】二十四日　清早起床，四周阴云笼罩，这天是立夏。吃完饭后等派夫等了很久，还是不来，上午只来了四名脚夫，还有两名还没到。我不能再这样等下去了，让其中两个用来挑行李，其中两个用来扛轿子出发。出了街道往北，一直往北在山坞间行走，走了一里半，大溪向东北方向流去，路却折向西北，翻越土岭。二里半，越过岭往西朝下走，有水流从东南方向流来，向北流去，渡水后朝南走，石峰在这里再次出现，有的回绕闭合，有的紧窄侧立，树高枝密，层层遮掩，这时已是中午，天色逐渐转晴，如同在绿色的帷幔之中行走。不久又沿着山峡朝西走，只听见流水的声音，因被浓密的林木遮挡住所以分辨不出它到底是流向哪个方向，猜测大概也是往东流的，然石头路很宽阔，不像在州东部时全是在草丛中行走。走了共三里，有座石峰立在了两面山峡之间，这座石峰又高又尖超出了旁边的群山，被两旁石壁相夹显得很是狭小，越发觉得山势高峻了。从石峰南边的夹谷中穿过，又登岭一里，向西南越过山脊，山脊南面就是往下坠的深坑，也和岭北的山一样林木密蔽。由岭上往西沿北峰走，又越过山脊往西下行，共走一里多，从两山相夹的山谷中向西出来，这里叫夹山关。西边有几户人家紧依在北峰山脚下，后面又陡又直的山崖就像一座屏风，前边是新生的浓密竹林，路从竹林下边走。突然见北山的山脚下，石崖凌空架起，有小溪流自西边来冲刷着山脚，往北流进石洞中。洞口朝南，在浮空的石崖东面村后的危崖之下，水从南面冲捣进洞，应该也是穿流过北山然后泄入南丹州下游的水流。由浮空石崖下溯细小的溪流往西行，又有田地回绕在壑谷之中，南山脚下又有个几十户人家的小村庄。又向西三里，越过土山下走，向西北又是一里，有水流从西南的土山峡中流来，转向东抵达石崖下，转向北流去，路也渡过水流往北走。二里，水向东北的山坞中流去，由岔开的小道向西北爬升，冈阜有高有低，共四里，这才下岭。又向西南转入山坞中，是夷州村，时间已到了下午。煮饭吃过后，换了坐骑继续出发，从坞中沿细流往东北行。一里，涉过溪流，又走一里，越过山坳后转向西北，细流在山峡中，也转向西北。没多久向北越过一个山峡，再往北上山，沿西山的半山腰前行，共二里，峰顶的石路很是高低不平，山下峡中的水流也是从南往北流，又有一从东面流来的小水流经山下后向北流去。又往北行越岭下走，可以看到峡中非常深的积水，应该是前面的水流转向西流去了。涉过积水，顺山涧往北行，在山涧中有堤坝横堵，因此堤坝东边的水只有到马肚子那么深。共走一里，西面的土山峡又有小溪流出来，合流后往东流去。从水流汇合处仍渡到溪北岸，就可以看到东面来的大道又在这里相会了，于是沿大道向西北上岭。一里，越过土山隘口，就见北面屏风样矗立的石山朝东延去，路沿南边一列土山往西北行。两列山之间有田野，拓开成东西方向的山坞，有小溪流隔在中间，也是向东流去。又向西走二里多，有村庄在山坞的南面和北山下，这里大多是瓦房，叫栏路村。大道一直往西向着山间缺口方向而去，从岔路往北渡过溪流，一里，越过北面的石山向北下山，转向西行半里，晚上在蜡北村住宿。

二十五日　昧爽，由蜡北村稍西复北向入峡中，半里，逾小脊北下，半里，抵尖高峰下。其处另成一峒，有一二茅舍倚尖峰下。竟峒东北行二里，有村在西山之麓，曰肖村。又北半里，有洞在西小山坑中，其门东南向，外层甚敞，中壁如屏，又辟内门甚深。路由东山崖上行，隔坞对望之，藤萝罨挂，中有水自洞门潺潺出，前成涧，南流西折去。又东北半里，逾岭脊，颇峻。东西峰俱石崖，而此脊独土。逾之东北下一里，又成一峒，曰街旁村。送者欲换夫骑，而居人不承，强送者复前。于是西北登岭，岭上下多倚崖随壑之舍。一里，逾岭下而复上，又西北二里，复逾岭西转北向行，有村在东山之半，甚众。循之北行二里，有尖山竖东峰之上，甚锐，下有瓦房，环篱回堵，颇不似诸村落。其西界有山高耸，冠于诸峰，此始为南下多灵两江都泥、龙江。分界之脊，与所行东峰对夹成坞。中开大壑，自南而北，即前栏路村西行大道，转而为此坞者也。坞中土山之上，丛树蓊葱，居室鳞次。与此村东西相对者曰芒场，此大道所经者，余以站骑就村相换，故就此小道。然村夫沿门求代，彼皆不承，屡前屡止，强之不行。方无可奈何，适有一少年悬剑插箭至，促其速行，则南丹莫君所遣令箭送余者，始得复前。又北逾一岭，又北一里，饭于壁坳村。数家在东峰之半，前多踞石排列，置庐其间，实为选胜，而土人莫之知也。既饭，易骑至而无鞍，乃令二夫先以担行，站夫再往芒场觅鞍。久之仍不得，乃伐竹缚舆，舆成而候夫。又久之马至，已下午矣，乃西向行。先是，壁坳站夫言：“西北石山嵯峨，其下有村曰蛮王，此峰亦曰蛮王峰。”乃望之西行，越一土阜西下，共二里，有涧自南而北，逾涧又北上岭，逾土山二重，共一里，下至土峡中，有小水自北而南，溯之北上一里，直抵蛮王峰下。其屼嵲骈耸最，西南峰顶有石曲起，反躬北向，上复直竖如首，岂即所谓“蛮王”者耶？时顾仆押夫担在蛮王村，尚隔一夹，呼余直西从大道，彼亦从村押夫来。半里，会于峰之西，乃转而循峰西夹北向行。其夹会水于中，北上半里，夹中犹土田，而水已北注，是为北来山脊，至蛮王而西渡南下，峙为芒场西最高之峰，以至多灵，为都泥、金城两江之界者也。北随水行半里，其水西向去，路西北又半里，逾岭而下半里，西南山界扩然，北界石山之脊自西而东，有尖峰竖其上，环其西南为大壑，田陇高下，诸庐舍倚其东北尖峰下。又里许，登其栏曰郊岚村，又名头水站。有水自东北脊间出，为都泥旁枝之上流，此“头”名所由起也。村人以酒食献，餐之，易骑行。西北一里半，有路逾北夹而去，乃导者由岐西出峰南。又半里，复易夫，始知其为小路就村也。又西一里，雷雨大至，俄顷而过。又西一里，登一堡，导者欲易骑，其人不从，只易夫而行。乃挟峰北转，越岭而下。又西南坠，共二里，渡一涧，又西北行一里，始与东来大道合。复西北逾岭三里，望北山石脊嵯峨，诸庐舍倚其上，而尚隔一壑。又西，大道西去，由岐北转，从北山下东向行，一里，上抵飘渺村。其村倚山半，南向，东有尖峰高插岭头，西有危崖斜骞冈上。村前平坠为壑，田陇盘错，自上望之，壑中诸陇皆四周环塍，高下旋叠，极似堆漆雕纹。盖自蛮王峰西渡脊而北，至此水皆西南入都泥，壑皆耕犁无隙，居人亦甚稠，所称巴坪哨，亦一方之沃壤也。是晚，雨后即霁甚。

【译文】二十五日　天刚亮，从蜡北村出发稍往西走再向北走进入山峡中，半里，越过小山脊往北下行，半里，抵达尖尖的那座高峰下。这里另外形成一峒，有一两间茅屋紧依在尖高峰下。走完峒后往东北行二里，有村庄在西山的山脚下，叫肖村。又向北走半里，有山洞在西面小山的坑谷中，洞口朝向东南，外面一层十分宽敞，中间的洞壁像一座屏风，里面又开有非常深的洞口。路由东面的山崖上走，隔着山坞望向山洞，藤萝覆盖垂挂，有水从洞中潺潺流出，洞前形成山涧，向南流后折向西流去。又往东北行半里，越过岭脊，十分险峻。东西两面的山峰全是石崖，只有这个岭脊是土的。越过岭脊向东北下走一里，又成一峒，叫街旁村。送行的人想要换夫换马，可这里的居民不肯应差，送行的人只好被迫再往前走。于是向西北登岭，岭上下背靠山崖沿着壑谷的的地方有许多房屋。一里，越过山岭下走后再上走，又往西北二里，再越到岭西转向北行，有个村庄在东山的半山腰，非常多的房屋。沿东山往北行二里，在东峰之上有座尖山竖立，非常的尖锐，下边有瓦房，竹篱围墙环绕，与其他地方的村落不一样。这里的西面有山高耸，高过群峰，这就是向南下延到多灵山两江都泥江、龙江。分界的山脊，与我走的东峰相对夹成山坞。中间展开一个大壑谷，自南延向北，也就是前面从栏路村往西走的大道，转而成为这里的山坞了。坞中的土山上面，树丛苍翠茂盛，居民房屋像鱼鳞般一个挨着一个排列着。与这个村子东西相对的村庄叫芒场，这里是大道经过的地方，我因要到村中的驿站换马匹，因此走的是这条小道。让村夫在村中挨家挨户的请求替换，但都不肯应差，好几次往前走了又都停下来，强逼着他们又都不肯走。正在我不知如何是好时，刚好有一个悬挂宝剑插着弓箭的少年来到，催促那些人快走，原来是南丹州莫君派遣了人持令箭来送我，他们这才开始继续往前走。又向北越过一座山岭，又向北一里，在壁坳村吃饭。东峰半山腰住着数户人家，村前有许多岩石排列着，房屋建在整齐排列的岩石中，真正是首选的胜境，但当地人不懂欣赏它的优美。吃完饭，更换的马匹有了但却没有配上马鞍，只好令两个挑夫挑担先走，驿站的脚夫又去芒场找马鞍。找了很久却还是没找到，只好砍竹子然后捆成轿子，做好了轿子又等着派夫。又等了很久马又到，时间已到了下午了，于是向西行。这之前，壁坳村驿站的差夫和我说过："西北方石山高大雄伟，有个叫蛮王村的村庄就在山下，又叫做蛮王峰。"于是看着它的方向朝西行，越过一座土阜往西下行，共走二里，有山涧自南往北流，越过山涧又向北上岭，越过两座土山，共一里，下到土山峡谷，有小溪从北流向南，溯小溪往北上行一里，直到蛮王峰下。它最为高峻突兀，西南的峰顶有块岩石弯曲而起，反转身体朝向北方，上方像头颅一样竖直，难道这就是被称为"蛮王"的地方？这时顾仆已经押着挑夫担子到了蛮王村，我们中间有一条峡谷隔着，他大声朝我喊话，要我一直往西走大道，他从村中押着挑夫马上来。半里，和顾仆在山峰西面重聚，于是转弯沿山峰西面的峡谷向北行。这个峡谷中有相汇合的水流，往北上走半里，仍有田地在峡谷中，但水流已往北流，这是从北面延伸而来的山脊，到蛮王峰后向西延伸再往南下延伸，芒场西面的最高峰是耸峙，以下延到多灵山，成为都泥江、金城江两条江流的分界。往北顺水流行半里，那水流向西流去，路向西北又走半里，越过岭后下半里，西南一列山十分广阔，北面一列石山的山脊自西延向东，在山脊上有座尖峰竖立，石山在它的西南环绕成为大壑谷，田地高低交错纷杂，在它东北的尖峰下有许多房屋依傍着。又走一里左右，登上一个村中的竹楼，这里被叫做郊岚村，又叫头水站，有水流自东北的山脊间流出，是都泥江支流的上游，这也是为什么叫“头”的原因了。村里人敬献了酒食，喝了酒吃了饭，换了坐骑继续出发。往西北一里半，有路穿越北面的峡谷而去，于是带路的人从岔道向西然后到峰南。又走半里，再换脚夫，这才明白原来他们走小路是在将就村子。又往西一里，突然下起了大雷雨，然而没下一会就停了。又向西一里，登上一处土堡，带路的人想换马，当地人却不愿意，只好换了夫再上路。于是傍着山峰向北转，越过岭下走。又向西南一路往下，共二里，渡过一涧，又往西北行一里，这才与东面来的大道汇合。再往西北越岭三里，望见北山石脊高大挺拔，在山上许多房屋依傍着，只是中间还有一个壑谷隔着。又向西，大道往西去，由岔道向北转，从北山下向东行，一里，上走到飘渺村。飘渺村就在半山腰，面朝南，东边有尖峰高插在岭头，西边有危崖斜举在冈上。村前平缓地往下形成壑谷，田地盘绕错落，从上边望过去，壑谷中众多的田地四周都环绕着田埂，上下旋绕层层叠叠的，与漆雕堆出来的纹路特别相像。从蛮王峰西边越过山脊往北走，到这里水流都是朝西南流入都泥江，壑谷中田地耕犁得没有留下空隙，百姓们住得非常稠密，也是人们所称的巴坪哨，是一片肥沃的土地。这天晚上，下过一场大雨后天气变得非常好。

二十六日　晨起，饭而候骑，命夫先担行，待久之，乃得骑。由西峰突崖下西向行，二里，逾岭西北下坞中。其坞东西开夹，中底甚平，东汇堰为塘，溯之西行，塘尽而成草洼。共西半里，有墟场在路隅，曰巴坪场。其西有深夹自西北来，为此东西夹上流，场乃挟右而转者。路度夹而西，复上岭，半里，逾脊西下，于是成南北夹。路转北行半里，夹仍东西转，路又西向半里，此夹中皆平底草蔓，似可为田。于是复西逾隘脊，其脊止高丈许，脊东即所行草壑，脊西则水溢成溪。随溪西行半里，渡，从北山下行，过一坳，有三四家倚之。又西半里，大路直西去，以就村觅夫故，又南由岐涉溪逾南坳，共一里，得村于南坞中，曰潭琐。居村颇盛，山转中环，又成一峒。又饭而候夫，久乃得之。下山半里，由西北峡出，即前西流之溪矣。由溪南西行半里，溪转而北，路亦随之。于是山开东西两界：东界山皆自东而西突，凡五六峰，西面皆平剖下坠，排列而北，若"五老"西向；西界山则土峰蜿蜒，与东界对列成峡，涧由其中北向去。从涧西循西山东麓北行半里，有小水东注于涧，渡之又北一里半，抵一岭，涧折而东去，路乃北逾岭。一里，则大路自东来合。又东一里，有涧亦东注，渡之北，又一里，有水一泓，在路侧树根下石隙间，清冽殊异。又北一里，又有水自西北峡中来，东出与石泓北流之水合，似透东北峡而去。路溯西北峡而入，其峡湾环，北自东序六寨之一。南来，是名羊角冲，为此中伏莽之徒[①]所公行无惮处。舆夫指路侧偃草，为数日前杀人之区，过之恻然。入峡一里，东眺已逼东界突山下，又北则突山既尽，其坞大开。东望一峰尖迥而起，中空如合掌，悬架于众峰之间，空明下透，其上合处仅徒杠之凑，千尺白云，东映危峰腋间，正如吴门匹练[②]，香炉[3]瀑雪，不复辨其为山为云也。自桂林来，所见穿山甚多，虽高下不一，内外交透，若此剜空环翠者，得未曾有。此地极粤西第一穷徼，亦得此第一奇胜，不负数日走磨牙吮血之区也。又北一里，有村悬西峰石坡上，曰东序村，乃六寨极南之首村也。缚舆换夫。东北二里，复换夫。西北逾一岭而下，共一里半，有场曰六寨场。转北而东又半里，有溪自东来，独木桥渡其北。一里，有石峰中悬两峡间，前有数十家倚之，是为六寨哨，所称“六寨”者，南自东序，北抵六寨哨，中有寨六。缚舆换夫，从东峡北行一里，转而西入峡。其水东流，溯之入又一里余，大路直西逾隘，由岐西北就村半里，得浑村在北村下。头目韦姓出帖呈览，以忠勇免差者。余谕之送，其人出酒肉饷，以骑送余。其地北有崇崖，有洞，门西南向，高悬崖上；南有绝壁，有洞，门东北向，深透壁间。从小路下西坡，交大路而南，二里，抵南洞之前。循石壁西又一里，转入南山峡中，东南入坞，有村曰银村。待夫久之，晚而缚舆，昏黑就道。西北循山出峡，转而西，共三里，宿于晚宛南村。

【注释】①伏莽之徒：暗藏在山林中的盗匪。②练：洁白的熟绢。③香炉：指庐山香炉瀑布。

【译文】二十六日　清早起床，吃完饭等坐骑，下令让脚夫们挑担先走。等了很长时间，才得到坐骑。由西峰突起的山崖下向西行，二里，越岭向西北下到坞中。山坞拓展成东西方向的峡谷，坞中底部十分平坦，东边筑了堤坝积水为塘，溯水塘往西行，过了水塘接着就是长满草的洼地。共向西走半里，在路旁有个墟场，叫巴坪场。

有条深深的峡谷自西北延来，位于这个东西向峡谷的上游，墟场是紧依着右边转过去的地方。路向西穿越峡谷，再上岭，半里，越过山脊往西下行，到这里峡谷就成了南北向了。路转向北行半里，峡谷还是呈东南向，路又向西走半里，峡谷中的谷底长满了草丛而且很是平坦，应该可以开垦为田地。于是又向西越过隘口的山脊，这个山脊只有一丈多高，山脊东面是之前经过的长草的壑谷，山脊西面有水溢出来形成溪流。沿溪流往西行半里，渡溪，从北山下行，走过一个山坳，有三四户人家依傍着它而住。又向西半里，大路一直向西去，因要到就近的村中找脚夫更换的原因，向南由岔道涉过溪流越过南面的山坳，共一里，在南面山坞中找到一个村子，叫潭琐。村中居民田地都很兴盛，群山环绕的中间，又形成了一个峒。吃了饭等着换夫，很久才到。下山半里，由西北的峡中出去，就是前边往西流的溪流了。由溪流南岸往西行半里，溪水转向北去，路顺溪流走。在这里山被分成东西两列：东面的一列山全都自东往西突起，一共有五六座山峰，西面都是平剖下坠，往北排列，就像面朝西方的五个老人；西面一列山则是蜿蜒的土峰，与东面的一列山相对排列形成峡谷，山涧由其中向北流去。从山涧西边沿西山的东山脚下往北行半里，有条小溪向东流入山涧，渡过小溪又向北走一里半，抵达一座山岭，山涧折向东流去，路于是向北越岭。一里，就见大路从东面伸来。又向东一里，有条山涧也向东流入，渡到涧北，又走一里，有一片水在路边树根下的石缝间，清澈甘冽尤为奇异。又往北一里，又有水流从西北的峡中流来，流出东边与石缝间往北流的水合流，应该是穿过东北的山峡流去。路沿着西北的山峡进去，这山峡山湾环绕，从北面的东序是六寨之一。往南延伸而来，这个地方叫羊角冲，这是那些歹人毫无顾忌，任意妄为的地方。轿夫指着路边那些倒伏的草丛，几天前就有人在这里被歹人杀了，经过这里时心中不免生出几分哀伤。入峡走一里，向东望去已经逼近东面突立的山峰。又向北可以看到突立的山峰到了尽头，山坞十分开阔。望见东方有一座又尖又高地山峰耸起，中间如合起来的手掌空着，在群峰之间悬架，亮光从下面空中透出，上边合拢的地方就像独木桥一样凑拢，天上千尺长的白云，如苏州的白绢一样，如庐山香炉峰雪花般飞溅而下的瀑布，映衬在东边危峰的山腰上，一时间竟辨不清哪里是山哪里是云了。自从进了桂林，也算是见过不少的穿山，虽然都高矮不一，内外相通，但像这座山这般内部中空而外部树木茂盛的，却是从来见过的。这里属于粤西及边界第一穷僻的地方，竟然也能有如此第一奇绝的美景，也不枉费我一连几天来在这盗匪出没的地方奔走了。又向北一里，在西峰的石坡上有个村庄高悬在那里，叫东序村，属于六寨最南边的第一个村子。在这个村子里捆轿子然后换夫。往东北行二里，又换夫。向西北越过一道岭下走，共一里半，有个叫六寨场的墟场。转向北后往东又走半里，自东面有溪水流来，从独木桥渡到溪北。一里，在两面山峡的中间有座石峰高悬，前边有数十户人家背山而建，这是六寨哨。所谓的“六寨”，从南面起自东序，北边抵达六寨哨，这一路中间有六个寨子。绑轿子换夫，从东面的峡中往北行一里，转向西走入山峡。峡中的水往东流，逆流往前又是一里多，大路一直向西穿过隘口，为找换夫的村子由岔路往西北半里，在北村下找到浑村。村里姓韦的头目拿出帖子给我看，原来这个是因忠勇免除了差役的村子。我向他告辞，姓韦的头目拿出酒肉来招待我，又派送了坐骑。村子北面有高大的山崖，有山洞，洞口面朝西南，高悬在山崖上;南面有绝壁，有山洞，洞口朝向东北，深透进石壁间。从小路走下西面的山坡，与大路相交往南走，二里，抵达南面的山洞前。沿石壁往西走，又是一里，转入南面的山峡，向东南走入山坞，有个村庄叫银村。等换夫又等了好长时间，天快黑了才捆轿子，在暗夜中出发。向西北沿山走出峡谷，转向西，共走三里，在晚宛南村住宿。

二十七日　晨起，不及饭，村人舆就即行。循西山而北，石壑中渐有水东自浑村西麓来，流而成溪。半里，渡溪北行，半里，有村在西山下，溪流环其前，村东向临之，为晚宛中村，其长又半里。路隔溪，随之北又一里，渡桥而西，饭于晚宛北村。换夫东渡桥，遂东北行一里半，逾东冈，有村在冈北悬阜上。又换夫，北下冈，渡一涧，复一里半，北上一冈，是为岜土音作“壁”。歹村，乃丹州极北之寨也。六寨北至岜歹，西至巴鹅，昔皆泗城州所属之地，去泗城远，故后为丹州所占。三年前上疏清界，当亦在其中。由此西去两日程，曰罗猴，为泗城东北境，都泥上流所经也。饭而换马，北下阜，过一涧，于是北上冈陇，渐逾坳而北，三上三下。坞中俱荒芜，无复耕塍，其水皆西南流，故知东北即大山之脊矣。共五里，为山界，土人指以为与贵州下司分界处，此不特南丹北尽，实粤西西北尽处也。

【译文】二十七日　清早起床，等不及吃饭，村里人已经捆好轿子出发了。沿西山往北走，石山壑谷中渐渐有水从东面的浑村西山脚流来，流成溪流。半里，渡过溪水往北行，半里，在西山下有村庄，溪流在村前环绕，村子东边临溪，是晚宛中村，村子长有半里。路隔着溪流，顺溪流又往北一里，过桥后往西走，在晚宛北村吃饭。换夫后向东过桥，于是往东北行一里半，越过东面的山冈，在冈北高悬的土阜上也有村庄。又换夫，向北下冈，渡过一条山涧，再走一里半，向北上登一座山冈，这是岜土话读作“壁”。歹村，是南丹州最为北边的寨子了。六寨北面到岜歹村，西边到巴鹅，从前都是泗城州所属的地方，离泗城州远，后来被南丹州占领了。三年前有人上奏清理边界，这应当也在其中。从这里往西，两天的路程，到罗猴，是泗城州的东北境，是都泥江上游流经的区域。吃完饭后换马，向北走下土阜，越过一条山涧，从此地起向北上登山冈土陇，慢慢越过山坳往北走，上山下山各三次。整个山坞中全都是一片荒芜，没有耕地，水流全往西南方向流，所以知道东北方是大山的山脊了。共五里，是山界，当地人指认告诉我说是与贵州下司分界的地段，这里不仅是南丹州北边的尽头，也是粤西西北境的尽头了。

逾脊北下，水犹西南流。又从岭北再升一土岭，共一里，北出石山之隘，是为艰坪岭。石骨棱削，对峙为门，是为南北二水分界。北下一里，石路嶙峋，草木蒙密，马足跃石齿间，无可着蹄处，正伏莽者弄兵之窟，余得掉臂而过，亦幸矣哉！既下，西向行峡中，水似西流，而似无出处。一里，始复睹塍田。又西半里，转而北，峡中塍乃大辟。又北一里，有村在西坞，曰由彝村，是为下司东南第一村，亦贵省东南第一村也。南丹送骑及令箭[1]牢子辞去。待夫甚久，担先去，暮，骑至。西北二里至山寨，又逾岭涉涧，越数村，夜行八里而抵下司，慎闭户莫启。久之，得一家启户入，卧地无草，遍觅之，得薪一束，不饭而卧。

【注释】①令箭：古时候军队用来传令的小旗，竿头是铁制的箭镞，故称为令箭。

【译文】越过山脊向北下走，水流仍朝西南流去。从岭北再向上爬一座土岭，共一里，向北走出石山隘口，就到了艰坪岭。这里的岩石似刀削一般的棱角分明，对峙成门，这里是南北两面水流的分界处。向北下走一里，石子路面崎岖不平，草木茂盛浓密，马蹄在牙齿状的石块间奔腾跳跃，完全没有能容下马蹄的地方，正是那些拦路抢劫的土匪们摆弄兵器的老巢，我能从这里全身而过，也是十分的幸运了呀！下山后，向西在峡谷中行走，水流像是往西流，但又好像没有可以流出去的地方。一里，这才重新看到了田地。又向西半里，转向北，峡中的田野显得十分开阔。又向北一里，在西面的山坞中有个村庄，叫由彝村，这既是下司东南境的第一个村子，也是贵州省东南境的第一村了。南丹州送行的坐骑及持令箭的牢子在这里告辞后离开了。等派夫又用了很长时间，还是让挑担子的先出发，天黑时，马到了。向西北二里走到山寨，又越过山岭涉过山涧，途中经过好几个村子，在黑夜中走了八里后到达下司，居民都把门关了不肯开门。找了很久，才有一家人开门让我进去，睡在草都没铺的地方，四周找了个遍，才找到一束可以做柴的干草，饭也没吃就躺下睡了。

黔游日记一

【题解】《黔游日记一》是徐霞客游览贵州盘江以东的山水及风土人情所写的游记。《黔游日记一》和《黔游日记二》都在乾隆刻本第四册下。而徐镇本在第六册，仅题为“黔”，不分一、二，撰有提纲。

崇祯十一年三月二十七日（1638年5月10日），徐霞客从南丹进入丰宁下司，向北行经过独山州（今独山县）、都匀府（今都匀）、麻哈州（今麻江县）、平越卫（今福泉），再转向西经过新添卫（今贵定县）、龙里卫抵达贵阳府（今贵阳），然后绕道广顺州（今长顺县）去游览白云山，还路过了平坝卫（今平坝县），又转向西经过安顺府、镇宁州（今镇宁布依族苗族自治县）、关索岭（今关岭布依族苗族自治县），沿途经过布依族、苗族、仡佬族等少数民族聚居区，四月二十四日（6月6日）抵达北盘江东的永宁。

这一路上，徐霞客处处不便、事事不顺，到达贵州的第一天，在下司休息，下司比较偏僻荒凉，他走了很久才看到一户人家，当天晚上“无茅无饭而卧”。第二天在去上司的路上，被四个持有武器的人夹持了。在麻哈州，被傲慢的担夫王贵用凳子砸伤了脚，接下来只能跛脚而行。等到了狗场堡附近，藏在盐筒中的钱财被担夫王贵偷走逃跑了，请求苗族人送自己，可是苗族人却趁火打劫，后来竟然逃走了，没办法他只好和顾仆两个人一前一后抬着行李慢慢前行。在这样困难的条件下，徐霞客游览了沿途的独山、南皋书院、都匀洞南皋书院、九龙洞、水府寺、白衣阁、梵音洞、杨宝山、古佛洞、白云山、双明洞、白水河和白水河瀑布（今黄果树瀑布）等胜景。徐霞客用“世间真文字”，描写了贵州的真山真水和名胜古迹，如专为建文帝出家的白云山、雄奇壮美的黄果树瀑布。此外，他还考察了土司囤山。其中记录了许多明末贵州的社会经济状况，如“环山为壑，中洼为田”的梯田，“小麦青青，粉花翠浪，从此遂不作粤西芜态”的农业生产状况，“垒石为九门甚整”的都匀城，“中街市人集，鱼肉不乏”的平坝卫，等等，都是研究明代西南地区经济的宝贵资料，为我们展示了贵州当地的风土人情，堪称一幅明末贵州风俗画卷。

戊寅三月二十七日　自南丹北鄙[①]岜歹村，易骑入重山中，渐履无人之境。五里，逾山界岭。南丹、下司界。又北一里，逾石隘，是为艰坪岭。其石极嵯峨，其树极蒙密，其路极崎岖，黔、粤之界，以此而分，南北之水，亦由此而别。然其水亦俱下都泥[②]，则石隘之脊，乃自东而西度，尽于巴鹅之境，而多灵大脊犹在其东也。北下一里，就峡西行，一里，始有田塍。又半里，峡转北，坞始大开。又北一里，有村在西坞中，曰由彝[③]。此中诸坞，四面皆高，不知水从何出。然由彝村南石壁下，有洞东向，细流自畦中淙淙入，透山西而去，固知大脊犹在东也。至此南丹差骑辞去。由彝人始许夫骑，久乃不至，促久之，止以二夫负担去。余独坐其栏，从午至暮，始得骑。西北二里，至山寨，则寨人已送担亦前去。乃由其东上岭，越脊北下一里，行壑中。又北一里，再越岭脊，下行峡中。壑圆而峡长，南北向皆有脊中亘，无泄水之隙，而北亘之脊，石齿如锯，横锋竖锷，莫可投足。时已昏暮，跃马而下，此骑真堪托死生也。越脊，直坠峡底，逾所上数倍，始知前之圆壑长峡，犹在半山也。峡底有水，从南脊下溢，遂滔滔成流。随之西向行，共里许，有村在南山麓，担夫已换去。又骑而西半里，担夫又已去。盖村人恐余止其家，故亟换之行；而又无骑换，骑夫不肯前，余强之暗行。西北半里，有溪自东而西，横堰其中，左右渊深。由堰上北度，马蹄得得，险甚。又西转过一村，半里，由村西而北向逾岭，始与双担同行，暗中呼声相属，不辨其为石为影也。共二上二下，遂行田塍间。共五里，过一寨，排门入，居人颇盛。半里，复排一门出，又行田塍中。一里半，叩门入旧司，门以内茅舍俱闭，莫为启。久之，守一启户者，无茅无饭而卧。

【注释】①鄙：边远的地方。②都泥：即都泥江，又名乌泥江。古水名，即今广西壮族自治区红水河及贵州省境内涟江、濛江。③由彝：今作“尧逸”“尧益”，在独山县南隅。

【译文】戊寅年（崇祯十一年，1638）三月二十七日　从南丹州北郊的岜歹村，换马进入重叠的山中，渐渐步入没有人的荒野。走了五里，越过山界岭。南丹州、下司的分界。又向北走了一里，越过一处石头隘口，这是艰坪岭。山上的岩石非常高耸，树木非常茂密，道路非常崎岖，贵州、广西两省的界限，从这里划分，南北两面的河流，也是从这里分流。然而这里的水也都是向下流进都泥江，所以石头隘口处的山脊，是从东向西延伸，尽头在巴鹅的境内，而多灵山的主山脊还在它的东面。往北下行一里，沿着峡谷西行一里，开始有农田。又走了半里，峡谷转向北去，山坞这才变得十分开阔。又往北走了一里，有个村庄在西边山坞中，叫作由彝村。这一带的诸多山坞，四面的地势都高，不知道水从哪里流出去。然而由彝村南边的石壁下，有个洞面向东，小水从水田中淙淙地流进去，穿过山向西流去，这说明主山脊还在东面。到这里以后，南丹州来的差人骑马告辞离开了。由彝村的人起初许诺派差夫和马匹来，等了很久却不见人来，催促了很久，只派来两个脚夫挑着担子走了。我独自坐在他们的竹楼中，从中午等到傍晚，才有马骑。往西北走了二里，来到山寨，可是山寨里的人也已经送好担子往前面去了。于是从山寨的东面登上山岭，越过山脊向北下走一里，行走在壑谷中。又向北走了一里，再越过岭脊，下岭行走在峡谷中。壑谷圆而峡谷长，南北方向都有山脊横亘在当中，没有泄水的空隙，而且北面横亘着的山脊，齿状的石头好像锯子，横如剑锋，竖似刀刃，没有地方可以下脚。此时天已黄昏，催马驰骋而下，这匹马真能够托付生死呀。越过山脊，一直下坠到峡底，超过上山时的数倍路程，这才知道前边的圆形壑谷与长形峡谷，还只是在半山腰。峡底有水流，从南面的山脊上向下溢出来，于是形成滔滔的流水。顺着水流向西行，总共走了一里左右，有个村庄在南山的山脚下，挑夫已经换过离开了。又骑马往西行了半里，挑夫又离去了。大概是村里人担心我住在他们家里，所以急忙换了挑夫就上路。然而又没有坐骑更换，马夫不肯再往前走，我硬要他摸黑赶路。向西北走了半里，有条溪水从东往西流，溪水中间横着堤坝，左右两边都是深渊。从堤坝上向北渡过溪流，马蹄声“嘚嘚嘚”地响，非常危险。又向西绕过一个村庄，走了半里，由村西向北越过山岭，这才与两个挑夫同行，在黑暗中互相呼喊着前行，不能分辨是岩石还是人影。共两次上走两次下行，最终行走在田埂间。共走了五里，经过一个寨子，推门进去，居住的人很多。走了半里，再推开一道门出来，又行走在田埂中。走了一里半，敲开寨门进入旧司，寨门以内的茅屋都关着门，没有人肯打开门。等了很久以后，才有一户人家开了门，没有铺茅草、没有吃饭就睡下了。

上、下二司者，即丰宁司[①]也。濒南界者，分为下司，与南丹接壤。二司皆杨姓兄弟也，而不相睦。今上司为杨柚，强而有制，道路开治，盗贼屏息。下司为杨国贤，地乱不能辖，民皆剽掠，三里之内，靡非贼窟。其东有七榜之地，地宽而渥，桀骜尤甚，其叔杨云道，聚众其中为乱首，人莫敢入。

【注释】①丰宁司：即丰宁长官司，明洪武二十三年（1390）置，属都匀卫。治所即今贵州独山县西南上司乡。弘治八年（1495）属独山州。清改为丰宁上长官司。

【译文】上、下二司，就是丰宁长官司了。濒临南部边界的地区，划分为下司，与南丹州交界。两处的土司都是杨姓兄弟，但是不和睦。如今的上司是杨柚，能干而有制约，道路畅通，盗贼消失。下司杨国贤，管辖的范围混乱而不能管束，百姓都抢劫掠夺，三里之内，没有不是贼窝的。丰宁司的东面有个叫七榜的地方，地域宽广而且土壤肥沃，那里的人特别凶悍倔强，他的叔父杨云道，是在那里聚众作乱的首领，没有人敢进去。

旧司[①]者，下司昔日司治也，为上司所破，国贤移居寨上。按，丰宁二司皆贵州都匀府属，其兄弟相贼而莫问，岂羁縻[②]之道固应然耶？寨在南山麓，与旧司南北相对，中隔一坞，然亦无奇险也。

【注释】①旧司：即今下司，在贵州独山县南境。②羁縻：亦作"羁靡""覊縻"，笼络，怀柔。

【译文】旧司是昔日下司衙门所在地，被上司所攻破后，杨国贤迁居到山寨上。据考察，丰宁二司都是贵州都匀府的属地，他们兄弟二人相互侵犯却没有人过问，难道笼络的方法本来就应该是这样的吗？寨子在南山的山脚下，与旧司南北相对，中间隔着一个山坞，然而也没有什么非常险要的地方。

二十八日　平明起，雨霏霏下。余令随夫以盐易米而炊。余以刺索夫于南寨，国贤避不出，托言与上司不合，不敢发夫，止许护送者两三人送出境。余饭而待之，送者亦不至，乃雇夫分肩行李，从旧司北向逾岭行。共三里余，下至饿鬼桥，有小水自东北注西南，小石梁跨其上，御人[①]者每每横行于此。又北二里，逾岭，已为上司界。下岭二里，有村在西坞，而路东有枫木树对之。又东北逾岭二里，有村在东坞，其前环山为壑，中洼为田。村倚东峰，有石崖当村后。路循西岭，与村隔垄相向，始敢对之息肩。又西北逾岭二里，转而西向行，于是峡大开，南北相向，南山下村居甚稠，北山则大路倚之。西行五里，路复西北逾岭。盖此地大山在东北，路俱缘其西南上，虽有升降，然俱上多下少，逶迤以升者也。又西北二里，逾岭。路北有峰，回亘层叠，俨若天盘龙髻。崖半有洞，门西向，数十家倚之。路乃北转，又一里，越其西冈北向下。西冈者，大山分支西突为盘髻峰，其下横冈西度者也。西冈之北，山又东西排闼。北望西界山，一圆石高插峰头，矗然倚天之柱，其北石崖回沓，即上司治所托也；东界土山，即路所循而行者。共北五里，与西界矗柱对。又北二里，忽山雨大至。担夫停担，各牵笠蔽雨，余持伞亦蔽一挑。忽有四人持镖负弩，悬剑櫜[2]矢，自后奔突而至。两人趋余伞下，一人趋顾仆伞下，一人趋担夫笠下，皆勇壮凶狞，似避雨，又似夹持[3]。余甚恐。问余何往，余对以都匀。问余求烟，余对以不用。久之，雨不止而势少杀，余曰："可行矣。"其人亦曰："可去。"余以为将同往而前者，及余行而彼复止。余益知其必非良人，然入其吻而不下咽，其心犹良也。更北半里，转而西又一里余，有营当两界夹中阜上，壁垒[4]新整。由其下又西一里，入上司[5]南门，有土垣环绕，门内即宿铺。江西人。自下司至此，居舍中各半土半栏。

【注释】①御人：以武力制人而夺其财货。②櫜（gāo）：收藏盔甲弓矢的器具。③夹持：挟持。夹，通"挟"。从两旁架住他人，迫使服从。④壁垒：军营的围墙。作为进攻或退守的工事。⑤上司：今名同，在独山县南境。

【译文】二十八日　黎明起床，细雨霏霏。我让随行的挑夫用盐换米来做饭。我拿着名片到南面的寨子去索要差夫，杨国贤躲着不肯出来，推说与上司不合，不敢派遣差夫，只答应派两三个人护送我出境。我吃过饭就等着，但是护送的人也没有来，就只好雇了挑夫分别担负着行李，从旧司向北越过山岭前行。总共走了三里多，下行到饿鬼桥，有条小溪从东北流向西南，小石桥横跨溪流上，拦路抢劫的人常常在此地出没。又向北行二里，越过山岭，就已经是上司的地界。下岭走二里，有个村庄在西面的山坞中，而且道路的东边有棵枫木树对着村庄。又往东北越过山岭二里，有个村庄在东面的山坞中，村前群山环绕成壑谷，中间的洼地开垦为农田。村子倚靠着东面的山峰，有石崖在村后。沿着西面山岭的道路行走，与村庄隔着土垄相对，这才敢对着村子休息。又向西北越过山岭走了二里，转向西行，到这里山峡十分开阔，南北两山相对，南山下的居民住的非常稠密，北山则是大路紧挨着山脚下。往西行五里，道路又向西北越过山岭。大体上此地的大山在东北方，道路都是沿着大山的西南面上行，虽然有上坡有下坡，但都是上山多下山少，都是曲折绵延的上坡路。又往西北行二里，越过山岭。路北边有座山峰，回环层叠，好像天上盘旋着龙一样的发髻。山崖半山腰有个山洞，洞口向西，几十家背靠着山崖。道路因此向北转，又走一里，越过西冈向北下行。西冈，是大山的分支向西突起形成盘绕着的发髻状山峰，山峰下横着的山冈向西延伸形成的。西冈的北面，山脉又形成东西排列的门扉。向北眺望西面一列山，一块圆石高高的插在峰头，高耸如同擎天柱，山峰北面的石崖回绕杂沓，也就是上司治所依托的地方了；东面一列土山，就是道路顺着行走的山。总共向北走五里，与西面高耸的石柱相对。又向北走二里，山雨忽然大降。挑夫放下担子，各自拿着斗笠遮雨，我也打着伞遮一副担子。忽然有四个人拿着镖背着弓弩，腰挎长剑，箭囊中装着箭，从后面奔跑过来。两个人跑到我的伞下，一个人跑到顾仆的伞下，一个人跑到挑夫的斗笠下，四人都勇猛强壮，凶狠狰狞，像是避雨，又像是来打劫的。我非常惊恐。他们问我到哪里去，我回答说去都匀。他们又问我要烟抽，我回答我不抽烟。过了很久，雨没停但是雨势稍微弱下来，我就说：“可以走啦。”那些人也说：“可以离开了。”我以为他们将要和我们一起前行，到我们动身时他们却又停下来。我更加知道他们必定不是好人了，不过进了他们的嘴里却不咽下去，他们的心肠还是好的。再向北走半里，转向西又走了一里多，有军营在两列山相夹中间的土山上，阵营崭新整齐。由军营下方又向西走一里，进入上司的南门，有土墙环绕，城门内就是住宿的驿馆。江西人。从下司来到此地，居民的房屋中土屋和干栏式楼房各有一半。

时雨过街湿，余乘湿履，遂由街北转而西，有巨塘汇其内，西筑堤为堰，甃为驰道[①]甚整。又北半里，直抵囤[②]山东麓，北向入一门。有石罅一缕在东麓下，当其尽处，凿孔如盂，深尺许，可贮水一斗。囤上下人俱以盎候而酌之，谓其水甘冽，迥异他水。余酌而尝之，果不虚也。由此循囤麓转入北峡，峡中居人甚多，皆头目之为心膂[③]寄者。又编竹架囤于峡中，分行贮粟焉。由北峡西向行，已入囤后，有脊自西北连属于囤，乃囤之结蒂处也。脊东峡中，有洞倚囤麓，其门北向，甚隘而深。有二人将上囤，余问："此洞深否？"云："其洞不深，上至囤半，有大洞颇深而有水，须以炬入。"由下仰眺，囤上居舍累累，惟司官所居三四层，皆以瓦覆，以垩[④]饰。囤险而居整，反出南丹上也。余乃随其人拾级上囤，其级甚峻，而甃凿开整。竭蹶而上，共半里，折而东，有楼三楹跨路间，乃囤半之隘关也。洞在中楹之后，前为楼所蔽不可见。有男妇各一，炊中楹下。二人指余入，遂登囤去。余索炬于炊者，则楹[⑤]后即猪栏马栈。践之下洞，洞门北向，洼坠而下，下皆污土，上多滴沥，不堪驻足，乃复出而下。先是令一夫随行，至脊下，不敢登，余乃独上。然囤上之形，可以外瞭而见，惟此洞为楼掩，非身至不知也。仍由旧路里余，返宿舍，则已薄暮矣。炊饭亦熟，遂餐而卧。

【注释】①驰道：泛指供车马驰行的大道。②囤（dùn）：以木栅围成，填以土石，用作堤防或防御工事之物。③心膂（lǚ）：心与脊骨。比喻得力助手。④垩（è）：白土，泛指可用来涂饰的土。⑤楹：量词，古代计算房屋的单位，一间为一楹。

【译文】这时雨停过后街道还是湿的，我穿着潮湿的鞋子，经过街道从北转向西走，有个巨大的水塘，在西边修筑堤坝形成了堰塘，堤坝砌成了非常齐整的供车马驰行的大道。又向北走了半里，一直到达囤所在的山的东山脚，向北进入一道门。有一条石缝在东山脚下，在石缝的尽头，凿了一个像钵盂大小的孔，深一尺左右，可以储存一斗水。囤上下的人都用瓦盆等着取水，说这里的水甘甜清冽，与其他地方的水大不相同。我舀了点尝了尝，果然不假。从这里沿着囤所在的山脚转入北面的峡谷，峡谷中的居民很多，都是头目的亲信得力之人所居住。又用竹子编成粮囤夹在峡谷中，分开把粮食贮藏在其中。由北面的峡谷向西行，就已经进入囤子的后方，有条山脊自西北连接着囤子，那是连接囤子的根本所在。山脊东面的峡谷中，有个山洞倚靠在囤子所在的山脚，洞口面向北，非常狭窄幽深。有两个人将要上囤子，我问他们：“这个洞深吗？”他们回答说：“这个洞不深。上到囤子的半山腰，有个大山洞相当深而且有水，必须拿着火把进洞。”从下面抬头眺望，囤子上居民的房屋连续不断，只有主管官员居住的房屋是三四层，都是用瓦盖顶，用白土涂饰。囤子险要而且房屋整齐，反而超出南丹州之上了。我于是跟随那两个人逐级登上囤子，那石阶非常险峻，但开凿铺砌得宽阔平整。我尽力地向上登，共走了半里，转而向东，有座三开间的楼房跨在路中间，这就是囤子半山腰的关口了。山洞在中间那一间楼房的后面，前面被楼遮住了看不见。有男女各一人，在中间那一间的楼下做饭。那二人指引我进山洞，就登囤子去了。我向做饭的人要来了火把，照见楼后面就是猪窝马圈。踩着牲畜的粪便下洞去，洞口面向北，洞势下洼直坠，下面都是污泥，顶上有许多水滴下落，无法停留，于是又出洞来往下走。在这之前让一个挑夫随行，来到山脊下，挑夫不敢上登，我只好独自上山。然而囤子上的地形，可以从外面远远地望见，只有这个洞被楼房遮住了，不是亲身到此是不会知道的。仍然经由原路走一里多，返回住宿的客馆，却已近傍晚了。晚饭也做好了，就吃了饭躺下。

上司土官杨柚，由长官而加副总，以水西[①]之役也。其地小而与南丹为仇，互相袭杀，故两土官各退居囤上。南丹州治在囤下而居于上。上司则司治俱在上，而环囤而居者，皆其头目也。南丹第三弟走荔波，为莫伋所执；第四弟走上司，至今为外难，日惴惴焉。

【注释】①水西：泛指贵州鸭池河以西广大地区，包括毕节市大部分及六盘水市部分。即元、明二朝彝族土司贵州宣慰使司辖地。

【译文】上司的土司杨柚，由长官而升任副总兵，是由于在水西战事立功的缘故。他的辖地狭小却与南丹州结仇，互相攻杀，所以两地的土官各自退居到囤子上。南丹州的州治在囤子下却住在囤子上。上司则是土司宅第、衙门都在囤子上，而且环绕着囤子居住的人，都是他的头目。南丹州土司的三弟逃到荔波县，被莫伋逮捕；四弟逃到上司，至今仍是外患，南丹州终日为此害怕担忧。

其囤圆而大，四面绝壁，惟西北有脊通级而上，路必环旋于下峡，故为天险。峡中水西南下，合塘中及外峡南北诸流，俱透西南腋中坠去。

【译文】这个囤子又圆又大，四面都是绝壁，只有西北方有条山脊通着石阶上去，道路必盘旋到山下的峡谷中，所以是天险。峡谷中的水流向西南，汇聚水塘中以及外面峡谷中南北各处的水流，都穿过西南方的山窝中下泄而去。

二十九日　由上司出南门，仍渡门东小水，溯之东北行。一里，蹑土山而上。四里，逾土山西度之脊，其西石峰突兀，至此北尽。逾脊西北行一里半，岭头石脊复夹成隘门，两旁石骨嶙峋。由隘西出，转而东北下，半里，下抵坞中。又北一里，复越土山西下脊，是为上司、独山州界，于是下岭循东山行。又二里，有村在西山坞中，为苴查村。其处东西两界皆土山，中开大坞，有水自北来，界于坞中，绕苴查之东，乃西向破峡去。循东界山溯水北向行，又三里，水分二支来，一自西北，一自东北，如“丫”字会于中支山尽处。西北者较大，路溯东北行，一里半始渡之。于中支山东麓得坛子窑村[①]，乃土官蒙氏之族也。村北溪中皆碎石，时涸时溢。又东渡之，东北上冈头，共里许，有土环遗址，名曰关上[②]，而无居舍。又东北一里，水尽坞穷，于是蹑岭，其岭甚峻。三里，北逾其脊，隘中砥石如铺，两旁有岈立峰，是名鸡公关[③]。其脉自独山州西北，绕州治[④]东南过此，又东南度六寨之东，而下蛮王峰者也。脊西南水，下苴查而入都泥；脊东北水，由合江州[⑤]下荔波而入龙江。从脊东北眺，则崇山蜿蜒，列屏于前，与此山遥对成两界，中夹大坞，自西北向东南焉。下山即转北行，一里抵坞。转东，即有小水东南下。又东一里，逾陟冈阜，忽有溪自西北注东南，水于此复出，为龙江上流矣。渡溪东上，于是升陟坡垅，东北行坞中。五里，有数家之村，在东北山下。从其前复转入西峡，北一里，过一脊，始北向下岭。其下甚深，半里抵其麓，始知前所行俱在山上也。又北行坞中一里半，有大溪汪然，自西峡层山中出，东注而去，亦由合江州而下荔波、思恩者。历石壑而渡其北，又缘西界支陇北行五里，为羊角寨。乃蒙氏之砦[⑥]也。在西山麓。又北三里，有小水自西坡东注，涉之。又北二里，入独山州[⑦]之南隘门。其州无城，一土知州，一明知州。土官蒙姓，所属皆土人。即苗仲[⑧]。明官多缺，以经历署篆[⑨]，所属皆客户。余所主者，江西南昌人黄南溪也，其人忠厚长者，家有楼可栖。盖是州虽无城，而夹街楼房连属，俱用瓦盖，无复茅栏牛圈之陋矣。

【注释】①坛子窑村：今名同，亦作“坛窑”，在独山县中部。②关上：古代曾设关驻兵，关居土岗上，俗称关上。今称矮关，在坛窑稍北的公路旁。③鸡公关：今作“鸡公”，在矮关东北，公路稍东。④州治：旧时一州最高行政长官的官署。亦指它的所在地。⑤合江州：即合江洲陈蒙烂土长官司，明洪武十六年（1383）置，属都匀卫。治所即今贵州三都水族自治县西南烂土乡。弘治七年（1494）属独山州。清改为烂土长官司。⑥砦（zhài）：即防守用的栅栏。⑦独山州：属都匀府，即今独山县。⑧苗仲：即仲家，今布依族。⑨经历：职掌出纳文书的官员。署篆：即署印。因官印皆刻篆文，故名。凡某官空缺，而以其他官代管印信，暂理其事者，称为署印或署篆。

【译文】二十九日　经由上司走出南门，仍然渡过门东的小溪，逆着水流的方向往东北走。走了一里，踩踏着土山而上。走了四里，越过土山向西延伸的山脊，土山西面的石峰高耸，到此地北面的山脊就到尽头了。越过山脊往西北走一里半，岭头的石头山脊再度夹成隘口，两旁的坚硬的岩石高耸。由隘口向西出来，转而向东北下行，走了半里，下到山坞中。又向北走了一里，再次越过土山向西延伸的山脊，这是上司与独山州的界限，从这里下山沿着东山行走。又走了二里，有个村庄在西面的山坞中，是苴查村。这里东西两面的山都是土山，中间拓展开形成大山坞，有水流从北边流出来，隔在山坞中，绕过苴查村的东边，向西冲破山峡流去。沿着东面的山逆着水流向北走，又走了三里，溪水分为两条支流流出来，一条出自西北方，一条出自东北方，如同“丫”字交汇在中间分支山脉的尽头处。出自西北方的溪流较大，道路逆流往东北走，走了一里半后才渡过溪流。在中间这条山脉的东山脚下进入坛子窑村，居住的是蒙氏土司的族人。坛子窑村北面的溪流里都是碎石，溪水有时干涸有时溢出。又向东渡过溪流，往东北登上冈头，共走了一里左右，有土墙环绕的遗址，名叫关上，然而没有房屋。又往东北行了一里，水流断了，山坞也到了尽头，从这里登岭，这座山岭极为险峻。走了三里，向北越过岭脊，山隘中的砥石如同铺设的一般，两旁有稳固挺立的山峰，名叫鸡公关。此地的山脉起自独山州西北，绕过州署所在地向东南延伸经过这里，又往东南延伸到六寨的东面，而后下延到蛮王峰。岭脊西南面的水流，下流到苴查村然后流入都泥江；岭脊东北面的水流，经由合江州下流到荔波县而后流入龙江。从岭脊向东北方眺望，则见高山萦回屈曲，像屏风一样排列在前方，与这条山脉远远相对形成两列分界的山，中间夹成一个大山坞，从西北向东南延伸。下山后立即转向北行，走了一里后到达山坞。转向东，就有一条小溪从东南方流下来。又向东走了一里，在山丘之间翻越跋涉，忽然有溪水从西北流向东南，溪水在这里又重新出现，这是龙江的上游。渡过溪水往东上行，于是攀登山坡土陇，往东北在山坞中前行。走了五里，有个几家人的村子，在东北方的山脚下。从村前又转入西面的峡谷中，向北走一里，经过一条山脊，开始向北下岭。下走的路非常深，走了半里到达山脚下，这才知道前边所走的路都是在山上。又往北在山坞中走了一里半，有条大河水势深广，从西面峡谷的层层山峦中流出来，向东奔流而去，也是从合江州下流到荔波、思恩的河流。经过满是岩石的沟壑而后渡到溪流的北岸，又沿着西面一列山分支的土陇往北走五里，就是羊角寨。是蒙氏土司的山寨。在西山的山脚下。又向北走了三里，有条小溪从西面的山坡向东流淌，涉过溪流。又向北走二里，进入独山州南边的隘门。这个州没有城池，一个土知州，一个朝廷派来的知州。土官姓蒙，下属都是土人。也就是苗仲。朝廷派来的官大多空缺着，让经历代管州官的印信，下属都是外地迁来的住户。我的房主人，是江西南昌人黄南溪，是个忠厚长者，家中有楼房可以居住。这个州虽然没有城池，然而街道两边的楼房连接，都是用瓦盖顶，不再是茅栏牛圈那样的简陋了。

独山土官昔为蒙诏，四年前观灯，为其子所弑。母趋救，亦弑之。乃托言杀一头目，误伤其父，竟无问者。今现为土官，可恨也！

【译文】独山州的土司曾经是蒙诏，四年前在观赏灯火的时候，被他的儿子杀了。做母亲的赶上去救护，也被杀害。他儿子说是杀一个头目，误伤了自己的父亲，最终也没有人过问这件事。如今他儿子却是现任土官，实在是可恨啊！

三十日　平明饭，出独山州北隘门，西北向循西界山行。六里，有小水亦自西坡东注，涉之。又北二里，北坞渐穷，山脊自东界西度南转，乃路转东北，涧中小水北流。渡涧，循东界山腋间东北上，又二里，有水溢路旁石穴间，甚冽。其侧有蒙氏修路碑。从此攀石磴东北上岭，雨大至。一里半，北登岭隘。是岭由东南度西北，乃祖山，从其东北分裂众枝：其直东而去者，为黎平、平崖之脊；东南分枝而下者，为荔波、罗城之派；西北分枝而下者，度此稍北，即西转南走而环于独山之西，度鸡公岭而南，为蛮王、多灵之派。独山州南二十里，有山尖起，立于众山之中，是名独山[①]，州之所以得名也。又东北行山峡间，乃下。共二里，有涧自东谷走深崖中，两崖石壁甚逼，涧嵌其间甚深，架石梁其上，为深河桥[②]。过桥，复跻崖而上。登岭而北，有小水自东北泻石崖而下，涉之，复升岭，共一里，遂由峡中北行。又二里，乃下，东北行壑中。有村在东山下，由其前少转西北，共二里，有溪自东北来，渡之。溯其西岸，东北逾岭二里，一水自东北来，一水自西北来，东北者较大。于是涉西北水，缘中支山而上，东北三里而登其冈。饭于冈上。乃稍下，又北逾岭而下夹坞中。共三里，又上，有溪自南峡北向下坠深潭中，潭小而高，此西北小溪之源也。又北逾岭下一里半，下度深壑中，有涧自西南峡中来，至此东向西转，此东北小溪之源也。涉之，西南登岭。半里而上，循岭半西南行。二里，过兔场[3]，西出嘉坑关。随小水西下，由夹中行五里，两夹山多石崖突兀，路侧有泉涌穴出。又西二里，水坠南峡去，路逾北坳上，有寨在东冈之巅。由其西北度脊，南北俱有洼中坠，环塍为田，直抵其底，水皆自底西向透石穴者也。又西逾岭一里，出隘口，其上石骨棱峭，皆作嘘云裂萼之势。又西北下峡中，一里，转而西，半里，西出峡，是为独山州与胡家司分界。胡家司即都匀长官司。从姓呼之，以别郡名也。于是山开南北洋，中有大溪自北而南，是为横梁。循溪东转南半里，抵南崖。崖下有卖粉为饷者，以盐少许易而餐之。随溪南岸西行，道路开整，不复以蜀道为苦。溪北有崇庙在高树间，人家田陇，屡屡从断岸而出。共六里，过坞里村。又西一里，其水南曲，乃西渡之。从溪西岸南行，半里，为邛母村。从村前西转，坞复东西开。而其村重缀冈阜，瓦舍高耸，想亦胡家司之族目也。西二里，其水北曲，复西渡之。又西北一里，其水西曲，又北渡之。从北岸悬崖西行一里半，有水自西来会，乃麦冲河也。即溯河西行二里，入麦冲堡[4]南隘门而宿。是晚雷雨大作，彻夜不止。

【注释】①独山：在今贵州独山县南二十里。②深河桥：位于贵州省独山县城北，是广西进入大西南黔桂公路的必经之路，在二战期间是西南铁路终点站。也是中日战争结束之地。③兔场：在贵州省独山县北部、登高坡下。④麦冲堡：即今贵州省都匀市西南墨冲镇。

【译文】三十日　黎明吃过饭，离开独山州北边的隘门，沿着西北方向西面一列山前行。走了六里，有条小溪也是从西面的山坡上向东流淌，涉过小溪。又往北走了二里，北面的山坞渐渐到了尽头，山脊从东面一列山向西延伸后向南转，但是道路转向东北，山涧中的小溪向北流。渡过山涧，沿着东面一列山的山侧往东北上行，又走了二里，有水从路旁的石穴中溢出，水十分清凉。石穴边有蒙氏修路的石碑。从此地攀登石阶向东北上岭，突然下起了大雨。走了一里半，向北登上山岭的隘口。这座山岭由东南向西北延伸，这是祖山，从祖山的东北方分裂出众多的支脉：向正东延伸而去的，是黎平、平崖的山脊；向东南方分支下延的，是荔波、罗城的支脉；往西北方分支下延的，延伸到此地稍向北去，就由西转向南延伸而后环绕在独山州的西面，延伸到鸡公岭后再往南方延伸，形成蛮王峰、多灵山的支脉。独山州南面二十里处，有座山尖尖地耸起，矗立在群山之中，那座山名叫独山，这就是独山州得名的原因。又顺着东北方走在山峡中，于是下走。共走了二里，有条山涧从东面的山谷奔流到深崖中，山崖两旁的石壁非常狭窄，山涧嵌在石壁之间非常深，架了一座石桥在山涧上，是深河桥。过桥后，再攀登崖壁往上。登上岭头往北走，有条小溪自东北倾泻到石崖之下，涉过小溪，又登上山岭，共走了一里，便顺着山峡往北走。又走了二里，才下行，在壑谷中向东北方前行。有个村庄在东山下，由村前稍微向西北转，共走了二里，有条小溪从东北方流出，渡过溪水。逆行在溪流的西岸，在东北方越过山岭二里，一条溪水从东北流出，一条溪水从西北流出，从东北方流出的水流的较大。于是涉过西北方流出的溪水，沿着中间支脉向上，往东北走三里后登上这座山冈。在山冈上吃饭。稍往下走，又向北越过山岭后下到狭窄的山坞中。共走三里，又往上走，有条溪水从南面的峡谷向北下泄到深潭中，水潭小但地势却很高，这是西北方流出小溪的源头。又向北越过山岭下走一里半，下来后穿越在深壑中，有条山涧从西南方的峡中流出来，流到此地由东转向西，这是东北方流出小溪的源头。涉过山涧，向西南登岭。上登半里，沿着山岭的半山腰往西南走。走了二里，路过兔场，向西出了嘉坑关。顺着小溪向西下行，经由夹谷中行五里，夹立在两旁的山多半是高耸的石崖，路边有泉水从洞穴中涌出来。又向西走了二里，水坠入南面的峡谷中，道路越过北面的山坳上走，有个寨子在东面山冈的山顶上。由寨子的西北方越过山脊，南北两面都有中央下陷的洼地，土埂环绕开辟为农田，一直到达洼底，流水都从洼底向西透过石洞。又向西越过山岭一里，走出隘口，隘口上方坚硬的岩石高耸、棱角分明，都呈现喷云绽花的姿态。又往西北下到峡谷中，走了一里，转向西走半里，向西走出峡谷，这里是独山州与胡家司的分界。胡家司就是都匀长官司。按姓氏来称呼它，以便与府名区别开了。到了这里山势分开，南北非常开阔，中间有条大溪自北流向南，就是横梁。沿着溪流东岸转向南半里，到达南面的山崖。山崖下有个卖米粉当饭吃的人，我用少许盐换米粉吃后。顺着溪流的南岸往西行，道路开阔平整，不再有蜀道之行的艰苦了。溪流北面有座高大的庙宇在高高的树丛中，住户和田垄，屡屡从江边绝壁的树丛中显露出来。共走了六里，经过坞里村。又向西走了一里，溪水向南转弯，于是向西渡过溪流。从溪流西岸往南走，走了半里，是邛母村。从村前向西转，山坞又呈东西向展开。而这里的村庄一层层点缀在山丘上，瓦房高耸，想来也是胡家司族人头目的居住地。向西走二里，溪水向北弯曲，又向西渡过溪流。又往西北走了一里，溪水向西弯曲，又向北渡过溪流。从北岸的悬崖上向西走了一里半，有溪水从西面流出来汇合，就是麦冲河了。随即逆着河流向西走了二里，进入麦冲堡南边的隘门后住下。这天晚上雷雨大起，下一夜也未停。

四月初一日　平明起，雨渐止。饭间，闻其西有桃源洞，相去五里，须秉炬深入，中多幡盖缨络[①]之物。觅主人导之不得，曰："第往关上，可西往也。"遂北向出隘门，溯溪东岸行。忽石壁涌起岸东，势极危削，溪漱之南，路溯之北，咫尺间，上倚穹崖，下循迅派，神骨俱竦。三里，转入东坞，其北有小峰立路隅，当麦冲河南下之冲，有岩北向，曰观音洞。又北半里，曰麦冲关。问所谓桃源洞者，正在其直西大峰之半，相望不出四里外。关之东有真武阁，南向正与观音洞门对。乃停行李于阁中，觅火炬于僧，将往探之。途遇一老者，曰："此洞相去不远。但溪水方涨，湍急不可渡，虽有导者不能为力，而况漫试乎？"余乃废然而返，取行李西南越而下，抵河东岸。溯之北，共一里，有溪自西北山腋来，路从东北山腋上，遂与麦冲河别。当坡路潦迹间，有泉汛汛从下溢起，孔大如指，以指探之，皆沙土，随指而涸[②]，指去而复溢成孔，乃气机所动，而水随之，非有定穴也。一里，转上后峡，遂向东入。又一里，峡更东去，路复从北峡上。其处石峰嶙峋，度脊甚隘。越隘北下坞中，被垄盈坞，小麦青青荞麦熟，粉花翠浪，从此遂不作粤西芜态。粤西独不艺麦。脊东西乱水交流，犹俱下麦冲者。又东一里，转而北，有坞南北开洋，其底甚平，犁而为田，此处已用牛耕，不若六寨以南之用概橇矣。波耕水耨，盈盈其间，水皆从崖坡泻下，而不见有浍浚之迹。二里，有村颇盛，倚西峰下，曰普林堡。又北一里，逾岭而上石峰，复度峡而下，转而东，平行石岭间。一里东下，盘窝中有小石峰圆如阜，盘托而出，路从之，经窝东入峡。一里，复北向升岭，一里，遂逾土脊之上。此脊当为老龙之干，西自大、小平伐来，东过谷蒙、包阳之间，又东过此，东南抵独山州北，又东为黎平、平崖之脊，而东抵兴安，南转分水龙王庙者也。越脊北下，峡壁甚隘。一里，下行峡中，有水透西南峡来入，北随峡去，渡之，傍涧西涯行。有岐路溯水西南峡，则包阳道，通平浪、平洲六洞者也。随水东北行峡中，又三里，转而东，其峡渐开，有村在南山间，曰下石堡。又北二里，过一巨石桥，涧从桥下西北坠深峡中而去，路别之，东北逾岭。升降二重，又二里，越岭下，则东南山坞大开，大溪自西北破峡出，汤汤③东去，是曰大马尾河。以暴涨难渡，由溪南循山崖东行，溪流直捣崖足。一里，东抵堡前，观诸渡者，水涌平胸，不胜望洋④之恐。坐久之，乃解衣泅水而渡，从北岸东向行。水从东南峡去，别之，乃东北逾岭而下，共三里，东渡小马尾河。复东北升岭，一里半，越岭脊东下。一里半，出山峡，山乃大开，成南北坞，东西两界，列山环之，大河汤汤流其间，自北而南。溯溪西岸，循西界山北行一里，路旁即有水自西峡东向入溪，涉之。又北二里，有石梁跨一西来溪上，度之。从梁端循峡西入，是为胡家司，即都匀长官司⑤也，以名同本郡，故别以姓称。又北一里，有村在西山崖上，曰黄家司，乃其副也。又北行田塍间五里，度西桥。又北半里，入小西门，是为都匀郡城。宿逆旅⑥，主人家为沈姓，亦江西人。

【注释】①幡盖缨络：指佛教装饰品之类。②溷（hùn）：肮脏，混浊。③汤汤：汤，通“荡”。水流盛大貌。④望洋：比喻看见他人伟大而慨叹自己渺小或处理一件事而慨叹力量不足。语本《庄子·秋水》：秋水涨时河两岸间不辨牛马。⑤都匀长官司：明洪武十六年（1383）改上都云等处军民长官司置，治今贵州省都匀市南。属都匀卫。永乐十七年（1419）属贵州布政司。寻还属都匀卫。弘治七年（1494）属都匀府。清属都匀县。后废。⑥逆旅：客舍，旅馆。

【译文】四月初一日（5月14日）　黎明起床，雨渐渐停了。吃饭时，听说此处的西边有个桃源洞，路程有五里，必须举着火把才能深入，洞中有很多佛教之类的装饰品。找房主人做向导，他不愿意，只是说："朝着关上走，可以往西去。"于是向北走出隘门，逆着溪流沿东岸行走。忽然间石壁在东岸涌起，山势极为险要陡直，溪流冲激着石壁的南面，道路逆着溪流的北岸走，咫尺之间，头上倚靠着隆起的石崖，脚下沿着迅急的水流，身心都感到非常恐惧。走了三里，转入东面的山坞，山坞北面有座小山峰立在路边，处于麦冲河南下的要冲，有个岩洞面向北，叫作观音洞。又向北走半里，叫作麦冲关。打听所谓桃源洞这个地方，正在此地正西方大山峰的半山腰，相距不超过四里地之外。麦冲关的东边有个真武阁，面向南正好与观音洞的洞口相对。于是把行李放在真武阁中，向僧人要来火把，将要前往探洞。途中遇到一位老人，说："这个山洞距离不远。但是溪水刚刚暴涨，水流湍急无法渡过，即使有向导也无能为力，何况是漫无目的地去探路呢？"我只好失望地返回来，取了行李往西南方穿越而下，抵达河东岸。逆着河流往北走，共走了一里，有条溪水自西北方的山侧流出来，道路从东北方的山侧上走，便与麦冲河分开。在坡上道路漫流的水迹间，有泉水汩汩地从地下溢出来，泉眼大如手指，用手指伸进去试探，都是沙土，水随着手指插进去而变浑浊，指头离开后就又溢成孔洞，这是气体上升的原理引起沙土流动，而泉水随着气体溢出来，不是有固定的孔洞。走了一里，转上后山的山峡，便向东进峡。又走了一里，峡谷进一步向东去，道路又从北面的山峡上走。此处石峰高耸，延伸而过的山脊非常狭隘。越过狭窄的山脊向北下行到山坞中，山坞中满是田垄，小麦青青，荞麦熟，粉色的花丛，翠绿的麦浪，从此处起不再有广西荒芜的景象了。唯独广西不种麦子。山脊东西两面水流杂乱地交相流淌，都是下流到麦冲河的水流。又向东走一里，转而向北，有个非常开阔呈南北向的山坞，山坞底部十分平坦，犁为田地，此处已用牛耕种，不再像六寨以南那样用木板櫈来耕地了。波耕水耨，流水充满在田野间，水都是从山崖斜坡上泻下，却看不出人工开挖沟渠的迹象。走了二里，有个村庄十分兴盛，倚靠在西峰下，叫普林堡。又向北走一里，越岭后登上石峰，再穿过山峡往下走，转而向东，畅行在石头山岭之间。向东下行一里，圆盘状的山窝中有一座小石峰圆圆的好像土丘，盘绕的拔地而起，道路经由这座石峰，经过山窝的东边进入峡谷。走了一里，又向北登岭，走一里，就翻越到土山脊之上。这条山脊应当是大山脉的主干，西面从大、小平伐长官司延伸而来，往东经过谷蒙、包阳之间，又往东延过此地，向东南延伸到达独山州的北面，又往东形成黎平、平崖的山脊，而后向东到达兴安县，向南转为分水岭龙王庙的山脉。越过山脊向北下行进，峡谷中的崖壁十分狭窄。走了一里，下行在峡谷中，有水流穿过西南的山峡流入峡谷中，向北顺着峡谷流去，渡过山涧，靠着山涧的西岸前行。有条岔路逆着水流通向西南的峡中，那是去包阳，通往平浪长官司、平洲六洞长官司的道路。顺着涧水往东北方行走在峡谷中，又走了三里，转而向东，这里的山峡渐渐开阔起来，有个村庄在南山的山间，叫下石堡。又向北走了二里，经过一座巨大的石桥，山涧从桥下向西北下流坠入深深的峡谷中，道路离开了山涧，从东北方越过山岭。上下两重山，又走了二里，越过山岭下山，就见东南方的山坞十分开阔，大溪从西北方冲破山峡流出，浩浩荡荡地向东流去，这叫作大马尾河。因为河水暴涨而难以渡河，由溪流南岸沿着山崖往东行，溪流直接冲向山崖脚下。走了一里，向东到达堡垒前，观看众人渡水，溪水汹涌齐胸，禁不住生出望洋兴叹的恐惧感。坐了很久，才脱了衣服游水渡过去，从北岸向东走。溪水向东南方的峡谷流去，告别溪流，于是向东北越过山岭后下行，共走了三里，向东渡过小马尾河。又向东北登岭，走了一里半，越过岭脊往东下行。走了一里半，走出山峡，山势于是变得十分开阔，形成南北向的山坞，东西两面，群山环绕着山坞，大河浩浩荡荡地流淌在山坞中，从北向南。在西岸逆着溪流走，沿着西面一列山往北走了一里，路旁随即有水流从西面的峡谷向东流入溪中，涉过溪流。又向北走二里，有座石桥横跨在一条西面流来的溪流上，走过石桥。从桥头沿着峡谷向西进去，这就是胡家司，也就是都匀长官司了，因为名称与本府相同，因此用姓氏来称呼以示区别。又向北走一里，有个村庄在西边的山崖上，叫黄家司，是胡家司的副职了。又向北在田野间前行五里，过了西桥。又向北走半里，进入小西门，这里是都匀府城。住宿在旅店中，店主姓沈，也是江西人。

初二日　晨起，作书投都匀司尊张，勉行，四川人。乃散步东入郡堂，堂乃西向蟒山者。又东上东山麓，谒圣庙。见有读书庑[1]东者，问南皋邹总宪[2]戍都时遗迹。曰："有书院在东门内。"问《郡志》，其友归取以示。甚略而不详，即大、小马尾之水，不书其发源，并不书其所注，其他可知。载都八景，俱八寸三分帽子，非此地确然特出之奇也。此地西门大溪上有新架石梁，垒石为九门甚整，横跨洪流，乃不取此，何耶？

【注释】①庑（wǔ）：堂下周围的走廊、廊屋。②总宪：明清都察院左都御史的别称。御史台古称宪台，故称。宪，旧俗属吏称上官为宪。

【译文】初二日　早晨起床，写信投交给都匀府知府张大人，张勉行，四川人。于是随意闲行往东进入府衙大堂，大堂是面向西对着蟒山的。又向东爬上东山的山脚，拜谒孔庙。看见有个在东廊屋读书的人，就向他打听南皋人邹总宪戍守都匀时的遗迹，他说："有个书院在东门内。"询问《郡志》，他的朋友回家取来给我看。非常简略而不详备，比如大、小马尾河的水流，不记载它们的发源地，而且没写明它们流向哪里，其他内容可想而知。记载都匀八景，都是八寸三分的帽子，不能算是此地特别突出的奇观。此地西门外的大溪上有座新建的石桥，用石块垒砌成九个桥洞，十分整齐，横跨在浩大的水流上，竟然不选取这个景致，是为什么呢？

都匀郡城东倚东山，西瞰大溪。有高冈自东山西盘，而下临溪堑。溪自北来，西转而环其东。城圆亘冈上，南北各一门，西有大小二门，东门偏于山之南。城后环东山之巅，其上有楼，可以舒眺。

【译文】都匀郡城东面靠着东山，西边俯视大溪。有座高高的山脊从东山向西盘绕，而下方面临溪水流经的陷坑。溪流从北边流出，向西转而后环绕城东。城墙圆圆的绵亘在山冈上，南北两侧各有一道城门，西面有一大一小两道城门，东门偏于山冈的南面。城后环绕着东山的山顶，山顶上有座楼，可以放眼远望。

郡西对蟒山，为一郡最高之案[1]，郡治、文庙俱向之。其南峰旁耸，有梵宇在其上，须拾级五里而上，以饭后雨作不及登。谓之“蟒”者，以峰头有石脊，蜿蜒如巨蛇。今《志》改为龙山。

【注释】①案：指“案山”，堪舆用语。指穴地近前的山。堪舆家谓“案山”有助于蓄聚穴山之气，对人的命运有重要作用。至明清时，更加注重“风水”。风水理论要求皇家陵寝，须前有照山，后有靠山，两山之间、陵寝近前有案山；不但坟墓前要有案山，房子前也要有案山。

【译文】都匀郡城西面对着蟒山，蟒山是全郡最高的案山，郡守治所、文庙都面向蟒山。蟒山南面的山峰在旁边耸起，有佛寺在山上，必须沿着台阶逐级上爬五里，因为饭后下雨来不及上登。把它称为“蟒山”的原因，是由于峰顶有条石头山脊，弯弯曲曲如同巨大的蟒蛇。如今的《郡志》改称为龙山。

九龙洞，在城东十里。按《一统志》有都匀洞，在都匀长官司东十里，前门北向，后门南向，当即此洞。今《志》称为仙人洞二，下注云：“一在城东，一在城西。”殊觉愦愦[1]。

【注释】①愦（kuì）愦：混乱，纷乱。

【译文】九龙洞，在城东十里的地方。据《一统志》记载，有个都匀洞，在都匀长官司东面十里处，前洞口面向北，后洞口面向南，指的应该就是这个洞。现在的《郡志》记载，有两个仙人洞，下面的小注记载：“一个在城东，一个在城西。”很是混乱。

水府庙，在城北梦遇山，大溪南下横其前，一小溪西自蟒山北直东来注。下有白衣阁，倚崖悬危壁上，凭临不测。上有梵音洞，西向为门。洞无他致，止云其中有石佛自土中出者为异耳。

【译文】水府庙，在城北的梦遇山，大溪往南下流，横在梦遇山前，一条小溪从西面蟒山的北边一直向东流出注入大溪。下面有座白衣阁，紧靠在陡峭的山崖上，据高俯瞰深不见底。上面有个梵音洞，面向西辟为洞口。洞中没有什么别致之处，只是听说洞中有石佛是从土中生出来算是奇特景观而已。

初三日　下午自都匀起身，二十里，文德宿。

初四日　三十里，麻哈州[①]。又十里，干溪[②]宿。

【注释】①麻哈州：明弘治七年（1494）置，属都匀府。治所在今贵州麻江县北二里。万历十六年（1588）迁今麻江县。1913年改为麻哈县。②干溪：在今贵州长顺县北。《方舆纪要》卷121金筑安抚司“麻线河”条下：“干溪在司南五里，雨集成溪，雨止溪涸。”《清一统志·贵阳府》：干溪“在贵定县西十里，流合瓮城河”。

【译文】初三日　下午从都匀动身，走了二十里，在文德过夜。

初四日　走了三十里，到达麻哈州。又走了十里，在干溪过夜。

初五日　十里，麻哈大堡[①]。又十里，干坝哨[②]。又十五里，平越卫[③]。

【注释】①麻哈大堡：在麻江县北隅，麻哈江弯曲处南岸。②干坝哨：今作“干巴哨”或“甘巴哨”，在福泉市南部。③平越卫：明洪武十四年（1381）置平越千户所，十五年改为卫，治今贵州省福泉市。十七年升为军民指挥使司。先属四川布政司，后属贵州都司。万历二十九年（1601）于卫城置军民府。清康熙十年（1671）废卫。

【译文】初五日　走了十里，到麻哈大堡。又走了十里，到干坝哨。又走了十五里，到达平越卫。

初六日　歇平越。

初七日　宿店。

【译文】初六日　在平越卫歇息。

初七日　住在客店中。

初八　雇贵州夫行，至崖头[①]宿。

【注释】①崖头：即今岩头寨，又作“岩头铺”，在贵定县东境。

【译文】初八日　雇了个贵州的挑夫上路，到崖头住下。

初九日　新添[①]饭，至杨宝[②]宿。

【注释】①新添：即新添卫，明洪武二十三年（1390）以新添千户所改置，驻地在今贵州省贵定县。属贵州都司。辖境相当今贵定县大部和平塘县西部分地区。天启初安邦彦叛，围贵阳，陷龙里，官军由此进发，以解会城之围。清康熙二十六年（1687）废。②杨宝：即杨宝山，又作“阳宝山”。在今贵州贵定县北十里。《清一统志·贵阳府》：阳宝山“高可百余丈。树木森密，殿阁崔嵬，诸峰环向此山，称黔东之胜。山上产茶，山后为西华山”。

【译文】初九日　到新添卫吃过饭，到杨宝山住下。

初十日　龙里[①]歇。

【注释】①龙里：即龙里卫，明洪武二十三年（1390）于龙里长官司置，属贵州宣慰司。治所即今贵州龙里县。清康熙十一年（1672）改置龙里县。据郭子章《郡县释名》贵州卷：龙里卫“城南一里有龙架山，为卫之镇山。诗云：雨余翡翠香犹湿，日映芙蓉翠欲流。卫名以此”。

【译文】初十日　到龙里卫歇息。

十一日　二十里，至鼓角[①]。三十里，至贵州[②]。

【注释】①鼓角：今作“谷脚老街”，在贵州省龙里县西部、大坡顶西南部。②贵州：指贵州布政司及贵州宣慰司的治所，在今贵阳市区。

【译文】十一日　走了二十里，到达鼓角。又走了三十里，到达贵州。

十二日　止贵州。游古佛洞[①]。

【注释】①古佛洞：位于今桂林市黔灵山。

【译文】十二日　停留在贵州，游览古佛洞。

十三日　止贵州，寓吴慎所家。

【译文】十三日　停留在贵州，寄住在吴慎所家。

十四日　晨饭于吴，遂出司南门，度西溪桥，西南向行。五里，有溪自西谷来，东注入南大溪，有石梁跨其上，曰太子桥。此桥谓因建文帝得名，然何以"太子"云也？桥下水涌流两崖石间，冲突甚急，南来大溪所不及也。度桥，溯南来大溪又西南三里，有一山南横，如列屏于前，大溪由其东腋北出，路从其西腋南进。又南行峡间二里，历东山之嘴，曰岜堰塘，其西南有双峰骈起，其东即屏列山之侧也。又三里，过双骈东麓而出其南，渐闻溪声遥沸，东望屏列之山，南进成峡，溪形复自南来捣峡去，即出其东北腋之上流矣。第路循西界山椒[①]，溪沿东界峰麓，溯行而犹未觌面[②]耳。又南二里，始见东溪汪然，有村在东峰之下，曰水边寨。又南三里，曰大水沟，有一二家在路侧，前有树可憩焉。又南渐升土阜，遂东与大溪隔。已从岭上平行，五里，北望双骈，又三分成笔架形矣。南行土山峡中，又一里，出峡。稍折而东，则大溪自西南峡中来，至此东转，抵东峰下，乃折而北去。有九巩巨石梁，南北架溪上，是为华仡佬桥。乃饭于桥南铺肆中。遂南向循东峰之西而行，皆从土坡升陟，路坦而宽。九里，见路出中冈，路东水既东北坠峡下，路西水复西北注坑去，心异之。稍上冈头，则路东密箐回环，有一家当其中，其门西临大路，有三四人憩石畔，因倚杖同憩，则此冈已为南北分水之脊矣。盖东西两界，俱层峰排闼，而此冈中横其间为过脉，不峻而坦，其南即水南下矣，是云独木岭。或曰头目岭，昔金筑司在西界尖峰下，而此为头目所守处。从岭南下，依东界石山行。五里，复升土岭，渐转东南，岭头有一洼中坠。从其东又南向而上，共二里，乃下。一里，则有溪自西北峡中出，至此东转，石梁跨之，是为青崖桥。水从桥下东抵东界山，乃东南注壑去，经定番州而南下泗城界，入都泥江者也，于是又出岭南矣。度桥而南，半里，入青崖城之北门。其城新建，旧纡而东，今折其东隅而西就尖峰之上，城中颇有瓦楼阛阓焉。是日晴霁竟日，夜月复皎。

【注释】①山椒：山顶。②觌（dí）面：当面，迎面，见面。

【译文】十四日　在吴慎所家吃过早饭，然后出了省城的南门，走过西溪桥，向西南方走。走了五里，有条小溪从西面的山谷流出，向东流入南面的大溪，有座桥横跨在溪流上，叫作太子桥。这座桥据说是因建文帝得名，然而为什么以“太子”来命名呢？桥下的溪水奔涌流淌在两面的崖石之间，水流非常湍急，南面流出的大溪都赶不上。过桥后，逆着南面流出的大溪又往西南走了三里，有一座山横在南边，如屏风一样排列在前方，大溪由山的东侧向北流出，道路从山的西侧向南进去。又往南在峡谷中走了二里，经过东山的山嘴，叫作吧堰塘，这里西南方有两座山峰双双耸起，东边就是那座像屏风一样排列的山的侧面了。又走了三里，经过双双并立的山峰的东山脚后走出山峰的南面，渐渐听到远处溪水的奔腾声，向东远望屏风一样排列的山，南面迸裂成峡谷，溪水的流向又从南边流出朝着峡谷流去，这就是流出这座山东北侧那条大溪的上游了。只是道路沿着西面一列山的山顶走，溪水沿着东面一列山的山麓流，逆着溪流走却仍然没有看到。又向南走了二里，这才见到东面溪水的深广，有个村庄在东峰之下，叫作水边寨。又向南走了三里，叫作大水沟，有一两户人家在路边，前边有树可以在树下休息。又向南渐渐爬上土丘，逐渐与东面的大溪隔开了。随即从岭上平缓前行，走了五里，向北远望双双并立的山峰，又分成三岔变成笔架的形状了。向南行走在土山峡谷中，又走了一里，走出峡口。稍微向东转，就见大溪从西南方的峡中流出来，流到此地向东转，流到东峰下，然后转向北流去。有座九拱的巨大石桥，呈南北向架在溪流上，这就是华佗佬桥。于是就在桥南的店铺中吃饭。随即向南沿着东峰的西面前行，都是在土坡上攀登，道路平坦而宽敞。走了九里，看见道路通往中间的山冈，道路东边的流水既已向东北坠下山峡，道路西边的水流又往西北注入坑谷，对这种现象感到很奇怪。慢慢爬上冈头，就见道路东边浓密的竹林回绕，有一户人家在竹林中，屋门向西面临大路，有三四个人在石头旁休息，因而拄着拐杖与他们一同休息，原来这座山已经是南北两面分界的山脊了。大体上，东西两面都是层层山峰像排列的门扉，而这座山横在东西两列山之间成为贯通的山脉，山势不高而平缓，山冈南面的水往南流，这里叫作独木岭。或者叫头目岭，从前金筑司在西面一列山的尖峰下，而这里是头目驻守的地方。从岭上往南下，紧靠东面的石山前行。走了五里，又登上土岭，渐渐转向东南，岭头有一块中央下陷的洼地。从洼地东边又向南攀登，共走了二里，才下走。走了一里，就有溪水从西北方的峡谷中流出来，流到此地向东转，有石桥跨过溪流，叫作青崖桥。溪水从桥下向东流到东面的一列山下，然后向东南流入壑谷中，流经定番州后进而南流到泗城境内，流入都泥江，从那里又流到岭南了。过桥后往南走了半里，进入青崖城的北门。这座城是新近修建的，因本来城墙是向东延伸的，如今把城墙的东南折向西靠在尖锋上，城中有很多瓦盖的楼房和店铺。这天一整天都很晴朗，晚上的月亮也是皎洁明亮。

青崖屯属贵州前卫，而地则广顺州所辖。北去省五十里，南去定番州三十五里，东北去龙里六十里，西南去广顺州五十里。有溪自西北老龙脊发源，环城北东流南转。是贵省南鄙[①]要害，今添设总兵[②]驻扎其内。

【注释】①南鄙：南方边境地区。②总兵：即“总兵官”。官名，明置，派将出征，设总兵官、副总兵官，挂印称将军，由公、侯、伯、都督担任。后来统兵镇守，遂成一方武官重职。清沿明制，在各省置总兵，掌一镇军政，统辖本标官兵，位在提督之下，分防等事，皆听提督。故总兵俗称总镇、镇台。京城中步兵统领下，有左右翼总兵。

【译文】青崖屯属于贵州前卫，然而地方上却归广顺州管辖。北面距离省城五十里，南面距离定番州三十五里，东北方距离龙里卫六十里，西南方距离广顺州五十里。有条溪流从西北方的主脉山脊流出，环绕城北往东流后向南转。这里是贵州省城南方边境的要害之地，如今增设了总兵官驻扎在城内。

十五日　昧爽，出青崖南门，由岐西向入山峡。南遵大路为定番州道。五里，折而南。又西南历坡阜，共五里，有村在路北山下，曰翁楼[①]，大树蒙密，小水南流。从其西入山峡，两山密树深箐，与贵阳四面童山迥异[②]。自入贵省，山皆童然无木，而贵阳尤甚。西北入峡三里，遂西上陟岭。一里，逾岭西下，半里，有泉出路旁土中，其冷彻骨，南下泻壑去。又西下半里，有涧自北峡来，横木桥于上，其水南流去，路西度之。复北上岭一里，逾脊西，有泉淙淙，随现随伏。西北行两山夹中，夹底平洼，犁而为田，而中不见水。又西北半里，抵西脊，脊东复有泉淙淙，亦随现随隐。盖此中南北两界俱穹峰，而东西各亘横脊，脊中水皆中坠，不见洼底，故洼底反燥而不潴。越西脊而下，西北二里，路北有悬泉一缕，自山脊界石而下；路南忽有泉声淙淙成涧，想透穴而出者。半里，转而西行，又半里，得一村在北山下，曰马铃寨。路由寨前西向行，忽见路南涧已成大溪，随之西半里，又有大溪自西峡来，二溪相遇，遂合而东南注壑去。此水经定番州，与青崖之水合而下都泥者也。于是溯西来大溪之北岸，又西向行二里，为水车坝。坝北有土司卢姓者，倚庐北峰下；坝南有场在阜间，川人结茅[③]场侧，为居停焉。坝乃自然石滩横截，涧水飞突其上，而上流又有巨木桥架溪南北，其溪乃西自广顺来。广顺即金筑安抚司，乃万历二十五年改为州，添设流官。由溪北岸溯流入，为广顺州道；由溪南岸逾岭上，为白云山道；随溪东南下，为定番州道。乃饭于川人旅肆，送火钱，辞不受。遂西南一里，逾岭。又行岭夹中一里半，乃循山南转，半里，又东转入峡。半里，峡穷，乃东南攀隘上，其隘萝木蒙密，石骨逼仄。半里，逾其上，又东南下，截壑而过。半里，复东南上，其岭峻石密丛更甚焉。半里，又逾岭南下，随坞南行，一里，是为八垒。其中东西皆山，南北成壑，亦有深坎，坠成眢井，而南北皆高，水不旁泄者也。

直抵壑南，则有峰横截壑口，西骈隘如阈，东联脊成岭。乃东向陟岭上，一里，逾其脊，是为永丰庄北岭，即白云山西南度脊也。乃南向下山，又成东西坞，有村在南山下，与北岭对，是为永丰庄。从坞中东向行二里，得石磴北崖上，遂北向而登。半里，转而西，半里，又折而北，皆密树深丛，石级迤逦。有巨杉二株，夹立磴旁，大合三人抱，西一株为火伤其顶，乃建文君④所手植也。再折而西半里，为白云寺，则建文君所开山⑤也。前后架阁两重，有泉一坎，在后阁前楹下，是为跪勺泉，下北通阁下石窍，不盈不涸，取者必伏而勺，故名曰"跪"，乃神龙所供建文君者，中通龙潭，时有双金鲤出没云。由阁西再北上半里，为流米洞。洞悬山顶危崖间，其门南向，深仅丈余，后有石龛，可傍为榻。其右有小穴，为米所从出，流以供帝者，而今无矣；左有峡高迸，而上透明窗，中架横板。犹云建文帝所遗者，皆神其迹者所托也。洞前凭临诸峰，翠浪千层，环拥回伏，远近皆出足下。洞左构阁，祀建文帝遗像，阁名潜龙胜迹。像昔在佛阁，今移置此。乃巡方使胡平运所建，前瞰遥山，右翼米洞而不掩洞门，其后即山之绝顶。逾而北，开坪甚敞，皆层篁耸木，亏蔽日月，列径分区，结静庐数处，而南京井当其中。石脊平伏岭头，中裂一隙，南北横不及三尺，东西阔约五尺，深尺许，南北通窍不可测。停水其间，清冽异常，而不减不溢，静室僧置瓢勺之。余初至，见有巨鱼戏水面，见人掉入窍去，波涌纹激，半晌乃定。穴小鱼大，水停峰顶，亦一异也。以其侧有南京僧结庐住静，故以"南京"名。今易老僧，乃北京者，而泉名犹仍其旧也。

【注释】①蓊(wěng)楼：今名同，在贵阳市花溪区南境，青岩至马林的公路旁。②贵阳：明隆庆三年(1569)改程番府置，属贵州宣慰司。治所在贵竹长官司(今贵州贵阳)。清康熙二十六年(1687)增置贵筑县，与新贵县同为贵阳府治(后省新贵入贵筑)。辖境相当今贵州贵阳市及开阳、惠水、长顺、修文、息烽、贵定、龙里、罗甸等县地。明、清两代皆为贵州省会所在地。1913年废。童山：无草木的山。③结茅：亦作“结茆”。编茅为屋，指建造简陋的屋舍。④建文君：明太祖朱元璋太子朱标之长子建文帝。⑤开山：指首次在山上主持创立寺院。

【译文】十五日　黎明，出了青崖城的南门，经过岔道向西进入山峡。往南沿着大路走是去定番州的路。走了五里，弯转向南。又往西南经过山坡和土丘，共走了五里，有个村庄在道路北边的山下，叫作蓊楼，大树茂密，小溪向南流。从村西进入山峡，两面的山上树木茂密、竹林幽深，与贵阳府没有草木的山大不相同。自从进入贵州后，山上都光秃秃的没有树木，而且贵阳尤其严重。从西北深入峡中三里，于是向西登上山岭。走了一里，越过山岭往西下走，走了半里，有泉水从路旁的土中流出来，泉水寒冷透骨，向南下泻到壑谷中去。又往西下行半里，有条山涧从北面的峡谷流出来，横架了一座木桥在山涧上，涧水向南流去，道路向西越过山涧。又向北上岭一里，越过山岭脊的西面，有淙淙流淌的泉水，时隐时现。向西北行走在两山中，夹谷底部平整下洼，犁为田地，然其中看不到水。又往西北走了半里，到达西面的山脊，山脊东面又有泉水淙淙流淌，也是时隐时现。大概是这附近南北两面都是高大的山峰，而东西两面各有横亘的山脊，山脊中间的水流都向中央下坠，洼地底部不见水，所以洼地底部反而干燥没有水积聚。越过西面的山脊下走，向西北走二里，道路北边有一缕瀑布，从山脊分界处的岩石上飞流而下；道路南边忽然有淙淙的泉水声流成山涧，想来是穿过洞穴流出来的水。

走了半里，转而向西走，又走了半里，在北山下遇到一个村庄，叫作马铃寨。道路经过马铃寨前向西行，忽然看见道路南边的山涧已经变成大溪，顺着溪水往西走半里，又有一条大溪从西面的山峡中流出来，两条溪流相交，合流后便向东南注入壑谷中。这条溪水流经定番州，与青崖城的水汇合后下流到都泥江。从这里逆着西面流出的大溪的北岸走，又向西走二里，就是水车坝。水车坝北边有个姓卢的土司，房屋倚靠在北峰下；水车坝南边有个集市在土丘间，四川人在集市旁建造了简陋的房屋，作为寄居的处所。水车坝是天然石滩横截水流形成的，涧水飞奔在水坝上，而且上游又有一座巨大的木桥架在溪流的南北两岸，这条溪流是从西面的广顺州流出的。广顺州就是金筑安抚司，在万历二十五年（1597）改为州，增设了流官。由溪流北岸逆着溪流进去，是去广顺州的路；由溪流南岸越岭上走，是去白云山的路；顺着溪流向东南下行，是去定番州的路。于是在四川人开的旅店中吃过饭，送他柴火钱，他又推辞不肯接受。随即向西南走了一里，越过山岭。又在相夹的山岭中走了一里半，然后顺着山势向南转，走了半里，又向东转进峡谷。走了半里，峡谷到了尽头，然后向东南攀登隘口上行，这个隘口萝木浓密，坚硬的岩石高耸，极其狭窄。走了半里，越过隘口之上，又从东南下山，横截壑谷而过。走了半里，又从东南往上攀登，这座山岭岩石更加险峻，树林更茂密。走了半里，又越过山岭往南向下走，顺着山坞往南行，走了一里，这里是八垒。这其中东西两面都是山，南北形成壑谷，也有深穴，下坠成没有水的废井，然而南北的地势都很高，是水不旁泄的地方。一直抵达壑谷的南头，就有座山峰横截在壑谷口，西边并列的隘口好像门坎，东边相连的山脊形成山岭。于是向东登上山岭，走了一里，越过岭脊，这就是永丰庄的北岭，也就是白云山向西南方向延伸的山脊了。于是向南下山，又形成东西向的山坞，有个村庄在南山下，与北岭相对，这是永丰庄。从山坞中向东走了二里，在北面的山崖上看到有石台阶，于是向北上登。走了半里，转而向西，走了半里，又折向北，都是茂密幽深的树丛，石阶曲折连绵。有两株巨大的杉树，夹立在石阶旁，大处要三个人合抱，西边的一棵被火烧伤了树顶，是建文帝亲手种植的。再折而向西走半里，就到了白云寺，是建文皇帝开山的寺院。前后建有两层佛阁，有一汪泉水，在后面一层佛阁前边一间的柱子下，这是跪勺泉，泉水在地下与北面佛阁下的石洞相通，不溢出也不干涸，取水的人必须跪下去舀，因而起名叫作"跪"，是神龙供奉给建文帝的，中间通到龙潭，不时有一对金鲤鱼在水中出没。由佛阁西侧再向北上去半里，是流米洞。山洞高悬在山顶的危崖间，洞口面向南，深处仅有一丈多，后面有个石龛，可以依靠作为卧榻。石龛右边有个小孔，是米流出来的地方，流出来的米是用来供奉建文帝的，但是现在没有米了；石龛左边有条峡谷高高地迸裂开来，而且上方通着明亮的窗口，中间横架着木板。仍有人说是建文帝遗留下来的东西，这些都是神化建文帝事迹的托词了。山洞前方据高俯瞰群峰，绿浪千层，环抱起伏，远近群山都出现在脚下。山洞左边构筑了楼阁，供奉建文帝的遗像，楼阁题名"潜龙胜迹"。建文皇帝的塑像从前在佛阁中，如今移放在此处。是巡按御史胡平运修建的，前方俯瞰着远山，右边是流米洞却没有遮住洞口，楼阁后面就是山的绝顶。过了楼阁往北走，平坦的草地十分宽敞，都是一层层竹林和高耸的树木，遮掩日月，几条小路把树林分为几片，建有几处静室，而南京井位于平地中央。石头山脊平缓地起伏在岭头，中间裂开一条缝隙，南北横处不到三尺，东西宽处大约五尺，深一尺左右，南北相通的石洞深不可测。在石洞中有积水，非常清凉，而且水不减少也不溢出，静室中的僧人放置了水瓢供人舀水。我刚来的时候，看见有大鱼在水面上玩耍，见人就掉头游进石洞中去了，波纹翻涌激荡，好久才平定下来。洞小鱼大，水停积在峰顶，也算是一处奇异的景观了。因为泉水边有个南京的僧人建了房舍住下来静修，所以用“南京”来命名。如今已换了个老和尚，是北京人，而泉水还仍然用它旧时的名字。

是日下午，抵白云庵。主僧自然供餐后，即导余登潜龙阁，憩流米洞，命阁中僧导余北逾脊，观南京井。北京老僧迎客坐。庐前艺地种蔬，有蓬蒿菜，黄花满畦，莺粟花[①]殷红千叶，簇朵甚巨而密，丰艳不减丹药也。四望乔木环翳，如在深壑，不知为众山之顶。幽旷交擅，亦山中一胜绝处也。对谈久之，薄暮乃返。自然已候于庵西，复具餐啜茗，移坐庵后石壁下。是日自晨至暮，清朗映彻，无片翳之滓。至晚阴云四合，不能于群玉峰头逢瑶池夜月，为之怅然。

【注释】①莺粟花：即“罂粟花”。

【译文】这天下午，抵达白云庵。住持自然提供午餐后，马上指引我登上潜龙阁，在流米洞休息，指派潜龙阁中的僧人引导我向北越过山脊，观赏南京井。北京老和尚迎接客人坐下。屋舍前辟地种植了蔬菜，有蓬蒿菜，黄花开满菜地，殷红色的罂粟花千枝万叶，成簇的花朵非常巨大而且浓密，丰姿艳丽不比牡丹、芍药逊色。四面望去，乔木环绕遮蔽，如同在幽深的壑谷中，跟本察不出此地觉是在群山的山顶。幽静和空旷的情趣兼而有之，也是山中一处绝妙的胜景了。对坐交谈了很久，傍晚才返回来。自然已经在白云庵的西侧等候，又准备了晚饭喝过茶，移到白云庵后面的石壁下闲坐。这一天从早上到傍晚，天空清新晴朗，没有片云蔽日的混浊感。到了晚上，阴云从四面围拢，不能在群玉峰头与夜间的瑶池明月相遇，因而闷闷不乐。

十六日　夜闻风雨声，抵晓则夙雨霏霏，余为之迟起。饭后坐小窗待霁，欲往探龙潭，零雨不休，再饭乃行。仍从潜龙阁北逾岭至南京井，从岐东北入深箐中，耸木重崖，上下窈渺，穿崿透碧，非复人世。共五里，则西崖自峰顶下嵌，深坠成峡，中洼停水，渊然深碧，陷石脚而入，不缩不盈，真万古潜渊，千峰閟[1]壑也。其峡南北约五丈，东西约丈五，东崖低陷空下者约三丈，西崖耸陷空下者十数丈。水中深不可测，而南透穴弥深，盖穿山透腹，一峰中涵，直西南透为南京井，东南透为跪勺泉者也。崖上乔干密枝，漫空笼翠。又东北攀崖，东南度壑，皆窈渺之极。壑东有遗茅一龛，度木桥而入，为两年前匡庐[2]僧住静处，今茅空人去。将度木披之，而山雨大作，循旧径返，深霭间，落翠纷纷，衣履沾透。再过南京井，入北僧龛。僧钥扉往白云，惟雨中莺粟脉脉对人，空山娇艳，宛然桃花洞口逢也。还逾潜龙阁，自然已来候阁旁。遂下庵，瀹茗炙衣。晚餐后，雨少霁，复令徒导，由庵东登岭角。循之而北，一里，出其东隅，近山皆伏其下，遥山则青崖以来，自龙里南下之支也。稍北，下深木中，度石隙而上，得一静室。其室三楹，东向寥廓，室前就石为台，缀以野花，室中编竹缭户，明洁可爱。其处高悬万木之上，下瞰箐篁丛叠，如韭畦沓沓，隔以悬崖，间以坑堑，可望而不可陟。

故取道必迂从白云，盖与潜龙阁后北坪诸静室取道皆然，更无他登之捷径也。此室旷而不杂，幽而不閟，峻而不逼，呼吸通帝座，寤寐绝人寰，洵栖真[3]之胜处也。静主号启本，滇人，与一徒同栖，而北坪则独一老僧也。白云之后，共十静庐，因安氏乱，各出山去，惟此两庐有栖者。十二庐旁，各有坎泉供勺，因知此山之顶，皆中空酝水，停而不流，又一奇也。晚返白云，暮雨复至。自然供茗炉旁，篝灯夜话，半晌乃卧。

【注释】①閟（bì）：掩蔽。②匡庐：指江西的庐山。相传殷周之际有匡俗兄弟七人结庐于此，故称。③栖真：指修养身心。

【译文】十六日　夜里听见风雨声，黎明时则是晨雨霏霏，我为此很晚才起床。吃过饭后坐在小窗前等天放晴，想去探寻龙潭，但是零星的小雨不停，于是等再吃过饭才动身。仍然从潜龙阁向北越过山岭来到南京井，从岔路往东北进入幽深的竹林中，林木高耸，山崖重重，上下幽远，穿过山崖，钻过碧绿的丛林，不再是人世间。共走了五里，看见西面的山崖从峰顶下嵌，深陷成峡谷，中间的洼地停积着水，碧绿渊深，深深陷进山脚的岩石中，不减少也不满溢，真是万代潜藏着的深渊，千峰掩蔽着的壑谷呀！这条峡谷南北长大约五丈，东西长大约一丈五，东边的崖壁低凹空陷的地方大约有三丈，西边的崖壁高高耸起，空陷下去的地方有十几丈长。水中深不可测，而且南侧通着洞穴的地方更深，大概是水穿透山内，积聚在山峰内部，一直向西南方渗透出来成为南京井，在东南方渗透出来形成跪勺泉。山崖上高大的树干枝叶茂密，满天笼罩着绿色。又向东北攀登山崖，往东南穿过壑谷，都极尽飘渺幽远。壑谷东头有一间遗弃的茅屋，可以通过木桥进去，是两年前庐山僧人居住静修的地方，如今人去茅空了。正要过木桥推门进去，然而山间的雨水大起，沿着原路返回，深浓的云雾之间，落叶纷纷，衣服鞋子都湿透了。再次经过南京井，进入北京僧人的僧房。僧人锁上门去白云庵了，只有雨中的罂粟花含情脉脉地对着人，在空旷的山间格外娇艳，宛如是在桃花洞口相逢。回来路过潜龙阁，住持自然已经前来潜龙阁旁等候了。于是下到白云庵，煮茶烘衣服。晚餐后，天渐渐放晴了，住持自然又让徒弟领路，由白云庵东边登上山岭的尖角。沿着山岭的尖角往北走，走了一里，出到山的东角，近处的山都低伏在这座山下，远处的山是从青崖城以来，从龙里卫往南向下延伸的支脉。稍向北走，下到幽深的树林中，钻过石缝向上，见到一处静室。这个静室三开间，面向东方，空旷深远，静室前就着山石开辟成平台，用野花点缀，静室中竹子编的栅栏围在门口，明丽整洁令人喜爱。这个地方高悬在万木之上，俯视竹林层层叠叠，如同菜地中的韭菜那样繁多，间隔着悬崖沟壑能望见但不能登上。所以上路必定要从白云庵绕道走，大体上与潜龙阁后边北面的平地上各个静室走的路都是一样的，再也没有其他小路攀登了。这个静室空旷而不杂乱，幽静而不闭塞，险峻却不狭窄，呼吸上通天庭，起卧隔绝人世，实在是修真养性的绝好去处。静室主人法号启本，是云南人，与一个徒弟同住，可是北面的平地上却只有一个老和尚。白云庵的后面，一共有十个静室，因为安氏之乱，僧人们都各自出山了，只有这两处静室有僧人居住。十二处静室的旁边，各处都有低陷的泉水供人舀取，因而知道这座山的山顶，都是中间空着蓄水，蓄着的水不流动，又是一处奇观。晚上返回白云庵，傍晚的雨水又来临。住持自然在火炉旁端来茶水，晚间在灯下交谈，半晌才躺下。

十七日　晨起已霁，而寒悄颇甚。先是重夹犹寒，余以为阴风所致，有日当解，至是则日色皎然，而寒气如故，始知此中夏不废炉，良有以耳。

【译文】十七日　早晨起床天已放晴，但是十分地寒冷寂静。在此之前穿着两层夹衣仍然寒冷，我认为是阴冷的风导致的，过几天应该会缓解，这时天色虽然明亮洁白，但是寒气依然如故，才知道在这座山中夏天也不停止使用火炉，确实是这样的呀！

白云山①初名螺拥山，以建文君望白云而登，为开山之祖，遂以“白云”名之。《一统志》有螺拥之名，谓山形如螺拥，而不载建文遗迹，时犹讳言之也。土人讹其名为罗勇，今山下有罗勇寨。土人居罗勇，而不知其为螺拥；土人知白云山，而不知即螺拥山。僻地无征，沧桑转盼如此！

【注释】①白云山：位于今贵州省长顺县东北。

【译文】白云山起初名叫螺拥山，是因为建文帝望着山中的白云而攀登上去，成为开山始祖，于是用“白云”来命名。《一统志》上有“螺拥”的名称，认为是由于山的形状像围抱着的螺蛳壳，却没有记载建文帝的遗迹，是由于当时还忌讳说到建文帝。当地人把山名错读成“罗勇”，如今山下有个罗勇寨。当地人居住在罗勇，却不知道山名应该是“螺拥”；当地人知道白云山，却不知道就是螺拥山。偏僻的地方，没有实据证明，沧桑巨变，转眼之间就是这样！

白云山西为永丰庄北岭，即余来所逾岭也；东则自滇僧静室而下，即东隤颓然，下对青崖，皆为绝壑；前则与南山夹而成坞，即余来北上登级处也[1]；后则从山顶穷极窈渺，北抵龙潭，下为后坞，即余来时所经岭南之八垒者也。此其近址也。其远者：东抵青崖四十五里，西抵广顺三十里，东南由蓊贵[2]抵定番州三十里，北抵水车坝十五里。

【注释】①即余来北上登级处也："四库"本作"即余东北来登级处也"。②蓊贵：今作"翁贵"，在长顺县东北隅，改尧稍东，惠水入白云山的公路经此。

【译文】白云山的西面是永丰庄的北岭，就是我来的时候翻越的山岭；东面是从云南僧人的静室往下，就是东面崩塌的地方，下面对着青崖城，都是深谷；前方则是与南山相夹形成的山坞，就是我来的时候向北登石阶的地方了；后面则是从山顶穷尽幽远之处，北面抵达龙潭，向下形成后山的山坞，就是我来的时候经过的山岭南面叫八垒的地方了。以上是这座山附近的地形。远处的：东面抵达青崖城有四十五里，西面抵达广顺州有三十里，东南方途经蓊贵抵达定番州三十里，北面抵达水车坝十五里。

白云山中有玄色[1]、白色诸猿，每六六成行，轮朝寺下。据僧言如此，余早晚止闻其声。又有菌甚美，大者出龙潭后深箐仆木间，玉质花腴，盘朵径尺，即天花菜也。又有小者名八担柴，土人呼为茅枣，云南甚多。

【注释】①玄色：即黑红色。

【译文】白云山中有黑红色、白色的各种猿猴，常常六个六个的排成行列轮流在寺下朝拜。是根据僧人们这样说的，我早晚只是听到猿猴的叫声。又有一种菌类非常丰美，大的出在龙潭后面的深竹林中和倒卧在地上的树木之间，白玉般的质地，菌朵丰腴，盘子样的菌朵直径达一尺，这就是天花菜了。又有一种小一些的名叫八担柴，当地人称为“茅枣”，云南非常多。

自青崖而西，有司如之流，其西又有马铃寨东溪，其西又有水车坝西溪，皆南流合于定番，而皆自石洞涌出。至白云南，又有翁贵锣鼓洞水及撒崖水，皆为白云山腹下流，皆东合于定番州。其南又有水埠龙[1]，在白云南三十里，有仙人洞。其北五里又有金银洞、白牛崖。其上流亦自洞涌出，而南注于都泥江。则此间水无非洞出者矣。

【注释】①埠龙：此水源明代称濛潭。其下的都泥江，指今惠水县境的涟江和罗甸县境的濛江。

【译文】从青崖城向西，有条司如河，以西又有马铃寨的东溪，它的西边又有水车坝的西溪，都是向南流在定番州汇合，而且都是从石洞中涌出来的水流。到白云山南面，又有翁贵锣鼓洞的水流以及撒崖的水流，都成为白云山山内下边的水流，都是向东流在定番州汇合。定番州南面又有条水流叫埠龙，在白云山南面三十里，有个仙人洞。仙人洞北面五里处又有个金银洞、白牛崖。它的上游也是从山洞中涌出来的，而后向南流入都泥江。这一带的水流没有不是从山洞里流出来的了。

东望山脊蜿蜒，自龙里西南分支南下，回绕如屏，直抵泗城界，此即障都泥而南趋者。其山回环而东，中围丹平[①]、平洲[②]诸司，即麦冲、横梁诸水南透六洞而下都泥，以此支环之也。

【注释】①丹平：明洪武三十年（1397）置丹平长官司，属新添卫。治所在今贵州罗甸县东北。寻废。永乐元年（1403）复置，清康熙二年（1663）废。②平洲：此处《游记》诸本皆作“平州”，误。“平洲”即平洲六洞长官司，在今平塘县东部，平洲河流贯其间，北部称平洲，南部称六洞。《明史·地理志》都匀府载：“平洲六洞长官司，府西南。洪武十六年置。西南有六洞山。南有平洲河，中有沙洲。”《黔游日记一》四月初一日记亦作“平洲六洞”。据改。

【译文】向东方望去，山脊曲折，从龙里卫西南分支向南下延，回旋盘绕如同屏风，直达泗城州的境内，这就是阻挡都泥江向南流的山脉了。这条山脉曲折环绕向东延伸，中段围抱着丹平、平洲各个长官司，即是麦冲河、横梁河各条河流向南穿过六洞而后下流进都泥江，也是因为这条支脉环绕着它们。

老龙之脊，自广顺北，东度上寨岭东，过头目岭，又东北过龙里之南，又东过贵定[①]县西南，又东过新添卫之杪木寨[②]，乃东南转，环蟒山之南，东过为普林北岭，又东南抵独山州北，乃东趋黎平南境，而东度沙泥北岭，以抵兴安分界。

【注释】①贵定：明万历三十六年（1608）析新贵县及定番州地置，属贵阳府。治所在今贵州贵定县西南四十里旧治镇。清康熙二十六年（1687）省新添卫入贵定县，移治卫城（今贵定县）。据郭子章《郡县释名》贵州卷：贵定县“取贵州底定之义”。②杪木寨：今作“沙木寨”，在贵定县城稍南，为定南乡驻地。

【译文】主脉的山脊，从广顺州的北面，向东延伸到上寨岭的东面，延过头目岭，又往东北经过龙里卫的南面，又往东经过贵定县的西南部，又往东经过新添卫的杪木寨，于是向东南转去，环绕在螃山的南面，向东延伸成为普林堡的北岭，又往东南抵达独山州的北面，再往东趋向黎平南部境内，而后向东延伸成为沙泥的北岭，最后抵达兴安县的分界处。

贵州东三里为油凿关[1]，其水西流；西十里为圣泉[2]北岭，其水东流；北十五里为老鸦关，其水南流为山宅溪[3]；南三十里为华仡佬桥，其水北流。四面之水，南最大，而西次之，北穿城中又次之，东为最微。俱合于城南薛家洞，东经襄阳桥[4]，东北抵望风台[5]，从其东又稍北，入老黄山东峡，乃东捣重峡而去，当与水桥诸水，同下乌江者也。

【注释】①油凿关：今称油榨关。明洪武二十二年（1389）建，在今贵州镇远县西五里。《明史·地理志》镇远府：“又西有油榨关。”《清一统志·镇远府》引《府志》：油榨关“在府西二仙峰。崖壁险固，控扼所资”。②圣泉：在今贵州贵阳市西八里。《明一统志》卷88贵州宣慰司：圣泉“在宣慰司城（今贵州贵阳）西北八里。泉穴宽可六尺许，时或涨而不溢，人莫测其故。又号灵泉”。《清一统志·贵阳府》：圣泉"一名百盈泉。一名漏沩泉。自山麓涌出，昼夜百盈百竭，似有橐籥，莫测其端，下流溉田数百亩。明镇远侯顾成甃石为池，上覆以亭，池中立石以验消长"。③山宅溪：又称宅溪或择溪，俗称贯城河。在贵阳城区东北流入城中，从北往南流，至喷水池稍南处向西穿过中华路，又往南流入南明河。现有些地段已用水泥板盖为暗河，但深陷的河床仍然存在。④襄阳桥：即霁虹桥，在今贵阳城区大南门外南明河上。《嘉庆重修一统志》贵阳府津梁载："俗名襄阳桥，故南明河俗亦谓襄阳河；或云桥成而襄阳府济饷适至，故名。"⑤望风台：即观风台，又名观象台。《嘉庆重修一统志》贵阳府古迹载："观风台，在府城东南一里许，明万历中建。"今地名仍称观风台，在甲秀楼稍东。在襄阳桥与望风台间，南明河从东流折往南，这一带河面比现在宽，水势迂回减缓，形成涵碧潭和芳杜洲。河中有宽平而坚实的鳌头矶，万历二十五年（1597），在矶石上修建了甲秀楼。楼为三层方形，绿琉璃瓦顶，颇便登高揽胜。又建了九孔石桥连接两岸，称浮玉桥（因修公路，占去了北面的两孔，今存七孔）。桥上有涵碧亭，矶上亦置石栏石凳，也是憩息瞰水的好地方。霞客对这一带形势十分熟悉，证明他踏勘过这一片地方。对于甲秀楼，康熙《贵州通志》载：天启元年（1621）毁，总督朱燮元重建，更名来凤阁，复毁，康熙二十八年（1689）田雯重建。《游记》中未提及甲秀楼或来凤阁，可能徐霞客到时已毁。

【译文】贵州城东面三里是油凿关，那里的水向西流；西面十里是圣泉北面的山岭，那里的水向东流；北面十五里是老鸦关，那里的水向南流成山宅溪；南面三十里是华仡佬桥，那里的水向北流。四周的水流，南面的最大，西面的略小一些，向北穿流过城中的又小一些，东面的最小。全部在城南的薛家洞汇合，向东流经襄阳桥，向东北流到望风台，从望风台东边又稍向北流，流入老黄山东面的峡谷，进而向东方冲捣重重山峡而去，最后应当是与水桥等众多水流，一同下流进乌江的河流了。

十八日　辞自然师下山。一里半，抵山麓。西一里半，有数家在南麓，为永丰庄，皆白云寺中佃户也。由其前西向尖峰峡中去，是为广顺州道；由其前西去南转，是为定番州道；由其前北向逾岭，是为土地关[1]道。先是自然为余策所从，曰："由广顺、安顺西出普定，其道近，而两顺之间，广顺知州柏兆福，欲归临清[2]。安顺土知州，近为总府禁狱中。苗蛮[3]伏莽可虑。不若西北由东基出平坝抵普安，多行四十里，而地僻苗驯，可免意外。"余思由两顺亦须三日行，走平坝路迂而行多，亦三日可达普安，遂不西行而北逾岭，其岭即白云山之西垂也。共一里，越其北，有坞东北向。东南界即白云后龙潭之后，西北界即南岭所环，转北而东，属于龙潭东峰之下者。其中平坞一壑，南北长二里，水亦中洼下坠，两旁多犁为田，是名八垒。北竟坞中，乃北逾石岭。共半里下，北度独木桥，有坞自东北向西南，是为干沟，横渡之。北上半里，是为土地关。下关半里，凿石坎停细流一盂，曰"一碗水"，行者以口就而啜之。又西向一里半，出峡，由其北循山东北转，为水车坝道。

【注释】①土地关：今名同，在长顺县东北隅。②临清：明弘治二年（1489）升临清县为州，属东昌府。治所即今山东临清市。清乾隆四十一年（1776）升为直隶州。1913年改为临清县。③苗蛮：即指苗族。但"苗子""苗蛮"皆系对苗族带有民族歧视的称呼。

【译文】十八日　辞别自然法师下山。走了一里半，抵达山脚。

向西走了一里半，有几户人家在南面的山脚下，是永丰庄，都是白云寺的佃户。由永丰庄前边向西进入尖峰下的峡谷，那是去广顺州的路；由永丰庄前边往西向南转，那是去定番州的路；由永丰庄前边向北越过山岭，那是去土地关的路。自然法师之前替我策划路线说："经由广顺州、安顺州向西去普定卫，那条路近，但是广顺州、安顺州两地之间，广顺州知州柏兆福，想要返回山东临清。安顺州的土知州，最近被总兵府囚禁在监狱中。苗蛮潜藏在草莽中值得担忧。不如向西北经由东基出平坝卫再到普安州，多走四十里路，但是地方偏僻、苗民良善，可以避免出意外。"我考虑到经由广顺、安顺两州也必须走三天的路程，走平坝卫这条路要绕道而且走的路程多，但也是三天就可以到达普安州，于是就不往西走而向北越过山岭，这座山岭就是白云山的西垂了。总共走了一里，越过岭北，有个山坞呈东北向。东南界限就是白云山山后龙潭的后面，西北界限就是南岭环绕的地方，转向北再向东，连接到龙潭东峰之下的山峦。群山中有一个平坦的山坞，南北长二里，水流也是向中间的洼地流，两旁大多被开垦成田地，这里名叫八垒。向北走出山坞，然后往北翻越石头山岭。共走半里后往下走，向北走过独木桥，有个山坞从东北延伸向西南，这里是干沟。穿过山坞，往北上走半里，这里是土地关。下土地关走了半里，有股细流停积在一个凿成钵盂状的石坑中，叫作"一碗水"，过路的人可以用嘴就着钵盂喝水。又向西走了一里半，走出峡谷，由峡谷北面顺着山势向东北转，是去水车坝的路。

由其西截坞直行，一里半，有村在北山下，是为谷精[1]。从村西转，又截坞而下，一里，转入山峡，有溪自西南而北，即从北峡转而东去，是水车坝之上流也，其流自广顺州东北老龙南谷来者。渡之，又西越山坡，旋下，溯西来小流入。其流东注南来大溪，即同之直向东去。路溯溪南，山峡逼仄，时攀石上下，二里余，乃西渡此水。从其北西向又半里，其北削崖高穹，有洞上缀，其门南向，遂从其下西逾坳。坳间石骨棱厉，逼属南山。回视前溪在其下，不知从何而出，当亦透穴之流也。先是自然谓余，此间如马铃堡诸水，多从山穴出，即水车坝水亦流自穴中者，不知即指此水，抑谓南来大溪也。逾坳西稍下，约一里，有路交为“十”字：其南北皆从山岭上下，有石磴逶迤，乃广顺达贵省道也；其东西即逾坳而西下峡中者。从峡西下半里，又闻水声潺潺，有水深自坑底东注坳下，信乎即坳东透穴之水矣。溯之，山坞复开，有村在西山下，是为东基下寨。从其前转而东北，则下寨山之北突也。循之一里，又西北转，则西界山纯削为石，而东界则土脊迤逦。又北二里，有村当北冈之上，是为东基上寨。寨中悬小支尽处，皆瓦房鳞次[2]，非他苗寨所及。由寨西北向半里，有泉飞流注腋间，由寨东而出，寨当其中。小支左右，皆崇冈峻峡。寨后复环一坞，良畴层倚焉，皆此泉之所润，而透于东坳之下者也。蜿蜒上跻者一里，从岭上复北逾顶者半里，下至坞中。望北峰夹立甚高，其下有坞自西北来者，即上寨后注腋之水，从水车坝而南去者也。其下有坞向东北坠者，即坞中东分之水，从华仡佬桥而北出者也。其坞甚平，中犁为田。从田塍北上，又东北升岭，半里，逾峰头而饭。于是北望遥山，开伏数里外，石峰屏列，俱不能与此山并峻矣。

【注释】①谷精：今作“谷增”，在花溪区西南隅，马铃西南。

②鳞次：像鱼鳞那样依次排列。

【译文】由峡谷西边横穿山坞一直往前走，走了一里半，有个村子在北山下，就是谷精。从村子向西出发，又横穿山坞而后下走，走了一里，转进山峡中，有条溪水从西南往北流，随后从北面的峡谷转而向东流，这是水车坝的上游，这条溪水是从广顺州东北山脉主脊南面的山谷中流出来的。渡过溪水，又往西翻越山坡，旋即下行，逆着西面流来的小溪进去。这条溪流向东注入南面流来的大溪，随后同大溪一起径直向东流去。道路逆着溪流南岸走，山峡十分狭窄，不时攀着岩石上上下下，走了二里多，才向西渡过这条溪水。从溪流北岸向西又走了半里，溪流北边陡削的山崖高大穹隆，有个山洞点缀在山崖上，洞口向南，于是从山洞下方向西越过山坳。山坳中的岩石像骨头一样，棱角锋利，连接着南山。回顾先前的溪流就在山坳的下方，不知是从哪里流出来的，应当也是穿过洞穴流出来的水流。在这之前自然法师告诉我，这一带像马铃堡的各条水流，大多是从山洞中流出来的，即便是水车坝的水也是从洞穴中流出来的，不知道是指的这条溪水，还是指南面流来的那条大溪。穿过山坳向西稍微往下走，大约一里路，有道路相交成“十”字形：南北两面都是从山岭上下来的，石阶曲折绵延，是广顺州通往贵州省城的道路；那条呈东西向的就是穿过山坳往西下到峡谷中的路。从峡谷西向下走半里，又听见潺潺的流水声，有水流从深深的坑谷底向东流淌到山坳下方，这确实就是山坳东面穿过洞穴的水流了。逆流而行，山坞又开阔起来，有个村庄在西山下，这里是东基下寨。从村前转向东北，就到了下寨所在的山向北前突的地方了。顺着山势走了一里，又向西北转，就看见西面全是陡削的石山，而东面一列山则是曲折绵延的土山脊。又向北二里，有个村庄位于北面的山冈上，这就是东基上寨。寨子高悬在一条小支脉尽头处的中央，都是依次排列的瓦房，不是其他苗寨能比的。由寨子的西边向北走半里，有泉水飞流奔泻路旁，泉水是从寨子东边流出来的，寨子位于道路和流泉中间。小支脉的左右，都是高大陡峭的山峡。寨子后面又环绕着一个山坞，良田层层相依，都是这条山泉所滋润的，而后泉水穿流到东面的山坳下去。蜿蜒向上攀登了一里，从岭上又向北翻越山顶半里，下到山坞中。远望北边夹立的山峰非常高，山峰下有从西北而来的山坞，是东基上寨后边奔流在路旁的水流，流经水车坝而后往南流去了。山下有个山坞向东北方下坠，也就是山坞中向东分流的水流，从华仡佬桥而后向北流出去的。这里的山坞非常平整，开垦成田地。从田埂上向北上行，又往东北登岭，走了半里，越过峰头后吃饭。在这里向北面遥望远山，开阔低伏在数里之外，石山的尖顶像屏风一样排列，但都比不上这座山险峻。

北下甚坦，半里，路分两岐：一从东北行者，从黄泥堡、天生桥而达省；一从西北行者，为野鸭塘出平坝道。遂从西北下山，一里，抵山下。沿坡陀[1]西行，渐有小水，俱从东北去。二里，复溯水入峡，一里，复陟岭而上，又二里，遂西过野鸭塘[2]。有堡数十家在南山下，其前有塘潴水，直逼北山，然东西皆高，不知从何而泄，即所谓野鸭塘是也。绕堡前西南行半里，望西北山崖间有洞高穹，其前陇复有洞伏于下，乃呼担夫少停行李路隅，余独从西岭横陟之。半里，遂陟下洞之上。陇不甚高，然四面皆悬削不可下。复稍西，下山麓东向行，遂得下洞。洞门南向，门下稍洼，其左透崖东出，另辟一门，门东北向，其后旋壑下陷，四面宽圆，虽洼而不暗。既上，遂透东门而出。稍下，从峡中西陟上洞。洞门东向，前有垒石为垣，后亦中洼而下，然不甚深，其上悬崖虽高，中扃之玲珑，乳柱之夭矫，反不若下洞也。

【注释】①野鸭塘：今作“野雅塘”，或作“鱼雅”，在平坝县东南隅。

【译文】向北下山非常平坦，走了半里，分为两条岔路：一条往东北方走的，是经由黄泥堡、天生桥去省城的路；一条从西北方走的，是经由野鸭塘通往平坝卫的路。于是从西北方这条路下山，走了一里，来到山下。沿着不平坦的山坡往西行，渐渐有小水流，都向东北方流去。走了二里，又逆着水流进入山峡，走了一里，再次登岭上行，又走了二里，就向西路过野鸭塘。有个几十户人家的土堡在南山下，土堡前方有塘积水，一直逼近北山，然而东西两面地势都很高，不知水从哪里外泄，这就是所谓的野鸭塘了。绕到土堡前边向西南走了半里，望见西北方的山崖间有个高大穹隆的山洞，山崖前的土陇上还有个洞隐藏在下边，于是我呼唤挑夫稍停一下，把行李放在路边，我独自一人从西岭横向登上山洞。走了半里，便爬到下洞的上方。土陇不是很高，然而四面都是悬空陡削的不能下去。又稍向西走，到山脚后向东走，终于找到下洞。洞口向南，洞口下方略微下洼，洞的左边穿过崖壁向东出去，另外开有一个洞口，洞口朝向东北方，洞口后面盘旋的山谷下陷，四面宽敞圆滑，虽然低洼却不黑暗。上来后，穿过东面的洞口出来。稍往下走，从峡谷中向西登上上洞。洞口朝向东，前边有石块垒成的墙，后面也是中间洼陷下去，但不是很深，洞顶上方的悬崖虽然高，但中门的玲珑之状，钟乳石柱的纵恣之态，反而不如下洞了。

既出，复从峡中下，转前陇之嘴而西，又经下洞前，则前麓皆水草沮洳[①]，东与野鸭塘相连，而此即其上流也。忽闻水声潺潺，自下洞前石根透出，历沮洳之坞，而东潴于野鸭塘者也。又从西岭下半里，仍抵路隅，呼担与顾奴，遂西缘山坳行。西望三峰攒列，外又有峰绕之，心以为异。又西四里，有寨在南山下，又绕其前，循之左转。西南半里，又逾一坳，于是西行峡中。其峡南北两界，排闼而前。北即所望三峰攒列者，但在其内，下望反不可见；南则有崖高削，上有一石倒垂，石色独白，而状如羊，是为羊吊崖。逾坳至此，又一里矣。其北崖中断，忽露顶上之峰，盘穹矗竖，是为唐帽山，盖即前望三峰，至是又转形变象耳。按《志》，唐帽在省城南八十里，天生桥在金筑司北三十里。今天生桥在唐帽东北三十里，是天生桥去省反近，而唐帽反远，不知当时何以分界也？自然言建文君先驻唐帽，后驻白云，《志》言其处可以避兵，亦幽閟之区矣。

【注释】①沮洳（rù）：低湿之地。

【译文】出洞之后，又从峡中下来，转过前面那条土陇的山嘴往西走，又经过下洞前方，就看到洞前的山脚下全是水草湿地，东面与野鸭塘相连，而这里就是野鸭塘的上游了。忽然听到潺潺的流水声，水从下洞前的岩石底部渗出来，流经低湿的山坞，而后往东汇合到野鸭塘去。又从西岭下山半里，仍然来到路旁，呼唤挑夫与顾奴，于是向西沿着山坳走。望见西面三座山峰攒聚排列，外围又有山峰围绕着它们，心里觉得奇异。又向西四里，有个寨子在南山下，又绕到寨子前边，沿着寨子向左转。往西南走了半里，又穿过一个山坳，于是向西前行在峡谷中。这条峡谷的南北两列山，像门扉一样排列向前。北边就是前边望见的三座山峰攒聚排列之处，但是身在峡谷中，从下边反而看不见；南边则有高峻陡削的山崖，山崖上有一块岩石倒垂，唯独这块石头是白色的，而且形状像只羊，这就是羊吊崖。穿过山坳来到这里，又是一里路了。峡谷北面的山崖从中断开，忽然露出山顶上的山峰，像圆盘一样高大矗立，这是唐帽山，大概就是前面望见的三座山峰，到这里又转变形象了。根据《志》书，唐帽山在省城南面八十里处，天生桥在金筑司北面三十里。如今天生桥在唐帽山东北三十里，这样天生桥距离省城反而近，而唐帽山反而远，不知当时是根据什么来划分界线的？自然法师说建文帝先住在唐帽山，后来住在白云山，《志》书说这个地方可以躲避战乱，也是幽静而偏僻的地方了。

又西一里余，有峡南向下，是为猪槽堡[1]。路直西逾小脊而下，三里，则坞开南北，路交“十”字于中，乃横截之。渡一小水，半里，有堡在西山上，曰柳家堡。又北半里，又有堡在北陇上。于是循其右，复西上岭。一里，将及岭坳，有泉淙淙自土穴出，其色乳白，浑而不清。逾岭下，共二里，复坞开南北，仍横截之。有涧在坞中，其水甚小，潴而不流，似亦北去者。又西一里，复上岭。其岭南北石峰骈夹，中通一坳，甚逼。一里，越坳而西，见西壑中堰水满陂，始以为东出，而实不流之波也。循之又西一里，则大坞扩然西去，陂堰[2]横障而北。又北循之，有村在北山之嘴，曰狗场堡[3]，乃汤吏部[4]之佃苗也。村西平畴一坞，为膏腴之壤。欲投之宿，村人弗纳，曰：“西去二里有村，亦汤氏佃丁，其中可宿。”乃复西循平畴北陇行。一里余，有石峰界平坞中，削骨擎空，亦独秀之峭而险者。透北峡而西，又半里，复得一村，入叩之，其人闭户遁去。又西得一堡，强入其中，茅茨[⑤]陋甚，而卧处与猪畜同秽。盖此地皆苗熟者，虽为佃丁，而习甚鄙，令人反忆土蛮竹栏为上乘耳。

【注释】①猪槽堡：今名同，在平坝县东南，狗场坝稍北。②陂堰：蓄水池。③狗场堡：今作"狗场坝"，在平坝县东南，接近长顺县。小狗场在南，大狗场在北。④吏部：旧官制六部之一。汉尚书有常侍曹，主管丞相御史公卿之事。东汉改为吏曹，主选举祠祀，后又改为选部。魏、晋以后称吏部，置尚书等官，主管官吏任免、考课、升降、调动等事。班列次序，在其他各部之上。⑤茅茨：茅草盖的房子。

【译文】又向西走了一里多，有条峡谷向南下来，就是猪槽堡。道路一直向西越过小山脊而后下行，走了三里，就见山坞呈南北向敞开，道路在山坞中交叉成"十"字形，于是横过山坞。渡过一条小溪，走了半里，有座土堡在西山上，叫作柳家堡。又向北走半里，又有座土堡在北边的山陇上。于是沿着山陇右侧，再向西上岭。走了一里，将要到达岭上的山坳，有泉水淙淙地从土穴中流出来，水是乳白色的，浑浊不清。越过山岭往下走，共走了二里，山坞又呈南北向敞开，仍然穿过山坞。有条山涧在山坞中，山涧中的水很小，停积着没有流动，似乎也是向北去的水流。又向西走了一里，再次上岭。这座山岭南北两面有石峰并排相夹，中间通着一个山坳，非常狭窄。走了一里，越过山坳向西，看见西面的壑谷中堤坝挡水积满池塘，起初我以为池水是向东流的，但是实际上是不流动的水。沿着池水又向西走一里，就看见十分广阔地一个大山坞向西延伸，池塘的堤坝向北横挡在山坞中。又往北沿着堤坝走，有个村庄在北山的山嘴下，叫作狗场堡，是吏部汤尚书的苗民佃户。村西平整的田地布满整个山坞，是肥沃的田野。我想要进村投宿，村里人不肯接纳，说："向西走二里有个村子，也是汤家的佃户，那里可以住宿。"我只好再向西沿着平旷的田野中靠北的土陇继续前行。走了一里多，有座石峰隔在平旷的山坞中，骨状的峭壁高擎在空中，也是一座像独秀峰那样峭拔险峻的山峰。穿过北边的峡谷往西行，又走了半里，再次看到一个村庄，进村敲门，村里人都关上门躲避。又在西面看到一个土堡，强行进入土堡中，茅屋非常简陋，而且睡觉的地方同猪的秽物混在一起。大概此地都是熟苗，他们虽然身为佃户，但是生活习俗却非常粗鄙简陋，让人反而怀念那些土著蛮族住的竹楼是上等的地方。

十九日　昧爽，促苗起作饭。忽担人亦呼之，余心以为异，谓从来懒不肯起，今何以人呼亦呼也？盖此人名王贵，为靖州[1]太阳坪人。先自三里抵蓝涧，彼同数人自后尾至，告曰："余侪[2]欲往庆远，苦此路不通，迂路又太远，闻参府以兵送行，故特来附带。"余怜而纳之，途中即以供应共给之。及抵庆远，彼已去。及游南山，复遇之，遂日日来候余，愿随往滇中。余思自庆抵南丹，有夫可送，至贵州界，恐无负担，欲纳其一人。因与之约曰："余此地尚无所用汝，然既随余，亦每日予工价一分。若遇负担处，每日与工价三分半。"彼欲以二人从，后闻其侪在南山洞中，以絮塞牧牛童子口，余心疑之。而王贵来言，诱童子非伊，乃同行者，彼已另居于庆。已请独从。后至麻哈，遂渐傲慢，以凳伤予足。及抵贵州，见余欲另觅夫，复作悔过状，甚堪怜，余复用之。至是早起，忽不见，观余所藏路费，亦竟窃之去矣。自余行蛮洞中，以数金藏盐筒中，不意日久为彼所窥，乃不失于蛮烟虺[3]毒之区，而失之就坦遵途之日，徒有怅怅而已。

【注释】①靖州：北宋崇宁二年（1103）以诚州改名，治今湖南省靖州苗族侗族自治县，属荆湖北路。辖境相当今湖南省会同、靖州、通道和贵州省天柱、锦屏、黎平等县地。②侪（chái）：等辈，同类的人们。③虺（huǐ）：古书上说的一种毒蛇。

【译文】十九日　黎明，催促苗人起床做饭。忽然听到挑夫也在叫喊他，我心里觉得奇怪，因为这人从来懒惰不肯早起，今天为什么别人叫他也跟着叫呢？原来这人叫王贵，是湖南靖州太阳坪的人。先前从三里卫到达蓝涧时，他同几个人从后面尾随而来，告诉我说："我们这些人想去庆远府，苦于这条路不通畅，绕路又太远，听说参将府派兵护送您上路，所以特意前来请您带着我们一起走。"我怜悯他们于是就接纳了，中途还把驿站供应的东西分给他们。等到达庆远府的时候，他们已经离开了。到游览南山的时候，又遇到了他们，于是他们就天天守候着我，表示愿意随同我去云南。我考虑到从庆远府到南丹州，有差夫护送，到贵州境内时，恐怕就无人挑担子了，于是我想接纳他们其中的一个人。因而与他们约定说："我在此地还没有用得上你们的地方，不过你们既然跟随我，我每天也给你们一分银子的工钱。如果碰上要挑担子的地方，每天给工钱三分半银子。"他想让两个人跟随我，后来听说这帮人有人在南山的山洞中，用棉絮堵住放牛儿童的嘴巴，我心里怀疑是他。可是王贵来说，诱骗儿童的不是他，而是与他同行的那些人，那些人已经另外居住在庆远府了。末了，请求独自一人跟随我。后来到达麻哈州，逐渐傲慢起来，用板凳砸伤了我的脚。等到达贵州省城时，他见我想另找挑夫，又作出悔过的样子，我认为他十分值得同情，就又用了他。到今天早晨起床后，人突然不见了，清点我收藏的路费，竟然也被他偷去了。自从我进入蛮族居住的地区后，把几两金子藏在装盐的竹筒中，想不到天长日久被他窥探到了，没想到在蛮族居住的烟瘴蛇毒之地没有丢失，却在马上就要走上坦途的时候丢失了，我惟有闷闷不乐。

既明，担夫窃资已去，无可奈何。求苗子送出平坝，不及三十里，索价甚贵，已而竟遁去不肯出，盖苗习素不送客。予求之他苗，其人曰："彼好意宿汝，奈何以担累之？须自负去。二三里抵九家堡，即有送者。"遍求之，其语皆然。余无可奈何，饭而束担，与顾仆共抬而前行。由狗场西苗堡截坞堰南过，一里，逾岭西下，又过一苗堡，益转而南，又逾一岭。半里，乃由岭头从岐路北向入坞，路小山寂。一里，乃西向下。半里，有溪汪然自南而北，始为脊北第一流，乃北合洛阳桥下水，东经威清[①]而下乌江者。溪上旧有石桥已圮，其东半涉水，而渡其西半，是为九家堡[②]，乃苗之熟者也。至是已近午矣，始雇得一夫，担而行。复西北上陇，六里，有村在西山下，曰二家堡。从其东盘山嘴而北，北界山远辟旷然，直东遥见高峰在四十里外者，即《志》所云马鞍山，威清之山也。路复循南山之北，西向入峡。二里出峡，有村在南山下，曰江清[③]。其处山坞大开，平畴中拓，东有石峰离立[④]，即与南山夹而为所从之峡者也。

【注释】①威清：明洪武二十三年（1390）改威清站置，属贵州都司。治所即今贵州清镇市。清康熙二十六年（1687）将镇西卫并入，改为清镇县。②九家堡：今作“九甲”，在平坝县东南境，麻线河西岸。③江清：今作“江青”，在平坝县东南境，高峰镇驻地稍西，羊昌河东岸。④离立：并立。

【译文】天亮后，挑夫偷了路费已经逃走了，我无可奈何。央求苗人送我出平坝卫，不到三十里路，要价非常贵，不久竟然逃走了不肯出来，大概是苗人的习俗素来不送客人。我央求其他苗人，他们说：“他好意留你住宿，怎么能又劳累他挑担子呢？必须自己挑着去。你走个二三里路到了九家堡后，就有人送了。”求遍了村中的人，他们说的话都一样。我无可奈何，吃饭后把担子捆在一起，与顾仆一同抬着往前走。由狗场堡西面的苗人土堡向南横穿过山坞中的堤坝，走了一里，翻越山岭往西下行，又经过一处苗人的土堡，渐渐向南转，又越过一座山岭。走了半里，才由岭头从岔路向北进入山坞中，道路狭窄，山间寂静。走了一里后，就向西下行。走了半里，有条溪流浩浩荡荡地从南往北流，是山脊北面开始的第一条溪流，是往北汇合洛阳桥下的水流，向东流经威清卫后下流进乌江的溪流。溪流上原本有座石桥但是已经坍塌了，从溪流东边渡水，而后渡到溪流西边，这里是九家堡，是苗人中汉化程度比较高的苗民了。到这里将近中午，才雇到一个挑夫，挑着担子就起行。又向西北登上土陇，走了六里，有个村子在西山下，叫作二家堡。从村东绕过山嘴往北走，北面的一列山远远展开，十分空旷，远远望见正东方在四十里外的高峰，就是《志》书所说的马鞍山，是威清卫境内的山。道路又沿着南山的北山脚，向西进入山峡。走了二里后走出山峡，有个村庄在南山下，叫江清。此处的山坞非常开阔，平旷的田野在山坞中拓展开来，东面有石峰并立，也就是与南山相夹形成我来时走过的峡谷的山峰了。

由村东北向抵二石峰下。其峰兀突，南面削崖回裂而无深洞；西面有洞在峰半，其门西向。亟令苗子停担峰下，余先探其南面，无岩可入，惟西南峰下细流汩汩，向麓下窍中出，遂从其上跻入洞。洞顶甚平，间有乳柱下垂，若帷带飘摇。其内分为三层。外层即洞门之前，旷若堂皇①，中有圆石，如堆旋而成者。四五丈之内，即陷空而下。其下亦平整圆拓，深约丈五，而大倍之。从其上下瞰，亦颇光明，盖洞门之光，既从上倒下，而其底北裂成隙，亦透明于外，似可挨入而未及也，是为下层。下层之东，其上复深入成洞，与外层对，第为下陷所隔，不能竟达。由外层南壁攀崖而上，东透入腋，列柱如门，颇觉幽暗，而玲珑嵌空，诡态百出。披窍北下，遂达中层，则外层之光，仍中射而入。其内千柱缤纷，万窍灵幻，左入甚深，而窈窕②莫穷，前临下层，如在楼阁，亦贵竹③中所仅见者。方攀陟不能去，而苗夫在下呼促不已，乃出洞而下。从洞前北行，升陟塍陇二里，有大溪自西而东，溯之西行。有桥十余巩横跨其上，是为洛阳桥，乃新构而成者。桥下流甚大，自安顺州北流至此，曲而东注威清，又北合陆广，《志》所谓的澄河④是矣。

【注释】①堂皇：广大的殿堂。②窈窕：形容深远的样子。③贵竹：洪武五年（1372）置贵竹长官司，隶贵州宣慰司，后改属贵阳府，在今贵阳市。万历十四年（1586）改为新贵县。又作贵筑、贵竺。《游记》中亦以“贵竹”称贵州全省。④的澄河：又作“滴澄河”，今贵州修文县西猫跳河。《明史·地理志》威清卫："西有的澄河，即陆广河上流。"陆广河汇入后的一段乌江也称陆广河。

【译文】从村东向北走到两座石峰的下面。石峰高耸突立而起，南面的峭壁上回绕开裂却没有深洞；西面有个山洞在石峰的半山腰，洞口向西。我赶忙让苗人把担子停放在石峰下，我先去探察石峰的南面，没有岩洞可以进入，只有西南方的山峰下有汩汩流淌的细流，从山脚下的石孔中流出来，于是从石孔上方爬进洞中。洞顶十分平滑，不时有钟乳石柱下垂，好像帷幔衣带随风飘摇。洞内分为三层。外层就是洞口以内靠前的部分，空旷得好像宽大的殿堂，中间有块圆石，好像堆放而成的。四五丈以内，随即空陷下去。那下边也是平整圆滑，深约一丈五，但比上面的大过一倍。从这上面向下俯瞰，也很明亮，大概是洞口的光亮，既已从上面倒映到下边，而且洞底的北边裂成缝隙，也从外边透进光亮来，似乎可以挤进去但是来不及了，这是下层。下层的东边，洞壁又深陷下去形成山洞，与外层相对，但只是被下陷处隔断了，不能走到底。由外层南边的洞壁上攀崖上登，向东钻进侧洞，石柱排列好像门洞，觉得很是幽暗，但是玲珑精巧的钟乳石镶嵌在空中，呈现出千百种奇异的姿态。穿过石孔向北下去，就到达中层，外层的亮光，仍然投射进洞中。洞内千柱繁盛，万窍空灵缥缈，左边进去非常深，幽深得走不到尽头，前方面临下层，如同身在楼阁中，这也是在贵州省境内仅有此处能见到的景观了。正在攀登跋涉舍不得离开时，苗族的挑夫在山下不停地呼喊催促，我只好出洞下山。从山洞前向北走，上登土陇二里，有条大溪从西往东流，逆着溪流往西行。有座十几个桥拱的拱桥横跨在溪流上，就是洛阳桥，这是新构建成的。桥下的水流非常大，从安顺州向北流到此地，向东弯曲后注入威清卫境内，又向北与陆广河汇流，也就是《志》书所说的的澄河了。

度桥北，又溯流而西，抵水之北来东折处，遂从岐北向溯小溪行。始由溪东，已涉堰由溪西，已复西北逾冈，五里，抵铜鼓山。其处山坞南辟，北界石峰耸立，皆有洞，或高或下，随峰而出。西界则遥山自北而南，蜿蜒如屏，连裂三洞，其门皆东向，而南偏者最高敞。其前有数十家当其下，即铜鼓寨也，是洞名铜鼓洞。按《志》，铜鼓山在威清西四十五里，以方隅道里计之，似即此山。然其地去平坝仅五里，不平坝而威清，何也？其洞高悬峻裂，内入不甚深，而前多突耸之石，环牖分门，反觉窈窕。其右重壁之上，圆穴一规，北向高穹。攀崖登之，其中上盘空顶，下坠深阱，土人架木铺竹为垫，俨然层阁。顶东另透明窗，阱内复有穴自下层出入，土人置扉穴前，晚则驱牛马数十头藏其中。正岩之后，有裂窍西南入，滴沥垂其内不绝，渐转渐隘而暗，似向无入者，乃出。时有一老者，候余洞前。余欲并探北偏中洞，老者曰："北洞浅，不足观。有南洞在高崖上，且大路所由，可一登之。"乃循洞麓西转，不数十步，则峰南果有洞出崖端，其门南向，其下依崖而居者，犹环之为庐。乃从庐后跻级上。洞门悬嵌弥高，前垒石为垣，若雉堞形，内深五丈余，而无悬突之石，扩然高朗。其后洼陷而下者一二丈，然俱面阳而燥，土人置廪盈其间。其左腋裂窍北下，渐下渐狭而卑，土人曰与东洞通，想即垂沥不绝处也，亦以黑暗不暇入。时顾仆与苗子担前行已久，余恐其不之待，遂下山。循麓西上，半里，逾坳，则顾仆与苗夫犹待于此。其坳当西界蜿蜒屏列之中，脊不甚高，而石骨棱棱，两旁骈峙甚逼。过隘，西下坞中洼，其西复有坳环属，盖南北夹起危峰，而东西又两脊如属垣。洼中有小水，牧者浸牛满其中。度洼半里，又逾脊西下约一里，有岐直下西坞者，通平坝[①]南上之道；循岭北越岭角者，为往平坝道。乃西北上岭者一里，逾岭角而北。又北下者一里，又逾岭西北一里，与大道值。循大道稍北，遂西度田塍，共半里，逾小桥，入平坝东门。半里，转而南，乃停担肆中。是晚觅得安庄夫，市小鲫佐酒。时方过午，坐肆楼作记。

【注释】①平坝：明洪武二十三年（1390）置，属贵州都司。治所即今贵州平坝县。清康熙二十六年（1687）改为安平县。

【译文】渡过桥北，又逆着溪流往西行，到达溪水从北边流来向东转折的地方，于是从岔路向北逆着小溪前行。开始时在溪流东边走，不久涉过堤坝经由溪流西边走，随后又向西北翻越山冈，走了五里，抵达铜鼓山。这里南面开辟成山坞，北面石峰耸立，都有山洞，有的高有的低，随着山峰显现。西境内就是从北往南延伸的远山，蜿蜿蜒蜒好像屏风，一连裂开三个洞，洞口都面向东，而偏向南边的那个洞最为高大宽敞。有几十户人家居住在山洞下方，就是铜鼓寨，这个山洞名叫铜鼓洞。根据《志》书记载，铜鼓山在威清卫西面四十五里处，按方位里程来计算，似乎就是这座山。然而这里距离平坝卫仅有五里路，《志》书不用平坝卫来记载它的方位里程却选用威清卫，是为什么呢？这个洞高悬险峻地裂开，进洞去不怎么深，但前方有很多突兀高耸的岩石，像是环绕分列的门窗，反而觉得窈窕有趣。山洞右侧的重重石壁上，有一个圆弧形的洞穴，朝向北，高大穹隆。攀着石崖登上去，洞中上方是圆盘状空荡荡的洞顶，下方陷下去成为深深的陷坑，当地人架了木架，用竹子铺成垫子，仿佛一层层楼阁。洞顶东边另外通有一个明亮的窗子，陷坑内又有洞穴可从下层出入，当地人在洞穴前装了一道门，晚上就驱赶几十头牛马进洞藏起来。正洞的后面，有个裂开的石孔向西南方进入，那里面有水滴不停地滴落，渐渐转进去，石洞也渐渐变得又窄又暗，似乎从来没有人进来过，于是出洞来。这时有一位老人，在洞前等候我。我想一并去探一探偏向北边的中洞，老人说："北洞浅，不值得观赏。有个南洞在高高的山崖上，而且是大路经过的地方，值得去攀登。"于是沿着山洞下方的山麓向西转，不到几十步路，就见山峰南面果然有个洞出现在山崖顶端，洞口朝南，山洞下方紧挨着山崖居住的人家，围绕着山崖建盖了房屋。于是从房屋后面沿着石阶向上。洞口高悬深嵌在很高的地方，前边用石块垒砌成墙，好像城墙的形状，洞内深五丈有余，然而没有高悬突立的岩石，显得高敞明亮。洞的后部洼陷下去有一二丈，然而都面向太阳，很干燥，当地人放置的谷米充满洞中。山洞左侧裂开一个向北下去的石孔，渐渐下去渐渐变得狭窄低矮，当地人说与东面的洞相通，想来就是水滴不断滴落的地方了，也是因为太黑暗来不及深入。当时顾仆与苗人挑着担子走在前面已经很长时间了，我担心他们不等我，于是就下了山。沿着山脚向西上行，走了半里，越过山坳，就见顾仆和苗族挑夫还等在此地。这个山坳位于西境内蜿蜒的像屏风一样排列的群山之中，山脊不是很高，可是石骨嶙峋，两旁群山对峙，非常狭窄。走过山隘，向西下到山坞中的洼地，山坞西边又有个山坳环绕连接，大体上南北两面夹立耸起高峻的山峰，而且东西两面又有两条山脊像城墙一样连接着。洼地中有个小水塘，放牧的人把牛浸泡在整个水塘中。度过洼地半里，又越过山脊往西下行约一里，有条岔路一直下到西面的山坞中，那是通往平坝卫向南上走的路；沿着山岭向北越过岭角的，是前往平坝卫的路。于是向西北上岭走了一里，越过岭角向北走。又向北下走了一里，又越过山岭往西北走一里，与大道相汇。沿着大道稍向北走，便向西越过田埂，共走了半里，走过小桥，进入平坝卫的东门。走了半里，转而向南，这才把担子停放在旅店中。这天晚上找到一个安庄卫的挑夫，买来小鲫鱼下酒。这时才过中午，就坐在旅店的楼上写日记。

平坝在东西两山夹间，而城倚西山麓。城不甚雄峻，而中街市人颇集，鱼肉不乏。出西门数里有圣泉，亦时涸时溢，以迂道不及往。

【译文】平坝卫城在东西两山相夹之间，而城池倚靠西山的山脚。城墙不是很雄伟高峻，但是城中街市的百姓很是热闹，鱼和肉都不缺乏。出西门几里有个圣泉，也是时而干涸时而溢出来，因为要绕路我来不及前去。

二十日　早餐，随担夫出平坝南门，循西山麓南行。二里，有石坊当道，其南丛山横列，小溪向东峡去，路转西峡入。三里，又随峡南转。又二里，上石子岭，逾岭为石子哨[①]。又七里，过水桥屯。又五里，为中火铺[②]。又二里，西上坳，从坳夹行一里，为杨家关[③]。又西三里，为王家堡，乃南转四里，为石佛洞。洞门西向，不深，有九石佛，甚古。其处西抵大茅河为安酋界，约五十里。又南五里，平坞间水分南北流，是为老龙过脊。又南五里，为头铺[④]。又南二里，西入山坳。逾之，出其西，又南行三里，过一堡，又二里上陇，入普定[⑤]北门。一岐自东北来者，广顺道；一岐自西北来者，大茅河诸关隘道。普定城垣峻整，街衢宏阔。南半里，有桥。又南半里，有层楼跨街，市集甚盛。

【注释】①石子哨：今作“沙子哨”，在平坝县西南境。②中火铺：供旅客途中用午饭的地方。③杨家关：今名同，在安顺市西秀区东北境，七眼桥铁路车站稍北。④头铺：今名同，在安顺市西秀区西隅，滇黔公路旁。⑤普定：即今安顺市普定县。

【译文】二十日　早餐后，跟随挑夫走出平坝卫的城南门，沿着西山的山麓往南走。走了二里，有座石头建成的牌坊在路上，牌坊南面的群山横向排列，小溪向东面的峡谷流去，道路转入西面的峡谷。走了三里，又随着峡谷向南转。又走了二里，登上石子岭，越过石子岭是石子哨。又走了七里，经过水桥屯。又走了五里，是中火铺。又走了二里，向西登上山坳，在山坳的夹谷中走了一里，到了杨家关。又向西走了三里，是王家堡，于是转向南走四里，到石佛洞。洞口向西，不深，有九尊石佛，十分古老。此处西面抵达大茅河，是贼首安邦彦的辖境，大约五十里。又向南走了五里，平旷的山坞中水流分为南北两个流向，这是山脉的主脉延伸而过的山脊。又向南走五里，是头铺。又向南二里，向西走入山坳。越过山坳，出山坳西边，又往南走三里，经过一座土堡，又走了二里登上土陇，进入普定卫的城北门。一条岔路从东北方而来，是去广顺州的路；一条岔路从西北方而来，是通往大茅河各个关隘的道路。普定卫的城墙高峻整齐，街道宏伟开阔。向南半里，有座桥。又向南半里，有一层层楼房跨在街道上，集市十分繁盛热闹。

二十一日　出南门，西南行十五里，为杨家桥[1]，有堡为杨桥堡。又南十里，为中火铺。又南一里，抵龙潭山下，转入西峡。西八里，有哨。转南七里，为龙井铺[2]。又南七里，过哑泉，大路从东南下山，绕山南入安庄东门。小路越岭西而南下，度小桥，抵安庄[3]西门。安庄后倚北峰，前瞰南陇，而无南北门，惟东西两门出入。西门外多客肆，余乃入憩焉。遂入西门，遇伍、徐二卫舍[4]，为言："此间为安邦彦所荼毒，残害独惨，人人恨不洗其穴。然以天兵临之，荡平甚易，而部院[5]朱独主抚，以致天讨不行，而叛逆不戢[6]。今正月终，犹以众窥三汊河[7]，以有备而退。"三汊河者，去安庄西五十里，一水西北自乌撒[8]，一水西南自老山中，合并东北行，故曰"三汊"。东经大茅、陆广、乌江，与安限为天堑者，惟此，今设总兵官驻其地。时朱总督[9]已毙，舆尸还越，而按君[10]冯士晋为四川人，余离贵省日，亦亲临陆广，巡历三汊，将由安庄抵安南。伍君曰："按君此行，亦将巡察要害，分布士卒，为剿除之计，非与朱为比者。"不识然否？

【注释】①杨家桥：今名同，在安顺市西秀区南境。②龙井铺：今名同，在镇宁县东北隅的公路旁。③安庄：明洪武二十三年（1390）置，属贵州都司。治所即今布依族苗族自治县。清康熙十一年（1672）省入镇宁州。④卫舍：明代军卫应袭子弟称舍人，亦称卫舍。⑤部院：巡抚的别称。清朝各省巡抚多带兵部侍郎和都察院副都御史衔，故称巡抚为"部院"。⑥戢：收敛，停止。⑦三汊河：今仍称三岔河，即乌江上游、乌江南源。在贵州省西部。源出威宁彝族回族苗族自治县东香炉山，东流到黔西县化屋与北源六冲河汇合后称鸭池河。明代各段皆有专名，今六枝以北称谷龙河，今普定以北称大茅河，今安顺以北称思腊河，今平坝、清镇以北称鸭池河，今修文以北称六广河，今息烽、开阳以北始称乌江。⑧乌撒：明洪武十五年（1382）改乌撒土司置。治所、辖境同乌撒土司。属云南省。十六年改属四川省。清康熙五年（1666）改为威宁府。⑨总督：明置，初称总督军务，世宗嘉靖时改称总督。明代初期派京官到地方总督军务，事毕则罢，非常设之官。宪宗成化五年，始设两广总督，其后各地增置，成为定制，掌地方军民大政。因总督有节制文武之权，故又尊称为“制宪”，并以“制府”“制军”“制台”别称之。⑩按君：对巡按的尊称。明代派遣监察御史分赴各省区巡视，按临州县，考核吏治，三年一更，称为巡按。其品级虽低，但可与省区行政长官分庭抗礼。

【译文】二十一日　出了南门，往西南走了十五里，到杨家桥，有座桥头堡是杨家堡。又向南走了十里，是中火铺。又向南一里，抵达龙潭山下，转入西面的山峡。向西八里，有个哨所。转向南走七里，是龙井铺。又向南七里，经过哑泉，大路从东南方下山，绕到山的南面进入安庄卫城东门。小路越过岭西后往南下山，走过小桥，抵达安庄卫城西门。安庄卫城后面倚靠着北面的山峰，前方俯瞰南面的山陇，但是南北两面没有城门，只有东西两边的城门供人出入。西门外有许多客店，我于是进店歇息。随后进入西门，遇见安庄卫姓伍、姓徐的两位卫舍，他们对我说：“这一带被安邦彦所毒害，残害得特别惨重，人人都恨不得血洗他的巢穴。然而朝廷如果派大军降临，荡平他非常容易，可是朱部院偏偏主张安抚，以致上天的惩治没有施行，而叛逆丝毫没有收敛。今年正月底，还率领部众窥探三汊河，因为对方事先有防备才退兵。”三汊河这地方，西面距离安庄卫五十里，一条河流从西北方的乌撒府流出来，一条河流从西南方的老山中流来，合流后向东北方流去，所以叫作“三汊河”。向东流经大茅河、陆广河、乌江一线，与安邦彦分界成为天堑的，惟有这条河，如今设置了总兵官驻扎在那里。此时朱总督已经死去，用车运尸体返回越地，巡按大人冯士晋是四川人，我离开贵州省城的时候，他也亲临陆广河，巡察时经过三汊河，即将由安庄卫去安南卫。伍君说："巡按大人此次出行，也将要巡察军事要地，部署士卒，为剿除安邦彦做准备，不是与朱总督一样无所作为的。"不知道是不是这样？

普定卫城内，即安顺府①所驻。余先闻安顺止土知州，而宦籍②有知府节推，至是始知所驻在普定也。

【注释】①安顺府：即今贵州安顺市。②宦籍：记录官员名位的簿册文书。节推："节度推官"的略称。为节度使属官，掌勘问刑狱。

【译文】普定卫城内，就是安顺府的驻地。我先前听说安顺州只设有土知州，而在册的只有知府节制下的推官，我到这里才知道安顺府是驻在普定卫城。

安庄卫城内，即镇宁州①所驻。其公署在南城内段公祠之东，段公名时盛，天启四年任镇宁道。云南普名胜叛，踞阿迷州，段统兵征之，死于难，故州人立祠祀之，而招魂葬于望水亭之西。今普名胜之子犹据阿迷州。湫敝②殊甚。庭有古杉四株，大合两人抱，岂亦国初之遗耶？

【注释】①镇宁州：元至正十一年（1351）置，治今贵州省紫云苗族布依族自治县西南火烘。属普定路。明洪武十五年（1382）属普定府。二十五年属普定卫。正统三年（1438）直隶贵州布政司。嘉靖十一年（1532）移治今贵州省镇宁布依族苗族自治县。万历三十年（1602）属安顺军民府。清因之。1913年改镇宁县。②湫(jiǎo)敝：低下破败。

【译文】安庄卫城内，就是镇宁州的驻地。镇宁州办公的处所在南城内段公祠的东边，段公名叫段时盛，天启四年(1624)任镇宁道道员。云南省普名胜反叛，盘踞在阿迷州，段时盛统领兵马征伐普名胜，死于征战，所以州里人建立祠堂祭祀他，而且为他招魂葬在望水亭的西边。如今普名胜的儿子仍然占据着阿迷州。十分低矮破败。庭院中有四株古杉树，粗壮处要两人才能合抱，莫非也是明朝初年遗留下来的？

安南卫城内，即永宁州[①]所驻。考《一统志》，三卫三州，旧各有分地，卫俱在北，州俱在南。今州卫同城，欲以文辖武，实借武卫文也。但各州之地，俱半错卫屯，半沦苗孽，似非当时金瓯[②]无缺矣。

【注释】①永宁州：即今永宁县。②金瓯(ōu)：金属酒器。比喻国土。

【译文】安南卫城内，就是永宁州的驻地。考查《一统志》，三个卫三个州，旧时各自划有辖地，三个卫都在北面，三个州都在南面。如今州卫在同一个城里，想用文官辖制武官，实际上是借助武官来保卫文官。但各个州的属地，全都有一半错杂着卫所的屯田，一半沦落到苗族叛民的手中，似乎不是当年完固的疆土了。

三卫之西，为水西[①]所苦，其东又诸苗杂据，惟中一道通行耳。

【注释】①水西：即水西土司。元在今贵州境内土司即有水西、水东之名。明贵州宣慰司（今贵州贵阳）由安氏世袭宣慰使，宋氏世袭宣慰同知，两宣慰各有分地。安氏辖境约当今贵州省西北部息烽、修文以西，普定以北，水城以东，大方以南地区。以其大部分在鸭池河以西，通称水西。崇祯三年（1630）削其水外（指鸭池河以东）地设置卫所，辖境遂以水西为限。清顺治十五年（1658）改称水西宣慰使，康熙间以绝嗣停袭。

【译文】三个卫的西面，被水西土司苦害，三个卫的东面有众多苗人杂乱地盘踞着，惟有中间的一条道路可以通行。

二十二日　五鼓，大雨达旦，余少憩逆旅。下午霁，独南遵大路，一里逾岭，由岐东下半里，入双明洞[①]。此处山皆回环成洼，水皆下透穴地。将抵洞，忽坞中下裂成坑，阔三尺，长三丈，深丈余，水从其东底溢出，即从其下北去。溢穴之处，其上皆环塍为田，水盈而不渗，亦一奇也。从此西转，则北山遂南削为崖，西山亦削崖北属之，崖环西北二面，如城半规。先抵北崖下，崖根忽下嵌成洞，其中贮水一塘，渊碧深泓，即外自裂坑中潜透而汇之者。从崖外稍西，即有一石自崖顶南跨而下，其顶与崖并起，而下辟为门，高阔约俱丈五，是为东门。透门而西，其内北崖愈穹，西崖之环驾而属者，亦愈合。西山之南，复分土山一支，掉臂而前，与东门外崖夹坑而峙。昔有结高垣，垒石址，架阁于上，北与东门崖对，以补东向之隙，而今废矣。由东门又数十步，抵西崖下。其崖自南山北属于北崖，上皆削壁危合，下则中辟而西通，高阔俱三倍于东门，是为西门，此洞外之“双明”

也。一门而中透已奇，两门而交映尤异。其西门之外，山复四环成洼，高若列城。水自东门外北崖渊泓间，又透石根溢出西门之东，其声淙淙，从西门北崖，又透穴西出。门之东西，皆有小石梁跨之，以入北洞。水由桥下西行环洼中，又透西山之下而去。西门之下，东映重门，北环坠壑，南倚南山，石壁氤氲，结为龛牖，置观音大士像焉。由其后透穴南入，石窍玲珑，小而不扩，深可十余丈而止，此门下南壁之奇也。北接北崖，石屏中峙，与南壁夹而为门。屏后则北山中空盘壑，极其宏峻，屏之左右，皆有小石梁以分达之。屏下水环石壑，盘旋如带，此门下北壁之奇也。北壁一屏，南界为门，北界为洞，洞门南临。此屏中若树塞，遂东西亦分两门，南向。水自东门下溢穴而出，漱屏根而入，则循屏东而架为东桥，而东门临之。又溢穴出西门下，循屏西而架为西桥，而西门临之。此又洞内之"双明"也。先从西门度桥入，洞顶高十余丈，四旁平覆如幄，而当门独旋顶一规，圆盘而起，俨若宝盖中穹。其下有石台，中高而承之；上有两圆洼，大如铜鼓，以石击之，分清浊声，土人诧为一钟一鼓云。洞西北盘亘，亦多垂柱裂隙，俱回环不深。东南裂隙下，高迥亦如西门，而掩映弥深，水流其前，潆洄作态，崆峒清泠，各极其趣。遂逾东桥，仍出西门下，由其前南向而上，直跻崖根，复有洞东向，高阔俱三丈，而深十丈。洞后北转，遂上穹而黑，然不甚深矣。洞中干朗，有僧栖之，而中置金仙像。乃叩僧索笔携炬，同下穷西门大士后小穴，并录壁间诗。返寓已暮。

【注释】①双明洞：在今贵州镇宁布依族苗族自治县西五里。《清一统志·安顺府》：双明洞“又名紫云洞。俗名观音洞。轩敞高朗，东西相通如城阙。中有流水，有桥可渡。明时车马大道经其中，后因苗‘贼’伏劫，乃改路于洞后里许，非探奇者莫至”。

【译文】二十二日　五更天，大雨一直下到天明，我在旅店中稍作休息。下午天转晴，我独自沿着大路往南走，走了一里越过山岭，由岔路向东下行半里，进入双明洞。此处的山都回环形成洼地，水都向下透入地下的洞穴。即将到达洞中时，山坞中突然向下裂成深坑，宽三尺，长三丈，深一丈多，水从深坑东面的底下溢出来，随即从坑下向北流出。溢水的洞穴处，深坑上面都是田埂环绕着的水田，水充满其中却不渗出，也是一个奇观。从此地转向西，就见北山的南面是陡峭的悬崖，西山也是陡峭的悬崖，北边连接着北山，悬崖环绕在西北两面，像个半圆的城墙。先抵达北面的悬崖下，悬崖底部忽然下嵌成一个洞，洞中积聚着一塘水，池潭颜色深碧，这就是从外边裂开的深坑中潜流渗透而汇积在洞中的水。从悬崖外稍向西走，就有一块岩石从悬崖顶端向南斜跨下来，岩石顶部与悬崖并排耸起，而下面开辟为洞门，高宽大约都是一丈五，这是东门。穿过门向西走，石门以内北面的悬崖更加穹隆，西面的悬崖环绕奔突而来的连接处，也更加合拢。西山的南面，又分出一支土山，反方向往前延伸，与东门外的悬崖夹着深坑对峙。从前有人筑造了高墙，垒砌了石头地基，在上面架起了楼阁，面朝北与东门所在的悬崖相对，用来填补东面的空隙，但是如今已经荒废了。由东门又走了几十步，抵达西面的悬崖下。这里的悬崖从南山向北连接着北面的悬崖，上边都是高险闭合的峭壁，下面却从中间辟开与西面相通，高宽都是东门的三倍，这就是西门，也就是山洞外边的“双明”。一个石门中间相通已经很奇特了，两个石门交相辉映就格外奇异了。西门之外，山又四面环绕形成洼地，高高地好像排列着的城墙。水从东门外北面悬崖下的深潭中，又透过石山底部，在西门的东边溢出来，水声淙淙，从西门北面的悬崖下，又穿过洞穴向西流出。石门的东西两面，都有横跨着小石桥，借以进入北面的山洞。水从桥下向西流淌在环形的洼地中，又穿过西山之下流去。西门之下，东面映衬着两层石门，北边环绕着深陷的壑谷，南面倚靠南山，石壁上云气弥漫，建有窗形的石龛，石龛内安置了观音大士的塑像。从石龛后钻进洞穴向南深入，石孔小巧玲珑，小而不宽，深处大约有十几丈便终止了，这是石门下南面石壁上的奇观。北边连接北面的悬崖，石头屏风耸立在中央，与南面的石壁相夹形成石门。石头屏风后面就是北山从空中盘旋而下的壑谷，极其宏伟险峻，石头屏风的左右，都有小石桥便于能分别到达。屏风下面的水环流在岩石壑谷中，盘旋着好像一条带子，这是石门下北面石壁上的奇观。北面石壁上的一座石屏风，把南面分隔成门，北面被分隔成洞，洞口面临南方。这座石头屏风像大树一样堵塞在中央，于是东西两边也就分为两道门，朝向南。水从东门下边的洞穴溢出来，冲刷着石屏风的底部流进去，沿着石屏风的东边架成东桥，而东门面临着东桥。又在西门下从洞穴中溢出来，沿着石屏风的西边架为西桥，而西门面临着西桥。这又是山洞内的“双明”了。首先从西门过桥进去，洞顶高十多丈，四周平滑下盖好像帐幕，而当门之处只有一个旋绕上去的圆弧形洞顶，圆盘状地隆起，好像中间隆起的珍宝伞盖。圆顶下方有个石台，在中央高高地托着圆顶；石台上有两个圆形的凹洼，大的地方如同铜鼓，用石头敲击它们，分为清浊声，当地人诧异地认为是一口钟一个鼓。山洞向西北绵延，也有很多下垂的石柱和裂缝，都不深而且往复环绕。东南方的裂缝下，高远之处也像西门一样，然而遮映衬托更加幽深，溪水从它前边流过，回旋娇美，山洞空旷，泉水清凉，各自极尽其中的情趣。于是越过东桥，仍旧出到西门下，由西门前向南而上，直接登上悬崖脚下，又有个山洞面向东，高宽都是三丈，但深处有十丈。进洞后向北转，洞顶上方隆起昏黑，然而不是太深。洞中干燥明亮，有僧人在洞中居住，而且中央安置着佛像。于是拜见了和尚，要来纸笔、带上火炬，一起下去探究西门观音大士后边的小洞，并抄录了石壁上的题诗。返回住处已经天黑了。

二十三日　雇短夫遵大道南行。二里，从陇头东望双明西岩，其下犹透明而东也。洞中水西出流壑中，从大道下复西入山麓，再透再入，凡三穿岩腹，而后注于大溪。盖是中洼壑，皆四面山环，水必透穴也。又南逾阜，四升降，共四里，有堡在南山岭头。路从北岭转而西下，又二里，有草坊当路，路左有茅铺一家。又西下，升陟陇壑，共七里，得聚落[①]一坞，曰白水铺[②]，已为中火铺矣。又西二里，遥闻水声轰轰，从陇隙北望，忽有水自东北山腋泻崖而下，捣入重渊，但见其上横白阔数丈，翻空涌雪，而不见其下截，盖为对崖所隔也。复逾阜下半里，遂临其下流，随之汤汤西去，还望东北悬流，恨不能一抵其下。担夫曰："是为白水河。前有悬坠处，比此更深。"余恨不一当其境，心犹慊慊[③]。随流半里，有巨石桥架水上，是为白虹桥。其桥南北横跨，下辟三门，而水流甚阔，每数丈，辄从溪底翻崖喷雪，满溪皆如白鹭群飞，"白水"之名不诬矣。度桥北，又随溪西行半里，忽陇箐亏蔽，复闻声如雷，余意又奇境至矣。透陇隙南顾，则路左一溪悬捣，万练飞空，溪上石如莲叶下覆，中剜三门，水由叶上漫顶而下，如鲛绡[④]

万幅，横罩门外，直下者不可以丈数计，捣珠崩玉，飞沫反涌，如烟雾腾空，势甚雄厉，所谓“珠帘钩不卷，匹练挂遥峰”，俱不足以拟其壮也。盖余所见瀑布，高峻数倍者有之，而从无此阔而大者，但从其上侧身下瞰，不免神悚。而担夫曰：“前有望水亭，可憩也。”瞻其亭，犹在对崖之上，遂从其侧西南下，复度峡南上，共一里余，跻西崖之巅。其亭乃覆茅所为，盖昔望水亭旧址，今以按君道经，恐其停眺，故编茅为之耳。其处正面揖飞流，奔腾喷薄之状，令人可望而不可即也。停憩久之，从亭南西转，涧乃环山转峡东南去，路乃循崖拾级西南下。

【注释】①聚落：村落，人们聚居的地方。亦省称“聚”。②白水铺：今仍称白水或白水河，在镇宁县西境，打帮河稍东的公路旁。这一段河道为镇宁与关岭界河。但在打帮河西岸新设黄果树镇，为旅游小镇，亦属镇宁县。③慊（qiǎn）慊：形容不满足的样子。④鲛绡（jiāo xiāo）：传说中鲛人所织的绡，亦借指薄绢、轻纱。

【译文】二十三日　雇佣一个短途的挑夫，我们沿着大路往南走。走了二里，从陇头向东遥望双明洞西面的山崖，山崖下方仍然向东透着光亮。洞中的水向西流到壑谷中，从大路下又向西流入山脚，两次流出来又两次流进去，总共三次穿流过山崖的山腹，而后注入大溪中。这里大概是中间下洼的壑谷，四面都环绕着山，水流必须穿过洞穴才能外泄。又向南越过山丘，四次上行四次下走，共走了四里，有座土堡在南山的岭头上。道路从北面的山岭上转而向西下行，又走了二里，有座茅草牌坊在路上，道路左边有一座茅草搭建的店铺。又向西下走，攀登在土陇壑谷间，共走了七里，遇到一个在山坞中的村落，叫白水铺，已经是中火铺了。又向西二里，远远听见水声轰轰地响，从山陇的缺口中向北望去，忽然有河水自东北方的山窝中泻下悬崖，捣入重重深渊，只见瀑布上半截横着有数丈宽的白色水流，翻卷在空中，像雪花一样喷涌，但是看不见瀑布的下半截，大概是被瀑布对面的山崖挡住了的缘故。又越过山丘下行半里，就面临瀑布的下游，随着浩茫盛大的水流向西走去，回望东北方悬挂着的激流，恨不得能到瀑布下去看一看。挑夫说："这是白水河。前边有河水悬空下坠的地方，比这里还要深。"我可惜不能身临其境一次，心里仍然十分遗憾。顺这水流走了半里，有座巨大的石桥架在溪水上，这是白虹桥。这座桥呈南北向横跨，下面开有三个桥洞，但水流非常宽广，每隔几丈，就有水流从河流底越过岩石，激荡起雪白的浪花，整个河面上都像是有成群的白鹭在飞翔，"白水"的名字真不假啊。走到桥北，又沿着河流往西走了半里，忽然间山陇亏缺，竹林遮蔽天日，又一次听到如雷的水声，我料想又是有奇特景观。透过山陇的缺口向南回顾，只见道路左边的一条河流悬空冲捣而下，如同万条白绢在空中飞舞，溪流上方的岩石如同荷叶覆盖，中间有三个像剜出来的洞，水从荷叶上漫过顶部泻下来，如同千万匹薄纱，横罩在洞口外，笔直下泻的距离不能用丈来计算，如舂捣珍珠，似玉屑迸溅，水沫飞溅，波涛翻涌，如同烟雾腾空，气势极其雄壮迅猛，所谓的"珠帘钩不卷，匹练挂遥峰"，都不能够用来比拟它的壮观了。大体来说，我见过的瀑布，有比这还高峻几倍的，可我从来没见过这样又宽又大的，仅仅只是从瀑布上方侧着身子向下俯瞰，就不免神魂惊惧。但是挑夫说："前边有座望水亭，可以歇息。"远望那座亭子，还在对面的山崖上，于是从瀑布侧面往西南下行，再越过峡谷向南攀登，总共走了一里多，登上西面山崖的山顶。这座亭子是用茅草盖顶建成的，大概是从前望水亭的旧址，现在因为巡按大人要路过，恐怕巡按大人会停下来眺望，所以用茅草盖顶建成亭子。此处正好能面对着飞泻的水流拱手行礼，瀑布汹涌激荡的样子，让人能望见而不能接近。停歇很久，从亭子南边向西转，山涧绕着山向东南方的峡谷转去，道路沿着山崖上的石阶向西南下行。

又升陟陇壑四里，西上入坞，有聚落一区在东山下，曰鸡公背。土人指其东南峰上，有洞西北向，外门如竖而内可容众，有“鸡公”焉，以形似名也。其洞东透前山，而此坞在其后，故曰“背”。余闻之，乃贾勇[①]先登，冀一入其内。比登，只有一道西南上，随之迤逦攀跻，竟无旁岐。已一里，登岭头矣，是为鸡公岭。坳中有佛宇，问洞何在？僧指在山下村南，已越之而上矣。担夫亦至，遂逾岭西向下，半里，抵壑中。又半里，有堡在南陇，曰太华哨[②]。又西上岭，逾而西，又一里，乃迤逦西南下，甚深。始望见西界遥峰，自北而南，屏立如障，与此东界为夹，互相颉颃[③]。中有溪流，亦自北而南，下嵌壑底。望之而下，一下三里，从桥西度，是为关岭桥。越桥，即西向拾级上，其上甚峻。二里，有观音阁[④]当道左，阁下甃石池一方，泉自其西透穴而出，平流池中，溢而东下，是为马跑泉，乃关索[⑤]之遗迹也。阁南道右，亦有泉出穴中，是为哑泉，人不得而尝焉。余勺马跑，甘冽次于惠，而高山得此，故自奇也，但与哑泉相去不数步，何良楛[⑥]之异如此！由阁南越一亭，又西上者二里，遂陟岭脊，是为关索岭。索为关公子，随蜀丞相诸葛南征，开辟蛮道至此。有庙，肇自国初，而大于王靖远，至今祀典不废。越岭西下一里，有大堡在平坞中，曰关岭铺，乃关岭守御所[⑦]所在也。计其地犹在山顶，虽下，未及三之一也。至才过午，夫辞去，余憩肆中。

【注释】①贾勇：指鼓起勇气。②太华哨：今作“大花哨”，在关岭县东境，打帮河与坝陵河间的公路边。③颉颃（xié háng）：亦作“颉亢”。谓不相上下，相抗衡。④观音阁：即双泉寺，清代又称龙泉寺，在关索岭东半山，古驿道北侧，现仅存石基。⑤关索：中国民间传说中的人物，出自《花关索传》。《三国演义》中为蜀汉名将关羽的儿子，荆州失陷后逃难到鲍家庄养病，伤愈后听说东吴仇人已死，乃回归蜀汉，并随同诸葛亮南征。⑥楛（kǔ）：粗劣。⑦关岭守御所：即今关岭布依族苗族自治县，其驻地称关索镇。

【译文】又在山陇壑谷间攀爬了四里，向西上登走入一个山坞，有一片村落在东山下，叫鸡公背。当地人指说在村子东南面的山峰上，有个西北朝向的山洞，外边的洞口窄得像一条竖直的缝，但洞中可以容纳许多人，洞中有“鸡公”，因为形状相似而得名。这个山洞东面直通前山，而这个山坞在山洞后面，所以叫“背”。我听说后，便鼓足勇气率先登山，希望能进洞一探。到登山的时候，只有西南有一条路上去，顺着这条曲曲折折的路攀登，竟然没有其他的岔路。走了一里后，就登上岭头了，这是鸡公岭。山坳中有座佛寺，询问山洞在哪里？僧人指说在山下村子的南边，我已经错过山洞走上来了。挑夫也赶过来了，于是就越过山岭向西下山，走了半里，抵达壑谷中。又走了半里，有座土堡在南面的山陇上，叫太华哨。又向西上岭，越过西面，又走了一里，便弯弯绕绕地往西南下走，非常深。这才望见西面远处的一列山峰，从北向南延伸，像屏障一样矗立着，与东面这一列山相夹而立，互相抗衡。中间有溪流，也是自北往南流，下嵌在壑谷底。望着壑谷往下走，一口气下行了三里，从桥上走到西边，这是关岭桥。过桥后，随即沿着石阶上行，那上行的路非常陡峻。走了二里，有座观音阁在路的左边，观音阁下边砌着一个石质的方形水池，泉水从池塘西边穿过洞穴流出来，平缓地流进池塘中，溢出池塘往东流下去，这是马跑泉，是关索的遗迹。观音阁南面道路的右边，也有泉水从洞穴中流出来，这是哑泉，人不能喝这里的水。我舀了些马跑泉的水喝，甘甜清凉比惠泉差一点，但在高山上能有这样的泉水，本来就是很奇特的了，但是与哑泉相距不到几步路，为什么优劣的差异这么大呢！由观音阁南边越过一座亭子，又往西上行二里，便登上岭脊，这是关索岭。关索是关公的儿子，跟随蜀汉丞相诸葛亮南征，开辟蛮族地区的道路来到此地。建有神庙，始建于开国初期，而后由靖远侯王骥扩建，至今祭祀的仪礼没有废除。越过山岭往西下行一里，有座大土堡在平旷的山坞中，叫作关岭铺，是关岭守御所的所在地。估计此地应该还在山顶，虽然地势低下，但到山脚还没到三分之一呢。到关岭铺才过中午，挑夫告辞离去，我在休息于旅舍中。

二十四日　晨起，以乏夫为虑。忽有驼骑[1]至，尚余其一，遂倩之，议至交水。以筐囊装马上，令之先行，余饭而后往。西南七里，上北斗岭。一里，西逾其脊，有亭跨其上。西望崇山列翠，又自北屏列而南，与东界复颉颃成夹，夹中亦有小水南去。从岭西下二里，抵夹坞中，有聚落倚其麓，是为北斗铺[2]。关岭为中界高山，而北斗乃其西陲。鸡公岭为东界高山，而太华乃其西陲。二界高岭，愈西愈高。由铺西截坞横度二里，乃西向拾级上。迤逦峰头，五里，逾一坳，东眺关岭，已在足底，有坊跨道，曰“安普封疆”，是为安庄哨。自关岭为镇宁、永宁分界，而安庄卫之屯，直抵盘江，皆犬牙相错，非截然各判者。又西上峰峡中三里，崖木渐合，曰安笼铺[3]，又永宁属。按《志》有安笼箐山、安笼箐关，想即此。问所谓安笼守御所，土人云："在安南东南三日程。"此属普州，又非此矣。按此地在昔为安氏西南尽境，故今犹有安庄、安笼、安顺、安南诸名。盖安氏之地，昔以盘江为西堑，而今以三汊为界，三汊以南，盘江以东，为中国奋武卫者仅此耳。

【注释】①驼骑：指驮运货物的牲口。即马帮，今云南山区还能看到。数十匹甚至数百匹马为一帮，进行长途驮运，用芒锣或驮铃指挥，有固定的路线及程站，是西南地区古代主要的运输方式。驼，同"驮"。②北斗铺：今作"北口"，在关岭县中部鸡场坪附近。③安笼铺：今作"安龙铺"，在关岭县中部。

【译文】二十四日　清晨起床，因为没有挑夫而忧愁。忽然间有马帮来到，还空余着一匹马，便请马帮代驮行李，商量好驮到交水。用筐子把行李放到马背上，让他们先走，我吃过饭才动身。向西南走了七里，登上北斗岭。走了一里，向西越过岭脊，有座亭子横跨在岭脊上。向西望去，高山环绕，一片翠绿，又从北边像屏风一样向南排列，与东面一列山互相抗衡，形成夹谷，夹谷中也有小河向南流。从岭上往西下行二里，抵达两山相夹的山坞，有个村落倚靠着山麓，这里是北斗铺。关索岭是中间的一列高山，而北斗岭是关索岭的西陲。鸡公岭是东面的一列高山，而太华哨是鸡公岭的西陲。两面的高山，越往西延伸越高。由北斗铺向西横截山坞而过有二里路，于是向西沿着石阶上行。曲折连绵地在峰头行走，走了五里，越过一个山坳，向东远眺关索岭，已在脚下，有座牌坊跨在路上，叫作"安普封疆"，这里是安庄哨。从关索岭起是镇宁州、永宁州的分界线，但安庄卫的屯驻地，一直到达盘江，都是像犬牙一样互相交错，不是界限分明的划分开的。又往西登上峰头的峡谷走了三里，山崖林木渐渐合拢，叫作安笼铺，又是永宁州的属地。根据《志》书，有安笼箐山、安笼箐关，想想应该就是这里了。询问所谓的安笼守御所，当地人说："在安南卫的东南方，有三天的路程。"此地属普安州，又不是这里了。据考察此地过去是安氏的西南边境，所以现在仍然有安庄、安笼、安顺、安南这些地名。大概安氏的领地，从前是把盘江作为西面的防御壕沟，而今以三汊河作为分界，三汊河以南，盘江以东，朝廷扬武卫所的地方仅有此地。

由铺西更南上一里，逾岭稍下，有坞中洼。又西半里，则重峰夹坑，下坠北去。盘岭侧，西度坑坳半里，复拾级上二里，有庵跨道，是为象鼻岭。由其西度脊，甚狭，南北俱削壁，下而成坑，其上仅阔五六尺，如度堵[①]。又宛转北跻，再过一脊，共二里，陟岭头，则此界最高处也。东瞰关岭，西俯盘江以西，两界山俱屏列于下，如"川"字分行而拥之者，岭西又盘坞为坪，结城其间，是为查城[②]，即所谓鼎站也。有查城驿，属安南。鼎站为西界高山，而白云寺乃其西陲，亦愈西愈高。乃望之西北下，共二里半，而税驾逆旅赵店。江西人。时驼骑犹放牧中途，余小酌肆中，入观于城，而返憩肆间。

【注释】①堵：墙。②查城：即今贵州关岭布依族苗族自治县西南永宁镇。明洪武中置查城站及查城驿。后移永宁州于此。

【译文】由安笼铺西转向南上登一里，越过山岭稍往下走，有个山坞中央下洼。又向西走了半里，就有两重山峰夹着坑谷，向北下坠而去。绕到山岭侧边，向西越过坑谷中的山坳半里，又沿着石阶上行二里，有座庵堂跨在路上，这里是象鼻岭。由庵堂西边越过山脊，非常狭窄，南北两面都是陡峭的崖壁，下垂形成深坑，山脊上仅有五六尺宽，如同走在墙头上。又回旋曲折地向北上行，再次越过一条山脊，共走了二里，登上岭头，就是这里的最高处了。东俯瞰关索岭，西俯瞰盘江以西，两面的山都如同屏风一样排列在下方，像“川”字分成行簇拥着这座山岭，山岭西面又有山坞盘绕成坪坝，坪坝中建有城池，这是查城，就是所谓的鼎站。有查城驿，属安庄卫。鼎站是西面的高山，而白云寺是这座山的西陲，也是越往西地势越高。于是望着查城从西北方下山，共走了二里半，随后住宿在赵姓店主的客店中。店主是江西人。此时马帮还在中途放牧，我在客店中小饮几杯，进城去观览，而后返回旅舍休息。

其地为盘江以东老龙第一枝南分之脊，第二枝为关岭，第三枝为鸡公背。三枝南下，形如“川”字，而西枝最高，然其去俱不甚长，不过各尽于都泥江以北。其界都泥江北而走多灵者，又从新添东南，分支下都匀南，环独山州北而西，又东南度鸡公关而下者也。

【译文】此地是盘江以东山脉中主脉第一条向南分出支脉的山脊，第二条支脉是关索岭，第三条支脉是鸡公背。三条支脉往南下延伸，形状像一个“川”字，而西面的支脉最高，然而三条支脉延伸的距离都不是太长，各自都只在都泥江以北就到了尽头。隔在都泥江以北而且走向多灵的山脉，又从新添卫东南界，分出支脉下延到都匀府南境，环绕独山州北面而后往西延伸，又向东南方度过鸡公关而后向下延伸。

其地东南为慕役长官司[①]，李姓。东北为顶营长官司[②]，罗姓。西北为沙营长官司[③]。沙姓。时沙土官初故，其妻即郎岱[④]土酋之妹。郎岱率众攻之，人民俱奔走于鼎站。沙营东北为狼代土酋，东北与水西接界，与安孽表里为乱，攻掠邻境，上官惟加衔饵，不敢一问也。

【注释】①慕役长官司：明洪武十九年（1386）改慕役寨置，治今贵州省关岭布依族苗族自治县南花江镇，属安顺州。二十五年属普定卫。正统三年（1438）属安顺军民府。清康熙五十四年（1715）废。“慕役”系彝语音译，意为水井或龙井。②顶营长官司：原误倒为“营顶长官司”，据《明史·地理志》改。现仍称“顶营”。明洪武十九年（1386）置，治今贵州省关岭布依族苗族自治县西顶营。属永宁州。清属安顺府。后废。③沙营长官司：明洪武中置，治所在今贵州关岭布依族苗族自治县西北沙营乡。④郎岱：《游记》中又作“狼代”。即今六枝特区南部的郎岱镇。郎岱之名，一说系彝语“喃吡”转音；一说因城建于古郎山和岱山之间，故名。清雍正以前为彝族土司陇安藩统治中心。雍正八年（1730）筑城；九年置郎岱厅，为厅治。1913年为郎岱县治所。1932年置太平、丰乐镇。1941年改置平乐镇。1950年更名城关镇。1960年墩县。

【译文】此地的东南方是慕役长官司，姓李。东北方是顶营长官司，姓罗。西北方是沙营长官司。姓沙。那时候沙土司刚刚过世，他的妻子是郎岱土人头领的妹妹，郎岱率领部众攻打她，人民都逃奔到鼎站。沙营长官司东北方是郎代土人的首领，东北面与水西土司交界，与逆贼安邦彦里应外合作乱，袭击抢夺邻近地区，上官只会用加官来引诱他，而不敢查问一下。

按是岭最高，西为查城，东为安笼箐，皆绝顶回环而成坞者，在众山之上也。《一统志》永宁之安笼箐关，正指此。普安之安笼千户所，在安南东南三日程者，即与广西之安隆长官司①接界，乃田州白隘所由之道。在普安安笼千户所，当作安隆，与广西同称，不当作安笼，与永宁相溷也。

【注释】①安隆长官司：直隶广西布政司，治今广西隆林各族自治县。

【译文】据考察这座岭最高，西面是查城，东面是安笼箐，都是在最高山峰上环绕成山坞的地方，在群山的上面。《一统志》上记载永宁州的安笼箐关，指的正是此地。普安州的安笼千户所，在距离安南卫东南方三天路程的地方，也就是与广西省的安隆长官司交界处，是去田州白隘所要经过的通道。在普安州安笼千户所，应当写作“安隆”，与广西的安隆名称相同，不应该写作“安笼”，与永宁州的“安笼”互相混淆。

鼎站之峡，从东北向西南，其东南即大山之脊，而查城倚其西北，亦开一峡而去，乃沙营土司道也。其泉源亦自东北脊下，穿站街而西，南坠峡底，西南峡脊亦环接无隙，遂从其底穿山腹西去，当西注盘江者矣。

【译文】鼎站的峡谷，从东北向西南延伸，鼎站的东南就是大山的山脊，而查城倚靠在大山的西北角，也是裂开一条峡谷通出去，是去沙营土司的通道。这里的水源也是从东北方的山脊流出的，穿过鼎站的街道向西流，向南坠入峡谷底，西南方峡谷的山脊也是连环相接没有缝隙的，于是水流就从峡谷底穿过山腹向西流出，最后应该是向西流入盘江。

黔游日记二

【题解】《黔游日记二》是徐霞客游贵州西部的山水及风土人情所写的游记。

徐霞客于崇祯十一年四月二十五日（1638年6月7日）过盘江桥，向西经过安南卫（今晴隆县）、新兴所（今普安县）和普安州（今盘县），五月初九（6月20日）到达贵州的最后一站亦字孔驿。游览路线与如今的滇黔公路大体一致。这一带虽然山高水深，但是景色瑰丽。

在游览途中，对经过的北盘江上的铁索桥、晴隆威山的三明洞、普安的观音洞、盘县的碧云洞和丹霞山等风景名胜都作了生动详尽的描述。在贵州西部的最后一段日子里，徐霞客将行李寄放在旅店，却被店主符心华偷走了，接下来他为寻觅挑夫又耽搁了五天，还遭到恶主符心华的索价刁难和竭力阻挠，所以徐霞客十分气愤，哀叹："人之无良如此！"

他在贵州一共游玩了42天，每一天都有资料记载，虽然详略不同，但其价值却不可小觑。

戊寅[1]四月二十五日　晨起，自鼎站西南行。一里余，有崖在路右，上下各有洞，洞门俱东南向，而上洞尤空阔，以高不及登。路左壑泉已成涧，随之南半里，山回壑尽，脊当其前，路乃上跻，水则自其下入穴。盘折二里，逾坳脊，是为梅子关。越关而西，路左有峡，复坠坑而下，东西径一里，而西复回环连脊。路循其上平行而西，复逾脊，始下陟。二里，又盘坞中山西南转，二里，复西北上，一里，是为黄土坝②。盖鼎站之岭，至此中降，又与西岭对峙成峡，有土山中突而连属之，其南北皆坠峡下，中踞若坝然，其云黄土坝者以此。有数家倚西山而当其坳，设巡司以稽察焉。又上逾岭脊，共五里为白云寺③。于是遂西南下，迤逦四里，途中扛担络绎，车骑相望，则临安道毋忠，以钦取④入京也。司道无钦取之例，其牌如此，当必有说。按毋，川人，本乡荐⑤，岂果有卓异特达圣聪耶？然闻阿迷之僭据⑥未复，而舆扛之纷纭实繁，其才与操，似俱可议也。又至坞底，西北上一里，为新铺⑦。由铺西稍逾岭头，遂直垂垂下。

【注释】①戊寅：崇祯十一年（1638）。原仅作“二十五日”，年、月系整理者加。②黄土坝：今作“黄土坡”，又称“黄丰”，在关岭县西境公路旁。③白云寺：今称“白云”，又作“白英哨”，在黄土坡稍西的公路旁。④钦取：皇帝选中。⑤乡荐：唐宋应试进士，由州县荐举，称“乡荐”。后世称乡试中式为领乡荐。⑥僭（jiàn）据：指割据。⑦新铺：今名同。明置，属永宁州。即今贵州关岭布依族苗族自治县西南新铺乡。《清一统志·安顺府》：新铺“在永宁州境……旧皆戍守外”。

【译文】戊寅年（崇祯十一年）四月二十五日（1638年6月7日）早晨起床，从鼎站向西南前行。走了一里多，有石崖在道路的右侧，上下各有一个山洞，洞口都是朝向东南，而且上洞尤为空旷阔大，因为太高来不及攀爬。道路左边壑谷中的泉水已经变成了山涧，沿着山涧向南走半里，山势回绕，壑谷到了尽头，山脊挡在路的前方，道路因此上升，涧水则从山下流入洞穴。盘旋曲折地走了二里路，越过山坳上的山脊，这是梅子关。越过梅子关转而向西，道路左边有个峡谷，又下陷成坑谷往下延伸，东西直径有一里，而西面又回绕着相连的山脊。道路沿着峡谷上方平缓地向西行，又越过山脊，开始向下跋涉。走了二里，又绕着山坞中的山往西南方向转，走了二里，又往西北上行，走了一里，这是黄土坝。原来鼎站所在的山岭，延伸到这里从中间下降，又与西面的山岭对峙形成峡谷，有座土山在峡谷中间突起并与两面的山相连接，土山的南北两面都下坠到峡谷中，盘踞在中央好像水坝一样，此处被称为黄土坝就是由于这个缘故。有几户人家倚靠西山挡在山坳中，设有巡检司以便稽查。又向上越过岭脊，总共走五里就到了白云寺。于是便向西南下行，曲折绵延地走了四里路，途中抬轿、挑担的人往来不绝，车马接连不断，原来是临安道道员毋忠被皇帝征用进京。司、道一级的官员没有被皇帝直接征用的先例，他的行道牌上像这样写着，应当必定有说法。据考察，毋忠是四川人，原本是举人，难道是他果真有卓越特异的政绩传到皇帝耳朵里吗？但是听说阿迷州的非法割据还没有收复，可轿子担子喧喧嚷嚷的实在太繁盛，他的才能与操守，似乎都值得商议。又来到山坞底，往西北上行一里，是新铺，由新铺西边渐渐越过岭头，然后直接垂直下山。

五里，过白基观。观前奉真武，后奉西方圣人，中颇整洁。时尚未午，驼骑方放牧在后，余乃入后殿，就净几，以所携纸墨，记连日所游，盖以店肆杂沓，不若此之净而幽也。僧檀波，甚解人意，时时以茶蔬米粥供。下午，有象过，二大二小，停寺前久之。象奴下饮，濒去，象辄跪后二足，又跪前二足，伏而候升。既而驼骑亦过，余方草记甚酣，不暇同往。又久之，雷声殷殷[①]，天色以云幕而暗，辞檀波，以少礼酬之，固辞不受。

【注释】①殷(yīn)殷：象声词。

【译文】走了五里，路过白基观。白基观前殿供奉着真武大帝，后殿供奉着西方佛祖，观中十分整洁。此时还没有到中午，马帮正在后面放牧，我于是进入后殿，就着洁净的几案，用所携带的纸墨，记录下连日游过的地方，这是因为旅店中太杂乱，不如这里洁净幽静。僧人檀波，十分善解人意，时时供给一些茶水、蔬菜、米粥。下午，有大象路过，两头大的、两头小的，在寺前停了很长时间。饲养大象的奴仆下来饮水，临离开时，大象就跪下后面的两条腿，又跪下前边的两条腿，趴着等候主人上来。不久马帮也过去了，我草记游程兴致正浓，来不及一同启程。又过了很久，雷声隆隆，天色由于被云层遮住暗下来，辞别檀波法师，用少许礼金酬谢他，他坚决推辞不接受。

初，余以为去盘江止五里耳，至是而知驼骑所期旧城，尚在盘江上五里，亟为前趋。乃西向直下三里，有枯涧自东而西，新构小石梁跨之，曰利济桥。越桥，度涧南，又西下半里，则盘江沸然，自北南注。其峡不阔而甚深，其流浑浊如黄河而甚急。万山之中，众流皆清，而此独浊，不知何故？余三见此流：一在武宣入柳江，亦甚浊；一在三镇北罗木渡，则清；一在此，复浊，想清乃涸时也。

【译文】起初，我以为距离盘江只有五里路，到这里才知道与马帮约定的旧城，还在盘江上面五里处，因此急忙向前赶路。于是向西一直下行三里，有条自东往西干涸的山涧，新建的小石桥跨过山涧，叫作利济桥。走过石桥，到山涧南边，又往西下走了半里，就看见盘江翻滚急流的样子，自北往南流淌。这里的峡谷不宽但是非常深，水流像黄河一样浑浊而且非常湍急。在万山之中，众多的河流都是清澈的，唯独这条江是浑浊的，不知是什么缘故？我三次见过这条江流，一次是在从武宣进入柳江时，也是十分浑浊；一次是在三镇以北的罗木渡，那里是清澈的；一次是在这里，又是浑浊的。大概水清是在干涸的时节。

循江东岸南行，半里，抵盘江桥[①]。桥以铁索，东西属两崖上为经，以木板横铺之为纬。东西两崖，相距不十五丈，而高且三十丈，水奔腾于下，其深又不可测。初以舟渡，多漂溺之患；垒石为桥，亦多不能成。崇祯四年[②]，今布政[③]朱名家民，云南人。时为廉宪[④]，命安普游击[⑤]李芳先四川人。以大铁链维两崖，链数十条，铺板两重，其厚仅八寸，阔八尺余，望之飘渺，然践之则屹然不动，日过牛马千百群，皆负重而趋者。桥两旁，又高维铁链为栏，复以细链经纬为纹。两崖之端，各有石狮二座，高三四尺，栏链俱自狮口出。东西又各跨巨坊。其东者题曰“天堑云航”，督部朱公所标也；其西者题曰“□□□□”，傅宗龙[⑥]时为监军御史[⑦]所标也。傅又竖穹碑，题曰“小葛桥”，谓诸葛武侯以铁为澜沧桥，数千百载，乃复有此，故云。余按，“渡澜沧，为他人”乃汉武故事，而澜沧亦无铁桥，铁桥[⑧]故址在丽江，亦非诸葛所成者。桥两端碑刻祠宇甚盛，时暮雨大至，不及细观。度桥西，已入新城门内矣。左转瞰桥为大愿寺。西北循崖上，则新城所环也。自建桥后，增城置所，为锁钥[9]之要云。闻旧城尚在岭头五里，急冒雨竭蹶跻级而登。一里半，出北门。又北行半里，转而西，逶迤而上者二里，雨乃渐霁。新城内所上者峻，城外所上者坦。西逾坳，循右峰北转，又半里，则旧城悬岭后冈头矣。入东门，内有总府镇焉。其署与店舍无异，早晚发号用喇叭，声亦不扬，金鼓[10]之声无有也。青崖总兵姓班，三汊总兵姓商，此间总兵姓胡。添设虽多，而势不尊矣。是夜，宿张斋公家，军人也。

【注释】①盘江桥：在今贵州关岭布依族苗族自治县西南永宁镇西三十里盘江上。《清一统志·安顺府》：盘江桥"《（贵州）通志》：旧为滇黔孔道，波涛汹涌，不能舟渡，明崇祯间建桥"。②崇祯四年：即1631年。③布政：即布政使，亦称"藩司"，或称"方伯"。明洪武九年撤销行中书省，分全国为十三承宣布政使司，每司设左、右布政使各一人，为一省最高行政长官。后又设总督、巡抚，布政使的职权渐轻。清朝定为总督、巡抚的属官，只管全省的财赋和人事，与专管"刑名"的按察使并称两司。④廉宪：明朝按察使之别称。明代各省设提刑按察使，主管一省的司法。因元代有肃政廉访使，与按察使职掌略同，故按察使亦尊称廉宪。⑤游击：明代边区守军设有游击将军，分掌驻在地的防守应援。⑥傅宗龙：字仲纶，号括苍，又号云中，昆明人。万历三十八年（1610）中进士，初为铜梁知县，崇祯中历任贵州巡按、四川巡抚、兵部尚书。任职劳绩甚著。后率兵镇压李自成起义军，被俘不屈而死。⑦监军御史：西汉置，掌监领军队。西汉初，皇帝为加强对军队的监督控制，常派负责监察的亲近御史去监领军队，称监军御史。东汉改称督军御史。⑧铁桥：故址在今云南维西傈僳族自治县东北隅，金沙江西岸的塔城附近。为云南通往西藏的交通要道，当时的铁桥节度和铁桥城皆因此得名。⑨锁钥：指军事重镇，出入要道。⑩金鼓：四金和六鼓。四金指錞、镯、铙、铎。六鼓指雷鼓、灵鼓、路鼓、鼖鼓、鼛鼓、晋鼓。金鼓用以节声乐，和军旅，正田役。见《周礼·地官·鼓人》。亦泛指金属乐器和鼓。

【译文】沿着盘江东岸往南走，走了半里，抵达盘江桥。桥身使用铁链连接，东西两头连接在两面的山崖上作为桥身，用木板横铺在铁链上作为踩踏板。东西两面的山崖，相距不到十五丈，然而高处将近三十丈，江水奔腾在桥下，深不可测。起初是用船渡江，多有漂没溺死的灾祸发生；用石块垒砌桥身，也大多不能建成。崇祯四年，现在姓朱的布政使名叫朱家民，是云南人。当时担任提刑按察使，命令普安州游击将军李芳先四川人。用大铁链系在两面的山崖上，铁链有几十条，铺设两重木板，木板厚度仅有八寸，宽八尺多，远远望去桥身好像不够牢靠，但是踩在桥上却坚定不可动摇，每天过往的牛马有千百群，都是载着重物向前赶路的。桥身的两边，又拴着高高的铁链作为栏杆，再用细铁链子纵横连成网络。两面山崖的前端，各有两尊石狮子，高三四尺，用作栏杆的铁链都是从狮子口中出来的。东西两头又各自横跨着巨大的牌坊。东面的牌坊上题写着“天堑云航”，是总督朱公题写的；西面的牌坊上写着“□□□□”，是当时傅宗龙担任监军御史时题写的。傅宗龙又竖立了一块高大的石碑，题为“小葛桥”，意思是武侯诸葛亮用铁链建造了澜沧江桥，历经数千百年，才又有了这座桥，所以这样题名。据我考证，“渡澜沧江，是其他人”那是汉武帝时的旧事，而且澜沧江上也没有铁索桥，铁索桥的旧址在丽江府，也不是诸葛亮建成的。桥两端的碑刻祠堂非常多，这时暮雨猛烈来临，来不及细观。过到桥西，就已经进入新城的城门里了。转向左边俯瞰着大桥的地方是大愿寺。往西北沿着山崖上行，就是新城环绕的地方了。自从建桥以后，增建了城墙、设置了戍所，成为了军事要地。听说旧城还在岭头的五里之外，于是我急忙冒雨竭力地沿着石阶上登。走了一里半，出北门。又向北走了半里，转而向西，曲折行进了二里，雨才渐渐停下，天气转晴。新城内上走的路非常陡峻，城外上走的路很平坦。向西越过山坳，沿着右边的山峰向北转，又走了半里，就看见旧城高悬在岭后的山冈头上了。进入东门，城内有总兵府镇守。总兵府衙门与旅店没有差异，早晚用喇叭发号令，声音也不洪亮，锣鼓之声是没有的。青崖城的总兵姓班，三汊河的总兵姓商，这里的总兵姓胡。增设的总兵虽然很多，但是权力地位不高。这天晚上，住在张斋公家，张斋公是军人。

二十六日　驼马前发，余饭而出旧城西门。始俱西南行，从岭坞升降。五里，有一二家在南陇下，为保定铺[①]。从其侧西上岭，渐陟隆崇。三里，忽有水自岭峡下。循峡而上，峡中始多田塍，盖就水而成者。时已插莳[②]矣。又上二里，是为凉水营[③]。由营西复从山坞逶迤而上，渐上渐峻。又五里，遇驼马方牧，余先发。将逾坳，坐坳下石间少憩，望所谓海马嶂者，欲以形似求之。忽有人自坳出，负罂[④]汲水，由余前走南岐去。余先是望南崖回削有异，而未见其岐，至是亟随之。抵崖下，则穹然巨洞，其门北向，其内陷空而下，甚宏。其人入汲于石隙间，随处而是，皆自洞顶淙淙散空下坠，土人少凿坯承之。水从洞左悬顶下者最盛，下有石台承之。台之侧，凿以贮汲者。洞从右下者最深，内可容数百人，而光明不閟，然俱无旁隙别窍，若堵墙而成者也。出洞，仍由旧路出大道。登坳即海马嶂，有真武阁跨坳间。余入憩阁间，取笔楮记游，而驼马已前去。久之乃行。其内即为海马铺[5]，去城十里矣。其处北两日半程为小米马场，有堡城下临盘江，隔江即水西地；南两日程为乖场河，水涨难渡，即出铅之所也。又西循南岭而行，见其坞皆北向坠，然多中洼而外横亘者。连西又稍上二平脊，共三里，则北度而矗者，其峰甚高，是为广山。其上李芳先新结浮屠[6]，为文曲星，盖安南[7]城东最高之巅也。又西二里为茶庵[8]，其北有山，欹突[9]可畏，作负嵎[10]之势者，旧名歪山，今改名威山[11]。余望之有异，而亟于趋城，遂遵大路而西。又三里，复逾一阜。又二里，税驾于安南城之东关外逆旅陈贡士家。

【注释】①保定铺：今作"保定营"，在晴隆县东境，滇黔公路旁。②插莳（shì）：栽种，多指栽种稻子。③凉水营：今名同，在晴隆县东境的公路旁。④罂（yīng）：古代大腹小口的酒器。⑤海马铺：民国《晴隆县志》载《徐霞客所经本县沿路古迹考》："即今之哈马哨也，旧称哈马关。哈马者，下马也。盖其关极窄，骑者必下马而过也。"今称"哈马哨"，在晴隆县东境的公路边。⑥浮屠：亦作"浮图"。佛教语。指佛塔。⑦安南：安南卫，明洪武二十三年（1390）置，治今贵州晴隆县西南。属贵州布政使司。⑧茶庵：在交通要道售卖茶水供旅人歇息的小草屋。⑨欹（qī）突：倾斜突兀的样子。⑩负嵎：依靠着。⑪威山：在晴隆县稍东北，今作"歪山"。《徐霞客所经本县沿路古迹考》载："威山，今称巍山，以其高也。其洞曰巍山洞，俗称神仙洞。"

【译文】二十六日　马帮先出发，我吃过饭后才离开旧城西门。开始时都是往南走，在山岭山坞间时上时下。走了五里，有一两户人家在南面的山陇下，是保定铺。从保定铺的侧边向西上岭，逐渐登上高耸的山峰。上走三里，忽然有水流从山岭峡谷间流下来。沿着峡谷往上走，峡谷中开始有很多农田，大概都是靠近水流开垦成的田地。此时已经在插秧了。又上走二里，这里是凉水营。由凉水营西边再从山坞中曲折地上走，渐渐上去渐渐陡峻。又走了五里，遇见马帮正在放牧，我就先出发。将要越过山坳时，我坐在山坳下的岩石上稍作休息一下，望着所谓的海马嶂，想要根据它的形态来探寻它得名的原因。忽然有人从山坳中出来，背着瓦罐去取水，从我面前向南边的岔路走去。我在这之前望见南面的山崖回绕陡峭有些特异，却没有看到那条岔路，于是急忙跟着这个人。到达山崖下，就看见一个穹隆的巨大山洞，洞口朝向北，洞内空陷下去，非常宽大。那人进洞后在石缝间取水，到处都是水，都是从洞顶淙淙散落的水，当地人略微凿了些石坑来接水。从洞左边高悬的洞顶上落下来的水量最大，下边有石台承接着水。石台的侧边，凿了石坑存水供人汲取。洞从右边下去的地方最深，可以容纳数百人，而且明亮不幽闭，然而四周都没有别的缝隙和石窍，像墙壁构成的一样。出洞来，仍然由原路返回大路。登上山坳就是海马嶂了，有座真武阁建在山坳中。我进入真武阁休息，取出纸笔记录旅途经历，而马帮已经向前走了。我过了很久后才动身。山坳里就是海马铺，离城有十里。此处往北走两天半的路程是小米马场，有座城堡下临盘江，隔着盘江就是水西土司的辖地；往南两天的路程是乖场河，河水上涨难以渡过，是出产铅矿的地方。又向西沿着南岭前行，看见这里的山坞都是向北下坠，然而大多是中间下洼而外面横亘着山峰的山坳。接连向西又慢慢登上了两条平缓的山脊，总共走了三里，就向北越过矗立的山峰，这座山峰非常高，这是广山。山峰上有李芳先新建的佛塔，名为文曲星，大概是安南卫城东面最高的山顶了。又往西走了二里有座茶庵，茶庵北面有座山，倾斜突兀，令人可畏，呈现依恃险要地势的姿态，旧时名叫歪山，如今改名叫威山。我远望这座山有些异常，但要急着赶到城中，就沿着大路向西走。又走了三里，再越过一座土丘。又走了二里，住宿在安南卫城东关外陈贡士的旅店中。

二十七日　驼马已发，余乃饭。问知城东五里，由茶庵而北，有威山，山间有洞，从东透西；又有水洞，其中积水甚深，其前正瞰卫城。遥指其处，虽在山巅，然甚近也。乃同顾仆循昨来道，五里，东抵茶庵，遂由岐北向入山。一里，抵山左腋，则威山之脉自北突而南，南耸而北伏，南削而北垂，东西皆亘崖斜骞而南上。从南麓复起一小峰，亦如之。入东峡又一里，直抵山后，则与东峰过脊处也。由脊北下，甚深而路芜；由脊西转，循山北峰之半西行，路芜而磴在。循之行，则北坞霾雾从坞中起，弥漫北峰，咫尺不可见；而南面威山之北，惟行处犹朗，而巅亦渐为所笼。西行半里，磴乃南上。拾级而登者半里，则峰之北面全为雾笼矣。乃转东北上，则东崖斜骞之上也。石脊甚狭，由东北上西南，如攀龙尾而升。复见东南峰外，澄霄丽日，遥山如靛。余所行之西北，则弥沦如海，峰上峰下，皆入混沌，若以此脊为界者。盖脊之东南，风所从来，故夙霾净卷；脊之西北，风为脊障，毒雾遂得倚为窟穴。予夙愿一北眺盘江从来处，而每为峰掩，至是适登北岭，而又为雾掩，造化[1]根株，其不容人窥测如此！

【注释】①造化：指大自然。

【译文】二十七日　马帮已经出发，我才吃饭。询问后知道城东五里处，从茶庵向北走，有座威山，山中有个山洞，从东穿到西；又有个水洞，洞中的积水非常深，山洞前面正好可以俯瞰卫城。远远指着那个地方，虽然是在山顶，但是非常近。于是和顾仆沿着昨天来的路返回，走了五里，到达东面的茶庵，然后从岔路向北进山。走了一里，到达山的左侧，就见威山的山脉从北突向南，南面高耸而北面低伏，南面陡峭而北面下垂，东西两面都横亘着山崖，斜斜地向南高耸。在南面的山麓又有一座小山峰，也是这种情况。进入东面的峡谷又走了一里，直达山后，就是山脊与东面的山峰相连延伸的地方。从山脊向北下山，非常深而且道路荒芜；由山脊向西转，沿着威山北面山峰的半山腰向西行，道路荒芜但是磴道还在。顺着磴道走，就见尘雾从北面的山坞中升起，充满北峰，咫尺不见；而南面威山的北边，只有行走的地方还是晴朗的，但山顶也渐渐被云雾所笼罩。往西走了半里，磴道就转向南上。沿着石阶逐级上登半里，就见山峰的北面，全部被雾气笼罩了。于是转向东北上行，就到了东面山崖斜斜上耸之处的上方了。石头山脊非常狭窄，由东北向上延伸到西南，如同攀爬着龙尾上升。又看见东南方的山峰外，澄碧的天空中太阳明媚，远山如同蓝靛。我所走的西北方，则是布满浓雾如同大海，山峰上下，都陷入模糊不清的状态，好像是以这条山脊作为分界线。大概由于山脊的东南方，是风吹来的方向，所以晨雾被吹得干干净净；在山脊的西北方，风被山脊所阻挡，毒雾便能够据此作为巢穴。我平素的心愿就是面对北方眺望一次盘江流来的地方，可是每次都被山峰遮挡，来到此处刚好登上向北的山岭，这次却又被浓雾遮挡，大自然的本源，不容许人们窥探就是这样！

攀脊半里，有洞在顶崖之下，其门东向，上如合掌，稍洼而下，底宽四五丈，中有佛龛僧榻，遗饭犹存，而僧不知何往。两旁颇有匼匼之龛。其后直透而西，门乃渐狭而低，亦尖如合掌。其门西径山腹而出，约七丈余，前后通望，而下不见者，以其高也。出后门，上下俱削崖叠石。路缘崖西南去十余丈，复有洞西向，门高不及丈，而底甚平，深与阔各二丈。而洞后石缕缤纷，不深而幻，置佛座其中，而前建虚堂，已圮不能存。其前直瞰卫城，若垂趾可及，偶雾气一吞，忽漫无所睹，不意海市蜃楼，又在山阿城郭也。然此特洞外者也。由洞左旁窍东向入，其门渐隘而黑。攀石阈上，其中坎砢嵚嵌，洼窦不一，皆贮水满中而不外溢。洞顶滴沥，下注水池，如杂珮[①]繁弦，铿锵远近。洞内渐转东北，势似宏深渊坠，既水池高下，无可着足，而无火炬遥烛，惟从黑暗中听其遥响而已。余所见水洞颇多，而独此高悬众峰之顶，又潴而不流，无一滴外泄，向所望以为独石凌空，而孰意其中乃函水之具耶。出洞，仍循崖而北，入明洞后门，抵前洞。从僧榻之左，有旁龛可登，攀而上之，则有隙西透，若窗而岐为两。其后复有洞门西向，在崖路之上，其门颇敞，第透隙处，双棂[②]逼仄，只可外窥，不能穿之以出耳。先是余入前洞，见崖间有镌“三明洞”三字者，从洞中直眺，但见前后，而不知旁观更有此异也。

【注释】①珮（pèi）：古代系在衣带上的玉饰。②棂（líng）：旧式房屋的窗格。

【译文】攀越了山脊半里，有个山洞在山顶的石崖下，洞口向东，上边好像合起来的手掌，稍稍洼下去，洞底有四五丈宽，洞中有佛龛和僧人的卧榻，剩饭还留着，但僧人不知道去哪里了。两旁都有一些缭绕着氤氲之气的佛龛。洞的后方一直通到西面，洞口因此渐渐变得狭窄又低矮，也是尖尖的好像合起来的手掌。这个洞口向西径直穿过山腰，大约有七丈多，前后两个洞口相通，互相能够望得见，但是从下面看不见，原因是山洞处在高处。出了后洞口，上下都是陡削的悬崖和重叠的岩石。道路沿着悬崖向西南方前去十多丈，又有个山洞面向西方，洞口高的地方不到一丈，可洞底十分平滑，深处与宽处各有二丈。而洞后部的岩石繁多缤纷，不深却很奇幻，洞中安置着佛像的底座，而且前边建有空空的佛堂，已经倒塌没有保存下来。洞的前方一直俯瞰着卫城，好像抬脚就可以到达，偶尔雾气一吞吐，忽然烟云弥漫，什么也看不见了，没想到海市蜃楼的奇景，又在这山野城郭之间出现了。然而这只不过是洞外的景色。由洞左侧的旁洞向东进入，洞壁逐渐变得又窄又黑。攀着石门坎向上登，洞中坎坷不平，倾斜下嵌，坑洼孔洞不一而足，里面贮满水却不外溢。洞顶的水滴，下落到水池中，好像杂乱的玉佩和繁杂的琴弦，铿铿锵锵远近有声。渐渐从洞内转向东北方向，地势如同宏大的深渊陷下去，水池高高低低，无处可落脚，又没有火把照亮远处，只能在黑暗中听那些远处的响声而已。我见过的水洞相当多，唯独这个洞高悬在群峰的顶上，水又停积着不流动，没有一点一滴外溢，先前望过去以为是一座凌空独立的石山，谁又能料想得到山中竟然是盛水的容器呢！出洞后，仍然沿着山崖往北走，进入两头透亮的山洞的后洞口，走到前洞。在僧人卧榻的左边，有个佛龛可以登上去，攀着佛龛上去，有条缝隙通到西面，像窗户一样分为两扇。山洞后面又有洞口面向西，在悬崖边道路的上方，这个洞口很宽敞，只是通着缝隙的地方，两扇窗户非常狭窄，只可以向外边窥视，不能穿过裂缝出去。先前我进入前洞时，看见崖壁上刻有“三明洞”三个字，从洞中笔直地眺望过去，只看见前后两个洞口，却不知道从旁边观看更有如此奇异的景象。

下洞，由旧路三里，出茶庵，适按君冯士俊以专巡至。从来直指[1]巡方，不逾关岭、盘江，冯以特命再任，故历关隘至此耳。时旌旗穿关逾坳，瞻眺之，空山生色，第随其后抵安南，不免徒骑杂沓，五里之程，久乃得至。乃饮于陈氏肆中。遂入东门，西抵卫前，转南而出南门。南向行岭峡间，共平上二里，有脊自西北度东南，度处东平为塍，西忽坠坑深下，有小水自坑中唧唧出。路随之，西循北崖下坠，即所谓乌鸣关[2]也，乌鸣关在安南卫。土人呼为老鸦关。西向直下一里，有茶庵跨路隅，飞泉夹洒道间，即前唧唧细流，至此而奔腾矣。庵下崖环峡仄，极倾陷之势。又曲折下半里，泉溢渎道，有穹碑，题曰“甘泉胜迹”。其旁旧亦有亭，已废，而遗址丰碑尚在，言嘉靖间有僧施茶膳众，由岭下汲泉甚艰，一日疏地得之，是言泉从僧发者。余忆甘泉之名，旧《志》有之，而唧唧细流，实溢于岭上，或僧疏引至此，不为无功，若神之如锡卓[3]龙移，则不然也。

【注释】①直指：汉武帝时朝廷设置的专管巡视、处理各地政事的官员。也称“直指使者”，因出巡时穿着绣衣，故又称“绣衣直指”，或称“直指绣衣使者”。②乌鸣关：在今贵州晴隆县西南。《明一统志》卷88安南卫：乌鸣关“在卫城（今晴隆县）南二里山巅，下入深箐。洪武中置关，有戍兵”。③锡卓：传说古代高僧法力神奇，禅杖下端触地，就会有泉水涌出。宋唐庚《卓锡泉记》谓南朝梁景泰禅师植立禅杖于罗浮宝积寺而有卓锡泉，宋苏轼《卓锡泉铭并叙》谓六祖慧能植立禅杖于曹溪而有卓锡泉，《明一统志》谓大鉴禅师植立禅杖于大庾岭云封寺东而有泉水涌出。

【译文】走下洞中，由原路返回走了三里，来到茶庵，恰逢巡按冯士俊专门巡察到此地。从来直指使者巡察地方，不会越过关索岭、盘江，冯大人因为特别任命连任，故而历经关隘来到此地。这时候军士举着旌旗穿过关隘、越过山坳，远望过去，空旷的山野间增添了色彩，跟随在他们后面到安南卫城，因为差役车骑杂乱，五里的路程，走了很久才到。于是在陈氏的客店中喝了水。随后进入东门，往西抵达安南卫衙门前，转向南走出南门。向南行走在山岭峡谷间，总共平缓地上行了二里，有条山脊从西北延伸到东南，山脊的过渡之处东面地势平坦，开垦为农田，西面忽然下陷成深坑，有条细小的水流从深坑流出。沿着水流一路走，向西沿着北面的山崖下坠，就是所谓的乌鸣关了，乌鸣关在安南卫。当地人称为老鸦关。向西一直下行一里，有座茶庵建在路旁，飞流的泉水夹道洒落在路中间，这就是前边的细流，流到这里就变为奔腾飞流了。茶庵下边的山崖环绕峡谷狭窄，极尽倾斜下陷的形势。又曲折地下行半里，泉水溢出湿透了道路，有块隆起的石碑，题写着"甘泉胜迹"的字样。石碑旁边旧时也有座亭子，现已经荒废了，但遗址和高大的石碑还在，碑文记载嘉靖年间有个僧人在此向大众施舍茶饭，从岭下汲取泉水非常艰难，一天挖地挖得这股泉水，说泉水是由于这个僧人而出现的。我回忆甘泉的名称，旧的《志》书上有这个名字，可不断流淌的细流，实际上是从岭上溢流出来的，或许是僧人疏通引导到这里的，不能说没有功劳，但如果把它神化为禅杖一拄、龙王迁居的神话，这就错了。

又拾级西南下一里，下抵峡口，循西崖之足，转而西行，北则石崖排空，突兀上压；南则坠壑下盘，丘垤纵横，皆犁为田。虽升降已多，犹平行山半也。又西半里，有泉自北崖裂隙间宛转下注，路经其前，为架桥横度，泉落于桥内，复从桥下泻峡去。坐桥上仰观之，崖隙欹曲，泉如从云叶间堕出，或隐或现，又瀑布一变格也。循崖又西，迤逦平上，两过南度之脊，渐转西北，共五里，为乌鸣铺。复西北下峡间，一里余，有小水，一自东峡来，一自北峡来，各有石梁跨之，合于路左而东南去。度两石桥，又西南上岭，一里，从岭头过一哨，有数十家夹道。又从岭上循北界大山西向行，其南复平坠成壑，下盘错为田甚深。其南遥山与北界环列者，耸如展屏，而北角独尖竖而起。环此壑而东度土脊一支，遥属于北界大山，所过岭头夹哨处，正其北属之脊也。余先是从海马嶂西，即遥从岭隙见西峰缭绕，而此峰独方顶，迥出如屏。问骑夫："江西坡即此峰否？"对曰："尚在南。"余望其坳入处反在北，心惑之，至是始知其即东向分支之脊，路虽对之行，而西坡实在其北。循北岭升降曲折，皆在峰半行。又西北二里，西南二里，直坠坡而下者二里，缘岭西转者一里，是为纳溪铺。盖在北崖南坠之下，虽所下已多，而犹然土山之脊也。由铺西望，则东西山又分两界，有水经其中，第此两界俱支盘陇错，不若关岭之截然屏夹也。复西南下一里半，有水从东崖坠坑而出，西悬细若马尾。从其北，路亦坠崖而下。又二里余，抵坞中。巨桥三门，跨两陇间，水从东一门涌而北出，其西二门皆下平为田，岂水涸时耶？其水自西南诸峡中，各趋于桥之南，坠峡而下，经桥下，北注而出于盘江上流，其“纳溪[1]”之名以此耶？度桥，复西北上岭，是为江西坡，以岭在溪之西也。路从夹冈中透壁盘旋而上，一里，出夹，复拾级上。一里，得茅庵，在坡之半。又北上拾级，半里，抵岭头，其北有峰夹坞，尚高。东望纳溪铺之缀东崖者，高下正与此等。于是又西向平陟岭间二里，挟南峰转循其西，又西向行半里，则岭上水多左右坠。又东北下转，则一深堑甚逼，自西南坠东北，若划山为二者。度小石梁而西，又西北逾岭头，共一里而入西坡城[2]之东南门，是为有嘉城。

【注释】①纳溪：即今西泌河，又称新寨河，为晴隆、普安二县界河。河上桥称江西坡桥，《游记》称纳溪桥。②西坡城：今名“江西坡”。即今贵州普安县东三十里江西坡镇。明洪武二十三年（1390）置安南卫，初治此。后移治晴隆县。

【译文】又沿着石阶往西南下行一里，下到峡口，沿着西面山崖的山脚，转向西行，北面就是排列在高空的石崖，高高耸起，从上往下压；南面则是盘绕下坠的壑谷，小土丘纵横，都被开垦成田地。尽管上升下降已有多次，但仍然是走在半山腰上。又向西走了半里，有山泉从北面山崖上的裂缝中宛转向下流注，道路经过泉水前边，因此建了座桥横穿过去，泉水落在桥靠内的一侧，又从桥下泻入峡中流去。坐在桥上抬头观看山泉，崖壁间的缝隙倾斜弯曲，泉水好像从云彩和树叶间坠落出来，时隐时现，又是瀑布的一种样式了。沿着山崖又向西行，曲折连绵平缓地上行，两次越过向南延伸的山脊，渐渐转向西北，总共走了五里，是乌鸣铺。再向西北下到峡谷中，走了一里多，有小溪，一条从东面的峡谷流出，一条从北面的峡谷流出，各有石桥跨过溪流，在道路左边合流后往东南流去。走过两座石桥，又从西南方上岭，走了一里，从岭头经过一处哨所，有几十户人家夹住在道路上。又从岭上沿着北面的一列大山向西行，山的南面又平缓地下坠成壑谷，下面环绕交错着农田直到很深的地方。南面的远山与北面一列环绕排列的山峰，高耸得好像展开的屏风，而北面独角一样的山峰尖尖地竖起。环绕过这个壑谷并向东延伸的一条土山山脊，远远地连接着北面的一列大山，我所经过岭头哨所夹道的地方，正是连接着北面大山的山脊。我在此前从海马嶂西边，就远远地从山岭的缺口望见西面的山峰缭绕，可唯独这座山峰是方形的山顶，迥然出现好像屏风。我问马夫："江西坡就是这座山峰吗？"马夫回答说："还在南边。"我远望这座山山坳的入口处反而在北边，心里很疑惑，到了这里才知道江西坡就是向东分支的山脊，道路虽然对着它走，但江西坡实际上是在山脊的北面。沿着北岭曲折的上上下下，都是在山峰的半山腰前行。又往西北走二里，向西南走二里，顺着山坡一直下行二里，沿着山岭向西转一里，就是纳溪铺。原来从北面的山崖向南下坠，虽然已经下走了很多的路程，但仍然是在土山的山脊上。从纳溪铺向西望去，就见东西两面的山又分为两列，有水流流经两列山之间，但两列山都只是支脉盘绕山陇交错，不像关索岭那样如屏风一样截然相夹。再向西南下行一里半，有水流从东面的山崖上坠入坑中流出，细如马尾地悬挂在西面。从水流的北边，道路也是依循山崖下坠。又走了二里多，抵达山坞中。一座三个桥洞的巨桥，横跨在两岸的土陇间，水流从东边的一个桥洞向北涌出，西面的两个桥洞下面都是平整的农田，莫非现在是河水干涸的时节吗？这条河水从西北方众多的山峡中，各自奔流到桥的南边，坠入峡谷而下流，流经桥下，往北流淌而后流入盘江的上游，它“纳溪”的名字是因此而来的吗？走过桥，又从西北上岭，这里是江西坡，取这名字是由于山岭在溪流的西面。道路从两面山峰相夹的山冈上穿过崖壁盘旋着往上走，走了一里，出夹谷，又沿着石阶上登。走了一里，到达一座茅草盖的庵堂，在山坡的半山腰。又沿着石阶向北上登，走了半里，到达岭头，岭北有山峰夹成山坞，还很高。远望东边纳溪铺连缀着东面山崖的地方，高低正好与此地相等。从这里又向西平缓在山岭间跋涉了二里，依傍着南峰转而向西，又向西走了半里，就见岭上的水流大多是从左右两侧下流。又往东北下转，就有一条非常狭窄的深壕沟，从西南向东北方下坠，好像要把山划为两半的样子。度过小石桥向西走，又从西北越过岭头，共行一里后进入西坡城的东南门，这里是有嘉城。

二十八日　出西坡城之西北门，复西向陟岭。盘折而上二里，始升岭头，其北岭尚崇。循其南而西，又二里，望西北一峰，甚近而更耸，有雾笼其首，以为抵其下矣。又西一里，稍降而下，忽有脊中度，左右复中坠成峡，分向而去，其度脊阔仅二尺，长亘二三丈而已，为东西联属之蒂。始知西坡一山，正如一芝侧出，东西径仅十里，南北两垂，亦不过二三十里，而此则其根蒂所接也。度脊，始上云笼高峰。又二里，盘峰之南，是为倪纳铺[①]。数十家后倚高峰，南临遥谷，前所望方顶屏列之峰，正亘其南。指而询之，土人曰：“是为兔场营。其南为马场营[②]，再南为新、安二所。”新为新城所[③]，安为安笼所，即与广西安隆土司为界者。由铺之西半里，有脊自山前坞中南度，复起山一支，绕于铺前，脊东西流水，俱东南入纳溪桥之上流者，第脊西之流，坠峡南捣甚逼。又稍北，循崇山而西半里，有脊自南岭横亘而北，中平而不高，有堡楼峙脊间，是为保家楼。已为猡猡[4]哨守之处。其脊自西南屏列而来，至此北度，东起而为高峰，即倪纳后之雾笼者；西亘而成石崖，即与来脊排闼为西夹坞者。由脊北循石崖直西，行夹坞之上，是为三条岭。西四里，石崖垂尽，有洞高穹崖半，其门南向，横拓而顶甚平。又有一斜裂于西者，其门亦南向，而门之中有悬柱焉。其前坞中水绕入西南岭，路乃稍降。复西上岭坳，共三里，为芭蕉关[5]。数十家倚北山南突之坳间，水绕突峰之南，复北环关西而出。过关，则坠峡而下，复与水遇。是为普安东境之要害，然止铺舍夹路，实无关也。

【注释】①倪纳铺：今作“泥拉铺”，在普安县东境公路旁。②马场营：在今盘县东境的马场。③新城所：在今兴仁县治。④猡猡：指少数民族。⑤芭蕉关：今名同，在今贵州普安县东十里。《方舆纪要》卷121普安州：芭蕉关在“州东八十五里”。清爱必达《黔南识略》卷28普安县：“芭蕉关在城（东）北十里。凿岭为关，奇险厄要，今设塘为入滇旧路。”

【译文】二十八日　出了西坡城的西北门，又向西登岭。回环曲折地上行二里，才登上岭头，这里的北岭还很高。沿着岭头的南坡向西行，又走了二里，望见西北方的一座山峰，看着很近实则更加高耸，有云雾笼罩在峰顶，我以为来到山峰下了。又向西走一里，稍稍下降，忽然有山脊从中间延伸过来，左右两边再次从中间下陷成峡谷，分头而去，这条延伸而过的山脊宽处仅有二尺，长处延绵二三丈而已，是东西两山连接的关键位置。这才知道西坡所在的一座山，正如一朵灵芝从侧面长出来，东西的长度仅有十里，南北两面下垂，也不超过二三十里，而此处则是灵芝的根蒂连接处。越过山脊，开始登上云雾笼罩着的高峰。又走了二里，绕到山峰的南面，这里是倪纳铺。有几十户人家后面倚靠高峰，南边面临遥远的山谷，先前望见的方形山顶像屏风样排列的山峰，正好横亘在倪纳铺的南面。手指那座山峰向当地人打听，当地人说："那是兔场营。它的南面是马场营，再往南是新、安两个卫所。"新就是新城所，安就是安笼所，也就是与广西的安隆土司交界的地方。由倪纳铺向西走半里，有条山脊从山前的山坞向南延伸，又耸起一条山脉，环绕在倪纳铺的前方，山脊东西两面的流水，都是从东南流入纳溪桥上游的水流，只不过山脊西面的水流，坠入峡谷中向南冲捣的水势非常狭窄。又稍往北走，沿着高山往西走了半里，有条山脊从南岭向北横亘，中段平缓而且不高，有座堡楼耸立在山脊上，这是保家楼。现已经是当地人防守的地方。这条山脊从西南方像屏风一样排列而来，到此地后向北延伸，在东面耸起成为高峰，这就是倪纳铺后面云雾笼罩着的山峰；向西绵延成为石崖，就是与先前来的时候山脊像门扇一样排开相夹形成西面山坞的山崖。由山脊北面沿着石崖一直向西，行走在夹立的山坞上，这里是三条岭。向西走了四里，石崖将到尽头，有个山洞高高隆起在石崖的半山腰，洞口向南，横向拓开而顶部十分平滑；又有一个斜裂向西边的山洞，洞口也是向南，而洞口的中央有悬吊的石柱。山洞前方的山坞中，流水绕进西南方的峡谷中，道路于是稍微下降。随后又向西上登山岭和山坳，共走了三里，是芭蕉关。有几十户人家倚靠在北山向南前突的山坳中，水流绕过突立山峰的南面，然向北环流到芭蕉关西面再流出去。走过芭蕉关，就下坠到峡谷，再次与流水相遇。这里是普安州东境的军事要地，但这里只有驿站的房屋夹在道路上，实际上并没有关隘。

由其西降峡循水，路北重崖层突，多赭黑之色。闻有所谓“吊崖观音[①]”者，随崖物色之。二里，见崖间一洞，悬踞甚深，其门南向而无路。乃攀陟而登，则洞门圆仅数尺，平透直北十余丈而渐黑，似曾无行迹所入者。乃返出洞口，则满地白骨，不知是人是畜也。仍攀崖下，又西有路，复北上崖间，其下门多牛马憩息之所，污秽盈前；其上层有垂柱，空其端而置以小石大士[②]，乃出人工，非天然者。复下，循大路随溪西一里，溪转北向坠峡去，于是复西陟坡阜，共六里而至新兴城[③]。自芭蕉关而来，所降不多，而上亦不远，其坞间溪犹出山上也。入东门，出西门，亦残破之余也。有碑，为天启四年都御史乌程[④]闵公所复。中有坐镇守备。是晚按君宿此。又西行岭峡间二里，连逾二岭脊，皆自南北度者。忽西开一深壑，中盘旋为田，其水四面环亘，不知出处。路循东峰西南降一里，复转南向上一里，又转东南上半里，逾岭脊而南，乃西南下一里，西抵坞中。闻水声淙淙甚急，忽见一洞悬北崖之下，其门南向而甚高，溪水自南来，北向入洞，平铺洞间，深仅数寸，而阔约二丈。洞顶高穹者将十丈，直北平入者十余丈，始西辟而有层坡，东坠而有重峡，内亘而有悬柱，然渐昏黑，不可攀陟矣。此水当亦北透而下盘江者。出洞，征洞名于土人，对曰：“观音洞[⑤]。”征其义，以门上崖端有置大士像于其穴者也。洞前溪由东南峡中来，其峡底颇平，大叶蒲丛生其间，淬绿锷[⑥]于风前，摇青萍于水上，芃芃有光。循之西南半里，又西穿岭隙间，渐循坡蹑脊。二里，有一二家在北峰下，其前陷溪纵横，水由西南破壑去，路由西北循岭上。一里，出岭头，是为蔺家坡。

西南骋望，环山屏列甚遥，其中则峰巅簇簇，盘伏深壑间，皆若儿童匍匐成行，无与为抗。从此乃西北下，直降者二里，又升降陇脊西行者二里，有庵缀峰头，曰罗汉松，以树名也。自逾新兴西南岭，群峰翠色茸茸，山始多松，然无乔枝巨本，皆弱干纠缠，垂岚拂雾，无复吾土凌霄傲风之致也。其前又西南开峡，从峡中直下者三里，转而西平行者一里，有城当坳间，是曰板桥铺城⑦。城当峡口，仰眺两界山凌空而起，以为在深壑中矣，不知其西犹坠坑下也。路在城外西北隅，而入宿城中之西门。

【注释】①吊崖观音：此处今称"观音洞"，在普安县治稍东的公路边。②大士：佛教对菩萨的通称。《游记》里多特指观世音菩萨。③新兴城：即今普安县。④乌程：明设乌程县，为湖州府附郭县，在今浙江湖州市城区。⑤观音洞：在今普安县城西四公里青龙山上。⑥淬（cuì）：沐浴，浸泡。锷（è）：刀剑的刃。此处系比喻蒲叶为绿锷。⑦板桥铺城：应在今普安县三板桥镇。

【译文】从芭蕉关西面下到峡谷间沿着水流走，道路北边的重重山崖层层突起，大多是红黑色。听说有个叫"吊崖观音"的地方，顺着山崖寻找这个地方。走了二里，看见山崖间有一个山洞，悬空盘踞着非常幽深，洞口面向南却没有路。于是攀援着登上去，只见圆圆的洞口仅有几尺宽，平缓地向北一直钻进十多丈就逐渐暗下来，似乎是从来没有人迹进入过的样子。因此返身走出洞口，只见满地的白骨，不知是人还是牲畜的。仍旧攀着山崖下来，又见西边有条路，再次向北上登到山崖中间，山崖下的洞口多半是牛马休息的场所，污秽之物充满洞前；洞的上层有下垂的石柱，空出山洞的一端安置了一尊小型的观音菩萨石像，是人工雕刻的，不是天然形成的。再次下行，沿着大路顺着溪流向西走了一里，溪流转向北坠入峡谷流去，从这里又向西在山坡土丘之间跋涉，共走了六里后到达新兴城。从芭蕉关以来，下行的路不多，可上登的路也不远，沿途山坞中的溪流仍然是出没在山上。进入东门，走出西门，也是遭受战乱祸害后的残余了。有石碑，是天启四年(1624)都御史乌程人闵公修复的。城中有坐镇的守备官。这天晚上巡按大人住宿在此地。又向西在山岭峡谷间行走了二里，一连越过两条山脊，都是从南往北延伸的山脊。忽然有一条从西面裂开的深谷，中间环绕着田地，壑谷中的水四面环流，不知道从哪里流出去。道路沿着东峰往西南下行一里，再转向南上登一里，又转向东南上行半里，越过岭脊往南走，随即向西南下行一里，抵达西面的山坞中。听见水声淙淙，流淌得十分湍急，忽然间看见一个山洞高悬在北面的山崖下，洞口向南而且非常高，溪水从南面流出来，向北流进山洞，平缓地铺在洞中，水仅有几寸深，宽却约有二丈。洞顶高高隆起将有近十丈，一直往北平缓地进去有十多丈，这才向西拓开而且有层层斜坡，东面下陷而且有深峡，向里面延伸而且有悬垂的石柱，不过渐渐昏黑下来，不能攀登跋涉了。这条溪水应该也是穿过山洞后流入盘江的水流。出洞来，向当地人打听山洞的名字，当地人说："叫作观音洞。"追问洞名的深意，是由于洞口上方崖壁上的洞穴中安放着一尊观音菩萨像的缘故。山洞前的溪水从东南方的峡谷中流出来，这条峡谷的底部非常平坦，大叶蒲聚集在峡谷中生长，如同迎风沐浴的刀刃、水面摇动的青萍，茂盛的郁郁放光。顺着溪流向西南走了半里，又向西穿越在山岭的空隙间，渐渐顺着山坡上登山脊。走了二里，有一两户人家在北峰下，村前深陷的溪流纵横流淌，溪水从西南方冲破壑谷流出，道路由西北方沿着山岭上登。走了一里，来到岭头，就是蔺家坡。放眼远望西南方，环绕的群山像屏风一样排列得非常遥远，群山之中只见一簇簇峰顶，盘踞趴伏在深深的壑谷间，好像是群匍匐前行的儿童，没有什么能与它们抗衡。从此地向西北下行，一直下行了二里路，又在山陇脊上上上下下地前行了二里，有座庵堂点缀在峰头，叫作罗汉松，是用树来命名的。从越过新安所西南方的山岭后，群山青翠茂盛，山上开始有很多松树，然而没有高大的枝干，都是弱小的枝干缠绕在一起，垂挂在山岚之中，轻拂着云雾，不再有我的家乡那种凌云傲风的景致了。庵堂前又向西南方裂开一条峡谷。在峡谷中一直下行三里，转向西平缓地前行一里，有座城在山坳中，叫作板桥铺城。板桥铺城正对峡口，仰面眺望，两面的群山凌空耸起，以为身在深深的壑谷中，却不知它的西面仍然下坠成坑谷。道路在城外的西北角，随即进城住在城中的西门内。

二十九日　出板桥城之西门，北折入大路，遂拾级下。有小水自右峡下注，逾其左随之行。一里，则大溪汪然，自西南转峡北注，有巨石梁跨其上，即所谓三板桥[①]也。今已易之石，而铺犹仍其名耳。桥上下水皆阔，独桥下石峡中束，流急倾涌。其水西北自八纳山发源，流经软桥，又西南转重谷间，至是北捣而去，亦深山中一巨壑也。越桥西，溯溪北崖行。一里，溪由西南谷来，路入西北峡去，于是升降陇坳，屡越冈阿[②]。四里直西，山复旷然平伏，独西南一石峰耸立，路乃不从西平下，反转南仰跻。半里，盘石峰东南，有石奋起路右，首锐而弯突，肩齐而并耸，是曰鹦哥嘴[③]。又西转而下者一里半，有铺肆夹路，曰革纳铺[④]。土音"纳"俱作"捺"，至是而始知所云"捺溪""倪捺"皆"纳"

字也。惟此题铺名。又从峡平行，缘坡升降，五里，有哨舍夹路，曰软桥哨[5]。由哨西复坠峡下，遥见有巨溪从西峡中悬迅东注。下峡一里，即与溪遇。其溪转向南峡去，路从溪北，溯溪循北山之麓西行。二里，有巨石梁南北跨溪上，即所谓软桥也。余初疑冉姓者所成，及读真武庙前断碑，始知为"软"，想昔以篾索[6]为之，今已易之石，而犹仍其名耳。

【注释】①三板桥：位置与今化肥厂附近的公路桥相当。此水称软桥河，即今虎跳河，下游称格所河，从南往北流入北盘江，为普安县与盘县界河。②阿：凹曲处。③鹦哥嘴：今作"英武"，在盘县东隅。④革纳铺：今名同，在盘县东隅。⑤软桥哨：在今贵州盘县特区东北。为东至普安县之通道。《清一统志·普安厅》：软桥哨"在厅东。……旧皆设兵防御"。⑥篾索：用竹条编成的绳索。

【译文】二十九日　走出板桥铺城的西门，向北转上大路，随即沿着石阶下行。有条小溪从右边的峡谷向下流淌，越到小溪左边顺着溪流走。走了一里，就有一条深阔的大溪，从西南方转过峡谷向北流淌，有座巨大的石桥横在溪流上，这就是所谓的三板桥了。如今虽已改建成石桥，可是铺名仍然沿用板桥之名。桥上下的水面都很宽阔，唯独桥下是石头峡谷紧束在中间，湍急的水流倾泻奔涌。这条溪水从西北方的八纳山开始流出，流经软桥，又向西南转入重重壑谷间，流到这里就向北冲捣而去，也算是深山中的一条巨大壑谷了。越过桥西，逆着溪流沿北面的山崖前行。走了一里，溪水从西南方的山谷中流出，道路进入西北方的山峡，从这里在土陇山坳间上上下下，屡次越过山冈的凹曲处。一直向西走了四里，山势又变得开阔起来，平缓起伏，唯独西南方耸立着一座石峰，道路不是从西面平缓下行，反而是转向南仰面上登。走了半里，绕到石峰的东南面，有块岩石猛地突起在道路的右边，头部尖尖的并弯弯地突起来，双肩平齐而且并排耸起，叫作鹦哥嘴。又向西转后下行一里半，有店铺夹在道路上，叫作革纳铺。地方口音“纳”都称为“捺”，来到这里后才明白他们所说的“捺溪”“倪捺”都是“纳”字。只有此处题写着铺名。又在峡谷中平缓前行，顺着山坡上上下下，走了五里，有哨所夹在道路上，叫软桥哨。由软桥哨的西边又向峡谷中下坠，远远看见有条巨大的溪流从西面的峡谷中高悬迅疾地往东流淌。下到峡谷中一里，立即与溪流相遇。这条溪流转向南面的峡谷流出，道路从溪流北岸，逆着溪流沿北山的山脚向西走。走了二里，有座巨大的石桥呈南北向横在溪流上，这就是所谓的软桥。我最初怀疑是某个姓冉的人建成的，等到读了真武庙前面残缺的石碑后，才知道是“软”，猜想从前是用竹篾编绳索建成的桥，如今已经改换成石桥，而仍然用旧时的名字而已。

度桥而南，遂从溪南西向缘南崖而上，其跻甚峻。半里，平眺溪北，山俱纯石，而绿树缘错成文，其中忽有一瀑飞坠，自峰顶直挂峡底。缘南崖西上，愈上愈峻，而北眺翠纹玉瀑，步步回首不能去。上二里，峡底溪从西北而出，岭头路向西南而上。又一里，过真武庙。按君自新兴而来，越此前去。由其西南行，遂下坞中。又西南共四里，两越小岭而下，有峡自东南达西北，又两界山排闼而成者，其中颇平远，有聚落当其间，曰旧普安[1]。按君饭于铺馆，余复先之而西北由坞中行。东北界山逶迤缭绕，不甚雄峻；西南界山蹁跹离立，复露森罗。峡踪虽远，然两头似俱连脊，中平而无泄水之隙者。又西三里，有石峰中起，分突坞间，神宇界其下，曰双山观[②]。按君自后来，复越而前去。又西一里，则西脊回环于前，遂坞穷谷尽。坞底有塘一方，汇环坡之麓，四旁皆石峰森森，绕塘亦多石片林立，亦有突踞塘中者。于是从塘西南上回坡，一里，登其脊。又宛转西行岭头，岭左右水俱分泻深谷，北出者当从软桥水而入盘江上流，南流者当从黄草坝[③]而下盘江下流。又西向从岭头升陟，其上多中洼之宕，大者盘壑为田，小者坠穴为阱。共五里，为水塘铺[④]，乃饭于庙间。过铺西下岭，逶迤山半又五里，为高笠铺，南向行陇间。逾一平岭西南下，又五里，有小溪自北峡来，石桥南跨之。度其南，北门街夹峙冈上；逾冈南下，始成市，有街西去，为云南坡大道；直南，又一小溪自西南峡来，石桥又南跨之。桥南即为普安城[⑤]，州、卫俱在其中。按君已驻署中矣。其城西半倚山脊，东半下临东溪，南北二门正当西脊之东麓，而东门则濒溪焉。南门外石桥，则三溪合于北，经东门而西环城南，又南去而注于水洞者。北门外石桥：第一桥，即云南坡之水，绕城西北隅而为堑，东下而与北溪合于城东；第二桥，即小溪自西北来者，《一统志》所云"目前山之水"也；第三桥，即小溪自北来者，《一统志》所云"沙庄之水"也。三溪交会于城之东北，合而南去，是为三一溪，经城南桥而入于水洞。其城自天启初，为水西叛逆，诸蛮应之，攻围一年而破，后云南临安安南土官沙姓者，奉调统兵来复。至今疮痍未复。然是城文运为贵竹之首，前有蒋都宪，今有王宫詹[⑥]，名祚远。非他卫可比。州昔惟土官[⑦]，姓龙，其居在八纳山下，统十二小土司。今土官名子烈，年尚少。后设流官[⑧]，知州姓黄。并治焉。

【注释】跻（jī）：登，上升。①旧普安：《明史·地理志》普安州载："东有八部山，元普安路治山下，属云南行省，洪武十五年三月为府，属云南布政司，寻升军民府，二十七年四月改属四川，永乐后废。"旧普安即元代和明初的治所，今仍称旧普安，在盘县东境。②双山观：今称"双山"，在旧普安稍西。③黄草坝：即今贵州兴义市。旧属普安州。《清一统志·兴义府》：附唐废县"即今兴义县治。……地名黄草坝"。清雍正五年（1727）于黄草坝设州判，嘉庆三年（1798）裁州判，改设兴义县。据咸丰《兴义府志》卷2：兴义县治"名黄草坝者，以其地场坝，产金钗石斛，色黄如金钗，土人呼为黄草，遂即以名坝"。④水塘铺：即今贵州盘县特区南水塘镇。⑤普安城：明设普安卫和普安州。普安卫城在今盘县城关镇，州城又在稍北的营盘山左，万历十四年（1586），"州自卫北来同治"，此后即州卫同城，皆在今盘县城关镇。⑥官詹：即太子詹事。属东宫詹事府。⑦土官：亦称"土司"。元、明、清时期于西北、西南地区设置的由少数民族首领充任并世袭的官职。按等级分为宣慰使、宣抚使、安抚使等武职和土知府、土知州、土知县等文职。明清两代曾在部分地区进行改土归流。⑧流官：明清时朝廷派遣到川滇黔等少数民族地区的地方官。

【译文】渡到桥南，从溪流南岸向西沿着南面的山崖往上走，上行的路非常险峻。走了半里，平视溪流的北面，山上全是清一色的岩石，而绿色的树林顺着山势交错形成斑纹，山中忽然有一条瀑布飞流直下，从峰顶一直挂到峡底。沿着南面的山崖向西上登，越往上越险峻，然而向北眺望翠绿的斑纹和白玉般的瀑布，一步一回头舍不得离开。上登二里，峡底的溪流从西北方流出，岭头的道路向西南方上走。又走了一里，经过真武庙。巡按大人从新兴城前来，路过此地往前走了。从真武庙的西边向南出发，随即下到山坞中。又向西南方一共走了四里，两次越过小山往下走，有条峡谷从东南通向西北，又是两面的山像门扇一样排列形成的，峡谷中非常平夷远阔，有个村落在峡谷中，叫作旧普安。巡按大人在驿站的客馆里用饭，我又在他前面往西北方经由山坞中前行。东北面的一列山曲折绵延、回环盘旋，不是非常雄伟险峻；西南面的一列山旋转并立，露出纷然罗列的形态。峡谷的尽头虽然很远，然而两头似乎都有相连的山脊，峡谷中地势平缓却没有泄水的缝隙。又向西走了三里，有座石峰在中央耸起，分别突起在山坞中，庙宇隔在两座石峰下，叫作双山观。巡按大人从后面赶来，再次超过我向前去了。又向西走了一里，就见西面有山脊环绕在前方，于是山坞山谷就到了尽头。山坞底下有一方池塘，汇积环绕在山坡脚下，四边都是高耸林立的石峰，有众多林立的石片绕着池塘，也有岩石突兀盘踞在池塘中。于是从池塘的西南方上登环绕的山坡，走了一里，登上坡脊。又曲折绵延地在岭头间向西行走，岭头左右两侧的水流都分别下泻到深谷中，向北流出的应当汇入软桥下的水流而后流入盘江的上游，往南流的应当是流经黄草坝后下流到盘江的下游。又从岭头向西上登，岭头上有很多中间下洼的深坑，大一点的盘绕成壑谷，开垦为农田，小一点的下陷洞穴成为陷阱。共走了五里，就到水塘铺，于是在庙中用饭。过了水塘铺向西下岭，曲折绵延地在山腰上又前行了五里，就是高笠铺，在山陇间向南前行。越过一座平缓的山岭往西南下行，又走了五里，有条小溪从北边的峡谷中流来，石桥向南跨过溪流。度过桥南，北门外的街道夹立在山冈上；越过山冈向南下行，开始形成集市，有条街道延伸向西，是去云南坡的大路；一直往南走，又有一条小溪从西南方的峡中流来，石桥又向南跨过溪流。桥南就是普安城，普安州、普安卫的衙门都在城中。巡按大人已经驻守在衙门中了。这座城西半边倚靠着山脊，东半边下临着东溪，南北两座城门正对着西面山脊的东山脚，而东门就临近着溪流。南门外的石桥，三条溪流在桥北汇流，流经东门后往西环流到城南，又往南流去后注入水洞中。北门外的石桥：第一座桥，就是云南坡流来的水流，绕到城墙的西北角成为壕沟，往东下流后与北面的溪流在城东合流；第二座桥，就是从西北方流来的小溪，是《一统志》所记载的"目前山之水"；第三座桥，就是从北面流来的小溪，是《一统志》所记载的"沙庄之水"。三条溪流在城的东北面交汇合流后往南流去，这就是三一溪，流经城南的石桥而后流入水洞。普安城在天启初年，因为水西叛乱，各部蛮族响应水西，围攻一年后被攻破，后来云南临安府安南司沙姓土司，接受调令率兵前来收复。至今战乱的损害尚未恢复。然而这座城以科举应试的气运排在贵州省的首位，从前有都御史蒋大人，如今有太子詹事王大人，名叫王祚远。不是其他卫可以相比的。州里过去只有土司，姓龙，他的驻地在八纳山下，统领十二个小土司。如今的土司名叫龙子烈，年纪还小。后来增设了流官，知州姓黄。共同治理此地。

州东北七十里有八纳。其山高冠一州，四面皆石崖崭绝，惟一径盘旋而上，约三十里。龙土官司在其下。其顶甚宽平，有数水塘盈贮其上，软桥之水所由出也。土音以"纳"为"但"，而梵经有"叭咀哆"之音，今老僧白云南京人。因称叭咀山，遂大开丛林[1]，而彝地远隔，尚未证果。

【注释】①丛林：佛教多数僧众聚居的处所。《大智度论》卷三："僧伽秦言众，多比丘一处和合，是名僧伽；譬如大树丛聚是名为林。"后泛称寺院为丛林。

【译文】普安州东北七十里处有座八纳山。这座山在全州是最高的，四面都是险峻陡峭的石崖，只有一条小路盘旋着上去，大约有三十里长。龙土司的衙门在山下。山顶十分宽敞平坦，有几个贮满水的水塘在山顶上，软桥下的水流就是从这里开始流出的。地方土音把“纳”说成“但”，而佛经中有“叭吧哆”的发音，现在有老和尚白云是南京人。因为把它称为叭吧山，于是大规模地建立寺院，但是少数民族地区偏远隔绝，还没有修成正果。

州南三十里有丹霞山。其山当丛峰之上，更起尖峰卓立于中。西界有山一支，西南自平彝卫[①]屏列而北，迤逦为云南坡，而东下结为州治。西屏之中，其最高处曰睡寺山，正与丹霞东西相对。其东界有山，南自乐民所[②]分支而北，当丹霞山南十里。西界屏列高山横出一支，东与东界连属，合并而北，夭矫丛沓，西突而起者，结为丹霞山；东北耸突而去者，渐东走而为兔场营方顶之山，而又东北度为安南卫脉。其横属之支，在丹霞山南十里者，其下有洞，曰山岚洞[③]，其门北向。水从洞中出，北流为大溪，经丹霞山之西大水塘[④]坞中，又北过赵官屯[⑤]，又东转而与南板桥[⑥]之水合。由洞门溯其水入，南行洞腹者半里，其洞划然[⑦]上透，中汇巨塘，深不可测。土人避寇，以舟渡水而进，其中另辟天地，可容千人。而丹霞则特拔众山之上，石峰峭立，东北惟八纳山与之齐抗。八纳以危拥为雄，此峰以峭拔擅秀。昔有玄帝宫，天启二年毁于蛮寇，四年，不昧师徽州人。复鼎建，每正二月间，四方朝者骈集，日以数百计。僧又捐资置庄田，环山之麓，岁入谷三百石。而岭间则种豆为蔬，岁可得豆三十石。以供四方。但艰于汲水：寻常汲之岭畔，往返三里，皆峻级；遇旱，则往返十里而后得焉。

【注释】①平彝卫：明置平彝卫，属云南都司，治今云南富源县。②乐民所：今名“乐民镇”，在贵州省盘县西南部。明洪武二十二年（1389）于夹牛岭上筑城基；二十六年设千户所，取“万民安乐”之意，命名为乐民千户所，隶普安卫。清废千户所，简化为乐民。③山岚洞：今称“山岚”。④大水塘：今称“水塘”。⑤赵官屯：今贵州省贵阳市西北赵官。⑥南板桥：即今“板桥”。与山岚洞、大水塘、赵官屯皆在盘县南境，从南往北沿风洞河排成一线。⑦划然：犹豁然。

【译文】普安州南面三十里处有座丹霞山。这座山位于群峰之上，更有一座尖峰耸立在群山之中。西境内有一支山脉，从西南方的平彝卫像屏风一样排列向北，曲折绵延形成云南坡，而后往东下延盘结为州城官署所在地的山。西面屏风样的群山之中，最高峰叫作睡寺山，正好与丹霞山东西相对。普安州东境有山脉，南面起自乐民所分支向北延伸，在丹霞山南面十里处。西境一列屏风样排列的高山横向伸出一条支脉，往东延伸与东境内的山相连，合并后向北延伸，屈折杂乱，向西突起的部分，盘结为丹霞山；往东北耸立突起而去的，渐渐向东延伸而后形成兔场营方形山顶的山，而后又向东北延伸成为安南卫境内的山脉。横向连接的支脉，在丹霞山南面十里处，山下有个山洞，叫作山岚洞，洞口向北。水从洞中流出，向北流后变成大溪，流经丹霞山西边大水塘所在的山坞中，又向北流过赵官屯，又向东流转而后与南板桥下的水流汇合。由洞口逆着这条水流进洞，往南在山洞腹内行走半里，山洞顶上豁然露出天空，洞中之水汇积成巨大的水塘，深不可测。当地人为躲避盗匪，用小船渡水进去，洞中另外辟有天地，可容纳上千人。而丹霞山则独立挺拔在众山之上，石峰高高地直立，东北面只有八纳山与它齐平抗衡。八纳山以高峰拥立为雄，这座山峰以峭立挺拔为秀。从前有座玄帝宫，天启二年（1622）毁于蛮族盗匪之手，天启四年（1624），不昧禅师徽州人。又营造兴建，每年正月二月间，四方来朝山的人都凑集此地，每天以几百人数计算。僧人们又捐资购置了庄园田地，环绕在山脚下，每年收入谷米三百石。而且在山岭间种植豆子作为蔬菜，每年可收获豆子三十石。用以供给四方来客。但是取水很艰难：平常在岭边取水，往返三里路程，都是又高又陡的石阶；遇上干旱时，就要往返十里后才能取到水。

五月初一日　余束装寄逆旅主人符心华寓，兰溪人。乃南抵普安北门外，东向循城行。先是驼骑议定自关岭至交水，至是余欲往丹霞，彼不能待，计程退价。余仓卒收行李，其物仍为夫盗去。穷途之中，屡遭拐窃，其何堪乎！复随溪南转过东门，又循而抵南门，有石梁跨溪上。越其南，水从西崖向南谷，路从东坡上南岭，西眺水抵南谷，崖环壑绝，遂注洞南入。时急于丹霞，不及西下，二里，竟南上岭，从岭上行。又二里，逾岭转而西，其两旁山腋，多下坠之穴，盖其地当水洞东南，其下中空旁透，下坠处，皆透穴之通明者也。又西南一里，路右一峡下迸，有岩西南向，其上甚穹，乃下探之。东门有侧窦[1]如结龛，门内洼下而中平，无甚奇幻。遂复上南行，又一里，逾岭脊，遂西南渐下，行坡峡间。一里，过石亭垒址，其南路分两岐：由东南者，为新、安二所，黄草坝之径；由西南者，则向丹霞而南通乐民所道也。遂从西南下。

【注释】①窦（dòu）：孔、洞。

【译文】五月初一日（6月12日）　我收拾行装寄放在旅馆主人符心华浙江兰溪县人的寓所中后，就往南到达普安城北门外，向东沿着城墙走。在此之前，与马帮商定从关索岭到交水，来到这里我想去丹霞山，他们不能等我，就核算路程后退了余款。我在仓猝之间收拾行李，其中的物品仍然被马夫偷去了。处于困境中，多次遭遇拐骗偷窃，这怎么经受得了呀！再次顺着溪流向南转过东门，又沿着溪流到达南门，有座石桥跨在溪流上。过到桥南，溪水从西面的山崖流向南面的山谷，道路从东面的山坡上登南岭，向西眺望，溪水流到南面的山谷，山崖环抱，壑谷断绝，便向南流入洞中。当时我急着去丹霞山，来不及向西下去，走了二里，向南上岭，在岭上前行。又走了二里，越过山岭转而向西行，山岭两旁的山侧，有很多下陷的洞穴，大概这个地方位于水洞的东南方，山腹之中是空的，四通八达，下陷之处，都是透有亮光的洞穴。又向西南走了一里，道路右边向下迸裂开一条峡谷，有个岩洞面向西南方，洞口的上部隆起很高，于是下去探察这个洞。东边的洞口处有个侧洞，好像人造的佛龛，洞口内下洼但洞中平坦，没有什么奇幻之处。于是又上来往南走，又走了一里，越过岭脊，随即往西南渐渐下行，前行在山坡峡谷间，走了一里，路过一处石块垒砌的石亭废址，废址南边的道路分成两条岔路：往东南方的，是去新城所、安笼所和黄草坝的道路；往西南方的，则是通向丹霞山而后向南通到乐民所的道路。于是从西南方向下行。

从岭峡中平下者二里，东顾峡坑坠处，有水透崖南出，余疑为水洞所泄之水，而其势颇小，上流似不雄壮。从其西，遂西南坠坑而下。一里，抵壑中，则有溪汪然自西而东注，小石梁跨其上，曰南板桥。以别于北大道之三板桥也。其下水西自石洞出，即承水洞之下流，至是而复透山腹也。水从桥东，又合南峡一溪，东向而去，东北合软桥下流，出北板桥而东与盘江合。其南峡之溪，则自大水塘南山岚洞来。二溪一北一南，皆透石洞而出，亦奇矣。越南板桥南一里，溯南来溪入南峡，转而西行峡中。又二里，则有坝南北横截溪上，其流涌坝下注，阔七八丈，深丈余，绝似白水河上流之瀑[①]，但彼出天然，而此则人堰者也。坝北崖有石飞架路旁，若鹢首棹虚[②]，而其石分窍连枝，玲珑上透，嵌空凑合，亦突崖之一奇也。又西三里，路缘北崖而上，西越之而下，共半里，山回水转，其水又自南向北而来者，其先东西之峡甚束，至是峡之成南北者渐宽。又循溪西崖南向行，一里，南逾一突嘴，则其南峡开而盘成大坞，南望有石梁横跨溪上。半里，度石梁而东，遂东南上坡，始与南来之溪别。东上半里，过一村，又东半里，转而南稍下，共半里，逾小溪而上，过赵官屯，遂由屯村北畔东南入坞。二里，复上岭，一里，转峡处有水飞坠山腰。循山嘴又西转而南半里，随峡东入又半里，峡中有水自东峡出，即飞瀑之上流也。小石梁跨峡而南，石碑剥落，即丹霞山《建桥记》文也。

【注释】①绝似白水河上流之瀑：在白水河，徐霞客看到了两个瀑布。此“白水河上流之瀑”即今黄果树大瀑布上游不远处的陡坡塘瀑布，瀑声震耳，又称“吼瀑”。徐霞客对陡坡塘瀑布的生动概括，至今游人还体察得到。②若鹢（yì）首棹（zhào）虚：意为如凌空的船。鹢，是一种像鹭鸶的能高飞的水鸟。古代船头上画着鹢鸟，故称船首为鹢首，亦借指船为鹢首。棹，摇船的用具。

【译文】从岭上的峡谷中平缓下行二里，向东回顾峡坑下坠的地方，有水流穿透山崖向南流出，我猜测是水洞里外泄流出的水，然而水势很小，上游水势似乎不怎么雄壮。从水流的西边，往西南在坑谷中下行。走了一里，抵达壑谷中，就见有条溪流浩浩荡荡地从西向东流淌，小石桥跨在溪流上，叫作南板桥。用来区别北面大道上的三板桥。桥下的水是从西面的石洞中流出来的，随即承接了水洞下游的水，流到这里后又穿过山腹流出来。溪水向桥东流去，又汇合南边山峡中流来的一条溪流，向东流去，在东北方汇合软桥下游的水，流出北板桥后往东流与盘江合流。那条南边山峡中的溪流，则是从大水塘南边的山岚洞中流来。两条溪流一条在北一条在南，都是穿过石洞中流出来，也算是奇景。越过南板桥往南走了一里，逆着南面流出的溪流流入南面的峡谷，转而向西行走在峡谷中。又走了二里，就见有座水坝呈南北向横截在溪流上，水流涌过水坝下泻，有七八丈宽，一丈多深，非常像白水河上游的瀑布，但那里是天然形成的，而这里却是人工修筑形成的。水坝北边的山崖上有块岩石飞架在道路旁，好像凌空的船头，而且这块岩石分出许多石孔，如枝叶相连，玲珑剔透，上边透着亮光，深嵌成空洞，凑合在一起，也是突立的悬崖中的一处绝胜景观。又向西三里，道路沿着北面的山崖上行，向西越过山崖下走，共走了半里，山回水转，那条溪水又从南向北流来，溪流先前流过的东西向的峡谷非常狭窄，流到这条呈南北向的峡谷渐渐宽起来。又沿着溪流西面的山崖向南走，走了一里，向南越过一个前突的山嘴，只见山嘴南边的峡谷开阔起来盘绕成大山坞。向南望去，有座石桥横跨在溪流上。走了半里，走过石桥往东走，随即从西南方上坡，这才与南面流来的溪流分流。往东上行一里，经过一个村子，又向东半里，转向南稍向下走，共走了半里，越过小溪往上走，路过赵官屯，由赵官屯村北的侧旁向东南进入山坞。走了二里，又上岭走了一里，峡谷转折之处有水流飞泻到山腰上。沿着山嘴又由西转向南半里，顺着峡谷向东进入又是半里，峡中有水流从东面的峡谷流出来，这就是飞瀑的上游了。小石桥跨过峡谷往南，有块石碑剥落，即是丹霞山《建桥记》的碑文了。

由桥南西向盘岭，为大水塘之道，遂由桥东向溯水而入。其下峡中箐树蒙密，水伏流于下，惟见深绿一道，迤逦谷底。又东半里，内坞复开，中环为田，而水流其间。路循山南转，半里，入竹树间，有一家倚山隈[①]结庐，下瞰壑中平畴而栖，余以为非登山道矣。忽一人出，呼余由其前，稍转而东，且导余东南登岭，乃下耕坞中去。及余跻半里，复西入樵径，其人自坞中更高呼“稍东”，遂得正道。其处四山回合，东北皆石山突兀，而余所登西南土山，则松阴寂历[②]，松无挺拔之势，而偃仆盘曲，虽小亦然。遂藉松阴，以手掬所携饭抟而食，觉食淡之味更长也。既而循坡南上者半里，又入峡西上者一里，又南逾坳脊间半里。其坳两旁石峰，东西涌起，而坳中则下陷成井，灌木丛翳其间，杳不可窥。已循东峰之南，又转而东南，盘岭半里，其两旁石峰，又南北涌起，而峡中又下陷成洼。又稍转东北，路成两岐，一由北逾峡，一由东上峰。余不知所从，乃从东向而上者，其两旁石峰，复南北涌起。半里陟其间，渐南转，又半里，南向跻其坳，则两旁石峰，又东西涌起。越脊南，始见西南一峰特耸，形如天柱，而有殿宇冠其上。乃西南下洼间，半里，复南上冈脊。回望所越之脊，有小洞一规，其门南向。其西有石峰如展旗，其东冈之上，复起乱峰如涌髻，而南冈则环脊而西，遂矗然起丹霞③之柱焉。其中回洼下陷，底平如镜，已展土为田，第无滴水，不堪插莳。由冈西向跻级登峰，级缘峰西石崖，其上甚峻；已而崖间悬树密荫，无复西日之烁。直跻半里，始及山门。其门西北向，而四周笼罩山顶。时僧方种豆陇坂④间，门闭莫入。久之，一徒自下至，号照尘。启门入余，遂以香积⑤供。既而其师影修至，遂憩余阁中，而饮以茶蔬。影修又不昧之徒也，时不昧募缘安南，影修留余久驻，且言其师在，必不容余去，以余乃其师之同乡也。余谢其意，许为暂留一日。

【注释】①隈（wēi）：弯曲的地方。②寂历：凋零疏落。③丹霞：即丹霞山，今又称丹山，在盘县南境，水塘稍东，盘县到兴义的公路西边。如圆柱孤峰插天，林木蓊郁，石级盘旋而上，山顶一小块平地为殿宇铺满。当地有“三月山，玩丹山”的说法，至今仍为风景胜地。④陇坂：山坡。⑤香积：指僧道的饭食。

【译文】从桥南向西盘绕在山岭上，是通向大水塘的路，于是由桥头向东逆着溪流进去。道路下方的峡谷中竹木浓密，溪水在地下流动，只见一道深绿色在峡谷底下曲折绵延。又向东半里，峡谷内的山坞又开阔起来，山坞中环绕着农田，而溪水流淌在山坞间。道路顺着山势向南转，走了半里，步入竹林树丛间，有一户人家倚靠山弯建了房屋，下瞰壑谷中平旷的田野居住，我以为这里不是登山的路。忽然间一个人出门来，呼唤我经由他的门前，稍转向东，并且引导我向东南方登岭，然后他便下到山坞中耕地去了。到我上登半里后，又向西进入打柴的小路，那个人在山坞中又高声喊道“稍往东一点”，我最终找到了正路。这里四面群山回绕闭合，东北面都是突兀的石山，而我所上登的西南一面的土山，则是稀疏的松树树阴，松树没有挺拔的气势，却是仆倒、盘绕蜷曲的，即使是小树也是这样。于是我就着松树树阴，用手捧着随身带来的饭，抟成饭团吃，觉得吃淡饭滋味更绵长了。随后沿着山坡往南上行半里，又进入峡谷向西上行一里，再往南在山坳山脊间翻越半里。这个山坳两旁的石峰，在东西两面涌起，但在山坳中却下陷成深井，灌木丛遮蔽在深井间，幽深的不能够窥测。不久就沿着东峰的南面，又转而向东南，绕着山岭走了半里，道路两旁的石峰，又在南北两面涌起，而且在峡谷中又下陷成洼地。又逐渐转向东北，道路分成两条岔路：一条由北边穿越峡谷，一条由东面上山峰。我不知从哪个方向，只好沿着向东上行的路走，道路两旁的石峰，又在南北两面涌起。半里路都是在石峰间上行，渐渐向南转，又走了半里，向南上登这里的山坳，就见两旁的石峰，又在东西两面涌起。越过山脊南面，才看见西南方一座特别高耸的山峰，形状如同擎天柱，而且有庙宇像帽子一样坐落在峰头上。于是从西南下到洼地中，走了半里，又往南登上冈脊。回望越过的冈脊，有一个圆圆的小洞，洞口向南。冈脊西面有一列石峰好像迎风招展的旌旗，冈脊东面的山冈之上，又耸起杂乱的山峰，好像高高盘起的发髻，而南面的山冈则是环绕着山脊往西延伸，于是巍然矗立起擎天柱一样的丹霞山。群山之中回绕下陷成洼地，底部平整得像镜子，已经被开辟成田地，只是没有一滴水，不能栽种稻谷。由冈头向西沿着石阶上登山峰，石阶沿着山峰西侧的石崖，上登的路非常陡峻；不久壁崖间高垂着的茂密树丛遮蔽了阳光，不再有夕阳时的炎热了。一直上登半里，才到达山门。山门朝向西北方，而四周笼罩在山顶上。这时僧人们正在山坡上的土陇中种豆，山门关着不能进入。很久之后，一个徒弟从下面上来，法号叫照尘。开门让我进去，并拿出寺中的饭食给我当晚餐。不久他的师傅影修来了，安排我在楼阁中休息，而后拿出茶蔬给我饮用。影修法师又是不昧法师的徒弟，当时不昧法师到安南卫去化缘，影修法师挽留我多住一些时间，并且说如果他的师傅在，必定不会让我离开，因为我是他师傅的同乡。我感谢他的好意，许诺暂且停留一天。

初二日　甚晴霁。余时徙倚四面，凭窗远眺，与影修相指点。其北近山稍伏，其下为赵官屯，渐远为普安城，极远而一峰危突者，八纳也。相去已百里。其南稍下，而横脊拥其后，为山岚洞。极远而遥峰隐隔者，乐民所之南，与亦佐县为界者也。其西坠峡而下，为大水塘，坞中自南而北，山岚洞之水，北出南板桥者也；隔溪则巨峰排列，亦自南而北，所谓睡寺山矣；山西即亦资孔大道，而岭障不可见。其东仅为度脊，上堆盘髻之峰；稍远则骈岫丛沓，迤逦东北去，为兔场营方顶山之脉者也。山东南为归顺土司[①]。普安龙土司之属，与粤西土司同名。越其东南，为新安二所、黄草坝诸处，与泗城接界矣。是日余草记阁中。影修屡设茶候，供以鸡葼菜、藠浆花[②]、藤如婆婆针线，断其叶蒂，辄有白浆溢出。花蕊每一二十茎成一丛，茎细如发，长半寸。缀花悬蒂间，花色如淡桃花。连丛采之。黄连头，皆山蔬之有风味者也。

【注释】①归顺土司：明设归顺营，为普安十二营之首。今仍称归顺，又称民主，在盘县南境，为镇驻地。②藟（lěi）浆花：即鱼腥草，贵州称折耳根，云南有些地方称壁虱菜。

【译文】初二日　天气十分晴朗。我时常徘徊凭靠在楼阁的四面，靠在窗户上向远处看，与影修法师互相指点四面的景色。楼阁北面近处的山微微起伏，山下是赵官屯，渐渐远去的是普安城，极远处有一座高险突兀的山峰，是八纳山。相距已经有一百里。山峰南面略向下陷，有一条横亘的山脊拥围在山峰后面，那是山岚洞。极远处有远峰隐约隔着的地方，是乐民所的南边，与亦佐县交界的地方。楼阁西面向峡谷中下坠的地方，是大水塘，山坞中自南往北流，是山岚洞的水，向北流到南板桥的溪流；隔着溪流则排列着巨大的山峰，也是自南往北延伸，就是所谓的睡寺山；睡寺山的西面就是通往亦资孔的大道，可是被山岭挡住了看不见。楼阁东面仅仅有一条延伸而过的山脊，山脊上堆着一座像盘绕的发髻一样的山峰；稍远处就是杂乱并立的山峦，向东北曲折延伸而去，这是兔场营方顶山的山脉。山的东南方是归顺营土司的辖地。普安州龙土司的下属，与广西的土司名称相同。越过归顺营的东南，是新城所、安笼所、黄草坝各地，与泗城州的交界处。这一天我在楼阁中起草日记。影修法师多次摆设了茶点伺候着，提供了鸡葼菌、藟浆花、藤蔓好像老婆婆使用的针线，折断它的叶蒂，便有白色的浆液溢出来。花蕊每一二十根形成一簇，茎细如发丝，有半寸长。花朵连缀悬挂在花蒂之间，花的颜色如同淡色的桃花。成丛采摘。黄连头，都是山中蔬菜中有风味的品种。

初三日　饭后辞影修。影修送余以茶酱，粤西无酱，贵州间有之而甚贵，以盐少故。而是山始有酱食。遂下山。十里，北过赵官屯，十里，东北过南板桥，七里，抵普安演武场。由其西横岭西度，一里，望三一溪北来，有崖当其南，知洞在是矣。遂下，则洞门北向迎溪，前有巨石坊，题曰“碧云洞天”，始知是洞之名碧云[①]也。土人以此为水洞，以其上有佛者为干洞。洞前一巨石界立门中，门分为二，路由东下，水由西入。入洞之中，则扩然无间，水循洞西，路循洞东，分道同趋，南向十余丈，渐昏黑矣。忽转而东，水循洞北，路循洞南，其东遂穹然大辟，遥望其内，光影陆离，波响腾沸，而行处犹暗暗也。盖其洞可入处已分三层：其外入之门为一层，则明而较低；其内辟之奥为一层，则明而弥峻；当内外转接处为一层，则暗而中坼，稍束如门，高穹如桥，耸豁不如内层，低垂不如外层，而独界其中，内外回眺，双明炯然。然从暗中仰瞩其顶，又有一圆穴上透，其上亦光明开辟，若楼阁中函，恨无由腾空而上也。东行暗中者五六丈而出，则堂户宏崇，若阿房[②]未央[③]，四围既拓，而峻发弥甚。水从东南隅下捣奥穴而去，光从西北隅上透空明而入。其内突水之石，皆如踞狮泛凫[④]，附壁之崖，俱作垂旂[⑤]矗柱。盖内奥之四隅，西南为转入之桥门，西北为上透之明穴，东南为入水之深窍。而独东北回环迴邃，深处亦有穴高悬，其前有眢[⑥]窟下坠，黑暗莫窥其底，其上有侧石环之，若井栏然，岂造物者恐人暗中失足耶？由窟左循崖而南，有一石脊，自洞顶附壁直垂而下，痕隆起壁间者仅五六寸，而鳞甲宛然，或巨或细，是为悬龙脊，俨有神物浮动之势。其下西临流侧，石畦每每，是为十八龙田。由窟右循崖而东，有一石痕，亦自洞顶附壁直垂而下，细纹薄影，是为蛇蜕皮，果若遗蜕粘附之形。其西攀隙而上，则明窗所悬也。其窗高悬二十丈，峻壁峭立，而多侧痕错锷。缘之上跻，则其门扩然，亦北向而出，纵横各三丈余，外临危坡，上倚峭壁，即在水洞之东，但上下悬绝耳。门内正对矗立之柱，柱之西南，即桥门中透之上层也。余既跻明窗，旋下观悬龙、蛇蜕，仍由砻[7]桥下出，饭于洞门石上。石乃所镌诗碑，游人取以为台，以供饮馔。其诗乃张涣、沈思充者，诗不甚佳，而涣字极遒活可爱。镌碑欲垂久远，而为供饮之具，将磨湿不保矣，亟出纸笔录之。仍入内洞，欲一登砻桥上层，而崖壁悬峭，三上三却。再后，仍登明窗东南，援矗柱之腋，透出柱南，平视砻桥之背，甚坦而近，但悬壁无痕，上下俱绝攀践，咫尺难度。于是复下而出洞。日已下舂[8]，因解衣浴洞口溪石间。半载夙垢，以胜流浣濯之，甚快也！既而拂拭登途，忽闻崖上歌笑声，疑洞中何忽有人，回瞩之，乃明窗外东崖峭绝处，似有人影冉冉。余曰："此山灵招我，不可失也。"先是，余闻水洞之上有梵龛，及至，索之无有。从明窗外东眺，层崖危耸，心异之，亦不见有攀缘之迹。及出水洞觅路，旁有小径，隐现伏草间，又似上跻明窗者，以为此间乃断崖绝磴耳，不意闻声发閟，亟回杖上跻。始向明窗之下，旋转而东，拾级数十层，复跻危崖之根，则裂窍成门。其门亦北向，内高二丈余，深亦如之。左有旁穴前透，多裂隙垂棂，僧以石窒之为室；右有峭峡后坼，上颇氤氲盘结，而峻不可登。洞中有金仙三像，一僧栖其间，故游者携樽罍[9]就酌于此。非其声，余将芒芒[10]返城，不复知水洞之外，复有此洞矣。酌者仆从甚都，想必王翰林子弟，余远眺而过之。下山，循溪溯流二里，有大道，即南门桥。遂从南门入，蹑山坡北行。城中荒敝甚，茅舍离离，不复成行。东下为州署，门廨无一完者。皆安酋叛时，城破鞠为丘莽，至今未复也。出北门，还抵逆旅。是晚觅夫不得，遂卧。按君是早返辕矣。

【注释】①碧云：碧云洞在盘县古城城郊，分天洞与地洞。天洞在山腰，地洞在山麓，相距二百余米，上下相通。穿城的三一溪流入地洞，俗称水洞。地洞高处十余米，宽处三十余米，长6.5公里，有水陆两路，忽分忽合，蜿蜒曲折，钟乳变幻。天洞又称干洞，洞口接近峰顶，是登高眺览景色的好地方。每年正月二十三，当地人都来此"玩水洞"。②阿房（ē páng）：秦宫名，在渭水南岸，今西安市西郊赵家堡和大古村之间。③未央：汉宫名，在今西安市西北郊的汉城乡。二宫规模皆极宏伟，至今还有遗址，为全国重点文物保护单位。④凫：水鸟，俗称"野鸭"，似鸭，雄的头部绿色，背部黑褐色，雌的全身黑褐色，常群游湖泊中，能飞。⑤旂（qí）：代指有铃铛的旗子。⑥眢（yuān）：枯竭。⑦碧（gǒng）：水边大石。⑧下舂：称日落之时。《淮南子·天文训》："〔日〕至于渊虞，是谓高舂。至于连石，是谓下舂。"高诱注："连石，西北山。言将欲冥，下像息舂，故曰下舂。"⑨樽（zūn）：本作"尊"，古代的一种酒器。罍（léi）：上面刻有云雷纹的酒尊。⑩芒芒：同"茫茫"，模糊不清。

【译文】初三日　饭后辞别影修法师。影修法师将茶酱赠送给我，广西没有酱，贵州境内有酱但非常贵，这是由于食盐缺少的缘故。而到了这座山才开始有酱吃。随即下山。走了十里，往北路过赵官屯，走了十里，向东北走过南板桥，走了七里，抵达普安卫的演武场。由演武场西边向西横向越过山岭，走了一里，望见三一溪从北边流过来，有座山崖位于三一溪南面，因此知道山洞就在这里了。于是走下去，就看见洞口朝向北对着溪流，山洞前有座巨大的石牌坊，题词是"碧云洞天"，才知道这个山洞名叫碧云洞。当地人把这个洞称为水洞，是因为它上面有佛像的是干洞。洞前边一块巨大的岩石立在洞门中央，把洞口分隔为二，由东侧的洞口下去，溪水从西侧的洞口流进去。进入山洞中，则是空荡荡的没有间隔，溪水顺着山洞的西侧流，道路顺着山洞的东侧走，分道趋向同一个方向，向南深入十多丈，逐渐昏黑下来。忽然间转向东，水顺着山洞的北边流，路沿着山洞的南边走，山洞的东边竟然高高隆起十分宽阔，遥望洞内，光影斑斓错杂，水翻腾涌出，而行走的地方仍然是黑暗的。原来这个洞从可以进入的地方已经分为三层：那从外边进来的洞口是一层，明亮却比较低矮；洞内空阔的深处是一层，明亮而且更加高峻；位于内外转折交接之处又是一层，黑暗而且中间裂开，略微紧束好像门洞，高高隆起好像桥梁，高耸开阔不如里层，低矮下垂不如外层，唯独隔在洞的中央，向内外两面回头眺望，两面望过去都很明亮。然而从黑暗中抬头注视洞顶，又有一个圆圆的洞穴通到上面，上面也很明亮开阔，好像楼阁藏蓄在其中，我遗憾没有办法腾空上去，在黑暗中向东前行了五六丈就出来了，只见门庭之内宏伟高崇，好像阿房宫、未央宫一样，四周已经很开阔，而高峻之处越发厉害。水流从东南角下捣进深穴中，光亮从西北角的洞顶上透过明亮的洞穴射进来。洞内突出水面的石头，都像是蹲坐着的雄狮、漂浮着的野鸭，附着在洞壁上的崖石，都好像是下垂的旌旗、矗立的柱子。大体上洞内深处的四个角落，西南方是转进来的桥洞，西北方是顶上透进亮光的洞穴，东南方是水流进去的深穴。而唯独东北方是回环幽深，深处也有洞穴高悬着，它的前边有个干枯的窟窿深陷下去，黑暗得不能够窥见洞底，窟窿上方有侧立的岩石环绕着它，好像是水井的围栏，难道是造物主担心人在黑暗中失足跌下去吗？从窟窿左边沿着山崖往南走，有一条石脊，从洞顶附着在洞壁上一直垂下来，石脊在洞壁上的隆起之处仅有五六寸，但是很像鳞甲，有的大有的小，这就是悬龙脊，宛然有神龙浮动的气势。悬龙脊的下方西面临水处的侧边，畦田样的岩石一片片的，这就是十八龙田。由窟窿右侧沿着石崖往东走，有一条石痕，也是从洞顶附在洞壁上一直垂下来，鳞纹细小，身影单薄，这是蛇蜕皮，果然像是蛇类蜕皮后粘附着的样子。从蛇蜕皮西边攀着裂缝上登，就到了明亮的天窗高悬之处了。这个天窗高悬在二十丈高的地方，高峻的洞壁直立，但侧面有许多类似刀剑刃的石痕错落在其间。沿着这些石痕上登，就见洞口很宽阔，也是向北出去的，纵横各有三丈多，外面下临高陡的山坡，上面倚靠着陡削的山崖，就在水洞的东边，只是上下高低悬绝罢了。洞口内正对着矗立的石柱，石柱的西南方，就是桥洞通到洞中上层的地方。我登上明亮的天窗后，随即下去观赏了悬龙脊、蛇蜕皮，仍然从拱桥下出来，在洞口的石板上吃饭。石板是镌刻着诗文的石碑，游客取来作为桌台，用来摆放饮食。石碑上的诗是张涣、沈思充题写的，诗不是太好，不过张涣的字写得极为遒劲活泼。镌刻在碑上是想要流传久远，却被用来作为供人饮酒的桌台，恐怕不久将要被磨损漫漶了，于是急忙拿出纸笔抄录了诗文。仍然进入内洞，想要登一次拱桥的上层，可是崖壁高悬陡峭，三次上登三次退下来。再后来，仍然登上明亮天窗的东南方，攀援到矗立石柱的侧旁，钻过石柱的南边，平视着拱桥的背部，非常平坦而且很近，但高悬的石壁上没有石痕，上下都没有攀附踩踏之处，咫尺之间难以越过。因此又下来走出山洞。太阳已经西下，于是脱下衣服在洞口的溪流岩石间洗澡。半年来积下的污垢，用清澈的溪流来洗涤干净，十分痛快！随后擦拭干净登上旅途，忽然听到山崖上有欢歌笑语，正疑惑洞中怎么突然有人了，回头注视洞中，原来是明亮天窗外边东面山崖的悬绝处，似乎有人的身影移动。我对自己说："这是山中的神灵在召唤我，不可错失机会。"之前，我听说水洞的上面有佛龛，等到的时候，四处搜寻又没有。从明亮的天窗外面向东方眺望，层层石崖高耸，心里感到很奇怪，也不见有人攀爬的痕迹。等出了水洞找路时，旁边有条小路，隐约出现在倒伏的草丛间，又似乎是上登到明亮天窗的路，我以为这里是悬绝的山崖，石阶路断绝了，没想到能听见人声，发现了这个隐秘的去处，急忙掉转手杖向上登。开始时向着明亮的天窗之下走，随即转向东，沿着石阶走了几十层，又上登到高崖的底部，就见石穴裂成洞口。这个洞口也是向北，洞内有二丈多高，深处也是如此。左边有个旁洞通到前边，有很多裂缝和下垂的窗格样的石柱，僧人用石块把裂缝堵塞起来作为静室；右边有陡峭的峡谷向后方裂开，洞顶上盘结着氤氲之气，可是太陡峭不能攀登。洞中有佛祖的三尊圣像，一个僧人住在洞中，所以游客带着酒樽来到这里饮酒。不是他们的声音，我将要茫然不知地返回城中，不再知道水洞之外还有这个洞了。饮酒的人带来的随从仆人都非常俊美，想必是王翰林的子弟，我在远处看见他们就走过去了。下山后，沿着溪水逆着水流走了二里，有条大道，就到了南门桥。于是从南门进城，踩踏着山坡向北走。城中非常荒凉破旧，茅屋散乱破败，不再是整齐成行的；向东下行是州衙，门庭官署没有一处完整的地方。这都是因为安邦彦贼首叛乱时，城被攻破，城中变成了荒丘丛莽，至今没有恢复的缘故。走出北门，回到旅店。这天晚上没有找到脚夫，就睡下了。巡按大人这天早上驾车返回去了。

初四日　觅夫不得，候于逆旅。稍散步北寺，惟有空楼层阁，而寂无人焉，乃构而未就者。还，闷闷而卧。

【译文】初四日　没有找到脚夫，在旅店中等候。稍微到北面的寺院散散步，只有空荡荡的一层层楼阁，而寂静无人，原来是还没有完全建成的寺院。于是返回，闷闷不乐地躺下。

初五日　仍不得夫。平明微雨，既止，而云油然四布。是日为端午，市多鬻蒲艾者。雄黄为此中所出，然亦不见巨块。市有肉而无鱼。余兀坐逆旅，囊中钱尽，不能沽浊醪[①]解愁，回想昔年雉山之乐，已分霄壤[②]。

【注释】①浊醪（láo）：浊酒。用糯米、黄米等酿制的酒，较混浊。②霄壤：天和地，比喻相去极远，差别很大。

【译文】初五日　仍然没有找到脚夫。天刚亮的时候下起了小雨，雨停后，乌云密布。这一天是端午节，市场上有很多卖菖蒲艾叶的人。雄黄是这一带出产的，然而也不见有大块的。集市上有肉却没有鱼。我独自端坐在旅店中，口袋中的钱用完了，不能买浊酒来解愁，回想起往年在雉山时的快乐，可以说是天壤之别了。

初六日　夜雨达旦。夫仍不得。既午，遇金重甫者，麻城[①]人也，贾而儒，索观余诸公手卷。为余遍觅夫，竟无至者。

【注释】①麻城：古旧县名。即今湖北省麻城市。

【译文】初六日　夜里下雨一直下到天亮。脚夫仍然没有找到。中午之后，遇见个人是金重甫，他是麻城县人，既是商人又是读书人，索求我拿出诸公的书画手卷给他观赏。他替我各处寻找脚夫，最终也没有愿意来的人。

初七日　囊钱日罄，而夫不可得，日复一日，不免闷闷。是早，金重甫言将往荆州，余作书寄式围叔。下午，彼以酒资奉，虽甚鲜而意自可歆。

【译文】初七日　口袋中的钱一天天减少，可是脚夫仍然没有找到，一天又一天，不免闷闷不乐。这天早上，金重甫说将要前往荆州，我写了封信寄给式围叔。下午，他拿了些酒钱奉送给我，虽然非常少，但他的心意自然可让我欣喜。

初八日　候夫虽有至者，而恶主代为掯①价，即符也，钱为所窃去。力阻以去。下午得骑，亦重价定之，无可奈何也。余所遇恶人，如衡阳劫盗，狗场拐徒，并此寓窃钱去者，共三番矣。此寓所窃，初疑为骑夫，后乃知为符主也。人之无良如此！夫劫盗、拐徒无论，如南宁梁冲宇、宝檀僧，并此人，俱有害人之心。余以万里一身，脱其虎口，亦幸矣！

【注释】①掯（kèn）：强迫，刁难。

【译文】初八日　坐等脚夫，虽然有来的人，但是可恶的店主代为抬价刁难，店主就是符心华，我的钱就是被他偷去的。脚夫因为他竭力阻挠而离开了。下午找到一匹马，也是重金议定的，没有办法呀！我所遇见的坏人，比如衡阳抢劫的强盗，狗场堡拐骗的歹徒，加上此地寓所中偷钱的人，一共三次了。此次在寓所中被偷，我起初怀疑是马夫，后来才知道是姓符的店主。人没有天良竟然到如此地步！抢劫的强盗、拐骗的歹徒暂且不论，像南宁的梁仲宇、宝檀和尚，连同这个人，都有害人之心。我独自一人在万里之外，能逃脱他的虎口，也算是万幸了！

初九日　平明，以行李付骑，别金重甫乃行。是早，云气秾[①]郁。从普安北门外第一溪桥北，循西峡入，过税司前，渐转西南，皆溯小溪西岸行。西山崇隆，小瀑屡屡从山巅悬注。南五里，始西南登坡，是为云南坡。初二里稍夷，又一里半甚峻，过一脊而西，复上坳，共一里，为马鞍岭。越而西，遂循岭西向西南行，于是升降在岭头，盘折皆西南，俱不甚高深。五里，稍降坞中，为坳子哨。先是每处有打哨之苦，此为第一哨。今才奉宪禁，并于一处，过无问者。又南越一坳，大雨淋漓，仍前。升降大峰之西，冒雨又十五里而至海子铺[②]。山坞稍开，颇大，中有水塘，即所谓海子也。有小城在其南，是为中火铺。普安二十二哨，俱于此并取哨钱，过者苦焉。先各哨分取，今并取于此。哨目止勒索驼马担夫，见余辈亦不甚阻挠，余乃入城，饭于肆。复出南门，南向登山。五里，遇驼马方牧于山坡，雨复大至，余乃先行。升降高下，俱依东大山而南，两旁多眢井坠坑，不辨水从何出。又五里为大河铺[③]，有水自铺东平泻坡陀下，漫流峡中，路随之而南。天乃大霁，忽云破峰露，见西南有山甚高，土人称为黑山。云气笼罩，时露一班，直上与天齐。望而趋五里，大河之水，已渐坠深堑，似从西北坼峡去。路东南缘岭透峡东下，则山环坞合间，中洼为塘，水满其中，而四面皆高，不知出处。又东透坳下，坞间又复洼而成塘，与前虽有高下，而潴水莫泄同之。又东缘南峰而转，越其东，则东坞大开，深盘远错，千塍环壑于下。度其地在丹霞山南、山岚洞西南，余谓壑底水即北透山岚者。征之土人，云："西峰下有入水洞，水坠穴去，不知所出。"从西峰稍下，共五里，是为何郎铺[4]。越铺南，又上岭，仍依东岭行。回望云笼高峰，已在西北，时出时没，兴云酿雨，皆其所为，虽山中雨候不齐，而众山若惟瞻其马首者。循东岭南下峡中，有溪自南而来，溯之行其东岸。共五里，路忽由水渡西岸，而暴雨涨流，深涌莫能越，方欲解衣赴之，忽东山之上有呼者，戒莫渡，招余东上岭行。余从之，遂从莽棘中上东岭。已得微道，随之南二里，得北来大道，果从东岭上降者。盖涉溪者乃西道，从岭者乃东道，水涸则从西，水涨则从东也。西流之中，有一线深坑，涸时横板以度，兹涨没无影，非其人遥呼，几不免冯河[5]之险矣。从东岭下一里，则大道西濒溪，道中水漫数寸，仍揭而溯之。一里，有石梁跨溪上。其溪自西南抵东山之麓，至是横折而西，从梁下抵西山之麓，乃转北去。盖其源发于西南火烧铺[6]西分水岭，按《志》，分水岭在普安西南百二十里，即此。北流经此，又北抵黑山、何郎之南，不知所泄，即土人亦莫能悉也。石梁西麓，有穴纷骈纵横如"亦"字，故名其地曰亦字孔，今讹为亦资孔，乃土音之溷也。梁南半里，即为亦字孔驿[7]，有城倚西山下，而水绕其东焉。比至，雷雨大作。宿于西门内周铺。

【注释】①秾（nóng）：旺盛。②海子铺：今名同，在盘县城关镇与亦资孔间的公路边。③大河铺：应即今"旧铺"，在海子铺稍南的公路边。④何郎铺：亦作"蛾螂铺""娥螂铺"，今作"娥榔铺"，在盘县西境。亦资孔稍北，有铁路、公路经过，铁路红果车站即建在附近，1969年底通车，交通便利。1999年4月，盘县新县城迁至红果镇。⑤冯

(píng)河：徒步涉水渡河，引申为十分危险的行动。⑥火烧铺：即今“伙铺”，又作“火铺”，在盘县西隅。⑦亦字孔驿：今作“亦资孔”，在今贵州省盘县西南。地当黔滇孔道。明天启二年(1622)，水西安邦彦反，西出侵掠，云南抚臣闵洪学遣兵援黔，收复此驿。林则徐《滇轺纪程》载：七月二十一日“七十里至亦资孔，本名亦是孔，以路形似亦字也。”《中华人民共和国地名词典·贵州省》载：“亦资孔，系彝语音译，意为有水的冲子。”

【译文】初九日　黎明，把行李交给马夫，辞别金重甫后动身。这天早上，云气浓重。从普安城北门外溪流上第一座桥的北边，沿着西面的峡谷进去，路过税司门前，渐渐转向西南，都是逆着小溪在西岸前行。西山高高隆起，小瀑布屡屡从山顶悬空泻下。向南走了五里，开始往西南登坡，这是云南坡。最初的二里路稍微平坦一些，又走了一里半非常陡峻，越过一条山脊往西走，再上登山坳，总共一里，是马鞍岭。越到岭西，于是沿着马鞍岭的西面向西南走，从这里开始在岭头上上下下，盘绕弯曲的向西南走，山岭都不怎么高深。走了五里，稍稍下降到山坞中，是坳子哨。在这之前每处都有哨卡检查的麻烦，这里是第一个哨卡。今天才接到省里的禁令，各地哨卡撤销合并在一处，经过时没有人盘问。又往南越过一个山坳，大雨瓢泼，仍然往前走。在一座大山峰的西面上上下下，又冒雨走了十五里后到达海子铺。山坞渐渐开阔起来，相当大，山坞中有个水塘，就是所谓的海子。有座小城在水塘南边，这是中火铺。普安卫的二十二个哨卡，都在此地一并收取哨钱，过路的人深受其苦。先前各个哨卡分别收取，如今合并在此地收取。哨卡的头目只是勒索马帮挑夫，见到我们这帮人也不怎么阻挠，于是我进了城，在饭店中吃饭。又走出南门，向南登山。走了五里，遇到马帮正在山坡上放牧，又下起了大雨，我就先走了。山路一上一下，都是倚靠东面的大山向南，两旁有许多枯井坑陷，不能分辨水从哪里流出去。又走了五里，到达大河铺，有水流从大河铺东边平缓地下泻到山坡下，四处漫溢流淌到峡谷中，道路顺着水流向南。天气随后大晴，忽然间云层破开，山峰露出，我看见西南方有座山非常高，当地人称为黑山。被云气笼罩着，此时露出一小块，直上云霄，与天一般高。我望着这座山赶了五里路，大河的水，已渐渐坠入深壕沟中，似乎是向从西北方裂开的峡谷流去。道路在东南方沿着山岭穿过峡谷往东下行，只见山峦回绕在山坞闭合间，中央下洼形成水塘，水塘中贮满了水，然而四面的地势都很高，不知道水从哪里流出去。又向东穿过山坳下行，山坞中又下洼成水塘，与前边的水塘虽然有地势高低的区别，可积水无处外泄的情况与前边的水塘相同。又向东沿着南面的山峰转，绕到山峰东面，只见东面的山坞十分开阔，盘绕错结通到深远的地方，千块田地环绕在下方的壑谷中。估计这个地方在丹霞山的南边、山岚洞的西南边，我认为壑谷底下的水就是向北穿过山岚洞的水流。我向当地人验证这个说法，他们说："西峰下有个入水洞，水流入洞穴中，不知道流到什么地方。"从西峰渐渐下行，共走了五里，这里是何郎铺。越过何郎铺南边，又上岭，仍然挨着东面的山岭前行。回头望云雾笼罩着的高峰，已经在西北方，时隐时现，兴云作雨，都是因为这座山峰，虽然山中下雨的气候条件不一样，可是群山就好像对它惟命是从一样。沿着东岭向南下到峡谷中，有条溪水从南面流来，逆着溪流在溪水东岸行走。共走了五里，道路忽然从水中渡到西岸，暴雨过后水流上涨，水深浪涌不能越过，我正打算脱下衣服下水，忽然东面的山上有人呼喊，告诫不要渡水，招呼我向东上岭前行。我听从了他的话，就从草莽荆棘中登上东岭。不一会找到一条小路，顺着小路往南走了二里，看到了北面来的大道，果然是从东岭上下降的道路。

原来渡过溪流的路是西道，从岭上走的路是东道，溪水干涸时就从西道走，溪水上涨时就从东道走。西道的溪流中，有一条线一样的深坑，干涸时横放木板走过去，现在涨水了，木板漂没得无影无踪，不是那个人远远地呼喊，我就有徒步涉水过河的危险了。从东岭上下行一里，就有一条大道西边濒临着溪流，道路中间被溪水漫过了几寸，仍然要提着衣裤逆流前行。走了一里，有座石桥横跨在溪流上。这条溪水从西南方流到东山的山麓，流到这里横着折向西，从桥下流到西山的山麓，于是转向北流去。大概它的源头发源于西南方火烧铺西面的分水岭，根据《志》记载，分水岭在普安城西南一百二十里，就是这个地方。向北流到此地，又往北流到黑山、何郎铺的南面，不知泄到哪里，即便是当地人也没有人知晓。石桥西边的山麓上，有些孔洞杂乱地聚集在一起，纵横交错像个“亦”字，所以这个地方叫作亦字孔，如今错读成亦资孔，这是由于土话的发音混淆了。桥南半里处，就是亦字孔驿，有座城倚靠在西山下，而溪水绕流在城东。来到城下时，雷雨大作。在西门内的周家店铺中住宿。

滇游日记一

【题解】《滇游日记一》是徐霞客从崇祯十一年五月初九（1638年6月20日）到八月初六（9月13日）进入云南后最初八十七天的游记，可惜在清顺治二年（1645）江阴战乱中毁于大火。《滇游日记一》和《滇游日记二》都在乾隆刻本第五册上。《滇游日记一》正文早已散佚，乾隆本仅有小记三则、随笔两则。徐镇本原缺第七册。历代整理者都对《滇游日记一》的散佚过程都有记录，季会明所记较为详细。

徐霞客的这一段游览路线，从散见《游记》其他部分的追叙、对比记载，可以大致了解到。原稿毁于战火，经后人多方寻找，仅有四篇保存至今，分别为《游太华山记》《滇中花木记》《游颜洞记》《随笔二则》。五月初十（6月21日）由滇南胜境关进入云南，过平彝卫（今富源县）、交水（今沾益县），然后沿南盘江抵达曲靖府和陆凉（今陆良县），途经沐石堡温泉和越州，后来又从嘉利泽南岸，经过杨林西登老脊，抵达云南省城（今昆明），在昆明游览了太华山（今西山），写成《游太华山记》，是古代记西山风物最全面的游记，留下了徐霞客在一天之内蹬危崖、历绝壁、探深穴、行密林，上下穿梭、尽情畅游的感人情景。之后他乘船至高峣，拜谒杨太史祠后，游览了华亭寺、太华寺、罗汉寺（今三清阁），盛赞太华寺的山茶，罗汉寺“梵宇仙宫，次第连缀”“如蜂房燕窝”，壮观之极。后沿着千步崖下至山麓滇池畔，观金线泉，探大石洞，折返攀绝顶，游黑龙池，登美女峰。西山至今仍是滇池国家级旅游度假区内名声卓著的观光胜地。后游滇南，经过呈贡、晋宁，南沿大坝河，过四通桥、河涧铺、关索岭，经江川县，游通海县南的秀山，对山茶花留下了深刻的印象，写成《滇中花木记》，对云南的山茶花和杜鹃花进行了详细的描述。再往南，越建通关，过曲江桥，经南庄到临安（今建水），沿途考察了泸江源流。还泛舟游览异龙湖，在《盘江考》中对异龙湖的景色描述地十分生动。七月十五日（8月24日）到达石屏。二十九日游颜洞，写成《游颜洞记》，描述了颜洞奇险优美的景色。最后向东来到阿迷州（今开远），向北经过弥勒州抵达广西府（今泸西县），途中写了《随笔二则》，属于调查访问的札记，记录了黔国公沐氏的暴虐和土司普名胜为乱滇南的始末，表现出徐霞客对土司的痛恨和对朝政的失望，具有很高的史料价值。这一路上景色瑰丽，据最初整理原稿的季会明说：“此册正入滇之始，奇遇胜游，多在其中。”

季会明曰：乙酉[①]七月，余宗人季杨之避难于舅氏徐虞卿处，顾余于馆，见《霞客游记》，携《滇游》一册去。不两日虞卿为盗所杀，火其庐，记付祖龙。是书遭其残缺，亦劫数也！原稿后又抢散，此集亦失而复得，危矣哉！幸矣哉！但全集今唯义兴庠友曹骏甫处有之。骏甫亦好游，慕霞客之高，闻变，诣吊，已葬，拜墓而去。后又来，欲求遗书校录，为刊刻计。予依以原稿付去，逾一年而返赵[②]，云已誊录。今其集必全。况此册正入滇之始，奇遇胜游，多在其中，甚不可缺，访而得之，亦甚易也。又诗稿一册，仲昭付梓人陈仲邻，仲邻遇难，稿亦散失。然其诗另为一册，与记不相连属，缺之犹可。记缺其一，便不成集，当急求之。

陈体静曰：余尝考介翁于宜兴史氏购得曹氏底本，而此册中亦仅载游太华、颜洞三节而已，其间自五月初九至八月初六，凡八十七日日记，仍不可得。想曹氏以其经行之略已见于《盘江考》中而概削之者，则知骏甫所录，先已非全文也。文章缺陷，信乎有数存焉，为之浩叹！游太华等小记三即列此后，其《盘江考》今改附日记十二后。

徐镇按：《滇一》日记，已为烬简，介翁蕞残③补治，定知非辑缀假合也。或者一并汰之，直将《太华》数节，别作记外赘笔，而《滇一》则仍阙如，岂复成令丙④耶？兹从陈本编正。

【注释】①乙酉：顺治二年（1645）。这年清兵南下江南，江南人民纷纷起来抗清，发生了著名的江阴守城战。群众推典史阎应元指挥作战，坚守江阴城八十一天，城破，守城群众全部壮烈牺牲。同时，江阴各地发生“奴变”。钱海岳《南明史》卷101《冯士仁传》、《徐亮工传》载：“当应元兵起，四乡奴仆勾结，向本主索身券，少不如意，则杀之。冯士仁，字允愚，梁山人，崇祯七年（1634）进士，江阴知县，文选郎中致仕，为人杀于琉璜乡。徐亮工，字虞钦，江阴人，崇祯十五年（1642）特用吴堡知县致仕，与妻苏、三子死。”②返赵：即完璧归赵。借指物归原主。③蕞（zuì）残：指残存下来的典籍。④令丙：指第三篇。

【译文】季会明说：乙酉年（顺治二年，1645）七月，我的族人季杨之在舅父徐虞卿那里避难，到书馆里来拜访我，看到《徐霞客游记》，就带走了一册《滇游日记》。不到两天，徐虞卿被强盗所杀，强盗还放火烧了他的房子，这册日记也付诸火海中。这本书遭到这种残缺，也是劫数呀！原稿后来又被抢走散失了，此集也是失而复得，危险啊！幸运呀！但是这书的全集如今只有义兴的学友曹骏甫那里有。曹骏甫也喜爱游历，仰慕徐霞客的高风亮节，听说有变故，就前往吊唁，但是徐霞客已经下葬，于是到坟墓上拜祭后就离开了。后来又说想要找徐霞客遗留下的书稿校录，为刻板印行作准备。子依把原稿交给他拿去了，过一年后还了回来，说是已经抄录完了。现在曹骏甫的集子必定是全的。况且这一册正是入滇后的起始部分，游览奇遇和名胜的经历，大多在其中，一定不可缺少，访求得到，也是非常容易的了。又有一册诗稿，徐仲昭交给刻版工人陈仲邻，陈仲邻遇难后，诗稿也散失了。不过徐霞客的诗是另外装成一册，与日记互相没有关系，缺少诗稿尚且可以接受，日记缺了其中之一，就不成全集了，应该抓紧去搜求。

陈体静说：我曾经考证过，李介立翁在宜兴史夏隆那里买到曹骏甫的底本，然而这一册中也只是收载了游太华山、颜洞的几篇小记而已，其间从五月初九到八月初六，共八十七天的日记，仍然不能够见到。想来是曹骏甫因为徐霞客游历的大略情况已经见于《盘江考》中，从而把这部分内容全部删削了，那么就可以推知曹骏甫抄录的书稿，就已经不是先前的全文了。文章的缺失，确实是有天数决定存留的，为此大声长叹！游太华等三篇小记列在此后，其中《盘江考》现在改成附录在日记十二之后。

徐镇按语：《滇游一》日记的书稿已经化为灰烬了，李介立翁搜集残文补充整理，一定是知道不能靠辑录补缀而造假合成的了。有的人把《滇游一》一并裁汰，直接将《游太华山记》几篇，看作日记之外的多余笔墨，然而《滇游一》则是仍然空缺，难道又把这几篇编为第三篇附录吗？如今依从陈体静本补编订正。

游太华山记[1]

出省城[2]，西南二里下舟，两岸平畴夹水。十里田尽，萑苇[3]满泽，舟行深绿间，不复知为滇池巨流，是为草海。草间舟道甚狭，遥望西山绕臂东出，削崖排空，则罗汉寺也。又西十五里抵高峣[4]，乃舍舟登陆。高峣者，西山中逊处也。南北山皆环而东出，中独西逊，水亦西逼之，有数百家倚山临水，为迤西[5]大道。北上有傅园，园西上五里，为碧鸡关，即大道达安宁州者。由高峣南上，为杨太史[6]祠，祠南至华亭、太华，尽于罗汉，即碧鸡山南突为重崖者。盖碧鸡山自西北亘东南，进耳诸峰由西南亘东北，两山相接，即西山中逊处，故大道从之，上置关，高峣实当水埠[7]焉。

【注释】①太华山：又称碧鸡山，今俗称西山，因其山形酷似美人仰卧，又称睡美人山或睡佛山，为昆明市郊著名风景区。在云南昆明市西南郊。唐代至清称碧鸡山。唐樊绰《蛮书》卷二："碧鸡山在昆池西岸上，与拓东城隔水相对。从东来者冈头数十里已见此山。山势特秀，池水清澹。水中有碧鸡山，石山有洞庭树，年月久远，空有余本。"《元混一方舆胜览》中庆路：碧鸡山"山在城西，峰峦秀拔，为诸山长，俯瞰滇池，一碧万顷"。明正德《云南志》卷2：碧鸡山"相传昔有碧凤翔翥此山，后讹为碧鸡云”。元代以来俗称西山。明代亦称太华山。各峰又分别称碧鸡山、华亭山、太华山、罗汉山、太平山等。现为西山森林公园。②省城：指明代云南布政司治所云南府城，即今昆明市区。③萑（huán）苇：即兼葭。④高峣（qiāo）：今名同，在滇池西岸西山脚下，但已失去水陆交通码头的作用。从昆明到滇西的公路从旁边经过。⑤迤（yǐ）西：明时云南有迤东和迤西之分，为地区名。以昆明为中心，迤东包括今滇东及滇南，迤西即今滇西。清初在此基础上设迤东道和迤西道，乾隆年间又从迤东道中分出迤南道，专管滇南。清代成为政区名，这就是通常所称的“三迤”。至今人们仍按三迤称呼滇东、滇西和滇南。⑥杨太史：即杨慎（1488—1559），字用修，号升庵。四川新都人，明代著名文学家，明三才子之首。⑦水埠（bù）：即码头。

【译文】步行出了省城，往西南走了二里上船，两岸平坦的田野夹着流水。行船十里后田野就到了尽头，水泽中满是芦苇，船行走在一片深绿丛中，不再感觉到滇池是巨大的水流，这里已经是草海。船行在草丛间的水道非常狭窄，远望西山，好像手臂伸开向东绕出来，陡峭险峻的崖壁排列在高空，就是罗汉寺。船又向西行了十五里后抵达高峣，于是离船上岸。高峣这地方，是西山中段向内凹进去之处，南北两面的山都环绕着向东延伸出来，唯独中段向西凹进去，湖水也向西直逼山崖下，有几百户人家靠山面水而居，这是去往滇西的大道。往北上去有座傅园，由傅园往西上行五里，是碧鸡关，就是通往安宁州的大道。由高峣向南上行，是杨太史祠，由祠堂向南可以到达华亭寺、太华寺，在罗汉寺到头，就是碧鸡山向南突起为重重山崖的地方。大体上碧鸡山从西北绵亘到东南，进耳峰等群峰由西南绵亘到东北，两列山相接之处，就是西山中段凹进去的地方，所以大道从这里经过，上面设置了关卡，高峣实际上是充当了水陆码头。

余南一里，饭太史祠。又南过一村，乃西南上山，共三里，山半得华亭寺[①]。寺东向，后倚危峰，草海临其前。由寺南侧门出，循寺南西上，南逾支陇入腋，共二里，东南升岭，岭界华亭、太华两寺中而东突者。南逾岭，西折入腋凑间，上为危峰，下盘深谷，太华则高峙谷东，与行处平对。然路必穷极西腋，后乃东转出。腋中悬流两派坠石窟，幽峭险仄，不行此径不见也。转峡，又东盘山嘴，共一里，俯瞰一寺在下壑，乃太平寺也。又南一里，抵太华寺[②]。寺亦东向，殿前夹墀[③]皆山茶，南一株尤巨异。前廊南穿庑入阁，东向瞰海。然此处所望犹止及草海，若瀠瀠浩荡观，当更在罗汉寺南也。

【注释】①华亭寺：在今华亭山上。②太华寺：在今昆明太华山上。③墀（chí）：台阶上的空地。

【译文】我向南走了一里，在杨太史祠用过饭后。又往南路过一个村庄，于是向西南上山，共走了三里，在半山腰看到华亭寺。华亭寺面向东方，寺后倚靠高峻的山峰，寺前面临草海。从寺南面的侧门出来，沿着寺南往西上行，向南越过分支的土埂进入埂侧，总共走了二里，从东南上岭，此岭隔在华亭寺、太华寺两座寺庙中间向东突出。向南越过山岭，折向西进入两山相会之处，上方是高峻的山峰，下面是盘绕的深谷，太华寺就在山谷东面高高耸立，与我所走的地方平视相对。然而路程必须走完山谷的西侧，随后才向东转出去。山谷侧旁悬垂着两条水流，坠入石窟中，幽深陡峭，崎岖而狭窄，不走这条小路是看不到的。转过峡谷，又向东绕过山嘴，共一里，俯瞰有一座寺庙在壑谷中，就是太平寺了。又往南走了一里，到达太华寺。太华寺也是面向东方，夹在殿前两旁石台阶的是山茶花树，南边的一棵尤为巨大特异。从前方的回廊向南穿过廊庑进入一座楼阁，向东俯瞰海水。然而此处视线所及仍然只能看到草海，如果要观赏滇池水波荡漾的景观，应当还要在罗汉寺的南边。

遂出南侧门，稍南下，循坞西入。又东转一里半，南逾岭。岭自西峰最高处东垂下，有大道直上，为登顶道。截之东南下，复南转，遇石峰嶙峋南拥。辄从其北，东向坠土坑下，共一里，又西行石丛中。一里，复上蹑崖端，盘崖而南，见南崖上下，如蜂房燕窝，累累欲堕者，皆罗汉寺[①]南北庵也。披石隙稍下，一里，抵北庵，已出文殊岩上，始得正道。由此南下，为罗汉寺正殿；由此南上，为朝天桥。桥架断崖间，上下皆嵌崖，此复崭崖中坠。桥度而南，即为灵官殿，殿门北向临桥。由殿东侧门下，攀崖蹑峻，愈上愈奇，而楼、供纯阳。而殿、供元帝。而阁、供玉皇。而宫，名抱一。皆东向临海，嵌悬崖间。每上数十丈，得斗大平崖，辄杙[②]空架隙成之。故诸殿俱不巨，而点云缀石，互为披映，至此始扩然全收水海[③]之胜。南崖有亭前突，北崖横倚楼，楼前高柏一株，浮空漾翠。并楼而坐，如倚危樯上，不复知有崖石下藉也。抱一宫南削崖上，杙木栈，穿石穴，栈悬崖树，穴透崖隙，皆极险峭。度隙，有小楼粘石端，寝龛炊灶皆具。北庵景至此而极。返下朝天桥，谒罗汉正殿。殿后崖高百仞[④]。崖南转折间，泉一方渟[⑤]崖麓，乃朝天桥迸缝而下者，曰勺冷泉。南逾泉，即东南折，其上崖更崇列，中止瀠坪一缕若腰带，下悉陨阪崩崖，直插海底，坪间梵宇仙宫，雷神庙、三佛殿、寿佛殿、关帝殿、张仙祠、真武宫。次第连缀。真武宫之上，崖愈杰竦，昔梁王[⑥]避暑于此，又名避暑台，为南庵尽处，上即穴石小楼也。更南，则庵尽而崖不尽，穹壁覆云，重崖拓而更合。南绝壁下，有猗兰阁址。

【注释】①罗汉寺：在今昆明罗汉山。②杙（yì）：戳，刺。③水海：滇池被海埂分为两部分。北部即草海，明时又称西湖，湖水较浅，湖面较小。南部即水海，又称外海或昆阳海，湖水较深，湖面宽广。④仞（rèn）：古代长度单位，各时期标准有变化，周制为八尺，汉制为七尺，东汉末则为五尺六寸。⑤渟（tíng）：水积聚而不流动。⑥梁王：元代封在云南地区的皇族，他们经常以皇帝的代理人身份在云南进行统治，甚至干预和监督行省的一切事务，在王府管辖范围内享有绝对权力。

【译文】于是出了寺南的侧门，稍向南下走，沿着山坞向西前进。又转向东走了一里半，向南越过山岭。此岭从西面山峰的最高处向东垂下来，有条大路一直上去，是登上峰顶的道路。横穿大路往东南下走，再转向南，看到突兀高耸的石峰簇拥在南边。然后从石峰北面，向东坠入土坑下走，共走了一里，又向西行走在岩石丛中。走了一里路，再攀登到山崖前端，绕着山崖往南走，看到南边的山崖上上下下，如同蜂房燕窝，重重叠叠，好像要坠落一样，那都是罗汉寺南北两面的寺庵了。分开石缝稍向下走一里，抵达北面的寺庵，已经出到文殊岩上，这才走上正路。从此地往南下走，是罗汉寺的正殿；由此处向南上登，是朝天桥。桥架在断开的山崖之间，上下都是深嵌的悬崖，这里又是高峻的悬崖从空中深坠。过桥后往南走，就是灵官殿，殿门向北下临灵官桥。由殿东的侧门下走，攀着崖壁、上登陡峻的石阶，越向上越奇异，时而是楼、供奉纯阳祖师。时而是殿、供奉元始天尊。时而是阁、供奉玉皇大帝。时而是宫，名叫抱一宫。都是向东面临海水，嵌在悬崖之间。每向上走几十丈，就有一块斗大的平展石崖，便就着空隙凌空架木建成庙宇。因此各处殿宇都不是太大，但点缀在白云石崖间，彼此散开，互相映衬，到这里眼界才空阔，水海的胜景全部收入眼底。南边山崖上有座亭子向前突出，北面的石崖前横靠着一座楼，楼前有一棵高大的柏树，浮在高空荡漾着翠绿。与楼平坐，如同倚靠在高高的桅杆上，不再知道有石崖垫在下面了。抱一宫南边峻峭壁立的悬崖上，插入木桩架为栈道，穿通石洞，栈道高悬在悬崖的树丛间，石洞穿透悬崖上的缝隙，都极为高险陡峭。钻过缝隙，有座小楼粘着在石崖边，寝具、神龛、炊具、灶火全具备。北面寺庵的景观到此处就结束了。返回下到朝天桥，拜谒了罗汉寺正殿。殿后的悬崖有百仞高。悬崖南边的转折处，有一眼方形泉水积聚在石崖根部，是朝天桥迸裂的石缝中流下来的水，名叫勺冷泉。向南度过泉水，转而折向东南，那上边的石崖更加高峻地排列着，中间只回旋着一缕像腰带一样的平地，下面全是坠落的斜坡和崩裂的崖壁，直插海底，小块平地间的佛寺仙宫，雷神庙、三佛殿、寿佛殿、关帝殿、张仙祠、真武宫。依次连缀在一起。真武宫的上方，山崖更加特异高耸，从前梁王在此地避暑，又名避暑台，是南面寺庵的尽头处，上面就是近挨着石穴的小楼了。再往南，寺庵就到了尽头，而山崖还没有到头，高险的崖壁覆盖着白云，重重山崖拓展开后又合拢。南面的绝壁下，有猗兰阁的旧址。

还至正殿，东向出山门，凡八折，下二里抵山麓，有村氓数十家，俱网罟为业。村南即龙王堂，前临水海。由其后南循南崖麓，村尽波连，崖势愈出，上已过猗兰旧址。南壁愈拓削，一去五里，黄石痕挂壁下，土人名为挂榜山。再南则崖回嘴突，巨石垒空嵌水折成6[1]，南复分接屏壁，雄峭不若前，而兀突离奇，又开异境。三里，下瞰海涯，舟出没石隙中，有结茅南涯侧者，亟悬仄径下，得金线泉。泉自西山透腹出，外分三门，大仅如盎[2]，中崆峒，悉巨石欹侧，不可入。水由盎门出，分注海。海中细鱼溯流入洞，是名“金线鱼”。鱼大不逾四寸，中腴脂，首尾金一缕如线，为滇池珍味。泉北半里，有大石洞，洞门东瞰大海，即在大道下，崖倾莫可坠，必迂其南，始得逶迤入，即前所望石中小舟出没处也。门内石质玲透，裂隙森柱，俱当明处。南入数丈辄暗，觅炬更南，洞愈崇拓。共一里，始转而分东西向，东上三丈止，西入窈窕莫极。惧火炬不给，乃出。

【注释】①璺（wèn）：裂纹。②盎（àng）：古代的一种盆，腹大口小。

【译文】回到正殿，向东走出山门，总共转了八次弯，下行二里抵达山麓，有数十户村民，都是以捕鱼为生。村南就是龙王堂，前方面临水海。由龙王堂后往南沿着南面山崖的山麓走，村子尽头水波相连，山崖的形势更加突出，上面已经过了猗兰阁旧址。南面的崖壁更加峻峭拓展，一去就是五里，黄色的石痕挂在崖壁底部，当地人称为挂榜山。再往南，就见山崖回绕，山嘴前突，巨石垒在空中，嵌入水中，折成裂缝，再南边屏风样的石壁连接不断，雄伟陡峭比不上前边，然而十分突兀离奇，又别开一处奇异之境。走了三里路，俯瞰水海岸边，船只出没在石缝间，南岸侧旁建有茅屋，急忙从高悬狭窄的小路下山，找到了金线泉。泉水从西山透过山腹流出来，外边分为三个洞口，大的地方仅如瓦瓮口，内部宽敞空阔，全部都是巨石斜靠着，不能够深入。水由瓦瓮口一样的洞口流出，分别注入海中。海中有一种小鱼逆流游入洞中，这种鱼名叫“金线鱼”。大的不超过四寸，鱼身中段肥胖多脂肪，首尾之间有一缕线一样的金丝，是滇池里珍奇贵重的食物。金线泉以北半里处，有个大石洞，洞口向东俯瞰大海，就在大路下方，石崖倾斜没有可以下去的地方，必须迂回到洞南，才能够曲折绵延地进去，也就是先前望见的小船在石缝中出没的地方。洞内的石质玲珑剔透，裂隙石柱森然罗列，全都在明处。向南进去几丈就暗下来，找来火把再向南前进，洞更加高大空阔。总共走了一里，才转而分为东西两个方向，往东上去三丈就到头了，向西进去深远隐密不能到头。我担心火把不够用，就出来了。

上山返抱一宫，问山顶黑龙池道，须北向太华中，乃南转。然池实在山南金线泉绝顶，以此地崖崇石峻，非攀援可至耳。余辄从危崖历隙上，壁虽峭，石缝多棱，悬跃无不如意。壁纹琼葩瑶茎，千容万变，皆目所未收。素习者惟牡丹，枝叶离披，布满石隙，为此地绝遘[①]，乃结子垂垂，外绿中红，又余地所未见。土人以高远莫知采鉴，第曰山间野药，不辨何物也。攀跻里余，遂蹑巅，则石萼鳞鳞，若出水青莲，平散竟地。峰端践侧锷而南，惟西南一峰最高。行峰顶四里，凌其上，为碧鸡绝顶[②]。顶南石萼骈丛，南坠又起一突兀峰，高少逊[③]之，乃南尽海口山也。绝顶东下二里，已临金线泉之上，乃于耸崖间观黑龙池[④]而下。

【注释】①遘（gòu）：相遇。②碧鸡绝顶：西山绝顶海拔2511米，比滇池水面高出625.5米，为昆明周围诸山的最高点。建有太华山气象站。“南坠又起一峰，高少逊之”即美女峰，海拔2404米。山顶一片石萼，今俗称小石林。③逊（xùn）：比不上。④黑龙池：今称小黑龙洞。钱凤娟在当地群众引导下踏勘，得一小水潭，高出滇池三四百米，但终年不盈不涸。旁有小庙称小黑龙庙。详《滇池纪事》。

【译文】上山返回抱一宫。询问去山顶黑龙池的道路，必须向北到太华山中部，再向南转。然而黑龙池实际上在山南金线泉所在的绝顶处，由于此地山崖高大、岩石陡峻，不是攀援可以到达的。我就在高险的山崖间，抓着裂隙攀登，崖壁虽然陡峭，但是有许多石缝棱角，恰好能够让我上攀。崖壁上的石纹间，满是琼葩瑶茎，千般花容，万种变化，都是我没有见过的。我平素熟悉的只有牡丹，枝叶分散下垂，布满在石缝间，是此地绝难遇见的，却结籽下垂着，外绿中红，又是在其他地方没有见过的。当地人因为山高路远不知道采摘观赏，只说是山间的野生草药，不能分辨是什么东西。攀爬了一里多，就登上山顶，只见花萼般的岩石鳞次栉比，好像出水的青莲，平铺散开，满地都是。在峰顶踩着像刀刃般侧立的岩石往南走，只有西南的一座山峰最高。在峰顶走了四里，登到绝顶上，这是碧鸡山的最高峰。峰顶南边，花萼般的岩石并列聚集，南面深坠，又耸起一座突兀的山峰，高度不如碧鸡山，那是往南在海口到头的山了。从山的最高峰往东下山二里，已经面临金线泉的上方，于是在高耸的山崖间观赏黑龙池后就下山了。

滇中花木记

滇中花木皆奇，而山茶、山鹃为最。

山茶花大逾碗，攒合成球，有分心、卷边、软枝者为第一。省城推重者，城外太华寺。城中张石夫所居朵红楼楼前，一株挺立三丈余，一株盘垂几及半亩。垂者丛枝密干，下覆及地，所谓柔枝也；又为分心大红，遂为滇城冠。

【译文】滇中的花木都很奇特，其中又以山茶、山鹃最为奇特。

山茶花花形大的超过碗，花瓣攒聚合拢成球状，有分心、卷边、软枝的是第一等。省城推崇看重的，是城外太华寺中的山茶。城中张石夫居住的朵红楼前，挺立着一棵三丈多高的山茶，另一棵盘绕下垂几乎占半亩的面积。下垂的这棵茶花枝干丛生浓密，下垂覆盖到地面，就是所谓的软枝；又是分心、大红色，逐渐成为云南省城中山茶之冠。

山鹃一花具五色，花大如山茶，闻一路迤西，莫盛于大理、永昌境。

【译文】山鹃花，一朵花有五种颜色，花形大小如山茶花，听说滇西一带，没有什么地方的山鹃花比大理、永昌境内的更繁盛。

花红①形与吾地同，但家食时，疑色不称名，至此则花红之实，红艳果不减花也。

【注释】①花红：又称林檎、沙果，蔷薇科落叶小乔木。果实秋季成熟，为红色或黄色，果味似苹果。

【译文】花红的形状与我家乡的相同，只是在家乡吃花红时，心里疑惑颜色与名称不相符，来到这里，原来花红的果实红艳艳的，不比花的颜色逊色。

游颜洞[1]记

临安府颜洞凡三，为典史[2]颜姓者所开，名最著。余一至滇省，每饭未尝忘钜鹿[3]也。遂由省中南过通海县[4]，游县南之秀山[5]。上一里半，为灏[6]穹宫。宫前巨山茶二株，曰红云殿。宫建自万历初，距今才六十年，山茶树遂冠南土。又南抵临安府[7]，城南临泸江[8]，此江西自石屏州[9]异龙湖来，东北穿出颜洞，而合郡众水，亦以此洞为泄水穴也。

【注释】①颜洞：在今云南建水县东二十里。《方舆纪要》卷115临安府：石岩山“在府东十五里。或谓之蒙山，山岩有洞，异龙湖、泸江诸水流入此洞，复流出，入阿迷州界。《志》云：山峭壁千仞，其受水洞合五河之水汇为一泓，折而入，西阻华盖，连冈叠嶂，绵亘数百里，为郡城右臂。又《滇纪》云：蒙山五里有岩洞，亦谓之颜洞，以迁客颜闵所开而名。洞有三：曰云津洞，今名水云洞，门可容数百人，曲径萦纡，众水伏流其中，东会于盘江，游者架桥列炬而入岩洞后。曰南明洞，上有两窍，阳光射入，中多奇胜。曰万象洞，巉岩绝险，跻石磴数十级，隐隐闻风雷声。亦曰钩町三洞”。今仍称颜洞，为建水县的风景胜地。②典史：官名，为知县下掌管缉捕、监狱的属官。如无县丞、主簿，则典史兼领其职。③每饭未尝忘钜鹿：指日思夜想，时时心念着。④通海县：元初置通海千户，至元十三年（1276）改通海县，属宁州，为临安路治。治所即今云南通海县。明郭子章《郡县释名》云南卷上：“县北三里有通海湖，县以湖名。”明、清属临安府。民国初属云南蒙自道。1929年直属云南省。1956年与河西县合并置杞麓县。1958年复名通海县。

⑤秀山：又名青山、螺峰。在今云南通海县城南隅秀山公园内。宋代以来称秀山。《方舆纪要》卷115通海县：秀山“在县南六十里，又名青山。列翠如屏，下瞰长河即海子也。旧有启祥宫，大理段智祥时所建。山半又有判府泉，亦因爨判而名。王奎云：逾滇以南，深渊绝壑，通海为最胜；环通海数十里，峻壑遥峰，秀山为最胜；秀山之奇曰浮屠者三，涌金为胜云”。秀山即因“秀甲南滇”而得名。“六十里”之说系抄自《寰宇通志》和《明一统志》，有误。⑥灏（hào）：广大，空旷的样子。⑦临安府：元至元十三年（1276）置，属云南行省。治所在通海县。辖境约当今云南华宁、通海、峨山、石屏、建水、开远、个旧、蒙自、屏边、河口、文山、砚山、马关、西畴、麻栗坡等市县地。⑧泸江：今名同。在今云南石屏、建水、开远等市县间。《明一统志》卷86临安府：泸江“在府城南。源自石屏州异龙湖，东流入阿迷州南，为乐蒙河，入于盘江”。今全程皆称泸江。⑨石屏州：即今石屏县。

【译文】临安府的颜洞共有三个，是姓颜的典史开辟的，最为著名。我一到云南省，时刻不忘去游览颜洞。于是从省城中往南经过通海县，游览了县城南边的秀山。上山一里半，是灏穹宫。灏穹宫前有两棵巨大的山茶花树，名叫红云殿。灏穹宫建于万历初年，距今才六十年，山茶花树就已经是滇南第一了。又往南到达临安府。府城南临泸江，这条江从西面的石屏州异龙湖流出，在东北方穿出颜洞，而整个临安府的众多水流，也都是以此洞作为泄水的通道。

于是觅一导游者于城东接待寺[①]。颜洞大道，当循城而南，渡泸江桥。导者从寺前隔江东北小路行，遂不得渡泸江，东观三溪会合处。由寺北循塘岸东行，塘东皆红莲覆池，密不见水。东北十五里，渡赛公桥[②]。水自西北来，东南入泸。又五里，上山，为金鸡哨[③]。哨南泸江会诸水，由此东入峡。峡甚逼，水倾其中，东抵洞口尚里余。望洞顶石崖双劈，如门对峙，洞正透其下，重冈回夹之，不可得见。求土人导入，皆曰："水涨流急，此非游时。若两月前水涸，可不桥而入；今即有桥，亦不能进，况无桥耶！"桥非一处，每洞中水深处，辄架木以渡。往例按君来游，架桥费且百金，他费亦百金。土人苦之，乘普酋兵变，托言洞东即阿迷境，叛人尝出没此，遂绝官长游洞者。余必欲一至洞门，土人曰："须渡江南岸，随峡入，所谓泸江桥大道也。"始悔为导者误，乃舍水洞，觅南明、万象二陆洞。

【注释】①接待寺：故址在今建水县老城东门朝阳楼外的东南小街边，距杨升庵寓所及小桂湖甚近。天启《滇志·寺观》载："接待寺，在府城东，元百户赵益辞职为僧，以其居为庵，并施田三段赡僧，故名。"②赛公桥：今名同，在南庄以南，罗家坡稍北。③金鸡哨：今有金鸡凹，海拔1342米。

【译文】于是在城东接待寺找到一个导游。去颜洞的大道，应当沿着城墙往南走，过泸江桥。导游从寺前隔着江流沿着小路向东北走，因此没能渡过泸江，在东边观看三条溪流汇合的地方。由寺北沿着池塘岸边向东走，池塘东边都是红莲花覆盖着池水，浓密得看不见池水。向东北走了十五里，走过赛公桥。桥下的水从西北方流出，向东南流入泸江。又走了五里，上山，就是金鸡哨。哨南的泸江汇聚了各条水流，由此处向东流入峡中。峡谷十分狭窄，江水倾泻在峡谷中，向东抵达洞口还有一里多。远望洞顶的石崖双双劈开，好像门一样对峙着，山洞正穿过门下，重重山冈回绕夹住它，不能看到。于是请求当地人引导我进洞，当地人都说："水涨流急，现在不是游览的时候。如果是两个月前的枯水期，可以不架桥就进洞；现在即便有桥，也不能进去，何况没有桥呢！”需要架桥的地方不只一处，洞中每一处水深的地方，就要架木桥渡过。根据先例按察使君来游洞，架桥的费用将近百金，其他费用也要百金。当地人深受其苦，乘普名胜叛乱的机会，借口洞东面就是阿迷州的辖地，叛军曾经在此地出没，这才杜绝了长官们前来游洞。我想一定要到洞口一次，当地人说：“必须渡到江的南岸，随着峡谷进去，就是所谓的泸江桥大路了。”这才后悔被导游耽误了，于是放弃水洞，去寻找南明、万象两个陆洞。

从哨东下坡，复上山登顶。东瞰峡江环峡东入，洞门即在东峡下。余所登山处，正与其上双崖平对，门犹为曲掩，但见峭崖西向，涌水东倾，捣穴吞流之势，已无隐形矣。东北三里，逾岭脊下山。二里，则极东石壁回耸，如环半城，下开洞门北向。余望之有异，从之直下，一里，抵峡中。又一里半，抵东壁下。稍南上，洞门廓然，上大书“云津洞”，盖水洞中门也。游颜洞以云津为奇：从前门架桥入，出后门，约四五里，暗中傍水行，中忽辟门延景，其上又绝壁回环，故自奇绝。余不能入其前洞，而得之重崿绝巘间，且但知万象、南明，不复知有云津也，诚出余意外。遂瞰洞而下，洞底水从西南穴中来，盘门内而东，复入东南穴去。余下临水湄，径之，水阔三丈，洞高五六丈，而东西当门透明处，径可二十丈。但水所出入，直逼外壁，故非桥莫能行。出水西穴，渐暗不可远窥；东为水入穴处，稍旁拓，隔水眺之，中垂列乳柱，缤纷窈窕。复上，出洞外，上眺东南北三面，俱环壁无可上。仍西出旧道，北上山。东一里，逾岭，已陟东壁回环上，岭坞中东向一里。其地南北各起层峰，石崖时突，万象洞即在北崖上，乃导者妄谓在南崖下。直下者一里，抵南崖。一洞东向，高四丈，水从中涌出，两崖角起，前对为峡，水出洞破峡，势极雄壮，盖水洞后门也。又东二里，抵老鼠村[1]，执途人问之，万象洞在西北岭上，即前所从下山处，洞甚深，历降而下，底与水洞通。余欲更至洞门，晚色已合，去宿馆尚十里。念此三洞，慕之数十年，趋走万里，乃至而叛彝阻之，阳侯[2]隔之，太阳促之，导人又误之，生平游屐，斯为最厄矣！

【注释】①老鼠村：今作“老鼠鲊”“老楚鲊”。彝语“老楚”为冲沟，“鲊”为有，意即冲沟多的地方。属建水县面甸镇。②阳侯：古代传说中的波涛之神。借指波涛。

【译文】从金鸡哨往东下坡，再上山登到山顶。向东俯瞰，山峡中的江水环绕峡谷向东流进洞，洞口就在东面的峡谷下面。我登山的地方，正好与洞上方的双崖水平相对，洞口仍然被曲折的山谷遮挡，只见陡峭的石崖面向西方，汹涌的江水向东倾泻，江水冲捣洞穴、洞穴吐江流的气势，已经无法隐形了。向东北走了三里，越过岭脊下山。走了二里，就见最东边的石壁回绕着耸起，如同环绕着半座城墙，下边敞开着的洞口面向北。我远望那里，有特异之处，沿着它一直下行，走了一里，到达峡中。又走了一里半，抵达东面的石壁下。稍向南上行，洞口十分空旷，洞上方大大地写着“云津洞”，原来是水洞的一个中间洞口。游览颜洞以云津洞最为奇特：从前洞口架桥进洞，从后洞口出来，约有四五里，在黑暗中傍着水流前行，中途忽然辟有洞口，引入日光，洞上面又是绝壁回环，故而自然是奇妙绝伦。我不能进入颜洞的前洞，却在重山绝岭间遇到它，而且原来只知道有万象洞、南明洞，不复知道有云津洞了，确实是出乎我的意料之外。于是俯视着洞往下走。洞底的水从西南方的洞穴中流出来，在洞口内盘绕着向东流去，再次流入东南边的洞穴。我下到水边，步测洞的大小，水面宽三丈，洞高五六丈，而东西两面位于洞口透入亮光的地方，直径大约有二十丈。但是洞中的水流进流出，直逼洞外的石壁，所以没有桥就不能通行。西边出水的洞穴，渐渐黑暗下来，不能窥测远处；东边是水流入洞穴的地方，稍稍向两旁拓展，隔着水眺望洞中，洞中下垂排列着钟乳石柱，缤彩纷呈，窈窕可爱。再往上，走出洞外，往上眺望东南北三面，都是环绕的石壁不能够上去。仍然向西从原路出来，往北上山。向东走一里，越过山岭，已经登到东面石壁回绕的上方，在山岭山坞中向东走了一里。这地方南北两面各自耸起层层山峰，石崖不时突起，万象洞就在北面的石崖上，导游竟然乱说在南面的石崖下。一直下行一里，抵达南面的石崖。一个洞向东，有四丈高，水从洞中涌出来，两面的石崖像两只角一样耸起，在洞前相对形成峡谷，水流出洞口冲破山峡流去，气势非常雄壮，原来是水洞的后洞口。又向东走了二里，到达老鼠村，拉着路人问路，万象洞在西北的山岭上，就是先前下山经过的地方，洞很深，从高处逐级下降，洞底与水洞相通。我想再去洞口，但是天色已晚，离住宿的客馆还有十里。心念着这三个洞，倾慕它们几十年，奔走万里才到，却被叛乱的彝人阻隔，被大水隔绝，被太阳催促，又被导游误导，生平游程所经历的，这一次算是困苦、阻塞最多的了！

随笔二则

黔国公[①]沐昌祚卒，孙启元嗣爵。邑诸生往祭其祖，中门启，一生翘首内望，门吏杖箠[②]之。多士怒，亦箠其人，反为众桀奴所伤，遂诉于直指[③]金公。公讳瑊，将逮诸奴，奴耸启元先疏诬多士。事下御史，金逮奴如故。启元益嗔，征兵祭纛[④]，环直指门，发巨炮恐之，金不为动。沐遂掠多士数十人，毒痛之，囊其首于木。金戒多士毋与争，急疏闻。下黔督张鹤鸣勘，张奏以实。时魏珰专政，下调停旨，而启元愈猖狂不可制。母宋夫人惧斩世绪[⑤]，泣三日，以毒进，启元陨，事乃解。宋夫人疏请，孙稚未胜爵服，乞权署名，俟长赐袭。会今上登极[⑥]，怜之，辄赐敕实授。即今嗣公沐天波，时仅岁一周支[⑦]也。

【注释】①黔国公：沐英为明朝开国勋臣之一，受封为西平侯，后其子孙又晋封为黔国公，世袭镇守云南总兵官。他们不但与省的地方机构没有直接隶属关系，甚至“骄凌三司”，“虐害小民”，横行云南，庄田遍布全省，时称“黔府”或“沐府”。②箠（chuí）：捶打。③直指：汉武帝时朝廷设置的专管巡视、处理各地政事的官员。也称“直指使者”，因出巡时穿着绣衣，故又称“绣衣直指”，或称“直指绣衣使者”。直指，意即指事而行，挺直不阿。④纛（dào）：古时军队或仪仗队的大旗。⑤世绪：祖上的功业。⑥登极：帝王即位。指朱由检当皇帝，年号崇祯，时在1628年。⑦岁一周支：“支”指地支，岁一周支即一轮地支，才十二岁。

【译文】黔国公沐昌祚去世后，其孙子沐启元承袭爵位。城中的众儒生前往祭奠他的祖父，中门大开，一个儒生抬头向门内看，守门的官吏用棍子打他。众儒生愤怒了，也用棍子打那些人，反而被沐府众多凶悍的奴仆打伤，于是向朝廷直接派来的使者金公控诉。金公名瑊，将要逮捕那些奴仆，奴仆们怂恿沐启元先上疏诬告那些儒生。皇帝把事情交给监察御史处理，金公照旧逮捕了那些奴仆。沐启元更加生气，征调军队、祭祀军旗，包围了直指使者金公的衙门，发射大炮恐吓金公，金公不为所动。沐启元就拘禁了数十个儒生，残害他们，用布袋套住他们的头，并把木枷加在他们头上。金公告诫众儒生不要与沐启元争辩，急忙上疏让朝廷知道。朝廷下令贵州总督张鹤鸣勘查核实，张鹤鸣据实上奏。当时魏珰专权，下达了调停的旨意，因而沐启元更加猖狂，不能约束。他的母亲宋夫人惧怕因此断了世代继承的爵禄，哭泣了三天，进献毒药给他，沐启元死了，事情才平复下来。宋夫人上疏请罪，称孙子还小，不能胜任爵位，乞求权且署名，等长大后再让他继承爵位。当时恰逢皇帝登基，怜悯他，就敕令赐他继承爵位。就是现在继承爵位的黔国公沐天波，沐天波当时年仅十二岁。

普名胜[①]者，阿迷州[②]土寇也。祖者辂，父子为乱三乡、维摩间。万历四十二年，广西郡守萧以裕，调宁州[③]禄土司兵合剿，一鼓破之，辂父子俱就戮，始复维摩州[④]，开三乡县[⑤]。时名胜走阿迷，宁州禄洪欲除之。临安守梁贵梦、郡绅王中丞抚民，畏宁州强，留普树之敌，曲庇名胜。初犹屯阿迷境，后十余年，兵顿强，残破诸土司，遂驻州城，尽夺州守权。崇祯四年，抚臣王伉忧之，裹毡笠，同二骑潜至州，悉得其叛状，疏请剿。上命川、贵四省合剿之。石屏龙土司兵先薄漾田，为所歼。三月初八日，王中丞亲驻临安，布政周士昌统十三参将[⑥]，将本省兵万七千人，逼沈家坟。贼命黎亚选扼之，不得进，相持者二月。五月初二日，亚选自营中潜往为名胜寿，醉返营。一童子泄其事于龙。龙与王土司夜劫之，遂斩黎，进薄州城，环围四月，卒不下。时州人廖大亨任职方郎[⑦]，贼恃为奥援[⑧]，潜使使入京纵反间，谓普实不叛，王抚起衅徼功，百姓悉糜烂。于是部郎疏论普地不百里，兵不千人，即叛可传檄定，何骚动大兵为？而王宫谕锡衮、杨庶常绳武，各上疏言宜剿。事下枢部议。先是王抚疏名胜包藏祸心已久，前有司养疽莫发奸，致成难图蔓草，上因切责前抚、按。而前抚闵洪学已擢冢宰[⑨]，惧勿能自解，即以飞语怂恿大司马[⑩]。大司马已先入部郎言，遂谓名胜地不当一县，抚、按比周，张大其事势，又延引日月，徒虚糜县官[⑪]饷。疏上，严旨逮伉及按臣赵世龙。十月十五日，抚、按俱临安就逮。十二月十八，周士昌中铳死，十三参将悉战没。五年正月朔，贼悉兵攻临安，诈郡括万金犒之，受金，攻愈急。迨十六，城垂破，贼忽退师，以何天衢袭其穴也。天衢，江右人，居名胜十三头目之一，见名胜有异志，心不安，妻陈氏力劝归中朝，天衢因乞降，当道以三乡城处之，今遂得其解围力。后普屡以兵攻三乡，各相拒，无所胜，乃退兵，先修祖父怨于宁州。方攻宁时，洪已奉调中原，其母集众目，人犒五金、京青布二，各守要害，贼不得入。后洪返，谓所予太重，责之金，诸族目悉解体。贼谍之，乘之入，洪走避抚仙湖孤山[⑫]，州为残破。岁余，洪复故土，郁郁死。贼次攻石屏州，及沙土司等十三长官，悉服属之。志欲克维摩州南鲁白城，即大举。鲁白城在广南西南七日程，临安东南九日程，与交趾界，城天险，为白彝所踞。名胜常曰："进图中原，退守鲁白，吾无忧矣。”攻之三年，不能克。七年九月，忽病死。子福远，方九岁。妻万氏，多权略，威行远近。当事者姑以抚了局，酿祸至今，自临安以东、广西以南，不复知有明官矣！至今临安不敢一字指斥，旅人询及者，辄掩口相戒，府州文移，不过虚文。予过安庄，见为水西残破者，各各有同仇志，不惜为致命。而此方人人没齿无怨言，不意一妇人威略乃尔！南包沙土司，抵蒙自县⑬；北包弥勒州⑭，抵广西府；东包维摩州，抵三乡县；西抵临安府：皆其横压之区。东唯三乡何天衢，西唯龙鹏⑮龙在田，犹与抗斗，余皆闻风慑伏⑯。有司为之笼络，仕绅受其羁靮⑰者，十八九。王伉以启衅被逮，后人苟且抚局，举动如此，朝廷可谓有人乎！夫伉之罪，在误用周士昌，不谙兵机，弥连数月，兵久变生耳。当时止宜责其迟，留策其后效。临敌易帅且不可，遽就军中逮之，亦太甚矣。嗟乎！朝廷于东西用兵，事事如此，不独西南彝也！

【注释】①普名胜：即普名声，亦作普明声、普名胜、普名升。明云南阿迷州（今开远）人，彝族，马者哨土目普维藩之子，父死袭职，曾于明末发动叛乱。②阿迷州：在今云南开远市。③宁州：元至元十三年（1276）置，治今云南省华宁县。属临安路。辖境相当今云南省华宁、通海、峨山等县地。明、清属临安府。1913年废州为宁县。④维摩州：元大德四年（1300）以维摩部置，属广西路。治所在今云南砚山县东北六十里阿猛镇。辖境包有今云南丘北县地。彝语“维”为沟，“摩”为水井，意即小河旁水井边的地方。⑤三乡县：明代属广西府，治所在今砚山县西北四十六里维摩。崇祯四年（1631）又迁治今云南丘北县西十三里旧城。清康熙八年（1669）废入广西州和广南府。后以原维摩州部分地属开化府明万历二十一年(1593)筑三乡城。万历四十二年(1614)析维摩州置三乡县,属广西府。治所在今云南丘北县北三十里马者龙。清康熙《广西府志》谓指马者龙乡、阿宁乡、嵈峋里“并在府东盘江之外,总谓三乡”。但对三乡的名称有不同说法,雍正《云南通志》及《师宗州志》则指马者龙、阿宁、丘北三乡。明末废。清康熙八年(1669)废维摩州,复置三乡县,治所在丘北县西十里新城。康熙九年(1670)又废。三乡城在今邱北县治稍西下寨马头山的新城。⑥参将:明在边区军事要地设参府,分守各路。主持参府的统兵官即参将,又称参戎,位在总兵、副总兵之下,无定员。⑦职方郎:明代于兵部设职方司,掌管疆域图籍、军制、城隍、镇戍、简练、征讨等事。职方司的长官称职方郎。⑧奥援:内援。⑨冢宰:周设此官,为百官之长,掌率百官佐天子治国,即后代的宰相。后世亦称吏部尚书为冢宰。⑩飞语:没有根据的流言,或恶意的诽谤。大司马:汉武帝时改太尉置大司马,为全国军事首脑。后来则用作高级武官的专称,明代亦别称兵部尚书为大司马。⑪县官:朝廷,官府。⑫孤山:《读史方舆纪要》卷115载:“海瀛山,在府东南,特起湖中,四壁如削,凭虚视下,竞秀争流,一名孤山。”又名环玉山。今仍称孤山,位于抚仙湖南部,面积0.55平方公里。其上原来殿阁甚多,后毁于战火,近年重建亭阁,为风景胜地。⑬蒙自县:元至元十三年(1276)改目则千户置,属临安路。治所在今云南个旧市东部,松树脚锡矿所在的山上。《元史·地理志》:“县境有山名目则,汉语讹为蒙自。”彝语称该山为母祖白莫,“母”为天,“祖”为高,“白莫”为大山,意即顶天的大山。明属临安府,成化二十年(1484)迁治今云南蒙自县。民国初为云南蒙自道驻地。1929年直属云南省。⑭弥勒州:元至元十二年(1275)置弥勒千户,二十七年(1290)改弥勒州,属广西路。治所即今云南弥勒县。明代属广西府。清乾隆三十五年(1770)降为弥勒县。⑮龙鹏:今作“龙朋”,在云南省石屏县东北部。明成化十六年(1480)龙朋任守备官驻此,后人以其名为地名。民国时期为龙武设治区辖地。⑯慑(shè)伏:亦作“慑服”。因畏惧而屈服。⑰靮（dí）：马缰绳。

【译文】普名胜是阿迷州的土匪。祖父普者辂，父子在三乡、维摩一带作乱。万历四十二年（1614），广西知府萧以裕，调集宁州禄土司的军队合力围剿，一战就打败叛军，普者辂父子都被杀，这才恢复了维摩州，设置三乡县。当时普名胜逃到阿迷州，宁州土司禄洪想要除掉他。临安知府梁贵梦、郡中的乡绅中丞王抚民，畏惧宁州土司的强大，想留下普名胜，与宁州土司为敌，就曲意包庇普名胜。起初普名胜只是驻扎在阿迷州境内，十多年后，兵力骤然强大，打败了众多土司，于是进驻州城，夺走了阿迷州官的全部权力。崇祯四年（1631），巡抚王伉对此很担忧，身裹毡子、头戴斗笠，与两个骑兵潜入州城，完全了解了普名胜叛乱的情况，上疏请求剿灭。皇上命令四川、贵州等四省合兵围剿普名胜。石屏州龙土司的军队率先逼近漾田，被普名胜歼灭。三月初八，王巡抚亲自驻扎在临安府，布政使周士昌统领十三位参将，率领本省军队一万七千人，逼近沈家坟。叛贼命令黎亚选扼守此地，官军不能前进，双方相持达两个月。五月初二，黎亚选离开军营秘密地前去为普名胜贺寿，喝醉后返回军营中。一个小孩把这件事告诉了龙土司。龙土司与王土司在夜里突袭黎亚选，杀了黎亚选，进逼薄州城，包围州城四个月，始终没有攻下州城。当时薄州人廖大亨担任职方郎，叛贼依仗为内援，暗中派使者进京实施反间计，说普名胜实际上并没有叛乱，是王巡抚寻衅滋事以便邀功，百姓惨遭荼毒。于是兵部职方郎上疏，认为普名胜的土地不到一百里，军队不足一千人，即使反叛，一道檄文就能平定，何必要轻易调动大军呢？然而宫谕王锡衮、庶常杨绳武，都各自上疏，主张应当围剿。此事下交到中枢部门讨论。在这之前，王巡抚上疏说普名胜包藏祸心由来已久，前几任官员养虎为患，不能揭发坏人坏事，以致形成野草蔓延难以根除的情形。皇上因此严词斥责前任巡抚、巡按御史。而前任巡抚闵洪学已被提升为吏部尚书，惧怕不能脱身，就用流言从旁鼓动兵部尚书。兵部尚书先前已经听到兵部职方郎的话，就说普名胜的地盘抵不上一个县，巡抚、按察使结党营私，夸大事态，又拖延时间，只会白白浪费朝廷的军饷。此疏上奏后，朝廷严令逮捕巡抚王伉、巡按御史赵世龙。十月十五日，巡抚、巡按御史都在临安被捕。十二月十八日，周士昌被火铳打死了，十三位参将全部战死。崇祯五年（1632）正月初一，叛贼率领全部军队攻打临安府城，欺骗临安府搜刮极多的钱财犒劳叛军，接受钱财后，更加急切的攻城。到十六日，城将被攻破，叛贼忽然退兵，是因为何天衢袭击了他的巢穴。何天衢，江西人，是普名胜十三头目之一，见普名胜有异心，心中不安，他的妻子陈氏竭力劝他归顺朝廷，何天衢因而请求投降，掌权者用三乡县来安置他，如今就是依靠他的力量得以解围。后来普名胜多次率领军队攻打三乡，双方相持不下，无法取胜，才退兵，首先兴兵去找宁州土司，为祖父、父亲报仇。将要攻打宁州时，洪土司已经奉命调往中原，他的母亲召集众头目，每人犒赏五两银子、两匹京城产的青布，要他们各自守住要害之地，叛贼于是不能攻入。后来洪土司回来，认为给的太多，要求他们返回银子，各部族头目人心离散。叛贼探查到这种情况，乘势攻入宁州，洪土司逃到抚仙湖的孤山避难，州城被毁坏。一年多后，洪土司收复了故土，郁郁而死。叛贼接着进攻石屏州，以及沙土司等十三个长官司，全部投降归顺普名胜。普名胜立志要攻克维摩州南境的鲁白城，立即大举进攻。鲁白城距离广南西南，有七天的路程，距离临安东南，有九天的路程，与交趾接界，城位于天险之处，被白彝占据。普名胜常常说："进可图谋中原，退可据守鲁白，我就无忧了。"进攻鲁白三年，不能攻克。崇祯七年（1634）九月，普名胜忽然病死。儿子普福远，才九岁。妻子万氏，多有权术谋略，威势传布远近。掌权者只是用招抚的办法来了结局势，酿成的灾祸延续到现在，从临安府以东、广西府以南，不再知道有明朝官吏了！至今临安府不敢指责一个字，外来人询问情况的，总是掩口防备，州府下达的公文，不过是一纸空文。我路过安庄时，见到被水西土司残害的人，人人都有一起报仇的志向，不惜为此送命。而此地的人，人人禁声没有怨言，想不到一个妇人的威势谋略竟然如此厉害！往南包括沙土司，抵达蒙自县；向北包括弥勒州，抵达广西府；往东包括维摩州，抵达三乡县，向西抵达临安府，都是她横行欺压的范围。东边只有三乡县的何天衢，西边只有龙鹏的龙在田，还在与她对抗斗争，其余的都闻风丧胆，被她慑服。地方官被她笼络，官吏、乡绅被她束缚的，十有八九。王伉因为挑起争端被逮捕，后来的官员只是勉强安抚局势，这样的措施，朝廷可以说是有人才吗！王伉的罪过，只是在于误用了周士昌，不熟悉用兵的谋略，长期滞留达几个月，用兵时间一长就会发生变故。朝廷当时只应该责备王伉用兵太迟缓，应该留用他，督促他，以观后效。面对强敌更换主帅尚且不可，何况突然到军营中来逮捕他，也太过分了。可叹呀！朝廷在东西各地用兵，都是这样，不只是对西南的少数民族如此！

滇游日记二[①]

【**题解**】《滇游日记二》是徐霞客游览云南东部和贵州西南部的山水及风土人情所写的游记。从戊寅八月初七至十二月二十二日的日记，徐镇本在第八册，题为“滇”。

徐霞客于崇祯十一年八月初七（1638年9月14日）从广西府（今泸西县），随流考察南盘江，然向东北经过师宗州（今师宗县）、罗平州、平州、步雄，到了贵州的黄草坝（今兴义）。从泸西到师宗的段路程“皆荒茅沮洳”，山高人少，有土匪（当地人称为“沙人”）拦路，当时夜色昏黑，也不敢作声，山上水流交错，十分泥泞，几乎不辨东西。八月十八日，离开师宗，前往罗平考察，路过白蜡山的时候，因为天又下雨，道路更加难走，只得在峰顶的军营中借住，营中的茅草屋像蜗牛壳一样，“上漏下湿，人畜杂处”，只能用一捧水洗洗脚而已。在江底河，被摆渡者索价，受店主人欺侮。沿途游览了号称云南第一洞的泸源洞（今阿庐古洞），完成了对南盘江下游的考察，也完成了对我国最大的喀斯特地貌区的考察，并对我国南方桂、黔、滇各省的喀斯特地貌进行了比较，极富见地总结道：“粤西之山，有纯石者，有间石者，各自分行独挺，不相混杂。滇南之山，皆土峰缭绕，间有缀石，亦十不一二，故环洼为多。黔南之山，则界于二者之间，独以逼耸见奇。

滇山惟多土，故多壅流成海，而流多浑浊。粤山惟石，故多穿穴之流，而水悉澄清。而黔流亦界于二者之间。”此外他还对所经过的各府、州、营、堡进行了综合比较，对黄草坝的重要地位进行了论述。而徐霞客并非一位纯粹的自然科学家，也不是一位寄情山水的浪漫旅人，他是一位强烈的爱国主义者，极为关注沿途地区的政治、经济、社会、文化。对看到的土司暴行、人民颠沛流离、田园荒芜、交通阻塞、州县残破的情景，发自内心痛恨明代腐朽的土司制度，并进行了严厉地批判：“土司糜烂人民，乃其本性，而紊及朝廷之封疆，不可长也。诸彝种之苦于土司糜烂，真是痛心疾首。”充满了道义和良知。八月二十九日他来到亦佐县碧峒，重新进入云南。

戊寅八月初七日　余作书投署府何别驾②，求《广西府志》。是日其诞辰，不出堂，书不得达。入堂阅其四境图，见盘江自其南界西半入境，东北从东界之北而去，不标地名，无从知其何界也。

【注释】①《滇游日记二》：自戊寅八月初七日起，至十二月二十二日日记，徐本在第八册，题曰“滇”，有提纲云：“自广西府、师宗州、罗平州、步雄、黄草坝、亦佐县碧峒、黄泥河、亦佐县、块泽河、罗平桃源、陆凉马场、海崖、箐口、越州卫、龙塘河、曲靖府、沾益州交水、翠峰山、寻甸府、嵩明州、邵甸，还至省城。再自省城往晋宁州，由晋宁往昆阳、海口、安宁州、汤池、碧鸡关、进耳、棋盘，又还省城。自省城往筇竹、妙高、天生桥、富民县河上洞、武定府狮子山、元谋县雷应山、金沙江、官庄、大姚县、姚安府、洱海卫至鸡足山。”史夏隆序本提纲末有“穷盘江源”四字。②别驾：也称别驾从事，是州刺史的佐官；刺史巡视辖境时，其别乘驿车随行，故称别驾。汉设别驾从事；魏晋沿用汉制，各州都设别驾。总理众务，职权甚重，当刺史之半；隋设郡丞，唐初改隋之郡丞为别驾，后又改称长史。到唐朝中叶以后，别驾、长史并置，但职权任务都已轻了许多。宋朝不置别驾而设通判，其职权任务类似别驾，因此，后世称通判为别驾。

【译文】戊寅年（崇祯十一年，1638）八月初七日　我写了封信投送给官署何别驾，求要《广西府志》。这天是他的生辰，没有出堂办公，信没有送到。我进入府衙大堂，看到了广西府境内的地图，见到盘江从广西府南部边界靠西半边流入境内，往东北向东部边界的北边流去，没有标记地名，没办法知道那是什么地界。

初八日　何收书欲相见，以雨不往。

【译文】初八日　何别驾收到书信，想要见面，但是因为下雨没有前往。

初九日　余令顾仆辞何，不见。促其《志》，彼言即送至，而终不来。是日，复大雨不止。

【译文】初九日　我命令顾仆去与何别驾辞别，没有接见。催促他求要《广西府志》，他说即刻送到，却始终不送来。这一天，大雨仍然下不停。

初十日　何言觅《志》无印就者，已复命杀青[1]矣。是日午霁，始见黄菊大开。菊惟黄色，不大。又有西番菊。

【注释】①杀青：古代制竹简程序之一。将竹火炙去汗后，刮去青色表皮，以便书写和防蠹。叫作“杀青”“汗简”。一说初稿写在青竹皮上，易于改抹，定稿时，把青皮刮掉，写在竹白上，不再改动，叫作“杀青”。后泛指书稿写定为杀青。

【译文】初十日　何别驾说找寻《广西府志》没有印刷好的，已经下令重新印刷了。这天中午天气大晴，这才见到黄菊盛开。菊花只有黄色的，花不大。又有一种西番菊。

广西府[①]西界大山，高列如屏，直亘南去，曰草子山。西界即大麻子岭，从大龟来者。东界峻逼，而西界层叠，北有一石山，森罗于中，连络两界，曰发果山。东支南下者结为郡治，西支横属西界者，有水从穴涌出，甚巨，是为泸源，经西门大桥而为矣邦池[②]之源者也。通海[③]从穴涌出，此海亦从穴涌出。然此海南山复横截，仍入太守塘[④]山穴中，尤为异也。广福僧言，此水入穴即从竹园村[⑤]北龙潭出，未知果否？恐龙潭自是锡冈北坞水，此未必合出也。矣邦池俗名海子，又曰龙甸。此泸江非广中泸江也。泸江在南，而此水亦窃其名，不知何故。矣邦池之南，复有远山东西横属，则此中亦一南北中洼之坑，而水则去来皆透于穴矣。此郡山之最远者也。

【注释】①广西府：明代设广西府，治今泸西县城中枢镇。广西府辖师宗、弥勒、维摩三州，跨有南盘江两侧。②矣邦池：景泰《云南图经志书》广西府山川载：“矣邦池，在府治之南一里，周围约三十余里。”万历《云南通志》广西府山川载：“矣邦池，一名龙甸海，在府治南，南三十余里，半跨弥勒州界。水源有二，一出阿卢山麓石窍，一出弥勒州吉双乡，南入盘江。中有小山，建广福寺于上。”矣邦池原在泸西县南，今已不存。③通海：此指通海湖，在通海县北。④太守塘：应即知府塘，在矣邦池南部，为矣邦池尾间。道光《云南通志》卷219“存疑辨误二”《太守塘》条：“广西州有支醋塘，《志》谓塘有鱼羊，供春秋祭祀醯醢之用，故名。俗讹为知府塘。今徐氏又由知府塘讹为太守塘，去之更远。”⑤竹园村：明设竹园村巡检，今仍名竹园，在弥勒市南境。

【译文】广西府西部的大山，如同屏风般高高排列，，一直向南延伸，叫作草子山。西部就是大麻子岭，是从大龟山延伸过来的山脉。东部高峻狭窄，而西部山峰层层叠叠，北面有一座石山，纷然罗列在中央，连接东西两面的山脉，叫发果山。东面的支脉向南下延的山盘结为府城所在地，西面的支脉横向连接西部山脉的山，有水从洞穴中涌出，水量相当巨大，这是泸江的源头，流经西门大桥后成为矣邦池的水源。通海湖的水从洞穴中涌出，这个海子的水也是从洞穴中涌出。然而这个海子南面还有山横着截断水流，池水仍然流入太守塘的山洞中，尤其奇异。广福寺的僧人说，这池水流入洞穴后就从竹园村北边的龙潭里流出来，不知道是不是确实如此？恐怕龙潭中的水是从锡冈北部的山坞流出的，这池水未必与龙潭水合流后流出来。矣邦池俗名叫海子，又叫龙甸。这个泸江不是广中的泸江。泸江在南方，而这条水流也窃名为泸江，不知道是什么缘故。矣邦池的南边，又有远山横跨东西两向，那么这一带也是一个南北向中间下洼的坑地，而池水流来流去都是穿透在洞穴之中。这是广西府群山中最远的山。

发果山圆若贯珠，横列郡后。东下一支曰奇鹤峰，则学宫所托；西下一支曰铁龙峰，则万寿寺所倚；而郡城当其中环处。城之东北，亦有一小石峰在其中，曰秀山，上多突石，前可瞰湖，后可揽翠。城南濒湖，复突三峰：东即广福，曰灵龟山；中峰最小，曰文笔峰，建塔于上；而西峰横若翠焉。即名翠屏。此郡山之近者也。秀山前有伏波将军[①]庙，后殿为伏波像，前殿为郡守张继孟祠。张，扶风[②]人，以甲科守此。壬申为普酋困，城岌岌矣。张奋不顾身，固保城隍，普莫能破，城得仅存。先是张梦马伏波示以方略，后遂退贼。二月终，亲莅息宰河[③]招抚焉。州人服其胆略，贼称为“舍命王”云。

【注释】①伏波将军：即马援（前13—49），字文渊，扶风茂陵（今陕西兴平）人。初在北地放牧以致富。新莽末为新成大尹，后避地凉州，与隗嚣友善。劝嚣归附刘秀，并屡次出使洛阳。又为光武帝平定陇右出谋献策。以功拜太中大夫，陇西太守，平定、安抚凉州诸羌。拜伏波将军，率军于建武十八年（42）平定交阯征侧、征贰。二十四年，率军出击武陵五溪蛮夷，次年病卒军中。后追谥忠成侯。②扶风：明置扶风县，在今陕西扶风县。③息宰河：即《游记·盘江考》中巴甸江下游流经息宰的一段，亦即今甸溪河下游，在今云南弥勒县南息宰。《清一统志·广西州》：息宰河“在弥勒县南九十里。明知府张继孟招降普名声于此”。“息宰”为彝语，“息”为新，“宰”为边上，即在河边新建的村子。

【译文】发果山圆润如同贯连的串珠，横着排列在府城后方。往东向下延伸的一条支脉叫奇鹤峰，就是学宫的依托之处；向西下延的一条支脉叫铁龙峰，就是万寿寺倚靠的地方；而府城正处在两列山环绕的中间地带。府城的东北，也有一座小石峰在其中，叫作秀山，山上多是突起的岩石，向前可以俯瞰湖水，向后可以观览翠山。城南濒临湖水的地方，又突起三座山峰：东边的就是广福寺所在的山，叫灵龟山；中间的山峰最小，叫文笔峰，有座塔建在山顶上；而西边的山峰横向排列，像翡翠屏风一样。名字就叫翠屏山。这是郡中群山中近处的山。秀山前面有伏波将军庙，后殿中是伏波将军的塑像，前殿中是广西府知府张继孟的祠堂。张继孟，扶风县人，因科举考试第一出任广西府知府。壬申年（崇祯五年，1632）被贼首普名胜围困，府城岌岌可危。张继孟奋不顾身，坚守城池，普名胜不能攻破府城，府城得以保存。在这之前，张继孟梦到伏波将军马援教给他守城的方法策略，后来果然击退了叛贼。二月底，张继孟亲自来到息宰河招抚叛贼。府中的人佩服他的胆略，叛贼称他为“舍命王”。

新寺即万寿寺。当发果西垂之南，其后山石嶙峋，为滇中所无。其寺南向，后倚峭峰，前临遥海，亦此中胜处。前有玉皇阁，东为城隍庙，俱在城外。

【译文】新寺就是万寿寺。位于发果山西边下垂之处的南面，寺后面山石耸立突兀，是滇中所无法见到的。新寺门朝向南，后面倚靠陡峭的山峰，前边远远面临矣邦池，也是这一带风光优美的处所。新寺前面有玉皇阁，东边是城隍庙，都在城外。

泸源洞[①]在城西北四里。新寺后山西尽，环坞而北，其中乱峰杂沓，缀以小石岫，皆削瓣骈枝，标青点翠。北环西转，而泸源之水，涌于下穴，泸源之洞，辟于层崖，有三洞焉。上洞东南向，前有亭；下洞南向，在上洞西五十步，皆在前山之南崖。后洞在后山之北冈，其上如眢井。从井北坠穴而下二十步，底界而成脊，一穴东北下而小，一穴东南下而廓。此三洞之分向也。其中所入皆甚深，秉炬穿隘，屡起屡伏，乳柱纷错，不可穷诘②焉。

【注释】①泸源洞：即今阿庐古洞，在泸西县西北郊，景区1.5平方公里，有九峰十八洞。青山逶迤，山腹曲洞勾连，洞中暗河蜿蜒。主要有泸源洞、玉柱洞、碧玉洞及玉笋河。近年建有徐霞客青铜铸像。②穷诘：追问，深究。

【译文】泸源洞在城西北方四里的位置。新寺后山在西面的尽头，环绕山坞而向北，其中的山峰纷杂繁多，点缀着一些小石峰，都是些刀削的花瓣并列的枝条的形态，青山显现，翠色装饰。向北环绕再往西转，是泸源洞的水，从下洞中涌出，泸源洞在层层山崖上张开，有三个洞口。上洞口面向东南，洞前有亭子；下洞口向南，在上洞口西边五十步的位置，都在前山南面的山崖上。后洞在后山北面的山冈上，洞上部如同枯井。从枯井北面下到洞中二十步，洞底形成分界的石脊，一个洞穴往东北方下去却很狭窄，一个洞穴往东南方下去很宽广。这是三个洞分别不同的朝向。洞中进去的地方都很深，举着火把穿过狭窄的山洞，地势起起伏伏，钟乳石柱纷杂错落，不可穷追深问罢了。

十一日　大霁。上午出西门，过城隍庙、玉皇阁前。西一里，转新寺西峰之嘴而北。又北一里，见西壑涨水盈盈，而上洞在其西北矣。由岐路一里抵山下，历级游上洞。望洞西有寺，殿两重，入憩而瀹水为餐。余因由寺西观水洞。还寺中索炬，始知为洞有三，洞皆须火深入。下午，强索得炬，而火为顾仆所灭，遍觅不可得。遥望一村，在隔水之南，涨莫能达，遂不得为深入计。聊一趋后洞之内，披其外扃，还入下洞之底，探其中门而已。仍从旧路归，北入新寺，抵暮而返。

【译文】十一日　天气非常晴朗。上午走出西门，路过城隍庙、玉皇阁前。往西走了一里，绕过新寺西峰的山尖往北走。又向北走了一里，看见西边沟壑中水涨得很满，而上洞就在沟壑的西北边了。沿着岔路走了一里到达山下，越阶而上游览上洞。望见洞西有座寺庙，两重宫殿，进入寺中休息并烧水做饭。我于是从寺庙西边去观赏了水洞。返回寺中要来了火把，这才知道有三个洞，每个洞都必须有火把才能深入。下午，好不容易找到火把，但火被顾仆弄灭了，四处寻找火种却找不到。远远望见一个村子，隔在水的南边，由于涨水了不能通过，于是不再考虑深入洞中。姑且又赶到后洞内，逐一观看洞外层的深藏之处，返回来进入下洞洞底，探寻它的中洞口而已。仍然从原路返回，从北边进入新寺，黄昏后才回到城中。

十二日　早促何君《志》，犹曰即送至；坐寓待之，拟一至即行；已而竟日复不可得。晚谓顾仆曰："《志》现装钉，俟钉成帙，即来候也。"

【译文】十二日　早晨向何君催要《广西府志》，他还是说立即就送到；我坐在寓所中等他，打算一收到就马上动身；最终又是一整天没有得到。晚上他对顾仆说："《广西府志》现在正在装订，等装订成套，马上前来问候。”

余初以为广西郡人必悉盘江所出，遍征之，终无谙者。其不知者，反谓西转弥勒，既属颠倒。其知者，第谓东北注罗平，经黄草坝下，即莫解所从矣。间有谓东南下广南，出田州，亦似揣摩之言，靡有确据也。此地至黄草坝，又东北四五日程。余欲从之，以此中淹留日久，迤西之行不可迟，姑留为归途之便。

【译文】我起初以为广西府的人肯定知晓盘江的源头，问遍了当地人，始终没有熟悉的人。那些不知道的人，反而说盘江是向西流转到弥勒州，这已经完全颠倒了。那些知道的人，只是说出东北流到罗平州，流经黄草坝下去，然后就不知道流往哪里了。间或有人说是从东南下流到广南府，流出田州，这似乎是一种臆断，没有确凿的证据。此地到黄草坝，往东北走，还有四五天的路程。我想要从这条路走，因为在这里逗留的日子太久，到滇西的行程不可推迟，暂且留作从滇西返回途中顺便做了。

广西府鹦鹉最多，皆三乡县所出，然止翠毛丹喙[①]，无五色之异。

【注释】①喙（huì）：嘴，特指鸟兽的嘴。

【译文】广西府鹦鹉最多，它们都是三乡县所出，然而它们只是翠毛红嘴的，没有五彩颜色的奇特种类。

三乡县，乃甲寅萧守所城。

【译文】三乡县城，是甲寅年（万历四十二年，1614）萧知府修建的。

维摩州，州有流官，只居郡城，不往州治。二处皆藉何天衢守之，以与普拒。

【译文】维摩州，州里设有流官，流官只住在府城，不去州治居住。两个地方都依靠何天衢防守，以此抵抗普名胜。

广福寺在郡城东二里，吉双乡在矣邦池之东南，与之对。而弥勒州在郡西九十里。《一统志》乃注寺在弥勒东九十里，乡为弥勒属，何耶？岂当时郡无附郭[①]，三州各抵其前为界，故以属之弥勒耶？然今大麻子哨[②]西，何以又有分界之址也？

【注释】①附郭：与府州治所同城的县，称为附郭县。②大麻子哨：今作“麻子哨”，在泸西县西境。

【译文】广福寺在府城东面二里的位置，吉双乡在矣邦池的东南方，和广福寺是相对而立的。而弥勒州在府城西面九十里。《一统志》却注明广福寺在弥勒州东面九十里，吉双乡隶属于弥勒州，这是为什么呢？难道是当时广西府没有附郭县，三个州各自抵达府治前边分界，所以把吉双乡划属在弥勒州的吗？然而现在大麻子哨的西边，为什么又有分界的旧址呢？

十三日　中夜闻雷声，达旦而雨。初余欲行屡矣，而日复一日，待之若河清焉！

【译文】十三日　半夜听见雷声，天亮时下起雨来。起初我多次想要动身，却一天接一天的等待，好像是等黄河的水变清一样！

自省至临安，皆南行。自临安抵石屏州，皆西北。自临安抵阿迷，皆东北。自阿迷抵弥勒，皆北行。自弥勒抵广西府，皆东北。

【译文】从省城到临安府，都是向南走。从临安府到石屏州，都是向西北走。从临安府到阿迷州，都是往东北走。从阿迷州到弥勒州，都是向北走。从弥勒州到广西府，都是往东北走。

十四日　再令顾仆往促《志》，余束装寓中以待。乍雨乍霁。上午得回音，仍欲留至明晨云。乃携行李出西门，入玉皇阁。阁颇宏丽，中乃铜像，而两庑塑群仙像，极有生气，正殿四壁，画亦精工。遂过万寿寺，停行李于其右庑。饭后登寺左铁龙峰之脊，石骨棱棱，皆龙鳞象角也。《志》又称为天马峰，以其形似也。既下，还寺中，见右庑之北有停柩焉，询之，乃吾乡徽郡游公柩也。游讳大勋，任广西三府。征普时，游率兵屯郡南海梢，以防寇之冲突。四年四月，普兵忽乘之，游竟没于阵。

今其子现居其地，不得归，故停柩寺中。余为慨然。是晚，遇李如玉、杨善居诸君作醮[1]寺中，屡承斋饷。僧千松亦少解人意。是晚月颇朗。

【注释】①醮（jiào）：僧道为除灾去鬼、设坛念经做法事。

【译文】十四日　再次让顾仆去催要《广西府志》，我整理好行装在寓所中等待。天气忽雨忽晴。上午得到回音，说仍然要留下等到明天早晨。于是携带行李走出西门，进入玉皇阁。玉皇阁颇为宏伟壮丽，大殿中是铜像，而两侧厢房塑有众多神仙像，极有生气，正殿的四面墙壁上，壁画也是精工细作。于是经过万寿寺，把行李放在寺庙右边的厢房中。吃饭后登上寺庙左边铁龙峰的山脊，骨状的岩石棱角嶙峋，都像龙鳞象牙一样。《一统志》又称为天马峰，是因为山的形状相似。下山后，返回寺中，看到右边厢房北头有停放的棺柩，询问寺僧，原来是我家乡徽州人游公的灵柩。游公名叫大勋，历任广西府等三府。征讨普名胜时，游公率领军队驻扎在府城南矣邦池水尾，以防止叛贼冲锋突袭。崇祯四年（1631）四月，普名胜的军队忽然趁机进攻，游公竟然战死在阵地上。如今他的儿子居住在此地，不能回乡，故而把灵柩停放在寺中。我为游公慨叹不已。这天晚上，遇见李如玉、杨善居诸位先生来寺里做法事，多次承蒙他们招待斋饭。僧人千松也很善解人意。这天晚上月亮特别明朗。

十五日　余入城探游君之子，令顾仆往促何君。上午，出西门，游城隍庙。既返寺，寺中男妇进香者接踵。有吴锡尔者，亦以进香至，同杨善居索余文，各携之去，约抵暮驰还。抵午，顾仆回言："何君以吏钉《志》久迟，扑数板，限下午即备，料不过期矣。”下午，何命堂书送《志》及程仪至[1]，余作书谢之。是晚为中秋，而晚云密布，既暮而大风怒吼。僧设茶于正殿，遂餔餟[2]而卧。

【注释】①堂书：府县书吏称堂书。程仪：旧时赠送旅行者的财礼。②餔餟（bū zhuì）：吃喝。

【译文】十五日　我进城去探访游君的儿子，命令顾仆前去催促何君。上午，走出西门，游览了城隍庙。返回寺中后，寺中来进香的善男信女络绎不绝。有个叫吴锡尔的人也因为进香来到寺中，和杨善居一起来索要我的文章，他们各自带着文章离开了，约定到天黑时赶来归还。到了中午，顾仆回来说：“何别驾因为下属装订《广西府志》太慢，打了他几板子，限令他下午就要准备好，料想不会超过这个期限了。”下午，何别驾命令书吏送来《广西府志》和赠送的路费，我写信向他道谢。这天晚上是中秋节，然而暮云密布，黄昏后就大风怒吼。僧人在正殿摆设了茶点，我吃喝后就躺下睡了。

十六日　雨意霏霏，不能阻余行色。而吴、杨文未至，令顾仆往索之。既饭，杨君携酒一樽，侑[1]以油饼熏凫，乃酌酒而携凫饼以行。从玉皇阁后循铁龙东麓而北，一里，登北山而上。一里逾其坳，即发果山之脊也，《志》又谓之九华山。盖东峰之南下者为奇鹤，为学宫所倚；西峰之南下者为铁龙，为万寿寺之脉；中环而南突于城中者，为锺秀山，其实一山也。从岭上平行，又北三里，始见泸源洞在西，而山脊则自东界大山横度而西，属于西界，为郡城后倚。然泸源之水，穿其西穴而出，亦不得为过脉也。从岭北行，又五里而稍下，有哨在坞之南冈，曰平沙哨，郡城北之锁钥也。其东即紫微之后脉，犹屏列未尽；其西则连峰蜿蜒，北自师宗南下为阿卢山，界坞中之水，而中透泸源者也。由哨前北行坞中，六里，有溪自北而南，小石梁跨之，是为矣各桥。溪水发源于东西界分支处，由梁下西注南转，坞穷而南入穴，出于泸源之上流也。又北六里，有村在西山之半，溪峡自东北来，路由西北上山。一里，蹑岭而上，二里，遂逾西界之脊，于是瞰西坞行。坞中水浸成壑，有村在其下；其西复有连山自北而南，与此界又相持成峡焉。从岭上又北四里，乃西北下西峡中，一里抵麓。复循东麓北行十五里，复有连冈属两界之间，有数家倚其上，是为中火铺，有公馆[②]焉。按《志》，师宗南四十里有额勒哨，当即此矣。饭，仍北行峡中。其内石峰四五，离立峥峥。峡西似有溪北下，路从峡东行，两界山复相持而北。坞中皆荒茅沮洳，直抵师宗，寂无片椽[③]矣。闻昔亦有村落，自普与诸彝出没莫禁，民皆避去，遂成荒径。广西李翁为余言："师宗南四十里，寂无一人，皆因普乱，民不安居。龟山督府今亦有普兵出没。路南[④]之道亦梗不通。一城之外，皆危境云。"龟山[⑤]为秦土官寨。其山最高，为弥勒东西山分脉处。其西即北属陆凉，西属路南，为两州间道。向设督捕[⑥]城，今渐废弛。秦土官为昂土官所杀，昂复为普所掳。今普兵不时出没其地，人不敢行，往路南、澂江者，反南迂弥勒，从北而向革泥关[⑦]焉。盖自广西郡城外，皆普氏所慑服。即城北诸村，小民稍温饱，辄坐派其赀以供，如违，即全家掳掠而去。故小民宁流离四方，不敢一鸣之有司，以有司不能保其命，而普之生杀立见也。北行二十里，经坞而西，从坞中度一桥，有小水自南而北，涉之，转而西北行。暝色已合，顾仆后，余从一老人、一童子前行，踯躅昏黑中。余高声呼顾仆，老人辄摇手禁止，盖恐匪人闻声而出也。循坡陟坳十里，有一尖峰当坳中，穿其腋，复西北行。其处路甚泞，蹊水交流，路几不辨。后不知顾仆趋何所，前不知师宗在何处，莽然随老人行，而老人究不识师宗之远近也。老人初言不能抵城，随路有村可止。余不信。至是不得村，并不得师宗，余还叩[8]之。老人曰："余昔过此，已经十四年。前此随处有村，不意竟沧桑莫辨！"久之，渐闻犬吠声隐隐，真如空谷之音，知去人境不远。过尖山，共五里，下涉一小溪，登坡，遂得师宗城焉。抵东门，门已闭，而外无人家。循城东北隅，有草茅数家，俱已熟寝。老人仍同童子去。余止而谋宿，莫启户者。心惶惶念顾仆负囊，山荒路寂，泥泞天黑，不知何以行？且不知从何行？久之，见暗中一影，亟呼而得之，而后喜可知也！既而见前一家有火，趋叩其门。始固辞，余候久之，乃启户入。瀹汤煮杨君所贻粉糕啖之，甘如饴也。濯足藉草而卧，中夜复闻雨声。主人为余言："今早有人自府来，言平沙有沙人[9]截道。君何以行？"余曰："无之。"曰："可征君之福也。土人与之相识，犹被索肥始放，君之不遇，岂偶然哉！即此地外五里尖山之下，时有贼出没。土人未晚即不敢行，何幸而昏夜过之！"

【注释】①侑（yòu）：陪进食物。②公馆：古代政府修建供官府人员旅途停歇的屋舍，多设在交通沿线的重要程站。③椽（chuán）：此处代指房屋。④路南：即今云南路彝族自治区⑤龟山：即前称"大龟"，今作"圭山"，在石林县东境。⑥督捕：州县官署中的杂佐官，负有缉捕之责。⑦革泥关：在今弥勒和石林两县间。⑧叩：询问。⑨沙人：古代西南少数民族名。民国《马关县志稿》风俗志载："沙人，本侬人之变种。

明末，其酋长沙定洲骁悍，……其部谓之沙人，衣装剪裁另为格式，以示区别，此沙人之由来也。一说该族多居河滨，男妇老稚每于沙滩乘凉，初生小儿以之卧沙上，则无疾易养，故称沙人云。查其语言风俗，与侬人无异，不同处惟裙不加折。以情判之，则前之说转为近似。”沙人系壮族中的布雅侬支系，他们和侬人一样，都是以其统治者的姓氏见称。但景泰《云南图经志书》载广西府“有沙蛮”，正德《云南志》说，广西府“沙人善治田”，则沙人的名字比沙定洲早得多。

【译文】十六日　细雨霏霏，但不能阻止我行旅的决心。然而吴锡尔、杨居善没有到，我让顾仆前去索要我的文章。吃过饭后，杨君带来一樽酒，以及下酒的油饼、烤鸭，于是喝完酒后带上烤鸭、油饼就动身了。从玉皇阁后沿着铁龙峰的东麓往北走，走了一里，攀登北山而上。登了一里后越过北山山坳，就是发果山的山脊了，《广西府志》又称发果山为九华山。原来发果山的东峰往南下延的山是奇鹤峰，就是学宫倚靠的地方；西峰往南下延的山是铁龙峰，是万寿寺所在的山脉；位于中央环绕向南突立于城中的山，是锺秀山，其实是一座山。从岭上平缓行走，又向北走三里，才见到泸源洞在西面，而山脊则是从东面的大山横向往西延伸，连接到西面一列山，是府城后面倚靠的地方。不过泸源洞的水，是穿过西边的洞穴流出来的，也没有成为泸源洞水流过的山脉。从岭上往北走，又走了五里后稍稍下走，有哨所在山坞南边的山冈上，叫作平沙哨，是府城北面的出入要道。平沙哨东面就是紫微山后面的山脉，像屏风一样排列延绵不断；平沙哨西面是连绵的山峰蜿蜒曲折，北面从师宗州向南下延盘结为阿卢山，隔在山坞中的水流，是穿流过泸源洞中的水。由哨所前往北行走在山坞中，走了六里，有条溪水从北流向南，一座小石桥横跨在溪流上，这是矣各桥。溪水发源于东西两列山分支的地方，由桥下往西流后向南转，流到山坞尽头就向南流入洞穴中，出洞后就是泸源洞水流的上游了。

又向北六里，有个村庄在西山的山腰上，峡谷中的溪水从东北方流出来，道路由西北上山。走了一里，踏着山岭上走，走了二里，就越过西面一列山的山脊，于是俯瞰着西面的山坞前行。山坞中的水淹成壑谷，有村子在壑谷的下方；山坞西面又有连绵的山脉从北向南延伸，与这里的一列山对峙形成峡谷。从岭上又往北走四里，就向西北下到西边的峡谷中，走了一里到达山麓。再沿着东面的山麓往北走十五里，又有连绵不断的山冈连接在两列山之间，有几户人家倚靠在山冈上，这里是中火铺，有公馆在这里。据《广西府志》记载，师宗州南边四十里处有个额勒哨，应当就是此地了。吃过饭后，仍然往北行走在峡谷中。峡谷内有四、五座石峰，分别耸立，山势高峻。峡谷西边似乎有溪水往北下流，路从峡中向东走，两面的山又相互对峙着往北延伸。山坞中都是荒茅草，地势潮湿低洼，一直延伸到师宗州，空寂没有人烟。听说从前山坞中也有村落，自从普名胜与各族彝人在这里出没，官府无法禁绝，百姓都避难逃走了，于是这里就变成了荒寂的小路。广西府的李翁对我说："师宗州南边四十里，荒寂得没有一个人，都是因为普名胜作乱，百姓不能安居。龟山督府内如今也有普名胜的军队出没。路南州的道路也受阻不通。除了师宗一座城之外，都是危险的地方。"龟山是秦土官的山寨。那座山最高，是弥勒州东西两列山山脉分支的地方。龟山以西，北部就连接陆凉州，西部连接路南州，有去两州的小路。先前龟山设有督捕城，如今慢慢地废弃了。秦土官被昂土官所杀，昂土官又被普名胜俘虏。现在普名胜的军队不时在这一带出没，行人不敢通行，前往路南州、澂江府的人，反而要往南绕道弥勒州，再向北从革泥关走。大概自广西府城以外，都被普名胜慑服了。即便是府城以北的各村，百姓只要稍稍温饱，普名胜就摊派钱财作为给养，百姓如有违抗，马上全家人就会被掳掠而去。所以百姓宁愿流离四方，也不敢向官府申诉，因为官府不能保全他们的性命，而普名胜的生杀大权立当即见效。往北走二十里，经过山坞向西走，从坞中走过一座桥，有条小河从南往北流，涉过河水，转向西北走。夜色已经降临，顾仆走在后面，我跟随一个老人、一个儿童走在前面，在昏黑之中徘徊不前。我高声呼喊顾仆，老人立刻摆手制止，大概是担心土匪听见声音出来了。顺着山坡上登山坳有十里，有一座尖峰位于山坳中，穿过尖峰侧面，再往西北走。这里的道路十分泥泞，小路上流水交错，几乎分辨不清道路。后面不知顾仆赶到了什么地方，前方不知师宗州在哪里，茫然地跟着老人前行，然而老人竟然也不知道师宗州距离远近。老人起初说到不了师宗州城，沿路有村子可以住下，我不信。到这时，既找不到村子，也没有看到师宗城，我回头询问他。老人说："我从前走过这条路，已经有十四年了。从前这条路上到处都有村庄，没想到竟然沧桑巨变到无法辨认！"走了很久以后，渐渐听到隐隐的狗叫声，真像空谷中的回音，知道离有人烟的地方不远了。走过尖山，共五里，下行涉过一条小溪，上登山坡，就看到师宗城了。到达东门，城门已经关闭了，而且城外没有人家。沿着城墙的东北角，有几户人家住在茅草房中，都已经睡熟了。老人于是和儿童离开了。我停下来寻找住处，没有肯开门的人家。心中惶恐不安，挂念顾仆背着行李，山野荒凉，道路寂静，路面泥泞，天又黑，不知道他怎么走？而且不知道从哪里走？很久过后，看到黑暗中有一个人影，急忙呼喊才见到他，见面后的喜悦可想而知了！随后看到前面的一户人家中有火光，赶快过去敲他家的门。开始这家人坚决拒绝，等候了很久，才开门让我们进去。烧水煮杨君赠送的粉糕吃，味道和饴糖一样甘甜。洗脚后垫着茅草就躺下睡了，半夜又听到雨声。房主人对我说："今早有人从广西府过来，说平沙哨有沙人在拦路抢劫。您怎么过来的？"我说："没有遇到沙人。"房主人说："可见您很有福气呀！当地人与沙人认识，尚且要被勒索重金才会放行，您没有遇到他们，难道是偶然的吗！就在此地五里之外的尖山下面，时常有盗贼出没。当地人没到天黑就不敢走了，您在黑夜里过来是何等的幸运啊！”

师宗[①]在两山峡间，东北与西南俱有山环夹。其坞纵横而开洋，不整亦不大。水从东南环其北而西去，亦不大也。城虽砖甃而甚卑。城外民居寥寥，皆草庐而不见一瓦。其地哨守之兵，亦俱何天衢所辖。

【注释】①师宗：即今云南师宗县。

【译文】师宗州在两列山的峡谷之间，东北与西南都有山环绕相夹。州城所在的山坞纵横十分开阔，不整齐也不大。河水从东南方环绕州城北边后向西流，水势也不大。城墙虽然是砖砌的但是很低矮。城外的民房数量很少，都是茅草房而没有一间瓦房。这里守卫哨所的军队，也都属于何天衢管辖。

城西有通玄洞，去城二里，又有透石灵泉，俱不及游。

【译文】城西有个通玄洞，距城里有二里路的距离，又有处透石灵泉，都来不及去游览。

十七日　晨起，雨色霏霏。饭而行，泥深及膝，出门即仆。北行一里，有水自东南坞来，西向注峡而去，石桥跨之，为绿生桥。过桥，行坞中一里，北上坡。遵坡行八里，东山始北断成峡，水自峡中西出，有寨当峡而峙，不知何名。余从西坡北下，则峡水西流所经也。坡下亦有茅舍数家，为往来居停之所，是曰大河口。河不甚巨，而两旁沮洳特甚，有石梁跨之，与绿生同，其水势亦与绿生相似。过桥北行，度坞。坞北复有山自东北横亘西南，一里陟其坡，循之东向行。三里，越坡东下。坞中沮洳，有小水自北而南入大河。溪上流有四五人索哨钱于此，因架木为小桥以渡。见余，不索哨而乞造桥之犒，余畀以二文，各交口称谢。既渡，半里，余随车路东行，诸人哄然大呼，余还顾，则以罗平大道宜向东北，余东行为误故也。亟还，从东北半里，复上坡东行，于是皆荒坡遥陇，夙雾远迷，重茅四塞。十五里，东逾冈，始望见东北冈上有寨一屯，其前即环山成洼，中有盘壑，水绕其底而成田塍，四顾皆高，不知水从所出。从冈东下一里，越坞中细流。其坞与流，皆自南而北，即东通盘壑者。又东上一里，循壑之南脊行，与所望北冈之寨正隔坞相对矣。又逾东冈稍下一里，则盘壑之东，有峡穿陇中而至，其峡自东南大山破壁而至者。峡两崖皆亘壁，其上或中剖而成峡，或上覆而成梁，一坞之中，倏断倏续，水亦自东南流穿盘壑，但壑中不知何泄。时余从石梁而度，水流其下，不知其为梁也。望南北峡中水，一从梁洞出，一从梁洞入。乃从梁东选石踞胜，瞰峡而坐。睇其下，如连环夹壁，明暗不一，曲折透空，但峡峭壁削，无从下穿其穴耳。于是又东，愈冈坞相错，再上再下。八里，盘岭再上，至是夙雾尽开，北有削崖近峙，南有崇岭遥穹。取道其间，横陟岭脊，始逼北崖，旋向南岭。二里，复逾高脊，北转东下。二里，有茅当两峰峡间，前植哨竿，空而无人，是曰张飞哨，山中之最幽险处也。又东下三里，悬壑深阒[①]，草木蒙密，泥泞及膝，是名偏头哨。哨不见居庐，路口止有一人，悬刀植枪而索钱，余不之与而过。此哨之南即南穹崇岭，罗平贼首阿吉所窟处，为中道最险，故何兵哨守焉。又名新哨，而师宗界止此矣。过哨，又东上岭。岭更峻，石骨棱厉。二里跻其巅，是为罗平、师宗之分界，亦东西二山之分界也。岭重山复，上下六十里，险峻为迤东之冠。其山盖南自额勒度脉，分支北下，结成崇岭，北度此脊而为白腊、束龙，而东尽于河底、盘江交会处者也。从岭上东向平行，其间多坠壑成阱，小者为眢井，大者为盘洼，皆丛木其中，密不可窥，而峰头亦多树多石，不若师宗皆土山茅脊也。平行岭上五里，路左有场，宿火树间，是为中火铺，乃罗平、师宗适中之地。当午，有土人担具携炊，卖饭于此，而既过时辄去，余不及矣，乃冷餐所携饭。又东一里，渐下。又一里，南向下丛中。其路在箐石间，泥泞弥甚。一里，遂架木为栈，嵌石隙中，非悬崖沿壁，而或断或续，每每平铺当道，想其下皆石孔眢井，故用木补填之也。又东下一里，始出峡口。回顾西壑，崇岭高悬，皆丛箐密翳，中有人声，想有彝[②]人之居，而外不能见。东眺则南界山冈平亘，北界则崇峰屏立，相持而东。于是循北坡东行。三里，复北上坡，直抵北界峰腰，缘之。三里，峰尽东下，有坞纵横，一坞从北峡来，一坞从东峡来，一坞从西峡来，一坞向东南去。时雨色复来，路复泥泞，计至罗平尚四十里，行不能及，闻此中有营房一所可宿，欲投之。四顾茫无所见，只从大道北转入峡，遂缘峡东小岭而上。一里，忽遇五六人持矛挟刃而至，顾余曰："行不及州矣。"予问："营房何在？"曰："已过。""可宿乎？"曰："可。"遂挟余还。盖此辈即营兵，乃送地方巡官过岭而返者。仍一里，下山抵坞中，乃向东坞入。半里，抵小峰之下，南向攀峰而上，峻滑不可着足。半里登其巅，则营房在焉。营中茅舍如蜗，上漏下湿，人畜杂处。其人犹沾沾谓予："公贵人，使不遇余辈，而前无可托宿，奈何？虽营房卑隘，犹胜彝居十倍也。"彝谓黑、白彝与僰僰。余颔之。索水炊粥。峰头水甚艰，以一掬濯足而已。

【注释】①阒（qù）：形容寂静。②彝：彝族分布极广，支系复杂，黑彝、白彝都是彝族支系的不同称谓。黑彝即黑罗罗，白彝即白罗罗，又称撒摩都。也有以黑白分贵贱者，景泰《云南图经志书》沾益州风俗说："罗罗以黑白分贵贱。"直到新中国建立前，四川大凉山彝族还以黑彝、白彝区分贵贱。

【译文】十七日　早晨起床，细雨霏霏。吃过饭后出发，淤泥深陷到膝盖，出门就跌倒了。往北走了一里，有水从东南方的山坞中流来，向西从峡谷中流注而去，有座石桥跨过流水，是绿生桥。过桥后，在山坞中行走一里，向北上坡。顺着山坡走了八里，东面的山开始从北面断裂开，形成峡谷，水流从峡谷中往西流出来，有个村寨正对着峡口，不知道叫什么名字。我从西面的山坡向北下行，就是峡谷中的水向西流经的地方了。坡下也有几间茅草房，是来往行人停留休息的场所，这里叫大河口。河水没那么大，但是河流两岸非常低洼潮湿，有石桥跨在河上，与绿生桥一样，桥下的水势也与绿生桥的相似。过桥后往北走，穿过山坞。山坞北边又有山从东北横向绵亘到西南，一里后上登山坡，顺着山坡向东走。行三里路，越过山坡往东下坡。山坞中地势低洼潮湿，有条小溪水从北向南流入大河。小溪上游有四五个人在那里索要哨钱，是因为他们架了座小木桥让人渡河。见到我，没有索取哨钱却讨要造桥的酬劳，我给了两文铜钱，他们都齐声道谢。过桥后走了半里，我顺着车路往东走，众人嘈杂地呼喊，我转身一看，原来去罗平州的大道应该向东北走，我往东走错了方向。于是急忙返回来，往东北方走半里，再上坡往东走，这里全是荒芜的山坡，远望过去全是土陇，晨雾在远方朦朦胧胧，四面充塞着层层茅草。走了十五里，向东越过山冈，才望见东北方的山冈上有一个村寨，村前就是山环绕形成的洼地，中央盘绕成壑谷，水流绕过壑谷底部，被开垦成田地，环顾四面地势都很高，不知道水从什么地方流出去。从山冈上往东下行一里，越过山坞中的小水流。这里的山坞和水流，都是自南向北的走向，就是向东通往壑谷盘绕的地方。又向东上行一里，沿着壑谷南面的山脊走，与先前望见的北冈的村寨正好隔着山坞相对。又越过东面的山冈稍向下走一里，就是盘绕而成的壑谷的东面，有条峡谷从土陇中穿过来，这条峡谷是从东南方的大山中破开峭壁而来的。峡谷两面的山崖都是连绵不断的峭壁，山崖上，有的从中间剖开形成峡谷，有的从上方覆盖下来形成桥梁，一个山坞忽断忽续，水流也是从东南穿流过盘绕而成的壑谷，但不知壑谷中的水从哪里泄出去。当时我从石桥上走过去，水在桥下流，却不知它是桥。望见南北两面峡谷中的水，一条从桥洞中流出去，一条从桥洞中流进来。于是在石桥东边选了一块能观览美景的石头俯瞰着峡谷坐下。斜看峡谷的下方，如同连环相夹墙壁，明暗不一，曲折透空，只是峡谷两侧的石壁陡峭得好像刀削的一样，没有办法从下边钻过这些洞穴。从这里又往东走，更加是山冈山坞相互交错，两次上行两次下走。走了八里后，又绕着山岭上登，到这时晨雾才完全散开，北边有陡削的山崖在近处对峙，南面有崇山峻岭远远的隆起。选取两山之间的道路，横向上登岭脊，开始逼近北面的山崖，随即转向南面的山岭。走了二里路，又越过高高的山脊，往北走转向东下山。走了二里，有间茅草屋位于两面山峰的峡谷间，房前竖着哨所的旗杆，但空无一人，这里叫张飞哨，是山中最僻静、最险要的地方。又往东下行三里，高悬的壑谷幽深寂静，草木浓密，泥泞的淤泥没到膝盖，这里名叫偏头哨。哨所不见住房，路口只有一个人，腰间挎刀、枪拄着地在收钱，我没给他钱就走了过去。这个哨所的南面就是在南面高高隆起的崇山峻岭，也是罗平州匪首阿吉建立巢穴的地方，是途中最险要的地方，所以何天衢的军队设哨所守在这里。偏头哨又叫新哨，师宗州的地界到这里就到尽头了。过了哨所，又向东上岭。山岭更加陡峻，骨状的岩石棱角锋利。走了二里登上峰顶，这里是罗平州、师宗州的分界处，也是东西两面山的分界。山岭重重叠叠，上上下下有六十里，险峻之势可称为滇东第一。这一带的山，大概是南起延伸过额勒哨的山脉，分出支脉向北下延，盘结成崇山峻岭，往北延过这条山脊形成白腊山、束龙山，然后往东在河底河、盘江交汇之处到头。从岭上向东平缓前行，山间多有下坠形成的壑谷与陷坑，小的是枯井，大的是盘状的洼地，都有丛林在其中，树林浓密得不能窥视，而且峰顶也是多树多石，不再像师宗州那样全是土山和长满茅草的山脊。平缓地在岭上走了五里，路左边有块场地，住宿、烧火做饭都在树丛中，这里是中火铺，是罗平州、师宗州之间位于中间的地带。到中午时，有当地人肩担手提炊具到此处卖饭，然而时间一过就离开，我没赶上，于是吃了随身带着的冷饭。又往东走了一里，渐渐下行。又走了一里，向南下到草丛中。这条路在竹林丛石间，更加泥泞。走了一里，就有架木头修成的栈道，嵌在石缝中，不是在悬崖上沿着崖壁走，而是断断续续，每每平铺在道路上，我猜想栈道下面都是石孔枯井，所以用木头来填补路面的空陷之处。又往东下行一里，这才走出峡口。回头看西面的壑谷，崇山峻岭高悬，全是丛竹密蔽，竹林中有人声，想来是有彝人的住所，但从外面看不见。向东远眺，只见南面的山冈平缓地绵延而去，北面则是高高的山峰像屏风一样矗立着，相互对峙着往东延伸。从这里顺着北面的山坡往东走，走了三里，再向北上坡，一直走到北面一列山的半山腰上，沿着山腰走了三里，走完山峰向东下山，有山坞纵横交错，一条山坞从北面的峡谷中过来，一条山坞从东面的峡谷中过来，一条山坞从西面的峡谷中过来，一条山坞向东南延伸过去。此时又下起雨来，道路又泥泞不堪，到罗平州大概还有四十里，预计赶不到了，听说这一带有一所营房可以住宿，想去营房投宿。四面环顾，茫茫一片什么也没有，只好沿着大道向北转入峡谷中，于是顺着峡谷东边的小山峰上行。走了一里，忽然遇到五六个人手持长矛大刀走过来，看着我说："走不到州城了。"我问道："营房在哪里？"他们说："已经走过了。"我又问："可以住宿吗？"他们回答说："可以。"就带着我往回走。原来这帮人就是军营中的兵，是护送巡查的地方官过岭返回来的。仍旧走了一里，下山到达山坞中，便向着东面的山坞进去。走了半里，抵达小山峰之下，向南上登山峰，又陡又滑，不能落脚。走了半里登到峰顶，就见营房在峰顶上。军营中的茅草房像蜗牛壳一样，上边漏水下边潮湿，人畜杂居在一处。那些人还得意地对我说："相公是贵人，假使没遇上我们，而前面又没有地方可以投宿，该怎么办呢？营房虽然低矮狭窄，却胜过彝人的住所十倍了。"彝人指的是黑彝、白彝与倮倮。我点头同意他的说法。讨些水来煮粥。山顶上用水十分艰难，只用一捧水洗洗脚而已。

十八日　平明，雨色霏霏。余谓："自初一漾田晴后，半月无雨。恰中秋之夕，在万寿寺，狂风酿雨，当复有半月之阴。"营兵曰："不然。予罗平自月初即雨，并无一日之晴。盖与师宗隔一山，而山之西今始雨，山之东雨已久甚，乃此地之常，非偶然也。"余不信。饭后下山。饭以笋为菜。笋出山箐深处，八月正其时也。泞滑更甚于昨，而浓雾充塞，较昨亦更甚。一里，抵昨所入坞中，东北上一里，过昨所返辕[1]处。又一里，逾山之冈，于是或东或北，盘旋岭上。八里稍下，有泉一缕，出路左石穴中。其石高四尺，形如虎头，下层若舌之吐，而上有一孔如喉，水从喉中溢出，垂石端而下坠。喉孔圆而平，仅容一拳，尽臂探之，大小如一，亦石穴之最奇者。余时右足为污泥所染，以足向舌下就下坠水濯之。行未几，右足忽痛不止。余思其故而不得，曰："此灵泉而以濯足，山灵罪我矣。请以佛氏忏法解之。如果神之所为，祈十步内痛止。"及十步而痛忽止。余行山中，不喜语怪，此事余所亲验而识之者，不敢自讳以没山灵也。从此渐东下，五里抵一盘壑中，有小水自北而南，四围山如环堵，此中洼之底也，岂南流亦透穴而去者耶？又上东冈，二里逾冈。又东下一里，行坞中者三里，有小水自西北向东南，至是始遇明流之涧，有小桥跨之。既度，涧从东南去，路复东上冈。三里，逾冈之东，始见东坞大辟，自南而北。东界则遥峰森峭，《志》称罗庄山。骈立东南；西界则崇谳巍峨，《志》称白蜡山。屏峙西北。东北又有一山，土人称为東龙山。横排于两界缺处，而犹远不睹罗平城，近莫见兴哆啰也。兴哆啰即在山下，以岭峻不能下瞰耳。又东，稍下者二里，峻下者一里，遂抵坞中，则兴哆啰茅舍数间，倚西山东麓焉。从此遂转而北行坞中。其坞西傍白蜡，东瞻罗庄，南去甚遥，则罗庄自西界老脊分枝而东环处也。坞中时有土冈自西界东走，又有石峰自东界西突。路依西界北行，遥望东界遥峰下，峭峰离立，分行竞颖，复见粤西面目。盖此丛立之峰，西南始于此，东北尽于道州，磅礴数千里，为西南奇胜，而此又其西南之极云。过兴哆啰北，一重土冈东走，即有一重小水随之。想土冈之东，有溪北注，以受此诸水。数涉水逾冈，北五里，望西山高处有寨，聚居颇众，此俘俘寨也。又北二里，有池在东冈之下，又北二里，有池在西冈之下，皆冈坞环转，中洼而成者。又北三里，有水成溪，自西而东向注，甚急，一石梁跨之，是为鲁彝桥，桥下水东南数里入穴中。越桥北，始有夹路之居。又北半里，有水自西而东注，其水不及鲁彝之半，即从上流分来，亦东里余而灭，亦一石梁跨之。二水同出于西门外白蜡山麓龙潭中，分流城东南而各坠地穴，亦一奇也。桥之南，始有盈禾之塍。又北半里，入罗平南门。半里，转东，一里，出东门，停憩于杨店。是日为东门之市。既至而日影中露，市犹未散，因饭于肆，观于市。市新榛子、薰鸡葼还杨店，而雨濛濛复至。时有杨婿姜渭滨者，荆州人，赘此三载矣，颇读书，知青乌术[②]，询以盘江曲折，能随口而对，似有可据者。先是余过南门桥，有老者巾服而踞桥坐，见余过，拉之俱坐。予知其为土人，因讯以盘江，彼茫然也。彼又执一人代讯，其人谓由瀫江返天上，可笑也。渭滨言："盘江南自广西府流东北师宗界，入罗平之东南隅罗庄山外，抵八达彝寨[③]会江底河，经巴泽、河格、巴吉、兴龙、那贡，至坝楼为坝楼江，遂东南下田州。不北至黄土，亦不至普安州。"第坝楼诸处与普安界亦相交错，是南盘亦经普安之东南界，特未尝与东北之北盘合耳。

【注释】①返辕：走过的路。②青乌术：指精通风水和地理。③八达彝寨：《游记·盘江考》中作“巴旦彝寨”。今称“八达河”或“八大河”，即今云南曲靖市东南及广西西北、与贵州交界之南盘江。《清一统志·曲靖府》：八达河“源出沾益州花山洞，南流经南宁县东北，为潇湘江。又南至陆凉州，汇为中埏泽，折而西为大赤江”。又《清史稿·地理志》泗城府西隆州：“南盘江即八达河，西江初源也，下流为红水江”。此“彝”为泛指，当地少数民族为布依族。“八达”为布依语，意即两河交汇处。

【译文】十八日　黎明，细雨霏霏。我说：“自从初一漾田天晴后，半个月没下雨。恰巧中秋之夜在万寿寺时，狂风酝酿成雨，应当又是半个月的阴天了。”军营中的士兵说：“不是这样的。我们罗平从本月初就一直下雨，没有一天是晴天。罗平与师宗隔着一座山，山的西面现在才下雨，山的东面雨水已经下了很长时间了，这是此地的常态，并不是偶然。”我不相信，吃饭后下山。饭用竹笋做菜。竹笋出产在竹林深处，八月份正是盛产的时节。道路泥泞湿滑比昨天还厉害，而浓雾充塞在四周，也比昨天更浓密。走了一里，到达昨天进入山坞中的地方，往东北上行一里，路过昨天往回走的地方。又是一里，越过山冈，从此地起，时而向东时而向北，盘旋在山岭上。走了八里后稍稍下行，有一眼泉水，从路左边的石穴中流出来。这块岩石高四尺，形状如虎头，下层好像吐出来的舌头，而且上面有一个孔洞如同咽喉，水从喉咙中溢出来，下垂到岩石前端后向下坠去。喉咙状的孔洞圆润又平整，仅仅可以容纳一个拳头大小，把整只手臂伸进孔洞去摸索，大小相同，也算是石穴中最奇特的景致。当时我的右脚沾染了污泥，于是就把脚伸向虎舌下接着下坠的泉水洗脚。没走几步，右脚忽然疼痛不止。我思考疼痛的原因却没想出来，自己说：

“这是灵泉，我却用来洗脚，是山神降罪我啦。请允许我用佛家的忏悔法来解除疼痛。假如真的是山神所做的，祈求在十步以内疼痛停止。”走到第十步时疼痛忽然就止住。我在山中行走，不喜欢谈论神怪，这件事是我亲身体验见识到的，不敢因为自己忌讳而隐没了山神的灵异。从此地渐渐向东下行，走了五里后到达一个盘状的壑谷中，有条小河自北向南流，四面的山如同环绕的墙，这里是向中央下洼的底部，难道向南流的水也是穿透洞穴流出去的吗？又上登东面的山冈，二里后越过山冈。又往东下行一里，在山坞中行走了三里，有条小水自西北向东南流，到这里才看到露出地表流淌的山涧，有座小桥跨在水流上。过桥后，山涧向东南流去，又向东上登山冈。走了三里，翻越到山冈的东面，这才看到东面的山坞十分开阔，自南面伸展到北面。山坞东境就是远处陡峭的山峰，像森林一样，《志》称为罗庄山。并排矗立在东南方；西境是巍峨的崇山峻岭，《志》称为白蜡山。像屏风一样对峙在西北方。东北方又有一座山，当地人称为東龙山。横向排列在东西两列山的缺口处，然而远处仍然看不到罗平州城，近处看不见兴哆啰。兴哆啰就在山下，是因为山岭高峻，不能俯瞰到下方罢了。又往东渐渐下行二里，陡峻地下山一里，就抵达山坞中，看到兴哆啰的几间茅草房，紧靠西山的东麓。从此处转向北行走在山坞中。这个山坞西边傍着白蜡山，东望罗庄山，往南延伸十分遥远，就是罗庄山从西境内的主脊分出的支脉往东环绕之处。山坞中不时有土冈从西境向东延伸，又有石峰从东境向西突起。道路倚靠西面的一列山往北，遥望东面的远峰之下，陡峭的山峰分散矗立，分别排成行，争奇斗异，又见到广西山水的面貌了。大体上，此类成丛矗立的山峰，西南方从这里开始出现，东北方在道州到头，气势盛大延绵几千里，是西南地区奇特优美的景观，而此地又是西南地区这类景观极为优美之处。经过兴哆啰往北走，一重土冈向东延伸，有一条小水流顺着土冈流淌。我猜想土冈的东面，有溪水向北流注，以接纳这里众多的水流。数次涉过溪水越过土冈，往北走五里，望见西山的高处有个村寨，聚居的人家很多，这是傈傈的村寨。又往北走二里，有池塘在东面山冈之下，又向北走二里，有池塘在西边山冈之下，这都是土冈环绕形成山坞，中间下洼形成的水塘。又往北走三里，有水流淌成小溪，从西向东流注，水势很急，一座石桥横跨在溪水上，这是鲁彝桥，桥下的溪水向东南方流淌几里后流入洞穴中。越过桥北，开始有夹在路两边的住户。又向北走半里，有溪水从西向东流注，这条溪水的水量不及鲁彝桥下的一半，就是从上游分流后流来的，也是向东流一里多就消失了，也有一座石桥横跨在溪水上。两条溪水同出自罗平州西门外白蜡山山麓的龙潭中，分别流经州城东南后各自坠入地穴中，也是一处奇观。桥的南面，开始有种满稻禾的田地。又往北走半里，进入罗平州城南门。走了半里，转向东，走了一里，出了东门，停在杨家客店歇息。这一天是东门的赶集日。我到后天色仍早，集市还没散，因此在饭店中吃了饭，到集市上看看。买了些新鲜的榛子、熏鸡蔓后回到杨家客店，而濛濛细雨又下起来了。当时有个杨家的女婿叫姜渭滨，他是荆州人，入赘此地三年了，读过些书，知晓地理，向他询问盘江的曲折流向，能随口回答，有些话似乎可以作为依据。在这之前，我经过南门桥，有位头戴儒巾、身穿儒服的老人盘腿坐在桥上，见我路过，拉我与他一同坐下。我知道他是当地人，于是向他询问盘江的情况，他茫然不知。他又拉住一个人代我询问，那人说是流到澂江后返回天上，可笑啊！姜渭滨说：“盘江从南面的广西府向东北流入师宗州境内，流入罗平州东南部的罗庄山之外，流到八达彝寨汇合江底河，流经巴泽、河格、巴吉、兴龙、那贡，流到坝楼称为坝楼江，于是向东南下流到田州。不往北流到黄土坝，也没有流到普安州。”只是坝楼各地与普安州的地界也是相互交错，这说明南盘江也是流经普安州的东南境，只是不曾与东北面的北盘江合流罢了。

罗平[1]在曲靖府东南二百余里，旧名罗雄，亦土州也。万历十三年，土酋者继荣作乱，都御史刘世曾奉命征讨，临元道文作率万人由师宗进，夹攻平之，改为罗平。明年，继荣目把董仲文等复叛，羁知州何倓。文作以计出之，复率兵由师宗进，讨平之。今遂为迤东要地。

【注释】①罗平：明神宗万历十五年（1587）平定者继荣叛乱，改罗雄州为罗平州，属曲靖府。治所即今云南罗平县。康熙《罗平州乡土志》：“元初内附，置罗雄州，明万历十四年背叛，抚镇请于朝，讨平之，因建城于白腊山之麓，更名罗平。”1913年废为县。

【译文】罗平州在曲靖府东南方两百多里处，原来叫罗雄州，也是土司治理的州。万历十三年（1585），土人的头领者继荣作乱，都御史刘世曾奉命征讨，临元道的文作率领一万人从师宗州进军，两面夹攻平定了叛乱，改名叫罗平州。第二年，者继荣下属的土目把事董仲文等人又叛乱，羁押了罗平州知州何倓。文作设计让何倓逃出来，又率兵从师宗州进攻，讨伐平定了叛乱。现在罗平州已经成为滇东的要地。

罗平州城西倚白蜡山下，东南六十里为罗庄山，东北四十里为束龙山。有水自白蜡麓龙潭出，名鲁彝河[1]，东环城，南出鲁彝桥，而东入地穴。其北有分流小水亦如之。此内界之水也。其西有蛇场河，自州西南环州东北，抵江底河，俱在白蜡、束龙二山外。其东南有盘江，自师宗东北入境，东南抵八达，俱在罗庄山外。此外界之水也。

【注释】①鲁彝河：今名“大干河”。

【译文】罗平州城西边倚靠在白蜡山下，东南方六十里是罗庄山，东北方四十里是束龙山。有条水流从白蜡山山麓的龙潭流出来，名叫鲁彝河，向东环绕州城，往南流出鲁彝桥，随后往东流入地穴中。鲁彝桥北有分流出来的小溪流也同样流入地穴中。这是州界内的水流。罗平州西部有蛇场河，从州的西南部环流到州的东北部，流到江底河，流经的地方都在白蜡山、束龙山两座山之外。州的东南部有盘江，从师宗州东北部流入州境，往东南流到八达，流经的地方都在罗庄山外。这是州界外的水流。

州城砖甃颇整。州治在东门内，俱民，惟东门外颇成阛阓。西、南二门，为贼首官霸、仲家巢，在正南八十里乌鲁河[1]师宗界。阿吉倮倮人巢，在州西南七十里偏头南大山下，二寇不时劫掠，民不能居。

【注释】①乌鲁河：今作“五洛河”，在师宗县东南境，从北往南流入南盘江。

【译文】罗平州城的城墙砌得很是整齐。州衙在东门内，都是民居，唯有东门外形成热闹的街市。州城的西、南两道城门，被贼首官霸、是仲家人，巢穴在正南方八十里师宗州境内的乌鲁河。阿吉倮倮，巢穴在州城西南七十里偏头哨南面的大山下。两个盗贼不时前来抢劫，百姓不能居住。

白蜡山，在城西南十余里，顶高十余里，其麓即在西门外二里。上有尖峰，南自偏头寨，北抵州西北，为磨盘山过脉，而东又起为束龙山者也。此山虽晴霁之极，亦有白云一缕，横亘其腰如带围，为州中一景。

【译文】白蜡山，位于州城西南方十多里的地方，山顶高十多里，山麓就在州城西门外二里处。山上有座尖峰，白蜡山南起偏头哨，北到州城西北，是磨盘山延伸而过的山脉，又往东耸起成为束龙山。这座山即使在最晴朗的时候，也有一缕白云，横贯山腰如同腰带围绕一般，这是州里的一处胜景。

束龙山，在城东北四十里。者继荣叛时，结营其上为巢窟，官兵攻围久之，内溃而破。今其上尚有二隘门。

【译文】束龙山，位于州城东北方四十里的地方。者继荣反叛时，在山上扎营据为老巢，官兵围攻了很久，内部动乱才被攻破。现在山上还有两道关隘门。

罗庄山，在城东南六十里。其山参差森列，下多卓锥拔笋之岫，粤西石山之发轫也。

【译文】罗庄山，位于州城东南方六十里的地方。那里的山势参差不齐，森然排列，山下有许多如同立锥、拔笋的山峰，是广西石山的始发地。

罗平州东至广南八达界二百里，西南至师宗州偏头哨六十里，南至师宗州乌鲁河界八十五里，西南至陆凉蛇场河界一百里，西北至旧越州[1]界发郎九十里，北至亦佐县桃源界一百二十里，东北至亦佐县、黄草坝二百里。

【注释】①越州：今名同，在曲靖市麒麟区南境。《明史·地理志》南宁县："东南有石堡山，山西有元越州治，洪武二十八年（1395）正月废。"元设越州，明初相沿，后即废，故此称"旧越州"。明代又设越州卫于此。

【译文】罗平州向东到广南府八达地界有两百里，往西南到师宗州偏头哨有六十里，向南到师宗州乌鲁河界有八十五里，往西南到陆凉州蛇场河界有一百里，向西北到旧越州地界的发郎有九十里，北边到亦佐县桃源地界有一百二十里，东北方到亦佐县、黄草坝有二百里。

罗平州正西与滇省对，正东与广西思恩府对，正北与平彝卫对，正南与广西府永安哨对。

【译文】罗平州正西方与云南省城相对，正东方与广西省思恩府相对，正北方与平彝卫相对，正南方与广西府永安哨相对。

十九日　坐雨逆旅，阅《广西府志》。下午，有伍、左、李三生来拜。

【译文】十九日　坐在旅店中等雨停，阅读《广西府志》。下午，有伍姓、左姓、李姓三位儒生来拜访。

二十日　雨阻逆旅。

【译文】二十日　下雨阻隔我们在旅店中休息。

二十一日　亦雨阻逆旅。

【译文】二十一日　依然被雨阻隔在旅店中。

二十二日　早犹雨霏霏，将午乃霁。浣濯污衣，且补纫之。下午入东门，仍出南门，登门外二桥，观鲁彝河。询之土人，始知其西出白蜡山麓龙潭，仍东入地穴者也。还入南门，上城行，抵西门。望白蜡山麓，相去仅三里，外有土冈一层回之，鲁彝发源，即从其麓透穴而西出者也。稍北，即东转经北门。其西北则磨盘山峙焉，为州城来脉。城东北隅汇水一塘，其下始有禾畦，即东门接壤矣。其城乃东西长而南北狭者也。

【译文】二十二日　早上天色还是细雨霏霏，将近中午才放晴。洗涤脏衣服，并缝补破衣服。下午进入东门，仍旧走出南门，登上南门外的两座桥，观赏鲁彝河。询问当地人，才知道鲁彝河源出西边白蜡山山麓的龙潭，仍然是往东流入地穴中的水流。返回来进入南门，登上城墙走，抵达西门。远望白蜡山的山麓，相距仅有三里，外围有一层土冈环绕着白蜡山，鲁彝河发源处，就是从白蜡山山麓穿透洞穴往西流出来的地方了。稍往北走，立即向东转经过北门。北门西北边就是磨盘山耸立在那里，是州城延伸过来的山脉。州城的东北角汇聚一处水塘，水塘下面开始有稻田，稻田就与东门接界。州城是东西长而南北狭窄的城。

二十三日　晨起，阴云四布。饭而后行。其街从北去，居民颇盛。一里，出北隘门，有岐直北过岭者，为发郎[1]道，其岭即自西界磨盘山转而东行者。板桥大道，从岭南东转。东北向行十里，有村在北山之下，曰发近德[2]。其处南开大坞，西南即白蜡，东南即大堡营山。大堡营之南，一支西转，卓起一峰，特立于是村之南，为正案。其南则石峰参差遥列，即昨兴哆啰所望东南界山也。又东，屡有小水南去，渡之。东五里，有石峰突兀当关。北界即磨盘东转之山，南界即大堡山诸石峰，相凑成峡，而石峰当其中，若蹲虎然。由其东南腋行，南界石山森森成队南去，而路渐东北上。五里出当关峰之东，其东垂有石特立，上有斜骞之势，是曰金鸡山，所谓“金鸡独立”也。又东一里，一洞在南小峰下，时雨阵复来，避入其中，饭。又东三里，东上峡脊。其脊即磨盘山东走脉，至此又度而南，为大堡营东山者也。一里，逾脊之东，其上有岐南去，不知往何彝寨。脊东环洼成坞，有小水北下，注东南坞中，稻禾盈塍。有数家倚北峰下，曰没奈德。

东峰下有古殿二重，时雨势大至，趋避久之。乃随水下东南峡，峡逼路下，两旁山势，仍觉当人面而起。东行峡中二里，有水自峡南洞穴出，与峡水同东注。又一里，有小石梁跨溪，逾之。从溪南东行，一里，溪北注峡，路东逾冈。一里余，有坞自西北来，环而南，其中田禾芃彧[③]，村落高下。东二里，有数十家夹路，曰山马彝，亦重山中一聚落也。于是又东北一里，石峰高亘，逾其南坡，抵峰下。又东南一里，有塘在山坞，五六家傍坞而栖，曰挨泽村。又东北二里，为三板桥[④]。数家踞山之冈，其桥尚在冈下。时雷雨大至，遂止于冈头上寨。

【注释】①发郎：今作“法郎”，在罗平县西北境。②发近德：今作“法金甸”，在罗平县东北境。③芃彧（péng yù）：形草木茂盛的样子。④三板桥：即今“板桥”，在罗平县东境。

【译文】二十三日　早晨起床，乌云密布。吃过饭后就出发。沿着城中的街道向北出去，居民十分兴盛。走了一里，出北隘门，有条岔路一直向北越过山岭，是去发郎的路，那座山岭就是从西境内的磨盘山转向东延伸的山。走上去板桥的大路，从岭南向东转。向东北走了十里，有个村落在北山之下，叫作发近德。这里南面展开一个大山坞，西南面就是白蜡山，东南边就是大堡营山。大堡营的南面，一条支脉向西转去，卓然耸立起一座山峰，独立于这个村落的南面，是村子正面的案山。发近德南面就是参差不齐的石峰远远排列，也就是昨天在兴哆啰望见的在东南境的山了。又往东，多次有小溪往南流去，渡过这些小溪。往东走五里，有座石峰突兀地面对着关口。北境就是磨盘山转向东延伸的山脉，南境就是大堡营山的众多石峰，相对凑拢形成峡谷，而石峰矗立在峡谷中，好像蹲坐着的老虎一样。由石峰东南侧前行，南面的众多石山排成队往南延伸而去，而道路渐渐向东北上行。走了五里到正对关口石峰的东面，石峰东垂有块独立的山石，山石有种倾斜高举的气势，叫作金鸡山，就是所谓的“金鸡独立”。又往东走了一里，一个山洞在南面小山峰的下面，此时又下起了雨，进入山洞避雨，吃饭。又向东走三里，往东登上山峡旁的山脊。这条山脊就是磨盘山往东延伸的山脉，到此地后又往南延伸，那就是大堡营东边的山了。走了一里，越过山脊的东面，山脊上有条岔路向南去，不知道通往哪个彝人村寨。山脊东面的洼地环绕成山坞，有条小溪从北边流下来，流注到东南方的山坞中，稻禾布满田埂中。有几户人家倚靠在北峰下，叫作没奈德。东峰下有座两重古殿，这时雨势来得很猛，急忙赶去避了很久的雨。于是顺着溪水下行到东南方的峡谷中，峡谷狭窄路往下行，两旁的山势，仍然让人觉得是迎面而起。往东在峡中行走二里，有条水流从山峡南边的洞穴中流出来，与峡中的溪水一同往东流注。又走了一里，有座小石桥跨在溪水上，走过小石桥。从小溪南往东走，走了一里，溪水向北流注到峡谷中，道路往东越过山冈。走了一里多，有个山坞从西北方延伸而来，环绕到南面，山坞中田里的稻禾长得十分茂盛，村落高低错落。往东走二里，有数十户人家夹在道路两旁，叫作山马彝，也是重重深山中的一个村落。从这里又往东走一里，石峰高耸延续不断，越过石峰南面的山坡，抵达石峰下。又向东南一里，有个水塘在山坞中，有五六户人家靠着山坞栖息，叫作挨泽村。又往东北二里，是三板桥。有几户人家背靠着山冈，那座桥还在山冈下。此时雷雨突然来临，于是停在冈头的上寨，住宿这里。

二十四日　主人炊饭甚早，平明即行。雨色霏霏，路滑殊甚。下坡即有小石梁，其下水亦不大，自西而东注，乃出于西北石穴，而复入东北穴中者。其桥非板而石，而犹仍其旧名。桥南复过一寨，乃东向行坡间。二里，有岐当峡：从东北耆，乃入寨道；从直东者，为大道，从之。直东一里，登冈上。其北有坞在北大山下，即寨聚所托，中有禾芃芃焉。冈南小石峰排立冈头，自东而西，遂与北山环峙为峡。入峡，东行四里，逾脊北上，半里入其坳。其北四峰环合，中有平坞，经之而北，西峰尤突兀焉。北半里，又穿坳半里，复由峡中上一里，直抵北巨峰下。其峰耸亘危削，如屏北障。其西有坞下坠北去，其中箐深雾黑，望之杳然。路从峰南东转，遂与南峰凑峡甚逼。披隙而东半里，其东四山攒沓，峰高峡逼，丛木蒙密，亦幽险之境也。遂循南峰之东，南向入坞，半里，乃东南上。半里，逾冈脊而东，其东有坞东下，路从冈头南向行。一里，复出南坳。其坳东西两峰，从冈脊起，路出其侧，复东向行。三里，始稍降而复上。于是升降曲折，多循北岭一行，与南山相持成坞。六里，路从坞而东。又五里，稍上逾坳，南北峡始开。再东盘北岭之南三里，始见路旁余薪爨灰，知为中火之地。从其东一里下峡，始得石路，迤逦南向。平行下二里，俯见南坞甚杳。循北岭东向行一里，忽闻溪声沸然。又南下抵坞中，一溪自东而西，有石梁跨之，溪中水颇大而甚急。四顾山回谷密，毫无片隙，不知东北之从何来，不知西南之从何泄，当亦是出入于窍穴中者。欲候行人问之，因坐饭桥上。久之不得过者，乃南越桥行。仰见桥南有岐蹑峰直上，有大道则溯溪而东。时溪涨路湆，攀南峰之麓行。念自金鸡山东上，一路所上者多，而下者无几，此溪虽流坞中，犹是山巅之水也。

东一里，循南峰东麓，转而南。隔坞东望，溪自东北峡中破崖而出，其内甚逼。路舍之南，半里，复循南峰南麓，转而西向入坞。一里，坞穷，遂西上岭。一里，逾岭头，始见有路自北来，合并由岭上南去；此即桥南直上之歧，逾高岭而下者，较此为径直云。由岭南行，西瞰坞甚深，而箐密泉沸，亦不辨其从何流也。又南二里，转而东，循北岭南崖东向行，亦与南山下夹成坞，下瞰深密，与西坞同。东五里，其坞渐与西坞并，始知山从东环，坞乃西下者。又东向逾冈，东北一里，度一脊，其脊东西度。从其东复上岭，一里，则岭东有坞南北辟。乃北转循西山行坞上，一里，坞穷。从坞北平转，逾东岭之东，共二里，有数家在路北坡间，是曰界头寨，以罗平村落东止于此也。又东行冈上二里，再上岭一里，逾而东，则有深峡下嵌，惟闻水声汹涌，而不见水。从岭上转而南行，东瞰东界山麓，石崖悬削，时突于松梢箐影中，而不知西界所行之下，其崖更耸也。南行一里，始沿崖南下。又一里，仰见路西之峰，亦变而为穹崖峭壁，极危峻[①]之势焉。从此瞰东崖之下，江流转曲，西南破壁去，隔江有茅两三点，倚崖而居。乃东向拾级直下，一里，瞰江甚近，而犹未至也。转而北，始见西崖矗立插天，与东崖隔江对峙。其崖乃上下二层，向行其上，止见上崖而不得下见，亦不得下达，故必迂而南，乃得拾级云。北经矗崖下半里，下濒江流，则破崖急涌，势若万马之奔驰，盖当暴涨时也。其水发源于师宗西南龙扩北，合陆凉诸水为蛇场河，由龙甸[②]及罗平旧州，乃东北至伊泽，过束龙山后，转东南抵此，即西南入峡，又二百里而会八达盘江者也。罗平、普安以此江为界，亦遂为滇东、黔西分界焉。有舟在江东，频呼之，莫为出渡者。薄暮雨止，始有一人出曰："江涨难渡，须多人操舟乃可。"不过乘急为索钱计耳。又久之，始以五人划舟来，复不近涯，以一人涉水而上，索钱盈壑，乃以舟受，已昏黑矣。雨复淋漓，截流东渡，登涯入旅店。店主人他出，其妻黠而恶，见渡舟者乘急取盈，亦尤而效之，先索钱而后授餐，餐又恶而鲜，且嫚亵③余，盖与诸少狎而笑余之老也。此妇奸肠毒手，必是冯文所所记地羊寨中一流人，幸余老，不为所中耳！

【注释】①危峻：高而险。②龙甸：今名同，在师宗东北隅。罗平旧州：大理时有罗雄部，元代相沿设罗雄州。景泰《云南图经志书》罗雄州古迹载："罗雄州旧址，在喜旧溪之东，遗址废为平原。"此即罗平旧州，在今罗平县治北6公里，九龙河东岸。③嫚亵（màn xiè）：轻慢，欺侮。

【译文】二十四日　房主人做饭很早，黎明就出发。细雨霏霏，道路很是湿滑。下坡就有座小石桥，桥下的流水也不大，从西往东流注，这是条源出西北边的石洞中，然后再流入东北边石洞的水流。这座桥不是板桥而是石桥，但是仍然沿用原来板桥的名字。到桥南又路过一个村寨，于是向东在山坡间行走了二里，有条岔路面对峡谷：往东北去的，是进村寨的路；一直向东走的，是大路，我从大路走。笔直向东一里，登到山冈顶上。山冈北边有个山坞在北面的大山下，就是村寨聚居依托的地方，山坞中有茂盛的稻禾在田野间。山冈南面的小石峰从东到西成排地耸立在冈头上，于是与北面的山环绕对峙成为峡谷。进入峡谷，往东走四里，越过山脊往北上行，半里后进入山坳。山坳北边的四座山峰环绕合拢，中间有平坦的山坞，经过山坞往北走，西面的山峰尤其突兀。向北半里，又穿越山坳半里，再由峡谷上行一里，一直到达北面巨大的山峰之下。这座山峰高耸延续不断，危崖峭壁，如同屏风般遮挡在北边。山峰西边有个山坞向北下坠而去，山坞中竹深雾浓，远望其中幽深昏暗。路从山峰南边向东转，便与南面的山峰凑拢形成峡谷，非常狭窄。穿过缝隙往东走半里，东边四面群山攒聚杂沓，山峰高峻峡谷狭窄，树木浓密，也是一处险阻僻远的境地。于是沿着南峰的东面，向南进入山坞，走了半里，便往东南上行。走了半里，越过冈脊往东走，山冈东面有个山坞向东下延，路从冈头向南走。走了三里，才稍下坡就又再上坡。从这里开始上下曲折，大多沿着北岭走，与南山相对形成山坞。走了六里，路从山坞中往东走。又走了五里，稍稍上坡越过山坳，峡谷南北两面开始分开。再往东绕着北岭的南面走三里，才见到道路旁有余下的木柴和灶灰，心知这是途中午休用饭的地方。从此地往东一里下到峡谷中，开始有石板路，曲折连绵地向南走。平缓地下行二里，俯瞰南面的山坞十分遥远。沿着北岭向东走一里，忽然听见喧腾的溪水声。又向南下到山坞中，一条溪水从东流向西，有座石桥跨在溪水上，溪流中的水势相当大而且非常湍急。环顾四周，群山回绕，峡谷密闭，丝毫没有一条缝隙，不知溪水从东北的什么地方流来，也不知从西南的什么地方流出去，应当也是从石孔洞穴中流出流进的水流吧。想等有过路人的时候询问一下，于是坐在桥上吃饭。很久也没有碰到过路人，于是过桥往南走。抬头望见桥南有条岔路翻越山峰一直上行，有大路则是逆着溪流往东走。此时溪水上涨道路被淹没了，便攀援南峰的山麓前行。心想从金鸡山往东上行，一路上上坡的路多，下坡的路却几乎没有，这条溪水虽然流淌在山坞中，却仍然是山顶上的水流。往东走一里，沿着南面山峰的东麓走，转向南。隔着山坞向东远望，溪水从东北的峡中冲破山崖流出来，峡谷内非常狭窄。道路离开溪流向南走，走了半里，又沿着南面山峰的山麓南面走，转向西进入山坞。走了一里路，山坞就到了尽头，向西上岭。走了一里越过岭头，开始有路从北边来，两条路合并后从岭上往南去；这条路就是在桥南一直上行的那条岔路，越过高高的山岭后下来，是比这条大路要直一些的捷径。由岭上往南走，向西俯瞰山坞十分深，而且竹林浓密，泉水喧腾，也不能分辨水是从什么地方流来的。又往南二里，转而向东，沿着北岭南面的山崖向东走，也是与南山的山麓相夹形成山坞，俯瞰竹林浓密，箐深林密，与西边的山坞相同。往东五里，这个山坞渐渐与西面的山坞合并，才知道山是从东边环绕，山坞却是向西下走的。又向东越过山冈，往东北走一里，越过一条山脊，这条山脊是东西走向。从山脊往东又上岭，走了一里，就见岭东有个山坞呈南北向展开。于是转向北沿着西山在山坞上行走一里，山坞就到头了。从山坞北边平缓地转头，越过东岭往东共走了二里，有几户人家在道路北边的山坡上，这里叫界头寨，因为罗平州的村落东面到此就结束了。又向东在山冈上行走了二里，再上岭走一里，越到岭东，就有峡谷深深地嵌在下方，只听到汹涌的水声却看不见水流。从岭上转向南行，向东俯瞰东面一列山的山麓，石崖高悬陡峭，不时突起在松树枝头与竹林阴影中，却不知道我所走的西面一列山的下面，那里的石崖更加高耸。往南走一里，开始沿着崖壁往南下行。又是一里，抬头见道路西面的山峰，也变为高大的悬崖峭壁，极尽高险的气势。从此处俯瞰东面的悬崖之下，江流弯曲，向西南方冲破崖壁流去，隔着江有两三处茅屋，倚靠着悬崖居住。于是向东沿着台阶一直下行，走了一里，俯瞰江流很近，但仍然没有走到。转向北，才看到西面的悬崖高高矗立，直插云天，与东面的悬崖隔着江流对峙。西面的山崖原来是上下两层，先前行走在山崖上层，只看得见上层的山崖却见不到下层的山崖，也走不到下边，所以必须绕道走到南面，于是得以沿着石阶走。往北经过矗立的悬崖，下行半里到江边，就见江流冲破悬崖，湍急汹涌，气势如同万马奔腾，大概正是江水暴涨的时节吧。这条江水发源于师宗州西南龙扩的北边，汇合陆凉州的众多河流后成为蛇场河，流经龙甸以及罗平旧州，便往东北流到伊泽，流过束龙山后，转向东南流到此地，随即向西南流入峡谷，又流两百里后在八达寨与盘江汇流。罗平州、普安州以这条江为界线，这也就成为滇东、黔西的分界线了。有船停在江东岸边，我多次呼喊要渡船，却没有一个人肯出来摆渡。傍晚雨停后，才有一个人出来说："江水上涨难以渡江，必须要很多人划船才行。"这不过是乘我急着过江勒索钱财的诡计罢了。又过了很久，才有五个人划着船过来，又不靠岸，让一个人涉水上岸，勒索钱财，直到满足他们的欲望，才用船载人，天色已经昏暗下来。雨又滴滴地下起来，横截江流东渡，登岸后进入旅店。旅店主人外出，他的妻子狡黠凶恶，看到摆渡的人乘我之急索取钱财装满腰包，也想效仿他们，先要了钱后才给饭，饭食又粗劣数量又少，而且轻慢欺负我，与几个少年轻佻地嬉戏，并且嘲笑我的年老。这个妇人有奸狠的心肠，毒辣的手段，一定是冯文所记载的地羊寨中的那一类人，庆幸我已经老了，不是她中意的！

江底[①]寨乃猡猡，只此一家歇客，为汉人。其人皆不良，如猡猡之要渡，汉妇之索客，俱南中[②]诸彝境所无者。其地为步雄[③]属，乃普安十二营[④]长官所辖也。土酋龙姓。据土人曰："今为侬姓者所夺。"步雄之界，东抵黄草坝二十里，西抵此江六十里，南抵河格为广南界一百余里，北至本司十二营界亦不下三四十里，亦平原中一小邑也。

【注释】①江底：即今贵州省兴义市西部的黄泥河。②南中：相当今四川大渡河以南及云、贵两省。该名始于三国时，三国蜀汉以巴蜀为根据地，其地在巴蜀之南，故名。《三国志·蜀书·诸葛亮传》：建兴元年(223)，“南中诸郡，并皆叛乱”。东晋常璩《华阳国志》中有《南中志》，就是记载这一地区的历史。③步雄：今作“布雄”，在贵州兴义市南境。④普安十二营：即分部在贵州西南部的十二个少数民族部落。

【译文】江底寨是㑩㑩人的村寨，此处只有一家接待旅客，是汉族人。这里的人都不良善，比如这些㑩㑩要挟渡江人、汉族妇女勒索旅客，都是南中地区众多彝人聚居地没有过的事。这个地方是步雄的属地，是普安州十二营长官司所管辖的。土司姓龙。据当地人说：“现在被侬姓人篡夺了。”步雄的地界，东面到黄草坝有二十里，西面到这条江有六十里，南面到河格，是广南府的地界，有一百多里，北面到本地十二营长官司边界也不少于三四十里，也可以算作是平原中的一个小城镇了。

二十五日　其妇平明始觅炊，迟迟得餐。雨时作时止，出门即东上岭。盖其江自北而南，两崖夹壁，惟此西崖有一线可下，东崖有片隙可庐，其南有山横列，江折而西向入峡，有小水自东峡来注，故西崖之南，江勒而无余地，东崖之南，曲转而存小塍。过此江，乃知布雄之地，西南随此江，其界更远；南抵广南，其界即盘江，此《统志》所云东入普安州境也。步雄属贵州普安州。盘旋东北共三里，逾岭头，遂与南山成南北两界。峡中深逼，自东而西；路循北山岭南行，自西而东。又五里，则北山忽断如中剖者，下陷如深坑，底有细流，沿石底自北而泻于南峡。路乃转北而下，历悬石，披仄崿，下抵石底，践流稍南，复攀石隙，上跻东崖。由石底北望，断崖中剖，对夹如一线，并起各千仞，丛翠披云，飞流溅沫，真幽险之极观，逼仄之异境也。既上，复循北岭东行。五里稍降，行坞中二里，于是路南复有峰突起，不沿南坞，忽穿北坳矣。时零雨间作，路无行人。既而风驰雨骤，山深路僻，两人者勃窣[1]其间，觉树影溪声，俱有灵幻之气。又二里，度东脊，稍转而南，复逾冈而上。二里，一岐东南，一岐直北，顾奴前驰从东南者。穿山腋间二里，忽见数十家倚北坞间，余觉有异，趋问之，则大路尚在北大山后，此乃山中别聚，皆僰僰也。见人依依，间有解语者，问其名，曰坡头甸。问去黄草坝，曰尚五十里。问北出大路若干里，曰不一里。盖其后有大山，北列最高，抱此甸而南，若隔绝人境者。随其指，逾岭之西北腋，果一里而得大道。遂从之，缘大山之北而上。直跻者一里，望北坞甚深而辟，霾开树杪，每伫视之，惟见其中丛茅盘谷，阒无片塍半椽也。盘大山之东，又上半里，忽见有峡东坠。稍东南降半里，平行大山东南支，又见其西复有峡南坠，已与大山东西隔陇矣。于是降陟岭坞十里，有两三家居北冈之上，是曰柳树[2]。止而炊汤以饭，而雨势不止，讯去黄草坝不及，遂留止焉。其人皆汉语，非僰僰。居停之老陈姓，甚贫而能重客，一见辄煨榾柮[3]以燎湿衣。余浣污而炙之。虽食无盐，卧无草，甚乐也。

【注释】①勃窣（sū）：穿梭。②柳树：今名柳树坪，在兴义市西境，属白碗窑镇。③榾柮（gǔ duò）：即木柴。

【译文】二十五日　那个妇人天亮了才找柴做饭，我们过了很久才吃到饭。雨水时下时停，出门后往东上岭。因为这条江是从北向南流，两面山崖相夹峭壁而立，只有西面的山崖上有一条线样的地方可以下到江边，东面的山崖上有一片空隙可以建房居住，峡谷南面有山横向排列着，江水折向西流入峡中，有条小河从东面的峡中流过来注入江中，所以在西面山崖的南边，江流贴近岸边流淌而没有空地，在东面山崖的南边，曲曲折折的存有一些小块的田地。渡过这条江，才知道布雄的地域，西南面沿着这条江，边界去到很远的地方；南部抵达广南府，边界就是盘江，这就是《一统志》所记载的往东进入普安州境内了。步雄隶属于贵州普安州。盘旋着往东北共走了三里，越过岭头，就与南山形成南北两列山。峡中幽暗狭深，呈东西走向；道路顺着北面的山岭往南走，从西走向东。又走了五里，就见北山忽然断开如同用刀从中间剖开，像深坑一样往下深陷，山底下有细小的水流，沿着石山底部从北边流泻到南面的峡中。路于是转向北下走，经由高悬的岩石，劈开倾斜的山崖，下走到石山底部，踩着流水稍往南走，再次攀着石缝上登东面的山崖。从石山底部向北望去，断开的山崖从中间剖开，两面相夹犹如一条线，并排耸起，分别都有千仞高，翠绿的丛林披着云雾，瀑流倾泻，飞沫四溅，真是幽深险峻的极致景观，倾斜狭窄的奇异境地。登上东面的山崖后，又沿着北岭往东走。走了五里逐渐下行，在山坞中行走了二里，在这里道路南边又有山峰拔地而起，不沿着南面的山坞走，而是忽然穿越到北面的山坳中。此时零星小雨时不时地下着，路上没有行人。不久风驰雨骤，山深路僻，我们两个人在这里穿梭前行，觉得树影和溪水声都有灵幻之气。又走了二里，越过东面的山脊，稍转向南，又翻越山冈向上。走了二里，一条岔路通向东南，一条岔路一直往北，顾仆在前边快步朝东南方这条路走去。穿越在山侧走二里，忽然看见有数十户人家在北面山坞中，我觉得有些奇怪，赶过去问路，原来大路还在北面的大山背后，此地是山中的另一处聚落，居民都是傈僳。见到人茫然不知所措，中间有懂得汉语的人，打听这里的地名，叫作坡头甸。询问去黄草坝的路，回答说还有五十里。询问向北到大路还有多少里，回答说不到一里。原来在坡头甸后面有座大山，是在北面排列最高的山，环抱着这个坡头甸往南延伸，好似隔绝人世的地方。顺着村民指的路，越过山岭的西北侧，走了一里路果然就找到了大路。于是顺着大路走，沿着大山的北面上登。一直上行了一里，望见北面的山坞十分深广开阔，阴霾散开，露出树梢，每每伫立观看，只见山坞中成丛的茅草绕满山谷，寂静无声，没有一片田地和半间房屋。绕到大山的东面，又上行半里，忽然看见有条峡谷往东下延。稍微向东南下行半里，平缓地行走在大山的东南支脉上，又见到西边又有一条峡谷向南下延，已经与大山在东西两面隔着一条土陇了。从这里起下到山坞中，上登山岭，共走了十里，有两三户人家居住在北面山冈上，这里叫作柳树。停下来烧水做饭，但雨仍然下个不停，打听到去黄草坝已经来不及，于是停留住在这里。柳树的人都说汉语，不是傈僳。留我们住宿的老人姓陈，十分贫困但却能厚待客人，一见面就点燃木柴块让我们能烘干湿衣服。我洗去衣服上的泥污后烤干。虽然饭食没有盐，卧处没有茅草，但特别愉快。

二十六日　平明起，炊饭。风霾飘雨，余仍就火，久之乃行。降坡循坞，其坞犹西下者。东三里坞穷，有小水自北坞来，横渡之。复东上坡，宛转岭坳，五里，有场在北坡下。由其东又五里，逾冈而下，坞忽东西大开。其西南冈脊甚平，而东北若深坠，南北皆巨山，而南山势尤崇，黑雾间时露岩岩[1]气色。坞中无巨流，亦无田塍居人，一望皆深茅充塞。路本正东去，有岐南向崇山之腋，顾奴前驰，从之。一里，南竟坞，将陟山坡上，余觉其误，复返辙而北，从大路东行。披茅履湿，三里，东竟坞。有峰中峙坞东，坞从东北坠而下，路从东南陟而上。二里，南穿山腋。又东半里，逾其东坳，俯见东山南向列，下界为峡，其中泉声轰轰，想为南流者。从岭上转南半里，逾其南坳，又俯见西山南向列，下界为峡，其中泉声轰轰，想亦南流者。盖其东北皆有层峦夹谷，而是山中悬其间。遂从其西沿岭南下，二里，有小水自东崖横注西谷，遂踞其上，濯足而饭。既饭，从坞上南行。隔坞见西峰高柯丛蔓，蒙密无纤隙。南二里，坞将尽，闻伐木声，则抡材取薪者，从其南渐北焉。又南一里，下至坞中，则坞乃度脊，虽不甚中高，而北面反下。脊南峡，南下甚逼，中满田禾。透峡而出，遂盘一壑，丰禾成塍。有小水自东北峡下注，南有尖峰中突，水从其西南坠去，路从其东北逾岭。一里半涉壑，一里半登岭。又东俯，有峡南下，其中水声甚急。拾级直下，一里抵坞底，东峡水西南注，遂横涉之。稍南，又东峡一水，自东而西注，复横涉之，二水遂合流南行。路随涧东而南，二里出峡，有巨石峰突立东南，水从坞中直南去。坞中田塍鳞次，黄云被陇，西瞻步雄，止隔一岭。路从坞东上岭，转突峰之南，一里，有数家倚北冈上，是曰沙涧村[2]，始知前所出坞为沙涧也。由其前东下而复上，又东南逾一冈而下，共一里余，有溪自北而南，较前诸流为大，其上有石梁跨之。过梁，复东上坡一里，冈头石齿萦泥，滑泞廉利，备诸艰楚。一里东下，又东南转逾一冈，一里透峡出，始见东小山南悬坞中，其上室庐累累，是为黄草坝。乃东行田塍间一里，遂经坞而东，有水自北坞来，石坡横截之，坡东隙则叠石齐坡，水冒其上，南泻而下。其水小于西石梁之水，然皆自北而南，抵巴吉而入盘江者也。自沙涧至此，诸水俱清澈可爱，非复潢污[3]浑浊之比，岂滇、黔分界，而水即殊状耶？此处有石濑[4]，而复甃堰以补其缺，东上即为黄草坝营[5]聚，坝之得名，岂以此耶？时樵者俱浣濯坝上，亦就濯之，污衣垢膝，为之顿易。乃东上坡，循堵垣而东，有街横萦冈南，然皆草房卑舍，不甚整辟。土人言，前年为步雄龙土司挟其戚沙土司兵攻毁，故非复旧观。然龙氏又为侬氏所攻而代之矣。其北峰顶，即土司黄氏之居在焉。乃入息于吴氏。吴，汉人，男妇俱重客，蔬醴俱备云。

【注释】①岩岩：高大，高耸。②沙涧村：今作“洒金”，在兴义市区西郊。③潢（huáng）污：聚积不流之水。④石濑（lài）：即石潭。⑤黄草坝营：在今贵州兴义市区，现又为黔西南布依族苗族自治州首府。此水今名花桥河，又称湾塘河，从北往南流到兴义城西，再从西往东穿过兴义市区。河北岸即明代黄草坝营，后来曾建石城，当地群众称老城；河南岸为后来发展的商业区。

【译文】二十六日　黎明起床，烧火做饭。风吹雾散，下起雨来，我仍然坐在火堆边，很久才起行。下坡后沿着山坞前行，这个山坞仍然是向西下延的。向东三里山坞到头，有条小溪从北面的山坞流出来，横渡小溪。再向东上坡，蜿蜒曲折地在山岭山坳间行走，走了五里，有块平地在北面的山坡下。由平地往东又是五里，翻越山冈下行，忽然东西向的山坞十分开阔。山坞西南山冈上的山脊很平坦，然而东北面好像深坠下去，南北都是大山，而南面的山势尤其高峻，浓黑的山雾间不时露出高峻的景象。山坞中没有大的水流，也没有田地居民，一望过去都是茂盛的茅草。大路本来向正东而去，有条岔路向南通往高山的侧旁，顾仆在前面快步走，我跟着他。走了一里，往南走完山坞，将要爬山坡上走，我觉得走错了，又返回来往北走，从大路向东走。分开茅草踩着湿地，走了三里，往东走完山坞。有座山峰矗立在山坞东面的中央，山坞从东北方坠落下去，道路从东南方攀登上去。走了二里，往南穿过山侧。又向东走半里，越过东面的山坳，俯身见到东面的山向南排列，山下被分隔成峡谷，峡中泉水声轰轰响，推想是往南的水流。从岭上转向南半里，越过山岭南面的山坳，又俯身看见西面的山向南排列，山下被分隔成峡谷，峡中泉水轰轰作响，我猜这应该也是往南流的水流。大概这里东北两面都有层层山峦夹着山谷，而这座山高悬在两山中间。于是从此山西面沿着山岭南下，走了二里，有一条小溪从东面的山崖横向流注到西面的山谷中，我便坐在小溪边，洗脚后吃饭。吃过饭后，从山坞上往南走。隔着山坞看见西面的山峰林木高大、草蔓丛生，浓密的草木覆盖着，没有丝毫缝隙。向南走二里，山坞将要到尽头，听见有伐木的声音，是在砍柴的人，从山坞南边渐渐转向北。又往南一里，下到山坞中，这个山坞原来是延伸而过的山脊，中间虽然不怎么高，北面反而低下去。山脊南面的峡谷，往南下延十分狭窄，峡中满是田亩水稻。穿过峡谷出来，便绕着一个壑谷走，丰美的稻禾形成田亩。有一条小溪从东北方的峡谷流下来，南面有座尖峰突立在中央，溪水从尖峰西南方坠落下去，道路从尖峰东北方越过山岭。走了一里半涉过壑谷，上登一里半到达山岭。又往东俯瞰，有峡谷往南下延，峡中的水流十分湍急。沿着台阶一直下走，一里后到达山坞底部，东面峡谷中的水向西南流淌，于是横着涉过山涧。稍往南走，东面峡谷中又有一条溪水，从东往西流注，再次横着涉过山涧，两条水流最终合流后往南流去。路顺着山涧东岸往南走，走了二里后出峡谷，有座巨大的石峰突立在东南方，涧水从山坞中一直往南流去。山坞中田地像鱼鳞那样依次排列，成熟的庄稼像黄色的云彩覆盖着田野，向西远看步雄，只隔着一座山岭。路从山坞东面上岭，转到突立的石峰往南走一里，有几户人家倚靠在北冈上，这里叫作沙涧村，才知道前边走出的山坞叫沙涧。由村前往东下走又上行，又向东南越过一座山冈后下行，总共一里多，有一条溪水从北流向南，比先前的每条水流都大，溪上有座石桥横跨溪流。过桥后，再往东上坡一里，冈头上牙齿样的石块裹着污泥，湿滑泥泞，十分锋利，备尝各种艰难困苦。一里后往东下行，又转向东南越过一座山冈，一里后穿过山峡出来，这才看到东面有座小山向南高悬在山坞中，山上的房屋层层叠叠，这是黄草坝。于是在田野间向东行走一里，经过山坞往东走，有条水流从北面的山坞流出来，石坡横向截断水流，石坡东边的空隙则用石块堆砌得与石坡一般高，流水漫过石坡，往南流泻而下。这里的水比西边石桥下的水小，不过都是从北流向南，流到巴吉后汇入盘江的水流。从沙涧到此地，每条水流都清澈可爱，不是停积不流的污浊之水能比的，难道滇、黔分界后，水的形态也随之不一样了吗？这里有个石潭，而且又砌石堰来填补石坡的缺口，东面上边就是黄草坝营的聚居区，之所以称为“坝”的名字，莫非是由于这条拦水坝的缘故？这时打柴的人都在拦水坝上浣洗，我也就着坝中的水洗一洗，脏衣服和没膝的泥污，顿时因此变了样。于是向东上坡，顺着城墙往东走，有条街道横绕到山冈南面，然而都是些茅草房和低矮的房屋，街道不怎么整洁开阔。当地人说，前年被步雄龙土司迫使他的亲戚沙土司的军队攻打毁坏了，所以不再是往昔的面貌。然而龙土司又被侬土司攻打并取而代之了。黄草坝营的北峰顶上，就是黄土司的住处所在了。于是进入吴姓人家住下。吴家，是汉族人，夫妇都敬重客人，蔬菜、甜酒都预备了。

二十七日　晨起，雨犹不止。既而霁，泥泞犹甚。姑少憩一日，询盘江曲折，为明日行计。乃匡坐作记。薄暮复雨，中夜弥甚，衣被俱沾透焉。

【译文】二十七日　早晨起床，雨仍然下个不停。不久天气转晴，道路依然十分泥泞。姑且暂时停歇一天，询问盘江的曲折流向，为明天出发作打算。于是端坐下来做笔记。傍晚又下起雨来，半夜下得更大，衣服被子都湿透了。

二十八日　晨雨不止。衣湿难行，俟炙衣而起。终日雨涔涔[①]也。是日此处马场，人集颇盛。市中无他异物，惟黄蜡与细笋为多。乃煨笋煮肉，竟日守雨。

【注释】①涔（cén）涔：形容雨水不停。

【译文】二十八日　早晨的雨下个不停。衣服湿了，难以起行，等烘干衣服后才起床。一整天雨下个不停。这天是此地逢马日的赶集日，赶集的人相当多。集市中没有什么其他珍奇的东西，只有黄蜡与细笋最多。于是煨笋煮肉，终日守着等雨停。

黄草坝[①]土司黄姓，加都司衔。乃普安十二营长官司之属。十二营以归顺为首，而钱赋之数则推黄草坝，土地之远则推步雄焉。

【注释】①黄草坝：即今贵州兴义市。旧属普安州。《清一统志·兴义府》：附唐废县“即今兴义县治。……地名黄草坝”。清雍正五年（1727）于黄草坝设州判，嘉庆三年（1798）裁州判，改设兴义县。据咸丰《兴义府志》卷二：兴义县治“名黄草坝者，以其地场坝，产金钗石斛，色黄如金钗，土人呼为黄草，遂即以名坝”。

【译文】黄草坝的土司姓黄，加授了都司的头衔。是普安州十二营长官司的下属。十二营长官司以归顺营为首，然而缴纳钱粮税赋的数量则首推黄草坝营，土地的广袤则首推步雄营。

黄草坝东十五里为马鼻河[①]，又东五十里抵龙光[②]，乃广西右江分界；西二十里为步雄，又西五十里抵江底，乃云南罗平州分界；南三十里为安障[③]，又南四十里抵巴吉[④]，乃云南广南府[⑤]分界；北三十里为丰塘，又北二十里抵碧洞，乃云南亦佐县分界。东西南三面与两异省错壤，北去普安二百二十里。其地田塍中辟，道路四达，人民颇集，可建一县。而土司恐夺其权，州官恐分其利，故莫为举者。

【注释】①马鼻河：今作“马别河”，又称“清水河”，在兴义市东境，从北往南流入南盘江。②龙光：今作“龙广”，在贵州安龙县西隅。③安障：今作“安章”，在兴义市南境。④巴吉：今作“巴结”，在兴义市东南隅，南盘江北岸，为贵州少有的产糖要地。⑤广南府：即今云南广南县。

【译文】黄草坝东面十五里是马鼻河，再往东五十里抵达龙光，是广西省右江的分界；西面二十里是步雄，再往西五十里抵达江底，是云南省罗平州的分界；南面三十里是安障，再往南四十里抵达巴吉，是云南省广南府的分界；北面三十里是丰塘，再往北二十里抵达碧洞，是云南省亦佐县的分界。东西南三面与另外两个省交错接壤，北面距普安州二百二十里。这里原野中都开垦为田地，道路四通八达，人口较为集中，可以建立一个县。但土司害怕自己的权力被剥夺，州官担心分走了他的利益，所以没有人提议这件事。

黄草坝东南，由龙光、箐口、者恐、板屯、坝楼、以上俱安隆土司地，其土官自天启初为部人所杀，泗城以孙代署之。八腊、者香俱泗城州地。下田州，乃昔年大道。自安隆无土官，泗城代署，广南以兵争之，据其大半，道路不通，实由于此。

【译文】黄草坝东南边，经由龙光、箐口、者恐、板屯、坝楼、以上都是安隆土司的属地。安隆土官自天启初年被族人杀死，泗城州用自己的孙子代理土官。八腊、者香都是泗城州的属地。到达田州，是从前的大路。自从安隆长官司没有土官，泗城州代为署理，广南府率兵与他争权，占据了安隆土司的大半领地，道路不通畅，实际上是因为这个原因。

按盘江自八达、与罗平分界。巴泽、河格、巴吉、兴隆、那贡，以上俱安隆土司地，今俱为广南有。抵坝楼，遂下八蜡、者香。又有一水自东北来合，土人以为即安南卫北盘江，恐非是。安南北盘，合胆寒、罗运、白水河之流，已东南下都泥，由泗城东北界，经那地、永顺，出罗木渡，下迁江。则此东北来之水，自是泗城西北界山箐所出，其非北盘可知也。于是遂为右江。再下又有广南、富州之水，自者格、亦安隆土司属，今为广南据者。葛阆、历里俱泗城州地。来合，而下田州，此水即《志》所称南旺诸溪也。二水一出泗城西北，一出广南之东，皆右江之支，而非右江之源，其源惟南盘足以当之。胆寒、罗运出于白水河，乃都泥江之支，而非都泥江之源，其源惟北盘足以当之。各不相紊也。

【译文】据考察，盘江从八达、与罗平州分界。巴泽、河格、巴吉、兴隆、那贡，以上都是安隆土司的属地，现在全都被广南府占有。流到坝楼，便下流到八腊、者香。又有一条水流从东北流来汇合，当地人认为就是从安南卫流来的北盘江，恐怕不是这样。安南卫的北盘江，汇合胆寒、罗运、白水河的水流，已经往东南流入都泥江，经由泗城州东北境，流经那地、永顺，流出罗木渡，下流进迁江。那么，这条从东北方流来的河水，自然是源出泗城州西北境内的山箐中，不是北盘江可想而知了。从这里起，盘江就被称为右江。再往下流，又有广南府、富州的水流，从者格、也是安隆土司的属地，如今被广南府占据。葛阆、历里都是泗城州的属地。流淌过来汇合在一起，然后下流到田州，这条河就是《志》书所称的“南旺诸溪”了。两条河一条源出泗城州西北，一条源出广南府东部，都是右江的支流，而不是右江的源头，右江的源头只有南盘江才能够充当。胆寒、罗运都出自白水河，是都泥江的支流，而不是都泥江的源头，都泥江的源头只有北盘江能够充当。各条水道之间并不会不会互相干扰紊乱。

按云南抵广西间道有三。一在临安府之东，由阿迷州、维摩州本州昔置干沟、倒马坡、石天井、阿九、抹甲等哨，东通广南。每哨拨陆凉卫百户一员、军兵十五名、民兵十五名把守。后州治湮没，哨悉废弛。见有《府志》可考。抵广南富州，入广西归顺、下雷，而出驮伏，下南宁。此余初从左江取道至归顺，而卒阻于交彝者也，是为南路。一在平越府[1]之南，由独山州丰宁上下司，入广西南丹、河池州，出庆远。此余后从罗木渡取道而入黔、滇者也，是为北路。一在普安之南、罗平之东，由黄草坝，即安隆坝楼之下田州，出南宁者。此余初徘徊于田州界上，人皆以为不可行，而久候无同侣，竟不得行者也，是为中路。中路为南盘入粤出黔之交；南路为南盘萦滇之始，与下粤之末；北路为北盘经黔环粤之会。然此三路今皆阻塞。南阻于阿迷之普，富州之李、沈，见《广西小纪》。归顺之交彝，中阻于广南之蚕食，田州之狂猘[2]；北阻于下司之草窃，八寨之伏莽[3]。既宦辙[4]之不敢入，亦商旅之莫能从。惟东路由沅、靖而越沙泥[5]，多黎人[6]之恐州，为今人所趋。然怀远、沙泥，亦多黎人之恐。且迂陟湖南，又多历一省矣。

【注释】①平越府：《明史·地理志》："万历二十九年（1601）四月置平越军民府于卫城，以播州地益之，属贵州布政司。"平越府设置较晚，与平越卫同城，治今贵州福泉市。②狂猘（yín）：狂吠。喻疯狂地争吵。③伏莽：指山林间的盗匪。④宦辙

（zhé）：指中央派去的地方官。⑤沙泥：今作“沙宜”，在广西三江侗族自治县东北隅。⑥黎人：此指侗族。侗族分布在今贵州、湖南、广西三省交界一带地方。

【译文】据考查，云南省到广西省之间的道路有三条。一条在临安府的东面，经由阿迷州、维摩州维摩州从前设置过干沟、倒马坡、石天井、阿九、抹甲等卡哨，往东通到广南府。每个卡哨由陆凉卫派一名百户长、官兵十五名、民兵十五名把守。后来州官官署被毁，这几个哨也都废除了。这些有《府志》可作为依据。到达广南府富州，进入广西省归顺州、下雷州，然后出到驮伏，到达南宁府。这是当初我从左江取道到归顺州，可最终被交彝阻挡的路，这是南路。一条在平越府的南面，经独山州的丰宁上、下长官司，进入广西省南丹州、河池州，出庆远府。这是后来我从罗木渡取道进入贵州、云南的路，这是北路。一条从普安州的南面、罗平州的东面，经黄草坝，通向安隆长官司的坝楼，下走到田州，出南宁府的路。这是我当初徘徊犹豫在田州边界上，人人都认为不可以通行，因而等候很久也没有同行的侣友，最终没有走的路，这是中路。中路是南盘江流入广西省、流出贵州省的交界处；南路是南盘江绕流于云南省境内的起始处，与下流到广西省末尾一段之间的地区；北路是北盘江流经贵州省环流于广西省的交汇处。然而这三条路现在都阻塞不通。南路受阻于阿迷州的普名胜，富州的李氏、沈氏参见《广西小纪》。和归顺州的交彝；中路受阻于广南府的蚕食兼并，田州的狂吠；北路受阻于丰宁下长官司的草寇、八寨的强盗。这里既是官员的车马不敢进入的地区，也是商人、旅客不能经过的地方。只有东路经沅州、靖州后穿越沙泥，这些州经常有黎人骚扰，是今天人们所走的路。然而，怀远县、沙泥一带，也多是黎人骚扰的忧患。并且迂回绕路走湖南的路线，又要多涉历一个省了。

黄草坝东一百五十里为安笼所，又东为新城所，皆南与粤西之安隆、泗城接壤。然在黔曰“笼”，在粤曰“隆”，一音而各异字，一处而各异名，何也？岂两名本同一字，传写之异耶？按安庄之东，大路所经，亦有安笼箐山，与安笼所相距四百里，乃远者同而近者异，又何耶？大抵黔中多用“笼”字，粤中多用“隆”字，如隆安县之类。故各从其地，而不知其地之相近，其取名必非二也。

【译文】黄草坝东边一百五十里是安笼所，再往东是新城所，都是南部与广西的安隆长官司、泗城州接壤。然而，在贵州省叫“笼”，在广西省叫“隆”，同一个读音却各有不同的字，同一个地方名字却各不相同，为什么呢？莫非两个地名本来是同一个字，是传抄过程中出现不同的吗？据考察，安庄的东面，大路经过的地方，也有座安笼箐山，与安笼所相距四百里，竟然离得远的地名相同而近处的地名不同，这又是为什么呢？大体上贵州省内多用“笼”字，广西省境内多用“隆”字，例如隆安县之类。所以地名各自从属于它们所在的地区，却不知道安笼所、安隆司两个地方很相近，它们取名字必不用两个字。

黄草坝著名黔西，而居聚阛阓俱不及罗平州；罗平著名迤东，而居聚阛阓又不及广西府。此府、州、营、堡之异也。闻澄江府[①]湖山最胜，而居聚阛阓亦让广西府。临安府为滇中首郡，而今为普氏所残，凋敝未复，人民虽多，居聚虽远，而光景止与广西府同也。

【注释】①澄江府：治所在今云南澄江县。辖境约当今云南澄江、江川、路南等县及玉溪市地。正德十三年（1518）迁治今县东南四里旧城，隆庆五年（1571）迁治舞凤山麓（今澄江县）。1913年废。

【译文】黄草坝闻名于黔西，但是聚落、街市都赶不上罗平州；罗平州闻名于滇东，但是聚落、街市又赶不上广西府。这是府、州、营、堡之间的差异了。听说澄江府的湖光山色最为优美，但是聚落、街市也不如广西府。临安府是滇中地区数一数二的郡县，可如今被普名胜摧残厚，衰败困苦的状况还未恢复，人口虽然繁多，聚落虽然广远，但境况只是与广西府相同。

迤东之县，通海为最盛；迤东之州，石屏为最盛；迤东之堡聚，宝秀为最盛，皆以免于普祸也。县以江川为最凋，州以师宗为最敝，堡聚以南庄[①]诸处为最惨，皆为普所蹂躏也。若步雄之龙、侬争代，黄草坝之被閧于龙、沙，沙乃步雄龙氏之妇翁。安隆土司之纷争于岑、侬。岑为广西泗城，侬为广南府。今广南势大，安隆之地为占去八九矣。土司糜烂人民，乃其本性，而紊及朝廷之封疆，不可长也！诸彝种之苦于土司糜烂，真是痛心疾首，第势为所压，生死惟命耳，非真有恋主思旧之心，牢不可破也。其所以乐于反侧者，不过是遗孽煽动。其人不习汉语，而素昵彝风，故勾引为易。而遗孽亦非果有殷之顽、田横[②]之客也，第跳梁伏莽之奸，藉口愚众，以行其狡猾耳。

【注释】①南庄：今名同，在建水县北。②田横：秦末狄县（今山东高青东南）人。本为战国末年齐国贵族，后沦为庶民。秦末农民起义时，随其兄田儋起兵反秦，重建齐国。秦亡，继其兄田荣率齐兵抗击项羽，后立田荣之子田广为王，自任相。韩信破齐虏齐王广，他自立为齐王，投奔彭越。汉朝建立，率其部众五百余人逃亡海岛，汉高祖命他至洛阳，虽被迫前往，但不愿向汉称臣，于途中自杀。其留居海岛的部众闻讯，也全部自杀。

【译文】滇东的县，要属通海县最繁盛；滇东的州，要属石屏州最繁盛；滇东的堡聚，要属宝秀最繁盛，这些都是由于没有遭受普名胜的祸害的缘故。县以江川县最为衰败，州以师宗州最为困苦，堡聚以南庄堡等处最为凄惨，这些都是被普名胜侵扰的地方。至于步雄的龙土司、侬土司争夺权位，黄草坝遭受龙土司、沙土司的争斗，沙土司是步雄龙土司的岳父。安隆土司岑氏、侬氏的纷争，岑氏是广西泗城州土司，侬氏是广南府土司。如今广南府的势力大，安隆长官司的土地被他占去十之八九了。土司践踏摧残人民，是他们的本性，而且扰乱朝廷的边疆，这是不能忍受的啊！各部彝人苦于被土司践踏摧残，真是令人痛心疾首，只是被土司的势力所压制，生死只有听命了，并非是真正怀有遵从主人的忠心，与土司的关系牢不可破的。彝人乐于反叛的原因，不过是因为受残余土司的煽惑。这些人不熟悉汉语，却素来熟悉彝人风尚，亲近彝人，所以容易勾引彝人反叛。然而这些残余土司也并非果然是殷商的顽民、田横的门客，只是跳梁小丑、拦路抢劫的奸盗，凭借言语愚弄彝人大众，以便施行他们狡猾奸诈的诡计罢了。

所度诸山之险，远以罗平、师宗界偏头哨为最；其次则通海之建通关[①]，其险峻虽同，而无此荒寂；再次则阿迷之中道岭，沈家坟处。其深杳虽同，而无此崇隘；又次则步雄之江底东岭，其曲折虽同，而无此逼削。若溪渡之险，莫如江底，崖削九天[②]，堑嵌九地[③]，盘江朋圃[④]之渡，皆莫及焉。

【注释】①建通关：在今云南通海县与建水县的分界处。②九天：谓天空最高处。③九地：指地的最深处。④朋圃：即今朋普，在今云南弥勒县一百里朋普镇。

【译文】我所游历过的群山中算为险峻的，远处的以罗平州、师宗州交界处的偏头哨为最；其次则是通海县的建通关，它的险峻之处虽然与偏头州相同，却没有偏头哨的荒凉空寂；再次是阿迷州半路上的山岭，沈家坟所在之处。它的深远虽然与偏头州相同，却没有偏头哨的高耸狭窄；再其次是步雄的江底寨的东岭，它的曲折之势虽然与偏头州相同，却没有偏头哨的陡峭直立。至于渡过溪水的危险程度，没有能比得上江底寨的，悬崖陡直耸入九重天，深沟嵌入九重地，就是在朋圃渡过的盘江，都也无法赶上。

粤西之山，有纯石者，有间石者，各自分行独挺，不相混杂。滇南[①]之山，皆土峰缭绕，间有缀石，亦十不一二，故环洼为多。黔南[②]之山，则界于二者之间，独以逼耸见奇。滇山惟多土，故多壅流成海，而流多浑浊。惟抚仙湖[3]最清。粤山惟石，故多穿穴之流，而水悉澄清。而黔流亦界于二者之间。

【注释】①滇南：云南省的别称。云南省本简称滇，明、清时又因位于国土南部，故名滇南。②黔南：贵州省的别称。贵州简称黔，又因位于国土南部，故名。③抚仙湖：又名罗伽湖、青鱼戏月湖。在今云南澄江、江川、华宁三县间。《明一统志》卷86澂江府：抚仙湖“在府治南。周二百余里。一名罗伽湖，一名青鱼戏月湖。渟滀清澈，其中多石，东流入盘江”。《清一统志·澂江府》：抚仙湖“周三百余里，北纳诸溪流，南受星云湖。中多石，玉笋山抚其上，宛如仙人，故名。中产㼒鱼，可以辟瘴毒。尾闾从东入铁池河，南折宁州，北绕宜良，会盘江达于南海”。

【译文】广西的山，有纯石山，有土石相间的山，各自成行独自挺立，不相混杂。滇南的山，都是回环盘旋的土山，间或有石峰点缀其中，也不到十分之一二，所以以环绕洼地居多。黔南的山，则介于两者之间，唯独以狭窄高耸见奇。云南的山，因为土山多，所以多半堵住流水形成湖海，然而水流大多浑浊。只有抚仙湖的水最清澈。广西的山，只有石山，所以多有穿过洞穴的水流，而且水都明洁清澈。而贵州的河流也是介于二者之间。

二十九日　晨雨霏霏。既饭，辞主人行。从街东南出，半里，绕东峰之南而北，入其坞。伫而回睇，始见其前大坞开于南，群山丛突，小石峰或朝或拱，参立前坞中。而遥望坞外，南山横亘最雄，犹半与云气相氤氲[1]，此即巴吉之东，障盘江而南趋者也。坞中复四面开坞：西则沙涧所从来之道，东则马鼻河所从出之峡，而南则东西诸水所下巴吉之区，北则今所入丰塘之路也。计其地，北与庆远境为对，南与富州为对，西与杨林为对，东与安笼所为对。其遥对者，直东则粤西之庆远，直北则四川之重庆[②]矣。入北坞又半里，其西峰盘崖削石，岩岩独异，其中有小水南来。溯之北又二里，循东峰北上，逾脊稍降，陟坞复上，始见东坞焉。共二里，再上北坳，转而西，坳中有水自西来，出坳下坠东坞，坳上丰禾被陇。透之而西，沿北岭上西向行。二里稍降，陟北坞。一里复西北上，二里逾北坳，从岭脊西北行。途中忽雨忽霁，大抵雨多于日也。稍降，复盘陟其西北坡冈，左右时有大洼旋峡，共五里，逾西坳而下。又三里抵坞中，闻水声淙淙，然四山回合，方疑水从何出。又西北一里，忽见坞中有坑，中坠如井，盖此水之所入者矣。从坞右半里，又西北陟岭半里，透脊夹而出，于是稍降，从长峡中行。西北三里，复稍上，始知此峡亦中洼而无下泄之道者也。饭于路旁石上。出岭之西，始见西坞中盘，内皆嘉禾芃芃。北有小山绾坞口，庐舍悬其上，是曰丰塘[③]。东西南皆回峰环之，水从西南二坞交注其间，北向坠峡。由坞东南降岭，循坞南盘南山北麓，共二里，北与绾口庐舍隔坞相对。见路旁有岐，南向入山，疑为分岐之处，过而复还。始登，见其内道颇大，以为是；再上，路分为二，西者既渐小，南者又盘南山，又疑为非。往复数四，莫可从问。而坞北居庐相距二里余，往返既遥，见南山有牧者，急趋就之，而隔峰间壑，不能即至。忽有负木三人从前岭下，问之，乃知其非。随之二里，北出大路。其人言："分岐之处尚在岭西。此处南岐，乃南坞小路之入山者，大路在西坞入也。然此去已不及黄泥河，正可从碧峒托宿矣。"乃西向入坞。有小水自西来，路逾坡西上，下而复陟，三里逾坳。坳不高而接两山之间，为南山过北之脊。东水下丰塘，西水复西北流，俱入马鼻者，脊西遥开坞直去。循北岭又西二里，岐始两分：沿北岭西向出坞，为普安州道；横度坞南，陟岭南上，为亦佐道。遂南度坞，路渐微，深茅覆水，曲磴欹坡，无非行潦。缘之南上坡，一里，西南盘岭角，始望见北界遥山横亘，蜿蜒天末。此即亦字孔西南东转之脊，从丹霞山东南，迤逦环狗场、归顺二营以走安笼所，北界普安南北板桥诸水入北盘，南界黄草坝马鼻河诸水入南盘者也。又西南入峡一里余，复南跻岭巅。一里，得石磴，由脊南转。其脊茅深路曲，非此石道，复疑其误矣。循磴西下，复转而南，曲折一里，抵山麓。其麓复开大坞西去。坞虽大，皆荒茅盘错，绝无禾塍人烟。于是随山麓西行，三里，坞直西去，路西南截坞行。坞南北界，巨岭森削，中环一壑，圆匝[④]合沓[⑤]，令人有四面芙蓉之想。惟暝色欲合，山雨复来，而路绝茅深，不知人烟何处，不胜惴惴。又西南一里，穿峡脊而过，其脊中平而夹甚逼。出其西，长峡西去，南北两界夹之甚遥，其中一望荒茅，而路复若断若续，上则重茅偃雨，下则停潦盈蹊。时昏黑逼人，惟向暗中踯躅。三里，忽闻犬声，继闻人语在路南，计已出峡口，然已不辨为峡为坡，亦不辨南向从何入。又半里，大道似从西北，而人声在南，从莽中横赴之，遂陷棘刺中。久之，又半里，乃得石径。入寨门，则门闭久矣。听其舂声甚遥，号呼之，有应者；久之，有询者；又久之，见有火影出；又久之，闻启内隘门声，始得启外门入。即随火入舂者家，炊粥浣足。虽拥青茅而卧[⑥]，犹幸得其所矣。既定，问其地名，即碧峒[⑦]也，为亦佐东北界。问红板桥[⑧]何在？即在此北峰之麓，为黄草坝西界，与此盖南北隔一坞云。

【注释】①氤氲(yīn yūn)：形容雾气弥漫的样子。②重庆：宋淳熙十六年(1189)升恭州置，治所在巴县(今重庆)。明曹学佺《蜀中广记》卷53重庆府："以介乎顺(庆)、绍(庆)府二庆之间"为名。实为赵惇于淳熙十六年(1189)于此晋封恭王旋即帝位，自诩"双重喜庆"，故名。元至元十六年(1279)改为重庆路。至正末，明玉珍"蜀夏"建都于此。明洪武四年(1371)复为重庆府，属四川布政使司。清属四川省。辖境相当今四川荣昌以东，武胜以南，涪陵以西，綦江以北地区。1913年废。③丰塘：今作"枫塘"，在兴义市西北隅。④圆匝(zā)：环绕成一周。⑤合沓(tà)：重重叠叠聚集在一起。⑥拥青茅而卧：当地称秧被。⑦碧峒：即今富源县笔冲。⑧红板桥：今名同，在兴义市西北隅，枫塘稍北的公路旁。黄泥河以西的阿依、下德黑又属兴义市威舍。这一片云、贵分界的交错状况，古今相同。

【译文】二十九日　早晨细雨霏霏。吃过饭后，辞别主人出发。从街道往东南方出来，走了半里，绕到东峰的南面向北走，进入东峰旁的山坞。停下来回头看，这才见到东峰前边，南面一个大山坞十分开阔，群山成丛突立，小石峰或是朝拜状，或是拱手状，参差不齐地矗立在前面的山坞中。而遥望山坞以外，南面横亘的山最为雄伟，仍然有一半弥漫着浓浓的云气，这就是巴吉东面，堵住盘江急流往南而去的山脉了。山坞中又有山坞向四面展开：西面的山坞就是我从沙涧来时走过的路，东面是马鼻河水流出去的峡谷，而南面就是东西两面山坞中各条水流下流到巴吉的地方，北面就是现在去丰塘要走的路了。估计这个大山坞的位置，北边和庆远府的辖境相对，南面与富州相对，西面与杨林所相对，东面与安笼所相对。它遥遥相对的地方，正东是广西省的庆远府，正北则是四川省的重庆府。进入北面的山坞后又走半里，山坞西面的山峰，层层石崖陡直壁立，高峻特异，山坞中有一条小溪从南边流来。逆着溪流往北又走二里，沿着东峰向北上行，越过山脊渐渐下走，穿过山坞再次上行，开始见到东面的山坞。共走了二里，再上登到北面的山坳，转向西，山坳中有水流从西边流来，流出山坳下泄到东面的山坞中，山坳上丰美的稻禾覆盖着田野。穿过山坳往西走，沿着北面的山岭上向西走。走了二里后逐渐下行，越过北面的山坞。走了一里后再向西北上行，走了二里越过北面的山坳，从岭脊上往西北走。途中时而下雨时而晴朗，大体上下雨的时间多过出太阳的时间。稍稍下行，又盘绕跋涉在山岭西北的山坡与山冈之间，左右两边不时有大洼地和回绕的峡谷，共走了五里，越过西面的山坳往下行。又走了三里到达山坞中，听见淙淙的水声，然而四面群山合围，正在疑惑水是从哪里流来的。又往西北走一里，忽然看见山坞中有个深坑，中央下陷如同水井，原来这里就是水流入的地方了。从山坞右侧走了半里，又向西北登岭半里，钻过岭脊夹缝出来，从这里逐渐下行，在长长的峡谷中前行。往西北走三里，又逐渐上行，这才知道这条峡谷也是中间下洼而没有泄水的通道。坐在路旁的石头上吃了饭。走出到山岭的西面，开始看到西面的山坞环绕在中央，山坞内丰美的稻禾特别繁茂。北边有座小山盘结在山坞口，房屋高悬在山上，这叫作丰塘。东西南三面都有回绕的山峰环抱着，水从西南两面的两个山坞中流出，交错流淌在山坞间，向北坠入峡谷。由山坞东南面下岭来，沿着山坞南面绕着南山的北麓共走了二里，北面与盘结在山坞口的房屋隔着山坞相对。看见大路旁有一条岔路，向南进山去，怀疑是分道之处，走过后又返回来。开始上登时，见山内的道路相当宽大，以为走对了；再上走，路分为两条，向西的路渐渐变小，往南的路又绕着南山走，又怀疑不对。来回往返了四次，没有人可以问路。而山坞北边的居民相距有二里多，往返太远，看到南山上有放牧的人，急忙向着他赶过去，可隔着山峰壑谷，不能马上就到。忽然有三个背木头的人从前边山岭上下来，向他们问路，这才知道走错了路。跟着他们走了二里，向北出到大路上。那些人说："分道的地方还在岭西。此处是向南的岔道，是南坞进山的小路，大路从西坞进去。不过从此地去已经来不及赶到黄泥河了，正好可以从碧峒走去那里投宿。"于是向西进入山坞。有条小溪水从西边流来，路越过山坡向西上行，下坡后又上登，走了三里越过山坳。山坳不高却连接在两山之间，是南山往北延伸的山脊。山脊东面的水下流到丰塘，山脊西面的水又往西北流，都是汇入马鼻河的水流，山脊西面的远方有开阔的山坞一直伸展而去。顺着北岭又往西走二里，这才分出两条岔道：沿着北岭向西走出山坞，是去普安州的路；横穿到山坞南面，登岭往南上行，是去亦佐县的路。于是向南穿过山坞，路渐渐变窄，茅草深深覆盖水面，石阶曲折，山坡倾斜，都是行走在积水之中。沿着道路向南上坡，走了一里，往西南绕过岭角，才看见北面横亘着一列远山，曲折蜿蜒到天边。这就是亦字孔西南向东转的山脊，从丹霞山的东南方，逶迤延伸，环绕狗场营、归顺营后延伸到安笼所，北境内普安州南北板桥各条水流汇入北盘江，南境内黄草坝马鼻河各条水流汇入南盘江的山脉。又往西南进峡走了一里多，再向南上登峰顶。走了一里，找到石阶，经山脊向南转。这条山脊茅草丛生，道路曲折，如果没有这条石阶路，那么就又会让人怀疑是走错路了。沿着石阶往西下走，再转向南，曲曲折折走了一里，到达山麓。山麓又有个开阔的大山坞往西伸展而去。山坞虽大，但都是荒草，盘根错节，绝对没有稻禾田地和人烟。从此地沿着山麓往西走了三里，山坞一直向西去，路往西南穿过山坞而去。山坞南北两面，巨大的山岭森然陡直，中间环绕成一个壑谷，群山重叠环绕一周，让人生出四面都是芙蓉花开的遐想。只是天色将黑，山雨又来，路断草深，不知哪里才有人烟，心中难免惴惴不安。又往西南走了一里，穿过峡脊，这条峡脊中间平坦但相夹的十分狭窄。出到峡脊西边，长长的峡谷向西而去，南北两面的山夹住的峡谷非常遥远，峡谷中是一望无际的荒草，而道路又时断时续，头上是被雨淋倒的一层层茅草，脚下则是积水流满小路。此时天色昏暗，唯有再向着黑暗中前行。走了三里，忽然听到狗叫声，接着听到在道路南边有人说话，猜测已经走出峡口，但已经分辨不出是峡谷还是山坡，也分辨不出向南要从哪里走。又走了半里，大路好似是从西北走，可人的声音在南面，从草丛中横向穿过去，于是陷在了荆棘丛中。很久之后，又走了半里，这才找到石头小路。走到寨门，寨门已经关闭很久了。听见遥远处有舂米的声音，高声呼喊后，有答应的人；过了很久，有人询问；又过了很久，看见有火光人影出现；又是很久，听到打开内隘门的声音，继而打开外寨门，这才得以进去。马上跟随着火把进入舂米的人家，煮粥洗脚。虽然是抱拥着青色茅草躺下，但仍庆幸有一处所能庇护休息。已经安顿下来后，询问这里的地名，这里就是碧峒了，是亦佐县东北的边界。打听红板桥在哪里？原来就在碧峒北峰的山麓，是黄草坝西部的边界，与此地南北之间只隔着一个山坞而已。

滇游日记三

【题解】《滇游日记三》是徐霞客在云南东部山水及风土人情的最后一部分游记。该游记在乾隆刻本第五册下，原附有《盘江考》。

崇祯十一年九月初一（1638年10月7日），徐霞客从云南东界（今富源县笔冲）起程，途经亦佐县（今富源县南境），折返交水（今沾益县），抵达曲靖府，沿途考察了石堡温泉，遍游东山寺、宗镜寺、法界寺。当时翠峰山寺庵最盛，在翠峰山停留的时间也最长。后由寻甸府（今寻甸县），经过嵩明州（今嵩明县）、邵甸（今白邑村）、松华坝，二十九日抵达昆明东北郊的三家村。这一次徐霞客用了一个月横穿滇东，为了尽量不与原来走过的路重复，多取间道小径或人迹罕至的山区，其中有些是少数民族聚居区。途中险些遇上剥衣杀人的盗贼，又逢雨季，路烂泥滑，行走困难。徐霞客的滇东、滇南之行紧紧围绕探究盘江源流设计线路，对曲靖、沾益、寻甸、嵩明等府州的历史沿革、地理环境、土司状况、城池变迁的记载尤为详细。此外他还考察了车湖、嘉丽泽等高原湖泊及滇池的主要水源——盘龙江源。最大的收获是实现了“躬睹南盘源”的夙愿，通过大量实地考察写成科学名篇《盘江考》，详细考察了南北盘江的源流。其中蕴含了徐霞客勇于实践、无私奉献、执着追求、开拓献身的宝贵科学精神，比一般仅从文献考证高出不止一筹，这值得后世继承和发扬。

戊寅九月初一日　雨达旦不休。起观两界山，已出峡口，碧峒在西南山下，其北山冈上即红板桥，为贵州界。复去黔而入滇，高枕一宵矣。就火炊饭欲行，主人言："此去黄泥河二十里，水涨舟莫能渡，须少需①之。"盖是河东岸无居庐，先有去者，亦俱反候于此。余见雨势不止，惮于往返，乃扫剔片地，拭木板为几②，匡坐敝茅中，冷则与彝妇同就湿焰。盖一茅之中，东半畜马，西半则主人之榻，榻前就地煨湿薪以为爨③，爨北即所置几地也，与其榻相隔止一火。夜则铺茅以卧，日则傍火隐几④。雨虽时止，檐低外泞，不能一举首辨群山也。

【注释】①需：等待。②几（jī）：矮小的桌子。③爨（cuàn）：在室内地上挖小坑，四周垒砖石，中间生火取暖的简单的灶，云南俗称火塘。④隐几：扶靠着几案。

【译文】戊寅年（崇祯十一年）九月初一日（1638年10月7日）雨通宵达旦下个不停。起床后去观看云南、贵州交界处的山势，已经走出峡口，碧峒在峡谷西南面的山下，它北面的山冈上就是红板桥，是贵州省地界。再一次离开贵州而进入云南，高枕无忧地睡了一夜。就着火塘做饭准备出发，房主人说："此地离黄泥河有二十里，河水上涨，船只不能渡过去，必须稍作等待。"原来是黄泥河东岸没有人家居住，先前有人去的，也都返回到这里等候。我见雨不会停，害怕来回往返，便清扫出一小片地方，擦干净木板当小几案，端坐在简陋的茅屋中，冷了就与彝人妇女一同靠近烧湿柴的火塘烤火。原来在一间茅屋之中，东半边养马，西半边就是主人的床榻，床前就在地上烧湿柴作为火塘，火塘北边就是我放置几案的地方了，与主人的床榻只隔着一个火塘。夜晚铺上茅草就睡，白天就在火旁靠着小几案。雨虽然有时停了，但屋檐低矮外面泥泞，不能一抬头就看清楚群山的景色。

初二日　夜雨仍达旦。主人言："今日涨愈甚，舟益难渡。明日为街子[①]，贵州为"场"，云南为"街子"，广西为"墟"。候渡者多，彼舟不得不至，即余亦同行也。"余不得已，复从之。匡坐如昨日，就火煨粥，日三啜焉，枯肠为润。是日当午，雨稍止。忽闻西岭喊声，寨中长幼俱遥应而驰。询之，则豺狼来负羊也，幸救者，伤而未死。夫日中而凶兽当道，余夜行丛薄中[②]，而侥幸无恐，能忘高天厚地之灵祐哉！

【注释】①街子：集市。②丛薄：草木丛杂的地方。

【译文】初二日　夜雨仍然下到早上。房主人说："今天河水上涨得更厉害，船更难渡过去。明天是街子，贵州叫"场"，云南叫"街子"，广西叫"墟"。等渡船过河的人多了，船就不得不来，那时我也就可以一同走了。"我不得已，又听从了他的话。端坐着像昨天一样，就着火塘煮粥，一天喝了三次粥，饥渴的肚肠得到了滋润。这天正午，雨慢慢停了。忽然听见西面山岭上有喊叫声，寨子中的老少都远远高声应和着奔跑过去。询问是怎么回事，原来是豺狼来背羊，幸好有人救，羊受了伤却没死。大中午的，凶猛的野兽还敢在路上出没，我夜间行走在丛生的草木中，却侥幸没有受到惊吓，怎能忘记高天厚地的神灵保佑啊！

碧峒在亦佐县东百里。盖滇南胜境[①]之界山南走东转，包明月所[②]之南横过，为火烧铺南山。按滇南胜境，乃分界山也，而老脊尚在其东火烧铺西岭。余前过明月所，即平彝所，询土人，言其水南下亦佐。则明月所东，火烧铺西，乃为分水之脊，即转为火烧、亦资孔之南山，东走而北转，经乐民所，北绕归顺、狗场之间，而东南下安笼所，入广西泗城州境，又东过思恩府北，东峙为大明山，而尽于浔州，为黔、郁二江之界。其滇南胜境之南，所度火烧铺南山者，其峡中尚有明月水出焉，界从其口东度两分而已。老脊从此分为两支：正支东由亦资孔南，东北绕乐民所北，而转安笼所，下泗城州；旁一支南下东转，而黔、滇之界因之，南抵此峒，又南至于江底，又南尽于南盘之北焉。是黔界越老脊之西南，不以老脊为界，而以南支为界也。若以老脊，则乐民所、狗场营、黄草坝俱当属滇。以老脊东行而黔隘小，故裒[③]滇益黔，以补不足。

【注释】①滇南胜境：即今胜境关。在云南富源县东十六里，云南、贵州交界处。《清一统志·曲靖府》：滇南胜境哨"在平彝县东十五里，接贵州普安州界。有坊题曰'滇南胜境'，为滇黔分界处，设有哨兵。自黔至此，山始平坦"。界坊今存。②明月所：又称平彝所，属贵州都司，在今贵州盘县西隅的平关。③裒（póu）：减少。

【译文】碧峒在亦佐县的东面一百里的位置。大体上，滇南胜境关所在的云贵分界的山，往南延伸后向东转，绕过明月所的南面横向延伸而过，成为火烧铺的南山。据考察，滇南胜境关，是云贵分界的山，但主脉的山脊还在胜境关东面火烧铺的西岭。我先前路过明月所，就是平彝所，询问当地人，当地人说明月所的水流往南下流到亦佐县。那么明月所的东面、火烧铺的西面，才是分水的山脊，随即转向成为火烧铺、亦资孔的南山，往东延伸后转向北，延经乐民所，向北绕过归顺州、狗场营之间，而后向东南下延到安笼所，进入广西泗城州境内，又往东延伸经过思恩府北面，向东高耸矗立为大明山，而后在浔州到了尽头，成为黔江、郁江两条江的分水岭。滇南胜境关的南面，山脉延伸过火烧铺南山的地方，那里的峡谷中还有明月水流出来，两省分界的山脉从峡口往东延伸分为两条支脉。分水岭的主脉山脊从这里分为两条支脉：主要的一支往东由亦资孔而南，往东北绕过乐民所北边，而后转过安笼所，下延到泗城州；旁边的一支往南下延向东转，而贵州、云南的分界就沿着这条山脉，南面到达此地的碧峒，又往南延伸到江底，再往南延伸到南盘江的北面到尽头。这样，贵州的疆界越过分水岭主脉山脊的西南面，不是以分水岭的主脉山脊作为分界线，而是以南面的支脉作为分界线了。假如以主脉山脊为分界，那么乐民所、狗场营、黄草坝都应当隶属云南。由于主脉山脊往东延伸，因而贵州地域狭小，所以用南面的一条支脉作为分界线来减少云南的地域、增加贵州的地域，以补面积狭小的不足。

碧峒北与新兴城遥对，南与柳树遥对，此地又滇凸而东者。

【译文】碧峒北面与新兴城遥遥相对，南面与柳树遥遥相对。这里又是云南凸出向东的地方。

碧峒寨有民哨，有僰僰，共居一寨门之内。其西为民寨，即余所栖者；其东为僰僰寨。

【译文】碧峒寨有汉民把守哨所，有僰僰，共同居住在一个寨门之内。寨子西边是汉民的村寨，就是我居住的地方；寨子东边是僰僰居住的村寨。

自黄草坝至此，米价最贱，一升止三四文而已。

【译文】从黄草坝到此地，米价最便宜，一升米只要三四文铜钱而已。

初三日　子夜寒甚。昧爽起，雨仍霏霏。既饭，出寨门，路当从小岐南上山，误西从大石径行。初有坞西北去，以为狗场道。随石径西南转，二里，东界石山南去，坞转而西，随之。二里，峡中禾遂盈陇，望北山崖畔有四五家悬坡上，相去尚一里，而坞南遂绝。乃莽苍横陟其坞而西北，一里，抵北山村麓，有两人耕于其下，亟趋而问之。尚隔一小溪，其人辄牵牛避去。余为停趾，遂告以问道意。其人始指曰："往黄泥河应从来处，此误矣。"再问以误在何处，其人不告去。乃返，行泥塍间，路倏断倏续。二里余，至前转坞处，犹疑以为当从南峡入。方惆怅无路，忽见坞边一牧马者，呼之，即碧峒居停主人也，问何以至此？盖黄泥河之道，即从碧峒后东南逾岭，乃转西峡，正与此峡东界石山，南北相隔，但茅塞无路，故必由碧峒始得通行。

遂复二里余，返至碧峒西南，傍其寨门，东南逾岭而下。一里，东南径坞，半里复上。又半里，又东南逾一岭，有峡自南西坠，而路则直西出坳。半里始下，又半里抵西峡中，遂由峡西行。屡陟冈洼，三里，有石峰踞峡之中，为当关之标，由其北逾脊而下。时密云酿雨，见细箐萦崖，深杳叵测，真豺虎之窟也。惴惴西下，一里度壑。又二里，忽有水自北峡出，下嵌壑中，绕东南而注，是为黄泥河。其河仅比泸江水，不阔而深，不浑而急；其源发于乐民所、明月所，经狗场至此，东南与蛇场河同下江底而入盘江者也。时有小舟舣西，稍待之，得渡，遂西上坡。一里半，逾岭坳，有岐自东南峡底来，为入小寨而抵板桥者，乃知板桥亦四达之区也。又西出峡，见群峰中围一壑，而北峰独稍开，即黄泥河所环。共一里余，抵聚落中。是日为市，时已散将尽。入肆觅饭，主人妇以地泞天雨，劝留莫前。问马场尚四十里，度不能前，遂停杖焉。

【译文】初三日　半夜十分寒冷。黎明起床，雨仍然下个不停。吃过饭后，走出寨门，应当从分岔的小路往南上山，我错从西面的石头大路走。起初有个山坞往西北去，我以为是去狗场营的路。顺着石头小路往西南转，走了二里，东面的一列石山向南延伸而去，山坞转向西去，我顺着山坞走了二里，峡谷中的稻禾水沟布满田间，望见北面的山崖上有四五户人家高悬在山坡上，相距还有一里，但是山坞南面的路断了，于是在迷茫的郊野中横穿山坞往西北走了一里，到达北面山村所在的山麓，有两个人在山下耕地，急忙跑过去问路。还隔着一条小溪，那两个人就牵着牛避开了。我因此停下脚步，把问路的意思告诉他们。那两个人才指路说：“去黄泥河应该从你来的地方走。这条路错了。”再问他们走错在什么地方，他们没说就离开了。于是我又返回来，在泥泞的田埂间行走，道路时断时续。走了二里多路，来到先前转进山坞的地方，仍然疑惑，认为应当从南边的峡谷进去。正在惆怅无路可走的时候，忽然看见山坞边有个牧马的人，呼喊他，原来是我在碧峒住宿的房主人，他问我为什么来到此地？原来去黄泥河的路，是从碧峒后方往东南越过山岭，便转入西面的峡谷，正好与这条峡谷东面隔着一座石山，南北相隔，但茅草壅塞，无路可走，所以必须要经由碧峒才能够通行。于是又走了二里多的路程，返回到碧峒西南边，沿着碧峒的寨门，往东南越岭下行。走了一里，往东南横穿山坞，半里后再次上行。又走了半里，又往东南翻过一座山岭，有条峡谷从南向西坠落下去，而道路却一直向西延伸出山坞。半里后开始下行，又走了半里来到西面的峡谷，便在峡谷中往西行。屡次跋涉在山冈洼地之间，走了三里，有座石峰盘踞在山峡之中，像是挡在关口的旗杆，由石峰北面越过山脊下走。此时浓云酝酿着山雨，见到一条细细的竹林环绕着山崖，幽深昏暗不可测，真是豺狼虎豹的洞穴。心神不定地往西下行，走了一里后穿过壑谷。又走了二里，忽然有河水从北面的峡中流出来，下泄到深嵌的壑谷中，绕向东南流去，这是黄泥河。这条河仅是和泸江一样，水面不宽却很深，水色不浑，水流却很急；黄泥河是发源于乐民所、明月所，流经狗场营流到此地，流向东南与蛇场河一同下流到江底，而后汇入盘江的河流。这时有条小船停靠在西岸，稍微等了一会儿，得以渡河，于是往西上坡。走了一里半，越过岭坳，有条岔路从东南方的峡谷底延伸过来，是进小寨后到板桥的路，因此知道板桥也是个四通八达的地方。又往西走出峡谷，看见群峰围绕着中间的一个壑谷，而唯独北面的山峰略微分开一些，那就是黄泥河环绕流经的地方。共走了一里多，抵达聚落中。这一天是集市，当时赶集的人已经快散完了。进入店铺中找饭吃，主人、主妇认为地面泥泞，天又下雨，劝我留下，不要前行了。我打听到此地离马场还有四十里，估计来不及了，就留宿在这里了。

黄泥河①聚庐颇盛，但皆草房。其地四面环山，而北即河绕其后，复东南带之。西又一小溪，自西南峡来，北注黄泥。其中多盘坞环流，土膏丰沃，为一方之冠。亦佐之米，俱自此马驼肩负而去。前拟移县于此，至今称为新县，而名亦佐为旧县云。

【注释】①黄泥河：今名同，在云南富源县东南隅。

【译文】黄泥河的村居房屋很多，但都是草房。此地四面环山，而北面就是黄泥河水绕到山后，又在东南方围绕着村落。西边又有一条小溪，从西南的峡谷流出来，往北注入黄泥河。这一带有许多回绕的山坞与环流的水流，土地肥美，物产丰足，是这一带的首位。亦佐县的米，都是从这里马驮人背过去的。从前准备把县治迁到此地，这里至今被称为新县，而叫亦佐为旧县。

初四日　晨起雨止，四山云气勃勃。饭而行。西半里，度一木桥，其下溪流自南而北，即西小溪也。又西上坡，转而南，溯流半里，入西峡。又半里，转而北，其处又有北峡、西峡二流之交焉。于是随北峡溪，又溯流半里，乃西上山。时东峰云气稍开，乃贾勇上跻。仰见西岭最高，其上皆夹坡削箐，云气罩其顶，不能悉。上跻二里，渐入浓雾中，遂从峰头穿峡上，于是箐深霾黑，咫尺俱不可见。又一里陟其顶，平行岭上。又二里乃下，下一里及西坞。涉坞而西，一里，度一小桥，桥下水北流。乃南向西转，一里，有岐交其南北：南乃入牛场村道，有小峰骈立，村隐其下焉；北乃其处趋狗场营者。又西半里，乃西上山。其坡峻且滑，无石级可循，有泥坎陷足，升跻极难。二里，陟峰头，又平行峰头一里，越其巅。时浓雾成雨，深茅交道，四顾皆弥沦如银海。得峰头一树如擎盖，下有列石如错屏，乃就树踞石而憩，止闻飕飗[1]滴沥之声，而目睫茫如也。又西北平行者一里，下眺岭西深坠而下，而杳不可见；岭东屏峙而上，而出没无常。已从北下，始有石磴陡坠，箐木丛水。共一里半，陟坞而西，亦中洼之宕也。半里，又逾西坳出，其壑大开，路乃稍平，尖峰旁立，若为让道者。西向平行坞中一里半，有水横潴于前，以为溪也，涉之不流，乃壑底中洼之坑，蓄而成溪者。又西二里，复有一溪，北流甚急，波涨水深，涉之没股焉。又西一里，乃饭于峡坡之下。既饭，遂西入竹峡，崇峰回合，纡夹高下，深篁密箐，蒙密不容旁入，只中通一路，石径逶迤，如披重云而穿密幄也。其竹大可为管，弥漫山谷，杳不可穷，从来所入竹径，无此深密者。其处名竹园箐。自黄泥河西抵马场，人人捆负，家家献客，皆此物也。客但出盐瀹之耳。其中坡陀屡更，三里，逾峡南下，其壑中开，又为雾障，止闻隔坡人语声，然不辨其山形谷势矣。南行壑中一里，转而西半里，又越一坳。又半里，经峡而西，抵危坡下，复西向跻磴上，于是密箐仍萦夹壁悬崖间，其陟削虽殊，而深杳一如前也。攀陟三里，西逾岭头，竹箐既尽，循山南转，皆从岭上行。路东则

屏峙而上，路西则深坠而下，然皆沉雾所翳，不能穷晰也。南向平陟岭上者三里，转而西行岭脊者一里，其脊南北俱深坠而下，第雾漫莫悉端倪。既而傍北岭行，北屏峙而南深坠。又二里，雨复大至，适得羊场堡②四五家当岭头，遂入宿焉。其家竹床竹户，煨�③饷笋，竟忘风雨之苦也。

【注释】①飕飗（sōu liú）：形容风雨声。②羊场堡：今称小羊场，在黄泥河西隅。③�（tú）：木柴。

【译文】初四日　早晨起床雨停了，四面的群山云雾浓密。吃过饭后起行。往西走了半里，渡过一座木桥，桥下的溪流从南向北流，就是西小溪了。又往西上坡，转向南，逆着溪流走了半里，进入西面的峡谷。又走了半里，转向北，此处又有从北面、西面峡谷中流出来的两条溪水在这里交汇。从这里顺着北面峡谷的溪流，又逆着溪流走了半里，这才向西上山。这时东峰上的云气微微散开，我于是鼓足勇气上登。抬头看见西岭最高处，岭上都是狭窄的山坡和陡削的山竹，云气笼罩在山顶，不能都看清楚。上登了二里，渐渐走入浓雾之中，便从峰顶穿过峡谷上登，攀登到这里，山竹幽深，阴霾浓黑，咫尺之间都看不见。又走了一里登上山顶，平缓地行走在岭上。又走了二里才下山，下行一里来到西面的山坞。穿越山坞往西走了一里，度过一座小桥，桥下的流水向北流淌。于是由南转向西走了一里，有南北两面的岔路在此交会：南边的是进牛场村的路，有小山峰并排矗立，村子隐藏在山峰下；北边的是从此处前往狗场营的路。又往西走了半里，向西上山。山坡又陡又滑，没有石阶可以沿着走，有泥坑陷脚，上登极为艰难。走了二里，上到峰头，又平缓地在峰头上前行了一里，越过峰顶。这时浓雾变成了雨，深深的茅草交织在道路上，环顾四面都被雨雾淹没，如同银色的大海。在峰顶找到一棵如伞盖样的大树，树下排列着如同错落屏风的岩石，于是赶到树下坐在石头上休息，只听到飕飕的山风声和滴滴答答的雨滴声，然而眼中却是茫然一片。又平缓地往西北方走了一里，往下眺望，山岭西侧深坠下去，幽远得什么也看不见；山岭东面的山峰像屏风一样向上高耸矗立着，可是山影却出没无常。从北边下去后，开始有陡立的石阶往下坠，竹林茂密，溪水流淌。共走了一里半，越过山坞往西走，也有中间下洼的采石场。走了半里，又越过西面的山坳出来，这里的壑谷十分开阔，道路才稍稍平缓一些，尖峰矗立在旁边，好像是让路的样子。平缓地在山坞中向西行走了一里半，有水横积在路前，我以为是溪水，但涉水时水不流动，原来是壑谷底部中间下洼的土坑，蓄水而成的死水。又往西走了二里，又有一条溪水往北流淌，水势很急，波涌水涨，水很深，涉水时没过大腿。又往西走了一里，就在山峡旁的山坡下吃饭。吃过饭后，便向西进入竹林密布的峡谷，高高的山峰围绕闭合，高低不一地迂回着夹立在两旁，幽深茂密的竹林，浓密地遮蔽着峡谷，不让人从两边进去，只有中间通着一条路，石头小路曲折蜿蜒，如同分开重重云雾后钻进密闭的帐篷。这里的竹子很大，可以做笛子类的乐器，布满山谷，竹林深远得看不到头，我走过的竹林中，从来没有见过像这样幽深浓密的。此处名叫竹园箐。从黄泥河往西到马场，人人都是一捆捆背着的，家家都用来招待客人的，全是用这种竹笋。客人只要放点盐巴煮着吃就可以了。峡谷中山坡山冈多次变换，走了三里，穿过峡谷往南下行，这里的壑谷中间开阔，又被雾气遮住，隔着山坡只听见人说话的声音，却分辨不清这里山峰山谷的形状和地势。往南在壑谷中行走了一里，转向西又走了半里，再越过一个山坳。又走了半里，穿过峡谷往西行，来到陡坡之下，又向西踏着石阶上登，到这里，浓密的竹林仍然萦绕在夹壁悬崖之间，它们陡削的山势虽然不一样，但那深邃幽远的样子同前边完全一样。攀登跋涉了三里，往西越过岭头，竹林到头后，顺着山势向南转，都是在岭上走。路东边是像屏风一样的山高耸矗立而上，路西边则是深深地坠落下去，但是都被浓厚的雾气所遮蔽，不能完全看清楚。平缓地向南在岭上跋涉三里，转向西在岭脊上行走了一里，岭脊南北两面都深坠下去，只不过大雾弥漫不能一目了然。不久，紧靠北岭走，山岭北面像屏风一样高耸矗立着而南面深坠下去。又走了二里，大雨又来临，恰好走到有四五户人家住在岭头的羊场堡，便进村借宿。借宿的这户人家是竹床竹门，我烧柴煮笋，全然忘掉了在风雨中前行的辛苦。

初五日　夜雨达旦不休。饭而行。遂南向稍下，已渐转西。两旁多中洼下陷之穴，或深坠无底，或潴水成塘，或枯底丛箐，不一而足，然路犹时时陟冈逾岭，下少上多也。十里，见路北有深箐，有岐从箐中升，合并西去；有聚落当岭头，是曰水槽。其处聚落颇盛，夹道成衢，乃狗场营、安笼所、桃花大道所出。但冈头无田，其上皆耕压锄陇，只堪种粟，想稻畦在深坑中，雾翳不见也。升陟岭头，又西五里，是曰水井，其聚落与水槽同。由其西一里半，始历磴下，遥望西坞甚深。下箐中一里，由峡底西行二里，复逾坡而上。一里，稍下坡西坞中。其中不深，而回峰四辟，雾倏开合，日色山光，远近迭换，亦山中幻景也。既复西向逾岭，三里，见岭西洼中，有水成塘。乃循峰西北行，稍下一里，而入亦佐县[①]东门。县城砖甃，而城外草舍三四家，城中亦皆草舍，求瓦房寥寥也。一里，炊于县前。

【注释】①亦佐县：元代于夜苴部置，属罗雄州。治所在今云南富源县东南八十六里亦佐。明永乐初改属曲靖府。《明一统志》卷87曲清府亦佐县："号夜苴部，后讹为亦佐。"清康熙八年（1669）废入罗平州。今仍名"亦佐"。

【译文】初五日　夜里雨通宵达旦地下个不停。吃过饭后起行。于是向南缓慢下坡，不久渐渐转向西行。两旁有许多中洼下陷的洞穴，有的深陷无底，有的积水成塘，有的底部干涸、竹林成丛，不一而足，然而道路仍然时时都在翻山越岭，少有下走的路，多是上攀。走了十里，看到路北边有幽深的竹林，一条岔路从中升上来，与大路合并后往西；有个村落位于岭头，叫作水槽。此处村落很繁盛，房屋夹道形成四通八达的街市，是通往狗场营、安笼所、桃花大道经过的地方。但是冈头没有水田，在山坡上开垦的土地，只能种粟米，我猜想稻田在深坑中，只是雾气遮挡看不见罢了。在岭头爬升，又往西走了五里，这里叫水井，这个村落与水槽相同。由水井往西走了一里半，开始经由石阶下走，远望西面的山坞很深。下到山箐中一里，由峡底往西走了二里，再翻越山坡上行一里，慢慢下到山坡西边的山坞中。山坞不深，可回绕的山峰向四周散开，雾色时开时合，日光山色，远近更迭变换，也是山中奇幻的景色了。随即又向西越过山岭走了三里，看到岭西的洼地中，积水成塘。便沿着山峰往西北走，渐渐下行了一里，然后进入亦佐县城东门。县城砖砌的城墙，然而城外有三四家草房，城中也都是草房，瓦房寥寥无几。走了一里，在县衙门前烧火做饭。

饭后，半里出西门，乃西北行。计其地犹在群峰之顶，但四山雾塞，上下莫辨耳。从岭头西北行二里，乃西向历峻级而下。其时雾影亦开，遂见西坞中悬，东界所下之山，与西界崇峰并夹，南北中辟深壑，而拐泽河[1]自北而南，经其中焉；其形势虽见，而河流犹深嵌不可窥。西山崇列如屏，南额尤高，云气尚平抹其顶，不令尽露。西山之南，复起一山，斜障而东，此则障拐泽而东南合蛇场者也。于是盘折西下，三里，抵坡而磴尽。复西北行坡陀间，一里，逾冈再下，数家茅舍在焉，然犹未濒河流也。又西半里，涉一东来小水，乃抵河岸。溯之北，又涉一东北来小水，约半里，有渡舟当崩崖下，渡之。是河发源于平彝卫及白水铺[2]以东，滇南胜境以西皆注焉。其势半于江底，而两倍于黄泥河，急流倾洞，南奔东转，与蛇场合而东南会黄泥河水而为江底河者也。亦佐、罗平南北东西二处，俱以此为界。西登崖，崖岸崩颓，攀跻而上，遂西向陟岭。时暮色将至，始以为既渡即有托宿处，而荒崖峻坂，绝无一人，登陟不已，暮雨复来。五里，遇一人趋渡甚急，执而问之。曰："此无托宿处。鸡场[3]虽遥，亟趋犹可及也。"乃冒雨竭蹶，转向西南上。五里逾坳而西，乃西转北行峡中。稍降二里，得数家之聚焉。亟投煨椟，暮色已合，而雨复彻夜。

【注释】①拐泽河：即今"块泽河"。②白水铺：今仍名"白水"，在沾益县东隅，自古即为交通要道。③鸡场：在宣威市羊场镇。

【译文】吃过饭后，走了半里出西门，于是往西北走。猜测这个地方仍然在群山的顶上，只是四面群山被云雾笼罩，不能分辨上下罢了。从岭头往西北走了二里，便向西经由陡峻的石阶下行。这时雾气散开了，就见到西面的山坞高悬在群山之中，东面一列往下延伸的山，与西面一列高峰并排相夹，南北两面的中间辟成深深的壑谷，而拐泽河从北向南流经壑谷中；这里的地貌地势虽然可见，但河流还是深嵌在谷底不能看见。西面的山高高排列着，如同屏风，靠南面的一座山尤其高峻，云气还平铺在山顶，不让山顶全部露出来。西面群山的南边，又耸起一座山，斜斜的阻隔往东延伸，这座山就是挡住拐泽河往东南汇入蛇场河的大山了。从这里曲折地向西下行三里，到达坡下而石阶就到头了。再往西北前行在山坡与山冈之间，走了一里，越过山冈再下走，有几户人家的茅草房在这里，然而还没有临近河流。又往西半里，渡过一条东流的小河，这才到达河岸。逆着拐泽河往北走，又渡过一条从东北流来的小河，约有半里，有渡船停靠在崩塌的山崖下，渡过拐泽河。这条河发源于平彝卫和白水铺以东，滇南胜境关以西都是它流经的区域。拐泽河的水势只相当于江底河的一半，却比黄泥河大两倍，急流倾泻，往南奔泻，向东流转，与蛇场河汇合，然后往东南汇合黄泥河的水流而成为江底河。亦佐县、罗平州两地的南北、东西两处，都以此为界。向西登崖，崖岸崩塌，攀登而上，于是向西登岭。这时夜色就要来临，开始我以为渡过河后就有投宿的地方，可过河后只有荒崖陡坡，绝无一人，我只得不停地攀爬，傍晚又下起雨来。走了五里，遇到一个人匆忙地赶去渡口，拉着他问路。他说："这里没有投宿的地方。鸡场虽然远点，抓紧赶路还可以赶到。"于是冒着雨极力赶路，转向西南上登。走了五里，越过山坳往西走，又从西转向北行走在山峡中。稍稍下行二里，找到了有几户人家的村落。急忙投宿，生火做饭，夜色已经降临，而雨整夜下个不停。

初六日　晨起雨止，四山犹氤氲不出。既饭，稍西下，渡洼。复西北上，渐露昨所望屏列崇峰在西南，而路盘其东北。三里逾一冈，坪间有墟地[1]一方，则鸡场是也。从坳北稍下，又得数家之聚焉，问之，亦鸡场也。盖昨所宿者，为鸡场东村，此则鸡场西村矣。从村北行，其峡西坠处，有石峰屼立，路从其北逾脊。稍东转而北涉坞，共三里，遂西北跻岭。盘折石磴西北上，二里而涉其巅，则夙雾顿开，日影焕发，东瞻群峰吐颖，众壑盘空，皆昨所从冥漠中度之者。越岭西下一里，抵盘壑中，见秋花悬隙，细流萦磴，遂成一幽异之境。西一里，有山横披壑西，透其西北腋，似有耕云樵石之栖，在西峰后；循其东南坞，则大路所从去也。乃随坞南转，坞东西山分两界，余以为坞中水将南流，而不意亦俱中洼之穴也。南行三里，复逾脊而上，遂西转，盘横坡之南脊焉。一里，循横坡南崖而西，其处山脊凑合，冈峡纵横而森石尤多娟丽。又西一里，有岐自东南峡来合。又西一里，乃转北下，于是西向山遥豁，而路则循山西北向行矣。四里，复北向逾冈，转而西下，望西北坞中，有石壁下嵌，不辨其底。已而降行坞中一里余，又直造其下，则亦中洼之峡也。由其南又西行，两陟冈坞共三里，始涉一南流小水。自渡拐泽河至此，俱行岭上，未见勺水。又西逾一冈，一里，南望冈南，一峰西辟，洞门高悬，门有木横列，而下隔一峡，遥睇无路，遂不及迂入。又半里，又涉一南流小水，西逾一冈，共二里而抵桃源村[2]。其村百家之聚，与水槽相似，倚北山而居；前有深坞，罗平之道自坞中东南来；北东西三面，俱会其水南坠入崖洞，而南泄于蛇场江，故知拐泽西岸崇山，犹非南行大脊也。村多木皮覆屋以代茅。时日已午，就村舍瀹汤餐饭，而木湿难燃。久之，乃西向行，渡西北峡石中小水。一里，陟西坞而上。又一里，逾冈而西，见西坞自西而东，其南有小山蜿蜒，亦自西而东界之。其山时露石骨峥峥，然犹未见溪流也。坞中虽旋洼成塘，或汇澄流，或潴浊水，皆似止而不行者。又西一里，逾冈西下，有村当坞，倚南崖而居。于是绕村西行，始见坞中溪形曲折，且闻溪声潺湲矣。由其北溯之西行，又一里，见坞中又有一村当坞而居；始见溪水自西来，从其村西，环其村北，又绕其东。其村中悬其北曲中，一溪而三面环之，南倚南山之崖，北置木桥以渡溪水。其水不甚大，而清澈不汩，是为清水沟云。盖发源于西山之回坎坡，经此而东出于桃源，始南去者也。又西一里，复过一村，其村始在坞北。又西一里，又经一村，曰小板村，有税司在焉，盖罗平北境，为桃花驼盐之间道也。又西二里，始逾坡涉涧，屡有小水自北峡来，南注于清水沟，路截而逾之也。北峡中男妇二十余人，各捆负竹笋而出，盖土人群入箐采归，淡熏为干，以待鬻人者。又西二里，直逼西山之麓，有村倚之，是为回窖坡。清水沟中民居峡坞，至此而止，以坞中有水可耕也。由此西南半里，过一小桥，其水自西北沿山而来，即清水沟上流之源矣。度之，即西上岭。岭头有索哨者，不之与而过。蹑岭一里半，西陟岭脊。是脊始为分水之处，乃北自白水铺西直南度此，回环西南，而峙为大龟，以分十八寨[③]、永安哨、江底河诸派者也，而罗平之界，亦至是而止焉。逾脊西，渐西北平下一里，渐转而西，行坞中。其坞东西直亘，而南北两界遥夹之，南山卑伏，而北山高耸，暮雾复勃勃笼北峰上，流泉亦屡屡自北注南。第南山之麓，似有坠涧横其北，然不辨其为东为西，以意度之，以为必西流矣，然不可见也。坞中皆荒茅断陇，寂无人烟。西行六里，其西有山横列坞口，坞始坠而西下，茅舍两三家，依坞而栖，路乃逾坞循北山而西。半里，有茅亭一龛当路旁，南与茅舍对，想亦哨守之处也。又西一里稍下，有小水成溪，自北峡来，小石梁跨之，其水南注坞口而去。既度梁，即随西山南向，随流半里，转而西上岭，暮色合矣。又上一里，而马场④之聚当岭头。所投宿者，乃新至之家，百无一具。时日已暮，无暇他徙，煨湿薪，卧湿草，暗中就枕而已。

【注释】①墟地：用作赶集的空地。②桃源村：今仍名“桃源”，在罗平县北隅。③十八寨：《嘉庆重修一统志》广西直隶州关隘：“十八寨，在弥勒县西南。今蛮党分居者，曰永安寨、石洞寨、禄庆里寨、阿营里寨、米车寨，余或以山名。本一山而群蛮分居其中，曰十八寨。明嘉靖元年（1522）尝设十八寨守御千户所于此。”明置十八寨守御千户所，在今弥勒市西南的虹溪镇。④马场：今分大马场、小马场，在曲靖市麒麟区东南隅。

【译文】初六日　早晨起来雨停了，四面群山仍被云气笼罩着。我吃过饭后，稍稍向西下行，渡过洼地。又往西北上行，逐渐露出昨天在西南方看到的像屏风那样排列的高峰，而山路绕到高峰的东北方。走了三里越过一座山冈，平地中有一块用作赶集的场地，就是鸡场了。从山坳稍向北下行，又有个几户人家的聚落在那里，询问他们，也是叫鸡场。原来昨天住宿的地方，是鸡场东村，这里就是鸡场西村了。从村子出来往北走，峡谷往西下坠的地方，有座石峰耸立，山路从石峰北面越过山脊。稍向东转后往北渡过山坞，共走了三里，就向西北登岭。曲折地绕着石阶往西北上山，爬了二里后登上山顶，只见晨雾顿时散开，太阳光彩四射，远望东面的群峰露出尖尖的山顶，众多空阔的壑谷回绕，都是昨天我在浓雾中走过的地方。越过山岭向西下山一里，到达回绕的壑谷中，看到秋天的山花高悬在石缝中，细细的溪流萦绕着石阶，成为一处幽静奇异的地方。往西走一里，有座山横卧在壑谷的西边，穿过山的西北侧，似乎有不食人间烟火的人居住，在西峰后面；沿着东南方的山坞走，就是大路顺着出去的地方。于是随着山坞往南转，山坞东西两面的山分为两列，我以为山坞中的水将会向南流，却不知道也是都流进中间下洼的洞穴中。往南走了三里，再翻过山脊往上行，转向西，绕过横坡南面的山脊。走了一里，沿着横坡南面的山崖往西走，此处的山脊凑拢聚合在一起，山冈峡谷纵横而山石尤其秀丽。又往西走一里，有一条岔路从东南方的峡谷出来会合。又往西走一里，便转向北下行，从这里向西看，远处的群山十分开阔，山路却顺着山往西北行。走了四里，又向北越过山冈，转向西下行，望见西北的山坞中，有石壁深深地下嵌，不能分辨底部。不久，下到山坞中走了一里多，又径直来到山坞最下方，原来也是中间下洼的峡谷。由山坞南边又往西走，两次翻越山冈和山坞共走了三里，才渡过一条往南流的小溪。自从渡过拐泽河来到此地，都是行走在山岭上，没见过一勺水。又往西越过一座山冈走了一里，往南望见山冈南面，有一座山峰西面剖开，洞口高悬，洞口有木头横排着，但是下方隔着一条峡谷，远望过去无路可走，也就来不及绕道进洞了。又走了半里，又渡过一条往南流的小溪，往西越过一座山冈，共走二里后到达桃源村。这个村子是个有百户人家的聚落，与水槽相似，紧靠着北山；村前有深深的山坞，去罗平州的路从山坞的东南方过来；东西北三面的山都聚拢过来，这里的水往南坠入岩洞中，然后往南流入蛇场江，因此知道拐泽河西面的崇山峻岭，还不是往南延伸的大山主脊。村里多用树皮覆盖屋顶代替茅草。此时已是正午，于是到村里的房屋中烧水煮饭，但是木材潮湿难以燃烧。很久过后才向西走，渡过西北峡中岩石间流淌的小溪。走了一里，跋涉在西面的山坞上。又走了一里，越过山冈往西，看见西面的山坞自西向东，山坞南面有小山蜿蜒，也是自西向东隔在山坞南面。这里的山不时露出峥峥石骨来，但是仍然没有见到溪流。山坞中，虽然环绕下洼成水塘，有的积聚着清水，有的停积着浑浊的泥水，似乎都是静止不流的水。又往西一里，越过山冈往西下走，有个村庄在山坞中，靠着南面的山崖居住。于是绕着村子往西走，这才看见山坞中的溪流曲折的形状，而且听见溪水潺潺流淌的声音。由溪水北岸逆着溪流往西又走了一里，山坞中又有一个村庄，看见溪水从西边流来，从这个村子的西边绕到村子北边，又绕到村东。村子高悬在溪水往北环绕的弯曲地带，一条溪流三面环绕着村庄，南面紧靠南山的山崖，北面架设木桥来渡过溪水。溪水水势不大，但溪水清澈水流不急，因此叫作清水沟。大概这条溪流发源于西山的回坎坡，流经此地后往东流过桃源村然后才向南流走。又往西走了一里，再路过一个村子，这个村子位于山坞北面。又往西一里经过一个村子，叫作小板村，有税司设在这里，大概因为这里是罗平州的北部边境，是去桃花运盐的便捷小路。又往西走了二里，开始翻越山坡渡过涧水，多次有溪水从北面的峡中流出，往南流入清水沟，道路横截溪水而过。北面峡中有男女二十多人，每人都背着一捆竹笋出来，是当地人结伴进竹林采竹笋归来，不放盐，用火熏成干笋，等着卖给别人的。又往西走了二里，逼近西山山麓，有村子紧靠着山麓，这里是回窗坡。清水沟中的百姓沿着峡谷、山坞居住，一直到这里为止，因为山坞中有水，可以耕种。由此地往西南走半里，经过一座小桥，桥下的水从西南方沿山流来，就是清水沟上游的水源了。过桥后，随即向西上岭。岭头有收钱守哨的哨兵，没给钱他就让我过来了。登岭一里半，往西上登岭脊。这条山脊才是分水的地方，从北面的白水铺西边一直往南延伸到这里，回绕到西南方，而后耸立为大龟山，分出十八寨、永安哨、江底河各条支脉的山脊，而罗平州的地界，也到此为止了。翻越到山脊西面，渐渐地向西北平缓下行一里，转向西行走在山坞中。这个山坞呈东西向横直绵亘，而南北两列山远远的夹住它，南面的山矮矮地趴伏着，北面的山高高耸立着，傍晚的雾气又浓浓地笼罩在北峰之上，流淌的泉水也屡屡自北往南流注。只是南山的山麓似乎有深坠的山涧横在山北，但是分辨不出山涧水是向东流还是向西流，凭空推测，应当是向西流的，但不能看见。山坞中荒茅草阻断了原野，空寂没有人烟。往西走了六里，此地西面有山横向排列在山坞口，山坞开始往西下坠，有两三户人家的茅屋靠着山坞，道路穿过山坞沿着北山往西走了半里，有一座茅草建在路旁，南面与茅屋相对的，我猜测也是哨所守卫的地方。又往西一里后稍下走，有水流淌成小溪，从北面的峡中流来，小石桥横跨溪流之上，溪水往南流注到山坞口而去。过桥后，随即沿着西山向南，顺水流走半里后，转向西行攀爬上到山岭，夜幕已经降临。又上行一里，马场就在岭头。我借宿的人家，是新搬到这里来的，家居用品一样没有。此时天色已晚，没有时间搬到其他人家，只能烧着湿柴，躺着湿草，在黑暗中睡了。

初七日　晨起，云尚氤氲。饭而行，有索哨者，还宿处，解囊示批而去。于是西北随坡平下，其路甚坦，而种麻满坡南，盖其下亦有坞西通者。西驰四里，始与溪近。随流稍南半里，复循坡西转，又一里，下坡。西望西南坞中，有数家之聚，田禾四绕，此溪经坞环之。其坞自北山随坡南下，中有一水，亦自北而南，与此水同会于村北，合而西南破峡去。乃西截北来坞，半里抵北来之溪，有新建石梁跨之，是为独木桥。想昔乃独木，今虽石而犹仍旧名也。桥下溪流[①]，三倍于西来之水，固知北坞之源远于东矣。逾桥西，即上岭，西南直跻甚峻，一里半，逾其脊。又西向平下者一里，有岐随冈南去者，陆凉[②]道也。冈西坞中，复有数家焉，亦陆凉属也。其坞亦自北而南，虽有村而无流。路西下截坞，半里，经村北，又半里，抵西界崇山下，遂蹑峻而上，而陆凉之界，又西尽于此矣。盖因其水南下陆凉，故西自此坞，东抵回窖西山，皆属之陆凉。其处南抵陆凉卫，路经尖山、天生桥，相距尚八十里也。由西岭而上，又为海崖属，乃亦佐县右县丞[③]土司龙姓者所辖，亦佐县有左、右二丞，皆土司。左丞姓沙，在本县，即与步雄攻黄草坝者。右丞姓龙，或曰即姓海，在此，而居近越州。其地东自此岭而西抵箐口焉。东与亦佐西界中隔，罗平、陆凉二州之地间错其间，不接壤也。

【注释】①桥下溪流：此溪即今篆长河。②陆凉：即今陆良县。③县丞：县令的佐官，掌管文书及仓狱。

【译文】初七日　早晨起床，云雾依旧弥漫缭绕。吃过饭后就出发。碰到哨兵索要路条批文，于是返回住处，解开行囊出示批文后就离开了。从这里往西北顺着山坡平缓地下行，道路非常平坦，而且山坡南面种满苎麻，大概坡下也有山坞通往西边。向西快走四里，才刚刚接近溪流。沿着溪流稍微往南走半里，再沿山坡向西转，又走了一里下坡。向西远望西南方的山坞中，有个几户人家的村落，稻田四面环绕，这条溪水经国山坞环绕村落流淌。这个山坞从北山顺着山坡往南向下延伸，山坞中有一条溪流，也是从北流向南，与这条溪流在村北一同交汇，合流后往西南冲破山峡流出。于是向西穿过从北面来的山坞，半里后到达北面流来的溪流，有座新建的石桥跨在溪流上，这是独木桥。大概从前是独木桥，如今虽然是石桥却仍然沿用原来的名字。桥下的溪流，水量是西边溪水的三倍，因此知道北面山坞的水源比东边的远。越过桥西，随即上岭，往西南一直上登十分陡峻，走了一里半，越过山脊。又向西平缓地下走了一里，有一条岔路沿着山冈往南去，那是去陆凉州的路。山冈西面的山坞中，又有几户人家住在那里，也是陆凉州的属地。这个山坞也是从北向南延伸，虽然有村落但是没有流水。道路向西下行穿过山坞，走了半里，过村庄北边，又走了半里，来到西面的一列高山下，于是踏着陡峻的山上登，而陆凉州的地界，在西面也就到此为止了。大概是由于这条溪水往南下流到陆凉州，所以西从这个山坞，东到回窞坡的西山，都属于陆凉州。从此处往南到陆凉卫，途经尖山、天生桥，相距还有八十里。由西岭往上行，又是海崖土司的属地，是亦佐县右县丞龙姓土司管辖的范围。亦佐县有左、右两个县丞，都是土司。左县丞姓沙，辖地在本县，就是与步雄土司攻打黄草坝的那个人。右县丞姓龙，有人说是姓海，辖地在这里，但是住所靠近越州。他的辖地东起这座山岭，西到箐口。东面与亦佐县的西部地界被从中隔断，罗平州、陆凉州的属地交错间隔在其中，和亦佐县不接壤。

从东麓西上，屡峻屡平，峻者削崖盘磴，平者曲折逶迤。

三峻而三逾岭头，共七里，望见南坪有数十家之聚，北峰则危耸独悬。盖自马场而西，即望见遥峰尖削，特出众峰之上，而不意直逼其下也。又一里，梯石悬磴，西北抵危峰前。其时丽日转耀，碧天如洗，众峰尽出，而是山最高，不特独木西峰，下伏如砥，即远而回窖老脊，亦不能上与之抗，惟拐泽鸡场西岭，遥相颉颃。其中翡翠层层，皆南环西转，而接于西南巨峰，此东顾之极观也。其西则乱峰回罨，丛箐盘错，远虽莫抗，而近多自障焉。其南则支条直走，近界既豁，远巘[2]前环，此独木诸所遥带而下泄者。西南有二峰遥凑，如眉中分，此盘江之所由南注者耶？其西即越州所倚。而东峰之外，复有一峰高悬，其南浮青上耸，圆若团盖，此即大龟山之特峙于陆凉、路南、师宗、弥勒四州之交者耶？天南诸峰，悉其支庶，而此峰又其伯仲行矣。由峰西逾脊稍下，即有石坡斜悬，平皮砥峙，古木婆娑其上，亦高崖所仅见者。由此历级西下一里，有壑回环，中洼四合，复有中悬之台，平瞰其中，夹坑之冈，横亘其外，石痕木荫，映彩流霞，令人神骨俱醒。由横冈西南转，二里，复逾一脊。又西度一中悬之冈，有索哨者，不顾而去。度冈而西一里，复上坡，又一里，西逾其隘，复有索哨者，亦不顾而去，想皆所云海崖土司[1]者。逾脊，又不能西见盘江。又西半里，西障始尽，下界遥开，瞥然见盘江之流，自西北注东南而去，来犹不能尽瞩焉。于是西向拾级直下，一里抵坞中。

【注释】①海崖土司：中心在今曲靖市麒麟区东南部茨营南隅，水城河水库以北，今名海寨，分大海寨、小海寨两村。②巘：大山上的小山，山顶，山峰。

【译文】从山岭东麓往西上行，多次攀登陡峻的山峰，多次走在平坦的山路，陡峻的地方是悬崖峭壁上盘绕着的石阶，平坦的地方是曲折蜿蜒的山路。三次攀登陡峻的山峰而三次越过岭头，共走了七里，望见南面的平地中有个几十户人家的村落，北面的山峰却独自高耸着。原来从马场往西，就可以望见远处尖削的山峰，特立高出群峰之上，但是想不到一直逼近它的下方了。又走了一里，沿着高悬的石阶，往西北走到高峰前。此时，明丽的太阳当空照耀，蓝天明净如洗，群峰全部显露出来，但是这座山最高，不只是独木桥西边的山峰在下方低伏着，如同一块磨刀石，就是远处回窖坡主脉山脊的高大处也不能与它抗衡，只有拐泽河边鸡场西面的山岭，能和它遥相对峙，不相上下。两山之间，一层层翡翠般的山峰，都环绕在南面向西转，而后与西南方的巨大山峰相接，这是往东环顾的极致景观了。西边只见杂乱的山峰回绕，相互掩映，丛林山箐盘环交错，远处虽然无法与东面相比，但近处的山峰却多有自相遮蔽的地方。南边就是支脉一直延伸，近处开阔，远处的山峰环绕在前方，这是独木桥各地遥远的像带子一样往下延伸的山脉。西南方远处有两列山凑拢在一起，好像两条眉毛从中间分开，这就是盘江往南流注的地方吗？西面就是越州倚靠的山峰。东面的山峰之外，又有一座山峰高悬在空中，高峰的南边向上耸起青翠的山顶，如同圆形的伞盖，这就是独自耸峙在陆凉州、路南州、师宗州、弥勒州四州交界处的大龟山吗？天外南面的群峰，都是大龟山众多的支脉，而这座山峰又与大龟山不相上下。由山峰往西越过山脊稍往下走，就有石坡高悬，倾斜屹立好似平架着的磨刀石，古树树影婆娑立在坡上，也是只有在高高的山崖上才能见到的景象。由此地沿着石阶往西下行一里，有个曲折回绕的壑谷，中间下洼，四面闭合，又有座悬在中央的高台，平行俯瞰壑谷，夹住坑谷的山冈，横向绵亘在壑谷外，石痕树荫，五彩掩映，云霞流动，让人身心清醒。通过横着的山冈往西南走了二里，再越过一条山脊。又往西越过一座悬在中央的山冈，有索要路条的哨兵，我没理他就离开了。越过山冈往西一里，再上坡，又走了一里，向西穿越山隘，又有索要路条的哨兵，我仍然没理他就离开了，想来他们都是旁人所说的海崖土司的人。越过山脊，还是不能看见西面的盘江。又往西走了半里，西面的重重屏障才到尽头，往下远望视野开阔，一眼就看见盘江的江流从西北往东南流注，但江流的来处仍然不能尽情眺望。从这里向西沿着石阶一直下行一里后到达山坞中。

又西半里，循西山南转，半里，复稍上逾冈西，复平行岭上。半里，有岐，一直西下坑，一西南盘岭。见西南路稍大，从之。一里，得数家当岭头，其茅舍低隘，牛畜杂处其中，皆所谓猡猡也。男子皆出，妇人莽不解语，索炊具无有应者。是即所谓箐口也，海崖之界，于是止焉。由冈头西南去，为越州道；从此西北下，即越州属，为曲靖道。遂西北下岭，始甚峻，一里，转西渐夷。于是皆车道平拓，无龃龉之虑矣。又西一里，饭于树下。又西驰七里，始有坞北来。遂盘东山北转，一里，始横截北来之坞。余始意坞中当有流南注，而不知其坞亦中洼也。坞中横亘一冈，南北俱成盘壑，而壑南复有冈焉。从中亘者驰而西，一里，复西上坡。又一里，陟坡之脊，亦有猡猡数家。问之道，不能对也。从脊西下三里，连越两坡，又见坞自北来南向去，其中皆圆洼贮水，有冈中间，不通流焉。从坡上西北望，则龙潭之山，自北分突，屏列而西，此近山也；西南望，则越州南岭，隔山遥障，所谓西峰也；而东峰之外，浮青直对，则大龟之峰，正与此南北相准焉。西下坡，又有一坞自北而南，南环为大坞，与东界连洼之坞合。此坞始有细流中贯，夹坞成畦。流上横小桥西度，有一老人持筐卖梨其侧，一钱得三枚，其大如瓯，味松脆而核甚小，乃种之绝胜者。闻此中有木瓜梨，岂即此耶？西上一冈，平行冈上四里，直抵西峰下，则有坞随其麓，而深涧潆之，所谓龙塘河也，然但见涧形，而不能见水。乃西下坡约半里，随坞出西南，先与一小水遇，随之；既乃截坞而西，又半里，始与龙塘河①遇，有大石梁跨其上。桥右村庐累累，倚西山而居，始皆瓦房，非复茅舍矣。龙塘河之水，发源于东北山峡中，其处环潭甚深，为蛟龙之窟，即所谓曲靖东山之东峡也。其山北自白水铺西分水岭分支南下，亘曲靖之东，故曰东山；而由此视之，则为西岭焉，南至此，濒河而止。其西腋之中，为阆木山；东腋之中，为龙潭，即此水之所出矣。自箐口西下坞中，即为越州属，州境至此西止，而田畴悉环聚焉。

【注释】①龙塘河：今称“龙潭河”，从北往南流贯曲靖市麒麟区茨营坝，在越州附近汇入南盘江。

【译文】又往西走了半里，沿着西山往南转半里，又稍上行翻越到山冈西面，再平缓地在山岭上行走了半里，有两条岔路，一条向西下到深坑中，一条往西南绕着山岭。往西南走的路稍微宽敞一些，便顺着这条路走了一里，见到岭头住着几户人家，他们的草房低矮狭窄，牛马牲畜杂处在房屋中，他们都是所谓的猡猡了。男子都外出了，妇女粗鲁不懂汉语，我向她们借炊具但是没有人答应。这里就是所谓的箐口，海崖土司的地界，到这里就到头了。从冈头往西南走，是去越州的路；从此处的西北下山，就是越州的属地，是去曲靖府的路。于是从西北下岭。开始时十分陡峻，走了一里，转向西渐渐平坦起来。从这里开始都是平坦宽阔的车路，没有高低不平的担忧。又往西走了一里，停留在树下吃饭。又向西快走七里，开始有山坞从北边延伸过来。于是绕着东山往北转，走了一里，才横穿过从北面过来的山坞。我起初以为山坞中应该有水流向南流注，却不知这个山坞也是中间下洼的地方。山坞中横亘着一座山冈，南北两面都形成环绕的壑谷，而壑谷南边又有山冈。从那座横亘着的山冈向西疾走了一里，再向西上坡。又走了一里，登上坡脊，也有几户㑩㑩。向他们问路，他们不能回答。从坡脊往西下行三里，接连翻越两道坡，又看到有个从北向南去的山坞，山坞中圆圆的洼地都贮着水，有山冈隔在中间，水流不相通。从坡上向西北远望，就见龙潭所在的山，从北面分出高耸的支脉，像屏风一样排列着往西延伸，这是近处的山；往西南望去，就见越州的南岭，隔着一座山，成为远山的屏障，就是所谓的西峰了；然而东峰之外，与青翠的山峰直直相对，就是大龟山的主峰，正好与这里南北相对。往西下坡，又有一个山坞自北往南，南面环绕成大山坞，与东面有连片洼地的山坞会合。这个山坞中开始有细小的水流流贯坞中，夹着山坞被开垦成田地。水流上横架着小桥，渡过西边，有个老人挎着筐卖梨，一个铜钱三个，梨大如碗，滋味松脆而且梨核很小，是极佳的品种。听说这里有一种木瓜梨，难道就是这种梨吗？向西登上一座山冈，在山冈上平缓地行走了四里，直达西峰下，有山坞从西峰的山麓绕过，而深深的山涧萦绕在山坞中，就是所谓的龙潭河。但是只能看到山涧的形状，不能看见水。于是往西下坡约有半里，沿着山坞往西南走出去，最先遇到一条小河，沿着河水一直走；随后就横穿山坞往西走，又走了半里，才与龙潭河相遇，有座大石桥横跨在河上。桥右边的房屋层层叠叠，倚靠西山居住，从这里开始都是瓦房，不再是茅草屋。龙潭河的水，发源于东北的山峡中，那里环形的潭水很深，是蛟龙的洞窟，就是所谓的曲靖东山的东峡。那里的山从北面的白水铺西边的分水岭分出支脉往南向下延伸到曲靖的东面，所以叫作东山；但从这里看，却是西岭，往南延伸到这里，濒临河边就到了尽头。东山西侧的地方，是阆木山；东侧的地方，是龙潭，就是这条河水发源的地方。从箐口往西下到山坞中，就是越州的属地，越州地界的西面到此为止，而且都是田野环绕聚集在山坞中。

由村西上坡，即东山之南尽处也。二里，逾冈头，方踞石少憩，忽一人自西岭驰来，谓余曰："可亟还下山宿，前岭方有盗劫人，毋往也。"已而其妇后至，所语亦然。而仰视日方下午，前终日驰无人之境，皆豺狼魑魅之窟，即深夜幸免，岂此昼行，东西夹山而居者甚众，反有贼当道耶？因诘之曰："既有贼，汝何得至？"其人曰："彼方剥行者衣，余夫妇得迂道来耳。"余疑此人欲诳余还宿，故托为此言。又思果有之，今白日返宿，将明日又孰保其不至耶？况既劫人，彼必无复待之理，不若即驰而去也。遂叱顾仆行，即从冈上盘北山而西。盖北即东山南下之顶，南即其山下坠之峡，而盘江自桥头南下，为越州后横亘山所勒，转而东流，遂截此山南麓而断之，故下皆砠碚。路横架岭上，四里抵其中，旁瞩北岭，石参差而岫屼崆，觉云影风枝，无非惴人之具，令人错顾不定，投趾莫择。又西四里，始西南下片石中。

其处土倾峡坠，崩嵌交错，而石骨露其中，如裂瓣缀行。其坠处皆流土，不可着足，必从石瓣中宛转取道。其石质幻而色异，片片皆英山绝品，惟是风鹤惊心，不能狎憩而徐赏之。亡何[1]，已下见西坞南流之江，知去桥头不远，可免虎口，乃倚石隙少憩，竟作青莲瓣中人矣。

【注释】①亡(wú)何：不久。

【译文】从村西上坡，是东山在南面的尽头。走了二里，越过冈头，刚坐在石头上稍作休息，忽然有一个人从西岭跑过来，对我说："应该赶快回到山下去住，前面山岭上刚才有强盗抢劫，不要过去了。"不久他的妻子随后赶过来，说的也是一样。可抬头看太阳才刚刚下午，先前一整天奔走在无人之境，都是豺狼鬼怪的窟穴，即使是深夜也能幸免于难，难道大白天在此地行走，东西两面夹山居住的人很多，反而有强盗拦路抢劫吗？于是追问他们说："既然有强盗，你们怎么过来的？"那两人说："那些强盗正在剥行人的衣服，我们夫妇才能够绕道过来。"我怀疑他们是想骗我回去住宿，故意借着强盗说出这些假话。又想到如果真有强盗，今天白天回去投宿，明天谁又能保证强盗不来呢？况且那些强盗抢劫之后，他们必定没有再等在那里的道理，不如快跑过去算了。于是大声呼唤顾仆上路，随即从冈上绕着北山往西走。大体上北面就是东山往南下延伸的山顶，南面就是东山下坠形成的峡谷，盘江从桥头往南下流，被越州后面横亘着的山约束，转而向东流，进而横穿过东山的南麓把东山截断，所以下行的路都是高低不平的。道路横架在岭上，四里后到达东山中部，从侧面看北岭，山石参差不齐而山峰突兀，觉得云影移动，风吹树枝，都是让人害怕的东西，让人交错不停环顾四周，落脚慌不择路。又往西走了四里，才下到西南方的片石丛中。这里的泥土被冲刷坠入山峡中，崩塌深嵌的岩石交错在一起，然而骨状的岩石裸露在泥土中，好像裂开的花瓣连缀排成行。那些泥土坠落的地方都是松动的泥土，不能下脚，必须从片片石瓣中弯来转去地找路走。这里的石头质地奇幻而且色彩各异，片片都是英山石中的绝品，只是风声鹤唳，草木惊心，不能随意休息而缓慢地欣赏它们。不久，已经往下见到西面山坞中往南流的江水，知道离桥头不远，可免于虎口了，这才倚靠着石缝稍作休息，竟然作了青色莲花瓣中的人。

从石中下者一里，既及西麓，复行支陇，遂多聚庐之居。又一里，路北江回堰曲，中涵大塘一围，四面丰禾环之；东有精庐，高倚东山之麓；西则江流所泄，而石梁横跨之。又行畦间半里，始及石梁。其梁不高而长，是为南盘之源，北自炎方[①]、交水、曲靖之东，直南至此。是桥为曲靖锁钥，江出此即东南流，绕越州之东而南入峡焉。逾梁而西约半里，上坡北，而宿于逆旅，即昔之所过石堡村也。适夜色已暝，明月在地，过畏途，就安庐，乐甚。问主人：“岭上有御人者，果有之乎？”主人曰：“即余邻人。下午樵于山，数贼自山后跃出，剥三人衣，而碎一人首，与君来时相后先也。”予于是始懔然悚，还欣然幸，深感前止宿者之厚情，而自愧以私衷臆度之也。盖是岭东为越州，西为石堡，乃曲靖卫屯军之界，互相推诿，盗遂得而乘之耳。

【注释】①炎方：明为炎方驿，今名同，在沾益县北境。“炎”指南，因位于沾益州治（今宣威市区）之南，故名。

【译文】从石瓣中下山一里，随后来到西边的山麓，再走到分支的土陇上，就有很多聚居的房屋。又走了一里，道路北边江流回绕，水坝弯曲，堤坝中蓄着圆圆一大塘水，四面丰美的稻禾环绕着水塘；东边有精致的房舍，高高的倚靠着东山的山麓；西边则是江流奔涌，而石桥横跨在江流上。又在田亩间走了半里，才走到石桥。这座桥不高但是很长，桥下的水是南盘江的水源，北面从炎方驿、交水、曲靖府的东部，一直往南流到此地。这座桥是曲靖府的咽喉之地，江水流过这座桥后随即往东南流，绕到越州的东面而后向南流入峡中。过桥后往西约走半里，上坡往北走，便住在旅店中，就是我之前路过的石堡村了。恰好天色已经昏黑，明月照在地上，经过让人害怕的旅途，住进安全的客舍，十分安乐。询问店主人：“山岭上抢劫的强盗，果真有吗？”店主人说：“就是我的邻居被抢。下午在山上打柴，几个强盗从山后跳出来，剥掉三个人的衣服，而且敲碎了一个人的头，与您过来的时间差不多。”我于是才开始真正感到恐惧，又欣然庆幸，深深感激先前阻止我，劝我回去住宿的那两个人的深厚情谊，而且自行惭愧以私心揣测、猜忌他们。大概此岭东面属越州，西面是石堡村，是曲靖卫驻军的地界，两家互相推诿不管，盗匪就得以乘机作乱。

初八日　昧爽饭，索酒而酌，为浴泉计。遂由村后越坡西下，则温泉在望矣。坞中蒸气氤氲，随流东下，田畦间郁然四起也。半里，入围垣之户，则一泓中贮，有亭覆其上，两旁复砖甃两池夹之。北有榭三楹，水从其下来，中开一孔，方径尺，可掬而盥也，遂解衣就中池浴。初下，其热烁肤，较之前浴时觉甚烈。既而温调适体，殊胜弥勒之太凉，而清冽亦过之。浴罢，由垣后东向半里，出大道。是日碧天如濯，明旭晶然，腾翠微而出，浩波映其下，对之觉尘襟荡涤，如在冰壶玉鉴中。

【译文】初八日　黎明吃饭，要来酒喝下，为去泡温泉做准备。随后从村后越过山坡往西下走，就可以看到温泉了。山坞中蒸汽弥漫，顺着水流往东下去，田畦间浓郁的蒸汽四处冒起。走了半里，进入低矮围墙的门内，墙内贮满一池泉水，有座亭子盖在池子上，两旁又用砖砌了两个池子夹住它。北面有三间水榭，泉水从水榭下边冒出来，中间开有一个孔，孔的每边长一尺，可以用手捧起来洗漱。于是脱下衣服到中间的池子洗浴。刚下水时，水热得烫皮肤，感觉比以前泡过的温泉更强烈。不久温度就变得适宜体温，大大胜过弥勒温泉太凉的水温，而清冽的程度也胜过弥勒温泉。沐浴过后，从矮墙后面向东走了半里，出到大路上。这天蓝天如洗，旭日鲜明晶亮，奔腾跃于翠绿的青山而出，碧波浩渺的泉水映照在它的下面，面对这样的美景，顿时觉得世俗的胸襟被涤荡干净，如同置身在冰壶玉镜之中。

北行十里，过南城，又二十里，入曲靖[①]南门。时有戈参戎者，奉按君命，巡诸城堡，高幢[②]大纛，拥骑如云，南驰而去。余避道旁视之，如赫电，亦如浮云，不知两界青山见惯，袒当谁左[③]也。饭于面肆中。出东门半里，入东山寺。是名青龙山，而实无山，郭东培𪩘[④]，高仅丈余，大不及五丈。上建大殿，前列层楼配之，置宏钟焉，钟之大，余所未见也。殿左有藏经阁，其右楼三层，皆翼于培𪩘之旁而齐其末者。徙倚久之，出寺右，循城而北，五里，出演武场大道。又三里过白石江，又二里过一坡。又十里抵新桥，殷雷轰然，大雨忽至，避茅檐下，冰霰交作，回风涌之，扑人衣面，莫可掩蔽。久之乃霁。仍北行，泞滑不可着趾。十里抵交水[⑤]，入南门。由沾益[⑥]州署前抵东门，投旧邸龚起潜家。见其门闭，异之，叩而知方演剧于内也。余以足泥衣垢，不乐观优，亟入其后楼而憩焉。沾益惟土司居州治，而知州之署则在交水。

【注释】①曲靖：明设曲靖府和曲靖卫，皆治南宁，即今曲靖市麒麟区。潇湘江边的古城遗迹，至今还依稀可见。曲靖一带曾经是云南的行政中心。南北朝时期的宁州治所味县在今曲靖市麒麟区西北的三岔。唐宋时又称石城，隋代南宁州总管府及唐代前期的南宁州都督即治石城。南诏和大理时皆设石城郡，为控制滇东的重镇。②幢（chuáng）：古时作为仪仗用的一种旗帜。③袒当谁左：意即谁露出左臂表示拥护。袒当，左袒或右袒，即露出左臂或右臂。西汉时，大将周勃清除吕氏，在军中对众说：拥护吕氏的右袒，拥护刘氏的左袒。结果军队都左袒，表示拥护刘氏。④碚嵝（péi lǒu）：同“培嵝”，即小土山。⑤交水：古县名。治今云南省曲靖市北西平镇。属曲靖路。明洪武十五年（1382）废入沾益州。明时置税课使于此。《读史方舆纪要》：天启二年（1622）“官兵讨沾益叛贼，自交水进，为贼所败”，即此。⑥沾益：明设沾益州，隶曲靖府，包有今宣威、富源、沾益三市县地，治今宣威市区。明末，沾益州土官叛乱，流官知州于天启二年（1622）逃到交水，筑城寄治，而沾益土司仍居州治，在今宣威市，于是出现土官流官各自设署的情况，此处所述沾益州署即流官治所。清代雍正五年（1727）改土归流，于原沾益州治处新设宣威州，即今宣威市；并承认已迁交水的为沾益州。至此，原属沾益州的范围析为两个州。

【译文】往北走十里，经过南城，又走了二十里，进入曲靖府南门。这时有个姓戈的参将，奉按察使的命令，巡视各地的城堡，仪仗队中旗帜如林，大旗高举，骑兵簇拥如云，向南奔驰而去。我回避在路旁观察他们，如同吓人的雷电，又如浮动的云朵，不知两边的青山见惯这种场景，它们会拥护谁呢？在面馆中吃饭。走出东门半里，进入东山寺。这里叫青龙山，但是实际上没有山，只是外城东边的小土山，高处仅有一丈多，大处不到五丈。上面建有大殿，前方建有一座层楼陪衬大殿，楼内放置了一口大铜钟，铜钟如此之大，我从来没见过。大殿左边有藏经阁，大殿右边有座三层高的楼，都是像翅膀一样建在小土山的两旁而与小土山的后面齐平的建筑。我徘徊流连了很久，出来走到寺右，沿着城墙往北走了五里，出到演武场的大路上。又走了三里经过白石江，再走二里翻过一道坡。又走了十里来到新桥，隆隆地雷声轰鸣，暴雨忽然来临，到茅屋房檐下避雨，冰雹雨点交织，旋风翻涌，雨点扑到人的衣服和脸上，没有办法遮挡。很久后天才转晴。仍然往北走，道路泥泞湿滑不可落脚。走了十里后到达交水，进入南门。经由沾益州衙门前走到东门，到原来住过的龚起潜家投宿。见他家的大门紧闭，觉得怪异，敲门后才知道正在内院演戏。我因为双脚都是泥土，衣服满是污垢，不喜欢看戏，急忙进入他家的后楼去休息。沾益州只有土司住在州治内，而知州的官署则在交水。

初九日　余倦于行役①，憩其楼不出，作数日游纪。是日为重九，高风鼓寒。以登高之候，而独作袁安②僵卧之态，以日日跻攀崇峻不少也。下午，主人携菊具酌，不觉陶然而卧。

【注释】①行役：即行旅，在外长途跋涉。②袁安：字邵公，东汉汝南人。洛阳下大雪，人多出来乞讨吃食，袁安独僵卧不起，被洛阳令知道，举为孝廉，后官至司徒。

【译文】初九日　我厌倦了远途跋涉，在后楼中休息不出门，记录这几天的游记。这天是重九节，高楼上寒风凉意袭来。在这登高望远的节候上，我却独自作出袁安僵卧不起的姿态，是因为天天攀登的崇山峻岭不少了。下午，主人带来菊花、备下酒菜，不知不觉舒畅地睡下了。

初十日　寒甚，终日阴翳。止寓中，下午复雨，彻夜不休。

【译文】初十日　天气特别寒冷，整天阴云遮日。停留在寓所中，下午又下起雨，整夜不停。

十一日　余欲行，主人以雨留，复为强驻，厌①其酒脯焉。初余欲从沾益并穷北盘源委，至交水，龚起潜为余谈之甚晰，皆凿凿可据，遂图返辕，由寻甸趋省城焉。

【注释】①厌：吃饱。

【译文】十一日　我打算出行，主人因下雨为挽留，于是又勉强住下来，在这里饱餐他家的酒肉。起初我想从沾益州出发并穷究北盘江的源流，到了交水，龚起潜对我讲起北盘江的源流十分清晰，全都说的确凿有依据，我于是考虑往回走，经由寻甸府去省城。

十二日　主人情笃，候饭而行，已上午矣。十里仍抵新桥①，遂由岐溯流西南行。二里抵西南小山下，石幢②之水，乃从西北峡中来，路乃从西南峡中入。一里登岭，一里陟其巅。西行岭上者又一里，乃下。初从岭头下瞰西坞，有庐有畴，有水潆之，以为必自西而东注石幢者。迤逦西下者又一里，抵坞中，则其水返西南流，当由南谷中转东而出于白石江[③]者。询是村为戈家冲[④]。由是而西，并翠峰诸涧之流，皆为白石江上流之源矣。源短流微，潆带不过数里之内，而沐西平[⑤]曲靖之捷，誇为冒雾涉江，自上流渡而夹攻之，著之青史，为不世勋，而不知与坳堂[⑥]无异也。征事考实，书之不足尽信如此！于是盘折坂谷四里，越刘家坡，则翠峰山在望矣。盖此山即两旁中界之脊，南自宜良[⑦]分支，北度木容箐，又北而度火烧箐岭，又北而度响水西岭，又北而结为此山；又西夹峙为回龙山，绕交水之西北，经炎方，又北抵沾益州南；转东，复折而南下，峙为黑山，分为两支。正支由火烧铺、明月所之间南走东折，下安笼所，入泗城州，而东峙为大明山，遂尽于浔州。旁支西南由白水西分水岭，又分两支：直南者由回窨坡西岭，西南峙为大龟山，而尽于盘江南曲；西南分支者，尽于曲靖东山。其东南之水，下为白石江；东北之水，下为石幢河；而西则泄于马龙之东江[⑧]，而出寻甸，为北盘江焉。然则一山而东出为南盘，西出为北盘，惟此山及炎方足以当之；若曲靖东山，则旁支错出，而《志》之所称悉误也。由刘家坡西南，从坡上行一里，追及一妪，乃翠峰山下横山屯人也。随之又西一里，乃下坡。径坞一里，有小水自西北来，小石梁跨之。从此西南上坡，为三车道；从此直西溯小水，自西南岸入，为翠峰间道。其路若续若断，横截坞陇。三里，有大道自东南来，则自曲靖登山之径也，于是东南望见三车市[⑨]矣。遂从大道西行，二里，将抵翠峰下，复从小径西南度陇。风雨忽至，顷刻而过。一里，下坡涉深涧，又西上坡半里，抵横山屯，其屯皆徐姓。

【注释】①新桥：今名同，在西河南岸，沾益南境。②石幢：即石幢河，今称西河，从西往东流入盘江。③白石江：今名同，在今云南曲靖市北郊。《明一统志》卷87曲靖府：白石江“在府城北八里。本朝洪武十四年，西平侯沐英征云南，闻元司徒平章达里麻拥兵十余万屯曲靖，遂进师至白石江与之大战，擒达里麻，俘甲士二万于此”。《方舆纪要》卷114曲靖府：白石江在“府北八里。源自马龙州界，流经此，东南合于潇湘江”。④戈家冲：今作“戈家屯”，在曲靖麒麟区西北隅。⑤沐西平：即沐英（1345—1392），字文英，定远（今属安徽）人。朱元璋义子。明初因征讨西南有功被封为西平侯，镇守云南。⑥坳堂：同“坳塘”，即小水塘。⑦宜良：明为县，隶云南府，即今宜良县。县名“宜良”其说有三。其一：“宜之为言，善也，良，易直也。顾名思义，则邑人朴茂习俗之简易可知”。其二，“‘宜良’系‘纪良’之谐音，‘纪良’，山名，在城西北十里，州以山名也”。此说较为可信。其三，认为“宜良”乃彝语地名，意为“山谷间的开阔地”。⑧东江：原空一字。《明一统志》：“东河，在马龙州治东。”“西河，在马龙州治西，东流合东河，入寻甸军民府界。”江源今仍称东河，以下各段今称龙潭河、马过河、马龙河。⑨三车市：明时又称“三岔口堡”。今作“三岔”，在曲靖市区西北。

【译文】十二日　主人情深意厚，等吃过饭后起行，已经是上午了。十里仍来到新桥，于是由岔路逆着水流往西南走了二里，到达西南方的小山下，石幢河的水，是从西北的峡中流来，路是从西南的峡中进去。一里后登岭，上登一里后到达岭头。在岭上往西又行走了一里，于是下岭。起初从岭头上往下俯瞰西边的山坞，有房屋有田亩，有水萦绕在山坞中，以为必定是从西往东流的石幢河。蜿蜒着又向西下走一里，来到山坞中，就见那河水返过来往西南流，应当是从南面的山谷转向东后流出到白石江的河水。打听到这个村子叫戈家冲。从这里往西，以及翠峰山各条山涧中的水流，都是白石江上游的水源。源短水小，萦绕流经的地方不过在几里之内，然而西平王沐英在曲靖的捷战，却被夸大为冒着浓雾渡过江水，从上游渡江后夹攻敌军，把它记入史书，成为不可一世的功勋，却不知这些江水与小水塘没什么不同。征引史事、考察实际，史书的记载竟然如此不值得完全相信！从这里在山坡山谷间盘绕曲折了四里，越过刘家坡，就能望见翠峰山了。大体上，这座翠峰山就是两旁群山从中分界的山脊，南面从宜良县分出支脉，往北延过木容箐，又往北延伸到火烧箐岭，又往北延过响水西岭，再往北延伸盘结为这座山；又往西延伸，夹峙为回龙山，绕到交水的西北，经过炎方驿，又往北延到沾益州的南面；转向东，再折往南下延，耸峙为黑山，分为两条支脉。正面的一条支脉，从火烧铺、明月所之间向南延伸往东折，下延到安笼所，进入泗城州，往东耸峙为大明山，最终在浔州到了尽头。旁边的一条支脉，在西南面从白水铺西边的分水岭，又分出两条支脉：一直往南延伸的，从回窖坡的西岭往西南延伸耸峙为大龟山，然后在盘江向南弯曲的地方到了尽头；往西南分出的支脉，在曲靖东山到了尽头。翠峰山东南的水，流下去是白石江；东北面的水，流下去是石幢河；而西面的水则下泄到马龙州的东江，然后从寻甸府流出，成为北盘江。既然这样，那么一座山往东流出的是南盘江，往西流出的是北盘江，只有这座翠峰山和炎方驿所在的山才足以担当；如果说是曲靖府的东山，可东山四旁的支脉错杂交出，那么《志》书的记载都错了。从刘家坡的西南方沿坡上行一里，追上一位老妇人，她是翠峰山下横山屯的人。跟随她又往西走了一里，于是下坡。穿越山坞一里，有条小河从西北流来，有座小石桥跨在河上。从此地向西南上坡，是去三车市的路；从此地一直向西逆着小河走，从西南岸进去，是去翠峰山的小路。这条小路时断时续，横穿山坞土陇走了三里，有条大路从东南方延伸过来，那是从曲靖府登上翠峰山的路，在这里往东南方可以望见三车市了。于是沿着大路往西走了二里，将要走到翠峰山下，再从小路往西南越过土陇。风雨忽然到来，片即就停了。走了一里，下坡渡过深深的涧水，又向西上坡走了半里，抵达横山屯，这个屯里的居民都是徐姓。

老妪命其子从村后送余入山。半里抵其麓，即有两小涧合流。涉其北来者，溯其西来者，遂蹑峻西上。一里半，盘岭头而北，转入西峡中，则山之半矣。其山自绝顶垂两支，如环臂东下：北支长，则缭绕而前，为新桥西冈之脉；南支短，则所蹑以上者。两臂之内，又中悬一支，当坞若台之峙，则朝阳庵踞其上，庵东北向。其南腋又与南臂环阿成峡，自峰顶逼削而下，则护国旧寺倚其间。自西峡入半里，先达旧寺，然后东转上朝阳，以旧寺前坠峡下堑也。旧寺两崖壁夹而阴森，其病在旁无余地；朝阳孤台中缀而轩朗，所短在前少回环。余先入旧寺，见正殿亦整，其后遂危崖迴峭，藤木倒垂于其上，而殿前两柏甚巨，夹立参天。寺中止一僧，乃寄锡①殿中者，一见即为余爇火炊饭。余乃更衣叩佛，即乘间东登朝阳。一头陀②方曳杖出庵门。余入其庵，亦别无一僧，止有读书者数人在东楼。余闲步前庭，庭中有西番菊两株，其花大如盘，簇瓣无心，赤光灿烂，黄菊为之夺艳，乃子种而非根分，此其异于诸菊者。前楼亦幽迴，庭前有桂花一树，幽香飘泛，远袭山谷。余前隔峡盘岭，即闻而异之，以为天香遥坠，而不意乃敷萼所成也。桂芬菊艳，念此幽境，恨无一僧可托。还饭旧寺，即欲登顶为行计，见炊饭僧殷勤整饷，虽瓶无余粟，豆无余蔬，殊有割指啖客之意，心异之。及饭，则己箸不沾蔬，而止以蔬奉客，始知即为淡斋师也。先是横山屯老妪为余言："山中有一僧，损口苦体，以供大众。有予衣者，辄复予人。有饷食者，己不盐不油，惟恐众口弗适。"余初至此讯之，师不对，余肉眼不知即师也。师号大乘，年甫四十，幼为川人，长于姚安，寄锡于此，已期年[③]矣。发愿淡斋供众，欲于此静修三年，百日始一下山。其形短小，而目有疯痒之疾。苦行勤修，世所未有。余见之，方不忍去，而饭未毕，大雨如注，其势不已，师留止宿，余遂停憩焉。是夜寒甚，余宿前楹，师独留正殿，无具无龛，彻夜禅那[④]不休。

【注释】①寄锡：行脚僧投某寺院暂住，必须将他随身带的锡杖挂在僧堂东西两边的壁上，故称寄锡、挂锡。②头陀：即苦行僧。头陀应守住空闲处、常乞食、穿百衲衣等十二项苦行，称头陀行，后来也称行脚乞食的僧人为头陀。③期（jī）年：一年。④禅那：即坐禅。

【译文】老妇人让她的儿子从村后送我进山。走了半里到达翠峰山山麓，随即有两条小山涧合流。渡过从北边流来的山涧，沿着从西边流来的山涧逆流而上，于是沿着陡峻的山势往西上走了一里半，绕着岭头往北走，转进西面的山峡中，就到半山腰了。翠峰山从绝顶上垂下两条支脉，如同手臂环抱向东下延：北面的支脉长，就环绕在前方，是新桥西冈的山脉；南面的支脉短，就是我攀登上山的地方。两条山臂中，又高悬着一座支峰，在山坞中像高台一样耸峙着，而朝阳庵就坐落在山峰上，朝阳庵面向东北。这座山峰的南侧又与南面山的转弯处环绕成峡谷，从峰顶逼窄陡削地深坠而下，护国旧寺就倚靠在峡谷中。从西面的峡谷进去半里，先到达护国旧寺，然后东转登上朝阳庵，因为护国旧寺前方峡谷往下深坠成堑沟。护国旧寺两面崖壁相夹而阴森，它的缺陷在于四旁没有空地；朝阳庵点缀在独自耸立的高台中央而高敞明朗，它的短处在于前方少有回旋的余地。我先进入护国旧寺，看到正殿也还整齐，寺后就是高耸的悬崖，古藤树枝倒垂在悬崖上，大殿前的两株柏树十分高大，夹立两旁，高耸入云。寺内只有一个僧人，是借住在寺中的行脚僧，一见面就马上为我生火做饭。我于是换了衣服叩拜佛祖，随即乘空向东登上朝阳庵。一个头陀刚好拖着锡杖走出庵门。我进入朝阳庵，也没有别的僧人，只有几个在东楼读书的人。我在前边的庭院中漫步，庭院中有两株西番菊，花大如盘，花瓣簇拥没有花蕊，红光灿烂，黄菊的艳丽被它夺去了，是种子栽种而不是分根移栽的，这是西番菊不同于其他品种菊花的地方。前楼也是幽静深远，庭院前有一棵桂花树，幽香四散，远飘山谷。我先前隔着峡谷盘绕在岭上时，就闻到花香而感到奇怪，以为是天上的香气从远处降下来，却没想到是桂树开花形成的。桂花芬芳、菊花艳丽，心想如此幽雅的环境，遗憾没有一个僧人可以投宿。返回到护国旧寺吃饭，打算饭后就动身登顶，看见做饭的僧人殷勤地准备饭食，虽然缸中没有多余的粮食，盘中没有多余的菜蔬，却大有割下手指来待客的心意，心里很是惊异。到吃饭时，僧人自己筷子不沾菜，却只是把菜敬给客人，此时才知道他就是淡斋禅师了。这之前横山屯的老妇人对我说："山中有一位僧人，自己省吃俭用，用来供养大众。有人给他衣服，他就又送给别人。有人供养他饭食，他自己不放油盐，但又唯恐不合众人的口味。”我刚到这里就打听淡斋禅师，禅师不回答，我肉眼凡胎不知道原来他就是淡斋禅师。禅师法号叫大乘，才四十岁，幼年时在四川，长在姚安府，暂住在这里，已经一整年了。发愿要素食淡斋，供养众人，打算在此静修三年，一百天才下山一次。他的身形矮小，而且眼睛患有疯痒病。苦心修行，勤苦修炼，是世间未有的。我见到他这样，正在不忍心离开，但是饭没吃完，忽然大雨如注，雨势不会停止，禅师留我住宿，我就停留在寺中歇息。这天夜里冷极了，我住在前屋，禅师独自一人留在正殿，没有床铺没有被子，整夜坐禅不止。

十三日　达旦雨不止，大乘师复留憩。余见其瓶粟将尽，为炊粥为晨餐，师复即另爨为饭。上午雨止，恐余行，复强余餐。忽有一头陀入视，即昨朝阳入庵时曳杖而出者，见余曰：“君尚在此，何不过我？我犹可为君一日供，不必啖[①]此也。”遂挟余过朝阳，共煨火具餐。师号总持，马龙人，为曲靖东山寺住持，避嚣于此，亦非此庵主僧也，此庵主僧曰瑞空，昨与旧寺主僧俱入郡，瑞空归而旧寺僧并不知返，盖皆蠢蠢，世法佛法，一无少解者。大乘精进而无余资，总持静修而能撙节[②]，亦空山中两胜侣也。已而自言其先世为姑苏[③]吴县籍，与余同姓。昔年朝海过吴门，山塘徐氏欲留之放生池，师不果而归，今年已六十三矣。是夜宿其西楼，寒更甚，而夜雨复潺潺。

【注释】①啖（dàn）：吃。②撙（zǔn）节：节省，节约。③姑苏：即今苏州。

【译文】十三日　通宵达旦地下雨，大乘法师又挽留我住下休息。我见他缸中的米将要没了，为此煮粥当早饭，法师又马上另外烧火做饭。上午雨停了，他担心我立刻起行，又强留我吃饭。忽然一个头陀进来，就是我昨天进朝阳庵时拖着锡杖出门的那个人，他见到我说："您还在这里，怎么不去探望我？我还可以为您提供一天的食宿，不必在这里吃了。"于是强拉着我去朝阳庵，一同烧火做饭。禅师法号叫总持，是马龙州人，是曲靖府东山寺的住持，为躲避喧闹来到此地，也不是这座寺庵的住持僧人。这座寺庵的住持僧人叫瑞空，昨天与护国旧寺的住持僧人一起去曲靖府，瑞空归来而护国旧寺的僧人并不知道回来，大概都是愚昧无知，世上的法度、佛门的法规，很少了解的人。大乘法师精心苦修却没有多余的资财，总持法师静心修行而能节省，也算是空山中两位绝佳的同伴了。不久他自己述说，他的祖辈籍贯是苏州府吴县，与我是同姓。前些年去朝海经过吴门，山塘的徐氏想把他留在放生池，总持法师没有答应就回来了。法师今年已经六十三岁了。这天夜里住在西楼，寒冷更加严重，而且夜雨又哗哗地下起来。

十四日　雨竟日不霁，峭寒砭[①]骨，惟闭户向火[②]，不能移一步也。

【注释】①砭（biān）骨：刺骨。②向火：围坐在火塘边取暖，至今云、贵仍称向火。

【译文】十四日　雨整日下没有放晴，严寒刺骨，只有关上门烤火，不能出门移动一步。

翠峰山[①]，在曲靖西北，交水西南，各三十里，在马龙西四十里，秀拔为此中之冠。朝阳庵则刘九庵大师所开建者。碑言师名明元，本河南太康②人，曾中甲科③，为侍御④。嘉靖甲子⑤，驻锡翠峰。万历庚子有征播之役，军门⑥陈用宾过此，感师德行，为建此庵。后师入涅槃⑦，陈军门命以儒礼葬于庵之东原。土人言：刘侍御出巡，案置二桃，为鼠所窃。刘窥见之，佯试门子⑧曰："汝何窃桃？"门子不承。吓之曰："此处岂复有他人？而汝不承，吾将刑之。"门子惧刑，遂妄承之。问："核何在？"门子复取他核以自诬。刘曰："天下事枉者多矣！"乃弃官薙发⑨于此。

【注释】①翠峰山：今名同，在今云南曲靖市西北二十里。层峦叠翠，屏障府城。自南诏、大理起至明清之际，为云南佛教胜地。原有九庵十八院、僧千人的记载。②太康：即今河南太康县。③甲科：明清通称进士为甲科。④侍御：唐代称殿中侍御史、监察御史为侍御。后世因沿袭此称。御史台三院，一曰台院，其僚曰侍御史，众呼为端公；二曰殿院，其僚曰殿中侍御史，众呼为侍御；三曰察院，其僚曰监察御忠，众呼亦曰侍御。⑤嘉靖甲子：即嘉靖四十三年（1564）。⑥军门：明代有称总督、巡抚为军门者。⑦涅槃（niè pán）：指和尚去世。⑧门子：官府中亲侍左右的仆役。⑨薙（tì）发：剃光头发，披上袈裟，出家为僧，又称"披薙""落发"。薙，即"剃"。

【译文】翠峰山，位于曲靖府的西北面，交水西南，距两地分别有三十里，在马龙州西面四十里，秀丽挺拔在这一带数第一。朝阳庵是刘九庵大师开创的寺庵。碑文记载，大师俗名明元，原本是河南省太康县人，曾经考中进士，担任监察御史。嘉靖甲子年，住在翠峰山修行。万历庚子年（万历二十八年，1600）有征讨播州宣慰司的战事，巡抚陈用宾路过此地，有感大师的德行，为他建造了这座寺庵。而后大师逝世，陈巡抚命人按照儒家的礼仪把大师埋葬在朝阳庵东边的平地上。当地人说：刘监察御史外出巡视，桌案上放着两个桃子，被老鼠偷吃了。刘九庵暗中看到了，假装试探手下说："你为什么偷桃？"手下人不承认。于是又吓唬他说："此处难道还有其他人吗？你却不承认。我要对你用刑了。"手下害怕受刑，就胡乱承认偷吃了桃。又问："桃核在哪里？"手下人又拿别的桃核诬陷自己。刘九庵说："天下的事情冤枉的太多了！"于是辞官、在此地剃发出家。

曲靖者，本唐之曲州、靖州[1]也，合其地置府，而名亦因之。

【注释】①曲州、靖州：唐代曲州在今昭通，靖州在今昭通市昭阳区北的靖安镇。但从元代开始，误认为曲州、靖州皆在今曲靖，并取名曲靖路，相沿讹误至今。

【译文】曲靖府原本是唐代的曲州、靖州，现在合并两地设置为府，而且也沿用旧名。

沾益州土知州安边者，旧土官安远之弟，兄终而弟及者也。与四川乌撒府土官安孝良接壤，而复同宗。水西安邦彦之叛，孝良与之同逆。未几死，其长子安奇爵袭乌撒之职，次子安奇禄则土舍也。军门谢命沾益安边往谕水西，邦彦拘留之。当事者即命奇禄代署州事，并以上闻。后水西出安边，奉旨仍掌沾益，奇禄不得已，还其位；而奇禄有乌撒之援，安边势孤莫助，拥虚名而已。然边实忠顺，而奇禄狡猾，能结当道欢。今年三月，何天衢命把总[1]罗彩以兵助守沾益，彩竟乘机杀边，并挈其资二千金去。或曰：彩受当道意指，皆为奇禄地也。奇禄遂复专州事，当道俱翕然从之。独总府沐曰："边虽土司，亦世臣也，况受特命，岂可杀之而不问？"故至今九月间，沾益复杌陧[2]不安，为未定之局云。

【注释】①把总：明代驻守京师的京营兵分三大营，设千总、把总等领兵官。各地总兵辖下的低级军官也称把总。此处指后者。②杌陧（wù niè）：指局势动荡、不稳定。

【译文】沾益州土知州安边，是原土官安远的弟弟，哥哥死后弟弟接替土司职位。与四川省乌撒府土官安孝良的辖地接壤，而且又是同一祖宗。水西土司安邦彦叛乱时，安孝良与他一同反叛。不久后就死了，他的长子安奇爵承袭乌撒府土司的职位，次子安奇禄则担任土舍。谢巡抚命令沾益州安边前去告诉水西，安邦彦拘留了安边。主管的人就任命安奇禄代理沾益州的政事，并上奏朝廷知晓。后来水西放出了安边，安边奉圣旨仍然掌管沾益州，安奇禄迫不得已，归还了职位；但是安奇禄有乌撒府的援助，安边势单力孤，没有人相助，徒有知州的虚名罢了。而且安边实在忠顺，安奇禄狡猾，能结交当权者，使他们欢心。今年三月，何天衢命令把总罗彩率兵协助防守沾益州，罗彩竟然乘机杀死了安边，并带着安边的资产二千两黄金逃走了。有人说：罗彩是受当权者的指使，都是为了安奇禄争地盘。安奇禄最终又专擅沾益州的政事，当权者们都听任这一结果。唯独沐总府说："安边虽然是土司，但也是朝廷世世代代的臣子，况且身受特殊的任命，怎么能杀了却不追究凶手？”所以直到今年九月间，沾益州仍然动荡不安，局势不稳定。

下午饭后，伺雨稍息，遂从朝阳右登顶。西上半里，右瞰峡中，护国寺下嵌穽阱[①]口，左瞻冈上，八角庵上踞朝阳右胁。西眺绝顶之下，护国后箐之上，又有一庵，前临危箐，后倚峭峰，有护国之幽而无其逼，有朝阳之垲而无其孤，为此中正地，是为金龙庵。时霏雨复来，俱当岐而过，先上绝顶。又西半里逾北岭，望见后数里外，复一峰高峙，上亦有庵，曰盘龙庵，与翠峰东西骈峙；有水夹北坞而下，即新桥石幢河之源也。于是南向攀岭脊而登，过一虚堂，额曰“恍入九天”。又南上，共半里而入翠和宫，则此山之绝顶也。

【注释】①阱（jǐng）：捕野兽用的陷坑。

【译文】下午吃过饭后，等雨渐渐停了，我就从朝阳庵的右侧登顶。往西上行半里，向右俯瞰峡中，护国寺如同下嵌在陷阱口；往左仰视山冈上，八角庵在上方坐落在朝阳庵的右侧。往西眺望山峰绝顶之下，护国寺后山箐的上方，又有一座寺庵，前面紧临高险的竹林，后面倚靠陡峭的山峰，有护国寺的幽深却没有它狭窄，有朝阳庵的高阔干爽却不孤零，是此处最中正的地方，叫作金龙庵。此时霏霏细雨再次下起来，都碰到岔路口时径直走过，先上登到绝顶。又往西走半里越过北岭，望见山后几里外，又有一座山峰高高耸立着，上面也有座寺庵，叫作盘龙庵，与翠峰山东西两面并排对峙；有溪水夹在北面的山坞中向下流，这就是新桥石幢河的源头了。从这里向南攀登岭脊，经过一处空虚无人的殿堂，堂上的牌匾写着“恍入九天”。又往南上走，共走了半里后进入翠和宫，就是这座山的绝顶之处了。

翠峰为曲靖名峰，而不著于《统志》。如阆木之在东山，与此隔海子遥对，然东山虽大，而非正脉，而此峰则为两江鼻祖。余初见西坞与回龙夹北之水，犹东下新桥，而朝阳、护国及是峰东麓之水，又俱注白石，疑是峰犹非正脊；及登顶而后知正南下坠之峡，则南由响水坳西，独西下马龙[①]出寻甸矣，始信是顶为三面水分之界。东北二面俱入南盘，南面入北盘。其脉南自响水坳西，平度而峙为此峰，即西度盘龙。其水遂南北异流，南者从西转北，北者从东转南。两盘之交错，其源实分于此云。

【注释】①马龙：明置州，隶曲靖府，即今马龙县。

【译文】翠峰山是曲靖府有名的山峰，却没有被载入《一统志》中。阆木山在曲靖东山的位置，与此山隔着海子远远相对，不过东山虽大，却不是主脉，但这座山峰却是南盘江、北盘江两条江流的起源地。我起初看见西面山坞与回龙山相夹的北盘江，仍然是向东流到新桥，而朝阳庵、护国寺及翠峰山东麓的流水，又都是注入白石江，于是怀疑这座山峰仍然不是主脉的正脊；等到登顶后才知道往正南下坠的峡谷，就是往南经由响水坳的西面，独自向西下延到马龙州，再出到寻甸府的，我这才相信这座山峰的绝顶是三面水流的分界处。东北两面的水流都流入南盘江，南面的水流流入北盘江。这条山脉南边从响水坳西面，平行延伸过来耸峙为这座山峰，随即往西延伸到盘龙庵所在的地方。翠峰山的水于是从南北两面分流，往南流的从西转向北，往北流的从东转向南。两条盘江的交错，源头实际上就是在这座山峰上分流的。

翠和顶高风峭，两老僧闭门煨火，四顾雾幕峰弥，略瞰大略。由南坞西下，为寻甸间道，余拟明日从之而去者。遂东南下，由灵官庙东转，半里入金龙庵。庵颇整洁，庭中菊数十本，披霜含雨，幽景凄绝。是庵为山东老僧天则所建，今天则入省主地藏寺，而其徒允哲主之。肃客[①]具斋，暝雨渐合。遂复半里，东还朝阳。欲下护国看大乘师，雨滑不能，瞰之而过。

【注释】①肃客：恭敬地接待客人。

【译文】翠和宫所在处山高风疾，有两个老和尚在关着门烤火，四周环顾，浓雾如幕帐，弥漫山峰，只能粗略俯瞰到大致的景象。从南面的山坞往西下去，是前往寻甸府的小路，我准备明天从这里出发。于是往东南下山，从灵官庙往东转，走了半里进入金龙庵。金龙庵颇为整洁，庭院中种着几十棵菊花，蒙着白霜，含着雨露，幽寂的景致凄凉极了。这座寺庵是山东老和尚天则开建的，如今天则法师进省城住持地藏寺了，而这里由他的徒弟允哲法师住持。允哲法师恭敬地接待客人，备好斋饭，黄昏时渐渐下起雨来。于是又走了半里，往东返回朝阳庵。想要下到护国寺去看望大乘法师，下雨路滑不能前往，俯瞰朝阳庵就离开了。

十五日　达旦雨止，而云气叆叇，余复止不行。日当午献影，余遂乘兴往看大乘。大乘复固留。时天色忽霁，余欲行而度不及，姑期之晚过，为明日早行计。乃复上顶，环眺四围，远峰俱出，始晰是山之脉，但东西横列，而脉从中度，屡伏屡起，非直亘之脊也。惟翠峰与盘龙二峰，乃东西并夹。而翠峰之南，响水坳之支横列东下，而结为曲靖；盘龙之西，又南曲一支，始东下而结为交水，又横亘而北，始东汇炎方之水，又北始转度沾益之南坞焉。从峰东下，又还过八角庵，仍返餐于朝阳。为总持所留，不得入护国。是日以丽江、嵩明二处求兆[1]于翠和灵签，丽江得“贵人接引喜更新”，嵩明得“枯木逢春欲放花”。皆吉兆也。午晴后，窃计明日可早行，既暮而雨复合。

【注释】①求兆：占卜吉凶。

【译文】十五日　到天明时雨停了，但云雾浓厚，我又留下了没有起行。太阳在正午时露出光影，我便乘着兴致前去看望大乘法师。大乘法师又坚决挽留我。此时天色突然晴朗，我想动身又估计来不及了，暂且与他约定晚上过来，为明天早上出发做准备。于是又重新登上峰顶，环顾远眺四面，远处的山峰都显现出来，这才清晰地看到这座山脉的走向，只是东西向横向排列，而主脉从中间延伸而去，多次起伏，不是一直绵亘的山脉。唯有翠峰山与盘龙山两座高峰，是东西并立相夹。而且翠峰山的南面，响水坳的支脉横排着往东下延，然后盘结为曲靖府东山；盘龙山的西面，又往南绕出一条支脉后，才往东下延盘结为交水所在的山，又横亘着往北延伸后，才往东汇入炎方驿的水流，又才往北转，穿过沾益州南面的山坞。从峰顶往东下走，返回来又路过八角庵，仍然返回朝阳庵吃饭。被总持法师挽留，没有进入护国寺。这天，到翠和宫为去丽江府、嵩明州求签占卜吉凶，去丽江府的签是“贵人接引喜更新”，去嵩明州的签是“枯木逢春欲放花”。都是吉兆。中午天晴后，我私下预计明天可以早早起行了，天黑后又下起雨来。

十六日　阻雨。

【译文】十六日　受雨阻挡。

十七日　雨复达旦。一驻朝阳者数日，而总持又非常住，久扰殊为不安，雨竟日复一日。饭后欲别而行，总持谓雨且复至，已而果然。已复中霁，既乃大注，倾盆倒峡，更甚于昨。

【译文】十七日　雨又下到天亮。一住进朝阳庵就是几天，而总持法师又不是常住的僧人，我因为长期打扰他而感到非常不安，但是雨竟然一天接一天的下。吃过饭后我准备告别他出发，总持法师说雨又将来临，不久果然如此。后来中午又放晴，不久后就大雨如注，如倾盆倒入山峡中，比昨天更猛烈。

十八日　彻夜彻旦，点不少辍。前二日俱午刻朗然，而今即闪烁之影一并无之，而寒且更甚，惟就榾柮作生涯，不复问前程矣。

【译文】十八日　雨整整下了一夜到天亮，雨点从没稍稍停歇。前两天中午时刻都还有晴朗的样子，而今天即使是闪烁的光影都没有了，而且又冷得更加厉害，我只能坐在柴火堆旁熬日子，不再计划前方的路程了。

十九日　晦雨仍如昨，复阻不行，榾柮闲谈。总持昔以周郡尊事逮系，桁杨[1]**甚苦，因笔记之。**东山寺昔有藏经，乃唐巡抚所请归者。郡守周之相，石阡[2]人，由乡荐擢守曲靖，以清直闻。慕总持师道行，请之检藏，延候甚密。迤东巡守以下诸僚，皆有“独清”之恨，而周复不免扬其波，于是悉侧目之，中伤于抚台王伉，罗织[3]无迹，遂诬师往还为交通贿赂，以经簏[4]为筐篚[5]，坐以重赃。周复代为完之而去云。

【注释】①桁（háng）杨：加在脚上或颈上的刑具。②石阡：相当今贵州省凤冈、石阡两县一带。③罗织：谓无中生有地多方构陷。④簏（lù）：用竹子、柳条或藤条编成的圆形框子，装佛经的称“经簏”，装书的称“书簏”。⑤筐篚（fěi）：盛物竹器。方曰筐，圆曰篚。

【译文】十九日　昏暗不明的雨天仍然像昨天一样，又受阻没能出发，坐在柴火堆旁闲谈。总持法师之前因周知府的事受牵连被逮捕，被刑具折磨得十分痛苦，我于是用笔把这事记录下来。东山寺从前有大藏经，是唐巡抚恭请回来的佛经。知府周之相，是石阡府人，通过乡荐被提拔为曲靖府知府，以清廉正直闻名。周知府仰慕总持法师的德行，请他检校大藏经，接待问候非常周到。滇东巡抚、知府以下的众多官员，都对周之相有“独清”之名心怀嫉恨，而且周之相又不免掀起一些风波，于是官员们都对周之相侧目而视，到巡抚王伉面前中伤他，想罗织罪名又找不到周之相的劣迹，于是就诬陷法师与周之相互相往来勾结贿赂，用装经书的筐子来装赃物，因大量贪赃而获罪。周之相又替法师交完赃款后便辞官归隐了。

二十日　夜不闻檐溜，以为可行矣。晨起而雾，复以为霁可待也。既饭而雾复成雨。及午过大霁，以为此霁必有久晴。迨暮而雨声复瑟瑟，达夜而更甚焉。

【译文】二十日　夜里没听到屋檐上滴水的声音，以为可以出发了。早晨起床后有雾，又以为可以坐等天晴了。可是吃过饭后雾又变成雨。到中午过后天大晴，我以为这次转晴必定会晴很久。到天黑时却又是雨声刷刷，到了夜里雨就更大了。

二十一日　晦冥终日，迨夜复雨。是日下午，散步朝阳东数十步。东峡中一庵当峡，是曰太平庵，盖与护国东西夹朝阳者。太平老僧煮芋煨栗以饷。

【译文】二十一日　整天都是天色昏暗，到夜里又下起雨。这天下午，在朝阳庵东边散步，走了几十步。东面的山峡中有一座寺庵位于峡中，叫作太平庵，原来是与护国寺在东西两面夹住朝阳庵的寺庵。太平庵的老和尚煮芋头、烤栗子给我当饭吃。

二十二日　晨起晦冥，然决去之念，已不可止矣。上午乃行。总持复赠之以米，恐中途雨后一时无宿者耳。既别，仍上护国后夹箐中观龙潭。潭小而流不竭，盖金龙庵下夹壁缝中之液，虽不竭而非涵潴之窟也。遂西上逾岭，循翠和宫之后，一里余，又逾岭而南下，雨犹霏霏不已。半里，及坞中。又一里，有岐北转，误从之，渐入山夹，则盘龙所登之道也。仍出从大道西南行。二里，有村当坞中，溪流自坞直南去，路由村西转北行。半里，涉坞而西，一里，又有村在坡间，是曰高坡村[①]。由村后下冈，有岐从坞中西南去，为小径，可南达鸡头村[②]；从冈上西北转，为大径，乃驼马所行者。初交水主人谓余："有间道自寻甸出交水甚近，但其径多错，乃近日东川[③]驼铜之骑所出。无同行之旅，不可独去，须从响水走鸡头村大道。"乃余不趋响水而登翠峰。问道于山僧，俱云："山后虽即驼铜道，然路错难行，须仍出鸡头为便。"至是余质之途人，亦多主其说。然见所云径路反大，而所云往鸡头大路者反小甚，心惑之。曰以村人为卜，然已过村。见有村人自山中负薪来，呼而问之，则指从北不从南。余乃从驼马路转西北，循冈三里，西北过一脊。其脊乃自盘龙南度者，余初以为分支南下，而不意乃正脉之曲。出坳西，见脊东所上者甚平，而脊西则下坠深曲，脊南北又从岭头骈峰高耸，各极嵯峨。意是山之脊，又直折而南。盖前自翠峰度其北去者，此又度其南，一脊而半日间两度之矣。从坳西随南峰之上，盘腰曲屈，其坑皆深坠。北向一里，跻一坡。一里，又北度一脊，其脊平亘于南北之中者。于是又一里，再跻北岭，始西北下。其时天已渐霁，无复晦冥之色，远峰近峡，环瞩在望。二里，下西坞。其坞自南而北，其中黄云盘陇，村落连错，一溪中贯之。问水所从出，则仍从新桥石幢河也。问其所从来，则堰口[④]也。问其地何名，则兔街子[⑤]也。始信所过之脊，果又曲而南；过堰口，当又曲而北。余前登翠峰，第见其西过盘龙，不至此，又安知其南由堰口耶？前之为指南者，不曰鸡头，即曰桃源，余乃漫随马迹，再历龙脊，逢原之异，直左之右之矣。下坞，南行二里，遂横涉其溪，中流汤汤，犹倍于白石江源也。南上坡一里，是为堰口，聚落数十家，在溪北冈上，乃入炊。久之，饭而行，阴云复合。其处有岐，北入山为麦冲道。余乃西向行，其溪亦分岐来，一自北峡，一自西峡。余度其北来者，遂西入峡，渐上渐峻，天色亦渐霁。四里，从岭上北转，则北峡之穷坠处。又一里，复逾岭而西。是岭自木容箐杨金山北走翠峰，复自盘龙南走高坡，又南至此，始转而北。其东西相距，数里之内，凡三曲焉。余一日三过之，何遇之勤而委曲不遗耶！从岭西涉坞，其水遂南流。一里，于是又北转逾岭。一里，西北下山。二里，抵坞中，随小水北向出峡，始有坞成畦。路当从畦随流西去，而坞北有村聚当北冈上，是为洒家⑥，想亦土酋之姓，或曰亦属平彝。乃一里经坞登冈，由洒家西向行。一里，越陇西下，有峡自北来，小水从之，是亦麦冲南来之道。遂循其坞转而西南行，二里抵新屯⑦，庐舍夹道，丰禾被坞，其处为平彝之屯。据土人言，自堰口之北兔街子，屯属平彝，而粮则寄于南宁⑧；自洒家之西抵三车，屯属平彝，而粮则寄于马龙；自一碗冲之西抵鲁石，屯属平彝，而界则属于寻甸。盖寻甸、曲靖，以堰口老龙南分之脊为界；马龙、南宁，以堰口老龙为界；而平彝则中错于两府之交而为屯者也。自屯西逾坡，共一里余，过一坞，有二三家在西岭，其坞复自北而南。由村南转而逾冈西南下，二里，复有一坞，溪畴南环，聚落北倚，是为保官儿庄⑨，夹路成衢，为村聚之最盛者，此亦平彝屯官之庄也。

【注释】①高坡村：今名同，分上下两村，在马龙县东北隅。②鸡头村：今名同，在马龙县北境。③东川：明洪武十五年（1382）改东川路置，属云南布政司。洪武十七年(1384)改军民府，改属四川布政司。治所在今云南会泽县西南十里马鞍山麓。寻移治今会泽县。辖境约当今云南会泽、巧家二县及东川市地。④堰口：今作“沿口”。⑤兔街子：今名同。两地皆在今马龙县东北境的西河沿。⑥洒家：今作“色甲”，在今马龙县北境。⑦新屯：今名同，在今马龙县北境。⑧南宁：为曲靖府附郭县，在云南省曲靖市麒麟城区东南部。⑨保官儿庄：今作“保谷庄”，在马龙县北境。

【译文】二十二日　早晨起床天色昏暗，然而我决心离开的念头，已经不能停止了。上午就动身。总持法师又送给我米，是担心雨后我在中途一时找不到投宿的地方。辞别总持法师后，仍然上到护国寺后面相夹的山箐中去观看龙潭。龙潭虽小但水流不会枯竭，大概是金龙庵下方夹壁缝中流出来的泉水，虽然不会枯竭却也不是蓄积不流的洞窟。于是向西上行越岭，顺着翠和宫的后山走了一里多，又越岭后往南下山，细雨仍然霏霏不止。走了半里，来到山坞中。又走了一里，有条岔路向北转，我错走了这条路，渐渐走入山间夹谷中，是上登盘龙庵的路。仍然出来从大路往西南走。走了二里，有个村庄位于山坞中，溪流从坞中一直向南流去，道路由村子西边转向北走了半里，渡过山坞往西走了一里，又有一个村子在坡上，这里叫高坡村。从村后下冈，有条岔路从山坞中往西南去，是小路，向南可以到达鸡头村；从山冈上往西北转，是大路，是驮货物的马走的路。当初交水的房主人对我说：“有条便道从寻甸府出到交水很近，但这条路交错复杂，是最近到东川府驮铜的马走出来的路。如果没有同行的旅伴，不能独自前去，必须从响水坳走鸡头村的大道。”可是我没有去响水坳却登了翠峰山。向山中的和尚问路，他们都说：“山后虽然就是驮铜的路，但道路交错，难以前行，必须仍然出到鸡头村才方便。”来到这里，我向过路人质询他们的说法，大多也主张他们的说法。然而见到他们所说的小路反而大，所说的去鸡头村的大路反而十分小，心中很是疑惑。对自己说，以村里人说的来选择，可已经走过了村子。见有个村里人从山中背柴出来，呼喊着向他问路，他却指引我向北走不向南走。我便从驮货物的马走的路转向西北，沿着山冈走三里，往西北越过一条山脊。这条山脊是从盘龙庵往南延伸的山脉，我起初以为是往南下延的支脉，却想不到是山脉的主脉弯曲之处。出到山坳西边，见到山脊往东上行的地方很平坦，然而山脊西面却下陷得很深，弯弯曲曲的，山脊南北两面又从山头高高耸起并立的山峰，都极其巍峨。我猜想是这座山的主脊，又一直转向南。原来先前从翠峰山越过山脊往北延伸而去的支脉，现在又越过山脊往南去的支脉，一条山脊在半天之内越过它两次了。从山坳西边沿着南峰之上，盘绕在山腰上弯来绕去地走，山上的坑都深陷下去。向北一里，爬过一道坡。走了一里，又往北越过一条山脊，这条山脊平缓地横亘在南北两面山峰之中。从这里又走了一里，再登上北岭，开始往西北下山。此时天已逐渐晴开，不再是昏暗的天色，远处的山峰和近处的峡谷，环顾远眺景色都历历在目。走了二里，下到西面的山坞。这个山坞从南向北，其中成熟的稻谷如黄云盘旋在田拢之上，村落相连错落，一条溪水贯通其中。询问溪水流出去的地方，原来仍然是从新桥石幢河流出去。又问溪水从什么地方流来，是从堰口。询问这个地方的名字，叫兔街子。这才相信我走过的山脊，果然又转向南；延过堰口，应当又转向北。我先前登翠峰山，只见山脉往西延伸过盘龙庵，不到此地，又怎能知道山脉南面经过堰口呢？前边为我指路的人，不是说鸡头村，就是说桃源村，我只好胡乱地跟着驮马的足迹走，竟然两次亲历了主脉山脊，如此奇异，真是左右逢源了。下到山坞中，往南走了二里，便横向渡过那条溪流，溪水浩浩荡荡，比白石江源头的水流大一倍。往南上坡一里，这里是堰口，是个有几十户人家的村落，在溪北的山冈上，我于是进村煮饭吃。很久之后，吃过饭出发，阴云又四面合围。此处有岔路，往北进山的是去麦冲的路。我于是往西走，这条溪流也有分支流来，一条来自北面的峡中，一条来自西面的峡中。我渡过那条从北面流来的溪水，便向西进峡，越往上行越陡峻，天色也渐渐转晴。走了四里，从岭上往北转，就见到北面山峡深坠的尽头处。又走了一里，再越过山岭往西走。这座山岭从木容箐杨金山往北延伸到翠峰山，再从盘龙庵往南延伸到高坡村，又往南延伸到此地，才转向北而去。这条山脉东西不过数里相隔，几里之内，共绕了三次弯了。我一天之内三次翻过了它，怎么遇到它那么多次而且弯弯曲曲的山势一点都没有遗漏呢！从岭西涉过山坞，那溪水就往南流了。走了一里，从这里又向北转翻越山岭。走了一里，向西北下山。走了二里，到达山坞中，顺着小溪向北走出峡谷，开始有山坞被开垦成田地。道路应当从田地中顺水流向西去，可山坞北面有个村落位于北面山冈上，这里是洒家，想来村名出于当地头领的姓，有人说也是隶属于平彝卫。便从坞中走了一里登上山冈，从洒家向西走了一里，越过土陇往西下行，有条峡谷从北面延伸过来，小溪顺着峡谷流，这也是麦冲往南来的路。于是沿着山坞转向西南走了二里到达新屯，房屋夹在道路两旁，丰美的稻禾覆盖着山坞，这个地方是平彝卫屯守之地。据当地人说，从堰口往北到兔街子，屯守属于平彝卫，粮饷却要靠南宁县；从洒家往西到三车，屯守属于平彝卫，粮饷却要靠马龙州；从一碗冲往西到鲁石，屯守属于平彝卫，地界却属于寻甸府。大概是寻甸府、曲靖府以堰口主脉往南分支的山脊为分界线；马龙州、南宁县是以堰口的主脉作为分界线；而平彝卫则是在寻甸、曲靖两府交错的地域内负责屯守的原因吧。从新屯往西翻越山坡，共走了一里多，经过一个山坞，有两三户人家在西岭下，也是从北往南的走向。由村子往南转后越过山冈向西南下行，走了二里，又有一个山坞，溪水田野环绕在南面，村落倚靠在山坞北面，这里是保官儿庄，大路两旁夹杂着房屋，这里是村落中最繁华的地方，此地也是平彝卫屯守官员驻扎的村庄。

二十三日　中夜闻隔户夜起者，言明星烺烺[①]；鸡鸣起饭，仍浓阴也，然四山无雾。昧爽即行，始由西南涉坞，一里，渐转西行入峡，平陟而上。三里，逾一坳脊，遂西下。两上两下，两度南去之坞，两逾南行坡脊而西，共五里，有村在西坡上，是曰三车[②]。由其村后，复逾南行一坡，度南行一坞，一里半，披西峡而入，于是峡中水自西而东。溯之行半里，渐盘崖而上。崖南峡中，箐木森郁，微霜乍染，标黄叠紫，错翠铺丹，令人恍然置身丹碧中。一里余，渐盘而北折，下度盘壑，更觉深窈。二里，又循西峡上。一里，又逾一脊，是为南行分脊之最远者，东西皆其旁错也。由脊西下，涉坞再西，共二里，有峡甚逼。随峡西折而南行，半里，复西逾岭。半里出岭西，始见岭北有坞，居庐环踞冈上，是为一碗冲[③]。于是西行岭脊之上，其岭颇平，南北皆坞，而脊横其中。一里，陟脊西。又南转逾冈西下，共一里，度一峡，想即一碗冲西向泄流之峡也。又西北上坡，其坡颇长，一里陟其巅。于是东望所度诸岭，如屏层绕，而直东一峰，浮青远出，恐尚在翠峰之外，岂东山阆木之最高处耶？北望乃其峰之分脊处，至是乃见回支环壑。而南望则东南最豁，此正老脊分支环于板桥诸处者，不知此处何以反伏其脊？其外亦有浮青特出远甚，当是路南、邑市[4]之间。惟西则本支尚高，不容外瞩也。由巅南循坡西转，半里，又西度脊。从脊西向西北下坞，约一里，有溪始西向流，横二松渡之。其溪从西峡去，路循西北坡上。一里，复西逾脊，环坡南下，遂循之行。一里，转而西下，有坞自北来，颇巨，横涉其西，塍泥污泞。半里，有大聚落在西坡下，是为鲁石哨[5]，其处已属寻甸，而屯者犹平彝军人也。由村南西上逾坡，一里，复逾冈头。转而西南二里，又西向逾脊。从脊西下峡中，半里，峡北忽下坠成坑，路从南崖上行，南耸危巘，北陷崩坑，坑中有石幢，则崩隤之余也。循坑西下，又半里，有北来之坞，横度之。又半里，涉溪西上，复西南上坡，横行坡上。一里，又西向入峡，其南有峰尖耸，北有峰骈立。二里，从南峰之北逾腋而西，又一里，始行北峰之南冈，与北峰隔坞相对。有村居倚北峰而悬坞北，是为郭扩[6]，始非平彝屯而为寻甸编户。

【注释】①烺（lǎng）烺：明朗，明亮。②三车：今名同，在马龙县北境。③一碗冲：今作“玉碗冲”，在马龙县西北境。④邑市：古县名，治今云南宜良县东北古城镇。⑤鲁石哨：今仍称鲁石，分上鲁石与下鲁石两村，在马龙县西北隅。⑥郭扩：今作“戈夸”，在寻甸县东南隅。

【译文】二十三日　半夜听见隔壁人家起夜的人说，夜空中的明星如火一样照耀；鸡鸣时起床吃饭，仍然是乌云密布的阴天，然而四面群山没有雾。黎明时就出发，开始时由西南方涉过山坞，走了一里，渐渐转向西进入峡谷，平缓上登。走了三里，越过一条山坳中的山脊，于是向西下走。两次上登两次下走，两次穿过往南去的山坞，两次翻过往南延伸的坡脊往西走，一共走了五里，有个村庄在西面的山坡上，这里叫三车。由这个村子后面，又越过一条往南延伸的山坡，穿过一个往南延伸的山坞，走了一里半，钻进西面的山峡，到这里，峡中的水从西向东流。逆着溪流走了半里，渐渐绕着山崖上行。山崖南边的峡谷中，竹木葱郁，微霜初染，显著的黄色，层叠的紫色，错落的翠绿，铺陈的红色，令人恍惚是置身于绚丽多彩的画卷之中。走了一里多，渐渐盘旋而向北转，下行越过盘绕的壑谷，更觉得深远。走了二里，又沿着西面的山峡上行。走了一里，又越过一条山脊，这里是往南延伸最远的分支的山脊，东西两面都是这条山脊往两旁分出的杂乱交错的山。由山脊往西下行，涉过山坞再往西走，共走了二里，有条峡谷十分狭窄。顺着峡谷向西转后往南走了半里，又向西越岭。半里走出岭西，才看见岭北有个山坞，居民房屋环绕在山冈上，这里是一碗冲。从这里往西行走在岭脊之上，这座山岭较为平缓，南北两面都是山坞，而岭脊横在山坞中。走了一里，越到岭西。又往南转越过山冈往西下行，共一里，穿过一条峡谷，推想就是一碗冲向西排泄水流的峡谷了。又往西北上坡，这道坡很长，走了一里爬到坡头。在这里远望东面我所翻越的众多山岭，像屏风一样层层环绕，而正东的一座山峰，远远的泛出青色，恐怕还在翠峰山之外，难道是东面群山中阁木山的最高处吗？向北远望是这座山峰的山脊分支的地方，来到这里才看见回绕的支脉环绕成壑谷。而往南望去，则是东南方最开阔，这正是主脉山脊分支回绕到板桥各地的山脉，不知道此处的山脊为什么反而低伏下来？在那之外也有泛出的青山特别遥远，应当是在路南州、邑市之间。只有西面主脉还很高，不容许向外远看。从坡顶往南顺着山坡向西转，走了半里，又向西越过山脊。从山脊西面向西北下到山坞中，约一里，有溪水开始向西流淌，横架着两棵松树渡过溪水。这条溪流往西面的山峡流去，路顺着西北的山坡上行。走了一里，再往西越过山脊，绕着山坡往南下行，于是顺着路走。走了一里，转向西下行，有个山坞从北来，相当大，横穿到山坞西面，田埂上泥泞难行。走了半里，有个大村落在西面山坡之下，这是鲁石哨，此处已属于寻甸府，但是屯守的仍然是平彝卫的军人。由村南往西上行越过山坡，走了一里，再越过冈头。转向西南走了二里，又向西越过山脊。从山脊西面下到山峡中，走了半里，山峡北面忽然下坠成深坑，路从南面的山崖往上行，南面险峰高耸，北面深坑崩陷，深坑中有个石柱，是山石崩塌的残余物。沿着深坑往西下行，又走了半里，有个从北边来的山坞，横穿过山坞。又走了半里，渡过溪水往西上行，又往西南上坡，横向行走在山坡上。走了一里，又向西进入峡谷，峡谷南面有座尖尖地山峰耸起，北面有并排矗立的山峰。走了二里，从南峰的北面穿过山侧往西走，又走了一里，开始在北峰南面的山冈上行走，与北峰隔着山坞相对。有个村庄背靠北峰却高悬在山坞北边，这是郭扩，从这里开始不再是平彝卫屯守，而是寻甸府的地界。

由其西南下坡，半里，涉小涧，西登坡，循坡北行，又与骈峰东西隔坞。共二里北上，瞰骈峰之阴，遂西半里逾冈，从冈上平行。有中洼之坑，当冈之南，横坠而西。其西有尖峰，纯石而中突，两腋属于南北，若当关之标。路行坑上，一里，出尖石峰之北腋，遂西向而下，一里抵西壑，则尖石峰之西麓矣。于是南界扩然，直望一峰最高，远插天表，余疑以为尧林山[①]，而无可征也。迤东诸山，惟尧林山最高耸特出，在嵩明东二十里，与河口[②]隔河相对。登杨林老脊，犹东望而见之，今则南望而见之，皆在七八十里之外。按《志》无尧林之名，惟有秀嵩山在嵩明州东二十里，耸秀插霄汉，环州之山，惟此为最耳。度壑西转，二里，越小溪桥，有村在北陇，是曰壁假[③]。由其西攀岭北上，旋逾坳而西，一里，复下涉壑，又南见天表高峰。时已追及一老人，执而问之，果尧林也。又西一里，复入西峡。蹑峡而上半里，逾岭西，西界遥山始大开，望见南龙老脊，自西南横列而东北，则东川、寻甸倚之为界者也。其脊平峙天际，而西南与东北两头各起崇峰，其势最雄，亦最远。从屏峙中又分列一支，自西北走东南，若“八”字然。其交分之处，山势独伏，而寻甸郡城正托其坳中。由伏处入，为东川道；西逾分列之脊，为嵩明并入省道；循分列东麓而南，为马龙道。杨林之水，绕尧林之东，马龙水由中和北转，同趋而北，皆随此分列之山，而合于其东者也；但溪流犹不可见，而郡南海子则汪然可挹。从此西下，坡峻岭豁，二里抵其峡中。有小水亦南行，随之西南又半里，北坞回环，中有村庐当坡，曰海桐[④]。由其南，西度坞，复上冈，一里抵冈头。随冈南下，转而西，共二里，坞自北来，溪流随之，内有村当坞，曰果壁[⑤]，外有石堰截流。路由堰上涉水而西，从平坡上行，二里，稍下，有村倚坡之西，曰柳塘[⑥]。于是坡尽畦连，北抵回峰，西逾江而及郡，南接海子，皆禾稻之区，而村落相望矣。从畦塍西行二里，则马龙之溪自东南峡出，杨林之溪自西南峡出，夹流而北，至此而合，石梁七洞横架其上，曰七星桥。其自南而北，为北盘上流，正与石堡桥之流，自北而南，为南盘上流，势正相等，但未能及曲江桥[⑦]之大也。过桥，有庙三楹，东向临之。中有旧碑，或言去郡城十五里，或言二十里；或名为江外河，或名为三岔河。无定里，亦无定名。而《一统志》又名其溪为阿交合溪，又注旧名为些邱溢派江，名其桥为通靖桥，然注其桥曰：“城东二十里，跨阿交合溪。”注其溪曰：“府东南十五里合流。”又自异焉。按旧城在今城东五里，今城筑于嘉靖丁亥安铨乱后，则今以十五里之说为是。乃屡讯土人，皆谓其流出东川，下马湖⑧，无有知其自沾益下盘江者。然《一统志》曰入沾益，后考之《府志》，其注与《一统》同。参之龚起潜之说，确而有据，不若土人之臆度也。或有谓自车洪江⑨下马湖，其说益讹。亦可见此水之必下车洪，车洪之必非马湖矣。盖车洪之去交水不远，起潜之谙沾益甚真，若车洪之上，不折而西趋马湖，则车洪之下，不折而北出三板桥，则起潜之指示可知也。

【注释】①尧林山：今作“药灵山”“瑶玲山”，即秀崧山，又作秀高山。在今云南嵩明县东三十里。②河口：今称小河口，在嵩明东境，两山逼窄，杨林海水东流至此，转而北流为牛栏江。③壁假：今作“必寨”，在寻甸县东南境。④海桐：今作“海通”。⑤果壁：今作“戈必”。⑥柳塘：今作“勒塘”。与壁假、海桐、果壁皆同音异写，均在寻甸东南境。⑦曲江桥：在今建水县北隅，横跨曲江上。⑧马湖：治所在泥溪长官司（后改屏山县，今四川屏山县。弘治九年改土归流）。辖境相当今四川大凉山以东，沐川以南，金沙江金阳至屏山段以北地区。⑨车洪江：即牛栏江。

【译文】从郭扩往西南下坡，走了半里，渡过小涧，往西登坡，沿着坡往北走，又与并立的山峰东西两面隔着山坞。往北上山共走了二里，俯瞰那座并立山峰的北面，于是往西走了半里越过山冈，从山冈上平缓地前行。有个中间下洼的深坑，在山冈的南面，横向往西下坠。深坑西面有座尖峰，都是石头而中央突起，两侧连接着南北两面的山，好像立在关口的标杆。在深坑上边的道路上行走了一里，出来到尖石峰的北侧，于是向西下行，一里后到达西面的壑谷，就是尖石峰的西麓了。到这里，南面豁然开朗，笔直地望见一座最高的山峰，远远高插云天之外，我怀疑这就是尧林山，但是没有办法证明。滇东群山，唯有尧林山最为高耸，突出，在嵩明州东面二十里，与河口隔河相对。我登上杨林所主脉山脊的时候，向东就能望见它，现在却从南面望见它，都是在七八十里之外。查证志书，没有尧林山这一名称，只有秀嵩山在嵩明州东面二十里，秀丽高耸，直插云霄，环绕整个嵩明州的山，只有此山最高了。穿过壑谷向西转二里，走过小溪上的桥，有座村庄在北面的山陇上，这是壁假。由壁假西边攀岭北上，随即越过山坳往西走一里，再下行涉过壑谷，又望见南面插入云天的高峰。此时已经追上一位老人，拉着他询问，得知这里果然是尧林山。再往西一里，又进入西面的峡谷。沿着峡谷攀登而上，走了半里，越到岭西，西面远处的山这才变得十分开阔，望见南面山脉的正脊，从西南方横向排列往东北延伸，就是东川府、寻甸府倚靠着它成为两府分界的山脉了。这条山脊水平耸峙在天边，而西南与东北两端分别耸起高大的山峰，山势最为雄伟，也最远。从屏风样耸峙的山脊中部又分出一条支脉，是西北往东南的走向，如同“八”字的形状。唯独在两条山脉交叉分支的地方，山势低伏，而寻甸府城正好依托在那里的山坳中。由山脉低伏之处进去，是去东川府的路；往西越过分列支脉的山脊，是去嵩明州和进省城的路；沿着分列支脉的东麓往南去，是去马龙州的路。杨林所的水流，绕到尧林山东面，马龙州的水流流经中和往北转，一同流向北方，都是顺着这条分列的山脉流淌，而后在它的东面汇合；只是溪流还不能看见，可寻甸府城南面的海子却是一片汪洋，似乎可以用手捧到。从此地向西下行，山坡陡峻山岭开阔，走了二里后到达山峡中。有一条小河也是向南流淌，顺着河水又往西南走了半里，北面环绕着一个山坞，坞中有一个村庄位于坡上，叫作海桐。由村南往西穿过山坞，又上登山冈，一里后到达冈头。顺着山冈往南下行，转向西，共走了二里，有个山坞从北边来，溪流顺着山坞流淌，里面有个村庄位于山坞中，叫作果壁，村外有座石坝横截溪流。道路经由水坝上渡水往西走，从平缓的山坡往上走了二里，慢慢下行，有个村庄倚靠在山坡西面，叫作柳塘。到了这里山坡就到头了，田地连绵不绝，北面抵达环绕的山峰，西面越过江流后抵达府城，南面抵达海子，都是种植稻禾的地区，而且是村庄聚落相望了。从田埂上往西走了二里，就见来自马龙州的溪水从东南方的山峡中流出来，来自杨林所的溪水从西南方的山峡中流出来，两条河相夹往北流淌，流到此地后合流，一座横架在河上的七个桥洞的石桥，叫作七星桥。桥下的河水从南往北流，是北盘江的上游，正好与石堡桥下的河流，从北往南流，是南盘江的上游，形势正好相等，只是七星桥大的地方比不上曲江桥。过桥后，有座三开间的庙宇，面向东，下临河水。庙中有旧碑，碑文记载有的说这里距寻甸府城十五里，有的说二十里；有的称这条河叫江外河，有的称为三岔河。没有确定的里程，也没有确定的名称。而《一统志》中又称这条溪流为阿交合溪，还注明它的原名是些邱溢派江，称这座桥为通靖桥，不过又为这座桥注释说："在城东二十里处横跨阿交合溪。"在这条溪流下注释说："在府城东南十五里处合流。"这又自相矛盾了。据考察，寻甸府旧城在现在的府城东面五里处，现在的府城是在嘉靖丁亥年（嘉靖六年，1527）安铨叛乱后修筑的，那么在现在看来，十五里的说法是对的。于是屡次询问当地人，都说这条河是从东川府流出来，下流到马湖府的，没有人知道这条河是从沾益州下流进盘江的。然而《一统志》记载流入到沾益州，后来我考证《寻甸府志》，府志的注释和《一统志》相同。参考龚起潜的说法，确凿而有根据，不像当地人那样凭空想象。有的人说是从车洪江下流到马湖府，这种说法越发错了。这也可以看出，这条河流必定是下流到车洪江，车洪江却必定不是流到马湖府。大概是车洪江距离交水不远，龚起潜熟悉沾益州的真实情况，如果车洪江的上游，流向不转向西流往马湖府，那么车洪江的下游，就不会转向北流到三板桥，这样龚起潜所指示的可想而知了。

由江西岸北行半里，随江折而西。循江南岸，依山陟岭又二里余，江折而北，路逾岭头折而南下。半里，由坞中西行，于是循凤梧南山之麓矣。按凤梧山者，在郡城东北十里，山脉由郡西外界老脊，排列东突为是山，西北一峰圆耸，东南一峰斜骞，为郡中主山。阿交合溪自东来逼其麓，转而东北入峡去，若避此山者，是老龙东北行之脊也。《一统志》无其名，止标月狐山在城东北八里，环亘五十余里。以旧城计之，当即此山，第《府志》则月狐、凤梧并列，似分两山。然以山形求之，实无两山分受也。岂旧名月狐，后讹“狐”为“梧”，因讹“月”为“凤”耶？岂圆耸者为月狐，而后人又分斜骞者为凤梧耶？共西三里，南望壑中海子，水不甚大，而另汇连珠。盖郡城之流东南下，杨林之川南来，相距于壑口而不相下，遂潴而成浸者。坡南下处，石渐棱棱露奇。又一里，行石片中，下忽有清泉一泓，自石底溢而南出，其底中空，泉混混平吐，清冽鉴人眉宇。又西数步，又有泉连潴成潭，乃石隙回环中下溢而起，泛泛不竭，亦溢而南去。此潭圆若镜而无中空之隙，不知水从何出，然其清冽不若东泉之碧莹无纤翳也。按《郡志》八景中有“龙泉双月”，谓郡城东十里有双泉，相去十余步，月夜中立其间，东西各见月影中逗。以余观之，泉上石环树罨，虽各涵明月，恐不移步而左右望，中未必能兼得也。又西半里，有聚落倚山面壑，是为凤梧所[1]，土人谓之马石窝，想未置所时其旧名然耳。于是西北随田塍行，坡陇间时有聚落而不甚盛。按《郡志》，旧郡址在今城东五里，不知何村足以当之？共西三里，有溪流自北坞来，中贯田间，有石梁跨之。越之西行，又三里，复有溪自北坞来，亦贯田间，而石梁跨之，此即所谓北溪也。水在郡城之北为最近，乃城西坡与凤梧夹腋中出者。越梁，又西行一里，入寻甸东门。转而南，停履于府治东之旅肆。

【注释】①凤梧所：即凤梧守御千户所，嘉靖六年（1527）建，直隶云南都司，在今寻甸县稍东的马石五村。

【译文】从江的西岸往北走半里，顺着江水转向西。沿着江的南岸，顺着山势登岭又走了二里多，江水转向北流去，道路越过岭头转向南下山半里，从山坞中往西走，从这里开始，就沿着凤梧山的南麓行走了。据考察，凤梧山这地方，在寻甸府城东北十里处，山脉由府城西外面一重主脉山脊，往东排列突起成为这座山，西北面一座山峰圆圆地耸立，东南面一座山峰斜斜地向高举起，是寻甸府的主要山脉。阿交合溪从东面流来逼近凤梧山山麓，转向东北流入山峡中，好像是要避让此山一样，这是主脉往东北延伸的山脊了。《一统志》没有记载这座山的名字，仅仅是标记月狐山在寻甸府城东北八里，环绕绵亘五十多里。按照寻甸府旧城来预估，月狐山应当就是这座山，只是《寻甸府志》将月狐山、凤梧山分开并列记载，似乎是两座山。然而根据山形来求证，确实无法分为两座山。莫非是原来的名字叫“月狐”，后来错写“狐”成“梧”，进而又把“月”字错写成“凤”字吗？难道圆圆耸立起的山是月狐山，后来的人们又分出斜立高耸的山为凤梧山的吗？共往西走了三里，向南望见壑谷中的海子，水面不是很大，而另外一些积水的地方像珠子一样相连。大概是府城的河流往东南下流，杨林所的河川从南面流来，它们距壑谷口处相遇且水势不相上下，于是积攒水量后就成了水泽。山坡南面靠下处，石头逐渐显现出棱角分明的奇异形态。又走了一里，行走在石片之中，下面忽然有一汪清泉，从石头底下溢出后向南流去，它底下中间是空的，泉水平缓地滚滚吐出来，水清澈得能映照出人的眉宇。再往西走几步，又接连有泉水积聚成水塘，从弯弯绕绕的石缝底下溢起来，源源不断，也是溢出后向南流去。这个水塘圆圆的好像镜子，而且没有中空的缝隙，不知道水从哪里流出去，不过它的清澈程度不如东面泉水那样碧绿晶莹、无遮蔽。根据《寻甸府志》记载，八景中有“龙泉双月”，相传在府城东面十里有一双泉水，相距十多步远，月夜里站在两泉之间，东西两面都能在水中见到月亮逗人的影子。以我的观察，泉上岩石环绕、树影掩映，虽然两汪泉水中各自都有一轮明月，恐怕不移动脚步往左右望，站在中间未必能同时看到月影。又往西半里，有个聚落倚靠山面向壑谷，这里是凤梧所，当地人称为马石窝，想来是没有设置所时它的原名就是这样了。从这里往西北沿着田埂走，山坡、田陇间不时有村落但不太兴盛。根据府志记载，原府城旧址在现在的府城东面五里，不知哪个村子能够和府城旧址相提并论？共往西走了三里，有条溪流从北面的山坞中流来，流贯在田野间，有座石桥跨在溪流上。过桥往西又走了三里，又有溪水从北面的山坞中流来，也是流贯在田间，而石桥跨过溪流，这就是所谓的北溪了。北溪是府城北面离得最近的水流，是府城西面的山坡与凤梧山相夹的山窝里流出来的溪流。过桥后，又往西走了一里，进入寻甸府东门。转而向南，投宿在府衙东边的旅舍。

寻甸①昔为土府，安氏世长之，成化间始改流②。至嘉靖丁亥，安之裔孙安铨者作乱，构武定凤廷文，攻毁杨林、马龙诸州所。当道奏发大兵歼之，并武定改流。乃移寻甸郡于旧治之西五里，直逼西山下，始筑城甃砖为雄镇云。按凤廷文或又称为凤继祖，又称为阿凤，或又称为凤显祖，自改名凤廷霄。或又云本江西人，赘武定土官妇，遂专恣作乱，以兵直逼省。后获而磔之。

【注释】①寻甸：明置府，即今寻甸回族彝族自治县。治所曾多次迁徙，明末始移至今县治。《嘉庆重修一统志》曲靖府古迹载："寻甸故城，在今寻甸州城东五里，元仁德府遗址也。《旧志》：寻甸府在今州城北一里，明成化十五年建土城甚隘，后徙鲁兀山下，嘉靖六年（1527）为安铨所破，嘉靖十二年（1533）徙今治。张志淳《筑城记》：元仁德遗址，在今城东五里，其迁于旧治，莫考厥时，今城在旧城之右逾一涧。"②改流：即"改土归流"省称。明清两代在云南、贵州、四川、广西等地少数民族地区废除土司，实行流官统治的一种政治措施，旨在加强中央对边疆地区的统一管理。明永乐十一年（1413）平定思州、思南两宣慰使乱后，废土司，设贵州布政使司，置思州、思南等八府。清雍正时，采用云贵总督鄂尔泰改土归流建议推行于西南诸省。也称改土为流。亦省作"改流"。

【译文】寻甸府以前曾经是土官担任知府，安氏世代统治这里，成化年间才开始实行改土归流。到嘉靖丁亥年（嘉靖六年，1527），安邦彦的嫡孙安铨叛乱，勾结武定府土司凤廷文，攻占毁坏杨林所、马龙州各地。当权者上奏朝廷调动大军歼灭了他们，并入武定府改土归流。于是把寻甸府城移到原府城的西边五里的地方，一直逼近西山下，才开始用砌砖修筑城墙成为雄伟壮观的城镇。据考察，凤廷文或者又被称为凤继祖，又称为阿凤，或者又称为凤显祖，他自己改名为凤廷霄。又有人说，他本来是江西人，入赘到武定府女土司家，逐渐专权放纵作乱，率军队威逼省城。后来被抓获，肢解分尸处死。

寻甸四门俱不正，盖因山势所就也。东门偏于北，南门偏于东，西门偏于南，惟北门差正，而又非经行[①]之所。城中惟街二重，前重乃府与所所莅，后重为文庙、城隍、察院所倚，其向俱东南。

【注释】①经行：行程中经过。

【译文】寻甸府四面的城门都不中正，大概是就着山势修建的原因。东门偏向北，南门偏向东，西门偏向南，只有北门稍微中正一些，却又不是我所经过的地方。城中只有两层街道，前边一层是府衙与凤梧所衙门所在的地方，后面一层是文庙、城隍庙、按察院所建造的地方，它们都面向东南。

寻甸之城，直东与马龙对，直西与元谋对，直南与河口对，直北与东川对。其西北皆山，其东南大豁。

【译文】寻甸府城，正东与马龙州相对，正西与元谋县相对，正南与河口相对，正北与东川府相对。寻甸府城的西北面都是山，东南面十分开阔。

二十四日　余初欲行，偶入府治观境图，出门，左有肆，中二儒冠者，问《图》《志》，以有版可刷对。余辞以不能待。已而曰："有一刷而未钉者，在城外家中。"索钱四百，余予之过半。既又曰："须候明晨乃得。"余不得已，姑俟之。闻八景中有"北溪寒洞"，在东门外北山之下，北溪水所从出也，因独步往探之。遍询土人，莫有识者，遂还。步城内后街，入儒学、城隍诸庙。下午还寓作记。是日晴而有风。城中市肆，与广西府相似。卖栗[①]者，以火炙而卖之。

【注释】①栗：即栗子，俗称板栗，云南、贵州出产较多。至今还有带壳用火炙的吃法，即糖砂炒板栗。

【译文】二十四日　我刚想出发，偶然进入府衙观看寻甸府四境的地图，出门后，左边有个书铺，书铺中有两个戴儒冠的人，询问有没有地图、地方志，他们回答说有书版可以现印。我以不能等谢绝了。随后他们说："有一部印好还没有装订的志书，在城外的家中。"要价四百文铜钱，我给了他们超过一半的钱。随后他们又说："要等到明天早晨才能拿到。"我不得已，只得等候他们。听说八景中有处"北溪寒洞"，在东门外北山之下，就是北溪水流出来的地方，因此独自步行前往探寻。问遍了当地人，没有认识的人，就返回来了。漫步在城内的后街，进入儒学庙、城隍庙等庙。下午返回寓所记日记。这一天天气晴朗但有风。城中的街市店铺，与广西府相似。卖栗子的，用火烤熟后再卖。

二十五日　晨起，往索《志》。其人初谓二本，既而以未钉者来，止得上册，而仍少其半。余略观之，知其不全，考所谓阿交合溪之下流，所载亦正与《一统志》同，惟新增所谓凤梧山、双龙潭之类而已。乃畀还之，索其原价。遂饭而行。

【译文】二十五日　早晨起床，前去索要《志》书。那人开始说有两册，随后把没有装订好的拿来，只有上册，仍然少了其中的一半。我大略翻看了一下他拿来的本子，知道它不全，查看所谓的阿交合溪的下游，书中记载也正好与《一统志》相同，只是新增加了所谓的凤梧山、双龙潭之类的内容而已。于是我把书送还给他，要回我原来付的钱。然后吃过饭上路。

出西门，即上西山，峻甚。五里，逶迤蹑其顶，则犹非大龙之脊也。其脊尚隔一坞，西南自果马山环界而北，乃东度而为月狐；从其北度之坳，又南走一支，横障于东，即此山也。《志》称为隐毒山，谓山下有泉为隐毒泉。盖是山之西，与老龙夹而中洼，内成海子，较南海子颇长而深；是山之东，有泉二派，一出于北，今名为北溪。一出于南，而是山实南北俱属于大脊焉。由其西向西南下，二里抵坞中，有小坑潴污流，不甚大也。西涉坞一里半，草房数间，倚南坡上，为黑土坡哨[①]。前有岐，西北由坞中行，为潘、金、魏所道；西南上坡为正道。余乃陟坡一里，复南逾其冈，冈头多眢井中陷，草莽翳之，或有闻水声潺潺者。越冈南行二里余，乃下坡，遂与西海子遇；其水澄碧深泓，直漱东山之麓。路既南临水湄，遂东折而循山麓行。南向二里，见其水汪汪北转，环所逾智井之冈，南抵南冈，东逼山麓，而西濒所聚焉。盖惟西北二面，大脊环抱，可因泉为田，而三所屯托之，所谓潘所、金所、魏所也。乃土官三姓。三所在海子西，与余所循山麓，隔水相望。是水一名清海子，一谓之车湖[②]，水濒山麓，清澈可爱，然涸时中有浅处，可径而南也。今诸山冈支瞰其间，湖水纡折回抱，不啻数十里。《一统志》谓四围皆山者是；谓周广四里，则不止焉，想从其涸时言也。又南一里，东逾一瞰水之冈，又陟漱水之坡，南向一里，海子南尽，遂西南逾冈而行。冈不甚峻，而横界于东西两界之间，皆广坡漫衍。由其上南行四里，稍南下，忽闻水声，已有细流自冈西峡坠沟而南矣。有数家在西山下，曰花箐哨[③]。始知其冈自西界老脊度脉，而东峙为东界，北走而连属于凤梧之西坳，是为隐毒山，中环大洼，而清海子潴焉；南走绵耸于河口之北崖，是为尧林山，前挟交溪，而果马水入焉。不陟此冈，不知此脉乃由此也。于是随水南行，皆两界中之坂陇，或涉西委之水，或逾西垂之坡，升降俱不甚高深，而土衍不能受水，皆不成畦。然东山逶迤而不峻，西山崇列而最雄，路稍近东山，而水悉溯西山而南焉，则花箐诸流之下泄于果马溪者，又杨林之源矣。南行二十五里，始有聚落，曰羊街子，其西界山至是始开峡，重峦两叠，凑列中有悬箐焉。由此而入，是为果渡、木朗[④]，乃寻甸走武定之间道。盖西界大山，北向一支，自西南横列东北，起嶂最高，如重盖上拥；南向一支，亦自西南横列东北，排峦稍杀，如外幔斜骞，虽北高南下，而其脉实自南而北叠，而中悬一箐为丛薄，为中通之隙焉，是曰果马山；而南北之水由此分矣。羊街子[⑤]居庐颇聚。又有牛街子[⑥]，在果马溪西大山下，与羊街子皆夹水之市，皆木密所[⑦]分屯于此者。盖花箐而南，至此始傍水为塍耳。时方下午，问前途宿所，必狗街子，去此尚三十里。恐行不能及，途人皆劝止，遂停憩逆旅，草记数则。薄暮，雨意忽动，中夜闻潺潺声。

【注释】①黑土坡哨：今名同，在寻甸城西不远。此海水面缩小，仅存者称潘所海。魏所在北，金所在西，潘所在西南，名称至今未变，但魏所已距海较远。②车湖：即今清水海。在云南寻甸回族彝族自治县西。《明一统志》卷87寻甸府：车湖"在府城西三十里。一名清水海子。周广四里，四围皆山，有灌溉之利"。《清一统志·曲靖府》：车湖"其水澄碧，中产嘉鱼"。③花箐哨：今作"花心哨"，在金所以南，寻甸到羊街的公路上。④果渡：即今柯渡。木朗：即今木龙马。皆在寻甸县西南部。⑤羊街子：今仍名羊街，在果马河东岸。⑥牛街子：今仍名牛街，在果马河西。羊街、牛街皆在今寻甸南隅。⑦木密所：洪武十五年（1382）置木密守御千户所，直隶云南都司，在今寻甸县南隅的易隆。

【译文】走出西门，随即上登西山，西山非常陡峻。走了五里，弯弯曲曲地登上西山顶，却仍然不是主脉的山脊。主脉山脊还隔着一个山坞，从西南方的果马山在寻甸府的地界内环绕向北，进而往东延伸后成为月狐山；从主脉山脊往北延伸的山坳，又有一条往南延伸的支脉，横堵在东方，就是这座山了。《志》书称它为隐毒山，记载山下有泉水叫隐毒泉。大概这座山的西面，与主脉山脊相夹而中间下洼，里面形成海子，比府城南面的海子更长更深；这座山的东面，有两条泉水，一条出自北山，现在叫北溪。一条出自南山，而这座山的南北两面实际上都与主脉山脊相连接。从山的西面向西南下山，二里后到达山坞中，有个小坑积聚着污水，坑不是很大。往西走过山坞一里半，有几间草房，倚靠在南面的山坡上，是黑土坡哨。前边有岔路，往西北经由山坞中走，是通向潘所、金所、魏所的路；向西南山坡的路是正路。我于是上坡走了一里，再往南翻越这座山冈，冈头有许多中间深陷的枯井，草莽掩蔽着这些枯井，有的枯井中能听到潺潺流动的水声。越过山冈往南走了二里多，开始下坡，便与西面的海子相遇；海子中的水澄碧渊深，水面宽广，直接冲刷着东山的山麓。道路往南靠近海子边，于是向东转而后沿着山麓前行。向南走了二里，看见海子的水浩浩荡荡地向北转去，绕过我所翻越的有枯井的山冈，往南抵达南面的山冈，东边逼近山麓，而西面濒临潘所、金所、魏所聚居的地方。大概是西北两面，高大的山脊环抱，可以依靠泉水灌溉田地，因而有三个所依托在这里屯守，就是所谓的潘所、金所、魏所了。是三个土官的姓。三个所在海子的西面，与我沿着走的山麓，隔着湖水相望。这湖水一个名字叫清海子，一个名字叫车湖，湖水濒临山麓，清透可人，不过干涸时湖水中有水浅的地方，可以径直走到南面去。现在能俯瞰到众多的山冈支脉延伸到湖水中，湖水环绕弯曲环绕群山，湖面不下数十里。《一统志》记载湖水的四面都是山是对的；湖面四周长四里，却不止四里了，大概是以湖水干涸时的来算。又往南走一里，往东越过一座俯瞰湖水的山冈，又上登湖水涤荡着的斜坡，向南一里，海子到了南面的尽头，于是往西南翻越山冈继续前行。山冈不特别陡峻，横隔在东西两列山之间的，都是广阔的山坡。由坡上往南走四里，稍微往南下行，忽然听到水声，不一会见有细细的水流从山冈西面的峡谷中坠入深沟向南流去。有几户人家住在西山下，叫作花箐哨。这才知道这座山冈是从西面主脉山脊延伸来的山脉，往东耸峙为东面的一列山，向北延伸而连接到凤梧山西面的山坳，这就是隐毒山，中间环绕着巨大的洼地，而清海子就蓄积在洼地中；往南绵亘耸立在河口北面的山崖，那是尧林山，山前夹着交溪，而果马山的溪水就流入交溪。不涉足攀登这山冈，就不知这山脉竟是从这里走。从这里顺着溪水往南走，都是两山中间的田陇，有时涉过曲折的溪水向西流淌，有时翻越向西下垂的山坡，上下都不特别高深，然而土坡不能积水，所以都不能开垦成田地。但是东面的山逶迤不断却不陡峻，西面的山高高排列而且最雄伟，道路渐渐接近东面的山，而水流全部逆着西面的山往南流，那么花箐哨往下泄入果马溪的各条溪流，又是杨林所河流的源头了。往南走了二十五里，才开始有聚落，叫作羊街子，那西面的一列山延伸到此地开始分开形成峡谷，峡谷两面山峦重叠，凑聚排列的山间有个高悬的山箐。从这里进去，那是果渡、木朗，是寻甸府去武定府的小路。原来西面一列大山，向北延伸的一条支脉，从西南横向排列到东北，耸起屏风样的山峰最高，如同层层伞盖向上簇拥；向南延伸的一条支脉，也是从西南横向排列到东北，一排峰峦渐渐下降，如同外面的帷幔斜斜地高举着，山势虽然北高南低，可山脉实际上是从南向北层层叠叠地延伸，而且其中高悬着一个山箐草木丛生，是中间通水的空隙，叫作果马山，南北两面的水流从此处分流。羊街子的居民房屋很多。又有个牛街子，在果马溪西面的大山下，与羊街子都是夹在溪水两岸的集市，都是木密所分兵屯守在此地的哨所。大概从花箐哨往南走，到此地才开始有傍水的田地。此时刚到下午，询问前面路上住宿的地方，必定要到狗街子，距离此地还有三十里。恐怕不能走到了，路上的人都劝我停下，于是在旅店中停息，草草地记了几则日记。傍晚，天像要下雨，半夜听到哗哗的雨声。

二十六日　晨起，饭后，雨势不止，北风酿寒殊甚。待久之，不得已而行。但平坡漫陇，界东西两界中，路从中而南，云气充塞，两山漫不可见，而寒风从后拥雨而来，伞不能支，寒砭风刺，两臂僵冻，痛不可忍。十里，稍南下，有流自东注于西，始得夹路田畦。盖羊街虽有田畦，以溪傍西山，田与路犹东西各别耳。渡溪南，复上坡，二里，有聚落颇盛，在路右，曰间易屯。又北一里半，南冈东自尧林山直界而西，西抵果马南山下，与果马夹溪相对，中止留一隙，纵果马溪南去；溪岸之东山，阻溪不能前，遂北转溯流作环臂状。又有村落倚所环臂中，东与行路相向，询之土人，曰果马村。从此遂上南冈，平行冈岭二里，是为寻甸、云南之界。盖其岭虽不甚崇，自南界横亘直凑西峰，约十余里，横若门阈，平若堵墙，北属寻甸，南属嵩明，由此脊分焉。稍南，路左峰顶有庵二重在松影中，时雨急风寒，急趋就之。前门南向，闭莫可入。从东侧门入，一老僧从东庑下煨榾，见客殊不为礼。礼佛出，将去之，一爨下僧号德闻。出留就火。薪不能燃，遍觅枯槎焙之，就炙湿衣，体始复苏；煨栗瀹茶，肠始回温。余更以所携饭乘沸茶食之，已午过矣。

【译文】二十六日　早晨起床，吃过饭后，雨没有要停的趋势，北风吹来十分寒冷。等了很久，迫不得已而上路。只见平缓的山坡、蔓延的土冈，隔在东西两列山中间，道路从中间往南，云气充塞，弥漫两面的山脉看不见，而寒风从背后拥着雨点刮来，撑不住雨伞，寒风刺骨，两臂冻得僵硬，痛得不可忍受。走了十里，逐渐往南下行，有溪流从东流到西，开始见到夹在路两旁的田地。大体上羊街子虽然有田地，因为溪流傍着西面的山，田地与道路是东西各在一边。渡到溪南，又上坡走了二里，有个村落十分兴盛，在路的右边，叫作间易屯。又往北走了一里半，南面的山冈从东面的尧林山一直往西延伸，西面抵达果马山的南山下，与果马山夹着溪水相对，中间只留有一条缝隙，让果马溪往南流；果马溪东岸的山，因有溪流阻断不能再向前延伸，于是似两臂环抱逆着溪流转向北。又有个村落倚靠在环抱的手臂中间，东面与所走的路相对，向当地人打听地名，叫作果马村。从这里上登南面的山冈，平缓地在冈岭上行走二里，就到了寻甸府、云南府的分界。这座山岭虽然不怎么高，从南面逼近西峰处横贯一系列山峰，约有十多里，横向似门槛，平缓又如堵墙面，北面归属寻甸府，南面归属嵩明州，两边是以这条山脊划分的。稍往南走，路左边的山峰顶上有一座两进的寺庵在松树影中，这时雨急风寒，急忙赶往寺庵。寺庵前门朝向南，门关着不能进去。从东边的侧门进去，一个老和尚在东厢房烤火，见到客人完全不讲礼仪。拜佛后出来，将要离开寺院，一个做饭的下等僧人法号德闻。出来挽留我烤火。薪柴不能点燃，他遍地寻找枯树枝烧火，就着火烘烤湿衣服，身体才开始又苏缓过来；德闻僧人煮栗子烧茶吃下，肠胃才开始回暖。我又拿所带的饭就着滚烫的茶水吃了，正午已过。

零雨渐收，遂向南坡降。三里，抵坡下，即杨林海子之西坞也。其处遥山大开，西界即嵩明后诸老龙之脊，东界即罗峰公馆后分支，为翠峰祖脊，相对夹成大壑，海子中汇焉；其南杨林所城当锁钥，其北尧林山扼河口。海东为大道所经，海西为嵩明所履，但其处竹树渐密，反不遑远眺。大道东南去，乃狗街子道；岐路直南去，为入州道。余时闻有南京僧，在狗街子州城大道之中，地名大一半村者，欲往参之，然后入州。乃从岐道下竹坑间行，一里，有大溪自西北环而东注，即果马溪[1]之循西山出峡，至是放而东转者。横木梁跨石洑[2]上，洑凡三砥[3]，木三跨而达涯之西，其水盖与新桥石幢河相伯仲者也。既度，即平畴遥达，村落环错，西南直行，六里而抵州。由塍中东南向，遵小径行二里，过小一半村[4]。又一里，有大路自东北走西南，是为狗街子入州之道，道之北即为大一半村[5]，道之南即为玉皇阁。入访南京师，已暂栖州城某寺。其徒初与余言，后遂忘之。南京僧号金山。余遂出从大道，西南入州。二里，又有溪自西而东向注，其水小于果马之半而颇急，石卷桥跨之。越而西南行，泞陷殊甚。自翠峰小路来，虽久雨之后，而免陷淖之苦，以山径行人少也。一入大路，遂举步甚艰，所称"蜀道"，不在重崖而在康庄。如此又三里，直抵西山下，转而西南，又一里而入嵩明之北门，稍转东而南，停于州前旅舍。问南京僧，忘其寺名，无从觅也。

【注释】①果马溪：今仍称果马河，从北往南流入嵩明坝子。②洑（fú）：水流回旋的样子。③砥（dǐ）：平而细的磨刀石。④小一半村：今作"小倚伴"，位于嵩明县城稍东、果马河西，小倚伴在北，大倚伴在南。⑤大一半村：今作"大倚伴"。与小倚伴相对，在其南。

【译文】零星小雨渐渐停了，于是向南下坡。走了三里，来到坡下，就是杨林所海子西面的山坞。此处的远山十分开阔，西面一列山就是嵩明州后面主脉的多条山脊，东面一列山就是罗峰公馆后面分出的支脉，是翠峰山山脊的起始之处，对峙相夹成一个巨大的壑谷，海子就汇积在壑谷中；壑谷南部就是杨林所城，位于咽喉要冲之地，壑谷北面是尧林山扼住河口。海子东面是大路经过的地方，海子西面是去嵩明州要走的路，只是这里竹林树木渐渐茂密，反而不便于闲暇远眺。大路往东南走，是去狗街子的路；岔路一直往南，是进嵩明州城的路。当时我听说有位南京来的僧人，住在狗街子去州城大路的途中，地名叫大一半村的地方，我想去拜访他，然后再进州里。于是从岔路下到满是竹林的坑谷中，走了一里，有条大溪从西北往东环绕流注，是果马溪沿着西山流出峡谷后，流到这里水势放开来转向东流。横架着木桥跨在激起漩涡的岩石上，滑如磨刀石的巨石共有三块，木桥分三跨才到达西岸，桥下的河水大概与新桥的石幢河水不分高低。过桥后，即是平旷的田野伸向远方，村庄环绕错落，往西南一直走，六里后到达嵩明州城。我从田埂中向东南走，沿着小路走了二里，路过小一半村。又走了一里，有条大路从东北伸向西南，这是从狗街子进州城的路，路北边就是大一半村，路的南边就是玉皇阁。进寺后拜访南京法师，法师已经暂住到州城中的某个寺庙。他的徒弟当初和我说过，但是我忘了。南京僧人法号叫金山。我于是出来顺着大路走，从西南方进州城。走了二里，又有一条溪水从西向东流注，这条溪水比果马溪的一半还小，但水势相当湍急，一座石拱桥跨在溪水上。过桥后往西南走，烂泥陷脚特别厉害。从翠峰山的小路走来，虽然是长久下雨，却免去了深陷泥淖的困苦，因为山间小径行人稀少。一上大路，举步十分艰难，所谓的“蜀道”，不在重重山崖之中，却在康庄大道上。像这样又走了三里，一直来到西山下，转而向西南，又走了一里后进入嵩明州的北门，稍稍转向东后再往南走，在州衙门前的旅店中停留。打听南京僧人，但忘记了他所在的寺名，也就无处寻找了。

二十七日　密云重布，虽不雨不雾，而街湿犹不可行。余抱膝不下楼，作书与署印[①]州同张，拒不收；又以一刺投州目[②]管，虽收而不即答。初是州使君[③]为吾郡钮国藩，武进[④]乡荐。余初入滇，已迁饶州别驾，至是东其辕及月矣。二倅[⑤]皆南都人，余故以书为庚癸[⑥]呼，乃张之扦戾[⑦]乃尔，始悔弹铗操竽[⑧]之拙也。是日买得一野凫，烹以为供。

【注释】①署印：代理官职。州同，知州的佐官。②州目：州里的吏目。③使君：汉时称州的刺史为使君，此沿旧称以使君称知州。④武进：为常州府附郭县，在今江苏常州市。⑤倅（cuì）：古时称副职为倅。⑥庚癸：指借贷粮食。⑦扦（hàn）戾：不讲情理。⑧弹铗操竽：典出《战国策·齐策四》：战国时冯驩客孟尝君，弹铗操竽求食，后即谓处境窘困而又欲有所干求。

【译文】二十七日　乌云密布重重，虽然不下雨也不起雾，但是街道潮湿依然不能起行。我抱着双膝不下楼，写信给代理知州张州同，他拒绝不收；又拿一张名帖送给管州目，管州目虽然收下了却不立即答复。当初，这个州的知州是我家乡的钮国藩，是武进县的举人。我初次进入云南时，他已经升迁为饶州别驾，这时他往东就职将近一个月了。州里的两个副职都是南京人，因此我写信向他们借钱，张州同竟如此不讲情理，我这才后悔作出这种囚囊中羞涩而有求于人的笨拙事情。这天买到一只野鸭，煮了作为饭食。

二十八日　晨起，浓云犹郁勃，惟东方已开。余令肆妇具炊，顾仆候管倅回书。余乃由州署西，践湿径，北抵城隍庙，其东为察院。其中北向登山数级，右为文庙，左为明伦堂、尊经阁。登阁，天色大霁，四山尽出，始全见海子之水当其前。是海子与杨林共之，即《统志》所云嘉利泽[①]也，以果马龙巨江[②]及白马庙溪之水为源，而东北出河口，为北盘江之源者也。由中路再上，抵文庙后夹衢西入，与文庙前后并峙者，是为宗镜寺。寺建于唐天祐[③]中。寺古而宏寂，踞蛇山之巅，今谓之黄龙山。山小而石骨棱棱，乃弥雄山东下之脉，起而中峙如锥，州城环之，为州治之后山者也。昔多小黄蛇，故今以黄龙名之。登此，则一州之形势，尽在目中矣。

【注释】①嘉利泽：在今云南嵩明县东南。明《寰宇通志》：嘉利泽“在嵩盟州东南十五里，方围百余里。水溉民田，鱼供民食，故名”。少数民族语称罗婆泽。因在杨林东北，故又称杨林泽或杨林海子。县境有西湖，此又曾称东湖。近代讹为嘉丽泽，北部称八步海，南部称杨林海，且逐渐沼泽化。1914年设嘉丽泽水利工程局进行垦殖，1952年改嘉丽泽农场。②果马龙巨江：即发源于寻甸果马山的巨尤江。③天祐：唐哀帝李柷（chù）年号，共4年（904—907）。

【译文】二十八日　早晨起床，浓云仍然旺盛，只有东方已经亮开了。我让旅店的主妇准备做饭，顾仆去等候管州目的回信。我就从州衙门的西边，踏着潮湿的小路，向北来到城隍庙，城隍庙东面是按察院。从中间向北登山，登上几级台阶，右边是文庙，左边是明伦堂、尊经阁。登上尊经阁，天色大晴，四周山峰全部显出，这才看清楚海子的水就在尊经阁前方了。这个海子归嵩明州与杨林所共同管辖，就是《一统志》所记载的嘉利泽这个地方了。嘉利泽以果马山流出的龙巨江和白马庙溪的水为源头，而后向东北流出河口，成为北盘江的源头。由中间的路再向上走，到达文庙背后的狭窄街道往西进去，与文庙前后并排耸立的，就是宗镜寺。宗镜寺建于唐哀帝天祐年间。寺庙古朴宏伟，十分寂静，坐落在蛇山顶上，现在称为黄龙山。山小但石头棱角分明，是弥雄山往东下延的山脉，在州城中耸峙而起，像锥子一样，州城环绕着山，是州衙门的后山。从前有很多小黄蛇，所以如今用黄龙来命名。登上此山，则嵩明一州的地势，就都在眼中了。

嵩明[①]旧名嵩盟。《一统志》言，州治南有盟蛮台故址，昔汉人与乌白蛮会盟之处，而今改为嵩明焉。州城亦因山斜绕，门俱不正，其向与寻甸相似。

【注释】①嵩明：即今嵩明县。

【译文】嵩明原来叫嵩盟。《一统志》记载，州衙门南边有盟蛮台的旧址，是从前汉人与乌蛮、白蛮会盟的地方，而现在改称为嵩明了。州城也是顺着山势斜绕，城门都不中正，城门的朝向与寻甸府相似。

嵩明正北由大山峡口入，竟日而通普岸、严章，为寻甸西境；正南隔嘉利泽，与罗峰公馆对，为杨林北境；正东为尧林山，踞河口之北，为下流之砥柱；正西逾岭，为旧邵甸县。其北之梁王山，为老龙分支之处，领挈众山，为本州西境，与寻甸、富民、昆明分界者也。

【译文】嵩明州正北面由大山峡谷口进去，走一整天就能通到普岸、严章，是寻甸府的西部地界；正南面隔着嘉利泽，与罗峰公馆相对，是杨林所的北部地界；正东是尧林山，盘踞在河口的北面，是北盘江下游的中流砥柱；正西越过山岭，是原来的邵甸县。邵甸县北面的梁王山，是主脉山脊分支的地方，统领着众多的山脉，是嵩明州的西部地界，与寻甸府、富民县、昆明县分界的地方。

嵩明中环海子，田泽沃美。其西之邵甸，南之杨林①，皆奥壤也，昔皆为县，而今省去。杨林当大道，今犹存所焉。

【注释】①杨林：至元十二年（1275）改羊林千户为杨林县，属嵩明州。治所在杨林城（今云南嵩明县南二十六里杨林镇）。《元史·地理志》："城东门内有石如羊形，故又作羊。唐有羊林部落，即此地。"《方舆纪要》卷114嵩明州"乌纳山"条下：杨林山"在废县治东。群峰屏列，山麓有石如羊，本名羊林，元至元初改今名"。明成化十七年（1481）废入嵩明州。

【译文】嵩明州中部环绕着海子，田地肥沃，湖泽优美。它西面的邵甸，南面的杨林，都有肥沃的土地，两地从前都是县，可现在都撤销了。杨林正立于大道上，如今仍然保存着所的建制。

出寺下山，还饭于店，而管倅回音不至。余遂曳杖出南门，转而西，半里抵塔下。大道东南由杨林去，余时欲由兔儿关，乃西南行。一里，有追呼于后者，则管倅以回柬具程，命役追至，而程犹置旅寓中。因令顾仆返取，余从间道北向法界寺待之。法界寺者，在城西北五里，亦弥雄山东出之支，突为崇峰者也。路当从西门出，余时截冈逾陇，下度一竹坞，二里而北上山。蹑坡盘级而上，二里，逾一东下之脊，见北坞有山一支，自顶下垂，而殿宇重叠，直自峰顶与峰俱下。路有中盘坳中者，有直蹑峰顶者，余乃竟蹑其顶，一里及之。西望峰后，下有重壑，壑西北有遥巘最高，如负扆挈领，拥列回环，瞻之甚近，余初以为嵩明之冠，而不知其即梁王之东面也。转而东，峰头有元帝殿冠其顶，门东向。余入叩毕，问所谓南京师者，仍不得也。先是从城中寺观觅之不得，有谓在法界者，故余复迂途至，而岂意终莫可踪迹乎。由殿前东向下，历级甚峻。半里得玉虚殿，亦东向，仍道宫也，两旁危箐回合，其境甚幽。再下，出天王殿。又下半里，有一庵当悬冈之中，深竹罨门，重泉夹谷，幽寂窈窕。惜皆闭户，无一僧在。又下，始为法界正殿。先入殿后悬台之上，其殿颇整，有读书其中者，而主僧仍不在。乃下，礼佛正殿。甫毕，而顾仆亦从坞中上。东庑有僧出迎，询知南京师未尝至。而仰观日色，尚可行三十余里，遂询道于僧，更从北径为邵甸行。盖杨林为大道，最南而迂；兔儿为中道，最捷而坦；邵甸为北道，则近依梁王，最僻而险。余时欲观其挈领之势，遂取道焉。

【译文】出寺后下山，回到旅店中吃饭，可是管州目仍然没有回信。我就拖着手杖出南门，转向西走，走了半里来到一座塔下。大路往东南向杨林方向去，我此时想去兔儿关，便往西南行。行一里，有人追在我后面呼叫，原来是管州目回帖时备了路费赠送给我，命令差役追到这里，可路费还放在旅店中。因而让顾仆返回去取，我从便道向北到法界寺去等他。法界寺，在州城西北五里处，也是弥雄山往东分出来的支脉，突然隆起成为高大山峰的地方。到法界寺的路应当从西门出去，我此时便横穿山冈越过土陇，下行穿过一个满是竹子的山坞，走了二里后向北上山。绕着台阶上走了二里，越过一条往东下延的山脊，见到北面山坞中有一座山，从山顶下垂，而佛寺的殿宇层叠交错，一直从峰顶起与山峰同向下。道路有的从中间绕着山坳中走，有的径直上登峰顶，我于是直登峰顶，一里后到达峰顶。向西望山峰后面，下面有重重壑谷，壑谷西北方远处有座最高的山峰，如同背靠屏风统领群山的样子，群山回绕排列，簇拥着它，远看它很近，我起初认为是嵩明州最高的山，却不知它原来就是梁王山的东面了。转向东，峰头有座元帝殿像帽子一样戴在峰顶，寺门向东。我进殿叩拜完毕，打听所谓的南京法师，仍然没有找到。在此之前，在城中的寺观里找他，找不到，有人说在法界寺，所以我又绕路来到此地，想不到始终没有办法可以找到他的踪迹。由元帝殿前向东下行，走过的石阶十分陡峻。走了半里后见到玉虚殿，也是面向东，仍然是道观，两旁高险的山箐环绕，环境非常幽静。再往下走，来到天王殿。又下行半里，有一座寺庵位于高悬的山冈中间，幽深的竹林掩映着山门，两条泉水夹在山谷中，幽静空寂，窈窕可人。可惜都关着门，没有僧人在。又往下走，才来到法界寺的正殿。先进入殿后高悬的平台之上，佛殿相当严整，有在寺中读书的人，但主持僧人仍然不在。于是下来，在正殿中拜了佛像。刚拜完，顾仆也从山坞中上来了。东厢房有僧人出来迎接，打听后得知南京法师未曾来过法界寺。而后抬头观看天色情况，估计还可以前行三十多里，于是向僧人询问路线，改为向北走径直去邵甸。原来去杨林所的是大路，在最南边，因而绕路；去兔儿关的中路，路最近而且平坦；去邵甸的是北路，却靠近梁王山，最为偏僻而且危险。这时我想观察梁王山统领群山的地势，就选了这条路。

由寺前西南转竹箐中，随坳而南，一里，逾东南冈，出向所来道，遂南下山。一里抵山下，有坞自西北来，即前岭头下瞰重壑之第一层也。由其南横度而西南，二里，过一村，村南始畦塍相属。随塍南下，西行畦中一里余，望见北冈垂尽处，石崖骈沓，其东村庐倚冈上，为灵云山；西有神宇临壑，是为白马庙。神宇之西有坞，自北山回环而成峡，有大溪自峡中东注而出，即前岭头遥瞰之第二层也。其壑西南，始遥逼梁王最崇峰之下。盖梁王东突，耸悬中霄，北分一支，东下为灵云峰，即白马所倚；再北分一支，东峙为法界寺，法界北壑虽与梁王对夹，而灵云实中界焉，故梁王东麓之溪潆注，俱从此出也。其流与东山之龙巨江相似，东西距州城远近亦相似也。溪无桥，涉之，即西上坡。始余屡讯途人，言渡溪而西，必宿大大村，村之东皆层冈绝岭，漫无村居。问："去村若干里？"曰："三十。"余仰视日色，当已不及，而土人言不妨，速行可至，再问皆然。遂急趋登坡，一里，有负载而来者，再问之，曰："无及矣。不如返宿为明晨计。"余随之还，仍渡溪，入白马庙。庙敞甚，不堪托宿。乃东过骈沓石崖，从村庐之后，问宿于灵云山僧。是庵名梵虚，僧虽不知禅诵，而接客有礼，得安寝焉。

【译文】从法界寺前向西南转进竹林中，顺着山坳往南走了一里，越过东南方的山冈，走到先前来的路上，于是往南下山。走了一里后来到山下，有个山坞从西北方延伸过来，就是先前在岭头上往下俯瞰重重壑谷的第一层了。从山坞南部往西南横穿过去，走了二里，经过一个村庄，村庄南面开始有田地、田埂相连。顺着田埂往南下行，向西在田野中走了一里多，望见北面山冈下垂的尽头处，石崖众多杂沓，石崖东面有村居房屋倚靠在山冈上，这是灵云山；西面有座神庙面临壑谷，这是白马庙。神庙的西面有个山坞，从北面的山环绕形成峡谷，有条大溪从峡中往东流淌出来，这就是先前在岭头远远俯瞰的第二层了。这个壑谷西南面，才远远逼近在梁王山最高峰之下。大概梁王山的东面突起，高悬在中央，耸入云霄，北面分出一条支脉，东向下形成灵云峰，就是白马庙倚靠的山；再往北分出一条支脉，向东面耸峙为法界寺，虽然这条支脉与梁王山相夹形成法界寺北面的壑谷，可灵云山实际上隔在中间，所以梁王山东麓的溪流绕来绕去，最后都从此地流出去。这条水流与东山的巨龙江相似，东西两面距州城的距离也相似。溪水上没有桥，渡过溪水，随即向西上坡。起初我多次询问路上的人，他们说渡过溪流往西走，必定要住在大村，大村东面都是层层山冈和陡峭的山岭，蛮荒没有村庄居民。我问："离村子有多少里？"他们回答："三十里。"我抬头看天色，应当已经来不及了，可当地人说没关系，快走可以赶到，再问都是这样说。于是我快步上登山坡，走了一里，有个背东西过来的人，再问他，他说："赶不及了。不如返回去住下明早再作打算。"我跟着他往回走，仍然渡过溪水，进入白马庙。寺庙十分破烂，不能寄宿。于是往东经过众多杂乱的石崖，从村子的后面走过，向灵云山僧人投宿。这座寺庵叫梵虚寺，和尚虽然不懂坐禅诵经，可接待客人有礼貌，我得以在寺中安睡。

二十九日　晨起，碧天如洗。亟饭。仍半里渡溪，蹑西坡而上。迤逦五里，逾冈脊，东望嘉利泽，犹在足下；西瞻梁王绝顶，反为近支所隐不可见，计其处，正当绝巘之东，此即其支冈也。

冈头多中陷之坎，枯者成眢井，潴者成天池。稍西北盘冈一里，复西南下。一里，度中洼之底，复西北上，行山南岭坡间。二里，复西南下坞中。其坞自西北崇峰夹中来，中有流泉颇急，循坞西崖东坠，此梁王山东南之流也。有岐路直自坞外东南来，直西北向梁王山东腋去，此杨林往普岸、严章径，余交截之而西。半里，渡西涯急流，复西北蹑冈上，颇峻。一里，蹑峰头，已正当梁王山之南矣。西向平行岭头一里，又西下半里，坞有小水，犹东南流也。一里径坞，又西上逾岭。半里，复下。其岭南北俱起，崇峰夹之，水已西南行，余以为过脊矣，随之下一里，行峡中。转而南一里，又有水自西北来，同坠壑东注而下嘉利泽，始知前所过夹峰之脊，犹梁王南走之余支也。越水，复西北蹑峻而上，一里半，抵峰头，则当梁王山之西南矣。是峰西南与南来老脊又夹坑，东北下嘉利泽；是峰东北与梁王主峰，亦盘谷东下嘉利泽。从脊上平行而西，一里余，出西坳。半里，始见其脉自南山来者，从此脊之西北下，伏而再起，遂矗峙梁王焉。

【译文】二十九日　早晨起床，天空碧蓝如洗。急忙吃好饭。仍然走了半里渡过溪水，攀着西面的山坡向上。弯弯曲曲地走了五里，越过冈脊，向东望向嘉利泽，仍然在脚下；西眺梁王山的绝顶，反而被近处的支脉挡住了看不见，估计它的位置，位于险绝高峰的正东，此处是梁王山的支脉形成的山冈。冈头有许多中央下陷的深坑，干枯的成为枯井，积水的成为天池。渐渐往西北绕着山冈走了一里，又向西南下行。走了一里，穿过洼地中间的底部，又往西北上走，行走在山南面的山岭、山坡间。走了二里，再往西南下到山坞中。从西北面高峰的夹缝中延伸过来一个山坞，山坞中有流淌的泉水很是湍急，顺着山坞西面的山崖向东下坠，这就是梁王山东南麓的水流了。有条岔路笔直地从山坞外的东南方向过来，一直往西北向着梁王山的东侧去，这是杨林所前往普岸、严章的小路，我横穿过小路往西走了半里，渡过西边的急流，再向西北上登山冈，山势相当陡峻。走了一里，登上峰头，人已经正位于梁王山的南面了。向西在岭头平缓地行走一里，又往西下行半里，山坞中有条小溪，依旧是向东南流去。走了一里穿过山坞，又往西上行翻越山岭。走了半里后又下行。这座山岭南北两面都有耸起的高峰夹住它，流水已经向西南流，我以为已经越过岭脊了，顺着山势下山一里，行走在峡谷中。转向南一里，又有水流从西北流来，同样坠入壑谷向东下流进嘉利泽，这才知道前边走过的两面山峰相夹的山脊，仍然只是梁王山往南延伸的其余支脉。渡过流水，再往西北陡峻地上登，走了一里半，抵达峰头，就在梁王山的西南面了。这座山峰的西南面与南面延伸来的主脉山脊又夹成坑谷，往东北下延到嘉利泽；这座山峰的东北面与梁王山的主峰，也是盘绕成山谷，往东下延到嘉利泽。从山脊上平缓地向西前行了一里多，出到西面的山坳。走了半里，才看到从南山延伸而来的山脉，从这条山脊往西北下延，下伏后再次耸起，最终耸峙矗立为梁王山。

梁王山者，按《志》无其名，余向自杨林西登老脊，已问而知之，云在邵甸东北，故余取道再出于此，正欲晰其分支界水之源也。然《志》虽不名梁王，其注盘龙江则曰："源自故邵甸县之东山、西山。"则指此为东山矣。其注东葛勒山，则曰："在邵甸县西北，高三十里，为南中名山，远近诸峰，高无逾此。"则所谓三十里者，又指此为东葛勒山矣。但土人莫谙旧名，因梁王结寨其顶，遂以梁王名之。《志》无梁王名，未尝无东葛勒名也。其脉自澂江府罗藏山东北至宜良，分支东北走者，为翠峰之支，正支西北走者，由杨林西岭，而北度兔儿关，又北度此而高耸梁王山，横亘于邵甸之北。其东西两角并耸：东垂下临白马溪之西，西垂下临牧养涧之东。由西垂环而西南为分支，则文殊、商山之脉所由衍也；由东垂走而东北为正支，则果马、月狐之脊所自发也。西垂曲抱，而盘龙之源，遂浚滇海；东垂横夹，而嘉利之派，遂汇北盘。宜其与罗藏雄对南北，而共称梁王云。

【译文】梁王山这个地方，考查《志》没有它的名字。我先前从杨林向西登上主脉山脊，已经打听知道了这座山，说是在邵甸东北，所以我取道邵甸再次来到此地，就是想搞清楚梁王山各条分支山脉水流的源头。然而《志》书上虽然没有记载梁王山的山名，但书中注释盘龙江时就说："发源于原邵甸县的东山、西山。"就是把梁王山指为东山了。书中注释东葛勒山，则说："在邵甸县西北，高三十里，是南中地区的名山，远近各地的群峰，没有比此山更高的。"那么《志》书所说的高三十里的山，又是把梁王山指认为东葛勒山了。只是当地人没有人熟悉梁王山的原名，因为梁王在山顶安营扎寨，就用梁王来给它命名。《志》书上没有梁王山名字的记载，但未尝没有东葛勒山的名字。它的山脉起自澂江府的罗藏山，往东北延伸到宜良县，分支往东北延伸的，是翠峰山的支脉，主脉正脊往西北延伸的，从杨林所的西岭往北延伸过兔儿关，又往北延伸到此地后高耸而起形成梁王山，横跨在邵甸的北面。它的东西两角一同耸起：东面下垂临近白马溪的西边，西面下垂临近牧养涧的东边。由向西下垂的山环绕西南方向形成分支山脉，就是文殊山、商山的山脉起源衍生地方；往东下垂后向东北延伸，形成的是主脉正脊，也就是果马山、月狐山的山脊起始的地方。向西下垂的山弯曲环抱，盘龙江的水源，就深流入滇池；往东下垂的山横亘相夹，而嘉利泽的支流，便汇入北盘江。梁王山与罗藏山雄峙相对在南北两面，而它们共同被称为梁王山是合适的。

过脊，渐西降，西瞰夹坞盘窝，皆丰禾芃芃，不若脊东皆重冈荒碛也。一坡西垂夹坞中，上皆侧石斜卧。从其上行，二里，始随坡下坠。一里及坞，有小溪自东南坞中出，越之西行。又半里，有村聚南山下，皆瓦房竹扉，山居中之最幽而整者，是曰大大村[①]，始东西开坞。梁王山西南之水，由坞北西注；余所越南坞之水，截坞而从之。半里，越村之西，又开为南北之坞，有小水自南来，经西冈下，北合于东坞之水，同破西北峡而下坠，当西出于邵甸之北者也。路越南来小水，遂西南上坡。盘坡而上，约里许，越其巅。又西下半里，西南涉溪，其溪似南流者。一里，又西逾坡脊，平行坡上。又一里余，始见西坞大开。其坞自北而南，辟夹甚遥，而环峰亦甚密，坞中丰禾云丽，村落星罗，而溪流犹仅如带，若续若断焉。于是陡降西麓，半里抵坞。有村倚麓西而庐，是曰甸头村[②]，即邵甸县之故址也。是村犹偏于坞东，坞北有峰中垂，亦有聚庐其上。其地去嵩明州四十里，重峦中间，另辟函盖。正北则梁王正脊亘列于后，东界即老脊之北走者，西界即分支之南环者。其西北度处，有坳颇平，是通牧漾[③]；东北循梁王山东垂而北，是通普岸、严章；西逾岭，通富民县；东逾岭，即所从来者；惟南坞最远，北自甸头，十里至甸尾。坞中之水，南至甸尾，折而西南去，路亦逾山而西，遂为嵩明、昆明之界焉。

【注释】①大大村：今作“达达村”，在嵩明县西南境，白邑稍东。②甸头村：即今嵩明县化龙村。③牧漾：今作“牧羊”，在嵩明县西北部盘龙江边，阿子营稍北。

【译文】翻过山脊，渐渐往西下降，向西俯瞰被山峡盘绕相夹的山坞，都是丰美茂盛的稻禾，不再像山脊东面全是重重山冈和荒凉的沙石了。有一条山坡向西下垂夹在山坞中，坡上都是斜卧侧立的岩石。从坡上往上二里，开始顺着山坡下坠。走了一里到达山坞，有条小溪从东南方的山坞中流出来，越过小溪往西又走了半里，有个村落聚居在南山下，构造都是瓦房竹门，是山间民居中最幽静、最整洁的地方，叫作大大村。山坞东西两面开始开阔起来。梁王山西南麓的水，流经山坞北面向西流注；我所越过的山坞南面的小溪水，横穿过山坞跟随着往西流。走了半里，穿越到村子的西面，又拓展为南北向的山坞，有条小溪从南面流来，流经西面的山冈下，往北与山坞东面的水流汇合，一同冲破西北方的山峡往下流泄，应当是往西流到邵甸北面的水流了。道路越过南面流来的小溪，于是从西南上坡。绕着山坡上行大约一里路左右，越过坡头。又往西下行半里，往西南渡过溪水，这条溪水似乎是向南流的。走了一里，又往西翻越坡脊，平缓地在坡上行走。又走了一里多，开始见到西面的山坞十分开阔。这个山坞自北往南，夹立的山相距十分遥远，而环绕的山峰也很密集，山坞中稻禾丰美、云朵明丽，村落星罗棋布，可溪流仍然仅如宽带，忽断忽续的样子。从这里陡峻地下降到西麓，半里后到达山坞中。有个村庄倚靠山麓西面建构房屋，叫作甸头村，就是邵甸县的旧址了。这个村子尚且偏处于山坞东面，山坞北面有座山峰高垂在中央，也有房屋聚居在山上。此地离嵩明州有四十里，重重山峦隔在中间，另外开辟一个天地。正北面就是梁王山的正脊，绵亘排列在后面，东面一列山就是主脉山脊往北延伸的山脉，西面一列山就是分出的支脉向南环绕的山脉。山脉往西北延伸的地方，有个相当平坦的山坳，那里通往牧漾；往东北沿着梁王山向东下垂之处往北走，那里通往普岸、严章；往西越过山岭，就是富民县；往东越过山岭，就是我走来的地方；唯有南面的山坞最远，北面起自甸头，十里后到达甸尾。山坞中的水流，向南流到甸尾，随后折向西南流去，道路也翻过山往西，这里就是嵩明州与昆明县的分界处了。

余既至甸头村，即随东麓南行。一里，有二潭潴东涯下，南北相并，中止有岸尺许横隔之，岸中开一隙，水由北潭注南潭间，潭大不及二丈，而深不可测，东倚石崖，西濒大道，而潭南则祀龙神庙在焉。潭中大鱼三四尺，泛泛其中。潭小而鱼大，且不敢捕，以为神物也。甸头之水，自北来流于大道之西；潭中水自潭南溢，流大道之东，已而俱注于西界之麓，合而南去。路则由东界之麓，相望而南。坞中屡过村聚。八里，有小水自东峡出，西入于西麓大溪，逾之。南二里，则甸尾村[①]横踞甸南之坡。有岐直南十里，通兔儿关；正路则由村西向行。一里余，直抵西界之麓，有石梁跨大溪[②]上。逾梁，始随西麓南行。半里，溪水由西南盘谷而入，路西北向逾岭。一里，登岭头。一里，下岭西坞中，路复转西南行，大溪尚出东南峡中，不相见也。盖其东老脊，南自宜良，经杨林西岭度而北，一经兔儿关，其西出之峰突为五龙山，则挟汇流塘③之水而出松花坝④者也；再北经甸尾东，其峰突为祭鬼山，则挟邵甸之水而西出汇流塘者也。于是又西越坞脊，四里，随坞西下。一里，又有水自北峡来，有梁跨之，其势少杀于甸尾桥下水。有村在梁之西，是为小河口⑤，即牧漾之流，南经此而与邵甸之水合，而出汇流塘者也。过村，又西南上岭，盘折山坡者七里，中有下洼之窞。既而陡下峡中，有小水自西北峡来，渡之，村聚颇盛。村之南，则邵甸之水，已与小河口之流，合而西向出峡，至此复折而南入峡中，是为汇流塘，其萦回之势可想也。从此路由西岸随流入峡，其峡甚逼，夹翠骈崖，中通一水，路亦随之，落照西倾，窈不见影。曲折四里，有数家倚溪北岸，是为三家村⑥。投宿不纳，盖是时新闻阿迷不顺，省中戒严，故昆明各村，俱以小路不便居停为辞。余强主一家，久之，乃为篝火炊粥，启户就榻焉。

【注释】①甸尾村：今仍名“甸尾”，在嵩明县西南隅。②大溪：明时认此大溪为盘龙江正源，称邵甸河，今称冷水河。③汇流塘：今作“回流湾”。④松花坝：今名同。从回流湾到松花坝，现已连为松花坝水库，湖面宽阔，为昆明市郊人工建筑的最大水库。《方舆纪要》卷114云南府昆明县：松花坝“在府城东北，为滇池上游。元赛赤瞻典思丁增修二堰，灌田万顷”。⑤小河口：今称小河或小河村，在昆明市郊东北隅。⑥三家村：位于松花坝水库附近，原三家村址今已被水库淹没。

【译文】我到达甸头村后，随即沿着东麓往南走了一里，有两潭水汇积在东面的山脚下，一南一北并排在一起，中间只有一尺左右宽的堤岸横隔着两潭水，堤岸中间开有一道缝隙，潭水从北边的水潭流向南边的水潭中，水潭大处不到二丈，但是深不可测，东边靠着石崖，西面濒临大路，而水潭南面就有座祭祀龙神的神庙。水潭中的大鱼有三四尺长，自由自在地在水中游动。潭虽小而鱼却大，而且没人敢捕捞，认为是神物。甸头的水，从北面流出在大路的西面流淌；潭中的水从水潭南面溢出，流到大路的东面，随后都流到西面一列山的山麓，合流后往南流去。大路则是沿着东面一列山的山麓，与水流相望着往南走。山坞中屡次经过村庄聚落。走了八里，有一条小溪从东面的峡谷中流出来，向西流入西面山麓的大溪，渡过小溪。往南走二里，就是甸尾村横向坐落在甸子南面的山坡上。有条岔路一直往南走十里，通往兔儿关；正路则是经过村子向西走，走了一里多，径直抵达西面一列山的山麓，有座石桥跨在大溪上。过桥后，开始沿着西山的山麓往南走。走了半里，溪水向西南盘绕的山谷中流进去，道路向西北翻越山岭。走了一里，登上岭头。又走了一里，下到岭西的山坞中，路又转向西南，大溪还在东南方的峡谷中，互相不能望见。大体上山坞东面山脉主脊，南面起自宜良县，经过杨林所的西岭往北延伸，一过兔儿关，它向西延伸出去的山峰突起成为五龙山，于是夹住汇流塘的溪水而后延伸到松花坝；再往北经过甸尾东面，那里的山峰突起成为祭鬼山，就是夹住邵甸的水流往西延伸到汇流塘的山脉了。从这里又往西越过山坞和山脊，走了四里，顺着山坞往西下行。走了一里，又有水流从北面的峡中流出，有座桥跨过流水，水势稍稍小于甸尾桥下的流水。有个村庄在桥的西面，是小河口，就是牧漾的水流，往南流经此地而后与邵甸的水流合流，而后流到汇流塘。走过村子，又从西南上岭，盘绕曲折地在山坡上走了七里，途中有下洼的深坑。随后陡峻地下行到峡谷中，有条小河从西北的峡中流来，渡过小河，村庄聚落很是繁盛。村庄的南面，就是邵甸流来的水，已经与小河口的水流，合流后向西流出山峡，流到此处再折向南流入山峡中，这里是汇流塘，河水潆绕回旋的气势可想而知了。从此地开始道路经由河的西岸顺着河流进入峡谷，这里的山峡十分狭窄，山崖并立，青山相夹，中间通着一条水道，路也随着河水走，落日的余辉从西面斜照进来，昏暗得不见人影。弯弯绕绕地走了四里，有几户人家倚靠在河流北岸，这里是三家村。到村里投宿没有被接纳。原来是由于刚刚传闻阿迷州造反，省里戒严，所以昆明县的各个村庄，都以小路上不方便住宿作为借口拒绝投宿。我勉强乞求了一家的主人很久，他才为我生火煮粥，开门让我住宿。

盘江考

南北两盘江，余于粤西已睹其下流，其发源俱在云南东境。余过贵州亦资孔驿，辄穷之。驿西十里，过火烧铺。又西南五里，抵小洞岭[1]。岭北二十里有黑山，高峻为众山冠，此岭乃其南下脊。岭东水即东向行，经火烧铺、亦资孔，乃西北入黑山东峡，北出合于北盘江；岭西水自北峡南流，经明月所西坞，东南出亦佐县，南下南盘江。小洞一岭，遂为南、北盘分水脊。《一统志》谓，南北二盘俱发源沾益州东南二百里，北流者为北盘，南流者为南盘，皆指此黑山南小洞岭，一东出火烧铺，一西出明月所二流也。后西至交水城东，中平开巨坞，北自沾益州炎方驿，南逾此经曲靖郡，坞亘南北，不下百里，中皆平畴，三流纵横其间，汇为海子。有船南通越州，州在曲靖东南四十里。舟行至州，水西南入石峡中，悬绝不能上下，乃登陆。十五里，复下舟，南达陆凉州。越州东一水，又自白石崖[2]龙潭来，与交水海子[3]合出石峡，乃滇东第一巨溪也，为南盘上流云。

【注释】①小洞岭：今作“硝洞岭”，在贵州盘县火铺镇稍西。②白石崖：今作“白石岩”，在曲靖市麒麟区东境，茨营北端的龙潭河源。③交水海子：又省称“交海”，在曲靖坝子东部，亦称东海子。万历《云南通志》曲靖军民府山川载：“东海子，在府城东五里许，轮广五十余里。每秋，雨水汪秽浩淼，亦曲阳之巨浸也。”经逐步辟为圩田，今已不存。

【译文】南北两条盘江，我在广西时已经目睹过它们的下游了，两条江的发源地都在云南东部境内。我路过贵州的亦资孔驿时，就穷究了它们的源流。从亦资孔驿往西十里，经过火烧铺。又往西南五里，到达小洞岭。小洞岭北面二十里处有座黑山，高大险峻是群山之最，这座小洞岭是黑山往南下延的山脊。山岭东面的水就向东流，流经火烧铺、亦资孔，于是向西北流进黑山东面的峡谷，向北流出后与北盘江合流；山岭西面的水从北面的峡中往南流，流经明月所西面的山坞，往东南流到亦佐县，向南下流进南盘江。一座小洞岭，便是南盘江、北盘江分水的山脊。《一统志》记载，南北两条盘江都发源于沾益州东南二百里的地方，往北流的是北盘江，向南流的是南盘江，都是指这座黑山南面小洞岭，一条从东面流出火烧铺，一条向西流出明月所的两条分流。后来我往西来到交水城东面，其中有一个平坦的巨大山坞，北面起自沾益州的炎方驿，南面越过此地经过曲靖府，这个山坞绵亘于南北之间，不下一百里，山坞中都是平旷的田野，三条河流纵横流淌在山坞中，汇积成海子。有船向南通到越州，越州在曲靖府城东南四十里处。乘船航行到越州，河水往西南流入石山峡谷中，峡谷高悬险绝，船不能上下，只好登陆。步行十五里后，又下到船中，往南到达陆凉州。越州东面有一条河，又从白石崖的龙潭流来，与交水的海子汇合后流出石山峡谷，是滇东地区的第一大河流，南盘江的上游。

余憩足交水，闻曲靖东南有石堡温泉胜，遂由海子西而南。南下二十里，一溪来自西北，转东南去，入交海，桥跨之，为白石江；涓细仅阔数丈，名独著，以沐西平首破达里麻于此，遂以入滇也。按达里麻以师十万来拒，与我师夹江阵，是日大雾，沐分兵从上流潜济，绕出其后，遂破之。今观线大山溪，何险足据；且白石上流为戈家冲，源短流微，萦带不过数里内。沐公曲靖之捷，夸为冒雾涉江，自上流出奇夹攻之，为不世勋，不知乃与坳堂无异也！度桥南六里，抵曲靖郡。出郡南门，东南二十五里，海子汪洋涨溢，至是为东西山所束，南下伏峡间。桥横架交溪上，曰上桥。桥西开一坞东向，即由上桥西折入坞，半里至温泉。泉可浴，泡珠时发自池底，北池沸泡尤多，对以六角亭，曰喷玉。东逾坡半里，抵桥头村[①]。村西行田畴间，忽一石高悬，四面蓊丛，楼楹上出，即石崖堡[②]也，与温泉北隔一坞。径平畦里许，抵堡东麓，南向攀级，上凌绝顶，则海子东界山南绕于前，西界山自北来，中突为此崖，又西崎而南为水口山。交溪南出上桥，前为东界山南绕所扼，辄西南汇为海子，正当石堡南；其东北白石崖龙潭，与东南亦佐之水，合交溪下流于越州，乃西南破峡去。而石堡正悬立众峰中，诸水又汇而潆之，危崖古松，倍见幽胜。北下山，西一里抵石堡村。回眺石堡，西北两面嵌空奇峭，步步不能去。由村南下坡，东半里，逾一石梁。南走梁下者，即交溪，溪遂折东南去。又东一里半，抵东山麓。东北上山，从石片中行，土倾峡坠，崩嵌纷错，石骨竞露如裂瓣，从之倾折取道。石多幻质，色正黑如着墨，片片英山绝品。石中上者一里，至岭坳，下见西坞南流之江，下坠岭南之峡，乃交溪由桥头南下，横截此山南麓以东去者也。

【注释】①桥头村：又称温泉村，在靖市麒麟区三宝镇。②石崖堡：即石堡山，在温泉村稍南，为曲靖名胜。《明一统志》曲靖府山川："石堡山，在府城东南二十余里，相传蜀汉诸葛亮征蛮时与诸酋会盟之所，其下温泉出焉。"

【译文】我在交水城歇脚时，听说曲靖府东南部有处石堡温泉的胜景，于是从海子西面往南走。向南下行二十里，有一条溪水从西北方流来，转向东南流去，流入交水海子，桥跨过溪流，这是白石江；涓涓溪流水面仅有几丈宽，但很著名，是因为西平王沐英首次在这里击败达里麻，才得以率军进入滇池地区。据考证，达里麻率领十万军队前来抵御，与我明朝军队隔着江流布阵，那天起了大雾，沐英分兵从上游偷偷渡江，绕到达里麻的后面，得以击败达里麻的军队。现在看来，白石江仅是线一般大的山间溪流，哪里有天险值得据守；况且白石江上游是戈家冲，源头短，水流小，潆绕流过的地方不过几里之内。沐公在曲靖作战的捷报，夸大为冒着浓雾渡过江水，从白石江上游出奇兵夹攻达里麻，建立了世所罕见的功勋，却不知白石江不过是与堂屋前的低洼地没有什么两样的小水塘啊！过桥后往南走了六里，到达曲靖府。出了府城南门，往东南走了二十五里，交水海子一片汪洋，水位高涨四溢，到这里被东西两面的山紧束，向南下流到低伏的峡谷中。有座桥横架在交溪上，叫作上桥。桥西面有一个向东展开的山坞，我随即由上桥向西折进山坞，走了半里来到温泉。泉水可以洗浴，水泡像珠子一样不时地从池底涌出，北面的池子沸腾的水泡更为多，与六角亭相对，叫作喷玉泉。向东爬坡半里，到达桥头村。从村子西面在田野间行走，忽然有一座石崖高悬，四面丛林茂密，楼台房屋出现在山峰上，就是石崖堡了，与北面的温泉隔着一条山坞。径直从平展的田地中走了一里左右，来到石崖堡的东麓，向南攀登石阶，登上凌空的绝顶，就见交水海子东面的一列山往南绕到前方，西面的一列山从北面延伸而来，途中突起成为这座山崖，又往西耸峙，而后往南延伸成为水口山。交溪往南流到上桥，前方被东面的一列山向南环绕扼住，便流向西南汇积为海子，正好在石崖堡的南面；这里东北面的白石崖龙潭，与东南面亦佐县的水流，汇入交溪往下流到越州，向西南冲破山峡流去。而石崖堡高悬矗立在群峰正中间，众多的水流又汇积潆绕着它，高崖古松，更显得清幽。从北面下山，往西走了一里到达石堡村。回头眺望石崖堡，西北两面都高嵌在空中，雄奇陡峭，一步步不能离去。由村子南面下坡，往东走了半里，经过一座石桥。向南流经桥下的水流，就是交溪，溪水从这里转向东南流去。又往东走了一里半，到达东山山麓。向东北上山，从片石丛中前行，泥土倾塌，峡谷深坠，崩塌深嵌的岩石纷繁错杂，骨状的岩石竞相裸露，如同绽裂的花瓣，从这些岩石丛中倾斜曲折地找路走。岩石的质地变幻多端，颜色纯黑如同墨染上的，片片都是英山石中的绝色品种。从岩石丛中上行一里，来到岭上的山坳，看见向南流经下方西面山坞中的江水，下坠到岭南的峡谷中，这是交溪往南从桥头向下流，横穿过此山南麓向东流去的江流。

余已躬睹南盘源，闻有西源更远，直西南至石屏州，随流考之。其水源发自石屏西四十里之关口，流为宝秀[①]山巨塘，又东南下石屏，汇为异龙湖[②]。湖有九曲[③]三岛，周一百五十里。岛之最西北近城者，曰大水城，顶有海潮寺，稍东岛曰小水城。舟经大水城南隅，有芰荷百亩，巨朵锦边，湖中植莲，此为最盛。水又东经临安郡南，为泸江，穿颜洞出，又东至阿弥州，东北入盘江。盘江者，即交水海子，南经越州、陆凉、路南、宁州，至州东六十里婆兮甸，合抚仙湖水；又南至播箕街河甸，合曲江[④]；又东至阿弥州稍东，合泸江。二江合为南盘江，遂东北流广西府东山外。

【注释】①宝秀：明设宝秀关巡检司，今名同，在石屏县西境，风景甚佳。宝秀山巨塘即宝秀湖，又称赤瑞湖，今湖面甚小。②异龙湖：又称石屏海、邑罗黑。邑罗黑系彝语，意为“龙吐水形成之湖”，后演变称异龙湖。在今云南石屏县东南。《明一统志》卷86临安府：异龙湖“在石屏州治东。湖有九曲，周一百五十里。中有三岛，曰孟继龙，曰小末束，曰和龙。其水流为泸江”。《方舆纪要》卷115石屏州：异龙湖“其小岛曰孟继龙，有蛇虫不可居，昔时蛮酋每窜罪人于此。中岛曰小末束，蛮居其上，筑城曰小末束城，今名窇断山。大岛曰和龙，立龙其上，汉名水城。元至顺初，云南诸王秃坚等作乱，攻略郡县，石屏镇将朱宝以和龙岛有垒堑可保，引众据守，贼帅战舰来攻，宝拒却之。三岛四面皆巨浸，东流至府境为泸江”。今两大岛已成陆，仅有马宝龙（即原孟继龙）在水中。③九曲：即大湾、高家湾、杨家湾、豆地湾、马房湾、罗色湾、狮子湾、青鱼湾、白浪湾，大多在异龙湖南部。④曲江：发源于玉溪江川县，在华宁县注入南盘江。

【译文】我已经亲身目睹了南盘江的源头，听说还有处西面的源头更远，一直往西南延伸到石屏州，我顺着水流探寻这个源头。这条支流的水发源于石屏州西面四十里的关口，下流成为宝秀山巨大的水塘，又往东南下流到石屏州，汇积为异龙湖。异龙湖有九个水湾三个小岛，周长一百五十里。西北面的小岛最接近州城，叫作大水城，岛的顶上有座海潮寺；稍偏东的岛叫小水城。船经过大水城南边，有上百亩的荷花，硕大锦绣般的花朵铺满湖边，在湖中种莲花，这里规模要属最大。异龙湖水又向东流经临安府南部，称为泸江，穿过颜洞流出来，又往东流到阿弥州，向东北流入盘江。盘江流淌的就是交水海子的水，往南流经越州、陆凉州、路南州、宁州，流到宁州东面六十里的婆兮甸，汇合抚仙湖的湖水；又往南流到播箕街河甸，与曲江合流；又往东流到阿弥州的稍东处，与泸江合流。盘江与泸江汇合成南盘江，进而往东北流到广西府的东山之外。

余时征诸广西土人，竟不知江所向。乃北过师宗州，又东北去罗平州十五里，抵一坞曰兴哆啰。其坞西傍白蜡，东瞻罗庄，南去甚遥，而罗庄山森峭东界，皆石峰离立，分行竞奋，复见粤西面目。盖此丛矗怪峰，西南始此，而东北尽于道州，磅礴数千里，为西南奇胜，此又其西南之极也。已而至罗平，询土人盘江曲折，始知江自广西府流入师宗界，即出罗平东南隅罗庄山外，抵巴旦彝寨，会江底河；寨去罗平东南二百里，江东即广南府境。又东北经巴泽、河格、巴吉、兴隆、那贡，至霸楼，为霸楼江；六处地名，俱粤西安隆长官司地。今安隆无土官，俱为广南、泗城所占。

遂入泗城境之八蜡[1]、者香[2]，于是为右江。再下，又有广南富州之水，自者格经泗城之葛阆、历里来合，而下田州云。

【注释】①八蜡：又作“把兰”，今作“坝纳”，在贵州册亨县东南境。②者香：今作“蔗香”，在贵州望谟县南。

【译文】我当时询问过广西当地的许多人，竟然没有人知道南盘江的流向。于是我向北经过师宗州，又向东北走到离罗平州的十五里处，到达一个山坞叫作兴哆啰。这个山坞西面傍着白蜡山，东面望着罗庄山，南面出去十分遥远，而罗庄山高耸峭拔的东面，都是分离矗立的石峰，分成行竞相奋起，再次显出广西石山的面貌。大体上这类丛林般矗立的怪异山峰，在西南方起始于此地，往东北在道州到了头，广大延绵几千里，是西南地区奇异优美的景观，此处又是西南地区中这种奇观的极致了。随后到达罗平州，向当地人打听南盘江曲折的流向，才知道江水从广西府流入师宗州境内，随即从罗平州东南部的罗庄山外流出去，流到巴旦彝寨，与江底河汇合；巴旦彝寨距离罗平州东南二百里，江的东岸就是广南府的管辖地。南盘江又从东北流经巴泽、河格、巴吉、兴隆、那贡，流到霸楼，称为霸楼江；这六个地方，都是广西安隆长官司的属地。如今安隆长官司没有土司，全部被广南府、泗城州侵占了。随后流入泗城州境内的八腊、者香，从者香起称为右江。再往下流，又有广南府富州的水流，从者格流经泗城州的葛阆、历里前来汇合，然随即向下流到田州。

后余至云南省城，过杨林，见北一海子特大，古称嘉利泽，北成大溪，出河口[1]。溪北有山甚峻，曰尧林山。又东北十里出峡，经果子园[2]，北至寻甸府，合郡城西北水，汇为南海子。又东北与马龙水合于郡东二十里七星桥，为阿交合溪。余因究水所出，知其下沾益州为可渡河，乃北盘江上流也。按此则南北二盘，但名称之同耳，发源非一山之水。北盘自可渡河而东，始南合亦资孔、火烧铺之水，则火烧铺非北盘之源也。南盘自交水发源，南渡越州，始合明月所之水，则明月所非南盘之源也。乃《一统志》北盘舍杨林，南盘舍交水，而取东南支分者为源。则南北源一山之误，宜订正者一。

【注释】①河口：今称小河口。②果子园：今名同。皆在嵩明县东境的铁路线上，杨林海水东流至此转北流为牛栏江。

【译文】后来我到达云南省城，路过杨林所时，见到北面有一个特别巨大的海子，古代称为嘉利泽，北边形成一条大溪，流出小河口。溪水北面有座山十分险峻，叫作尧林山。又往东北流了十里，流出峡谷，流经果子园，向北流到寻甸府，汇合寻甸府城西北的水流，汇积在一起形成南海子。又往东北流，与马龙州流来的水在府城东面二十里的七星桥合流，形成阿交合溪。我于是穷究溪水的流向，得知阿交合溪下流到沾益州形成可渡河，这是北盘江的上游。据此分析，那么南北两条盘江，只不过是名称相同罢了，并不是发源于同一座山的水流。北盘江从可渡河一段往东流，才往南流与亦资孔、火烧铺的水合流，那么火烧铺就不是北盘江的发源地了。南盘江从交水发源，往南流过越州，才与明月所的水合流，那么明月所也不是南盘江的发源地了。可是《一统志》记载北盘江竟然舍弃杨林所，南盘江舍弃交水，却选取东南面分出的支流作为源头。那么，南北盘江发源于同一座山的错误说法，是第一个应该订正的地方。

又以南盘至八蜡、者香，一水自东北来合，土人指以为北盘江，遂谓南北盘皆出于田州。夫北盘过安南，已东南下都泥，由泗城东北界，经那地、永顺，出罗木渡，下迁江。则此东北合南盘之水，自是泗城西北箐山所出。谓两江合于普安州、泗城州之误，宜订正者二。

【译文】又因为南盘江流到八腊、者香时，一条河水从东北流来汇合，当地人指认为是北盘江，便说南、北盘江都源出于田州。北盘江流过安南卫，随后往东南下流到都泥江，经由泗城州东北境，流经那地州、永顺司，流出罗木渡，下流进迁江。那么这条从东北流来汇合南盘江的河水，自然就是泗城州西北山箐中流出来的。认为南北两条盘江在普安州、泗城州合流的错误说法，是第二个应该订正的地方。

至《一统志》最误处，又谓南北二盘，分流千里，会于合江镇。盖惟南宁府西左右江合流处为合江镇，是直以太平府左江为南盘，田州右江反为北盘矣。今以余所身历综校之：南盘自沾益州炎方驿南下，经交水、曲靖，南过桥头，由越州、陆凉、路南，南抵阿弥州境北，合曲江、泸江，始东转，渐北合弥勒巴甸江[①]，是为额罗江。又东北经大柏坞、小柏坞[②]，又北经广西府东八十里永安渡，又东北过师宗州东七十里黑如渡，又东北过罗平州东南巴旦寨，合江底水，经巴泽、巴吉，合黄草坝水，东南抵霸楼，合者坪水，始下旧安隆[③]，出白隘，为右江。北盘自杨林海子，北出嵩明州果子园，东北经热水塘，合马龙州中和山水，抵寻甸城东，北去彝地为车洪江。下可渡桥，转东南，经普安州北境，合三板桥诸水，南下安南卫东铁桥，又东南合平州诸水，入泗城州东北境，又东注那地州、永顺司，经罗木渡，出迁江、来宾，为都泥江，东入武宣之柳江。是南盘出南宁，北盘出象州，相去不下千里；而南宁合江镇，乃南盘与交趾丽江合，非北盘与南盘合也。其两盘江相合处，直至浔州府黔、郁二江会流时始合，但此地南北盘已各隐名为郁江、黔江矣。则谓南盘、北盘即为南宁左、右江之误，宜订正者三。

【注释】①巴甸江：今称甸溪河，在弥勒市境，从北往南流入南盘江。②大柏坞、小柏坞：即今大百户、小百户，大百户在砚山县西北隅，小百户在丘北县腻脚一带。③旧安隆：今称旧州，在南盘江南岸，广西田林县西北隅。

【译文】《一统志》最错误的地方，是又认为南北两条盘江，分别流淌一千里后，在合江镇合流。大概只有南宁府西面左江、右江合流的地方称为合江镇，这样是直接把太平府的左江当作南盘江，把田州的右江反而当作北盘江了。现在用我的亲身经历来综合校正这个错误：南盘江从沾益州炎方驿往南下流，流经交水、曲靖府，往南流过桥头，经由越州、陆凉州、路南州，向南流到阿弥州境内北部地区，汇合曲江、泸江，开始向东转，渐渐往北流，汇合弥勒州的巴甸江，从这里起称为额罗江。又往东北流经大柏坞、小柏坞，又往北流经广西府东面八十里的永安渡，又往东北流过师宗州东面七十里的黑如渡，又往东北流过罗平州东南的巴旦寨，汇合江底河的水，流经巴泽、巴吉，汇合黄草坝的水流，往东南流到霸楼，汇合者坪的水流，这才下流到旧安隆州，流出白隘，成为右江。北盘江源自杨林所海子，向北流出嵩明州果子园，往东北流经热水塘，汇合马龙州中和山的水流，流到寻甸府城东面，往北流入彝人居住的地区称为车洪江。下流到可渡桥，转向东南流，流经普安州北境，汇合三板桥的众多水流，往南下流到安南卫东面的铁桥，又向东南流，汇合平州的众多水流，流入泗城州东北境，又往东流注到那地州、永顺司，流经罗木渡，流出迁江、来宾，成为都泥江，往东流入武宣的柳江。这样，南盘江流出南宁府，北盘江流出象州，两条江相距不止一千里；而南宁府的合江镇，是南盘江与发源于交趾的丽江合流，不是北盘江与南盘江合流。那两条盘江相汇合的地方，一直要到浔州府内的黔江、郁江两条江合流处才汇合，但在浔州府内南北盘江已经各自隐去它们的名字称为郁江、黔江了。那么，认为南盘江、北盘江就是南宁府的左江、右江的错误说法，是第三个应该订正的地方。

若夫田州右江源，明属南盘，《志书》又谓源自富州，是弃大源而取支水，犹之志南盘者源明月所，志北盘者源火烧铺也。彼不辨端末巨细，悍然秉笔，类一丘之貉也夫！

【译文】至于田州的右江源流，明明是属于南盘江，《志》书上又记载是源自于富州，这是放弃主流却选取支流，就如同记载南盘江源于明月所，北盘江源于火烧铺。他们这种不区分起源末流、水大水小，却胡乱执笔著书的做法，就好比同类无所差别了呀！

全本全注全译

徐霞客遊記

（四）

〔明〕徐霞客 著
学谦 注译

團結出版社

图书在版编目（CIP）数据

徐霞客游记 /（明）徐霞客著；学谦注译. -- 北京：团结出版社，2021.11

ISBN 978-7-5126-7776-0

Ⅰ. ①徐… Ⅱ. ①徐… ②学… Ⅲ. ①游记—中国—明代②历史地理—中国—明代③《徐霞客游记》—译文④《徐霞客游记》—注释 Ⅳ. ①K928.9

中国版本图书馆CIP数据核字(2021)第196152号

出版：团结出版社

（北京市东城区东皇城根南街84号 邮编：100006）

电话：（010）65228880　65244790　（传真）

网址：www.tjpress.com

Email：65244790@163.com

经销：全国新华书店

印刷：天宇万达印刷有限公司

开本：145×210　1/32

印张：86.25

字数：1512千字

版次：2021年11月　第1版

印次：2023年10月　第2次印刷

书号：978-7-5126-7776-0

定价：256.00元（全五册）

目 录

滇游日记四

【题解】《滇游日记四》是徐霞客于崇祯十一年（1638年）十月旅游云南府和武定府山水及风土人情的游记。该游记在乾隆刻本第六册上。

十月初一（11月6日），徐霞客结束滇东、滇南之行，第二次来到昆明。昆明是云南的省会，民风淳朴，热情好客。徐霞客在这里结交了唐大来、吴方生、阮仁吾、唐玄鹤、张调治、张石夫、周恭先、金公趾、马云客、阮玉湾、阮穆声等一批滇中名士。对作为我国著名的淡水湖之一——滇池，徐霞客进行了夜航并环滇池周游一次：从昆明南郊的南坝启航，横渡滇池，途径观音山、白鱼口，到滇池东南的安江登岸，南行到达晋宁州（今晋城镇），在此逗留19天，得到好友的盛情款待，尽情游览了附近的（古土城、天女城、金山寺等）风景名胜。之后沿滇池岸边畅游石将军、牛恋石至海口。海口风光绝伦；螳螂川中“凫舫贾帆，鱼罾渡艇，出没波纹间，棹影跃浮岚，橹声摇半壁”，充满诗情画意；彝族村寨“桃树万株，被陇连壑”，石城“层沓玲珑，幻化莫测，钟秀独异”。接着顺着螳螂川经过石龙坝抵达安宁温泉，称赞道：“余所见温泉，滇南最多，此水实为第一。”后返经安宁城，翻越碧鸡关，过车家壁，登棋盘山，提及地形（海拔）与植物分布的关系：

“顶间无高松巨木，即丛草亦不甚深茂，盖高寒之故也。”后沿草海湖堤，从西郊的夏家和土堆回城至潘家湾入昆明城。经小西门、大西门离开昆明，过黄土坡、黑林铺，游了西北郊的筇竹寺。昆明友人在此为他饯行。顺道游览了昆明西郊的海源寺上洞和中洞、妙高寺、沙朗天生桥和富民河上洞。十一月初九（12月13日）进入富民，从十月初一徐霞客第二次进入昆明算起，至此他在滇池地区探幽寻胜近40天，实现了他“完省西南隅诸胜”的夙愿。十一月十一日，徐霞客抵达武定府。此后十九日的日记缺失。据随行的仆人证实，这段时间徐霞客曾“遍阅武定诸名胜”。在武定游狮子山，在山上游览了与建文皇帝传闻有关的正续寺。之后到元谋县登雷应山，“见活佛，为作碑记”。他没有走通往滇西的大道，而是向北迂取道武定、元谋，去考察了长江的源头金沙江。在元谋，他向北抵达姜驿，亲眼见到了日夜思念的金沙江，完成了“穷金沙江”的目的。

戊寅十月初一日　凌晨起，晴爽殊甚。从三家村啜所存粥启行，即西由峡中，已乃与溪别。复西逾岭，共三里，入报恩寺。仍转东，二里，过松花坝桥。又循五龙山而南三十里，循省城东北隅南行。已乃转西度大桥，则大溪[①]之水自桥而南，经演武场而出火烧铺桥，下南坝矣。从桥西入省城东门，饭于肆。出南门，抵向所居停处，则吴方生方出游归化寺未返，余坐待之。抵暮握手，喜可知也。见有晋宁歌童王可程，以就医随吴来，始知方生在唐守处过中秋，甚洽也。

【注释】①大溪：即盘龙江，明代又称滇池河，为滇池主要水源。

【译文】戊寅年（崇祯十一年）十月初一日（1638年11月6日） 凌晨起床，天气特别晴朗。在三家村喝了昨天留下的稀粥后就出发，立即向西在峡谷中前行，不久就离开了溪流。再往西翻越山岭，共走了三里，进入报恩寺。仍然转向东走，走了二里，经过松花坝桥。又沿着五龙山往南走了三十里，顺着省城城墙的东南角往南走。不久就转向西走过大桥，就见大溪的溪水从桥下往南流，流经演武场后流出火烧铺桥，下流到南坝。从桥西进入省城东门，在饭店吃过饭。走出南门，来到从前住过的地方，可是吴方生刚好到归化寺游玩还没有回来，我坐下来等他。到傍晚才与他握手见面，欣喜可想而知了。见到有一个晋宁的歌童王可程，因为就医随同吴方生前来，这才知道吴方生在唐玄鹤知州那里过中秋节，相处得十分融洽。

初二日　余欲西行，往期阮仁吾所倩担夫，遇其侄阮玉湾、阮穆声，询候甚笃。下午，阮仁吾至寓，以担夫杨秀雇约至。余期以五日后再往晋宁，还即启行。仁吾贶以番帨[①]、香扇。

【注释】①番帨（shuì）：国外来的佩巾。

【译文】初二日　我想要上路向西走，就去与阮仁吾为我雇的挑夫约定行程，遇到他的侄子阮玉湾、阮穆声，十分真诚的问候我。下午，阮仁吾来到我的寓所，拿来了挑夫杨秀的雇用合约。我和他约定五天后再前往晋宁，从晋宁回来后就启程上路。阮仁吾送给我国外的佩巾、香扇作为临别赠礼。

初三日　余欲往晋宁，与唐元鹤州守[①]、大来[②]隐君作别。方生言："二君日日念君，今日按君还省，二君必至省谒见，毋中途相左也，盍少待之？”乃入叩玉湾，并叩杨胜寰，知丽江守相望已久。既而玉湾来顾寓中，知按君调兵欲征阿迷，然兵未发而路人皆知之，贼党益猖狂于江川[3]、澂江之境矣。玉湾谓余：“海口有石城妙高，相近有别墅[4]，已买山欲营构为胜地。请备车马，同行一观。”余辞以晋宁之行不容迟，因在迤西羁久也。又云：“缅甸不可不一游，请以腾越庄人为导。”余颔之。

【注释】①州守：即知州。②大来：即唐大来（1593—1673），名泰，晋宁人，青年时曾游学于祖国内地，是杰出的书画家和诗人，以“诗、书、画三绝”闻名于世。明末削发为僧，长住鸡足山，法名普荷，号担当。云南省博物馆收藏担当书画甚多。③江川：唐南诏以绛县改名，属拓东节度。治所在今云南江川县东北二十六里龙街。《元混一方舆胜览》：“江川，古江县也。”“江”即“绛”的谐音，江川意即古绛县坝子。宋大理改步雄部。元至元十三年（1276）置江川州，至元二十年（1283）改江川县，属澂江路。明属澂江府，崇祯七年（1634）迁治江川驿（今江川县东北三十二里江城镇）。民国初属云南滇中道。1916年直属云南省。1950年迁治大街镇（今江川县）。④别墅：住宅外另置的园林建筑等游息之所。

【译文】初三日　我想前往晋宁，与知州唐元鹤、隐士唐大来告别。吴方生说：“二位先生天天挂念您，今天按察使返回省城，二位先生必定要到省城去拜见按察使，不要在途中错过了，为什么不稍微等等他们呢？”我于是进城去拜见阮玉湾，一并拜见了杨胜寰，得知丽江府知府盼望我去已经很久了。随后阮玉湾来到寓所中看望我，得知按察使调兵想要征讨阿迷州，然而军队还没出发就已经路人皆知，叛贼乱党在江川县、澄江府境内更加猖狂了。阮玉湾告诉我说："海口有处石城妙高寺，附近我有处别墅，已经买下山地，来建造风景优美的地方。请允许备车马，同去观赏。"我以晋宁州之行不能推迟辞谢了，因为在滇西要停留很久。他又说："缅甸不可不去游览一次，请把腾越庄园里的人当做向导。"我点头同意了。

初四日　余束装欲早往晋宁，主人言薄暮舟乃发，不若再饭而行。已而阮玉湾馈榼[①]酒，与吴君分饷之。下午，由羊市[②]直南六里，抵南坝，下渡舟，既暮乃行。是晚西南斗风，舟行三十里，至海夹口泊。三鼓乃发棹，昧爽抵湖南涯北圩[③]口，乃观音山[④]之东南濒海处。其涯有温泉焉，舟人有登浴者，余畏风寒，不及沐也。于是挂帆向东南行，二十里至安江村[⑤]，梳栉于饭肆。仍南四里，过一小桥，即西村四通桥分注之水，为归化、晋宁[⑥]分界处。又南四里，入晋宁州北门，皆昔来暗中所行道也，至是始见田畴广辟，城楼雄壮焉。入门，门禁过往者不得入城，盖防阿迷不靖也。既见大来，各道相思甚急。饭而入叩州尊[⑦]，如慰饥渴，遂留欢宴。夜寝于下道，供帐极鲜整。

【注释】①榼（kē）：古代盛酒的器具。②羊市：南通街过去称羊市街，南通街与顺城街交叉处至今仍称羊市口。③圩（wéi）：湖、海边上防水护田的土堤。北圩口，即今白鱼口，为滇池土著鱼白鱼的产卵场，因名。④观音山：今名同，在滇池西岸。⑤安江村：今名同，在滇池东岸晋宁县境。⑥归化：明置归化县，隶晋宁州，治今呈贡区南的化城。晋宁：隶云南府，治今晋宁县晋城镇。⑦州尊：一州之长，即知州。

【译文】初四日　我打点好行装想要乘早前往晋宁州，主人说要到傍晚才能发船，不如吃过中饭后再走。随后阮玉湾送来酒菜，与吴方生分享了酒菜。下午，由羊市一直往南走了六里，到达南坝，下到渡船中，暮色降临后才开船。这天晚上刮着逆向的西南风，船行了三十里，到海夹口停泊。三更时才开船，黎明时到达湖水南岸的北圩口，是观音山东南面临海的地方。这里的岸边有处温泉，船上有的人上岸去洗浴，我怕风冷，没有去。从北圩口挂上帆向东南航行，二十里后到达安江村，在饭店中梳头洗脸。仍然往南走了四里，走过一座小桥，桥下就是西面村子四通桥下分流过来的流水，是归化县、晋宁州的分界处。又往南走了四里，进入晋宁州城北门，都是从前来的时候在黑暗中走过的路，到这里才见到宽广开阔的田野，城楼雄伟壮观。走进城门，城门的岗哨禁止过往的行人进城，大概是为了防备阿迷州的动乱。见到唐大来后，互相迫切地诉说相思的心情。吃过饭后进入州衙拜见知州大人，犹如抚慰饥渴，于是留下来欢畅地饮宴。夜里在下道安寝，提供的帷帐铺盖极其鲜丽整洁。

初五至初七日　日日手谈[①]内署，候张调治。黄从月、黄沂水禹甸与唐君大来，更次相陪，夜宴必尽醉乃已。

【注释】①手谈：下棋。

【译文】初五至初七日　天天在州内衙下棋，等候张调治。黄从月、黄沂水（字禹甸）与唐大来诸君，更换轮流来陪我，夜里宴饮必定要尽兴到喝醉才罢休。

初八日　饮后，与黄沂水出西门，稍北过阳城堡[①]，即所谓古土城也。其西北为明惠夫人庙，庙祀晋宁州刺史李毅女[②]。夫人功见《一统志》。有元碑，首句云："夫人姓杨氏，名秀娘，李毅之女也。”既曰“李女”，又曰“姓杨”，何谬之甚耶？岂夫人之夫乃姓杨耶？然辞不达甚矣。人传其内犹存肉身，外加髤[3]焉，故大倍于人。余不信。沂水云：“昔年鼠伤其足，露骨焉，不妄也。”是日，州幕傅良友来拜，且馈榼醴[4]。傅，江西德化[5]人。

【注释】①阳城堡：在今云南晋宁县东北三十二里晋城镇西北部塘子口。《元史·地理志》晋宁州：“唐晋宁县，蒙氏、段氏皆为阳城堡部，元宪宗七年（1257）立阳城堡万户，至元十二年（1275）改晋宁州。”南诏、大理时，晋宁称阳城堡部，此即当年遗址。②李毅女：即晋朝宁州刺史李毅的女儿。当时蛮族入侵宁州，李毅死后大家推选其女代理州事，李毅女儿励精图治，最后带领大家击退了蛮族。③髤（xiū）：古代称红黑色的漆。④醴（lǐ）：甜酒。⑤德化：为九江府附郭县，在今江西九江市。

【译文】初八日　饮酒后，我与黄沂水走出西门，稍往北经过阳城堡，就是所谓的古代土城了。阳城堡西北是明惠夫人庙，庙中祭祀的是晋宁州刺史李毅的女儿。夫人的功绩在《一统志》中有记载。庙里有元代的碑刻，第一句写道：“夫人姓杨氏，名叫秀娘，是李毅的女儿。”既然说是“李毅的女儿”，却又说“姓杨”，怎么会如此荒谬？难道是因为夫人的丈夫姓杨吗？如果是这样，那也太辞不达意了吧。人们传说夫人的塑像中还保存着她的肉身，外面涂加了黑漆，所以大小是常人的一倍。我不相信。黄沂水说：“从前老鼠咬伤了塑像的脚，里面露出骨头来，这不是虚妄的。”这天，知州的幕僚傅良友前来拜访，并且赠送了一坛甜酒。傅良友，是江西省德化县人。

初九日　余病嗽，欲发汗，遂卧下道。

【译文】初九日　我生病咳嗽，想要发汗，便躺在下道。

初十日　嗽不止，仍卧下道。唐君晨夕至榻前，邀诸友来看，极殷绻[①]。

【注释】①绻（quǎn）：即绻缱（qiǎn），情意缠绵，感情好得离不开。

【译文】初十日　我咳嗽不止，仍然躺在下道。唐君早晚都到床前问候，并邀请诸位朋友来看望我，情谊深厚，极为殷勤。

十一日　余起，复入内署。盖州治无事，自清晨邀以入，深暮而出，复如前焉。是日，傅幕复送礼。余受其鸡肉，转寄大来处。下午，傅幕之亲姜廷材来拜。姜，金溪人。

【译文】十一日　我起床后，再次进入州府内衙。大概是州衙没有政事，知州从清晨就邀请我进去，深夜才出来，又像前几天一样。这一天，傅良友幕僚又送礼来。我接受了他赠送的鸡肉，转寄在唐大来那里。下午，傅良友的亲戚姜廷材来拜访。姜廷材，金溪县人。

十二日　唐州尊馈新制长褶棉被。余入谢，并往拜姜于傅署，遇学师赵，相见蔼蔼[①]。及往拜赵于学斋，遇杨学师，交相拜焉。询赵师："陆凉有何君巢阿否？"赵，陆凉人，故询之。赵言："陆凉无之，当是浪穹人。然同宦于浙中，相善。"赵君升任于此，过池州[②]，问六安[③]何州君，已丁艰[④]去矣。四月初至镇远[⑤]，其所主[6]之家，即何所先主者，是其归已的。但余前闻一僧言，贵州水发时，城中被难者，有一浙江盐官，扛[7]二十余，俱遭漂没，但不知其姓。以赵君先主镇远期计之，似当其时，心甚惴惴，无可质问也。从陈木叔《集》中，转得二知己，为吴太史淡人及何六安巢阿，俱不及面。岂淡人为火毙于长安[8]，今又有此水厄？若果尔，何遇之奇也！

【注释】①蔼（ǎi）蔼：氛围融洽。②池州：明置池州府，隶南京，治今安徽池州市贵池区。③六安：明置六安州，隶南京，即今安徽六安市城区。④丁艰：即丁忧。旧时父母亲死称丁艰或丁忧，亦省称“忧”，当官者即须去职在家服丧。⑤镇远：明为府，隶贵州布政司，即今贵州镇远县。⑥主：居停。⑦扛（gāng）：两人共抬一物为一扛。⑧长安：为西安府附郭县，在今陕西西安市。

【译文】十二日　知州唐玄鹤大人赠送了新做的长夹衣、棉被。我进州衙拜谢，并前往傅良友的官署拜见姜廷材，遇见姓赵的儒学教师，相见得十分和气融洽。等到前往儒学书斋中去拜访赵姓儒师时，遇到了姓杨的儒学教师，互相行礼拜见了。我向赵学师打听：“陆凉州有没有一个叫何巢阿的人？”赵姓儒师，是陆凉州人，所以向他打听。赵姓儒师说：“陆凉州没有这个人，应当是浪穹县的人。不过我们一同在浙江做过官，相处得很好。”赵君提升到这里任职，路过池州时，打听六安州的何知州，何知州因父母去世已离职去守孝了。四月初赵君到达镇远府，他所住的人家，就是何巢阿先前住过的人家。这样看来，何巢阿的确已经回乡了。但是我之前听到一位僧人说，贵州发生水灾时，城中遇难的人中，有一位浙江省的盐官，二十多担行李都被洪水冲走了，只是不知道盐官的姓氏。根据赵君先前在镇远府居停的日期计算，似乎正是发洪水的时间，心中非常的恐惧不安，没有地方可以打听求证。从陈木叔的文集中，间接得到了两位知已，就是太史吴淡人和六安知州何巢阿，都来不及见面。难道吴淡人在长安被火烧死，现在何巢阿又遭遇此次水灾？假如真是这样，人生的际遇是何等的奇异啊！

十三日　州尊赴杨贡生酌，张调治以骑邀游金山寺[①]，以有庄田在其西麓也。出西门，见门内有新润之房颇丽，问之，即调治之兄也。名□□，以乡荐任常州判[②]，甫自今春抵家，以谗与调治不睦。出西门，直西行田塍中，路甚坦。其坞即南自河涧铺[③]直北而出者，至此乃大开洋，北极于滇池焉。西界山东突濒坞者，为牧羊山；北突而最高者，为望鹤山，其北走之余脉为天城；又西为金沙，则散而濒海者也。东界山西突而屏城南者，为玉案山；北峙而最高者，为盘龙山；其环北之正脊，为罗藏山，则结顶而中峙者也。州治倚东界之麓，大堡、河涧合流于西界之麓，北出四通桥，分为两流：一直北下滇海；一东绕州北入归化界，由安江村入滇海。经坞西行三里，上溪堤，有大石梁跨溪上，是为四通桥。由桥西直上坡，为昆阳道。西北由岐一里半，为天女城，上有天城门[④]遗址，古石两叠，如雕刻亭檐状。昔李毅之女秀，代父领镇时，筑城于此，故名。城阜断而复起，西北濒湖者，其山长绕，为黄洞山；西南并天城而圆耸夹峙者，为金沙山[⑤]。此皆土山断续，南附于大山者也。金沙之西，则滇海南漱而入，直逼大山；金沙之南，则望鹤山高拥而北瞰，为西界大山北隅之最。其西则将军山耸崖突立，与望鹤骈峙而出，第望鹤则北临金沙，天城、将军则北临滇海耳。黄洞山之西，有洲西横海中，居庐环集其上，是为河泊所[6]，乃海子中之蜗居[7]也；今已无河泊官，而海子中渡船犹泊焉。其处正西与昆阳对，截湖西渡，止二十里；陆从将军山绕湖之南，其路倍之。由天女城盘金沙山北夹，又一里半而入金山寺。寺门北向，盘龙莲峰师所建也，寺颇寂寞。由寺后拾级而上，为玉皇阁，又上为真武殿，俱轩敞，而北向瞻湖，得海天空阔之势。山之西麓，则连村倚曲，民居聚焉。入调治山楼，饭而登山，凭眺寺中。下步田畦水曲，观调治家人筑场收谷。戴月入城，皎洁如昼，而寒悄逼人。还饭下道，不候唐君而卧。唐君夜半乃归，使人相问，余已在梦魂中矣。

十四日　在署中。

【注释】①金山寺：原作"金沙寺"。方树梅《担当年谱》谓，寺名金山，在金沙山麓，误为金沙寺。②常州：明为府，隶南京，即今江苏常州市。判：即通判，宋初始于诸州府设置，即共同处理政务之意。地位略次于州府长官，但握有连署州府公事和监察官吏的实权，号称监州。明清设于各府，分掌粮运及农田水利等事务，职务远较宋初为轻轻。③河涧铺：今作"河间铺"，在晋宁县东南隅。④天城门：今名同，在晋宁县晋城稍西。⑤金沙山：在今晋宁区。⑥河泊所：今仍称河泊村，在晋城正西的滇池边，但不再是水中沙洲，已与陆地联成一片。⑦蜗（wō）居：比喻窄小的住所。

【译文】十三日　知州大人去赴杨贡生的酒宴。张调治邀请我骑马去游览金山寺，因为他有庄田在金山寺西面的山麓上。从西门出发，见到城门内有处新粉刷得颇为华丽的房屋，打听房屋的主人是谁，原来就是张调治的哥哥。名字叫□□，通过乡荐出任常州府通判，在今年春天刚刚回到家，因为听信别人的坏话与张调治不和睦。出了西门，一直向西行走在田野中，道路十分平坦。州城所在的山坞南面起自河涧铺，一直往北延伸出来，到了此地就十分开阔，北面的尽头到滇池。西面一列山向东突出濒临山坞的山，是牧羊山；北面突出来而且最高的山，是望鹤山，望鹤山往北延伸的余脉是天城门所在的地方；又往西延伸是金沙寺所在的山，就是分散出来濒临滇池的山了。东面一列山向西突出来而像屏风一样位于州城南面的山，是玉案山；耸峙在北面而且最高的山，是盘龙山；那向北环绕的山脉主脊，是罗藏山，就是盘结为顶峰而耸峙在中央的山了。晋宁州城倚靠东面一列山的山麓。大堡、河涧铺的水在西面一列山的山麓合流，往北流出四通桥，分为两条支流：一条一直向北下流进滇池；一条往东绕过州城向北流入归化县境内，经安江村流入滇池。穿过山坞往西走了三里，上了溪流的堤岸，有座大石桥跨在溪流上，就是四通桥。由桥西一直上坡，是去昆阳州的路。向西北从岔路走一里半，是天女城，上面有天城门的遗址，两层古老的岩石，如同雕刻而成的亭子飞檐。从前李毅的女儿李秀，代替父亲领兵镇守晋宁州时，在此地筑城，所以取名天女城。城所在的土丘断后又重新隆起，西北面濒临湖水的山，山势长长地绕过去，是黄洞山；西南面与天城门并排而圆圆地耸立对峙的山，是金沙山。这些都是断断续续的土山，往南延伸附着于大山。金沙山的西段，就是滇池浸润着山的南面，凹进去一直逼近大山；金沙山的南面，就是望鹤山，高高拥起而俯瞰着北方，是西面一列大山北段的最高峰。望鹤山西边就是将军山高耸的山崖矗立，与望鹤山并排对峙着延伸而出，只不过是望鹤山北边面临金沙山，天城门、将军山北边面临滇池罢了。黄洞山的西面，有沙洲向西横在海水中，居民房屋环绕聚集在沙洲上，这里是河泊所，像蜗牛壳一样狭小的建在海子中间的聚落；现在河泊所已经没有官员，可是海中的渡船还停泊在那里。那地方正西与昆阳州相对，向西横渡滇池，到昆阳州只有二十里；陆路沿着将军山绕着湖水往南走，路程是水路的一倍。由天女城绕过金沙山北面的夹谷，又走了一里半后进入金山寺。寺门向北，是盘龙山莲峰禅师修建的，寺中很是寂静。由寺后沿着台阶上行，是玉皇阁，再上去就是真武殿，都很高大宽敞，而且向北远望着湖水，占有海天空阔的地势。山的西麓，就是连片的村庄，依傍着弯曲的水湾，村民聚居在那里。进入张调治的山楼，吃过饭后登山，在寺中凭栏远眺。下山后漫步在田间水湾边，观看张调治的家人修筑打谷场、收割稻谷。顶着月色进城，月光皎洁如同白昼，可是寒意悄然逼人。回到下道吃饭，没有等候唐玄鹤君就睡下了。唐君半夜才回来，派人来问候，我已在睡梦中了。

十四日　在州衙中。

十五日　在州署。夜酌而散，复出访黄沂水。其家寂然，花阴历乱，惟闻犬声。还步街中，恰遇黄，黄乃呼酒踞下道门，当月而酌，中夜乃散。

【译文】十五日　在州衙。夜里饮酒散后，又出门拜访黄沂水。黄家一片寂静，花阴处斑影杂乱，只听到狗叫声。回来在街道上漫步，恰好遇见黄沂水，黄沂水于是叫人送来酒菜，我们坐在下道门前，对着明月饮酒，半夜才散去。

十六日　余欲别而行，唐君谓：“连日因歌童就医未归，不能畅饮。使人往省召之，为君送别，必少待之。”余不能却。

【译文】十六日　我想辞别他们出发，唐玄鹤君对我说：“连日来因为歌童去看病还没回来，不能畅快地痛饮。我派人去省城叫他回来，为您送别，务必请您稍微等等他。”我不能推却。

十七、十八日　皆在州署。

【译文】十七日、十八日　都在州衙中。

十九日　在州署。夜月皎而早阴霾。

【译文】十九日　在州衙中。夜里月光皎洁而早晨又天阴起雾。

二十日、二十一日　在州署。两日皆倏[1]雨倏霁。

【注释】①倏（shū）：极快地，忽然。
【译文】二十日、二十一日　在州衙中。两天都是忽雨忽晴的。

二十二日　唐君为余作《瘗静闻骨记》，三易稿而后成。已乃具酌演优[1]，并候杨、赵二学师及唐大来、黄沂水昆仲，为同宴以饯。

【注释】①优：即俳（pái）优，古代以乐舞谐戏为业的艺人。此处指演出舞乐戏曲。

【译文】二十二日　唐玄鹤君为我创作了《瘗静闻骨记》，三次改稿后才完成。随后备好酒菜和歌舞戏曲，一并等候杨、赵二位儒学老师以及唐大来、黄沂水兄弟，来一同宴饮为我践行。

二十三日　唐君又馈棉袄、夹裤，具厚赆[①]焉。唐大来为余作书文甚多，且寄闪次公书，亦以青蚨[②]赆。乃入谢唐君，为明日早行计。

【注释】①赆（jìn）：临别时赠送给远行人的路费、礼物。②青蚨（fú）：传说中的虫名，典出《太平御览》卷950引汉刘安《淮南万毕术》："青蚨还钱：青蚨一名鱼，或曰蒲，以其子母各等，置瓮中，埋东行阴垣下，三日后开之，即相从。以母血涂八十一钱，亦以子血涂八十一钱，以其钱更互市，置子用母，置母用子，钱皆自还。"后用以指钱。

【译文】二十三日　唐君又馈赠了棉袄、夹裤，备办了丰厚的临别赠礼。唐大来为我写了好多书信，而且寄信给闪次公，也拿钱送给我做路费。于是我进州衙向唐君致谢，为明日一早起行做准备。

晋宁乃滇池南一坞稍开，其界西至金沙山，沿将军山抵三尖村，与昆阳界，不过二十里；东至盘龙山顶，与澄江界，不过十里；北至分水河桥，与归化界，不过五里；南入山坞，与澄江界，不过十里。总计南北不过十五里，东西不过三十里，不及诸蛮酋[①]山徼一曲也。

【注释】①蛮酋：指少数民族酋长或土司。

【译文】晋宁州是一处滇池南面比较开阔的山坞，它的地界西面到金沙山，沿将军山到三尖村，与昆阳州的交界处，不超过二十里；东面到盘龙山山顶，到与澄江府的交界处，不超过十里；北面到分水河桥，到与归化县的交界处，不超过五里；南面伸入山坞里，到与澄江府的交界处，不超过十里。总计南北不超过十五里，东西不超过三十里，比不上偏远山区各蛮族土司领地的一个山弯。

晋宁之水，惟四通桥为大[①]。其内有二溪，俱会于牧羊山下石壁村。一为大坝河，即河涧铺之流，出自关索岭[②]者，余昔往江川由之；一为大甫河，出自铁炉关[③]者，与新兴[④]分水之岭界。二水合而出四通桥，又分其半东灌州北之田。至州东北，又有盘龙山涧之水，自州城东南隅，循城北流，引为城濠，而下合于四通东灌之水，遂北为归化县分界，而出安江村。其河乃唐公新浚者。

【注释】①四通桥：在今新庄乡河湾村南的柴河上，原有亭式四通桥一座。柴河从南往北至此，到村后转为东西走向，该村因名河湾。②关索岭：今称关岭，在晋宁县东南隅，昆明到建水的公路从此经过。③铁炉关：在今云南玉溪市北。明正统八年（1443）置土巡检司于此。《清一统志·澂江府》：铁炉关“在新兴州北四十九里。峻岭深谷，林木幽邃，号称险阻，岭为昆阳州境，岭下为新兴州地，立碑分界，明置土官巡司。本朝康熙四年省”。④新兴：元至元十三年（1276）置，属澂江路。治所即今云南玉溪市。《元史·地理志》：“新兴州，汉新兴县。”按，汉代在云南未设新兴县，元人误认为南朝建宁郡或南广郡的新兴县在今玉溪，因名。辖境相当今云南玉溪市地。明、清属澂江府。1913年改新兴县。1914年改为休纳县。

【译文】晋宁州的水流，只有四通桥下的水流大一些。四通桥以内有两条溪流，都汇合在牧羊山下的石壁村。一条是大坝河，就是河涧铺的水流，源出于关索岭，我从前去江川县时沿着这条河走过；一条是大甫河，是源出于铁炉关的水流，铁炉关在与新兴州交界的分水岭上。两条溪水合流后流出四通桥，又分出其中的一半向东流灌溉晋宁州北部的田地。在州城的东北面，又有盘龙山的山涧水，从州城的东南角，沿着城墙往北流，被引为护城河，而后往下流，与四通桥下往东流灌溉田地的水合流，进而往北流，成为与归化县的分界线，然后流出安江村。这条河是知州唐公最近疏浚的水道。

晋宁二属邑俱在州东北境，亦滇海东南之余坞也。归化在州北二十里，呈贡[①]又在归化北四十里。呈贡北即昆明县界，东北即板桥[②]路，东即宜良界[③]，东南即罗藏山，阳宗[④]界。归化北五里有莲花洞山，一名龙洞，有水出其间。罗藏山在归化东十里，盘龙山东北之主峰也，东南距澄江府四十里。其山高耸，总挈众山，与邵甸之梁王山对，亦谓之梁王山[⑤]，以元梁王结寨其上也。西北麓为滇池，东南麓为明湖[⑥]、抚仙湖。水之两分其归者，以此山为界；水之三汇其壑者，亦以此山为环。然则比邵甸梁王，此更磅礴矣。其脉自铁炉关东度为关索岭，又东为江川北屈颡巅山，遂北走为此山；又东至宜良县西境，又北度杨林西岭，又北过兔儿关，又北结为邵甸梁王山，而为果马、月狐之脊焉。

【注释】①呈贡：明为县，隶云南府晋宁州，即今呈贡区。②板桥：即今大板桥，在昆明城东郊。③宜良：明为县，隶云南府，即今宜良县。

④阳宗：明为县，隶澂江府，治今澄江县北、阳宗海南的阳宗。⑤梁王山：今名同，在云南省呈贡、澄江二县交界处。原名罗藏山，彝语意为“虎栅山”。后因山顶有元梁王屯兵扎营遗址，遂改今名。为滇池附近群山之冠。为梁王河发源地。⑥明湖：即今阳宗海。《明一统志》澂江府山川：“明湖，在阳宗县北，一名曰夷休湖，一名阳宗湖，源出罗藏山，下流盘江，周七十余里，两岸陡绝，山水黑色，鱼味甚美。”因湖水清澈，深碧如明镜而得名。后因湖在古阳宗县境，因称阳宗海。又名大泽、铁池、汤池、大池。在云南省中东部宜良、澄江、呈贡三县境。因断层陷落形成。形似草鞋。

【译文】晋宁州的两个属县都在州境东北部，也是在滇池东南岸其他的山坞中。归化县在州城北面二十里，呈贡县又在归化县北面四十里。呈贡县北面就是昆明县的辖境，朝向东北方就是通向板桥的路，东面就是宜良县的辖境，东南就是罗藏山，是阳宗县的辖境。归化县城北面五里有座莲花洞山，又叫龙洞，有水从龙洞中流出来。罗藏山在归化县东面十里处，是盘龙山东北面的主峰，东南距澄江府有四十里。罗藏山山势高耸，总领群山，与邵甸的梁王山相对，也被称为梁王山，是因为元代的梁王在这座山上安营扎寨的缘故。罗藏山的西北麓是滇池，东南麓是明湖、抚仙湖。水分为两面各自流向不同的方向，以此山作为分界；水汇积在壑谷里成为三个湖泊，也是环绕着此山。不过，与邵甸的梁王山比较，这座梁王山的气势就更加磅礴宏大了。山脉的走向，从铁炉关向东延伸成为关索岭，又向东延伸成为江川县的屈颡巅山，随后向北延伸成为这座山；又往东延伸到宜良县的西部境内，又向北延过杨林所的西岭，又往北延过兔儿关，再往北连结为邵甸的梁王山，而后成为果马山、月狐山的山脊。

晋宁四门，昔皆倾圮。唐玄鹤莅任，即修城建楼，极其壮丽。

【译文】晋宁州城有四道城门，之前都倒塌毁坏了。唐玄鹤就任知州后，立即修建城楼，城楼极其壮丽。

晋宁东至澄江六十里，西至昆阳四十里，南至江川七十里，北至省会一百里，东南至路南州一百五十里，东北至宜良一百六十里，西南至新兴州一百二十里，西北至安宁州一百二十里。

【译文】晋宁州东面到澄江府有六十里，西面到昆阳州有四十里，南面到江川县有七十里，北面到省城有一百里，东南到路南州有一百五十里，东北到宜良县有一百六十里，西南到新兴州有一百二十里，西北到安宁州有一百二十里。

唐晋宁①初授陕西三水令②，以御流寇功，即升本州知州，以忧归，补任于此。乃郎③年十五岁，文学甚优，落笔有惊人语，余三子俱幼。

【注释】①唐晋宁：即唐玄鹤，名万龄，江苏赣榆人。古人习惯以某人所主的地名为其别号，唐玄鹤为晋宁知州，故称唐晋宁。②三水：明为县，隶邠州，治今陕西旬邑。令：即县令，为县的行政长官。秦汉时期，人口万户以上的称令，万户以下的称长，至唐代始不再分令长。明代设知县，但仍俗称“令”。③乃郎：旧时称人家的儿子。

【译文】晋宁唐知州最初被授职出任陕西省三水县县令，因为抵御流寇有功，随即升任管辖三水县的邠州知州，因为父母去世回归乡守丧，补职到此地出任知州。他的长子年纪有十五岁，文学特别优秀，下笔做文章每每都有惊人的语句，其余三个儿子都还年幼。

唐大来名泰选贡[①]，以养母缴引[②]，诗画书俱得董玄宰[③]三昧[④]。余在家时，陈眉公即先寄以书云：“良友徐霞客，足迹遍天下，今来访鸡足并大来先生。此无求于平原君[⑤]者，幸善视之。”比至滇，余囊已罄，道路不前，初不知有唐大来可告语也。忽一日遇张石夫谓余曰：“此间名士唐大来，不可不一晤。”余游高峣时，闻其在傅元献[⑥]别墅，往觅之，不值。还省，忽有揖余者曰：“君岂徐霞客耶？唐君待先生久矣！”其人即周恭先也。周与张石夫善，与张先晤唐，唐即以眉公书诵之，周又为余诵之。始知眉公用情周挚，非世谊所及矣。大来虽贫，能不负眉公厚意，因友及友。余之穷而获济，出于望外如此。

【注释】①选贡：即古代选举人才的一种方式。②缴引：交回荐引的凭证，即辞不受选。③三昧：佛教语。指奥妙，诀窍。④董玄宰：即董其昌（1555—1636），松江华亭人，明代著名书画艺术家。清刻本《徐霞客游记》中避康熙皇帝玄烨讳改作“董元宰”。⑤平原君：即赵胜，战国时赵贵族。惠文王弟，封于东武城（今山东武城），号平原君。任赵相，有食客数千人。赵孝成王七年（前259），秦军围困赵都邯郸（今属河北），他坚守三年之久。后向魏楚取得救援，击败秦军。⑥傅元献：傅宗龙，字元宪，号括苍，昆明人，万历三十八年（1610）进士，知巴县，行取浙江巡盐御史。此处作“傅元献”。下同。据方树梅《担当年谱》，长女适昆明傅宗龙胞侄景明。傅宗龙与唐泰有姻亲关系。

【译文】唐大来名泰入选贡生，因为要奉养母亲所以推辞不受选，他的诗文、绘画、书法都得到了董其昌的精髓。我在家时，陈眉公就先寄信给他说："我的好友徐霞客，足迹遍及天下，如今要来探访鸡足山和大来先生。他不是有求于平原君的那类人，希望您能好好关照他。"等到云南时，我囊中的钱已经用尽，无法继续前行，起初不知道有个唐大来可以告求。忽然有一天遇见张石夫对我说："这里有个名士唐大来，不可不去见一面。"我游历高峣时，听说唐大来在傅元献的别墅里，前去找他，没有遇上。返回省城，忽然有个人向我拱手作揖说："您莫非就是徐霞客？唐大来君等候先生很久了！"那个人就是周恭先了。周恭先与张石夫友好，与张石夫先见到唐大来，唐大来便把陈眉公的来信念给他们听，周恭先又为我诵读了这封信。这才知道陈眉公用心周到，情意诚挚，不是世上一般人的友谊所能赶得上的。大来虽然贫穷，却能不辜负眉公的深厚情意，因为朋友，而把朋友的朋友当朋友。我在穷困时得到接济，是如此地出乎意料！

唐大来，其先浙之淳安籍，国初从戎于此。曾祖金，嘉靖戊子乡荐，任邵武同知①，从祀名宦。祖尧官，嘉靖辛酉解元。父懋德，辛卯乡荐，临洮②同知。皆有集，唐君合刻之，名《绍箕堂集》，李本宁先生为作序，甚佳。

【注释】①同知：为知府、知州的佐官，分掌督粮、捕盗、水利等事，分驻指定地点。②临洮：明置临洮府，即今甘肃临洮县。

【译文】唐大来，他的先祖是浙江省淳安县籍贯，明朝初年从军来到此地。曾祖父唐金，嘉靖戊子年（嘉靖七年，1528）通过乡荐，出任福建邵武府同知，去世后入祀名宦祠。祖父唐尧官，嘉靖辛酉年（嘉靖四十年，1561）考中解元。父亲唐懋德，辛卯年（万历十九年，1591）通过乡荐，出任甘肃临洮府同知。都有文集，唐君把他们的文集合在一起刻印，起名《绍箕堂集》，李本宁先生为书作了序，非常精彩。

大来言历数先世，皆一仕一隐，数传不更，故其祖虽发解①，竟不仕而年甚长。今大来虽未发解，而诗翰为滇南一人，真不忝②厥祖也。但其胤嗣③未耀，二女俱寡，而又旁无昆季④，后之显者，将何待乎？

【注释】①发解：即解元。②忝（tiǎn）：辱，有愧于。③胤嗣（yìn sì）：后嗣，后代。④昆季：兄弟。长为昆，幼为季。

【译文】大来历数他的先辈，都是一代做官一代隐居，传了几代都没有改变，所以他祖父虽然中举，却没有做官而且寿命特别长。如今大来虽然还没有中举，然而诗文算是滇南第一人，实在是没有辱没他的祖先。但是他的后代不昌盛，两个女儿都守寡，而且又没有旁系的兄弟，后代中显扬他们家世的人，将要等待谁呢？

大来之岳为黄麟趾，字伯仁，以乡荐任山东嘉祥①令，转四川顺庆府②云阳县令，卒于任，即黄沂水、禹甸③之父，从月之兄也。其祖名明良，嘉靖乙酉乡荐，仕至毕节兵宪④，有《牧羊山人集》。

【注释】①嘉祥：明为县，隶济宁州，即今山东嘉祥县。②顺庆府：明洪武四年（1371）置，治所在今南充市。③黄沂水、禹甸：黄沂水名郊，其弟禹甸名都，皆为唐泰内弟。唐玄鹤、唐泰等与徐霞客在晋宁欢聚，他们都亲与其盛。黄郊所写《静闻碑记》曾长期被立在鸡足山静闻墓前。④毕节：明洪武十七年（1384）置，治今贵州省毕节市，属贵州都司，辖境相当今贵州省毕节市大部地区。兵宪：对兵备道道员的尊称。

【译文】大来的岳父是黄麟趾，字伯仁，通过乡荐出任山东嘉祥县县令，转任四川省顺庆府云阳县令，死在任上。黄麟趾就是黄沂水、黄禹甸的父亲，黄从月的兄长。他的祖父黄明良，嘉靖乙酉年（嘉靖四年，1525）通过乡荐，官至毕节卫兵备道道员，著有《牧羊山人集》。

大来昔从广南出粤西，抵吾地，亦以粤西山水之胜也。为余言：“广南府东半日多程，有宝月①关甚奇。从广南东望，崇山横障，翠截遥空，忽山间一孔高悬，直透中扃，光明如满月缀云端，真是天门中开。路由其下盘跻而入，大若三四城门。其下旁又一窍，潜通滇粤之水。”予按黄麟趾《昭阳关诗》注云：“关口天成一石虎头，耽耽可畏。”诗曰：“何代凿鸿濛②？蛮山窅窱③通。五丁④输地力，一窍自天工。域畛华彝界，关当虎豹雄。弃繻⑤愁日暮，驱策乱流中。”按昭阳即此洞也，唐君谓之宝月者，又其别名耳。此路东去即归顺，余去冬为交彝所梗，不能从此。

【注释】①宝月关：今名同，明置，在今云南广南县东南。《清一统志·广南府》：宝月关“在县东南五十里。《通志》：府南连山峭壁，惟此凿石通道，侬氏设关其上，逾关旧有公署，今废”。②鸿濛：亦作“鸿蒙”。宇宙形成前的混沌状态。③窅窱（yǎo tiǎo）：形容其深远的样子。窅，同“窈”。④五丁：古代神话中的五个大力士。⑤繻（xū）：古时用帛制成的出入关卡的凭证，上面写字，分成两半，过关时验合以为凭信。

【译文】大来以前出广南府到广西，到过我去过的地方，也认为广西的山水十分优美。对我说：“从广南府往东走半天多点的路程，有一处宝月关，非常奇特。从广南府向东望，高山横挡着，翠绿色的山峰横穿过远远的天空，忽然山间有一个孔洞高悬着，直穿过去，如同门洞悬在中央，光辉明亮如同满月点缀在云端间，真是天门中开。道路由山下绕着上登进去，大的地方有三四个城门那么大。洞下方侧边又有一个石窍，潜流的水连通云南、广西。”我查阅黄麟趾题写昭阳关的诗，注释记载：“关口有一处天然形成的石虎头，虎视眈眈，令人生畏。”诗曰：这是何时开辟的关口，坐落在这荒山野岭中。通往关口的山路是人力开辟的，而这关口却是天然形成的。此地位于华夏与彝族的边界，雄关当道如同虎豹雄踞。眼见天黑了但过关文凭却不见了，只好在溪流边徘徊犹豫。据考察，昭阳关就是这个石洞了，唐大来君称它为宝月关，这又是它的别名了。这条路往东去就是广西归顺州，我去年冬天被交彝阻道，不能从这条路走。

盘龙山莲峰祖师，名崇照，元至正①间以八月十八日涅槃。作偈②曰：“三界与三涂，何佛祖不由，不破则便有，能破则便无。老僧有吞吐不下，门徒不肯用心修，切忌切忌。”师素不立文字，临去乃为此，与遗蜕俱存。至今以此日为“盘龙会”云。

【注释】①至正：元顺帝年号之一，共28年（1341—1368）。②偈（jì）：梵文“偈陀”的省称，意即“颂”，即佛经中的唱词。

【译文】盘龙山的莲峰祖师，名叫崇照，在元朝至正年间八月十八日圆寂。作下偈语说：“三界与三途，为何佛祖不必经历，不破规则便有，能破规则便无。老和尚我有话吞咽不下，门徒们不肯用心修炼，切忌切忌！”祖师向来不著书立说，临终时才作下这一偈语，与遗体一同保存下来。时至今日，仍把这一天当作“盘龙会”的日子。

邵真人以正，初名璇，晋宁人。其父名仁，叔名忠，俱由苏州徙此。阁老①刘逸挽忠诗有曰：“三郎足下风云达，忠子玘，领乡荐。小阮壶中日月长。即真人。”末句又曰：“怅望苏州是故乡。”见《州志》。

【注释】①阁老：唐代对中书舍人中年资深久者及中书省、门下省属官的敬称。五代、宋以后亦用为对宰相的称呼。明清又用为对宰辅及掌诰翰林的别称。

【译文】邵真人名以正，最初的名字叫邵璇，是晋宁州人。他父亲叫邵仁，叔父叫邵忠，都是从苏州府搬迁到这里的。阁老刘逸哀悼邵忠写挽诗说：“三郎足下风云达，邵忠的三儿子邵玘，获得乡荐。小阮壶中日月长。就是指真人。”最末一句又说：“怅望苏州是故乡。”见《晋宁州志》。

晋时，晋宁之地曰宁州①，南蛮校尉李毅持节镇此，讨平叛酋五十八部。惠帝②时，李雄乱，毅死之。女秀有父风，众推领州事，竟破贼保境，比卒，群酋为之立庙。是时宁州所辖之境虽广，而驻节之地，实在于此。至唐武德③中，以其为晋时宁州统会之地，置晋宁县，此州名之所由始也。州名宦向有李毅及王逊、姚岳等。迨万历间吴郡④许伯衡修《州志》，谓今晋宁州地已非昔时五十八部之广，以一隅而僭通部之祀，非诸侯祭封内山川义，遂一并撤去之，并《志传》亦削去，只自我朝始。遂令千载英灵，空存肹蚃[5]，一方故实，竟作尘灰，可叹也！然毅虽削，而其女有庙在古城，岳虽去，而岳亦有庙在州西，有功斯土，非竖儒[6]所能以意灭者也。许伯衡谓昔时宁州地广，今地狭，李毅虽嫡祖，晋宁不得而祀之，犹支子之不得承祧[7]祀大宗[8]也。余谓晋宁乃嫡冢[9]，非支子比，毅所辖五十八部虽广，皆统于晋宁，今虽支分五十八部，皆其支庶，而晋宁实承祧之主。若晋宁以地狭不祀，将委之五十八部乎？五十八部复以支分，非所宜祀，是犹嫡冢以支庶众多，互相推委，而虚大宗之祀也。然则李毅乃一方宗主，将无若敖[10]之恫乎？故余谓唐晋宁、唐大来，首以复祀李毅为正。

【注释】①宁州：宁州即晋时之晋宁，文中已说。②惠帝：西晋皇帝司马衷（290—306在位），字正度，武帝次子，以痴呆著称，曾说：百姓饿死，何不食肉糜？初由贾后专权，引起皇族互相残杀的“八王之乱”。其间诸王相继擅政，他形同傀儡，相传被东海王越毒死。③武德：唐高祖年号，共9年（618—626）。④吴郡：从汉到唐，皆有吴郡，治今江苏苏州市。明无吴郡，此沿旧称用以指苏州。⑤肹蚃（xī xiǎng）：亦作“肸（xī）蚃”。本指祭品香味散开，借指神灵感应。⑥竖儒：对儒生的鄙称。典出《史记·郦生陆贾列传》：“沛公骂曰：‘竖儒！夫天下同苦秦久矣，故诸侯相率而攻秦，何谓助秦攻诸侯乎？’”司马贞索隐：“竖者，僮仆之称，沛公轻之，以比奴竖，故曰‘竖儒’也。”⑦承祧（tiāo）：承继为后嗣。⑧大宗：古代宗法制度以嫡系长房为大宗，其他的儿子为小宗。⑨嫡冢：正妻所生的长子称为嫡冢，妾所生的儿子则称为庶子。⑩若敖：即若敖鬼。周代楚王雄咢生子熊仪，起名若敖。若敖氏之后代楚国令尹子文，担心其侄儿越椒汰侈，将使若敖氏灭宗，临死时聚其族人，泣曰：“鬼犹求食，若敖氏之鬼不其馁而？”后若敖氏终因椒的叛楚而灭绝。后因以“若敖鬼”指无子绝嗣。

【译文】晋朝时，晋宁州这一地区还叫宁州的名字，南蛮校尉李毅持兵符使节镇守此地，讨伐平定了反叛的五十八个部族的酋长。西晋惠帝时，李雄叛乱，李毅死于战乱。女儿李秀有父亲的风范，众人推举她代理宁州的政事，李秀居然击败叛贼保住了这里。到她死时，众酋长为她建了祠庙。那时，宁州所辖的地域虽然广大，可是持节驻守的地方，实际就在晋宁州这里。到唐朝武德年间，因为这一地区是晋朝时期宁州统领的地方，设置了晋宁县，这是州名的由来和起始。晋宁州著名的官宦从前有李毅及王逊、姚岳等人。到万历年间，苏州府的许伯衡编修《晋宁州志》，认为如今晋宁州的辖地已经不是以前所管辖五十八部时那样广大了，以一隅之地而僭越整个宁州的祭祀，不符合古代诸侯祭祀封地内山川的义理，于是一并将他们的名字删去，连同记载他们的传记也删去，记载只从我明朝开始。于是就让流传千年的英灵，空有神灵感应，一个地方的历史事实，竟然化作尘土灰烬，可悲可叹呀！然而李毅虽然被删去，但他女儿有祠庙留在古城；姚岳虽然被删去，而姚岳也有祠庙在州衙西面。他们对这片土地的功劳，不是没见识的儒生之辈凭自己的意思就能磨灭了的。许伯衡认为，曾经的宁州地域广大，如今的地域狭小，李毅虽然是治理此地的正宗始祖，晋宁州不能祭祀他，如同庶子不能继承祖宗血脉祭祀大宗祖先是一样的。我认为，晋宁州就是宁州的嫡长子，不能比作庶子，李毅管辖的五十八部虽然广大，但都归晋宁统领，如今虽然被解分为五十八部，但都是宁州的支系庶子，而晋宁州确实是承继祖宗血脉的宗主。如果晋宁州因为地域狭小而不能祭祀李毅等人，难道要把他们交给五十八部去祭祀吗？五十八部又已经分出支系，不应该由他们祭祀李毅等人，这就好比嫡长子由于分支的庶子众多，互相推诿，而空落了大宗的祭祀。既然这样，李毅是这一片地方的宗主，难道不会有没有后人祭祀的忧虑吗？所以我对晋宁州唐元鹤知州、唐大来说，首先应该把恢复祭祀李毅当作正事。

二十四日　街鼓未绝，唐君令人至，言早起观天色，见阴云酿雨，风寒袭人，乞再迟一日，候稍霁乃行。余谢之曰：“行不容迟，虽雨不为阻也。”及起，风雨凄凄，令人有黯然魂消意。令庖人[①]速作饭，余出别唐大来。时余欲从海口、安宁返省，完省西南隅诸胜，从西北富民观螳螂川下流，而取道武定，以往鸡足，乃以行李之重者，托大来令人另赍往省，而余得轻具西行焉。方抵大来宅，报晋宁公已至下道，亟同大来及黄氏昆玉[②]还道中。晋宁公复具酌于道，秣马[③]于门。时天色复朗，遂举大觥[④]，登骑就道。

【注释】①庖（páo）人：厨师。②昆玉：称人兄弟的敬词。③秣（mò）马：饲马。④觥（gōng）：古代酒器。

【译文】二十四日　街上的更鼓声还没结束，唐元鹤君就派人来，说早上起床观察天色，见到阴云密布像要下雨，寒风袭人，请求我再推迟一天上路，等天气稍微转晴些再动身。我辞谢说：“动身的时间不容许再推迟，即便是下雨也不能阻挡我了。”到起床时，风雨凄凄，让人的心境黯然魂消。我让厨师赶快做饭，出门辞别唐大来。当时我打算从海口、安宁州返回省城，游览省城西南部的各处名胜，从西南方到富民县观看螳螂川的下游，而后取道武定府，前往鸡足山，便把行李中重要的东西，托付唐大来派人另外带到省城，而我就能够轻装往西行了。刚到大来家，有人来报晋宁唐公已经来到下道，急忙同大来以及黄家兄弟一起返回下道中。晋宁唐公又在下道中备了酒宴，在门口备好马。此时天气又转晴，于是举起大杯饮酒告别，骑马上路。

从西门三里，度四通桥。从大道直西行，半里，上坡，从其西峡转而西南上，一里半，直蹑望鹤岭西坳。又西下涉一涧，稍北，即濒滇池之涯。共五里，循南山北麓而西，有石耸起峰头，北向指滇池，有操戈介胄之状，是为石将军，亦石峰之特为巉峭者。其西有庙北向，是为石鱼庙。其西南又有山西突起，亚于将军者，即石鱼山也。又西二里，海水中石突丛丛，是为牛恋石。涯上村与乡，俱以牛恋名。谓昔有众牛饮于海子，恋而不去，遂成石云。于是又循峡而南，二里，逾平坡南下，有水一塘，直浸南山之足，是为三尖塘。塘南山峦高列，塘北度脊平衍，脊之北，即滇池牛恋。塘水不北泄而东破山腋，始知望鹤之脉自西来，不自南来也。从塘北西向溯坞入，其坞自西而东，即塘水之上流也。三里，坞西尽处，有三峰排列：其南最高者即南山之再起者也；其中一峰，则自南峰之西绕峡而北，峙为中峰焉；北峰则濒滇池，而东度为石将军、望鹤山之脉矣。中峰之东，有村落当坞，是为三尖村，晋宁村落止此。西沿中峰而上，一里，与南峰对峡之中，复阻水为塘，不能如东塘之大，而地则高矣。又平上而西，一里，逾中峰之脊。从脊上西南直行，为新兴道；逾脊西北下，即滇池南涯，是为昆阳道，而晋宁、昆阳以是脊为界焉。于是昆阳新旧州治，俱在一望。直下半里，沿滇池南山陇半西行，二里余，有村在北崖之下，滇池之水环其前，是曰赤峒里[①]，亦池滨聚落之大者，而田则不能成壑焉。又西由村后逾岭南上，既西下，三里，有村倚南山北麓。盘其嘴而西，于是西峡中开，自南而北，与西界山对夹成坞。其脊南自新兴界分支北下，西一支直走而为新旧州治，而北尽于旧寨村；东一支即赤峒里之后山，滨池而止。东界短，西界长，中开平坞为田，一小水贯其中，亦自南而北入滇池，即《志》所称渠滥川也。按《隋书》，史万岁为行军总管，自蜻蛉川至渠滥川[②]，破三十余部，当即指此。由东嘴截坞而西，正与新城相对，而大道必折而南，盘东界之嘴以入，三里始西涉坞。径坞三里，又随西界之麓北出一里半，是为昆阳新城。又北一里半，为昆阳[③]旧城，于是当滇池西南转折处矣。旧城有街衢阛堵而无城郭，新城有楼橹雉堞而无民庐，乃三四年前，旧治经寇，故卜筑新邑，而市舍犹仍旧贯也。旧治街自南而北，西倚山坡，东瞰湖涘。至已日西昃，亟饭于市。此州有天酒泉、普照寺，以无奇不及停屐，遂北行。

【注释】①赤峒里：在晋宁县昆阳，今称渠东里，与渠西里相对。②蜻蛉川：亦作青蛉川。即今云南大姚、姚安两县境龙川江支流苴宁河及其上源青蛉河。《资治通鉴》：隋开皇十七年（597），史万岁征南宁夷爨玩，“入自蜻蛉川，至于南中。夷人前后屯据要害，万岁皆击破之”。渠滥川：古地名。在今云南大理市东的凤仪坝子。《隋书·史万岁传》：开皇间，史万岁“渡西二河，入渠滥川，行千余里，破其三十余部”。即此。一说在今晋宁县附近。③昆阳：明置州，隶云南府，治今晋宁县治昆阳镇。因地处滇池（古名昆湖、昆池）南、月山东，又明、清为昆阳州治，因名。昆阳系明代大航海家郑和的故里，旧城“西倚山坡”的月山上保存至今的《马哈只碑》，系郑和于永乐三年（1405）给他父亲立的墓碑，永乐九年（1411）郑和回乡扫墓，并留下了碑阴的题刻。这里现已辟为郑和公园。

【译文】从西门出去三里，走过四通桥。从大路一直往西，走了半里，上坡，从晋宁州所在山坞西面的峡谷转向西南上行，走了一里半，径直登上望鹤岭西面的山坳。又往西下行，渡过一条山涧，稍稍向北，随即濒临滇池的岸边。共走了五里，沿着南山的北麓往西走，有块巨石在峰头耸起，面朝北指向滇池，呈现手持戈矛、身披铠甲的样子，这是石将军，也是石峰中特别高险的一类。石将军西边有座向北的庙，那是石鱼庙。石鱼庙西南方又有山向西突起，比石将军小一点，就是石鱼山了。又往西走了二里，海水中有一丛丛岩石突出水面，那是牛恋石。岸上的村庄和乡落，都用“牛恋”来命名。传说从前有很多牛在海中饮水，留恋海水不肯离去，最终变成了石头。从这里又顺着山峡往南，走了二里，越过平缓的山坡向南下行，有一塘水，一直浸润到南山的山脚，这是三尖塘。水塘南面的山峦高高排列；水塘北面，延伸而过的山脊平缓地延展而去。山脊的北面，就是滇池、牛恋石。水塘中的水不是向北流泻却往东剖开山的侧面流出，我这才知道望鹤岭的山脉是从西面延伸来，而不是从南面来的。从三尖塘北面向西逆着山坞进去，这个山坞从西向东，就是三尖塘水的上游了。再走三里，山坞西面的尽头处，有三座山峰排列：其中南面最高的就是南山再次耸起的山峰；那中间的一座山峰，则是从南峰的西侧绕着山峡往北延伸，耸峙为中峰；北峰就濒临着滇池，往东延伸成为石将军、望鹤山的山脉。中峰的东面，有个村落位于山坞中，这是三尖村，晋宁州的村落到这里为止。向西沿着中峰上登一里，中峰与南峰相对的山峡之中，又有水被扼流形成水塘，不如东面的三尖塘那样大，但地势却高多了。又平缓地向西上行一里，翻越中峰的山脊。从山脊上往西南一直前行，是去新兴州的路；越过山脊向西北下行，就是滇池的南岸，那是去昆阳州的路，而晋宁州、昆阳州以这条山脊作为分界线。在这里，昆阳州的新城、旧城都能一眼望见。一直下行半里，沿着滇池南面山陇的半山腰往西，走了二里多，有个村庄在北面的山崖下，滇池的湖水环绕在村前，这里叫作赤峒里，也是滇池湖滨一处大的村落，可这里的田间没有开挖成的沟渠。又往西从村子后面翻越山岭上走，随即向西下走，三里，有个村子背靠南山的北麓。绕过南山的山嘴往西行，到了这里，西面的山峡从中分开，自南往北，与西面的一列山相对夹成山坞。这里的山脊从南面的新兴州境内分支向北下延，西面的一条支脉一直延伸成为昆阳州的新、旧州城，而后往北延伸在旧寨村到了头；东面的一条支脉就是赤峒里的后山，尽头在濒临滇池处。东面一列山短，西面一列山长，中间平旷的山坞开垦为田地，一条小河流贯在山坞中，也是自南往北流入滇池中，这就是《志》书所记载的渠滥川了。根据《隋书》记载，史万岁担任行军总管，从蜻蛉川来到渠滥川，击败三十几个部族，指的应当就是此地。由东面的山嘴横穿山坞往西走，正好与昆阳州新城相对，而大路必须折向南走，绕过东面一列山的山嘴进去，三里后才往西涉过山坞。横穿山坞三里，又沿着西面一列山的山麓向北走一里半，这是昆阳州新城。又往北走一里半，是昆阳州旧城，这里是位于滇池西南角的转折处了。旧城里有街道集市却没有城郭，新城有城楼城墙却没有居民房屋，这是因为三四年前，旧城经历了盗寇入侵，所以选址构筑了新城，可集市居舍还沿袭往日的习惯。旧城的街道从南到北，西面靠着山坡，东面俯瞰湖岸。我到时太阳已经西斜，急忙在集市上吃过了饭。昆阳州有天酒泉、普照寺，因为没有奇特的景色值得停留，也来不及，于是继续往北走。

四里，稍上，逾一东突之坳。其山自西界横突而出，东悬滇海中。路逾其坳中北下，其北滇海复嵌坞西入。其突出之峰，远眺若中浮水面，而其西实连缀于西界者也。乃西转涉一坞，共四里，又北向循滇池西崖山麓前行。五里，又有小峰傍麓东突，南北皆湖山环抱之，数十家倚峰而居，是为旧寨村[①]。由村北过一坞，其坞始自西而东；坞北有山一派，亦自西而东，直瞰滇海水。北二里，抵山下。直蹑山北上，一里余，从崩崖始转东向山半行。又里余，从东岭盘而北，其岭南北东三面，俱悬滇海中，正东与罗藏隔湖相对。此地杳僻隔绝，行者为畏途焉。岭北又有山一支，从水涯之北，亦自西而东，直瞰滇海中，与此岭南北遥对成峡，滇海驱纳其中，外若环窝，中骈束户，是为海口南岭。北下之处，峻削殊甚，余虑日暮，驱马直下。二里，复循坞西入，二里，西逾一坳。由坳西下，山坞环开，中为平畴，滇池之流，出海就峡，中贯成河，是为螳螂川[②]焉。二里，有村傍坞中南山下，过之。行平畴间，西北四里，直抵川上。有聚落成衢，滨川之南，是曰茶埠墩，即所谓海口街[③]也，有公馆在焉，监察御史[④]案临，必躬诣其地，为一省水利所系耳。先是唐晋宁谓余，海口无宿处，可往柴厂莫土官盐肆中宿；盖唐以候代巡，常宿其家也。余问其处尚相去六七里，而日色已暮，且所谓海门龙王庙者，已反在其东二里，又闻阮玉湾言，有石城之胜，亦在斯地，将留访焉，遂不复前，觅逆旅投宿。

【注释】①旧寨村：今名同，在晋宁县北隅、滇池西岸。②螳螂川：今名同，又称海口河，为普渡河上源。在云南省中部。以江中有沙洲形似螳螂，故名。为滇池惟一泄水道。西北流折向东北，到富民县以下称普渡河，北流到禄劝彝族苗族自治县入金沙江。③海口街：今称老街，属昆明市西山区。④监察御史：明代设都察院，掌弹劾及建言，长官为都御史、副都御史、佥都御史。并设监察御史按省区分道负责，故皆分别冠以某某道地名。

【译文】走了四里，渐渐上坡，越过一个向东突出的山坳。这里的山从西面横突出来，东面高悬在滇池海水中。道路穿越过山坳中间往北下行，山北面的滇池海水又向西嵌入山坞中。那座突出海中的山峰，远远望去如同浮在水面，可山峰西面实际上连接着西面一列山。于是转向西涉过一个山坞，共走了四里，又向北沿着滇池西面山崖的山麓前行。走了五里，又有一座小山峰倚靠山麓向东突出，南北两面都有湖水和群山环抱着它，倚靠着山峰居住有数十户人家，这里是旧寨村。由村北穿过一个山坞，这个山坞开始自西往东延伸；山坞北面有一列山，也是自西往东延伸，一直俯瞰着滇池海水。往北走了二里，到达山下。一直往北登山上行，走了一里多，从崩塌的山崖处开始转向东在半山腰上前行。又走了一里多，从东面的山岭上盘绕着向北走，这座山岭南北东三面都悬在滇池海水中，正东方与罗藏山隔着湖水相对。此地幽远偏僻与世隔绝，走路的人视为畏途。山岭北面又有一支山脉，在海水的北岸，也是自西向东延伸，一直俯瞰着滇池海水，与这座山岭南北遥遥相对形成峡谷，滇池海水长驱直入汇积在峡谷中，外形好似环形的山窝，中央并排耸立的两座山像门一样拢起来，这座山岭是海口的南岭。往北下山的地方，十分险峻陡削，我考虑到天色已晚，加速驱马一直下到山下。走了二里，又沿着山坞进去，又走了二里，往西越过一个山坳。由山坳往西下行，呈环状的山坞四面展开，中间是空旷的田野，滇池中的水，流出海中顺着峡谷流淌，走了二里，有依傍在南山下的山坞中个村庄，走过村庄。行走在空旷的田野中，向西北走了四里，径直抵达螳螂川岸上。有个聚落形成街市，临近螳螂川南岸，这里叫作茶埠墩，就是所说的海口街了，有个公馆在这里，监察御史莅临云南巡察，必定要亲自到这个地方，因为这里关系到一个省的水利事业。在这之前，晋宁州唐知州告诉我，海口没有住宿的地方，可以去柴厂莫土官的盐铺中住宿；大概是唐知州以探访代替巡视，常常住在他家。我打听到那里还有六七里的距离，而天色已晚，况且所谓海门龙王庙的地方，已反而在这里的东面二里处，我又听阮玉湾说过，有处石城的胜景，也在这里，计划留下来探访，所以不再往前走，寻找旅店投宿住下。

二十五日　令二骑返晋宁。余饭而蹑屩[①]北抵川上，望川北石崖矗空，川流直啮其下。问所谓石城者，土人皆莫之知，惟东指龙王堂在盈盈一水间。乃溯川南岸，东向从之。二里，南岸山亦突而临川，水反舍北而逼南，南岸崩嵌盘沓，而北崖则开绕而受民舍焉，是为海门村[②]，与南崖相隔一水。不半里，中有洲[③]浮其吭间，东向滇海，极吞吐之势；峙其上者，为龙王堂[④]。时渡舟在村北岸，呼之莫应。余攀南崖水窟，与水石相为容与，忘其身之所如也。久之，北崖村人以舟至，遂渡登龙王堂。堂当川流之中，东临海面，时有赛神者浮舟而至，而中无庙祝[⑤]；后有重楼，则阮祥吾所构也。庙中碑颇多，皆化、治以后，抚按相度水利、开浚海口免于泛滥，以成濒海诸良田者，故巡方者以此为首务云。

【注释】①屩（juē）：草鞋。②海门村：今名同，在滇池出口处海口河北岸。③中有洲：即河中洲中滩，后形成聚落，称中滩街。④龙王堂：在中滩上，今已不存。⑤庙祝：庙宇中管香火的人。

【译文】二十五日　让两个人骑着马返回晋宁州。我吃过饭后穿着草鞋向北来到螳螂川岸边，望见螳螂川北面石崖矗立在高空，河川中的水流直接冲刷着石崖下部。询问所谓的石城这个地方，当地人都不知道，只是指着东面一片清澈湖水中的龙王堂。于是逆着螳螂川南岸的水流，向东顺着河岸走。走了二里，南岸的山也向前突出下临着螳螂川，河水反而背离北面而逼近南面流向，南岸崩塌的山崖嵌在水中，盘绕杂沓，而北面的山崖却绕开河流，容纳着民居，这里是海门村，与南面的山崖隔着一条河水。不到半里，河中有沙洲浮在河道的咽喉间，东边面对着滇池水，极尽吞吐海水的气势；矗立在沙洲上的，就是龙王堂。当时渡船在村子所在的北岸，呼叫渡船无人回应。我攀爬南面山崖下的水洞，与湖水山石融为一体，忘记自己身在何处了。很久之后，北岸村子中有人划船过来，于是我渡船登上龙王堂。龙王堂位于螳螂川河流之中，东面下临海面，这时有祭神的人乘船到来，可是庙中没有管理香火的人；后面有座两层的高楼，是阮祥吾构建的。庙中的石碑很多，都是成化、弘治年以后的，碑文内容都是记载巡抚、按察使巡视规划水利、开挖疏浚海口避免洪水泛滥，因而形成濒海众多良田的事情，所以巡察地方的官员都以此作为首要的政务。

出庙渡北岸，居庐颇集。其北向所倚之山有二重。第一重横突而西，多石，而西垂最高，即矗削而濒于川之北岸者；第二重横突而东，多土，而东绕最远，即错出而尽为池之北圩者。二重层叠于村后，盖北自观音山盘礴而尽于此。村氓俱阮氏庄佃，余向询阮玉湾新置石城之胜，土人莫解，谓阮氏有坟在东岸，误指至此，村人始有言石城在里仁村。其村乃偠偠寨，正与茶埠墩对，从此有小径，向山后峡中西行，三里可至。余乃不东向阮坟，而西觅里仁焉。即由村后北逾第一重石峰之脊，北向下，路旁多错立之石，北亦开坞，而中无细流。一里，随坞西转，已在川北岸矗削石峰之后；盖峰南漱逼川流，故取道于峰北耳。其内桃树万株，被陇连壑，想其蒸霞焕彩时，令人笑武陵、天台为爝火①矣。西一里，过桃林，则西坞大开，始见田畴交塍，溪流霍霍，村落西悬北山之下，知其即为里仁村矣。盖其坞正南矗立石山，西尽于此。坞濒于川，亦有一村临之，是为海口村，与茶埠墩隔川相对，有渡舟焉，其坞之东北逾坡，坞之西北循峡，皆有路，凡六十里而抵省会。而里仁村②当坞中北山下，半里抵村之东，见流泉交道，山崖间树木丛荫，上有神宇，盖龙泉出其下也。东坞以无泉，故皆成旱地；西坞以有泉，故广辟良畴。由村西盘山而北，西坞甚深，其坞自北峡而出，直南而抵海口村焉。村西所循之山，其上多蹲突之石，下多崆峒之崖，有一窍二门西向而出者。余觉其异，询之土人，石城尚在坞西岭上，其下亦有龙泉，可遵之而上。

【注释】①爝（jué）火：小火把。②里仁村：今名同，分里仁大村与里仁小村，在海口北境。

【译文】出庙后渡船到北岸，居民房屋很是聚集。村子北面背靠的山有两重。第一重横着向西突出，山上多岩石，而往西下垂的地方最高，就是矗立陡削而濒临螳螂川北岸的山崖；第二重横着向东突出，山上多泥土，而向东绕得最远，就是错落间出而后在滇池北岸圩堤处到头的山脉。两重山重叠在村子后面，大概是北面起自观音山，气势磅礴地盘绕止于此地。村民都是阮家庄园的佃户，我在此之前打听阮玉湾新近购置的石城的美景，当地人不理解，说阮家有坟地在河东岸，误把我指引到此地，村里才有人说石城在里仁村。这个村是个㑩㑩寨，正好相对茶埠墩而建，从这里有一条小路，朝着山后的峡谷中往西走，走三里后就到了。我就不向东去阮家的坟地，而是向西去寻找里仁村。随即由村后向北越过第一重石峰的山脊，向北下山，路旁有许多交错矗立的岩石，北面也有开阔的山坞，可山坞中没有细小的水流。走了一里，顺着山坞往西转，已在螳螂川北岸矗立陡削石峰的后面了；原来是石峰南面逼近螳螂川被水流涤荡着，所以从石峰北面取道走。山坞内有万株桃树，连片布满山冈壑谷，想象开花时呈现出彩霞一般的光彩，不禁让人嗤笑武陵源、天台山的桃花相比就是小火把一样。往西走了一里，穿过桃树林，就见西面的山坞十分开阔，刚刚看到田野中埂地交错，哗哗溪流，西面悬在北山之下有个村落，心知那就是里仁村了。大体上，这个山坞正南方矗立的石山，它的西面在这里到了尽头。山坞濒临螳螂川，也有一个村庄面临螳螂川，这是海口村，与茶埠墩隔着螳螂川相对，河中有渡船。这个山坞的东北方越过山坡，山坞的西北方沿着峡谷，都有路，共六十里到达省城。而里仁村位于北山下的山坞中，走了半里来到村子东边，见到泉水穿插道路而流，山崖之间树木成荫，山上有座神庙，大概龙泉是从神庙下才流出。东面的山坞因为没有泉水，所以都是旱地；西面的山坞因为有泉水，所以被开辟成广阔的良田。由村子西边绕着山往北走，西面的山坞十分深，这个山坞从北面的峡谷中延伸出来，一直往南抵达海口村。村子西面沿着山势而建，山上有很多蹲踞突立的岩石，下面石崖上有很多岩洞，有的一个石窍开有两个洞口向西通出去。我觉得这里很奇异，询问当地人，石城还在山坞西面的山岭上，石城下面也有龙潭泉水，可沿着泉水上行。

共北半里，乃西下截坞而度，有一溪亦自北而南，中干无流。涉溪西上，共半里，闻水声溅溅，则龙泉溢西山树根下，潴为小潭，分泻东南去。由潭西上岭，半里，则岭头峰石涌起，有若卓锥者，有若夹门者，有若芝擎而为台，有若云卧而成郭者。于是循石之隙，盘坡而上，坠壑而下。其顶中洼，石皆环成外郭[①]，东面者巑岏森透，西面者穹覆壁立，南向则余之逾脊而下者，北面则有石窟曲折。若离若合间，一石坠空当关，下覆成门，而出入由之。围壑之中，底平而无水，可以结庐，是所谓石城[②]也。透北门而出，其石更分枝簇萼。石皆青质黑章[③]，廉利棱削，与他山迥异。有牧童二人，引余循崖东转，复入一石队中，又得围崖一区，惟东面受客如门，其中有趺座之龛，架板之床，皆天成者。出门稍南，回顾门侧，有洞岈然，亟转身披之。其洞透空而入，复出于围崖之内，始觉由门入，不若由洞入更奇也。计围崖之后，即由石城中望所谓东面巑岏处矣。出洞，仰眺洞上石峰层沓，高耸无比。复有一老俘俘披兽皮前来，引余相与攀跻。其上如众台错立，环中洼而峙其东，东眺海门，明镜漾空，西俯洼底，翠瓣可数，而隔崖西峰穹覆之上，攒拥尤高。乃下峰，复度南脊，转造西峰，则穹覆上崖，复有后层分列，其中开峡。东坠危坑而下，其后则土山高拥，负扆于上，耸立之石，或上覆平板，或中剖斜棂。崖胁有二小穴如鼻孔，群蜂出入其中，蜜渍淋漓其下，乃崖蜂所巢也。两牧童言："三月前土人以火熏蜂而取蜜，蜂已久去，今乃复成巢矣。"童子竞以草塞孔，蜂辄嗡嗡然作铜鼓声。凭览久之，乃循坠坑之北，东向悬崖而下，经东石门之外，犹令人一步一回首也。先是从里仁村望此山，峰顶耸石一丛，不及晋宁将军峰之伟杰，及抵其处而阖辟曲折，层沓玲珑，幻化莫测，钟秀独异，信乎灵境之不可以外象求也。盖是峰西倚大山，此其一支东窜，峰顶中坳，石骨内露，不比他山之以表暴见奇者；第其上无飞流涵莹之波，中鲜剪棘梯崖之道，不免为兔狐所窟耳。老偈偈言："此石隙土最宜茶，茶味迥出他处。今阮氏已买得之，将造庵结庐，招净侣以开胜壤，岂君即其人耶？"余不应去。信乎买山而居，无过此者。

【注释】①外郭：内城外围加筑的一道城墙。②石城：在里仁村西北。③黑章：黑色花纹。

【译文】总共向北走了半里，便往西下行横穿过山坞，有一条溪水的流向也是从北往南，小溪干涸没有流水。渡过小溪向西上行，共走了半里，听见潺潺的水声，只见龙泉从西山的树根下溢出来，汇积为小水潭，分别向东南两面流去。从水潭西边上登山岭，走了半里，就见岭头石峰像波浪涌起，有的像卓立的锥子，有的像相夹的大门，有的像高举灵芝形成平台，有的像云彩平卧成为城墙。从这里顺着石丛中的缝隙，盘绕山坡上行，直下坠入壑谷中。山峰顶上中间下洼，岩石都环绕成外城墙的样子，东面尖锐陡削的岩石如同森林般密布通透，西面穹窿的岩石下覆像墙壁一样竖立，朝南的方向就是我翻越山脊往下走的地方，北面则有石窟曲折蜿蜒，在若离若合之间，有一块从空中坠下的岩石，挡住关口，向下覆盖的地方成为门洞，而出入都要经过这个石门，岩石围绕的壑谷中，底部平坦且没有水，可以建造房屋，这就是所谓的石城了。穿过北面的石门出来，那里的岩石更像分叉的树枝、成簇的花丛。岩石都是青色的质地、黑色的纹路，棱角分明，锋利陡削，与其它山峰迥然不同。有两个牧童，指引我沿着山崖往东转，又进入一处石丛中，又找到石崖围着的一片地方，只有东面迎接客人的门，这中间有僧人打坐的石房子，架起床板的床，都是天然形成的。出石门来稍往南走，回头看石门的侧边，有个深邃的山洞，急忙转身钻进洞。这个山洞穿过去，又出来到石崖围着的里面，这才觉得从石门进去，不如从山洞进去更奇妙。估计围着的石崖后面，就是从石城中望见的我所说的东面岩石尖锐陡削之处了。出洞来，仰面眺望山洞上方，石峰层层杂沓，高耸无比。又有一个披着兽皮的老年傈傈族人前来，领着我一同向上攀登。上面如同众多的高台错落竖立，石台环绕的中央下洼，而屹立在石城的东面，向东眺望海门村，海水像明镜一样荡漾在空中，往西俯瞰山洼底下，翠绿色的田地一瓣一瓣的清晰分明，而隔着山崖西峰穹窿下覆之上，攒聚簇拥尤为高险。于是走下山峰，又越过南面的山脊，转到西峰，只见穹窿下覆的山崖上面，后面又有一层山分别排列，两山之中敞开成峡谷。东面向下坠入高险的坑谷，坑谷后面就是高高簇拥而起的土山，在上面像背靠屏风一样，耸立的岩石，有的上面覆盖着平平的石板，有的中间剖开似斜斜的窗格子，石崖侧边有两个小孔如同鼻孔，蜂群出入在孔洞中，蜂蜜淋漓的附在孔洞下方，这是崖蜂的蜂巢。两个牧童说："三个月前有当地人用火熏蜜蜂取蜂蜜，蜂群已经离开很久了，今天竟然又筑成蜂巢了。"两个牧童争着用草去堵塞石孔，蜜蜂随即发出像敲铜鼓一样的嗡嗡声。我登高观看了很久，便沿着深坠坑谷的北边，向东顺着悬崖往下走，经过东面的石门外边，仍然让人一步一回头的不舍得离开。之前从里仁村远望这座山，峰顶耸立着一丛岩石，比不上晋宁州将军峰的雄伟出众，等到了这个地方，山石闭合曲折，层叠杂沓，玲珑剔透，变幻莫测，钟秀独异，确实呀，灵幻奇异的景致是不可以仅凭外表去寻求的！大体上，这座山峰西面倚靠大山，这里是大山向东面窜出来的一条支脉，峰顶中间是洼地，洼地内暴露出骨状的岩石，不像其他的山凭借外露见奇；只是峰顶上没有涵养着的晶莹水源和飞流的瀑布，山中很少有架设石梯的道路，所以免不了成为兔子狐狸的洞窟。老年傈僳族人说："这些石缝中的土最适宜种茶，种出来的茶味道远远超过其他地方。如今阮家已经买了这座山，将要建造房屋，招揽操行高雅的伴侣来开辟这片景色优美的地方，难道您就是那个人吗？"我没回应就离开了。确实啊，买山来居住，是没有能超过这个地方的了。

下山，仍过坞东，一里，经里仁村。东南一里，抵螳螂川之北，西望海口，有渡可往茶埠，而东眺濒川，石崖耸削。先从茶埠隔川北望，于巑岏嵌突中，见白垣一方，若有新茅架其上者；今虽崖石掩映，不露其影，而水石交错，高深嵌空，其中当有奇胜，遂东向从之。抵崖下，崖根插水，乱石潆洄，遂攀跻水石间。沿崖南再东，忽见石上有痕，蹑崖直上，势甚峻，挂石悬崖之迹，俱倒影水中。方下见为奇，又忽闻謦欬[①]声落头上，虽仰望不可见，知新茅所建不远矣。再穿下覆之石，则白垣正在其上。一道者方凿崖填路，迎余入坐茅中。其茅仅逾方丈，明窗净壁，中无供像，亦无爨具，盖初落成而犹未栖息其间者。道人吴姓，即西村海口人，向以贾游于外，今归而结净于此，可谓得所托矣。坐茅中，上下左右，皆危崖缀影，而澄川漾碧于前，远峰环翠于外；隔川茶埠，村庐缭绕，烟树堤花，若献影镜中；而川中凫舫[②]贾帆，鱼罾[③]渡艇，出没波纹间，棹影跃浮岚，橹声摇半壁，恍然如坐画屏之上也。

【注释】①謦欬：即咳嗽。亦借指谈笑，谈吐。②凫舫：形似浮游着的野鸭的小船。③罾（zēng）：古代一种用木棍或竹竿做支架的方形鱼网，俗称扳罾。

【译文】下山后，仍然经过山坞往东走，走了一里，经过里仁村。往东南走一里，到达螳螂川的北岸，向西远望海口，有渡船可以前往茶埠墩，而向东眺望濒临螳螂川，石崖陡削高耸。先前从茶埠墩隔着螳螂川向北望，在尖锐突立的山峰中，见到一堵白墙，好像有新建的茅屋架在那上面；今天虽然石崖掩映，没有露出它的身影，但河水山石交错，高山深入云空，其中应当有奇特优美的景色，于是往东向着那里走去。来到石崖下，石崖底部插入水中，乱石间流水潆洄，于是在其间涉水攀石，沿着石崖南面再往东走。忽然见到岩石上有水迹，一直上登山崖，地势十分陡峻，挂在岩石悬崖上的水迹，都倒映在水中。我正在为见到下边的景色感到惊奇，忽然又在头上听到咳嗽声，虽然抬头不能望见，但心知距离茅屋不远了。再穿过下覆的岩石，白墙正好就在岩石上方。一个道士正在凿石崖填路，他迎接我进茅屋中。这间茅屋每方仅一丈多些，窗户明亮，墙壁洁净，屋中没有供奉神像，也没有炊具，大概是刚刚落成还没有住人的房子。道人姓吴，是西边海口村的人，从前在外地经商，如今归乡后在此地建了这间净室，可说是找到托身的处所了。坐在茅屋中，上下左右，都是高险的山崖点缀着石影，而澄碧的螳螂川荡漾在前方，远处翠绿色的山峰环绕在外；隔着螳螂川的茶埠墩，村居房屋缭绕，烟云中的树丛，堤坝上的鲜花，倒映在如同镜子般的流水中；而河川中鸭子一样的小船、扬帆航行的商船，撒网捕鱼的渔舟和摆渡的小艇，出没在水波之间，船影漂浮跳跃在山间的云雾中，摇桨声响遍半座山，恍惚觉得如同坐在画屏之中了。

既下，仍西半里，问渡于海口村。南度茶埠街，入饭于主家，已过午矣。茶埠有舟，随流十里，往柴厂[①]载盐渡滇池。余不能待，遂从村西遵川堤而行。其堤自茶埠西达平定，随川南涯而筑之。盖川水北依北岸大山而西，其南岸山势层叠，中多小坞，故筑堤障川。堤之南，屡有小水自南峡出，亦随堤下注。从堤上西行，川形渐狭，川流渐迅。七里，有村庐倚堤，北下临川，堤间有亭有碑，即所谓柴厂也；按旧碑谓之汉厂，莫土官盐肆在焉。至此川迅石多，渐不容舟，川渐随山西北转矣，堤随之。又西北七里，水北向逼山入峡，路西向度坞登坡。又二里，数家踞坡上，曰平定哨[②]。时日色尚高，以土人言前途无宿店，遂止。

【注释】①柴厂：今作柴场。②平定哨：今作坪地哨。与上文柴厂皆在海口西北隅。

【译文】下山后，仍然向西走了半里，在海口村找到渡船。往南乘渡船到茶埠墩街上，进主人家吃完饭，已经过了中午了。茶埠墩有船，顺着螳螂川行船十里，前往柴厂装盐渡过滇池。我不能等，于是从村子往西沿着螳螂川的河堤走。这条堤坝从茶埠墩往西抵达平定哨，是沿着螳螂川的南岸修筑成的。大概是螳螂川的河水紧靠北岸的大山往西流，河流南岸的山势层层叠叠，山间有许多小山坞，所以筑堤阻拦河水。堤坝的南面，多次有小溪从南面的峡中流出来，也是顺着堤坝往下流淌。从堤坝上往西走，河道渐渐变窄，河中的水流渐渐迅疾起来。七里后，有村居房屋倚靠着河堤，北面下临螳螂川，堤坝上有亭子、有石碑，就是所谓的柴厂了；根据旧时的石碑，柴厂原称为汉厂，莫土官的盐铺在这里。来到这里，河流迅疾礁石很多，渐渐的容不下船了，螳螂川渐渐沿着山势向西北转去，堤坝也顺着河流转。又往西北走了七里，河水向北逼近大山流入峡谷，道路向西穿过山坞爬坡。又走了二里，有几户人家坐落在坡上，叫作平定哨。此时太阳还很高，因为当地人说前方的路上没有住宿的旅店，就停留下来。

二十六日　鸡再鸣，饭而出店，即北向循西山行。三里，曙色渐启。见有岐自西南来者，有岐自东北来者，而中道则直北逾坳。盖西界老山至此度脉而东，特起一峰，当关中突，障扼川流，东曲而盘之，流为所扼，稍东逊之，遂破峡北西向，坠级争趋，所谓石龙坝也。此山名为九子山，实海口下流当关之键，平定哨在其南，大营庄在其东，石龙坝在其北。山不甚高大，圆阜特立，正当水口，故自为雄耳。山巅有石九枚，其高逾于人，骈立峰头，土人为建九子母庙，以石为九子，故以山为九子母也。余时心知正道在中，疑东北之岐为便道，且可一瞰川流，遂从之。一里抵大营庄[①]，则川流轰轰在下，舟不能从水，陆不能从峡，必仍还大路，逾坳乃得；于是返辙，从峰西逾岭北下。共二里，有小水自西南峡来，渡之。复西上逾坡，则坡北峡中，螳川之水，自九子母山之东破峡北出，转而西，绕山北而坠峡，峡中石又横岨而层阂之，水横冲直捣，或跨石之顶，或窜石之胁，涌过一层，复腾跃一层，半里之间，连坠五六级，此石龙坝[②]也。此水之不能通舟，皆以此石为梗。昔治水者多燔[③]石凿级，不能成功，土人言凿而辄长，未必然也。

【注释】①大营庄：今作大鹰庄、大仁庄，在海口西北隅。②石龙坝：今名同。该村前河上有一条远望似龙的天然石坝，故名。利用其天然地形，1912年4月在这里建成我国第一座水电站——石龙坝水电站。③燔（fán）：焚烧。

【译文】二十六日　鸡第二次叫时，吃过饭后走出旅店，随即向北沿着西山走。走了三里，曙光渐渐露出来。见到有一条岔路从西南方前来，有一条岔路从东北方前来，而中间的大路则一直往北越过山坳。大致西面的大山延伸到此地，山脉向东延伸，唯独耸起一座山峰，突起在中间挡住关口，阻扼住螳螂川的水流，流水向东弯曲绕过这座山，河流被山扼住，渐渐向东退后，于是向西北冲破山峡，分级坠下，争相奔流，这就是所谓的石龙坝了。这座山叫九子山，实在是海口下游挡住关口的关键地点，平定哨在山的南面，大营庄在山的东面，石龙坝在山的北面。山不是很高大，圆圆的土山独自矗立着，正位于河口，所以自然显得很雄壮了。山顶有九块岩石，高的地方超过一个人，并立在峰头，当地人为此建了九子母庙，把九块岩石视为九子，因而把这座山当作九子的母亲。我此时心里知道正路在中间，但怀疑从东北方来的岔路是便道，而且可以再俯瞰一次螳螂川水，于是从这条路走。一里后到达大营庄，就见螳螂川的流水在下方轰轰作响，船不能从水路走，陆地上不能从峡谷中走，必须仍旧返回到大路上，越过山坳才行；于是原路返回来，从山峰西面越过山岭往北下行。共走了二里，有条小溪从西南面的峡谷中流出来，渡过溪水。又往西上爬山坡，只见山坡北面的峡谷中，螳螂川的水流，从九子母山的东边冲破山峡向北流出来，转向西，绕到山的北面坠入峡谷，峡中的巨石又横挡在水中层层阻碍着河水，河水横冲直撞，有的跨过岩石顶上，有的窜过岩石侧旁，涌过一层，再腾空跃过一层，半里路之间，一连下坠五六层，这就是石龙坝了。这段河水之所以不能行船，都是因为这些石头在作梗。从前治水的人多次用火烧石头或凿掉这些台阶样的岩石，但没能成功。本地人说，石头被凿掉后会再次长出来，我看未必真是这样。

石级既尽，峡亦北转。路从峡西山上，随之北行。下瞰级尽处，峡中有水一方，独清潴，土人指为青鱼塘[①]，言塘中青鱼大且多。按《志》，昆阳平定乡小山下有三洞，泉出汇而为潭，中有青鱼、白鱼，俗呼随龙鱼，岂即此耶？北二里，峡稍开，有村在其下，为青鱼塘村。北二里，西北蹑一岭，此岭最高，始东见观音山与罗汉寺碧鸡山，两峰东峙。又北见遥山一重，横亘众山之北，西尽处特耸一峰最高，为笔架山；其西又另起一峰，与之骈立，则老龙之龙山也；东尽处分峙双岫，亦最高，为进耳山，其南坳稍伏而豁，则大道之碧鸡关也。两最高之间，有尖峰独锐，透颖于横脊之南，是为龙马山，其下则沙河之水所自来也。惟西向诸山稍伏而豁，大道之往迤西者从之，而老脊反自伏处南度。老龙之脊，西北自丽江、鹤庆东，南下至楚雄府[②]南，又东北至禄丰、罗次北境[③]，又东至安宁州西北境，东突为龙山；遂南从安宁州之西，又南度三泊县[④]之东，又南向绕昆阳州之西南，乃折而东经新兴州北，为铁炉关；又东经江川县北，为关索岭，又东峙为屈颡巅山，乃折而东北，为罗藏山，则滇池、抚仙湖之界脊也。

【注释】①青鱼塘：今名同，又省称青鱼，在海口西北隅。②楚雄府：明洪武十五年（1382）废威楚路置，属云南布政司。治所在楚雄县（今云南楚雄）。辖境约当今云南楚雄彝族自治州南部。③禄丰：明为县，隶安宁州，即今禄丰县。罗次：明为县，隶云南府，治今禄丰县东北境的碧城镇。④三泊县：元至元十三年（1276）置，属昆阳州，治所在今云南安宁市西南。《方舆纪要》卷114三泊县："望洋、鸣矣、利资三河萦抱县治，是为三泊，下流入于滇池。"清康熙八年（1669）废入昆阳州，雍正三年（1725）以原辖境改属安宁州。

【译文】层层台阶状的岩石到头后，山峡也向北转去。道路从峡谷西面的山上向下延伸，顺着峡谷往北走。向下俯瞰台阶状岩石的尽头，峡中有一方池水，独自汇积着清水，当地人指说是青鱼塘，池塘中青鱼又大又多。根据《志》书记载，昆阳州平定乡的小山下有三个洞，泉水流出积聚在一起形成深潭，潭中有青鱼、白鱼，人们俗称为随龙鱼，难道就是这里？向北走了二里，往西北上登一座山岭，这座山岭最高，开始见到东面的观音山与罗汉寺所在的碧鸡山，两座山峰耸峙在东边。又见到北面远远的有一重山，横亘在群山的北面，独自耸立在西面的尽头处有一座最高峰，是笔架山；笔架山西面又另外耸起一座山峰，与它并排耸立，那是老龙山系主脉的主峰；东面的尽头处分别屹立着两座山峰，也最高，是进耳山，山峰南面的山坳比较低平开阔，就是大路经过的碧鸡关了。两座最高的山峰之间，有座尖峰独具尖锐，像锥子一样在横向山脊的南面显透出来，那是龙马山，山下就是沙河水的源头了。唯有西面的群山稍微低平

开阔一些，前往滇西的大路就是从这里走，可山脉主脊反而在这从这低平的地方向南延展。老龙山系主脉的山脊，西北方起自丽江府、鹤庆府东部，往南下延到楚雄府南部，又往东北延伸到禄丰县、罗次县北部境内，再往东延伸到安宁州西北境内，向东突起成为龙山；随后从安宁州的西部，又往南延伸到三泊县的东部，再向南绕到昆阳州的西南部，于是转向东经过新兴州北面，成为铁炉关；又往东延经江川县的北部，形成关索岭，又往东耸峙为屈颡巅山，进而折向东北延伸，形成罗藏山，就是滇池、抚仙湖分界的山脊了。

始西一里，逾其巅。又西北下一里，则螳川之水，自岭之北麓环而西，又转而南。岭西有村，濒川而居，置渡川上，是曰武趣河，昆阳西界止此，过渡即为安宁州界。武趣之河，绕村南曲，复转西峡去；路渡河即西北上坡。连越土垅二重，共五里，北下，有水一塘在东坞中。又北二里，有水一塘在西坞中。又北一里半，有村在路东。又北一里半，坡乃北尽，坡北始开东西大坞。乃下坡西向行坞中，二里，有水东北自北界横亘中尖峰下来，是为沙河，其流颇大，石梁东西跨之。河从梁下南去，螳川之水，自武趣西峡转而北来，二水合于梁南，半里，遂西北至安宁州城之南，于是北向经城东而北下焉。过沙河桥，又西北一里，则省中大道自东北来，螳大川自城南来，俱会于城东，有巨石梁东西跨川上，势甚雄壮。

【译文】开始往西行走一里，越过岭头。又从西北下山一里，只见螳螂川的河水，从山岭的北麓向西环流，再转向南流去。山岭西面有个村子，濒临螳螂川而居，河岸上设有渡口，这里叫作武趣河，昆阳州的西部地界到此为止，过了渡口就是安宁州的地界。武趣河的河水，绕着村子向南弯曲，又转向西面的峡中流去；道路渡过河随即向西北上坡。一连越过两重土陇，总共五里，往北下行，有一个水塘在东边山坞中。又往北走二里，有一个水塘在西边的山坞中。再往北走一里半，有个村子在道路东面。又往北走了一里半，在北面的尽头有一山坡，山坡北面始发处有一个开阔的东西向的大山坞。于是下坡在山坞中向西前行，走了二里，有条河流东北向从北面横亘的尖峰群中奔流下来，这是沙河。沙河水流很大，石桥东西向跨过河流。沙河从桥下往南流去，螳螂川的河水，从武趣河西面的峡中转向北流来，两条河水在桥南合流，半里后，就向西北流到安宁州城的南面，进而向北流经州城东面后再往北流下去。过了沙河桥，又往西北走了一里，就见通往省城的大路从东北方过来，宽大的螳螂川从州城南面流来，都在州城东边会合，有座巨大的石桥东西向横跨在螳螂川上，气势非常雄壮。

过梁即为安宁城[①]。入其东门，阛阓颇集，乃沽饮于市，为温泉浴计。饮毕，忽风雨交至。始持伞从南街西行，已而知道禄裱[②]大道，乃返而至东门内，从东街北行。半里，过州前，从其东复转北半里，有庙门东向，额曰“灵泉”，余以为三潮圣水也，入之。有巨井在门左，其上累木横架为梁，栏上置辘轳[③]以汲，乃盐井也。其水咸苦而浑浊殊甚，有监者，一日两汲而煎焉。安宁一州，每日夜煎盐千五百斤。城内盐井四，城外盐井二十四。每井大者煎六十斤，小者煎四十斤，皆以桶担汲而煎于家。

【注释】①安宁城：明置安宁州，隶云南府，即今安宁市。②禄裱：亦作禄脿，明设巡检司。今名同，在安宁市西隅。禄裱大道即从昆明经过禄裱通往滇西的大道，今公路仍从此经过。③辘轳（lù lù）：安装在井上的提水装置。井上树立支架，上装可用手柄摇转的轴，轴上绕绳索系桶。摇转手柄提起水桶，即可汲取井水。

【译文】过了这座桥就是安宁州城。进入城东门，街市相当热闹，于是在集市中买酒喝，为去温泉洗浴做准备。喝完酒，风雨忽然交加而来。开始时打着伞从南街往西走，不久知道这是去禄裱的大路，就返回来走到东门内，从东街往北走。走了半里，经过州衙前，从州衙东面再转向北走半里，有座庙门向东的庙，匾额上写着“灵泉”二字，我以为是三潮圣水，走进庙内。有口巨大的水井在山门左边，井上累着木头横架成横梁，井栏上安设了辘轳用来汲水，是口盐井。井水味道咸苦而且特别浑浊，有监管的人，一天汲水两次去煮盐。安宁一个州，每天日夜煮盐一千五百斤。城内有四个盐井，城外有二十四个。每口井大的煮盐六十斤，小的煮盐四十斤，都是用桶汲水挑回家去煮盐。

又西转过城隍庙而北，半里，出北门。风雨凄凄，路无行人，余兴不为止，冒雨直前。随螳川西岸而北，三里半，有村在西山麓，其后庙宇东向临之，余不入。又北二里半，大路盘山西北转，有岐下坡，随川直北行。余乃下从岐，一里半，有舟子舣[①]舟渡，上川东岸，雨乃止。复循东麓而北，抵北岭下，川为岭扼，西向盘壑去，路乃北向陟岭。岭颇峻，一里逾岭北，又一里，下其北坞，有小水自东北来，西注于川，横木桥度之。共一里，又西北上坡，有村当坡之北，路从其侧，一里，逾坡而北。再下再上，共三里，西瞰螳川之流，已在崖下。崖端有亭，忽从足底涌起，俯瞰而异之。亟舍路西向下，入亭中，见亭后石骨片片，如青芙蓉涌出。其北复有一亭，下乃架木而成者。瞰其下，则中空如井，有悬级在井中，可以宛转下坠。余时心知温泉道尚当从上北行，而此奇不可失，遂从级坠井下。其级或凿石，或嵌木，或累梯，共三转，每转约二十级，共六十级而至井底。井孔中仅围四尺，其深下垂及底约四五丈。井底平拓，旁裂多门，西向临螳川者为正门，南向者为旁门。旁门有屏斜障，屏间裂窍四五，若窗棂户牖，交透叠印，土人因号之曰“七窍通天”。“七窍”者，谓其下之多门；“通天”者，谓其上之独贯也。旁门之南，崖壁巉削，屏列川上；其下洞门，另辟骈开，凡三四处，皆不甚深透，然川漱于前，崖屏于上，而洞门累累，益助北洞之胜。再南，崖石转突处，有一巨石下坠崖侧，迎流界道，有题其为“醒石”者，为冷然笔。冷然，学道杨师孔号。杨系贵州人。石北危崖之上，有大书“虚明洞”三大字者，高不能瞩其为何人笔。其上南崖，有石横斜作垂手状，其下亦有洞西向，颇大而中拓，然无嵌空透漏之妙。“虚明”二字，非北洞不足以当之。“虚明”大书之下，又有刻“听泉”二字者，字甚古拙，为燕泉笔。燕泉，都宪何孟春号。何，郴州人，又自叙为吾邑。又其侧有“此处不可不饮”，为升庵笔，升庵，杨太史慎号。而刻不佳，不若中洞。门右有“此处不可不醉”，为冷然笔，刻法精妙，遂觉后来者居上。又“听泉”二字上，刻醒石诗一绝，标曰“姜思睿”，而醒石上亦刻之，标曰“谱明”。谱明不知何人，一诗二标，岂谱明即姜之字耶？此处泉石幽倩，洞壑玲珑，真考槃[②]之胜地，惜无一人栖止。大洞之左，穹崖南尽，复有一洞，见烟自中出，亟入之。其洞狭而深，洞门一柱中悬，界为二窍，有儸儸囚发[③]赤身，织草履于中，烟即其所炊也。洞南崖尽，即前南来之坞，下而再上处也。

【注释】①舣（yǐ）：停船靠岸。②考槃（pán）：指隐居。③囚发：头发蓬乱，如囚犯样。

【译文】又向西转过城隍庙往北走半里，出离北门。风雨凄凄，路上没有行人，我的兴趣没有因此打消，冒雨一直前行。沿着螳螂川的西岸往北走，走了三里半，有个村子在西山的山麓下，村后有座庙宇向东下临村子，我没有进去。又往北走了二里半，大路绕着山向西北转去；有条岔路下坡，沿着螳螂川笔直地向北走。我于是下坡从岔路走了一里半，有船夫停船摆渡，渡河走上螳螂川东岸，雨才停了。又沿着山东麓往北走，到达北面的山岭下，螳螂川被这座山岭阻挡，向西绕着壑谷流去，路于是向北翻越山岭。山岭十分陡峻，一里后越到山岭北面，又走了一里，下到岭北的山坞中，有条小溪从东北方流来，向西注入螳螂川，横架木桥跨过小溪。总共一里，又向西北上坡，有个村子在山坡北面，路从村子侧边过去，一里后，越过山坡往北走。两上两下，共走了三里，向西俯瞰螳螂川的流水，已经在山崖的下方。山崖前端有座亭子，忽然从脚底涌起，俯瞰着亭子，心里感到很奇异。急忙离开道路向西下山，步入亭子中，见到亭子后面骨状的岩石片片，如同青色的莲花涌出。亭子北边又有一座亭子，是下方架木头建成的亭子。俯瞰亭子下方，中空如井，井中有高悬的阶梯，可以盘旋着下坠。我当时心里知道去温泉的路应当还要从这里往北上行，但是此处的奇异景致不可错失，于是就沿着阶梯下坠到井中。那阶梯有的是凿石而成，有的是木头嵌入石壁上建成，有的架着木梯，总共转折三次，每转折一次约有二十级，共六十级才到达井底。

井洞中周围仅有四尺，井的深处下垂到井底约有四五丈。井底平整，四旁裂开多处石门，向西面临螳螂川的是正门，向南的是旁门。旁门中裂开四五个石窍，好像门窗一样，交相连通，重叠辉映，当地人因而把这里称为“七窍通天”。“七窍”指的是井下面有许多石门；“通天”是指井上面独自贯通下来。旁门的南边，崖壁高险陡削，像屏风一样排列在螳螂川岸上；它下面的洞口，另外并列张开，共有三四处，都不怎么深而且不通透，然而河水冲刷在洞前，悬崖如同屏风立在上边，而且洞口层层叠叠，愈加有助于增添北洞的胜景。再往南，石崖转向突出之处，有一块巨石下坠到崖壁侧边，迎着水流阻断道路，有人在巨石上题写“醒石”二字，是冷然的笔迹。冷然，是学道衙门杨师孔的号。杨师孔是贵州人。巨石北边高险的崖壁上，有人大大地写着“虚明洞”三个字，高得不能让人看清楚那是什么人的笔迹。这里上边南面的山崖上，有岩石横着斜出来作出手臂下垂的样子，它的下面也有洞，洞口向西，洞中很大而且中间平整，然而没有嵌入空中透风漏光的妙趣。“虚明”二字，除了北洞其它的洞不足以配得上。“虚明”大字的下方，又刻有“听泉”二字，字迹非常古朴，是燕泉的笔迹。燕泉，是总督何孟春的号。何孟春，湖南郴州人，又自已说是我家乡的人。在它的侧边又刻有“此处不可不饮”几个字，是杨升庵的笔迹。升庵，是太史杨慎的号。然而刻工不好，比不上中洞。洞口右边刻有“此处不可不醉”几个字，是冷然的笔迹，刻工手法精妙，于是有后来居上的感觉。再有，“听泉”二字的上边，刻有一首醒石诗绝句，标明“姜思睿”，可醒石上也刻有这首诗，标明“谱明”。不知道谱明是什么人，同一首诗题两个名，莫非谱明就是姜思睿的字？此处泉水山石幽静优美，岩洞沟壑玲珑剔透，实在是贤者隐居的绝好地方，可惜没有一个人栖身于此。大洞的左边，穹窿崖壁南面的尽头处，又有一个洞，我见到有烟火从洞中飘出来，急忙进洞去。这个洞又窄又深，洞口一根石柱悬在中央，隔为两个石窍，有个傈傈族人蓬头乱发、赤着身子，在洞中织草鞋，火烟就是他煮饭升起的。洞南面崖壁到了尽头，就是先前从南面过来的山坞，也是我下去又上来的地方。

时顾仆留待北洞，余复循崖沿眺而北。北洞之右，崖复北尽，遂蹑坡东上，仍出崖端南来大道。半里，有庵当路左，下瞰西崖下，庐舍骈集，即温泉在是矣。庵北又有一亭，高缀东峰之半，其额曰“冷然”。当温泉之上，标以“御风”之名，杨君可谓冷暖自知矣。由亭前蹑石西下，石骨棱厉。余爱其石，攀之下坠，则温池在焉。池汇于石崖下，东倚崖石，西去螳川数十步。池之南，有室三楹，北临池上。池分内外，外固清莹，内更澄澈，而浴者多就外池。内池中有石，高下不一，俱沉水中，其色如绿玉，映水光艳烨然。余所见温泉，滇南最多，此水实为第一。池室后，当东崖之上，有佛阁三楹，额曰“暖照”。南坡之上，有官字三楹，额曰“振衣千仞”。皆为土人锁钥，不得入。

【译文】这时顾仆留在北洞中等我，我再次沿着崖壁边沿眺望北方。北洞的右边，山崖又到了北边的尽头，于是我踏着山坡向东上行，仍然出到山崖前端从南面来的大路上。半里后，有座寺庵位于道路左边，往下俯瞰西面山崖的下方，房屋群集，就是温泉的所在地了。寺庵北边又有一座亭子，高高地点缀在东峰的半山腰上，亭子的匾额上写着“冷然”。正当温泉的上方，题写了“御风”的名字，杨君可称得上是冷暖自知了。由亭子前踩着岩石向西下行，骨状的岩石棱角锋利。我喜爱这些石头，攀着岩石下坠，温泉的浴池就在那里了。浴池汇积在石崖下，东边倚靠着崖石，西面距螳螂川几十步。浴池的南面，有三间房屋，在北边面临池水之上。浴池分为内池、外池，外池水本来就清澈晶莹，内池的水更加澄澈，而洗浴的人大多在外池。内池水中有石头，高低不一，都沉入水中，石色像绿玉，把池水映照得光辉艳丽。我所见过的温泉，滇南最多，而这个泉水实在是称得上第一。浴池的房子后面，在东面的山崖之上，有三间佛阁，匾额上题有“暖照”二字。南面的山坡之上，有三间官府的房屋，匾额上题写“振衣千仞”的大字。两个地方都被当地人锁起来，不能够进去。

余浴既，散步西街，见卖浆及柿者，以浴热，买柿啖之。因问知虚明之南，尚有云涛洞，川之西岸，曹溪寺旁，有圣水，相去三里，皆反在其南，可溯螳川而游也。盖温池之西滨螳川东岸，夹庐成衢，随之而北，百里而达富民。川东岸山最高者为笔架峰，即在温池东北，《志》所谓岱晟山也；川西岸山最高者为龙山，曹溪在其东陇之半，《志》所谓葱山也。二山夹螳川而北流，而葱山则老脊之东盘者矣。余时抵川上，欲先觅曹溪圣水，而渡舟在川西岸，候之不至，遂南半里，过虚明诸洞下。南抵崖处，坡曲为坞，宜仍循川岸而南，以无路，遂上昔来大路隅，由小岐盘西崖而南。亦再下再上，一里半，有一村在坡南，是为沈家庄[①]。老妇指云涛洞尚在南坡外。又南涉坞，半里登坡，路绝而不知洞所在。西望隔川，有居甚稠，其上有寺，当即曹溪。有村童拾薪川边，遥呼而问所谓云涛洞者，其童口传手指，以川隔皆不能辨。望见南坡之下，有石崖一丛，漫趋之。至其下，仰视石隙，丛竹娟娟，上有朱扉不掩。登之，则磴道逶迤，轩亭幽寂，余花残墨，狼藉蹊间，云牖石床，离披洞口。轩后有洞门下嵌，上有层楼横跨，皆西向。先登其楼，楼中供大士诸仙像，香几灯案，皆以树根为之，多有奇古者。其南有卧室一楹，米盎书簏，犹宛然其内，而苔衣萝网，封埋已久，寂无径行，不辨其何人所构，何因而废也。下楼入洞，初入若室一楹，侧有一窞，下陷窈黑。其北又裂一门，透裂入，有小窍斜通于外，见竹影窜入，即随黑而下。南下杳不知其所底，北眺亦有一牖上透，第透处甚微，光不能深烛，以手扪隘，以足投空，时时两无所著，又时时两有所碍。既至其底，忽望西南有光烨然，转一隘，始见其光自西北顶隙透入，其处底亦平，而上复穹焉高盘。倏然有影掠隙光而过，心异之，呼顾仆，闻应声正在透光之隙，其所过影即其影也。复转入暗底，隙隘崖悬，无由著足，然而机关渐熟，升跻似易，觉明处之魂悸，不若暗中之胆壮也。再上一层，则上牖微光，亦渐定中生朗，其旁原有细级，宛转崖间，或颓或整，但初不能见耳。出洞，仍由前轩出扉外，见右崖有石刻一方，外为棘刺结成窠网，遥不能见。余计不能去，竟践而入之，巾履俱为钩卸，又以布缚头护网，始得读之。乃知是庵为天启丙寅州人朱化孚所构。朱，壬辰进士。其楼阁轩亭，俱有名额，住山僧亦有名有诗，未久而成空谷，遗构徒存，只增慨耳！

【注释】①沈家庄：今名同，在螳螂川东岸与曹溪寺相对。

【译文】我沐浴后，在西街散步，见有卖浆水和柿子的人，由于沐浴后很热，就买了柿子吃。借此询问得知虚明洞的南面还有个云涛洞，在螳螂川的西岸曹溪寺旁边，有处圣水，相距三里，都反而在温泉的南面，可以逆着螳螂川前去游览。原来温泉浴池的西边滨临螳螂川的东岸，房屋相夹形成街道，顺着道路往北走，一百里后到达富民县。螳螂川东岸最高的山是笔架峰，就在温泉浴池的东北面，就是《志》书所记载的岱晟山了；螳螂川西岸最高的山是龙山，曹溪寺在龙山东面土陇的半山腰上，就是《志》书所记载的葱山了。两座山夹着螳螂往北流去的川，而葱山就是山系主脉往东盘绕的山脉。我此时来到螳螂川岸上，想先去找寻曹溪寺和圣水，可渡船在河的西岸，等船不见来，就往南走了半里，路过虚明等洞的下方。南面到达山崖尽头处，山坡低曲为山坞，应该顺着河岸往南走，因为没有路，我就上到先前来时的大路边，从一条小岔路绕着西面的山崖往南走。也是两上两下，一里半后，有个村子在山坡南边，这里是沈家庄。一位老妇人指路说，云涛洞还在南面的山坡以外的地方。又往南涉过山坞，爬坡半里，路到了尽头却不知道洞在哪里。隔着螳螂川向西望去，有民居十分稠密，山上有佛寺，应当就是曹溪寺。有个村童在螳螂川边拾柴火，于是远远地向他打听所谓的云涛洞，那个儿童嘴说手指，但因为隔着汉所以分辨不清。望见南面山坡之下，有一丛石崖，便慌不择路地朝着那里赶过去。到了石崖下，仰面看到石头缝隙中，竹丛娟秀，上面有朱红色的大门没有关上。登山，就见路上的石阶弯弯转转，轩敞的亭子幽雅寂静，残余下的花卉墨迹，在小路上杂乱不堪，窗框和石床，散乱地放在洞口。前廊后面有个洞口往下深嵌，洞口上横跨着一层楼，都是面向西。先登上那座楼，楼中供奉着观音大士等众位神仙的塑像，敬香放灯的茶几桌案，都是用树根做成的，多有奇特古旧的意蕴。楼中靠南有一间卧室，米瓮书箱还宛然在房中,可是苔藓满地、藤萝网布,尘封已经很久了,空寂无人,小路上无人行走,不晓得是什么人修建的,又是什么原因废弃了。下楼来进洞,起初进去好像一间房,旁边有一个深坑,又深又黑地陷下去。它的北面又裂开一道石门,钻过裂缝进去,有个小孔洞斜斜地通到外面,看得见竹子的影子映射进来,随即深入黑暗往下走。往南下去深远得不知道洞底在哪里,向北眺望也有一个石窗在上面透进亮光来,只是透亮的地方光线十分微弱,光线不能照到深处,我在狭窄的地方用手摸索着,在悬空的地方用脚探路,手脚时时没有附着处,又时时都被挡住,下到洞底后。忽然望见西南方有明亮的光照,转过一段狭窄处,才见到那亮光是从西北面洞顶的裂缝中射进来的,此处的洞底也很平整,可洞的上方又呈圆盘状高高的穹窿而起。突然裂缝的亮光处有一个身影一闪而过,我心里感到很奇怪,呼喊顾仆,听到回答的声音正在透进亮光的裂缝处,他走过的身影就是闪动的那个影子了。再转进黑暗的洞底,裂缝狭窄崖壁高悬,无处落脚,然而我对关键的地方渐渐熟悉了,往上爬似乎容易些,感觉到明处反而心惊胆战,不如在黑暗中可以壮胆了。再爬上去一层,就见上面的石窗透出的微弱亮光,也渐渐稳定明亮,原来身旁有条细小的石阶,在石崖上弯来绕去,有的坍塌了,有的很完整,只是起初我没能看见罢了。出洞来,仍旧经由前边的前廊出到门外,见到右边的山崖上有一块石刻,外面被荆棘笼罩形成网状的鸟窝,远处看不见。我估计不能去掉这些荆棘刺丛,就径直踩着荆棘刺丛进去,头巾、鞋子都被刺勾掉了,又用布包住头防护那网状的荆棘,这才得以读碑文。于是知道这座寺庵是天启六年(丙寅,1626)安宁州人朱化孚修建的。朱化孚,是万历二十年(1592)壬申科进士。这里的楼阁轩亭,都有名字、匾额,住在山中的僧人也有姓名、有诗文,没多久就变成了空寂的山谷，遗留下的建筑却保存了下来，这只能让人增添感概罢了！

既下至川岸，若一航渡之，即西上曹溪。时不得舟，仍北三里至温泉，就舟而渡，登西岸，溯川南行。望川东虚明崖洞，若即若离，杳然在落花流水之外。南一里，又见川东一崖，排突亦如虚明，其下亦有多洞迸裂，门俱西向，有大书其上为“青龙洞”、为“九曲龙窝”者，隔川望之，不觉神往。土人言此二洞甚深，篝火以入，可四五里，但中黑无透明处。此洞即在沈家庄北，余前从虚明沿川岸来，即可得之，误从其上，行崖端而不知，深为怅怅；然南之云涛，北之虚明，既已两穷，此洞已去而复得之对涯，亦未为无缘也。又南一里，抵川西村聚。从其后西上山，转而南，又西上，共一里，遂入曹溪寺①。寺门东向，古刹也。余初欲入寺觅圣泉，见殿东西各有巨碑，为杨太史升庵所著，乃拂碑读之，知寺中有优昙花树诸胜，因觅纸录碑，遂不及问水。是晚，炊于僧寮，宿于殿右。

【注释】①曹溪寺：为昆明著名古寺之一，在云南省安宁市区西北的螳螂川西岸。传为禅宗第六祖唐初慧能法师之弟子，从韶州（治今广东韶关市南）曹溪宝林寺来此建寺，故名。历代重修。寺内建筑有山门、左右庑廊、钟鼓楼、大雄宝殿及后殿。大雄宝殿坐西向东，梁架结构保留宋元建筑风格，供奉释迦牟尼泥塑像，后殿内供奉宋代木雕华严三圣像。殿前檐下有一圆形小窗，据传每逢甲子年中秋之夜，月光透过小窗直射佛像额端，随明月渐升，圆镜般的月光沿鼻梁徐徐下移至脐，此即“天涵宝月”“月映佛肚”的曹溪奇景。后殿左壁嵌有明代文学家杨慎谪官云南时撰《重修曹溪寺记》石刻一方，集唐人李邕字刻成。寺南有珍珠泉，泉水甘洌清澈，水泡冉冉浮升，犹如串串珍珠，饶有情趣。

【译文】已经下到河岸上，如果有一条船渡河，马上就可以往西上曹溪寺。这时找不到船，仍然往北走了三里到达温泉，上船渡河，登上西岸，逆着螳螂川往南走。望见螳螂川东岸的虚明岩洞若即若离，遥远的处在落花流水之外。往南走了一里，又见到螳螂川东岸有一座山崖，也像虚明洞一样横排突立，山崖下面也有很多迸裂开的岩洞，洞口都是向西，崖壁上写有“青龙洞”“九曲龙窝”的大字，隔着河水远望，不觉令人神往。当地人说，这两个洞非常深，我点燃火把进洞，可以走四五里，但是洞中漆黑，没有透进亮光的地方。这个洞就在沈家庄的北面，我先前从虚明洞沿着河岸走来，就能够找到它，却错从它的上面走，走到山崖边却不知道，深深地为此怅恨；不过南面的云涛洞，北面的虚明洞，两个洞都已经穷究了，这里的洞已经离开却又再在对岸见到它，也未必是没有缘分。又往南走了一里，到达河西面的村落。从村后向西上山，转向南，又往西上行，共走了一里，就进入曹溪寺。寺门向东，是座古庙。我最初想进寺寻觅圣泉，看见大殿东西两面各有一块巨大的石碑，是太史杨升庵撰写的，于是拂拭石碑读碑文，知道寺中有优昙花树等胜景，于是找来纸笔抄录碑文，因而来不及去看圣水。这天晚上，在僧人的小屋里做饭，住在大殿右边。

二十七日　晨起，寒甚。余先晚止录一碑，乃殿左者，录未竟，僧为具餐，乃饭而竟之。有寺中读书二生，以此碑不能句，来相问，余为解示。二生：一姓孙，安宁州人；一姓党，三泊县人。党生因引余观优昙树。其树在殿前东北隅二门外坡间，今已筑之墙版中，其高三丈余，大一人抱，而叶甚大，下有嫩枝旁丛。闻开花当六月伏中，其色白而淡黄，大如莲而瓣长，其香甚烈而无实。余摘数叶置囊中，遂同党生由香积[①]北下坡，循坳而北，一里半，观圣泉[②]。泉从山坡大树根下南向而出，前以石环为月池，大丈余，潴水深五六寸余，波淙淙由东南坡间泻去。余至当上午，早潮已过，午潮未至，此正当缩时，而其流亦不绝，第潮时更涌而大耳。党生言，穴中时有二蟾蜍出入，兹未潮，故不之见，即碑所云"金鼀[③]"，号曰"神泉"者矣。月池南有亭新构，匾曰"问潮亭"，前巡方使关中张凤翮为之记。党生又引余由泉西上坡，西北缘岭上，半里，登水月庵。庵东北向，乃葱山之东北坳中矣。庵洁而幽，为乡绅王姓者所建。庭中水一方，大仅逾尺，乃建庵后斸[④]地而出者。庵前有深池，泉不能蓄也。既复下至圣泉，还至曹溪北坡坳，党生别余上寺，余乃从岐下山。

【注释】①香积：即寺中的厨房。②圣泉：《寰宇通志》云南府井泉："海眼泉，在安宁州治北，每日三潮，随涌随涸，世传戒照禅师卓锡所穿之泉。"今被围存。③鼀(qiū)：即蟾蜍，癞蛤蟆为其中的一种。④斸(zhú)地：掘地。

【译文】二十七日　早晨起床，天气十分寒冷。我昨天晚上只抄录了一块碑，是大殿左边的。碑文还没抄录完，僧人为我备好了早餐，于是吃过饭后才把它抄录完。有两个在寺中读书的书生，因为不能对这块碑的碑文断句，前来相问，我为他们讲解。两个书生，一个姓孙，是安宁州人；一个姓党，是三泊县人。姓党的书生因此带我去观看优昙树。这棵树在大殿前方东北角二门外的坡地上，如今已被围在修筑好的板墙中，树高三丈多，大处要一个人合抱，而且树叶非常大，下面有成丛的嫩枝从旁边长出来。听说开花要在六月份的初伏天，花色白中带淡黄，大如莲花而且花瓣长，花香十分浓烈却不会结果实。我摘了几片树叶放在口袋中，于是随同党姓的书生从寺中的厨房北边下坡，沿着山坳往北走了一里半，观看了圣泉。泉水从山坡上的大树根下向南流出来，前方用石块围成半月形的水池，大有一丈多，积水深五六寸有余，泉水淙淙向东南边的山坡流泻而去。我到时正是上午，泉水的早潮已经过去，午潮还没到来，此时正是泉水收缩的时候，然而泉水水流不断，只不过涨潮时涌出的泉水更大而已。党姓的书生说，洞穴中不时有两只蛤蟆出入，现在没涨潮，所以见不到蛤蟆，就是碑文中记载的“金醄”，号称“神泉”的地方了。半月形水池南边有座新建的亭子，匾额上写着“问潮亭”，前任巡方使关中人张凤翮为亭子作了一篇记文。党姓的书生又带着我由泉水向西上坡，往西北沿着山岭上行，走了半里，登上水月庵。水月庵面向东北，位于葱山东北面的山坳中。寺庵整洁而幽静，是姓王的乡绅修建的。庭院中有一池水，大处仅超过一尺，是建好寺庵后掘地出水而成的水池。庵前有个深水池，不能蓄积泉水。不久，又下到圣泉，返回到曹溪寺北面山坡的山坳中，党姓的书生告别我上曹溪寺，我便从岔路下山。

一里，抵昨村后上山处。由村后南行半里，复东望川东回曲中，石崖半悬，飞楼临丹，即云涛洞也。川水已从东盘曲，路犹循西山南向下，因其山坞自南而转也。一里余，始循南山而东。二里，则其川自坞北曲而南，与路遇，既过，路又循东山溯溪转而北，一里，乃东向陟南山之北，一里，乃转东南行。一里，南陟一西来之峡，又南上坡。一里，与前来温泉渡西大道合，始纯南行。六里，入北城门。见有二女郎，辫发双垂肩后，此间幼童女，辫发一条垂脑后。女郎及男之长者，辫发两条垂左右耳旁。女仍用包髻，男仍用巾帽冠其上。若㑩㑩则辫发一条，周环于脑额，若箍其首者。又有男子未冠[①]者，从后脑下另挽一小髢[②]若螺，缀于后焉。手执纨扇[③]，嫣然在前，后有一老妇随之，携牲盒纸锭，将扫墓郊外。此间重十月朝祭扫。家贫不及者，至月终亦不免也。南中所见妇女，纤足姣好，无逾此者。入城一里半，饭于东关，乃出，逾巨石梁，遵大道东北行。半里，有小溪自东坞来，溯之行。从桥南东去，三里半，上坡。又一里，逾东安哨岭。岭不甚峻，东北从横亘大山分陇西南下，为安宁东第一护城之砂者也。过岭东下，始见沙河之水自东北来。随其坞东入，过站摩村，共十五里，为始甸铺[④]。又四里，过龙马山，屼屼[⑤]北透，横亘大山之南。路绕其前而东，又四里，始与沙河上流之溪遇。有三巩石梁东跨其上，是曰大桥。其水自东北进耳二尖峰西、棋盘山南峡来，西南至安宁城东，南入于螳川者也。又半里，东上坡，宿于高枧桥村[⑥]。

【注释】①冠（guàn）：帽子。古时男子二十岁时必须举行加冠仪式，正式戴上帽子，表示已经成年。未冠，即年龄还不到二十岁。②髢（dí）：即发髻。③纨（wán）扇：用细绢制成的团扇。④始甸铺：今仍称始甸村。⑤屼（wù）屼：山耸立貌。⑥高枧桥村：今作高枧槽。与始甸铺皆在今安宁市东。

【译文】走了一里后，抵达昨天从村后上山的地方。由村后往南走半里，又向东望见螳螂川往东的弯曲之处，石崖悬在半空中，飞空的高楼面临着红日，就是云涛洞了。河水已向东弯曲，道路还是沿着西山向南下行，顺着这个山坞从南面转过去。走了一里多，开始沿着南山往东走，二里后，就见螳螂川从山坞的北面转向南流，与道路相遇，过了螳螂川，道路又沿着东山逆着溪流转向北，走了一里，就向东上登南山的北麓，一里后，转向东南。走了一里，往南涉过一条西面来的山峡，又向南上坡。一里后，与先前来温泉时渡到螳螂川西岸的大路会合，开始一直往南走。六里后，进入安宁州北城门。见到有两个女郎，一双发辫垂在肩后，这一带年幼的女童，是编一条发辫垂在脑后。女郎及年纪大的男子，是编两条发辫垂在左右耳旁。女子仍然用布包发髻，男人仍然用头巾、帽子戴在头上。如果是僰僰族人就编一条发辫，顺着额头绕到脑后，像箍住头一样。还有未成年的男子，在后脑下边另外挽一个螺形的小发髻，缀在脑后。手拿丝绢团扇，姿态优美地走在前边，后面有一个老妇人跟着她们，携带着装祭品的盒子和纸钱，要去郊外扫墓。这一带注重在十月初祭祖扫墓。家境贫寒来不及月初扫墓的，到月底也不能免了。我在南中地区见到的妇女，脚小容貌姣好的，没有超过她们两个的。进城走了一里半，在东关吃饭，于是出城，走过巨大的石桥，沿着大路往东北走。半里后，看到有条小溪从东面的山坞流来，逆着小溪前行。从桥南往东去，三里半后上坡。又走了一里，翻越东安哨所在的山岭。山岭不太陡峻，从东北面横亘的大山分出土山往西南下延，是安宁州城东面护城的第一道龙脉了。越过山岭往东下行，开始见到沙河的河水从东北方流来。顺着河水流过的山坞往东进去，路过站摩村，总共十五里，是始甸铺。又走了四里，经过龙马山，龙马山北面全部光秃秃的，横亘在大山的南面。道路绕着龙马山前往东行，又走四里，才与沙河上游的溪流相遇。有座三拱石桥在东边跨在溪流上，这叫作大桥。桥下的水是从东北方进耳山两座尖峰西面、棋盘山南面的峡中流来，往西南流到安宁州城东面，向南流入螳螂川中的溪流。又走了半里，向东上坡，住宿在高枧桥村。

二十八日　平明，东行一里半，上坡，为安宁东界，由此即为昆明地。陂陀高下，以渐升陟而上，八里，其坞自双尖后进耳山来，路遂由南陇上。又二里，山坳间有聚庐当尖，是为碧鸡关[1]。盖进耳之山峙于北，罗汉之顶峙于南，此其中间度脊之处，南北又各起一峰夹峙，以在碧鸡山之北，故名碧鸡关，东西与金马[2]遥对者也。关之东，向东南下为高峣，乃草海西岸山水交集处，渡海者从之；向西北下为赤家鼻，官道之由海堤者从之。余时欲游进耳，遂西北下坡半里，循西山北行。二里，有村在西山之麓，是为赤家鼻[3]。大道由其前北去，乃西折而入村。村倚山而庐。有池潴坡侧，大不逾五尺，村人皆仰汲焉。中复有鱼，有垂钓其上者，亦龙潭之浅者也。由池南上坡，岭道甚峻。半里，登冈上，稍北而曲，有坊当道，则进耳山门外坊也，其寺尚隔一坑。由坊西望，见寺后大山环于上，此冈绕于前，内夹深坑，旋转而入，若耳内之孔，寺临孔上盘朵边，以“进耳”取名之义，非身履此冈，不见其亲切也。进坊，西向沿坑入，半里，有岐西逾大山之坳；而入寺之路，则沿坑南转。盘崖半里，西上入寺中。寺门东向，登其殿，颇轩爽，似额端，不似耳中也。方丈在殿北，有楼三楹在殿南。其楼下临环坑，遥览滇海，颇如太华之一碧万顷，而此深远矣。入方丈，有辛贡士伯敏者，迎款殷勤。僧宝印欲具餐，辛挥去，令其徒陈履惇、陈履温二陈乃甲戌进士履忠弟。及其弟出见，且为供荤食。复引余登殿南眺海楼，坐谈久之。余欲趋棋盘山，问道于宝印。宝印曰：“由坊东下山，自赤鼻山宝珠寺上为正道，路且三十里。由此寺北，西逾大山之坳，其路半之，但空山多岐，路无从觅耳。”乃同辛君导余从殿后出，遂北至坳下东来岐路，始别去。

【注释】①碧鸡关：今名同，在云南省昆明市西南碧鸡山（西山）北。峰峦秀拔，一线通道，形势险要。古为昆明通往省西南的交通要冲。成昆铁路经此。②金马：即金马关，在今云南昆明市东。《方舆纪要》卷114云南府昆明县：金马关“在府东七里金马山下。旧有关城、元筑。今废”。③赤家鼻：又作赤甲鼻，即今车家壁，在昆明西郊。

【译文】二十八日　天亮时，往东走了一里半，上坡，到安宁州东面的边界，从这里开始就是昆明县的辖地。斜坡倾斜，高低不平，慢慢地往上攀爬，走了八里，这里的山坞从两座尖峰后面的进耳山过来，道路于是沿着南面的土陇上行。又走了二里，山坳中有房屋位于尖峰之间，这是碧鸡关。大体上进耳山耸立在北面，罗汉山的顶峰耸立在南面，这里就是两座山中间山脊延伸过的地方，南北两面又各自突起一座山峰夹峙着，因为在碧鸡山的北边，所以叫作碧鸡关，就是东西两面与金马山遥遥相对的地方。碧鸡关的东面，向东南下行是高峣，是草海西岸山水交会的地方，要渡海的人都从这条路走；向西北下去是赤家鼻，要由草海堤坝上走大路的人从这条路走。我此时想去游进耳山，便从西北下坡半里，沿着西山往北走。二里后，有个村子在西山的山麓，这是赤家鼻。大路由村前向北去，于是向西折进村子。村子靠山建房。有个水池汇积在山坡侧边，大处不超过五尺，村里人都靠这个池塘汲水。水池中还有鱼，有在池塘边上垂钓的人，也是一处水较浅的龙潭了。由池塘南边上坡，岭上的道路十分陡峻。半里后，登到山冈上，稍微转向北，有座牌坊在路中央，是进耳山山门外的牌坊，距离山上的寺庙还隔着一个坑谷。从牌坊向西看去，见到寺后有座大山环绕在上方，这座山冈绕在寺前，两山之间夹成深坑，旋转着进去，就像耳孔内的耳蜗一样，寺庙面临耳孔向上旋绕的耳郭边缘上，这就是取名“进耳”的含义，不是亲自来过这座山冈，是不能体会这个名字的真切准确的。走进牌坊，向西沿着坑谷进去，半里后，有条岔路往西穿越大山的山坳；而进寺的路，则是沿着坑谷往南转。绕着山崖走了半里，向西上登进入寺中。寺门向东，登上大殿，很是宽敞明亮，像在额头一样，不像是在耳孔中。方丈室在大殿北面，有座三开间的楼阁在大殿南面。楼阁下临环绕的坑谷，远远的可以观览滇池，很像是在太华寺中的一览万顷碧波，而此处更深远一些。进入方丈，有个叫辛伯敏的贡士，对我迎接款待十分殷勤。僧人宝印打算准备午饭，辛伯敏挥手让他离开，安排他的学生陈履惇、陈履温二陈是崇祯七年（1634）甲戌科进士陈履忠的弟弟。以及他的弟弟出来相见，并且为我提供了荤菜。又带我登上大殿南面的眺海楼，坐下交谈了很久。我想赶去棋盘山，向宝印法师问路。宝印法师说：“由牌坊往东下山，从赤鼻山上的宝珠寺上去是正路，路程将近三十里。从这座寺庙北面，向西穿越大山的山坳走，路程只有一半，但是空寂的山间岔路多，无法找到路。”于是辛君指引我从大殿后面出来，往北来到山坳下从东面来的岔路上，这才告别离开。

余乃西上，半里逾坳，半里西北稍下，一里涉中洼。洼西复有大山，南北横峙，与东界进耳后双尖，并坳北之巅，东西夹成中洼。由洼西复循西山之东北行，一里，循岭北转而西，稍下一里，度峡西上。其西复有大山南北横峙，遂西向横蹑之，一里半，登其冈。见西南随坞有路，上逾其脊，将趋之，有负刍[①]者来，曰："棋盘路在北，不在西也。"乃循西山之东，又北行，其路甚微，若断若续。二里半，从西山北坳透脊西出，始望见三家村在西坞中，村西盘峙一峰，自北而南，如屏高拥，即棋盘山也。其脉北自妙高寺三华山西南来，复耸此峰。分支西度，为温泉之笔架山；分支南下，为始甸后之龙马山；南环东亘，即为所逾之脊；而南度为进耳、碧鸡者也。脊北山复横列东北，至宝珠、赤鼻而止，为三家村东界护山。余昔来自金马以东，即遥望西界山横如屏，其顶复有中悬如覆釜、高出其上者，即此棋盘峰也，而不知尚在重壑之内，外更有斯峰护之，洵西峰之领袖矣。从坳西转，循东山北崖半里，乃西向下。一里，行壑中，有水北流，西涉之。又半里抵三家村，其村倚棋盘东麓。路当从村北西上，乃误由村南度脊处循峡西南上，竟不得路。攀蹑峡中三里，登一冈，有庵三楹踞坪间，后倚绝顶，其前东瞰滇中，乃发僧玄禅与僧裕庵新建者。玄禅有内功，夜坐峰头，晓露湿衣，无所退怖；庵中四壁未就，不以为意也。日已西昃，迎余瀹茗煮粥，抵暮乃别。西上跻峰，一里，陟其巅。又西向平行顶上一里，有寺东北向，则棋盘寺也。时已昏黑，遂啜茗而就榻。

【注释】①刍（chú）：割草。

【译文】我于是向西上山，半里后越过山坳，又过了半里往西北逐渐下走，一里后涉过中间下洼的地方。洼地西面又有大山，南北横向矗立着，与东面进耳山后面的一双尖峰，以及山坳北面的顶峰，东西两面夹成中间下洼的洼地。由洼地西边又沿着西山的东麓往北走，走了一里，顺着山势由北转向西，稍微下行一里，穿过山峡往西上山。这里西面又有大山，南北横向矗立，于是我横着向西登山，一里半后，登上山冈。看见西南方顺着山坞有条路，往上翻越山脊，想要赶过去，走过来个背草的人，说："去棋盘山的路在北面，不在西边。"于是我沿着西山的东麓又往北走，这条路很窄，时断时续。走了二里半，从西山北面的山坳翻越山脊向西出来，这才望见三家村在西面的山坞中，村西盘绕矗立着一座山峰，从北往南延伸，如同屏风一样高高簇拥着，就是棋盘山了。山系的山脉北面从妙高寺所在的三华山西南延伸过来，又耸峙为这座山峰。分出支脉向西延伸，成为温泉的笔架山；分出支脉往南下延，成为始甸村后面的龙马山；向南环绕往东绵亘的，就是我所翻越过的山脊；而后往南延伸成为进耳山、碧鸡山。山脊北面的山又横着向东北排列，到宝珠寺所在的赤鼻山为止，是三家村东面护村的山。我从前来的时候，在金马山以东，就远远望见西面一列山横着好像屏风，山顶上又有高悬在中央如同倒扣着的锅，高出群山之上的山峰，就是这座棋盘峰了，却不知道它还在重重壑谷之内，外边更有这座山峰守护着它，这座山峰确实是西面群峰的领袖。从山坳向西转，沿着东山北面的山崖走了半里，再向西下行。一里后，行走在壑谷中，有溪水往北流，向西渡过溪流。又走了半里抵达三家村，这个村子倚靠着棋盘山东麓。路应当从村子北边向西上山，我却误从村子南面山脊延伸之处沿着峡谷往西南上行，最后找不到路。在峡谷中攀登了三里，登上一座山冈，有座三开间的寺庵位于一块平地中，背靠绝顶，寺庵前方向东，俯瞰着省城，是带发修行的僧人玄禅和僧人裕庵法师新建的寺庙。玄禅有内功，夜里坐在峰顶上，天亮时露水沾湿了衣服，也不退缩与畏惧；寺庵中四面墙壁不完整也不放在心上。太阳已经西斜，他们烹茶煮粥迎接我，到天将黑才分别。向西上登棋盘峰，一里后，登上峰顶。又向西平缓地在峰顶上行走了一里，有座寺庙面向东北，就是棋盘寺了。此时天已昏黑，就在寺里喝茶后睡下。

二十九日　凌晨起，僧为余炊，余乃独蹑寺后绝顶。时晓露甚重，衣履沾透。顶间无高松巨木，即丛草亦不甚深茂，盖高寒之故也。顶颇平迥，其西南皆石崖矗突，其性平直而中实，可劈为板，省中取石，皆于此遥负之，然其上反不能见，以坳于内也。西北坞中，有大壑回环，下有水二方，村庐踞其上，即《志》所载勒甸村龙泉也，其水分青、白色。西南峡中水，则循龙马山东而去，当即沙河之源矣；东南即三家之流。是顶亦三面分水之处，第一入滇池，两入螳川，皆一派耳。由顶远眺，则东北见尧林山尖耸，与邵甸梁王山并列；东南见罗藏山，环峙海外；直南见观音山屼，为碧鸡绝顶掩映，半浮半隐；直西则温泉笔架山连翩而去；惟西北崇山稍豁，则螳川之所向也。下饭于寺，乃同寺僧出寺门东行三十步，观棋盘石[①]，石一方横卧岭头，中界棋盘纹，纵横各十九道。其北卧石上，楷书“玉案晴岚”四大字，乃碧潭陈贤所题。南有二石平庋，中夹为穴，下坠甚深，僧指为仙洞，昔有牧子坠羊其中，遂以石填塞之。僧言此山之腹皆崆峒，但不得其门而入耳。穴侧亦有陈贤诗碑，已剥不可读。乃还寺，录昆明令汪从龙诗碑。仍令幼僧导往峰西南，观凿石之崖。其崖上下两层，凿成大窟如厦屋。其石色青绿者，则腻而实；黄白者，则粗而刚。其崖间中嵌青绿色者两层，如带围，各高丈余，故凿者依而穴之。其板有方有长，方者大径五六尺，长者长径二三丈，皆薄一二寸，其平如锯，无纤毫凹凸，真良材也。

【注释】①棋盘石：在棋盘山，又称玉案山，在昆明坝子西缘低山外，海拔2493米。今山顶景色，大体还和《游记》所述一致。庙宇不存，但有石墙多处，棋盘石及“玉案晴岚”卧石仍存，还有清代题刻。

【译文】二十九日　凌晨起床，僧人为我做饭，我便独自登上寺后的绝顶。此时清晨的露水很重，衣服鞋子都湿透了。峰顶上没有高大的松树林木，就是草丛也不是很茂密，大概是地势太高、寒冷的缘故。峰顶很是平缓宽敞，峰顶西南面都是突起矗立的石崖，石头的质地平直而且中间厚实，可劈成石板，省城中取石料，都是行很远的路到这里背石头，不过从峰顶上反而看不见，是因为它向内凹进去了。西北面的山坞中，有条回绕的大壑谷，下面有两方水塘，村屋坐落在水塘上方，就是《志》书记载的勒甸村的龙泉了，泉水分为青、白两色。西南方峡中的水流，顺着龙马山往东流去，应当就是沙河的源头了；东南面则是三家村的溪流。这座顶峰也是一个三面分水的地方，只是一面流入滇池，两面流入螳螂川，都是同一个水系。由峰顶远眺，东北面就见尧林山尖尖地耸起，与邵甸的梁王山并列；东南面见到罗藏山，环绕耸峙在滇池海水之外；正南方见到光秃秃的观音山，被碧鸡山的绝顶掩映着，半隐半现；正西方就是温泉的笔架山山连绵而去；只有西北方的高山稍微开阔一些，就是螳螂川流经的方向。下来在寺中吃饭，于是随同寺里的僧人出寺门后往东走了三十步，观看棋盘石。有一块方形的岩石横卧在岭头，石头中间分隔成棋盘的纹路，纵横各有十九条线。它北边倒卧的岩石上，用楷书刻着“玉案晴岚”四个大字，是碧潭的陈贤题写的。南面有两块平架着的岩石，中间夹成洞穴，陷下去十分深，僧人指说是仙洞，从前有个牧童的羊掉进去了，所以就用石头填塞了洞口。僧人说这座山的山腹都是空洞，只是找不到洞口进去罢了。洞穴侧旁也有陈贤题诗的碑刻，已经剥蚀得不能读了。于是返回寺中，抄录昆明县令汪从龙题诗的碑刻。仍然让年幼的僧人带领我前往棋盘峰的西南面，去观看采凿石材的山崖。这里的山崖有上下两层，被开凿成如同高大房屋的大洞窟。石头的颜色中青绿色的，质地细腻而结实；黄白色的，质地粗糙而坚硬。山崖中间镶嵌着两层青绿色的岩石，好像围着两条彩带，各有一丈多高，所以凿石头的人顺着开采从而形成洞穴。开采出来的石板有方的、有长的，方形大的每边长五六尺，长条形的长达二三丈，薄处都只有一二寸，石板平整如同锯出来的一样，没有丝毫凹凸不平，真是好石材。

还从寺前东向下，一里，过新庵之左。直下者一里半，过三家村左，渡涧。又一里半，东逾石山之坳。其山乃东界北走之脉，至此复突一峰，遂北尽焉。从坳东坠崖而下，复渐成一坑，随之行三里，为宝珠寺。未至寺，其西坠峡处，坑水溃而为瀑，悬崖三级下，深可十五六丈，但水细如络丝，不如匹练也。宝珠寺东向，倚山之半，亦幽亦敞。由其前坠坡直下，五里抵山麓，为石鼻山，聚落甚盛，盖当草海之西，碧鸡关大道即出其下也。由村转北一里半，东北与大道合，于是东向湖堤。二里半，有村当堤之冲，曰夏家窑[1]。过此，遂遵堤行湖中。堤南北皆水洼，堤界其间，与西子[2]苏堤[3]无异。盖其洼即草海之余，南连于滇池，北抵于黄土坡，西濒赤鼻山之麓，东抵会城[4]，其中支条错绕，或断或续，或出或没，其濒北者，《志》又谓之西湖，其实即草海也。昔大道迂回北坡，从黄土坡入会城，傅元献为侍御时，填注支条，连为大堤，东自沐府鱼塘，西接夏家窑，横贯湖中，较北坡之迂，省其半焉。东行堤上一里半，复有冈有桥，有栖舍介水中央。半里，复遵堤上东行湖中，遥顾四围山色，掩映重波间，青蒲偃水，高柳潆堤，天然绝胜；但堤有柳而无花，桥有一二而无二六，不免令人转忆西陵耳。又东二里，湖堤既尽，乃随港堤东北二里，为沐府鱼池。又一里半，抵小西门，饭于肆。东过闸桥，滨濠南而东一里，入城南旧寓。问吴方生，则已隔晚向晋宁矣。已而见唐大来寄来行李书画，俱以隔晚先至，独方生则我来彼去，为之怅怅。乃计复为作书，令顾仆往晋宁谢唐君，别方生，并向大来索陶不退书。陶名珽，有诗翰声，向官于浙。前大来欲为作书，闻其已故，乃止。适寓中有高土官从姚安来，知其犹在，皆虚传如眉公也，故复索书往见之。

【注释】①夏家窑：今称夏窑，在昆明西郊，马街子稍东。②西子：即西湖。③苏堤：1089年，苏轼任杭州太守，疏浚西湖，堆成南北长堤，上建六桥，夹道种植桃柳，后人尊称“苏公堤”“苏堤”。④会城：人物商旅会集的城市，此指云南省会，即今昆明城区。

【译文】返回去从寺前向东下山，走了一里，路过新建的寺庵左边。一直下行一里半，经过三家村左边，渡过山涧。又走了一里半，往东越过石山的山坳。这座石山是东面一列山往北延伸的支脉，到此地又突起一座山峰，便到了北面的尽头。从山坳往东顺着山崖向下坠，又渐渐形成一处坑谷，沿着坑谷走了三里，到达宝珠寺。还没到寺中，宝珠寺西面峡谷深坠的地方，坑谷中的水冲破坑谷形成瀑布，悬挂在崖壁上分为三级流泻下去，深处大约有十五六丈，但水流细小如同蚕丝，还不如一匹白色的丝绢。宝珠寺面向东方，倚靠在山的半中腰，既幽静又宽敞。由寺前沿着下坠的山坡一直下行，走了五里后抵达山麓，是石鼻山，村落十分兴盛，大概是因为位于草海的西边，碧鸡关的大路就从村子下方经过。由村子转向北走了一里半，向东北走与大路会合，从这里往东走向湖边的堤坝。走了二里半，有个村庄在堤坝的中间，叫作夏家窑。过了这个村子，就沿着堤坝行走在湖中。堤坝南北两面都是水洼地，堤坝隔在水洼地中间，与杭州西湖的苏堤没有不同之处。原来这一片水洼地是草海的边缘地带，南面连着滇池，北边到达黄土坡，西面濒临赤鼻山的山麓，东边抵达省城，其中一条条支流错综回绕，时断时续，时隐时现，濒临北面的一片，《志》书又把它称为西湖，实际上就是草海了。从前大路绕道水洼地北面的山坡，从黄土坡进省城，傅元献担任侍御史时，填平了洼地中纵横交错的支流，连接成大坝，东面起自沐府的鱼塘，西面连接到夏家窑，横贯在湖水中央，比起从北面的山坡绕道走，省去了一半路程。向东在堤上行走了一里半，又有山冈和桥梁，有住房位于湖水中央。走了半里，又沿着堤坝往东在湖中前行，遥望环顾四面青山的景色，掩映在重重碧波之间，青翠的蒲草倒卧在水面，高大的柳树萦绕着湖堤，真是天然的绝妙胜景；只是湖堤旁有柳树却没有花，桥只有一二座而不是十二座，不免让人转而回忆起西湖来了。又往东走了二里，湖堤到头后，便沿着河港的堤岸向东北走了二里，到达沐府的鱼池。又走了一里半，抵达小西门，在店铺中吃饭。往东过了闸桥，沿着护城河南岸向东一里，进入城南原来住过的寓所。问起吴方生，他却已在前天晚上前往晋宁州了。随后看到唐大来寄来的行李和书画，都是在前天晚上先送到的，唯独吴方生是我来了他离开，为此心中怅怅不乐。于是打算再写封信，让顾仆前去晋宁州感谢唐元鹤君，辞别吴方生，并向唐大来索要写给陶不退的信。陶不退名珽，有擅长诗文的声誉，从前在浙江做官。先前唐大来想为我写信给他，听说他已去世，就没有写。恰好寓所中有个从姚安府来的高土官，我得知陶珽还活着，之前的都是如同谣传陈眉公去世一样的虚假传闻，故而又向唐大来索要书信前往拜见他。

十一月初一日　晨起，余先作书令顾仆往投阮玉湾，索其导游缅甸书，并谢向之酒盒。余在寓作晋宁诸柬，须其反命，即令往南坝候渡。下午，顾仆去，余欲入城拜阮仁吾，令其促所定负担人，为西行计。适阮穆声来顾，已而玉湾以书来，期明日晤其斋中，遂不及入城。

【译文】十一月初一日（12月5日）　早晨起床，我先写信让顾仆送给阮玉湾，向他索要导游缅甸的信，并感谢他先前送来的酒盒。我在寓所中写要送到晋宁的几封信，等顾仆回来复命，随即让他前往南坝等候渡船。下午，顾仆离去，我想进城去拜见阮仁吾，让他去催促约定的挑夫，为西行做准备。恰好阮穆声来拜访，不久阮玉湾送信来，约定明天在他的书斋中会面，于是我就来不及进城了。

初二日　晨起，余欲自仁吾处，次第拜穆声，后至玉湾所，忽玉湾来邀甚急，余遂从其使先过玉湾。则穆声已先在座，延于内斋，款洽殊甚。既午，曰："今日总府宴抚按，当入内一看即出，故特延穆声奉陪。"并令二幼子出侍客饮。果去而即返，洗盏更酌。已而报抚按已至，玉湾复去，瞩穆声必款余多饮，须其出而别。余不能待，薄暮，托穆声代别而返。

【译文】初二日　早晨起床，我打算从阮仁吾处开始，依次拜访阮穆声，最后到阮玉湾寓所，忽然阮玉湾前来邀请十分急切，我便跟随他派来的人先去拜访阮玉湾。只见到阮穆声已先在座，阮玉湾把我请进内宅书斋，殷勤款待，气氛十分融洽。到了中午，阮玉湾说："今天总兵府中宴请巡抚、巡按，我要进府内去看一看，马上就出来，所以专门请穆声来奉陪您。"并且让两个年幼的儿子出来侍奉客人饮酒。阮玉湾果然是去了随即就返回来，洗过杯子后再饮。没多久有人通报巡抚、巡按已到，阮玉湾又离去，嘱咐阮穆声必定要款待我多饮酒，等他出来后再告别。我不能等，傍晚，拜托阮穆声代我辞别就回来了。

初三日　晨往阮仁吾处，令促负担人。即从其北宅拜穆声。留晨餐，引入内亭，观所得奇石。其亭名竹在，余询其故，曰："父没时，宅为他人所有，后复业，惟竹在耳。"亭前红梅盛开。此中梅俱叶而花，全非吾乡本色，惟一株傍亭檐，摘去其叶，始露面目，犹故人之免胄相见也。石在亭前池中，高八尺，阔半之，玲珑透漏，不瘦不肥，前后俱无斧凿痕，太湖之绝品也。云三年前从螺山[①]绝顶觅得，以八十余人舁[②]至。其石浮卧顶上，不经摧凿而下，真神物之有待者。余昔以避雨山顶，遍卧石隙，乌睹有此类哉！下午，过周恭先，遇于南门内，正挽一友来顾。知金公趾为余作《送静闻骨诗》，相与同往叩之，则金在其庄，不相值。金公趾[③]名初麟，字颇肖董宗伯，风流公子也。善歌，知音律，家有歌童声伎。其祖乃甲科。父伟，乡荐，任江西万安[④]令。公趾素好客，某奏劾钱士晋军门，名在疏中，黜其青衿焉。其友遂留至其家，割鸡为饷，肴多烹牛杂脯而出，甚精洁。其家乃教门，举家用牛，不用豕也。其友姓马，字云客，名上捷，号阆仙。寻甸府人。父以乡科任沅州守，当安酋困黔省时，以转饷功擢常德⑤太守⑥，军兴旁午⑦，独运援黔之饷，久而无匮，以劳卒于任。云客其长子也，文雅蕴藉，有幽人墨士之风。是晚篝灯论文，云客出所著《拾芥轩集》相订，遂把盏深夜。恭先别去，余遂留宿其斋中。窗外有红梅一株盛放，此间皆红梅，白者不植。中夜独起相对，恍似罗浮魂梦间，然叶满枝头，转觉翠羽太多多耳。

【注释】①螺山：即今圆通山，或作元通山。因山色深碧，巨石盘旋，有如螺髻，古称螺峰山。“螺峰叠翠”为“昆明八景”之一。元时山在城外，延祐七年（1320）在其南侧建圆通寺，因寺得名。②舁（yú）：抬。③金公趾：名初麟，后更名维新，号公趾，昆明官渡人。祖父金本高，万历三十二年（1604）进士，官至布政司参政。父金伟，天启四年（1624）举人，江西万安县令。公趾为永历八年（1654）举人，从李定国军，在大西军农民政权中任中书令，后永历帝入滇，官至吏部左侍郎兼左都御史，“忠谅有志略”。李定国死后，公趾返昆，康熙四年（1665）冬病逝于故里九门里金刚村。昔时墓在村中，墓碑为“明故处士金公、夫人龚氏之墓”。至今当地还有关于金公趾的传说。④万安：明为县，即今江西万安县。⑤常德：明置府，即今湖南常德市。⑥太守：自汉以来，郡设太守，为一郡最高行政长官。明时太守已经不是正式官名，仅依习惯用以专称知府，亦简称“守”。⑦旁午：亦作“旁迕”。交错，纷繁。

【译文】初三日　早晨我前往阮仁吾的住处，让他催促挑夫。随即从他家北宅去拜访阮穆声。主人留我吃早饭，带我进入内院亭中，观赏他收藏的奇石。那亭子名叫“竹在”，我询问其中的缘故，阮穆声说：“他的父亲去世时，宅院被其他人占有，后来恢复了家业，只有竹子还在。”亭子前红梅盛开。这里的梅花都是长出叶子后才开花，完全不是我家乡梅花的本来面貌，只有靠着亭子飞檐的一棵，摘去树叶，才露出本来的面目，犹如老朋友摘掉头盔相见一样。奇石在亭子前方水池中，八尺高，宽四尺，玲珑剔透，不瘦不肥，前后都没有刀斧雕凿的痕迹，是太湖石中的绝品。阮穆声说是三年前从螺山绝顶上找到的，用了八十多人抬来。这块奇石高浮在云端、躺卧在山顶上，没有经过开凿摧残就抬下来，真是神物等待认识它的人啊！我从前在山顶避雨，岩石缝隙间四处都趴伏过，哪里看到有这类奇石啊！下午，去拜访周恭先，在南门内相遇，他正挽着一位朋友来看望我。知道金公趾为我作了一首《送静闻骨诗》，便一起前去叩拜金公趾，可金公趾在他的田庄里，没能遇上。金公趾名叫初麟，字写得很像董宗伯（董其昌），是个风流公子。擅长歌唱，知晓音律，家里有歌童和歌伎。他的祖父是进士。父亲金伟，乡荐出身，出任江西省万安县县令。金公趾素来好客，某人上奏章弹劾云南巡抚钱士晋，他的名字在奏章中，学官免除了他的秀才资格。他的朋友便挽留我们来到他家，杀鸡做饭，菜肴多半是烹煮牛杂脯做出来的，十分精细洁净。他们家都是穆斯林，全家只吃牛肉，不吃猪肉。他的朋友姓马，字云客，名上捷，号阆仙。是寻甸府人。他的父亲通过乡荐考试出任沅州知州，当土司安邦彦围困贵州省时，因为运输粮饷有功被提升为常德府知府，战事兴起，事物繁杂，独自运送救援贵州省的粮饷，时间长久却不匮乏，因为劳累死在任上。马云客是他的长子，文雅蕴藉，有隐士文人的风度。这天晚上点灯谈论文章，马云客拿出他所著的《拾芥轩集》来互相订正，于是举杯饮酒到深夜。周恭先告别离去，我就留宿在书斋中。窗外有一棵盛开的红梅，这一带都是红梅，不种白色的梅花。半夜起床来独自面对着红梅，恍惚在梦中魂游罗浮山间，然而树叶长满枝头，反而觉得葱翠的树叶实在太多了。

初四日　马君留晨餐。恭先复至，对弈两局，又留饭，过午乃出城，以为顾仆将返也。及抵寓，顾仆不见，而方生已俨然在楼。问："何以来？"曰："昨从晋宁得君书，即骑而来送君。骑尚在，当迟一日复往晋宁。"问："昔何以往？"曰："往新兴，便道晋宁看君耳。"问："顾仆何在？"曰："尚留晋宁候渡。"始知方生往新兴，以许郡尊考满，求雷太史左右之于巡方使君之侧也。雷名跃龙，以礼侍丁忧于家。巡方使为倪于义，系四川人。

【译文】初四日　马云客君留我吃早餐。周恭先又来了，对弈了两局，又留下来吃饭，过了中午才出城，我以为顾仆就要回来了。到了寓所时，不见顾仆，而吴方生竟然已经在楼上了。我问道："怎么回来了？"他回答说："昨天在晋宁州收到您的信，就立即骑马前来为您送别。坐骑还在，准备推迟一天再去晋宁。"我问："先前为什么事去晋宁？"他说："去新兴州，顺路去晋宁州看望您啊。"我问："顾仆在什么地方？""还留在晋宁州等候渡船。"这才知道吴方生前往新兴州，是因为许知府考核期满，请求雷太史在巡按御史身边说说情。雷太史名跃龙，因为父母去世按礼仪制度在家守丧。巡按御史是倪于义，是四川人。

初五日　方生为余作永昌潘氏父子书、父名嗣魁，号莲峰，丙子科第十名。子名世澄，号未波，丙子科解元。腾越潘秀才书，名一桂。又为余求许郡尊转作书通李永昌，永昌太守李还素，昔自云南别驾升，与许同僚。又为余求范复苏医士，江西人。转作书通杨宾川。宾川守杨大宾，黔人，号君山。原籍宜兴[①]人，以建平[②]教中于南场，与又生乡同年也。前又生有书来，然但知其家于黔，而不知其宦于宾。书为盗失，并不知其家之所在，但忆昔年与其弟宜兴总练同会于又生坐，今不知其弟尚在宜兴否。怜余无资，其展转为余谋，胜余自为谋也。下午，顾仆自晋宁返，并得唐大来与陶不退书。阮仁吾所促负担人亦至。

【注释】①宜兴：明为县，隶常州府，即今江苏宜兴市。②建平：明为县，治今安徽郎溪县。

【译文】初五日　吴方生为我写信给永昌府的潘氏父子、父亲名叫嗣魁，号莲峰，是崇祯九年（1636）丙子科第十名。儿子名叫世澄，号未波，是崇祯九年（1636）丙子科乡试的第一名。腾越州的潘秀才，名叫一桂。又为我请求许知府写信转交给永昌府李知府，永昌府知府李还素，从前自云南府通判升任永昌知府，与许知府是同事。又为我请求范复苏医生，江西人。写信转交给宾川州的杨知州。宾川州知州杨大宾，是贵州人，号君山。原籍是江苏省宜兴县人，以建平县教官的身份在南场科举考试中中举，与又生是同年的乡荐。从前又生有信来，但只知道他家在贵州省，却不知他在宾川州做官。信因为遇上强盗丢失了，并且也不知道他的家在哪里，只记得往年与他的弟弟宜兴县的总练一同在又生家会过面。现在不知道他的弟弟是否还在宜兴县。吴方生同情我没有路费，又四处为我谋划，胜过我自己去求援。下午，顾仆从晋宁州回来，并且带回了唐大来写给陶不退的信。阮仁吾催促的挑夫也来了。

初六日　余晨造别阮玉湾、穆声，索其所作《送静闻骨诗》。阮欲再留款，余以行李已出辞。乃出叩任君。任君，大来妹婿。大来母夫人在其家，并往起居之。任固留饭，余乃趋别马云客，不值，留诗而还。过土主庙[①]，入其中观菩提树。树在正殿陛庭间甬道之西，其大四五抱，干上耸而枝盘覆，叶长二三寸，似枇杷而光。土人言，其花亦白而带淡黄色，瓣如莲，长亦二三寸，每朵十二瓣，遇闰岁则添一瓣。以一花之微，而按天行之数，不但泉之能应刻，州勾漏泉，刻百沸。而物之能测象如此，亦奇矣。土人每以社日[②]，群至树下，灼艾代灸，言灸树即同灸身，病应灸而解。此固诞妄，而树肤为之瘢[③]靥无余焉。出庙，饭于任，返寓。周恭先以金公趾所书诗并贶至，又以马云客诗扇至。阮玉湾以诗册并贶至，其弟鐕亦使人馈贶焉。迨暮，金公趾自庄还，来晤，知余欲从筇竹往，曰："余辈明晨当以筇竹为柳亭[④]。"余谢之曰："君万万毋作是念。明晨君在温柔梦寐中，余已飞屐峰头矣，不能待也。"是晚，许郡尊亦以李永昌书至，惟范复苏书未至也。

【注释】①土主庙：在今昆明市武成路东端，五华二中校址，庙基及断碑尚能看到。②社日：古时祭祀土神的日子，一般在立春、立秋后第五个戊日。③瘢（bān）：创伤痊愈后留下的疤痕。④柳亭：即指送别的地方。

【译文】初六日　我早晨去向阮玉湾、阮穆声告别，索要他们写的《送静闻骨诗》。阮玉湾想要挽留，我辞谢说行李已经出发了。于是出来叩拜任君。任君是唐大来的妹夫。唐大来的母亲在他家，我一并前去向她问候起居。任君坚持留我吃饭，我便赶去和马云客告别，没遇上，留下一首诗就回来了。路过土主庙，进入庙中观赏菩提树。菩提树在正殿台阶与庭院之间甬道的西边，树的大处有四五抱，树干向上耸起而树枝盘绕着覆盖下来，树叶长二三寸，形似枇杷叶却很光滑。当地人说，菩提树的花也是白中带点淡黄色的，花瓣如同莲花，花长也是二三寸，每朵花有十二瓣，遇上闰年就增添一片花瓣。小小的一朵花，却能按照自然运行的规律生长，不只是泉水能按照时刻应和，州里的勾漏泉，每刻喷涌一百次。而且事物能如此准确地测知天象，也确实是神奇呀！当地人每到祭祀土地神的日子，就成群结队地来到树下，用艾叶熏灼树干来代替熏烤身体，说熏树如同熏身体，病痛随着艾灸就解除了。这本来就是荒诞的，可树皮因此而瘢痕累累，没有完好的地方。出庙来，在任君家吃饭，返回寓所。周恭先送来金公趾所写的诗和赠送的路费，又送来马云客题诗的扇子。阮玉湾送来诗册和赠送的路费，他的弟弟阮镨也派人送来路费。到了傍晚，金公趾从田庄回城来，前来会面，知道我打算从筇竹寺走，就说："我们这些人明天早晨将把筇竹寺作为分手的地方。"我辞谢说："您千万不要这样想。明天早晨您还在温柔的睡梦中，我就已经飞越到峰头了，不能等你们了。"这天晚上，许知府也送来给永昌李知府的信，只有范复苏的信没送来。

初七日　余晨起索饭欲行，范君至，即为作杨宾川书。余遂与吴方生作别。循城南濠西行二里，过小西门。又西北沿城行一里，转而北半里，是为大西门，外有文昌宫桂香阁峙其右，颇壮。又西半里，出外隘门，有岐向西北者，为富民正道：向正西者，为筇竹寺[①]道。余乃从正西傍山坡南行，即前所行湖堤之北涯也。五里，其坡西尽，村聚骈集，是为黄土坡[②]；坡西则大坞自北而南，以达滇海者也。西行坞塍中二里，有溪自西北注而南，石梁横其上，是即海源寺侧穴涌而出之水，遂为省西之第一流云。又西一里半，有小山自西山横突而出，反自南环北；路从其北嘴上一里半，西达山下。有峡东向，循之西上，是为筇竹；由峡内越涧西南上，是为圆照；由峡外循山嘴北行，是为海源。先有一妇骑而前，一男子随而行者，云亦欲往筇竹。随之，误越涧南上圆照，至而后知其非筇竹也。圆照寺门东向，层台高敞，殿宇亦宏，而阒寂无人。还下峡，仍逾涧北，令行李往候于海源，余从峡内入。一里半，涧分两道来，一自南峡，一自北峡，二流交会处，有坡中悬其西。于是渡南峡之涧，即蹑坡西北上，渐转而西，一里半，入筇竹寺。

【注释】①筇（qióng）竹寺：在云南省昆明市西北的玉案山上。有大雄宝殿、天台来阁、梵音阁等，依山势而筑。大雄宝殿正中为元塑三世佛，殿壁间嵌有一块元延祐三年（1316）所立圣旨碑。并赐存《大藏经》。大殿内两侧和梵音阁、天台来阁内有五百罗汉泥塑。客堂中保存有五百罗汉泥塑作者黎广修的山水壁画和担当和尚的楹联：“托钵归来，不为钟鸣鼓闇;结斋便去，也知盐尽炭无。”寺是中原佛教禅宗传入云南的第一寺。相传在北宋时大理国鄯阐侯高光、高智兄弟狩猎，追赶一只犀牛到玉案山失踪，只见云中有异僧，近前仅见僧所持筇竹杖插于林下，遂建寺，名为筇竹寺。而据寺内现存《雄辩法师大寂塔铭》记载，至迟元初已有此寺。明宣德年间重建，清康熙、光绪年间先后重修。近年又修葺一新。为昆明市郊旅游胜地之一。②黄土坡：今名同，在昆明城西北郊。

【译文】初七日　我清晨起床吃了饭准备出发，范复苏君来了，随即为我给宾川杨知州写信。我于是与吴方生告别。沿着城南的护城河向西走了二里，经过小西门。又往西北沿着城墙走了一里，转向北走了半里，这里是大西门，城门外有文昌宫、桂香阁屹立在右边，颇为壮观。又往西走了半里，走出外隘门，有条岔路通向西北，是去富民县的正路；通向正西，是去筇竹寺的路。我于是从正西方依傍着山坡的南面走，就是先前走过的湖堤的北岸了。五里后，山坡到了西面的尽头，村落街道聚集，这里是黄土坡；山坡西面就有个大山坞自北往南延伸，一直抵达滇池海边。向西在山坞中的田埂上行走二里后，有条溪水从西北向南流注，石桥横架在溪流上，这就是从海源寺侧边洞穴中涌出的水，便成为省城西面我遇到的第一条河流。又往西走了一里半，有座小山从西山横突出来，反而从南绕向北；道路从小山北面的山嘴上走了一里半，往西到达山下。有条峡谷面向东方，沿着峡谷往西上行，就是筇竹寺；由峡谷内越过山涧往西南上行，就是圆照寺；由峡谷外沿着山嘴往北走，就是海源寺。先前有一个妇人骑着马走在前，一个男子跟随在后，说也是要去筇竹寺。我跟着他们，错误地越过山涧向南上到圆照寺，到了后才知道不是筇竹寺。圆照寺寺门向东，层层平台高大宽敞，殿宇也很宏大，然而寂静无人。返回峡谷中，仍然越到山涧北面，让挑夫挑着行李前往海源寺等候，我从峡谷内进去。走了一里半，山涧分为两条流来，一条来自南面的峡谷，一条来自北面的峡谷，两条水流交汇的地方，有个山坡当中高悬在它的西边。从这里渡过南面峡谷中的涧水，随即踏着山坡往西北上登，渐渐转向西，走了一里半后，进入筇竹寺。

其寺高悬于玉案山[①]之北陲，寺门东向，斜倚所踞之坪，不甚端称，而群峰环拱，林壑潆沓，亦幽邃之境也。入寺，见殿左庖脍喧杂，腥膻交陈，前骑来妇亦在其间。余即入其后，登藏经阁。望阁后有静室三楹，颇幽洁，四面皆环墙回隔，不见所入门，因徘徊阁下。忽一人迎而问曰："先生岂霞客耶？"问何以知之？曰："前从吴方生案征其所作诗，诗题中见之，知与丰标不异也。"问其为谁，则严姓，名似祖[②]，号筑居，严冢宰清之孙也。为人沉毅有骨，澹泊明志，与其侄读书于此，所望墙围中静室，即其栖托之所。因留余入其中，恳停一宿。余感其意，命顾仆往海源安置行李，余乃同严君入殿左方丈。问所谓禾木亭者，主僧不在，锁钥甚固。复遇一段君，亦识余，言在晋宁相会，亦忘其谁何矣。段言为金公趾期会于此，金当即至。三人因同步殿右，循阶坡而西北，则寺后上崖，复有坪一方，其北崖环抱，与南环相称，此旧筇竹开山之址也，不知何时徙而下。其处后为僧茔，有三塔皆元时者，三塔各有碑，犹可读。读罢还寺，公趾又与友两三辈至，相见甚欢。窥其意，即前骑来妇备酒邀众客，以筇竹为金氏护施之所，公趾又以夙与余约，故期备于此，而实非公趾作主人也。时严君谓余，其侄作饭于内已熟，拉往餐之。顷之，住持僧体空至。其僧敦厚笃挚，有道行者，为余言："当事者委往东寺[③]监工修造，久驻于彼，今适到山，闻有远客，亦一缘也。必多留寺中，毋即去。"余辞以鸡山愿切："此一宵为严君强留者，必不能再也。"体空谓："今日诸酒肉汉混聒寺中，明晨当斋洁以请。"遂出。余欲往方丈答体空，严君以诸饮者在，退而不出。余见公趾辈同前骑妇坐正殿东厢，始知其妇为伎而称觞[④]者。余乃迂从殿南二门侧，曲向方丈。体空方出迎，而公趾辈自上望见，趋而至曰："薄醴已备，可不必参禅。"遂拉之去。抵殿东厢，则筑居亦为拉出矣，遂就燕饮。其妇所备肴馔甚腆，公趾与诸坐客，各歌而称觞，然后此妇歌，歌不及公趾也。既而段君去，余与筑居亦别而入息阴轩。迨暮，公趾与客复携酒盒就饮轩中，此妇亦至，复飞斝[5]征歌，二鼓乃别去。余就寝。寝以纸为帐，即严君之榻也。另一榻亦纸帐，是其侄者，严君携被袱就焉。既寝，严君犹秉烛独坐，观余《石斋诗帖》并诸公手书。余魂梦间，闻其哦[6]三诗赠余，余寝熟不能辨也。

【注释】①玉案山：在昆明坝子西北缘，有泛称和专称之别。明景泰《云南图经志书》云南府山川载："玉案山，在滇池西北，盘郁逶迤十余里，佛刹绕之，花木竹石可怪可愕，亦胜境也。僧修行其间，有终身不下山者，谓之得道。"广义的玉案山指从碧鸡关至陡坡河间的一系列山体，包括进耳山、宝珠山、棋盘山、筇竹寺山、聚仙山、三华山诸山。明天启《滇志》云南府山川载："玉案山，在城西二十里，又名列和蒙山，远望其形方广，出西南诸峰之上。有石棋枰，因又曰棋盘山，镌'玉案晴岚'四字。其下有泉，曰菩提泉。"狭义的玉案山专指玉案山的主峰棋盘山。②则严姓，名似祖：严似祖与徐霞客相遇后不久即中举，崇祯十二年（1639）己卯科中举人，次年（1640）中庚辰科进士，后曾为驻滇农民军任用，主持科考，史载，永历元年"命严似祖考试省生员"。③东寺：即觉照寺，在昆明城南。④称觞（shāng）：举杯敬酒。⑤斝（jiǎ）：古代用青铜做的酒器，圆口，有鋬和三足。⑥哦（é）：吟哦，有节奏地诵读诗文。

【译文】这座寺庙高悬在玉案山的北边，寺门向东，倾斜的坐落在不对称的平地上，可是群峰环绕拱立，林木众多，沟壑潆绕，也算是幽静深邃之地了。进寺后，就见大殿左边厨房中切肉的声音喧闹嘈杂，腥膻气味交相杂陈，先前骑马来的女人也在其中。我随即来到寺院后面，登上藏经阁。望见藏经阁后面有三间清净的房屋，很是幽静整洁，四面都有围墙环绕着分隔开，不见进出的门，因而在藏经阁下徘徊。忽然有一个人迎上来问道："先生莫非就是霞客吗？"我问他为什么会知道？他说："先前在吴方生的书案上请求观看他写的诗作，在诗的题目中见到您的名字，诗中所写的风度神采与您没有不同。"我问他是谁，原来是严似祖，号筑居，是吏部尚书严清的孙子。为人沉静刚毅有骨气，澹泊明志，与他的侄儿在此处读书，我看到围墙中的清净房屋，就是他们的住所。他于是挽留我进入屋中，恳请我停宿一晚。我有感他的诚意，让顾仆前往海源寺安置行李，我便同严似祖君进入大殿左边的方丈室。打听所谓的禾木亭，主持僧人不在，铁锁锁得很严实。又遇到一位段君，也认识我，说是在晋宁会过面，我也忘了他是谁。段君说因为金公趾约他在此地聚会，金公趾应当随后就到。我们三个人于是一同在大殿右边漫步。沿着石阶向西北上坡，寺后的山崖上面，又有一块平地，平地北面山崖环抱，与南面环绕的山崖相对称，此处是原来筇竹寺开山时的旧址，不知道什么时候搬迁到下面。此处后面就是僧人的墓地，有三座塔都是元朝时的，三座塔各自都有碑文，仍然可以看得清。读完碑文后返回寺中，金公趾又与两三拨朋友到了，相见十分欢快。观察他们的意思，就是先前骑马来的妇人准备酒宴邀请众位客人，因为筇竹寺是金家护卫、布施的场所，金公趾又与我事先约定在此践行，所以按期在此准备，然而实际上不是金公趾做东。这时严似祖君对我说，他的侄儿已经在屋内做好饭了，拉我前去用餐。不久，住持僧人体空法师来了。这位僧人忠厚诚挚，是位有道行的僧人，他对我说："当事的人委派我去监工修造东寺，长期住在那里，今天正好回到山里，听说有远来的客人，也是一种缘分。请务必在多寺中留几天，不要马上离开。"我用去鸡足山的心愿迫切辞谢他，说道："在这住一夜是因为严君强留，必定不能再住第二晚了。"体空法师说：“今天众多的酒肉汉在寺中混杂吵闹，明天早晨将用洁净的斋饭来相请。”说完就出去了。我想去方丈回拜体空，严君因为有众多饮酒的人在，退回住所不出来。我见金公趾这帮人和先前骑马的女人坐在正殿东边的厢房中，才知道这个女人是陪酒的歌伎。我于是绕道从大殿南面的二门侧边，绕路走向方丈室。体空法师刚出来迎接，而金公趾这些人在上面看到，就急忙赶过来说：“已经准备好薄酒，不必参禅了。”于是强拉我离开。来到大殿的东厢房，就见严筑居也被拉出来了，于是就坐宴饮。那个女人准备的菜肴饭食十分丰盛，金公趾与诸位在座客人，各自唱歌并举杯饮酒，然后是这个女人唱歌，歌唱得不如金公趾。不久后段君离开了，我与严筑居也告别后就进入了息阴轩。到傍晚时，金公趾与客人们又带着酒盒来到息阴轩中饮酒，那个女人也来了，又是高举酒杯畅饮并点名唱歌，二更时才离开。我上床睡觉。寝室中用纸作帐子，就是严君的床。另一张床上也是纸帐子，那是他侄儿的床，严君带着被子床单到那张床去。我睡下后，严君还点着蜡烛独自坐着，观看我的《石斋诗帖》和各位朋友的亲笔信。我在睡梦之中，听到他吟诵了三首诗赠送给我，我睡熟了，不能记清。

初八日　与严君同至方丈叩体空。由方丈南侧门入幽径，游禾木亭。亭当坡间，林峦环映，东对峡隙，滇池一杯，浮白于前，境甚疏窅，有云林笔意。亭以茅覆，窗棂洁净。中有兰二本，各大丛合抱，一为春兰，止透二挺；一为冬兰，花发十穗，穗长二尺，一穗二十余花。花大如萱，乃赭斑之色，而形则与兰无异。叶比建兰阔而柔，磅礴四垂。穗长出叶上，而花大枝重，亦交垂于旁。其香盈满亭中，开亭而入，如到众香国中也。三人者，各当窗一隙，踞窗槛坐。侍者进茶，乃太华之精者。茶洌而兰幽，一时清供，得未曾有。禾木者，山中特产之木，形不甚大，而独此山有之，故取以为名，相仍已久，而体空新整之，然目前亦未睹其木也。体空恳留曰："此亭幽旷，可供披览；侧有小轩，可以下榻；阁有藏经，可以简阅。君留此过岁，亦空山胜事。虽澹泊，知君不以膻来，三人卒岁之供，贫僧犹不乏也。"余谢："师意甚善。但淹留一日，余心增歉一日，此清净界反成罪戾场矣。"坐久之，严君曰："所炊当熟，乞还餐之。"出方丈，别体空，公趾辈复来，拉就殿东厢，共餐鼎肉汤面，复入息阴轩饭。严君书所哦三诗赠余，余亦作一诗为别。出正殿，别公趾，则行李前去，为体空邀转不容行。余往恳之，执袖不舍。公趾、筑居前为致辞曰："唐晋宁日演剧集宾，欲留名贤，君不为止。若可止，余辈亦先之矣。"师曰："君宁澹不膻，不为晋宁留，此老僧所以敢留也。"余曰："师意既如此，余当从鸡山回，为师停数日。"盖余初意欲从金沙江往雅州[①]，参峨眉。滇中人皆谓此路久塞，不可行，必仍归省，假道于黔而出遵义，余不信。及濒行，与吴方生别，方生执裾[②]黯然曰："君去矣，余归何日！后会何日！何不由黔入蜀，再图一良晤？"余口不答而心不能自已。至是见体空诚切，遂翻然有不由金沙之意。筑居、公趾辈交口曰："善。"师乃听别。出山门，师犹远送下坡，指对山小路曰："逾此可入海源上洞，较山下行近。"

【注释】①雅州：今四川雅安。②裾（jū）：衣服的大襟。

【译文】初八日　与严君一同来到方丈室叩拜体空法师。由方丈室南面的侧门步入幽静的小路上，游览禾木亭。亭子位于山坡间，树木山峦环绕掩映，东方面对着山峡的缝隙，滇池像一杯水，清澈的浮在眼前，环境非常疏阔悠远，有倪云林绘画的意境。亭子用茅草盖顶，窗棂洁净。亭子中有两株兰花，每丛有两臂合抱那么大，一株是春兰，只从兰草丛中生出两根花茎；一株是冬兰，生出十穗花，花穗长二尺，一穗有二十多朵花。花大的如同萱草的花，是有斑点的红褐色，而形状则与其他兰花没有不同。叶子比建兰宽而柔软，蓬勃地向四面垂下。花穗长一些，超出叶子之上，因为花大且枝干太重，也是交错下垂在四旁。兰花香气充盈亭中，打开亭子进去，如同来到众香国中。我们三个人，各人面对一扇窗户，靠着窗栏坐下。侍者送茶水进来，是太华山出产的精品。茶水清醇而兰花幽香，同时享受这清雅的供品，这种满足感不曾有过。禾木，是山中特产的树木，树形不是太大，唯独这座山才有这种树，所以取“禾木”作为亭子的名字，相传已经很久了，而体空法师重新修整过亭子，不过目前也已经看不到这种树了。体空法师诚恳地挽留我说：“这座亭子幽静空旷，可供您观览；侧边有小屋，可以住宿；藏经阁中收藏有佛经，可以阅览。您留在这里过年，也算是空寂山间的盛事。饮食虽然清淡，但我知道您不是为酒肉而来的，三个人到年底的供应，和尚我还是不缺的。”我辞谢说：“法师的心意十分好。但滞留一天，我心里增添的歉意就多一天，这清净的法界反而成罪过的场所了。”坐了很久，严君说：“饭应当做熟了，请回去用餐。”出了方丈室，辞别了体空法师，金公趾那帮人又过来，拉我到大殿东面的厢房，一同吃锅中的肉汤面，又进入息阴轩吃饭。严君写了昨晚吟诵的三首诗赠送给我，我也回了一首诗作为告别。走出正殿，告别金公趾，就见已经先行离开的行李被体空法师邀请转回来，不让我走。我前去恳求，他拉着我的袖子不放。金公趾、严筑居上前来为我说话：“晋宁唐知州天天召集宾客演戏，想挽留名贤，先生没有因此留下。如果可以留下他，我们也就先把他留下了。”法师说：“您宁愿淡然处世、不喜俗套，不肯为晋宁唐知州留下，这是老和尚我敢留您的原因。”我说：“法师的心意既然如此，我将在从鸡足山回来时，为法师停留几天。”最初我心里是想要从金沙江前往雅州，参拜峨眉山。云南的人都说这条路阻塞了很久，不能走，仍旧需要回到省城，借道贵州，从遵义出去，我不信。等要动身时，与吴方生告别，吴方生拉着我的衣襟神色黯然地说：“您离开了，我何日归乡呢！日后何时能再相会！为什么不由贵州进入四川，设法再见一面呢？”我嘴上不说可心里不能控制自己。到这时，看见体空法师真诚恳切，便翻然有了不从金沙江走的想法。严筑居、金公趾等人异口同声地说：“好。”法师这才允许我告别。出了山门，法师仍远送我下山坡，并指着对面山上的小路说：“翻过这座山就可以进入海源寺的上洞，比从山下走近。”

既别，一里半，下至峡中。令肩行李者逾南涧，仍来路出峡，往海源寺[1]；余同顾仆逾北涧，循涧北入，即由峡东向蹑岭。一里，逾岭东。稍东下，半里，折而北，又半里，已遥见上洞在北岭，与妙高相并，而路则践危石历巉磴而下。下险，即由山半转而北行。半里，有大道东南自海源上坡，从之。西北上半里，岭上乱石森立，如云涌出。再北，遂得上洞[2]。洞门东向，高穹轩迥，其内深六七丈，阔与高亦如之，顶穹成盖，底平如砥，四壁围转，无嵌空透漏之状；惟洞后有石中突，高丈余，有隙宛转。逾之而入，洞壁亦嵌而下坠，深入各二丈余，底遂窅黑。坠隙而下，见有小水自后壁滴沥而下，至底而水不见，黑处亦渐明。有樵者见余入，驻外洞待之，候出乃去。洞中野鸽甚多，俱巢于洞顶，见人飞扰不定，而土人设机关以取之。又稍北，共半里而得中洞③。洞门亦东向，深阔高俱不及上洞三之一，四壁亦围转无他岐，惟门左旁列一柱，又有二孔外透为异耳。

【注释】①海源寺：建于元代，今存，在昆明坝子西北缘，龙院村和黑林铺之间。②上洞：即西华洞，位于海源寺北边的半山腰上。③中洞：即双西洞，位于西华洞北边。

【译文】分别以后，走了一里半，下到峡谷中。我让挑行李的人越过南面的山涧，自己仍然从来时的路走出峡谷，前往海源寺；我同顾仆越过北面的山涧，循着山涧向北进去，随即由峡谷向东登岭。一里后，翻越到山岭东面。稍稍往东下行半里，折向北，又走了半里。已经远远地看见上洞在北面的山岭上，与妙高寺并排，而道路却要踩着危险的山石，经历高峻的石阶下走。走过险途，随即从半山腰转向北。走了半里，东南面有条来自海源寺的大路向上爬坡，顺着这条大路。往西北上行半里，岭上乱石林立，像云朵一样涌出。再往北，就找到上洞了。洞口向东，高大穹隆，宽敞深远，洞内深处有六七丈，宽处和高处也有六七丈，洞顶隆起成伞盖样，洞底平整如同磨刀石，四面石壁围绕，没有嵌入空中透进亮光的地方；只有洞的后面有块岩石在中央突起，高有一丈多，有缝隙弯弯转转进去。穿过缝隙进去，洞壁也是嵌进去又往下坠，深处与嵌进去的地方各有二丈多，洞底深远漆黑。顺着缝隙坠下去，看见有细小的水滴从洞后石壁上滴答滴答地下来，来到洞底却看不见到水，黑暗的地方也渐渐明亮起来。有个打柴的人看见我进洞去，就站在外洞等我，等到我出来才离开。洞中野鸽子很多，它们都在洞顶筑巢，碰到人惊扰就不停地飞，而当地人设置了机关来捕捉野鸽子。又稍往北走，走了半里就找到了中洞。洞口也是向东，深处、宽处、高处都不到上洞的三分之一，四面也是石壁围绕，没有别的岔洞，只是洞口左边立着一根石柱，又有两个石孔穿透到外面，算是奇异之处了。

余从洞前望往妙高大路：自海源由山下村落，盘西山北嘴而西上；洞前有如线之路，从岭北逾坳而西，即从岭头行，可省陟降之烦。乃令顾仆下山招海源行李，余即从洞岭北行，期会于妙高。洞北路若断若续，缘西山之半，其下皆村聚，倚山之麓，大路随之。余行岭半一里，有路自下村直上，西北逾岭，从之。一里，逾岭西，峰头有水一塘在洼中。由塘北西下一里，山复环成高坞，自南向北；坞口石峰东峙，嶙峋飞舞，踞众壑之交。石峰北，又有坞自西而东，西坞重壑层叠，有大山临之，其下路交而成蹊[1]焉。余望之行，半里，北下至石山之西。又半里，西抵西坞之底。路当从西坞北崖缘峡而上，余误从西坞南崖蹑坡而登。一里，逾岭脊而西，即见西北层冈之上，有佛宇重峙，余知即为妙高，而下有深峡间隔，路反折而西南，已觉其误。循之行一里，以为当截峡北渡，便可折而入寺。乃坠峡西北下，半里涉底，复攀峡西北上，以为寺在冈脊矣，而何以无路？又半里，及登脊，则犹然寺前环峡之冈，与寺尚隔一坑也。冈上有一塔，正与寺门对。复从其东北下坑，半里，由坑底再上北崖，则犹然前坞底缘峡处也。北上半里，冈头有茶庵当道，是为富民大路，庵侧有坊。沿峡端西循坡半入，半里，是为妙高寺[2]。寺门东向，前临重峡，后倚三峰，所谓三华峰也，三尖高拥攒而成坞，寺当其中，高而不觉其亢，幽而不觉其阒，亦胜地也。正殿左右，俱有官舍，以当富民、武定之孔道故。寺中亦幽寂。土人言，妙高正殿有辟尘木，故境不生尘，无从辨也。

【注释】①蹊（xī）：小路。②妙高寺：在龙院村西北的山上，曾遭到破坏，后毁于火。近年逐渐修复，分前园、中园、后园，古树尚存。

【译文】我在洞口前远望通往妙高寺的大路：从海源寺经由山下的村落，绕着西山北面的山嘴往西上行；洞前有条像线一样细的小路，从岭北越过山坳往西去，随即从岭头走，可以省去上上下下的麻烦。于是我让顾仆下山去海源寺接待行李，我随即从山洞所在的山岭往北走，约定在妙高寺相会。洞北的路时断时续，顺着西山的半山腰，山下都是村庄聚落，紧靠山麓，大路顺着山麓。我沿着山岭半山腰走了一里，有条路从下面的村庄一直上来，向西北翻越山岭，我顺着这条路走。一里后，翻越到岭西，峰头有一塘水在洼地中。从水塘北面往西下行一里，山又环绕成高山间的山坞，自北向南延伸；山坞口有石峰屹立在东面，山石嶙峋，临空飞舞，盘踞在几条壑谷相交的地方。石峰的北面，又有山坞自西往东延伸，西面的山坞中重重沟壑层层叠叠，有大山面临着山坞，山下的道路交会变成了小路。我望着那里走过去，半里后，向北下到石山的西麓。又走了半里，向西抵达西面山坞的底部。道路应当从西面山坞靠北的山崖沿着峡谷上行，我错从西面山坞靠南的山崖踏着山坡上登。一里后，越过岭脊往西，马上就看到西北层层山冈之上，有一重重佛寺屹立着，我知道那就是妙高寺了，可下方中间有深峡阻隔，道路反而折向西南，此时已经察觉路走错了。沿路走了一里，我以为应当横穿峡谷到北边，就可以转进寺中。于是向西北朝着峡谷下走，半里后涉过峡底，又攀着峡谷向西北上登，以为佛寺在冈脊上了，但是为什么没有路呢？又走了半里，到登上冈脊，却仍然只是环绕在寺前的峡谷的山冈上，和寺庙还隔着一条深坑。山冈上有一座塔，正与寺门相对。又从山冈东北面下坑去，半里后，从坑底再上登北面的山崖，则仍然是先前山坞底部沿着峡谷上行的地方。往北上行半里，冈头有间茶庵在路旁，这是去富民县的大路，茶庵侧旁有座牌坊。沿着峡谷一头往西顺着山坡半山腰进去，半里后，就到达妙高寺。寺门向东，前方面临重重峡谷，后方靠着三座山峰，就是所谓的三华峰了，三座尖峰高高攒聚簇拥着形成山坞，寺庙处于山坞中央，地势高却不显得突兀，幽静却不显得荒凉，也是一处景色优美的胜地了。大殿左右两边，都有官府的房舍，因为这里是处于去富民县、武定府的交通要道上。寺中也很幽静。当地人传说，妙高寺正殿中有辟尘木，所以寺中不生尘土，我无法分辨此话的真假。

瞻眺久之，念行李当至，因出待于茶庵侧。久之，乃从坡下上。余因执途人询沙朗道，或云仍下坡，自普击[①]大道而去，省中通行之路也，其路迂而易行；或云更上坡，自牛圈哨[②]分岐而入，此间间达之路也，其路近而难知。余曰："既上，岂可复下？"遂更上坡。三里，逶迤逾岭头，即循岭北西向盘崖行。又二里，有小石峰自岭北来，与南峰属，有数家当其间，是曰牛圈哨，东西之水，从此分矣。从哨西直下，则大道之出永定桥者。余乃饭而从岭脊北向行，一里，稍下涉壑，即从壑北上坡。缘坡东北上，回望壑底，西坠成峡，北走甚深。路东北逾坡，其东犹下滇池之峡也。又一里半，从岭头逾坳而北。北行一里，再逾一西突之坳，其北遂仍出西峡上，于是东沿山脊行。又北一里半，西瞰有村当峡底，是为陡坡。其峡逼仄而深陡，此村居之最险者。从岭上随岭东转，半里，有路自东坳间透而直西，遂坠西峡下，此陡坡通省之道，乃遵之东上。半里，逾坳东，于是南沿山脊行。又东半里，稍东北下峡中。半里，有水一池潴路南，是为清水塘，在度脊之北。塘北遂下坠成坑，随之北下，一里过峡底，有东来大道度峡西北去，此即自省会走富民间道也。随之，复从峡西傍西山北行。二里，又转而西，遇一负薪者，指北向从岐下峡中行。将半里，至其底，即清水塘之下流也。又从峡西缘坡麓行，细径断续，乱崖崩隤。二里半，逾涧，缘东麓又北一里，乃出峡口。于是北坞大辟，南北遥望，而东界老脊与西界巨峰夹而成坞。始从畦塍北行，一里，有溪颇巨，自坞北来，转而西去，余所从南来之水亦入之，同入西南峡中。路北渡之，一里，有村聚倚西山之麓，高下层叠，是为沙朗③。入叩居停，皆辞不纳，以非大路故，亦昆明之习俗也。最后入一老人家，强主之，竟不为觅米而炊。

【注释】①普击：今作普吉，分大普吉、小普吉，皆在昆明坝子西北。②牛圈哨：今称小哨，在妙高寺西。③沙朗：今名同，在昆明坝子以外的山后。霞客居停处为今沙朗坝子西缘的大村，缘山建屋，垒石为墙，高低错落，为白族聚居区。

【译文】眺望了很久，心想行李应当到了，于是出寺在茶庵旁等候。很久过后，他们才从坡下上来。我于是拉着过路人询问去沙朗的路，有人说仍然下坡，走来自普击的大路，是省城中常走的路，这条路虽然绕却容易走；有人说再上坡，从牛圈哨分出的岔路进去，是这一带便捷通达的路，这条路虽然近却难找路。我说：“既然上坡了，怎么可以再下去？”于是再上坡。三里后，绕来绕去地越过岭头，我随即沿着山岭北面向西绕着山崖前行。又走了二里，有座小石峰从山岭北面延伸过来，与南面的山峰相连，有几户人家位于两座山峰之间，这里叫作牛圈哨，东西两面的水，从此处分流了。从牛圈哨往西一直下山，就是通往永定桥的大路。我在这吃饭后沿着岭脊向北走了一里，慢慢下山涉过壑谷，随即从壑谷北面上坡。顺着山坡往东北上行，回头望壑谷底下，西面下坠成峡谷，往北延伸十分深远。路向东北翻越山坡，山坡东面仍然是下延到滇池的峡谷。又走了一里半，从岭头往北穿越山坳。向北走了一里，再越过一个向西突出来的山坳，山坳北面仍然通到西面峡谷之上，从这里向东沿着山脊走。又往北走了一里半，俯瞰西面，有个村子位于峡底，那是陡坡。村子所在的峡谷很狭窄，而且又深又陡，这是村居最危险的地方。从岭上顺着山岭向东转，半里后，有条路从东面的山坳中一直向西穿出来，然后下坠到西面的峡中，这是陡坡通往省城的路，于是我顺着这条路往东上登。半里后，翻越到山坳东面，从这里起向南沿着山脊前行。又往东走了半里，渐渐往东北下到峡中。半里后，有一汪池水汇积在道路南边，这里是清水塘，位于延伸而过山脊的北面。水塘北面下坠成深坑，顺着深坑往北下行，一里后穿过峡底，有条从东面来的大路穿过峡谷往西北去，这就是从省城通往富民县的便道了。顺着这条路，再从峡谷西面傍着西山往北走。二里后，又转向西，遇到一个背柴的人，他指点我向北从岔路下到峡中。走了将近半里，到达峡底，就是清水塘的下游了。又从峡谷西面沿着坡脚走，小路断断续续，崩塌的石崖杂乱堆叠。走了二里半，越过山涧，沿着东麓又往北走一里，就走出了峡口。在这里，北面的山坞十分开阔，南北远远相望，而东面一列山的主脊与西面一列山的巨大山峰夹成山坞。开始沿着田埂往北走，一里后，有条很大的溪水，从山坞的北面流来，转而向西流去，我顺着走的从南面流来的溪水也流入这条溪流中，一同流入西南的峡谷中。道路向北渡过溪流，一里后，有个村落倚靠在西山的山麓，房屋高低错落，层层叠叠，这里是沙朗。我进村后敲门请求住下，村里人都推辞不肯接纳，这是因我没走大路的缘故，这也是昆明的习俗。我最后进入一位老人的家中，他勉强让我住下，却不为我找米做饭。

初九日　令顾仆觅米具炊。余散步村北，遥晰此坞。东北自牧养北梁王山西支分界，东界虽大脊，而山不甚高；西界虽环支，而西北有石崖山最雄峻。又南为沙朗西山，又南为天生桥，而南属于陡坡①东峡之山。其山东西两界既夹成大坞，而南北亦环转连属。其中水亦发源于龙潭，合南北峡而成溪，西注于富民螳螂，然不能竟达也；从坞西南入峡，捣入山洞，其洞深黑莫测，穿山西出，与陡坡之涧合。洞上之山，间道从之，所谓“天生桥②”也。然人从其上行，不知下有洞，亦不知洞之西透，山之中空而为桥，惟沙朗人耕牧于此，故有斯名。然亦皆谓洞不可入，有虎狼，有妖祟，劝余由村后逾山西上，不必向水洞迂折。余不从。

【注释】①陡坡：今名同，在陡坡河峡谷。②天生桥：今名同，在昆明城郊13公里，陡坡村北，昆明——普吉——富民公路从上经过。洞分三层。上洞为观音洞，深200米，有一石形似观音站立。中洞名仙桥洞，深1300米，石柱、石乳、石花遍布，有的石幔扣之如钟鼓响，集中了形、色、声三绝，为三洞中最美的一洞。山麓为水帘洞，长613米，两头弯曲，中段较直，高大壮阔，沙朗河从中穿流，新修的游路在河两岸摆动，颇便眺览。霞客所探为下洞。

【译文】初九日　我让顾仆找米准备做饭。自己在村北散步，远观这个山坞。东北方从牧养河北面的梁王山西面的支脉分界，东面一列山虽然是主脊，山却不怎么高；西面一列山虽然是环绕的支脉，但西北有座石崖山最是雄伟险峻。又往南延伸是沙朗的西山，再往南就是天生桥，而后往南连接到陡坡东面峡谷的山。这里的山东西两列既夹成大山坞，而南北也环绕连接。山坞中的水也是发源于龙潭，汇合南北两面峡中的水后形成溪流，向西注入富民县的螳螂川，然而溪水不能直接到达螳螂川；溪水从山坞的西南面流入山峡中，奔流进山洞，那里的山洞深黑莫测，穿过大山向西流出来，与陡坡的山涧水合流。山洞上的山，便道从那里经过，就是所谓的“天生桥”了。然而人从它的上面走，不知道下面有洞，也不知道洞通到西边，山的中间是空的便成为桥，只有沙朗人在这里耕种放牧，所以有这个名字。不过他们也都说不可以进洞去，洞里有虎狼，有妖怪作祟，劝我从村后向西翻山上行，不必从水洞去绕路。我没有听从。

既饭，乃南循坡麓行。一里半，与溪遇，遂同入西峡。其峡南北山壁夹而成，路由溪北沿北山之麓入，一里，仰见北崖之上，石壁盘突，其间骈列多门，而东一门高悬危瞰，势独雄豁，而磴迹甚微，棘翳崖崩，莫可著足。乃令顾仆并行李俟于下，余独攀跃而上。久之，跻洞东，又见一门侧迸，余以为必中通大洞，遂从其侧倒悬入大洞门。其门南向甚穹，洞内层累北上，深十余丈，而阔半之，然内无旁窦，即前外见侧迸之门，亦不中达也。出洞，欲东上侧门；念西洞尚多，既下，欲再探西洞；望水洞更异，遂直从洞下，西趋水洞。又半里，西峡既尽，山环于上，洞辟于下，水从东来逼南崖，捣西洞入，路从其北坠冈下。余令肩夫守行李于冈上，与顾仆入洞。洞门东向，高十余丈，而阔半之。始涉水从其南崖入，水漱北崖而环之。入五六丈，水环北崖，路环南崖，俱西转。仰见南崖之上，层覆叠出，突为危台，结为虚楼，皆在数丈之上，氤氲阖辟，与云气同为吞吐。从其下循之西入，北崖尚明，水漱之；南崖渐暗，路随之。西五六丈，南崖西尽，水从北崖直捣西崖下，西崖遂下嵌成潭，水呜呜其中，作冲激声，遂循西崖北折去。路乃涉水循东崖，北向随之。洞转而北，高穹愈甚，延纳余朗，若昧若明。又五六丈，水漱北崖复西转，余亦复涉西涯。于是水再环北崖，路再环南崖，竟昏黑不可辨，但闻水声潺潺。又五六丈，复西遇水，其水渐深，既上不可见，而下又不可测，乃出。

【译文】我吃过饭后，就往南沿着坡脚前行。走了一里半，与溪流相遇，于是与溪流一同进入西面的峡谷中。这个峡谷是南北两面像墙壁一样的山夹立而成的，道路由溪流北岸沿着北山的山麓进去，走了一里，仰面看见北面的山崖上，石壁盘绕前突，石壁间并列着多处洞口，而东边的一个洞口高悬在空中，俯瞰着下方，气势特别雄壮开阔，可石阶的痕迹十分细微，荆棘遮蔽，崖石崩塌，无处可以下脚。于是我让顾仆和挑行李的人在下边等着，独自一人攀登跳跃而上。很久之后，上登到洞口的东边，又看到有一个洞口从侧面进去，我以为洞中必定能通到大洞，就从它的侧边倒悬着进入大洞洞口。这个洞口向南，高高隆起成拱形，洞内向北层层叠累上去，深十多丈，而且宽处有深处的一半，不过洞内没有别的孔洞，就是前边在洞外见到的在侧边迸裂开的洞口，洞中也不和大洞相通。出洞后，我想往东上登侧洞口；考虑西边的洞还很多，下来后，想要再去探察西边的山洞；望见水洞更加奇异，就直接从洞口下来，向西赶往水洞中。又走了半里，西面的峡谷到尽头后，山环绕在上方，洞开在下面，水从东边流来逼近南面的山崖，奔流进西面的山洞，道路从山洞的北面坠下山冈。我让挑夫在山冈上看守行李，我与顾仆进入水洞。水洞洞口向东，高十多丈，而宽处有高处的一半。开始时涉水从洞的南面崖壁进去，水冲刷着北面的崖壁形成环流。进去五六丈，水环绕着北面的崖壁，路环绕着南面的崖壁，一起向西转。抬头望见南面的崖壁之上，岩石层层下覆，重叠前出，突出来成为高险的平台，连结为高空中的楼阁，都在几丈高的上方，氤氲之气时开时合，与云气一同吞吐。从南面崖壁下沿着崖壁向西进去，北面的崖壁还明亮，水冲激着崖壁；南面的崖壁渐渐暗下来，道路顺着进去。向西走五六丈，南面的崖壁到了西边的尽头，水从北面的崖壁一直冲捣到西面的崖壁下，西面的崖壁因此下嵌成深潭，水在潭中呜呜作响，发出水流冲激的声音，随后顺着西面的崖壁折向北流去。道路涉过水后沿着东面的崖壁，随着水流向北而去。洞转向北，更加高大穹隆，引进一点余辉，似明似暗。又走了五六丈，水冲刷到北面的崖壁后又转向西流，我也再次渡水到西岸。从这里起，水再次环绕着北面的崖壁，道路再次环绕着南面的崖壁，终于昏暗得不能看清东西，只能听到潺潺的水声。又走了五六丈，又在西面遇到水，洞里的水渐渐深起来，头上既看不见，脚下的水又深不可测，只好出来了。

出复四渡水而上冈。闻冈上有人声，则沙朗人之耕陇者。见余入洞，与负行李人耦语[1]待之。为余言：“水之西出，即陡坡北峡；山之上度，即天生桥间道所从，如前之所标记者。”始恨不携炬，竟西从洞中出也。其人又为余言：“富民有老虎洞，在大溪之上，不可失。”余谢之。乃西上蹑岭，一里半，登其脊，是为天生桥。脊南石峰嶙峋，高耸而出，其脉自陡坡东度脊而北，间道循其东陲，陡坡之涧界其西麓；至此又跨洞而北，属于沙朗后西山，水从其下穿腹西出，路从其上度脊西行。脊西瞰，即陡坡涧水，直走而北，至此西折，脊上之路，亦盘壑西坠。益信出水之洞即在其下，心悬悬欲一探之。

【注释】①耦（ǒu）语：相对私语。

【译文】出洞又四次渡水后登上山冈。听到山冈上有人的声音，是耕地的沙朗人。他看见我进洞，与挑行李的人说着话等我。他对我说：“水往西边流出，就是陡坡北面的峡谷；从山上走过去，就是天生桥便道经过的地方，和先前标记的一样。”我这才悔恨没带上火把，直接从洞中由西面出来了。那人又对我说：“富民县有个老虎洞，在大溪的上面，不能够错失。”我谢过他。于是往西上登山岭，走了一里半，登上岭脊，这里是天生桥。岭脊南面石峰嶙峋，高耸出来，这里的山脉起自陡坡东面的山脊而往北延伸，便道沿着山脉的东陲走，陡坡的山涧隔在山脉西麓；延伸到此地又跨过山洞向北延伸，连接到沙朗后面的西山，水从山下穿过山腹往西流出来，道路从山上越过山脊往西。在山脊上向西俯瞰，就见陡坡的山涧水，一直向北流，流到这里再向西转去，山脊上的路，也是盘绕着壑谷向西下坠。我更加相信出水的洞就在这座山下，心里念念不舍地想要去一探究竟。

西行山半者一里，见有岐直下峡底，遂令顾奴同负囊者由大道直前，余乃独下趋峡中。半里，抵峡底，遂溯水东行。一里，折而南，则后洞庞然西向，其高阔亦如前洞，水从其中踊跃而出，西与南来之涧合而北去。余溯流入洞，二丈后，仰睇洞顶，上层复裂通于门外，门之上，若桥之横于前，其上复流光内映，第高穹之极，下层石影氤氲，若浮云之上承明旭也。洞中流，初平散而不深，随之深入数丈，忽有突石中踞，浮于水面，其内则渊然深汇，磅礴崖根，不能溯入矣。洞顶亦有石倒骞，以高甚，反不觉其夭矫。其门直而迥，故深入而犹朗朗，且以上层倒射之光，直彻于内也。出洞，还顾洞门上，其左悬崖甚峭，上复辟成一门，当即内透之隙。乃涉涧之西，遥审崖间层叠之痕，孰可著足，孰可倒攀，孰可以宛转达，孰可以腾跃上。乃复涉涧抵崖，一依所审法试之。半晌，遂及上层外，门更廓然高穹也。入其内，为龛为窝，为台为榭，俱浮空内向。内俯洞底，波涛破峡，如玉龙负舟，与洞顶之垂幄悬帔，昔仰望之而隐隐者，兹如缨络随身，幢幡覆影矣，与蹑云驾鹤，又何异乎？坐久之，听洞底波声，忽如宏钟，忽如细响，令我神移志易。及下，层崖悬级，一时不得腠理①，攀挂甚久。忽有男妇十余人，自陡坡来，隔涧停睇。迨余下，问何所事，余告以游山。两男子亦儒者，问其上何有，余告以景不可言尽。恐前行者渐远，不复与言，遂随水少北转而西行峡中。

【注释】①腠（còu）理：原指肌肉的纹理，此指山的纹理。

【译文】在半山腰向西走了一里，见到有条岔路一直下到峡底，于是让顾仆随同挑行李的人由大路一直前走，我独自一人赶去峡中。半里后，到达峡底，于是逆着水往东走。走了一里，转向南，就见高大的后洞口面向西，洞口的高处宽处也像前洞一样，水从洞中奔涌而出，向西流去与南面流来的山涧合流后向北流。我逆着水流进入洞中，二丈后，仰面斜视洞顶，洞壁上层又裂开通到洞口外，洞口的上方，像桥一样横架在前方，那上边又有流动的光影映射到洞内，实在是高大穹隆，下层石头的影子在水中流动，宛如飘浮的云彩上托着明亮的旭日。洞中的水流，起初平缓散流而且不深，顺着水流深入进去几丈，忽然有块突起的岩石蹲踞在中央，浮出水面，岩石以内的水流就汇积成深渊，气势磅礴地激荡着崖壁根部，不能逆水进去了。洞顶也有岩石倒悬着，因为太高，反而不觉得它屈曲妖娇。洞口又直又深，所以深入进去后还很明亮，也因为上层倒射进来的光线，笔直照到洞内。出洞后，回头看洞口上方，洞口左边的悬崖十分陡峭，上面又开有一个洞口，应当就是通到洞内的缝隙。于是涉水到山涧的西岸，远远地审视崖壁间层层叠叠的石痕，哪里可以落脚，哪里可以倒挂着攀登，哪里可以曲折地到达，哪里可以腾跃而上。于是又涉涧水抵达悬崖下，依照审视时想到的走法试着攀登。半晌后，终于来到上层的外面，洞口更加宽广、高大穹隆了。进入洞内，有如佛龛，有如鸟窝，有如平台，有如水榭，都浮在空中面向洞内。在洞内俯瞰洞底，波涛冲破峡谷，如同玉龙载着小船，与洞顶下垂的帐幕、悬垂的披肩，先前抬头望去隐隐约约的东西，现在看来如同随身悬挂的璎珞和遮掩身影的旗帜，这与腾云驾鹤的仙境，又有什么不同呢？我坐了很久，听着洞底的波涛声，忽而好像洪钟鸣响，忽而如同丝竹细乐，让我神志飘渺。下来时，层层悬崖一级一级的，我一时找不到下走的条理，悬挂着攀爬了很久。忽然有男女十几个人，从陡坡走过来，隔着山涧停下来看。到我下来时，问我有什么事，我告诉他们是游览山景。其中有两个男子也是读书人，问山上有什么，我告诉他们美景无法用言语说尽。我担心走在前面的人渐渐走远，便不再和他们说话，顺着水流稍微转向北后，向西在峡谷中前行。

一里，渐上北坡。缘坡西行，三里，峡坞渐开。又四里，坞愈开。其北崖逾山南下者，即沙朗后山所来道；其南坡有聚落倚南山者，是为头村[①]。路至此始由坞渡溪，溪上横木为桥，其水即陡坡并天生桥洞中所出，西流而注于螳螂川者也。从溪南随流行一里，过头村之西。沿流一里半，复上坡西行。二里，再下坞中。半里，路旁有卖浆草舍倚南坡，则顾仆与行李俱在焉，遂入饭。又西盘南山之嘴，一里余，为二村。村之西有坞北出，横涉而过之。半里，复上坡，随南山而西，上倚危崖，下逼奔湍。五里，有村在溪北，是为三村。至是南界山横突而北，北界山环三村之西，又突而南，坞口始西窒焉。路由溪南跻北突之坡而上，一里半，抵峰头。其峰北瞰三村溪而下，溪由三村西横啮北峰之麓，破峡西出。峡深嵌逼束，止容水不容人，故路逾其巅而过，是为罗鬼岭，东西分富民、昆明之界焉。过岭西下四里，连过上下罗鬼两村，则三村之流已破峡西出。界两村之中而西，又有一溪自北坞来，与三村溪合并西去。路随之，行溪南二里，抵西崖下，其水稍曲而南，横木梁渡之。有村倚北山而聚，是为阿夷冲。又从其西一里半，逾一坡。又一里半，昏黑中得一村，亦倚北山，是为大哨[②]。觅宿肆不得，心甚急。又半里，乃从西村得之，遂宿其家。

【注释】①头村：今名同，位于昆明西北。②大哨：应即今大营。

【译文】一里后，渐渐上登北面的山坡。顺着山坡往西走了三里，峡谷中山坞逐渐开阔。又走了四里，山坞更加开阔。那条从北面山崖翻山往南下走的路，就是沙朗后山我来时的路；山坞的南坡有个村落倚靠着南山，那里是头村。路到这里开始经由山坞渡过溪流，溪水上横架着木桥，桥下的溪水就是从陡坡和天生桥流出来的，向西流淌后注入螳螂川。从溪流南岸顺着溪流走一里，经过头村的西面。沿着溪流走了一里半，又上坡往西走。二里后，再次下到山坞中。走了半里，路旁有间卖酒的茅屋背靠南面的山坡，只见顾仆与行李都在这里，于是进屋吃饭。又往西绕过南山的山嘴，走了一里多，就是二村。村子的西面有个山坞向北延伸出来，横向穿过这个山坞。半里后，又上坡，顺着南山往西，上方倚靠高险的悬崖，下方逼近奔涌湍急的溪流。走了五里，有个村庄在溪流北岸，那是三村。到了这里，南面一列山横着向北突起，北面一列山环绕在三村的西面，又向南突起，挡住了山坞口的西面。道路由溪流南岸爬上向北突出的山坡，一里半后，到达峰头。这座山峰北面俯瞰着三村的溪水往下流，溪水从三村西边横流冲刷着北峰的山麓，冲破山峡往西流去。峡谷深陷狭窄，只能容水而不能容人通过，所以道路翻越山顶过来，这里是罗鬼岭，是划分东西两面富民县与昆明县的分界处。越过岭头往西下行四里，接连经过上罗鬼、下罗鬼两个村子，就见从三村流来的溪流已经冲破山峡往西流出。隔在两个村子的中间再偏西一点，又有一条溪水从北面的山坞中流来，与三村流来的溪水合流后向西流去。道路顺着溪流走，在溪流南岸行走了二里，到达西面的山崖下，溪水渐渐弯曲往南流，横架木桥渡过溪水。有个村庄倚靠在北山居住，这里是阿夷冲。又沿着村子往西走一里半，翻过一条山坡。又走了一里半，昏暗中走到一个村子，也是倚靠北山，这里是大哨。我找不到投宿的旅店，心里非常着急。又走了半里，才在西村找到住处，就在村民家中。

初十日　鸡鸣起饭，出门犹不辨色。西南行塍中，一里半，南过一石桥，即阿夷冲溪所出也。溪向西北流，路度桥南去，半里，又一水自东南峡中来，较小于阿夷冲溪，即《志》所云洞溪之流也，二流各西入螳螂川。度木桥一里余，得大溪汤汤，即螳螂川也；自南峡中出，东北直抵大哨西，乃转北去而入金沙江。有巨石梁跨川上，其下分五巩，上有亭。其东西两岸，各有聚落成衢，是为桥头。过桥，西北一里，即富民县治。由桥西溯川南行七里，为河上洞①。先是有老僧居此洞中，人以老和尚洞呼之，故沙朗村人误呼为老虎洞。余至此，土人犹以为老和尚也。及抵洞，见有刻为河上洞者，盖前任县君以洞临溪流，取河上公之义而易之。甫过桥，余问得其道，而顾仆与负囊者已先向县治。余听其前，独沿川岸溯流去。

【注释】①河上洞：位于富民县西，螳螂川北岸。

【译文】初十日　鸡叫后吃饭，出门时还不能分辨天色。在田塍中往西南前行，一里半后，向南走过一座石桥，就是阿夷冲的溪水流出去的地方了。溪水向西北流去，道路过桥后往南去。走了半里，又有一条溪水从东南方的山峡中流来，比阿夷冲的溪水小，就是《志》书所记载的洞溪了，两条溪流各自向西流入螳螂川。过木桥走了一里多，遇上一条浩浩荡荡的大溪，就是螳螂川了；螳螂川从南面的山峡中流出来，往东北一直流到大哨西面转向北流去，然后流入金沙江。有座巨大的石桥横跨在螳螂川上，桥下分为五个桥拱，桥上有亭子。桥东西两面的山崖下各有聚落形成街市，这里是桥头。过桥后，往西北走了一里，就到了富民县县治。从桥西逆着螳螂川往南走七里，就是河上洞。早先有个老和尚住在这个洞中，人们用“老和尚洞”来称呼这个洞，所以沙朗村人误称为老虎洞。我来到这里，当地人仍然认为是老和尚洞。等抵达山洞时，看见刻有“河上洞”三个字，大概是前任县官因为这个洞面临溪流，便取“河上公”的意思而改了洞名。刚走过桥，我就打听到去河上洞的路，可顾仆和挑担子的人已经先去县城了。我听任他们往前走，独自沿着螳螂川河岸逆着水流走。

一里，西南入峡。又三里，随峡转而南，皆濒川岸行。又二里，见路直蹑山西上，余疑之，而路甚大，姑从之。一里，遇樵者，始知上山为胡家山道，乃土寨也，乃复下，濒川而南。一里，其路又南上山，余觇其旁路皆翳，复随之。蹑山南上，愈上愈峻，一里，直登岭脊，而不见洞。其脊自西峰最高处横突而东，与东峰壁夹川流，只通一线者也。盖西岸之山，南自安宁圣泉西龙山分支传送而来，至此耸为危嶂，屏压川流，又东北坠为此脊，以横扼之；东岸之山，东自牛圈哨岭分支传送而来，至此亦耸为危嶂，屏压川流，又西与此脊对而挟持之。登此脊而见脊南山势崩坠，夹川如线，川自南来，下嵌其底，不得自由，惟有冲跃。脊南之路，复坠渊而下，以为此下必无通衢，而坠路若此，必因洞而辟。复经折随之下，则树影偃密，石崖亏蔽，悄非人境。下坠一里，路直逼西南高峰下，其峰崩削如压，危影兀兀欲坠。路转其夹坳间，石削不容趾，凿孔悬之，影倒奔湍间，犹窅然九渊[①]也。至是余知去路甚远，已非洞之所丽，而爱其险峭，徘徊不忍去。忽闻上有咳声，如落自九天。已而一人下，见余愕然，问何以独踞此。余告以寻洞，曰："洞在隔岭之北，何以逾此？"余问："此路何住？"曰："沿溪蹑峭，四十里而抵罗墓[②]。"则此路之幽阒，更非他径所拟矣。虽不得洞，而觇此奇峭，亦一快也。

【注释】①九渊：九层深潭底。比喻其水很深。②罗墓：今作乐母、乐亩，在昆明市西山区西北。

【译文】走了一里，从西南进入峡谷。又走了三里，顺着峡谷转向南，都是沿着螳螂川河岸走。又走了二里，见道路一直向西登山，我怀疑走错路了，但路很宽，便姑且顺着这条路走。走了一里后，遇到一个打柴的人，才知道上山是去胡家山的路，那是一个少数民族的村寨，于是又下来，沿着螳螂川往南走。走了一里，这条路又往南上山，我观察这条路两旁都被草遮蔽着，就又顺着路走。往南登山上行，越上去越陡峻，走了一里，径直登上岭脊，却不见洞。这条山脊从西峰的最高处往东横突，与东峰像墙壁一样夹住螳螂川的流水，只通着一线宽的地方。大体上，螳螂川西岸的山，南面起自安宁州圣泉西边的龙山，分出支脉延伸而来，延伸到此地耸起成为高险陡峭的山峰，像屏风一样压向螳螂川，又往东北下延形成这条山脊，从而横向扼住螳螂川的水流；东岸的山，东面起自牛圈哨岭，分出支脉延伸而来，延伸到此地也是耸起成为高险陡峻的山峰，像屏风一样压向螳螂川，又与西岸的这条山脊对峙，从而挟持螳螂川的水流。登上这条山脊就见到山脊南面的山势崩陷下去，夹住螳螂川如同一条线，螳螂川从南面流来，下嵌在峡底，不能自由流淌，只能冲激腾跃而过。山脊南面的路，又下坠到深渊中，我以为这条路下去后必定没有通畅的大路，而且道路如此下坠，一定是为了山洞而开辟的。又顺着路曲折下行，就见树影浓密、枝干倒卧，石崖崩塌蔽塞，静悄悄的，是无人之境。下坠了一里，路一直逼近到西南方的高峰下，这座山峰崩塌陡削，像要倒下来一样，危险的山影颤颤巍巍的，摇摇欲坠。路转到两山相夹的山坳间，岩石锋利如刀，不能下脚，岩石上凿孔修成悬架的栈道，山影倒映在奔腾湍急的流水中，犹如身在深渊之中。来到这里，我知道这条路前去的地方十分遥远，已经不是洞所在的地方，但喜爱这里险峻陡峭的地势，徘徊着不愿离去。忽然听到上面有咳嗽声，如同从九重天上落下来的一样。不久后有一个人下来，见到我十分吃惊，问我为什么独自一人蹲在这里。我告诉他因为在寻找河上洞，他说："山洞在隔着这座山岭的北面，你为什么翻越到此地呢？"我问他："这条路通往哪里？"他说："沿着溪流攀登峭壁，四十里后就到达罗墓。"不过这条路的幽深寂静，绝不是其他小路可以相比的。虽然没有找到山洞，但却观察到这样奇异陡峭的景致，也算是一件快事了。

返跻一里，复北上脊。见脊之东有洞南向，然去川甚远，余知非河上洞，而高揽南山，凭临绝壑，亦超然有云外想，遂披棘攀崖入之。其洞虽不甚深，而上覆下平，倒插青冥[1]，呼吸日月，此为最矣。凭憩久之，仍逾脊北下。一里抵麓，得前所见翳路，瞰川崖而南，半里，即横脊之东垂也。前误入南洞，在脊南绝顶，此洞在脊北穷峡。洞门东向，与东峰夹束螳川，深嵌峡底，洞前惟当午一露日光，洞内之幽阻可知也。洞内南半穹然内空，北半偃石外突；偃石之上，与洞顶或缀或离；其前又竖石一枝，从地内涌起，踞洞之前，若涌塔然，此洞左之概也。穹入之内，崆峒窈窕，顶高五六丈，多翱翔卷舒之势。五丈之内，右转南入，又五丈而窅然西穹，阒黑莫辨矣，此洞右之概也。余虽未穷其奥，已觉幽奇莫过，次第滇中诸洞，当与清华、清溪[②]二洞相为伯仲。而惜乎远既莫闻，近复荒翳，桃花流水，不出人间，云影苔痕，自成岁月而已！

【注释】①青冥（míng）：苍天。②清华洞：在今祥云县。详《滇游日记十二》崇祯十二年八月二十日记。清溪洞：在今富源县。杨慎《滇程记》载："平夷卫六亭（多罗、响水、石层）而达白水。有茶花箐，多盗（俟行者不戒而掠之，曰张冷）。路有清溪洞，面溪流，中窅深，炬火入之，有浮图、龙象、芝朵、云英之像，皆石乳溜结者。有桂花洞，有桂一本百尺，根蟠洞底，枝出洞外，秋华时香彻他山。"清溪洞当为徐霞客在富源县境所游者，因《滇游日记一》散佚而缺载。

【译文】返回来上登一里，又向北登上山脊。见到山脊的东面有个向南的山洞，不过离螳螂川很远，我知道那不是河上洞，然而这个洞在高处俯视着南山，面临着极深的壑谷，也让人产生超然置身于云天之外的想法，于是披荆斩棘攀着山崖进入洞中。虽然这个山洞不怎么深，可上面下覆、下面平滑，倒插进苍天，呼吸着日月，在这里是第一了。我靠着休息了很久，仍然翻过山脊向北下行。一里后到达山麓，找到了先前见到的被草遮住的路，俯瞰着螳螂川边的山崖往南走，半里后，就到了横着的山脊的东垂了。前边错走进去的南洞，在山脊南面的绝顶，这个洞在山脊北面峡谷尽头。洞口向东，与东峰相夹束缚着螳螂川，深嵌在峡底，洞口前只有正午时露出一束阳光，洞内的幽暗险阻可想而知。洞内的南半部分中空穹隆，北半部分倒卧的岩石向外突出；倒卧的岩石之上，与洞顶之间，有的连缀着，有的分离开；这块岩石前边又竖着一根石柱，从地下涌起，盘踞在山洞靠前的部分，像涌出地面的塔一样，这是山洞左边的大概情况了。穹隆深入进去的里面，空阔幽深，洞顶高五六丈，多有舒展翱翔的气势。五丈以内，从右边转向南进去，再走五丈后，洞向西进去非常深远，寂静漆黑不能分辨，这是山洞右边的大概情况了。我虽然不能穷究洞内的奥秘，却已经觉得洞内的幽深奇妙不是其他山洞能比，如果拿云南各地的山洞排名次，应当与清华洞、清溪洞两个山洞不相上下。但只可惜在远处已经没有人听闻，近处又被荒草遮蔽，桃花流水，不在人间，白云留影，苔藓留痕，自成岁月罢了！

出洞，遂随川西岸遵故道七里，至桥头。又北一里余，入富民县[①]南门，出北门；无城堞，惟土墙环堵而已。盖川流北向，辟为大坞，县治当西坡之下，其北有余支掉臂而东，以障下流，武定之路，则从此臂逾坳北去，川流则湾此臂而东北下焉。

【注释】①富民县：隶云南府。《读史方舆纪要》卷114载："富民故县，旧治在安宁河南梨花村旁，寻徙大河北。明嘉靖中，以河流泛溢，复迁河南土主村。万历中复徙治大河北。旧无城垣，崇祯十三年（1640）始营城浚隍，周三里有奇，即今治也。"富民县治在明代有迁移，但明后期已固定在螳螂川北，即今富民县治。城墙是霞客刚过不久修的，故此说"无城堞"。

【译文】出洞后，就沿着螳螂川西岸顺着原来的路走了七里，来到桥头。又往北走了一里多，进入富民县城南门，走出北门；没有城墙，只有土墙围绕着而已。螳螂川大致向北流去，敞开为一个大山坞，县治位于西面的山坡之下，县城北面有分支的余脉掉头向东延伸，因而挡住螳螂川往下流，去武定府的路，就沿着这掉头支脉穿过山坳往北去，螳螂川的水流就在这掉头的地方形成一个河湾，然后向东北流下去。

时顾仆及行李不知待何所，余踉跄而前，又二里，及之坳臂之下，遂同上峡中，平逾其坳。三里，有溪自西南山峡出，其势甚遥，乃河上洞西高峰之后，夹持而至，东注螳川者。其流颇大，有梁南北跨之。北上坡，又五里，饭于石关哨。逾坳北下，日色甚丽，照耀林壑。西有大山曰白泥塘，其山南北横耸，如屏插天。土人言，东下极削而西颇夷，其上水池一泓，可耕可庐也。山东之水，即由石关哨北麓而东去。共二里，涉之，即缘东支迤逦北上。其支从白泥东北环而南下者，其腋内水亦随之南下，合于石关北麓。路溯之北，八里，又逾其坳。坳不甚峻，田塍叠叠环其上，村居亦夹峙，是为二十里铺。又四里为没官庄，又三里为者坊关[①]。其处坞径旁达，聚三流焉。一出自西南峡中者，最大，即白泥塘山后之流也，有石梁跨其上，梁南居庐即者坊关也。越梁西北上一里，复过一村庐，又一小水自西峡来，又一水自西北峡来，二水合于村庐东北，稍东，复与石梁下西南峡水合而东北去，当亦入富民东北螳川下流者。过村庐之西北，有平桥跨西峡所出溪上，度其北，遂西北上岭。其岭盖中悬于西北两涧之中，乃富民、武定之界也。盘曲而上者三里，有佛宇三楹，木坊跨道，曰“滇西锁钥”，乃武定所建，以为入境之防者。又西上一里余，当山之顶有堡焉，其居庐亦盛，是为小甸堡[2]。有歇肆在西隘门外，遂投之而宿。

【注释】①者坅(qín)关：即今者北，在富民县北境。②小甸堡：今仍称小甸，分小甸上村和小甸下村。在富民县西北。

【译文】当时不知顾仆和行李在什么地方等我，我踉踉跄跄地往前走，又走了二里，等到了山脉掉头处下面的山坳时，就随着山坳上到峡中，平缓地穿越过这个山坳。三里后，有条溪水从西南方的山峡中流出来，水势来得很远，这是从河上洞西面高峰的后面，被夹在山间流来，往东注入螳螂川的溪流。溪中水流很大，有座桥横跨在溪流南北两岸。往北上坡，又走了五里，在石关哨吃饭。越过山坳向北下行，阳光十分艳丽，照耀着山林壑谷。西面有座大山叫作白泥塘，这座山呈南北向横着耸起，像屏风一样高插天际。当地人说，从山的东面下行极为陡削，而山的西面较为平坦，山上有一汪池水，可以耕种，可以居住。山东面的水，随即流经石关哨北麓后向东流去。共走了二里，渡过这条溪流，随即沿着东边的支脉弯弯曲曲往北上行。这条支脉是从白泥塘向东北环绕着往南下延的山脉，山内侧的水也顺着山势向南下流，在石关哨北麓合流。道路逆着溪流往北走，八里后，又穿越山坳。山坳不是十分陡峻，田地层层叠叠环绕在山上，村中的房屋也是相夹对峙，这里是二十里铺。又走了四里是没官庄，再走三里是者坅关。此处的山坞中小路四通八达，汇聚了三条水流。一条出自西南方峡中的水流最大，也就是白泥塘山后的溪流，有座石桥跨在溪流上，桥南的居民房屋就是者坅关了。过桥后往西北上行一里，又经过一个村子，又有一条小溪从西面的峡中流来，又有一条小溪从西北方的峡中流来，两条溪水在村子的东北面合流，稍往东，又与石桥下西南方峡中流来的溪水汇合，而后向东北流去，应当也是流入富民县城东北方螳螂川下游中的水流。经过村子的西北方，有座平桥跨在从西面峡中流出来的溪流上，过到桥北，往西北上登山岭。这座山岭因为高悬在西面和北面两条山涧的中间，就成为富民县、武定府的分界了。绕着山曲折地往上走三里，有三间佛寺，木牌坊跨在道路中央，上面写着“滇西锁钥”，是武定府修建的，作为进入武定府境内的标记。又往西上行一里多，山顶有个堡寨，这里的居民房屋也很兴盛，这里是小甸堡。有旅店在西隘门外，于是到店中投宿。

十一日　自小甸堡至武定府[①]歇。

【注释】①武定府：即今武定县。明时治所有迁移，隆庆四年（1570）始建石城于今治，周围三里三分，四门。

【译文】十一日　从小甸堡到武定府停歇。

（季会明曰：此后共缺十九日。询其从游之仆，云武定府有狮子山[①]，丛林甚盛，僧亦敬客。留憩数日，遍阅武定诸名胜。后至元谋县，登雷应山[②]，见活佛，为作碑记，穷金沙江。由是出官庄，经三姚三姚：大姚县、姚安府、姚州而达鸡足。此其大略也。余由十二月记忆之，其在武定、元谋间无疑矣。夫霞客虽往，而其仆犹在，文之所缺者，从而考之，是仆足当霞客之遗献云。）

【注释】①狮子山：在武定城西郊，如屏风高插天际，被誉为“西南第一山”。在接近山顶的地方，有一平台，元时即建正续寺。传说明代建文皇帝曾到过狮山正续寺为僧，手植孔雀杉二棵，茶花一棵。今孔雀杉挺直高耸达二十五米，四人才能合抱；茶花已死，尚遗花台，皆在大雄宝殿前。殿后的藏经楼，规模甚大。下层正中有建文塑像，白发，穿蓝色袈裟，坐龙椅，扁额题“明惠帝”。寺内楹联甚多，皆与建文事迹有关。《滇略》载：狮山“岩半有庵曰龙隐，中祠建文皇帝，云帝自靖难师入自髡以出，栖此山者四十余年，始自白归大内，今其像禅衣锡杖，凄然老衲状也。”《滇略》作者谢肇淛于万历末年为宦云南，则万历年间狮山已祠建文像，此当为霞客亲见者。寺边月牙泉涌流不绝。寺后是陡峻光滑的石壁，一层层整齐的纹理，状如狮子，山因此得名。崖壁磴道悬绝，藤树密翳，石门悬阁嵌错其间。山顶宽平，海拔2400米，林木遍列，可尽览武定坝子。今已修登山公路，汽车可直达正续寺。②雷应山：又称住雄山、东山。今名同，为元谋坝子东面的高山，南北走向，蜿蜒八十余里，最高峰海拔2803米。明时建有法灵寺和香山寺。法灵寺今已不存。香山寺在半坡平坦处，传说有山下能海闹村女子在那里留偈坐化，当地人称为活佛，称此寺为活佛寺。上有入定石、治瘿泉诸胜迹，明清时香火很盛。活佛寺现作小学校舍。雷应山上有火把梁子，当地彝族群众每年在上面欢度火把节。

【译文】（季会明说：这之后共缺十九天的日记。询问跟随徐霞客游历的顾仆，他说武定府有座狮子山，佛寺十分兴盛，僧人也尊敬游客。在寺中休息了几天，游遍了武定府的各处名胜。后来到了元谋县，登上雷应山，见到了活佛寺，为活佛寺写了碑记，穷究了金沙江。从这里走出官庄，路经三姚，即大姚县、姚安府、姚州，而后到达鸡足山。这是这些天徐霞客游程的大略情况。我从十二月的日记中追忆他的游程，他在武定府、元谋县之间游历过是无疑的了。霞客虽然去世了，可是他的仆人还在，游记中所缺失的内容，可以从他那里考订，这个仆人足以当作霞客遗留下来的文献。）

滇游日记五

【题解】《滇游日记五》是崇祯十一年（1638）十二月徐霞客在今元谋县、大姚县、祥云县、云南驿镇、宾川县等地所见所闻而写的游记。本游记在乾隆刻本第六册下。

十二月初六（1639年1月9日），徐霞客带着大病初愈，体弱难行的顾仆跟随四川僧人离开了元谋县官庄茶房。因顾仆的病情，他们已经在茶房歇息多日。初七，徐霞客在大姚县炉头村与僧人分开，同顾仆前往独木桥，投宿在慈云寺中。之后又经仓屯桥、王家桥、孚众桥、新坝桥进入大姚县城。接着向西南去往普淜、小云南驿。后从小云南驿出发，途经灵光寺，结识了热心好客的无住法师，停留几日，进入了洱海卫城。二十日，到达云南县、宾川州的分界。二十二日黎明，早早出发，到达鸡足山，在大觉寺留宿一晚。二十三日，向东前往悉檀寺。此后，直到月底，仍往来于鸡足山间，并多次寄居悉檀寺中。

鸡足山对于徐霞客来说有着特别的意义，他的生死之交静闻和尚最大的心愿便是带着自己用鲜血抄写的《华严经》前往鸡足山朝拜。崇祯十年（1637）九月，静闻病逝，他的遗愿便是请徐霞客将自己的骸骨埋于鸡足山。如今，徐霞客背着静闻的血经、遗骨，不远万里，终于来到了好友立志朝拜的鸡足山。二十六日，在悉檀寺仙陀法师、纯白法师的帮助下，徐霞客将静闻的遗骨葬入了塔中，完成了好友的遗志。二人深厚的情谊，为世人所称赞。

戊寅十二月初一日　在官庄[1]茶房。时顾仆病虽少瘥，而孱弱殊甚，尚不能行。欲候活佛寺僧心法来，同向黑盐井[2]，迂路两日，往姚安府。以此路差可行，不必待街子也。

【注释】①官庄：在今元谋县治元马镇东郊，仍称官庄，但由于城、乡的发展，基本与县城相连。它与能道村紧邻，今又合称官能。②黑盐井：明设黑井提举及巡检司，属定远县。今仍称黑井，在禄丰县西北隅，龙川江西岸。

【译文】戊寅年（崇祯十一年，1638年）十二月初一日（1639年1月4日）　在官庄茶房。顾仆的病虽然稍微痊愈了些，但还是特别虚弱，还不能起行。我打算等活佛寺的僧人心法法师来后，一同去黑盐井，绕了两天的路程，前往姚安府，因为这条路勉强可以走，不必等街子天。

初二日、初三日、初四日　在茶房。悟空日日化[1]米以供食，而顾仆孱弱如故。心法亦不至。

【注释】①化：即化缘、化募，指和尚、道士求人施舍。

【译文】初二、初三、初四日　在茶房。悟空法师天天去募化些米来提供饭食，可顾仆仍和原来一样虚弱。心法法师也没来。

初五日　前上雷应诸蜀僧返。诸僧待明日往马街[1]，随街往炉头出大姚。余仍欲随之，而病者不能霍然，为之怏怏。

【注释】①马街：即今元马镇。

【译文】初五日　先前上雷应寺的诸位四川僧人都返回来了。诸位法师要等明天去马街，由马街前往炉头出到大姚。我还是想跟随他们一起去，但生病的顾仆不能很快好起来，心中为此闷闷不乐。

马街在西溪东坡上，南去元谋县二十五里，北去黄瓜园三十五里，东至雷应山箐口十里，西至溪西坡五里，当大坞适中处，东西抵山，共径十五里，南抵山，北逾江，共径一百三十里，平坞之最遥者也。其东南有聚庐曰官庄，为黔府庄田。茶房即在马街坡北。

【译文】马街位于西溪东面的山坡上，南面距离元谋县二十五里，北面距离黄瓜园三十五里，东面到雷应山的箐口十里，西面到溪西坡五里，位于大山坞适中的位置。山坞东西两面到山脚，直线距离共十五里；南面到达山脚，北边越过金沙江，直线距离共一百三十里，是平坦的山坞中延伸得最远的一个了。山坞的东南方有个聚落叫作官庄，是黔国公沐府的田庄。茶房就在马街所在的山坡北面。

元谋县[1]在马头山西七里，马街南二十五里。其直南三十五里为腊坪[2]，与广通[3]接界；直北九十五里为金沙江，渡江北十五里为江驿[4]，与黎溪[5]接界；江驿在金沙江北，大山之南。由其后北逾坡五里，有古石碑，大书“蜀滇交会”

四大字。然此驿在江北，其前后二十里之地，所谓江外者，又属和曲州[6]；元谋北界，实九十五里而已。江驿向有驿丞，二十年来，道路不通，久无行人，今止金沙江巡检司带管。直东六十里为墟灵驿[7]东岭头，与和曲州接界；直西四十里为西岭，与大姚县接界。其地北遥与会川卫[8]直对，南遥与新化州[9]直对，东遥与嵩明州直对，西遥与大姚县直对。东界大山即墟灵驿与雷应山也，南自大麦地[10]，直北抵金沙江南岸，横亘二百里，平障天半焉。西界山层叠错出，亦皆自南而北。县治之支，南自楚雄府定远县[11]东来，分支结为县治。其余支西绕者，由县西直北十五里西溪之口而止，是为第一层；又一支南自定远县分支来，与县西之支同夹而北，至西溪口，东支已尽，此支更夹之而北，至扁担浪而止，是为第二层；又一支西自定远西与姚安府东界分支东来，与扁担浪之支同夹而北，中界苴林后水，即所谓西尖界岭也；又一支西自姚安府东北分支东来，与西尖界岭同夹而北，中界炉头溪水，即所谓炉头西乱石冈也；又一支定远县西北妙峰山分支东来，与乱石冈同夹而北，中界河底之水，即所谓舌甸独木桥西山也。诸山皆夹川流北出，或合西溪，或出苴榷[12]而下金沙，故自县以北，其西界诸山，一支既尽，一支重出，若鳞次而北抵金沙焉。其东界水皆小，惟墟灵驿一支较大，南出马头山之南，经县治东而北与西溪[13]合。自是以北，溪东之村，倚东界山之麓甚多：官庄之北，十里为环州驿[14]，又十里为海闹村[15]，滨溪东岸，即活佛所生处，离寺二十五里。其村有木棉树，大合五六抱。县境木棉树最多，此更为大。又十五里为黄瓜园[16]。溪西之村，倚西界山之麓亦甚多：西坡下村，与官庄对峙，北十五里为五富村，又十里为苴宁村[17]，又北逾岭二十里，为扁担浪[18]，于是北夹西溪，尽于金沙焉。

【注释】①元谋县：隶武定府。治所曾多次迁徙，万历三十一年（1603）始于丙弄山下筑城，天启二年（1622）改筑砖城，周一里三分。元马河从东往西，潆绕城北。城址在今元谋县南境的老城，沿河岸修砌的城墙，城内的孔庙和三元宫，遗址尚存。马头山：今名同，即老城以东的高山。今公路从此经过，再下到元谋坝子。在马头山麓，元谋坝子东缘，大那乌村东（上那蚌村北）的缓坡上，1965年发现了两颗猿人牙齿，经古地磁法测定，距今170万年，是目前我国已发现的时代最早的猿人。附近古动物化石极为丰富，现已建有文物标识。②腊坪：即勒品甸。今称羊街，在元谋县南境。③广通：明为县，属楚雄府，治今禄丰县西部的敦仁镇。④江驿：又作“姜驿”，在元谋县最北境。⑤黎溪：元置黎溪州，明初废入会川卫，但地名仍存。今仍称黎溪街，在四川会理县西南。⑥和曲州：属武定府。据《明史·地理志》：“和曲州，倚。旧城在南，元州治于此。隆庆三年十二月徙州为府附郭，令吏目领兵守焉。”则1569年后和曲州与武定府同点，在今武定县治。⑦墟灵驿：又作“虚仁驿”。在今武定县西隅。⑧会川卫：即会川卫军民指挥使司，属四川行都司，在今四川会理县城。⑨新化州：洪武十七年（1384）置马龙他郎甸长官司，弘治八年（1495）改为新化州，万历十九年（1591）隶临安府，治今新平彝族傣族自治县西部的新化。⑩大麦地：今名同，在元谋县东隅。⑪定远县：属楚雄府，治今牟定县。⑫苴（zuǒ）榷（què）：又作“苴却”，明时属大姚县，在今永仁县治。⑬西溪：又称西溪河。发源于马头山，流经县治北，从东往西汇入龙川江的水，即今元马河。⑭环州驿：在元马镇北，今已不存。⑮海闹村：又作海螺村，今名牛街，在龙川江东岸。⑯黄瓜园：即今黄瓜园镇，在龙川江东岸。⑰苴宁村：《游记》前作“苴林”，即今苴林，在龙川江西岸。⑱扁担浪：今作丙大浪，在蜻蛉河汇入龙川江处。以上村寨，皆按顺序分布在元谋县北境龙川江两岸，与今地望相较，《游记》所载详实、准确，足证关于霞客“穷金沙江”的说法是可信的。霞客沿此一线约北达金沙江北岸的姜驿。

【译文】元谋县位于马头山西面七里，马街南面二十五里处。元谋县正南三十五里是腊坪，与广通县接壤；正北九十五里是金沙江，渡过江往北十五里是江驿，与黎溪接壤；江驿在金沙江北岸，大山的南面。由江驿后面向北翻越山坡走了五里后，有块古代的石碑，碑上大大地写着“蜀滇交会”四个大字。然而这个驿站在金沙江北岸，它前后二十里的地区，就是所谓的江外，又归属于和曲州；元谋县北部的地界，实际只有九十五里而已。江驿从前设有驿丞，二十年来，道路不通，很久没有行人，如今只是由金沙江巡检司代管。正东六十里是墟灵驿东面的岭头，与和曲州接壤；正西四十里是西岭，与大姚县接壤。这个地方北面远远与会川卫正面相对，南面远远与新化州正对，东面远远与嵩明州正对，西面远远与大姚县正对。东面的一列大山就是墟灵驿与雷应山，雷应山南起大麦地，一直往北延伸到金沙江南岸，横亘二百里，平挡半边天。西面一列山层层叠叠，错杂重出，也都是从南往北延伸。县城所在的支脉，南面自楚雄府定远县东面延伸而来，分出一支盘结为县城。它往西环绕的支脉，由县城西面向正北延伸十五里，到西溪口为止，这是第一层山脉；又有一支山脉从南面的定远县分支延伸而来，与县城西面的支脉一同夹住山坞往北延伸，到西溪口，东面的支脉已到尽头，这条支脉再夹住山坞往北延伸，到扁担浪为止，这是第二层山脉；又有一支山脉西面起自定远县西部与姚安府东部境内分出支脉往东延伸而来，与扁担浪的支脉一同相夹往北延伸，中间隔着苴林后面的水流，就是所谓的西尖界岭了；又有一支山脉西面起自姚安府东北部，分出支脉往东延伸而来，与西尖界岭一同相夹往北延伸，中间隔着炉头的溪水，就是炉头西面所谓的乱石冈了；又有一支山脉从定远县西北的妙峰山分出支脉往东延伸而来，与乱石冈一同相夹往北延伸，中间隔着河底的水流，就是所谓舌甸独木桥的西山了。各条山脉都夹着往北流去的河流，有的汇入西溪，有的流出苴榷后下流进金沙江，所以从县城以北，元谋县西部的群山，一条支脉完结后，一条支脉又延伸出来，像鱼鳞一样依次排列往北延伸到金沙江。元谋县东境的水流都很小，只有墟灵驿的一条水流较大，南面源出马头山的南面，流经县城东边后往北流，与西溪合流。从这里往北，溪流东面的村庄，倚靠东面一列山山麓的很多：官庄的北面，十里处是环州驿，再十里是海闹村，濒临溪流东岸，就是活佛出生的地方，距离活佛寺二十五里。这个村子有木棉树，大处要五六人合抱。元谋县境内木棉树最多，此地的更大。又走十五里是黄瓜园。溪流西面的村庄，倚靠西面一列山山麓的也很多：西坡下村与官庄对峙，往北十五里是五富村，又走十里是苴宁村，再往北越岭二十里是扁担浪，从这里开始两面的山夹住西溪往北延伸，在金沙江就到了尽头。

西界诸山俱自定远夹流分支，东北而尽于金沙江。其西北又有大山方顶矗峙于北，与金沙北岸“蜀滇交会”之岭，骈拥天北。从坞中北向遥望，若二眉高列于坞口焉。余初以为俱江北之山，及抵金沙江上，而后知江从二山之中，自北而南，环东山于其北，界西山于其西，始知此方顶之山，犹在金沙之南也。其山一名方山，象形。一名番山，以地。因其音之相近而名之。其地犹大姚县属，在县东北百四十里苴榷之境，东临金沙江。是此山又从西北北胜州[1]界环突东南，界金沙于外，抱三姚于中，与此西界回合，而对峙为门户者也。

【注释】①北胜州：明置北胜州，治今永胜县。

【译文】西部的群山都起自定远县，分出支脉夹住水流，往东北延伸后，在金沙江到了尽头。县内西北部又有座大山的方顶矗立在北面，与金沙江北岸"蜀滇交会"所在的山岭，并排拥立在北面的天际。从山坞中向北遥望，好像两条眉毛高高地排列在山坞口一样。我最初以为都是金沙江北岸的山，等到了金沙江岸上时，才知道江水从两列山的中间，自北往南流，环绕过在江北岸的东山，把西山隔在江流的西岸，才知道这座方顶的山，还在金沙江的南岸。这座山一个名字叫方山，形状相似。一个名字叫番山，用地名取山名。因为两个音相近而替它取名。这个地方仍然是大姚县的属地，在县城东北一百四十里的苴榷境内，东边面临金沙江。这样，这座山又从西北的北胜州境内往东南环绕前突，把金沙江隔在外面，把姚安府、姚州、大姚县环抱在中间，与这里西面的一列山回绕会合，从而对峙成为元谋县的门户。

金沙巡司[1]乃金沙江南曲之极处。自此再东，过白马口[2]、普渡河北口，即从乌蒙山[3]之西转而北下乌蒙、马湖。巡司之西，其江自北来，故云南之西北界，亦随之而西北出，以抵北胜、丽江焉。

【注释】①金沙巡司：即金沙江巡检司，在今元谋县北境，龙川江和金沙江汇口处的龙街。②白马口：今名同，在武定县北隅，所所卡河从南往北在此汇入金沙江。③乌蒙山：《明一统志》武定府山川：“乌蒙山，禄劝州东北三百里，一名绛云露山，北临金沙江，山有十二峰，耸秀为一州诸山之冠，八九月间常有雪，其顶有乌龙泉，下流为乌龙河，蒙氏封此山为东岳。”此山在禄劝县与东川区间，禄劝称轿子雪山，东川称硔王山。最高峰海拔4247米。现通常把滇东北和黔西北间的山称乌蒙山。乌蒙：明置乌蒙府，属四川布政司，今昭通市昭阳区。

【译文】金沙江巡检司是金沙江向南弯曲的最南端。从这里再往东，流过白马口、普渡河北口，随即从乌蒙山的西面转向北下流到乌蒙府、马湖府境内。巡检司的西面，金沙江从北边流来，所以云南的西北境，也随着江流往西北延伸出去，到达北胜州、丽江府。

初六日　是早，云气少翳，诸蜀僧始欲游街子，俟下午渡溪而宿，明晨随街子归人同逾岭。既晨餐，或有言宜即日行者。悟空以余行有伴，辞不去，而顾仆又以恹恹[①]不能速随诸僧后，虽行，心为忡忡。出茶房西一里半，渡西溪，溪从此西曲，从其南岸随之。又一里余，抵西山下，溪折而北，又从其西崖傍山麓随之。又北一里余，有村当路北，遂由其南西向入峡。半里，涉枯涧[②]，乃蹑坡上。其坡突石，皆金沙烨烨，如云母堆叠，而黄映有光。时日色渐开，蹑其上，如身在祥云金粟中也。一上二里，逾[illegible]、望其西又辟一界，有尖山独耸，路出其间，乃望之而趋。

西向渐下，三里，抵坞中，有水自南峡中来，至此绕坞东北去。其水不深而阔，路北数十家，倚河东岸。由其南渡河而西，其处木棉③甚有高一丈余者，云两三年不凋。有枯涧自西来，其中皆流沙没足，两傍俱回崖亘壁夹持而来，底无滴水，而沙间白质皑皑，如严霜结沫，非盐而从地出，疑雪而非天降，则硝之类也。路当从涧底直入，诸僧之前驱者，误从南坡蹑岭上。上一里，见其路愈南，而西尖在西，知其误，乃与僧西北望涧底攀崖下坠。一里，复循底西行，见壁崖上悬金丸累累，如弹贯丛枝，一坠数百，攀视之，即广右所见颠茄也。志云："枝中有白浆，毒甚，土人炼为弩药，著物立毙。"行涧底二里，其底转自西北来，路乃从西南蹑岭。一里半，盘岭头西出，又一里半，西南下坡。其处开壑湾环而北，涉壑底而西，不见有水。半里，循西坑入，见石峡中有水潺潺，其峡甚逼，水亦甚微。一里，其峡有自南流而出者，下就涉之。其流之侧，有窞如半匏，仰东崖下，涵水一盂，不流不竭，亦潴水之静而有常，不与流俱汩者也。涉细流西上，逾坡半里，有植木为坊者，上书"黔府官庄"。西下半里，有数家在坡北，其壑亦湾环而北，中有田塍数十畦，想即石峡之上流，得水如线，遂开此畦，所谓"黔府庄田"是也。时诸僧未及携餐，令其徒北向彝家觅火。余辈随大道绕其南而西，一里，又有木坊在西坡，书亦如前，则其西界也。从此西下，又涉一枯涧，遂西上岭，其上甚峻。前乞火僧携火至，而不得泉，莫能为炊。上岭二里，盘峡而西，又半里，转而南，半里，一坪北向，环洼中亦无水，余乃出所携饭分啖之。随坪稍南，半里，复西上，其上愈峻。二里，登冈头，以为逾岭矣，而不知其上乃东垂之脊也。望西尖尚在其北，隔一深坑甚遥，西尖又有南北二横山亘其两头，又自成一界焉。从脊向西行二里半，又南转峡上，循而环之，又西北上，再陟峻岭。二里，登冈头，又以为逾岭矣，而其上犹东垂之脊也。又从脊西向行，于是脊两旁皆深坠成南北壑，壑蟠空于下，脊端突起于外，西接横亘之界，树丛石错，风影飒飒动人，疑是畏途。时肩担者以陟峻难前，顾仆以体弱不进，余随诸僧后，屡求其待之与俱，每至一岭，辄坐待久之，比至，诸僧复前，彼二人复后。余心惴惴，既恐二人之久迟于后，又恐诸僧之速去于前，屡前留之，又后促之，不胜惶迫，愈觉其上不已也。从脊行三里，复从岭西上一里，遂陟横亘南山之北巅。其巅与中突之尖，南北相对，上有石叠垣横界，是为元谋东界、大姚西界，即武定、姚安二府所分壤处也。路由其间，登巅之绝处，则有盘石当顶，于是从南横之巅，南向陟其脊，东瞰元谋，西瞰炉头，两界俱从屣底分坞焉。南行脊上二里，西向下二里，路侧渐坠成峡，石坎累累，尚无滴水。历石坡直下，一里，抵峡中。峡西又有回冈两重，自东北而蟠向西南。于是涉峡盘冈，再逾坡两重，共七里，乃西南下岭。一里，始及其麓，其坞乃南北大开，中有溪界之，望见溪西有大聚落，是为炉头④。时诸僧已饥，且日暮，急于问邸，遂投东麓下草庐家宿。

【注释】①恹（yān）恹：精神不振。②枯涧：此枯涧应即今白沙干河。这是对元谋土林的最早记录。元谋县土林甚多，以班果土林最典型，在龙川江西岸班果附近的白沙干河两岸，即霞客所经者。沙堆林立，形状各异，拟人拟物，十分壮观。沙石多呈黄色，还有粉红、玫瑰红、浅绿等色泽，且随光照角度发生变化，使土林更加迷人。③木棉：即攀枝花，又称英雄树，为落叶乔木，树干高大，春季开红花，至今仍为元谋特产，在坝子里随处可见，点缀在村头田间，为广袤的田野增色不少。④炉头：今称鼠街河或上白河。源自大姚县东南隅的鼠街，往东北流，至元谋牛街附近汇入龙川江。此河因流经炉头坝子而得名，今新华乡驻地仍称炉头坝，又作"卢头"。炉头坝一直属大姚，1956年始划归元谋县。

【译文】初六日　今天早晨，有少许云气，众位四川僧人开始想逛街子，等到下午渡过西溪去住宿，明天早晨随同赶街子回去的人一同翻越山岭。吃过早餐后，有人说应该当天就动身。悟空法师因为我有同行的同伴，就告辞不一起走，然而顾仆又因为精神不振不能紧跟在众位僧人后面，虽然出发了，但心里为此忧心忡忡。走出茶房西面一里半，渡过西溪，溪流从此处向西弯曲，从西溪南岸顺着溪流走。又走了一里多，到达西山下，溪流转向北，又从溪流西面的山崖傍着山麓顺着溪流走。又往北走了一里多，有个村子位于道路北边，于是由村子南面向西进入峡谷。走了半里，涉过干涸的山涧，踩着山坡上行。这个山坡上突起的岩石，都是金灿灿的沙石，如同堆叠在一起的云母石，而且映照出黄色的光彩。此时天色渐渐晴朗，走在坡上，如同身在祥云和金色的小米堆中一样。一口气上走了二里，越过坡顶，望见坡西又开辟出一番境界，有座独自耸立的尖山，道路从山间出去，于是望着这座山赶过去。向西渐渐下行，三里后，来到山坞中，有条河水从南面的峡谷中流来，流到此地绕着山坞往东北流去。河水不深却很宽，路北有几十户人家，倚靠在河的东岸。由村南渡河往西，此处木棉树的树干有的高一丈多，据说木棉花两三年都不会凋谢。有条干枯的山涧从西面过来，山涧中都是没过脚面的流沙，两旁都是回绕绵亘的悬崖峭壁，夹着山涧对峙而来，涧底没有一滴水，而流沙质地白皑皑的，如严寒霜冻结成的白沫，不是盐却从地下涌出，怀疑是雪花却不是从天上降下来，原来是硝一类的东西。道路应当从山涧底笔直进去，走在前面的僧人，错从南面的山坡翻越到岭上。上行一里，就见这条路愈发往南去了，而西面的尖山在西边，我知道他们走错了，于是与僧人们向西北望着涧底攀着山崖下坠。一里后，又沿着涧底往西走，见到崖壁上悬挂着一串串金色的小球，如同弹丸一样挂在树丛枝头上，一枝坠有几百个，攀崖上去细看，原来是在广西见过的颠茄。志书记载："颠茄枝干中有白色的浆液，毒性很强，当地人提炼后作为涂在弩上的毒药，动物沾上后会立即毙命。"在涧底走了二里，涧底转向从西北而来，道路于是向西南登岭。一里半后，绕着岭头往西出来，又走了一里半，从西南下坡。此处开阔的壑谷向北转弯，涉过壑谷底往西，不见有水。半里后，沿着坑谷向西进去，见到石山峡中有潺潺地流水，这里峡谷十分狭窄，水流也很小。走了一里，峡中有条从南面流出来的水流，下走过去渡过水流。水流的侧边，有个如同半个葫芦的深坑，在东面的山崖下仰面朝上，坑内积着一盂水，不流动也不枯竭，这也是静止不动的积水的常态，不与流水一起争流的水。渡过细流往西上行，翻越山坡半里，有栽木柱建成的牌坊，上面写着"黔府官庄"。向西下行半里，有几户人家在山坡北面，这个壑谷也向北转弯，壑谷中有几十块田地，猜想就是石山峡谷中上面的水流，得到如线一样细小的水流，便开垦这一片田地，就是所谓的"黔府庄田"了。此时诸位僧人因为没来得及带饭，就让他们的徒弟去北边的彝人家寻找火种。我们这些人顺着大路绕过村南往西走，一里后，又有一座木牌坊在西坡上，写的字也像前面的一样，这就是"黔府官庄"的西界了。从此处往西下行，又涉过一条干枯的山涧，就向西上岭，上去的路十分陡峭险峻。先前去找寻火种的僧人带着火种回来了，但由于找不到泉水，没法做饭。上岭二里，盘绕着峡谷往西，又走了半里，转向南，半里后，有一块向北的平地，环绕的洼地中也没有水，我便拿出带来的饭分着吃。顺着平地稍往南走，半里后，又向西上行，那上去的路更加陡峭险峻。走了二里，登上冈头，以为已经越过山岭了，却不知道山头的上面才是往东下垂的山脊。望见西面的尖山还在它的北面，隔着一条深坑十分遥远，西面的尖山又有南北两座横着的山横亘在它的两头，又自成一番境界了。从山脊上向西二里半，又往南转到峡谷上方，顺着峡谷绕着走，再往西北上行，再次登越险峻的山岭。二里后，登上冈头，又以为已经越过山岭了，而它的上方仍然是往东下垂的山脊。又从山脊上向西行，到这里，山脊两旁都是深深下坠形成的南北向壑谷，壑谷盘曲空悬在下方，山脊前端突起在外边，西面接着横亘的那一列山，树木成丛，岩石交错，风声飒飒，震动人心，我怀疑这是危险可怕的路途。此时挑担子的人因为道路陡峭险峻难以前行，顾仆由于身体虚弱不能前进，我跟随在众位僧人后面，屡次乞求他们等等挑夫和顾仆，等他们一起走，每到一座山岭，就坐下来等待他们很久，等他们到来时，众位僧人又往前走，他们两个人又落在后面。我心里惴惴不安，既担心这两个人长期落在后面，又害怕众位僧人在前面快速离去，于是多次赶到前边挽留僧人，又到后面催促顾仆他们，不胜惶恐急迫，愈发觉得那上行的路途没有止境了。从山脊上行三里，又从岭西上行一里，于是越过横亘着的南山北面的山顶。山顶与突起在中间的尖山，南北相对，山顶上横隔着石块堆砌的石墙，这里是元谋县的东部边界、大姚县的西部边界，就是武定府、姚安府辖地分界处了。道路经由两地之间，登上山顶的绝高处，就有块磐石位于山顶上，于是从往南横亘的山顶，向南登上山脊，东面俯瞰元谋，西面俯瞰炉头，两面都从脚底下分出山坞。往南在山脊上行走二里，向西下行二里，路侧边逐渐下坠成峡谷，石坑众多，石坑中还是没有一滴水。

由石坡一直下行，一里后，到达峡中。峡谷西面又有两重回绕的山冈，从东北向西南盘曲。从这里起涉过峡谷绕过山冈，再越过两重山坡，共走了七里，是往西南下岭。一里后，才来到山麓，这里山坞呈南北走向，十分开阔，山坞中有溪流隔在中间，望见溪流西岸有个大聚落，这里是炉头。此时僧人们已经饿了，而且天色已晚，急着去找旅店，于是就到山的东麓下的茅草房投宿。

初七日　土人言，自炉头往独木桥，路止四十里，不及官庄来三之一。余信之。时顾仆奄奄，诸僧先饭而去，余候顾仆同行。是早阴翳如昨，西望炉头大村行。半里，渡一北流溪，又西一里余，直抵西界山麓。又有一溪颇大，自南峡中来，渡之，北上崖，即炉头大村也。其溪环村之前，转而北去。炉头村聚颇盛，皆瓦屋楼居，与元谋来诸村迥别。其西复有山斜倚，循其东麓西南溯流行，三里，逾一东突之坡，乃南下。半里，涉坞，一里，又南陟坡而上。其坡自西而东突，与北坡东向，环成中坞，溪流北注于前，田塍环错于内。陟南坡一里，见溪东又盘曲成田，倚东山为坞。由坡西南行一里，下坡，溪自北而南，乃横涉之。登其西崖，则见所涉之北，其溪复自北来，有支流自北峡来者，小水也。从崖西行，已复逾溪之南岸，溯溪上。溪在北峡，有数家倚其南冈。从其中西行二里，北峡两崖对竦[①]，石突如门。其北崖石半有流环其腰，土人架木度流，引之南崖，沸流悬度于上，亦奇境也。路循南崖之腰，盘崖西下，又半里，则其溪又自南而北，南北俱削崖峙门，东西又危坡夹堑，境奇道险。渡溪，又西上坡半里，蹑坡南，则复逾溪之北崖，溯溪上。西二里，一峰危突溪西，溪身自其南环峡而出，支溪自其北堑壑而下。有岐西渡支溪，直蹑西峰者，小路也；自支溪之东崖，陟坡循峡而北入者，大道也。余乃从大道北上坡，半里，由坡峡平行，一里，随峡折而北，路缘堑，木丛路旁，幽箐深崖，令人有鸟道羊肠之想。一里余，峡渐从下而高，路稍由高而下，两遇之。遂西涉峡中细流，复从峡西蹑峻西上，即盘而北，乃知是为中悬之冈，其西复有峡流自北来，与所涉之峡流即会于冈前。缘冈北七一里，左右顾瞰，其下皆峡，而流贯其中，斯冈又贯二流之中，始觉两尖之岭，峰隆泉缩，不若此之随地逢源也。从冈脊北向，以渐上跻，亦以渐转西，二里，登冈之首，望其冈，犹自西峰东突而下者。盖山脊自西南来至此，既穹南山一重，即从其北峡中度而北，再起中峰，又亘为此山一重，即从其北岭环支而东，又亘为北山一重，恰如“川”字，条支东南走而所上者，是其中支也。从冈首又西向平行二里，直抵其西中峰最高之下，乃循其峰之东崖西南上，一里半，是为乱石冈，遂凌其峰之崖，下瞰南峡之底，即其中度处也，峡中之水遂东西分焉。由岭崖最高处西转而下，逶迤曲折，下四里，复从冈上西北行，忽见冈左右复成溪而两夹之，其溪流分大小。平行冈上二里，即从其端下，西渡大溪。由溪西上坡，稍转而北，半里，从北峡转西，遂向西坞入，于是溯西来大溪之北，循北山西行矣。二里半，有村在溪南，倚南山之坡，北山亦至是南突，路遂从所突峡中上。乃踞峡石而饭。又一里，盘其南崖，从崖转西。又一里，逾其西坳，乃西下坡。半里，抵坡之西麓，其西复开成坞。半里，路循溪北之山，又有村倚溪南之麓，与前倚溪南之坡者，皆所谓“夷村[②]”也。西行三里，一溪自南峡来，路亦随之南转。稍下，渡西来小水，从南坡西上，二里逾其坳，西北下一里，下至壑中。其壑南向，而大山环其北，又有小水东南流，当亦下大溪者，而大溪盘其东南峡中，不见也。

【注释】①竦（sǒng）：高耸。②夷村：少数民族居住的村寨。

【译文】初七日　当地人说，从炉头到独木桥，只有四十里路程，不到从官庄来的三分之一。我相信他们的说法。这时顾仆奄奄一息，诸位僧人先吃过饭离开了，我等顾仆一起走。这天早晨和昨天一样乌云密布，望着西面的炉头大村走。走了半里后，渡过一条向北流的溪水，又往西走了一里多，径直抵达西面一列山的山麓。又有一条较大的溪流，从南面的峡谷流出来，渡过溪水，往北登上山崖，就到炉头大村了。这条溪流环绕在村庄的前方，转而向北流去。炉头村落很是兴盛，都是瓦房和楼房，与从元谋县来的路上众多的村庄完全不同，村西又有山斜靠着，沿着山东麓往西南逆着溪流前行，三里后，翻过一条东突的山坡，于是往南下坡。走了半里，涉过山坞，一里后，又往南踏着山坡上行。这条山坡从西向东突出去，与北面向东的山坡，中间环绕成山坞，溪流往北流注于前方，田地环绕交错于山坞内。上登南面的山坡一里，望见溪流东岸又盘曲成田地，倚靠东山形成山坞。顺着山坡往西南走了一里，下坡，溪水从北往南流，就横向渡过溪流。登上溪流西面的山崖，就见到所渡过溪流的北面，这条溪流又从北面流来，有条支流从北面的峡中流来的，是条小河。顺着山崖往西走，不久又走到溪水的南岸，逆着溪流上行。溪流在北面的峡中，有几户人家倚靠在峡谷南面的山冈上。从溪流和村子之间往西走二里，北面峡谷两边的山崖相对耸立，山石前突，像门一样。北面的崖石有一半被水流环绕在它的半山腰，当地人架设了木槽引渡溪水，把水引到南面的山崖上，奔腾的流水悬空在上方，也是一个奇异的景观了。道路沿着南面山崖的半腰上，绕着山崖往西下行，又走了半里，就见这条溪流又从南往北流，南北都是像门一样对峙的陡峭山崖，东西两面又是高险的山坡夹成深堑，环境奇特，道路险要。渡过溪水，又向西上坡半里，爬到山坡南面，就又越到溪流北面的山崖上，逆着溪流上行。向西走二里，有一座山峰高高突起在溪流西面，溪水主流从山峰南面绕着峡谷流出去，溪水支流从山峰北面堑沟般的壑谷中流下去。有条岔路向西渡过支流，一直上登西峰，是小路；从支流东面的山崖，上登山坡沿着峡谷往北进去的，是大路。于是我顺着大路往北上坡，半里后，从坡上顺着峡谷平缓地前行，一里后，顺着峡谷折向北，道路沿着堑沟，路旁的树木成丛，幽深的山箐，深险的石崖，令人觉得这是仅有飞鸟能飞过的羊肠小道。走了一里多，峡谷渐渐从下面往高处延伸，道路渐渐由高处往下走，两者相遇。于是向西渡过峡谷中细小的溪流，又从峡谷西面踏着险峻的山崖上登，随即转向北，才知道这是一座高悬在中间的山冈，它的西面又有峡谷和溪流从北面前来，与我渡过的峡谷中的溪流在山冈前会合。沿着山冈往北上行一里，左右环顾俯瞰，山冈下方都是峡谷，而溪水流贯在峡谷中，这座山冈又横贯在两条溪流的中间，这才觉得两面尖山的山岭，山峰高耸泉水稀少，不像此地随处都能遇上水源。从冈脊上向北，逐渐上行，也就渐渐转向西，二里后，登到山冈的顶上，远望这座山冈，仍然只是西峰向东前突往下延伸的山脊。原来山脊从西南延伸来到此地，既形成一重穹隆而起的南山，随即由它北面的峡谷从中间往北延伸，再度隆起成中峰，又绵亘成为这一重山，随即从它的北岭分支往东环绕，又绵亘成为一重北山，恰似一个“川”字，条状的支脉往东南延伸而且是我上登的山，那是三重山中间的支脉了。从冈顶又向西平缓地前行二里，径直抵达山冈西面中峰的最高处之下，于是沿着中峰东面的山崖往西南上行，走了一里半，是乱石冈，终于登上中峰的山崖，向下俯瞰南面的峡谷谷底，就是我从其中越过的地方了，峡谷中的水就从这里东西分流。由岭上的石崖最高处转向西下行，迂回曲折，下行四里后，又从山冈上向西北走，忽然看到山冈左右又形成溪流，两面夹住山冈，这条溪流分为一大一小。平缓地在山冈上行走了二里，随即从山冈前端下行，往西渡过一条大溪，从溪流西面上坡，渐渐转向北，半里后，从北面的峡谷中转向西，于是向西进入山坞，从这里开始就逆着西面流来的大溪的北岸，沿着北山往西走。走了二里半，有个村庄在溪流南面，倚靠着南山的山坡，北山延伸到此也向南前突，道路就在前突之处的峡谷中上走。于是我坐在峡谷中的岩石上吃饭。又走了一里，绕过南突的山崖，顺着山崖转向西。又走了一里，越过西面的山坳，就往西下坡。走了半里，来到山坡的西麓，山坡西面有形成开阔的山坞。半里，路沿着溪流北面的山走，又有个村庄倚靠在溪流南面的山麓，与前边倚靠在溪流南面山坡的村庄，都是所谓的"夷村"。往西走了三里，有一条溪水从南面的峡谷中流来，道路也随着溪流向南转。稍微下走，渡过西面流来的小溪，从南面的山坡往西上行，二里后越过坡坳，从西北下行一里，下到壑谷中。这个壑谷面向南，而大山环绕在它的北面，又有条小溪流向东南，应当也是下流进大溪的水流，而大溪盘绕在东南方的峡谷中，看不见了。

渡小水，又西上一里，透西坳出，始见西坞大开，大溪贯其中，自西而东，抵所透坳南，破其峡壁东去，其峡逼束甚隘，回顾不能见。西下坡半里，抵坞中，遵溪北坞西行，半里，过一小村。又西一里，忽坞塍间甃砖为衢，半里，绕大村之前，又西半里，抵村侧新桥而止，是为大舌甸村[①]。其坞夹溪为田，坞环而田甚辟；其村倚山为衢，村巨而家甚古，盖李氏之世居也。村后一山横拥于北，又一山三峰递下，斜突于西南。有小流自其峡中出，由村西而南入大溪，架桥其上，西逾之，遂循斜突南峰下西南行。二里，抵其西垂，则大溪自南直捣其麓，乃逾堰东向。其麓为水所啮，石崖逼削，几无置足处。历堰之西，上流停洄，自南而北，路从其西转而南入峡。又行南峡一里余，则有石梁一巩，东西跨溪上，是为独木桥。路从桥西直南上坡，其逾桥而东者，乃往省大道。是桥昔以独木为之，今易以石，有碑名之曰“蹑云”，而人呼犹仍其旧焉。桥侧有梅一株，枝丛而干甚古，瓣细而花甚密，绿蒂朱蕾，冰魂粉眼，恍见吾乡故人，不若滇省所见，皆带叶红花，尽失其“雪满山中，月明林下”之意也。乃折梅一枝，少憩桥端。仍由其西上南坡，随坡西转，盖是溪又从西坞来，至是北转而逾石堰，是坡当其转处。其南又开东西大坞，溪流贯之。路溯溪北崖，循北山西行，一里，有聚落倚北山下，是为独木桥村。有慈云寺当村之中，其门南向，其处村无旅店，有北京僧接众于中，余乃入宿。

【注释】①大舌甸村：今作设甸，在大姚县东南。水井屯：今名同，在大姚县东南隅，龙街稍西。据李祥《徐霞客考察大姚》，“在龙街水井屯停留期间，他还考察了龙泉寺”，则此寺名龙泉寺。

【译文】渡过小溪，又往西上行了一里，穿过西面的山坳出来，才看到西边的山坞十分开阔，大溪流贯在山坞中，从西往东流，流到我穿过的山坳南面，冲破两侧的峡壁往东流去，那里的峡谷被山约束得十分狭窄，回头看已不能看见溪流了。向西下坡半里，到达山坞中，沿着溪流北岸在山坞中往西走，走了半里，路过一个小村子。又往西走了一里，山坞中的田野间忽然有砖砌的街道，走了半里，绕过大村的前方，又往西走了半里，抵达村子侧边的新桥就停下来，这里是大舌甸村。这里的山坞夹住溪流开垦为田地，山坞环绕而田野十分广阔；这个村子靠着山建成街道，村子巨大而且住宅很古老，大概是李氏世代居住的地方。村后有一座山横拥在北面，又有一座山的三座山峰依次下延，斜着突起在西南方。有条小水流从山峡中流出来，从村西往南流入大溪，在溪流上架了桥，向西越过桥梁，于是沿着斜向突起的南峰之下往西南走。走了二里，到达山的西垂，只见大溪自南面直接冲捣着山麓，于是向东越过拦河坝。山麓被水流冲刷着，石崖狭窄陡削，几乎没有下脚的地方。经过堤坝的西面，上游的水停积回旋，从南向北流，道路从水坝的西面转向南进入峡谷中。又在峡谷中往南走了一里多，就看到有一座单孔石桥，呈东西向跨在溪流上，这是独木桥。道路从桥西一直往南上坡，过桥往东去的路，就是通往省城的大路。这座桥从前是用独木架成的，现在改用石头，有块石碑把桥的名字叫作“蹑云”，可人们仍然沿用它的旧名来称呼它。桥的侧边有一株梅树，梅树的枝叶丛密而且树干非常古老，花瓣细小而且花朵很密，绿色的花蒂，朱红色的花蕾，冰清玉润的花魂，粉色的媚眼，恍惚见到了我家乡的老朋友，不像在云南省城见到的梅花，都是带叶的红花，完全失去了梅花“雪满山中，月明林下”的意境。于是我折下一枝梅花，在桥头稍作歇息。仍然从桥西往南上坡，顺着山坡往西转，原来这条溪水又从西面的山坞中流出来，流到这里转向北后越过石坝，这个山坡位于溪流转弯处。山坡南面又展开一个东西向的大山坞，溪流流贯在山坞中。道路在溪水北岸逆着溪流沿着北山往西走，一里后，有个聚落倚靠在北山下，这里是独木桥村。有座慈云寺位于村子中间，寺门向南，此处村中没有旅店，有位北京的僧人在寺中接待众人，我就进寺投宿了。

初八日　晨起寒甚。顾仆复病，余亦苦于行，止行一里，遂憩水井屯[1]寺中。

【注释】①水井屯：今名同，在大姚县东南隅，龙街稍西。据李祥《徐霞客考察大姚》一文考证，此“水井屯寺”当名龙泉寺。

【译文】初八日　早晨起床十分寒冷。顾仆又生病了，我也因为路途辛苦，只走了一里路，就在水井屯的寺庙中歇息。

初九日　出寺一里半，过□家庄。半里，转南，半里，仓屯桥[1]。二里半，泗峡口。转西五里，王家桥。有小水北来。五里，孚众桥。有西北、西南二小水。西上山，十里至脊。转南半里，庙山营[2]。西下半里，庙前打哨。西下二里，有歧转北坳。一里，复西随平峡北。二里，又西下，二里，至峡底。西平行一里半，复于峡北上。一里，转北坳而西，又北半里，过一峡脊。又北下半里，又北度一峡底。又西上坡，一里，转而北，又一里，转而西下，一里，至脊间，又西二里余，乃下脊。一里余，抵其北，曰小仡老村。始有田、有池。又西四里，抵西山下，有村。转南一里，西过一小坳，又半里，西南过新坝屯。又西半里，过新坝桥。又西一里，转而南，二里，盘西山嘴，转而西北，一里余，入大姚[3]东门。半里，过县前，又西南至旅肆歇。

【注释】①仓屯桥：今作仓屯，在大姚县东南隅，水井屯稍西。

②庙山营：今名同，在大姚县东南部。村居山腰，原有关帝庙，因名。
③大姚：明为县，隶姚安府，即今大姚县。

【译文】初九日　出寺后走了一里半，路过□家庄。半里后，转向南，走了半里，过仓屯桥。二里半后，到达泗峡口。转向西走了五里，是王家桥。有条小溪从北面流来。五里后，到达孚众桥。有从西北、西南流来的两条小溪。从西上山，走了十里到达山脊上。转向南走半里，到达庙山营。向西下行半里，就是庙前打哨。向西下行二里，有条岔路转向北面的山坳。一里后，又向西顺着平缓的峡谷往北。二里后，再向西下行，走了二里，来到峡底。往西平缓地行走了一里半，又在峡谷中向北上行。走了一里，转到北面的山坳往西，又向北走了半里，越过一条峡谷旁的山脊。又往北下走半里，再往北穿过一条峡谷的底部。又往西上坡，一里后，转向北，又走了一里，转向西下行，走了一里，来到山脊上，又往西走了二里多，走下山脊。一里多后，抵达山脊北面，这里叫作小仡老村。开始有田，有水池。又往西走了四里，到达西山下，有村庄。转向南走了一里，向西经过一个小山坳，又走了半里，往西南经过新坝屯。又向西走了半里，走过新坝桥。又往西走一里，转向南，二里后，绕过西山的山嘴，转向西北，一里多后，进入大姚县城东门。走了半里，路过县衙前，又向西南到旅店歇息。

初十日　早寒甚。出北门，半里，经南门，转而西南上坡。一里，有桥跨溪上，曰南门桥。《志》曰承恩。过桥，南上坡，一里，登坡，倚西山南行。三里，其坞自南来，有塔在坞东北山上，乃沿西山南下，半里，抵坞底。又半里，见有水贯坞中，石梁跨其上，是名土桥。即姚安水从西南峡中来，向东北峡去，桥北为大姚，桥南为定远，盖以是水为界也。从桥南上坡，有村为定远屯。

入峡渐上，一里东转，半里上坡，半里，由坡南转，一里，是为赖山哨。于是南下，一里，抵东南坡头。有岐，南行者为姚安府路，有海子在其东；东行者为赤草峰路。逾坡东下一里，为赤草峰北村。由村转南，溯溪行一里，度桥而南，半里，随赤草峰街子南行。一里，乃东上山。一里半，逾岭东南下，其东又有坞自西而北，甚遥。下坡半里，由西山东麓南行。二里，村落傍溪左右，皆为仡老村。此定远所属。又东一里半，始傍西水岸南行。半里，东度小桥，遂由东麓南行。二里至鹿家村①后，遂东上山。山半有岐，路从岐入峡，半里，渡溪东北上。一里，至妙峰山德云寺②。寺门西向，南望烟萝，后有梦庵亭，后五里，碧峰庵。

【注释】①鹿家村：今作鹿家屯，在大姚县南隅，妙峰山麓。②妙峰山：在大姚县南隅。海拔2341米。德云寺：在妙峰山西南山坳，明天启六年（1626）建。有院落五个，亭、坊、池、阁交错，古木参天。寺后有泉，甘洌可口。泉水穿寺流过。曾以收藏佛经丰富并善于管理著称。徐霞客有《宿妙峰山》诗，收入清道光《大姚县志》。

【译文】初十日　早上非常寒冷。走出北门，半里后，经过南门，转向西南上坡。走了一里，有座桥跨在溪流上，叫南门桥。《志》称为承恩桥。过桥后，向南上坡，一里后，登上山坡，靠着西山往南。走了三里，山坞从南边延伸过来，有座塔在山坞东北方的山上，于是沿着西山往南下行，半里后，到达山坞底。又走了半里，见到有河水流贯在山坞中，石桥跨在河上，这座桥名叫土桥。姚安府的水流从西南方的山峡中流来，向东北方的山峡流去，桥北就是大姚县，桥南属于定远县，是以这条河水作为分界线的。从桥南上坡，有个村子是定远屯。进入峡谷中逐渐上行，一里后转向东，走了半里上坡，半里后，从坡上向南转，走了一里，这是赖山哨。从这里向南下行，一里后，抵达东南面的坡头。有条岔路，往南的是去姚安府的路，有个海子在路的东边；向东的是去赤草峰的路。越过山坡向东下行一里，是赤草峰北村。从村子转向南，逆着溪流走了一里，过桥后往南，走了半里，顺着赤草峰街子往南走。一里后，就向东上山。走了一里半，越过岭头往东南下行，岭东又有山坞从西延向北，十分遥远。下坡半里，沿着西山的东麓往南。走了二里，有个村落依傍在溪流左右，都是仡佬人的村庄。这里是定远县的属地。又往东走了一里半，开始傍着溪水的西岸往南。走了半里，向东走过小桥，于是顺着东麓往南走。走二里来到鹿家村后，就向东上山。山腰上有条岔路，从岔路进入峡谷，半里后，渡过溪水向东北上行。走了一里，到达妙峰山德云寺。寺门向西，向南望去是烟萝山，身后有梦庵亭，后面五里是碧峰庵。

十一日　待师未归，看藏[1]。宗慧大师《西方合论》。

【注释】①藏（zàng）：指佛教经典。

【译文】十一日　等待法师，没有回来，于是就阅读佛教经典。是宗慧大师的《西方合论》。

十二日　饭，仍西下山。二里，南行。二里，随坞西转。二里，有桥跨溪上，曰梁桥。度其北，即仡老村尽处也，其水自南来入，路从村西上岭。一里半，逾坳西，行岭上。半里，有岐从西南下，误从坡上直西。半里，乃改从岐西南行。半里，渐下转南，又一里，乃南下，半里，抵峡中。随峡南去半里，有大路随东峡来，小水随之。西半里，入南峡。一里，有池在峡中。又一里半，峡分两岐，从西南者，倚东岭平上。一里，南逾坳。由坳转而西，始见西坞大开，西南有海子颇大，其南有塔倚西山下，是即所谓白塔[①]也。乃西南下坡，二里，有村在坡下，曰破寺屯。于是从岐直西小路，一里，渡溪。稍西南半里，有一屯当溪中，山绕其北，其前有止水。由其西坡上南行一里，是为海子北堤。由堤西小路行半里，抵西坡下，是为海口村。转南，随西山东麓行，名息夷村海子。三里，海子西南尽，有路直抵大山下，半里，为高土官家[②]。由其西南入峡中，上坡一里半，有神庙当坡峡间。又上半里，活佛寺[③]临其后。其西大山名龙凤山，又名广木山[④]。寺号龙华，僧号寂空。是日下午，寂空留止后轩东厢。其后有深峡下悬，峡外即危峰高峙，庭中药栏花砌甚幽。墙外古梅一株，花甚盛，下临深箐，外映重峦。是夜先订寂空，明晨欲早行，求为早膳。

【注释】①白塔：位于姚安县北，建于大理段正兴大宝六年（1154，宋高宗绍兴二十四年），清代以来通称高陀山塔，今已不存。②高土官家：在姚安县光禄镇。高氏为南诏弄栋演习，世居于此。大理时，高升泰为帝凡二年，后归权段氏，人称高让公，称该地为高让公故里。元代高氏为姚安路土官，人称高土司衙门。今存门厅、过厅、正厅和北厢基址。③活佛寺：又称龙华寺在姚安县光禄镇西的龙华山。因名龙华寺。后唐天祐年间建，原名卧佛庵。蒙古兵灭大理，相国高泰祥殉国，其女菩提出家于此，将九粒菩提树籽植于寺后，皆茁壮成长。后兄弟九人终得团聚，其兄高长寿为姚安路军民总管府总管，改建该寺，更名活佛寺，僧建菩提像奉之。寺坐西向东，依山势建山门、钟鼓楼、两耳、碑亭、两厢、大雄宝殿。其北为大悲殿，亦称圆通楼。再北为一四合院，徐霞客曾在此歇息。④广木山：今作光木山。在姚安县北隅，姚安坝子西边。

【译文】十二日　吃过饭后，仍然往西下山，二里后，往南走了二里，顺着山坞向西转，走了二里，有座桥跨在溪水上，叫梁桥。过到桥北，就是仡佬人居住村庄的尽头处了，溪水从南面流来进入山坞，道路从村西上岭。一里半后，穿越到山坳西面，行走在岭上。半里后，有条岔路从西南方下来，我错从坡上一直往西走。半里后，才改成从岔路往西南走。走了半里，渐渐下行转向南，又走了一里，就往南下走，半里后，抵达峡谷中。顺着峡谷向南走半里，有大路顺着东面的峡谷前来，小溪顺着道路流淌。往西走半里，进入南面的峡谷。一里后，有一汪池水在峡谷中。又走了一里半，峡谷就分为两条，沿着向西南延伸的峡谷走，紧靠东岭平缓地上行。一里后，向南穿越山坳。顺着山坳转向西，这才看见西面的山坞十分开阔，西南方有个很大的海子，海子南边有座塔倚靠在西山下，那就是所谓的白塔了。于是从西南下坡，走了二里，有个村子在山坡下，叫作破寺屯。于是由岔路口走上一直往西的小路，一里后，渡过溪水。逐渐往西南走了半里，有一个村子位于溪流中间，山绕过村子北面，村前有静止不流的水。由村子西面的山坡上往南走一里，这是海子北面的堤坝。顺着堤坝西边的小路走了半里，到达西面的山坡下，这里是海口村。转向南，沿着西山的东麓走，名叫息夷村海子。三里后，海子西南面的尽头，有条路一直通到大山下，走了半里，是高土官家。由他家从西南进入山峡中，上坡一里半，有座神庙位于山坡和峡谷之间。又上行半里，活佛寺面对着神庙的后方。活佛寺西面的大山名叫龙凤山，又叫广木山。寺名叫龙华寺，僧人法号叫寂空。这天下午，寂空法师留我住在后楼的东厢房中。楼后有下悬的深峡，峡谷外就是高耸对峙的险峰，庭院中芍药种在围栏中，石阶上布满鲜花，十分优雅。墙外有一株古梅，梅花很繁盛，下临深深的山箐，外映重重山峦。这天夜里事先和寂空法师商定，明天早晨想要早点出发，请求他为我早点做饭。

白塔尚在寺东南后支冈上。冈东有白塔海子，其南西山下，又有阳片海子，其东又有子鸠海子，府城南又有大坝双海子，与息夷村共五海子①。

【注释】①海子：云南俗称湖泽为“海子”，或简称“海”。上述各海子皆古代的水利工程，“皆前代所筑，潴水以灌田”，有人区分为“淜”和“堵”，受天然水、水源不断者称“淜”，受尾闾水者称“堵”。姚安历史上有七淜、十三淜、十五淜的记载，各淜时有修废，各时期存在的淜数不同，各淜的名称亦有变换。大坝双海子即大石淜；白塔海子即塔镜淜；阳片海子即洋派淜，又称官屯海，下文作羊片湖；子鸠海子即自久海子，相传为土官自久所作，又称乌鲁淜；息夷村海子应即小邑淜。这些海子现在多已辟为农田。

【译文】白塔还在寺后东南方分支的山冈上。山冈东面有个白塔海子，它南面的西山下，又有个阳片海子，东面又有子鸠海子，姚安府城南面又有大坝双海子，与息夷村海子，总共五个海子。

十三日　昧爽起，饭已久待，遂饭而下山。二里，仍出土官家后，遂转南行。一里，过格香桥，有小水自活佛寺后峡中来者，此峡正与白塔之冈，中格而对峙。又南二里，有冈自西界东突而出，路盘其东垂，则又一海子汇其东南。从海子北堤东向行，半里，随堤南转，一里半，抵海子东南尽处，遂东南行。

四里，有冈自西而东突，是为龙冈卫[①]，盘冈东皆大聚。半里，过聚东行。一里，复南。二里，曲度乾底。复南二里，则西山一峰，复突其南，遂渐抵东山[②]，则南北成两界焉。又南五里而入姚安府[③]北门，歇青莲庵[④]。

【注释】①龙冈卫：今仍名龙冈，在姚安县北，今已不存。民国《姚安县志》"杂载"注：附近父老相传，龙冈卫与河南山脉，百余年前均有小平冈东行，自洋派溯水东流冲刷，与蜻蛉河水沉淀，沧桑屡更，平冈今已无存。证之霞客三百年前所见，不无差异。②东山：今名同，位于姚安县北。③姚安府：明置姚安军民府，又置姚州附郭，即今姚安县。④青莲庵：即今青莲寺，在姚安县城东郊。旧为聚远楼，明景泰中建，嘉靖时陶不退改修，中有爱莲亭，为名流宴集之所。今名青莲寺，村以寺名。

【译文】十三日　黎明起床，饭已做好很久了，于是吃过饭后下山。走了二里，仍然出来到高土官家后面，随后转向南。一里后，走过格香桥，有条小溪从活佛寺后面的峡谷中流来，这条峡谷正好与白塔所在的山冈从中间隔开而相互对峙。又往南走了二里，有座山冈从东面一列山向东突出，道路绕过山冈东麓，又有一个海子汇积在山冈东南。由海子北面的堤坝向东，走了半里，顺着堤坝向南转，一里半后，走到海子东南的尽头处，于是往东南走。四里后，有座山冈自西向东突出来，这里是龙冈卫，围绕着山冈的东面都是大村落。半里后，经过大村往东走。一里后，再向南。走了二里，曲折地走过干涸的河底。再往南走二里，就见西山的一座山峰，又突起在西山南面，于是渐渐走到东山，就是南北两个地方的分界处了。再向南走五里后进入姚安府北门，住在青莲庵。

《青莲碑记》曰:“东烟萝,西金秀,南青蛉,北曲折。”姚安府南随峡上一百四十里,镇南州①;东逾大山一百四十里,定远县;西逾小坡一百二十里,北随大坞下一百二十里,白盐井②。

【注释】①镇南州:隶楚雄府,治今南华县。②白盐井:又称白羊井。明置白盐井提举司,辖盐井九,又有白盐井巡检司。近代曾设盐丰县,在大姚县西北部,今称石羊,亦称盐丰。

【译文】《青莲碑记》碑文记载:“东边是烟萝山,西面是金秀山,南边是青蛉川,北面是曲折。”姚安府往南顺着峡谷上行一百四十里,到达镇南州;往东越过大山一百四十里,就到定远县;往西越过小坡一百二十里,向北顺着大山坞下行一百二十里,到达白盐井。

姚安东西两界,皆大山夹抱,郡城当其南,西界最辟,直北二十五里,两界以渐而束,各有支中错如门户焉。中有小水,西自镇南州界北来,至郡北屡堰为湖,下流绕北峡之门而出,所谓青蛉川①也。

【注释】①青蛉川:即今蜻蛉河。

【译文】姚安府东西两面,都被大山相夹环抱,府城位于大山南边,西面最开阔,一直往北二十五里,两面的山渐渐束拢,各自有分支的山峰像门户一样交错其中。中间有条小溪,从西面镇南州的境内向北流来,流到府城北面多次被堤坝拦截为湖泊,下游绕过北面峡谷的谷口流出去,就是所谓的青蛉川了。

十四日　饭于青莲。日色已高，循城南一里半，为观音寺。转北过西门，共一里，抵旧西门。二里半，抵西麓，是为古寺山，以有古寺在山之东半也，即《志》所称祥龟寺也。二里，逾顶下，其西环坞北口，则羊片湖在焉。西下一里半，行坞中。一里半，有坊当坞中，曰羊片屯①。西过半里，转南半里，又西南半里，抵小山之麓。从其南坞西入一里半，又西上一里半，有岐焉：西北者，入山樵牧者所经；西南盘岭者，大道也。盘岭上一里半，逾其顶，是为当波院②，而实无寺宇，乃南来之脊，北度而东，为古佛寺大山及大姚西界诸山也。于是西南下二里，有小水南流，随之南入箐。又东一里半，转而西一里半，峡始开。稍北盘坳一里，复西南下坡。三里，峡中溪自南而北注，有桥跨之。度桥，遂循西山南向溯水行。二里，饭于村家。又南向行二里余，其峡自西来转，水亦从之，于是折而入，是名观音箐。箐中止容一水，西溯之入二里，有观音堂，其前堰水甚泓澈，其侧石亦峆岈③。又西三里，乃南上山，甚峻。二里，陟其脊，乃东南下。一里，抵峡中，遂循坡西南下，二里，抵景聚桥。桥上有亭，桥下水乃西来小流也。过桥三里，是为弥兴④，居集甚盛。又南半里，转西一里余，有公馆神庙在冈上。由其前西南半里，转而西，于是连逾三坡，下陟三峡，共九里，有村悬西坡上，是为孙家湾，宿。

【注释】①羊片屯：又称官屯街，在今洋派水库，村址今已淹没。②当波院：今名同，在姚安县西部。③峆岈（hán yá）：山中深邃的样子。④弥兴：即今弥兴街，在云南省姚安县西南部。

【译文】十四日　在青莲庵吃饭。太阳已经高高升起了，沿着城墙往南走了一里半，就到了观音寺。转向北经过西门，共走了一里，到达老西门。二里半后，到达西边的山麓，这里是古寺山，因为有座古寺在山东面的半山腰上，就是《志》书所记载的祥龟寺了。走了二里，翻越山顶下走，山西面环绕着的山坞的北面山口，就是羊片湖在的地方。往西下走了一里半，行走在山坞中。一里半后，有片房屋位于山坞中，叫作羊片屯。往西经过羊片屯走了半里，转向南走半里，又往西南走半里，来到小山的山麓。从山麓南面的山坞向西进去一里半，又往西上行一里半，有条岔路：向西北去的，是进山砍柴放牧的人走的路；往西南绕着山岭去的，是大路。绕着山岭上登一里半，越过山顶，这里是当波院，可实际上没有寺庙殿宇，是从南面延伸来的山脊，往北走向东，形成古佛寺的大山与大姚县西境的群山。从这里向西南下行二里，有条小溪往南流，顺着溪流向南进入山箐。又往东走一里半，转向西一里半，山峡才开阔起来。渐渐向北绕着山坳走了一里，再向西南下坡。三里后，峡中的溪水从南向北流，有座桥跨过溪水。过桥后，就沿着西山向南逆着溪水前行。走了二里，在村民家吃饭。又向南走了二里多，峡谷从西面转来，溪水也随着峡谷流去，进而转进峡谷，这里名叫观音箐。山箐中只容得下一条溪水，向西逆着溪流进去二里，有座观音堂，观音堂前堤堰里的水十分深广清澈，堤堰侧边的山石也很深邃。又往西走了三里，向南上山，山势十分陡峻。二里后，登上山脊，于是从东南下山。一里后，抵达峡中，于是顺着山坡往西南下走二里，到达景聚桥。桥上有亭子，桥下的水是西面流来的小水流。过桥后走了三里，这是弥兴，居民集市十分兴盛。又往南走了半里，转向西走了一里多，有公馆和神庙在山冈上。由山冈前向西南走了半里，转向西，从这里开始一连翻越三座山坡，下坡涉过三条峡谷，共有九里，有个村子高悬在西面的山坡上，叫作孙家湾，然后在这里住下。

十五日　昧爽，饭而行，霜寒殊甚。南上坡，溯小流入。五里，盘一坡，坡下有涧甚束，其东北人家，曰尾苴村。稍西转南，是为龙马箐。三里，有哨当涧东坡上，是为龙马哨，有哨无人。山壑幽阻，溪环石隘，树木深密，一路梅花，幽香时度。又南一里，随峡转西。一里，有一峡自南来，甚深隘；一峡自西来。仍循北山行西来峡上，一里出峡，乃成坞焉。西向平下一里，有村当其西，是为大大苴村①。西行二里，抵西山下，遂西上坡。半里，逾坳，北下陟坞，西北半里，是为小大苴村②。由其南半里，转而北上坡。循西峡行二里，下渡涧中小水，即西上岭，甚峻。三里半，逾岭头。西行脊上，或南峡上，又临北峡，再平再上，三里余，则盘西岭之东，北转二里，逾其脊，此最高处也。东望烟萝东界尖山，在钱章关者③，隐隐连妙峰，而西界南突之山亦见；惟北望活佛寺大山，反为孙家湾后山所隔，不可见。又西二里，当西突之处，有人守哨焉，是为老虎关哨。哨西下半里，行坡间一里半，是为打金庄牌界④。又西一里半，逾坡，又西上一里半，是为绝顶，有公馆，东南之峡，至是始穷。其脉自南天申堂后，直北分支来，东度老虎关而北。于是西向稍下，半里，度一坡，半里，逾其巅。从巅西行一里，遂西望四十里外，层山一重西绕，又高峰一带南环者，皆大脊也，其东有小脊二重内隔，外有远峰二抹西浮，不知为点苍为鸡足也。于是西下颇坦，五里下至峡中，是为五里坡，有水自南而北，小石梁跨之。度而西，盘西山南峡入，一里，又蹑坡而上，一里，凌其巅。一里半稍下，平行岭上。二里余，西向下，有溪自西南来，北向去，亦石梁跨之，是为普昌河[⑤]。西上坡半里，为巡司。半里，复上一山脊。由脊西行四里，乃下，一里而抵普淜[⑥]。

【注释】①大大苴村：今仍作大苴，又称上庄房。②小大苴村：今仍作小苴，与大苴皆在姚安县西南隅。③钱章关：即前场关。今姚安县东部。④打金庄：今作打金砖。⑤普昌河：今名同，既为河名，亦为村名。⑥普淜：今名同，亦作普棚街。三村皆在今祥云县东隅。《明一统志》姚府军民府七淜条解释："土人称陂堰为淜，凡七，皆前代所筑，潴水以灌田，民甚赖之。"则普淜亦因有人工陂堰等水利工程而得名。

【译文】十五日　黎明，吃过饭后出发，霜冻非常寒冷。向南上坡，逆着小溪进去。走了五里，绕着一条坡走，坡下有个十分狭窄的洞，坡东北面有人家，叫作尾苴村。稍向西走转向南，这里是龙马箐。走了三里，有个哨所在山涧东面的山坡上，这是龙马哨，有哨所但是没有人。山间的壑谷幽深险阻，溪流环绕，石崖险要，树木深密，一路都是梅花，幽香不时袭来。又往南走一里，顺着峡谷转向西。一里后，有一条峡谷从南面过来，很深很狭窄；一条峡谷从西面来。仍然沿着北山在从西面来的峡谷中行走，上行一里走出峡谷，就成为山坞了。向西平缓地下行一里，有个村子在山坞西面，这里是大大苴村。往西走了二里，来到西山下，便往西上坡。半里后，穿过山坳，向北下行涉过山坞，往西北走了半里，这里是小大苴村。从村子往南走了半里，转向北上坡。顺着西面的峡谷走了二里，下行渡过山涧中的小溪，随即从西上岭，山势十分陡峻。三里半后，越过岭头。向西在山脊上行走，有时在南面的峡谷上方，有时又下临北面的峡谷，两次平缓地前行，两次上走，三里多后，就绕着西岭的东面，往北转二里，越过山脊，这里是最高处了。向东远望，烟萝山东面的一列尖山，在钱章关一带的山，隐隐约约地连接着妙峰山，而西面向南突出的山也看得见；只是向北望活佛寺所在的大山，反而被孙家湾后面的山所阻隔不能看见了。又往西二里，在向西突出之处，有人在这里看守哨所，这里是老虎关哨。从哨所往西下行半里，在山坡上走了一里半，这里是打金庄的界碑。又往西走了一里半，翻越山坡，又向西上行一里半，这里是绝顶，有公馆，东南走向的峡谷到这里才穷尽。这里的山脉从南边天申堂后面，分出支脉一直向北延伸而来，往东延过老虎关后向北延去。从这里向西稍稍下行，半里后，越过一道坡，半里后，翻越到坡顶。从坡顶往西走了一里，就望见西面四十里之外，一重层层叠叠的山向西绕，又有一条衣带般的高峰向南环绕，这都是大山脊，大山脊的东面有两重小山脊隔在里面，山外远处有两抹山峰悬浮在西面，不知道是点苍山还是鸡足山了。从这里向西下行很是平坦，五里后下到峡谷中，这里是五里坡，有水流从南往北流，小石桥跨过水流。过桥后往西走，绕着西山南面的峡谷进去，一里后，又踏着山坡上行，走了一里，登上坡顶，一里半后，渐渐下行，平缓地在岭上行走。二里多后，向西下行，有条溪水从西南方流来，向北流去，也有石桥跨过溪流，这里是普昌河。向西上坡半里，是巡检司。半里后，又登上一条山脊。顺着山脊向西走了四里，于是下山，一里后就到达普淜。

十六日　由普淜西北行，二里，渡一水，一里，又渡一水，乃西上坡。二里，逾坡上一里，脊上平行三里，为金鸡庙。又西二里，为界坊，乃姚州、小云南界。又西行岭上五里，至水盆哨，乃西北稍下，即见南界水亦西流，出鼻窗厂而下元江矣。乃随北山临南峡西行。二里，山坑南坠峡，路随西脊过，有村当脊间，是为水盆铺。盖老龙自西南来，从此脊北度，峙为一峰，其东南又折而南为水盆铺，惟中央一线，南流下元江云。铺西北上有关帝庙，就而作记，听顾仆同行李先去。久之，乃随大道西二里，则岭北山下，亦下坠成西向之峡。峡北所起尖山，是为青山，至是其西横拖而去。于是循南峡之顶西行，二里，忽见路北坠峡西去，路由其峡南岭脊行，于是与峡北之尖山，又对峡分流，西注云南，而北下金沙矣。始知大脊自九鼎南下，至洱海卫城南青华洞东度，又耸而南为水目山，其南又东转为天华山，即云南川[①]南兜之山也。从天华东北转，数起而为沫滂东岭，又东过公馆而度水盆铺，北耸为青山，其形东突而西垂川中，故自打金庄岭望之，仅为北尖峰，而至此又横夹而西。然是山西北二支，皆非大脊也；大脊即从东南水盆哨过脉，遂东南迤逦于天申堂[②]南，又东至沙桥站[③]分脊焉。所过水盆哨、铺之南间，相去不过二里，忽度其脊南，又度其脊北，至由峡南岭稍上稍下，西南二里，公馆当其顶。又西下西上，再从岭脊西行八里，脊自西南来，至此稍突而北，乃转而北缘之。二里，又西南下，始追及前行行李。于是遂出山之西崖，见其西坞大开，于是直下，五里及麓，为沫滂铺[④]。西截坞八里，有二石梁东西跨，其下皆涸，而川水实由之北注。又西二里，过大水堰塘。堰稍北，复西十里，抵西山下，为小云南驿[⑤]，宿。

【注释】①川：自唐代以来，云南称“川”的地方很多，现在云南通称为坝子，云南川即云南县坝子。②天申堂：此处诸本皆作“天申宫”，应即前一日记中的“天申堂”，因形近而误。今仍称天申堂，在南华县西隅。③沙桥站：今仍作沙桥，在南华县西境。④沐滂铺：在祥云县东境。⑤小云南驿：即今云南驿，在祥云县东境，自古以来皆为交通要道。

【译文】十六日　从普淜向西北走，走了二里，渡过一条水流，一里后，又渡过一条水流，于是向西上坡。二里后，翻越山坡上走一里，在山脊上平缓地前行了三里，就是金鸡庙。又往西走了二里，就到了分界的牌坊，是姚州和小云南驿的分界处。又往西在岭上前行了五里，来到水盆哨，然后从西北逐渐下行，随即见到南面的水也是向西流，流出鼻窗厂而后下流进元江。于是顺着北山下临南面的峡谷往西。走了二里，山坑向南坠入峡谷，道路顺着西面的山脊过去，有个村子在山脊上，这里是水盆铺。大体上山脉主脊从西南方延伸而来，从这条山脊往北延伸，耸峙为一座山峰，山峰东南又折向南是水盆铺，只有中央一线宽的地方，水流往南下流进元江。从水盆铺西北方上走有座关帝庙，我进庙去写日记，听任顾仆和行李先行离开。很久之后，才沿着大路向西走二里，就见岭北的山下，也是下坠成向西去的峡谷。从峡谷北面耸起的尖山是青山，到这里山脉往西横拖着延伸而去。从这里沿着南面峡谷的山顶向西走，走了二里，忽然望见道路北面深坠的峡谷往西去，道路经由峡谷南面的岭脊走，在这里与峡谷北面的尖山，又对峙成峡谷，河水分流，向西注入云南县，而后下流进金沙江。这才知道主脊从九鼎山往南下延，到洱海卫城南面的青华洞往东延伸，又往南耸起成为水目山，水目山南面又向东转成为天华山，就是云南县所在平川南面环绕的山了。从天华山向东北转，数次耸起后成为沐滂的东岭，又往东延过公馆而后延伸过水盆铺，向北耸立为青山，青山的山形向东前突而西面下垂到平川中，所以从打金庄所在的山岭上远望它，仅是北面的一座尖峰，而来到此地看它又横着相夹往西。然而这座山的西、北两条支脉，都不是主脊；主脊是从东南方水盆哨延伸过来的山脉，然后往东南曲折绵延到天申堂南面，又往东延伸到沙桥站再分出支脉。我所走过的水盆哨、水盆铺的南面，两地相距不超过二里，却忽然越到山脊南面，又越到山脊北面，直到由峡谷南面的山岭上略上走又略下走，向西南走了二里，公馆位于山顶。又往西下走上行，再从岭脊上向西走八里，山脊从西南延伸而来，到此地稍微突向北，于是转向北顺着山脊走。二里后，又往西南下行，才追上走在前面的行李。在这里就走出山西面的山崖，山西面的山坞非常开阔，于是一直下山，五里后到达山麓，是沫滂铺。往西横穿山坞走了八里，有两座石桥呈东西向横跨，桥下都是干涸的，而平川中的水确实是由桥下往北流的。又往西走了二里，经过大水堰塘。从堰塘稍往北，再往西走十里，来到西山下，是小云南驿，在这里住下。

十七日　昧爽饭。询水目寺在其南，遂由岐随山之东麓南行，盘入其西南坞中。共五里，有水自山后破峡南出，即洱海卫青海子之流也，是为练场村[①]，村在水西。渡桥西，复沿山而南，一里半，为温泉，其穴西向。待浴妇，经两时乃浴。仍南沿西麓半里，又盘其山之南坞入，有溪自坞东出，即水目之流也，始见水目山[②]高峙于西。溯水西入，见其西又大开南北之坞。横截其间，五里，抵西山麓，有村甚大，曰冉家屯。由其后西向上山，于是有溪流夹村矣。西上逾一岭，二里稍下，涉一涧。其涧自南而北，溯之南上，山间茶花盛开。又二里余，为水目寺[③]。余误从其南大路，几逾岭，遇樵者，转而东北下，半里，入玉皇阁。又下，观倒影，又下，过普贤寺，又下，遇行李于灵光寺，遂置于寺中楼上。慧然。乃西至旧寺访无住，方在上新建住静处，不值。旧寺有井，有大香樟，有木犬，有风井，有塔。由其后上无影庵，饭于妙忍老僧静室。暮过观音阁，观《渊公碑》，乃天开十六年④楚州赵祐撰者。

【注释】①练场村：今作练昌、练车，在云南驿稍南。②水目山：今名同，位于祥云县西南。③水目寺：在水目山东麓，始建于南诏，即旧寺。依诸寺在山中位置，宝华寺称上庵，普贤寺称中庵，水目寺又称下庵。现存下庵中殿、大殿、左右厢、水目塔及塔林。大香樟、木犬、风井、枯井今存，还有古山茶及古月季。灵光寺在旧寺北邻，仅存基址。北岗塔林被誉为我国南方第一塔林。④天开十六年：即1220年，时为宋宁宗嘉定十三年。天开，大理段智祥年号，共21年（1205—1225）。

【译文】十七日　黎明时吃过饭。打听到水目寺在小云南驿的南面，就从岔路沿着山的东麓往南走，绕进山西南面的山坞中。总共走了五里，有水流从山后冲破山峡向南流出来，就是洱海卫青海子的水流了，这里是练场村，村子在水流的西面。过到桥西，再沿着山往南走，一里半后，到达温泉，温泉泉眼向西。等待沐浴的妇女洗完，经过两个时辰才洗上澡。仍然往南沿着山的西麓走了半里，又绕进这座山南面的山坞中，有水流从山坞东边流出来，就是水目山的流水了，开始看到水目山高高地耸峙在西方。逆着溪水向西进去，看见山的西面又敞开一个南北向的大山坞。从山坞中横穿而过，五里后，抵达西山山麓，有个很大的村庄，叫作冉家屯。从村后向西上山，在这里有两条溪流夹住村庄。向西上登一座山岭，二里后渐渐下行，渡过一条山涧。这条山涧从南流向北，逆着山涧向南上行，山间的茶花盛开。又走了二里多，就到了水目寺。我错从寺南的大路走，差点越过山岭，遇上打柴的人，转而向东北下行，走了半里，进入玉皇阁。又向下行，观赏了倒影，再往下走，路过普贤寺，又往下，在灵光寺遇见行李，就把行李放在寺中的楼上。慧然楼。进而向西来到旧寺拜访无住法师，无住法师正好在上面新修建的住静处，没有遇到。旧寺中有水井，有大香樟树，有木犬、风井、塔。从旧寺后面上到无影庵，在妙忍老和尚的静室吃饭。日落时去观音阁，观览《渊公碑》，是天开十六年楚州人赵祐撰写的碑文。

十八日　往无住处。午过徽僧戒月静室，饭。下午，观慧然新楼花卉。

【译文】十八日　去无住法师那里。中午在徽州僧人戒月法师的静室吃饭。下午，观赏慧然新楼中的花卉。

十九日　早，雨雪。无住苦留，因就火偃卧。上午，雨雪倏开，再饭，由山前东北下。五里，下山，过一村。北向二里，逾一坡。又二里，过一小海子，其北冈上有数家，曰酒药村[①]。一里，越之，乃陟坞循东山北向行。五里，即青海子[②]之西南涯也，遂与小云南来之大道遇，于是由青海子西涯西北向行。八里，则南山再突而北，濒于海，路或盘之，或逾之。又五里，为狗村铺，坊名瑞禾，馆名清华。其处北向洱海卫城八里，西向白崖城站四十里。余从西路四里观清华洞，洞北有路西过岭，此白崖道；洞南有坞南过脊，此灭渡道。余出洞，循西山仍北行，六里，入卫城南门。顾仆亦至，出西门宿。

【注释】①酒药村：今作九约，分上九约、下九约。②青海子：即今云南祥云县东南二十里青海湖。《方舆纪要》卷117云南县：青海子“其地有金龙山，水出其下，一名青龙海子”。

【译文】十九日　清早，天上下着雨夹雪。无住法师苦苦挽留，因而靠近火盆僵卧不起。上午，雨雪忽然停了，天空放晴，再次吃了饭，由山前向东北下行。走了五里，下山，路过一个村子。向北走二里，翻过一道山坡。又走了二里，经过一个小海子，海子北面的山冈上有几户人家，叫作酒药村。一里后，越过山冈，于是穿越山坞沿着东山向北走。走了五里，就是青海子的西南岸，于是与从小云南驿来的大路相遇，从这里起顺着青海子的西岸向西北走。走了八里，就见南山再次突向北，濒临海水，道路有时绕着南山走，有时翻越南山。又走了五里，就是狗村铺，牌坊名叫“瑞禾”，客馆名叫“清华”。此处向北去洱海卫城有八里，向西去白崖城驿站有四十里。我从西去的路走四里去观览清华洞，洞北有条路往西翻过山岭，这是去白崖城的路；洞南有山坞往南越过山脊，这是去灭渡的路。我出洞后，沿着西山仍然往北走，六里后，进入洱海卫城南门。顾仆也赶来了，于是走出西门住宿。

二十日　饭而行，犹寒甚而天复霁。由西门北向循西山行，五里，抵一村，其北有水自西峡出，遂随之入。一里余，稍陟坡，一里余，有村在涧西，曰四平坡。北转五里，渡溪桥，又北上三里，为九鼎山寺。又二里陟其巅，饭。下午，从东北下，三里，过北溪桥，仍合大路，循梁王山西麓西北溯流入。五里，梁王村[1]。北八里，松子哨。行半里，溪西去，路北上，半里，逾岭。又东北下者五里，则溪复自西来；又有一小溪，自幕山北麓来与之合，乃涉其交会处，是为云、宾之界。又东二里，为自北关，已暮。又东二里半，渡涧桥之北。又东半里，转北一里半，为山冈铺②，宿。

【注释】①梁王村：在祥云县西北梁王山下。②山冈铺：今名同，在宾川县南隅。

【译文】二十日　吃过饭后就出发，仍然非常寒冷，可天气又晴开了。从西门向北沿着西山前行，走了五里，到达一个村子，村北有水流从西面的峡谷中流出来，于是顺着水流进去。走了一里多，逐渐上登山坡，一里多后，有个村庄出现在山涧西面，叫作四平坡。转向北走了五里，走过溪流上的桥，又往北上行三里，就是九鼎山寺。又走了二里登上山顶，吃过饭。下午，从东北方下行，走了三里，过北溪桥，仍然与大路会合，沿着梁王山的西麓往西北逆着溪流进去。走了五里，到达梁王村。往北走了八里，到达松子哨。走了半里，溪流向西流去，道路往北上山，半里后，越过岭头。又往东北下行五里，就见溪水又从西边流来；又有一条小溪，从幕山的北麓流来与这条溪水合流，于是涉过两条溪流交汇的地方，就是云南县、宾川州的分界处了。又往东走了二里，就是自北关，已经到黄昏了。又往东走了二里半，走到山涧小桥的北边。又往东走半里，转向北走一里半，就是山冈铺，在这里住下。

二十一日　平明，行大坞中。北向十里，其西为宾居①。又北五里，有小水出田间。又北三里，有涧自西峡出，随之北二里，为火头基②。西北连渡二溪，又北五里，总府庄。又北三里，宾川州[3]在东坡上，东倚大山，西临溪流，然去溪尚里许；其滨溪东岸者，曰大罗城[4]。令行李先去，余草记西崖上。望州北有冈自东界突而西，其北又有冈自西界突而东，交错于坞中，为州下流之钥，溪至是始曲折潆之，始得见其形焉。又北三里半，逾东突之冈，则见有村当其北麓，是名红帽村。溪自东南潆东突之冈，西转而潆于村之前，其前又开大坞北去。仍循西山北行，五里，渐转而西，于是岐分为二：东北随流遵大坞直去者，由牛井街通浪沧卫[5]道；西北从小坞逾岭者，由江果往鸡足道。余初由山冈铺北望，以为东界大山之北岭即鸡足，而川中之水当西转出澜沧江。至是始知宾川之流[6]乃北出金沙江，所云浪沧卫而非澜沧江也；其东界大山，乃自梁王山北转，夹宾川之东而北抵金沙，非大脊也。从小坞西二里，逾西界之脊，始见鸡足在西，其高与东界并，然东界尤屏亘，与雷应同横穹半壁云。从脊上南望，其南五福山[7]横亘天南，即前洱海卫所望九鼎西高拥之山，其上有雪处也，至是又东西横峙；其东又耸幕山，所谓梁王山也；二山中坳稍低，即松子哨度脊而北处也。从岭西行三里，稍北下，有溪自西而东，注于宾川大溪，架梁其上，覆以亭，是为江果村[8]，在溪北岸，其流与火头基等。时日甫下午，前向东洞尚三十五里，中无托宿，遂止。

【注释】①宾居：明置宾居巡检司。今名同，在宾川县南境。②火头基：今作河头基，分东西两村，位于宾川县。③宾川州：弘治六年（1493）析赵州及太和、云南二县地置，隶大理府，治今宾川县州城。④大罗城：明有大罗卫，弘治六年与宾川州同置。至今州城稍西、桑园河东岸仍有村名大罗城，即明代大罗卫城。⑤浪沧卫：应为“澜沧卫”。明代设澜沧卫，与北胜州同城，在今永胜县。⑥宾川之流：此河明代称桑园河、宾川溪，今亦称桑园河，又称宾居河。源于萂村，东流经宾居，又北流经州城、牛井、力角，往北入金沙江。⑦五福山：位于今祥云县。⑧江果村：今作江股，分大、小二村，在牛井街稍南。

【译文】二十一日　天明时，行走在大山坞中。向北走十里，道路西边是宾居。又往北走五里，有小溪从田间流出来。又往北走了三里，有条山涧从西面的峡谷中流出来，顺着山涧往北走了二里，就是火头基。向西北一连渡过两条溪水，又向北走五里，到总府庄。又向北走了三里，宾川州城在东面的山坡上，东面倚靠大山，西边面临溪流，但距离溪流还有一里左右；濒临溪流东岸的地方，叫作大罗城。我安排行李先离开，在西边的山崖上起草日记。望见州城北面有山冈从东境突向西，山冈北面又有山冈从西境突向东，交错在山坞中，成为州境内水流下游的地理要地，溪水流到这里开始曲折萦绕着山冈，才得以见到溪流的形势。又往北走了三里半，越过东突的山冈，就见有村子位于山冈的北麓，这里叫红帽村。溪水从东南方萦绕着东突的山冈，转向西后萦绕在村子的前方，村前又敞开一个山坞向北而去。仍然沿着西山往北走，走了五里，渐渐转向西，在这里分为两条岔路：向东北沿着溪流顺着大山坞一直前去的，是经由牛井街通往浪沧卫的路；往西北从小山坞翻越山岭的，是经由江果村前往鸡足山的路。我起初从山冈铺向北远望，以为东境内大山的北岭就是鸡足山，而平川中的水应当转向西流到澜沧江。来到这里才知道宾川州的水流是向北流到金沙江的，所谓的浪沧卫并非是澜沧江了；州境内东部的大山，是从梁王山向北转，夹住宾川州的东面往北延伸到金沙江，不是山脉主脊。从小山坞向西走二里，越过西面一列山的山脊，才看见鸡足山在西面，它的高度与东面一列山相等，不过东面一列山仍然像屏风一样连绵不断，与雷应山一同横向穹隆而起，像半面墙壁一样。从山脊上向南望去，山脊南面五福山横亘在南部天际，就是先前在洱海卫望见的九鼎山西面高高拥立的山，山顶上有积雪的地方，到这里又呈现东西横向耸峙；山脊东面又矗立着幕山，就是所谓的梁王山了；两座山中间的山坳地势稍低一些，就是松子哨越过山脊往北走的地方了。从岭上往西走三里，稍稍向北下行，有条溪水从西流向东，注入宾川大溪，在溪流上架设桥梁，桥上覆盖着亭子，这里是江果村，在溪流北岸，溪流中的水流与火头基的溪流相等。此时太阳才刚到下午，向前去东洞还有三十五里，途中没有地方可以投宿，就停下来了。

二十二日　昧爽，由江果村饭，溯溪北岸西行。其溪从西峡中来，乃出于鸡山南支之外，五福之北者，洱海东山之流也。四里，登岭而北，寒风刺骨，幸旭日将升，惟恐其迟。盘岭而北一里半，见岭北又开东西坞，有水从其中自西而东，注于宾川大溪，即从牛井街[①]出者。此坞名牛井，有上下诸村，其水自鸡足峡中来，所谓盒子孔之下流也。于是西向渐下，一里半而抵坞中。又西一里过坞中村后，有坊曰“金牛溢井”，标胜也。土人指溪北冈头，有井在石穴间，云是昔年牛从井出处也。又西二里，复逾冈陟峡，盖其山皆自南突出，濒溪而止，溪东流潆之，一开而为炼洞，再开而为牛井，此其中突而界之者。

【注释】①牛井街：即今宾川县金牛镇。

【译文】二十二日　黎明，在江果村吃过饭，逆着溪流沿着北岸往西走。这条溪流从西面的峡谷中流来，出自鸡足山南支之外、五福山北面，是洱海东山的水流。走了四里，往北登岭，寒风刺骨，幸好旭日即将升起，唯恐太阳迟迟不出。绕着山岭往北走了一里半，看到岭北有一个敞开呈东西向的山坞，有溪水在山坞中从西流向东，注入宾川大溪，就是从牛井街流出来的溪流。这个山坞名叫牛井，上下有许多村子，山坞中的水从鸡足山的峡谷中流来，就是所谓的盒子孔的下游了。从这里向西渐渐下行，一里半后到达山坞中。又往西走一里经过山坞中的村庄后，有座牌坊叫作“金牛溢井”，是胜地的标志。当地人说溪流北面的冈头，有一眼井在岩石洞穴中，是当年牛从井中出来的地方。又往西走了二里，再翻越山冈穿越峡谷，这里的山都是从南面突出来的，濒临溪流就到头了，溪流萦绕着山向东流去，一处开阔的地方是炼洞，再度开阔的地方是牛井，此处是突起在中央而隔在两个山坞间的山冈。

盘峡而上，迤逦西北，再平再上，五里，越岭而复得坞。稍下一里半，有坊在坡，曰“广甸流芳”。又一里半，复过一村后，此亦炼洞最东南村也。又北二里，有村夹道，有公馆在村头，东北俯溪，是为炼洞之中村。其北二里，复上岭。二里，越之而北，有坊曰“炼法龙潭”，始知其地有蛰龙，有炼师，此炼洞[①]所由名也。又北二里，村聚高悬，中有水一池，池西有亭覆井，即所谓龙潭[②]也。深四五丈，大亦如之，不溢不涸，前濒于塘。土人浣于塘而汲于井。此鸡山外壑也，登山者至是，以为入山之始焉。其村有亲迎者，鼓吹填街。余不顾而过，遂西北登岭。

【注释】①炼洞：今名同，在宾川县西北境，为通往鸡足山的必经之地。②龙潭：云贵两省俗称山间或坝子边缘有地下泉水涌出的深潭为龙潭。

【译文】绕着峡谷往上，曲曲折折地向西北走，两次平行两次上行，五里后，越过山岭后又遇到山坞。渐渐下行一里半，有座牌坊在坡上，写着“广甸流芳”。又走了一里半，再路过一个村庄的后面，这也就是炼洞最靠东南面的村庄了。又往北走了二里，有个村庄夹住道路，有公馆在村头，向东北俯瞰着溪流，这里是炼洞的中村。从村北走了二里，又上岭。二里后，越过山岭往北走，有座牌坊叫作“炼法龙潭”，这才知道此地有蛰伏的神龙，有炼丹的法师，这就是炼洞名字的由来了。又往北走了二里，有村落高悬，村中有一汪池水，水池西边有座亭子覆盖着水井，就是所谓的龙潭了。龙潭有四五丈深，大处也如此，不溢出来也不干涸，前方濒临水塘。当地人在水塘边洗衣服而从井中汲水。此地是鸡足山外的壑谷，登山的人来到这里，认为是进山的起点。这个村子中有迎亲的人家，打鼓奏乐的人挤满了街道。我没观望就离开了，于是向西北登岭。

五里，有庵当岭，是为茶庵。又西北上一里半，路分为二：一由岭直西，为海东道；一循峡直北，为鸡山道。遂北循之，稍下三里而问饭，发筐中无有，盖为居停所留也。又北下一里，有溪自西南峡中出，其峡回合甚窅，盖鸡足南峡之山所泄余波也。有桥亭跨两崖间。越其西，又北上逾岭，一里，有哨兵守岭间。又北一里，中壑稍开，是为拈花寺，寺东北向。余馁甚，入索饭于僧。随寺北西转，三里，逾冈之脊，是为见佛台。由此西北下一里，又涉一北下之峡，又西逾一北下之脊，始见脊西有坞北坠，坞北始逼鸡山之麓。盖鸡山自西北突而东南，坞界其中，至此坞转东北峡，路盘其东南支，乃谷之绾会处也。

【译文】走了五里，有座寺庵在山岭上，这是茶庵。又往西北上山一里半，道路分为两条：一条从岭上一直往西，是去海东的路；一条沿着峡谷一直向北，是去鸡足山的路。于是向北沿着峡谷走，渐渐下行三里，然后让雇仆准备吃饭，打开竹筐，筐里没有吃的，大概是在居住的地方被留下了。又往北下行一里，有条溪水从西南方的峡谷中流出来，那个峡谷回绕深远，溪水大概是从鸡足山南边的峡谷中流来的。有桥梁和亭子横跨在两面山崖之间。走到桥西，又往北上行登岭，一里后，有哨兵守在山岭上。又往北走一里，壑谷中间渐渐开阔起来，这里是拈花寺，寺门朝向东北。我很饿，就进寺去向僧人要饭吃。顺着寺北向西转，走了三里，越过山冈的山脊，这是见佛台。从此地向西北下行一里，又涉过一条从北面下来的峡谷，再向西越过一条从北面下来的山脊，这才看见山脊西面有个山坞向北深坠，山坞北面逼近鸡足山的山麓。原来鸡足山从西北突向东南，山坞隔在两山之间，到这里山坞转向东北方的峡谷，道路绕着鸡足山的东南支脉走，是山谷盘结交会合的地方。

西一里，见有坊当道左，跨南山侧，知其内有奥异。讯之牧者，曰："其上有白石崖，须东南逾坡一里乃得。"余乃令行李从大道先向鸡山，独返步寻之。曲折东南上，果一里，得危崖于松箐之间。崖间有洞，洞前有佛宇，门北向，钥不得入。乃从其西逾室径之棘以入，遍游洞阁中。又攀其西崖探阁外之洞，见其前可以透植木而出，乃从之下，一里仍至大路。又西北二里，下至坞中，渡溪，是为洗心桥，鸡山南峡之水，西自桃花箐、南自盒子孔出者，皆由此而东出峡，东南由炼洞、牛井而合于宾川者也。溪北鸡山之麓，有村颇盛，北倚于山，是为沙址村[1]，此鸡山之南麓也。于是始迫鸡山[2]，有上无下矣。

【注释】①沙址村：今名同，在宾川县西北隅。②鸡山：即鸡足山。在云南省宾川县西北，与鹤庆、洱源二县交界处。处洱海东北，与点苍山遥望。云岭南端支脉。原名青巅山、九重崖、九曲岩，又名花山、青檀山。因山势背西北面东南，前列三岗，后拖一岭，宛如鸡足得名，又省称鸡山。有迦叶石门。世传此山为佛大弟子迦叶守佛衣以待弥勒处，为我国佛教圣地之一。明清时最盛，庙宇甚多，旧志载有七十二峰，七十二寺，崖壑泉涧之属以数百计。有金顶、猢狲梯、虎跳涧、华首门、舍身崖、袈裟石、罗汉壁诸胜景。山顶如城，楞严塔共十二层，高达45米。经整饰或修复的寺庙有金顶寺、铜佛寺、祝圣寺等。鸡足山亦多奇花古树，有云南最高的柳杉（华严寺），树龄达六百多年的"空心树"（悉檀寺），明代栽的茶花（华严寺），等等。

【译文】向西走了一里，见到有座牌坊在道路的左边，跨在南山的侧边，我心知牌坊内有奇妙特异之处。于是向放牧的人询问，他回答说："那上面有处白石崖，必须从东南方翻越山坡走一里才能到达。"我于是让行李从大路先去鸡足山，独自返回去寻找白石崖。曲折地向东南方上走，路程果然是一里，在松林竹丛间找到高险的石崖。石崖上有洞，洞前有佛寺，寺门向北，门锁着不能进去。于是从佛寺西边穿过堵塞着小路的荆棘才得以进去，游遍了山洞和佛阁。又攀着佛寺西面的石崖去探寻佛阁外的山洞，看到佛阁前方可以钻过树木间出去，于是穿过树林下山，一里后仍然来到大路上。又向西北走了二里，下到山坞中，渡过溪水，这是洗心桥，鸡足山南面山峡中的水，西面起自桃花箐、南面自盒子孔流出来的水，都经由此处往东流出山峡，往东南流经炼洞、牛井后汇入宾川大溪。溪流北面鸡足山的山麓，有个村庄很是兴盛，北边倚靠着山，这是沙址村，此处是鸡足山的南麓。从这里起开始靠近鸡足山，道路有上无下了。

从村后西循山麓，转而北入峡中，缘中条而上，一里，大坊跨路，为“灵山一会”坊，乃按君宋所建者。于是冈两旁皆涧水泠泠，乔松落落。北上盘冈二里，有岐，东北者随峡，西北者逾岭；逾岭者，西峡上二里有瀑布，随峡者，东峡上二里有龙潭；瀑之北即为大觉，潭之北即为悉檀。余先皆不知之，见东峡有龙潭坊，遂从之。盘磴数十折而上，觉深窅险峻，然不见所谓龙潭也。逾一板桥，见坞北有寺，询之，知其内为悉檀，前即龙潭，今为壑矣。时余期行李往大觉，遂西三里，过西竺、龙华而入宿于大觉。

【译文】从村后向西顺着山麓走，转而向北进入峡谷中，沿着中间的支脉上行，一里后，有座大牌坊跨在路上，是“灵山一会”坊，是宋姓按察使修建的。从这里开始山冈两旁都是淙淙流淌的山涧，高大的松树稀稀落落。绕着山冈向北上登二里，有岔路，往东北去的顺着峡谷走，向西北去的翻越山岭。翻越山岭的路，西面的峡谷上方二里处有瀑布；顺着峡谷走的路，东面的峡谷上方二里处有龙潭。瀑布的北面就是大觉寺，龙潭的北面就是悉檀寺。我事先都不知道这些，看见东面的峡谷中有龙潭的牌坊，就从这条路走。绕着数十级石阶往上走，觉得幽深险峻，但是没有看到所谓的龙潭。走过一座木板桥，见到山坞北面有佛寺，询问地名，知道那里面就是悉檀寺，寺前就是龙潭，如今成壑谷了。此时我事先约定行李去了大觉寺，于是向西走三里，路过西竺寺、龙华寺后进入大觉寺住下。

二十三日　饭于大觉，即东过悉檀[1]。悉檀为鸡山最东丛林[2]，后倚九重崖，前临黑龙潭，而前则回龙两层环之。先是省中诸君或称息潭，或称雪潭，至是而后知其皆非也。弘辨、安仁二师迎饭于方丈，即请移馆。余以大觉遍周以足疾期晤，于是欲少须之。乃还过大觉，西上一里，入寂光寺，住持者留点。此中诸大刹，惟此七佛殿左右两旁俱辟禅堂方丈，与大觉、悉檀并丽。又稍西半里，为水月、积行二庵，皆其师用周所遗也，亦颇幽整。

【注释】①悉檀：即悉檀寺，位于鸡足山上。②丛林：指寺院。

【译文】二十三日　在大觉寺吃过饭后，随即向东去悉檀寺。悉檀寺是鸡足山最东边的寺院，后面倚靠着九重崖，前方面临黑龙潭，而且前方就有两层回绕的山脉环绕着它。之前省城中的诸位先生有的说是息潭，有的说是雪潭，到这里后我才知道他们说的都不对。弘辨、安仁两位法师迎接我到方丈室中吃饭，随即请我搬过来住。我因为大觉寺的遍周法师有脚病约我去会面，于是希望他们稍微等我一下。于是返回来经过大觉寺，往西上行一里，进入寂光寺，住持僧人留我吃点心。此山中的各处大寺院，唯有这座七佛殿左右两旁都开辟成禅堂、方丈，和大觉寺、悉檀寺一样华丽。又稍往西走了半里，就到了水月庵、积行庵两座寺庵，都是他们的师傅用周法师遗留下来的，也很是幽静整洁。

二十四日　入晤遍周，方留款而弘辨、安仁来顾，即恳移寓。遂同过其寺，以静闻骨悬之寺中古梅间而入。问仙陀、纯白何在，则方监建塔基在其上也。先是余在唐大来处遇二僧，即殷然以瘗[1]骨事相订。及入山，见两山排闼，东为水口，而独无一塔，为山中欠事。至是知仙陀督塔工，而未知建于何所。弘辨指其处，正在回龙环顾间，与余意合。饭后，遂东南二里，登塔基，晤仙陀。

【注释】①瘗（yì）：掩埋，埋葬。

【译文】二十四日　进寺会晤遍周法师，遍周法师正在挽留客人而弘辨法师、安仁法师前来拜访，马上恳请我搬移住处。于是我们一同前往悉檀寺，把静闻的遗骨悬挂在寺中的古梅树间然后进去。询问仙陀法师、纯白法师在什么地方，原来他们正在山上监督修建塔基。之前我在唐大来处遇到两位僧人，立即诚恳地约定了埋葬静闻遗骨的事。进山时，看见两面的山像门扉一样排列，东面是出水口，却没有一座塔，是山中的憾事。到这时知道仙陀法师在监督建塔工程，却不知塔建在什么地方。弘辨法师指明了建塔的地方，正在回绕的龙脉环绕之间，与我的意思相合。吃过饭后，就往东南走了二里，登上塔基，与仙陀法师会面。

二十五日　自悉檀北上，经无息、无我二庵。一里，过大乘庵，有小水二派，一自幻住东，一自兰陀东，俱南向而会于此，为悉檀西派者也。从二水之中蹑坡上，二里余，东为幻住，今为福宁寺[1]；西冈为兰陀。幻住东水，即野愚师静室东峡所下，与九重崖为界者；幻住西水，即与艮一兰陀寺夹坞之水，上自莘野静室，发源于念佛堂，而为狮子林中峡之水也。循东冈幻住旁，北向一里而得一静室，即天香者。时寺中无人，入讯莘野庐，小沙弥②指在盘崖沓蔼间，当危崖之西。乃从其后蹑崖上，穿林转磴，俱在深翠中，盖其地无乔松，惟杂木缤纷，而叠路其间，又一景矣。数十曲，几一里，东蹑冈，即野愚庐；西缘崖度峡，即莘野庐道。于是西向傍崖，横陟半里，有一静室高悬峡中，户扃莫入，是为悉檀寺库头所结。由其前西下兰陀寺，蹑其后而上，又半里而得莘野静室。时知莘野在牟尼山，而其父沈翁在室，及至而其门又扃，知翁别有所过，莫可问。遂从其左上，又得一静室。主僧亦出，有徒在，询之，则其师为兰宗也。又问："沈翁何在？"曰："在伊室。"问："室何扃？"曰："偶出，当亦不远。"余欲还，以省中所寄书畀之。其徒曰："恐再下无觅处，不若留此代致也。"从之。又从左峡过珠帘翠壁，蹑台入一室，则影空所栖也。影空不在。乃从其左横转而东，一里，入野愚静室，所谓大静室也。有堂三楹横其前，下临绝壁。其堂窗棂疏朗，如浮坐云端，可称幽爽。室中诸老宿具在。野愚出迎，余入询，则兰宗、影空及罗汉壁慧心诸静侣也。是日野愚设供招诸静侣，遂留余饭。饭后，见余携书篋，因取篋中书各传观之。兰宗独津津不置，盖曾云游过吾地，而潜心文教者。

【注释】①福宁寺：原作"宁福寺"。宁抄本作"福宁寺"。十二月二十九日记："入幻住，见其额为福宁寺"。《鸡山志略》幻住庵注："后嗣定光。今名福宁。"据改。②沙弥：指刚出家不久的和尚。

【译文】二十五日　从悉檀寺向北上山，经过无息、无我两座寺庵。走了一里，路过大乘庵，有两条小溪，一条来自幻住庵东边，一条来自兰陀寺东边，都是向南流到这里汇合，成为悉檀寺西面水流的支流。从两条溪水的中间踏着山坡上行，走了二里多，东边是幻住庵，现在是福宁寺了；西面的山冈上是兰陀寺。幻住庵东边的水，是从野愚禅师静室东边的山峡中流下来，与九重崖形成分界的水；幻住庵西边的水，是与艮一法师的兰陀寺夹成山坞的水，上面来自莘野的静室，发源于念佛堂，而后成为狮子林峡谷中的水。沿着东冈幻住庵旁，向北走了一里后，到达一处静室，那里是天香寺。此时寺中无人，进去打听莘野静室，小和尚指点说在幽深遥远的高大石崖之间，位于高险石崖的西面。于是从寺后攀着山崖上登，穿过树林绕着石阶走，都是走在深浓的翠绿色中，此地原来没有高大的松树，只有纷纭的杂木，而道路就重叠在其间，这又是另一种景致了。拐了几十道弯，将近一里，向东上登山冈，就是野愚法师的静室；往西攀援石崖穿过峡谷，就是去莘野静室的路。从这里向西傍着石崖，横向上登半里，有一处静室高悬在峡谷中，门锁着不能进去，这是悉檀寺主管库房的僧人修建的。由静室前往西下到兰陀寺，从寺后向上攀登，又是半里后走到莘野的静室。此时知道莘野在牟尼山，但他的父亲沈翁在静室中，等赶到时静室的门又锁着，知道沈翁去别的地方了，没有人可以询问。只好从静室左边上走，又见到一处静室。主持的僧人也外出了，有徒弟在，向他打听，原来他的师傅是兰宗法师。又问他："沈翁在哪里？"他回答说："在他的静室。"我又问："静室为何锁着？"他回答："偶然外出，应当也不会太远。"我想要返回去，把从省城寄来的信交给他。这个徒弟说："恐怕再下去也无处可找，不如把信留在这里我代为转交。"我听从了他的话。又从左边的峡谷经过珠帘翠壁，登上石台进入一个静室，原来是影空法师居住的地方。影空法师不在。于是从静室左边横着转向东，一里后，进入野愚法师的静室，就是所谓的大静室。有三间堂屋横在山崖前端，下临绝壁。静室中窗户宽敞明亮，如同坐在漂浮的云端，可称得上幽静爽朗。静室中诸位高僧都在。野愚法师出来迎接，我进去后询问，原来是兰宗法师、影空法师以及罗汉壁的慧心法师等诸位静侣。这天野愚法师摆设了饭食招待诸位静侣，就留我吃饭。吃过饭后，见我携带着书箱，于是取出书箱中的书各自传看。唯独兰宗法师津津乐道，不肯放手，原来他曾经云游过我的家乡，而且是潜心于文教的人。

既乃取道由林中西向罗汉壁，从念佛堂下过，林翳不知，竟平行而西。共一里半，有龛在磐石上，入问道。从其西南半里，逾一突嘴，即所谓望台也，此支下坠，即结为大觉寺者。望台之西，山势内逊，下围成峡，而旃檀林之静室倚之。峡西又有脉一支，自山尖前拖而下，是为旃檀岭，即西与罗汉壁分界者。是脉下坠，即为中支，而寂光、首传寺倚之，前度息阴轩，东转而尽于大士阁者也。由望台平行而西，又二里半而过此岭。岭之西，石崖渐出，高拥于后。乃折而北上半里，得碧云寺。寺乃北京师诸徒所建，香火杂沓，以慕师而来者众也。师所栖真武阁，尚在后崖悬嵌处。乃从寺后取道，宛转上之。半里，入阁，参叩男女满阁中，而不见师。余见阁东有台颇幽，独探之。一老僧方濯足其上，余心知为师也，拱而待之。师即跃而起，把臂呼："同声相应，同气相求。"且诠解[①]之。手持二袜未穿，且指其胸曰："余为此中忙甚，袜垢二十年未涤。"方持袜示余，而男妇闻声涌至，膜拜不休，台小莫容，则分番迭换。师与语，言人人殊，及念佛修果，娓娓不竭。时以道远，余先辞出。见崖后有路可蹑，复攀援其上。转而东，得一峡上缘，有龛可坐，梯险登之。

【注释】①诠（quán）解：详细解释。

【译文】随后经由树林中向西去罗汉壁，从念佛堂下走过，因为被树林遮挡没察觉出，竟然平行地向西走。共走了一里半，有座佛龛在磐石上，进去问路。从佛龛往西南走了半里，越过一处前突的山嘴，就是所谓的望台了，这条支脉往下坠，盘结为大觉寺所在的山。望台的西面，山势向内退进来，下方围绕成峡谷，而旃檀林的静室倚靠峡谷。峡谷西面又有一条支脉，从山的尖顶向前拖下来，那就是旃檀岭，就是在西面与罗汉壁分界的山。这条山脉下坠，就是中间的一支，是寂光寺、首传寺依傍着的山，往前延过息阴轩，向东转后在大士阁到了尽头。由望台向西平缓地前行，又走了二里半后越过此岭。山岭的西面，石崖渐渐出现，高高拥立在岭后。于是折向北上登了半里，到达碧云寺。寺庙是北京法师的众徒弟修建的，香火杂乱，因为仰慕法师而来的人很多。法师居住的真武阁，还在寺后悬崖上的凹嵌处。于是取道寺后，曲折地上登悬崖。走了半里，进入真武阁，参拜叩头的男女挤满阁中，却不见法师。我看到阁东有个高台颇为幽静，就独自去探幽。一个老和尚正在台上洗脚，我心中知道那就是法师了，拱手站着等他。法师马上跳起来，拉着我的手臂高声说："同声相应，同气相求。"并且详细解释了这句话。法师手里拿着两只袜子没有穿，并指着自己的胸口说："我因为这里非常忙，袜子上的污垢二十年没洗过。"正把袜子拿给我看，那些善男信女闻声涌过来，不停地顶礼膜拜，高台太小无法容纳，就分批轮换着来。法师与这些人说话，对每个人说的不一样，讲到念佛修炼功果，娓娓道来，滔滔不绝。这时因为路远，我就先告辞出来。看到后面的悬崖上有路可以攀登上去，就又攀援悬崖而上。转向东，走到一处峡谷上方的边缘，有个石龛可以坐，我攀着危险的石梯登上石龛。

复下碧云庵。适慧心在，以返悉檀路遥，留余宿。主寺者以无被难之，盖其地高寒也。余乃亟下，南向二里，过白云寺，已暮色欲合。从其北傍中支腋行，路渐平而阔。二里，过首传寺，暗中不能物色。又东南一里余，过寂光。一里，过大觉。又东一里过西竺，与大道别，行松林间，茫不可见。又二里过悉檀前，几从龙潭外下，回见灯影，乃转觅。抵其门，则前十方堂已早闭不肯启，叩左侧门，乃得入宿焉。

【译文】再下到碧云寺。恰好慧心法师在，由于返回悉檀寺的路太远，就留我住下。寺中的住持因为没有被子而为难，原因是这里地势太高、气候寒冷。我于是急忙下山，向南走了二里，路过白云寺，暮色已经降临。从白云寺北面靠着中间的一条支脉的侧边前行，道路渐渐变得平缓又宽阔。二里后，路过首传寺，黑暗中看不见东西的颜色。又往东南走了一里多，经过寂光寺。走了一里，经过大觉寺。又向东走了一里经过西竺寺，与大路分手，行走在松林间，茫然看不见东西。又走了二里路过悉檀寺前边，几乎是从龙潭外边下去，回头看着灯影，才转回去找路。抵达寺门，前边的十方堂却早已关闭，他们不肯开门，敲左侧门，才得以进寺住下。

二十六日　晨起饭。弘辨言："今日竖塔心，为吉日，可同往一看。幸定地一处，即可为静闻师入塔。"余喜甚。弘辨引路前，由龙潭东二里，过龙砂内支。其腋间一穴，在塔基北半里，其脉自塔基分派处中悬而下。先有三塔，皆本无高弟也。最南一塔，即仙陀、纯白之师。师本嵩明籍，仙陀、纯白向亦中表，皆师之甥，后随披薙，又为师弟。师归西方[①]，在本无之前，本公为择地于此，而又自为之记。余谓辨公，乞其南为静闻穴[②]。辨公请广择之，又有本公塔在岭北，亦惟所命。余以其穴近仙陀之师为便，议遂定，静闻是日入窆。

【注释】①归西方：佛教认为西方有极乐国土，所以称逝世为归西方。②静闻穴：即静闻墓。在鸡足山上，文笔峰之阴，东南距尊胜塔院甚近，登山公路从附近经过。1988年重建。周围绿树掩映。

【译文】二十六日　早晨起床吃过饭。弘辨法师说："今天竖塔心是吉日，可以一起去看一看。幸运的话能选定一处地方，就可以把静闻法师的遗骨葬入塔中。"我非常高兴。弘辨法师在前面领路，由龙潭往东走了二里，经过主脉里面的一条支脉。两山间的山窝处有一个洞穴，在塔基北面半里处，这里的山脉从塔基处山脉分支的地方高悬在中央下延。早先有三座塔，都是本无禅师的高徒。最南边的一座塔，就是仙陀法师、纯白法师的师傅。禅师的籍贯原本是嵩明州，仙陀法师、纯白法师从前也是表兄弟，都是禅师的外甥，后来追随他剃度披上僧衣，又成为师傅和徒弟。禅师在本无禅师之前圆寂，本无禅师为他在这里选择了墓地，而且又亲自为他写了碑记。我对弘辨法师说，请求把这座塔南面的地方作为静闻法师的墓穴。弘辨法师请我广泛选择一下，还有本无禅师的塔在岭北，也任凭我挑选。我认为静闻法师的墓穴靠近仙陀的师傅最为方便，于是商议定了，静闻法师在这一天下葬。

二十七日　（有缺文）余见前路渐翳，而支间有迹，可蹑石而上，遂北上攀陟之。屡悬峻梯空，从崖石间作猿猴升。一里半，则两崖前突，皆纯石撑霄，拔壑而起，自下望之，若建标[①]空中，自上凌之，复有一线连脊，又如琼台中悬，双阙并倚也，后即为横亘大脊。披丛莽而上，有大道东西横山脊，即东自鸡坪关[②]山西上而达于绝顶者。因昔年运砖，造城绝顶，开此以通驴马。余乃反从其东半里，凌重崖而上。然其处上平下嵌，俯瞰莫可见，不若点头峰之突耸而出，可以一览全收也。

【注释】①建标：竖立标杆。②鸡坪关：今名同，在鸡山东麓，炼洞正北。

【译文】二十七日　（有缺文）我看到前边的路渐渐被遮蔽了，而侧旁有足迹，可以踩着岩石而上，于是往北攀着岩石上登。屡次悬空在陡峭险峻的石梯上，在崖石间像猿猴一样攀升。走了一里半，就见两面的崖石前突，都是清一色的岩石伸向云霄，在壑谷中拔地而起，从下面望去，好像是建立在空中的标杆，从上方登上山顶，又有一条像线一样宽相连的山脊，又好像琼台悬在中央，两边的山都依靠着这个琼台，后面就是横亘的大山脊。分开丛生的荒草上行，有条大路呈东西向横在山脊上，就是从东面的鸡坪关向西上山而去绝顶的路。因为往年要运砖，在绝顶建城，开辟了这条路以便驴马通行。我于是反身从大路向东走了半里，登上重重山崖之上。然而此处上边平坦下面深嵌，俯身下视什么也看不见，不像点头峰那样突起耸立，可以一览无余。

其脊两旁皆古木深翳，通道于中，有开处下瞰山后。其东北又峙山一围，如箕南向，所谓摩尼山①也，即此山余脉所结者。其西北横拖之支，所谓后趾也，即南耸而起为绝顶者。故绝顶自南壑望之，如展旗西立，罗汉九层之脊，则如展旗东立；自北脊望之，则如展旗南立，后趾之脊，则如展旗北立。此一山大势也。若桃花箐过脊，又在绝顶西南峡中，南起为木香坪之岭，东亘为禾字孔之脊，与罗汉壁、点头峰南北峙为两界。此在三距西南支之外，乃对山而非鸡足矣。若南条老脊，自木香而南走乌龙坝，罗汉壁、点头峰又其东出之支，非老干矣。山后即为罗川地，北至南衙，皆邓川属，与宾川以此山脊为界，故绝顶即属邓川，而曹溪、华首，犹隶宾川焉。若东北之摩尼，则北胜、浪沧之所辖，此又以山之东麓鸡坪山为界者也。从脊直北眺，雪山一指竖立天外，若隐若现。此在丽江境内，尚隔一鹤庆府于其中，而雪山之东，金沙江实透腋南注，但其处逼夹仅丈余，不可得而望也。

【注释】①摩尼山：今作牟尼山，在永胜县南隅，属片角乡。崇祯二年（1629）亦于此建牟尼庵及吉祥塔，《游记》作摩尼寺，有别于鸡山上的牟尼庵。今已不存，遗址在牟尼山村。

【译文】这条山脊两旁都是幽深密蔽的古树，道路在林中通过，有开阔的地方向下俯瞰山后面。此山东北方又对峙着一围山，如同向南的畚箕，是所谓的牟尼山，就是此山的余脉盘结成的山。牟尼山西北面横拖而下的支脉，是所谓的鸡脚的后脚爪了，就是向南耸起成为绝顶的山。所以从南面的壑谷望绝顶，像展开的旗帜矗立在西边，罗汉壁的九层山脊，就如同展开的旗帜矗立在东边；从北面的山脊仰望绝顶，就如同展开的旗帜矗立在南边，后脚爪的山脊，则如同展开的旗帜矗立在北面。这是全山的大概形势。至于延伸过桃花箐的山脊，又在绝顶西南的山峡中，在南面耸起成为木香坪所在的山岭，往东绵亘成为禾字孔所在的山脊，与罗汉壁、点头峰南北对峙成为两列山。那些山在三只鸡爪西南支脉外，是对面的山而不是鸡足山了。至于南面的那条主脊，从木香坪往南延伸到乌龙坝，罗汉壁、点头峰又是它向东分出的支脉，不是主干了。山后就是罗川的地界，往北到南衙，都是邓川州的属地，与宾川州以这条山脊作为分界，所以绝顶就属于邓川州，而曹溪寺、华首门仍然隶属于宾川州。至于东北面的牟尼山，则是北胜州、浪沧卫的辖地，这又是以鸡足山东麓的鸡坪山为分界了。从山脊上向正北远眺，雪山像一根手指竖立在天际之外，若隐若现。此山在丽江府境内，其中还隔着一个鹤庆府，而雪山的东面，金沙江实际上穿过雪山侧旁向南流淌，但这个地方狭窄，仅有一丈多，不可能远望得到了。

由脊道西行，再隆再起，五里，有路自南而上者，此罗汉壁东旃檀岭道也；交脊而西北去者，此循后趾北下鹤庆道也；交脊而东北下者，此罗川道也；随脊而西者，绝顶道也。于是再上，再纡而北，又二里余而抵绝顶之下。其北崖雪痕皑皑，不知何日所积也。又南上半里，入其南门。门外坠壑而下者，猢狲梯出铜佛殿道；由北门出，陟后脊转而西南下者，束身峡出礼佛台，从华首门会铜佛殿道。而猢狲梯在东南，由脊上；束身峡在西北，由霤[①]中。此登顶二险，而从脊来者独无之。

【注释】①霤（liù）：原为房檐上接雨水用的长水槽，此处泛指水槽。

【译文】从山脊上的路往西走，山脊两次隆起，走了五里，有条从南往上走的路，这是去罗汉壁东面旃檀岭的路；与山脊相交往西北去的，是沿着鸡足山后脚爪向北下到鹤庆府的路；与山脊相交往东北下走的，这是去罗川的路；顺着山脊向西走的是去山顶的路。从这里再往上走，再绕向北，又走了二里多后抵达山顶之下。山顶北面的山崖上白雪皑皑，不知道是何年何月堆积起来的。又向南上登半里，进入山南门。门外深坠下壑谷中的，是从猢狲梯到铜佛殿的路；从北门出去，登上后面的山脊转向西南下走的，是从束身峡到礼佛台，经由华首门会合铜佛殿的路。然而猢狲梯在东南方，由山脊上行；束身峡在西北方，在水槽样的山沟里走。这是登上山顶的两条险途，然而从山脊上来的路唯独没有危险的路段。

入门即迦叶殿。此旧土主庙基也，旧迦叶殿在山半。岁丁丑，张按君谓绝顶不可不奉迦叶，遂捐资建此，而移土主于殿左。其前之天长阁，则天启七年海盐朱按君所建。后有观风台，亦阁也，为天启初年广东潘按君所建，今易名多宝楼。后又有善雨亭，亦张按君所建，今貌其像于中。后西川倪按君易名西脚蘧庐[①]，语意大含讥讽。殿亭四围，筑城环之，复四面架楼为门：南曰云观，指云南县昔有彩云之异也；东曰日观，则泰山日观之义；北曰雪观，指丽江府雪山也；西曰海观，则苍山、洱海所在也。张君于万山绝顶兴此巨役，而沐府亦伺其意，移中和山铜殿[②]运致之，盖以和在省城东，而铜乃西方之属，能克木，故去彼移此。有造流言以阻之者，谓鸡山为丽府之脉，丽江公亦姓木，忌金克，将移师鸡山，今先杀其首事僧矣。余在黔闻之，谓其说甚谬。丽北鸡南，闻鸡之脉自丽来，不闻丽自鸡来，姓与地各不相涉，何克之有？及至此而见铜殿具堆积迦叶殿中，止无地以竖，尚候沐府相度，非有阻也。但一城之内，天长以后，为河南僧所主，前新建之迦叶殿，又陕西僧所主，以张按君同乡故，沐府亦以铜殿属之，惜两僧无道气，不免事事参商[③]，非山门[④]之福也。余一入山，即闻河南、陕西二僧名，及抵绝顶，将暮，见陕西僧之叔在迦叶殿，遂以行李置之。其侄明空，尚在罗汉壁西来寺。由殿侧入天长阁，盖陕僧以铜殿具支绝迦叶殿后正门，毋令从中出入也。河南僧居多宝楼下，留余晚供。观其意殊愦愦，余于是皆腹诽[⑤]之。还至土主庙中，寒甚。陕僧爇火供果，为余谈其侄明空前募铜殿事甚悉，“今现在西来，可一顾也。”余唯唯。

【注释】①蘧（qú）庐：古代驿传中供人休息的房子，犹今言旅馆。②铜殿：此处指鸡足山金顶寺铜殿。两部康熙年间的《鸡足山志》都记载：“辛巳，黔国公沐天波移云南省城太和宫金殿来山，废普光殿并塔，就其址以立金殿。”大概在崇祯十四年（1641）铜殿具起架重建，此后山顶即称金顶寺。后来铜殿被毁。近年重铸铜殿，恢复金顶寺旧观。中和山在寻甸府，与昆明铜殿无涉，疑此处“中和山”为“太和宫”之误。③参（shēn）商：原为二星名，常用以比喻互不和睦。④山门：佛寺多在山间，佛寺的大门因称山门。⑤腹诽：嘴里虽然不说，但心里认为不对。

【译文】进门就是迦叶殿。这里原来是土主庙的基址，旧迦叶殿在半山腰。丁丑年（崇祯十年，1637），巡按张君认为绝顶上不能不供奉迦叶尊者，于是捐资修建了这座迦叶殿，而把土主庙迁到迦叶殿左边。殿前的天长阁，则是天启七年（1627）海盐县人巡按朱君修建的。后面有观风台，也是楼阁，是天启初年广东人巡按潘君修建的，如今改名为多宝楼。后面还有善雨亭，也是张巡按修建的，现在亭子里有他的画像。后来四川的倪巡按改名为西脚蘧庐，话语中大含讥讽之意。佛殿亭子周围，筑有城墙环绕着，又在四面架楼作为门户：南面的叫云观，指云南县从前有彩云的奇异景观；东面的叫日观，是取泰山日观的含义；北面的叫雪观，指丽江府的雪山；西面的叫海观，就是苍山、洱海所在的地方了。张君在万山丛中的绝顶上兴建如此巨大的工程，而沐府也在暗中揣测到他的意图，把中和山的铜殿搬运到此处，大概是因为中和山在省城东面，而铜是西方的属相，能克木，故而搬离那里迁到此地。有人捏造流言来阻止搬迁铜殿，说鸡足山是丽江府的龙脉，丽江知府也姓木，忌讳被金克，将要调动军队到鸡足山，如今先杀了首先倡议这件事的僧人。我在贵州听到这件事，认为这种说法十分荒谬。丽江府在北，鸡足山在南，只听说鸡足山的山脉是从丽江府来的，没听说过丽江府是从鸡足山来的，姓氏与地理各不相干，有什么克不克的呢？等到了此地并见到铜殿的构件堆积在迦叶殿中，只是没有地方竖立起来，还要等沐府来选择地方，并不是有受到阻碍。但是全城之内，天长阁之后，是河南的僧人住持的地方，前面新建的迦叶殿，又是陕西的僧人住持的地方，陕西僧人因为与张巡按是同乡，沐府也把铜殿交给他，可惜这两位僧人都没有超然于物外的气量，不免事事相左，不是佛门之福。我一进山，就听说河南、陕西二位僧人的名字，等到了山顶，天将昏黑，看到陕西僧人的叔父在迦叶殿，就把行李寄放在他那里。他的侄子明空，还在罗汉壁的西来寺。我从殿的侧边进入天长阁，因为陕西僧人把铜殿的构件支撑起来阻断了迦叶殿后面的正门，不让人从中间出入。河南僧人住在多宝楼下，挽留我吃晚饭。看他的意思特别愤愤不平，我对于他所讲的都是表明默认而心里不赞同。返回到土主庙中，非常寒冷。陕西僧人生起火摆出果子，向我详细的叙说他的侄子明空先前为铜殿募化的事情。又说“现在人在西来寺，可以去见一面。”我口中“是是是”答应着。

二十八日　晨起寒甚，亟披衣从南楼观日出，已皎然上升矣。晨餐后，即录碑文于天长、善雨之间。指僵，有张宪副二碑最长，独不及录。还饭迦叶殿，乃从北门出。门外冈脊之上，多卖浆瀹粉者。脊之西皆削崖下覆，岂即向所谓舍身崖者耶？北由脊上行者一里，乃折而西下，过一敝阁，乃南下束身峡。巨石双迸，中窞成坑，路由中下，两崖逼束而下坠甚峻，宛转峡中，旁无余地，所谓“束身”也。下半里，得小坪，伏虎庵倚之。庵南向，从其前，多卖香草者，其草生于山脊。

【译文】二十八日　清早起床非常寒冷，急忙披上衣服到南楼去观赏日出，明亮的朝阳已经冉冉升起了。早餐后，立即在天长阁、善雨亭之间抄录碑文。手指都冻僵了，有张副都御史的两块碑文最长，唯独来不及抄录。返回迦叶殿吃饭，随后从北门出来。门外山冈的山脊上，有很多卖浆水煮粉的人。山脊的西面都是陡削下覆的石崖，难道就是先前所说的舍身崖的地方吗？从山脊上往北走一里，就折向西下行，路过一处破旧的楼阁，于是往南下去束身峡。巨石向两侧迸裂开，中间下陷成石坑，道路经由中间下走，两面的石崖紧逼束拢而下坠之处十分陡峻，在峡谷中弯弯绕绕，身旁没有余地，就是所谓的“束身”了。下行半里，有一块小平地，伏虎庵依傍在这里。庵门向南，在庵前，有很多卖香草的人，这种草生长在山脊上。

循舍身崖东南转，为曹溪、华首之道；绕庵西转，盘绝壁之上，是为礼佛台、太子过玄关。余乃先过礼佛台，有亭在台东，亦中圮，台峙其前石丛起中，悬绝壑之上。北眺危崖倒插于深壑中，乃绝顶北尽处也，其下即为桃花箐，但突不能俯窥耳。其东南壑中，则放光寺在焉；其西隔坞相对者，木香坪也。是台当绝顶西北隅悬绝处，凌虚倒影，若浮舟之驾壑，为一山胜处，而亭既倾敞，不容无慨。台之北，崖壁倒悬，磴道斩绝，而西崖之瞰壑中者，萼瓣上迸，若蒂斯启。遥向无路，乃栈木横崖端，飞虬接翼于层峦之上，遂分蒂而蹈，如入药房，中空外透，欲合欲分。穿其奥窟，正当佛台之下，乃外石之附内石而成者，上连下迸，裂透两头。侧身而进，披隙而出，复登南台之上。仍东过伏虎，循岩傍壁，盘其壑顶。仰视矗崖，忽忽欲堕，而孰知即向所振衣蹑履于其上者耶。

【译文】沿着舍身崖往东南转，是去曹溪寺、华首门的路；绕着伏虎庵往西转，绕到绝壁之上，那里是礼佛台、太子过玄关。我于是先去礼佛台，有座亭子在礼佛台东边，也是中间坍塌了，礼佛台矗立在亭子前边成丛突起的岩石中，高悬于绝深的壑谷之上。向北眺望高险的崖壁倒插在深深的壑谷中，是绝顶北面的尽头处，悬崖下就是桃花箐，只不过悬崖前突看不到罢了。悬崖东南的壑谷中，就是放光寺的所在地；悬崖西面隔着山坞相对的地方，就是木香坪了。礼佛台位于绝顶西北角的高悬断绝之处，凌空倒影，好像驾着小船漂浮在壑谷上，是全山景色最美的地方，但是如今亭子已经倒塌毁坏，不禁让人感慨。礼佛台的北面，崖壁倒悬，石阶路完全断绝，而西面悬崖俯瞰着壑谷中的地方，像花萼、花瓣般的岩石向上迸裂开来，如同花蒂绽放。向远处去没有路，就在石崖前端横木架为栈道，如同飞龙翱翔在层层山峦之上，于是我分开花蒂踩着进去，如同进入芍药花冠中，中间是空的，外边透明，像要合拢又要分开的样子。穿过这处幽深的洞窟，正好在礼佛台之下，石台是外面的岩石附着在里面的岩石上形成的，上边相连，下面迸裂开来，裂缝穿透两头。侧身进去，分开缝隙出来，又登到南台之上。仍然向东经过伏虎庵，沿着山崖倚靠峭壁，绕到壑谷顶上。仰望矗立的悬崖，恍如摇摇欲坠，可谁知道那就是我刚才脚踩在上面抖衣服的地方呀！

东南傍崖者一里余，有室倚崖，曰曹溪寺。以其侧有水一泓，在矗崖之下，引流坠壑，为众派之源，有似宗门法脉也。稍下，路分为二，正道东南循崖平去，小径西下危坡。余睇放光在西南壑，便疑从此小径是。西循之一里余，转而北逾一嘴，已盘礼佛台之下，其西北乃桃花箐路，而东南壑底，终无下处，乃从旧路返。二里，出循崖正道，过八功德水，于是崖路愈逼仄，线底缘嵌绝壁上，仰眺只觉崇崇隆隆而不见其顶，下瞰只觉窅窅冥冥而莫晰其根，如悬一幅万仞苍崖图，而缀身其间，不辨身在何际也。

【译文】靠着悬崖往东南走了一里多，有房屋倚靠着悬崖，叫曹溪寺。因为寺旁有一眼池水，在矗立的悬崖下，引流下泄到壑谷中，是众多支流的源头，犹如佛门中各宗派传承的脉络。稍往下走，道路分为两条，正路向东南沿着悬崖平缓前进，小路往西下陡坡。我斜看过去，放光寺在西南方的壑谷中，就以为沿着这条小路走才对。顺着小路往西走了一里多，转向北越过一处山嘴，已经绕到礼佛台之下，这里往西北走是去桃花箐的路，而东南方的壑谷底下，始终没有下去的地方，只好从原路返回。二里后，出到沿着悬崖走的正路上，经过八功德水，走到这里山崖旁的路就愈发狭窄了，脚底下的路像线一样围绕着镶嵌在绝壁上，抬头远眺，只觉得悬崖高大穹隆看不到顶，向下俯瞰，只觉得幽深杳渺无法看清它的底，如同悬挂着的一幅“万仞苍崖”水墨图，而我置身画中，不能分辨身在何处。

东一里，崖势上飞，高穹如檐，覆环其下，如户阈形，其内壁立如掩扉，盖其石齿齿，皆堕而不尽，堕之余，所谓华首门也。其高二十丈，其上穹覆者，又不知凡几，盖即绝顶观海门下危崖也。门之下，倚壁为亭，两旁建小砖塔襄之，即经所称迦叶[①]受衣入定处，待六十百千岁以付弥勒[②]者也。天台王十岳士性宪副诗偈镌壁间，而倪按院大书“石状奇绝”四字，横镌而朱丹之。其效颦[③]耶？黥面[④]耶？在束身书“石状大奇”，在袈裟书“石状又奇”，在兜率峡口书“石状始奇”，凡四处，各换一字，山灵何罪而受此耶！

【注释】①迦叶：梵文摩诃迦叶波的略称，“摩诃”是大的意思，“迦叶波”是他的姓。大迦叶是释迦牟尼十大弟子之一，释迦涅槃后，第一次会诵佛教总集《三藏》时，他是召集人兼首座。中国禅宗认为他是传承佛法的第一代祖师，西土二十八祖之始祖。②弥勒：即弥勒佛。③效颦：指模仿。④黥（qíng）面：在脸上刺字，再涂上墨。

【译文】向东走了一里，悬崖的地势向上飞起，高大穹隆如同屋檐一样，覆盖环绕着石崖下方，好像门槛的形状，它的里面崖壁峭立好像关上的门扇，原来这里的是岩石一齿齿的，都往下坠落，而坠落剩下的，就是所谓的华首门了。华首门高二十丈，门上方穹隆下覆的部分，又不知道一共有多高，大概就是绝顶上观海门下方的危崖了。华首门下方，倚靠绝壁建了亭子，两旁建有小砖塔陪衬它，就是佛经上所记载的迦叶尊者受衣入定之处，等到六百万年后把它交给弥勒佛。天台县人王十岳士性副都御史题写的诗偈镌刻在石壁上，而倪巡按题写的“石状奇绝”四个大字，横着镌刻并且涂上了朱砂。这是在东施效颦呢？还是在脸上刺字呢？在束身峡题写“石状大奇”，在袈裟石题写“石状又奇”，在兜率庵峡口题写“石状始奇”，一共四处，每个地方换一个字，山神有什么罪，要受这种折磨啊！

又半里，矗崖东尽，石脊下垂，有寺倚其东，是为铜佛殿，今扁其门曰传灯寺，盖即绝顶东突，由猢狲梯下坠为此，再下即迦叶寺，而为西南支发脉者。寺东向，大路自下而来，抵寺前分两岐：由其北峡登寺后猢狲梯，为绝顶前门道，余昨从上所瞰者；由寺前循崖西转，过华首门，上束身峡，为绝顶后门道，余兹下所从来者。盖寺北为峡，寺西为崖，寺后猢狲梯由绝顶垂脊而下，乃崖之所东尽而峡之所南环者也。寺北有石峰突踞峡中，有庵倚其上，是为袈裟石。余初不知其为袈裟石也，望之有异，遂不入铜佛殿而登此石，至则庵僧迎余坐石上。石纹离披作两叠痕，而上有圆孔。僧指其纹为迦叶袈裟[①]，指其孔为迦叶卓锡之迹。即无遗迹，然其处回崖外绕，坠壑中盘，此石缀崖瞰壑，固自奇也。僧瀹米花为献，甚润枯肠。余时欲下放光、圣峰诸寺，而不能忘情于猢狲梯，遂循石右上。半里，升梯。梯乃自然石级，有叠磴痕可以衔趾，而痕间石芒齿齿，著足甚难。脊左瞰即华首矗崖之上，右瞰即袈裟坠壑之端，其齿齿之石，华首门乃垂而下，此梯乃错而上者，然质则同也。上半里，数折而梯尽，仍从峡上。问去顶迥绝，乃返步下梯，由铜佛殿北东下峡中。

【注释】①袈裟：梵文的音译。原意为“不正色”，佛教僧尼的法衣。佛制，僧人必须避免用青、黄、赤、白、黑五种正色，而用似黑之色，故称。原译作“毠毟”，晋葛洪撰《字苑》改从衣作袈裟。

【译文】又走了半里，矗立的悬崖东面的尽头处，石山脊下垂，有座寺庙倚靠在山脊东面，这里是铜佛殿，如今寺门的匾额上写着传灯寺，原来就是山顶向东前突，由猢狲梯下坠形成的这个地方，再下去就是迦叶寺，而后成为鸡足山西南支脉起始的地方。寺门向东，大路从下方前来，到寺门前分为两条岔路：从寺北的峡谷上登寺后的猢狲梯，是去绝顶前门的路，就是我昨天从上面俯瞰到的路；由寺前沿着悬崖向西转，经过华首门，上登束身峡，是去绝顶后门的路，就是我现在往下顺着走的路。迦叶寺北面是峡谷，寺西是悬崖，寺后的猢狲梯山脊由绝顶垂下来，是悬崖在东面的尽头处和峡谷向南环绕的地方。寺北有座石峰突立在峡谷中，有座寺庵依傍在石峰上，那是袈裟石。我起初不知道那就是袈裟石，望见它有些奇异，就没进铜佛殿而去登这座石峰。到达后庵中的僧人迎接我坐在石头上。石纹分散开来形成两层痕迹，而且上面有圆孔。僧人说岩石上的纹路是迦叶尊者的法衣，又说这些圆孔是迦叶尊者插放锡杖的遗迹。即使没有迦叶尊者的遗迹，这个地方山崖在外面回绕，深坠的壑谷盘曲在中央，石峰连缀着悬崖，俯瞰着壑谷，本身就很奇异了。僧人煮了米花送给我吃，非常滋润饥肠。我此时想要下山去放光寺、圣峰寺等诸寺，可老惦记着猢狲梯，于是沿着袈裟石右侧上行。走了半里，爬猢狲梯。猢狲梯是自然形成的石阶，有层层叠叠的石阶痕迹可以承受脚趾，但是石痕中的石尖一齿齿的，很难落脚。在山脊上向左俯瞰就是华首门矗立的悬崖上，往右俯瞰就是袈裟石深坠壑谷的顶端。那些一齿齿的岩石，在华首门是往下垂的，在此处石梯是交错向上的，不过质地却是相同的。上登半里，曲折几次后石梯就没有了，仍然顺着峡谷上行。打听到去绝顶的路完全断绝了，我只好返回来走下石梯，从铜佛殿北边往东下到峡中。

一里，横盘峡底，有庵当其中，所谓兜率庵也，已半倾。其后即绝顶与罗汉壁分支前突处，庵前峡复深坠。循庵横度，循左崖下半里，崖根有洼内嵌，前有巨树流荫，并鹤峋居士[①]诗碑。其前峡遂深蟠，路从其上，又分为两：循右峡中西南下者，为迦叶寺、圣峰寺西支大道；循左崖下东向行者，为西来寺、碧云寺、罗汉壁间道。余时身随西峡下，而一步一回眺，未尝不神飞罗汉壁间也。下半里为仰高亭，在悬峡中，因圮未入。既下，又半里出峡，为迦叶寺，其门东向，中亦高敞。此古迦叶殿，近因顶有新构，遂称此为寺云。入谒尊者[②]，从其前南向循岐而下，其路峻而大。两丐者覆松为棚。曲折夹道数十折，一里余而至会灯寺。寺南向，入谒而出。东下半里，有岐西去者，放光寺道也。恐日昃不及行，遂不西向而东趋。其路坦而大，一里为圣峰寺。寺东向，踞分支之上，前有巨坊，后有杰阁，其势甚雄拓。阁祀玉皇，今皆以玉皇阁称之。从此北瞻西来寺，高缀层崖之上，屏霞亘壁，飘渺天半，其景甚异。出寺，东随陇行，二里，过白云寺。又从其右东行一里半，过慧林庵，则左右两溪合于前而陇尽。遂渡其左峡，东过大觉寺蔬园，一里，从息阴后逾中支之脊，从千佛阁前观街子。街子者，惟腊底[3]集山中，为朝山[4]之节，昔在石钟寺前，今移此以近大觉，为诸寺之中也。由街子东半里，过西竺寺，又二里余，入悉檀。

【注释】①居士：通常称在家修道而又受过三归、五戒的佛教徒为居士。②尊者：指具有较高的德行、智慧的僧人。③腊底：腊月底，年底。④朝山：佛教徒到名山大寺进香拜佛，称为朝山。

【译文】一里后，横向绕到峡底，有座寺庵在峡中，就是所谓的兜率庵了，已经有一半坍塌了。庵后就是绝顶与罗汉壁分支前突的地方，庵前的峡谷深坠。沿着兜率庵横穿过去，顺着左边的山崖下行半里，山崖底部有个洼坑向里面嵌进去，前面有棵巨大的树，树荫飘动，还有一块鹤峋居士题诗的石碑。庵前的峡谷于是向深远处蟠曲而去，道路从峡谷上方走，又分为两条：沿着右边从峡谷中往西南下行的，是去迦叶寺、圣峰寺西面支脉的大路；沿着左边从悬崖下向东走的，是去西来寺、碧云寺、罗汉壁的小路。此时我虽然顺着西面的峡谷下行，却一步一回头地眺望，时时惦记着罗汉壁间。下走半里就是仰高亭，在高悬的峡谷中，因为已经坍塌所以没有进去。下来后，又走了半里走出峡谷，就是迦叶寺，寺门向东，寺里也是高大宽敞。这是古迦叶殿，近来因为绝顶上有新建的迦叶殿，就称这里是迦叶寺。进寺去叩拜了迦叶尊者，从寺前向南顺着岔路下行，这条路陡峭险峻但是宽大。两个乞丐用松枝盖了棚子。狭窄的道路曲曲折折地转了几十道弯，一里多后到达会灯寺。寺门向南，进寺参拜后出来。往东下行半里，有条岔路向西去，是去放光寺的路。因为担心太阳西沉赶不到，就不向西而往东赶。这条路又平坦又宽大，一里后到达圣峰寺。寺门向东，坐落在支脉上，寺前有座巨大的牌坊，后面有高大的楼阁，气势十分雄伟开阔。阁中祭祀玉皇大帝，如今都用玉皇阁来称呼。从此处向北远望西来寺，高高地点缀在层层山崖上，像云霞般横亘在屏风样的崖壁上，飘渺于半空中，这种景象很是奇异。出寺来，向东顺着山陇前行，走了二里，路过白云寺。又从寺右向东走了一里半，经过慧林庵，就见左右两条溪水在庵前合流而山陇到了尽头，于是渡过庵左的峡谷，往东走过大觉寺的菜园，一里后，从息阴轩后面越过中间一条支脉的山脊，到千佛阁前观看街子。这里的街子，只在腊月底才聚集在山中，是朝山的节日，从前街子在石钟寺前，如今搬迁到此地，因为靠近大觉寺，是诸寺的中心位置。从街子向东走半里，路过西竺寺，又走了二里多，进入悉檀寺。

具餐后，知沈公莘野乃翁。来叩，尚留待寺间，亟下楼而沈公至，各道倾慕之意。时已暮，寺中具池汤候浴，遂与四长老[①]及沈公就浴池中。池以砖甃，长丈五、阔八尺，汤深四尺，炊从隔壁釜中，竟日乃温。浴者先从池外挽水涤体，然后入池，坐水中浸一时，复出池外，擦而涤之，再浸再擦，浸时不一动，恐垢落池中也。余自三里盆浴后，入滇只澡于温泉，如此番之浴，遇亦罕矣。

【注释】①长（zhǎng）老：佛教徒对住持僧的尊称。

【译文】吃好晚餐后，知道沈公莘野的父亲。前来拜会，还留在寺中等待，就急忙下楼，沈公还在寺中等待，各自诉说了仰慕的心意。此时天色已黑，寺中备好一池热水等候我去沐浴，于是与四位长老以及沈公下到浴池中。浴池是用砖砌的，长一丈五尺，宽有八尺，热水深四尺，在隔壁的大锅中烧热水，一整天水才温热。洗澡的人先从池外泼水洗身子，然后再进入浴池中，坐在水中泡一段时间，再走到池外，擦洗身体，再泡再擦，泡的时候不能动一下，是害怕污垢落进水池中了。我从广西三里城在盆中沐浴后，进入云南只在温泉洗过澡，像这种方式的沐浴，也算是罕见的了。

二十九日　饭于悉檀，同沈公及体极之侄同游街子。余市鞋，顾仆市帽。遇大觉遍周亦出游，欲拉与俱。余辞岁朝往祝，盖以其届七旬也。既午，沈公先别去，余食市面一瓯[1]。一里余，从大乘庵上幻住。一里入幻住，见其额为福宁寺，问道而出，犹不知为幻住也。由其右过峡西北行，一里而入兰陀寺，寺南向。由正殿入其东楼，艮一师出迎。问殿前所卧石碑，曰："此先师所撰迦叶事迹记也。"昔竖华首门亭中，潘按君建绝顶观风台，当事者曳之顶，将摩镌新记，艮一师闻而往止之，得免，以华首路峻不得下，因纡道置此。余欲录之，其碑两面镌字，而前半篇在下。艮一指壁间挂轴云："此即其文，从碑誊写而出者。"余因低悬其轴，以案就录之。艮一供斋，沈公亦至。斋后，余度文长不能竟，令顾仆下取卧具。沈公别去，余订以明日当往叩也。迨暮，录犹未竟，顾仆以卧具至，遂卧兰陀禅榻。顾仆传弘辨、安仁语曰："明日是除夕，幸尔主早返寺，毋令人悬望也。"余闻之，为凄然者久之。

【注释】①瓯（ōu）：装酒或食物的小盆。

【译文】二十九日　在悉檀寺吃饭，同沈公以及体极法师的侄子一起去逛街子。我买了鞋子，顾仆买了帽子。偶遇大觉寺的遍周法师也出来游逛，想拉我与他一同游玩。我以过年那天早上再前去祝寿为由辞谢了他，因为他已年满七十了。中午过后，沈公先告别离开了，我吃了集市上买的一小盆面条。走了一里多，从大乘庵上登幻住庵。一里后进入幻住庵，看到门上的匾额题写的是福宁寺，问路后出来，仍然不知道这里就是幻住庵。由寺庙右边穿过峡谷往西北走，一里后进入兰陀寺，寺门向南。由正殿走进寺院的东楼，艮一法师出来迎接。我询问殿前倒卧着的石碑，他回答说："这是我师傅撰写的迦叶事迹碑记。"从前竖立在华首门的亭子中，潘巡按在绝顶修建观风台，办事的人把碑拖到山顶，将要磨掉另刻新的碑记，艮一法师听说后前去制止，才得以幸免，由于华首门的路太陡峻下不来，就绕道放置在此处。我想要抄录碑文，这块碑两面都刻着字，而且前半篇碑文在下面。艮一法师指着墙壁上挂着的卷轴说："这就是碑文，是从碑上誊写下来的。"我于是把卷轴挂低一些，把书案搬近卷轴抄写。艮一法师提供了斋饭，沈公也来了。吃过斋饭后，我估计碑文太长不能抄完，让顾仆下去取铺盖。沈公告别后离开，我约定明天要去拜会他。到天黑时，还没抄录完，顾仆带着铺盖来了，就在兰陀寺禅房中的床上睡下。顾仆转告弘辨、安仁两位法师的话说："明天是除夕，希望你的主人早早返回寺中，不要让人挂念盼望啊！"我听了这些话，心中为此凄凉了很久。

三十日　早起盥栉而莘野至，相见甚慰，同饭于兰陀。余仍录碑，完而莘野已去。遂由寺循脊北上，其道较坦，一里，转而东，一里出莘野庐前小静室。又半里而入莘野楼，则沈公在而莘野未还。沈公为具食，莘野适至，遂燕其楼。父子躬执爨，煨芋煮蔬，甚乐也。莘野恳令顾仆取卧具于兰陀曰："同是天涯，何必以常住[①]静室为分。”余从之，遂停寝其楼之北楹。其楼东南向，前瞰重壑，左右抱两峰，甚舒而称。楼前以杪松连皮为栏，制朴而雅，楼窗疏棂明净。度除夕于万峰深处，此一宵胜人间千百宵。薄暮，凭窗前，瞰星辰烨烨下垂，坞底火光，远近纷拏[②]，皆朝山者，彻夜荧然不绝，与瑶池月下，又一观矣。

【注释】①常住：指寺院。②纷拏(ná)：形容混乱错杂。

【译文】三十日　早晨起床洗脸、梳头而莘野来了，相见十分欣慰，一同在兰陀寺吃饭。我仍然抄录碑文，抄完后莘野已经离开。于是由兰陀寺沿着山脊往北上行，这条路比较平坦，走了一里，转向东，一里后出到莘野居室前的小静室。又走了半里后进入莘野的楼阁，看到沈公在而莘野还没有回来。沈公为我备饭，莘野恰好回来，于是在他的楼中宴饮。父子二人亲自动手做饭，炖芋头、煮蔬菜，十分快乐。莘野恳请我安排顾仆去兰陀寺取铺盖，说：“同是流落天涯的人，何必在乎住的是寺院还是普通人家。”我听了他的话，就留下住在他楼上靠北的一间屋内。这座楼阁面向东南，前方俯瞰重重壑谷，左右围抱着两座山峰，十分舒展而且对称。楼前用带树皮的杪松木作栏杆，形制古朴而雅致，楼中的窗户疏朗明净。在万峰深处度过除夕，这一夜胜过人世间的千百夜。傍晚，凭靠在窗前，俯瞰着星辰熠熠下垂的星光，山坞底下的火光，远近纷繁杂乱，那都是朝山的人，像萤火似的整夜不断，与月光下的瑶池一样，又是一种景观了。

滇游日记六

【题解】《滇游日记六》是崇祯十二年（1639）正月徐霞客在鸡足山、鹤庆、丽江等地所见所闻而写的游记。本游记在乾隆刻本第七册上。

正月初一（2月3日）至二十一日，徐霞客一直住在鸡足山中。此间，他与白云、兰宗、野愚、玄明、幻空、念诚等法师交往频繁，听诸位法师讲述山中故事，一同煮茶清谈，其乐无穷。此外，他还不忘抄写碑文，考察地形，寻访名胜。山间的泉流瀑布、悬崖峭壁、琼枝玉干，无不吸引着他的心神，于是徐霞客将它们一一记录下来。他还参观了诸位禅师的静室，在他看来，每一处静室都有着自己的妙处，正所谓“盘旋回结”“各各成境”。

初八，徐霞客应几位长老之邀进行祭奠扫墓，中途顺便祭拜了静闻。好友的遗骨终于有了归宿，牵挂了一年多的事情得到了解决，这让徐霞客深埋心底的伤痛减轻了不少。他已经兑现了承诺，如今便可安下心来，继续自己的记游之旅。

十一日，徐霞客赴复吾法师之邀。复吾法师拿出鸡足山特有的山参、果脯、海儿参、桂子、海棠子招待他，接着又去观赏兰花。徐霞客品尝美食、欣赏兰花之余，又在日记中介绍了滇西的特产以及当地兰花的品种。十五日，西楼观灯，徐霞客在日记中不仅描述了灯盏盛况，还记录下了鸡足山僧人待客“初清茶，中盐茶，次蜜茶”的习俗。这些记载，为了解当时鸡足山僧侣的生活状态提供了宝贵的资料。

二十日，丽江土司木增遣其通事带请柬而来，邀徐霞客到丽江。二十一日，打点行李。二十二日早晨，徐霞客随通事出发前往丽江。二十五日，抵达丽江，宿于通事家中。二十九日，应木增之邀，前往解脱林，与木公叙谈良久后，在解脱林藏经楼的厢房住下。

己卯正月初一日　在鸡山狮子林莘野静室。是早天气澄澈，旭日当前。余平明起，礼佛而饭，乃上隐空、兰宗二静室。又过野愚静室，野愚已下兰宗处。遂从上径平行而西，入念佛堂，是为白云师禅栖①之所，狮林开创首处也。先是有大力师者，苦行清修，与兰宗先结静其下，后白云结此庐与之同栖，乃狮林最中，亦最高处。其地初无泉，以地高不能刳木②以引。二师积行通神，忽一日，白云从龛后龙脊中垂间，劚③石得泉。其事甚异，而莫之传。余入龛，见石脊中峙为崖，崖左有穴一龛，高二尺，深广亦如之。穴外石倒垂如檐，泉从檐内循檐下注，檐内穴顶中空，而水不从空处溢，檐外崖石峭削，而水不从削处坠，倒注于檐，如贯珠垂玉。穴底汇方池一函，旁皆菖蒲茸茸，白云折梅花浸其间，清冷映人心目。余攀崖得之以为奇，因询此龙脊中垂，非比两腋，何以泉从其隆起处破石而出？白云言：“昔年剜石得之，至今不绝。”余益奇之。后遇兰宗，始征其详。乃知天神供养之事，佛无诳语，而昔之所称卓锡、虎跑，于此得其征矣。龛前编柏为栏，茸翠环绕，若短屏回合。阶前绣墩草，高圆如叠，跏趺[4]其上，蒲团[5]锦茵皆不如也。龛甚隘，前结松棚，方供佛礼忏。白云迎余茶点，且指余曰："此西尚有二静室可娱，乞少延憩，当瀹山蔬以待也。"余从之。西过竹间，见二僧坐木根曝背，一引余西入一室。其室三楹，乃新辟者，前甃石为台，势甚开整，室之轩几，无不精洁，佛龛花供，皆极精严，而不见静主。询之，曰："白云龛礼忏司鼓者是。"余谓此僧甚朴，何以有此？乃从其侧又上一龛，额曰"标月"，而门亦扃。乃返过白云而饭，始知其西之精庐，即悉檀体极师所结，而司鼓僧乃其守者。饭后，又从念佛堂东上，蹑二龛。其一最高，几及岭脊，但其后纯崖无路，其前则旋崖层叠，路宛转循之，就崖成台，倚树为磴，山光悬绕，真如蹑鹫岭而上也。龛前一突石当中，亦环倚为台，其龛额曰"雪屋"，为程还笔，号二游，昆明人，有才艺。而门亦扃，盖皆白云礼忏诸静侣也。

【注释】①禅栖：出家隐居。②刳（kū）木：把树木剖开挖空。③劖（chán）：凿。④跏趺（jiā fū）："结跏趺坐"的略称。佛教中修禅者的坐法：两足交叉置于左右股上，称"全跏坐"。或单以左足押在右股上，或单以右足押在左股上，叫"半跏坐"。据佛经说，跏趺可以减少妄念，集中思想。⑤蒲团：僧人坐禅及跪拜所用的垫子，用蒲编成，形状团圆，故称蒲团。

【译文】己卯年（崇祯十二年）正月初一日（1639年2月3日）在鸡足山狮子林莘野的静室。这天早上天气澄澈晴朗，旭日当空。我天亮时起床，拜佛后吃饭，就上到隐空、兰宗两处静室。又拜访野愚的静室，野愚已经下到兰宗那里。于是从上面的小径平缓向西行，进入念佛堂，这里是白云禅师坐禅栖身的地方，是狮子林开创时的第一个静室。在此之前，有位大力法师，苦行清心修行，与兰宗先在念佛堂下方建了静室，后来白云禅师在此地建了这间房屋与他们同住，是狮子林中位置最居中，也是最高的地方。这里起初没有泉水，因为地势太高不能用剖开的树干引水。二位法师积德行善通达神灵，忽然有一天，白云禅师在佛龛后面的龙脊中间下垂的地方，凿石找到泉水。这事十分神异，但没人传扬。我进入佛龛中，看到石头山脊耸峙在中间成为石崖，石崖左边有一个洞穴，高有二尺，深处宽处也同样是二尺。洞穴外倒垂的岩石像屋檐一样，泉水从屋檐内顺着屋檐下流，屋檐内洞穴顶部中空，但水不从空的地方溢出来，屋檐外崖石陡峭如削，可水不从陡削的地方下坠，却倒流向屋檐内，如同成串的玉珠下垂。洞穴底积聚了一池水，四旁都是茸茸的菖蒲，白云禅师折了一枝梅花浸在水池中，清凉明净，映人心目。我攀上石崖见到它，觉得很神奇，因而询问这条从中间下垂的龙脊，不比两侧的山脉，为何泉水从山脊隆起的地方穿透石头流出来？白云禅师说："往年挖石头找到泉水，至今泉水不绝。"我愈发感到奇怪。后来遇见兰宗，才了解到详情。于是知道天神供养的事情，佛门中不说骗人的话，而此前传说的卓锡泉、虎跑泉的事，在这里都得到了印证。佛龛前用柏树枝编成栏杆，茸茸的翠色环绕，如同矮小的屏风围绕着。石阶前的绣墩草，又高又圆，如同堆叠而成的，盘腿趺坐在草上，蒲团和草地都没这舒服。佛龛非常狭窄，前方用松枝加了一座棚子，正在礼佛拜忏。白云禅师用茶点迎接我，并指着对我说："这西边还有两处静室可以去欢娱一下，请稍微休息一下，我将煮山里的蔬菜来款待您。"我听从了他的话。往西走过竹林间，看到有二位僧人露出后背坐在树根上，一个僧人领我往西进入一处静室。这个静室有三间，是新开辟的，前面用石头砌成平台，地势十分开阔严整，静室的轩廊茶几，无不精致整洁，佛龛和供奉的鲜花，都极为精细庄严，却不见静室的主人。我向他询问，他说："在白云禅师的佛龛举行忏礼打鼓的那位僧人就是静室主人。"我认为这个僧人很是质朴，为什么会有这座静室？于是从静室侧边又上登一处佛龛，门上的匾额写着"标月"，可门也锁着。于是回到白云禅师那里吃饭，才知道西边那精致的房舍，就是悉檀寺体极法师修建的，而打鼓的僧人只是替他看房子的人。吃过饭后，我又从念佛堂向东上走，登上两座石龛。其中一座最高的，几乎到达岭脊，但石龛后面全是山崖，无路可走，石龛前方就是旋绕的山崖层层叠叠，道路弯弯转转沿着山崖走，就着山崖修成平台，靠着树根建成台阶，山间的风光悬空围绕，真好像踩着西天的灵鹫山向上登了。石龛正前方有一块岩石突立，也是倚靠岩石绕着建成平台，这座石龛的匾额上写着"雪屋"，是程还的手笔，程还号二游，昆明县人，有才艺。而门也是锁着，大概是诸位静侣都去参加白云禅师的忏礼了。

又东稍下，再入野愚室，犹未返，因循其东攀东峡。其峡自顶下坠，若与九重崖为分堑者。顶上危岩叠叠，峡东亘岩一支，南向而下，即悉檀寺所倚之支也。其东即九重崖静室，而隔此峰峡，障不可见。余昔自一衲轩登顶，从其东攀岩隙直上，惟此未及经行，乃攀险陟之。路渐穷，抵峡中，则东峰石壁峻绝，峡下陨壑崩悬，计其路，尚在其下甚深。乃返从来径，过帘泉翠壁下，再入兰宗庐。知兰宗与野愚俱在玄明精舍，往从之。玄明者，寂光之裔孙也。其庐新结，与兰宗静室东西相望，在念佛堂之下，莘野山楼之上。余先屡过其旁，翠条罨映，俱不能觉；今从兰宗之徒指点得之，则小阁疏棂，云明雪朗，致极清雅。阁名雨花，为野愚笔。诸静侣方坐啸其中，余至，共为清谈瀹茗。日既昃，野愚辈乃上探白云，余乃下憩苹野楼。薄暮，兰宗复来，与谈山中诸兰若[①]缘起，并古德[②]遗迹，日暮不能竟。

【注释】①兰若：即寺庙。②古德：对年高有道的高僧的尊称。

【译文】又往东稍向下走，再次进入野愚的静室，他还没回来，我就从静室往东去攀登东面的峡谷。这个峡谷从山顶往下坠，如同是与九重崖分隔成深堑的地方。山顶上高险的岩石重重叠叠，峡谷东面横亘着一条陡峻的山脉，向南延伸而下，就是悉檀寺依傍着的支脉了。山的东边就是九重崖静室，可中间隔着山峰和峡谷，挡着不能看见。我以前从一衲轩登顶，从东边攀着岩石缝一直上登，只有此地没来得及经过，于是涉险向那里攀登。路渐渐断了，到达峡谷中，就见东峰的石壁陡峻极了，峡谷下方是崩塌高悬的深壑，估计去那里的路，还在峡谷下面很深的地方。只好返回顺着来时的小路，走过帘泉翠壁下，再次进入兰宗的屋内。了解到兰宗和野愚都在玄明的精舍，于是便去找他们。玄明这位僧人，是寂光寺继承衣钵的徒孙。他的房屋是新建的，与兰宗的静室东西相望，在念佛堂的下方，苹野山楼的上面。我先前多次经过精舍旁边，翠绿色的枝条掩映着，都没能察觉到；今天在兰宗徒弟的指点下找到了它，原来是一个小楼阁，窗棂疏阔，像云彩白雪一样明朗，极为清净雅致。楼阁名叫雨花，是野愚的手笔。诸位静侣正坐在阁中吟咏闲谈，我到后，就一同煮茶清谈。太阳西沉后，野愚这帮人上去探访白云禅师，我就下到苹野的楼上休息。傍晚，兰宗又来了，和我谈说山中众多寺庙的缘起，以及佛门前辈的遗迹，到天黑还没有讲完。

初二日　饭于苹野，即再过兰宗，欲竟所徵，而兰宗不在。爱玄明雨花阁精洁，再过之，仍瀹茗剧谈。遂扶筇西一里，过望台岭。此岭在狮林之西，盖与旃檀岭为界者，亦自岭脊南向而下，即大觉寺所倚之冈也，自狮林西陟其岭，即可望见绝顶西悬，故以"望"名。与其西一岭，又夹壑为坞，诸静室缘之，层累而下，是为旃檀岭。先是鸡山静室只分三处，中为狮子林，西为罗汉壁，东为九重崖，而是岭在狮林、罗汉壁之间，下近于寂光，故寂光诸裔，又开建诸庐，遂继三而为四焉。盖其诸庐在峡间，东为望台岭，西为旃檀岭，此岭又与罗汉壁为界者，又自岭脊南向而下，即寂光寺所倚之支也，是为中支。盖罗汉壁之东，回崖自岭脊分隤南下，既结寂光，由其前又南度东转，为观音阁、息阴轩，峙为瀑布东岭，于是又度脊而南，为牟尼庵，又前突为中岭，若建标于中，而大士阁倚其端，龙潭、瀑布二水口交其下，一山之脉络，皆以兹为绾毂[①]云。

【注释】①绾毂（wǎn gū）：交通要冲之地。

【译文】初二日　在苹野处吃过饭，就又去拜访兰宗，想要听完他所讲的往事，可是兰宗不在。因为喜爱玄明雨花阁的精致洁净，就再次去拜访他，仍然煮茶畅谈。于是拄着竹手杖往西走了一里，经过望台岭。此岭在狮子林的西边，大概是与旃檀岭分界的山，也是从岭脊上向南延伸而下，就是大觉寺倚靠着的山冈了，从狮子林往西登上这座山岭，就可以望见西面高悬的绝顶，所以用"望"来起名。与它西面的一座山岭，又夹着壑谷成为山坞，众多的静室顺着山坞，层层叠累而下，那里是旃檀岭。早先鸡足山的静室只分散在三处，中间是狮子林，西面是罗汉壁，东面是九重崖，而这座山岭在狮子林、罗汉壁之间，下边靠近寂光寺，所以寂光寺的诸位后代弟子，又开建了众多的静室，于是继三处静室之后又有了第四处。这里众多的房屋都在峡谷中，东面是望台岭，西面是旃檀岭，此岭又是与罗汉壁成为分界的山，又从岭脊向南延伸而下，就是寂光寺倚靠着的支脉了，这是中间的一条支脉。罗汉壁的东面，回绕的悬崖从岭脊分支向南坠落而下，盘结为寂光寺后，由寺前又往南延伸转向东，成为观音阁、息阴轩所在的山，耸峙为瀑布东边的山岭，进而山脊又往南延伸，成为牟尼庵所在的山，又往前突成为中岭，如同竖起的标杆立在中央，而大士阁倚靠中岭的前端，龙潭、瀑布两条水流交汇的地方就在山下，全山的脉络，都以这里作为交会的中枢。

逾望台岭西三里，由诸庐上盘壑而西三里，又盘岭而南北转一里，北崖皆插天盘云，如列霞绡，而西皆所谓罗汉壁也。东自旃檀岭，西至仰高亭峡，倒插于众壑之上，当其东垂之褶者，幻空师结庐处也。真武阁倚壁足，其下曲径纵横，石级层叠，师因分箐为篱，点石为台，就阁而憩焉。其下诸徒辟为丛林，今名碧云者也。余前已访幻空返，忆阁间有陈郡侯天工诗未录，因再过录之。师复款谈甚久，出果饷之榻间。阁两旁俱有静室旁通，皆其徒所居，而无路达西来寺，必仍下碧云。

【译文】翻过望台岭向西走了三里，从众多的房屋上方绕着壑谷往西走了三里，又绕着山岭往南走，转向北一里，北面的山崖都高插天际，白云缭绕，如同披云霞轻纱排列着，而西面的都是所谓的罗汉壁。东面起自旃檀岭，西边抵达仰高亭所在的峡谷，倒插在众多壑谷之上，正当悬崖往东下垂转折之处，是幻空法师建房的地方。真武阁倚靠在崖壁脚下，真武阁下有曲折纵横的小路，石阶层层叠叠，法师沿着山箐插上篱笆作为分界，用石台来点缀，在阁中憩息。阁下诸位徒弟开辟为寺院，就是现在的碧云寺了。我先前拜访过幻空法师回来，回想起真武阁中有陈郡侯名天工的诗没有抄录，于是再次过去抄诗。与法师又相谈了很久，拿出果子在坐榻上品尝。真武阁两旁都有静室相通，都是他的徒弟们居住，但没有路能通到西来寺，必须仍然下到碧云寺。

由山门西盘崖坡，又一里半，北上半里，抵壁足，则陕西僧明空所结庵也，今名西来寺。北京、陕西、河南三僧，俱以地名，今京、陕之名几并重。以余品之，明空犹俗僧也。其名之重，以张代巡凤翮同乡，命其住持绝顶迦叶殿，而沐府又以中和山铜殿移而畀之，故声誉赫然。然在顶而与河南僧不协，在西来而惟知款接朝山男妇，其识见犹是碧云诸徒流等，不可望幻空后尘也。然其寺后倚绝壁，云幕霞标，屏拥天际，巍峭大观，此为第一。寺西有万佛阁，石壁下有泉一方，嵌崖倚壁，深四五尺，阔如之，潴水中涵，不盈不涸。万峰之上，纯石之间，汇此一脉，固奇，但不能如白云龛之有感而出，垂空而下，为神异耳。观其水色，不甚澄澈，寺中所餐，俱遥引之西峡之上，固知其益不如白云也。寺东有三空静室，亦倚绝壁。三空与明空俱陕人，为师兄弟，然三空颇超脱有道气，留余饭其庐，已下午矣。自西来寺东至此，石壁尤竦峭，寺旁崖迸成洞，其中崆峒，僧悉以游骑填驻其中，不可拦入，深为怅恨。又有峡自顶剖洼而下，若云门剑壁，嵌隙于中，亦为伟观。僧取薪于顶，俱自此隙投崖下，留为捷径，不能藉为胜概也。

【译文】由山门往西绕过山崖陡坡，又走了一里半，向北上行半里，到达崖壁脚下，就是陕西僧人明空法师所建的寺庵，如今叫作西来寺。北京、陕西、河南的三位僧人，都是用地名来起名，现在北京僧、陕西僧的名声相等。让我来评价他们，明空法师是个俗气的和尚。他之所以这样出名，因为他是代理巡按张凤翮的同乡，张巡按任命他担任绝顶迦叶殿的住持，而且沐府又把中和山的铜殿移来交给他，故而声誉显赫。然而他在绝顶与河南僧人不和，在西来寺只是知道接待来朝山的男信，他的见识只是和碧云寺的众徒弟那一流相等，不能跟幻空法师相比。不过此寺后面倚靠绝壁，云霞覆盖缭绕，像屏风一样拥立天际，巍峨峻峭的壮美景观，在这里数第一。寺西有个万佛阁，石壁下有一池泉水，嵌进石崖中倚靠石壁，水有四五尺深，宽处也相同，池中积水，不溢出也不干涸。万峰之上，清一色的岩石之间，汇积着这一池水，固然奇特，但不能和白云龛中的水相比，那里的水有感而出，垂空下流，更为神异。观察池中的水色，不是太清澈，寺中所饮用的水，都是从远处西面峡谷之上引来的，看的出这里的水不如白云龛。寺东边有三空法师的静室，也是倚靠绝壁。三空法师与明空法师都是陕西人，是师兄弟，不过三空法师颇为超脱，有超然尘世的气度，留我在他的屋中吃饭，已是下午了。从西来寺向东来到此地，石壁尤为高耸陡峭，寺旁的石崖迸裂成石洞，洞中空空的，僧人把游客骑来的马全部关在洞中，拦着不能进去，为此深感惆怅。又有一条峡谷从山顶剖开洼地伸下来，峡壁高耸笔直，裂缝深嵌在中央，也是很壮观。僧人到山顶去取柴火，都是从这条缝隙走下山崖，留此作为捷径，不能以此作为胜景了。

既饭，复自寺西循崖而去，二里，崖尽而为峡，即仰高亭之上也。先是余由绝顶经此下，遂从大道入迦叶寺，不及从旁岐东趋罗汉壁，然自迦叶寺回眺崖端，一径如线痕，众窦如云盖，心甚异之，故不惮其晚，以补所未竟。然其上崖石虽飞嵌空悬，皆如华首之类，无可深入者。乃返，从西来、碧云二寺前，东过旃檀，仍入狮林，至白云龛下，寻玄明精舍。误入其旁，又得一龛，则翠月师之庐也。悉檀法眷。前环疏竹，右结松盖为亭，亦萧雅有致，乃少憩之，遂还宿苹野楼，已暮矣。

【译文】吃过饭后，又从寺西沿着石崖下行，走了二里，山崖到尽头后变为峡谷，也就在仰高亭的上面了。之前我从绝顶经过此地下行，然后顺着大路进入迦叶寺，来不及从旁边的岔路向东赶到罗汉壁，不过从迦叶寺回头眺望山崖顶端，一条小路像线一般，众多的洞穴好像在云间，心中十分惊异，所以不怕天色已晚，去补游没有游完的地方。然而那上面的崖石虽然飞嵌悬空，都和华首门类似，没有可以深入的地方。只好返回来，从西来寺、碧云寺两座寺庙前边，向东路过旃檀林，仍然进入狮子林，来到白云龛下，寻找玄明法师的精舍。误从精舍旁边走进去，又见到一处佛龛，是翠月法师的居室。是悉檀寺的弟子。前面环绕着疏散的翠竹，右边有松木建盖的亭子，也是清净优雅有情趣，于是就在此稍作休息，然后返回来住在苹野的楼上，已经天黑了。

初三日　晨起，饭。荷行李将下悉檀，兰宗来邀，欲竟山中未竟之旨，余乃过其庐，为具盒具餐，遍征山中故迹。既午，有念诚师造其庐，亦欲邀过一饭。兰宗乃辍所炊，同余过念诚。路经珠帘翠壁下，复徙倚久之。盖兰宗所结庐之东，有石崖傍峡而起，高数十丈，其下嵌壁而入，水自崖外飞悬，垂空洒壁，历乱纵横，皆如明珠贯索。余因排帘入嵌壁中，外望兰宗诸人，如隔雾牵绡，其前树影花枝，俱飞魂濯魄，极罨映之妙。崖之西畔，有绿苔上翳，若绚彩铺绒，翠色欲滴，此又化工之点染，非石非岚，另成幻相者也。崖旁山木合沓，琼枝瑶干，连幄成阴，杂花成彩。兰宗指一木曰："此扁树，曾他见乎？"盖古木一株，自根横卧丈余，始直耸而起，横卧处不圆而扁，若侧石偃路旁，高三尺，而厚不及尺，余初疑以为石也，至是循视其端，乃信以为树。盖石借草为色，木借石为形，皆非故质矣。

【译文】初三日　早晨起床，吃过饭。挑着行李准备去悉檀寺，兰宗法师来邀请，意思是想把山中未讲完的故事讲完，我就前往他的居室，他为我准备了果盒和饭食，讲遍了山中的故事。午后，有位念诚法师来兰宗法师的居室拜访，也想邀请我过去吃一餐饭。兰宗法师因此停止做饭，同我一起去拜访念诚法师。道路经过珠帘翠壁下，又徘徊凭靠观赏了很久。兰宗法师所建居室的东面，有座石崖傍着峡谷耸起，高达几十丈，下面的崖壁凹嵌进去，水流飞悬在崖壁外面，垂下高空，洒落在崖壁上，纷乱纵横，都好像绳索贯穿的明珠。我于是分开水帘进入凹嵌的崖壁中，向外看兰宗法师等人，如同隔着薄雾轻纱，瀑布前的树影花枝，都让人神魂飞动、洗涤心灵，极尽掩映的妙处。石崖的西半边，有绿色的苔藓蒙在上面，好像铺着绚丽多彩的绒毯，翠色欲滴，这又是自然创造的染色作品，不是石头，也不是山间的雾气，另外形成一种奇幻的景象。石崖旁山间的林木纷繁众多，琼枝玉干，如同阴凉翠绿的帷幕，野花会聚成彩绸。兰宗法师指着一棵树说：“这是扁形树，您在其他地方曾经见过吗？”这大概是一棵古树，从根部起横卧一丈多，才向上直耸起来，横卧之处不是圆的而是扁的，像石块侧卧在路旁，高三尺，但是厚度不到一尺，我最初怀疑是石头，此时顺着上枝查看它的根部，才相信是树。石崖借小草作为它的颜色，树木借石头作为它的形状，都不是它们本来的面目了。

东半里，饭于念诚庐。别兰宗，南向下“之”字曲，半里，又入义轩庐。义轩，大觉之派，新构静室于此，乃狮林之东南极处也。其上为念诚庐，最上为大静室，即野愚所栖，是为东支。苹野楼为西南极处，其上为玄明精舍，最上为体极所构新庐，是为西支。而珠帘之崖，当峡之中，傍峡者为兰宗庐，其上为隐空庐，最上为念佛堂，即白云师之庐也，是为中支。其间径转崖分，缀一室即有一室之妙，其盘旋回结，各各成境，正如巨莲一朵，瓣分千片，而片片自成一界，各无欠缺也。

【译文】向东走了半里，在念诚法师的屋中吃饭。告别兰宗法师，向南下走“之”字形的弯路，半里后，又进入义轩法师的房舍。义轩法师，是大觉寺的支派，在此新建了静室，是狮子林东南面最远的地方。它的上面是念诚法师的房舍，最上面是大静室，就是野愚法师居住的地方，这是东面一条支脉。苹野法师的楼阁在西南面的最远处，它的上面是玄明法师的精舍，最上面是体极法师新建的房舍，这是西面一条支脉。而珠帘所在的石崖，位于峡谷之中，倚靠峡谷的是兰宗法师的房舍，它的上面是隐空法师的房舍，最上面是念佛堂，就是白云法师的房舍，这是中间一条支脉。山间小路曲折，山崖分隔，每一处静室都各自的妙处，其间盘旋回绕，各自形成一处境界，正像一朵巨大的莲花，分出千片花瓣，而片片都自成境界，各自都没有欠缺。

从义轩庐又南向“之”字下，一里余，过天香静室。天香，幻住庵僧也，其年九十，余初上觅苹野庐，首过此问道者。又南一里，过幻住庵，其西即兰陀寺也，分陇对衡，狮林之水，界于左右，而合于其下焉。又南下一里余，二水始合，渡之即为大乘庵。由涧南东向循之，半里，水折而南，复逾涧东南下，一里，过无我、无息二庵。其下即为小龙潭、五花庵，已在悉檀寺右廓之外，而冈陇间隔。复逾涧南过迎祥寺，乃东向随涧行，一里，抵寺西虎砂，即前暗中摸索处也。其支自兰陀南来，至迎祥转而东，横亘于悉檀寺之前，东接内突龙砂，兜黑龙潭于内，为悉檀第一重案。其内则障狮林之水，东向龙潭；其外则界旃檀之水，合于龙潭下流，而脉遂止于此焉。于是又北逾涧半里，入悉檀寺，与弘辨诸上人相见，若并州故乡焉。前同苹野乃翁由寺入狮林，寺前杏花初放，各折一枝携之上。既下，则寺前桃亦缤纷，前之杏色愈浅而繁，后之桃靥更新而艳，五日之间，芳菲乃尔。睹春色之来天地，益感浮云之变古今也。

【译文】从义轩法师的房舍又向南作“之”字形下行，走了一里多，经过天香法师的静室。天香法师是幻住庵的僧人，他的年龄有九十岁，我当初上去找苹野法师的房舍，首次经过此处曾经向他问路。又往南走了一里，路过幻住庵，幻住庵西面就是兰陀寺了，分别在两条山陇上相对着，狮子林的水，隔在左右两边，而后在幻住庵下方汇合。又往南下行一里多，两条涧水才合流，渡过涧水就是大乘庵。由山涧南边向东沿着山涧走，半里后，涧水折向南流，又越过山涧向东南下行，一里后，经过无我、无息二庵。下面就是小龙潭、五花庵，已经在悉檀寺右边的围墙之外，可山冈土陇在中间隔着。又越过山涧往南经过迎祥寺，就向东顺着山涧前行，一里后，抵达迎祥寺西面的虎砂，就是从前在黑暗中摸索的地方。这条支脉从兰陀寺向南延伸过来，到迎祥寺后转向东，横亘在悉檀寺的前方，东面连接突起在山内的龙砂，把黑龙潭包围在里面，是悉檀寺的第一层案山。山的里面阻隔了狮子林的水，向东流入龙潭；山的外面则隔开旃檀岭的水，在龙潭下游合流，而山脉就到此为止。从这里又向北越过山涧走了半里，进入悉檀寺，与弘辨法师等高僧相见，如同是同一州县的故乡人。前几天与苹野法师的父亲从悉檀寺进入狮子林，寺前的杏花刚刚开放，各人折了一枝带上去；下来后，却见寺前的桃花也是缤纷盛开，先开的杏花颜色愈发浅而繁茂，后开的桃花更加清新而艳丽，五天之间，竟然如此芳菲。目睹天地间春色的来临，更加感到古今的变化如同浮云一样了。

初四日　饭于悉檀，即携杖西过迎祥、石钟二寺。共二里，于石钟、西竺之前，逾涧而南，即前山所来大道也。余前自报恩寺后渡溪分道，误循龙潭溪而上，不及过大士阁出此，而行李从此来。顾仆言大士阁后有瀑甚奇，从此下不远，从之，即逾脊。脊甚狭而平，脊南即瀑布所下之峡，脊北即石桥所下之涧，脊西自息阴轩来，过此南突而为牟尼庵，尽于大士阁者也。脊南大路从东南循岭，观瀑亭倚之。瀑布从西南透峡，玉龙阁跨之。由观瀑亭对崖瞰瀑布从玉龙阁下陨，坠崖悬练，深百余丈，直注峡底，峡逼箐深，俯视不能及其麓。然踞亭俯仰，绝顶浮岚，中悬九天，绝崖陨雪，下嵌九地，兼之霁色澄映，花光浮动，觉此身非复人间，天台石梁，庶几又向昙花亭上来也。时余神飞玉龙阁，遂不及南下问大士阁之胜，于是仍返脊，南循峡端共一里，陟瀑布之上，登玉龙。其阁跨瀑布上流，当两山峡口，乃西支与中支二大距凑拍处，水自罗汉华严来，至此陨空下捣。此一阁正如石梁之横翠，鹊桥之飞空，惜无居人，但觉杳然有花落水流之想。阁为杨冷然师孔所题，与观瀑亭俱为蒋宾川尔弟所建。有一碑卧楼板，偃踞而录之。

【译文】初四日　在悉檀寺吃过饭，随即带着拐杖往西经过迎祥、石钟二寺，共走了二里，在石钟寺、西竺寺的前方，越过山涧往南走，就是前山通来的大路。我此前在报恩寺后渡过溪流分道走，错误地沿着龙潭流来的溪水往上，来不及经过大士阁就来到此地，而行李从此处来。顾仆说，大士阁后边有处瀑布十分奇特，从这里下去不远，我听从了他的话，随即翻越山脊。山脊很是狭窄却很平坦，山脊南面就是瀑布坠落下去的峡谷，山脊北面就是从石桥往下流的山涧，山脊从西面的息阴轩延伸过来，延过此地向南突起成为牟尼庵，在大士阁到了尽头。山脊南面的大路从东南顺着山岭走，观瀑亭紧靠大路。瀑布从西南方穿过峡谷，玉龙阁跨在流水上。从观瀑亭对面的山崖上俯瞰瀑布从玉龙阁往下飞坠，坠下的瀑布如同悬挂着的白色丝绢，深有一百多丈，直接流注到峡底，峡谷狭窄山箐幽深，俯视不能看到山麓。不过坐在亭中，俯仰之间，山顶漂浮的云雾，高悬在九天之中，险绝的山崖上坠落的积雪，嵌入九地之下，加上晴朗天色的映照，彩光浮动，觉得此时已不再身处人间，天上的高台石桥，差不多又是向昙花亭上走过来。这时我的神魂飞到了玉龙阁，已来不及向南下去过问大士阁的胜景了，从这里仍然返回山脊，往南沿着峡谷前端共走了一里，登到瀑布之上，上登玉龙阁。玉龙阁跨在瀑布的上游，位于两座山的峡口，是西面一条支脉与中间一条支脉两大山脉会拢之处，水从罗汉壁、华严寺流来，流到此地坠空下捣。此处的一座楼阁正像石桥横跨青山，如鹊桥一样飞在空中，可惜此地无人居住，只觉得杳然有落花流水的遐想。玉龙阁名是杨冷然（字师孔）题写的，与观瀑亭一样都是宾川州知州蒋尔弟修建的。有一块碑倒卧在楼板上，我半趴着抄录了碑文。

遂沿中支一里，西上息阴轩。从其左北逾涧，又北半里，入大觉寺，叩遍周老师。师为无心法嗣，今年届七十，齿德两高，为山中之耆宿[①]。余前与之期以新旦往祝，而狮林迟下，又空手而前，殊觉怏怏。师留餐于东轩。轩中水由亭沼中射空而上，沼不大，中置一石盆，盆中植一锡管，水自管倒腾空中，其高将三丈，玉痕一缕，自下上喷，随风飞洒，散作空花。前观之甚奇，即疑虽管植沼中，必与沼水无涉，况既能倒射三丈，何以不出三丈外？此必别有一水，其高与此并，彼之下，从此坠，故此上，从此止，其伏机当在沼底，非沼之所能为也。至此问之，果轩左有崖高三丈余，水从崖坠，以锡管承之，承处高三丈，故倒射而出亦如之，管从地中伏行数十丈，始向沼心竖起，其管气一丝不旁泄，故激发如此耳。雁宕小龙湫下，昔有双剑泉，其高三尺，但彼则自然石窍，后为人斫窍而水不涌起，是气泄之验也。余昔候黄石斋于秣陵[②]，见洪武门一肆盆中，亦有水上射，中有一圆物如丸，跳伏其上，其高止三尺，以物色黄君急，不及细勘，当亦此类也。既饭，录碑于西轩。轩中山茶盛开，余前已见之，至是折一枝。

【注释】①耆（qí）宿：年高而有道德学问的人。②秣陵：地名。约为今南京市地，秦改金陵为秣陵，自汉、晋以迄南朝，治所屡有变革，隋以后废。

【译文】随后沿着中间一条支脉走了一里，向西上登息阴轩。从息阴轩左边向北越过山涧，又往北走了半里，进入大觉寺，叩拜遍周法师。法师是无心法师的弟子，今年年满七十岁，年龄德行都高，是山中德高望重的高僧。我之前与他约定在新年元旦时前往祝寿，可从狮子林下来迟了，又空手前往，很是觉得怏怏不乐。法师留我在东轩廊用餐。轩廊中的水从亭子的水池中射上空中，池子不大，池中放置着一个石盆，盆中插了一根锡管，水从管中倒腾入空中，水柱高近三丈，一缕白玉般的水痕，自下向上喷，随风飞洒，散作空中的花朵。我先前观赏它时感到十分奇异，就怀疑虽然是管子插在水池中，却必定与池中的水无关，何况既然能倒射三丈高，又为什么不超出三丈之外呢？这必定是另有一处水源，那水的高度与这喷射的水一样高，那里的水往下流，从这里坠落，所以在此处向上喷，到这个高度为止，它潜藏的机理应当在池底，并不是池水能够这样向上喷。来到此地询问它的机理，果然是在轩廊左边有处三丈多高的山崖，水从山崖上下坠，用锡管接水，接承的地方高三丈，所以倒射出来的水也是一样高，水管从地下潜行几十丈，才从池中心竖起来，这个锡管一丝气都不外泄，所以能如此喷发。雁宕山的小龙湫下面，从前有处双剑泉，泉水高三尺，但那里是自然形成的石孔，后来被人凿通了石孔但泉水就不再涌起，这是漏气的验证。我从前在秣陵拜访黄石斋（黄道周），看见洪武门一家店铺的盆中，也有水向上喷射，盆中有一个如同弹丸的圆东西，伏在水柱上跳动，水高只有三尺，因为急着去寻找黄君，来不及细细察看，应当也是这一类景致。吃过饭后，在西轩廊抄录碑文。轩中的山茶盛开，我先前已经看见过了，到这时折了一枝。

别遍周，西半里，过一桥，又北上坡一里，入寂光寺。寺住持先从遍周东轩同餐，至此未返。余录碑未竟，暝色将合，携纸已罄，乃返悉檀。又从大觉东一探龙华、西竺二寺，日暮不能详也。

【译文】辞别遍周法师，往西走了半里，过了一座桥，又向北上坡一里，进入寂光寺。寺中的住持之前在遍周法师的东轩廊一同用过餐，到这时还没回来。我还没有完抄录碑文，暮色即将降临，带着的纸已经用完了，便返回悉檀寺。又从大觉寺往东去探访了一下龙华、西竺二寺，因为天黑不能详细探察了。

初五日　暂憩悉檀寺。莘野乃翁沈君，具柬邀余同悉檀诸禅侣，以初六日供斋狮林，是日遂不及出。

【译文】初五日　暂时在悉檀寺休息。莘野法师的父亲沈君，备好柬帖邀请我和悉檀寺诸位一同修行的僧侣，初六在狮子林供养斋饭，这天便来不及外出。

初六日　悉檀四长老饭后约赴沈君斋，沈君亦以献岁周花甲[1]，余乃录除夕下榻四诗为祝。仍五里，至天香庐侧，又蹑峻二里而登莘野楼，则白云、翠月、玄明诸静侣皆在。进餐后，遂同四长老遍探林中诸静室。宛转翠微间，天气清媚，茶花鲜娇，云关翠隙，无所不到。先过隐空，为留盒茗。过兰宗、野愚，俱下山。过玄明，啜茗传松实[2]。过白云，啜茗传茶实。茶实大如芡实，中有肉白如榛，分两片而长，入口有一阵凉味甚异。即吾地之茗实，而此独可食。闻感通寺者最佳，不易得也，间有油者棘口。过体极静庐，预备茶盒以待。下午，仍饭于莘野楼。四长老强余骑，从西垂下二里，过兰陀寺西，从其前东转，乃由幻住前下坡，四里，归悉檀。

【注释】①花甲：我国古代纪年方法有多种，其中一种以十天干、十二地支参互配合，六十年为一轮，因称年满六十岁为一花甲。②松实：即食用的松籽，至今仍为云南特产。

【译文】初六日　悉檀寺的四位长老吃过饭后约我去赴沈君的斋宴，沈君也在年初满六十周岁，我就抄了除夕日住在他那里的四首诗作为祝寿礼。仍然五里，来到天香房舍的侧边，又上登陡峻的山路二里后登上莘野法师的楼阁，只见白云法师、翠月法师、玄明法师诸位静侣都在。进餐后，同四位长老探遍了林中的各个静室。在青翠的山色间弯来转去，天气清新妩媚，茶花鲜艳娇美，云雾中的险关，葱翠山间的空隙处，无处不到。先拜访隐空法师，他用果盒香茶留客。拜访兰宗法师、野愚法师，都下山去了。拜访玄明法师，品茶吃松子。拜访白云法师，品茶吃茶实。茶实大的像芡实，中间有白如榛子样的果肉，分为两片但长一些，入口后有一阵凉味十分特异。就是我们地方的茶果，可唯独此地的可以食用。听说感通寺的味道最好，不容易得到，偶尔有含油的会辣嘴。拜访体极法师的静室，他们预先备好了茶盒来款待我。下午，仍然在莘野法师的楼上吃饭。四位长老强行要我骑马走，从西边垂直下行二里，经过兰陀寺西面，从寺前转向东，然后从幻住庵前下坡，走了四里后，回到悉檀寺。

初七日　晨起，大觉寺遍周令其徒折柬来招，余将赴之，适艮一、兰宗至，又有本寺复吾师自摩尼寺至，复吾，鹤庆人，以庠士为本无高徒。今主摩尼，间归本刹，乃四长老之兄行也。有子现在鹤庠。野愚师又至，遂共斋本刹。下午，野愚、兰宗由塔盘往大士阁，余赴大觉之招。小食后，腹果甚，遂乘间往寂光，录前所未竟碑。仍饭于大觉，而还悉檀宿。

【译文】初七日　清晨起床，大觉寺的遍周法师让他的徒弟送信来邀请我，我即将赴约，恰好艮一法师、兰宗法师到来，又有本寺的复吾禅师从摩尼寺来了，复吾禅师，是鹤庆府人，以庠生的身份成为本无法师的高徒。如今主持摩尼寺，间或归回本寺，是四位长老的师兄辈。有个儿子现在在鹤庆府学校。野愚法师又来了，于是就一起在本寺吃斋饭。下午，野愚法师、兰宗法师由塔基前往大士阁，我去赴大觉寺遍周法师的邀请。小吃之后，腹中很饱，就乘空前往寂光寺，抄录先前未抄完的碑文。仍然在大觉寺吃饭，而后回到悉檀寺住宿。

初八日　饭后，四长老候往本无塔院，盖先期以是日祭扫也，余从之。由寺左龙潭东下一里，又过一东腋水南行半里，则龙砂[①]内支，自东而西突，与中支大士阁之峰，夹持于悉檀之前，其势甚紧。悉檀左右前后诸水，俱由此出。路由岭坳南度，余同弘辨、莘野特西探其岭。隔峡西眺，中支南突，至此而尽，大士阁倚其下，乃天然锁钥，为悉檀而设者也。仍还由大路，循东岭而南，半里，为静闻瘗骨处，乃登拜之。

【注释】①龙砂：古代风水学中把龙穴东面的山脉称为龙砂、西面的则称为虎砂。

【译文】初八日　吃过饭后，四位长老等候我前往本无法师塔院，因为事先约定在这一天祭奠扫墓，我跟着他们一起去。由寺左的龙潭往东下行一里，又越过东侧的一条涧水往南走了半里，就见东面山脉里面的支脉，从东往西前突，与中间一条支脉大士阁所在的山峰，夹峙在悉檀寺的前方，山势十分紧凑。悉檀寺前后左右的众多水流，都是经由此处流出去。道路经由岭坳通往南面，我同弘辨法师、莘野法师特地向西去探究这座山岭。隔着峡谷向西眺望，中间一条支脉向南前突，到此地就到头了，大士阁倚靠在山下，是天然形成的险要之地，为悉檀寺专门设置的。仍然回来从大路走，沿着东岭往南走，半里后，到达安葬静闻遗骨的地方，于是登上去祭拜静闻。

又南一里，则龙砂外支，又自东岭分突而西，与西支传衣之峰对，亦夹持于悉檀之前，其势甚雄。大士阁东龙潭诸水，阁西瀑布诸水，悉由此而出。此岭为一山之龙砂，而在悉檀为尤近，即鸡足前三距[1]中之东南支也。其脉自绝顶东亘，屏立空中，为罗汉壁、狮子林、点头峰、九重崖后脊。中支由罗汉壁下坠而止于大士阁，东支由九重崖东南环为此岭，若臂之内抱，先分一层为内砂，与中支大士阁对，又纡此层为外砂，与西支传衣后峰对。其势自东而西突，其度脊少坳如马鞍，故昔以马鞍岭名之。

余初入鸡山抵大觉，四顾山势，重重回合，丛林净室，处处中悬，无不恰称，独此处欠一塔，为山中缺陷。及至悉檀，遥顾此峰尤奇，以为焉得阿育王[2]大现神通于八万四千中，分一灵光于此。既晤弘辨，问仙陀何在？曰：“在塔盘。”问塔盘何在？则正指此山也。时尚未竖塔心，不能遥瞩，自后则瞻顾如对矣。人谓鸡山前伸三距，惟西支长，而中东二支俱短，非也。中支不短，不能独悬于中，令外支环拱。西支固长，然其势较低，盖虎砂正欲其低也。若东支之所谓短者，自其环抱下坠处言之，则短，自其横脊后拥处言之，则甚长而崇，非西支之可并也。盖西支缭绕而卑，虎砂也，而即以为前案；东支夭矫而尊，龙砂也，而兼以为后屏，皆天设地造，自然之奇，拟议所不及者也。塔盘当峰头，在马鞍中坳之西，有大路在马鞍之间，则东南下鸡坪关者；有歧路在马鞍之东，则东北向本无塔院者。时塔盘工作百余人，而峰头无水，其东峰有水甚高，以中坳不能西达，乃竖木柱数排于坳中，架桥其上以接之。柱高四丈余，刳木为沟，横接松杪。昔闻霄汉[3]鹊桥，以渡水也，今反为水渡，抑更奇矣。大觉则抑之地中以倒射，此则浮之空中使交通，皆所谓颠倒造化也。由坳东向循峰，则鸡山大脊之南尽处也。其前复开大洋，分支环抱，又成一向，可谓灵山面面奇矣。

【注释】①距：雄鸡爪子后面突出像脚趾的部分。②阿育王：佛教人物为古印度名王旃陀罗笈多之孙，宾头沙罗之子，初奉婆罗门教，后皈依佛教，崇佛教为国教。颁布许多以佛教治国的敕令，刻在山岩或石柱上，并派人到国外传教，对以后佛教的发展有很大影响。③霄汉：

云霄，河汉，指天空。

【译文】又往南走了一里，就见东面山脉外面的支脉，又从东岭分支向东前突，与西面一条支脉传衣寺所在的山峰相对，也是夹峙在悉檀寺的前方，山势非常雄伟。大士阁东面龙潭各处的水流，大士阁西面瀑布各处的水流，都是从此处流出去。这座山岭是全山的龙砂，距离悉檀寺尤其近，就是鸡足山前方三只鸡爪中东南方的支脉了。它的山脉从绝顶往东绵亘，像屏风一样立在空中，成为罗汉壁、狮子林、点头峰、九重崖后面的山脊。中间一条支脉从罗汉壁下坠而后到大士阁为止，东面一条支脉由九重崖向东南方环绕成为这座山岭，如同手臂向内围抱，先分出一层成为里面的山，与中间一条支脉的大士阁相对，又迂曲成为这一层外面的山，与西面一条支脉传衣寺后的山峰相对。山势自东向西突起，那延伸的山脊稍微下凹如同马鞍，所以从前用“马鞍岭”来命名这座山。我最初进入鸡足山来到大觉寺，四面环顾山势，一重重山回绕合围，寺院静室，处处高悬山中，没有不恰到好处的，唯独此处缺少一座塔，成为山中的缺陷。等到了悉檀寺，遥望此峰尤其神奇，以为是在哪里得到阿育王在八万四千法门中大显神通，分得一分灵光于此地。与弘辨法师见面后，询问仙陀在哪里？他回答说：“在塔基。”又问塔基在什么地方？原来指的正是这座山。那时还没有竖立塔心，不能远远望见，立起塔心后望去就如同面面相对了。人们说鸡足山向前伸出三只鸡爪，唯有西面的支脉长一些，而中间和东面的支脉都短，这是不对的。中间的支脉不短，不能独自高悬在中间，让外面的支脉环绕拱卫。西面的支脉固然长，但山势较低，作为西面的支脉就是要它低一些。至于东面一条支脉所谓的短，从山势环抱下坠之处来说，那是短了一些，从它横亘的山脊向后围抱之处来说，则是很长而且高，不是西面的一条支脉可以并驾齐驱的。大体上西面支脉的山势缭绕却低矮，是虎砂，因而就作为前方的案山；东面的支脉屈伸蜿蜒却高峻，是龙砂，而且兼作后方的屏障，这都是天造地设、自然形成的奇观，不是靠人力所能做到的。塔基正当峰头，在马鞍中间下凹的西边，有条大路在马鞍的中间，那是往东南下行到鸡坪关的路；有条岔路在马鞍的东边，那是往东北通向本无大师塔院的路。这时在塔基工作的有一百多人，可峰头没有水，这里东峰很高的地方有水，但由于中间的凹地不能流到西峰，于是就在凹地中竖了几排木柱，在木柱上架桥接水。木柱高四丈多，剖开树干挖空成为水沟，横接在松木柱子顶端。从前听说天河上有鹊桥，用来渡过水，现在反而是让水渡过去，恐怕是更奇异了。大觉寺是把水压入地下以便让水倒喷，这里却是使水浮在空中让水流通，都是所谓的颠倒自然的造化了。由凹地向东沿着山峰走，就是鸡足山主脊在南面的尽头处了。山前十分开阔，分支山脉环抱，又形成另一种走向，可以说灵山面面都是奇观了。

共二里，登谒本无塔。塔甚伟，三塔并峙，中奉本公舍利[①]，左右则诸弟子普、同二塔也。左为塔院，有亭有庑，而无守者。可憩可栖。诸静侣及三番僧皆助祭，余则享馂[②]焉。时同祭者，四长老外，则白云、复吾、沈公及莘野诸后裔俱集。若兰宗、艮一，则本公雁行[③]，故不至云。祭后，仙陀、纯白又携祭品往祭马鞍岭北三塔，遂及静闻。下午，还过塔盘，叩仙陀，谢其祭静闻也。

【注释】①舍利：佛教中称死后高僧的骨灰为舍利。②馂（jùn）：剩下的食物。③雁行（háng）：弟兄辈。

【译文】共走了二里，上登拜祭本无大师的灵塔。塔非常雄伟，三塔并立，中间供奉着本公的舍利子，左右就是两位弟子普、同的塔。左边是塔院，有亭子有廊庑，可是没有守护的人。可以休息可以居住。诸位静侣以及三位外族僧人都来协助我祭拜，我就享用了祭拜剩下的食物。此时一同祭拜的人，四位长老之外，就是白云法师、复吾法师、沈公及莘野，诸位后辈都汇集了。至于兰宗法师、艮一法师，则是本公的同辈，所以没来。祭拜后，仙陀法师、纯白法师又带着祭品前往祭拜马鞍岭北面的三座塔，便连带祭祀静闻。下午，回来时路过塔基，叩拜了仙陀法师，是感谢他祭祀静闻。

初九日　晨餐后，余即携杖西行。三里，过息阴轩。轩在中支之脊，大觉寺之前案也，为本无师静摄处。额为佥宪冯元成时可所书。筇竹轩，亦曰息阴，以本无从筇竹披剃也。其前有三岐：从左渡涧，趋大觉、寂光；从右渡涧，趋传衣，下接待；从后直上，则分渡右涧，或由慧林而上圣峰，或陟西支而抵华严焉。余乃先半里从右渡，转而东上南岭，半里，盘其东崖之上，即瀑布之西峰也。于是循之南行，东瞩中支之大士阁在其下，东支之塔盘岭对其上。平行三里，乃东转随坡下，一里，则传衣寺东向倚山之半。其北先有止止庵，嘿庵真语所建，传衣大机禅师之友也。又南为净云，彻空真炳所建。又南有弥陀、圆通、八角三庵，皆连附于传衣寺者，而八角名之最著，以昔有八角亭，今改创矣。八角开创于嘉靖间，为吉空上人所建。其南即为传衣寺，寺基开爽，规模宏拓，前有大坊，题曰“竹林清隐”，乃直指毛堪苏州毛具茨也。所命，颇不称。上又一直指大标所题古松诗，止署曰

“白岳”。古松当坊前，本大三围，乃龙鳞，非五鬣也。山间巨松皆五鬣，耸干参天，而老龙鳞颇无大者，遂以纠拏见奇。干丈五以上，辄四面横枝而出，枝大侔于干，其端又倒垂斜攫，尾大不掉，干几分裂。今筑台拥干，高六七尺，又植木支其横枝，仅免于裂，亦幸矣。由梯登台，四面横枝倒悬于外，或自中跃起，或自巅垂飏，其纷纠翔舞之态，不一而足，与天台翥凤，其一类耶！坊联曰：“花为传心开锦绣，松知护法作虬龙。”为王元翰聚洲笔。门联曰：“峰影遥看云盖结，松涛静听海潮生。”为罗汝芳近溪笔，差可人意。然罗联涛潮二字连用，不免叠床[1]之病，何不以“声”字易“涛”字乎？寺昔为圆信庵，嘉靖间，李中溪元阳为大机禅师宏创成寺，其徒印光、孙法界，戒律[2]一如大机。万历辛丑元日毁于火，法界复鼎建之，视昔有加。先是余过止止庵，一病僧留饭，坐久之，见其方淅米，乃去，饭于净云僧觉心处，遂入参寺中，入其西藏经阁。阁前山茶树小而花甚盛，为折两枝而出。乃东北下峡中，一里，有垣围一区，浚山为池，畜金鱼于中，结茅龛于上者，亦传衣之裔僧也。云影山光，以一泓印之，不觉潭影空心。又东北下半里，抵峡底，则瀑布之下流也，去瀑布已一曲。昔从瀑上瞰，不见其底，今从峡底涉，亦不见其瀑。峡西有草庐菜畦，则犹传衣之蔬圃也。峡中水至是如引丝，反不如悬瀑之势巨矣。

【注释】①叠床：床上搁床。比喻重复、累赘。典出北齐·颜之推《颜氏家训·序致》：“魏晋已来，所著诸子，理重事複，递相模学，犹屋下架屋，床上施床耳。”②戒律：僧徒必须遵守的法规。

【译文】初九日　早餐后，我就柱着拐杖往西走。走了三里，经过息阴轩。息阴轩在中间一条支脉的山脊上，大觉寺前方的案山，就是本无法师精心修行的场所。匾额是佥都御史冯元成名时可题写的。筇竹轩，又称息阴轩，是因为本无在筇竹寺剃度出家。息阴轩前面有三条岔路：从左边渡过山涧，通往大觉寺、寂光寺；从右边渡过山涧，通往传衣寺，下到接待寺；从后面一直上行，就分离的渡过右边的山涧，或者经由慧林庵而后上通圣峰寺，或者攀登西面的支脉而后到达华严寺。我于是先走半里后从右边渡过山涧，转向东上登南岭，半里后，绕到南岭东面的山崖上，就是瀑布西面的山峰了。从这里顺着山峰往南走，向东看大士阁就在中间支脉的下方，东面一条支脉塔基所在的山岭正对着大士阁的上方。平缓地前行了三里，就转向东顺着山坡下行，一里后，就见传衣寺面向东依傍在半山腰。寺北早先有座止止庵，是嘿庵真语创建的，他是传衣寺大机禅师的朋友。又往南是净云庵，是彻空真炳创建的。再往南有弥陀、圆通、八角三座寺庵，都是附近与传衣寺相连的寺庵，而八角庵最为著名，因为从前有座八角亭，现在改建成了寺庵。八角亭开创于嘉靖年间，是吉空上人创建的。它的南面就是传衣寺，寺院的地基开阔明亮，规模宏大，前方有座大牌坊，题写着“竹林清隐”，是直指使者毛堪苏州人毛具茨。命名的，很不相称。上面又有一处直指使者用大字题写的古松诗，末尾署名“白岳”。古松位于牌坊前，根部大处要三人围抱，是龙鳞松，不是五鬣松。山中巨大的松树都是五鬣松，树干高耸参天，而老的龙鳞松不见有大的，只以屈曲缠绕见奇。这棵龙鳞松树干高出一丈五尺以上，然后向四面长出横枝，旁枝大的与树干一样粗，枝头前端又倒垂斜抓，尾大不掉，主干几乎要被分裂。如今筑起高台围抱着树干，台高六七尺，又栽了木桩支撑那些横枝，主干才免于被撕裂，也算幸运了。沿梯子登上高台，四面的横枝倒悬在外面，有的从中间飞跃而起，有的从树顶上下垂飘扬，那纷乱纠缠飞扬舞动的姿态，不一而足，和天台山的翥凤，大概是同一类的吧！牌坊上的对联为："花为传心开锦绣，松知护法作虬龙。"是王元翰（名聚洲）的手笔。门上的对联是："峰影遥看云盖结，松涛静听海潮生。"是罗汝芳（号近溪）的手笔，稍微能让人满意。不过罗汝芳的对联"涛""潮"二字连用，不免有重复累赘的弊病，为什么不用"声"字换掉"涛"字呢？传衣寺从前是圆信庵，嘉靖年间，李中溪（名元阳）为大机禅师扩建为寺院，他的徒弟印光法师、徒孙法界法师，遵守戒律完全和大机禅师一样。传衣寺在万历辛丑年（万历二十九年，1601）元旦毁于火灾，法界又鼎力重建了寺院，比之前还宏伟。之前我经过止止庵，一位生病的僧人留我吃饭，坐了很久，见他才去淘米，就离开了，在净云庵觉心法师那里吃了饭，于是进入寺中参观，走进寺西的藏经阁。藏经阁前的山茶树虽小但花开得十分繁盛，因此折了两枝出来。于是往东南下到峡中，走了一里，有墙围着一块地，开山建成水池，池中养有金鱼，池岸上建有茅草房，也是传衣寺的后辈僧人。云影山光，用一池清水来映衬着，不知不觉让人心境空明。又往东下行半里，到达峡底，就是瀑布的下游了，距离瀑布已经转了一道弯。先前在瀑布上俯瞰，看不见峡底；现在在峡底跋涉，也看不见瀑布。峡谷西边有草房菜地，仍然是传衣寺的菜园子。峡中的水流到这里犹如拉细的丝带，反而不如悬空的瀑布水势大了。

渡涧，乃东上坡，一里而至大道，则大士阁之侧也。阁倚中支南突之半，其前有坊有楼，历级甚峻，后为阁，飞甍[①]叠栋，上供大士，左右各有楼，其制亦敞。乃万历丙午，直指沈公所建，选老僧拙愚者居之，命曰三摩寺。余录碑阁下，忽一僧殷勤款曲，问之，乃拙公之徒虚宇也。虚宇又为兰宗之派，今拙公没，虚宇当事。昨野愚、兰宗宿此，想先道余，故虚宇一见惓惓，且留宿。余以日暮碑长，许之。令顾仆返悉檀，乃下榻于西楼之奥室。

【注释】①甍（méng）：屋脊。

【译文】渡过山涧，就向东上坡，一里后来到大路上，就是大士阁的侧边了。大士阁依傍在中间一条支脉往南突起之处的半山腰上，阁前方有牌坊又有楼，经过的台阶十分陡峻，后面是楼阁，屋脊高飞，栋梁重叠，上面供着观音大士，左右各有一座楼，寺院规模也很宽敞。是万历丙午年（万历三十四年，1606年）直指使者沈公修建的，挑选老和尚拙愚法师住在寺中，取名为三摩寺。我在楼阁下抄录碑文，忽然一位僧人前来殷勤问候，问他是谁，原来是拙愚公的徒弟虚宇法师。虚宇法师与兰宗法师又是一个宗派，如今拙愚公已经去世，虚宇法师管事。昨夜野愚法师、兰宗法师住宿在这里，我猜想是事先提到过我，所以虚宇法师一见我就殷勤招待，并且挽留我住下。我看天色将晚而且碑文长，就答应了他。让顾仆返回悉檀寺，我便在西楼的内室住下。

初十日　晨起盥栉，而顾仆至，言弘辨师遣僧往丽江已行，盖为余前茅[①]者。余乃候饭，即从寺右大道北上，二里，陟中支之脊，有庵踞其上，曰牟尼庵。其前松影桃花，恍有异致。庵后即观瀑亭，回瞰瀑布，真有观不足之意。仍溯中支二里，过息阴轩，从其后直西一里，又南下渡涧西行，已在大觉寺蔬圃之南矣。盖大觉蔬圃当中支之后，中支至是自北转东，其西有二流交会，即瀑布之上流也。一自罗汉壁东南下，一自华严东北流，二水之交，中夹一支，其上为慧林庵，乃西南支东出之旁派，圣峰、白云寺所倚者也。华严之路，又从圃东渡其下流。乃从涧南溯之西上，一里半，渐逾支脊。其南复有一涧，与西支东走之脊隔。又从其涧北溯之西上，一里余，见脊上有冢三四，后有轩楼遗构，与冢俱颓。此脊乃西支余派，直送而出，无有环护，宜其然也。由冢西复下峡，其峡复有二：在南者，自西支法照寺南发源，东下经华严寺北，至此而与北涧合；在北者，自西支法照寺北发源，东下经毗卢寺北，至此而与南涧合。二水之交，中夹一支，为华严寺北向之案，亦西南支东出之旁派，毗卢、祝国二寺所倚者也。涉北涧，有二岐：随涧西行者，为祝国、毗卢道；由支端登脊而上，溯南涧之北西行者，为华严道。余乃登脊，瞰南涧行。一里，有亭桥横跨涧上，乃华严藉为下流之钥也。度桥，始为西南本支，又西半里而得华严寺。寺当西南支之脊，东北向九层崖而峙，地迥向异，又山中一胜也。盖鸡山中东二支，及绝顶诸刹，皆东南二向，曾无北拱者，惟此寺回首返照，北大山诸林刹，历历倒涌，亦觉改观。规模亦整，与传衣伯仲。嘉靖间，南都[②]古德月堂开建，其徒月轮，以讲演名，万历初，圣母[③]赐《藏》。后遭回禄[④]，今虽重建，绀宇依然，而法范寂寥矣。寺东有路，东行山脊，乃直达传衣者。由寺前峡上西行，半里，复有亭桥横跨涧上，即东桥上流也。寺左右各有桥有亭，山中之所仅见。

【注释】①前茅：古代军中派出的警戒、侦察人员。此指先到目的地打招呼。②南都：明人称南京为南都。③圣母：对皇太后的尊称。④回禄：传说中的火神名，俗作火灾的代称。

【译文】初十日　早晨起床梳洗时，顾仆就到了，说弘辨法师派往丽江府的僧人已经动身，原来是先为我去打招呼的。我等着吃过饭，就随即从寺右的大路往北上行，走了二里，越过中间一条支脉的山脊，有座寺庵坐落在山脊上，叫作牟尼庵。庵前的松影桃花，仿佛有奇异的景致。庵后就是观瀑亭，回头俯瞰瀑布，真有一种百看不厌的感觉。仍然逆向着沿中间一条支脉走了二里，经过息阴轩，从息阴轩后一直往西走了一里，又向南下行，渡过山涧往西走，已经在大觉寺菜园子的南边了。原来大觉寺的菜园子正在中间一条支脉的后面，中间的支脉延伸到这里自北转向东，菜园子的西边有两条水流交汇，就是瀑布的上游。一条水流从罗汉壁向东南下流，一条水流从华严寺往东北流，两条涧水的交汇处，中间夹着一条山脉，山上是慧林庵，是西南方的支脉向东延伸出来的旁系支脉，是圣峰寺、白云寺所依傍的山。去华严寺的路，又从菜园子东边渡过山涧的下游。于是从山脊南边逆着涧水往西上行，一里半后，慢慢越过支脉的山脊。山脊南面又有一条山涧，与西面的支脉向东延伸的山脊相隔。又从这条山涧的北边逆着涧水往西上行，一里多后，见到山脊上有三四座坟冢，坟冢后面有高楼的遗址，与坟冢一样都坍塌了。这条山脊是西面一条支脉的余脉，一直前伸而出，没有环绕护卫的山，应该就是这个样子的。由坟冢处又向西下到峡谷中，这里的峡谷又有两条：南面的从西面支脉的法照寺南边发源，往东下延经过华严寺北边，到这里后与北面的山涧会合；北面从西面支脉的法照寺北边发源，往东下延经过毗卢寺北边，到这里后与南面的山涧会合。两条涧水交汇的地方，中间夹着一条支脉，是华严寺向北的案山，也是西南支脉向东延伸出来的旁系支脉，是毗卢寺、祝国寺依傍着的山。渡过北面的山涧，有两条岔路：顺着山涧往西的，是去祝国寺、毗卢寺的路；由支脉前端上登山脊，逆着南面山涧的北边往西的，是去华严寺的路。我于是上登山脊，俯瞰着南面的山涧前行。走了一里，有座亭桥横跨在山涧上，是华严寺借此作为下游的门户。过桥后，才是西南支脉的主脉，又往西走了半里后到达华严寺。寺院位于西面支脉的山脊上，面向东北方的九重崖耸峙着，地势遥远，方向不同，又是山中的一处胜景了。大体上鸡足山中部、东部的两条支脉，以及绝顶上的各个寺院，都是或东、或南两种朝向，不曾有朝向北方的，只有此寺回头反顾，北面大山的众多寺院静室，历历在目，反向涌现出来，也让人觉得改换了一种面貌。寺院规模也很整齐，与传衣寺不相上下。嘉靖年间，南京的前辈高僧月堂法师创建，他的徒弟月轮法师，以讲演经论闻名，万历初年，皇太后赐给大藏经。后来遭遇火灾，如今虽然重新修建，佛寺依然是原样，可是佛经湮没稀少了。寺东边有条路，在山脊上往东走，是直达传衣寺的路。由寺前的峡谷上方往西走，半里后，又有座亭桥横跨在山涧上，就是东边亭桥的上游了。寺院左右两边各自又有桥有亭，是鸡足山中仅见的。

过桥，又陟其北向余支，蹑冈半里，旋冈脊，过毗卢寺，寺前为祝国寺，俱东向踞冈。寺北有涧东下，即前所涉之北涧也。又由其南崖溯之西上，一里半，有寺踞冈脊，是为法照寺。盖西南支自铜佛殿下南坠，至此东转，当转折处，又东抽一支以为毗卢、祝国之脉，而横亘于华严之前者也，是为西南余支之第一。

法照之北，又分一冈相夹，无住庵倚之，即下为颓冢之支，是为西南余支之第二。屡有路直北逾冈渡峡而横去，皆向圣峰、会灯之大道。余欲析其分支之原，遂从峡中溯之而上，于是南舍法照，北绕无住之后，峡路渐翳，丛箐横柯，遂成幽阒，然已渐逼绝顶之下矣。时路无行人，随一桃花箐村氓行。一里，北循峡中，又一里，北蹑坠脊，又一里，遂逾脊而西。乃西见木香坪之前山外拥，华首门之绝壁高悬，桃花箐之过脓西环，而此脊上自铜佛殿，下抵法照寺，转而东去，界此脊西一壑，另成一境，则放光寺所倚也。逾脊，更西北盘壑上行，又一里半而得大路，已直逼华首门下崖矣。其路东自圣峰来，西由放光出桃花箐，抵邓川州，为大道。余西随之，半里而放光寺在焉。

【译文】过桥后，又上登向北延伸的余脉，上登山冈半里后，随即登上冈脊，路过毗卢寺，寺前是祝国寺，都是面向东，盘踞在山冈上。寺北有条山涧往东下流，就是前边渡过的北面的山涧了。又由山涧南岸逆着涧水往西上行，一里半后，有座寺院盘踞在冈脊上，这里是法照寺。原来西面的支脉从铜佛殿下方向南下坠，延伸到这里转向东，正在转折之处，又向东伸出一条支脉成为毗卢寺、祝国寺所在的山脉，而且横亘在华严寺的前方，这是西面支脉的第一条余脉。法照寺的北边，又分出一座山冈夹峙，无住庵倚靠山冈，就是下面有倒塌的坟冢的支脉，这是西面支脉的第二条余脉。常常有路一直向北越过山冈、度过峡谷横着前去，都是通往圣峰寺、会灯寺的大路。我想剖析山脉分支的原委，就在峡谷中逆着山涧往上走，从这里舍去南边的法照寺，往北绕到无住庵的后面，峡谷中的路渐渐被遮挡了，成丛的竹林、横生的树枝，竟然成了幽深寂静之境，然而已经渐渐逼近绝顶的下方了。这时路上没有行人，跟着一个桃花箐的村民走。一里后，往北沿着峡谷走，又走了一里，就翻越山脊往西。于是向西看见木香坪的前山向外围绕，华首门的绝壁高悬，桃花箐在侧旁延伸的山脊往西环绕，而这条山脊上起铜佛殿，下达法照寺，转向东延伸而去，这条山脊隔在下面的一条壑谷，另外形成一片区域，就是放光寺倚靠的地方了。越过山脊，再往西北绕着壑谷上行，又走了一里半后遇见大路，已经径直逼近华首门下的悬崖了。这条路从东面的圣峰寺延伸过来，往西由放光寺出到桃花箐，抵达邓川州，是大路。我向西顺着大路走，半里后就到放光寺了。

其寺南向，后倚绝壁，前临盘壑，以桃花箐为右关，以西南首支为左护，其地虽在三距之外，而实当绝顶之下，发光钟异，良有以也。余初自曹溪、华首门下瞰之，见其寺沉沉直坠壑底，以为光从窅阒中上腾，乃鼯栖虺伏[①]之窟。及至而犹然在万壑盘拱之上，而上眺华首，则一削万仞，横拓甚阔，其间虽有翠纹烟缕，若绣痕然，疑无可披陟，孰知其上乃西自曹溪，东连铜佛殿，固自有凌云之路，横缘于华首之前也。然当身历华首时，止仰上崖之穹崇，不觉下壁之峻拔，至是而上下又合为一幅，其巍廓又何如也？然则鸡山虽不乏层崖，如华首、罗汉、九重诸处，其境界固高，而雄杰之观，莫以逾此矣。寺前以大坊为门，门下石金刚[②]二座，镂刻甚异，狰狞之状，恍与烟云同活。其内为前楼，楼之前有巨石峙于左，高丈五，而大如之；上擎下削，构亭于上，蒋宾川题曰“四壁无然”。其北面正可仰瞻华首，而独为楼脊所障，四壁之中，独翳此绝胜一面，不为无憾。寺建于嘉靖间，陕西僧圆惺所构。万历初，毁而复兴。李元阳有碑，范铜而镌之，然镌字不能无讹。其后嗣归空更建毗卢阁，阁成而神庙[3]赐《藏》。

【注释】①鼯（wú）：即鼯鼠，又称大飞鼠，前后肢间有宽而多毛的飞膜，常夜间出来滑翔。虺（huǐ）：古书上说的一种毒蛇。②金刚：梵文嚩日罗的意译，原指一种最坚硬的兵器。佛教用以美化它所宣扬的教义，也称"般若"（智慧）为金刚。通常称寺院山门两侧的四天王像为四大金刚。③神庙：称明神宗朱翊钧。

【译文】这座寺院面向南，后面倚靠绝壁，前边面临回绕的壑谷，以桃花箐作为右边的关口，西南的第一条支脉作为左边的护卫，这个地方虽然在鸡足山的三个鸡爪之外，可实际上正位于绝顶之下，发出光辉汇聚异彩，确实是有原因的。我当初从曹溪寺、华首门向下俯瞰这里，看见这座寺院沉沉地笔直坠落在壑谷底，以为光芒是从深远空寂之中向上升腾，是鼯鼠栖息毒蛇潜伏的巢穴。等到了后，才知道寺院仍然在万条壑谷环绕拱卫之上，可向上眺望华首门，却像是一刀削成的万仞绝壁，横处展开十分宽阔，绝壁间虽然有像一缕青烟的绿色纹路，像是绣上去的痕迹一样，怀疑没有可以穿越攀登之处，哪里知道绝壁上面是西面起自曹溪寺，东面连接到铜佛殿，自古就有直上云霄的路，横着围绕在华首门之前。然而亲身历经华首门时，只是抬头向上看悬崖的高大穹隆，不觉得下方绝壁的险峻挺拔，来到这里就上下又合为一体，那它巍峨宽广的轮廓又是在哪里呢？这样看来，鸡足山虽然不缺少层层悬崖，如华首门、罗汉壁、九重崖等处，它们所处的境界固然高险，但是雄伟高大的景观，没有能超过此处的了。寺院的前方用大牌坊作为山门，门下有两座石塑金刚，雕刻得十分怪异，狰狞的形象，恍惚与烟云一样是活着的。门内是前楼，楼的前方有块巨石矗立在左边，高有一丈五尺，而大处也是一样的；上面高擎下面陡削，在巨石上建了亭子，宾川州蒋知州题写“四壁无然”。亭子的北面正好可以抬头仰望华首门，可唯独被前楼的屋脊遮住了，四面墙壁之中，唯独挡住了这景色优美的一面，不得不说是遗憾。寺庙建于嘉靖年间，是陕西僧人圆惺法师创建的。万历初年，寺毁后又重建了。李元阳写有碑文，用模子镌刻碑文浇铸成铜碑，只是镌刻的字有讹误。圆惺法师的后代僧人归空法师另外建了毗卢阁，毗卢阁建成后神宗皇帝赐予了《藏》经。

余录铜碑，殿中甚暗，而腹亦馁。时主僧俱出，止一小沙弥在，余畀之青蚨，乃爇竹为炬，煮蔬为供。既饭，东遵大道一里，逾垂支之脊又一里余，盘坠峡之上，得分岐焉。一讨峡直东者，为圣峰路；一蹑岭北上者，为会灯路，始为登顶正道。余乃北蹑上岭，数曲而至会灯寺。寺南向，昔为廓然师静室，今其嗣创为寺。由寺西更转而北上，复数曲，一里余而过迦叶寺。寺东向，此古迦叶殿也。今张按君建迦叶殿于绝顶，因改此为寺。由其前北向入峡，其峡乃西自绝顶，东自罗汉壁，两崖相夹而成，中垂磴道。少上有坊，为罗、李二先生游处。罗为近溪先生汝芳，李为见罗先生材，皆江西人，同为司道游此。又上有亭，为仰高亭，中有碑，为万历间按君周懋相所立，纪登山及景仰二先生意。周亦江西人也。余前过此，见亭中额，不及录其文而去，故此来先录之。风撼两崖间，寒凛倍于他处，文长字冗，手屡为风所僵。录竟，日色西倾。望其上兜率庵，即前所从下，而其东横缘之路出罗汉壁者，前又曾抵此而返顶头，未了之事，未可以余晷尽也。

【译文】我抄录铜碑，殿中十分昏暗，而肚子也饿了。这时主事的僧人都外出了，只有一个小和尚在，我给他铜钱，才点燃竹子作为火把，煮蔬菜给我吃。饭后，往东顺着大路行一里，越过下垂支脉的山脊又行一里多，绕着深坠的峡谷的上面走，到了道路分岔的地方。一条穿过峡谷一直向东去的，是去圣峰寺的路；一条往北登岭上走的，是去会灯寺的路，这才是登顶的正路。我于是向北上登山岭，转了几道弯后来到会灯寺。寺向南，从前是廓然法师的静室，如今他的后辈创建为寺院。由寺西再转向北上走，又转了几道弯，一里多后经过迦叶寺。寺向东，这是古时候的迦叶殿了。如今张巡按在绝顶上建了迦叶殿，因此把这里改为寺。由寺前向北进入峡谷，这条峡谷是西面起自绝顶，东面起自罗汉壁，两面的山崖相夹形成的，中间垂着石阶路。稍许上走有座牌坊，是罗、李二位先生游览过的地方。罗是近溪先生罗汝芳，李是见罗先生李材，都是江西人，一同出任司道官员游览此地。再上去有亭子，是仰高亭，亭中有石碑，是万历年间巡按周懋相所立，碑文是记录登山和表示敬仰二位先生的意思。周懋相也是江西人。我先前来过此地，看见亭中衰败的样子，来不及抄录碑文就离开了，所以这次来先抄录碑文。风吹过两面山崖之间，比其他地方更加寒冷凛冽，碑文字句过于冗长，手多次被风冻僵。录完碑文，太阳已西斜。望见亭子上面的兜率庵，就是我之前从那里下来的地方，而兜率庵东面横着绕去的路，是出到罗汉壁的路，我曾经来到此地后返回绝顶，未了结的事，这次也未能用剩余的时间来完成。

乃返步下，仍过迦叶寺前，见有岐东下壑中，其壑底一庵在圣峰北者，必补处庵也，乃取道峡中随壑下，盖缘脊下经会灯者为正道，随壑东下趋补处者为间道。下二里，过补处庵，亦稍荒落，恐日暮不入。由其前渡峡涧南，遂上坡，过圣峰寺。寺东向，前有大坊。由坊外东行里余，冈脊甚狭，南北俱深坑逼之。度脊又东里余，有寺新构，当坡之中垂，是为白云寺。余欲穷此支尽处，遂东下行南涧之上，二里，则慧林庵踞坡尽处。缘庵前转下北涧，渡之，始陟中支行，北涧与南涧乃合于路南，其东即大觉蔬圃矣。东半里，过蔬圃北，又东一里，过息阴轩南，又东一里，过瀑布北，遂去中支，北涉西竺寺涧，而行中东二支盘壑中矣。又二里，薄暮，入悉檀寺。

【译文】于是返回走下来，仍然经过迦叶殿前，看见有条岔路往东下到壑谷中，那壑谷底部在圣峰寺北面的寺庵，必定是补处庵了，于是取道峡谷中顺着壑谷下走，原来沿着山脊下行经过会灯寺的路是正路，顺着壑谷往东下到补处庵的路是便道。下行二里，路过补处庵，也是稍显荒凉冷落，担心天黑没进去。由庵前渡过峡中的山涧往南行，于是上坡，路过圣峰寺。寺向东，寺前有座大牌坊。从牌坊外边往东行一里多，冈脊非常狭窄，南北都是深坑紧逼山脊。越过冈脊又往东行一里多，有座新建的寺，位于山坡下垂的中间，这是白云寺。我想穷尽这条支脉的尽头之处，就往东下走在南面山涧之上，二里，就见慧林庵坐落在山坡的尽头处。沿着庵前转下北面的山涧，渡过涧水，开始登上中间一条支脉前行，北面的山涧与南面的山涧就在道路南边合流，这里东边就是大觉寺的菜园子了。往东行半里，经过菜园子的北边，又向东行一里，经过息阴轩的南边，又往东行一里，经过瀑布北边，便离开中间的支脉，向北涉过西竺寺的山涧，而后行走在中间和东面两条支脉盘绕成的壑谷中。又行二里，傍晚，进入悉檀寺。

十一日　饭后，觉左足拇指不良，为皮鞋所窘也。而复吾亦订余莫出，姑停憩一日，余从之。弘辨、安仁出其师所著书见示，《禅宗赞颂》《老子玄览》《碧云山房稿》。弘辨更以纸帖墨刻本公所勒。相畀，且言遍周师以青蚨相贶，余作柬谢之。甫令顾仆持去，而大觉僧复路遇持来，余姑纳之笥。上午，赴复吾招，出茶果，皆异品。有本山参，以蜜炙为脯，又有孩儿参，颇具人形，皆山中产。又有桂子，又有海棠子，皆所未见者。大抵迤西果品，吾地所有者皆有，惟栗差小，而枣无肉。松子、胡桃、花椒，皆其所出，惟龙眼、荔枝市中亦无。菌之类，鸡㙡之外，有白生[1]香蕈。白生生于木，如半蕈形，不圆而薄，脆而不坚。黔中谓之八担柴，味不及此。此间石蜜[2]最佳，白若凝脂，视之有肥腻之色，而一种香气甚异。因过安仁斋中观兰，兰品最多，有所谓雪兰花白、玉兰花绿最上，虎头兰最大，红舌、白舌以心中一点，如舌外吐也。最易开，其叶皆阔寸五分，长二尺而柔，花一穗有二十余朵；长二尺五者，花朵大二三寸，瓣阔共五六分，此家兰也。其野生者，一穗一花，与吾地无异，而叶更细，香亦清远。其地亦重牡丹，悉檀无山茶而多牡丹，元宵前，蕊已大如鸡卵矣。

【注释】①白生：亦作白参，菌类的一种，为云南特产。②石蜜：今大姚出产的“硬蜜”，色白，肥腻，硬如肥皂，与霞客所见同。

【译文】十一日　吃过饭后，觉得左脚大拇指不舒服，是被皮鞋紧勒导致的。而且复吾又要我不要外出，姑且停下休息一天，我听从了他的话。弘辨法师、安仁法师拿出他们师父所著的书给我看，《禅宗赞颂》《老子玄览》《碧云山房稿》。弘辨法师还把雕刻墨印的纸帖送给我是本公大师刻印的。而且还提到遍周法师要送钱给我作为路费，我写了柬帖答谢他。刚让顾仆拿着柬帖离开，就与大觉寺拿钱来的僧人在路上相遇，我姑且收下放入竹箱中。上午，赴复吾的邀请，复吾拿出茶点果脯招待我，都是少见的品种。有鸡足山的山参，用蜂蜜渍后烘烤成果脯；还有孩儿参，很像人形，都是山中出产的。又有桂子、海棠子，都是没有见过的。大抵滇西的果品，我们地方有的东西这都有，只是栗子稍微小一点，而且枣子没有肉。松子、胡桃、花椒，都是滇西出产的，只是龙眼、荔枝市场上也没有。菌子的种类，除了鸡葼之外，有白生、香蕈。白生生长在树上，如同半个香蕈的形状，不圆而且薄一些，脆而不硬。贵州称为八担柴，味道比不上这里的。此地的石蜜最好，白如凝脂，看上去有肥腻的色泽，而且又有一种十分奇异的香气。接着去安仁的书斋观赏兰花，兰花的品种最多，有所谓的雪兰花是白色的、玉兰花是绿色的，是最上等的品种，虎头兰花最大，红舌、白舌因为花心中有一点，好像舌头一样吐在外面。最容易开花，它的叶片都是宽一寸五分，长有二尺而且柔软，一穗花有二十多朵；长处有二尺五的品种，花朵大二三寸，花瓣宽处共有五六分，这是家养的兰花。那些野生的品种，一穗只开一朵花，与我的家乡没有不同，可叶片更细一些，香气也清新悠远。此地也看重牡丹，悉檀寺没有山茶却有许多牡丹，元宵节前，花蕊已经如同鸡蛋一样大了。

十二日　四长老期上九重崖，赴一衲轩供，一衲轩为木公所建，守憎岁支寺中粟百石，故每岁首具供一次。以雨不能行。饭后坐斋头，抵午而霁，乃相拉上崖。始由寺左半里，上弘辨静室基旁。又西半里，过天柱静室旁。又北跻一里半，横陟峡箐，始与一西来路合，遂东盘峡上。半里，其北又下坠一峡，大路陟峡而逾东北岭，乃北下后川向罗川之道；小路攀脊西北上，乃九重崖之东道，其路甚峻，即余前所上者。第此时阴晴未定，西南望木香坪一带积雪峥嵘，照耀山谷，使人心目融彻，与前之丽日澄空，又转一光明法界[1]矣。一里余，抵河南师静室。路过其外，问而知之。雨色复来，余令众静侣先上一衲轩，而独往探之。师为河南人，至山即栖此庐，而曾未旁出。余前从九重崖登顶，不知而过其上；后从狮林欲横过野愚东点头峰下，又不得路；踌躇至今，恰得所怀。比入庐，见师，人言其独栖，而见其一室三侣；人言其不语，而见其条答有叙；人言其不出，而见其把臂[2]入林，亦非块然[3]者。九重崖静室得师，可与狮林、罗汉鼎足[4]矣。坐少定，一衲轩僧来邀，雨阵大至，既而雪霏，师挽留，稍霁乃别。蹑磴半里，有大道自西上，横陟之，遂入一衲轩。崖中静主大定、拙明辈，皆供餐络绎，迨暮不休。雨雪时作，四长老以骑送余，自大道西下。其道从点头峰下，横盘脊峡，时岚雾在下，深崖峭壑，茫不可辨。二里，与狮林道合，已在幻住庵之后，西与大觉塔院隔峡相对矣。至此始胜骑，从幻住前下山，又四里而入悉檀。篝灯作杨赵州书。

【注释】①法界：佛家认为众生本性皆善，与佛无异，这种本性即称法界。此外借用以描写景物，相当于“境界”。②把臂：握住对方的手臂，表示亲密。③块然：孤独的样子。④鼎足：指三方对立的局势。

【译文】十二日　四位长老约好一起上九重崖，去赴一衲轩供给的斋饭，一衲轩是木公修建的，守寺的僧人每年为寺中支取一百担粟米，因此每年年初供给一次斋饭。我因为下雨不能起行。吃过饭后坐在书斋一头，到中午时天气转晴，这才互相搀扶着上登九重崖。开始时从寺左走半里，上到弘辨法师静室的地基旁。又往西走了半里，经过天柱法师的静室旁。又往北攀登一里半，横向上登峡箐，才与一条西面来的路会合，于是往东绕着峡谷上行。半里后，这里的北边又有一条峡谷下坠，大路穿过峡谷后向东北翻越山岭，是往北下到后川通向罗川的路；小路攀登山脊往西北上行，是九重崖东面的路，这条路十分陡峻，就是我之前上走的路。只是此时天气阴晴未定，远望西南方木香坪一带，积雪峥嵘，照耀山谷，使人内心通明透彻，与前些天的丽日晴空相比，又转为另一种境界了。走了一里多后，到达河南法师的静室。经过静室外面，询问过后才知道那是河南法师的静室。雨又下起来了，我让众位静侣先上一衲轩，而我单独去拜访法师。法师是河南人，到鸡足山后就栖身在这座茅庐中，而且从未曾外出过。我先前从九重崖登上绝顶，不知道路就从静室上面走过；后来从狮子林想横穿到野愚法师静室东边的点头峰下，又找不到路；犹豫到现在，恰好满足心中所想。等进屋后，见到法师，别人说他独自居住，却见一间房中有三个同伴；别人说他不说话，却见他逐条答复很有条理；别人说他不外出，却见他握着朋友的手臂走入树林，也不像是孤独的样子。九重崖的静室能有法师，可以和狮子林、罗汉壁一样鼎足而立了。刚坐了一会儿，一衲轩的僧人就来邀请，阵雨大作，不久雪花飘飘，法师挽留我，天气稍微放晴才告别。上登石阶半里，有条大路向西上行，横穿大路，就进入一衲轩。九重崖中的静室主人大定、拙明一帮人，都前后相接地提供饭菜，到天黑都没有停止。雨雪不时地下着，四位长老安排骑马送我，从大路向西下行。这条路从点头峰下边，横向绕着山脊峡谷走，这时山间弥漫着浓雾，陡峭的悬崖幽深的壑谷，茫然不可分辨。二里后，与狮子林来的路会合，已经在幻住庵的后面了，西边与大觉寺的塔院隔着峡谷相对。到此地才能够骑马，从幻住庵前下山，又走了四里后进入悉檀寺。点上灯给赵州的杨知州写信。

十三日　晨起饭，即以杨赵州书畀顾仆，令往致杨君。余追忆日记于东楼。下午，云净天皎。

【译文】十三日　早晨起床吃饭，马上把写给赵州杨知州的信交给顾仆，让他前往交给杨君。我在东楼回忆着作日记。下午，浮云淡薄，天气晴朗。

十四日　早寒，以东楼背日，余移砚于藏经阁前桃花下，就暄[①]为记。上午，妙宗师以鸡葼茶果饷，师亦检藏其处也。是日，晴霁如故。迨晚，余忽病嗽。

【注释】①暄（xuān）：温暖，温暖的阳光。

【译文】十四日　早晨很冷，因为东楼背对着阳光，我把笔墨纸砚搬到藏经阁前的桃花下，就着温暖的阳光写日记。上午，妙宗法师拿鸡葼、茶点、果子来吃，法师也在这里翻阅经书。这天，天气依旧晴朗。到了晚上，我忽然生病咳嗽。

十五日　余以嗽故，卧迟迟，午方起。日中云集，迨晚而翳。余欲索灯卧，弘辨诸长老邀过西楼观灯。灯乃闽中纱围者，佐以柑皮小灯，或挂树间，或浮水面，皆有荧荧明星意，惟走马纸灯，则暗而不章也。楼下采青松毛铺藉为茵席，去卓趺坐[1]，前各设盒果注茶为玩，初清茶，中盐茶，次蜜茶，本堂诸静侣环坐满室，而外客与十方诸僧不与焉。余因忆昔年三里龙灯，一静一闹，粤西、滇南，方之异也；梵宇官衙，寓之异也，惟佳节与旅魂无异！为黯然而起，则殿角明蟾[2]，忽破云露魄矣。

【注释】①趺坐：佛教徒盘腿端坐，左脚放在右腿上，右脚放在左腿上。②蟾（chán）：蟾蜍的省称，传说月中有蟾蜍，故月亮又称“蟾”或“蟾宫”。

【译文】十五日　我因为咳嗽的缘故，躺着迟迟没有起床，中午才起床。正午浓云聚集，到晚上就遮住了天空。我想要来灯后睡下，弘辨等诸位长老邀请我到西楼去观灯。灯是用福建出产的薄纱围成的，配上柑子皮做成的小灯，有的挂在树上，有的浮在水面上，都有明星荧荧闪烁的意境；只有纸做的走马灯，则是昏暗不明。在楼下采来青松毛铺成坐垫，撤掉桌子，盘腿端坐。各人面前摆放了果盒，倒茶赏玩，最初是清茶，中间是盐茶，其次是蜜茶。本寺的诸位静侣环绕着坐满一间房，而外来的客人与四面八方来的僧人不参与。我于是回忆起去年三里城的龙灯，一处清静一处热闹，广西、滇南，地方不同了；佛寺官衙，寄身的地方不同了，只有佳节与浪迹天涯没有不同！为此黯然神伤，只见殿角的明月，忽然破开云层洒下皎洁的月光。

十六日　晨餐后，复移砚就暄于藏经阁前桃花下。日色时翳。下午返东楼，嗽犹未已。抵暮，复云开得月。

【译文】十六日　早餐后，又把笔墨纸砚搬到藏经阁前的桃花下就着阳光作日记。太阳不时被浓云遮挡。下午返回东楼，我仍然咳嗽不止。到天黑后，云又散开见到月亮了。

十七日　作记东楼。雨色时作。

【译文】十七日　在东楼写日记。雨不时地下。

十八日　浓云密布，既而开霁。薄暮，顾仆返自赵州[①]。

【注释】①赵州：元至元十一年（1274）置，治今云南省大理市东凤仪镇。属大理路。明清属大理府。1913年废州，改为赵县，因与直隶省（今河北）赵县重复，1914年改名凤仪县。1960年撤销，并入大理市。

【译文】十八日　浓云密布，不久放晴。傍晚，顾仆从赵州返回来。

十九日　饭后，晴霁殊甚。遂移卧具，由悉檀而东，越大乘东涧，一里上脊，即迎祥寺。从其南上，寺后半里为石钟寺，又后为圆通、极乐二庵。极乐之右即西竺，西竺之后即龙华。从龙华前西过大路，已在西竺之上，去石钟又一里矣。龙华之北坡上，即大觉寺。龙华西，临涧又有一寺，前与石钟同东南向。从其后渡涧，即彼岸桥，下流即息阴轩，已为中支之脊矣。从轩左北向上。过观音阁，为千佛寺，其前即昔之街子，正当中脊，今为墟矣。

【译文】十九日　吃过饭后，天气非常晴朗。于是我打包卧具，从悉檀寺往东走，越过大乘庵东边的山涧，一里后登上山脊，就到了迎祥寺。从迎祥寺往南上行，寺后半里是石钟寺，再后面是圆通庵、极乐庵。极乐庵的右边是西竺寺，西竺寺的后面是龙华寺。从龙华寺前往西上大路，已经到达西竺寺的上方，离开石钟寺又有一里路了。龙华寺北面的山坡上，就是大觉寺。龙华寺的西边，面临山涧处又有一座寺院，与前边的石钟寺一样面向东南方。从寺后渡过涧水，就是彼岸桥，下游就是息阴轩，已经是中间一条支脉的山脊了。从息阴轩左边向北上行，经过观音阁，就是千佛寺，寺前是从前的街子，正位于中间的山脊上，如今成为废墟了。

复北渡涧，从大觉侧西北上。寺僧留余入，谢之。仍过涧桥，上有屋，额曰“彼岸同登”。其水从望台岭东下，界于寂光、大觉之间者，龙华至此，又一里矣。过桥复蹑中支上，半里，中脊为水月庵，脊之东腋为寂光，脊之西腋为首传。僧净方，年九十矣，留余，未入。由寺右盘一嘴，东觑一庵，桃花嫣然，松影历乱，趋之，即积行庵也。其庵在水月之西，首传之北。僧觉融留饭。后乃从庵左东上，转而西北登脊。从中支脊上二里，有静室当脊，是曰烟霞室，克心之徒本和所居。由其西分岐上罗汉壁，由其东盘峡上旃檀岭。岭从峡西下，路北向作“之”字上，一里，得克心静室。克心者，用周之徒，昔住持寂光，今新构此，退休。其地当垂脊之左，东向稍带南，又以西支外禾字孔大山为虎砂，以点头峰为龙砂，龙近而虎远，又与狮林之砂异。其东有中和静室，亦其徒也，为郁攸[①]所焚，今中和往省矣。克心留余，点茶稠叠，久之别，已下午。遂从右上，小径峻极，令其徒偕。

【注释】①郁攸：指火灾。

【译文】又向北渡过山涧，从大觉寺侧边往西北上走。寺里的僧人挽留我进去，我辞谢了他们。仍然走过山涧上的桥，桥上有间屋子，匾额上写着“彼岸同登”。桥下的水从望台岭向东流下来，隔在寂光寺、大觉寺之间，从龙华寺到这里，又是一里路了。过桥后又向上攀登中间的支脉，半里后，山脊中间是水月庵，山脊的东侧是寂光寺，山脊的西侧是首传寺。僧人净方，年纪九十岁了，挽留我，但我没进去。从寺右绕过一道山嘴，看到东边的一座寺庵，桃花嫣然盛开，松影凌乱，于是急忙赶过去，就到积行庵了。这座寺庵在水月庵的西面，首传寺的北面。僧人觉融留我吃饭。吃过饭后就从庵左往东上走，转向西北上登山脊。沿中间一条支脉的山脊上前行二里，有间静室在山脊上，叫作烟霞室，是克心法师的徒弟本和法师居住的地方。从静室西边分出的岔路上到罗汉壁，从静室的东边绕着峡谷走上旃檀岭。山岭顺着峡谷往西下延，道路向北呈“之”字形，上走一里，到达克心法师的静室。克心法师，是用周法师的徒弟，从前是寂光寺的住持，如今新建了这间静室，退身修养。静室的地点正在下垂山脊的左边，面向东稍偏向南，以西面支脉之外的禾字孔所在的大山作为虎砂，以点头峰作为龙砂，龙砂近而虎砂远，这又与狮子林的龙砂、虎砂不同了。静室东边有中和法师的静室，也是他的徒弟，静室被火焚毁了，如今中和法师前往省城去了。克心法师挽留我，点心茶水密密层层，很久后我才告别，已经是下午了。于是沿着右边的道路上行，狭窄的道路极其陡峻，克心法师让他的徒弟陪同我。

上半里，得西来大道，随之东上。又半里，陟旃檀岭脊而西南行，经烟霞室，渐转东南，为水月、寂光。由其前，又西南一里，盘一嘴，有庐在嘴上，余三过皆钥门不得入，其下即白云寺所托也。又西半里，再盘突嘴而上，即慧心静室。慧心为幻空徒，始从野愚处会之，前曾过悉檀来叩，故入叩之，方禅诵会灯庵，其徒供茶而去。后即碧云寺，不入。从其侧又盘嘴两重，二里，北上西来寺，西经印雪楼前，又西循诸绝壁行，一里，为一真兰若，其上覆石平飞。又西半里，崖尽而成峡。其峡即峰顶与罗汉壁夹峙而成者，上自兜率宫，下抵罗、李二先生坊，两壁夹成中溜，路当其中。溜之半，崖脚内嵌，前耸巨木，有旧碑刻峋鹤诗，乃题罗汉壁者。中横一歧，由其上涉溜半里，过玄武庙。又半里，过兜率宫，已暮，而宫圮无居人。又上一里，叩铜佛殿，入而栖焉，即所谓传灯寺也。前过时，朝山之履相错，余不及入，兹寂然。久之，得一老僧启户，宿。

【译文】上行半里，遇到西面来的大路，顺着大路向东上登。又走了半里，登上旃檀岭的山脊后往西南走，经过烟霞室，渐渐转向东南，是水月庵、寂光寺。由寺前又向西南走了一里，绕过一道山嘴，有房舍在山嘴上，我三次经过，都固锁着门不能进入，那下面就是白云寺所在的地方。又往西走了半里，再绕着前突的山嘴上行，就是慧心法师的静室。慧心法师是幻空法师的徒弟，起初在野愚法师处见过面，我以前曾到悉檀寺拜访，因此进去拜访他，他正在会灯庵坐禅诵经，他的徒弟上茶后就离开了。后面就是碧云寺，我没有进去。从碧云寺侧边又绕过两道山嘴，二里后，往北登上西来寺，向西经过印雪楼前，又往西沿着绝壁前行，一里后，到达一真兰若，屋顶上覆盖的石板平滑高扬。又往西走了半里，山崖到头后变成峡谷。这条峡谷就是峰顶与罗汉壁对峙形成的，上面起自兜率宫，下面抵达罗、李二位先生的牌坊处，两面绝壁中间夹成光滑的沟槽，道路位于沟槽中。沟槽的半山腰，绝壁根部向内凹嵌进去，前边耸立着大树，有块旧碑，刻着屿鹤的诗，是题写罗汉壁的诗。中间横着一条岔路，从这条路往上跋涉沟槽半里，路过玄武庙。又走了半里，路过兜率宫，已到傍晚，兜率宫已经倒塌，无人居住。又上行一里，拜访铜佛殿，进寺投宿，就是所谓的传灯寺了。先前路过时，朝山的人摩肩接踵，我来不及进去，现在静悄悄的。很久之后，有一个老和尚开了门，就住下了。

二十日　晨起，欲录寺中古碑，寒甚，留俟下山录，遂置行具寺中。寺中地俱大理石所铺。盖以登绝顶二道，俱从寺而分，还必从之也。出寺，将北由袈裟石上，念猢狲梯前已蹑之，登其崖端而下，束身峡向虽从之下，犹未及仰升，兹不若由南上北下，庶交览无偏。乃从寺右循崖西行，遂过华首门而西，崖石上下俱峭甚，路缘其间，止通一线，下瞰则放光寺正在其底，上眺则峰顶之舍身崖即其端，而莫能竟也。其西一里，有歧悬崖侧，余以为下放光道，又念层崖间何能垂隙下。少下，有水出崖侧树根间，刳木盛之，是为八功德水。刳木之外无余地，水即飞洒重崖，细不能见也。路尽仍上，即前西来入大道处，有草龛倚崖间，一河南僧习静其中，就此水也。又西半里，稍上，又半里，为曹溪庵。庵止三楹，倚崖，门扃无人。其水较八功德稍大，其后危崖，稍前抱如玦[①]。余攀石直跻崖下，东望左崖前抱处，忽离立成峰，圆若卓锥，而北并崖顶，若即若离，移步他转，即为崖顶所掩不可辨。惟此处则可尽其离合之妙，而惜乎旧曾累址，今已成棘，人莫能登。盖鸡山无拔地之峰，此一见真如闪影也。又西半里余，过束身峡下，转而南，过伏虎庵，又南过礼佛庵，共一里，再登礼佛台。台南悬桃花箐过脉之上，正与木香坪夹箐相对，西俯桃花箐，东俯放光寺，如在重渊之下。余从台端坠石穴而入，西透窟而出，复有耸石，攒隙成台，其下皆危崖万仞，栈木以通，即所谓太子过玄关也。过栈即台后礼佛龛。昔由栈以入穴，今由窟以出栈，其凭眺虽同，然前则香客骈趾，今则诸庵俱扃，寂无一人，觉身与灏灵同其游衍而已。栈西沿崖端北转，有路可循，因披之而西，遂过桃花箐之上。共一里，路穷，乃樵径也。仍返过伏虎庵，由束身峡上。峡势逼束，半里，透其上，是为文殊堂，始闻有老僧持诵声。路由其前蹑脊，乃余前东自顶来者，见其后有小径，亦蹑脊西去，余从之。盖文殊堂脊处，乃脊之坳；从东复耸而起者，即绝顶之造而为城者也；从西复耸而起者，桃花箐之度而首峙者也。西一里，丛木蒙茸，雪痕连亘，遂造其极。

【注释】①玦（jué）：半环形有缺口的佩玉。

【译文】二十日　早晨起床，想要抄录寺中的古碑文，非常寒冷，留待下山时再抄，于是就把行李寄放在寺院中。寺院的地面都是大理石铺成的。由于上登绝顶的两条路，都是从传灯寺分岔的，所以返回的时候必须从这条路走。出寺后，将要往北经由袈裟石上走，考虑到猢狲梯之前已经攀登过了，登上这里的山崖顶端往下走，束身峡虽然之前从那里下来过，但还没来得及向上攀登过，这次不如由南面上去从北面下来，差不多就能遍览无遗了。于是从寺右沿着山崖往西走，随后经过华首门往西走，上下的崖石都非常陡峭，道路沿着崖石间，只通着一条线，向下俯瞰就见放光寺正在悬崖底下，向上远眺就见峰顶的舍身崖在悬崖顶端，但是不能看到全貌。这里西边一里处，有条岔路高悬在山崖侧边，我以为是下通到放光寺的路，又考虑到在层层山崖间哪里能有缝隙垂下去。稍微下走，有水流从山崖侧边的树根间流出，剖空树干盛水，这就是八功德水。剖空的树干之外没有空余的地方，水就从重重山崖上飞洒而下，细小的不能看见，路到尽头了仍然上登，就到先前从西边来走上大路之处，有间草屋倚靠着山崖，一个河南僧人在屋中静修，是为了就近取这里的水。又往西走了半里，稍微上行，又是半里，到达曹溪庵。庵只有三开间，倚靠山崖，门锁着没有人。这里的水比八功德水稍大些，庵后是高险的山崖，稍微向前环抱如同半环形的佩玉。我攀着岩石径直登到山崖下，向东望左边的山崖向前环抱处，忽然分离形成山峰，圆圆的像锥子一样挺立，而北边连着山崖顶端，若兮若离，移动脚步转到其他地方，就被山崖顶端遮住看不见了。只有此处才可以完全领略它分分合合的妙处，然而可惜的是曾经层层叠叠的基址，现在已经长满荆棘，人不能上去。大体上鸡足山没有拔地而起的山峰，在这里见到真像闪电的光影。又往西走了半里多，经过束身峡下方，转向南，路过伏虎庵，又向南路过礼佛庵，总共一里，再次登上礼佛台。礼佛台面向南，高悬在桃花箐延伸过来的山脉上，正与木香坪隔着山箐相对，向西俯瞰桃花箐，往东俯瞰放光寺，如同在重重深渊之下。我从礼佛台前端下到石穴中，向西穿过洞窟，又有耸立的岩石，钻出缝隙形成高台，脚下都是万仞的高崖，用木头架成栈道通过去，就是所谓的太子过玄关了。过了栈道就是礼佛台后面的礼佛龛。从前经由栈道进洞穴，今天从洞窟中出来到栈道，在高处靠着栏杆远望的景观虽然相同，然而先前进山拜佛的人很多，今天却是各个寺庵关着门，空无一人，只觉得自身在与浩瀚无际的神灵一同尽情畅游。栈道西边沿着山崖前端转向北，有路可以顺着走，于是穿过栈道往西走，就到了桃花箐的上方。总共一里，路段了，变成了打柴的狭窄小路。仍然返回来经过伏虎庵，经束身峡上行。峡谷地势狭窄，紧紧束拢，半里后，穿到峡谷上方，这是文殊堂，开始听到有老和尚诵读经文的声音。道路从文殊堂前上登山脊，是我过去从东面绝顶来的路，文殊堂后有条狭窄的小路，也是向西上登山脊而去，我沿着狭窄的小路走。原来文殊堂所在的山脊，是山脊上的凹地；在东面又高耸而起的，就是绝顶上建为城墙的地方；在西面又高耸而起的，是从桃花箐延伸过来第一座高耸的山峰。往西走一里，草木蓬松，雪迹连绵，终于登上了鸡足山的顶峰。

盖其山自桃花箐北度，即凌空高峙，此其首也。其脊北垂而下，二十里而尽于大石头，所谓后距也。其横亘而东者，至文殊堂后，少逊而中伏，又东而复起为绝顶，又东而稍下，遂为罗汉壁、旃檀岭、狮子林以后之脊，又东而突为点头峰，环为九重崖之脊，皆迤逦如屏。于是掉尾而南转，坠为塔基马鞍岭，则鸡山之门户矣。垂脊而东，直下为鸡坪关，则鸡山之胫足矣。故山北之水，北向而出于大石东；山西之水，其南发于西洱海之北者，由和光桥；西发于河底桥者，由南、北衙，皆会于大石之下，东环牟尼山之北，与宾川之流，共北下金沙大江焉。始知南龙大脉，自丽江之西界，东走为文笔峰，是为剑川、丽江界。抵丽东南邱塘关，南转为朝霞洞，是为剑川、鹤庆界。又直南而抵腰龙洞山，是为鹤庆、邓川州界。又南过西山湾，抵西洱海[①]之北，转而东，是为邓川、太和界。抵海东隅，于是正支则遵海而南，为青山，太和、宾川州界；又东南峙为乌龙坝山，为赵州、小云南[②]界；遂东度为九鼎，又南抵于清华洞，又东度而达于水目焉。分支由海东隅，北峙为木香坪之山，从桃花坞北度，是为宾川、邓川界。是鸡足虽附于大支，而犹正脊也。登此直北望雪山，茫不可见。惟西北有山一带，自北而南者，雪痕皑皑，即腰龙洞、南北衙西倚之山也。其下麦畦浮翠，直逼鸡山之麓，是为罗川，若一琵琶蟠地，虽在三十里下，而黛色欲袭人衣。四顾他麓，皆平楚苍苍也。西南洱海，是日独潏荡如浮杯在掌。盖前日见雪山而不见海，今见海而不见雪山，所谓阴晴众壑殊，出没之不可定如此。此峰之西尽处也。

【注释】①西洱海：即今洱海。②小云南：即今云南县。

【译文】原来鸡足山起自桃花箐向北延伸，就凌空高耸，这是全山的第一座高峰。山脊向北下垂，二十里后在大石头处到了尽头，就是所谓鸡脚的后爪了。那往东横亘的山，延到文殊堂后，稍许后退而且中间低伏，又往东延后就又耸起成为绝顶，又往东延后稍稍下降，就成为罗汉壁、旃檀岭、狮子林以后的山脊，又往东延后突起成为点头峰，环绕成为九重崖的山脊，都是曲折连绵如同屏风一样。在这里掉头向南转，下坠成为塔基所在的马鞍岭，就是鸡足山的门户了。下垂的山脊东面，一直下去是鸡坪关，就是鸡足山的脚胫了。所以山北面的水，向北流出到大石头的东面；山西面的水，也就是在南面发源于西洱海北面的水，流经和光桥；西面发源于河底桥的水，流经南衙、北衙，都在大石头之下汇合，往东流绕过牟尼山的北面，与宾川州的水流，一起向北下流进金沙江中。这才知道南面的大山主脉，起自丽江府的西部地界，往东延伸成为文笔峰，那是剑川州、丽江府的分界处。延伸到丽江府东南的邱塘关，向南转为朝霞洞所在的山，那是剑川州、鹤庆府的分界处。又往南延伸到腰龙洞所在的山，那是鹤庆府、邓川州的分界处。再往南延伸过西山湾，直到西洱海的北面，转向东，那是邓川州、太和县的分界处。延伸到西洱海东部的边缘，从这里起，主脉正支就沿着西洱海往南延伸，成为青山，是太和县、宾川州的分界处；又往东南延伸高耸为乌龙坝所在的山，是赵州、小云南的分界处；于是向东延伸成为九鼎山，又往南延伸到清华洞，再向东到达水目山。分支由西洱海东部边缘，往北高耸为木香坪所在的山，从桃花坞向北延伸，那是宾川州、邓川州的分界处。鸡足山虽然依附着大支脉，但仍然是主脊。登上此处远望正北的雪山，茫然不可见。唯有西南方有一条带子一样的山，从北向南延伸，白雪皑皑，就是腰龙洞、南衙、北衙在西面依傍着的山了。山下的麦田泛着绿色，一直逼近鸡足山的山麓，那里是罗川，好像一把琵琶的弯曲地带，虽然在三十里外的山下，但青黑色像是要渗入人的衣服内。四面环顾其他山麓，都是茫无边际的平野。西南方的洱海，这一天唯独水波荡涌，如同杯子漂浮在手掌上。前几天看见雪山却看不见洱海，今天看见洱海却看不见雪山，所以说阴天和晴天群山壑谷是不一样的，景观的出没不可确定竟然如此。此处是山峰西边的尽头处了。

东还一里，过文殊堂后脊，于是脊南皆危崖凌空，所谓舍身崖也。愈东愈甚，余凌其端瞰之，其下即束身峡，东抵曹溪后东峰，向跻其下，今临其上，东峰一片，自崖底并立而上，相距丈余，而中有一脉联属，若拇指然，可坠坳上其巅也。余攀蹑从之，顾仆不能至。时罡风[1]横厉，欲卷人掷向空中，余手粘足踞，幸不为舍身者，几希矣。又共一里，入顶城门，实西门也。入多宝楼，河南僧不在，其徒以菉豆[2]粥、芝麻盐为饷。余再录善雨亭中未竟之碑。下午，其徒复引余观其师退休静室。其室在城北二里，即前所登西峰之北坳也。路由文殊堂脊，北向稍下循西行。当北垂之腋，室三楹，北向，环拱亦称。盖鸡山回合之妙，俱在其南，当山北者仅有此，亦幽峻之奥区也。其左稍下，有池二方，上下连汇，水不多，亦不竭，顶城所供，皆取给焉。还抵城北，竟从城外趋南门，不及入迦叶前殿。由门前东向悬石隙下，一里，有殿三楹，东向，额曰“万山拱胜”，而户亦扃。由其前下坠，级甚峻。

【注释】①罡（gāng）风：指强劲的风。②菉豆：即绿豆。

【译文】向东返回一里，经过文殊堂后面的山脊，这里山脊南面都是高险凌空的悬崖，就是所谓的舍身崖了。越往东去越险峻，我登临悬崖顶端俯瞰下方，悬崖下就是束身峡，峡谷东边抵达曹溪庵的东峰，先前在下方上登，现在登临在峡谷上方，东峰那一带，从悬崖底部并排向上耸立，彼此相距一丈多，而中间有一条山脉联属着，好像拇指一样，可以从此处下坠到山坳上登悬崖顶端。我从此处攀登，顾仆不能走。这时劲风凌厉，感觉要把人卷起来抛向空中，我手抓脚蹬，幸好没有成为舍身的人，不过也差不多了。又共走了一里，进入绝顶的城门，实际上是西门。进入多宝楼，河南的僧人不在，他的徒弟用绿豆粥、芝麻盐款待我。我接着抄录善雨亭中没抄完的碑文。下午，他的徒弟又引领我去观览他师傅退休后的静室。这处静室在城北二里处，就是先前攀登西峰时北面的山坳。道路经由文殊堂所在的山脊，向北稍微下走后便顺着山脊往西行。静室位于鸡足山北垂的侧旁，是三开间，向北，环绕拱卫的山也对称。鸡足山回绕闭合的妙处，都在山的南面，在山北面的仅有此处，也是幽深险峻的深奥之处了。静室左边稍稍往下，有两个水池，上下相连，水不多，也不会枯竭，供给绝顶城里的水，都是在这里汲取。返回到城北，就从城外赶到南门去，来不及进入迦叶寺的前殿。从殿门前向东沿着高悬的石缝下行，一里后，有座三开间的佛殿，面向东，匾额上写着“万山拱胜”，可门也是关着的。从殿前往下走，台阶非常险峻。

将抵猢狲梯，遇一人，乃悉檀僧令来候余者，以丽江有使来邀也。遂同下，共一里而至铜佛殿。余初拟宿此，以候者至，乃取行李。五里，过碧云寺前。直下五里，过白云寺。由寺北渡一小涧，又东五里，过首传寺后，时已昏黑。又三里，过寂光寺西，候者腰间出一石如栗，击火附艾，拾枯枝燃之。遵中支三里，叩息阴轩门，出火炬为导。又一里余，逾瀑布东脊而北，又三里而至悉檀。弘辨师引丽府通事见，以生白公招柬来致，相与期迟一日行。

【译文】将要到达猢狲梯时，遇到一个人，是悉檀寺的僧人派来等候我的，因为丽江府有使者来邀请我。于是与他一同下山，共走一里后来到铜佛殿。我起初打算住在这里，但因为等我的人来了，便取走行李出发。五里后，经过碧云寺前。一直下行五里，经过白云寺。由寺北渡过一条小山涧，又往东走了五里，经过首传寺后边，这时天已昏黑。又走了三里，路过寂光寺西边，接应我的人从腰间拿出像栗子一样的石头，附在艾草上打火，拾取枯树枝点燃。沿着中间的支脉走了三里，敲息阴轩的门，要来火把引路。又走了一里，越过瀑布东面的山脊往北走，又走了三里后到达悉檀寺。弘辨法师带领丽江府的通事来相见，把木生白公邀请我的请柬送来，互相约定推迟一天上路。

二十一日　晨起，余约束行李为行计。通事由九重崖为山顶游。将午，复吾邀题七松册子，弘辨又磨石令其徒鸡仙书《静闻碑》。

【译文】二十一日　早晨起床，我打点好行李为出发做准备。通事从九重崖去山顶游览。将近中午，复吾法师请我题写七松册子，弘辨法师又磨好石碑让他的徒弟鸡仙法师书写《静闻碑》。

二十二日　晨餐后，弘辨具骑候行，余力辞之。遂同通事就道，以一人担轻装从，而重者姑寄寺中，拟复从此返也。十里，过圣峰寺。越西支之脊而西，共四里，过放光寺，入录其藏经圣谕。僧留茶，不暇啜而出。问所谓盘陀石静室者，僧指在西北危崖之半。仰视寺后层崖，并华首上下，合而为一，所谓九重崖[①]者，必指此而名。开山[②]后，人但知为华首，觅九重故迹而不得，始以点头峰左者当之，谁谓陵谷无易位哉？由寺西一里余，始蹑坳而上，又一里余，其上甚峻，乃逾脊。脊南北相属，东西分坑下坠，所谓桃花箐也。脊有两坊，俱标为“宾邓分界”。其处陟历已高，向自礼佛台眺之，直似重渊之底云。

【注释】①九重崖：鸡足山在元明时期原称九曲山、九重岩、九曲岩。《元混一方舆胜览》大理路：“九曲山，峰峦攒簇，状如莲花，盘曲九折，在洱河东北。”《寰宇通志》：“九曲山，在西洱河东北百余里，盘折九曲而上，顶有石门，高不可入。”《明一统志》：“九曲山，在洱河东百余里，峰岳攒簇，状若莲花，九盘而上，又名九重岩。上有石洞，人莫能通。”《明史·地理志》宾川州：“西有鸡足山，一名九曲岩。”②开山：佛教用语，指最初在某个名山建立寺院。

【译文】二十二日　早餐后，弘辨法师备好马匹等我动身，我竭力推辞。于是和通事上路，让一个人挑着轻便的行装跟随我，而重的行李暂时寄放在寺中，打算还从此地返回。走了十里，经过圣峰寺。越过西面支脉的山脊往西走，总共走了四里，路过放光寺，进寺抄录寺中赐给大藏经的圣谕。僧人留我饮茶，我来不及喝就出来了。打听所谓的盘陀石静室，僧人指点说在西北方危崖的半中腰。抬头看寺后的层层石崖，与华首门上下并立，合二为一，所谓的九重崖这个山名，必定是因此处而得名的。寺院创建后，人们只知道华首门，要找九重崖的故迹却找不到，便把点头峰左边的悬崖当做九重崖，谁说山陵峡谷不会变换位置呢？从放光寺向西走一里多，开始踏着山坳往上走，又是一里多，上行的路非常陡峻，于是翻越山脊。山脊南北相连，东西分别下坠成深坑，就是所谓的桃花箐了。山脊上有两座牌坊，都标明“宾邓分界”。此处已经爬升得很高了，以前从礼佛台眺望这里，正像是重重深渊的底部。

由箐西随箐下，二里，有茅舍夹道，为前岁底朝山卖浆者所托处，今则寂然为畏途。其前分岐西南者，为邓川州道；直西者为罗川道，乃通丽江者。遵之迤逦下二里，有庵当路北北山下，曰金花庵。又西下三里，连有二涧，俱自东而西注，即桃花箐之下流也，各有板桥跨之。连越桥南，始循南山西向行。一里，有寺踞南山之脊，曰大圣寺，寺西向。乃从其前逾脊南下，又值一涧亦西流，随之半里，涧与前度二桥之流，俱转峡北去，路乃西。半里，逾南山北突之坳。坳西，其坡始西悬而下，路遵之。四里，有村在南山坞间，是为白沙嘴[1]。随嘴又西下二里，忽见深壑自南而北，溪流贯之，有梁东西跨其上。乃坠壑而下，二里，始及梁端，所谓和光桥也；鸡山西麓，至是而止。其水南自洱海东青山北谷来，至此颇巨，北向合桃花箐水，注于大石头者也。丽府生白公建悉檀之余，复建此梁，置屋数楹跨其上，遂就而饭焉。

【注释】①白沙嘴：今名同，在洱源县东南。

【译文】由桃花箐往西顺着山箐下行，二里后，有茅房夹在道路两边，是去年年底朝山时卖水浆的人暂住的地方，现在却空寂无人成为艰险可怕的道路。前面分出的岔路，西南向的是去邓川州的路；正西向的，是去罗川的路，也是通往丽江府的路。顺着路曲折绵延地下行二里，有座寺庵在路北的北山下，叫作金花庵。又往西下行三里，接连有两条山涧，都是自东向西流淌，就是桃花箐的下游，各自都有木板桥跨在涧水上。接连过到桥南，开始沿着南山向西走。一里后，有座寺庙坐落在南山的山脊上，叫作大圣寺，寺门面向西。于是从寺前翻越山脊向南下行，又遇到一条山涧也是向西流，顺着山涧走了半里，山涧与前边走过的两座桥下的水流，都转入峡谷中向北流去，道路于是向西走。半里后，穿越南山向北前突的山坳。山坳西边，山坡开始向西高悬而下，道路顺着山坡走。四里后，有个村庄在南面的山坞中，这是白沙嘴。顺着白沙嘴又往西下行二里，忽然看见一条深深的壑谷自北伸向南，溪流在壑谷间延伸，有桥梁呈东西向跨在溪流上。于是向着壑谷下行，二里后，才来到桥头，这就是所谓的和光桥；鸡足山的西麓，到此为止。桥下的水是从南面的洱海东岸青山北面的山谷中流来，流到此地水势相当大，向北汇合桃花箐的水，流到大石头。丽江府木生白公用修建悉檀寺的余财，又修建了这座桥，建了几间屋子跨在桥上，于是便在这吃饭。

桥之西有小径，自北而南，溯流循峡者，乃浪沧卫通大理道，与大道“十”字交之。大道随流少北，即西上岭，盘旋而上，或峻或夷。五里越其坳，西北下，四里始夷。又一里为罗武城，其处坞始大开。自此山之西，开东西大坞，直至千户营坞分为二，始转为南北坞，皆所谓罗川也。向自山顶西望，翠色袭人者即此，皆麦与蚕豆也。罗武无城，一小村耳。村北有溪，西自千户营来，即南衙河底之水，至此而东北坠峡，合和光桥下流，而东北经大石头者也。于是循南山行溪之南，二里，有村在溪北山下，曰百户营。又西五里，有村在溪北悬冈上，曰千户营。营之西，有山西自大山分支东南下，突于坞中，坞遂中分。当山之西南者，其坞回盘，其水小，为西山湾，新厂在其东南，而路出其西北。当山之东北者，其坞遥达，其水大，为中所屯。南北二衙又在其西北，而路则由山之西南逾坳以入。于是从千户营溪南转入南坞，一里余，至新厂。皆淘沙煎银者。乃北一里余，抵分界山之阳，渡一小流，循山阳西北行三里，北逾过坳。于是稍下，循西大山之麓北向行，其东又成南北大坞，即千户营之上流也。北一里，有村倚西山之坡，是为中所屯，乃邓川、鹤庆分界处，悉檀寺庄房在焉，乃入宿。悉檀僧已先传谕之，故守僧不拒云。

【译文】桥的西边有条狭窄的小路，自北通向南，逆着溪流沿峡谷走，是浪沧卫通往大理府的路，与大路呈“十”字形交叉。大路顺着溪流稍往北，随即往西上岭，盘旋而上，时而陡峻时而平坦。走了五里后越过山坳，从西北下行，四里后才开始平坦。又走了一里是罗武城，此处开始山坞十分开阔。从这座山的西边，展开一个东西向的大山坞，一直到千户营，山坞一分为二，才变为南、北两个山坞，都是所谓的罗川。之前从山顶向西望，翠色袭人的地方就是此地，那绿色的都是麦子和蚕豆。罗武城没有城，只是一个小村子罢了。村北有溪水，从西面的千户营流来，就是南衙河底的水，流到此地后向东北坠入峡谷中，汇合和光桥下游的水流，而后往东北流经大石头。从这里沿着南山行走在溪流南岸，二里后，有个村庄在溪流北岸山下，叫作百户营。又向西五里，有个村庄在溪流北岸高悬的山冈上，叫作千户营。千户营的西边，有座从西面大山分支往东南下延的山，突起在山坞中，山坞便被从中分开。位于山西南面的这个山坞回绕盘曲，山坞中的水流小，是西山湾，新厂在山坞东南方，而道路从山坞西北面出去。位于山东北面的这个山坞通到远方，山坞中的水流大，是中所屯。南北二衙又在山坞西北方，而道路则从山的西南边越过山坳进去。从这里沿着千户营的溪流向南转，进入南面的山坞，一里多后，来到新厂。都是淘沙炼银子的地方。于是向北走一里多，抵达分界那座山的南面，渡过一条小溪流，沿着山的南面向西北走三里，向北越过山坳。从这里稍稍下行，沿着西面大山的山麓向北走，山的东面又成为南北向的大山坞，就是千户营的上游了。向北走一里，有个村庄倚靠着西山的山坡，这是中所屯，是邓川州、鹤庆府的分界处，悉檀寺的庄房在这里，于是进去投宿。悉檀寺的僧人已经事先转告这里的人，所以守庄房的僧人没有拒绝我。

二十三日　晨，饭于悉檀庄，天色作阴。乃东下坞中，随西山麓北行。二里，有支冈自西山又横突而东，乃蹑其上。有岐西向登山者，为南衙道，腰龙洞[①]在焉；北向逾坳者，为北衙道，鹤庆之大道随之。余先是闻腰龙洞名，乃令行李同通事从大道行，期会于松桧，地名，大道托宿处。余同顾仆策杖携伞，遂分道从岐，由山脊西上。一里，稍转而南，复有岐缘南箐而去，余惑之。候驱驴者至，问之，曰："余亦往南衙者，大路从此西逾岭下，约十里。"余问南岐何路？曰："此往鸡鸣寺[②]者。"问寺何在？其人指："南箐夹崖间者是，然此岐隘不可行。"忽一人后至，曰："此亦奇胜。即从此峡逾南坳，亦达南衙，与此路由中坳者同也。"余闻之喜甚，曰："此可兼收也。"谢其人，遂由岐南行。里许，转入夹崖下，攀崖隙，透一石隙而入。其石自崖端垂下，外插崖底，若象鼻然，中透一穴如门，穿门即由峡中上跻，亦犹鸡山之束身焉。登峡上，则上崖岈然横列，若洞、若龛、若门、若楼、若栈者，骈峙焉。洞皆不甚深，僧依之为殿，左为真武阁，又左为观音龛，皆东北向下危壁。殿阁之间，又垂崖两重，俱若象鼻，下插崖底，而中通若门。有僧两人，皆各踞一龛，见客至，胡麻[3]方熟，辄邀同饭，余为再啜两盂。见龛后有石脊，若垂梯而上，跣而蹑之，复有洞悬其上层，中空而旁透小穴。崖之左右，由夹中升岭，即南坳道，而崖悬不通，复下，由穴门出，即转崖左西南上。仰见上崖复悬亘而中岈然，有岐细若虫迹，攀条从之，又得一大穴，其门亦东北向，前甃石为台，树坊为门，曰青莲界。其左药灶碑板俱存，而无字无人，棘萝旁翳，无可问为何人未竟之业。其右复有象鼻外垂之门，透而南，复有悬绡高卷之幛。幛之右，上崖有洞巍张，下崖即二僧结庵之处，然磴绝俱莫可通。

【注释】①腰龙洞：位于今鹤庆县北衙村。②鸡鸣寺：今名同，在鹤庆县南部。③胡麻：即芝麻。过去一般认为芝麻是从西域引进的，故称胡麻。

【译文】二十三日　清晨，在悉檀寺庄房吃饭，天色转阴。于是向东下到山坞中，顺着西山山麓往北走。二里后，有条山冈从西山分支又向东横突出来，于是登上这座山冈。有条岔路向西登山的，是去南衙的路，腰龙洞就在那里；向北穿越山坳的，是去北衙的路，去鹤庆府的大路就是沿着这条路。我之前听说过腰龙洞的名字，就安排行李和通事走大路，约定在松桧会合，松桧是地名，大路上寄宿的地方。我和顾仆拄着手杖带上伞，分道从岔路走，沿着山脊向西上行。一里后，稍转向南，又有一条岔路沿着南面的山箐而去，我对此很疑惑。等有赶驴的人过来，就向他问路，他回答说："我也是去南衙的，大路从此地向西翻越山岭下行，约有十里。”我问南边的岔路去往哪里？他回答：“是去鸡鸣寺的路。”我问寺在哪里？那人指着说：“南面山箐夹在山崖间的地方就是，不过这条岔路狭窄得不能走。”忽然有一个人从后面过来，说：“这也有一处奇异的胜景。就是从这条峡谷越过南面的山坳，也是通到南衙，与这条由中间的山坳的路程一样。”我听说这话后十分高兴，说：“这样可以一举两得了。”谢过那个人，于是从岔路往南走。走了一里左右，转入相夹的山崖下方，攀着山崖上的石缝，钻过一条石缝进去，石崖从崖顶垂下来，向外插到崖底，如同大象的鼻子，中间通着像门一样的洞穴，穿过石门就从峡中上登，也是像鸡足山束身峡的样子。登到峡谷上方，上面的石崖隆起横向排列，像洞穴，石龛，门窗，楼阁，栈道，并排耸立在那里。洞都不怎么深，僧人依托洞穴作为佛殿，左边是真武阁，再往左是观音龛，都是面向东北，下临绝壁。殿阁之间，又垂下两层石崖，都像大象的鼻子，下插到崖底，而中间相通像门一样。有两个僧人，都各自盘腿坐在石龛中，见到有客人来，就邀请我一同吃刚煮熟的芝麻，我因此吃多了两碗。看到石龛后面有石脊，好像下垂的梯子通上去，赤脚攀登上去，又有洞悬在上层，中间空旷而旁边通着小洞。从左右石崖的夹缝中登上山岭，就是去南面山坳的路，但崖壁高悬走不通，就又下来，由洞穴的石门中出来，随即转到石崖的左边向西南上登。抬头看见上层的石崖又高悬绵亘，而且中间也十分深邃，一条岔路细小得像虫子爬过的痕迹，攀着枝条沿着这条路走，又走到一个大洞，洞口也是面向东北，洞前用石头砌成平台，树立牌坊作为大门，叫作青莲界。洞左边熬药的小灶和石碑都保存着，可是没有字也没有人，四周荆棘藤萝遮蔽，无处可问这是什么人未完成的事业。洞的右边又有像象鼻一样向外下垂的石门，钻到南面，又有像生丝悬空高卷的石幛子。石幛子的右边，上层石崖上有巍然张开着的山洞，下层石崖就是两个僧人建庵的地方，但是石阶断了，上下都无路可走。

乃仍由青莲界出东夹，再上半里，而崖穷夹尽，山半坪开。又有泉自南坳东出，由坪而坠于崖之右；又分而交潆坪塍，坠于崖之左。崖当其中，濯灵涤窍，遂成异幻。由坪上溯流半里，北向入峡，峡中之流，倾涌南向。溯之一里，涧形不改，而有巨石当其中。石之下，则涌水成流；而石之上，惟砾石堆涧，绝无水痕。又溯枯涧北行半里，路穷茅翳，盖其涧自西峡来，路当北去也。乃东向蹑岭，攀崖跻棘，又半里，得南来路，遂随之北。半里，西涉一坞，复升陇而西，有岐，入西南峡中者颇小，其直北下陇者颇大。余心知直北者为南衙道，疑腰龙洞在西南峡中，遂望峡行。半里，不得路。遥听西北山巅有人语声，乃竭蹶攀岭上，一里，得东来道。又一里，得驱犊者问之，则此路乃西向逾脊抵焦石峒[①]者。问腰龙洞何在？曰："即在此支岭之北，然岭北无路，须随路仍东下山，折而北，至南衙，乃可往。"盖是山大脊，自北而南，脊之西为焦石峒，脊之东，一支东突，其北腋中，则腰龙洞所在，南腋中即此路也。余乃怅然，遂随路返。东下一里，乃转而东北下，又一里，抵山麓，循之北行，又一里而至南衙[②]。南衙之村不甚大，倚西山而东临大坞，其坞北自北衙，南抵中坳，其中甚宽。盖此中大坞，凡三曲三辟，最北者为北坞，坞南北亘，以北坳东隘为峡口；其南即中所屯坞，坞亦南北亘，以江阴村为峡口；其南即千户营、百户营坞，坞东西亘，以罗武村为峡口。总一溪所贯，皆谓之罗川云。

【注释】①焦石峒：今名同，又称大营，在洱源县东。②南衙：原有李、崔、周、段、煎、方、张等九户居住，1922年迁并至北衙，现为废村，但地名仍存。

【译文】于是仍然从青莲界出到东面的夹谷中，再上行半里，山崖夹谷就都到了尽头，山腰上平地开阔。又有泉水从南面的山坳向东流出，流经平地后下落到山崖的右边；又有分流的水在平地土埂间交互潆绕，坠入山崖的左边。山崖处于两面流水之中，水流冲荡着灵异的石窍，于是形成奇异的幻景。由平地上逆着水流走了半里，向北进入峡谷中，峡谷中的流水，向南倾泻奔涌。逆着水流走了一里，山涧的形状不变，但有块巨石在山涧中。巨石的下方，则有水涌成流；但巨石的上方，只有砾石堆在山涧中，丝毫没有水的痕迹。又逆着干涸的山涧往北走半里，路到了尽头，茅草遮蔽，原来这条山涧是从西面的峡中流来，道路应当向北去。于是向东登岭，攀着石崖上踏荆棘，又走了半里，遇到南边来的路，便沿着这条路往北走。半里后，向西涉过一个山坞，又往西上登土陇，有条岔路，进入西南峡中的路很小，一直向北下走土陇的路很大。我心里知道一直往北的是去南衙的路，怀疑腰龙洞在西南峡中，就望着峡谷前行。走了半里，找不到路。远远听到西北山顶上有人说话，于是竭力快速登到岭上，一里后，遇上东面来的路。又走了一里，向一个放牛的人问路，原来这条路是向西越过山脊去焦石峒的路。我问"腰龙洞在哪里？"他回答说："就在这座岭的北面，不过岭北无路可走，必须沿着道路继续向东下山，折向北到南衙，才能到。"原来这座山的主脊，自北延向南，山脊的西面是焦石峒，山脊的东面，一条支脉向东突起，它北面的山窝中，就是腰龙洞的所在，南面的山窝中就是这条路了。

我于是怅怅不乐，顺着原路返回。往东下走一里，就转向东北下走，又走了一里，抵达山麓，沿着山麓往北走，又走了一里后到达南衙。南衙的村子不是很大，倚靠西山而东边面临大山坞，这座山坞北面起自北衙，南面抵达中间的山坳，山坞十分宽广。原来这一带的大山坞，一共曲折了三次又三次开阔起来，最北边的是北坞，山坞呈南北向绵延，以北面山坳的东隘口作为峡口；它的南面就是中所屯所在的山坞，山坞也呈南北向绵延，以江阴村作为峡口；它的南面就是千户营、百户营所在的山坞，山坞呈东西向绵延，以罗武村作为峡口。三个山坞共有一条溪水流贯，都称为罗川。

由南衙之后西南上山，磴道甚辟。一里半，有亭有室，当山之半，其旁桃李烨然。亭后蹑级而上，有寺，门榜曰“金龙寺”。门内有楼当洞门，其楼前临平川，后瞰洞底，甚胜也。楼后即为洞门，洞与楼俱东向，其门悬嵌而下，极似江右[1]之石城洞。西壁上穹覆而下崆峒，南与北渐环而转，惟东面可累级下。下五丈，一石突起，当洞之中，西耸而东削，甃以为台，亭其上，供白衣大士。其亭东对层级，架木桥以登，西瞰洞底，潴水环其下，沉绀映碧，光怪甚异。亟由桥返级，穿桥下，缘台左西降，十余丈而后及水。水嵌西崖足，西面阔约三丈，南北二面，渐抱而缩，然三面皆绝壁环之，无有旁窦，水渟涵其间，俨若月牙之抱魄[2]也。水中深浅不一，而澄澈之极，焕然映彩，极似安宁温泉，浅者浮绿，深者沉碧，掬而尝之，甘冷异常。其洞以在山之半，名为腰龙[3]，而文之者额其寺为“金龙”，洵神龙之宫也。洞口如仰盂，下圆如石城，水潆三面如玦，石脊中盘如垂舌。其异于石城者，石城旁通无极，而此则一水中涵，若其光莹之异，又非他水可及也。久之，仍上洞口，始登前楼，则前楹后轩，位置俱备，而僧人他出，扃钥[④]不施。

【注释】①江右：古人在地理上以东为左，以西为右，故江西又名江右。魏禧《日录杂说》云：“江东称江左，江西称江右，盖自江北视之，江东在左，江西在右耳。”其后，江右又为江西省的别称。②魄（pò）：月亮圆满时，其漆黑的部分称为魄。③腰龙：即腰龙洞，传说是玉湖龙王的第九个小儿子居住，因名幺龙洞。在北衙西南3公里，从南衙缘坡而上最近。洞口圆形，洞壁呈青、黄、橙、白等纹彩，似太极图案，又名太极洞。沿石阶下约50米，有潭形似半月，岩缝滴落的泉水，回声如音乐奏鸣。洞口有嘉靖三十六年（1557）摩崖《同游太极洞碑记》。④扃（jiōng）钥：门户锁钥。

【译文】从南衙的后面向西南上山，石阶路很宽阔。走了一里半，有亭子、房子，都位于半山腰，路旁桃花、李花光彩鲜明。从亭子后面踩着石阶上行，有座寺庙，庙门的匾额上写着“金龙寺”。门内有座楼位于洞口，这座楼前临平川，后面俯瞰洞底，非常优美。楼后就是洞口，洞与楼都面向东，洞口悬空下嵌，非常像江西的石城洞。西面石壁上方穹隆下覆而下方空阔，南北两面渐渐转成环形，只有东面可以堆砌石阶下去。下走五丈，一块岩石突起，位于山洞中间，西边高耸而东面陡削，砌为高台，在高台上建了亭子，供奉观音菩萨。这座亭子东面对着层层石阶，架了木桥可以登上去，西面俯瞰着洞底，积水环绕在下面，沉绀映碧，非常神奇怪异。急忙从桥上返回石阶上，钻到桥下，沿着高台的左边往西下行，十多丈之后来到水边。水嵌在西面的崖壁根部，西面宽约三丈，南北两面，渐渐围抱缩拢，然而三面都是绝壁环绕，四周没有孔洞，水汇聚在这中间，好像月牙围抱着月魄。水中深浅不一，然而极其澄澈，焕然映照着光彩，非常像安宁的温泉，浅处泛着绿色，深处是沉沉的碧绿，捧起水来尝，异常甘甜清凉。这个山洞因为在半山腰，所以取名叫“腰龙”，而修饰它的人把寺庙的匾额题写为“金龙”，实在是神龙的宫殿。洞口如同仰着的钵盂，洞下圆得如同石城洞，水潆绕在三面，如同玉玦，石脊盘绕在洞中如同下垂的舌头，它不同于石城洞的地方，石城洞四通八达没有尽头，而此洞却是一片水汇聚洞中，其光彩晶莹的奇异之处，又不是其他的水能够赶得上的。很久之后，仍然上到洞口，才去登洞前的楼，只见前边有楹柱后面有轩廊，位置都很完备，可是僧人外出了，门锁着不能进去。

仍一里余，下至南衙，问松桧道，俱云行不能及。乃竭蹶而趋，由南衙后傍西山而北，二里，是为北衙[①]。有神庙当北衙之南，门东向，其后大脊之上，骈崖矗夹，有小水出其中，庙之北有公馆，市舍夹道，甚盛。折而东，共半里，而市舍始尽，盖与南衙迥隔矣。二衙俱银矿之厂，独以衙[②]称者，想其地为盛也。东与南来大道合，复北行一里余，市舍复夹道，盖烹炼开炉之处也。过市舍，遂北下坡，又一里余而及其底，始知南北两衙，犹山半之坞也。其峡既深，有巨涧流其间，自北而南，是为河底，盖即罗川之上流。有支流自西峡来入，其派颇小，置木桥于上。越之又北，见石梁跨巨涧，涧中有巨石，梁东西两跨之，就其中为阁，以供白衣大士。越桥之东，溯涧北向上，危崖倚道，盘级而登，右崖左涧，下嵌深渊，上削危壁。五里登坪脊，有枯涧堑山头，亦跨石梁。度梁北，有殿新构，有池溢水，有亭施茶。余入亭饭，一僧以新瀹茶献，曰："适通事与担者久待于此，前途路遥，托言速去。"盖此殿亦丽江所构以施茶者，故其僧以通事命，候余而致之耳。余亟饭行，竟忘其地为热水桥，而殿前所流即热水也。

【注释】①北衙：今名同，在鹤庆县南隅。②衙：即衙门，旧时官署之称。特设官署直接管理的地方，亦因此称"衙"。

【译文】仍然走了一里多，下到南衙，打听去松桧的路，都说赶不到了。于是我尽力往前赶，由南衙后面靠着西山往北，走了二里，这是北衙。有神庙位于北衙的南边，庙门朝东，庙后的大山脊上，矗立夹峙着并排的山崖，有小水流从山崖中流出来。神庙的北边有公馆，集市中的房屋夹在道路两边，非常繁盛。转向东，共走了半里，集市中的房屋才到尽头，大概已经与南衙隔得很远啦。南、北二衙都是银矿厂，却用用衙来称呼，想来是因为这个地方特别兴盛。往东与南来的大路会合，又往北走了一里多，又有集市房屋夹在道路两边，大概是开炉冶炼的地方了。经过集市房屋，就从北下坡，又走了一里多后来到坡底，这才知道南、北两衙，还只是半山腰上的山坞。这里的峡谷已经很深，有条巨大的山涧在峡谷中流淌，自北流向南，这是河底，大概就是罗川的上游。有条支流从西面的峡谷中流来汇入，那条支流很小，上面架了木桥。我越过木桥又往北走，见有石桥横跨在巨大的山涧上，山涧中有巨石，桥梁东西两端跨在巨石上，就着巨石中间建了座阁子，用来供奉观音菩萨。到达桥的东面，逆着山涧向北上行，危崖倚靠着道路，绕着石阶上登，右边是石崖左边是山涧，下方嵌进深渊，上方是陡削的绝壁。五里后登上山脊上的平地，在山头有条干涸的山涧形成的堑沟，也横跨着石桥。过到桥北，有座新建的佛殿，有水池溢出水来，有座亭子施舍茶水。我进亭子吃饭，一个僧人敬献新泡的茶水，说："刚才通事和挑夫在此等了很久，前面路途遥远，托我转告您赶快跟上。"原来此殿也是丽江府修建，用来施舍茶水的地方，所以这个僧人奉通事的命令，等候我并给我传话。我急忙吃饭后动身，竟然忘了这个地方是热水桥，而佛殿前流淌的就是热水了。

既从其侧，又过一石梁，梁跨山头，与前梁同，而下有小水，西坠巨涧。过梁，从中脊北向而行，东西俱有巨山夹之。盖西界大山，自鹤庆南来，至七坪老脊，直南高亘于河底之西者，为鲁摆；由七坪东度，分支南下，即此中脊与东界之山，故此中脊之北，又名西邑。盖西邑与鲁摆皆地名，二山各近之，界坊遂以为名焉。中脊与鲁摆老脊夹成西峡，此河底之流所自出者，盖源于七坪之南云。行中脊十里，脊东亦盘为中洼之宕，脊悬西峡东洼之间，狂风西来，欲卷人去。又三里，乃西北上岭，一里，又蹑岭而西，半里，乃西北下。一里抵坞中，是为七坪，即中界所度之脊，与西界大山夹成此坪，为河底之最高处也。由坪中北行二里，始为度脊隘口。脊南有两三家当道，脊西有村落倚山，桃李灿然。时日已下舂[①]，尚去松桧二十里，亟逾隘北行。五里，少出西界，巨山如故，而东界亦渐夹而成洼，洼中石穴下陷，每若坑若阱。路循东脊行，又数里，有数家当北峡之口，曰金井村[②]，始悟前之下阱累累者，皆所称金井者耶。隘口桃花夹村，嫣然若笑。

【注释】①下舂：日落之时。②金井村：今名金井坝。有口沙井，相传曾淘过金，故名。

【译文】从桥旁走过后，又经过一座石桥，桥跨在山头上，与前边的桥相同，而桥下有小溪，向西坠入巨大的山涧中。过桥后，从中间的山脊向北走，东西两面都有大山夹住山脊。大概西部的大山，从鹤庆府向南延伸过来，到七坪主脊，一直往南延伸，高高绵亘在河底西面的，是鲁摆；由七坪往东延伸，分支往南下延，就是这条位于中间的山脊与东面的山，所以这条位于中间的山脊的北面，又称西邑。因为西邑与鲁摆都是地名，两座山各自接近两地，就以地名作为分界处牌坊的名字了。中间这条山脊与鲁摆的主脊夹成西面的峡谷，这是河底的水流出来的地方，大概是源于七坪的南面。在中间这条山脊上走了十里，山脊东面也是盘绕成中间下洼的深坑，山脊高悬在西面的峡谷与东面的坑洼之间，狂风从西面刮来，想要把人卷了去。又走了三里，就从西北上岭，一里后，又踏着山岭往西走半里后，就从西北下山。一里后到达山坞中，这里是七坪，就是从中部延伸而过的山脊，与西面的一列大山夹成这片平地，是河底的最高处。由平地中往北走二里，才是延伸山脊的隘口。山脊南面有两三户人家住在路旁，山脊西边有个村落倚靠着山，桃花、李花异常光艳。这时太阳已下山，离松桧还有二十里路，我急忙穿过隘口往北走。走了五里后，渐渐走出西面一列山，大山依然如故，而东面也渐渐夹成洼地，洼地中石穴下陷，都像是深坑、陷阱。我沿着东面的山脊走，又走了几里路，有几户人家住在北面峡谷的峡口，叫作金井村，这才明白之前一个接一个下陷的深阱，都是所谓金井的地方了，隘口处桃花夹着村庄，如同对人微笑。

由村北东向下坡，一里渐夷，乃东行岭脊，脊左右渐夹而成坞。由脊行三里，复由脊北坠坑东下，一里抵其麓，于是坞乃大开。有三楹当麓之东，亦梵龛也。由其前东向径平坞而驰，望东峰南北高耸者，日光倒映其间，丹葩一点，若菡萏[①]之擎空也。盖西山屏亘甚高，东峰杂沓而起，日衔西山，反射东山，其低者，日已去而成碧，其高者，日尚映而流丹，丹者得碧者环簇其下，愈觉鲜妍，世传鹤庆[②]有“石宝之异”，“西映为朝霞，东映为晚照”，即此意也。东驰二里，过数家之舍。又东一里，渐坠壑成涧向东南去。乃折而北度一陇，又一里，有公馆在西山之麓，其左右始有村落，知其为松桧[③]矣，而犹未知居停何处也。又北半里，担者倚闾门而呼，乃入之，已就晦矣。是家何姓，江右人，其先为监厂委官，遂留居此。

【注释】①菡萏（hán dàn）：荷花。②鹤庆：明置鹤庆军民府，即今鹤庆县。③松桧：今作松桂，在鹤庆县南境。

【译文】由村北向东下坡，一里后道路渐渐平坦，就向东在岭脊上行走，岭脊左右渐渐夹成山坞。沿着岭脊走了三里，再由岭脊北面向着深坑往东下行，一里后抵达山麓，在这里山坞变得十分开阔。有座三开间的房子位于山麓的东边，也是佛寺。由寺前向东径直在平敞的山坞中赶路，远望东峰南北两边高耸的地方，日光倒映在山间，红花一点，好像荷花高擎在空中。原来西面像屏风一样的山绵亘非常高，东峰杂乱耸起，日落西山，反射到东山，东山低的地方，阳光离开后变成碧绿，那些高的地方，日光还映照着，红光流转，高处的红色逐渐变为碧绿，在它的下方环绕簇拥，愈发觉得鲜艳娇美，世上传说鹤庆府有“石宝之异”，“西边映照为朝霞，东边映照是晚照”，就是这个意思了。往东疾行二里，经过几户人家的房屋。又往东走了一里，壑谷渐渐下坠成山涧向东南流去。于是折向北越过一条土陇，又走了一里，有座公馆在西山的山麓，道路两边开始有村落，知道这里是松桧了，却仍然不知道住所在哪里。又往北走了半里，挑夫靠着里巷的门呼唤我，我便进到住所，天色已经将近昏黑了，这户人家姓何，是江西人，他的先祖担任监厂委派的官员，就留下定居在此地。

二十四日　昧爽，饭于松桧，北向入山峡。松桧之南，山盘大壑而无水，沟涧之形，似亦望东南去；松桧之北，山复渐夹为坞，小水犹南行。五里登坂，为波罗庄[①]，山从此自西大山度脊而东，脊不甚高，而水分南北。又北五里，望北坞村落高下，多傍西大山，是为山庄[②]。于是北下，随小溪北行，五里间，聚庐错出，桃杏缤纷。已而直抵北山下，有倚南山居者，是为三庄河底村。村北溪自西而东，其水一自三庄西谷来，一自河底村南谷来，皆细流；一自西北大山夹中来，俱合于河底村北，东流而去，亭桥跨之，桥北即龙珠山之南麓矣。龙珠山者，今名象眠山，自西大山之东，分支东亘，直接东大山之西麓。其北之西大山，即老龙之脊，皆自北而南；其北之东大山，即峰顶山，亦皆自北而南，中夹成南北大坞。漾共之江[③]，亦自丽江南下，潆鹤城之东，而南至此为龙珠所截，水无从出，于是自峰顶之麓，随龙珠西转，搜得龙珠骨节之穴，遂捣入其中，寸寸而入，凡百零八穴而止。土人云，昔有神僧倔多尊者[④]，修道东山峰顶，以鹤川一带，俱水汇成海，无所通泄，乃发愿携锡杖念珠下山，意欲通之。路遇一妇人，手持瓢问："师何往？"师对以故。妇人曰："汝愿虽宏，恐功力犹未。试以此瓢掷水中，瓢还，乃可得，不然，须更努力也。”师未信，携瓢弃水中，瓢泛泛而去，已而果不获通。复还峰潜修二十年，以瓢掷水，随掷随回。乃以念珠撒水中，随珠所止，用杖戳之，无不应手通者，适得穴一百零八，随珠数也。今土人感师神力，立寺众穴之上，以报德焉。《一统志》作崛哆，土人作摩伽陀。众水于山腹合而为一，同泄于龙珠之东南麓。大路过河底桥，即逾龙珠而北，与出入诸水洞皆不相值，以俱在其东也。余乃欲从桥北，随流东下，就小径穷所出洞，令通事及担者从大路往。担者曰："小径难觅，不若同行。"盖其家在入水洞北，亦便于此也。余益喜，遂同东向随溪行龙珠山之南。一里，反越溪南，半里，又渡溪北。其路隘甚，而夹溪皆有居者。又东半里，枫密河[⑤]东南泻峡去，路东北逾龙珠支岭。两下两上，东北盘岭共四里，其路渐上。俯瞰东南深峡中，有水破峡奔决，即合并出穴之水也。其水南奔峡底，与枫密之水合，而东南经峰顶山之南峡以出，下金沙大江。然行处甚高，水穴在重崖下出，俯视不见其穴。令通事及担者坐待道旁，余与顾仆坠壑东南下。下半里，不得路，踯躅草石间，转向东箐半里，又南迂半里，始下至磵底。乃西向溯流披棘入，共半里，则巨石磊落，堆叠磵中，水从石隙，泛溢交涌。余坐巨石上，止见水与石争隙，不见有余穴，雪跃雷轰，交于四旁，而不知其所从来也。

【注释】①波罗庄：今仍作波罗，又称北营。②山庄：今名同。与波罗庄皆在鹤庆县南。③漾共之江：今作漾弓江，在鹤庆坝子又称东山河，下流称中江。④尊者：指具有较高的德行、智慧的僧人。⑤枫密河：今作枫木河，漾弓江支流。

【译文】二十四日　黎明，在松桧吃饭，向北进入山峡。松桧的南面，山盘绕成巨大的壑谷却没有水，沟涧的地形，似乎也是往东南方去；松桧的北面，山又渐渐夹成山坞，小溪仍然往南流。五里后登上斜坡，是波罗庄，山在此处从西面的大山山脊向东延伸，山脊不是很高，而水分为南北。又往北走了五里，远望北面山坞中的村落高高低低，多数倚靠着西面的大山，这是山庄。从这里向北下行，沿着山庄小溪向北走，五里路之间，有聚落房舍错落层出，桃花、杏花缤纷开放。不久径直抵达北山下，有倚靠南山居住的村庄，这是三庄河底村。村北的溪水自西往东流，这里的溪水一条从三庄西面的山谷中流来，一条从河底村南面的山谷中流来，都是细小的溪流；一条从西北面的大山夹谷中流来，都在河底村北面合流，向东流淌而去，亭桥跨在溪流上，桥北就是龙珠山南麓。龙珠山，现在叫象眠山，从西面大山的东边，分出支脉向东绵亘，一直连接到东面大山的西麓。山北西面的大山，就是主脉的山脊，都是自北向南延伸；山北东面的大山，就是峰顶山，也都是自北向南延伸，中间夹成南北走向的大山坞。漾共江也是从丽江府往南下流，潆绕在鹤庆府城的东面，而后向南流到此地被龙珠山截流，江水无处外流，于是从峰顶山的山麓，沿着龙珠山向西转，流至龙珠山的洞穴出，就捣入洞中，一寸寸地流进去，总共流满一百零八个洞穴后才流完。当地人说，从前有个神僧叫倔多的尊者，在东山的峰顶修道，因为鹤庆坝子一带，都被水汇积成海，没有泄洪的通道，就发愿带着锡杖念珠下山，想要打通水路。路上遇见一个妇人，手上拿着瓢问："法师去哪里？"法师如实回答。妇人说："你的誓愿虽然宏大，恐怕功力还不够。请试着把这个瓢扔进水中，瓢漂回来，才能获得成功，不然，就必须再努力。"法师不相信，把瓢抛入水中，瓢漂浮而去，不久后果真没能疏通水道。又返回峰顶潜心修炼二十年，再把瓢扔进水中，随手扔去就又随时飘回来。于是把念珠撒入水中，在念珠停止的地方，用锡杖戳地，无不随手就打通，恰好有一百零八个洞穴，跟念珠的数目一样。如今当地人感念法师的神力，在众多的洞穴上建立寺院，用以报答法师的功德。《一统志》写作“崛哆”，当地人称为“摩伽陀”。各个洞穴的水在山腹内汇合为一处，一同在龙珠山的东南麓流出。大路经过河底桥，随即翻越龙珠山往北，与各个出水、进水的洞穴都不相遇，因为这些洞穴都在龙珠山的东面。于是我想从桥北顺着水流向东下行，走小路去穷究出水的洞，便安排通事和挑夫从大路走。挑夫说：“小路难找，不如一起走。”原来他的家在入水洞的北边，走这条路也方便。我更高兴了，就一道向东沿着溪流走在龙珠山的南麓。一里后，反而越过溪流南岸，半里后，又渡到溪流北岸。这条路十分狭窄，可溪流两岸都有居住的人家。又往东走了半里，枫密河向东南泻入峡谷，道路往东北翻越龙珠山分支的山岭。两次下行两次上行，往东北绕着山岭走了四里，道路渐渐上行。俯瞰东南方的深峡中，有水流冲破山峡后奔流，就是洞穴中合并后流出来的水。水向南奔流在峡底，与枫密河的水合流，而后向东南流经峰顶山南面的峡谷后流出，下流到金沙大江。然而我所走的地方太高，水洞在重重山崖下出水，俯视着看不到出水的洞穴。我让通事和挑夫坐在路旁等我，我与顾仆向着东南方的壑谷下行。走了半里后，找不到路，在草石间徘徊，转向东面的山箐走了半里，又往南绕行了半里，才下到山涧底。于是向西逆着水流分开荆棘进去，共走了半里，就见巨石错落，堆叠在山涧中，水从石缝之间，泛泛溢出，交相奔涌。我坐在巨石上，只见水与岩石争夺缝隙，不见有空余的洞穴，流水如同雪花飞跃、雷电轰鸣，交流在四周，却不知道是从哪里流出来的。

久之，复迂从旧道，一里余，迂上既近，复攀石乱跃，又半里，登大道，遂东北上。半里，转一峡，见后有呼者，乃通事与担夫也。于是北半里，上攒石间，北过脊，始北望两山排闼，一坞中盘，漾共江络其东，又一小水纬其西北，皆抵脊下而不可见。其两山之北夹而遥接于东北隅者，是为丽府邱塘关所踞，漾共水所从出也。乃北下山，一里余而及其麓，有寺悬麓间，寺门北向，其下即入水之穴也。不及入寺，急问水。先见一穴，乃西来小流所入，其东又有平土丈余隔之，东来之漾共江，屡经穴而屡分坠，至是亦遂穷，然则所谓一百八穴者，俱在东也。余因越水北东向溯流，见其从崖下遇一穴，辄旋穴下灌，如坠瓮口，其声呜呜，每穴远者丈余，近者咫尺而已。既而复上寺前，乃北下渡西来小流，有小石梁跨之。北一里，有村当平冈间，是曰甸尾村，担者之家在焉，入而饭于桃花下。既乃西北行三里余，而入南来大道，即河底桥北上逾岭者。于是循西山又北五里，为长康铺坊。有河流自西南峡来，巨石桥跨之，有碑在桥南，称为鹤川桥。盖鹤川者，一川之通名，而此桥独擅之，亦以其冠一川也。桥北有岐，溯流西南，为大理府大道，故于此设铺焉。过桥不半里，为长康关[1]，庐舍夹道。是日街子，市者交集。自甸尾至此，村落散布，庐舍甚整，桃花流水，环错其间。其西即为朝霞寺峰，正东与石宝山对。于是路转东北，又八里余而入鹤庆南门。

【注释】①长康关：今仍名长康，分南北两村，又称康福，在鹤庆县稍南。

【译文】很久之后，又从原路绕着走，一里多后，绕道上行已经很近了，又攀着石头乱跳，又走了半里，登上大路，于是从东北上行。半里后，转过一条峡谷，听到后面有呼喊的人，原来是通事和挑夫。于是向北走了半里，往上钻过石头间，往北越过山脊，才望见北面的两列山像门扉一样排列，中间盘绕着一个山坞，漾共江绕流在山坞的东面，又有一条小河横在山坞的西北面，都是流到山脊下就看不见了。那两列山相夹往北延伸而远远接到东北角的地方，那就是丽江府邱塘关所在之处，漾共江水是从那里流出去。于是往北下山，一里多后来到山麓，有座寺庙高悬在山麓上，寺门向北，寺下面就是进水的洞穴了。还没来得及进寺，便急忙去探寻水流。首先见到一个洞穴，是西边流来的小河流进去的地方，它的东面又有一丈多平地隔开它，东面流来的漾共江，多次流经洞穴又多次分流坠入洞中，流到这里也终于断流了，这样看来，所说的一百零八个洞穴的地方，全都在东面。我因此越到水流北岸向东逆着水流走，就见水流每在山崖下遇到一个洞穴，总是旋转着往下灌入洞中，如同坠入瓦瓮口，水声呜呜，每处洞穴远的相隔一丈多，近的不过咫尺而已。随后又上到寺前，就往北下走，渡过西面流来的小河，有座小石桥跨过小河。往北行一里，有个村子位于平缓的山冈上，这里叫甸尾村，挑夫的家就在这里，进村在桃花下吃饭。饭后就往西北行三里多，然后走上南面来的大路，就是从河底桥往北上行翻越山岭的路。从这里沿着西山又往北行五里，是长康铺坊。有河流自西南方的峡中流来，巨大的石桥跨在河流上，有块碑在桥南，称为鹤川桥。“鹤川”是整条河的通名，而这座桥独占了这个名字，也是因为它是整条河上最大的桥。桥北有条岔路，溯流往西南走，是去大理府的大路，所以在此地设铺。过桥后不到半里，是长康关，房舍夹住道路。这天是市集日，赶集的人交错云集。从甸尾村到此地，村落散布，房舍十分整齐，桃花流水，环绕交错在其中。这里西边就是朝霞寺峰，正东与石宝山相对。在这里路转向东北，又行八里多后进入鹤庆府城南门。

城不甚高，门内文庙[①]宏整。土人言其庙甲于滇中，亦丽江木公以千金助成。由其东北行半里，稍东为郡治。由其西，又北行半里，出一鼓楼，则新城之北门也。其北为旧城，守御所在焉。又北半里而出旧城北门，稍西曲而北一里，复东曲而北四里，为演武场，在路东。从其西又北五里，过一村，又五里为大板桥[②]。桥下水颇大而潴，乃自西而东下漾共江者。时所行路，当甸坞之中；东山下，江流沿之；西山下，村庐倚之。自此桥之北，甃路石皆齿齿如编，仰管之半，砾趾难措。又北六里，为小板桥。桥小于前，而流亦次之，然其势似急。又北七里，为甸头村之新屯[③]，居落颇盛。稍转而东，有王贡士家，遂入而托宿。王贡士，今为四川训导[④]。其孙为余言："其西北山半，有青玄洞甚妙，下有出水龙潭，又北有黑龙潭。若沿西山行，即可尽观。"是日欲抵冯密宿[⑤]，以日暮遂止此云。

【注释】①文庙：孔子庙。唐朝封孔子为文宣王，称其庙为文宣王庙，后世简称文庙。②大板桥：今称板桥，在鹤庆县北境，桥两边的聚落分别称板南和板北。③新屯：今名同，亦作辛屯，在鹤庆县北境。④训导：明清时期学官的一种，各府州县学皆设训导，地位略次于教谕，负责管理在学生员。⑤冯密：今作逢密村，在鹤庆县北。

【译文】城墙不是很高，城门内文庙宏伟整齐。当地人说，这座文庙在云南数第一，也是丽江府木公资助千金建造的。沿着文庙往东北走半里，稍往东是府衙。由府衙西又往北走半里，走出一座鼓楼，就是新城的北门了。鼓楼北面是旧城，守御所在这里。又往北走半里后出离旧城北门，稍往西转后向北走一里，再向东转后向北走四里，是演武场，在路的东边。从演武场西边又往北走五里，经过一个村子，又走五里是大板桥。桥下积聚着大量的水流，是自西往东下流到漾共江的水流。此时我所走的路，都在甸子山坞之中，东山之下，江水沿着山流；西山之下，村庄房屋紧靠山脚。从这座桥的北面，砌路的石头都一齿齿的如同编织而成，又像向上插着的半截笔管，让人难以下脚。又向北走六里，到达小板桥。比之前的桥小，而且水流也小些，不过水势似乎很湍急。又向北走七里，是甸头村的新村，居民村落很是兴盛。稍转向东，有个王贡士的家，于是进门投宿。王贡士，如今是四川的训导。他的孙子对我说："这里西北方的山腰上，有个青玄洞非常奇妙，山下有出水的龙潭，山北还有个黑龙潭。如果沿着西山走，就可以全部观赏到。"这天我是本想到冯密村住宿的，但因为天晚就停在了此地。

二十五日　昧爽，饭而行。北二里为冯密村[①]，村庐亦盛，甸头之村止此矣。盖西北有高冈一支，垂而东南下，直逼东山文笔峰下，江流亦曲而东。高冈分支处，其腋中有黑龙潭之水，亦自西大山出，南流而抵冯密，乃沿高冈之南而东注漾共江，鹤庆、丽江以此为界云。冯密之西，有佛宇高拥崖畔，即青玄洞也。余望之欲入，而通事苦请俟回日，且云："明日逢六，主出视事，过此又静摄不即出。"余乃随之行，即北上冈。四里，有路横斜而成"叉"字交，是为三岔黄泥冈。其西南腋中，松连箐坠，即黑龙所托也。于是西北之山，皆荒石濯濯[②]，而东北之山，渐有一二小村倚其下，其冈脊则一望皆茅云。

【注释】①冯密村：今作逢密，在鹤庆县北隅，鹤庆至丽江的公路上。②濯（zhuó）濯：形容光秃没有草木的样子。

【译文】二十五日　黎明，吃过饭后动身。往北走二里到达冯密村，村中房屋也很兴盛，甸头的村庄到这里就结束了。西北方有一支高高的山冈，往东南下垂，直逼到东山的文笔峰下，江流也向东弯曲。高冈分支的地方，山窝中有黑龙潭的水，也是从西面的大山中流出，往南流到冯密村，然沿着高冈的南麓往东注入漾共江，鹤庆府、丽江府把这里作为分界。冯密村的西面，有座佛寺高高拥立在山崖旁，就是青玄洞了。我望着青玄洞想要进去，可通事苦苦请求我等回来的时候再去，并且说："明天是逢六的日子，主上会出来处理公事，过了这天又要静养就不会出来了。"我于是跟着他走，随即往北上登山冈。四里后，有条路横着斜成"叉"字形交叉，这里就是三岔黄泥冈。此处西南方的山窝中，松树连片、竹林下坠，就是黑龙潭的所在地。从这里开始，西北的山上都是光秃秃、荒凉的石头，而东北的山上，渐渐有一两座小村落倚靠在山下，这条冈脊上一眼望去都是茅草。

又北一里为哨房，四五家当冈而踞，已为丽江所辖矣。又北行冈上八里而下，其东北坞盘水曲，田畴环焉。下一里，有数家倚西山，路当其前，是为七和[①]南村。又北二里，有房如官舍而整，是为七和之查税所。商货出入者，俱税于此。七和者，丽江之地名，有九和、十和诸称。其北又有大宅新构者，乃木公次子所居也。由其前北向行，又盘一支岭而北，七里，乃渐转西北，始望见邱塘关[2]在北山上，而漾共之水已嵌深壑中，不得见矣。于是路北有石山横起，其崖累累，虽不高，与大山夹而成峡。遂从峡间西北上，一里，逾其东度之脊。又西北二里余，乃北下枯壑，横陟之，半里，复北上冈。西北行冈上半里，又北半里，度一小桥，半里，乃北上山。其山当西大支自西东来，至此又横叠一峰，其正支转而南下，其余支东下而横亘，直逼东山，扼丽江南北山之流，破东山之峡而出为漾共江，此山真丽之锁钥也。丽江设关于岭脊，以严出入，又置塔于东垂，以镇水口。山下有大道，稍曲而东，由塔侧上；小道则蹑崖直北登。余从其小者，皆峻石累垂，锋棱峭削，空悬屈曲。一上者二里，始与东来大道合，则山之脊矣。有室三楹，东南向而踞之，中辟为门，前列二狮，守者数家居其内。出入者非奉木公命不得擅行，远方来者必止，阍者入白，命之入，乃得入。故通安诸州守，从天朝选至，皆驻省中，无有入此门者。即诏命至，亦俱出迎于此，无得竟达。巡方[3]使与查盘之委，俱不及焉。余以其使奉迎，故得直入。

【注释】①七和：今作七河，为纳西语地名的汉译，在丽江市古城区南境。②邱塘关：今称关坡，在丽江市古城区南境，其南坝子里今有村名东关、西关。③巡方：天子派大臣巡察四方。

【译文】又向北一里是哨房，有四五户人家坐落在山冈上，已经到丽江府的辖境了。又往北在山冈上行走了八里后下行，山冈东北方的山坞沿绕着水道弯曲，田地环绕着山坞。下行一里，有几户人家倚靠着西山，道路位于村前，这里是七和南村。又往北走了二里，有房屋像是衙门而且整齐，这里是七和的查税所。商品货物出入境，都在此地纳税。七和是丽江府的地名，有九和、十和等名称。查税所北边又有座新建的大宅院，是木公次子的住所。由查税所前向北走，又绕着一条分支的山岭往北走七里，就渐渐转向西北，这才望见邱塘关在北山上，而漾共江的江水已经嵌入深深的壑谷中，不能看到了。此处道路北边有横向突起的石山，石崖接连成串，虽然不高，与大山夹成峡谷。于是从峡谷中向西北上行一里，越过往东延伸的山脊。又往西北走了二里多，就向北下到干枯的壑谷中，横穿壑谷半里，再往北上登山冈。向西北在山冈上行走了半里，又向北走了半里，过一座小桥，半里后，由北上山。这座山是西面从西往东延伸而来的主脉分支，到此地后又横着叠成一座山峰，支脉主体转向南下延，其余的支脉向东横亘而下，直逼东山，阻挡住丽江府南北两面山的水流，水流于是冲破东山的峡谷流出去成为漾共江，这座山真是丽江府的门户啊！丽江府在岭脊上设了关卡，以严格控制行人出入，又在山的东边建了塔，用来镇住水口。山下有大路，逐渐弯曲转向东，从塔侧上行；小路则是踏着山崖一直往北上登。我沿着那条小路走，路上都是层层叠叠下垂的陡峻岩石，棱角锋利、陡峭如削，高悬空中，弯弯曲曲。一路上去有二里，才与东面来的大路会合，就已到山脊上了。有座三开间的房屋，是东南朝向，坐落在山脊上，中间开辟成门，前边安放着两座石狮子，几户守关的人家住在屋里。出入关的人不是奉木公的命令不能擅自通行，远方来的人必须止步，守门人进去禀报，下令让他进去，才能够进去。所以通安等州的知州，虽然是朝廷选派来的，但是都住在省城里，没有能进入此门的。即使是奉皇帝的命令前来，也都是出来在此地迎接，不能直接进去。巡察地方的使者以及委派来盘查的官员，都没有到过里面。我由于是木公派来的使者奉命迎接的，所以能够直接进去。

入关随西山北行，二里，下一坑。度坑底复登坡而北，一里，稍东北下山。又东北横度坡间者二里，始转而北。二里，过木家院东。又北二里，度一小桥，则土冈一支，西南自大山之脊，分冈环而东北，直抵东山之麓，以扼漾共江上流。由冈南陟其上，是为东圆里。北行岭头，西南瞻大脊，东南瞰溪流，皆在数里之外。六里乃下，陇北平畴大开，夹坞纵横，冈下即有一水，西自文笔峰环坞南而至，有石梁跨其上，曰三生桥。过桥，有坊二在其北，旁有守者一二家，于是西北行平畴间矣。北瞻雪山，在重坞之外，雪幕其顶，云气郁勃，未睹晶莹。西瞻乌龙，在大壑之南，尖峭独拔，为大脊之宗，郡中取以为文笔者也。路北一坞，窈窕东北入，是为东坞。中有水南下，万字桥水西北来会之，与三生桥下水同出邱塘东者也。共五里，有柳径抱，耸立田间，为土人折柳[1]送行之所。路北即万字桥水潆流而东，水北即象眠山至此南尽。又西二里，历象眠山之西南垂，居庐骈集，萦坡带谷，是为丽江[2]郡所托矣。于是半里，度石梁而北，又西半里，税驾于通事者之家。其家和姓。盖丽江土著，官姓为木，民姓为和，更无别姓者。其子即迎余之人，其父乃曾奉差入都，今以居积番货为业。坐余楼上，献酪为醴，余不能沾唇[3]也。时才过午，通事即往复命，余处其家待之。

【注释】①折柳：折取柳枝。语出《三辅黄图·桥》："霸桥在长安东，跨水作桥。汉人送客至此桥折柳赠别。"后多用为赠别或送别之词。②丽江：《寰宇通志》载："丽江军民府，在大研厢内，国朝洪武十五年建。"今丽江城仍习称大研镇，即明代丽江军民府治所。③沾唇：形容略微喝一点。

【译文】进关后沿着西山往北走二里，下到一个深坑。穿过坑底再往北爬坡，一里后，逐渐往东北下山。又往东北在坡上横穿二里，才转向北。二里后，经过木家院东边。又向北走二里，过一座小桥，就见一条土冈，从西南方大山的山脊，分出山冈向东北环绕，一直抵达东山的山麓，从而扼住漾共江的上游。从山冈南面登到山冈上，就是东圆里。在岭头往北走，向西南远望大山的山脊，向东南俯瞰溪流，都在几里之外。走了六里后下山，土陇北面的田野非常开阔，夹谷山坞纵横交错，山冈下有一条河，从西边的文笔峰环绕山坞南面流来，有座石桥跨在河上，叫三生桥。过桥后，有两座牌坊在桥的北面，路旁有一两户守桥的人家，从这里起在平旷的田野间向西北行走。向北遥望雪山，在重重山坞之外，白雪覆盖山顶，云气回旋，看不见晶莹的雪峰。往西眺望乌龙，在巨大壑谷的南面，尖耸陡削，独立挺拔，是大山脊的起始处，就是府中人取名文笔峰的山。路北边的一个山坞，幽深的往东北延伸进去，那是东坞。山坞中有水往南下流，万字桥下的水从西北流来与它汇流，与三生桥下的水一同流出邱塘关东面。共走了五里，有棵直径一抱粗的柳树，矗立在田间，是当地人折柳送行的地方。道路北边就是万字桥下的水萦绕往东流去，水北就是象眠山往南延伸的尽头处。又往西走了二里，经过象眠山的西南垂，住房聚集并列，萦绕在山坡，环绕着山谷，这里是丽江府的所在地。从这里走了半里，过石桥往北走，又向西走了半里，停宿在通事的家中。他们家姓和。大概是丽江府的土著居民，当官的姓木，而老百姓姓和，除此再没有别的姓。他家的儿子就是迎接我的人，他父亲曾经奉命出差进京，如今以囤积外国货作为职业。请我到楼上坐，献上奶酪当做甜酒，我不能沾唇。此时才过中午，通事立即前往复命，我在他家等着他。

东桥之西，共一里为西桥，即万字桥也，俗又谓之玉河桥。象鼻水从桥南下，合中海之水而东泄于东桥，盖象鼻之水，土人名为玉河云。河之西有小山兀立，与象眠南尽处，夹溪中峙。其后即辟为北坞，小山当坞，若中门之标，前临横壑，象鼻之水夹其东，中海之流经其西，后倚雪山，前拱文笔，而是山中处独小，郡署踞其南，东向临玉河，丽江诸宅多东向，以受木气也。后幕山顶而上，所谓黄峰①也，俗又称为天生寨。木氏居此二千载，宫室之丽，拟于王者。盖大兵临则俯首受绁②，师返则夜郎自雄，故世代无大兵燹，且产矿独盛，宜其富冠诸土郡云。

【注释】①黄峰：今名狮子山，在丽江古城西部。②绁（xiè）：捆缚罪人的绳索。

【译文】东桥的西边，共一里的路程到西桥，就是万字桥了，俗名又叫玉河桥。象鼻山的水从桥下往南流，与中海的水合流后往东流淌到东桥，原来象鼻山的水，当地人称为玉河。河的西边有座小山矗立，与象鼻山南面的尽头处，夹住溪流耸峙在当中。山后就是开阔的北坞，小山位于山坞中，像正门的标杆，前方面临横贯的壑谷，象鼻山的水夹住小山东面，中海的水流经小山西面，后方倚靠着雪山，前面拱卫着文笔峰，而唯独处在中间的这座山很小，府衙位于山的南麓，向东面临玉河，丽江府众多的住宅多半面向东，以承受木气。背后帷幕样的山顶上，就是所谓的黄峰了，俗名又称为天生寨。木氏居住在此地两千年，宫室的华丽，可以和帝王比拟。如果大军来临就俯首就擒，大军返回后就夜郎自大据地称雄，所以世世代代没有大的兵灾，而且矿产特别多，所以丽江府的富庶在众多的土府中数第一也就不奇怪了。

二十六日　晨，饭于小楼。通事父言，木公闻余至，甚喜，即命以明晨往解脱林①候见。谕诸从者，备七日粮以从，盖将为七日款也。

【注释】①解脱林：即福国寺。《嘉庆重修一统志》丽江府寺观载："福国寺，在丽江县西北，雪山西南麓。旧名解脱林，明天启时赐此名。"至今当地人仍称解脱林，并能指出霞客住过的屋子。寺内有三层木结构建筑法云阁即藏经阁，俗称五凤楼，建于万历二十九年（1601），形制特殊，近年照原样搬迁至丽江城郊黑龙潭。

【译文】二十六日　早晨，在小楼吃饭。通事的父亲说，木公听说我来了，十分高兴，立即安排明天早晨去解脱林等候见面。吩咐众随从，预备七天的粮食带去，大概是要款待七天。

二十七日　微雨。坐通事小楼，追录前记。其地杏花始残，桃犹初放，盖愈北而寒也。

【译文】二十七日　下了毛毛雨。坐在通事家的小楼上，补写前几天的游记。这地方的杏花这时才开始凋谢，桃花还刚刚开放，大概是越往北就越冷。

二十八日　通事言木公命驾，下午向解脱林。解脱林在北坞西山之半，盖雪山南下之支，本郡诸刹之冠也。

【译文】二十八日　通事说木公命令备马，下午去解脱林。解脱林在北坞西面的半山腰上，大概是雪山向南下延的支脉，是本府诸寺中第一的大寺院。

二十九日　晨起，具饭甚早。通事备马，候往解脱林。始过西桥，由郡署前北上，挟黄峰东麓而北，由北坞而行，五里，东瞻象眠山，始与玉河上流别。又五里，过一枯涧石桥，西瞻中海[①]，柳岸波潆，有大聚落临其上，是为十和[②]院。其后即十和山，自雪山[③]南下之脉也。又北十里，有大道北去者，为白沙院[④]路；西北度桥者，为解脱林路，桥下涧颇深而无滴沥。既度桥，循西山而行，五里为崖脚院[⑤]。其处居庐交集，屋角俱插小双旗，乃把事之家也。院北半里，有涧自西山峡中下，有木梁跨其上。度桥，西北陟岭，为忠甸大道；由桥南溯溪西上岭者，即解脱林道。乃由桥南西向蹑岭，岭甚峻，二里稍夷，折入南峡，半里，则寺依西山上，其门东向，前分一支为案，即解脱林也。寺南冈上，有别墅一区，近附寺后，木公憩止其间。通事引余至其门，有大把事二人来揖，俱姓和。一主文，尝入都上疏，曾见陈芝台者；一主武，其体干甚长壮而面黑，真猛士也。介余入。木公[⑥]出二门，迎入其内室，交揖而致殷勤焉。布席地平板上，主人坐在平板下，其中极重礼也。叙谈久之，茶三易，余乃起，送出外厅事门，令通事引入解脱林，寓藏经阁之右厢。寺僧之住持者为滇人，颇能体主人意款客焉。

【注释】①中海：今仍存，在白沙以南。②十和：今称续和，又作束和，在中海附近。③雪山：即今玉龙雪山。④白沙院：今仍称白沙，在丽江古城稍北，属玉龙纳西族自治县，距玉龙雪山不远。至今保存有明代建筑大宝积宫和明代壁画，为全国重点文物保护单位。⑤崖脚院：今仍称崖脚，在白沙西邻的山脚下。⑥木公：即木增（1587—1646），又号生白世袭土知府，后加布政衔。其家族自明初以来，世代镇守云南。

【译文】二十九日　早晨起床，很早就备好了饭。通事备好马，等候前往解脱林。刚走过西桥，从府衙前往北上行，靠着黄峰的东麓往北走，经北坞前行五里，向东眺望象眠山，开始与玉河的上游分开。又走了五里，经过一条干涸山涧上的石桥，向西眺望中海，岸上垂柳，波光潆绕，有个村落濒临中海岸，这里是十和院。十和院的后面就是十和山，是雪山南下的支脉。又向北走十里，有条大路往北去的，是去白沙院的路；往西北过桥，是去解脱林的路。桥下的山涧很深却没有一滴水。过桥后，沿着西山前行五里后到达崖脚院。此处居民的房屋交错聚集，屋角都插着一对小旗子的，是把事的家。崖脚院以北半里处，有条山涧从西山的峡中流下来，有座木桥跨在山涧上。过桥后从西北登岭，是去忠甸的大路；从桥南逆着溪流向西上岭的，就是去解脱林的路。于是从桥南向西登岭，山岭地势十分陡峻，二里后逐渐平缓起来，折进南面的峡谷，半里后，就见寺院依傍在西山上，寺门向东，寺前分出一条支脉作为案山，就是解脱林了。寺南的山冈上，有一片别墅，靠近寺后，木公就在那里休息。通事带领我来到别墅门口，有两个大把事来拱手行礼，两人都姓和。一人主管文案，曾经进京上奏疏，见过陈芝台（陈仁锡）；一人主管武备，他的身材十分高大健壮，而且面孔黝黑，真是勇猛之士。随同我进去。木公走出二门，迎接我进他的内室，互相作揖行礼并殷勤致意。在平板上布置了席位，主人坐在平板下，是这里最重的礼节。叙谈了很久，换了三次茶水，我才起身，木公把我送出外客厅的门，让通事带我进入解脱林，住在藏经楼的右厢房。寺中的住持是云南人，很能体会主人的意思来款待客人。

滇游日记七

【题解】《滇游日记七》是徐霞客于崇祯十二年（1639）二月在丽江、鹤庆、剑川、浪穹（今洱源县）等地所写的游记。本游记在乾隆刻本第七册下。

二月初一（3月5日）至初十，徐霞客留在丽江。在这里，徐霞客受到了钟爱中原文化的丽江纳西族土司木增的尊敬和款待，木增赠予他许多的白银绸缎、珍馐美馔。这十天，他受木增所托，为其撰写的《云薖淡墨》作序，并加以校正编订，又为木增写信向黄石斋（黄道周）讨要序文，邀请名士吴方生，还为木增修《鸡足山志》，点评校正木增四子的文章。这十天，徐霞客作为中原文化的传播者，通过他的努力，为丽江留下了极其宝贵的历史资料，也在一定程度上推动了丽江纳西族文化的发展，实现了中原与少数民族的友好交往。此外，他在日记中对纳西族的生产生活、风俗文化、民族关系等做了较为详细的记录。如其中记载了丽江对牦牛的利用及其分布位置，记载了当地的天花状况及对天花的处理办法，为后人留下了珍贵的资料，具有极高的研究价值。

十一日，徐霞客离开丽江来到冯密，宿在陈生家中，在陈生的带领下观览东山山麓。十二日，前往鹤庆府，途中游青玄洞、香米龙潭、鹤鸣寺，并在日记中对鹤庆府的石宝山、象眠山、漾共江进行了简单地介绍与考证。十四日，行至剑川州，登金华山，览莽歇岭。十八日，至浪穹城护明寺拜访何巢阿公，在何公或其儿子的陪同下游茈碧湖、九炁台、佛光寨，期间听琴吟诗，游湖登山，很是欢喜。

二月十一日，徐霞客离开丽江南下，途经鹤庆，游青玄洞，并考察了鹤庆的龙潭群。再往西经汝南哨、山塍塘，十四日抵剑川州。徐霞客在剑川遍游金华山上的土主庙、天王石、玉皇阁、三清阁、玉虚亭、崖门诸胜；勇攀莽歇岭，观玉皇阁及山顶摩崖；以后又游石宝山的宝相寺。十八日抵浪穹县（今洱源县），在何巢阿的精心安排下，徐霞客泛舟茈碧湖，考察九气台温泉，游佛光寨，尽湖山之胜。

己卯二月初一日　木公命大把事以家集黑香白镪[①]十两来馈。下午，设宴解脱林东堂，下藉以松毛，以楚雄[②]诸生许姓者陪宴，仍侑[③]以杯缎。银杯二只，绿绉纱一匹。大肴八十品，罗列甚遥，不能辨其孰为异味也。抵暮乃散。复以卓席馈许生，为分犒诸役。

【注释】①白镪（qiǎng）：即银子。②楚雄：元设威楚县，明太祖洪武十五年（1382）改威楚开南路置，治楚雄（今云南楚雄）。辖境相当今云南南华、牟定、楚雄、双柏、南涧等市县地，1913年废。③侑（yòu）：酬报。

【译文】己卯年（崇祯十二年）二月初一日（1639年3月5日）木公让大把事拿来家中收集的黑香、白银十两馈赠给我。下午，在解脱林东堂设宴，地下铺着松叶，安排楚雄府许姓的书生陪宴，并用银杯、绸缎作为酬报。银杯两只，绿绉纱一匹。八十种菜肴，摆放得很远，已不能分辨出哪些菜是奇珍异味了。到天黑才散席。又安排了一桌宴席馈赠给许姓的书生，用来分别犒劳各位差役。

初二日　入其所栖林南净室，相迎设座如前。既别，仍还解脱林。昨陪宴许君来，以白镪易所侑绿绉纱去。下午，又命大把事来，求作所辑《云薖淡墨》[1]序。

【注释】①《云薖（kē）淡墨》：共六卷，木增撰。《四库全书总目》子部杂家类有存目，并载："增好读书，多与文士往还，是书盖其随笔摘抄之本，大抵直录诸书原文，无所阐发，又多参以释典道藏之语，未免糅杂失伦，特以其出自蛮陬，故当时颇传之云。"

【译文】初二日　我来到木公居住的解脱林南静室，木公相迎设座和先前一样。辞别之后，仍然返回解脱林。昨天陪宴的许君前来，用白银把酬报我的绿色绉纱换走。下午，木公又派大把事前来，请我为他编纂的《云薖淡墨》作序。

初三日　余以叙稿送进，复令大把事来谢。所馈酒果，有白葡萄、龙眼、荔枝诸贵品，酥饼、油线、细若发丝，中缠松子肉为片，甚松脆。发糖[1]白糖为丝，细过于发，千条万缕，合揉为一，以细面拌之，合而不腻。诸奇点。

【注释】①发糖：即丝窝糖，用燕麦制的马尾松糖，也是发糖。

【译文】初三日　我把序言的稿子送进去，木公又派大把事前来致谢。馈赠的酒果有白葡萄、龙眼、荔枝等珍贵的果品，还有酥饼、油线、细如头发丝，中间缠着松子肉做成片状，非常松脆。发糖白糖制成丝，细得超过头发丝，千条万缕，揉和在一起，把细面粉拌进去，拌合后才不腻。各种奇特的点心。

初四日　有鸡足僧以省中录就《云薖淡墨》缴纳木公。木公即令大把事传示，求为较政[1]。其所书洪武体虽甚整，而讹字极多，既舛落无序，而重叠颠倒者亦甚。余略为标正，且言是书宜分门编类，庶无错出之病。晚乃以其书缴入。

【注释】①较政：通“校正”，进行校对，加以改正。

【译文】初四日　有鸡足山的僧人把在省城中抄录好的《云薖淡墨》递交给木公。木公随即让大把事送给我看，请我为书校正。书中的洪武字体虽然十分工整，但错字极多，既字句排列错落无序，而且重叠颠倒的内容也很严重。我略略加以订正，并且说此书应该分门别类编排，这样就不会有重重出现错误的问题。晚上才把这本书交进去。

初五日　复令大把事来致谢。言明日有祭丁[1]之举，不得留此盘桓，特令大把事一人听候。求再停数日，烦将《淡墨》分门标类，如余前所言。余从之。以书入谢，且求往忠甸[2]，观所铸三丈六铜像。既午，木公去，以书答余，言忠甸皆古宗[3]，路多盗，不可行。盖大把事从中沮[4]之，恐觇[5]其境也。是日，传致油酥面饼，甚巨而多，一日不能尽一枚也。

【注释】①祭丁：即丁祭。古代风俗，旧时每年仲春及仲秋上旬丁日祭奠先圣先师。②忠甸：即今香格里拉县，为迪庆藏族自治州首府。③古宗：明代以来，称云南境内的藏族为古宗。④沮（jǔ）：阻止。⑤觇（chān）：察看。

【译文】初五日　木公再次派大把事前来致谢。说明天有祭祀至圣先师的活动，不能在此地逗留，特地派遣一个大把事前来听候吩咐。让我再停留几天，烦请我将《云薖淡墨》分门别类，像我前一天所说的那样。我同意了这件事。写信向木公致谢，并请求前往忠甸，观赏那里铸造的三丈六尺高的铜像。午后，木公离去，写信答复我，说忠甸居住的都是藏族，路上多有强盗，不能前去。大概是大把事从中阻扰，害怕我窥探他们的辖境。这天，送来油酥面饼，饼很大而且很多，一天都不能吃完一个。

初六日　余留解脱林校书。木公虽去，犹时遣人馈酒果。有生鸡大如鹅，通体皆油，色黄而体圆，盖肥之极也。余爱之，命顾仆腌为腊鸡。

【译文】初六日　我留在解脱林校正书。木公虽然离开了，但仍然不时派人送来酒果。有像鹅一样大的活鸡，全身都是油，颜色金黄而身体圆硕，肥到了极致。我很喜欢，就让顾仆腌制成腊鸡。

解脱林倚白沙坞西界之山。其山乃雪山之南，十和后山之北，连拥与东界翠屏、象眠诸山，夹白沙为黄峰后坞者也。寺当山半，东向，以翠屏为案，乃丽江之首刹，即玉龙寺[①]之在雪山者，不及也。寺门庑阶级皆极整，而中殿不宏，佛像亦不高巨，然崇饰庄严，壁宇清洁，皆他处所无。正殿之后，层台高拱，上建法云阁，八角层甍，极其宏丽，内置万历时所赐藏经焉。阁前有两庑，余寓南庑中。两庑之外，南有圆殿，以茅为顶，而中实砖盘。佛像乃白石刻成者，甚古而精致。中止一像，而无旁列，甚得清净之意。其前即斋堂香积[②]也。北亦有圆阁一座，而上启层窗，阁前有楼三楹，雕窗文槅[③]，俱饰以金碧，乃木公燕憩之处，扃而不开。其前即设宴之所也。其净室在寺右上坡，门亦东向，有堂三重，皆不甚宏敞，四面环垣仅及肩，然乔松连幄，颇饶烟霞之气。闻由此而上，有拱寿台、狮子崖，以迫于校雠[④]，俱不及登。

【注释】①玉龙寺：即今玉峰寺处，位于白沙北面的玉龙村后。至今还有明代茶花一株，枝叶盘错成凉棚，花繁叶茂，生长良好。②香积：香积厨的省称，指寺里的厨房。③槅（gé）：房屋或器物的隔板。④校雠（jiào chóu）：即校对。

【译文】解脱林倚靠着白沙坞西部的山脉。这座山在雪山的南面，十和后山的北面，环绕连接东面一列的翠屏山、象眠山等山，与白沙相夹成为黄峰后面山坞的地方。寺院位于半山腰，面向东，以翠屏山为案山，是丽江府头等的寺院，就是雪山上的玉龙寺，也比不上。寺院的山门、廊庑、台阶修砌极为工整，但中间的大殿不宏伟，佛像也不高大，然而装饰得十分庄严，墙壁屋宇清洁，都是其他地方所见不到的。正殿的后方，高台层层拱立，上面建了法云阁，八角拱起的屋脊，极其宏伟壮丽，里面供奉着明神宗万历年间朝廷恩赐的大藏经。法云阁前两边有廊庑，我住在南面的廊庑中。两边的廊庑之外，南边有个圆形佛殿，用茅草盖顶，中间却用砖环绕砌实。佛像是用白色石头雕刻成的，十分古朴精致。殿中只有一尊佛像，而旁边没有排列其他雕像，很是有清净的意境。殿前就是寺中饭堂和厨房。北边也有一座圆形的阁子，上面开有一层窗子，阁前有座三开间的楼房，雕刻着花纹的花窗和格子门，都装饰了黄金碧玉，这里就是木公休息的地方，门关着没有打开。楼前就是设宴的场所。寺院的静室在寺右上方的坡上，门也是向东，有三层堂屋，都不是很宽敞宏伟，四面环绕的墙高度与肩头平齐，然而高大的松树连为一片，颇有烟霞之气。听说从此处上走，有拱寿台、狮子崖，我因为忙于校书，所以来不及攀登。

初六、初七日　连校类分标，分其门为八。以大把事候久，余心不安，乃连宵篝灯，丙夜①始寝。是晚既毕，仍作书付大把事，言校核已完，闻有古冈之胜，不识导使一游否？古冈者，一名佩俜，在郡东北十余日程，其山有数洞中透，内贮四池，池水各占一色，皆澄澈异常，自生光彩。池上有三峰中峙，独凝雪莹白，此间雪山所不及也。木公屡欲一至其地，诸大把事言不可至，力尼之，数年乃得至，图其形以归。今在解脱林后轩之壁，北与法云阁相对，余按图知之。且询之主僧纯一，言其处真修者甚多，各住一洞，能绝粒休粮，其为首者有神异，手能握石成粉，足能顿坡成洼，年甚少而前知。木公未至时，皆先与诸土人言，有贵人至，土人愈信而敬之。故余神往而思一至也。

【注释】①丙夜：三更时候，为晚上十一时至凌晨一时。

【译文】初六、初七日　连日校对、分类、标目，全书分为八个门类。由于大把事等候的时间太久，我心中不安，就连夜点灯校书，三更天才睡下。这天晚上完工后，就写信交给大把事，信中写到书的校对已经完成，听说有处古冈的胜景，不知能否派人引导我去游览一番？古冈，又叫儢儸，在距离府城东北方十多天路程的地方，那里的山有几个中间穿透的山洞，洞内贮有四池水，池中的水各有一种颜色，都异常清澈，自然生出光彩。水池上有三座山峰耸峙在中间，凝结的冰雪特别晶莹洁白，是这一带的雪山不能比的。木公多次想去一回那个地方，诸位大把事说不能去，竭力阻止，几年后才得以到那里，画了古冈的风景图归来。图如今在解脱林后轩廊的墙壁上，北面和法云阁相对，我根据图画知道这个地方。并且向主持僧纯一打听这个地方，纯一说那里真正修行的人很多，各人住一个山洞，能绝食断粮，那为首的修行人很是神异，能用手把石头捏成粉末，能用脚把山坡踩成洼地，年纪很轻却能知道未来的事。木公还没来时，都事先和许多当地人说，有贵人要来，当地人愈加相信和崇敬他。所以我十分神往，想去一次。

初八日　昧爽，大把事赍册书驰去，余迟迟起。饭而天雨霏霏。纯一馈以古磁杯、薄铜鼎，并芽茶为烹瀹之具。备马，别而下山。稍北，遂折而东下，甚峻，二里至其麓。路北有涧，自雪山东南下，随之东半里，有木桥。渡涧西北逾山为忠甸道；余从桥南东行，半里，转而东，是为崖脚院，倚山东向。其处居庐连络，中多板屋茅房。有瓦室者，皆头目之居，屋角俱标小旗二面，风吹翩翩，摇漾于夭桃[1]素李之间。宿雨含红，朝烟带绿，独骑穿林，风雨凄然，反成其胜。院东南有洼地在村庐间，中涸无水，尚有亭台堤柳之形，乃旧之海子环为园亭者，今成废壑矣。又南二里，有枯涧嵌地甚深，乃雪山东南之溪，南注中海者。今引其水东行坞脊，无涓滴下流涧中，仅石梁跨其上。度梁之东，即南随引水行，四里，望十和村落在西，甚盛。其南为中海，望之东南行，其大道直北而去者，白沙道也。南四里，有枯涧东西横坞中，小石梁南跨之。

【注释】①夭桃：《诗·周南·桃夭》："桃之夭夭，灼灼其华。"后以"夭桃"称艳丽的桃花。

【译文】初八日　黎明，大把事带着书册疾驰而去，我迟迟才起床。饭后小雨霏霏。纯一赠送给我古瓷杯、薄铜鼎以及芽茶，作为烧水烹茶的器具。我备好马，和纯一告别后下山。稍向北，就转向东下走，山路十分陡峻，二里后到达山麓。路北有条山涧，从雪山上向东南下流，随后顺着山涧往东走了半里，有座木桥。渡过山涧向西北翻过山是去忠甸的路；我从桥南往东走，半里后，转向东，这是崖脚院，倚靠着山，面向东。此处居民的房屋连绵不断，其中大多是木板房和茅草房。瓦房都是头目的家，屋角都插着两面小旗子，风吹得翩翩舞动，在艳丽的桃花和素淡的李花之间摇摆飘动。夜间的雨滴包裹着红花，缕缕晨间的炊烟夹带着翠绿的山林，我独自骑马穿梭于树林之间，风雨凄凉，反而成为一种胜景。崖脚院东南有块洼地在村居房屋之间，洼地干涸没有水，还留有亭台堤柳的形迹，是从前围绕着海子建园林亭台的地方，如今是废弃的壑谷了。又往南走了二里，有条干枯的山涧嵌入地下很深，是雪山东南的溪流，往南流入中海的河道。如今把雪山的水引向东流经山脊下的山坞，没有一滴水流到山涧中，只有石桥横跨在山涧上。走过桥的东边，就向南顺着引流来水前行，四里后，望见十和村在西边，十分兴盛。村南是中海，望着中海往东南走，大路一直向北而去的，是去白沙的路。往南走了四里，有条干枯的山涧呈东西向横亘在山坞中，小石桥南跨山涧之上。

又东五里，东瞻象眠山[①]已近。通事向许导观象鼻水[②]，至是乃东南行田间，二里，抵山下。水从坎下穴中西出，穴小而不一，遂溢为大溪，折而南去。二里，析为二道，一沿象眠而南，一由坞中倒峡；过小石桥，又析为二，夹路东西行。五里，至黄峰山北，所引之水，一道分流山后而去，一道东随黄峰而南。始知黄峰之脉，自象鼻水北坡垂坞中南下，至此结为小峰，当坞之口，东界象眠山亦至此南尽，西界山自中海西南环绕而北，接十和后山。南复横开东西大坞，南龙大脊，自西而东列案于前，其上乌龙峰，独耸文笔于西南，木家院南峰，回峙雄关于巽位[③]。众大之中，以小者为主，所以黄峰为木氏开千代之绪也。从黄峰左腋南上西转，又一里，出其南，则府治东向临溪而峙，象鼻之水环其前，黄峰拥其后。闻其内楼阁极盛，多僭制，故不于此见客云。

【注释】①象眠山：即今丽江古城北郊的象山。在今云南鹤庆县南二十五里。《方舆纪要》卷117鹤庆军民府“龙珠山”条下：象眠山“山势逶迤，如象眠然，因名”。②象鼻水：今名黑龙潭，为丽江著名风景区，明末尚无，清乾隆二年（1737）辟为潭，建龙王庙，被清廷敕封“龙神”，因称黑龙潭。黑龙潭又称玉泉，泉水通过丽江城内，称为玉河，分为若干明渠，清流伴街，纵横交错，形成丽江城独特的秀丽景色。③巽（xùn）位：

巽为八卦之一，以八卦定方位，巽位为东南方。

【译文】又向东五里，往东远望象眠山已经很近了。通事之前答应带我去看象鼻水，到这时就向东南行走在田间，二里，到达山下。水从高坎下的洞穴中往西流出来，洞小而且不止一个，水溢出来后形成大的溪流，转而向南流去。二里，大溪分为两条支流，一条沿着象鼻山往南流，一条流经山坞中倒流进峡谷；走过小石桥，又分为两条水流，夹在道路东西两边流淌。五里，来到黄峰山的北面，引流的水，一条分流到山后流去，一条向东跟随黄峰往南流。才知道黄峰的山脉，从象鼻水北面的山坡下垂到山坞中向南延伸，延到这里盘结为小山峰，挡在山坞口，东面的象眠山也延伸到此地就到了南面的尽头，西面一列山从中海西南向北环绕，连接十和村的后山。南面又横向展开一个东西向的大山坞，南面的山脉主脊，从西向东排列在前方成为案山，上峰主脊上的乌龙峰，文笔峰独自耸立在西南方，木家院的南峰，像险要的关口环绕耸峙在东南方。众多的大山之中，以小山为主，这就是黄峰成为木氏家族开创千秋万代事业根基的原因。从黄峰左侧向南上行转向西，又走了一里，到山峰南面，就见府衙向东面临溪流矗立，象鼻水环绕在府衙前方，黄峰围护在府衙后方。我听说府衙内的楼阁极为奢华，多超越本分，因此不在这里会见客人。

先是未及黄峰三里，有把事持书，挈一人荷酒献胙①，冲雨而至，以余尚未离解脱也。与之同过府治前，度玉河桥，又东半里，仍税驾于通事小楼。读木公书，乃求余乞黄石斋叙文，并索余书，将令人往省邀吴方生者。先是木公与余面论天下人物，余谓："至人惟一石斋。其字画为馆阁②第一，文章为国朝第一，人品为海宇第一，其学问直接周、孔，为古今第一。然其人不易见，亦不易求。”因问：“可以亲炙[3]者，如陈、董之后，尚有人乎？”余谓：“人品甚难。陈、董芳躅[4]，后来亦未见其继，即有之，岂罗致所及？然远则万里莫俦，而近则三生自遇。有吴方生者，余同乡人，今以戍侨寓省中。其人天子不能杀，死生不能动，有文有武，学行俱备，此亦不可失者。”木公虑不能要致，余许以书为介，故有是请，然尚未知余至府治也。使者以复柬返。前缴册大把事至，以木公命致谢，且言古冈亦艰于行，万万毋以不赀[5]蹈不测。盖亦其托辞也。然闻去冬亦曾用兵吐蕃不利，伤头目数人，至今未复，傈僳、古宗皆与其北境相接，中途多恐，外铁桥亦为焚断。是日雨阵时作，从楼北眺雪山，隐现不定，南窥川甸，桃柳缤纷，为之引满[6]。

【注释】①胙（zuò）：古代祭祀时供的肉。②馆阁：北宋有昭文馆、史馆、集贤院三馆和秘阁、龙图阁等阁，分掌图书经籍和编修国史等事务，通称“馆阁”。明代将其职掌移归翰林院，故翰林院亦称“馆阁”。清代沿之。③亲炙：亲受教育熏陶。④芳躅（zhú）：前贤的踪迹。⑤不赀（zī）：亦作“不訾”。形容十分贵重。⑥引满：斟酒满杯而饮。

【译文】先前在距离黄峰三里处的地方，有把事拿着信，带领一人挑着酒肉，冒雨前来，以为我还没离开解脱林。与他们一同路过府衙前，走过玉河桥，又往东走了半里，仍然停歇在通事的小楼上。阅读木公的信，原来是请我向黄石斋讨要一篇序文，并要我写信，将派人去省城请吴方生。此前木公与我当面谈论天下人物，我说：“完人只有一个黄石斋。他的字画在翰林院数第一，文章在本朝第一，人品是海内第一，他的学问直接继承周公、孔子，是古今第一。

但他这个人不容易见，也不容易求。”木公因此问：“可以亲自聆听教诲，例如陈、董之后的，还有人吗？”我说：“人品很难。陈、董的美德事迹，后来也没见有人继承，即使有这样的人，哪里能是搜罗来的？不过远的在万里之外无法相伴，近的却能在三生中自然相遇。有个叫吴方生的是我的同乡，如今因为戍守边地侨居在省城中。这个人天子不能杀，生死不能动摇，能文能武，学问德行都具备，这也是个不可错失的人才。”木公担心不能把他邀请来，我答应写信介绍，因此有现在的请求，但还不知道我已到府衙了。使者拿着回信回去。之前送书册的大把事来了，按照木公的吩咐来致谢，并且说去古冈的路也很艰险，万万不要用宝贵的生命去冒意外的风险。大概这也是木公推托的借口。但是我听说去年冬天曾对吐蕃用兵失利，伤了几个头目，至今没有恢复，傈僳、古宗都与丽江府北部辖境接壤，途中多有让人害怕的事，外铁桥也被烧断了。这天阵雨不时地下，从楼上向北眺望雪山，时隐时现，往南观看一马平川的坝子，桃柳缤纷，为此斟酒满杯而饮。

是方极畏出豆[①]。每十二年逢寅，出豆一番，互相牵染，死者相继。然多避而免者。故每遇寅年，未出之人，多避之深山穷谷，不令人知。都鄙间一有染豆者，即徙之九和[②]，绝其往来，道路为断，其禁甚严。九和者，乃其南鄙，在文笔峰南山大脊之外，与剑川接壤之地。以避而免于出者居半，然五六十岁，犹惴惴奔避。木公长子之袭郡职者，与第三子俱未出，以旧岁戊寅，尚各避山中，越岁未归。惟第二、第四名宿，新入泮[③]鹤庆。者，俱出过。公令第四者启来候，求肄文木家院焉。

【注释】①出豆：即传染病天花。②九和：今作九河，在玉龙县南境，石鼓以南。③入泮（pàn）：古代学官前有泮水，故称学校为泮宫。科举时代学童入学为生员称为“入泮”，亦作“游泮”。

【译文】这地方的人非常害怕出痘。每十二年遇到虎年时，就会出一次水痘，互相传染，死亡的人连续不断。不过大多数人因为躲避开而能幸免。所以每到虎年，没有出痘的人，大多是躲到深山穷谷之中，不让人知道。城郊一旦有传染上水痘的人，就马上把他迁移到九和，断绝与他的来往，道路被截断，禁令很严。九和这个地方，是丽江府城南部的偏远之地，在文笔峰南山的主脊之外，与剑川州接壤的地方。靠躲避而免于出痘的人占一半，而且五六十岁的人，仍然惴惴不安奔走逃避。木公要沿袭知府职位的长子与第三子都没出过水痘，因为去年是戊寅虎年，还各自在山中躲避，过一年了还没回来。只有第二子、第四子名宿，最近才到鹤庆上学。都出过痘。木公安排第四子寄书信来问候，邀请到木家院研习文章。

初九日　大把事复捧礼仪来致谢，酬校书之役也。铁皮褥一，黄金四两。再以书求修《鸡山志》，并恳明日为其四子校文木家院，然后出关。院有山茶甚巨，以此当折柳也。余许之。是日仍未霁，复憩通事楼。

【译文】初九日　大把事又捧着礼物来致谢，酬劳校书的事。铁皮褥子一床，黄金四两。木公再次写信请我修纂《鸡足山志》，并恳请我明天在木家院替他的第四子校正文章，然后再出关。木家院有棵山茶树长得十分巨大，用山茶来代替折柳送行。我同意了。这天天气仍然没有转晴，于是又在通事的楼上休息。

其俗新正重祭天之礼。自元旦至元宵后二十日，数举方止。每一处祭后，大把事设燕燕木公。每轮一番，其家好事者费千余金，以有金壶八宝之献也。

【译文】这里的风俗新年正月重视祭天的礼仪。从元旦到元宵节后的二十天内，举行数次才结束。每一次祭天之后，大把事要设宴宴请木公。每轮转一番，那些好事的人家要耗费一千多两银子，因为有金壶和八宝的献祭。

其地田亩，三年种禾一番。本年种禾，次年即种豆菜之类，第三年则停而不种。又次年，乃复种禾。

【译文】这里的土地，三年轮种稻谷一次。当年种稻谷，次年就种豆、菜之类，第三年就停止不种。再下一年，才又开始种稻谷。

其地土人皆为麽些[①]。国初汉人之戍此者，今皆从其俗矣。盖国初亦为军民府，而今则不复知有军也。止分官、民二姓，官姓木，初俱姓麦，自汉至国初。太祖乃易为木。民姓和，无他姓者。其北即为古宗。古宗之北，即为吐蕃。其习俗各异云。

【注释】①麽些（mó xiē）：又作“磨些”“摩沙”，即今纳西族。

【译文】这里的土著居民都是麽些族。明朝初年来此地戍守的汉人，如今都接受了当地的习俗。原来明朝初年也是军民府，如今却不再知道有军人了。只分为官、民两种姓氏，当官的姓木，最初都姓麦，从汉朝到明朝初年。太祖皇帝时才改为木姓。百姓姓和，没有别的姓氏。丽江府北边就是古宗。古宗的北边。就是吐蕃。他们的风俗各不相同。

古宗北境雨少而止有雪，绝无雷声。其人南来者，至丽郡乃闻雷，以为异。

【译文】古宗北部辖境内只有雪而雨少，绝对没有雷声。那里的人来到南边的，到丽江府才听到过雷声，认为很奇异。

丽郡北，忠甸之路有北岩，高阔皆三丈，崖石白色而东向。当初日东升，人穿彩服至其下，则满崖浮彩腾跃，焕然夺目，而红色尤为鲜丽，若镜之流光，霞之幻影。日高则不复然矣。

【译文】丽江府北境，去忠甸的路上有北岩，高处宽处都是三丈，崖石是白色的而且面向东方。当太阳从东方升起时，人穿着彩色的衣服来到北岩下，整个石崖上就会有浮动的彩光腾跃，光彩夺目，红色尤其鲜丽，如同镜里流动的光彩，彩霞的幻影。太阳升高后就不再是这样了。

初十日　晨餐后，大把事复来候往木家院。通事具骑，而大把事忽去，久待不至，乃行。东向半里，街转南北，北去乃象眠山南垂，通安州[①]治所托，南去乃大道。半里，过东桥，于是循溪南岸东南行。三里，有柳两三株，在路右塍间，是为土人送行之地。其北有坞，东北辟甚遥。盖雪山之支，东垂南下者两重，初为翠屏、象眠，与解脱、十和一夹而成白沙坞；再为吴烈东山，与翠屏、象眠再夹而成此坞，其北入与白沙等。其北度脊处，即金沙江逼雪山之麓而东者。东山之外，则江流南转矣。脊南即此坞，中有溪自东山出，灌溉田畴更广。由此坞东北逾脊渡江，即香罗[②]之道也。坞中溪东南与玉河会于三生桥之东，又有水西南自文笔山沿南山而东转，随东圆冈之下，经三生桥而东与二水会，于是三水合而成漾共江之源焉。东员冈[③]者，为丽郡东南第一重锁钥。盖有大脊自西来，穹为木家院后高峰大脊，从此南趋鹤庆。其东下者为邱塘关，其东北下者，环转而为此冈，直逼东山之麓，束三水为一，沿东山南下而出邱塘东峡，自七和、冯密而达鹤庆。冈首回环向郡，南山之溪经其下，巩桥度之，曰三生桥。桥北有二坊，两三家为守者。自柳塘至此，又五里矣。其北皆良畴，而南则登坡焉。一里，升坡之巅，平行其上。右俯其坡内抱，下辟平坞，直北接郡治，眺其坡，斜削东下，与东山夹溪南流。坡间每有村庐，就洼傍坎，桃花柳色，罨映高下。三里，稍下就洼，有水成痕，自西而东下于溪。又南逾一坡，度板桥而南，则木家院[④]在是矣。

【注释】①通安州：元至元十四（1277）于三赕置，属丽江路。治所即今云南丽江纳西族自治县。明为丽江府治。清顺治十六年(1659)废。②香罗:明设香罗甸长官司,隶云南永宁府,治今四川省木里藏族自治县西北。清废。③东员冈:上句作“东圆冈”。冈北今有东元桥,位置约即明代三生桥。④木家院:在今丽江古城南8公里漾西村,又称万德宫。今存门楼、过厅及北厢。

【译文】初十日　早餐后,大把事又来等我去木家院。通事备好马,可大把事却突然走开了,等了很久也没来,于是我出发。向东走了半里,街道转成南北走向,往北去是象眠山的南垂,通安州的治所在那里,往南去是大路。半里后,走过东桥,于是沿着溪流的南岸往东南走。三里后,看到有两三棵柳树,在路右边的田埂间,这里是当地人送行的地方。这里北面有山坞,向东北方延伸得非常遥远。原来雪山的支脉,东垂往南下延的山有两层,第一层是翠屏山、象眠山,与解脱林、十和院首先相夹成白沙坞;第二层是吴烈东山,与翠屏山、象眠山再次相夹成为这个山坞,这个山坞向北进去的深远处与白沙坞相同。山坞北面山脊的延伸处,是金沙江逼近雪山山麓往东流的地方。东山之外,江流就向南转了。山脊南面就是这个山坞,山坞中有溪水从东山流出来,灌溉的田野更加广阔。由这个山坞往东北翻越山脊渡江,就是去香罗长官司的道路,山坞中的溪水往东南流与玉河在三生桥东边汇流,又有条河水从西南方的文笔山沿着南山往东转,顺着东圆冈向下,流经三生桥后往东流与两条河流汇合,在这里三条河流汇成漾共江的源头。东圆冈这个地方,是丽江府东南的第一层军事要地。原来有大山脊从西面延伸而来,隆起成为木家院后高峰的大山脊,从这里向南一直到鹤庆府。往东下延的山是邱塘关,往东北下延的山环绕成为这座山冈,一直逼近东山山麓,把三条河流聚集成一条河,沿着东山往南下流后流出邱塘关东面的峡谷，自七和、冯密村而后到达鹤庆府。山冈顶对着府城环绕，南山的溪水流经山冈下，有座拱桥跨过溪流，称为三生桥。桥北有两座牌坊，有两三户人家守桥。从柳塘抵达这里，又是五里的距离。溪流北岸都是良田，而南面就是上登山坡了。一里后，爬到坡顶，平缓地在坡顶上行走。向右俯视，这条山坡向内环抱，坡下开辟为平坦的山坞，一直向北接到府治，眺望这条山坡，斜斜地向东削下去，与东山夹住溪水往南流。坡上到处都有村舍，靠近洼地，依傍土坎，桃红柳绿，高下掩映。三里后，渐渐下到洼地中，有小股成痕迹的水流，自西向东流到溪流中。又往南翻越一条山坡，过板桥后往南走，木家院就在这里了。

先是途中屡有飞骑南行，盖木公先使其子至院待余，而又屡令人来，示其款接之礼也。途中与通事者辄唧唧语，余不之省。比余至，而大把事已先至矣，迎入门。其门南向甚敞，前有大石狮，四面墙垣之外，俱巨木参霄。甫入，四君出迎，入门两重，厅事亦敞。从其右又入内厅，乃拜座进茶。即揖入西侧门，搭松棚于西庑之前，下藉以松毛，以示重礼也。大把事设二卓，坐定，即献纸笔，袖中出一小封，曰："家主以郎君新进诸生，虽事笔砚，而此中无名师，未窥中原文脉，求为赐教一篇，使知所法程，以为终身佩服。"余颔之。拆其封，乃木公求余作文，并为其子斧正[①]。书后写一题曰："雅颂各得其所。"余与四君，即就座拈毫[②]，二把事退候阶下。下午，文各就。余阅其作，颇清亮。二把事复以主命求细为批阅。余将为举笔，二把事曰："馁久矣，请少迟之。后有茶花，为南中之冠，请往一观而就席。"盖其主命也，余乃从之。由其右转过一厅，左有巨楼，楼前茶树，盘荫数亩，高与楼齐。其本径尺者三四株丛起，四旁萎蕤[3]下覆甚密，不能中窥。其花尚未全舒，止数十朵，高缀丛叶中，虽大而不能近觑。且花少叶盛，未见灿烂之妙，若待月终，便成火树霞林，惜此间地寒，花较迟也。把事言，此树植与老把事年相似，屈指六十余。余初疑为数百年物，而岂知气机发旺，其妙如此。已还松棚，则设席已就。四君献款，复有红毡、丽锁之惠。二把事亦设席坐阶下，每献酒则趋而上焉。四君年二十余，修皙清俊，不似边陲之产，而语言清辨可听，威仪动荡，悉不失其节。为余言北崖红映之异。时余欲由九和趋剑川，四君言："此道虽险而实近，但此时徙诸出豆者在此，死秽之气相闻，而路亦绝行人，不若从鹤庆便。"

【注释】①斧正：请人修改文章的客气话。②拈（niān）毫：拿笔。借指写作或绘画。③萎蕤（ruí）：又作"葳（wēi）蕤"，形容草木茂盛枝叶下垂的样子。

【译文】在这之前途中多次见到飞驰的骑马人向南行，大概是木公让他的儿子先到木家院等我，而且又多次派人来，指示他诚恳接待的礼节。途中来的人与通事总是唧唧唧的说话，我听不懂。等我到的时候，大把事已经先到了，迎我进门。院门朝南，非常宽敞，门前有高大的石狮子，四面围墙之外，都是巨树参天。刚进门，四公子就出来迎接，进了两重门，大厅也很宽敞。从大厅右边又进入内厅，才行礼入座献茶。随即请我进西侧门，在西面的廊庑前搭起一座松棚，下面用松毛铺地，以表示隆重的礼节。大把事摆放了两张桌子，我坐稳后，他马上献上纸笔，袖子中拿出一个小信封，说："我家主人因为公子新近学府，虽学文墨，但此地学府中没有名师，还不能探察中原文章的条理脉络，请求赐教他一篇文章，使他了解可为法则的程式，以作为他终身佩服的。”我点头同意了。拆开那信封，内容是木公求我写篇文章，并为他儿子修改文章。信后边写了一个题目“雅颂各得其所”。我与四公子随即就坐写作，二把事退下台阶等候。下午，文章各自都写好了。我读了四公子的文章，很是清爽明朗。二把事又奉主人的命令求我仔细为他批阅。我刚提笔准备批改，二把事说：“饿了很久了，请等等再改。后面有茶花，在云南中数第一，请前往观赏一番再入席。”大概是他主人的命令，我听从了。由松棚右边转过一个厅堂，左边有座巨大的高楼，楼前方的茶花树，圆圆的树荫有几亩地，高处与楼平齐。有三四株直径一尺粗的树干成丛立起，四旁茂盛的枝叶十分茂盛，向下覆盖的很严密，不能窥探到中间。树上的花还没有完全绽放，只有几十朵，高高地点缀在丛生的枝叶中，花虽大却不能近观。况且花少叶茂，不能看的茶花灿烂的美景，如果等到月底，就会成为火树霞林，可惜此地气候寒冷，花开得较晚。把事说，这棵树种植的时间与老把事的年纪相似，屈指一算有六十多年了。我起初怀疑是几百年的树，而岂不知气候条件能让它生长旺盛，自然竟然有如此奥妙。不久返回松棚，就见宴席已经摆设好。四公子殷勤款待，又有红毡子、丽江锁的馈赠。二把事也摆设了席位坐在台阶下，每次敬酒就急忙走上台阶。四公子有二十多岁的年纪，体貌修长白净，清秀英俊，不像生长在边疆的人，而且说话的声音清晰可辨，举止仪容庄重，丝毫不失礼节。对我说起北崖红光映照的奇异景致。这时我想经由九和赶到剑川州去，四公子说：“这条路虽然险要但却近些，只是此时把许多出水痘的人搬到了这里，死尸污秽的气味到处都能闻到，而且路上人迹罕见，不如从鹤庆府走方便。”

肴味中有柔猪、牦牛舌，俱为余言之，缕缕可听。柔猪乃五六斤小猪，以米饭喂成者，其骨俱柔脆，全体炙之，乃切片以食。牦牛舌似猪舌而大，甘脆有异味。惜余时已醉饱，不能多尝也。因为余言，其地多牦牛，尾大而有力，亦能负重，北地山中人，无田可耕，惟纳牦牛银为税。盖鹤庆以北多牦牛，顺宁以南多象，南北各有一异兽，惟中隔大理一郡，西抵永昌、腾越，其西渐狭，中皆人民，而异兽各不一产。腾越之西，则有红毛野人，是亦人中之牦、象也。抵暮乃散。二把事领余文去，以四君文畀余，曰："灯下乞细为削抹，明晨欲早呈主人也。"余颔之。四君送余出大门，亦驰还郡治，仍以骑令通事送余。东南二里，宿村氓家。余挑灯评文，就卧其西庑。

【译文】美味菜肴中有乳猪、牦牛舌，四公子一一为我讲解，都很是动听。乳猪是五六斤重的小猪，用米饭喂养成的，猪骨柔软松脆，整只猪烘烤，再切成片吃。牦牛舌像猪舌头但大一些，甘甜松脆有奇异的味道。可惜我这时已经吃饱喝醉，不能再多尝了。因而对我说，这地方牦牛很多，尾巴大而且有力，也能够驮负重物，北部的山里人，无田可耕，只有缴纳牦牛银作为税金。大体上鹤庆府以北多产牦牛，顺宁府以南多产大象，南北各有一种奇异的野兽，只是中间隔着一个大理府，西面抵达永昌府、腾越州，西边的地势渐渐狭窄起来，山中都住有人，各地却不再有奇异的野兽。腾越州的西面，则有红毛野人，这也是人群中像牦牛、大象一类奇异的族类了。到了傍晚才散席。二把事拿了我的文章离去，把四公子的文章交给我说："请在灯光下细细为他修改，明天早晨想要早早呈报给主人。"我点头答应了。四公子送我出大门，也骑马奔回府治，仍然派马命令通事送我。往东南走了二里，住在村民家中。我点上油灯批改文章，就睡在了村民的西厢房。

十一日　昧爽，通事取所评文送木家院，就院中取饭至，已近午矣。觅负担者，久之得一人，遂南行。二里，抵南山下。循山东南一里，下越一坑底，仍东南上二里，出邱塘关。关内数家居之，有把事迎余献茶。其关横屋三楹，南向踞岭上，第南下颇削，而关门则无甚险隘也。其岭自西大脊分支东突，与东山对，夹漾共江于下，关门东脊临江之嘴，竖塔于上，为丽东南第二重锁钥。隔江之东山，至是亦雄奋而起，若与西大峰共为犄角者。关人指其东麓，即金沙江南下转而东南，趋浪沧、顺州①之间者。此地有路，半日逾此岭，又一日半而东南抵浪沧卫②。

【注释】①顺州：元至元十五年（1278）置，属丽江路。治所在今云南永胜县西四十六里州城。《元史·地理志》："俗名牛赕，昔顺蛮种……其酋成斗族渐盛，自为一部，迁于牛赕。"于是改牛赕为顺州。明洪武十五年（1382）属北胜府，寻属鹤庆府。清康熙八年废入鹤庆州，三十八年（1699）划原辖境入永北厅。今仍称顺州或州城，在永胜县西境，团街稍北。②浪沧卫：上句"浪沧"及此处"浪沧卫"，皆应为"澜沧卫"。明弘治九年（1496）后废澜沧卫军民指挥使司置，属云南都司。治所即今云南永胜县。《方舆纪要》卷117北胜州：澜沧山"在城西南二里，高二百余丈，卫与驿皆曰澜沧以此"。清康熙二十六年（1687）废。

【译文】十一日　黎明，通事取走我批改的文章送到木家院，到院中取饭赶到时，已经将近中午了。寻找挑担子的人，很久才找到一个人，于是向南走了二里，到达南山下。沿着南山往东南走了一里，下行越过一个深坑底部，仍然向东南上行二里，走到邱塘关。关内有几户人家居住，有把事迎接我并献上茶水。邱塘关横排着三间房屋，面向南，坐落在山岭上，只是南面下去相当陡削，然而关门却不怎么险要。这座山岭从西面的大山脊分出支脉向东前突，与东山相对，夹漾共江在山下面，关门东边的山脊面临江流的山嘴，在上面建了塔，是丽江府东南方的第二重军事要地。隔着江流的东山，绵延到这也是雄伟突兀拔地而起，好像是与西面的大山峰共同成为犄角的样子。守关的人指着山的东麓说，那就是金沙江往南下流转向东南，流经浪沧卫、顺州之间的地方。这里有路可走，半天后翻越此岭，又走了一日半后朝东南向到达浪沧卫。

出关，辞通事以骑返，余遂同担夫仍南向就小道下山。其道皆纯石嵯峨，践隙攀峰而下，二里，乃抵其麓。遂西南陟桥，桥西有坡，南向随之。半里，复下坡，西有坞南开，而中无水。又半里，横陟之，由西坡上半里，依西大山之麓转而东南行。一里余，路左复起石山，与西山对夹，路行其中。二里，逾脊南下，脊右有石崖下嵌，而东半石峰，尤为巀嶪[1]。南一里，东峰始降，复随西坡盘而西南。二里，其支复东突，再南逾之。下半里，还顾东突峰南，有崖嵌空成门，返步探之，虽有两门，而洞俱不深。又循西山而南，一里余，三四家倚西山下，于是复见漾共江出峡而下盘其麓，峡中始环叠为田，村之前，已引水为渠，循山而南，抵七和矣。随渠盘西山东突之嘴，又三里而抵七和。七和者，丽郡之外郛[2]也，聚落倚西山颇盛。其下坞中，水田夹江，木公之次子居此，其宅亦东向。由其前又南半里，为税局，收税者居之。又南渐下一里，复过一村，乃西南上坡。一里，陟坡顶，其上甚平。由其上平行而南，二里，有数家居坡脊，是为七和哨，则丽江南尽之鄙也，故设哨焉。

【注释】①巀嶪（jié yè）：高耸。②郛（fú）：古代城圈外围的城墙，后用以指屏障。

【译文】出关后，辞别通事骑马返回，我同挑夫仍旧向南走小道下山。这条小道都是高峻的石头，踩着石缝、攀着石峰下来，走了二里后，就到达山麓。于是从西南登上桥，桥西有条坡向南，顺着山坡走。半里后，又下坡，西面有个向南敞开的山坞，但是山坞中没有水。又走了半里，横向穿过山坞，由西边的山坡上行半里，靠着西面大山的山麓转向东南。走了一里多后，路左边又耸起石山，与西山对立，道路在两山之中。二里后，越过山脊向南下行，山脊右边有下嵌的石崖，而东边的半座石峰，尤为高险。向南走了一里，东峰开始逐渐降低，又顺着西面的山坡绕向西南。二里后，东峰的支脉又向东前突，再向南越过这座山。下行半里，回头看见向东前突山峰的南面，有石崖嵌入空中形成洞口，便返回去探寻，虽有两个洞口，可洞都不深。又沿着西山往南走，一里多后，有三四户人家倚靠在西山下，到这里又看到漾共江流出山峡后绕着山麓下流，峡中开始环绕着层层田地，村庄的前边，已经引水过来建成水渠，沿着山势往南流，流到七和。顺着水渠绕着西山向东突的山嘴，又走了三里后到达七和。七和这个地方，是丽江府的外城，聚落倚靠西山，十分兴盛。七和下面的山坞中，水田夹住江流，木公的次子住在这里，他的宅院也是面向东。由宅院前又往南半里的地方是税局，收税的人住在这里。再往南渐渐下行一里，又经过一个村子，就朝西南方向上坡而行了。一里后，爬上坡顶，坡顶十分平坦，由坡顶平缓地向南前行二里，有几户人家住在坡脊上，这里是七和哨，是丽江府南部的边远地带，所以在此地设立哨所。

哨南又半里，有路自东南横过西北者，为三岔黄泥冈。盖是坡自西大山下垂，由此亘而东南，横路随其脊斜去，脊西遂下陷成峡，黑龙潭当其下焉。大道由峡东直南，鹤庆、丽江之界，随此坡脊而分。故脊西下陷处，自西盘而南至冯密，其下已属鹤庆；脊东盘亘处南下冯密东，其内犹属丽江，此东西两界大山内之横界也。于是西瞰峡内，松箐遥连，路依东脊南向渐下，六里而至冯密。

【译文】从哨所向南又走了半里，有条路从东南横向西北，是三岔黄泥冈。原来这条山坡是在西面的大山垂下来的，从这里往东南绵延，横着的路顺着坡脊斜下去，坡脊西面便下陷成峡谷，黑龙潭挡在坡脊下方。大路由峡谷东边一直向南，鹤庆府、丽江府的边界，随这条坡脊而划分。因此坡脊西面下陷的地方，自西向南绕到冯密，冯密以下已经属于鹤庆府；坡脊往东盘绕绵亘的地方向南下到冯密东边，那里仍然属于丽江府，这是东西两列大山内横向的分界了。在这里向西俯瞰山峡内，松竹远远相连，道路依靠东面的山脊向南逐渐下行，六里后就到达冯密了。

日才过午，觅宿店，漫投一楼上，乃陈生某家也，向曾于悉檀相晤者。担人卸担去，余炊饭其家，欲往青玄洞。陈生止余曰："明日登程，可即从此往。今日晚，可一探东山之麓乎？"遂同东陟坞塍。盖此坞即自黑龙潭南下，至此东向而出者，坞北则黄泥冈之坡，直垂而逼东山之麓，江亦东逊若逗而出于门者，故坞东之界，直以此门而分。由坞东行一里，即与漾共江遇。溯之东北半里，有木桥横江上。从桥东度，木凡四接。循东岸溯之而北，半里，登东陇，其上复盘陇成畦，辟田甚广。又北一里，直对黄泥之嘴，东界尖峰最耸，是为笔架峰，正西与冯密后堆谷峰相对焉。陈生父冢正在其陇之上，时将议迁，故来相度。余劝其勿迁，惟来脉处引水开渠，横截其后，若引从墓右，环流于前，是即旋转之法。陈生是之。仍从木桥度江，共三里，还寓。陈生取酒献酌。余嘱其觅远行担夫，陈言明日可得，不必嘱也。

【译文】时间才过中午，寻找住宿的旅店，随意投宿到一座楼上，是姓陈的儒生家，从前曾在悉檀寺见过面。挑夫放下担子离开了，我在他家做饭，想去青玄洞。陈生劝阻我说："明天启程，可以从这里前往。今天晚了，可以去看一看东山的山麓吗？"于是一同穿越过山坞中的田埂。原来这个山坞就是从黑龙潭向南顺延向下的，到此地向东伸展出去，山坞北面就是黄泥冈所在的山坡，一直下垂逼近东山山麓，漾共江也向东退去，好像逗留后再出门的样子，所以山坞东面的界限，直接以这个山口来划分。从山坞中往东一里，随即与漾共江相遇。逆着江流往东北走了半里，有座木桥横在江上。从桥上向东走，木桥接了四段。沿江东岸逆着江流往北走，半里后，登上东边的土陇，土陇上又围着土陇开垦成的田地，开垦的田地特别宽广。又向北一里，正对着黄泥冈所在的山嘴，东面的尖峰最为高耸的是笔架峰，与正西冯密后面的堆谷峰相对。陈生父亲的坟墓正建在这条陇地上，此时正商议迁坟，所以来此察看地形。我劝他不要迁坟，只需在山脉延伸的地方开渠引水，横截过坟墓后方，如果从坟墓的右边引水，环流过坟前，这就是旋转转运的方法。陈生同意了我的建议。仍旧从木桥上过江，总共走了三里，返回寓所。陈生取酒来敬我。我嘱咐他帮我去找能远行的挑夫，陈生说明天就可以找到，不必嘱咐。

十二日　陈为余觅夫，皆下种翻田，不便远去，已领银，复来辞。既饭，展转久之，得一人曰赵贵，遂行。余以纯一所馈瓯二鼎一，酬陈生之贳[①]酒。从其居之西涉一涧，既截坞而西北，一里余，登西坡，已逼堆谷峰下。坡上引水为渠南注，架木而度，即南循东下之脊而上，半里，得平冈。由冈上西行半里，直逼西山下，有庙临冈而峙。庙南东下腋底，有庙祀龙王，南临一池，甚广而澄澈，乃香米龙潭也。庙南西上层崖，有洞东向辟门，其上回崖突兀，即青玄洞也。二庙俱不入，西蹑山直上，半里，抵崖下，则洞门有垂石中悬，门辟为二，左大而右小。有僧倚中垂之石，结庐其外，又环石于左门之下，以为外门。由环石窦间入，登左门，其门大开，西向直入，置佛座当其中。佛座前稍左，其顶上透，引天光一缕下坠，高盖数十丈也。其右则外悬之壁当其前，中旁达而南，即豁为右门，门稍东南向，下悬石壁，可眺而不可行也。盖佛座之前，悬石外屏，既觉回环，而旁达两门，上通一窍，更为明彻，此其前胜也。佛座以后，有巨碑中立，刻诗于上。由此而内，便须秉炬。乃令担人秉炬前，见内洞亦分两门，则右大而左小。先循左壁攀左隙上跻，既登一崖，其上夹而成隙。披隙入，转而南向，有穴下坠甚深。先投炬烛其底，以为阱也，乃撑隙支空而下，三丈，至其底；稍南见有光遥透，以为通别窦矣；再前谛视，光自东入，始悟即右门所入之大窦也。复转而西入，内有小门渐下，乃伏而穷之。数丈，愈隘不能进，乃倒退而出。循右崖之壁，从其西南，复得一门。初亦小，其内稍开，数丈后，亦愈隘而渐伏，亦不能进，复倒退而出，即前之有光遥透处也。向明东蹈，左审右顾，石虽蜿蜒而崖无别窍。遂至大碑后录其诗，并出前洞，以梯悬垂石内后崖，亦录其诗。僧瀹茶就，引满而出下洞前，则有桃当门，犹未全放也。是洞前后分岐窗寮，前之罨映透漏，后之层叠崆岈；擅斯二美，而外有回崖上拥，碧浸下涵，亦胜绝之地。

【注释】①贳（shì）：赊欠。

【译文】十二日　陈生替我寻找挑夫，他们都要下地耕田播种，不便远行，已经拿走银子的，又来退还。吃过饭后，折腾了很久，找到一个叫赵贵的人，于是出发。我把纯一和尚赠送的两个杯子、一个鼎，酬谢赊欠陈生的酒钱。从陈生家的西边渡过一条山涧，不久穿过山坞往西北走了一里多，上登西面的山坡，已经逼近堆谷峰下。坡上引水建为水渠向南流淌，架有木板渡过水渠，随即往南沿着往东下延的山脊上走半里，到达平缓的山冈。由山冈上往西走了半里，径直逼近西山下，有座庙面临山冈矗立着。庙南往东下到山窝底，有座庙祭祀龙王，南边面临一个水池，很是宽广清澈，是香米龙潭了。庙南往西上登层层山崖，有个洞口向东张开，洞上方回绕着突兀的石崖，那就是青玄洞了。两座庙我都没有进去，一直向西登山，半里后，来到石崖下，就见洞口有下垂的岩石悬在中间，洞口被剖为两个，左边的大而右边的小。有个僧人倚靠着下垂在中间的岩石上，在洞口外建造房屋，又在左边的洞口下堆石块环绕着，作为洞外的门。从环绕的石块孔洞间进去，登上左边的洞口，洞口十分开阔，向西一直进去，在洞的正中安置了佛座。佛座前方稍往左，洞顶上通，引一缕天上的亮光射下来，高处大概有几十丈。佛座右边则是向外悬空的崖壁，正在佛座前方，洞中向南通去，就裂开成为右边的洞口，洞口稍偏向东南，下方悬着石壁，可以眺望却不能通过。原来佛座的前方，像屏风样向外悬空的石壁，已经让人觉得迂曲回绕，而旁边通着两个洞口，上方通着一个石孔，更显得通彻明亮，这是山洞前的优美之处。佛座的后面，有块巨碑立在中央，在碑上刻有诗。由此往里走，就必须拿着火把。于是我让挑夫举着火把往前走，看见内洞也分为两个洞口，却是右边的大而左边的小。先沿着左边的洞壁攀着左边的石缝上登，登上一层石崖后，石崖上夹成缝隙。钻过缝隙进去，转向南，有个洞穴下陷得很深。先将火把扔下去照亮洞底，看看是不是陷阱，然后撑着缝隙腾空向下，下去三丈，到达洞底；稍往南走，看见有亮光远远透进来，以为是通到别的洞穴了；再往前仔细看，有亮光从东边射进来，才明白从右边的洞口进来的就是大洞。又转向西进去，里面有小洞渐渐低矮下来，于是趴伏着前行。几丈后，愈发狭窄得不能前进，就倒退着出来。沿着右边的崖壁进去，在崖壁的西南，又找到一个洞口。起初洞口也很小，进洞后稍微开阔一点，几丈后，也是越来越窄而且渐渐低伏下去，也是不能前进，又倒退着出来，就是先前有亮光远远透进来的地方了。朝着亮光处向东走，左顾右盼，石崖虽然蜿蜿蜒蜒但崖壁上没有别的洞穴。于是来到巨碑后抄录碑上的诗，并出到前洞，用梯子悬靠在下垂岩石里面的后崖壁上，也抄录了那里的诗。僧人沏好茶送来，一饮而尽后下到洞口前，就见有桃树挡在洞口，桃花还没有全部开放。这个洞前后分岔，幽远深邃；前面透着亮光，互相掩映；后面层层叠叠，十分深远。独揽这两种美景，而且洞外有回绕的石崖向上围着，碧绿的池水浸润涵蓄在山下，也是一处绝妙的地方了。

既下，至平冈，余欲北探黑龙潭。担者言："黑龙潭路当从黄泥冈西下，不然，亦须从冯密后溯流入。此山之麓，无通道可行。盖此中有二龙潭，北峡为黑龙潭，此下为香米龙潭，皆有洞自西山出，前汇为潭，其胜如一轨，不烦两探。"余然之，遂南向趋香米。其潭大数十亩，渊然澄碧。盖即平冈之脊，东向南环，与西山挟潭于中，止西南通一峡容水去。路从潭西循西山而南，山崖忽进，水从中溢于潭，乃横石度崖口。崖前巨石支门，水分潆巨石之隙，横石亦分度之。其石高下不一，东瞰澄波，西悬倒壁，洞流漱其下，崖树络其上，幽趣萦人，不暇他顾。已乃披隙入洞，洞中巨石斜骞，分流衍派，曲折交旋，一洞而水石错落，上如悬幕，下若分莲，蹈其瓣中，方疑片隔，仰其顶上，又觉空洞。入数丈，后壁犹有余光，而水自下穴出，无容扪入矣。

【译文】下山后，来到平缓的山冈上，我想往北去探寻黑龙潭。挑夫说："去黑龙潭应当从黄泥冈往西下行，不然，就必须从冯密后面逆着溪流进去。这座山的山麓，无路可行。因为这里有两个龙潭，北面的峡谷中的是黑龙潭，从这里下去是香米龙潭，都有水从西山的山洞流出，洞前汇积成深水潭，它们的绝妙之处如出一辙，无须烦劳去看两个。"我采纳了他的说法，就向南往香米龙潭赶。这个龙潭有几十亩大，水非常深而且澄澈碧绿。原来就是平缓山冈的山脊，自东向南环绕，与西山把龙潭夹在中间，只有西南方通有一条峡谷容纳潭水流出去。道路从龙潭西边沿着西山往南，山崖忽然迸裂开，水从缺口中溢到龙潭中，于是横放着石板越过山崖缺口。山崖前有巨石支撑在洞口，水从巨石的缝隙间分别潆绕流淌，也分别横放有石板越过。那些巨石高低不一，向东俯瞰澄碧的潭水，西面倒悬着崖壁，山洞流出的水流淌在脚下，崖壁上的树枝缠绕在头顶上，幽雅的情趣萦绕在人心间，无闲暇看其他的。不久后就分开石缝进洞，洞中的巨石斜斜地翘起，水分流成许多支流，曲曲折折，交织回旋，一个洞内有水石交错坐落，上方如同高悬的帷幕，下方仿佛分开的莲花，走在花瓣中，正怀疑为何片片相隔，仰面看见洞顶上，又觉得洞中极为空旷。进去几丈远，洞后壁还有余光，而水从下面的洞穴中流出来，无路可进去了。

出洞，依西山南行二里，有数家倚山而居。由其前又南一里，转而西行一里，又逼西山之麓。复南行二里，则西山中断，两崖对夹如门，上下逼凑，其中亦有路缘之上。盖此崖乃丽江南尽之界，川内平畴，鹤庆独下透而北，两界高山，丽江俱前踞而南，以两山之后，犹麽些之俗耳。自此而南，东西界后亦俱倮㑩，属鹤庆土官高千户矣。又南二里，一溪自西山下出，余溯而穷之。稍转北半里，其水分两穴东向出，皆溢自石下，无大窍也。乃逾出水石上，由水之西，循山南行。半里，有洞连裂三门，倚崖东向，洞深丈余，高亦如之，三门各峙，中不相通，而石色殷红，前则桃花点缀，颇有霞痕锦幅之意，但其洞不中透，为可惜耳。崖右，其支峰自上东向，环臂而下，腋中冲砂坠砾，北转而倾于崖前。腋底亦有一洞，南登环臂之脊，始回眺见之，似亦不深，乃舍之。南逾臂脊，东南下半里，有村庐十数家，倚西山之嘴，是为四庄[①]。其南腋中，有龙潭一围，大百余亩，直逼西山，西山石崖插潭而下。路盘崖上凌其南，又一里，循潭东岸南绕之，泄水之堰，在其东南，悬坑下坠，即东出而注于小板桥者也。其西北腋崖回转，石脚倒插，复东起一崖，突潭中如拇指，结槛其上，不知中祀何神，其下即潭水所自出也，亦不知水穴之大小。然其境水石潆回，峰崖倒突，而水尤晶莹晃漾，更胜香米之景，惜已从潭东一里，抵泄水之堰，不便从西崖逾险而上矣。由其南循西山又二里，有石山一支，自西山东向突川中，其西南转腋处，有古庙当其间，前多巨石嶙峋，如芙蓉簇萼，其色青殷[②]，而质廉利，不似北来之石，色赭而质厉也。入叩无人，就庑而饭。既乃循东突之峰东行半里，转而南盘其嘴。其嘴东临平川，后耸石峰，嘴下石骨棱棱，如侧刃列锷，水流一线，穿于其间，汩汩南行，心异之。仰眺其后耸石峰，万萼云丛，千葩蜃结，以为必有灵境。担者曰："近构一寺，曰鹤鸣，不识有人栖否。"余乃令担仆前行，独返而蹑其上，披绡蹈瓣半里，陟峰头而庵在焉。其门东北向，中有堂三楹，供西方大士，左有楼祀文昌，俱不大，而饰垩未完。有一道者栖其间。盖二年前，居人见山头有鸣鹤之异，而道者适至，募建此庵，故乡人感而名之。道者留余迟一宿，余以担仆已前，力辞之，不待其炊茶而别。

【注释】①四庄：今作士庄，在鹤庆县北隅，辛屯以西。水潭今存，称士庄龙潭。②殷（yān）：黑红色。

【译文】出洞后，靠着西山往南走了二里，有几户人家靠山而居。由村前又往南走一里，转向西一里，又逼近西山山麓。再往南走了二里，西山就从中断开，两面山崖像门一样相夹，上下紧逼合拢，缺口中有路顺着向上。这座山崖是丽江府南部尽头的分界处，平川内田野平整，鹤庆府独自往北下穿，两面的高山，丽江府都向南前伸，两面山的后面，依旧是麽些的风俗。从此地向南，东南两面也都是倮㑩，隶属于鹤庆府的土官高千户。又往南走二里，一条溪水从西山下流出来，我逆着溪流去探究它。稍转向北走了半里，溪水分别从两个孔洞中向东流出来，都是石头下溢出来的，没有大的洞。于是我越过出水的石头上方，从水的西边，沿着山往南走。半里后，有个山洞一连裂开三个洞口，倚靠着山崖面向东，洞深一丈多，高处也这样，三个洞口各自对峙屹立，洞中互不相通，而石头是黑红色的，洞前有桃花点缀，很有霞痕锦幅的意境，只是这个洞中间不相通。山崖右边，一座分支的山峰从上方向东延伸，像手臂一样环绕而下，山窝中冲落下砂砾，向北转而后倾斜到山崖前。山窝底部也有一个洞，往南登上手臂样环绕的山脊，才回头远远望见这个洞，似乎也不深，便放弃了它。往南越过手臂样的山脊，向东南下行半里，有座十几户人家的村庄，紧靠西山的山嘴，这是四庄。村南的山窝中，有一池龙潭，有一百多亩大，一直逼近西山，西山的石崖往下插入龙潭。道路绕着石崖上登到龙潭南面，又行一里，沿着龙潭东岸往南绕着龙潭走，泄水的堤堰，在龙潭的东南面，水悬空下坠到深坑中，就是向东流出去然后流淌到小板桥的溪流了。龙潭西北侧，石崖回转，石脚倒插，东边又耸起一座石崖，好像拇指一样突立在潭水中，建了栅栏在上面，不知道里面祭祀什么神，石崖下面就是龙潭水流出来的地方，也不知出水洞的大小。不过这里的水石潆洄，山峰突起、石崖倒立，而潭水尤其晶莹荡漾，更胜香米龙潭的景色，可惜我已经从龙潭往东走了一里，到达泄水的堤堰，不方便从西边的石崖上越过险阻上行了。从堤堰南边沿着西山又走了二里，有一座分支的石山，从西山向东前突到平川中，石山转向西南的山窝处，有座古庙位于山窝间，庙前有许多突兀耸立的巨石，如同一簇芙蓉的花瓣，石头颜色青中泛红，而石质棱角锋利，不像从北边过来时见到的石头，颜色赭红而石质粗硬。进庙敲门没有人，就在廊庑下吃饭。吃过饭后就沿着向东前突的石峰往东走了半里，转向南绕过山嘴。山嘴东边面临平川，后方耸立着石峰，山嘴下骨状的岩石棱角分明，如同侧放成排的刀刃，水流像线一样穿流在石丛间，汩汩地往南流淌，心里感到很奇异。抬头眺望身后高耸的石峰，万朵花萼成丛如云，千枝花朵盘结盛开，我以为必定有灵异的境地。挑夫说："最近建了一座鹤鸣寺，不知道是否有人居住。"我于是安排挑夫和仆人先往前走，我独自返回去登上石峰，分开薄纱样的草丛，踩着花瓣样的岩石走了半里，登上峰头，寺庵就在峰头。寺门面向东北，寺中有三间堂屋，供奉着观音菩萨，左边有楼祭祀文昌帝君，面积都不大，而且还没有粉刷完。有一个道士住在寺中。由于两年前，居民见山头有鹤鸣的异事，而道士恰好到来，募资建了这座寺庵，所以乡里人感念而起名鹤鸣寺。道士留我住一宿，由于挑夫和仆人已经往前走了，我竭力辞谢了他，不等他烧火沏茶就告别了。

其庵之南，村庐倚西山下者甚盛。三里余，又有危峰自西山东突，与鹤鸣之峰南北如双臂前舒，但鹤鸣嶙峋而缭绕，此峰耸拔而拱立为异耳。是峰名石寨，前有村名石寨村①。有一龙泉自峰下出，汇水为潭，小于四庄，东乃环堤为堰，水从堰东注壑去，即东出于大板桥者也。半里，越堤之南，复循西山南行，其地渐莽，无田塍村庐之托，想无水源故也。八里，始有溪东注，路东转而南渡之，于是东望为演武场[2]北村，西望为西龙潭[3]大村，盖此水即西龙潭所分注者也。西龙潭亦当西山东突之腋，汇水颇大，东北流者为此水，中为城北大路口水，东南引者为城中之水，其利为一郡之冠云。又南二里，出大路。正当大路所向之处，其东有竹丛村庐，即来时所遵道也。从大路南四里余，而抵鹤庆北关，托宿于关外，乃入北门，是为旧城。南半里，转而西，为御前守御所在焉。摩尼庵复吾师之子张生家北向而居，入叩之，往摩尼未返也。又转南，再入城门，是为新城。始知鹤庆城二重，南新北旧，南拓而北束。入新城，即从府治东南向行，半里，东转郡学前，南向有大街，市舍颇盛。已乃仍出两北门，入寓而餐始熟，遂啜而卧。

【注释】①石寨村：今名新华，在鹤庆县北隅，板桥以西。水潭今存，仍称石寨子龙潭。②演武场：在鹤庆县北郊，今称教场坝。③西龙潭：即今西浦公园。在云南省澄江县城西北。西龙潭所在蟠龙冈，地势险峻，林木葱郁，冈下碧泉涌流，环境清幽。从明代起就在泉旁和冈上建龙冈寺、龙泉寺、文明寺、吕祖阁等宗教建筑，明知府徐可久在冈顶建丰乐亭，继后又于乾隆年间增建戏台，潭中建水阁，造桥修径，植花栽柳，成为澄江、晋宁一带游览胜地。

【译文】寺庵的南面，村居房屋倚靠在西山下，很是兴盛。走了三里多，又有高峰从西山向东前突，与鹤鸣寺所在的石峰南北相对如同双臂一样向前舒展，但鹤鸣寺所在的石峰山石突兀耸立而回环盘旋，这座山峰高耸挺拔而拱立，这是两座山峰的不同处。此峰名叫石寨峰，有个村庄在山峰前名叫石寨村。有一股山泉从山峰下流出来，泉水汇积成为龙潭，比四庄的龙潭小，东面环绕着堤堰，水从堤堰东边流淌到壑谷中去，就是向东流出到大板桥下的溪流了。半里后，越到水堤的南边，又沿着西山往南走，这一带渐渐密生小草，没有田地村屋，想来是没有水源的缘故。走了八里后，才有溪水往东流淌，道路自东转向南渡过溪流，在这里向东望是演武场北村，向西望是西龙潭大村，原来这条溪水就是西龙潭分流出来的水。西龙潭也是位于西山向东前突的山窝中，积水面积很大，向东北流的就是这条溪水，中间的是城北大路口的水，往东南引流的是城中的水，它的利好之处在鹤庆府数第一。又往南二里，出到大路上。大路的东边有竹丛村舍，就是来时所走的路了。沿着大路往南走了四里多，就到达鹤庆府城北关，在关外投宿，就进入北门，这里是旧城。向南走了半里，转向西，是御前守御所的所在地。摩尼庵复吾法师的儿子张生的家面向北居住，进去敲门，张生去摩尼庵还没回来。又转向南，再进入城门，这里是新城。才知道鹤庆府城有两座，南边是新城，北面是旧城，南城宽阔而北城狭小。进入新城，然后从府衙前向东南走，半里后，往东转到学府前，向南之处有大街，集市房屋十分兴盛。不久仍然走出两道北门，进入寓所后饭刚熟，于是吃过饭后睡下。

鹤庆西倚大山，为南龙老脊，东向大山，为石宝高峰，石宝山高穹独耸，顶为倔多尊者道场[①]。此山自丽江东山南向下，南尽于金沙江。中夹平川，自七和南下。但七和之南，又有三岔黄泥冈，自西而横逼东山。故其川以冯密南新屯为甸头，直下而南，共五十里，有象眠山西自西大脊东属于石宝山。石宝山西与剑川同名，《一统志》称为峰顶山，从《志》为是。象眠山与丽江同名，《一统志》称为龙珠山，亦当从《志》为是。漾共江贯于中川，南抵象眠，分注众窍，合于山腹，南泄为一派，合枫木之水，东南入金沙江。两旁东有五泉，出石宝之下；西有黑龙、西龙诸潭，出西大山下。故川中田禾丰美，甲于诸郡。冯密之麦，亦甲诸郡，称为瑞麦，其粒长倍于常麦。

【注释】①道场：和尚或道士做法事的场所。也指和尚或道士所做的法事。

【译文】鹤庆府西面倚靠的大山，是往南延伸山脉的主脊，东边面对的大山，是石宝山的高峰，石宝山高大穹窿，独自耸立，山顶是倔多尊者的道场。这座山从丽江府的东山向南下延，南面的尽头到金沙江。中间夹着的平川，从七和向南延伸下来。但在七和的南面，又有三岔黄泥冈，从西面横向逼近东山。所以这个平川以冯密南边的新屯作为甸头，一直向南延伸下来，共有五十里，象眠山的西面出自从西面的大山脊往东属于石宝山。石宝山与西边剑川州的石宝山同名，《一统志》称为峰顶山，应当以志书的记载为正确的。象眠山与丽江府的象眠山同名，《一统志》称为龙珠山，也应当以《一统志》的记载为正确的。漾共江流经贯穿在平川中，往南流到象眠山，分别流进众多的洞穴中，在山腹中汇流，向南外泄形成一条水流，汇合枫木桥下的水，向东南流入金沙江。平川两旁东面有五处山泉，从石宝山下流出来；西面有黑龙潭、西龙潭等龙潭，从西面大山下流出来，所以平川中稻田丰美，在各府中也是居于首位的。冯密的麦子，也在各府中数第一，称为瑞麦，麦粒比普通的麦粒长一倍。

十三日　早饭，平明抵北门。从门外循旧城而西，一里，转而南，半里，其南则新城复拓而西出。随之又西半里，又循城南转半里，过西门，乃折而西向行。度一桥，西三里，乃躡坡，二里，逾坡西稍下。其坡自西山东下，至此伏而再起，其南北俱有峰舒臂前抱，土人称为旗鼓山，而坡上冢累累，盖即郡城之来脉也。土人言："昔土官高氏之冢当此冈，国初谓其有王气，以大师挖断其后脉，即今之伏处也。"不知起伏乃龙脉之妙，果挖之，适成其胜耳，宜郡城之日盛也。由伏处即上躡坡行，一里，至坡脊，南北俱坠坑成峡。又一里，南度西峡之上，从南坡躡峻西登，二里稍平。再缘南坡折而上，一里，复随峡西入，一里，抵西岭下，转而北向躡峡中。其峡乃坠水枯涧，巨石磊磊，而叠磴因之，中无滴沥，东西两崖，壁夹骈凑，石骨棱棱，密翳蒙蔽，路缘其中，白日为冷。二里余，有巨石突涧道中，若鹢[1]首之浮空，又若蹲狮之当户。由其右崖横陟其上，遂循左崖上，其峻束愈甚。二里始平，西行峡中。一里稍上，北崖峭壁耸起，如奋翅劈霄，而南崖亦崭削相逼，中凑如门，平行其中，仰天一线，余以为此南度之大脊也。透其西，峰环壑转，分为二岐：一由脊门西下，循北山而西北；一由脊门直出，循南山而西南。莫定所适，得牧者，遥呼而问之，知西北乃樵道也，遂从其西南行。半里，有峰中悬壑中，两三茅舍当其上，亦哨守者之居也。从其南平行峡中，西望尖峰耸立，高出众顶，余疑路将出其西北。及西二里，稍下洼中，半里，抵尖峰东麓，其处洼而无水，西北、西南之峡，俱似中坠，始悟脊门西来平壑，至此皆中洼，而非外泄之峡矣。从洼西南上，遂披尖峰东南峡而登，密树蒙茸，高峰倒影。二里，循峰西转，遂逾其东度之脊。西半里，盘尖峰之南，西北半里，又逾其南度之脊。北脊高于东度者，然大脊所经，又似从东度者南转，而脊门犹非其度处也。逾脊，遂北向而下，一里，已出尖峰之西，至此盖三面挟尖峰而行矣。

【注释】①鹢（yì）：古书上说的一种似鹭的水鸟。

【译文】十三日　吃过早饭后，天亮时到达北门。从北门外沿着旧城往西走一里，转向南半里，这里南面就是新城又拓展往西延伸出去的地方。顺着新城又往西走了半里，又沿着新城向南转半里，经过西门，于是折向西行。走过一座桥，向西三里，就上登山坡，二里后翻过山坡往西缓缓下行。这个山坡从西山往东延伸下来，到此地低伏下去又再隆起，山坡南北都有山峰展开手臂向前环抱，当地人称为旗鼓山，而山坡上的坟墓重重，大概就是延伸到府城的龙脉。当地人说："从前土官高氏家族的坟墓就安葬在这座山冈上，国朝初年认为这里有帝王之气，按风水大师的说法挖断了山冈后面的山脉，就是如今低伏的地方了。"他们不知道地势起伏正是龙脉的妙处所在，果真挖断了它，却恰好成了优美的胜景，正有利于府城一天天兴盛起来。从低伏之处往上登坡，前行一里，来到坡脊上，南北两面的深坑都下坠成峡谷。又走了一里，往南到西面峡谷的上方，从南面的山坡踏着陡峻的路向西上登，二里后渐渐平缓起来。再沿着南面的山坡转向上行，一里后又顺着峡谷向西进去，一里后到达西岭之下，转向北穿行在峡谷中。这个峡谷是泄水的干枯山涧，巨石磊磊，而层层石阶顺着地势铺就，山涧中没有一滴水，东西两面的山崖，好像两面墙壁相夹凑拢，骨状的岩石棱角分明，浓荫遮蔽，道路顺着峡谷，白天都感到冷。二里多后，有巨石突立在山涧中间，像鹢鸟的头飘在空中，又像石狮子蹲坐在大门口。从巨石右边的石崖下横爬到巨石上，沿着左边的石崖上行，道路越来越险峻狭窄。

二里后才平缓一些，向西行走在峡谷中。一里后逐渐上走，北面的悬崖峭壁耸起，好像要振翅直冲云霄，而南边的山崖也是高险陡峻逼近过来，中间像门一样凑拢在一起，平缓地在峡谷中行走，抬头看天只有一线宽，我认为此地是向南延伸的大山主脊了。钻到峡谷西边，山峰回绕、壑谷弯转，分为两条岔路：一条从山脊口往西下行，沿着北山往西北走；一条经由山脊口一直出去，沿着南山往西南走。正不知该往哪走，就遇到放牧的人，远远呼喊着向他问路，知道向西北的是打柴的小路，于是往西南方的路走。半里后，有座山峰高悬在壑谷中，有两三间茅屋坐落在山峰上，也是守哨所人的住所。从山峰南边在峡谷中平缓地行走，望着西面耸立的尖峰，高出群山的山顶，我怀疑道路将会从尖峰西北方出去。等到向西走了二里后，逐渐下到洼地中，走了半里，到达尖峰的东麓，此处地势下洼却没有水，西北、西南的峡谷，似乎都向中间下坠，才明白从山脊口往西来的平展的壑谷，到这里都向中间下洼，而不是往外泄水的峡谷。从洼地往西南上行，就穿越尖峰东南的峡谷上行，浓密的树丛茂密葱茏，高峰倒映山影。二里后，沿着尖峰向西转，翻越尖峰往东延伸的山脊。向西半里，绕过尖峰的南麓，往西北走了半里，又翻越尖峰向南延伸的山脊。北面的山脊比向东延伸的山脊高，然而主脊的走向，又似乎是从向东延伸的山脊往南转，而且山脊口还不是主脊通过的地方。越过山脊，就向北下走一里，已经走出尖峰的西边，到这里大概是三面都傍着尖峰而走了。

乃西向随峡下坠，一里，峡始开。一里，转而西南，乃循南山之坡曲折西下，三里，抵盘壑中。其处东北西三面皆崇峰，西北东南二面皆坠峡，惟西南一脊如堵垣。平陟其上，共二里，逾前冈，有废舍踞冈头，是为汝南哨[①]。其东南坞中，有村倚东山，乃土官所居，土人又名为虞蜡播箕。由哨南下，行坞中一里余，遂南入峡。东西皆土峰逼夹，其下颇峻。二里出峡，乃饭。复见东南有坠壑，乃盘西峰之南，复西陟其坞。一里余，复陟其西峰而南盘之，遂西向循坡下，北峰南壑，路从深树叠石间下，甚峻。四里，转峡度脊，其下稍平。西南半里，有茅棚卖浆冈头，乃沽以润枯肠。又西南半里，下至壑底，有水自南峡来，竟壑中，北透峡去，是为清水江[②]。始知壑西之山，反自大脊南度而北，其水犹滥觞[③]细流，不足名溪，而乃以江名耶？其下流北出，当西转南下，而合于剑川之上流，然则剑川之源，不第始于七和也。清水江东岸，有数家居壑中，上有公馆，为中道。

【注释】①汝南哨：今名同，又称新峰，在鹤庆县西隅。②清水江：位于剑川县东北隅。水边有村亦名清水江。③滥觞：指江河发源处。

【译文】于是向西顺着峡谷下坠，一里后，峡谷才开阔起来。又是一里，转向西南，就沿着南山的山坡曲折向西下行，走了三里，来到盘绕的壑谷中。此处东北西三面都是高峰，西北、东南两面都是深坠的峡谷，只有西南方的一条山脊有如一堵墙。平缓地登上山脊，共走了二里，翻越前方的山冈，有废弃的房屋盘踞在冈头上，这里被叫作汝南哨。哨所东南的山坞中，有个村子倚靠在东山，是土官的居所，当地人又称为虞蜡播箕。由哨所从南下山，在山坞中走了一里多，就向南进入峡谷。东西两面都是土峰紧逼相夹，下行的路很陡峻。二里后走出峡谷，于是吃饭。又看见东南有个下坠的壑谷，于是绕着西峰的南麓，再向西穿越这里的山坞。一里多后，再登上西峰后向南绕过西峰，然后向西沿着山坡下行，北面是山峰、南面是壑谷，道路从幽深的树林和重叠的岩石间下走，十分陡峻。四里后，转过峡谷越过山脊，下走的路稍微平坦一些。往西南走了半里，有座卖酒浆的茅草棚在冈头上，于是买了酒滋润干涸的肠胃。又往西南走了半里，下到壑谷底，有条水流从南面的峡谷中流来，流满整个壑谷，向北穿过峡谷流去，这是清水江。才知道壑谷西面的山，反而是从主脊由南往北延伸，这里的水还是发源处的细流，不足以称得上溪流，可怎么会用江来取名呢？江水下游往北流出去，应当转向西往南下流，而汇合在剑川州水流的上游，如此，剑川州的水源，不只是起始于七和了。清水江东岸，有几户人家住在壑谷中，上面有公馆，是中间的道路。

涉水西，从西坡南向上，迤逦循西山而南，三里余，乃折而西南上，甚峻。一里，又折而西，半里，西逾岭脊，即南从东大脊西度北转者，当北尽于清水江西透之处者也。越脊西下峡中，二里，峡始豁而下愈峻，又一里余，始就夷。行围壑间，又一里余，乃循南峰之西而南盘之。一里，出其口，始见其西群峰下伏，有峡下嵌甚深，南去稍辟，而东南峡中，似有水光掩映者，则剑川湖也；西南层峰高峙，雪色弥莹者，则老君山也。南盘二里，又见所盘之崖，其西石峰倒涌，突兀嵯峨，骈错趾下，其下深壑中，始见居庐环倚，似有楼阁瞻依之状，不辨其为公馆、为庙宇也。从其上南向依东崖下，二里，西度峡脊，已出居庐之南，遂循西峰南下，一里，则东峡已南向，直趋剑湖[1]矣。于是南望湖光杳渺，当东山之麓，湖北带壑连青，环畦甚富，意州治已在其间，而随峡无路。路反从峰头透坳西去，一里稍下，又转西峰而盘其南。又一里，于是南面豁然，其前无障，俯见南湖北坞，而州治倚西山，当其交接处，去此尚遥。路盘坡西行，一里余，乃从坡西峡中南下。又一里，抵山麓，乃循崖西转。半里，则村居倚山临坞，环堵甚盛，是为山塍塘。问距州尚十里，而担者倦于行，遂止。

【注释】①剑湖：《嘉庆重修一统志》丽江府山川项下："剑川湖，在剑川州南五里，亦名东湖，周广六十里，尾绕罗鲁城，流为漾濞江，亦曰濞溪江。俗称为海子，岁办鱼课。"

【译文】过水到西岸，从西面山坡向南上行，曲折地沿着西山向南走，三里多后，便折向西南上行，很是陡峻。一里后，又折向西，走了半里向西翻越岭脊，就是从东面的大山主脊往西延伸向北转的山脊，北边应当是在清水江向西穿越之处到了尽头。越过山脊往西下到峡谷中，走了二里后，峡谷开始开阔起来，可下走更加陡峻，又走了一里多，才走上平路。前行在环绕的壑谷间，又走了一里多，于是沿着南峰的西边向南绕着山峰走。一里后，走出山口，才看见山口西面群峰低伏，有峡谷下嵌得非常深，往南渐渐开阔起来，而东南方的峡谷中，好似有水光掩映的地方，就是剑川湖了；西南方层层山峰高耸对峙，雪色弥漫晶莹透亮处，就是老君山了。往南绕行二里，又看见绕行之处的山崖，它西面的石峰倒立涌起，突兀高峻，在脚下交错罗列，石峰下的深壑中，才看见有房屋倚靠环绕着山，似乎有楼阁相依的样子，分辨不出那是公馆还是庙宇了。从壑谷上方向南靠着东边的山崖下走，二里后，向西越过峡谷旁的山脊，已经出了房屋的南边，于是沿着西峰往南下行，一里后，就见东面的峡谷已经向南，一直通往剑湖了。在这里向南望湖光深远，湖水位于东山山麓，湖北面的壑谷连成片的青翠色，环绕田地显得很是富饶，我猜想州城应该就在这一带，但是顺着峡谷去却没有路。路反而从峰头穿过山坳往西，一里后逐渐下走，又转向西峰后绕道山峰南面。又走了一里，到这里南面豁然开朗，前方没有障碍，俯瞰南面的湖水、北边的山坞，而州城倚靠着西山，位于湖水和山坞交接之处，离此地还很遥远。路绕着山坡往西，一里多后，就从山坡西边的峡谷中向南下走。又走了一里，抵达山麓，于是沿着山崖往西转。半里后，就见村庄房屋倚靠山面临山坞，环绕的围墙很长，这里是山塍塘。打听到距离州城还有十里，可挑夫累了，便停下了。

十四日　昧爽，饭于山塍塘，平明乃行。自是俱西南向平畴中行矣。二里余，有一小山南突平川，路从其北西转而挟之。复西南行平畴中，雨霏霏至。二里，有大溪自北而南，平流浅沙，汤汤[1]南注湖中，然湖自下山塍，已不可见矣。随溪南行，又半里，大石梁西跨之，其溪流盖北自甸头来。按《志》，州西北七十里山顶，有山顶泉，广可半亩，为剑川之源。此山不知何名，今丽江南界七和后大脊，实此川发源之所，则此山即在大脊之南可知。更有东山清水江之流，亦合并之，其盘曲至此，亦不下七十里，则清水江亦其源可知。从桥北望，乃知水依西山南下，其东则山塍塘北之山盘夹之，山塍塘之东山南坠而为川，又东，则东山乃南下而屏其东，与西界金华山为对。是山塍塘者，实川之北尽处，其东南辟而为川以潴湖，其西北夹而为峡以出水者也。过桥，风雨大至。随溪南行半里，避于坊下，久之稍止，乃西南复行塍间。一里余，有一小流西来，乃溯之西一里，抵剑川州[2]。

【注释】①汤汤：汤，通“荡”。水流盛大的样子。②剑川州：明洪武十七年（1384）升剑川县置，属鹤庆府。治所在柳龙充（今云南剑川县）。清乾隆三十五年（1770）改属丽江府。1913年废为县。

【译文】十四日　黎明，在山塍塘吃饭，天亮就起行。从这里开始都是在平旷的田野中向西南前行了。二里多后，有一座小山向南突起在平川中，道路从小山北面转向西后靠着山。又在平旷的田野中向西南行走，细雨霏霏下起。走了二里，有条大溪自北往南流，平缓地流过浅水处的细沙，浩荡奔腾地向南流入湖中，然而湖水自从流下山塍塘，就已经见不到了。顺着溪流往南走，又走了半里，大石桥向西跨过溪流，这条溪流大概是从北面的甸头流出来的。根据《志》书记载，在州城西北七十里的山顶上，有个山顶泉，面积大约有半亩，是剑川的源头。这座山不知道叫什么名字，如今丽江府南境七和后面的大山脊，实际上就是这条河川的发源地，那么这座山就在大山脊的南面是可知晓的。还有东山清水江的水流，也是并入这条河川的，河水弯弯曲曲流到此地，也不下七十里路，那么清水江也是它的源头是可知晓的。从桥上向北望，才知道河水靠着西山往南下流，河东边就是山塍塘北面的山盘绕夹住河流，山塍塘的东山往南下坠成平川，又往东，就是东山向南下延后像屏风样矗立在平川东面，与西面的金华山相对。山塍塘这个地方，实际是平川北面的尽头处，它的东南处展开成为平川，蓄水成湖，它的西北处相夹形成峡谷以便水流出去。过桥后，风雨大作。顺着溪流往南走了半里，在牌坊下避雨，很久后雨才渐渐停了，于是又在田野间向西南方行走。一里多后，有一条小溪流从西边流来，于是逆着溪流向西走了一里，到达剑川州。

州治无城，入其东街，抵州前，乃北行，税行李于北街杨贡士家，乃买鱼于市。见街北有祠，入谒之，乃祠死节段公者。段名高选，州人，万历末，以进士为重庆巴县[①]令，阖家死奢酋[②]之难，故奉诏立祠。今其长子暄荫[③]锦衣在都。祠中有一生授蒙童。植盆中花颇盛，山茶小仅尺许，而花大如碗。出祠，东还寓，以鱼畀顾仆，令守行囊，而余同主人之子，令担者挈饭一包，为金华之游。

【注释】①巴县：为重庆府附郭县，在今四川重庆市渝中区。②奢酋：即奢崇明（1561—1629），四川永宁（今四川叙永）人，大明永宁宣抚司土司，天启元年（1621），叛明自立，伪号“大梁”，自称“大梁王”，割据西南。③荫（yìn）：封建时代子孙因先世有功劳而得到封赏或免罪。

【译文】州治没设城墙，进入东街，到达州衙前，就往北走，把行李放在北街的杨贡生家，就到集市上去买鱼。看见街道北边有个祠堂，进去祭拜，是祭祀为保全名节而死的段公的祠堂。段公名高选，是本州人，万历末年，以进士身份出任重庆巴县县令，全家死于奢崇明叛难，所以奉皇帝的诏命修建了祠堂。如今他的长子段暄因为父辈的功劳而得到都城锦衣卫的职务。祠堂中有一个儒生在教小孩读书。盆中种的花很茂盛，山茶树小的仅有一尺左右，可花大如碗。走出祠堂，向东返回寓所，把鱼交给顾仆，让他看守行李，而我和房主人的儿子，让挑夫带上一包饭，去游玩金华山。

出西郊，天色大霁，先眺川中形势。盖东界即大脊南下分为湖东之山者，是为东山。西界则金华山最高，北与崖场诸山，南与罗尤后岭，颉颃[①]西峙，是为西山。其金华之脉，实西南从老君山[②]来。老君山者，在州西南六十里杨村之北，其山最高，为丽江、兰州之界，出矿极盛，倍于他山者。土人言，昔亦剑川属，二十年前，土千户某姓者，受丽江贿，以其山独畀丽江。丽江以其为众山之脉，禁矿不采。然余按《一统志》，金华山脉自西番[③]罗均山来，盖老君即罗均之讹，然谓之西番者，则《统志》之讹也。其山犹在兰州之东，西番在兰州西澜沧江外，其山即非剑川属，亦丽江、兰州界内，胡以有西番之称？然即此亦可知此山原不属剑川，土人贿畀之言，不足信也。其北则山塍后岭，自东山北转，西亘而掉其尾。其南则印鹤山，自东山南下，西顾而回其岭。中围平川，东西阔十里，南北长三十里，而湖汇其半。湖源自西北来，向西南破峡去，而湖独衍于东南。此川中之概也。其地在鹤庆之西，而稍偏于南；在丽江之南，而稍偏于西；在兰州之东，而稍偏于北；在浪穹之北，而稍偏于西。此四境之准也。州脉自金华北岭东环而下，由州治西行一里余，及其麓。有二寺，并列而东向，俱不宏敞。寺后有亭有轩，在层崖盘磴之上，水泉飞洒，竹影桃花，罨映有致，为乡绅杨君之馆。由其北蹑崖西上，有关帝庙，亦东向，而其处渐高，东俯一川甸色湖光，及东山最高处雪痕层叠，甚为明媚。由庙后循大路又西上半里，北循坡而下，为桃花坞；南分岐而上，为万松庵；而直西大道，则西逾岭而抵莽歇岭者也。

【注释】①颉颃（xié háng）：泛指不相上下，不分高低，相互抗衡。②老君山：在今云南丽江纳西族自治县西南，接剑川县界。《清一统志·丽江府》引《旧志》："在府西南二百五十里。一名罗钧山。自番界来，亘四百余里，金沙环其左，澜沧绕其右，世传老君修丹于此。山顶丹灶尚存。又有梓潼遗笔在岩上。”③西番：一作“西蕃”。指今西藏地区。

【译文】走出西郊，天气大晴，先眺望平川中的地势。东面就是大山主脊往南下延分支成剑湖东面的山，那是东山。西面则是金华山最高，北面与崖场的群山，南面与罗尤后面的山岭，不分高下的对峙在西面，那是西山。金华山的山脉，实际上是从西南的老君山延伸而来的。老君山，在剑川州西南六十里的杨村北面，这座山最高，是丽江府、兰州的分界处，出产的矿石极多，是其他山的两倍。当地人说，从前这里也是剑川州的属地，二十年前，一个不知姓什么的土千户，接受丽江府的贿赂，把这座山私下送给丽江府。丽江府把它视为群山的命脉，禁止采矿。不过我查对《一统志》时，金华山山脉是从西番的罗均山延伸过来的，大概“老君”就是“罗均”的错读，然而认为是从西番来的，则是《一统志》的错误了。这座山还在兰州的东面，西番在兰州西面的澜沧江以外，这座山既不是剑川州的属地，也不在丽江府、兰州境内，怎么会有西番延伸来的说法呢？但是根据这种说法也可以知道此山原本就不属于剑川州，当地人贿赂、赠送一类的说法，不足以相信。平川北面就是山塍塘后面的山岭，自东山往北转，往西绵延后掉转尾部。平川南面是印鹤山，自东山往南下延，向西回过头来回绕成南岭。中间围成平川，东西宽十里，南北长三十里，而湖水汇积占了平川的一半。湖水从西边发源，向西南冲破山峡流去，而湖水独自溢满在东南方。这是平川中的大概面貌。平川的地点在鹤庆府的西面，而稍偏向南；在丽江府的南面，而稍偏向西；在兰州的东面，而稍偏向北；在浪穹县的北面，而稍偏向西。这是四面边界的准确位置。州内的山脉从金华山北岭向东环绕而下，由州治往西走了一里多，到达金华山山麓。有两座寺庙，山门并排面向东，都不宏大宽敞。寺后有亭子轩廊，在石阶盘绕的层层石崖之上，泉水飞洒，竹影桃花，掩映有致，是乡绅杨君的别墅。由别墅北边踏着崖石往西上登，有座关帝庙，也是面向东，而此处地势渐渐高起来，向东俯视整个平川中的湖光山色和甸子中的景色，以及东山最高处下过雪的痕迹层层叠叠，很是明媚。由庙后沿着大路又往西上行了半里，向北顺着山坡下走，是桃花坞；从往南分出的岔路上行，是万松庵；而一直向西的大路，则是向西越岭后到达莽歇岭的路。

乃随杨君导，遂从北坡下，数百步而桃花千树，深红浅晕，倏入锦绣丛中。穿其中，复西上大道，横过其南，其上即万松庵，其下为段氏墓，皆东向。段墓中悬坞中，万松高踞岭上，并桃花坞，其初皆为土官家山，墓为段氏所葬，而桃花、万松，犹其家者。万松昔为庵，闻今亦营为马鬣①，门扃莫由入。遂仍从关庙侧，约一里下山。山之北，有峡甚深，自后山环夹而出，涧流嵌其下，是为崖场。两崖骈立，其口甚逼，自外遥望，不知山之中断也。余欲溯其流入，以急于金华，遂循山南行。一里余，有冈如堵墙，自西山而东亘州南，乃引水之冈也。逾冈又南一里余，有道宫倚西山下，亦东向。其内左偏有何氏书馆，何乡绅之子读书其中。宫中焚修者，非黄冠②，乃瞿昙③也。引余游馆中，观茶花，呼何公子出晤，而何不在，留余少憩。余急于登山，乃出。

【注释】①马鬣（liè）：马颈上的长毛。此处引申为马场。②黄冠：道士束发之冠，多用金属或木片制成，其色尚黄，因以为道士的别称。③瞿昙（qú tán）：指和尚。

【译文】我于是随着杨君的引导，从北面的山坡下走，几百步后就有千树桃花，深红浅晕，突然间进入锦绣花丛之中。穿越在桃树林中，又往西上大路，横穿过桃树林南边，路上面就是万松庵，路下方就是段氏的墓地，都是面向东。段氏墓地高悬在山坞中，万松庵高高坐落在岭上，加上桃花坞，它们最初都是土官家的私山，墓地被段家葬用，而桃花坞、万松庵，仍然是土官家的。万松庵昔日是寺庵，听说现在改建为马场，门关着无法进去。于是仍然从关帝庙侧边，大约一里下山。山的北边，有条峡谷很深，从后山环绕相夹着出来，山涧嵌在峡底流淌，那里是崖场。两面山崖并立，峡口十分狭窄，从外面远远望去，不知山从中间断开了。我想逆着涧水进去，因为急着去金华山，就沿着山往南走。一里多后，有座山冈像一堵墙，自西山往东绵延到州治南面，这是引水的山冈。越过山冈又往南走了一里多，有座道观倚靠在西山下，也是面向东。道观内左侧有何氏书馆，何乡绅的儿子在馆中读书。道观中焚香修炼的，不是道士，而是和尚。和尚引领我在书馆中游览，观赏茶花，叫何公子出来会面，但何公子不在，和尚挽留我稍作歇息。我急着登山，就出来了。

从宫右折而西上坡，一里，有神庙当石坡上，为土主之宫。其庙东向而前有阁，阁后两古柏夹立，虬藤夭矫，连络上下，流泉突石，错落左右，亦幽阒名区也。与何公子遇，欲拉余返馆，且曰："家大人亦祈一见。"盖其父好延[①]异人，故其子欲邀余相晤。余约以下山来叩。后询何以进士起家，乃名可及者，忆其以魏党[②]削夺，后乃不往。遂从庙右西上，于是崇攀仰陟，遵垂坡以登，三里，转突崖之上。其崖突兀坡右，下临深峡，峡自其上石门下坠甚深。从此上眺，双崖骈门，高倚峰头，其内环立罨翠，仿佛有云旌羽裳出没。益鼓勇直上，路曲折悬陡，又一里而登门之左崖。其上有小石塔，循崖西入，两崖中辟，上插云霄，而下甚平。有佛宇三楹当其中，楹左右恰支两崖，而峡从其前下坠，路由左崖入，由右崖栈石壁而盘其前以登玉皇阁。佛宇之后，有池一方，引小水从后峡滴入，池上有飞岩嵌右崖间，一僧藉岩而栖。当两崖夹立之底，停午不见日色，惟有空翠冷云，绸缪牖户而已。由崖底坡坳而登内坞，有三清阁；由崖右历栈而蹑前崖，有玉虚亭，咫尺有幽旷之异。余乃先其旷者，遂蹑栈盘右崖之前。栈高悬数丈，上下皆绝壁，端耸云外，脚插峡底，栈架空而横倚之。东度前崖，乃盘南崖，西转北上而凌其端，即峡门右崖之绝顶也。东向高悬，三面峭削，凌空无倚。前俯平川，烟波村树，历历如画幅倒铺。后眺内峡，环碧中回，如蓉城蕊阙，互相掩映，窈蔼[3]莫测。峰头止容一阁，奉玉宸于上。

【注释】①延：引进，请。②魏党：指明朝魏忠贤的党羽。明末，宦官魏忠贤（1568—1627）为司礼秉笔太监，又兼管东厂，自称九千岁，专断国政，累兴大狱。其爪牙、私党遍全国，人称魏党。明思宗即位（年号崇祯），魏被黜职逮治，在途中惧罪自缢。其私党皆被当时人所痛恨，后亦遭削夺。③窈蔼：深远貌，幽暗貌。

【译文】从道观右边折向西上坡，一里后，有座神庙位于石坡上，是土主庙。这座庙面向东而且庙前有楼阁，楼阁后面夹立着两棵古柏树，藤蔓屈曲，上下连缀着，流淌的泉水，突立的岩石，错落左右，这也是幽雅寂静的胜景。在这里与何公子偶遇，他想邀请我返回书馆，并且说："家父也希望见一面。"原来他父亲喜欢引进宴请奇异人士，所以他的儿子想邀请我相见。我与他约定在下山后去拜见。后来打听到，何先生以进士身份起家，是个名叫何可及的人，回想起他因为是魏忠贤的党羽被削夺官职，下山后就没去了。于是从庙右边往西上行，从这里起仰面攀登高处，沿着下垂的山坡上登，三里后，转到前突的山崖上。这座山崖突兀在山坡右侧，下临深峡，峡谷从上面的石门下坠得很深。从此处向上眺望，两边的石崖像门一样并立，高高倚靠在峰顶，石门内岩石环立，翠色掩映，仿佛云中有旌旗羽衣出没。愈加鼓足勇气一直上登，道路曲折，高悬陡峻，又走了一里后登上石门左边的石崖。石崖上有座小石塔，沿着石崖向西进去，两边石崖从中分开，上方直插云霄，而下面很是平坦。崖壁中有三间佛寺，左右两边的楹柱恰好支撑在两边的石崖上，而峡谷从寺前下坠，道路从左边的石崖进去，经由右边石崖石壁上的栈道绕向前方，以便登上玉皇阁。佛寺后方，有一汪池水，把从后面的峡谷中滴落的小股水流引来，水池上方有飞空的崖石嵌在右边的石崖间，一个僧人借着飞空的岩洞栖息住。在两面崖壁夹立的峡谷底，正午都见不到阳光，只有空阔的翠色和冷冷的云雾，缠绵在门窗之间而已。由石崖底部山坳中的山坡登上石门内的山坞，有三清阁；经由石崖右侧过栈道登上前边的石崖，有玉虚亭，咫尺之间有幽闭和空旷的不同。于是我先去那空旷的地方，踏着栈道绕到右边石崖的前方。栈道高悬几丈，上下都是绝壁，顶端高耸在云天之外，脚下插入峡谷底，栈道架空而横靠着崖壁。向东越过前边的石崖，于是绕到南面的石崖，由西转向北登上石崖顶端，就是峡谷门右侧的石崖绝顶了。绝顶向东高悬，三面陡峭如削，凌空而立，无依无靠。前方俯瞰着平川，烟波村树，历历在目，如同画卷倒着铺开。向后眺望里面的峡谷，峡谷中森林回环，形成如同芙蓉般的城墙和花蕊般的宫殿，互相掩映，深远莫测。峰头上只容得下一座楼阁，上面供奉着天帝。

余凭揽久之，四顾无路，将由前道下栈，忽有一僧至，曰：“此间有小径，可入内峡，不必下行。”余随之，从阁左危崖之端，挨空翻侧，践崖纹一线，盘之西入，下瞰即飞栈之上也，半里而抵内峡之中。峡中危峰内簇，瓣分蒂绾，中空如莲房。有圆峰独穹于后，当峡中峙，两旁俱有峰攒合，界为两峡，合于中峰前。旁峰外缀连冈，自后脊臂抱而前，合成崖门，对距止成线峡。外围中簇，此亦洞天之绝胜矣。冈上小峰共有五顶，土人谓上按五行，有金木水火土之辨。此亦过求之论，即不藉五行，亦岂输三岛哉？中峰前结阁，奉三清[1]，前有古柏一株颇巨，当两峡中合之上。余欲上蹑中峰，见阁后路甚仄，陟左峡而上，有路前蹈峡门左崖之顶，乃陟峡而北蹑之。东出西转，有塔峙坡间，路至此绝。余犹攀巉践削，久之不得路，而杨氏之子与担夫俱在下遥呼，乃返。从内峡三清阁前下坠峡底，共一里而至峡门内方池上，就岩穴僧栖，敲火沸泉，以所携饭投而共啖之。乃与僧同出峡门，循左崖东行。僧指右峡壁间突崖之下，石裂而成峡，下临绝壑，中嵌巉崖，其内直逼山后莽歇，峡中从来皆虎豹盘踞，无敢入者。余欲南向悬崖下，僧曰：“既无路而有虎，君何苦必欲以身试也。且外阻危崖，内无火炬，即不遇虎，亦不能入。”杨氏子谓：“急下山，犹可觅罗尤温泉。此不测区，必不能从也。”乃随之东北下山。一里，路分两岐：一循山北下，为入州便道；一直东随坡下，即来时道。僧乃别从北去，余仍东下。一里，路左有一巨石，当坡东向而峙，下瞰土主庙后，石高三丈，东面平削，镌三大天王像于上，中像更大，上齐石顶，下踏崖脚，手托一塔，左右二像少杀之，土人言，土司出兵，必宰猪羊夜祭之，祭后牲俱乌有，战必有功。是为天王石。又下一里，至土主庙南，乃逾涧南上坡，循西山之东，逾坡度坞，南向而行。村之倚坡临川者，篱舍屈曲，竹树扶疏[②]，缀以夭桃素李，光景甚异，三里余而得一巨村，则金华之峰，至是南尽。又下为盘岭，回亘南去，兰州之道，由是而西逾之，从杨村而达焉。

【注释】①三清：道教用语。指神仙所居的玉清、上清、太清三个最高仙境。也指居于三清仙境的三位尊神，即玉清元始天尊、上清灵宝天尊、太清道德天尊。合称“三清”。②扶疏：枝叶茂盛，高低疏密有致。

【译文】我凭栏观览了很久，环顾四周没有路可走，正准备从先前的路下到栈道，忽然有一个僧人到来，说：“这里有条小路，可以进入里面的峡谷，不必往下走。”我跟着他，从楼阁左边危崖的前端，凌空挨着石崖侧边翻越，踩着崖壁上一线宽的石纹，向西绕进去，向下俯瞰就是飞架在空中的栈道，半里后到达里面的峡谷中。峡谷中险峰簇聚，如花瓣分开，似花蒂盘结，中间空如莲蓬。有座圆圆的山峰独自穹窿在后面，在峡谷正中间耸立对峙，两旁都有山峰聚合在一起，隔成两道峡谷，在中峰的前方会合。旁边的山峰外连缀着山冈，从后面的山脊处像手臂样向前围抱，合成石崖门，峡谷两边相对的距离成为一条线。外面围绕中间簇拥，这也是绝顶优美的洞天了。山冈上的小山峰共有五座山顶，当地人认为上面按照五行规律，分为金、木、水、火、土五座山峰。这是攀附会的说法，即使不借助五行，难道就会输给东海的三座仙岛吗？中峰前建有楼阁，供奉三清神像，前方有一棵古老的柏树相当巨大，位于两条峡谷中间会合处的上方。我想要上登中峰，看见楼阁后面的路很是狭窄，就沿着左边的峡谷上走，有条路通往峡口左边石崖的顶上，于是穿过峡谷往北攀登。从东边出来后向西转，有座塔矗立在山坡上，道路在这里就断了。我仍然在悬崖峭壁间攀爬，很久都找不到路，而杨贡生的儿子与挑夫都在下面远远地呼喊，我只好返回来。从里面峡谷的三清阁前下坠到峡底，共走了一里后来到峡口内的方形水池上，就着僧人住的岩洞，点火烧水，把带来的饭放入水中后一同分吃了。于是与僧人一同走出峡口，沿着左边的石崖往东走。僧人指说右边峡谷绝壁间前突崖石的下面，岩石裂成峡谷，下临断绝的壑谷，中间嵌有巉崖，里面一直通到山后的莽歇岭，峡中从来都是虎豹盘踞地，没有人敢进去。我想从南面的悬崖上下去，僧人说："既然没有路又有老虎，您何苦一定要以身犯险呢！而且外面有危崖阻隔，里面没有火把，即使没有老虎，也不能进去。"杨贡生的儿子说："抓紧下山，还可以寻找罗尤温泉，此处是危险的地方，必定不能从这里走。"就跟随他们从东北下山。一里后，分为两条岔路：一条顺着山往北下走，是去州治的近路；一条笔直往东顺着山坡下走，是来时走的路。僧人于是告别从北边去了，我仍旧向东下行。一里后，路左边有一块巨石，位于坡上向东矗立，下方俯瞰土主庙的后面，巨石高有三丈，东面平滑如刀削，石上镌刻三大天王的神像，中间的天王像更大，上面与岩石顶齐平，下面踏着石崖脚，左右二位天王像稍矮一些，当地人说，土司要出兵，必定会宰杀猪羊在夜间祭祀神像，祭祀后祭品都消失了，作战一定会成功。这是天王石。又下行了一里，来到土主庙南边，于是越过山涧从南边上坡，沿着西山的东面，翻越山坡穿过山坞，向南前行。有倚靠山坡面临平川的村庄，弯弯曲曲的篱笆围着村舍，竹丛树木疏密有致，点缀些妖艳的桃花和素雅的李花，风光景色特别奇异优美，三里多后到达一个大村庄，就见金华山的山峰，延伸到这里就是南面的尽头。再下去是盘绕的山岭，回绕着向南延伸而去，去兰州的路，从这里向西翻越山岭，经杨村后就到达那里了。

由村南东盘东突之嘴，共里余，南转而得罗尤邑，亦百家之聚也。其处有温泉，在村洼中出，每冬月则沸流如注，人争浴之，而春至则涸成污池焉，水止而不流，亦不热矣。有二池，一在路旁，一在环堵之内，今观之，与行潦无异。土人言，其水与兰州温泉彼此互出，溢于此则彼涸，溢于彼则此涸。大意东出者在秋冬，西出者在春夏，其中间隔重峦绝箐，相距八十里，而往来有时，更代不爽，此又一异也。村中有流泉自西峡出，人争引以灌，与温泉不相涉。其上有石龙寺，以晚不及探，遂由大道北返。四里，北越一桥，桥北有居庐，为水寨村。从村北折而西，望金华山石门之峡，高悬双阙，如天门复峙。又二里，北抵州治，入南街，又里余而返寓。

【译文】由村南向东绕过朝东前突的山嘴，共走了一里多，往南转后走到罗尤邑，也是个有百户人家的聚落。这地方有温泉，从村子的洼地中流出来，每到冬月沸腾的泉水如注流出，人们争相洗浴，而春天来临就干涸成污水池，泉水静止不流淌，也不热。有两个水池，一个在路旁，一个在围墙内，今天看来，和沟中的流水没有两样。当地人说，这泉水和兰州的温泉彼此互通，这里溢出来那里就会干涸，那里溢出来这里就会干涸。大体上东边在秋冬季流出来，西边在春夏时流出来，这中间隔着重重山峦和绝深的山谷，相距八十里，可泉水按季节流来流去，东西交替不出差错，这又是一件奇异的事。村中有流动的泉水从西面峡中流出来，人们争着引水来灌溉，与温泉互相不干涉。村子上面有座石龙寺，因为天晚来不及探访，就由大路向北往回赶。四里后，往北越过一座桥，桥北有居民房屋，是水寨村。从村北转向西，远望金华山石门的峡谷，两面崖壁高悬，如同天门远远矗立。又走了二里，往北抵达州治，进入南街，又走了一里多后返回寓所。

十五日　余欲启行，闻杨君乔梓[1]言莽歇岭为一州胜处，乃复为一日停。命担者裹饭从游，先从崖场入。崖场[2]者，在金华北峰之下，有涧破重壁而东出，剖层峰为二，其内皆云舂水碓，极幽寂之致。莽歇正道，当从南崖上；余意披峡而西，由峡底觅道上，更可兼尽，遂溯流入。始缘涧北，不得入。仍渡涧南西入，南崖之上，即昨桃花迷坞处，而此当其下嵌。矫首两崖逼霄，但谓涧底流泉，别有天地，不复知峰头春色，更占人间也。曲折三里，只容一溪宛转，乱舂互答。既而峰回峡转，前岭西亘，夹涧北来，中壑稍开，环崖愈嵚，路亦转北，而回眺西南岭头，当是莽歇所在，不应北入。适有樵者至，执而问之，曰："此涧西北从后山来。莽歇之道，当从西亘之岭，南向蹑其脊，可得正道。"余从之。遂缘西亘岭西南跻之，虽无路径，方位已不出吾目中。一里余，遂南蹑其北突之脊，东来之路，亦逾此转南矣，遂从之。此峰自金华山北向横突，从此下坠，前尽于崖场峡口，后尽于所逾之脊。其西又有山一支，亦自南北向横突金华山之后，而为北下之峡。盖二山俱从西南老君山来，分支并驰，中夹成箐，石崖盘错，即所谓莽歇岭[3]也。

【注释】①乔梓：典出《尚书大传·卷四·梓材》："商子曰：'南山之阳有木焉，名乔。'二、三子往观之，见乔实高高然而上，反以告商子。

商子曰：'乔者，父道也。'南山之阴有木焉，名梓。二、三子复往观焉，见梓实晋晋然而俯。反以告商子，商子曰：'梓者，子道也。'"乔木高，梓木低，父位尊，子位卑，后用以比喻父子。②崖场：今作岩场，在剑川县稍西北，永丰河出山口。③莽歇岭：今作满贤林，意为贤士荟萃的山林。在剑川县城西，金华山后，海拔2500米。亦风景胜地。

【译文】十五日　我打算起行，听杨君父子说，莽歇岭是全州景色最美的地方，就又为此停留一天。让挑夫携带饭粮随我游览，先从崖场进去。崖场这个地方，在金华山北峰之下，有涧水冲破重重崖壁向东流出来，层层山峰被一剖为二，峡谷内都是在云雾间舂米的水碓，极尽清幽寂静的景致。去莽歇岭的正路，应当从南面的山崖上走；我打算穿过峡谷往西，由峡底找路上走，更能兼及游览全部景色，就逆着水流进去。开始时沿着山涧往北岸走，不能进去。仍然渡到涧水南岸往西进去，南面的山崖之上，就是昨天桃花迷乱的山坞处，而此地正在桃花坞下方的深嵌处。我抬头看两面的山崖直逼云霄，便只认为涧底流淌着泉水，别有一番天地，让人不再知道峰头的春光，更是占尽人间美景。曲曲折折走了三里，峡中只容得下一条溪流弯弯转转，水流乱冲，互相呼应。不久之后峰回峡转，前面的山岭往西延伸，夹着山涧向北流来，中间的壑谷稍微开阔了一些，环绕的山崖愈加深嵌，道路也转向北，回头眺望西南方的岭头，应该是莽歇岭的所在地，不应该向北进去。恰好有个樵夫走过来，我就拉着他问路，他说："这条山涧从西北方的后山流来。去莽歇岭的路，应该沿着向西延伸的山岭走，向南翻越山脊，就可以找到正路。"我听从他的话。于是沿着向西延伸的山岭往西南登山，虽然没有路，具体方位已经不会超出我的眼中了。一里多后，就往南攀登那向北前突的山脊，东边来的道路，也越过这里转向南了，于是就顺着路走。这座山峰从金华山向北横突，从这里下坠，前面崖场的峡口到了尽头，后面在我所翻越过的山脊处到了尽头。山的西面又有一列山，也是自南向北横突到金华山的后面，而后成为往北下延的峡谷。两列山大概都是从西南的老君山延伸而来的，分支并排延伸，中间夹成山箐，石崖盘绕错落，就是所谓的莽歇岭了。

于是循金华山之西南向二里，又渐下者半里，而抵箐中。其箐南来，东崖即金华北岭之后，西崖是为莽歇，皆纯石危亘，骈峡相对，而路当其下。先有一崖，北向横障箐中，下嵌成屋，悬覆二丈余，而东北一石下垂，如象鼻柱地，路南向无隙。从象鼻卷中，傍东崖上透，遂历覆崖之上。望东西两崖，俱有石皮壁覆云，而西崖尤为突兀，上露两亭，因西向蹑危登之。其亭皆东向，倚崖缀壁，浮嵌欹仄，而南列者较大，位佛像于中。左壁有泉自石罅出，下涵小池而不溢。北亭就嵌崖通路。摭虚而过，得片石冒亭其上，三面悬削，其路遂绝。此反北凌箐口，高出象鼻覆崖之上矣。凭眺久之，闻木鱼声甚亮，而崖回石障，不知其处。复东下箐底，溯细流北入，则西崖转嘴削骨，霞崩嶂压，其势弥异。半里，矫首上眺，或下嵌上突，或中刳旁裂，或层堆，或直劈，各极骞腾[1]。有书其上为“天作高山”者，其字甚大，而悬穹亦甚高，或云以篾箩藤索，从峰顶倒挂而书者。西崖有白衣大士，东崖有胡僧达摩，皆摩空粘壁而成，非似人迹所到也。

【注释】①骞腾：犹飞腾，飞跃。骞，通“鶱”。

【译文】从这里沿着金华山的西面向南走了二里，又渐渐下行半里，而后到达山箐中。这个山箐从南边过来，东边的山崖就在金华山北岭的后面，西面的山崖就是莽歇岭，上面全是高悬的岩石，并排相对夹成峡谷，而道路正当山崖下方。先有一座石崖，面向北横挡在山箐中，下嵌成石屋，高悬下覆有二丈多，而东北方一块下垂的石柱，像象鼻一样竖在地上，路向南延伸没有空隙。从象鼻卷中间，靠着东面的山崖往上钻，于是经过下覆的石崖上，望见东西两面山崖，都有石壁高架白云覆盖，而西面的山崖尤其突兀，上面露出两座亭子，因而向西踏险登山。两座亭子都面向东，倚靠石崖连着崖壁，浮空倾斜，而位于南边的较大，亭中设有佛像。左边的石壁上有泉水从石缝中流出，下面积有一小池水却不外溢。北边的亭子就嵌在崖壁上道路通过的地方，选取空处过去，有一片岩石盖在亭子上方，三面悬空陡削，道路在这里就断了。从这里往回登上箐口北面，高高站在象鼻和下覆的石崖上。凭高远望了很久，听见有十分响亮的敲木鱼的声音，但是山崖回绕石壁阻隔，不知木鱼声来自何处。又往东下到山箐底，逆着细小的溪流往北进去，就见西面的山崖山嘴回转，骨状壁立，似云霞崩塌，如直立的山峰下压，山势更加奇特。半里后，抬头向上眺望，有的下嵌上突，有的中剖旁裂，或者层层堆积，或者笔直劈开，各自极尽飞举奔腾的姿态。有人在石壁上书写“天作高山”，字非常大，而悬崖穹窿也相当高，有人说是用藤索下坠篾箩，从峰顶倒挂着写成的。西面的崖壁上刻有观音菩萨，东面的崖壁上刻有西域僧人达摩，都是凌空贴着崖壁刻绘成的，不像是人力所能办到的了。

更南半里，有玉皇阁当箐中。由此攀西崖，捱石磴，有僧嵌一阁于崖隙。其阁亦东向。其崖上下陡绝，中嵌横纹，而阁倚之。挨横纹而北，又覆一亭，中供巨佛，倚壁而立，以崖逼不容青莲座也，其北横纹迸绝矣。前闻鲸声遥递，即此阁僧。其师为南都人，茹淡辟幽，栖此有年，昨以禅诵赴崖场，而守庐者乃其徒也，留余待之。余爱其幽险，为憩阁中作记者半日。

【译文】再往南走了半里，有座玉皇阁位于山箐中。由此地攀登西面的山崖，顺着石阶走，有僧人在石崖缝隙中嵌了一座楼阁。这座楼阁也是向东。这里的石崖上下陡绝，中间嵌入横向的石缝，而楼阁就倚靠在石缝中。挨着横向的石缝往北走，又覆盖着一座亭子，亭中供奉巨大的佛像，佛像倚靠崖壁站立，这是由于崖石狭窄容不下青莲座。亭子北边横向石纹崩塌断绝了。先前听到的木鱼声远远传来，就是这座楼阁中的僧人。僧人的师傅是南京人，吃清淡素食开辟了这片幽境，住在此地有些年了，昨天因为坐禅诵经到崖场去了，而看守房舍的是他的徒弟，僧人挽留我等他的师傅。我喜爱此处的幽静险要，因此在楼阁中休息半天写日记。

僧为具餐。下午而师不至。余问僧："此处有路通金华山否？"僧言："金华尚在东南，隔大脊一重，箐中无路上。东向直蹑东崖，乃南趋逾顶而东下之。盖东崖至是匪石而土，但峭削之极，直列如屏，其上为难。"余时已神往，即仍下玉皇阁，遂东向攀岭上。时有游人在玉皇阁者，交呼："此处险极难阶！"余不顾，愈上愈峻。二里，有路缘峰腰自南而北，担者欲从北去，余强之南。半里，此路乃东通后岭，非东南逾顶者，乃复东向蹑峻。担者屡后，呼之不至，余不复待，竭蹶上跻，一里余而东逾其脊。从脊上俯视，见州治在川东北矣，乃即从脊南趋。半里，又东南蹑峻上，一里，始凌金华山顶。于是北眺丽江，西眺兰州[①]，东眺鹤庆，南眺大理，虽嵌重峰之下，不能辨其城郭人民；而西之老君，北之大脊，东之大脊分支处，南之印鹤横环处，雪痕云派，无不历历献形，正如天际真人[②]下辨九州，俱如一黍也。复从顶脊南行，脊上已有路，直前一里，渐西转向老君，余知乃杨庄道，乃转而北瞰东向之路，得一线垂箐下，遂从之。下里余，路穷箐密，倾崖倒坎，欹仄蒙翳，下嵌莫测。乃攀枝横跌，跌一重复更一枝，幸枝稠箐密，不知倒空之险。如是一里，如蹈碧海，茫无涯际。既而审视，忽见一塔下涌，虽隔悬重箐，而方隅在目，知去石门，不在弱水外矣。益用攀坠之法，又一里，有线径伏箐间，随之亟行。半里，得中洼之峡，又半里，出三清阁之后，即昨来审视而难从者。于是下峡门，过昨所饭处，皆阒无一人。乃前趋过昨所望虎穴之上，此直康衢，非险道矣。乃从北道循西山北向下，五里而返寓，则担夫犹未归也。

【注释】①兰州：元至元十二年（1275）置，属丽江路。治所在今云南剑川县西六十四里坡脚。辖境主要在今云南兰坪白族普米族自治县境。《元史·地理志》："兰州，在兰沧水之东。"明洪武十五年（1382）改属鹤庆府。后属丽江府。清顺治十六年（1659）废。②真人：道家称"修真得道"或"成仙"的人。唐代以后，少数道家人士有被帝王赠号为真人的，如唐玄宗封庄子为南华真人、文子为通玄真人等。历代均有。道家成仙者，男为真人，女为元君。

【译文】僧人为我准备了午餐。下午僧人的师傅还没回来。我问僧人："此处是否有路通往金华山？"僧人说："金华山还在东南方，隔着一层大山脊，山箐中无路可上。向东一直登上东面的山崖，再向南越过山顶后往东下山。东面的山崖延伸到那里不是石山而是土山，但陡峭如削的程度到了极点，如同屏风般竖直排列，要上去十分艰难。”我此时已经神往，随即回到玉皇阁，然后向东攀登山岭上走。这时有在玉皇阁游览的人，交相呼喊：“此处极其危险，难以上阶！”我没有理会，越上走越险峻。二里后，有路沿着山峰半山腰自南通向北，挑夫想往北去，我勉强他往南走。走了半里，此路是往东通向后面山岭的，不是从东南翻越山顶的路，就又向东上登险峻的山峰。挑夫屡次落后，呼喊不见他来，我不能再等，就竭力跌跌撞撞上登，一里多后往东越过山脊。从山脊上俯视，见到州治在平川的东北方了，于是立即从山脊上往南赶。走了半里，又从东南方踏着险峻的山路走，一里后，才登上金华山山顶。在这里向北眺望丽江府，向西眺望兰州，向东眺望鹤庆府，向南眺望大理府，虽然深嵌在重重山峰之下，不能分辨出那里的城郭人民；而西面的老君山，北面的大山脊，东面大山脊分支的地方，南面印鹤山的横亘环绕处，雪痕和云海，无不历历在目尽显美态，正像天边的仙人，俯视下方的九州都如一粒黍米。又从山顶上的山脊往南走，山脊上已经有路，一直前行了一里，渐渐向西转向老君山，我知道是去杨庄的路，于是转向北俯瞰着向东去的路，见到一条线一样的路下垂到山箐中，就顺着这条路走。下行一里多，路断了，山箐林密，山崖倾斜，石坎倒立，倾斜遮蔽，下嵌的深不可测。就攀着树枝横着下跌，跌下去一层再换一条树枝，幸好树枝、竹丛稠密，不觉得倒悬在空中的危险。如此一里，好像踩在碧绿的海洋中，辽阔浩渺而无边际。不久之后仔细查看，忽然看见一座塔从下面涌出，虽然悬隔着重重山箐，而方位已在眼中，心知距离石门，不会是在几千里的弱水之外了。再用攀挂悬坠的方法，又走了一里，有条线一样宽的小路伏在山箐间，顺着这条路急忙前行。半里后，走到中间下洼的峡谷，又走了半里，出到三清阁的后面，就是昨天细看却不能走的地方。于是下到峡口，经过昨天吃饭的地方，都寂静没人。于是往前赶，走过昨天望见虎穴的上面，这里一直是宽阔平坦的大路，不再是险途了。于是从北道沿着西山向北下山，五里后返回寓所，而挑夫还没有回来。

十六日　平明，炊饭而行。遵南街出，七里至罗尤邑。余以为将滨湖而行，而大道俱西南循坡，竟不见波光渚影。途中屡陟冈越涧，皆自西向东，而冈涧俱不巨，皆有村庐。八里，一聚落颇盛。从其南又一里，大路将东转而趋海门桥①，有岐西南入，乃石宝山道也，从此始与大道别。南瞻印鹤山，尖耸而当湖之南，为一川之南屏。其脉自湖东南下伏，而西度复耸，故榆城大道，过海门桥绕湖南而东，由其东伏处南逾而出观音山；湖流所注，由海门桥绕山北而西，由其西尽处南捣而下沙溪。石宝山又在印鹤西南，东隔此溪南下，又西隔驼强江北流，故其路始从此溪北峡入，又从驼强江东峡渡，然后及石宝之麓焉。由岐路循西坡南下，一里，度一峡，从峡南上，转而西行，二里余，已遥望石宝山尖穹西大峰之南矣。

【注释】①海门桥：在今云南江川县东北。《方舆纪要》卷115江川县：海门桥在“县（今江城镇）东南五里，临安要路也。星云湖水经其下，由此入抚仙湖”。

【译文】十六日　天亮时，做饭吃过后动身。沿着南街出来，七里后到罗尤邑。我以为将要沿着湖边走，可大路都是往西南沿着山坡走，竟然见不到波光湖影。途中多次登上山冈越过山涧，都是自西向东，而山冈山涧都不大，都有村居房屋。走了八里，有一个村落相当兴盛。从村落南边又走了一里，大路将要转向东通往海门桥，有条岔路向西南进去，是去石宝山的路，从此处开始与大路分别。往南远望印鹤山，尖尖耸起而位于湖水的南岸，是整个平川南面的屏障。印鹤山的山脉自剑湖的东南往下低伏，而后往西延伸再耸起，所以去大理府城的大路，经过海门桥绕道湖水南岸往东走，由东面山脉低伏处向南穿越后出到观音山；湖水的流向，经由海门桥绕流到山的北面后往西流，经由山脉西面的尽头处向南冲捣后下流到沙溪。石宝山又在印鹤山的西南方，东边隔着这条往南下流的溪流，西边又隔着向北流的驼强江，所以这条路才从这条溪流北岸进入峡中，又从驼强江东岸渡过峡谷，然后才到达石宝山的山麓。由岔路沿着西面的山坡向南下行，一里后，穿过一座峡谷，从峡谷往南上行，转向西走了二里多，已远远望见石宝山的山尖隆起在西面大山峰的南面了。

于是复西南下一里，涉涧，乃南向升层冈，峡中曲折三里，始南逾其脊。南下二里，有水自西南峡来，至此折而东去，是为驼强江，有大石梁南跨之，桥南环塍连阡。南陟之，半里，有村庐倚南坡下，颇盛，是为驼强村。从村南复随箐南上，一里余，登岭脊。从脊上西望，老君山雪色峥嵘，在重峰夹涧之西，始知石宝之脉，犹从金华南下，而尽于驼强北转之处；若老君之脉，则南从横岭而尽于黑会、澜沧之交矣。平行脊上一里余，稍南下，度峡坳，半里，东望海门桥之溪，已破峡嵌底而南，有路随箐直下而就之，此沙溪道也；有岐南上盘西峰之南，此石宝道。乃南上盘峰，一里余，凌峰之南，遂西转而饭。从岭头西向行二里，稍下而逾脊西，随之南转西向，一里，又西南逾其北突之崖，始平望石宝之尖，与西峰并峙，而白塔高悬其间。

【译文】从这里再往西南下行一里，涉过山涧，然后向南爬升层层山冈，在峡中曲曲折折地走了三里，才向南翻越山脊。往南下行二里，有江水从西南的峡谷中流来，流到此处转向东流去，这是驼强江，有座大石桥跨到驼强江南，桥南的田地环绕阡陌相连。走到桥南，半里后，有个村庄倚靠在南面的山坡下，很是兴盛，这是驼强村。从村南又顺着山箐往南上走，一里多后，登上岭脊。从岭脊上向西望，老君山雪景峥嵘，在重重山峰山涧相夹的西面，才知道石宝山的山脉，还要从金华山往南下延，而后在驼强江向北转的地方才到尽头；至于老君山的山脉，则是从横向排列的山岭处向南延伸，而后在黑会江、澜沧江的交汇处到尽头。在岭脊上平缓地行走了一里多，渐渐往南下行，越过峡中的山坳，半里后，向东望海门桥的溪流，已经冲破峡谷嵌入峡底往南流，有条路顺着山箐一直下走后通向溪流，这是去沙溪的路；有条岔路向南上走绕到西峰的南面，这是去石宝山的路。于是向南上行绕着山峰走了一里多，登上山峰的南面，然后向西转后吃饭。从岭头向西走了二里，稍下行后翻越到山脊西面，沿着山脊南面向西转了一里，又从西南翻越朝北前突的山崖，开始平视石宝山的山尖，与西峰并排对峙，而白塔高悬在山上。

南一里，遂坠壑直下，一里，抵崖麓，则驼强江自南而北，奔流石峡中，而两崖东西夹峙，巉石飞骞，古木盘耸，悬藤密箐，蒙蔽山谷，只觉绿云上幕，而仰不见天日，玉龙下驰，而旁不露津涯。盖西即石宝之麓，东乃北绕之峰，骈夹止容一水，而下嵌上逼，极幽异之势。循东崖南行三里，夹壁稍开，有石梁西度，立梁上四眺，尚不见寺托何处。梁南两崖，溯水而上，已无纤径，而桥东有路，南逾东峰，则沙溪之道也。度桥西半里，西壁稍开，中坠一坑，甚峻，有巨阁当其口，已倾圮不蔽风雨，而坑中亦无入路，惟仰见其上盘崖层叠，云回幛拥，如芙蓉十二楼，令人目眩心骇。路循坑右盘崖磴曲折上，一里余而入石宝寺[1]山门。门殿三四层，俱东向，荒落不整，僧道亦寂寥；然石阶殿址，固自雄也。

【注释】①石宝寺：位于剑川县石宝山上。

【译文】往南走了一里，就望着壑谷一直下坠，一里，抵达山麓，就见驼强江自南往北流，奔流在石山峡谷中，而两面的石崖东西夹立对峙，高峻的山石斜飞，古树盘绕高耸，高悬的藤蔓，浓密的竹丛，遮蔽山谷，只觉得头上是幕布一样的绿云，而仰头看不见天日，似玉龙奔腾江水向下飞驰，而江边不见露出的渡口江岸。大概西面就是石宝山的山麓，东边是向北绕的山峰，并排夹立只容得下一条江水，而下面深嵌上方狭窄，极尽幽深特异的气势。沿着东面的石崖往南走了三里，夹立的崖壁稍微开阔一点，有座石桥跨到西边，站在桥上四面眺望，还看不见佛寺在何处。桥南两面是石崖，逆着江水上行，已经没有小路，而桥东有条路，往南翻越东峰，就是去沙溪的路了。度过桥西走了半里，西面的崖壁逐渐开阔，中间下坠成一个深坑，异常陡峻，坑谷口有座巨大的楼阁，已经倒塌了不能遮蔽风雨，而且坑中也没有进入的路，只是仰面见到坑谷上方盘绕着层层叠叠的石崖，云雾回绕幔帐拥簇，如同芙蓉十二楼高，令人目眩心惊。道路沿着坑谷右边环绕着崖壁上的台阶曲折上行，一里多后进入石宝寺的外门。外门佛殿有三四层，都是面向东，荒芜冷落不整齐，和尚道士也很稀少；然而石阶和殿址，自身本来就很雄壮。

余停行李于后殿之右，一老僧栖其后，初不延纳。余不顾，即从殿北盘左腋，穷北岩二重，复下，从殿南盘右腋，穷北岩一重，再下，则老僧已炊黄粱相待。时已下午，复从右腋上玉皇阁，穷塔顶，既暮始下。盖后殿正嵌崖脚，其层亘之崖，重重上盘，而路各从两旁腋间，分道横披而入，其前既悬削，不能直上，而上亦中断，不能交通，故殿后第一层分嵌三窍，北窍二重，路从北腋转，南窍一重，路从南腋转，俱回临殿上，而中间不通。其上又环为第二层，殿后仰瞻不见也。路又从玉皇阁北转，即凭临第一层之上，从突崖北陟，蹑北支西上三里余，凌后峰之顶。顶颇平，西半里，有白塔当坪间，又中洼为土塘者二而无水。洼之南，皆石坡外突，平庋如塘堰，而石面有纹如龙鳞，有小洼嵌其上，皆浅而有水。其顶即西并大峰，其峰横列上耸，西拥如屏，欲蹑其上，路绝日暮而止。僧言其上有天成石像，并不竭石池，余所睹颇不一，亦少就雕刻，不辨孰为天成也。

【译文】我把行李停放在后殿的右侧，一个老和尚住在殿后，起初他不接纳我。我没有理会，随即从殿北绕到左侧，去探究北面的两层陡岩，又下来，从殿南绕到右侧，去探究北面的一层陡岩，再次下来，就见老和尚已经煮好米饭招待了。此时已是下午，又从右侧登上玉皇阁，探寻塔顶，黄昏后才下来。原来后殿正嵌在石崖脚下，那层层延伸的石崖，一重重的向上盘绕，而道路各从两旁的侧旁间，分成两条路横穿进去，前方已经悬空陡削，不能径直上走，而往上走路也中断，不能通行，所以殿后边的第一层分别嵌着三个洞穴，北边的洞穴有二重，路从北侧转，南边的洞穴有一重，路从南侧转，都迂回到殿的上方，但中间不能相通。第一层上面又环绕成为第二层，在殿后抬头看不见了。路又从玉皇阁向北转，随即登临第一层的上方，从突立的崖石向北上行，登上北面的支脉往西上行三里多，登上后峰的峰顶。峰顶很平缓，向西走了半里，有座白塔立在平地中，又有两个中间下洼没有水的泥塘。洼地的南边，都是向外突的石坡，平架着如同水塘的堤坝，而且石头表面的纹路如同龙鳞，有小坑地嵌在岩石上，都浅而有水。峰顶西面就是并列的大山峰，大山峰横列向上高耸，向西围抱如同屏风，想要登到上面去，因道路断绝、天色已晚而止步。僧人说顶峰上有天然形成的石像，以及不会枯竭的石头水池，我看见的不止一处，也有稍作雕刻的，分辨不出哪些是自然形成的了。

十七日　由石宝饭而下山。二里，度桥东上，即转东南，二里，东逾其脊，乃转而南行。渐下，转而西南，三里，又转而东，一里，循山南转。其地马缨[1]盛开，十余小朵簇成一丛，殷红夺目，与山茶同艳。二里，过一南度之脊，里余，越岭而南，始望见沙溪之坞，辟于东麓。所陟之峰，与东界大山相持而南，中夹大坞，而剑川湖[2]之流，合驼强江出峡贯于川中，所谓沙溪[3]也。其坞东西阔五六里，南北不下五十里，所出米谷甚盛，剑川州皆来取足焉。从岭南行又二里，峰头石忽涌起，如狮如象，高者成崖，卑者为级，穿门蹈瓣，觉其有异，而不知其即钟山也。去而后知之，欲再返观，已无及矣。又一里，遂东南下，三里及其麓。从田塍间东南行，二里，得一大村，曰沙腿[④]。遇一僧，即石宝山之主僧也，欲留余还观钟山，且言："从此西四十里，过蕨食坪，即通杨村、兰州，由兰州出五盐井[⑤]，径从云龙州抵永昌，甚便。"余将从之，以浪穹何巢阿未晤，且欲一观大理，更闻此地东去即观音山，为鹤庆、大理通道，若舍此而西，即多未了之愿。

【注释】①马缨：即"马缨花"，花开时，红色花球竞放枝头，宛如马头披戴红缨，马缨花因此得名。②剑川湖：即今云南剑川县东南剑湖。古称剑川湖。明《寰宇通志》卷113：剑川湖"在剑川州西北七十里，顶有泉，池宽半亩，下注为此湖，距州之东，周围数十里，绕流罗鲁城，出大理府赵州境"。《清一统志·丽江府》：剑川湖"在剑川州南五里。亦名东湖。周广六十里，尾绕罗鲁城，流为漾濞江，亦曰濞溪江。俗呼为海子，岁办鱼课。《州志》：剑川在州南十五里，即剑湖之尾，曲流三折，形如川字，故名"。③沙溪：今名同，在剑川县南境。④沙腿：即今沙登村，在石钟山东南麓，甸头村南。⑤五盐井："五盐井"之说始于明初。洪武十六年(1383)设五井盐课提举司于诺邓，并在所辖的诺邓井、大井、山井、师井、顺荡井等五处设置盐课大使。万历四十二年(1614)废五井盐课提举司，各井改属云龙州、浪穹县管，仍按习惯概称五盐井。后来新开盐井逐渐增多，旧井又有湮废。虽年湮代久，新旧互异，数量变化，但直到近代仍有"云龙五井"的说法。"五盐井"产区主要分布在沘江沿岸。今云龙县治为石门井，曾设石门镇，稍北即诺邓井，近年县治改名诺邓镇。石门稍南的宝丰为原洛马井，稍东的和平为原天耳井。师井、顺荡井在今云龙县北部，为聚落名，保存至今。

【译文】十七日　在石宝寺吃过饭后下山。走了二里，过桥后东上，随即转向东南走了二里，往东越过山脊，就转而向南。渐渐下行，转向西南，三里后，又转向东一里，围着山往南转。此处的马缨花盛开，十多朵小花簇拥成一丛，殷红夺目，与山茶一样艳丽。二里后，越过一条往南延伸的山脊，走了一里多，翻越山岭往南走，开始望见沙溪所在的山坞，在山的东麓展开。所翻越的山峰，与东面的一列大山互相对峙向南延伸，中间夹成大山坞，而剑川湖的水流，汇合驼强江流出山峡后流贯在平川中，就是所谓的沙溪了。这个山坞东西宽五六里，南北不下五十里，出产的谷米非常多，剑川州都来这里取粮补给不足。从岭上又往南走了二里，峰头的岩石突然涌起，如狮子、大象，高的成石崖，低的成台阶，穿过石门，踏着石花瓣，觉得有些特异，却不知这里就是钟山了。离开后才知道，想再返回去观赏，已经来不及了。又前行一里，就从东南下山，三里后就到达山麓。从田野间往东南走了二里，到达一个大村子，叫沙腿。遇见一个僧人，就是石宝山的主持僧人了，想挽留我再返回去游览钟山，并说："从此地往西走四十里，经过蕨食坪，可以通往杨村、兰州，由兰州出到五盐井，经过云龙州去永昌府，十分便捷。"我将要听从他的话，但因为还没见到浪穹县的何巢阿，而且想去一观大理府，更听说此地往东去就是观音山，是去鹤庆府、大理府的通道，如果舍弃此处西去，就多有未了却的心愿了。

乃别僧东南行塍间，三里至四屯[①]，村庐甚盛，沙溪之水流其东，有木梁东西驾其上，甚长。度桥，又东南望峡坡而趋，二里，由峡蹑坡东向上者五里，得一坡顶，踞而饭。又东一里余，见路右有峡西坠如划堑，其南有崖北向，一洞亦北向辟门，艰于坠峡，惟隔崖眺望，不及攀也。又东里余，抵东脊之下，有涧自北来，小水流其中，南注西坠峡间。大路涉涧而东逾脊，已乃知其为三营道，如欲趋观音山，当溯涧而北入坞。余乃复返涧西，北向溯之入，行夹中，径甚微，两旁石树渐合。二里出夹，乃东北蹑坡而上，坡间万松森列，马缨花映日烧林，而不闻人声。五里，转而东，又上五里，始蹑其脊。脊南北俱峰，中反洼而成坳，穿坳一里，始东北向而下。望见东界，遥山屏列，上干云汉，而其下支撑陇盘，犹不见下辟之坞也。

【注释】①四屯：即今洱源县士登村。

【译文】于是告别僧人往东南在田野间行走，三里后到达四屯，村居房屋十分兴盛，沙溪的水流过村东，有座木桥呈东西向架在溪流上，很长。过桥后，又往东南望着峡谷山坡赶过去，二里后，由峡中的山坡向东上登五里，走到一处坡顶，坐下吃饭。又向东走了一里多，看见道路右边有峡谷向西深坠如同割开的堑壕，峡谷南边有向北的山崖，一个山洞也是面向北敞开洞口，可惜需越峡谷，只好隔着山崖眺望，来不及攀登了。又向东走了一里多，抵达东面山脊的下方，有条山涧从北边过来，小溪水流淌在山涧中，往南流入向西深坠的峡谷中。大路涉过涧水后向东翻越山脊，随后才知道这是去三营的路，如果想去观音山，应当逆着涧水往北进入山坞。于是我又返回到山涧西面，向北逆着涧水进去，前行在夹谷中，小路很小，两旁的岩石树丛渐渐合拢过来。二里后走出树丛，然后从东北登上山坡，山坡上有万棵松树森然耸立，马缨花在日光映照下染红松林，却听不到人声。五里后，转向东，又上行五里，才登上山脊。山脊南北都是山峰，中间反而下洼成山坳，穿行山坳一里，开始向东北方下行。望见东边的山界，远山像屏风样排列着，上冲云霄，而山下支脉矗立盘绕，还看不见山下开阔的山坞。

坠峡而下二里，又见东麓海子一围，水光如黛，浮映山谷，然其径芜塞，第望之东下。又二里，始有路自北顶而下，随之东北降，又五里余，始及山麓。麓之东，平壑内环，小山外绕，自西大山北麓分支，回环东抱，又转而西，夹于南麓，四周如城，中辟如规，北半衍为平畴，南半潴为海子。海子之水，反西南逼大山之麓，破峡坠去，其中盖另一天也。当壑之中，有居庐骈集，是为罗木哨。其北冈峰，如负扆独拥于后，而前有庐室倚其阳，是为李氏之居。李名某，以进士任吏部郎。今其家居。地灵人杰，信有征哉！东行塍畴间二里，过罗木哨村。又东一里余，有大道自西北向东南，交过之。又东半里，抵东冈下，循之而北，半里，乃东向逾坳而上，又半里乃下，及其东麓，数家濒东溪而居。其溪自三岔路涧峡发源，经观音山过此，而西南绕出洞鼻，合浪穹海子及凤羽闷江，而同入普陀崆，南经中所下洱海者也。其时将暮，担者欲止，问村人不得，乃误从村南度小桥，由溪东大道北行。二里，得观音铺村，已日暮矣，遂宿。

【译文】顺着下坠的峡谷下行二里，又见到东麓有一片海子，水光如青黑色，浮光映照山谷，然而这条小路荒芜闭塞，只是望着海子往东下行。又走了二里，才有路从北边的山顶下来，顺着路向东北下降，又走了五里多，才到达山麓。山麓的东边，平敞的壑谷在里面环绕，小山在外面围绕，从西面的大山北麓分出支脉，向东回环围抱，又转向西，夹在南麓中，四周如同城墙，中间开阔好像圆规画成的，北半边地势低平成为平旷的田野，南半边积水成为海子。海子的水，反向西南逼近大山山麓，冲破山峡泄流出去，峡谷中大概是另一番天地了。在壑谷的中间，房屋聚集，这里是罗木哨。它北面的山冈峰峦，好像背靠的屏风独自拥围在后方，而前方有房屋倚靠在山的南面，这里是李氏的居所。李某，凭进士身份出任吏部郎。如今他在家闲居。所谓人杰地灵，真的是不错啊！在田野间往东走了二里，经过罗木哨村。又往东走了一里多，有条大路从西北通向东南，交叉走过大路。又向东走了半里，抵达东面的山冈下，沿着山冈往北走了半里，就向东穿越山坳往上，又走了半里才下行，到达山冈的东麓，有几户人家濒临东溪居住。这条溪流从三岔路的峡谷山涧中发源，经观音山后流经此地，而后往西南绕过出洞鼻，汇合浪穹海子和凤羽闷江的水流，而后一同流入普陀崆，再往南流经中所下流进洱海。此时天快黑了，挑夫想停下来，问遍村人都找不到住处，就错从村南走过小桥，沿着溪水东岸的大路往北走。二里后，到达观音铺村，天已经黑了，就停下住宿。

十八日　昧爽促饭，而担夫逃矣。久之，店人厚索余赀，为送浪穹。遂南行二里，过一石桥，循东山之麓而南，七里，至牛街子[①]。循山南去，为三营大道；由岐西南，过热水塘[②]，行坞中，为浪穹间道。盖此地已为浪穹、鹤庆犬牙错壤矣。于是西南从支坡下，一里，过热水塘，有居庐绕之。余南行塍间，其坞扩然大开。西南八里，有小溪自东而西注。越溪又南，东眺三营[③]，居庐甚盛，倚东山之麓，其峰更崇；西望溪流，逼西山之麓，其畴更沃；过此中横之溪，已全为浪穹境矣。三营亦浪穹境内，余始从鸡山闻其名，以为山阴也，而何以当山之南？至是而知沐西平再定佛光寨，以其地险要，特立三营以控扼之。土人呼营为“阴”，遂不免与会稽之邻县同一称谓莫辨矣。

【注释】①牛街子：今仍名牛街，在洱源县北。②热水塘：云南俗称温泉为热水塘，此处专指牛街温泉。该温泉至今仍存，在牛街稍南的公路边。③三营：今名同，在洱源县北境。即今云南洱源县东北三营乡。《清一统志·大理府》：三营“在浪穹县莲花山下。《旧志》：元世祖自石门关入取大理，见蒙次和为噤喉之地，留军三百户以镇之，因名三营。明洪武十五年，平云南。蓝玉遣兵攻拔三营万户砦”。

【译文】十八日　黎明催促开饭，而挑夫逃走了。很久后，店主人多索要我的钱，为我送行李到浪穹县。于是往南走了二里，走过一座石桥，沿着东山的山麓往南走，七里后到达牛街子。沿着山往南去，这是去三营的大路；由岔路往西南，经过热水塘，行走在山坞中，这是去浪穹县的近路。原来此地已经是浪穹县、鹤庆府犬牙般交错的地带了。从这里向西南从分支的山坡下行，一里后，经过热水塘，有房屋绕着水塘。我往南行走在田间，这里山坞豁然开阔。往西南走了八里，有条小溪自东向西流注。越过溪水又往南，向东眺望三营，居民房屋非常兴盛，倚靠着东山的山麓，那里的山峰更加高崇；朝西远望溪流，逼近西山的山麓，那里的田野更加肥沃；过了这条中间横着的溪流，就已是浪穹县境内了。三营也在浪穹县境内，我最初在鸡足山听到三营的名字，以为是“山阴”二字，但却为什么在山的南面？到这里才知道是西平侯沐英第二次平定佛光寨，因为那里地势险要，所以特地设立三营来控制扼守。当地人把“营”读为“阴”，就不免与会稽县的邻县山阴县是同一称谓而无法分辨了。

又南十里，则大溪[1]自西而东向曲。由其西，有木桥南北跨之，桥左右俱有村庐。南度之，行溪之西三里，溪复自东而西向曲。又度桥而行溪之东三里，于是其溪西逼西山南突之嘴，路东南陟陇而行。四里，则大溪又自西而东向曲，有石梁南跨之，而梁已中圮，陟之颇危。梁之南，居庐亦盛，有关帝庙东南向，是为大屯。屯之西，一山北自西大山分支南突，其东南又有一山，南自东大山分支北突，若持衡之针，东西交对而中不接。大溪之水北捣出洞鼻之东垂，又曲而南环东横山之西麓，若梭之穿其隙者。两山既分悬坞中，坞亦若界而为二。

【注释】①大溪：即今茨河。

【译文】又向南走十里，有条大溪自西向东弯曲。经大溪西岸，有木桥南北向横跨溪流，桥左右都有村庄房屋。向南过桥，在溪流的西岸走了三里，溪流又自东向西弯曲。又过桥后在溪流的东岸走了三里，到这里这条溪流往西逼近西山向南前突的山嘴，道路向东南上登土陇前行。四里后，就见大溪又自西向东弯曲，有座石桥向南跨过溪流，可石桥已经中间塌陷，要过去很是危险。桥的南边，居民房屋也很兴盛，有座关帝庙面向东南，这里是大屯。大屯的西面，北边一座山自西面的大山分支向南前突，它的东南方又有一座山，在南边自东面的大山分支向北前突，如同保持平衡的指针，东西相对，然而中间不相连接。大溪的水向北冲捣出洞鼻的东垂，又转向南，环绕向东横亘的山东麓，像梭子一样穿过两山间的空隙。两座山已经分别高悬在山坞中，山坞也被分隔成两部分。

于是又西南行塍间，三里，转而西，三里，过一小石梁，其西则平湖浩然，北接海子，南映山光，而西浮雉堞，有堤界其中，直西而达于城。乃遵堤西行，极似明圣苏堤，虽无六桥花柳，而四山环翠，中阜弄珠，又西子之所不能及也。湖中鱼舫泛泛，茸草新蒲，点琼飞翠，有不尽苍茫、无边潋滟之意，湖名“茈碧”①，有以也。西二里，湖中有阜中悬，百家居其上。南有一突石，高六尺，大三丈，其形如龟。北有一回冈，高四尺，长十余丈，东突而昂其首，则蛇石也。龟与蛇交盘于一阜之间，四旁沸泉腾溢者九穴，而龟之口向东南，蛇之口向东北，皆张吻吐沸，交流环溢于重湖之内。龟之上建玄武阁，以九穴环其下，今名九炁台②。余循龟之南，见其腭中沸水，其上唇覆出，为人击缺，其水热不可以濯。有僧见余远至，遂留饭，且及夫仆焉。其北蛇冈之下，亦新建一庵，余以入城急，不暇遍历。

【注释】①茈（zǐ）碧：茈碧湖，道光《云南通志》卷69大理府物产载：“茈碧花产宁湖中，似白莲而小，叶如荷钱，根生水底，茎长六七丈，气清芬，采而烹之，味美于莼。八月花开满湖，湖名茈碧以此。”该湖特产茈碧花，因以名湖。花俗称茈碧莲，属睡莲科草本水生植物。花有白色、粉红，还有花瓣边缘为紫色的，但花蕊都是金黄色。七八月间开放，每天上午十一时陆续开放，正午最盛，下午五时左右闭合，又称“子午莲”，即“睡莲”。②九炁（qì）台：在今云南洱源县东郊。《方舆纪要》卷117浪穹县：“县东二里有九气台，台凡九窍，下有温泉，其气从窍而升，台因以名。”《清一统志·大理府》引《县志》：“大理府境温泉甚多，惟此为最，浴之可以愈疾，因筑台于其上，名九气台。”

【译文】从此处又在田野间往西南行走，三里后转向西，又三里，走过一座小石桥，桥西就是浩荡平静的湖面，北边连接着海子，南边倒映着山光，而西边浮动着城墙，有堤隔在湖水中，一直往西通到县城。于是沿着湖堤往西走，极像西湖的苏堤，虽然没有六桥花柳，但四面青山环翠，湖中的小土山如同一颗颗宝珠，这又是西子湖比不上的了。湖中渔舟飘荡，茸茸的水草，新生的蒲草，琼玉点缀，翠色飞舞，有无穷的苍茫、无边水光潋滟的意境，湖取名“茈碧”，是有原因的呀！往西走了二里，湖中有小土山悬在中央，百多户人家住在山上。南边有一块突起的岩石，高有六尺，大处有三丈，石头形状像乌龟。北边有一座回绕的土冈，高有四尺，长十多丈，向东前突而且高昂着头，就是蛇石了。龟与蛇交错盘踞在一座小土山之间，四旁是沸腾外溢的九个泉眼，而龟的嘴朝向东南，蛇的嘴朝向东北，都张嘴吐出沸腾的泉水，交相外溢环流于重重湖水之中。龟石的上方建有玄武阁，由于有九个泉眼环绕在阁下，现在叫作九炁台。我绕到龟石的南边，见龟腭中沸腾的泉水，龟的上唇凸出下覆，被人敲缺了，泉水热得不能洗脚。有个僧人见我远道而来，就留我吃饭，并且也顾及到挑夫和仆人。土山北面蛇形土冈的下面，也新建有一座寺庵，我因为急于进城，来不及遍游。

由台西复行堤间，一里，度一平桥，又二里，入浪穹[①]东门。一里，抵西山之下，乃南转入护明寺，憩行李于方丈。寺东向，其殿已久敝，僧方修饰之。寺之南为文昌阁，又南为文庙，皆东向，而温泉即洋溢于其北。既憩行李，时甫过午，入叩何公巢阿，一见即把臂入林，欣然恨晚，遂留酌及更[②]，仍命其长君送至寺宿焉。何名鸣凤，以经魁[③]初授四川郫县[④]令，升浙江盐运判官。尝与眉公道余素履[⑤]，欲候见不得。其与陈木叔诗，有“死愧王紫芝，生愧徐霞客”之句，余心愧之，亦不能忘。后公转六安州知州，余即西游出门。至滇省，得仕籍，而六安已易人而治；讯东来者，又知六安已为流寇所破，心益怦怦。至晋宁，会教谕[⑥]赵君，为陆凉人，初自杭州转任至晋宁，问之，知其为杭州故交也，言来时从隔江问讯，知公已丁艰先归。后晤鸡足大觉寺一僧，乃君之戚，始知果归，以忧离任，即城破，抵家亦未久也。

【注释】①浪穹：明为县，隶邓川州，即今洱源县。②及更（gēng）：古代夜间计时的单位，一夜分为五更，每更约两小时。及更就是直到天黑后打更。③经魁（kuí）：科举制度以五经取士，每经各取一名为首，称为经魁。④郫（pí）县：隶成都府，即今四川郫县。⑤素履：《易·履》："初九：素履往，无咎。象曰：素履之往，独行愿也。"王弼注："履道恶华，故素乃无咎。"高亨注："素，白色无文彩。履，鞋也。'素履往'比喻人以朴素坦白之态度行事，此自无咎。"后用以比喻质朴无华、清白自守的处世态度。⑥教谕：县学中主持祭祀和考试、教育和管束生徒的学官。

【译文】由九炁台又往西走在堤上，一里后，走过一座平桥，又走了二里，进入浪穹县城东门。一里后，抵达西山下，就向南转入护明寺，把行李放在方丈室中。寺门面向东，寺中殿宇已经破败很久了，僧人最近才重新装修。寺院的南边是文昌阁，再南是文庙，都是面向东，而温泉就在寺北汩汩溢出来。放下行李后，刚过中午，进去叩见何巢阿公，一见面他就握着我的手臂请我进门，十分高兴，相见恨晚，于是留我饮酒直到打更时分，然后安排他的长子送我到寺中住下。何公名鸣凤，以经魁的身份起初被任命为四川省郫县县令，后升任浙江省盐运司判官。曾经对陈眉公说我处世朴实无华，想拜见却不能。他写给陈木叔的诗，有"死愧王紫芝，生愧徐霞客"的诗句，我心里对此很是惭愧，也不能忘怀。后来何公转任六安州知州，我又出门西游。到云南省后，看到官吏的名册，而六安州已经换人来治理了；向东部来的人打听，又知道六安州已经被流寇攻破，愈加忧心忡忡。到晋宁州时，见到教谕赵君，是陆凉州人，当初从杭州转任到晋宁州，向他打听，知道他们在杭州是老朋友，赵君说在他就任前从与六安州隔江的地方打听过，了解到何公已经因为父母去世先回乡去了。后来在鸡足山大觉寺见到一个僧人，是何公的亲戚，才知道何公果然回乡了，因父母去世离任，随即六安州城被攻破，回到家也没多久。

十九日　何君复具餐于家，携行李入文庙西庑，乃其姻刘君匏石读书处也。上午，何君具舟东关外，拉余同诸郎四人登舟。舟小仅容四人，两舟受八人，遂泛湖而北。舟不用楫，以竹篙刺水而已。渡湖东北三里，湖心见渔舍两三家，有断埂垂杨环之。何君将就其处，结楼缀亭，绾纳湖山之胜，命余豫题联额，余唯唯。眺览久之，仍泛舟西北，二里，遂由湖而入海子。南湖北海，形如葫芦，而中束如葫芦之颈焉。湖大而浅，海小而深，湖名茈碧，海名洱源。东为出洞鼻，西为剻头村，北为龙王庙，三面山环成窝，而海子中溢，南出而为湖。海子中央，底深数丈，水色澄莹，有琉璃光穴从水底喷起，如贯珠联璧，结为柱帏，上跃水面者尺许，从旁遥觑水中之影，千花万蕊，喷成珠树，粒粒分明，丝丝不乱，所谓“灵海耀珠”也。《山海经》谓洱源出罢谷山，即此。杨太史有《泛湖穷洱源》遗碑没山间，何君近购得之，将为立亭以志其胜焉。从海子西南涯登陆，西行田间，入一庵，即护明寺之下院也。何君之戚，已具餐庵中，为之醉饱。下午，仍下舟泛湖，西南二里，再入小港，何君为姻家拉去，两幼郎留侍，令两长君同余还，晚餐而宿文庙西庑。

【译文】十九日　何君又在家备好饭菜，我带着行李进入文庙的西廊庑，是何君的姻亲刘匏石君读书的地方。上午，何君在东关外准备好小船，拉我和他的四个儿子一同上船。船小仅容得下四人，两条小船坐八个人，于是在湖中向北泛舟。船不用桨划，只是用竹篙撑入水中而已。在湖中向东北行船三里，湖心见到两三家渔户的房屋，有断开的堤坝、下垂的杨柳环绕。何君准备在此处建盖楼亭，收揽湖光山色的美景，让我预先题写楹联匾额，我应从了。眺望观览了很久，仍然向西北泛舟，二里后，就由湖面进入海子。南面是湖北面是海，形状像葫芦，而中间紧束如同葫芦的颈部。湖大但水浅，海小水却深，湖名茈碧，海名洱源。东面是出洞鼻，西面是剷头村，北面是龙王庙，三面的山环绕成山窝，而海子充溢其中，往南流出后成为湖。海子中央有几丈深，水色清澈透明，如琉璃般的光芒从水底的洞穴中喷起来，如一串串珍珠、连贯的玉璧，结为帷幕状的水柱，向上跃出水面一尺左右，从旁边远眺水中的影像，千花万蕊，喷成珍珠样的树，粒粒分明，丝丝不乱，就是所谓的“灵海耀珠”景观了。《山海经》记载洱源出自罢谷山，指的就是这里。杨太史有《泛湖穷洱源》的遗碑隐没在山中，何君最近买得这块遗碑，准备为此碑建亭记载这里的胜景。从海子的西南岸登陆，往西行走在田间，进入一座寺庵，就是护明寺的下院了。何君的亲戚，已经备好饭菜在庵中，在这里酒足饭饱。下午，仍然泛舟湖中，向西南走了二里，再次驶入小港，何君被姻亲拉去了，两个年幼的儿子留下陪我，让两个年长的公子同我一起返回，晚餐后就住在文庙西廊庑。

二十日　何君未归，两长君清晨候饭，乃携盒抱琴，竟堤而东，再为九炁台之游。拟浴于池，而浴池无覆室，是日以街子，浴者杂沓，乃已。遂由新庵掬蛇口温泉，憩弄久之，仍至九炁台，抚琴命酌。何长君不特文章擅藻，而丝竹俱精。就龟口泉瀹鸡卵为餐，味胜于汤煮者。已而寺僧更出盒佐觞，下午乃返。西风甚急，何长君抱琴向风而行，以风韵弦，其声泠泠，山水之调，更出自然也。

【译文】二十日　何君没有回来，两位年长的公子清晨就等候我吃饭，于是带着食盒抱着琴，一直向东走到湖堤尽头，再次去游九炁台。原本打算在池中洗浴，可浴池没有房子遮盖，这一天因为是赶集日，洗浴的人很杂乱，就没洗。到新建的寺庵用手捧蛇嘴里的温泉水，休息玩耍了很久，仍旧来到九炁台，弹琴饮酒。何君的大公子不仅擅长文章辞藻，而且丝竹音律精通。就着龟嘴中的泉水煮鸡蛋作为午饭，味道胜过开水煮的。继而寺中的僧人又拿出食盒来助酒，下午才回来。西风很急，何君的大公子抱着琴迎风前行，风声和着琴声，琴声清扬，山水之音，更是出于自然了。

二十一日　何君归，饭余于前楼，以其集示余，中有为余咏者。余亦作二诗以酬之。

【译文】二十一日　何君回来了，在前楼款待我吃饭，他把他的文集拿给我看，其中有为我吟咏的诗。我也作了两首诗来酬谢他。

二十二日　何君特设宴宴余。余以小疾欲暂卧，恳辞不获，强起赴酌。何君出所藏山谷真迹、杨升庵手卷示余。

【译文】二十二日　何君专门设宴宴请我。我由于生小病想暂时躺着，诚恳推辞没有获准，勉强起床去赴宴。何君拿出收藏的黄山谷的真迹、杨升庵的手卷展示给我看。

二十三日　何长君联骑同为佛光寨[①]之游。佛光寨者，浪穹东山之最高险处。东山北自观音山南下，一穹而为三营后山，再穹而为佛光寨，三穹而为灵应山[②]，其势皆崇雄如屏，连障天半，遥望虽支陇，其中实多崩崖叠壁，不易攀跻，故佛光寨夙称天险。《名胜志》谓为孟获首寨，然载于邓川，而不载于浪穹，误矣。国初既平滇西，有右丞普颜笃者，复据此以叛，久征不下，数年而后克之。今以其地建灵光寺。从寺后而上，有一女关最险，言一女当关，莫之能越也。颜笃据寨，以诸女子分守峰头，遥望山下，无所不见。从关而上，即通后山之道，北出七坪，南下北牙者也。余闻其胜，故与长君先及之。仍从九炁台，共十里，过大屯石梁。其梁已折而重建，横木桥以度。遂从东北行五里，转而东，从径路又三里，直抵东山下，乃沿山东北上，又二里而及灵光寺。寺门东向，下临遥川，其前坡虽峻而石不多，惟寺前一石，高突如屋。前楼后殿，两庑为炊卧之所，乃何君之伯某府别驾所建，今且就圮矣。余至，先有三客在，皆吕姓，一少而麻衣者，为吕挥使子，其二长者，即其叔也。具餐相饷，为余言一女关之胜，欲即登之，诸君谓日晚不及。迨下午，诸吕别去，何长君亦往三营戚家，余独留寺中，为明晨遍历之计。诸吕留蔬果于僧，令供余，且导余游。

【注释】①佛光寨：又称佛光山。在今云南洱源县东北。《方舆纪要》卷117浪穹县：佛光山在“县东北二十五里，山盘亘回远，接邓川、鹤庆之界，佛光呰以此名。其南崭然险绝，山半有洞，可容万人。山后尤为崄巇，仄径仅容一人，名曰一女关。山下又有九石窍，泉出其中，名曰九隆泉，流入宁河”。②灵应山：今名同，在旗杆山南。

【译文】二十三日　何大公子和我一同骑马去游览佛光寨。佛光寨这个地方，是浪穹县东山最高最险要的地方。东山自北面的观音山往南下延，第一次隆起形成三营的后山，再次隆起形成佛光寨，第三次隆起形成灵应山，山势都是高大雄伟如同屏风，高山相连遮住半边天，远望虽然是条状的山陇，山中其实有很多崩塌的山崖和层叠的崖壁，不容易攀登，所以佛光寨素来称为天险。《名胜志》认为这是孟获最重要的山寨，但记载在剑川州，却没记载在浪穹县，是错误的。建国初年平定滇西后，有右丞普颜笃，又占据此地叛乱，征讨很久都没有攻下，几年后才攻克了这里。如今在此地建了灵光寺。从寺后往上，有一女关最是险要，意思是一个女子守住关口，就没有人能够越过。普颜笃占据佛光寨时，派众女子分别据守峰头，远望山下，无所不见。从一女关往上走，就是通到后山的路，往北出到七坪，往南下到北牙的路。我听说过这处名胜，所以和大公子先去那里。仍然从九炁台走了共十里，路过大屯的石桥。这座桥已经折断而且正在重建，横架木桥过去。于是往东北走了五里，转向东，从小路又走了三里，径直抵达东山下，就顺着山势向东北上登，又走了二里后来到灵光寺。寺门向东，下临远方的平川，寺前的山坡虽然陡峻，但石头却不多，只是寺前的一块岩石，高高突立如同房屋。前边是楼后边是殿，两边的廊庑是做饭和住宿的地方，是何君的伯父、某府的别驾建造的，如今将要倒塌了。我到达时，已经有三个客人先在这里了，都姓吕，一个年少穿麻衣，是吕指挥使的儿子，其中两个年长的，就是他的叔父。他们备好饭请我食用，对我说起一女关的胜景，我想立即去登一女关，诸位先生说天晚来不及了。等到下午，几个吕姓客人告别离去，何君的大公子也前往三营的亲戚家，我独自留在寺中，打算明天早晨游遍这里。诸位吕姓客人把蔬菜水果留给僧人，让僧人给我食用，并为我导游。

二十四日　晨起索饭，即同寺僧从寺后跻危坡而上。二里余，有岐：北盘入峡者，向寨址道也；历级直上而南越峰头者，向一女关道也。余从其上者，一里余，凌坡之脊，随之南转，俯瞰脊东盘夹中，有遗址围墙，即普颜笃之旧寨也，反在其下矣。南一里，峰头始有石累累。从其下东转，南突危崖，北临寨底，线径横腰。（下缺）

（二十五日至月终俱缺）

【译文】二十四日　早晨起床要来饭吃了，随即同寺里的僧人从寺后攀登陡坡上走。走了二里多路，有岔路：向北绕进峡谷的，是去向佛光寨遗址的路；沿着石阶一直上走后向南越过峰头的，是通向一女关的路。我沿那往上走的路走，一里多后，登上山坡的坡脊，顺着坡脊向南转，俯瞰坡脊东边盘绕的夹谷，有围墙的遗址，就是普颜笃原来的山寨了，反而在坡脊的下面了。向南走了一里，峰头开始有层层叠叠的岩石。从峰头下向东转，南边是突立的危崖，北边下临谷底的山寨，线一样的小路横贯山腰。（下文缺失。）

（二十五日到月底的日记都已缺失。）

滇游日记八

【题解】《滇游日记八》是徐霞客于崇祯十二年（1639）三月在浪穹（今洱源县）凤羽镇、大理市、漾濞街、永平县等地所写的游记。本游记在乾隆刻本第八册上。

三月初一（4月3日），徐霞客离开浪穹城至古凤羽县，受到了当地土司尹忠的热情招待。初二、初三两天，徐霞客在尹忠的安排下游凤羽山、清源洞。初四到铁甲场，在日记中记录了当地的钩藤酒、孩儿酒以及与缅甸贸易往来的情况。初五清明，徐霞客坐在坟山庙门前观看了扫墓活动，在日记中记下了白族人扫墓的习俗。初七，徐霞客欣赏了白族歌舞“紧急鼓”。初八，徐霞客折返浪穹城，何巢阿公不在，于是于初九再次离开浪穹城，途经练城山，观热水洞，到达邓川州中所，宿在刘陶石家中。后在刘陶石的陪同下泛舟西湖，并在日记中介绍了德源城的由来和周边山脉情况，以及三家村的“十里香”奇树。十一日，赏蛱蝶泉，观古佛洞，至三塔寺遇何巢阿公。其后几天，徐霞客与何公同游清碧溪、感通寺、波罗岩，并在三塔寺赏大理石。其间徐霞客还目睹了大理西城赶集盛况，并在日记中进行了记录。其中对大理美景的生动描述，令人神往。二十日，徐霞客离开大理，向南过下关，接着向西经漾濞街、永平县。二十九日，至水寨铺，踏入永昌境。

期间，徐霞客游石门，登玉皇阁，览花椒庵石洞，作《玉皇阁募缘疏》，记漾濞江取名之疑，考察宝台山，探万松仙景，考证澜沧江。所记种种，具有极高的地理价值。

己卯三月初一日　何长君以骑至文庙前，再馈餐为包，乃出南门。一里，过演武场，大道东南去，乃由岐西南循西山行。四里，西山南尽，有水自西峡出，即凤羽之流也，其水颇大。南即天马山横夹之，与西山南尽处相峙若门，水出其中，东注茈碧湖南坡塍间，抵练城而南入普陀崆。路循西山南尽处溯水而入，五里，北崖忽石峰壁立耸首，西顾其内坞稍开，有村当耸首下坞中，是名山关。耸首之上，有神宇踞石巅，望之突兀甚，盖即县后山，自三台分支南下，此其西南尽处也。其内大脊稍西曲，南与天马夹成东西坞。循溪北崖间又三里余，西抵大脊之下，于是折而南，一里，渡涧，东循东山南行。一里，为闷江门哨，有守哨者在路旁。

【译文】己卯年（崇祯十二年）三月初一日（1639年4月3日）何大公子骑马送我到文庙前，再次馈赠给我包裹好的食物，于是我走出南门。一里后，经过演武场，大路朝向东南，我就从岔路往西南沿着西山走。四里后，到达西山南面的尽头，有溪水从西面的峡谷中流出来，就是凤羽溪的流水了，凤羽溪的水势相当大。南面就是天马山横向夹住溪流，与西山南面尽头处的山峰像门一样对峙，溪水从其中流出去，向东注入茈碧湖南面山坡的田畦间，流到练城后往南流入普陀崆。道路沿着西山南面的尽头处逆着水流进去，五里后，北面的山崖忽然间石峰壁立，山头高耸，向西边回头看，山崖内山坞较为开阔，有个村庄位于山头高耸处下方的山坞中，此处名叫山关。山头高耸处的上方，有座神庙盘踞在石峰顶，远望石峰，十分高峻，大概就是浪穹县的后山，从三台山分出支脉往南下延，这里就是西南方的尽头处。后山里面的大山脊稍向西弯曲，南边与天马山相夹形成东西向的山坞。沿着溪流北岸的山崖间又走了三里多，向西抵达大山脊之下，从这里折向南，一里后渡过山涧，向东顺着东山往南走。一里后到达闷江门哨，有守哨的士兵在路旁。

又南二里，有小山当峡而踞，扼水之吭，凤羽之水南来，铁甲场之涧西出，合而捣东崖下。路乃缘崖袭其上，二里，出扼吭之南，村居当坡东，若绾其口者。由是村南山坞大开，西为凤羽，东为启始后山，夹成南北大坞，其势甚开。三流贯其中，南自上驷，北抵于此，约二十里，皆良田接塍，绾谷成村。曲峡通幽入，灵皋夹水居，古之朱陈村、桃花源，寥落已尽，而犹留此一奥，亦大奇事也。循东山而南，为新生邑①，共五里，折而西度坞中。截坞五里，抵西山凤羽之下，是为舍上盘，古之凤羽县②也。今有巡司，一流一土，土尹姓。名忠，号懋亭，为吕挥使梦熊之婿。吕梦熊先驰使导为居停，而尹以捕缉往后山，其内人出饭待客，甚丰。薄暮尹返，更具酌，设鼓吹焉。是夜大雨，迨晓而雪满西山。

【注释】①新生邑：今名大新生，又称凤河，在洱源县南境。②凤羽县：大理时已设凤羽郡。元置凤羽县，隶邓川州。明初亦设凤羽县，隶邓川州，后并入浪穹县为凤羽乡，设巡检司。景泰及正德《云南志》皆已记载凤羽县省入浪穹县，则省并时间当更早。古凤羽县治在今洱源县南部的凤羽。

【译文】又往南走了二里，有座小山正当峡谷中央盘踞着，扼住流水的咽喉，凤羽的水从南边流来，铁甲场的涧水从西边流出，合流后直冲东面的山崖下。道路于是顺着山崖进入到山崖上，二里后，走出扼住流水咽喉小山的南边，有村庄房屋位于山坡东面，好像扼住流水出口的样子。从这个村子往南，山坞十分开阔，西面的凤羽山，东面是启始后山，两面的山夹成南北向的大山坞，地势非常开阔。三条水流流贯山坞中，南面起自上驷村，北面抵达这里，方圆约二十里，都是相连的良田，盘结的山谷中形成村落。通过曲折的峡谷进入幽静的地方，夹住流水灵秀的高地上散布着村居，古代的朱陈村、桃花源，已经衰落得完全消失了，却还存留着这一片古朴的山区腹地，也是一件大奇事啊！沿着东山往南走，是新生邑，共走了五里，折向西横穿在山坞中。横穿山坞五里，到达西山就是凤羽山的下面，这里是舍上盘，是古代的凤羽县。现在设有巡检司，一个流官一个土官，土官姓尹。名忠，号懋亭，是指挥使吕梦熊的女婿。吕梦熊事先就派使者骑马来充当向导并安排住宿，而尹土官因为缉拿罪犯去了后山，他的妻子拿出饭菜来招待客人，十分丰盛。傍晚尹土官回到家，再次准备酒宴，安排乐队奏乐助兴。这天晚上下了大雨，等到天亮时白雪布满了西山。

初二日　晨餐后，尹具数骑，邀余游西山。盖西山即凤羽之东垂也，条冈数十支，俱东向蜿蜒而下，北为土主坪，南为白王寨。是日饭于白王寨北支帝释寺中。其支连叠三寺，而俱无僧居，言亦以避寇去也。从土主庙更西上十五里，即关坪，为凤羽绝顶。其南白王庙后，其山更高，望之雪光皑皑而不及登。凤羽，一名鸟吊山[①]。每岁九月，鸟千万为群，来集坪间，皆此地所无者。土人举火，鸟辄投之。

【注释】①鸟吊山：即今云南洱源县西南凤羽山。郭义恭《广志》曰："有吊鸟山，县西北八十里，在阜山。众鸟千百群共会，鸣呼啁哳，每岁七月、八月晦望至，集六日则止，岁月六至。雉雀来吊特悲。其方人夜然火伺取，无嗉不食者以为义鸟，则不取也。俗言凤凰死于此山，故众鸟来吊。"该山又称凤羽山。《明一统志》卷86大理府：凤羽山"在浪穹县西南三十里。旧名罗浮山。相传蒙氏细奴逻兴时有凤翔于此，故名凤羽。后凤死，每岁冬众鸟哀吊其上，故又名鸟吊。至今土人于鸟来时，举火取之，鸟见火辄赴火自死"。此山又称罗坪山，在凤羽坝子西缘。众鸟聚会的动人奇景至今仍然存在。

【译文】初二日　早餐后，尹土官备好几匹马，邀请我游览西山。原来西山就是凤羽山往东下垂的山峦，条状的山冈有几十条支脉，都是向东曲折下延，北面是土主坪，南面是白王寨。这天在白王寨北面支脉上的帝释寺中吃饭。这条支脉上连续建有三座寺庙，可是都没有僧人居住，据说也是因为躲避贼寇离开了。从土主庙再往西上登十五里就是关坪，是凤羽山的绝顶。南面的白王庙后面山势更高，遥望过去满山雪色皑皑，来不及攀登。凤羽山，又叫鸟吊山，每年九月间，就有成千上万的鸟群飞来聚集在山间、坪地间，都是此地没有的种类。当地人举起火把，鸟就会纷纷投入火中。

初三日　尹备骑，命四人导游清源洞，晨餐后即行。循西山南行五里，过一村，有山横亘坞南，大坞至是南尽而分为二峡，西峡路由马子哨通漾濞，有一水出其中；东峡路由花甸哨出洪珪山，有二水出其中，其山盖南自马子哨分支北突者。由其北麓二里，东降而涉坞，过上驷村[①]，渡三涧，三里，东抵一村，复上坡循东山南行。一里余，渡东涧之西，乃南蹑坡冈，则东之蜡坪厂[②]山其厂出矿，山之东即邓川州。与西之横亘山又夹成小坞。南行里余，乃折而东逾一坳，共一里，东向下，忽见一水自壑底出，即东涧之上流，出自洞下者也。亟下壑底，睹其水自南穴出，涌而北流成溪。其上崖间一穴，大仅二三尺，亦北向，上书“清源洞[③]”三字，为邓川缙绅[④]杨南金笔。水不从上洞出；由洞口下降而入，亦不见水。或曰：“行数里后，乃闻水声。”其入处逼仄深坠，恰如茶陵之后洞。导者二，一人负松明一筐，一人然松明为炬以入。南入数丈，路分为二，下穿者为穴，上跻者为楼。楼之上复分二穴。穿右穴而进，其下甚削，陷峡颇深，即下穿所入之峡也，以壁削路阻不得达。乃返穿左穴而进，其内曲折骈夹，高不及丈，阔亦如之，而中多直竖之柱，或连枝剖楹，或中盘旁丛，分合间错，披隙透窾，颇觉灵异，但石质甚莹白，而为松炬所薰，皆黑若烟煤，着手即腻不可脱。盖其洞既不高旷，烟雾莫散，而土人又惯用松明，便于伛偻，而益增其煤腻。盖先是有识者谓余曰：“是洞须岁首即游为妙，过二月辄为烟所黑。”余问其故，曰：“洞内经年，人莫之入，烟之旧染者，既渐退而白，乳之新生者，亦渐垂而长，故一当新岁，人竞游之，光景甚异。从此至二月，游者已多，新生之乳，既被采折，再染之垢，愈益薰蒸，但能点染衣服，无复领其光华矣。”余不以其言为然。至是而知洞以低故，其乳易采，遂折取无余，其烟易染，遂薰蒸有积，其言诚不诬也。透柱隙南入，渐有水贮柱底盘中。其盘皆石底回环，大如盆盎，颇似粤西洞中仙田之类，但不能如其多也。

【注释】①上驷村：今作上寺，在凤羽坝子南端。②蜡坪厂：今仍称腊坪，属洱源县右所。③清源洞：在洱源县凤羽坝子东南角，为游览胜地。每年农历六月十三日传统的清源洞会，附近群众皆来此游玩。④缙绅（jìn shēn）：指做过官的人。

【译文】初三日　尹土官备好坐骑，安排四个人领路游览清源洞，早餐后立即出发。沿着西山往南走了五里，路过一个村子，有座山横亘在山坞南面，大山坞至此到了南边的尽头，而后分为两条峡谷，西边峡谷中的路经由马子哨通往漾濞，有一条溪水从峡谷中流出来；东边峡谷的路经由花甸哨出到洪珪山，有两条溪水从中流出来，那座山大概是从南面的马子哨分出支脉向北前突形成的。从这座山北麓前行二里，向东下行后涉过山坞，经过上驷村，渡过三条山涧，三里后，抵达东面的一个村子，又上坡沿着东山往南走。一里多后，到达东边山涧的西岸，向南上登陡坡山冈，就见到东面蜡坪厂所在的山蜡坪厂出产矿石，山的东面就是邓川州。与西面横亘的山又夹成小山坞。向南走了一里多，便折向东穿越一个山坳，共走了一里，向东下行，忽然看见一条溪水从壑谷底流出来，就是东边山涧的上游，是出自清源洞下的流水。我急忙下到壑谷底，看见溪水从南边的洞穴中流出来，涌出后向北流成溪。溪水上方的山崖间有一个洞穴，仅有二三尺大，也是面向北，上方写着“清源洞”三个字，是邓川州官绅杨南金的手笔。溪水不是从上面的洞穴中流出的；由洞口下行进入洞中，也不见有水。有人说：要走几里路后，才能听到水声。进洞处狭窄倾斜，深深下坠，恰似茶陵的后洞。两个导游，一人背着一筐松明，一人点燃松明作为火把方便进洞。向南进去几丈，路分为两条，从下方穿过就是洞穴，往上攀登处就是楼。楼上方又分为两个洞穴。穿过右边的洞穴进去，下边十分陡削，下陷的峡谷很深，就是从下方穿进的峡谷了，由于石壁陡削道路险阻而不能到达。于是返回来穿过左边的洞穴进去，洞穴内曲折洞壁相夹，高不到一丈，宽处也是如此，而洞中有很多直立的石柱，或像相连的树枝、厅堂前分立的楹柱，或像立在中央，四旁围绕着成丛的石柱，分合相间交错，分开缝隙钻过窟空洞，很是觉得灵异，但石质十分晶莹洁白，却被松明火把熏染，全都黑得像烟煤一样，触手就油腻得无法去掉。由于这个洞既不高大宽阔，烟雾无法散去，而当地人又习惯用松明火照明，便于弯腰前行，进而更增多了洞内的黑烟腻垢。之前一位有见识的人对我说："这个洞一定要年初去游览才好，过了二月就被烟火熏黑了。"我问其中缘故，他说："洞内经过一年，没有人进洞去，曾经被烟火染黑的石头，已经渐渐褪色变白，新生的钟乳石，也渐渐下垂长长了，所以一到新年，人们竞相去游览，洞中的光景十分奇异。从新年到二月，游览的人已经很多了，新生的钟乳石既被折断采摘，之前就被熏染上烟垢的，现在又再烟熏火燎，只会污染衣服，不再能领略到洞中的光彩了。"我不把他的话当真。到这时才知道清源洞因为低矮的缘故，洞中的钟乳石容易采摘，就都被折断拿走了，松明火烟容易熏染，于是烟雾蒸腾积少成多，他的话确实不假。钻过石柱间的缝隙向南进入，渐渐有水贮存在石柱底部的石盘中。石盘都是石柱底部回环而成的，大小像盆盎一样，很像广西石洞中的仙人田一类，只是不像那里那么多罢了。

约进半里，又坠穴西下，其深四五尺，复夹而南北，下平上凑，高与阔亦不及丈，南入三丈而止，北入十余丈，亦窘缩不能进。乃复出，升坠穴之上，寻其南隙，更披隘以入。入数丈，洞渐低，乳柱渐逼，俯膝透隙，匍匐愈难。复返而出，由楼下坑内批隙东转，又入数十丈，其内高阔与南入者同，而乳柱不能比胜。既穷，乃西从下坑透穴出。由坑仰眺，其上稍觉崆峒，即入时由楼上俯瞰处。既下穴出，渐见天光，乃升崖出口，满身皆染淄①蒙垢矣。乃下，濯足水穴之口，踞石而浣。水从乱穴中汩汩出，遂成大溪北去，清冷澈骨。所留二人，炊黄粱于洞外者亦熟。以所携酒脯，箕踞②啖洞前，仰见天光如洗，四山如城，甚惬幽兴。饭后，仍逾西坳，稍南遵花甸路，遂横涉中溪，西上横亘山之东坂。沿山陟陇，五里下，出上驷村之西，仍循西山北行。一里，过一村，遂由小径遵西山陇半搜剔幽奥。上下冈坂十余里，抵暮，还宿于尹宅。

【注释】①淄（zī）：黑色。②箕（jī）踞：两腿舒展而坐，形如畚（běn）箕，是一种随意不拘礼节的坐法。

【译文】大约前行了半里，又下坠到洞穴中向西，洞穴深四五尺，洞壁又相夹呈南北向，下方平坦而上面紧凑，高处与宽处都不到一丈，往南进去三丈就停止了，向北进去十多丈，也因狭窄不能前进。就又出来了，爬到深坠洞穴的上方，寻找南边的缝隙，再穿过狭窄处进去。进去几丈，洞渐渐变低，钟乳石柱渐渐逼近，曲膝俯身钻过缝隙，爬行也越来越难了。又返身出来，经由楼下面的坑谷穿过缝隙向东转，又进去几十丈，里面高处宽处与从南边进去的洞穴相同，而钟乳石柱不能比美。到头后，就往西从下面的坑谷中钻出来。从坑谷中抬头眺望，坑谷上方觉得稍微空阔些的地方，就是进洞时从楼上俯视的地方。从下面的洞穴中出来后，逐渐见到天光，于是爬上石崖走出洞口，满身都是黑色的烟垢了。下山后，在水洞口洗脚，坐在石头上洗衣服。水从散乱的洞穴中汩汩流出来，逐渐汇成一条大溪向北流去，溪水清澈，寒冷刺骨。留在洞外的两个人，也把米饭煮熟了。拿出带来的酒和肉干，盘腿坐在洞前吃着，抬头望见清明的天光，四周的青山如同城墙，十分惬意，探幽的兴致大起。吃过饭后，仍然穿过西面的山坳，稍转向南沿着去花甸哨的路走，于是横向涉过中溪，向西上登横亘之山东面的山坡。顺着山势登上土陇，五里后下走，到下驷村的西边，仍旧沿着西山往北走。一里后经过一个村子，然从小路沿着西山土陇的半山腰去探寻幽静的胜景。在山冈陡坡间上上下下走了十多里，到傍晚时，仍然回到尹家宅院住宿。

初四日　尹备数骑，循西山而北。三里，盘西山东出之嘴。又北半里，忽见山麓有数树撑空，出马足下，其下水声淙淙出树间，则泉穴自山底东透隙而出也。又北半里，有坑自北山陷坠成峡，涉之。稍东，又盘一嘴，又三里而至波大邑[①]，倚西山而聚庐，亦此间大聚落也。由村北坠坑而下，横涉一涧，又北上逾冈，三里而下，是为铁甲场[②]，有溪自西山东注，村庐夹之。前闷江门南当峡扼水，小山又东踞，为此中水口，南北环山两支，复交于前，又若别成一洞天者。过溪，上北山。北山自西山横拖而来，为铁甲场龙砂，实凤羽第三重砂也，东束溪流，最为紧固，其西南之麓即铁甲，东北之麓即闷江门，凤羽一川，全以此为锁钥焉。骑登其上。还饭于铁甲场居民家。置二樽于架上，下煨以火，插藤于中而递吸之，屡添而味不减。其村氓惯走缅甸，皆多彝货，以孩儿茶[③]点水飨客，茶色若胭脂而无味。下午，仍从波大邑盘泉穴山嘴，复西上探其腋中小圆山。风雨大至，沾濡而返。

【注释】①波大邑：今作包大邑，又名起凤。②铁甲场：今作铁甲。在凤羽坝子北端。③孩儿茶：即儿茶，又称黑儿茶，傣语称“西谢”。豆科植物，用其树干黄褐色的心材制取儿茶膏，作为饮料，可清热、生津、化痰。在我国云南西双版纳、广东、广西皆有种植。

【译文】初四日　尹土官备好几匹马，沿着西山往北走。三里后，绕过西山向东突出的山嘴。又往北走了半里，忽然看见山麓有几棵树悬空，出现在马足之下，下面有淙淙的流水声从树丛间传出，洞穴中的泉水是从山底下往东渗出缝隙后流出来的了。又向北走了半里，有个坑谷从北山下陷坠落成峡谷，涉过峡谷。稍往东走，再绕过一个山嘴，又走了三里后来到波大邑，有个村落倚靠着西山，也是这一带的大村落了。由村北望着坑谷下坠，涉水横渡一条山涧，又往北翻越山冈，三里后下走，这里是铁甲场，有溪水自西山向东流注，村子房屋夹住溪流。前方有闷江门哨位于南面的峡口，扼住流水，一座小山又盘踞在东面，是这里的出水口，南北环绕着两列山，再相交于前方，又好像另成一个洞天的样子。渡过溪流，登上北山。北山是从西山横向延伸过来的，是铁甲场的龙砂，实际上是凤羽山的第三重山了，山东面约束着溪流，最为紧要坚固，西南面的山麓就是铁甲场，东北面的山麓就是闷江门哨，凤羽坝子一片平川，完全是以此作为锁钥之地。骑马登上北山。回来在铁甲场居民家中吃饭。放了两个盛酒的酒樽在架子上，下面用微火慢慢煮，把钩藤条插入酒樽中，而后依次传递着喝酒，多次添水进去后酒味并未减淡。这里的村民习惯于跑缅甸做生意，每家都有许多其它民族的货物。他们用孩儿茶泡水待客，茶色像胭脂一样却没有味道。下午，仍然从波大邑绕过泉水流出洞穴所在的山嘴，再往西上山，去探寻山窝中的圆形小山。风雨猛烈来临，衣服都湿透的返回了。

初五日　晨起欲别，尹君以是日清明，留宴于茔[①]山，即土主庙北新茔也。坐庙前观祭扫者纷纷，奢者携一猪，就茔间火炕之而祭；贫者携一鸡，就茔间吊杀之，亦烹以祭。回忆先茔，已三违春露，不觉怃然！亟返而卧。

【注释】①茔（yíng）：坟墓、坟地。

【译文】初五日　早晨起床想要告别，尹君以这天是清明节，在坟山设宴挽留我，就是土主庙北面新掘的坟地。坐在庙门前看到祭祀扫墓的人接二连三，奢侈的人带来一头猪，就地在坟地间挖坑生火烤熟后祭祀；贫穷的人带来一只鸡，就地在坟地间杀了祭奠，也有煮熟后带来祭祀的。回想起祖先的坟墓，已经有三年不能在春天亲自祭祀了，不觉悲伤惆怅起来！急忙返回睡下。

初六日　余欲别，而尹君谓前邀其岳吕梦熊，期今日至，必再暂停。适村有诸生许姓者，邀登凤羽南高岭，随之。下午返而吕君果至，相见甚欢。

【译文】初六日　我想辞别，可尹君说先前邀请了他的岳父吕梦熊，约定今天能到，必定要再暂作停留。恰好村子里有个姓许的儒生，邀请我去登凤羽山的南高岭，就跟随他去了。下午回来后吕君果然到了，见面后十分欢喜。

初七日　尹君仍备骑，同梦熊再为清源洞之游。先从白米村[①]截川而东，五里，遵东山南行。山麓有骑龙景帝[②]庙，庙北有泉一穴，自崖下涌出，崖石嵌磊，巨木盘纠，清泉漱其下，古藤络其上，境甚清幽。土人之耕者，见数骑至，以为追捕者，俱释耜而趋山走险，呼之，趋益急。又南五里而抵清源洞，不复深入，揽洞前形势。仍西渡中溪，遍观西山形胜而返。下午，余苦索别，吕君代为尹留甚笃。是日宴张氏两公子。客去，犹与吕君洗盏更酌，陈乐为胡舞，曰"紧急鼓"[③]。

【注释】①白米村：今名同，在凤羽坝子中部。②骑龙景帝：即南诏王世隆。世隆又作酋龙，谥号景庄皇帝。③紧急鼓：聂乾先《云南民族舞蹈文集》谓："'紧急鼓'即为大理白族在'绕三灵'等活动中跳的'金钱鼓舞'。白语为'纠几股'，与'紧急鼓'音谐同"。

【译文】初七日　尹君仍旧备好了马，同吕梦熊再次去游玩清源洞。先从白米村穿过平川向东走，五里后，沿着东山往南走。山麓有座骑龙景帝庙，庙北有一眼泉水，从山崖下涌出来，石崖深嵌叠累，巨树盘根错节，清泉冲刷在石崖下方，古藤缠绕在石崖上，环境十分清净幽雅。当地的农民，见有几匹马骑到，以为是来追捕的差役，全都抛下农具逃向山中的险要之处，越呼喊他们逃得越急。又往南走了五里后到达清源洞，这次不再深入洞中，只是饱览洞前的地形。仍然往西渡过中溪，观遍了西山的地形胜景后返回来。下午，我坚决想要告别，吕梦熊君非常诚恳地替尹忠君挽留我。这一天宴请张家的两位公子。客人离开后，仍然与吕君洗过杯子后再饮，安排了乐工表演胡人的歌舞，称为"紧急鼓"。

初八日　同梦熊早饭后别尹君。三十五里，抵浪穹南门。梦熊别去，期中旬晤榆城[1]。余入文庙，命顾仆借炊于护明寺，而后往候何六安。何公待余不至，已先一日趋榆城矣。余乃促何长君定夫，为明日行计。何长君留酌书馆，复汲汤泉为浴而卧。

【注释】①榆城：大理的别称。西汉时置叶榆县，中心在今大理喜洲附近，后因称大理为榆城。

【译文】初八日　同吕梦熊吃过早饭后辞别了尹君。三十五里后，抵达浪穹县城的南门。吕梦熊告辞后离开了，约定本月中旬在大理城见面。我进入文庙，让顾仆在护明寺借火做饭，随后我去问候何六安。何公等我不来，已经先一天赶到大理城去了。我于是催促何大公子准备挑夫，为明天起行做准备。何大公子留我在书馆饮酒，又取了温泉水沐浴后睡下。

初九日　早饭于何处。比行，阴云四合，大有雨意，何长君、次君仍以盒饯于南郊。南行三里，则凤羽溪自西而东注，架木桥度之。又南里余，抵天马山麓，乃循而东行，风雨渐至。东里余，有小阜踞峡口之北，曰练城[1]，置浮屠于上，为县学之案。此县普陀崆水口既极逼束，而又天生此一阜，中悬以锁钥之。茈碧湖、洱源海及观音山之水出于阜东，凤羽山之水出于阜西，俱合于阜南，是为三江口。由其西望之而行，又二里，将南入峡，先有木桥跨其上流，度桥而东，应山铺[2]之路自东北逾横山来会，遂南入峡口。

【注释】①练城：今作炼城，又称中炼，在洱源坝子东南缘。②应山铺：今名同，又称永乐，在洱源坝子东缘。

【译文】初九日　在何家吃过早饭。准备出发时，阴云密布，大有要下雨的势头，何家大公子、二公子仍然带着食盒在南郊为我饯行。往南走了三里，就见凤羽溪自西往东流，架有木桥渡过溪水。又向南走了一里多，抵达天马山山麓，沿着山麓往东走了，风雨渐渐来临。向东走了一里多，有座小土山盘踞在峡口的北边，叫作练城，山上建有佛塔，是县学的案山。这个县普陀崆的河口已经极为狭窄，而此处又天然生出一座土山，悬在中央似锁钥。茈碧湖、洱源海子以及观音山的水流从土山东边流出，凤羽山的水流从土山西边流出，四条水流都在上山南面合流，这里就是三江口。由土山西面望着它前行，又走了二里，即将往南进入峡谷，先有一座木桥横跨在溪水上游，过桥后往东走，通往应山铺的路从东北方越过横亘的山延伸而来，于是向南进入峡口。

是峡东山即灵应山西下之支，西山即天马山东尽之处，两山逼凑，急流捣其中，为浪穹诸水所由去。路从桥东，即随流南入峡口。有数家当峡而居，是为巡检司。时风雨交横，少避于跨桥楼上。楼圮不能蔽，寒甚。南望峡中，风阵如舞；北眺凌云诸峰，出没闪烁。坐久之，雨不止，乃强担夫行。初从东崖南向行普陀崆中，一里，峡转而西曲，路亦西随之。一里，复转而南，一里，有一家倚东崖而居。按《郡志》，有龙马洞在峡中，疑即其处，而雨甚不及问。又南，江流捣崆中愈骤，崆中石耸突而激湍，或为横槛以扼之，或为夹门以束之，或为龃龉，或为剑戟，或为犀象，或为鸷鸟，百态以极其搏截之势；而水终不为所阻，或跨而出之，或穿而过之，或挟而潆之，百状以尽其超越之观。时沸流倾足下，大雨注头上，两崖夹身，一线透腋，转觉神旺。二里，顾西崖之底，有小穴当危崖下，东向与波流吞吐，心以为异。过而问热水洞何在，始知即此穴也。先是，土人言普陀崆中有热水洞，门甚隘而中颇宽，其水自洞底涌出如沸汤。人入洞门，为热气所蒸，无不浃汗，有疾者辄愈。九炁台止可煮卵，而此可糜肉。余时寒甚，然穴在崆底甚深，且已过，不及下也。

【译文】这个峡谷东面的山就是灵应山往西下延的支脉，西边的山就是天马山在东面的尽头处，两面的山逼近凑拢过来，激流冲捣在峡中，是浪穹县各条水流经由的去路。道路从桥东起，随即顺着流水向南进入峡口。有几户人家在峡中居住，这里是巡检司。此时风雨交加，暂时在跨桥楼上避雨。楼已坍塌不能遮蔽风雨，寒冷极了。向南远望峡中，阵阵狂风似跳舞一般；往北远眺凌云等群峰，闪闪烁烁，忽隐忽现。坐了很久，雨没有停，于是强让挑夫启程。起初从东面的山崖向南行走在普陀崆中，一里后，峡谷转向西弯曲，道路也顺着峡谷向西。一里后，再转向南一里，有一户人家倚靠东面的山崖居住。根据《大理府志》记载，峡谷中有个龙马洞，我怀疑就是此处，因为雨势太大来不及过问。又往南走，江流冲捣在普陀崆中愈加急骤，普陀崆中岩石高耸突兀而水流湍急，有的似横卧的门槛以扼住流水，有的如夹立的门扇束住水流，有的像参差不齐的牙齿，有的仿佛刀枪剑戟，有的如同犀牛大象，有的如同凶猛的鹰鹯，千姿百态，极尽它们搏击拦截流水的气势；但流水始终未被这些岩石阻止，有时跨过岩石流出去，有时穿过岩石流出去，有时夹着岩石潆洄流淌，千百种状态，尽情展示了流水超越障碍的景观。这时沸腾的水流倾泻在脚下，大雨浇注在头上，两面的山崖夹住身体，一线宽的小路穿过山侧，反而觉得精神大振。二里后，回头看到西边山崖的底下，有个小洞正在高险的山崖下，面向东，与波涛洪流一同吞吐，心里觉得很奇异。过来后打听热水洞在哪里，才知道就是这个洞穴了。这之前，当地人说起普陀崆中有处热水洞，洞口非常狭窄但洞中相当宽敞，洞内的水从洞底涌出来如同开水。人进入洞口，被热气熏蒸，无不汗流浃背，有病的人马上就痊愈了。九炁台只可以煮鸡蛋，而此处可以把肉煮烂。我此时冷极了，但是洞穴在普陀崆底下非常深，并且已经走过了，便来不及下去了。

又南一里，峡乃尽，前散为坞，水乃出崆，而路乃下坡。半里抵坞，是为下山口[①]。盖崆东之山，即灵应南垂，至是南尽，余脉逊而东，乃南衍为西山湾之脊；崆西之山，南自邓川西逆流而上；中开为南北大坞，而弥苴佉江[②]贯其中焉。峡口之南，有村当坞，是为邓川州境，于是江两岸垂杨夹堤。路从东岸行，六里余而抵中所[③]。时衣已湿透，风雨不止，乃觅逆旅，沸汤为饭。入叩刘陶石。名一金。父以乡荐为涿州[④]守，卒于任。前宿其来凤庄者。刘君出酒慰寒，遂宿其前楼。出杨太史《二十四气歌》相示，书法带赵吴兴[⑤]，而有媚逸之致。

【注释】①下山口：今名同，在洱源县南境，邓川坝子北端，属右所镇。②弥苴佉（chá qū）江：《明史·地理志》：邓川州“又有普陀江，一名蒲萄江，又名弥苴佉江，南入西洱河。”弥苴佉江又作弥苴河，即今云南洱源县东弥苴河，在洱源县南部，从北往南流入洱海。③中所：今名同，在邓川坝子北部、弥苴河西岸。④涿州：唐大历四年（769）置，治所在范阳县（今河北涿州）。辖境相当今河北涿州市、雄县及固安县地。蒙古太宗八年（1236）改为涿州路，中统四年（1263）复为涿州，属大都路。明洪武初废范阳县入州，属顺天府。清不辖县。⑤赵吴兴：即元代著名书画家赵孟頫（1254—1322），字子昂，号松雪道人，又号水精宫道人、鸥波，中年曾作孟俯，吴兴（今浙江湖州）人士，故画史又称“赵吴兴”。元代著名书画家，楷书四大家（欧阳询、颜真卿、柳公权、赵孟頫）之一。宋太祖赵匡胤十一世孙，秦王赵德芳之后。

【译文】又往南走了一里，峡谷就到了尽头，前方散开成为山坞，水才流出普陀崆，而道路由此下坡。半里后抵达山坞，这里是下山口。原来普陀崆东面的山，就是灵应山的南垂，到这里就是南面的尽头，余脉向东退去，于是往南延伸成为西山湾的山脊；普陀崆西面的山，从南面邓川州的西部逆流上延；中间辟为南北向的大山坞，而弥苴佉江流贯在山坞中。峡口的南边，有个村子位于山坞中，这里是邓川州的辖境，从这里起江两岸下垂的杨柳夹住江堤。路从江东岸走，六里多后到达中所。这时衣服已经湿透了，风雨不停，只好找旅店，烧开水做饭。进村叩拜刘陶石。名叫刘一金。他父亲以举人的身份出任涿州州官，死于任上。就是先前寄宿在他的来凤庄的人。刘陶石君拿出酒来为我驱寒，随后就住在他的前楼中。刘陶石拿出杨太史的《二十四气歌》给我看，书法杂带有赵孟頫的意趣，而且有妩媚飘逸的风貌。

初十日　雨止而余寒犹在，四山雪色照人。迨饭而担夫逸去，刘君乃令人觅小舟于江岸之西覆钟山下，另觅夫肩行李从陆行，言西山下有湖可游，欲与余同泛也。盖中所当弥苴佉江出峡之始，其地平沃，居屯甚盛，筑堤导江，为中流所；东山之下，有水自焦石洞下，沿东山经龙王庙前，汇为东湖，流为闷地江[1]，是为东流所；西山之下，有水自钟山石穴中，东出为绿玉池[2]，南流为罗莳江[3]，是为西流所。故其地亦有三江之名。然练城之三江合流，此所之三江分流，虽同南行注洱海，而未尝相入也。

【注释】①闷地江：即今永安江。源出今云南省洱源县东南中所村东，东南流入洱海。②绿玉池：今名同，在中所西邻。③罗莳江：今作罗时江。

【译文】初十日　雨停后但余寒还在，四周山峰雪光照人。到吃饭时挑夫逃走了，刘君于是派人在江岸西边的覆钟山下找来小船，另外寻找挑夫肩担行李从陆路走，说是西山下有个湖泊值得一游，想要与我一同泛舟游览。原来中所位于弥苴佉江流出峡谷的起点，这里的土地平旷肥沃，居民屯田十分兴盛，修筑堤坝引流江水，是中流所；东山之下，有水流从焦石洞下流，沿着东山流经龙王庙前，汇聚成东湖，流出来成为闷地江，那里是东流所；西山之下，有水流源自钟山的石洞中，向东流出来后成为绿玉池，往南流成为罗莳江，那里是西流所。所以此地也有三江之名。不过练城是三江合流，此地的三个所是三江分流，虽然都是南流注入洱海，但互相并不连通。

余与刘君先西过大石梁，乃跨弥苴佉江上者。西行塍中一里，有桥跨小溪上，即罗莳江也。桥之北，水塘潋滟[1]，青蒲蒙茸；桥之南，溪流如线，蛇行两畦间。因踞桥待舟，北望梅花村、绿玉池在里外，而隔浦路湿，舟至便行，竟不及北探也。此地名中所。东山之东，罗川之上，亦有中所，乃即此地之分屯也，余昔自鸡山西下所托宿处。大约此地正东与鸡鸣寺，西与凤羽舍上盘相对，但各间一山脊耳。桥西诸山皆土，而峭削殊甚，时多崩圮。钟山峙桥西北，溪始[2]峙桥正西，盖钟山突而东，溪始环而西。溪始之上，有水一围，汇绝顶间，东南坠峡而下，高挈众流之祖，故以“溪始”名。下舟，随溪遵其东麓南行。两旁塍低于溪，壅岸行水于中，其流虽小而急。此处小舟如叶，止受三人。其中弥苴佉江似可通大舟，而流急莫从。二里，则两岸渐平，而走沙中壅，舟胶不前。刘君与余乃登岸行陇，舟人乃凌波曳舟。五里，乃复下舟。少曲而西，半里，遂南挺而下湖。湖中菱蒲泛泛，多有连芜为畦，植柳为岸，而结庐于中者。汀港相间，曲折成趣，深处则旷然展镜，夹处则窅然罨画[3]，翛翛有江南风景：而外有四山环翠，觉西子湖又反出其下也。湖中渚田[4]甚沃，种蒜大如拳而味异，莺粟花连畴接陇于黛柳镜波之间，景趣殊胜。三里湖尽，西南瞻邓川州[5]治当山腋曲间，居庐不甚盛而无城，其右有崩峡倒冲之；昔年迁于德源城，以艰于水，复还故处。大路在湖之东，弥苴佉江西岸，若由陆路行，不复知此中有湖，并湖中有此景也。

【注释】①潋滟（liàn yàn）：水满波连的样子。②溪始：今作起始河。③罨（yǎn）画：色彩鲜明的绘画。明杨慎《丹铅总录·订讹·罨画》：“画家有罨画，杂彩色画也。”多用以形容自然景物或建筑物等的艳丽多姿。④渚（zhǔ）田：水中小洲上的田。⑤邓川州：隶大理府，治今洱源县南部邓川坝子西缘的旧州。

【译文】我与刘君先向西走过大石桥，这是跨在弥苴佉江上的桥。往西在田野中走了一里，有座桥跨在小溪上，就是罗莳江了。桥的北边，水塘波光荡漾，青青的蒲草蒙蒙茸茸；桥的南边，溪流像线一般，蜿蜒曲折地流淌在两岸的稻田间。趁着坐在桥头等船的时间，远望北边的梅花村、绿玉池在一里开外，可是隔着水边道路湿滑，船到了便动身，竟然来不及向北探寻。此地名叫中所。东山的东面，罗川的岸上，也有个中所，就是此地分兵屯垦的地方，是之前我从鸡足山向西下山投宿的地方。大约此地正东与鸡鸣寺、西面与凤羽的舍上盘相对，只是各自隔着一条山脊罢了。桥西的群山都是土山，但峻峭陡削得特别厉害，不时有很多崩塌的地方。钟山屹立在桥的西北方，溪始山屹立在桥的正西方，大体上钟山往东前突，溪始山向西环绕。溪始山之上，有一江池水，汇积在绝顶间，向东南方的峡谷中下坠，高高在上，是众多溪流的发源处，所以用“溪始”来命名。下船后，顺着溪流沿溪始山的东麓往南走。两旁田地的地势低于溪流，培土筑起堤坝让水流淌在田地中，水流虽小但很湍急。此处的小船如一片树叶，只能承载三个人。其中的弥苴佉江似乎可以通行大船，但水流太急不能从那里走。二里后，两岸地势渐渐平缓，而流沙壅积在江中，船只胶着不能前进。刘君与我于是上岸在土陇上行走，船夫只得登上河岸拖船。走了五里后，才再次登上船中。稍微拐向西，半里后，就笔直地向南下到湖中。湖中菱角蒲草漂浮，有许多连片的荒地开垦为稻田，湖岸上种了柳树，而且有人在湖中建盖了房屋。绿洲港湾相间，曲曲折折，自成情趣，水深处则是一片空阔，如同平展的镜子，狭窄处则是杳渺一派，如同五彩的风景画，悠悠然有江南风景的韵味；而外围有四面青山环绕，反而觉得西湖都不如它了。湖中小洲上的田地非常肥沃，蒜头大的像拳头而且味道特异，罂粟花在翠柳与镜子般的水波间连片接陇，景色情趣特别优美。三里后湖面就到头了，向西南方远眺，邓川州州治位于山侧的弯曲处，居民房屋不怎么多而且没有城墙，州治右边有崩塌的峡谷倾斜的对着它；前几年州治迁到德源城，但因为用水艰难，就又迁回原处了。大路在湖的东面、弥苴佉江的西岸，假如从陆路走，就不会知道这一带还有个湖，并且湖中景色如此优美。

又南行港间一里余，有路自东横亘于西山，即达州治之通道也。堤之下，连架三桥以泄水。舟由堤北东行，一里，穿桥而南。又半里，有小桥曰三条桥，即北从中所来之大道也。水穿桥东，路度桥南，俱南向行。初约顾仆以行李待此而不在，刘君临岐踯躅[①]。时已过午，腹馁，余挥手别刘君，令速返。余遵大道南行，始见路东有小山横亘坞中，若当门之槛，截坞而出者，是为德源城[②]，盖古迹也。按《志》，昔六诏[③]未一，南诏延五诏长为星回会，邓赕诏之妻劝夫莫往，曰："此诈也，必有变。"以铁环约夫臂而行。后五诏俱焚死，遗尸莫辨，独邓赕以臂约认之还。后有欲强妻之，复以计诒之，得自尽，不为所污。故后人以"德源"旌之。山横坞中不甚高，而东西两端，各不属于大山。山之西，与卧牛相夹，则罗莳江与邓川驿路从之；山之东，与西山湾山相夹，则弥苴佉、闷地二江从之。南三里，从其西峡傍卧牛山东突之嘴行。卧牛山者，邓川东下南砂之臂也，一大峰，一小峰，相属而下，大者名卧牛，小者名象山；土人以象小而牛大，今俱呼为象山云。凑峡之间，有数十家当道，是为邓川驿[④]。过驿一里，上盘西山之嘴，始追及仆担。遂南望洱海直上关而北，而德源横亘之南，尚有平畴，南接海滨。德源山之东，大山南下之脊，至是亦低伏东转，而直接海东大山。盖万里之脉，至洱海之北而始低渡云。

【注释】①踽踖（jú jí）：徘徊不前，此指离别前依依不舍。②德源城：在今云南洱源县东南，邓川镇东北。《方舆纪要》卷117邓川州：德源城“在州治东。亦曰大厘城。唐时邆备州治此。开元二十六年皮罗阁取太和城，又取大厘城，是也。后为德源城，元因置德源千户所”。③六诏：唐代位于今云南及四川西南的乌蛮六个部落的总称，即蒙巂诏、越析诏、浪穹诏、邆赕诏、施浪诏、蒙舍诏。“诏”义为王或首领。其帅有六，因号“六诏”。唐玄宗开元二十六年（738）后，蒙舍诏并吞其他五部，因其在五部南（今巍山县南境），史称南诏。其地在今云南及四川西部。唐元稹《蛮子朝》诗：“西南六诏有遗种，僻在荒陬路寻壅。”后用以称云南。④邓川驿：后又称新州，即今邓川镇，在洱源县南境。

【译文】又往南在港岸间前行了一里多，有条路从东边横亘到西山，就是通往州治的通道了。堤岸之下，一连架有三座桥来泄水。船从堤坝北边往东，一里后，穿过桥下往南。又走了半里，有座小桥叫作三条桥，就是北面中所来的大路了。水穿流到桥东，路越到桥南，都是向南走。起初与顾仆约好带着行李在此地等候，此时他却没在，刘君临别前依依不舍。此时已过中午，我饿极了，挥手与刘君告别，让他快回去。我沿着大路往南走，这才看到路东边有座小山横亘在山坞中，如同挡在门口的门槛，横截山坞伸出来，这里是德源城，是一处古迹。根据《志》记载，从前六诏没有统一时，南诏邀请五诏的酋长召开星回会，邓赕诏诏主的妻子劝丈夫不要去，说：“这是奸计，必定有变故。”把铁环套在丈夫的手臂上才让他动身。后来五诏诏主都被烧死了，遗体无法辨认，唯独邓赕诏诏主因为手臂套有铁环才得以认出尸体带回来。后来有人想强娶她为妻，她又用计骗了此人，自杀身亡，没有被侮辱。因此后人用“德源”来表彰她。山横在山坞中，不是很高，而东西两头，都不与大山连接。山的西面，与卧牛山相夹，则罗莳江与去邓川驿的路经由那里；山的东边，与西山湾的山相夹，则弥苴佉江、闷地江两条江水流经那里。向南三里，从山西边的峡谷中傍着卧牛山向东前突的山嘴前行。卧牛山，是邓川州东面向南下延山脉的手臂，一座大山峰，一座小山峰，相连下延，大的山名叫卧牛山，小的山名叫象山；当地人认为象小而牛大，现在都称为象山了。紧束的峡谷之间，有几十户人家挡在路上，这里是邓川驿。走过驿站一里，向上绕过西山的山嘴，才赶上仆人和挑夫。于是向南望见洱海一直到达上关的北边，而德源城横亘的南面，还有平旷的田野，往南连接到洱海之滨。德源城的东面，大山往南下延的山脊，到这里也是低伏下去向东转，而后径直连接到洱海东面的大山。万里长的山脉，到了洱海的北面后才低伏延伸而去。

由嘴南仍依西山南下，二里，下度一峡口，其峡自西山出，横涉之而南上坡间。又二里，有坊当道，逾坡南行，始与洱海近。共五里，西山之坡，东向而突海中，是为龙王庙。南崖之下，有油鱼洞，西山腋中，有十里香奇树，皆为此中奇胜。而南瞻沙坪，去坡一里而遥，急令仆担先觅寓具餐，余并探此而后中食。乃从大路东半里，下至海崖。其庙东临大海，有渔户数家居庙中，庙前一坑下坠，架石度其上如桥。从石南坠坑下丈余，其坑南北横二丈，东西阔八尺，其下再嵌而下，则水贯峡底，小鱼千万头，杂沓于内。渔人见余至，取饭一掌撒，则群从而嘬之。盖其下亦有细穴潜通洱海，但无大鱼，不过如指者耳。油鱼洞在庙崖曲之间，水石交薄，崖内逊而抱水，东向如玦，崖下插水中，崆峒透漏。每年八月十五，有小鱼出其中，大亦如指，而周身俱油，为此中第一味，过十月，复乌有矣。崖之后，石耸片如芙蓉裂瓣，从其隙下窥之，多有水漱其底，盖其下皆潜通也。稍西上，有中洼之岩当路左，其东崖漱根，亦有水外通，与海波同为消长焉。

【译文】由山嘴南边仍然靠着西山往南下行，二里后，下山越过一处峡口，这个峡谷从西山通出来，横涉过峡谷后往南上爬到山坡上。又走了二里，有座牌坊在道路中央，翻过山坡往南走，开始与洱海接近。共走了五里，西山的山坡，向东前突到海中，这里是龙王庙。南面的山崖之下，有个油鱼洞，西山的山窝中，有棵十里香奇树，都是这一带奇特的胜景。而向南远望沙坪，距离山坡有一里远，急忙让仆人和挑夫先找寓所备饭，我一并探究观赏了这两处胜景后再吃午饭。于是从大路往东走了半里，下到海边的山崖上。这座庙东边面临大海，有几家渔民住在庙中，庙前有一个深坑下陷，上边架有石板越过深坑像桥一样。从石板南边下坠到坑中一丈多，这个深坑南北横处有二丈，东西宽八尺，坑下再往下深嵌，就见水流贯在峡底，有千万条小鱼，杂乱地在水中游动。渔夫见我来，抓了一把饭撒在水中，就见鱼群追着吞食饭粒。原来水下也有细小的洞穴暗中通到洱海，只是没有大鱼，都是些手指般大小的鱼罢了。油鱼洞处在庙宇所在的山崖弯曲处，海水拍打着山石，山崖向内退去而环抱着海水，面向东，如同玉玦，山崖底端插进水中，有许多玲珑剔透的空洞。每年八月十五，有小鱼出没在空洞中，如手指般大小，而且周身都是油，是这里第一位的美味，过了十月，就又没有了。山崖的后面，石片高耸如芙蓉裂开的花瓣，从石缝中向下窥视，很多地方有水激荡在石崖底部，原来下边都是暗中相通的。稍往西上走，有块中间下洼的岩石在路左边，它东边的石崖底部激荡着水波，也有水通到外面，与海水一同涨落。

从其侧交大路而西逾坡，不得路，望所谓三家村者，尚隔一箐踞西峡间。乃西半里，越坡而下，又西半里，涉箐而上，乃沿西山南向而趋。一里，渐得路，转入西腋，半里，抵三家村。问老妪，指奇树在村后田间。又半里，至其下。其树高临深岸，而南干半空，矗然挺立，大不及省城土主庙奇树之半，而叶亦差小。其花黄白色，大如莲，亦有十二瓣，按月而闰增一瓣，与省会之说同；但开时香闻远甚，土人谓之“十里香”，则省中所未闻也。榆城有风花雪月四大景，下关[①]风，上关[②]花，苍山[③]雪，洱海[④]月。上关以此花著。按《志》，榆城异产有木莲花，而不注何地，然他处亦不闻，岂即此耶？花自正月抵二月终乃谢，时已无余瓣，不能闻香见色，惟抚其本辨其叶而已。乃从村南下坡，共东南二里而至沙坪[⑤]，聚落夹衢。入邸舍，晚餐已熟，而刘君所倩[⑥]担夫已去，乃别倩为早行计。

【注释】①下关：俗称风城。今云南大理市治下关。清康熙《大理府志》卷5太和县《关哨》：下关“在城南三十里，倚苍山斜阳峰麓，扼洱河之尾，负山阻水，为郡南屏蔽，山势逆回，如游龙之掉尾，故又名龙尾关”。②上关：今名同，在大理市北隅，至今还能看到蜿蜒的古城残迹，西抵苍山，东达洱海。③苍山：又作玷苍山。在今云南大理市西部。唐代以来称点苍山。④洱海：明代以来西洱河又习称洱海。在今云南大理市东。《明一统志》卷86大理府：西洱海“在府城东。古叶榆河也，一名洱海，又名西洱河。源自邓川，合点苍山之十八川而汇于此，形如人耳，周三百余里，中有罗筌、浓禾、赤崖三岛及四洲、九曲之胜，下流合于样备江。浓禾岛形如几案，故又名玉案山”。《清史稿·地理志》太和县：“西洱河，亦名洱海，形如月抱珥，亦曰珥河。”⑤沙坪：今名同，原在洱源县南隅，属江尾镇。⑥倩：请，央求。

【译文】从它的侧边与大路相交后往西翻过山坡，没有路，远望所谓的三家村，还隔着一个山箐盘踞在西面的峡谷中。于是向西走了半里，越过山坡下行，又向西走了半里，涉过山箐上走，然后沿着西山向南赶。一里后，渐渐找到路，转入西侧，半里后，抵达三家村。询问老妇人，指点奇树在村后的田间。又走了半里，来到树下。这棵树下临高高的海岸，而树干向南伸入半空中，矗立挺拔，大的不到省城土主庙奇树的一半，而且叶片也略小些。树上的花是黄白色，大的像莲花，也有十二瓣，按月份和闰月增加一瓣，与省城相同说法；只是开花时香气在很远都能闻到，当地人称为“十里香”，这却是在省城中没有听过的。大理城有风花雪月四大景色，下关的风，上关的花，苍山的雪，洱海的月。上关以此花著名。据《志》书记载，大理城奇异的物产有木莲花，却没有注明在何地，不过其他地方也没听说过，难道指的就是此花吗？花从正月开到二月底才凋谢，此时已没有剩余的花瓣，闻不到花香也见不到花的颜色了，只能抚摸树干分辨树叶而已。于是从村南下坡，共从东南走了二里后到达沙坪，聚落夹住大路。进入旅店时，晚饭已经熟了。而刘君所请的挑夫已经离去了，只好另外请人为明早出发做准备。

十一日　早炊，平明，夫至乃行。由沙坪而南，一里余，西山之支，又横突而东，是为龙首关，盖点苍山北界之第一峰也。凤羽南行，度花甸哨南岭而东北转者，为龙王庙后诸山，迤逦从邓川之卧牛、溪始，而北尽于天马，南峙者为点苍，而东垂北顾，实始于此，所以谓之“龙首”。《一统志》列点苍十九峰[1]次第，自南而北，则是反以龙尾为首也。当山垂海错之处，巩城当道，为榆城北门锁钥，俗谓之上关，以据洱海上流也。入城北门，半里出南门，乃依点苍东麓南行。高眺西峰，多坠坑而下，盖后如列屏，前如连袂，所谓十九峰者，皆如五老比肩，而中坠为坑者也。

【注释】①苍山十九峰：峰间夹十八溪，自北而南，排列如下：云弄峰——霞移溪，沧浪峰——万花溪，五台峰——阳溪，莲花峰——芒涌溪，白云峰——锦溪，鹤云峰——灵泉溪，三阳峰——白石溪，兰峰——双鸳溪，雪人峰——隐仙溪，应乐峰——梅溪，观音峰——桃溪，中和峰——中溪，龙泉峰——绿玉溪，玉局峰——龙溪，马龙峰——清碧溪，圣应峰——莫残溪，佛顶峰——葶蓂溪，马耳峰——南阳溪，斜阳峰。其中以马龙峰最高，海拔达4122米。

【译文】十一日　早起做饭，黎明，脚夫来了就出发。由沙坪往南走，一里多后，西山的支脉，又横着突向东，这里是龙首关，是点苍山北面的第一峰。凤羽山往南延伸，延过花甸哨的南岭后向东北转的山，是龙王庙后的群山，曲折延绵地从邓川州的卧牛山、溪始山起始，往北在天马山到了尽头，耸峙在南面的是点苍山，而往东下垂向北回绕，实际上是起始于此地，所以把它称为“龙首”。《一统志》列举了点苍山十九座山峰的次序，由南向北，那是反把龙尾作为龙头了。在山峰下垂海岸交错的地方，筑有城墙挡住道路，这是大理城北门的军事要地，俗称上关，是由于它占据着洱海的上游。进入城关北门，半里后走出南门，就靠着点苍山的东麓往南走。眺望西面高大的山峰，大多往下坠成坑谷，后面像屏风一样排列，前面如相连的衣袖，所说的十九峰，都如同五老峰一样并肩而立，而中部下坠为坑谷。

南二里，过第二峡之南，有村当大道之右，曰波罗村。其西山麓有蛱蝶[1]泉之异，余闻之已久，至是得土人西指，乃令仆担先趋三塔寺，投何巢阿所栖僧舍，而余独从村南西向望山麓而驰。半里，有流泉淙淙，溯之又西，半里，抵山麓。有树大合抱，倚崖而耸立，下有泉，东向漱根窍而出，清洌可鉴。稍东，其下又有一小树，仍有一小泉，亦漱根而出。二泉汇为方丈之沼，即所溯之上流也。泉上大树，当四月初即发花如蛱蝶，须翅栩然，与生蝶无异。又有真蝶千万，连须钩足，自树巅倒悬而下，及于泉面，缤纷络绎，五色焕然。游人俱从此月，群而观之，过五月乃已。余在粤西三里城，陆参戎即为余言其异，至此又以时早未花，询土人，或言蛱蝶即其花所变，或言以花形相似，故引类而来，未知孰是。然龙首南北相距不出数里，有此二奇葩，一恨于已落，一恨于未蕊，皆不过一月而各不相遇。乃折其枝、图其叶而后行。

【注释】①蛱（jiá）蝶：即蝴蝶。

【译文】向南走了二里，经过第二条峡谷的南边，有个村子坐落在大道的右边，叫作波罗村。村西的山麓有蛱蝶泉的奇景，我听说这里已经很久了，到这里得到当地人的指点，在西边，于是让仆人挑夫先赶着去三塔寺，到何巢阿寄宿的僧房投宿，而我独自从村南向西望着山麓急速赶。半里后，有泉水淙淙流下，逆着泉水又往西走了半里，抵达山麓。有棵树粗的地方有一合抱，倚靠山崖耸立，树下有泉水，朝向东方从树根下的石孔中流出来，清澈可照人。稍往东一点，山崖下又有一棵小树，还是有一处小泉，也是从树根间流出来。两处泉水汇成一丈见方的池水，就是逆着泉水的上游了。泉水上的大树，在四月初就开花，如同蝴蝶，触须翅膀欢畅活泼栩栩如生，与活蝴蝶没有什么差异。又有千万只真蝴蝶，触须相连腿部相勾，从树梢倒悬而下，垂到水面上，多而杂乱，连绵不断，五彩焕然。游人从这个月开始就成群前来观看这一奇景，过了五月才结束。我在广西三里城时，陆参将就对我说起过这里的奇异之处，来到这里又因为时候还早没有开花，询问当地人，有人说蝴蝶就是树上的花变的，有人说是花的形状相似，所以引来蝶类，我不知道谁说的对。然而龙首关南北相距不过几里地，有这两种奇花，一遗憾的是花已零落，一遗憾的是还未开花，都不超过一个月的时间，却又各自不能相遇。就折下树枝、画下树叶，然后起行。

已望见山北第二峡，其口对逼如门，相去不远，乃北上蹑之。始无路，二里，近峡南，乃得东来之道，缘之西向上跻，其坡甚峻。路有樵者，问何往，余以寻山对。一人曰："此路从峡南直上，乃樵道，无他奇。南峡中有古佛洞[①]甚异，但悬崖绝壁，恐不能行，无引者亦不能识。"又一老人欣然曰："君既万里而来，不为险阻，余何难前导。"余乃解长衣，并所折蛱蝶枝，负之行。共西上者三里，乃折而南，又平上者三里，复西向悬跻。又二里，竟凌南峡之上，乃第三峡也。

【注释】①古佛洞：在周城村西，苍山云弄峰神魔涧内约3公里。东向，高5米，宽3米，深10米。就钟乳石雕有大小不等的四十余躯佛像。

【译文】不久，望见山北面的第二条峡谷，峡口对峙逼近如同门洞，相距不远，于是向北上登峡口。开始没有路，二里后，走近峡口南边，才遇上东面来的道路，沿着路向西上登，这里的山坡非常陡峻。路上有打柴的人，问我要去哪里，我回答要去找山景。一个人说："这条路从峡谷南边一直上走，是打柴的路，没有别的奇异之处。南边的峡谷中有个古佛洞十分奇异，只是悬崖绝壁，恐怕无法走，没人领路也不能找到。"又有一个老人喜悦地说道："既然您从万里之外而来，不畏艰险所阻，我在前边引路又有何难？"我于是脱下长衣，连同折下的蝴蝶树枝，扛着走。共往西上登了三里路，再折向南，又平缓地上行了三里，再向西悬空上登。又走了二里，竟然登到南面峡谷的上方，这是第三条峡谷了。

于是缘峡上西行，上下皆危崖绝壁，积雪皑皑当石崖间，旭日映之，光艳夺目。下瞰南峰，与崖又骈峙成峡，其内坠壑深杳，其外东临大道，有居庐当其平豁之口，甚盛。以此崖南下俱削石，故必由北坡上，而南转西入也。又西上二里，崖石愈巉嶻，对崖亦穹环骈绕，盖前犹下崖相对，而至此则上峰俱回合矣。又上一里，盘崖渐北，一石横庋足下，而上崖飞骞刺空，下崖倒影无底。导者言上崖腋间，有洞曰大水，下崖腋间，有洞曰古佛，而四睇皆无路。导者曰："此庋石昔从上崖坠下，横压下洞之上，路为之塞。"遂由庋石之西，攀枝直坠，其下果有门南向，而上不能见也。门若裂罅，高而不阔，中分三层。下层坠若智井，俯窥杳黑而不见其底，昔曾置级以下，熵[①]灯而入甚深，今级废灯无，不能下矣。中层分瓣排棂，内深三丈，石润而洁，洞狭而朗，如披帷践榭，坐其内，随峡引眺，正遥对海光；而洞门之上，有中垂之石，俨如龙首倒悬，宝络中挂。上层在中洞右崖之后，盘空上透，望颇窈窱，而中洞两崖中削，内无从上。其前门夹处，两崖中凑，左崖前削，石痕如猴，少刓了其端，首大如卵，可践猴首飞度右崖，以入上洞。但右崖欹侧，与左崖虽中悬二尺余，手无他援，而猴首之足，亦仅点半趾，跃陟甚难，昔亦有横板之度，而今无从觅。

【注释】①煹（gòu）：举火。

【译文】从这里沿着峡谷上方往西走，上下都是危崖绝壁，白皑皑的积雪布满石崖之间，旭日映照着白雪，光艳夺目。向下俯瞰南面的山峰，又与石崖对峙成峡谷，峡谷内深陷的壑谷深邃幽暗，峡谷外东边面临大路，有村居房屋位于平敞开阔的峡口，十分兴盛。由于这里的石崖南边下去都是陡削的岩石，所以必得经由北面的山坡上来，然后由南转向西进入峡谷。又往西上登二里，崖石更加高耸，对面的山崖穹隆而起并排环绕，前边下面的山崖互相对峙，而到了此地后上面的山峰全都回绕合拢了。又上登一里，绕着山崖慢慢往北走，一块岩石横架在脚下，而头上的石崖斜着飞刺到空中，下方的石崖倒影看不见底。导游老者说，上崖的山窝间，有洞名叫大水；下崖山窝间，有洞名古佛，而向四方观望都没有路。导游老者说："这块横架的岩石过去从上面的山崖上坠落下来，横压在下洞的上方，路被石头堵住了。"于是从横架着的岩石西边，攀着树枝一直下坠，岩石下果然有个向南的洞口，可在上边不能看见。洞口像裂开的缝隙，高而不宽，洞中分为三层。下层深陷如同枯井，俯身窥视幽深漆黑得看不见洞底，从前曾放有梯子以便下去，点燃灯火进去十分深邃，现在梯子废弃了，又没有灯火，不能下去了。中层呈花瓣状分开，像窗棂一样排列，洞内深三丈，石质圆润光洁，山洞狭窄却明亮，如同分开的帷幔踩在台榭上，坐在洞内，顺着峡谷放眼眺望，正好远远对着洱海中的波光；洞口的上方，有块悬垂在中央的岩石，俨然似倒悬的龙头、珠玉串成的颈饰挂在正中。上层在中洞右侧石崖的后面，旋绕着向上通到空中，看起来很是深远，可是中洞两侧的石崖中间如刀削一般，里面无法上去。它的前洞口相夹之处，两面的石崖向中间凑拢过来，左边的石崖前方陡削，有石纹如同猴子，稍微凿去它的顶端，头部大如鸡蛋，可以踩着猴头飞跃到右边的石崖上，才能进入上洞。但右边的石崖倾斜，与左边的石崖虽然中间只悬隔着二尺多，但手上没有其他攀援之处，而且猴头上的下脚处，也仅能容下半个脚趾，跳跃攀登都很难，从前也横放有木板越以便过去，可现在不见了。

余宛转久之，不得度而下。导者言数年前有一僧栖此崖间，多置佛，故以‘古佛’名。自僧去佛移，其叠级架梯，亦久废无存，今遂不觉闭塞。余谓不闭塞不奇也。乃复上庋石，从其门扪崖直上。崖亦迸隙成门，门亦南向，高而不阔，与下洞同，但无其层叠之异。峡左石片下垂，击之作钟鼓声。北向入三丈，峡穷而蹑之上，有洼当后壁之半，外耸石片，中刓如齑臼①，以手摸之，内圆而底平，乃天成贮泉之器也。其上有白痕自洞顶下垂其中，如玉龙倒影，乃滴水之痕。臼侧有白磁一，乃昔人置以饮水者。观玩既久，乃复下庋石。导者乃取樵后峡去，余乃仍循崖东下。

【注释】①刓（wán）：剜刻。齑（jī）臼：用来捣碎食物的石臼。

【译文】我辗转了很久，不能过去就下来了。导游老者说：“几年前有个僧人栖息在这里的石崖间，供奉了很多佛像，所以用‘古佛’来命名。自从僧人离开、佛像移走后，那些垒砌的台阶、架起的梯子，也废弃不存在了，如今竟然想不到闭塞起来了。”我认为不闭塞就不奇特了。于是又登上横架着的岩石，从洞口摸着石崖一直上登。石崖上也有迸裂的缝隙形成洞口，洞口也是向南，高而不宽，与下洞相同，但是没有下洞层层叠叠的奇异景象。峡谷左边有石片下垂，敲击石片有钟鼓样的声音。向北进洞三丈，峡谷到尽头后踩着石壁上登，有个凹陷处在后洞壁的半腰，外边耸立着石片，中间凿刻进去如同石臼，用手抚摸，里面圆圆的而底部平滑，是天然形成贮存泉水的器物。它的上方有条白色的痕迹从洞顶下垂到石臼中，如同玉龙倒立的身影，是滴水形成的痕迹。石臼侧边有一个白瓷碗，是从前的人放在这里饮水用的。观察玩赏了很久后，才再下到横架的岩石上。导游老者于是到后面的峡谷中去取柴火，我仍旧沿着山崖向东下山。

三里，当南崖之口，路将转北，见其侧亦有小岐，东向草石间，可免北行之迂，乃随之下。其下甚峻，路屡断屡续。东下三里，乃折而南，又平下三里，乃及麓，渡东出之涧。涧南有巨石高穹，牧者多踞其上，见余自北崖下，争觇眺之，不知为何许人也。又南一里半，及周城村[1]后，乃东出半里，入夹路之衢，则龙首关来大道也。时腹已馁，问去榆城道尚六十里，亟竭蹶而趋。遥望洱海东湾，苍山西列，十九峰虽比肩连袂，而大势又中分两重。北重自龙首而南至洪圭，其支东拖而出，又从洪圭后再起为南重，自无为而南至龙尾关，其支乃尽。洪圭之后，即有峡西北通花甸；洪圭之前，其支东出者为某村，又东错而直瞰洱海中，为鹅鼻嘴，即罗刹石也。不特山从此叠两重，而海亦界为两重焉。十三里，过某村之西，西瞻有路登山，为花甸道；东瞻某村，居庐甚富。又南逾东拖之冈，四里，过二铺，又十五里而过头铺②，又十三里而至三塔寺。入大空山房，则何巢阿同其幼子相望于门。僧觉宗出酒沃饥而后饭。夜同巢阿出寺，徘徊塔下，踞桥而坐，松阴塔影，隐现于雪痕月色之间，令人神思悄然。

【注释】①周城村：今仍名周城，在大理市北境。②头铺：今名同，在大理市北境的公路上，银桥东邻。

【译文】三里后，在南面山崖的山口，道路即将转向北，看见路侧边也有一条小岔路，往东通向草石间，可以避免向北绕路，于是顺着小路下走。下走的路非常陡峻，时断时续。往东下山三里，于是折向南，又平缓地下行三里，才到达山麓，渡过向东流出去的山涧。山涧南边有巨石高高隆起，许多放牧的人坐在巨石上，看到我从北边的山崖上下来，争相远望着我，不知道我是什么人。我又往南走了一里半，来到周城村后，就向东出去半里，走进房屋夹路的街道，就是从龙首关来的大路了。这时我已经饿极了，打听到去大理城的路还有六十里，急忙竭力赶路。遥望洱海东面的海湾，苍山排列在西面，十九座山峰虽然并肩相连，但大体上山势又从中分为两重。北边的一重从龙首关往南延伸到洪圭山，它的支脉向东延伸而出，又从洪圭山后再度耸起成为南面一重山，从无为山往南延伸到龙尾关，它的支脉才到尽头。洪圭山的后面，就有峡谷从西北通往花甸；洪圭山的前面，向东伸出的支脉所在的地方是某个村庄，又往东交错而径直俯瞰洱海中央，是鹅鼻嘴，就是罗刹石了。不仅山从这里重叠为两层，而且海也被隔为两半了。十三里后，经过某个村子的西边，远望西面有登山的路，是去花甸的路；远望东边的某个村庄，居民房屋十分富庶。又往南越过向东下垂的山冈，四里后，经过二铺，又走了十五里后路过头铺，又走了十三里后来到三塔寺。进入大空山房，就见何巢阿随同他的小儿子在门口相望了。僧人觉宗拿来酒喝下充饥后吃饭。夜里同何巢阿出寺来，在塔下徘徊，靠着桥头坐下，松荫塔影，隐约出现在雪影月色之间，令人神思悄然。

十二日　觉宗具骑挈餐，候何君同为清碧溪[1]游。出寺即南向行，三里，过小纸房，又南过大纸房。其东即郡城之西门，其西山下即演武场。又南一里半，过石马泉。泉一方在坡坳间，水从此溢出，冯元成谓其清洌不减慧山[2]。甃为方池，其上有废址，皆其遗也。《志》云："泉中落日照见有石马，故名。"又南半里，为一塔寺[3]，前有诸葛祠并书院。又南过中和、玉局二峰。六里，渡一溪，颇大。又南，有峰东环而下。又二里，盘峰冈之南，乃西向觅小径入峡。峡中西望，重峰罨映，最高一峰当其后，有雪痕一派，独高垂如匹练界青山，有溪从峡中东注，即清碧之下流也。从溪北蹑冈西上，二里，有马鬣在左冈之上，为阮尚宾之墓。从其后西二里，蹑峻凌崖。其崖高穹溪上，与对崖骈突如门，上耸下削，溪破其中出。从此以内，溪嵌于下，崖夹于上，俱逼仄深窅。路缘崖端，挨北峰西入，一里余，马不可行，乃令从者守马溪侧，顾仆亦止焉。

【注释】①清碧溪：又称翠盆水，见万历《云南通志》大理府山川。在下关西北13公里，从感通寺西北侧取小道进入山箐，约1小时可达。为点苍山18溪中风光最美的一溪，有上、中、下三潭，水清如碧玉，纤尘不染，澄潭飞瀑相映成趣，恍若桃源。溪水东流出谷，灌农田千顷，俗称德溪。②慧山：又名九隆山、斗龙山。即今江苏无锡市西郊惠山。以西域僧慧照曾居此而名。《方舆纪要》卷25引《吴地记》云：慧山“古名华山，一名西神山，又名斗龙山”。上有九峰，下有九涧。慧、惠两字可通，后多作惠山。③一塔寺：《清一统志·大理府》：宏圣寺“在太和县西南十三里苍山七峰之麓。中有一塔最高，名一塔寺。明杨慎游记：考之史传，为隋文帝时建。俗名阿育王塔”。

【译文】十二日　觉宗备好马匹带上午饭，等候何君一同去游览清碧溪。出寺后就向南走，三里后，经过小纸房，又往南经过大纸房。村东就是府城的西门，村西的山下就是演武场。又往南走了一里半，路过石马泉。一池泉水在山坡与山坳之间，泉水从此处溢出去，冯元成认为泉水的清冽程度不比慧山的泉水差。砌成方池，池上有废弃的遗址，都是冯元成的遗迹。《志》书记载：“落日下泉水中映照有石马，故以此取名。”又向南走了半里，到达一塔寺，寺前方有诸葛祠及书院。又往南经过中和、玉局两座山峰。走了六里，渡过一条溪流，水势很大。又往南走，有座山峰向东环绕而下。又走了二里，绕过峰下山冈的南边，于是向西寻找小路进峡。在峡中向西望去，重重山峰互相掩映，最高的一座山峰位于众山之后，有一派白雪的痕迹，独自高高垂下，如同一匹白绢阻隔了青山，有溪水从峡谷中向东流淌，就是清碧溪的下游了。从溪流北岸踏着山冈向西上登，二里，有坟丘在左边的山冈之上，是阮尚宾的坟墓。从墓地后往西走了二里，踏着峻岭登上山崖。这里的山崖在溪流上高高隆起，与对面的山崖并立突起如同门洞一样，上方高耸下面陡削，溪流冲破门洞流出去。从此处往内，溪流深嵌在下方，山崖夹立在上方，都是狭窄幽深。道路沿着山崖前端，我挨着北面的山峰往西进去，走了一里多后，不能再骑马了，就让跟随的人在溪流边看着马，顾仆也停在了这里。

余与巢阿父子同两僧溯溪入。屡涉其南北，一里，有巨石蹲涧旁，两崖巉石，俱堆削如夹。西眺内门，双耸中劈，仅如一线，后峰垂雪正当其中，掩映层叠，如挂幅中垂，幽异殊甚。觉宗辄解筐酌酒，凡三劝酬。复西半里，其水捣峡泻石间，石色光腻，文理灿然，颇饶烟云之致。于是盘崖而上，一里余，北峰稍开，得高穹之坪。又西半里，自坪西下，复与涧遇。循涧西向半里，直逼夹门下，则水从门中突崖下坠，其高丈余，而下为澄潭。潭广二丈余，波光莹映，不觉其深，而突崖之槽，为水所汩，高虽丈余，腻滑不可着足。时余狎之不觉，见二僧已逾上崖，而何父子欲从涧北上，余独在潭上觅路不得。遂蹑峰槽，与水争道，为石滑足，与水俱下，倾注潭中，水及其项。亟跃而出，踞石绞衣。攀北崖，登其上，下瞰余失足之槽，虽高丈余，其上槽道曲折如削，腻滑尤甚；即上其初层，其中升降，更无可阶也。再逾西崖，下觑其内有潭，方广各二丈余，其色纯绿，漾光浮黛，照耀崖谷，午日射其中，金碧交荡，光怪得未曾有。潭三面石壁环窝，南北二面石门之壁，其高参天，后面即峡底之石，高亦二三丈；而脚嵌颡突，下与两旁联为一石，若剖半盎，并无纤隙透水潭中，而突颡之上，如檐覆潭者，亦无滴沥抛崖下坠；而水自潭中辄东面而溢，轰倒槽道，如龙破峡。余从崖端俯而见之，亟攀崖下坠，踞石坐潭上，不特影空人心，觉一毫一孔，无不莹彻。亟解湿衣曝石上，就流濯足，就日曝背，冷堪涤烦，暖若挟纩。何君父子亦百计援险至，相叫奇绝。

【译文】我与何巢阿父子和两个僧人逆着溪流深入。多次涉到溪流的南北两岸，一里后，有块巨石蹲在山涧旁，两面山崖上高险的山石，都陡削地堆积着如同夹道。向西眺望里面的石门，双双高耸，当中劈开，仅仅像一条线，后面满山积雪的山峰正对门中，互相掩映，层层叠叠，好像挂在墙上的条幅垂在中央，特别幽雅奇异。觉宗多次解下竹筐斟酒，共劝饮了三次。再向西走了半里，溪水冲捣着峡谷在岩石间奔泻，石头颜色光洁细腻，条纹灿烂，颇有云烟的意致。从这里绕着山崖上走，一里多后，北面的山峰略微敞开一些，到达一块高高隆起的平地。又向西走了半里，从平地向西下行，再次与山涧相遇。沿着山涧向西走了半里，直接逼近相夹的石门下，就见溪水从石门中突立的石崖上泻下，石崖有一丈多高，下方是清澈的深水潭。水潭宽二丈多，波光晶莹映照，不觉得水深，而突立崖石上的沟槽，被水流冲刷，高处虽然只有一丈多，但是光滑得不能落脚。当时我只顾着玩水没有察觉，看见二位僧人已翻越到上面的石崖上，而何家父子想从山涧的北边上登，我独自一人在水潭上方没有找到路。于是踩着峰上的沟槽上登，与水流争路，被脚下的石头滑倒，与流水一起被冲下来，倾注在深潭中，水没过脖子。我急忙跳出水来，坐在石头上绞去衣服上的水。攀着北面的石崖，登到石崖上，往下俯瞰失足跌倒的沟槽，虽然只有一丈多高，岩石上的沟槽水道曲曲折折，好像刀削的一般，很是腻滑；登上它的第一层，峡谷中上上下下，再也没有可以踩踏的地方。再翻越西面的山崖，向下看去，山崖内有水潭，长宽各有二丈多，水色纯绿，波光荡漾，青山浮动，照耀山崖峡谷，正午的太阳照射在水中，金碧流波交相激荡，光怪陆离的形态未曾有过。水潭三面的石壁环成一个窝状，南北两面石门的石壁，高耸进天空中，后面就是峡底的岩石，高处也有二三丈；可石脚下嵌上方前突，下边与两旁连成一块岩石，好像剖开的半个盆，并没有丝毫缝隙水漏到水潭中，而前突的崖石上，好像屋檐覆盖在水潭上方的地方，也没有水滴从石崖上滴下来；然而水总是从水潭中向东面溢出，轰鸣着流入沟槽水道中，如神龙冲破峡谷。我从石崖顶端俯身见到此景，急忙攀着石崖坠落下来，盘腿坐在水潭边的岩石上，山影不仅荡空人心中的一切杂念，觉得每一根毫毛、每一个毛孔，没有不晶莹透彻。连忙脱下湿衣服晒在岩石上，凑着流水洗脚，就着阳光晒背，冷得足以洗去烦恼，暖得好像怀抱着新丝绵。何君父子也千方百计攀爬险途到了，互相称赞着这个地方的神奇。

久之，崖日西映，衣亦渐干，乃披衣复登崖端，从其上复西逼峡门，即潭左环崖之上。其北有覆崖庋空，可当亭榭之憩，前有地如掌，平甃若台，可下瞰澄潭，而险逼不能全见。既前，余欲从其内再穷门内二潭，以登悬雪之峰。何君辈不能从，亦不能阻，但云："余辈当出待于休马处。"余遂转北崖中垂处，西向直上。一里，得东来之道，自高穹之坪来，遵之曲折西上，甚峻。一里余，逾峡门北顶，复平行而西半里，其内两崖石壁，复高骈夹起，门内上流之间，仍下嵌深底。路旁北崖，削壁无痕，不能前度，乃以石条缘崖架空，度为栈道者四五丈，是名阳桥，亦曰仙桥。

【译文】很久之后，石崖上日光西照，衣服也渐渐干了，于是披上衣服再次登上石崖顶端，从上面再向西逼近峡谷中的石门，就到水潭左边环绕的山崖上。这里的北边有下覆的石崖架在空中，可以当作亭台楼榭用来休息，前方有块像巴掌大的地，平砌得好像高台，可俯瞰清澈的水潭，但是险要狭窄得不能看见全貌。向前走后，我想从峡谷内再去探究石门内的两个水潭，并上登高悬积雪的山峰。何君他们不能跟随，也不能阻止我，只是说："我们先出去在马匹休息的地方等候。"我于是转过北面山崖垂在中央之处，向西一直上登。一里后，遇到东边来的路，是从高高隆起的平地来的路，顺着这条路曲折上登，非常陡峻。一里多后，越过峡中石门北面的山顶，再往西平缓地前行半里，这段路内两侧山崖的石壁，又高高耸起并排相夹，石门内山涧上游之间，底部仍然深嵌。路旁北边的山崖，陡削的石壁上没有裂痕，不能再往前，就用条石沿着崖壁架空，横架为栈道，有四五丈长，这里叫阳桥，也叫作仙桥。

桥之下，正门内之第二潭所汇，为石所亏蔽，不及见。度桥北，有叠石贴壁间。稍北，叠石复北断，乃趁其级南坠涧底。底有小水，蛇行块石间，乃西自第一潭注第二潭者。时第二潭已过而不知，只望涧中西去，两崖又骈对如门，门下又两巨石夹峙，上有石平覆如屋而塞其后，覆屋之下，又水潴其中，亦澄碧渊渟，而大不及外潭之半。其后塞壁之上，水从上涧垂下，其声潺潺不绝，而前从块石间东注二潭矣。余急于西上，遂从涧中历块石而上。涧中于是无纤流，然块石经冲涤之余，不特无污染，而更光腻，小者践之，巨者攀之，更巨者则转夹而梯之。上瞩两崖，危矗直夹，弥极雄厉。渐上二里，磵石高穹，滑不能上，乃从北崖转陟箐中。崖根有小路，为密箐所翳，披之而行。又二里，闻人声在绝壁下，乃樵者拾枯于此，捆缚将返，见余，言前已无路，不复可逾。余不信，更从丛篁中披陡而西上。其处竹形渐大，亦渐密，路断无痕。余莽披之，去巾解服，攀竹为絙。复逾里余，其下壑底之涧，又环转而北，与垂雪后峰，又界为两重，无从竟升。闻清碧涧有路，可逾后岭通漾濞，岂尚当从涧中历块耶？

【译文】桥的下方，正是石门内第二个水潭积水的地方，被岩石遮挡着，不能看到。走到桥北，有层叠垒起的石阶贴在石壁上。稍往北走，叠垒的石阶在北边又断了，于是趁着石阶向南下坠到山涧底下。山涧底有条小溪，流水像蛇一样流淌在石块间，是从西面的第一个水潭流到第二个水潭的水流。这时第二个水潭已经错过而我却不知道，只是望着山涧向西走去，两面的山崖又并排相对如同门扇，石门下又有两块巨石夹立对峙，上边有块岩石平覆着如同房屋，但是堵住了后面，覆盖的房屋之下，又有水蓄积在其中，也是清澈的深水潭，可是没有外边水潭的一半大。它后边堵塞的石壁上，水从上边的山涧中垂流下来，水声潺潺不绝，然后从前方的石块间向东流入第二个深潭中了。我急着向西上登，就从山涧中踩着石块上走。山涧中从这里起没有了纤细的水流，然而石块经过冲刷洗涤之后，不仅没有污泥沾染，而是更加光滑细腻，小石块踩着走，大石块攀爬着走，更大的就转过夹缝把它当作梯子。从上边远望两面的山崖，高崖矗立，笔直相夹，很是雄伟壮丽。逐渐上登二里，山涧中的岩石高大穹隆，光滑得不能上去，于是我从北边的山崖转到山箐中上登。山崖脚下有条小路，被浓密的竹丛遮蔽，分开竹丛前行。又走了二里，在绝壁下听见有人声，原来是打柴的人在此处拾枯枝，捆好后即将回去，见到我，说前面已经没有路了，不再能翻越了。我不信，再从成丛的竹子间拨开道路往西上登。此处的竹子的渐渐大起来，也渐渐浓密起来，路断了，毫无痕迹。我漫无目的地拨开竹丛前行，摘下头巾脱掉衣服，抓住竹子作为绳索。又穿越了一里多，脚下壑谷底的山涧，又环绕着转向北，与后面积雪下垂的山峰，又分隔为两层，不能径直上登。我听说清碧涧有路，可以翻越到后面的山岭通往漾濞，难道还是应该从山涧中的石块上走？

时已下午，腹馁甚，乃亟下；则负刍之樵，犹匍匐箐中。遂从旧道五里，过第一潭，随水而前，观第二潭。其潭当夹门逼束之内，左崖即阳桥高横于上，乃从潭左攀磴隙，上阳桥，逾东岭而下。四里至高穹之坪，望西涧之潭，已无人迹，亟东下沿溪出，三里至休马处。何君辈已去，独留顾仆守饭于此，遂啜之东出。三里半，过阮墓，从墓右下渡涧，由涧南东向上岭。路当南逾高岭，乃为感通间道；余东逾其余支，三里，下至东麓之半。牧者指感通道，须西南逾高脊乃得，复折而西南上跻，望崖而登，竟无路可循也。二里，登岭头，乃循岭南西行。三里，乃稍下，度一峡，转而南，松桧翳依，净宇高下，是为宕山[①]，而感通寺在其中焉。

【注释】①宕山：《明一统志》作荡山，又称上山。

【译文】此时已是下午，我饿极了，于是急忙下山；只见背着柴草的樵夫，还在山箐中缓慢爬行。于是从原路返回五里，经过第一个水潭，顺水往前走，观览了第二个水潭。这个水潭处在夹立的石门狭窄处内，左边的石崖上就是阳桥高高横在上方，从水潭左边攀着石缝中的石阶，登上阳桥，翻越东岭下山。四里后到达高高隆起的平地，远望西面山涧中的水潭，已经没有人的踪迹，急忙往东沿着溪流下走出来。三里后来到马匹休息的地方。何君他们已经离开了，单独留下顾仆在此地看着饭，于是我吃过饭后向东出山。三里半后，路过阮尚宾的墓地，从墓地右侧下行渡过山涧，由山涧南边向东登岭。路应当往南翻越高高的山岭，是去感通寺的近路；我向东翻越它的余脉，三里后，下到东麓的半山腰。放牧的人说去感通寺的路，必须向西南翻越高大的山脊才能到达，就又折向西南上爬，望着山崖上登，竟然无路可走了。二里后，登上岭头，就沿着岭南往西走。三里后，才稍稍下走，越过一条峡谷，转而向南，松柏遮蔽依傍，佛寺高低错落，这就是宕山，而感通寺就在这之中。

盖三塔、感通，各有僧庐三十六房，而三塔列于两旁，总以寺前山门为出入；感通随崖逐林，各为一院，无山门总摄，而正殿所在，与诸房等，正殿之方丈有大云堂，众俱以大云堂呼之而已。时何君辈不知止于何所，方逐房探问。中一房曰斑山，乃杨升庵写韵楼故址，初闻何君欲止此，过其门，方建醮设法于前，知必不在，乃不问而去。后有人追至，留还其房。余告以欲觅同行者，其人曰："余知其所止，必款斋而后行。"余视其貌，似曾半面[1]，而忘从何处，谛审之，知为王赓虞，乃卫侯之子，为大理庠生，向曾于大觉寺会于遍周师处者也。今以其祖母忌辰，随其父来修荐于此，见余过，故父子相谂，而挽留余饭焉。饭间，何君亦令僧来招。既饭而暮，遂同招者过大云堂前北上，得何君所止静室，复与之席地而饮。夜月不如前日之皎。

【注释】①半面：东汉应奉记忆力极强，曾有一车匠开门露出半边脸看他，十多年后，应奉在路上竟能认出此人。后用为初识或仅见过一面之意。

【译文】三塔寺、感通寺，各有僧舍三十六房，而三塔寺的排列在两旁，总的是以寺前的山门作为出入口；感通寺顺山势靠树林建造，各自成一院，没有山门统摄，而且正殿所在的地方，与各处的僧房一样高，正殿的方丈室有处大云堂，所以僧众都用“大云堂”来称呼正殿。此时不知何君他们住在何处，打算逐一到僧房去打听。其中有一房叫作斑山，是杨升庵写韵楼的旧址，起初听说何君想要住在此处，经过房门，正在门前设坛念经做法事，知道必定不在，没问就离开了。后边有人追上来，留我返回他们房中。我告诉他我想去找同行的人，那人说：“我知道他们住的地方，但一定要用了斋饭再走。”我看他的容貌，似乎曾见过一面，但忘了是在什么地方，仔细审视他，原来是王赓虞，他是卫侯的儿子，大理府的生员，从前曾在大觉寺遍周法师那里见过一面。今天因为是他祖母的忌日，跟随他父亲来此处施斋做法事，见我路过，所以父子俩都认出了我，便挽留我吃饭。吃饭时，何君也让僧人前来召唤。吃过饭后天色已晚，就同前来召唤的僧人经过大云堂前往北上走，找到何君住宿的静室，又与他席地饮酒。夜里的月光不如前天那样皎洁。

十三日　与何君同赴斋别房，因遍探诸院。时山鹃花盛开，各院无不灿然。中庭院外，乔松修竹，间以茶树[①]。树皆高三四丈，绝与桂相似，时方采摘，无不架梯升树者。茶味颇佳，炒而复曝，不免黝黑。已入正殿，山门亦宏敞。殿前有石亭，中立我太祖高皇帝[②]赐僧无极《归云南诗》十八章，前后有御跋。此僧自云南入朝，以白马、茶树献，高皇帝临轩见之，而马嘶花开，遂蒙厚眷。后从大江还故土，帝亲洒天葩，以江行所过，各赋一诗送之，又令诸翰林大臣皆作诗送归。今宸翰[③]已不存，而诗碑犹当时所镌者。李中谿[④]《大理郡志》以奎章[⑤]不可与文献同辑，竟不之录。然其文献门中亦有御制文，何独诗而不可同辑耶？殿东向，大云堂在其北。僧为瀹茗设斋。

【注释】①茶树：《明·一统志》大理府物产："感通茶，感通寺出，味胜他处产者。"《滇略·产略》将感通茶与太华茶相比，结论是："点苍感通寺之产过之，值亦不廉。"②太祖高皇帝：即明太祖朱元璋（1328—1398）。③宸（chén）翰：皇帝的亲笔文字。宸，北极星所在，后借指帝王所居，又引申为王位、帝王的代称。④李中谿：即李元阳（1497—1580），字仁甫，嘉靖时进士，选为庶吉士，出知江阴、分宜等县，有政绩，入为监察御史，巡按福建，以持正不阿著称，"墨吏望风解绶"。父丧返乡后，蛰居家乡四十余年，修有万历《云南通志》《大理府志》等书。晚年信佛教，常来往于鸡山、大理等处。当时人李选撰有《侍御中谿李公行状》载李元阳知江阴政绩事甚详。其墓仍在大理古城西郊三文笔村西。⑤奎章：指帝王的诗文书法等。

【译文】十三日　与何君一同去别的僧房赴斋宴，因而探遍了各个寺院。这个季节杜鹃花盛开，各寺院无不山花灿烂。中庭院的外边，高大的苍松修长的翠竹，间杂有茶树。茶树都有三四丈高，与桂花树极其相似，此时正在采摘，无处不是架着梯子爬到树上的人。茶的味道很好，先炒后再晒，颜色不免黝黑。不久进入正殿，山门也很宏伟宽敞。正殿前有座石砌的亭子，亭子中树有我朝太祖高皇帝赐给僧人无极的十八首《归云南诗》石碑，前后都有高皇帝写的跋文。这位僧人从云南进朝廷，用白马、山茶树进贡，高皇帝亲临轩廊接见了他，当即白马嘶鸣茶花开放，进而受到厚爱。

后来从长江返回故乡，皇帝亲自抛洒鲜花，根据沿江要走过的地方，各写了一首诗送给他，又命令翰林院诸位大臣都作诗送他回归。如今皇帝亲笔书写的诗篇已经不存在，但诗碑还是当时所刻的。李中谿的《大理府志》认为帝王的诗文不能与文献一同辑录，最终没有收录这些诗。不过该书的文献类中也有皇帝写的文章，为什么唯独诗就不能一同辑录呢？正殿面向东，大云堂在正殿北边。僧人为我沏茶备办素食。

已乃由寺后西向登岭，觅波罗岩。寺后有登山大道二：一直上西北，由清碧溪南峰上，十五里而至小佛光寨，疑与昨清碧溪中所望雪痕中悬处相近，即后山所谓笔架山之东峰矣。一分岐向西南，溯寺南第十九涧之峡，北行六里而至波罗岩。波罗岩者，昔有赵波罗栖此，朝夕礼佛，印二足迹于方石上，故后人即以“波罗”名。波罗者，乃此方有家道人之称。其石今移大殿中为拜台。时余与何君乔梓骑而行。离寺即无树，其山童然。一里，由岐向西南登。四里，逾岭而西，其岭亦南与对山夹涧为门者。涧底水细，不及清碧，而内峡稍开，亦循北山西入。又一里，北山有石横叠成岩，南临深壑。壑之西南，大山前抱，如屏插天，而尖峰齿齿列其上，遥数之，亦得十九，又苍山之具体而微者。岩之西，有僧构室三楹，庭前叠石明净，引水一龛贮岩石下，亦饶幽人之致。僧瀹茗炙面为饵以啖客，久之乃别。

【译文】随后就由寺后向西登岭，寻找波罗岩。寺后登山的大路有两条：一条一直向西北上走，由清碧溪的南峰上去，十五里后到达小佛光寨，我怀疑这个寨与昨天在清碧溪中望见的上有雪迹悬在中央的地方相近，也就是后山中所谓笔架山的东峰。一条岔路通向西南方，逆着寺南边第十九条山涧的峡谷，往北走了六里后到达波罗岩。波罗岩这地方，从前有个赵波罗住在这里，因为早晚拜佛，两个脚印留印在方形岩石上，所以后人就用“波罗”来命名。“波罗”一词，是此地对有家室的僧人的称呼。那块岩石如今被移到大殿中作为跪拜用的石台。这时我与何巢阿父子骑马前行。离开寺院就没有树，这里的山光秃秃的。一里后，由岔路向西南登山。四里后越过山岭往西走，这里的山岭也是在南面与对面的山夹着山涧形成门的样子。涧底的水流细小，赶不上清碧溪，而里面的峡谷稍微开阔些，也是沿着北山向西进去。又走了一里，北山上有岩石横着叠垒成岩洞，南边面临深深的壑谷。壑谷的西南方，大山向前围抱，像屏风一样插向天空，而且有尖峰一齿齿的排列在山上，我远远地数了数，也是十九座山峰，这又是苍山的具体而微处了。岩洞的西边，有僧人建了三间房，庭院前叠垒的岩石明亮洁净，引来一坑水贮存在岩石下，很有隐居的情致。僧人煮茶烤面饼给客人吃，很久过后才道别。

从旧路六里，过大云堂，时觉宗相待于斑山，乃复入而观写韵楼。楼已非故物，今山门有一楼，差可以存迹。问升庵遗墨，尚有二扁，寺僧恐损剥，藏而不揭也。僧复具斋，强吞一盂而别。其前有龙女树。树从根分挺三四大株，各高三四丈，叶长二寸半，阔半之，而绿润有光，花白，小于玉兰，亦木莲之类而异其名。时花亦已谢，止存数朵在树杪，而高不可折，余仅折其空枝以行。

【译文】从原路返回六里，经过大云堂，此时觉宗已经在斑山等候了，于是我再次进门观览写韵楼。写韵楼已经不是原来的建筑了，现在山门上有一座楼，差不多算是可以保留一点遗迹了。我打听杨升庵遗留下的墨迹，还有两块匾，寺里的僧人担心匾额剥落损伤，收藏起来不肯揭开。僧人又准备了斋饭，勉强吃下一碗后就告辞了。寺前有棵龙女树。龙女树从根部分出三四枝挺拔的大树枝，各有三四丈高，树叶有二寸半长，宽处是长处的一半，而且碧绿润泽有光，花是白色的，小于玉兰花，也属于木莲一类，但名字不同。这时花也已经凋谢，只留有几朵在树梢上，可是太高不能折下，我仅折下树上的空树枝就走了。

于是东下坡，五里，东出大道，有二小塔峙而夹道；所出大道，即龙尾关达郡城者也。其南有小村曰上睦，去郡尚十里。乃遵道北行，过七里、五里二桥，而入大理郡城南门。经大街而北，过鼓楼，遇吕梦熊使者，知梦熊不来，而乃郎已至。以暮不及往，乃出北门，过吊桥而北，折而西北二里，入大空山房而宿。

【译文】从这里往东下坡，五里后，向东走上大路，有两座小塔夹住道路对峙；所走的大路，就是从龙尾关到府城的路了。塔南边有个小村子叫上睦，离府城还有十里。于是顺着大路往北走，经过七里桥、五里桥两座桥，而后进入大理府城的南门。经过大街往北走，路过鼓楼，遇见吕梦熊派来的使者，知道吕梦熊不来了，但他儿子已经到了。因为天晚来不及前往，于是走出北门，过了吊桥向北走，折向西北走了二里，进入大空山房住下。

十四日　观石于寺南石工家。何君与余各以百钱市一小方。何君所取者，有峰峦点缀之妙；余取其黑白明辨而已。因与何君遍游寺殿。是寺在第十峰之下，唐开元中建，名崇圣。寺前三塔鼎立，而中塔最高，形方，累十二层，故今名为三塔[1]。塔四旁皆高松参天。其西由山门而入，有钟楼与三塔对，势极雄壮；而四壁已颓，檐瓦半脱，已岌岌矣。楼中有钟极大，径可丈余，而厚及尺，为蒙氏[2]时铸，其声闻可八十里。楼后为正殿，殿后罗列诸碑，而中谿所勒黄华老人书四碑俱在焉。其后为雨珠观音殿，乃立像铸铜而成者，高三丈。铸时分三节为范，肩以下先铸就而铜已完，忽天雨铜如珠，众共掬而熔之，恰成其首，故有此名。

【注释】①三塔：崇圣寺三塔迭经风雨地震，一直保存到现在，为全国重点文物保护单位。中塔称千寻塔，高69.13米，方形十六层，每层的高度和宽度自下而上逐渐收缩，为中空密檐式砖塔，建于唐代。北塔、南塔各高42.19米，皆为八角形十层实心砖塔，建于晚唐或五代。②蒙氏：《蛮书》卷三："蒙舍，一诏也，居蒙舍川，在诸部落之南，故称南诏也。姓蒙。"正德《云南志》蒙化府建置沿革："乐进求时有细奴逻者，亦哀牢之裔，耕于蒙化巍山之下，因号蒙氏，部属渐盛。"蒙氏系南诏统治家族，自元以来，亦称南诏统治时期为"蒙氏时"。

【译文】十四日　在寺南的石匠家观赏石头。何君与我各用一百文钱买了一小块方石。何君选中的石头，有峰峦点缀在上边的美妙；我只是选了一块黑白分明的石头。于是我与何君遍游寺中的殿宇。这座寺院在第十座山峰下，是唐代开元年间创建的，名叫崇圣寺。寺前的三座塔并立，中间的一座塔最高，方形，重叠十二层，所以现在称为三塔。塔的四周都是高耸参天的松树。寺西由山门进去，有钟楼与三塔相对，气势极为雄壮；但四面的墙壁已经倒塌，屋檐上的瓦片有一半脱落，已经岌岌可危了。楼中有口铜钟非常大，直径大约一丈多，而钟壁厚达一尺，是南诏统治时期铸造的，钟声可在八十里外听到。楼后面是正殿，正殿后面罗列着许多石碑，而李中谿所刻黄华老人书写的四块碑全在其中。石碑后面是雨珠观音殿，是铜铸的立像，高三丈。铸造时分三段制成模子，肩头以下铸成后铜就用完了，天上忽然落下珠子一样的铜雨，众人一起用手捧起来熔化，恰好铸成铜像的头部，所以有了雨珠观音这个名字。

其左右回廊诸像亦甚整，而廊倾不能蔽焉。自后历级上，为净土庵，即方丈也。前殿三楹，佛座后有巨石二方，嵌中楹间，各方七尺，厚寸许。北一方为远山阔水之势，其波流潆折，极变化之妙，有半舟皮尾烟汀间。南一方为高峰叠障之观，其氤氲浅深，各臻神化。此二石与清真寺碑趺[①]枯梅，为苍石[②]之最古者。清真寺在南门内，二门有碑屏一座，其北趺有梅一株，倒撇垂趺间。石色黯淡，而枝痕飞白，虽无花而有笔意。新石之妙，莫如张顺宁所寄大空山楼间诸石，中有极其神妙更逾于旧者。故知造物之愈出愈奇，从此丹青一家，皆为俗笔，而画苑可废矣。张石大径二尺，约五十块，块块皆奇，俱绝妙著色山水，危峰断壑，飞瀑随云，雪崖映水，层叠远近，笔笔灵异，云皆能活，水如有声，不特五色灿然而已。其后又有正殿，庭中有白山茶一株，花大如红茶，而瓣簇如之，花尚未尽也。净土庵之北，又有一庵，其殿内外庭除，俱以苍石铺地，方块大如方砖，此亦旧制也；而清真寺则新制以为栏壁之用焉。其庵前为玉皇阁道院，而路由前殿东巩门入，绀宫③三重，后乃为阁，而竟无一黄冠居守，中空户圮，令人怅然。

【注释】①趺（fū）：碑下的石座。②苍石：此即大理特产的大理石，明代称点苍石、苍石或文石，当地人又称础石。《明一统志》大理府物产载："点苍石，点苍山出，其石白质青，文有山水草木状，人多琢以为屏。"杨慎《滇程记》载：点苍山"五台峰怪石是产，巧出灵陶，文有云树人骑，是斫屏障。"以花纹不同，大理石又分彩花、水墨花、纯白石三大类，是精致的玩赏装饰品及优良的建筑材料。③绀（gàn）宫：佛寺的别称，亦借指道教宫观。

【译文】雨珠观音殿左右回廊中的众神像也十分严整，但回廊已经倒塌得不能遮蔽风雨了。从殿后沿着石阶上走，是净土庵，就是方丈室了。前殿有三开间，佛座后边有两块巨石，嵌在中间的两根柱子之间，各有七尺见方，厚一寸左右。靠北的一块有远山阔水的气势，石头上流水波涛潆洄曲折，极尽变化之妙，有半条船尾停靠在烟波绿洲之间。南面的一块是高峰层峦叠嶂的景观，石间的氤氲之气深浅相宜，各自达到出神入化的境地。这两块石头与清真寺中古梅花纹的碑座，是大理石中最古老的。清真寺在南门外，二门内有一座屏风样的石碑，碑座朝北的一面上有一株梅花，倒垂飘拂在碑座上。石质颜色黯淡，但树枝的痕迹却露出丝丝白色，虽然没有花却有绘画的意境。新采石头的奇妙，没有比得上顺宁府张知府寄放在大空山房楼上的那些石头，其中有极其神妙超过旧石的。因此知道造物主的创造是越来越神奇，从此之后，画家的绘画全是俗笔，而画苑可以废除了。张知府的石头，大的直径有二尺，约有五十块，每块都很奇特，都是绝妙的着色山水画，高险的山峰，断绝的壑谷，飞瀑追随着流云，积雪的山崖倒映在水中，层层叠叠，远近疏朗有致，笔笔灵动奇异，感觉云气都能活，流水如有声，不仅仅只是五彩灿烂。前殿后边又有正殿，庭院中有一株白山茶，花的大小如红山茶，而且花瓣成簇也像红山茶，花还没有开尽。净土庵的北面，又有一座寺庵，佛殿内外的庭院石阶，都用大理石铺地，方形的石块大小如方砖，这也是旧时制成的；但清真寺则是用新制成的大理石作为栏杆护板。这座寺庵前边是玉皇阁道观，可路要经由前殿东边的拱门进去，有三层道宫，后面就是楼阁，但是竟然没有一个道士居留守护，殿中空空，门户倒塌，令人怅然不快。

十五日　是日为街子之始。盖榆城有观音街子[①]之聚，设于城西演武场[②]中，其来甚久。自此日始，抵十九日而散，十三省物无不至，滇中诸彝物亦无不至，闻数年来道路多阻，亦减大半矣。晨餐后，何君以骑同余从寺左登其祖茔。过寺东石户村，止余环堵数十围，而人户俱流徙已尽，以取石之役，不堪其累也。寺南北俱有石工数十家，今惟南户[③]尚存。取石之处，由无为寺而上，乃点苍之第八峰也，凿去上层，乃得佳者。又西上二里半，乃登其茔。脉自峰顶连珠下坠，前以三塔为案，颇有结聚环护之胜。还二里，至寺后，转而南过李中谿墓，乃下马拜之。中谿无子，年七十余，自营此穴，傍寺以为皈依，而孰知佛宇之亦为沧桑耶！由西石户村入寺饭。同巢阿趋街子，且欲入城访吕郎，而中途雨霰大作，街子人俱奔还，余辈亦随之还寺。

【注释】①观音街子：即现在通称的三月街。三月街始于何时，无明确记载。大理地区长期流传的《白国因由》载南诏细奴逻时，观音口授方广经辞张敬入寂一段说："观音令婆罗部十七人以白音口授之，不久皆熟，自是转相传授，上村下营，善男信女，朔望会集。于三月十五日在榆城西搭篷礼拜方广经。是日，彩毫绵布，观音驾云而去，众皆举首遥望，攀留不及。年年三月十五日，众皆聚集，以蔬食祭之，名曰祭观音处，后人于此交易，传为祭观音街，即今之三月街也。”②演武场：在今大理城西苍山脚下，为一大广场，从明至今，皆在此赶三月街。广场上有大德八年（1304）立的《元世祖平云南碑》，碑高4.44米，宽1.65米，由两块石头相接成，有较高的历史价值，被列为全国重点文物保护单位。③南户：此南户位置应为现在的三文笔村，过去称础石街，村中精于石工者甚多，至今仍以产大理石著名。

【译文】十五日　这天是市集的第一天。原来大理城有观音街子的集市，设在城西的演武场中，由来非常久远。从这天开始，到十九日才解散，十三省的货物无所或缺，云南各族地区的货物也无所缺少，听说这几年来道路常被阻断，也减少大半了。早餐后，何君骑马同我从寺左去登他的祖坟。路过寺东的石户村，只剩下几十圈环绕着的围墙，而民家都已流亡迁徙完了，这是因为采石劳役，百姓不堪忍受就逃亡了。寺院南北都有几十家石匠，如今只有寺南的匠户还在。采石的地方，从无为寺上去，是点苍山的第八座山峰，凿去上面一层，才能得到好的石料。又往西上登二里半，才登上他家的坟地。地脉从峰顶像串连的珠子一样下坠，前方以三塔作为桌案，颇有聚落环绕守护的优美之处。返回二里，来到寺后，转向南经过李中谿的坟墓，就下马祭拜。李中谿（李元阳）无子，七十多岁时，自己营建了这个墓穴，倚靠佛寺以示皈依佛门，可谁知佛寺也已成为沧海桑田了呢！向西从石户村进入寺中吃饭。同何巢阿去赶集，并且想进城拜访吕家儿郎，可半路上下起雨雪，集市上的人都往回奔跑，我们也随着人流返回寺中。

十六日　巢阿同乃郎往街子，余由西门入叩吕梦熊乃郎。

讯其寓，得于关帝庙前，盖西城内之南隅也，时已同刘陶石往街相马矣。余乃仍由西门西向一里半，入演武场，俱结棚为市，环错纷纭。其北为马场，千骑交集，数人骑而驰于中，更队以觇高下焉。时男女杂沓，交臂不辨，乃遍行场市。巢阿买文已返，刘、吕物色无从，遇觉宗，为饮于市，且觅面为饭。观场中诸物，多药，多毡布及铜器木具而已，无足观者。书乃吾乡所刻村塾中物及时文数种，无旧书也。既暮，返寺中。

【译文】十六日　何巢阿同他儿子去赶集，我从西门进城去拜见吕梦熊的儿子。打听他的寓所，在关帝庙前找到，位置在西城内靠南的角落，这时他已同刘陶石到集市上相马去了。我只好仍从西门向西前行了一里半，进入演武场，到处搭起棚子作为市场，环绕错杂，纷纷扰扰。集市北边是赛马场，成千的骑手交集在一起，几个人在场中骑马奔驰，分为几队轮番比试。此时男女纷杂繁多，交臂擦肩不能分辨，于是在市场上到处走。何巢阿买了文章已经返回了，刘陶石、吕家儿郎无从寻找，遇到觉宗，于是在市场上饮酒，并找面当饭吃。观察市场上的各种货物，药材很多，有许多毡子、布匹以及铜器、木制器具，没有值得观看的东西。书籍是我家乡刻印的乡村私塾中用的东西和几种当代时行的科考书籍，没有经典旧书。天黑后，返回寺中。

十七日　巢阿别而归，约余自金腾东返，仍同尽点苍之胜，目下恐渐热，先为西行可也。送至寺前，余即南入城。遇刘陶石及沙坪徐孝廉①，知吕郎已先往马场，遂与同出。已遇吕，知买马未就。既而辞吕，观永昌贾人宝石、琥珀及翠生石诸物，亦无佳者。仍觅面为饭。饭后觅顾仆不得，乃返寺，而顾仆已先在矣。

【注释】①孝廉：孝，指孝悌者；廉，指清廉之士。分别为统治阶级选拔人才的科目，始于汉代，在东汉尤为求仕者必由之途，后往往合为一科，亦指被推选的士人。明清两代对举人的称呼。

【译文】十七日　何巢阿告别回乡，约我从金腾返回东部，依然同去游完点苍山的胜景，眼下担心天气渐渐热起来，可以先往西走。送到寺前，我随即向南进城。遇见刘陶石和沙坪的徐孝廉，知道吕家儿郎已经先去了赛马场，就与他们一同出城。不久遇上姓吕的，知道他们买马没有回来。随后辞别姓吕的，去观看永昌府商人卖的宝石、琥珀及翡翠生石等货物，也没有好东西。仍旧找面当饭。吃过饭后找不到顾仆，只好返回寺中，而顾仆已经先到寺中了。

十八日　由东门入城，定巾，买竹箱，修旧箧。再过吕寓，叩刘、吕二君。吕命其仆为觅担夫，余乃返。

【译文】十八日　由东门进城，定购头巾，买来竹箱，修理旧箱子。再次拜访吕家寓所，叩访了刘陶石、吕梦熊两位先生。吕梦熊让他的仆人替我寻找挑夫，我于是返回来。

十九日　早过吕寓，二君留余饭。同刘君往叩王赓虞父子，盖王亦刘戚也，家西南城隅内。其前即清真寺。寺门东向南门内大街，寺乃教门沙氏所建，即所谓回回堂也。殿前楹陛窗棂之下，俱以苍石代板，如列画满堂，俱新制，而独不得所谓古梅之石。还寺，所定夫来索金加添，余不许。有寺内僧欲行，余索其定钱，仍掯[①]不即还。令顾仆往追，抵暮返，曰："彼已愿行矣。"

【注释】①掯（kèn）：强迫、刁难。

【译文】十九日　早上拜访吕家寓所，二位先生留我吃饭。同刘君前去叩拜王赓虞父子，原来王家也是刘陶石的亲戚，家在西南城角内。他家前边就是清真寺。寺门向东对着南门内的大街，清真寺是教门中姓沙的教徒修建的，就是所谓的回回堂了。大殿前的门槛、台阶、窗棂下，全部用大理石代替木板，好像满堂陈列着山水画，都是新制的，可唯独找不到所谓有古梅的石碑座。回到寺中，约定好的挑夫来要求加价，我不同意。寺内有僧人打算出发，我想要回挑夫的定金，挑夫却刁难我不肯马上退还。我叫顾仆去追，到天黑时顾仆回来，说："他已经愿意出行了。"

二十日　晨起候夫，余以其溪壑无厌，另觅寺僧为负。及饭，夫至，辞之。索所畀，彼展转不还。余乃以重物寄觉宗，令顾仆与寺僧先行，余乃入西门。自索不得，乃往索于吕挥使乃郎，吕乃应还。余仍入清真寺，观石碑上梅痕，乃枯槎而无花，白纹黑质，尚未能如张顺宁所寄者之奇也。

【译文】二十日　早晨起床等候挑夫，我因为难以满足他的贪欲，另外寻觅寺中的僧人为我挑担。到吃饭时，挑夫到了，我辞退了他。索要给他的定金，他翻来覆去不肯归还。我只好把重物寄放在觉宗那里，让顾仆和寺中的僧人先走，我于是进入西门。定金索要不到，只得去找吕指挥使的儿子索赔，姓吕的答应赔还。我仍然走入清真寺，观赏石碑上的古梅痕迹，是枯树枝却没有花，白色的花纹，黑色的质地，还不如顺宁府张知府寄存的那些石块奇特。

出南门，遂与僧仆同行。遵西山而南，过五里、七里二桥，又三里，过感通寺前入道。其南，有三四家夹道，曰上睦。又南，则西山巍峨之势少降，东海弯环之形渐合。十里，过阳和铺①。又十里，则南山自东横亘而西，海南尽于其麓，穿西峡而去。西峡者，南即横亘之山，至此愈峻，北即苍山，至此南尽，中穿一峡，西去甚逼。而峡口稍旷，乃就所穿之溪，城其两崖，而跨石梁于中以通往来，所谓下关也，又名龙尾关。关之南则大道，东自赵州，西向漾濞焉。

【注释】①阳和铺：明代阳和铺有别于现在五里桥附近的阳和村。依其里距，应即今大理南的太和村。南诏中心太和城遗址即在今太和村一带，南北两道城墙，西起苍山，东至洱海，至今还依稀可辨。

【译文】出了南门，便与僧人仆人同行。沿着西山往南，过了五里桥、七里桥两座桥，又走了三里，路过感通寺前走上大道。寺南有三四户人家夹住道路，叫上睦。又向南走，就见西山巍峨的山势渐渐降低，东面洱海弯曲环绕的地势逐渐合拢。十里后，路过阳和铺。又走了十里，就见南山自西向东横亘，洱海南边在南山的山麓到了尽头，穿过西面的峡谷流去。西面峡谷这个地方，南面就是横亘的山，延伸到此地后愈加高峻，北面就是苍山，延伸到此地后就到了南边的尽头，中间通着一条峡谷，向西进去非常狭窄。而峡口略微空旷一些，于是就着穿过峡谷的溪流，在溪流两面的山崖上建了城墙，而中间跨有一座石桥，以便来往通行，就是所谓的下关了，又叫作龙尾关。城关的南面就是大路，东起赵州，向西通往漾濞。

既度桥出关南，遂从溪南西向行。三里，南北两山俱逼凑，水捣其中如线，遥睇其内，崇峰北绕苍山之背，壁立弯环，掩映殊异。破峡而入，又二里，南峰俱成石壁，倒压溪上，北峰一支，如渴兕①下赴，两崖相粘，中止通一线，剖石倒崖，始行峡中，继穿石下。峡相距不盈四尺，石梁②横架其西，长丈五尺，而峡仅尺余，正如天台之石梁，南崖亦峻，不能通路。出南崖上，俯而瞰之，毛骨俱悚。又西里余，折而北，其溪下嵌甚微。又北，风雨大至。北三里余，数家倚西山下，是为潭子铺③，其地为赵州属。北五里，转而西，又北十五里，有溪自西峡来入，是为核桃箐④。渡箐溪，又北五里，有三四家倚西山下，是为茅草房⑤，溪两旁至此始容斫崖之塍，然犹杯棬⑥之缀于箐底也。是日，榆道⑦自漾濞下省，赵州、大理、蒙化诸迎者，蹀躞⑧雨中。其地去四十里桥⑨尚五里，计时才下午，恐桥边旅肆为诸迎者所据，遂问舍而托焉，亦以避雨也。

【注释】①兕（sì）：古书上所说的雌犀牛。②石梁：即今下关西面的天生桥，在西洱河上。《明一统志》："龙尾关，在点苍山南，其右有石长丈余，名天桥，洱河之水过其下，两岸石险，人不可度，又名石马桥。"③潭子铺：今作塘子铺。④核桃箐：应即今大菠箐。⑤茅草房：今作茅草哨。在下关西郊西洱河两岸的狭谷里。塘子铺附近的公路边有下关温泉，《南诏野史》高河条"温汤"注："今龙尾关西温泉"，即指此。⑥杯棬（quān）：亦作"杯圈""桮棬""桮圈"。形状弯曲的木制饮酒器具。⑦道：明清地方各道主官统称。亦称道台、观察。明制，布政、按察二司因辖区广大，由布政使之佐官左、右参政、参议分理各道钱谷、称为分守道，由按察使之佐官副使、佥事分理各道刑名，称为分巡道，或省称“道”。⑧蹀躞（dié xiè）：小步行走。⑨四十里桥：今名同，在漾濞县东隅，西洱河北岸。

【译文】过桥后出城关南边，就从溪流南岸向西走。三里后，南北两面的山都紧逼凑拢过来，溪水冲捣在峡谷中像一条线，远远地斜望峡谷内，高大的山峰向北面绕到苍山的背后，像墙壁一样矗立，弯曲环绕，互相掩映，特别奇异。进入峡谷，又走了二里，南面的山峰都成了石壁，倒压在溪流上方，北面的一条山峰，如同饥渴的母犀牛猛扑下来，两面的山崖互相粘在一起，中间只通着一线宽的地方，石崖剖开，悬崖倒立，开始时走在峡谷中，继而穿越在石崖下。峡谷相距不足四尺，石桥横架在峡谷西边，桥长一丈五尺，而峡谷宽仅一尺多，正像天台山的石桥，南面的山崖也很险峻，不能通路。出到南面的山崖上，俯视峡底，全身毛骨悚然。又往西走了一里多，折向北，那条溪流深嵌在下方，非常细小。又向北走，风雨猛烈来袭。往北走了三里多，几户人家倚靠在西山脚下，这里是潭子铺，是赵州的属地。往北走五里，转向西，又向北走了十五里，有条溪水从西面的峡谷中前来汇入溪流中，这里是核桃箐。渡过山箐中的溪流，又往北走了五里，有三四户人家倚靠在西山下，这里是茅草房，溪流两旁到此处开始能容下挖山开辟的田地，然而依旧只是些像杯子碗口大的地方点缀在山箐底部。这天，大理道道员从漾濞去省城，赵州、大理府、蒙化府众多迎接官员，小步在雨中慢走。此地距四十里桥还有五里，此时才是下午，我担心桥边的旅店被众多迎接的官员占据，就打听住处在这里投宿，也借以避雨。

二十一日　鸡再鸣，促主者炊，起而候饭。天明乃行，云气犹勃勃也。北向仍行溪西，三里余，有亭桥跨溪上，亭已半圮，水沸桥下甚急，是为四十里桥。桥东有数家倚东崖下，皆居停之店，此地反为蒙化属。盖桥西为赵州，其山之西为蒙化，桥东亦为蒙化，其山之东为太和①，犬牙之错如此。至是始行溪东，傍点苍后麓行。

【注释】①太和：为大理府附郭县，即今大理古城。

【译文】二十一日　鸡叫二遍，我催促房主人做饭，起床后等着吃饭。天明就动身，云气仍然十分浓郁。向北仍旧在溪流西岸行走，三里多后，有座亭桥横跨在溪流上，亭子已经倒塌了一半，溪水在桥下翻腾十分湍急，这里是四十里桥。桥东有几户人家倚靠在东面的山崖下，都是停留住宿的旅店，此地反而是蒙化府的属地。原来桥西是赵州，这座山的西面属蒙化府，桥东也属蒙化府，这座山的东面是太和县，辖地如此犬牙交错。到这里才走在溪流东岸，靠着点苍山后山的山麓前行。

七里余，有数十家倚东山而庐，夹路成巷，是为合江铺①。至是始望西北峡山横裂，有山中披为隙，其南者，余所从来峡也；其北来者，下江嘴所来漾濞峡也；其西南下而去者，二水合流而下顺宁之峡也。峡形虽遥分，而溪流之会合，尚深嵌西北峡中，此铺所见，犹止南来一溪而已。出铺北，东山余支垂而西突，路北逾之，遂并南来溪亦不可见，盖余支西尽之下，即两江会合处，而路不由之也。西北行坡岭者四里，始有二小流自东北两峡出。既而盘曲西下，一涧自东北峡来者差大，有亭桥跨之，亭已半圮，是为亨水桥。盖苍山西下之水，此为最大，亦西南合于南北二水交会处。然则"合江"之称，实三流，不止漾水、濞水而已也。从桥西复西北逾一小岭，共一里，始与漾水遇。其水自漾濞来经此，即南与天生桥之水合，破西南山峡去，经顺宁泮山而下澜沧江。路溯其东岸行。其东山亦苍山之北支也，其西山乃罗均南下之脉，至此而迤逦西南，尽于顺宁之泮山。

【注释】①合江铺：今分大合江、小合江二村，皆在漾濞县东隅、西洱河北岸。

【译文】七里多后，有几十户人家人背靠东山建房，夹住道路形成巷道，这里是合江铺。到这里才望见西北方的山峡横向裂开，有座山从中间剖开成为缝隙，南面的，是我从那里来的峡谷；北边来的，是从下江嘴来漾濞的峡谷；向西南下延而去的，是两条水流合流后下流到顺宁府的峡谷。峡谷的地形虽然在远处能分别出来，可溪流会合之处，还深嵌在西北方的峡谷之中，合江铺所能见到的，还是只有南边流来的一条溪水而已。出到合江铺北，东山的余脉向西下垂前突，道路向北越过这里，进而连同南边流来的溪水也不能见到了，大概这条余脉在西边尽头处的下面，就是两条江水会合的地方，然而路不从那里走了。往西北在山坡山岭间行走了四里，才有两条小水流从东面和北面的两条峡谷中流出来。不久之后，绕着曲折的路向西下行，从东北方的峡谷中流来的山涧水势稍大一些，有座亭桥横跨在溪流上，亭子已经倒塌了一半，这是亨水桥。苍山上向西下流的水流，这条最大，也是流向西南方在南、北两条江水交汇处合流。这样看来"合江"的名称，实为三条水流，不只是漾水、濞水而已。从桥西再向西北翻越一座小山岭，共走了一里，才与漾水相遇。这条江水从漾濞前来流经此地，随即向南与天生桥的水合流，冲破西南方的山峡流去，流经顺宁府的泮山后下流进澜沧江。道路逆着漾水东岸走。这里的东山也就是苍山往北延伸的支脉了，西山是罗均山向南下延的山脉，延伸到此后向西南曲折绵延而下，在顺宁府的泮山到了尽头。

北行五里，有村居夹而成巷，为金牛屯①。出屯北，有小溪自东山出，架石梁其上，侧有石碑，拭而读之，乃罗近溪所题《石门桥诗》也。题言石门近在桥左，因矫首东望，忽云气迸坼②，露出青芙蓉两片，插天拔地，骈立对峙，其内崇峦叠映，云影出没，令人神跃。亟呼顾仆与寺僧，而二人已前，遥追之，二里乃及。方欲强其还，而一僧旁伺，问之，即石门旁药师寺僧也。言门上有玉皇阁，又有二洞明敞可居，欣然愿为居停主。乃东向从小路导余，五里，抵山下，过一村，即药师寺也，遂停杖其中。其僧名性严，坐余小阁上，摘蚕豆为饷。时犹上午，余欲登山，性严言，玉皇阁蹑峰而上十里余，且有二洞之胜，须明晨为竟日游，今无及也。盖性严山中事未完，既送余返寺，遂复去，且以匙钥置余侧。余时慕石门③奇胜，餐饭即扃其阁，东南望石门而趋，皆荒翳断塍，竟不择道也。

【注释】①金牛屯：今名同，在漾濞县东境，漾濞江东岸。②迸坼（chè）：坼裂；分散。③石门：在漾濞彝族自治县东南境，为点苍山马龙峰西坡的一断崖峡谷，长千余米，宽约100米，石门河从中湍流，形成串串水塘，景色奇秀，被誉为“天开石门”。过石门关，穿林绕石，登石门山顶，有玉皇阁。

【译文】往北走了五里，有座村庄房屋夹成巷道，是金牛屯。出到屯北，有条小溪从东山流出来，在溪流上架有石桥，侧边有石碑，擦拭后阅读碑文，是罗近溪题写石门桥的诗句。题诗中说到石门近在桥的左边，因此抬头向东望去，忽然云气分散，露出两片青色的芙蓉，插入天空，拔地而起，并立对峙，石门以内高大的山峦层叠掩映，云影出没，令人精神踊跃。急忙呼喊顾仆和寺里的僧人，可两人已走在前边了，我远远地追赶他们，二里后才赶上。正想强让他们返回去，而一个僧人在路旁观望，就向他打听，原来是石门旁药师寺的僧人。他说石门上有座玉皇阁，又有两个山洞明亮宽敞可以居住，他欣然表示愿意为我们提供住宿的地方。于是向东从小路为我领路，五里后，抵达山下，路过一个村子，就到药师寺了。在寺中停宿。这个僧人法名性严，他请我坐在小阁上，摘来蚕豆做饭。此时还是上午，我想要登山，性严说，到玉皇阁要登山上走十多里路，况且还有两个山洞的胜景，一定要明早去游一整天，今天来不及了。原来性严在山中的事情没有办完，送我返回寺中后，就又离开了，而且把钥匙放在我身旁。我此时向往石门优美的景色，吃过饭后立即锁上玉皇阁，望着东南方的石门赶过去，全是荒草遮蔽，田地残破，竟然顾不上择取道路了。

二里，见大溪自石门出，溪北无路入，乃下就溪中；溪中多巨石，多奔流，亦无路入。惟望石门近在咫尺，上下逼凑，骈削万仞，相距不逾二丈，其顶两端如一，其根止容一水。盖本一山外屏，直从其脊一刀中剖而成者，故既难为陆陟，复无从溯溪。徘徊久之，乃渡溪南，反随路西出。久之得一径东向，复从以入，将及门下，复渡溪北。溪中缚木架巨石以渡，知此道乃不乏行人，甚喜过望。益东逼门下，从篁覆道。道分为二，一东蹑坡磴，一南下溪口。乃先降而就溪，则溪水正从门中跃出，有巨石当门扼流，分为二道。袭之而下，北则漫石腾空，作珠帘状而势甚雄；南则嵌槽倒隙，为悬溜形而势甚束。皆高二丈余，两旁石皆逼削，无能上也。乃复上就东岐蹑磴。已又分为二，一北上蹑坡，一南凌溪石。乃先就溪凌石，其石大若万斛之舟，高泛溪中，其根四面俱湍波潆激，独西北一径悬磴而上，下瞰即珠帘所从跃出之处，上眺则石门两崖劈云削翠，高骈逼凑，真奇观也。但门以内则石崩水涌，路绝不通，乃复上就北岐蹑磴。始犹藤箐蒙茸，既乃石崖耸突，半里，路穷，循崖南转，飞崖倒影，上逼双阙，下临绝壑，即石门之根也，虽猿攀鸟翥[1]，不能度而入矣。久之，从旧路返药师寺。穷日之力，可并至玉皇阁，姑憩而草记，留为明日游。

【注释】①翥（zhù）：鸟向上飞。

【译文】二里后，有一条大溪从石门流出来，溪流北岸无路进去，就下到溪中；溪中多是巨石，多有奔腾的激流，也无路进去。只是望着石门近在咫尺，上下紧逼聚凑，两面陡削，有万仞高，相距不超过两丈远，山顶两端如同一体，山脚只容得下一条溪水。大概是它本身是一座山，但却有两个峰顶，是从山脊上一刀从中间笔直剖开形成的，所以既难以从陆地上登，又无法从溪中逆流进去。徘徊了很久，只好渡到溪流南岸，转身顺着路向西出来。很久之后找到一条向东去的小路，又顺着小路进去，将要到达石门下，又渡到溪流北岸。溪水中有绑着的木头架在巨石上以便渡过去，心知这条路有不少行人，大喜过望。再往东逼近石门下，竹丛遮住了道路。道路分为两条，一条向东上登山坡上的石阶，一条往南下到溪口。于是先往下走近溪流，就见溪水正好从石门中腾跃出来，有巨石挡在门口扼住水流，分为两条水道。水流顺着水道下流，北边的则漫过岩石在空中飞腾，呈现珠帘的形状而且气势非常雄壮；南边的则嵌入水槽倒流进缝隙中，现出悬垂下泻的样子，但水势很受约束。都是两丈多高，两旁的石崖都陡峭直立如削，不能向上攀登。只好再往上走上东边的岔路上登石阶。不久路又分为两条，一条往北上登山坡，一条向南登上溪边的巨石。就先走近溪边登上巨石，这块巨石好像能装万石粮食的大船，高高漂浮在溪流中，岩石根部四面都是湍急的波涛潆洄激荡，唯独西北方有一条小路悬有石阶上来，俯瞰就是珠帘从那里飞跃出去的地方，向上眺望就见石门两面的石崖劈开云天，削成青山，双双高耸，狭窄紧凑，真是奇观呀！但是石门以内则是岩石崩塌，溪水奔涌，路断不通，只能再次往上走上北边的岔路上登石阶。开始时还是藤条竹丛蒙蒙茸茸，继而就是石崖高耸突立，半里后，路到了尽头，沿着石崖向南转，石崖飞空，倒映山影，上方双阙紧逼过来，下边面临断绝的壑谷，就是石门的底部了，即使是能攀登的猿猴、会飞翔的鸟类，也不能飞越进去了。很久过后，从原路返回药师寺。用尽一天的气力，可以一并到达玉皇阁，姑且休息一下写日记，等到明天再去游玩。

二十二日　晨起候饭，性严束火负铛[1]，摘豆裹米，令僧仆分携，乃从寺后东向登山。二里，转而南向循山腰上，二里，复随峡转东，一里，从峡尽处南转逾岭。一里，路分二岐：一东上者，为花椒庵石洞道；一南上者。一里而逾石门之上，此石门之北崖也，所登处已在门之内，对瞰南崖崩削之状，门底轰沸之形，种种神旺，独所踞崖端危险，不能返观，犹觉未能两尽也。东眺门以内，峡仍逼束，水自东南嵌底而来。其正东有山一支，巍然中悬，恰对峡门，而玉皇阁即踞其上，尚不能遥望得之，盖其内木石茸密，非如外峰可以一览尽耳。于是缘冈脊东上一里，南与峡别，折而东北上半里，坳间有颓垣遗构，为玉峰寺废址。玉峰者，万历初僧石光所建，药师乃其下院，而性严即其后嗣也。

【注释】①铛（chēng）：烙饼或做菜用的平底浅锅。

【译文】二十二日　早晨起床等候早饭，性严捆上柴火背着浅底锅，摘来蚕豆裹上米，让僧人仆人分别带上，就从寺后向东登山。二里后，转向南沿着山腰上，走二里，再顺着峡谷转向东，一里后，从峡谷的尽头处往南转翻越山岭。一里后，道路分为两条岔路：一条往东上行，是去花椒庵石洞的路；一条向南上走。一里后翻越到石门的上方，这是石门靠北的石崖，所攀登的地方已经在石门之内，望着南边的石崖崩裂陡削的状态，石门底下轰鸣沸腾的形态，种种令人精神焕发的奇观，只是所坐的石崖顶端太危险，不能返回观览，仍然觉得不能两全。向东面眺望石门以内，峡谷仍然逼紧收拢，溪水从东南方嵌在谷底流来。石门正东有一条山脉，巍然悬在中央，恰好正对着峡口，而玉皇阁就盘踞在山上，还不能远远望到它，大概是由于山内树木山石丛生浓密，不像外边的山峰那样可以一览而尽罢了。从这里沿着冈上的山脊往东上行一里，与南边的峡谷分别，折向东北上走半里，山坳间有颓废的墙壁、遗存的建筑，这是玉峰寺废弃的遗址。玉峰寺，是万历初年僧人石光修建的，药师寺是它的下院，而性严就是这寺庙的后世传人。

其后又有一废址，曰极乐庵。从其后复转向东南上半里，再与东峡遇，乃缘支峡东向行，古木益深。半里，支峡东尽，乃南度其上，复北转，共二里而得玉皇阁。阁南向石门而遥，东临峡壁而逼，初创于朱、史二道人，有僧三贤扩而大之，今前楼之四壁俱颓，后阁之西角将仆，盖岌岌矣。阁东有台，下临绝壑，其下有洞，为二道静修处。时二僧及仆，俱然①火觅泉将为炊，余不及觅洞，先从阁援石独上。盖遥望峡后大山，上耸三峰者，众皆指为笔架峰，谓即东南清碧溪后主峰，余前由四潭而上，曾探其阳，兹更欲一穷其阴，以尽石门涧水之源，竟不暇招同行者，而同行僧仆亦不能从。余遂贾勇②直前。

【注释】①然：古同"燃"，即燃烧。②贾（gǔ）勇：典出《左传·成公二年》："齐高固入晋师，桀石以投人，禽之，而乘其车，系桑本焉。以徇齐垒，曰：'欲勇者，贾余余勇。'"杜预注："贾，卖也。言己勇有余，欲卖之。"后以"贾勇"为鼓足勇气的意思。

【译文】它的后方又有一处废弃的遗址，叫作极乐庵。从极乐庵后边再向东南上行半里，再次与东面的峡谷相遇，于是沿着分支的峡谷向东前行，古木更显幽深。半里后，分支的峡谷向东到了尽头，就向南翻越到山上，再向北转，共走二里后到达玉皇阁。玉皇阁面向南，与石门远远相望，东临峡谷，峡壁逼窄，最初由朱、史两位道士创建，后来有位三贤和尚扩建了寺院，如今前楼的四面墙壁都倒塌了，后面楼阁的西角落即将倒塌，大都岌岌可危了。楼阁东边有个高台，下方临近绝深的壑谷，台下有个洞，是两位道士静心修炼的地方。这时两个僧人和仆人，都在生火找泉水做饭，我来不及探寻山洞，先从玉皇阁攀援岩石独自上登。遥望峡谷后面的大山，山上耸立着三座山峰的地方，大家都指着说是笔架峰，我认为就是东南方清碧溪后面的苍山主峰，我先前经由四个水潭上登，曾经探察过苍山的南面，如今更想一并观赏苍山北面，以此穷尽石门山涧水流的源头，后来顾不上招呼同行的人，而且同行的僧人仆人也不能跟随。我于是鼓足勇气一直往前走。

二里，山石既穷而土峰峻甚，乃攀树。三里，山树亦尽，渐陟其顶。层累而上，登一顶，复起一顶。顶皆烧茅流土，无复棘翳，惟顶坳间，时丛木一区，棘翳随之。余从岭脊烧痕处行，虎迹齿齿，印沙土间。连上数顶，始造其极，则犹然外峰也。始知苍山前后，共峰两重：东峙者为正峰，而形如笔架者最高；西环者南从笔架、北从三塔后正峰，分支西夹，臂合而前，凑为石门。但其中俱崩崖坠派，不复开洋，俱下盘夹箐，水嵌其底，木丛其上。余从峰头东瞰笔架山之下，有水悬捣涧底，其声沸腾，其形夭矫，而上下俱为丛木遥罨，不能得其全，此即石门之源矣。又从外岭北行，见其北又分支西下，即漾濞驿北之岭，西尽于漾濞桥者也。

【译文】走了二里，山石走完就是极其陡峻的土山，于是抓着树枝攀登。三里后，山上的树也走完了，渐渐登到山顶。一层层叠累而上，登上一座山顶，又耸起一座山顶。山顶上都是烧过的茅草灰和流动的沙土，不再有荆棘遮蔽，只有山顶和山坳之间，有时会有丛林一片，伴随着密蔽的荆棘。我从岭脊上有火烧痕迹的地方走，老虎的脚印一齿齿的，印在沙土上。一连登上几座山顶，才到达最高处，却仍然只是外层的山峰。这才知道，苍山前后，共有两重山峰：屹立在东方的是主峰，而形状如同笔架的山峰最高；向西环绕的山，南边从笔架峰、北边从三塔后面的主峰，分支向西相夹，像手臂一样往前合抱，凑拢成为石门。但两重山之间都是崩塌的山崖深坠的支脉，不再有开阔的地方，都是下面盘绕着相夹的山箐，水流深嵌在山箐底下，树木丛生在山上。我从峰头向东俯瞰笔架山的下方，有高悬的水流冲捣涧底，冲刷击之声沸沸腾腾，水流呈现弯曲流淌的态势，而上下都被丛林远远挡住了，不能看到水流的全貌，这就是石门涧水的源头了。又从外层的山岭上往北走，只见它的北边又分出支脉向西下延，这就是漾濞驿北面的山岭，往西延伸在漾濞桥到了尽头的山。

时日色正午，开霁[①]特甚，北瞻则凤羽之西，有横山一抹，自西北斜亘而来者，向从沙溪南望，斜亘其西南，为桥后[②]水口者也，剑川之路，溯之北入；南眺则潭子铺西之山，南截漾、濞二水之口，为合江铺者，大理之路，随之北来；西览则横岭铺之脊，排闼西界，北接斜亘之岭，南随合江西下，永昌之路，逾之西向；惟东面内峰巀嶪，榆城即在东麓，而间隔莫逾，一以峰高崖陡，攀跻既难，一以山划两重，中箐深陷，降陟不易。闻此山北坳中，有大堡白云寺，可跻内峰绝顶，又南逾笔架，乃东下清碧溪。大堡之路，当即从分支西下之岭，循度脊而上，无此中堑之箐，沐西平征大理，出点苍后，立旗帜以乱之，即由此道上也。

【注释】①开霁（jì）：雨雪停止，云雾散开，天空放晴。②桥后：今作乔后，乔后原名“哦恩”，白语意即“山后”，后讹为“枯恩”，白语意为“桥后”，后以“出自幽谷，迁于乔木”句雅化为乔后。

【译文】这时天色是正午，云开雾散天气晴朗，向北方眺望，就看见凤羽山的西面，有横卧的青山一抹，从西北方斜斜地绵亘而来，这是以前我从沙溪向南望，斜着横亘在沙溪西南方、形成桥后河口的山，去剑川州的路，逆着流水往北进去；眺望南方，就见潭子铺西面的山，往南横截漾水、濞水两条江水的江口，成为合江铺的山，去大理府的路，顺着山从北边来；向西观览，就见横岭铺的山脊，像门扉一样排列在西境，北边连接着斜向绵延不断的山岭，往南顺着合江铺向西下延，去永昌府的路，向西翻过这列山；只有东面靠内一层的山峰巍峨险峻，大理城就在山的东麓，但中间阻隔无法穿越，一是因为山峰太高，石崖陡峻，攀登已很艰难，一是因为山被划为两重，中间山箐深陷，上下攀爬都不容易。听说这座山北面的山坳中，有座大堡白云寺，可以登上里面一层山峰的绝顶，再往南越过笔架峰，才下到东边的清碧溪。去大堡的路，应当就是从分支向西下延的山岭，顺着延伸的山脊上走，没有堑沟一样横在中间的山箐，西平王沐英征讨大理时，从点苍山后出兵，竖起旗帜迷惑敌军，就是从这条路上去的。

凭眺久之，乃循旧迹下。三里，忽误而坠西北支，路绝崖欹，无从悬坠，且空山杳隔，莫辨真形，竟不知玉皇阁所倚之支在南在北也。疑尚濒南涧箐中，而涧中多岐，且峻崖绝坂，横度更难，有棘则蒙翳，无棘则流圮。方徘徊间，雨复乘之，忽闻南箐中有呼噪声，知玉皇阁在其下。余亦漫呼之，已遥相应，而尚隔一箐，树丛不可见，路绝不可行。盘箐之上腋二里，始得石崖，于是攀隙坠空，始无流坠之恐，而雨倾如注。又一里而出玉皇阁之右，炊饭已寒，重沸汤而食之。阁左少下，悬崖之间，有洞南向，下临深涧，乃两巨石合掌而成者。洞高一丈，下阔丈五，而上合尖，其深入约及数丈，而底甚平。其石质粗砺，洞形亦无曲折之致，取其通明而已。洞前石崖上下危削，古木倒盘，霏烟揽翠，俯掬轰流，令人有杳然别天之想。

【译文】凭高远望了很久，就还是沿着来时的路下山。走了三里，忽然错误地下到西北方的支脉上，道路断绝石崖倾斜，无处可悬空下坠，而且空旷的山野遥远阻隔，无法辨别山的真正形态，竟然不知道玉皇阁所依托的分支山脉是在南还是在北了。我怀疑在濒临南边山涧的山箐中，可山涧中岔路很多，并且山崖险峻山坡断绝，横向穿越更难，有荆棘的地方就是浓密遮蔽，没有荆棘的地方就是流土坍塌。正在徘徊之时，雨又乘机袭来，忽然听见南面的山箐中有呼喊声，知道玉皇阁就在山箐下方。我也漫无目的地呼喊他们，我们已能远远地互相呼应，但还隔着一条山箐，树林丛密看不见，道路断绝不能前行。绕着山箐的上侧走了二里，才到石崖，于是攀着石缝坠在空中，这才没有了流土下坠的担忧，可是大雨倾盆如注。又走了一里后出到玉皇阁的右边，做好的饭已经凉了，重新煮沸开水吃了饭。从玉皇阁左边稍微下走，在悬崖之间，有个洞面向南方，下临深深的山涧，是两块巨石像手掌般合拢形成的岩洞。洞高一丈，下方宽一丈五尺，但上方合拢成尖尖状，洞内深入进去约有几丈，而洞底非常平整。岩石的石质粗糙，洞里也没有曲折的景致，只是非常明亮而已。洞前的石崖上下都高险峻削，古树倒置盘绕，烟云霏霏，尽揽翠色，俯身捧起轰流的泉水，让人有幽深寂静、别有洞天的遐想。

时雨已复霁，由旧路转北而下，三里，至玉峰寺旧址。由岐下北壑，转峡度坞，一里余而得花椒庵石洞。洞亦巨石所覆，其下半叠石盘，半庋空中，空处浮出二三丈，上下亦离丈余，而平皆如砥。惟北粘下盘之上，而东西南三面，俱虚檐如浮舫，今以碎石随其檐而窒之，只留门西向，而置佛于中。其前架楼三楹，而反无壁；若以窒洞者窒楼，则洞与楼两全其胜矣。其北又一巨石隆起，下有泉出其隙间，若为之供者。此地境幽坞绕，水石错落，亦栖真之地。龛中器用皆备，而寂无居人，户亦设而不关。余愧行脚不能留此，为怅然而去。乃西向平下一里，即石门北顶北来之道，向所由上者。又北六里而返药师。途中遇一老人，负桶数枚下山，即石洞所栖之人，每日登山箍桶，晚负下山，鬻以为餐，亦不能夜宿洞间也。

【译文】这时雨已停了，天又转晴，由原路转向北下山，三里后，来到玉峰寺旧址。由岔路下到北边的壑谷中，转过峡谷越过山坞，一里多后找到花椒庵的石洞。石洞也是巨石覆盖成的，洞的下半部分叠垒成石盘，一半架在空中，空的地方浮出地面二三丈，上下也距离一丈多，然而平整得如同磨刀石。只有北边粘在下边的石盘之上，而东西南三面，都是虚空的屋檐状，犹如漂浮的船只，如今用碎石沿着屋檐堵住了空处，只留下向西的门，而且在洞中供奉了佛像。洞前建起三间楼，但却没有墙壁；如果用堵洞的碎石来围堵楼墙，那么洞与楼就能两全其美了。洞北边又有一块巨石隆起，下面有泉水从石缝中流出来，好像是专门为花椒庵提供的。此地环境幽静，山坞环绕，水石错落，也是一处存养真性的好地方。佛龛中用具都准备齐全，却空寂无人居住，也装有门但是没关。我惭愧要云游四方不能留在此地，为此惆怅不乐地离开了。于是平缓地向西下行一里，就是石门北边山顶向北来的道路，也是先前上山经过的路。又向北走了六里后返回药师寺。途中遇到一个老人，背着几只木桶下山，他就是住在石洞中的人，每天上山箍桶，晚上背着下山，卖了当饭钱，也不能夜里住在洞中。

二十三日　晨起，为性严作《玉皇阁募缘疏》。因出纸请书，余书而后朝食。山雨忽作，因停屐待之。近午雨少杀，余换草履，性严披毡送之。出药师殿门，即北行，二里，涉一枯涧。其涧自东北山麓出，下嵌甚深，苍山之后至此，又西北一里矣。既渡，西北上西纡之坡，一里逾其上，始见其西开一东西坞，漾濞之水从其中东注之。西向平下共二里，山南有数十家当大路，是为漾濞驿。别送僧，西行溪北田塍中三里余，北界山环而稍南，扼水直逼南山下，是为矶头村，亦有数十家当矶之腋。路南向盘之，遂蹑矶嘴而西。半里，雨止，路转北，复开南北坞，于是倚东山西麓北行。三里余，抵漾濞街[1]。居庐夹街临水甚盛，有铁锁桥在街北上流一里，而木架长桥即当街西跨下流，皆度漾濞之水，而木桥小路较近。

【注释】①漾濞街：又作样备，明设样备巡检司，属蒙化府，即今漾濞彝族自治县治。

【译文】二十三日　早晨起床，为性严作《玉皇阁募缘疏》。性严于是拿出纸请我代写，我写好后吃早饭。山雨忽然来临，因此停下脚步等雨停。接近中午雨势稍微小了些，我换上草鞋，性严披上毡子送我。走出药师寺的殿门，随即往北走二里，涉过一条干枯的山涧。这条山涧从东北方的山麓出来，下嵌得十分深，苍山的后山到此地后，又往西北延伸了一里。渡过山涧后，向西北上爬向西曲折延伸的山坡，一里后翻越到坡头上，开始看见山坡西面敞开一个东西向的山坞，从漾濞流来的水流从山坞中往东流注。平缓地向西下走二里，山的南边有几十户人家位于大路上，这里是漾濞驿。告别了送行的僧人，往西在溪水北岸的田野中前行三里多，北面一列山渐渐向南环抱，扼住流水直逼到南山下，这里是矾头村，也有几十户人家住在石矾的侧旁。路向南绕过石矾，于是踩着石矾嘴往西走。半里后，雨停了，路转向北，又敞开一个南北向的山坞，从这里起倚靠东山山麓往北走。三里多后，到达漾濞街。居民房屋夹街临水十分兴盛，漾濞街北面上游一里处有座铁索桥，而木头架的长桥横跨在街道西边的下游，都是度过漾濞江的桥，而木桥小路比较近。

按《志》：剑川水为漾，洱海水为濞，二水合流故名。今此桥去合江铺北三十里，驿去其北亦十五里，止当漾水，与濞水无涉，何以兼而名之耶？岂濞水非洱海，即点苍后出之别流耶？然余按：水出丽江府南者，皆谓之漾。如漾共发源于十和之中海，经七和下鹤庆，合东西诸泉而入穴，故曰漾共。此水发源于九和，经剑川别而南流，故曰漾别。则“别”乃分别之“别”，非口鼻之“鼻”也。然《一统志》又称为“漾备”，此又与胜备同名，亦非“濞”字之一征也。

【译文】根据《志》书记载：源自剑川湖的是漾水，源自洱海的是濞水，两条江水合流后因此起名漾濞江。现在这座桥到合江铺北边有三十里的距离，漾濞驿到合江铺北边也有十五里的距离，只应当是漾水，与濞水无关，为什么兼用两条江命名呢？难道濞水不是源于洱海，而是点苍山后山流出来别的水流？然而根据我的考察：源出于丽江府南部的水流，都称它们为“漾”。例如，漾共江发源于十和的中海，流经七和下流到鹤庆府，汇合东西两岸各地的泉水后流入洞穴，所以称为漾共江。这条江水发源于九和，流经剑川州另外往南流，所以叫作漾别江。那么，“别”是分别的“别”，不是口鼻的“鼻”了。然而《一统志》又称为“漾备江”，这又与胜备江同名，也不是“濞”字的一个明证了。

余乃就木桥东买蔬米，即由此度，不及北向铁桥度，其中始觉汤汤，倍于洱水。西向又有一峡自西来，是为永平道；望大坞北去，亦数里而分为二；而永昌大道，则从此而西。始行坞中，二里渐上。又二里，有数家夹道，大坊跨之，曰“绣岭连云”，言登岭之始也，是为白木铺[①]。由是循南坡西向上，二里，由坡间转向南，一里余，复转向西，于是回眺东之点苍，东北之凤羽，反愈近，然所临之峡则在南。更西蹑坡，迤逦而上，又四里，有寺东向，当坡嘴中悬，是为舍茶寺，就而饭。由其后又西上，路稍平，其南临东出之涧犹故也。又二里，有村当岭脊，是为横岭铺[②]。铺之西，遂西蹑夹坑中，又上三里而透岭坳之脊。其坳夹隘如门，透其西，即有坑北坠，又有坑西流。路随西流者下，二里，路转向南峡，而水乃由北峡去，始知犹北流而东入漾濞上流者。

【注释】①白木铺：今作柏木铺，在漾濞县城西南邻。②横岭铺：今作秀岭铺，在柏木铺稍西的公路旁。

【译文】我于是走到木桥东头买菜买米，就由此处过桥，来不及向北度铁索桥，到桥中间才发觉江水浩浩荡荡，超过洱水一倍。向西走又有一条峡谷从西面来，是去永平县的道路；望着大山坞往北，也是几里路后分为两条岔路；而去永昌府的大路，则是从此地往西走。开始时行走在山坞中，二里后逐渐上走。又走了二里，有几户人家夹住道路，大牌坊跨在路上，题为“绣岭连云”，意思是说这里是登岭的起点，这是白木铺。从这里沿着南面的山坡向西上爬，二里后，从山坡上转向南，一里多后，再转向西，在这里回头眺望东方的点苍山，东北方的凤羽山，反而更近了，不过我登临的峡谷则在南边。再往西爬坡，曲折绵延而上，又走了四里，有座寺庙面向东，挡在坡嘴上悬在中央，这是舍茶寺。走进寺中吃饭。由寺后又往西上行，路稍微平缓些，路南边下临向东流出来的山涧依然如故。又走了二里，有个村子位于岭脊上，这里是横岭铺。从横岭铺的西边，向西在狭窄的坑谷中跋涉，又上行三里后穿越山坳上的山脊。这个山坳夹立的隘口像门一样，钻到它的西边，随即有个坑谷向北下陷，又有一个坑谷中有水向西流。路顺着有水向西流的坑谷下走，二里后，路转向南面的峡谷，而水经由北面的峡谷流去，才知道这里仍然是往北流后向东流入漾濞江上游的水流。

又南二里，其峡中平而水忽分南北，始知其脉由此峡中自西而东度，其上所逾夹隘，乃既度而北突之峰，非南来之脊也。

盖此脊西北自罗均山分支，东南至此，降度峡底，乃东突崇峰，由其北而东下者为横岭，而东尽于白木铺，由其南逶迤南去者，东挟碧溪江[①]，西挟胜备水[②]，而尽于两水交会处，是其脉亦不甚长也。从峡中南行半里转西，有小水自东南坠峡来，始成流西去。又一里，随流南转，始循水东崖下。既渡其西，复涉其东，四里余，有水自东峡出，西与南下之涧合，其流始大，而峡愈逼，东崖直瞰水而西，路乃渡而循西崖下。南出隘，已昏黑。稍上坡，共二里，有一二家倚西坡上，投宿不得。又南，两崖愈凑，三里及之，复渡溪东，则数家倚东崖下，是为太平铺[③]，乃宿其敝楼。按《志》，是水为九渡河[④]，沿山绕流，上跨九桥者是。其下流与双桥河合于黄连堡东南，入胜备江。

【注释】①碧溪江：又作备溪江，指今漾濞江及与胜备河汇流后的黑惠江。②胜备水：今作胜备河或顺濞河。③太平铺：今名同，在漾濞县西境的公路上。④九渡河：今称太平铺河，至今公路仍傍水行。

【译文】又向南走了二里，此处峡谷地势平坦但水忽然南北分流，才知道地脉由这个峡谷自西往东延伸，峡谷上面我穿越的夹立的隘口，是它延伸后在北边突起的山峰，不是南面来的山脊。这条山脊从西北方的罗均山分支，往东南延伸到此地，下降越过峡底，于是向东突起成为高峰，由高峰北边往东下延的山是横岭，而后在东边的白木铺到了尽头，由高峰南边往南曲折绵延而去的山，东面傍着碧溪江，西面傍着胜备江，而后在两条江的汇合处到尽头，这样看来它的山脉也不是特别长。从峡中往南走半里转向西，有条小水从东南方泻入峡中流来，到这后形成溪流向西流去。又走了一里，顺着溪流向南转，开始沿着溪水东面的山崖底走。渡到溪流西岸后，又涉水到溪流东岸，四里多后，有条水流从东面的峡谷中流出来，流向西与向南下流的山涧合流，溪流开始变大，而峡谷愈发狭窄起来，东面的山崖笔直地向西俯瞰着流水，道路于是渡过溪流而沿着西面的山崖底下走。往南走出隘口，天已昏黑。渐渐上坡，共走了二里，有一两户人家倚靠在西面的山坡上，投宿不成。又向南走，两面的山崖愈加紧凑，三里后到达溪边，再次渡到溪流东岸，就见几户人家倚靠在东面的山崖下，这里是太平铺，于是住宿在驿站的破楼上。根据《志》记载，这条溪水是九渡河，沿着山绕流，河上跨有九座桥的就是了。它的下游与双桥河在黄连堡东南方合流，流入胜备江。

二十四日　鸡鸣具饭，昧爽即行。越涧傍西山而南，其峡仍逼。五里，遵西山之崖渐上，五里，盘其南突之嘴，遂挟北峰西行，路转于上，溪转于下。又西十里，有村倚北山坡峡间，庐舍最盛，是为打牛坪①。相传诸葛丞相过此，值立春，打牛以示民者也。又遵北坡随峡流西下，十里，有山横截其西，乃稍降而逼其下。忽见有溪自北而南，漱横截山之东麓，太平铺九渡河自东注之，有数家当其交会之峡，是为胜备村，此北来之水，即胜备江也。盘村坡溯江而北半里，乃涉亭桥，渡江西崖。江流差大于洱水，而不及漾濞，其源发于罗武山，下流达于蒙化，入碧溪江。由其西转而随流南下，循西山之麓行，崖峭甚。半里，又隔江与胜备村对。又南一里余，有小峡自西来，截之渐南上，盘其东突之坡，共七里，又上而盘其南突之嘴，水从其下西转南折而破峡去，路从其上挟北坡西下。盖其西有峡，自西坳下坠而来，又有山，从峡南挟之俱东，当突嘴之下，与胜备合而破其南峡，突嘴之路，不能超峡而度其南挟之东垂，故西折一里余，而下循其西坳，又东折一里，而上盘其东垂，东垂即胜备所破峡之西崖也。半里，转其南，又有一小水自东垂南西峡来入，乃舍其南去大流，而溯其西来小流，循东垂南崖西向入之。一里余，有村踞小流之北坡，夹路成聚，是为黄连堡②，始知此小流即双桥河③也。饭于其处，山雨骤至，稍待复行。渐转西北，行冈上二里，其下峡直自北来，乃下渡峡中小桥而西。此桥即双桥之一也，其河源尚在北坞中。

【注释】①打牛坪：在今云南永平县城东郊。明洪武十六年(1383)置土巡检司于此。②黄连堡：在今云南永平县东北黄连街。《清一统志·永昌府》：黄连堡"在永平县东一百里"。③双桥河：今作双卡河，在黄连铺汇入顺备河。

【译文】二十四日　鸡鸣做饭，黎明就出发。越过山涧傍着西山往南走，这里的峡谷仍然很狭窄。走了五里，沿着西山的山崖渐渐向上，五里后，绕过西山向南突的山嘴，就傍着北峰往西走，道路转到山上，溪水转流到山下。又向西走了十里，有个村庄倚靠在北山的山坡与峡谷间，房舍最是兴盛，这里是打牛坪。相传丞相诸葛亮路过此地，正值立春，于是打牛给老百姓看。又沿着北面的山坡顺着峡谷中的溪流往西下走，十里后，有座山横截在道路西边，于是慢慢下降后逼近山下。忽然看见有条溪水从北往南流，冲激着横截的山东麓，太平铺的九渡河从东边流入溪中，有几户人家住在两条水流交汇的峡口，这里是胜备村，这条从北面流来的溪水，就是胜备江了。绕过村庄所在的山坡，逆着江流往北走半里，于是走过亭桥，渡到江流西岸的山崖上。江流比洱水稍大一些，但比不上漾濞江，它发源于罗武山，下游到达蒙化府，流入碧溪江。由亭桥西边转而顺江流南下，沿着西山的山麓前行，山崖陡峭极了。半里后，又隔着江流与胜备村相对。又向南走了一里多，有条小峡谷自西面来，横穿峡谷后渐渐往南上坡，绕着向东前突的山坡，共走了七里，又上走后绕过南突的山嘴，江水从山下向西转后折向南，冲破山峡流去，道路从山上傍着北面的山坡往西下走。路的西边有条峡谷，从西面的山坳下坠而来，又有一列山，从峡谷南面傍着峡谷一起向东延伸，在南突的山嘴之下，江水与胜备江汇合后冲破山嘴南面的山峡，南突山嘴上的路，不能越过峡谷到山嘴南边傍着山的大路走，所以向西折进去一里多，而后下山沿着它西边的山坳走，又向东折一里，而后上走绕过山东垂，东垂就是胜备江冲破的山峡西边的山崖了。半里后，转到山的南面，又有一条小溪从东垂南面的西峡中前来流入胜备江，于是放弃向南流的大江，而逆着西边流来的小溪，沿着东垂南面的山崖向西进入峡中。一里多后，有个村庄盘踞在小溪的北坡上，夹住道路成为聚落，这里是黄连堡，此时才知道这条小溪就是双桥河了。在这里吃饭，山雨忽然来临，稍微等了一会又接着赶路，渐渐转向西北，在山冈上前行二里，山冈下山峡笔直地从北面过来，于是下山走过峡中的小桥往西。这座桥就是双桥之一了，这条河的源头还在北面的山坞中。

从桥西即蹑西坡而上，二里稍平，西向坞倚南峰复上坡，二里，西逾冈脊，是为观音山脊，南北俱有寺。南峰当脊而起，其巅颇耸，有阁罩其上，以远不及登。拂脊间碑读之，言昔武侯过此，方觅道，闻犬吠声，而左右报观音现，故俗又呼为娘娘叫狗山[①]，即《郡志》所谓宝藏山也。从脊西遥望，其南壑杂沓而下，高山无与为匹者，当遥通阿禄司、新牛街之境也；其西壑亦杂沓而来，其外远山，自北亘脊南去，北支分而东向，逶迤与此山属，南抱为壑，颇宽豁，而坡陀层伏，不成平坞；西山亘脊之半，有寺中悬，缥渺云岚间，即所谓“万松仙景”也。

【注释】①娘娘叫狗山：今仍称叫狗山，在黄连铺西北邻，双卡河西岸。

【译文】从桥西随即踩着西面的山坡向上登，二里后稍微平缓些，往西向着山坞倚靠南面的山峰又上坡，二里后，向西越过冈脊，是观音山的山脊，南北都有寺庙。南面的山峰在山脊上隆起，峰顶耸起得相当高，有楼阁罩在峰顶上，由于太远来不及上登。擦拭山脊上的石碑读碑文，说的是昔日武侯诸葛亮路过此地，正在找路时，听见狗叫声，而且左右住的居民又报告称观音菩萨现身，所以民间又俗称为娘娘叫狗山，就是《郡志》所记载的宝藏山。从山脊西面遥望，山脊南面的壑谷纷杂繁多地罗列在下方，没有能与它匹敌的高山，那边应当远远通到阿禄司、新牛街的境内；山脊西面的壑谷也是纷杂而来，它外部的远山，山脊自北向南绵延不断，北面分出支脉向东延伸，曲折下延与这座山连在一起，往南围抱成壑谷，相当宽阔，可是参差不齐、层层低伏，没有成为平旷的山坞；西山绵延不断山脊的半山腰，有座寺庙悬在中央，在缥缈的云雾之间，这就是所谓的“万松仙景”了。

于是从岭头盘旋，西北二里，转过西下之峡，由其北乃陟西来之脊。其脊南北俱有峡，路从其中，共二里，西向稍下，树木深翳。再下，再过脊，又八里，有数十家倚北坡夹道而庐，是为白土铺[1]。又西入峡，七里渐上，渐逼西山，山脊东垂，南北坠壑甚深，松翳愈密，上下亏蔽，有哨房在坡间，曰松坡民哨，而无居人。此处松株独茂，弥山蔽谷，更无他木，闻其地茯苓甚多，鲜食如山药。坡名以“松”，宜也。其脊盖自西岭分支，东度观音山者，第不知南北之水何下耳。

【注释】①白土铺：今作北斗铺，在北斗村以南、黄连铺以西。今公路旁的北斗村，有别于白土铺。

【译文】于是从岭头向西北迂回二里，转过向西下延的峡谷，由峡谷北边登上西面延伸来的山脊。这条山脊南北两面都有峡谷，道路从其中走过，共走了二里，向西稍下走，树木幽深密蔽。再往下走，再次越过山脊，又走了八里，有几十户人家倚靠北面的山坡夹住道路居住，这里是白土铺。又往西进峡，七里后渐渐上行，渐渐逼近西山。山脊向东下垂，南北下陷的壑谷非常深，松树遮蔽的更加严密，上下荫蔽，有个哨房在山坡上，叫作松坡民哨，但是无人居住。此处独有松树茂盛，弥漫山野、遮蔽山谷，再没有别的树木，听说此地茯苓特别多，新鲜时吃起来味道像山药。松坡用“松”命名，很恰当。这条山脊大概是从西岭分支后，往东延伸到观音山的山脊，只是不知道南北两面的水下流到哪里。

于是西上蹑磴，甚峻，数十盘而登。共五里，有寺踞东悬之脊，东向凭临于松云翠涛之间，是为万松仙景寺[1]。后有阁曰松梵，朱按君泰桢所题。登之，东眺甚豁，苍山雪色，与松壑涛声，远近交映也。由其后再曲折上跻，二里余，登岭头。又一里余，西过一脊，以为绝顶矣，顶脊南北分坠之峡，似犹东出者。

又西上一里，蹑南突之巅，榜曰“日升天顶”。又西一里，穿峡而入，有数家散处峡洼间，俱以木皮为屋，木枝为壁，是为天顶铺。先是土人俱称为“天井”，余以为在深壑中，而不意反在万山绝顶也，问所谓井者，亦竟无有。岭头之庐，以非常站所歇，强之后可。既止，风雨交作，寒气逼人，且无从市米，得面为巴②而啖之，卧。

【注释】①万松仙景寺：今称万松庵，又讹作万松安，在公路稍南。②巴：即粑粑。云贵地区方言通称麦面、荞面、包谷、米等做的饼类食物为粑粑，亦简称粑。

【译文】从这里向西上登石阶，十分陡峻，转折了几十台才登上去。共走了五里后，有座寺庙盘踞在高悬于东面的山脊上，向东远望去在白云和翠绿的松涛之间的，是万松仙景寺。寺后有座楼阁叫松梵阁，是巡按朱泰桢君题写的。登上松梵阁，往东眺望十分开阔，苍山雪景，与壑谷中的松涛声，远近交相映衬。从寺后再曲折上登，二里多后，登上岭头。又走了一里多，往西越过一条山脊，我以为这是绝顶了，山顶上山脊南北两面分别下坠的峡谷，似乎仍然是向东出去的。又往西上行一里，登上南突的山顶，匾额上写着“日升天顶”。又往西走了一里，穿进峡谷中，有几户人家人散布在峡谷中的洼地间，都是用树皮建屋，树枝作墙壁，这里是天顶铺。之前当地人都称为“天井”，我以为身处幽深的壑谷中，没想到反而是在万山中的绝顶上，打听所谓“井”的地方，最终也没有打听到。岭头的房屋，因为不是常设驿站住宿的地方，勉强后他们才同意留宿。住下后，风雨交加，寒气侵袭，而且无处买米，买到些面粉做粑吃了后睡下。

二十五日　昧爽，啖所存巴，平明即行。雾蔽山顶，茫无可见。西向稍下一里，山峰簇立成洼，洼中有小路北去，有小水南流，大道随之。南行峡中，一里，折而随峡西下，峡南已坠壑盘空，窈然西出矣。西下三里余，有哨房当坡而西向，亦虚而无人。其北又有一峡自东下，与南峡会于坡前。路盘坡而北，渡坡北涧，即随北涧西下，共四里余，过梅花哨①，于是南北两界山渐开。循北山又西，四里，度西垂之脊，始全见其南北两崖下坠之坑，盘壑西出，而西有巨壑焉。沿支西下，又八里，抵西麓，有寺当路北。渡峡中小水，从其西转西北，行田塍中二里，有一塘积水东坡下。挟其西而北，又三里。抵永平县②之东街。

【注释】①梅花哨：今作梅花铺，在永平县城稍东的公路旁。②永平县：隶永昌军民府。即今永平县，属大理白族自治州。

【译文】二十五日　黎明，吃了剩下的粑，天明就出发。浓雾遮蔽着山顶，茫茫一片什么也看不见。向西慢慢下行一里，山峰成簇拥立围成洼地，洼地中有条小路往北去，有条小溪往南流，大路顺着小溪走。在峡谷中往南前行，一里后，转而顺着峡谷往西下走，峡谷南边已经下陷成回绕空旷的壑谷，向幽远的西方延伸出去。往西下行三里多，有处哨房位于坡上面向西，也是空空无人。此处北边又有一条峡谷从东面下来，与南面的峡谷在山坡前会合。道路绕着山坡往北，渡过山坡北边的山涧，随即顺着山坡北边的山涧往西下走，共走了四里多，经过梅花哨，到了这里南北两面的山渐渐开阔起来。沿着北山又往西，走了四里，越过向西下垂的山脊，才见到山脊南北两面山崖下陷形成的坑谷全貌，盘绕的壑谷向西出去，而西边有个巨大的壑谷。沿着支脉往西下山，又走了八里，抵达西面的山麓，有座寺庙在路北。渡过峡谷中的小溪，从小溪西岸转向西北，在田野中行走了二里，有一塘积水在东面山坡下。傍着水塘西边向北，又走了三里，到达永平县城的东街。

其处东西两界山相距八里，北即其回环之兜，南为其夹门之峡，相距一十五里，而银龙江界其中。其水发源上甸里阿荒山[①]，一名太平河。每岁孟冬近晓，有白气横江，恍若银龙[②]，故名。下流经打坪[③]诸寨，入澜沧江。当县治东，有桥跨其上，其处即为市而无城。其北有城堞略具，乃守御所，而县不在其中也。银龙桥之西，又有桥名普济，桥下小水东南入银龙江。大道由县治西，沿西山而南，至石洞村西，西南入山；余欲从石洞浴温泉，当不沿西山而由中坞，盖温泉当坞而出也。乃从银龙桥市蔬米，即从桥东小路，随江而渡其下流，由税司前西行，过一小浍[④]，即随之南行坞中，与大道之在西坡者，相望而南也。八里，则温泉当平畴之中，前门后阁，西厢为官房，东厢则浴池在焉。池二方，各为一舍，南男北女。门有卖浆者，不比他池在荒野也。乃就其前买豌豆，煮豆炊饭。余先酌而入浴。其汤不热而温，不停而流，不深而浅，可卧浴也。舍乃一参戎所构而成者。然求所谓石洞，则无有矣。

【注释】①阿荒山：今作阿黄山，在永平县北隅。②银龙：即银龙江，今称银江大河。③打坪：今作打平，在昌宁县东北隅。④浍（kuài）：田间的水沟。

【译文】此处东西两面的山相距八里，北面是两面山环绕的拥围处，南面是两面山夹成门样的峡谷，南北相距十五里，而银龙江隔在山坞中。这条江水发源于上甸里的阿荒山，又叫太平河。每年冬季的第一个月，将近拂晓时，有白气横在江面上，仿佛银色的飞龙，所以这样命名。下游流经打坪各个寨子，最后流入澜沧江。在县治东边，有座桥跨在江水上，此处就是街市但没有城墙。这里的北边有城，城墙大致完备，是守御所，但县衙不在城中。银龙桥的西边，又有一座叫普济桥的桥，桥下的小溪向东南流入银龙江。大路由县治西边，沿着西山往南走，到石洞村西边，向西南进山；我想通过石洞去温泉洗澡，应当不是沿着西山走而是从中坞走，大概温泉是在山坞中流出来的。于是从银龙桥买来蔬菜和米，然后从桥东的小路，顺着江流渡过银龙江下游，由税司前往西走，越过田间的一条小水沟，随即顺着水沟往南在山坞中行走，与在西面山坡上的大路，互相望着往南走。八里后，就见温泉在平旷的田野中，前边有门，后边是楼阁，西厢房是公家的房舍，东厢房就有浴池在里边。浴池有两个，各在一个房间，南边是男的，北边是女的。门前有卖酒水的，这里不像其他地方浴池是在荒野中。于是走到门前买了豌豆，煮豆烧饭。我先喝酒后进去洗澡。温泉水不是热而是温的，不是死水而是流水，水不深而浅，可以躺着洗。房舍是一个参将建成的。不过要找所谓的石洞，就找不到了。

既浴，饭而出眺，由其西向入峡不二里，即花桥大道；由其南向逾岭，为炉塘道。余时闻有清净宝台山，在炉塘之西，西由花桥抵沙木河大道入，其路迂，南由炉塘间道行，其路捷，余乃即从坞中南向行。二里余，抵南山之麓，有水自西峡来，东注而入银龙江峡口，即花桥[1]之水也。度桥而南半里，有寺倚南山而北向，曰清真寺。回回[2]所造。由其前东转半里，为后屯，有小坞自南来。又东截坞半里，逾桥上坡，东南跻一里余，转而东陟其岭。一里，从岭上误折而南，二里，逾山南下，路绝。二里，由坑西转，又二里，复转而北，仍出后屯小坞，乃复上东坡。二里，仍过岭上误处，乃竟岭峡而东。半里，有峡直东者，为铜矿厂[3]道；东南逾冈坳者，为门槛、炉塘道，乃折而从东南。稍上逾冈半里，东向随峡而下者二里，及峡底，则深峡自北而南，银龙江捣壑而随之，路随其西岸南行溪崖间，幽深窈窕，水木阴閟，一奇境也。雷雨大作，行雨中十里而雨止。有小溪自西峡来，架木桥渡之。依南山东转，二里，转而南。一里，有数家踞西山之半，东向临江，是为门槛村[4]，下跨江之桥，为门槛桥，言江流至此，破峡捣空，若门阈之当其前也。宿于村家，买米甚艰，只得半升。以存米为粥，留所买者，为明日饭。

【注释】①花桥：今名同，在永平县西境。此水明代即称花桥河，今又称里海冲河。②回回：即回回民族，简称回族。③铜矿厂：此应指青羊厂，今名同，在永平县东境。④门槛村：今名门坎桥，在永平县中部，银江河西岸的公路旁。

【译文】洗完澡，吃过饭后出门眺望，由这里向西进峡不到二里，就是去花桥的大路；由这里向南越岭，是去炉塘的路。我这时听说有处清净宝台山，在炉塘的西面，往西从花桥到沙木河的大路进去，这条路绕远了，向南由去炉塘的小路走，那条路便捷，我于是马上从山坞中往西南走。二里多后，到达南山的山麓，有条水流从西面的峡谷中流来，往东流入银龙江的峡口，就是从花桥流来的水流了。过桥后向南走半里，有座寺庙倚靠在南山面向北方，叫作清真寺。是回族人建的。由清真寺前向东转半里，是后屯，有个小山坞从南面来，又横穿山坞半里，过桥后上坡，向东南上爬一里多，转向东上登山岭。一里后，从岭上错误地折向南，二里后，翻过山往南下走，路到了尽头。二里后，由深坑中向西转，又走了二里，再转向北，仍然出到后屯的小山坞中，于是又上登东面的山坡。二里后，仍旧经过岭上走错路的地方，始终沿着山岭峡谷往东走。半里后，有条一直往东去的峡谷，是去铜矿厂的路；向东南翻越山冈山坳的，是去门槛村、炉塘的路，于是转身从东南方走。稍上走翻越山冈半里，向东顺着峡谷往下走二里，到达峡底，就见深远的峡谷自北向南去，银龙江顺着峡谷冲捣壑谷，道路顺着银龙江的西岸往南在江流与山崖之间行走，幽深曲折，江水林木阴森隐蔽，是一处奇异的地方。雷雨大作，在雨中前行十里后雨停了。有条小溪从西面的峡谷流来，架有木桥渡过小溪。靠着南山向东转，二里后，转向南。走了一里，有几户人家盘踞在西山的半山腰，面向东方，下临江水，这里是门槛村，下方跨过江流的桥，是门槛桥，意思是江水流到此地，冲破峡谷捣入空中，这座桥像门槛一样挡在江流的前方。住宿在村民家，买米非常艰难，只买到半升。用之前的米煮成粥，留下买到的米，作为明天的饭。

二十六日　鸡再鸣，具饭。平明，随江西岸行。四里余，南至岔路[①]，有溪自西峡来，东与银龙江合，数十家下绾溪口。乃下涉其溪，缘南山之北，于是江东折于下，路东折于上。东向上者一里余，盘北突之坡而东，于是江南折于下，路亦南折于上。南折处，又有峡自东来入，正与东折之江对，或以为永平之界今仅止此，其南折之峡，已属顺宁矣。

【注释】①岔路：今名同，在银江河西岸的公路边。

【译文】二十六日　鸡叫两遍，准备早饭。天明时，顺着江流西岸前行。四里多后，往南来到岔路，有条溪水从西面的峡谷流来，在东边与银龙江合流，几十户人家在下游挡住溪口。于是下走涉过这条溪流，沿着南山的北面走，到这里江流在下方折向东去，路在上面转向东。向东上行一里多，绕过向北前突的山坡往东走，到这里江流向南折朝下方流去，路也转南而向上。向南转折的地方，又有峡谷从东方前来汇入江中，正好与向东折的江流相对，有人认为永平县的辖地现在仅到此地为止，那条向南折的峡谷，已经属于顺宁府了。

循江西岭南向渐下，四里，稍折西南，下缘江岸。已复南折，二里余，出峡，峡乃稍开，始见田塍，有两三家倚西坡，是为稻场[①]。山行至是，始有稻畦，故以为名。其江之东南坡间，亦有居庐，其下亦环畦塍，亦稻场之属。江流其间直南去，与澜沧江合。路由西坡村右即西南缘坡上，一里，至岭头，正隔江与东坡之庐对，于是缘峡西入，遂与江别。其峡自西脊东下，循北崖平坡入之。四里，降度峡南，循南崖悬跻而上，乃西南盘折二里余，逾北突之冈。循南坡而西，二里，有坑北下，横陟之。又西二里，乃凌其东南度脊。此脊之东，水下稻场南峡中，西南水下炉塘。而南从脊上，即西望崇山高穹，上耸圆顶者，为宝台山；其北崖复突而平坠者，为登山间道；其南垂纡绕而拖峡者，为炉塘所依。余初拟从间道行，至是屡询樵牧，皆言间道稍捷而多岐，中无行人，莫可询问，不若从炉塘道，稍迂而路辟，以炭驼[②]相接，不乏行人也。其岐即从脊间分，脊西近峡南下，其中居庐甚殷，是为旧炉塘[③]。由其北度峡上，即间道也；由其东随峡南下，炉塘[4]道也。

【注释】①稻场：今作稻田，在银江河东岸。②炭驼：驮木炭的马帮。③旧炉塘：今名炉塘，在炉塘河南岸。④炉塘：即指上厂、下厂，今称厂街，在永平县南境。

【译文】沿着江流西面的山岭向南渐渐下走，四里后，慢慢转向西南，下山沿着江岸前行。不久又转向南，二里多后，走出峡谷，峡谷于是逐渐开阔起来，开始见到田地，有两三户人家倚靠西面的山坡，这里是稻场。在山中走到这里，开始有稻田，所以用来作为地名。江流的东南坡间，也有住房，住房下也环绕着田地，也属于稻场。江水流经其间一直往南流去，与澜沧江合流。道路由西面山坡村子的右边随即向西南顺着山坡往上爬，一里后来到岭头，正好隔着江流与东面山坡上的村屋相对，从这里沿着峡谷往西进去，就与江流分别。这条峡谷从西面的山脊向东下来，我沿着北面山崖上的平坡进峡。四里后，下坡到峡谷南边，沿着南面的山崖悬空而上，于是往西南曲折上登二里多，越过向北前突的山冈。沿着南面的山坡往西走，二里后，有个坑谷向北下陷，横穿坑谷。又向西走了二里，登上往东南延伸的山脊。这条山脊的东面，水往下流入稻场南面的峡谷中，西南方的水下流到炉塘。从山脊上往南，就望见西面的高山高高隆起，圆顶向上高耸的地方，是宝台山；宝台山北崖又向前突而后平缓下坠的地方，是登山的小路；宝台山向南下垂曲折回绕而拖着峡谷的地方，是炉塘的所在。最初我打算走小路，到了这里多次询问樵夫牧人，他们都说小路稍微便捷一些，但岔路很多，途中没有行人，无人可问，不如走去炉塘的路，稍微绕点路但路宽，因为驮木炭的马帮前后相连，行人不少。岔路就从山脊上分开，从山脊西面近处的峡谷往南下走，峡中居民房屋非常多，这里是旧炉塘。由旧炉塘北边穿过峡谷上走，就是小路了；由旧炉塘向东顺着峡谷往南下行，是去炉塘的路。

余乃南下坡，一里，至峡底。半里，度小桥，随涧西岸南行。其涧甚狭，中止通水道一缕，两旁时环畦如桮棬[1]。四里，稍上，陟西崖而下，半里，始有一旁峡自西北来，南涉之。又沿西崖渐上，五里，盘西崖而逾其南嘴，乃见其峡甚深，峡底炉烟板屋，扰扰于内，东南嵌于峡口者，下厂；西北缀于峡坳者，上厂也；缘峡口之外，南向随流下者，往顺宁之大道也。余从岭上西转，见左崖有窍，卑口竖喉，其坠深黑，即挖矿之旧穴也。从其上西行二里，越下厂，抵上厂，而坑又中间之，分两岐来，一自东北，一自西北，而炉舍踞其中。所出皆红铜，客商来贩者四集。肆多卖浆市肉者，余以将登宝台，仍斋食于肆。

【注释】①桮棬（bēi quān）：形状弯曲的木制饮酒器。

【译文】我于是往南下坡，一里后，到达峡底。半里后，走过小桥，顺着山涧西岸往南走。这条山涧非常狭窄，中间只通着水道如一缕丝线，两旁不时有环绕的稻田如杯碗一样。四里后，稍上走，登上西边的山崖往下走，半里后，旁边才有一条峡谷从西北来，向南涉过峡谷。又沿着西面的山崖渐渐上走，五里后，绕着西面的山崖越过它南边的山嘴，就见这里的峡谷非常深，峡底的炉烟和木板房，在峡内纷纷扰扰，东南方深嵌在峡口的，是下厂；西北方点缀在峡谷山坳间的，是上厂；沿着峡口之外，向南顺着水流下走的，是去顺宁府的大路。我从岭上向西转，见到左边的山崖上有个洞穴，洞口低矮，里头直竖着，深陷漆黑，这是挖矿的旧矿井。从峡谷上方往西走二里，越过下厂，到达上厂，但坑谷又在中间隔开了上下厂，分出两条岔路来，一条来自东北方，一条来自西北方，而炉子房屋盘踞在两条路中间。出产的都是红铜，前来购买的客商四面云集。店铺中有很多卖酒卖肉的人，我因为将要去登宝台山，仍然在店铺中吃了斋饭。

由西峡溯流入，一里，居庐乃尽。随峡北转，峡甚深仄，而止通一水，得无他迷，然山雨倾注，如纳大麓[1]，不免淋漓。三里，渐上，又二里，上愈峻。见路有挑大根如三斗盎者，以杖贯其中，执而问之，曰："芭蕉根也。以饷猪。"峻上二里，果见芭蕉蔽崖，有掘而偃者，即挖根处也。其处树箐深窅，山高路僻，幸有炭驼俱从此赴厂。为指迷。又上二里，乃登其脊。有路自东北径脊而来者，乃随脊向西南去。从之行脊上二里，乃西南下。见路左有峡西北出，路遂分为两岐，而所望宝台圆顶，似在西南隔峰，乃误下从峡西南。一里余，渡峡中支涧，缘之西北转。一里，盘北突之嘴，复西南入峡中。溯涧二里，路渐湮，见涧北有烧山者，遥呼而问之，始知为误。然不知山在何所，路当何从，惟闻随水一语，即奉为指南。复东北还盘嘴处，涧乃北转，遂缘坡北向下。二里，有一岐自东南来合，即前分岐西北之正道也。盖宝台正在西南所误之峡，其南即度脊之自东西突者，此宝台东隅之来脉也，而其路未开，皆深崖峭壑，为烧炭之窟，以供炉塘所用；峡中之流，从其西北向流，绕北崖而西出，至西北隅，始与竹沥寨南来之路合，故登山之道，必自西北向东南，而其东不能竟达也。循东崖又北一里，复随涧西转，循北崖西行二里，始望见前峡稍开，有村聚倚南山之坡。乃西下一里，度涧桥，缘其南崖西上，又一里余而抵其村，是为阿牯寨[②]，乃宝台门户也。由寨后南向登山，三里，至慧光寺。

【注释】①大麓：大山脚。《尚书·尧典》有“纳于大麓”，指尧帝为考验舜的能力，而让舜担任守山林官吏，古今均有人解“大麓”为管理苑囿的官名，但此处“麓”指山脚。②阿牯寨：今作阿古寨，在永平县西南隅。

【译文】由西面的峡谷逆着水流进去，一里后，居民房屋就到尽头了。顺着峡谷向北转，峡谷十分深邃狭窄，而且通着一条山涧，因此不会迷路，然而山间大雨倾盆如注，就像大舜在大山脚下林间遭遇到暴风雨一样，不免周身雨水淋漓。三里后，渐渐上走，又走了二里，上去更加陡峻。见到路上有人挑着树根有如三斗瓦瓮一样粗，用手杖穿在树根中，拉住他询问，他说：“这是芭蕉根。用来喂猪的。”陡峻地上登二里，果然看到有芭蕉树布满山崖，有的被挖倒了，就是挖树根的地方了。此处树林山箐深远，山高路僻，幸好有驮运木炭的马帮都是从此地赶去厂中。为我指点迷途。又上走二里，就登上了山脊。有条路从东北方经过山脊前来，就顺着山脊向西南走去。顺着道路在山脊上前行了二里，就往西南下行。看见路左边有条峡谷从西北方出来，道路于是分为两条岔路，而我所望见的宝台山圆顶，似乎在西南方隔着山峰的地方，就错误地下山从峡谷中往西南。一里多后，渡过峡中分支的山涧，沿着山涧往西北转。一里后，绕过北突的山嘴，再向西南进入峡中。逆着山涧走了二里，道路渐渐堙没了，看见山涧北边有人在烧山，远远地呼喊着向他问路，才知道走错了。但是不知道宝台山在什么地方，路应当从哪里走，只听见

“顺水走”一句，于是就把这句话作为指南。又往东北回到绕过山嘴的地方，山涧于是向北转，就顺着山坡向北下走。二里后，有一条岔路从东南方前来会合，就是先前分岔向西北走的正路了。原来宝台山正是在西南方走错路的峡谷之处，它的南边就是延伸而过的山脊自西往东前突的地方，此地是宝台山东隅延伸过来的山脉，可道路还未开通，都是陡峭的山崖、幽深的壑谷，是烧木炭的场所，木炭用来供炉塘使用；峡中的流水，从峡中向西北流，绕着北面的山崖往西流出去，流到宝台山西北角，才与从竹沥寨向南来的道路会合，所以登山的道路，必定要从西北走向东南，而从山的东面是不能直接到达的。沿着东面的山崖又向北走一里，再沿着山涧向西转，沿着北面的山崖往西走二里，才望见前方的峡谷稍微开阔起来，有村落倚靠南山的山坡。于是向西下山一里，走过山涧上的桥，沿着山涧南边的山崖往西上登，又走了一里多后抵达这个村庄，这里是阿牯寨，是宝台山的门户。由阿牯寨后方向南登山，三里后，到达慧光寺。

其寺西向，前临一峡，隔峡又有山环之而北，而终不见宝台。盖宝台之顶，高穹于此寺东南，而其正寺又在台顶之南，尚当从西南峡中盘入也。宝台大寺为立禅师所建，三年前，立师东游请《藏》，久离此山。余至省，即闻此山之盛，比自元谋至姚安途中，乃闻其烬于火，又闻其再建再毁。余以为被灾久矣，至是始知其灾于腊月也，计其时余已过姚安矣，不知何以传闻之在先也？自大寺灾后，名流多栖托慧光。余至，日犹下午，僧固留，遂止寺中。

【译文】这座寺院面向西方，前方面临一条峡谷，隔着峡谷又有山环绕着峡谷往北延伸，但始终看不见宝台山。原来宝台山的山顶，高高隆起在这座寺院的东南方，而山中的正寺又在宝台山山顶的南面，还应当从西南方的峡谷绕进去。宝台大寺是立禅师修建的，三年前，立禅师东游去请《藏》经，离开这座山很久了。我到省城时，就听说过这座山的盛况，然而在从元谋到姚安的途中，却听说寺院被火烧毁了，又听说寺院再次兴建又再度被毁。我以为遭火灾是很久以前的事了，到这里才知道那场火灾是在腊月，算起来那时我已经走过姚安府了，不知为何传闻会在先？自从大寺火灾后，名僧大多居留在慧光寺。我到时，时间已是下午，僧人坚决挽留，我就住在寺中。

二十七日　饭于慧光寺，即南上五里，登其西度之坳。此坳乃宝台之西支，下而度此者，其坳西余支，即北转而环于慧光之前。逾坳南，见南山前矗，与坳东横亘之顶，排闼两重，复成东西深峡。南山之高，与北顶并，皆自东而西，夹重峡于中而下不见底，距澜沧于外而南为之堑。盖南山自炉塘西南，转而西向，溯澜沧北岸而西行，为宝台南郛，于是西距澜沧之水，东包沙木河之流，渡江坡顶而北尽于沙木河入澜沧处，此南山外郛之形也。宝台自炉塘西南亦转而西向，大脊中悬，南面与南山对夹而为宝台，西面与西度北转之支，对夹而为慧光，此宝台中踞之势也。其内水两重，皆西转而北出，其外大水逆兜，独南流而东绕，此诸流包络之分也。至是始得其真面目，其山如环钩，其水如交臂。山脉自罗均为钩之根把，博南[①]丁当关为钩干之中，正外与钩端相对，而江坡顶即钩端将尽处，宝台山乃钩曲之转折处也。澜沧江来自云龙州为右臂，东南抱而循山之外麓，抵山东垂尽处而后去。沙木河源从南山东峡为左臂，西北抱而循山之内坞，抵山西垂尽处而后出。两水一内一外，一去一来，一顺一逆，环于山麓，而山之南支又中界之，自北自南，自东自西，复自南而北，为宝台之护，此又山水交潆之概也。

【注释】①博南：即博南山，即永平县西境花桥和杉阳间的大山，又称金浪颠山、丁当丁山，山上所设关即丁当关。今仍称博南山或叮当山。

【译文】二十七日　在慧光寺吃过饭，就向南上登五里，登上宝台山向西延伸的山坳。这个山坳是宝台山西面的支脉，下延经过此地形成的，这个山坳西面余下的支脉，随即转向北环绕在慧光寺的前方。越过山坳的南边，见到南山矗立在前方，与山坳东边横亘的山顶，像门扇样排列成两层，又形成东西向的深峡。南山的高处，与北面的山顶一样高，都是自东向西延伸，夹着重重峡谷在山中而且下面深不见底，把澜沧江挡在外面，在南面形成沟堑。南山从炉塘的西南方，转而向西，逆着澜沧江的北岸向西延伸，成为宝台山南面外围的山，于是西边挡住澜沧江的江水，东边围住沙木河的水流，渡过江坡顶，然后在北边沙木河流入澜沧江的地方到了尽头，这是南山外围的山形。宝台山从炉塘的西南也转向西延伸，大山脊悬在中央，南面与南山对夹成为宝台山，西面与从西边延伸来转向北的支脉，对夹成为慧光寺，这是宝台山盘踞在中央的地势。山内水分为两重，都是由西转向北流出去，山外的大江逆向包围过来，独自往南流后向东绕，这是各条水流包围环绕的分布情况。来到此地才见到它的真实面目，这里的山如环状的钩子，水像交叉的手臂。山脉从罗均山起是钩子根部的把手，博南山丁当关是钩子主干的中段，正好与外边钩子的尖端相对，而江坡顶就是钩子尖端将到尽头的地方，宝台山是钩子弯曲的转折处。澜沧江来自云龙州，是右臂，向东南环抱，沿着宝台山外围的山麓，流到宝台山东垂的尽头处而后流去。沙木河源自南山东面的峡谷，是左臂，向西北围抱，沿着宝台山山内的山坞，流到宝台山西垂的尽头处而后流出去。两条水流一条在内、一条在外，一条流去、一条流来，一条顺流、一条逆流，环绕在山麓，而宝台山南面的支脉又在中间隔开了它们，从北面从南面，自东方自西方，再由南向北，成为宝台山的防护，这又是山水交错萦绕的概况了。

从坳南于是东转，下临南峡，上倚北崖，东向行山脊之南，两降两上，三里，东至万佛堂。此即大寺之前院也，踞宝台[①]南突之端，其门西向，而堂陛俱南辟，前临深峡之南，则南山如屏，高穹如面墙。其上多木莲花，树极高大，花开如莲，有黄白蓝紫诸色，瓣凡二十片，每二月则未叶而花，三月则花落而叶生矣。绝顶有涌石塔，高二丈，云自地涌出，乃石笋也。其南坳间，又有一陕西老僧结茅二十年，其地当南山奥阻，曾无至者，自万佛堂望之，平眺可达，而下陟深峡，上跻层崖，竟日而后能往返焉。由万佛堂后北上不半里，即大寺故址。寺创于崇祯初元，其先亦丛蔽之区，立禅师寻山见之，为焚两指，募开丛林，规模宏敞，正殿亦南向，八角层甍，高十余丈，址盘数亩。其脉自东北圆穹之顶，层跌而下，状若连珠，而殿紧倚之，第其前横深峡，既不开洋，而殿址已崇，西支下伏，右乏护砂，水复从泄，觉地虽幽閟而实鲜关锁，此其所未尽善者。或谓病在前山崇逼，余谓不然，山外大江虽来绕，而无此障之则旷，山内深峡虽近环，而无此夹之则泄，虽前压如面墙，而宇内大刹，如少林之面少室，灵岩之面岱宗[②]，皆突兀当前，而开拓弥远，此吾所谓病不在前之太逼，而在右之少疏也。

【注释】①宝台：即宝台山，今名同，俗称木莲花山，在永平县西南隅、澜沧江东北岸，海拔2913米，为永平县境最高峰。②岱宗：即泰山。

【译文】从山坳南边在这里向东转，下边面临南边的峡谷，上面倚靠北面的山崖，向东在山脊的南面前行，两次下走两次上登，三里后，往东来到万佛堂。这就是大寺的前院了，盘踞在宝台山南突的尖端，寺门向西，但殿堂、台阶都向南，前方下临深峡的南边，南山就像屏风，高高隆起如同一面墙。山上多的是木莲花，树极为高大，开的花如同莲花，有黄、白、蓝、紫各种颜色，花瓣共有二十片，每年二月没长叶就开花，三月份花落后方长出树叶。绝顶上有座涌石塔，高二丈，意思是从地下涌出来的，原来是石笋。寺南的山坳中，又有一个陕西的老和尚建了茅屋达二十年，那地方正处在南山的幽深险阻处，从来没有人到过，从万佛堂远望那里，水平望去可以到达，可是下走跋涉深峡，上登层层悬崖，要一整天才能往返。由万佛堂后边往北上走不到半里，就是宝台大寺的旧址。寺院创建于崇祯元年（1628），之前也是丛林密蔽的地方，立禅师找山见到这里，为此燃烧了两根手指，募化开创了寺院，规模宏大宽敞，正殿也是面向南，八角屋脊层层叠叠，高十多丈，基址面积有几亩。这里的山脉从东北方圆形穹隆的山顶，层层跌落下来，如同成串的珠子，而殿宇倚靠着山，只是寺院前方横着的深峡，既不开阔，而且殿址太高，西面的支脉在下方低伏着，右边缺乏围护的龙砂，水又从此处外泄，我觉得此地虽然幽僻隐秘，可实际上却少有关门闭锁的居民，这是它未能尽善尽美之处。有人认为缺点在于前方的山太高太近，我认为不是这样，山外的大江虽然流来环绕，但没有这座山挡着就太空旷，山内的深峡虽然在近处环绕，可是如果没有这座山夹住它水流就会外泄，虽然压在前方如同一面墙，但天下的名山大寺，例如少林寺面对少室山，灵岩寺面对泰山，都是突兀的高山挡在前方，可是眼界开拓得更远。这就是我认为缺点不在于前方太过逼近，而在于右边稍微疏旷了些的原因。

初余自慧光寺来，其僧翠峰谓余曰："僧少待一同伴，当即追随后尘。"比至万佛堂，翠峰果同一僧至，乃川僧一苇自京师参访至此，能讲演宗旨。闻此有了凡师，亦川僧，淹贯内典[①]，自立师行后，住静东峡，为此山名宿，故同翠峰来访之。时了凡因殿毁，募闪太史约庵先铸铜佛于旧基，以为兴复之倡，暂从静室中移栖万佛前楼，余遂与一苇同谒之。了凡即曳杖前引，至大寺基观所模佛胎，遂从基左循北崖复东向行。盘磴陟坡，路极幽峭，两过小静室，两升降，南下小峡，深木古柯，藤交竹丛，五里而得了凡静室。室南向，与大殿基东西并列，第此处东入已深，其前南山并夹如故，而右砂层叠，不比大殿基之西旷矣。其脉自直北圆穹之顶中垂而下，至室前稍坳，前复小起圆阜，下临深峡之北。而室则正临其坳处，横结三楹，幽敞两备，此宝台奥境也。一苇与了凡以同乡故，欲住静山中，了凡与之为禅语。余旁参之，觉凡公禅学[②]宏贯，而心境未融，苇公参悟精勤，而宗旨未彻，然山穷水尽中亦不易得也。了凡命其徒具斋，始进面饼，继设蔬饭。饭后雨大至，半晌方止。下午乃行，仍过寺基，共十五里，还宿慧光寺。

【注释】①内典：即佛教经典。②禅学：本为佛教的一大宗，偏重宗教修持，主要流行于北方，后也泛指佛学为禅学。

【译文】最初我从慧光寺来时，寺里的僧人翠峰对我说："和尚我稍等一位同伴后，就将追随您的脚步。"等到了万佛堂时，翠峰果然和一位僧人来了，是四川僧人一苇从京城参拜访问到此地，能够讲演佛法的主旨。听说此处有位了凡禅师，也是四川人，精通佛学经典，自从立禅师走后，住在东面的峡谷静修，是此山的高僧，所以同翠峰前去拜访他。这时了凡因为佛殿被毁，募化闪约庵太史先在旧基址上铸造铜佛，作为复兴寺院的首倡，暂时从静室中迁居到万佛堂的前楼上，于是我与一苇同去拜见他。了凡当即拄着拐杖在前边领路，来到宝台大寺的基址观看铸造铜佛的胎模，随后从基址左边一座北面的山崖再向东走。绕着石阶爬坡，道路极为幽静陡峭，两次路过小静室，两次上升、两次下降，向南走在下方的小峡谷中，深树古木，藤枝交缠，翠竹丛生，五里后走到了凡的静室。静室面向南，与大殿的基址东西并列，只是这里往东进来已经很深，静室前方南山并排相夹依然如故，而且右边的龙砂层层叠叠，比不上大殿基址的西边那样空旷了。这里的山脉从正北方圆形穹窿的山顶中间垂下来，到静室前边稍稍凹下去，前方又隆起小小的圆土丘，下临深峡的北边。而静室正好面临下凹之处，横着建了三间房，幽静宽敞都具备，此地是宝台山幽静的地方。一苇与了凡因为是同乡的缘故，想在山中住着静修，了凡与他互相讲说佛理。我在旁边观察，觉得了凡公对佛学广博通晓，但是心境未能融汇，一苇公参悟佛理精当勤奋，可主旨未能领悟透彻，不过在这山穷水尽的地方也是不容易见到的。了凡让他的徒弟准备斋饭，开始时呈上面饼，继而摆上蔬菜米饭。饭后大雨来临，半晌才停。下午动身，仍旧经过大寺基址，共走了十五里，回来住在慧光寺。

二十八日　平明，饭而行。三里，北下至阿牯寨。由其西下又二里，越东来涧，缘北山之南崖，西北上一里余，盘其西垂而北，其下即阿牯北西二涧合而北流之峡也。二里，越西突之坡，仍循东坡西北行。六里，坠悬坡而下。一里及涧，仍随涧东岸北行，望见峡北有山横亘于前，路直望之而趋。五里，有一二家倚东山下，其前始傍水为田。又北二里，直抵北山下，有峡自东而西，中有一水沿北山而西注。此即旧炉塘西来之道，阿牯寨之涧南来，此与之合，是为三汊溪，旧炉塘指答者，谓间道捷而难询，正指此也。于是其峡转为东西，夹水合而西去，路北涉之，循北崖西行。

【译文】二十八日　天亮时，吃过饭后出发。三里后，往北下到阿牯寨。由阿牯寨的西边又下走二里，越过东面来的山涧，沿着北山南面的山崖，往西北上行了一里多，绕着北山的西垂往北走，山下就是阿牯寨北面、西面两条山涧合流后向北流淌的峡谷了。二里后，越过向西前突的山坡，仍然沿着东面的山坡往西北走。六里后，从高悬的山坡上下坠。一里后来到山涧边，仍然沿着山涧东岸往北走，望见峡谷北面有山横亘在前方，道路笔直望着山通过去。五里后，有一两户人家倚靠在东山下，村前开始傍着涧水开垦为田地。又向北走了二里，直接抵达北山下，有条峡谷自东向西延伸，峡中有一条溪水沿着北山向西流淌。这就是从旧炉塘往西来的道路，阿牯寨的山涧水向南流来，这条溪水与它合流，这就是三汊溪，在旧炉塘指路的人回答说，小路便捷但难问路，指的正是此地。在这里山峡变成东西两条，相夹的流水合流后往西流去，道路向北涉过溪水，沿着北面的山崖往西走。

三里，西降而出峡口，其西乃开南北大峡。盖南自宝台南峡来，从南山北转，而界澜沧于外者，为此坞西山；从西坳北转，而挟慧光寺于内者，为此坞东山，东山为三汊溪西出而界断，宝台中脉止至其北。又旧炉塘北脊之支，分派西突，与西山对峡，而北峡中坞大开，陂陀杂沓，底不甚平，南峡与三汊溪水合流北去，是为沙木河①上流。峡中田塍，高下盘错，居庐东西对峙，是名竹沥寨②。路挟东山北转，行东村之上而北三里，坞中水直啮东山之麓。路缘崖蹑其上，又北二里，逾马鞍岭。此岭乃东山西突之嘴，水曲而西环其麓，路直而北逾其坳，此竹沥寨之门户也。北下二里，始为平川，水与路俱去险就夷。

【注释】①沙木河：今又称倒流河。②竹沥寨：今作竹林祠，在永平县西隅，倒流河东岸。

【译文】三里后，向西下走出了峡口，峡口西边就敞开成为南北向的大峡谷。大体上，南面从宝台山南面的峡谷前来，从南山向北转，而后把澜沧江隔在外面的山，是这个山坞的西山；从西面的山坞向北转，而后把慧光寺夹在里面的山，是这个山坞的东山，东山被向西流出来的三汊溪隔断，宝台山中间的一条山脉延伸到溪流北岸断了。还有旧炉塘北面山脊的支脉，分支向西前突，与西山对峙成峡谷，而北面峡谷中的山坞十分开阔，山坡山冈纷杂繁多，底部不是很平坦，南边的山峡与三汊溪的溪水合流后往北流，这就是沙木河的上游。峡中的田地，高低盘绕错落，居民房屋东西对峙，这里是竹沥寨。

道路傍着东山向北转，在东面山村的上方向北三里，山坞中的溪水直接冲刷着东山的山麓。道路沿着山崖登到山上，又往北走了二里，翻越马鞍岭。这座山岭是东山向西突出来的山嘴，溪水弯向西环绕在山麓，路一直往北越过山坳，这个山坳是竹沥寨的门户。向北下山二里，开始变为平川，溪水与道路都离开险阻踏上坦途了。

北行溪东三里，有村倚东山下，曰狗街子，倚西山曰阿夷村。东山乃博南大脊西盘，西山乃宝台南山北转者也。其山平展而北，又四里，而沙木河驿[①]之西坡，自丁当关西突于川之北，与西界山凑，川中水自沙潭亦逼西山之麓而北。路乃涉水，缘西崖之上行。又三里，北下及溪，有桥跨溪，东来者，是为沙木河驿大道。其桥有亭上覆，曰凤鸣桥。余南来路，经桥西，不逾桥也。饭于桥西。随西山大路北行三里，盘西山北突之嘴，于是北坞稍开，田塍交布，其下溪流贯直北去，透北峡，入澜沧。路盘嘴西行又一里，为湾子村[②]。数家倚南山北麓，当北突之腋，故曰湾子。由其西循峡南入，一里，峡穷。复遵峡西之山，曲折西向上跻，三里，陟岭脊，此即宝台南山北转至此者。踞岭东望，东界即博南山所从南环而至者。北望峡口中伏，即沙木河北注澜沧，而此支所北尽于此者；其外有崇峰另起，横峙于五十里外者，曰瓦窑山，为永平北与云龙州[③]分界，昔王磐踞而为乱处。按《腾永图说》，崇祯戊辰，王磐据险为叛，烧断澜沧桥。又按，马元康曾领兵追捣王磐、何某巢穴于曹涧。马亦言：先是王、何构叛，来袭攻永昌，幸从澜沧烧桥而来，故得为备。按曹涧[④]在云龙州西界，瓦窑[⑤]山在云龙州南界，曹涧当永昌北鄙。王、何二贼不直南下，而东由澜沧桥，固欲截其东援大路，亦以与瓦窑相近也，盖瓦窑、曹涧皆二贼之窟矣。西望则重崖层峡，其下逼簇，不知澜沧之流已嵌其底也。由脊而南，有庵横跨坳中，题曰普济庵，有僧施茶于此，是即所谓江坡顶也。出其南，西瞰峡底，浊流一线绕东南而去，下嵌甚深，隔流危崖崪嵂⑥，上截云岚而下啮江流者，即罗岷山也。

【注释】①沙木河驿：今杉阳街，在永平县西隅。②湾子村：今仍名湾子，在杉阳稍西、倒流河西岸。③云龙州：隶大理府，原治今云龙县西部、澜沧江西岸的旧州，崇祯年间迁治于雒马井，即今沘江边的宝丰。④曹涧：今作漕涧，在云龙县西南境。⑤瓦窑：今名同，在保山市隆阳区东北隅，澜沧江西岸。⑥崪嵂（zú lǜ）：形容山峰高峻陡峭。

【译文】向北在溪流东岸走了三里，有座村落倚靠在东山下，叫作狗街子，倚靠西山的叫阿夷村。东山是博南山的大山脊向西盘绕处，西山是宝台山南山向北转的山。这里的山向北平缓伸展而去，又走了四里，沙木河驿西面的山坡，从丁当关西面前突在平川的北面，与西面一列山凑拢，平川中的水流从沙潭也是逼近西山的山麓往北流。道路涉过溪水，沿着西面的山崖行走。又走了三里，向北下到溪水边，有座桥跨在溪水上，东边来的，是去沙木河驿的大路。这座桥上盖有亭子，叫作凤鸣桥。我从南面来的路，经过桥西头，不过桥。在桥西吃饭。顺着西山的大路往北走了三里，绕过西山向北突的山嘴，到这里北面的山坞略微开阔一些，田亩交错密布，山下溪流一直向北流贯而去，穿过北面的峡谷，流入澜沧江。道路绕着山嘴往西又走了一里，是湾子村，几户人家倚靠南山的北麓，位于北突山嘴的山窝中，所以叫作湾子。由村西沿着峡谷向南进去，一里后，峡谷到了尽头。再沿着峡谷西面的山，曲折地向西上登，三里后，登上岭脊，这就是宝台山南山向北转到此地的山，坐在岭上向东望，东面就是博南山从南面环绕而来的山。远望北边，峡口低伏在中央，就是沙木河向北流入澜沧江，而这条支脉往北在此地到了尽头的地方；它的外层另外有高峰耸起，横向高耸对峙在五十里之外，叫作瓦窑山，是永平县北境与云龙州分界的地方，是昔日王磐盘踞作乱的地方。据《腾永图说》记载，崇祯戊辰（崇祯元年，1628）年，王磐占据天险叛乱，烧断澜沧江桥。又据考察，马元康曾经领兵追剿，在曹涧捣毁王磐、何某人的巢穴。马元康也说：这之前，王磐、何某人造反，前来袭击永昌府，幸好是从澜沧江被烧断的桥那里来，所以那能够做准备。据考察，曹涧在云龙州的西境，瓦窑山在云龙州的南境，曹涧位于永昌府的北部边区。王、何两个盗贼不直接南下，却向东经由澜沧江桥，肯定是想截断官军东援的大路，也是因为与瓦窑接近，也许瓦窑、曹涧都是这两个盗贼的巢穴。向西望去就见重重山崖、层层峡谷，那下方狭窄簇拥，不知澜沧江的江流已经深嵌在峡底了。由山脊上往南走，有座寺庵横跨在山坳中，匾额题为普济庵，有僧人在这里施舍茶水，这里就是所谓的江坡顶了。出到寺庵南边，向西俯瞰峡底，浑浊的江流像条线一样环绕着向东南流，下嵌得非常深，隔着江流，危崖高耸险峻，上边截断云雾而下面被江流冲刷着的山，就是罗岷山了。

澜沧江自吐蕃嵯和哥甸南流，经丽江兰州之西，大理云龙州之东，至此山下，又东南经顺宁、云州之东，南下威远①、车里②，为挝龙江，入交趾至海。《一统志》谓赵州白崖睑③礼社江至楚雄定边县合澜沧，入元江府为元江④。余按，澜沧至定边县西所合者，乃蒙化漾濞、阳江二水，非礼社也；礼社至定边县东所合者，乃楚雄马龙⑤、禄丰⑥二水，非澜沧也。然则澜沧、礼社虽同经定边，已有东西之分，同下至景东[⑦]，东西鄙分流愈远。李中谿著《大理志》，定澜沧为黑水，另具图说，于顺宁以下，即不能详。今按铁锁桥东有碑，亦乡绅所著，止云自顺宁、车里入南海，其未尝东入元江，可知也。

【注释】①威远：明置威远御夷州，治今景谷县。②车里：明置车里宣慰司，范围比今西双版纳傣族自治州大，中心在景昽，即今景洪。③睑（jiǎn）：唐代时云南地区南诏的行政单位，大致上相当于州。白崖睑为南诏中心区十睑之一，明代亦沿袭旧称白崖睑，即今弥渡坝子北端的红岩。④元江：明置元江军民府，即今元江哈尼族彝族傣族自治县。⑤马龙：今仍称马龙河，源自南华县西部，从北往南流经楚雄、双柏县西部，汇入礼社江。⑥禄丰：即源自禄丰往南汇入礼社江的水道，明代自北而南各段分别称星宿河、舍资河、九渡河、绿汁江，现仍分别称星宿江、绿汁江、丁癸江、太和江。⑦景东：明置景东府和景东卫，皆在今景东县。

【译文】澜沧江从吐蕃的嵯和哥甸往南流，流经丽江府兰州的西面，大理府云龙州的东面，流到这座山下，又向东南流经顺宁府云州的东面，往南下流到威远、车里，称为挝龙江，流入交趾流到海中。《一统志》认为，赵州白崖睑的礼社江流到楚雄府的定边县汇合澜沧江，流入元江府称为元江。我考察，澜沧江流到定边县所汇合的，是蒙化府的漾濞江、阳江两条江水，不是礼社江；礼社江流到定边县东面所汇合的，是楚雄府马龙、禄丰两地的河水，不是澜沧江。那么澜沧江、礼社江虽然同样流经定边县，但已经分在东西两面，一同下流到景东县东西两面的边远地区，越流相距越远。李中谿著的《大理志》，认定澜沧江是黑水，另外备有图说，在顺宁府以下，就不能详细说明。现在根据铁索桥桥东的碑文，也是本乡士绅所著，只是说从顺宁、车里流入南海，可知澜沧江未曾往东流入元江。

由岭南行一里，即曲折下，其势甚陡。回望铁桥嵌北崖下甚近，而或迎之，或背之，为“之”字下者，三里而及江岸。即挨东崖下溯江北行，又一里而至铁锁桥[①]之东。先临流设关，巩[②]石为门，内倚东崖，建武侯祠及税局。桥之西，巩关亦如之，内倚西崖，建楼台并祀创桥者。巩关俱在桥南，其北皆崖石巉削，无路可援。盖东西两界山，在桥北者皆夹石，倒压江面，在桥南者皆削土，骈立江旁，故取道俱南就土崖，作“之”字上下，而桥则架于其北土石相接处。其桥阔于北盘江上铁锁桥，而长则杀之。桥下流皆浑浊，但北盘有奔沸之形，溯湃[③]之势，似浅；此则浑然逝，渊然寂，其深莫测，不可以其狭束而与北盘共拟也。北盘横经之练，俱在板下；此则下既有承，上复高绷，两崖中架两端之楹间，至桥中，又斜坠而下绷之，交络如机之织，综[④]之提焉。此桥始于武侯南征，故首祀之，然其时犹架木以渡，而后有用竹索用铁柱维舟者，柱犹尚存。或以为胡敬德，或以为国初镇抚华岳。而胡未之至，华为是。然兰津之歌[⑤]，汉明帝时已著闻，而不始于武侯也。万历丙午，顺宁土酋猛廷瑞叛，阻兵烧毁。崇祯戊辰，云龙叛贼王盘[⑥]又烧毁。四十年间，二次被毁，今己巳复建，委千户一员守卫，固知迤西咽喉，千百载不能改也。

【注释】①铁锁桥：即澜沧江铁索桥，元代以来称霁虹桥。②巩：通“拱”。③溯湃：同“澎湃”，波涛汹涌冲击。④综（zèng）：织布机上带着经线上下分开形成梭口的装置。⑤兰津之歌：《华阳国志·南中志》载：“孝武时，通博南山，度兰沧水、耆溪，置嶲唐、不韦二县，……人歌之曰：‘汉德广，开不宾，渡博南，越兰津，渡兰沧，为他人。’渡兰沧水以取哀牢地，哀牢转衰。”⑥王盘：应即前“王磐”。

【译文】从岭上往南走了一里，随即曲折下走，地势十分陡峭。回头望去，铁索桥深嵌在北面的山崖下很近，但有时迎面对着它，有时背对着它，呈“之”字形下走，三里后来到江岸。随即靠着东面的山崖下逆着江流往北走，又走了一里后来到铁索桥的东头。起初面临江流设了城关，用石头筑成城门，城内倚靠着东面的山崖，建有武侯祠和税局。桥的西头，拱门筑成的城关也和桥东一样，关内倚靠西面的山崖，建有楼台并祭祀建桥的人。有拱门的城关都在桥的南边，桥的北边都是高险陡削的崖石，没有路可攀爬。原来东西两面的山，在桥北的都是夹立的石崖，倒压在江面上，在桥南的都是陡削的土山，并排矗立在江边，所以道路都是就着南面的土山走，作“之”字形上下，而桥就架在城关北边土石互相交接的地方。这座桥比北盘江上的铁索桥宽，长度则比它要短些，桥下的江流都很浑浊，但北盘江有奔流沸腾的姿态，汹涌澎湃的气势，似乎很浅；这里却是浑然流逝，渊深沉寂，水深不可测，不能因为它狭窄紧束便拿它与北盘江作比较。北盘江铁索桥横纵向的桥链，都在木板下面；这座桥是下面既有承托的铁链，上面又有高高的绷子，位于两面山崖中间架在两头的柱子之间，到了桥中心，又有倾斜下坠的铁链向下绷紧桥身，如同织布机织布一样经纬线交织，就像综提起经线。这座桥始建于武侯诸葛亮南征时，所以首先祭祀他，不过那时还是架木桥渡江，而后有用竹绳把船系在铁柱上渡江的，铁柱现在还保存着。有人认为是胡敬德，有人认为是国朝初年镇抚此地的华岳。但胡敬德没有到过这里，认为是华岳的人是对的。然而那首提及兰津的歌谣，汉明帝时就已经出名，不是始于诸葛亮时。万历丙午年（万历三十四年，1606），顺宁府的土人酋长猛廷瑞反叛，为阻击官兵烧毁了桥。崇祯戊辰年（崇祯元年，1628），云龙州的叛贼王磐再次烧毁桥。四十年之间，两次被毁，现在的桥是己巳年（崇祯二年，1629）重建的，委派了一个千户守卫，这是知道此地是滇西的咽喉，千百年不变的。

余时过桥急，不及入叩桥东武侯祠，犹登桥西台间之阁，以西崖尤峻，为罗岷之麓也。于是出巩关，循罗岷之崖，南向随江而上。按《志》，罗岷山高十余丈。蒙氏时有僧自天竺[1]来，名罗岷，尝作戏舞，山石亦随而舞。后没于此，人立祠岩下，时坠飞石，过者惊趋，名曰“催行石”。按石本崖上野兽抛踏而下，昔有人于将晓时过此，见雾影中石自江飞上甚多，此又一异也。五里，至平坡铺[2]，数十家夹罗岷[3]东麓而居，下临澜沧，其处所上犹平，故以“平坡”名，从此则蹑峻矣。时日色尚可行，而负僧苦于前，遂止。按永昌重时鱼。其鱼似鲭鱼状而甚肥，出此江，亦出此时。谓之时者，惟三月尽四月初一时耳，然是时江涨后已不能得。”

【注释】①天竺（zhú）：中国古代对古印度的别称。《史记》《汉书》称古印度为“身毒”。《后汉书·西域传》始言“天竺国一名身毒”。《晋书》《魏书》《新唐书》《宋史》均称天竺。《续高僧传》称“贤豆”，唐宋时又异称为“婆罗门”。《大唐西域记》云“天竺之称，异议纠纷，旧云身毒，或曰贤豆；今从正音，宜云印度”，是为称印度之始。②平坡铺：今仍名平坡，在保山市隆阳区东隅。③罗岷：万历《云南通志》永昌军民府山川载“罗岷山，在府城北八十里，即澜沧江西，岩高千丈，袤四十里。”

【译文】这时我急着过桥，来不及进去叩拜桥东的武侯祠，但仍然登上桥西平台上的楼阁，是因为西面的山崖格外陡峻，是罗岷山的山麓。从这里出了有拱门的城关，沿着罗岷山山崖，向南顺着江流上走。根据《志》记载，罗岷山高十多丈。南诏蒙氏时期，有个僧人从天竺来，名叫罗岷，曾经演出歌舞戏，山石也跟随着起舞。后来他死在此地，人们在岩石下建了祠堂，不时坠落下飞石，过路的人受惊奔跑，称为“催行石”。据考察，飞石本来是石崖上野兽踩踏抛落下来的。从前有人在天将要亮时路过此地，看见雾影中有很多石头从江中飞上山，这又是一件怪异的事。五里后，来到平坡铺，夹在罗岷山的东麓有几十户人家居住，下临澜沧江，到此处为止上走的路还算平坦，所以用“平坡”命名，从这里开始就是上登险峻的山路了。此时天色还看得见路，可挑担的僧人已很辛苦了，便住了下来。据考察，永昌府的人看重时鱼。这种鱼像鲭鱼但很肥，出产于这条江，也是出产于这个时节。把它称为时鱼，是因为只在三月末四月初一时之间出产。但是这时江水上涨后已不能捕到。

二十九日　鸡再鸣，具餐。平明行，即曲折南上。二里余，转而西，其山复土尽而石，于是沧江东南从大峡去，路随小峡西向入。西一里，石崖矗夹，有水自夹中坠，先从左崖栈木横空度，即北向叠磴夹缝间，或西或北，曲折上跻甚峻。两崖夹石如劈，中垂一霤，水捣石而下，磴倚壁而上，人若破壁扪天，水若争道跃颡，两不相逊者。夹中古木参霄，虬枝悬磴，水声石色，冷人心骨，不复知有攀陟之苦，亦不知为驱驰之道也。上二里，有庵夹道，有道者居之，即所谓山达关①也。

【注释】①山达关：今作山大铺，在保山市隆阳区东隅，水寨东南。

【译文】二十九日　鸡叫第二遍，准备早餐。天明上路，马上往南曲折上走。二里多，转向西，这里的土山完后又变成石山，在这里澜沧江向东南从大峡谷中流去，路顺着小峡谷向西进去。向西一里，石崖矗立相夹，有水流从夹谷中下坠，先从左边石崖上的木头栈道横在空中走过去，随即向北走上夹缝中层层叠叠的石阶，有时向西有时向北，曲折上登非常陡峻。两面夹立的石崖如同刀劈开的，中间垂下一个溜槽，水冲捣着岩石流下来，石阶紧靠石壁往上走，人就像是破开石壁去摸天，流水如同要争道跃过额头，两者互不相让。夹谷中古木参天，屈曲的树枝悬在石阶上，水声石色，让人心骨俱冷，不再记得攀登跋涉的辛苦，也不再记得这是要快步赶路的险途了。向上登二里，有座寺庵夹住道路，有道士住在庵中，就是所谓的山达关了。

由其后又西上，路分为二，一渡水循南崖，一直上循北崖，共一里余而合，遂凌石峡上。余以为山脊矣，其内犹然平峡，水淙淙由峡中来，至是坠峡石东下，其外甚峻，其内甚平。登其峻处，回望东山之上，露出层峰，直东而近者，乃狗街子、沙木河驿后诸脊，所谓博南丁当也；东南而远者，宝台圆穹之顶也。内平处亦有两三家当峡而居。循之西入，坞底成畦，路随涧北。二里，涉涧而南，盘南峰之腋而西。

【译文】由庵后又向西上登，道路分为两条，一条渡过溪水沿着南面的山崖，一条一直向上沿着北面的山崖，共走了一里多后两条路会合，于是登到石头峡谷的上方。我以为这就是山脊了，山内仍然是一条平坦的峡谷，溪水淙淙地从峡谷中流来，流到这里坠入石头峡谷中向东下流，峡谷外侧十分险峻，里面十分平坦。登上险峻处，回望东山上方，露出层层山峰，正东方近处的山峰，是狗街子、沙木河驿后群山的山脊，就是所谓的博南丁当关了；东南方远处的山峰，是宝台山圆形穹隆的山顶。峡谷内平坦处也有两三户人家居住。沿着峡谷向西进去，山坞底开垦成田地，道路顺着山涧北岸。二里后，涉过山涧往南，绕着南峰的侧旁向西走。

一里，透峡西出，则其内平洼一围，下坠如城，四山回合于其上，底圆整如镜，得良畴数千亩，村庐错落，鸡犬桑麻，俱有灵气。不意危崖绝磴之上，芙蓉蒂里，又现此世界也，是为水寨[①]。先是闻其名，余以为将越山而下，至是而知平洼中环，山顶之水，交注洼中，惟山达关一线坠空为水口，武陵桃源，王官盘谷，皆所不及矣。此当为入滇第一胜，以在路旁，人反不觉也。循洼东稍南上，有庐夹道，是为水寨铺，按《志》有阿章寨，岂即此耶？又南随峡坡东行二里，逾一东坡之脊，脊两旁有两三家，脊南水犹东南下澜沧，仍非大脊也。过脊南，东南二面，山皆下伏，于是东望宝台，知澜沧挟其南去，南瞻澜沧西岸，群峰杂沓。（已下缺）

【注释】①水寨：今名同，在保山市隆阳区东隅，为乡驻地。

【译文】一里后，向西穿过峡谷，就见里面有一圈平坦的洼地，下坠如同城池，四面的山回绕合拢在洼地上方，底部浑圆平整如镜，有几千亩良田，村屋错落，鸡犬桑麻都有灵气。想不到在这危崖绝壁之上，芙蓉花蒂般的山崖里，又呈现出如此一个世界，这里是水寨。我之前听说过它的名字，我以为要翻过山在山下，到这里才知道是群山环绕的平坦洼地，山顶的水，纵横交错流注在洼地中，只有山达关一线宽的地方坠空而下成为出水口，武陵的桃花源，王官的盘谷，都比不上这里。这里应当是进入云南后的第一处胜景，因为在路旁，人们反而不能察觉。沿着洼地东边稍往南上走，有房屋夹住道路，这是水寨铺，根据《志》书记载有处阿章寨，莫非就是此地了？又往南顺着峡谷东边的山坡走了二里，越过东面山坡上的一条山脊，山脊两旁有两三户人家，山脊南面的水流仍然是向东南下流到澜沧江，这条山脊仍然不是大山主脊。到山脊南面，东南两面，山都在下方低伏着，在这里远望东方的宝台山，知道澜沧江傍着宝台山的南麓流去，向南远望澜沧江的西岸，群峰纷杂繁多（以下缺失）

（自此至四月初九，共缺十日[①]。当是在永昌府入叩闪人望[②]讳仲俨，乙丑庶吉士，与徐石城同年，霞客年家[③]也。并晤其弟知愿[④]讳仲侗，丙子科解元也。即此时。业师季会明志）。

【注释】①共缺十日：徐霞客在永昌府最初十天的活动，季会明注作了说明，其时当是在永昌府入叩闪人望，并晤其弟知愿。②闪人望：名仲俨，闪继迪长子，保山人。天启五年（1625）进士，官至礼部右侍郎，因得罪权贵魏忠贤被革职。后崇祯皇帝召为纂修日讲官。文中称“闪太史”。③年家：科举时代同年登科者两家之间的互称。明末以后，往来通谒，不论有无年谊，概称年家。④知愿：名仲侗，闪继迪次子。据雍正《云南通志》、党乐群《云南古代举士》，为天启七年（1627）丁卯科解元，丙子科之说有误。曾随其父游学吴越，父子唱和，善诗画。著有《鹤和篇》《似堂文集》《诗集》等。文中又尊称“闪次公”。

【译文】（从这部分到四月初九，共缺少十天的日记内容。那段时间应当是在永昌府去拜会闪人望名叫闪仲俨，是乙丑年（天启五年，1625）的庶吉士，与徐石城是同年，与徐霞客是同年登科。并会晤了闪人望的弟弟闪知愿名叫闪仲侗，是丙子年科考的解元。就在此时。授业教师季会明记。）

全本全注全译

徐霞客遊記

（五）

〔明〕徐霞客 著
学谦 注译

團結出版社

图书在版编目（CIP）数据

徐霞客游记 /（明）徐霞客著；学谦注译. -- 北京：团结出版社，2021.11

ISBN 978-7-5126-7776-0

Ⅰ. ①徐… Ⅱ. ①徐… ②学… Ⅲ. ①游记—中国—明代②历史地理—中国—明代③《徐霞客游记》—译文④《徐霞客游记》—注释 Ⅳ. ①K928.9

中国版本图书馆CIP数据核字(2021)第196152号

出版：团结出版社

（北京市东城区东皇城根南街84号 邮编：100006）

电话：（010）65228880　65244790　（传真）

网址：www.tjpress.com

Email：65244790@163.com

经销：全国新华书店

印刷：天宇万达印刷有限公司

开本：145×210　1/32

印张：86.25

字数：1512千字

版次：2021年11月　第1版

印次：2023年10月　第2次印刷

书号：978-7-5126-7776-0

定价：256.00元（全五册）

目 录

滇游日记九

【题解】《滇游日记九》是徐霞客于崇祯十二年（1639）四月在云南腾越州（今腾越县）所写的游记。本游记在乾隆刻本第八册下。

四月初十（5月12日），徐霞客离开永昌府城，向西南行，冒着暴雨大风渡过潞江，攀上险峻的高黎贡山，过龙川江桥，历经千难万险，于四月十三日抵达腾越州城，对大盈江的源头进行了考证。途中，徐霞客对怒江、龙川江、高黎贡山进行了考察，并在高黎贡山东峰发出了“往事如看镜，浮生独倚岩”的感慨。十四日至二十日，徐霞客与腾越人潘秀才在集市饮酒，吃竹实餐，玩投壶游戏，独自观跌水河，登宝峰山，并对腾越州四周的山川江流进行了详细且准确的考察和记述，为后世编写地志提供了宝贵的资料。

二十一日，徐霞客向北行至打鹰山，对打鹰山进行了认真考察，并在日记中记录了三十年前火山爆发的相关情况以及爆发前后的变化，具有重要的科学价值。其后又途经固栋、乌索、尖山、土瓜山、南乡甸、瓦甸等地，期间探索尖山仙洞，观热水塘，考察阿幸厂铁矿、明光六厂银矿，其中对热水塘温泉情况的记录，使他成为考察腾冲地热温泉的第一人。行至石房洞山时，“欲上既无援，欲下亦无地，生平所历危境，无逾于此”。大抵腾冲是徐霞客平生游历过最惊险的地方之一。同时也是他一生旅游祖国最西部的地方。二十九日，徐霞客经灰窑厂、曲石返回腾越州寓所。

己卯四月初十日　闪知愿早令徐使来问夫，而昨所定者竟不至。徐复趋南关觅一夫来，余饭已久矣。乃以衣四件、书四本并袜包等寄陶道，遂同至夫寓。候其饭，上午乃行，徐使始去。出南门，门外有小水自西而东，吊桥跨其上，即太保山南峡所出者。南行五里，有巨石梁跨深溪上，其下水断而不成流，想即沙河之水也。又南半里，坡间树色依然，颇似余乡樱珠，而不见火齐映树，一二家结棚树下，油碧舆五六肩，乃妇人之游于林间者，不能近辨其为何树也。又南半里，有堤如城垣，自西山环绕来。登其上，则堤内堰水成塘，西浸山麓，东筑堰①高丈余。随东堰西南行，二里堰尽，山从堰西南环而下，有数家当曲中。南转行其前，又二里，有数十家倚西山下，山复环其南，是为卧狮窝②。盖其西大山将南尽，支乃东转，其北先有近支，东向屡下，如太保、九隆皆是也；又南为卧狮，在西南坳中，山形再跌而下，其上峰石崖盘突，俨然一如狻猊③之首，其下峰颇长，则卧形也。

【注释】①堰：即诸葛堰，《明一统志》金齿军民指挥使司山川载：“大诸葛堰，在府城南一十五里，其东有东岳堰及小诸葛堰，皆有灌溉之利。”②卧狮窝：1963年更名云瑞街，在保山坝子西缘。③狻猊(suān ní)：传说似狮子的猛兽，能食虎豹。

【译文】己卯年(崇祯十二年，1639)四月初十日　闪知愿早上让徐姓使者询问找挑夫的情况，然而昨天约定好的挑夫竟然不来了。徐姓使者又赶到南关找到一个挑夫，我吃过饭已经很久了。于是把四件衣服、四本书以及袜子包裹等寄存在陶道士那里，然一同来到挑夫的家。等挑夫吃过饭，上午才动身，徐姓使者才离去。出了南门，门外有条小溪从西向东流，有条吊桥跨在溪流上，就是太保山南面峡谷流出来的溪流。往南走了五里，有座巨大的石桥跨在深深的溪流上，桥下的水断断续续的不成流，料想就是沙河的水了。又向南走了半里，山坡间树影依依，很像我家乡的小颗樱桃，但不见火红的果子映衬在树上，有一两户人家在树下搭起棚子，旁边有五六乘油绿色的轿子，这是到树林中游玩的妇女乘坐的，因此我不便走近分辨那是什么树。又向南走了半里，有堤坝如同城墙，从西山环绕而来。登到堤坝上，就见堤坝内拦水成为水塘，西边浸泡着山麓，东侧筑起的堤坝有一丈多高。顺着东边的堤坝往西南走，二里后堤坝就到尽头了，山从堤坝西南方环绕而下，有几户人家住在山弯中。转而向南走到村前，又走了二里，有几十户人家倚靠在西山下，山又环绕在村南，这里是卧狮窝。这里西面的大山将要到达南面的尽头，支脉于是向东转，它的北面先有近处的支脉，屡屡向东下延，太保山、九隆山都是这样的支脉；又向南延伸成为卧狮窝，在西南方的山坳中，山势再次跌落而下，它上面的山峰石崖盘结突兀，仿佛狮子的头，狮头下边的山峰很长，就是狮子趴着的样子了。

余先望见大路在南坡之上，初不知小路之西折而当狮崖盘突间，但遥见其崖突兀，与前峰凑峡甚促，心异之。候土人而问，初一人曰：“此石花洞也。”再问一人，曰：“此芭蕉洞也。”小路正从其下过，石花即其后来之名耳。盖大路上南坡，而小路西折而由此，余时欲从小路上，而仆担俱在后，坐待久之。俟其至，从村南过小桥，有碑称卧佛桥。过桥，即西折从小路上坡。一里余，从坡坳间渡小水，即仰见芭蕉洞在突崖之下，盖突崖乃狮首，而洞则当其卧脐之间。涉涧，又西上而探洞。洞门东向，高穹二丈，正与笔架山遥对。洞内丈余，即西北折而下。其洞下虽峻而路颇夷，下三丈渐暗，闻秉炬入，深里余，姑俟归途携炬以穷也。

【译文】我先望见大路在南面的山坡上，起初我并不知道小路折向西后在盘结突兀的狮形石崖之间，只远远望见那里的石崖突兀，与前边山峰紧凑的峡谷十分接近，心里觉得很奇异。等当地人到后向他们打听，开始一个人说："这是石花洞。"又问另一个人，说："这是芭蕉洞。"小路正好从洞下边经过，石花洞就是它后来的名字了。原来大路上登南面的山坡，小路折向西后经由这里，此时我想从小路上走，可仆人担子都在后面，就坐着等了很久。等他们来，从村南走过小桥，有石碑称为卧佛桥。过桥后，就折向西从小路上坡。一里多后，从坡坳间渡过小溪，就抬头望见芭蕉洞在突兀的石崖下，原来突兀的石崖是狮子头，而山洞就正当在狮子躺卧的肚脐之间。渡过山涧，又向西上山去探寻山洞。洞口面向东，高高隆起二丈，与笔架山正好遥遥相对。进入洞内一丈多，随即折向西北下去。这个洞下走虽然陡峻但路很平坦，下去三丈渐渐变暗，听说举着火把能进去一里多，姑且留待归途时带上火把再来深入探究。

出洞，循崖西上一里，过突崖下峡，透脊而西半里，度一洼。脊以内乃中洼之峡，水东挨突崖脊，下捣其崖麓，无穴以泄，水沫淤浊，然前所渡芭蕉洞前小水，即其透崖沥峡而出者。从水上循岭南转，一里，逾南坡之脊，始见脊南亦下坠成大洼，而中无水。南坡大道，从右洼中西南上；而余所从小道，则循西大山南行岭间。五里，连逾二坡脊。共二里，则西界大山南向坠为低脊，此其东转之最长者也，南坡涉洼之路，至此而合。乃共转西向，循低脊而进，脊北亦中洼潴水焉。

【译文】出洞后，沿着石崖往西上走一里，经过突兀石崖下方的峡谷，越过山脊往西半里，走过一处洼地。山脊以内是中间下洼的峡谷，水在东边紧靠石崖突兀的山脊，下泄冲捣石崖的山麓，没有洞穴外泄，水沫污浊，不过之前渡过的芭蕉洞前的小溪，就是这里的水渗过石崖滴到峡谷中流出去的水流。从水边沿着山岭向南转，一里后，越过南面山坡的坡脊，才见到坡脊南面也下坠成大洼地，但中间没有水。南面山坡上的大路，从右边洼地中向西南上走；而我所走的小路，就是沿着西面的大山向南行走在山岭间。五里后，接连越过两条山坡的坡脊。共走了二里，就见西面一列大山向南下坠成低矮的山脊，此地是向东转最长的山脊，南面山坡涉过洼地的路，到此地后会合。于是一同转向西，沿着低矮的山脊前行，山脊北面也是中央下洼积聚着水。

西一里，降而下坡，半里而得洼底铺，五六家在坑峡间。其峡虽纵横而实中洼，中无滴水。随洼西下一里，直抵大山下。复南行洼峡中二里，又得东坠之脊，脊南坞稍开，于是小圆峰离立矣，然其水犹东行。一里，又南上坡，盘坡南离立圆峰，取道峰隙而南。一里，转峰腋，始东南上盘而西南。共里余，则南北两支，俱自北大山之西分支东绕，中夹成峡甚深。路逾北支，从其上西向入峡；其南支则木丛其上，箐[①]坠其下，虽甚深而不闻水声焉。西行二里，乃西下箐中。

【注释】①箐（qìng）：山间的大竹林，泛指树木丛生的山谷。

【译文】向西走了一里，山势下降转为下坡，半里后走到洼底铺，有五六户人家住在深坑峡谷间。这个峡谷虽然纵横裂开但实际上中间下洼，峡谷中没有一滴水。顺着洼地往西下行一里，一直抵达大山下。再向南在下洼的峡谷中走了二里，又遇上向东下坠的山脊，山脊南面的山坞稍微开阔一些，一座小圆峰矗立在这里，然而这里的水还是向东流。一里后，又向南上坡，绕着山坡南面矗立的圆峰，取道山峰间的缝隙向南。一里后，转到山峰侧旁，开始向东南上走绕到西南。共走了一里多，就见南北两条支脉，都是从北面大山的西边分支向东环绕，中间夹成峡谷非常深。道路翻越北面的支脉，从山上向西进峡；南面的支脉树木丛生在山上，山箐深陷在山下，虽然非常深但峡谷中听不到水声。往西走了二里，就向西下到山箐中。

又一里，有数家当箐底，是为冷水箐，乃饭于鬻腐[①]者家。于是西南随箐上，一里，过一脊，其脊乃从西而东度之脉也。脊南始见群山俱伏，有远山横其西南。路又逾冈西上，一里，登其南突之崖，是为油革关旧址，乃旧之设关而榷税处，今已无之。其西即坠崖西下，甚峻。下二里，渐平。

【注释】①腐：即豆腐。

【译文】又走了一里，有几户人家住在山箐底下，这里是冷水箐，就在卖豆腐的人家吃了饭。从这里向西南顺着山箐上行，一里后，翻过一条山脊，这条山脊是从东向西延伸的山脉。山脊南边才见到群山都低伏着，有远山横亘在它的西南方。道路又越过山冈向西上登，一里后，登上山冈向南前突的山崖，这里是油革关的旧址，是旧时设关卡征税的地方，现在已经没有关卡。这里西边就是山崖向西下坠的地方，非常高峻。下行二里，渐渐平坦。

又二里，西峡渐开，有僧新结楼倚北山下施茶，曰孔雀寺。由寺西循山嘴南转，共一里，逾嘴而西，乃西北盘其余支，三里而得一亭桥。桥跨两峡间，下有小涧，自北而南，已中涸无滴。桥西逾坡西北下，路旁多黄果，即覆盆子也，色黄，酸甘可以解渴。其西坞大开，坞西大山，一横于西，一横于南，而蒲缥之村，当西大山下。其山南自南横大山，又东自油革关南下之支，横度为低脊而复起者；其中水反自南而北，抵罗岷而西入潞江焉。共西下二里，乃得引水之塍，其中俱已插秧遍绿。又西北行二里余，过蒲缥①之东村。村之西，有亭桥跨北注之溪，曰吴氏舆梁。又西半里，宿于蒲缥之西村。其地米价颇贱，二十文可饱三四人。蒲缥东西村俱夹道成街，而西村更长，有驿在焉。

【注释】①蒲缥：今仍名蒲缥，在蒲缥河东，应即明代蒲缥东村。昔日蒲缥西村为今大站、中站、陈家门口几部分。

【译文】又走了二里，西面的山峡渐渐开阔起来，有僧人倚靠北山下新建了寺庙施舍茶水，叫作孔雀寺。由寺西沿着山嘴向南转，共走了一里，越过山嘴往西，就向西北绕过它的余脉，三里后走到一座亭桥。亭桥跨在两面的峡谷间，桥下有条小山涧，自北向南，山涧已经干涸的没有一滴水。从桥西翻过山坡往西北下走，路旁有许多黄色的野果，就是覆盆子，果子呈黄色，味道酸甜可以解渴。此处西面的山坞十分开阔，山坞西面的大山，一列横在西边，一列横在南边，而蒲缥的村落，在西面的大山下。这里的山南起南边横着的大山，又从东方起自油革关往南下延的支脉，横向延伸变为低矮的山脊后重又突起；其中的水反而自南向北流，流到罗岷山后向西流入潞江。共往西下行二里，才见到引水灌溉的田地，田中都已经插满秧稻，遍野碧绿。又向西北走了二里多，经过蒲缥东村。村西头，有座亭桥跨在向北流淌的溪流上，叫作吴氏舆梁。又向西走了半里，住宿在蒲缥的西村。这里的米价很便宜，二十文铜钱可以让三四个人吃饱。蒲缥东村、西村都夹住道路形成街市，西村更长一些，因为有驿站在村中。

十一日　鸡鸣起，具饭。昧爽，从村西即北向循西大山行。随溪而北，渐高而陟崖，共八里，为石子哨，有数家倚西山之东北隅。又北二里，乃盘山西转，有峡自西而东，合于枯飘北注之峡。溯之，依南山之北，西入二里，下陟南来峡口。峡中所种，俱红花[①]成畦，已可采矣。西一里，陟西来峡口，其上不多，水亦无几，有十余家当峡而居，是为落马厂[②]。度峡北，复依北山之南西入，一里，平上逾脊。其脊自南而北度，起为北峡之山，而北尽于罗岷者也。逾脊西行峡中，甚平，路南渐有涧形依南崖西下，路行其北。三里，数家倚北山而居，有公馆在焉，是为大坂铺[③]。

【注释】①红花：即红蓝花。亦指红蓝花的花。菊科红花属，一年生草本。叶互生，卵形或卵状披针形，两面光滑无毛，深绿色，夏季梢头生红黄色的筒状花，瘦果卵形，表面白色而光亮。花可制胭脂或染料，种子可炸油。中医入药，性温味辛。有祛瘀生新、通经活血及止痛等作用。②落马厂：今称马厂，分里马厂和外马厂，又称马街，在蒲缥以西的公路旁。③大坂铺：今亦作打板箐。

【译文】十一日　鸡鸣后起床，准备早饭。黎明，从村西随即向北沿着西面的大山前行。顺着溪流往北走，地势渐渐高起来，上登山崖，共走了八里，到石子哨，有几户人家倚靠在西山的东北角。又向北走了二里，绕着山向西转，有座峡谷自西向东流，与枯飘向北流淌的峡谷会合。逆着水流，靠南山的北面，向西进峡二里，往下走过南面来的峡口。峡中种植的，是成片的红花，已经可以采摘了。向西走了一里，越过西面来的峡口，上走的路不多，水也没多少，有几十户人家在峡谷中居住，这里是落马厂。度过峡谷北面，再靠着北山的南面向西进去，一里后，平缓地上山翻越山脊。这条山脊自南向北延伸，耸起成为北面山峡的山，而后北面的罗岷山到了尽头。越过山脊在峡谷中向西行走，道路十分平坦，道路南边渐渐有山涧依傍着南面的山崖向西下流，道路前行在山涧北边。三里后，有几户人家倚靠北山居住，有公馆在村中，这里是大坂铺。

从其西下陟一里，有亭桥跨涧，于是涉涧南，依南山之北西下。二里，有数家当南峡，是为湾子桥[①]。有卖浆者，连糟而啜之，即余地之酒酿[②]也。山至是环耸杂沓，一涧自东来者，即大坂之水；一涧自南峡来者，坠峡倒崖，势甚逼仄，北下与东来之涧合而北去，小木桥横架其上。度桥，即依西山之东北行，东山至是亦有水从此峡西下，三水合而北向破峡去。东西两崖夹成一线，俱摩云夹日，溪嵌于下，蒙箐沸石，路缘于上，鏖壁摭崖。

排石齿而北三里，转向西下，石势愈峻愈合。又西二里，峡曲而南，涧亦随峡而曲，路亦随涧而曲。半里，复西盘北转，路皆凿崖栈木。半里，复西向缘崖行。一里，有碑倚南山之崖，题曰“此古盘蛇谷”，乃诸葛武侯烧藤甲兵处，然后信此险之真冠滇南也。水寨高出众险之上，此峡深盘众壑之下，滇南二绝，于此乃见。碑南渐下，峡亦渐开。又西二里，乃北转下坡。复转而西一里，有木桥横涧而北，乃度，循北崖西行。一里，逾南突之脊，于是西谷大开，水盘南壑，路循北山。又西平下三里，北山西断，路乃随坡南转。西望坡西有峡自北而南，俱崇山夹立，知潞江③当在其下而不能见。南行二里余，则江流已从西北嵌脚下，逼东山南峡之山，转而南去矣。乃南向下坡，一里，有两三家倚江岸而栖，其前有公馆焉，乃就瀹水以饭。

【注释】①湾子桥：即今里湾。亦在今蒲缥以西的公路旁。②酒酿：多指糯米蒸熟后，加入酒曲，置于密闭的容器内，发酵而成的食品。云南现称甜白酒，贵州称甜酒。③潞江：即今怒江。

【译文】由村西下行一里，有座亭桥跨在山涧上，于是走到山涧南边，靠着南山的北面向西下走。二里后，有几户人家位于南面的峡谷中，这里是湾子桥。有卖甜水的，连着酒糟喝了，这也就是我家乡的酒酿。山延伸到这里，环绕高耸，杂沓罗列，一条山涧从东边而来，就是大坂铺流来的水流；一条山涧自南面峡谷流来，坠入峡谷，倒悬在山崖上，水势十分狭窄，向北下流与东边来的山涧水合流后往北流，有一座小木桥横架在水流上。过桥后，随即沿着西山的东面往北走，东山到了这里也有水流从这条峡谷中往西下流，三条水流合流后向北冲破峡谷流去。东西两面的山崖夹成一条线，都是高耸入云，溪流深嵌在山下，蒙密的箐林，翻腾的岩石，道路沿着山崖上走，鏖战石壁、在悬崖间择路。攀着齿状的岩石往北走三里，转而向西下行，石山的山势愈加险峻愈加合拢。又往西走了二里，峡谷拐向南，山涧也随着峡谷弯曲，道路也随着山涧弯曲。半里后，又由西转向北，道路都是开凿山崖建成的木栈道。走了半里，再向西沿着山崖前行。一里后，有石碑倚靠着南山的山崖，题写着“此处是古盘蛇谷”，是武侯诸葛亮火烧藤甲兵的地方，这才相信此处天险真是冠位滇南第一。水寨高高突起在众多险峰之上，这条峡谷深深盘绕在众多壑谷之下，滇南的两处奇绝景观，到这里才见到了。从石碑往南渐渐下行，峡谷也渐渐开阔起来。又向西走了二里，就转向北下坡，再转向西走一里，有座木桥横通到山涧北岸，于是过桥，沿着北面的山崖往西走。一里后，越过南突的山脊，到这里西面的山谷一下子开阔起来，涧水绕着南面的壑谷流，道路沿着北山走。又向西平缓地下行三里，北山在西边断了，道路于是顺着山坡向南转。向西望山坡西面有条峡谷自北向南，都是崇山峻岭夹立，心知潞江应当就在峡谷下方但是不能见到。往南走了二里多，就见江流已经从西北方流来深嵌在山脚下，逼近东山南面峡谷的山，转向南流去了。于是向南下坡，一里后，见到有两三户人家倚靠着江岸居住，村前有公馆，于是进村烧水做饭。

时渡舟在江南岸，待久之乃至。登舟后，舟子还崖岸而饭，久之不至，下午始放渡而南。江流颇阔，似倍于澜沧，然澜沧渊深不测，而此当肆流之冲，虽急而深不及之，则二江正在伯仲间也。其江从北峡来，按《一统志》云，其源出雍望，不知雍望是何地名。据土人言出狗头国，言水涨时每有狗头浮下也。注南峡去，或言东与澜沧合，或言从中直下交南，故蒙氏封为“四渎[①]”之一。以余度之，亦以为独流不合者是。土人言瘴疠[②]甚毒，必饮酒乃渡，夏秋不可行。余正当孟夏，亦但饭而不酒，坐舟中，棹流甚久，亦乌睹所云瘴母哉。渡南崖，暴雨急来，见崖西有树甚巨，而郁葱如盘，急趋其下。树甚异，本高二丈，大十围，有方石塔甃其间，高与干等，干跨而络之，西北则干密而石不露，东南临江，则干疏而石出，干与石已连络为一，不可解矣，亦穷崖一奇也。

【注释】①渎（dú）：独流发源注海的大河。②瘴疠：人因接触到山林间溼热蒸发毒气所生的疾病。

【译文】这时在江南岸等渡船，等了很久才到。上船后，船夫回到石崖岸上吃饭，长时间都没来，下午才放船渡到南岸。江流相当宽阔，似乎是澜沧江的一倍，但澜沧江深不可测，而此处正当江水肆意奔流的要冲，水流虽急但深度比不上澜沧江，两条江各有特点不相上下。这条江从北面的峡谷中流来，根据《一统志》记载，它的源头出自雍望，不知雍望是什么地方。据当地人说，出自狗头国，说是江水上涨时常常有狗头漂下来。倾注到南面的峡谷中，有人说向东流与澜沧江合流，有人说从中间下流到交趾南部，所以蒙氏把它封为“四渎”之一。以我来推测它的流向，也认为独自流淌不合流的说法是对的。当地人说瘴气有很强的毒，必定要饮酒后才能渡江，夏秋两季不能渡江。此时正当初夏，也只是吃了饭但没有饮酒，坐在船中，在江流中划了好久的船，也没见到所谓的瘴气。渡到江南的崖岸上，暴雨急骤袭来，见到山崖西边有棵树非常大，郁葱茂盛的树冠如同盘子，急忙赶到树下。这棵树十分奇异，树干高二丈，有十人合抱粗，有座方形石塔砌在树中间，与树干等高，树干高跨缠绕着石塔，西北方是树干密布，石塔没有露出来，东南面临江，原来是树干稀疏石塔露了出来，树干与石塔已经连接缠绕为一体，不可区分了，这也算是偏僻山崖间的一处奇景了。

已大风扬厉，雨散，复西向平行上坡。望西北穹峰峻极，西南骈崖东突，其南崖有居庐当峰而踞，即磨盘石[①]也。望之西行，十里，逼西山，雨阵复来。已虹见东山盘蛇谷上，雨遂止。从来言暴雨多瘴，亦未见有异也。稍折而南，二里，有村当山下，曰八湾[②]，数家皆茅舍。一行人言此地热不可栖，当上山乃凉。从村西随山南转，一里，过一峡口。循峡西入，南涉而逾一崖，约一里，遂从南崖西上。其上甚峻，曲折盘崖，八里而上凌峰头，则所谓磨盘石也。百家倚峰头而居，东临绝壑，下嵌甚深，而其壑东南为大田，禾芃芃焉。其夜倚峰而栖，月色当空，此即高黎贡山[③]之东峰。忆诸葛武侯、王威宁骥[④]之前后开疆，方威远政[⑤]之独战身死，往事如看镜，浮生独倚岩，慨然者久之！

【注释】①磨盘石：今名同，但仅留地名，已无百家之居。②八湾：今作坝湾，在保山市隆阳区西隅。③高黎贡山：山名最早见于唐代，又作“高丽共”，系景颇语地名，高良工即高黎贡的同音异写。高黎今译作“高日”，为景颇族的一个姓，汉姓作“排”。贡又作“共”，今译作“硔”，是地方的意思。高黎贡即景颇族高日家支居住的地方。④王威宁骥：即王骥（1378—1460），字尚德，束鹿人，官至兵部尚书，封靖远伯，死后赠靖远侯，故又称王尚书、王靖远。“威宁”当作“靖远”。明代，麓川土司经常骚扰内地，为了应付麓川土司的叛乱，明廷曾多次出兵，最后才有王骥三征麓川的事。⑤方威远政：即方政，事见《明史·云南土司传二》。明滁州全椒人。袭济阳卫千户，靖难之役有功，屡迁都指挥佥事。正统三年，进右都督，从沐晟征麓川。次年战死。后追赠为威远伯。

【译文】不一会大风来临，雨水散开，又向西平行上坡。望见西北方穹隆的山峰极为险峻，西南方并立的山崖向东前突，路南的山崖上有居民房屋在山峰上盘踞着，就是磨盘石了。望着它往西走，十里后，逼近西山，阵雨又来临。不久彩虹出现在东山盘蛇谷的上方，雨终于停了。向来都是说暴雨时多有瘴气，但我也没见到有什么异样。稍转向南，二里后，有座村庄在山下，叫作八湾，几户人家都是茅草屋。同行的人说此地炎热不可居住，要上山后才会凉快。从村西顺着山势向南转，一里后，经过一个峡口。沿着峡谷向西进去，向南涉水后越过一处山崖，走了大约一里，于是从南面的山崖向西上登。上行的路非常陡峻，曲曲折折绕着山崖，八里后登上峰头，就是所谓的磨盘石了。百来户人家倚靠着峰头居住，东边面临断裂的壑谷，下嵌之处非常深，而这个壑谷的东南方是大片的农田，禾苗生长得很茂盛。这天晚上我倚靠着峰头住下，月色当空，此处就是高黎贡山的东峰。回想武侯诸葛亮、靖远侯王骥先后开拓边疆，威远伯方政独战身死，往事如同镜中之影，漂泊一生独自倚靠着岩石，为之感慨了很长！

十二日　鸡再鸣，饭，昧爽出门。其处虽当峻峰之上，而居庐甚盛，有公馆在村北，潞江驿在其上。山下东南成大川，已插秧盈绿，潞江沿东山东南去，安抚司依西南川坞而居。遂由磨盘石西南上，仍峻甚。二里，逾其南峡之上，其峡下嵌甚深，自西而东向，出安抚司下。峡底无余隙，惟闻水声潺潺在深箐中。峡深山亦甚峻，藤木蒙蔽，猿鼯昼号不绝。峡北则路缘崖上，随峡西进，上去山顶不一二里，缘峡平行西四里，有石洞南临路崖，深阔丈余，土人凿石置山神碑于中。又四里，稍折而北上崖，旋西，西登临峡之坡。北峡之上，至是始南垂一坡，而南峡之下，则有峡自南山夹底而出，与东出之峡会成“丁”字，而北向垂坡焉。

【译文】十二日　鸡叫两遍后吃饭，黎明出门。此处虽然位于险峻的山峰上，但居民房屋十分兴盛，有公馆在村北，潞江驿在公馆上方。山下东南方是大平川，已经插满了绿秧，潞江沿着东山向东南流，安抚司依傍着平川西南方的山坞居住。于是从磨盘石往西南上走，仍然非常陡峻。二里后，翻越到磨盘石南面峡谷的上方，这里的峡谷下嵌得非常深，自西延向东，出到安抚司下方。峡底没有空余的缝隙，只听见潺潺的水声深嵌在山箐中。峡谷深陷山也非常高峻，藤枝树木蒙密荫蔽，猿猴、鼯鼠白昼嚎叫不止。峡谷北面道路沿着山崖上走，顺着峡谷往西进去，上边距离山顶不到一二里，沿着峡谷平缓地向西前行四里，有个石洞面向南下临道路经过的山崖，深宽各有一丈多，当地人用石头凿了一块山神碑放在洞中。又走了四里，稍微折向北上登山崖，随即转向西，往西上登面临峡谷的山坡。北面的山峡上，到这里开始向南垂下一条山坡，而南面的山峡下，有个峡谷从南山的夹谷底延伸出来，与东面出来的峡谷相会呈“丁”字形，然后向北下垂成山坡。

又西二里，或陟山脊，或缘峰南，又三里，有数家当东行分脊间，是为蒲满哨。盖山脊至是分支东行，又突起稍高，其北又坠峡北下，其南即安抚司后峡之上流也。由此西望，一尖峰当西复起，其西北高脊排穹，始为南渡大脊，所谓高黎贡山，土人讹为高良工山，蒙氏僭封为西岳者也。其山又称为昆仑冈，以其高大而言，然正昆仑南下正支，则方言亦非无谓也。

【译文】又往西走了二里，时而上登山脊，时而沿着山峰南面走，又走了三里，有几户人家位于向东分支延伸的山脊之间，这里是蒲满哨。大体上山脊到了这里分出支脉向东延伸，又稍微高高突起，山脊北面又向北下坠成峡谷，山脊南面就是安抚司后峡的上游。由此向西望去，有一座尖峰又在西面突起，尖峰西北方排列着高大穹隆的山脊，开始成为向南延伸的大山脊，就是所谓的高黎贡山了，当地人错读为高良工山，蒙氏僭越分封为西岳。此山又称为昆仑冈，是因为山很高大，不过它正好是昆仑山往南下延的正脉，所以方言也不是没有道理的。

由蒲满哨西下一里，抵所望尖峰，即蹑级数转而上。两旁削崖夹起，中坠成路，路由夹崖中曲折上升，两岸高木蟠空，根纠垂崖外，其上竹树茸密，覆阴排幕，从其上行，不复知在万山之顶，但如唐人所咏："两边山木合，终日子规啼"，情与境合也。一里余，登其脊。平行脊上，又二里余，有数家倚北脊，是为分水关，村西有水沿北坡南下，此为潞江安抚司后峡发源处矣。南转，西逾岭脊，砖砌巩门，跨度脊上。其关甚古，顶已中颓，此即关之分水者。关东水下潞江，关西水下龙川江。

【译文】从蒲满哨向西下行一里，到达来时望见的尖峰，随即踩着石阶转了几道弯上登。两旁陡削的山崖夹立耸起，中间深坠成道路，道路经由夹立的山崖中间曲折上升，两侧的高崖上高大的树木盘曲在空中，树根缠绕下垂在石崖外边，山崖上竹树蒙茸浓密，下覆的树荫如同成排的帷幕，从树海之上行走，不再觉得是在万山顶上，只是像唐代人所吟咏的“两边山林合，终日杜鹃啼”，心情与境地都与此时相合。一里多后，登上山脊。平缓地在山脊上行走，又走了二里多，有几户人家倚靠北面的山脊，这里是分水关，村西有水沿着北面的山坡向南下流，这里是潞江安抚司后峡的发源处了。转向南，向西越过岭脊，有砖砌的拱门，横跨在延伸的山脊上。此关非常古老，顶上中央已经倒塌，这就是分水的关隘。关隘东面的水下流进潞江，关隘西面的水下流进龙川江。

于是西下峡，稍转而南，即西上穿峡逾脊，共五里，度南横之脊，有村庐，是为新安哨。由哨南复西转，或过山脊，或蹈岭峡，屡上屡下，十里，为太平哨[①]。于是屡下屡平，始无上陟之脊。五里，为小歇厂。五里，为竹笆铺。自过分水关，雨阵时至，至竹笆铺始晴。数家夹路成衢，有卖鹿肉者，余买而炙脯[②]。于是直下三里，为茶庵。又西下五里，及山麓，坡间始盘塍为田。其下即龙川江自北而南，水不及潞江三分之一，而奔坠甚沸。西崖削壁插江，东则平坡环塍。行塍间半里，抵龙川江东岸。溯江北行，又半里，有铁锁桥架江上。其制两头悬练，中穿板如织，法一如澜沧之铁锁桥，而狭止得其半。由桥西即蹑级南上，半里为龙关，数十家当坡而居，有税司以榷[③]负贩者。

又西向平上四里余，而宿于橄榄坡[4]。其坡自西山之脊，东向层突，百家当坡而居，夹路成街，踞山之半。其处米价甚贱，每二十文宿一宵，饭两餐，又有夹包[5]。

【注释】①太平哨：今作太平铺，在腾冲县东隅，高黎贡山西坡。②脯（fǔ）：干肉，云南俗称干巴。腾冲向以产鹿著称，所出鹿茸称为南茸。③榷（què）：征税。④橄榄坡：今作橄榄寨，在腾冲县东部，龙川江西岸，上营和芒棒之间。⑤夹包：带在路上吃的食物。

【译文】从这里向西下峡，稍转向南，随即往西上走穿过峡谷、越过山脊，共走了五里，越过横在南面的山脊，有村庄房屋，这是新安哨。由哨南再向西转，时而越过山脊，时而跋涉山岭峡谷，多次上登、多次下走，走了十里，到达太平哨。从这里起屡次下山，屡次遇上平地，开始没有上登的山脊。五里后，是小歇厂。又五里后，是竹笆铺。自从过了分水关，阵雨不时降临，到竹笆铺天才晴起来。几户人家夹住道路形成街市，有卖鹿肉的人，我买了准备熏烤成肉干。从这里一直下走三里，到达茶庵。又往西下行五里，来到山麓，山坡间开始有田埂盘绕的农田。山坡下就是龙川江自北往南流，水面不到潞江的三分之一，但水势奔腾倾泻非常汹涌。西面山崖陡削的石壁插进江中，东面则是平缓的山坡环绕田塍。在田塍间前行了半里，抵达龙川江东岸。逆着江流往北走，又走了半里，有座铁索桥架在江上。它的建造方法是两头悬吊着铁链，中间像织布一样穿着木板，和澜沧江铁索桥完全一样，但只有澜沧江桥的一半宽。由桥西随即踩着石阶往南上登，半里后是龙关，几十户人家居住在山坡上，有税司向小商贩征税。又平缓地向西上行四里多，而后住宿在橄榄坡。这里的山坡起自西山山脊，向东层层突过来，有百来户人家在坡上居住，夹住道路形成街市，盘踞在半山腰。此处米价很便宜，二十文钱住一晚上，管两餐饭，另有路上吃的食物。

龙川江发源于群山北峡峨昌蛮[1]七藏甸，经此，东为高黎贡，西为赤土山。下流至缅甸太公城[2]，合大盈江。

【注释】①峨昌蛮：即阿昌族。②太公城：今作达冈，在缅甸北部，伊洛瓦底江上游东岸，杰沙西南。

【译文】龙川江发源于峨昌蛮七藏甸北面的群山峡谷中，流经此地，东面是高黎贡山，西面是赤土山。下流到缅甸太公城，汇合大盈江。

十三日　平明而饭。由坡西登岭西北上，八里，稍北，逾北峡西上，二里，从岭上平行。望西北有层峰排簇岭上，初以为将由其南垂行，一里，忽从岭头转北，三里，乃西南下峡中。一里，有四五家当峡而居，竹篱茅舍，颇觉清幽，是为赤土铺。其村当西面排簇层峰之麓，东与橄榄坡夹而为坳。村西有亭桥架小涧上，其水自南峡来，捣北峡去，桥名建安。按《志》，大盈江之水，一出自东北赤土山，而此铺名赤土，水犹似东北下龙川者，岂其西排簇层峰为赤土山，而此犹其东麓之水，以其在麓，即以名铺耶？

【译文】十三日　天亮后吃饭。由山坡西边向西北登岭上走，八里后，稍偏北，越过北面的山峡往西上走，二里后，平缓地从岭上前行。望见西北方有层层山峰排列簇拥在岭上，起初以为将要由它的南垂走，一里后，忽然从岭头转向北，三里后，就向西南下到峡中。一里后，有四五户人家住在峡谷中，竹篱笆茅草房，让人觉得很是清净幽雅，这里是赤土铺。这个村子位于西面层层排列簇拥山峰的山麓，东面与橄榄坡夹成山坳。村西有座亭桥架在小涧上，涧水从南面的峡中流出，捣入北面的峡中流去，桥名建安桥。根据《志》书记载，大盈江的水源，一条出自东北的赤土山，而此铺名叫赤土，江水似乎仍然是向东北下流进龙川江，莫非村西层层排列簇拥的山峰是赤土山，而这里的水仍然是它东麓的水流，因为村子在山麓，于是就用山名来作为铺名吗？

由桥西即南向上坡，二里，西南登脊，即自排簇峰东南分支下者。又转而西一里余，有庵施茶，当脊北向而踞，是为甘露寺。又西一里，坡间水北向坠崖，路越之西向下峡。峡中有水自北而南，又与坡上水分南北流，以余意度之，犹俱东下龙川者。半里，乃从峡底溯水北入。其峡东西两崖，俱从排簇层峰分支南下者，西崖即其本支，东崖乃分支，东南由甘露寺脊而下者也，第峡水南出东转，不知其北合于建安桥，抑直东而下龙川否也？北行峡底一里余，水分二道来，皆细甚。遂从坡西蹑峻上，一里，北穿岭夹，半里，透脊。其脊自东北度西南，脊以北即坠峡西下。路从峡端北转而西，有数家倚北山之上，是为乱箭哨，至是始出排簇层峰岭脊之西。按《志》，赤土山在州城东三十里，水至是始分，则前之赤土铺犹东岸之麓，非分流之正脊可知也。

【译文】由桥西随即向南上坡，二里后，向西南上登山脊，就是从成排簇拥山峰往西南分支下延的山脊。又转向西走了一里多，有座寺庵在施舍茶水，在山脊上面向北盘踞着，这是甘露寺。又向西走了一里，山坡间的水向北坠下山崖，道路越过流水向西下到峡谷中。峡中有水从北向南流，又与山坡上的水分向南北流，以我的估计，这仍然都是向东下流进龙川江的水流。半里后，就从峡底逆着水流往北进去。这条峡谷东西两面的山崖，都是从层层排列簇拥的山峰分支往南下延的山，西面的山崖就是它的主干支脉，东面的山崖是分出的支脉，东南由甘露寺所在的山脊下延的山崖，只是峡中的水往南流出去向东转，不知它是向北在建安桥合流，还是一直向东后下流进龙川江？往北在峡底前行一里多，水分为两条流来，都十分潺细。于是从山坡西侧踩着陡峻的山坡上爬，一里后，向北穿过岭上的夹谷半里，穿过山脊。这条山脊从东北向西南延伸，山脊以北随后向西下坠到峡中。道路从峡谷尽头由北转向西，有几户人家倚靠在北山之上，这里是乱箭哨，到这里才走出到层层排列簇拥山峰岭脊的西面。根据《志》书记载，赤土山在州城东面三十里，水到这里开始分流，那么前边的赤土铺还只是龙川江东岸的山麓，而不是水流分流的主脊。

饭于岭哨。西向行稍下，共二里，有坞自南而北，细流注其中。按《志》，大盈江有三源，一出赤土山，当即此矣，从此而西，出马邑河，绕州城北而西合巃嵸、罗生二水，同为大盈之源者也。又北上坡二里余，有一二家当坡之南，环堵围南峡之坳甚遥，杂植果树于中，是为板厂。由其西二里，又西下半里，有十余家当峡坳而居，是为芹菜塘[①]。其前小水，东北与大盈之源合。

村庐不多，而皆有杜鹃灿烂，血艳夺目。若以为家植者，岂深山野人，有此异趣？若以为山土所宜，何他冈别陇，杳然无遗也？由村西复西上坡一里余，转峡而平行顶上三里余，乃出西岭之端。下望其坞甚深，而中平如砥，良畴远村，交映其间。其坞大而圆，乃四面小山环围而成者，不比他川之沿溪成峡而已。西向峻下者五里，循峡东北折，又折而西三里，乃循东山北行，其下稍平。又二里，有村当东山之麓，是为坡脚村。有卖浆者，出酒甚旨[②]，以醋芹为菜。与同行崔姓者，连啜二壶乃行。于是西行平畴中，一里，有小水自南而北，即《志》所云罗生山之水，亦大盈三源之一，分流滕中者也。又西北二里余，有村曰雷打田。其东亦有小溪自南而北，则罗生山之正流也，与前过小流，共为大盈之一源云。是溪之东田洼间，土皆黑坟[③]，土人芟其上层曝干供爨[④]，盖煤坚而深入土下，此柔而浮出土上，而色则同也。由村北又西三里，有庐舍当坡塍间，曰土锅村[⑤]，村皆烧土为锅者。于是其西庐舍联络，一里为东街，又半里，西交大街，则"十"字为衢者也。腾越州[⑥]城之南门，即当大街之北。城南居市甚盛，城中所无，而此城又迤西[⑦]所无。乃税驾于大街东黔府官舍，时适过午也。时黔府委官王仰泉者已返省，阮玉湾导书姑与店中。

【注释】①芹菜塘：今名同。在腾冲县东境的公路边。②旨：美味。③坟：高出地面的土堆。④曝干供爨（cuàn）：晒干后当烧的东西。这种东西俗称草煤，腾冲坝子群众至今仍在采用，称为海粪。⑤土锅村：即今满金邑，在城东郊。⑥腾越州：隶永昌军民府；即今腾冲县。明清城为石城，周七里三分，开四门，作正方形，城墙、街道及房屋基址至今尚存。闹市则在明清城址的南郊。⑦迤西：明时称云南昆明市以西地区为迤西。清雍正八年（1730）改永昌道置迤西道，驻大理府城（今云南大理）。辖大理、楚雄、顺宁、丽江、永昌、景东、蒙化、永北、鹤庆、姚安十府。乾隆三十一年（1766）永北改厅。三十五年裁姚安府；改鹤庆为州，属丽江府；蒙化、景东并改厅。辖大理、楚雄、顺宁、丽江、永昌、景东、蒙化、永北八府、厅。1913年改置滇西道。

【译文】在岭上的哨房吃饭。稍向西共下走了二里，有个山坞自南向北延伸，细小的水流流淌在山坞中，根据《志》书记载，大盈江有三个源头，一个出自赤土山，应当就是这里了，从此往西，流出马邑河，绕到州城北面后向西汇合巃嵸山、罗生山两地的水流，一同成为大盈江源头的水源。又往北上坡二里多，有一两户人家位于山坡南面，围墙环绕着南面峡谷中的山坳非常远，其中杂乱地种植着果树，这里是板厂。由板厂西边走了二里，又往西下行半里，有十多户人家住在峡中的山坳里，这里是芹菜塘。村前的小溪，流向东北与大盈江的源头合流。村中房屋不多，但都种有灿烂的杜鹃花，血红的颜色鲜艳夺目。如果是农家种植的，难道深山中的山野之人，能有此等奇异的情趣？如果是山上的土质适宜杜鹃生长，为什么别的山冈土陇上，杳然不见踪影呢？由村西再向西上坡一里多，转出山峡后在山顶上平缓地前行三里多，就到达西岭的顶端。下望山下的山坞很深，可山坞中平得像磨刀石，良田和远处的村庄，交相掩映在山坞中。这个山坞又大又圆，是四面的小山环绕合围而形成的，不像别的平川是沿着溪流形成的峡谷而已。往西陡峻地下行五里，沿着峡谷转向东北，又折向西走了三里，于是沿着东山往北走，下行的路稍稍平缓些。又走了二里，有个村子位于东山的山麓，这里是坡脚村。有卖酒浆的人，酒味很甜美，用醋渍的芹菜当下酒菜。与姓崔的同行人，连喝了两壶才出发。从这里起在平旷的田野中向西行走，一里后，有条小溪自南往北流，就是《志》书上所记载的罗生山的溪水，也是大盈江的三个源头之一，分流在田野中。又往西北走了二里多，有个村庄叫雷打田。村东也有条小溪，自南往北流，是罗生山的主流，与前边走过的小溪流，共同成为大盈江的一个源头。这条溪流东岸的田间洼地中，地上都是黑土堆，当地人铲上层的黑土晒干供烧火做饭用，煤炭都很坚硬而且深埋在土下，这种东西柔软且浮出地面上，但颜色则是相同的。由村北又向西走了三里，有房屋位于坡上的田野间，叫土锅村，村中都是用土烧制土锅的人家。从这里开始，村西房屋连接，走了一里是东街，又走了半里，西边大街相交，形成“十”字形的大路口。腾越州城的南门，就位于大街的北边。城南的居民街市十分繁荣，是城里所没有的，而此城又是滇西所没有的。于是在大街东头黔府官邸的客馆中住宿，这时刚好过了正午。此时黔府委派的官员王仰泉，已经返回省城，阮玉湾的引荐信姑且交给客店中。

十四日　早雨。命顾仆觅潘秀才[①]家，投吴方生书。上午雨止，潘来顾。下午，余往顾而潘出，乃返，作记寓中。薄暮，同行崔君挟余酌于市，以竹实为供，竹实大如松子，肉圆如莲肉，土人煮熟以卖。投壶[②]畅饮。月上而返，冰轮皎然。

【注释】①秀才：科举时代科目之称。始于汉，后避光武讳改称茂才，唐与明经、进士并设科目，宋则凡应举者皆称秀才，明清专称入县学的生员。②投壶：中国古代投掷游戏。由礼射演化而成，为士大夫宴饮间的娱乐活动。以席间酒壶为靶，参加者在离壶5到9尺之外，轮流向壶口或壶耳投射一定数目的无镞箭，按投中的箭数或中箭之格局分别给以一定的“数”，“数”多者为胜。输者罚酒。

【译文】十四日　早晨在下雨。让顾仆去找潘秀才的家，投递了吴方生的信。上午雨停了，潘秀才来拜访。下午，我去拜访他但潘秀才外出了，只好回来，在寓所中记日记。傍晚，同行的崔君拉我到集市饮酒，用竹实供餐，竹实大如松子，肉圆圆的如同莲子肉，当地人煮熟了拿来卖。作投壶游戏畅饮。月上中空才回来，圆月明亮皎洁。

十五日　晨往晤潘。潘劝无出关。上午，潘馈酒肴。下午，店中老人亦来劝余无行。先是余以阮玉湾书畀杨主人，托其觅同行者，主人唯唯。至暮，以潘酒招之共酌。兄弟俱劝余毋即行，谓炎瘴正毒，奈何以不赀轻掷也。屈指八月，王君将复来，且入内，同之入关最便。余姑诺之。是夜月甚皎，而邸舍不便凭眺，竟郁郁卧。

【译文】十五日　早晨前去会晤潘秀才。潘秀才劝我不要出关。上午，潘秀才馈赠了酒肴。下午，客店中的老人也劝我不要前行。之前，我把阮玉湾的信交给杨姓店主，拜托他寻找同行的人，店主人答应了。天黑时，拿出潘秀才馈赠的酒菜招待他们一同饮酒。兄弟二人都劝我不要马上起行，说天气炎热、瘴气正毒，怎能不计较生命轻易掷弃呢！屈指算来已有八个月，王仰泉君将要再来，况且进入内地时，同他一起入关最为方便。我姑且答应了他们。这天夜里月光非常皎洁，可在官邸的客馆中不便凭眺，最终郁郁不快地睡下。

十六日　晨起，候主人饭，欲为尖山之行。其山在州城西北百里。先是主人言其灵异，怂恿余行，故谋先及之。乃以竹箱、衫、毡寄杨主家，挈轻囊与顾仆行。从南门外循城西行，半里，过新桥，巨石梁也。桥下水自北合三流，襟城西而南，过此南流去，即所谓大盈江矣。

【译文】十六日　早晨起床，等候店主做饭，打算去尖山。这座山在州城西北方一百里处。以前店主说过它的灵异之处，怂恿我前去，所以计划先到那里。于是把竹箱、衣衫、毛毡寄放在杨店主家，带上轻装与顾仆出发。从南门外沿着城墙往西走，半里后，走过新桥，是座巨大的石桥。桥下的水从北边汇合三条水流，绕过城西往南流，流过此桥向南流去，就是所说的大盈江了。

余既过桥，四望山势回环，先按方而定之。当城之正东而顶平者，为球琫山，乱箐哨之来道逾其南脊；当城之正西而尖耸者，为擂鼓山，南为龙光台，为缅箐道，为水口西夹；直北者，为上干峨山，乱箐哨之脉，从之东度南起，去城北二十里；直南者，为来凤山，州治之脉，从之北度，又西突保禄阁，为水口东夹。城西南为水口，束峡极紧，坠空而下，为跌水崖。城东南、东北俱有回坞，乃来凤山自北环度之脉。而东北独伏，有高山穹其外，即龙川江东高黎贡山北来之脉也。城西北一峰独耸，高出众峰，为巃嵸山，乃北来分脉之统会。从此直南，为笔峰，为宝峰，为擂鼓，而尽于龙光台。从此西度南转，为猛蚌。从此东度，为上干峨；低伏而东度南起，为赤土山乱箐岭；南下西转，为罗生山；支分直北者，为球琫，峙州东而北尽马邑村；支分由西而南者，为来凤，峙州南而西夹水口，北与龙光对。此州四面之山也。

【译文】我已经过了桥，四面望去，山势回绕环抱，先按方位来确定各山峰。在州城正东而且山顶平平的，是球玶山，从乱箭哨来的路越过它南面的山脊；在州城正西而且尖耸的，是擂鼓山，南边是龙光台，是去缅箐的路，是江口西面相夹的山；正北是上干峨山，乱箭哨的山脉，从那里往东延伸后向南突起，距离城北二十里；正南是来凤山，州城所在的山脉，从这里往北延伸，又向西突起成为保禄阁，是江口东面相夹的山。州城西南是江口，紧束的峡谷极为紧凑，江水坠入空中下泻，成为跌水崖。州城的东南、东北都有回绕的山坞，是来凤山从北面回绕延伸的山脉。而唯独东北一面地势低伏，有高山隆起在山坞外，那就是龙川江东面的高黎贡山从北面延伸来的山脉。城西北方有一座山峰独自耸立，高出群峰，是巃嵸山，是北面延伸来的各条支脉汇总的地方。从此地一直向南，是笔峰，宝峰山，擂鼓山，而后在龙光台到尽头。从此地向西延伸后转向南，是猛蚌。从此地往东延伸，是上干峨山；山势低伏往东延伸后向南突起，是赤土山乱箭哨所在的山岭；向南下延转向西，是罗生山；向正北分出的支脉，是球玶山，耸峙在州城东边而后在北边的马邑村到尽头；分出的支脉由西往南延伸的，是来凤山，耸峙在州城南边而后往西延夹住江口，北边与龙光台相对。这是州城四面的山。

其水一东南出罗生山，北流经雷打田，至城东北；一东出乱箭哨，北流西出马邑村西南，至城东北；一出巃嵸山，潴为海子，流为高河，南至城东北。三水合为一，是为大盈江，由城西而南，过二桥，坠峡下捣，其深十丈，阔三丈余，下为深潭，破峡西南去，经和尚屯[①]，又名大车江[②]。此州四面之水也。

【注释】①和尚屯：又作河上屯，即今和顺，在腾冲稍西南。②大车江：《元混一方舆胜览》镇西路景致：“大居江，出腾冲北山下，由南甸经干崖合槟榔江，入江头城，名大盈江。”江头城在今缅甸杰沙。大居江即大盈江，明清时又作大车（jū）江。

【译文】这里的水流一条从东南出自罗生山，向北流经雷打田，流到州城东北；一条在东面出自乱箭哨，向北流后往西流出马邑村西南，最后流到州城东北；一条出自巃嵸山，积聚为海子，流出成为高河，往南流到州城东北。三条水流合为一条，就是大盈江，由城西往南流，经过两座桥，下捣坠入峡谷中，峡谷深十丈，宽三丈多，下边是深水潭，冲破峡谷流向西南，经过和尚屯，又叫大车江。这是州城四面的水流。

其北二日抵界头，与上江对；其南一日抵南甸①，与陇川②、缅甸对；其西一日半至古勇，与茶山对；其东一日半至分水关，与永昌对。八关③自其西北斜抵东南，西四关属蛮哈守备④，自西北而东南：一曰神护，二曰万仞，三曰巨石，四曰铜壁。东四关属陇把守备，自西南而东南：一曰铁壁，二曰虎踞，三曰天马，四曰汉龙。八关之外，自神护而出，为西路，通迤西，出琥珀、碧玉；自天马而出，为南路，通孟密，有宝井⑤；自汉龙而出，为东南路，通木邦，出邦洋布；自铁壁而出，亦为南路，通蛮莫，为缅甸阿瓦正道。昔蛮莫、孟密⑥俱中国地，自万历二十二年（1594）金腾戚道立此八关，于是关外诸彝，俱为阿瓦⑦所有矣。由州南抵南甸分路：西向干崖⑧，至蛮哈诸关；南向陇川，至陇把诸关。由州西抵缅箐分路：西出神护，通迤西⑨；西北逾岭，至古勇。大概三宣⑩犹属关内，而六慰⑪所属，俱置关外矣。遂分华彝之界。此其四鄙之望也。

【注释】①南甸：即南甸宣抚司。元至元二十六年（1289）置南甸路，洪武十五年（1382）三月为府，后废，属腾冲守御千户所。永乐十二年（1414）正月置州，直隶布政司。正统九年（1444）六月升宣抚司，仍直隶布政司。南甸宣抚司治所常有迁徙，明末驻蛮干，在今梁河县九保街。②陇川：即陇川宣抚司。元有麓川路，在今瑞丽市，又有平缅路，在今陇川县。明初合并置麓川平缅军民宣慰使司，治所为猛卯城，后又称平麓城，在今瑞丽市区西郊，至今城墙、壕堑犹可辨识。后土官思氏叛乱，被平，司废。正统九年（1444）改置陇川宣抚司，并缩小了其辖境面积。司治陇把，即今陇川县城西南的弄巴，陇把守备与陇川宣抚司治同城。③八关：神护关，在今盈江县苏典稍东北、猛戛稍西南的孔家湾。万仞关，在今盈江县西北的猛弄山。巨石关，在今盈江县西部的昔马。铜壁关，在今盈江县西部的戛渎山。铁壁关，在今陇川县西部境外洗帕河内的瓦兰岭下。虎踞关，在今陇川县西部境外的那潞班附近。天马关，在今瑞丽市西南境外的勐卯三角地。汉龙关，在今瑞丽市南部境外的南波河上游北岸。④蛮哈：蛮哈山在今铜壁关前，蛮哈守备即驻今铜壁关。⑤宝井：在今缅甸蒙米特西南、曼德勒区东部的抹谷一带。⑥蛮莫：万历十三年（1585）分孟密地置蛮莫安抚司，治今缅甸克钦邦东南、太平江北岸的蛮冒。孟密：原作“猛密”，据《明史·地理志》改。孟密即孟密宣抚司，治今缅甸掸邦西北部的蒙米特，亦仍写作孟密。⑦阿瓦：明时缅甸的行政中心在阿瓦，即今曼德勒稍西南、伊洛瓦底江东岸的阿瓦。⑧干崖：大理时称干额。景泰《云南图经志书》：“干崖宣抚司，旧名乾崖甸，元置镇西路军民总管府。”明永乐元年（1403）从麓川平缅司中析置干崖长官司，正统九年（1444）升干崖宣抚司，治今盈江县旧城。⑨迤西：黄贞元《黑水考》：“孟养，腾人号为迤西，正在金沙江滨。”此金沙江为大金沙江，即今伊洛瓦底江，此迤西即指孟养。⑩三宣：即三个宣抚司，南甸宣抚司、干崖宣抚司、陇川宣抚司。⑪六慰：即六个宣慰司，车里宣慰司（治景昽，即今西双版纳景洪）、孟养宣慰司（治所今仍作孟养，在缅甸喀钦邦）、木邦宣慰司（治今缅甸腊戍北部的兴维）、缅甸宣慰司（治今缅甸曼德勒南部的阿瓦）、八百大甸宣慰司（治今泰国北部的清迈）、老挝宣慰司（治芒龙，即今老挝琅勃拉邦）。但实际不止此数，明初还设过底兀剌宣慰司（治洞吾）、大古剌宣慰司（治摆古，又称白古，即今缅甸勃固）、底马撒宣慰司（治马都八，即今缅甸莫塔马）。后来，又从木邦分出孟密宣抚司，从干崖分出盏达副宣抚司（治今盈江县西北的莲花山），从陇川分出遮放副宣抚司（今仍名遮放，在芒市南境）共为九个宣慰司、四个宣抚司、两个副宣抚司。

【译文】州城北面两天的路程抵达界头，与上江相对；州城南面一天的路程抵达南甸，与陇川、缅甸相对；州城西门一天半的路程到达古勇，与茶山相对；州城东面一天半的路程到达分水关，与永昌相对。八关自腾越州西北境斜向抵达东南境，西面四个关隶属于蛮哈守备，自西北往东南：第一叫神护关，第二叫万仞关，第三叫巨石关，第四叫铜壁关。东面四个关隶属于陇把守备，自西南往东南：第一叫铁壁关，第二叫虎踞关，第三叫天马关，第四叫汉龙关。八关之外，从神护关出去，是西路，通往迤西，出产琥珀、碧玉；从天马关出去，是南路，通往孟密，有宝井；从汉龙关出去，是东南路，通往木邦，出产邦洋布；从铁壁关出去，也是南路，通往蛮莫，是去缅甸阿瓦的正道。从前蛮莫、孟密都是中国的土地，从万历二十二年（1594）金腾戚主张设立这八个关后，关外众多的少数民族，都被阿瓦占有了。由州城往南抵达南甸后分路走：西面通向干崖，到蛮哈各个关口；南面通向陇川，到陇把各个关口。由州城往西抵达缅箐分路走：西面出了神护关，通往迤西；往西北越过山岭，通到古勇。大概三个宣抚司仍然属于关内，而六个宣慰司所属之地，都设置在关外了。**便是华夏与少数民**

族的分界。这是腾越州四周边远地区的情况。

大盈江过河上屯合缅箐之水，南入南甸为小梁河；经南牙山，又称为南牙江；西南入干崖云笼山下，名云笼江；沿至干崖北，为安乐河；折而西一百五十里，为槟榔江，至比苏蛮①界，注金沙江入于缅。一曰合于太公城，此城乃缅甸界。按缅甸金沙江，不注源流，《志》但称其阔五里，然言孟养之界者，东至金沙江，南至缅甸，北至干崖，则其江在干崖南、缅甸北、孟养东矣。又按芒市长官司②西南有青石山，《志》言金沙江源出之，而流入大盈江，又言大车江自腾冲流经青石山下。岂大盈经青石之北，金沙经青石之南耶？其言源出者，当亦流经而非发轫，若发轫，岂能即此大耶？

【注释】①比苏蛮：即傈僳族。《元史·地理志》金齿等处宣抚司："其地在大理西南，兰沧江界其东，与缅地接其西。土蛮凡八种：曰金齿，曰白夷，曰僰，曰峨昌，曰骠，曰𦈡，曰渠罗，曰比苏。"《明史·地理志》腾越州亦载："西有大盈江，亦曰大车江，自徼外流入，下流自比苏蛮界注于金沙江。"②芒市长官司：唐时已称茫施蛮，见《蛮书》。元置茫施路，明置芒市御夷长官司。今仍称芒市，为德宏傣族景颇族自治州首府。

【译文】大盈江流经河上屯汇合缅箐的水流，向南流入南甸形成小梁河；流经南牙山，又称为南牙江；往西南流入干崖的云笼山下，名叫云笼江；沿途流到干崖北面，称为安乐河；折向西流一百五十里，是槟榔江，流到比苏蛮境内，注入金沙江后流到缅甸。一种说法认为在太公城合流，此城是在缅甸境内。据考证，缅甸的金沙江，没有注明它的源流，《志》书只是记载它的江面宽五里，不过记载孟养的界限，东到金沙江，南到缅甸，北到干崖，那么这条江就是在干崖南面、缅甸北面、孟养东面了。又考察，芒市长官司西南部有座青石山，《志》书记载金沙江的源头出自那里，而后流入大盈江，又记载大车江从腾冲流经青石山下。难道是大盈江流经青石山的北面，金沙江流经青石山的南面？《志》书记载的源出之地，应当也是流经而不是发源，如果是发源，怎么能马上就有如此大的水流呢？

又按芒市西有麓川江，源出峨昌蛮地，流过缅地，合大盈江；南甸东南一百七十里有孟乃河[1]，源出龙川江。而龙川江在腾越东，实出峨昌蛮地，南流至缅太公城，合大盈江。是麓川江与龙川江，同出峨昌，同流南甸南干崖西，同入缅地，同合大盈。然二地实无二水，岂麓川即龙川，龙川即金沙，一江而三名耶？盖麓川又名陇川，“龙”与“陇”实相近，必即其一无疑；盖峨昌蛮之水，流至腾越东为龙川江，至芒市西为麓川江，以与麓川为界也。其在司境，实出青石山下，以其下流为金沙江，遂指为金沙之源，而非源于山下可知。又至干崖西南、缅甸之北，大盈江自北来合，同而南流，其势始阔，于是独名金沙江。而至太公城、孟养之界，实当其南流之西，故指以为界；非孟养之东又有一金沙南流，干崖之西又有一金沙出青石山西流；亦非大盈江既合金沙而入缅，龙川江又入缅而合大盈。大盈所入之金沙，即龙川下流，龙川所合之大盈，即其名金沙[2]者也。分而岐之名愈紊，会而贯之脉自见矣。此其二水所经也。于是益知高黎贡之脉，南下芒市、木邦而尽于海，潞江之独下海西可知矣。按《志》又有大车湖[3]在州南，甚广，中有山，如琼浪中一点青。今惟城北上干峨巃嵷山下有二海子，城南并无潴水，岂洪流尽扬尘耶？

【注释】①孟乃河：《明一统志》南甸宣抚司山川：“孟乃河，在司东南一百七十里，即腾冲龙川江之源。”《明史·地理志》南甸宣抚司：“又东南有孟乃河，即腾越州之龙川江。”②金沙：即今伊洛瓦底江，为别于长江上游的金沙江，又称大金沙江。大金沙江正源为恩梅开江与迈立开江，它们围成了“孟养陆阻地”，即里麻长官司的所在，现称为江心坡。合流后的一段成为孟养东边从北往南流的大金沙江，另有大盈与龙川两江皆汇入大金沙江。但霞客游缅的夙愿没有实现，未能亲履其境，不知道还有从北往南流的金沙主源。③大车湖：《明一统志》卷八七腾冲军民指挥使司山川载：“大车湖，在司南。湖甚广阔，中有山，远观之，真琼浪中一点青也。”万历《云南通志》卷二永昌军民府山川所载较为具体：“大车湖，在州南团坡下。湖面广阔，中有小山，远观可爱。”天启《滇志》卷二永昌府山川载：腾越州“治南有大车湖，在团城下。湖面广阔，中有小山，远瞩如画。”《读史方舆纪要》卷一一八腾越州载：“大车湖，在州南团坡下。湖面广阔，中有小山若浮。”

【译文】又考察，芒市西部有条麓川江，源出峨昌蛮的地区，流过缅甸辖地，汇合大盈江；南甸东南一百七十里处有条孟乃河，源出龙川江。而龙川江在腾越州东部，实际出自峨昌蛮地区，往南流到缅甸的太公城，汇合大盈江。这样，麓川江与龙川江，同样源出峨昌蛮地区，一同流到南甸南边干崖西面，一同流入缅甸的辖地，同样是汇合大盈江。但是这两个地方实际上没有这两条水流，莫非麓川江就是龙川江，龙川江就是金沙江，一条江有三个名字吗？原来麓川又叫陇川，“龙”与“陇”的发音相近，必定就是其中之一没错了；大概是峨昌蛮境内的水流，流到腾越州东部称为龙川江，流到芒市西部称为麓川江，是因为与麓川交界了。它在长官司境内，实际是流经青石山下，由于它的下游是金沙江，就被指认为是金沙江的源头，而不是源出于青石山下可知了。又流到干崖西南、缅甸的北部，大盈江从北面流来汇合，一同往南流，水势开始变宽，于是独自称为金沙江。而后流到太公城、孟养的交界处，实际上正当它向南流的江流西边，因此指认为边界；不是孟养的东边又有一条金沙江往南流，干崖的西面又有一条金沙江源出青石山向西流；也不是大盈江汇合金沙江后流入缅甸，龙川江又流入缅甸后汇合大盈江。大盈江流入的金沙江，就是龙川江的下游，龙川江汇合的大盈江，就是那条名叫金沙江的江流了。把它们分开来不同的名称愈加紊乱，把它们会集贯通脉络就自然显现出来了。这就是两条江水流经的地方。到这里更加了解到高黎贡山的主脉，往南下延到芒市、木邦而后在大海边到了尽头，潞江是单独下流到大海西边。根据《志》书记载，又有个大车湖在州城南边，很是宽广，湖中有山，如同琼玉碧浪中的一点青色。如今只有城北上干峨的巃嵸山下有两个海子，城南并没有汇积水，难道滚滚洪流都变成了飞扬的尘土吗？

过新桥，西行半里，有岐：西北行者，为乌沙[①]、尖山道；南下者，为跌水河[②]道。余闻其胜甚，乃先南趋。出竹坞中一里，涉一东流小涧，南上坡，折而东约半里，有大石梁架大盈江上，其桥东西跨新桥下流。从桥西稍南上坡，不半里，其水从左峡中透空平坠而下，崖深十余丈，三面环壁。水分三派飞腾，中阔丈五，左骈崖齐涌者，阔四尺，右嵌崖分趋者，阔尺五；盖中如帘，左如布，右如柱，势极雄壮，与安庄白水河齐观，但此崖更近而逼。从西崖绕南崖，平对而立，飞沫倒卷，屑玉腾珠，遥洒人衣面，白日间真如雨花雪片。土人所称久雨不晴者以此，但“雨”字当易“旱”为是，用“雨”字则叠床架屋[3]矣。

【注释】①乌沙：应即后文之“乌索”。②跌水河：今作叠水河，为腾冲城西的风景胜地。瀑布高46米，上流有一石桥横卧江上，称太极桥。对岸的龙光台是观瀑的好地方。③叠床架屋：典出北齐·颜之推《颜氏家训·序致》：“魏晋已来，所著诸子，理重事复，递相模学，犹屋下架屋，床上施床耳。”床上搁床，屋上架屋。比喻重复、累赘。

【译文】过了新桥，往西走了半里，有岔路：往西北走的，是去乌沙、尖山的路；向南下行的，是去跌水河的路。我听说那里非常优美，就先向南赶去。在竹林的山坞中走了一里，涉过一条往东流淌的小山涧，向南上坡，折向东约走了半里，在大盈江上架有一座大石桥，这座桥呈东西向跨在新桥的下游。从桥西稍往南上坡，不到半里，江水从左边的峡谷中穿过空中平缓下坠，悬崖深十多丈，三面环绕着石壁。江水分为三条支流飞泻奔腾而下，中间的支流宽一丈五，左边的支流与山崖并排一齐奔涌的，宽四尺，右边的支流嵌入山崖分流的，宽一尺五；大体上中间的支流如门帘，左边的支流如布匹，右边的支流如圆柱，水势极为雄壮，与安庄的白水河一样壮观，但这里两面的山崖更加相逼近而狭窄。从西面的山崖绕到南面的山崖，水平面对瀑布站着，飞溅的水沫倒卷而出，好似碎屑的玉石飞腾的珍珠，远远地洒在人的衣服和脸上，白昼之间真如雨花雪片。当地人所称的“久雨不晴”的景象就在这里，但“雨”字应该改为“旱”字为好，用“雨”字就重复累赘了。

其水下坠成潭，嵌流峡底甚深，因下蹈之。有屋两重在夹壑中，乃王氏水舂也。复上西崖。其南一峰高耸，凭空揖瀑，是为龙光台，上建关帝殿。回盼久之，复下西崖。其崖甚狭，东即瀑流坠空，西亦夹坑环屋。俯视屋下坑底，有流泉叠碓，亦水舂也，而当环坡间，其西即南下缅箐[①]大道，不知水所从出。细瞰之，水从脚下透穴出，南分为二，一随大道南注，一复入巨石下，入夹坑之屋为舂。回眺崖北有峡一线，深下五六丈，骈峙北来，阔仅一尺，而高不啻三丈余，水从其底透入前崖之腹而出其南。计崖穴之上，高亦三丈余，南至出水之穴，上连三四丈，不识其下透之穴与上骈之峡从何而成，天巧人工，两疑不能至此矣。

【注释】①缅箐：在腾冲县西境，至今仍称缅箐街。三水在缅箐合流后称缅箐河，往南称明朗河，再南入大盈江。

【译文】江水下坠成深潭，水流下嵌在峡底非常深，因此下去踏着江边走。有两层房屋在夹立的壑谷中，是王家的水碓。又上到西边的山崖上。此处南边的一座山峰高耸，好像凭临高空向瀑布拱手作揖，这是龙光台，上面建有关帝庙。回头顾盼了很久，再西边山崖下来。此处的山崖非常狭窄，东面就是飞流的瀑布坠入空中，西面也是夹谷深坑环绕着房屋。俯视屋子下边的坑底，有流淌的泉水和层层水碓，也是水碓房，但正在环绕的山坡间，它的西面就是往南下通缅箐的大路，不知水从哪里流出去。仔细俯瞰地形，水流从山脚下钻过洞穴流出，在南边分为两条，一条随着大路往南流淌，一条又流入巨石下，流入夹谷深坑中的屋子中推动水碓。回头眺望山崖北面有一线峡谷，深下去有五六丈，往北对峙而来，宽处仅有一尺，而高处不止三丈多，水从峡底流入前边山崖的山腹后流出山的南边。估计山崖洞穴之上，高处也有三丈多，南边到出水的洞穴，上边相连之处有三四丈，不知山下通透的洞穴与上边对峙的峡谷，是怎样形成的，我怀疑天然之巧与人工之力，都不能做到这个地步。

从崖上蹑西峰，一里，有寺踞峰之东，门东向，为毗卢寺①。由其西二里，直抵擂鼓尖峰下，见有路直蹑峰西上，而路有二生指宝峰大道尚在北，乃横涉田间。半里，得大道，随而西上坡。二里，西抵擂鼓之北。当西北从岐上，而余误从西南，一里，蹑峻，一里，渐转南陟，复向擂鼓行。又一里，心知其误，遂西逾岭脊，则望见宝峰殿阁，在西北岭半，与此脊齐等，而隔箐两重，其下甚深，皆从西南岭脊坠下。计随坡东下，就大道复上，与蹑坡西上，从峰脊转下，其路相比，不若上之得以兼陟其顶也。遂西南上，甚峻，一里，直出擂鼓尖之西，有路自尖南向来合，同之西北度脊。脊北路分为二，一西北沿峰去，一东北攀岭行。一里，再逾岭陟脊，其脊两旁皆东西下，乃饭于脊。过北，路复分为二如前，然东北者犹非宝峰路，尚隔一箐也。乃复西北上顶，一里，蹑其最高处，东俯州城东坞，西俯峨陇南坞，皆近夹此脊下；而峨陇之西，又有高峰一重，自北而南，夹峨陇之坞，南出缅箐，而与大盈之江合而南去焉。顶东南深树密翳，乃从西北下，甚峻，半里就夷。随东箐北行岭脊，又半里，路交"十"字：一从南直北者，俱行其脊；一从东箐中上，横过西北者，出山腰。知宝峰之寺在箐翳矣，乃折而东下。木叶覆丛条间，甚峻而滑，非攀枝足无粘步。

【**注释**】毗卢寺：今名同，位于腾冲市腾越镇。

【译文】从山崖上上登西峰，一里，有寺庙盘踞在山峰的东面，寺门向东，是毗卢寺。由寺西行二里，直达擂鼓山的尖峰下，见有路一直上登山峰向西上走，路上有两个书生指点，去宝峰山的大路还在北边，于是横向跋涉在田间。半里，找到大路，顺着路往西上坡。二里，向西抵达擂鼓山的北麓。本应当从西北方的岔路上走，可我错从西南方走，一里，上登陡峻的路，一里，渐渐转向南上登，再向着擂鼓山的尖峰前行。又行一里，心知路走错了，便向西越过岭脊，就望见宝峰山的殿堂楼阁，在西北方山岭的半山腰，与这条岭脊同样高，可是隔着两重山箐，那下面非常深，都是从岭脊向西南深坠下去。估计顺着山坡向东下走，走上大路再上走，与踏着山坡向西上走，从峰脊上转下去的路程相比较，不如上走能得以顺便上登山顶。于是向西南上登，十分陡峻，一里，直接出到擂鼓山尖峰的西面，有条路自尖峰向南来会合，随同这条路往西北越过山脊。山脊北面路分为两条，一条往西北沿着山峰而去，一条向东北攀登山岭前行。一里，再翻越山岭上登山脊，山脊两旁都是向东、向西下陷，于是在山脊上吃饭。过到北面，路又像前边一样分为两条，然而往东北去的仍然不是去宝峰山的路，还隔着一条山箐。于是再往西北登上山顶，一里，登上山峰最高处，向东俯瞰州城东面的山坞，向西俯瞰峨陇南面的山坞，都在近处夹在这条山脊的下方；而峨陇的西面，又有一重高峰，自北向南延伸，夹住峨陇所在的山坞，往南延到缅箐，而后与大盈江会合后往南延伸而去。山顶东南一面深树密蔽，只好从西北面下走，很是险峻，半里后走上平地。顺着东边的山箐往北在岭脊上前行，又走了半里，道路相交成“十”字形：一条从南边一直往北走的，都是行走在山脊上；一条从东边山箐中上走的，横过到西北方的，通到山腰。此时已知道宝峰的寺庙是在密蔽的山箐中了，于是折向东下走。树叶覆盖在枝条丛密之间，十分陡峻而且滑溜，不抓住枝条是无法站脚的。

下一里，转殿角之右，则三清殿也。前有虚亭三楹，东揽一川之胜，而其下亭阁缀悬崖间，隔箐回坡，咫尺缥渺。殿西庑为二黄冠所栖。余置行囊，令顾仆守其处，乃由亭前东下。道分为二，一从右下危坡，一从左转深箐。余先随箐下，半里，右顾崖间，一亭飞缀，八角重棂，高倚悬崖之上，乃参府吴君蜀人，名荩臣。新建以祀纯阳者。由亭左再下，缘箐半里，南转，仰见亭下之石，一削千仞，如莲一瓣，高穹向空，其南又竖一瓣骈附之，皆纯石无纤纹，惟交附处中垂一线，阔仅尺余，凿级其中，仰之直若天梯倒挂也。北瓣之上，大书"奠高山大川"五字，亦吴参府笔；其下新构一轩跨路，貌灵官于中。南瓣侧有尖特耸，夹级为门，其下玉皇阁倚之。环腾多土山，独是崖纯石，危穹夹箐之间，觉耳目顿异。

【译文】下行一里，转到大殿角落的右边，就是三清殿。殿前有三间空亭子，向东收揽一片平川的胜景，而亭子下方的亭台楼阁点缀在悬崖间，隔着山箐围绕着山坡，咫尺之间飘飘渺渺。大殿西边的厢房是两个道士居住的。我放好了行李，让顾仆守在此处，就由亭子前边向东下走。道路分为两条，一条从右边走下高险的山坡，一条从左边转入深箐。我先顺着山箐下走，半里后，回头看右边的山崖间，有一座亭子飞缀，八角形的重窗棂，高倚在悬崖上，是参将吴君四川人，名叫荩臣。新建成用来祭祀纯阳祖师的。由亭子左边再下走，顺着山箐走了半里，转向南，仰面看见亭子下面的石崖，笔直高耸，如同一瓣莲花，高大穹隆地伸向天空，它的南边又竖着一个莲瓣并排依附着它，都是整块的岩石没有丝毫裂纹，只是在互相附着处中间垂着一线裂纹，宽处仅有一尺多，在其中凿了石阶，仰面看它简直像倒挂的天梯。北边的莲瓣上，写着“莫高山大川”五个大字，也是吴参将的亲笔；岩石下新建了一座轩廊跨在路中，绘了灵官像在其中。南边莲瓣的侧边有尖尖的岩石独自耸立，夹住石阶成为门户，尖石下玉皇阁倚靠着它。此地环绕腾越的大多是土山，唯独这座山崖都是岩石，高高隆起在相夹的山箐之间，顿觉耳目一新。

玉皇阁南亦悬箐无路，灵官轩北又凿崖为梯，嵌夹石间。北下数丈，有石坊当其前，大书曰“太极悬崖”。从此北度东下之箐，再上北坡，共里余，则宝峰寺[①]当峰而踞，高与玉皇阁等。而玉皇阁东向，此寺南向，寺东龙砂最微，固不若玉皇阁当环箐中央，得一山之正也。寺颇寥落，有尼居之，此昔之摩伽陀[②]修道处。他处皆释盛于道，而此独反之。已复下箐中，蹑太极崖，过北瓣下，从一线之级上。其级峻甚，几不能留趾，幸两崖逼束，手撑之以登。一上者八十级，当纯阳亭之南，峡始曲折为梯，又三十余级而抵虚亭间。余拟眺月于此，以扩未舒之观，因拭桌作记。令顾奴汲水太极下箐东以爨，二黄冠止之，以饭饭余。仍坐虚亭，忽狂飚布云，迨暮而月色全翳。邵道谓虚亭风急，邀余卧其榻。

【注释】①宝峰寺，在腾冲城西5公里宝峰山的山谷中，有南天门、佛殿、皇殿、清殿、天梯及明代胡璇兄弟读书处等。②摩伽陀：即古印度，此处借指印度僧人。

【译文】玉皇阁南面也是高悬的山箐，没有路，灵官轩北面的石崖上又凿成石梯，深嵌在夹立的岩石间。往北下走几丈，有座石牌坊挡在石梯前，大大地写着："太极悬崖。"从此处穿过向东下延的山箐，再上登北面的山坡，共走了一里多，就见宝峰寺在峰头盘踞着，高度与玉皇阁相等。但玉皇阁面向东，宝峰寺面向南，寺东的龙砂最微小，当然不如玉皇阁在环绕的山箐中央，获得了整座山正中的位置。寺中相当冷落，有尼姑住在寺中，这里从前是佛教僧人修道的地方。其他地方都是佛教比道教兴盛，而唯独此处相反。不久后再次下到山箐中，登上太极崖，经过北边的莲瓣下边，从一线宽的石阶上登。这石阶非常陡峻，几乎不能下脚，幸好两侧的石崖十分狭窄，用手撑着两侧上登。一口气爬了八十级，在纯阳祖师亭南边，峡谷才变为曲折的石梯，又上登三十多级才到达空亭子中。我打算在这里眺望明月，以便扩展未能舒展的景观，于是擦拭桌子写日记。让顾奴到太极崖下边的山箐东面去打水来烧火做饭，两个道士阻止了他，拿饭来给我吃。我仍然坐在空亭子中，忽然暴风突起、乌云密布，到天黑时月光都被遮住了。邵道人说是空亭子里风很急，邀我在他的床上睡。

十七日　余起，见日丽山幽，拟暂停憩其间，以囊中存米作粥，令顾奴入州寓取贵州所买蓝纱，将鬻以供杖头[①]。而此地离州仅八里，顾奴去不返。抵下午，馁甚，胡道饭余。既而顾奴至，纱仍不携来也。

【注释】①杖头：即杖头钱。典出《晋书·阮修传》："常步行，以百钱挂杖头，至酒店，便独酣畅。"后因以"杖头钱"称买酒钱。此处泛指路费。

【译文】十七日　我起床后，看到阳光灿烂、山境幽静，打算暂时停歇在山中，拿出口袋中保存的米煮成稀粥，让顾奴进州城寓所取在贵州买到的蓝纱，卖了当路费。而此地距州城仅有八里路程，顾奴一去不回。到了下午，非常饿，胡道士给我饭吃。随即顾奴就到了，蓝纱却没有带来。

十八日　录记于虚亭。先夜有虎从山下啮参戎马，参戎命军士搜山觅虎。四峰瞭视者，呐声相应，两箐搜觅者，上下不一，竟不得虎。

【译文】十八日　在空亭子中记日记。头天晚上有老虎在山下咬死了参将的马，参将命令军士搜山寻找老虎。四面山峰里瞭望的军士，呐喊声互相呼应，两面山箐里搜寻的人，上下不一，最终没有找到老虎。

巅塘关南越大山，西南绕古勇关北。分支东突者，为尖山；东南突者，为马鞍山；又分支南下者，为宝峰，又南为打鼓尖，又南尽于龙光台。其马鞍山正支东度者，一起为笔峰，又起为巃嵸，于是南环为赤土，为乱箭哨过脊，又南为半个山，而西北环来凤而结州治，此所谓回龙顾祖也。从古勇关北分支南下者，为鬼甸西山，又南为鹅笼西山，又南抵于缅箐；正支西南下者，为古勇西关，而南接于神护焉。八关之外，其北又有此古勇、巅塘二关，乃古关也。巅塘之外为茶山长官司，旧属中国，今属阿瓦。巅塘东北、阿幸厂北为姊妹山，出斑竹，其外即野人。宝峰山东向屏立其前，下分为二箐，中垂石崖高穹，两旁倒插箐底。北箐之上，环冈一支，前绕如堵墙，石崖中裂，凿级悬其间，名猢狲梯。梯南玉皇阁倚其下，梯北纯阳阁踞其上，旧有额名为“太极悬崖”，而吴参戎又大书镌其上，曰“奠高山大川”。

【译文】巅塘关南面延伸过的大山，向西南绕到古勇关北面。分支向东前突的，是尖山；向东南前突的，是马鞍山；又分出支脉向南下延的，是宝峰山，又往南成为打鼓尖，又往南在龙光台到了尽头。马鞍山的正脉向东延伸的，第一次耸起成为笔峰，又耸起成为巃嵸山，于是往南环绕成赤土山，成为延过乱箭哨的山脊，又往南形成半个山，而后往西北环绕成为来凤山后盘绕着州城，这就是所谓的“回龙顾祖”了。从古勇关北面分支往南下延的山，成为鬼甸的西山，又往南成为鹅笼的西山，又往南延到达缅箐；主脉向西南下延的山，成为古勇西关，而后往南连接到神护关。八关之外的北面又有古勇、巅塘二关，是古关。巅塘关之外是茶山长官司，旧时属于中国，如今属于阿瓦。巅塘关的东北、阿幸厂的北面是姊妹山，出产斑竹，姊妹山外就是野人的居住地。宝峰山面向东像屏风矗立在它的前方，下边分为两条山箐，中间垂直矗立着高大穹隆的石崖，两旁倒插进山箐底。北面的山箐上，环绕着一条山冈，向前环绕如同一堵墙，石崖中间裂开，凿有石阶悬在石崖间，叫作猢狲梯。猢狲梯南边的玉皇阁倚靠在它的下边，猢狲梯北边的纯阳阁盘踞在它的上方，旧时有块匾额题写着“太极悬崖”，而吴参将又题有大字刻在它的上方，叫“奠高山大川”。

纯阳阁之上，则开轩三楹，左右当悬箐之中，而下临绝壑。向东北，近则环冈前伏，平川绕其下，远则东山之外，高黎贡北尖峰特出众山之顶，正对其中，此峰土人又名为小雪山，遥峰横亘天半，而其上特耸一尖如拱圭，盖在分水关之北二十里。关间无路能上，亦不能见，至此乃东见之。马鞍山宝藏之徒径空，昔在戎行[①]时，曾从赤土铺北度龙川至其下，为高筒槽，有居人段姓者，导之登其顶。其高盖四十里云。目界甚爽。其后为三清殿，则邵道所栖也。

【注释】①戎行（háng）：军队、行伍。

【译文】纯阳阁上方，有三间开阔的轩廊，位于左右高悬的山箐中间，而下方面临绝深的壑谷。面向东北，近处是环绕的山冈低伏在前方，平川围绕在山下，远处则是东山之外，高黎贡山北段的尖峰独自高出群山的山顶，正对着它的中央，这座尖峰当地人又称为小雪山，遥远的山峰横亘半片天空，而群峰之上独自耸立着一座尖峰，像拱形的玉圭，大约在分水关北面二十里。分水关与尖峰之间无路可上，也不能看见，来到此地面向东方才看见它。马鞍山宝藏的徒弟径空，从前在军队中时，曾经从赤土铺往北渡过龙川江到山下，是高筒槽，有个姓段的居民，带领他登上峰顶。山峰高大约有四十里。眼界十分开阔。纯阳阁后面是三清殿，就是邵道士居住的地方。

三清殿去西顶不遥，余前从之下。盖是山之最高者，为三清殿，东北向；当石壁而居一山之中者，为玉皇阁，东向；居北箐之北，倚环冈腋间者，为宝峰寺，南向。玉皇阁当石壁下，两箐夹之，得地脉之正；而纯阳阁孤悬崖间，从莲花尖上现神奇，是奇正相生之妙也。盖腾阳多土山，而此山又以土山独裹石崖于中，如颖[①]跃于囊，且两箐中怪树奇株，郁葱蒙密。竹之大者，如吾地之猫竹，中者如吾地之筋竹，小者如吾地之淡竹，无所不有，又非迤东西所有也。（廷甲按："旧有额"至"大川"廿五字，宜从杨本节去，已见十六日。）

【注释】①颖（yǐng）：东西末端的尖锐部分，也比喻出类拔萃的东西。

【译文】三清殿距西面的山顶不远，我先前从那里下来过。大体上，这座山最高的地方，是三清殿，面向东北；位于石壁下边而居全山正中的，是玉皇阁，面向东；居于北面山箐的北边，倚靠着环绕山冈的山窝间的，是宝峰寺，面向南。玉皇阁在石壁下，两面的山箐夹着它，得到地脉的正位；而纯阳阁孤悬在山崖间，从莲花般的山尖上现出神奇，这是偏正相生的妙处。腾越州北部土山很多，而这座山又是土山把石崖独自围裹在中央，如同锥尖从口袋中刺出来，而且两条山箐中怪树奇木，郁郁葱葱，葱茏密布。竹子中大的，如同我家乡的猫竹，中等的如我家乡的筋竹，小的如我家乡的淡竹，无所不有，这又不是迤东迤西地区所有的。（叶廷甲按：从"旧有阁"到"大川"共二十五个字，应该从杨本中删掉，已经出现在十六日的日记中。）

二十一日　饭后别邵道，下纯阳阁，东经太极崖。其处若横北箐而上，半里而达宝峰寺；余以南箐悬峭，昨所未经，乃从大路循玉皇阁下悬崖。曲折下半里，又度北箐之下峡，从环冈大道复半里，北上宝峰寺。问道于尼，尼引出殿左峰头，指山下核桃园，直北为尖山道，西北登岭为打鹰山[①]道。闻打鹰山有北直[②]僧新开其地，颇异，乃先趋打鹰。于是东北下坡，一里，抵坡北。又北一里余，有数家倚西山麓，是为核桃园。其西北有坳颇低，乃宝峰之从北度脊者，有大道西向之，有小溪东注。逾之，直北一里余，乃西北登坡。四里，逾坡脊而西，是名长坡。

【注释】①打鹰山：今名同，又作打莺山，在腾冲往北至固东的公路西侧。腾冲县城周围有四十多座火山，呈南北方向线状排列。有些山峰的外貌，至今还保持着截顶状圆锥形的火山形体，山顶有圆形洼地，山周围遍布黑灰色含有大量气孔的浮石，当地人称蜂窝石。②北直：即明代首都北京。

【译文】二十一日　吃过饭后告别邵道士，走下纯阳阁，往东经过太极崖。此处如果横过到北边的山箐往上走，半里后就到宝峰寺；我因为南边的山箐高悬陡峭，昨天没有经过，就从大路沿着玉皇阁走下悬崖。曲折地下行半里，又越过北边的山箐走下峡谷，从环形山冈上的大路再走半里，往北登上宝峰寺。向尼姑问路，尼姑领我走出大殿左边的峰头，指着山下的核桃园，正北是去尖山的路，向西北登岭是去打鹰山的路。听说打鹰山有北直隶来的僧人新近在那地方开山，颇为奇异，就先赶去打鹰山。从这里向东北下坡，一里后，抵达山坡北面。又往北走了一里，有几户人家倚靠着西山山麓，这里是核桃园。村子西北有个山坳地势很低，是宝峰山往北延伸的山脊，有条大路向西通往那里，有条小溪向东流淌。越过小溪，一直往北走了一里多，就向西北登坡。四里后，越过坡脊往西，这里名叫长坡。

又西半里，乃转而北，挟西峰而循其北，仍西行脊上。其脊北下，即酒店岭之东度为笔峰、龍嵷者，南下，即野猪坡之南出为鹅笼、缅箐者，盖俱从分支之脊行也。西五里，岭坳间路交“十”字，乃西北横陟之。当从西北蹑坡，误从西行岭之南。二里，遇樵者，知为鬼甸道，打鹰开寺处已在直北双峰下。然此时已不见双峰，亦不见路影，乃蹑棘披砾，直上者三里，雾气袭峰，或合或开。又上二里，乃得乱坪，小峰环合之，中多回壑，竹丛杂布。见有撑架数柱于北峰下者，从壑中趋之，仍无路。柱左有篷一龛，僧宝藏见余，迎入其中，始知即开山之人也。因与余遍观形势。饭后雾稍开，余欲行，宝藏固留止一宵。余乃从其后山中垂处上。

【译文】又往西走了半里，转向北，傍着西峰沿着它的北面走，仍然往西在山脊上前行。这条山脊往北下去，就是酒店岭往东延伸形成的笔峰、龍嵸山，从南面下走，就是野猪坡的南边出去称为鹅笼、缅箐的地方，大概都是从分支的山脊上走。向西走了五里，山岭山坳之间道路交叉成“十”字形，于是向西北横向越过路口。本应当从西北方登坡，而我错从西面行走在山岭的南面。走了二里，遇到了樵夫，得知这是去鬼甸的路，打鹰山新建寺庙的地方已经在正北方的双峰下。但是此时已经看不见双峰，也不见路的踪影，只好踏着荆棘分开砾石，一直上登了三里路，雾气缭绕着山峰，时而分开时而合拢。又上登了二里，就到了一块杂乱的平地，小山峰环绕着平地，中间有许多回绕的壑谷，竹丛杂乱地分布着。看见北峰下有个几根梁柱支撑屋架的地方，在壑谷中望着那里赶过去，仍然没有路。梁柱左边有一个篷子搭成的佛龛，僧人宝藏见到我，迎入篷子中，才知道他就是开山的人。于是他与我遍观地形。饭后雾气渐渐散开，我想要上路，宝藏坚决留我住一晚。我于是从这里的后山下垂在中央的地方上登。

其山乃中起之泡也，其后复下，大山自后回环之，上起两峰而中坳，遥望之状如马鞍，故又名马鞍山。据土人言，其上多鹰，旧《志》名为集鹰山，而土音又讹为打鹰云。其山脉北自冠子坪南耸，从顶上分二岐，一峙西南，一峙东北，二峰之支，如抱臂前环。西南下者，当壑右而伏，过中复起小阜而为中案，南坠而下，复起一峰为前案。东北下者，当壑左而伏，结为东洼之钥。两峰坳处正其环窝处，前蹲一峰当窝中，其脉复自东北峰降而中度，宛如一珠之托盘中。其前复起两小阜，如二乳之列于胸。其脉即自中蹲之峰，从左度右，又从右前度，而复起一阜于中，与双乳又成鼎足，前列为中峰近案，即南与中案并峙。稍度而东，又起一阜，即北与东洼之钥对夹。故两乳之前，左右俱有洼中坳，中峰之后，左右亦有峡中扃，其脉若甚平，而一起一伏，隐然可寻。其两峰之高者，左右皆环而止，唯中之伏而起者，一线前度，其东为笔峰、巃嵸，南为宝峰、龙光者，皆是脉也。

【译文】这座山是中央凸起的水泡状的山，山后又低下去，大山从后面环绕着它，上方耸起两座山峰而中间下凹，远望它的形状如同马鞍，所以又叫作马鞍山。据当地人说，山上有很多鹰，旧《志》书称为“集鹰山”，而土语又错读为“打鹰山”。它的山脉北面起自冠子坪南边耸立的山，从山顶上分为两岔，一座耸峙在西南方，一座耸峙在东北方，两座山峰的支脉，如同手臂向前环绕。往西南下延的，在壑谷右边低伏下去，延过中央又突起小土丘，成为中央的案山，向南深坠而下，再耸起一座山峰，成为前边的案山。往东北下延的，在壑谷左边低伏下去，盘结为东面洼地的门户。两座山峰间的下凹处正好在环状的山窝处，前方蹲踞着一座山峰在山窝中，山脉又从东北方的山峰下降向中央延伸，宛如一颗明珠托在盘子中。它的前方又突起两座小土阜，如同两个乳房在胸前。它的脉理起自蹲踞在中央的山峰，从左边延伸到右边，又从右边向前延伸，而后又在中间突起一座土阜，与两个乳房形成鼎足之势，排列在前方成为中峰近处的案山，就在南面与中间的案山对峙。稍往东延伸，又突起一座土阜，就在北面与东面洼地的门户相对夹立。所以两个乳房的前方，左右都有中间下洼的山坳，中峰的后面，左右也有峡谷锁闭着中峰，它的脉理似乎非常平缓，但一起一伏，隐约可以探寻。那两座山峰中较高的，左右都环绕过来就到了尽头，只有中间低伏又隆起的山，像线一样向前延伸，它东面称为笔峰、巃嵸山的，南面称为宝峰山、龙光台的，都是这座山的山脉。

土人言，三十年前，其上皆大木巨竹，蒙蔽无隙，中有龙潭四，深莫能测，足声至则涌波而起，人莫敢近；后有牧羊者，一雷而震毙羊五六百及牧者数人，连日夜火，大树深篁，燎无孑遗，而潭亦成陆，今山下有出水之穴，俱从山根分逗云。山顶之石，色赭赤而质轻浮，状如蜂房，为浮沫结成者，虽大至合抱，而两指可携，然其质仍坚，真劫灰之余也。宝藏架庐在中峰之下，前临两乳，日后有扩而大者，后可累峰而上，前可跨乳为钟鼓之楼云。今诸洼虽中坳，而不受滴水，东洼之上，依石为窞，有潴水一方，岂龙去而沧桑倏易，独留此一勺以为开山之供者耶？宝藏本北直人，自鸡足、宝台来，见尖山虽中悬而无重裹，与其徒径空觅山至此，遂龛坐篷处者二年。今州人皆为感动，争负木运竹，先为结此一楹，而尚未大就云。径空，四川人，向从戎为选锋[1]，复重庆，援辽援黔，所向有功，后为腾越参府旗牌[2]，薙发于甘露寺，从师觅山。师独坐空山，径空募化山下，为然一指[3]，开创此山，俱异人也。是晚宿龛中。有一行脚僧[4]亦留为僧薙地者，乃余乡张泾桥[5]人，萧姓，号无念，名道明。见之如见故人也。

【注释】①选锋：经选择精锐之士作为冲突敌阵的先锋部队。②旗牌：即王命旗牌，为上面写有令字的蓝旗和圆牌，封建朝廷颁给封疆大吏或钦差大臣作为准其便宜行事的凭据。掌王命旗牌的官称为旗牌官，简称旗牌。③为然一指："然"同"燃"。古时佛教认为僧人燃脂燃臂等自残行为是虔心向佛的行为。④行脚僧：四处游访的僧人。⑤张泾桥：今名同，在江苏江阴市东南。

【译文】当地人说，三十年前，山上都是大树和巨大的竹子，密蔽得没有空隙，山中有四个龙潭，深不可测，有脚步声传来波浪就腾涌而起，人不敢走近；后来有牧羊的人经过，一声惊雷就震死了五六百只羊和几个牧羊人，一连几天几夜燃起大火，大树和幽深的竹林，被烧得毫无遗留，而龙潭也变成了陆地，现在山下有出水的洞穴，都是从山脚分别引流出来的。山顶的岩石，颜色赤红而质地轻浮，形状如同蜂房，是漂浮的泡沫凝结成的，虽然大到一人合抱，但用两个手指就可以拿起来，不过石质仍然很坚硬，可真是劫后灰烬的残余。宝藏在中峰之下架起屋架，前方面临两个乳房，日后有人扩大寺庙，后面可以靠着山峰叠累而上，前方可以横跨乳房建为钟、鼓楼。如今各个洼地中虽然中间下凹，但不能容纳一滴水，东面的洼地之上，倚靠岩石形成深坑，有一汪积水，难道是神龙离开后沧海桑田顷刻间变幻，而唯独留下这一勺水供开山的人饮用？宝藏原本是北直隶人，从鸡足山、宝台山来，看见尖山虽然高悬在中央但却没有重重围护的山，与他的徒弟径空访山来到此地，就在竹篷中设置佛龛坐禅两年。如今州里的人都被感动了，争相扛树运竹，先为他建了这间房，但尚未全部建成。径空，是四川人，以前从军担任选锋，收复重庆，救援辽东、贵州，所向之处都建立了功勋，后来担任腾越参将府的旗牌官，在甘露寺剃发出家，跟随师傅访山。师傅独自坐在空寂的山中，径空到山下去化缘，为此自烧了一根手指，开创了此山，两位都是奇人。这天晚上住在佛龛中。有一个行脚僧人也留下为僧人除草、铲地，他是我的家乡张泾桥的人，姓萧，法号无念，法名道明。见到他如同见到了老朋友。

二十二日　晨起，宿雾净尽。宝藏先以点饷余，与余周历峰前。凭临而南为南甸，其外有横山前列，则龙川后之界也；近嵌麓西为鬼甸，其外有重峰西拥，则古勇前南下之支也；下伏而东度，为笔峰，其外有高岭东穹，则高黎贡后耸之脉也；惟北向则本山后屏焉。然昨已登岭北眺，知东北之豁处，为龙川所合；西北之丛处，为尖山所悬；而直北明光六厂之外，皆野人之栖矣。久之，乃饭而别。

【译文】二十二日　早晨起床，一夜的雾气散尽。宝藏先拿点心款待我，与我遍游山峰前方。登高凭眺，南面是南甸，南甸以外有横亘的山排列在前方，就是龙川江后面的地界了；近处嵌在山麓西边的是鬼甸，鬼甸以外有重重山峰拥立在西面，就是古勇关前面往南下延的支脉了；下方低伏着往东延伸的，是笔峰，那以外有高大的山峰隆起在东方，就是高黎贡山后面耸起的山脉了；唯有北面就是本山在后面成为屏障。不过我昨天已经登上山岭向北方眺望过，知道东北方的开阔之处，是龙川江汇合的地方；西北山峰成丛之处，是尖山高悬的地方；而正北明光六厂之外，都是野人居住的地方。很久之后，才吃了饭告别。

宝藏命其徒径空前导，从东北行，皆未开之径也。始逾东环之臂，即东北下，虽无径而颇坦。三里余，有路循岭北西去，往鬼甸道，盖是山前后皆向鬼甸道也。于是交之，仍东下，甚峻。一里，又有路自东南来，西北逾岭去，此即州中趋冠子坪道。盖冠子坪从北南度，穹起打鹰之顶，自北望之，不见双峰如鞍，只觉层起如冠。逾脊西下，是为坪村所托，有龙潭西涌，乃鬼甸上流，经鹅笼而南下者也。余交其路，仍东北下行莽棘中。一里余，北向下，傍西小峡渐有微径，径右峡中亦有丛竹深藤。东转，再逾一峡。一里，乃北行环冈上。冈之西，大山始有峡中盘；冈之东，始随坡东下。共二里，抵坡麓，则响水沟之峡在其东矣。有溪自西峡出，北涉之，随西山北行。西山至是稍开，有路西入之。交其路而北，一里余，稍下，又有小水从西坞出，是为王家坝。以此水为界，南俱沐府庄。

【译文】宝藏让他的徒弟径空在前面领路，东北方都是没有开辟的小路。先是翻越向东环绕的手臂，随即往东北下走，虽然没有路但很平坦。三里多后，有条路沿着山岭北面向西去，是通往鬼甸的路，原来是这座山前后都有通往鬼甸的路。于是与道路相交，仍然往东下走，十分陡峻。一里后，又有一条路从东南方过来，向西北翻越山岭而去，这就是州里通往冠子坪的路。原来冠子坪从北往南延伸，隆起打鹰山的山顶，从北面望，看不出双峰像马鞍，只觉得层层耸起如同帽子。翻过山脊向西下行，那是坪村依托的地方，有龙潭向西涌流，是鬼甸的上游，流经鹅笼后往南下流。我的路线与这条路相交，仍然往东北下行，在荆棘中行走。一里多后，向北下走，依傍着西边的小峡谷渐渐有条小径，小径右边的峡谷中也有成丛的竹子和幽深的藤蔓。转向东，再越过一条峡谷，一里后，就往北在环绕的山冈上前行。山冈的西面，大山开始有峡谷盘绕在山中；山冈的东面，开始顺着山坡往东下坡。共走了二里，抵达坡脚，就见响水沟的峡谷在这里的东边了。有溪水从西面的峡谷流出来，向北涉过溪水，沿着西山往北走。西山到这里稍微开阔了一些，有路向西进山。穿过这条路往北走了一里多，稍稍向下，又有一条小河从西面的山坞中流出，这里是王家坝。以这条小河为界，南面都是沐府的庄田。

又北半里，遂与南来大路合。又北一里，有村在西山下，至是中坞始开。其坞南从酒店脊来，北至此东西乃辟，溪沿东麓北下，村倚西山东向，而路出其中。又北里许，有岐东北往界头。余循西山西北下，渡一小峡，半里，西转，其南谷为湾腰树[①]，盖王家坝之后山也；其北坞为左所屯，乃巃嵸北又起一峰，其余支西北而环者。坞中始有田畴下辟，响水沟之流亦西北贯之，而路从南山西向行。一里余，有小水北流。又西一里余，有结茅卖浆在南山下，于是巨松错立，高影深阴，午日俱碧。又西二里为马站[②]，其北坡下颇有隔林之庐，而当路左者止一家，州来者皆饭焉；其西始田塍环坡。从田中西北行一里余，抵北山下。稍西复北，一里，逾其坳，有墟场，为马站街房。其北山坡杂沓，石齿高下，东冈与西山，遂夹溪北注。共三里，有山横于前，乃西随之，半里，北透其坳，其北则山开而下盘环壑，溪从西山透峡南来，绕壑北去，固知透坳之山，乃自南而西转，坳西一峰，即西尽于溪者也。盘壑而西北一里余，遂循溪东岸行，其西冈松桧稠密，有大寺基在焉。

【注释】①湾腰树：今称弯腰树坡。②马站：今名同，又称保家。

【译文】又往北走了半里，就与南面来的大路会合。又向北走了一里，有个村庄在西山下，到这里后中间的山坞开始开阔起来。这个山坞从南面酒店岭的山脊处伸展过来，北面到了此地东西两面才开阔起来，溪水沿着山东麓向北下流，村庄背靠西山，面向东方，而道路穿过其中。又向北走了一里左右，有条岔路向东北通往界头。我沿着西山向西北下走，渡过一条小峡谷，半里后，转向西，此处南面的山谷是湾腰树，大概就是王家坝的后山了；此处北面的山坞是左所屯，它是巃嵸山北面又耸起的一座山峰的余脉向西北环绕的地方。下边的山坞中开始有开垦出来的田地，响水沟的水流也从西北方一直流过山坞，而道路从南山向西。一里多后，有条小河向北流。又向西走了一里多，有人在南山下建了茅屋卖酒浆，这里巨大的松树错杂林立，高大的树影，深浓的树荫，正午的阳光都成了绿色。又向西走了二里是马站，这里隔着树林的北面山坡下有许多房屋，但在路左边只有一户人家，州里来的人都在这里吃饭；这里的西面开始有田地环绕着山坡。从田中往西北走了一里多，到达北山下。稍向西再向北转，一里后，越过这里的山坳，有个墟场，是马站赶集的房子。这里的北面山坡纷杂扰乱，岩石呈齿状高低不同，东面的山冈与西山夹住溪水向北流淌。共走了三里，有山横在前方，就向西顺着山走，半里后，向北穿过这里的山坳，山坳北边就见山势开阔而下方盘绕着壑谷，溪水从西山穿过峡谷向南流来，绕着壑谷往北流，我本来就知道山坳穿透的山，是自南往西转，山坳西面的一座山峰，就是在西面溪流边到头的山。绕着壑谷往西北走了一里多，就沿着溪流的东岸前行，溪流西面的山冈上松柏稠密，在那里有大寺庙的废弃地基。

乃饭于溪旁。又北半里为邱坡①，有两三家倚西山下。其西则群山中迸为峡，有岐西入之，为古勇道；其东则谷口横拓，南北之水俱由之出焉。于是北行田塍间，二里，屡逾其分流之水。又北一里余，为顺江村，古之顺江州②治也。西山至是中断复起，其特耸颇厉，是为三清山。村多环石为垣，连竹成阴者。又北半里，有水自西峡来，东向而注，是为顺江，有木梁跨其上。顺江村之东，山坞东辟。过桥，复北上坡，行竹径中。

【注释】①邱坡：今作秋坡，分上下村。②顺江州：《明一统志》腾冲军民指挥使司载："至元中改腾越州及治腾越县。寻复腾冲府，仍置腾越县。后以顺江州及腾越、越赕、古勇三县省入。"乾隆《腾越州志》卷三古迹对置废年代有追叙：顺江废州，"元至元十一年置，寻废。至正七年酋长某求内附，立宣抚司，寻又废。"则元代前期曾设过顺江州，但元代各志缺载。今仍称顺江，又称顺利、和平，在腾冲北境，固东以南。顺江街子颇大，分上顺江、中顺江、下顺江。

【译文】于是在溪边吃饭。又向北走了半里是邱坡，有两三户人家倚靠在西山下。村子西边的群山从中间迸裂成峡谷，有条岔路向西进峡，是去古勇关的路；村东山谷口横向拓开，南北两面的水流都由山谷流出。从这里在田野间向北行走了二里，多次涉过田间分流的溪水。又向北走了一里多，到达顺江村，是古代顺江州的州治。西山到这里从中间断开后又再耸起，那独自耸立的山势相当高险，这里是三清山。村子的围墙多半是用石块垒成的，竹丛连片成荫。又向北走了半里，有河水从西面的峡中流来，向东流去，这是顺江，有座木桥横跨在江上。顺江村的东面，山坞向东拓展开去。过桥后，再往北上坡，在竹林小径中前行。

半里，北下，过干海子。一里余，北上坡，有虚茅[①]在坡北，是为顺江街子。复西北行坡坂间。其坂西倚三清山，东临夹壑，壑之东，则江东山南下而横止焉。从此三清西亘，江东东屏，又成南北之坞。行坂间三里，北向稍下，忽闻水声，则路东有溪反自南而北，至是乃东转去，想顺江之分流而至者。盖江东山之西，已有两江自北而来，此流何以反北耶？流既东，路遂北盘东垂之坡，二里，是为鸡茨坪[②]。逾坪北下一里余，复得平畴，有卖浆者当路右。于是东北行田塍间，一里余，有江自西北注东南，长木桥横跨之，是为西江；其东又有一江自东北注东南，沿东山与西江并南行坞中，是为东江[③]。既度西江桥，遂北行江夹中，一里而至固栋[④]，宿于新街。

【注释】①虚茅：赶急的草棚。虚：同“墟”。②鸡茨坪：今又误作基刺平，在顺江稍北。③东江：今称磨龙河，又称明光河，西江今称西沙河，又称固东河，在固东稍南汇合。④固栋：今作固东，在腾冲县北境。

【译文】半里后，往北下行，经过干海子。走了一里多，向北上坡，有赶集用的茅草屋在山坡北边，这里是顺江街子。再向西北在山坡间行走。这里的山坡西面倚靠三清山，东边面临相夹的壑谷，壑谷的东面，就是江东山向南下延后横向止住的地方。从此处三清山横亘在西面，江东山像屏风样挡在东面，又形成南北向的山坞。在山坡间走了三里，向北稍下走，忽然听见水声，只见道路东边有溪水反向南往北流，流到此处就转向东流，我猜想是顺江分出的支流流到这里的。原来江东山的西面，已有两条江水自北面流来，这条溪流为何反而向北流呢？溪流向东流后，道路于是往北绕过向东下垂的山坡，二里后，到达鸡茨坪。穿过鸡茨坪往北下行了一里多，又到达平旷的田野，在道路右边有卖酒浆的人。于是向东北在田野间行走，一里多后，有江水从西北流向东南，有座长木桥横跨在江上，这是西江；这里东面又有一条江水从东北流向东南，沿着东山与西江并排向南流过山坞，那是东江。走过西江桥后，就往北在两条江相夹的地上前行，一里后到达固栋，在新街住宿。

固栋一名谷栋，聚落当大坞中，东、西二江夹之。其北则雅乌山南垂，横亘两山间，至此而止；其南则两江交合于三里外，合流东南去，至曲石入龙川江；东则江东山北自石洞东，南向而下；西则三清山北又起一峰，南与三清雁行而峙，其中有峡如门，而小甸[1]之路从之。是峰即云峰尖山东下北转之脉，云峰正在其西，为彼所掩，故固栋止西见此山而不见云峰也。其地直东与瓦甸对，直西与云峰对，直北与热水塘对，直南与马站对。有新旧二街，南为新，北为旧。

【注释】①小甸：今名同，在腾冲县北境，固东稍西。其西的山今仍称云峰，又称小尖山。

【译文】固栋又叫谷栋，聚居的村落在大山坞中，东江、西江两条江夹住村落。固栋的北面就是雅乌山的南垂横亘在两山之间，到此就止住了；固栋的南面就是两条江在三里之外相交合流，合流后往东南流，流到曲石汇入龙川江；东面就是江东山从北面的石洞东边，向南下延；西面则是三清山北边又耸起一座山峰，与南边的三清山像飞雁的行列一样对峙，两山之间有条像门一样的峡谷，去小甸的路在峡谷中。这座山峰就是云峰尖山往东下延向北转的山脉，云峰正在它的西面，被它遮挡住了，所以固栋西面只能看见这座山却看不见云峰。此地正东与瓦甸相对，正西与云峰相对，正北与热水塘相对，正南与马站相对。有新旧两个市集，南面的是新街，北面的是旧街。

二十三日　命主人取园笋为晨供，味与吾乡同。八九月间有香笋，薰干瓶贮，味有香气。北一里，过旧街。买飞松一梛于刘姓者家。“飞松”者，一名狐实，亦作梧实，正如梧桐子而大倍之，色味亦如梧桐，而壳薄易剥；生密树中，一见辄伐树乃可得，迟则树即存而子俱飞去成空株矣，故曰“飞松”，惟巅塘关外野人[①]境有之。野人时以茶、蜡、黑鱼、飞松四种入关易盐、布。其人无衣与裳，惟以布一幅束其阴，上体以被一方帏而裹之，不复知有衿袖之属也。此野人即茶山之彝，昔亦内属，今非王化所及矣；然谓之“红毛”，则不然也。

【注释】①野人：指景颇族。

【译文】二十三日　让店主取园中的竹笋做早餐，味道与我家乡的相同。八九月间有种香笋，熏干后贮存在瓶子里，笋味有香气。向北走了一里，经过旧街。在刘姓的人家买来一竹筒的飞松。“飞松”又叫狐实，也叫梧实，像梧桐子但比梧桐子大一倍，颜色、味道也像梧桐子，外壳薄而容易剥；生长在密林中，看到就要砍树才能获得，迟了子实就都飞走只剩下空树了，所以叫作“飞松”，只有巅塘关外的野人境内有这种东西。野人时常带茶叶、蜂蜡、黑鱼、飞松四种东西入关来交换食盐、布匹。他们不穿衣服与裤子，仅用一幅布束在阴部，上身用一块方形布幔裹着，没有衣襟、袖子之类的东西。这类野人就是茶山长官司的少数民族，从前也隶属于内地，如今已不再是天子的教化能达到的地方了；然而称他们为“红毛”，则是不对的。

又北二里余，横冈后亘，望之若东西交属于两界崇山，不复知其内有两江之嵌于两旁也。此冈即雅乌山南垂尽处，东、西二江皆从其两腋南出，疑即挨河，而土人讹为“雅乌”耳。陟冈而北，又二里，冈左渐突而成峰，冈右渐嵌而为坑，路渐逾坑傍峰而上，于是坑两旁皆峰，复渐成峡。循峡西峰行二里，陟其北坳，遂挟西峰之北而西向下。

【译文】又向北走了二里多，横卧的山冈绵亘在后方，远望好像与东西两面的高山互相连接，不再知道山内有两条江深嵌在两旁了。这座山冈就在雅乌山往南下垂的尽头处，东西两条江都从它的两侧向南流出来，我认为就是挨河，只是当地人错读为“雅乌”罢了。上登山冈后往北走，又走了二里，山冈左侧渐渐突起变成山峰，山冈右侧渐渐下嵌成深坑，道路渐渐越过深坑傍着山峰往上走，在这里深坑两旁都是山峰又渐渐变成峡谷。沿着峡谷西面的山峰走了二里，登上峡谷北面的山坳，于是沿着西峰的北面向西下行。

二里，路右有大栗树一株，颇巨而火空其中；路左则西江自西壑盘曲东来，破峡而东南去，于是出固栋西山之西北矣。始下见盘壑西开，江盘壑底，而尖山兀然立其西南矣。又西下一里，随江北岸西行二里，始有村庐倚冈头，是为乌索。其江反北向折而来，路乃南下冈就之，半里，则长木桥横架江上，反自西而东度之。桥东复有竹有庐，从其侧转而西南，则固栋西山与尖峰后大山围环其南，而江曲其北者也。又西半里，有村连竹甚盛。半里，从其村南西转，复行冈坂者二里，冈头巨松错落，居庐倚之。半里，西向下，涉一坑。又西南一里余，连过两村，又西向下，涉一坑，始及山麓。遂西向上，半里，有小水注坡坂间，就而涤体。时日色亭午[1]，解衣浣濯久之，乃西南循小径上。

【注释】①亭午：又作“停午”，即正午、中午。

【译文】二里后，路右边有一棵大栗树，相当大但火烧空了树干；路左边则见西江从西面的壑谷中弯弯曲曲向东流来，冲破峡谷向东南方流去，到这里已经走出固栋西山的西北方了。开始看到下方盘绕的壑谷在西面敞开，江流盘绕在壑谷底下，而尖山突兀地矗立在壑谷的西南方。又往西下行了一里，顺着江流的北岸往西走二里，开始有村庄房屋依傍在冈头，这里是乌索。江水反而折向北流来，道路向南走下山冈走近江流，半里后，有座很长的木桥横架在江上，反而自西向东过桥。桥东边又有竹丛、房屋，从桥侧边转向西南，就见固栋的西山与尖峰后面的大山围抱在这里的南面，而江水曲折流过这里的北面。又往西走了半里，有座村庄竹丛连片十分兴盛。半里后，从村子南边向西转，再在山冈山坡间前行二里，冈头巨松错落，居屋倚靠山冈。半里后，向西下行，涉过一个坑谷。又向西南走了一里多，一连经过两座村庄，又向西下行，涉过一个坑谷，才到达山麓。于是向西上山，半里后，有条小溪流淌在山坡间，走过去洗澡。此时天色是正午，脱掉衣服洗了很久，才向西南沿着小路上走。

一里，转而西，始与东来路合。时雷雨大至，行草径间，一里，稍西下，涉一峡底，于是巨木参霄，纬藤蒙坞，遂极幽峭之势。盘峡嘴而西，一里，又涉一峡底。二峡皆在深木中，有小水淙淙自北而南，下注西来之溪，合而东行北出者也。涉峡之西崖，有巨石突立崖右。路由巨石之东，北向上，曲折跻树荫中，高崖滴翠，深木筛金，始知雨霁日来，阴晴弄影，不碍凌空之屐也。

【译文】走了一里，转向西，开始与东面来的路会合。这时雷雨忽然来临，在草丛间的小路上行走，一里后，略向西下走，涉过一条峡谷的底部，这里巨树参天，横爬的藤蔓遮住山坞，极尽幽深峭拔的气势。绕过峡嘴往西走，一里后，又涉过一条峡谷的底部。两条峡谷都在幽深的树林中，有条小溪淙淙地自北往南流，向下流入西面来的溪流中，合流后向东再往北流出去。涉到峡谷西边的山崖上，有巨石突立在山崖的右边。道路经过巨石的东边，向北上登，曲折地在树荫中上登，高高的山崖翠色新艳，深树丛中漏下金色的阳光，才知道雨停后太阳出来，阴晴之间逗弄着光影，不妨碍我凌空上登的脚步。

上三里，遂陟冈脊。脊两崖皆坠深涵碧，闻水声潺潺在其底，而不辨其底也。脊狭不及七尺，而当其中复有铺木以度者，盖脊两旁皆削，中复有窞下陷，故以木填之。行脊上一里，北复稍下，又涉一南坠之峡，半里，乃西北上，其上甚峻。一里余而饭。稍夷，转西南盘而北，半里，复曲折上，峻愈甚。一里，又稍夷，循峰崖而转其腰，始望见尖峰在隔箐陇树间，而不知所循者亦一尖峰也。北半里，抵其峰西腋，稍西下度一脊，遂西上，上皆悬崖削磴。回顾前所盘脊东峰，亦一峰复耸，山头尖削，亦堪与尖山伯仲；但尖山纯石中悬，而彼乃土峰前出耳。两峰之北，复与西大山夹成深壑，支条盘突，箐树蒙蔽，如翠涛沉雾，深深在下，而莫穷端倪，惟闻猿声千百，唱和其间，而人莫至也。

【译文】向上攀登三里，终于登上冈脊。冈脊两侧的山崖都坠入深渊，包涵在碧绿中，听到在山崖底下水声潺潺，但不能分辨峡底。冈脊狭窄不到七尺宽，但冈脊中段又铺有木板可以过去，原来冈脊两旁都很陡削，中间又有深坑下陷，所以用木板来填补空处。在冈脊上走了一里，再向北渐渐下走，又涉过一条往南下坠的峡谷，半里后，就向西上山，上去的路非常陡峻。走了一里多后吃饭。道路稍微平坦了一些，转向西南绕向北，半里后，再曲折上登，更加陡峻了。走了一里后，道路又稍微平坦了一些，沿着山峰上的石崖转到山腰，开始望见尖峰在隔着山箐土陇的树丛间，却不知道我沿着走的也是一座尖峰。向北走了半里，抵达那座尖峰的西侧，稍向西下走越过一条山脊，就向西上登，上面都是悬崖上陡削的石阶。回头看前边绕过的山脊东面的山峰，也是高耸的山峰，山头尖削，与尖山不相上下；只是尖山都是石头悬在中央，而那座尖峰是土山往前突出来。两座尖峰的北面，又与西面的大山夹成深深壑谷，支脉盘绕前突，山箐中树丛浓密荫蔽，好像翠绿的波涛、沉浮的浓雾，深深的在下方，可无法穷尽它的边际，只听到成百上千的猿猴啼叫声，唱和在山间，但人无法到达。

崖头就竖石凿级为梯，似太华之苍龙脊。两旁皆危崖，而石脊中垂，阔仅尺许，若龙之垂尾以度，而级随之，仰望但见层累不尽，而亦不能竟其端倪也。梯凡三转，一里而至其顶。顶东西长五丈，南北阔半之，中盖玉皇阁，前三楹奉白衣大士，后三楹奉三教圣人，顶平者如是而止，其向皆东临前峰之尖。南北夹阁为侧楼，半悬空中，北祠真武，下临北峡，而两头悬榻以待客；南祠山神，下临南峡，而中广为斋堂。皆川僧法界所营构，盖其上向虽有道，而未开辟，莫可栖托。法界成之，不及五年，今复欲辟山麓为下殿，故往州未返。余爱其幽峻，遂止东侧楼。守寺二僧，一下山负米，一供樵炊而已。

【译文】悬崖上头就着竖立的岩石凿成逐级的石梯，如同太华山的苍龙脊。两旁都是奇险的山崖，而石头山脊垂在中间，宽处仅有一尺左右，好像下垂的龙尾向前伸，而石阶顺着山脊，仰面望去只见层层叠叠延绵不尽，而且也不能完全看到它的边际。石梯共转了三次弯，一里后来到山顶。山顶东西长五丈，南北宽二丈五，中间盖了玉皇阁，前面三间供奉着白衣观音，后面三间供奉着儒、释、道三教的圣人，山顶上平坦的地方到此就到尽头了，建筑物都是朝向东方面临前方山峰的山尖。南北相夹的楼阁是侧楼，一半悬在空中，北楼供奉真武大帝，下临北面的峡谷，而在两头悬架卧床用来招待客人；南楼供奉山神，下临南面的峡谷，而在中间敞开作为斋堂。都是四川僧人法界所营建的，从前山上虽然有路，但没有开辟，无处可以栖息容身。法界建成玉皇阁后，不到五年，现在又想开辟山麓作为下院，所以去了州城还没有回来。我喜爱这里的幽静峻峭，就住在东边的侧楼上。守寺的两个僧人，一个下山去背米，一个烧火煮饭。

二十四日　晨起，天色上霁，四山咸露其翠微，而山下甸中，则平白氤氲，如铺絮，又如潏波，无分远近，皆若浮翠无根，嵌银连叠，不知其下复有坡渊村塍之异也。至如山外之山，甸[①]外之甸，稍远辄为岚掩翠映，无能拈出，独此时层层衬白，一片内，一片外，搜根剔奥，虽掩其下而愈疏其上。乃呼山僧与之指质远近诸山，一一表出，因与悬南崖而下。有崖前临绝壑，后倚峭壁，中刓横罅，下平上覆，恰如匡床，虽小而可憩可卧，是名仙床。

【注释】①甸：云南称山间盆地为甸。

【译文】二十四日　早晨起床，天刚放晴，四面群山都露出翠绿的山色，但山下的甸子中，则是云雾缭绕，好像铺开的棉絮，又像汹涌的波浪，不分远近，都像翠玉无根漂浮，镶嵌的白银连片重叠，不知道下面还有没有山坡深渊村庄田野的异境了。至于山外的山，甸子外的甸子，稍微远一点就被山间的雾气和翠色掩映着，不能分辨出来，唯独此时层层白云映衬着，一片在内，一片在外，寻根究底，虽然山下方被云层遮住了但上方却清晰可见。于是叫山中的僧人一同来辨认远近的群山，一一指出，随后与他从南边的悬崖下走。有悬崖前方面临绝壑，后方背靠峭壁，中间挖空成横向的裂缝，下面平整上面下覆，恰好像方正的床，虽然小却可以歇息躺卧，这床名叫仙床。

俯层峭之下，巉覆累累，无可攀循。僧指其下有仙洞，须从梯级下至第二层，转崖下坠，乃可得之，遂导而行。其洞乃大石叠缀所成，乱崖颠磴，欲坠未坠，迸处为罅，覆处为洞，穿处为门，门不一窍，洞不一层，中欠宽平，外支幽险，若叠级架板，亦可幽栖处也。洞门东向腋中者为大，入而南穿，一峡排空而下，南出峡门。其门南临绝壑，上夹重崖，有二木球倒悬其前。仰睇之，其上垂藤，自崖端悬空下丈余，即结为瘿[①]，如瓠匏[②]之缀于蔓者。瘿之端，缀旁芽细枝，上迎雨露，茸茁夭矫，花叶不一状，亦有结细子圆缀枝间者，即山僧亦不能名之，但曰寄生，或曰木胆而已。一丝下垂，结体空中，驭风吸露，形似胆悬，命随空寄，其取意亦不诬也。

【注释】①瘿（yǐng）：动、植物体上出现的囊状赘生物。②瓠匏（hù páo）：即葫芦。

【译文】俯瞰层层峭壁之下，巉岩重重覆盖，没有可以顺着攀登的地方，僧人指点那下面有个仙洞，必须从石梯上下到第二层，转过悬崖下坠，才可走到洞口，于是领路前去。这个石洞是大石块叠垒连缀而成的，杂乱的石崖倒斜的石阶，想要坠落又没坠落，迸裂之处成为裂缝，下覆之处成为洞穴，穿通之处成为洞口，成为洞口的石窍不止一处，石洞不止一层，洞中缺少宽敞平整的地方，外边支撑着幽深的险石，如果垒砌台阶架起木板，也是可以作为隐居之处的。面向东方山窝中的洞口大一点，进去后向南穿行，一条峡谷凌空而下，往南走出峡口。峡口南边面临绝深的壑谷，上方夹着两层悬崖，有两个木球倒悬在前方。仰面斜视木球，那上边垂下藤枝，从悬崖顶端悬空一丈多，随即结为瘤状的囊体，如同葫芦连缀在藤蔓上。囊体的顶端，旁边连缀着嫩芽细枝，向上迎着雨露，毛茸茸的屈曲生长，花和叶子的形状不一致，也有结出圆圆的细小子实连缀在枝条间的，即便是山中的和尚也不能说出它的名字，只是叫作寄生，或者称为木胆。一丝下垂，结出的囊体中间是空的，随风飘动，吸吮着雨露，形状似悬挂着的胆囊，顺从命运寄生在高空，取这个意思作为它的名字也挺恰当的。

余心识其异，欲取之，而高悬数丈，前即崩崖直坠，计无可得。但其前有高树自崖隙上耸，若得梯横度树间，缘柯而上，以长竹为殳[①]，可钩藤而截取之。余乃识而行，复随导僧由梯级北下悬空之台。乃石脊一枝，下瞰北壑，三面盘空，矫若龙首，条冈回壑，纡郁其下，与仙洞各缀梯级之旁，若左右垂珥。洞倚南崖，以幽峭见奇；台踞北壑，以凭临为胜。此峰前两概也。由峰后西南越脊而下，更多幽境。近法界新开小路，下十里至小甸，乃固栋西向入峡，经此而趋古勇[②]之道。其坡有热水塘，亦法界新开者，由此东可出固栋，西可穷古勇，而余时有北探滇滩、阿幸之兴，遂不及兼收云。

【注释】①殳（shū）：用长竹制的撞击用的兵器。②古勇：元曾设古勇县，后并入腾冲府，明为古勇关。今作古永，在腾冲县西北隅。

【译文】我心知它的奇异之处，想把它取下来，但悬在几丈高的地方，前方就是崩塌悬崖笔直下坠，没有办法能得到。但是它的前边有高大的树从石崖的缝隙中向上耸立，如果找到梯子横渡到树上，顺着树枝上爬，用长竹竿作殳，可钩住藤条后截断取到它。于是我记住这个地方后才离开，又跟随导游的僧人由石阶往北下到悬空的高台上。这是一条石脊，下瞰北边的壑谷，三面盘绕在高空，姿态屈曲好像龙头，条形的山冈回绕的壑谷，曲折盘结在山下，与仙洞各自点缀在石阶的两旁，就像垂在左右的耳环。仙洞紧靠南面的悬崖，以幽深峭拔见奇；石台盘踞在北面的壑谷上方，以凭高临险为胜。这是山峰前边的两处景象。由山峰后面往西南翻越山脊下走，幽境更多。近来法界新开辟了小路，下行十里到小甸，是固栋向西进峡，经过此地通往古勇关的路。这里的山坡上有个热水塘，也是法界新开辟的，由此往东可出到固栋，向西可达古勇关，但此时我有往北去探寻滇滩关、阿幸厂的兴致，就顾不上兼带游览了。

是午返寺，同顾仆取斧缚竿负梯而往，得以前法升木取瘿。而崖高峡坠，木杪难于著力，久而后得之。一瘿圆若葫芦倒垂，上大下小，中环的颈[①]；一瘿环若巨玦，两端圆凑而中空，皆藤悬于上而枝发于下。如玦者轻而松，如葫芦者坚而重，余不能兼收，后行时置轻负坚者而走。

【注释】①的（dì）颈：白色的颈子。

【译文】这天中午回到寺中，和顾仆拿来斧子绑在竹竿上，扛着梯子前去，得以用前述的方法爬上树去取树瘿。可悬崖高峻峡谷深陷，树梢难以受力，很久之后才取到树瘿。一个树瘿圆得好像倒垂的葫芦，上大下小，中间是白色环形的颈；一个树瘿呈环状好像巨大的玉玦，两头呈圆形凑在一起而中间是空的：都是藤条悬在上方而枝芽发在下边。像玉玦的又轻又松，像葫芦的又硬又重，我不能同时收两种，后来出发时便放下了轻的背走了硬重的。

二十五日　余留二诗于山，负木胆于肩，从东大道下梯级。一里余，东度过坳，遂东南循前峰之腰。又半里，东度脊项，于是俱深木夹道。曲折峻下者二里，涉一南盘峡，复东北上。半里凌脊，乃东行脊间，左右皆夹壑甚深，而重木翳之。又半里，度脊间铺木。脊两旁甚狭，而中复空坠，故以木填而度之。又东南半里，复盘壑东北下。二里，至前巨石之左，遂涉南下之溪。半里，复东逾一冈。又半里，再涉一南下之溪，东向稍上，遂出箐东北行。一里，至下院分岐之路，仍从向来之小路，一里余，至前浴流之所。又半里，越坞而得一村，入问热水塘道。仍东北三里，过乌索桥，从桥西逾冈而北，一里，与大道合。随之西北，循东山之麓行。六里，有冈自东山直对西峰而下，驱江流漱西峰之麓，而路亦因之与江遇。

【译文】二十五日　我题了两首诗在山上，背木胆在肩上，从东边的大路走下阶梯。一里多后，向东越过山坳，随后向东南沿着前峰的山腰走。又走了半里，向东越过山脊的脖子，这里都是幽深的树木夹住道路。曲折陡峻地下行二里，涉过一条向南盘绕的峡谷，再向东北上登。半里后登上山脊，于是向东在山脊上行走，左右都夹着深幽的壑谷，但重重树木遮住了壑谷。又走了半里，越过山脊上铺设的木板。山脊两旁极为狭窄，而中间又从空中下陷，所以用木板填补缺口走过去。又往东南走了半里，再绕着壑谷往东北下行。二里后，来到先前走过的巨石左边，于是涉过向南下流的溪水。半里后，再往东越过一座山冈。又走了半里，再次涉过一条向南下流的溪水，向东稍上走，就走出山箐往东北走。一里后，来到下院分岔的路口，仍然从先前来的小路走，一里多后，到了先前在溪流中洗澡的地方。又走了半里，越过山坞后遇见一个村庄，进村询问去热水塘的路。仍然往东北走了三里，过了乌索桥，从桥西越过山冈后往北，走了一里，与大路会合。顺着道路往西北走，沿着东山的山麓走了六里，有山冈从东山正对着西峰往下延伸，驱赶江流冲激着西峰的山麓，而道路也顺着山冈与江流相遇。

已复逾冈北下，北坞稍开，有小水交流西注，蒸气杂沓而起，即热水塘也。半里，抵塘上，有池而无屋，雨霏霏扑人。乃令顾仆守行囊于塘侧，北半里上坡，观其街子，已散而无他物。望南冈有村庐在坳脊间，街子人指其上有川人李翁家可歇。复南半里回觅之。有闽人洪姓者，向曾寓余乡，为导入同寓。余乃出就塘畔招顾仆入，出携餐啖之，而北探滇滩、阿幸之兴不能自已。问阿幸路，须仍从此出。此中东至明光，虽止隔一山，险峻不可行也。见日色尚早而雨止，乃留热水待出时浴，并木胆寄李翁家菜园中，遂仍西北行。

【译文】不久又越过山冈往北下山，北面的山坞逐渐开阔起来，有小溪相交向西流淌，蒸汽杂乱升起，这里就是热水塘了。半里后，到达热水塘上边，有水池没有屋子，雨雾霏霏扑人。于是让顾仆在水塘边看守行李，我向北上坡半里，观看这里的街子，集市已经散了而且没有其他东西。望见南面的山冈上有村庄房屋建在山坳和山脊间，集市上的人告诉我，山冈上有个四川人李翁的家可以住宿。又往南走半里回头去找他。有个姓洪的福建人，曾经寄居在我的家乡，领路带我进入同乡的寓所中。我于是出门走近水塘边招呼顾仆进来，拿出带的饭吃下，但是向北去探寻滇滩关、阿幸厂的兴致自己也不能控制。打听去阿幸厂的路，须仍旧从这里出去。此地往东到明光，虽然只隔着一座山，但险峻不可通行。我看天色还早而且雨停了，就留下热水塘等回来时再洗浴，并且把木胆寄放在李翁家的菜园中，随后向西走。

五里，北上坡，为左所，盖其分屯处也。其处居庐甚盛，行者俱劝余宿此，谓前皆僰彝[①]家，不可栖，且多茶山彝出入，不可晚行。余不顾。又北二里，逾一坡，又三里，过后所屯[②]。渐折而从西北，三里，直逼西大山东北垂，复与江遇。回顾尖山与前峰并峙，中坳如马鞍，而左所之南，复有峰一支自西山突出，横亘其北，故路必东北从乌索桥抵热水塘，又西北至此也。此地正当尖山之北，其北则西大山渐伏，中逊而西，为滇滩过脉处；东大山直亘而南，分坠西窜，下冲小山，横界于北，为松山坡；坡之北，即阿幸北进之峡。其西北，高峰浮出于横坡之上，则阿幸、滇滩之间，又中界之一峰，所谓土瓜山也。

【注释】①僰彝（bó yí）：即傣族。②后所屯：今作后所。在腊幸街往北的公路旁。

【译文】五里后，向北上坡，到达左所，这应该是腾越卫分兵屯垦的地方。此处居民房屋十分兴盛，行人都劝我住在这里，说前面都是僰彝人家，不能住宿，又多有茶山彝人出入，不能赶夜路。我没有理睬。又向北走了二里，翻过一条山坡，又走了三里，路过后所屯。渐渐转向西北，三里后，直逼西面大山的东北垂，又与江流相遇。回头看去，尖山与前峰并排对峙，中间下凹如同马鞍，而左所屯的南边，又有一列山峰从西山突出，横亘在左所的北面，所以要从东北方的乌索桥才能到达热水塘，又从西北来到此地。此地正在尖山的北面，此地的北面就是西部的大山渐渐低伏下去，中段向西退去，是滇滩关山脉延伸经过的地方；东部的大山一直往南绵延不断，分支下坠向西窜，向下冲向小山，横隔在北方，成为松山坡；松山坡的北面，就是阿幸厂向北进去的峡谷。这里的西北方，高峰突出在横亘的山坡上，那里是阿幸厂、滇滩关的中间，中间又隔着一座山峰，就是所谓的土瓜山了。

行江东岸一里，复折而东北一里，抵东山腋下。山峰从立处，有两三家倚东坡而栖，是为松山。从其前又北一里，上北山西亘之坡，一里蹑坡脊。其脊正西与滇塘相对，有坞西盘，而江水自北横界脊下，脊若堵墙。溯水北上，从脊间行二里，乃西北下。半里，有石屏西向立峰头，是为土主碑，乃神之所托也。从石西随坡下，涉江西上，乃滇滩关①道，已茅塞不通。惟茶山野人间从此出入，负茶、蜡、红藤、飞松、黑鱼，与松山、固栋诸土人交易盐布。中国亦间有出者，以多为所掠，不甚往也。其关昔有守者，以不能安居，多遁去不处，今关废而田芜，寂为狐兔之穴矣。其隘亦纡坦，不甚崇险，去此三里，已望而知之，遂北下坡。一道从坞间溯江东岸北行，为度桥捷径；一道沿东坡北上，为托宿之所。乃下半里，渡东来小涧，复上东坡，北随之行。

【注释】①滇滩关：在今腾冲县北隅瑞滇北部的水城附近，近年设滇滩镇。乾隆《腾越州志》记载："大塘隘，即巅塘关也"。

【译文】在江东岸走了一里，又转向东北一里，抵达东山的山窝下。山峰成丛矗立的地方，有两三户人家倚靠东面的山坡居住，这里是松山。从村前又向北走了一里，登上北山向西绵亘的山坡，一里后登上坡脊。这条坡脊正西与滇塘相对，有个山坞向西盘绕，而江水从北面横隔在山脊下，山脊如同一堵墙。逆着江水向北上行，在山脊上走了二里，向西北下走。半里后，有块岩石像屏风一样面向西竖立在峰头，这里是土主碑，是神灵依托的地方。从岩石西边顺着山坡下走，渡过江水向西上走，是去滇滩关的道路，已经被茅草阻塞不通。只有茶山的野人偶尔从此地出入，背着茶叶、蜂蜡、红藤、飞松、黑鱼，与松山、固栋等地的当地人交换食盐和布匹。中国偶尔也有出去的人，由于多被抢劫，都不怎么愿意去。这里的关口从前有守卫的人，因为不能安居，大多都逃走了，如今关口废弃田园荒芜，荒寂以致成为狐狸、野兔的巢穴了。这里的隘口也是曲折平坦，不那么高险，离此地还有三里路，一眼望去就知道它的地形了，向北下坡。一条路从山坞中沿江东岸逆流往北，是过桥的捷径；一条路沿着东面山坡的西边向上，是投宿的地方。于是下坡半里，渡过东面流来的小山涧，再走上东面的山坡，往南顺着山坡走。

二里，有四五家倚东山而居，即托宿之所也。其主人王姓者，夫妇俱伐木山中未归。余将西度桥，望西山下投栖；闻其地江岸西庐，乃土舍所托，皆不纳客，纳客者惟东岸王店。方踌躇间，一锄于田者，乃王之邻，谓其妇亦入山未归，不识可徐待之否。余乃还待于其门。久之妇归，为汲水而炊。此地名土瓜山[1]，西乃滇滩东北高峰南下之支；东乃雅乌直北崇亘之岭，中夹成坞，江流贯其间；南则土主碑之横冈自东而西突；北则土瓜山之东岭自西而东突，中界此坞，南别松山坡，北别阿幸厂，而自成函盖于中。盖滇滩土巡检昔为某姓，已绝，今为土居之雄者，曰龙氏，与此隔江相向，虽未授职，而俨然以土舍[②]自居矣。

【注释】①土瓜山：今名同，既是山名，又是山边的村名。在滇滩滇以北、核桃园南邻。②土舍：土司的属官。

【译文】二里后，看到有四五户人家倚靠东山居住，就是投宿的地方了。村中王姓的房主，夫妇都到山中伐木没有回来。我将要向西过桥，望着西山下去投宿；听说此地江西岸的房屋，是土舍居住的场所，都不接纳旅客，接纳旅客的只有东岸的王家客店。正在犹豫时，有一个在田中锄地的人，是王家的邻居，说他的妻子也进山了还没有回来，不知道我可不可以稍微等等她。我于是返回在他家门口等。很久过后妇人回来了，为我打水煮饭。此地名叫土瓜山，西面是滇滩关东北方高峰往南下延的支脉，东面是雅乌山正北高大横亘的山岭，中间夹成山坞，江水流贯在山坞中；南面是土主碑所在横亘的山冈，自东向西前突，北面是土瓜山的东岭自西向东前突，中间隔成这个山坞，南边与松山坡隔开，北边与阿幸厂隔开，而在中间自然形成一处像盒子盖一样的地形。滇滩关的土巡检从前是某姓人，已经绝嗣了，现在在土著居民中称雄的，是龙氏，与此地隔江相望，虽然没有授过职位，却俨然以土司的属官自居。

二十六日　凌晨起饭，西下行田间，半里，抵江岸。溯江北行，有木桥跨江而西，度之。复溯江西岸北行，一里，北上坡。半里，折而东，盘其东突之嘴。半里，复转而北，从坡上行。西循峰腰，东瞰江流，坞底至此，遂束而为峡。隔峡瞻东山之崖，崩石凌空，岩岩上拥，峡中之水，北自阿幸厂北姊妹山[①]发源南下，南趋乌索而为固栋西江者也。

【注释】①姊妹山：乾隆《腾越州志》载：姊妹山，在滇滩关西北三十里，其地崇山密岭，有双峰插天，亭亭卓立，宛如巫峡神女峰，山后即茶山野人矣。其山出斑竹。姊妹山海拔3158米。因一大一小，故名姊妹。按其走向又分上姊妹山和下姊妹山。

【译文】二十六日　凌晨起床吃饭，向西下走行于田间，半里，抵达江岸。溯江往北走，有木桥横跨到江的西岸，过桥。又溯江西岸往北走，一里，往北上坡。半里，转向东，绕过那向东突的山嘴。半里，又向北转，从山坡上走。往西沿山腰走，往东俯瞰江流，坞底底到了这里，便束拢而成为峡谷。隔着峡谷远望东边的山崖，崩石凌空，重重岩石上拥，峡谷中的水，北从阿幸厂北面的姊妹山发源往南下，向南流向乌索，而成为固栋西江的水流。

东西两界山，自姊妹山分支：西下穹为滇滩东北峰，而下为土瓜山；东下穹为阿幸东山，而南接雅乌。东山之东，北为明光，南为南香甸，第此山峻隔，路仄难逾，故行者避之。

【译文】东西两面的山，从姊妹山分支：往西下延隆起成为滇滩关东北的山峰，而后下延成土瓜山；往东下延隆起成为阿幸厂的东山，而后往南接到雅乌山。东山的东面，北为明光，南为南香甸，只是这座山高险隔绝，道路狭窄，难以越过，所以行人不走这条路。

北行西坡五里，稍下，有小涧自西而东，涉之北上，于是屡陟东突之坡，再渡东流之涧。八里，西坪稍开，然北瞻姊妹，反茫不可见。又北二里，盘西山之嘴，始复见姊妹山北倚，而前壑之下，炉烟氤氲，厂庐在焉，遂五里而至厂。厂皆茅舍，有大炉、小炉。其矿为紫色巨块，如辰砂之状。有一某姓者，方将开炉，见余而留饭于龛中。言其北姊妹山后，即为野人出没之地，荒漠无人居，而此中时为野人所扰，每凌晨逾箐至，虽不满四五十人，而药箭甚毒，中之无不毙者。其妻与子，俱没于此，现葬山前。

【译文】在西坡上往北行五里，逐渐下走，有小涧自西而东，涉过山涧向北上走，屡次登上东突的山坡，再渡过向东流的山涧。八里，西面的平地逐渐开阔，然而北望姊妹山，反而茫然不可见。又往北二里，绕过西山的山嘴，开始重新见到姊妹山倚靠在北边，而前方的壑谷之下，炉烟缭绕，厂房就在那里。又走了五里到厂区。厂区都是茅草房，有大炉子、小炉子。这个矿是紫色的巨块，如朱砂的形状。有一个某姓的人，正要打开炉，见到我就留我在小屋里吃饭。说它北面的姊妹山后面，就是野人出没的地方，荒凉偏僻无人居住，而且这里时常被野人骚扰。野人每天凌晨越过山箐而来，虽然不到四五十人，而毒箭很毒，中了没有不死的。他的妻子和儿子，都死在这里，现在葬在山前。

姊妹山出斑竹，北去此三十里，可望而尽，不必登。明光逾峻而过，东去此四十里，然径仄无行者，恐箐深蔓翳，亦不可行。乃遂出，仍二十里下土瓜山。

【译文】姊妹山出产斑竹，在北边距离这里三十里，能够一眼望尽，不用攀登。明光越过峻岭，在东面离这里四十里，但小路狭窄，没有人行走，担心山路幽深，藤蔓密蔽，也不能走。于是只好出来，还是二十里下到土瓜山。

又一里，过江桥而东，乃沿江南随坞中捷径，二里，抵西南坡下。江漱坡而南，路稍东，逾东峡来小涧。其涧西注于江，即前涉土主碑坡北之流。江之西亦有小涧自滇滩南来，东注于江，其处乃正流即江之会也。复东南上坡半里，至石屏土主碑下，与前来之道合。又南越冈而下，过松山及诸所，二十里而入热水塘李老家。时犹下午，遍观热水所泄，其出甚异。盖坞中有小水自东峡中注而西者，冷泉也。小水之左右，泉孔随地而出，其大如管，喷窍而上，作鼓沸状，滔滔有声，跃起水面者二三寸，其热如沸，有数孔突出一处者，有从石窞中斜喷者，其热尤甚。土人就其下流，作一圆池而露浴之。余畏其热，不能下体，仅踞池中石上拂拭之而已。外即冷泉交流，若导入侵之即可浴。此冷泉南坡之热水也。其北倚东坡之下，复有数处，或出于砂孔，或出于石窞，其前亦作圆池，而热亦如之。两池相望，而溢孔不啻百也。

【译文】又走了一里，过了江上的桥向东走，于是沿着江流向南顺着山坞中的捷径走，再走二里，到达西南山坡下。江水冲刷着山坡向南流，路稍微偏东，越过东面峡中流来的小涧。这条涧向西流入江中，就是先前涉过的土主碑坡北的水流。江的西岸同样有小涧从滇滩关向南流来，向东注入江中，这里正是诸主流会聚各条支流的地方。再向东南上坡半里，到石屏风土主碑下，与前边来时的道路会合。又向南越过山冈下走，经过松山和诸处哨所，二十里后进入热水塘李老的家中。这个时候还是下午，遍观热水流泄的地方，水流出的形态十分奇异。山坞中有小溪从东面峡中向西流注的，是冷泉。小溪的左右，泉孔随地而出，孔大处像竹管，泉水从孔中喷上来，作出凸起沸腾的形状，滔滔作声，跃出水面有二三寸，水热得如沸水，有数孔在一处突出来的，有从石坑中斜喷出来的，那水热得尤其厉害。当地人就在泉水的下游，修了一个圆池露天沐浴。我担心水太热，不敢浸下身体，仅蹲在池中的岩石上轻轻搅水而已。池外就是冷泉交错流过，如果把它导入池中就能沐浴了。这是冷泉南面山坡的热水，它北紧靠东面山坡的下面，又有几处泉孔，有的从砂孔中流出，有的从石坑中流出，泉孔前边也修建了圆池，而且水也很热。两个圆池相望，而溢水的泉孔有不下一百个。

二十七日　晨起，饭而行。仍取木胆肩负之。由冈东南下峡一里余，复有烟气郁勃，则热水复溢坞中，与冷水交流而西出峡，其坞皆东大山之环壑也。由其南复上坡里余，有坑自东山横截而西，若堑界之者，其下亦水流淙淙。随坑东向上一里，从坑坠处南渡其上。盖其东未渡处，亦盘壑成坪，有村倚东峰下，路当其西南。半里，有岐：一南行坡上，一东向村间。余意猜想，向东者乃村中路，遂循东峰南行，前望尖山甚近。三里稍下，见一坞横前，其西下即乌索之旁村，其南逾即雅乌之西坳矣，乃悟此为固栋道。亟转而东，莽行坡坂间。一里，得南来大路，乃知此为固栋向南香甸道，从之。渐东北上一里，稍平，东向半里，复上坡。平上者一里，行峰头稍转而南半里，即南雅乌之脊也。从其上可南眺龍嵸山，而北来之岭，从其北下坠为坳，复起此坡。

【译文】二十七日　清晨起床，用餐后动身。依旧取来木胆扛在肩上。从山冈东南下到峡中一里多，又有浓浓的烟气，热水又从山坞中满溢出来，和冷水交错流淌向西流出峡谷，这里的山坞都是东大山环绕的壑谷。由泉南再上坡一里多，有个坑谷从东山往西横截，好像堑沟一样隔在这里，坑谷下也有水淙淙流淌。顺着坑谷向东上走了一里路，从坑谷下坠的地方向南越到坑谷上。在这里的东面没有走过的地方，也有壑谷盘绕成平地，有村庄靠在东峰下，路在村庄的西南。走了半里，有岔路：一条向南前行在山坡上，一条向东经过村中。我猜想向东的是去村中的路，于是就沿着东峰向南走，望见前方尖山非常近。三里后稍微下走，看见一个山坞横在前面，它西面的下边就是乌索近旁的村子，它南边越过去就是雅乌山西面的山坳，才醒悟过来这是去固栋的路。急忙转向东，茫然行走在山坡间。再走一里，遇上南来的大路，才知道这是固栋通向南香甸的路，顺着它走。慢慢向东北上走了一里路，稍微平缓些向东半里，再上坡。平缓上走了一里路，走在峰头稍微转向南半里，就是南雅乌的山脊了。从脊上可向南眺望窟嵷山，而北面来的山岭，从它北边下坠为山坳，再隆起为这里的山坡。

东随坞脊平行半里，乃东北下。抵坳东，则有路西自坳中来者，乃热水塘正道，当从坠坑东村之岐上，今误迂而南也。于是又东下一里余，其下盘而为坪，当北山之东，山界颇开，中无阡塍，但丰草芃芃。东北一峰东突，巀嶪前标，即石房洞山也，其后乃西北而属于西山。西山则自北而南，如屏之列，即自热水塘之东而南度雅乌者也。于是循西山又北下半里，见有两三家倚南坡而庐，下颇有小流东向而坠，而路出其西北，莫可问为何所。已而遇一人，执而询之。其人曰："雅乌山村也。"亟驰去。后乃知此为畏途，行者俱不敢停趾，而余贸贸①焉自适也。

【注释】①贸贸：糊涂不明的样子。

【译文】向东顺着山坞的山脊平行半里，就向东北下走。抵达山坳东头，就看见有路从西边的山坳中延来，是去热水塘的正道，原来应当从下坠坑谷东面村庄的岔路上走，现在错绕向南了。于是又向东下走了一里多路，山坳下边盘绕成平地，在北山的东面，两面山之间的距离相当开阔，其中没有田地，但丰美的草地十分茂盛。东北方一座山峰向东突起，山势高大险峻，标杆样矗立在前方，是石房洞山，它的西北面就是西山。西山则是从北向南延伸，像排列的屏风一样，西山就是自热水塘东向南延伸的雅乌山。于是沿着西山又向北下走半里，见到有两三家人紧靠南面的山坡建了屋子，下边有些小水流向东下泻，而路通到村子的西北方，没有办法能够打听是什么地方。接着遇见一个人，拉住他问路。那个人说："这是雅乌山村。"说完赶快跑开了。后来才知道这里是危险的路段，走路的人都不敢停下脚步，可我却糊里糊涂地坦然自如。

又北一里，再逾一东突之坡，一里，登其坳中，始觉东江之形，自其南破雅乌东峡而去，而犹不见江也。北向东转而下，一里，有峡自西北来，即巖巢后西北之山，与西界夹而成者，中有小水随峡东出，有小木桥度其上。过而东，遂循北山之麓，始见南壑中，东江盘曲，向西南而破峡。盖此地北山东突而巖嵲[1]，南山自石洞厂南，盘旋西转，高耸为江东山北岭，与北对夹，截江西下，中拓为坞，曲折其间。路从其北东行一里，有岐东南下坞中，截流渡舟，乃东趋石洞之道；有路东北挟巀嵲之峰而转，乃北趋南香甸道。于是东北一里余，转巀嵲峰东。遥眺其坞大开，自北而南，东西分两界夹之。西山多东突之尖，东山有亘屏之势，坞北豁然遥达，坞东则江东北嶂，矗峙当夹。惟东南一峡，窈窕而入，为杨桥、石洞之径；西南一坞，宛转而注，为东江穿峡之所。

【注释】①巀嵲（jié niè）：高耸，高峻的山峰。

【译文】又向北走一里，再越过一处向东突的山坡，一里，登到山坳中，这才察觉到东江的形态，从它的南边冲破雅乌山东面的峡谷流去，但仍看不见江流。向北转向东下走，一里，有山峡从西北延伸过来，就是高大险峻的山后面西北方的山，和西面一列山相夹形成的，峡谷中有小河顺着峡谷向东流出去，有小木桥横跨河上。过到桥东，就沿着北山的山脚走，才见到南面壑谷中，东江盘绕弯曲，向西南冲破峡谷流去。这里北山东突而且高大险峻，南山自石洞厂南面，盘旋着向西转，高耸成为江东山的北岭，与北山对立相夹，横过江流向西下延，中间拓宽为山坞，江流曲折流经其间。路从它的北边向东走一里，有条岔路向东南下到山坞中，乘船截流而过，是向东通向石洞厂的路；有条路傍着高大险峻的山峰向东北转，是往北通向南香甸的路。于是向东北走了一里多，转到高大险峻山峰的东面。遥望这里的山坞十分开阔，从北伸向南，东西分为两列山夹住山坞。西山多有向东突的尖峰，东山有屏风横亘之势，山坞北面豁然开阔达到远方，山坞东面是江东山屏障样的北峰，矗立耸峙呈相夹状。唯有东南方一条峡谷，通入到深远的地方，是去杨桥石洞的路；西南方向有一个山坞，曲折流注，是东江穿流峡谷的地方。

先是，余望此巀嵲之峰，已觉其奇；及环其麓，仰见其盘亘之崖，层耸叠上；既东转北向，忽见层崖之上，有洞东向，欲一登而不见其径，欲舍之又不能竟去。遂令顾仆停行李，守木胆于路侧，余竟仰攀而上。其上甚削，半里之后，土削不能受足，以指攀草根而登。已而草根亦不能受指，幸而及石。

【译文】这之前，我望见这高大险峻的山峰，已觉得它很奇特；到环绕在它的山脚时，仰面看见它盘绕绵亘的山崖，层层叠叠向上耸；既而从东转向北，忽然见到层层山崖的上面，有个洞朝向东方，想一登而上却不见有上去的路，想要舍弃它又始终不舍离去。最终命令顾仆放下行李，在路旁守住木胆，而我仰面攀登而上。那山上的路极为陡削，半里之后，山土陡削不能落脚，用手指抓住草根上登。不久草根也不能承受手指的力量，幸好走到了有岩石的地方。

然石亦不坚，践之辄陨，攀之亦陨，间得一少粘者，绷足挂指，如平贴于壁，不容移一步。欲上既无援，欲下亦无地，生平所历危境，无逾于此。盖峭壁有之，无此苏土；流土有之，无此苏石。久之，先试得其两手两足四处不摧之石，然后悬空移一手，随悬空移一足，一手足牢，然后悬空又移一手足，幸石不坠，又手足无力欲自坠。久之，幸攀而上，又横贴而南过，共半里，乃抵其北崖。稍循而下坠，始南转入洞。洞门穹然，如半月上覆，上多倒垂之乳。中不甚深，五丈之内，后壁环拥，下裂小门。批隙而入，丈余即止，无他奇也。出洞，仍循北崖西上。难于横贴之陟，即随峡上跻，冀有路北迂而下，久之不得。半里，逾坡之西，复仰其上崖高穹，有洞当其下，洞门南向，益竭蹶从之。半里，入洞。洞前有巨石当门，门分为二，先从其西者入。门以内辄随巨石之后东转，其中夹成曲房，透其东，其中又旋为后室，然亦丈余而止，不深入也。旋从其东者出，还眺巨石之上，与洞顶之覆者，尚余丈余。门之东，又环一石对之，其石中悬如台，若置梯蹑之，所览更奇也。出洞，循崖而北半里，其下亦俱悬崖无路，然皆草根悬缀。遂坐而下坠，以双足向前，两手反而后揣草根，略逗其投空之势，顺之一里下，乃及其麓。与顾仆见，若更生也。

【译文】然而岩石也不坚稳，踩上去岩石马上坠落，手攀岩石也会坠落，偶尔找到一块略微牢固的，双足绷紧手指挂住，如平贴在墙壁上一样，不容移动一步。想上去既无处可抓，要下走也没有余地，生平所经历的险境，没有超过这个地方的。峭壁有经历过，但没有这种酥松的土质；流动的土石有经历过，但没有这等松散的岩石。过了很久，先试探着找到那容纳两手两脚四处不会坠落的石头，然后悬在空中移动一只手，随后悬在空中移动一只脚，一只手一只脚抓牢，然后悬空又移动一手一脚，幸好石头没有坠落，可又手足无力像要下坠。很久，侥幸攀登上去，又贴身横过南边，共半里，才抵达洞北面的山崖。沿山崖略微下坠，才向南转进洞中。洞口穹然隆起，如半个月亮覆在上方，顶上倒垂的钟乳石很多。洞中不怎么深，五丈之内，后边的洞壁呈环状前拥，下边裂开小洞口。分开缝隙进去，一丈多就到了头，没有别的奇异之处。出洞后，仍沿北面的山崖在西上爬。比贴身横爬还艰难，随即顺山峡上登，希望有路往北绕下山，但很久也没找到。走了半里，越过山坡的西边，又望见它上方山崖高大弯隆，有山洞位于山崖下，洞口向南，益发竭力地向它走去。走了半里，进了洞。洞前有巨石挡在洞口，把洞口分为两个，先从那西边的洞口进去。洞口以内则沿着巨石的后方向东转，其中夹成深邃幽隐的密室，钻到它的东面，其中又旋绕成后室，不过也是一丈多便到了头，没有深入进去。随后就从那东边的洞口出来，回头眺望巨石的上方，与洞顶下覆的地方，还余下一丈多。洞口的东边，又环绕着一块岩石对着它，这块岩石悬在中央如像平台，如果设置了梯子登上去，收揽的景色更奇了。出洞后，沿着山崖向北行半里，脚下也都是悬崖无路可走，但全是草根悬挂着。于是坐下往下坠，把双脚伸向前，两手反向后拉着草根，略略作出那投空而下的姿势，顺势下山一里，直达山脚。与顾仆相见，就像再生一样。

日将过午，食携饭于路隅，即循西山北行。三里而西山中逊，又一里，有村倚西山坞中，又半里，绕村之前而北，遂与江遇，盖江之西曲处也。其村西山后抱，东江前揖，而南北两尖峰，左右夹峙如旗鼓，配合甚称。有小溪从后山流出，傍村就水，皆环塍为田，是名喇哈寨，亦山居之胜处也。溯江而北，半里，度小溪东注之桥，复北上坡。二里，东北循北尖峰之东麓。一里余，仰见尖峰之半，有洞东向高穹，其门甚峻，上及峰顶，如檐覆飞空，乳垂于外，槛横于内，而其下甚削，似无陟境，盖其路从北坡横陟也。余时亦以负荷未释，遂先趋厂。又北一里余，渡一西来之涧，有村庐接丛于江之西岸，而矿炉满布之，是为南香甸。乃投寓于李老家，时甫过午也。

【译文】快过中午，在路旁吃了带来的饭，随即沿着西山向北行走。三里后西山向中后退，又走了一里路，有村庄依傍在西山的山坞中，又走了半里，绕到村子的前面向北走，终于和江水相遇，这大概是江水往西弯曲的地方。此村西山在后面环抱，东江在前方作揖，而南北两座尖峰，夹峙在左右如同旗鼓，配合得十分相称。有小溪从后山流出来，傍村近水，都是土埂环绕着的水田，这里名叫喇哈寨，也是山间居住优美的地方。溯江向北走，半里，走过向东流淌小溪上的桥，再向北上坡。走了二里，向东北沿着北尖峰的东边山脚走。一里多，仰头看见尖峰的半山上，有个洞向东高高隆起，洞口非常险峻，上方到达峰顶，如屋檐下覆飞空，石钟乳垂在洞外，门槛横在洞内，可它下方十分陡削，似乎没有上登的地方，原来上去的路是从北面的山坡横向上登。我此时也因为背着行李不能放下，就先赶去厂区。又往北一里多，渡过一条西来的山涧，有村庄房屋成丛连接到江的西岸，而矿冶炉布满甸中，这是南香甸。于是投宿到李老家中，这个时候刚过正午。

先是，余止存青蚨[①]三十文，携之袖中，计不能为界头返城之用，然犹可籴米为一日供。迨石房洞扒山，手足无主，竟不知抛堕何所，至是手无一文。乃以褶袜裙[②]三事悬于寓外，冀售其一，以为行资。久之，一人以二百余文买细裙去。余欣然，沽酒市肉，令顾仆烹于寓。余亟索饭，乘晚探尖峰之洞。乃从村西溯西来之溪，半里，涉其南，从僰彝庐后南蹑坡。迤逦南上一里，遂造洞下。洞内架庐三层，皆五楹，额其上曰“云岩寺”。始从其下层折而北，升中层，折而南，升上层。其中神像杂出，然其前甚敞。石乳自洞檐下垂于外，长条短缕，缤纷飘飏，或中透而空明，或交垂而反卷，其状甚异。复极其北，顶更穹盘而起，乃因其势上架一台，而台之上又有龛西进，复因其势上架一阁。又从台北循崖置坡，盘空而升，洞顶氤氲之状，洞前飘洒之形，收览殆尽。

【注释】①青蚨：指铜钱。②褶（dié）：夹衣。中间无棉絮的双层衣服。裙：下裳，古代男女都有下裳。

【译文】这以前，我只留下三十文铜钱，把它们带在袖中，估计不够做从界头返回城中的费用，然而还可买米作为一天的口粮。等在石房洞爬山时，手脚无主，竟然不知抛落在哪里，到这个时候手中空无一文。只好把夹衣、袜子、裙子三件东西挂在寓所外，指望卖掉其中一样，作为路费。很久之后，一个人拿二百多文钱买去了绸裙。我十分欣喜，打酒买肉，让顾仆在寓所烧煮。我急忙找饭吃了，乘着夕阳去探尖峰上的洞。于是从村西湖西面流来的小溪走，半里，涉到溪水的南岸，从僰彝的屋后向南登坡。曲曲折折向南上走了一里路，便到达洞下。洞内架起三层房屋，都是五开间，它上边的匾额题为“云岩寺”。开始时从它的下层折向北，登上中层，折向南，登到上层。屋子中神像杂乱出现，不过它的前方非常宽敞。石钟乳从洞檐上下垂到外边，长的成条，短的为缕，缤纷飘扬，有的中间穿通而又空又亮，有的交相下垂反卷上去，形状非常怪异。再穷尽它的北边，洞顶更加穹隆盘绕而起，就顺着地势在上边架了一座平台，而平台之上又有石龛西迸裂，再顺着地势在上边架起一个阁子。又从平台北边沿石崖设置了斜坡，向高空盘绕上升，洞顶的氤氲之状，洞前的飘扬潇洒之形，几乎都被我观赏完了。

台之北，复进一小龛南向，更因其势而架梯通之，前列一小坊，题曰“水月”，中供白衣大士。余从来嫌洞中置阁，每掩洞胜，惟此点缀得宜，不惟无碍，而更觉灵通，不意殊方反得此神构也。时洞中道人尚在厂未归，云磴不封，乳房无扃，凭憩久之，恨不携囊托宿其内也。洞之南复有一门骈启，其上亦有乳垂，而其内高广俱不及三之一，石色赭黄如新凿者。攀其上级，复透小穴西入，二丈后曲而南，其中渐黑，而有水中贮，上有滴沥声，而下无旁泄窦，亦神瀵①也。洞中所酌惟此。其中穴更深迥，但为水隔而黑，不复涉而穷之。乃下，仍从北崖下循旧路，二里返寓。遂啜酒而卧，不觉陶然。

【注释】①神瀵（shén fèn）：传说中水名。《列子·汤问》：“终北国之中有山。山名壶领，状若甔甀。顶有口，状若员环，名曰滋穴。有水涌出，名曰神瀵。臭过兰椒，味过醪醴。”神瀵可算是形状奇特、味道醇美的神泉。

【译文】平台之北，又进开一个向南的小石龛，再就着地势架了梯子通向那里，前边立着一座小牌坊，题写着“水月”，石龛中供奉白衣观音。我从来厌恶在洞中建阁，每每遮住了洞中的胜景，唯有此处点缀得宜，不仅没有妨碍，反而更觉得灵妙通畅，竟想不到如山偏僻的地方反而见到此等神奇的构造。这个时候洞中的道人还在矿厂没有归来，入云的石阶未封闭，石钟乳中的房屋未上锁，歇息凭眺了很久，后悔没有带来行李寄宿在洞中。洞之南又有一个洞口并排启开，洞上方也有石钟乳下垂，但洞内高处宽处都不到前面洞的三分之一，石色赭黄如新开凿成的形态。攀登那向上的石阶，再穿过小洞往西深入，二丈后弯向南，洞中渐渐黑下来，但洞中积有水，上有滴水声，可下边没有泄水的旁洞，也是一处神奇的泉水。洞中取水只有这个地方。它的中洞更加深远，但被水隔开又黑暗，不再涉水去穷尽洞中。于是下山，仍从北面的山崖沿原路下走，再走二里返回寓所。于是喝酒后躺下，不知不觉舒畅地睡着了。

南香甸，余疑为“兰香”之讹，盖其甸在北，不应以“南”称也。山自明光分脉来，西即阿幸东南下之山，东乃斜环而南，至甸东乃西突而南下，夹江流于中。其流亦发于明光，北即姊妹山东行之脉也，是为固栋东江之源。此中有“明光六厂”之名，而明光在甸北三十里，实无厂也，惟烧炭运砖，以供此厂之鼓炼。此厂在甸中，而出矿之穴在东峰最高处，过雅乌北岭，即望而见之，皆采挖之厂，而非鼓炼之厂也。东峰之东北有石洞厂，与西北之阿幸，东南之灰窑，共为六厂云。诸厂中惟此厂居庐最盛，然阿幸之矿，紫块如丹砂；此中诸厂之矿，皆黄散如沙泥，似不若阿幸者之重也。

【译文】南香甸，我怀疑是“兰香”的错读，因为这个甸子在北边，不应用“南”来称呼。山自明光分出支脉延伸来，西边就是阿幸厂东南延伸来的山，向东延后就倾斜地向南环绕，到甸子东面就向西突后向南下延，把江流夹在中间。这条江流也是发源于明光，北面就是姊妹山向东延伸的山脉，这是固栋东江的源头。这一带有“明光六厂”之名，但明光在甸子北边三十里，实际并没有厂，只是烧炭运砖，以供此厂的鼓铸冶炼。这个厂在甸子中，可出矿的矿坑在东峰的最高处，过了雅乌山的北岭，立即就能望见它，都是挖掘开采的矿厂，而不是鼓铸冶炼的厂。东峰的东北有处石洞厂，与西北的阿幸厂，东南的灰窑，一共是六个厂。各厂中唯有此厂的居民房屋最兴盛。然而阿幸厂的矿石，是紫色的块状体如同朱砂；这一带各厂的矿石，都是黄色松散如同泥沙，似乎不如阿幸厂的矿石质地好。

二十八日　晨起，雾甚。平明，饭而为界头之行。其地在南香甸东南，隔大山、大江各一重。由南香东北大厂逾山，则高壑重叠，路小而近；由南香东南阳桥矿逾东岭，则深峡平夷，路大而遥。时因霾黑，小路莫行，遂从土人趋阳桥道，且可并览所云石洞也。从村东度江桥。其桥东西横架于东江之上，覆亭数楹。由桥东，即随江东岸，循东山南向行。东山者，即固栋江东山之脉，北自明光来，至大厂稍曲而东南，至是复西突而南下，屏立南香甸之东。其上有矿穴当峰之顶，茅舍缘之，自雅乌北岭遥望，以为南香甸也，至而后知为朝阳出矿之洞。

【译文】二十八日　清晨起床，雾很大。黎明，饭后上路去界头。那地方在南香甸东南，隔着大山、大江各一重。由南香甸东北的大厂翻过山，高山上的壑谷重重叠叠，路小而近些；由南香甸东南的阳桥矿越过东岭，深山中的峡谷平坦，路大而远。这个时候因为阴霾天黑，小路无法走，就跟随当地人走向去阳桥的路，而且可一并观赏所说的石洞厂。从村东越过江上的桥。此桥呈东西向横架在东江之上，覆盖着数间亭子。走过桥东，随即顺着江东岸，沿东山向南行。东山，就是固栋江东山的山脉，从北面的明光延伸来，延至大厂略微曲向东南，到这里又往西突出后向南下延，屏风样矗立在南香甸的东面。山上有矿井位于峰顶，茅屋沿着矿井建盖，自雅乌山北岭远望，以为是南香甸，走到后才知是朝阳出矿的矿洞。

然今为雾障，即咫尺东山，一无所睹，而此洞直以意想定之而已。南行八里，则有峡自东山出，遂东转而蹈之。其峡北即东山至此南尽，南即东岭之转西，西矗于南香甸南，为江东山北岭者也。开峡颇深，有泉西出而注于东江，即昨所以巀嵲山前分岐渡江而东入之峡也。峡径虽深，而两崖逼仄。循北山东行二里，望见峡内乱峰参差，扼流跃颖，亟趋之。

【译文】不过今天被雾气所障蔽，即使是近在咫尺间的东山，也一无所见，而此洞的位置只能凭主观想象来推测它的方位。向南行八里，见有峡谷从东山延出来，于是向东转后沿着峡谷走。这条峡谷的北边就是东山延伸到了这里南边的尽头，南面就是东岭往西转，向西矗立在南香甸的南边，成为江东山的北岭的地方。开阔的峡谷相当深远，有泉水向西流出来注入东江，就是昨天所走的高大险峻的山前分岔渡江后向东走进去的峡谷了。峡谷纵向虽然深远，但两面的山崖紧逼狭窄。沿北山向东行再走二里，望见峡内杂乱的山峰参差不一，挡住水流，如锥尖腾跃，急忙向它赶过去。

一里至其下，忽见北崖中迸，夹峙如门，路乃不溯涧东上，竟北转入门。盖门左之崖，石脚直插涧底，路难外潆，故入而内绕耳。由门以内，仍东蹑左崖之后，一里，遂逾乱峰之上，盖石峰三四，逐队分行，与流相鏖，独存其骨耳。

【译文】一里来到峰下，忽然看见北面的山崖从中迸裂开，夹峙如门，路于是不沿山涧向东上走，而是往北转入石门。门左边的石崖，石脚直插到涧底，路难以从外边绕过去，所以进入石门内绕过去罢了。由石门以内，仍向东登上左边的石崖之后，一里，就翻越到杂乱的山峰之上，是三四座石峰，分行成队追逐着，与流水相鏖战，仅存留下那骨状的岩石。

循北峰揽涧南乱峰，又东一里，路复北转，蹈北峰之隙北下。半里，则峰北又开一峡，自北而南，与东来之峡，会于北峰东突之下，同穿乱峰之隙而西。

【译文】沿着北峰观赏山涧南面杂乱的山峰，又向东一里，路再往北转，沿北峰的缺口往北下走。半里，就见峰的北面又分开一条峡谷，自北向南，与东来的峡谷，在北峰东突之处的下方会合，一同穿过杂乱山峰间的缺口往西而去。

所谓北峰者，从大厂分支西南下，即南香甸东突之峰，余今所行路，循其南垂向东者也，其东南垂亦至是而尽。是山之西北，有矿西临南香甸者，曰朝阳洞；是山之东南，有矿东临是峡者，曰阳桥。阳桥之矿，亦多挑运就煎炼于南香，则知南香乃众矿所聚也。随峡北望，其内山回壑辟，有厂亦炉烟勃勃，是为石洞厂。所云石洞者，大厂之脉，至是分环：西下者，自南香东界而南至阳桥，下从峡中，又东度一峰，突为虎砂而包其内；东下者，亦南走而东环之，至东岭而西转，穹为江东山北境，绕为龙砂而包其外。其水自石洞东，南出合东岭北下之水，西注于乱峰，与阳桥度峡水合流，西注东江。是石洞者，众山层裹中之一壑也，从阳桥峡北望而见之，峡中度脉而东，虽无中界之脊，而水则两分焉。

【译文】所谓的北峰，从大厂分支向西南下延，就是南香甸东突的山峰，我今天所走的路，沿着它的南垂向东而去，它的东南垂也是到了这里就到头了。此山的西北面，有矿西边面临南香甸的，叫朝阳洞；此山的东南面，有矿在东边面临此峡的，叫阳桥。阳桥之矿，也是大多挑运到南香甸去烧炼，这才知道南香甸是各处矿石聚集的场所。沿峡谷往北望去，峡内山峰回绕壑谷开阔，有矿厂也是炉烟浓浓，这是石洞厂。所说的石洞，大厂的山脉，到这里分支环绕：往西下延的，自南香甸东面向南延至阳桥，从峡中下延，又向东延过一座山峰，突起成为“虎砂”而围在它里面；向东下延的，也是向南延伸后向东环绕着它，延至东岭后向西转，隆起成为江东山的北境，环绕成为“龙砂”而围在它外面。这里的水自石洞东边，向南流出，会合东岭往北下流的水，向西注入杂乱的山峰间，与阳桥流过峡谷的水合流，向西注入东江。这样，石洞这地方，是群山层层包裹之中的一个壑谷，从阳桥的峡谷中往北就望得见它，峡中的山脉向东延伸，虽然没有隔在中间的山脊，但水流却分为两面流淌了。

余时欲从峡趋石洞，虑界头[1]前路难辨，不若随同行者去，遂舍石洞，从东峡溯流入，三里，则路东有峰前屏，北界阳桥东度之峰，至是东尽。石洞之水，随东屏之山，南出而西转，则阳桥南峡之上流也。路抵东屏前山下，亦分岐为二：东北溯石洞水逾岭者，为桥头路；东南溯东岭北下之水逾岭者，为界头路。然则西下峡中之水，以石洞者为首，以东岭者为次也。于是东南上坡，二里余，陟岭巅，是即所谓阳桥东岭矣。逾岭即南下，一里，复陟峡而上，从岭上南行。二里，就其东南坡而下，二里，越东流之壑。复稍上二里，越其南坡，再下。有岐下东大峡，为同行者误而南，一里余，始知其误。乃莽陟坡而东北，一里，遇西来道，偕之东陟塍。

【注释】①界头：今名同，在滕冲县东北境。

【译文】我这个时候想从峡中赶去石洞，但担心前去界头的路难以辨别，不如跟随同行的人前去，便舍弃了石洞，从东面峡中沿着水流进去。三里，就见路东有山峰屏风样矗立在前方，北面阳桥向东延伸的山峰，到这里是东边的尽头。石洞之水，顺着东面屏风样的山，向南流出后向西转，就是阳桥南面峡中水的上游了。路抵达前方东面屏风样的山下，也分为两条岔路：向东北溯石洞流出来的水翻越山岭，是去桥头的路；向东南溯东岭往北下流的水越岭的，是去界头的路。然而往西下流到峡中的水，以石洞流出的居首位，以东岭的居于次。于是向东南上坡，再走二里多，登上岭头，这就是所说的阳桥东岭了。越过岭随即向南下走，一里，再越过峡谷上走，从岭上向南行。再走二里，就着岭东南的山坡下走，再走二里，越过向东流的壑谷。再略微上走二里，越过它的南坡，再向下走。有岔道下到东面的大峡中，被同行的人引错路向南走，一里多，才知道走错路了。于是茫然向东北爬坡，一里，遇上西面来的道士，同他一起向东登上土埂。

一里余，则龙川东江之源，滔滔南逝，系藤为桥于上以渡。桥阔十四五丈，以藤三四枝高络于两崖，从树杪中悬而反下，编竹于藤上，略可置足，两旁亦横竹为栏以夹之。盖凡桥巩而中高，此桥反挂而中垂，一举足辄摇荡不已，必手揣旁枝，然后可移，止可度人，不可度马也，从桥东遵塍上，始有村庐夹路。二里，复东上坡，由坡脊东行。其坡甚平，自东界雪山横垂而西下者。行其上三里，直抵东山下，是为界头村。其村倚东山而北，夹庐成街，而不见市集。询之，知以旱故，今日移街于西北江坡之间，北与桥头合街矣。盖此地旱即移街，乃习俗也。乃令顾仆买米而炊。余又西北下抵街子，视其扰扰而已，不睹有奇货也。既乃还饭于界头。其地已在龙川江之东，当高黎贡雪山西麓，山势正当穹隆处。盖高黎贡俗名昆仑冈，故又称为高仑山。其发脉自昆仑，南下至姊妹山；西南行者，滇滩关南高山；东南行者，绕小田、大塘，东至马面关，乃穹然南耸，横架天半，为雪山、为山心、为分水关；又南而抵芒市，始降而稍散，其南北之高穹者，几五百里云；由芒市达木邦，下为平坡，直达缅甸而尽于海，则信为昆仑正南之支也。

【译文】一里多，就见龙川江东江的源头，向南滔滔流逝，在江上系有藤条造的桥以便渡江。桥宽十四五丈，用三四根藤枝高高连接在两岸山崖上，从树梢向中间悬垂而反曲向下，在藤上编有竹子，略微能够落脚，两旁也横有竹子作为护栏。凡是桥都是中央高拱，此桥反而悬挂着中央下垂，一抬脚就摇晃不止，必得两手抓住两旁的藤枝，然后才可移动，只可过人，不能过马。从桥东沿土埂上走，开始有村庄房屋夹在路旁。再走二里，再往东上坡，由坡脊上向东行。这个山坡十分平缓，是自东面的雪山往西横向下垂形成的。在坡上走三里，直达东山下，这是界头村。此村背靠东山面往北，房屋相夹成街，但不见集市。询问原因，得知是由于天旱的缘故，今天街子移到西北的江流和山坡之间，与北边桥头的街子合在一起了。原来这里天旱街子就迁移，是习俗。于是让顾仆去买米来煮饭。我又向西北下到街子，看过去也不过是熙熙扰扰，看不见有什么奇特的货物。既而返回到界头用餐。这里已在龙川江之东，位于高黎贡雪山的西麓，山势正当穹隆之处。高黎贡山俗名叫昆仑冈，所以又称为高仑山。它的山脉起自于昆仑山，南下至姊妹山；往西南延伸的，成为滇滩关南面的高山；向东南延伸的，绕过小田、大塘，向东到马面关，就穹然向南耸起，横架在半天之上，成为雪山，成为山心，成为分水关；又向南抵达芒市，山势才降低略微散开，它由南到北高大穹隆的山峰，几乎有五百里；由芒市到达木邦，下延成为平缓的坡地，直达缅甸而后在海边到了尽头，确实是昆仑山往正南延伸的支脉。

由界头即从雪山西麓南行，屡逾西突之坡，十五里，遥望罗古城倚东山坡间，有寺临之。此城乃土蛮所筑之遗址。其寺颇大，有路从此逾雪山，过上江。又南二里，过磨石河。又南二里，越一山，又逾一西突之坳。又南二里，过一小木桥。又南一里，越一坡，乃循坡东转。二里，抵东南峡口，有山自东大山南环而峙于门，大路逾坡而南上，小径就峡而西南。乃就峡口出，则前所过藤桥江亦自坞北来。三里，始有村倚江暗，乃傍村南行。又一里，宿瓦甸。濒江东岸，亦南北大坞也，村塍连络；东向大山，即雪山，渐南与山心近矣。

【译文】由界头随即从雪山西麓向南行，屡次越过西突的山坡，十五里，遥望罗古城依傍在东山斜坡之间，有寺庙面临着它。此城是土著蛮族修筑的遗址。此寺庙相当大，有路能从此处翻越雪山，越过上江。又向南再走二里，过了磨石河。又向南再走二里，越过一座山，又越过一个向西突出的山坳。又向南再走二里，走过一座小木桥。又向南一里，越过一道坡，于是顺山坡向东转。再走二里，抵达东南的峡口，有山自东面的大山向南环绕屹立在峡口，大路越过山坡向南上走，小径沿峡口往西南走。又沿峡口出来，就见前边走过的藤桥下的江水也自坞中由北边流来，于是沿着江东岸向南走。三里，开始有村庄依傍在江岸上，于是从村子旁边向南行。又走了一里路，住宿在瓦甸。濒临江的东岸，也是个南北向的大山坞，村庄田野相连；东边面对的大山，就是雪山，渐渐向南与山心接近了。

二十九日　饭而平明，随江东岸行。二里余，两岸石峰交合，水流峡间，人逾崖上，江为崖所束，奔流若线，而中甚渊深。峡中多沸水之石，激流荡波，而渔者夹流置罾于石影间，揽瑶曳翠，无问得鱼与鱼之肥否，固自胜也。半里，越崖南下，江亦出峡，有石浮波面，俨然一鼋鼍[1]随水出也。又南二里，过上庄，有山西突，中夹坞成田，村倚突峰之东，江曲突峰之西，而路循坞中。逾脊而西南，又一里余，复与江遇，而两崖复成峡，石之突峡迎流，与罾之夹流曳翠，亦复如前也。一里，江曲而西，路从江之南，亦曲而西截向北之坞。于是北望隔江南下之山，至是中分；其东支已尽横突而东，即西峡之绕而下者；其西支犹横突西南，即固栋两江所合而南盘者；两支之中，北逊成坞，而灰窑厂临其上焉。是厂亦六厂之一，所出矿重于他处，昔封之而今复开，则不及他处矣。西一里，复上一北突小冈，有竹环坡，结庐其中者，是为苦竹冈。

【注释】①鼋鼍（yuán tuó）：团鱼和扬子鳄。

【译文】二十九日　饭后天才亮，沿着江的东岸前行。二里多，两岸的石峰交相合拢，水流在峡谷间，人翻越在石崖上，江流被山崖约束，奔腾的水流如线一般，但江水中间极为渊深。峡中有很多岩石被激流冲击，更使水流奔流荡波，而打鱼的人夹住江流把罾放在石影中间，如同网罩着美玉和摇动着翡翠，不问能不能捕到鱼，不问捕获的鱼肥不肥，这自身本来就是美景了。半里，越过山崖向南下走。江水也流出峡谷，有块岩石浮出水面，很像一只团鱼或是鳄鱼顺水而浮出来。又向南再走二里，经过上庄，有山向西突出来，中间相夹的山坞开垦成田地，村庄靠在西面突出山峰的东面，江流曲绕在西面突出山峰的西面，而路沿着山坞中走。越过山脊往西南行，又走了一里多，再次与江相遇，而两岸的山崖又成为峡谷，岩石突起在峡中迎着水流，岩石与渔网夹着江流摇动翡翠，景象如同先前那样。一里，江流弯曲向西，路从江的南面，也弯曲向西横截延向往北的山坞。在这里往北望隔着江向南下延的山，到这里从中间分开；那东面的支脉已到头，向东横突，就是环绕着西面峡谷向下延伸的山；那西边的支脉仍向西南横突，就是固栋东西两江会合处向南盘绕的山；两条支脉之中，往北后退成为山坞，而灰窑厂高临在山坞上。这个厂也是六厂之一，出产的矿石比其他地方的品质好，从前封闭了矿井而如今重新开挖，已经赶不上其他地方了。向西一里，再上登一座往北突的小山冈，有竹林环绕着山坡，有房屋建在竹林中的，这是苦竹冈。

越而南下，共一里，又越坞南上，遂从坡上南行。二里，江随西峰之嘴曲而东南，始舣舟而渡其西岸，随西山南行。一里，坡尾东掉，路亦随而东。南逾之一里，有一二家倚坡北向而居，由其东更南上一里，遂逾其东下之脊。南行脊间二里，复稍下，有小峡自西而东，其峡甚逼，中有小水，捣坑东出。乃下半里，稍西转，迎流行峡中，有数家倚峡北，是为曲石。而峡之西，其内反辟而成坞，亦有村庐倚之，则峡水之所从来也。于是南截峡流，又上坡，行坡间二里，有村当路左，亦曲石之村庐也。又南三里，乃随坡西转，始见坡南坞大开，水东贯之，则固栋两江合而与顺江、响水沟诸流一并东出者也。循此坡稍北，即与界头、瓦甸之江合，是为龙川江之上流，盖交会于曲除者也。固栋之江东山，自石洞南度脊，亦中尽于曲除者也。余先自固栋历其西，又从阳桥东岭逾其北，又从瓦甸瞻其东，又从灰窑、曲石转其南，盖江流夹其三方，而余行周其四隅矣。西行一里，又南向峻下者一里，及坞底，有桥跨江，亦铁锁交络而覆亭于其上者，是为曲石桥。按《一统志》，龙川江上有藤桥二，其一在回石。按江之上下，无回石之名，其即曲石之误耶？岂其桥昔乃藤悬，而后易铁锁耶？

【译文】越到南面下走，共一里，又穿越山坞向南上走，于是从坡上向南行。再走二里，江水沿西峰的山嘴曲向东南，这才乘船渡到江西岸，顺着西山向南行。一里，坡尾向东掉过去，路也顺着向东走。向南翻越山坡一里，有一两家人背靠山坡向北居住，由村东再向南上走了一里路，于是便越过这里向东下延的山脊。向南行走在脊上再走二里，再略微向下走，有条小峡谷自西向东延，这条峡谷非常狭窄，峡中有小溪，冲捣着坑谷向东流出去。于是下山半里，略微向西转，迎着水流行走在峡谷中，有数家人依傍在峡谷的北边，这里是曲石。而峡谷的西面，峡谷内反而开阔变成为山坞，也有村庄房屋依傍在山坞中，就是峡中溪水流来的地方了。于是向南横截峡中的溪流，又上坡，行走在坡上再走二里，有村庄位于路的左边，也是曲石的村舍。又向南三里，就顺山坡往西转，这才见山坡南的山坞非常开阔，水流向东流贯在山坞中，是固栋东、西两条江合流后与顺江、响水沟各条水流一同向东流出去的水流。沿着这条山坡稍微往北流，马上与界头、瓦甸的江水合流，这是龙川江的上游，大概是在曲除相会的江流。固栋的江东山，山脊从石洞向南延伸，也是中途在曲除到了头的山脉。我先从固栋出发经过它的西边，又从阳桥的东岭翻越过它的北面，又从瓦甸远望过它的东面，又从灰窑厂、曲石转过它的南边，江流夹住它的三方，而我走遍了它的四隅了。往西行一里，又向南陡峻地下走了一里路，到达坞底，有桥跨在江上，也是铁锁交相连接而桥上盖了亭子的桥，这是曲石桥。据《一统志》，龙川江上有两座藤桥，其中一座在回石。考察沿江上下，没有回石的地名，那它就是曲石的误写吗？难道此桥从前是用藤条悬挂的，而后来改建成铁索桥了吗？

于是从江南岸上坡，西向由峡上。二里余，复南向陟岭，二里余，登岭头。有三四家当岭而居，是为酒店[1]，以卖浆得名也。饭而行，循岭东南向二里下，稍西转，复南行坡上。又二里稍下，陟一坞而上。又南二里，过陈挥使庄。又南随峡中行，二里，有陇环前峡折而自西来，有岐直南蹑其陇，余乃随众从峡中西行。半里，渐西上，又半里，折而南上，又半里，南登陇脊，始逾东度之脉。于是南望前壑大开，直南与罗生山相对，其中成坞甚遥，州城隐隐在三十里外，东之球玶，亦可全见，惟西之宝峰，又西北之集鹰，皆为巃嵸南下之支所掩，不得而见焉。余先贾勇独上，踞草而坐。久之后行者至，谓其地前有盗，自东山峡中来，截路而劫，促余并驰南下。东望层峡重峦，似有寻幽之径，而行者惟恐不去之速也。

【注释】①酒店：今名同，在腾冲城与曲石间，分为上酒店、中酒店、下酒店三村。

【译文】于是从江南岸上坡，向西由峡谷上走。二里多，再向南登岭，再走二里多，登上岭头。有三四家人在岭头居住，这是酒店村，以卖酒得名。用餐后上路，沿着山岭向东南下再走二里，稍微向西转，再向南行走在山坡上。又再走二里稍微下走，越过一处山坞后上走。又向南走二里，路过陈挥使庄。又向南顺着峡谷中走，再走二里，有条土陇环绕过前边的峡谷从西边折过来，有岔路一直向南登上那条土陇，我于是跟随众人从峡中向西走。半里，渐渐向西上坡，又走半里，折向南上登，又走半里，向南登上陇脊，开始翻越向东延伸的山脉。在这里向南望去，见前方的壑谷十分开阔，一直向南与罗生山相对，其中形成的山坞非常远，州城隐隐约约在三十里开外，东面的球玶山，也可以全部看见，唯有西边的宝峰，还有西北的集鹰山，皆被龍嵸山向南下延的支脉遮住了，不能看见。我先一步鼓足勇气独自上走，盘腿在草上坐下。很久，后边的人来到，说这里前面有强盗，从东面的山峡中出来，拦路抢劫，催促我一同快步向南下山。望东方层层山峡重重山峦，似乎有探寻幽境的路径，但路上走的人唯恐不快快离去。

下二里，望见澄波汇山麓，余以为即上干峨清海子矣。又峻下二里，有村庐当海子北岸，竹径扶疏，层峦环其后，澄潭映其前。路转其东北隅，有小水自峡间下注，有卖浆之庐当其下。入而少憩，以所负木胆浸注峡泉间，且问此海子即上干峨澄镜池否。其人漫应之，但谓海子中有鱼，有泛舟而捕者，以时插秧，止以供餐，不遑出卖。然余忆《志》言，下海子鱼可捕，上海子[①]鱼不可捕，岂其言今不验耶？

【注释】①上海子：即澄镜池，又名清河，今仍称青海。

【译文】下山走二里，望见澄澈的碧波汇积在山麓，我以为就是上干峨的清海子了。又在陡峻地下再走二里，有村庄的房屋位于海子的北岸，竹丛小径，枝叶扶疏，层层山峦环绕在村后，清澄的水潭映照在村前。路转到村子的东北隅，有小溪从峡中往下流注，有卖酒人的房屋正好在小溪的下边。进屋稍微休息一下，把背着的木胆浸泡在峡中流出来的泉水中，并且询间这个地方的海子是否就是上干峨的澄镜池。那个人漫不经心地应着，只说海子中有鱼，有人泛舟捕鱼，因为这个时候插秧，鱼只用来供餐食，来不及拿去卖。不过我回忆起《志》书所说，下海子的鱼能够捕，上海子的鱼不能捕，难道是书上所说的如今在这里不得验？

循海东峻麓行二里，及海子南滨，遇耕者，再问之。始知此乃下海子①，上海子所云澄镜池者，尚在村东北重山之上，由此而上五里乃及之。余不能从。南二里，越一涧，有村连竹甚深，是为中干峨村。由村南又南下三里，其村竹庐交映更遥，是为下干峨村。至是东坡之下，辟为深坞，而溪流南贯。由是从村南稍西，即转南向，随坡上行。一里，渐南下，俯瞰坞中溪流，已有刺小舟而浮者。既而南行二里，有一二家倚坡湾而居，与下干峨南北遥对。从此东向随坡上半里，乃蹑坡之东嘴。从其上南转，则东嘴之下，其崖甚峻，又数十家倚其麓而居，竹树蒙茸，俯瞰若不可得而窥也。南半里，稍西复转而南，半里，崖下居庐既尽，忽见一大溪东向而横于前，乃透崖而出石穴者。崖峻无路下坠，沿崖端南行半里，稍下，见有径下沿坡麓，乃令顾仆守木胆于路隅，余策杖坠麓循崖北转。又半里，投丛木中，则其下石穴交流，土人以石堤堰水北注。堤之上，回流成潭，深及四五尺；堤之下，喷壑成溪，阔几盈四五丈。泉之溢处，俱从树根石眼纠缪②中出，阴森沁骨。掬而饮之，腑脏透彻，悔不携木胆来一投而浸之也。既乃仍南沿崖麓，半里，至顾奴候处，取木胆负而行。

【注释】①下海子：今称北海。下海子所在的坝子今仍称干峨。青海在东北，北海在西南，相距3公里。青海水面0.4平方公里，海拔1893米，最深处27米。北海水面0.35平方公里，海拔1730米，水深5米，周围已成沼泽。当地有谚:“北海无边,青海无底。”②纠缪(liǎo):缠绕。

【译文】沿着海子的东边陡峻的山麓再走二里,到达海子南岸的水边,遇上耕田的人,再询问他。才知道这里就是下海子,所说的上海子澄镜池,还在村庄东北的重重山岭之上,从这里向上走五里才能走到那里。我不能从那里走。向南再走二里,越过一条山涧,有个村庄竹林连片,十分幽深,这是中干峨村。从村南又向南下走三里,这里的村子竹丛居屋交相掩映得更远,这是下干峨村。到这里,东面山坡的下面,拓展为深深的山坞,而溪流向南流贯。由这里从村南稍微向西,随即转向南,顺山坡上行。再走一里,渐向南下走,俯瞰山坞中的溪流,已有撑小船漂浮的人。随即向南再走二里,有一二人家依傍着山坡下的山湾里居住,与下干峨南北远远相对。从这里向东顺山坡上爬半里,于是上登山坡走向东突的山嘴。从坡上向南转,就见东突的山嘴下面,那山崖非常陡峻,又有数十家人背靠山麓居住,竹丛树林蒙蒙茸茸,望过去不是十分清楚。向南半里,稍微向西再转向南,走了半里,山崖下的居民房就没了,忽然见一条大溪横在前方向东流,是透过山崖从石穴中流出来的水流。山崖高峻无路下坠,沿着崖端向南走半里,略下走,见有小路向下沿着坡脚走,就让顾仆在路旁守木胆,我拄着拐杖坠下山脚沿山崖向北转。又走半里,投身丛林中,就看见那下边石穴中流水交错流淌,当地人用石堤拦水往北流注。石堤之上,回旋的水流积成水潭,深达四五尺;石堤之下,水喷入壑谷成为溪流,宽处几乎达到四五丈。泉水满溢而出的地方,全是从树根石眼缠绕之中渗出,阴森的凉人心骨。捧了一捧水喝,透彻肺腑,后悔没带木胆来投入水中浸泡一下。既而仍向南沿着崖脚走,走了半里,到顾奴等候的地方,取来木胆扛着上路。

又南二里下坡，有数家当坡之东，指余东向逾梁。其梁东西跨干峨下流之溪，《志》所谓马场河也。逾梁东，即东南逾田塍间，三里，抵东山下，又有溪自东而西，有梁南北跨之，是为迎风桥，以其西有飞凤山也。桥下水即东南出于赤土坡者，北流至罗武塘，出马邑村，西向经此而与马场河合。过桥遂直趋而南，二里，再南逾一梁，梁下水如线将绝，则黄坡泉之向北而西转者。又南一里，又南逾一梁，其水亦将绝，则饮马河之向北而西转者。又南一里，入腾越北门。行城中二里，出南门。城中无市肆，不若南关外之喧阗①也。抵寓已下午矣。

【注释】①喧阗：热闹。

【译文】又向南下坡二里，有数家人处于山坡的东边，指导我向东过桥。此桥呈东西向，横跨在干峨下游的溪上，是《志》书上所说的马场河。过到桥东，立即向东南穿越在田野间，再走三里，到达东山下，又有溪水自东流向西，有桥呈南北向横跨在溪流上，这是迎风桥，是因为桥的西边有座飞凤山。桥下的溪水是从东南的赤土坡流出来的，往北流到罗武塘，流出马邑村，向西流经此地后与马场河合流。过桥就直接向南赶路，二里，再向南越过一座桥，桥下的水如线一样将要断绝，这是黄坡泉往北流后向西转的水流。又向南一里，又向南越过一座桥，桥下的水也将断绝，这是饮马河往北流后往西转的水流。又向南一里，进入腾越州北门。行走在城中再走二里，出了南门。城中没有集市店铺，不像南关外那样喧闹繁华。抵达寓所已是下午了。

滇游日记十

【题解】《滇游日记十》是徐霞客于崇祯十二年（1639）五、六月间在云南腾越及永昌府（今保山）所写的游记。本游记在乾隆刻本第九册上。徐镇本从己卯五月初一至七月三十日在第十册上，从己卯八月初一至九月十四日在第十册下，上下两册题为“滇”，并撰有提纲。

五月初一（6月1日）至初五，徐霞客与潘捷余、参将府吴公、云峰山老禅师法界、州学贤士李虎变等人往来密切，游天应寺、长洞山、罗汉冲。初六至十八日，游杨广哨、硫磺塘沸泉、来凤山，抄录《腾越州志》，观赏玉石。十九日，徐霞客在吴参将的资助下离开腾越返回永昌府。返程途中于温泉洗澡，过分水关，访芭蕉洞。二十四日，抵达永昌府，住在太保山会真楼中。二十五日至二十九日，徐霞客或与崔君、顾生雇工匠加工石料，或在会真楼中写日记，或与友人畅谈。三十日，游太保山九龙泉。

六月，徐霞客依然留在永昌，除了与好友交往外，其他时间主要游览永昌各地，包括哀牢寺、玉泉、落水坑、天生桥、卧佛寺、太保山麓书馆等地。从六月十八日（7月18日）开始，徐霞客移居至打索街刘家书馆，期间大多时间都在书馆抄书。

己卯五月初一日　平明起，店主人言："自往尖山后，参府吴公屡令把总来候，且命店中一至即入报。"余不知其因，令姑缓之，且游于市，而主人不听。已而吴君令把总持名帖来，言："欲躬叩，旅肆不便，乞即枉顾为幸。"余颔之，因出观街子。此处五日一大街，大街在南门外来凤山麓。是日因旱，断屠祈雨，移街子于城中。旱即移街，诸乡村皆然。遂往晤潘捷余。捷余宴买宝舍人，留余同事。余辞之，入城谒参府。一见辄把臂[1]入林，款礼颇至。是日其子将返故乡，内简拾行囊，余辞之出。吴，四川松潘人。为余谈大江自彼处分水岭发源，分绕省城而复合。且言昔为贵州都阃，与陈学宪平人士奇同事，知黄石斋之异。下午还寓。集鹰山宝藏徒径空来顾，抵暮别去。

【注释】①把臂：互相挟住手臂，表示亲密。

【译文】己卯年（崇祯十二年）五月初一日（1639年6月1日）黎明起床，店主人说："自从您前往尖山之后，参将府的吴公多次命令把总前来等候，并且命令我您一到就进府去报告。"我不知道其中的原因，让他迟点再报告，暂且去游一游街市，但店主人不听。不久吴君命令把总拿着名帖前来，说："想要亲自叩拜，但旅店中不方便，乞求您随即前来便是我的幸事。"我点头同意了他，于是出门观看街子。这地方五天赶一次大街，大街在南门外来凤山山麓。这一天因为天气干旱，停止宰杀牲口祈雨，把街子移到城中，天旱就迁移街子，各地乡村都是这样。于是前往会见潘捷余。潘捷余宴请来买珠宝的舍人，挽留我一同赴宴。我辞谢了他，进城拜谒参将府。一见面就志气相投互相拉住手臂，款待的礼节非常周到，这一天他的儿子将要返回故乡，在内室收拾行李，我告辞他后出门。吴姓人，是四川松潘卫人。

向我谈起大江从他们地方的分水岭发源，分流绕过省城后再次合流。并且说起从前他担任贵州的都司时，与学官陈平人（字士奇）是同事，了解黄石斋（黄道周）的奇异之处。下午返回寓所。集鹰山宝藏的徒弟径空前来拜访，到天黑才告别离去。

初二日　余止寓中。云峰山即尖山老师法界来顾。州痒彦李虎变昆玉[①]来顾。李居绮罗。

【注释】①李虎变：腾冲下绮罗村人，原名李振邦，虎变为其乳名，庠生。当地人习称他们这支李家为“老虎李”。其父经商创业，家境殷富，不忘报恩乡里，常施钱粮济困。虎变与其妻氏不仅同年同月同日生，还双双寿过百年，乾隆三年（1738）获得旌表“双寿”。见《保山师专学报》2000年第三期高镇仁《徐霞客居住李虎变家遗址考》。昆玉：对他人兄弟的美称。

【译文】初二日　我留在寓所中。云峰山就是尖山的老禅师法界来拜访。州学中的贤士李虎变兄弟来拜访。李家住在绮罗。

初三日　参府来候宴。已又观音寺天衣师令其徒来候，余以参府有前期，辞之。上午赴参府招，所陈多腊味，以断屠故也。腊味中始食竹鼯。下午别之出。醉后过万寿寺拜法界，不在。出西门半里，过凌云桥，又西半里，由玉泉池南堰上西山之麓，则观音寺在焉。寺东向临玉泉池，寺南有古刹并列，即玉泉寺矣。天衣师拜经观音寺，三年不出，一见喜甚，留余宿。余辞以他日，啜其豆浆粥而返，已昏黑矣。

【译文】初三日　参将府派人来等候我去赴宴。不久又有观音寺的天衣法师让他的徒弟前来迎候，我因为与参将府事前有约定，便辞谢了他。上午赴参将府的邀请，宴席陈列的多半是腊味，这是由于停止屠牲的缘故。腊味中第一次吃到竹鼯。下午告别参将出来。酒醉后到万寿寺去拜访法界，他不在。走出西门走了半里，过了凌云桥，又往西走半里，从玉泉池南边的堤坝上走到西山的山脚，就见观音寺在那里了。寺庙向东面临玉泉池，寺庙南边有座古刹并列，就是玉泉寺了。天衣法师在观音寺拜经，三年不出门，一见面特别欣喜，挽留我住宿。我辞谢了他答应改天来住，喝了他的豆浆粥后返回，天色已经昏黑了。

初四日　参府令门役以《州志》至。方展卷而李君来候。时微雨，遂与之联骑，由来凤山东麓循之南，六里，抵绮罗，入叩李君家。绮罗[1]，《志》作矣罗，其村颇盛，西倚来凤山，南瞰水尾山，当两山夹凑间。盖罗汉冲之水，流经大洞、长洞二小阜间，北曲而注于平坞，乃分为二流，北为饮马河而抵城东，南为绮罗水而逼南山下，又西逼来凤东南麓，乃南捣两山夹间。是村绾其谷口，竹树扶疏[2]，田壑纡错，亦一幽境云。是夜宿李君家。

【注释】①绮罗：今名同，又作矣罗，分上绮罗与下绮罗。按霞客所行里距，此应为今下绮罗。②扶疏：枝叶繁茂四布的样子。

【译文】初四日　参将府命令守门的差役把《腾越州志》送来。刚翻开书而李君前来问候。这时下着细雨，便与他并排骑马，从来凤山的东边山脚顺着山脚向南走，走了六里，到达绮罗，进去拜见李君的家人。绮罗，《志》书上写作矣罗，这个村子比较兴盛，西面紧靠来凤山，南边远望水尾山，正当两山相夹凑拢之间。罗汉冲的水，流经大洞、长洞两座小土阜间，向北弯曲后流入平坦的山坞中，就分为两条支流，北面的是饮马河，流到城东，南边的是绮罗水，逼近南山下，又向西逼近来凤山的东南脚，于是向南冲捣进两山的夹谷之间。这个村庄坐落在夹谷的入口，竹林树丛摇曳繁茂，田野壑谷迂曲交错，也是一处幽深秘境。这天夜里住在李君家中。

余初望腾越中坞，东为球玶、矣比，西为宝峰、毗卢，南为来凤、罗生，北为干峨、飞凤。西北则巃嵸最耸，而龙潭清海之水溢焉；东南则罗汉冲最深，而罗生、黄坡之流发焉；东北则赤土山最远，而罗武、马邑之源始焉；大盈江惟西南破龙光台、来凤西麓而去。则是州之脉，盖西北由集鹰山分脉：南下者，为宝峰、毗卢，而尽于龙光台；东曲者，一峙为笔峰，再耸为巃嵸，遂东下而度干峨之岭，又东南而纡为永安、乱箭之哨。其曲而西也，余初疑南自罗生、水尾，而北转为来凤，至是始知罗汉冲水又南下于罗苴冲，则来凤之脉，不南自罗生、水尾，而实东自黄坡、矣比二坡也。但二坡之西皆平坞，而南抵罗生，脉从田塍中西度。郡人陈懿典进士《文星阁记》云："嘉靖壬子，城外周凿城隍[①]，至正南迤东簏[②]地丈许，有络石，工役斫截之。其石累累如脊骨，穿地而来，乃秀峰之元龙正脉也。"其说可与余相印证。土人不知，乃分濬罗汉冲水一枝，北流为饮马河而抵于城东。是此脉一伤于分流，再凿于疏隍，两受其病矣。土人之为之解者曰脉由龙光台潜度于跌水河之下。不知跌水河虽石骨下亘，乃大水所趋，一壑之流交注焉；饮马河本无一水两分之理，乃人工所为，欲以此掩彼不可得也。

【注释】①隍：城外的护城濠，有水称池，无水称隍。②窾（cuì）：挖地造穴。

【译文】我起初远望腾越州中间的山坞，东面是球玶山、矣比坡，西面是宝峰寺、毗卢寺，南面是来凤山、罗生山，北面是干峨山、飞凤山。西北则是龍嵷山最为高耸，而龙潭清海子的水从那里溢出来；东南则是罗汉冲最深，而罗武塘、马邑村的水源从那里起始；只有西南方大盈江冲破龙光台、来凤山西麓后向西流去。那么这个州的山脉，大体上在西北方由集鹰山分出支脉：向南下延的，成为宝峰寺、毗卢寺所在的山，而后在龙光台到了头；向东弯曲的，最先耸起成为笔锋，再耸起成为龍嵷山，于是向东下延后越过干峨所在的山岭，又向东南曲折成为永安哨、乱箭哨所在的山。那向西弯曲的，我最初怀疑是起自南面的罗生山、水尾山，而后转向北成为来凤山，到这个时候才知道罗汉冲的水又向南下流到罗苴冲，那么来凤山的山脉，不是起自南面的罗生山、水尾山，而实际上是起自东边的黄坡、矣比坡两条山坡了。但是这两条山坡的西边都是平坦的山坞，而后向南抵达罗生山，山脉从田野中向西延伸。本府人进士陈彝典的《文星阁记》中说："嘉靖壬子年（嘉靖三十一年，1552），在城外四周挖掘护城濠，挖到正南方向东挖坑一丈左右，有脉络状的岩石，工匠夫役们凿断了岩石。那里的岩石层层累累如同脊梁骨，穿过地下延伸而来，是秀峰的主龙正脉。"这个说法可与我的看法互相印证。本地人不了解，就把罗汉冲的水分流，疏挖出一条支流，向北流成为饮马河，而后流到城东。这样，这条地脉第一次被分流损伤，又再一次在挖护城濠时被凿断，两度受到伤害了。当地人为此解释说山脉由龙光台潜伏在地下延伸到跌水河的下方。却不知道跌水河虽然是骨状的岩石从地下绵亘，却是大水流向的地方，一个壑谷的流水都交相流淌在壑谷中；饮马河本来没有一条河分为两条河的道理，是人工建成的，想以此来掩盖那样的过失是不可能的。

初五日　晨餐后，即从李君循南山之麓东向行。先半里，过水应寺。又东二里，两逾南山北下之支，有寺在南峡中北向峙，即天应寺也。其后即罗生主峰，仰之甚峻，《志》称其条冈分布，不诬也。又东半里，上一北下之支，随之北下。共一里，冈东尽处，竹树深密，绿荫袭人，披映心目。其前复起一圆阜，立平畴中，是为团山，与此冈断而复续。冈东村庐连络。余从竹中下，一老人迎入其庐，具腊肉火酒献。盖是日端午，而老人与李君有故，遂入而哺之。

【译文】初五日　早餐后，立即跟随李君沿着南山的山脚向东走。先走半里，经过水应寺。又向东二里，两次翻越南山向北下延的支脉，有座寺庙在南面的峡谷中面向北屹立，就是天应寺了。寺后就是罗生山的主峰，仰面望它非常高峻，《志》书称它是呈条状分布的山冈，不假呀！又往东走半里，上登一条向北下延的支脉，顺着山冈向北下走。共一里，山冈东边的尽头处，竹丛树林深密，走在绿色的树荫下映人心目。山冈前方又隆起一座圆形的土阜，矗立在平旷的田野中，这是团山，与这座山冈断开后又连接起来。山冈东边村庄房屋连接不断。我们从竹林中下来，一位老人把我们迎进他的屋子中，准备了腊肉、火酒招待。原来这天是端午节，而老人与李君有交情，于是把我们迎进屋招待吃饭。

既午，复东向循南山行，半里，其北复起一长阜，如半月横于前，是为长洞山。又东二里，遂入山峡，有溪中贯而出，是为罗汉冲。溪南北皆有村夹峙峡口。由南村溯溪而东，又二里，越溪之北，有大路倚北山下，乃东逾岭趋猛连者，从其北坞中觅温泉。其泉不热而温，流不急而平，一大石突畦间，水汇其旁，浅不成浴。东山下有“大洞温泉”，为八景之一，即在其北岭峡中，与此隔一支岭，逾而北颇近，而李君急于还家，即导余从大路西出。二里，过溪南村，出峡口，随溪西行。一里，过一桥，从溪南又西一里，过长洞北麓。北望大洞之阜，夹溪而峙，余欲趋之，浴其温泉。李君谓泉在东峡中，其入尚远，遂强余还。又西一里，过团山北麓，又西三里而还李君家。

【译文】中午之后，又向东沿着南山走。走了半里，这里北边又突起一条长形的土阜，像半个月亮横在前方，这是长洞山。又向东二里，就进入山峡，有溪水从峡中流贯而出，这里是罗汉冲。溪水南北都有村庄夹峙在峡口。从南面的村庄溯溪流向东走，又走了二里，越到溪流的北岸，有条大路紧靠在北山下，是向东翻越山岭通向猛连的路，从它北边的山坞中去找温泉。这里的温泉不是热的而是温的，水流不急而平缓，一块大岩石突立在田地中，水汇积在岩石旁，浅得不能洗浴。东山下有个“大洞温泉”，是八景之一，就在这里北面山岭的峡谷中，与这里隔着一条支岭，向北翻越相当近，可李君急于回家，就领我从大路往西出来。走了二里，经过溪流南岸的村庄，走出峡口，顺着溪流向西走。一里，走过一座桥，从溪流南岸又向西一里，经过长洞山的北麓。远望北边大洞所在的土阜，夹住溪流耸峙，我想要赶到那里去，在那里的温泉里洗澡。李君说泉水在东面的峡谷中，进去的路还很远，然后强拉我往回走。又向西一里，路过团山北麓，又向西走三里后返回李君家中。

初六日　晨饭，令顾仆携卧具，为杨广哨之游。先是李君为余言，此地东南由罗汉冲入二百里，有滃吕山，东南由罗生四十里，有马鹿塘，皆有峰峦可观。余乃先其近者，计可从硫黄塘、半个山而转也。东三里，从水应、天应二寺之间，南向上山。愈上愈峻，七里，登绝顶。北瞰即天应寺悬其坑麓，由州坞而北，惟巃嵸山与之对峙焉；西瞰则旁峡分趋，势若赘旒[①]，皆下坠于绮罗南向之峡，有龙井出其下焉；惟东眺则本峰頡颃自掩；而南眺则浓雾弥沦，若以山脊为界，咫尺不可见。于是南从岭上盘峡，俱行氤氲中，茫若蹈海。半里，南下。下二里余，山半复环一壑，其脊自东南围抱而西，中藏圆坞，有小水西去。其内雾影稍开，而雨色渐逼，虽近睹其田塍，而不免远罹其沾湿矣。复上南坡，蹑坡脊而南，五里，一岐随脊而西南，一歧坠坡而东向。余漫从脊上直南，已而路渐东下而穷。二里，有村倚东坡下，披雾就讯之，乃清水屯也。按《志》，城南三十里为清水朗，此其地矣。然马鹿塘之径，当从北歧分向而东，此已逾而过南。

【注释】①赘旒（zhuì liú）：旗帜悬垂的飘带。

【译文】初六日　早晨吃完饭，命令顾仆带上铺盖，动身去游玩杨广哨。这之前李君对我说，这个地方东南方由罗汉冲进去二百里，有座滃吕山，东南方经由罗生山走四十里，有个马鹿塘，都有峰峦值得观览。我于是先去那近处的，预计可以从硫磺塘、半个山转回来。向东走三里，从水应寺、天应寺两座寺庙之间，向南上山。越往上越险峻，走了七里，登上绝顶。俯瞰北面就是天应寺悬在坑谷的山麓；从州城所在的山坞向北，唯有巃嵸山与这座山对峙；俯瞰西边，就见两旁山峡分向延伸而去，势如旗帜上悬垂的飘带，都是下坠到绮罗向南的峡谷中，有个龙井在峡谷下方涌出来；只有向东眺望是本山的山峰互相抗衡，交错遮掩；而眺望南方，就见浓雾弥漫沉浮，好像是以山脊为界，咫尺之间不能看见东西。于是从这里向南从岭上绕着峡谷走，都是行走在氤氲的浓雾之中，茫茫一片如蹈大海。又走半里，向南下走。下走二里多，山半腰又环绕成一个壑谷，这里的山脊从东南向西围抱，中间藏着圆形的山坞，有小溪向西流去。山坞内雾影稍稍散开，可雨势渐渐逼近，虽然看得见近处四旁的田野，但远处不免被雨水沾湿了。又上登南面的山坡，登上坡脊后向南走，走了五里，一条岔路顺着山脊通向西南方，一条岔路向东坠下山坡，我漫无目的地从山脊上一直向南走，不久路渐渐向东下去后断了。又走二里，有个村庄紧靠在东边的山坡下，拨开浓雾去村中问路，是清水屯了。根据《志》书记载，州城南面三十里是清水朗，这就是那个地方了。不过去马鹿塘的小路，应当从北边的岔路分向往东走，此时已经走过了而且过到南边了。

屯人指余从坡北东下，当得大路。从之，半里，东北涉一坑甚深，雾影中窥其东南旋壑下盘，当时不知其所出何向，后乃知其南界高峰，反西自竹家屯而东突，为陈播箕哨也。

【译文】清水屯的人指点我从山坡北边往东下走，应该能找到大路。我听从了他的话，走了半里，向东北涉过一个非常深的坑谷，雾影中窥见坑谷的东南方旋绕的壑谷向下盘绕，当时不知道壑谷是通向哪里的，后来才知道壑谷南面的高峰，反而从西面的竹家屯往东突，是陈播箕哨了。

复东北上坡半里，见有路东向下，辄随之行，不意马鹿塘正道尚在其北。雾漫不辨，踉跄东下。一里余，有峡自北而南，溪流贯之，有田塍嵌其底，而绝无人居。塍中插禾已遍，亦无一人。抵塍而路绝，塍狭如线，以杖拄畦中，东行抵溪，而溪两岸蒙翳不可渡。复还依西坡南向，一里得小径，渡溪东上。一里，路伏草间，复若断若续，然其上甚峻。三里，东向登岭头，复从岭上东南再陟一岭。半里，始见岭北有坳，自北南度，中伏再起，其东则崩崖下坠，其势甚拓，其坠甚峭，若中剖其脊并左右两帏而平坠焉。

【译文】再向东北上坡半里，见有路向东下走，就顺着这条路走，没想到去马鹿塘的正路还在这里的北边。浓雾弥漫辨不清方向，踉踉跄跄向东下走。一里多，有条峡谷从北通向南，溪流贯穿峡谷中，有田地嵌在峡底，可完全没有人居住。田野中已插遍了禾苗，也没有一个人。走到田埂路就断了，田埂狭窄得如同一根线，用手杖拄在田中，往东走到小溪边，但溪流两岸树丛浓密遮蔽不能渡水。再返回来靠着西面的山坡向南走，一里后遇上小路，渡过溪流往东上走。走了一里，路隐伏在草丛中，再次似断似续的，然而那上去的路非常陡峻。再走三里，向东登上岭头，又从岭上向东南上登一座山岭。走了半里，才见到岭北有个山坳，从北向南延伸，中间低伏后再次隆起，山坳东面就是崩塌下坠的山崖，山势非常宽阔，那下坠之处十分陡峭，好像山脊从中剖开左右两幅帷幔并排平平下坠的样子。

坳北有路自崩崖北岭东行，南亦有微路，自崩崖南岭东上，而坳中独无北交之路。余遂循崖南路上，东一里，路为崩崖所坠，复歧而南，再陟南岭。半里，复东行岭脊。二里始有南来之路，循之东。此瞰崩崖下陷，东向成坑，箐木深翳。又东半里，再陟岭，岭乃南去，微径始东北下坡。曲折连下三里，余以为将及北坑之底，随之出即马鹿塘矣；孰知一坡中环，路歧而东西绕之，未几遂绝，皆深茅丛棘，坑嵌其下甚深。余始从其南，不得道，转而东，复不得道。往返踯躅，茅深棘翳，遍索不前。久之，复从南坡下得微径，下一里余而东抵坑底。则坑中有水潺潺，自崩崖东南流，坑两旁俱峭崖密翳，全无路影，而坑底甚平，水流乱砾间，时有平沙潆之，遂随之行。或东或南，仰眺甚逼，而终绝路影。三里，稍开，俯见潆沙之上，虎迹甚明，累累如初印。随之又东南一里余，有小溪自西南来注，有路影南缘之，始舍坑而南陟坡，一里，越其上。

【译文】山坳北边有条路从崩塌的山崖北面的山岭向东走，南边也有一条小路，从崩塌的山崖南面的山岭向东上走，可山坳中唯独没有北面来相交的路。我于是沿着山崖南面的小路上走，向东一里，路被崩塌坠落的崖石砸下，又岔向南，再上登南面的山岭。走了半里，又向东行走在岭脊上。二里后才有南面来的路，顺着这条路向东走。向北俯瞰，崩塌的山崖下陷，向东处形成深坑，山箐中林木幽深浓密。又向东半里，再次登岭，山岭于是向南延伸而去，小径开始向东北下坡。一连曲折下坡走了三里，我以为将要走到北面深坑的底部，顺着深坑出去就是马鹿塘了；谁知一条山坡环绕在中间，路分为东西两条岔道绕过山坡，不多久就断了，都是深深的茅草和成丛的荆棘，坑谷嵌在它的下方非常深。我开始从这里往南走，找不到路，转向东，还是找不到路，往返徘徊，茅草深长，荆棘密蔽，四处搜索不能前行。很久之后，又从南面的山坡下找到小路，下走一里多后向东到达坑底。就见坑中有潺潺流水，从崩塌的山崖那里向东南流，坑谷两旁都是陡峭密蔽的悬崖，完全没有路的影子，可坑底十分平坦，溪水流淌在杂乱的砾石间，不时有平坦的沙滩萦绕着溪流，于是就随着溪流前行。有时向东有时往南，仰面眺望非常狭窄，可始终没有路的影子。走了三里，稍开阔了些，俯视看见萦绕的沙滩上，老虎的脚印非常明显，一串串的脚印像是刚踩上去的。随着溪流又向东南走了一里多，有条小溪从西南流来汇入，有条路的影子在南边沿着小溪延伸，这才离开坑谷向南爬坡，一里，越到坡上。

余意将逾坡东下，而路反从坡脊南行，余心知其误，然其路渐大，时亦渐暮，以为从大道，即不得马鹿塘，庶可得栖宿之所。乃蹑脊西驰二里，见西峰顶有峰恃倚如覆钟，大道从此分歧，一自东南坡下而上，一向西北峰顶而趋，一从西南盘壑而行。未审所从，姑解所携饭啖之。余计上下二径，其去人必远，不若从盘壑者中行。于是又东南三里，遂坠坡而下，渐闻人声。

【译文】我以为即将翻过山坡往东下坡，可路反而从坡脊上向南走，我心里知道路走错了，不过这条路渐渐变大，这时天也渐渐黑下来，以为从大路走，即便找不到马鹿塘，但或许可以找到栖身寄宿的地方。于是登上坡脊向西疾走二里，看见西峰顶上有山峰依傍着如下覆的铜钟，大路从此处分岔，一条从东南面的山坡下向上走，一条向西北的峰顶走去，一条从西南方绕着壑谷前走。我不清楚从哪条路走，姑且解下带来的饭吃了。我估计上下两条小路，它们离人烟必定很远，不如从盘绕在壑谷中的路走。于是又向东南走三里，就从坡上下坠，渐渐听到人声。

下里余，得茅二龛在峡间，投之，隘鄙不堪宿。望南坡上有数龛，乃下陟深坑，攀峻而上，共一里而入其龛，则架竹为巢，下畜牛豕，而上托爂卧，俨然与粤西无异。屈指自南丹去此，至今已阅十五月，乃复遇之西陲，其中数千里所不见也。

【译文】下行一里多，在峡中找到两间茅屋，准备在这里投宿，但这里狭窄简陋不能住宿。望见南面山坡上有几间房屋，于是下到深坑，攀登陡峻的山路向上走，共走一里后进入那里的房屋，是竹子架成的窝棚，下边圈养着牛猪，而上方托举着烧火做饭和睡觉的地方，俨然与广西的竹楼无异。屈指算来，自从离开南丹来到这个地方，到现在已经十五个月，又在西部边境遇见这种竹楼，这期间几千里路中没有见到过。

自登崩崖之脊，即望见高黎贡南亘之支屏列于东，下有深峡，而莫见龙川，意嵌其下也。又西南二十余里，至所宿之坡，下瞰南峡甚深，即与高黎贡遥夹者，意龙江从此去。西坞甚豁，远见重山外亘，巨壑中盘，意即南甸所托也。时雾黑莫辨方隅[①]，而村人不通汉语，不能分晰微奥。即征其地名，据云为凤田总府庄，南至罗卜思庄一日余，东北至马鹿塘在二十里外，然无确据也。夜以所携米煮粥，啜之而卧。

【注释】①方隅：方位。

【译文】自从登上崩塌山崖的山脊，就能望见高黎贡山往南绵亘的支脉像屏风一样排列在东方，下面有深峡，但无法见到龙川江，推想是深嵌在山下。又向西南走了二十多里，来到住宿的山坡，下瞰南面的峡谷非常深，就是与高黎贡山远远相夹的地方，推想龙川江从这里流去。西面的山坞很是开阔，远远望见重重山峦横亘在外面，巨大的壑谷盘绕在中间，我猜就是南甸依托的地方了。这时雾浓天黑无法辨清方向，并且村里人不通汉语，不能分辨清楚地形的细微深奥之处。随即追问这里的地名，据说是凤田总府庄，南边到罗卜思庄要走一天多，东北到马鹿塘在二十里之外，然而没有确凿的证据。夜里用带来的米煮粥，吃了粥后躺下休息。

初七日　阴雨霏霏，饭后余姑止不行。已而村人言天且大霁，余乃谋所行。念马鹿塘在东北，硫磺塘在西北，北山之脊，昨已逾而来，西山之脊，尚未之陟，不若舍马鹿而逾西脊，以趋硫磺塘，且其地抵州之径，以硫磺塘为正道，遂从之。土人指余从村后西北向大山行，余误由直北，一里余，下涉一涧，溯之北上坡，一里余，又下涉涧。其处一涧自西峡崩崖来，一涧自北峡崇山来，涉其西来者。又北上坡半里，路复分岐，一向北峡，一向西峡，皆盘其上坡。余从其北峡者，二里，路渐湮。

【译文】初七日　阴雨霏霏，饭后我暂且停下不走。不久村里人说天将要大晴，我这才打算上路。想着马鹿塘在东北方，硫磺塘在西北方，北山的山脊，昨天已经翻越过来，西山的山脊，还没有登上过，不如放弃马鹿塘去翻越西山的山脊，以便赶去硫磺塘，而且此地到州城的路，以走硫磺塘是正路，于是便从这条路走。当地人指引我从村后向西北的大山走，我错从正北走，走了一里多，下涉一条山涧，沿着山涧向北上坡，走了一里多，又下涉过山涧。这里有一条山涧从西面峡中崩塌的山崖处流来，一条山涧从北面的峡谷高山中流来，涉过那条西面流来的山涧。又往北上坡半里，路又分岔，一条通向北面的峡谷，一条通向西面的峡谷，都是绕着峡谷上坡。我从那通向北面峡谷的路走，走了二里，路渐渐湮没了。

已北下，则其涧亦自西来，横堑于前，虽小而颇深，藤箐蒙塞，雨雾淋漓，遂不能入。乃复出，至岐口，转向西峡。一里，路亦渐湮，其南崩崖下嵌，即下流之所从出，而莫能逾焉。复出，从岐口南涉其涧，从涧南又得一岐西上，其路甚微。一里，北逾一坡，又北一里，即崩崖西对之坡也，其上皆垦崖，而仍非通道。蹑之行，一里，上西顶。顶高云黑，莫知所从，计返下山，乃转南行莽棘中。湿茅壅箐，踯躅东南向，二里，渐有径，下眺凤田所宿处，相距止二三里间。

【译文】不久向北下走，就见那条山涧也从西边流来，堑沟样横在前方，水流虽小但相当深，藤枝竹丛浓密闭塞，雨雾湿淋淋的，始终不能进去。只得又出来，来到岔路口，转向西面的峡谷。走了一里，路也渐渐堙没了，路南边崩裂的山崖向下深嵌，就是山涧向下流出去的地方，可是不能超越过去。又出来，从岔路口向南涉过那条山涧，从山涧南边又找到一条岔路向西上走，这条路非常小。走了一里，向北越过一条山坡，又向北一里，就是崩裂的山崖西边面对着的山坡了，那上边全是开垦过的山崖，但仍然不是通行的路。踏着山坡前走，一里，登上西边的山顶。顶高云黑，不知该往哪走，打算返回下山，就转向南行走在草莽荆棘中。茅草湿淋淋的，壅塞着山箐，跌跌绊绊走向东南，走了二里，渐渐有小路，往下眺望凤田总府庄住宿过的地方，相距只有二三里。

更南半里，得大道西去，遂从之。西循北山行一里，得耕者在坡下，问之，始知其上有小寨，名攞图，即从杨广哨入州正道矣。乃亟西北上，蹑坡一里，有二茅当峡坪间，是为攞图寨。

【译文】再向南走半里，遇上大路向西去走，就顺着这条路走。向西沿着北山走一里，在山坡下遇见耕田的人，向他问路，才知道坡上有个小寨子，名叫攞图，就是从杨广哨进州城的正路了。于是急忙往西北上山，爬坡一里，有两间茅屋位于峡谷中的平地间，这是攞图寨。

由寨后更蹑峻而北，半里，登冈。西望盘壑下开，水田漠漠，有溪流贯其中，壑西复有崇山外峙，其南又起一崇山，横接而南，交接之中，似有水中贯而去。又北上一里半，遂凌大脊。北下回峡中，半里，一村庐倚南坡，是为杨广哨。从此西北下峡底一里余，有小溪自东北坠西南，其嵌甚深，乃从昨所度崩崖南岭分坠而成者。涉之西北上，复一里余而跻其脊，余以为即从此缘脊上北大峰矣，而孰意犹中界之支也。半里越脊，又即北下峡底。一里余，有大溪自北南坠，皆从石崖中破壁而去，此即清水朗东溪也。水嵌峡底甚逼，横独木渡其上。余宁木下涉水，即西北上坡。始循崖石，继蹑陇脊，一里余，转而东北上，一里跻峰头。由峰头西盘半里，复随峡北行。其峡颇平，行其中一里余，当其东西分峡处，有村庐倚其中，是为陈播箕哨。

【译文】从寨子后面再踩着险峻的山路向北走，走了半里，登上山冈。远望西边，盘绕的壑谷在下方敞开，水田漠漠，有溪流流贯其中，壑谷西边又有高山耸峙在外层，壑谷南面又耸起一座高山，横着连接到南边，相互连接处的中间，似乎有水从中间流贯而去。又向北上走一里半，就登上大山的山脊。向北下到回绕的峡谷中，走了半里，一个村庄的房屋紧靠南面的山坡，这里是杨广哨。从这里向西北下到峡底一里多，有条小溪从东北倾泻到西南，溪流嵌得非常深，是从昨天越过的崩裂的山崖南面的山岭分流下泄形成的。涉过溪流向西北上走，又走一里多后登上山脊，我以为就是从这里沿着山脊上登北面的大山峰了，可谁想到还只是隔在中间的支脉。半里越过山脊，又随即向北下到峡底。一里多，有条大溪从北向南流泄，全是从石崖之间冲破石壁流去，这就是清水朗的东溪了。溪水嵌在峡底非常狭窄，溪流上横架了独木桥渡过去。我宁愿从独木桥下涉水，随即往西北上坡。开始时沿着崖石走，接着上登陇脊，一里多，转向东北上走，一里登上峰头。由峰头向西绕半里，再顺着峡谷向北走。这条峡谷相当平坦，行走在峡中一里多，在峡谷分为东西两条的地方，有村落依傍在峡谷中，这是陈播箕哨。

从哨北即西北下，二里，循南山而西，一里，有村庐当坡，是为竹家寨。由寨东向北行，寨后复起一峰，有峡横其中，路分为二：循北峰直去，为腾越、南甸大道；穿北峰南峡而西，为硫磺塘道。余乃舍大道从横峡西行。半里，忽坠峡西下。其峡甚逼而下甚峻，坠级历坎，与水争隘。一里余，望见西峡自北而南，一溪贯其中，即矣罗村之水，挟水尾山西峡而南者。溪西之山，峛屼南踞，是为半个山。按《一统志》有罗苴冲，硫磺塘在焉，疑即此山。然《州志》又两书之，岂罗苴冲即溪东所下之山耶？

【译文】从陈播箕哨北边随即向西北下走，二里，沿着南山向西走，一里，有村庄房屋位于坡上，这是竹家寨。从寨子东边向北行，寨子后边又突起一座山峰，有峡谷横在其中，路分为两条：沿着北峰一直去的，是去腾越、南甸的大路；穿过北峰南面的峡谷向西走，是去硫磺塘的路。我于是舍弃大路从横向的峡谷向西走。走了半里，忽然峡谷向西下坠。这条峡谷非常狭窄而且下边十分陡峻，坠下台阶经过坑穴，与水流争夺隘口。一里多，望见西面的峡谷从北向南延伸，一条溪水流贯其中，这就是矣罗村傍着水尾山西边的峡谷往南流的水流。溪水西面的山，突兀地盘踞在南边，这是半个山。根据《一统志》的记载，有处罗苴冲，硫磺塘在那里，我怀疑就是这座山。但是《州志》又把它记载为两个地方，难道罗苴冲就是溪流东面我走下来的山吗？

又西下半里，直抵溪上，有二塘在东崖之下，乃温水之小者。其北崖之下，有数家居焉，是为硫磺塘村，有桥架溪上。余讯大塘之出硫磺处，土人指在南峡中，乃从桥南下流涉溪而西，随西山南行。时风雨大至，田塍滑隘，余踯躅南行，半里得径。又南一里，则西山南迸，有峡东注大溪，遥望峡中蒸腾之气，东西数处，郁然勃发，如浓烟卷雾，东濒大溪，西贯山峡。先趋其近溪烟势独大者，则一池大四五亩，中洼如釜，水贮于中，止及其半，其色浑白，从下沸腾，作滚涌之状，而势更厉，沸泡大如弹丸，百枚齐跃而有声，其中高且尺余，亦异观也。

【译文】又向西下走半里，直达溪边，有两个水塘在东边的山崖下面，是温水塘中小一些的。水塘北面的山崖下面，有几家人住在那里，这里是硫磺塘村，有桥架在溪流上。我打听出产硫磺的大塘所在的地方，当地人指点在南面的峡谷中，于是就从桥南的下游涉过溪水向西走，顺着西山向南走。此时风雨猛烈来临，田埂又滑又窄，我跌跌撞撞地向南走，半里后遇到小路。又向南一里，就见西山的南面迸裂开，有条峡谷，大溪向东流注，遥望峡中升腾的蒸汽，东西有几处，浓郁旺盛地喷发，像浓烟或翻卷的雾气，东边濒临大溪，向西纵贯山峡。先赶去那靠近溪边烟势特别大的地方，就见一个水池大有四五亩，中间像大锅一样下洼，水贮在池中，只到池子的一半，水色浑浊发白，从下往上沸腾，作出翻滚腾涌的形状，但气势更加剧烈，沸腾的水泡大如弹丸一般，上百个一齐跳跃伴有声音，其中高的将近一尺多，也是奇异的景观。

时雨势亦甚大，持伞观其上，不敢以身试也。其东大溪，从南下，环山南而西合于大盈；西峡小溪，从热池南东注大溪。小溪流水中亦有气勃勃，而池中之水，则止而不流，与溪无与也。溯小溪西上半里，坡间烟势更大，见石坡平突，东北开一穴，如仰口而张其上腭，其中下缩如喉，水与气从中喷出，如有炉橐鼓风煽焰于下，水一沸跃，一停伏，作呼吸状。跃出之势，风水交迫，喷若发机，声如吼虎，其高数尺，坠涧下流，犹热若探汤。或跃时，风从中卷，水辄旁射，揽人于数尺外，飞沫犹烁人面也。余欲俯窥喉中，为水所射不得近。其龈腭之上，则硫磺环染之。其东数步，凿池引水，上覆一小茅，中置桶养硝，想有磺之地，即有硝也。

【译文】这时雨势也非常大，打着伞在水池上观看，不敢用身子去试水。水池东边的大溪，从南面下流，环流过山的南面后向西汇流进大盈江；西面峡中的小溪，从热水池南边向东注入大溪。小溪的流水中也有勃勃升腾的热气，而池中的水，却停止不流，与溪水不相干。沿着小溪向西上走半里，坡上的烟势更大，只见石坡平平地前突，东北开有一处洞穴，像仰着的嘴张开它的上腭，穴中下边缩结如同喉咙，水与气从穴中喷出，如同有火炉用的风箱在下边鼓风煽焰，水沸腾上跃一次，停歇潜伏一次，作出呼吸的状态。水跃出的气势，风水交迫，喷射时好像抛石机发射，声音像猛虎吼叫，水高数尺，坠落到下游的山涧中，把手伸进去水热的像沸水。有时水上跃时风从中卷起，水便向四旁喷射，在几尺之外洒在人的身上，飞溅的水沫还会烁人脸面。我想俯身窥视喷水的咽喉，被水射得不得靠近。那如同齿龈上腭的上边，就有硫磺环绕沾在上面。这个洞穴东边几步开外，挖凿了水池引水，上面覆盖着一间小茅屋，屋中放了木桶养硝，猜想是有硫磺的地方，就有硝了。

又北上坡百步，坡间烟势复大，环崖之下，平沙一围，中有孔数百，沸水丛跃，亦如数十人鼓煽于下者。似有人力引水，环沙四围，其水虽小而热，四旁之沙亦热，久立不能停足也。其上烟涌处虽多，而势皆不及此三者。有人将沙圆堆如覆釜，亦引小水四周之，虽有小气而沙不热。以伞柄戳入，深一二尺，其中沙有磺色，而亦无热气从戳孔出，此皆人之酿磺者。时雨势不止，见其上有路，直逾西岭，知此为半个山道，遂凌雨蹑崖。其崖皆堆云骈瓣，崆岈嵌空，或下陷上连，或旁通侧裂，人从其上行，热气从下出，皆迸削之余骨，崩坠之剥肤也，所云“半个”之称，岂以此耶？

【译文】又向北上坡一百步，坡上烟势又大起来，环绕着山崖的下面，一圈平坦的沙地，其中有几百个孔，沸水成丛腾跃，也像有几十个人在下边鼓风煽火的样子。似乎有人力引水，环绕沙地四周，那水虽小但很热，四旁的沙也是热的，站久了脚受不了。它这里上面烟气腾涌的地方虽然很多，但气势都不如这三个地方的。有人把沙堆积成圆形的沙堆像倒覆的大锅，也引来了小股水流四面围绕着沙堆，虽然有少量热气但沙不热。用伞柄戳入沙中，深达一二尺，其中的沙有硫磺的颜色，可也没有热气从所戳的孔中溢出，这都是人酿制硫磺的地方。这时雨势不停，见那上边有路，直接翻越西边的山岭，知道这是去半个山的路，便冒雨上登山崖。这里的山崖都是像云朵堆积、花瓣并列，高峻挺拔，嵌入高空，有的下边深陷上面相连，有的两旁相通侧旁裂开，人从那上边走，热气从下面冒出来，全如迸裂削皮余下的骨头，崩塌坠落剥去皮肤的样子，所说的“半个”

的名称，难道说的就是这种地形吗？

蹑崖半里，从其南循岭西上一里，渐随峡南转，则其峡自南岭头坠，中有水悬而为瀑，作两叠坠北下，即峡水之上流也。又上半里，遂西逾瀑布之上。复从峡西更西南上一里，渐转而西半里，见大道盘西崖坠处，出南坳去，小径则西上峰顶，渐转北行，盖此即半个山之顶，至此南下为坳，入城之路，当在其东北，不应西去，遂舍大道从小道。西上半里，随峰东向北行二里余，乃西北下，得竹坞村庐。时雨势甚大，避雨庐中，就火沸汤，瀹饭而食之。其处即半个山村也①，昔置镇彝关于路次，此为屯哨，今关废而村存云。由其东下坡，随峡东行里余，与南来大道合。随西山北转而行，于是水尾西溪即从此峡南下硫磺塘矣。北行二里余，复陟东突之坡。行坡峡中，五里稍下，又一里而绮罗村在东坡下矣。时已薄暮，遂舍入州大道，东里余，宿李虎变家。虎变以骑候于马鹿道中，不遇，甫返，煮竹鼯相待。

【注释】①半个山：在腾冲南境，南麓陡峭，北麓平缓，好像只有半个，因此得名。半个山村亦因山得名。

【译文】上登山崖半里，从山崖南面沿着山岭向西上走一里，渐渐顺着峡谷向南转，就见这条峡谷从南面的岭头下坠，峡中有水流下垂成为瀑布，分作两重向北下泄，就是峡中水的上游了。又上走半里，就向西越过瀑布的上方。又从峡谷西边再向西南上爬一里，渐渐转向西行半里，看见大路盘绕在西面山崖下坠的地方，出到南面的山坳去，小路则向西上登峰顶，逐渐转向北走，大概这就是半个山的山顶，到此地向南下走是山坳，进城的路，应当在这里的东北方，不应当向西去，于是舍弃大路从小道走。向西上走半里，顺着山峰东面向北走二里多，于是向西北下走，走到满是竹林的山坞中的村庄。这个时候雨势很大，在屋中避雨，就着火炉烧开水，饭煮熟后吃饭。这里就是半个山村了，从前在路旁设置了镇彝关，这个地方是驻屯的哨所，如今关废弃了可村子留存了下来。从村东下坡，顺着峡谷往东走一里多，与南面来的大路会合。顺着西山转向北走，在这里水尾山的西溪就从这条峡谷向南下流到硫磺塘了。向北走二里多，再上登东突的山坡。行走在山坡峡谷中，五里稍微下走，又走一里后绮罗村就在东面的山坡下了。这个时候已近傍晚，就舍弃进州城的大路，向东一里多，在李虎变家住宿。李虎变带了坐骑在去马鹿塘的道路上等我，没有遇上，刚返回来，煮了竹鼯在家等待。

初八日　大雨，不成行，坐李君家作《田署州期政四谣》，以李君命也。

【译文】初八日　下大雨，不能出行，坐在李君家中写《田署州期政四谣》，是听从了奉李君的安排。

初九日　大雨，复不成行，坐李君家录《腾志》。

【译文】初九日　下大雨，又不能出行，坐在李君家中抄录《腾越州志》。

初十日　雨不止。既午稍霁，遂同李君联骑，由村西半里，横陟半个山南甸大路，经南草场，半里，西上岭坡，乃来凤南度半个山之脊也。来凤[①]至是南降而下伏，脊间中洼为平塘而不受水。洼之西为金银堆，即南度之脊。洼北半里，有坪倚来凤而南瞰半个山，乃昔王尚书骥驻营之处，《志》称为尚书营。陟坪北半里，有路横沿来凤峰南，西越金银堆，出芭蕉关[②]。芭蕉关西通河上屯、缅箐之道，州西跌水河路，不若此之平，昔兵部郎中[③]龚永吉从王公南征，有“狭转芭蕉关，难于橄榄坡”之句。从此复转骑，循来凤东峰而北，八里，乃还官店。迨晚复雨。

【注释】①来凤：即来凤山，在腾冲城南郊，海拔1914米。近年以来凤寺为中心建为公园，设腾冲历史陈列馆、地貌馆及碑林。北麓有腾冲茶花园。②芭蕉关：今名同，在和顺稍南的丛山中。③郎中：明代各部皆沿置郎中，分掌各司事务，为尚书、侍郎、丞以下的高级部员。

【译文】初十日　雨下个不停。中午后略微放晴，就同李君一块骑马，从村西走半里，横向上登半个山通向南甸的大路，经过南草场，走了半里，向西上了岭上的山坡，就是来凤山向南延伸到半个山的山脊。来凤山到了这里向南低伏，山脊间中间下洼成平坦的池塘，但不容水。洼地的西边是金银堆，就是向南延伸的山脊。洼地北边半里，有平地依傍着来凤山而向南远望半个山，是从前尚书王骥驻扎兵营的地方。《志》书称为尚书营。骑过平地北边半里，有路沿来凤峰的南面横着，向西越过金银滩，通到芭蕉关。芭蕉关向西通河上屯、缅箐的道路，州城西面跌水河的路不像这条路平坦，从前兵部郎中龚永吉跟随王公南征，有“狭转芭蕉关，难于橄榄坡”的诗句。从此再掉转马头，沿着来凤山的东峰向北走，走了八里，就返回官办的客店。到晚上又下起了雨。

十一日　雨不止，坐官店。上午，李君来。下午，雨少止，泞甚，蹠泥往潘生家[1]，不遇；以书促其为余买物，亦不答。潘生一桂虽青衿秀才，而走缅甸，家多缅货。时倪按君命承差来觅碧玉，潘苦之，故屡屡避客。

【注释】①蹠（zhí）：踩踏。

【译文】十一日　雨下个不停，坐在官店中。上午，李君来访。下午，雨稍停，非常泥泞，踩着稀泥前往潘秀才家，没有见到他；用书信催促他为我买东西，也不回信。秀才潘一桂虽是儒生，却跑缅甸，家中多有缅甸货。这个时候巡按倪君命令差役来寻找碧玉，姓潘的被他缠苦了，所以常常避客。

十二日　雨，坐店中。李生以《期政四谣》私投署州田二府，不答。

【译文】十二日　下雨，坐在店中。李生把《期政四谣》私下投送给代理州官田二府，没有得到回音。

十三日　雨时止时作，而泥泞尤甚。李生来，同往苏玄玉寓观玉。苏，滇省人，本青衿，弃文就戎，为吴参府幕客。先是一见顾余，余亦目其有异，非风尘中人也。苏有碧玉，皆为簪，但色太沉。余择四枝携寓中，后为李生强还之。

【译文】十三日　雨时停时下，而泥泞得十分厉害。李生来访，一同前往苏玄玉的寓所观赏玉石。苏玄玉，是云南省人，本来是儒生，弃文从戎，成为吴参将府中的幕僚门客。这之前一见面就回头看我，我看他也有奇异的气质，不是风尘中的俗人。苏玄玉有碧玉，都做成簪子，但颜色太深沉。我选择了四支带到寓所中，后来被李生强逼归还了苏玄玉。

十四至十八日　连雨不止，坐寓中，不能移一步。潘捷余以倪院承差苏姓者，索碧玉宝石，窘甚，屡促不过余寓，亦不敢以一物示人，盖恐为承差所持也。幸吴参府以程仪惠余，更索其“八关”并“三宣”“六慰”诸图，余一一抄录之，数日无暇刻，遂不知在寓中，并在雨中也。潘生送翠生石二块。苏玄玉答华茶竹方环。

【译文】十四至十八日　连日雨下不止，坐在寓所中，不能外出一步。潘捷余因为倪按院姓苏的差役，逼要碧玉宝石，处境非常窘迫，屡次催促仍不来我的寓所探访，也不敢拿一件东西给人看，大概是害怕被差役拿走。幸好吴参将府拿来路费惠赠给我，另外要了他的“八关”及“三个宣抚司”“六个宣慰司”的各种地图，我一一抄录了，数日来无片刻的闲暇，竟然不知道是在寓所中并且是在雨中了。潘秀才赠送了两块翠生石。苏玄答谢了花茶、竹方、玉环。

十九日　晨，雨少止。觅担夫，以连日雨泞，贵甚。既而雨复作，上午乃止而行。店人欲掯余罗一端，不遂，与之閧而后行。由东街，始泞甚，已而渐燥。二里，居庐始尽，下坡行塍中。半里，连越二小桥，水皆自东南来，即罗汉冲所出分流之水也。又二里余，为雷打田，有数家东向。从其前转而东行里余，又过一小亭桥，其流亦自东南向西北者，乃黄坡泉所溢也。又东里余，抵东坡下，停担于酒家。问大洞温泉道，土人指在东南山坳中，此去尚有数里。时天色已霁，令担夫与顾仆待于其家，余即循东山而南。

【译文】十九日　清晨，雨稍停。去找挑夫，因为连日下雨道路泥泞，所以请挑夫的价格很贵。随后雨又下起来，上午才停，于是动身。店里人想勒索我的一匹绫罗，没成功，与他争吵后上路。从东街走，开始非常泥泞，不久渐渐变得干燥。再走二里，居室房屋到了尽头，下坡行走在田埂中。走了半里，接连越过两座小桥，水都是从东南流来，就是罗汉冲流出来分流的水。又走二里多，是雷打田，有数家人面向东方。从村前转向东走一里多，又走过一座小亭桥，桥下的水流也是从东南流向西北的，是黄坡泉满溢而出的水。又向东一里多，抵达东面山坡下，把担子停在酒店中。询问去大洞温泉的路，当地人指示在东南的山坳中，从这里去还有数里地。这个时候天色已经晴开，命令挑夫与顾仆在他家等着，我则顺着东山向南走。

二里，过土主庙。庙倚山西向，前二柏巨甚。又南二里，路歧为二：一南循山麓，为黄坡道；一东南上坡，为趋温泉道。乃从上坡者，南一里，登坡嘴。西瞰山麓，有泉西向溢于下，即黄坡之发源处也。

【译文】再走二里，走过土主庙。庙靠山向西，前面的两棵柏树非常巨大。又向南再走二里，路岔为两条：一条向南顺着山麓走，是去黄坡的路；一条向东南上坡，是通向温泉的路。于是从上坡的路走，向南一里，登上坡嘴。向西俯瞰山麓，有泉水在下边向西满溢而出，就是黄坡的发源处了。

于是东转，有路颇大，横越之，就其东南小径。一里，渐上坡，折而东北。睨温泉之峡，当在其南，中亦有峡南下，第茅塞无径，遂随道西北上。一里，其道渐高，心知其误。有负刍者二人至，问之。曰："此入山樵道，可通芹菜塘者。温泉在南，尚隔一峰。"遂与之俱返，一里，下至茅塞之峡，指余南去。余从之，横蹈峡中，既渐得小径。半里，忽有峡从足下下坠而西，其上石崖骈突如门。从其东又南半里，逾坡而下，其峡始大，有水淙淙流其中，田塍交潆之，即大洞村①之后峡也。有大道从峡中东上，又南下半里，从之东。半里，上一坡，大道东北上，亦芹菜塘道；乃从坡东南下，半里，及溪。又东溯溪半里，则溪流奔沸盘石中，右一崖突而临之，崖下则就石为池，而温泉汇焉。其池与溪同峡，而水不关溪流也。崖石叠覆如累棋，其下凑环三面，成一小孔，可容一人坐浴。

【注释】①大洞村：今作大董。此温泉在黄坡村东峡谷中，俗称黄坡澡堂。

【译文】因此向东转，有条路很大，横越过这条路，走上它东南的小路。走了一里，渐渐上坡，折向东北。斜视温泉所在的山峡，正在它的南面，中间也有峡谷向南下延，只是茅草阻塞没有路径，于是顺着小道向西北上走。走了一里，这条小道渐渐爬高，心里知道路走错了，有两个背干草的人来，向他们问路。说："这是进山打柴的路，能够通到芹菜塘。温泉在南边，还隔着一座山峰。”于是就与他们一同返回来，走了一里，下到茅草阻塞的峡谷，他们指点我向南去。我听从他们的话，横向踏入峡中，不久渐渐找到小径。走了半里，忽然有山峡从脚下往西下坠，峡上的石崖像门一样并列突耸。从它东边又向南走半里，越过山坡向下走，这里峡谷开始变大，有水徐徐流淌在峡中，田塍交相潆绕着它，这就是大洞村后面的峡谷了。有大道从峡中向东上走，又向南下走半里，沿着大道向东走。走了半里，上了一道坡，大道向东北上走，也是去芹菜塘的路；于是从坡上向东南下走，走了半里，到溪边。又向东溯溪流走了半里，只见溪流奔泻沸腾在盘环的岩石中，右边一道石崖前突面临着溪流，石崖的下方就着石崖成为水池，而温泉汇积在这里。这个水池与溪流同在峡中，但泉水不与溪流相通。石崖的岩石重叠下覆如累起来的棋子，石崖下部三面呈环状凑拢，形成一个小孔，可容得下一个人坐着洗澡。

其后倒覆之石，两片下垂而中划，如所谓试剑石，水从片石中淙淙下注，此温泉之源也。池孔之中，水俱不甚热，正可着体。其上更得一亭覆之，遂免风雨之虑矣。时池上有十余人共浴，余恐其旁有石洞，姑遍觅之，不得，乃还浴池中。

【译文】它的后方倒覆的岩石，两片下垂而中间分开，像所说的试剑石，水从石片中徐徐下注，这是温泉的源头。孔状的水池之中，水都不怎么热，正好可以用身体接触。它的上方另外有一座亭子覆盖着它，便免去了被风吹雨打的忧虑。这个时候池塘上有十多个人一同洗澡，我担心温泉旁边有石洞，暂且四处寻找，找不到，这才返回池中洗浴。

又三里，随山之西嘴抵黄坡，转北一里，过麓间溢水之上。又北三里，乃入来时分岐处。又西北四里，至矣比坡[①]之麓。促挑夫行，以晚辞，遂止。

【注释】①矣比坡：今作玉璧树，在腾冲坝子东缘。

【译文】又走三里，顺着西面的山嘴抵达黄坡，转向北走了一里，经过山麓间溢水处的上方。又向北三里，这才走入来时的分岔之处。又向西北走了四里，到矣比坡的坡脚。催促挑夫上路，他推辞天太晚了，只得停下来。

二十日　晨起，饭而登坡，雨色复来。平上二里，峻上八里，抵岭头。又平行岭上四里，又稍下一里，过芹菜塘。复东上坡，半里而下，半里过木厂，又下二里，过北下之峡。又东上三里，至坡脊。平行脊间，一里至永安哨，五六家当坡间而已。又东南半里，逾岭脊而下。一里，有水自北而南，路从之。半里，乃东陟坡，平行脊上。三里，至甘露寺，饭。从寺东下三里，至赤土铺桥，其下水自南而北，即大盈江水也。《一统志》谓大盈之源出自赤土，其言不谬。桥东复上半里，有四五家当坡坳，为赤土铺。铺东又上半里，遂从岭脊东南行。一里，有岐南去，为猛柳道；余仍东南，三里，乃东下，又十里而止于橄榄坡。时才午，雨时下时止，遂止不前。

【译文】二十日　清晨起床，用餐后登坡，天空又像要下雨了。平缓上登二里，陡峻地上登八里，抵达岭头。又平缓行走在岭上四里，又稍微下走了一里路，经过芹菜塘。再往东上坡，半里后下走，走半里后路过木厂，又下走二里，经过向北下延的峡谷，又向东上走三里，来到坡脊上。平缓行走在山脊间，走了一里路到永安哨，有五六家人临坡而居。又向东南走半里，翻过岭脊下走。走了一里，有水流从北流向南，路顺着水流走。走了半里，就向东涉水上坡，平缓走在山脊上。三里，到甘露寺用餐。从寺东下走三里，到赤土铺桥，桥下的水从南流向北，就是大盈江江水了。《一统志》说大盈江的源头出自赤土山，这话不错。从桥东再上走半里，有四五家临坡坳而居，是赤土铺。从赤土铺东又上走半里，就从岭脊上向东南走。走了一里，有条岔路向南去，是去猛柳的路；我仍向东南走，走了三里，就向东下走，又走十里后，停在橄榄坡。这个时候才是中午，雨时下时停，便停下来不再向前走。

二十一日　平明起饭。自橄榄坡东下，五里，抵龙川江西岸，过巡检司，即下渡桥。西岸峻若堵墙，乃循岸北向叠级，始达桥。桥东有阁，登之可眺江流夭矫之势。又南向随东岸行半里，东向平上者一里余，始曲折峻上。五里，过茶房，僧舍无一人。又峻上三里，过竹笆铺。又上七里余，饭于小歇场。又上五里，过太平辅，又平行入坞。二里余，有水自北涧来，涉之，遂东上。其上愈峻，两旁皆竹石深翳，而风雨西来，一天俱漫，于是行雨浪中。三里，逾一最高之岭，乃屡上屡下，屡脊屡坳，皆从密箐中行。七里抵新安哨，两三家夹岭头，皆以劈藤竹为业。时衣湿透，寒甚，就其家烧薪烘之。又二里余，抵分水关，有五六家当关之东。余乃就火炙衣，贯烧酒饮四五杯乃行。

【译文】二十一日　黎明起床用餐。从橄榄坡向东下走，走了五里，抵达龙川江西岸，走过巡检司，随即走下渡桥。西岸险峻得好似一堵墙，只好顺着江岸向北上登石阶，这才得以到达桥头。桥东有楼阁，登上它能够眺望江流屈曲的形势。又向南沿着东岸走半里，向东平缓上登一里多，开始曲折地上登陡峻的山路。走了五里，路过茶房，僧房中空无一人。又上登陡峻的路三里，路过竹笆铺。又上走七里多，在小歇场用餐。又上走五里，路过太平铺，又平缓地走入山坞。再走二里多，有水流从北边的山涧中流来，涉过涧水，就向东上走。那上面愈加陡峻，两旁全是竹石深深地密蔽着，而风雨从西方吹来，满天都是漫漫一片，于是行走在如浪的暴雨中。走了三里，越过一座最高的山岭，于是屡上屡下，屡次上登山脊，屡次越过山坳，都是从深密的林木中走。七里到达新安哨，有两三家夹住在岭头，都是以劈藤条竹子为业。这个时候衣服湿透，冷极了，到他们家中烧柴烤衣服。又走二里多，到达分水关，有五六家人位于关隘的东面。我便就着火烤衣服，买烧酒饮了四五杯才上路。

天色大霁，路磴俱燥，乃知关名分水，实分阴晴也。于是东向下者八里，始就东行之脊。又二里，过蒲满哨。又平行岭上，东十五里，宿于磨盘石之卢姓者；家有小房五六处，颇洁。

【译文】天色十分晴朗，道路石阶全是干燥的，这才明白关隘的名字叫分水，实际是按天气阴晴划分的。从这里向东下走八里，这才走上向东延伸的山脊。又走二里，经过蒲满哨。又平缓行走在岭上，向东十五里，住宿在磨盘石姓卢的人家；家中有五六处小房间，相当整洁。

二十二日　平明饭而行。其下甚峻，曲折下者六里，及岭北之涧。是岭自蒲满哨分支东突，左右俱有深峡夹流，来时从南峡上行，至此坠北峡之口过。涉北涧，又越北岭东突之嘴，共一里余而过八湾。八湾亦有数家居坡上，人谓其地暑瘴为甚，无敢置足者。于是东向行平坡间，十二里抵江，则怒流奔腾，势倍于来时矣。

【译文】二十二日　黎明用餐后上路。那下走的路非常陡峻，曲折向下走六里，到达岭北的山涧。这座山岭从蒲满哨分支向东突，左右全是深深的峡谷，溪流相夹，来的时候从南边的峡谷上走，到此处坠入北峡从峡口中走过。涉过北边的山涧，又越过北面山岭东突的山嘴，共一里多后路过八湾。八湾也有数家人居住在坡上，人们说这里暑热瘴气最为厉害，没有人敢驻足。从这里向东行走在平缓的山坡间，再走十二里抵达江边，就见狂怒的江流奔腾，水势比来的时候更加倍了。

乃坐巨树下待舟，观洪流汹涌，竞渡者之纷纭，不啻从壁上观也。俟久之，乃渡而东上坡。三里，抵北山之麓，循坡东行。五里，逾南下之嘴，得一桥跨涧，是为箐口。于是渡涧入峡，循涧南崖东向上，二里，过一碑，即来时所见盘蛇谷碑也。又东三里，过一西来枯涧。又二里，南折而北，乃逾其北突之嘴而东，遂东南渐上，其峡遂曲折掩蔽，始不能西见高黎贡峰矣。又南六里，抵杨柳湾而饭。乃逾南来之峡，溯东来之流，二里，有桥跨涧，西度之。从涧西溯箐上，又一里，为打板箐，有数十家当涧西。又东北四里，过平度之脊。其脊度峡中，乃自北而南，即从冷水箐西度蒲缥，又北过此，夹蒲缥之水北出而入潞江者也。是日热甚，得一荫辄止而延飔[①]，数息树边，不复问行之远近矣。过脊东下一里，止于落马厂。时才下午，以热甚，担夫不前也。

【注释】①延飔（sōu）：纳凉。凉风。

【译文】于是坐在巨树下等船，观看洪流汹涌，纷纷纭纭渡江的人竞相争抢，如同从壁上旁观了。等了很久，才渡过江向东上坡。走了三里，抵达北山的山麓，沿山坡向东走。走了五里，越过向南下延的山嘴，见到一座桥横跨山涧，这里是箐口。于是渡过山涧走入峡谷，顺着山涧南边的山崖向东上走，走了二里，路过一块石碑，就是来的时候见到的盘蛇谷碑。又向东三里，走过一条从西面来的干枯的山涧。又走二里，从南方转向北，就越过那向北突的山嘴后向东走，于是向东南渐次上走，那峡谷便曲曲折折地掩蔽起来，开始不能见到西面高黎贡山的山峰了。又向南六里，到达杨柳湾后用餐。于是越过南边延来的峡谷，溯东面流来的水流，走二里，有座桥跨在山涧上，向西过桥。从山涧西沿着山箐上走，又走了一里路，是打板箐，有数十家位于山涧西面。又向东北走四里，越过平缓延伸的山脊。这条山脊延伸到峡谷中，是从北向南延伸，就是从冷水箐向西延伸到蒲缥，又向北经过这里，夹住蒲缥的水流向北流出后流入潞江的山脊了。这一天热得特别厉害，见到一处树荫就停下来纳凉，数次在树边歇息，不再管走了多远的路。翻过山脊向东下走了一里，停在落马厂。这个时候才是下午，因为天气太热，挑夫不肯前行了。

二十三日　平明，从落马厂东行。三里，逾东突之山嘴而南，又一里余，有一庵倚西山之上。又南四里，过石子哨，始南下。二里余，望温泉在东山下，乃从岐东南下。二里余，转而北涉北流一涧，又半里，东从石山之嘴，得温泉焉。其水温而不热，浑而不澄，然无气焰，可浴。其山自东山横突而西，为蒲缥下流之案也。浴久之，从涧东溯流二里余，抵蒲缥之东村，蒲人，缥人，乃永昌九蛮中二种。饭。以担夫不肯前，逗留久之。乃东二里上坡，五里，迤逦上峰头。又平行岭夹，一里稍东下，有亭桥跨峡间。时风雨大至，而担夫尚后，坐亭桥待久之，过午始行。

【译文】二十三日　天亮的时候，从落马厂向东走。走了三里，翻过东突的山嘴后向南走，又走了一里多，有一座寺庵紧靠在西山上面。又向南走了四里，过了石子哨，开始向南下走。走了二里多，望见温泉在东山下，就从岔路向东南下走。再走二里多，转向北涉过一条向北流的山涧，又走半里，向东在石山的山嘴处，找到温泉。温泉的水温而不热，浑浊而不清澈，不过无蒸气火焰，能够洗澡。这里的山从东山横突向西，是蒲缥下游的案山。洗澡洗了很久，从山涧东溯水流走二里多，抵达蒲缥的东村，蒲人、缥人，是永昌府九种蛮族中的两种。用餐。因为挑夫不肯前行，逗留了很久。于是向东走二里后上坡，五里，曲折登上峰头。又平缓行进在山岭相夹间，一里后稍微向东下走，有座亭桥跨在峡中。这个时候风雨暴降，可挑夫还在后头，坐在亭桥中等了很久，过了中午才动身。

又东南上坡，逾坡一重，转而北，又逾坡一重，共六里，过孔雀寺。又东上坡五里，直蹑东峰南突之顶。此顶自北而南，从此平坠度为峡，一冈西迤，乃复起为崖，度为蒲缥后山，北去而夹蒲缥之涧，南去而尽于攀枝花[①]者也。又东一里稍上，复盘一南突之嘴，于是渐转而北，二里，有公馆踞冈头。乃北下一里，而止于冷水箐[②]。时方下午，以担不能前，遂止。见邸榻旁有卧而呻吟者，乃适往前途，为劫盗所伤，还卧于此。被劫之处，去此才六里，乃日才过午，而盗即纵横，可畏也。

【注释】①攀枝花：今仍称攀枝花寨，在保山市隆阳区西境，蒲缥坝子南缘。②冷水箐：今名同，在蒲缥与保山城之间，但不在公路边上。

【译文】又向东南上坡，越过一重山坡，转向北，又越过一重山坡，共六里，走过孔雀寺。又向东上坡五里，径直登上东峰南突的山顶。此处山顶从北延向南，从此处平缓下坠延伸为山峡，一座山冈向西斜行，于是再度突起为山崖，延伸成为蒲缥的后山，向北延去夹住蒲缥的山涧，向南延去在攀枝花到了尽头。又向东一里稍微上走，再绕过一处南突的山嘴，于是渐渐转向北，走了二里，有公馆盘踞在冈头。于是向北下走一里，然后停在冷水箐。这个时候正好下午，因为挑夫不能前走，便停下来。见客店中床旁有躺着呻吟的人，是刚才在前行途中，被抢劫的强盗杀伤，返回来躺在此处。他们被抢劫的地方，离这里才有六里，此时太阳才过正午，强盗就这样放纵横行霸道，可怕呀！

二十四日　雨复达旦，但不甚大。平明，饭而行。随东行之箐，上其北坡，三里，循嘴北转。二里渐下，一里下至坳，即昨被劫之商遇难处也。其北丛山夹立，穿其峡行三里，再过一东突之坡，其水始北下。随之北二里，下至坳洼中，乃东转而上。一里，过坳子铺，觅火把为芭蕉洞游计。又东半里，过冈头洼地，遂转北下。三里余，越一坡脊，过洼中汇水之崖。崖石上插而水蓄崖底，四面俱峻，水无从出而甚浑。由其南再越脊而下，一里余，至芭蕉洞，乃候火于洞门。担夫摘洞口黑果来啖，此真覆盆子也；其色红，熟则黑而可食，比前去时街子所鬻黄果，形同而色异，其熟亦异，其功用当亦不同也。黄者非覆盆。覆盆补肾，变白为黑，则为此果无疑。

【译文】二十四日　夜雨又下到天亮，但不怎么大。黎明，用餐后上路。顺着向东走的山箐，上到山箐的北坡，走了三里，沿着山嘴向北转。走了二里渐渐下走，一里下到山坳，就是昨天被抢劫的客商遇难的地方了。山坳北面成丛的山峦相夹而立，穿越山峡前行三里，再走过一处东突的山坡，这里的水开始向北下流。顺水流向北再走二里，下到山坳的洼地中，就向东转上走。走了一里，经过坳子铺，找火把准备去游玩芭蕉洞。又向东半里，走过冈头的洼地，就转向北下走。三里多，越过一道坡脊，经过洼地中积水的石崖。石崖上耸而水蓄在石崖底下，四面都很陡峻，水无法流出去而且非常浑浊。从它南面再越过山脊下走，一里多，来到芭蕉洞，就在洞口等候火种。挑夫摘了洞口的黑果子来吃，这是真的覆盆子，果实色红，成熟就变黑，能够吃，比先前去的街子上所卖的黄果，形状相同而颜色相异，它们成熟的情况也不同，它们的功用应当也不同。黄色的不是覆盆子。覆盆子补肾，白色变为黑色，我吃的就是覆盆子无疑了。

火至，燃炬入洞。始向北，即转东下四丈余，至向所入昏黑处，即转北向，其下已平，两崖愈狭而愈高。六七丈，更宽崇，一柱中悬，大如覆钟，击之声鋐鋐[1]然。其处盖不特此石有声，即洞底顿足，辄成应响，盖其下亦空也。又入五六丈，两崖石色有垂溜成白者，以火烛之，以手摩之，石不润而燥，纹甚细而晶。土人言，二月间石发润而纹愈皎茁，谓之“开花”，洞名“石花”以此。石花名颇佳，而《志》称为芭蕉，不如方言之妙也。

【注释】①鋐（hóng）鋐：形容声音宏大。

【译文】火种拿到后，点燃火把进洞。开始时向北走，随即转向东下走四丈多，来到先前走入的昏黑处，马上转向北，脚下随即平坦起来，两面的石崖越来越窄而且越来越高。六七丈后，又变宽变高，一根石柱悬在中央，大处如下覆的铜钟，敲击它声音轰轰响。原来此处不仅此石柱有声音，就是在洞底跺脚，也立即形成回声，大概它下边也是空的。又深入五六丈，两侧石崖岩石的颜色有水滴垂淌形成白色的地方，用火光照它，拿手去摸它，岩石干燥不湿润，纹路非常细腻晶莹。当地人说，二月间石色发润而且纹理愈加皎洁粗壮，称这种现象为“开花”，山洞起名叫“石花”是根据这个原因。石花的名字很美，可《志》书称为“芭蕉”，不如方言起得巧妙。

更北路尽，由西腋透隙入，复小如门。五丈，有圆石三叠，如幢盖下垂，又如大芝菌而三级累之者。从其下复转而北，其中复穹然宏耸。又五六丈，西北路尽，洞分两岐：一南上环为曲室，三丈而止；一北入降为坠道，七丈而止。是洞曲折而旁窦不多，宛转而底平不汙，故游者不畏深入，使中有通明之处，则更令人恍然矣。出至向所入昏黑北转处，今已通明。见直东又一岐，入，有柱中间之，以余炬入探其中，亦穹然六七丈而止。出，从洞门外以余炬入探西崖间小窦。其窦北向悬壁间，其门甚隘，而中亦狭而深，秽气扑人，乃舍之。出洞，下百余步，抵坑峡下观水洞。水洞者，即此洞之下层也，虽悬数丈，实当一所，前中入有声，已知其下之皆空矣。洞前亦东向，稍入，亦曲而自北来，与上洞同一格，但水溢其中，不能进也。由此东折而北，共里余，抵卧狮窝村[1]，饭于村妇家。

【注释】①卧狮窝村：1963年新命名为云端街。

【译文】再向北路到了头，从西侧穿过缝隙进去，又小得像门一样。五丈后，有三层圆石，像石幢的顶盖样下垂，又像巨大的灵芝菌分三层叠起。从它下边再转向北，洞中再次穹然宏大高耸。又走五六丈，西北的路到了尽头，山洞分为两个岔洞：一个向南上通环绕成深邃的密室，三丈后到头；一个通入北边下降为深坠的通道，七丈后到头。此洞曲折可旁洞不多，弯弯转转但洞底平坦不积水，所以游览的人不怕深入进去，假使洞中有通入亮光的地方，那就更令人豁然开朗了。出来到先前走入的昏黑向北转的地方，现在已通入亮光了。见到正东方又有一个岔洞进去，有石柱在中央隔开洞口，用剩余的火把进去探看其中，也是穹然隆起六七丈便到了尽头。出洞，从洞口外拿剩余的火把进去探察西边石崖间的小洞。这个洞面向北，高悬在石壁间，洞口非常狭窄，而洞中也是又窄又深，污秽之气扑人，只得舍弃了它。出洞来，下走百余步，抵达坑谷峡中下去观看水洞。水洞，就是此洞的下层了，虽然悬隔数丈，实际应当是一个地方，先前进去洞中有声音，已知它下边全是空的了。洞前边也是向东，稍微进去，也是转弯而且从北边通来，与上洞同出于一格，但水溢满洞中，不能前进了。由此从东折向北，共走了一里多，抵达卧狮窝村，在村中农妇家用餐。

北三里，过一村，即东上堤，是为大海子。随海子南堤东行，二里下堤，又东一里为沙河桥。其桥五巩，名众安桥。越桥东，即从岐西北循山行。二里，过胡家坟，为正统间挥使胡琛墓。墓有穹碑，为王学士英所撰；又一碑，乃其子名志者，则王翰撰时之文，与吾家梧塍[1]之陇，文翰规制颇相似，其颓芜亦相似也。其一时崇尚，穷徼薄海，万里同风，至荆棘铜驼，又旷代无异，可慨也！其墓欲迎水作东北向，遂失下手砂，且偏侧不依九隆正脉，故胡氏世赏虽仅延，而当时专城之盛遂易。永昌，故郡也，胡氏时适改为司，独专其地。今复为郡，设流官，胡氏遂微。土人言，胡氏墓法宜出帝王，为朝中所知，因掘断其脉。余按，凿脉乃诸葛南征时所为，土人误耳。

【注释】①梧塍：即明代江阴县的梧塍里，为霞客家乡。

【译文】向北三里，走过一个村子，随即向东走上堤坝，这是大海子。顺着海子的南堤向东走，再走二里后下堤坝，又向东一里是沙河桥。此桥有五拱，名叫众安桥。越到桥东，然后从岔路向西北沿着山走。再走二里，路过胡家坟，是明英宗正统年间指挥使胡琛的墓地。墓前有高大的石碑，是学士王英撰写的，又有一块碑，是他儿子名叫胡志的碑，碑文由翰林院撰修王时撰文，与我家乡梧塍里的坟墓，文章辞藻规模形制十分相似，它们的颓败荒芜也相似。那种一时间的崇尚，尽于边境海疆，万里之间风气相同，到了颓败荒芜的景象，又隔代无异了，真令人叹息呀！他修墓时想要面迎水流作东北向，便失去了下手的龙砂，结果使偏在一侧不靠着九隆山的正脉，所以胡家世代的赏赐虽然能延续，然而当时独占一城的盛况已经不再。永昌，是旧时的郡，胡氏时恰好改为军民指挥使司，独占了这一地区。今天恢复为府，设置了流官，胡家便衰落了。当地人说，胡家墓葬的方法应该出帝王，被朝廷知道后，于是挖断了它的地脉。我考察，凿断地脉是诸葛亮南征时做的事，当地人错了。

更循山而北，一里，上一东盘之嘴。于是循冈盘垅，甃石引槽，分九隆池之水，南环坡畔，以润东坞之畦。路随槽堤而北，是堤隆庆二年筑，置孔四十一以通水，编号以次而及，名为“号塘”，费八百余金。遇有峡东出处，则甃石架空渡水，人与水俱行桥上，而桥下之峡反涸也。自是竹树扶疏，果坞联络，又三里抵龙泉门，乃城之西南隅也。城外山环寺出，有澄塘汇其下，是为九隆池。由东堤行，见山城围绕间，一泓清涵，空人心目。池北有亭阁临波，迎岚掬翠，滟潋生辉。有坐堤垂钓者，得细鱼如指；亦有就荫卖浆者。惜有担夫同行，急于税驾，遂同入城。半里，北抵法明寺，仍憩会真楼，而崔君亦至，崔，江西人，寓此为染铺。前去时从磨盘石同行，抵腾依依，后复同归，以担夫行迟，至蒲缥先返。余迟一日至，故复来此看余。遂与同入市，换钱畀夫，市鱼烹于酒家，与崔共酌。暮返楼。夜大雨。

【译文】再沿着山向北走，走了一里，走上一处向东盘绕的山嘴。在这里沿山冈绕着土垅，砌筑了引水的石槽，分引九隆池的水，向南环绕在山坡畔，以便灌溉东边山坞中的田地。路顺着石槽的堤向北走，此道堤是隆庆二年（1568）修筑的，设置了四十一个孔洞以便通水，按次序相继编号，起名为“号塘”，花费八百余两黄金。遇到有峡谷向东通出之处，就砌石槽架空渡水，人与水都在桥上通行，而桥下的峡谷中反而干涸。自此处起竹丛树林茂盛，山坞中果树相连，又走三里抵达龙泉门，是城的西南隅。城外山峰环绕佛寺显露，有澄澈的池塘积聚在城下，这是九隆池。从东面的池堤上走，见山城围绕之间，深涵着一片清水，使人心目空阔。池北边有亭子楼阁面临清波，迎着山风掬来翠色，滟潋生辉。有坐在堤上垂钓的人，钓到的小鱼像手指一样大小；也有就着树荫卖酒的人。可惜有挑夫同行，急于住下，便一同入城。走了半里，向北抵达法明寺，仍歇息在会真楼。而崔君也来到，崔君，是江西人，寓居这里开染铺。先前去时从磨盘石同行，到达腾越后依依不舍，后又一同归来，因为挑夫走得慢，到蒲缥后就先返回来。我晚一天到，所以再来此处看望我。于是就与他一同进街市，换了钱交给挑夫，买鱼来在酒家烹煮，与崔君一道饮酒。天晚返回楼中。夜间下起了大雨。

二十五日　晓霁。崔君来候余餐，与之同入市，买琥珀绿虫。又有顾生者，崔之友也，导往碾玉者家，欲碾翠生石印池杯子，不遇，期明晨至。

【译文】二十五日　天将亮时转晴。崔君来等候我用餐，与他一同进市场，买琥珀绿虫。又有个姓顾的儒生，是崔君的朋友，引导我前往碾玉的人家中，打算碾翠生石的印池、杯子，没遇上，约定明天清晨来。

二十六日　崔、顾同碾玉者来，以翠生石畀之。二印池、一杯子，碾价一两五钱，盖工作之费逾于买价矣，以石重不便于行，故强就之。此石乃潘生所送者。先一石白多而间有翠点，而翠色鲜艳，逾于常石。人皆以翠少弃之，间用搪抵上司取索，皆不用之。余反喜其翠以白质而显，故取之。潘谓此石无用，又取一纯翠者送余，以为妙品，余反见其黯然无光也。今命工以白质者为二池，以纯翠者为杯子。时囊中已无银，以丽江银杯一只，重二两余。畀顾生易书刀三十柄，余付花工碾石。是午，工携酒肴酌于北楼，抵晚乃散。

【译文】二十六日　崔、顾二人同碾玉的人来了，我把翠生石交给碾玉人。两个印池、一个杯子，碾玉工价一两五钱，这样的话，加工的费用就超过买原料的价钱了，因为石料重不便带着走路，故而勉强迁就了他。此石料是潘生所送的。先头的一块石料白色多而间杂有翠绿色点，但翠色鲜艳，超过平常的石料。一般人都认为翠色少不取这种石料，偶尔用来搪塞充抵上司的索取，都不用它。我反而喜爱它的翠色从白色的质地中显露出来，所以选择了它。潘生认为此石无用，又拿出一块纯翠色的送给我，认为是绝妙的品种，我反而看它黯然无光了。今天命令工匠把白色质地的做成两个印池，把纯翠色的做成杯子。这时候口袋中已无银子，把丽江的一只银杯，重二两多。交给顾生换来三十把书刀，其余的付给姓花的工匠碾石料。这天中午，工匠带来酒肴在北楼饮酒，到晚上才散去。

二十七日　坐会真楼作记。

【译文】二十七日　坐在会真楼作游记。

二十八日　花工以解石来示。

【译文】二十八日　姓花的工匠拿解开的石料来给我看。

二十九日　坐会真楼。上午往叩闪知愿，将取前所留翰札碑帖。闪辞以明日。还过潘莲华家，将入晤，遇鸡足安仁师丽江公差目把延至，求闪序文。与邱生邱，新添人，眇[①]一目，以箕仙行术[②]，前会于腾，先过此。同行。万里知己，得之意外，喜甚，遂同过余寓。坐久之，余亦随访其寓，下午乃返。

【注释】①眇（miǎo）：一只眼睛瞎。②箕仙行术：用筲箕插筷子占卜的一种迷信活动。

【译文】二十九日　坐在会真楼。上午前往叩见闪知愿，将取回从前寄留的信札碑帖。闪某推辞说明天。返回时路过潘莲华家，将进门拜访，遇见鸡足山安仁禅师丽江木公差遣头目延请来的，求闪知愿为文章作序。与邱生邱生，是新添卫人，瞎了一只眼，以箕仙的身份行法术，先前在腾越会过面，先来到这里。同行。万里外遇知己，意外之间遇到他，非常高兴，就一同去我的寓所，坐下来聊了很久。我也跟随他去拜访他的寓所，下午才返回来。

三十日　晨餐后，往拜潘，即造闪知愿。犹不出，人传先生以腹泻，延入西亭相晤。余以安仁远来，其素行不凡，且赍有丽江《云薖全集》来至，并求收览。闪公颔之。余乃出，往安仁寓，促其以集往，而余遂出龙泉门观九隆泉。

【译文】三十日　早晨用过餐后，前往拜见潘莲华，随即去找闪知愿。知愿仍不出来见我，人们相传先生因为腹泻，延请到西亭相见。我由于安仁远来，他平素的品行不凡，并且持有丽江的《云薖全集》来到，一并请求收下阅览。闪公同意了此事。我这才出门，前往安仁的寓所，催促他把集子送去，而我便出了龙泉门去观览九隆泉。

龙泉门，城之西南门也，在太保山之南麓。门外即有涧自西山北夹而出，新城循之而上。涧之南有山一支，与太保并垂，而易罗池当其东尽处，周回几百亩，东筑堤汇之，水从其西南隅泛池上溢，有亭跨其上，东流入大池，大池北亦有亭。池之中，则邓参将子龙所建亭也，以小舟渡游焉。池之南，分水循山腰南去，东泄为水窦，以下润川田。凡四十余窦，五里，近胡坟而止焉。由池西上山，北冈有塔，南冈则寺倚之。寺后有阁甚巨。阁前南隙地，有花一树甚红，即飞松之桐花也，色与刺桐相似，花状如凌霄而小甚，然花而不实，土人谓之雄树。既而入城，即登城北，蹑其城侧倚而上。一里余，过西向一门，塞而不开。乃转而北又里余，则山东突之坪也。其西宝盖山穹立甚高，东下而度一脊，其南北甚狭，度而东，铺为平顶，即太保之顶也，旧为寨子城。胡渊拓而包此顶于内，西抵度脊处而止，亦设门焉；塞而不开，所谓永定、永安二门也。旧武侯祠在诸葛营，今移于此顶，余入而登其楼，姜按君有诗碑焉。坪之前有亭踞其东。由此坠而下，甚峻，半里即下临玉皇阁后，由其西转阁前，而入会真饭焉。

【译文】龙泉门，是城的西南门，在太保山的南麓。门外就有山涧从西山北边的夹谷中流出来，新城沿着山涧向上修建。山涧之南有一山支脉，与太保山相对，而易罗池位于它东边的尽头处，周围有几百亩，东面筑堤蓄水，水从易罗池的西南隅漫过池子从上边满溢而出，有亭子跨在水上，向东流入大池中，大池北边也有亭子。池子的中央，则是参将邓子龙修建的亭子，乘小船渡过去游览。池子的南边，池水分流顺山腰向南流去，东边泄水的是水洞，以便下流灌溉平川中的农田。共有四十多个洞，五里长，接近胡家坟就到了尽头。从水池西边上山，北山冈上有塔，南山冈则有佛寺背靠着它。寺后边有楼阁极为巨大。阁楼前方南边的空地上，有一棵花树十分红艳，就是叫飞松的桐花了，颜色与刺桐相似，花的形状像凌霄花但非常小，然而只开花却不结果实，当地人称之为雄树。既而入城，随即登到北城墙，踏着那城墙倾斜地向上走。走了一里多，经过向西的一道城门，城门堵塞着不开。于是转往北又走了一里多，就是山向东突出的平地了。它西边宝盖山穹然矗立非常高峻，向东下延一条山脊，山脊的南北非常窄，延伸向东，铺开成为平顶，就是太保山的山顶了，旧时是寨子城。胡渊拓宽城区把这座山包围在城内，西边抵达山脊延伸处，也设有城门；堵塞不开的，是所谓永定、永安二门。旧时武侯祠在诸葛营，现今移到此处山顶上，我进去登上祠堂的楼，姜按君立有诗碑。平地之前有亭子盘踞在祠堂的东面。由此坠落而下，甚为陡峻，半里路就下临玉皇阁后方，由它西边转到阁前便进入会真楼用餐。

六月初一日　憩会真楼。

【译文】六月初一日（7月1日）　在会真楼休息。

初二日　出东门，溪之自龙泉门灌城而东者，亦透城而出。度吊桥，遂随之东行田塍中。十里至河中村，有石桥，北来之水遂分而为二：一由桥而东南注，一绕村而西南曲。越桥东一里余，则其地中洼而沮洳。又里余，越冈而东，一里，抵东山之麓。由岐东北二里，过大官庙[①]。上山曲折甚峻，二里余，至哀牢寺。寺倚层岩下，西南向，其上崖势层叠而起，即哀牢山也。饭于寺。由寺后沿崖上，一里转北，行顶崖西，半里转东，行顶崖北，一里转南，行顶崖东。顶崖者，石屏高插峰头，南北起两角而中平。玉泉二孔在平脊上，孔如二大履并列，中隔寸许，水皆满而不溢，其深尺余，所谓金井也。今有树碑其上者，大书为"玉泉"。按玉泉在山下大官庙前，亦两孔，而中出比目鱼，此金井则在山顶，有上下之别，而碑者顾溷之，何也？又一碑树北顶，恶哀牢之名，易为"安乐"焉，益无征矣。南一里至顶。南一里，东南下。又一里，西南下。其处石崖层叠，盖西北与哀牢寺平对，俱沿崖而倚者也。

【注释】①大官庙：今名同，在保山坝子东缘。

【译文】初二日　走出东门，从龙泉门流贯城中向东流去的溪水，也穿城而出。越过吊桥，于是顺着溪流向东行走在田野中。走了十里到河中村，有座石桥，北面流来的河水于是分为两条：一条从桥下向东南流注，一条绕着村子向西南弯曲。越到桥东走了一里多，就见这里的地势中间下洼而且全是泥沼。又走了一里多，越过山冈向东走，走了一里，抵达东山的山麓。由岔道向东北再走二里，经过大官庙。上山的路曲折陡峻，走了二里多，到了哀牢寺。寺院靠在层层岩石的下面，朝向西南，寺院上方山崖层层叠累而起，那就是哀牢山了。在寺中用餐。从寺后沿石崖上登，一里后转向北，走在山顶石崖的西边，半里后转向东，走在山顶石崖的北边，一里后转向南，走在山顶石崖的东边，山顶的石崖，是屏风状的岩石高插在峰头，南北突起两角而中段平缓。玉泉的两个泉孔在平缓的石脊上，泉孔像两个并列的大麻鞋，中间相隔一寸左右，泉水都是满而不溢，水深一尺多，是所谓的金井了。如今有人在泉上立了碑，写着“玉泉”两个大字。据考察，玉泉在山下大官庙前，也是两个孔，而水中出产比目鱼，此金井则在山顶，有上下的区别，可立碑的人却把它们混淆了，为什么呢？又有一块碑立在北面的山顶，厌恶哀牢的名称，改为“安乐”，这更是毫无根据了。向南一里到达山顶南侧。走了一里路，向东南下走，又走了一里地，向西南下走。此处石崖层层叠叠，大概与西北的哀牢寺水平相对，全是沿石崖紧靠着的。

又南下里余，为西来大道，有茅庵三间倚路旁，是为茶庵。由此东向循峡而入，五里，过一坳。坳中有庙西向。东一里，度中洼之宕，复东过坳。又从岭上二里余，盘北突之嘴。其北峡之底，颇见田形。于是东南下，二里，越一峡而东，一里，东上冈。又里余，逾坳东南行，见其东有南北峡，中干无水。峡东其山亦南北亘，有一二家倚之，是为清水沟①。

【注释】①清水沟：今名同，在瓦渡西南邻。

【译文】又向南下走了一里多，是西面来的大道，有三间茅房紧靠在路旁，这是茶庵。从这里向东顺着峡谷进去，走了五里，经过一处山坳。山坳中有座庙面向西方。向东一里，越过中间下洼的石坑，再向东走过山坳。又从岭上走二里多，绕过北突的山嘴。山嘴北面峡谷的谷底，能看清有田地在那。从这里向东南下走，走了二里，越过一条峡谷向东走，走了一里，向东上登山冈。又是一里多，穿越山坳向东南走，见山坳东边有条南北向的峡谷，峡中干涸无水。峡谷东面那山也是呈南北向绵亘，有一二家人背靠山居住，这是清水沟。

沟中水不成流，似从峡底东度脉者。随峡南行一里，复度而东上冈，始望见南壑中洼，其南有峰危耸中立，即笔架山之北峰也；前从水寨西南盘岭时，所望正南有峰双突如马鞍者，即此峰也。

【译文】沟中的水不成流，似乎是从峡底向东穿流过山脉的水。顺着峡谷向南走一里，再向东越上山冈，这才望见南面壑谷中间下洼，它的南边有座高耸的山峰当中而立，这就是笔架山的北峰了；之前从水寨向西南绕着山岭走时，望见正南方有山峰双双突起如同马鞍的，即是此峰了。

其峰在郡城东南三十余里，即清水西山南下之脉，至此而尽，结为此山，南北横亘，西自郡城望之，四顶分尖，北自此临之，只见北垂一峰如天柱。从冈上东盘北峰，三里降而下洼，始有小水自北峡下，一里，涉之。又东循北山一里余，过一脊坳。又西稍降一里，始见东山渐豁。山冈向东南下，中路因之；又一岐东北分趋瓦渡[1]；又一岐西南下坑，坑中始闻水声。有三四家倚西山崖下，是为沈家庄，其下有田塍当坑底焉。已暮，欲投之宿，遂西南下一里余，及坑底。渡小水，西南半里，投宿村家，暮雨适来。

【注释】①瓦渡：今名同，在保山市隆阳区东境。

【译文】此峰在府城东南三十多里，就是清水沟西山向南下延的山脉，到这里到了尽头，盘结为此山，呈南北向横亘，自西面的府城望它，分为四个尖顶，从北方的这里面向它，只见北边垂下一座山峰像擎天柱。从冈上向东绕过北峰，下降三里走到洼地，这才有小溪从北面峡中流下来，一里，涉过小溪。又向东顺着北山走了一里多，走过一处山脊上的山坳。又向西稍微下降一里，才见到东山渐渐开阔，山冈向东南下延，中间的路顺着山冈走；又有一条岔路分向东北通往瓦渡；又一条岔路向西南下到坑中，坑中开始听到水声。有三四家人紧靠在西山的山崖下，这是沈家庄，村子下方有田地位于坑底。这时已是傍晚，打算到村中投宿，于是向西南下走了一里多，到达坑底。渡过小溪，向西南半里，投宿到村中农家，傍晚的雨刚好来临。

初三日　雨潺潺不止。饭而登途，稍霁。复南下坑底，半里，渡坑涧。复东南上坡，一里余，得北来大路，随之南行冈脊三里。其冈在垂坞中，遂随之下一里，南行坞中。其中有小水唧唧，乃穿壑西南，逼近笔架东北之麓，合北来沈庄水，同东而绕于闪太史墓前者也。路又南一里，逾一小坳。一里稍下，遂沿坞东行，其坞始豁而东向去，水从其西南濒笔架山之北冈，亦随之东折。一里余，逾一小冈而下，即闪墓之虎砂也。北望有茔当中坡之嘴，乃涉壑而登之，即闪太史夫人马氏之冢，太翁所择而窆者，已十余年矣。其脉西北自昨所度沈家庄东岐之脊东南下，又峙为一巨山下坠。

【译文】初三日　雨哗哗下不停。饭后登上途程，渐渐放晴。再向南下到坑底，走了半里，渡过坑中的山涧。再向东南上坡，一里多，遇到北边来的大路。顺着大路在冈脊上向南走三里。这山冈在低下的山坞中，顺着它下走了一里路，向南行走在坞中。坞中有小溪潺潺而流，是向西南穿过壑谷，逼近笔架山东北的山麓，汇合北面沈家庄流来的水流，一同向东绕到闪太史墓前的溪流。路又向南一里，越过一个小山坳。一里后稍下走，于是沿着山坞向东走，这里山坞开始开阔起来向东伸展而去，水从它的西南方向濒临笔架山的北冈，也随着北冈向东折。一里多，越过一座小山冈向下走，就是闪太史墓的虎砂了。远望北边有坟茔在中间山坡的尖嘴处，于是涉过壑谷登上墓地，是闪太史夫人马氏的坟墓，是太翁选择埋葬的地方，已经十多年了。这里的山脉从西北方昨天越过的沈家庄向东分岔的山脉向东南下延，又耸峙为一座巨大的山峰向下坠。

自西而东者为虎砂，即来道所再逾者；自东而南者为龙砂，即庄居外倚者，而穴悬其中，东南向。外堂即向东之坞，水流横其前，而内堂即涉壑而登者，第少促而峻泻。当横筑一堤，亘两砂间，而中蓄池水，方成全局。

【译文】从西向东延伸的是虎砂，就是来时的道路两次越过的山；从东向南延伸的是龙砂，就是庄园居屋在外紧靠着的山；而墓穴悬在两者中间，面向东南方。外侧宽敞平坦之地就是向东的山坞，水流横在它前方，而内侧宽敞平坦之地就是涉过壑谷上登的地方，但只是稍微有些狭窄而且陡峻下泻。应当筑起一道堤，横亘在龙虎两砂之间，而中间蓄一池水，才形成完整的布局。

虎砂上有松一圆独耸，余意亦当去之。其庄即在龙砂东坡上，又隔一小坞，亦有细流唧唧，南注外堂东下之水。从墓又东半里，逾小水抵庄。庄房当村庐之西，其门南向。前三楹即停太翁之柩者，钥之未启；后为庐居，西三楹差可憩。时守者他出，止幼童在。

【译文】虎砂上有一棵圆圆的松树独立高耸，我的意见也应该去掉它。守墓的庄子就在龙砂的东坡上，又隔着一个小山坞，也有细流唧唧流淌，是向南注入外侧宽敞平坦之地向东下流的溪水。从墓地又向东走半里，越过小溪到达庄子。庄子的房屋位于村子庐舍的西面，庄门向南。前面三间房屋就是停放太翁灵柩的地方，关锁着没有开启；后边是居住的庐舍，西侧三间房屋勉强能够歇息。这个时候守墓的人外出，只有年幼的儿童在家。

余待久之，欲令其启钥入，叩太翁灵几，不得。遂从村东问所谓落水坑者，其言或远或近，不可方物。有指在东北隅者，趋之。逾冈脊而北，二里余，得一中洼之潭，有水嵌其底，四面皆高，周遭大百亩，而水无从出。从洼上循其北而东上坡，又里余而得偠偠寨，数十家分踞山头。其岭亦从北而亘南，东南接天生桥者，为闪庄东障之山。余时不知其为天生桥，但求落水坑而不得，惟望闪庄正东，其山屏起下陷，如有深穴，意此中必有奇胜，然已随土人之指逾其北矣。

【译文】我等了很久，想让儿童开锁进屋，叩拜太翁的灵柩，没能如愿。于是从村东打听所谓的落水坑的地方，他们说的有的远有的近，不可辨别方位。有人指点在东北方的，于是就向那里赶去。越过冈脊向北走，再走二里多，见到一个中央下洼的水潭，有水嵌在潭底，四面都高，周围大百亩，而水无处流出去。从洼地上沿着北边向东上坡，又走了一里多遇到个僰僰寨，有数十家人分散盘踞在山头。此处的山岭也是从北绵亘到南边，东南连接天生桥的，是闪庄东面屏障样的山。我这个时候不知它是天生桥，只顾着找落水坑却找不到，只望见闪庄的正东方，那里的山屏风样耸起下陷，好像有深穴，意料这里边必定有奇异的胜景，然而已按当地人的指点走过头到了它的北边了。

遍叩寨中僰僰，终无解语者。遂从东岭西南下，仍抵洼潭之东，得南趋之道，乃随之循东岭而南。二里，见有峡东自屏山下陷处出，峡中无水而水声甚沸。乃下，见有水西自壑底，反东向腾跃，而不见下流所出，心奇之而不能解。乃先溯旱峡遵北岭东入，二里抵下陷处，见石崖骈列，中夹平底。半里，峡分两岐：一北向入者，峡壁双骈而底甚平，中无滴水，如抉堑而入，而竟无路影；一南向入者，东壁甚雄，峡底稍隆起，而水与路影亦俱绝。路则直东蹑岭而上，余意在穷崖不在陟岵[1]，乃先趋北向峡中。

【注释】①陟岵（hù）：多草木的山。

【译文】问遍寨子中的僰僰，始终没有懂汉语的人。于是从东岭向西南下行，仍然抵达下洼水潭的东边，找到通向南方的道路，就顺着路沿东岭向南走。走了二里，见有峡谷从东面屏风样山的下陷处出来，峡中无水但水声鼎沸。于是下去，见有水从西边的壑谷底出，反而向东腾跃，却不见下游流出的地方，心里对此感到奇异却不能解释。便首先溯干旱的峡谷沿北岭向东深入，走了二里路抵达下陷处，见有石崖并列，中间相夹平坦的峡底。半里，峡谷分为两岔：一条向北深入的，峡壁双双并列而底部非常平坦，其中没有一滴水，像挖成的堑沟通进去，但终究没有路的影子；一条向南进去的，东边的峡壁十分雄伟，峡底略微隆起，而水与路的影子也是全然断绝。路却在正东登岭而上，我的兴趣在于尽览山崖不在登山，于是就先赶往向北的峡中。

底平若嵌，若鸿沟之界，而中俱茅塞，一里未有穷极。复转，再趋南向峡中，披茅而入。半里，东崖突耸，路辄缘西崖上。俯瞰峡中，其南忽平坠而下，深嵌数丈。东崖特耸之下，有洞岈然，西向而辟于坑底。路亦从西崖陡下坑中，遂伏莽而入洞。洞门高数丈，阔止丈余，水痕尚湿，乃自外入洞中者。时雨甫过，坑源不长，已涸而无流。

【译文】峡底平整好似镶嵌成的，有如鸿沟样隔开，而峡中全是茅草塞路，一里路后还没有穷尽。又转回来，再赶去向南的峡中，拨开茅草进去。半里，东边的石崖突耸，路总是沿西边的山崖上走。俯瞰峡中，它南面忽然平缓下坠，深嵌数丈。东面特别高耸的石崖下面，有个山洞十分深邃，面向西，在坑底张开。路也从西面的山崖上陡直下到坑中，于是伏在草丛中走入洞中。洞口高数丈，宽只有一丈多，水迹还湿淋淋的，是从外边流入洞中的水。这个时候雨刚下过，坑中的水源不长，已干涸无流水。

入洞二丈，中忽暗然下坠，其深不测。余乃以石块掷之，久而硿然，若数十丈不止。然有声如止洞底，有声如投水中，固知其下有水而又不尽水也。出洞南眺，其坑亦南夹，不知穷极，然或高或洼，底亦无有平准。乃从旧路北出半里，复随大路行峡底半里，复随北岭小径二里，西抵闻水声处，其坡在闪墓正东。二里，逾横峡而南，有寨数家，乃西通山箐，南通落水寨总道，大路自山箐走天生桥，出枯柯、顺宁，即从此寨沿南岭而入者。余时尚不知所入岭即天生桥也，惟亟西下绝壑，视西来腾跃之水。一里，抵壑之悬绝处，则水忽透石穴下坠。其石皆磊落倚伏，故水从西来，捣空披障而投之，当亦东合天生桥之下者也。其水即沈家庄西北岭坳诸水，环闪墓、闪庄之前，又东盘冈嘴，始北曲而东入于此。此所谓小落水坑也，即土人所谓近者，余求之而不得，不意过而遇之。

【译文】进洞两丈远，洞中忽然黑暗下坠，那洞深不可测。于是我用石块掷下去，咚咚咚地响了很久，好像不只数十丈。然而有的声音好像是在洞底止住，有的声音好像是投入水中，这样就知道那下边有水却又不全然是水。出洞后向南眺望，那坑谷也夹在南边，不知尽头，不过有的高有的下洼，底部也是没有一定的高度。于是从原路向北出来半里，再顺大路在峡底走半里，再顺着北岭的小径走了二里，抵达西边听见水声的地方，这个山坡在闪太史墓的正东方。

再走二里，越过横向的峡谷向南走，有个数家人的寨子，是往西通往山窠，向南通往落水寨的道路汇集的地方，大路从山窠通向天生桥，到枯柯、顺宁，就是从此寨沿着南岭进去的。我这个时候还不知走入的山岭就是天生桥了，只是急忙向西下到断绝的壑谷中，观看从西边流来腾跃的水。一里，抵达壑谷的悬绝处，就见水流忽然钻入石穴下坠。这里的岩石都是错杂地靠着趴伏着，所以水从西边流来，冲激着空隙投进去，应当也是向东流在天生桥下面会合的水流了。这里的水就是沈家庄西北岭坳间的诸条水流，环绕过闪太史墓、闪庄之前，又向东绕过冈嘴，这才向北弯曲后向东进来流到这里。这是所谓的小落水坑，就是当地人所说在近处的，我四处找它却找不到，不经意间路过时遇上了它。

时已过午，遂南越一冈，又西下一里，仍南渡其水曲，复西逾坡，一里再至闪庄。余令顾奴瀹水餐饭。既毕，而其守者一人归，觅匙钥不得，乃开其外门而拜于庭，始询所为天生桥、落水洞之道。乃知落水有二洞，小者近，即先所遇者，为本坞之水；大者远，在东南十里之外，乃山窠南道所经，为合郡近城诸流。又知天生桥非桥也，即大落水洞透穴潜行，而路乃逾山陟之，其山即在正东二里外①。

【注释】①“又知天生桥”四句：此处今仍称落水洞和天生桥，在保山市隆阳区别东南境，丙麻街稍南，东河至此伏流从洞中穿过。

【译文】这个时候已过中午，于是向南越过一座山冈，又向西下走了一里，仍向南渡过那河曲，再向西爬坡，一里后再次来到闪庄。我命令顾奴烧水煮饭。用餐结束，那守墓的有一个人归来了，找不到钥匙，只好开了灵堂的外门在庭院中叩拜，这才询问去所谓天生桥落水洞的路。才了解到落水洞有两处，小的近，就是先前遇见的，是本处山坞中的水；大的远，在东南十里之外，是去山窠的南路经过的地方，是全府靠近府城的诸条水流。又了解到天生桥不是桥，而是大落水洞穿过地穴潜流，而道路就翻山越过它，此山就在正东方的二里外。

余随其指，先正东寻天生桥。二里，至横峡南岭之寨，将由南岭大路东入。再执途人问之，始知即前平底峡中东上之坡，是为天生桥，逾之即为枯柯者。余乃不复入，将南趋落水寨。一土人老而解事，知余志在山水，曰：“是将求落水洞，非求落水寨者，此洞非余不能指。若至落水寨而后回，则迂折多矣。”遂引余从其寨之后东逾岭。莽苍无路，姑随之行。二里，越岭东下，即见一溪西南自落水寨后破石门东出，盘曲北来，至此岭东麓，即捣入峡。峡东即屏山下陷之南峰，与所逾之岭夹成南北峡。水从南入峡，悬溜数丈，汇为潭。东崖忽迸而为门，高十余丈，阔仅数尺，西向峙潭上，水从潭中东捣而入之，其势甚沸。余从西崖对瞰，其入若饮之入喉，汩汩而进，而不知其中之崆峒作何状也。余从西崖又缘崖石而北，见峡中水虽东入，而峡犹北通，当即旱峡南或高或洼南出之峡，由此亦可北趋峡底，西向旱壑洞，固知两洞南北各峙，而同在一峡中，第北无水入而南吸大川耳，其中当无不通，故前投石有水声，而上以桥名也。从西崖俯瞰久之，仍转南出。土老翁欲止余宿，余谓日尚高，遂别之，遵南路可以达郡，惟此处犹不得路，盖沿大溪而南，抵西山峡门，即落水寨；西越坡，溯小溪而西上岭，盘笔架山之南，即郡中通枯柯大道。余乃西从之。

【译文】我按照他指点的，先往正东去找天生桥。再走二里，来到横向峡谷南岭的山寨，将由南岭的大路向东进去。再次拉住路上的行人问路，才知道先前从底部平坦的峡谷中向东上走的山坡，那就是天生桥，翻过它就是枯柯。我便不再进去，将向南赶去落水寨。一个年老的当地人明白事理，知道我的兴趣在于山水，说："这是要找落水洞，不是去找落水寨的人。此洞除了我没人知道它的位置。如果到了落水寨后回走，就迂回曲折多了。"于是领我从他寨子之后向东越岭。苍翠的莽野无路可走，姑且随着他走。再走二里，越岭向东下走，马上见一条溪水从西南的落水寨后冲破石门向东流出，向北弯弯曲曲盘绕而来。流到此岭东麓，随即捣入峡中。峡东就是屏风样山下陷的南峰，与我所翻越的山岭夹成南北向的峡谷。水从南边流入峡中，迅急的水流高悬数丈，汇积为深潭。东面的石崖忽然迸裂为门，高十多丈，宽仅数尺，朝向西方，耸峙在水潭的上面，水从潭中向东捣入石门，水势十分鼎沸。我从西边的石崖望去，水流进去有如水饮入喉咙，汩汩地进去，但不知其中的空洞是什么形状的。我从西边的石崖上又沿崖石向北走，见峡中的水虽向东流进去，但峡谷仍通向北方，应是干旱的峡谷南面有的高有的下洼向南通出去的峡谷，也能够往北走向峡底，向西到干旱壑谷中的山洞。于是知道两个洞分在南北各自对峙，但同在一条峡中，只是北边的无水进去而南边的吞吸着大河，其中应当无处不通，所以先前投石有水声，而上面用桥来命名。从西边石崖上俯瞰了很久，仍转向南出来。当地老人想留我住宿，我说日头还高，就辞别了他。沿着向南走的路能够到达府城，只是此处还找不到路，大概沿大溪向南走，抵达西山的峡口，就是落水寨；向西越坡，溯小溪向西上岭，绕过笔架山之南，就是府中通往枯柯的大道。我就向西顺着大路走。

沿坡涉坞，八里抵西坡下，有僰僰寨数家，遂西上坡。层累而上八里，其山北盘为壑，而南临下嵌之涧，有四五家倚北峡而居，上复成田焉。又西盘西峰南嘴而上三里，其上甚峻。又平行峰头二里，余以为此笔架南峰矣，而孰知犹东出之支也，其西复下坠为坑，与笔架尚隔一坞。乃下涉坑一里，越坑西上，始为笔架南垂。有数十家即倚南崖而居，是为山寨。当从投宿，而路从树底行，不辨居址，攀树丛而上，一里遂出村居之后。意西路可折而转，既抵其西，复无还岐，竟遵大路西北驰。二里余，下涉一涧，复西北上坡。二里余，越坡，复下而涉涧。共三里，又上逾一坡，乃西向平下。二里出峡门，已暮，从昏黑中峻下二里，西南渡一溪桥，又西北从岐逾坡，昏黑中竟失路。踯躅二里，得一寨于坡间，是为小寨。叩居人，停行李于其侧，与牛圈邻，出橐[①]中少米为粥以餐而卧。

【注释】①橐（tuó）：袋子。

【译文】沿山坡涉过山坞，八里抵达西坡下，有僰僰寨数家，于是向西上坡。层层叠叠地上走八里，这里的山北面盘绕成壑谷，而南边面临下嵌的山涧，有四五家背靠北面的峡谷居住，山上又开垦成农田。又向西绕着西峰南边的山嘴上登三里，上走的路非常陡峻。又平缓在峰头前走二里，我以为这是笔架山的南峰了，哪里知道仍是向东伸出的支峰，它西边又下坠为深坑，与笔架山还隔着一个山坞。于是下到坑中跋涉一里，越过坑谷向西上山，这才是笔架山的南垂。有数十家人紧靠南面的山崖居住，这是山寨。应当从此去投宿，可路从树底下走，辨不出居屋的地点，攀着树丛上登，一里路便出来到村庄的后面。推想向西的路能够折转来，抵达它的西边后，又无返回的岔路，于是沿大路向西北疾奔。再走二里多，下涉一条山涧，再向西北上坡。再走二里多，越过山坡，又下山涉过涧水。共三里，又上走越过一道坡，于是向西平缓下行。再走二里走出峡口，已经天黑了，从昏黑之中陡峻地下走二里，向西南渡过一座溪上的桥，又向西北从岔路越坡，昏黑中竟然迷了路。跌跌绊绊地再走二里，在坡上遇到一个寨子，这是小寨。敲开居民的门，把行李停放在屋侧，与牛圈相邻，拿出袋中的少许米来煮粥吃了便躺下。

初四日　其家插秧忙甚，竟不为余炊。余起问知之，即空腹行，以为去城当不及三十里也。及西行，复逾坡两重，共八里，有庐倚山西向而居，始下见郡南川子。又随坡西向平行五里，趋一西下小峡，复上一西突之冈，始逼近西川。下瞰川中之水，从坡西南环坡足，东南抱流而入峡，坡之南有堰障之，此即清水关沙河诸水，合流而东南至此，将入峡东向而出落水寨者也。于是东北一里余，下至坡麓。循嘴北转半里，始舍山而西北行平陆间。二里，西及大溪，有巨木桥横其上，西渡之。西北行川间，屡过川中村落，十六里而及城之东南隅。度小桥，由城南西向行，一里而入南门，始入市食馒面而饱焉。下午，返会真楼。

【译文】初四日　他家插秧非常忙，竟然不为我烧饭。我起床后询问才得知情况，随即空肚子上路，以为离城应当不到三十里了。向西走时，再次越过两重山坡，共走了八里，有房屋靠山向西居住，这才见到下方府城南边的平川。又顺山坡向西平缓前行五里，走向一条向西下延的小峡谷，再登上一座向西突的山冈，这才逼近西面的平川。下瞰平川中的水，从山坡西南环绕坡脚，向东南围抱流入峡中，山坡的南边有堤坝挡水，这就是清水关沙河诸条河水，合流后向东南流到这里，最后将流入峡中向东流到落水寨。于是向东北走一里多，下到坡脚。沿山嘴向北转半里，开始离开山向西北行走在平地上。再走二里，向西来到大溪边，有座巨大的木桥横在溪上，渡到溪流西岸。向西北前行在平川间，屡次走过平川中的村落，十六里后到达府城的东南隅。越过小桥，从城南向西走，一里后走入南门，这才走入街市买面条和馒头吃了个饱。下午，返回会真楼。

初五、初六两日　憩会真楼。

【译文】初五、初六两日　在会真楼休息。

初七日　闪知愿来顾，谢余往叩灵几，礼也。知愿馈饼二色。

【译文】初七日　闪知愿来探访，答谢我前去叩拜他家的坟墓，这是礼俗。知愿馈赠了两种饼子。

初八日　知愿又馈猪羊肉并酒米甚腆。

【译文】初八日　知愿又馈赠了猪、羊肉和酒、米，十分丰厚。

初九日　闪太史招游马园。园在龙泉门外，期余晨往。余先从法明寺南，过新建太翁祠。祠尚未落成，倚山东向，与法明同。其南即方忠愍公祠，名政，征麓川死于江上者。亦东向。正室三楹，俱守者栖止于其中，两庑祀同难者，俱倾倒，惟像露坐焉。出祠，遂南出龙泉，由池东堤上抵池南，即折而西入峡。半里，园临峡西坡上，与龙泉寺相并。园之北，即峡底也，西自九隆山后环峡而来。有小水从峡底东出，仅如线不绝。而园中则陂池层汇。其北一池，地更高，水从其底泛珠上溢，其池浅而水独澄映有光，从此遂潺潺泻外池。外池中满芰荷。东岸旧有菜根亭，乃马玉麓所建者，并园中诸榭俱颓圮。太史公新得而经始之，建一亭于外池南岸，北向临流。隔池则龙泉寺之殿阁参差，冈上浮屠，倒浸波心。其地较九隆池愈高，而陂池掩映，泉源沸漾，为更奇也。盖后峡环夹甚深，其水本大，及至峡口，此园当之，峡中之水，遂不由溪而沁[①]入地中。故溪流如线，而从地旁溢如此池与九隆池，其滔滔不舍者，即后峡溪中之流也。

【注释】①沁（qìn）：渗入。

【译文】初九日　闪太史招唤去马园游玩。园子在龙泉门外，约我清晨前去。我先从法明寺南边，走过新建的太翁祠。祠堂尚未落成，靠山向东，与法明寺相同。它南边就是方忠愍公祠，名叫政，征麓川时死在江上的。也是向东。正室有三间房，都是守祠堂的人住在其中，两侧厢房祭祀着一同遭难的人，全倾倒了，只有塑像露天坐在那里。走出祠堂，就向南走到龙泉，从池东的堤上抵达池南，随即折向西进峡。走了半里，园子高临峡西的坡上，与龙泉寺相并排。园子的北面，就是峡底了，峡谷从西边的九隆山后环绕而来。有小溪从峡底向东流出去，仅如线一样流淌不绝。而园中却有层层陂池积着水。那北边的一个池子，地势更高，水从池底泛着水珠上溢，此池水浅而澄澈映照有光，从此处就潺潺流泻到外池。外池中满是荷花。东岸旧时有个菜根亭，是马玉麓修建的，连同园子中的各处水榭全都颓坏倒塌了。太史公新近买到手后开始营建，建了一座亭子在外池的南岸，朝向北面临流水。隔着水池便是龙泉寺高低不一的殿阁，冈上的佛塔，倒影浸入水池中央。这里比九隆池更高，可陂池掩映，泉源沸腾荡漾，更为奇妙。大概是后峡环绕的夹谷非常深，峡中的水本来很大，及流到峡口时，此园挡住水路，峡中之水，便不经从溪中而渗入地中。所以溪流如线，却从地下向旁边溢入这个池与九隆池，池水滔滔不息的原因，就是有后峡溪中的流水。

余至，太史已招其弟知愿相待。先同观后池溢泉，遂饭于池南新亭。开宴亭中，竟日欢饮，洗盏更酌，抵暮乃散。是日始闻黄石翁去年七月召对大廷①，与皇上面折廷诤②，后遂削江西郡幕。项水心以受书帕，亦降幕。刘同升、陈之遴亦以上疏降幕。翰苑中正人一空。东省之破，传言以正月初二，其省中诸寮，无不更易者。虽未见的报，而颜同兰之被难可知矣。

【注释】①廷：朝廷。②此句谓在朝廷上当面指出皇帝过失，并直言规劝。

【译文】我到时，太史已招来他的弟弟知愿相等。先一同观赏后池溢水的泉，然后在池南的新亭子中用餐。在亭中开宴，终日欢饮，酒过数寻，到天黑才散。这天才听说黄石翁去年七月被召见到朝廷对策，在朝廷上当面指摘皇帝的过失，后来就削职为江西府幕僚。项水心因为收受书帕贿赂也降职为幕僚。刘同升、陈之遴也因为上疏降为幕僚。翰林院中正人君子一扫而空。山东省的失守，相传是在正月初二，该省中的诸多官僚，无不被更换的。虽然没有见准确的通报，但颜同兰被害可想而知了。

初十日　马元中、刘北有相继来拜，皆不遇，余往玉工家故也。返楼知之，随拜马元中，并拜俞禹锡。二君襟连[1]也，皆闪太翁之婿，前于知愿席相会而未及拜。且禹锡原籍苏州，其祖讳彦，中辛丑进士，中时犹李时彦，后复俞姓，名彦。移居金陵大功坊后。其祖父年俱壮，闪太翁寓金陵时，欲移家南来，遂以季女[2]字俞。前年太翁没，俞来就婚，拟明春偕返云。时禹锡不在，遂返会真。闪太史以召对报来示。

【注释】①襟连：姊妹的丈夫。②季女：排行最小的女儿。字：女子许嫁。

【译文】初十日　马元中、刘北有相继来拜访，都没有遇上，是因为我前往碾玉工匠家了。返回楼中知道此事，随即拜访了马元中，一并拜见了俞禹锡。二位先生是连襟，都是闪太翁的女婿，从前在闪知愿的酒席上相会而没来得及拜访。而且禹锡的原籍是苏州，他的祖父名叫彦，考中辛丑年（万历二十九年，1601）的进士，考中时还叫李时彦，后来恢复姓俞，名叫彦。迁居到金陵大功坊后。他的祖父、父亲年纪都是壮年，闪太翁寓居金陵时，打算搬家来南方，便把最小的女儿许配给俞禹锡。前年太翁死后，俞禹锡前来成婚，准备明年春天与妻子一同返回。这个时候禹锡不在，便返回会真楼。闪太史把召对报拿来给我看。

十一日　禹锡招宴。候马元中并其内叔闪孩识、孩心等同饮，约同游卧佛。

【译文】十一日　禹锡招我赴宴。等候马元中及他妻子的叔父闪孩识、闪孩心等一同饮酒，约定同去游览卧佛寺。

十二日　禹锡馈兼金。下午，元中移酌会真楼，拉禹锡同至。雷风大作，既暮乃别。

【译文】十二日　禹锡馈赠了纯金。下午，元中移酒席到会真楼饮酒，拉禹锡同来。风雷大作，天黑后才道别。

十三日　禹锡以他事不及往卧佛，余遂独行。东循太保山麓，半里，出仁寿门。仁寿西北倚太保山北麓，城随山西叠而上，与龙泉同。出城，即有深涧从西山悬坑而下，即太保山顶城后度脊所分之水也。逾桥循西山直北半里，有岐东北行平川中，为纸房村间道；其循山直北者，乃逾岭而西，向青蒿坝通干海子者。余乃由间道二里，北过纸房村，又东一里余，出大道，始为拱北门直向卧佛寺者。又北一里，越一东出小涧，其北有庙踞冈头，乃离城五里之舍也。大道中川而行，尚在板桥孔道之西。又北五里，再过一庙，在路之西。其西又有巨庙倚西山，村落倚之，所谓红庙村也。又北八里，有一涧自西山东出，逾之而北，是为郎义村。村庐联络，夹道甚长，直北二里，村始尽。缘村西转，有水自北堰中来，即龙王塘之下流也。溯流沿坡西北行，三里，有一卷门东向列路旁，其北即深涧缘坡下。乃由卷门西入，缘南坡俯北涧西入。半里，闻壑北水声甚沸，其中深水丛箐，亏蔽上下，而路乃缘壑北转。不半里，穿门北上，则龙王祠巍然东向列，其前与左，皆盘壑蒙茸，泉声沸响。乃由殿左投箐而下，不百步，而泓泉由穴中溢，东向坠坑。其北坑中，又有水泻树根而出，亦坠壑同去。其下悬坠甚深，而藤萝密蔓。

【译文】十三日　禹锡因为其他事来不及去卧佛寺，我便独自上路。向东沿太保山山麓走，走了半里，出了仁寿门。仁寿门在西北紧靠太保山北麓，城墙顺着山势向西重叠而上，与龙泉门相同。出城后，即有深深的山涧从西山高悬的坑谷中流下来，那是太保山山顶城墙后山脊延伸处分流的水流。越过桥沿西山向正北走半里，有岔路向东北前行在平川中，是去纸房村的近路；那沿山向正北走的，是越岭向西走，走向青嵩坝通向干海子的路。我于是从近路再走二里，向北经过纸房村，又向东一里多，走上大道，这才是从拱北门直接通向卧佛寺的路。又向北一里，越过一条向东流出去的小涧，涧北有座庙盘踞在冈头，是离城五里的住宿地。大道在平川中延伸，还在板桥通道的西边。又向北五里，再次经过一座庙，在路的西侧。庙西又有座大庙背靠西山，村落紧傍着它，是所谓的红庙村。又向北八里，有一条山涧从西山向东流出来，越过山涧向北走，这是郎义村。村中房屋相连，夹住道路很长，向正北走二里，村子才到尽头。沿村子向西转，有河水从北边堤坝中流来，是龙王塘的下游。

溯水流沿山坡向西北行，三里，有一道拱门向东列在路旁，拱门北边就是深深的涧水沿山坡下流。于是从拱门向西进去，沿南坡俯视着北边的山涧向西深入。半里，听见壑谷北边水声奔腾，壑谷中深水丛竹，荫蔽上下，而路就沿壑谷向北转。不到半里，穿过山门向北上走，就见龙王祠巍然向东而列，它的前方与左边，都是盘绕的壑谷蒙蒙茸茸的，泉水奔腾响声震耳。于是从大殿左边投身走下山箐，不到百步，深泉从洞穴中满溢而出，向东下到坑中。它的北坑中，又有水冲刷着树根流出来，也是坠入壑谷一同流去。那下边高悬下陷非常深，而且藤蔓密布蔓延。

余披蔓涉壑求之，抵下峡则隔于上，凌上峡则隔于下，盖丛枝悬空，密蔓叠幕，咫尺不能窥，惟沸声震耳而已。已乃逾其上，从棘蔓中攀西北崖而上。按《统志》谓龙王岩断崖中劈，兀立万仞。余望双岩上倚山顶，谓此有路可达，宛转上下，终不可得，乃返殿前而饭。

【译文】我拨开藤蔓涉过壑谷去找泉水，走到下边的峡中便被隔在上边，登上上边的峡谷却被隔在下面，原来树丛枝叶悬在空中，密布的藤蔓如层叠的帷幕，咫尺间不可窥视，唯有奔腾的水声震耳。随即越到它上方，从荆棘藤蔓中攀登西北面的山崖上走。根据《一统志》记载，说龙王岩是断崖从中劈开，直立万仞。我望见一对石崖向上靠着山顶，认为此处有路能够到达，曲折上下，始终不能找到路，只好返回殿前用餐。

仍出卷门，遂北下度涧桥。见桥北有岐缘涧西入，而山顶双岩正峙其西，余遂从之。始缘涧北，半里遂登坡西上。直上者三里，抵双岩之下，路乃凌北岩之东，逾坳而西北去。余瞰支峰东北垂，意卧佛当在其西北峰下，遂西北逾支峰，下坑盘峡，遵北坡东行。二里，见有路自北坡东来，复西北盘坳上，疑以为此即卧佛路，当从山下行，不登山也。欲东下，土人言："东下皆坑崖，莫可行；须仍转而南，随路乃下。"从之转南，又二里，随前东来之路下坡。二里，从坡麓得一村，村之前即沿麓北行之大道。沿之北，又五里，稍西向入谷，则卧佛寺环西谷中，而谷前大路，则西北上坡矣。

【译文】仍走出拱门，随后向北下走越过山涧上的桥。见桥北有条岔道沿山涧向西进去，而山顶的一对石崖正耸峙在它西边，我便从此路走。开始时沿山涧北岸走，半里便登坡向西上走。一直上走三里，抵达那一对石崖的下面，路于是登到北面石崖的东边，穿过山坳向西北去。我俯瞰支峰的东北垂，推想卧佛寺应当在它西北的山峰下，于是就向西北越过支峰，下到坑中绕着山峡走，沿北坡向东走。走了二里，见有路从北坡向东来，再向西北绕着山坳上走，心中怀疑这就是去卧佛寺的路，应当从山下走，而不是不登山。想向东下走，当地人说："向东下走全是坑谷山崖，不能走；必须仍转向南，顺路走才能下去。"听从他的话转向南，又走二里，顺先前东来的路下坡。走了二里，在坡脚见到一个村庄，村前就是沿坡脚向北走的大道。沿大道向北走，又走五里，逐渐向西走入山谷，就见卧佛寺环列在西面山谷中，而山谷前的大路，则向西北上坡了。

盖西山一支，至是东垂而出，北峡为清水关，南抱为卧佛岩，但清水深入，而卧佛前环耳。入谷即有池一围当寺前，其大不及九隆池，而回合更紧。池东有一亭绾谷口。由池北沿池入，池尽，其西有官房三楹临其上。北楹之下，泉汩汩从坳石间溢入池中，池甚清浅。官房之西历砌上，即寺门也，亦东向临之。其内高甍倚岩，门为三卷，亦东向。卷中不楹而砖亦横巩如桥，卷外为檐，以瓦覆石连属于洞门之上壁。

【译文】西山的一条支脉，到这里向东下垂而出，北峡是清水关，南面环抱为卧佛岩，只是清水关深入进去，而卧佛岩向前环绕。走入山谷就有一塘水挡在寺前，水池没九隆池大，但回绕合抱更为紧凑。池东有一座亭子控制着谷口。从池北沿水池进去，水池完了，池西有三间官房高临池上。北边一间的下面，泉水汩汩地从山坳的石缝间溢入池中，池水很浅，十分清澈。官房的西边经过台阶上去，就是寺门，也是向东面临水池。寺内高大的屋脊背靠岩石，门是三道拱门，也是向东。拱门不用柱子而是用砖如桥一样横向砌拱，拱门外是屋檐，用瓦片覆在石上连接到洞口的上壁。

洞与巩连为一室，巩高而洞低，巩不掩洞，则此中之奇也。其洞高丈余，而深入者二丈，横阔三丈，其上覆之石甚平。西尽处，北有门，下嵌而入；南有台，高四尺，其上剜而入。台如胡床[①]横列，而剜有石像，曲肱卧台上，长三丈，头北而足南。盖此洞横阔止三丈，北一丈嵌为内洞之门，南二丈犹不足以容之，自膝以下，则南穴洞壁而容其足。其像乃昔自天成者，自镇守内官巩其前轩，又加斧琢而贴之金，今则宛然塑像，失其真矣。

【注释】①胡床：一种可以折叠的轻便绳椅。椅脚交叉即能折叠，背后设有靠背。

【译文】山洞与拱门连成一间屋子，拱门高而山洞低，拱门遮盖不住山洞，是这寺中的奇观。那山洞高一丈多，而深入的地方有二丈，横处宽三丈，那上覆的岩石十分平滑。西边的尽头，北边有洞口，下嵌进去；南边有石台，高四尺，台上方挖空进去。石台如躺椅横列，而且挖凿有石像，弯着胳膊躺在台上，长三丈，头向北脚朝南。此洞横处只有三丈宽，北边一丈深嵌为内洞的洞口，南面二丈还不足以容纳石像，从膝部以下，就在南面的洞壁上凿了洞穴来容纳它的脚。此石像是以前天然形成的，自从镇守的宦官筑造了它的前轩，又加以雕凿后给它贴上金，今天便宛如一尊塑像，失去它的真趣了。

内洞门由西北隅透壁入，门凹而下，其内渐高，以觅炬未入。时巩殿有携酒三四生，挟妓呼僧，团饮其中，余姑出殿，从北庑厢楼下觅睡处，且买米而炊焉。

【译文】内洞口从西北角穿过洞壁进去，洞口下凹，洞内渐渐高起来，因为要找火把未进去。这个时候拱门殿中有三四个儒生带着酒，抱着妓女呼唤僧人，聚成一团在殿中饮酒，我姑且出殿，从北厢房楼下找到睡处，并且买米来煮饭。

北庑之西亦有洞，高深俱丈五尺，亦卷其门，而南向于正洞之北隅，其中则像山神以为护法者。是夜卧寺中，月颇明，奈洞中有嬲子[①]，寺中无好僧，恹恹而卧。

【注释】①嬲（niǎo）子：猥亵的家伙。

【译文】北厢房的西头也有个洞，高处深处都是一丈五尺，也在洞口建了拱门，但朝向南方，在正洞的北隅，洞中则塑了山神像作为护法神。这天夜里躺在寺中，月光相当明亮，无奈洞中有些猥亵的家伙，寺中没有好和尚，恹恹忧郁地睡了。

十四日　早饭于僧舍，觅火炬入内洞。初由洞门西向直入，其中高四五丈，阔二丈，深数丈，稍分岐辄穷，无甚奇也。仍出，从门内南向觅旁窦而上。入二丈，亦穷而出，笑此洞之易穷。有童子语于门外曰："曾入上洞乎？余今早暗中入，几坠危窦。若穿洞而上，须从南，不可从北也。"余异其言，乃益觅炬再入。从南向旁窦得一小穴，反东向上，其穴圆如甑。既上，其穴竖而起，亦圆如井。从井中攀南岸，则高而滑，不可上，乃出，取板凳为梯以升。既上，其口如井栏，上有隙横于井口之西。复盘隙而北，再透出一口，则有峡东西横峙。北向出峡，则渊然下坠，其深不可睹，即前内洞直入之底也，无级可梯，故从其东道层穴而上耳。南向下峡丈余，有洞仍西向入，其下甚平，其上高三四丈，阔约丈五，西入亦五六丈，稍分为岐而止，如北洞之直入者焉。此洞之奇，在南穿甑穴，层上井口，而复得直入之洞。盖一洞而分内外两重，又分上下二重，又分南北二重，始觉其奇甚也。

【译文】十四日　在僧房中吃早饭，找火把进内洞。起初从洞口向西笔直深入，洞中高四五丈，宽二丈，深数丈，稍有岔洞便到了尽头，没有什么奇特的地方。仍旧出来，从洞口内向南找到旁洞上走。进去二丈，也到了头便出来，笑此洞容易走到头。有个儿童在洞口外说道："曾经进过上洞吗？我今早在黑暗中进去，差点跌入危险的洞穴中。如果穿过山洞上去，必须从南边走，不可从北边走。"我觉得他的话很奇怪，就多找了些火把再次入洞。从向南的旁洞中找到一个小穴，反过来向东上走，这个洞穴圆得如甑子。上去后，洞穴竖直而起，也是圆如水井。从井中攀登南侧的石崖，却又高又滑，不能上去，于是出来，取来板凳当梯子上登。上去后，出口如井栏，上边有裂隙横在井口的西边。又绕着裂隙向北走，再穿出一个洞口，就见有峡谷呈东西向横峙。向北出到峡边，就见渊然向下深坠，峡深得见不到底，这就是先前从内洞一直深入的洞底了，没有台阶能够踩踏，所以从它的东边穿过层层洞穴上来。向南走下峡中一丈多，有个洞仍向西通进去，洞下边非常平坦，顶上高三四丈，宽约一丈五，向西进去也有五六丈，微微分为岔洞便断了，如同北洞一直进去的地方一样。此洞的奇特之处，在于向南穿过甑子样的洞穴，一层层上到井口，而后才又走下一直深入的洞中。一个洞分为内外两重，又分成上下两层，又分为南北二重，这才觉得它非常奇特。

既出，仍从池左至谷口大路。余时欲东访金鸡温泉，当截大川东南向板桥，姑随大路北瞰之，半里，稍西北上坡，见其路愈西上，乃折而东，随旁岐下坡。盖西北上者为清水关道，乃通北冲者；川中直北五里，为章板村，为云龙州道；川东蹑关坡而上，为天井铺道，从此遥望皆相对也。

【译文】出洞后，仍从水池左边来到谷口的大路上。我这个时候打算向东去寻找金鸡村的温泉，应该穿过大平川向东南走向板桥，姑且顺大路朝北方远瞰它，走了半里，略向西北上坡，见这路愈加往西上走，就折向东，顺着旁边的岔路下坡。原来向西北上走的是去清水关的路，是通往北冲的路；从平川中往正北五里，是章板村，是去云龙州的路；平川东边登关坡上走，是去天井铺的路，从此处遥望全都远远相对。

下坡一里，其麓有一村。从此由田塍随小溪东南行，二里，始遇清水关大溪，自北而南流川中。随之南行半里，渡横木平桥，由溪东岸又东半里，过一屯，遂从田塍中小径南行。半里，稍折而西，复南就一小水。随之东下，遂无路。莽苍行草畦间，东南一里半，始得北来小路。随之南，又得西来大路，循之。其东南一里，又有溪自北而南，其大与清水溪相似，有大木桥架其上。

【译文】下坡一里，坡脚有一村。从这里由田野中顺小溪向东南走，走了二里，才遇上清水关的大溪，从北向南流淌在平川中。沿着大溪向南行半里，渡过横木平桥，由溪东岸又向东走半里，路过一个屯子，于是从田野中的小径向南行。走了半里，略微折向西，再向南走近一条小溪。顺着它向东下走，竟然无路可走。前行在长满草的田地间，向东南一里半，才遇到北来的小路。顺小路向南走，又遇上西来的大路，沿着大路走。大路东南一里处，又有溪水从北向南流，它的大小与清水溪相似，有座大木桥架在溪上。

度桥东，遂南行。二水俱西曲而合，受龙王塘之水，东折于板桥之南焉。路南行塍中，又二里半而出板桥街之中。由街稍南过一小桥，则沿小溪东上。半里，越溪上梗，东南二里半，渐逼东山。过一村，稍南又东，半里，有小溪自东北流西南，涉之。从溪东岸，又东南二里，直逼东山下，复有村倚之。从村南东向入，有水舂踞冈上。冈之南，即有涧自木鼓山北峡来，绕冈南西去，有亭桥跨其上，此大道也；小径即由北脊入峡，盘冈东下。遂溯溪岸东行。一里，有小木桥平跨上流，乃南度之。又东上坡，一里而至金鸡村。其村居庐连夹甚盛，当木鼓山之东南麓。村东有泉二池，出石穴中，一温一寒。居人引温者汇于街中为池，上覆以屋。又有正屋三楹临池之南，庭中紫薇二大树甚艳，前有门若公馆然。乃市酒餐饭于市，而后浴于池。池四旁石甃，水止而不甚流，亦不甚热，不甚清，尚在永平温泉之下，而有馆有门则同也。从村后东南循峡上岭数里，自金鸡村逾岭东下，通大寨、瓦渡之路也；从村后直东，上木鼓西南峰，二十里，有新建宝顶寺。余不及登，遂从村西南下。

【译文】越到桥东，就向南走。两条溪流都是向西弯曲后会合，接受了龙王塘的水，向东折到板桥之南。路向南行走在田野中，又走二里半后到了板桥街的中段。从街上略微向南走过一座小桥，就沿小溪向东上走。走了半里，越过小溪走上田埂，向东南再走二里半，渐渐逼近东山。路过一村，略微向南又向东，半里，有条小溪从东北流向西南，涉过溪水从溪东岸走。又向东南再走二里，直逼东山之下，又有村庄紧靠东山。从村南向东进去，有水碓盘踞在冈上。山冈之南，则有山涧从木鼓山的北峡流来，绕过山冈南边向西流去，有亭桥跨在涧上，这是大道；小径就是从北面的山脊入峡，绕着山冈向东下走。于是沿着溪岸向东走。走了一里，有座小木桥平平地跨在上游，于是越到桥南。又向东上坡，一里后来到金鸡村。此村居屋连片夹道，非常繁荣，位于木鼓山的东南麓。村东有泉水两池，水从石穴中流出，一温一寒。居民引温水蓄在街道中建为水池，上边用屋子覆盖。又有正屋三间面临水池之南，庭院中两棵大紫薇树十分艳丽，前边有门如同公馆。于是在市上买酒来吃了饭，然后在池中沐浴。池子四旁用石砌成，水止而不怎么流，也不十分热，不怎么清，不如永平的温泉，但有公馆有门则相同。从村后向东南沿峡谷上岭走数里，从金鸡村越过山岭向东下走，是通大寨、瓦渡的路；从村后一直向东上登木鼓山的西南峰，二十里处有座新建的宝顶寺。我来不及登，就从村子向西南下走。

三里，北折，度亭桥北，随溪西南行塍中。五里，西值大溪，溪之东有村傍之，乃稍溯之北，度大木桥而西行塍中。又四里而至见龙里。其南有报功祠甚巨，门西向，而祠楼则南面。入其中，祠空而楼亦空，楼上止文昌一座当其中。寺僧云昔有王靖远诸公神位，觅之不见也。由此又十里，入拱北门。又二里而返会真。令人往讯打听安仁，已西往腾越矣。

【译文】走了三里，向北折，越到亭桥北边。顺溪流向西南前走在田野中。五里，在西边遇上大溪，溪的东岸有村庄依傍着溪流，于是溯溪稍微北走，走过大木桥后向西行走在田野中。又走四里后来到见龙里。村南有座报功祠非常巨大，大门向西，但祠堂楼阁则向南。进到其中，祠堂是空的而楼也是空的，楼上只有一尊文昌帝君的坐像正当楼中。寺中的僧人说从前有王靖远诸公的神位，但我寻找神位却没见到。从这里又走十里，进入拱北门。又走二里返回会真楼。派人前去问讯安仁，已经西去腾越了。

十五日　憩会真楼。

【译文】十五日　在会真楼休息。

十六日　往晤闪知愿。还拜刘北有，留饭，即同往太保山麓书馆。馆中花木丛深，颇觉幽闲。坐久之，雨过，适闪知愿送《南园录》并《永昌志》至，即留馆中。北有留余迁寓其内，余屡辞之，至是见其幽雅，即许之，约以明日。雨止，刘以钥匙付余，以刘将赴秋闱，不暇再至也。余乃别，还会真。

【译文】十六日　前去会晤闪知愿。返回时拜见了刘北有，留我用餐，随即一同前往太保山麓的书馆。书馆中花草树木丛深，觉得十分幽静悠闲。坐了很久，下起雨来，恰好闪知愿送《南园录》和《永昌志》来到，就留在书馆中，刘北有留我迁到寓所书馆内来住，我多次辞谢了他，到这时见这里幽静雅致，马上答应了他，约定在明天清晨搬。雨住后，刘北有把钥匙交给我，因为刘北有将要赶去参加秋试，没有闲暇时间再来。我于是告别，返回会真楼。

十七日　闪知愿再候宴，并候其兄太史及其族叔孩识同宴。深夜乃别。

【译文】十七日　闪知愿再次来迎候赴宴，并等候他的兄长闪太史及他堂叔闪孩识一同开宴。深夜才分别。

十八日　迁馆于山麓西南打索街，即刘北有书馆也。其馆外有赁居者[1]，以日用器进作为租金，亦刘命也。余独坐馆中，为抄《南园漫录》[2]。既而马元中又觅《续录》至，余因先抄《续录》。乘雨折庭中花上花，插木球腰孔间辄活，蕊亦吐花。花上花者，叶与枝似吾地木槿，而花正红，似闽中扶桑，但扶桑六七朵并攒为一花，此花则一朵四瓣，从心中又抽出叠其上，殷红而开久，自春至秋犹开。虽插地辄活，如榴然，然植庭左则活，右则槁[3]，亦甚奇也。又以杜鹃、鱼子兰、兰如真珠兰而无蔓，茎短叶圆，有光，抽穗，细黄，子丛其上如鱼子，不开而落，幽韵同兰。小山茶分植其孔，无不活者。既午，俞禹锡雨中来看，且携餐贯酒，赠余诗有"下乔"之句。谓会真楼高爽，可尽收一川阴晴也。余答以"幽栖解嘲"五律。谓便于抄书也。

【注释】①赁居：租房子。②《南园漫录》：与下句《南园续录》皆明人张志淳著。张志淳号南园，保山人，进士，官至南京户部侍郎。该书成于嘉靖以前，书中所记多有创见。③槁：枯干。

【译文】十八日　把寓所迁到山麓西南的打索街，也就是刘北有的书馆。他的书馆外边有个租房子住的人，把日用器具送进来，也是刘北有的命令。我独自坐在书馆中，抄写《南园漫录》。不久马元中又找来《续录》，于是我先抄《续录》。乘雨折来庭院中的花上花，插在木球腰部的孔洞中就活了，花蕊也吐花。花上花，叶子与枝条像我们地方的木槿，但花色是正红，像福建的扶桑，但扶桑六七朵并拢攒聚为一团花，此花则是一朵四瓣花片，从花心中又抽出花瓣来重叠在花上，殷红色而且时间开得久，从春天到秋天还在开。即使插在地上也总会活，像石榴一样，不过种在庭院左边就能活，种在右边就会枯干，也是十分奇异。又把杜鹃、鱼子兰、此兰花如珍珠兰但无蔓枝，茎短，叶片圆而有光，抽穗，细小的黄籽粒成丛结在上面像鱼子，不开花就脱落，幽雅的韵味如同兰草。小山茶分别栽在木球的孔洞中，没有不活的。午后，俞禹锡在雨中来看望我，并带来饭买来酒，赠送我的诗中有“下乔”的诗句。认为会真楼高旷清爽，可把一片平川的阴晴尽数收揽。我用一首“幽栖解嘲”的五律来回答。说此地适合抄书。

十九日　抄书书馆。闪知愿以竹纸湖笔馈，以此地无纸笔，俱不堪书也。

【译文】十九日　在书馆抄书。闪知愿拿竹纸湖笔来馈赠，因为这里无纸笔，当地的纸全不能书写。

二十日　抄书麓馆。

【译文】二十日　在山麓书馆抄书。

二十一日　孩识来顾。

【译文】二十一日　闪孩识来探望。

二十二日　抄书麓馆。

【译文】二十二日　在山麓书馆抄书。

二十三日　晨，大雨。稍霁，还拜孩识，并谢刘北有。下午，赴孩识之招，闪、俞俱同宴。深夜乃别。

【译文】二十三日　清晨，下大雨。略转晴，回拜闪孩识，并向刘北有去道谢。下午，赴闪孩识的招请，闪知愿、俞禹锡都一同赴宴。深夜才分别。

二十四日　绝粮。知刘北有将赴省闱，欲设酌招余，余乃作书谓："百杯之招，不若一斗之粟，可以饱数日也。"

【译文】二十四日　断粮。知道刘北有将赴省城去应试，打算设宴招请我，我于是写信说："百杯的招请，不如一斗的粟米，能够吃饱几天了。"

二十五日　新添邱术士①挟一刘姓者至，邱自谓诸生，而以请仙行。招游九隆池，遂泛池中亭子。候刘携酌不至，余返寓抄书。北邻花红正熟，枝压墙南，红艳可爱。摘而食之，以当井李。此间花红结子甚繁，生青熟红，不似余乡之熟辄黄也。余乡无红色者，"花红"之名，俱从此地也。下午，北有以牛肉斗米馈，刘、闪、马俱教门，不食猪而食牛。刘以素肴四品馈。

【注释】①术士：称占卜星相和道士一类的人。

【译文】二十五日　新添人邱术士带来一个刘姓的人，邱姓的人自称是儒生，却靠请神为业。邀我去游九隆池，于是泛舟到池中的亭子。等刘姓的人带酒来，没有来，我返回寓所抄书。北边邻居的花红正好熟了，树枝压到墙南边，红艳可爱。摘了来吃，拿它当做井李。这里的花红结果子十分茂盛，生时青，熟变红，不像我家乡的成熟后就变黄。我家乡没有红色的，“花红”的名称，全都是来源于这里。下午，北有拿牛肉和一斗米来馈赠，刘北有、闪知愿、马元中都是伊斯兰教徒，不吃猪肉而吃牛肉。刘北有拿来四种素菜馈赠。

二十六至二十九日　俱抄书麓馆。俱有雨，时止时作，无一日晴也。

【译文】二十六至二十九日　都是在山麓书馆抄书。两天都有雨，时停时下，没有一日天晴。

滇游日记十一

【题解】《滇游日记十一》是徐霞客于崇祯十二年（1639）七月在永昌西北边境所写的游记。本游记在乾隆刻本第九册下，原附《永昌志略》《近腾诸彝说略》。

七月，徐霞客依然留在永昌。徐霞客极其喜欢永昌的风光，认为是“八滇第一胜”，在其日记中对永昌的风物美景着墨甚多。

七月初，友人闪人望、闪知愿的妹夫俞禹锡有仆人返乡，徐霞客当晚辗转反侧，想到自己漂泊在外，没有音信，家人或许认为自己身故，可若收到书信，则又担忧自己之后的安危，思虑良久，还是写下了一封家书。

七月初五（8月3日）至十六日，徐霞客离开永昌府城，游经太保山、锣鼓寨、大寨、干海子、玛瑙山、烂泥坝村、松坡、新安哨、打郎、猛赖、蛮边、歪瓦、北村、箐口、卧佛寺等处，于十七日返回永昌府城刘家书馆。此间，徐霞客在日记中记录下了玛瑙山玛瑙出产地、颜色、矿脉、价格、加工方法等相关情况，是有关永昌玛瑙的珍贵资料。在当地友人的帮助下，徐霞客得以游览难以涉足的西北边地，记录下了当地少数民族的生活情态、独特风俗。如在蛮边火头家，徐霞客有幸参观了烹猪祭祖的全过程，并将其记录在日记中，对了解当地少数民族的祭祖活动具有重大意义。

此外，徐霞客在游历过程中还十分注重收集当地地理历史资料，他利用这些资料和自己的所见所闻编成了《永昌志略》和《近腾诸彝说略》，为后人留下了宝贵的历史地理资料。

七月二十九日，徐霞客告别了俞禹锡、马元真、闪太史等人，离开了永昌。

己卯七月初一至初三日　抄书麓馆，亦无竟日之晴。先是俞禹锡有仆还乡，请为余带家报[①]。余念浮沉之身，恐家人已认为无定河边物，若书至家中，知身犹在，又恐身反不在也，乃作书辞之。至是晚间不眠，仍作一书，拟明日寄之。

【注释】①家报：家信。

【译文】己卯年（崇祯十二年）七月初一（1639年7月30日）至初三日　在山麓的书馆抄书，也是没有一整天的晴天。这之前俞禹锡有仆人回家乡，请为我带家信。我考虑自己漂泊在外，恐怕家里人已认为我遭遇意外了，如果信到家中，知道我还在，又担心我反而不在了，便写了信辞谢他。到这天晚上睡不着，仍写了一封信，打算明天寄回家。

初四日　送所寄家书至俞馆，而俞往南城吴氏园。余将返，其童子导余同往。过南关而西，一里，从南城北入其园。有池有桥，有亭在池中。主人年甚少，昆仲二人，一见即留酌亭中。薄暮与禹锡同别。始知二主人即吴麟征之子，新从四川父任归者。麟征以乡荐，初作教毗陵，升南部，故与俞遇，今任四川建昌道矣。

【译文】初四日　送要寄的家信到俞禹锡的书馆，但俞禹锡去了城南的吴家花园。我将返回去，他的书童领我一同前去。过了南关向西走，走了一里，从城南向北进入那园子。园中有池子小桥，有亭子在水池中。主人年纪很轻，兄弟二人，一见面就留我在亭中饮酒。傍晚与禹锡一同辞别。这才知道二位主人就是吴麟征之子，最近从四川父亲任所归来。吴麟征以举人的身份，最初在毗陵作教谕，升职到南都金陵，所以与俞禹锡相遇，如今出任四川建昌道。

初五日　又绝粮。余作中寄潘莲华，复省中吴方生，潘父子以初八日赴公车。且与潘索粮。不及待，往拜吴氏昆仲，不遇，即乘霁出龙泉门，为干海子之游。由九隆池左循北坡西向上，一里，出寺后，南瞰峡中马家园，即前日闪太史宴余其中者，昔为马业，今售闪氏矣。从此益西向上，一里，瞰其北峡，乃太保新城所环其上者，乃知其西即宝盖山之顶，今循其南冈而上也。又迤逦上者三里，始随南峡盘坡入。二里，路北之树木，森郁而上，路南之树木，又森郁而下，各有庄舍于其中。其北者为薛庄，其南者为马庄，其树皆梨柿诸果。余夙闻马元中有兄居此，元中嘱余往游，且云："家兄已相候久矣。"至是问主人，已归城，庄虚无人。时日甫上午，遂从其后趋干海子道。其处峰稍南曲，其下峡中有深涧，自西北环夹东出，水声骤沸，即马家园绾九隆南坞之上流也。此处腾涌涧中，外至坞口，遂伏流不见。南溢而下泛者，为马园内池；北溢而下泛者，为九隆泉池，皆此水之伏而再出者也。

【译文】初五日　又断粮了。我写信寄给潘莲华，回复省城中的吴方生，潘氏父子在初八赴京城参加会试。并且跟潘莲华要粮食。来不及等待，前去拜见吴家兄弟，没遇上，随即乘着天放晴走出龙泉门，去干海子游览。从九隆池左边沿北坡向西上爬，一里，到寺后，向南俯瞰峡中的马家园，就是前几天闪太史在其中宴请我的地方，从前是马家的产业，如今卖给闪家了。从这里再向西上走，一里，俯瞰它的北峡，就是太保山新城环绕在它上面的地方，才知道它西面就是宝盖山的山顶，今天是沿着它的南冈上登。又逶迤上登三里，开始沿南峡绕着山坡进去。走了二里，路北的树木，森然茂密地在上方，路南的树木，又森然茂密地在下方，各有村庄农舍在林中。那北面的是薛庄，那南边的是马庄，那些树都是梨、柿各种果树。我过去听说马元中有兄长居住在此，元中嘱咐我去游玩，并说："家兄已相等很久了。"到了这里打听主人，已归回城中，庄中空无一人。这个时候日光刚到上午，就从庄后走向去干海子的路。此处山峰稍微向南曲，山下峡中有深涧，从西北环绕夹谷向东流去，水声急骤沸腾，这就是马家园束住九隆池南坞的上游了。此处腾涌的山涧中，外流到山坞口，便成伏流看不见了。向南满溢而出向下漫流的，成为马家园的内池；向北满溢而出向下漫流的，成为九隆泉池水，都是此条涧水伏流后再度流出形成的。

于是循涧北崖盘坡而上，一里，北折入峡。二里，稍下就涧行。其处东西崖石夹峙，水腾跃其中，路随之而上，盖已披宝盖山之西麓矣。或涉水西，或涉水东，或涉水中而上。北五里，渐西，其溪分两道来。由其中蹑岭西北上，始望见由此而北，分峡东下者，为宝盖之脊，又东下而为太保；由此而南，分峡东下者，为九隆南山之脊，又东下为九隆冈。此其中垂之短支，蹑之迤逦上，五里始西越其脊。下瞰脊西有峡下绕甚深，水流其中沸甚，此即沙河之上流也。其西又有山一重横夹之，乃为南下牛角关之脊，而此脊犹东向之旁支也。循北崖西行三里余，始西南坠壑下。下又三里余，始抵溪之东岸。两崖夹溪之石甚突兀，溪流逗石底而下，层叠腾涌，而蒙箐笼罩之，如玉龙踊跃于青丝步障中，《志》所谓溜钟滩，岂即此耶？路缘东崖下，北溯溪，有小洞倚崖，西瞰溪流。入坐其间，水乳滴沥，如贯珠下。出，复北溯溪三里，有木桥跨而西。度其西上岭，遂与沙河上流别。

【译文】于是沿山涧北面的山崖绕着山坡上走，一里，向北折入峡中。走了二里，稍微向下沿着山涧前行。此处东西石崖夹峙，水流腾跃在其中，乡路顺着涧水上走，大概已穿越到宝盖山的西麓了。有时涉到水西，有时涉到水东，有时涉水上走。向北五里，渐渐向西，这里溪水分为两道流来。从两条溪流中间登岭向西北上去，才望见从此向北，分出峡谷向东下延的，是宝盖山的山脊，又向东下延成为太保山；由此向南，分出峡谷向东下延的，是九隆南山的山脊，又向东下延成为九隆冈。这里是两者中间下垂的短支脉，踩着它曲折上登，五里才向西越过它的山脊。下瞰山脊西面，有峡谷在下方盘绕得非常深，水流在峡中沸腾，这就是沙河的上游了。峡谷西边又有一重山横亘夹住它，那是向南下延到牛角关的山脊，而此处的山脊还只是向东延的旁支。沿北边的山崖向西走了三里多，开始向西南坠下壑谷。又下走三里多，才抵达溪流的东岸。两岸山崖夹住溪流的岩石极其突兀，溪流从岩石底下向下流，层层叠叠，翻腾汹涌，而蒙密的竹林笼罩着溪流，像玉龙腾跃在青丝帷帐之中，《志》书所说的溜钟滩，莫非就是这里？路沿着东面的山崖下走，向北溯溪行，有个小山洞依傍着山崖，向西俯瞰着溪流。进去坐在洞中，钟乳石上水珠下滴，如串珠样下落。出洞，再向北溯溪走了三里，有座木桥跨到溪流的西边。越到溪水西岸上岭，终于与沙河上游分别。

三里，登南度之脊。其脊中低，南北皆高，南即牛角关之脉，北高处为虎坡，乃从西北度脉而来者。路逆溯之，循北岭东坡而上，又二里，从岭北西向穿坳，是为虎坡。此坡由北冲东蒲蛮寨岭度脊西南下，绕为北冲南峰，南向逶迤，东坠沙河之源，西环干海子之坞，南过此岭，稍伏而南耸牛角关。又伏而度脉，分支西北掉尾者，为蒲缥西岭；正支东峙松子山，绕石甸东而南尽于姚关者也。过坳西即有坑西坠，路循北坡西北行，五里西下，行峡中。溯流蹑涧，三里，再逾岭。又三里，出岭西。始见西南下壑稍开，有西峡自北而南，与南峡合而西去，有茅数龛嵌峡底，曰锣鼓寨。皆傈傈之居。于是盘东坡北向，而转溯西峡之上行。盖西峡有山自北坳分支南亘，环于东界之西，路由其中直披北坳而入。三里，涉北来小水，遂西盘其坳脊。二里，出坳西，其西南盘壑复下开，而路乃北向蹑岭，曲折西北，盘之而升，三里余，登岭头。

【译文】三里，登上向南延伸的山脊。此脊中间低，南北都高，南面就是牛角关的山脉，北面高的地方是虎坡，是从西北的山脉延伸而来的。路逆向迎着山势走，沿北岭的东坡上走，又走二里，从岭北向西穿过山坳，这是虎坡。此坡从北冲东边的蒲蛮寨岭延伸过的山脊向西南下延，回绕成北冲的南峰，向南逶迤而去，东面坠到沙河的源头处，西面环绕成干海子所在的山坞，南面延过此岭，略微低伏后在南边耸为牛角关。又有低伏延伸的山脉，分支向西北掉转尾部的，是蒲缥的西岭；正支在东方耸峙为松子山，绕到石甸东面后在南边的姚关到了尽头。过到山坳西边马上有坑谷坠下西面，路沿北坡向西北走，向西下走五里，走在峡中。溯水流踩着山涧走，走了三里，再次越岭。又三里，到岭西，这才见西南方向下面的壑谷稍微开阔了些，西边有峡谷从北向南，与南峡会合后向西延去，有茅屋数间深嵌在峡底，叫锣鼓寨。都是傈傈的居住地。从这里绕着东坡向北走，而后转到西峡之上逆向走。西峡有山从北面的山坳分支向南绵亘，环绕在东面一列山的西边，路由两列山中间一直穿过北面的山坳进去。三里，涉过北来的小溪，于是向西盘绕这里的坳脊。走了二里，走到山坳西边，它的西南方盘绕的壑谷又在下方张开，而路于是向北登岭，向西北曲折而行，绕着山岭上升，走了三里多，登到岭头。

盖此岭从虎坡北干海子东分支西突，又西度为大寨西峰，西北横亘于大寨、玛瑙山之间，此其东下之岭也；其北为崇脊，其南为层壑。遥望数十家倚西亘横峰下，即大寨也。于是西南盘层壑之上，二里，越冈西下，又二里，西南下至坞间。涉北来小峡，又西上半里，是为大寨。所居皆茅，但不架栏，亦傈傈之种。俗皆勤苦垦山，五鼓辄起，昏黑乃归，所垦皆硗瘠[①]之地，仅种燕麦、蒿麦而已，无稻田也。余初买米装贮，为入山之具，而顾仆竟不之携，至是寨中俱不稻食。煮大麦为饭，强啮之而卧。

【注释】①硗(qiāo)瘠：土地坚硬瘠薄。

【译文】此岭从虎坡北面的干海子东边分支向西突，又向西延伸为大寨的西峰，向西北横亘在大寨与玛瑙山之间，这里是它向东下延的山岭；它北面是高大的山脊，它南边是层层壑谷。远远望见有数十家紧靠在向西横亘的山峰下，那就是大寨了。于是向西南盘绕在层层壑谷之上，走了二里，越过山冈向西下山，又走二里，向西南下到坞中。涉过北来的小峡谷，又向西上走半里，这是大寨。居民住的全是茅屋，但不架楼，也是傈僳一类的民族。民俗全是勤苦垦山，五更便起床，昏黑才归家，所垦种的都是贫瘠的山地，仅能种植燕麦、莴麦，没有稻田。我起初买来米装好贮存起来，为进山做准备，可顾仆居然不带上它，到了这里寨子中都不吃稻米。煮大麦当饭，勉强吃了些睡下。

初六日　天色阴沉。饭麦。由大寨后西涉一小峡，即西上坡。半里，循西山北向而升。二里，坡东之峡，骈束如门，门以内水犹南流，而坡峡俱平，遂行峡中。又北一里，有岐逾西山之脊，是为玛瑙坡道。余时欲穷乾海子，从峡中直北行，径渐翳，水渐缩。一里，峡中累累为环珠小阜，即度脉而为南亘西山，此其平脊也。半里过北，即有坑北下。由坑东循大山西北行，又一里而见西壑下嵌，中圆如围城，而底甚平，即乾海子矣。

【译文】初六日　天色阴沉。吃了大麦饭。从大寨后向西涉过一条小峡谷，随即向西上坡。半里，沿西山向北上升。走了二里，坡东的峡谷，并列紧束如门一样，门以内水仍向南流，而山坡峡谷都很平缓，便行走在峡中。又向北一里，有条岔路越过西山的山脊，这是去玛瑙坡的路。我这个时候想去探究乾海子，从峡中一直向北走，小径渐渐被遮蔽，水流渐渐缩小。一里，峡中层层累累变为圆珠状的小阜，就是延伸而过的山脉成为向南绵亘的西山，此处是它平缓的山脊。半里翻过北边，马上有坑谷往北下延。从坑谷东边沿着大山向西北走，又走了一里路后见西边的壑谷下嵌，中间圆得像环绕的城墙，但谷底非常平坦，这是乾海子了。

路从东山西向，环海子之北，一里，乃趁峡下。东山即虎坡大脊之脉，有岐东向，逾脊为新开青江坝道，入郡为近。南下半里，抵海子之北，即有泉一圆在北麓间，水淙淙由此成流出。其东西麓间，俱有茅倚坡临海而居，而西坡为盛。又半里，循麓而入西麓之茅。其庐俱横重木于前，出入皆逾之。其人皆不解汉语，见人辄去。庐侧小溪之成流者，南流海子中。海子大可千亩，中皆芜草青青。下乃草土浮结而成者，亦有溪流贯其间，第不可耕艺，以其土不贮水。

【译文】路从东山向西走，环绕到海子的北边，一里，赶到峡下。东山就是虎坡大脊的山脉，有岔路通向东，越过山脊是新建的去青江坝的路，是进府城的近路。向南下走半里，抵达海子的北边，就有一眼泉水在北面山麓间，泉水淙淙从这里形成小溪流淌出去。海子东西山麓上，都有茅屋背靠山坡前临海子居住，而西坡上的最为兴盛。又走半里，沿山麓进入西麓上的茅屋。这里的房屋全都在屋前横放了重叠的木头，出入都要越过木头。村里人都不懂汉语，见人就走开。房屋侧边的小溪成流，向南流进海子中。海子大处约有千亩，其中全是青青的荒草。地下是草和土漂浮结成的，也有溪水流贯其中，但只是不能耕种，因为这里的土不能存水。

行者以足撼之，数丈内俱动，牛马之就水草者，只可在涯涘间，当其中央，驻久辄陷不能起，故居庐亦俱濒其四围，只垦坡布麦，而竟无就水为稻畦者。其东南有峡，乃两山环凑而成，水从此泄，路亦从此达玛瑙山，然不能径海中央而渡，必由西南沿坡湾而去。于是倚西崖南行一里余，有澄池一圆，在西崖下芜海中，其大径丈余，而圆如镜，澄莹甚深，亦谓之龙潭。在平芜中而独不为芜翳，又何也？

【译文】走路的人用脚震动地下，数丈以内都会摇动，吃水草的牛马，只可在岸边，站在海子中央停久了，就下陷不能起来，所以居屋也全是濒临在海子的四周，只是开垦了山坡种满了麦子，而没有靠近水开垦为稻田的地方。它的东南方有峡谷，是两面的山环绕凑拢形成的，水从此处外泄，路也是从此处通达玛瑙山，但不能径直从海子中央横渡，必须从西南沿山坡山湾而去。于是靠着西边的山崖向南走一里多，有一圆形清澄的水池在西边山崖下荒芜的海子中，池子大处直径有一丈多，而且圆得像镜子，水澄澈晶莹非常深，也称之为龙潭。池子在平坦的荒草中却唯独不被丛生的荒草遮蔽，这又是为何呢？

又南一里，过西南隅茅舍，其庐亦多，有路西北逾山，云通后山去，不知何所。其南转胁间，有水从石崖下出，流为小溪东注。余初狎之，欲从芜间涉此水，近水而芜土交陷，四旁摇动，遂复迂陟西湾，盘石崖之上，乃倚南山东向行。一里余，有岐自东峡上，南逾山脊，为新开道，由此而出烂泥坝者。余乃随坡而下东峡，半里，则峡中横木为桥，其下水淙淙，北自海子菰蒲[1]中流出，破峡南坠。峡甚逼仄，故一木航之，此水口之最为潆结者。其水南下，即为玛瑙山后夹中瀑布矣。度横木东。复上坡，半里，陟其东冈，由脊上东南行。还顾海子之窝，嵌其西北；出峡之水，坠其西南；其下东南坞中，平坠甚深，中夹为箐，丛木重翳，而轰崖倒峡之声不绝。其前则东西两界山又伸臂交舒，辟峡南去，海子峡桥之水，屡悬崖泻箐中，南下西转而出罗明坝[2]焉。于是循东山，瞰西峡，东南行一里余，转而南下。

【注释】①菰（gū）：茭白，可供煮食。蒲：水生植物，可以制席。②罗明坝：今名同，在保山市隆阳区西隅，怒江东岸，罗明坝河北从此往西汇入怒江。

【译文】又向南一里，经过西南隅的茅屋，此处房屋也很多，有路向西北翻山，说是通到后山去，不知是什么地方。村南转到侧边，有水从石崖下流出，流成小溪向东流注。我起初走近小溪，想从荒草中涉过此条溪水，接近水边荒草和土地就交相下陷，四旁摇动，于是又绕道上登西边的山湾，绕到石崖的上面，就紧靠南山向东走。一里多，有条岔道从东峡中上来，向南越过山脊，是新开的道路，是从此地去到烂泥坝的路。我于是顺山坡下到东峡中。半里，就见峡中横木架为桥，桥下水淙淙流淌，从北边海子的茭白蒲草中流出来，冲破峡谷向南下泻。山峡非常狭窄，所以一根木头就能架桥过河，这是河口中最为潆徊盘结之处。这里的水向南下流，就成为玛瑙山后山夹谷中的瀑布了。越到横架的木头东头，再上坡，半里，登上它的东冈，从山脊上向东南行。回头看海子所在的山窝，嵌在它的西北；流出峡中的水，下陷到它的西南方；它下方东南的山坞中，平缓下坠得十分深，中间夹为山箐，丛林重重遮蔽，而在山崖中轰鸣着倒入峡谷的水声不绝于耳。它前方就见东西两列山又伸开手臂交相展开，宽广的峡谷向南延去，海子峡中桥下的水，屡次从高悬的山崖上倾泻到山箐中，向南下流向西转到罗明坝。于是沿东山，俯瞰西峡，向东南走一里多，转向南下走。

一里，有路逾东岭来，即大寨西来者，随之西南下坡。半里，忽一庐踞坡，西向而居，其庐虽茅盖，而檐高牖爽，植木环之，不似大寨、海子诸茅舍。姑入而问其地，则玛瑙山也。一主人衣冠而出，揖而肃客，则马元康也。余夙知有玛瑙山，以为杖履所经，亦可一寓目，而不知为马氏之居。马元中曾为余言其兄之待余，余以为即九隆后之马家庄，而不知有玛瑙山之舍。玛瑙山，《一统志》言玛瑙出哀牢支陇，余以为在东山后。乃知出东山后者，为土玛瑙，惟出此山者，由石穴中凿石得之。其山皆马氏之业。元康一见即谛视曰："即徐先生耶？"问何以知之。曰："吾弟言之。余望之久矣！"盖元中应试省中，先以书嘱元康者，乃玛瑙山，而非九隆后之马家庄也。元康即为投辖，割鸡为黍，见其二子。深山杳蔼之中，疑无人迹，而有此知己，如遇仙矣！

【译文】一里，有路越过东岭而来，就是大寨向西来的路，顺着这条路向西南下坡。半里，忽见一所房屋盘踞在坡上，向西而居，此屋虽是茅草盖顶，但屋檐高大窗户明亮，种了树环绕着屋子，不像大寨、海子各处的茅屋。进屋去打听这个地方，知道此地就是玛瑙山了。一个房主人衣冠整洁地出来，作揖敬客，是马元康。我过去知道有座玛瑙山，认为是扶杖漫步经过的地方，也能够看一下，却不知是马家的居住地。马元中曾给我说过他的兄长在等我，我以为就是九隆池后山的马家庄，却不知他家有玛瑙山的住房。玛瑙山，《一统志》说玛瑙出产在哀牢山分支的土冈上，我认为在东山后面。这时才知出产在东山后面的，是土玛瑙，唯有出产在这座山的，是由石坑中凿岩石取得的。这里的山全是马家的产业。元康一见面就审视着说："是徐先生吗？"问他为什么会知道。说："我兄弟谈起过您。我盼望您很久了！"原来元中到省里应试时，事先送信嘱咐我去元康所住的地方，是玛瑙山，而不是九隆池后山的马家庄。元康随即挽留客人，杀鸡做饭，引见了他的两个儿子。杳渺霭霭的深山之中，以为没有人迹，却有此等知己，真是如同遇见神仙！

下午，从庐西下坡峡中，一里转北，下临峡流，上多危崖，藤树倒掩，凿崖迸石，则玛瑙嵌其中焉。其色有白有红，皆不甚大，仅如拳，此其蔓也。随之深入，间得结瓜之处，大如升，圆如球，中悬为宕，而不粘于石。宕中有水养之，其精莹坚致，异于常蔓，此玛瑙之上品，不可猝遇，其常积而市于人者，皆凿蔓所得也。其拳大而坚者，价每斤二钱。更碎而次者，每斤一钱而已。是山从海子峡口桥东，南环而下，此其西掉而北向处，即大寨西山之西坡也。峡口下流悬级为三瀑布，皆在深箐回崖间，虽相距咫尺，但闻其声，而树石拥蔽，不能见其形，况可至其处耶。坐玛瑙崖洞间，有覆若堂皇，有深若曲房，其上皆垂于虬枝，倒交横络，但有氤氲之气，已无斧凿之痕，不知其出自人工者。元康命凿崖工人停捶，而垂箐觅树蛾一筐，乃菌之生于木上者，其色黄白，较木耳则有茎有枝，较鸡葼则非土而木，以是为异物而已。且谓余曰："箐中三瀑，以最北者为胜。为崖崩路绝，俱不得行。当令仆人停凿芟道，异日乃可梯崖下瞰也。"因复上坡，至其庐前，乃指点四山，审其形势。元康瀹茗命醴，备极山家清供，视隔宵麦饭粝口，不谓之仙不可也。

【译文】下午，从房屋西边下坡到峡中，一里转向北，下临峡中的水流，上方有许多危崖，藤条树枝倒着遮掩，凿裂石崖，就有玛瑙嵌在其中了。玛瑙颜色有白有红，都不十分大，仅如拳头，这是玛瑙的矿脉延伸之处。顺矿脉深入，偶尔找得到结成瓜一样大的地方，大处如升，圆如球体，中间悬空为石矿坑，却不粘在岩石上。石矿坑中有水养护着它，石质明亮晶莹，坚硬细密，不同于平常的矿脉，这是上品玛瑙的，不是容易遇到的，那些经常堆积着卖给人的，全是挖凿矿脉得到的。那种拳头大而且坚硬的，价格每斤二钱银子。更碎小而次一等的，每斤一钱银子而已。此山从海子峡口的桥以东，向南环绕下延，这里是山脉从西向北掉头的地方，也就是大寨西山的西坡。峡口下游高悬为三级瀑布，都是在深箐回崖之间，虽然相距只是咫尺，只听得见水声，但树丛石崖环拥掩蔽，不能见到瀑布的踪影，何况是走到那地方呢？坐在玛瑙石崖洞中，有的下覆如厅堂，有的深似幽深的密室，它们的上方都垂挂着拳曲的枝条，倒着横着交缠在一起，只有氤氲之气，已无斧头挖凿的痕迹，不再以为它们是人工挖掘成的。元康命令凿右崖的工人停止捶打，去临近的山箐中找来一筐树蛾，是生长在树上的菌子，菌色黄白，与木耳相比却有茎有枝，与鸡葼比较则不是生在土里而是长在树上，这是奇异的物产。并告诉我说："山箐中的三级瀑布，以最北边的为最优美。但因为山崖崩塌道路断绝，全都不能前往。应当命令仆人停止凿矿，割草开道，他日就可登上山崖下瞰了。”因此重新上坡，来到他的屋前，于是指点四面群山，审视周围的地形山势。元康烧好茶，命令上酒，准备了很多山间人家清素的山珍，再对比那隔夜糙口的麦饭，不得不说这是神仙了。

初七日　雨。与元康为橘中之乐①。棋子出云南，以永昌者为上，而久未见敌手。元康为此中巨擘②，能以双先让。余遂对垒者竟日。

【注释】①橘中之乐：指弈棋之乐趣。橘通“局”，指下棋。事见唐代牛僧孺《玄怪录·巴邛人》。②巨擘（bò）：大拇指。比喻杰出的人才。

【译文】初七日　下雨。与元康下棋作乐。棋子出产在云南，以永昌产的为上等，我长期未遇见敌手。元康是下棋的高手，能够以双子先让我。我于是与他对垒了一整天。

初八日　晨饭，欲别而雨复至，主人复投辖布枰①。下午雨霁，同其次君从庐右瞰溪。悬树下，一里，得古洞，乃旧凿玛瑙而深入者，高四五尺，阔三尺，以巨木为桥圈，支架于下，若桥梁之巩，间尺余，辄支架之。其入甚深，有木朽而石压者，上透为明洞。余不入而下，仍悬树，一里坠涧底。其奔涌之势甚急，而挂瀑处俱在其上下峡中，各不得达，仍攀枝上。所攀之枝，皆结异形怪果，苔衣雾须，蒙茸于上。仍二里，还庐舍。元康更命其仆执殳前驱，令次君督率之，从向来路上。二里，抵峡口桥东冈，坠崖斩箐，凿级而下。一里余，凭空及底，则峡中之水，倒侧下坠，两崖紧束之，其势甚壮，黔中白水之倾泻，无此之深；腾阳滴水之悬注，无此之巨。势既高远，峡复逼仄，荡激怒狂，非复常性，散为碎沫，倒喷满壑，虽在数十丈之上，犹霏霏珠卷霰集。滇中之瀑，当以此为第一，惜悬之九天，蔽之九渊，千百年莫之一睹，余非元康之力，虽过此无从寓目也。

【注释】①枰（píng）：棋盘。

【译文】初八日　早饭后，想告别但雨又来临，主人又重留我下棋。下午雨停转晴，同他的次子从屋子右侧俯瞰溪流。悬垂在树上下去，走了一里，见到古洞，是旧时挖凿玛瑙深入进去的洞，高四五尺，宽三尺，用巨木作为拱圈，支撑着架在下边，好似桥梁的桥拱，每隔一尺多，就支撑着木头。洞内进去非常深，有的地方木头腐朽后岩石压下来，上方穿通成为透亮光的洞。我未进去便下走，仍从树上往下走，一里走到涧底。山涧奔腾汹涌十分湍急，而瀑布悬挂的地方都在这里上下的峡中，各处都不能到达，仍攀着树枝上登。所攀的树枝，都结着异形怪果，苔鲜和浓雾，毛茸茸地蒙在上面。仍是再走二里，返回房舍。元康再命令他的仆人执着兵器在前引路，命令次子监督率领着他们，从先前来的路上走。走了二里，抵达峡口木桥的东冈，坠下石崖斩断竹丛，开凿台阶下走。走了一里多，凌空下到峡底，就见峡中之水，倒斜着下坠，两侧石崖紧束着水流，水势十分雄壮，贵州倾泻的白水河，没有这里的深；腾阳高悬倾注的滴水河，没有这里的大。水势既高远，峡谷又狭窄，激荡狂怒，不再是平常的样子，散开成碎沫，倒喷在满壑谷中，虽然在数十丈之上，仍是霏霏然，水珠飞卷，雪珠聚集。云南的瀑布，应当以此为第一，可惜高悬在九天之上，九重深渊障蔽着它，千百年没有人能见它一次，我要不是有元康帮忙，即使路过这里也无从看到。

返元康庐，挑灯夜酌，复为余言此中幽胜。其前峡下五里，有峡底桥；过之随峡南出，有水帘洞；溯峡北入，即三瀑之下层。而水帘尤奇，但路閟难觅，明晨同往探之。此近胜也。渡上江而西，有石城插天，倚雪山之东，人迹莫到，中夜闻鼓乐声，土人谓之鬼城。此远胜也。上江之东，玛瑙之北，山环谷迸，中有悬崖，峰峦倒拔，石洞𡸣岈，是曰松坡，为其家庄。其叔玉麓构阁青莲，在石之阿[①]，其人云亡，而季叔太麓今继栖迟[②]，一日当联骑而往。此中道之胜也。余闻之，既喜此中之多奇，又喜元康之能悉其奇，而余之得闻此奇也。地主[③]山灵，一时济美，中夜喜而不寐。

【注释】①阿（ē）：弯曲的角落。②栖迟：隐居。③地主：所在地的主人。

【译文】返回元康屋中，连夜挑灯饮酒，元康又给我讲说这一带幽奇的胜景。这里前方从峡谷中下走五里，有座峡底桥；过桥顺着峡谷向南出去，有个水帘洞；溯峡谷向北深入，就是三级瀑布的下层。而水帘洞尤其奇异，但道路堵塞难以找到，明天清晨一同前去探洞。这是近处的胜景。越到上江西边，有处石城插入空中，紧靠雪山之东，人迹无法到达，半夜听得见鼓乐声，当地人称它是鬼城。这是远处的胜景。上江之东，玛瑙山之北，山脉环绕峡谷迸裂，当中有处悬崖，峰峦倒拔，石洞深邃，那叫松坡，是马家的庄子。他叔父马玉麓建了座青莲阁，在石山的弯曲处，此人已去逝，如今小叔马太麓继续隐居在此，隔一天将一同骑马前去。这是中等路程的胜景。我听说这些话，既喜这一带奇景多，又喜元康能熟悉这些奇景，而我得以听说这些奇景。主人的热情和山间的美景，两样都具备了，我半夜高兴得睡不着觉。

初九日　余晨起，欲为上江之游。元康有二骑，一往前山未归，欲俟明日同行。余谓游不必骑，亦不必同，惟指示之功，胜于追逐。余之欲行者，正恐其同，其不欲同者，正虑其骑也。元康固留，余曰："俟返途过此，当再为一日停。"乃饭而下山。元康命其幼子为水帘洞导。

【译文】初九日　我早晨起来，打算去游玩上江。元康有两匹坐骑，一匹去前山未归来，他要我等坐骑回来明天一同走。我认为游览不必骑马，也不必陪同，只要能指点我方向，便胜过追随我。我之所以想走的原因，是担心他陪同，他不想陪同一起，主要是考虑那坐骑还未回来。元康坚决挽留。我说："等返回途中路过这里，将再停留一日。"于是用餐后下山。元康命令他的小儿子为我去水帘洞做导游。

于是西下者五里，及峡底，始与峡口桥下下流遇。盖历三瀑而北迂四窠崖之下，曲而至此，乃平流也，有桥跨其上。度桥，西北盘右岭之嘴，为烂泥坝道。

【译文】于是向西下走五里，到峡底，开始与峡口桥下水流的下游相遇。原来流经三级瀑布后向北迂回到四窠崖的下面，弯曲到这里的，是平缓的水流，有桥跨在水上。过了桥，向西北绕过右岭的山嘴，是去烂泥坝的路。

从桥左登左坡之半，其上平衍，有水一塘汇冈头，数十家倚南山而居，是为新安哨，与右岭盘坡之道隔峡相对也。水帘洞在桥西南峡底，倚石岭之麓，幽閟深阻，绝无人行。初随流觅之，傍右岭西南，行荒棘中，三里，不可得，其水渐且出峡，当前坳尖山之隩矣。乃复转，回环遍索，得之绝壁下，其去峡底桥不一里也，但无路影，深阻莫辨耳。其崖南向，前临溪流，削壁层累而上，高数丈。其上洞门蜬岈，重覆叠缀，虽不甚深，而中皆旁通侧透，若飞甍复阁，檐牖相仍。有水散流于外，垂檐而下，自崖下望之，若溜之分悬，自洞中观之，若帘之外幕，“水帘”之名，最为宛肖。

【译文】从桥左登到左侧山坡的半坡上，坡上平展开来，有一塘水积聚在冈头，数十家人背靠南山居住，这是新安哨，与右岭绕着山坡走的道路隔峡相对。水帘洞在桥西南的峡底，依傍着右岭的山麓，幽寂深邃，绝没有人走。起初随着流水去找它，傍着右岭向西南行走在荒草荆棘中，走了三里，找不到，那水流渐渐快要出峡，位于前面山坳尖山的西南角了。只得再转回来，周围四处寻找，在绝壁下找到它，它离峡底木桥不到一里，只是荒无路影，深草阻隔无法辨认罢了。这里的石崖向南，前临溪流，陡削的绝壁层层叠累而上，高数丈。崖上洞口深邃，重叠下覆，虽不怎么深，但洞中全向侧旁穿通，好似飞檐楼阁，屋檐窗户互相重叠。有水散流在外，如垂下的屋檐飞流而下，从石崖下望它，如屋檐水分散悬落，从洞中观看它，似门帘的外幕，“水帘”的名字，最为逼真。

洞石皆棂柱绸缪，缨幡垂飏，虽浅而得玲珑之致。但旁无侧路可上，必由垂檐叠覆之级，冒溜冲波，以施攀跻，颇为不便。若从其侧架梯连栈，穿腋入洞，以睇帘之外垂，只中观其飞洒，而不外受其淋漓，胜更十倍也。崖间有悬干虬枝，为水所淋滴者，其外皆结肤为石。

【译文】洞中的岩石全是窗棂柱子的形状，互相缠绕，如缨络旗帜垂挂飘扬，洞虽浅却有玲珑小巧的情趣。只是旁侧无路可上，必须经由如下垂的屋檐处重叠下覆的台阶，冒着滴水冲着水波，才得以攀登上去，颇为不便。如果从它的侧面架梯连成栈道，穿过侧旁进洞，得以斜视外边垂挂的水帘，只需在洞中观赏滴水的飞洒，却不受外边飞流的浇淋，那就更是赏心悦目了。石崖上有悬垂拳曲的枝干，被水浇淋到的，它们的外边全结成岩石外壳。

盖石膏日久凝胎而成，即片叶丝柯，皆随形逐影，如雪之凝，如冰之裹，小大成象，中边不欹，此又凝雪裹冰，不能若是之匀且肖者。余于左腋洞外得一垂柯，其大拱把，其长丈余，其中树干已腐，而石肤之结于外者，厚可五分，中空如巨竹之筒而无节，击之声甚清越。余不能全曳，断其三尺，携之下，并取枝叶之绸缪凝结者藏其中，盖叶薄枝细，易于损伤，而筒厚可借以相护，携之甚便也。

【译文】大概是石膏久了凝结为石胎而形成的，即便是一片叶子一丝树枝，全都顺势随形，如雪一样凝结，如冰一样包裹，大小都成为相像的形状，布满边沿不偏不倚，这又是雪凝冰裹，也不能如此一样均匀和逼真的了。我在左侧洞外得到一枝下垂的树枝，它的大处有一满把，长一丈多，其中树干已经腐烂，而结在外层的石壳，厚约五分，中间空如巨竹的竹筒但无竹节，敲击它声音非常清脆。我不能整条枝干带走，便折断其中的三尺，把它带下来，并选择些交缠凝结的枝叶藏在其中，因为叶薄枝细，易于损伤，而筒壁很厚能够借以保护枝叶，携带十分方便。

水帘之西，又有一旱岩。其深亦止丈余，而穹覆危崖之下，结体垂象，纷若赘旒，细若刻丝，攒冰镂玉，千萼并头，万蕊簇颖，有大仅如掌，而笋乳纠缠，不下千百者，真刻楮雕棘之所不能及！

【译文】水帘洞的西面，又有一处旱洞。洞也只有一丈多深，但穹隆下覆在危崖下面，岩石的结体呈各种形象下垂，纷纷然如下坠的玉串，细如刻成的蚕丝，攒冰镂玉，千百萼片并在头部，万朵花蕊簇拥成花穗，有的大处仅如手掌，而石笋石乳纠缠在一起，不下千百个，真是精巧的雕刻所不能赶上的！

余心异之，欲击取而无由，适马郎携斧至，借而击之，以衣下承，得数枝。取其不损者二枝，并石树之筒，托马郎携归玛瑙山，俟余还取之。遂仍出桥右，与马郎别。乃循右坡西上里余，隔溪瞰新安哨而行。大雨忽来，少憩树下。又西里余，盘石坡之嘴，转而北行。盖右坡自四窠崖颉颃西来，至此下坠，而崖石遂出，有若芙蓉，簇萼空中，有若绣屏，叠锦崖畔，不一其态。

【译文】我心里对此感到很奇异，想要敲取却没有办法，恰好马家儿郎带着斧头来到，我便借来敲击石乳，用衣服在下边接着，得到数枝。选择其中未损坏的两枝，连同石树的树筒，托马家儿郎带回玛瑙山，等我回来时取。于是仍出到桥右，与马家儿郎告别。然后沿右侧山坡向西上走了一里多，隔溪下瞰着新安哨前行。大雨忽然来临，在树下略微休息。又向西一里多，绕过右坡的山嘴，转向北走。右侧的山坡从四窠崖上下起伏向西而来，到此处下坠，而石崖便露出来，有的如芙蓉，花萼簇拥在空中，有的似绣花屏风，锦绣重叠在崖畔，千奇百态。

北盘三里，又随湾西转，一里余，又北盘其嘴，于是向北下峡中。盖四窠横亘之峰，至此西坠为壑，其余支又北转而突于外，路下而披其隙也。二里余，坞底有峡自东北来，遂同盘为洼而西北出。路乃挟西坡之麓，随之西转，其中沮洳，踔[①]陷深泞，岂烂泥坝之名以此耶？

【注释】①踔（chuō）：践踏。

【译文】向北绕三里，又顺着山湾向西转，一里多，又向北绕过山嘴，于是向北下到峡中。四窠崖横亘的山峰，到此处向西下坠为壑谷，它余下的支脉又向北转后突到外边，路下延穿过它的缺口。再走二里多，坞底有峡谷从东北延来，于是一同盘结为洼地后向西北出去。路于是傍着西坡的坡脚，顺山势向西转，其中全是泥沼，踩下去陷在深深的泥泞中，莫非烂泥坝的名字是出于此处？

西北出隘一里，循东坡平行，西瞰坠壑下环，中有村庐一所，是为烂泥坝村[1]。路从其后分为二岐：一西向下坞，循村而西北者，为上江道；一北向盘坡，转而东北登坳者，为松坡道。余取道松坡，又直北一里，挟东坡北嘴，盘之东行。

【注释】①烂泥坝村：今天称小浪坝，在保山市隆阳区两北境，怒江东边。

【译文】向西北出隘口一里，沿东坡平缓前行，西瞰深坠的壑谷在下环绕，其中有一处村庄，这是烂泥坝村。路从村后分为两条岔路：一条向西下到坞中，沿村子向西北去的，是去上江的路；一条向北绕山坡走，转向东北登上山坳的，是去松坡的路。我选择了去松坡的路，又向正北走了一里路，傍东坡北面的山嘴，绕着它向东走。

半里，遂东北披峡而上，蹑峻半里，其上峡遂平。溯之东入，一里，峡西转，半里，越西峡而西北上。其坡高穹陡削，一里余，盘其东突之崖，又里余，逾其北亘之脊。由脊东北向随坡一里，路又分岐为二：一直北随脊平行者，横松枝阻绝，以断人行；一转东入腋者，余姑随之。一里，其坡东垂为脊，稍降而东属崇峰。此峰高展众山之上，自北而南，东截天半，若屏之独插而起者，其上松罗丛密，异于他山，岂即松坡之主峰耶？脊间路复两分：一逾脊北去，一随脊东抵崇峰。乃傍之南下，二里，径渐小而翳。余初随南下者半里，见壑下盘，绕崇峰南垂而东，不知其壑从何出，知非松坡道，乃仍还至脊，北向行，东截崇峰西坞。二里，坞北坠峡西下，路从崇峰之西北崖行，盘其湾，越突坡，三里余，西北下峡中。其下甚峻，而路荒径窄，疑非通道。下二里，有三四人倚北坡而樵，呼讯之，始知去松坡不远，乃西转而就峡平行。

【译文】半里，就向东北穿过峡谷上走，陡峻地上登半里，那上面峡谷便平坦起来。沿着峡谷向东进去，一里，峡谷向西转，半里，越过西峡向西北上坡。此坡高高隆起，极陡削，一里多，绕过那向东突出的石崖，又走了一里多，越过它北边横亘的山脊。从山脊上向东北顺山坡走了一里，路又分为两条岔道：一条向正北顺山脊平行的，被横向的松枝挡住了，以阻止人走；一条向东转入侧边，我姑且顺着它走。一里，山坡向东下垂为山脊，稍稍下降后向东连接到高峰。此峰高高伸展在群山之上，从北向南，在东边横截过半片天，好似屏风独插耸起的形态，山上松树密布，与其他山不同，难道这就是松坡的主峰了吗？山脊上路又分为两条：一条越过山脊向北去，一条顺着山脊向东抵达高峰。于是傍着山脊向南下走，再走二里，小径渐渐变小被遮蔽了。我起初顺南下的路走了半里，见有壑谷盘绕在下方，绕过高峰的南垂向东去，不知这个壑谷从哪里出去，心知不是去松坡的路，就返回到山脊上，向北走，向东横截过高峰西面的山坞。再走二里，山坞北面向西下坠成峡谷，路从高峰西北的山崖上走，绕过山湾，越过前突的山坡，三里多，向西北下到峡中，那下走的路非常陡峻，而且道路荒芜狭窄，我怀疑是条死路。下走二里，有三四个人紧靠北坡打柴，呼叫着向他们问路，才知离松坡不远，于是转向西走到峡中平缓前行。

里余，出峡口，其西壑稍开，崇冈散为环阜，见有参差离立之势。又西下里余，有村庐当中窝而居，村中巨庐，杨氏在北，马氏在南，乃南趋之。一翁方巾藜杖出迎，为马太麓；元康长郎先已经此，为言及。翁讶元康不同来，余为道前意。翁方瀹茗，而山雨大至。俟其霁，下午，乃东蹑坡上青莲阁。阁不大，在石崖之下，玉麓先生所栖真处。太麓于是日初招一僧止其中，余甫至，太麓即携酒授餐，遂不及览崖间诸胜。太麓年高有道气。二子：长读书郡城，元真，次随侍山中，元亮。为余言其处多岩洞，亦有可深入者二三处，但路未开辟，当披荆入之。地当山之翠微，深崖坠壑，尚在其下，不觉其为幽閟；乱峰小岫，初环于上，不觉其为孤高。

【译文】一里多，出了峡口，它西边的壑谷略为开阔起来，高冈散布为环形的土阜，有了参差独立的气势。又向西下走了一里多，有村庄房屋在中间的山窝居住，村中的房屋巨大，杨家在北边，马家在南边，于是向南赶去。一位老翁头戴方巾拄着黎茎手杖出门迎接，是马太麓；元康的长子先已先到这里，给他说起过。老翁惊讶元康不一同前来，我为此说明了先前的情况。老翁正在烹茶，而山雨猛烈来临。等天转晴，已是下午，于是向东登坡上了青莲阁。阁子不大，在石崖的下面，是马玉麓先生隐居修真之处。太麓在这一天刚招来一位僧人住在其中，我刚到，太麓就带着酒送来饭，便来不及游览山崖间的诸处胜景。太麓高龄，有道士的风范。有两个儿子：长子在府城读书，名叫元真。次子在山中随身侍候，名叫元亮。对我说：此处岩洞有很多，也有二三处能够深入的，但路未开辟，需披荆斩棘进洞。这里正当翠微的山间，山崖深坠成的壑谷，还在它的下方，不觉得它幽暗闭塞；乱峰小山，本来就环绕在它上方，不觉得它孤拔高耸。

盖崇山西北之支，分为双臂，中环此窝，南夹为门，水从中出，而高黎贡山又外障之，真栖遁[1]胜地，买山而隐，无过于此。惟峡中无田，米从麓上尚数里也。松坡虽太麓所居，而马元中之庄亦在焉。

【注释】①栖遁：隐居。

【译文】高山西北的支脉，分为双臂，中间环绕成此处山窝，南面相夹为门，水从中间流出去，而高黎贡山又在外面屏蔽着，真是隐居的胜地，隐居的地方没有能胜过这里的。只是夹谷中无田地，米需从山麓运上来，还有数里远。松坡虽是太麓的居住地，但马元中的庄子也在这里。

初十日　晨起，霁色可挹。遂由阁东竹坞，绕石崖之左，登其上。其崖高五六丈，大四丈，一石擎空，四面壁立，而南突为岩，其下嵌入，崖顶平展如台。冈脊从北来环其后，断而复起，其断处亦环为峡，绕崖左右，而流泉潆之。种竹峡中，岚翠掩映，道从之登。昔玉麓构殿三楹在顶，塑佛未竟，止有空梁落燕泥也。

【译文】初十日　清晨起床，天气晴朗，碧空可挹。于是从阁东满是竹丛的山坞，绕到石崖之左，登到它上边。这石崖高五六丈，大四丈，一石高擎直入空中，四面如墙壁样竖立，而南面突出成为高峻的山崖，它下边嵌进去，石崖顶上平展如同平台。冈脊从北边延来环绕在它后面，中断后又重耸起，那断开之处也环绕成峡谷，绕在石崖的左右，而流淌的泉水潆绕着它。峡中种了竹子，烟雾掩映，道路从这里上登。从前马玉麓在山顶建了三间殿宇，佛像未塑好，只有空荡荡的梁上落下燕泥。

已复下青莲阁，从阁侧南透崖下，其岩忽绷云掩幕，亭亭上覆，而下临复逼然无地。转其西，岩亦如之，第引水环流其前，而断北通之隘，致下岩与上台分为两截。余谓不若通北隘，断东路，使青莲阁中道，由前岩之下从西北转达于后峡，仍自后峡上崖台，庶渐入佳境，不分两岐也。

【译文】随后又下到青莲阁，从阁子侧边向南钻到石崖下，石崖忽然像紧凑的云层帷幕，高高地覆盖着上方，而下临之势也是局促没有余地。转到它的西面，石崖也是如此，只不过引水环流在它前边，而且隔断了通到北边的隘口，以致下面的石崖与上面的平台分为两截。我认为不如打通北边的隘口，阻断东面的路，使青莲阁中间的道路，经过前面石崖的下面从西北转到后峡，仍从后峡上到石崖上的平台，或许能渐入佳境，不分为两条岔道。

既而太麓翁策杖携晨餐至。餐毕，余以天色渐霁，急于为石城游。太麓留探松坡石洞，余以归途期之。太麓曰："今日抵江边已晚，不必渡，可觅土官早龙江家投宿，彼自为登山指南。不然，其地皆彝寨，无可通语者。"余识之，遂行。

【译文】一会儿太麓翁拄着手杖带着早餐来。吃了后，我认为天色渐转晴，急于去石城游览。太麓挽留去游松坡的石洞，我与他约好归途时游。太麓说："今日抵达江边已晚了，不必渡江，可去土官早龙江家投宿，他自会指点你登山。不然，那地方全是彝人的村寨，没有懂汉语的人。”我记下他的话，便上了路。

乃西南下，至其庐侧，遂渡坞中南出之水，其西一里，上循西坡北向行。一里，转而披其西峡，半里，逾脊西下。一里，下至壑中，其处忽盘窝夹谷，自东北而透西南之门。路循其南坡西行，一里，涉峡中小水，同透门出，乃西南随坡下。

【译文】于是向西南下山，来到他的屋子侧边，就渡过坞中向南流出的水，从这里向西一里，上去沿西坡向北走。一里，转向穿过这里的西峡，走了半里，越过山脊向西下走。一里，下到壑谷中，此处山窝忽然盘绕成夹谷，从东北穿出西南的谷口。道路沿着这里的南坡向西走，走了一里，涉过峡中的小溪，一同穿出谷口，于是向西南顺山坡下走。

三里，复盘坡西转，望见南坞中开，下始有田，有路从东南来合，即烂泥坝北来道也。坡西南麓，有数家倚坡南向，是为某某。仍下坡一里，从村左度小桥。是坡左右俱有小水从北峡来，而村悬其中。又西北开一峡，其水较大，亦东来合之，会同南去，当亦与松坡水同出罗明者。由是望其西北而趋，一里，逾坡入之。又渡一东北来小水，即循北坡溯涧西北行。

【译文】三里，再绕着山坡向西转，望见南面山坞中间开阔，下边开始有田地，有条路从东南前来会合，就是烂泥坝北来的路了。山坡西南麓，有几家人背靠山坡面向南，这是某某地方。仍下坡一里，从村左越过小桥。这处山坡左右都有小溪从北峡中流来，而村子悬在其中。又在西北方分开一条山峡，峡中水较大，也是从东流来与两条小溪会合，会流后一同向南流去，应当也是与松坡的水一同流到罗明坝的。由此望着它向西北方赶去，一里，越过山坡进入峡中。又渡过一条由东北流来的小溪，随即沿北坡溯山涧向西北走。

二里西下，渡坞中涧，复西北上涧西之山。又随其支峡入，二里，再上盘西突之坡。坡西有壑中盘，由壑之北崖半里，环陟其西脊，约三里，由脊西南下。半里，平行枯峡中，一里，有枯峡自北来合，横陟之，循北岭之坡西行。一里，其处峡分四岐：余来者自东，又一峡自北，又一峡自南，虽皆中枯，皆水所从来者；又一峡向西，则诸流所由下注之口。路当从西峡北坡上行，余见北来峡底有路入，遂溯之。二里，其中复环为一壑，闻水声淙淙，数家倚西坡而居，是为打郎。入询居人，始知上江路在外峡之西，壑东北亦有路逾岭，此亦通府之道，独西北乃山之环脊，无通途也。乃随西山之半南向出，二里，盘西山之南嘴而西，其前有路自峡底来合，则东来正道也。于是倚北崖西行西峡之上，峡南盘壑屡开，而水仍西注；峡北西垂渐下，石骨迸出。行二里，时上午暑甚，余择荫卧石半晌，乃西北下坡。

【译文】走二里向西下走，渡过坞中的山涧，再向西北上登涧西边的山。又顺它的支峡进去，走了二里，再上走盘绕向西突的山坡。山坡西边有壑谷盘绕在山中，从壑谷北边的山崖上走半里，环绕着上登山崖西边的山脊，约三里，从山脊向西南下走。半里，平缓前行在干枯的峡中，一里，有条干枯的山峡从北边来相会，横向涉过它，沿北岭的山坡向西走。一里，此处山峡分为四岔：我所走的从东边来，又一条山峡从北边来，又一条山峡从南边来，峡中虽然都是干枯的，全是山水前来流经之处；又有一条山峡向西去，却是诸峡中的流水经由下注的通道。路应当从西峡的北坡上行，我见北来的峡底有路进去，就逆着此峡进去。走了二里，峡中又环绕成一个壑谷，听见水声淙淙流淌，数家人背靠西坡居住，这是打郎村。进村询问居民，才知去上江的路在外边峡中的西面，壑谷东北也有路越岭，这里也是通往府中的路，唯有西北是环绕的山脊，没有通途。于是沿西山的半山腰向南出来，走了二里，绕着西山南面的山嘴向西走，它前方有路自峡底来会合，就是东来的正道了。从这里紧靠北边的山崖向西行走在西峡的上面，山峡南边屡次敞开盘绕的壑谷，但水仍向西流注；山峡北边向西渐渐下垂，骨状的岩石迸裂出来。向前走二里，这时上午十分炎热，我选择在树荫底下岩石上躺了半晌，这才向西北下坡。

半里，有涧自东来，其水淙淙成流，越之，仍倚北坡西北行。二里，饭于坡间。又西北二里，越冈西下，其间坑堑旁午，陂陀间错，木树森罗。二里，路岐为两，一西南，一西北。余未知所从，从西北者。已而后一人至，曰："西南为猛赖渡江径道，此西北道乃曲而从猛淋者。"余欲转，其人曰："既来一里，不必转，即从猛淋往可也。"乃西北随峡稍下。二里余，有聚落倚南坡，临北壑，是为猛淋。此乃打郎西山，南下西转，掉尾而北，环为此壑。其壑北向颇豁，遥望有巨山在北，横亘西下，此北冲后山，夹溪西行，而尽于猛赖溪北王尚书寨岭者也。壑中水当北下北冲西溪。其人指余从猛淋村后西南逾岭行。一里，陟岭头，逾而南下，遂失路。下一里，其路自西来合，遂稍东下，度一小桥，乃转西南越坡。二里，则坡南大涧自东而西向注，有路亦自涧北西来，其路则沿坡而上，余所由路则坠崖而下，于是合而西向。半里，沿溪半线路行。其崖峭石凌空，下临绝壑，其下奔流破峡，倒影无地，而路缘其间，嵌壁而行。西南半里，稍下离崖足，回眺北崖上插，犹如层城叠障也。

【译文】半里，有山涧从东边流来，涧中水淙淙成流，越过涧水，仍靠着北坡向西北走。二里，在山坡上用餐。又向西北走二里，越过山冈向西下走，其间坑谷堑沟纵横交错，山坡相间错杂，树木森然罗列。走了二里，路岔为两条，一条向西南，一条向西北。我不知该从哪里走，就从通向西北的路走。不久后边一个人来到，说："西南是去猛赖渡江的直路，这条向西北的路是绕道从猛淋走的。"我想掉头返回，那个人说："既然走来一里，就不必转回去了，可以就从猛淋前去。"于是向西北顺着峡谷稍微下走。走了二里多，有村落背靠南坡，面临北边的壑谷，这是猛淋。这里是打郎的西山，向南下延后向西转，向北掉转尾部，环绕成此处壑谷。这个壑谷面向北方相当开阔，遥望有巨大的山峰横亘在北边，向西下延，这是北冲的后山，夹住溪流向西延伸，而后在猛赖溪北边的王尚书寨岭处到了尽头。壑谷中的水应当是向北下流进北冲的西溪。那个人指点我从猛淋村后向西南越岭走。走了一里，登上岭头，越过后向南下走，就失去了道路。下走了一里，那路从西边来会合，就稍微向东下走，越过一座小桥，于是转向西南翻越山坡。走了二里，就见坡南有大山涧从东向西流注，有条路也从涧北向西来，那路是沿坡而上，我所走的路则是坠下山崖，在此会合后向西走。半里，沿溪畔线一样的路前行。这里的山崖峭石凌空，下临绝壑，脚下奔泻的溪流冲破峡谷，只见倒影，不见土地，而路沿着其间，嵌在石壁上行走。向西南半里，慢慢下走离开石崖脚，回头眺望，北边山崖上插，犹如层层重叠的城墙。

又西二里余，从崖足盘西南突嘴，半里，始见上江南坞，其峡大开，中嵌为平畴，只见峡底而不见江流。有溪自西山东南横界平畴中，直抵东山之麓，而余所循之溪，亦西南注之。峡口波光，四围荡漾，其处不审即峡溪所汇，抑上江之曲。余又疑东南横界之流即为上江，然其势甚小，不足以当之。方疑而未定，逾突嘴而西，又半里，转而北，随北峡下一里，从北峡西转，始见上江北坞，虽平畴较小于南坞，而北来江流盘折其中，东峡又有溪西向入之。其南流虽大，而江流循东山之麓，为东山亏蔽，惟当峡口仅露一斑，不若此之全体俱现也。又西向者一里，有十余家倚南山北向而居，其前即东峡所出溪西南环之。问上江渡何在，村人指在其西北。问早土官何在，在其西南二里。乃北渡其溪。溪水颇大，而其上无桥，仅横一木，平于水面，两接而渡之，而木为水激，撼摇不定，而水时踊跃其上。虽跣足而涉，而足下不能自主，危甚。于是上西坡，南向随流。行塍间，一里，稍折而西南，又一里，入早氏之庐，已暮。始在其外室，甚陋，既乃延入中堂，主人始出揖，犹以红布缠首者。讯余所从来，余以马氏对。曰："元康与我厚，何不以一柬相示？"余出元康诗示之，其人乃去缠首，易巾服而出，再揖，遂具晚餐，而卧其中堂。

【译文】又向西走二里多，从山崖脚绕过向西南突的山嘴，半里，才见到上江南面的山坞，这里的山峡非常开阔，中间下嵌为平坦的田野，只见峡底而不见江流。有溪流从西山向东南横隔在平旷的田野中；直达东山的山麓，而我沿着走的溪水，也向西南流入大溪。峡口的波光在四周荡漾，不知此处是峡中溪流汇积的场所，还是上江弯曲的地方。我又怀疑东南横隔的水流就是上江，然而水势非常小，不足以充当它。正在疑惑未定时，越过突出的山嘴向西走，又走半里，转向北，顺北峡下走了一里路，从北峡中向西转，开始见到上江北面的山坞，虽然平旷的田野比南面的山坞较小，可北边流来的江流盘绕曲折于其中，东峡中又有溪流向西流入江中。那向南的江流虽大，但江流沿东山的山麓流，被东山遮蔽，唯在峡口只露出一斑，不如在这里全部都显现出来了。又向西走了一里，有十多家背靠南山面向北方居住，村前就是东峡流出的溪水在西南环绕着它。打听上江的渡口在哪里，村里人指示在村子西北。问早土官在哪里，说在村子西南二里的地方。于是向北渡过这条溪。溪水很大，可溪上没有桥，仅横放一根木头，平架在水面上，两头相接渡过溪流，但木头被水冲激，摇晃不定，而且溪水时时上涨跃过桥上。虽是赤足涉过去，但脚下不能自主，非常危险。于是上登西坡，向南顺流水行走在田野间，走了一里，略微折向西南，又走了一里，进入早家的屋中，已经天黑。起初在他的外室，十分简陋，既而被请入中间的堂屋，主人这才出来揖让，仍然是用红布缠头的人。询问我从哪里来，我回答从马家来。他说：“元康与我交情深厚，为何不拿出一封柬帖来给我看看？”我拿出元康的诗给他看，那个人才除去缠头布，换了头巾衣服出来，再次作揖，然后准备了晚餐，而后睡在中间堂屋中。

此地为猛赖，乃上江东岸之中，其脉由北冲西溪北界之山，西突为王尚书营者，下坠坞中为平畴，南衍至此；上江之流西潆之，北冲西溪东夹之，而当其交会之中；溪南即所下之岭，自猛淋南夹溪南下，峙为下流之龙砂，而王尚书营岭即其本支，而又为上流之虎砂也。上江之东，尚称为"寨"，二十八寨皆土酋官舍。江以西是为十五喧，"喧"者，取喧聚之义，谓众之所集也，惟此地有此称。其人皆彝，栏居窟处，与粤西彝地相似。而早龙江乃居中而辖之者。

【译文】这里是猛赖，是上江东岸的中段，这里的山脉从北冲西溪北面横隔之山，向西突为王尚书营岭，下坠到坞中成为平旷的原野，向南延展到到这里；上江的江流在西面潆绕着它，北冲的西溪在东面夹住它，而它正处于两条水流交会的中间地带；溪流南边就是我走下来的山岭，从猛淋南边夹住溪流向南下延，耸峙为下游的龙砂，而王尚书营岭即是这条山脉的主要支脉，而且又是上游的虎砂。上江之东，还称为"寨"，二十八寨都有土人首领的官舍。江以西是十五喧，"喧"就是喧闹聚集的意思，是说人聚集的地方。只有这里有此名称。这里的人全是少数民族，居住在竹楼洞窟中，与粤西少数民族居住的地方相似。而早龙江是居住在中部管辖十五喧的人。

十一日　晨起，早龙江具饭，且言："江外土人，质野不驯，见人辄避。君欲游石城，其山在西北崇峡之上，路由蛮边入。蛮边亦余所辖，当奉一檄[①]，令其火头供应除道，拨寨夫引至其处，不然，一时无栖托之所也。"余谢之。龙江复引余出庐前旷处，指点而言曰：”东北一峰特耸，西临江左者，为王尚书驻营之峰。西北重峡之下，一冈东突江右者，是为蛮边，昔麓川叛酋思任踞为巢。其后重岸上，是为石城，思酋恃以为险，与王尚书夹江相拒者也。此地昔为战场，为贼窟。今藉天子威灵，民安地静，物产丰盈，盛于他所。他处方苦旱，而此地之雨不绝；他处甫插莳，而此中之新谷已登，他处多盗贼，而此中夜不闭户。敢谓穷边非乐土乎！第无高人至此，而今得之，岂非山川之幸！“余谢不敢当。时新谷、新花，一时并出，而晚稻香风，盈川被陇，真边境之休风，而或指以为瘴，亦此地之常耳。

【注释】①檄：即文书。

【译文】十一日　清晨起床，早龙江准备了饭，并说：“江外的土人，质朴粗野，不受教育，见人就躲避。先生想要去游玩石城，此山在西北的高峡上面，路从蛮边进去。蛮边也是我管辖的地方，当奉送一道檄文，命令那里的火头供给所需，修整道路，调拔寨中的夫役领路，不然，一时之间你就没有栖身的场所了。”我谢过他。龙江又领我出到屋前的空旷处，指点着说道：“东北的一座山峰特别高耸，向西面临江左岸的，是王尚书驻扎兵营的山峰。西北重重山峡的下面，一座山冈向东突到江右岸的，那是蛮边，从前麓川叛逆的酋长思任盘踞着为巢穴。它后方的重重山崖上，那是石城，是姓思的贼酋据为天险，与王尚书夹江抗拒的地方了。这里从前是战场，是贼窟。今天凭借天子的威严神灵，百姓安居，地方平静，物产丰富，盛于其他地方。其他地方正苦于干旱，而这里的雨水丰沛不绝；其他地方刚刚插秧，而这一带的新谷已经成熟；其他地方盗贼很多，而这一带夜不闭户。敢说是闭塞的边疆不是乐土吗？但只是无高人来到这里，而今天您来了，难道不是山川的幸事吗？”我辞谢不敢当。当时新稻谷、新稻花，一时间一起长出，而晚稻香风，充盈笼罩在平川田野中，真是边境的优美风光，但有人指认为是瘴病之区，这也是这里的常事罢了。

既饭，龙江欲侍行，余固辞之，期返途再晤，乃以其檄往。出门，即溯江东岸北行。二里，时渡舟在西岸，余坐东涯树下待之，半晌东来，乃受之。溯流稍北，又受驼骑，此自北冲西来者。

【译文】用餐后，龙江要陪同上路，我坚决辞谢了他，约定返回途中再会面，于是就拿着他的檄文出发。出门后，随即溯江东岸向北走。走了二里，这个时候渡船在西岸，我坐在东岸树下等船，半晌渡船来到东岸，就上到船中。逆流稍微向北走，又接受了驮物的马匹，这是从北冲向西来的马帮。

渡舟为龙江之弟龙川所管，只驼骑各畀之钱，而罄身[①]之渡，无畀钱者。时龙川居江岸，西与蛮边之路隔一东下小溪。渡夫谓余，自蛮边回，必向溪南一晤龙川。余许之。乃从小溪北岸登涯，即西北行，于是涉上江之西矣。此十五喧之中也，循西山北二日为崩戛，南二日为八湾。崩戛北为红毛野人。八湾南为潞江安抚司。昔时造桥，西逾山心，出壶瓶口，至腾阳道，尚在其南下流二十里。其天生石崖可就为桥址者，又在其下。昔众议就崖建桥，孙郡尊已同马元中辈亲至而相度之。后徐别驾及腾越督造卫官，以私意建桥于石崖北沙嘴之冲，旋为水摧去，桥竟不成。此江王靖远与思任夹江对垒，相持不得渡。王命多缚筏，一夕缚羊于鼓，缚炬于筏，放之蔽江南下。思酋见之，以为筏且由下流渡，竞从西岸趋下流，而师从上流济矣，遂克之。今东岸之罗明，乃其缚松明寨，罗鼓乃其造鼓寨也。

【注释】①罄(qìng)身：只身不带他物。

【译文】渡船是早龙江之弟早龙川所管辖，只是驮物的马匹各自交给他一些钱，而空身渡江的人，没有人交钱。这个时候早龙川住在江岸上，西边与通往蛮边的路隔着一条向东下流的小溪。摆渡的船夫告诉我，从蛮边回来，必须去溪南与龙川见一次面。我答应了他。于是从小溪北岸登上江岸，随后向西北走，从这里起跋涉在上江的西面了。这里是十五喧的中间地带，沿西山向北走两天是崩戛，向南走两天是八湾。崩戛以北是红毛野人。八湾以南是潞江安抚司。昔日建造有桥，向西越过山心，通出壶瓶口，到腾阳道，还在它南面下游二十里。那天生的石崖可就势作为桥基的地方，又在它的下游。从前众人商议就着石崖建桥，孙知府已会同马元中一帮人亲自来察看地形。后来徐别驾及腾越督造的卫官，凭私人的意见在石崖北边沙嘴的冲要处建了桥，不久被洪水摧毁，桥始终未建成。此江王靖远与思任夹江对垒，互相坚守不能渡江。王靖远命令多绑些木筏，一天夜里把羊绑在鼓上，捆火把在木筏上，放筏遮满江面向南下漂。姓思的贼酋见此，以为木筏将从下游渡江，争着从西岸赶到下游，可王靖远的军队却从上游渡过了江，便战胜了思任。今天东岸的罗明坝，是他捆松明的寨子，罗鼓寨是他造鼓的寨子。

西北三里，有溪自西峡出，北渡之。半里，有聚落倚坡东向罗列，是为蛮边。按《志》，十五喧无蛮边之名，想即所谓中冈也。闪太史亦有庄在焉。觅火头[1]不见。其妻持檄觅一僧读之，延余坐竹栏上而具餐焉。

【注释】①火头：边疆地区少数民族的小头领。

【译文】向西北三里，有溪水从西峡中流出来，向北渡溪。半里，有村落背靠山坡向东罗列，这是蛮边。据《志》书记载，十五喧中无蛮边的名称，我猜蛮边就是所谓的中冈了。闪太史也有庄园在这里。寻找火头不见人影。他妻子拿着檄文找来一个僧人读了，把我引入竹楼坐下后就去准备饭食。

其僧即石城下层中台寺僧，结庵中台之上，各喧土人俱信服之，今为取木延匠，将开建大寺。此僧甫下山，与各喧火头议开建之事，言庵中无人，劝余姑停此，候其明日归，方可由庵觅石城也。余从之，坐栏上作纪。下午浴于涧。复登栏，观火头家烹小豚祭先。令一人从外望，一人从内呼。问："可来？"曰："来了。"如是者数十次。以布曳路间，度入龛而酌之饭之，劝亦如生人。薄暮，其子以酒肉来献，乃火酒也。酌于栏上，风雨忽来，虽栏无所蔽，而川中蕴热，即就栏而卧，不暇移就其室也。"火头"者，一喧之主也，即中土保长、里长之类。

【译文】那僧人就是石城下层中台寺的和尚，在中台之上建庵，各喧的土人全都信服他，今天为取木料请匠人来此，将开始修建大寺。此僧刚下山，就与各喧的火头商议开山建寺的事，说庵中没有人，劝我暂且停留在这里，等他明日归来，才可经由庵去找石城。我听从了他，坐在竹楼上写日记。下午在山涧中洗澡。再登上竹楼，观看火头家烹小猪祭祖先。命令一个人从外边观望，一个人从楼内高呼。问道："可来了？"答道："来了。"如此数十次。用布拖在路上，把祖先的魂灵招引入神龛中，给他饮酒用餐，劝吃劝喝也同活人一样。傍晚，火头的儿子拿酒肉来敬献，是火酒。在竹楼上饮酒，风雨忽然间来临，虽然竹楼中无所遮蔽，但平川中郁闷炎热，便就在竹楼上躺下，顾不上移到他的屋中了。"火头"是一个喧的主人，就是中原的保长、里长之类。

十二日　火头具饭，延一旧土官同餐。其人九十七岁矣，以年高，后改于旱龙江者。喧中人皆言，其人质直而不害人，为土官最久，曾不作一风波，有馈之者，千钱之外辄不受。当道屡物色之，终莫得其过迹。喧人感念之，共宰一牛，卖为赡老之资。既饭，以一人引余往中台寺。余欲其人竟引探石城，不必由中台。其人言："喧中人俱不识石城路，惟中台僧能识之；且路必由中台往，无他道也。"余不信，复还遍征之喧中，其言合，遂与同向中台。

【译文】十二日　火头备好饭，请来一个旧土官一同进餐。那个人九十七岁了，因为年纪大，后来改任旱龙江为土官。喧中人都说，此人质朴正直而不害人，任土官时间最长，从不曾惹是生非，有馈赠他钱的，千钱之外便不接受。当权者屡次罗织他的罪名，始终无法获得他犯过失的形迹。喧中人感激怀念他，共同宰了一头牛，卖后作为他养老的资金。饭后，派一个人领我去中台寺。我想要那个人领路径直去探石城，不必经由中台寺。那个人说："喧中人都不认识去石城的路，只有中台寺的僧人能认识路；并且路必须经由中台寺前去，没有别的路了。"我不信，又返回来遍问喧中，他们的话相合，便与他同去中台寺。

由村北溯溪西向入，二里，过上蛮边，渐入峡。又西一里余，涉一水沟，逐临南涧倚北坡而行。又里余，则北坡稍开，有岐北去。又西逾坡，过一水塘，北下峡中。共二里，有溪自北峡来，架木为桥，西度之。桥之南，又有溪自南峡西来，与桥水合，迸而出于蛮边南大溪者。既度桥西，即北向上坡。其坡峻甚，且泞甚，陷淖不能举足，因其中林木深闳，牛畜蹂践，遂成淖土，攀陟甚难。二里，就小径行丛木中。三里，复与大路合，峻与泞愈甚。又北上一里，折而西南上峡中。一里，南逾其冈，则中台东下之脊也，始见有茅庵当西崖之下，其崖矗然壁立于后，上参霄汉，其上盖即石城云。乃入庵。

【译文】从村北溯溪向西进去，走了二里，经过上蛮边，渐渐走入山峡。又向西一里多，涉过一条水沟，于是面临南边的山涧紧靠北坡而行。又是一里多，就见北坡略略敞开，有岔路向北去。又向西越坡，过了一个水塘，向北下到峡中。共走二里，有溪水从北峡中流来，用木头架为桥，越到溪西。桥之南，又有溪水从南峡中向西流来，与桥下的水汇合，奔流而出，流到蛮边南面的大溪中。越到桥西后，随即向北上坡。此坡非常陡峻，而且十分泥泞，陷入烂泥中不能举脚，因为其中林木深密，牛群牲畜蹂躏践踏，便成了泥淖，攀登十分艰难。再走二里，走上小径在丛林中前行。三里，再与大路会合，陡峻与泥泞更加厉害。又向北上走了一里，折向西南上到峡中。一里，向南越过这里的山冈，是中台寺向东下延的山脊，这才见到有座茅草寺庵位于西面山崖之下，那山崖岿然矗立在后方，上边耸入云霄，那上边大概就是石城了。于是进入庵中。

庵东向，乃覆茅为之者，其前积木甚巨，一匠工斫之为殿材。昨所晤老僧号沧海，四川人。已先至，即为余具饭。余告以欲登石城，僧曰："必俟明日，今已无及矣。此路惟僧能导之，即喧中人亦不能知也。"余始信喧人之言不谬，遂停其茅中。此寺虽称中台，实登山第一坪也。石城之顶，横峙于后者，为第二层。其后又环一峡，又矗而上，即雪山大脊之东突，是为第三重。自第一坪而上，皆危嶂深木，蒙翳悬阻，曾无人迹。惟此老僧昔尝同一徒，持斧秉炬，探历四五日，于上二层各斫木数十株，相基卜址，欲结茅于上，以去人境太远，乃还栖下层。今喧人归依，渐有展拓矣。

【译文】寺庵向东，是茅草盖成的，庵前堆积的木料非常巨大，一个工匠在砍削木头作为佛殿的材料。昨天见面的僧人法号叫沧海，是四川人。已先到达，马上为我备饭。我告诉他想去登石城，僧人说："必得等明天，今天已来不及了。此路只有我能够领路，即使是喧中人也不认得路。"我这才相信喧中人的话不假，便停留在他的茅庵中。此寺虽称为中台，实际上是登山的第一层平地。石城之顶，横向耸峙在后方的，是第二层。它后边又环绕着一条峡谷，又高耸而上，就是雪山大脊东突的地方，这是第三层。从第一层平地上去，全是屏风样高险的山峰，深深的林木，密蔽悬阻，从没有人迹。唯有这位僧人从前曾同一个徒弟，持着斧头举着火把，经历四五天的探寻，在上面两层各砍了几十棵树，观测选择基址，想在上面建茅庵，因为离有人的地方太远，只得返回到下层居住。今天喧中的人皈依后，渐渐有所扩展了。

十三日　僧沧海具饭，即执殳前驱。余与顾仆亦曳杖从之。从坪冈右腋仆树上，度而入。其树长二十余丈，大合抱，横架崖壁下，其两旁皆丛箐纠藤，不可着足，其下坎坷蒙蔽，无路可通，不得不假道于树也。过树，沿西崖石脚，南向披丛棘，头不戴天，足不践地，如蛇游伏莽，狨[①]过断枝，惟随老僧，僧攀亦攀，僧挂亦挂，僧匍匐亦匍匐。

【注释】①狨（róng）：金丝猴。

【译文】十三日　僧人沧海备好饭，马上执着兵器在前引路。我和顾仆也拖着拐杖跟着他走。从平地山冈右侧倒卧的树上，横越进去。此树长二十余丈，大的有合抱粗，横架在崖壁下，它的两旁都是成丛的竹林和纠缠在一起的藤枝，不能落脚，它下方坎坷密蔽，无路可通，不得不在树上借路走。走过树后，沿西边山崖的石脚，向南分开成丛的荆棘，头上见不到天，脚下踩不到地，如蛇一样伏在草莽中游动，像金丝猴一般跃过断枝，唯有跟着僧人，僧人攀登我也攀登，僧人悬挂我也悬挂，僧人匍匐我也匍匐。

二里，过崇崖之下。又南越一冈，又东南下涉一箐，共里余，乃南上坡，践积茅而横陟之。其茅倒者厚尺余，竖者高丈余，亦仰不辨天，俯不辨地。又里余，出南冈之上。此冈下临南峡，东向垂支而下，有微径自南峡之底，西向循冈而上，于是始得路。随之上蹑，其上甚峻，盖石城屏立，此其东南之趺，南峡又环其外，惟一线悬崖峡之间。遂从攀跻西向上者五里，乃折而北上。一里，西北陟坎坷之石，半里，抵石城南垂之足。乃知此山非环转之城，其山则从其后雪山之脊，东度南折，中兜一峡，南嵌而下，至此南垂之足，乃峡中之门也。其崖则从南折之脊，横列一屏，特耸而上，至此南垂之足，则承趺之座也。峡则围三缺一，屏则界一为二，皆不可谓之城。然峡之杳渺障于内，屏之突兀临于外，此南垂屏峡之交，正如黄河华岳，凑扼潼关，不可不谓险之极也。

【译文】走了二里，走过高高的山崖之下。又向南越过一冈，又向东南下涉一个山箐，共一里多，就向南上坡，踩着堆积的茅草横向登坡。那倒伏的茅草厚一尺多，竖直的高一丈多，也是抬头看不见天，俯身辨不出地。又走了一里多，出到南冈之上。此冈下临南峡，支脉向东下垂，有小径从南峡峡底，向西沿山冈而上，于是才找到路。顺小径上登，那上边非常陡峻，大体上石城屏风样竖立，这里是它东南的石座，南峡又环绕在它外面，唯有一线悬在山崖峡谷之间。于是向西攀登上走五里，便折向北上登。一里，向西北爬过坎坷的岩石，半里，抵达石城南垂的山脚。这才知道此山不是环绕之城，这山势是从石城后面雪山的山脊，向东延伸后向南折，中间兜成一条峡谷，向南下嵌，到此处南垂的山脚，是峡中的门户。那山崖则从向南折的山脊，横列一山如屏风，独耸而上，到此处南垂的山脚，便成了承受石碑的石座了。峡谷是三面围绕而缺开一面，屏风则是把一条山脉隔为两段，都不能把它称为城。不过杳渺的峡谷阻隔于内，突兀的屏风高临于外，这里是南垂屏风与峡谷的相交处，正如黄河华山，凑集扼住潼关，可以说是非常险要了。

从南垂足，盘其东麓而北，为崖前壁，正临台庵之上。壁间有洞，亦东向，嵌高深间，登之缥缈云端，凭临琼阁，所少者石髓无停穴耳。盘其西麓而北，为崖后壁，正环坠峡之东。削垒上压，渊堑下蟠，万木森空，藤薜交拥，幽峭之甚。循崖北行一里，路分为二：一东北上，为蹑崖顶者；一西北，为盘峡坳者。乃先从峡，半里，涉其底，底亦甚平，森木皆浮空结翠，丝日不容下坠。山上多扶留藤，所谓篓子也，此处尤巨而长，有长六丈者。又有一树径尺，细芽如毛，密缀皮外无毫隙。当其中有木龙焉，乃一巨树也。其下体形扁，纵三尺，横尺五。自地而上，高二尺五寸，即半摧半茂。摧者在西北，止存下节；茂者在东南，耸于而起。其干正圆，围如下体之半，而高不啻十余丈。其所存下节并附之，其圆亦如耸干，得下体之半，而其中皆空，外肤之围抱而附于耸干者，其厚止寸余，中环空腹如桶，而水盈焉。桶中之水，深二尺余，盖下将及于地，而上低于外肤之边者，一寸有五，其水不甚清，想即树之沥也。中有蝌蚪跃跳，杓水而干之则不见。然底无旁穴，不旋踵而水仍满，亦不见所自来，及满至肤边下寸五，辄止不溢。若有所限之者，此又何耶？其树一名溪母树，又名水冬瓜，言其多水也。土人言，有心气痛者，至此饮之辄愈。老僧前以砍木相基至，亦即此水为餐而食。

【译文】从南垂的山脚绕着石城的东麓向北走，是悬崖的前壁，正临在中台寺之上。石壁上有山洞，也是向东，嵌在高高的深山间，登上洞后身处缥缈的云层中，凭临在琼玉阁前，所缺少的只是洞穴中没有积留的钟乳石。绕过它的西麓向北，是悬崖的后壁，正环绕在深坠峡谷之东。陡削的石壁压在上方，渊深的堑谷蟠曲在下方，万木森森立在空中，藤蔓苔藓交缠环拥，幽深陡峭之极。沿悬崖向北走一里，路分为两条：一条向东北上走，是上登悬崖顶的路；一条向西北，是绕进峡谷山坳的路。于是先从峡中走。半里，涉到峡底，峡底也非常平坦，森然的林木如浮在空中结成翠玉，不容一丝阳光下射。山上扶留滕很多，就是所谓的篓子，此处的尤其巨大修长，有长达六丈的。又有一种树直径一尺，细芽如毛，浓密地垂在树皮外无丝毫空隙。在林中有棵木龙，是一棵巨大的树。树干下半截呈扁形，直三尺，横一尺五。从地面向上去，高二尺五寸，一半折断一半枝叶繁盛。折断的在西北面，只存留有下半节，茂盛的在东南面，树干高耸而起。那树干正圆形，外围如下截的一半，可高处不止十多丈。那存留的下半节一并附在它上边，它也圆得如高耸的树干，占下截树干的一半，而树中全是空的。外边的树皮围抱附着于高耸树干上的，皮厚只有一寸多，内部呈环形空腹像水桶一样，而水装满其中。桶中的水，深二尺多，大概下边将要到达地面，而上边低于外边树皮的边沿之处，有一寸五分，那水不怎么清，想来就是树上的滴水了。水中有蝌蚪跳跃，舀干水它们就不见了。但是底下无旁洞，不一会水就又满了，也不知水从哪里来，水满达树皮边沿下边一寸五时，就停止不溢。好似有什么东西限制着水，这又是为什么呢？此树一个名字叫溪母树，又叫水冬瓜，是说它多水。当地人说，有心痛病者，到此饮水后就会痊愈。僧人从前因为砍树察看寺基来此，也是用此水做饭吃的。

树之北，有平冈自西而东，属于石崖之峰。即度冈之北，有洼汇水，为马鹿潭，言马鹿所栖饮者。洼之北，则两岸对束如门，潭水所从泄也。循冈西上半里，西大山之麓有坡一方，巨木交枕，云日披空，即老僧昔来所砍而欲卜之为基者，寄宿之茅，尚在其侧。由此西上，可登上台，而路愈蔽，乃返由前岐东北蹑岸，半里而凌其上。南瞰下台之龛庵，如井底寸人豆马，蠕蠕下动。此庵遂成一画幅，其顶正如堵墙，南北虽遥而阔皆丈余，上下虽悬而址皆直立。由其上东瞰上江如一线，而东界极北之曹涧，极南之牛角关，可一睫而尽；惟西界之南北，为本支所掩，不能尽崩戛、八湾之境也；西眺雪山大脊，可以平揖而问，第深峡中嵌，不能竟陟耳。乃以老僧饭踞崖脊而餐之，仍由旧径下趋中台庵。未至而雨，为密树所翳不觉也。既至而大雨。僧复具饭。下午雨止，遂别僧下山，宿于蛮边火头家，以烧鱼供火酒而卧。

【译文】树的北面，有座平缓的山冈从西向东，连接到石崖的山峰。就在延伸的山冈之北，有洼地积水，是马鹿塘，是说那是马鹿栖息饮水的场所。洼地之北，就是两座山崖相对紧束如门，潭水从那里外泄。沿着山冈向西上走半里，西面大山的山麓有一片山坡，巨树纵横交错的躺在一起，白云红日披拂在空中，这就是僧人从前来砍树想选为寺基的地方，寄宿的茅屋，还在它侧边。由此向西上走，可登到上台，但路愈加隐蔽了，只得返回来由前边的岔路向东北登悬崖，半里就登到顶上。向南俯瞰下台的佛龛寺庵，如井底一寸高的人，豆一样大的马，在下方蠕蠕而动，此庵便成了一幅画。崖顶正如一堵墙，南北虽长但宽处都是一丈多，上下虽然高悬可崖脚全是笔直竖立。由它上边向东俯瞰，上江如一条线，而东面极北的曹涧，极南的牛角关，能够一眼览尽；唯有西面的南北两端，被本山的支脉遮住，不能望见崩戛、八湾；向西眺望雪山的大脊，能够平视相对，只是深峡嵌在中间，不能径直攀登罢了。于是拿出僧人带来的饭盘腿坐在崖脊上吃了，仍由原来的小径下山赶回中台庵。未走到便下起雨来，但被浓密的树林遮蔽着没有察觉出。到庵中后下大雨。僧人又重备了饭。下午雨停后，就辞别僧人下山，住在蛮边的火头家，拿来烧鱼火酒吃后睡下。

十四日　从蛮边饭而行。仍从旧路东南一里，宜东下，误循大路倚西山南行。二里，望渡处已在东北，乃转一里，得东下之路，遂涉坑从田塍东行。一里，至早龙川家，即龙江之弟，分居于此，以主此渡者。时渡舟尚在江东岸，龙川迎坐以待之，其妻女即织纴于旁。出火酒糟生肉以供。余但饮酒而已，不能啖生也。

【译文】十四日　在蛮边用餐后上路。仍从原路向东南走一里，应该向东下走，却错沿大路紧靠西山向南走。走了二里，望见渡江处已在东北方，就转弯走了一里，遇上向东下坡的路，就涉过坑谷从田野中向东走。一里，来到早龙川家，他就是早龙江的弟弟，分居住在这里，是主管此处渡口的人。这个时候渡船还在江东岸，龙川迎接坐下来等船，他的妻子女儿就在旁边纺织。拿出火酒与糟制生肉给我吃。我只是饮酒而已，不能吃生肉。

雨忽作忽止，上午舟乃西过。又候舟人饭，当午乃发，雨大作。同渡者言，猛赖东溪水暴涨，横木沉水底，不能着足；徒涉之，水且及胸，过之甚难。余初以路资空乏，拟仍宿早龙江家，一日而至松坡，二日而至玛瑙山，皆可无烦杖头，即取所寄水帘石树归。今闻此，知溪既难涉，且由溪北岸溯流而入，由北冲逾岭，既免徒涉之险，更得分流之脊，于道里虽稍远，况今日尚可达歪瓦，则两日即抵郡，其行反速也。遂从渡口东向截坞望峡入，先由坞东行田塍间。一里，路为草拥，草为雨偃，几无从觅。幸一同渡者见余从此，亦来同行，令之前驱。半里，遂及峡口，循峡北突峰南麓东向入，溪沸于下，甚汹涌。五里，峡自北来，有村在东山下，曰猛冈。路挟西山北转上坡，五里，遂东盘东峰之南椒。又东十里，有峡自东南来，想即猛淋所从来之小径也。于是折而北上山坳，二里，闻犬声。又里余，山环谷合，中得一坪，四五家倚之南向而居，曰歪瓦，遂止而宿。

【译文】雨忽下忽停，上午船才过到西岸。又等候船夫用餐，正午才开船，雨势大作。一同渡江的人说，猛赖东溪的水暴涨，横架的木头沉入水底，不能落脚；徒步涉水，水将要到胸部，过溪非常难。我起初因为路费缺乏，准备仍住宿在早龙江家中，一天到松坡，两天到玛瑙山，都可不必麻烦带路费，然后取回所寄放的水帘洞石树归去。现在听到这话，知道溪水既难涉过，就从溪北岸溯流走进去，由北冲越岭，既免去徒步涉水的危险，更能见到分水的山脊，就道路而言虽然稍微远些，何况今天还可到达歪瓦，那么两天就到府城，那路走得反而快了。便从渡口向东横穿山坞望着峡谷进去，先经过坞中向东前行在田野中。一里，路被草拥围着，草被雨压倒，几乎无法找到路。幸好一个一同渡江的人见我从此走，也来同行，我叫他在前引路。走了半里，便到了峡口，沿峡谷北边高突的山峰南麓向东进去，溪水沸腾在下方，十分汹涌。走了五里，峡谷从北面来，有个村庄在东山下，叫猛冈。路傍着西山向北转上坡，走了五里，就向东绕上东峰南面的山顶。又向东十里，有峡谷从东南来，猜想就是从猛淋来的小径了。于是折向北登上山坳，走了二里，听见狗叫声。又走了一里多，山峰环绕山谷闭合，在中间有一块平地，四五家人靠山向南居住，叫歪瓦，便停下来住宿。

十五日　昧爽而炊，平明饭而行。雨色霏霏，南陟东坡一里，稍北下三里余，不得路。乃西向攀茅蹑坡，二里，登岭，乃得南来之路。又稍北，循崖曲复东向行。八里，有峡自东来，而大溪则自北峡来受，其回曲处藤木掩蔽，惟见水势腾跃于下。路仍北转溯之，遂从深箐中行。又二里稍下，渐与溪逼。又北五里，峡复转东，路乃东溯之。屡降而与溪会，一路皆从溪右深箐仄崖间，东北溯流行十五里，有一溪自北峡出，而下有田缘之，渐出箐矣。又东五里，其下田遂连畦夹溪。又东五里，又有水自西北峡来，溪源遂岐为两，有桥度其北来者，仍溯其东来者。其下田愈辟，路始无箐木之翳。又东五里，北界之山，中环为坪，而土官居之；亦早姓，为龙江之侄。南界之峡，平拓为田，而村落绕之，此即所谓北冲也。又东五里，山箐复合，是为箐口。时才下午，而前无宿店，遂止。是夕为中元，去岁在石屏，其俗犹知祭先，而此则寂然矣。

【译文】十五日　黎明烧饭，天亮用餐后上路。雨势霏霏，向南上登东坡一里，稍微向北下走三里多，找不到路。于是向西抓着茅草登坡，再走二里，登岭，才遇到南来的路。又稍微向北，沿山崖弯曲处再向东走。八里，有峡谷从东边来，而大溪则从北面峡中流来汇入其中，溪水弯曲处藤枝林木掩映荫蔽，唯见水势腾跃于下方。路仍向北转溯溪走，于是从深箐中前行。又走二里稍微下走，渐渐逼近溪流。又向北五里，峡谷又转向东，路就向东溯流走。屡次下降后与溪流相会，一路上都是从溪流右边的深箐窄崖间走，向东北溯流前行十五里，有一条溪水从北面峡中流出来，而下边有田沿着溪流，渐渐走出山箐了。又向东五里，那下边的水田相连夹住溪流。又向东五里，又有水从西北峡中流来，溪流便岔为两条，有桥越过那北来的溪流，仍溯那条东来的溪流走。山下的田野愈加开阔，路开始无竹木的遮蔽。又向东五里，北面的一列山，中间环绕成平地，而土官就居住在这里；也是姓早，是早龙江的侄子。南面的峡谷，平缓拓展为田地，而村落环绕着它，这里就是所谓的北冲了。又向东五里，山箐又重合拢，这里是箐口。这个时候才下午，但前方没有住宿的客店，便停下来。这天晚上是中元节，去年在石屏，那里的风俗还知道祭祀祖先，可这里却寂然无声了。

十六日　平明饭。由箐口东稍下入峡，二里，有涧自东北来，越之。其大溪则自峡中东来，犹在路之南。路从两涧中支东上，已复北倚中支，南临大溪，且上且平。七里稍下，又一里，下及溪，濒溪溯水而行。又里余，有木桥跨溪，遂度其南岸，倚南崖东向行。

【译文】十六日　黎明用餐。从箐口向东稍微下走进入峡中，走了二里，有山涧从东北流来，越过山涧。那条大溪则从峡中向东流来，还在路的南边。路从两条山涧中间的支脉向东上走，随后又向北紧靠中间的支脉走，南临大溪，渐渐上走逐渐平缓起来。七里后稍微下走，又走一里，下到溪流边，濒临溪流溯水而行。又是一里多，有座木桥跨在溪上，就过到溪流的南岸，靠着南边的山崖向东走。

又里余，复度桥，行溪北岸。由是两崖夹涧，涧之上屡有桥左右跨，或度桥南，或度桥北，俱潆涧倚坡，且上且折。又连度六桥，共七里，水分两派来，一东南，一东北，俱成悬流，桥不复能施，遂从中坡蹑峻，盘垂磴而上。曲折八里，冈脊稍平，有庐三楹横于冈上，曰茶庵，土人又呼为蒲蛮寨，而实无寨也。有一道流瀹茗于中。余知前路无居庐，乃出饭就之而啖。

【译文】又走了一里多，再次过桥，行走在溪流北岸。由此起两面山崖夹住山涧，山涧的上面多处有桥跨到左右岸，有时过到桥南，有时越到桥北，全因山涧潆洄紧靠山坡，一边上走一边转弯。又一连越过六座桥，共七里，水分为两条，一条来自东南，一条来自东北，都成为高悬的水流，不再能建桥，就从中间的山坡陡峻地上登，绕着悬垂的石磴上走。曲折上走八里，冈脊上稍微平缓了些，有三间房屋横在冈上，叫做茶庵，当地人又称为蒲蛮寨，可实际上无寨子。有一个道士在庵中烹茶。我知道前边的路上没有房屋，便拿出饭到庵中吃。

又北上，始临北坑，后临南坑，始披峡涉水，后蹑磴盘脊，十里，乃东登岭坳。既至岭头，雨势滂沱，随流南下，若骑玉龙而揽沧海者。南下三里，雨忽中止，云霾遥涤。又二里，遂随西峡下，坠峡穿箐，路既蒙茸，雨复连绵。又五里，从箐底踏波随流出。又南五里，稍东，逾一东障西突之坡。从其南坠坡直下者三里，复随峡倚东障之支南向行，其西中壑稍开，流渐成溪。

【译文】又向北上走，开始时面临北面的坑谷，后来面临南边的坑谷，开始时穿越峡谷涉过流水，后来登石磴绕上山脊，十里，便向东上登岭坳。到岭头后，雨势滂沱，顺流水向南下走，好似骑玉龙力挽沧海的形态。向南下走三里，雨忽然中止了，云霾散开。又再走二里，就沿西峡下行，坠入峡谷穿越山箐，路既蒙蒙茸茸，雨又连绵不止地下起来。又走五里，从箐底踏着水波顺流出来。又向南五里，稍微向东越过东面一座屏障样山峰向西突的山坡。从山峰南边的山坡上一直下坠三里，再顺着峡谷紧靠东面屏障样山峰的支峰向南走，支峰西边中间的壑谷略微敞开，流水渐渐成溪。

二里，雨益大，沾体涂足，足滑不能定，上险涉流，随起随仆。如是者三四里，头目既伤，四肢受病，一时无可如何。

【译文】走了二里，雨更大，从头到脚被淋个湿透，脚下打滑不能立定，上登险峰涉过流水，随即站起随即就跌倒了。像这样走了三四里，头和眼已经受伤，四肢受病痛之苦疲尽乏力，一时之间无可奈何。

雨少止，又东南五里，坞稍东曲，乃截坞而度一桥。桥下水虽汹涌浑浊，其势犹未大，仅横木而度。至是从溪西随西山行，溪逼东障山去。复逾坡坠箐向东南下，五里，又东南盘一坡，下涉一箐。又五里，转坡南，腋间得卧佛寺，已暮。急入其厨，索火炙衣，炊汤啖所存携饭，深夜而卧其北楼。

【译文】雨略微停了，又向东南走五里，山坞略向东弯曲，就横穿山坞跨过一座桥。桥下的水虽然汹涌浑浊，但水势还不算大，仅是横架木头越过去。到这里从溪西沿西山走，溪流逼近东面屏障样的山峰而去。再翻越山坡坠入深箐向东南下走，五里，又向东南绕过一坡，下涉一箐。又走五里，转到坡南，便见到了旁边的卧佛寺，已经天黑。急忙进入寺中的厨房，要来火烤衣服，烧来热汤吃下带着的剩饭，深夜才在寺中的北楼躺下。

十七日　晨起绝粮。计此地去郡不过三十余里，与前东自小寨归相似，遂空腹行。仍再上岩殿，再下池轩，一凭眺之。东南里许，过一小室，始有二家当路，是为税司。又南八里，过龙王塘峡，皆倚西山行。

【译文】十七日　清晨起床断粮。估量这里离府城不超过三十多里，与从前从东边的小寨归来时相似，就空着肚子上了路。仍再次登上岩洞中的佛殿，再次下到池边的轩廊，凭高远望了一番风光。向东南走一里左右，路过一间小屋，开始有两家人位于路旁，这是税司。又向南八里，经过龙王塘的峡谷，都是紧靠西山走。

又东南五里，过郎义村，村西有路逾岭，为清江坝、打郎道。又南二十里，至郡城北通华门外，即随城北涧西上。二里入仁寿门，由新城街一里余，过法明寺前，西抵刘馆。余初拟至乾海子一宿即还，至是又十三日矣。馆前老妪以潘莲华所留折仪并会真陶道所馈点畀余，且谓闪知愿使人以书仪数次来候。盖知愿往先茔[①]，恐余东返，即留使相待也。下午安仁来，俞禹锡同闪来，抵暮乃别。

【注释】①先茔：祖先的墓地。

【译文】又向东南五里，走过郎义村，村西有路翻越山岭，是去清江坝、打郎的路。又向南二十里，来到府城北边的通华门外，随即顺城北的山涧向西上走。再走二里进入仁寿门，经由新城街走了一里多，经过法明寺前，向西抵达刘家书馆。我起初打算到乾海子住一宿就回来，到这个时候又是十三天了。书馆前的老妇人把藩莲华所留的信札和赠送的路费以及会真楼陶道士所赠送的点心交给我，并说闪知愿派人拿着书信和馈赠的礼金几次前来等候。原来闪知愿去祖先的墓地，担心我返回东方，就留下使者招待陪我等候。下午安仁来，俞禹锡与闪知愿一起来，到天黑才告别。

十八日　余卧未起，马元真同其从兄来候。余讶其早。曰："即在北邻，而久不知。昨暮禹锡言，始知之。且知与老父约，而不从松坡返，能不使老父盼望耶？"余始知为太麓乃郎。太麓虽言其长子读书城中，而不知即与刘馆并也。禹锡邀饭，出其岳闪太翁降乩[①]语相示，录之，暮乃返。闪知愿使以知愿书仪并所留柬札来，且为余作书与杨云州。

【注释】①降乩（jī）：旧时求神降示的一种方法，用木架在沙盘上划字预示吉凶。

【译文】十八日　我躺着未起床，马元真同他的堂兄来访。我惊讶他们来得这么早。他们解释说："就在北边相邻，但长期不知道。昨天晚上禹锡说起，才知道就住在近旁。并且知道与老父亲相约，但不从松坡返回，能不使老父亲盼望吗？”我这才知道是马太麓的儿郎。太麓虽说起过他的长子在城中读书，却不知是与刘家书馆相邻。禹锡邀请我用餐，拿出他岳父闪太翁扶乩时神灵降临的辞语给我看，抄录下来，天黑才返回来。闪知愿的使者拿着知愿馈赠的礼金及所留的柬帖来到，并为我写了给杨云州的信。

十九日　闪太史手书候叙，既午乃赴之。留款西书舍小亭间，出董太史一卷一册相示，书画皆佳，又出大理苍石屏置座间。另觅鲜鸡葼瀹汤以佐饭。深夜乃归馆。知安仁所候闪序已得，安仁将反命丽江矣。

【译文】十九日　闪太史亲自写信等我去叙谈，中午后才去赴约。他款留我在西书房的小亭中，拿出董太史的一卷一册给我看，书画皆佳，又拿出大理苍山的石屏风摆在座椅间。另外找来鲜鸡葼烧汤下饭。深夜才归回书馆。了解到安仁等候的闪太史的序文已经得到，安仁将返回丽江复命了。

二十日　作书并翠生杯，托安仁师赍送丽江木公。

【译文】二十日　写了信连同翠生石杯，托安仁禅师带去送给丽江的木公。

二十一日　命顾仆往玛瑙山取石树，且以失约谢马元康。

【译文】二十一日　让顾仆去玛瑙山取石树，并因为失约向马元康道歉。

二十二日　雨，禹锡同闪□□[①]来寓，坐竟日，贳酒移肴，为联句之饮。

【注释】①闪□□：叶本作“闪太史”，史序本、“四库”本作“闪知愿”。二十九日记中“闪□□”同。

【译文】二十二日　下雨，禹锡同闪太史来寓所，坐了一整天，买酒端菜，饮酒作诗。

二十三日　早，马元真邀饭。以顾奴往玛瑙山，禹锡知余无人具餐，故令元真邀余也。先是自清水关遇雨，受寒受跌，且受饥，连日体甚不安，欲以汗发之。方赴市取药，而禹锡知余仆未归，再来邀余，乃置药而赴之，遂痛饮。入夜，元真辈先去，余竟卧禹锡斋。禹锡携袱[①]被连榻，且以新绵被覆余，被褥俱丽甚。余以醉后觉蒸蒸有汗意，引被蒙面，汗出如雨，明日遂霍然，信乎挟纩[②]之胜于药石也。

【注释】①袱（fú）：被单。②纩（kuàng）：丝绵。

【译文】二十三日　清晨，马元真邀请去用餐。因为顾奴去了玛瑙山，禹锡知道没有人给我准备餐食，所以叫元真来邀请我。这之前自从在清水关遇雨，受寒受跌，又受饥，连日来身体十分不适，想用出汗来发散风寒。刚到市上去取来药，但禹锡知道我的仆人未归来，再次来邀我，只好放下药去赴约，于是痛饮。入夜后，元真一行人先离去，我则躺卧在禹锡的书斋中。禹锡提来被单铺盖连同卧床，并且拿出新棉被盖在我身上，被褥都非常华丽。我在酒醉后觉得热腾腾的有出汗的感觉，拉被子蒙住了脸，汗出得如下雨一样，第二天便霍然好转，确实是抱着绵被胜过药物呀！

二十四日　还寓。夜深而顾奴返。以马元康见余不返，亲往松坡询踪迹，故留待三日而后归也。

【译文】二十四日　返回寓所。夜深后顾奴回来。由于马元康见我未回来，亲自去松坡探询我的踪迹，故而顾仆留下等了三天后才归来。

二十五日　闪太史以所作长歌赠，更馈以赆。其歌甚畅，而字画遒劲有法，真可与石斋赠余七言歌并镌为合璧。已而俞禹锡又使人来邀移寓。余乃令顾仆以石树往视之，相与抵掌①为异。已而往谢太史之赐，太史亦为索观，遂从禹锡处送往观之。

【注释】①抵（zhǐ）掌：击掌。

【译文】二十五日　闪太史拿所作的长歌相赠，另外馈赠了路费。他的长歌非常通畅，而且字画强劲有法度，真可与黄石斋赠我的七言歌一同刻石，成为珠联璧合之作。已而俞禹锡又派人来请我搬住所。我于是命令顾仆拿石树去给他看，相互击掌称异。随后前去感谢闪太史的赏赐，太史也为此想要观看石树，便从禹锡的住处送去给他观赏。

二十六日　禹锡晨至寓，邀余移往其斋。余感其意，从之。

比至而知愿归，即同往晤，且与之别，知此后以服阕[①]事，与太史俱有哭泣之哀，不复见客也。比出门，太史复令人询静闻名号寺名，盖为静闻作铭[②]已完，将欲书以畀余也。更谓余石树甚奇，恐致远不便，欲留之斋头，以挹清风。余谓此石得天禄石渠之供甚幸，但余石交不固何。知愿曰："此正所谓石交[③]也。"遂置石而别。余仍还刘馆，作纪竟日。晚还宿于俞。既卧，太史以静闻铭来赐，谓明日五鼓祭先，不敢与外事也。

【注释】①服阕（què）：古时父母去世后守丧三年，期满除服，称为服阙。②铭：在器物、碑碣等上面记述事实、功德等的文字。③石交：如石头般坚固的深厚友谊。

【译文】二十六日　禹锡清晨来到寓所，邀我搬去他的书斋。我被他的诚意感动，听从了他。等来到时而闪知愿归来，随即一同前去会面，并与他道别，了解到此后因为服阕之事，与太史都有哭泣的哀痛，不再见客了。到出门时，太史又令人来询问静闻的名号及寺名，原来他为静闻作的铭文已完成，将要书写后交给我。另外告诉我，石树十分奇特，恐怕带到远处不方便，想把它留在书斋案头，以便感受清风一样的情趣。我说此石得以存放在天禄阁、石渠阁一类的地方，十分幸运，只是我与石头的交情不坚固怎么办？知愿说："这正是所谓岩石般坚固的友情了。"于是放下石树告别。我仍返回刘家书馆，写了一整天日记。晚上回到俞家住宿。躺下后，太史拿静闻的铭文来赐赠，说他明天五更祭祖先，不敢参与家外之事了。

二十七日　余再还刘馆，移所未尽移者。并以银五钱畀禹锡，买鸡葼六斤。湿甚，禹锡为再蒸之，缝袋以贮焉。乃为余定往顺宁夫。

【译文】二十七日　我再次回到刘家书馆，去搬未搬完的东西。并拿五钱银子交给禹锡，买来六斤鸡葼。湿气非常重，禹锡为我再蒸过，用袋子缝起来贮藏。然后为我定好了前往顺宁的脚夫。

二十八日　夫至欲行，禹锡固留，乃坐禹锡斋头阅《还魂记》，竟日而尽。晚酌遂醉。夜大雨。

【译文】二十八日　脚夫来到打算上路，禹锡坚决挽留，只好坐在禹锡书斋案头阅读《还魂记》，一天功夫便读完了。晚上饮酒最后喝醉了。夜间下大雨。

二十九日　晨，雨时作时止。待饭待夫，久之乃别禹锡。适马元真、闪□□亦来送。遂出南门，从大道南二里，至夹路村居之街，遂分路由东岐，当平坞中南行，西与沙河之道相望。五里，过神济桥。其南居庐连亘，是为诸葛营，诸葛之祠在焉，东向，颇小。又南为东岳庙，颇巨，亦东向。又南五里，为大树墩，亦多居庐。村之北有小溪东南流，村之南有小溪东北流，合于村之东而东去，此两流即卧狮窝之水也。又南三里，有水自西沿南坡而东，此乃坳子铺东注之水，小石桥跨其上。越桥南上坡，路分为三：一西南向大山之麓，一东南为石甸、姚关之道，一直东为养邑道。于是直东行坡上，三里，有小溪自南而北，此亦自西南而来，至此北注而入于东溪，同东向落水坑者，其源当出于冷水箐。于是下越一木桥，复东上坡，坡北有村倚之，其地为三条沟。由坡东东南下而复上，三里，越一冈，有两三家当冈头，是为胡家坡。越冈而东，三里又下，有水自南而北，南坞稍开，下盘为田，有数家倚南冈，是为阿今。过阿今，复东上三里，其南坞水遂分东西下。又东五里，乃饭。又三里稍下，为养邑。南有坞盘而为田，北正对笔架山之南垂，有数家当坞。日才下午，而前无止处，遂宿。

【译文】二十九日　清晨，雨时下时停。边等开饭边等脚夫，很久后才告别禹锡。恰好马元真、闪太史也来送行。于是走出南门，从大道向南走二里，来到房屋相夹的街上，分别后从东边的岔路走，在平旷的山坞中向南走，西边与去沙河的路相望。走了五里，过了神济桥。桥南居民房屋连绵不断，这是诸葛营，诸葛亮的祠堂在这里，面向东方，很小。又在南边的是东岳庙，相当巨大，也是向东。又向南五里，是大树墩，也有很多居民房屋。村子的北边有条小溪向东南流，村子的南边有条小溪向东北流，在村子的东边合流后向东流去，这两条溪流就是卧狮窝的水了。又向南三里，有流水从西面沿南坡向东流，这是坳子铺向东流注的水，小石桥跨在水上。越到桥南上坡，路分为三条：一条向西南通向大山的山麓，一条向东南是去石甸、姚关的路，一条向正东是去养邑的路。于是向正东行走在坡上，三里，有条小溪从南流向北，这也是从西南流来，到此处向北注入到东溪，一同向东流向落水坑的溪流，它的源头应当出自于冷水箐。从这里下走越过一座木桥，再向东上坡，坡北边有村庄靠着山坡，那里是三条沟。从坡东向东南下坡后再上走，三里，翻越一座山冈，有两三家人正在冈头，这是胡家坡。越过山冈向东走，三里又下走，有水流从南流向北，南面的山坞稍稍开阔一些，下方盘绕为田，有数家人背靠南冈，这是阿今。过了阿今，再向东上登三里，这里南面山坞中的水于是分为东西下流。又向东五里，才用餐。又走三里略微下走，是养邑。南面有山坞盘绕开垦为农田，北面正对笔架山的南垂，有数家人位于坞中。时间才是下午，可前方无居住的地方，于是便住下了。

三十日　店妇鸡鸣起炊，平明余起而饭，出店东南行。稍下，渡南来小溪，即上坡东逾南转，即养邑东环之支也。有公馆当坡，西瞰壑中，田庐历历。车逾坡而下，又涉一小坞而东上坡，遂行冈头，共五里。路分二岐：一东南者，为西邑道；一西北者，为山河坝道。先是问道，多言由西邑逾芭蕉岭达亦登，有热水从石盘中溢出，其处有大道通顺宁。余欲从之，而养邑店主言，往西邑路近，而山溪无桥，今雨后无桥，水涨难渡；当折而北，由山河坝渡其下流，仍由枯柯而达亦登为便。至是，见同行者俱不走西邑而走山河坝，余亦从之。

【译文】三十日　店中妇人鸡鸣时分起床煮饭，黎明我起床用餐，出客店向东南走。略微下走，渡过南来的小溪，随即上坡，向东翻越向南转，这里就是养邑东面环绕的支脉了。有公馆位于坡上，向西俯瞰壑谷中，田野房屋历历在目。向东越过山坡下走，又涉过一处小山坞后向东上坡，于是行走在冈头，共五里。路分为两条岔道：一条向东南的，是去西邑的路；一条向西北的，是去山河坝的路。先前问路时，多数人说从西邑越过芭蕉岭到达亦登，有热水从石盘中满溢而出，那地方有大道通向顺宁府。我打算从此路走，可养邑的店主讲，往西邑路近，但山间溪流无桥，现在雨后无桥，水涨难以渡过去；应当折向北走，从山河坝渡过它的下游，仍然经由枯柯到达亦登也很方便。到这个时候，见同行的人都不走西邑而走山河坝，我也就跟着他们走。

遂西北两涉小坞，二里余，升坡而东，遂循永昌溪南崖行。溪嵌崖底，止见北崖削壁下嵌，而犹不见水。又东二里稍下，见水嵌崖底如一线，遂东见其门对束如削，门外环畴盘错，溪流曲折其中，有村倚北崖之东，即落水寨也。

【译文】于是向西两次涉过小山坞，走了二里多，向东登坡，然后沿永昌溪南面的山崖走。溪流嵌在山崖底下，只见北面山崖陡削的石壁下嵌，可仍然不见水。又向东走了二里略微下走，见溪水嵌在山崖底下如一条线，东面峡口紧束相对如刀削出来的一般，峡口以外环绕的田地盘绕交错，溪流曲折在田野中，有村庄紧靠在北面山崖之东，就是落水寨了。

其南崖之夹溪为川者，东突如踞狮，水从其北出，路从其南下。半里，遂由狮腋下降，路甚逼仄，半里，抵狮麓。又东半里，一溪自南坞来，有坝堰其上流，有桥跨其下流。度桥东行田塍间，泞甚。一里，登坞东冈南行。一里，见坞西有瀑挂西崖，历两层而下，注坞中南来之溪。路隔对之，东向入峡，雨大至。二里，逾岭头，有路西南来合，山头坑洼旁错，乱水交流。又东三里，再度坑坳，盘而东北行。其下有流，破石搜崖，亦突而北注。随之一里余，乃东下越其流。又东北上半里，见东坞又有小水自东而西向，与南来之溪合于北崖下。

【译文】那南面的山崖夹住溪流成为平川，向东前突如同盘踞着的雄狮，水从它的北边流出去，路从它的南边下走。半里，便由雄狮侧旁下降，路非常狭窄，半里，抵达如雄狮盘踞的山麓。又向东半里，一条溪水从南坞流来，有水坝拦在它的上游，有桥跨在它的下游，越到桥东前行在田野间，非常泥泞。一里，登上山坞东面的山冈向南走。一里，见山坞西边有瀑布挂在西面的山崖上，历经两层下落，注入坞中南来的溪中。路隔溪与它相对，向东走入峡中，大雨来临。走了二里，越上岭头，有条路从西南来会合，山头上坑洼错杂遍布，雨水纵横流淌。又向东三里，再次越过坑谷的山坳，盘绕着向东北走。那下边有流水，破开岩石搜寻山崖，也是急速前突向北流注。沿坑谷走了一里多，就向东下走越过水流。又向东北上走半里，见东面山坞中又有小溪从东向西流，与南来的溪水在北面山崖下合流。

北崖纯石耸起，其上树木葱郁，而下则有穴，伏而暗坠，二水之所从入也。又东向上岭，半里，逾其脊。行岭头半里，始见东壑有田下盘，其东复有山夹之。路从岭上转而南行，一里余而下。下半里，其坞自南而北，水亦经之。度桥溯流而南，二里，南坞稍开，是为五马。其西南壑中居庐颇多，东坡上亦有四五家居路左。坡南有一坑，自东峡出，有小水从其中注西南壑。下坑，涉其水之南，溯之东上。里余，随峡南转，而坑中水遂穷，有脊自东而西。度脊南，复坠坑而下，从脊东行，转坑东之崖。

【译文】北面的山崖纯是岩石高耸而起，崖上树木郁郁葱葱，而下边则有洞穴，低伏下去坠入黑暗之中，是两条溪水流进去的地方。又向东上岭，半里，越上岭脊。行走在岭头半里，开始望见东边壑谷中有农田盘绕在下方，它东面又有山夹住它。路从岭上转向南走，一里多后下走。下走半里，那山坞从南伸展到北，水也流经山坞。过桥溯流向南走，走了二里，南面山坞渐渐开阔起来，这是五马。它西南壑谷中居民房屋相当多，东面坡上也有四五家人住在路左。坡南有一个坑谷，从东峡中出来，有小溪从其中注入西南的壑谷中。走下坑谷，涉到那溪水的南岸，溯溪流向东上走。一里多，顺峡谷向南转，而坑谷中的水于是到了尽头，有山脊从东向西延。越到山脊南边，又坠下坑谷，从山脊上向东走，转过坑谷东边的山崖。

其下亦嵌而成壑，壑中亦有人家，隐于深崖重箐之间，但闻鸡鸣舂响而已。东坑既尽，从其上涉坞升冈，见冈南一峰特耸而卓立，白雾偏笼其半，乃东来脊上石峰之层起者。由其北穿坳而东，共二里而抵坳中之脊。有巨石当脊而中踞，其高及丈，大亦如之，其上有孔，大及尺，深亦如之，中贮水及其半，不涸不盈，正与哀牢金井之孔相似。踞大石而饭。土人即名此岭为大石头。

【译文】山崖下边也是深嵌成壑谷，壑谷中也有人家，隐藏在深深的山崖与重重山箐之间，只听得见鸡鸣和舂米的响声而已。东边坑谷到尽头后，从坑谷上面涉过山坞登上山冈，见冈南一座山峰特别高耸卓立，白雾偏在一边笼罩着它的半边，是向东来的山脊上层层耸起的石峰。从石峰北面穿过山坳向东走，共走二里后抵达山坳中的山脊。有块巨石盘踞在山脊的中央，岩石高达一丈，大处也如此，石上有孔，大到一尺，深处也如此，孔中贮水到达石孔的半中间，不干也不满，正好与哀牢山金井的孔相似。坐在大石头上用餐。当地人把此岭起名为大石头。

从石东下坞中，道分为二：一由东向逾冈者，为大道，稍迂而达大腊彝；一由东南下峡者，为捷道，稍近而抵小腊彝。此皆枯柯属寨也。

【译文】从巨石向东下到坞中，路分为两条：一条从东面翻越山冈的，是大道，略微绕道后到达大腊彝；一条从东南下到峡中的，是捷径，略微近些而抵达小腊彝。这都是枯柯下属的寨子。

乃由峡中下，于是石崖南突，丛箐交萦，北嵌为峡，南耸为崖。二里，行南冈之上。又二里，盘冈嘴而南，其东峡中，平坠南绕。盖由此嘴东坠，其下皆削崖，故路又分为二：一由崖下循崖根南转，一由崖上蹑崖端南曲。

【译文】于是从峡中下走，在这里石崖向南前突，成丛的竹林交缠，北边嵌为峡谷，南边耸成山崖。走了二里，行走在南冈之上。又走二里，绕过冈嘴向南走，它东边的峡中，平缓下坠向南回绕。原来由此山嘴向东下坠，它下方全是陡削的山崖，所以路又分为两条：一条从山崖下沿崖根向南转，一条从山崖上登崖顶向南曲。

乃从崖端南逾石隙而下，一里，仍随南坡东转。还瞰所逾之崖，壁立下嵌，其下盘为深坞，崖根有泉淙淙出穴间，小路之下盘者因之；遥望北崖山冈，排闼东出，大道之东陟者因之。余平行南冈，又东一里，下盘之小路逾冈来合。

【译文】于是从崖顶向南穿过石缝下走，一里，仍顺着南坡向东转。回身远望越过的山崖，如墙壁般竖立下嵌，它下边盘绕成深深的山坞，崖根有泉水徐徐从洞穴中流出来，向下盘绕的小路沿着泉水走；遥望北崖的山冈，门扇样向东排列而出，向东上登的大道沿着山冈走。我平缓行走在南冈上，又向东一里，向下盘绕的小路越过山冈前来会合。

又东一里余，南冈复东突，路下其北腋间。复盘坳东上半里，登东冈之南坡，始东见枯柯之川，与东山相夹，而未见其西底。又西南见岭头一峰，兀突插云雾中，如大士之披络而坐者，闪烁出没，亭亭独上，乃南来脊上之峰，不知其为何名也。又东一里，复转冈之北坡，东下一里，有四五家倚冈而居，是为小腊彝。

【译文】又向东一里多，南冈又向东突，路下到它的北面山侧间。再绕着山坳向东上走半里，登上东冈的南坡，开始望见东方枯柯的平川，与东山相夹，但未见它西面的坞底。又见西南岭头有一座山峰，突兀上插云雾之中，如同观音菩萨披着缨络端坐着，闪烁出没，亭亭独立上耸，这是南来的山脊上的山峰，不知它是什么名字。又向东一里，再转过山冈的北坡，向东下走了一里，有四五家人背靠山冈居住，这是小腊彝。

众欲下坡问亦登道，土人行人皆言下坡至江桥不可止宿，亦无居停之家，循江而南至亦登，且五六十里，时已不及，而途无可宿，必止于是。时才过午，遂偕止而止。幸主人杨姓者，知江流之源委，道路之曲折，询之无不实，且知溢盘温泉，不在亦登而在鸡飞。乃止而作纪，抵暮而卧。

【译文】我想下坡去打听去亦登的路，当地人和行路人都说下坡到江桥不可住宿，也无居住停歇的人家，沿江向南到亦登，将近五六十里路，时间已来不及了，而且途中无处可住，必须住在这里。这个时候才过中午，便一同住下来。幸好姓杨的房主人，知道江流始末和道路的曲折，询问他没有不知道实际情况的，并且知道石盘中满溢而出的温泉，不在亦登而在鸡飞。于是住下来写日记，到天黑才睡下。

永昌志略

汉永昌郡，元为大理金齿等处宣抚司，总管置司治于永昌，后改为宣慰使司都元帅府。洪武十五年平云南，前永昌万户阿凤率其众诣指挥王贞降附，仍置永昌府，立金齿卫。十六年六月，麓川彝叛，屠其城。二十三年，省府，改金齿卫为金齿军民指挥使司。从指挥使胡渊请也。于是遂名金齿，不名永昌，而实非金齿之地，如澜沧江在永昌，而澜沧卫在北胜，各不相蒙。盖国初立卫，经理皆出武臣，故多名实悖戾耳。景泰中设镇守，弘治二年设金腾道。嘉靖元年巡抚何孟春、郴州籍，江阴人。巡按御史陈察常熟人。疏革镇守，设永昌府，立保山县，改金齿指挥使司为永昌卫。府领州一腾越，县二保山、永平。仍统潞江安抚司，凤溪、施甸二长官司。

【译文】汉代的永昌郡，元代是大理金齿等处宣抚司，总管在永昌设置了宣抚司治所，后来改为宣慰使司都元帅府。洪武十五年（1382）平定云南，前朝的永昌万户阿凤率领他的人马到指挥王贞处投降归附，仍设置了永昌府，建立金齿卫。洪武十六年（1383）六月，麓川彝人反叛，屠杀了永昌城。洪武二十三年（1390），撤销府，把金齿卫改为金齿军民指挥使司。是听从指挥使胡渊的请求。于是便改名为金齿，不叫永昌，但实际上不是金齿的地域，如澜沧江在永昌，可澜沧卫在北胜一样，各自不相统辖。大概是明朝初期建立卫所，筹划治理都是出自于武臣，所以有许多名实相悖的事。景泰年间设立镇守，弘治二年（1489）设置金腾道。嘉靖元年（1522）巡抚何孟春、原籍郴州，江阴县人。巡按御史陈察常熟县人。上疏革除镇守，设为永昌府，建立保山县，改金齿指挥使司为永昌卫府，治理一个州腾越州，两个县，保山县、永平县。仍统领潞江安抚司和凤溪、施甸两个长官司。

保山编户十里①。又城北彝民曰“喧”，共十五；城南彝民曰“寨”，共二十八。

【注释】①里：县以下的基层行政单位。

【译文】保山县编入户籍的有十个里。又有城北的彝民叫做

"喧"，共十五个；城南的彝民叫做"寨"，共二十八个。

洪武[1]三十三年，改腾冲守御千户所隶金齿司。正统十四年，升为腾冲军民指挥使司，与金齿并。嘉靖二年，复置州，隶永昌府，改指挥使司为腾冲卫，州名腾越。在府城南三百六十里，以地多藤，元名藤州。

【注释】①洪武：为明太祖朱元璋年号，共31年（1368—1398）。"洪武三十三年……金齿司"句，《明一统志》《读史方舆纪要》作"洪武末"，《明史·地理志》作"永乐元年"，《嘉庆重修一统志》作"洪武三十一年"。

【译文】洪武三十三年，改腾冲守御千户所隶属于金齿军民指挥使司。正统十四年（1449），升级为腾冲军民指挥使司，与金齿同级。嘉靖二年（1523），重新设州，隶属永昌府，改指挥使司为腾冲卫，州名叫腾越。在府城南面三百六十里处，由于地方盛产藤条，所以元代时称藤州。

永平，即东汉之博南县。以山名。洪武初隶永昌府。二十三年，改府为金齿指挥司，属指挥司管辖。嘉靖二年，复府，仍属府。在府东一百七十里。

【译文】永平，就是东汉的博南县。根据山起名。洪武初年隶属于永昌府。洪武二十三年（1390），把府改为金齿指挥使司，属指挥使司管辖。嘉靖二年（1523），恢复府制，仍归属府。在府城东面一百七十里。

潞江安抚司，在城西南一百三十里。元柔远路，国初柔远府，永乐九年立安抚司。

【译文】潞江安抚司，在城西南一百三十里。元代是柔远路，明朝初年是柔远府，永乐九年（1411）设立安抚司。

凤溪长官司，在城东二十五里。

【译文】凤溪长官司，在城东二十五里。

施甸长官司，在城南一百里。唐银生府北境，元为石甸，后讹为施甸。

【译文】施甸长官司，在城南一百里。是唐代银生府的北境，元代是石甸，后来错读为施甸。

近腾诸彝说略

腾越密迩[①]近诸彝，实滇西藩屏。而滇境大势，北近吐蕃，南皆彝缅，郡邑所置，介于其间，不过以声教羁縻而已。正统以来，经略南彝者，设宣慰司六，御彝府二，宣抚司三，州四，安抚司一，长官司二。如孟养阻负于西，最为荒僻，而缅甸、八百、老挝，地势濒海，木邦、车里、孟密，又在其内，业非羁縻所可制驭，而近听约束者，惟南甸、干崖、陇川而已。数十年频为缅患，如刁落参以南甸近彝，夺刁落宁之官，尚构缅内讧，为兵备胡公心忠所歼；岳凤父子以陇川舍目谋主多思顺之地，造逆犯顺，为参将刘綎所擒，边境赖以安。其后阿瓦日强，蚕食日多。幸抚彝同知漆文昌、知州余懋学，请大司马陈公用宾檄暹罗以弱缅，而腾获稍康。迨思正就戮，瓦酋猖獗，命思华据迤西，思礼据木邦，思绵据蛮莫，而内地渐为逆缅所窃。至若多俺席麓川之旧，附缅而叛天朝，参将胡显忠平之。多安民藉安酋、瓦酋之援，负固以拒天兵，兵备黄公文炳、参将董献策取之，腾之获存者，幸也！目今瓦酋枭悍称雄，诸彝悉听号召，倘经略失驭[②]，其造乱者，尤有甚于昔也。为腾计者慎之，外芒市虽属府，近于猛稳为木邦辖，藏贼劫掠，腾境不安，所恃简廷臣防御之，而反罹其害。自后当重其责以弭变[③]，庶于腾少安云。

【注释】①密迩：靠近；贴近。②失驭（yù）：失去控制。③弭（mǐ）变：平息变乱。

【译文】腾越地区附近的各族彝民，实际上是滇西的屏障。而云南省边境的大体形势，北边接近吐蕃，南面全是缅甸的彝人，设置府县的地区，介于其间，不过是用声威教化约束而已。明英宗正统以来，经营谋划南部彝人的人，设置了六个宣慰司，两个御彝府，三个宣抚司，四个州，一个安抚司，两个长官司。像孟养，在西面依仗险阻，最为荒凉偏僻，而缅甸、八百、老挝，地势濒海，木邦、车里、孟密，又在它们以内，已不是靠羁縻政策能够制服的了，而近处听约束的，唯有南甸、干崖、陇川而已。数十年来缅人频频为边患，例如刁落参因为南甸靠近彝人，夺了刁落宁的官位，还造成缅人内讧，被兵备道胡心忠歼灭；岳凤父子以陇川头目的身份图谋掌管多思顺的领地，造反作乱，被参将刘綎擒获，边境赖以安宁。那以后阿瓦日渐强盛，吞并边疆的事日渐多起来。幸好主张安抚彝人的同知漆文昌、知州余懋学，请大司马陈用宾发檄文给暹罗得以削弱缅甸，而腾越稍稍获得平安。到思正被斩时，瓦酋猖獗，命令思华占据迤西，思礼占据木邦，思绵占据蛮莫，而且内地逐渐被叛逆的缅人所窃据。至于多俺席是麓川的旧部，归附缅人而反叛天朝，参将胡显忠平定了他。多安民凭借安酋、瓦酋的援助，依仗险要的地势以抗拒天朝的大军，兵备道黄文炳、参将董献策攻下了他，腾越得以存在，侥幸呀！如今瓦酋强悍称雄，各族彝人全听他的号召，倘若谋划不当，失去控制，那些制造叛乱的人，更会比从前更厉害，为腾越谋划的人对这种形势要慎重！外边的芒市虽然隶属府中，近来把猛稳作为木邦管辖之地，窝藏盗贼抢劫掠掳，腾越境内不得安宁，所依赖的是选择朝廷大臣防御他，但反而遭到他的祸害。自此以后应当加重镇边大臣们的责任以便消除变乱，这样腾越就能略微获得安宁了。

滇游日记十二

【题解】《滇游日记十二》是徐霞客在游览云南省西部时从永昌府（今保山）回到鸡足山时所写的游记。本游记在乾隆刻本第十册上。

崇祯十二年八月初一（1639年8月29日），徐霞客等人从小猎彝下山。猎彝这个地方，分为大、小两个寨子，徐霞客通过询问当地人以及路线亲测得以考证，之前《一统志》《永昌府志》二书中关于澜沧江流向的记载有误。徐霞客等人沿枯柯新街、右甸（今昌宁县）、锡铅、顺宁府（今凤庆县）、鹿塘抵达云州（今云县），后又再次返回顺宁府，继而向北经蒙化府（今巍山），又折转向东过龙庆关抵达迷渡（今弥渡县），后北转经洱海卫（今祥云县）、荞甸、宾川州（今宾川县）等地，终于在二十二日回到鸡足山。

这条路线是徐霞客特意为考证澜沧江流向而制定的，他也终于在云州确定了澜沧江是独流入海，而不是与礼社江合流，订正了《明一统志》的错误。此次游览是徐霞客一生中最后一段长途旅行，日记中记载了大量沿途中的奇观、美景，以及植物、温泉等，读起来内容丰富、有趣，同时这些内容对于后世的人文历史与自然地理研究也具有极高的参考价值。

己卯八月初一日　余自小腊彝东下山。腊彝者，即石甸北松子山北曲之脉，其脊度大石头而北接天生桥，其东垂之岭，与枯柯山东西相夹。永昌之水，出洞而南流，其中开坞，南北长四十里，此其西界之岭头也。有大小二腊彝寨，大腊彝在北岭，小腊彝在南岭，相去五里，皆枯柯之属。自大石头分岭为界，东为顺宁，西为永昌，至此已入顺宁界八里矣。然余忆永昌旧志，枯柯、阿思郎皆二十八寨之属，今询土人，业虽永昌之产，而地实隶顺宁，岂顺宁设流后界之耶？又忆《一统志》《永昌志》二者，皆谓永昌之水东入峡口，出枯柯而东下澜沧。余按《姚关图说》，已疑之。至是询之土人，揽其形势，而后知此水入峡口山，透天生桥，即东出阿思郎，遂南经枯柯桥，渐西南，共四十里而下哈思坳，即南流上湾甸，合姚关水，又南流下湾甸，会勐多罗，而潞江之水北折而迎之，合流南去。此说余遍访而得之腊彝主人杨姓者，与目之所睹，《姚关图》所云，皆合，乃知《统志》与《郡志》之所误不浅也。其流即西南合潞江，则枯柯一川，皆首尾环向永昌，其地北至都鲁坳南窝，南至哈思坳，皆属永为是，其界不当以大石头岭分，当以枯柯岭分也。

【译文】己卯年（崇祯十二年）八月初一日（1639年8月29日）

我自小猎彝向东下山。猎彝，就是石甸北面的松子山向北曲绕的山脉，它的山脊延伸到大石头后向北接到天生桥，山脉向东下垂的山岭，与枯柯山东西相夹。永昌的水，出洞后向南流，两列山中间是开阔的山坞，南北长达四十里，这里是山坞西面一列山的岭头。有大、小两个猎彝寨，大猎彝在北岭，小猎彝在南岭，相距五里，都是枯柯的属地。从大石头的分水岭为界，东边是顺宁府，西边是永昌府，到这里已进入顺宁府地界八里了。不过我回忆永昌的旧志书，枯柯、阿思郎都在二十八寨之列，今天询问当地人，虽已是永昌府的产业，但地方实际上隶属于顺宁府，莫非是顺宁设流官后划给它的吗？又回忆《一统志》《永昌志》两书，都说永昌的水向东流入峡口，流到枯柯后向东流下澜沧江。我依照《姚关图说》，已怀疑这种说法。到这里向当地人打听此事，观察地理形势，然后了解到此水流入峡口山，穿流过天生桥，就向东流出阿思郎，然后向南流经枯柯桥，渐向西南，共四十里后下流到哈思坳，随即向南流到上湾甸，会合姚关的水流，又向南流到下湾甸，会合猛多罗河，而潞江的水流向北折后迎着它流来，合流后向南流去。这种说法我遍处查访后在猎彝姓杨的房主人处得到它，与眼睛所见到的，《姚关图》所说的，都符合，这才知道《一统志》与《郡志》的错误不浅。它的流向如果在西南与潞江合流，那么枯柯的整条河流，都是首尾向永昌环绕，这里北边到达都鲁坳南窝，南边到达哈思坳，都属于永昌才对，顺宁与永昌不应以大石头所在的岭作为分界线，应当以枯柯岭作为分界线。

由岭头东南直下者三里，始望见江水曲折，南流川中。又下三里，乃抵江上。有铁锁桥横架江上，其制一如龙江曲石，而较之狭其半。其上覆屋五六楹，而水甚急。土人言，桥下旧有黑龙毒甚，见者无不毙。又畏江边恶瘴，行者不敢伫足。云其南哈思坳更恶，势更甚于潞江，岂其峡逼而深坠故耶？其水自阿思郎东向出石崖洞，而西南入哈思坳峡中者，即永昌峡口山入洞之下流也。按阿思郎在腊彝北二十里，其北有南窝都鲁坳，则此坞极北之回环处也。逾岭而北，其下即为沧江东向之曲。乃知罗岷之山，西南下者尽于笔架，直南下者尽于峡口山，东南挟沧江而东，为都鲁南窝北脊，山从其东复分支焉。一支濒江而东；一支直南而下，即枯柯之东岭也，为此中分水之脊，迤逦由湾甸、都康而南界澜沧、潞江之中，为孟定、孟艮诸彝，而直抵交趾者也。其濒江东去之支，一包而南，为右甸，再包而南，为顺宁、大侯即今之云州。焉。是坞南北二坳北都鲁，南哈思。相距四五十里，甚狭而深。濒江两岸俱田，惟僰彝、倮倮居之，汉人反不敢居，谓一入其地即"发摆"①，寒战头疼也。故虽有膏腴而让之彝人焉。

【注释】①发摆：即患恶性疟疾。

【译文】从岭头向东南一直下走三里，这才望见曲折的江水，向南流淌在平川中。又下走三里，这才抵达江上。有铁锁桥横架在江上，它的形制完全同龙川江的曲石桥一样，但比它窄了一半。桥上覆盖着五六间屋子，但水流非常急。当地人说，桥下旧时有条黑龙，非常毒，见到的人没有不死的。又畏惧江边恶性的瘴气，走路的人不敢停脚。说是它南边的哈思坳更猛烈，毒势比潞江更厉害，难道是那里的峡谷狭窄而且深深下坠的缘故吗？那江水是从阿思郎石崖的洞穴中向东流出，而后向西南流入哈思坳峡中的，这就是永昌峡口山下流入洞中的下游了。据考察，阿思郎在猎彝北边二十里，它北面有南窝都鲁坳，是此处山坞极北边的回绕之处。越到岭北，山下就是澜沧江向东弯曲之处。这才知道罗岷山的山脉，向西南下延的在笔架山到了尽头，一直向南下延的在峡口山到了尽头，东南延伸的傍着澜沧江向东，成为都鲁坳南窝北面的山脊，山脉从它的东面又重分支。一条支脉濒江向东延；一条支脉一直向南下延，就成为枯柯的东岭，是这一带分水的山脊，连绵由湾甸、都康向南延伸，隔在澜沧江、潞江的中间，是孟定、孟艮诸地彝人的区域，而后直达交趾。那濒江东去的支脉，一条向南围绕，成为右甸，再次向南围绕，成为顺宁府、大侯州。就是今天的云州。这个山坞有南北两个山坳北面的是都鲁坳，南边是哈思坳。相距四五十里，非常狭窄而且很深。濒江两岸全是农田，唯有僰彝、倮倮居住在这里，汉人反而不敢居住，说是一进入这里就会“打摆子”患上疟疾，发冷头疼。所以虽有肥沃的土地却把它让给了彝人。

渡桥沿江东岸，西南至哈思坳，共四十里而至亦登；沿江东岸，东南逾冈入峡，六十里而至鸡飞。余初闻有热水溢于石盘中，盘复嵌于台上，皆天成者；又一冷水流而环之，其出亦异。始以为在亦登；问道亦登，又以为在鸡飞；问道鸡飞，又以为瘴不可行，又以为茅塞无路，又以为其地去村远，绝无居人，晚须露宿。余辴然[①]曰：“山川真脉，余已得之，一盘可无问也。”遂从东大路上坡，向枯柯、右甸道。始稍北，遂东上一里，而平行西下之冈，三里，有墟茅三四在冈头，是为枯柯新街。又东一里，有一树立冈头，大合抱，其本挺植，其枝盘绕，有胶淋漓于本上，是为紫梗树，其胶即紫梗也，初出小孔中，亦桃胶之类，而虫蚁附集于外，故多秽杂云。冈左右俱有坑夹之，北坑即从冈盘窟下，南坑则自东峡而出。于是南转东盘北坑，又半里转东，半里抵东峰下，乃拾级上跻。

【注释】①辴（chǎn）然：高兴的笑。

【译文】过桥后沿江西岸走，向西南到哈思坳，共四十里后到亦登；沿江东岸走，向东南越过山冈走入山峡，六十里后到鸡飞。我最初听说有热水从石盘中满溢而出，盘子又嵌在石台上，都是天然形成的；又有条冷水环绕着它流淌，冷水的流出也很奇异。开始时以为是在亦登；问去亦登的路，又认为是在鸡飞；问去鸡飞的路，又认为有瘴气不能前往，又认为茅草阻塞无路可走，又认为那地方离村庄远，绝无居民，晚上必须露宿。我高兴的笑着说："山川的真实脉络，我已得到了，一处石盘可以不去过问了。"于是从东边的大路上坡，走向去枯柯、右甸的路。开始时稍微向北，然后向东上走了一里，而后平缓行走在向西下垂的山冈上。走了三里，有三四间集市用的茅屋在冈头上，这是枯柯新街。又向东一里，有一棵树立在冈头，大有合抱，树干挺直，树枝盘绕，有胶湿淋淋的沾在树干上，这是紫梗树，它的胶就是紫梗了，最初从小孔中流出来，也是桃胶之类的，但虫子蚂蚁附集在外边，所以脏东西很多。山冈左右都有坑谷夹住它，北面的坑谷从山冈向下盘绕成洞窟，南面的坑谷则从东面的山峡中出去。于是从南转向东盘绕北面的坑谷，又走半里转向东，半里抵达东峰下，就沿石阶上登。

三里，始登南突之岭，始望见南峡两山壁夹，自东而西，从此西出，则盘壑而西注于江桥之南，同赴哈思之坳者。乃知其山之度脊，尚在岭之东上，不可亟问也。此坡之上即为团霸营，盖土官之雄一方者，即枯柯之夜郎矣。于是循南峡而东蹑，又一里，再登岭头，有一家隐路南，其后竹树夹路。从树中东行一里，稍转而北，盘一南突之坳，又向上盘坡而东，有大树踞路旁，下临西出之涧。其树南北大丈余，东西大七尺，中为火焚，尽成空窟，仅肤皮四立，厚二尺余，东西全在，而南北俱缺，如二门，中高丈余，如一亭子，可坐可憩，而其上枝叶旁覆，犹青青也。是所谓枯柯者，里之所从得名，岂以此耶？由此又东二里，折而北，上一坡，盘其南下之坳。坳北有居庐东西夹峙，而西庐茅檐竹径，倚云临壑，尤有幽思。其东有神宇踞坡间，闻鲸音鼓赛出绝顶间，甚异之。

【译文】三里，开始登上南突的山岭，这才望见南边峡谷两侧的峡壁相夹，从东延向西，从此处向西出去，就是盘绕的壑谷向西注入到江桥之南，一同奔向哈思坳的水流。才知此山延伸的山脊，还在山岭之东的上方，不可急着去考察它。此坡之上就是团霸营，大概是土官称雄的地方，这就是枯柯的夜郎国了。从这里沿南边的山峡向东上登，又走了一里，再次登上岭头，有一户人家隐藏在路南边，屋子后边竹丛树木夹路。从树林中向东走一里，略微转向北，绕过一个南突的山坳，又向上绕着山坡向东走，有棵大树盘踞在路旁，下临西边流出的山涧。此树南北大一丈多，东西大七尺，中间被火焚烧过，全部成了空洞，仅有树皮四面立着，厚二尺多，东西两面全部在，可南北两面都缺着，如两道门，门中高一丈多，如一座亭子，能够坐下休息，然而树上枝叶向四旁下覆，仍是青青的。这就是所谓的枯柯，得名枯柯的缘由，难道是由于此树吗？由此又向东走二里，折向北，上了一坡，绕过那南下的山坳。山坳北边有居民房屋东西两面夹峙，而西边的房屋是茅草屋，竹丛小径，靠着白云，下临壑谷，尤其富于幽雅的意味。它东边有神殿盘踞在坡上，听见祭神的钟鼓声飘出于绝顶间，感到十分奇怪。

有一家踞路南，藩门竹径，清楚可爱。入问之，曰：“此枯柯小街也”。距所上坡又二里矣。于是又东沿北坡平上。其南即西出深涧，北乃崇山，竹树蒙蔽，而村庐踞其端，东向连络不绝。南望峡南之岭，与北峰相持西下，而荞地旱谷，垦遍山头，与云影岚光，浮沉出没，亦甚异也。

【译文】有一家人高踞在路南，篱笆门前竹丛小路，清雅可爱。入门问路，说："这里是枯柯小街。"已经上坡走了二里了。于是又向东沿北坡平缓上走。坡南就是西边流出来的深涧，北面是高山，竹林树木密蔽，而村庄房屋高踞在坡头，面向东方连接不断。望南面峡谷南边的山岭，与北峰相持向西下延，而荞麦旱谷遍布山头，与云雾的光影，相互沉浮出没，也是十分奇异。

北山之上虽高，而近为坡掩，但循崖而行，不辨其崇坠；而南山则自东西坠，而尽于江桥之南，其东崇巘穹窿，高拥独雄，时风霾蒙翳，出没无定，此南山东上最高之峰，自北岭东度，再突而起者也。

【译文】北山之上虽然高，但近处被山坡遮住，只是沿着山崖走，辨不出它的高处深处；可南山却从东向西下坠，而后在江桥之南到了尽头，它东面穹隆的高峰，高高拥立，独自称雄，这个时候风吹雾霾一片迷茫，出没不定，这是南山东面上方最高的山峰，从北岭向东延伸，两次突起的山峰。

沿之东行，南瞰深壑，北倚丛巘。又东二里有岐：一南下坞中，为垦壑之道；一北上丛岭，为庐坡之居；而路由中东行，南瞰下坳，有水出穴间。又东二里，下瞰南壑，有水一方倚北坡之上，路即由之北向而上，以有峡尚环而东也。北上里余，又转而东，盘北坳而东上坡，屡上不止，又七里而至中火铺。

【译文】沿着它向东走，南边下瞰深壑，北面紧靠成丛的山峰。又向东走二里有岔路：一条向南下到山坞中，是去壑谷中垦种的路；一条向北上登成丛的山岭，是有居民房屋的山坡；而路由中间向东行，向南俯瞰下方的山坳，有水从洞穴间流出。又向东走二里，下瞰南边的壑谷，有一池水依傍在北坡之上.，路就经由水池往北上走，这是因为有山峡还环绕在东边。向北上走了一里多，又转向东，绕过北面的山坳向东上坡，一直上走不停止，七里后来到中火铺。

其坡南突最高，中临南峡之上，峡脊由其东南环而西下。于坡之对崖，南面复耸一峰，高笼云雾间，即前所望东畔穹窿之顶也。自枯柯江桥东沿峡坡迤逦而上，约三十里矣。踞坡头西瞰江桥峡中，其水曲折西南下，松子山北环之岭，东北而突为腊彝之岭，峡南穹窿之峰，又南亘分支西绕，横截于江桥坞之南，西至哈思坳。坳之南复有小支，自腊彝西南湾中东突而出，与横截坞南之山凑，西南骈峙如门。门内之湾，即为哈思坳，门外又有重峰西障，此即松子山南下之脊，环石甸于西者也。自此坡遥望之，午雾忽开，西南五十里历历可睹。

【译文】此坡南突的最高处，正中间对着南峡之上，峡脊从它的东南向西环绕而下。在山坡对面的山崖上，南面又耸起一座山峰，高高笼罩在云雾间，这就是前边望见过的东边穹隆的山顶了。从枯柯江桥向东沿峡中的山坡逶迤上走，约有三十里了。坐在坡头向西俯瞰江桥，所在的峡中，水曲折向西南下流，松子山向北环绕的山岭，在东北突起成为猎彝的山岭，峡南穹隆之峰，又向南绵亘分支向西绕，横截在江桥所在山坞之南，往西到达哈思坳。哈思坳之南又有小支脉，从猎彝西南的山湾中向东突出，与横截在山坞南边的山会合，在西南方向如门一样对峙。门内的山湾，就是哈思坳，门外又有重重山峰遮挡在西边，这就是松子山向南下延的山脊，在西面环绕着石甸的山。从此坡遥望群山，中午雾气忽然散开，西南五十里开外清晰可见。

坡之东有瓦室三楹，踞冈东南，两旁翼以茅屋，即所谓中火铺。有守者卖腐于中，遂就炊汤而饭。及出户，则浓雾自西驰而东，其南峡近岭俱不复睹。东下半里，渡一脊，瞰其南北二峡，环坠如阱，而丛木深翳，不见其底，当犹西下而分注江桥南北者也。其脊甚狭，度而东，复上坡，山雨倏至。从雨中涉之，得雨而雾反霁。一里余，盘崖逾坳，或循北峰，或循南峰，两度过脊，始东上。沿北坡而东，一里余，又涉一南突最高之岭，有哨房一龛踞其上，是为瓦房哨。于是南临南峡，与峡南穹窿之顶平揖而对瞰矣。

【译文】山坡之东有瓦房三间，高踞在山冈东南，两旁都是茅屋，这就是所谓的中火铺。有守铺的人在屋子中卖豆腐，于是就火烧汤用餐。到出门时，就见浓雾从西飞向东，那南峡和近处的山岭全都不再看得见了。向东下走半里，越过一条山脊，俯瞰它南北的两条山峡，环绕深坠，如同陷阱，而成丛的林木深深密蔽，不见峡底，应当仍是向西下流而分别注入到江桥南北的水流。那山脊非常狭窄，越到东面，再上坡，山雨突然来临。在雨中前，下雨后雾气反而散开。一里多，绕过山崖越过山坳，有时沿北峰走，有时沿南峰走，两次越过山脊，开始向东上走。沿北坡向东走，一里多，又跋涉过一座向南突最高的山岭，有一间哨房盘踞在岭上，这是瓦房哨。在这里南临南峡，与峡南穹隆的山顶平视相望。

至是雨晴峰出，复见峡南穹顶直南亘而去，其分支西下者，即横截坞南之冈，西与哈思坳相凑成门者也。穹顶东环之脉，尚从东度，但其脊稍下，反不若西顶之高，皆由此北坡最高之岭，东下曲而度脉者。始辨都鲁坳东所分南下之脊，至此中突，其分而西者，为中火铺、枯柯寨之岭；其曲而东降者，度脊南转西向而突为穹窿之顶。此分水之正脉也。

【译文】到这个时候雨后天晴山峰现出，又见峡南穹隆的山顶向正南绵亘而去，它分支向西下延的，就是横截在坞南的山冈，往西与哈思坳互相会合成门的山。穹隆山顶向东环绕的山脉，还向东方延伸，但延伸的山脊稍微低下，反而不如西边山顶那样高，全是从这里北坡最高的山岭，向东曲折下垂延伸的山脉。这才辨清都鲁坳东面分支向南下延的山脊，到这里从中突起，那分支向西的，是中火铺、枯柯寨的山岭；那曲折向东下降的，是山脊向南延伸转向西后突起成为穹隆的山顶。这是分水岭的正脉。

由瓦房哨东下半里，复东度脊，始见北峡坠坑，为东北而下右甸之上流，是北水之所分也，而南水犹西下南峡。又东度两脊，穿两夹岭，一里，复盘南岭之阴而上。其处深木丛篁，夹坡笼坳，多盘北坑之上。又一里，南转而凌其西下之坳，始逾南峡上流，从其东涉冈东上，始逾南渡之脊，此分水正脉所由度而西转者也。又东一里，有草龛踞北冈，是为草房哨。从其东又东北下一里，稍转而东南半里，有脊又南度而东转，此右甸南环之岭所由盘礴者也。于是东向而下二里余，下度一曲，有小水北下成小溪，小桥横涉之。又东逾一冈，共下四里，始南峡成溪，遂望见右甸城在东坞中，有岐从东北坡去，而大道循南峡东向平下。二里，南峡中始有村庐夹坞，舂杵之声相应。又南三里，遂出坡口。乃更下一里而及坡麓。路由田塍中东南行，望见右甸之城，中悬南坡之下，甸中平畴一围，聚落颇盛。四面山环不甚高，都鲁坳东分之脉，北横一支，直亘东去，又南分一支，南环右甸之东；草房哨南度之脉，东环右甸之南，从甸南界东北转，与甸东界南环之支凑；甸中之水，东向而破其凑峡，下锡铅去。

【译文】从瓦房哨向东下走半里，再向东越过山脊，开始见到北峡坠入深坑，成为向东北下流到右甸的上游，这是北面分流的水，而南面的水仍然向西流下南峡。又向东越过两条山脊，穿过两处夹立的山岭，一里，再绕着南岭的北面上去。此处深树丛竹，夹住山坡笼罩着山坳，多数回绕在北面坑谷之上。又走了一里，转向南后越到西面下延的山坳上，这才越过南峡的上游，从它东边向东上登山冈，这才越过向南延伸的山脊，这是由分水岭的正脉延伸向西转的山脊。又向东一里，有草房高踞在北冈，这是草房哨。从草房哨东边又向东北下走一里，略微转向东南半里，有山脊又向南延伸后向东转，这是从右甸南面环绕的山岭盘曲延伸而来的山。从这里向东下走二里多，向下越过一个山弯，有小水流向北下流成小溪，小桥横跨过小溪。又向东越过一座山冈，共下走四里，南峡中开始形成溪流，于是望见右甸城在东面山坞中，有岔路从东北山坡上前去，而大道沿南峡向东平缓下走。走了二里，南峡中开始有村庄房屋夹住山坞，杵臼捣谷的声音互相应和。又向南三里，便出了坡口。于是再下走了一里便到达坡脚。路由田野中向东南走，望见右甸的城墙，当中悬在南坡之下，甸子中圆圆一片平旷的田野，村落相当繁盛。四面环绕的山不怎么高，都鲁坳东面分支的山脉，北面横出一条支脉，一直向东绵亘而去，又在南边分出一条支脉，向南环绕到右甸之东；草房哨向南延伸的山脉，向东环绕到右甸之南，从甸子南境向东北转，与甸子东境向南环绕的支脉会合；甸子中的水流，向东冲破那凑拢的峡谷，下流到锡铅去。

甸中自成一洞天，其地犹高，而甸乃圆平，非狭嵌，故无热蕴之瘴，居者无江桥毒瘴之畏，而城庐相托焉。由塍中行，共四里，入其北门。暮宿街心之葛店。葛，江西人。

【译文】甸子中自成一处洞天，这里的地势仍然很高，但甸子是圆形的平川，不是狭窄深嵌之地，所以没有郁闷炎热的瘴气，居民不用担心江桥毒性的瘴气，而城池居屋互相依托在这里。由田野中前行，共行四里，进入右甸城的北门。天黑住宿在街心的葛家客店。葛姓的店主，是江西人。

右甸在永昌东一百五十里，在顺宁西一百三十里。其东北邻莽水之境，正与芦塘厂对；其西南邻鸡飞之境，正与姚关对。其正南与湾甸对，正北与博南山对，正西与潞江安抚司对，正东与三台山对。数年前土人不靖，曾杀二卫官之莅其地者，今设城，以顺宁督捕同知驻守焉。城不大而颇高，亦边疆之雄也。

【译文】右甸在永昌东面一百五十里，在顺宁西面一百三十里。它东北邻境莽水的地域，正与芦塘厂相对；它西南邻近鸡飞的地域，正与姚关相对。它正南与湾甸州相对，正北与博南山相对，正西与潞江安抚司相对，正东与三台山相对。数年前土人不安分，曾杀了两个治理这里的卫所军官，如今建了城，派顺宁府的督捕同知驻守这里。城不大但相当高，也算是边疆的雄关。

初二日　晨起，雾色阴翳。方觅饭而夫逃。再觅夫代行，久之不得。雨复狎[①]至，遂郁郁作记寓中者竟日。

【注释】①狎（xiá）：更迭，交替。

【译文】初二日　清晨起床，天空被雾气阴沉笼罩。正找饭吃可脚夫逃走了。再寻找脚夫代替，很久找不到。雨又交替着来临，就郁郁不快地在寓所中写了一整天的日记。

初三日　雨复霏霏，又不得夫，坐邸楼郁郁作记竟日。其店主葛姓者，乃市侩之尤，口云为觅夫，而竟不一觅，视人之闷以为快也。

【译文】初三日　雨又霏霏不止，又找不到脚夫，坐在客店的楼上郁郁不欢地写了一整天的日记。那葛姓的店主，是个市侩之徒，口里说是为我找脚夫，可压根没去找过，坐视别人的困厄以为快乐。

初四日　早雾而晴。顾仆及主人觅夫俱不足恃，乃自行市中。是日为本甸街子。仍从北门内南转冈脊，是为督捕同知公署，署门东向，其南即往南门街，而东则曲向东门街，皆为市之地也。余往来稠人中，得二人，一担往顺宁，一驼往锡铅，皆期日中至葛寓，余乃返。迨午，往锡铅驼骑先至，遂倩之；而往顺宁者亦至，已无及矣。乃饭，以驼骑行。

【译文】初四日　清晨先有浓雾后晴开。顾仆与店主人找脚夫都不靠谱，只好自己走到集市中。这天是本甸的街子日。仍从北门内向南转向冈脊，这里是督捕同知的衙门，衙门大门向东，它南边就是通向南门的街道，而东边则是弯向东门的街道，都是集市所在之地。我往来于稠密的人群中，找到两个人，一个挑担去顺宁，一个用马驮物去锡铅，都约定正午到葛家寓所，我这才返回来。到中午，前往锡铅驮物的马匹先到，便请了他；而后去顺宁的人也来到，已来不及了。于是用餐，用马匹驮物上路。

出东门，循南坡东向半里，涉东来之坞，渡小溪东，山冈渐折而东南行，四里，遂临东坞。东坞者，右甸东南落水之坞尾也。城北大甸圆而东南开此坞，南北西三面之水，皆合而趋之。路临其西坡，于是南转二里余，又涉二东北注之坑，复依南麓东行二里余，上北突之嘴，则甸东之山，亦自北南环，与嘴凑峡，于是相对若门，而甸水由其中东注焉。此甸中第一重东锁之钥，亦为右甸东第一重东环南下之分支，虽不峻，而蜿蜒山顶，地位实崇也。

【译文】走出东门，沿南坡向东半里，涉过东来的山坞，渡到小溪东面，山冈渐渐折向东南行，行四里，便下临东坞。东坞，是右甸东南落水的山坞末端。城北的大甸子圆圆地伸向东南敞开此处山坞，南、北、西三面的水流，都会合后流向这里。路下临它的西坡，从这里向南转再走二里多，又涉过两处向东北流注的坑谷，再傍着南麓向东行再走二里多，登上北突的山嘴，就见甸子东面的山，也是从北向南环绕，与山嘴凑拢成为峡谷，与这里相对，如门一般，而甸子中的水经由其中向东流注。这是甸子中第一重锁住东面的要地，也是右甸东面第一重向东环绕南下的分支，虽不算高峻，但蜿蜒在山顶，地势实际很高。

逾嘴东稍下，凑峡之外，复开小坞而东，水由其底，路由其南坡之半。又东二里余，有数家倚坡，北向坞而庐。过此东南下，有水自南峡出，涉之，上其东坡，遂循坡之南峡东南上，水流其冈北，路由其冈南，于是始不与水见。又东南循冈三里，盘一北下之坳而上冈头，是为玉壁岭。其岭自南北突，东西俱下分为坑，有两三家驻峰头。时日尚高，以前路无可止，遂歇。

【译文】越过山嘴向东稍微下走，凑拢的峡谷之外，又向东敞开一个小山坞，水流经坞底，路从山坞南坡的半中腰走。又向东走二里多，有数家人背靠山坡，向着北面的山坞建了房屋。过了这里向东南下走，有水流从南峡中流出，涉过流水，上登峡谷东面的东坡，然后沿山坡南面的峡谷向东南上走，水流在此冈的北边，路经由此冈的南面，从这里起才不与水流见面。又向东南沿山冈走三里，绕过一个向北下伸的山坳后上到冈头，这是玉壁岭。此岭从南向北突，东西都分别下陷为深坑，有两三家人住在峰头。这个时候太阳还高，因为前边路上无处可住，便停下休息了。

初五日　平明起，饭而行，宿雾未收。下其东坑，涉之，复东南上一里，又循东来之峡，而行夹冈之南。东向四里，度其北过之脊，仍循峡东下，行夹冈之南。二里余又稍下，涉北出之水，又循东来之峡，而行夹冈之南。东向二里，复度其北过之脊，于是从脊北东行之支，东向行其上。半里，有两三家夹道，是为水塘哨。

【译文】初五日　黎明起床，用餐后上路，夜间的雾气还未散。下到岭东的深坑中，涉过坑谷，再向东南上一里，又沿东来的峡谷，行走在相夹的山冈之南。向东走四里，越过那向北延伸而过的山脊，仍沿峡谷向东下走，行走在夹立的山冈之南。再走二里多又略微下来，涉过北边流出的水，又沿东来的山峡，行走在夹立山冈之南。向东走二里，再越过那向北延伸而过的山脊，于是经过山脊北边向东延伸的支脉，向东行走在山头上。半里，有两三家夹住道路，这是水塘哨。

由此东南行山夹间，五里，始坠坡而下。其右又坠一峡东下，其左路再随崖东下者二里，西临右峡之上。而路左忽坠一坑，盘阱而下者二丈，有水沉其底，长二丈，阔八尺，而狭处仅二尺，若琵琶然，渊然下嵌。左倚危壁，右界片栈，而外即深峡之下盘者，不知此水之何以独止也。由其南又半里，而蹑嘴下坠者半里，左崖之端遂尽，而右峡来环其前。还望左崖尽处，丛石盘崖，俨如花簇，而右崖西界大山，亦悬屏削于重树间，幽异之甚。由峡底又东南行一里，其峡外束如门。披门南出，稍转东而下坡，半里，有水自东曲而西，大木横架其上，南度之，是为大桥。桥下水即右甸下流，东行南转，至是西折过桥，又盘西崖南去，已成汤汤之流。

【译文】由此向东南前行在两山相夹间，五里，开始坠下山坡。坡右又有一条山峡向东下坠，坡左的路再顺着山崖向东下走二里，西边下临在右边峡谷之上。而路左忽然陷成一个深坑，绕着陷阱下去二丈，有水沉在坑底，坑长二丈，宽八尺，而窄处仅有二尺，好似琵琶的形态，渊深下嵌。左边靠着危壁，右边隔着一片栈道，而外边就是在下方盘绕的深峡，不知这里的水为什么唯独停积在这。从它南边又走半里，而后上登山嘴下垂处半里，左面山崖的前端于是到了尽头，而右面峡谷前来环绕在它前边。回头望左面山崖的尽头处，岩石成丛山崖盘绕，俨然似花簇，而右侧山崖西边连接着的大山，也似陡削的屏风悬在重重树林之间，很是幽深奇异。从峡底又向东南走一里，那峡谷外边紧束如门。穿过门向南出来，略微转向东下坡，半里，有水流从东向西弯曲，大树横架在流水上，过到桥南，这是大桥。桥下的水就是右甸河的下游，向东流向南转，到此处向西折过桥下，又绕过西边的山崖向南流去，成为浩浩荡荡的河流。

桥南沿流之峡，皆随之为田，而三四家倚桥南东坡上，有中火之馆。此右甸第二重东锁之钥，亦为右甸东第二重东环南下之分支，与东南行大脊右甸相对成峡，夹溪南去者也。

【译文】桥南沿河流的峡谷，全顺流开垦为农田，而三四家人紧靠在桥南的东坡上，有中途生火做饭的客馆。这是右甸第二重锁住东面的要地，也是右甸东面第二重向东环绕南下的分支，是与向东南延伸的大山脊右甸相对形成峡谷，夹住溪流向南延去的山。

由桥南即蹑东南坡而上，水由峡直南去，路蹑坡东南升。一上者二里，凌岭头。西望夹溪之山，稍南有破峡从西来者，即水塘哨西下之水也；其南夹水一支，亦至是东尽，而有寨盘其上焉；其又南一支，嶙峋独耸，上出层峦，是为杜伟山。

【译文】从桥南上登东南的山坡，水从峡中一直向南流去，路沿着坡向东南上升。一口气上走二里，登上岭头。望西边夹住溪流的山，略微南处有破开峡谷从西面流来的水流，那就是水塘哨向西下流的水了；它南边夹住水流的一条支脉，也是到这里便到了东面的尽头，有山寨盘踞在山上；它再向南的一条山脉，石骨嶙峋，独自高耸，上方层叠的峰，是杜伟山。

此乃右甸南东来之正脊，自草房哨度脉至此，更崇隆而起，转而直南去，而东夹此溪，其脊乃东南下老龙，自云州南下，分澜沧、潞江之脊，而直下交南者也。所望处尚在寨盘顶之东北，从此更夭矫南向，夹溪渐上，又二里而隔溪与寨盘之顶对。又二里，降坡南下，穿坳而东，见其东又坠为小坑，路下而涉之。一里，又南逾东坡西环之坳。又一里，有数家倚东坡而居，其东又有一溪自东北来，环所庐之坡而注西峡，西峡水自北南下，与此水夹流而合于坡南。此坡居庐颇盛，是为小桥，正西与杜伟山对。遥望杜伟山自西北来，至此南转，其挟臂而抱于西南者，皆湾甸州之境，水亦皆西南流；其北峡与寨盘之顶夹而东出者，皆顺宁之境，水皆东南流。则此山真一方之望，而为顺宁、湾甸之东西界者也。

【译文】这是右甸南面向东来的主脉山脊，山脉从草房哨延伸到此处，更加高高隆起，转向正南而去，而东面夹住此溪，这条山脊是向东南下延的主脉，从云州向南下延，是澜沧江、潞江分水的山脊，而一直下延到交趾南部。所望之处还在山寨盘踞的山顶的东北方，从此再曲折向南，夹住溪流渐渐上伸，又走二里后隔溪与山寨盘踞的山顶对望。又走二里，从坡上向南下降，穿过山坳向东走，见山坳东边又下坠成小坑，路向下涉过小坑。一里，又向南越过东面山坡向西环绕的山坳。又走一里，有数家人背靠东面山坡居住，村东又有一条溪水从东北流来，环绕房屋所在的山坡后注入西峡，西峡中的水从北向南下流，与此溪相夹，在坡南合流。此坡居民房屋十分兴盛，这是小桥，正西与杜伟山相对。遥望杜伟山从西北延伸而来，到这里向南转，它在西南似手臂相夹围抱的地方，全是湾甸州的辖境，流水也全是向西南流；它北面的山峡与山寨盘踞的山顶相夹向东出去的地方，全是顺宁府的辖境，流水全是向东南流。那么此山真是这一带的名山，而且是顺宁府、湾甸州东西分界的山。

饭于村家，大雨复至。久而后行，由坡东下，渡北来之溪，小石梁跨之。所谓小者，以别于大溪之桥也。复东南上，隔溪对杜伟山而南，下瞰西峡之底，二流相合，盘壑南去。

【译文】在村中农家用餐，大雨又来临。很久后上路，从坡上向东下走，渡过北来的溪水，小石桥跨在溪上。所谓的小，是为了与大溪上的桥区分开。再向东南上走，隔溪面对杜伟山向南走，下瞰西峡之底，两条水流汇合，绕着壑谷向南流去。

此山为右甸东第三重东环南下之分支，为锡铅之脉者也。南五里，或穿岭而左，见岭东近峡坠坑，其远峰又环峙而东，又或分而南；穿岭而右，见岭西近峡，西溪盘底，杜伟骈夹。

【译文】此山是右甸东面第三重向东环绕南下的分支，是锡铅的山脉。向南五里，有时穿到岭左，见岭东近处的山峡坠成深坑，那远峰又在东面环绕耸峙，又有的山分支向南延；穿到岭右，见岭西近处的山峡，西边的溪流盘绕在峡底，杜伟山并列夹峙。

如是二里，乃坠其南坡，或盘壑西转，或蹑坳东折，或上或下，又五里，有两三家当坳而庐，是为兔威哨。于是再上其东坡，则东西壑皆可并睹矣。

【译文】这样走了二里，就下到岭南的山坡，有时绕着壑谷向西转，有时上登山坳向东折，时上时下，又走五里，有两三家在山坳中建了房屋，这是免威哨。从这里再上登免威哨的东坡，就能看见东西两面的壑谷了。

西壑直逼西麓而长，以杜伟西屏也；东壑遥盘东谷，其下丛沓，而犹不见底。其东北有横浮一抹者，此挟江澜沧而东南之岭也；其正东有分支南抱者，此中垂而为顺宁之脉也。从岭渐下，或左或右，岭脊渐狭。四里，始望见东坞有溪，亦盘折其底，与西峡似；而西界外山，自杜伟顶南，其势渐伏，又纡而南，则东转而环其前；东界外山则直亘南向，与东转前环之岭凑。问东西峡水，则合于锡铅之前，而东南当凑峙之峡而去。问顺宁之道，则逾东界之岭而行；有道逾前山南环之岭者，为猛峒道，从猎昔、猛打渡江而至兴隆厂者也。

【译文】西面的壑谷直逼到西边的山麓而且很长，把杜伟山作为西面的屏障；东边的壑谷远远盘绕成东面的谷地，那下边成丛杂沓，仍不见底。这里东北方有山如一抹横着漂浮的云，这是夹住江流澜沧江向东南延伸的山岭；它的正东有分支向南围抱的山，此山从中下垂后成为顺宁的山脉。从岭上渐渐下走，有时在左有时在右，峡脊慢慢变窄。走了四里，才望见东面山坞中有溪流，也是曲折盘绕在坞底，与西峡相似；而西面外围的山，从杜伟山顶以南，山势逐渐低伏，又向南迂曲，后向东转环绕到杜伟山的前边；东面外围的山则是一直向南绵亘，与向东转向前环绕的山岭会合。打听东西两峡的水，就在锡铅之前合流，而后向东南对着凑拢对峙的峡谷流去。打听去顺宁的路，是越过东面的山岭走；有道路翻越前山向南环绕的山岭的，是去猛峒的路，是从猎昔、猛打渡江后到兴隆厂的路。

于是从冈脊转东行。其脊甚狭，又二里，西峡之溪直逼南麓下，而东峡溪亦近夹，遂如堵墙上行。又东二里，又东南下者二里，坡尽而锡铅之聚落倚之。此右甸东分支南下第三重之尽处也。其前东西二溪交会，有温泉当其交会之北涘，水浅而以木环其四周，无金鸡、永平之房覆，亦无腾越、左所之石盘，然当两流交合之间而独有此，亦一奇也。

【译文】于是从冈脊上转向东走。此脊非常狭窄，又走二里，西峡的溪流直逼到南边山麓下，而且东峡的溪水也在近处相夹，于是便如同在一堵墙上行走。又向东走二里，又向东南下坡走二里，山坡到头后就见锡铅的村落紧靠着山坡了。这是右甸东面分支向南下第三重山的尽头处。村前方东西两条溪流互相会合，有温泉位于两溪会合处的北岸，水浅，树木环绕在它的四周，没有金鸡村、永平那样的房屋覆盖，也没有腾越、左所那样的石盘，不过正当两条溪流互相会合之间而独有此泉，也算是一处奇观了。

是日下午至，驼骑税驾逆旅，先觅得一夫，索价甚贵，强从之，乃南步公馆，即锡铅驿也。按《旧志》作“习谦”。土人谓出锡与铁，作“锡铅”。返饭于肆，亟南由公馆侧浴于温泉，暮返而卧。

【译文】这天下午来到后，驮物的马匹投宿在客店，先找到一个脚夫，要价太贵，勉强依从了他，然后向南走到公馆，就是锡铅驿了。据考察，《旧志》写作“习谦”。当地人说此地出产锡矿与铁矿，便称作“锡铅”。返回在店中用餐，急忙向南从公馆侧边到温泉洗澡，天黑返回来睡下。

初六日　晨起而饭。其夫至，付钱整担而行；以一饭包加其上，辄弃之去，遂不得行。余乃散步东溪，有大木横其上为桥，即顺宁道也。仍西上公馆，从其西南下西溪，是为猛峒道。有茅茨丛北冈上，是为锡铅街子。问得一夫，其索价亦贵甚，且明日行，遂返邸作记。

【译文】初六日　清晨起床用餐。那脚夫来了，付钱后整理担子上路；把一包饭加在担子上，他立即抛下担子离开了，于是不能出发，我于是到东溪散步，有大树横在溪上作为桥，这就是去顺宁的路了。仍向西上到公馆，从公馆的西南下到西溪，这是去猛峒的路。有茅屋聚集在北冈上，那是锡铅街子。问到一个脚夫，他要价也非常贵，并且是明天才走，于是返回客店写日记。

初七日　前弃担去者复来，乃饭而同之行。从公馆东向下，涉东溪独木桥，遂东上坡。半里，平行坡上，或穿坳而南，或穿坳而北，南北皆深坑，而路中穿之。东去二里余，沿南崖北转，半里，穿西突之坳，半里，复东逾岭而南，半里，又出南崖上。于是见南壑大开，壑中支条崩叠，木树茸茏，皆出其下，而锡铅南山，其南又叠一支，纡而东南下，以开此壑。所陟山东自东大山分支，西突此冈，为锡铅东锁钥，直西南逼凑南山，水下其中甚束，至此而始出东壑也。瞰南倚北，又二里，见冈北亦嵌为东西坞，闻水声淙淙，余以为即西下锡铅东溪者，而孰知从倚北之岭已分脊，此坞且东南下矣。于是反倚坡北下，共半里而涉一桥，度坞中水，是为孟祐之西溪，其水南出前坞，与锡铅之水合于孟祐之南，所谓孟祐河者也。涧之东，居庐叠出，有坡自北来悬其中，一里，东向蹑其上，当坡而居者甚盛；又东转，再盘一坡，共一里，又有居庐当坡，皆所谓孟祐村矣。此右甸东分支南下第四重之尽处也。于是又见一溪自东坞出，环坞而前，与西溪交盘南壑中。南壑平开，而南抵南山下，锡铅之水，沿其北麓，又破峡东南去，东南开峡甚遥，而溪流曲折其间，直达云州旧城焉。

【译文】初七日　前一天抛下担子离开的人又来了，于是就吃了饭同他上路。从公馆向东下走，涉过东溪上的独木桥，就向东上坡。走了半里，平缓行走在坡上，有时穿到山坳的南边，有时穿行在山坳的北面，南北全是深坑，而路从中间穿行。向东走二里多，沿南面的山崖向北转，走了半里，穿过向西突的山坳，半里，再往东越岭向南走，半里，又到了南面的山崖上。只见南边的壑谷十分开阔，壑谷中条状的支峰崩裂重叠，树木蒙茸葱笼，全出现在脚下，而锡铅的南山，它南面又叠起一条支脉，向东南纤曲下垂，所以敞开此处壑谷。所登的山从东面的东大山分支，向西突为此冈，成为锡铅东面的军事要地，一直向西南逼向南山，水下流到其中非常狭窄，到此处后开始流出东面的壑谷。下瞰着南壑紧靠北山，又走二里，见山冈北面也下嵌为东西向的山坞，听见水声淙淙，我以为就是向西下走到锡铅东溪的路，可谁知从紧靠着的北岭上山脊已经分开，此坞将向东南下延了。于是反向背靠山坡向北下走，共半里后涉过一座桥，越过坞中的溪水，这是孟祐的西溪，这溪水向南流到前边的山坞，与锡铅的水流在孟祐的南边合流，是所谓的孟祐河了。山涧的东面，居民房屋层层叠叠，有山坡从北方伸来悬在村落中，一里，向东登坡上走，在坡上居住的人家十分繁盛；又向东转，再绕过一道坡，共一里，又有居民房屋位于坡上，全是所谓的孟祐村了。这是右甸东面分支南下的第四重山的尽头处。在这里又见一条溪流从东面山坞中流出，环绕在山坞中向前流，与西溪交错盘绕在南面壑谷中。南面壑谷平平展开，向南抵达南山下，锡铅的水沿南山的北麓，又冲破峡谷而东南流去，东南方敞开的峡谷非常遥远，而溪流曲折流淌在其间，直达云州的旧城。

由村东即循峡北入东坞，一里东下，度峡中桥，其桥东西跨溪上，上覆以亭，桥内大水自东北透峡出，桥外小水自东南透峡出。过桥东向，缘西垂之岭上，其上甚峻，曲折梯危，折而左，则临左峡，折而右，则临右峡，木荫藤翳，连幄牵翠，高下亏蔽，左右叠换，屡屡不已。五里渐平，则或沿左坡，或沿右坡，或涉中脊，脊甚狭，而左右下瞰者，亦与前无异也。又三里，则从坡右稍下。约一里，陟脊坳而东，又缘坡左上。一里，临南坡之上，于是回望孟祐、锡铅诸山，层环叠绕，山外复见山焉。

【译文】从村东沿山峡向北走入东坞，一里向东下走，越过峡中的桥。此桥呈东西向跨在溪上，上边盖有亭子，桥以内大水从东北方穿过峡谷流出来，桥以外小水从东南穿过峡谷流出来。过桥后向东，沿西垂的山岭上走，那上去的路非常陡峻，曲折攀登危崖，折向左边，就下临左峡，折向右边，便下临右峡，树木藤蔓荫蔽，如相连的帷幔，翠色连片，上下荫蔽，左右重叠变换，屡屡不断。五里后渐平坦起来，便有时沿左边山坡走，有时沿右面山坡走，有时上登中间的山脊，山脊十分狭窄，可向左右下瞰，也与前边无异。又走三里，就从坡右略微下走。约一里，登上脊坳向东，又沿山坡左边上爬。一里，下临南坡之上，在这里回头望孟祐、锡铅的群山，层叠环绕，山外有山。

余初疑锡铅西岭颇伏，何以猛峒之道不西由其坳而南陟其岑[①]？又疑湾甸之界，既东以猛峒，而猛峒以北，杜伟山以南，其西又作何状？至是而遥见西岭，又有崇峰一重臂抱于西。盖枯柯东岭老脊之南度者，一由瓦房哨东度脊西南下，其亘反高，夹永昌之流而南下哈思坳；坳之南其脉犹未尽，故亦登、温板、鸡飞在此脊之西者，犹顺宁属；而其南即东与杜伟山自草房哨度脊者，如椅之交环其臂，其中皆丛沓之山，直下东南，而开峡底于猛峒西坳之伏处，其西正开峡之始，南降三十里而后及猛峒焉。猛峒富庶，以其属湾甸境也。此正西遥望之所及者。而正南则前夹之顶，至是平等，而犹不能瞰其外；正北则本坡自障之；正东即其过脉分支之处，第见南峡之犹自东北环来也。

【注释】①岑：小而高的山。

【译文】我最初疑惑锡铅的西岭相当低伏，为何去猛峒的路不向西经由那里的山坳，却向南上登那座小山？又疑惑湾甸州的分界，既然东面以猛峒划分，可猛峒以北，杜伟山以南，这一线以西又是什么状况？到这里后遥见西岭，又有一层高峰环臂围抱在西方。大概是枯柯东岭的主脊向南延伸的山脉，一条从瓦房哨向东延伸的山脊处向西南下延，它绵亘的山势反而高，夹住永昌的水流向南下流到哈思坳；哈思坳之南的山脉仍然未到尽头，所以亦登、温板、鸡飞在此条山脊西面的地方，仍是顺宁府的属地；而它的南段就是东面与杜伟山从草房哨延伸的山脊，如椅子的扶手一样交错环抱，两者中间全是成丛杂沓的山峦，一直下垂到东南，而后在猛峒西面山坳的低伏处敞开为峡底，它的西边正是峡谷开始裂开的地方，向南下降三十里后到达猛峒。猛峒富庶，因为它是属于湾甸州的地方。这是遥望正西所能见到的。而正南则是前边相夹的山顶，到这里同样平缓，但仍不能看到它的外面；正北则是本处山坡挡住了视线；正东就是那延伸而过的山脊分支之处，只见南峡仍然是从东北环绕而来。

又东上五里余，坡脊遂中夹为槽。路由槽中行里余，透槽东出，脊乃北转，其下右壑盘沓如初，而左峡又坠南下之坑，故路随脊北转焉。又一里，脊东有峰中突，稍上，有中火之馆，西向倚峰而峙，额曰“金马雄关”，前有两家，即所谓塘报也，铺司、铺兵之类。卖腐以供旅人之饭云。既饭，由馆左又东半里，转而北透一坳。其西峰即中火之馆所倚者，此其后过脉处，与东峰夹成坳。由其中北透半里即东转，挟过脉东峰之北东向下。半里，又临北壑之上，旋入夹槽中，两崖如剖，中嵌仅通三尺，而底甚平，槽上丛木交蔽。半里，有倒而横跨其上者，连两株，皆如从桥下行，又一里，其跨者巨而低，必伛伏而过焉。槽南阙处犹时时见西坠之峡，最后又见槽北之峡犹西坠也。

【译文】又向东上走五里多，坡脊的中央对夹为沟槽。路从沟槽中走一里多，向东钻出沟槽，山脊于是向北转，山下右边的壑谷盘绕杂沓如初，而左边的峡谷又下坠成向南下延的深坑，所以路顺着山脊向北转。又走了一里，山脊东面有山峰当中突起，略微上走，有中午起火做饭的客馆，向西靠着山峰屹立，匾额题为“金马雄关”，前边有两家人，就是所谓的塘报了，驿站机构、驿站驻兵之类。卖豆腐来供应旅客吃饭。饭后，从客馆左边又向东半里，转向北穿过一个山坳。它的西峰就是客馆背靠的地方，这里是山峰后面山脉延过之处，与东峡夹成山坳。从两峰中间向北穿越半里马上向东转，傍着东峰山脉延过处的北面向东下走。半里，又下临在北边壑谷之上，旋即走入相夹的沟槽中，两侧山崖如刀剖开一样，中间深嵌仅通有三尺宽，可槽底非常平坦，沟槽上方树丛交缠密蔽。半里，有倒卧横跨在沟槽上的树，接连两棵，都如同是从桥下走，又走了一里，这里横跨的树又大又低，必得弯腰趴伏才能过去。时时能在沟槽南边的缺口望见向西下坠的山峡，最后又见沟槽北的峡谷仍是向西下坠。

共二里，稍东上，逾脊南转，有架木为门踞岭东者，为白沙铺哨。此南度之脊也，乃右甸东分支南下之第五重。其脉独长。挟西分四支而抱于内，又南度而东南行，与右甸南杜伟山之脊，西夹孟祐河而出于云州旧城西；又与第六重沿澜沧南岸之脊，东夹顺宁河而出于云州旧城东；从此南度，纡而西南，折而东南下，东突为顺宁郡城，又东南而尽于云州旧城焉。

【译文】共走二里，略微向东上走，越过山脊向南转，有用木头架成门盘踞在岭东的地方，是白沙铺哨。这是向南延伸的山脊，是右甸东面分支南下的第五重山。它的山脉很长，傍着向西分支的第四重支脉而环抱于内，又向南延伸后走向东南，与右甸南面杜伟山的山脊，在西面夹住孟祐河流到云州旧城西边；又与第六重山沿澜沧江南岸的山脊，在东面夹住顺宁河流到云州旧城东面；从此向南延伸，向西南曲折，折向东南下延，向东突为顺宁府城，又向东南在云州旧城到了尽头。

由哨门南向稍下，辄闻水声潺潺，从西南迸峡下，即东北坠坑去，而路从其南东向下，犹有夹槽。坠其中二里余，出槽，东行冈脊上，于是见北壑之北，则澜沧南岸之山，纡回东抱而南，为老脊东之第六支，屏亘于顺宁河之东，今谓之东山，即《志》所称某山也。其脊南至云州西南突者，尽于新城西；东北由茅家哨过脉而南者，尽于云州旧城所合二水东下而入澜沧处。南壑之南，则即此白沙脊南度东转，为老脊东之第五支，屏亘于顺宁城之西。今谓之西山，即《志》所称某山也。两山夹坞东南去，而顺宁郡城踞其中西山下；西北盘东山之坳，为三台山渡江大道；东南坞尽之隙，则云州在焉。此一川大概也，而川中欹侧，不若永昌、腾越之平展云。

【译文】从哨门向南略微下走，就听见潺潺流淌的水声，从西南峡中涌流而下，随即向东北坠入坑谷，而路从它的南边向东下行，仍然有相夹的沟槽。在沟槽中走二里多，出了沟槽，向东前行在冈脊上，然后见到北边壑谷的北面，就是澜沧江南岸的山，曲绕到东面向南环抱，是主脊东面的第六条支脉，屏风样横亘在顺宁河的东面，今天称之为东山，也就是《志》书所称的某某山了。此条山脊向南到云州向西南前突的，在新城西边到了尽头；山脉从东北茅家哨向南延伸的，在云州旧城两条水流合流后向东下流进澜沧江之处到了尽头。南面壑谷之南，便就是此条白沙脊向南延伸后向东转，成为主脊东面的第五条支脉，屏风样横亘在顺宁府城之西，今天称之为西山，就是《志》书所称的某某山了。两条山脉夹住山坞向东南延去，而顺宁府城雄踞在坞中的西山下；向西北绕过东山的山坳，是从三台山渡江的大道；东南方山坞尽头的空隙，便是云州了。这是这一条平川的大概形势，可川中倾斜不平，不如永昌、腾越那样平展。

从冈平行二里，又稍下一里，前有一峰中道而突，穿其坳而上，约一里，有一二家倚坡东，是为望城关，从东南壑中遂见郡城故也。从此又迤逦下坡，十里，抵坡下。东出大路，两度小桥，上一坡，约二里，入郡城新城之北门。南过郡治前，稍转东街，则市肆在焉。又南逾一坡，出南门，半里而入龙泉寺，寺门亦东向，其地名为旧城，而实无城也。时寺中开讲甫完，僧俗扰扰，余入适当其斋，遂饱餐之而停担于内。

【译文】从山冈上平缓前行二里，又略微下走了一里路，前方有一座山峰在道路中央突起，穿过山坳向上走，约一里，有一两家人紧靠在坡东，这是望城关，这里能从东南方的壑谷中能望见府城。从此又曲折下坡，十里，到了坡下。向东走上大路，两次越过小桥，上了一道坡，约再走二里，走入府城新城的北门。向南经过府衙门前，略微转到东街，就有集市店铺在这里了。又向南越过一条坡，走出南门，半里后进入龙泉寺，寺门也是向东。这里名为旧城，可实际上没有城。这个时候寺中开堂讲经刚结束，僧俗扰扰攘攘，我进寺时恰好赶上寺中施斋，便饱餐斋饭后停放担子住在寺内。

初八日　晨起，从殿后静室往叩讲师[1]，当其止静，未晤而出。余时欲趋云州，云州有路可达蒙化。念从此而往，则雇夫尚艰，不若仍返顺宁，可省两日负载。乃以行李寄住持师达周，以轻囊同仆行。达师留候饭。上午，乃出寺前，东随小溪下川中。一里，渡亭桥，循东界山麓南行。

【注释】①讲师：宣讲佛法的僧人。

【译文】初八日　清晨起床，从殿后的静室去叩见讲经的法师，正遇上他坐定打禅，未见面便出来了。我这个时候打算赶去云州，云州有路可到达蒙化。想着从这里前去，雇脚夫还很难，不如仍返回顺宁，可省去两天的负重。于是把行李寄存给住持禅师达周，拿着轻装同仆人上路。达周禅师挽留吃个饭。上午，才出到寺前，向东顺小溪下到平川中。一里，越过一座亭桥，沿东面一列山的山麓向南走。

三里，稍上一西突之坡，村庐夹道，有普光寺傍东山西向。又东南半里，下涉一小涧，仍南上坡，居庐不绝。已而其山东夹而入，又有小水自东壑来，渡之。又东南逾一坡，共五里，则大溪之水自西而东折，有亭桥名归化。跨之，其水汤汤大矣。由桥南里余，渐西南上东突之坡。上一里，村庐夹道。倚西山东向，有长窑高倚西坡，东下而西上，是为瓦罐窑。

【译文】三里，慢慢上登一条西突的山坡，村庄房屋夹道，有个普光寺傍着东山面向西。又向东南走半里，下涉一条小山涧，仍向南上坡，居民房屋不断。继而那山向东夹立而入，又有小溪从东面壑谷中流来，渡过小溪。又向东南翻越一坡，共五里，就见大溪的水从西向东折，有座亭桥名叫归化桥。跨在水上，溪水浩浩荡荡。从桥南走了一里多，渐渐向西南上登东突的山坡。上爬一里，村庄房屋夹道。紧靠西山向东处，有长长的瓦窑高高依傍着西坡，东边向下而西边上伸，这是瓦罐窑。

由其南再越东突之脊一里余，东南下东出之峡一里，又东南上，循西界山麓南行。再下再上，五里，有一二家倚东突之坡，坡间有小池一方，是为鸭子塘。又东南五里，冈头有村，倚西冈东向，是为象庄，此未改流时土酋猛廷瑞畜象之所也。

【译文】从瓦罐窑的南边再翻越东突的山脊一里多，向东南下走向东出去的山峡一里，又向东南上登，沿西面一列山的山麓向南走。两次下走两次上走，五里，有一两家人紧靠东突的山坡，坡上有一片小水池，这是鸭子塘。又向东南五里，冈头有村子，背靠西冈面向东，这是象庄，这里是未改设流官时土人酋长猛廷瑞养象的地方。

由其南稍折而下，一里，渡一涧。其涧悬冈东下，其西山环峡。复东南上二里，逾其东突之冈，盘之而西南下。二里，抵西坳下，折而循南冈东上，盘嘴而南，六里，有坊倚路左，其上有村，曰安乐村。又东南四里，稍下，有村倚西坡东向，是为鹿塘。自归化桥渡溪右，循西界山行，其南支峰东突，溪流盘峡中；至鹿塘，其下壑稍盘而开，田塍益盛，村庐之踞东西两山者甚繁，而西坡之鹿塘尤为最云。时日才下午，前无宿店，遂止邸楼作记。

【译文】从村南略微往下折，一里，渡过一条山涧。此涧高悬在山冈上向东下流，冈边的西山环绕成峡谷。再向东南上走二里，越过那东突的山冈。绕着它向西南下走，走了二里，抵达西边的山坳下。转弯沿南冈向东上走，绕过山嘴向南走，六里，有牌坊紧靠在路左，牌坊上边有村庄，叫安乐村。又向东南走四里，略微下走，有村庄背靠西坡面向东，这是鹿塘。自从在归化桥渡到溪右，沿西面一列山走，它南边的支峰向东突，溪流盘绕在山峡中；来到鹿塘，山下的壑谷略微回绕开阔些，田地更多，高踞在东西两面山上的村庄房屋十分繁盛，而西坡的鹿塘尤其繁盛。这个时候才到下午，前方无住宿的客店，便就住在客店楼上写日记。

初九日　平明，饭而行。仍循西界山南行，八里，西界山忽横突而东，大溪乃东北折入峡，有小溪自西南山腋来合。乃舍大溪，溯小溪南半里，东度小溪石桥，又南半里，有村三四家倚南山东坳。由南山蹑西坳而上，一里，南逾东突之脊，有茅屋三楹踞脊间，是为把边关，有两三家傍之居，即西山之东突者，而溪流则绕其东峡而南焉。

【译文】初九日　天亮，用餐后上路。仍沿西面一列山向南走，八里，西面一列山忽然向东横突，大溪于是向东北折入山峡，有小溪从西南的山侧流来会合。于是离开大溪，沿着小溪向南半里，向东越过小溪上的石桥，又向南半里，有个三四家人的村庄紧靠南山东面的山坳。由南山登着西边的山坳上走，一里，向南越过东突的山脊，有三间茅屋高踞在山脊上，这是把边关，有两三家人傍关口居住，这就是西山向东突的山脊，而溪流则绕到山脊的东峡向南流。

由关南下峡中，半里，透峡，仍循西山行，复东见溪流自其东破峡南出。又下一里，溪流西南来，路东南临其上。两盘西湾之峡，又稍上，共一里，有村踞路右冈上。又南一里，稍下，再盘西湾，南逾小石东行之脊，遂东南行坡塍间。一里余，又稍上东突之坡，东南盘其嘴。一里余，路分两岐：一东南下峡者，为渡溪往新城道；一西南循岭者，为翁溪往旧城道。盖新城道由溪东峡中行，旧城道由溪西崖半行也。时峡中溪桥已为水涨冲去，须由翁溪涉溪而渡，而水急难涉，不若由旧城东北度桥，迂道至新城，虽绕路十里，而免徒涉之艰焉。时闻杨州尊已入帘去，闪知愿书亦不必投，正可从旧城兼收之。

【译文】从南下到峡中，走了半里，穿出峡谷，仍沿西山走，再次向东望见溪流从西山的东边冲破峡谷向南流出去。又下走了一里，溪流从西南流来，路向东南登临到溪上。两次绕过向西弯曲的山峡，又略微上走，共一里，有村庄高踞在路右侧的山冈上。又向南一里，略微下走，再绕过西面的山湾，向南越过小石山向东延伸的山脊，于是向东南行走在坡上的田野间。一里多，又渐渐登上东突的山坡，向东南绕过山嘴。一里多，路分为两条岔路：一条向东南下到峡中的，是从渡溪前去新城的路；一条向西南沿山岭走的，是翁溪前往旧城的路。原来去新城的路从溪东的峡中走，去旧城的路从溪西的山崖半腰上走。这个时候峡中溪上的桥已被上涨的流水冲去，必须从翁溪涉溪水渡过去，可水急难涉，不如从旧城东北过桥，绕道到新城，虽然绕十里路，但免去了徒步涉水的艰难。这个时候听说杨知州大人已任帘官去了，闪知愿的信也不必投递了，正可以从旧城走兼收两地的景色。

乃由溪西西南循山行，复入坡塍，一里，东南上东突之坡。又南二里，有村倚西山岭上，是为翁溪村。村之南，西界山又环而东突，东界山亦折而东向去，中开东西坞，大溪东盘坞底，平畴夹之。翁溪之村，正东向而下临坞中，有路下涉坞中者，即渡溪往新城道也；由村南循南山东转者，即旧城道也。

【译文】于是从溪西向西南沿着山走，再次走入坡上的田野，走了一里，向东南上登东突的山坡。又向南再走二里，有村庄紧靠在西山的山岭上，这是翁溪村。村子之南，西面一列山又环绕向东突，东面一列山也折向东延去，中间敞开成东西向的山坞，大溪向东盘曲在坞底，平旷的田野夹住溪流。叫翁溪的村庄，正好向东下临着坞中，有条下涉坞中的路，就是从渡溪前往新城的路了；从村南沿南山向东转的，就是去旧城的路了。

乃循山东行一里，复东南缘坡上，北瞰坞中溪，南逼坡足，潆而东流。路蹑坡上，甚峻，二里，东登岭头，乃转南行，坞亦随之，南向破峡出。路南行西坡，一里，大溪纡东南去，路乃南下坡。二里，有数家分庐坞中，是为顺德堡。堡南有山，自西界横度而东突，大溪纡之。路南由其度脊处穿坳而过，半里，抵坳南，辄分峡下。又一里，有峡自南来。盖西大山由坳西直南去，南抵旧城之后，其东余支又北转如掉尾，而中夹为坞，其来颇深，有村庐倚西坡上，二峡合于前，遂东向成流坠峡下。路亦挟北坡东下，随之半里，度峡中小桥，其南则掉尾之支，又横度东突，路复南向其度脊处穿坳而上。一里余，逾岭坳南下，有村在南坞，大溪自马鞍山西，盘西界东突之嘴，循东山南行坞东，路循西麓南行坞西。二里，西界山之南，复一支横障而东，又有数家倚南山，庐间曲路随山东转，溪亦随坞东折。一里余，盘其东突之嘴，大溪亦直捣其下，路与水俱抱之而南。

【译文】于是沿山向东走一里，再向东南沿山坡上登，俯瞰北边坞中的溪流，向南逼近坡脚，萦绕着向东流去。上登山坡的路非常陡峻，再走二里，向东登上岭头，于是转向南走，山坞也顺着山岭伸展，向南破开山峡出去。路从南向西坡延伸，一里，大溪曲折向东南流去，路就向南下坡。再走二里，有数间房屋分散在山坞中，这是顺德堡。堡南有山，从西面一列山横向延伸向东前突，大溪绕过此山。路向南从那山脊延伸之处穿过山坳，半里，抵达山坳南边，马上分出峡谷下延。又走了一里，有峡谷从南边前来。西面的大山从山坳西边一直向南延去，向南边直达旧城的后面，它东面剩下的支脉又向北转如尾巴掉转过来一样，而中间夹成山坞，山坞来的地方相当深远，有村庄房屋紧靠在西坡上，两条峡谷在前方会合，于是向东形成溪流坠下峡谷。路也傍着北坡向东下走，顺山坡走半里，越过峡中的小桥，桥南就是尾部掉转的支脉，又横向延伸向东突，路再次向南从山脊延伸处穿过山坳向上走。一里多，越过岭坳向南下走，有村庄在南面山坞中，大溪从马鞍山西边，绕过西面一列山向东突的山嘴，沿东山向南流淌在山坞东面，路沿西麓向南行走在山坞西面。再走二里，西面一列山的南边，又有一条支脉横着向东延伸，又有数家人背靠南山，村舍间弯曲的路顺山势向东转，溪水也顺山坞向东折。一里多，绕过那向东突的山嘴，大溪也直捣在山嘴下，路与水流都怀抱山嘴向南去。

南壑颇开，庐塍交错，黍禾茂盛，半秀半熟，间有刈者。壑中诸庐，函宗地名最大，倚西山而居壑中。一里余及之，由其前东南行塍间，一里余，南从大溪西岸行。二里余，东西两界余支交环于前，而西支回突为尤甚，既东向环而至，中复起一小尖，若当门之标，水由其东裂堑出，路由其西逾坳上，是为顺宁、云州分界。

【译文】南面的壑谷相当开阔，房屋田野交错，黍米稻谷茂盛，一半开花一半已成熟，偶尔有收割的人。壑谷中的各处房屋，函宗是地名最大，背靠西山居住在.壑谷中。一里多到达函宗，从它前边向东南走在田野间，一里多，向南从大溪西岸走。再走二里多，东西两列山的支脉交相环绕在前方，而西边的支脉回绕前突尤其厉害，向东环绕到此后，中间又耸起一个小山尖，好似挡在门口的标杆，水从它东边裂开的堑谷流出去，路从它的西边越过山坳向上走，这里是顺宁、云州的分界处。

越脊南下，则其南壑又大开，坡流杂沓于其间。而远山旁午，或斜叠于南，则西大脊自锡铅南盘绕而东者；或夭矫于东，则东界分支，沿澜沧西岸，度茅家哨而南尽于顺江小水者。此其外绕之崇峰也。而近山，则坞北西山之脉，至此南尽于西，为旧城；东山之脉，至此南尽于东，为新城。坞西则西大脊之中，一峰从湾中东突，直临旧城之西；坞南，则西大脊东转之支，又从南大脊之北，先夹一支为近案；坞东，则东界沿江之支，又从东西转，直抱于新城之前为龙砂。此其内逼之回峦也。然犹近不见壑中诸水，而只见旧城庐落即在南冈；一里及之，亦数百家之聚也。

【译文】越过山脊南下，就见山脊南面的壑谷又十分开阔，山坡上水流杂乱的顺着壑谷流。而远山纵横交错，有的斜斜地重叠在南面，那是西面的大山脊从锡铅南面向东盘绕的山；有的屈曲盘绕在东方，是东面一列山的分支，沿澜沧江西岸，延过茅家哨向南在顺江小水处到了尽头的山。这是那外围环绕的高峰。而近处的山，是山坞北面西山的山脉，到这里在南边到了西面的尽头，成为旧城；东山的山脉，到这里在南面到了东面的尽头，成为新城。山坞西边是西面大山脊的中段，一座山峰从山湾中向东突，一直下临在旧城的西边；山坞南面，是西面的大山脊向东转的支脉，又从南面大山脊的北边，先有一条支脉夹立成为近处的案山；山坞东面是东面一列山沿江的支脉，又从东向西转，一直围抱在新城的前方成为龙砂。这是那向内逼近回绕的山峦。不过仍看不见近处壑谷中的各条水流，而只见旧城的房屋聚落就在南冈上；一里后走到旧城，也是有数百家人的聚居地。

饭于旧城，乃东向下坡。半里，有大道沿坡西南去者，兴隆厂道也；东北去者，新城道也。于是东北行田塍间，半里，有新墙一围，中建观音阁甚整，而功未就，然规模雄丽，亦此中所未睹也。其处当壑之中两水交会处，目界四达。于是始见孟祐河即绕其东，顺宁河即出其北，遂共会于东北焉。

【译文】在旧城用餐，然后向东下坡。半里，有条大道沿山坡向西南去的，是去兴隆厂的路；向东北去的，是去新城的路。于是向东北行走在田野间，半里，有一围新墙，中间建有观音阁，十分整齐，但工程尚未完成，不过规模雄伟壮丽，也是这一带所未见到过的。此处正当壑谷中央的两条水流相互会合之处，四面的视野开阔。在这里才见到孟祐河回绕在它东面，顺宁河流在它北边，然后共同在东北方会合。

于是西向遥望，有特出而临于西者，即大脊湾中东突之峰；其北开一隙自西北来者，孟祐河所从出也；其南纡一隙向西南峡者，兴隆厂所从逾也。有中界而垂于东者，即沿江渡茅家哨西环之支；其北开一隙，直上而夹茅家哨者，新城所托之坞也；其南进一隙，东叠而注于顺江小水者，诸流所汇之口也。

【译文】在这里向西遥望，有特别耸出而下临在西边的山，就是大山脊从山湾中向东突的山峰；它北面分开一条缝隙从西北而来的地方，是孟祐河从那里流来之处；它南面一条缝隙曲折通向西南峡中的，是去兴隆厂穿越的地方。有隔在中间垂到东方的山，那就是沿江穿过茅家哨向西环绕的支脉；那北面分开的一条缝隙，一直上延而夹住茅家哨的地方，是新城依托的山坞；那南面迸裂开的一条缝隙，东面层层叠叠流注到顺江小水的地方，是各条水流汇合的河口。

小憩阁中，日色正午，凉风悠然。僧瀹茗为供。已出围墙北，则顺宁之水，正出当门之堑。循北崖东转，架亭桥其上，名曰砥柱。其水出桥东，绕观音阁后，则孟祐河自西南来合之，东去入水口峡者也。度桥即东北上坡。是坡即顺宁东山之支，自澜沧西岸迤逦而来；其东南直下者，过茅家哨。此其西南分支者，至此将尽，结为马鞍山；东下之脉为新城，而此其东南尽处也。登坡里余，下瞰二流既合，盘曲壑底，如玉龙曲折。其北又有一坡东下，即新旧两城中界之砂，夹水而逼于南山者。稍下而上，里余，又越其脊，始望见新城在北峡之口，倚西山东下之脉。又三里，稍下，越一小桥，又半里，抵城之东南角。循城北行，又半里，入云州东门。州中寥寥，州署东向，只一街当其前，南北相达而已。至时日才过午，遂止州治南逆旅。

【译文】在阁中稍作休息，天色正当中午，凉风悠悠然。僧人烹茶献上。不久走出围墙北边，就见顺宁河的河水，正流过当门处的堑沟中。沿北面的山崖向东转，在河上架有亭桥，名叫砥柱。河水流出桥东，绕到观音阁后，就有孟祐河从西南流来会合，向东去流入河口所在的峡谷处。过桥后随即向东北上坡。此坡就是顺宁东山的支脉，从澜沧江西岸迤逦而来；那向东南一直下延的，延过茅家哨。此处山脉是它向西南分支的山脉，到这里将到尽头，盘结为马鞍山；向东下延的山脉是新城，而马鞍山是山脉东南的尽头处。登坡一里多，下瞰两条河流会合后，盘曲在壑谷底，如玉龙一样曲折。这里北边又有一条山坡向东下斜，就是隔在新、旧两城中间的地脉，是夹住河水近逼南山之处。略微下走后上登，一里多，又越过山脊，这才望见新城在北峡的峡口，是背靠西山向东下延的山脉。

又行三里，略微下走，越过一座小桥，又走半里，抵达城的东南角。沿城墙向北走，又是半里，进入云州东门。州城中荒寂不堪，州衙门向东，只有一条街道在衙门前，南北相通。来到时才过中午，就住在州衙南边的客店中。

云州即古之大侯州也。昔为土知州俸姓，万历间，俸贞学以从逆诛，遂并顺宁，设流官，即以比州属之。州治前额标“钦命云州”四字，想经御定而名之也。今顺宁猛廷瑞后已绝，而俸氏之后，犹有奉祀子孙，岁给八十五金之饩[1]焉。

【注释】①饩（xì）：赠送人的谷物、饲料或薪资。

【译文】云州就是古时候的大侯州。从前的土知州姓俸，万历年间，俸贞由于跟随反叛被诛杀，便连同顺宁府设置了流官，就把此州归属顺宁。州衙前的匾额写明“钦命云州”四个字，想来是经皇帝亲自确定并给它命名的了。如今顺宁府猛廷瑞的后代已经段绝，而俸家的后人，还有供奉祭祀的子孙，每年拨给八十五两黄金的薪资。

云州疆界：北至顺宁界止数里，东北至沧江渡八十里为蒙化界，西南逾猛打江二百三十里为耿马界，东至顺江小水一百五十里为景东界，东南至夹里沧江渡二百里亦景东界。

【译文】云州的疆界：北边到顺宁府边界只有几里，东北到澜沧江渡江八十里是蒙化府的边界，西南越过猛打江二百三十里是耿马安抚司的边界，东面到顺江小水一百五十里是景东府的边界，东南到夹里澜沧江渡口二百里也是景东府的边界。

余初意云州晤杨州尊，即东南穷澜沧下流，以《一统志》言澜沧从景东西南下车里，而于元江府临安河下元江，又注谓出自礼社江，由白崖城合澜沧而南。余原疑澜沧不与礼社合，与礼社合者，乃马龙江及源自禄丰者，但无明证澜沧之直南而不东者，故欲由此穷之。前过旧城遇一跛者，其言独历历有据，曰："潞江在此地西三百余里，为云州西界，南由耿马而去，为渣里江，不东曲而合澜沧也。澜沧江在此地东百五十里，为云州东界，南由威远州而去，为挝龙江，不东曲而合元江也。"于是始知挝龙之名，始知东合之说为妄。又询之新城居人，虽土著不能悉，间有江右、四川向走外地者，其言与之合，乃释然无疑，遂无复南穷之意，而此来虽不遇杨，亦不虚也。

【译文】我当初心想在云州会晤了杨知州大人，随即向东南去穷究澜沧江的下游，因为《一统志》说澜沧江从景东向西南下流到车里，而后在元江府临安河下流进元江，又在注释中认为元江出自礼社江，由白崖城会合澜沧江向南流。我原本怀疑澜沧江不与礼社江合流，与礼社江合流的，是马龙江及发源于禄丰的江流，但是无澜沧江一直向南流却不向东流的证据，所以想由此去穷究它的源流。先前路过旧城时遇上一个瘸子，他的话特别清楚并且有根有据，说："潞江在这里西面三百多里，是云州的西境，向南从耿马而去，称为渣里江，不向东弯曲会合澜沧江。澜沧江在这里东面一百五十里，是云州的东境，向南从威远州而去，称为挝龙江，不向东弯曲后会合元江。”到这个时候才知道挝龙江的名称，才知向东合流的说法是荒谬的。又向新城的居民打听此事，虽然土著人不能详知，但其间有江右人、四川人一向走外地，他们说的与瘸子说的的相合，这才解开疑惑，便不再有向南穷究澜沧江的想法，而此番前来虽没有遇上杨知州，但也不算虚度了。

初十日　平明起饭。出南门，度一小坑桥，即西南循西山坡而行。二里余，渐折而沿其南坑之崖西向上，二里余，南盘崖嘴。此嘴东北起为峰顶，分两丫，即所谓马鞍山也；东南下为条冈，直扼旧城溪而东逼东山，界两城之间，为旧城龙砂，新城虎砂者也。此乃顺宁东山之脉，由三沟水西岭过脊南下而尽于此者。由此循峰西向北上，又二里，始平行峰西。一里，出马鞍峰后，为马鞍岭。有寺倚峰北向，前有室三楹当岭头，为茶房。从岭脊西向峻下，二里始平，又半里及山麓，有涧自东北小峡来，西注顺宁河，此已为顺宁属矣。盖云州北界，新城以马鞍山，旧城以函宗南小尖束水之坳，其相距甚近也。

【译文】初十日　黎明起床用餐。走出南门，越过一座小坑上的桥，随即向西南沿西面山坡前行。走了二里多，渐渐转向沿着它南面坑谷的山崖向西上走，走了二里多，向南绕过崖嘴，此处崖嘴向东北突起成为峰顶，分成两丫，就是所谓的马鞍山了；向东南下垂成为条形的山冈，直接扼住旧城的溪流向东逼近东山，隔在两城之间，成为旧城的龙砂、新城的虎砂。此山是顺宁东山的山脉，从三沟水西岭延过的山脊向南下延后在这里到了尽头。由此沿山峰西面向北上登，又再走二里，才平缓前行在峰西。一里，出到马鞍峰后，是马鞍岭。有寺庙背靠山峰面向北方，寺前三间房子位于岭头，是茶房。从岭脊向西下走路很陡峻，再走二里后才平缓些，又走半里到达山麓，有山涧从东北小峡中流来，向西注入顺宁河，这里已是顺宁府的属地了。大体上云州北部的边界，新城以马鞍山，旧城以函宗南面小尖山紧束水流的山坳划分，它们相距非常近。

渡涧北上坡，盘北山西麓行，四里，东西崖突夹，顺宁溪捣其中出，路逾其东崖而入。又北一里，其坡西悬坞中，是为花地，其坡正与翁溪村东西遥对，中坠为平坞，则田塍与溪流交络焉。乃西北下坡，半里及坞，又有涧自东北小峡来，西注顺宁溪。路从溪北西向行坞中，三里余，将逼翁溪村之麓，大溪自北峡出，漱西麓而界之，当从此涉溪上翁溪村，出来时道，见溪东有路随北峡入，遂从之。

【译文】渡过山涧向北上坡，绕着北山西麓走，走了四里，东西两面山崖突立相夹，顺宁溪冲捣在其中流出，路翻越那东面的山崖进去。又向北一里，那山坡向西悬在坞中，这是花地，此坡正好与翁溪村东西遥遥相对，中间下坠为平坦的山坞，只见田间土埂与溪流交相缠绕。于是向西北下坡，半里到达坞中，又有山涧从东北小峡中流来，向西注入顺宁溪。路从溪流北岸向西延伸向坞中，三里多，将逼近翁溪村所在的山麓时，有大溪从北面峡谷中流出来，冲刷着西麓把瓮溪村隔开，应当从此处涉溪上登翁溪村，这回来时的路，见溪东有路顺北面的峡谷进去，于是就从此路走。

又里余，路渐荒。又里余，坠崖而下，及于溪，即断桥处也。新城之道，实出于此，不由翁溪，从东崖坠流间架桥以渡；自桥为水汩，乃取道翁溪，以溪流平坞间，可揭而涉也。临溪波涌不得渡，乃复南还三里，西渡翁溪。然溪阔而流涨，虽当平处，势犹悬激，抵其中流，波及小腹，足不能定，每一移趾，辄几随波荡去。半晌乃及西岸，复由田塍间上坡。一里，西抵村下大路，乃转而北，即来时道也。循西山蹑坡而下，三里，有岐自峡中来合，即断桥旧境矣。于是随大路又六里，过把边关，瀹汤而饭。下坳东北一里余，渡小桥。又一里，复与大溪遇，溯其西崖，北十里而至鹿塘。时才过午，以暑气逼人，遂停旧主人楼作记。

【译文】又走一里多，路渐渐荒凉。又走了一里多，走下山崖，来到溪边，就是断桥之处了。去新城的路，实际在此通过，不经由翁溪村，从东面山崖下坠到溪流间架桥渡过去；自从桥被水淹没，只好取道翁溪，因为溪水流淌在平坦的山坞间，能够提起衣服涉水。看着溪水波涛汹涌，不能渡过，只得再向南回走三里，向西渡到翁溪。然而溪流宽阔而水流上涨，虽处于平缓之处，水势仍然高悬激荡，抵达溪水的中流，水波没及小腹，脚下不能立稳，每移动一只脚，总是几乎随波浪漂荡而去。半晌才涉到西岸，再经由田间土埂上坡。一里，向西抵达村子下边的大路，于是转向北，就是来时的路了。沿西山踩着山坡下走，三里，有岔路从峡中前来会合，这就是先前去断桥的地方了。于是顺大路又走六里，路过把边关，烧汤用餐。走下山坳向东北走了一里多，渡过小桥。又是一里，再次与大溪相遇，沿着大溪西面的山崖走，向北十里后来到鹿塘。这个时候才过中午，因为暑气逼人，便住在先前主人的楼上写日记。

十一日　由鹿塘三十里，过归化桥。从溪东循东山麓行，五里，入普光寺。余疑以为即东山寺也，入而始知东山寺尚在北。乃复随大路三里，抵南关坡下亭桥，即从桥东小径东北上坡。又二里而东山寺倚东山西向，正临新城也。入寺，拾级而上。正殿前以楼为门，而后有层阁，阁之上层奉玉帝，登之，则西山之支络，郡堞之回盘，可平揖而尽也。

【译文】十一日　从鹿塘走三十里，走过归化桥。从溪东沿东山山麓走，五里，进入普光寺。我以为这就是东山寺了，进去后才知东山寺还在北边。于是再顺大路走三里，抵达南关山坡下的亭桥，随即从桥东的小径向东北上坡。又再走二里后，背靠东山面向西方的东山寺，正好下临新城。进寺后，沿石阶逐级上登。正殿前边用楼作为大门，而后面有层层楼阁。楼阁的上层供奉玉皇大帝，登上楼阁，则交相回绕的西山，回旋盘绕的府城城墙，都能够平视览尽了。

下阁，入其左庐，有一僧曾于龙泉一晤者，见余留同饭。既饭而共坐前门楼，乃知其僧为阿禄司西北山寺中僧也，以听讲至龙泉，而东山僧邀之饭者。为余言，自少曾遍历挝龙、木邦、阿瓦之地，其言与旧城跛者、新城客商所言，历历皆合。下午乃出寺。一里，度东门亭桥，入顺宁东门。觅夫未得，山雨如注，乃出南关一里，再宿龙泉寺。

【译文】下阁后，进入它左侧的客房，有一个僧人曾在龙泉寺见过一面，见到我挽留一同用餐。餐后一同坐在前边的门楼中，才知此僧是阿禄司西北山间寺中的和尚，为听讲佛经来到龙泉寺，东山寺的僧人就邀请他用餐。他给我讲起，少年时便去过挝龙江、木邦、阿瓦这些地方，他的话与旧城的瘸子、新城的客商所说的，都清清楚楚相符合。下午才出寺。一里，越过东门的亭桥，进入顺宁府东门。找脚夫未找到，山雨如注，只好出南关走了一里，再次住在龙泉寺中。

十二日　饭于龙泉。命顾仆入城觅夫，而于殿后静室访讲师。既见，始知其即一苇也。为余瀹茗炙饼，出鸡葼松子相饷。坐间，以黄慎轩翰卷相示，盖其行脚中所物色而得者。下午，不得夫，乃迁寓入新城徐楼，与蒙化妙乐师同候驼骑。

【译文】十二日　在龙泉寺用完餐。命令顾仆进城去找脚夫，而后在殿后的静室拜访讲经的法师。见面后，才知他就是一苇了。他为我烹茶烤饼，拿出鸡葼、松子来款待。坐谈之间，拿出黄慎轩的书画卷轴给我看，大概是他云游途中所物色到的东西。下午，找不到脚夫，只得把寓所迁入新城徐家的楼中，与蒙化的妙乐禅师一同等候马帮。

十三日　与妙乐同寓，候骑不至。薄暮乃来，遂与妙乐各定一骑带行囊，期明日行。驼骑者，俱从白盐井驼盐而至，可竟达鸡足，甚便。时余欲从蒙化往天姥岩，恐不能待，止雇至蒙化城止。

【译文】十三日　与妙乐同住，等候马帮没到。傍晚才来，便与妙乐各自讲定了一匹马装行李，约定明天上路。马帮，都是从白盐井驮盐来到的，可直接到达鸡足山，非常方便。这个时候我想从蒙化前往天姥岩，怕不能相等，便只雇到蒙化城。

十四日　晨起而饭，驼骑以候取盐价，午始发。出北门，东北下涉溪。约二里，过接官亭，有税课司在焉。其岐而西者，即永昌道也。时驼骑犹未至，余先至，坐览一郡形势，而并询其开郡始末。

【译文】十四日　清晨起床用餐。马帮因为等候收取盐款，中午才出发。走出北门，向东北下涉溪流。约再走二里，经过接官亭，有税课司在这里。那分岔向西走的，就是去永昌的路了。这个时候马帮还未到，我先到达，坐下观览全府的地理形势，而且一并询问顺宁设府的始末。

顺宁者，旧名庆甸，本蒲蛮之地。其直北为永平，西北为永昌，东北为蒙化，西南为镇康，东南为大侯。此其四履之外接者。土官猛姓，即孟获之后。万历四十年，土官猛廷瑞专恣，潜蓄异谋，开府陈用宾讨而诛之。大侯州土官俸贞与之济逆，遂并雉狝之，改为云州，各设流官，而以云州为顺宁属。今迤西流官所莅之境，以腾越为极西，云州为极南焉。

【译文】顺宁，旧时名叫庆甸，本来是蒲蛮的地方。它的正北是永平，西北是永昌，东北是蒙化，西南是镇康，东南是大侯州。这是顺宁四境所接壤的地方。土官姓猛，是孟获的后代。万历四十年（1612），土官猛廷瑞专权放肆，蓄谋反叛，开府陈用宾讨伐诛杀了他。大侯州土官俸贞与他一同叛逆，就被一起歼灭了，改为云州，各自设了流官，而把云州划为顺宁的属地。如今云南西部流官治理的地区，以腾越为最西，云州为最南。

龙泉寺基，即猛廷瑞所居之园也，从西山垂陇东下。寺前有塘一方，颇深而澈，建水月阁于其中。其后面塘为前殿。前殿之右庭中皆为透水之穴，虽小而所出不一。又西三丈，有井一圆，颇小而浅，水从中溢，东注塘中淙淙有声，则龙泉之源矣。前殿后为大殿，余之所憩者，其东庑也，皆开郡后所建。

【译文】龙泉寺的基址，就是猛廷瑞居住的花园，土陇从西山向东下垂。寺前有一片池塘，相当深而且池水清撤，在池中建了水月阁。它的后面面对池塘建为前殿。前殿的右侧，庭院中全是出水的洞穴，虽然小但出水的地方不止一处。又向西三丈，有一眼井，很小，又浅，水从井中满溢而出，向东注入池塘中，淙淙发声，是龙泉的源头。前殿后边是大殿，我所歇息的地方，是大殿的东厢房，都是设府后所建的。

旧城即龙泉寺一带，有居庐而无雉堞。新城在其北，中隔一东下之涧。其脉亦从西山垂陇东下，谓之凤山。府署倚之而东向。余入其堂，欲观所图府境四止，无有也。

【译文】旧城就在龙泉寺一带，有居民房屋却无城墙。新城在它北边，中间隔着一条向东下流的山涧。这里的山脉也是土陇从西山向东下垂，称之为凤山。府衙背靠凤山面向东方。我进入府衙的大堂，想观看地图上府境的周边情况，可是没有。

顺宁郡城所托之峡，逼不开洋，乃两山中一坞耳。本坞不若右甸之圆拓，旁坞亦不若孟祐村之交错。其坞西北自甸头村，东南至函宗百里，东西阔处不及四里。

【译文】顺宁府城所依托的山峡，狭窄不开阔，只不过是两座山中间的一个山坞罢了。本处山坞不如右甸那样又圆又平展，四旁的山坞也不如孟祐村那样交错纷繁。这个山坞西北起自甸头村，东南到函宗有一百里，东西的宽处不到四里。

顺宁郡之境，北宽而南狭。由郡城而南，则湾甸、大候两州，东西夹之，尖若犁头。由郡城而北，西去绕湾甸之北，而为锡铅，为右甸，为枯柯，而界逾永昌之水；东去入蒙化之腋，而为三台，为阿禄，为牛街，而界逾漾备之流；其直北，则逾澜沧上打麦陇，抵旧炉塘北岭，始与永平分界。俱在二百里外，若扇之展者焉。自以云州隶之，而后西南、东南各抵东、西二江，不为蹙矣。

【译文】顺宁府的地域，北边宽而南边窄。从府城向南，是湾甸、大侯两个州在东西两面夹住它，尖得好像犁头。从府城向北，向西去绕过湾甸州的北边，便是锡铅，是右甸，是枯柯，而界限越过永昌河；向东去进入蒙化府的侧旁，便是三台山，是阿禄司，是牛街，而界限越过漾备江；它的正北，则是越过澜沧江登上打麦陇，抵达旧炉塘的北岭，才与永平县分界。都在二百里以外，好似扇子展开的形态。自从云州隶属于顺宁府，顺宁府的辖境内便西南、东南各自抵达东、西两条大江，地域不再狭小局促了。

澜沧江从顺宁西北境穿其腹而东，至苦思路之东，又穿其腹而南，至三台山之南，乃南出为其东界，既与公郎分蒙化，又南过云州东，又与顺江分景东。郡之经流也。

【译文】澜沧江从顺宁西北境穿过它的腹地向东流，到苦思路之东，又穿过它的腹地向南流到三台山之南，这才向南流出去成为顺宁府的东部边界，既经公郎与蒙化府分界，又向南流过云州东边，又经顺江与景东府分界。这是府中的主要河流。

郡境所食所燃皆核桃油。其核桃壳厚而肉嵌，一钱可数枚，捶碎蒸之，箍搞为油，胜芝麻、菜子者多矣。

【译文】府境内所吃所烧的全是核桃油。这里的核桃壳厚而肉深嵌，一文铜钱能够买得数枚，把它捶碎后蒸，箍紧榨成油，胜过芝麻油、菜子油。

驼骑至，即东下坡，渡北来溪身。以铁索架桥亭于其上，其制仿澜沧桥者，以孔道所因也。度桥东，即北上坡，循东山之麓，北向而登。是时驼骑一群，以迟发疾趋，余贾勇随之。上不甚峻，而屡过夹坑之脊，三里，从脊上西望望城关，只隔一峡也。

【译文】马帮来到后，随即向东下坡，渡过北来的溪流。用铁索架桥，在桥上建有亭子，桥的形制与澜沧江桥的相同，因为是交通孔道经由之处。过到桥东，随即向北上坡，沿东山的山麓，向北上登。这个时候一群马帮，因为出发晚了疾步赶路，我鼓足勇气跟随着他们。上走不怎么陡峻，但屡次走过坑谷相夹的山脊，三里，从山脊上向西望望城关，只隔着一条峡谷。

又北上，两过旁坠之脊，三里，忽随西坡下。转一拗，复一里，越一西突之冈。由其北下，环山为坞，有坪西向而拓，丰禾被塍，即西突之冈所抱而成者。一里，陟坪而北，又下，连越二小溪，皆从东南腋中来下西峡者。其处支流纵横，蹊径旁午，而人居隐不可见。从此复北上五里，有两三家倚冈头，是为二十里哨。登冈东北，平行其脊。一里，复转东向，循冈北崖下。又里余，则有溪自东峡来。余初以为既登冈，历诸脊，当即直上逾东大山，而不意又有此溪中间之也。既下，乃溯流东入峡。半里，其水分两峡出，一西南自冈脊后，一北自大岭过脊处。

【译文】又向北上走，两次经过向两旁下坠的山脊，三里，忽然顺西坡下走。转过一个山坳，再走了一里，越过一座向西突的山冈。从它北面下走，环绕山冈成为山坞，有平地向西拓展而去，丰美的稻禾覆盖着田野，这就是向西突的山冈环抱成的地方。一里，从平地向北上登，又下走，接连越过两条小溪，都是从东南侧旁中前来下流进西峡的水流。此处支流纵横，蹊径交错，可人居住的地方隐藏着看不见。从此再向北上走五里，有两三家人紧靠冈头，这是二十里哨。登上冈头向东走，平缓走在冈脊上。一里，再转向东，沿山冈北面的山崖下走。又走一里多，就见有溪水从东峡中流来。我起初以为登上山冈后，经过许多条山脊，随即应当径直向上翻越东面的大山，可没想到又有此条溪流在中间阻断了它。下来后，就沿着溪流向东入峡。半里，溪水分别从两条峡谷中流出去，一条向西南从冈脊后面，一条从北自大岭山脊延伸而过之处。

乃依南麓涉其冈后之流，溯北涧之左，复北向上，盖即两水中垂之坡也。于是从丛木深翳中上，二里，逾一冈，复循南崖之上行。一里余，又穿坳而西，临西崖之上。两崖俱下盘深箐，中翳丛木，而西箐即顺宁北坞大溪源所出矣。

【译文】于是靠着南麓涉过那山冈后面的溪流，沿着北面山涧的左岸，再向北上走，原来这里就是两条溪水中向下垂的山坡了。于是在茂密的丛林中上行，走了二里，越过一座山冈，再顺着南面山崖上走。一里多，又穿过山坳向西走，登临在西面山崖之上。两边山崖的下方都盘绕着深箐，箐中密蔽着丛林，而西面的山箐就是顺宁北坞大溪源头流出的地方了。

又穿夹槽而上半里，循西箐北崖上。西北平行一里，转入北坳。平透坳北一里，其脊南之箐，犹西坠也。半里，复入夹壁之槽。平行槽中半里，亦有上跨之树。又北一里，稍高，有石脊横槽底，即度脉也。此脊自罗岷山西天井铺南度，迤逦随江西岸，至此为顺宁东山、云州北山，而南尽于顺江小水之口；若罗岷大脊，则自南窝东北折而南，自草房哨而去矣。已出夹槽，东北坠坑而下。一里，即有水自东南腋飞坠下西北坑者，路下循之，与白沙哨之东下者，同一胚胎。又东北陟脊，度脊再上，共三里，有四五家踞冈头，是为三沟水哨。盖冈之左右，下坠之水分为三沟，而皆北注澜沧矣。又东北下七里，盘一冈嘴。又下三里，有一二家当路右，是为塘报营。又下三里，过一村，已昏黑。又下二里，而宿于高简槽。店主老人梅姓，颇能慰客，特煎太华茶饮予。

【译文】又穿过夹立的沟槽上走半里，沿西面山箐北边的山崖上登。向西北平缓前行一里，转入北面的山坳。平缓向北穿越山坳一里，山脊南面的山箐，仍然向西下坠。半里，再次走入石壁相夹的沟槽。平缓地在沟槽中走半里，也有横跨在上方的树。又向北一里，地势稍高些，有石山脊横在沟槽底，这就是延伸而过的山脉了。此条山脊从罗岷山西面的天井铺向南延伸，沿江流西岸曲折而下，到这里成为顺宁的东山、云州的北山，而后向南在顺江小水的河口到了尽头；至于罗岷山的主脊，则是从南窝东北折向南，从草房哨延伸而去的了。不久走出夹立的沟槽，向东北坠下坑谷。一里，就有水流从东南一侧飞坠下西北的坑谷，向下顺着水流走，这条水流与白沙哨之东下流的水流，同出于一个源头。又向东北上登山脊，越过山脊再上走，共三里，有四五家人盘踞在冈头，这是三沟水哨。原来是山冈的左右，下坠的水分为三条沟，而后都是向北注入澜沧江。又向东北下走七里，绕过一处冈嘴。又下走三里，有一两户人家位于路右，这是塘报营。又下走三里，路过一村，天已经昏黑。又下走二里，便住在高简槽。店主老人姓梅，很能招待客人，特意煎了太华茶给我饮。

十五日　昧爽，饭。平明，东北下破。坡两旁皆夹深崖，而坡中悬之，所谓高简诸村庐，又中踞其上。二里，转坡北，下峡中。一里，复转东北，循坡而下。四里，始望见澜沧江流下嵌峡底，自西而东；其隔峡三台山犹为夙雾所笼，咫尺难辨。于是曲折北下者三里，有一二家濒江而居，是为渡口。澜沧至此，又自西东注，其形之阔，止半于潞江，而水势正浊而急。甫闻击汰声，舟适南来，遂受之北渡，时驼骑在后，不能待也。

【译文】十五日　黎明用餐。天亮时，向东北下坡。坡两旁都夹着深深的山崖，而山坡悬在中间，所谓的高简槽各处的村庄房屋，又位于山坡的中间。走了二里，转到坡北，下到峡中。一里，再转向东北，顺山坡下走。走了四里，开始望得见澜沧江的江流下嵌在峡底，从西向东流；那隔着峡谷的三台山还被晨雾所笼罩，咫尺之间难以辨认。从这里向北曲折下走三里，有一两家人濒江而居，这是渡口。澜沧江流到这里，又从西向东流注，江面的宽处，只有潞江的一半，但水势又混浊又急。刚听到水浪拍击的声音，船恰好来到了南岸，便上船北渡，这个时候马帮在后面，不能等了。

登北岸，即曲折上二里余，跻坡头。转而东行坡脊，南瞰江流在足底，北眺三台山屏回岭北，以为由此即层累而升也。又闻击汏声，则渡舟始横江南去，而南岸之驼骑，犹望之不见。乃平行一里，折而北向逾脊。半里，乃循东崖瞰西坞北向行。二里，始望见三台村馆，在北山之半，悬空屏峙，以为贾勇可至。

【译文】登上北岸，随即曲折上登二里多，登上坡头。转向东行走在坡脊上，俯瞰南边江流在脚底，眺望北方的三台山，屏风样回绕在岭北，以为从这里就层层叠叠地上升了。又听见水波拍击的声音，就见渡船开始向南横江而去，可南岸的马帮，仍望不见他们的踪影。于是平缓前行一里，折向北越过山脊。半里，便沿着东边的山崖下瞰西边的山坞向北走。走了二里，开始望见三台山的村庄公馆，在北山的半腰上，悬在空中，屏风样耸峙，以为鼓足勇气能够走到。

又一里，路盘东曲，反渐而就降，又二里，遂下至壑底。壑中涧分二道来，一自西北，一自东北，合于三台之麓，而三台则中悬之，其水由西坞而南入澜沧。乃就小桥渡东北来涧，约一里，即从夹中上跻中悬之坡。曲折上者甚峻，六里，始有数十家倚坡坪而居，是为三台山，有公馆焉。又东北瞰东坞循西崖而上，十二里，蹑南亘之脊，其脊之东西坞，犹南下者。又蹑蹬三里，有坊，其冈头为七碗亭者。冈之东，下临深壑，庐三间缀其上，乃昔之茶庵，而今虚无人矣。又上里余，盘突峰之东。其峰中突，而脊则从北下而度，始曲而东起，故突峰虽为绝顶，其东下之坞，犹南出云。乃踞峰头而饭。其时四山云雾已开，惟峰头犹霏霏酿氤氲气。

【译文】又走了一里，路盘绕着向东曲，反而渐渐走向下方，又走二里，就下到壑谷底。壑谷中山涧分两条流来，一条来自西北，一条来自东北，在三台山的山麓会合，而三台山则高悬在两条山涧中间，那山涧水从西面的山坞向南流入澜沧江。于是走上小桥渡过东北方流来的山涧，约一里，就从夹角地带中间上登悬在中间的山坡。曲折上走的路非常陡峻，六里，才有数十家人紧靠坡上的平地居住，这便是三台山，有公馆。又向东北下瞰东面的山坞沿西面的山崖上走，再走十二里，上登向南绵亘的山脊，此条山脊东西两面的山坞，仍然是向南下延的。又上登台阶三里，有座牌坊，此处冈头是叫七碗亭的地方。山冈的东边，下临深壑，三间房屋点缀在冈上，是从前的茶庵，可如今空寂无人了。又上走了一里多，绕到突立山峰的东面。此峰在中央突起，而山脊则从北边向下延伸，开始曲向东隆起，所以这突立的山峰虽然是绝顶，它东边下方的山坞，仍是向南下延出去。于是坐在峰头用餐。这个时候四面群山的云雾已经散开，唯有峰头仍云雾霏霏酝酿着氤氲之气。

由峰北随北行之脊，下坠一里余，乃度脊东突，是为过脉。是山北从老君山南行，经万松岭、天井铺度脊南来，其东之横岭，西之博南二脊，皆绕断于中，惟此支则过此而南尽于泮山。从其北临西壑行，再下再上三里余，有哨房当路，亦虚无栖者。又东北随岭脊下六里，循东坞，盘西岭，又下二里，乃北度峡中小石桥。其水从西峡来，出桥而合于南峡，北从阿禄司东注于新牛街，入漾濞者也。石桥之南，其路东西两岐：东岐即余所从来道，西岐乃四川僧新开，欲上达于过脊者。度桥，即循北坡临南壑东北上。三里，蹑冈头，有百家倚冈而居，是为阿禄司。

【译文】从峰北顺着向北延伸的山脊，下坠一里多，延伸的山脊向东突，这是延伸而过的山脉。此山从北面的老君山向南延伸，山脊经万松岭、天井铺向南延伸而来，它东面的横岭和西面博南山的两条山脊，都在环绕中途断了，唯有此条山脉是延过这里后在南面的泮山到了尽头。从它的北面下临西边的壑谷向前走，两次下走两次上登三里多，有哨房位于路旁，也是空无人住。又向东北随岭脊下走六里，沿着东坞，绕过西岭，又下走二里，于是向北越过峡中的小石桥。桥下的水从西面峡中流来，流出桥后在南面峡中合流，向北从阿禄司东面流到新牛街，流入漾濞江。石桥之南，那路岔为东西两条：东边的岔路就是来时的路，西边的岔路是四川僧人新近开通的，可以上通到山脊延伸过的路。过桥后，随即沿北坡下临南边的壑谷向东北上走。三里，登上冈头，有百来户人家紧靠山冈居住，这是阿禄司。

其地则西溪北转，南山东环，有冈中突而垂其北，司踞其突处。其西面遥山崇列，自北南纡，即万松、天井南下之脊，挟澜沧江而南者；其北面乱山杂沓，中有一峰特出，询之土人，即猛补者后山，其侧有寺，而大路之所从者。

【译文】这里的西溪向北转，南山向东环绕，有座山冈在中央突起而山冈北面下垂，阿禄司盘踞在山冈突起之处。它的西面远山高高排列，从北向南曲折延伸，那就是万松岭、天井铺向南下延的山脊，傍着澜沧江向南延；它北面乱山杂沓，其中有一座峰特别突出，向当地人打听，那就是猛补者的后山，山侧有寺院，而大路从那里经过。

余识之，再瀹汤而饭，以待驼骑。下午乃至，以前无水草，遂止而宿。是夜为中秋，余先从顺宁买胡饼[①]一圆，怀之为看月具，而月为云掩，竟卧。

【注释】①胡饼：即烧饼。

【译文】我记住此话，再烧汤用餐，以等待马帮。马帮下午才到，因为前方没有水草，便停下住宿。这天夜里是中秋节，我事先从顺宁府买了一个烧饼，把它揣在怀中作为赏月的点心，但月亮被乌云遮住，便睡下了。

十六日　昧爽，饭而北行。随坡平下十里，而下更峻。五里，至坡底，东西二坞水来合而北去，乃度东坞小桥，沿东麓北行坞中。随水三里，又一溪自东峡来，渡其亭桥。又北一里，渡一大溪亭桥，是为猛家桥。水由桥东破峡北出，路从桥北逾冈而上。其冈东绾溪口，有数家踞其上。从其北下，复随溪行西岸，曲折盘坞十二里，有百家之聚踞冈头，东临溪口，是为新牛街。

【译文】十六日　黎明，饭后向北走。顺着山坡平缓下走十里，但下方更加陡峻。五里，到达坡底，东西两面山坞的水流来合流后向北流去，于是走过东面山坞的小桥，沿东麓向北行走在坞中。顺水流走三里，又一条溪水从东峡中流来，渡过溪上的亭桥。

又向北一里，渡过一条大溪上的亭桥，这是猛家桥。溪水从桥东冲破山峡向北流去，路从桥北翻越山冈上走。此冈在东面挡住溪口，有数家人高踞在冈上。从山冈北面下走，再沿着溪流西岸走，曲折盘绕在坞中十二里，有处百户人家的村落盘踞在冈头，东边面临溪口，这是新牛街。

俱汉人居，而地不开洋，有公馆在焉，今以旧街巡司移此。由其北西北下二里，有小江自西而东，即漾濞之下流也，自合江铺入蒙化境，曲折南下，又合胜备江、九渡、双桥之水，至此而东抵猛补者地名，乃南折而环泮山，入澜沧焉。江水不及澜沧三之一，而浑浊同之，以雨后故也。方舟渡之，登北岸，即随江东南行。

【译文】全是汉人居住，但地势不开阔，有公馆在这里，如今把旧街的巡检司迁到这里。从它北边向西北下走二里，有条小江从西流向东，就是漾濞江的下游了，从合江铺流入蒙化府境内，曲折南下，又汇合胜备江、九渡、双桥的水流，到这里后向东流抵猛补者是地名，于是向南折后环绕过泮山，流入澜沧江。江水不及澜沧江的三分之一，但浑浊的水势相同，这是因为雨后的缘故。两条船并排渡江，登上北岸，随即顺江向东南走。

半里，随江东北转，遂循突坡而上。二里，登南突之坡，下瞰隔江司，与阿禄司溪出江之口对，江流受之，遂东入峡，路从北山之半，亦盘崖而从之。半里，有一家独踞冈头，南临江坡而居，颇整。又东三里，有削崖高临路北，峭壁间有洞南向，其色斑赭，即阿禄所望北面特出之峰，此其西南隅之下层也。又东四里，有两三家倚冈而居，是为马王箐，江流其前峡中，后倚特出崇峰。东望遥壑中开，东北坳中有箐盘峡而下，西与江流合而南去，其东南两峰对峙，夹束如门，而江流由此南出焉。

【译文】半里，顺江势向东北转，然后沿前突的山坡上走。再走二里，登上南突之坡，下瞰隔江的巡检司，与阿禄司的溪流流到江中的河口相对，江流汇合了溪水，就向东流入峡中，路从北山的半腰上，也绕着山崖顺江走。半里，有一家人独自高踞在冈头，南面下临江坡居住，相当整洁。又向东三里，有陡削的山崖高临在路北，峭壁间有山洞向南，石色赭红斑斑，这就是在阿禄司望见的在北面特别突出的山峰，此处是它西南角的下层。又向东走四里，有两三家紧靠山冈居住，这是马王箐，江水流过它前方的峡中，后面背靠特别突出的高峰。远望东方远处的壑谷从中敞开，东北山坳中有山箐盘绕着峡谷下延，在西面与江流会合后向南而去，这里东南方的两座山峰对峙，紧束相夹如门，而江流由此向南流去。

乃瀹汤而饭于村家。由村东北上三里余，当特出崇峰之南，其下江流峡中，至此亦直南去。又东北二里，盘其东南之垂支，有两三家踞冈上，是为猛补者，亦哨寨之名也，于是逼特出崇峰东南麓矣。其东下盘壑中回，即东北杪松哨南箐之所下者；其正南江流直去，恰当两门之中。

【译文】于是在山村人家烧汤用餐。从村子向东北上走三里多，在特别突出的高峰之南，山下江水流过峡中，到这里也一直向南流去。又向东北再走二里，绕过山峰东南下垂的支脉，有两三家人高踞在冈上，这是猛补者，也是哨寨的名字，到这里已逼近特别突出高峰的东南麓了。山峰东面下方盘绕的壑谷在中央回绕，就是东北杉松哨南面山箐下延形成的；山峰的正南江流笔直流去，恰好在两道门之中。

又从门隙遥见外层之山，浮青远映，此乃澜沧江畔公郎之境矣。又东北盘崖麓而上，二里而下。半里，忽涧北一崖中悬，南向特立，如独秀之状，有僧隐庵结飞阁三重倚之。大路过其下，时驼马已前去，余谓此奇境不可失，乃循回磴披石关而陟之。阁乃新构者，下层之后，有片峰中耸，与后崖夹立，中分一线，而中层即覆之，峰尖透出中层之上，上层又叠中层而起。其后皆就崖为壁，而缀之以铁锁，横系崖孔，其前飞甍叠牖，延吐烟云，实为胜地，恨不留被襆于此，倚崖而卧明月也。隐庵为瀹茗留榻，余恐驼骑前去不及追，匆匆辞之出。此岩在特出崇峰东南峡中，登其阁，正南对双突之门。门外又见一远峰中悬，圆亘直上如天柱，其地当与澜沧相近，而不知为何所。隐庵称为钵盂山，亦漫以此岩相对名之耳；又谓在江外，亦不辨其在碧溪江名外，抑在澜沧外也。

【译文】又从门缝中远远望见外层的群山，漂浮着一抹青色远远映衬，这是澜沧江畔公郎的境内了。又向东北盘绕山麓的山崖上登，再走二里后下走。半里，忽然山涧北边一座山崖悬在中央，向南独立，如独秀峰的形状，有位隐庵僧人紧靠山崖建了三层飞阁。大路经过山下，这个时候马帮已向前去了，我认为此处奇境不可错失，就沿着回绕的石阶穿过岩石关隘登到阁上。阁子是新建的，下层的后方，有一片石峰耸立在中央，与后面的山崖夹立，中间分开一条线，而中层就覆盖在石缝上，峰尖钻出中层的上方，上层又重叠在中层上建起。阁子后方都是就着山崖作为墙壁，并用铁链把它们连缀起来，横系在山崖上的石孔间，阁子前方飞檐重窗，烟云缭绕，实在是处胜地，遗憾的是不能把被子铺盖留在这里，依傍山崖躺卧在明月下。隐庵为我烹茶挽留我住宿，我担心马帮向前行而我赶不上，便匆匆辞别他出来。此处山崖在特别突出高峰东南的峡中，登上寺中的阁子，正南方面对双突之门。又见到门外一座远峰悬在中央，圆圆地横亘，笔直上耸，如擎天柱，那里应当与澜沧江相接近，但不知是什么地方。隐庵称为钵盂山，也不过是因为与这座山崖相对起的名字罢了；又认为在江外，也辨不清它是在碧溪是江名以外，还是在澜沧江以外了。

由其东又上坡，二里，登东冈。又东北迢遥而上，八里而至杪松哨。是哨乃东来之脊，西度而起为特出崇峰，南尽于碧溪江东北岸，是为顺宁东北尽处，与蒙化分界者也。以岭有杪松树最大，故名。时驼骑方饭于此，遂及之。又随脊东上四里，转而北，登岭头，是为旧牛街。是日街子犹未散，已行八十里矣。此东来度脊之最高处，北望直抵漾濞，其东之点苍，直雄插天半；南望则瓦屋突门之峰，又从东分支西绕，环壑于前；西望则特出崇峰，近耸西南，江外横岭诸峰，遥环西北，亦一爽心快目之境矣。

【译文】从山崖的东边又上坡，再走二里，登上东冈。又向东北上走了很远，八里后来到杪松哨。这个哨所是东来的山脊，向西延伸后耸起成为特别突出的高峰，南面在碧溪江东北岸到尽头，这里是顺宁府东北境的尽头处，与蒙化府分界的地方。因为岭上有最大的杪松树，所以起这个名。这个时候马帮正在这里用餐，终于赶上了他们。又顺山脊向东上走四里，转向北，登上岭头，这里是旧牛街。这天的街子还未散，已走了八十里了。此处是东面延伸而来的山脊的最高处，向北能一直望到漾濞，漾濞东面的点苍山，笔直雄伟地插在半天空；向南望就见瓦屋突立为门的山峰，又从东面分支向西回绕，壑谷环绕在前方；向西边望去，就见特别突出的高峰，高耸在近处的西南方，江外横岭诸峰，远远地环绕在西北，也是一处爽心悦目之境呀！

于是北向随岭下，二里，盘崖转东，循脊北东行，八里，至旧巡司。又东北下二里，盘南壑之上，有路分岐：逾脊北下，想北通漾濞者；正路又东随脊。二里余，逾东岭北下，于是其峡北向坠，即随峡东坡东北行。五里，至瓦葫芦，有数十家倚坡嘴，悬居环壑中。坡东有小水，一自西腋，一自南腋，交于前壑而北去。则此瓦葫芦者，亦山从水溢之源也。是夜宿邸楼，月甚明，恨无贯酒之侣，怅怅而卧。

【译文】从这里向北顺山岭下走，走了二里，绕着山崖转向东，沿山脊北面向东走，八里，到了旧巡司。又向东北下走二里，盘绕在南边壑谷之上，有路分岔：越过山脊向北下山，应该是向北通到漾濞的路；正路又向东顺山脊走。再走二里多，越过东岭向北下走，在这里岭下的峡谷向北下坠，随即顺峡谷的东面山坡向东北走。五里，到瓦葫芦，有数十家人依傍着坡嘴，悬隔居住在环绕的壑谷中。坡东有小溪，一条来自西侧，一条来自南侧，在前方的壑谷中交流后向北流去。那么此处叫瓦葫芦的地方，也是山峰成丛泉水外溢的源头了。这天夜里住宿在客店的楼中，月光十分明亮，遗憾的是没有伴侣在一起饮酒，失望地躺下休息。

十七日　昧爽，饭而行，即东下坡。一里，渡西来小水，循北山而东。半里，南来小水与之合，同破峡北去，路亦随之，挟山北转，一里，有亭桥跨其溪，曰广济。渡而东，循东麓北行二里余，有峡自西山来合。又北五里，北壑稍开，水走西北峡去；又有一水自东峡来合，其势相埒，即溯之入。

【译文】十七日　黎明，饭后上路，随即向东下坡。一里，渡过西来的小溪，沿北山向东走。半里，南来的小溪与它合流，一同冲破山峡向北流去，路也顺溪流，傍着山向北转，一里，有座亭桥跨在这条溪上，叫广济桥。渡到桥东，沿东麓向北走二里多，有峡谷从西山前来会合。又向北五里，北面的壑谷略微开阔了些，水流向西北的峡中去；又有一条水流从东面峡中流来会合，水势相等，随即溯水进去。

东行里余，有小桥架其上，北度之。复循北坡东上半里，溯溪北转二里余，转而东一里余，有数十家倚北山而居，是为鼠街子。峡至是东西长亘，溪流峡底，路溯北崖。北崖屡有小水挂峡而下，路东盘之，屡上屡下。十里，逾坡东降，东峡稍开，盘北崖之纡，盖北崖至是稍逊，而南障之屏削尤甚也。东三里，其溪一自北来，一自南坠，而东面则横山障之，路乃折而溯北来之溪。二里稍下，一里余，涉溪东岸，复溯溪北行。半里，溪仍两派，一西北来，一东来，乃折而从东来者上。半里，有数家倚坡间，是为猪矢河哨。“猪矢”乃土音。此处为诸河之始，恐是“诸始河”也。其处山回峡凑，中迸垂坡：一岐直北逾岭者，为漾备道；一岐逾坡东北去者，为炉塘道；惟东向随峡上者，为蒙化大道。乃东上三里，稍随一北曲之湾。

【译文】向东走一里多，有小桥架在溪上，过到桥北。再沿北坡向东上走半里，溯溪向北转二里多，转向东走了一里多，有数十家人背靠北山居住，这是鼠街子。山峡到这里呈东西向长长地绵亘，溪水流在峡底，路溯北面的山崖走。北面山崖上屡屡有小溪从峡壁上下泻，路向东绕过小溪，屡上屡下。十里，翻过山坡向东下降，东面峡谷略微开阔一些，盘绕着北面山崖前行，原来北面山崖到这里后略微低伏，但南面的如屏风般的山崖却陡削得特别厉害。向东三里，这里一条溪水从北边流来，一条从南边下坠，而东面则有横列的山阻隔着溪水，路于是转向溯北来的溪水走。二里略微下走，一里多，涉到溪东岸，再溯溪向北走。半里，溪流仍分为两条支流，一条从西北流来，一条从东方流来，于是转向从东来的溪流上走。半里，有几家人依傍在坡上，这是猪矢河哨。“猪矢”是当地的口音。此处是诸条河流的起始处，恐怕是“诸始河”。此处山回峡集，中间迸裂开山坡下垂：一条岔道向正北越岭的，是去漾备的路；一条岔道越过山坡向东北去的，是去炉塘的路；唯有向东顺峡谷上走的，是去蒙化的大道。于是向东上走三里，慢慢顺一向北曲的山湾走。

湾中有小水南坠其侧，岐径缘之而北，此非漾备，即下关捷径，惜驼骑不能从也。又东随大道上，或峻或平，皆瞰南壑行，五里，乃逾岭脊。脊稍中坳，乃东北自定西岭分支，西度为甸头山，又分两支：一支北转，挟洱水北出苍山后；一支南下，亘为蒙化西夹之山，而此其脊出。脊东即见大坞自北而南，其东界山与此脊排闼相对；而北之甸头山，则中联而伏，其外浮青高拥者，点苍山也；南之甸尾，阳江中贯，曲折下坠，而与定边接界焉。蒙化郡城已东伏平川之中，而不即东下也。

【译文】山湾中有小溪向南下坠到它的侧边，岔开的小径沿着它向北去，这不是去漾备，就是去下关的捷径，可惜马帮不能从这里走。又向东顺大道上走，有时陡峻有时平坦，全是俯瞰着南面的壑谷走，五里，便越过岭脊。岭脊略微向中间下凹，是从东北的定西岭分支，向西延伸为甸头山，又分为两支：一条支脉向北转，傍着洱水向北延到苍山后；一条支脉南下，绵亘为蒙化府西面夹立的山，而此处是它的山脊。山脊东边就见大山坞从北伸展到南，它东面的一列山与此脊如门扉样排列相对；而北面的甸头山，则是中间低伏相连，甸头山外青翠浮动高高拥立的，是点苍山；南面的甸尾，阳江纵贯甸中，曲折下泻，与定边县交界。蒙化府城已东伏在平川之中，但不立即向东下走。

从岭脊平行而南半里，其脊之盘礴西去者，枤松、猛补者之支所由分；旁午东出者，郡城大路随之下。始由峡中坠者二里，即随北坡下者三里，又从坡脊降者五里，于是路南之峡，坠而愈开，路北之峰，断而复起。其峰自西脊下垂至是，屡伏屡耸，若贯珠而下，共四五峰，下至东麓，而阳江之水，自城西西曲而朝之，亦一奇也。

【译文】从岭脊上向南平缓向前走半里，这里的山脊气势磅礴向西去的，是杪松哨、猛补者的支脉从这里分出去的地方；纷繁交错向东出去的，去府城的大路顺着它下走。开始时经由峡中下坠二里，随即顺北坡下走三里，又从坡脊上下降五里，这里是路南的峡谷，深坠后愈加开阔，路北的山峰，中断后又重新隆起。那山峰从西面的山脊下垂到这里，屡次低伏屡次耸起，好似连贯在一起的珠子下延，共有四五座山峰，下到东麓，而阳江的江水，从城西向西弯曲后朝山麓流来，也是一处奇观。

路从其南连盘二峰，则南坞大开，有数家倚南山下，而峡中皆环塍为田。又东一里，乃转北，穿一东突峰后而透其坳。此峰即连珠下第五峰尽于东麓者，其上诸峰，皆随下而循其南，至此峰独中穿而逾其北。此处似有神皋[①]蕴结，而土人不识，间有旁缀而庐者，皆不得其正也。挟突峰之北而下，半里至麓。又东半里，则阳江自东来，抵山而南转去。路溯江北岸东行，半里，有三巩石桥南架江上。逾桥南，复东一里，入蒙化西门。一里余，竟城而抵东门，内转半里，过等觉寺，税驾于寺北之冷泉庵，即妙乐师栖静处。中有井甚甘冽，为蒙城第一泉，故以名庵。

【注释】①神皋：神明所聚之地。

【译文】路从山峰的南面一连绕过两座山峰，就见南面的山坞十分开阔，有数家人紧靠在南山下，而峡中全是田埂环绕着的农田。又向东一里，就转向北，穿过一座向东突的山峰后穿出山坳。此峰就是连珠般下延的第五峰在东麓到尽头的山峰，它上方的诸峰，路全是顺势下山而沿着它的南面走，唯独来到这里是从这座山峰中间穿过越到山峰的北面。此处似乎有神异的地脉蕴结着，可当地人不知道，间或有人在旁边连结建屋的，都不能得到它的正脉。傍着突起的山峰北面向下走，半里走到山麓。又向东半里，就见阳江从东方流来，流到山下向南转去。路溯江北岸向东走，半里，有一座三个桥拱的石桥向南架在江上。越到桥南，再向东一里，进入蒙化府城西门。一里多，穿越全城后抵达东门，在城内转向走半里，路过等觉寺，住宿在寺北的冷泉庵，冷泉庵是妙乐禅师住的地方。庵中有一眼井十分甘甜冷冽，是蒙化城的第一泉，所以用此来给寺庵命名。

蒙化城甚整，乃古城也，而高与洱海相似。城中居庐亦甚盛，而北门外则阛阓皆聚焉。闻城中有甲科三四家，是反胜大理也。北门外有卖饼者三四家，想皆中土人。其制酷似吾乡“眉公饼”，但不兼各味耳，即省中亦不及。

【译文】蒙化城非常整齐，是座古城，与洱海卫城差不多高。城中居民房屋也十分兴盛，而北门外则街市相连全是居民区。听说城中有三四家进士，这样反而胜过大理了。北门外有三四家卖饼的人家，猜想全是中原地区的人。饼的制法酷似我家乡的“眉公饼”，只是不兼有各种味道罢了，即便是省里的饼也赶不上。

蒙化土知府左姓，世代循良，不似景东桀骜，其居在西山北坞三十里。蒙化有流官同知一人，居城中，反有专城之重，不似他土府之外受酋制，亦不似他之流官有郡伯上压也。蒙化卫亦居城中，为卫官者，亦胜他卫，盖不似景东之权在土酋，亦不似永昌之人各为政也。

【译文】蒙化的土知府姓左，世代奉公守法，不似景东府那样桀骜不驯，他的住处在西山北坞三十里外。蒙化府有流官同知一人，住在城中，反而有独擅全城的重权，不像其他土府受土官的制约，也不像其他流官有府官在上压制。蒙化卫也住在城中，任卫官的人，也胜过其他卫，大概是不像景东那样，权力在土官，也不似永昌那样人人各自为政。

蒙化疆宇较蹙，其中止一川，水俱西南下澜沧者，以定西岭南脊之界其东也。

【译文】蒙化的疆界较为紧促，府中只有一片平川，水流都是向西南流下澜沧江的，因为定西岭南延的山脊隔在平川的东部。

定西岭从大脊分支，又为一东西之界，其西则蒙化、顺宁、永昌，其东则元江、临安、澂江、新化及楚雄。脊南之州县水，皆从是岭而分，南龙大脊虽长，此亦南条第一支也。至脊西之大理、剑川、兰州，脊东之寻甸、曲靖，虽在其北为大脊所分，而定西实承大脊而当其下流，谓非其区域所判不可也。

【译文】定西岭从大山脊分支，又成为一列隔开东西的界线，它西南是蒙化府、顺宁府、永昌府；它东面则是元江府、临安府、澂江府、新化州及楚雄府。山脊南面各州县的水流，都是从此岭分流的，向南延伸的大山脊虽然长，此岭也是南面支脉的第一支峰。至于山脊西面的大理府、剑川州、兰州，山脊东面的寻甸府、曲靖府，虽然在它的北面被大山脊分开，可定西岭实际上承接着大山脊而且位于大山的下游，认为不是按它们的区域来判别的就不可了。

蒙化有四寺，曰天姥[①]、竹扫、降龙、伏虎，而天姥之名最著，在西北山坞间三十五里。余不及遍穷，欲首及之。

【注释】①天姥（mǔ）：今名天摩牙寺，位于巍山县西北。

【译文】蒙化府有四座寺院，名叫天姥寺、竹扫寺、降龙寺、伏虎寺，而天姥寺最著名，在西北山坞三十五里处。我来不及处处游遍，便打算先到天姥寺去。

十八日　从冷泉庵晨起，令顾仆同妙乐觅驼骑，期以明日行。余亟饭，出北门，策骑为天姥游，盖以骑去，始能往返也。北二里，由演武场后西北下，约一里，渡一沟，西北当中川行。五里，过荷池。又北一里，过一沟。又西北三里，则大溪自东曲而西流，北涉之。四里，盘西山东突之嘴，其嘴东突，而大溪上流，亦西来逼之，路盘崖而北，是为蒙化天姥适中处。又北二里，过西山之湾，又北二里，再盘一东突之嘴。又过西湾三里，其东突之嘴更长。逾其坳而北，有岐西向入峡，其峡湾环西入，内为土司左氏之世居。天姥道由坳北截西峡之口，直度北去。约三里，又盘其东突之嘴，于是居庐连络，始望见天姥寺在北坞之半回腋间，其山皆自西大山条分东下之回冈也。

【译文】十八日　从冷泉庵清晨起床，命令顾仆同妙乐去找马帮，约定在明天动身。我急忙吃过饭，走出北门，策马去游玩天姥寺，需要骑马去，一天才能往返。向北走二里，从演武场后面向西北下走，约一里，渡过一条水沟，向西北前行在平川中。五里，路过荷池。又向北一里，过了一条水沟。又向西北走三里，就见大溪从东曲向西流，涉到溪流北岸。走了四里，绕过西山东突的山嘴，此处山嘴向东突，而大溪的上游，也向西流来逼近它，路盘绕着山崖向北走，这里恰好是蒙化城去天姥寺的中途之处。又向北再走二里，走过西山的山湾，又向北走二里，再绕过一处东突的山嘴。又经过西面的山湾三里，那东突的山嘴更长。越过山坳向北走，有岔路向西进峡，那峡谷向西弯弯绕绕地进去，里面是土司左家世代居住的地方。去天姥寺的路由山坳北边穿过西峡的峡口，径直越到北边去。约三里，又绕过那东突的山嘴，在这里居民房屋连接不断，开始望见天姥寺在北面山坞的山崖回绕的转折处，那里的山都是从西面的大山分为条状向东下延回绕的山冈。

又三里，有一圆阜当盘湾之中，如珠在盘，而路萦其前。又北三里，循坡西北上，一里而及山门，是为天姥崖，而实无崖也。其寺东向，殿宇在北，僧房在南。山门内有古坊，曰“云隐寺”。按《一统志》，巄屽图山在城西北三十五里，蒙氏龙伽独自哀牢将其子细奴逻居其上，筑巃岴图城，自立为奇王，号蒙舍诏，今上有浮屠及云隐寺。始知天姥崖即云隐寺，而其山实名巃岴图也。其浮屠在寺北回冈上，殿宇昔极整丽，盖土司家所为，今不免寥落矣。时日已下午，亟饭而归。渡大溪，抵荷池已昏黑矣。入城，妙乐正篝灯相待，乃饭而卧。

【译文】又走三里，有一座圆形的土阜正当盘子状山湾的中央，如同明珠在盘子中，而路萦绕在土阜前。又向北三里，沿山坡向西北上登，一里后到达山门，这是天姥崖，但实际上没有山崖。此寺面向东，殿宇在北，僧房在南。山门内有座古老的牌坊，写道“云隐寺”。据《一统志》，巃岴图山在城西北三十五里处，蒙氏龙伽独从哀牢山带领他儿子细奴逻居住在山上，修筑了巃岴图城，自立为奇王，号称为蒙舍诏，今天山上有佛塔和云隐寺。这才知道天姥崖就是云隐寺，而此山实际名叫巃岴图山。那佛塔在寺北回绕的山冈上，殿宇从前极为整齐华丽，大概是土司家所建的，如今不免冷落了。这个时候日光已是下午，急忙用餐后归来。渡过大溪，抵达荷池天已经昏黑了。进城后，妙乐正点燃灯火相等，于是用餐后躺下休息。

十九日　妙乐以乳线赠余。余以俞禹锡诗扇，更作诗赠之。驼骑至，即饭而别，妙乐送出北门。仍二里，过演武场东。又北循东麓一里，有岐分为二：一直北随大坞者，为大理、下关道；一东向入峡逾山者，为迷渡、洱海道。乃从迷渡者东向上，五里，涉西下之涧，于是上跻坡。二里，得坪，有数家在坪北，曰阿儿村。

【译文】十九日　妙乐拿乳线赠给我。我用俞禹锡的诗扇，另外作了诗赠给他。马帮来到，随即用餐后告别，妙乐送我出北门。仍是再走二里，经过演武场东边。又向北沿东麓走了一里，有岔路分为两条：一条向正北顺大山坞走的，是去大理、下关的路；一条向东进峡翻山的，是去迷渡、洱海卫的路。于是从去迷渡的路向东上走。五里，涉过向西下流的山涧，于是上登山坡。再走二里，遇到一块平地，有数家人在平地北边，叫阿儿村。

更蹑坡直上五里，登坡头，平行冈脊而南度之。此脊由南峰北度而下者，其东与大山夹为坑，北下西转而入大川，其西则平坠川南，从其上俯瞰蒙城，如一瓯脱也。又北倚坡再东上三里，有三四家当脊而居，是为沙滩哨。脊上有新建小庵，颇洁。又蹑脊东上二里，盘崖北转，忽北峡骈峙，路穿其中，即北来东度而南转之脊也，是为龙庆关。

【译文】再登坡一直上走五里，登上坡头，平缓行走在冈脊上，而后向南越过山脊。此脊是从南峰向北下延的，山岗的东面与大山夹成坑谷，向北下延后向西转，进入大平川，它的西面则平缓下坠到平川南边，从它上边俯瞰蒙化城，如同一间屯戍的土室。又紧靠北面的山坡再向东上走三里，有三四家人居住在山脊上，这是沙滩哨。山脊上有新建的小庵，相当整洁。又登山脊向东上走二里，绕着山崖向北转，忽然北面峡谷并峙，路穿过峡中，这就是从北面来向东延伸后向南转的山脊了，这里是龙庆关。

透峡，即随峡东坠，石骨嶙峋。半里，稍平。是脊北自定西岭南下，东挟白崖、迷渡之水，为礼社江，南由定边县东而下元江；西界蒙化甸头之水，为阳江，南由定边县西而下澜沧，乃景东、威远、镇沅阳江并未流入澜沧江，此为徐霞客引明《一统志》所致诸郡州之脉所由度者也。东向下者四里余，有数家居峡中，是为石佛哨，乃饭。

【译文】穿过峡谷，随即顺山峡向东下坠，石骨嶙峋。半里，略平坦些。此脊从北方的定西岭向南下延，东边傍着白崖站和迷渡的水流，是礼社江，向南由定边县东境流下元江；西临蒙化甸头的水流，是阳江，向南由定边县西境流下澜沧江，是景东府、威远州、镇沅府诸府州的山脉由这里延伸的山。向东下走四里多，有几家住在峡中，这是石佛哨，就在这里停下用餐。

又三里，有三四家在北坡，曰桃园哨。于是曲折行峡中，随水而出，或东或北。不二里，辄与峡俱转，而皆在水左。如是十里，再北转，始望见峡口东达川中，峡中小室累累，各就水次，其瓦俱白，乃磨室也，以水运机，磨麦为面，甚洁白，乃知迷渡川中，饶稻更饶麦也。又二里，度桥，由溪右出峡口，随山南转半里，乃东向截川而行。其川甚平拓，北有崇山屏立，即白崖站也；西北有攒峰横亘而南，即定西岭南度之脊也；两高之间，有坳在西北，即为定西岭。逾岭而西，为下关道；从坳北转，为赵州道。余不得假道于彼，而仅一涉礼社上流，揽迷渡风景，皆驼骑累之也。

【译文】又走三里，有三四户人家在北坡上，叫桃园哨。从这里起曲折行走在峡中，顺水流出去，有时向东有时向北。不到二里，就与峡谷一起转弯，而且都是在水流左侧。如此走了十里，再向北转，这才望见峡口向东通到平川中，峡中小屋层层叠叠，各自靠近水边，屋瓦全是白色的，是磨房，用水运转机械，把麦子磨成面，面粉十分洁白，这才知道迷渡的平川中，富产水稻更富产小麦。又走二里，过桥，由溪右走出峡口，顺山势向南转半里，就向东横截平川前行。此处平川非常平坦广阔，北方有高山屏风般矗立，那就是白崖站了；西北有攒聚的山峰向南横亘，那就是定西岭向南延伸的山脊了；两面高山之间，有山坳在西北，那就是定西岭。越岭向西走，是去下关的路；从山坳向北转，是去赵州的路。我不能借路于那里，只能跋涉到礼社江的上游，游览迷渡的风景，这皆是马帮拖累我造成的。

东行平堤三里，有围墙当路，左踞川中，方整而甚遥，中无巨室，乃景东卫贮粮之所，是曰新城。半里，其墙东尽，复行堤上三里，有碑亭在路右，乃大理倅王君署事景东，而卫人立于此者。又东半里，有溪自北而南，架木桥于上，水与溪形俱不大，此即礼社之源，自白崖、定西岭来，南注定边，下元江，合马龙，为临安河，下莲花滩者也。时川中方苦旱，故水若衣带。从此望之，川形如犁尖，北拓而南敛，东西两界山，亦北高而南伏，盖定边、景东大道，皆由此而南去。又东半里，入迷渡之西门。其墙不及新城之整，而居庐甚盛，是为旧城，有巡司居之。其地乃赵州、洱海、云南县、蒙化分界，而景东之屯亦在焉。买米于城。出北门，随墙东转一里，有支峰自东南绕而北，有小浮屠在其上。盘其嘴入东坞中，又一里，其中又成一小壑，曰海子。有倚山北向而居者，遂投之宿。

【译文】向东在平坦的水堤上走三里，路旁有围墙，在左边盘踞在平川中，方方整整而且十分长，其中无巨大的房屋，是景东卫贮粮的场所，这叫新城。半里，围墙到了东边的尽头，再行走在水堤上三里，有座碑亭在路右侧，是大理府副职王君代理景东卫的政事，而卫里人立石碑于此。又向东半里，有溪水从北流向南，在溪上架有木桥，水势与溪流都不大，此溪就是礼社江的源头，从白崖站、定西岭流来，向南注入定边县，下游到元江府，会合马龙水，成为临安河，下流到莲花滩。这个时候平川中正苦于干旱，所以江水好似衣带一样宽。从此望过去，平川形状如同犁尖，北面拓展开去而南面收拢来，东西两列山，也是北边高而南边低伏，大概去定边县、景东府的大道，都是由此向南去。又向东半里，进入迷渡的西门。它的城墙不如新城的整齐，可居民房屋十分繁盛，这是旧城，有巡检司住在这里。这里是赵州、洱海卫、云南县、蒙化府的分界处，而景东卫的驻屯地也在这里。在城中买米。走出北门，顺城墙向东转一里，有支峰从东南绕到北方，有座小佛塔在山上。绕过它的山嘴走入东面山坞中，又走一里，坞中又形成一个小壑谷，叫做海子。有靠山向北居住的人家，就到那里投宿。

二十日　平明，饭而行。又东一里，入峡，其中又成一小壑。二里，随壑北转，渐上坡。再上再平，三里，逾岭头，遵冈北行。又三里，有村在西坡腋间，为酒药村。又北循坡行，其坡皆自东而西下者，条冈缕缕，有小水界之，皆西出迷渡者。

【译文】二十日　黎明，饭后上路。又向东一里，进峡，峡中又形成一处小壑谷。再走二里，顺壑谷向北转，渐渐上坡。两次上攀两次平地，三里，越到岭头，沿着山冈向北走。又走三里，有个村庄在西坡的侧旁，是酒药村。又向北沿着山坡走，这里的山坡全是从东向西下斜的，条状的山冈一缕缕的，有小溪隔开它们，全是向西流到迷渡的水流。

再下再上约十里，有卖浆者庐冈头，曰饭店，有村在东山下，曰饭店村。又北逾一冈，二里，坡西于是有山，与东坡夹而成峡，其小流南下而西注迷渡。路乃从峡中溯之北，二里余，转而东北上，二里余，陟而逾其坳。此乌龙坝南来大脊，至此东度南转，而峙为水目者也。脊颇平坦，南虽屡升降坡间，而上实不多，北下则平如兜，不知其为南龙大脊。

【译文】两次下走两次上登约十里，有卖酒的人在冈头建了房屋，叫做饭店，有村庄在东山下，叫饭店村。又向北越过一座山冈，走了二里，山坡西面有座山，与东面的山坡夹立成峡谷，峡中的小水流向南下流后向西注入迷渡。路于是从峡中溯流向北走，走了二里多，转向东北上走，再走二里多，上登越过山坳。此处是乌龙坝向南来的大山脊，到这里向东延伸向南转，耸峙为水目山的山脊。山脊相当平坦，向南虽屡次升降在山坡间，可上走的路实际上不多，向北下走则平坦得如同兜底，不知它是向南延伸的大山脊。

余自二月十三从鹤庆度大脊而西，盘旋西南者半载余，乃复度此脊北返，计离乡三载，陟大脊而东西度之，不啻如织矣！

【译文】我从二月十三日从鹤庆向西越过大山脊，盘旋在西南方有半年多，现在又再次越过此条山脊返回北边，算来离乡三年，上登大山脊而翻越到它的东西两面，如同像织布一样往来穿梭！

脊北平下半里，即清华洞，倚西山东向。再入之，其内黄潦盈潴，及于洞口。余去年腊月十九日，当雨后，洞底虽泞，而水不外盈，可以深入；兹方苦旱，而水当洞门，即外台亦不能及，其内门俱垂垂浸水中，止北穿一隙，其上亦透重光，不如内顶之崇深也。

【译文】从山脊北面平缓下走半里，就是清华洞，洞紧靠西山面向东方。再次入洞，洞内充盈着黄色的积水，满到洞口。我去年腊月十九日来时，正当雨后，洞底虽然泥泞，但水未满到外边，能够深入；这个时候正苦于干旱，而水挡住洞口，即便是外边的平台也不能去到，洞的内洞口完全浸在水中，只在北边穿通一条缝隙，缝隙上方也透射进阳光，不如内洞顶那样高深。

稍转而北，其上窦即黑暗而穷，其下门俱为水没，无从入中洞也。此洞昔以无炬不能深入，然犹践泞数十丈，披其中透顶之扃，兹以涨望门而止，不知他日归途经此，得穷其蕴藏否也。

【译文】略微转向北，那上洞马上黑暗下来而且到了头，它下方的洞口全被水淹没了，无法进入中洞。此洞从前由于没有火把不能深入，然而仍可以踩着泥泞走入数十丈，钻入洞中通到山顶的门户，这个时候因为涨水望见洞口便停下了，不知他日归途中路过这里，还能否深入探究它的内部。

出洞，北行半里，逾岭即西向白崖大道，仍舍之而北。二里，有池一方，在西坡下，其西南崖石嶙峋，亦龙潭也。又北一里，过一村聚，村北路右有墙一围，为杨土县之宅。又北一里，即洱海卫城西南隅。从西城外行半里，过西门，余昔所投宿处也。又随城而北半里，转东半里，抵北门外，乃觅店而饭。先是余从途中，见牧童手持一鸡葼，甚巨而鲜洁，时鸡葼已过时，盖最后者独出而大也。余市之，至是瀹汤为饭，甚适。

【译文】出洞来，向北走半里，越岭后就是向西去白崖站的大道，仍舍弃它向北走。走了二里，有一塘池水，在西坡下，池西南的山崖石骨嶙峋，也是个龙潭。又向北一里，经过一个村落，村北路右侧有一圈围墙，是杨土知县的宅院。又向北一里，就是洱海卫城的西南隅。从西城外走半里，经过西门，就是我从前投宿之处了。又顺城墙向北半里，转向东半里，抵达北门外，于是找客店用餐。这之前我在途中，见牧童手握一朵鸡葼，非常巨大而且鲜嫩洁白，这个时候鸡葼已过了季节，大概是最后独自长出来而且个大。我买了它，到这个时候烧汤下饭，十分可口。

洱海往鸡山道，在九鼎、梁王二山间，余昔所经者；骑夫以家在荞甸，故强余迂此。盖洱海卫所环之坞甚大，西倚大脊崇冈，东面东山对列，东南汇为青龙海子，破峡而绕小云南驿为水口。其南即清华洞前所逾南坳；其北即瀹王山东下之支，平伏而横接东山者。自洱海北望，以为水从此泄，而不知反为上流。余亦欲经此验之，于是北行田塍间，西瞻九鼎道，登缘坡，在隔涧之外数里也。六里，抵梁王山东支之南，有寺在其西腋，南向临川，曰般若寺。

【译文】洱海卫前往鸡足山的路，在九鼎山、梁王山两座山之间，是我从前所经过的路；马夫因为家在荞甸，所以强迫我绕道到这里。原来环绕洱海卫的山坞非常大，西边靠着大山脊的高冈，东面与东山对列，东南积水成为青龙海子，冲破峡谷后绕到小云南释成为水口。水口南面就是清华洞前越过的南面的山坳；水口北面就是梁王山东下延的支脉，平缓起伏横接到东山。从洱海卫望向北边，以为水从此处外泄，却不知反而是向上流。我也想经过这里验证这一点，于是向北前行在田野间，向西瞻望去九鼎山的路，沿山坡上登，隔着山涧在数里之外。六里，抵达梁王山东面支脉的南麓，有寺院在山的西侧，向南面临平川，叫般若寺。

路乃东向逾冈，一里余，有村庐倚西山而居，曰品甸。由其东一里余，再北上坡，乃一堤也。堤西北山回壑抱，东南积水为海，于时久旱，半已涸矣。从堤而东半里，一庙倚堤而北悬海中，为龙王祠。

【译文】路于是向东翻越山冈，一里多，有村庄房屋紧靠西山居住，叫品甸。从村东走了一里多，再向北上坡，原来此坡是一条水堤。水堤西北山峰壑谷回绕，东南方水积为海，在这个时候长期干旱，一半已干涸了。从堤上向东走半里，一座寺庙背靠水堤悬在北边的海中，是龙王祠。

又东半里转北，堤始尽。复逾东突之坡，一里，复见西腋尚蟠海子支流。平行岭脊，又北三里，则东峡下坠，遥接东山，腋中有水盈盈，则周官蒌海子也。其北则平冈东度，而属于东山，此海实青龙海子之源矣。梁王之脉，由此东度，不特南环为洱城东山，即荞甸北宾川东大山崇窿，为铁索箐、红石崖者，皆此脊绕荞甸东而磅礴之。

【译文】又向东半里转向北，水堤才到尽头。再越过东突的山坡，一里，又见到西侧尚蟠海子的支流。平缓行走在岭脊上，又向北三里，就见东峡下坠，远远接到东山，侧边峡中有满满的水，那是周官蒌海子。它北面是平缓的山冈向东延伸，而后连接到东山，此处海子实际上是青龙海子的源头。梁王山的山脉，由此向东延伸，不仅向南环绕成洱海卫城的东山，即荞甸北面宾川东面高大弯隆的大山，称为铁索箐、红石崖的山，也全是此条山脊气势磅礴地绕过荞甸东边形成的。

余夙闻洱城北有米甸、禾甸、荞甸之名，且知青海子水经小云南随川北转，经胭脂坝，合禾、米诸甸水而北入金沙，意此脊之北，荞甸水亦东北流。

【译文】我过去听说洱海卫城以北有米甸、禾甸、荞甸的地名，并且知道青海子的水流经小云南然后顺平川向北转，经过胭脂坝，会合禾甸、米甸诸处甸子的水后向北流入金沙江，料想此条山脊的北面，荞甸的水也是向东北流。

至此乃知其独西北出宾川者，始悟此脊自□□山南度为□□□山而尽于小云南[①]，北界于荞甸之东，耸宾川东山而尽于红石崖金沙江岸，脊北盘壑是为荞甸，与禾、米二甸名虽鼎列，而水则分流焉。从岭上转西北一里，随北坞下，三里而至坞底。直北开一坞，其北崇山横亘，即斜骞于宾川之东而雄峙者；西界大山，即梁王山北下之支；东界大山，即周官岁北冈东度之脊，所转北而直接横亘崇山者。

【注释】①始晤此脊自□□山南度为□□□山而尽于小云南："山南度为"四字据宁抄本补。

【译文】来到这里才知荞甸是单独向西北流到宾川的水流，这才明白此条山脊从□□山向南延伸成为□□□山而后在小云南驿到了尽头，北边是荞甸的东部，耸立为宾川的东山，而后在金沙江岸的红石崖到了尽头，山脊北面盘绕的壑谷那便是荞甸，与禾甸、米甸两个甸的名字虽然并列，但水却是分流的。从岭上转向西北一里，顺北面的山坞下走，三里后到达坞底。正北敞开一个山坞，它北边高山横亘，那就是斜举在宾川之东雄峙的山；西面一列大山，就是梁王山向北下延的支脉；东面一列大山，就是周官岁北冈向东延伸的山脊，转向北一直接到横亘的高山。

从岭上观之，东西界仅与脊平，至此而岩岩直上，其所下深也。坞中村庐累落，即所谓荞甸。度西南峡所出涧，稍北上坡，又一里而止于骑夫家。下午热甚，竟宿不行。

【译文】从岭上观看地形，东西两列山仅与岭脊一样高，来到这里却高峻笔直上耸，这里的地势下坠得很深。山坞中村庄房屋重重叠叠，是所谓的荞甸。越过西南峡中流出的山涧，略微向北上坡，又走了一里路后停在马夫家。下午太热，最终住下不走了。

二十一日　平明，饭而行，骑夫命其子担而随。才出门，子以担重复返，再候其父饭，仍以骑行，则上午矣。北向随西山之麓，五里，有一村在川之东，为海子。村当川洼处，而实非海也，第东山有峡向之耳。渐转西北，五里，西山下复过一村。又四里，有数十家倚西山而庐，其前环堤积水，曰冯翊村，其北即崇山横障之麓。川中水始沿东山北流，至是西转，漱北山而西，西山又北突而扼之，与北麓对峙为门，水由其中西向破峡去，路由其南西向逾坳入，遂与水不复见，盖北突之嘴，夹水不可行，故从其南披隙以逾之也。

【译文】二十一日　黎明，饭后上路，马夫命令他儿子挑担子跟我走。才出门，他儿子因为担子太重又返回去，再等候他父亲用完餐，仍用马上路，便已是上午了。向北沿西山的山麓，走了五里，有一个村子在平川的东面，是海子。村子位于平川低洼之处，可实际上并不是海子，只是东山有峡谷通向那里而已。渐渐转向西北，五里，在西山下又经过一村。又走四里，有数十家人靠着西山建了房，村前水堤环绕着积水，叫冯翊村，村北就是横挡着的高山的山麓。平川中水流开始沿东山向北流，到这里向西转，冲刷着北山向西流，西山又向北前突扼住水流，与北麓对峙成门，水由其中向西冲破峡谷流去，路由它的南边向西穿越山坳进去，于是与水流不再见面，原来北突的山嘴，夹住流水不能行走，所以水从南边顺着缝隙流淌。

由冯翊村北一里，至此坳麓，乃西向盘崖历壑。山雨忽来，倾盆倒峡，浃地交流。二里，转西南盘崖上，又一里，转西北，遂蹑石坡，里余，升冈头。有岐西向逾坳者，宾居道也；北向陟冈者，宾川道也。乃北上半里，遂登岭头。于是西瞰大川，正与宾居海东之山，隔川遥对，而川之南北，尚为近山所掩，不能全睹，然峰北荞甸之水，已透峡西出，盘折而北矣。

【译文】从冯翊村向北一里，来到此处山坳的山麓下，于是向西绕山崖过壑谷。山雨忽然来临，倾盆般倒入峡中，水遍地流淌。再走二里，转向西南绕着山崖上登，又走一里，转向西北，于是上登石坡，一里多，登上冈头。有条岔路向西穿越山坳的，是去宾居的路；向北上登山冈的，是去宾川的路。于是向北上登半里，便登到岭头。在这里向西远瞰大平川，正与宾居海东面的山，隔着平川遥遥相对，但平川的南北，还被近处的山遮住，不能看到全貌，然而山峰北面荞甸的水，已穿过峡谷向西流去，然后又盘绕曲折地向北流。

乃西北下山。一里余，骑夫指北峰夹冈间，为铁城旧址，昔土酋之据以为险者。盖梁王山北尽之支，北则荞甸水界为深堑，南则从峰顶又坠一坑环之，此冈悬其中，西向特立，亦如佛光寨恃险一女关之意也，非邹中丞应龙芟除诸巢，安得此宁宇乎！又下里余，渡坠坑之水，乃循东山北行。又三里，抵荞甸水所出口。其水分衍漫流，而北随之，或行水中，或趋碛[1]上，或涉水左，或涉水右，茫无正路。四里，乃上东麓，始有路北向。循麓行六里，望路西有巩桥当川之中，则大理由宾居来大道。有聚落在桥西，是为周官营。从其东直北三里，一小坊在冈上，过之，始见宾川城。又北一里，过南薰桥，入其南门。行城中，北过州治前，约一里，出北门饭，市肉以食。

【注释】①碛（qì）：浅水中的沙石。

【译文】于是向西北下山。一里多，马夫指点在北峰山冈相夹之间，是铁城旧址，从前是土人首领占据作为天险之处。梁王山北面的支脉到了尽头后，北边是荞甸水隔为深堑，南面则从峰顶又坠成一个坑谷环绕着山峰，此冈悬在其中，向西独立，也如同佛光寨一女关凭借险阻一样，要不是中丞邹应龙铲除诸处巢穴，哪能有这样安宁的天下呢！又下走了一里多，渡过下坠坑谷中的流水，于是沿东山向北走。又走三里，抵达荞甸水流出的出水口。那流水分散漫延开来四处流淌，顺着水向北走，有时行走在水中，有时快步走在沙石滩上，有时涉到水左，有时涉到水右，茫茫无正路。走了四里，于是走上东麓，开始有路通向北方。沿山麓走六里，望见路西有座拱桥正当平川之中，是大理府经由宾居来的大道。有村落在桥西，这是周官营。从村东向正北走三里，有一座小牌坊在山冈上，走过牌坊，这才见到宾川城。又向北一里，走过南薰桥，进入宾川城南门。行走在城中，向北经过州衙前，约一里，出北门用餐，买来肉吃。

北一里，过小冈坊，西北下坡，一里，抵川中涧。其北有巩桥五洞，颇整，以涧水仅一衣带，故不由桥而越涧。又西北二里余，遂抵西山东突之嘴。盘之北，又二里，有路自西南逾岭坳来合，即余昔从梁王山来者。其北有村庐倚西峰下，是为红帽村，余昔来饭处也。从村后随西山北行四里。西山开小峡，于是路分为二，遂西向入峡。一里，涉小涧北上，一里，登冈头，过一坊，复西北行。二里，西逾冈脊，望见南山自西屏列而东，是排沙北界之山，西自海东，东抵宾居，南与大脊乌龙坝山并夹者，土人称为北山，而观音箐在其北坞。其西北濒洱海，为鲁摆山，则三涧门所来之脊，又东挟上、下仓之水，而北出拈花寺南桥下者也。从冈头又西北行三里，稍下，有水自西南来，有亭桥北跨之，是为干果桥。北有数家倚冈，余昔之所宿，而今亦宿之。干果北有一尖峰，东向而突，亭亭凌上。盖西南自鲁摆、海东之脊，分支东北，上为上、下仓、观音箐分界，下为炼洞、干果二溪中垂，亦鸡山东第一水口山也。

【译文】向北一里，走过小山冈上的牌坊，向西北下坡，一里，抵达平川中的山涧。这里北边有座拱桥，有五个桥洞，相当整齐，由于涧水仅有一条衣带宽，所以不经过桥便越过山涧。又向西北再走二里多，便抵达西山东突的山嘴。绕到山嘴的北面，又走二里，有条路从西南越过岭坳前来会合，这就是我从前从梁王山来的路。这里北面有村庄房屋紧靠在西峰下，那是红帽村，是我从前来时用餐之处。从村后顺西山向北走四里，西山裂开一条小峡谷，在这里路分为两条，于是向西进峡。一里，涉过小涧向北上走，一里，登上冈头，经过一座牌坊，再向西北走。二里，向西越过冈脊，望见南山似屏风一样从西向东排列，这是排沙北面的山，西边起自洱海东面，东边抵达宾居，南边与大山脊乌龙坝山并列相夹，当地人称为北山，而观音箐在它的北坞。它的西北濒临洱海，是鲁摆山，是三涧门延伸来的山脊，又向东傍着上仓、下仓的水流，向北流到拈花寺南边桥下。

从冈头又向西北走三里，略微下走，有水流从西南流来，有亭桥向北跨过流水，这是干果桥。北岸有数家人依傍着山冈，是我从前投宿的地方，而今天也住在这里。干果村北面有一座尖峰，向东突起，亭亭耸立。大体上在西南方起自鲁摆山、洱海东面的山脊，向东北分出支脉，上延成为上仓、下仓和观音箐的分界，下延成为炼洞溪、干果溪二溪中间下垂的山，也就是鸡足山东面的第一座水口山。

二十二日　平明，饭而行。西北三里余，涉一小溪，又上里许，抵尖峰下。循其东崖而北，一里，随崖西转，遂出峰北。于是北坞自西而东，即鸡山之水，自炼洞而东下牛井街，合宾川而北者也。路随南崖西向下，二里，有村在路旁，上有坊，曰“金牛溢井”，土人指溪北村旁，有石穴为金牛溢处，而街则在其外。又西盘峡陟坡，二里，下渡一小水，复西北上。再下再上，五里，登一冈头，皆自南而北突者。又二里，稍下，过“广甸流芳”坊。又北一里，于是村庐相望，即炼洞境矣。南倚坡，北瞰坞，又二里，过公馆街，又北一里，过中谿庄。李中谿公以年老，炼洞米食之易化，故置庄以供餐。鸡山中谿公有三遗迹：东为此庄，西桃花箐下有中谿书院，大顶之侧礼佛台有中谿读书处。又北上冈一里，茅舍累累布冈头，是为炼洞街子。又北半里，过“炼法龙潭”坊。又北里余，稍下，过一桥，有数家倚西山坞中，前有水一塘，其上有井，一小亭覆之，即龙潭也，不知炼法者为谁矣。村北有巨树一株，根曲而出土上五六尺，中空，巩而复倒入地中，其下可通人行。于是又西北二里，逾一坡，又西北一里余，过茶庵。

【译文】二十二日　黎明，饭后上路。向西北前行三里多，涉过一条小溪，又上走了一里左右，抵达尖峰下。沿着尖峰东面的山崖向北走，一里，顺山崖向西转，便出到了峰北。在这里北面的山坞从西向东，就是鸡足山的水流，从炼洞向东下流到牛井街，会合宾川溪向北流。路顺着南面的山崖向西下走，再走二里，有村庄在路旁，上边有牌坊，叫"金牛溢井"，当地人说在溪北岸的村庄旁，有个石穴是金牛溢水之处，而街子则在村外。又向西绕着峡谷登坡，再走二里，下走渡过一条小溪，再向西北上登。两次下走两次上登，五里，登上一座冈头，都是从南向北突的山冈。又走二里，略微下走，经过"广甸流芳"的牌坊。又向北一里，在这里村庄房屋相对，这是炼洞境内了。南边紧靠山坡，北边俯瞰山坞，又走二里，经过公馆街，又向北一里，经过中豁庄。李中豁公（李元阳）因为年老，炼洞的米吃下容易消化，所以设立了庄子以便供应饭食。鸡足山中豁公有三处遗迹：东边是此庄，西边桃花箐下有中豁书院，大顶侧边的礼佛台有李中豁读书的地方。又向北上冈走了一里，茅屋层层叠叠散布在冈头，这是炼洞街子。又向北半里，走过"炼法龙潭"牌坊。又向北一里多，略微下走，走过一座桥，有数家人紧靠在西面山坞中，村前有一塘水，塘上有井，一座小亭子覆盖着井，这就是龙潭了，不知炼法的人是谁。村北有一棵巨树，树根弯曲凸出地上，高五六尺，中空弯曲成弧形再倒插入土中，树根下边可通人走。从这里又向西北再走二里，越过一条坡，又向西北一里多，经过茶庵。

又西北下涉一坑，一里，涉坑复上，乃循北山之环腋而西上。一里余，瞰其南壑，中环如规，而底甚平。又西上一里，遂分两岐，北向逾岭为鸡山道。乃北上行岭头二里，复西折而下。下二里余，有峡自西南来，其底水破峡东北出，即下仓海子水所由注牛井者，有亭桥跨之，是鸡山东第二水口山也。渡桥西，复北上坡。折而南，盘西峡而北一里余，循峡西北上，又里余，有哨当岭头，从此平行直南，乃下仓道。逾岭北下一里，则拈花寺东向倚西山，居环壑中，乃入而饭。既饭，雨至，为少憩。遂从寺左转而西上，一里余，逾一北突之岭，有坊曰“佛台仰止”，始全见鸡山面目。顶耸西北，尾掉东南，高悬天际，令人神往。

【译文】又向西北下涉一个坑谷，一里，涉过坑谷再上走，于是沿北山环绕的山侧向西上登。一里多，下瞰那南边的壑谷，环绕成一个圆，而且底部非常平坦。又向西上登一里，便分出两条岔路，向北越岭的是去鸡足山的路。于是向北上走在岭头二里，再折向西下走。下走二里多，有峡谷从西南前来，峡底的水冲破峡谷向东北流出去，这是从下仓海子注入牛井街的水流，有座亭桥跨在水上，这是鸡足山东面的第二座水口山。过到桥西，再向北上坡。折向南，绕着西峡向北走一里多，沿峡谷向西北上山，又走了一里多，有哨房位于岭头，从此处一直向南平缓前行，是去下仓的路。越岭向北下山一里，就见拈花寺向东背靠西山，坐落在环绕的壑谷中，于是进寺用餐。饭后，山雨来临，于是稍作休息。然后从寺左转向西上走，一里多，越过一座北突的山岭，有座牌坊叫“佛台仰止”，这才见到鸡足山的完整面目。山顶高耸在西北，尾部掉转在东南，高悬在天际，令人神往。

逾脊西下，即转而北，一里，下涉北坠之峡。又半里，西逾一北突之坳。坳南岐有坊倚坡，此白石崖东麓坊也，余昔来未及见，故从其西麓之坊，折而东上。过坳复西向，循大路趋里余，过白石崖西坊。又西里余，有岐稍下，则鸡山前峡之溪，东向而入牛井街，合宾川溪北向桑园而下金沙矣。溪有小亭桥跨其上，过桥北，骑夫东转北上而向沙址，余西向溯溪，欲寻所谓河子孔者。时水涨，浊流奔涌，以为不复可物色。遇一妪，问之，指在西南崖下，而沿溪路绝，水派横流，荆棘交翳。或涉流，或践莽，西二里，忽见一亭桥跨溪上，其大倍于下流沙址者，有路自北来，越桥南，即循南山东向，出白石崖前，乃登山官道。始知沙址小桥乃捷径，而此桥即洗心桥也，河子孔即在桥南石崖下。

【译文】越过岭脊向西下走，随即转向北，一里，下涉向北下坠的山峡。又走半里，向西越过一处向北突的山坳。山坳南边的岔道有座牌坊紧靠山坡，这是白石崖东麓的牌坊，我从前来时未来得及见到，所以从白石崖西麓的牌坊，折向东上山。过了山坳再向西，沿大路赶了一里多，经过白石崖西麓的牌坊。又向西一里多，有岔道略微下走，就见鸡足山前峡的溪水，向东流入牛井街，会合宾川溪向北到桑园后流下金沙江。溪上有小亭桥跨在水上，过到桥北，马夫从东转向北上登走向沙址，我向西沿着溪走，想去找所谓的河子孔。这个时候水涨，浊流奔腾汹涌，以为不再可能找到。遇见一位老妇，向她打听，她指点我在西南的山崖下，可沿溪走的路断了，溪水支流横流，荆棘纵横密蔽。时而涉流水，时而踏丛莽，向西走二里，忽然见有一座亭桥跨在溪上，桥的大处比下游沙址的桥大一倍，有路从北边来，越到桥南，马上沿南山向东，通到白石崖前，这是登山的官修大道。这才明白沙址的小桥是捷径，而此桥就是洗心桥了，河子孔就在桥南的石崖下。

其石横卧二三丈，水由其下北向溢出，穴横长如其石，而高不及三尺，水之从中溢者甚清，而溪中之自桥西来者，浑浊如浆。盖桥以西水从二派来：一北来者，瀑布峡中，与悉檀、龙潭二水所合；一西来者，桃花箐东下之流。二派共会桥西，出桥东，又会此孔中清派，此鸡山南涧之上流也。孔上有神祠。其南崖之上，更有静室。于是随北来大路，上“灵山一会”坊。

【译文】那里岩石横卧有二三丈，水从石下向北满溢而出，洞穴横处长处都如那岩石一样，但高处不到三尺，从洞穴中满溢而出的水非常清，而溪中从桥西流来的水，浑浊如同泥浆。桥以西的水从两条支流流来：一条从北边来的，在峡中成为瀑布，与悉檀寺、龙潭两处的水合流；一条从西边来的，是桃花箐向东下流的水流。两条支流在桥西会合，流出桥东，又会合此处河子孔中的清流，这是鸡足山南涧的上游。河子孔上有神祠。它南面的山崖之上，另外有静室。由此顺北来的大路，上登“灵山一会”坊。

二里，至坊下，即沙址西来路所合者。其西南隔涧，有寺踞坡麓，为接待寺。此古刹也，在西第一支东尽之麓，鸡山诸刹，山路未辟，先有此寺，自后来者居上，而此刹颓矣。时余不知骑仆前后，徘徊一里，渐随溪东岸而上。其东峰下临，即东第三支回环之岭，新构塔基于其上，中与大士阁中第二支相对成峡，而路由其下者也。又北一里，盘坡稍上，过报恩寺。寺为东第三支山麓之首刹，亦如接待之在西支之首。惟中第二支，其麓为两溪交会处，夹尖无刹可托，其上即大士阁中临之而已。从报恩西又北一里，有桥西跨涧上。度桥，循大士阁东麓北向上半里，有岐西南盘岭者，大士阁大道也；直北临东溪西崖而入者，悉檀、龙潭道也。问驼骑已先向龙潭，余随之。一里，又东度桥，从涧东蹑峻上，其上趾相叠，然巨松夹陇，翠荫飞流，不复知有登陟之艰也。又二里，转龙潭上，半里而入悉檀寺。时四长老俱不在，惟纯白出迎。乃税驾北楼。回忆岁初去此，已半载余矣。

【译文】走了二里，来到牌坊下，这里就是从沙址西来的路相交的地方。它西南隔着山涧，有寺院盘踞在坡脚，是接待寺。这是座古刹，在西面第一支峰东边尽头的山麓，鸡足山诸处的佛寺，山路未开辟时，先有了此寺，自从后来者居上后，而此寺便颓败了。这个时候我不知马匹、仆人在前还是在后，徘徊了一里，慢慢顺溪流东岸上登。这里东峰下临着东面第三支峰回绕的山岭，新建了塔基在岭上，中间与大士阁中段的第二支峰相对形成峡谷，而路经由它下边走。又向北一里，绕着山坡略微上走，路过报恩寺。此寺是东面第三支峰山麓的第一座寺院，也正如接待寺在西面支峰是第一座寺院一样。唯有中间的第二支峰，它的山麓是两条溪流相会之处，相夹的尖角地带没有寺院能够依托，它上方就是大士阁当中下临着山麓。从报恩寺西边又向北一里，有桥向西跨在山涧上。过了桥，沿大士阁的东麓向北上登半里，有岔道向西南绕着山岭走的，是去大士阁的大道；正北从西面山崖面临东溪进去的，是去悉檀寺、龙潭的路。问知驮物的马匹已先走向龙潭，我便尾随而去。一里，又向东过桥，从山涧东边陡峻地上登，那上去的台阶相重叠，然而巨大的松树夹住山陇，翠绿的树荫飞舞流动，不再知有登山跋涉的艰难了。又走二里，转到龙潭上方，半里后进入悉檀寺。这个时候四位长老都不在，只有纯白出来迎接。于是住在北楼。回忆年初离开这里，已是半年多了。

滇游日记十三

【题解】《滇游日记十三》是徐霞客在鸡足山游览时所写的游记续篇，也是迄今为止所收集到的徐霞客所作的最后一部分游记。本游记在乾隆刻本第十册下，原附《鸡山志略》《法王缘起》《丽江纪略》《江源考》（又名《《溯江纪源》》）。

崇祯十二年八月二十三日（1639年9月20日），徐霞客一行人回到鸡足山，并在接下来的超过三个月的时间里，一直待在鸡足山。前文中提到，徐霞客因长期跋涉在瘴疠之地而导致“头面四肢俱发疹块”，左耳与左脚“时时有蠕动状”，所幸在鸡足山弘辨禅师生日之际，在大池中药浴，调养身体。同时他始终不辍搜集、整理相关资料，考察地形，并在等候前往丽江的信使到来之际，徐霞客一行人游览大觉寺、旃檀林、水帘、翠壁、侧树、灵泉等景观。岂料，跟随他多年的顾仆竟盗取了他的财物逃跑了，这令本就身患瘴疾的徐霞客深受打击，导致“两足俱废”，再不能旅游了。九月十五日（10月11日），徐霞客受木增之邀，创修《鸡山志》。可惜的是，《鸡山志》存世仅有《鸡山志目》和《鸡山志略》一、二，九月十五日之后的短篇游记尽佚。崇祯十三年（1640）正月，徐霞客历时150天辗转返回故里。这是徐霞客一生当中出游时间最长的一次。这次“万里遐征”，途经八省、历时四年，共写下游记64万余字。

己卯八月二十三日　雨浃日，憩悉檀。

【译文】己卯年（崇祯十二年，1639）八月二十三日　下了一整天的雨，在悉檀寺里休息。

二十四日　复雨，憩悉檀。

【译文】二十四日　还是下雨，在悉檀寺里休息。

二十五日　雨仍浃日。下午，弘辨师自罗川、中所诸庄回，得吴方生三月二十四日书。乃丽江令人持余书往邀而寄来者。弘辨设盒夜谈。

【译文】二十五　雨仍下了一整天。下午，弘辨禅师从罗川、中所诸处的庄子回来，接到了吴方生三月二十四日的信。是丽江木公派人拿着我的信前去邀请他后寄来的信。弘辨摆上了食品盒与我夜晚交谈。

二十六日　日中雨霁，晚复连绵。

【译文】二十六日　正午雨转晴，晚上又阴雨连绵。

二十七日　霁，乃散步藏经阁，观丁香花。其花娇艳，在秋海棠、西府海棠之间，滇中甚多，而鸡山为盛。折插御风球。时球下小截，为驼夫肩负而损，与上截接处稍解。余姑垂之墙阴，以遂其性。“御风”之意，思其悬崖飘飏而名之也。

【译文】二十七日　天晴开，于是到藏经阁散步，观赏丁香花。这种花很娇艳，在秋海棠、西府海棠之间，云南境内非常多，而鸡足山最为繁盛。折了些来插在御风球上。御风球下边的小半截，被马夫用肩扛着损坏了，与上半截的连接处略微段开。我姑且把它垂挂在墙阴里，以顺它现在的状况。“御风”的意思，想来是它悬挂在山崖上随风飘扬而给它起的名字。

二十八日　霁甚。下午，体极自摩尼山回，与摩尼长老复吾俱至。素餐极整，设盒夜谈。

【译文】二十八日　十分晴朗。下午，体极从摩尼山回来，与摩尼山的长老复吾法师一起来到。素餐极为整洁，摆出了食物盒夜晚交谈。

二十九日　为弘辨师诞日，设面甚洁白。平午，浴于大池。余先以久涉瘴地，头面四肢俱发疹块，累累丛肤理间，左耳左足，时时有蠕动状。半月前以为虱也，索之无有。至是知为风，而苦于无药。兹汤池水深，俱煎以药草，乃久浸而薰蒸之，汗出如雨。此治风妙法，忽幸而值之，知疾有瘳[1]机矣。下午，艮一、兰宗来。体师更以所录山中诸刹碑文相示，且谋为余作揭转报丽江。诸碑乃丽江公先命之录者。

【注释】①瘳：病愈。

【译文】二十九日　是弘辨禅师的生日，摆出的面食十分洁白。正午，在大池中洗澡。我先前由于长期跋涉在瘴气之地，头脸四肢全出现了块状的疹子，密密麻麻在皮肤纹理之间，左耳左脚，时时有蠕动的症状。半月前以为是生了虱子，找来又没有。到这个时候心知是中风，但苦于无药。这个热水池水很深，全是用药草烧煮的，于是长时间浸泡在水中薰蒸，汗出如雨。这是治中风的妙法，幸好遇上了它，让疾病有痊愈的机会了。下午，艮一、兰宗来到。体极禅师拿出他所抄录的山中诸寺的碑文给我观看，并且计划为我写揭帖转报丽江府。各寺的碑文是丽江木公事先命令他抄录的。

九月初一日　在悉檀。上午，与兰宗、艮一观菊南楼，下午别去。

【译文】九月初一日（9月27日）　在悉檀寺。上午，与兰宗、艮一在南楼观赏菊花，下午他们告别回去了。

初二日　在悉檀，作记北楼。是日体极使人报丽江府。

【译文】初二日　在悉檀寺，在北楼写日记。这一天体极派人去丽江府报告。

初三日、初四日　作记北楼。

【译文】初三、初四两日　在北楼写日记。

初五日　雨浃日。买土参洗而烘之。

【译文】初五日　雨下了一整天。买土参来洗干净后把它烘干。

初六日、初七日　浃日夜雨不休。是日体极邀坐南楼，设茶饼饭。出朱按君泰贞、谢抚台有仁所书诗卷，并本山大力、本无、野愚所存诗跋，程二游名还，省人。初游金陵，永昌王会图诬其骗银，钱中丞逮之狱而尽其家。云南守许学道康怜其才，私释之，避入山中。今居片角，在摩尼东三十里。诗画图章，他山陈浑之、恒之诗翰，相玩半日。

【译文】初六、初七两日　都是日夜雨下不止。这天体极邀请我去南楼坐谈，摆设了茶水、饼子、米饭。拿出巡按朱大人朱泰贞、巡抚谢大人谢有仁所写的诗卷，连同本山大力、本无、野愚所保存的诗跋，程二游名叫程还，省城人。当初游学金陵，永昌人王会图诬告他骗银子，钱中丞把他逮捕入狱并抄了他的家产。云南署理学道许康怜爱他的才能，私下释放了他，逃入山中躲避。今天住在片角，在摩尼山东面三十里。的诗、画及印章，他山陈浑之、陈恒之的诗文，互相玩赏了半天。

初八日　雨霁，作记北楼。体极以本无随笔诗稿示。

【译文】初八日　雨后晴开，在北楼写日记。体极拿本无的随笔诗稿来给我看。

初九日　霁甚。晨饭，余欲往大理取所寄衣囊，并了苍山、洱海未了之兴。体极来留曰："已着使特往丽江。若去而丽江使人来，是诳之也。"余以即来辞。体极曰："宁俟其信至而后去。"余从之，遂同和光师穷大觉来龙。

【译文】初九日　天十分晴朗。清晨用餐后，我想去大理取回寄存的衣服行李，并了却苍山、洱海未游的兴致。体极来挽留说："已派使者特意前往丽江。如果你离开后丽江派人来没见你，这是欺骗他了。"我说我很快回来。体极说："宁可等木公的信使到后再去。"我听从了他，于是同和光禅师去穷究大觉寺的山势。

从寺西一里，渡兰那寺东南下水，过迎祥、石钟、西竺、龙华，其南临中谿，即万寿寺也，俱不入。西北约二里，入大觉，访遍周。遍周闲居片角庄，月终乃归。遂出，过锁水阁，于是从桥西上，共一里至寂光东麓。仍东过涧，从涧东蹑大觉后大脊北向上。一里余，登其中冈，东望即兰那寺峡，西望即水月庵后上烟霞室峡也。又上里余，再登一冈。其冈西临盘峡，西北有瀑布悬崖而下，其上静庐临之，即旃檀岭也。东突一冈，横抱为兰陀后脊，冈后分峡东下，即狮子林前坠之壑也。

【译文】从寺向西走了一里路，渡过兰那寺向东南下流的涧水，经过迎祥寺、石钟寺、西竺寺、龙华寺，那南边面临中间那条溪流的，就是万寿寺了，各处寺院都没有进去。向西北约走二里，进入大觉寺，拜访遍周。遍周闲居在片角庄，月底才归来。于是出寺来，走过锁水阁，然后从桥西上走，共一里来到寂光寺的东麓。仍向东过了山涧，从山涧东面踏着大觉寺后面的大山脊向北上登。一里多，登上它中间的山冈，望向东边就是兰那寺的峡谷，望向西面就是水月庵后上方烟霞室的峡谷。又上走了一里多，再登上一座山冈。这座山冈西边面临盘绕的峡谷，西北有瀑布悬垂在山崖上，瀑布上边坐落着一处静室，这里就是旃檀岭了。向东突的一座山冈，横抱为兰陀寺后面的山脊，山冈后面分出峡谷向东下延，那就是狮子林前方下坠的壑谷。

于是岐分岭头：其东南来者，乃兰那寺西上之道；东北去者，为狮林道；西北盘崖而上者，为旃檀岭也；其西南来者，即余从大觉来道也。始辨是脊，从其上望台连耸三小峰南下，脊两旁西坠者，南下为瀑布而出锁水阁桥；东坠者，南下合狮林诸水而出兰那寺东。是东下之源，即中支与东支分界之始，不可不辨也。

【译文】在这里岭头分出岔道：那从东南来的，是兰那寺向西上走的路；向东北去的，是去狮子林的路；向西北盘绕山崖上登的，是去旃檀岭；那从西南来的，就是我从大觉寺来的路了。这才辨清这条山脊，从它上面的望台一连耸起三座小峰向南下垂，山脊两旁向西下坠的，向南下流成为瀑布而后流出锁水阁桥；向东下坠的，向南下流会合狮子林诸处的水后流到兰那寺东边。这是向东下流的水源，即是中间的支峰与东面的支峰分界的起点，不可不辨。

余时欲东至狮林，而忽见瀑布垂绡，乃昔登鸡山所未曾见，姑先西北上。于是愈上愈峻，路愈狭，曲折作“之”字而北者二里，乃西盘望台南嘴。此脊下度为大觉正脊，而东折其尾，为龙华、西竺、石钟、迎祥诸寺，又东横于大龙潭南，为悉檀前案，而尽于其下。

【译文】我这时候想向东到狮子林去，可忽然望见瀑布似白绸垂挂，是从前登鸡足山时所未曾见过的，于是先向西北上走。从这里越上去越陡峻，路越窄，曲曲折折呈现出“之”字形向北二里，就向西绕过望台南边的山嘴。此脊下延为大觉寺的主脊，而后向东掉转它的尾部，为龙华寺、西竺寺、石钟寺、迎祥寺诸处寺院，又向东横在大龙潭南边，成为悉檀寺前方的案山，然后在它下方到了尽头。

此脊当鸡山之中，其脉正而雄，望台初涌处，连贯三珠，故其下当结大觉，为一山首刹，其垂端之石钟，亦为开山第一古迹焉。然有欲以此山作一支者，如是则塔基即不得为前三距之一，而以此支代之。但此支实短而中缩，西之大士阁，东之塔院，实交峙于前，与西支之传衣寺岭鼎足前列。故论支当以寂光前引之冈为中，塔基上拥之脊为东，而此脉之中缩者不与；论刹当以大觉中悬为首，而西之寂光，乃其辅翼，东之悉檀，另主东盟，而此寺之环拱者独尊。故支为中条附庸，而寺为中条冠冕，此寺为中条重，而中条不能重寺也。嘴之西有乱砾垂峡，由此北盘峡上，路出旃檀岭之上，为罗汉壁道；由此度峡西下，为旃檀中静室道，而瀑布则层悬其下，反不能见焉。

【译文】此脊正当鸡足山的中心，它的山脉又正又雄伟，望台刚出现之处，像连贯的三颗珠子，所以它的下方应当盘结着大觉寺，是全山首要的佛寺，它下垂处前端的石钟寺，也是开山时的第一古迹。不过有人想把此山算作一条支脉，如此那塔基就不能作为前山鸡爪的三个脚趾之一，却用此处支峰来代替它。但是此条支峰实际上很短而且缩在中央，西面的大士阁，东面的塔院，交相耸峙在前方，与西面支峰的传衣寺所在的山岭并排列在前方。故而论支峰应当把寂光寺前方延伸的山冈看作中间的支峰，塔基上方拥围的山脊是东边的支峰，但此处缩在中间的山脉不算是；论寺院应当把悬在中央的大觉寺作为首位，而西边的寂光寺，是辅佐它的羽翼，东面的悉檀寺，另外成为东边的盟主，而此寺被环绕拱卫，独自占有尊贵的地位。所以支峰是中间支脉的附庸，可寺院是中间支脉的佼佼者，这是因为寺院在中脉增强了中脉的地位，而中脉不能增强寺院的地位。山嘴的西边有满是乱石块下垂的峡谷，由此北绕到峡上，路通到旃檀岭之上，是去罗汉壁的路；由此越过峡谷向西下走，是去旃檀岭中静室的路，可瀑布却层层悬在路的下方，反而不能见到了。

乃再度峡西崖，随之南下。一里，转东岐，得一新辟小室。问瀑布何在？其僧朴而好事，曰："此间有三瀑：东箐者，最上而小；西峡者，中悬而长；下坞者，水大而短。惟中悬为第一胜，此时最可观，而春冬则无有，此所以昔时不闻也。"老僧牵衣留待瀹茗，余急于观瀑，僧乃前为导。西下峻级半里，越级湾之西，有小水垂崖前坠为壑，而路由其上，南盘而下。又半里，即见壑东危崖盘耸，其上一瀑垂空倒峡，飞喷迢遥，下及壑底，高百余丈，摇岚曳石，浮动烟云。虽其势小于玉龙阁前峡口瀑，而峡口内嵌于两崖之胁，观者不能对峡直眺，而旁觑倒瞰，不能竟其全体。此瀑高飞于穹崖之首，观者隔峡平揖，而自颡①及趾，靡②有所遗。故其跌宕之势，飘摇之形，宛转若有余，腾跃若不及，为粉碎于空虚，为贯珠于掌上，舞霓裳③而骨节皆灵，掩鲛绡而丰神独迥，不由此几失山中第一胜矣！

【注释】①颡（sǎng）：额头。②靡：无。③霓（ní）裳：指漂亮的裙裳。

【译文】于是再越到峡西的山崖上，顺山崖向南下走。一里，转上东边的岔道，找到一处新开辟的小室。打听瀑布在哪里，那僧人朴实热心，说："这一带有三个瀑布，东边山箐中的，在最上方但水小；西边峡中的，悬在中央但水长；下面山坞中的，水大但最短。唯有悬在中央的是第一胜景，这个时候最值得观赏，到春冬两季便没有水了，这就是您为什么昔日没有听说过它们的原因。"老僧拉着我的衣服挽留我等待沏茶，我急于去观看瀑布，僧人便在前边为我领路。向西沿陡峻的石阶下走半里，沿石阶越到山湾的西边，有小溪垂在山崖前下坠成为壑谷，而路径从它上边向南盘绕而下。又走半里，马上望见壑谷东面危崖弯曲上耸，危崖上一条瀑布垂空倒入峡中，远远地飞溅喷泻，下达壑谷底，高百多丈，山风飘飘，石崖朦胧，烟云浮动。水势虽然小于玉龙阁前边峡口的瀑布，但峡口的瀑布向内嵌在两面山崖的侧旁，观看的人不能正对山峡，而要在旁边斜视倒着下瞰，不能完整看到它的全貌。这个瀑布高高飞泻在穹隆的山崖头上，观看的人隔着峡谷平视，从顶到脚，没有遗漏。所以它那跌宕的气势，飘摇的形态，足够宛转而又不够腾跃，像是散碎在空中的粉末，掌上的串珠，彩虹般的裙裳在飘舞而且舞姿灵动，也像用鲛人织成的丝绢遮掩着而丰姿神韵独特迥异，不经由此处几乎错失山中的第一胜景了！

由对峡再盘西嘴，入野和静室。门内有室三楹甚爽，两旁夹室亦幽洁。其门东南向，以九重崖为龙，即以本支旃檀岭为虎。其前近山皆伏，而远者又以宾川东山并梁王山为龙虎，中央益开展无前，直抵小云南东水盘诸岭焉。盖鸡山诸刹及静室俱南向，以东西二支为龙虎，而西支之南，有香木坪山最高而前巩，亦为虎翼，故藉之为胜者此，视之为祟者亦此；独此室之向，不与众同，而此山亦伏而不见，他处不能也。野和为克新之徒，尚居寂光，以其徒知空居此。年少而文，为诗虽未工，而志甚切，以其师叔见晓寄诗相示，并已稿请正，且具餐焉。见晓名读彻，一号苍雪，去山二十年，在余乡中峰，为文湛持所推许，诗翰俱清雅。问克新向所居精舍[1]，尚在西一里，而克新亦在寂光。乃不西，复从瀑布上，东盘望台之南。

【注释】①精舍：寺院因是精勤修行者所居，故称为“精舍”。

【译文】从对面的峡上再绕过西边的山嘴，进入野和的静室。门内有三间屋子十分清爽，两旁相夹的屋子也幽静整洁。静室的门朝向东南，把九重崖作为龙砂，就把此处支脉的旃檀岭作为虎砂。静室前方近处的山全都低伏着；而远山又把宾川的东山及梁王山作为龙砂虎砂，中央更是开阔平展，向前直达小云南东面的水盘岭诸山。大体上鸡足山诸寺院及静室全是向南，以东西两条支脉作为龙砂虎砂，而西面支脉的南边，有木香坪山最高而且向前环绕，也是虎翼，所以此处这一点是成为胜地的原因，把它视为崇山峻岭的也是因为这一点；唯独此处静室的坐向，与诸寺不同，而且此山也隐伏着看不见，这是其它地方所没有的。野和是克新的徒弟，还住在寂光寺，让他徒弟知空住在此处。知空年轻文雅，作的诗虽不工整，但兴趣十分大，把他师叔见晓寄赠的诗拿给我看，连同他自己的诗稿请我指正，并且准备了饭食。见晓法名叫读彻，另一个法号叫苍雪，离山二十年，在我家乡的中峰，被文湛持所推重，诗文都清雅。询问克新从前居住的精舍，还在西边一里，但克新也在寂光寺。于是不向西走，再从瀑布上方，向东绕到望台之南。

二里余，从其东胁见一静室，其僧为一宗，已狮林西境矣。室之东，有水喷小峡中，南下涉之。又东即体极静室，其上为标月静室。其峡中所喷小水，即下为兰那东涧者，此其源头也。其山去大脊已不甚遥，而崖间无道，道由望台可上，至是已越中支之顶而御东支矣。

【译文】再走二里多，从望台的东侧见到一处静室，那静室的僧人是一宗，已到了狮子林的西境了。静室之东，有水喷泻在小峡中，向南下涉水流。又向东就是体极的静室，它上方是标月的静室。那峡中喷泻的小溪，就是下流成为兰那寺东边山涧的溪水，这里是它的源头。这里的山距大山脊已不是很远，可山崖间无路，道路可从望台上走，到了这里已越过中间支峰的峰顶而走在东面的支峰上了。

由此而东半里，入白云静室，是为念佛堂。白云不在。观其灵泉，不出于峡而出于脊，不出崖外而出崖中，不出于穴孔而出于穴顶，其悬也，似有所从来而不见，其坠也，曾不假灌输而不竭，有是哉，佛教之神也于是乎征矣。何前不遽出，而必待结庐之后，何后不中止，而独擅诸源之先，谓之非“功德水”可乎？较之万佛阁岩下之潴穴，霄壤异矣。又东一里，入野愚静室，是为大静室。浃谈半晌。西南下一里，饭于影空静室。与别已半载，一见把臂，乃饭而去。从其西峡下半里，至兰宗静室。

【译文】由此向东走半里，进入白云的静室，这里是念佛堂。白云不在。观看这里的灵泉，不从峡中流出却从山脊上流出，不从山崖外边流出却在石崖中涌出，不从孔洞中流出却从洞穴顶部满溢而出，泉水高悬，似有流来的地方却不见，水流下坠，没有借助于灌注输运但却不会枯竭，有这样的泉水啊，真是证实了佛教的神异。为何从前不流出来，却必定要等到建了寺庵之后，为何后来不中止，而独擅诸处水源的先河，说它不是“功德水”行吗？把它与万佛阁岩石下的积水洞穴比较，天地之别了。又向东一里，进入野愚的静室，这是大静室。深谈了半晌。向西南下走了一里，在影空的静室用餐。与他相别已半年，一见面互相握住手臂，于是用餐后离开。从静室的西峡下走半里，来到兰宗的静室。

盖狮林中脊，自念佛堂中垂而下，中为影空，下为兰宗两静室，而中突一岩间之，一踞岩端，一倚岩脚，两崖俱坠峡环之。岩峙东西峡中，南拥如屏。东屏之上，有水上坠，洒空而下，罩于嵌壁之外，是为水帘。西屏之侧，有色旁映，傅粉成金，焕乎层崖之上，是为翠壁。水帘之下，树皆偃侧，有斜骞如翅，有横卧如虬，更有侧体而横生者。众支皆圆，而此独扁，众材皆奋，而此独横，亦一奇也。

【译文】狮子林中间的山脊，从念佛堂居中下垂，中间是影空、下边是兰宗两个僧人的静室，而其中突起一座石崖隔开了它们，一个静室盘踞在石崖顶端，一个静室紧靠在石崖脚下，石崖两侧都有深坠的峡谷环绕着它。石崖呈东西向屹立在峡谷中间，向南围拥如同屏风。东边屏风之上，有水从上面下坠，洒在空中落下来，罩在下嵌的石壁之外，这便是水帘。西边如屏风的崖石旁，有色彩向四旁映照，如用粉抹成金色，光彩焕然地在层层山崖之上，这是翠壁。水帘之下，树全是侧倒着的，有的斜举如同鸟翅，有的横卧如虬龙，更有树体侧着横长的。各地的树枝干都是圆的，可此处唯独是扁的，各处的树木都是直长的，但这里唯独是横的，也是一处奇观。

兰宗遥从竹间望余，至即把臂留宿。时沈莘野已东游，乃翁偶不在庐，余欲候晤，遂从之。和光欲下山，因命顾奴与俱，恐山庐无余被，怜其寒也。奴请匙钥，余并箱篚者与之，以一时解缚不便也。奴去，兰宗即曳杖导余，再观水帘、翠壁、侧树诸胜。既暮，乃还其庐。是日为重阳，晴爽既甚，而夜月当中峰之上，碧落如水，恍然群玉山头也。

【译文】兰宗远远从竹丛间望见我，走到后立即握住手臂留宿。此前沈莘野已去东游，此翁偶然不在屋中，我想等他见面，便听从了兰宗。和光想下山去，于是命令顾奴与他一同走，是担心山间庐舍中没有多余的被子，怕他会受寒。奴仆请求把钥匙交给他，我连同箱子竹筐的钥匙都给了他，因为一时间解开捆钥匙的线不方便。奴仆离开后，兰宗随即拖着手杖引导我，再去观览水帘、翠壁、侧树诸处胜景。天黑后，就返回到他的屋中。这一天是重阳节，白天既已非常晴朗，而夜间明月正当中峰之上，天空如水，恍惚是在群玉山头。

初十日　晨起，问沈翁，犹未归。兰宗具饭，更作饼食。余取纸为《狮林四奇诗》畀之。水帘、翠壁、侧树、灵泉。见顾仆不至，余疑而问之。兰宗曰："彼知君即下，何以复上？"而余心犹怏怏不释，待沈翁不至，即辞兰宗下。才下，见一僧仓皇至，兰宗尚随行，讯其来何以故。曰："悉檀长老命来候相公者。"余知仆逋[1]矣。再讯之。曰："长老见尊使负包囊往大理，询和光，疑其未奉相公命，故使余来告。"余固知其逃也，非往大理也。遂别兰宗，同僧亟下。五里，过兰那寺前幻住庵东，又下三里，过东西两涧会处，抵悉檀，已午。

【注释】①逋（bū）：逃亡。

【译文】初十日　清晨起床，打听沈翁，仍未归来。兰宗备好饭，另外做了饼子来吃。我取来纸作了《狮林四奇诗》送给他。水帘、翠壁、侧树、灵泉四奇。见顾仆不到，我疑心去查问他。兰宗说："他知道先生就要下去，为何再上来？"可我心里仍然放不下心，等不到沈翁，立即辞别兰宗下山。才下走，见一个僧人仓皇来到，兰宗随行着，询问他来是为什么事。说："悉檀寺的长老命令前来迎候相公的。"我心知仆人逃走了。再次询问僧人，他说："长老见贵使背着包袱前去大理，询问和光，怀疑他未奉相公的命令，因而派我来报告。"我更加准确他是逃跑了，不是去大理。于是告别兰宗，同僧人急忙下山。五里，经过兰那寺前幻住庵东边，又下走三里，经过东西两条山涧会合之处，抵达悉檀寺，已是中午。

启箧而现，所有尽去。体极、弘辨欲为余急发二寺僧往追，余止之，谓："追或不能及，及亦不能强之必来，亦听其去而已矣。"但离乡三载，一主一仆，形影相依，一旦弃余于万里之外，何其忍也！

【译文】打开箱子来看，所有东西都不见了。体极、弘辨打算为我急速派遣两个寺中的僧人去追，我止住了他们，说道："追也不一定追得上，追上他也不能强迫他回来，也只能听任他离开了。"只是离开家乡三年，一主一仆，形影相依，忽然在万里之外抛弃了我，为何这样狠心呀！

十一日　余心忡忡。体极恐余忧悴[①]，命其侄并纯白陪余散行藏经楼诸处。有圆通庵僧妙行者，阅《藏》楼前，瀹茗设果。纯白以象黄数珠[②]见示。象黄者，牛黄、狗宝之类，生象肚上，大如白果，最大者如桃，缀肚四旁，取得之，乘其软以水浸之，制为数珠，色黄白如舍利，坚刚亦如之，举物莫能碎之矣。出自小西天，彼处亦甚重之，惟以制佛珠，不他用也。又云，象之极大而肥者乃有之，百千中不能得一，其象亦象中之王也。坐楼前池上征迦叶事，取《藏经》中与鸡山相涉者，摘一二段录之。始知《经》言"迦叶守衣入定，有四石山来合"，即其事也，亦未尝有鸡足名。又知迦叶亦有三，惟迦叶波名为摩诃迦叶。"摩诃"，大也，余皆小迦叶耳。是晚，鹤庆史仲文适自省来。史乃公子，省试下第归，登山自遣。

【注释】①悴：忧伤。②数珠：即念珠，佛教徒修行时用来计数的珠串。

【译文】十一日　我忧心忡忡。体极担心我忧伤，让他侄子及纯白陪我到藏经楼各处散步。有个圆通庵的僧人妙行，在藏经楼前读经，烹茶布果。纯白把象黄念珠给我看。象黄，是牛黄、狗宝之类，生在大象肚子上，大小如同白果，最大的有桃子那么大，连缀在肚子四旁，取到它后，趁它软时用水浸泡，制成念珠，颜色黄中带白如舍利子，坚硬也如舍利子一样，举起重物不能砸碎它。出自于小西天，那地方也十分看重象黄，只用来制造佛珠，不作其他用途。又说，极大而肥壮的象才有象黄，千百头中不能找到一头，那象也算是象中之王了。坐在楼前的水池上查阅迦叶尊者的事迹，取来藏经楼中与鸡足山相关的书，摘取一二段把它们抄录下来，这才知道佛经所说的“迦叶守护佛衣坐禅，有四座石山飞来合拢”，就是这里的事了，但未曾有鸡足山的名字。又知道迦叶也有三个，只有迦叶波名字是摩诃迦叶。“摩诃”，是大的意思，其余全是小迦叶而已。这天晚上，鹤庆府史仲文恰好从省城来。史仲文是位公子，省城应试落第归来，登山自我排遣。

十二日　妙行来，约余往游华严，谓华严有老僧野池，乃月轮之徒，不可不一晤，向以坐关龛中，以未接颜色为怅。昔余以岁首过华严，其徒俱出，无从物色。余时时悼月公无后，至是而知尚有人，亟饭而行。和光亦从。西一里，逾东中界溪，即为迎祥寺，于是涉中支界矣。又一里余，南逾锁水阁下流水登坡，于是涉中支脊矣。西北溯脊一里，过息阴轩。又循瀑布上流，西北行里余，渡北来之溪，于是去中支涉西支界矣。又北里余，西涉一峡溪，再上一西来小支之嘴，登之西北行。一里，又西度亭桥，桥下水为华严前界水，上下俱有桥，而此其下流之渡桥。内峡中有池一圆，近流水而不混，亦龙潭类也。由溪南向西北行，于是涉西支脊矣。半里，乃入华严寺。寺东向，踞西支大脊之北，创自月潭，以其为南京人，又称为南京庵。至月轮而光大之，为鸡山首刹，慈圣太后赐《藏》贮之。后毁于火，野池复建，规模虽存，而《法藏》不可复矣。野池年七十余，历侍山中诸名宿，今老而不忘先德，以少未参学，掩关静阅，孜孜不倦，亦可取也。闻余有修葺《鸡山志》之意，以所录《清凉通传》假余，其意亦善。下午将别，史君闻余在，亦追随至。余恐归途已晚，遂别之，从别路先返，以史有舆骑也。

【译文】十二日　妙行来，约我去游华严寺，说是华严寺有位老和尚野池，是月轮的徒弟，不可不见一面，之前因为在佛龛中闭关坐禅，所以未能见到他，为之惋惜。从前我在岁首路过华严寺，他的徒弟全外出了，无法找到他。我时时为月轮公没有后人而感到遗憾，到这个时候才知道原来还有后人，急忙用完餐上路。和光也跟随去。向西一里，越过东面支峰与中间支峰分界的溪水，就是迎祥寺，从这里起进入中间支峰界内了。又走了一里多，向南越过锁水阁下游的溪水登坡，于是到了中间支峰的山脊上了。向西北溯山脊走一里，路过息阴轩。又沿瀑布的上游，向西北走一里多，渡过北来的溪流，在这里离开中间的支峰进入西面支峰界内了。又向北走一里多，向西涉过一条峡谷中的溪水，再上登一条西来小支脉的山嘴，登上山嘴后向西北走。一里，又向西越过一座亭桥，桥下的水是华严寺前面分界的水流，上下游都有桥，而此处是渡过它下游的桥。桥内峡中有一个圆形水池，接近流水却不相混，也是龙潭一类。从溪南向西北走，于是跋涉西面支峰的山脊。半里，便进入华严寺。寺院向东，高踞在西面支峰主脊的北面，创始于月潭，由于他是南京人，又称为南京庵。到月轮扩大了，成为鸡足山首要的佛寺，慈圣太后赐给《大藏经》贮藏在寺中。后来毁于火灾，野池重新修建，规模虽然保存下来，但《法藏》不可恢复了。野池年龄七十多岁，逐一伺奉过山中有名望的前辈，老来不忘先人的功德，因为少年时未探究过学问，如今掩上门静心读书，孜孜不倦，也是值得赞许。听说我有修撰《鸡足山志》的意图，就把所抄录的《清凉通传》借给我，他的用意也很好。下午即将告别，史君听说我在这里，也追随而来。我担心归去途中已太晚，于是辞别他们，从别的路返回，因为史君有车马。

出寺，西北由上流渡桥，四里，连东北逾三涧，而至其东界之支，即圣峰、燃灯之支垂也。又一里，东下至其尽处，有寺中悬，是为天竺寺。其北涧自仰高亭峡中下，其南涧又从西支东谷屡坠而下走，夹圣峰之支，东尽于此。王十岳《游纪》以圣峰为中支，误矣。由其垂度北峡小桥，于是又涉中支之西界。循北麓而东，半里，两过南下小水，乃首传寺前左右流也。其南峡中始辟为畦，有庐中央，是为大觉菜圃。

【译文】出了寺后，向西北从上游过桥，走了四里，接连向东北越过三条山涧，然后来到那东面的支峰，这就是圣峰、燃灯寺下垂的支峰了。又走了一里，向东下到它的尽头处，有寺院悬在中央，这是天竺寺。它北边的山涧从仰高亭的峡中流下来，它南边的山涧又是从西面支峰东边的山谷屡次坠落下流的，夹住圣峰的支脉，东边在此到了尽头。王十岳《游纪》把圣峰作为中间的支峰，这是错的。从它的下垂处越过北峡中的小桥，于是又进入中间支峰的西界。沿北麓向东走，半里，两次跨过南下的小溪，是首传寺前方左右两侧的溪流。它南边峡中开始开垦为田地，有房屋在中央，这是大觉寺的菜园。

从其左北转，半里，逾支脊，连横过法华、千佛、灵源三庵，是皆中脊下垂处。半里，北逾锁水阁下流，即大觉寺矣。仍东随大路一里，过西竺寺前，上圆通庵，观灯笼花树。其树叶细如豆瓣，根大如匏瓠，花开大如山茱萸，中红而尖，蒂俱绿，似灯垂垂。余从永昌刘馆见其树，末见其花也。此庵为妙行旧居，留瀹茗乃去。一里，由迎祥寺北渡涧，仍去中界而入东支界。溯水而北，过龙泉庵、五华庵。五华今名小龙潭，乃悉檀大龙潭之上流。大龙潭已涸为深壑，乃小龙潭犹汇为下流。余屡欲探之，至是强二僧索之五华后坡。见水流淙淙，分注悉檀右，而坡道上跻，不见其处。二僧以日暮劝返，比还，寺门且闭矣。

【译文】从它左边向北转，半里，越过支峰的山脊，一连横着走过法华庵、千佛庵、灵源庵三座寺庵，这里全是中间的山脊下垂之处。半里，向北越过锁水阁的下游，就到大觉寺了。仍向东顺大路走了一里，经过西竺寺前，登上圆通庵，观赏灯笼花树。这种树的树叶细如豆瓣，树根大如葫芦，花开大如山茱萸，中间红但花尖花蒂全是绿色的，似灯笼样低低下垂着。我在永昌刘家书馆见过这种树，未见过它的花。此庵是妙行的旧居，留下烹茶喝后才离开。一里，从迎祥寺北边渡过山涧，仍离开中间支峰的界内进入东面支峰界内。溯涧水向北走，经过龙泉庵、五华庵。五华庵如今名叫小龙潭，是悉檀寺大龙潭的上游。大龙潭已干涸为深壑，小龙潭竟然仍积着水向下流。我多次想去探寻它，于是强迫二位僧人到五华庵的后坡去找它。只见水流淙淙，分散注入悉檀寺右侧，可沿坡上的路上登，不见它所在之处。二位僧人用天晚劝我返回去，等回来时，寺门将要关闭了。

是夜，与史君对谈复吾斋头。史君留心渊岳，谈大脊自其郡西金凤哨岭南过海东，自五龙坝、水目寺、水盘铺，过易门、昆阳之南，而包省会者，甚悉。且言九鼎山前梁王山西腋之溪，乃直南而下白崖、迷渡者，其溪名山溪。后人分凿其峡，引之洱海，则此溪又一水两分矣。果尔，则清华洞之脉，又自梁王东转南下，而今凿断之者。余初谓其脊自九鼎西坠，若果有南下白崖之溪，则前之所拟，不大误哉？目前之脉，经杖履之下如此，故知讲求不可乏人也。史君谓生平好搜访山脉，每被人哂①，不敢语人，邂逅②遇余，其心大快。然余亦搜访此脊，几四十年，至此而后尽，又至此而遇一同心者，亦奇矣。夜月甚明，碧宇如洗，心骨俱彻！

【注释】①哂（shěn）：讥笑。②邂逅（xiè hòu）：不期而遇。

【译文】这天夜里，在复吾的书斋与史君交谈。史君留心山川，谈起大山脊从他府中西境金凤哨岭向南经过洱海东面，从五龙坝、水目寺、水盘铺，经过易门县、昆阳州的南部，而后包围省会的山脉，非常熟悉。并且说到九鼎山前梁王山西侧的溪流，是一直向南下流到白崖站、迷渡的，此溪名叫山溪。后代人分凿开了它流经的山峡，把它引进洱海，那么此溪又是一条溪水分为两条支流了。要是这样，那清华洞的山脉，又从梁王山东边转向南下延，是今天凿断之处。我当初认为那条山脊从九鼎山向西下坠，如果有向南下流到白崖站的溪流，那么从前我估量的，岂不是大错了？眼前的山脉，经我亲身经历过还如此，因而知道真不可缺少议论探究的人呀！史君说起生平喜爱搜寻访求山脉，每每被人讥笑，不敢告诉人，偶然间遇上我，他的心里非常痛快。不过我也搜寻访求此条山脊，几乎四十年，到这个时候才结束，又到这里后才遇见一个同心的人，也是奇迹呀！夜间月亮十分明亮，澄碧的天空如洗涤过一般，心骨全都明彻透了！

十三日　史君为悉檀书巨匾，盖此君夙以临池擅名者，而诗亦不俗。复相与剧谈。既午，舆人催就道，史恳余同游九重崖，横狮林、旃擅而西，宿罗汉壁，明日同一登绝顶作别。余从之。遂由悉檀东上坡，半里，过天池静室，六里而过河南止足师静室。更北上里余，直蹑危崖下，是为德充静室。德充为复吾高足，复吾与史君有乡曲之好，故令其徒引游此室，而自从西路上罗汉壁，具饭于西来寺，以为下榻地。

【译文】十三日　史君为悉檀寺写了巨匾，原来这位先生向来以擅长书法出名，而且诗也不俗。再次互相畅谈。午后，轿夫催着上路，史君恳切邀请我一同去游九重崖，向西横过狮子林、旃檀林，住宿在罗汉壁，明天一同登一次绝顶再告别。我听从了他。于是从悉檀寺东边上坡，半里，经过天池的静室，六里后经过河南止足禅师的静室。再向北上走了一里多，一直踩着危崖下走，这是德充的静室。德充是复吾的弟子，复吾与史君是老乡，所以命令他徒弟领路来游此处静室，然后自此从西路上罗汉壁，在西来寺备好饭菜，作为寄宿之地。

此室当九重崖之中，为九重崖最高处。室乃新构而洁，其后危岩之半，有洞中悬，可缘木而上。余昔闻之，不意追随，首及于此。余仰眺丛木森霄，其上似有洞门仿佛。时史君方停憩不前，余即蹑险以登。初虽无径，既得引水之木，随之西行，半里，又仰眺洞当在上，复蹑险以登。初亦无径，半里，既抵岩下，见一木倚崖直立，少斫级痕以受趾，遂揉木升崖。

【译文】此处静室正当九重崖的中心，是九重崖的最高处。静室是新建的而且整洁，它后方危崖的半中腰，有山洞悬在中央，能够沿着树上登。我从前听说过它，不料跟随别人游山，首先到达这里。我仰面眺望，丛林森森遮蔽山崖耸入云霄，山崖上仿佛像有洞口。这个时候史君正好停下休息，我便踏着险阻上登。最初虽然没有路径，遇到引水的木槽后，顺着它向西走，半里，又仰面眺望，山洞应当在上方，又踏着险阻上登。起初也没有路径，半里，抵达危崖下后，见一棵树紧靠危崖直立，略微有砍凿出的台阶以便承受脚掌，于是攀着树枝上登危崖。

凡数悬其级，始及木端，而石级亦如之，皆危甚。足之力半寄于手，手之力亦半无所寄，所谓凭虚御风，而实凭无所凭，御无所御也。洞门正南向，上下皆削壁，中嵌一门，高丈五，阔与深亦如之，而旁无余隙。中有水自顶飞洒，贮之可供一人餐，憩之亦仅受一人榻，第无余隙，恐不免风雨之逼。然临之无前，近则香木坪之岭已伏于下，远则五龙坝之障正横于南，排沙、观音箐诸山层层中错，各献其底里而无余蕴焉。

【译文】一共悬空越过几层树枝，才到达树梢，而石崖上的台阶也如此，都危险极了。脚的力量一半寄托在手上，手的力量也是一半无所寄托，正是所谓的凌空驾御山风了，可实际上凭靠又无所凭靠，驾御也无所驾御。洞口面向正南，上下全是陡削的石壁，中间嵌入一个洞口，高一丈五，宽处与深处也如此，可四旁没有其余的缝隙。洞中有水从洞顶飞洒下来，把水贮存起来可供一个人饮用，在这里憩息也仅能放下一个人的床，没有其余的空隙，恐怕免不了风吹雨打了。不过在洞内临眺一望无际，近处是木香坪的山岭已低伏在下方，远处则是五龙坝的山峰正横在南面，排沙、观音箐诸山层层交错在中间，各处的山景都毫无保留的显现出来了。

久之，闻室中呼声，乃下。又随引水木而东过一栈，观水所出处，乃一巨石下。甫出，即刳木引之西注，此最上层之水也；其下一二丈，又出一水，则复吾之徒引入静室；其下又出一水，则一衲轩引之。连出三级，皆一峡坳，虽穴异而脉必潜通，其旁分而支引者，举岩中皆藉之矣。

【译文】很久，听见静室中的呼叫声，这才下来。又顺着引水的木槽向东走过一处栈道，观看泉水流出之处，是在一块巨石下。刚流出来，就用挖空的树把水引向西流，这是最上层的水；它下方一二丈，又涌出一处泉水，复吾的徒弟把水引入静室；它的下边又涌出一处泉水，一衲轩把水引去。一连涌出三层，全在一个峡坳中，虽然泉眼的位置不同，可脉胳必定暗中相通，那向旁边分支流的水，是整座山崖之中都仰仗的了。

既下室中，啜茶果，复继以饼饵，乃随下层引水之木，西一里入一衲轩。延眺久之，又茶而行。西一里，过向所从登顶之坡。横而西，路渐隘，或盘坡嘴，或过峡坳，皆乱砾垂脊，而中无滴水，故其地不能结庐，遂成莽径。二里余，峡拗中有一巨木，横偃若桥。又西二里，乃践坡转嘴而上，过野愚静室。又半里，上至白云静室。白云固留，以日暮而去，白云随过体极静室而别。西半里，过一宗静室。傍水又蹑坡半里，逾望台南突之脊，于是瞑色已来，月光渐耀。

【译文】下到静室中后，吃了茶水果子，又继续吃了点糕饼，于是顺着下层引水的木槽，向西一里进入一衲轩。抬头眺望了很久，又喝了茶上路。向西一里，经过先前来时登顶的山坡。横向西，路渐变窄，有时绕过坡嘴，有时走过峡坳，全是乱石块垂下山脊，峡中没有滴水，所以这个地方不能建屋，便成了满是草丛的小径。再走二里多，峡坳中有一棵巨树，横倒着好似桥梁。又向西再走二里，便踏着山坡绕着山嘴上登，经过野愚的静室。又走半里，上到白云的静室。白云坚决挽留，由于天晚便离开了，白云送我走过体极的静室才告别。向西走半里，经过一宗的静室。傍着水流又爬坡半里，越过望台向南突的山脊，到这里暮色已经来临，月光渐渐照耀起来。

里余，两过望台西坳之水，又一里，南盘旃檀岭，乃西过罗汉壁东垂，皆乘月而行也。又稍盘嘴而上半里，是为慧心静室，此幻空碧云寺前南突之坡也。

【译文】一里多，两次越过望台西面山坳的水流，又走了一里路，向南绕过旃檀岭，于是向西走过罗汉壁的东垂，都是乘着月色前行的。又慢慢绕过山嘴上走半里，这是慧心的静室，这里是幻空碧云寺前向南突的山坡。

余昔与慧心别于会灯寺，访之不值，今已半载余，乃乘月叩扉。出茗酌于月下，甚适。此地去复吾先期下榻处尚三里，而由此西下度箐，暗不可行，慧心乃曳杖为指迷。半里，度而上，又半里，登坡，与碧云大路合，见月复如前，慧心乃别去。又西一里，过一静室，乃盘嘴北向蹑坡，则复吾使人遍呼山头矣。又一里，入西来寺。寺僧明空他出，其弟三空，余向所就餐者，闻之，自其静庐来迎。

【译文】我从前与慧心在会灯寺分别，拜访他没遇上，至今已是半年多，于是乘着月色叩门。慧心拿出茶在月光下饮，十分适意。这里离复吾事先约定的住宿处还有三里，可由此向西下走越过山箐，天黑得不能走，慧心于是拖着手杖为我指点迷途。半里，横越而上，又走半里，登坡，与碧云寺来的大路会合，见月光又如先前一样，慧心这才告别离去。又向西走一里，路过一处静室，就绕着山嘴向北登坡，就见复吾派人在山头到处呼喊了。又走了一里，进入西来寺。寺中僧人明空出门了，他的弟子三空，是从前我们一起就餐的人，听见声音，从他的静室出来迎接。

复吾知吾辈喜粥，为炊粥以供。久不得此，且当行陟之后，吸之明月之中，不啻仙掌金茎矣。

【译文】复吾知道我们喜欢喝粥，为此煮了粥招待我们。很久没吃到这样的粥了，况且此时正是艰苦跋涉之后，在明月的夜晚喝到稀粥，无异于吃仙掌金茎了。

十四日　三空先具小食，馒后继以黄黍之糕，乃小米所蒸，而柔软更胜于糯粉者。乳酪、椒油、蕒油、梅醋，杂沓而陈，不丰而有风致。盖史君乃厥兄明空有约而来。（以下缺）

【译文】十四日　三空先准备了小食，馒头之后是黄黍做的糕，是用小米蒸制的，但柔软更胜过糯米粉做的。乳酪、辣椒油、鸡蕒油、梅子醋，杂乱地陈放着，不丰盛但颇有风味。原来史君是与他的师兄明空是有约而来的。（以下缺失）

（季梦良曰：王忠纫先生云："自十二年九月十五以后，俱无小纪。"余按公奉木丽江之命，在鸡山修《志》，逾三月而始就。则自九月以迄明年正月，皆在悉檀修《志》之日也。公另有《鸡山志》摘目三小册，即附载此后，而《丽江纪事》一段，及《法王缘起》一段，并附见焉。）①

【注释】①“季梦良曰”以下数句：崇祯十三年（1640）正月，丽江土官木增派人用滑竿护送双脚致残的徐霞客踏上归途。回程所经，《滇游日记十二》记清华洞载：“此洞昔以无炬不能深入，然犹践泞数十丈，披其中透顶之扃；兹以涨望门而止；不知他日归途经此，得穷其蕴藏否也。”陈函辉《徐霞客墓志铭》载：“沐黔国亦隆以客礼。闻其携奇树虬根，请观之，欲以镒金易。霞客笑曰：‘即非赵璧，吾自适吾意耳，岂假十五城乎？’黔国亦高之。”《溯江纪源》载：“在叙州者，只知其水出于马湖、乌蒙，而不知上流之由云南丽江；在云南丽江者，知其为金沙江，而不知下流之出叙为江源。”陈函辉《徐霞客墓志铭》又载：“霞客于峨眉山前，作一札寄予。其出外番分界地，又有书贻钱牧斋宗伯，并托致予。”钱谦益《徐霞客传》也记载：“还至峨眉山下，托估客附所得奇树虬根以归，并以《溯江纪源》一篇寓余。”徐霞客归程的路线，当从鸡足山往南再游清华洞，往东经昆明受到沐天波的礼遇，再往东北取东川驼铜道到金沙江与长江交汇处的叙州府（今四川宜宾），完成《溯江纪源》的考察，在峨眉山下定稿并寄出，乘肩舆登上峨眉山。以后取长江水道乘船东行。陈函辉《徐霞客墓志铭》又载：“至楚江困甚，黄冈侯大令为具舟楫，六日而达京口，遂得生还。”侯大令即无锡人侯鼎铉，时任黄冈县令。《锡山东里侯氏八修宗谱》第二册《澹泉公轶书》载：“江上振之徐君，负奇好游，足迹遍天下。自巴蜀经楚黄，贫病不能起，舟人谋弃诸野。适先户簿令黄（冈），乃延之入署，医药调治，有逾骨肉。病痊愈后，厚赠送归。”徐霞客在这年六月回到了故乡江阴。

【译文】（季梦良说：王忠纫先生说：“自从崇祯十二年（1639）九月十五日以后，都没有短小的日记。”我考证，霞客公奉丽江府木公之命，在鸡足山纂修志书，超过三个月后才完成。那么从九月以至第二年的正月，都是在鸡足山修撰志书的日子了。霞客公另外有《鸡山志》摘要的目录三小册，就附载在这里的后面，还有《丽江纪事》一段，以及《法王缘起》一段，一并在这里附带参见。）

鸡山志目

胜事记余

灵异十则 景致十则 物产 临莅 朝参

市集 塔墓十则

八卷 艺苑集成

集诗 集文

徐子曰：志图经者，有山川之一款；志山川者，又有图经之全例，不相假也。兹帙首真形，次名胜，次化宇，渐由天而人；次古德，次护法，则纯乎人矣；胜事天之余，艺苑人之余，故又次焉。此编次之大意也。

【译文】

一卷 真形统汇这是关于全山的纲领。

山名 山脉 山形 山界 开辟 鼎盛

二卷 名胜分标胜景根源于天，所以顺着它发展的脉络，从山顶向下分列。

峰 岩 洞 台 石 岭

梯 谷 峡 箐 坪 林

泉 瀑 潭 涧 温泉

三卷 化宇随支功业的根基在于人，所以沿山势上登，从低处向上升高。

中间支峰的佛寺

四卷 化宇随支

东面支峰的佛寺 西面支峰的佛寺

五卷 化宇随支

绝顶的罗城　山外的佛寺　附记牌坊、亭子、桥梁、聚落

六卷　神迹原始

传法正宗传　附记法显事迹　附记小沈事迹

古德流芳

著名前辈传　高人隐士传

七卷　宰官护法

著名官吏传　乡间名贤传　附记施主信徒布施

胜事记余

灵异十则　景致十则　物产　视察　上朝参拜

集市　塔墓十则

八卷　艺苑集成

诗集　文集

徐子说：记述地理志的人，有山川这一款；记述山川的人，又有地理志的全部体例，不互相借用。这套书首先记真形，其次记名胜，其次记佛宇，逐渐由天到人；其次是古德，其次护法，则纯粹是记人了；胜事是天余下的内容，艺苑是人事余下的内容，所以又在其次。这是编撰次序的主旨。

鸡山志略一

灵异十则

放光　老僧香　金鸡泉　收蛇穴　石门复开

土主报钟　经声应耳　然身雷雨　猿猴执炊
灵泉表异

【译文】灵异十则

放光　老僧香　金鸡泉　收蛇穴　石门复开
土主报钟　经声应耳　然身雷雨　猿猴执炊
灵泉表异

景致十则

山之有景，即山之峦洞所标也。以人遇之而景成，以情传之而景别，故天下有四大景，图志有八景、十景。岂天下之景，数反诎于郡邑乎？四乃拔其优，十乃足其数也。若鸡山则异于是，分言之，即一顶而已萃天下之四观，合言之，虽十景犹拘郡邑之成数也。

【译文】景致十则

山间之所以有景，就是以山中的峰峦洞穴显现出来的。因为人遇见它便成了景，靠人的情感来传扬景便有了区别，所以天下有四大景，图经志书中有八景、十景。难道遍天下的景，数量反而不如府县吗？四景是挑拔其中尤其突出者，十景是凑足景点的数量。至于鸡足山则不同于此，分开来说，就是一个顶峰便已荟萃了天下的四种景观，合起来讲，纵然是十景仍是拘泥于府县通行的数目。

绝顶四观东日、西海、北雪、南云。

观之有四，分于张直指，而实开辟以来，即罗而致之。四之中，海内得其一，已为奇绝，而况乎全备者耶。此不特首鸡山，实首海内矣。

诗五首见《鸡山十景》

【译文】绝顶四观东方日出、西面洱海、北方雪山、南面云海。

景观有四种，由张直指使划分，而实际上开天辟地以来，就分布有这些景观。四种景观之中，海内得到其中之一，已是奇绝，何况此地四种都有呢！这不仅是鸡足山的第一景，实在也是海内第一景了。

诗五首见《鸡山十景》

华首重门

龙华浩劫，转恨此门不辟。不知使其中堂奥潜通，纵别有天地，不过一窈窕之区耳；何如双阙高悬，一丸中塞，使仰之弥高，望之不尽乎。故方广石梁，以为五百应真之地，而亦旁无余窦，其意正与华首同也。

诗一首见《鸡山十景》

【译文】华首重门

龙华浩劫之时，转而恨此门不开。不知使其中深邃之处暗中相通，纵然别有天地，不也过是一处幽深的地方罢了；哪里比得上双阙高悬，一个弹丸塞在中央，使得仰望它更加高大，远望它望不到头呢！故而正在扩建石桥，以为是五百罗汉应验真身之地，可也是四旁没有其余的洞穴，它的意境正好与华首门相同。

诗一首见《鸡山十景》

太子玄关

琼台中悬，已凌灏爽。玄关上透，更转虚灵。栈壁排云，出没于烟霞之上。所称群玉峰头，瑶池月下，仿佛在此。

诗一首见《鸡山十景》

【译文】太子玄关

琼台悬在中央，已凌架在浩大清朗的空中。玄关向上穿透，更变得虚幻灵妙。石壁上栈道排上云天，出没在烟霞之上。所称的群玉峰头，瑶池月下，仿佛就在这里。

诗一首见《鸡山十景》

罗汉绝壁

每爱袁石公“补填积雪成新径，展拓闲云架小庐”之句。行罗汉壁，宛然诗中之画也。至其崩云叠翠，人皆面壁，石可点头，自是一幅西来景，不烦丹青[①]落笔。

诗一首见《鸡山十景》

【注释】①丹青：丹和青是我国古代绘画常用的两种颜色，借指绘画。

【译文】罗汉绝壁

每每喜爱袁石公“补填积雪成新径，展拓闲云架小庐”的诗句。行走在罗汉壁，宛如是诗中之画。来到它乱云飞崩翠色层叠之处，人都面向石壁，岩石能够触摸到头，自然是一幅西方来的景色，不必麻烦画家再落笔了。

诗一首见《鸡山十景》

狮林灵泉

山下出泉，有渟有流，皆不为异。乃泉不出于麓而出于峦，峦不出于坳而出于脊，脊不出于外泻而出于中垂，中垂不出于旁溢而出于顶灌。此惟狮林念佛堂见之，欲不谓之灵不得也。

诗二首见《鸡山十景》

【译文】狮林灵泉

山下出泉水，有积水有流泉，都不算奇异。此泉不出在山麓而出在山峦上，山峦上不出在山坳却出在山脊上，山脊上不出在向外流泻之处而出在中央下垂之处，中央下垂之处不出在向四旁外溢之处却出在山顶灌注之处。此景仅在狮子林念佛堂见到过，想不说它灵异是不可能的。

诗二首见《鸡山十景》

放光瑞影

川泽之气，发为光焰，海之蜃楼，谷之光相[①]，皆自下而上。放光四面深环，危崖上拥，灵气攸聚，瑞影斯彰，其与四大比隆，宜也。然四大亦惟峨眉、五台，其光最异；若九华、普陀，亦止佛灯，未着光相，故放光之瑞影，真四之中，二之上者矣。

诗一首见《鸡山十景》

【注释】①光相：太阳光通过山间云雾时衍射成相，俗称“佛光”

【译文】放光瑞影

河川湖泽的水气，散发变为光焰，海中的海市蜃楼，山谷间的光相，都是从下而上。放光塔四面深壑环绕，危崖上拥，是灵气聚集的场所，祥瑞的光影显现的地方，它与四大名山并列崇高的地位，是适宜的。不过四大名山也只有峨眉山、五台山，它们的光影最奇异；至于九华山、普陀山，也只有佛灯，未有光相，所以放光塔的灵瑞光影，真正是居于四大名山之中，两座名山之上。

诗一首见《鸡山十景》

浮屠绾胜

三距东环，百刹中峙，扃龙华于双阙，悬象魏[①]于九重，玉毫遍地，只欠当门一楗，金掌中天，忽成华藏千祥。既合此尖，永证胜果。

【注释】①象魏：即庙门外双阙，象即“相”，相示；魏即“巍”，巍然。

【译文】浮屠绾胜

三支鸡爪环列在东方，百座寺宇并峙在山中，在双阙锁住龙华寺，在九重崖高悬象魏，玉笔遍地，只欠当门的一根门闩，金掌中天，忽化成灵异的千种祥瑞。既已集合在此处塔尖，永证善果。

诗二首见《鸡山十景》

瀑布腾空

匡庐之瀑，不及雁宕，独得列名四景，以人所共瞻也。鸡山玉龙瀑布，亦不若猴子峒峡中崖石掩映，然玉龙独挂山前，漾荡众壑，领挈诸胜，与匡庐同，不得分大小观也。

诗一首见《鸡山十景》

【**译文**】瀑布腾空

庐山的瀑布，不及雁宕山，但得以列入著名的四景，是因为它是人们共同瞻仰的地方。鸡足山的玉龙瀑布，也不似猴子峒峡中那样有石崖掩映，然而玉龙独自挂在山前，飘荡在群山壑谷中，是山中的著名胜景，与庐山相同，不能南景观的大小来区分。

诗一首见《鸡山十景》

传衣古松

鸡山之松，以五鬣见奇，参霄蔽陇，碧荫百里，须眉尽绿，然挺直而不虬，巨润而不古。而古者常种也，龙鳞鹤氅，横盘倒垂，缨络千万，独峙于传衣之前，不意众美之外，又独出此一老。

诗一首见《鸡山十景》

【**译文**】传衣古松

鸡足山的松树，以五鬣松见奇，耸入云霄，密蔽山冈，碧绿浓荫百里，枝叶全是绿色，挺拔笔直而不盘曲，巨大润泽而不古拙。而古拙的是常见的树种，龙鳞片样的树皮，仙鹤般的大鹫的鸡冠，横缠倒垂，万千缨络，独自屹立在传衣寺之前，意想不到众美之外，又单独出现这样一棵老松树。

诗一首见《鸡山十景》

古洞别天

鸡山岩有重门，洞无奥室，独于山后另辟神境。盖山脉至此将尽，更出一番胚胎，令人不可测识。人所共瞻者，则扃之使不可几；人所不到者，则通之示有所入，何山灵之幻乃尔？

诗二首见《鸡山十景》

【译文】古洞别天

鸡足山的山崖有重重石门，岩洞无深室，独在山后另外辟有神奇之境。原来是山脉在这将到尽头，所以另外开辟一处景观，让人不可测知。人所共同瞻仰的地方，则把它锁闭起来使人不可考察；人所不能到达之处，却把它打通以示有通入的地方，为何山间灵气的变幻如此？

诗二首见《鸡山十景》

鸡山志略二

诸寺原始俱以年次为先后。

接待寺嘉靖间，天心和尚跪华首门，遥礼初祖迦叶为师，落发，乃创此寺于山麓，又建圣峰寺于山半。其后有宝山禅师得授衣钵。现在讲师和雅，住圣峰寺。

圣峰寺宝山禅师建，后嗣和雅。

龙华寺隆庆间，元庆和尚开山，后阁是嗣孙雪亭重建。前题“石鼓名区”，阁题“水月”。石鼓，以左峰绝顶高耸，有声如鼓也。

石钟寺以楼下掘出石形如钟，故云石钟。又云以建寺时，侧崖有石，风吹如钟声。皆无的据。

放光寺嘉靖间，古德无穷禅师，河南人，创建。护法檀越李中谿先生。无穷后嗣有归空禅师，建藏经阁。阁成，神宗赐《藏》。

寂光寺嘉靖间，古德定堂禅师创建。檀越李中谿、苏大云、赵雪屏三先生俱翰林。又居士杨碧泉，皈依禅师，捐资建造。后嗣用周禅师，大兴宏敞，又建大觉寺，请无心禅师住持。后嗣野愚大师现住静，见晓现住南直中峰，克心现住持。

大觉寺万历间，无心禅师奉密旨，赍华严寺《藏经》至此，用周请住此寺。后嗣遍周现在。

幻住庵嘉靖间，寂安禅师创建。德行具碑纪。后嗣定光，今名福宁。现在住持妙宗，天香寿九旬。

华严寺嘉靖间，南京古德月堂创建。圣母赐《藏》。回禄后，有法孙野池重建，参随张宾轩护法。

那兰陀寺万历间，古德所庵禅师创建。师寻甸人。护法檀越黔国武靖公，参随张宾轩。后嗣高僧本无，讲师了宗、念休现在。克徽，在滇省圆通寺。禅师大力现在。静主兰宗、干蛊。常住艮一。

悉檀寺万历间，古德本无建。护法檀越丽府生白木公。后嗣法润、弘辨、安仁、体极，住静白云。

补处庵嘉靖间，古德广西如正禅师创建。后嗣本真、所庵禅师传记，念诚住持。

西竺寺万历间，古德饮光禅师创建。

会灯寺嘉靖间，阔然老师先结静室，今法嗣朗耀创建丛林，迦叶殿法眷。

大士阁万历间，直指沈建立，请古德拙愚禅师住持。师乃五华、龙泉二寺法眷之主。后嗣虚宇，现在大士阁中住持。

传衣寺古圆信庵，古德大机禅师创建，中谿李先生护法。后嗣映光禅师弘建。回禄后，映光后嗣法界重建，即今觉悟住持。旁建八角庵、圆通庵、慈圣庵、雷云寺、静云庵、净土庵、开化庵、九莲寺、报恩寺、白石庵。

万松庵万历间，古德中泉禅师创建，后嗣离微禅师重建，现在。

古迦叶殿

罗汉壁静室广西禅师　印宗禅师　幻空禅师

狮子林静室兰宗禅师　大力禅师

大静室野愚禅师

旃檀岭静室克心禅师

九重崖静室本无禅师　大定禅师　闻玺禅师

【译文】诸寺起源一概按年代先后为序。

接待寺嘉靖年间，天心和尚跪在华首门，遥拜初祖迦叶为师，落发为僧，然后在山麓创建了此寺，又在半山腰建了圣峰寺。那以后有宝山禅师得他传授衣钵。现在的主讲法师是和雅，住在圣峰寺。

圣峰寺宝山禅师创建，后代传人是和雅。

龙华寺隆庆年间，元庆和尚开山，后阁是传人孙雪亭重建的。前殿的匾额叫“石鼓名区”，后阁的匾额为“水月”。石鼓，是因为左峰的绝顶高耸，有声音如鼓声。

石钟寺因为在楼下挖出的岩石形状如铜钟，所以叫石钟。又传说在建寺时，侧边山崖上有块岩石，风吹过时声音像钟声。全无确实的依据。

放光寺嘉靖年间，先辈无穷禅师，河南人，创建此寺。护法施主是李中谿先生。无穷后代传人有归空禅师，修建了藏经阁。藏经阁建成，神宗赐给《藏》。

寂光寺嘉靖年间，先辈定堂禅师创建。施主是李中谿、苏大云、赵雪屏，三位先生都是翰林。又有居士杨碧泉，皈依定堂禅师，捐资建造。后代传人用周禅师，大兴土木扩建，又建了大觉寺，请来无心禅师任住持。后代传人野愚大师现住在静室中，见晓现住在南直中峰，克心现为住持。

大觉寺万历年间，无心禅师奉皇帝密旨，带着华严寺的《藏》到此，用周请他住持此寺。后代传人遍周现今还在。

幻住庵嘉靖年间，寂安禅师创建。德行全部有碑文记载。后代传人定光，现名叫福宁。现在的住持是妙宗，天香的寿命有九旬。

华严寺嘉靖年间，南京先辈月堂创建。皇太后赐《藏》。火灾后，有徒孙野池重建，参将随从张宾轩护法。

那兰陀寺万历年间，先辈所庵禅师创建。禅师是寻甸人。护法施主是黔国武靖公、参将随从张宾轩。后代传人是高僧本无，主讲法师了宗、念休，现今还在。克徽，在云南省城圆通寺。大力禅师现今健在。静室主人兰宗、干蛊。常住僧良一。

悉檀寺万历年间，先辈本无修建。护法施主是丽江府木生白公。后代传人法润、弘辨、安仁、体极，住在白云寺静室中。

补处庵嘉靖年间，先辈广西如正禅师创建。后代传人本真、所庵禅师有传记，念诚任住持。

西竺寺万历年间，先辈饮光禅师创建。

会灯寺嘉靖年间，阔然老禅师先建了静室。如今继承他衣钵的弟子朗耀创建了寺院，与迦叶殿是同门弟子。

大士阁万历年间，直指使者沈某建立，请先辈拙愚禅师任住持。禅师是五华寺、龙泉寺两寺同门弟子的主管。后代传人虚宇，现在大士阁中任住持。

传衣寺古代的圆信庵，先辈大机禅师创建，李中谿先生护法。后代传人映光禅师扩建。火灾后，映光的后代传人法界重建，今天觉悟是住持。四旁建有八角庵、圆通庵、慈圣庵、雷云寺、静云庵、净土庵、开化庵、九莲寺、报恩寺、白石庵。

万松庵万历年间，先辈中泉禅师创建，后代传人离微禅师重修，现今尚存。

古迦叶殿

罗汉壁静室广西禅师　印宗禅师　幻空禅师

狮子林静室兰宗禅师　大力禅师

大静室野愚禅师

旃檀岭静室克心禅师

九重崖静室本无禅师　大定禅师　闻玺禅师

各刹碑记

《止止庵记》宾州知州黄冈廖自伸记。万历三十二年。

又《止止庵记》荆州知府、前翰林庶吉士、监察御史、郡人李元阳，嘉靖三十八年。

《传衣寺记》长芦运使、郡人阮尚宾记。万历甲辰。

《鼎建大士阁三摩禅寺记》知宾州廖自伸记。万历丙午。

《重建放光寺铜碑》李元阳记。

《仰高亭记》柱史周茂相记。万历三十五年。

《寂光寺传衣法嗣纪略》云洱举人孙启祚撰。崇祯九年。

《西竺寺碑记》进士陶珽撰。万历戊午。

《寂光寺用周禅师道行碑记》御史昆明傅宗龙撰。万历己未。

【译文】各刹碑记

《止止庵记》宾川州知州黄冈人廖自伸作记。万历三十二年（1604）。

又一个《止止庵记》荆州知府、前任翰林院庶吉士、监察御史、本府人李元阳作记，嘉靖三十八年（1559）。

《传衣寺记》长芦转运使、本府人阮尚宾作记，万历甲辰年（万历三十二年，1604）。

《鼎建大士阁三摩禅寺记》宾川州知州廖自伸作记。万历丙午年（万历三十四年，1606）。

《重建放光寺铜碑》李元阳作记。

《仰高亭记》御史周茂相作记。万历三十五年（1607）。

《寂光寺传衣法嗣纪略》云南洱海卫举人孙启祚撰文。崇祯九年（1636）。

《西竺寺碑记》进士陶珽撰文。万历戊午年（万历四十六年，1618）。

《寂光寺用周禅师道行碑记》御史昆明人傅宗龙撰文。万历己未年（万历四十七年，1619）。

丽江纪略

丽江名山牯冈、辇果，俱与㑩罗相近。东北界。胡股、必烈，俱丽江北界番名。甲戌岁，先有必烈部下管鹰犬部落，得罪必烈番主，遁居界上，剽窃为害。其北胡股贩商，与西北大宝法王往来之道，皆为其所中阻。

乙亥秋，丽江出兵往讨之。彼先以卑辞骄其师，又托言远遁，丽人信之，遂乘懈返袭，丽师大败。丽自先世雄视南服，所往必克，而忽为所创，国人大愤，而未能报也。

【译文】丽江的名山牯冈、辇果，都与㑩罗族人相接近。东北边界。胡股、必烈，都是丽江北部边界少数民族的名称。甲戌年（崇祯七年，1634），先有必烈的部下管辖鹰犬部落的，得罪了必烈族的主子，逃居在边界上，抢劫为害。他北面胡股族的商贩，与西北大宝法王往来的通道，全被他从中间阻断。

乙亥年（崇祯八年，1635）秋天，丽江出兵前去讨伐他。他先用卑下恭维的言辞让丽江的军队骄傲，又假意声称远逃了，丽江人相信了他，于是乘丽江人懈怠时偷袭，丽江兵大败。丽江自从祖先起雄视南部边疆，所到之处战无不胜，可现今忽然遭到重创，丽江人极为愤怒，但是未能报复。

法王缘起

吐蕃国有法王、人王[①]。人王主兵革，初有四，今并一。法王主佛教，亦有二。人王以土地养法王，而不知有中国；法王代人王化人民，而遵奉朝廷。其教，大法王王与二法王更相为师弟。

大法王将没[②]，即先语二法王以托生之地。二法王如其言往求之，必得所生，即抱奉归养为大法王而传之道。其抱归时，虽年甚幼，而前生所遗事，如探环穴中，历历不爽。二法王没，亦先语于大法王，而往觅与抱归传教，亦如之。其托生之家，各不甚遥绝，若只借为萌芽，而果则不易也。大与二，亦只互为渊源，而位则不更也。

庚戌年，二法王曾至丽江，遂至鸡足。

大宝法王于嘉靖间朝京师，参五台。

丽江北至必烈界，几两月程。又两月，西北至大宝法王。

【注释】①法王：元明两代授予喇嘛教首领的封号。人王：明王朝对青藏地区封建领主的封号。②没：通“殁”，死亡。

【译文】吐蕃国有法王、人王。人王主掌军事，最初有四个，如今天合并为一个。法王主掌佛教，也有两个。人王用土地来养法王，却不知有中国；法王代替人王教化人民，但尊奉朝廷。他们的教规，大法王与二法王互相更替作为师弟。大法王将死时，就事先对二法王告知托生之地。二法王按照他的话前去寻找，必定找到转生的人，马上抱回来奉养作为大法王并且传授给他教旨。他抱回来的时候，虽然年龄非常幼小，但前生的遗事，如伸手从环形洞穴中取出来一样，清清楚楚没有差错。二法王死时，也是事先告知给大法王托生之地，而且前去寻找并抱回来传教，也是如此。他们托生的人家，各自相隔不十分遥远，好似只借以作为萌生的幼芽，但结果却不变。大法王与二法王，也只是互为渊源，而地位则不变更。

庚戌年（万历三十八年，1610），二法王曾到过丽江，进而到了鸡足山。

大宝法王在嘉靖年间朝见京师，参拜五台山。

丽江向北到必烈境内，将近两个月的路程。又走两个月，向西北通到大宝法王的驻地。

溯江纪源（一作《江源考》）

（冯士仁曰：谈江源者，久沿《禹贡》“岷山导江”之说。近邑人徐弘祖，字霞客，夙好远游，欲讨江源，崇祯丙子秋，辞家出流沙外，至庚辰秋归，计程十万，计日四年。其所纪核，从足与目互订而得之，直补桑《经》、郦《注》所未及。夫江邑为江之尾闾，适志山川。而霞客归，出《溯江纪源》，遂附刻之。）[①]

江、河[②]为南北二经流，以其特达于海也。而余邑正当大江入海之冲，邑以江名，亦以江之势至此而大且尽也。生长其地者，望洋击楫[③]，知其大，不知其远；溯流穷源，知其远者，亦以为发源岷山而已。余初考纪籍，见大河即黄河自积石入中国。

溯其源者，前有博望之乘槎[④]，后有都实之佩金虎符。其言不一，皆云在昆仑之北，计其地，去岷山西北万余里，何江源短而河源长也？岂河之大更倍于江乎？

迨[⑤]逾淮涉汴[⑥]，而后睹河流如带，其阔不及江三之一，岂江之大，其所入之水，不及于河乎？迨北历三秦，南极五岭，西出石门、金沙，而后知中国入河之水为省五，陕西、山西、河南、山东、南直隶。入江之水为省十一。西北自陕西、四川、河南、湖广、南直，西南自云南、贵州、广西、广东、福建、浙江。计其吐纳，江既倍于河，其大固宜也。按其发源，河自昆仑之北，江亦自昆仑之南，其远亦同也。发于北者曰星宿海，佛经谓之徙多河[⑦]。北流经积石，始东折入宁夏，为河套，又南曲为龙门大河，而与渭河合。发于南者曰犁牛石，佛经谓之殑伽河[⑧]。南流经石门关，始东折而入丽江，为金沙江，又北曲为叙州大江，与岷山之江合。余按岷江经成都至叙今之宜宾，不及千里，金沙江经丽江、云南、乌蒙至叙，共二千余里，舍远而宗近，岂其源独与河异乎？

【**注释**】①出自冯士仁《江阴县志》。徐本收有此序。②江、河：此特指长江、黄河。下同。③击楫（jí）：拍击船桨。④乘槎（chá）：乘坐筏子。⑤迨（dài）：等到。⑥汴（biàn）：汴河，今河南通济渠。⑦徙（xǐ）

多河：印度传说中自雪山发源的河流，并被误认为是黄河的上源。⑧殑伽（jìng qié）河：古印度东北大河，即今恒河。

【译文】（冯士仁说：谈论长江源头的人，长期以来沿袭《禹贡》“岷山导江”的说法。近来本县人徐弘祖，字霞客，素来喜好远游，想要探究长江的源头，崇祯丙子年（崇祯九年，1636）秋天，他辞别家人出游到沙漠之外，到庚辰年（崇祯十三年，1640）秋天归来，合计行程十万里，总计时间长达四年。他所纪录核实的内容，是从足迹所到和亲眼所见中互相订正，从而得出的结论，可以直接补充桑钦《水经》、郦道元《水经注》所未涉及的部分。江阴县在长江的江尾，恰好县志中也记载山川。而霞客归来，写出《溯江纪源》，便附带刻在书后。）

长江、黄河是南北两条主干水系，可以直接通往大海。我县正位于入海口，以长江得名，到了这里，长江的水势已是强弩之末。生长在这个地方的人，望着江水浩渺，拍击着船桨，虽然知道它广袤浩荡，却不知道它源远流长；，知道它源远流长的人，也都以为发源自岷山。我当初考证典籍记载，发现黄河自积石山流入中原。，溯流穷源的人，前有乘坐木筏的博望侯，后有佩带金虎符的都实。发源地众说纷纭，但大多认为源自昆仑山北。我测量那里离岷山西北，还有一万多里，为何长江的源头短，而黄河的源头长呢？莫非黄河比长江大一倍吗？

越过淮河、汴河，才能看到有如衣带的黄河，宽处不及长江的三分之一。长江水势如此宏大，难道还比不上黄河吗？北经三秦，南达五岭，西至石门关、金沙江，可以知道黄河流经中原五省，陕西、山西、河南、山东、南直隶。而长江流经十一个省，自西北经陕西、四川、河南、湖广、南直隶，自西南经云南、贵州、广西、广东、福建、浙江。计算两者的流量，长江比黄河多一倍，自然是前者流势大。探查它们的发源地，黄河发源于昆仑山北，长江发源于昆仑山南，它们的长度本应相同。发源于北面的叫星宿海，佛经称之为徙多河。往北流经积石山，然后向东折入宁夏，形成河套，又向南折作龙门峡湾，最终与渭水合流。发源于南面的叫犁牛石，佛经称之为殑伽河。往南流经石门关，然后向东折入丽江，复为金沙江，又向北折作叙州府江，与源自岷山的江水合流。据我考察，岷江经成都至叙州府，不到一千里，金沙江流经丽江、云南、乌蒙府到叙州府，共有二千多里。忽略远源，却把近处当做发源地，难道是因为源头与黄河不同吗？

非也！河源屡经寻讨，故始得其远；江源从无问津，故仅宗其近。其实岷之入江，与渭之入河，皆中国之支流，而岷江为舟楫所通，金沙江盘折蛮獠谿峒间[①]，水陆俱莫能溯。在叙州者，只知其水出于马湖、乌蒙，而不知上流之由云南、丽江；在云南、丽江者，知其为金沙江而不知下流之出叙为江源。云南亦有二金沙江：一南流北转，即此江，乃佛经所谓殑伽河也；一南流下海，即王靖远征麓川，缅人恃以为险者，乃佛经所谓信度河也。云南诸志，俱不载其出入之异，互相疑溷[②]，尚不悉其是一是二，分北分南，又何由辨其为源与否也。既不悉其孰远孰近，第见《禹贡》[③]“岷山导江”之文，遂以江源归之，而不知禹之导，乃其为害于中国之始，非其滥觞发脉之始也。导河自积石，而河源不始于积石；导江自岷山，而江源亦不出于岷山。岷流入江，而未始为江源，正如渭流入河，而未始为河源也。不第此也，岷流之南，又有大渡河，西自吐蕃，经黎雅，与岷江合，在金沙江西北，其源亦长于岷而不及金沙，故推江源者，必当以金沙为首。

【注释】①蛮獠谿（liáo xī）峒间：指西南少数民族居住地。②疑溷（hūn）：疑乱混淆。③《禹贡》：《尚书》中的一篇，记载了上古时期的人文地理现象。

【译文】不是这样的。黄河的源头屡经探寻，所以才找到远源；长江的源头向来无人问津，所以只是近支作为源头。其实岷江流入长江，与渭水流入黄河一样，都是中原的支流而已，而岷江舟船通达，金沙江却盘绕曲折，位处蛮僚聚居的溪谷间，水陆两路都无人能过。叙州府的人，只知这条河流来自马湖府和乌蒙府，却不知上游还流经云南丽江；在云南丽江的人，知道它是金沙江，却不知下游流到了叙州府，居然还是长江的源头。云南有两条金沙江：一条往南流后转北，就是此水，即佛经所称的殑伽河；一条南流入海，是王靖远征讨麓川时，缅甸人依仗为天险的江水，即佛经所称的信度河。云南诸类志书，都不记载它们的差别，交杂混淆，还不能查证它们是同一条江还是两条江，分在北方还是分在南方，又怎么辨明它是不是长江的源头呢？弄不清孰远孰近，只因《禹贡》中“岷山导江”的字句，便把岷山当做长江发源地，却不知大禹疏导岷江并不因为它是发源地，而是由于它为害中原。疏导黄河起自积石山，可黄河也不发源于积石山；疏导长江起自岷山，而长江的源头也不是源出于岷山。岷江流入长江，却不是长江的源头，正如渭水流入黄河，却不是黄河的源头一样。不但如此，岷江流域的南边，还有条大渡河，源自西方的吐蕃、金沙江的西北方，流经黎州、雅州，与岷江合流。它的源头比岷江远，但比不上金沙江，所以推寻长江源头，应当首先认定是金沙江。

不第此也：宋儒谓中国三大龙，而南龙之脉，亦自岷山，濒大江南岸而下，东渡城陵、湖口而抵金陵，此亦不审大渡、金沙之界断其中也。

不第此也：并不审城陵矶、湖口县为洞庭、鄱阳二巨浸入江之口。洞庭之西源自沅，发于贵州之谷芒关；南源自湘，发于粤西之釜山、龙庙。鄱阳之南源自赣[1]，发于粤东之浰头[2]、平远；东源自信丰，发于闽之渔梁山、浙之仙霞南岭。是南龙盘曲去江之南且三千里，而谓南龙濒江乎？不第此也：不审龙脉，所以不辨江源。今详三龙大势，北龙夹河之北，南龙抱江之南，而中龙中界之，特短。北龙亦秪南向半支入中国。俱另有说。惟南龙磅礴半宇内，而其脉亦发于昆仑，与金沙江相持南下，经石门丽江，东金沙，西澜沧，二水夹之。环滇池之南，由普定度贵竺、都黎南界，以趋五岭。龙远江亦远，脉长源亦长，此江之所以大于河也。

不第此也：南龙自五岭东趋闽之渔梁，南散为闽省之鼓山，东分为浙之台、宕。正脉北转为小箪岭[3]，闽浙界。度草坪驿，江浙界。峙为浙岭、徽浙界。黄山，徽宁界。而东抵丛山关，绩溪、建平界。东分为天目、武林。正脉北度东坝，而峙为句曲，于是回龙西结金陵，余脉东趋余邑。是余邑不特为大江尽处，亦南龙尽处也。龙与江同发于昆仑，同尽于余邑，屹为江海锁钥，以奠金陵，拥护留都千载不拔之基以此。岂若大河下流，昔曲而北趋碣石，今徙而南夺淮、泗，漫无锁钥耶？然则江之大于河者，不第其源之共远，亦以其龙之交会矣。

故不探江源，不知其大于河；不与河相提而论，不知其源之远。谈经流者，先南而次北可也。

（陈体静曰：此考原本已失，兹从本邑冯《志》中录出，非全文也。前人谓其书数万言，今所存者，仅千有余言而已。考内“北龙亦只南向半支入中国”下注云：“俱另有说。”其说必甚长，乃一概删去，殊为可惜。）

【注释】①赣（gàn）：今江西。②浰（lì）头：赣粤边地，今广东龙川县附近。③小箪（gān）岭：今福建浙江交界。

【译文】不仅如此，宋代儒生认为中国有三大龙脉，而南方的龙脉，起自岷山，临靠大江南岸下游，往东经过城陵矶、湖口县，最后抵达金陵。这是不知道大渡河、金沙江，在中间就已经被隔断了。

不仅如此，还有人还弄不清城陵矶、湖口县，是洞庭湖、鄱阳湖的入江口。洞庭湖西边的水源来自沅江，发源于贵州的谷芒关；南边的水源来自于湘江，发源于广西的釜山、龙庙。鄱阳湖南边的水源来自赣江，发源于广东的浰头、平远；东边的水源来自信江、永丰溪，发源于福建的渔梁山、浙江的仙霞南岭。这样，南方龙脉盘绕之地，离长江南岸将近三千里，还能说它是濒临长江的吗？不仅如此，是因为弄不清龙脉，才不能分辨长江的源头的啊。如今详查了三条龙脉，北龙脉夹在黄河的北面，南龙脉环抱在长江南面，而中龙脉隔在它们中间，特别短。北龙脉只有南部半条支脉进入中原。全都另有说法。唯有南龙脉在半个中原内气势磅礴，它起始于昆仑山，与金沙江互相并列，往南延伸，经过石门关、丽江，东边是金沙江，西面是澜沧江，两条江水夹住它。环绕过滇池的南边，由普定延伸到贵竹、都黎的南境，然后汇奔五岭。龙脉远长江也远，山脉长水源也长，这就是长江气势胜过黄河的原因。

不仅如此，南龙脉自五岭往东伸向福建渔梁山，向南散作福建鼓山，向东分作浙江天台山、雁宕山。正脉向北转作小箄岭，闽浙交界处。延伸到草坪，驿江浙交界处。耸峙为浙岭，徽州浙江交界处。黄山，宁国府徽州府交界处。往东抵达丛山关，绩溪、建平境内。向东分成天目山、武林山。正脉往北延经东坝，然后耸峙为句曲山，龙脉西盘绕为金陵，余脉东至我县。这样看来，我县不仅是长江尽头，也是南龙脉的尽头。龙脉与长江一同源于昆仑山，一同止于我县，成为长江入海要地，得以拥围护卫金陵，奠定千载不败的基础。黄河下游则不然，从前曲向北流向碣石，又改道向南，占据了淮河、泗水的河床，漫无边际，也没有入海要地。这样看来，长江盛于黄河的原因，不仅因为源头同远，也因为前者与龙脉交会。

因此，不探索长江的源头，就不知它比黄河大；不与黄河作比较，就不知它的源头更远。讨论主干河流的学者，最好先研究南方，再研究北方。

（陈体静说：这本《江源考》原本已经散佚了，现在从本县冯士仁的《江阴县志》中抄录出来，但这不是全文。前人曾说徐霞客这本书有几万字，然而至今留下来的，仅有一千多字而已。考察文章内“北龙亦只南向半支入中国（北方的龙脉也只有向南延伸的半条支脉伸进中原内地）”下面的注释提到：“俱另有说（全都另有论说）。”那么，他的论说必然非常长，居然在县志中一概删去了，十分觉得可惜。）

附录一：徐镇序

昔刘彦和著《文心雕龙》五十篇，品藻千古，经纬六合，沈水部一见即诧为异书，卒赖其力，以传于世。迨传之久，而灭没滋甚，嘉禾、云间诸刻无完书；自钱功甫得宋椠本钞补，而后缀学之士始得见全文，以至于今不废。昌黎韩子有云："莫为之前，虽美弗彰；莫为之后，虽盛弗传。"信乎！人之名之传世而行远，莫不有为之先后者，其于书也，亦若是焉已矣！

族祖霞客公，生有游癖；凡屐齿所到，模范山水，积记成帙，积帙成书，昔人所称为千古奇书者此也。惜未脱稿而公卒。赖季君会明为之次其简编，后旋毁于兵燹。又赖公子介立访得义兴史氏、曹氏录本参校，而《游记》得复成书。于时名人巨公，莫不乐购其遗编，当卧游胜具。卒皆以誊本传玩，而就中改换窜易者，更不一人。讫今百有四十余年，虽得邑中杨凝斋先生手校于前，陈君体静再订于后，而传写益广，讹落寖多，兼之俗下书佣，竞于此作生活计，而任意删节杂凑，一如彦和尝梦索源之文，往往使读者莫悉漏义，是可痛也！

乙未夏，适得杨、陈两先生订定真本，比对雠勘，将手录一通，思有以信今而传后。独念两先生当日细意搜讨，谓可存其真以永世，乃转相传写，而讹落者已如彼，删抹者又如此；

予即为之考其缺失，订其异同，又安保无沿别淮混鲁虎者，或从而断胫添足，无复有作者之真面目存欤？夫是书之名世传世，均非予小子之所敢知，要使作者之精神不澌灭于煨烬之余，更不灭没于妄庸之手，是则后人之责所万不获辞者也。爰急付梓，庶几后世有功甫其人，或得以此比于华山槧本，则又私心之所冀幸也夫！

时乾隆四十一年岁次丙申秋九月，孩浦族孙镇谨序

附录二：季梦良序

崇祯丙子秋，霞客为海外游，以缄别余而去。去五年始归。归而两足俱废。噫嘻！博望之槎既返，章亥之步亦穷。今而后，惟有卧游而已。余时就榻前与谈游事，每丙夜不倦。既而出箧中稿示余曰："余日必有记，但散乱无绪，子为我理而辑之。"余谢不敏。霞客坚欲授余，余方欲任其事，未几，而霞客遂成天游！夫霞客之事毕矣，而余事霞客之事犹未毕也。迨其后，纪尽为王忠纫先生携去，余谓可以谢其事矣。忠纫之任福州，仍促冢君携归。冢君复出以示余曰："非吾师不能成先君之志也。"启箧而视，一一经忠纫手较，略为叙次。余复阅一过，其间犹多残阙焉。遍搜遗帙，补忠纫之所未补，因地分集，录成一编，俟名公删定，付之梓人，以不朽霞客。余不敢谓千秋知己，亦以见一时相与之情云尔。

壬午年腊月望日友弟季梦良录完识

附录三：史夏隆序

霞客徐子，畸人也。钱宗伯牧斋为之立传，传其人，因传其事，而人与事之畸皆在游记一书。曷言乎一书之畸也？凡经传所称畸人，或一事之畸，或一言之特，而徐子之畸在游。游之畸未可一事一言尽也。驰骛数万里，踯躅三十年。遇名胜，必披奇抉奥；一山川，必寻源探脉；身无旷晷，路有确程，以至沿革方隅，土宜物异，一一详志记中。读其记，如见其人，如历其地，如《年谱》，如《职方图》，如《十洲记》，如《水经注》，如《肘后秘书》，如《皇华考》，如绘如谈。畸矣，而未已也。其济胜似有天授，危峦绝壑，险道长途，如猿升，如鹤举，如骏足，有兼程无倦色，加以寒暑不侵，饥渴无害，而霞客之畸，畸于天矣。更值王途坦荡，边徼晏宁，一囊一仆，徜徉潇洒于人迹不到之境，声教难通之域；耳不闻金革，目不睹荒残；而霞客更畸于时与世矣。

闻其随笈属稿，载述甚多。今所存《徐霞客游记》四册，同里曹生学游购为枕秘，余累索不得。至丙午而得之，方快披阅，而草涂芜冗，殊难为观，须经抄订，方可成书。即录其四之一，偶尔阁笔，忽忽二十年，每一检书，心为怏怅。计图完缮而眼愈昏，手愈懒，年愈迈。今且七十二矣！偶友人谈及未见书，因出记以示。友人雅兴，愿代抄之。余心动展阅，终难讬两手，遂鼓腕拭目，日限一篇，凡九阅月而告竣。更念霞客一生心血，走笔成书，五十年后，予为脱稿。人置之，则废纸也；家存之，则世珍也。适儿辈赴试澄江，命访其子若孙而畀之，奈沦亡凋落，不可问。余方浩叹，一片苦心，未完胜果。忽吴子天玉以善青囊术游四方，归而过我，问案头何抄？余示以书，且告书故。吴忆跃然曰："今日之来，正为此书。霞客尚有子也。幼遇乱出亡，冒李姓，有父风，素与相善。方遇江干，嘱往曹室访此书。曹已亡，曹家儿惘然不知所答。今过先生而得其书，是天假先生以成霞客之畸也。"遂于甲子年清和月，率其子拜授原书。传其书、传其事，以传其人，而霞客真畸人矣。

滆滨七十三老人史夏隆题

附录四：吴江潘次耕先生耒旧序

文人达士，多喜言游。游，未易言也。无出尘之胸襟，不能赏会山水；无济胜之支体，不能搜剔幽秘；无闲旷之岁月，不能称性逍遥；近游不广，浅游不奇；便游不畅，群游不久。自非置身物外，弃绝百事，而孤行其意，虽游犹弗游也。余览往昔诸名人游记，验诸目睹身经，知其皆尝一脔，披一节，略涉门庭，鲜窥阃奥。若余游履所至，必穷高极深，如游林屋而身至隔凡，游雁宕而目睹雁湖；劳山则登华楼之巅，罗浮则宿飞云之顶，自以为至矣。及读《徐霞客游记》，而后逊谢弗如也。霞客之游，在中州者，无大过人；其奇绝者：闽、粤、楚、蜀、滇、黔，百蛮荒徼之区，皆往返再四。其行不从官道，但有名胜，辄迂回屈曲以寻之；先审视山脉如何去来，水脉如何分合，既得大势，然后一丘一壑，支搜节讨。登不必有径，荒榛密箐，无不穿也；涉不必有津，冲湍恶泷，无不绝也。峰极危者，必跃而踞其巅；洞极邃者，必猿挂蛇行，穷其旁出之窦。途穷不忧，行倶不悔。瞑则寝树石之间，饥则啖草木之实。不避风雨，不惮虎狼，不计程期，不求伴侣。以性灵游，以躯命游。自古以来，一人而已！往年钱牧斋奇霞客之为人，特为作传，略悉其生平，然未见所撰《游记》，传中语颇有失实者。余求得其书，知出玉门关，上昆仑，穷星宿海诸事，皆无之，足迹至鸡足山而止。其出入粤西、贵筑、滇南诸土司蛮部间，沿溯澜沧、金沙、穷南、北盘江之源，实中土人创辟之事。读其记而后知西南区域之广，山川多奇，远过中夏也。记文排日编次，直叙情景，未尝刻画为文，而天趣旁流，自然奇警；山川条理，罗列目前；土俗人情，关梁厄塞，时时著见；向来山经地志之误，厘正无遗；奇踪异闻，应接不暇。然未尝有怪迂侈大之语，欺人以所不知。故吾于霞客之游，不服其阔远，而服其精详；于霞客之书，不多其博辨，而多其真实。牧斋称为古今纪游第一，诚然哉！或言："张骞、甘英之历西域，通属国也；玄奘之游天竺国，求梵典也；都实之至吐蕃西鄙，穷河源也。霞客果何所为？"夫惟无所为而为，故志专；志专，故行独；行独，故去来自如，无所不达意。造物者不欲使山川灵异，久秘不宣，故生斯人以揭露之耶？要之，宇宙间不可无此奇人，竹素中不可无此异书。惜吾衰老，不复能褰裳奋袂，蹑其清尘，遂令斯人独擅奇千古矣。

（文江按：序《徐霞客游记》者多矣，然皆不足以知霞客先生。惟次耕此序，首言先生之游，与他人不同，叹为"亘古以来，一人而已！"次辨钱传之诬，更证先生文章之真。末言先生"无所为而为"，深得先生求知之旨。乃真能知先生者。此序见《遂初堂集》卷七，为各刻本所未载，余作年谱时亦未之见。梁任公于读潘集时偶得之，举以见示，喜极欲狂。因冠于本篇之首，而移叶刻各序于卷二十旧序篇，以示区别焉。）

附录五：奚又溥序

霞客徐先生记游十卷，盖古今一大奇著作也。其笔意似子厚，其叙事类龙门，故其状山也，峰峦起伏，隐跃毫端；其状水也，源流曲折，轩腾纸上；其记遐陬僻壤，则计里分疆，了如指掌；其记空谷穷岩，则奇踪胜迹，粲若列星；凡在编者，无不搜奇抉怪，吐韵标新，自成一家言。人之读之，虽越数千里之远，而知夫山之所以高，川之所以大，与夫怪木奇材，瘴风阳暑之所侵蚀，淫霖狂飓之所摧濡，蛇虎盗贼之所协伺，野泊邮羁伧父山鬼之所揶揄而激触，凡自吴而楚、而两越、两黔、而滇，一切水陆中可惊可讶者，先生以身历之，后人以心会之。无不豁然于耳目间也。不诚自古及今未有之奇书也哉！是非先生之人奇，不能有此游之奇，而非先生之游之奇，亦不能成此书之奇也！

夫司马柳州以游为文者也，然子厚永州记游诸作，不过借一邱一壑，以自写其胸中块垒奇倔之思，非游之大观也。子长西至崆峒，北过涿鹿，东渐于海，南浮江、淮，游亦壮矣，要以助发其精神，鼓荡其奇气，为文章用，故《史记》一书，帙宕雄迈，独绝千古，而记游之文顾阙焉。先生之游，过于子长，先生之才之气，直与子长埒，而即发之于记游，则其得山川风雨之助者，固应与子长之《史记》并垂不朽，岂仅补桑经郦注之所未备也耶？

惜先生归未几，即捐馆舍，是书未经誊写。时有会明季翁者，设教先生家，见而奇之，恐原稿久而失传，为之分其卷次，订其前后，手录成帙，遂郁然大观。不意鼎革时，原稿遭兵燹，誊本又缺，几有玉毁珠沉之慨。而先生妊妾李氏出嫁所生介立李翁，痛遗文缺残，访得于义兴之故家，涂抹删改，非复庐山面目，翁从日影中照出原本，一一录之，虽其间不无少缺，然不啻已毁之玉，复出昆山，既沉之珠，又还合浦，得以一显其奇者，固亦不幸中之大幸矣。

予生也晚，不获追随杖履，探奇历险，然读先生之书，庶几窃拟宗少文之卧游焉。壬午冬，从先生之曾孙观霞所，乃得纵观其书。袖归手录，五越月，始告竣。嗟乎？记之失而复得，缺而复全，不至终于归湮没者，殆如金之锻炼于冶，而愈耀其精神，松柏之摧折于霜雪，而虬结盘郁，益奇以固也。盖有天焉，不可强矣。以先生之人之书之奇，固非穷愁著书者比也，而析奇阐秘，为天地间鸿宝；设不为久远计、能保无鼠虫狼藉而终归散轶耶？世有同志，见而爱之，原弗以自私，寿之梨枣，非惟不没秀、李二翁搜订苦心，而先生大奇之著作，亦如青萍结绿，一吐光芒，得与《史记》诸书相传弗替。予将拭目望之。

康熙癸未四月，同里后学奚又溥拜撰

附录六：杨名时序一

己丑仲夏，将赴淮浦，舟中无事，展阅外舅南开先生所钞《徐霞客游记》。抵寓后，既终卷，念其平生胼胝竭蹶历数万里，冲风雨、触寒暑者垂三十余年，其所记游迹，计日按程，凿凿有稽，文词繁委，要为道所亲历，不失质实详密之体，而形容物态，摹绘情景，时复雅丽自赏，足移人情，既可自怡悦，复堪供持赠者也。因手录而存之，凡两阅月而毕。曰：是殆负迈俗不羁之志，狂而不知取裁者与？观其意趣所寄，往往出入於释老仙佛，亦性质之近使然；而其为人之奇倔豪宕，於斯概见，未可没也！

古之殚心於天文地理之学以成名者，冥搜秘奥，旷览幽遐，每出于踪迹瑰异之士，自非有好奇之癖，亦孰肯蹈绝险、赴穷荒，疲敝精力以为之哉？若其足以裨助闻见，正于学者不无补也。今观《国风》《二雅》所陈，《禹贡》《职方》所纪，以及《地理》《河渠》诸志，皆详山川风土，以为农田水利，施政立教，因时制宜之具，其间虫鱼草木之产，兼资多识，圣教不废，兹非其足相发明证佐者与？切而言之，深山大泽，流峙终古，皆天地法象示人之至教，本人生所应穷历；特以手足之力有限，百年之期若瞬，势弗能亲至而目见。得斯书也，苟力所可至，境所适逢，固可展卷披对，按所已经者以为程，而所未能至者，亦可以心知其概，如涉其境焉。昔夫子亟称原泉曾氏风雩咏归，盖造物与游，所以涵泳天机，陶写胸次。案头置此，如朝夕晤名山水于几席间，讵非仁智养心之善物耶?

抑尤有足以警心者：霞客之游也，升降于危崖绝壑，搜探于蛇龙窟宅，亘古人迹未到之区，不惜捐躯命，多方竭虑以赴之，期于必造其域，必穷其奥而后止；学者之于道也，若覃思鼓勇，亦如霞客之于山水，则亦何深之不穷，何远之不届?且入焉而安，曾无犯难轻生之虞；味焉而腴，非有饥渴疲惫之困；其为高深美富，奚啻于洞谷泉石之奇；岱、华、江、河之大哉?有志者可以观此而兴矣!余既喜其书之不为无益，且以其足为人道喻也，爰为之序，以自勖焉。

康熙己丑八月癸卯，同邑后学杨名时序

附录七：杨名时序二

己丑夏秋，既手录《徐霞客游记》而为之序矣。重阳抵家，复得友人所藏原本校之，乃知前所钞本，出于宜兴史氏者，字多伪误；其删减易置处，辄于实境不符，文意不协。用叹天下之率意改窜文字，而致失作者之本来，如宜兴史氏者，为可鉴也！初余录是集之意，谓存斯书也，他年力所可至，境所适逢，可展卷披对，按已经者以为程，而所未能至者亦可以心知其概，日涉其趣焉。若如史本，则既失其真，又安用之？爰亟为改正添入，再手誊一过，以复其旧。

大抵霞客之记，皆据景直书，不惮委悉烦密，非有意于描摹点缀，托兴抒怀，与古人游记争文章之工也。然其中所言名山巨浸弘博富丽者，皆高卑定位，动静变化之常；下至一涧一阿，禽鱼草木，亦贤人君子，偃仰栖迟，寤言写心之境；正昔人所云“取之无禁，用之不竭”者也。虽止详其形体区域，而天地山川之性情，俟人之神会而意喻者，悉已寓之矣。其得之多寡，知之浅深，存乎人耳。夫造物之奇秘，恒有待而发，亦有待而传。有是境而人不知，则此境为虚矣。游是境而默不言，则此游为虚矣。霞客之前，境自在天下也。而无人乎知之，无人乎言之；即知而言之，亦举什一于千百而已。设霞客于身到目历之处，惟自知之而自乐之，不以记于书而传于世，又乌知其有与无耶？然则斯书之不可没，谓天地之迹存焉耳！而况于天地之心，生人之本，古之圣贤，心知之而身备之，而推所得以公于世者，其遗文之可宝爱为何如哉！

庚寅二月丙申朔，杨名时序

附录八：叶廷甲序

《周官》大司徒之职，以天下土地之图，周知九州地域广轮之数；辨其山林、川泽、邱陵、坟衍、原隰之名物。汉司马子长创为《河渠书》，后汉班孟坚始志《地理》，前宋范蔚宗始志《郡国》；自是有史即有志。沿及唐宋，而郡县有志，环宇有记；凡建置、沿革、疆域，田赋、户口、关塞、险要、名胜、古迹，皆在所详；至于山川之源委脉络，未必能知其曲折，辨其经纬，历历如指诸掌也。恭读乾隆四十七年刊行《钦定四库全书简明书目》，《史部地理类》开列《徐霞客游记》十二卷，分注云：明徐弘祖少好游，足迹几遍天下。尝西行数千里，求河源。是编皆其记游之文。旧本残缺失次，杨名时重为编订，以地理区分，定为此本。是书上邀乙览，盖能详人所略，为从来史志之所未备。

嘉庆十一年冬，筠峪徐氏以所梓行游记之板归余。廷甲生平无他嗜好，见书之有益于学术治道者，每不惜重价得之，遂积至万有余卷，丹铅甲乙，日不暇给。前既校刻《杨氏全书》，今复得徐氏游记板，翻阅之，朽蠹颇多。乃借杨文定公手录本暨陈君体静所校本，与徐本悉心雠勘。其文之不同者以万计，其字之舛误者以千计。其文不同而可通者仍其旧，其字之舛误而文义不可通者不得不亟为改正。抑徐刻分十册，与进呈之杨本卷帙不同，此无从更正者，且杨、陈二本于滇游日记卷首俱有提纲，杨本每记有总评，陈本每记有旁批，此又无从增补者，惟是霞客有遗诗数十首，石斋黄公叹为词意高妙，忍令其秘藏而弗彰乎？又一切名人巨公题赠诸作，俱足以考见霞客之素履，又安可不传信于来兹乎？十三年春，延梓人于家，讹者削改，朽者重镌，又增辑补编一卷附于后，庶几霞客之精神面貌，更可传播于宇内也。

虽然，霞客记游之旧，岂仅此哉？前人谓霞客西出玉门关，到昆仑山，穷星宿海；今所刻之本，暨杨、陈二钞本，其游览日记，不过至滇南鸡足山而止耳，廷甲闻郡城庄氏家藏钞本有六十卷。戊辰三月往郡访之。庄后人云："先世信有之，今已散失。"果尔，今之所刊，不过六分之一耳。然一展卷而浙、而闽、而江右，自豫而秦、而荆襄，又自燕而雁门、而云中，又自楚而粤西、而贵筑、而滇南，其所经历之山川，靡不辨其源委脉络，而一一详记之，至土风民俗物产，亦随地附见焉，是岂独为山人逸士济胜之资？凡以民物为己任而有政教之责者，周览是书，于裁成辅相左右宜民之道，不无少补焉。邑前辈文定杨公，久住滇、黔，利民之事，次第举行，人第知其学术深醇，庸距知其于《游记》一书，手录二过，于山林、川泽、邱陵、坟衍、原隰之名物，早已周知也哉？夹漈郑氏曰："州县之设，有时而更；山川之形，千古不易。"霞客此书，固千古不易之书也！士人束发受书，在堂户之上，而四海九州之大，无所不知，然后可以出而履天下之任。若仅以此书当卧游胜具，岂廷甲补辑是书之志也耶？

时嘉庆十三年岁次戊辰四月，同邑后学叶廷甲识于水心斋

附录九：重印《徐霞客游记》及新著年谱序

丁文江

余十六出国，二十六始归，凡十年未尝读国书，初不知有徐霞客其人。辛亥自欧归，由越南入滇，将由滇入黔。叶浩吾前辈告之曰："君习地学，且好游，宜读《徐霞客游记》。徐又君乡人，表彰亦君辈之责。"因搜昆明书肆，欲得之为长途消夜计，而滇中僻陋，竟无售是书者。元年寓上海，始购得图书集成公司铅字本，然时方以舌耕为活，昼夜无暇晷，实未尝一读全书也。

三年复入滇，携棚帐二、仆五、骡马九，独行滇东、滇北二百余日，倦甚则取《游记》读之，并证以所见闻。始惊叹先生精力之富，观察之精，记载之详且实。因思舆地之学，非图不明，先生以天纵之资，刻苦专精，足迹又遍海内，故能言之如指掌。后人限于旧闻，无图可考，故仅知先生文章之奇，而不能言其心得之所在。颇欲搜集新图，分制专幅，使读者可以按图证书，无盲人瞎马之感，而所藏图不多，不足以证全书；回京后又为职务所羁，无复余力；仅于十年夏间，作一总图，加以先生游历之路线，及于北京文友会中，宣读英文论说一篇，略叙先生之生平而已。

时友人胡君适之，方作《章实斋年谱》，谓传记可以为治学作人之范，年谱为传记之特式，乃吾国人之所发明，宜改善而扩充之。因思仿其意，为先生作一年谱，适江阴郑君伟三为觅得《晴山堂帖》全部，并为抄《徐氏家谱》六巨册，罗叔韫、梁任公、张菊生诸前辈，复假以所藏明人之诗文集及县志，乃发愤尽两月力，成数万言。

书既成，欲印一小册子，为单行本。适之谓宜与《游记》同印，方足以互为考证。时沈君松泉之《徐霞客游记》适出版。沈君用新式符号，标点全书，用心甚苦，然亦无插图，其缺点与旧本正同。乃搜集地质调查所所藏各省地图，并嘱所中同人及诸友，于旅行时为之留意。于是朱君廷枯遗以天台、雁宕，叶君良辅遗以白岳、黄山，谭君锡畴遗以嵩山，李君济之遗以华岳，谢君家荣遗以太和，王君竹泉遗以庐山，刘君季辰遗以衡岳各名胜详图。复得闻君齐、赵君志新为之按记编纂，共得图三十有六，虽不能尽精尽确，然已可为读游记者之助。计自十二年起，至十五年冬，始克竣事。而标点尚为闻君齐、赵君志新、方君壮猷及余四人所分任，故符号运用往往不能一律。校对则为赵君志新、冯君景兰、史女士济瀛及余，盖余困于职务，苦不得暇，非诸君之助，则至今亦不能成书也。

余所见《游记》，沈松泉之新印本外，有集成之铅字本、扫叶山房之石印本、光绪年之活字本、嘉庆年之叶氏初刻本、蒋君汝藻及叶君景夔所藏之清初抄本，而校仇雠据，一依叶氏。盖叶本为诸印本之宗，且系据乾隆年先生族孙徐镇初刻之本，而参以杨名时、陈泓各家精抄之本，其价值实远在诸抄本之上。惟叶本又有旧印新印之分：旧印本不载钱牧斋所作传，仅载其二书，其一下有其名而后涂去（叶氏藏版，原为乾隆年徐镇所刻，叶氏仅为添补修正。传另立一页，去之甚易；书牍则篇幅相连，故仅去作者之名）。盖当日距乾隆时不远，钱氏著作，列在禁书，故有所忌讳，新印本则载其传而隐其名。又有成丰年印本，卷首加先生小像，乃胡君适之在申之所购得。像为诸本之所未见，即本书卷首之所载也。

凡诸印本，皆分十册，每册复分上下。书牍、墓志、诸本异同考略，及辩讹，则汇为外编，附于十册下之末。是盖徐氏刻本之旧，十册之外，复有补编，录遗诗、题赠、《秋圃晨机图》赋记、《徐氏三可传》及《圹志铭》。是盖出于叶氏。以叶本原用徐版，重刻太费，不得已而出此，然颇不便于检查。兹都编为二十卷：每册各为二卷，十册下并入十册上为一卷，而另以外编补编及《晴山堂帖》诸本所未刻者为第二十卷：分诗文、题赠、书牍、传志、家祠丛刻、旧序、校勘。《盘江考》《江源考》诸文，亦编入诗文，以便检查，非故为异同也。

至于游记之评判，及先生之为人，已散见年谱，兹不复述。所足述者，乃先生所处之时世。当明之末，学者病世儒之陋，舍章句而求实学，故顾亭林、王船山、黄梨洲辈，奋然兴起，各自成家，遂开有清朴学之门。然霞客先生，生于顾、黄、王诸公之前，而其工作之忠勤、求知之真挚，殆有过之无不及焉，然则先生者，其为朴学之真祖欤？又先生生于明季，游滇之时，天下已乱。观其小记诸则，述当日政事甚详，知先生非不关心时局者。乃求知之念专，则盗贼不足畏，蛮夷不能阻，政乱不能动；独往孤行，死而后已。今天下之乱，不及明季；学术之衰，乃复过之。而青年之士，不知自奋，徒借口世乱，甘自暴弃。观先生之风，其亦可以自愧也乎！

民国十六年七月七日

谦德国学文库丛书

（已出书目）

弟子规·感应篇·十善业道经
三字经·百家姓·千字文·德育启蒙
千家诗
幼学琼林
龙文鞭影
女四书
了凡四训
孝经·女孝经
增广贤文
格言联璧
大学·中庸
论语
孟子
周易
礼记
左传
尚书
诗经
史记
汉书
后汉书
三国志
道德经
庄子
世说新语
墨子
荀子
韩非子
鬼谷子
山海经
孙子兵法·三十六计
素书·黄帝阴符经
近思录
传习录
洗冤集录
颜氏家训
列子
心经·金刚经
六祖坛经

茶经·续茶经
唐诗三百首
宋词三百首
元曲三百首
小窗幽记
菜根谭
围炉夜话
呻吟语
人间词话
古文观止
黄帝内经
五种遗规
一梦漫言
楚辞
说文解字
资治通鉴
智囊全集
酉阳杂俎
商君书
读书录
战国策
吕氏春秋
淮南子
营造法式
韩诗外传
长短经
虞初新志
迪吉录
浮生六记
文心雕龙
幽梦影
东京梦华录
阅微草堂笔记
说苑
竹窗随笔
国语
日知录
帝京景物略
子不语
水经注
徐霞客游记
聊斋志异
清代三大尺牍：小仓山房尺牍
清代三大尺牍：秋水轩尺牍
清代三大尺牍：雪鸿轩尺牍
孔子家语
贤母录
张岱文集：陶庵梦忆
张岱文集：西湖梦寻
张岱文集：快园道古
群书类编故事
管子

安士全书
感应篇汇编
天工开物
梦溪笔谈
古今谭概
劝戒录全集
曾国藩家书
宋论